https://www.angle-online.com

燕大法律智庫

"燕大法律智庫"提供本書數據檢索及更新

注释刑法
小全书

ANNOTATED HAND BOOK
OF
CRIMINAL LAW

ANNOTATED HAND BOOK
OF
CRIMINAL LAW

注释刑法
小全书

陈兴良　刘树德　王芳凯　编

北京大学出版社
PEKING UNIVERSITY PRESS

图书在版编目(CIP)数据

注释刑法小全书／陈兴良，刘树德，王芳凯编.—北京：北京大学出版社，2024.7
ISBN 978-7-301-35058-4

Ⅰ.①注… Ⅱ.①陈… ②刘… ③王… Ⅲ.①中华人民共和国刑法—法律解释 Ⅳ.①D924.05

中国国家版本馆 CIP 数据核字(2024)第 095497 号

书　　　名	注释刑法小全书 ZHUSHI XINGFA XIAO QUAN SHU
著作责任者	陈兴良　刘树德　王芳凯　编
策　　　划	蒋　浩
责 任 编 辑	陆飞雁　陆建华
标 准 书 号	ISBN 978-7-301-35058-4
出 版 发 行	北京大学出版社
地　　　址	北京市海淀区成府路 205 号　100871
网　　　址	http://www.pup.cn　http://www.yandayuanzhao.com
电 子 邮 箱	编辑部 yandayuanzhao@pup.cn　总编室 zpup@pup.cn
新 浪 微 博	@北京大学出版社　@北大出版社燕大元照法律图书
电　　　话	邮购部 010-62752015　发行部 010-62750672　编辑部 010-62117788
印 刷 者	南京爱德印刷有限公司
经 销 者	新华书店
	880 毫米×1030 毫米　32 开本　50 印张　3396 千字 2024 年 7 月第 1 版　2024 年 7 月第 1 次印刷
定　　　价	288.00 元

未经许可，不得以任何方式复制或抄袭本书之部分或全部内容。
版权所有，侵权必究
举报电话：010-62752024　电子邮箱：fd@pup.cn
图书如有印装质量问题，请与出版部联系，电话：010-62756370

本书为以下团队及个人指定用书

刘卫东律师团队	北京冠衡律师事务所
梁雅丽律师团队	京都刑辩研究中心（北京京都律师事务所）
王兆峰律师团队	北京周泰律师事务所
王丽、李贵方律师团队	北京德恒律师事务所
张庆方律师	北京汉鼎联合律师事务所
郝春莉律师团队	北京东卫律师事务所
王亚林律师团队	安徽金亚太律师事务所
赵春雨律师团队	盈科全国刑委会
赵运恒律师	北京星来律师事务所
常铮、巩志芳律师团队	北京衡宁律师事务所
郑小宁律师团队	京师全国刑委会
王可律师	北京康达律师事务所
田永伟律师团队	内蒙古蒙益律师事务所
杨俭律师团队	云南睿信律师事务所

编者简介

陈兴良
　　北京大学博雅讲席教授、博士生导师。

刘树德
　　最高人民法院法研所副所长,湘潭大学法学院教授、博士生导师。

王芳凯
　　南开大学法学院讲师,刑法学博士。

编写说明

基尔希曼(Kirchmann)在其《作为科学的法学的无价值性——在柏林法学会的演讲》这本小书中曾断言:"立法者仅仅修正三个字,整座图书馆即成为废纸堆。"对于任何一本刑法工具书来说,这一经典名言实在是再贴切不过。特别是,我国正处于刑法积极参与社会治理的活性化立法阶段,伴随着《刑法》文本的修正以及层出不穷的司法解释与指导性案例,倘若不及时编辑、修正、补充刑法工具书的话,其最终的宿命即便没有沦落成按斤回收买卖的废纸堆,也只会成为一种历史性的文献,这也是编者对《注释刑法全书》重新简编,并同时修正、更新的初衷。

自《注释刑法全书》2022 年出版以来,我国刑事立法与刑事司法发生了一系列重要变化,主要内容如下:

1.《刑法》的修正。刑事立法层面最为重大的变化,莫过于 2023 年年底通过的《刑法修正案(十二)》,其对刑法分则中的行贿犯罪、民营企业内部人员腐败相关犯罪等规定作出了若干重要修正,具体包括:

第一,强化行贿罪的惩处力度。从刑法法理来说,行贿罪与受贿罪之间的关系是一种典型的对向犯,无论是行贿行为还是受贿行为,它们所侵害的法益是一样的,都是国家工作人员的廉洁性、职务执行的公正性以及公众对国家工作人员依法行政的信赖。但从司法统计数据来看,同时期行贿受贿案件查处数量差距较大。① 一方面,可能是立法者与司法者有意识决策的产物,

---

① 从这些年法院一审新收案件数量来看,行贿罪与受贿罪案件数的比例大概在 1:3,有的年份达到了 1:4 或者更大比例,在追究刑事责任的案件中缓免刑的比例也在一半以上。参见张义健:《〈刑法修正案(十二)〉的理解与适用》,载《法律适用》2024 年第 2 期,第 81 页。

因为受贿罪作为一种具有极高犯罪黑数的无被害人犯罪,倘若刑事司法机关无法成功"策反"共犯结构中的一方进而从内部打破贿赂犯罪的坚实堡垒,那么,对贿赂犯罪的打击活动将无可避免地成为一件事倍功半的事情。另一方面,在一些严重行贿的情形中,刑法对行贿犯罪的打击力度不够,导致行贿人的犯罪成本过低,行贿人不择手段"围猎"党员干部,这是当前腐败增量仍有发生的重要原因,是政治生态的重要"污染源"之一。① 因此,我国立法者基于"坚持受贿行贿一起查"的法政策,调整了行贿罪的起刑点与刑罚档次,将量刑节点由"五年"修改为"三年",使其与受贿罪相衔接。② 此外,为了使行贿罪的处罚规定与 2021 年中央纪委国家监委等发布的《关于进一步推进受贿行贿一起查的意见》相衔接,立法者增设了从重处罚的七种事由。③ 由上可知,我国立法者在行贿罪的处罚规定上固然表现出从严查处行贿犯罪以及翻转过往"重受贿、轻行贿"思维定式的坚定立场与态度,但也不能因此就将"受贿行贿一起查"僵化地理解成"受贿行贿同罪同罚"④。对于前述行贿罪处罚规定修正的正确理解应当是,立法者借实体刑法的修正尝试去织密行贿罪的刑事法网。换言之,刑事司法机关不能借助"另案处理"这类人为分案方式,淡化行贿者的犯罪行为人色彩,使其成为追诉受贿犯罪的筹码之一,并最终将是否针对行贿罪提起追诉视受贿案件的追诉情况而定。⑤ 对于行贿犯罪的处罚,仍取决于具体个案中行贿行为的社会危害程度,而非受贿罪的处罚情况。

第二,完善单位行贿罪、单位受贿罪以及对单位行贿罪的刑罚配置。有别于德国等域外立法例,我国刑法在行贿受贿犯罪上采取的是所谓的"非对称性立法"模式,即根据不同的行贿(受贿)对象,将行贿(受贿)犯罪分为针对国家工作人员的行贿罪(受贿罪)、对有影响力的人行贿罪(利用影响力受贿罪)、对单位行贿罪(单位受贿罪)。此外,我国立法者还专门针对行贿主体是单位的情形创设了单位行贿罪。乍看之下,此种立法模式似乎叠床架屋,只会徒增条文适用的不必要障碍。立法者之所以维持此种"非对称性立法"模式⑥,很大程

---

① 参见许永安:《我国历次刑法修正案总述评》,载《中国法律评论》2024 年第 2 期,第 195 页。
② 现行法下,受贿罪与行贿罪的法定刑被区分为三档,前两档的法定刑均为"三年以下有期徒刑或者拘役""三年以上十年以下有期徒刑",受贿罪的第三档法定刑为"十年以上有期徒刑、无期徒刑或者死刑",而行贿罪的第三档法定刑仅为"十年以上有期徒刑或者无期徒刑"。不过,由于受贿罪的死刑适用十分严格,可以认为行贿罪与受贿罪的(最高)法定刑已经非常接近。
③ 参见许永安:《我国历次刑法修正案总述评》,载《中国法律评论》2024 年第 2 期,第 195 页。
④ 从行贿从宽处罚的规定中也能得出立法者无意于"受贿行贿同罪同罚"。此次修法中有意见提出,删除原第二款关于行贿从宽处罚的特别规定,但考虑到"贿赂犯罪查办特点和保证顺利查处贿赂犯罪的现实需要和整体效果",立法者最终仍保留该特别规定。参见张义健:《〈刑法修正案(十二)〉的理解与适用》,载《法律适用》2024 年第 2 期,第 81 页。
⑤ 参见孙国祥:《"受贿行贿一起查"的规范化法治化路径》,载《中国刑事法杂志》2023 年第 4 期,第 10 页。
⑥ 对非对称性立法模式的反思,参见袁彬:《反思非对称性刑法立法——〈刑法修正案(十二)(草案)〉为契机》,载《中国刑事法杂志》2023 年第 5 期,第 21—39 页。

度上是历史因素所致。但也有学说认为,这种立法模式可以因应我国的具体国情以及司法实践中所面临的各种难题,有其合理性。① 无论如何不容忽视的一点是,修法之前的单位行贿罪、单位受贿罪以及对单位行贿罪的法定刑配置相较于一般情形的行贿罪、受贿罪处罚明显更为轻微。例如,修法前单位行贿罪只有一档刑罚,最高刑为5年有期徒刑,而(个人)行贿罪有三档刑罚,最高刑为无期徒刑,两者相差悬殊,这就导致个别行贿人以单位名义行贿来规避刑罚处罚,从而导致案件处理上的不平衡。有鉴于此,立法者将单位行贿罪的刑罚档次调整为"三年以下有期徒刑或者拘役,并处罚金"和"三年以上十年以下有期徒刑,并处罚金"两档刑罚,从而适应实践中惩治此类犯罪的需求。又如,在立法者修正行贿罪、单位行贿罪法定刑的同时,也相应地将单位受贿罪的刑罚档次调整为"三年以下有期徒刑或者拘役,并处罚金"和"三年以上十年以下有期徒刑,并处罚金"两档刑罚,其和行贿罪一样均以"三年有期徒刑"作为量刑节点。另外,立法者还在对单位行贿罪中,增加了一档"三年以上七年以下有期徒刑,并处罚金"的刑罚。立法者之所以不考虑"三年以上十年以下有期徒刑,并处罚金",主要是因为对单位行贿罪的对标罪名是单位受贿罪,受贿的法定最高刑一般要比行贿来得重,既然单位受贿罪的法定最高刑已经是十年有期徒刑,对单位行贿罪的法定最高刑就不宜再设定为十年有期徒刑。②

第三,加强惩治民营企业内部人员腐败相关犯罪。这一诉求主要立足于对民营企业的平等保护。修法之前,我国《刑法》第一百六十五条、第一百六十六条和第一百六十九条分别规定了非法经营同类营业罪、为亲友非法牟利罪与徇私舞弊低价折股、出售国有资产罪,但这三类犯罪主要适用于国有公司、企业、事业单位而不适用于民营企业。随着近些年民营企业的发展变化,民营企业中同样存在着"损企肥私"的现象,民营企业内部人员不断出现上述行为,严重损害企业利益,需要与时俱进完善相应法律制度,适应保护民营企业的实践需要。③ 需要注意的是,在修法过程中,有意见认为可以直接删除相应条文中的"国有"用语,从而实现国企民企平等保护。我国立法者最终认为,虽然国企民企理应受到平等的刑法保护,但考虑到民企相关犯罪的犯罪门槛有别于国企相关犯罪的犯罪门槛(即两者的具体定罪范围和标准有差异,特别是此次修改专门针对民营企业内部腐败犯罪规定了"致使公司、企业利益遭受重大损失"的条件),更好的做法是在现有的国企相关犯罪规定的基础上增订民企相关的犯罪规定。此次民营企业相关犯罪的修正主要针对的是民营企业内部人员故意

---

① 参见王岭:《对行贿犯罪修改的三点思考》,载《湖湘法学评论》2024年第1期,第18页。
② 参见张义健:《〈刑法修正案(十二)〉的理解与适用》,载《法律适用》2024年第2期,第83页。
③ 参见许永安:《我国历次刑法修正案总述评》,载《中国法律评论》2024年第2期,第197页;张义健:《〈刑法修正案(十二)〉的理解与适用》,载《法律适用》2024年第2期,第73页。

类型的腐败背信犯罪,在修法过程中,也有意见认为立法修正应走得更远一些,或者进一步贯彻对民营企业的平等保护要求,使民营企业权力运作中的失职渎职行为同样被入罪化①,或者增设普通的背信罪规定。立法者本着"小步"稳妥推进的原则,最终并未采纳上述意见,但未来是否会继续推进,仍有待日后的深度观察。

2. 刑法解释的新增。司法解释与司法解释性文件的增补主要聚焦在刑法分则,特别是危害生产安全犯罪、未成年人犯罪、环境犯罪、税收犯罪、醉酒危险驾驶犯罪等。特别是2024年出台的《最高人民法院、最高人民检察院关于办理危害税收征管刑事案件适用法律若干问题的解释》(法释〔2024〕4号)一改过往司法解释极为混乱且相互援引的局面,对相关税收犯罪的定罪量刑标准作出了极为明确的规定,从而使税收犯罪规定更具实务可操作性。

其中,新增的司法解释包括:(1)《最高人民法院关于办理人身安全保护令案件适用法律若干问题的规定》(法释〔2022〕17号);(2)《最高人民法院、最高人民检察院关于办理危害生产安全刑事案件适用法律若干问题的解释(二)》(法释〔2022〕19号);(3)《最高人民法院、最高人民检察院关于办理强奸、猥亵未成年人刑事案件适用法律若干问题的解释》(法释〔2023〕3号);(4)《最高人民法院、最高人民检察院关于办理环境污染刑事案件适用法律若干问题的解释》(法释〔2023〕7号);(5)《最高人民法院关于审理破坏森林资源刑事案件适用法律若干问题的解释》(法释〔2023〕8号);(6)《最高人民法院、最高人民检察院关于办理危害税收征管刑事案件适用法律若干问题的解释》(法释〔2024〕4号);等等。

新增的司法解释性文件则包括:(1)《最高人民法院、最高人民检察院、公安部关于依法惩治招摇撞骗等违法犯罪行为的指导意见》(公通字〔2021〕21号);(2)《最高人民法院关于充分发挥环境资源审判职能作用依法惩处盗采矿产资源犯罪的意见》(法发〔2022〕19号);(3)《最高人民法院、最高人民检察院、公安部、国家文物局关于办理妨害文物管理等刑事案件若干问题的意见》(公通字〔2022〕18号);(4)《最高人民法院、最高人民检察院、教育部关于落实从业禁止制度的意见》(法发〔2022〕32号);(5)《最高人民检察院、公安部关于依法妥善办理轻伤害案件的指导意见》(高检发办字〔2022〕167号);(6)《最高人民法院刑事审判第三庭、最高人民检察院第四检察厅、公安部刑事侦查局关于"断卡"行动中有关法律适用问题的会议纪要》;(7)《最高人民法院、最高人民检察院、公安部关于依法惩治网络暴力违法犯罪的指导意见》(法发〔2023〕14号);(8)《最高人民法院、最高人民检察院、公安部、

---

① 主张《刑法》第一百六十七条(签订、履行合同失职被骗罪)、第一百六十八条(国有公司、企业、事业单位人员失职罪和滥用职权罪)与第三百九十六条(私分国有资产罪)也应一并修正,扩张适用于民营企业的情形。参见赖早兴:《〈刑法〉对民营企业权益平等保护的贯彻及制度改进——基于〈刑法修正案(十二)〉的思考》,载《法律科学(西北政法大学学报)》2024年第3期,第155—156页。

司法部关于办理醉酒危险驾驶刑事案件的意见》(高检发办字〔2023〕187号);(9)《最高人民法院、最高人民检察院、公安部关于办理医保骗保刑事案件若干问题的指导意见》(法发〔2024〕6号);等等。

3. 刑法案例的增补。从指导性案例来看,最高人民法院与最高人民检察院在近两年连续发布了多则指导性案例,最高人民法院增补了十余则刑法相关的指导性案例①,最高人民检察院增补了二十余则刑法相关的指导性案例②。足见我国最高司法机关在指导性案例发布工作中的良好表现以及指导性案例制度的活力。尤值一提的是,最高人民检察院在2024年2月宣告检例第3号、检例第34号指导性案例失效。这是我国最高司法机关首次宣告刑法方面的指导性案例失效。从理论上来说,指导性案例的失效或废止也是整个指导性案例制度的重要一环,更值得加以研究。此外,在参考案例部分,由陈兴良、张军、胡云腾主编的《人民法院刑事指导案例裁判要旨通纂》③在2023年出版了第三版,不仅新收录了近些年的重要参考案例,还重新编排了裁判要旨的编号,本书在修正过程中也一并做出相应的调整。

为了让刑法工具书的使用更为便捷、友好,《注释刑法小全书》在此次简编过程中做了

---

① 这些指导性案例包括:最高人民法院指导案例第186号:龚品文等组织、领导、参加黑社会性质组织案(2022年11月29日发布);最高人民法院指导案例第187号:吴强等敲诈勒索、抢劫、故意伤害案(2022年11月29日发布);最高人民法院指导案例第188号:史广报等组织、领导、参加黑社会性质组织案(2022年11月29日发布);最高人民法院指导案例第192号:李开祥侵犯公民个人信息刑事附带民事公益诉讼案(2022年12月26日发布);最高人民法院指导案例第193号:闻巍等侵犯公民个人信息案(2022年12月26日发布);最高人民法院指导案例第194号:熊昌恒等侵犯公民个人信息案(2022年12月26日发布);最高人民法院指导案例第195号:罗文君、瞿小珍侵犯公民个人信息刑事附带民事公益诉讼案(2022年12月26日发布);最高人民法院指导案例第212号:刘某桂非法采矿刑事附带民事公益诉讼案(2023年10月20日发布);最高人民法院指导案例第213号:黄某辉,陈某等8人非法捕捞水产品刑事附带民事公益诉讼案(2023年10月20日发布);最高人民法院指导案例第215号:昆明闽某纸业有限责任公司等污染环境刑事附带民事公益诉讼案(2023年10月20日发布);等等。

② 这些指导性案例包括了:最高人民检察院指导案例第175号:张业强等人非法集资案(2023年5月11日发布);最高人民检察院指导案例第176号:郭四江、徐维伦等人伪造货币案(2023年5月11日发布);最高人民检察院指导案例第177号:孙炮东非法经营案(2023年5月11日发布);最高人民检察院指导案例第178号:王某等人故意伤害等犯罪二审抗诉案(2023年6月25日发布);最高人民检察院指导案例第187号:沈某某、郑某某贪污案(2023年7月31日发布);最高人民检察院指导案例第188号:桑某某利用未公开信息交易案(2023年7月31日发布);最高人民检察院指导案例第189号:李某等人挪用公款案(2023年7月31日发布);最高人民检察院指导案例第190号:宋某某违规出具金融票证、违法发放贷款、非国家工作人员受贿案(2023年7月31日发布);最高人民检察院指导案例第192号:周某某与项某某、李某某著作权权属、侵权纠纷等系列虚假诉讼监督案(2023年7月27日发布);最高人民检察院指导案例第193号:梁业不、王正航等17人侵犯著作权案(2023年7月27日发布);最高人民检察院指导案例第194号:上海某公司、许林、陶伟侵犯著作权案(2023年7月27日发布);最高人民检察院指导案例第195号:罪犯向某假释监督案(2023年10月16日发布);最高人民检察院指导案例第196号:罪犯杨某某假释监督案(2023年10月16日发布);最高人民检察院指导案例第197号:罪犯刘某某假释监督案(2023年10月16日发布);最高人民检察院指导案例第198号:罪犯邹某某假释监督案(2023年10月16日发布);最高人民检察院指导案例第199号:罪犯唐某假释监督案(2023年10月16日发布);最高人民检察院指导案例第200号:隋某某利用网络猥亵儿童、强奸、敲诈勒索、制作、贩卖、传播淫秽物品牟利案(2024年2月22日发布);最高人民检察院指导案例第201号:姚某某个人网络诈骗案(2024年2月22日发布);最高人民检察院指导案例第202号:仇某某利用网络侵犯公民个人信息案(2024年2月22日发布);最高人民检察院指导案例第203号:李某某帮助信息网络犯罪活动案(2024年2月22日发布);等等。

③ 参见陈兴良、张军、胡云腾主编:《人民法院刑事指导案例裁判要旨通纂》(上下卷·第三版),北京大学出版社2023年版。

一定的取舍。

在栏目上,本书保留了【立法沿革】【条文说明】【司法解释】【司法解释性文件】【指导性案例】【公报案例】与【参考案例】,删除了【立法理由】与【附属刑法】,这两个栏目的割舍主要是基于效率的考量。同时,为凸显本书的快速索引功能,此次《注释刑法小全书》简编还删除了【参考案例】的说理部分,仅保留裁判要旨或关键词,读者如需检索更多信息,请参阅《注释刑法全书》①相应内容。

在内容上,本书更新并扩充了自2022年以来的《刑法修正案(十二)》、司法解释、司法解释性文件、指导性案例与参考案例等。

在篇幅上,为便于读者携带,本书成品尺寸由《注释刑法全书》的185mm×260mm缩编为130mm×185mm,全书1500多页,300多万字;较《注释刑法全书》减少近1000页,200万字。

自《注释刑法全书》出版以来,我们受到了各方的鼓励与批评,碍于时间与精力等因素,很多想法目前尚未能够贯彻落实,刑法工具书的编纂工作实属不易,可谓是一项"未竟的工作"。基于此,本书中的不当、疏漏之处在所难免,恳请学界与实务界同仁批评指正。

编者于2024年7月

---

① 参见陈兴良、刘树德、王芳凯:《注释刑法全书》,北京大学出版社2022年版。

凡 例

一、本书内容

针对我国现行刑法,本书分别从立法、司法以及学说三个层面逐条呈现注释内容:

1. **立法层面**。除收录相关立法解释之外,本书还以1997年刑法作为时间轴的起始点,结合历年的刑法修正案,如实展现我国刑法自1997年以来的变迁过程。本书还收录了由全国人大常委会法制工作委员会刑法室王爱立主编的《中华人民共和国刑法条文说明、立法理由及相关规定》中的条文说明。

2. **司法层面**。本书以碎片化的处理方式收录了相关的司法解释和司法解释性文件,进而如实呈现我国司法实践的真正面貌。本书还收录了不同类型的相关案例,包括指导性案例、公报案例以及参考案例。

3. **学说层面**。本书引用了我国目前主要刑法教科书和重要期刊论文,以此来佐证或评析实务见解,从而实现学说与实务的对话。

二、本书结构

1. 设置了【单行刑法】【立法解释】【立法解释性文件】【立法沿革】【条文说明】【司法解释】【司法解释性文件】【指导性案例】【公报案例】以及【参考案例】栏目。

2.【条文说明】栏目,以黑体字标出关键字,使用者能够快速找到相关内容。

3.【立法解释】【立法解释性文件】【司法解释】【司法解释性文件】栏目,提取各条文的关键字,并以黑体字形式置于条文之前,使用者可以快速了解条文的主旨。在条文正文之后，简要标注了该条文在相关法律文件中的条文序号，以方便使用者精确引用。

4.【指导性案例】【公报案例】【参考案例】栏目，分别收录了由最高人民法院、最高人民检察院以指导性案例形式分批发布的案例，在《最高人民法院公报》上刊登的案例，以及由陈兴良、张军和胡云腾主编的《人民法院刑事指导案例裁判要旨通纂》（第三版）中的相关案例。本书摘录各案例的裁判要旨或关键字并标注案例的出处。

（1）最高人民法院发布的指导案例。例如，最高人民法院指导案例第225号：江某某正当防卫案（2024年5月30日发布）。

（2）最高人民检察院发布的指导性案例。例如，最高人民检察院指导性案例第201号：姚某某等人网络诈骗案（2024年2月22日发布）。

（3）《最高人民法院公报》案例。例如，石景龙污染环境案（《最高人民法院公报》2023年第9期）。

（4）参考案例。收入本书的参考案例选自《人民法院刑事指导案例裁判要旨通纂》（第三版，陈兴良、张军、胡云腾主编），其中的编号为该书中裁判要旨的编号，含义如下：

编号	编号含义
NO.4-232-1	《刑法》分则第四章第232条（故意杀人罪）下第一个裁判要旨
NO.3-8-225-1	《刑法》分则第三章第八节第225条（非法经营罪）下第一个裁判要旨
NO.3-5-194(1)-1	《刑法》分则第三章第五节第194条第1款（票据诈骗罪）下第一个裁判要旨
NO.2-114、115(1)-1-1	《刑法》分则第二章第114条、第115条第1款第一个罪名（放火罪）下第一个裁判要旨

三、案例索引

为方便使用者查询案例，本书附有案例索引。

四、主题词索引

为方便使用者按主题词查询、阅读，本书附有主题词索引。

五、资料更新

本书文献资料收录截止日期为 2024 年 6 月 30 日,为方便读者查阅和及时更新,本书配备数据库"燕大法律智库",由刑法专业人士负责维护、更新,读者可通过电脑端(网址:https://www.angle-online.com)或者手机端扫描扉页二维码访问。

六、专用信箱

为与广大使用者及时交流互动,本书设置专用信箱(168@mail.angle-online.com),收集各方意见与建议,并及时反馈。

简 目

总 则

- 第一章 刑法的任务、基本原则和适用范围 ………………… 0003
- 第二章 犯 罪 ………………… 0019
  - 第一节 犯罪和刑事责任 ………………… 0019
  - 第二节 犯罪的预备、未遂和中止 ………………… 0043
  - 第三节 共同犯罪 ………………… 0049
  - 第四节 单位犯罪 ………………… 0057
- 第三章 刑 罚 ………………… 0065
  - 第一节 刑罚的种类 ………………… 0065
  - 第二节 管 制 ………………… 0073
  - 第三节 拘 役 ………………… 0087
  - 第四节 有期徒刑、无期徒刑 ………………… 0091
  - 第五节 死 刑 ………………… 0094
  - 第六节 罚 金 ………………… 0102
  - 第七节 剥夺政治权利 ………………… 0106
  - 第八节 没收财产 ………………… 0110
- 第四章 刑罚的具体运用 ………………… 0114
  - 第一节 量 刑 ………………… 0114
  - 第二节 累 犯 ………………… 0127
  - 第三节 自首和立功 ………………… 0131
  - 第四节 数罪并罚 ………………… 0147

第五节	缓　刑	0155
第六节	减　刑	0168
第七节	假　释	0182
第八节	时　效	0198

第五章　其他规定 …… 0207

分　则

第一章　危害国家安全罪 …… 0225
第二章　危害公共安全罪 …… 0241
第三章　破坏社会主义市场经济秩序罪 …… 0355
 第一节　生产、销售伪劣商品罪 …… 0355
 第二节　走私罪 …… 0399
 第三节　妨害对公司、企业的管理秩序罪 …… 0434
 第四节　破坏金融管理秩序罪 …… 0473
 第五节　金融诈骗罪 …… 0562
 第六节　危害税收征管罪 …… 0598
 第七节　侵犯知识产权罪 …… 0624
 第八节　扰乱市场秩序罪 …… 0664
第四章　侵犯公民人身权利、民主权利罪 …… 0718
第五章　侵犯财产罪 …… 0823
第六章　妨害社会管理秩序罪 …… 0912
 第一节　扰乱公共秩序罪 …… 0912
 第二节　妨害司法罪 …… 1058
 第三节　妨害国(边)境管理罪 …… 1105
 第四节　妨害文物管理罪 …… 1116
 第五节　危害公共卫生罪 …… 1131
 第六节　破坏环境资源保护罪 …… 1154
 第七节　走私、贩卖、运输、制造毒品罪 …… 1204
 第八节　组织、强迫、引诱、容留、介绍卖淫罪 …… 1252
 第九节　制作、贩卖、传播淫秽物品罪 …… 1265

第七章 危害国防利益罪 …………………………………………… 1283
第八章 贪污贿赂罪 ………………………………………………… 1306
第九章 渎职罪 ……………………………………………………… 1369
第十章 军人违反职责罪 …………………………………………… 1442

附 则

案例索引 ……………………………………………………………… 1479
主题词索引 …………………………………………………………… 1529

详 目

总 则

第一章 刑法的任务、基本原则和适用范围

第一条 【立法目的与根据】 …………… 0003

第二条 【刑法的任务】 …………………… 0004

第三条 【罪刑法定原则】 ………………… 0005

第四条 【法律面前人人平等原则】 …… 0007

第五条 【罪责刑相适应原则】 …………… 0007

第六条 【属地管辖原则】 ………………… 0008

第七条 【属人管辖原则】 ………………… 0009

第八条 【保护管辖原则】 ………………… 0010

第九条 【普遍管辖原则】 ………………… 0011

第十条 【域外刑事判决的消极承认】 …… 0011

第十一条 【外交特权和豁免权】 ………… 0012

第十二条 【从旧从轻原则】 ……………… 0012

第二章 犯 罪

第一节 犯罪和刑事责任

第十三条 【犯罪的概念】 ………………… 0019

第十四条 【故意犯罪】 …………………… 0020

第十五条 【过失犯罪】 …………………… 0022

第十六条 【不可抗力和意外事件】 ……… 0023

第十七条 【刑事责任年龄】 ……………… 0024

　　　　第十七条之一　【刑事责任年龄：老年人犯罪】…………………0031
　　　　第十八条　【特殊人员的刑事责任能力】…………………………0032
　　　　第十九条　【又聋又哑的人或盲人的刑事责任】…………………0034
　　　　第二十条　【正当防卫】……………………………………………0034
　　　　第二十一条　【紧急避险】…………………………………………0042
　第二节　犯罪的预备、未遂和中止
　　　　第二十二条　【犯罪预备】…………………………………………0043
　　　　第二十三条　【犯罪未遂】…………………………………………0045
　　　　第二十四条　【犯罪中止】…………………………………………0047
　第三节　共同犯罪
　　　　第二十五条　【共同犯罪】…………………………………………0049
　　　　第二十六条　【主犯】………………………………………………0052
　　　　第二十七条　【从犯】………………………………………………0054
　　　　第二十八条　【胁从犯】……………………………………………0055
　　　　第二十九条　【教唆犯】……………………………………………0056
　第四节　单位犯罪
　　　　第三十条　【单位犯罪】……………………………………………0057
　　　　第三十一条　【单位犯罪的处罚原则】……………………………0063

第三章　刑　罚
　第一节　刑罚的种类
　　　　第三十二条　【刑罚的种类】………………………………………0065
　　　　第三十三条　【主刑的种类】………………………………………0065
　　　　第三十四条　【附加刑的种类】……………………………………0066
　　　　第三十五条　【驱逐出境】…………………………………………0067
　　　　第三十六条　【赔偿经济损失与民事优先原则】…………………0068
　　　　第三十七条　【免予刑事处罚与非刑罚性处置措施】……………0069
　　　第三十七条之一　【从业禁止】……………………………………0071
　第二节　管制
　　　　第三十八条　【管制的期限与管制刑的执行】……………………0073
　　　　第三十九条　【管制犯的义务、劳动报酬】………………………0086

         第四十条　【管制的解除】 ………………………………………… 0087
         第四十一条　【管制刑期的计算和折抵】 ………………………… 0087
    第三节　拘　役
         第四十二条　【拘役的期限】 ……………………………………… 0087
         第四十三条　【拘役的执行】 ……………………………………… 0088
         第四十四条　【拘役的刑期计算与折抵】 ………………………… 0089
    第四节　有期徒刑、无期徒刑
         第四十五条　【有期徒刑的期限】 ………………………………… 0091
         第四十六条　【有期徒刑与无期徒刑的执行】 …………………… 0092
         第四十七条　【有期徒刑的刑期计算与折抵】 …………………… 0093
    第五节　死　刑
         第四十八条　【死刑、死缓的适用条件与核准程序】 …………… 0094
         第四十九条　【不适用死刑的对象】 ……………………………… 0097
         第五十条　【死缓的法律后果】 …………………………………… 0098
         第五十一条　【死缓的期间及减为有期徒刑的刑期计算】 ……… 0101
    第六节　罚　金
         第五十二条　【罚金数额的决定根据】 …………………………… 0102
         第五十三条　【罚金的缴纳、减免】 ……………………………… 0104
    第七节　剥夺政治权利
         第五十四条　【剥夺政治权利的内容】 …………………………… 0106
         第五十五条　【剥夺政治权利的期限】 …………………………… 0107
         第五十六条　【剥夺政治权利的适用对象】 ……………………… 0108
         第五十七条　【对死刑、无期徒刑罪犯剥夺政治权利的期限】 … 0109
         第五十八条　【剥夺政治权利的刑期计算、效力与执行】 ……… 0109
    第八节　没收财产
         第五十九条　【没收财产】 ………………………………………… 0110
         第六十条　【正当债务的偿还】 …………………………………… 0112

第四章　刑罚的具体运用
    第一节　量　刑
         第六十一条　【量刑根据】 ………………………………………… 0114

	第六十二条	【从重、从轻处罚】	0119
	第六十三条	【减轻处罚】	0120
	第六十四条	【追缴违法所得、没收违禁品和供犯罪所用的本人财物】	0122

第二节 累 犯

第六十五条 【一般累犯】 0127
第六十六条 【特别累犯】 0130

第三节 自首和立功

第六十七条 【自首与坦白】 0131
第六十八条 【立功】 0142

第四节 数罪并罚

第六十九条 【判决宣告前一人犯数罪的并罚】 0147
第七十条 【判决宣告后刑罚执行完毕前发现漏罪的并罚】 0150
第七十一条 【判决宣告后刑罚执行完毕前又犯新罪的并罚】 0152

第五节 缓 刑

第七十二条 【缓刑的适用条件、禁止令与附加刑的执行】 0155
第七十三条 【缓刑考验期限】 0161
第七十四条 【不适用缓刑的对象】 0162
第七十五条 【缓刑犯应遵守的规定】 0162
第七十六条 【社区矫正与缓刑考验合格的处理】 0163
第七十七条 【缓刑的撤销】 0165

第六节 减 刑

第七十八条 【减刑的适用条件与限度】 0168
第七十九条 【减刑程序】 0177
第八十条 【无期徒刑减刑的刑期计算】 0182

第七节 假 释

第八十一条 【假释的适用条件】 0182
第八十二条 【假释程序】 0190
第八十三条 【假释考验期限与计算】 0193
第八十四条 【假释犯应遵守的规定】 0193
第八十五条 【社区矫正与假释考验期满的处理】 0194

　　　　第八十六条【假释的撤销】·· 0196
　　第八节　时　效
　　　　第八十七条【追诉期限】·· 0198
　　　　第八十八条【不受追诉时效限制的情形】·································· 0202
　　　　第八十九条【追诉期限的计算】·· 0204

第五章　其他规定
　　　　第九十条【民族自治地方对本法的变通或补充规定】··················· 0207
　　　　第九十一条【公共财产】·· 0208
　　　　第九十二条【公民私人所有的财产】·· 0209
　　　　第九十三条【国家工作人员】·· 0210
　　　　第九十四条【司法工作人员】·· 0214
　　　　第九十五条【重伤】··· 0214
　　　　第九十六条【违反国家规定】·· 0215
　　　　第九十七条【首要分子】·· 0216
　　　　第九十八条【告诉才处理】··· 0217
　　　　第九十九条【以上、以下、以内】··· 0217
　　　　第一百条【前科报告义务】··· 0218
　　　　第一百零一条【总则的适用】·· 0221

分　则

第一章　危害国家安全罪
　　　　第一百零二条【背叛国家罪】·· 0225
　　　　第一百零三条【分裂国家罪】【煽动分裂国家罪】······················· 0226
　　　　第一百零四条【武装叛乱、暴乱罪】·· 0228
　　　　第一百零五条【颠覆国家政权罪】【煽动颠覆国家政权罪】············ 0230
　　　　第一百零六条【与境外勾结的从重处罚规定】···························· 0232
　　　　第一百零七条【资助危害国家安全犯罪活动罪】·························· 0232
　　　　第一百零八条【投敌叛变罪】·· 0233
　　　　第一百零九条【叛逃罪】·· 0234

第一百一十条	【间谍罪】	0235
第一百一十一条	【为境外窃取、刺探、收买、非法提供国家秘密、情报罪】	0236
第一百一十二条	【资敌罪】	0239
第一百一十三条	【本章之罪死刑、没收财产的适用】	0239

第二章 危害公共安全罪

第一百一十四条	【放火罪】【决水罪】【爆炸罪】【投放危险物质罪】【以危险方法危害公共安全罪】	0241
第一百一十五条	【放火罪】【决水罪】【爆炸罪】【投放危险物质罪】【以危险方法危害公共安全罪】【失火罪】【过失决水罪】【过失爆炸罪】【过失投放危险物质罪】【过失以危险方法危害公共安全罪】	0247
第一百一十六条	【破坏交通工具罪】	0253
第一百一十七条	【破坏交通设施罪】	0254
第一百一十八条	【破坏电力设备罪】【破坏易燃易爆设备罪】	0255
第一百一十九条	【破坏交通工具罪】【破坏交通设施罪】【破坏电力设备罪】【破坏易燃易爆设备罪】【过失损坏交通工具罪】【过失损坏交通设施罪】【过失损坏电力设备罪】【过失损坏易燃易爆设备罪】	0257
第一百二十条	【组织、领导、参加恐怖组织罪】	0259
第一百二十条之一	【帮助恐怖活动罪】	0263
第一百二十条之二	【准备实施恐怖活动罪】	0266
第一百二十条之三	【宣扬恐怖主义、极端主义、煽动实施恐怖活动罪】	0268
第一百二十条之四	【利用极端主义破坏法律实施罪】	0271
第一百二十条之五	【强制穿戴宣扬恐怖主义、极端主义服饰、标志罪】	0273
第一百二十条之六	【非法持有宣扬恐怖主义、极端主义物品罪】	0275
第一百二十一条	【劫持航空器罪】	0277
第一百二十二条	【劫持船只、汽车罪】	0279
第一百二十三条	【暴力危及飞行安全罪】	0279
第一百二十四条	【破坏广播电视设施、公用电信设施罪】【过失损坏广	

　　　　　　　　　播电视设施、公用电信设施罪】············· 0280
　　第一百二十五条　【非法制造、买卖、运输、邮寄、储存枪支、弹药、爆炸
　　　　　　　　　物罪】【非法制造、买卖、运输、储存危险物质罪】········· 0285
　　第一百二十六条　【违规制造、销售枪支罪】······················· 0292
　　第一百二十七条　【盗窃、抢夺枪支、弹药、爆炸物、危险物质罪】【抢劫枪支、
　　　　　　　　　弹药、爆炸物、危险物质罪】······················· 0294
　　第一百二十八条　【非法持有、私藏枪支、弹药罪】【非法出租、出借枪
　　　　　　　　　支罪】······································ 0296
　　第一百二十九条　【丢失枪支不报罪】··························· 0300
　　第一百三十条　　【非法携带枪支、弹药、管制刀具、危险物品危及公共
　　　　　　　　　安全罪】···································· 0301
　　第一百三十一条　【重大飞行事故罪】··························· 0304
　　第一百三十二条　【铁路运营安全事故罪】······················· 0305
　　第一百三十三条　【交通肇事罪】······························· 0306
　第一百三十三条之一　【危险驾驶罪】······························· 0313
　第一百三十三条之二　【妨害安全驾驶罪】··························· 0321
　　第一百三十四条　【重大责任事故罪】【强令、组织他人违章冒险作业罪】···· 0323
　第一百三十四条之一　【危险作业罪】······························· 0331
　　第一百三十五条　【重大劳动安全事故罪】························· 0335
　第一百三十五条之一　【大型群众性活动重大安全事故罪】··············· 0338
　　第一百三十六条　【危险物品肇事罪】···························· 0340
　　第一百三十七条　【工程重大安全事故罪】························ 0344
　　第一百三十八条　【教育设施重大安全事故罪】···················· 0346
　　第一百三十九条　【消防责任事故罪】···························· 0349
　第一百三十九条之一　【不报、谎报安全事故罪】······················ 0351

第三章　破坏社会主义市场经济秩序罪
　第一节　生产、销售伪劣商品罪
　　第一百四十条　　【生产、销售伪劣产品罪】······················· 0355
　　第一百四十一条　【生产、销售、提供假药罪】····················· 0363
　　第一百四十二条　【生产、销售、提供劣药罪】····················· 0369

第一百四十二条之一　【妨害药品管理罪】 ⋯⋯⋯⋯⋯⋯⋯⋯⋯⋯⋯⋯ 0373
第一百四十三条　【生产、销售不符合安全标准的食品罪】 ⋯⋯⋯⋯⋯⋯ 0376
第一百四十四条　【生产、销售有毒、有害食品罪】 ⋯⋯⋯⋯⋯⋯⋯⋯ 0382
第一百四十五条　【生产、销售不符合标准的医用器材罪】 ⋯⋯⋯⋯⋯ 0389
第一百四十六条　【生产、销售不符合安全标准的产品罪】 ⋯⋯⋯⋯⋯ 0392
第一百四十七条　【生产、销售伪劣农药、兽药、化肥、种子罪】 ⋯⋯ 0394
第一百四十八条　【生产、销售不符合卫生标准的化妆品罪】 ⋯⋯⋯⋯ 0396
第一百四十九条　【生产、销售伪劣产品的犯罪的其他情形及其处罚的规定】 ⋯⋯⋯⋯⋯⋯⋯⋯⋯⋯⋯⋯⋯⋯⋯⋯⋯⋯⋯⋯⋯⋯⋯⋯⋯⋯ 0397
第一百五十条　【单位犯本节之罪的处罚规定】 ⋯⋯⋯⋯⋯⋯⋯⋯⋯⋯ 0398

第二节　走私罪

第一百五十一条　【走私武器、弹药罪】【走私核材料罪】【走私假币罪】【走私文物罪】【走私贵重金属罪】【走私珍贵动物、珍贵动物制品罪】【走私国家禁止进出口的货物、物品罪】 ⋯⋯⋯⋯⋯ 0399
第一百五十二条　【走私淫秽物品罪】【走私废物罪】 ⋯⋯⋯⋯⋯⋯⋯ 0413
第一百五十三条　【走私普通货物、物品罪】 ⋯⋯⋯⋯⋯⋯⋯⋯⋯⋯⋯ 0418
第一百五十四条　【走私普通货物、物品罪】 ⋯⋯⋯⋯⋯⋯⋯⋯⋯⋯⋯ 0427
第一百五十五条　【以走私罪论处的情形】 ⋯⋯⋯⋯⋯⋯⋯⋯⋯⋯⋯⋯ 0430
第一百五十六条　【走私罪共犯】 ⋯⋯⋯⋯⋯⋯⋯⋯⋯⋯⋯⋯⋯⋯⋯⋯ 0431
第一百五十七条　【对武装掩护走私和以暴力、威胁方法抗拒缉私犯罪的处罚】 ⋯⋯⋯⋯⋯⋯⋯⋯⋯⋯⋯⋯⋯⋯⋯⋯⋯⋯⋯⋯⋯⋯⋯⋯ 0432

第三节　妨害对公司、企业的管理秩序罪

第一百五十八条　【虚报注册资本罪】 ⋯⋯⋯⋯⋯⋯⋯⋯⋯⋯⋯⋯⋯⋯ 0434
第一百五十九条　【虚假出资、抽逃出资罪】 ⋯⋯⋯⋯⋯⋯⋯⋯⋯⋯⋯ 0436
第一百六十条　【欺诈发行证券罪】 ⋯⋯⋯⋯⋯⋯⋯⋯⋯⋯⋯⋯⋯⋯⋯ 0439
第一百六十一条　【违规披露、不披露重要信息罪】 ⋯⋯⋯⋯⋯⋯⋯⋯ 0442
第一百六十二条　【妨害清算罪】 ⋯⋯⋯⋯⋯⋯⋯⋯⋯⋯⋯⋯⋯⋯⋯⋯ 0445
第一百六十二条之一　【隐匿、故意销毁会计凭证、会计帐簿、财务会计报告罪】 ⋯⋯⋯⋯⋯⋯⋯⋯⋯⋯⋯⋯⋯⋯⋯⋯⋯⋯⋯⋯⋯⋯⋯⋯ 0447
第一百六十二条之二　【虚假破产罪】 ⋯⋯⋯⋯⋯⋯⋯⋯⋯⋯⋯⋯⋯⋯ 0449
第一百六十三条　【非国家工作人员受贿罪】 ⋯⋯⋯⋯⋯⋯⋯⋯⋯⋯⋯ 0450

第一百六十四条　【对非国家工作人员行贿罪】【对外国公职人员、国际
　　　　　　　　　　公共组织官员行贿罪】·················· 0455
　　第一百六十五条　【非法经营同类营业罪】·················· 0458
　　第一百六十六条　【为亲友非法牟利罪】·················· 0460
　　第一百六十七条　【签订、履行合同失职被骗罪】·············· 0462
　　第一百六十八条　【国有公司、企业、事业单位人员失职罪】【国有公司、企业、
　　　　　　　　　　事业单位人员滥用职权罪】················ 0464
　　第一百六十九条　【徇私舞弊低价折股、出售公司、企业资产罪】······ 0467
　第一百六十九条之一　【背信损害上市公司利益罪】··············· 0469
　第四节　破坏金融管理秩序罪
　　第一百七十条　【伪造货币罪】······················· 0473
　　第一百七十一条　【出售、购买、运输假币罪】【金融工作人员购买假币、
　　　　　　　　　　以假币换取货币罪】··················· 0477
　　第一百七十二条　【持有、使用假币罪】·················· 0481
　　第一百七十三条　【变造货币罪】····················· 0484
　　第一百七十四条　【擅自设立金融机构罪】【伪造、变造、转让金融机构经营
　　　　　　　　　　许可证、批准文件罪】·················· 0486
　　第一百七十五条　【高利转贷罪】····················· 0490
　第一百七十五条之一　【骗取贷款、票据承兑、金融票证罪】··········· 0492
　　第一百七十六条　【非法吸收公众存款罪】················· 0494
　　第一百七十七条　【伪造、变造金融票证罪】················ 0507
　第一百七十七条之一　【妨害信用卡管理罪】【窃取、收买、非法提供信用卡
　　　　　　　　　　信息罪】······················ 0509
　　第一百七十八条　【伪造、变造国家有价证券罪】【伪造、变造股票、公司、
　　　　　　　　　　企业债券罪】····················· 0515
　　第一百七十九条　【擅自发行股票、公司、企业债券罪】··········· 0516
　　第一百八十条　【内幕交易、泄露内幕信息罪】【利用未公开信息交
　　　　　　　　　　易罪】······················· 0519
　　第一百八十一条　【编造并传播证券、期货交易虚假信息罪】【诱骗投资者
　　　　　　　　　　买卖证券、期货合约罪】················ 0531
　　第一百八十二条　【操纵证券、期货市场罪】················ 0534

第一百八十三条	【保险公司工作人员骗取保险金的处理】	0541
第一百八十四条	【金融机构工作人员受贿的处理】	0542
第一百八十五条	【金融机构工作人员挪用资金的处理】	0543
第一百八十五条之一	【背信运用受托财产罪】【违法运用资金罪】	0545
第一百八十六条	【违法发放贷款罪】	0547
第一百八十七条	【吸收客户资金不入帐罪】	0550
第一百八十八条	【违规出具金融票证罪】	0551
第一百八十九条	【对违法票据承兑、付款、保证罪】	0554
第一百九十条	【逃汇罪】	0555
第一百九十一条	【洗钱罪】	0557

第五节 金融诈骗罪

第一百九十二条	【集资诈骗罪】	0562
第一百九十三条	【贷款诈骗罪】	0572
第一百九十四条	【票据诈骗罪】【金融凭证诈骗罪】	0575
第一百九十五条	【信用证诈骗罪】	0580
第一百九十六条	【信用卡诈骗罪】	0582
第一百九十七条	【有价证券诈骗罪】	0590
第一百九十八条	【保险诈骗罪】	0592
第一百九十九条	【删除】	0595
第二百条	【单位犯本节规定之罪的处罚规定】	0596

第六节 危害税收征管罪

第二百零一条	【逃税罪】	0598
第二百零二条	【抗税罪】	0602
第二百零三条	【逃避追缴欠税罪】	0603
第二百零四条	【骗取出口退税罪】	0605
第二百零五条	【虚开增值税专用发票、用于骗取出口退税、抵扣税款发票罪】	0607
第二百零五条之一	【虚开发票罪】	0612
第二百零六条	【伪造、出售伪造的增值税专用发票罪】	0613
第二百零七条	【非法出售增值税专用发票罪】	0616

第二百零八条 【非法购买增值税专用发票、购买伪造的增值税专用发票罪】 ………………………………………………………… 0617

第二百零九条 【非法制造、出售非法制造的用于骗取出口退税、抵扣税款发票罪】【非法制造、出售非法制造的发票罪】【非法出售用于骗取出口退税、抵扣税款发票罪】【非法出售发票罪】 ………………………………………………………… 0618

第二百一十条 【盗窃、骗取增值税专用发票或者其他相关发票的处罚规定】 …………………………………………………………… 0621

第二百一十条之一 【持有伪造的发票罪】 ……………………… 0622

第二百一十一条 【单位犯本节规定之罪的处罚规定】 ……… 0623

第二百一十二条 【优先追缴税款、出口退税款】 …………… 0624

第七节 侵犯知识产权罪

第二百一十三条 【假冒注册商标罪】 ………………………… 0624

第二百一十四条 【销售假冒注册商标的商品罪】 …………… 0632

第二百一十五条 【非法制造、销售非法制造的注册商标标识罪】 …… 0637

第二百一十六条 【假冒专利罪】 ……………………………… 0640

第二百一十七条 【侵犯著作权罪】 …………………………… 0643

第二百一十八条 【销售侵权复制品罪】 ……………………… 0652

第二百一十九条 【侵犯商业秘密罪】 ………………………… 0655

第二百一十九条之一 【为境外窃取、刺探、收买、非法提供商业秘密罪】 …… 0661

第二百二十条 【单位犯本节规定之罪的处罚规定】 ………… 0663

第八节 扰乱市场秩序罪

第二百二十一条 【损害商业信誉、商品声誉罪】 …………… 0664

第二百二十二条 【虚假广告罪】 ……………………………… 0665

第二百二十三条 【串通投标罪】 ……………………………… 0668

第二百二十四条 【合同诈骗罪】 ……………………………… 0670

第二百二十四条之一 【组织、领导传销活动罪】 …………… 0674

第二百二十五条 【非法经营罪】 ……………………………… 0679

第二百二十六条 【强迫交易罪】 ……………………………… 0702

第二百二十七条 【伪造、倒卖伪造的有价票证罪】【倒卖车票、船票罪】 …… 0706

第二百二十八条 【非法转让、倒卖土地使用权罪】 ………… 0708

第二百二十九条	【提供虚假证明文件罪】【出具证明文件重大失实罪】	0710
第二百三十条	【逃避商检罪】	0715
第二百三十一条	【单位犯本节规定之罪的处罚规定】	0716

第四章 侵犯公民人身权利、民主权利罪

第二百三十二条	【故意杀人罪】	0718
第二百三十三条	【过失致人死亡罪】	0726
第二百三十四条	【故意伤害罪】	0728
第二百三十四条之一	【组织出卖人体器官罪】	0738
第二百三十五条	【过失致人重伤罪】	0740
第二百三十六条	【强奸罪】	0741
第二百三十六条之一	【负有照护职责人员性侵罪】	0748
第二百三十七条	【强制猥亵、侮辱罪】【猥亵儿童罪】	0750
第二百三十八条	【非法拘禁罪】	0754
第二百三十九条	【绑架罪】	0758
第二百四十条	【拐卖妇女、儿童罪】	0763
第二百四十一条	【收买被拐卖的妇女、儿童罪】	0770
第二百四十二条	【妨害公务罪】【聚众阻碍解救被收买的妇女、儿童罪】	0773
第二百四十三条	【诬告陷害罪】	0774
第二百四十四条	【强迫劳动罪】	0776
第二百四十四条之一	【雇用童工从事危重劳动罪】	0777
第二百四十五条	【非法搜查罪】【非法侵入住宅罪】	0780
第二百四十六条	【侮辱罪】【诽谤罪】	0782
第二百四十七条	【刑讯逼供罪】【暴力取证罪】	0789
第二百四十八条	【虐待被监管人罪】	0791
第二百四十九条	【煽动民族仇恨、民族歧视罪】	0793
第二百五十条	【出版歧视、侮辱少数民族作品罪】	0794
第二百五十一条	【非法剥夺公民宗教信仰自由罪】【侵犯少数民族风俗习惯罪】	0795
第二百五十二条	【侵犯通信自由罪】	0796
第二百五十三条	【私自开拆、隐匿、毁弃邮件、电报罪】	0796

第二百五十三条之一	【侵犯公民个人信息罪】	0798
第二百五十四条	【报复陷害罪】	0806
第二百五十五条	【打击报复会计、统计人员罪】	0807
第二百五十六条	【破坏选举罪】	0808
第二百五十七条	【暴力干涉婚姻自由罪】	0810
第二百五十八条	【重婚罪】	0811
第二百五十九条	【破坏军婚罪】	0812
第二百六十条	【虐待罪】	0813
第二百六十条之一	【虐待被监护、看护人罪】	0816
第二百六十一条	【遗弃罪】	0818
第二百六十二条	【拐骗儿童罪】	0819
第二百六十二条之一	【组织残疾人、儿童乞讨罪】	0820
第二百六十二条之二	【组织未成年人进行违反治安管理活动罪】	0821

第五章 侵犯财产罪

第二百六十三条	【抢劫罪】	0823
第二百六十四条	【盗窃罪】	0838
第二百六十五条	【盗窃罪】	0853
第二百六十六条	【诈骗罪】	0854
第二百六十七条	【抢夺罪】	0872
第二百六十八条	【聚众哄抢罪】	0877
第二百六十九条	【抢劫罪】	0878
第二百七十条	【侵占罪】	0881
第二百七十一条	【职务侵占罪】	0883
第二百七十二条	【挪用资金罪】	0889
第二百七十三条	【挪用特定款物罪】	0894
第二百七十四条	【敲诈勒索罪】	0896
第二百七十五条	【故意毁坏财物罪】	0902
第二百七十六条	【破坏生产经营罪】	0905
第二百七十六条之一	【拒不支付劳动报酬罪】	0907

第六章 妨害社会管理秩序罪

第一节 扰乱公共秩序罪

第二百七十七条 【妨害公务罪】【袭警罪】……0912

第二百七十八条 【煽动暴力抗拒法律实施罪】……0918

第二百七十九条 【招摇撞骗罪】……0920

第二百八十条 【伪造、变造、买卖国家机关公文、证件、印章罪】【盗窃、抢夺、毁灭国家机关公文、证件、印章罪】【伪造公司、企业、事业单位、人民团体印章罪】【伪造、变造、买卖身份证件罪】……0922

第二百八十条之一 【使用虚假身份证件、盗用身份证件罪】……0930

第二百八十条之二 【冒名顶替罪】……0933

第二百八十一条 【非法生产、买卖警用装备罪】……0935

第二百八十二条 【非法获取国家秘密罪】【非法持有国家绝密、机密文件、资料、物品罪】……0936

第二百八十三条 【非法生产、销售专用间谍器材、窃听、窃照专用器材罪】……0939

第二百八十四条 【非法使用窃听、窃照专用器材罪】……0940

第二百八十四条之一 【组织考试作弊罪】【非法出售、提供试题、答案罪】【代替考试罪】……0941

第二百八十五条 【非法侵入计算机信息系统罪】【非法获取计算机信息系统数据、非法控制计算机信息系统罪】【提供侵入、非法控制计算机信息系统程序、工具罪】……0947

第二百八十六条 【破坏计算机信息系统罪】……0953

第二百八十六条之一 【拒不履行信息网络安全管理义务罪】……0959

第二百八十七条 【利用计算机实施相关犯罪的处罚规定】……0965

第二百八十七条之一 【非法利用信息网络罪】……0966

第二百八十七条之二 【帮助信息网络犯罪活动罪】……0971

第二百八十八条 【扰乱无线电通讯管理秩序罪】……0977

第二百八十九条 【聚众"打砸抢"的处罚规定】……0981

第二百九十条 【聚众扰乱社会秩序罪】【聚众冲击国家机关罪】【扰乱国家机关工作秩序罪】【组织、资助非法聚集罪】……0981

第二百九十一条 【聚众扰乱公共场所秩序、交通秩序罪】……… 0985
第二百九十一条之一 【投放虚假危险物质罪】【编造、故意传播虚假恐怖信息罪】【编造、故意传播虚假信息罪】……… 0987
第二百九十一条之二 【高空抛物罪】……… 0991
第二百九十二条 【聚众斗殴罪】……… 0993
第二百九十三条 【寻衅滋事罪】……… 0996
第二百九十三条之一 【催收非法债务罪】……… 1005
第二百九十四条 【组织、领导、参加黑社会性质组织罪】【入境发展黑社会组织罪】【包庇、纵容黑社会性质组织罪】……… 1007
第二百九十五条 【传授犯罪方法罪】……… 1032
第二百九十六条 【非法集会、游行、示威罪】……… 1034
第二百九十七条 【非法携带武器、管制刀具、爆炸物参加集会、游行、示威罪】……… 1035
第二百九十八条 【破坏集会、游行、示威罪】……… 1036
第二百九十九条 【侮辱国旗、国徽、国歌罪】……… 1036
第二百九十九条之一 【侵害英雄烈士名誉、荣誉罪】……… 1038
第三百条 【组织、利用会道门、邪教组织、利用迷信破坏法律实施罪】【组织、利用会道门、邪教组织、利用迷信致人重伤、死亡罪】……… 1041
第三百零一条 【聚众淫乱罪】【引诱未成年人聚众淫乱罪】……… 1045
第三百零二条 【盗窃、侮辱、故意毁坏尸体、尸骨、骨灰罪】……… 1046
第三百零三条 【赌博罪】【开设赌场罪】【组织参与国(境)外赌博罪】……… 1047
第三百零四条 【故意延误投递邮件罪】……… 1057

第二节 妨害司法罪

第三百零五条 【伪证罪】……… 1058
第三百零六条 【辩护人、诉讼代理人毁灭证据、伪造证据、妨害作证罪】……… 1060
第三百零七条 【妨害作证罪】【帮助毁灭、伪造证据罪】……… 1061
第三百零七条之一 【虚假诉讼罪】……… 1063
第三百零八条 【打击报复证人罪】……… 1071

第三百零八条之一 【泄露不应公开的案件信息罪】【披露、报道不应公开的案件信息罪】 1072

第三百零九条 【扰乱法庭秩序罪】 1074

第三百一十条 【窝藏、包庇罪】 1076

第三百一十一条 【拒绝提供间谍犯罪、恐怖主义犯罪、极端主义犯罪证据罪】 1078

第三百一十二条 【掩饰、隐瞒犯罪所得、犯罪所得收益罪】 1080

第三百一十三条 【拒不执行判决、裁定罪】 1095

第三百一十四条 【非法处置查封、扣押、冻结的财产罪】 1100

第三百一十五条 【破坏监管秩序罪】 1101

第三百一十六条 【脱逃罪】【劫夺被押解人员罪】 1102

第三百一十七条 【组织越狱罪】【暴动越狱罪】【聚众持械劫狱罪】 1103

第三节　妨害国(边)境管理罪

第三百一十八条 【组织他人偷越国(边)境罪】 1105

第三百一十九条 【骗取出境证件罪】 1108

第三百二十条 【提供伪造、变造的出入境证件罪】【出售出入境证件罪】 1109

第三百二十一条 【运送他人偷越国(边)境罪】 1111

第三百二十二条 【偷越国(边)境罪】 1113

第三百二十三条 【破坏界碑、界桩罪】【破坏永久性测量标志罪】 1115

第四节　妨害文物管理罪

第三百二十四条 【故意损毁文物罪】【故意损毁名胜古迹罪】【过失损毁文物罪】 1116

第三百二十五条 【非法向外国人出售、赠送珍贵文物罪】 1119

第三百二十六条 【倒卖文物罪】 1121

第三百二十七条 【非法出售、私赠文物藏品罪】 1124

第三百二十八条 【盗掘古文化遗址、古墓葬罪】【盗掘古人类化石、古脊椎动物化石罪】 1126

第三百二十九条 【抢夺、窃取国有档案罪】【擅自出卖、转让国有档案罪】 1129

第五节 危害公共卫生罪

- 第三百三十条 【妨害传染病防治罪】 ······ 1131
- 第三百三十一条 【传染病菌种、毒种扩散罪】 ······ 1135
- 第三百三十二条 【妨害国境卫生检疫罪】 ······ 1137
- 第三百三十三条 【非法组织卖血罪】【强迫卖血罪】 ······ 1139
- 第三百三十四条 【非法采集、供应血液、制作、供应血液制品罪】【采集、供应血液、制作、供应血液制品事故罪】 ······ 1140
- 第三百三十四条之一 【非法采集人类遗传资源、走私人类遗传资源材料罪】 ······ 1143
- 第三百三十五条 【医疗事故罪】 ······ 1145
- 第三百三十六条 【非法行医罪】【非法进行节育手术罪】 ······ 1146
- 第三百三十六条之一 【非法植入基因编辑、克隆胚胎罪】 ······ 1150
- 第三百三十七条 【妨害动植物防疫、检疫罪】 ······ 1151

第六节 破坏环境资源保护罪

- 第三百三十八条 【污染环境罪】 ······ 1154
- 第三百三十九条 【非法处置进口的固体废物罪】【擅自进口固体废物罪】 ······ 1165
- 第三百四十条 【非法捕捞水产品罪】 ······ 1168
- 第三百四十一条 【危害珍贵、濒危野生动物罪】【非法狩猎罪】【非法猎捕、收购、运输、出售陆生野生动物罪】 ······ 1172
- 第三百四十二条 【非法占用农用地罪】 ······ 1180
- 第三百四十二条之一 【破坏自然保护地罪】 ······ 1184
- 第三百四十三条 【非法采矿罪】【破坏性采矿罪】 ······ 1186
- 第三百四十四条 【危害国家重点保护植物罪】 ······ 1193
- 第三百四十四条之一 【非法引进、释放、丢弃外来入侵物种罪】 ······ 1197
- 第三百四十五条 【盗伐林木罪】【滥伐林木罪】【非法收购、运输盗伐、滥伐的林木罪】 ······ 1198
- 第三百四十六条 【单位犯本节之罪的处罚规定】 ······ 1203

第七节 走私、贩卖、运输、制造毒品罪

- 第三百四十七条 【走私、贩卖、运输、制造毒品罪】 ······ 1204
- 第三百四十八条 【非法持有毒品罪】 ······ 1224

第三百四十九条 【包庇毒品犯罪分子罪】【窝藏、转移、隐瞒毒品、
　　　　　　　　毒赃罪】……………………………………………… 1229
第三百五十条 【非法生产、买卖、运输制毒物品、走私制毒物品罪】…… 1231
第三百五十一条 【非法种植毒品原植物罪】……………………………… 1238
第三百五十二条 【非法买卖、运输、携带、持有毒品原植物种子、
　　　　　　　　幼苗罪】……………………………………………… 1240
第三百五十三条 【引诱、教唆、欺骗他人吸毒罪】【强迫他人吸毒罪】…… 1241
第三百五十四条 【容留他人吸毒罪】……………………………………… 1242
第三百五十五条 【非法提供麻醉药品、精神药品罪】…………………… 1244
第三百五十五条之一 【妨害兴奋剂管理罪】……………………………… 1246
第三百五十六条 【再犯本节之罪的从重处罚规定】……………………… 1248
第三百五十七条 【毒品的定义及其数量计算】…………………………… 1249

第八节 组织、强迫、引诱、容留、介绍卖淫罪

第三百五十八条 【组织卖淫罪】【强迫卖淫罪】【协助组织卖淫罪】…… 1252
第三百五十九条 【引诱、容留、介绍卖淫罪】【引诱幼女卖淫罪】……… 1258
第三百六十条 【传播性病罪】……………………………………………… 1261
第三百六十一条 【特定单位的人员组织、强迫、引诱、容留、介绍他人卖淫
　　　　　　　　的处罚规定】………………………………………… 1263
第三百六十二条 【特定单位的人员为违法犯罪分子通风报信的处罚
　　　　　　　　规定】………………………………………………… 1264

第九节 制作、贩卖、传播淫秽物品罪

第三百六十三条 【制作、复制、出版、贩卖、传播淫秽物品牟利罪】【为他人
　　　　　　　　提供书号出版淫秽书刊罪】………………………… 1265
第三百六十四条 【传播淫秽物品罪】【组织播放淫秽音像制品罪】…… 1274
第三百六十五条 【组织淫秽表演罪】……………………………………… 1279
第三百六十六条 【单位犯本节之罪的处罚规定】………………………… 1280
第三百六十七条 【淫秽物品的定义】……………………………………… 1281

第七章 危害国防利益罪

第三百六十八条 【阻碍军人执行职务罪】【阻碍军事行动罪】………… 1283
第三百六十九条 【破坏武器装备、军事设施、军事通信罪】【过失损坏武器

条文	罪名	页码
	装备、军事设施、军事通信罪】	1284
第三百七十条	【故意提供不合格武器装备、军事设施罪】【过失提供不合格武器装备、军事设施罪】	1288
第三百七十一条	【聚众冲击军事禁区罪】【聚众扰乱军事管理区秩序罪】	1289
第三百七十二条	【冒充军人招摇撞骗罪】	1291
第三百七十三条	【煽动军人逃离部队罪】【雇用逃离部队军人罪】	1293
第三百七十四条	【接送不合格兵员罪】	1294
第三百七十五条	【伪造、变造、买卖武装部队公文、证件、印章罪】【盗窃、抢夺武装部队公文、证件、印章罪】【非法生产、买卖武装部队制式服装罪】【伪造、盗窃、买卖、非法提供、非法使用武装部队专用标志罪】	1295
第三百七十六条	【战时拒绝、逃避征召、军事训练罪】【战时拒绝、逃避服役罪】	1299
第三百七十七条	【战时故意提供虚假敌情罪】	1300
第三百七十八条	【战时造谣扰乱军心罪】	1301
第三百七十九条	【战时窝藏逃离部队军人罪】	1302
第三百八十条	【战时拒绝、故意延误军事订货罪】	1303
第三百八十一条	【战时拒绝军事征收、征用罪】	1304

第八章 贪污贿赂罪

第三百八十二条	【贪污罪】	1306
第三百八十三条	【贪污罪的处罚】	1318
第三百八十四条	【挪用公款罪】	1324
第三百八十五条	【受贿罪】	1332
第三百八十六条	【受贿罪的处罚】	1346
第三百八十七条	【单位受贿罪】	1346
第三百八十八条	【斡旋受贿的处罚】	1348
第三百八十八条之一	【利用影响力受贿罪】	1349
第三百八十九条	【行贿罪】	1351
第三百九十条	【行贿罪的处罚规定】	1353

第三百九十条之一 【对有影响力的人行贿罪】……… 1357
第三百九十一条 【对单位行贿罪】……… 1359
第三百九十二条 【介绍贿赂罪】……… 1360
第三百九十三条 【单位行贿罪】……… 1362
第三百九十四条 【贪污罪】……… 1364
第三百九十五条 【巨额财产来源不明罪】【隐瞒境外存款罪】……… 1364
第三百九十六条 【私分国有资产罪】【私分罚没财物罪】……… 1366

第九章 渎职罪

第三百九十七条 【滥用职权罪】【玩忽职守罪】……… 1369
第三百九十八条 【故意泄露国家秘密罪】【过失泄露国家秘密罪】……… 1379
第三百九十九条 【徇私枉法罪】【民事、行政枉法裁判罪】【执行判决、裁定失职罪】【执行判决、裁定滥用职权罪】……… 1382
第三百九十九条之一 【枉法仲裁罪】……… 1388
第四百条 【私放在押人员罪】【失职致使在押人员脱逃罪】……… 1389
第四百零一条 【徇私舞弊减刑、假释、暂予监外执行罪】……… 1392
第四百零二条 【徇私舞弊不移交刑事案件罪】……… 1394
第四百零三条 【滥用管理公司、证券职权罪】……… 1397
第四百零四条 【徇私舞弊不征、少征税款罪】……… 1399
第四百零五条 【徇私舞弊发售发票、抵扣税款、出口退税罪】【违法提供出口退税证罪】……… 1401
第四百零六条 【国家机关工作人员签订、履行合同失职被骗罪】……… 1404
第四百零七条 【违法发放林木采伐许可证罪】……… 1406
第四百零八条 【环境监管失职罪】……… 1408
第四百零八条之一 【食品药品监管渎职罪】……… 1411
第四百零九条 【传染病防治失职罪】……… 1414
第四百一十条 【非法批准征收、征用、占用土地罪】【非法低价出让国有土地使用权罪】……… 1417
第四百一十一条 【放纵走私罪】……… 1421
第四百一十二条 【商检徇私舞弊罪】【商检失职罪】……… 1423
第四百一十三条 【动植物检疫徇私舞弊罪】【动植物检疫失职罪】……… 1425

第四百一十四条 【放纵制售伪劣商品犯罪行为罪】…… 1428
第四百一十五条 【办理偷越国(边)境人员出入境证件罪】【放行偷越国(边)境人员罪】…… 1430
第四百一十六条 【不解救被拐卖、绑架妇女、儿童罪】【阻碍解救被拐卖、绑架妇女、儿童罪】…… 1432
第四百一十七条 【帮助犯罪分子逃避处罚罪】…… 1434
第四百一十八条 【招收公务员、学生徇私舞弊罪】…… 1437
第四百一十九条 【失职造成珍贵文物损毁、流失罪】…… 1439

第十章 军人违反职责罪

第四百二十条 【军人违反职责罪的概念】…… 1442
第四百二十一条 【战时违抗命令罪】…… 1443
第四百二十二条 【隐瞒、谎报军情罪】【拒传、假传军令罪】…… 1444
第四百二十三条 【投降罪】…… 1445
第四百二十四条 【战时临阵脱逃罪】…… 1446
第四百二十五条 【擅离、玩忽军事职守罪】…… 1447
第四百二十六条 【阻碍执行军事职务罪】…… 1448
第四百二十七条 【指使部属违反职责罪】…… 1449
第四百二十八条 【违令作战消极罪】…… 1450
第四百二十九条 【拒不救援友邻部队罪】…… 1451
第四百三十条 【军人叛逃罪】…… 1453
第四百三十一条 【非法获取军事秘密罪】【为境外窃取、刺探、收买、非法提供军事秘密罪】…… 1454
第四百三十二条 【故意泄露军事秘密罪】【过失泄露军事秘密罪】…… 1455
第四百三十三条 【战时造谣惑众罪】…… 1456
第四百三十四条 【战时自伤罪】…… 1457
第四百三十五条 【逃离部队罪】…… 1458
第四百三十六条 【武器装备肇事罪】…… 1459
第四百三十七条 【擅自改变武器装备编配用途罪】…… 1460
第四百三十八条 【盗窃、抢夺武器装备、军用物资罪】…… 1462
第四百三十九条 【非法出卖、转让武器装备罪】…… 1463

第四百四十条　【遗弃武器装备罪】 …………………………………… 1464
　　第四百四十一条　【遗失武器装备罪】 ………………………………… 1465
　　第四百四十二条　【擅自出卖、转让军队房地产罪】 ………………… 1466
　　第四百四十三条　【虐待部属罪】 ……………………………………… 1467
　　第四百四十四条　【遗弃伤病军人罪】 ………………………………… 1468
　　第四百四十五条　【战时拒不救治伤病军人罪】 ……………………… 1468
　　第四百四十六条　【战时残害居民、掠夺居民财物罪】 ……………… 1469
　　第四百四十七条　【私放俘虏罪】 ……………………………………… 1470
　　第四百四十八条　【虐待俘虏罪】 ……………………………………… 1471
　　第四百四十九条　【战时缓刑】 ………………………………………… 1471
　　第四百五十条　【本章适用的主体范围】 ……………………………… 1472
　　第四百五十一条　【战时的含义】 ……………………………………… 1472

附　则

　　第四百五十二条　【本法的施行日期、相关法律的废止与保留】 …… 1477

案例索引 ……………………………………………………………………… 1479
主题词索引 …………………………………………………………………… 1529

总　则

第一章 刑法的任务、基本原则和适用范围

第一条 【立法目的与根据】
为了惩罚犯罪，保护人民，根据宪法，结合我国同犯罪作斗争的具体经验及实际情况，制定本法。

【条文说明】

本条是关于立法目的和根据的规定。

刑法和其他法律一样，是建立在一定的社会经济基础之上的上层建筑的一部分，是社会经济基础的反映。根据我国宪法的规定，我国是实行人民民主专政的社会主义国家。因此，本条在有关制定刑法的目的和立法根据的规定中明确体现了我国刑法的本质特征。

本条主要规定了以下两方面的内容：

1. **制定刑法的目的**。制定刑法的目的就是为了"惩罚犯罪，保护人民"。"**惩罚犯罪**"，就是通过刑法，规定什么是犯罪，哪些行为是犯罪，犯什么罪应受到什么样的惩罚，对任何触犯刑法规定的犯罪分子，依照刑法的规定追究其刑事责任。为惩罚犯罪提供法律武器，这是制定刑法的目的之一。"保护人民"是制定刑法的根本目的，这里所说的"**保护人民**"，不仅是指保护公民个人的人身权利、民主权利、财产权利等合法权利不受侵犯，也包括代表人民根本利益的国家安全、社会主义政治制度、社会主义经济基础、稳定的社会秩序不遭到破坏。

2. **制定刑法的依据**。制定刑法的依据有两个：

一是**宪法依据**。宪法是国家的根本法，是治国安邦的总章程，是党和人民意志的集中体现。宪法是其他一切法律的制定基础。刑法事关国家、社会和人民安全，事关对犯罪公民的人身权、财产权等的剥夺，必然要以宪法为根本遵循。宪法关于国家维护社会秩序、镇压叛国和其他危害国家安全的犯罪活动，制裁危害社会治安、破坏社会主义经济和其他犯罪的活动，惩办和改造犯罪分子的规定；关于国家的政治、经济的基本制度的规定；关于保护社会主义的公共财产、公民合法的私有财产的规定；关于保护人身权利、民主权利和其他公民基本权利和义务的规定；关于国家尊重和保障人权的规定等，都是制定和修改刑法的依据。宪法序言中所确定的指引中国革命走向胜利并取得社会主义事业成就的马克思列宁主义、毛泽东思想、邓小平理论、"三个代表"重要思想、科学发展观、习近平新时代中国特色社会主义思想，也都是制定和修改我国刑法的指导思想和依据。

二是**我国同犯罪作斗争的具体经验及实际情况**，即实践根据。中华人民共和国成立以来，我国在同各种刑事犯罪的斗争中，曾制定了《惩治反革命条例》《惩治贪污条例》等单行刑事法规，特别是1979年制定了我国第一部刑法，随着实际情况的发展，全国人大常委会又通过了一系列决定和补充规定，对刑法加以修改和补充，以及在其他有关行政法律、经济法律中所作的附属刑法规定。这些法律法规的制定和实施，对加强和巩固人民民主专政政权，保障社会主义事业的顺利进行都发挥了很大的作用，并积累了同犯罪作斗争的大量经验。同时，随着我国改革开放和社会主义市场经济的不断深入进行，国内外敌对势力对我国的渗透、颠覆活动也从未停止。随着经济社会的发展，预防和惩治犯罪方面也出现了一些新的犯罪形式和情况。因此，需要不断总结我国同犯罪作斗争的具体经验，针对实践中出现的新的犯罪，根据我国实际情况，对刑法不断加以完善。这里需要注意的是，根据长期预防和惩治犯罪斗争实践和我国的实际，我国在惩办与宽大相结合的刑事政策基础上，逐步总结经验并确立了**宽严相济的基本刑事政策**，这一刑事政策是我国与犯罪作斗争的实践经验的重要组成部分，符合我国的实际情况，体现了我们在同犯罪作斗争的过程中，对于犯罪与刑罚的规律性认识的不断深化，体现了不断趋于科学化和理性化的犯罪观与刑罚观，这

些也都是制定刑法的重要思想来源和依据。1997年修订的刑法**删去了本条中"依照惩办与宽大相结合的政策"的规定**,这一修改较好地处理了法律与政策的关系。同时,相关刑事政策及发展形成的宽严相济刑事政策,是我们实践中应当长期坚持的基本刑事政策。刑法立法工作也应当坚持宽严相济,在确定是否将某种行为规定为犯罪时,要根据各方面意见,进行综合、全方位的论证,要考察行为的社会危害性、行为的普遍性、刑罚的有效性;要考虑刑罚的正当性、合理性和比例原则;要考虑刑罚负面作用和附随后果,如犯罪标签对行为人未来再社会化的影响等,保持刑罚的最后手段性和替代手段可能性;要考虑立法技术上能否通过解释法律解决、适用上界限能否划清、刑法的打击面、执法ική法本等。

1997年以来的历次刑法修正案贯彻宽严相济刑事政策,明确将该基本刑事政策作为**立法的重要指导思想**。如关于《刑法修正案(八)(草案)》的说明中提出"进一步落实宽严相济刑事政策,对刑法作出必要的调整和修改";关于《刑法修正案(九)(草案)》的说明中提出"坚持宽严相济的刑事政策,维护社会公平正义,对社会危害严重的犯罪惩处力度不减,保持高压态势。同时,对一些社会危害较轻或者有从轻情节的犯罪,留下从宽处置的余地和空间";关于《刑法修正案(十一)(草案)》的说明中进一步提出"进一步贯彻宽严相济刑事政策,适应国家治理体系和治理能力现代化的要求,把握犯罪产生、发展和预防惩治的规律,注重社会系统治理和综合施策……对能够通过行政、民事责任和经济社会管理等手段有效解决的矛盾,不作为犯罪处理,防止内部矛盾激化,避免不必要的刑罚扩张"。

第二条 【刑法的任务】
中华人民共和国刑法的任务,是用刑罚同一切犯罪行为作斗争,以保卫国家安全,保卫人民民主专政的政权和社会主义制度,保护国有财产和劳动群众集体所有的财产,保护公民私人所有的财产,保护公民的人身权利、民主权利和其他权利,维护社会秩序、经济秩序,保障社会主义建设事业的顺利进行。

【条文说明】

本条是关于制定刑法的任务的规定。

刑法是一个国家的基本法律。刑法的任务与国家的政权性质,与其政治、经济、社会制度,以及历史文化传统、发展阶段、现实国情紧密相关。刑法的任务也是依据宪法规定确定的。宪法所要保护的国家、社会制度,以及公民的基本权利,需要刑法和其他法律共同保障落实。本条关于刑法任务的规定在宪法中都有相应规定。

根据本条规定,**我国刑法的任务**是用刑罚同一切犯罪行为作斗争,以保卫国家安全,保卫人民民主专政的政权和社会主义制度,保护国有财产和劳动群众集体所有的财产,保护公民私人所有的财产,保护公民的人身权利、民主权利和其他权利,维护社会秩序、经济秩序,保障社会主义建设事业的顺利进行。刑法任务的实现手段是通过运用刑罚同一切犯罪行为作斗争。这是刑法与其他部门法相区别的一个重要特征,即以刑罚这种特殊恐怖力作为预防和惩治犯罪的手段。**刑罚**是剥夺人身自由、财产等权利的严厉手段,根据我国刑法规定,包括死刑、无期徒刑、有期徒刑、拘役、管制等主刑,以及没收财产、罚金、剥夺政治权利等附加刑。通过刑罚手段惩罚和教育犯罪人、消除其人身危险性和再犯罪能力,进而与犯罪作斗争。同时,其他法律也会在有关资格、职业禁止、行政处罚等方面对违法行为作出规定,其中不少手段也依法适用于犯罪人,因而也是运用法律手段惩处和预防犯罪的重要手段。在此意义上,刑法和其他行政管理法律等,共同起到维护人民利益、维护国家、社会安全和法秩序的重要作用。刑法的具体任务有以下几个方面:

1. **保卫国家安全、保卫人民民主专政的政权和社会主义制度。**我国的国家安全、人民民主专政的政权和社会主义制度,是我国人民经过长期革命斗争取得的,是我国宪法确立的国家政治、经济制度,是我国进行改革开放和社会主义现代化建设的根本保证。《宪法》第二十八条规定:"国家维护社会秩序,镇压叛国和其他危害国家安全的犯罪活动,制裁危害社会治安、破坏社会主义经济和其他破坏的活动,惩办和改造犯罪分子。"《国家安全法》第二条规定:"国家安全是指国家政权、主权、统一和领土完整、人民福祉、经济社会可持续发展和国家其他重大利益相对处于没有危险和不受内外威胁的状态,以及保障持续安全状态的能力。"因此,用刑罚方法同一切组织、策划、实施武装叛乱、武装暴乱、颠覆国家政权、推翻社会主义制度,勾结外国危害我国主权、领土完整和安全,组织、策划、实施分裂国家、破坏国家统一等犯罪作斗争,是刑法一项很重要的任务。刑法的打击锋芒,首先指向这类最严重的犯罪,这也是符合国家和人民最根本利益的。

2. **保护国有财产和劳动群众集体所有的财产,保护公民私人所有的财产**。国家所有的财产和劳动群众集体所有的财产,作为公共财产,是社会主义的物质基础,是进行社会主义现代化建设的物质保证。根据宪法关于公共财产神圣不可侵犯的规定,刑法保护国有财产和劳动群众集体所有的财产,具有特别重要的意义。公民私人所有的财产,是公民生产、工作、生活所必需的物质条件,同样受国家法律保护。《宪法》第十三条第一、二款规定:"公民的合法的私有财产不受侵犯。国家依照法律规定保护公民的私有财产权和继承权。"因此,刑法将侵犯公民私人所有的财产的行为规定为犯罪,并规定了相应的处罚。《刑法》第九十二条规定:"本法所称公民私人所有的财产,是指下列财产:(一)公民的合法收入、储蓄、房屋和其他生活资料;(二)依法归个人、家庭所有的生产资料;(三)个体户和私营企业的合法财产;(四)依法归个人所有的股份、股票、债券和其他财产。"另外,《宪法》第十一条规定:"在法律规定范围内的个体经济、私营经济等非公有制经济,是社会主义市场经济的重要组成部分。国家保护个体经济、私营经济等非公有制经济的合法的权利和利益……"《民法典》对法人、非法人组织作为民事主体及其财产作了规定,因此,保护非公有制企业等法人、非法人组织的财产也应当是刑法的一项重要任务。

3. **保护公民的人身权利、民主权利和其他权利**。在我国,人民是国家的主人,我国宪法规定了公民的各项基本权利。人身权利是指公民的生命、健康、人身自由等方面的权利;民主权利是指公民依照法律参加国家管理和政治生活的各项权利;其他权利是指劳动、婚姻自由及老人、儿童不受虐待、遗弃等权利。同侵犯公民人身权利、民主权利的犯罪作斗争,维护公民的合法权益,是刑法的重要任务。

4. **维护社会秩序、经济秩序,保障社会主义建设事业的顺利进行**。我国进行改革开放和社会主义现代化建设,需要稳定的社会秩序和经济秩序,尤其是建立社会主义市场经济,更需要一个良好的经济秩序。因此,维护社会秩序和经济秩序成为刑法的一项重要任务,对于扰乱社会秩序和经济秩序的犯罪,依照刑法予以打击。

从我国刑法立法实践看,刑法与保障社会主义建设事业顺利进行的任务一直相伴相生。特别是伴随着改革开放伟大事业的不断深化,刑法不断发展完善。二十多部单行刑法的制定,1997年修订的刑法,以及十二个刑法修正案,为改革开放和社会主义事业顺利推进打造安全的社会环境,推动和保障金融、财税等各领域改革成果,发挥了重要作用。

第三条 【罪刑法定原则】
法律明文规定为犯罪行为的,依照法律定罪处刑;法律没有明文规定为犯罪行为的,不得定罪处刑。

【条文说明】

本条是关于罪刑法定原则的规定。

我国刑法关于**罪刑法定原则**的表述是具有鲜明的特点和针对性的。本条规定:"**法律明文规定为犯罪行为的,依照法律定罪处刑;法律没有明文规定为犯罪行为的,不得定罪处刑。**"与许多国家规定罪刑法定原则往往注重强调法无明文规定不为罪、法无明文规定不处罚有所不同,这一规定包括两个方面的内容:一方面,**法律规定为犯罪的,要依照刑法的规定定罪处刑**,要求严格执法,既不能不按法律的规定出入人罪,也不能不按法律的规定放纵犯罪。这是根据我国的实际情况作出的规定,强调的是对犯罪的打击和维护社会秩序,保护公民利益;强调的是依照法律规定定罪量刑,而不能法外施刑,定罪量刑要以法律为准绳。[①] 另一方面,**法律没有规定为犯罪的行为,不得定罪处刑**,即法

---

① 劳东燕教授指出,国外立法例一般是从消极层面来界定罪刑法定原则。譬如,《德国刑法典》第一条规定:"行为之处罚,以行为前之法律有明文规定者为限。"参见何赖杰、林钰雄审译:《德国刑法典》,元照出版有限公司2017年版,第2页。但是,中国《刑法》第三条却同时从积极和消极层面来界定罪刑法定原则。就积极层面而言,不能理解为"只要刑法规定(转下页)

无规定不可罚。一种行为无论社会危害性多么严重,只要法律没有规定为犯罪的,都不得定罪处刑。两方面相辅相成,共同构成了我国的罪刑法定原则。

实践中需要注意的是,罪刑法定原则是相对封建社会的罪刑擅断而言的。确立这一原则,是现代刑事法律制度的一大进步。实行这一原则需要做到:一是**重法不溯及既往**。这是罪刑法定原则的必然要求,如果刑法可以任意溯及既往,罪刑法定原则就失去了意义。罪刑法定原则允许有利于被告人的溯及既往。我国《刑法》第十二条在修订前后刑法适用问题上规定,原则上按照行为"当时的法律追究刑事责任,但是如果本法不认为是犯罪或者处刑较轻的",适用修订后的刑法。二是**不搞类推**。1997年刑法已经取消了类推制度,但并不意味着实践中都能够严格坚持罪刑法定原则,在具体案件的处理上完全不会发生类似于类推的做法了。因此,贯彻落实罪刑法定原则就必须在进行法律适用、解释的过程中,坚持禁止类推的精神,正确把握类推解释和扩大解释的界限,前者违反罪刑法定原则,后者在法律用语的含义之内并不违反罪刑法定原则。对于确属刑法没有规定的犯罪,即使认为具有很大危害性,也不能用类推的方法援用其他犯罪规定予以适用刑法加以追究。对于确有必要作为犯罪行为加以规制的,必须通过修改刑法解决。三是**对各种犯罪的构成条件的规定及设定的处罚必须明确**。罪刑法定原则既是司法适用中必须坚守的原则,在刑事立法过程中也同样需要加以认真贯彻。一方面,罪刑法定原则要求对于罪与刑的设定必须通过立法进行。另一方面,立法对罪与刑的设定必须保量具体、明确,罪与非罪的界限,此罪与彼罪的界限应当明晰,便于公民根据法律规定,明确哪些行为不可为,明确相关行为的法律后果。如果立法中不能贯彻罪刑法定原则,法律规定本身不清楚、犯罪界限不明,难以保证司法机关准确适用法律,公正定罪量刑,公民也将无所适从。这些,在根本上都是不符合罪刑法定的要求的。需要注意的是,由于司法实践纷繁复杂,各种犯罪的情况复杂多样,立法毕竟是以抽象的原则性规定描述具体的生活现实,在技术上不可能穷尽实践中各种具体情况,需要留有一定空间,由司法机关根据个案情况,将抽象规定适用于具体案件,这也是刑法中难免有些犯罪规定保留了"兜底项或者

"等"字的原因。总体上看,这样的立法技术和做法并不违反罪刑法定原则,但是确实是贯彻罪刑法定原则的薄弱环节,在适用法律过程中需要特别加以注意。对刑法没有明确列明的行为,按照兜底项或者"等"追究刑事责任,应当与已经列明的行为进行比较,在性质、危害性等方面具有相当性;社会一般人员对于这种相当性具有预测和认知的可能性;必须符合并有助于实现立法设定该罪名的目的即立法的原意;同时,对于该行为作为犯罪追究应当符合比例原则。此外,刑法很多条文规定了"情节严重""后果严重"等犯罪门槛,这是合理划定刑事处罚范围、与行政处罚等相区分的需要,有关司法解释或者规范性文件对此配套了较为具体明确的规定。同时刑法对有关犯罪的处罚也应当是明确的,禁止绝对不定期刑罚。四是**防止法官滥用自由裁量权**。五是**司法解释不能超越法律**。罪刑法定原则,既是刑事立法原则,同时也是刑事司法原则。刑法取消类推,明确规定这个原则,是我国司法人权保障的重大改革和进步,是我国社会主义民主与法制的重大发展,是宪法规定的国家尊重和保障人权这一重要原则的具体实施,归根结底,是全面建设社会主义法治国家题中应有之义和必然要求。

【司法解释性文件】

《准确把握和正确适用依法从严政策》(2010年3月24日公布)

△(罪刑法定原则;从严惩处)罪刑法定、罪刑相适应是刑法的基本准绳,办理任何刑事案件包括严重刑事犯罪案件都必须严格遵守。从严惩处不是无限度的,不是越严越好、越重越好,而是有标准、有限度的。这个标准就是罪刑法定和罪刑相适应的刑法基本原则,就是刑法总则和分则中关于量刑情节和具体犯罪定罪量刑的规定,就是有关司法解释关于具体适用法律问题的规定。司法实践中,不能为了从严而突破法律的幅度和界限,任意或变相加重被告人的刑罚,否则,既不可能实现良好的法律效果,也不可能实现良好的社会效果。

《最高人民检察院司法解释工作规定》(2019年5月5日公布)

△(司法解释)司法解释应当主要针对具体的法律条文,并符合立法的目的、原则和原意。(§3)

(接上页)为犯罪行为,就应当定罪处刑。毋宁说,应将其理解为只有刑法规定为犯罪行为,才能依法定罪处刑。主要原因在于,罪刑法定原则只是限制法无明文规定情形下的入罪,并不限制法有明文规定情形下(根据刑法谦抑性)的出罪。参见陈兴良主编:《刑法总论精释》(第3版),人民法院出版社2016年版,第29—30页。

【参考案例】

No.3-8-225-21 宋宇花非法经营案

行为时的法律已经对行为作出否定性评价，司法解释只是对行为的具体罪状与罪名作出规定的，适用该司法解释不违背罪刑法定原则。

第四条 【法律面前人人平等原则】
对任何人犯罪，在适用法律上一律平等。不允许任何人有超越法律的特权。

【条文说明】

本条是关于法律面前人人平等原则的规定。

法律面前人人平等这一刑法原则有两层含义：一是**要做到刑事司法公正**，即定罪公正、量刑公正、行刑公正。人民法院、人民检察院、公安机关等对任何犯罪的人，不分民族、种族、职业、出身、性别、宗教信仰、教育程度、财产情况、职位高低和功劳大小，都应予以刑事追究，根据法律规定和案件事实予以从宽和从严惩处，不能因案外因素干扰定罪量刑，要公正、平等地适用法律。《人民法院组织法》《人民检察院组织法》《法官法》等法律，对在适用法律上一律平等，不允许任何组织和个人有超越法律的特权也作了明确规定。司法实践中，只有遵守这一原则，严格依法办案，才能维护和实现这一原则。二是**不允许任何人有超越法律的特权**。本条规定具有重要的现实意义。由于封建残余思想、资产阶级腐朽思想的影响，特权思想在一些人中，特别是在少数领导干部中仍有一定市场，以言代法、以权代法的现象仍然存在。党中央提出，平等是社会主义法律的基本属性。绝不允许任何人以任何借口、任何形式以言代法、以权压法、徇私枉法。领导干部都要牢固树立宪法法律至上、法律面前人人平等、权由法定、权依法使等基本法治观念，对各种危害法治、破坏法治、践踏法治的行为要挺身而出、坚决斗争。要牢记法律红线不可逾越、法律底线不可触碰。因此，法律面前人人平等原则，其实质就是反对特权。刑法规定的法律面前人人平等原则，为反对有法不依、执法不严和反对超越法律的任何特权，提供了法律武器。

第五条 【罪责刑相适应原则】
刑罚的轻重，应当与犯罪分子所犯罪行和承担的刑事责任相适应。

【条文说明】

本条是关于罪责刑相适应原则的规定。

罪责刑相适应原则是我国刑法的基本原则之一，是社会主义法治的必然要求。我国刑法的**罪责刑相适应原则**，是指对犯罪规定刑罚和对犯罪分子量刑时，应根据其所犯罪行的性质、情节和对社会的危害程度来决定。这一原则的基本要求是罪重的量刑要重，罪轻的量刑要轻，各个法律条文之间对犯罪刑罚的规定要统一平衡，不能罪重的刑罚比罪轻的刑罚轻，也不能罪轻的刑罚比罪重的刑罚重。显而易见，这一原则是要保证刑罚的公平。

本条所确定的原则，既是刑事立法应遵循的原则，也是刑事司法应遵守的原则。在**制定和修改刑法时**，对于性质严重、社会危害性大的犯罪，对犯罪情节特别严重的，都规定了较重的处刑；对于所犯罪行的性质、情节比较轻的，如过失犯罪等，规定的处刑比较轻。也就是说，罪重，规定的刑罚就重；罪轻，规定的刑罚就轻。同时，也要注意的是，刑罚配置还要考虑预防犯罪等一些因素，对社会危害性的判断应当是全面、综合的，如盗窃罪和故意毁坏财物罪，对于被害人造成的财产损失而言，后者不轻于前者，但刑法对盗窃罪规定了更重刑罚，是考虑到预防犯罪必要性、惩治犯罪需要、社会一般观念对盗窃与故意毁坏财物的危害性评价等各方面因素。**在刑事司法中**也应遵守这个原则，犯多大的罪就应判多重的刑，重罪应重判，轻罪应轻判。对犯罪分子判处的刑罚轻重，应当与其所犯罪行的轻重、罪过大小以及应承担的刑事责任大小相当，不能重罪轻判，判轻了，不利于惩罚犯罪，震慑犯罪分子；也不能轻罪重判，判重了，容易造成犯罪分子对法律和社会的抵触心理，不利于罪犯的改造。因此，必须使罪、责、刑相称，做到重罪重判、轻罪轻判、罚当其罪。

需要注意的是，这一概括比以前罪刑相适应或罪刑相当的表述多了一个"责"字。这就是说，在对一个犯罪行为进行评价、确定刑罚时，不仅要看犯罪的事实、行为性质、所触犯罪名、犯罪手段等情节，还要对行为人在该犯罪中所应承担刑事责任的大小等作出判断，通过综合考量确定相应的刑罚，以实现刑罚的公平，这也是我国刑法理论中认定犯罪和刑罚遵循主客观相统一原则的体现，从而最大限度地发挥刑法预防和惩治犯罪的功能。

第六条　【属地管辖原则】
凡在中华人民共和国领域内犯罪的，除法律有特别规定的以外，都适用本法。
凡在中华人民共和国船舶或者航空器内犯罪的，也适用本法。
犯罪的行为或者结果有一项发生在中华人民共和国领域内的，就认为是在中华人民共和国领域内犯罪。

【条文说明】

本条是关于刑法适用地域范围的规定。
本条共分为三款。
第一款是关于**在中华人民共和国领域内犯罪的，除法律有特别规定的以外，无论是中国公民还是外国人，都适用我国刑法追究其刑事责任的规定**。如《最高人民法院关于审理拐卖妇女案件适用法律有关问题的解释》第二条规定："外国人或者无国籍人拐卖外国妇女到我国境内被查获的，应当根据刑法第六条的规定，适用我国刑法定罪处罚。"
这里所说的"**中华人民共和国领域**"，是指我国境以内的全部区域，具体包括：一是**领陆**，即国境线以内的陆地及其底土的地层；二是**领水**，即内水（内河、内海、内湖以及同外国之间界水的一部分）和领海（我国领海宽度从领海基线量起为十二海里）及其以下的地层；三是**领空**，即领陆和领水之上的空间。
这里所说的"**法律有特别规定的**"，主要是指《刑法》第十一条关于享有外交特权和豁免权的外国人的刑事责任的特别规定，《刑法》第九十条关于民族自治地方制定的变通或者补充刑法的规定，以及其他法律中作出的特别规定，如香港特别行政区、澳门特别行政区基本法中的有关规定，等等。
第二款是关于**在中华人民共和国船舶或者航空器内犯罪，适用我国刑法的规定**。根据国际法一般原则，挂有本国国旗或者在本国注册登记的船舶、航空器，属于本国领土的延伸，不管其航行或者停放在哪里，对在船舶或者航空器内的犯罪，都适用旗国的法律，即国际法上的旗国主义。一些国际法对旗国主义原则作了明确规定，如《联合国打击跨国有组织犯罪公约》第十五条第一款规定，各缔约国在以下情况应具有管辖权：（1）犯罪发生在该缔约国领域内；（2）犯罪发生在犯罪时悬挂该缔约国国旗的船只或已根据该缔约国法律注册的航空器内。《联合国反腐败公约》第四十二条第一款规定："各缔约国均应当在下列情况下采取必要的措施，以确立对根据本公约确立的犯罪的管辖权：（一）犯罪发生在该缔约国领域内；（二）犯罪发生在犯罪时悬挂该缔约国国旗的船只上或者已经根据该缔约国法律注册的航空器内。"我国《民用航空法》第六条第一款规定："经中华人民共和国国务院民用航空主管部门依法进行国籍登记的民用航空器，具有中华人民共和国国籍，由国务院民用航空主管部门发给国籍登记证书。"本条所说的"船舶"和"航空器"（包括飞机和其他航空器），既包括军用也包括民用。我国的船舶、航空器，即使航行或停泊在我国领域以外，也仍属我国管辖，在这些船舶、航空器内犯罪的，也应当适用我国刑法予以追究。
第三款是关于**犯罪行为和犯罪结果不是同时发生在我国领域内的，如何适用刑法的补充性规定**。犯罪行为和犯罪结果都发生在我国领域内，如何适用我国刑法，本条第一款已作了规定。对于犯罪行为或者犯罪结果，只要有一项是发生在我国领域内的，就认为是在我国领域内犯罪，应当适用我国刑法。一部分行为或者一部分结果发生在我国领域内的，我国刑法也有管辖权。这一款规定是对在我国"领域内"犯罪的进一步明确，更有利于打击犯罪，维护国家主权和国家利益。①

---

① 王政勋教授指出，未遂犯没有发生法定的犯罪结果，应将行为人设想（的结果）应当发生之地、犯罪人希望的结果发生地认定为结果发生地。另外，由于共同犯罪行为基于行为人意思联络已经结成一个整体，故而，无论是共犯行为地还是正犯行为地，均应认为是犯罪行为地。参见陈兴良主编：《刑法总论精释》（第3版），人民法院出版社2016年版，第73页。

第一章 刑法的任务、基本原则和适用范围

【司法解释】

《最高人民法院关于审理拐卖妇女案件适用法律有关问题的解释》（法释〔2000〕1号，2000年1月25日起施行）

△（外国人或者无国籍人；拐卖外国妇女；刑法的适用）外国人或者无国籍人拐卖外国妇女到我国境内被查获的，应当根据刑法第六条的规定，适用我国刑法定罪处罚。（§2）

《最高人民法院关于审理发生在我国管辖海域相关案件若干问题的规定（一）》（法释〔2016〕16号，自2016年8月2日起施行）

△（我国管辖海域）本规定所称我国管辖海域，是指中华人民共和国内水、领海、毗连区、专属经济区、大陆架，以及中华人民共和国管辖的其他海域。（§1）

△（非法猎捕、杀害珍贵濒危野生动物或者非法捕捞水产品等犯罪）中国公民或者外国人在我国管辖海域实施非法猎捕、杀害珍贵濒危野生动物或者非法捕捞水产品等犯罪的，依照我国刑法追究刑事责任。（§3）

【参考案例】

No.4-232-124 糯康犯罪集团故意杀人、运输毒品、劫持船只、绑架案

凡在中国船舶和航空器内犯罪，适用我国《刑法》，船舶的归属包括船籍国主义和旗国主义，即在船籍国为我国或者船舶悬挂了我国国旗的船舶上犯罪，中国具有管辖权；此外根据保护管辖原则，外国人在中国领域外对中国国家或者公民犯罪，按照《刑法》规定最低刑为三年以上有期徒刑的，可以适用我国《刑法》，但是按照犯罪地的法律不受处罚的除外。

第七条 【属人管辖原则】

中华人民共和国公民在中华人民共和国领域外犯本法规定之罪的，适用本法，但是按本法规定的最高刑为三年以下有期徒刑的，可以不予追究。

中华人民共和国国家工作人员和军人在中华人民共和国领域外犯本法规定之罪的，适用本法。

【条文说明】

本条是关于我国公民在我国领域外犯罪如何适用刑法的规定。

关于本国刑法在领域外的效力问题，各国刑法多有规定。本条规定的是中国公民在中国领域外犯罪适用本法的规定，针对的是中国公民在外犯罪，即通常所说的**属人管辖原则**。属人管辖原则体现了国家主权、公民与国家的关系，以及公民遵守本国法律的义务。

本条共分为两款。

第一款是关于**中华人民共和国公民在中华人民共和国领域外犯罪如何适用我国刑法的一般性规定**。这里所说的**中华人民共和国公民**，是指具有中华人民共和国国籍的人，包括定居在外国而没有取得外国国籍的华侨和临时出国的人员，以及已经取得我国国籍的外国血统的人。根据我国国籍法的规定，我国不承认双重国籍，定居在外国的中国公民，自愿加入或取得外国国籍的，即自动丧失中国国籍，不再属于中国公民。

根据本条规定，我国公民在我国领域外犯刑法分则规定的任何一种罪的，都要适用我国刑法，追究其刑事责任。但是有一种**例外**，就是所犯的罪，按照刑法分则的规定，最高刑为三年以下有期徒刑的，可以不予追究。对于最高刑，应根据犯罪的情节所应适用的相应法定刑档次的最高刑判断。

第二款是关于**我国国家工作人员和军人在我国领域外犯罪适用我国刑法的规定**。本款是对中华人民共和国公民中的两类人的特别规定。其中所说的**国家工作人员**，是指《刑法》第九十三条规定的人员，即国家机关中从事公务的人员，国有公司、企业、事业单位、人民团体中从事公务的人员和国家机关、国有公司、企业、事业单位委派到非国有公司、企业、事业单位、社会团体从事公务的人员，以及其他依照法律从事公务的人员。**军人**包括中国人民解放军、武装警察的军官和士兵等人员。国家工作人员和军人在我国领域外犯本法分则规定之罪的，都适用我国刑法追究刑事责任，没有任何例外。这一规定，体现了对国家工作人员和军人犯罪从严的精神。需要注意的是，我国刑法对我国公民在我国领域外犯罪的属人管辖并**不以双重犯罪为原则**，与本法第八条针对外国人对我国国家和公民犯罪的保护管辖原则不一样，后者要求双重犯罪原则。

【参考案例】

No.6-1-290(1)-1　陈先贵聚众扰乱社会秩序案

我国公民在国外犯罪,法定最高刑为三年以下有期徒刑,但犯罪情节严重的,应追究刑事责任。

No.6-1-290(1)-2　陈先贵聚众扰乱社会秩序案

我国公民在国外犯罪,法定最高刑为三年以上有期徒刑的,无论被告人实际判处的刑罚高于或者低于三年有期徒刑,均应追究刑事责任。

No.6-1-290(1)-3　陈先贵聚众扰乱社会秩序案

我国公民在国外犯罪的,应由被告人离境前的居住地或者户籍所在地的人民法院管辖。

第八条　【保护管辖原则】

外国人在中华人民共和国领域外对中华人民共和国国家或者公民犯罪,而按本法规定的最低刑为三年以上有期徒刑的,可以适用本法,但是按照犯罪地的法律不受处罚的除外。

【条文说明】

本条是关于外国人在中华人民共和国领域外犯我国刑法规定之罪,如何适用我国刑法的规定。

本条所称外国人,是指具有外国国籍和无国籍的人。根据本条规定,外国人在我国领域外触犯我国刑法,必须同时具备以下条件才能适用我国刑法:

1. **对中华人民共和国国家或者公民犯罪。** 所谓对中华人民共和国国家犯罪,主要是指刑法规定的危害我国国家安全和利益的各种犯罪;所谓对中华人民共和国公民犯罪,主要是指我国刑法规定的侵犯我国公民人身权利、民主权利和其他权利的一些犯罪。这一限制既保护了我国国家与公民的利益,也限制了管辖范围,尊重他国主权。2015年12月27日第十二届全国人大常委会第十八次会议通过的《反恐怖主义法》第十一条对恐怖活动犯罪的保护管辖作了专门规定:"对在中华人民共和国领域外对中华人民共和国国家、公民或者机构实施的恐怖活动犯罪,或者实施的中华人民共和国缔结、参加的国际条约所规定的恐怖activities犯罪,中华人民共和国行使刑事管辖权,依法追究刑事责任。"这一规定体现了我国对国际恐怖活动的严厉打击和打击恐怖主义活动的国际合作。

2. **按刑法规定的最低刑为三年以上有期徒刑的犯罪。** 这是从犯罪的最低法定刑的高低限定是否适用我国刑法。所谓最低刑为三年以上有期徒刑,是指刑法规定的一种罪的最低刑点是三年以上有期徒刑,如《刑法》第一百一十四条的放火罪、决水罪、爆炸罪、投放危险物质罪;第一百五十一条第一款规定的走私武器、弹药罪、走私核材料罪、走私假币罪;第二百三十二条规定的故意杀人罪等,规定的最低起刑点就是三年以上有期徒刑。也就是说,外国人对我国国家或者公民犯较为严重的犯罪的,才适用本法。

3. **根据犯罪地的法律,也认为是犯罪的,才能适用我国刑法。** 如果犯罪地法律不认为是犯罪,或者规定不予处罚的,尽管符合前两个条件,也不能适用我国刑法。这是通常所说的双重犯罪原则。中国人在国外工作生活,从事有关活动应当遵守当地法律,如果当地不认为是犯罪,当是合法的活动,不应按照我国刑法处理。我国《引渡法》第七条第一款也规定了**引渡条件的双重犯罪原则**:"外国向中华人民共和国提出的引渡请求必须同时符合下列条件,才能准予引渡:(一)引渡请求所指的行为,依照中华人民共和国法律和请求国法律均构成犯罪;(二)为了提起刑事诉讼而请求引渡的,根据中华人民共和国法律和请求国法律,对于引渡请求所指的犯罪均可判处一年以上有期徒刑或者其他更重的刑罚;为了执行刑罚而请求引渡的,在提出引渡请求时,被请求引渡人尚未服完的刑期至少为六个月。"

上述三个限制条件,是有机统一、缺一不可的。因为犯罪人是外国人,而且是在我国领域外犯罪,如果没有被我国抓获或者引渡回来,也无法适用我国刑法。因此,不能管得太宽,需要有条件限制。同时,符合上述条件,刑法规定的是"**可以适用本法**",即我国刑法保留管辖权,但不必然追究。因为外国人在外国犯罪,同时符合当地法律属地管辖原则,面临刑事处罚,通常会有刑事管辖冲突,我国是否启动追究,根据案件情况确定。《最高人民法院关于适用〈中华人民共和国刑事诉讼法〉的解释》第十一条规定:"外国人在中华人民共和国领域外对中华人民共和国国家或者公民犯罪,根据《中华人民共和国刑法》应当受处罚的,由该外国人登陆地、入境地或者入境后居住地的人民法院管辖,也可以由被害人离境前居住地或者现居住地的人民法院管辖。"

第九条 【普遍管辖原则】

对于中华人民共和国缔结或者参加的国际条约所规定的罪行,中华人民共和国在所承担条约义务的范围内行使刑事管辖权的,适用本法。

【条文说明】

本条是关于我国刑法普遍管辖原则的规定。

本条所说的**我国缔结或者参加的国际条约所规定的罪行**,是指已经由全国人大常委会批准的我国缔结或者参加的国际条约规定的犯罪,如《关于制止非法劫持航空器的公约》《关于制止危害民用航空安全的非法行为的公约》《防止及惩治灭绝种族罪公约》《联合国海洋法公约》《制止危及海上航行安全非法行为公约》《反对劫持人质国际公约》《联合国禁止非法贩运麻醉药品和精神药物公约》《联合国打击跨国有组织犯罪公约》等,这些国际条约中分别规定了一些国际犯罪,如劫持航空器罪、劫持船舶罪、海盗罪、贩毒罪等。凡参加了这些国际条约的国家,就承担了对这些国际犯罪进行追究的义务。犯了上述罪行的人,在任何一个缔约国,根据条约的规定,该缔约国如果不将罪犯引渡给他国,该国就要行使刑事管辖权,依照该国的法律对犯罪人进行追究。

根据本条规定,我国对这类犯罪行使管辖权的对象,主要是指在我国领域外犯了国际条约所规定的罪而进入我国领域内的外国人。我国行使刑事管辖权的条件是:一是**必须是中华人民共和国缔结或者参加的国际条约中所规定的犯罪**,我国对没有缔结或者参加的国际条约中规定的犯罪,不能行使刑事管辖权;二是**必须是在我国所承担条约义务的范围内**。如果我国对条约中的某些规定声明保留,我国对此就不承担义务。我国缔结或者参加的国际条约中,凡是没有声明保留的规定,都属于我国所承担的义务范围。本条所说的刑事管辖权,是指我国司法机关对此类案件有依法行使侦查、起诉和审判的权利。"**适用本法**"是指行使刑事管辖权的,依照我国刑法的规定作为依据追究刑事责任。《最高人民法院关于适用〈中华人民共和国刑事诉讼法〉的解释》第十二条规定:"对中华人民共和国缔结或者参加的国际条约所规定的罪行,中华人民共和国在所承担条约义务的范围内行使刑事管辖权的,由被告人被抓获地、登陆地或者入境地的人民法院管辖。"

第十条 【域外刑事判决的消极承认】

凡在中华人民共和国领域外犯罪,依照本法应当负刑事责任的,虽然经过外国审判,仍然可以依照本法追究,但是在外国已经受过刑罚处罚的,可以免除或者减轻处罚。

【条文说明】

本条是关于犯罪已经外国法院判决如何适用我国刑法的规定。

本条规定有两个方面的含义:

1. **凡在我国领域外犯罪,依照我国刑法应当负刑事责任的,虽然经过外国审判,仍然可以依照我国刑法处理**。这里所说的在我国"领域外犯罪"的,犯罪主体既包括我国公民,也包括外国人或者无国籍人。规定虽经外国审判,但依照我国刑法应当负刑事责任的,仍然可以依照我国刑法追究,是国家主权原则和保护原则在我国刑法中的体现。从这一原则出发,我国可以不受外国审判的约束。但是,应当注意的是,这里使用的是"可以",而没有用"应当",因此,对于已经外国审判的,还要不要再依照我国刑法处理,需要根据具体案件的具体情况决定,并不要求对于外国已经审判的犯罪,一律再依照我国刑法处理。

2. **对于经过外国审判的案件,如果需要依照我国刑法处理的,凡是在外国已经受过刑罚处罚的,可以免除或者减轻处罚**。这一规定,主要是考虑到行为人已在外国经过审判,受到了刑罚处罚,在依照我国刑法处理时,应当实事求是地对待,根据具体情况,可以对其免除处罚或者减轻处罚。具体在考虑对其是免除处罚还是减轻处罚以及减轻处罚的程度时,可以从其所犯罪行的性质、在外国被判处刑罚的轻重和实际执行刑罚的长短,按照我国刑法可能判处的刑罚的轻重、行为人经过在外国执行刑罚所得到的惩戒和人身危险性减低的情况、判处刑罚的必要性以及刑罚轻重的适当性等方面综合考量。

第十一条 【外交特权和豁免权】
享有外交特权和豁免权的外国人的刑事责任,通过外交途径解决。

【条文说明】

本条是关于享有外交特权和豁免权的外国人刑事责任的规定。

本条规定的"**外交特权和豁免权**",是指一个国家为了保证和便利驻在本国的外交代表、外交代表机关以及外交人员执行职务,而给予他们的一种特殊权利和待遇。这种特殊权利和待遇是各国之间按照平等、相互尊重的原则,根据国际惯例和国际公约、协议相互给予的。如果外国调整我国外交人员的相应待遇,我国也可以根据平等原则相应调整该国驻我国的外交人员的待遇。根据国际公约的精神,全国人大常委会于1986年制定了《外交特权与豁免条例》。

这种**特殊权利和豁免权**包括:人身不可侵犯、办公处、住处和文书档案不可侵犯、免纳税关税、不受驻在国的司法管辖,等等。**享有这种外交特权和豁免权的外国人**主要包括:

1. 外国的国家元首、政府首脑、外交部部长。
2. 外国驻本国的外交代表、大使、公使、代办和同级别的人,具有外交官衔的使馆工作人员(一、二、三等秘书,随员,陆海空武官,商务、文化、新闻参赞或专员)以及他们的家属(配偶、未成年子女)等。
3. 执行职务的外交使差。

4. 根据我国同其他国家订立的条约、协定享受若干特权和豁免权的商务代表。

5. 经我国外交部核定享受若干特权和豁免的下列人员:(1)途经或临时停留在我国境内的各国驻第三国的外交官;(2)各国派来中国参加会议的代表;(3)各国政府来中国的高级官员;(4)按照《联合国宪章》规定和国际公约享受特权和豁免的其他人员。

6. 总领事、领事、副领事、领事代理人、名誉领事和其他领馆人员。

需要注意的是,上述享有外交特权和豁免权的外国人的刑事责任不适用我国刑法刑事管辖权,并不意味着行为不受惩戒,而是不交付我国法院审判,他们的刑事责任通过**外交途径解决**。一般有下列几种方式:(1)要求派遣国召回;(2)建议派遣国依法处理;(3)对罪行严重的,由我国政府宣布其为"不受欢迎的人",限期出境。同时,根据有关国际法和我国《外交特权与豁免条例》第二十五条的规定:"享有外交特权与豁免的人员:(一)应当尊重中国的法律、法规;(二)不得干涉中国的内政;(三)不得在中国境内为私人利益从事任何职业或者商业活动;(四)不得将使馆馆舍和使馆工作人员寓所充作与使馆职务不相符合的用途。"

第十二条 【从旧从轻原则】
中华人民共和国成立以后本法施行以前的行为,如果当时的法律不认为是犯罪的,适用当时的法律;如果当时的法律认为是犯罪的,依照本法总则第四章第八节的规定应当追诉的,按照当时的法律追究刑事责任,但是如果本法不认为是犯罪或者处刑较轻的,适用本法。

本法施行以前,依照当时的法律已经作出的生效判决,继续有效。

【条文说明】

本条是关于我国刑法在时间上的适用范围的规定。

本条共分为两款。

第一款是关于对**1997年刑法生效以前发生的犯罪行为有无溯及力**的规定。对于中华人民共和国成立以后本法施行以前的行为的处理原则,我国刑法采用的是从旧兼从轻原则,即修订后刑法原则上不溯及既往，但修订后刑法对行为人处罚更轻时例外。具体内容有以下两个方面：(1)在1997年修订刑法生效以后发生的一切犯罪行为，都应当适用1997年修订的刑法，1979年刑法和制定的单行刑事法律对新发生的犯罪不再适用。(2)1997年修订的刑法施行后，在民事、经济、行政法律中，关于适用原刑法有关条文追究刑事责任的规定：如果修订的刑法已有具体的罪与刑的规定，原有规定不再适用；如果修订的刑法对原刑法规定的内容没有修改，只是条文序号顺序变了，原规定适用的条文对不上了，应当适用修订后的条文序号；如果在适用中有不明确或者有争议的，可以由全国人大常委会解释；1997年刑法施行以后，对于其生效前发生的行为，如果原有法律不认为是犯罪，1997年刑法认为是犯罪的，如有的计算机犯罪、证券犯罪等，应适用原来的法律，按无罪处理，如果原有法律认为是犯罪，1997年刑法也认为是犯罪，并且"依照本法总则第四章第八节的规定应当追诉的"，应当适用原有法律，但是1997年刑法规定的处罚较轻时应当适用新刑法。也就是说，只有在不认为是犯罪和新刑法较轻这两种情况下，新刑法才能溯及既往。其中"处刑较轻的"，是指刑法对某种犯罪规定的刑罚即法定刑比修订前刑法规定的法定刑为轻。确定法定刑是否属于较轻时，应当先比较修订前后刑法那个规定的法定最高刑更轻；如果法定最高刑相同，则比较法定最低刑哪个较轻。如果刑法规定的某一犯罪只有一个法定刑幅度，法定最高刑或者法定最低刑是指该幅度的最高刑或者最低刑；如果刑法规定的某一犯罪有两个以上的法定刑幅度，法定最高刑或者法定最低刑是指具体犯罪行为应当适用的法定刑幅度的最高刑或者最低刑。1997年10月1日以后审理1997年9月30日以前发生的刑事案件，如果刑法规定的处罚标准、法定刑与修订刑法前相同的，应当适用修订前的刑法。

需要注意的是，本条规定刑法适用上从旧兼从轻是刑法效力范围的一般原则，1997年刑法生效以后，全国人大常委会还通过多个刑法修正案对刑法作出了一系列修改，对于**经刑法修正案修改前后的刑法规定的具体适用，也应当按照这个总体原则进行判断**。其中《刑法修正案(八)》和《刑法修正案(九)》对刑法修改的内容广泛，既有过去不是犯罪行为增加为犯罪行为，过去认定为其他犯罪，在刑法修改后规定为专门犯罪的，也有对总则中刑罚制度的修改，还有其他程序性修改等，情况复杂。因此新的刑法修正案出台后，一般也会发布司法解释，对有关可能存在不同认识的犯罪如何适用作具体规定，如《最高人民法院关于〈中华人民共和国刑法修正案(八)〉时间效力问题的解释》和《最高人民法院关于〈中华人民共和国刑法修正案(九)〉时间效力问题的解释》。(1)**关于以前属于犯罪的为，刑法修改后规定为其他专门罪名的，如何适用刑法的问题**，如考试作弊罪。对于2015年10月31日以前组织考试作弊，为他人组织考试作弊提供作弊器材或者其他帮助，以及非法向他人出售或者提供考试试题、答案，根据修正前刑法应分别以非法获取国家秘密罪，非法生产、销售间谍专用器材罪或者故意泄露国家秘密罪等追究刑事责任的，适用修正前刑法的有关规定。但是，根据修正后《刑法》第二百八十四条之一的规定处刑较轻的，适用修正后刑法的有关规定。又如虚假诉讼犯罪，于2015年10月31日以前以捏造的事实提起民事诉讼，妨害司法秩序或者严重侵害他人合法权益，根据修正前刑法应当以伪造公司、企业、事业单位、人民团体印章罪或者妨害作证罪等追究刑事责任的，适用修正前刑法的有关规定。但是，根据修正后《刑法》第三百零七条之一的规定处刑较轻的，适用修正后刑法的有关规定。实施前述行为，非法占有他人财产或者逃避合法债务，根据修正前刑法应当以诈骗罪、职务侵占罪或者贪污罪等追究刑事责任的，适用修正前刑法的有关规定。(2)**有关程序性规定，适用修正后刑法**，如《刑法修正案(九)》增加的网络侮辱、诽谤的协助提供证据的规定。《最高人民法院关于〈中华人民共和国刑法修正案(九)〉时间效力问题的解释》第四条规定："对于2015年10月31日以前通过信息网络实施的刑法第二百四十六条第一款规定的侮辱、诽谤行为，被害人向人民法院告诉，但提供证据确有困难的，适用修正后刑法第二百四十六条第三款的规定。"关于《刑法修正案(九)》修改的虐待告诉才处理的条件，《最高人民法院关于〈中华人民共和国刑法修正案(九)〉时间效力问题的解释》第五条规定："对于2015年10月31日以前实施的刑法第二百六十条第一款规定的虐待行为，被害人没有能力告诉，或者因受到强制、威吓无法告诉的，适用刑法第二百六十条第三款的规定。"(3)**有关量刑制度的修改，如何适用刑法，应按照从旧兼从轻原则确定**。如关于《刑法修正案(九)》增加的贪污、受贿罪终身监禁的适用，《最高人民法院关于〈中华人民共和国刑法修正案(九)〉时间效力问题的解释》第八条规定："对于2015年10月31日以前实施贪污、受贿行为，罪行极其严重，根据修正前刑法判处死刑缓期执行不能体现罪刑相适应原则，而根据修正后刑法判处死刑缓期执行同时决定在其死刑缓期执行二年期满依法减为无期徒刑后，终身监禁，不得减刑、假释可以罚当其罪的，适用修正后刑法第三百八十三条第四款的规定。根据修正前刑法judge死刑缓期执行是以罚当其罪的，不适用修正后刑法第三百八十三条第四款的规定。"（4）**有关刑罚执行制度的规定。**如《刑法修正案（八）》对无期徒刑实际最低执行刑期作了修改，对此如何适用，《最高人民法院关于〈中华人民共和国刑法修正案（八）〉时间效力问题的解释》第七条规定："2011年4月30日以前犯罪，被判处无期徒刑的罪犯，减刑以后或者假释前实际执行的刑期，适用修正前刑法第七十八条第二款、第八十一条第一款的规定。"

第二款是关于**对已经按原有法律作出的生效判决如何处理**的规定。对于修正后刑法生效以前，依照原法律已经作出的生效判决，既包括有罪判决，也包括无罪判决，仍然是继续有效的判决，不能因修正后刑法的实施而有所改变。依据当时的法律已经作出的生效判决，继续有效。对于由于特定时代、特定原因的一些犯罪，现在看来危害性有所变化的，可以考虑在刑罚执行过程中予以减刑、假释，或者适用特赦制度，但不能因法律修改后对原来的犯罪重新审判。

理解本条规定，需要注意以下三个方面的问题：

1. 关于追诉时效问题修正前后刑法的适用。 关于本条中"依照本法总则第四章第八节的规定应当追诉的，按照当时的法律追究刑事责任"，仅指对行为人如何定罪量刑按当时的法律，还是包括对追诉时效的确定也按当时的法律，司法实践中长期存在不同观点。1997年刑法关于追诉时效的规定，与1979年刑法相比，对具体追诉期限的规定是一样的，如法定最高刑为不满五年有期徒刑的，经过五年不再追诉，法定最高刑为五年以上不满十年有期徒刑的，经过十年不再追诉等。同时，1979年刑法和1997年刑法都规定了报请最高人民检察院核准追诉的程序，因此对特别严重的犯罪案件虽然已过追诉时效，仍可核准追诉。不同的是，1997年《刑法》第八十八条有关不受追诉期限限制的规定，与1979年刑法相应规定相比，降低了不受追诉期限限制的条件，增加了不受追诉期限限制的情形。关于不受追诉时效限制的情形，1979年《刑法》第七十七条规定："**在人民法院、人民检察院、公安机关采取强制措施以后，逃避侦查或者审判的，不受追诉期限的限制。**"1997年《刑法》第八十八条第一款规定："**在人民检察院、公安机关、国家安全机关立案侦查或者在人民法院受理案件以后，逃避侦查或者审判的，不受追诉期限的限制。**"1997年刑法将"采取强制措施以后"修改为"立案侦查或者在人民法院受理案件以后"；同时，1997年刑法还增加了不受追诉期限限制的情形，作为第二款："**被害人在追诉期限内提出控告，人民法院、人民检察院、公安机关应当立案而不予立案的，不受追诉期限的限制。**"因此，与1979年刑法相比，1997年刑法关于不受追诉期限限制的规定重于1979年刑法的规定，对犯罪嫌疑人、被告人更为严厉。因此适用1979年刑法还是1997年刑法关于追诉时效的规定，对一些特定案件是否追诉会有不同结论。应当说，溯及力问题和追诉时效问题二者有内在联系，但属于两个不同的制度。从我国刑法的规定看，**对于追诉时效一直是"从新"的**。1979年《刑法》第九条规定，"如果当时的法律、法令、政策认为是犯罪的，依照本法总则第四章第八节的规定应当追诉的，按照当时的法律、法令、政策追究刑事责任"；1997年《刑法》第十二条第一款沿用了上述表述，规定，"如果当时的法律认为是犯罪的，依照本法总则第四章第八节的规定应当追诉的，按照当时的法律追究刑事责任"。因此，对于1997年刑法实施的行为如何判断时效，刑法的规定是明确的，即适用"**本法**"（1997年刑法）总则第四章第八节的规定。据此，根据本条规定，对1997年刑法施行以前的犯罪行为，1997年刑法施行后在追诉时效期限内，具有"在人民检察院、公安机关、国家安全机关立案侦查或者在人民法院受理案件"或者"被害人在追诉期限内提出控告，人民法院、人民检察院、公安机关应当立案而不予立案"情形的，适用1997年《刑法》第八十八条的规定，不受追诉期限的限制。如果1997年刑法施行时，根据1979年刑法有关追诉期限的规定已超过追诉期限的，不宜再根据1997年刑法的规定追究刑事责任。

2. 对跨越修订刑法施行日期的继续犯罪如何适用法律。 根据《最高人民检察院关于对跨越修订刑法施行日期的继续犯罪、连续犯罪以及其他同种数罪如何具体适用刑法问题的批复》的规定，对于开始于1997年9月30日以前，继续到1997年10月1日以后终了的继续犯罪，应当适用修订刑法一并进行追诉。对于开始于1997年9月30日以前，连续到1997年10月1日以后的连续犯罪，或者在1997年10月1日前后分别实施同种类数罪，其中罪名、构成要件、情节以及法定刑均没有变化的，应当适用修订刑法，一并进行追诉；罪名、构成要件、情节以及法定刑已经变化的，也应当适用修订刑法，一并进行追诉，但是修订刑法比原刑法所规定的构成要件和情节较为严格，或者法定刑较重的,在提起公诉时应当提出酌情从轻处理的意见。

3. **关于司法解释的适用效力**。这一问题与刑法适用效力紧密联系。本条规定的"当时的法律"和"本法",是指刑法,但刑法的具体适用,以及情节、数额等标准的具体适用,在我国通常由司法解释确定,因此司法解释的效力问题,与行为的刑法适用具有直接联系。根据2001年12月16日发布的《最高人民法院、最高人民检察院关于适用刑事司法解释时间效力问题的规定》的规定,司法解释自发布或者规定之日施行,效力适用于法律的施行期间,对于司法解释实施前发生的行为,行为时没有相关司法解释,司法解释施行后尚未处理或者正在处理的案件,依照司法解释的规定办理。行为时已有相关司法解释,依照行为时的司法解释办理,但适用新的司法解释对犯罪嫌疑人、被告人有利的,适用新的司法解释。对于在司法解释施行前已办结的案件,按照当时的法律和司法解释,认定事实和适用法律没有错误的,不再变动。

此外,关于**法律解释的效力**应当区分情况处理。有的法律解释属于**对法律含义的进一步明确**,如《全国人民代表大会常务委员会关于〈中华人民共和国刑法〉第九十三条第二款的解释》,是对《刑法》第九十三条第二款关于"其他依照法律从事公务的人员"规定的进一步明确,并不是对刑法的修改,该解释的效力适用于1997年修订后的刑法。有的法律解释属于**法律制定后出现新的情况,需要准用刑法有关法律依据的**,如全国人大常委会关于刑法有关文物的规定适用于具有科学价值的古脊椎动物化石、古人类化石的解释,则不宜适用于解释实施前发生的行为。

【司法解释】

《**最高人民法院关于适用刑法时间效力规定若干问题的解释**》(法释〔1997〕5号,1997年9月25日发布)

△(**审判监督程序;行为时的法律**)按照审判监督程序重新审判的案件,适用行为时的法律。(§10)

《**最高人民检察院关于检察工作中具体适用修订刑法第十二条若干问题的通知**》(高检发释字〔1997〕4号,1997年10月6日公布)

△(**从旧从轻原则;撤销案件;不起诉;撤回抗诉**)如果当时的法律(包括1979年刑法,中华人民共和国惩治军人违反职责罪暂行条例,全国人大常委会关于刑事法律的决定、补充规定,民事、经济、行政法律中"依照""比照"刑法有关条款追究刑事责任的法律条文,下同),司法解释认为是犯罪,修订刑法不认为是犯罪的,依法不再追究刑事责任。已经立案、侦查的,撤销案件;已批准逮捕的,撤销批准逮捕决定,并建议公安机关撤销案件;审查起诉的,作出不起诉决定;已经起诉的,建议人民法院退回案件,予以撤销;已经抗诉的,撤回抗诉。(§1)

△(**从旧从轻原则**)如果当时的法律、司法解释认为是犯罪,修订刑法也认为是犯罪的,按从旧兼从轻的原则依法追究刑事责任:

1. 罪名、构成要件、情节以及法定刑没有变化的,适用当时的法律追究刑事责任。

2. 罪名、构成要件、情节以及法定刑已经变化的,根据从轻原则,确定适用当时的法律或者修订刑法追究刑事责任。(§2)

△(**从旧从轻原则;跨越新旧法**)如果当时的法律不认为是犯罪,修订刑法认为是犯罪的,适用当时的法律;但行为连续或者继续到1997年10月1日以后的,对10月1日以后构成犯罪的行为适用修订刑法追究刑事责任。(§3)

《**最高人民法院关于适用刑法第十二条几个问题的解释**》(法释〔1997〕12号,1997年12月31日公布)

△(**处刑较轻**)刑法第十二条规定的"处刑较轻",是指刑法对某种犯罪规定的刑罚即修订前刑法轻。法定刑较轻是指法定最高刑较轻;如果法定最高刑相同,则指法定最低刑较轻①。(§1)

△(**法定最高刑或者最低刑;法定刑幅度**)如果刑法规定的某一犯罪只有一个法定刑幅度,法定最高刑或者最低刑是指该法定刑幅度的最高刑或者最低刑;如果刑法规定的某一犯罪有两个以上的法定刑幅度,法定最高刑或者最低刑是指具体犯罪行为应当适用的法定刑幅度的最高刑或者最低刑。(§2)

△(**从旧;修订前刑法**)一九九七年十月一日以后审理一九九七年九月三十日以前发生的刑事案件,如果刑法规定的定罪处刑标准、法定刑与修

---

① 王政勋教授指出,只有可能判处的刑罚即处断刑进行轻重比较,才能得出正确结论。所谓新法法定刑较轻,乃指对某种行为,根据新法所判处的刑罚比根据旧法所判处的刑罚轻。参见陈兴良主编:《刑法总论精释》(第3版),人民法院出版社2016年版,第87—88页。

订前刑法相同的,应当适用修订前的刑法。(§3)

《最高人民检察院关于对跨越修订刑法施行日期的继续犯罪、连续犯罪以及其他同种数罪应如何具体适用刑法问题的批复》(高检发释字〔1998〕6号,1998年12月2日公布)

△(**跨越新旧法；继续犯罪；连续犯罪；实施其他同种数罪**)对于开始于1997年9月30日以前,继续或者连续到1997年10月1日以后的行为,以及在1997年10月1日前后分别实施的同种类数罪,如果原刑法和修订刑法都认为是犯罪并且应当追诉,按照下列原则决定如何适用法律：

一、对于开始于1997年9月30日以前,继续到1997年10月1日以后终了的继续犯罪,应当适用修订刑法一并进行追诉。

二、对于开始于1997年9月30日以前,连续到1997年10月1日以后的连续犯罪,或者在1997年10月1日前后分别实施同种类数罪,其中罪名、构成要件、情节以及法定刑均没有变化的,应当适用修订刑法,一并进行追诉；罪名、构成要件、情节以及法定刑已经变化的,也应当适用修订刑法,一并进行追诉,但是修订刑法比原刑法所规定的构成要件和情节较为严格,或者法定刑较重的,在提起公诉时应当提出酌情从轻处理意见。

《最高人民法院、最高人民检察院关于适用刑事司法解释时间效力问题的规定》(高检发释字〔2001〕5号,2001年12月7日发布)

△(**司法解释；时间效力；自发布或者规定之日起施行**)司法解释是最高人民法院及最高人民检察院对审判工作中具体应用法律问题和最高人民检察院对检察工作中具体应用法律问题所作的具有法律效力的解释,自发布或者规定之日起施行,效力适用于法律的施行期间。(§1)

△(**司法解释施行后；尚未处理或者正在处理的案件**)对于司法解释实施前发生的行为,行为时没有相关司法解释,司法解释施行后尚未处理或者正在处理的案件,依照司法解释的规定办理。(§2)

△(**新、旧司法解释**)对于新的司法解释实施前发生的行为,行为时已有相关司法解释的,依照行为时的司法解释办理,但适用新的司法解释对犯罪嫌疑人、被告人有利的,适用新的司法解释。(§3)

△(**既判力**)对于在司法解释施行前已办结的案件,按照当时的法律和司法解释,认定事实和适用法律没有错误的,不再变动。(§4)

【司法解释性文件】

《最高人民法院关于认真学习宣传贯彻修订的〈中华人民共和国刑法〉的通知》(法发〔1997〕3号,1997年3月25日发布)

△(**从旧从轻原则；修订刑法实施前后；审判监督程序**)修订的刑法实施后,各级人民法院必须坚决贯彻执行。对于修订后的刑法实施前发生的行为,10月1日实施后尚未处理或者正在处理的案件,按照修订的刑法第十二条的规定办理；对于修订的刑法实施前,人民法院已审结的案件,实施后人民法院按照审判监督程序重新审理的,适用原审结时的有关法律规定。(§3)

△(**修订刑法实施前；决定、补充规定；司法解释；刑事诉讼法**)修订的刑法实施前,人民法院审判刑事案件仍然应当依照现行刑法和人大常委会修改、补充刑法的有关决定、补充规定及最高人民法院的有关司法解释,并应遵守刑事诉讼法有关程序和期限的规定。(§4)

△(**修订刑法实施后；原作出的司法解释；参照执行；抵触**)修订的刑法实施后,对已明令废止的全国人大常委会有关决定和补充规定,最高人民法院原作出的有关司法解释不再适用。但是如果修订的刑法有关条文实质内容没有变化的,人民法院在刑事审判工作中,在没有新的司法解释前,可参照执行。其他对于与修订的刑法规定相抵触的司法解释,不再适用。(§5)

《最高人民检察院关于〈全国人民代表大会常务委员会关于〈中华人民共和国刑法〉第九十三条第二款的解释〉的时间效力的批复》(高检发研字〔2000〕15号,2000年6月29日发布)

△(**法律解释；时间效力**)《全国人民代表大会常务委员会关于〈中华人民共和国刑法〉第九十三条第二款的解释》是对刑法第九十三条第二款关于"其他依照法律从事公务的人员"规定的进一步明确,并不是对刑法的修改。因此,该《解释》的效力适用于修订刑法的施行日期,其溯及力适用修订刑法第12条的规定。

《最高人民检察院关于认真贯彻执行〈中华人民共和国刑法修正案(四)〉和〈全国人民代表大会常务委员会关于〈中华人民共和国刑法〉第九条渎职罪主体适用问题的解释〉的通知》(高检发研字〔2003〕1号,2003年1月14日发布)

△(**法律解释；时间效力**)要准确把握《刑法

修正案(四)》和《解释》①的时间效力,正确适用法律。《刑法修正案(四)》是对《刑法》有关条文的修改和补充,实践中办理相关案件时,应当依照《刑法》第十二条规定的原则正确适用法律。对于1997年修订刑法施行以后,《刑法修正案(四)》施行以前发生的枉法执行判决、裁定犯罪行为,应当依照《刑法》第三百九十七条的规定追究刑事责任。根据《立法法》第四十七条②的规定,法律解释的时间效力与它所解释的法律的时间效力相同。对于在1997年修订刑法施行以后,《解释》施行以前发生的行为,在《解释》施行以后尚未处理或者正在处理的案件,应当依照《解释》的规定办理。对于《解释》施行前已经办结的案件,不再变动。(§3)

《最高人民法院关于九七刑法实施后发生的非法买卖枪支案件,审理时新的司法解释尚未作出,是否可以参照1995年9月20日最高人民法院〈关于办理非法制造、买卖、运输非军用枪支、弹药刑事案件适用法律问题的解释〉的规定审理案件请示的复函》(〔2003〕刑立他字第8号,2003年7月29日发布)

△(旧司法解释;参照适用)原审被告人侯磊非法买卖枪支的行为发生在修订后的《刑法》实施以后,而该案审理时《最高人民法院关于审理非法制造、买卖、运输枪支、弹药、爆炸物等刑事案件具体应用法律若干问题的解释》尚未颁布,因此,依照我院法发〔1997〕3号《关于认真学习宣传贯彻修订的〈中华人民共和国刑法〉的通知》的精神,该案应参照1995年9月20日最高人民法院法发〔1995〕20号《关于办理非法制造、买卖、运输非军用枪支、弹药刑事案件适用法律问题的解释》的规定办理。

《最高人民法院研究室关于假释时间效力法律适用问题的答复》(法研〔2011〕97号,2011年7月15日发布)

△(新旧法选择适用;判断基础;行为实施时)根据刑法第十二条的规定,应当以行为实施时,而不是审判时,作为新旧法选择适用的判断基础。故《最高人民法院关于适用刑法时间效力规定若干问题的解释》第八条规定的"1997年9月30日以前犯罪,1997年10月1日以后仍在服刑的累犯以及因杀人、爆炸、抢劫、强奸、绑架等暴力性犯罪被判处十年以上有期徒刑、无期徒刑的犯罪分子",包括1997年9月30日以前犯罪,已羁押尚未判决的犯罪分子。(§1)

【参考案例】

No.3-4-177之一(1)-1 张炯等妨害信用卡管理案

《刑法修正案》施行后,应直接援引修改后的刑法条文,而不得援引《刑法修正案》的条文。

No.3-4-177之一(1)-2 张炯等妨害信用卡管理案

审判时司法解释没有确定罪名的,应当根据准确、简明的原则确定罪名。

No.3-7-217-3 谭慧渊等侵犯著作权案

新的司法解释实施前发生的行为,行为时已有相关司法解释的,应当适用从旧兼从轻原则。

No.4-234-26 夏侯青辉等故意伤害案

对刑法修订前发生,刑法修订后交付审判且不属于以特别残忍的手段致人重伤造成严重残疾的案件,应当适用修订后的刑法规定,在三年以上十年以下有期徒刑的幅度内量刑。

No.5-272-4 沈某挪用资金案

1997年刑法生效前犯罪的,根据1997年刑法已过追诉期限但按照行为时刑法未过追诉期限的,应当认定为追诉期限已过,不予于追究。

No.5-274-16 陈卫吉敲诈勒索案

对于同一罪名不能交叉援引行为时的旧法与司法解释和裁判时的新法与司法解释,在适用主刑与附加刑时不能分别援引新旧刑法的规定。

No.6-1-294(1)-6 王江等组织、领导、参加黑社会性质组织案

立法解释的效力溯及刑法施行期间。

No.6-2-307之一-7 张崇光、张崇荣虚假诉讼案

在适用从旧兼从轻原则时,比较的是罪名的法定刑轻重,而非宣告刑轻重。

No.8-385-71 耿三有受贿案

《刑法修正案(九)》以及《最高人民法院、最高人民检察院关于办理贪污贿赂刑事案件适用法律若干问题的解释》出台后,行为人的行为根据新的定罪量刑标准处罚较轻的,应当适用从旧兼从轻原则,适用新法。

No.8-385-62 李明辉受贿案

《刑法修正案(九)》及《最高人民法院、最高人民检察院关于办理贪污贿赂刑事案件适用法律

---

① 即《全国人民代表大会常务委员会关于〈中华人民共和国刑法〉第九章渎职罪主体适用问题的解释》。
② 现行《中华人民共和国立法法》第五十条。

若干问题的解释》施行后,根据从旧兼从轻原则减轻主刑的同时,可以根据该解释的规定加重罚金刑。

No.4-234-43 刘世伟故意伤害致人死亡案

《刑法修正案(八)》生效之前实施的犯罪,本可以判处死缓但因实际惩罚力度不够而可能被判处死刑立即执行的案件,可以考虑在判处死缓的同时决定限制减刑,不违反禁止溯及既往的原则。

第二章 犯 罪

第一节 犯罪和刑事责任

第十三条 【犯罪的概念】
一切危害国家主权、领土完整和安全,分裂国家、颠覆人民民主专政的政权和推翻社会主义制度,破坏社会秩序和经济秩序,侵犯国有财产或者劳动群众集体所有的财产,侵犯公民私人所有的财产,侵犯公民的人身权利、民主权利和其他权利,以及其他危害社会的行为,依照法律应当受刑罚处罚的,都是犯罪,但是情节显著轻微危害不大的,不认为是犯罪。

【条文说明】

本条是关于犯罪概念的规定。
本条包含两层意思:

1. 规定了哪些行为是犯罪。根据本条的规定,犯罪必须是同时具备以下特征的行为:

(1)具有社会危害性,即行为人通过作为或者不作为,对社会造成一定危害。没有危害社会的行为,不能认为是犯罪。根据本条规定,具有社会危害性的行为包括:危害国家主权、领土完整和安全的行为;分裂国家、颠覆人民民主专政的政权和推翻社会主义制度的行为;破坏社会秩序和经济秩序的行为;侵犯国有财产或者劳动群众集体所有的财产的行为;侵犯公民私人所有的财产的行为;侵犯公民的人身权利、民主权利和其他权利的行为,以及其他危害社会的行为。(2)具有刑事违法性,即犯罪行为应当是刑法中禁止的行为。危害社会的行为多种多样,由于各种危害行为违反的社会规范不同,其社会危害程度也不同,不是所有危害社会的行为都是犯罪,刑法规定的危害行为都是比较严重的危害社会的行为。(3)具有应受刑罚惩罚性,即犯罪是依照刑法规定应当受到刑罚处罚的行为。违法行为,不一定都构成犯罪,有依照刑法规定应当受到刑事处罚的行为才是犯罪。危害行为应受刑罚处罚性,是犯罪行为与其他违法行为的基本区别。以上三点是犯罪缺一不可的基本特征。

2. 规定了刑法不认为是犯罪的例外情况,这是对犯罪概念的重要补充。本条从不认为是犯罪的例外情况说明什么是犯罪,进一步划清了罪与非罪的界限。根据本条规定,"情节显著轻微危害不大的,不认为是犯罪",即行为人的危害行为虽属于刑法规定禁止的行为,但情节显著轻微,其社会危害尚未达到应当受刑罚处罚的程度,法律不认为是犯罪。刑法关于犯罪概念的这一规定,把大量虽然形式上符合刑法所禁止的行为的特征并具有一定社会危害性,但情节明显轻微的行为排除在犯罪之外。有意见认为,我国刑法关于犯罪概念的规定,具有中国特色,表明构成犯罪所需要的严重社会危害性是一个实质判断标准。这样规定,有利于区分不同性质的违法行为,分别采取刑事处罚、行政处罚和其他处理措施,最大限度化解社会矛盾,减少对立面,促进社会和谐。在运用刑法分则关于具体犯罪的构成要件认定犯罪的过程中,特别是在确定罪与非罪的问题上,需要综合考虑本条"但书"的规定。

实际执行中应当注意以下几个方面的问题:

1. 根据本条规定,情节显著轻微危害不大的,**不认为是犯罪**。这里的**不认为是犯罪**划定的是罪与非罪的界限,指的是行为不构成犯罪。另外,《刑法》第三十七条规定,对于犯罪情节轻微不需要判处刑罚的,可以免于刑事处罚。该条规定的**免予处罚的情形**,是指行为依法已经构成了犯罪,只是因犯罪情节轻微不需要判处刑罚,而不予以刑事处罚。免予刑事处罚的确定有两种,给予行为人的是有罪评价,这与情节显著轻微危害不大,不认为是犯罪,是两种性质不同的情形。实践中,在办理具体案件时,必须严格区分两种不同情况,依法准确作出裁判。

2. 具体如何认定"情节显著轻微危害不大",

应当由具体办理案件的司法机关，根据个案的具体情况，对涉案行为的社会危害性程度进行个案把握。在一些特定类型案件中，对于"情节显著轻微危害不大"的具体把握，有的司法解释中也有一些规定。如《最高人民法院、最高人民检察院关于办理非法利用信息网络、帮助信息网络犯罪活动等刑事案件适用法律若干问题的解释》第十五条规定，综合考虑社会危害程度、认罪悔罪态度等情节，对犯罪情节轻微的，可以不起诉或者免予刑事处罚；情节显著轻微危害不大的，不以犯罪论处。也有司法解释具体明确了"情节显著轻微危害不大"的具体情形，如《最高人民法院关于审理未成年人刑事案件具体应用法律若干问题的解释》第九条第一款规定："已满十六周岁不满十八周岁的人实施盗窃行为未超过三次，盗窃数额虽已达到'数额较大'标准，但案发后能如实供述全部盗窃事实并积极退赃，且具有下列情形之一的，可以认定为'情节显著轻微危害不大'，不认为是犯罪：（一）系又聋又哑的人或者盲人；（二）在共同盗窃中起次要或者辅助作用，或者被胁迫；（三）具有其他轻微情节的。"从总体上看，在司法解释中明确一些认定"情节显著轻微危害不大"的情形是可以的，有助于司法机关在办理案件过程中准确把握和正确实施本条规定。需要注意的是，司法解释对如何把握"情节显著轻微危害不大"作出具体规定的情况不多，因此，对于司法解释没有列明的其他情形，如果综合全案情况，属于"情节显著轻微危害不大"的，**不能因为司法解释没有明确规定就不予认定**。具体如何认定，应当由司法机关根据案件情况进行个案把握。

3. 在实践中，要根据事实，依照法律规定，注意区分违纪和违法，区分**一般违法行为**和犯罪行为。对于不构成犯罪的违法行为，应当依照其他相关法律规定处理，有的需要依法给予**行政处罚**。如《治安管理处罚法》第二条规定："扰乱公共秩序，妨害公共安全，侵犯人身权利、财产权利，妨害社会管理，具有社会危害性，依照《中华人民共和国刑法》的规定构成犯罪的，依法追究刑事责任；尚不够刑事处罚的，由公安机关依照本法给予治安管理处罚。"

【公报案例】

张美华伪造居民身份证案（《最高人民法院公报》2004 年第 12 期）

△（雇佣他人以本人的真实身份资料伪造居民身份证；但书）被告人在未能补办遗失居民身份证的情况下，雇佣他人以本人的真实身份资料伪造居民身份证，供自己在日常生活中使用的行为，虽然违反身份证管理的法律规定，但情节显著轻微，危害不大，根据《刑法》第十三条的规定，应认定不构成犯罪。

第十四条　【故意犯罪】
明知自己的行为会发生危害社会的结果，并且希望或者放任这种结果发生，因而构成犯罪的，是故意犯罪。
故意犯罪，应当负刑事责任。

【条文说明】

本条是关于故意犯罪的定义及其刑事责任的规定。

本条共分为两款。

第一款是关于**什么是故意犯罪**的规定。根据本条规定，故意犯罪必须同时具备以下两个特征：（1）**行为人对自己的行为会发生危害社会的结果必须是明知**的[1][2]，而且该明知既包括对必然发生危害结果的明知，也包括对可能发生危害结果的明知。[3][4]（2）**行为人的心理必须处于希望或者放**

---

[1] 《刑法》第十四条所规定的故意不是泛指一般的故意，而是指刑法分则中所规定的某种犯罪的故意。是以，对于明知的范围，应当要求行为人"明知自己的行为会发生刑法分则所规定的某种犯罪的危害后果"。参见黎宏：《刑法学总论》（第 2 版），法律出版社 2016 年版，第 182 页。

[2] 关于明知内容（包括对客观事实的明知、对阻却违法性事由的认识及违法性认识）的详细讨论，参见黎宏：《刑法学总论》（第 2 版），法律出版社 2016 年版，第 182—188 页。

[3] 相同的学说见解，参见黎宏：《刑法学总论》（第 2 版），法律出版社 2016 年版，第 184 页。

[4] 需要说明的是，所谓的"必然发生"与"可能发生"都是行为人在当时情况下的一种主观判断，因而属于主观认识内容，而非客观事实。参见周光权：《刑法总论》（第 4 版），中国人民大学出版社 2021 年版，第 159 页。

任的状态。"希望"和"放任"反映了行为人对犯罪结果的不同的意志取向。我国刑法理论根据刑法的这一规定,将"故意"分为"直接故意"和"间接故意"。① "**直接故意**"是指行为人明知自己的行为会发生危害社会的结果,并且希望这种结果发生的心理状态;"**间接故意**"是指行为人明知自己的行为可能会发生危害社会的结果②而采取漠不关心、听之任之的放任态度。③④ 区别"直接故意"和"间接故意",对判断行为人的主观恶性大小、其危害行为的社会危害程度和决定适当的量刑都具有重要意义。⑤ 在通常情况下,行为人的心理状态不同,其行为的社会危害程度不同,对行为人改造的难度也不同,适用刑罚也应有所区别。

第二款是关于**故意犯罪应当负刑事责任**的规定。"**刑事责任**"是指即行为人实施刑事法律禁止的行为所应当承担的法律后果。"刑事责任"和"刑罚"是两个不同的概念,二者既有联系又有区别。"**刑事责任**"是犯罪行为人因实施犯罪行为而应当承担的刑法上的法律后果,是刑罚的前提条件,有对负有刑事责任的人才能适用刑罚;而**刑罚**是承担刑事责任的一种形式和结果,是法院以国家的名义对犯罪人进行惩罚和改造的手段。负有刑事责任的人在某些情况下不一定受到刑罚处罚,比如具有法定可以免除处罚情节的,可以不处以刑罚,即**免予刑事处罚**也是承担刑事责任的一种方式;但受到刑罚处罚的人,均是负有刑事责任的人。根据本条第一款的规定,故意犯罪是实施危害社会行为的人,主观上对其行为会发生危害社会的后果出于故意的心理状态而实施的犯罪。因此,故意犯罪应当负刑事责任。

实际执行中应当注意以下几个方面的问题:

1. **刑法分则**对故意犯罪的表述有多种方式。我国刑法分则规定的绝大多数犯罪是故意犯罪。同时,鉴于一些常见多发的犯罪,如抢劫罪、抢夺罪、盗窃罪、诈骗罪、强奸罪等,犯罪行为人主观上的故意比较明显,人们通常也能够辨识,刑法分则条文对这样的故意犯罪在表述上往往比较精练,并没有明确标明"故意"。此外,刑法分则中对有些犯罪明确规定了"故意",主要包括:一是有一些犯罪,在行为表现形式和危害后果上是相似的,只是犯罪行为人主观心态不同,有的故意而为,有的是出于过失,如故意杀人罪和过失致人死亡罪等。为了便于区分此罪与彼罪的界限,刑法明确标明了"故意"和"过失"。二是对有些犯罪,强调主观方面的"故意"因素,如故意毁坏财物罪、故意传播虚假信息罪、故意毁坏尸体罪、故意延误投递邮件罪、故意损毁文物罪等。需要注意的是,根据《刑法》第十五条第二款的规定,过失犯罪,法律有规定的才负刑事责任。据此,对于没有规定主观方面为故意的犯罪,只要分则条文没有规定主观上可为过失,主观上仍需为"故意"。

2. 刑法分则中的有关罪名,有的针对**犯罪目的**作了专门规定,如第一百五十二条第一款规定的走私淫秽物品罪要求"以牟利或者传播为目的",第一百七十五条规定的高利转贷罪要求"以转贷牟利为目的",第一百九十二条规定的集资诈骗罪要求"以非法占有为目的",等等,这些标明了犯罪目的的犯罪,犯罪目的是构成犯罪的必要条件,不具备所要求的犯罪目的,不能构成此罪。根据刑法理论对"直接故意"和"间接故意"的区分,"直接故意"为希望结果的发生,犯罪目的一般也是犯罪直接故意必然包含的一个内容,如第二百七十五条规定的故意毁坏财物罪是以故意毁坏公私财物为目的,又如抢劫罪、盗窃罪、诈骗罪等,是以非法占有公私财

---

① 除了直接故意\间接故意的区分之外,学说上对犯罪故意还存在着其他的区分方式,如按照行为人对于事实有无确定认识,可以分为确定故意和不确定故意(包括概括故意、择一故意及未必故意);按照行为人产生故意的时间,可以分为事前故意和事后故意;按照故意的内容,可以区分为侵害故意和危害故意;等等。参见黎宏:《刑法学总论》(第2版),法律出版社2016年版,第190—191页。另有论者指出,根据行为与责任同在的原理,事前/事后故意基本上属于"文字游戏",对于认定犯罪没有实际意义。参见周光权:《刑法总论》(第4版),中国人民大学出版社2021年版,第153页。

② 赵秉志教授指出,间接故意的认识因素在于,犯罪人对自身对他人以及犯罪对象发生的时间、地点、环境等情况的了解,认识到行为导致危害结果发生之时具有或然性、可能性,而不是必然性。参见高铭暄、马克昌主编:《刑法学》(第7版),北京大学出版社、高等教育出版社2016年版,第110页。

③ 我国学者将"间接故意"区分为三种情况:一是行为人追求某一个犯罪目的而放任另一个危害结果的发生;二是行为人为追求一个非犯罪目的而放任某种危害结果的发生;三是在突发性犯罪中,不计后果,放任严重后果发生。参见黎宏:《刑法学总论》(第2版),法律出版社2016年版,第182页。

④ 要结合证据证明和判断被告人是否具有间接故意,应考虑以下几点:第一,放任必须建立在对结果发生的"盖然性认识"下;第二,行为人必须对结果有过估算——结果估算后,认为即便结果发生自己也可以接受的,可以认为接受后果;第三,对结果发生采取"无所谓"态度,即毫不在意、漠不关心,但却认可、接受后果,使具体危险转化为具体的实害结果。参见周光权:《刑法总论》(第4版),中国人民大学出版社2021年版,第157—158页。

⑤ 相同的学说见解,参见黎宏:《刑法学总论》(第2版),法律出版社2016年版,第190页。

物为目的。这些犯罪虽然没有直接规定犯罪目的，但"故意"的内容已经包含了这一要素。

3. 要注意区分犯罪的故意和**一般生活意义上的故意**。犯罪的故意是有特定内容的，具体表现为行为人对自己实施的危害行为及其结果的认识，以及希望或者放任的态度；而日常生活中的故意则是指行为人有意识地实施某种行为。比如刑法中规定的交通肇事罪，行为人违反交通运输管理法规，可能是故意的，但因为行为人对发生交通事故，造成危害结果没有故意，只能是过失。若行为人主观上对危害行为及其结果存在故意，则构成以危险方法危害公共安全罪。

【参考案例】

No.4-232-8 李超故意杀人案
主观故意不明确、不坚定，带有假想前提条件的，应当依据犯罪行为的具体表现形式与犯罪后果，确定主观罪过形式。

No.4-232-120 张志明故意杀人案
在一定的概括故意下实施的连续行为，如行为人对行为性质和行为对象均有明确认识，仅对危害结果不明确的情形下，可认定为系在一个主观犯意下实施的整体行为，构成处断的一罪。

No.4-234-56 张保泉故意伤害案
行为人所认识的事实与实际发生的事实在同一构成要件范围内，打击错误不影响故意的成立。

No.6-6-341(1)-8 刘纯军非法收购珍贵、濒危野生动物案
违法性不属于故意的认识内容，是否具有违法性认识，只关系行为人是否存在主观恶性和责任程度的认定，不影响对行为人的行为定性。

第十五条 【过失犯罪】
应当预见自己的行为可能发生危害社会的结果，因为疏忽大意而没有预见，或者已经预见而轻信能够避免，以致发生这种结果的，是过失犯罪。
过失犯罪，法律有规定的才负刑事责任。

【条文说明】

本条是关于过失犯罪的定义及其刑事责任的规定。

本条共分为两款。

第一款是关于**什么是过失犯罪**的规定。"过失"和"故意"一样，同是行为人主观上对危害行为发生危害结果所持的心理状态。根据本款的规定，过失犯罪分为两大类：第一类是**疏忽大意的过失犯罪**，即行为人应当预见自己的行为可能发生危害社会的结果，因为疏忽大意而没有预见，以致发生了危害社会的结果，构成犯罪；第二类是**过于自信的过失犯罪**，即行为人已经预见到自己的行为可能发生危害社会的结果而轻信能够避免，以致发生了危害社会的结果，构成犯罪的。本款规定的"**应当预见**"是指行为人对其行为结果具有认识的义务和能力。① "**应当预见**"要求行为人根据具体情况，对自己的行为可能发生危害社会的结果能够作出正确的判断。所谓行为人的具体情况，主要是指行为人的年龄、责任能力、文化程度、知识的广度和深度、职业专长、工作经验、社会经验等。上述情况不同，行为人对其行为可能发生危害社会的可认识能力也不同。

疏忽大意的过失有**两个特征**：一是行为人对自己的行为可能发生危害社会的结果具有可认识的能力，即应当预见；二是由于行为人主观上粗心大意，忽略了对行为后果的认真考虑，盲目实施了这种行为，以致发生了危害社会的结果。过于自信的过失也有**两个特征**：一是行为人已经预见到自己的行为会发生危害社会的结果；二是由于行为人过高地估计自己的能力，相信自己能够避免这种结果的发生，以致发生了这种危害结果。② 不论是疏忽大意的过失还是过于自信的过失，共同特点是行为人都不希望危害社会的结果

---

① 认定成立过失时，行为人对所发生的危害后果必须具有具体的预见。另外，对行为和结果之间的具体因果经过不要求有预见，但对因果关系的重要部分必须具有预见。参见黎宏：《刑法学总论》（第2版），法律出版社2016年版，第196—197页。

② 在过于自信的过失当中，"能够避免"的判断已经取代了"可能发生"的预见，即行为人最终还是认为危害后果不会发生。因此，行为人对危害结果的发生是没有认识的。参见黎宏：《刑法学总论》（第2版），法律出版社2016年版，第192—193页。

发生,即主观上都没有让危害结果发生的意图。

第二款是关于**过失犯罪**,法律有规定的才负刑事责任的规定。根据本款规定,由于行为人主观上的过失造成危害社会的结果的,不一定都负刑事责任。行为人主观上对危害社会的结果持过失的心理状态,其主观恶性比故意犯罪的行为人的主观恶性要小,因此法律没有将行为人过失造成危害结果的都规定为犯罪,只将**对社会危害性较大,需要用刑罚手段处罚的过失造成危害结果的行为**规定为犯罪。本款的"法律有规定"是指刑法分则规定的过失犯罪。

实际执行中应当注意以下几个方面的问题:

1. 在认定和处理疏忽大意的过失犯罪时,应当注意区分**疏忽大意的过失犯罪**,以及**不可抗力和意外事件**,以划清罪与非罪的界限。二者的根本区别是:前者行为人主观上有过失,即行为人由于主观上疏忽大意,对自己的行为可能发生危害社会的结果应当预见而没有预见,以致发生了这种结果;后者是由于客观上不可抗拒、主观上不能预见的原因引起了危害社会的结果,行为人对危害社会的原因主观上没有过失,不负刑事责任。

2. 在认定和处理过失犯罪时,应当注意区分**过于自信的过失犯罪**和**间接故意犯罪**,以划清过失犯罪与故意犯罪的界限。二者的根本区别是:前者行为人虽然对其行为的结果有预见,但其主观上并不具有希望或者放任这种结果发生的心理状态,危害结果的发生,是由于行为人过高地估计了自己的能力,过于相信自己能够避免危害结果的发生。在危害结果发生之前,行为人主观上一直认为该危害结果不会发生。后者是行为人已经预见到其行为可能会发生危害社会的结果,而对这种危害结果是否发生持漠不关心、听之任之、有意放任的态度。为了达到个人目的,不管危害结果是否发生,仍然去实施这一行为。①② 可见间接故意犯罪的行为人的主观恶性要远大于过失犯罪的行为人。主观恶性不同,社会危害程度也不同,对犯罪人改造的难度也不同,对过失犯罪和间接故意犯罪适用的罪名和刑罚也有重大区别。划清过于自信的过失犯罪与间接故意犯罪界限的意义就在于此。司法实践中,对于交通肇事后逃逸并撞伤多人的行为是认定为交通肇事罪,还是以危险方法危害公共安全罪,关键点也在于对行为人主观上系于自信的过失还是间接故意的认定。

3. 对由于过失造成危害结果的,**法律有规定的才负刑事责任**。法律没有规定为犯罪的,不能对行为人定罪处刑。

【参考案例】

No.4-233-2 曲龙民等过失致人死亡案

过失犯罪应当根据违反注意义务的程度确定责任大小和量刑幅度;具有业务能力负有相关业务上注意义务的人的注意义务要重于社会一般人。

第十六条 【不可抗力和意外事件】
行为在客观上虽然造成了损害结果,但是不是出于故意或者过失,而是由于不能抗拒或者不能预见的原因所引起的,不是犯罪。

【条文说明】

本条是关于不可抗力和意外事件的规定。

根据本条规定,行为虽然造成了损害结果,但系因不能抗拒或者不能预见的原因所引起,不具备主观方面的构成要件,不构成犯罪。**由于不可抗拒的原因而发生了损害结果**,如自然灾害、突发事件及其他行为人无法阻挡的原因引起了损害结果,这在我国刑法理论上称为**不可抗力**。此外,**由于不能预见的原因引起了损害结果**,即根据损害结果发生当时的主客观情况,行为人没有预见,也不可能预见会发生损害结果,这在我国刑法理论上称为**意外事件**。由于这两种情况,行为人在主观上没有故意或过失,对实际发生的损害结果没

---

① 犯罪故意与犯罪过失的差别在于:在故意的场合,行为人对行为可能发生会危害社会的结果有所认识;在过失的场合,则是没有认识,而不是对发生结果有较低程度的预见。参见黎宏:《刑法学总论》(第2版),法律出版社2016年版,第196—197页。

② 强调故意犯的场合,行为人希望或放任损害结果发生,而过失犯的场合是行为人不希望或者对危害结果的发生持否定态度的主张,是过度强调意志要素的观点,有将刑法理论过度主观化(有无认识可以客观地判断,但是否希望或者放任则完全听从于行为人的口供)、情绪化的危险。参见黎宏:《刑法学总论》(第2版),法律出版社2016年版,第206页。

有罪过,不应当负刑事责任,因此,本条规定,由于不能抗拒或者行为人不能预见的原因造成损害结果的行为,不是犯罪。这样规定充分体现了我国刑法**主客观相统一**的原则。

所谓"**不可抗拒**",是指不以行为人的意志为转移,行为人无法阻挡或控制损害结果的发生。如由于某种机械力量的撞击、自然灾害的阻挡、突发病的影响等行为人意志以外的原因,使其无法避免损害结果的发生。"**不能预见**"是指根据行为人的主观情况和发生损害结果当时的客观情况,行为人不具有能够预见的条件和能力,损害结果的发生完全出乎行为人的意料。

实际执行中应当注意以下问题:在认定不可抗力和意外事件时,应当注意区分其与**疏忽大意的过失**之间的界限。二者的根本区别是:前者是由于客观上不可抗拒、主观上不能预见的原因引起了危害社会的结果,行为人对危害社会的结果主观上没有过失,不负刑事责任;而后者,行为人主观上有过失,即行为人由于主观上疏忽大意,对自己的行为可能发生危害社会的结果应当预见而没有预见,以致造成了危害社会结果的发生。在具体认定时,应当根据行为人的主客观情况和当时的实际情形,结合法律、职业等的要求来判断其有没有预见的可能。

【参考案例】

No.4-233-3 刘旭过失致人死亡案

不知他人患有心脏病,在争吵过程中推搡并脚踢他人非要害部位,致使他人心脏病发作经抢救无效死亡的,不构成过失致人死亡罪,属于意外事件,不承担刑事责任,但应承担民事赔偿责任。

No.4-233-6 穆志祥过失致人死亡案

私自违规改装车辆高度后,车辆接触他人所接不符合安全高度的电线裸露处而带电,致使乘客触电身亡的,因违规改装车辆的行为与死亡结果之间不存在刑法意义上的因果关系,属于意外事件,不构成犯罪。

第十七条 【刑事责任年龄】

已满十六周岁的人犯罪,应当负刑事责任。

已满十四周岁不满十六周岁的人,犯故意杀人、故意伤害致人重伤或者死亡、强奸、抢劫、贩卖毒品、放火、爆炸、投放危险物质罪的,应当负刑事责任。

已满十二周岁不满十四周岁的人,犯故意杀人、故意伤害罪,致人死亡或者以特别残忍手段致人重伤造成严重残疾,情节恶劣,经最高人民检察院核准追诉的,应当负刑事责任。

对依照前三款规定追究刑事责任的不满十八周岁的人,应当从轻或者减轻处罚。

因不满十六周岁不予刑事处罚的,责令其父母或者其他监护人加以管教;在必要的时候,依法进行专门矫治教育。

【立法解释性文件】

《全国人民代表大会常务委员会法制工作委员会关于已满十四周岁不满十六周岁的人承担刑事责任范围问题的答复意见》(法工委复字〔2002〕12号,2002年7月24日发布)

△(八种犯罪;具体犯罪行为)刑法第十七条第二款规定的八种犯罪,是指具体犯罪行为而不是具体罪名。对于刑法第十七条中规定的"犯故意杀人、故意伤害致人重伤或者死亡",是指只要故意实施了杀人、伤害行为并且造成了致人重伤、死亡后果的,都应负刑事责任。而不是指只有犯故意杀人罪、故意伤害罪,才负刑事责任,绑架撕票的,不负刑事责任。对司法实践中出现的已满十四周岁不满十六周岁的人绑架人质后杀害被绑架人、拐卖妇女、儿童而故意造成被拐卖妇女、儿童重伤或死亡的行为,依据刑法是应当追究其刑事责任的。

【立法沿革】

《中华人民共和国刑法》(1997年修订,自1997年10月1日起施行)

第十七条

已满十六周岁的人犯罪,应当负刑事责任。

已满十四周岁不满十六周岁的人,犯故意杀人、故意伤害致人重伤或者死亡、强奸、抢劫、贩卖毒品、放火、爆炸、投毒罪的,应当负刑事责任。

已满十四周岁不满十八周岁的人犯罪,应当从轻或者减轻处罚。

因不满十六周岁不予刑事处罚的,责令他的家长或者监护人加以管教;在必要的时候,也可以由政府收容教养。

《中华人民共和国刑法修正案(十一)》(自2021年3月1日起施行)

一、将刑法第十七条修改为:

"已满十六周岁的人犯罪,应当负刑事责任。

"已满十四周岁不满十六周岁的人,犯故意杀人、故意伤害致人重伤或者死亡、强奸、抢劫、贩卖毒品、放火、爆炸、投放危险物质罪的,应当负刑事责任。

"已满十二周岁不满十四周岁的人,犯故意杀人、故意伤害罪,致人死亡或者以特别残忍手段致人重伤造成严重残疾,情节恶劣,经最高人民检察院核准追诉的,应当负刑事责任。

"对依照前三款规定追究刑事责任的不满十八周岁的人,应当从轻或者减轻处罚。

"因不满十六周岁不予刑事处罚的,责令其父母或者其他监护人加以管教;在必要的时候,依法进行专门矫治教育。"

【条文说明】

本条是关于刑事责任年龄的规定。

本条共分为五款。

第一款是关于**实施犯罪行为的人完全负刑事责任的年龄的规定**。根据本款规定,实施犯罪行为的人负刑事责任的年龄是**年满十六周岁**,即凡年满十六周岁的人,实施刑法规定的任何一种犯罪行为,都应当负刑事责任。这样规定,是从我国的实际情况出发的。在我国,已满十六周岁的人,其体力、智力已发展到一定程度,并有一定的社会知识,且具有分辨是非善恶的能力。因此,应当要求他们对自己的一切犯罪行为负刑事责任。

第二款是关于**相对负刑事责任的年龄的规定**。已满十四周岁不满十六周岁的行为人不是实施了任何犯罪都负刑事责任。根据本款规定,已满十四周岁不满十六周岁的人,只有实施故意杀人、故意伤害致人重伤或者死亡、强奸、抢劫、贩卖毒品、放火、爆炸、投放危险物质罪的,才负刑事责任。这样规定,是充分考虑了他们的智力发育情况。已满十四周岁不满十六周岁的人,一般已有一定的识别能力,但由于年龄尚小,智力发育尚不够完善,缺乏社会知识,还不具有完全识别和控制自己行为的能力,他们负刑事责任的范围,应当受刑事责任能力的限制,不能要求他们对一切犯罪都负刑事责任。因此,我国刑法只规定已满十四周岁不满十六周岁的人犯上述几种社会危害性较大、常见的严重犯罪,才应当负刑事责任。需要注意的是,**这里所规定的八种犯罪,是指具体犯罪行为而不是具体罪名**。"犯故意杀人、故意伤害致人重伤或者死亡",是指只要故意实施了杀人、伤害行为,并且造成了致人重伤、死亡后果的,都应负刑事责任,而不是指只有犯故意杀人罪、故意伤害罪的,才负刑事责任,绑架撕票的,不负刑事责任。对司法实践中出现的已满十四周岁不满十六周岁的人绑架人质后杀害被绑架人,拐卖妇女、儿童而故意造成被拐卖妇女、儿童重伤或者死亡的行为,应当依据刑法追究其刑事责任。2006年1月11日发布的《最高人民法院关于审理未成年人刑事案件具体应用法律若干问题的解释》第五条规定:"已满十四周岁不满十六周岁的人实施刑法第十七条第二款规定以外的行为,如果同时触犯了刑法第十七条第二款规定的,应当依照刑法第十七条第二款的规定确定罪名,定罪处罚。"

第三款是关于**已满十二周岁不满十四周岁的人在特定情形下,经特别程序,应当负刑事责任的特殊规定**。由于家庭、学校、社会等多方面的原因,低龄未成年人严重犯罪案件近年来时有发生,经会同有关方面反复研究,综合考虑各方面的意见,《刑法修正案(十一)》增加了本款规定,即在特定情形下,经特别程序,对法定最低刑事责任年龄做个别下调,而不是普遍降低刑事责任年龄。刑事责任年龄的确定是涉及**刑事政策调整**的大问题,需要根据国家的经济社会发展、未成年人违法犯罪的现实情况、未成年人身心发展变化、未成年人司法政策和历史文化传统等多方面因素进行统筹、评估和研究,需要非常慎重。有的国家确定的刑事责任年龄较低,但这是建立在其**少年司法制度**基础上的,有关年龄实际上是适用少年刑事司法的年龄。

根据本款规定,已满十二周岁不满十四周岁的人,犯故意杀人、故意伤害罪,致人死亡或者以特别残忍手段致人重伤造成严重残疾,情节恶劣,经最高人民检察院核准追诉的,应当负刑事责任。这里的"**犯故意杀人、故意伤害罪,致人死亡或者以特别残忍手段致人重伤造成严重残疾**",同第二款规定一样,指的也是故意实施了杀人、伤害行为,并且造成了致人死亡或者以特别残忍手段致人重伤造成严重残疾的后果的,都应负刑事责任,而不是指只有犯故意杀人罪、故意伤害罪才负刑事责任,绑架撕票的,不负刑事责任。其中,"**以特别残忍手段**",同《刑法》第二百三十四条的规定一样,是指故意造成他人严重残疾而采用毁容、挖人眼睛等特别残忍的手段伤害他人的行为。条文中的"**情节恶劣**"需要结合犯罪的动机、手段、危害、造成的后果、悔罪表现等犯罪情节综合进行判断,包括行为人主观恶性很大、有预谋有组织地实施、采用残忍手段、多次实施、致多人死亡或者重伤造成严重残疾、造成恶劣的社会影响等情形。

对于行为人主观恶性不大、被害人有明显过错、行为人家属积极给予被害人及其家属赔偿并取得被害人及其家属的谅解等情形的，最高人民检察院也可以不核准追诉。其中，最高人民检察院核准是必经程序，这是为了严格限制对这部分人追究刑事责任。实践中，应当由公安机关报请核准追诉，由同级人民检察院受理并层报最高人民检察院审查决定。最高人民检察院决定不予核准追诉的，公安机关应当及时撤销案件，犯罪嫌疑人在押的，应当立即释放，并依照有关法律采取相应措施。

第四款是关于**对未成年人犯罪处罚原则的规定**。根据本款规定，对依照前三款规定追究刑事责任的不满十八周岁的人犯罪，应当从轻或者减轻处罚。根据我国的实际情况，不满十八周岁的人尚属于未成年，未成年人正处在体力、智力发育过程中，虽已具有一定的辨别和控制自己行为的能力，但由于其经历少，社会知识少，成熟程度还不同于成年人，而且未成年人处于成长过程中，具有容易接受教育改造的特点。因此，对未成年人犯罪规定了"应当从轻或者减轻处罚"的原则。这样规定，充分体现了我国对未成年犯实行教育为主、惩罚为辅，重在教育、挽救和改造的方针。

第五款是关于**对因不满十六周岁不予刑事处罚的人如何处理的规定**。根据本款规定，对于实施了危害社会的行为，但因不满十六周岁而没有受刑事处罚的人，不是放任不管，而是要责令其父母或者其他监护人对行为人严加管教；在必要的时候，依法进行专门矫治教育。这样规定是为了维护正常的社会秩序，维护被害人的合法权益，同时也是为了教育挽救，防止其继续危害社会。"**在必要的时候**"，一般是指行为人的父母或者其他监护人确实管教不了，或者违法行为情节严重，造成恶劣的社会影响等情形。这主要是考虑到未成年人违法犯罪情况复杂，有家庭、学校、社会等多方面的原因，需要综合治理。对于初次违法犯罪、实施减少教育、监管等原因，实施扰乱社会秩序的一般危害行为的，由监护人严加管教，可能更有利于回归社会。但对于实施杀人、故意伤害致人重伤或者死亡等严重暴力犯罪，人身危险性大的，应当依法进行专门矫治教育。

关于**专门矫治教育**，2020 年 12 月修订的《预防未成年人犯罪法》第四十五条规定："未成年人实施刑法规定的行为，因不满法定刑事责任年龄不予刑事处罚的，经专门教育指导委员会评估同意，教育行政部门会同公安机关可以决定对其进行专门矫治教育。省级人民政府应当结合本地的实际情况，至少确定一所专门学校按照分校区、分班级等方式设置专门场所，对前款规定的未成年人进行专门矫治教育。前款规定的专门场所实行闭环管理，公安机关、司法行政部门负责未成年人的矫治工作，教育行政部门承担未成年人的教育工作。"这是应对低龄未成年人违法犯罪的重要制度建设。只有不断完善少年犯罪的司法体系，建立适合未成年人犯罪特点的矫治制度、措施等，才能有效预防和矫治未成年犯罪，防范其对社会造成危害。

实际执行中应当注意以下几个方面的问题：

1. 本条关于刑事责任年龄的规定是指行为**人实施犯罪行为时的年龄**，而非审判时的年龄。此外，《刑法》第四十九条第一款规定，犯罪的时候不满十八周岁的人和审判的时候怀孕的妇女，不适用死刑。据此，未成年人不适用死刑的年龄是实施犯罪行为时不满十八周岁，非审判时不满十八周岁。关于"周岁"的认定，根据《最高人民法院关于审理未成年人刑事案件具体应用法律若干问题的解释》第二条的规定，这里规定的"周岁"，按照公历的年、月、日计算，从周岁生日的第二天起算。

关于**行为人年龄的确定问题**，根据《最高人民法院关于审理未成年人刑事案件具体应用法律若干问题的解释》第四条的规定，对于没有充分证据证明被告人实施被指控的犯罪时已经达到法定刑事责任年龄且确实无法查明的，**应当推定其没有达到相应法定刑事责任年龄**。相关证据足以证明被告人实施被指控的犯罪时已经达到法定刑事责任年龄，但是无法准确查明被告人具体出生日期的，**应当认定其达到相应法定刑事责任年龄**。此外，根据 2000 年 2 月 21 日发布的《最高人民检察院关于"骨龄鉴定"能否作为确定刑事责任年龄证据使用的批复》的规定，犯罪嫌疑人不讲真实姓名、住址，年龄不明的，可以委托进行**骨龄鉴定或其他科学鉴定**，经审查，鉴定结论能够准确确定犯罪嫌疑人实施犯罪行为时的年龄的，可以作为判断犯罪嫌疑人年龄的证据使用。如果鉴定结论不能准确确定犯罪嫌疑人实施犯罪行为时的年龄，而且鉴定结论又表明犯罪嫌疑人年龄在刑法规定的应负刑事责任年龄上下的，应当依法慎重处理。

2. 关于**未成年人实施转化型抢劫行为的法律适用问题**。根据《刑法》第二百六十九条规定，犯盗窃、诈骗、抢夺罪，为窝藏赃物、抗拒抓捕或者毁灭罪证而当场使用暴力或者以暴力相威胁的，依照本法第二百六十三条规定的抢劫罪定罪处罚。实践中，本着对未成年人"教育为主，惩罚为辅"的原则，《最高人民法院关于审理未成年人刑事案件具体应用法律若干问题的解释》第十条规定:"已满十四周岁不满十六周岁的人盗窃、诈骗、抢夺他人财物,为窝藏赃物、抗拒抓捕或者毁灭罪证,当场使用暴力,故意伤害致人重伤或者死亡,或者故意杀人的,应当认定故意伤害罪或者故意杀人罪定罪处罚。已满十六周岁不满十八周岁的人犯盗窃、诈骗、抢夺罪,为窝藏赃物、抗拒抓捕或者毁灭罪证而当场使用暴力或者以暴力相威胁的,应当依照刑法第二百六十九条的规定定罪处罚;情节轻微的,可以不抢劫罪定罪处罚。"

3. 关于未成年人犯罪后从宽处理的有关规定。2010年2月8日发布的《最高人民法院关于贯彻宽严相济刑事政策的若干意见》第二十条规定:"对于未成年人犯罪,在具体考虑其实施犯罪的动机和目的、犯罪性质、情节和社会危害程度的同时,还要充分考虑其是否属于初犯,归案后是否悔罪,以及个人成长经历和一贯表现等因素,坚持'教育为主、惩罚为辅'的原则和'教育、感化、挽救'的方针进行处理。对于偶尔盗窃、抢夺、诈骗,数额刚达到较大的标准,案发后能如实交代并积极退赃的,可以认定为情节显著轻微,不作为犯罪处理。对于罪行较轻的,可以依法适用多适用缓刑或者判处管制、单处罚金等非监禁刑;依法可予以刑事处罚的,应当免予刑事处罚。对于犯罪情节严重的未成年人,也应当依照刑法第十七条第三款的规定予以从轻或者减轻处罚。对于已满十四周岁不满十六周岁的未成年犯罪人,一般不判处无期徒刑。"

此外,《最高人民法院关于审理未成年人刑事案件具体应用法律若干问题的解释》针对未成年人刑事案件的审理规定了一些从宽处理的具体规则,如第六条规定:"已满十四周岁不满十六周岁的人偶尔与幼女发生性行为,情节轻微、未造成严重后果的,不认为是犯罪。"第七条规定:"已满十四周岁不满十六周岁的人使用轻微暴力或者威胁,强行索要其他未成年人随身携带的生活、学习用品或者钱财数量不大,且未造成被害人轻微伤以上或者不敢正常到校学习、生活等危害后果的,不认为是犯罪。已满十六周岁不满十八周岁的人具有前款规定情形的,一般也不认为是犯罪。"第十六条对未成年人犯罪应当适用缓刑的情形作了规定。第十八条第一款规定,对未成年罪犯的减刑、假释,在掌握标准上可以比照成年罪犯依法适度放宽。

4. **对未成年人刑事案件处理的特殊程序安排**。关于未成年人刑事案件的处理,我国《刑事诉讼法》第五编第一章专门规定了**未成年人刑事案件诉讼程序**。其中,第二百八十二条第一款规定:"对于未成年人涉嫌刑法分则第四章、第五章、第六章规定的犯罪,可能判处一年有期徒刑以下刑罚,符合起诉条件,但有悔罪表现的,人民检察院可以作出**附条件不起诉的决定……**"附条件不起诉的未成年人在考验期内接受监督考察,在考验期内没有应当撤销附条件不起诉决定的情形的,考验期满,人民检察院应当作出不起诉的决定。这是对犯罪的未成年人实行教育、感化、挽救的方针,坚持教育为主、惩罚为辅原则的具体体现。

5. 行为人承担刑事责任,都得经过法定程序。本条是关于应当负刑事责任的年龄的规定,实践中,具体到个案,行为人承担刑事责任,都需要通过刑事诉讼程序,人民检察院提起公诉,人民法院作出有效判决后,行为人才能依法承担刑事责任。其中,本条第三款中规定的"**经最高人民检察院核准追诉的,应当负刑事责任**",并不是指核准追诉的,就一定追责,还需人民法院根据证据和事实情况等,对案件进行审理,审理后作出有罪判决的,判决生效后,行为人才负刑事责任。

【**司法解释**】

《最高人民法院关于审理未成年人刑事案件具体应用法律若干问题的解释》(法释〔2006〕1号,2006年1月11日发布)

△(**未成年人刑事案件**)本解释所称未成年人刑事案件,是指被告人实施被指控的犯罪时已满十四周岁不满十八周岁的案件。(§1)

△(**周岁**)刑法第十七条规定的"周岁",按照公历的年、月、日计算,从周岁生日的第二天起算。(§2)

△(**未成年人刑事案件;犯罪时的年龄;裁判文书**)审理未成年人刑事案件,应当查明被告人实施被指控的犯罪时的年龄。裁判文书中应当写明被告人出生的年、月、日。(§3)

△(**法定刑事责任年龄;无法查明;推定;具体出生日期;认定**)对于没有充分证据证明被告人实施被指控的犯罪时已经达到法定刑事责任年龄且确实无法查明的,应当推定其没有达到相应法定刑事责任年龄。

相关证据足以证明被告人实施被指控的犯罪时已经达到法定刑事责任年龄,但是无法准确查明被告人具体出生日期的,应当认定其达到相应法定刑事责任年龄。(§4)

△(**相对刑事责任年龄;刑法第十七条第二款;确定罪名**)已满十四周岁不满十六周岁的人实施刑法第十七条第二款规定以外的行为,如果同时触犯了刑法第十七条第二款规定的,应当依照刑法第十七条第二款的规定确定罪名,定罪处罚。(§5)

△(**相对刑事责任年龄;幼女;性行为;不认为**

是犯罪)已满十四周岁不满十六周岁的人偶尔与幼女发生性行为,情节轻微,未造成严重后果的,不认为是犯罪。(§ 6)

△(未成年人;使用轻微暴力;强行索要其他未成年人随身财物;不认为是犯罪)已满十四周岁不满十六周岁的人使用轻微暴力或者威胁,强行索要其他未成年人随身携带的生活、学习用品或者钱财数量不大,且未造成被害人轻微伤以上或者不敢正常到校学习、生活等危害后果的,不认为是犯罪。

已满十四周岁不满十八周岁的人具有前款规定情形的,一般也不认为是犯罪。(§ 7)

△(已满十六周岁不满十八周岁的人;寻衅滋事罪)已满十六周岁不满十八周岁的人出于以大欺小、以强凌弱或者寻求精神刺激,随意殴打其他未成年人或者强拿硬要或者任意损毁公私财物,扰乱学校及其他公共场所秩序,情节严重的,以寻衅滋事罪定罪处罚。(§ 8)

△(已满十六周岁不满十八周岁的人;盗窃罪;情节显著轻微危害不大;盗窃未遂或者中止;盗窃亲属财物;不认为是犯罪)已满十六周岁不满十八周岁的人实施盗窃行为未超过三次,盗窃数额虽已达到"数额较大"标准,但案发后能如实供述全部盗窃事实并积极退赃,且具有下列情形之一的,可以认定为"情节显著轻微危害不大",不认为是犯罪:

(一)系又聋又哑的人或者盲人;
(二)在共同盗窃中起次要或者辅助作用,或者被胁迫;
(三)具有其他轻微情节的。

已满十六周岁不满十八周岁的人盗窃未遂或者中止的,可不认为是犯罪。

已满十六周岁不满十八周岁的人盗窃自己家庭或者近亲属财物,或者盗窃其他亲属财物但其他亲属要求不予追究的,可不按犯罪处理。(§ 9)

△(相对刑事责任年龄;故意伤害罪、故意杀人罪;已满十六周岁不满十八周岁的人;抢劫罪)已满十四周岁的人的盗窃、诈骗、抢夺他人财物,抗拒抓捕或者毁灭罪证,当场使用暴力,故意伤害致人重伤或者死亡,或者故意杀人的,应当分别以故意伤害罪或者故意杀人罪定罪处罚。①

已满十六周岁不满十八周岁的人犯盗窃、诈骗、抢夺罪,为窝藏赃物、抗拒抓捕或者毁灭罪证当场使用暴力或者以暴力相威胁的,应当依照刑法第二百六十九条的规定定罪处罚;情节轻微的,可以不以抢劫罪定罪处罚。(§ 10)

△(未成年人犯罪;刑罚)对未成年罪犯适用刑罚,应当充分考虑是否有利于未成年罪犯的教育和矫正。

对未成年犯罪量刑应当依照刑法第六十一条的规定,并充分考虑未成年人实施犯罪行为的动机和目的、犯罪时的年龄、是否初次犯罪、犯罪后的悔罪表现、个人成长经历并一贯表现等因素。对符合管制、缓刑、单处罚金或者免予刑事处罚适用条件的未成年犯,应当依法适用管制、缓刑、单处罚金或者免予刑事处罚。(§ 11)

△(达到法定刑事责任年龄前后;年满十八周岁前后;不同种犯罪行为;同种犯罪行为;量刑;从轻或者减轻处罚)行为人在达到法定刑事责任年龄前后均实施的犯罪行为,只能依法追究其达到法定刑事责任年龄后实施的犯罪行为的刑事责任。

行为人在年满十八周岁前后实施了不同种犯罪行为,对其年满十八周岁以前实施的犯罪应当依法从轻或者减轻处罚。行为人在年满十八周岁前后实施了同种犯罪行为,在量刑时应当考虑对年满十八周岁以前实施的犯罪,适当给予从轻或者减轻处罚。(§ 12)

《最高人民检察院关于对涉嫌盗窃的不满16周岁未成年人采取刑事拘留强制措施是否违法问题的批复》(高检发释字〔2011〕1号,自2011年1月25日起施行)

△(未成年人犯罪;未犯刑法第十七条第二款规定之罪;刑事拘留)根据刑法、刑事诉讼法、未成年人保护法等有关法律规定,对于实施犯罪时未满16周岁的未成年人,且未犯刑法第十七条第二款规定之罪的,公安机关查明犯罪嫌疑人实施犯罪时年龄确系未满16周岁依法不负刑事责任但仍予以刑事拘留的,检察机关应当及时提出纠正意见。

【司法解释性文件】

《最高人民检察院关于"骨龄鉴定"能否作为确定刑事责任年龄证据使用的批复》(高检发研字〔2000〕6号,2000年2月21日发布)

---

① 系争司法解释以故意伤害罪或者故意杀人罪定罪处罚的原因可能在于,转化型抢劫罪以前行为构成盗窃、诈骗、抢夺罪为前提,而已满14周岁不满16周岁的人不能成为盗窃、诈骗、抢夺罪的主体。既然前提不存在,结论当然也不可能成立。参见黎宏:《刑法学总论》(第2版),法律出版社2016年版,第172页。相应的学说批评,参见陈兴良主编:《刑法各论精释》,人民法院出版社2015年版,第308页;张明楷:《刑法学》(第6版),法律出版社2021年版,第1279—1281页。

△（骨龄鉴定；确定刑事责任年龄；证据）犯罪嫌疑人不讲真实姓名、住址，年龄不明的，可以委托进行骨龄鉴定或其他科学鉴定，经审查，鉴定结论能够准确确定犯罪嫌疑人实施犯罪行为时的年龄的，可以作为判断犯罪嫌疑人年龄的证据使用。如果鉴定结论不能准确确定犯罪嫌疑人实施犯罪行为时的年龄，而且鉴定结论又表明犯罪嫌疑人年龄在刑法规定的应负刑事责任年龄上下的，应当依法慎重处理。

《最高人民检察院关于相对刑事责任年龄的人承担刑事责任范围有关问题的答复》（〔2003〕高检研发第13号，2003年4月18日发布）

△（相对刑事责任年龄；罪名；绑架后杀害被绑架人；绑架罪）相对刑事责任年龄的人实施了刑法第十七条第二款规定的行为，应当追究刑事责任的，其罪名应当根据所触犯的刑法分则具体条文认定。对于绑架后杀害被绑架人的，其罪名应认定为绑架罪。（§1）

△（相对刑事责任年龄；转化型抢劫；抢劫罪；情节显著轻微，危害不大）相对刑事责任年龄的人实施了刑法第二百六十九条规定的行为，应当依照刑法第二百六十三条的规定，以抢劫罪追究刑事责任。但情节显著轻微，危害不大的，可根据刑法第十三条的规定，不予追究刑事责任。（§2）

《最高人民法院对甘肃省高级人民法院〔2003〕甘天终字第98号请示的答复》（〔2004〕行他字第10号，2004年7月15日发布）

△（收容教养；完全无刑事责任年龄）《刑法》第十七条第四款关于"因不满十六周岁不予刑事处罚的……；在必要的时候，可以由政府收容教养"的规定，[1]适用于因不满十四周岁不予刑事处罚的情形。

《最高人民法院关于贯彻宽严相济刑事政策的若干意见》（法发〔2010〕9号，2010年2月8日发布）

△（未成年人犯罪；教育为主、惩罚为辅；教育、感化、挽救；缓刑或者非监禁刑；从轻或者减轻处罚；无期徒刑）对于未成年人犯罪，在具体考虑其实施犯罪的动机和目的、犯罪性质、情节和社会危害程度的同时，还要充分考虑其是否属于初犯，归案后是否悔罪，以及个人成长经历和一贯表现等因素，坚持"教育为主、惩罚为辅"的原则和"教育、感化、挽救"的方针进行处理。对于偶尔盗窃、抢夺、诈骗，数额刚达到较大的标准，案发后能如实交代并积极退赃的，可以认定为情节显著轻微，不作为犯罪处理。对于罪行较轻的，可以依法适当多适用缓刑或者判处管制、单处罚金等非监禁刑；依法可免予刑事处罚的，应当免予刑事处罚。对于犯罪情节严重的未成年人，也应当依照刑法第十七条第三款的规定予以从轻或者减轻处罚。对于已满十四周岁不满十六周岁的未成年犯罪人，一般不判处无期徒刑。（§20）

《未成年人刑事检察工作指引（试行）》（高检发未检字〔2017〕1号，2017年3月2日印发）

△（未达刑事责任年龄的处理）人民检察院对犯罪时未达到刑事责任年龄的未成年人，应当加强与公安机关、学校、社会保护组织等单位及未成年人家庭的协调、配合，通过责令加以管教、政府收容教养[2]、实施社会观护等措施，预防其再犯罪。（§6）

△（教育挽救）人民检察院办理未成年人刑事案件要切实贯彻"教育、感化、挽救"方针和"教育为主、惩罚为辅"原则，落实好刑事诉讼法规定的特殊制度、程序和要求。坚持教育和保护优先，为涉罪未成年人重返社会创造机会，最大限度地减少羁押措施、刑罚尤其是监禁刑的适用。（§15）

△（年龄审查）人民检察院审查未成年人刑事案件，应当注重对未成年人年龄证据的审查，重点审查是否已满十四、十六、十八周岁。

对于未成年人年龄证据，一般应当以公安机关加盖公章、附有未成年人照片的户籍证明为准。当户籍证明与其他证据存在矛盾时，应当遵循以下原则：

（一）可以调取医院的分娩记录、出生证明、户口簿、户籍登记底卡、居民身份证、临时居住证、护照、入境证明、港澳居民来往内地通行证、台湾居民来往大陆通行证、中华人民共和国旅行证、学籍卡、计生台帐、防疫证、（家）族谱等证明文件，收集接生人员、邻居、同学等其他无利害关系人的证言，综合审查判断，排除合理怀疑，采纳各证据共同证实的相对一致的年龄。

（二）犯罪嫌疑人不讲真实姓名、住址，年龄不明的，可以委托进行骨龄鉴定或者其他科学鉴定。经审查，鉴定意见能够准确确定犯罪嫌疑人实施犯罪行为时的年龄的，可以作为判断犯罪嫌疑人年龄的证据参考。若鉴定意见不能准确确定犯罪嫌疑人实施犯罪行为时的年龄，而且显示犯

---

[1] 此为《刑法修正案（十一）》生效之前的旧法规定，现行法已修改为"依法进行专门矫治教育"。
[2] 《刑法修正案（十一）》已从《刑法》第十七条中的"也可以由政府收容教养"修改为"依法进行专门矫治教育"。

罪嫌疑人年龄在法定应负刑事责任年龄上下,但无法查清真实年龄的,应当作出有利于犯罪嫌疑人的认定。(§152)

△**(不起诉决定)** 对于犯罪情节轻微,具有下列情形之一,依照刑法规定不需要判处刑罚或者免除刑罚的未成年犯罪嫌疑人,一般应当依法作出不起诉决定:

(一)被胁迫参与犯罪的;
(二)犯罪预备、中止、未遂的;
(三)在共同犯罪中起次要或者辅助作用的;
(四)系又聋又哑的人或者盲人的;
(五)因防卫过当或者紧急避险过当构成犯罪的;
(六)有自首或者立功表现的;
(七)其他依照刑法规定不需要判处刑罚或者免除刑罚的情形。

对于未成年人轻伤害、初次犯罪、过失犯罪、犯罪未遂以及被诱骗或者被教唆实施犯罪等,情节轻微,确有悔罪表现,当事人双方自愿就民事赔偿达成协议并切实履行,或者经被害人同意并提供有效担保,符合刑法第三十七条规定的,人民检察院可以依照刑事诉讼法第一百七十三条第二款的规定作出不起诉决定,并根据案件的不同情况,予以训诫或者责令具结悔过、赔礼道歉、赔偿损失,或者由主管部门予以行政处罚。(§176)

△**(附条件不起诉决定)** 对于符合下列条件的案件,人民检察院可以作出附条件不起诉的决定:

(一)犯罪嫌疑人实施犯罪行为时系未成年人的;
(二)涉嫌刑法分则第四章、第五章、第六章规定的犯罪;
(三)可能被判处一年有期徒刑以下刑罚的;
(四)犯罪事实清楚,证据确实、充分,符合起诉条件的;
(五)犯罪嫌疑人具有悔罪表现的。

人民检察院可以参照《最高人民法院关于常见犯罪的量刑指导意见》并综合考虑全案情况和量刑情节,衡量是否"可能判处一年有期徒刑以下刑罚"。

具有下列情形之一的,一般认为具有悔罪表现:

(一)犯罪嫌疑人认罪认罚的;
(二)向被害人赔礼道歉、积极退赃、尽力减少或者赔偿损失的;
(三)取得被害人谅解的;
(四)具有自首或者立功表现的;
(五)犯罪中止的;
(六)其他具有悔罪表现的情形。

对于符合附条件不起诉条件,实施犯罪行为时未满十八周岁,但诉讼时已成年的犯罪嫌疑人,人民检察院可以作出附条件不起诉决定。(§181)

《最高人民法院关于全面加强未成年人司法保护及犯罪防治工作的意见》(法发〔2024〕7号,2024年5月30日发布)

△**(宽严相济刑事政策;"教育为主、惩罚为辅")** 对未成年人犯罪宽容不纵容。精准贯彻宽严相济刑事政策,依法贯彻"教育、感化、挽救"的方针,坚持"教育为主、惩罚为辅"原则,准确把握和判断犯罪行为的社会危害性,充分考虑未成年人的成长经历、导致犯罪的深层次原因等,最大限度挽救涉案未成年人。对于主观恶性深、情节恶劣、危害严重,特别是屡教不改的,绝不姑息纵容,坚决依法惩治,确保司法公正。

审理未成年人犯罪案件,应当采取适合未成年人身心特点的审判方式,坚持"寓教于审",根据未成年被告人性格特点和犯罪行为等实际情况,有针对性地开展法庭教育,剖析引发犯罪的主客观原因和教训,引导未成年被告人正确认识违法庭审的严肃性和犯罪行为的社会危害,促其改过自新。(§16)

△**(利用未成年人实施违法犯罪)** 从严惩处利用未成年人实施违法犯罪的行为。引诱、指使、利用未成年人实施违法犯罪活动,构成犯罪的,依法从重处罚。特别是对于胁迫、教唆、引诱、欺骗未成年人实施黑恶势力犯罪,有组织违法犯罪的,利用未成年人介绍、诱骗其他低龄未成年女性卖淫或者供其奸淫的,利用未达到刑事责任年龄的未成年人、留守儿童、在校学生实施犯罪的,以及通过向未成年人传授犯罪方法、提供毒品、管制麻醉精神药品、灌输色情暴力等不良信息继而加以利用等严重损害未成年人身心健康、严重危害社会和谐稳定的犯罪,依法从严惩处。(§17)

△**(侵害未成年人犯罪)** 从严惩处侵害未成年人犯罪。对于拐卖、拐骗、绑架儿童,暴力伤害、性侵害未成年人,引诱、介绍、组织、强迫未成年人卖淫,制作、贩卖、传播含有未成年人内容的淫秽电子信息,向未成年人传播淫秽物品等严重侵害未成年人身心健康的犯罪,坚持零容忍立场,依法从严惩处。(§18)

△**(未成年被害人权益保障)** 加强未成年被害人权益保障。人民法院审理侵害未成年人刑事案件,应当充分考虑未成年被害人身心发育尚未成熟、易受伤害等特点,给予特殊和优先保护,强

化对其权益的保障。应当将案件进展情况、案件处理结果及时告知未成年被害人及其法定代理人,并对有关情况予以说明。确定案件开庭日期后,应当将开庭的时间、地点通知未成年被害人及其法定代理人。宣判后,应当将判决书向未成年被害人及其法定代理人送达。(§19)

【公报案例】

韩某某盗窃案(《最高人民法院公报》2018年第1期)

△(临界年龄认定规则;户籍优先原则;书证优先原则;参考鉴定原则)刑事案件被告人年龄认定尤其是临界年龄认定发生争议,穷尽证据调查和证明手段仍无法查明,或者查实的证据有瑕疵、相互矛盾或者证明力较低的,一般采用以下规则处理:一是户籍优先原则。《出生医学证明》是户口登记机关登记出生的重要依据,公安机关作出确认当事人身份关系包括年龄的具体行政行为具有法律效力。在调取的户籍资料与其他书证如学籍资料记载的入学日期、与其他证人证言等存在相互矛盾时,以认定户籍登记资料为原则,对户籍登记资料不予采信为例外。二是书证优先原则。有关部门存档的书证,尤其是在案发前形成的书证客观性较强,其证明的内容与证人证言存在相互矛盾时,以书证认定优于证人证言为原则,对书证不予采信为例外。三是参考鉴定原则。司法骨龄鉴定意见对判断被鉴定人年龄有科学参考价值。如果骨龄鉴定意见不能准确确定被告人实施犯罪行为时的实际年龄,存在一定的跨龄鉴定幅度,该鉴定意见不能单独作为认定年龄的证据加以适用,应当结合其他证据且必须是有效证据慎重判断才能作出综合认定。不能排除证据之间的矛盾,无充分证据证明被告人实施被指控犯罪时已满十八周岁且确实无法查明的,应按有利于被告人的原则,推定其不满十八周岁。

【参考案例】

No.4-232-19 胡时散等故意杀人案

已满十四周岁不满十六周岁的人绑架并杀害被绑架人的,不构成绑架罪,应以故意杀人罪论处。

No.5-263-32 扎西达娃等抢劫案罪行极其严重的未成年被告人如无其他法定从重情节的,一般不应判处无期徒刑。

第十七条之一 【刑事责任年龄:老年人犯罪】

已满七十五周岁的人故意犯罪的,可以从轻或者减轻处罚;过失犯罪的,应当从轻或者减轻处罚。

【立法沿革】

《中华人民共和国刑法修正案(八)》(自2011年5月1日起施行)

一、在刑法第十七条后增加一条,作为第十七条之一:

"已满七十五周岁的人故意犯罪的,可以从轻或者减轻处罚;过失犯罪的,应当从轻或者减轻处罚。"

【条文说明】

本条是关于**老年人犯罪从轻或者减轻处罚的规定**。

根据本条规定,对于已满七十五周岁的人故意犯罪的,可以从轻或者减轻处罚;过失犯罪的,应当从轻或者减轻处罚。这里规定的"**故意犯罪**",根据《刑法》第十四条第一款的规定,是指"明知自己的行为会发生危害社会的结果,并且希望或者放任这种结果发生,因而构成犯罪"情况。"**可以从轻或者减轻处罚**",是指要根据老年人犯罪的具体情况,决定是否从轻或者减轻处罚,而不是必须从轻或者减轻处罚。"**过失犯罪**",根据《刑法》第十五条第一款的规定,是指"应当预见自己的行为可能发生危害社会的结果,因为疏忽大意而没有预见,或者已经预见而轻信能够避免,以致发生这种结果的"情况。"**应当从轻或者减轻处罚**",是指对于老年人过失犯罪的,必须予以从轻或者减轻处罚。

在实际适用中,司法机关应当注意的是:刑法修改将老年人犯罪从宽处理,由实践中的酌定量刑情节在法律中加以明确规定,从而成为**法定量刑情节**。因此,在办理老年人犯罪案件时,应重视这一量刑情节的适用,体现刑法对老年人从宽处理的精神。同时,刑法对老年人犯罪从宽处理的规定,区分了故意犯罪和过失犯罪,对于故意犯罪的,不是一律从轻或者减轻处罚,而是**应当根据案件的具体情况决定**,当宽则宽,当严则严。

第十八条　【特殊人员的刑事责任能力】

精神病人在不能辨认或者不能控制自己行为的时候造成危害结果，经法定程序鉴定确认的，不负刑事责任，但是应当责令他的家属或者监护人严加看管和医疗；在必要的时候，由政府强制医疗。

间歇性的精神病人在精神正常的时候犯罪，应当负刑事责任。

尚未完全丧失辨认或者控制自己行为能力的精神病人犯罪的，应当负刑事责任，但是可以从轻或者减轻处罚。

醉酒的人犯罪，应当负刑事责任。

【条文说明】

本条是关于精神病人、醉酒的人的刑事责任能力的规定。

本条共分为四款。

第一款是关于精神病人在什么情况下造成危害结果不负刑事责任，以及对不负刑事责任的精神病人如何处理的规定。本款包含三层意思：一是精神病人造成危害结果，**不负刑事责任**。但必须经法定程序鉴定确认其危害结果是在行为人不能辨认或者不能控制自己行为的时候发生的，才能依法确定行为人无刑事责任能力。① 二是对不负刑事责任的精神病人，**应当责令其家属或者监护人严加看管和医疗，而不能放任不管**。三是在必要的时候，**可由政府强制医疗**。这是在总结实践经验的基础上增加的规定。这一规定不仅有利于维护社会治安秩序，也为实践中对家属或者监护人无能力看管或医疗的精神病人进行强制医疗提供了法律依据。本款规定的"**法定程序**"，是指对精神病人进行鉴定必须符合《刑事诉讼法》《全国人民代表大会常务委员会关于司法鉴定管理问题的决定》等有关法律规定的程序。"**必要的时候**"，主要是指精神病人无家属或监护人看管，其家属或监护人无能力看管和医疗，或者家属或监护人的看管不足以防止其继续危害社会的时候。《刑事诉讼法》第五编第五章专门对"**依法不负刑事责任的精神病人的强制医疗程序**"作了规定。该法第三百零二条规定，实施暴力行为，危害公共安全或者严重危害公民人身安全，经法定程序鉴定依法不负刑事责任的精神病人，有继续危害社会可能的，可以予以强制医疗。对不负刑事责任的精神病人的强制医疗应当严格按照刑事诉讼法的规定执行。

第二款是关于**间歇性的精神病人犯罪如何负刑事责任的规定**。根据本款规定，间歇性的精神病人在精神正常的时候犯罪，应当负刑事责任。"**间歇性的精神病人**"，是指精神并非经常处于错乱而完全丧失辨认或者控制自己行为的能力的精神病人。② 这种精神病人表现出的特点是精神时而正常，时而不正常。在其精神正常的情况下，具有辨认或者控制自己行为的能力，因此这时候犯罪，应当负刑事责任。间歇性的精神病人造成危害结果，是否处于精神正常的状态，即确认行为人造成危害结果时有无辨认或者控制自己行为的能力，也适用第一款的规定，**须经法定程序鉴定确认**。

第三款是关于**具有限制刑事责任能力的精神病人如何负刑事责任的规定**。根据本款规定，尚未完全丧失辨认或者控制自己行为能力的精神病人造成危害结果的，应当负刑事责任，但是可以从轻或者减轻处罚。本款规定的"**尚未完全丧失辨认或者控制自己行为能力的精神病人**"，主要是指病情尚未达到完全不能辨认或者不能控制自己行为的程度，还能分辨别是非善恶和控制自己行为能力的精神病人。由于这些精神病人尚未完全丧失辨认或者控制自己行为的能力，即还有部分辨认能力和责任能力，因此应当负刑事责任。这些人辨认或者控制自己行为的能力虽未完全丧失，但确实有所减弱，属于限制刑事责任能力人，

---

① 认定精神障碍人无刑事责任能力，需同时具备两个标准：其一，生物学标准（也叫医学标准），即从医学上看，行为人是基于精神病理的作用而实施特定危害社会行为的精神病人；其二，心理学标准（也叫法学标准），即从心理学、医学的角度看，患有精神病的行为人的危害行为，不但是由精神病理机制直接引起的，而且由于精神病理的作用，使其行为丧失了辨认或者控制自己触犯刑法行为的能力。参见陈兴良主编：《刑法总论释释》（第3版），人民法院出版社2016年版，第398页；周光权：《刑法总论》（第4版），中国人民大学出版社2021年版，第244页。

② 间歇性精神病，包括精神分裂症、躁狂症、抑郁症、癫痫性精神病、周期精神病、分裂情感性精神病等。参见陈兴良主编：《刑法总论精释》（第3版），人民法院出版社2016年版，第400页；黎宏：《刑法学总论》（第2版），法律出版社2016年版，第176页。

因此，在规定应当负刑事责任的同时，规定了"可以从轻或者减轻处罚"。具体是从轻处罚，还是减轻处罚，或者不予从轻、减轻处罚，需要结合案件的具体情况，根据行为人辨认或者控制自己行为的能力减弱的程度确定。

第四款是关于**醉酒的人犯罪应当负刑事责任**的规定。关于醉酒的人的刑事责任能力，情况比较复杂。因为体质的差异，醉酒的程度以及醉酒对行为人辨认或者控制自己行为的能力的影响，具有很大的个体差异。对于醉酒的人是否都具备完全的辨认和控制自己行为的能力，存在很大的认识分歧。如很多意见认为，醉酒的人一般情况下并没有丧失辨认和控制自己行为的能力，即便是在严重醉酒状态下，认识能力并不会受到重大影响，可能控制自己行为的能力会较平时正常状态下有所减弱，但未必达到减轻其刑事责任的程度。特别是，醉酒本身是一种不良的行为，即便行为人的认识能力、控制能力有所减弱，也完全是人为的，是行为人醉酒前应当预见的。这种情况下减轻其责任，对于被犯罪行为侵害的受害人不公平。另外，因为其先前自我选择了完全可以避免的不良行为，而要求其对该行为之后发生的危害后果承担责任，法律上完全具备正当根据。同时，对醉酒的人减轻刑事责任，难以防止一些人故意借"耍酒疯"进行犯罪活动，也不利于抵制和反对酗酒的不良行为。基于以上考虑，立法机关在本款中规定："**醉酒的人犯罪，应当负刑事责任**。"①

【公报案例】

彭崧故意杀人案（《最高人民法院公报》2007年第7期）

△(因吸毒后产生神志异常)行为人因吸毒后产生神志异常而实施危害社会的行为，构成犯罪的，依法应当承担刑事责任。

【参考案例】

No.4-232-15 彭柏松故意杀人案

因吸毒使本人陷入无刑事责任能力状态而犯罪的，不能减轻刑事责任。

No.4-232-56 张怡懿等故意杀人案

对犯罪时属于限制刑事责任能力的精神病人，一般不宜适用死刑。

No.4-232-65 阿古敦故意杀人案

对于实施犯罪时属于限制刑事责任能力的精神病人，一般情况下应当予以从轻或减轻处罚。

No.4-232-104 连恩青故意杀人案

对精神障碍者刑事责任能力进行判断分两个层次：第一层次是判断行为人是否有精神障碍，及患有何种精神障碍；第二层次是进一步判断行为人是否因精神障碍而致辨认或者控制行为的能力减弱或丧失。若患有精神障碍，但作案时意识清晰，动机现实，辨认和控制能力存在，则不应否定故意杀人罪的成立。

No.2-114,115(1)-5-14 叶丹以危险方法危害公共安全案

因吸毒长期处于精神障碍状态，病情缓解期间再次吸毒陷入精神障碍状态驾驶机动车的，应当认定为限制责任能力。

No.2-114,115(1)-5-15 叶丹以危险方法危害公共安全案

对于自陷于精神障碍的行为人，其主观罪过应当根据其自陷于精神障碍时对危害结果的认识与意志状态进行认定。

No.4-232-95 杜成军故意杀人案

严重暴力犯罪案件中，被告人患有轻度精神障碍对认识与控制能力影响不大的，可以不从轻处罚。

No.4-238-18 郑师武非法拘禁案

行为人吸毒致幻，产生精神障碍，实施犯罪的，应承担刑事责任。

No.6-1-293-20 林作明寻衅滋事案

根据原因自由行为理论，吸毒致幻者自陷入精神障碍，实施犯罪应当承担刑事责任。

---

① 醉酒主要分为生理性醉酒和病理性醉酒两种情形。由于病理性醉酒一般属于精神病的范畴，因此，《刑法》第十八条第四款通常只限于生理醉酒者的责任能力及其实施危害行为的刑事责任问题。参见陈兴良主编：《刑法总论精释》（第3版），人民法院出版社2016年版，第407页；黎宏：《刑法学总论》（第2版），法律出版社2016年版，第177—178页；周光权：《刑法总论》（第4版），中国人民大学出版社2021年版，第246页。

第十九条 【又聋又哑的人或盲人的刑事责任】
又聋又哑的人或者盲人犯罪,可以从轻、减轻或者免除处罚。

【条文说明】

本条是关于又聋又哑的人或者盲人的刑事责任的规定。

本条包含两层意思:一是**又聋又哑的人或者盲人犯罪,应当负刑事责任**。这是因为又聋又哑的人或者盲人,虽然生理上有视听缺陷,但其智力是正常的,不属于丧失辨认或者控制自己行为能力的情况,不能作为无刑事责任能力人。因此,应当对其造成危害结果的行为负刑事责任。二是**对又聋又哑的人或者盲人犯罪,可以从轻、减轻或者免除处罚**。这是因为,人体感知世界主要靠各种感官,其中听觉、视觉器官对于人类了解客观世界形成认知能力具有不可或缺的重要作用。一般情况下,又聋又哑的人或者盲人由于视听缺陷,特别是在先天缺陷的情况下,在受教育、了解外界世界、参与社会活动、与他人沟通等方面会受到很大限制,进而认知能力或多或少会受到影响。另外,有的造成危害后果的行为,可能与视听缺陷有直接关系,特别是一些过失犯罪的场合。因此,根据又聋又哑的人或者盲人视听缺陷的具体情况,认知能力受到影响的程度,其实施的加害行为与视听缺陷之间的关联程度等,给予又聋又哑的人或者盲人相对从宽的处理,是完全必要的,也是符合罪责刑相适应和主客观相统一的要求的。同时,考虑到实践中案件情况的复杂性,本条将从轻、减轻或者免除处罚规定为"可以",而不是"应当"。这样,便于司法机关在办理案件时,结合具体案件中行为人所实施犯罪的情节、造成危害结果的严重程度、生理缺陷的具体情况等,准确确定是从轻、减轻还是免除处罚。"可以"从轻、减轻或者**免除处罚**,是指根据行为人的上述具体情况,决定是否从轻、减轻或者免除处罚,不是必须从轻、减轻或者免除处罚。对于手段残忍,情节恶劣,危害后果严重的,也可以不从轻、减轻或者免除处罚。

对于盲、聋、哑人,我国**刑事诉讼法**也专门作出了特殊的制度安排,以保障其合法权利。具体规定如没有委托辩护人的,有关机关应当通知法律援助机构指派律师为其提供辩护,讯问时应当有通晓聋、哑手势的人参加;认罪认罚的,不需要签署认罪认罚具结书;不适用简易程序和速裁程序;等等。

【参考案例】

No. 5-274-3 苏同强等敲诈勒索案

双目矫正视力低于 0.05 的人,可以认定为刑法所规定的盲人。

第二十条 【正当防卫】

为了使国家、公共利益、本人或者他人的人身、财产和其他权利免受正在进行的不法侵害,而采取的制止不法侵害的行为,对不法侵害人造成损害的,属于正当防卫,不负刑事责任。

正当防卫明显超过必要限度造成重大损害的,应当负刑事责任,但是应当减轻或者免除处罚。

对正在进行行凶、杀人、抢劫、强奸、绑架以及其他严重危及人身安全的暴力犯罪,采取防卫行为,造成不法侵害人伤亡的,不属于防卫过当,不负刑事责任。

【条文说明】

本条是关于正当防卫的规定。
本条共分为三款。
第一款是关于什么是正当防卫和正当防卫不负刑事责任的规定。

这一款规定了两层意思:

1. 什么是正当防卫行为。根据本款规定,进行正当防卫应当同时具备以下条件:一是**实施防卫行为必须是出于使国家、公共利益、本人或者他人的人身、财产和其他权利**[①]**免受不法侵害的正**

---

① 由于正当防卫具有私权性、自我保护性,这就决定了正当防卫只适宜保护个人法益。如果行为在侵害国家、社会法益的同时危及到个人法益,公民可以进行正当防卫;反之,与个人法益无关联性的、单纯的国家法益、社会法益不应当属于正当防卫所要保护的范围。参见周光权:《刑法总论》(第4版),中国人民大学出版社 2021 年版,第 207 页。

当目的①,针对的是**不法侵害者及其不法侵害行为**②③,维护的是受法律保护的合法权益。为了维护非法利益,或者针对他人的合法行为,或者针对不法侵害人之外的其他无关人员,不能实施正当防卫,如对抢劫财物受到被害人反击、因实施犯罪行为被司法人员依法执行拘留、逮捕、没收财产、与非法行为无关的加害人的亲友等,不能实行正当防卫。④ 二是**防卫行为所针对的不法侵害必须是正在进行的**⑤,对尚未开始实施或者已经停止或结束侵害行为的不法侵害人,不能实施正当防卫行为。三是**实施防卫行为的直接目的是制止不法侵害**,因此正当防卫行为应当是制止不法侵害的行为,即实行防卫以制止不法侵害行为为限,不法侵害行为被制止后,不能继续实施防卫行为。

2. 实施正当防卫行为,对不法侵害人造成损害的,**不负刑事责任**。由于正当防卫是公民的合法权利,是出于维护合法利益、制止不法侵害的正当目的,是对国家和人民有益的行为。因此本款规定,"正当防卫,不负刑事责任",以鼓励群众见义勇为,积极同犯罪作斗争。本款规定的"**不法侵害**",是指非法对受国家法律保护的国家、公民的各种合法权益的违法侵害。"**对不法侵害人造成损害的**",主要是指对不法侵害人造成人身损害的情况,也包括对其财产等造成损害。

第二款是关于防卫过当及其刑事责任的规定。本款规定了三层意思:一是什么是防卫过当行为。首先,"**防卫过当**"必须是**明显地超过必要限度**。所谓"必要限度",是指为有效制止不法侵害所必需的防卫的强度。"明显超过必要限度",是指一般人都能够认识到其防卫强度已经明显超过了正当防卫所必需的强度。其次,**要求对不法侵害人造成了重大损害**。"重大损害",是指由于防卫人明显超过必要限度的防卫行为造成不法侵害人人身伤亡及其他严重损害。这一规定表明,对防卫人的防卫行为是否超过必要限度在认定时要有一定的宽容度,不能简单要求一一对等。即使防卫行为在客观上超过了一定限度,但对加害人的损害尚未达到重大损害程度的,也不以防卫过当论究。二是**防卫过当的行为应当负刑事责任**。由于防卫过当的行为所造成的损害,是因明显超过正当防卫所必需的防卫强度造成的,且属于重大损害,具有一定的社会危害性,因此法律规定,应当负刑事责任。三是**对防卫过当的行为应当减轻或者免除处罚**。防卫过当的行为虽然具有一定的社会危害性,但动机是出于正当防卫,其主观恶性较小,社会危害也小于其他故意犯罪。社会危害程度不同,处罚也应当有所区别。因此,本款规定,对防卫过当的行为,应当减轻或者免除处罚。

第三款是关于对一些严重危及人身安全的暴力犯罪,实施防卫行为不存在防卫过当的规定,即

---

① 关于防卫意识,传统的刑法理论认为,具有防卫意图(包括防卫认识和防卫目的)时,才可能成立正当防卫。参见高铭暄、马克昌主编:《刑法学》(第7版),北京大学出版社、高等教育出版社2016年版,第130页。对此,结果无价值论者认为,主客观相统一是对犯罪行为的要求,而不是对犯罪行为的要求。既然正当防卫不是犯罪行为,自然不要求主客观相统一,所以不需要主观的正当化要素(防卫意识)。参见张明楷:《刑法学》(第6版),法律出版社2021年版,第267页。同时,另有学者指出,结果无价值论者混淆了主观的故意/过失与主观正当化要素(防卫意识)。正当化行为从规范评价的角度来看,一定是正面的,因此不能仅仅用一般的无罪条件作为正当防卫的成立条件。正当防卫背后的规范不仅仅是容许规范,而是一种正当化的权利规范,其具有指引国民实施正当防卫的功能。因此,正当防卫在满足无罪条件的基础上,还需要具有防卫意识这一正当化要素,才能获得正当化的正面评价。参见周光权:《刑法总论》(第4版),中国人民大学出版社2021年版,第211—212页。

② 不法侵害行为既包括了犯罪行为,又包括其他违法行为,是一切违法犯罪活动。不法侵害中的"不法"是就客观上具有侵害法益危险的事实所做的评价。只要属于客观的不法侵害,不管是故意还是过失实施的,亦不论实施者是否达到刑事责任年龄、精神状态是否正常,更无论是以作为形式还是以不作为形式实施的,都可以进行正当防卫。参见黎宏:《刑法学总论》(第2版),法律出版社2016年版,第128—130页;周光权:《刑法总论》(第4版),中国人民大学出版社2021年版,第204页。

③ 当不法侵害所针对的是没有具体受害人的国家、公共利益时,正当防卫的适用范围有其限制。参见黎宏:《刑法学总论》(第2版),法律出版社2016年版,第130页。

④ 但是,警察依照职务要求执行逮捕行为,但被执行人由于确实不是真凶而暴力拒捕,将警察打伤,我国学者认为,个人法益是一切价值的源泉,被执行人的行为可以构成紧急避险行为。参见黎宏:《刑法学总论》(第2版),法律出版社2016年版,第128页。

⑤ 不法侵害正在进行,包括侵害行为已经着手实行、正在进行、尚未完毕诸情形。参见周光权:《刑法总论》(第4版),中国人民大学出版社2021年版,第210页。

特殊防卫权。[①] 为了保护合法权益,鼓励见义勇为,1997年刑法增加了这一款规定的内容。根据本款规定,对正在进行行凶[②]、杀人、抢劫[③]、强奸、绑架及其他严重危及人身安全[④]的暴力犯罪[⑤][⑥],采取防卫行为,造成不法侵害人伤亡的,不负刑事责任。[⑦] 这样规定主要有两点考虑:一是考虑了社会治安的实际状况。严重暴力犯罪不仅严重破坏社会治安秩序,也严重威胁公民的人身安全。对上述严重的暴力犯罪采取防卫行为作出特殊规定,对鼓励群众勇于同犯罪作斗争、维护社会治安秩序具有重要意义。二是考虑了上述暴力犯罪的特点。这些犯罪都是严重威胁人身安全的,被侵害人面临正在进行的暴力侵害,很难辨认侵害人的目的和侵害的程度,也很难掌握实行防卫行为的强度,就要对此规定得太严,就会束缚被侵害人的手脚,妨碍其与犯罪作斗争的勇气,不利于公民运用法律武器保护自身的合法权益。

实际执行中应当注意以下几个方面的问题:

1. 对涉正当防卫具体案件的办理,应当注意全面准确把握刑法有关正当防卫立法的精神,公平公正依法办案。在具体案件的处理中,要对案件事实进行全面调查,具体问题具体分析,**立足于防卫人防卫时的具体情况**,充分考虑常理常情,综合案件发生的整个过程,依法准确把握正当防卫的起因、时间、对象、意图、限度等条件,充分考虑防卫人面临不法侵害当时的紧迫状态和紧张心理,不能事后求全责备、以强人所难的标准苛责当事人。

2. 认定正当防卫时,应当注意划清正当防卫与**防卫挑拨**的界限。正当防卫是为了维护国家、公共利益、本人或他人的合法权益,被迫实施的制止不法侵害的行为。**防卫挑拨**则是为了加害他人,故意挑逗对方向自己进行侵害,然后以正当防卫为借口侵害对方。正当防卫与防卫挑拨是有本质区别的,防卫挑拨的行为,不能认定为正当防卫。

3. 认定正当防卫时,要注意对正当防卫与**相互斗殴**进行区分。相互斗殴的双方都没有防卫意图,一般会有一个互相纠缠、冲突逐步升级的过程。需要特别注意的是,双方曾因矛盾引发冲突,一方再次纠缠时,另一方进行反抗,有防卫意图的,也可能成立正当防卫;不能因为行为人事先进行防卫准备,就认定其具有斗殴意图。具体认定时需要综合全案各种情况,判定行为人的行为是否符合正当防卫的构成要件而得出结论。

【**司法解释性文件**】

《最高人民法院、最高人民检察院、公安部、司法部关于依法办理家庭暴力犯罪案件的意见》(法发〔2015〕4号,2015年3月2日公布)

△(**家庭暴力;正当防卫;防卫过当;"明显超过必要限度"之认定;综合判断**)准确认定家庭暴力的正当防卫。为了使本人或者他人的人身权利免受不法侵害,对正在进行的家庭暴力采取制止行为,只要符合刑法规定的条件,就应当依法认定为正当防卫,不负刑事责任。防卫行为造成施

---

① 特殊防卫和普通防卫之间存在一般和特殊的关系,《刑法》第二十条第三款是对第一款、第二款的进一步阐释和特殊说明,属于提示性规定。参见周光权:《刑法总论》(第4版),中国人民大学出版社2021年版,第218页。

② 考察某一不法侵害行为是否属于刑法意义上的行凶,应结合不法侵害人的行为强度、是否使用器具、打击部位以及不法侵害者的人格等因素综合考虑。参见周光权:《刑法总论》(第4版),中国人民大学出版社2021年版,第220页。

③ 抢劫包括转化犯的情形。需要注意的是,《刑法》第二百六十七条第二款规定,携带凶器抢夺的,以抢劫罪论处。但是,如果是为实施其他犯罪而携带凶器,restand未对被害人使用暴力,不属于可行使特殊防卫权的抢劫罪范围。参见周光权:《刑法总论》(第4版),中国人民大学出版社2021年版,第220页。

④ 从一般社会观念和正当防卫的必要性考察,只有人的生命、健康和性的安全遭到严重侵害时,才有必要用造成不法侵害人伤亡的防卫行为予以反击。在个人的行动自由受到限制、名誉受到贬损的情况下采取特殊防卫,不能为一般的社会观念所认同。参见周光权:《刑法总论》(第4版),中国人民大学出版社2021年版,第223页。

⑤ 暴力犯罪,乃指采用武力手段对被害人进行威胁、恫吓、殴打、捆绑,以造成被害人精神恐惧及人身危险,从而达到犯罪目的的行为。暴力行为具有很强的破坏力,在运用上具有突然性、猛烈性、攻击性,对人的心理能够瞬间产生强制性并可能最终导致被害人的生命丧失、健康受损。对其认定不下几个方面来看,一是结合实行行为的程度;二是结合行为的危险性考虑;三是结合犯罪的法定刑幅度考虑。参见周光权:《刑法总论》(第4版),中国人民大学出版社2021年版,第222页。

⑥ 暴力,仅指外观上可见的暴力行为,不包括以暴力相威胁。参见周光权:《刑法总论》(第4版),中国人民大学出版社2021年版,第222页。

⑦ 应对"杀人、抢劫、强奸、绑架"等行为的危害程度进行客观、事后的判断。不能认为,只要侵害人的侵害行为构成上述犯罪,防卫人就有特殊防卫权。相较于普通的正当防卫,特殊防卫要求不法侵害有极其紧迫的性质,而且暴力犯罪严重危及防卫人的人身安全。参见周光权:《刑法总论》(第4版),中国人民大学出版社2021年版,第221页。

暴人重伤、死亡，且明显超过必要限度，属于防卫过当，应当负刑事责任，但是应当减轻或者免除处罚。

认定防卫行为是否"明显超过必要限度"，应当以足以制止并使防卫人免受家庭暴力不法侵害的需要为标准，根据施暴人正在实施家庭暴力的严重程度、手段的残忍程度、防卫人所处的环境、面临的危险程度、采取的制止暴力的手段、造成施暴人重大损害的程度，以及既往家庭暴力的严重程度等进行综合判断。（§19）

《最高人民法院、最高人民检察院、公安部关于依法惩治妨害公共交通工具安全驾驶违法犯罪行为的指导意见》（公通字〔2019〕1号，2019年1月8日发布）

△**(制止正在进行的妨害安全驾驶的违法犯罪行为;正当防卫)** 对正在进行的妨害安全驾驶的违法犯罪行为，乘客等人员有权采取措施予以制止。制止行为造成违法犯罪行为人损害，符合法定条件的，应当认定为正当防卫。

《最高人民法院、最高人民检察院、公安部关于依法适用正当防卫制度的指导意见》（法发〔2020〕31号，2020年8月28日发布）

△**(法不能向不法让步)** 把握立法精神，严格公正办案。正当防卫是法律赋予公民的权利。要准确理解和把握正当防卫的法律规定和立法精神，对于符合正当防卫成立条件的，坚决依法认定。要切实防止"谁能闹谁有理""谁死伤谁有理"的错误做法，坚决捍卫"法不能向不法让步"的法治精神。（§1）

△**(立足防卫人防卫时的具体情境)** 立足具体案情，依法准确认定。要立足防卫人防卫时的具体情境，综合考虑案件发生的整体经过，结合一般人在类似情境下的可能反应，依法准确把握防卫的时间、限度等条件。要充分考虑防卫人面临不法侵害时的紧迫状态和紧张心理，防止在事后以正常情况下冷静理性、客观精确的标准去评判防卫人。（§2）

△**(法律效果与社会效果的有机统一)** 坚持法理情统一，维护公平正义。认定是否构成正当防卫、是否防卫过当以及对防卫过当裁量刑罚时，要注重查明前因后果，分清是非曲直，确保案件处理于法有据、于理应当、于情相容，符合人民群众的公平正义观念，实现法律效果与社会效果的有机统一。（§3）

△**(以防卫为名行不法侵害之实;防卫过当)** 准确把握界限，防止不当认定。对于以防卫为名行不法侵害之实的违法犯罪行为，要坚决避免认定为正当防卫或者防卫过当。对于虽具有防卫性质，但防卫行为明显超过必要限度造成重大损害的，应当依法认定为防卫过当。（§4）

△**(正当防卫的起因条件;不法侵害)** 准确把握正当防卫的起因条件。正当防卫的前提是存在不法侵害。不法侵害既包括侵犯生命、健康权利的行为，也包括侵犯人身自由、公私财产等权利的行为；既包括犯罪行为，也包括违法行为。不法将不法侵害不当限缩为暴力侵害或者犯罪行为。对于非法限制他人人身自由、非法侵入他人住宅等不法侵害，可以实行防卫。不法侵害既包括针对本人的不法侵害，也包括危害国家、公共利益或者针对他人的不法侵害。对于正在进行的拉拽方向盘、殴打司机等妨害安全驾驶、危害公共安全的违法犯罪行为，可以实行防卫。成年人对于未成年人正在实施的针对其他未成年人的不法侵害，应当劝阻、制止；劝阻、制止无效的，可以实行防卫。（§5）

△**(正当防卫的时间条件;正在进行的不法侵害;不法侵害已经结束)** 准确把握正当防卫的时间条件。正当防卫必须是针对正在进行的不法侵害。对于不法侵害已经形成现实、紧迫危险的，应当认定为不法侵害已经开始；对于不法侵害虽然暂时中断或者被暂时制止，但不法侵害人仍有继续实施侵害的现实可能性的，应当认定为不法侵害仍在进行；在财产犯罪中，不法侵害人虽已取得财物，但通过追赶、阻击等措施能够追回财物的，可以视为不法侵害仍在进行；对不法侵害人确已失去侵害能力或者确已放弃侵害的，应当认定为不法侵害已经结束。对于不法侵害是否已经开始或者结束，应当立足防卫人在防卫时所处情境，按照社会公众的一般认知，依法作出合乎情理的判断，不能苛求防卫人。对于防卫人因为恐慌、紧张等心理，对不法侵害是否已经开始或者结束产生错误认识的，应当根据主客观相统一原则，依法作出妥当处理。（§6）

△**(正当防卫的对象条件;不法侵害人;多人共同实施不法侵害;侵害人是无刑事责任能力人或者限制刑事责任能力人;反击)** 准确把握正当防卫的对象条件。正当防卫必须针对不法侵害人进行。对于多人共同实施不法侵害的，既可以针对直接实施不法侵害的人进行防卫，也可以针对在现场共同实施不法侵害的人进行防卫。明知侵害人是无刑事责任能力人或者限制刑事责任能力的，应当尽量使用其他方式避免或者制止侵害；没有其他方式可以避免、制止不法侵害，或者不法侵害严重危及人身安全的，可以进行反击。（§7）

△**(正当防卫的意图条件;防卫挑唆)** 准确把

握正当防卫的意图条件。正当防卫必须是为了使国家、公共利益、本人或者他人的人身、财产和其他权利免受不法侵害。对于故意以语言、行为等挑动对方侵害自己再予以反击的防卫挑拨,不应认定为防卫行为。(§8)

△(防卫行为;相互斗殴;因琐事发生争执;冲突结束后)准确界分防卫行为与相互斗殴。防卫行为与相互斗殴具有外观上的相似性,准确区分两者要坚持主客观相统一原则,通过综合考量案发起因、对冲突升级是否有过错、是否使用或者准备使用凶器、是否采用明显不相当的暴力、是否纠集他人参与打斗等客观情节,准确判断行为人的主观意图和行为性质。

因琐事发生争执,双方均不能保持克制而引发打斗,对于有过错的一方先动手且手段明显过激,或者一方先动手,在对方努力避免冲突的情况下仍继续侵害的,还击一方的行为一般应当认定为防卫行为。

双方因琐事发生冲突,冲突结束后,一方又实施不法侵害,对方还击,包括使用凶器的,一般应当认定为防卫行为。不能仅因行为人事先进行防卫准备,就影响对其防卫意图的认定。(§9)

△(滥用防卫权)防止将滥用防卫权的行为认定为防卫行为。对于显著轻微的不法侵害,行为人在可以辨识的情况下,直接使用足以致人重伤或者死亡的方式进行制止的,不应认定为防卫行为。不法侵害因行为人的重大过错引发,行为人在可以使用其他手段避免侵害的情况下,仍故意使用足以致人重伤或者死亡的方式还击的,不应认定为防卫行为。(§10)

△(防卫过当;同时具备"明显超过必要限度"和"造成重大损害")准确把握防卫过当的认定条件。根据刑法第二十条第二款的规定,认定防卫过当应当同时具备"明显超过必要限度"和"造成重大损害"两个条件,缺一不可。(§11)

△(明显超过必要限度)准确认定"明显超过必要限度"。防卫是否"明显超过必要限度",应当综合不法侵害的性质、手段、强度、危害程度和防卫的时机、手段、强度、损害后果等情节,考虑双方力量对比,立足防卫人防卫时所处情境,结合社会公众的一般认知作出判断。在判断不法侵害的危害程度时,不仅要考虑已经造成的损害,还要考虑造成进一步损害的紧迫危险性和现实可能性。不应当苛求防卫人必须采取与不法侵害基本相当的反击方式和强度。通过综合考量,对于防卫行为与不法侵害相差悬殊、明显过激的,应当认定防卫明显超过必要限度。(§12)

△(造成重大损害)准确认定"造成重大损害"。"造成重大损害"是指造成不法侵害人重伤、死亡。造成轻伤及以下损害的,不属于重大损害。防卫行为虽然明显超过必要限度但没有造成重大损害的,不属于防卫过当。(§13)

△(防卫过当的刑罚裁量;应当减轻或者免除处罚)准确把握防卫过当的刑罚裁量。防卫过当应当负刑事责任,但是应当减轻或者免除处罚。要综合考虑案件情况,特别是不法侵害人的过错程度、不法侵害的严重程度以及防卫人面对不法侵害的恐慌、紧张等心理,确保刑罚裁量适当、公正。对于因侵害人实施严重贬抑他人人格尊严、严重违反伦理道德的不法侵害,或者多次、长期实施不法侵害所引发的防卫过当行为,在量刑时应当充分考虑,以确保案件处理既经得起法律检验,又符合社会公平正义观念。(§14)

△(特殊防卫;行凶)准确理解和把握"行凶"。根据刑法第二十条第三款的规定,下列行为应当认定为"行凶":(1)使用致命性凶器,严重危及他人人身安全的;(2)未使用凶器或者未使用致命性凶器,但从不法侵害的人数、打击部位和力度等情况,确已严重危及他人人身安全的。虽然尚未造成实际损害,但已对人身安全造成严重、紧迫危险的,可以认定为"行凶"。(§15)

△(特殊防卫;杀人、抢劫、强奸、绑架;具体犯罪行为)准确理解和把握"杀人、抢劫、强奸、绑架"。刑法第二十条第三款规定的"杀人、抢劫、强奸、绑架",是指具体犯罪行为而不是具体罪名。在实施不法侵害过程中存在杀人、抢劫、强奸、绑架等严重危及人身安全的暴力犯罪行为的,如以暴力手段抢劫枪支、弹药、爆炸物或者以绑架手段拐卖妇女、儿童的,可以实行特殊防卫。行为没有严重危及人身安全的,应当适用一般防卫的法律规定。(§16)

△(特殊防卫;其他严重危及人身安全的暴力犯罪)准确理解和把握"其他严重危及人身安全的暴力犯罪"。刑法第二十条第三款规定的"其他严重危及人身安全的暴力犯罪",应当是与杀人、抢劫、强奸、绑架行为相当,并具有致人重伤或者死亡的紧迫危险和现实可能的暴力犯罪。(§17)

△(一般防卫与特殊防卫的关系;正当防卫)准确把握一般防卫与特殊防卫的关系。对于不符合特殊防卫起因条件的防卫行为,没有造成不法侵害人伤亡的,如果没有明显超过必要限度,也应当认定为正当防卫,不负刑事责任。(§18)

△(正当防卫;侦查取证)做好侦查取证工作。公安机关在办理涉正当防卫案件时,要依法及时、全面收集与案件相关的各类证据,为案件的依法公正处理奠定事实根基。取证工作要及时、

对冲突现场有视听资料、电子数据等证据材料的，应当第一时间调取；对冲突过程的目击证人，要第一时间询问。取证工作要全面，对证明案件事实有价值的各类证据都应当依法及时收集，特别是涉及判断是否属于防卫行为、是正当防卫还是防卫过当以及有关案件前因后果等的证据。(§19)

△(正当防卫;案件审理)依法公正处理案件。要全面审查事实证据，认真听取各方意见，高度重视犯罪嫌疑人、被告人及其辩护人提出的正当防卫或者防卫过当的辩解、辩护意见，并及时审核查，准确认定事实、正确适用法律。要及时披露办案进展等工作信息，回应社会关切。对于依法认定为正当防卫的案件，根据刑事诉讼法的规定，及时作出不予立案、撤销案件、不批准逮捕、不起诉的决定或者被告人无罪的判决。对于防卫过当案件，应当依法适用认罪认罚从宽制度。对于犯罪情节轻微，依法不需要判处刑罚或者免除刑罚的，人民检察院可以作出不起诉决定。对于不法侵害人涉嫌犯罪的，应当依法及时追诉。人民法院审理第一审的涉正当防卫案件，社会影响较大或者案情复杂的，由人民陪审员和法官组成合议庭进行审理；社会影响重大的，由人民陪审员和法官组成七人合议庭进行审理。(§20)

△(正当防卫;法律文书的释法析理)强化释法析理工作。要围绕案件争议焦点和社会关切，以事实为根据、以法律为准绳，准确、细致地阐明案件处理的依据和理由，强化法律文书的释法析理，有效回应当事人和社会关切，使办案成为全民普法的法治公开课，达到办理一案、教育一片的效果。要尽最大可能做好矛盾化解工作，促进社会和谐稳定。(§21)

《最高人民检察院、公安部关于依法妥善办理轻伤害案件的指导意见》(高检发办字〔2022〕167号,2022年12月22日印发)

△(轻伤害案件;正当防卫;互殴型故意伤害)准确区分正当防卫与互殴型故意伤害。人民检察院、公安机关要坚持主客观相统一的原则，综合考察案发起因、对冲突升级是否有过错、是否使用或者准备使用凶器、是否采用明显不相当的暴力、是否纠集他人参与打斗等客观情节，准确判断犯罪嫌疑人的主观意图和行为性质。因琐事发生争执，双方均不能保持克制而引发打斗，对于过错的一方先动手且手段明显过激，或者一方先动手，在对方努力避免冲突的情况下仍继续侵害，还由一方造成对方伤害的，一般应当认定为正当防卫。故意挑拨对方实施不法侵害，借机伤害对方的，一般不认定为正当防卫。(§9)

【指导性案例】

最高人民法院指导性案例第93号:于欢故意伤害案(2018年6月20日发布)

△(不法侵害)对正在进行的非法限制他人人身自由的行为，应当认定为《刑法》第二十条第一款规定的"不法侵害"，可以进行正当防卫。

△(轻微殴打的行为;严重危及人身安全的暴力犯罪)对非法限制他人人身自由并伴有侮辱、轻微殴打的行为，不应当认定为《刑法》第二十条第三款规定的"严重危及人身安全的暴力犯罪"。

△(防卫过当;明显超过必要限度造成重大损害)判断防卫是否明显超过必要限度，应当综合考虑不法侵害的性质、手段、强度、危害程度，以及防卫行为的性质、时机、手段、强度、所处环境和损害后果等情节。对非法限制他人人身自由并伴有侮辱、轻微殴打，且并不十分紧迫的不法侵害，进行防卫致人死亡重伤的，应当认定为《刑法》第二十条第二款规定的"明显超过必要限度造成重大损害"。

△(防卫过当;量刑)防卫过当案件，如系因被害人实施严重贬损他人人格尊严或者亵渎人伦的不法侵害引发的，量刑时对此应予充分考虑，以确保司法裁判既经得起法律检验，也符合社会公平正义观念。

最高人民检察院指导性案例第45号:陈某正当防卫案(2018年12月18日发布)

△(受到不法侵害;正当防卫)在被人殴打、人身权利受到不法侵害的情况下，防卫行为虽然造成了重大损害的客观后果，但是防卫措施并未明显超过必要限度的，不属于防卫过当，依法不负刑事责任。

最高人民检察院指导性案例第46号:朱凤山故意伤害(防卫过当)案(2018年12月18日发布)

△(民间矛盾;故意伤害;防卫过当)在民间矛盾激化过程中，对正在进行的非法侵入住宅、轻微人身侵害行为，可以进行正当防卫，但防卫行为的强度不具有必要性并致不法侵害人重伤、死亡的，属于明显超过必要限度造成重大损害，应当负刑事责任，但是应当减轻或者免除处罚。

最高人民检察院指导性案例第47号:于海明正当防卫案(2018年12月18日发布)

△(行凶;正当防卫)在对于犯罪故意的具体内容是不确定、但足以严重危及人身安全的暴力侵害行为，应当认定为《刑法》第二十条第三款规定的"行凶"。行凶已经造成严重危及人身安全的紧迫危险，即使没有发生严重的实害后果，也不影响正当防卫的成立。

最高人民检察院指导性案例第48号：侯雨秋正当防卫案（2018年12月18日发布）

△（聚众斗殴；故意伤害；正当防卫）单方聚众斗殴的，属于不法侵害，没有斗殴故意的一方可以进行正当防卫。单方持械聚众斗殴，对他人的人身安全造成严重危险的，应当认定为《刑法》第二十条第三款规定的"其他严重危及人身安全的暴力犯罪"。

最高人民法院指导性案例第144号：张那木拉正当防卫案（2020年12月29日发布）

△（行凶；特殊防卫）对于使用致命性凶器攻击他人要害部位，严重危及他人人身安全的行为，应当认定为刑法第二十条第三款规定的"行凶"，可以适用特殊防卫的有关规定。

△（多人共同实施不法侵害；正当防卫）对于多人共同实施不法侵害，部分不法侵害人已被制伏，但其他不法侵害人仍在继续实施侵害的，仍然可以进行防卫。

最高人民法院指导性案例第225号：江某某正当防卫案（2024年5月30日发布）

△（刑事；正当防卫；未成年人；学生霸凌；防卫意图；防卫限度）对于因学生霸凌引发的防卫行为与相互斗殴的区分，应当坚持主客观相统一原则，通过综合考量案发起因、是否为主要过错方、是否纠集他人参与打斗等情节，结合同年龄段未成年人在类似情境下的可能反应，准确判断行为人的主观意图和行为性质。不仅仅因为行为人面对霸凌时不计示弱、使用工具反击等情节，就影响对其防卫意图的认定。

对于防卫是否"明显超过必要限度"，应当立足防卫的具体情境，从同年龄未成年人一般认知的角度，综合学生霸凌中不法侵害的性质、手段、强度、危害后果和防卫的时机、手段、强度、损害后果等情节，考虑双方力量对比，作出合理判断。

【公报案例】

王某艳故意伤害案（《最高人民法院公报》2004年第11期）

△（防卫行为造成不法侵害人死亡）根据《刑法》第二十条第三款和《民法通则》第一百二十八条的规定，公民对深夜非法闯入住地，暴力伤害其本人和他人的人采取防卫行为，造成不法侵害人死亡的，不承担刑事责任和民事赔偿责任。

【参考案例】

No.2-128(1)-2 姜方平非法持有枪支、故意伤害案

基于斗殴故意实施的反击行为，不能认定为正当防卫。

No.4-232-1 吴金艳故意杀人案

男子深夜闯入女性住所实施的暴力和侮辱行为，在具有实施拘禁、强奸、伤害等数个故意犯罪可能性的情况下，虽未实施具体犯罪行为，也应认定为行凶，可以对其实行正当防卫。

No.4-232-2 吴金艳故意杀人案

在暴力行为人为男性、被害人为女性的案件中，在判断正当防卫的必要限度时应当特别考虑性别差异给被害人造成的心理恐慌程度。

No.4-232-7 钟长注故意杀人案

在实施其他犯罪的过程中，因受到严重危及人身安全的暴力犯罪而采取必要的防卫行为的，成立正当防卫。

No.4-232-36 周文友故意杀人案

双方均有侵害意图，一方在对方尚未实施危及其人身安全的行为的情况下实施防卫的，不属于对正在进行的不法侵害所实施的正当防卫，应认定为事先防卫；构成犯罪的，依法追究其刑事责任。

No.4-232-48 叶永朝故意杀人案

在受到严重人身侵害时实施特殊防卫行为，造成不法侵害人伤亡，即使行为人自己未受到实际伤害或者伤害较轻的，也不属于防卫过当，应成立正当防卫，不负刑事责任。

No.4-233-7 王长友过失致人死亡案

因假想防卫致使被害人死亡的，不构成故意杀人罪；确有过失的，应以过失致人死亡罪论处。

No.4-234-4 黄中权故意伤害案

被他人抢劫以后，驾车撞击抢劫的犯罪分子致其死亡的，系事后防卫，不成立正当防卫。

No.4-234-5 黄中权故意伤害案

具有社会相当性的自救行为，不以犯罪论处。

No.4-234-8 李明故意伤害案

为预防不法侵害而携带防范性工具并使用的，不阻却正当防卫的成立。

No.4-234-9 李明故意伤害案

区分正当防卫和互相斗殴的关键在于有无防卫意图。

No.4-234-14 黄德波故意伤害案

在互殴过程中，处于弱势的一方使用器械伤害强势的一方，致对方受伤并造成死亡结果的，不构成防卫过当，应以故意伤害罪论处。

No.4-234-22 范尚秀故意伤害案

对于不能辨认或者不能控制自己行为的精神病人实施的不法侵害，可以实施正当防卫，但不能超过必要限度造成重大损害。①

No. 4-234-24　赵泉华故意伤害案

对他人非法侵入住宅的行为,居住权人有权依法实施正当防卫。

No. 4-234-25　赵泉华故意伤害案

防卫行为虽然明显超过必要限度,但防卫结果并未造成重大损害的,或者防卫结果客观上虽造成重大损害但防卫措施并未明显超过必要限度的,不属于防卫过当,应认定为正当防卫。

No. 4-234-27　李小龙等故意伤害案

持足以严重危及他人重大人身安全的凶器、器械伤人的,可以认定为行凶;对正在行凶的人实施正当防卫以致其死亡的,属于特殊防卫,依法不承担刑事责任。

No. 4-234-31　胡咏平故意伤害案

在人身安全受到威胁后准备适当的防卫工具,在遭受不法侵害时利用该工具进行反击的,不影响正当防卫的成立。

No. 4-234-32　胡咏平故意伤害案

对正在进行的尚未达到相当严重程度的不法侵害,采取相应措施予以制止的,不属于事先防卫,应认定为正当防卫;防卫行为明显超过必要限度造成重大损害的,属于防卫过当,应当承担相应的刑事责任。

No. 4-234-34　苏良才故意伤害案

在互殴过程中,一方将另一方刺伤后经抢救无效死亡的,不属于正当防卫,应以故意伤害致人死亡论处。

No. 4-234-35　张建国故意伤害案

互殴停止后,为制止他方突然袭击而采取的防卫行为,属于正当防卫;防卫未明显超过必要限度的,不负刑事责任,也不承担民事责任。

No. 4-234-54　李英俊故意伤害案

在自家院内搜寻藏匿的不法侵害人时,发生打斗致人死亡,构成正当防卫。

No. 4-234-58　陈炳廷故意伤害案

防卫人针对众多侵害人中一人进行集中攻击,判断防卫行为是否明显超过必要限度造成重大损害,不仅应将防卫人与个别侵害人的行为及状态进行比较,也应综合双方的全部力量对比进行考量。

No. 4-234-59　王大龙故意伤害案

不法侵害已经结束而进行防卫,且防卫行为明显超过必要限度,构成事后防卫。

No. 4-234-60　于欢故意伤害案

采取殴打、侮辱、围堵等损害他人人身安全、人格尊严、人身自由的方式催逼高息借贷具有不法侵害性质,行为人针对正在进行的不法侵害,而采取的制止不法侵害的行为,具有正当防卫的性质,但正当防卫行为不能明显超过必要限度,若明显超过必要限度造成重大损害,则应负相应的刑事责任,但应当减轻或免除处罚。

No. 4-234-61　石龙回故意伤害案

在双方因琐事发生打斗的过程中,为保护他人人身权利不受侵害而反击的,仍可以构成防卫。

No. 4-234-64　张那木拉故意伤害案

在认定特殊防卫时,不能简单地从防卫人与不法侵害人实际受到的损伤对比来判断不法侵害是否"严重危及人身安全"。应当以普通人的认识水平,结合现场的实际情况,同时考虑侵害方所持凶器、人数、已经实施的行为以及实施行为的场所等情形,来判断不法侵害是否达到严重危及人身安全的程度。

No. 4-234-65　张那木拉故意伤害案

判断不法侵害是否结束,要结合不法侵害人是否已经脱离现场、丧失侵害能力、放弃侵害意图等因素综合考量。

No. 4-234-66　张那木拉故意伤害案

构成特殊防卫的,判决中应当宣告被告人无罪,而非"不负刑事责任"。

No. 6-1-293-16　梁锦辉寻衅滋事案

针对正在违法强拆其合法财产的有关人员,持刀进行驱离,并造成一人轻微伤,成立正当防卫,不构成寻衅滋事罪。

---

① 不同见解指出,对精神病人或儿童完全不可以正当防卫,因为他们对法规范的意义完全不理解。一个精神病人的行为在法规范意义上和自然现象是一样的,没有引起规范保护的意义,故其行为不是不法侵害。法规范保护说才认为不能对正当防卫,只可以进行紧急避险,对其损害要尽可能地控制在最小限度之内。参见冯军:《刑法教义学的立场与方法》,载梁根林主编:《当代刑法思潮论坛(第二卷):刑法教义与价值判断》,北京大学出版社2016年版,第10页。

第二十一条 【紧急避险】

为了使国家、公共利益、本人或者他人的人身、财产和其他权利免受正在发生的危险，不得已采取的紧急避险行为，造成损害的，不负刑事责任。

紧急避险超过必要限度造成不应有的损害的，应当负刑事责任，但是应当减轻或者免除处罚。

第一款中关于避免本人危险的规定，不适用于职务上、业务上负有特定责任的人。

【条文说明】

本条是关于紧急避险的规定。

紧急避险，是指行为人在遇到某种危险的情况下，为了防止国家、公共利益、本人或者他人的合法权利遭受损害，不得已而采取的侵犯另一个较小的合法权利，以保护较大的合法权利的行为。紧急避险制度和正当防卫制度一样，是一项历史悠久的法律制度，对于刑事法律而言，具有排除行为犯罪性的作用。通常情况下，每个人的合法权益都受到法律同等的保护，任何人都没有"损人利己"的权利。但在紧急状态下，合法权益必然受损时，由于法律保护权益的平等性，如果不得已损害一个较小的利益，可以将损害降到最低，从而实现社会利益最大化的，法律也允许采取相应的"损害"另一个合法权益的措施。紧急避险的核心是紧急，只有在紧急状态下实施才不需要承担刑事责任。由于紧急避险是对于另一个合法权益的损害，因此，相对于正当防卫制度来说，刑法对紧急避险制度规定了更为严格的限制条件，以最大限度地排除对其他人合法权益的损害。

本条共分为三款。

第一款是关于**什么是紧急避险行为及紧急避险行为不负刑事责任**的规定。根据本款规定，采取紧急避险行为应当符合以下条件：（1）**避险的目的**是使国家、公共利益、本人或者他人的人身、财产和其他权利免受危险。（2）"**危险**"**正在发生**，使上述合法权益受到威胁。对尚未发生的危险、已经结束的危险以及假想的危险或者推测的危险，都不能采取紧急避险行为。（3）紧急避险行为是为了使更多、更大的合法权益免受正在发生的危险，而不得已采取的损害另一个合法权益的行为。① 因此，**紧急避险所造成的损害必须小**于避免的损害。② 这是由紧急避险的性质决定的。

关于紧急避险行为的法律后果。由于紧急避险造成的损害必须小于所避免的损害，对社会总体上是有益的，不具有刑法意义上的社会危害性而具有合法性。因此本款规定，"不得已采取的紧急避险行为，造成损害的，**不负刑事责任**"。

第二款是关于**紧急避险超过必要限度造成不应有的损害的，应当负刑事责任和处罚原则**的规定。本款规定了两层意思：一是采取紧急避险行为超过必要限度造成不应有的损害的，应当负刑事责任。本款规定的"超过必要限度"，是指紧急避险行为超过了使受到正在发生的危险威胁的合法权益免遭损害所必需的强度而造成了不应有的损害。这里规定的"超过必要限度"和"造成不应有的损害"是一致的。所谓**不应有的损害**，是指紧急避险行为造成的损害大于所避免的损害。造成不应有的损害的，已经失去紧急避险的意义，具有一定的社会危害性，因此本款规定，紧急避险行为超过必要限度造成不应有的损害的，应当负刑事责任。二是对超过必要限度应当负刑事责任的紧急避险行为，**应当减轻或者免除处罚**。超过必要限度造成不应有的损害的紧急避险行为，虽然具有一定的社会危害性，但其前提是正当的，行为人主观动机是为了使更多、更大的合法权益摆脱危险、免受损害，其社会危害性相对小于单纯为了侵害他人合法权益的犯罪行为。因此，本款规定对紧急避险超过必要限度造成不应有的损害的，应当减轻或者免除处罚，这也是符合罪责刑相适应原则的。

第三款是关于**紧急避险的特殊规定**。根据本款规定，为了避免本人危险而采取的紧急避险行为，不适用于职务上、业务上负有特定责任的人，

---

① 不得已意味着避险成为唯一的手段与方法时才能允许，也才能构成正当化事由。倘若还有报案、寻求第三人的帮助、逃跑等其他可行的方法足以避免危险，就不是不得已，不能成立紧急避险。参见周光权：《刑法总论》（第4版），中国人民大学出版社2021年版，第226页。

② 关于利益大小的比较，一般而言，人身权利大于财产权利。在人身权中，生命权大于健康权，健康权又大于自由权以及其他权利。在财产权中，以财产价值的大小作为衡量的标准。另外，牺牲他人生命来保全自己生命，通说认为不符合避难的限度条件（但可能成立免责的紧急避难）。参见周光权：《刑法总论》（第4版），中国人民大学出版社2021年版，第227页。

即对正在发生的危险负有特定职责的人,不能为了使自己避免这种危险而采取紧急避险的行为。所谓"**职务上、业务上负有特定责任**",是指担任的职务或者从事的业务要求其对一定的危险负有排除的职责,同一定危险作斗争是其职业义务。如消防员不能因为怕火灾对自身造成损害,而拒绝履行灭火职责;负有追捕持枪罪犯职责的公安人员,不能为了自己免受枪击而逃离现场;飞机驾驶员不能因飞机发生故障有坠机危险,而不顾乘客的安危自己逃生;等等。

【司法解释性文件】

《最高人民法院、最高人民检察院、公安部关于依法惩治妨害公共交通工具安全驾驶违法犯罪行为的指导意见》(公通字〔2019〕1号,2019年1月8日发布)

△(**驾驶人员遭到妨害安全驾驶行为侵害;紧急避险**)正在驾驶公共交通工具的驾驶人员遭到妨害安全驾驶行为侵害时,为避免公共交通工具倾覆或者人员伤亡等危害后果发生,采取紧急制动或者躲避措施,造成公共交通工具、交通设施损坏或者人身损害,符合法定条件的,应当认定为紧急避险。

【参考案例】

No.4-236-3 谭荣财等强奸、抢劫、盗窃案
生命受到现实威胁,被迫与他人性交的,属于紧急避险行为,不构成犯罪。

第二节 犯罪的预备、未遂和中止

第二十二条 【犯罪预备】
为了犯罪,准备工具、制造条件的,是犯罪预备。
对于预备犯,可以比照既遂犯从轻、减轻处罚或者免除处罚。

【条文说明】

本条是关于犯罪预备的规定。
本条共分为两款。
第一款是关于犯罪预备定义的规定。根据本款规定,犯罪预备具有两个主要特征:一是"**为了犯罪**",即行为人主观上具有明确的实施犯罪的目的和意图。这种实施犯罪的目的和意图,表明行为人主观上具有犯罪的故意。行为人为了顺利地进行犯罪,开始实施准备犯罪的活动,其所实施的构成犯罪预备的行为,是为了准备犯罪,这一目的和意图体现的是其主观恶性,形成了对预备犯追究刑事责任的主观依据。二是为实行犯罪准备**工具、制造条件**。① 准备工具、制造条件,是犯罪预备的行为内容,这些客观的行为表现,是为进一步实施犯罪行为,具有一定的社会危害性,形成了对预备犯追究刑事责任的客观依据。"**准备工具**",是指准备为实施犯罪所用的各种作案工具、器材和其他用品。② "准备"包括收集、购买、制造以及非法获取等活动。"工具"在司法实践中有较多表现形式,取决于行为人所预备实施的犯罪行为,一般表现为物品,如用于犯罪的刀具、车辆、器材、设备、仪器、零部件、原材料等。在信息网络时代,还可能为了实施网络相关犯罪,而准备数字工具,如专门用于非法侵入、非法控制计算机信息系统的程序、工具等。"**制造条件**",是指除准备犯罪工具和其他用品以外的,积极创造有利于实现犯罪目的的各种便利因素的行为,如营造环境、

---

① 林维教授指出,《刑法》第二十二条第一款中的"为了犯罪",既包含为了自己的犯罪而实施预备行为,也包括为了他人的犯罪而实施预备行为。参见陈兴良主编:《刑法总论精释》(第3版),人民法院出版社2016年版,第429页。相同的学说见解,参见周光权:《刑法总论》(第4版),中国人民大学出版社2021年版,第280页。

② 准备工具属于制造条件的一种。由于准备工具是最为常见的预备行为,故而刑法将其予以独立规定。参见陈兴良主编:《刑法总论精释》(第3版),人民法院出版社2016年版,第426页;黎宏:《刑法学总论》(第2版),法律出版社2016年版,第226页。

制造机会、犯罪演练等。① 准备工具、制造条件，都是着手实施犯罪之前准备犯罪的行为。② 实践中要注意犯罪预备与**单纯犯罪意图流露**的区别。行为人为了犯罪"准备工具、制造条件"的，已经实施了与犯罪有关的相应行为，如为了放火而准备汽油、引火物，为了抢劫而进行尾随，为了诈骗而制作虚假证件以便于隐匿真实身份等。这与只是有犯罪意图而无任何外在行为的思想状态有本质差异，也与通过言语、动作等方式声称实施犯罪但实际上并无实施犯罪打算的犯意表达行为性质完全不同。特别需要注意的是，预备犯尚未着手实施犯罪，其所实施的行为由于不是刑法明确规定的具有类型化特征的构成要件的行为，因而在外在特征上往往不具有明显违法的特征，甚至与**一般社会行为**很难区分。比如购买一把菜刀为杀人准备工具，与添置生活用品在行为特征上没有差别，区别两种不同性质行为的依据，是**行为人购买菜刀的目的和意图**，而目的和意图属于主观方面的内容，是否有坚实的凭据可供作出正确判断，事实上存在很大的不确定性和风险。这就要求司法实践中在认定一个行为是否构成犯罪预备时，必须极为谨慎，应严格坚持主客观相统一。行为人实施"准备工具、制造条件"的客观行为，应与其进行犯罪预备的主观意图相一致。如果行为人没有实施犯罪的主观意愿，相关行为就不属于为了犯罪"准备工具、制造条件"的；而行为人是否有实施犯罪的主观意愿，不能仅凭其本人承认与否，而要有确切的客观外在证据佐证。同时，行为人"为了犯罪"而进行的活动，应当是为犯罪所需、有利于或者便利犯罪实施的，这是其行为具有社会危害性的客观基础。总体上，就犯罪预备对实现犯罪的作用而言，便利了犯罪实施，具有社会危害性，但其危害性尚未达到直接、紧迫的程度，轻于着手实施犯罪。也正是基于此，在对预备犯处罚的力度上，应充分考虑犯罪预备所处的阶段和特点，体现罪责刑相适应。

第二款是关于**对预备犯处罚原则**的规定。本款包含两层意思：一是对预备犯，**应当追究刑事责任**。二是对预备犯，**可以比照既遂犯从轻、减轻处罚或者免除处罚**。由于预备犯所实施的行为处于犯罪的预备阶段，客观上尚未着手实施刑法规定的犯罪构成要件行为，尚不构成直接、紧迫的危险，其社会危害程度要显著低于既遂犯。因此本款规定，对预备犯可以比照既遂犯从轻、减轻处罚或者免除处罚。对于预备犯有无必要规定"免除处罚"，在1979年立法时曾有争议。有意见认为，没有必要规定对于犯罪预备"免除处罚"：其一，预备犯出现在普通刑事案件中的可能性比较大，如果不规定免于处罚，就意味着一律应当依法处罚，这与实际情况和刑事政策不一致。其二，实践中，对于普通刑事犯罪中的预备犯，一般的不予处罚，只对少数重大刑事犯罪（故意杀人罪等）的预备犯才予以处罚，符合区别对待的政策精神。其三，对于预备犯的处罚应轻于未遂犯，规定"免除处罚"可以体现预备犯与未遂犯的差别。经认真研究，**第二种观点的理由较为充分**，因此1979年《刑法》第十九条第二款规定了对于预备犯可以"免除处罚"。1997年修订刑法时对该款未作修改，形成了目前对预备犯处罚的原则。

实践执行中，需要注意以下两个方面的问题：

1. 应当注意划清**犯罪预备**与**犯罪未遂**的界限。二者的主要区别是：前者发生在行为人着手实施犯罪行为之前；③后者发生在着手实施犯罪行为之后，即行为人已经着手实施犯罪，但因其意志以外的原因而没有得逞。后者的危害性要大于前者。二者危害程度不同，处罚也应不同。注意划清二者的界限，有利于正确适用刑罚，正确处理案件。

2. 认定和追究预备犯的刑事责任应当极为慎重，要坚持**主客观相统一**，体现宽严相济的刑事政策。在准确认定构成预备犯的前提下，在具体

---

① 制造条件包括制造客观条件和制造主观条件：前者包括前往犯罪场所；追踪、守候被害人；诱骗被害人前往犯罪地点等。后者包括产生犯意后与他人商讨犯罪计划；寻找共犯。参见周光权：《刑法总论》（第4版），中国人民大学出版社2021年版，第281页。

② 由于预备行为是为了实行行为的便利而进行的，因此，预备行为应当与实行行为紧密相连，即同实行行为之间在时间、场所、手段、效果上存在密接性、前后连续发展性。参见陈兴良主编：《刑法总论精释》（第3版），人民法院出版社2016年版，第427页。

③ 虽然刑法没有明文规定犯罪预备是由于意志以外的原因而未能着手，但是，刑法规定了犯罪过程中自动放弃预备行为的，成立犯罪中止。因此，如果行为人自动放弃犯罪预备行为，或者自动不着手实行犯罪，属于犯罪中止；只有由于意志以外的原因而未能着手实行犯罪时，才是犯罪预备。参见黎宏：《刑法学总论》（第2版），法律出版社2016年版，第226—227页；周光权：《刑法总论》（第4版），中国人民大学出版社2021年版，第280页。

决定是否判处刑罚、判处何种刑罚以及决定刑期长短、刑罚轻重的时候，应综合考虑所准备实施的犯罪的性质、如果犯罪得逞可能造成的社会危害大小、预备行为实施程度、危险性和危害后果等，做到罚当其罪。

【参考案例】

No.5-263-13　黄斌等抢劫（预备）案

情节显著轻微、危害不大的抢劫预备行为，不以犯罪论处。

第二十三条　【犯罪未遂】
已经着手实行犯罪，由于犯罪分子意志以外的原因而未得逞的，是犯罪未遂。
对于未遂犯，可以比照既遂犯从轻或者减轻处罚。

【条文说明】

本条是关于犯罪未遂的规定。
本条共分为两款。
第一款是关于**什么是犯罪未遂**的规定。根据本款规定，犯罪未遂应当同时具有以下特征：

1. 行为人已经着手实行犯罪。这是同犯罪预备相区别的主要标志，也是判断犯罪过程进行和犯罪停止阶段的重要节点。已经着手实行犯罪，表明行为人已经从犯罪预备阶段进入实行阶段，即行为人从为实施犯罪准备工具、制造条件，进入了实际实施并完成犯罪阶段，其犯罪意图通过着手实行的犯罪行为更为明显地体现出来，并通过实行行为加以实现。一般认为，进入着手实行犯罪阶段，犯罪行为人犯罪行为的主客观方面都有不同于犯罪预备阶段的变化，但也应坚持主客观相统一原则。主观上，行为人的犯罪意图更为明显，引导行为人为实现犯罪目的或者犯罪计划而行动，行为人追求犯罪目的的实现，在行为人主观引导下的客观行为的侵害性由可能变为现实。行为更为明确地指向某种犯罪，客观上，着手实行犯罪表明行为人已经对犯罪的实行行为、对刑法保护的利益加以实际侵害。由于行为人着手实行的行为，是刑法分则明确的某种具体犯罪的构成要件行为，一般情况下相对于犯罪预备，已不难认定其真正的犯罪目的和行为的具体犯罪属性。但在很多情况下，对于因未遂而停止下来的犯罪行为，单凭行为人的外在特征，要准确认定属于何罪，也存在一定的困难，如是强奸未遂还是强制猥亵，有的情况下单凭行为人的外部行为不易区分。对此，仍然应当坚持主客观相统一的原则，结合行为人实施犯罪行为的各种主客观方面的情况，加以具体认定。需要说明的是，行为人的行为属于犯罪预备还是未遂，需要**结合刑法分则关于具体犯罪的构成要件的规定确定**，而不是凭行为人自己主观上的判断。如行为人主观认为其已经着手实行犯罪，但是实际上其所实施的行为尚不属于刑法分则规定的某种具体犯罪构成要件的实行行为，仍处于为便利犯罪而制造条件的阶段，则不成立犯罪未遂。

2. 犯罪未得逞，即犯罪行为人没有完成刑法分则规定的具体犯罪的犯罪构成要件。① 这是犯罪未遂与犯罪既遂相区别的主要标志。认定犯罪"未得逞"也需要坚持主客观相统一。在客观上，"未得逞"是在犯罪已经停止的状态下，构成某种犯罪所应具备的要件未能齐备。这里不局限于犯罪结果是否实际发生，需要**根据刑法分则关于具体犯罪的构成要件判断**。对于需要发生特定犯罪结果才算犯罪构成要件完全具备的情形，如故意杀人造成被害人死亡的结果，行为人的实行行为即杀人行为虽然完成，但由于其意志以外的原因，被害人未死亡的，成立故意杀人未遂。对于刑法分则中规定的不需要发生特定结果的情形，如构成犯罪的法定的危险状态的出现、法定的行为的完成等，也可能成立犯罪既遂而非未遂。

3. 犯罪未得逞是由于犯罪分子意志以外的原因。这是犯罪未遂与犯罪中止相区别的主要标志。所谓"犯罪分子意志以外的原因"，是可以不以犯罪分子的主观意志为转移的一切原因。②

一是犯罪行为人意志以外的客观原因。如被害人的反抗、被害人有效的躲避、第三人的阻止、司法机关的拘捕、自然力的障碍、客观情况的变化

---

① 相同的学说见解，参见陈兴良主编：《刑法总论精释》（第3版），人民法院出版社2016年版，第445页。
② 我国学者将"犯罪分子意志以外的原因"区分为三种类型：（1）抑制犯罪结果的原因；（2）抑制犯罪行为的原因；（3）抑制犯罪意志的原因。参见周光权：《刑法总论》（第4版），中国人民大学出版社2021年版，第292页。

等。一般来说，这些客观不利因素需要足以阻止行为人继续完成犯罪。有的情况只是对犯罪行为人继续完成犯罪有一定的妨碍和影响，如被害人轻微的反抗、他人善意的劝告、严厉的斥责等，这些因素虽然对犯罪的完成也有一定的影响，但并不具有阻止行为人继续完成犯罪的效果。在这种情况下，如果行为人本可以继续实施犯罪但未继续进行犯罪而自己决定放弃犯罪的，应成立**犯罪中止**，不属于犯罪未遂。

二是**行为人本人的原因**。如对自己实施犯罪的能力、经验、方法、手段估计不足，对事实判断错误等。一些情况属于行为人自身的客观原因，比如犯罪技能拙劣、体力不济等。在这些情况下，行为人仍具有犯罪的意志，但由于事实上不具备或者已经丧失了犯罪能力，而不得不停止犯罪行为。还有一些情况属于行为人主观上的认识错误，即犯罪未能完成，是由于行为人主观上对外界客观事实判断错误造成的。比如以下四种情况：其一，**对侵害对象出现认识错误**。如误以为室内有人，为故意杀人向室内开枪。其二，**对使用的工具认识错误**。行为人误将不能完成犯罪的工具当作犯罪工具来使用，如误将白糖当作毒药的，客观上不能完成犯罪。其三，**对因果关系的认识错误**。特定的犯罪结果并未发生，而行为人却误认为已经发生，停止犯罪活动。如实施故意杀人行为，误以为被害人已死亡，停止侵害的。其四，**对客观环境认识错误**。周围环境不足以阻止犯罪的完成，但行为人却误认为存在阻碍而放弃犯罪的。如行为人因害怕溺水而放弃继续追杀被害人的，实际上河流水位极浅，客观上并不存在障碍，该种事实认识错误而导致的未遂是，也成立犯罪未遂。

需要注意的是，实践中还存在一些所谓**迷信犯、愚昧犯**的情况，主要表现为行为人基于有悖于科学常识的错误知识，而实施**"重大无知"行为**，如行为人自信诅咒或祈祷可以杀人、伤害等。在这种情况下，没有发生行为人所希望的危害后果不是因为"犯罪行为"遇到障碍，而是由于行为人的所谓犯罪行为根本不可能发生危害后果，行为人的行为不属于刑法分则规定的犯罪的构成要件的行为，因而不构成犯罪的未遂。

总体上，犯罪未得逞是违背犯罪分子的意志的。如果是犯罪分子自动放弃继续犯罪，或者自动有效地防止犯罪结果的发生，属于**自动中止**，而不是犯罪未遂。

第二款是**对未遂犯处罚原则的规定**。根据本款规定，对于未遂犯，可以比照既遂犯从轻或者减轻处罚。由于犯罪未遂的结果是犯罪未能得逞，其社会危害性要小于犯罪既遂，因此，规定对未遂犯**可以比照既遂犯从轻或者减轻处罚**。这里规定"可以从轻或者减轻处罚"，是因为在未遂的情况下，往往造成程度不同的危害后果，危害程度不同，处罚也应当不同。规定"可以"从轻或者减轻，是指对于未遂犯，不是一律必须从轻或者减轻处罚，而是应当根据案件的具体情况决定是否从轻或者减轻处罚。

实践中，有些情况较为复杂，对未遂犯的认定存有争议，主要包括以下两种情况：

1. **行为犯是否存在未遂**。刑法分则中规定的有些犯罪的构成要件只规定了行为，无须发生特定的危害结果即可成立犯罪既遂。这些行为犯也分为两类：其一，**只要行为人着手实施刑法分则规定的行为就构成犯罪既遂**，比如《刑法》第二百七十八条规定的煽动暴力抗拒法律实施罪。对于这类犯罪，一般不存在犯罪未遂。其二，行为人着手实施刑法分则规定的行为，需要**将行为实施到一定程度，才构成犯罪既遂**，比如《刑法》第二百九十二条规定的"聚众斗殴罪"，行为人不仅需要着手实施斗殴才构成犯罪既遂，因此如果仅完成部分行为的，仍可以构成犯罪未遂。

2. **危险犯是否存在未遂**。刑法分则规定的有些犯罪，只要行为人的行为造成一定的危险状态，虽尚未发生特定的实际结果，犯罪即告完成。有意见认为，对于这种所谓危险犯，只要行为人实施完毕刑法分则规定的特定构成要件行为，犯罪即告既遂，没有成立犯罪未遂的空间。也有意见认为，由于这类犯罪不要求实际发生特定的危害结果，一般情况下，行为人实施刑法分则规定的犯罪行为，其行为造成社会危害的特定危险也就具备了，可以认定犯罪既遂。但是，也不排除在特殊情况下，**虽然行为已经实施完毕，但刑法规定的特定危险状态确实尚未形成的情况，仍可以构成犯罪未遂**。上述争议实际涉及对危险犯的认识和危险是否实际具备的判断标准问题，情况比较复杂。

【指导性案例】

最高人民法院指导性案例第62号：王新明合同诈骗案（2016年6月30日发布）

△（**数额犯；犯罪既遂部分；未遂部分；法定刑幅度**）在数额犯中，犯罪既遂部分与未遂部分分别对应不同法定刑幅度的，应当先决定对未遂部分是否减轻处罚，确定未遂部分对应的法定刑幅度，再与既遂部分对应的法定刑幅度进行比较，选择适用处罚较重的法定刑幅度，并酌情从重处罚；二者在同一量刑幅度的，以犯罪既遂酌情从重处罚。

【参考案例】

No.4-232-74　李官容抢劫、故意杀人案
并非完全自动放弃的重复侵害行为，既有自动性，又有被迫性；以自动性为主的，应当认定为犯罪中止；以被迫性为主的，应当认定为犯罪未遂。

No.4-232-95　何建达故意杀人、抢劫案
行为人已经给被害人造成具有致死危险的伤害后，因为被害人及时自救而未实现杀人目的的，属于犯罪未遂。

第二十四条　【犯罪中止】
在犯罪过程中，自动放弃犯罪或者自动有效地防止犯罪结果发生的，是犯罪中止。
对于中止犯，没有造成损害的，应当免除处罚；造成损害的，应当减轻处罚。

【条文说明】

本条是关于犯罪中止的规定。
本条共分为两款。
第一款是关于**什么是犯罪中止**的规定。根据本款规定，犯罪中止应当同时具备以下特征：

1. **犯罪中止发生在犯罪过程中**。犯罪中止是故意犯罪发展过程中的一种犯罪形态，它可能发生在犯罪的预备阶段，也可能发生在犯罪的实行阶段。① 所谓"**犯罪过程中**"是犯罪既遂之前的整个犯罪过程。犯罪一旦既遂，就不能再成立中止。既遂后的主动弥补损失的行为，也是值得肯定和鼓励的，但都不是犯罪中止，而是犯罪后的悔罪表现。

2. **犯罪中止必须是犯罪行为人自动放弃犯罪或者自动有效地防止犯罪结果的发生。**

所谓"**自动放弃犯罪**"，根据行为人放弃犯罪时犯罪所处的阶段不同，可以分为两种情况：其一，在犯罪尚处于犯罪预备阶段时主动放弃犯罪，即犯罪行为人在为犯罪准备工具、制造条件，尚未着手实施刑法分则规定的具体犯罪的构成要件行为时，主动放弃。其二，犯罪行为人已经着手实施构成要件行为，但犯罪尚未完成之前主动放弃继续实施，中止犯罪行为。

认定行为人"自动"放弃犯罪的主观心态，关键在于"**自动性**"。对此，需要注意以下两点：其一，**从行为人内心对犯罪继续进行的可能性的认知看，其自认为可以继续实施和完成犯罪**。因此，即使行为人所进行的犯罪客观上已经不可能完成，但行为人不了解这一情况，而"主动"放弃继续犯罪。由于行为人是在主观上仍然认为可以完成犯罪的情况下放弃继续犯罪的，其放弃犯罪的"主动性"应当予以认定。例如，行为人去仓库实施盗窃，半路上因内心畏惧中途折返，主动放弃犯罪，虽然事实上当时仓库内货物已经搬离，即使行为人不放弃犯罪也无法实施盗窃，也属于自动放弃犯罪。与此相反，如果犯罪客观上可以完成，但行为人自己主观上误认为犯罪遇到障碍无法完成，因而"被迫"停止继续实施犯罪行为的，由于其停止犯罪缺乏主观上的"主动性"，不属于自动放弃犯罪。以强奸案件为例，行为人遇有被害人经期、怀孕、哀求、轻微反抗等情况，因而产生不安、同情、怜悯等情绪，进而放弃强奸的，由于这些因素客观上并不足以阻止行为人的犯罪意志和活动，行为人放弃犯罪是出于自己的选择，应属于自动放弃犯罪。如果行为人在实施强奸过程中，听到附近有人走过，以为被发现而仓皇逃走，行为人放弃犯罪是以为犯罪将被阻止，应属于被迫而非自动放弃犯罪。其二，**行为人必须出于本人意愿放弃犯罪**。如果行为人不是出于本人意愿，在外力强制或主观上被强制的情况下停止犯罪的，不属于犯罪中止。行为人产生放弃犯罪的意愿有多种情况，有的表现为幡然醒悟、认罪悔罪；有的表现为畏惧法律威严，害怕案发受到制裁；有的表现为经亲友劝说、教育，对被害人心生怜悯；等等。总之，行为人是在自由意志的状态下，自愿放弃犯罪的。

本款规定的"**自动有效地防止犯罪结果发生的**"，是指犯罪人在已经着手实施犯罪后、犯罪结果发生之前主动放弃继续犯罪，并主动采取积极

---

① 相同的学说见解，参见周光权：《刑法总论》（第4版），中国人民大学出版社2021年版，第313页。

措施防止了犯罪结果的发生。① 如杀人未杀死，但造成被害人重伤，如果这时犯罪人悔悟，在完全有条件把被害人杀死的情况下，主动放弃继续犯罪并将被害人送医院抢救，避免了被害人死亡的结果，犯罪人的上述行为就构成了犯罪中止；如果犯罪人虽然采取了积极措施，但是没有避免被害人死亡的结果，则不能认定为犯罪中止。在**共同犯罪**的情况下，"自动有效地防止犯罪结果发生的"同样是判断行为人犯罪中止的重要依据。具体有以下两种情况：其一，共同犯罪中部分行为人决定中止犯罪后，积极劝说其他人放弃犯罪，其他人经劝说放弃犯罪，且有效防止危害结果发生的，共同犯罪的所有行为人均构成犯罪中止。其二，共同犯罪中部分行为人决定中止犯罪后，积极劝说其他人放弃犯罪未果，但是采取有效措施避免了危害结果发生的，该部分行为人构成犯罪中止。

第二款是关于**对中止犯处罚原则**的规定。根据本款规定，对于中止犯，**没有造成损害的**②，**应当免除处罚**；**造成损害的**③，**应当减轻处罚**。这样规定，体现了我国刑法罪责刑相适应原则，有利于鼓励犯罪分子中止犯罪，减少犯罪造成的社会危害。

司法实践中，有些情况下能否认定犯罪中止，情况较为复杂，存在一定的争议。

1. **自动放弃犯罪是为了实施另一种犯罪，对放弃的行为能否认定中止**。例如，出于盗窃的目的入室后，自动放弃盗窃，转而实施强奸；出于故意杀人的目的，在杀人过程中放弃杀人转而实施伤害；等等。有的认为，对于这种情况，当行为人放弃的犯罪与新的犯罪属于不同性质时，行为人的犯意和行为都发生了根本变化，新的犯罪与当场放弃的犯罪之间不具有紧密的联系，可以分开判断，即可以认定放弃的犯罪成立犯罪中止；如果行为人当场放弃的犯罪与新的犯罪属于同一性质，通常不能否定二者之间的连续性，可将前后行为按照一罪论处，不必再讨论前行为是否构成中止的问题。不同意见认为，考虑行为人放弃的犯罪与实施的新的犯罪之间的联系，以决定是否成立中止，这种思路有一定道理，但是对于前后两罪是否属于同一性质，并没有一个明确的标准，不具备可操作性。上述问题情况非常复杂，理论上难以提出一个简单易行的解决方案，只能在实践中结合具体案件的情况，具体认定。

2. **对重复侵害行为如何认定中止**，即行为人实施了侵害行为，因意志以外的原因没有发生危害结果，出于主观意愿放弃继续进行侵害的，能否认定构成犯罪中止。例如，行为人枪杀他人，第一枪未中，在有机会开第二枪的情况下，行为人自己决意放弃杀害他人的计划，放弃开第二枪。对此，需要坚持主客观相统一进行分析。客观上，行为人存在继续实施并完成犯罪的条件，其可以自主控制犯罪进程，不受其他外在因素的影响。因主动放弃并最终未发生危害后果的，符合犯罪中止"自动放弃犯罪"的要件。如果行为人放弃重复侵害未能阻止危害结果发生的，如上述案件中，行为人在开第一枪未击中被害人要害而是将其击伤后，决意放弃继续杀害他人的计划，停止开第二枪，但被害人因失血过多而死亡的，则不成立犯罪中止。如果行为人放弃重复侵害后，最终危害结果的发生与行为人的先前行为没有必然联系的，仍可以认定构成犯罪中止。如上述案件中，被害人被打伤后，行为人将其送医救治，被害人本无生命危险，伤愈出院前由于医院发生火灾致死的，则行为人仍构成犯罪中止。主观上，认定犯罪中止需要行为人自认为犯罪尚未既遂且主动放弃犯

---

① 按照法兰克公式，所谓"自动放弃"，是指"纵使我能，我也不要"。反之，"纵使我要，我也不能"，则非属"自动放弃"。参见黎宏：《刑法学总论》（第2版），法律出版社2016年版，第249页。
我国学者指出，认定中止自动性首先要采取限定主观说进行判断（是否基于悔悟、同情）。如果根据限定主观说得出否定性结论时，再根据主观说采取法兰克公式进行判断。如果根据主观说难以得出结论或者结论不具有合理性时，应当参考客观说进行判断。参见张明楷：《刑法学》（第6版），法律出版社2021年版，第471—472页。
另有学者（即"规范主观说"）指出，对自动性的判断，行为人的所思所想只是判断的基础或参考资料，规范上必须结合案件事实进一步考察其在作出停止犯罪的决定时，外在事实障碍和行为人内心意志之间的比例关系。参见周光权：《刑法总论》（第4版），中国人民大学出版社2021年版，第316页。
② 我国学者指出，没有造成损害，乃指没有发生任何结果，或者虽有结果但损害较小的情形。参见周光权：《刑法总论》（第4版），中国人民大学出版社2021年版，第325页。
③ 我国学者指出，作为中止犯处罚条件的"损害"，并非指行为人实施直接故意犯罪所追求的危害结果，而是此种危害结果之外的其他危害结果。参见周光权：《刑法总论》（第4版），法律出版社2016年版，第253页。此外，也有学者强调，不能绝对地将精神损害排除在此处的损害之外，否则不利于全面地保护法益。至于危害公共法益或者国家法益的犯罪，其损害往往要最终还原为具体的物质性损害，行为仅仅停留在抽象危害的场合，难以认定行为造成了损害。参见周光权：《刑法总论》（第4版），中国人民大学出版社2021年版，第325页。

罪。如果行为人基于错误认识，误认为已经犯罪既遂，放弃原先计划的后续重复侵害的，如上述案例中，行为人第一枪击中被害人非要害部位，被害人倒地后，行为人本打算再补一枪，但误以为被害人死亡，遂放弃继续侵害，在这种情形下，**行为人放弃重复侵害是基于错误认识**，不是为了避免危害结果发生的主动放弃，**不构成犯罪中止**。

【参考案例】

No. 4-236-27 刘正波、刘海平强奸案

因被害人谎称报案而停止实施犯罪，属于因意志以外的原因而未得逞，构成犯罪未遂，不应认定为犯罪中止。

No. 5-263-28 张玉红等抢劫案

共同中止的成立，既需主观上切断犯意联络并告知其他犯罪人，还需客观地积极阻止其他共犯的行为以及有效地防止危害结果的发生。

No. 5-263-136 韩江维等抢劫、强奸案

共同犯罪的参与者中途主动退出但未采取任何措施阻止其他共犯继续犯罪的，仍应以犯罪既遂论处，但可依法从轻处罚。

No. 5-263-156 刘星抢劫案

预备阶段共同犯罪人单纯放弃个人继续犯罪，未阻止他人实行行为或者有效防止危害结果发生的，不能成立犯罪中止。

第三节 共同犯罪

第二十五条 【共同犯罪】
共同犯罪是指二人以上共同故意犯罪。
二人以上共同过失犯罪，不以共同犯罪论处；应当负刑事责任的，按照他们所犯的罪分别处罚。

【条文说明】

本条是关于共同犯罪的规定。
本条共分为两款。

第一款是关于**什么是共同犯罪**的规定。根据本款规定，共同犯罪应当具备以下两个特征：第一，**主体数量特征**。共同犯罪的犯罪主体必须是二人以上。第二，**罪质特征**。共同犯罪必须是共同故意犯罪。所谓"**共同故意犯罪**"，应当具备以下三个条件：

1. 主观方面。**数个犯罪人必须有共同犯罪故意**。这里有两层意思：其一，数个犯罪人对自己实施的危害行为都持故意的心理状态，即几个犯罪人都明知自己的行为会发生危害社会的结果，并希望或者有意放任这种结果的发生。其二，数个犯罪人对行为的共同性是明知的，即数个犯罪人都认识到自己和其他行为人在共同进行犯罪活动。这里并不要求犯罪人认识到自己和其他行为人实施的是完全相同的具体活动，只要明知自己正在实施的行为与他人的行为属于共同的犯罪活动即可。① 行为人主观上符合以上两方面的情况，构成了犯罪人的共同故意。

2. **几个犯罪人必须有共同的犯罪行为**。所谓共同的犯罪行为，是指各个犯罪人的犯罪行为具有共同的指向性，即думать各人各自的犯罪行为都是在他们的共同故意支配下，围绕共同的犯罪对象，为实现共同的犯罪目的而实施的。这里各个共同犯罪人的犯罪行为，既可能以分担的方式施行同一犯罪行为，也可能是部分共同犯罪人施行同一犯罪行为，部分共同犯罪行为人根据共同犯罪的目的，实施该犯罪行为以外的其他犯罪行为。总体来看，各个共同犯罪人所实施的犯罪行为都同危害结果具有因果关系，是完成统一犯罪活动的组成部分。

3. **共同犯罪具有共同的犯罪对象**，即共同犯

---

① 只要数个犯罪参与人在主观上具有共同行为的意思（即知道自己的行为及后果，也知道有别人在和自己一起行动这种程度的认识），就足够了，不要求各个参与人之间具有相同的犯罪故意，也不要求各个参与人之间一定要有意思联络。换言之，故意犯与过失犯之间，或者过失犯之间也可以成立"共同犯罪"。参见黎宏：《刑法学总论》（第2版），法律出版社2016年版，第268、280页。

罪人的犯罪行为必须最终指向同一犯罪对象，这是构成共同犯罪必须有共同的犯罪故意和共同的犯罪行为的必然要求。

第二款是关于二人以上共同过失犯罪，不以共同犯罪论处及对其如何处罚的规定。这是对共同犯罪概念的重要补充。本款规定了两层意思：

1. 二人以上共同过失犯罪，不以共同犯罪论处，即二人以上由于过失造成同一危害结果的，不以共同犯罪定罪处刑。这是从另一个角度进一步说明共同犯罪主要是指共同故意犯罪。

2. 二人以上由于过失造成危害结果，应当负刑事责任的，按照他们所犯的罪分别处罚，即按照行为人各自的罪责分别处罚，而不以共同犯罪论处。这是共同过失犯罪的处罚原则。具体有以下三种情形：其一，**分别定罪且罪名相同**。共同过失行为人，先后或同时出现过失行为，共同造成危害结果发生的，如果违反同一类性质的注意义务，则应以相同的罪名分别惩处。其二，**分别定罪但罪名不同**。共同过失行为人先后或同时出现过失行为，共同造成危害结果发生的，但是由于过失行为人的主体、行为等不同情况，分别违反了不同性质的注意义务，应以不同罪名定罪处罚。比如，国家机关工作人员和国有企业负责人共同负责一项涉外重大资产投资项目，结果失职被骗。对此，国家机关工作人员应以玩忽职守罪定罪处罚；国有企业负责人的严重不负责任，应以签订合同失职被骗罪定罪处罚。其三，**发生数个过失行为，能够区分数个过失行为对危害结果具有不同程度的作用的，应根据各个过失行为对结果发生的作用，认定各自的责任**。对结果发生起主要作用的过失行为认定较重的责任，对结果发生起次要作用的过失行为认定较轻的责任。

实践中需要注意以下两个方面的问题：

1. 单位构成共同犯罪的问题。根据刑法规定，单位也可以构成犯罪主体，那么单位能否适用共同犯罪的规定，即两个以上的单位共同故意实施犯罪的是否构成单位犯罪？对此，在实践中存在争议。一般认为，本条规定的"二人以上"，不仅包括自然人，也包括单位，即单位可以构成共同犯罪。1998年8月28日发布的《最高人民法院关于审理骗购外汇、非法买卖外汇刑事案件具体应用法律若干问题的解释》第一条第二款规定，非国有公司、企业或者其他单位，与国有公司、企业或者其他国有单位勾结逃汇的，以逃汇罪的共犯处罚。

单位构成共同犯罪，主要有以下两种类型：一是**单位与单位构成共同犯罪**。在这种共同犯罪中，根据单位在犯罪中的地位、作用大小，可以区分单位的主次作用。如2001年1月21日发布的《全国法院审理金融犯罪案件工作座谈会纪要》规定，"两个以上单位以共同故意实施的犯罪，应根据各单位在共同犯罪中的地位、作用大小，确定犯罪单位的主、从犯"。认定犯罪的作用大小，对于合理确定单位的处罚，具有重要意义。二是**单位与自然人构成共同犯罪**。1998年12月29日第九届全国人大常务委员会第六次会议通过的《全国人民代表大会常务委员会关于惩治骗购外汇、逃汇和非法买卖外汇犯罪的决定》第五条规定："海关、外汇管理部门以及金融机构、从事对外贸易经营活动的公司、企业或者其他单位的工作人员与骗购外汇或者逃汇的行为人通谋，为其提供购买外汇的有关凭证或者其他便利的，或者明知是伪造、变造的凭证和单据而售汇、付汇的，以共犯论，依照本决定从重处罚。"根据上述规定，如果相关单位工作人员的行为在性质上属于单位行为的，则有可能成立该单位与骗购外汇的行为人的共同犯罪。这种单位与个人成立共同犯罪的情况，根据刑法分则的规定，还可以有很多。如单位与个人共同走私，共同侵犯知识产权，等等。对于这种情况，同样可以根据单位与自然人在共同犯罪中的地位、作用大小，确定应当承担的刑事责任。

2. 对超过共同故意认识范围的犯罪行为，如何认定责任。一般认为，共同犯罪的性质决定了对于超过共同故意认识范围的犯罪行为，应当由具体实施该超过行为的行为人自己承担责任。共同犯罪的参与人通过相互勾结、联系与配合，共同实施犯罪，整体上对犯罪的目的、后果等有大致了解，并希望或放任这种结果的发生，形成共同犯罪的故意。在客观上，共同犯罪行为受主观故意指引，表现为相互配合、相互联系，构成针对同一目标的整体犯罪活动。尽管参与人实施的行为可能不同，但相关行为都对危害结果产生了作用。与之不同的是，超过共同故意认识范围的犯罪行为，只有具体行为人的故意行为直接导致了危害结果，其他参与人对该危害结果缺少主观认识，也就不能成立该共同的犯罪故意，进而也不能就该危害结果追究未参与人的法律责任。但是行为人需要就其行为及其主观上所持的犯罪故意承担相应的责任。如甲、乙二人相约共同伤害丙，但实际上甲意图杀害丙，乙不知情。又将丙抱住让甲殴打，甲却抽刀杀死了丙，乙主观上只有与甲共同伤害丙的故意，没有杀害丙的故意，因而甲、乙之间不存在共同杀人的故意，甲、乙不构成共同故意杀人，甲独立构成故意杀人，乙构成故意伤害。

具体而言，有以下几种情况：一是在共同实施犯罪的过程中，共同犯罪的个别参与人实施了共同故意以外的其他犯罪，**其他参与人对超出共同故意以外的行为不知情，也未共同实施**，则超出共同实施行为人自行负责，其他参与人不就该超出故意内容的行为承担责任。二是在共同实施犯罪的过程中，共同犯罪的个别参与人实施了共同故意以外的其他犯罪，**其他参与人对此知情，并给予适当帮助的**，属于达成新的犯罪故意，共同实施新的共同犯罪，其他参与人应对新的危害结果承担责任。三是在共同实施犯罪的过程中，共同犯罪的个别参与人实施了共同故意以外的其他犯罪，**其他参与人对此知情，但未给予帮助，也未阻止的**，其他参与人是否对新的危害结果承担责任，实践中有一定的争议。总体上，判断其他参与人的责任，需要结合其对危害结果产生的作用，根据主客观相统一的原则确定。比如其他参与人先前的参与行为对于形成有利于后续犯罪活动的情势具有积极作用，其虽然未参与后续行为，但也未阻止的，或者有证据证明其他参与人的默许、纵容行为对被害人造成心理压力，使被害人产生心理恐惧，客观上促成危害结果发生的，则其也应对新发生的犯罪结果承担责任。四是在共同实施犯罪的过程中，**共同犯罪的个别参与人实施了共同故意以外的过度行为，造成加重结果的，其他参与人是否对加重结果承担责任**，实践中有一定的争议。一般认为，加重结果仍然是由共同犯罪行为引起的，各个行为人实施共同犯罪的行为性质并未改变，其他参与人在主观上对加重结果的发生是能够预见的，因此其应同样对加重结果承担责任。

【指导性案例】

最高人民检察院指导性案例第 19 号：张某、沈某某等七人抢劫案（2014 年 9 月 10 日发布）

△（未成年人；共同犯罪；分案起诉）办理未成年人与成年人共同犯罪案件，一般应当将未成年人与成年人分案起诉，但对于未成年人系犯罪集团的组织者或者其他共同犯罪中的主犯，或者具有其他不宜分案起诉情形的，可以不分案起诉。

△（未成年人；共同犯罪；综合考虑；从轻或者减轻处罚）办理未成年人与成年人共同犯罪案件，应当根据未成年人在共同犯罪中的地位、作用，综合考量未成年人实施犯罪行为的动机和目的、犯罪时的年龄、是否属于初犯、偶犯，犯罪后的悔罪表现，个人成长经历和一贯表现等因素，依法从轻或者减轻处罚。

【公报案例】

李彬、袁南京、胡海珍、东辉、燕玉峰、刘钰、刘少荣、刘超绑架案（《最高人民法院公报》2008 年第 8 期）

△（共同犯罪故意；主客观一致原则）根据《刑法》第二十五条的规定，共同犯罪是指二人以上共同故意犯罪，各共同犯罪人必须具有共同犯罪的故意。所谓共同犯罪的故意，是指各共同犯罪人通过意思联络，知道自己是和他人配合共同实施犯罪，认识到共同犯罪行为的性质以及该行为所导致的危害社会的结果，并且希望或者放任结果的发生。如果行为人并不了解他人真正的犯罪意图，不清楚他人所实施的犯罪行为的性质，而是被他人蒙骗或者出于自己的错误认识，在错误理解犯罪性质的情况下参与他人实施的犯罪，则不能认定该行为人与他人实施了共同犯罪，而应当依据该行为人的犯罪实际情况，按照主客观相一致的原则正确定罪处罚。

【参考案例】

No. 2-120-1 玉山江·吾许尔等组织、领导、参加恐怖组织，以危险方法危害公共安全案

在共同犯罪中，因各共犯的行为相互联系形成统一的犯罪活动整体，即便部分共犯中止了自己的行为，如果其他共犯的行为导致结果发生，则并不成立犯罪中止，而成立既遂，且各共犯均应对整体的犯罪行为承担刑事责任。

No. 3-2-153、154-1 商江精密机械有限公司、陈光楠走私普通货物案

共同走私普通货物的部分行为人被决定酌定不起诉，法院对其他实施共同行为的被告人按照各共同行为人可能被判处的罚金数额确定，且各共同行为人实际被判处的罚金数额以偷逃应缴税款的一倍以上五倍以下为限。

No. 3-5-194（2）-1 刘岗等金融凭证诈骗案

各共同犯罪人的犯罪故意虽然不完全一致，但相互连接，共同形成某一特定犯罪的主观要件的全部内容的，构成共同犯罪。

No. 4-232-34 陈卫国等故意杀人案

在共同犯罪过程中，个别行为人实施了超出共同犯罪故意内容的过限行为的，应当根据过限行为的性质对其定罪量刑；其他行为人对此不负刑事责任，应当在共同故意的范围内定罪量刑。

No. 4-232-71 蒋勇等过失致人死亡案

各行为人在同时侵害被害人时，缺乏共同犯意联络，虽然相信会避免结果发生，但最终致使被害人死亡的，不构成共同（间接）故意杀人罪，应分别以过失致人死亡罪论处。

No.4-232-119　袁明祥、王汉恩故意杀人案

共同犯罪中，部分被告人已过追诉期限不影响对其他被告人的追诉。

No.4-234-19　王兴佰等故意伤害案

共同实施犯罪时，其他行为人对个别行为人超出共同故意实施的行为不知情的，不对此承担刑事责任；知情的，除存在有效的制止行为外，应当共同承担刑事责任。

No.4-236-26　刘正波、刘海平强奸案

缺少犯意联络和协同行为，同时实施犯罪行为的，不构成共同犯罪。

No.5-263-34　郭玉林等抢劫案

在共同抢劫犯罪中，行为人虽未实施杀害行为，但其他共同犯罪人致使被害人死亡，并未超出其主观认识范围的，对于致人死亡后果应当承担刑事责任。

No.5-263-51　朱永友抢劫案

在共同犯罪中，实行犯实施的行为超出共同犯罪人共同谋议之罪的范围或程度的，属于实行过限行为，其他共同犯罪人对此不承担刑事责任。

No.5-263-107　王国清等抢劫、故意伤害、盗窃案

在共同犯罪中，超出共同故意而实施的行为，属实行过限；对于过限行为，其他行为人不负刑事责任。

No.5-264-15　翟高生、杨永涛等盗窃、抢劫案

共同犯罪中，部分行为人在犯罪实施完毕后离开，如其主观对后续犯罪有概括的故意，客观行为对后续犯罪追认，应对其余行为人继续实施的犯罪负责。

No.5-264-29　李晓勇等盗窃案

发现他人盗窃财物的犯罪行为不加制止，事后收受他人给予好处的，应认定为不作为的盗窃共犯。

No.6-2-310-1　冉国成等故意杀人、包庇案

在实施犯罪前，向他人流露犯罪意图，他人未置可否的，不属于意思联络，不应认定为事前通谋。

No.6-2-310-2　冉国成等故意杀人、包庇案

发现他人携带凶器，后又发现该人正在使用该凶器实施犯罪行为的，不能认为存在意思联络，不应认定为事前通谋。

第二十六条　【主犯】
组织、领导犯罪集团进行犯罪活动的或者在共同犯罪中起主要作用的，是主犯。
三人以上为共同实施犯罪而组成的较为固定的犯罪组织，是犯罪集团。
对组织、领导犯罪集团的首要分子，按照集团所犯的全部罪行处罚。
对于第三款规定以外的主犯，应当按照其所参与的或者组织、指挥的全部犯罪处罚。

【条文说明】

本条是关于主犯、犯罪集团及对犯罪集团首要分子和其他主犯处刑原则的规定。

本条共分为四款。

第一款是关于**什么是主犯**的规定。根据本款规定，主犯包括两种人：一是**组织、领导犯罪集团进行犯罪活动的**，即组织犯罪集团，领导、策划、指挥犯罪集团成员进行犯罪活动的组织者、领导者，可能是一个人，也可能是数个人。二是**在共同犯罪中起主要作用的人**。所谓"起主要作用"的人，是指在共同犯罪中，实际起到出谋划策、组织指挥、积极实施等重要作用，或者对发生危害结果起重要作用的人。[①]

第二款是关于**犯罪集团定义**的规定。根据本款规定，犯罪集团应当具备三个条件：一是**必须由三人以上组成**；二是为了**共同进行犯罪活动**；三是**有较为固定的组织形式**。所谓"固定"包括参与犯罪的人员的基本固定和犯罪组织形式的基本固定。[②]

第三款是关于**对组织、领导犯罪集团的首要**

[①] "在共同犯罪中起主要作用的人"，就是亲自动手实施犯罪构成要件行为，或者在规范上可以看作亲自动手实施了犯罪构成要件的人。参见黎宏：《刑法学总论》（第2版），法律出版社2016年版，第288页。

[②] "较为固定"乃指，以多次实施犯罪为目的并长期存在。是否较为固定，以是否准备长期存在而定，不以事实上长期存在为必要。参见黎宏：《刑法学总论》（第2版），法律出版社2016年版，第285页。

分子处罚原则的规定。 根据本款规定，对组织、领导犯罪集团的首要分子，**按照集团所犯的全部罪行处罚**，即首要分子要对他所组织、领导的犯罪集团的全部罪行承担刑事责任。所谓"**组织、领导犯罪集团的首要分子**"，是指在犯罪集团进行的犯罪活动中，起组织、领导、策划、指挥作用的主犯。①

第四款是关于**对其他主犯处罚原则的规定**。根据本款规定，对除组织、领导犯罪集团的首要分子以外的其他主犯，**应当按照该主犯在共同犯罪活动中所参与的或者由他组织、指挥的全部罪行处罚**。由于其他主犯有的是在犯罪集团中首要分子的组织、领导下，积极从事犯罪活动或者在犯罪活动中起到重要作用的人员，有的是在一般的共同犯罪或者尚不构成犯罪集团的犯罪团伙中起主要作用的人员，其行为的社会危害性相对于犯罪集团的首要分子来说要小，因此，本条规定了与首要分子有所差别的处罚原则。但是，从罪责刑相适应原则的要求看，其精神是一致的，即都是对自己**应当负责**的行为承担刑事责任，体现了刑法责任自负的基本要求。

实践中需要注意以下两个方面的问题：

1. **在有些共同犯罪中，主犯的犯罪性质决定共同犯罪人的犯罪定性**。比如 2000 年 6 月 30 日发布的《最高人民法院关于审理贪污、职务侵占案件如何认定共同犯罪几个问题的解释》第三条规定，公司、企业或者其他单位中，不具有国家工作人员身份的人与国家工作人员勾结，分别利用各自的职务便利，共同将本单位财物非法占为己有的，按照主犯的犯罪性质定罪。此外，如果该共同犯罪中行为人作用难以区分主从犯的，根据 2003 年 11 月 13 日发布的《全国法院审理经济犯罪案件工作座谈会纪要》的规定，国家工作人员与非国家工作人员勾结共同非法占有单位财物行为，如果根据案件的实际情况，各共同犯罪人在共同犯罪中的地位、作用相当，难以区分主从犯的，可以贪污罪定罪处罚。

2. **关于犯罪集团的首要分子对集团所犯的全部罪行负责**。刑法明确规定，犯罪集团的首要分子对集团所犯的全部罪行负责。这是基于犯罪集团是为了共同犯罪而组织起来的相对固定的犯罪组织，一般来说，犯罪集团的犯罪目标或者犯罪类型带有一定的相对固定特征，如走私犯罪集团、毒品犯罪集团、盗窃犯罪集团等。如果集团成员自己出于独立的犯罪故意实施了犯罪

集团性质之外其他不相干的犯罪，客观上与集团犯罪没有关系，主观上也不是集团犯罪的故意，对于该类犯罪，应遵循主客观相统一的原则，由实施该犯罪行为的人自己承担责任，而不应由犯罪集团的首要分子对超出集团犯罪行为的其他犯罪行为负责。

【司法解释性文件】

《最高人民法院关于贯彻宽严相济刑事政策的若干意见》（法发〔2010〕9 号，2010 年 2 月 8 日公布）

△（**恐怖组织犯罪；邪教组织犯罪；黑社会性质组织犯罪；走私、诈骗、贩毒；区别对待；群体性事件**）对于恐怖组织犯罪、邪教组织犯罪、黑社会性质组织犯罪和进行走私、诈骗、贩毒等犯罪活动的犯罪集团，在处理时要分别情况，区别对待：对犯罪组织或集团中的为首组织、指挥、策划者和骨干分子，要依法从严惩处，该判处重刑或死刑的要坚决判处重刑或死刑；对受欺骗、胁迫参加犯罪组织、犯罪集团或只是一般参加者，在犯罪中起次要、辅助作用的从犯，依法应当从轻或减轻处罚，符合缓刑条件的，可以适用缓刑。

对于群体性事件中发生的杀人、放火、抢劫、伤害等犯罪案件，要注意重点打击其中的组织、指挥、策划者和直接实施犯罪行为的积极参与者；对因被煽动、欺骗、裹胁而参加，情节较轻，经教育确有悔改表现的，应当依法从宽处理。（§ 30）

△（**一般共同犯罪案件；区分主、从犯**）对于一般共同犯罪案件，应当充分考虑各被告人在共同犯罪中的地位和作用，以及在主观恶性和人身危险性方面的不同，根据事实和证据能分清主从犯的，都应当认定主从犯。有多名主犯的，应在主犯中进一步区分出罪行最为严重者。对于多名被告人共同致死一名被害人的案件，要进一步分清各被告人的作用，准确确定各被告人的罪责，以做到区别对待；不能以分不清主次为由，简单地一律判处重刑。（§ 31）

△（**共同犯罪案件；主犯立功；从轻、减轻或者免除处罚**）在共同犯罪案件中，对于主犯或首要分子检举、揭发同案地位、作用较次犯罪分子构成立功的，从轻或者减轻处罚应当从严掌握，如果从轻处罚可能导致全案量刑失衡的，一般不予从轻处罚；如果检举、揭发的是其他共同犯罪案件中罪行同样严重的犯罪分子，或者协助抓获的是同

---

① 我国学者指出，"组织、领导"当中包含策划、指挥、谋议等并不直接参与犯罪实行的意思在内，因此，中国刑法的相关规定中，同样包含共谋共同正犯的内容。参见黎宏：《刑法学总论》（第 2 版），法律出版社 2016 年版，第 283 页。

案中的其他主犯、首要分子的，原则上应予依法从轻或者减轻处罚。对于从犯或犯罪集团中的一般成员立功，特别是协助抓获主犯、首要分子的，应当充分体现政策，依法从轻、减轻或者免除处罚。（§33）

《最高人民法院、最高人民检察院、公安部、司法部关于办理黑恶势力犯罪案件若干问题的指导意见》（法发〔2018〕1号，2018年1月16日公布）

△（恶势力犯罪集团）恶势力犯罪集团是符合犯罪集团法定条件的恶势力犯罪组织，其特征表现为：有三名以上的组织成员，有明显的首要分子，重要成员较为固定，组织成员经常纠集在一起，共同故意实施三次以上恶势力惯常实施的犯罪活动或者其他犯罪活动。（§15）

△（恶势力犯罪案件；总则；共同犯罪和犯罪集团）公安机关、人民检察院、人民法院在办理恶势力犯罪案件时，应当按照上述规定，区别于普通刑事案件，充分运用《刑法》总则关于共同犯罪和犯罪集团的规定，依法从严惩处。（§16）

【指导性案例】

最高人民检察院指导性案例第67号：张凯闵等52人电信网络诈骗案（2020年3月28日发布）

△（电信网络诈骗犯罪组织；犯罪集团）跨境电信网络诈骗犯罪往往涉及大量的境外证据和庞杂的电子数据。对境外获取的证据应着重审查合法性，对电子数据应着重审查客观性。主要成员固定，其他人员有一定流动性的电信网络诈骗犯罪组织，可认定为犯罪集团。

最高人民法院指导性案例第187号：吴强等敲诈勒索、抢劫、故意伤害案（2022年11月29日发布）

△（犯罪集团；恶势力犯罪集团；公然性）恶势力犯罪集团是符合恶势力犯罪集团法定条件的恶势力犯罪组织。恶势力犯罪集团应当具备"为非作恶、欺压百姓"特征，其行为"造成较为恶劣的社会影响"，因而实施违法犯罪活动必然具有一定的公然性，且手段应具有较严重的强迫性、压制性。普通犯罪集团实施犯罪活动如仅为牟取不法经济利益，缺乏造成较为恶劣社会影响的意图，在行为方式的公然性、犯罪手段的强迫压制程度等方面与恶势力犯罪集团存在区别，可按犯罪集团处理，但不应认定为恶势力犯罪集团。

【参考案例】

No.3-5-196(1)-3 纪礼明等信用卡诈骗案

在全案区分主从犯的情况下，不存在其中部分被告人既不定主犯也不定从犯的余地。

No.5-263-71 张君等抢劫、杀人案

三人以上为实施犯罪而结成较为固定的犯罪组织的，是犯罪集团。

No.5-263-72 张君等抢劫、杀人案

一般情况下，对集团犯罪案件，应坚持并案审理。

第二十七条 【从犯】

在共同犯罪中起次要或者辅助作用的，是从犯。

对于从犯，应当从轻、减轻处罚或者免除处罚。

【条文说明】

本条是关于从犯及其处刑原则的规定。

本条共分为两款。

第一款是关于**什么是从犯**的规定。根据本款规定，从犯有两种情况：一是**在共同犯罪中起次要作用的**。所谓"起次要"作用，是指在整个共同犯罪活动中，处于从属于主犯的地位，对主犯的犯罪意图表示赞成、附和及服从，听从主犯的领导、指挥，不参与有关犯罪的决策和谋划；在实施具体犯罪中，在主犯的组织、指挥下进行某一方面的犯罪活动，情节较轻，对整个犯罪结果的发生只起了次要的作用。[1] 二是**在共同犯罪中起辅助作用的**。这种从犯实际上是帮助犯[2]，其特点是不直接参与具体犯罪行为的实施，在共同犯

---

[1] 对于"起次要作用"的认定，须从考量以下几方面的情况：(1)起因；(2)行为人在共同犯罪中所处的地位；(3)行为人在共同犯罪中的实际参与程度；(4)行为人具体罪刑的大小；(5)利益（犯罪所得）的分配程度。参见黎宏：《刑法学总论》（第2版），法律出版社2016年版，第289页。

[2] 相同的学说见解，参见黎宏：《刑法学总论》（第2版），法律出版社2016年版，第289页。

罪活动中,为完成共同犯罪只起了提供物质或者精神帮助的作用。如提供作案工具、为实行犯踩点望风、指示犯罪地点和犯罪对象、消除犯罪障碍等,他们的行为对完成共同犯罪只起了辅助作用。

第二款是关于**对从犯如何处罚**的规定。根据本款规定,对于从犯,应当根据其参与犯罪的性质、情节及其在共同犯罪中所起的作用等具体情况,或者从轻处罚,或者减轻处罚,或者免除处罚。对从犯应当从轻、**减轻处罚或者免除处罚**,是符合我国刑法罪责刑相适应原则的。

实践中需要注意的是,**对犯罪行为人给予精神鼓励的人的法律责任**。对行为人实施犯罪给予精神鼓励的,是否以及如何承担刑事责任,需要根据不同情况进行分析。一是如果犯罪行为人原本没有犯罪意图,因被他人鼓励、怂恿而实施犯罪的,则实施鼓励行为的行为人构成**教唆犯**。二是犯罪行为人在主观上有犯罪意图,对其提供技术上建议或者增强其犯意的行为,事实上促成犯罪结果发生的,则属于精神上的帮助,可以认定构成**帮助犯**,属于从犯。三是如果实施颂扬犯罪行为或者预祝犯罪成功等行为与犯罪行为人造成的后果没有明显的因果关系的,则**不成立帮助犯**。

【参考案例】

No. 4-232-35 于爱银等故意杀人案

受即将着手实施犯罪的人指使,将相关人员带离现场的,属于为实施犯罪创造便利条件的行为,应当认定为成立共同犯罪,但属于从犯;对于该从犯其后实施的窝藏、包庇或帮助毁灭证据的行为,属于不可罚的事后行为,不能以窝藏、包庇罪或帮助毁灭证据罪追究其刑事责任。

第二十八条 【胁从犯】
对于被胁迫参加犯罪的,应当按照他的犯罪情节减轻处罚或者免除处罚。

【条文说明】

本条是关于胁从犯及其处罚原则的规定。

根据本条规定,对于被胁迫参加犯罪的,应当按照他的犯罪情节减轻处罚或者免除处罚。所谓"**被胁迫参加犯罪**",是指行为人在他人对其施加精神强制,处于恐惧状态下,不敢不参加犯罪。根据本条规定,对胁从犯应当根据他的犯罪情节减轻处罚或者免除处罚。所谓"**应当**",就是只要认定其属于胁从犯,就应予以减轻处罚或者免除处罚。所谓"**按照他的犯罪情节**"**减轻处罚或者免除处罚**,是指在决定具体予以减轻处罚还是免除处罚时,要根据被胁迫犯罪的人参与实施犯罪行为的程度、对危害后果的发生所起的实际作用大小等情况确定。例如,《最高人民法院、最高人民检察院关于办理组织、利用邪教组织破坏法律实施等刑事案件适用法律若干问题的解释》第九条第一款规定:"组织、利用邪教组织破坏国家法律、行政法规实施,符合本解释第四条规定情形,但行为人能够真诚悔罪,明确表示退出邪教组织、不再从事邪教活动的,可以不起诉或者免予刑事处罚。其中,行为人系受蒙蔽、胁迫参加邪教组织的,可以不作为犯罪处理。"

实践中需要注意的是,对胁从犯的认定要综合考虑各方面的情况,以判断行为人是否"**被胁迫参加犯罪**"。具体而言,可以从胁迫的时间、胁迫的程度、胁迫的对象、胁迫的现实紧迫性等方面综合考量。

第二十九条 【教唆犯】

教唆他人犯罪的，应当按照他在共同犯罪中所起的作用处罚。教唆不满十八周岁的人犯罪的，应当从重处罚。

如果被教唆的人没有犯被教唆的罪，对于教唆犯，可以从轻或者减轻处罚。

【条文说明】

本条是关于教唆犯及其处罚原则的规定。

本条共分为两款。

第一款是关于**对教唆他人犯罪的处罚原则和从重处罚情节**的规定。根据本款规定，对教唆犯，应当按照他在共同犯罪中所起的作用处罚。教唆犯**"在共同犯罪中所起的作用"**是指教唆犯罪的人教唆的方法、手段及教唆的程度对完成共同犯罪所起的作用，即在实行所教唆的犯罪中所起的作用。教唆犯在共同犯罪中起主要作用的，按主犯处罚；起次要作用的，按从犯处罚。另外，出于对未成年人的保护，考虑到未成年人阅历浅，思想尚未成熟，容易被教唆而走上歧途，**教唆未成年人犯罪的行为具有更大的社会危害性**，因此，本款同时明确规定对"教唆不满十八周岁的人犯罪的，应当从重处罚"。实际上对于教唆未成年人犯罪、利用未成年人犯罪的，司法实践中一般也是作为从重处罚的情节处理的。例如2016年4月6日发布的《最高人民法院关于审理毒品犯罪案件适用法律若干问题的解释》第五条规定，非法持有毒品达到《刑法》第三百四十八条或者本解释第二款规定的"数量较大"标准，且利用、教唆未成年人非法持有毒品的，应当认定为《刑法》第三百四十八条规定的"情节严重"。

第二款是关于**被教唆的人没有犯被教唆的罪的，对教唆犯从轻或者减轻处罚**的规定。教唆犯对他人实施教唆行为后，因为种种原因，被教唆的人没有实施其所教唆的犯罪，在司法实践中也是比较常见的。在这种情况下，按照罪责刑相适应原则的要求，对教唆者应当给予相对较轻的处理。同时，刑法规定对教唆犯按照其在共同犯罪中所起的作用处罚，在被教唆者没有实施犯罪的情况下，根据教唆者的教唆行为所起的作用来确定对其的处罚，操作上存在一定的困难。因此，对这种情况有必要明确规定处理的原则。根据本款规定，如果被教唆的人没有犯被教唆的罪，对于教唆犯，可以从轻或者减轻处罚。所谓

"被教唆的人没有犯被教唆的罪"主要包括以下一些情况：一是教唆犯的教唆对被教唆人没有起到促成犯意、实施犯罪的作用，**被教唆的人既没有实施教唆犯罪的犯罪**，也没有实施其他犯罪，其教唆行为没有造成直接的犯罪结果；二是**被教唆的人没有犯所教唆的罪，而犯了其他罪**；三是被教唆的人实施了犯罪，但是其本来就独立形成了犯意，**教唆行为没有起到任何促致犯意的作用**。① 不论哪一种情况，教唆他人实施犯罪的教唆行为已经实施，教唆者应当承担刑事责任。但是由于被教唆的人没有实施被教唆的罪，教唆犯的教唆行为的社会危害性要小，因此，本款规定对于上述教唆犯，可以从轻或者减轻处罚。这里规定"可以"，是因为被教唆的人没有犯被教唆的罪的实际情况复杂，对于教唆犯不能一律从轻或减轻处罚，应当根据案件的具体情况决定是否从轻或者减轻处罚。

实践中需要注意以下两个方面的问题：

1. **被教唆人实施了教唆内容以外的犯罪，对教唆人该如何定罪处罚**。一般情况下，大致分为两种情况：其一，**如果教唆人的教唆内容特定、明确**，被教唆人在特定情况下实施了超过教唆内容范围的行为，对教唆人和被教唆人应当分别追究刑事责任，即教唆人无须对被教唆人超出教唆内容实施的危害结果负责。比如教唆人教唆他人实施盗窃，而被教唆人入室盗窃时见色起意，却实施了强奸犯罪；再比如，教唆人教唆他人实施故意伤害行为，并明确指示下手别太重，而被教唆人却将受害人打死。对于这些情况，被教唆人超出范围施行犯罪的危害结果不应由教唆人承担责任。其二，**教唆人的教唆内容并没有明确排除特定犯罪对象或者犯罪结果，被教唆人实施的犯罪行为总体上在其教唆的范围内，或者并未明显违背其教唆内容和意图的，或者相应结果属于其所教唆行为可能产生的自然后果的，或者发生的结果不属于无法预料的后果等情形的**，即使实行行为本身与教唆内容略有出入，也应当视为

---

① "被教唆人没有犯被教唆的罪"是指，教唆人已经着手实行犯罪，但由于其意志以外的原因而没有得逞（即教唆未遂），具体包括两种情形：一是被教唆人构成犯罪未遂的情形；二是被教唆人着手实行犯罪后又中止的情形。参见黎宏：《刑法学总论》（第2版），法律出版社2016年版，第297、299页。

第二章 犯 罪　　　　　　　　　　　　　　　　　　　　　　　　　　　　　第三十条

没有超出教唆内容范畴,教唆人和被教唆人必须对被教唆人的实行行为承担共同犯罪的刑事责任。

2. 关于**教唆犯的罪名认定**。教唆犯一般根据其教唆他人实施行为的性质定罪处罚。刑法分则有特殊规定的,依照**分则的规定定罪**。如《刑法》第三百五十三条第一款规定的"引诱、教唆、欺骗他人吸毒罪",对于教唆他人吸食、注射毒品的,直接按照《刑法》第三百五十三条第一款的规定定罪处罚。此外,关于**教唆他人自杀、自伤**如何认定罪名和追究刑事责任的问题,司法实践中存在不同的做法。对此,一些司法解释作出了相应的规定,可供参考。如《最高人民法院、最高人民检察院关于办理组织、利用邪教组织破坏法律实施等刑事案件适用法律若干问题的解释》第十一条规定:"组织、利用邪教组织,制造、散布迷信邪说,组织、策划、煽动、胁迫、教唆、帮助其成员或者他人实施自杀、自伤的,依照刑法第二百三十二条、第二百三十四条的规定,以**故意杀人罪**或者**故意伤害罪**定罪处罚。"

【参考案例】

No. 4-232-21　**潘永华等故意杀人案**

在雇佣犯罪中,雇主没有参与实施实行行为的,属于教唆犯。雇主与被雇佣者共同实施实行行为的,雇主既属于教唆犯,又属于实行犯;量刑时,对雇主与被雇佣者应区别上述情况具体判定,不应一律同罪同罚。

No. 4-232-77　**焦祥根、焦祥林故意杀人案**

以欺骗手段诱使他人产生犯意,并为其创造条件的,属于教唆与帮助行为,与被欺骗者构成共同犯罪。

No. 4-234-18　**王兴佰等故意伤害案**

被教唆人实施的行为超出教唆范围的,教唆者对超出部分不负刑事责任;教唆内容较为概括的,只要被教唆人的行为未明显超过必要限度,教唆者均应负相应的刑事责任。

No. 4-234-28　**吴学友故意伤害案**

被雇佣人所实施的行为尚未达到犯罪程度的,对雇佣人应以所教唆之罪的未遂追究其刑事责任。

No. 4-234-29　**吴学友故意伤害案**

被雇佣人超出雇佣范围实施其他犯罪的,雇佣人对此不承担刑事责任。

No. 4-234-30　**黄土保等故意伤害案**

在被教唆人实施犯罪预备以前,教唆人劝说被教唆人放弃犯罪意图的,在被教唆人实施犯罪预备时,教唆人制止被教唆人实施犯罪预备的,在被教唆人实行犯罪而犯罪结果尚未发生时,教唆人制止被教唆人继续实行犯罪并有效防止犯罪结果发生的,成立犯罪中止;教唆人明知被教唆人又教唆第三人犯所教唆之罪的,在确保被教唆人能及时有效地通知、说服、制止第三人停止犯罪预备或制止第三人实行犯罪并有效防止犯罪结果发生的情况下,才能成立犯罪中止;教唆人虽意图放弃犯罪,并积极实施了一定的补救措施,但未能有效防止犯罪结果发生的,不成立犯罪中止,在量刑时可酌情从轻处罚。

No. 4-234-46　**赵纯玉、郭文亮故意伤害案**

实行行为超出教唆范围的,如果实行行为与所教唆之罪属于同一性质的犯罪,教唆者在事前未提出有效防止错误且事后无有效补救的,应视为是对实行行为的认可,不构成实行过限,应对实行行为承担刑事责任。

第四节　单位犯罪

第三十条　【单位犯罪】
公司、企业、事业单位、机关、团体实施的危害社会的行为,法律规定为单位犯罪的,应当负刑事责任。

【立法解释】

《全国人民代表大会常务委员会关于〈中华人民共和国刑法〉第三十条的解释》(2014年4月24日通过)

△(单位实施;刑法分则和其他法律未规定追究单位的刑事责任;组织、策划、实施该危害行为的人)公司、企业、事业单位、机关、团体等单位实施刑法规定的危害社会的行为,刑法分则和

其他法律未规定追究单位的刑事责任的,对组织、策划、实施该危害社会行为的人依法追究刑事责任。

【条文说明】

本条是关于单位犯罪的规定。

本条包含两层意思:

1. **单位犯罪的主体**包括公司、企业、事业单位、机关、团体。本条规定的"公司、企业"包括全民所有制、集体所有制等各种所有制的公司、企业以及其他形式的公司、企业。根据民法典的规定,公司、企业法人主要属于营利法人。《民法典》第七十六条第二款规定,"营利法人"包括有限责任公司、股份有限公司和其他企业法人。《企业法人登记管理条例》第二条规定:"具备法人条件的下列企业,应当依照本条例的规定办理企业法人登记:(一)全民所有制企业;(二)集体所有制企业;(三)联营企业;(四)在中华人民共和国境内设立的中外合资经营企业、中外合作经营企业和外资企业;(五)私营企业;(六)依法需要办理企业法人登记的其他企业。"这些依法登记的企业法人,应属于本条规定的"公司、企业"。

关于本条规定的"事业单位"。根据《事业单位登记管理暂行条例》第二条的规定,事业单位是指国家为了社会公益目的,由国家机关举办或者其他组织利用国有资产举办的,从事教育、科技、文化、卫生等活动的社会服务组织。事业单位依法举办的营利性经营组织,必须实行独立核算,依照国家有关公司、企业等经营组织的法律、法规登记管理,实质上属于前述的"公司、企业"。

本条规定的"**机关**"是指各级各类国家机关和有关机关。

本条规定的"**团体**"主要是指为了一定宗旨组成进行某种社会活动的合法组织,实践中主要是社会团体、基金会、专业合作社、供销合作社等单位。这里的社会团体,包括根据《民法典》第九十条的规定,依法登记成立,取得社会团体法人资格的团体;依法不需要办理法人登记的,从成立之日起,具有社会团体法人资格的团体。此外,本条中的"团体"还包括农民专业合作组织、农村集体经济组织、城镇农村的合作经济组织、社会服务机构等其他单位。

2. 上述单位实施的危害社会的行为,法律规定为单位犯罪的,应当负刑事责任。这样规定是从单位犯罪的实际情况出发的。自改革开放以来,我国经济不断发展,对外开放力度不断加大,出现了不少违法犯罪的新情况和新问题。这些违法犯罪行为是否存在单位犯罪,情况十分复杂,还需要仔细研究和分析。基于此,刑法对实践中比较突出,社会危害较大,罪与非罪的界限较容易划清的单位危害社会的行为在分则中作了规定。因此,本条规定单位实施的危害社会的行为,法律规定为单位犯罪的,应当负刑事责任。这里的"法律规定",主要是指刑法分则的规定,如果其他有关法律或者相关决定作出了专门规定,也包括相应规定,主要包含两层意思:一是根据刑法分则的规定,一些犯罪明确了作为犯罪主体的单位的类型,这些犯罪可以由相应的单位构成,如《刑法》第一百八十八条"违规出具金融票证罪"规定的银行或者其他金融机构。二是追究单位刑事责任,需法律明确规定。刑法中明确规定单位的刑事责任,一般有三种模式:首先,在一个条文中先以一款规定自然人的罪状与法定刑,再用一款专门规定单位犯罪,如《刑法》第三百二十六条规定的"倒卖文物罪";其次,在刑法某节最后一条对单位犯本节数个条文的罪作出单位犯罪的专门规定,如《刑法》第二百二十条;最后,在条文里状中明确规定,如《刑法》第一百八十五条之一第一款规定的"背信运用受托财产罪"。

此外,司法机关反映,在实际生活中存在公司、企业等单位组织员工实施相关犯罪,而刑法没有对该犯罪规定单位犯罪的情况,比如为单位实施窃电行为等。对于这种情况,按照本条规定不能追究单位的刑事责任,但是否能够追究实施相关犯罪的单位员工的刑事责任,有必要通过法律解释或者其他方式予以明确,以指导和规范司法实践。立法机关经过认真研究认为,刑法主要针对一些涉及经济领域的犯罪规定了单位犯罪。对于一些传统的侵犯人身和财产权利的犯罪,如杀人、伤害、抢劫、普通的诈骗、盗窃等,刑法分则没有规定单位犯罪。对这些没有规定单位犯罪的,不应追究单位的刑事责任,但对组织、策划、直接实施这些法律明文规定为犯罪行为的人,应当按照本条相关规定追究刑事责任。根据,2014年4月24日第十二届全国人大常委会第八次会议通过的《全国人民代表大会常务委员会关于〈中华人民共和国刑法〉第三十条的解释》规定:"公司、企业、事业单位、机关、团体等单位实施刑法规定的危害社会的行为,刑法分则和其他法律未规定追究单位的刑事责任的,对组织、策划、实施该危害社会行为的人依法追究刑事责任。"

实践中需要注意以下几个方面的问题:

1. **单位的分支机构或者内设机构、部门实施的犯罪行为能否认定为单位犯罪**。实践中单位的分支机构或者内设机构、部门实施犯罪的情况时有发生,对此,司法实践中是否应当作为单位犯罪处理,认识上存在分歧。主要争议点在于,这些分支机构、内设机构、部门没有独立的财产,对其判处罚金实际上不能独立承担;如果按照自然人犯罪处理,犯罪行为的所得并非为个人所有,而是归属单位的分支机构或者内设机构、部门所有,完全由个人承担刑事责任并不尽合理,也不能体现罪责刑相适应。总体上看,我国刑法对单位犯罪**没有采用法人犯罪的概念**,就是考虑到单位的外延大于法人。实践中,一些法人的分支机构如商业银行的营业部、营业所,单位的基建办等,具有一定的独立性,能够以自己的名义独立从事一定的经济社会活动,如果其从事了刑法规定的犯罪行为,应当是可以纳入刑法单位犯罪的处罚范围的。同时,将是否具有相对独立的财产、是否独立承担民事责任作为法人成立的条件,作为是否能够成立单位犯罪的判断标准,也缺乏刑法上的依据。《全国法院审理金融犯罪案件工作座谈会纪要》中关于单位犯罪的部分,也明确了以单位的分支机构或者内设机构、部门的名义实施犯罪,违法所得亦归分支机构或者内设机构、部门所有的,应认定为单位犯罪。因此,不能因为单位的分支机构或者内设机构、部门没有可供执行罚金的财产,就不将其认定为单位犯罪,而按照个人犯罪处理。

2. **关于以犯罪为目的专门设立的单位是否成立单位犯罪的问题**。这里包含两种情况:其一,**以实施犯罪活动为主要目的设立公司、企业、事业单位的**。对于该种情况,虽然实际上可以以单位的名义实施犯罪,但实质上是实施共同犯罪。为了避免自然人利用单位作为实施违法犯罪活动的"挡箭牌",一般不认为该种情形属于单位犯罪。其二,**单位设立后,以实施犯罪为主要活动的**。司法实践中,单位设立后以实施犯罪为主要活动,即使偶尔经营部分正常业务,也应以单位犯罪论处。有些单位有正规的主营业务,但是在部分业务往来中没有按正常途径操作,或者偶尔实施了不法行为的,还是可以认为构成单位犯罪。1999年6月25日发布的《最高人民法院关于审理单位犯罪案件具体应用法律有关问题的解释》第二条规定,个人为进行违法犯罪活动而设立的公司、企业、事业单位实施犯罪的,或者公司、企业、事业单位设立后,以实施犯罪为主要活动的,不以单位犯罪论处。2003年10月15日发布的《最高人民法院研究室关于外国公司、企业、事业单位在我国领域内犯罪如何适用法律问题的答复》同样指出,在我国领域内进行违法犯罪活动而设立的外国公司、企业、事业单位实施犯罪的,或者外国公司、企业、事业单位设立后在我国领域内以实施违法犯罪为主要活动的,不以单位犯罪论处。

3. **关于在设立时存在瑕疵的单位是否成立单位犯罪的问题**。一些单位在设立时存在严重瑕疵,实践中较为常见的是无设备、无资金、无营业场所、冒用他人身份虚假登记等设立的"空壳公司"。对存在**严重瑕疵**的单位,实质上并不具备合格的单位设立条件,如不满足登记、注册条件等,因其不符合单位成立条件,应直接处罚相关自然人。对于单位设立过程中有**一般性瑕疵**,但尚不影响单位成立的,应承认其可以构成单位犯罪。此外,实践中还存在**尚在筹建阶段的单位实施犯罪**的情况,对于该种情况的处理,实践中也存在争议。有观点认为,筹建机构本身是一个合法存在的组织体,可以对外签署合同、产生债务等,可以作为单位犯罪认定。也有观点认为,没有完成设立程序的筹建机构不能独立成为单位犯罪的主体,其实施的犯罪应归责于负责筹建单位的自然人或者单位。

4. **关于单位实施犯罪后,发生资产重组、分立、合并或者破产等导致原单位不存在的,如何认定单位犯罪**。司法实践中,一些单位实施犯罪后,因发生资产重组、分立、破产等导致原单位不存在,这种"不存在"包括两种情况:其一,**单位消失**,例如破产、注销登记。对于这种情况,虽然单位已经不存在了,但是单位犯罪的刑事责任并不当然消灭,应根据不同情况处理。如单位破产后,较难追究单位的刑事责任,但是仍应当追究原单位直接负责的主管人员和其他直接责任人员的刑事责任。2002年7月9日发布的《最高人民检察院关于涉嫌犯罪单位被撤销、注销、吊销营业执照或者宣告破产的应如何进行追诉问题的批复》规定,涉嫌犯罪的单位被撤销、注销、吊销营业执照或者宣告破产的,应当根据刑法关于单位犯罪的相关规定,对实施犯罪行为的该单位负责的主管人员和其他直接责任人员追究刑事责任,对该单位不再追诉。其二,**产生新单位**,例如资产重组。原单位被新单位取代,但是原单位的刑事责任仍应由原单位承担,以符合罪责自负的精神。在诉讼上可仍将原单位作为被告单位,承受原单位权利义务的单位法定代表人或者负责人作为诉讼代表人,并应在新成立单位中原单位的财产范围内追究刑事责任。2002年7月8日发布的《最高人民法院、最高人民检察院、海关总署关于办理走私刑事案件适用法律若干问题的意见》第十九条规定,单位走私犯罪后,发生分立、合并或者其他资产重组等情况的,只要承受该单位权利义务的单位存在,应当追究单位走私犯罪的刑事责任。走私单位发生分立、合并或者其他资产重组后,原单位名称发生更改的,仍以原单位(名称)作为被告单位。承受原单位权利义务的单位法定代表人或者负责人为诉讼代表人。单位走私犯罪后，发生分立、合并或者其他资产重组情形，以及被依法注销、宣告破产等情况的，无论承受该单位权利义务的单位是否存在，均应追究原单位直接负责的主管人员和其他直接责任人员的刑事责任。人民法院对原走私单位判处罚金的，应当将承受原单位权利义务的单位作为被执行人。罚金超出新单位所承受的财产的，可在执行中予以减除。

【司法解释】

《最高人民法院关于审理单位犯罪案件具体应用法律有关问题的解释》（法释〔1999〕14号，自1999年7月3日起施行）

△（公司、企业、事业单位；独资、私营等公司、企业、事业单位）刑法第三十条规定的公司、企业、事业单位，既包括国有、集体所有的公司、企业、事业单位，也包括依法设立的合资经营、合作经营企业和具有法人资格的独资、私营等公司、企业、事业单位。① （§1）

△（为进行违法犯罪活动而设立的公司、企业、事业单位；以实施犯罪为主要活动）个人为进行违法犯罪活动而设立的公司、企业、事业单位实施犯罪的，或者公司、企业、事业单位设立后，以实施犯罪为主要活动的，不以单位犯罪论处。（§2）

△（盗用单位名义实施犯罪；自然人犯罪）盗用单位名义实施犯罪，违法所得由实施犯罪的个人私分的，依照刑法有关自然人犯罪的规定定罪处罚。（§3）

《最高人民法院关于审理单位犯罪案件对其直接负责的主管人员和其他直接责任人员是否区分主犯、从犯问题的批复》（法释〔2000〕31号，自2000年10月10日起施行）

△（单位故意犯罪案件；可不区分主犯、从犯）在审理单位故意犯罪案件时，对其直接负责的主管人员和其他直接责任人员，可不区分主犯、从犯，按照其在单位犯罪中所起的作用判处刑罚。

《最高人民检察院关于涉嫌犯罪单位被撤销、注销、吊销营业执照或者宣告破产的应如何进行追诉问题的批复》（高检发释字〔2002〕4号，自2002年7月15日起施行）

△（涉嫌犯罪单位被撤销、注销、吊销营业执照或者宣告破产）涉嫌犯罪的单位被撤销、注销、吊销营业执照或者宣告破产的，应当根据刑法关于单位犯罪的相关规定，对实施犯罪行为的该单位直接负责的主管人员和其他直接责任人员追究刑事责任，对该单位不再追诉。

《最高人民法院关于适用〈中华人民共和国刑事诉讼法〉的解释》（法释〔2021〕1号，自2021年3月1日起施行）

△（未作为单位犯罪起诉；单位犯罪案件；建议追加起诉）对应当认定为单位犯罪的案件，人民检察院只作为自然人犯罪起诉的，人民法院应当建议人民检察院对犯罪单位追加起诉。人民检察院仍以自然人犯罪起诉的，人民法院应当继续审理，按照单位犯罪直接负责的主管人员或者其他直接责任人员追究刑事责任，并援引刑法分则关于追究单位犯罪中直接负责的主管人员和其他直接责任人员刑事责任的条款。（§340）

△（被告单位被吊销营业执照、宣告破产但尚未完成清算、注销登记；被告单位被撤销、注销）审判期间，被告单位被吊销营业执照、宣告破产但尚未完成清算、注销登记的，应当继续审理；被告单位被撤销、注销的，对单位犯罪直接负责的主管人员和其他直接责任人员应当继续审理。（§344）

△（被告单位合并、分立的）对被告单位合并、分立的，应当将原单位列为被告单位，并注明合并、分立情况。对被告单位所判处的罚金以其在新单位的财产及收益为限。（§345）

【司法解释性文件】

《最高人民法院研究室关于企业犯罪后被合并应当如何追究刑事责任问题的答复》（1998年11月18日公布）

△（犯罪企业被合并）人民检察院起诉时该犯罪企业已被合并到一个新企业的，仍应依法追究原犯罪企业及其直接负责的主管人员和其他直接责任人员的刑事责任。人民法院审判时，对被告单位应列原犯罪企业名称，但注明已被并入新的企业，对被告单位所判处的罚金数额以其并入新的企业的财产及收益为限。

《全国法院审理金融犯罪案件工作座谈会纪要》（法〔2001〕8号，2001年1月21日公布）

△（单位的分支机构或者内设机构、部门；单位犯罪直接负责的主管人员和其他直接责任人员；未作为单位犯罪起诉；单位犯罪案件；单位共同犯罪）根据刑法和《最高人民法院关于审理单位犯罪案件具体应用法律有关问题的解释》的规

---

① 合伙企业是不具有单位资格的私营企业，不能成为单位犯罪的主体。参见黎宏：《刑法学总论》，法律出版社2016年第2版，第114页。

定,以单位名义实施犯罪,违法所得归单位所有的,是单位犯罪。

1. 单位的分支机构或者内设机构、部门实施犯罪行为的处理。以单位的分支机构或者内设机构、部门的名义实施犯罪,违法所得亦归分支机构或者内设机构、部门所有的,应认定为单位犯罪。不能因为单位的分支机构或者内设机构、部门没有可供执行罚金的财产,就不将其认定为单位犯罪,而按照个人犯罪处理。①

2. 单位犯罪直接负责的主管人员和其他直接责任人员的认定:直接负责的主管人员,是在单位实施的犯罪中起决定、批准、授意、纵容、指挥等作用的人员,一般是单位的主管负责人,包括法定代表人。其他直接责任人员,是在单位犯罪中具体实施犯罪并起较大作用的人员,既可以是单位的经营管理人员,也可以是单位的职工,包括聘任、雇佣的人员。应当注意的是,在单位犯罪中,对于受单位领导指派或奉命而参与实施了一定犯罪行为的人员,一般不宜作为直接责任人员追究刑事责任。对单位犯罪中的直接负责的主管人员和其他直接责任人员,应根据其在单位犯罪中的地位、作用和犯罪情节,分别处以相应的刑罚,主管人员与直接责任人员,在个案中,不是当然的主、从犯关系,有的案件,主管人员与直接责任人员在实施犯罪行为的主从关系不明显的,可不分主、从犯。但具体案件可以分清主、从犯,且从犯,在同一法定刑档次,幅度内量刑无法做到罪刑相适应的,应当分清主、从犯,依法处罚。

3. 对未作为单位犯罪起诉的单位犯罪案件的处理。对于应当认定为单位犯罪的案件,检察机关只作为自然人犯罪案件起诉的,人民法院应及时与检察机关协商,建议检察机关对单位犯罪补充起诉。如检察机关不补充起诉的,人民法院仍应依法审理,对被起诉的自然人根据指控的犯罪事实、证据及庭审查明的事实,依法按单位犯罪中的直接负责的主管人员或者其他直接责任人员追究刑事责任,并应引用刑罚分则关于单位犯罪追究直接负责的主管人员和其他直接责任人员刑事责任的有关条款。

4. 单位共同犯罪的处理。两个以上单位以共同故意实施的犯罪,应根据各单位在共同犯罪中的地位、作用大小,确定犯罪单位的主、从犯。

《最高人民法院研究室关于外国公司、企业、事业单位在我国领域内犯罪如何适用法律问题的答复》(法研〔2003〕153号,2003年10月15日公布)

△(**外国公司、企业、事业单位进行违法犯罪活动而设立外国公司、企业、事业单位;以实施违法犯罪为主要活动**)符合我国法人资格条件的外国公司、企业、事业单位,在我国领域内实施危害社会的行为,依照我国《刑法》构成犯罪的,应当依照我国《刑法》关于单位犯罪的规定追究刑事责任。

个人为在我国领域内进行违法犯罪活动而设立的外国公司、企业、事业单位实施犯罪的,或者外国公司、企业、事业单位设立后在我国领域内以实施违法犯罪为主要活动的,不以单位犯罪论处。

《公安部关于村民委员会可否构成单位犯罪主体问题的批复》(公复字〔2007〕1号,2007年3月1日公布)

△(**单位犯罪主体;村民委员会**)根据《刑法》第三十条的规定,单位犯罪主体包括公司、企业、事业单位、机关、团体。按照《村民委员会组织法》第二条的规定,村民委员会是村民自我管理、自我教育、自我服务的基层群众性自治组织,不属于《刑法》第三十条列举的范围。因此,对以村民委员会名义实施犯罪的,不应以单位犯罪论,可以依法追究直接负责的主管人员和其他直接责任人员的刑事责任。

《最高人民检察院关于办理涉互联网金融犯罪案件有关问题座谈会纪要》(高检诉〔2017〕14号,2017年6月2日印发)

△(**涉互联网金融犯罪案件;分支机构和关联单位;组织犯罪**)涉互联网金融犯罪案件多以单位形式组织实施,所涉单位数量众多、层级复杂,其中还包括大量分支机构和关联单位,集团化特征明显。有的涉互联网金融犯罪案件中分支机构遍布全国,既有具备法人资格的,又有不具备法人资格的;既有受总公司直接领导的,又有受总公司的下属单位领导的。公安机关在立案时做法不一,有的对self案,有的不对单位立案,有的被立案的单位不具有独立法人资格,有的仅对最上层的单位立案而不对分支机构立案。对此,检察机关公诉部门在审查起诉时,应当从能够全面揭示犯罪行为基本特征、全面覆盖犯罪活动、准确界定区分各层级人员的地位作用、有利于有力指控犯罪、

---

① 此种情形中单位所承担的是监督管理责任,即没有监督管理好其下属机构,因而,需要连带地承担刑事责任。参见黎宏:《刑法学总论》(第2版),法律出版社2016年版,第114页。

有利于追缴违法所得等方面依法具体把握,确定是否以单位犯罪追究。(§20)

△(单位犯罪)涉互联网金融犯罪所涉罪名中,刑法规定应当追究单位刑事责任的,对同时具备以下情形且具有独立法人资格的单位,可以以单位犯罪追究:

(1)犯罪活动经单位决策实施;

(2)单位的员工主要按照单位的决策实施具体犯罪活动;

(3)违法所得归单位所有,经单位决策使用,收益亦归单位所有。但是,单位设立后专门从事违法犯罪活动的,应当以自然人犯罪追究刑事责任。(§21)

△(参与涉互联网金融犯罪,但不具有独立法人资格的分支机构)对参与涉互联网金融犯罪,但不具有独立法人资格的分支机构,是否追究其刑事责任,可以区分两种情形处理:

(1)全部或部分违法所得归分支机构所有并支配,分支机构作为单位犯罪主体追究刑事责任;

(2)违法所得完全归分支机构上级单位所有并支配的,不能对分支机构作为单位犯罪主体追究刑事责任,而是应当对分支机构的上级单位(符合单位犯罪主体资格)追究刑事责任。(§22)

△(分支机构被认定/未被认定为单位犯罪主体;分支机构相关涉案人员)分支机构为单位犯罪主体的,该分支机构相关涉案人员应当作为该分支机构的"直接负责的主管人员"或者"其他直接责任人员"追究刑事责任。仅将分支机构的上级单位认定为单位犯罪主体的,该分支机构相关涉案人员可以作为该上级单位的"其他直接责任人员"追究刑事责任。(§23)

△(分支机构及其从属单位没有作为犯罪嫌疑单位移送审查起诉;相关分支机构涉案人员)对符合追诉条件的分支机构(包括具有独立法人资格的和不具有独立法人资格)及其所属单位,公safe机关均没有进行刑事追诉,下属单位及其分支机构,仅将其所属单位的上级单位作为犯罪嫌疑单位移送审查起诉的,对相关分支机构涉案人员可以区分以下情形处理:

(1)有证据证明被立案的上级单位(比如总公司)在业务、财务、人事等方面对下属单位及其分支机构进行实际控制,下属单位及其分支机构相关涉案人员可以作为被移送审查起诉的上级单位的"其他直接责任人员"追究刑事责任。在证明实际控制关系时,应当收集、运用公司决策、管理、考核等相关文件,OA系统等电子数据,资金往来记录等证据。对不同地区同一单位的分支机构涉案人员起诉时,证明实际控制关系的证据体系、证明标准应基本一致。

(2)据现有证据无法证明被立案的上级单位与下属单位及其分支机构之间存在实际控制关系的,对符合单位犯罪构成要件的下属单位及分支机构应当补充起诉,下属单位及其分支机构已不具备补充起诉条件的,可以将下属单位及其分支机构的涉案犯罪嫌疑人直接起诉。(§24)

△(跨区域涉互联网金融犯罪案件;注意统一平衡)在办理跨区域涉互联网金融犯罪案件时,在追诉标准、追诉范围以及量刑建议上面应当注意统一平衡。对于同一单位在多个地区分别设立分支机构的,在同一省(自治区、直辖市)范围内应当保持基本一致。分支机构所涉犯罪嫌疑人与上级单位主要犯罪嫌疑人之间应当保持适度平衡,防止出现责任轻重"倒挂"的现象。(§25)

△(单位犯罪;可以区分主犯和从犯)单位犯罪中,直接负责的主管人员和其他直接责任人员在涉互联网金融犯罪案件中的地位、作用存在明显差别的,可以区分主犯和从犯。对组织领导、实施的总公司的直接负责的主管人员和发挥主要作用的其他直接责任人员,可以认定为全案的主犯,其他人员可以认定为从犯。(§26)

△(最大限度减少投资人的实际损失)最大限度减少投资人的实际损失是办理涉互联网金融犯罪案件特别是非法集资案件的重要工作。在决定是否起诉、选择适用刑罚以及提出量刑建议时,要重视对是否具有认罪认罚、主动退赔退赔等情节的考察。分支机构涉案人员积极配合调查、主动退还违法所得、真诚认罪悔罪的,应当依法提出从轻、减轻处罚的量刑建议。其中,对情节轻微、可以免予刑事处罚的,或者情节显著轻微、危害不大、不认为是犯罪的,依法作出不起诉决定。对被不起诉人需要给予行政处罚或者没收违法所得的,应当向行政主管部门提出检察意见。(§27)

【指导性案例】

最高人民检察院指导性案例第73号:浙江省某县图书馆及赵某、徐某某单位受贿、私分国有资产、贪污案(2020年7月16日发布)

△(单位犯罪;移送线索)人民检察院在对职务犯罪案件审查起诉时,如果认为相关单位亦涉嫌犯罪,且单位犯罪事实清楚、证据确实充分,经与监察机关沟通,可以依法对犯罪单位提起公诉。检察机关在审查起诉中发现遗漏同案或犯罪事实的,应当及时与监察机关沟通,依法处理。

【参考案例】

No.2-125(1)-1　朱香海等非法买卖枪支、贪污案

单位负责人员个人决定,以单位名义实施,没有证据证实犯罪所得归个人占有的,应当认定为单位犯罪。

No.3-2-153、154-2　林春华等走私普通货物案

利用单位名义实施犯罪,违法所得由犯罪者个人所有的,不以单位犯罪论处。

No.3-2-153、154-6　王红梅等走私普通货物、虚开增值税专用发票案

以单位名义实施走私犯罪,没有证据证实违法所得被实施犯罪的个人占有或私分的,应当根据有利于被告人的原则,以单位走私犯罪论处。

No.3-3-158-1　周云华虚报注册资本案

单位负责人员隐瞒事实真相虚报注册资本,使企业取得公司登记的,应以虚报注册资本罪的单位犯罪论处。

No.3-3-162-1　沈卫国等挪用资金、妨害清算案

不具有法人资格的公司分支机构,若具有相对独立的经营权,可对外发生民事法律关系的,应当认定为单位犯罪的主体。

No.3-5-192-1　河南省三星实业公司集资诈骗案

被告单位被注销后,仍应追究单位有关责任人员的刑事责任。

No.3-6-205-1　张贞练虚开增值税专用发票案

以单位名义实施犯罪,但违法所得归犯罪者个人所有的,不构成单位犯罪。

No.3-6-205-3　吴彩森等虚开增值税专用发票案

受单位领导指派,积极实施为他人虚开增值税专用发票行为的税务机关票管员,应当认定为单位犯罪的直接责任人员。

No.3-6-205-7　上海新客派信息技术有限公司、王志强虚开增值税专用发票案

依法成立的一人公司是单位犯罪的适格主体;一人公司所实施的犯罪行为,应当以单位犯罪定罪处罚。

No.3-8-224-8　陈忠厚等虚报注册资本、合同诈骗案

利用欺诈手段,虚报注册资本取得登记的公司,在成立后无任何业务经营或收入,而以该公司的名义进行诈骗活动的,不应认定为单位犯罪。

No.3-8-224-9　余飞英等合同诈骗、伪造公司印章案

犯罪行为体现的是单位意志,即使该单位不具备法人资格,并不影响单位作为犯罪主体的认定。

第三十一条　【单位犯罪的处罚原则】

单位犯罪的,对单位判处罚金,并对其直接负责的主管人员和其他直接责任人员判处刑罚。本法分则和其他法律另有规定的,依照规定。

【条文说明】

本条是关于单位犯罪的处刑原则的规定。

根据本条规定,**对单位犯罪,一般采取双罚制原则**,即单位犯罪的,对单位判处罚金,同时对单位直接负责的主管人员和其他直接责任人员判处刑罚。这是我国刑法对单位犯罪比较普遍适用的处罚原则。本条同时规定,本法分则和其他法律另有规定的,依照规定。这主要是考虑到单位犯罪的情况比较复杂,一律适用双罚制原则,有时刑罚效果未必好,有时候不能准确体现罪责刑相适应原则。因此,本条对单位犯罪除规定一般采取双罚制原则外,还规定了例外的情况。为与本条规定相衔接,刑法分则一些罪名规定的单位犯罪,只处罚直接负责的主管人员和其他直接责任人员,而不对单位判处罚金,如《刑法》第一百六十二条规定的"妨害清算罪"。[1]

实践中需要注意的是,对于如何认定单位的直接负责的主管人员的刑事责任,常存在争议。根据本条规定,对于单位犯罪,要追究直接负责的主管人员的刑事责任。一般情况下,**直接负责的主管人员**,主要是指单位中负有相关管理职责,对所实施的单位犯罪行为起策划、授意、批准、同意、指挥、组织、实施等作用的人员,就其身份而言,可能是法定

---

[1] 其他的例子还包括《刑法》第三百九十六条私分国有资产罪和私分罚没财物罪。我国学者认为,其本质仍是自然人犯罪,不存在被科处单罚制的单位犯罪。参见黎宏:《刑法学总论》(第2版),法律出版社2016年版,第124—125页。

代表人、主要负责人、部门负责人、直接负责相关工作的管理事务的人员等。直接负责的主管人员包含**两个特征**:其一,该类人员是在单位中实际行使管理职权的负责人员;其二,对单位具体犯罪行为负有主管责任。具体认定时要结合其在单位承担的管理职责,不能简单按照职务从上到下排列。如果行为人在单位犯罪中起组织、指挥、决策作用的,例如主持单位领导层集体研究、决定或者依职权个人决定实施单位犯罪的,就属于"**直接负责的主管人员**"。反之,对于由单位其他领导决定、指挥、决策实施单位犯罪,不在其本人职权分工范围之内、本人并不知情的,如果一概认定为单位犯罪的"直接负责的主管人员",追究其刑事责任,不符合罪责自负的刑事追诉原则。此外,如果行为人本身具有法律和职务上的责任,因存在**不作为**、**失职行为**,造成其确实对单位其他人员实施的犯罪不知情的,不能简单按照职务将其认定为该单位犯罪的"直接负责的主管人员",但是其不作为、失职行为构成相关犯罪的,应当依法追究其法律责任。

【参考案例】

No.3-8-224-14 刘恺基合同诈骗案

公司、企业、事业单位设立后,以实施犯罪为主要活动的,应认定为个人犯罪,不以单位犯罪论处。

No.3-8-229(1)(2)-1 董博等提供虚假财会报告案

单位工作人员受主管人员指使编制虚假财会报表的,属于提供虚假财会报告罪中的直接责任人员。

第三章 刑 罚

第一节 刑罚的种类

第三十二条 【刑罚的种类】
刑罚分为主刑和附加刑。

【条文说明】

本条是关于刑罚种类的规定。

根据本条规定,刑罚分为主刑和附加刑。所谓**主刑**是对犯罪分子进行惩罚的主要刑种,它只能独立适用,不能相互附加适用。对一个犯罪,只能判处一个主刑,不能同时适用两种以上主刑。我国刑法规定的主刑有五种,分为两大类:自由刑和生命刑。**自由刑**包括管制、拘役、有期徒刑和无期徒刑;**生命刑**,即死刑,包括死刑立即执行和死刑缓期执行,即判处死刑的同时宣告缓期二年执行。"**附加刑**"是补充主刑惩罚罪犯的刑种,它既能附加主刑适用,又可以独立适用,可以同时适用两种以上的附加刑。在刑法条文中,通常是采用判处主刑,并处或者单处附加刑的表述方式。

实践中需要注意的是,对于一个犯罪,只能判处一个主刑,不能同时适用两种以上的主刑,但可以同时适用两种以上的附加刑。

附加刑无论附加适用还是单独适用,均应当以刑法分则条文有明文规定为准,凡未规定可以适用附加刑的,则不能附加或者独立适用附加刑。

第三十三条 【主刑的种类】
主刑的种类如下:
(一)管制;
(二)拘役;
(三)有期徒刑;
(四)无期徒刑;
(五)死刑。

【条文说明】

本条是关于主刑种类的规定。

本条规定了**五种主刑**,以适应不同的犯罪及同种犯罪的不同情节。

1. **管制**。管制是对犯罪分子不实行关押,但对其自由和权利依照法律规定作出一定的限制,并在社会上开放的环境下实行矫正的一种刑罚方法。对犯罪分子,不需要关押,不剥夺其人身自由,这是管制刑与拘役、徒刑刑罚执行方法的重要区别。

2. **拘役**。拘役是对犯罪分子短期剥夺人身自由,实行就近关押,并进行教育改造的刑罚方法,适用于罪行较轻的犯罪分子。被判处拘役的人,根据情况参加劳动;参加劳动的,酌量发给报酬。

3. **有期徒刑**。有期徒刑是对犯罪分子剥夺一定时期的人身自由,并进行教育改造的刑罚方法。有期徒刑是我国刑罚种类中适用最广泛的一种刑罚,主要内容是剥夺犯罪人一定时期的人身自由,有劳动能力的,应当参加劳动。刑法总则对有期徒刑的上下限等基本内容作出规定,刑法分则根据具体罪名的情况,设置了长短不一的有期徒刑刑期幅度,有利于人民法院量定刑罚时做到罪责刑相适应。

4. **无期徒刑**。无期徒刑是终身剥夺犯罪分子人身自由的刑罚方法,是仅次于死刑的一种严厉的刑罚方法,只适用于严重的犯罪。虽然无期徒刑属于终身剥夺人身自由的刑罚,但我国刑法根据惩罚与教育相结合的原则,在刑罚执行制度中规定了减刑、假释制度,减刑、假释也适用于被判处无期徒刑的罪犯。被判处无期徒刑的罪犯在服刑期间,如果能够认真遵守监规,接受教育改造,确有悔改表现的,或者有立功表现的,依法可以得到减刑。从刑罚执行的实际情况看,大多数被判处无期徒刑的罪犯,在刑罚执行期间都能够积极悔改,被减为有期徒刑,最终刑满释放。

5. **死刑**。死刑是剥夺犯罪分子生命的刑罚方法,是一种最严厉的刑罚,适用于罪行极其严重的犯罪分子。

实践中需要注意的是,刑罚是行为人因实施犯罪应当承担的法律后果。对犯罪人判处刑罚,既是为了惩罚犯罪进而预防和减少犯罪,也是为了对犯罪人进行惩戒和教育,将其教育改造为守法公民。因此,适用刑罚也要考虑刑罚的教育功能,要根据罪犯实施犯罪的事实、性质、情节、社会危害程度,做到罪责刑相适应,体现刑罚个别化。同时,在刑罚执行过程中,要坚持**惩罚与教育相结合的原则**,既依法严格执行刑罚,对犯罪行为人予以应有的惩戒,也要鼓励犯罪人积极改造,顺利回归社会。就刑罚的运用和刑罚的执行而言,刑法总则设置了不同的刑种,规定了附条件不予执行刑罚的**缓刑制度**、实际减少刑罚执行期限的**减刑制度**,以及附条件的提前解除监禁的**假释制度**等,刑法分则根据具体犯罪的情况,设置了具有较大裁量空间的刑罚幅度。这些制度为人民法院准确量定刑罚,监狱等刑罚执行机关依法正确执行刑罚,提供了依据。

第三十四条 【附加刑的种类】
附加刑的种类如下:
(一)罚金;
(二)剥夺政治权利;
(三)没收财产。
附加刑也可以独立适用。

【条文说明】

本条是关于附加刑的种类及适用的规定。本条分为两款。

第一款是关于**附加刑种类的规定**。根据本款规定,附加刑有以下几种:

1. **罚金**。罚金是强制犯罪分子向国家缴纳一定数额金钱,对罪犯进行经济制裁的一种刑罚方法。罚金的作用在于通过剥夺犯罪人一定数额的金钱,起到惩罚和教育的作用,并限制其利用资金再次犯罪的能力。因此,罚金刑主要适用于破坏社会主义市场经济秩序的犯罪和其他非法牟利的犯罪。罚金是世界各国较为普遍采用的一种刑罚方法,很多国家罚金适用非常普遍,成为**人身自由刑罚的替代刑种**。

2. **剥夺政治权利**。剥夺政治权利是指依法剥夺犯罪分子一定期限参加国家管理和政治活动的权利的刑罚方法。剥夺政治权利属于资格刑,剥夺的是犯罪分子依照宪法和法律享有的特定参与公共事务管理、公共表达的权利,也就是参加国家管理和政治活动的权利、资格。剥夺政治权利虽然属于不剥夺或者限制罪犯人身自由的一种开放性刑罚方法,但在现代社会,这种刑罚对犯罪的公民的否定性评价和惩罚程度也是很严厉的。因此,剥夺政治权利刑罚主要适用于危害国家安全和其他严重危害社会治安的犯罪分子。

3. **没收财产**。没收财产是指将犯罪分子个人财产的一部分或者全部强行无偿地收归国家所有的一种刑罚方法。没收财产是对罪犯经济上的制裁,与刑法中规定的作为刑事措施的**追缴、没收违法所得和用于犯罪的工具**,性质不同,应注意区分。作为刑罚方法的没收财产,没收的是犯罪人本人所有的合法财产。一般而言,相对于罚金,没收财产刑更为严厉,主要适用于危害国家安全罪、破坏社会主义市场经济秩序罪、侵犯财产罪及妨害社会管理秩序罪中较严重的犯罪。

第二款是关于**附加刑可以独立适用的规定**。根据本款规定,附加刑一般是随主刑附加适用的,但也可以独立适用。这里规定的"**可以独立适用**"是指依照刑法分则单处附加刑的规定适用,而不是随意适用。

实践中需要注意的是,附加刑主要是配合主

刑适用,以更好地做到罪责刑相适应和刑罚个别化,有效发挥刑罚的作用。同时,刑法规定附加刑可以独立适用,主要是考虑到实践中案件情况的复杂性,对于有些情节相对较轻或者有特殊情况的案件,单独适用附加刑可以做到罪责刑相适应的,依法独立适用附加刑更为适宜。这样,附加刑的独立适用,实际上扩大了人民法院在判处刑罚时的选择空间,更有利于实现刑罚目的。因此,附加刑独立适用,一般限于犯罪性质、情节较轻的犯罪。罪行比较严重的犯罪,不独立适用附加刑。另外,刑法分则在有些犯罪的法定刑设定中,对相关附加刑规定了"并处"和"可以并处",对此应当严格按照刑法的规定执行。就罚金而言,对于刑法规定"**并处罚金**"的,人民法院在判处主刑的同时,应当一并依法判处罚金;对于刑法规定"**可以并处罚金**"的,人民法院应当根据案件具体情况及犯罪分子的财产情况,决定是否并处罚金。

【司法解释】

《**最高人民法院关于适用〈中华人民共和国刑事诉讼法〉的解释**》(法释〔2021〕1号,自2021年3月1日起施行)

△(附加刑;第二审判决)审理被告人或者其法定代理人、辩护人、近亲属提出上诉的案件,不得对被告人的刑罚作出实质不利的改判,并应当执行下列规定:……(七)原判判处的刑罚不当、应当适用附加刑而没有适用的,不得直接加重刑罚、适用附加刑。原审判处的刑罚畸轻,必须依法改判的,应当在第二审判决、裁定生效后,依照审判监督程序重新审判。(§401Ⅰ)

第三十五条 【驱逐出境】
对于犯罪的外国人,可以独立适用或者附加适用驱逐出境。

【条文说明】

本条是关于对犯罪的外国人适用驱逐出境的规定。

根据本条规定,**对于犯罪的外国人,可以独立适用或者附加适用驱逐出境**。

"**对于犯罪的外国人**",具有两层含义:一是驱逐出境只适用于外国人,不适用于中国公民;二是刑法上的驱逐出境只适用于犯罪的外国人。在我国境内的外国人,必须遵守我国的法律、法规,不得有侵害我国国家利益和公民利益等违法犯罪行为。如果外国人在我国有犯罪行为的,依照我国《刑法》第六条关于属地原则的规定,除享有外交特权和豁免权的外国人,通过外交途径解决等法律有特别规定的以外,依照我国刑法定罪处罚,这也是我国司法自主权的体现。"**可以独立适用或者附加适用驱逐出境**",是指对于犯罪的外国人不是一律适用驱逐出境,而是根据其犯罪的性质、情节及犯罪分子本人的情况,结合对外交往的形势和需要综合考虑①,可以适用驱逐出境,也可以不适用驱逐出境;可以独立适用驱逐出境,也可以附加适用驱逐出境。②

实践中需要注意的是,关于驱逐出境,除刑法中有规定外,我国其他一些法律中也有关于驱逐出境的规定。需要注意的是,虽然相关法律中都使用了"驱逐出境"这一用语,但是其根据、适用对象、法律性质却是不同的。刑法上的驱逐出境是对犯罪的外国人采取的一种**刑事措施**。其他相关法律是将驱逐出境作为一种行政措施规定的。《出境入境管理法》第八十一条第二款规定,外国人违反本法规定,情节严重,尚不构成犯罪的,公安部可以处驱逐出境。《反间谍法》第三十四条规定,境外人员违反本法的,可以限期离境或者驱逐出境。《境外非政府组织境内活动管理法》第五十条规定,境外人员违反本法规定的,有关机关可以依法限期出境、遣送出境或者驱逐出境。可见,虽然上述法律中规定的驱逐出境在名称上和刑法规定相同,具体内容也都是强制相关外国人离开国(边)境,但就其性质而言,是一种**行政措施**,适用于行政违法并且情节严重的外国人。

---

① 适用驱逐出境,不仅要考虑犯罪的性质、情节与犯罪人的具体情况,也要考虑中国与其所属国之间的关系以及相关国际形势。参见张明楷:《刑法学》(第6版),法律出版社2021年版,第712页。

② 独立适用驱逐出境,自判决确定之日起执行;附加适用驱逐出境,从主刑执行完毕之日起执行。参见张明楷:《刑法学》(第6版),法律出版社2021年版,第712页。

第三十六条 【赔偿经济损失与民事优先原则】
由于犯罪行为而使被害人遭受经济损失的，对犯罪分子除依法给予刑事处罚外，并应根据情况判处赔偿经济损失。
承担民事赔偿责任的犯罪分子，同时被判处罚金，其财产不足以全部支付的，或者被判处没收财产的，应当先承担对被害人的民事赔偿责任。

【条文说明】

本条是关于犯罪行为造成经济损失的赔偿的规定。

本条共分为两款。

第一款是关于**因犯罪行为造成被害人经济损失的，应当予以赔偿的规定**。根据本款规定，由于犯罪行为使被害人遭受经济损失的，对犯罪分子除给予刑事处罚外，**应当根据情况判处赔偿经济损失**。这里规定的"**由于犯罪行为而使被害人遭受经济损失的**"，既包括由于犯罪行为直接侵害被害人的财产而造成的物质损失，如毁坏财物、盗窃、诈骗等直接侵害财产的情形，也包括由于犯罪行为侵害被害人的人身等权利，给被害人造成其他直接的经济上的损失，如伤害行为，不仅使被害人身体健康受到损害，而且使被害人遭受支出医疗费用等经济损失。"**并应根据情况判处赔偿经济损失**"，是指人民法院在对犯罪分子判处刑事处罚的同时，根据犯罪分子的犯罪性质、情节、被害人遭受损失的程度、被告人的经济状况等具体情况，一并判处犯罪分子赔偿被害人遭受的经济损失。

第二款是关于**被判处财产刑，同时被判处赔偿被害人经济损失的犯罪分子，应当先承担民事赔偿责任的规定**。根据本款规定，犯罪分子先承担民事赔偿责任的，有两种情况：一是犯罪行为人被判处罚金，同时被判处赔偿经济损失的，这里既包括判处其他主刑并处罚金，也包括单处罚金。不论是单处罚金还是并处罚金，同时被判处赔偿经济损失，只要犯罪分子的财产不足以全部支付的，就应当先承担民事赔偿责任。二是犯罪行为人被判处没收财产，同时被判处赔偿被害人经济损失的，不论其财产多少，**都应当先承担对被害人的民事赔偿责任**。这一规定确定了在有被害人的案件中，对判处财产刑的，执行时采用民事优先的原则，以加强对被害人合法权利的保护。

执行本条规定应当注意以下问题：一是在认定"由于犯罪行为而使被害人遭受经济损失的"事实时，应当判断犯罪分子的犯罪行为与被害人遭受经济损失的后果之间是否有**法律上的因果关系**，只有犯罪行为与被害人遭受经济损失之间有因果关系时，才可以判处赔偿经济损失。二是实践中，多数案件中被害人请求赔偿是在刑事诉讼程序进行中提起刑事附带民事诉讼。对此，人民法院在同时作出刑事判决和附带民事判决时，应当注意民事赔偿的优先受偿问题；有的案件，人民法院可能先作出刑事判决，后作出附带民事判决，这种情况下，也应当注意安排好民事优先受偿事项。此外，有的案件，被害一方未能在刑事诉讼程序进行中提出附带民事诉讼，而是随后另行提起民事诉讼，在这种情况下，如果民事判决作出时，相关刑事判决中罚金、没收财产尚未执行或者尚未执行完毕的，也应当注意民事损害赔偿优先受偿的问题。

对于被判处没收财产刑的犯罪分子，犯罪分子的合法债务履行与财产刑执行间的关系问题。我国《刑法》第六十条规定，没收财产以前犯罪分子所负担的正当债务，需要以没收的财产偿还的，经债权人请求，应当偿还。其中，**正当债务**，是指犯罪分子在判决生效前所负他人的合法债务。2014年10月30日发布的《最高人民法院关于刑事裁判涉财产部分执行的若干规定》第十三条第一款就没收财产问题作出处理规定："被执行人在执行中同时承担刑事责任、民事责任，其财产不足以支付的，按照下列顺序执行：（一）人身损害赔偿中的医疗费用；（二）退赔被害人的损失；（三）其他民事债务；（四）罚金；（五）没收财产。"

【司法解释】

《最高人民法院关于行政机关工作人员执行职务致人伤亡构成犯罪的赔偿诉讼程序问题的批复》（法释〔2002〕28号，自2002年8月30日起施行）

△（刑事附带民事赔偿诉讼；行政赔偿诉讼；国家赔偿法）行政机关工作人员在执行职务中致人伤、亡构成犯罪，受害人或其亲属提起刑事附带民事赔偿诉讼的，人民法院对民事赔偿诉讼请求不予受理。但应当告知其可以依据《中华人民共和国国家赔偿法》的有关规定向人民法院提

起行政赔偿诉讼。(§1)

△(**适用效力;刑事附带民事赔偿**)本批复公布以前发生的此类案件,人民法院已作判刑事附带民事赔偿处理,受害人或其亲属再提起行政赔偿诉讼的,人民法院不予受理。(§2)

《最高人民法院关于审理未成年人刑事案件具体应用法律若干问题的解释》(法释〔2006〕1号,自2006年1月23日起施行)

△(**刑事附带民事案件;未成年人;量刑情节**)刑事附带民事案件的未成年被告人有个人财产的,应当由本人承担民事赔偿责任,不足部分由监护人予以赔偿,但单位担任监护人的除外。

被告人对被害人物质损失的赔偿情况,可以作为量刑情节予以考虑。(§19)

《最高人民法院关于适用〈中华人民共和国刑事诉讼法〉的解释》(法释〔2021〕1号,自2021年3月1日起施行)

△(**刑事附带民事诉讼;精神损失**)被害人因人身权利受到犯罪侵犯或者财物被犯罪分子毁坏而遭受物质损失的,有权在刑事诉讼过程中提起附带民事诉讼;被害人死亡或者丧失行为能力的,其法定代理人、近亲属有权提起附带民事诉讼。

因受到犯罪侵犯,提起附带民事诉讼或者单独提起民事诉讼要求赔偿精神损失的,人民法院一般不予受理。(§175)

《最高人民法院关于刑事裁判涉财产部分执行的若干规定》(法释〔2014〕13号,自2014年11月6日起施行)

△(**同时承担刑事责任、民事责任;执行顺序;优先受偿权;其他民事债务;没收财产**)被执行人在执行中同时承担刑事责任、民事责任,其财产不足以支付的,按照下列顺序执行:

(一)人身损害赔偿中的医疗费用;
(二)退赔被害人的损失;
(三)其他民事债务;
(四)罚金;
(五)没收财产。

债权人对执行标的依法享有优先受偿权,其主张优先受偿的,人民法院应当在前款第(一)项规定的医疗费用受偿后,予以支持。(§13)

第三十七条 【**免予刑事处罚与非刑罚性处置措施**】
对于犯罪情节轻微不需要判处刑罚的,可以免予刑事处罚,但是可以根据案件的不同情况,予以训诫或者责令具结悔过、赔礼道歉、赔偿损失,或者由主管部门予以行政处罚或者行政处分。

【**条文说明**】

本条是关于**免予刑事处罚的,给予相应非刑罚性处置措施**的规定。

本条包含两层意思:

1. 对于犯罪情节轻微不需要判处刑罚的犯罪分子,**可以免予刑事处罚**。这里的"犯罪情节轻微"和"不需要判处刑罚"是"可以免予刑事处罚"必须同时具备的两个条件,也就是说,只有在既"犯罪情节轻微"又"不需要判处刑罚"的情况下,对犯罪分子才"可以免予刑事处罚"。"**犯罪情节轻微**"是指已经构成犯罪,但犯罪的性质、情节及危害后果都很轻。"**不需要判处刑罚**"是指犯罪情节轻微,犯罪人认罪、悔罪,从刑罚目的看,对其不判处刑罚也能达到惩戒和教育作用,因而没有判处刑罚的必要。

2. 对"免予刑事处罚"的犯罪分子,可以根据案件的不同情况,采用非刑罚方法处理。根据本条规定,可以采用的非刑罚方法包括两种情况:一是在人民法院判处免予刑事处罚的同时,根据案件的不同情况,对犯罪分子予以训诫或者责令具结悔过、赔礼道歉、赔偿损失。其中,训诫是对犯罪人当庭进行公开谴责的一种教育方法;责令具结悔过是责令犯罪人用书面方式保证悔改、不再重犯;责令赔礼道歉是责令犯罪人承认错误,向被害人表示歉意的方式;对于因被告人的犯罪行为遭受经济损失的被害人,可以责令被告人给被害人一定的经济赔偿。二是由**人民法院交由主管部门予以行政处罚或者行政处分**。"主管部门"主要是指管辖该案件的公安机关、犯罪分子所在单位或者基层组织。"行政处罚"主要是指行政执法机关依照行政法律、法规的规定,给予被免予刑事处罚的犯罪分子以经济处罚或者限制人身自由的处罚,如罚款、行政拘留等。"行政处分"是指犯罪分子的所在单位或者基层组织,依照规章、制度,对免予刑事处罚的犯罪分子予以行政纪律处分,如开除、记过、警告等。

实践中需要注意以下几个方面的问题:

1. 要注意区分"**免予刑事处罚**"与刑法中有关

"免除处罚"的规定。"**免予刑事处罚**"是一种对情节轻微的犯罪行为的处理制度。"**免除处罚**"是刑法规定的量刑情节,如犯罪以后自首,犯罪又较轻的;自首并且有立功表现的;正当防卫明显超过必要限度的;等等。行为人具有免除处罚情节的,需要人民法院根据情况依法作出免于刑事处罚的判决。刑法中规定的免除处罚的情节,有的属于"可以"免除处罚的,有的属于"应该"免除处罚的,具体适用中需要注意。同时,有的案件中,犯罪行为人可能并没有免除处罚的情节,只是犯罪行为本身情节轻微,对此,只要根据案件情况不需要判处刑罚的,也属于依法免于刑事处罚的情形。

2. 本条规定的非刑罚处置性措施的适用,都是以行为人的行为构成犯罪为前提的,即**定罪免刑**。对于犯罪情节显著轻微危害不大的,依照《刑法》第十三条的规定,不认为是犯罪,不应适用上述措施,二者性质是不同的。

3. 关于给予行政处罚或者行政处分的部门。对于情节轻微不需要判处刑罚,依法免予刑事处罚,并应当给予行政处罚或者行政处分的,应由主管部门作出相关决定。**人民法院可以根据案件具体情况提出行政处罚或者行政处分的建议,不应直接作出。**司法机关和其他行政部门之间应当加强沟通和联系,充分发挥刑法、相关法律惩治违法犯罪行为的作用,使得犯罪行为人得到应有的惩罚,并保护被害人的合法权益,使其经济上的损失得到赔偿。

【司法解释】

《**最高人民法院关于审理未成年人刑事案件具体应用法律若干问题的解释**》(法释〔2006〕1号,自2006年1月23日起施行)

△(未成年罪犯;免予刑事处罚事由)未成年罪犯根据其所犯罪行,可能被判处拘役、三年以下有期徒刑,如果悔罪表现好,并具有下列情形之一的,应当依照刑法第三十七条的规定免予刑事处罚:

(一)系又聋又哑的人或者盲人;

(二)防卫过当或者避险过当;

(三)犯罪预备、中止或者未遂;

(四)共同犯罪中从犯、胁从犯;

(五)犯罪后自首或者有立功表现;

(六)其他犯罪情节轻微不需要判处刑罚的。(§17)

【司法解释性文件】

《**最高人民法院关于贯彻宽严相济刑事政策的若干意见**》(法发〔2010〕9号,2010年2月8日发布)

△(宽严相济刑事政策;免予刑事处罚事由;善后、帮教工作)被告人的行为已经构成犯罪,但犯罪情节轻微,或者未成年人、在校学生实施的较轻犯罪,或者被告人具有犯罪预备、犯罪中止、从犯、胁从犯、防卫过当、避险过当等情节,依法不需要判处刑罚的,可以免予刑事处罚。对免予刑事处罚的,应当根据刑法第三十七条规定,做好善后、帮教工作或者交由有关部门进行处理,争取更好的社会效果。(§15)

【公报案例】

郝卫东盗窃案(《最高人民法院公报》2011年第5期)

△(犯罪情节轻微之认定;盗窃罪;宽严相济刑事政策)《刑法》第三十七条规定,对于犯罪情节轻微不需要判处刑罚的,可以免予刑事处罚。在审理盗窃案件中,盗窃数额是判断犯罪情节及社会危害性的重要依据,但不是唯一依据,还应综合考虑案件其他情节及被告人的主观恶性和人身危险性等因素。如果盗窃犯罪的案情特殊,综合判断犯罪情节确属轻微的,即使犯罪数额巨大,也可以免予刑事处罚。

判断某一盗窃犯罪行为是否属于《刑法》第三十七条的"情节轻微",要根据刑法及相关司法解释的规定,综合考虑犯罪手段、犯罪对象、退赃情况及社会反应等情况,客观评价刑罚处罚的必要性。在案件具有特殊的事实、情节等情况下,要切实贯彻落实宽严相济的刑事政策,真正做到正确裁量、罪刑相当。

【参考案例】

No.2-133之一-5 唐浩彬危险驾驶案

醉酒后在道路上挪动车位的行为,符合危险驾驶罪的构成要件,但属于情节显著轻微,可不起诉或免予刑事处罚。

No.2-133之一-6 吴晓明危险驾驶案

醉驾行为人具有多项法定从轻或减轻情节,血液酒精含量低于160毫克/100毫升且具有符合情理的醉驾理由时,应认定为犯罪情节轻微,可免予刑事处罚。

No.5-263-4 李春伟等抢劫案

对于实施法定最低刑为三年以上有期徒刑犯罪的未成年人,符合自首、立功或者其他法定条件的,可以判处免予刑事处罚。

No.5-264-65 郝卫东盗窃案

在盗窃自己亲属财物的案件中,考虑到被害人与被告人的亲属关系,被害人强烈要求对被告人从宽处罚,且未造成经济损失等因素,可以免予刑事处罚。

第三十七条之一 【从业禁止】
因利用职业便利实施犯罪，或者实施违背职业要求的特定义务的犯罪被判处刑罚的，人民法院可以根据犯罪情况和预防再犯罪的需要，禁止其自刑罚执行完毕之日或者假释之日起从事相关职业，期限为三年至五年。
被禁止从事相关职业的人违反人民法院依照前款规定作出的决定的，由公安机关依法给予处罚；情节严重的，依照本法第三百一十三条的规定定罪处罚。
其他法律、行政法规对其从事相关职业另有禁止或者限制性规定的，从其规定。

【立法沿革】

《中华人民共和国刑法修正案（九）》（自2015年11月1日起施行）
一、在刑法第三十七条后增加一条，作为第三十七条之一：
"因利用职业便利实施犯罪，或者实施违背职业要求的特定义务的犯罪被判处刑罚的，人民法院可以根据犯罪情况和预防再犯罪的需要，禁止其自刑罚执行完毕之日或者假释之日起从事相关职业，期限为三年至五年。
"被禁止从事相关职业的人违反人民法院依照前款规定作出的决定的，由公安机关依法给予处罚；情节严重的，依照本法第三百一十三条的规定定罪处罚。
"其他法律、行政法规对其从事相关职业另有禁止或者限制性规定的，从其规定。"

【条文说明】

本条是关于禁止从事相关职业的预防性措施的规定。
本条共分为三款。
第一款是关于禁止从事相关职业的预防性措施的适用对象、程序和期限的规定。**禁止从事相关职业的预防性措施**或者称为从业禁止，是指人民法院对于实施特定犯罪被判处刑罚的人，依法禁止其在一定期限内从事相关职业以预防其犯罪的法律措施。这种措施，是刑法从预防再犯罪的角度针对已被定罪判刑的人规定的一种预防性措施，不是新增加的刑罚种类。本款作有了三个方面的规定：

1. 关于**禁止从事相关职业的预防性措施的适用对象**。根据本款规定，禁止从事相关职业的预防性措施，适用于因为利用职业便利实施犯罪，或者实施违背职业要求的特定义务的犯罪，被judgment处刑罚的罪犯。本款规定的**利用职业便利实施犯罪**，是指利用自己从事该职业所形成的管理、经手、权力、地位等便利条件实施犯罪，如犯罪行为人利用职业便利实施的职务侵占罪；从事证券业、银行业、保险业等人员利用职业便利实施的妨害对公司、企业的管理秩序罪和破坏金融管理秩序罪等。本款规定的**实施违背职业要求的特定义务的犯罪**，是指违背一些特定行业、领域有关特定义务的要求，违背职业道德、职业信誉所实施的犯罪。如从事食品行业的人，实施生产、销售不符合安全标准的食品罪，生产、销售有毒、有害食品罪；从事化学品生产、销售、运输或者储存的人，违反有关要求实施环境污染犯罪等；对未成年人、老年人、患病的人、残疾人等负有监护、看护职责的人，虐待被监护、看护的人，犯虐待被监护、看护人罪等。利用职业便利实施犯罪和实施违背职业要求的特定义务的犯罪，两者之间在范围上可能有相互覆盖、相互交叉的地方。本款规定的"**被判处刑罚**"，包括被判处主刑和附加刑。单处罚金或者独立适用剥夺政治权利的，属于本款规定的"被判处刑罚"。对于依照《刑法》第三十七条规定予以定罪，但免予刑事处罚的犯罪分子，**不适用从业禁止的规定**。

2. 关于**禁止从事相关职业的预防性措施的适用程序**。根据本款规定，人民法院可以根据犯罪情况和预防再犯罪的需要，对犯罪行为人决定适用从业禁止。这里规定的"可以"，是指对于因利用职业便利实施犯罪或者实施违背职业要求的特定义务的犯罪被判处刑罚的人，不是一律都要予以从业禁止，而是要根据犯罪情况和预防再犯罪的需要，具体决定是否适用从业禁止。"**根据犯罪情况和预防再犯罪的需要**"，主要是指根据犯罪的事实、性质、情节、社会危害程度等，以及犯罪分子的主观恶性、再次犯罪的可能性等确定。对于故意实施犯罪主观恶性较大、犯罪情节恶劣、不适用从业禁止可能严重影响人民群众安全感，不利于预防其再次犯罪的，依法适用从业禁止的预防性措施。对于主观恶性较小、犯罪情节较轻、再犯罪可能性较小的，可以不适用从业禁止的预防性措施。**从业禁止应当在判决中同时确定**，从业禁止的具体内容和时间应当体现在裁判中，具有强制性的法律效力，被禁止从事相关职业的人必须遵守。

3. 关于**禁止从事相关职业的期限**。根据本款规定，从业禁止的预防性措施，其起始时间是**自刑罚执行完毕或者假释之日起**。根据刑罚设置从业禁止的立法目的，其效力当然适用于刑罚执行期间。对于被判处有期徒刑、无期徒刑被假释的犯罪分子，从业禁止从假释之日起计算。从业禁止的期限是**三年至五年**。人民法院可以根据犯罪情况和预防再犯罪的需要，在三年至五年之间，酌情确定从业禁止的具体期限。

第二款是关于**违反禁止从事相关职业的预防性措施的法律后果**的规定。为保证禁止从事相关职业的预防性措施的规定在实际执行中能够落实到位，本款从两个方面规定了违反从业禁止决定的法律后果：一是被禁止从事相关职业的人违反人民法院依法作出的从业禁止的决定的，**由公安机关依法给予处罚**。这种情形，主要是针对人民法院作出的从业禁止决定，但情节比较轻微，尚不构成犯罪。二是情节严重的，依照**《刑法》第三百一十三条拒不执行判决、裁定罪的规定定罪处罚**。这里规定的"情节严重"，主要是指违反人民法院从业禁止决定，经有关方面劝告、责令改正仍不改正的，因违反从业禁止决定受到行政处罚又违反的，或者违反从业禁止决定且在从业过程中又有违法行为的等情形，具体需要结合行为人违反从业禁止的具体情况，根据《刑法》第三百一十三条拒不执行判决、裁定罪的规定确定。

第三款是关于**其他法律、行政法规对从事相关职业另有禁止或者限制性规定时，如何处理的规定**。据不完全统计，我国现行有二十多部法律和有关法律问题的决定中，对受过刑事处罚的人员规定了从事相关职业的禁止或者限制性规定，包括规定禁止或者限制担任一定公职、禁止或者限制从事特定职业以及禁止或者限制从事特定活动等。刑法之外的这些相关领域的法律、行政法规规定的禁止或者限制从事的相关职业、活动，都属于**行政性的预防性措施**，与本条规定的从业禁止在适用条件、禁止期限等方面存在一定差异。如有的规定从业禁止只适用于特定犯罪，有的规定适用于被判处特定刑罚的人，有的规定禁止或者限制的期限是终身，有的规定了一定的期限。根据本条规定，对于其他法律、行政法规对从事相关职业另有禁止或者限制性规定的，从其规定，即**依照这些法律、行政法规的规定处理**。

实践中需要注意的是，关于作为行政措施的从业禁止与作为刑事措施的从业禁止的衔接同问题。我国对于很多违法行为在法律责任上有区分一般行政违法和刑事违法的"二元制"的法制传统。从行政管理的实践看，对于很多发展比较成熟的行业，往往都已经建立了较为严格的资格准入制度，如执业医师、执业药师、金融从业资格，等等。对于违反有关法律、行政法规的行为人，也都在规定给予行政处罚之外，规定了不同程度的限制或者剥夺相关从业资格的措施。因此，《刑法修正案（九）》增加从业禁止性规定，是考虑到在这些法律、行政法规之外，还有一些职业和领域虽然尚未建立规范的资格准入制度，但有的也有根据情况禁止一定期限内从业的必要性。对**这些法律、行政法规尚未规定资格准入制度的职业和领域**，可以由刑法作出规定，并限定在一个合理的期限之内。因此，刑法关于从业禁止的规定，相对于其他专门的法律、行政法规的规定而言，具有**一定的补充性**。对于法律、行政法规已经有相应规定的，直接由主管部门依照相关法律、行政法规作出从业禁止的决定；对于尚无相关法律、行政法规，而又有予以一定期限内禁止从业的必要的，人民法院可以根据被告人犯罪情况和预防再犯罪的需要，依照本条规定作出从业禁止的裁判。因此，这里的从业规定，不仅是指从业禁止的期限依照有关法律、行政法规的规定，也包括给予从业禁止的主体、条件等也应依照有关法律、行政法规的规定，而不是指人民法院可以不受本条规定的三年至五年的期限限制，直接根据有关法律、行政法规规定的期限，给予从业禁止的裁判。

【司法解释】

《最高人民法院关于〈中华人民共和国刑法修正案（九）〉时间效力问题的解释》（法释〔2015〕19号，自2015年11月1日起施行）

△（时间效力；从业禁止）对于2015年10月31日以前因利用职业便利实施犯罪，或者实施违背职业要求的特定义务的犯罪的，不适用修正后刑法第三十七条之一第一款的规定。其他法律、行政法规另有规定的，从其规定。（§1）

【司法解释性文件】

《最高人民法院、最高人民检察院、教育部印发关于落实从业禁止制度的意见》（法发〔2022〕32号，2022年11月10日印发）

△（教职员工；从业禁止）依照《刑法》第三十七条之一的规定，教职员工利用职业便利实施犯罪，或者实施违背职业要求的特定义务的犯罪被判处刑罚的，人民法院可以根据犯罪情况和预防再犯罪的需要，禁止其在一定期限内从事相关职业。其他法律、行政法规对其从事相关职业另有禁止或者限制性规定的，从其规定。

《未成年人保护法》、《教师法》属于前款规定

的法律，《教师资格条例》属于前款规定的行政法规。（§1）

△(禁止从事密切接触未成年人的工作；教师资格)依照《未成年人保护法》第六十二条的规定，实施性侵害、虐待、拐卖、暴力伤害等违法犯罪的人员，禁止从事密切接触未成年人的工作。

依照《教师法》第十四条、《教师资格条例》第十八条规定，受到剥夺政治权利或者故意犯罪受到有期徒刑以上刑罚的，不能取得教师资格；已经取得教师资格的，丧失教师资格，且不能重新取得教师资格。（§2）

△(教职员工实施犯罪；禁止令)教职员工实施性侵害、虐待、拐卖、暴力伤害等犯罪的，人民法院应当依照《未成年人保护法》第六十二条的规定，判决禁止其从事密切接触未成年人的工作。

教职员工实施前款规定以外的其他犯罪，人民法院可以根据犯罪情况和预防再犯罪的需要，依照《刑法》第三十七条之一第一款的规定，判决禁止其自刑罚执行完毕之日或者假释之日起从事相关职业，期限为三年至五年；或者依照《刑法》第三十八条第二款、第七十二条第二款的规定，对其适用禁止令。（§3）

△(检察建议)对有必要禁止教职员工从事相关职业或者适用禁止令的，人民检察院在提起公诉时，应当提出相应建议。（§4）

△(送达)教职员工犯罪的刑事案件，判决生效后，人民法院应当在三十日内将裁判文书送达被告人单位所在地的教育行政部门；必要时，教育行政部门应当将裁判文书转送有关主管部门。

因涉及未成年人隐私等原因，不宜送达裁判文书的，可以送达载明被告人的自然情况、罪名及刑期的相关证明材料。（§5）

△(行政处分和处罚)教职员工犯罪，人民法院作出的判决生效后，所在单位、教育行政部门或者有关主管部门可以依照《未成年人保护法》、《教师法》、《教师资格条例》等法律法规给予相应处理、处分和处罚。

符合丧失教师资格或者撤销教师资格情形的，教育行政部门应当及时收缴其教师资格证书。（§6）

△(检察监督)人民检察院应当对从业禁止和禁止令执行落实情况进行监督。（§7）

△(有关单位未履行犯罪记录查询制度、从业禁止制度；建议)人民法院、人民检察院发现有关单位未履行犯罪记录查询制度、从业禁止制度的，应当向该单位提出建议。（§8）

△(教职员工)本意见所称教职员工，是指在学校、幼儿园等教育机构工作的教师、教育教学辅助人员、行政人员、勤杂人员、安保人员，以及校外培训机构的相关工作人员。

学校、幼儿园等教育机构、校外培训机构的举办者、实际控制人犯罪，参照本意见执行。（§9）

【参考案例】

No.3-3-160-3　丹东欣泰电气股份有限公司及温德乙、刘明胜欺诈发行股票、违规披露重要信息案

证券业监督管理部门依照证券法规定已对行为人作出终身证券市场禁入措施的，为避免重复处罚，人民法院在判决时，不宜再依据《刑法》第三十七条之一第一款规定对行为人另行判处从业禁止。

第二节　管　制

第三十八条　【管制的期限与管制刑的执行】
管制的期限，为三个月以上二年以下。
判处管制，可以根据犯罪情况，同时禁止犯罪分子在执行期间从事特定活动，进入特定区域、场所，接触特定的人。
对判处管制的犯罪分子，依法实行社区矫正。
违反第二款规定的禁止令的，由公安机关依照《中华人民共和国治安管理处罚法》的规定处罚。

【立法沿革】

《中华人民共和国刑法》（1997年修订，自1997年10月1日起施行）
第三十八条

第三十八条

管制的期限，为三个月以上二年以下。

被判处管制的犯罪分子，由公安机关执行。

《中华人民共和国刑法修正案（八）》（自2011年5月1日起施行）

二、在刑法第三十八条中增加一款作为第二款：

"判处管制，可以根据犯罪情况，同时禁止犯罪分子在执行期间从事特定活动，进入特定区域、场所，接触特定的人。"

原第二款作为第三款，修改为：

"对被判处管制的犯罪分子，依法实行社区矫正。"

增加一款作为第四款：

"违反第二款规定的禁止令的，由公安机关依照《中华人民共和国治安管理处罚法》的规定处罚。"

【条文说明】

本条是关于管制的期限和管制刑执行的规定。

本条共分为四款。

第一款是关于**管制期限的规定**。根据本款规定，管制的期限，**最高为二年，最低为三个月**。

第二款是关于**对被判处管制的犯罪分子作出禁止令的规定**。根据本款规定，人民法院可以根据犯罪情况，在判处行为人管制的同时，作出禁止其在管制期间从事特定活动，进入特定区域、场所，接触特定的人的禁止令。何为"特定"，法律未作具体规定，是因为实践中情况比较复杂，难以在法律中作出详尽规定，需要人民法院根据每一起案件的具体情况，主要是根据个案中犯罪的性质、情节，行为人犯罪的原因，维护社会秩序、保护被害人免遭再次侵害、预防行为人再次犯罪的需要等情况，在判决时作出具体的禁止性规定。人民法院作出禁止令，可以只涉及一个方面的事项，如只禁止行为人从事特定活动，也可以同时涉及三个方面的事项，即同时禁止其从事特定活动、进入特定区域、场所，接触特定的人，具体根据案件情况和需要确定。法律规定"可以"根据犯罪情况作出禁止令，并非所有案件均要作出禁止令。是否作出禁止令的裁量权赋予人民法院，根据则在于犯罪情况确有需要。

需要注意的是，虽然法律对人民法院的禁止令可以禁止的事项作了原则规定，但并不意味着人民法院可以对被判处管制的犯罪分子任意设置禁止令。人民法院作出禁止令，要按照法律规定的原则和精神，从维护社会秩序、保护被害人合法权益、预防再犯罪的需要出发。首先，**是否有必要作出禁止令，需要结合具体案件的情况**，并非所有判处管制的案件均要作出禁止令。其次，**对需要作出禁止令的，禁止令的内容也要符合法律规定**，有利于犯罪分子教育改造和重新回归社会，不得损害其合法权益。2011年发布的《最高人民法院、最高人民检察院、公安部、司法部关于对判处管制、宣告缓刑的犯罪分子适用禁止令有关问题的规定（试行）》对禁止令的具体适用作了规定。根据该规定，禁止从事特定活动包括个人为进行违法犯罪活动而设立公司、企业、事业单位或者在设立公司、企业、事业单位后以实施犯罪为主要活动的，禁止设立公司、企业、事业单位；附带民事赔偿义务未履行完毕，违法所得未追缴、退赔到位，或者罚金尚未足额缴纳的，禁止从事高消费活动，等等。禁止进入特定区域、场所包括禁止进入夜总会、酒吧、迪厅、网吧等娱乐场所；未经执行机关批准，禁止进入举办大型群众性活动的场所；等等。禁止接触特定的人包括未经对方同意，禁止接触被害人及其法定代理人、近亲属；未经对方同意，禁止接触证人及其法定代理人、近亲属；等等。

第三款是关于**对被判处管制的犯罪分子，依法实行社区矫正的规定**。刑法原规定，被judged管制的犯罪分子，由公安机关执行。《刑法修正案（八）》将该规定修改为依法实行社区矫正。当时作出这一规定的背景情况是：2003年以来，有关部门在一些地方开展社区矫正试点工作，各方面反映较好，2009年有关部门又进一步在全国试行社区矫正。社区矫正是将符合法定条件的罪犯置于社区内，由有关机构在相关社会团体、民间组织和社会志愿者的协助下，在判决、裁定或决定确定的期限内，矫正其犯罪心理和行为恶习，促进其顺利回归社会的非监禁的刑事执行活动。《刑法修正案（八）》的这一修改为当时正在进行的社区矫正试点工作提供了法律依据。在积累社区矫正经验的基础上，2019年12月28日第十三届全国人大常委会第十五次会议通过了《**社区矫正法**》。《社区矫正法》第二条规定，对被判处管制的犯罪分子，依法实行社区矫正。第八条第一、二款规定，国务院司法行政部门主管全国的社区矫正工作。县级以上地方人民政府司法行政部门主管本行政区域内的社区矫正工作。人民法院、人民检察院、公安部和其他有关部门依照各自职责，依法做好社区矫正工作。社区矫正工作是一项综合性很强的工作，且涉及面广，多个职能部门共同发挥作用，形成合力，才能实现社区矫正的目标和任务。本款的规定为通过社区矫正，对被判处管制的犯罪分子依法实行教育、管理和监督提供了刑事法律依据。

第四款是关于**被判处管制的犯罪分子违反禁止令的法律责任的规定**。为了加强对被判处管制的犯罪分子的监督管理,本条第二款增加了人民法院对被判处管制的犯罪分子,可以禁止其在管制期间从事特定活动,进入特定区域、场所,接触特定的人。对违反禁止令规定的犯罪分子应当如何追究其法律责任,本款作了具体规定,即**由公安机关依照治安管理处罚法的规定予以处罚**。根据《治安管理处罚法》第六十条的规定,被依法执行管制、剥夺政治权利或者在缓刑、暂予监外执行中的罪犯或被依法采取刑事强制措施的人,有违反法律、行政法规或者国务院有关部门的监督管理规定的行为的,处五日以上十日以下拘留,并处二百元以上五百元以下罚款。

实践中需要注意的是,社区矫正是一项综合性很强的工作,需要各有关部门分工配合,并充分动员社会各方面力量,共同做好工作。虽然《刑法修正案(八)》将刑法原来规定的"由公安机关执行"修改为"依法实行社区矫正",但**这并非意味着公安机关不再承担对被判处管制的犯罪分子的监督管理职责**。在社区矫正工作中,公安机关也承担着重要的职责。如在社区矫正对象失去联系时,公安机关要配合社区矫正机构组织查找;社区矫正对象在社区矫正期间有违反监督管理规定行为的,公安机关要依照治安管理处罚法的规定给予处罚;社区矫正对象殴打、威胁、侮辱、骚扰、报复社区矫正工作人员和其他依法参与社区矫正工作的人员及其近亲属尚不构成犯罪的,公安机关依法给予治安管理处罚。

【司法解释】

《最高人民法院关于〈中华人民共和国刑法修正案(八)〉时间效力问题的解释》(法释〔2011〕9号,自2011年5月1日起施行)

△(时间效力;禁止令)对于2011年4月30日以前犯罪,依法应当判处管制或者宣告缓刑的,人民法院根据犯罪情况,认为确有必要同时禁止犯罪分子在管制期间或者缓刑考验期内从事特定活动,进入特定区域、场所,接触特定的人的,适用修正后刑法第三十八条第二款或者第七十二条第二款的规定。

犯罪分子在管制期间或者缓刑考验期内,违反人民法院判决中的禁止令的,适用修正后刑法第三十八条第四款或者第七十七条第二款的规定。(§1)

《最高人民法院关于适用〈中华人民共和国刑事诉讼法〉的解释》(法释〔2021〕1号,自2021年3月1日起施行)

△(上诉不加刑;禁止令;抗诉;上诉)审理被告人或者其法定代理人、辩护人、近亲属提出上诉的案件,不得对被告人的刑罚作出实质不利的改判,并应当执行下列规定:

……

(五)原判没有宣告职业禁止、禁止令的,不得增加宣告;原判宣告职业禁止、禁止令的,不得增加内容、延长期限;

……

人民检察院抗诉或者自诉人上诉的案件,不受前款规定的限制。(§401)

【司法解释性文件】

《最高人民法院、最高人民检察院、公安部、司法部关于对判处管制、宣告缓刑的犯罪分子适用禁止令有关问题的规定(试行)》(法发〔2011〕9号,2011年4月28日公布)

△(管制;禁止令)对判处管制、宣告缓刑的犯罪分子,人民法院根据犯罪情况,认为从促进犯罪分子教育矫正、有效维护社会秩序的需要出发,确有必要禁止其在管制执行期间、缓刑考验期限内从事特定活动,进入特定区域、场所,接触特定人的,可以根据刑法第三十八条第二款、第七十二条第二款的规定,同时宣告禁止令。(§1)

△(禁止令之宣告)对禁止令宣告禁止令,应当根据犯罪分子的犯罪原因、犯罪性质、犯罪手段、犯罪后的悔罪表现、个人一贯表现等情况,充分考虑与犯罪分子所犯罪行的关联程度,有针对性地决定禁止其在管制执行期间、缓刑考验期限内"从事特定活动,进入特定区域、场所,接触特定的人"的一项或者几项内容。(§2)

△(禁止从事特定活动)人民法院可以根据犯罪情况,禁止判处管制、宣告缓刑的犯罪分子在管制执行期间、缓刑考验期限内从事以下一项或者几项活动:

(一)个人为进行违法犯罪活动而设立公司、企业、事业单位或者在设立公司、企业、事业单位后以实施犯罪为主要活动的,禁止设立公司、企业、事业单位;

(二)实施证券犯罪、贷款犯罪、票据犯罪、信用卡犯罪等金融犯罪的,禁止从事证券交易、申领贷款、使用票据或者申领、使用信用卡等金融活动;

(三)利用从事特定生产经营活动实施犯罪的,禁止从事相关生产经营活动;

(四)附带民事赔偿义务未履行完毕,违法所得未追缴、退赔到位,或者罚金尚未足额缴纳的,禁止从事高消费活动；

（五）其他确有必要禁止从事的活动。（§3）

△(禁止进入特定区域、场所)人民法院可以根据犯罪情况，禁止判处管制、宣告缓刑的犯罪分子在管制执行期间、缓刑考验期限内进入以下一类或者几类区域、场所：

（一）禁止进入夜总会、酒吧、迪厅、网吧等娱乐场所；

（二）未经执行机关批准，禁止进入举办大型群众性活动的场所；

（三）禁止进入中小学校区、幼儿园园区及周边地区，确因本人就学、居住等原因，经执行机关批准的除外；

（四）其他确有必要禁止进入的区域、场所。（§4）

△(禁止接触特定的人)人民法院可以根据犯罪情况，禁止判处管制、宣告缓刑的犯罪分子在管制执行期间、缓刑考验期限内接触以下一类或者几类人员：

（一）未经对方同意，禁止接触被害人及其法定代理人、近亲属；

（二）未经对方同意，禁止接触证人及其法定代理人、近亲属；

（三）未经对方同意，禁止接触控告人、批评人、举报人及其法定代理人、近亲属；

（四）禁止接触同案犯；

（五）禁止接触其他可能遭受其侵害、滋扰的人或者可能诱发其再次危害社会的人。（§5）

△(禁止令之期限；先行羁押；最短期限之限制；执行期限)禁止令的期限，既可以与管制执行、缓刑考验的期限相同，也可以短于管制执行、缓刑考验的期限，但判处管制的，禁止令期限不得少于三个月，宣告缓刑的，禁止令的期限不得少于二个月。

判处管制的犯罪分子在判决执行以前先行羁押以致管制执行的期限少于三个月的，禁止令的期限不受前款规定的最短期限的限制。

禁止令的执行期限，从管制、缓刑执行之日起计算。（§6）

△(提起公诉；移送审查起诉；宣告禁止令的建议)人民检察院在提起公诉时，对可能判处管制、宣告缓刑的被告人可以提出宣告禁止令的建议。当事人、辩护人、诉讼代理人可以就应否对被告人宣告禁止令提出意见，并说明理由。

公安机关在移送审查起诉时，可以根据犯罪嫌疑人涉嫌犯罪的情况，就应否宣告禁止令及宣告何种禁止令，向人民检察院提出意见。（§7）

△(宣告禁止令；裁判文书；主文)人民法院对判处管制、宣告缓刑的被告人宣告禁止令的，应当在裁判文书主文部分单独作为一项予以宣告。（§8）

△(执行机构；社区矫正机构)禁止令由司法行政机关指导管理的社区矫正机构负责执行。（§9）

△(监督机构；人民检察院；通知纠正)人民检察院对社区矫正机构执行禁止令的活动实行监督。发现有违反法律规定的情况，应当通知社区矫正机构纠正。（§10）

△(禁止令之违反；尚不属情节严重；治安管理处罚法)判处管制的犯罪分子违反禁止令，或者被宣告缓刑的犯罪分子违反禁止令尚不属情节严重的，由负责执行禁止令的社区矫正机构所在地的公安机关依照《中华人民共和国治安管理处罚法》第六十条的规定处罚。（§11）

△(违反禁止令；撤销缓刑；情节严重)被宣告缓刑的犯罪分子违反禁止令，情节严重的，应当撤销缓刑，执行原判刑罚。原作出缓刑裁判的人民法院应当自收到当地社区矫正机构提出的撤销缓刑建议书之日起一个月内依法作出裁定。人民法院撤销缓刑的裁定一经作出，立即生效。

违反禁止令，具有下列情形之一的，应当认定为"情节严重"：

（一）三次以上违反禁止令的；

（二）因违反禁止令被治安管理处罚后，再次违反禁止令的；

（三）违反禁止令，发生较为严重危害后果的；

（四）其他情节严重的情形。（§12）

△(减刑；禁止令期限之缩短)被宣告禁止令的犯罪分子被依法减刑时，禁止令的期限可以相应缩短，由人民法院在减刑裁定中确定新的禁止令期限。（§13）

《未成年人刑事检察工作指引(试行)》(高检发未检字〔2017〕1号,2017年3月2日印发)

△(建议适用禁止令)人民检察院根据未成年被告人的犯罪原因、犯罪性质、犯罪手段、犯罪后的认罪悔罪表现、个人一贯表现等情况，充分考虑与未成年被告人所犯罪行的关联程度，可以有针对性地建议人民法院判处未成年被告人在管制执行期间、缓刑考验期限内适用禁止令：

（一）禁止从事以下一项或者几项活动：

1. 因无监护人监管或监护人监管不力，经常夜不归宿的，禁止在未经社区矫正机构批准的情况下在外留宿过夜；

2. 因沉迷暴力、色情等网络游戏诱发犯罪

的,禁止接触网络游戏;

3. 附带民事赔偿义务未履行完毕,违法所得未追缴、退赔到位,或者罚金尚未足额缴纳的,禁止进行高消费活动。高消费的标准可根据当地居民人均收入和支出水平确定;

4. 其他确有必要禁止从事的活动。

(二)禁止进入以下一类或者几类区域、场所:

1. 因出入未成年人不宜进入的场所导致犯罪的,禁止进入夜总会、歌舞厅、酒吧、迪厅、营业性网吧、游戏机房、溜冰场等场所;

2. 经常以大欺小、以强凌弱进行寻衅滋事,在学校周边实施违法犯罪行为的,禁止进入中小学校区、幼儿园园区及周边地区。确因本人就学、居住等原因的除外;

3. 其他确有必要禁止进入的区域、场所。

(三)禁止接触以下一类或者几类人员:

1. 因受同案犯不良影响导致犯罪的,禁止除正常工作、学习外接触同案犯;

2. 为保护特定人员,禁止在未经对方同意的情况下接触被害人、证人、控告人、举报人及其近亲属;

3. 禁止接触其他可能遭受其侵害、滋扰的人或者可能诱发其再次危害社会的人。

建议适用禁止令,应当把握好禁止令的针对性、可行性和预防性,并向未成年被告人及其法定代理人阐明适用禁止令的理由,督促法定代理人协助司法机关加强监管,促进未成年被告人接受矫治和回归社会。(§215)

《最高人民法院、最高人民检察院、公安部、司法部关于印发〈中华人民共和国社区矫正法实施办法〉的通知》(司发通〔2020〕59号,2020年6月18日发布)

△(领导体制和工作机制)社区矫正工作坚持党的绝对领导,实行党委政府统一领导、司法行政机关组织实施、相关部门密切配合、社会力量广泛参与、检察机关法律监督的领导体制和工作机制。(§2)

△(社区矫正委员会;司法行政机关)地方人民政府根据需要设立社区矫正委员会,负责统筹协调和指导本行政区域内的社区矫正工作。

司法行政机关向社区矫正委员会报告社区矫正工作开展情况,提请社区矫正委员会协调解决社区矫正工作中的问题。(§3)

△(司法行政机关;职责)司法行政机关依法履行以下职责:

(一)主管本行政区域内社区矫正工作;

(二)对本行政区域内设置和撤销社区矫正机构提出意见;

(三)拟定社区矫正工作发展规划和管理制度,监督检查社区矫正法律法规和政策的执行情况;

(四)推动社会力量参与社区矫正工作;

(五)指导支持社区矫正机构提高信息化水平;

(六)对在社区矫正工作中作出突出贡献的组织、个人,按照国家有关规定给予表彰、奖励;

(七)协调推进高素质社区矫正工作队伍建设;

(八)其他依法应当履行的职责。(§4)

△(人民法院;职责)人民法院依法履行以下职责:

(一)拟判处管制、宣告缓刑、决定暂予监外执行的,可以委托社区矫正机构或者有关社会组织对被告人或者罪犯的社会危险性和对所居住社区的影响,进行调查评估,提出意见,供决定社区矫正时参考;

(二)对执行机关报请假释的,审查执行机关移送的罪犯假释后对所居住社区影响的调查评估意见;

(三)核实并确定社区矫正执行地;

(四)对被告人或者罪犯依法判处管制、宣告缓刑、裁定假释、决定暂予监外执行;

(五)对社区矫正对象进行教育,及时通知并送达法律文书;

(六)对符合撤销缓刑、撤销假释或者暂予监外执行收监执行条件的社区矫正对象,作出判决、裁定和决定;

(七)对社区矫正机构提请逮捕的,及时作出是否逮捕的决定;

(八)根据社区矫正机构提出的减刑建议作出裁定;

(九)其他依法应当履行的职责。(§5)

△(人民检察院;职责)人民检察院依法履行以下职责:

(一)对社区矫正决定机关、社区矫正机构或者有关社会组织的调查评估活动实行法律监督;

(二)对社区矫正决定机关判处管制、宣告缓刑、裁定假释、决定或者批准暂予监外执行活动实行法律监督;

(三)对社区矫正法律文书及社区矫正对象交付执行活动实行法律监督;

(四)对监督管理、教育帮扶社区矫正对象的活动实行法律监督;

(五)对变更刑事执行、解除矫正和终止矫正

的活动实行法律监督;

(六)受理申诉、控告和举报,维护社区矫正对象的合法权益;

(七)按照刑事诉讼法的规定,在对社区矫正实行法律监督中发现司法工作人员相关职务犯罪,可以立案侦查直接受理的案件;

(八)其他依法应当履行的职责。(§6)

△(公安机关;职责)公安机关依法履行以下职责:

(一)对看守所留所服刑罪犯拟暂予监外执行的,可以委托开展调查评估;

(二)对看守所留所服刑罪犯拟暂予监外执行的,核实并确定社区矫正执行地;对符合暂予监外执行条件的,批准暂予监外执行;对符合收监执行条件的,作出收监执行的决定;

(三)对看守所留所服刑罪犯批准暂予监外执行的,进行教育,及时通知并送达法律文书;依法将社区矫正对象交付执行;

(四)对社区矫正对象予以治安管理处罚;到场处置经社区矫正机构制止无效,正在实施违反监督管理规定或者违反人民法院禁止令等违法行为的社区矫正对象;协助社区矫正机构处置突发事件;

(五)协助社区矫正机构查找失去联系的社区矫正对象;执行人民法院作出的逮捕决定;被裁定撤销缓刑、撤销假释和被决定收监执行的社区矫正对象逃跑的,予以追捕;

(六)对裁定撤销缓刑、撤销假释,或者对人民法院、公安机关决定暂予监外执行收监的社区矫正对象,送交看守所或者监狱执行;

(七)执行限制社区矫正对象出境的措施;

(八)其他依法应当履行的职责。(§7)

△(监狱管理机关以及监狱;职责)监狱管理机关以及监狱依法履行以下职责:

(一)对监狱关押罪犯拟提请假释的,应当委托进行调查评估;对监狱关押罪犯拟暂予监外执行的,可以委托进行调查评估;

(二)对监狱关押罪犯拟暂予监外执行的,依法核实并确定社区矫正执行地;对符合暂予监外执行条件的,监狱管理机关作出暂予监外执行决定;

(三)对监狱关押罪犯批准暂予监外执行的,进行教育,及时通知并送达法律文书;依法将社区矫正对象交付执行;

(四)监狱管理机关对暂予监外执行罪犯决定收监执行的,原服刑或者接收其档案的监狱应当立即将罪犯收监执行;

(五)其他依法应当履行的职责。(§8)

△(社区矫正机构;职责)社区矫正机构是县级以上地方人民政府根据需要设置的,负责社区矫正工作具体实施的执行机关。社区矫正机构依法履行以下职责:

(一)接受委托进行调查评估,提出评估意见;

(二)接收社区矫正对象,核对法律文书、核实身份、办理接收登记,建立档案;

(三)组织入矫和解矫宣告,办理入矫和解矫手续;

(四)建立矫正小组、组织矫正小组开展工作,制定和落实矫正方案;

(五)对社区矫正对象进行监督管理,实施考核奖惩;审批会客、外出、变更执行地等事项;了解掌握社区矫正对象的活动情况和行为表现;组织查找失去联系的社区矫正对象,查找后依情形作出处理;

(六)提出治安管理处罚建议,提出减刑、撤销缓刑、撤销假释、收监执行等变更刑事执行建议,依法提请逮捕;

(七)对社区矫正对象进行教育帮扶,开展法治道德等教育,协调有关方面开展职业技能培训、就业指导,组织公益活动等事项;

(八)向有关机关通报社区矫正对象情况,送达法律文书;

(九)对社区矫正工作人员开展管理、监督、培训,落实职业保障;

(十)其他依法应当履行的职责。

设置和撤销社区矫正机构,由县级以上地方人民政府司法行政部门提出意见,按照规定的权限和程序审批。社区矫正日常工作由县级社区矫正机构具体承担;未设置县级社区矫正机构的,由上一级社区矫正机构承担。省、市两级社区矫正机构主要负责监督指导、跨区域执法的组织协调以及与同级社区矫正决定机关对接的案件办理工作。(§9)

△(司法所)司法所根据社区矫正机构的委托,承担社区矫正相关工作。(§10)

△(信息化建设;社区矫正信息交换平台)社区矫正机构依法加强信息化建设,运用现代信息技术开展监督管理和教育帮扶。

社区矫正工作相关部门之间依法进行信息共享,人民法院、人民检察院、公安机关、司法行政机关依法建立完善社区矫正信息交换平台,实现业务协同、互联互通,运用现代信息技术及时准确传输交换有关法律文书,根据需要实时查询社区矫正对象交付接收、监督管理、教育帮扶、脱离监管、被治安管理处罚、被采取强制措施、变更刑事执

行、办理再犯罪案件等情况,共享社区矫正工作动态信息,提高社区矫正信息化水平。(§11)

△(**社区矫正执行地;社区矫正对象的居住地**)对拟适用社区矫正的,社区矫正决定机关应当核实社区矫正对象的居住地。社区矫正对象在多个地方居住的,可以确定经常居住地为执行地。没有居住地,居住地、经常居住地无法确定或者不适宜执行社区矫正的,应当根据有利于社区矫正对象接受矫正、更好地融入社会的原则,确定社区矫正执行地。被确定为执行地的社区矫正机构应当及时接收。

社区矫正对象的居住地是指其实际居住的县(市、区)。社区矫正对象的经常居住地是指其经常居住的,有固定住所、固定生活来源的县(市、区)。

社区矫正对象应如实提供其居住、户籍等情况,并提供必要的证明材料。(§12)

△(**调查评估;社会危险性**)社区矫正决定机关对拟适用社区矫正的被告人、罪犯,需要调查其社会危险性和对所居住社区影响的,可以委托拟确定为执行地的社区矫正机构或有关社会组织进行调查评估。社区矫正机构或者有关社会组织收到委托文书后应当及时通知执行地县级人民检察院。(§13)

△(**调查评估意见;保密**)社区矫正机构、有关社会组织接受委托后,应当对被告人或者罪犯的居所情况、家庭和社会关系、犯罪行为的后果和影响、居住地村(居)民委员会和被害人意见、拟禁止的事项、社会危险性、对所居住社区的影响等情况进行调查了解,形成调查评估意见,与相关材料一起提交委托机关。调查评估时,相关单位、部门、村(居)民委员会等组织、个人应当依法为调查评估提供必要的协助。

社区矫正机构、有关社会组织应当自收到调查评估委托函及所附材料之日起十个工作日内完成调查评估,提交评估意见。对于适用刑事案件速裁程序的,应当在五个工作日内完成调查评估,提交评估意见。评估意见同时抄送执行地县级人民检察院。需要延长调查评估时限的,社区矫正机构、有关社会组织应当与委托机关协商,并在协商确定的期限内完成调查评估。因被告人或者罪犯的姓名、居住地不真实、身份不明等原因,社区矫正机构、有关社会组织无法进行调查评估的,应当及时向委托机关说明情况。社区矫正决定机关对调查评估意见的采信情况,应当在相关法律文书中说明。

对调查评估意见以及调查中涉及的国家秘密、商业秘密、个人隐私等信息,应当保密,不得泄露。(§14)

△(**教育;责令按时报到**)社区矫正决定机关应当对社区矫正对象进行教育,书面告知其到执行地县级社区矫正机构报到的时间期限以及逾期报到或者未报到的后果,责令其按时报到。(§15)

△(**法律文书送达;送达回执;法律文书不齐全**)社区矫正决定机关应当自判决、裁定或者决定生效之日起五日内通知执行地县级社区矫正机构,并在十日内将判决书、裁定书、决定书、执行通知书等法律文书送达执行地县级社区矫正机构,同时抄送人民检察院。收到法律文书后,社区矫正机构应当在五日内送达回执。

社区矫正对象前来报到时,执行地县级社区矫正机构未收到法律文书或者法律文书不齐全,应当先记录在案,为其办理登记接收手续,并通知社区矫正决定机关在五日内送达或者补齐法律文书。(§16)

△(**登记接收手续;被判处管制、宣告缓刑、裁定假释的社区矫正对象;暂予监外执行的社区矫正对象**)被判处管制、宣告缓刑、裁定假释的社区矫正对象到执行地县级社区矫正机构报到的,社区矫正机构应当核对法律文书、核实身份,办理登记接收手续。对社区矫正对象存在因行动不便、自行报到确有困难等特殊情况的,社区矫正机构可以派员到其居住地等场所办理登记接收手续。

暂予监外执行的社区矫正对象,由公安机关、监狱或者看守所依法移送至执行地县级社区矫正机构,办理交付接收手续。罪犯原服刑地与居住地不在同一省、自治区、直辖市,需要回居住地暂予监外执行的,原服刑地的省级以上监狱管理机关或者设区的市一级以上公安机关应当书面通知执行地县级人民政府监狱管理机关、公安机关,由其指定一所监狱、看守所接收社区矫正对象档案,负责办理其收监、刑满释放等手续。对看守所留所服刑罪犯暂予监外执行,原服刑地与居住地在同一省、自治区、直辖市的,可以不移交档案。(§17)

△(**社区矫正档案;工作档案**)执行地县级社区矫正机构接收社区矫正对象后,应当建立社区矫正档案,包括以下内容:

(一)适用社区矫正的法律文书;

(二)接收、监督审批、奖惩、收监执行、解除矫正、终止矫正等有关社区矫正执行活动的法律文书;

(三)进行社区矫正的工作记录;

(四)社区矫正对象接受社区矫正的其他相关材料。

接受委托对社区矫正对象进行日常管理的司法所应当建立工作档案。(§18)

△(**矫正方案;矫正小组**)执行地县级社区矫

正机构、受委托的司法所应当为社区矫正对象确定矫正小组，与矫正小组签订矫正责任书，明确矫正小组成员的责任和义务，负责落实矫正方案。

矫正小组主要开展下列工作：

（一）按照矫正方案，开展个案矫正工作；

（二）督促社区矫正对象遵纪守法，遵守社区矫正规定；

（三）参与对社区矫正对象的考核评议和教育活动；

（四）对社区矫正对象走访谈话，了解其思想、工作和生活情况，及时向社区矫正机构或者司法所报告；

（五）协助对社区矫正对象进行监督管理和教育帮扶；

（六）协助社区矫正机构或者司法所开展其他工作。（§19）

△**（入矫宣告）**执行地县级社区矫正机构接收社区矫正对象后，应当组织或者委托司法所组织入矫宣告。

入矫宣告包括以下内容：

（一）判决书、裁定书、决定书、执行通知书等有关法律文书的主要内容；

（二）社区矫正期限；

（三）社区矫正对象应当遵守的规定、被剥夺或者限制行使的权利、被禁止的事项以及违反规定的法律后果；

（四）社区矫正对象依法享有的权利；

（五）矫正小组人员组成及职责；

（六）其他有关事项。

宣告由社区矫正机构或者司法所的工作人员主持，矫正小组成员及其他相关人员到场，按照规定程序进行。宣告后，社区矫正对象应当在书面材料上签字，确认已经了解所宣告的内容。（§20）

△**（分类管理）**社区矫正机构应当根据社区矫正对象被判处管制、宣告缓刑、假释和暂予监外执行的不同裁判内容和犯罪类型、矫正阶段、再犯罪风险等情况，进行综合评估，划分不同类别，实施分类管理。

社区矫正机构应当把社区矫正对象的考核结果和奖惩情况作为分类管理的依据。

社区矫正机构对不同类别的社区矫正对象，在矫正措施和方法上应当有所区别，有针对性地开展监督管理和教育帮扶工作。（§21）

△**（矫正方案的内容和调整）**执行地县级社区矫正机构、受委托的司法所要根据社区矫正对象的性别、年龄、心理特点、健康状况、犯罪原因、悔罪表现等具体情况，制定矫正方案，有针对性地消除社区矫正对象可能重新犯罪的因素，帮助其成为守法公民。

矫正方案应当包括社区矫正对象基本情况、对社区矫正对象的综合评估结果、对社区矫正对象的心理状态和其他特殊情况的分析、拟采取的监督管理、教育帮扶措施等内容。

矫正方案应当根据分类管理的要求、实施效果以及社区矫正对象的表现等情况，相应调整。（§22）

△**（通信联络、信息化核查、实地查访等措施）**执行地县级社区矫正机构、受委托的司法所应当根据社区矫正对象的个人生活、工作及所处社区的实际情况，有针对性地采取通信联络、信息化核查、实地查访等措施，了解掌握社区矫正对象的活动情况和行为表现。（§23）

△**（定期报告；保外就医；病情诊断、妊娠检查或者生活不能自理的鉴别）**社区矫正对象应当按照有关规定和社区矫正机构的要求，定期报告遵纪守法、接受监督管理、参加教育学习、公益活动和社会活动等情况。发生居所变化、工作变动、家庭重大变故以及接触对其矫正可能产生不利影响人员等情况时，应当及时报告。被宣告禁止令的社区矫正对象应当定期报告遵守禁止令的情况。

暂予监外执行的社区矫正对象应当每个月报告本人身体情况。保外就医的，应当到省级人民政府指定的医院检查，每三个月向执行地县级社区矫正机构、受委托的司法所提交病情复查情况。执行地县级社区矫正机构根据社区矫正对象的病情及保证人等情况，可以调整报告身体情况和提交复查情况的期限。延长一个月至三个月以下的，报上一级社区矫正机构批准；延长三个月以上的，逐级上报省级社区矫正机构批准。批准延长的，执行地县级社区矫正机构应当及时通报同级人民检察院。

社区矫正机构根据工作需要，可以协调对暂予监外执行的社区矫正对象进行病情诊断、妊娠检查或者生活不能自理的鉴别。（§24）

△**（禁止接触；犯罪案件中的被害人、控告人、举报人；同案犯等可能诱发其再犯罪的人）**未经执行地县级社区矫正机构批准，社区矫正对象不得接触其犯罪案件中的被害人、控告人、举报人，不得接触同案犯等可能诱发其再犯罪的人。（§25）

△**（未经批准不得离开所居住市、县；外出的正当事由）**社区矫正对象未经批准不得离开所居住市、县。确有正当理由需要离开的，应当经执行地县级社区矫正机构或者受委托的司法所批准。

社区矫正对象外出的正当理由是指就医、就学、参与诉讼、处理家庭或者工作重要事务等。

前款规定的市是指直辖市的城市市区、设区

的市的城市市区和县级市的辖区。在设区的同一市内跨区活动的,不属于离开所居住的市、县。(§26)

△(确需离开所居住的市、县;申请外出时间)社区矫正对象确需离开所居住的市、县的,一般应当提前三日提交书面申请,并如实提供诊断证明、单位证明、入学证明、法律文书等材料。

申请外出时间在七日内的,经执行地县级社区矫正机构委托,并由司法所批准,并报执行地县级社区矫正机构备案;超过七日的,由执行地县级社区矫正机构批准。执行地县级社区矫正机构每次批准外出的时间不超过三十日。

因特殊情况确需外出超过三十日的,或者两个月内外出时间累计超过三十日的,应报上一级社区矫正机构审批。上一级社区矫正机构批准社区矫正对象外出的,执行地县级社区矫正机构应当及时通报同级人民检察院。(§27)

△(外出期间;监督管理;在外出期限届满前返回居住地)在社区矫正对象外出期间,执行地县级社区矫正机构、受委托的司法所应当通过电话通讯、实时视频等方式实施监督管理。

执行地县级社区矫正机构根据需要,可以协商外出目的地社区矫正机构协助监督管理,并要求社区矫正对象在到达和离开时向当地社区矫正机构报告,接受监督管理。外出目的地社区矫正机构在社区矫正对象报告后,可以通过电话通讯、实地查访等方式协助监督管理。

社区矫正对象应在外出期限届满前返回居住地,并向执行地县级社区矫正机构或者司法所报告,办理手续。因特殊原因无法按规返回的,应及时向社区矫正机构或者司法所报告情况。发现社区矫正对象违反外出管理规定的,社区矫正机构应当责令其立即返回,并视情节依法予以处理。(§28)

△(因正常工作和生活需要经常性跨市、县活动;申请)社区矫正对象确因正常工作和生活需要经常性跨市、县活动的,应当由本人提出书面申请,写明理由、经常性去往市县名称、时间、频次等,同时提供相应证明,由执行地县级社区矫正机构批准,批准一次的有效期为六个月。在批准的期限内,社区矫正对象到批准市、县活动的,可以通过电话、微信等方式报告活动情况。到期后,社区矫正对象仍需要经常性跨市、县活动的,应当重新提出申请。(§29)

△(因工作、居所变化等原因需要变更执行地)社区矫正对象因工作、居所变化等原因需要变更执行地的,一般应当提前一个月提出书面申请,并提供相应证明材料,由受委托的司法所签署意见后报执行地县级社区矫正机构审批。

执行地县级社区矫正机构收到申请后,应当在五日内书面征求新执行地县级社区矫正机构的意见。新执行地县级社区矫正机构接到征求意见函后,应当在五日内核实有关情况,作出是否同意接收的意见并书面回复。执行地县级社区矫正机构根据回复意见,作出决定。执行地县级社区矫正机构对新执行地县级社区矫正机构的回复意见有异议的,可以报上一级社区矫正机构协调解决。

经审核,执行地县级社区矫正机构不同意变更执行地的,应在决定作出之日起五日内告知社区矫正对象。同意变更执行地的,应对社区矫正对象进行教育,书面告知其到新执行地县级社区矫正机构报到的时间期限以及逾期报到或者未报到的后果,责令其按时报到。(§30)

△(同意变更执行地)同意变更执行地的,原执行地县级社区矫正机构应当在作出决定之日起五日内,将有关法律文书和档案材料移交新执行地县级社区矫正机构,并将有关法律文书抄送执行地决定机关和原执行地人民检察院、公安机关。新执行地县级社区矫正机构收到法律文书和档案材料后,在五日内送达回执,并将有关法律文书抄送所在地县级人民检察院、公安机关。

同意变更执行地的,社区矫正对象应当自收到变更执行地决定之日起七日内,到新执行地县级社区矫正机构报到。新执行地县级社区矫正机构应当核实身份,办理登记接收手续。发现社区矫正对象未按规定时间报到的,新执行地县级社区矫正机构应当立即通知原执行地县级社区矫正机构,由原执行地县级社区矫正机构组织查找。未及时办理交付接收,造成社区矫正对象脱管漏管的,原执行地社区矫正机构会同新执行地社区矫正机构妥善处置。

对公安机关、监狱管理机关批准暂予监外执行的社区矫正对象变更执行地的,公安机关、监狱管理机关在收到封《法律文书送达的法律文书后,应与新执行地同级公安机关、监狱管理机关办交接。新执行地的公安机关、监狱管理机关应指定一所看守所、监狱接收社区矫正对象档案,负责办理其收监、刑满释放等手续。看守所、监狱在接收档案之日起五日内,应当将有关情况通报新执行地县级社区矫正机构。对公安机关批准暂予监外执行的社区矫正对象在同一省、自治区、直辖市变更执行地的,可以不移交档案。(§31)

△(社区矫正对象考核奖惩制度)社区矫正机构应当根据有关法律法规、部门规章和其他规范性文件,建立内容全面、程序合理、易于操作的社区矫正对象考核奖惩制度。

社区矫正机构、受委托的司法所应当根据社区矫正对象认罪悔罪、遵守有关规定、服从监督管理、接受教育等情况，定期对其考核。对于符合表扬条件、具备训诫、警告情形的社区矫正对象，经执行地县级社区矫正机构决定，可以给予其相应奖励或者处罚，作出书面决定。对于涉嫌违反治安管理行为的社区矫正对象，执行地县级社区矫正机构可以向同级公安机关提出建议。社区矫正机构奖励或者处罚的书面决定应当抄送人民检察院。

社区矫正对象的考核结果与奖惩应当书面通知其本人，定期公示，记入档案，做到准确及时、公开公平。社区矫正对象对考核奖惩提出异议的，执行地县级社区矫正机构应当及时处理，并将处理结果告知社区矫正对象。社区矫正对象对处理结果仍有异议的，可以向人民检察院提出。（§32）

△（**表扬**；减刑建议）社区矫正对象认罪悔罪、遵守法律法规、服从监督管理、接受教育表现突出的，应当给予表扬。

社区矫正对象接受社区矫正六个月以上并且同时符合下列条件的，执行地县级社区矫正机构可以给予表扬：

（一）服从人民法院判决，认罪悔罪；

（二）遵守法律法规；

（三）遵守关于报告、会客、外出、迁居等规定，服从社区矫正机构的管理；

（四）积极参加教育学习等活动，接受教育矫正的。

社区矫正对象接受社区矫正期间，有见义勇为、抢险救灾等突出表现，或者帮助他人、服务社会等突出事迹的，执行地县级社区矫正机构可以给予表扬。对于符合法定减刑条件的，由执行地县级社区矫正机构依照本办法第四十二条的规定，提出减刑建议。（§33）

△（**训诫**）社区矫正对象具有下列情形之一的，执行地县级社区矫正机构应当给予训诫：

（一）不按规定时间报到或者接受社区矫正期间脱离监管，未超过十日的；

（二）违反关于报告、会客、外出、迁居等规定，情节轻微的；

（三）不按规定参加教育学习等活动，经教育仍不改正的；

（四）其他违反监督管理规定，情节轻微的。（§34）

△（**警告**）社区矫正对象具有下列情形之一的，执行地县级社区矫正机构应当给予警告：

（一）违反人民法院禁止令，情节轻微的；

（二）不按规定时间报到或者接受社区矫正期间脱离监管，超过十日的；

（三）违反关于报告、会客、外出、迁居等规定，情节较重的；

（四）保外就医的社区矫正对象无正当理由不按时提交病情复查情况，经教育仍不改正的；

（五）受到社区矫正机构两次训诫，仍不改正的；

（六）其他违反监督管理规定，情节较重的。（§35）

△（**违反监督管理规定或者人民法院禁止令**）社区矫正对象违反监督管理规定或者人民法院禁止令，依法应予治安管理处罚的，执行地县级社区矫正机构应当及时提请同级公安机关依法给予处罚，并向执行地同级人民检察院抄送治安管理处罚建议书副本，及时通知处理结果。（§36）

△（**电子定位装置**；监督管理）电子定位装置是指运用卫星等定位技术，能对社区矫正对象进行定位等监管，并具有防抓、防爆、防水等性能的专门的电子设备，如电子定位腕带等，但不包括手机等设备。

对社区矫正对象采取电子定位装置进行监督管理的，应当告知社区矫正对象监管的期限、要求以及违反监管规定的后果。（§37）

△（**社区矫正对象失去联系**；查找）发现社区矫正对象失去联系的，社区矫正机构应当立即组织查找，可以采取通信联络、信息化核查、实地走访等方式查找，查找时要做好记录，固定证据。查找不到的，社区矫正机构应当及时通知公安机关，公安机关应当协助查找。社区矫正机构应当及时将组织查找的情况通报人民检察院。

查找到社区矫正对象后，社区矫正机构应当根据其脱离监管的情形，给予相应处置。虽能找到社区矫正对象下落但其拒绝接受监督管理的，社区矫正机构应当视情节依法提请公安机关予以治安管理处罚，或者依法提请撤销缓刑、撤销假释、对暂予监外执行的收监执行。（§38）

△（**禁止令**；协助配合执行；禁止令确定需经批准才能进入的特定区域或者场所）社区矫正机构根据执行禁止令的需要，可以协调有关的部门、单位、场所、个人协助配合执行禁止令。

对禁止令确定需经批准才能进入的特定区域或者场所，社区矫正对象确需进入的，应当经执行地县级社区矫正机构批准，并通知原审人民法院和执行地县级人民检察院。（§39）

△（**违反监督管理规定或者人民法院禁止令等违法情形**；撤销缓刑、撤销假释或者暂予监外执行收监执行的法定情形）发现社区矫正对象有违反监督管理规定或者人民法院禁止令等违法情形

的,执行地县级社区矫正机构应当调查核实情况,收集有关证据材料,提出处理意见。

社区矫正机构发现社区矫正对象有撤销缓刑、撤销假释或者暂予监外执行收监执行的法定情形的,应当组织开展调查取证工作,依法向社区矫正决定机关提出撤销缓刑、撤销假释或者暂予监外执行收监执行建议,并将建议书抄送同级人民检察院。(§40)

△(**被依法决定行政拘留、司法拘留、强制隔离戒毒等;因涉嫌犯新罪、发现判决宣告前还有其他罪没有判决被采取强制措施**)社区矫正对象被依法决定行政拘留、司法拘留、强制隔离戒毒等或者因涉嫌犯新罪、发现判决宣告前还有其他罪没有判决被采取强制措施的,决定机关应当自作出决定之日起三日内将有关情况通知执行地县级社区矫正机构和执行地县级人民检察院。(§41)

△(**减刑**)社区矫正对象符合法定减刑条件的,由执行地县级社区矫正机构提出减刑建议书并附相关证据材料,报送地(市)社区矫正机构审核同意后,由地(市)社区矫正机构提请执行地的中级人民法院裁定。

依法应由高级人民法院裁定的减刑案件,由执行地县级社区矫正机构提出减刑建议书并附相关证据材料,逐级上报省级社区矫正机构审核同意后,由省级社区矫正机构提请执行地的高级人民法院裁定。

人民法院应当自收到减刑建议书和相关证据材料之日起三十日内依法裁定。

社区矫正机构减刑建议书和人民法院减刑裁定书副本,应当同时抄送社区矫正执行地同级人民检察院、公安机关及罪犯原服刑或者接收其档案的监狱。(§42)

△(**教育矫正活动**)社区矫正机构、受委托的司法所应当充分利用地方人民政府及其有关部门提供的教育帮扶场所和有关条件,按照因人施教的原则,有针对性地对社区矫正对象开展教育矫正活动。

社区矫正机构、司法所应当根据社区矫正对象的矫正阶段、犯罪类型、现实表现等实际情况,对其实施分类教育;应当结合社区矫正对象的个体特征、日常表现等具体情况,进行个别教育。

社区矫正机构、司法所根据需要可以采用集中教育、网上培训、实地参观等多种形式开展集体教育;组织社区矫正对象参加法治、道德等方面的教育活动;根据社区矫正对象的心理健康状况,对其开展心理健康教育、实施心理辅导。

社区矫正机构、司法所可以通过公开择优购买服务或者委托社会组织执行项目等方式,对社区矫正对象开展教育活动。(§43)

△(**公益活动**)执行地县级社区矫正机构、受委托的司法所按照符合社会公共利益的原则,可以根据社区矫正对象的劳动能力、健康状况等情况,组织社区矫正对象参加公益活动。(§44)

△(**临时救助;职业技能培训和就业指导**)执行地县级社区矫正机构、受委托的司法所依法协调有关部门和单位,根据职责分工,对遇到暂时生活困难的社区矫正对象提供临时救助;对就业困难的社区矫正对象提供职业技能培训和就业指导;帮助符合条件的社区矫正对象落实社会保障措施;协助在就学、法律援助等方面遇到困难的社区矫正对象解决问题。(§45)

△(**撤销缓刑建议**)社区矫正对象在缓刑考验期内,有下列情形之一的,由执行地同级社区矫正机构提出撤销缓刑建议:

(一)违反禁止令,情节严重的;

(二)无正当理由不按规定时间报到或者接受社区矫正期间脱离监管,超过一个月的;

(三)因违反监督管理规定受到治安管理处罚,仍不改正的;

(四)受到社区矫正机构两次警告,仍不改正的;

(五)其他违反有关法律、行政法规和监督管理规定,情节严重的情形。

社区矫正机构一般向原审人民法院提出撤销缓刑建议。如果原审人民法院与执行地同级社区矫正机构不在同一省、自治区、直辖市的,可以向执行地人民法院提出建议,执行地人民法院作出裁定的,裁定书同时抄送原审人民法院。

社区矫正机构撤销缓刑建议书和人民法院的裁定书副本同时抄送社区矫正执行地同级人民检察院。(§46)

△(**撤销假释建议**)社区矫正对象在假释考验期内,有下列情形之一的,由执行地同级社区矫正机构提出撤销假释建议:

(一)无正当理由不按规定时间报到或者接受社区矫正期间脱离监管,超过一个月的;

(二)受到社区矫正机构两次警告,仍不改正的;

(三)其他违反有关法律、行政法规和监督管理规定,尚未构成新的犯罪的。

社区矫正机构一般向原审人民法院提出撤销假释建议。如果原审人民法院与执行地同级社区矫正机构不在同一省、自治区、直辖市的,可以向执行地人民法院提出建议,执行地人民法院作出裁定的,裁定书同时抄送原审人民法院。

社区矫正机构撤销假释的建议书和人民法院的裁定书副本同时抄送社区矫正执行地同级人民

检察院、公安机关、罪犯原服刑或者接收其档案的监狱。(§47)

△**(撤销缓刑、撤销假释建议；逮捕)** 被提请撤销缓刑、撤销假释的社区矫正对象具备下列情形之一的，社区矫正机构在提出撤销缓刑、撤销假释建议书的同时，提请人民法院决定对其予以逮捕：

(一)可能逃跑的；

(二)具有危害国家安全、公共安全、社会秩序或者他人人身安全现实危险的；

(三)可能对被害人、举报人、控告人或者社区矫正机构工作人员等实施报复行为的；

(四)可能实施新的犯罪的。

社区矫正机构提请人民法院决定逮捕社区矫正对象时，应当提供相应证据，移送人民法院审查决定。

社区矫正机构提请逮捕、人民法院作出是否逮捕决定的法律文书，应当同时抄送执行地县级人民检察院。(§48)

△**(暂予监外执行；收监执行建议)** 暂予监外执行的社区矫正对象有下列情形之一的，由执行地县级社区矫正机构提出收监执行建议：

(一)不符合暂予监外执行条件的；

(二)未经社区矫正机构批准擅自离开居住的市、县，经警告拒不改正，或者拒不报告行踪，脱离监管的；

(三)因违反监督管理规定受到治安管理处罚，仍不改正的；

(四)受到社区矫正机构两次警告的；

(五)保外就医期间不按规定提交病情复查情况，经警告拒不改正的；

(六)暂予监外执行的情形消失后，刑期未满的；

(七)保证人丧失保证条件或者因不履行义务被取消保证人资格，不能在规定期限内提出新的保证人的；

(八)其他违反有关法律、行政法规和监督管理规定，情节严重的情形。

社区矫正机构一般向执行地社区矫正决定机关提出收监执行建议。如果原社区矫正决定机关与执行地县级社区矫正机构不在同一省、自治区、直辖市的，可以向原社区矫正决定机关提出建议。

社区矫正机构的收监执行建议书和决定机关的决定书，应当同时抄送执行地县级人民检察院。(§49)

△**(收监执行)** 人民法院裁定撤销缓刑、撤销假释或者决定暂予监外执行收监执行的，由执行地县级公安机关本着就近、便利、安全的原则，送交社区矫正对象执行地所属的省、自治区、直辖市管辖范围内的看守所或者监狱执行刑罚。

公安机关决定暂予监外执行收监执行的，由执行地县级公安机关送交存放或者接收罪犯档案的看守所收监执行。

监狱管理机关决定暂予监外执行收监执行的，由存放或者接收罪犯档案的监狱收监执行。(§50)

△**(在逃；追捕；追逃依据)** 撤销缓刑、撤销假释的裁定和收监执行的决定生效后，社区矫正对象下落不明的，应当认定为在逃。

被裁定撤销缓刑、撤销假释和被决定收监执行的社区矫正对象在逃的，由执行地县级公安机关负责追捕。撤销缓刑、撤销假释裁定书和对暂予监外执行罪犯收监执行决定书，可以作为公安机关追逃依据。(§51)

△**(突发事件处置机制；通报)** 社区矫正机构应当建立突发事件处置机制，发现社区矫正对象非正常死亡、涉嫌实施犯罪、参与群体性事件的，应当立即与公安机关等有关部门协调联动、妥善处置，并将有关情况及时报告上一级社区矫正机构，同时通报执行地人民检察院。(§52)

△**(矫正期限届满；解除矫正手续；解除社区矫正证明书；暂予监外执行；赦免)** 社区矫正对象矫正期限届满，且在社区矫正期间没有应当撤销缓刑、撤销假释或者暂予监外执行收监执行情形的，社区矫正机构依法办理解除矫正手续。

社区矫正对象一般应当在社区矫正期满三十日前，作出个人总结，执行地县级社区矫正机构应当根据其在接受社区矫正期间的表现等情况作出书面鉴定，与安置帮教工作部门做好衔接工作。

执行地县级社区矫正机构应当向社区矫正对象发放解除社区矫正证明书，并书面通知社区矫正决定机关，同时抄送执行地县级人民检察院和公安机关。

公安机关、监狱管理机关决定暂予监外执行的社区矫正对象刑期届满的，由看守所、监狱依法为其办理刑满释放手续。

社区矫正对象被赦免的，社区矫正机构应当向社区矫正对象发放解除社区矫正证明书，依法办理解除矫正手续。(§53)

△**(解除矫正宣告)** 社区矫正对象矫正期满，执行地级社区矫正机构或者受委托的司法所可以组织解除矫正宣告。

解除宣告包括以下内容：

(一)宣读对社区矫正对象的鉴定意见；

(二)宣布社区矫正期限届满，依法解除社区矫正；

（三）对判处管制的，宣布执行期满，解除管制；对宣告缓刑的，宣布缓刑考验期满，原判刑罚不再执行；对裁定假释的，宣布考验期满，原判刑罚执行完毕。

宣告由社区矫正机构或者司法所工作人员主持，矫正小组成员及其他相关人员到场，按照规定程序进行。（§54）

△（未成年社区矫正对象）社区矫正机构、受委托的司法所应当根据未成年社区矫正对象的年龄、心理特点、发育需要、成长经历、犯罪原因、家庭监护教育条件等情况，制定适应未成年人特点的矫正方案，采取有益于其身心健康发展、融入正常社会生活的矫正措施。

社区矫正机构、司法所对未成年社区矫正对象的相关信息应当保密。对未成年社区矫正对象的考核奖惩和宣告不公开进行。对未成年社区矫正对象进行宣告或者处罚时，应通知其监护人到场。

社区矫正机构、司法所应当选任熟悉未成年人身心特点，具有法律、教育、心理等专业知识的人员负责未成年社区矫正工作，并通过加强培训、管理，提高专业化水平。（§55）

△（社区矫正工作人员的人身安全和职业尊严；干涉社区矫正工作人员执法的行为；不实举报、诬告陷害、侮辱诽谤；社区矫正工作人员的法律责任）社区矫正工作人员的人身安全和职业尊严受法律保护。

对任何干涉社区矫正工作人员执法的行为，社区矫正工作人员有权拒绝，并按照规定如实记录和报告。对于侵犯社区矫正工作人员权利的行为，社区矫正工作人员有权提出控告。

社区矫正工作人员因依法履行职责遭受不实举报、诬告陷害、侮辱诽谤，致使名誉受到损害的，有关部门或者个人应当及时澄清事实，消除不良影响，并依法追究相关单位或者个人的责任。

对社区矫正工作人员追究法律责任，应当根据其行为的危害程度、造成的后果、以及责任大小予以确定，实事求是，过罚相当。社区矫正工作人员依法履职的，不能仅因社区矫正对象再犯罪而追究其法律责任。（§56）

△（书面纠正意见；无正当理由不予整改或者整改不到位）有关单位对人民检察院的书面纠正意见在规定的期限内没有回复纠正情况的，人民检察院应当督促回复。经督促被监督单位仍不回复或者没有正当理由不予纠正的，人民检察院应当向上一级人民检察院报告。

有关单位对人民检察院的检察建议在规定的期限内经督促无正当理由不予整改或者整改不到位的，检察机关可以将相关情况报告上级人民检察院，通报被建议单位的上级机关、行政主管部门或者行业自律组织等，必要时可以报告同级党委、人大，通报同级政府、纪检监察机关。（§57）

△（"以上""内"；"以下""超过"）本办法所称"以上""内"，包括本数；"以下""超过"，不包括本数。（§58）

《最高人民法院、最高人民检察院、公安部、司法部关于对因犯罪在大陆受审的台湾居民依法适用缓刑实行社区矫正有关问题的意见》（法发〔2016〕33号，2016年7月26日公布）

△（台湾居民；管制；社区矫正）对因犯罪在大陆受审、执行刑罚的台湾居民判处管制、裁定假释、决定或者批准暂予监外执行，实行社区矫正的，可以参照适用本意见的有关规定。（§11）

【指导性案例】

最高人民法院指导性案例第14号：董某某、宋某某抢劫案（2013年1月31日发布）

△（未成年人；禁止令）对判处管制或者宣告缓刑的未成年被告人，可以根据其犯罪的具体情况以及禁止事项与所犯罪行的关联程度，对其适用"禁止令"。对于未成年人因上网诱发犯罪的，可以禁止其在一定期限内进入网吧等特定场所。

第三十九条 【管制犯的义务、劳动报酬】
被判处管制的犯罪分子,在执行期间,应当遵守下列规定:
(一)遵守法律、行政法规,服从监督;
(二)未经执行机关批准,不得行使言论、出版、集会、结社、游行、示威自由的权利;
(三)按照执行机关规定报告自己的活动情况;
(四)遵守执行机关关于会客的规定;
(五)离开所居住的市、县或者迁居,应当报经执行机关批准。
对于被判处管制的犯罪分子,在劳动中应当同工同酬。

【条文说明】

本条是关于对被判处管制的犯罪分子的要求和对参加劳动的被管制的犯罪分子如何支付报酬的规定。

本条分共为两款。

第一款是关于**对被判处管制的犯罪分子的要求**的规定。根据本款规定,被判处管制的犯罪分子,在执行期间,应当遵守下列规定:

1. **遵守法律、行政法规,服从监督**。这一规定要求被判处管制的犯罪分子自觉地遵守宪法、法律和行政法规;对于执行机关对其实行的监督,被判处管制的犯罪分子必须服从。

2. **未经执行机关批准**,被管制的犯罪分子不得行使言论、出版、集会、结社、游行、示威自由的权利。在犯罪分子被管制期间,限制其行使上述权利,有利于加强对他们的监督管理,防止他们以行使自由权利为借口,继续危害社会。

3. **按照执行机关规定报告自己的活动情况**。这样规定主要是为了及时掌握被管制的犯罪分子的动态和情况,防止其失去联系,以更好地教育改造犯罪分子,防止其继续实施违法犯罪行为。

4. **遵守执行机关关于会客的规定**。这样规定有利于防止服刑人受外界的不良影响、干扰,以致再犯罪。

5. **离开所居住的市、县或者迁居,应当报经执行机关批准**。这项规定的意义与第(三)项相同。

第二款是关于**对被判处管制的犯罪分子如何支付劳动报酬的规定**。根据本款规定,对被判处管制的犯罪分子,在劳动中应当同工同酬。

实践中需要注意以下几个方面的问题:

1. **管制刑并非意味着同时剥夺政治权利**,需要剥夺政治权利的,应当依法附加判处。刑法规定,未经执行机关批准,被管制的犯罪分子不得行使相关权利,并不是剥夺其权利。如果罪犯要行使相关权利,程序上需要由执行机关批准。执行机关应当根据其申请行使权利的目的、理由、方式等情况,主要从是否有利于其接受教育改造、是否可能发生违法犯罪等方面进行审查。

2. 被判处管制的犯罪分子,在社区矫正期间,应当遵守社区矫正法规定的监督管理规定,遵守法律、行政法规,履行判决、裁定、暂予监外执行决定等法律文书确定的义务,遵守国务院司法行政部门关于报告、会客、外出、迁居、保外就医等监督管理规定,服从社区矫正机构的管理。

3. 对于被判处管制的犯罪分子,在管制执行期间,实施违法行为的,依照《社区矫正法》第五十九条的规定,由公安机关依照治安管理处罚法的规定给予处罚;具有撤销缓刑、假释或者暂予监外执行收监情形的,应依法作出处理。我国《治安管理处罚法》第六十条规定,被依法执行管制、剥夺政治权利或者在缓刑、暂予监外执行中的罪犯或者被依法采取刑事强制措施的人,有违反法律、行政法规或者国务院有关部门的监督管理规定的行为的,处五日以上十日以下拘留,并处二百元以上五百元以下罚款。

4. 被依法实行社区矫正的管制犯,在实践中,存在**因违反治安管理被治安拘留、违反审判秩序被司法拘留、因吸毒被强制隔离戒毒**等情形,管制刑期间如何处理。有意见认为,对被判处管制的罪犯在管制执行期间被依法予以治安拘留的,应当在治安拘留执行期满后继续执行管制,**治安拘留时间不计入管制期限**。笔者考虑,按照管制刑的执行内容,拘留、强制隔离戒毒期间不需要停止执行管制,中止执行没有法律依据,还涉及是否变更人民法院判决等复杂问题。同时,拘留、强制隔离戒毒也能起到监督社区矫正措施执行的作用。因此,**管制刑不需要停止执行**,拘留期满、强制隔离戒毒措施解除后,管制刑尚未期满的,应当继续执行管制。

第四十条 【管制的解除】

被判处管制的犯罪分子,管制期满,执行机关应即向本人和其所在单位或者居住地的群众宣布解除管制。

【条文说明】

本条是关于对被判处管制的犯罪分子解除管制的条件和如何解除管制的规定。

本条规定包含两层意思:

1. 解除管制的前提是**管制期满**,即被判处的管制刑执行完毕。

2. 管制期满,执行机关应即向本人和其所在单位或者居住地的群众宣布解除管制。宣布解除应当以让被判处管制的犯罪分子明确知晓和向其所在单位或者居住地的群众明示为标准,可以采取当面宣布、电话、信函等形式。这一规定有利于防止拖延管制期限,损害被解除管制人的合法权利,也有利于及时宣传法制,教育群众,保证法律的正确实施。实践中需要注意的是,刑法规定向本人和所在单位或者居住地的群众宣布,是为了维护管制期满解除管制的人的合法权益,防止因为有关部门不了解管制已经期满的事实而继续限制其相关权利的情况发生。因此,在宣布的时候,应当注意方式方法,避免歧视性做法,以有利于犯罪分子重新回归社会。

第四十一条 【管制刑期的计算和折抵】

管制的刑期,从判决执行之日起计算;判决执行以前先行羁押的,羁押一日折抵刑期二日。

【条文说明】

本条是关于如何计算管制的刑期和对先行羁押的时间如何折抵刑期的规定。

根据本条规定,管制的刑期**从判决执行之日起计算**,即从判决开始执行的当日起计算,当日包括在刑期之内;判决执行以前先行羁押的,**羁押一日折抵管制刑期二日**。这里规定的"**先行羁押**"是指判决开始执行以前,针对被判处刑罚的同一行为而实行的关押。

【司法解释】

《最高人民法院关于刑事裁判文书中刑期起止日期如何表述问题的批复》(法释〔2000〕7号,自2000年3月4日起施行)

△(管制;先行羁押;折抵;裁判文书)根据刑法第四十一条、第四十四条、第四十七条和《法院刑事诉讼文书样式》(样本)的规定,判处管制、拘役、有期徒刑的,应当在刑事裁判文书中写明刑种、刑期和主刑刑期的起止日期及折抵办法。刑期从判决执行之日起计算。判决执行以前先行羁押的,羁押一日折抵刑期一日(判处管制刑的,羁押一日折抵刑期二日),即自××××年××月××日(羁押之日)起至××××年××月××日止。羁押期间取保候审的,刑期的终止日顺延。

第三节 拘 役

第四十二条 【拘役的期限】

拘役的期限,为一个月以上六个月以下。

【条文说明】

本条是关于拘役期限的规定。

拘役是一种短期剥夺罪犯的人身自由的刑罚,是我国刑法规定的主刑之一,在我国刑罚体系中轻于有期徒刑,重于管制,适用于**罪行较轻但仍需要短期关押改造的罪犯**。对主观恶性较小的罪犯适用短期自由刑,既体现了刑法罪责刑相适应的原则，也有利于促使罪犯反省悔罪、重新做人、回归社会。作为一种相对轻缓的监禁刑，拘役不仅在期限上较有期徒刑为短，性质上也是完全不同的，与之相应，相关的法律后果也有很大差异。比如，《刑法》第六十五条关于累犯的规定，就是以前、后罪都是被判处有期徒刑为构成累犯的条件的，被判处拘役的罪犯，服刑期满后再犯罪的，不作为累犯处理。因此，实践中对于一些本来应当适用拘役的案件，不能因为判处较短的有期徒刑，实际期限相差不大，就处以有期徒刑。根据本条规定，拘役的期限为**一个月以上六个月以下**，最低期限为一个月，便于与羁押日期相折抵的执行；最高期限为六个月，与有期徒刑的最低期限六个月相衔接。拘役的期限虽然比管制短，但它属于剥夺人身自由的一种刑罚。在刑法分则中除了过失致人死亡罪没有规定可以适用拘役，绝大多数过失犯罪都可以适用拘役。在这样的条文中，拘役既可以适用于犯罪情节轻微不需要判处有期徒刑的犯罪，也可以适用于本应判处有期徒刑但具有从轻情节的犯罪，或者本应判处管制但具有从重情节的犯罪。拘役作为一种**短期自由刑**，丰富了我国刑罚手段，使我国刑罚体系轻重有序，配套衔接。

第四十三条 【拘役的执行】

被判处拘役的犯罪分子，由公安机关就近执行。

在执行期间，被判处拘役的犯罪分子每月可以回家一天至两天；参加劳动的，可以酌量发给报酬。

【条文说明】

本条是关于拘役执行的规定。

本条共分为两款。

第一款是关于**拘役由公安机关就近执行的规定**。根据本款规定，拘役由公安机关执行，而不是交给作为刑罚执行机关的监狱执行。**拘役由公安机关执行**，主要是指在公安机关管理的特定场所进行教育和改造。执行拘役期间，犯犯的人身自由处于被剥夺状态，并由执行人员看管，应当遵守相关管理规定。对于剥夺人身自由的监禁刑，各国一般都是由监狱执行。我国《刑法》第四十六条也规定，被判处有期徒刑、无期徒刑的犯罪分子，在监狱或者其他执行场所执行。刑法之所以规定拘役由公安机关就近执行，主要是考虑到拘役虽然也是剥夺人身自由的一种刑罚，但刑期较短，而且被判处拘役的犯罪分子，有的已在侦查、审查起诉、审判过程中因为被采取刑事强制措施而先期羁押，这样，将先期羁押的时间折抵刑期后，剩余的需要实际执行的刑期更短，如果也交由监狱执行，有关机关之间办理法律交接手续、押解等都需要时间，成本比较高，也不安全。同时，也是考虑到罪责刑相适应的原则，毕竟拘役主要适用于情节较轻的犯罪，其严厉程度相较有期徒刑相对也较轻，执行内容也应以教育改造为主。与之相关的，对判处有期徒刑的罪犯在交付执行时剩余刑期较短的，也是由看守所就近执行的。对此，《刑事诉讼法》第二百六十四条第二款有明确规定，即对被判处有期徒刑的罪犯，在交付执行刑罚前，剩余刑期在三个月以下的，由看守所代为执行。刑事诉讼法的规定，也是考虑到剩余刑期较短，不同机关办理换押手续、路途押解等成本、风险等因素。因此，对被判处拘役的罪犯，不必送交监狱，而由公安机关就近执行也是妥当的。

这里所说的"**就近执行**"，一般是指由判决时犯罪分子所在的县、市或市辖区的看守所执行。由判决时犯罪分子所在县、市或市辖区的看守所执行，符合就近原则，既可以节约司法资源，也便利其家属探视以及执行中经允许回家一至两天等，从而有利于依法执行刑罚和教育改造罪犯。

关于拘役的执行场所，实践中主要经历了以下两个阶段：1979 年刑法实施期间，公安机关根据法律规定设置了**拘役所**，负责拘役刑的执行。对于一些尚未设立拘役所的地方，规定就近放置于**看守所或者劳改队执行**。2005 年 12 月 27 日发布的《公安部关于做好撤销拘役所有关工作的通知》决定撤销拘役所，对于被判处拘役的罪犯，**统一由看守所执行**。之所以撤销拘役所，统一由看守所执行拘役刑，主要是长期以来各地拘役所设置很不规范，基础设施条件差、安全系数低，影响了拘役刑执行工作的顺利进行。同时，由于被判处拘役罪犯的数量相对较少，单独设置拘役所关押拘役罪犯有限，致使拘役所普遍以关押留所服刑罪犯为主，名不副实。为全面规范对被判处拘役罪犯的刑罚执行工作，公安部决定，撤销拘役所，对于被判处拘役的罪犯，由看守所执行。

第二款是关于**被判处拘役的犯罪分子每月可回家一至两天和酌量发给劳动报酬**的规定。根据本款规定,被判处拘役的犯罪分子,每月回家的天数应当计算在刑期之内。同时,在拘役执行期间,执行机关应注意对犯罪分子进行教育。组织参加生产劳动的,根据他们的劳动表现、技术水平等情况酌量发给报酬,这与被判管制的犯罪分子在劳动中**"同工同酬"**的规定是有差别的。

关于拘役罪犯参加生产劳动,国务院1990年3月17日发布的《看守所条例》第三十三条规定,看守所应当对人犯进行法制、道德以及必要的形势和劳动教育。公安部2013年10月23日发布的《看守所留所执行刑罚罪犯管理办法》第八十条规定,看守所应当组织罪犯参加劳动,培养劳动技能,积极创造条件,组织罪犯参加各类职业技术教育培训。第八十二条规定,看守所对于参加劳动的罪犯,可以酌量发给报酬并执行国家有关劳动保护的规定。2017年公安部负责起草的《看守所法(草案)》向社会公开征求意见,其中第八十三条规定,看守所不得强迫犯罪嫌疑人、被告人从事生产劳动。自愿参加劳动的,应当给予适当的报酬。目前,看守所法已经列入十三届全国人大常委会立法规划。

实践中需要注意的一点是,我国一直坚持对成年罪犯和未成年罪犯实行**分押分管**的原则。根据《刑事诉讼法》第二百六十四条第三款和第二百八十条第二款的规定,对未成年犯应当在**未成年犯管教所执行刑罚**,这主要是针对需要在监狱服刑的情形而言。而对被判处拘役的未成年犯,包括交付执行前剩余刑期在三个月以下的未成年犯,**仍应由公安机关在看守所执行**,并应对成年人犯和未成年人犯分别羁押、分别管理。

【司法解释性文件】

《公安部关于对被判处拘役的罪犯在执行期间回家问题的批复》(公复字〔2001〕2号,2001年1月31日公布)

△(拘役;执行期间回家;综合考虑;外国籍罪犯;证明;脱逃罪)《刑法》第四十三条第二款规定,"在执行期间,被判处拘役的犯罪分子每月可以回家一天至两天"。根据上述规定,是否准许被判处拘役的罪犯回家,应当根据其在服刑期间表现以及准许其回家是否会影响剩余刑期的继续执行等情况综合考虑,由负责执行的拘役所、看守所提出建议,报其所属的县级以上公安机关决定。被判处拘役的外国籍罪犯提出回家申请的,由地方级以上公安机关决定,并由决定机关将有关情况报上级公安机关备案。对于准许回家的,应当发给国家证明,告知其应当按时返回监管场所并不按时返回时将要承担的法律责任,并将准许回家的决定送同级人民检察院。被判处拘役的罪犯在决定机关辖区内有固定住处的,可允许其回固定住处,没有固定住处的,可由决定机关为其指定的居所每月与其家人团聚一天至两天。拘役所、看守所根据被判处拘役的罪犯在服刑及回家期间表现,认为不宜继续准许其回家的,应当提出建议,报原决定机关决定。对于被判处拘役的罪犯在回家期间逃跑的,应当按照《刑法》第三百一十六条的规定以脱逃罪追究其刑事责任。

《看守所留所执行刑罚罪犯管理办法》(公安部令第128号,2013年10月23日公布)

△(拘役;看守所)被判处拘役的成年和未成年罪犯,由看守所执行刑罚。(§2Ⅱ)

第四十四条 【拘役的刑期计算与折抵】
拘役的刑期,从判决执行之日起计算;判决执行以前先行羁押的,羁押一日折抵刑期一日。

【条文说明】

本条是关于拘役的刑期计算与折抵的规定。
本条规定了**拘役执行期限的计算方法**,以及**判决执行以前先行羁押的日期折抵拘役刑期的方法**,这是司法实践中准确适用拘役、确保执法统一的必要条件。根据本条规定,拘役的刑期从**判决执行之日起**计算,即从犯罪分子实际开始执行拘役开始计算。对于虽已作出拘役判决,但犯罪分子尚未交付公安机关执行的,不能开始计算刑期。

由于在侦查、审查起诉、审判等刑事诉讼过程中可能会对犯罪嫌疑人采取拘留、逮捕等强制措施,如果经过人民法院审判后判决被告人有罪的,势必涉及其先前诉讼过程中被羁押时间如何处理,能否折抵其应当服刑的期限问题。另外,从确定具体刑罚执行的起止日期看,刑罚开始执行的实践未必是判决作出或者判决生效之日,期间可能会有因为手续交接等各种需要,实际开始执行刑罚的时间要晚于判决确定的时间。在判决确定之后等待刑罚执行期间的羁押时间,也需要考虑如何处理。

对先行羁押时间予以刑期折抵，是指将被判刑人在判决执行前被羁押的期间换算为已执行刑期，被判刑人只需继续执行剩余刑期的制度。刑期折抵是各国普遍采用的一项重要的刑罚适用制度，体现了公正、理性、权利保障原则和刑法的人道主义。

关于具体折抵的标准，根据本条规定，拘役的折抵标准为"羁押一日折抵刑期一日"。这里说的**先行羁押**，主要是指在刑事诉讼过程中被采取刑事拘留、逮捕强制措施。罪犯在判决执行以前被刑事拘留后关押的，以及被采取逮捕措施的，**羁押一日折抵刑期一日**。此外，需要特别注意的是，其他法律还规定有应当进行刑期折抵的情况：

1. **指定居所监视居住**。《刑事诉讼法》第七十六条规定，指定居所监视居住的期限应当折抵刑期。被判处拘役、有期徒刑的，**监视居住二日折抵刑期一日**。因此，对于被判处拘役的罪犯，如果其在之前的刑事诉讼期间被采取了指定居所监视居住的强制措施，也应当折抵刑期，只是折抵标准为二日折抵一日。

2. **因同一行为已经受过行政拘留处罚的**。《行政处罚法》第三十五条第一款规定，违法行为构成犯罪，人民法院判处拘役或者有期徒刑时，行政机关已经给予当事人行政拘留的，应当依法折抵相应刑期。因此，如果被判处拘役的罪犯是在被追究刑事责任之前，其同一违法行为被行政机关作为行政违法行为给予了行政拘留处罚的，随后发现构成犯罪，又被依法追究刑事责任的，之前的被行政拘留的时间应当予以折抵刑期。这主要是因为，我国法律根据多违法行为根据情节严重程度区分为一般行政违法行为和犯罪行为，即所谓"**二元的法律责任**"体系。在这种体系之下，行政违法行为与犯罪行为性质是完全不同的。因此，被判处刑罚的犯罪行为是之前被作为行政违法行为给予行政拘留处罚的，属于同一违法行为，如果不予折抵，相当于同一个行为既作为犯罪定罪量刑，又作为行政违法行为给予行政拘留，混淆了行为的性质和界限，法律适用上属于重复评价，有违法律的公正性。关于折抵的标准，行政处罚法没有明确规定，但规定了"依法折抵相应刑期"，对此，应结合罪犯被判处的刑罚的种类合理确定"相应"。考虑到行政拘留是一定时间内完全剥夺行为人人身自由的行政处罚，被行政拘留的日期应按照**拘留一日折抵拘役一日的标准折抵刑期**为宜。

3. **被监察机关留置的**。《监察法》第四十四条第三款规定，被留置人员涉嫌犯罪移送司法机关后，被依法判处管制、拘役和有期徒刑的，留置一日折抵管制二日，折抵拘役、有期徒刑一日。因此，如果被判处拘役的罪犯在之前的监察调查期间被采取过留置措施的，留置的期限应当折抵刑期，**折抵标准为留置一日折抵拘役一日**。

实际执行中应当注意，拘役的期限为一个月以上六个月以下，刑期相对比较短，一般多适用于情节较轻的犯罪和过失犯罪。因此，司法机关在办理该类刑事案件过程中，对于是否采取强制措施、采取何种强制措施，应严格按照刑事诉讼法规定的条件执行，**尽可能避免不必要的羁押措施**。同时应注意：一是根据案件情况，认为可能会判处拘役的，依照刑事诉讼法的规定，就不得采取逮捕的强制措施。二是如果确有必要而依法采取了羁押措施的，应当严格按照刑事诉讼法规定，**在羁押期间对羁押必要性继续进行审查**，对不适宜继续羁押的，要及时释放或者变更强制措施。总之，对于有可能被判处拘役的犯罪嫌疑人，要综合其是否有再犯罪、妨害刑事诉讼危险等各种情况和因素慎重采取强制措施，既要保障刑事诉讼活动正常进行，又要维护犯罪嫌疑人的合法权益，保障程序公平正义，这也是对司法机关依法公平、公正办案更高的要求。

【司法解释】

《最高人民法院关于刑事裁判文书中刑期起止日期如何表述问题的批复》（法释〔2000〕7号，自2000年3月4日起施行）

△〔拘役；先行羁押；折抵；裁判文书〕根据刑法第四十一条、第四十四条、第四十七条和《法院刑事诉讼文书样式》（样本）的规定，判处管制、拘役、有期徒刑的，应当在所制发的刑事裁判文书中写明刑种、刑期和主刑刑期的起止日期及折抵办法。刑期从判决执行之日起计算。判决执行以前先行羁押的，羁押一日折抵刑期一日（判处管制的，羁押一日折抵刑期二日），即自××××年××月××日（羁押之日）起至××××年××月××日止。羁押期间取保候审的，刑期的终止日顺延。

第四节 有期徒刑、无期徒刑

第四十五条 【有期徒刑的期限】
有期徒刑的期限,除本法第五十条、第六十九条规定外,为六个月以上十五年以下。

【条文说明】

本条是关于有期徒刑期限的规定。

有期徒刑是剥夺犯罪分子一定期限的人身自由的刑罚,是我国刑法规定的主刑之一。在我国刑法规定的自由刑中,有期徒刑下接拘役刑上承无期徒刑,既可以适用于较轻的犯罪,又可以适用于性质居中的犯罪,还可以适用于性质比较严重的犯罪,其适用的广泛性远高于其他刑罚,在整个刑罚体系中居于**核心重要位置**。

根据本条规定,**有期徒刑的最低期限为六个月**,与拘役相衔接;**最高期限为十五年**。有期徒刑刑期的范围,是保证司法实践中准确适用有期徒刑的必要条件。在刑法分则条文中没有指明有期徒刑上限或者下限的情况下,均应结合本条规定确定适用刑罚的期限。本条规定了**两种除外情形**:一是根据《刑法》第五十条的规定,被判处死刑缓期执行的罪犯,在死缓执行期间,如果确有重大立功表现,二年期满以后,减为二十五年有期徒刑;二是根据《刑法》第六十九条第一款的规定,对犯罪分子实行数罪并罚,除判处死刑和无期徒刑的以外,应当在总和刑期以下、数罪中最高刑期以上,酌情决定执行的刑期,有期徒刑总和刑期不满三十五年的,最高不能超过二十年,总和刑期在三十五年以上的,最高不能超过二十五年。这两条规定的有期徒刑的最高期限,属于有期徒刑一般刑期的例外规定。

刑法总则关于有期徒刑的上下限的规定,是从总体上对有期徒刑这一刑种的设定和规范。根据刑罚具体运用的需要,还应当在刑法分则中根据不同犯罪性质、类型等,具体设定适用于不同罪名的具体刑罚幅度。这也是体现罪刑法定原则,规范刑罚裁量,避免和减少实践中自由裁量权过大,裁判标准不一致等问题,实现罪责刑相适应的必然要求。在刑法分则的条文中,有期徒刑的法定刑幅度主要有一年以下、一年以上七年以下;二年以下、二年以上五年以下、二年以上七年以下;三年以下、三年以上七年以下、三年以上十年以下;五年以下、五年以上十年以下、五年以上;七年以上十年以下、七年以上;十年以上;十五年。

由以上可以看出,我国刑法关于有期徒刑的设定具有很强的可分性,这样,能够使不同的法定刑适用于不同程度社会危害性的犯罪,便于司法机关在办理案件时根据犯罪事实、性质、情节和对于社会的危害程度等具体情况,对罪犯在法定刑幅度内适用适当的有期徒刑,以实现罪责刑相适应。

实践中需要注意的是,我国刑法关于有期徒刑刑期的规定,总体上幅度比较大,赋予了法官较大的**自由裁量权**。这样,有利于法官根据个案的情况,准确裁量刑罚,做到刑罚个别化和罪责刑相适应,但较大的自由裁量权也难免带来实践中一些个案量刑相差悬殊的情况。同时,司法实践中,长期一定程度存在的重定罪、轻量刑的习惯也加剧了这种现象。近年来,为了回应社会各方面对于司法公开、"同案同判"的呼声,人民法院依法进行**量刑规范化改革**,通过司法解释等规范性文件对法官量刑标准作出了细化规定。2020年7月31日,《最高人民法院关于统一法律适用加强类案检索的指导意见(试行)》开始实施,作为进一步推进我国量刑程序改革的一部分。这些举措都有利于提高审判质量,体现刑罚均衡和公正,努力实现"同案同判"。另外,需要注意的是,没有一个案件是与其他案件完全相同的,每个案件都有其自身的情况,犯罪行为人的有关情况、案件发生的时间、地点,犯罪的动机、过程、结果以及对社会的影响等,都可能影响对案件刑罚的裁量。相同情况相同对待,不同情况不同对待,也是量刑公平的必然要求。对于具体案件的量刑,既要尽可能做到**类似情况大体均衡**,也要考虑不同情况和差异,依法体现**量刑的个别化**。因此,在量刑规范化过程中,要避免简单套用指标、机械适用规则,导致量刑僵化、有失公正的情况。这对于人民法院量刑工作提出了很高的要求。量刑工作的核心是依法量刑,做到过罚相当,体现罪责刑相适应,对此,必须要充分发挥法官的主观能动性,提高法官准确掌握刑事政策和正确适用法律的能力水平。

总之,在实践中如何满足人民群众对司法公正和司法平等的双重期待,在量刑规范化与量刑合目的性之间做好平衡,需要我们在立法、司法、释法等多方面统筹推进,既要尊重法官的自由裁量权,又要以明确的标准予以规制,避免权力滥用。对于有期徒刑这种幅度跨度大、适用广泛的自由刑,需要深入考察刑法分则不同罪名下法定刑的设定和执行情况,在惩治和教育罪犯方面的实际效果,梳理、研究实践经验和反映出来的问题,结合刑罚结构调整和刑罚执行制度改革,不断完善有期徒刑制度。

第四十六条 【有期徒刑与无期徒刑的执行】

被判处有期徒刑、无期徒刑的犯罪分子,在监狱或者其他执行场所执行;凡有劳动能力的,都应当参加劳动,接受教育和改造。

【条文说明】

本条是关于有期徒刑和无期徒刑具体执行的规定。

本条包括执行场所和执行内容,即在监狱或者其他执行场所执行,以参加劳动,接受教育和改造为内容。

有期徒刑、无期徒刑是实践中运用**最广泛的刑罚**,适用于**较严重的犯罪**,对这些犯罪分子有必要实行集中关押,在监狱等专门刑罚执行场所进行刑罚。通过参加劳动,改造他们的思想,使他们认罪悔罪,成为守法公民。同时,为了使他们能掌握一技之长,在刑满释放后顺利回归社会,本条规定的教育既包括思想教育、文化教育等,也包括劳动技能和社会适应能力等方面的教育。

根据本条规定,被判处有期徒刑、无期徒刑的犯罪分子,在监狱或者其他执行场所执行。这里所说的"**监狱**",是指被判处有期徒刑、无期徒刑、死刑缓期二年执行的犯罪服刑的场所,是国家的刑罚执行机关。"**其他执行场所**",是指看守所、未成年犯管教所。根据监狱法的规定,罪犯在被交付执行刑罚前,剩余刑期在三个月以下的,由看守所代为执行;对未成年犯在未成年犯管教所执行刑罚。

被判处有期徒刑、无期徒刑的犯罪分子,**凡有劳动能力的,都应当参加劳动,接受教育和改造**。该规定的目的是使罪犯在劳动中认识自己的罪行,矫正恶习,并学会和掌握基本的生产知识和职业技能,为刑满释放后的就业谋生创造条件。这里所说的"**有劳动能力的**",是指根据罪犯身体健康状况可以进行劳动。对于年老体迈、有严重疾病,不具有劳动能力的不应再安排其进行劳动。对于参加劳动的罪犯,其劳动时间应当参照国家有关劳动工时的规定执行;在季节性生产等特殊情况下,可以调整劳动时间。罪犯有在法定节日和休息日休息的权利。监狱对参加劳动的罪犯,应当按照有关规定给予报酬并执行国家有关劳动保护的规定。罪犯在劳动中致伤、致残或者死亡的,由监狱参照国家劳动保险的有关规定处理。"**教育**",是指对罪犯进行思想教育、文化教育、职业技术教育。所谓思想教育,是指对罪犯进行法制、道德、形势、政策等内容的教育;所谓文化教育,是指根据罪犯的不同情况,对其进行扫盲教育、初等教育和中等教育等;所谓职业技术教育,是指根据监狱生产和罪犯释放后就业的需要,对罪犯实行职业技术培训,使其掌握一技之长。根据监狱法的规定,教育改造罪犯,要实行因人施教、分类教育、以理服人的原则,采取集体教育与个别教育相结合、狱内教育与社会教育相结合的方法,使罪犯认罪服法,改恶从善,成为守法的公民。

实际执行中司法机关和有关部门应当注意严格遵守交付执行的规定。实践中,一些地方存在被判处有期徒刑、无期徒刑等监禁刑的罪犯未及时依法交付执行的现象,既损害了司法权威,也不利于保障罪犯的合法权益。有的反映,未及时依法交付执行的情形主要有:审前未羁押罪犯"收押难"、"病残孕罪犯送监难"、违法滞留剩余刑期在三个月以上的短期有期徒刑罪犯导致"流转难"等。

根据刑事诉讼法和监狱法的规定,被判处无期徒刑和有期徒刑的罪犯,应当由交付执行的人民法院在判决生效后十日以内将有关的法律文书送达公安机关、监狱或者其他执行机关。对被判处无期徒刑、有期徒刑的罪犯,除剩余刑期在三个月以下之外,公安机关应当自收到执行通知书、判决书之日起一个月内将该罪犯送交监狱执行刑罚。执行机关应当将罪犯及时收押,并且通知罪犯家属。收监时,监狱未收到人民检察院的起诉书副本、人民法院的判决书、执行通知书、结案登记表的,不得收监;上述文件不齐全或者记载有误的,作出生效判决的人民法院应当及时补充齐全或者作出更正;对其中可能导致错误收监的,不予收监。罪犯收押后,监狱应当对其进行身体检查。

经检查，对于具有暂予监外执行情形的，监狱可以提出书面意见，报省级以上监狱管理机关批准。

由此可见，对于法院作出生效判决后的送监、收监程序，法律已经有了明确规定，司法解释和有关规范性文件也对此予以了细化。对于因身体原因导致有可能暂予监外执行的，现有法律也未对该类罪犯的收监作出限制。监狱等执行机关的工作是刑罚执行中的重要环节，刑罚执行是否合法、到位，直接关系到整个刑事诉讼活动是否顺利完成和刑法目的的实现。因此，相关各级司法机关应高度重视罪犯收监执行工作，严格遵守法律规定的程序和期限，加强沟通配合，确保司法程序各环节的顺利进行。

【司法解释】

《最高人民法院关于审理未成年人刑事案件具体应用法律若干问题的解释》（法释〔2006〕1号，自2006年1月23日起施行）

△（未成年人；无期徒刑；已满十四周岁不满十六周岁）未成年人犯罪只有罪行极其严重的，才可以适用无期徒刑。对已满十四周岁不满十六周岁的人犯罪一般不判处无期徒刑。(§13)

第四十七条 【有期徒刑的刑期计算与折抵】
有期徒刑的刑期，从判决执行之日起计算；判决执行以前先行羁押的，羁押一日折抵刑期一日。

【条文说明】

本条是关于有期徒刑刑期的计算与折抵的规定。

本条规定了**有期徒刑执行期限的计算方法以及判决执行以前先行羁押的折抵方法**，对确保司法实践中准确适用有期徒刑是非常必要的。

根据本条规定，有期徒刑的刑期，从判决执行之日起计算。这里所说的"判决执行之日"，是指罪犯被送交监狱或者其他执行机关开始执行刑罚之日，而不是指判决生效的日期。以判决执行之日作为刑期开始计算之日，同时辅之以先行羁押日期折抵刑期制度，既简便易行，有利于工作衔接和刑期计算，也有利于保障服刑罪犯的合法权益。另外，对于一些在逃的罪犯，虽然刑事判决已经生效，但由于一直未被收监或送至其他执行机关，刑期应当待其归案交付执行后再开始计算。需要说明的是，无期徒刑没有具体的刑期，因此，应自开始执行之日径自执行即可。但是我国刑法规定有减刑制度，如果被判处无期徒刑的犯罪分子依法减为有期徒刑，减刑之后的有期徒刑的刑期，按照《刑法》第八十条的规定**从裁定减刑之日起计算**。

根据本条规定，判决执行以前先行羁押的，即判决执行之前罪犯分子被采取刑事拘留、逮捕等剥夺人身自由措施的，**羁押一日折抵刑期一日**。刑期折抵，是指将被判刑人在判决执行前已被羁押的期间换算为已执行刑期，被判刑人只需继续执行剩余刑期的制度。先行羁押的几种主要情形，已经在前述拘役刑的计算和折抵中有所涉及，在此不作赘述。本条是关于有期徒刑刑期计算的一般规定，因此，这里规定的"羁押"，是指"判决执行以前"所采取的拘留、逮捕、留置等剥夺人身自由的强制措施。除此之外，还有一些特殊情况也会涉及有期徒刑的刑期折抵问题。一是被判处有期徒刑适用缓刑的罪犯违反监督管理规定需要撤销缓刑执行刑罚的，在刑罚执行之前申请撤销缓刑期间有可能会被采取羁押待审的措施。二是被假释的有期徒刑罪犯因为违反假释管理规定需要撤销假释执行剩余刑期的，在申请撤销假释期间可能会被采取羁押待审的措施。三是暂予监外执行的有期徒刑罪犯违反监督管理规定需要收监执行的，有的可能在办理收监执行手续期间被采取羁押措施。因为上述撤销缓刑、假释而临时羁押被限制人身自由的，**不属于本条规定的"先行羁押"**，但也应当按照社区矫正法的规定，在人民法院裁定撤销缓刑、假释并将罪犯送交执行后，对其开始执行以前被羁押的日期，羁押一日折抵刑期一日。

实际执行中应当注意被判处有期徒刑并宣告缓刑的犯罪分子先行羁押期限如何折抵的问题。主要分为以下两种情形：

1. **关于被宣告缓刑的罪犯在判决前的羁押日数是否可以折抵缓刑考验期限的问题。** 缓刑是对犯罪分子的一种考验，属于一种暂缓执行刑罚的措施。被宣告缓刑的犯罪分子，在缓刑期限内，如果没有再犯新罪，缓刑期满，原判的刑罚就不再执行。原判刑罚不再执行的，不存在刑期折抵的问题。因此，**判决前的羁押日数不能折抵缓刑考验期限**。

2. **被撤销缓刑的罪犯在判决前的羁押日数是否可以折抵刑期的问题。** 如前所述，刑期折抵实际上是将先行羁押对人身自由的剥夺予以考量和计算,并通过折抵所判刑期的一种制度,其目的之一,是体现刑罚的公正和对罪犯人权的保障,这也是罪责刑相适应的要求。基于上述理由,被撤销缓刑的,**先前被羁押的期限予以折抵刑期是妥当的**,也符合刑法的原则和精神。《最高人民法院关于撤销缓刑时罪犯在宣告缓刑前羁押的时间能否折抵刑期问题的批复》中也明确:"根据刑法第七十七条的规定,对被宣告缓刑的犯罪分子撤销缓刑执行原判刑罚的,对其在宣告缓刑前羁押的时间应当折抵刑期。"

【司法解释性文件】

《最高人民法院研究室关于对刑罚已执行完毕,由于发现新的证据,又因同一事实被以新的罪名重新起诉的案件,应适用何种程序进行审理等问题的答复》(法研〔2002〕105号,2002年7月31日发布)

△(**刑罚已执行完毕;因发现新证据对同一事实重新起诉;审判监督程序;刑期折抵**)你院《请示》中涉及的案件是共同犯罪案件,因此,对于先行判决且刑罚已经执行完毕,由于同案犯归案发现新的证据,同一事实被以新的罪名重新起诉的被告人,原判人民法院应当按照审判监督程序撤销原判决、裁定,并将案件移送有管辖权的人民法院,按照第一审程序与其他同案被告人并案审理。

该被告人已经执行完毕的刑罚,由收案的人民法院在对被指控的新罪作出判决时依法折抵,被判处有期徒刑的,原执行完毕的刑期可以折抵刑期。

【参考案例】

No.8-382-50 许超凡贪污、挪用公款案

被告人在境外的羁押时间只有在满足一定条件时才能折抵刑期。

第五节 死 刑

第四十八条 【**死刑、死缓的适用条件与核准程序**】

死刑只适用于罪行极其严重的犯罪分子。对于应当判处死刑的犯罪分子,如果不是必须立即执行的,可以判处死刑同时宣告缓期二年执行。

死刑除依法由最高人民法院判决的以外,都应当报请最高人民法院核准。死刑缓期执行的,可以由高级人民法院判决或者核准。

【条文说明】

本条是关于死刑、死缓及其核准程序的规定。

本条共分为两款。

第一款是关于**死刑适用条件**的规定。根据本款规定,死刑只适用于罪行极其严重的犯罪分子。[①] 所谓"**罪行极其严重**",是指所犯罪行对国家和人民的利益危害特别严重和情节特别恶劣的。根据这一规定,刑法分则在可以适用死刑的条文中作了严格的限制,如对可以判处死刑的,都规定了"对国家和人民危害特别严重、情节特别恶劣的""致人重伤、死亡或者使公私财产遭受重大损失的""造成严重后果的""情节特别严重的""数额特别巨大""国家和人民利益遭受特别重大损失的"等。为了限制适用死刑,本条还规定,对于应当判处死刑的犯罪分子,如果不是必须立即执行的,可以判处死刑同时宣告缓期二年执行,即**死刑缓期二年执行制度**。死刑缓期二年执行并不是一个独立的刑种,而是**死刑的一种执行方式**。判处死刑缓期二年执行的前提同判处死刑立即执行一样,必须是"罪行极其严重",应当判处死刑的。如果法律对某罪没有规定死刑,或者所犯罪行不该判处死刑,就不能适用"死缓"。判处"死缓",是根据案件的具体情况和犯罪分子的悔罪表现,可以不立即执行死刑的。这里所说的"**不是必须立即执行**",是区分死刑立即执行与死刑缓期执行的原则界限。至于什么属于"不是必须立即

---

① "罪行极其严重"是适用死刑(包括死缓)的必要条件而非充分条件。在实际选择死刑时,还必须另外考虑行为人的主观恶性、人身危险性等在内的其他诸多因素。参见黎宏:《刑法学总论》(第2版),法律出版社2016年版,第344页。

执行",法律没有作具体规定。根据司法实践经验,一般是指该罪罪行虽然极其严重,但民愤尚不特别大的;犯罪分子投案自首或者有立功表现的;共同犯罪中有多名主犯,其中的首要分子或者罪行最严重的主犯已被判处死刑立即执行,其他主犯不具有立即执行死刑必要的①;被害人在犯罪发生前或者发生过程中有明显过错的;等等。②

第二款是关于**死刑核准程序**的规定。根据本款规定,死刑除依法由最高人民法院判决的以外,都应当报请最高人民法院核准。这对于统一死刑适用标准,严格控制和慎重适用死刑,防止冤假错案的发生,具有重要作用。对于死刑缓期执行的,可以由高级人民法院判决或者核准,即既可以由高级人民法院直接判决后核准,也可以由中级人民法院判决,然后报高级人民法院核准。

【司法解释】

《最高人民法院关于统一行使死刑案件核准权有关问题的决定》(法释〔2006〕12号,自2007年1月1日起施行)

△(**死刑案件核准权**)自2007年1月1日起,最高人民法院根据全国人民代表大会常务委员会有关决定和人民法院组织法原第十三条的规定发布的关于授权高级人民法院和解放军军事法院核准部分死刑案件的通知(见附件),一律予以废止。(§1)

△(**死刑核准:最高人民法院**)自2007年1月1日起,死刑除依法由最高人民法院判决的以外,各高级人民法院和解放军军事法院依法判处和裁定的,应当报请最高人民法院核准。(§2)

△(**已经核准的死刑立即执行的判决、裁定;签发命令**)2006年12月31日以前,各高级人民法院和解放军军事法院已经核准的死刑立即执行的判决、裁定,依法仍由各高级人民法院、解放军军事法院院长签发执行死刑的命令。(§3)

【司法解释性文件】

《最高人民法院关于贯彻宽严相济刑事政策的若干意见》(法发〔2010〕9号,2010年2月8日印发)

△(**保留死刑,严格控制和慎重适用死刑**)要

准确理解和严格执行"保留死刑,严格控制和慎重适用死刑"的政策。对于罪行极其严重的犯罪分子,论罪应当判处死刑的,要坚决依法判处死刑。要依法严格控制死刑的适用,统一死刑案件的裁判标准,确保死刑只适用于极少数罪行极其严重的犯罪分子。拟判处死刑的具体案件定罪或者量刑的证据必须确实、充分,得出唯一结论。对于罪行极其严重,但只要是依法可不立即执行的,就不应当判处死刑立即执行。(§29)

《人民检察院刑事抗诉工作指引》(高检发诉字〔2018〕2号,2018年2月14日印发)

△(**判处被告人死刑缓期二年执行的案件;一般不提出判处死刑立即执行的抗诉的情形**)下列案件一般不提出抗诉:

……

(四)人民法院判处被告人死刑缓期二年执行的案件,具有下列情形之一,除原判决认定事实、适用法律有严重错误或者社会反响强烈的以外,一般不提出判处死刑立即执行的抗诉:

1. 被告人有自首、立功等法定从轻、减轻处罚情节的;

2. 定罪的证据确实、充分,但影响量刑的主要证据存有疑问的;

3. 因婚姻家庭、邻里纠纷等民间矛盾激化引发的案件,因被害方的过错行为引起的案件,案发后被告人真诚悔罪、积极赔偿被害方经济损失并取得被害方谅解的;

4. 罪犯被送交监狱执行刑罚后,认罪服法,狱中表现较好,且死缓考验期限将满的。

……(§10)

【指导性案例】

最高人民检察院指导性案例第18号:郭明先参加黑社会性质组织、故意杀人、故意伤害案(2014年9月10日发布)

△(**死刑;抗诉**)死刑依法只适用于罪行极其严重的犯罪分子。对故意杀人、故意伤害、绑架、爆炸等涉黑、涉恐、涉暴刑事案件中罪行极其严重,严重危害国家安全和公共安全,严重危害公民生命权,或者严重危害社会秩序的被告人,依法应当判处死刑,人民法院未判处死刑的,人民检察院应当依法提出抗诉。

---

① 另有学者指出,此情形原本就不属于"罪行极其严重",因而不应当判处死刑(与"不是必须立即执行"的情形无涉)。参见张明楷:《刑法学》(第6版),法律出版社2021年版,第698页。
② "不是必须立即执行"应是指犯罪人的人身危险性(再犯罪可能性)有所减少,以及基于刑事政策的理由而不应立即执行的情形。参见张明楷:《刑法学》(第6版),法律出版社2021年版,第647页。

最高人民检察院指导性案例第178号：王某等人故意伤害等犯罪二审抗诉案（2023年6月25日发布）

△（恶势力犯罪；胁迫未成年人犯罪；故意伤害致死；赔偿谅解协议的审查）检察机关在办案中要加强对未成年人的特殊、优先保护，对于侵害未成年人犯罪手段残忍、情节恶劣、后果严重的，应当依法从严惩处。胁迫未成年人实施毒品犯罪、参加恶势力犯罪集团，采用暴力手段殴打致该未成年人死亡的，属于"罪行极其严重"，应当依法适用死刑。对于人民法院以被告方与被害方达成赔偿谅解协议为由，从轻判处的，人民检察院应当对赔偿谅解协议进行实质性审查，全面、准确分析从宽处罚是否合适。虽达成赔偿谅解但并不足以从宽处罚的，人民检察院应当依法提出抗诉，监督纠正确有错误的判决，贯彻罪责刑相适应原则，维护公平正义。

【参考案例】

No.2-114、115(1)-4-1 古计明等投放危险物质案

在危害公共安全罪中，没有造成一人以上死亡或多人重伤后果的，一般可不判处死刑立即执行。

No.2-125(1)-3 吴芝桥非法制造、买卖枪支、弹药案

非法制造、买卖枪支、弹药罪情节特别严重的，才能适用死刑。

No.4-232-11 孙习军等故意杀人案

故意杀人罪适用死刑，不仅应当根据行为的客观危害性，还应当考察行为人的主观恶性和人身危险性。

No.4-232-12 孙习军等故意杀人案

在罪行极其严重的共同故意杀人犯罪中，主犯不能一概判处死刑立即执行，而应当根据其在共同犯罪中的地位、作用的不同，体现罪刑上的区别。

No.4-232-17 闫新华故意杀人、盗窃案

在羁押期间主动供述司法机关尚未掌握的其他罪行，构成自首的，即使其供述的罪行达到极其严重的程度，也可以根据案情不判处死刑立即执行。

No.4-232-24 张俊杰故意杀人案

在因双方纠纷引发的故意杀人案中，具有悔罪表现、亲友及时报案并积极赔偿被害方损失的，一般不应判处死刑立即执行。

No.4-232-58 刘加奎故意杀人案

在故意杀人案中，被害人有明显过错或对矛盾激化负有直接责任的，一般不应当判处死刑立即执行。

No.4-232-61 张怡懿等故意杀人案

对犯罪时属于限制刑事责任能力的精神病人，一般不宜适用死刑。

No.4-232-75 侯卫春故意杀人案

在醉酒状态下实施故意杀人行为的，一般不应当判处死刑立即执行，但单纯的醉酒状态不足以作为酌定从轻处罚情节，是否予以从轻处罚，应结合其他认罪、悔罪等情节予以综合考虑。

No.4-232-78 龙世成、吴正跃故意杀人、抢劫案

共同实施抢劫、故意杀人行为致一人死亡的案件中，应当综合考虑被告人在共同犯罪中的具体作用、主观恶性、人身危险性的大小来确定主犯，不得以无法区分主从为由一律适用死刑，至多只能判处一人死刑。

No.4-232-79 白云江、谭蓓蓓故意杀人、抢劫、强奸案

共同故意杀人案件中，有两名以上主犯的，如果仅致一人死亡又依法应当判处死刑的，原则上不能同时判处两名被告人死刑，而应进一步区分其地位、作用，对其中地位、作用最突出，罪责最严重者判处死刑。

No.4-232-81 覃玉顺强奸、故意杀人案

罪行极其严重、手段特别残忍、情节特别恶劣的故意杀人未遂，可不从轻处罚，考虑适用死刑立即执行。

No.4-234-38 杜胜忠故意伤害案

在故意伤害致人死亡案件中，如实供述公安机关尚未掌握的其致人死亡的关键情节的，可以酌情从轻处罚，一般不判处死刑立即执行。

No.4-236-25 林明龙强奸案

被告人亲属积极赔偿并取得被害方谅解，仅是酌定量刑情节，不应认定为"应当从轻处罚情节"。

No.5-263-95 王志坚抢劫、强奸、盗窃案

在抢劫过程中，又实施强奸行为，未造成被害人伤亡等严重后果的，不宜判处死刑。

No.5-263-116 张红亮等抢劫、盗窃案

二人或二人以上共同犯罪致一名被害人死亡的案件中，原则上仅能判处一名被告人死刑立即执行。

No.6-1-292-8 莫洪德故意杀人案

在罪行极其严重的共同犯罪中，既没有直接实施犯罪行为，对犯罪后果又没有明确犯意的首要分子或者其他主犯，可不适用死刑立即执行。

No.6-1-293-11 阳双飞等故意杀人、寻衅滋事案

为了逃跑将被害人置于危险境地致其死亡

的，构成间接故意杀人罪，在量刑时一般不应判处死刑立即执行。

No. 6-7-347-35 宋光军运输毒品案

因同案犯在逃而致被告人在共同犯罪中地位、作用不明的，不应判处死刑立即执行。

No. 6-7-347-36 练永伟等贩卖毒品案

家庭成员参与共同犯罪，依法均可判处死刑的，一般不宜对所有家庭成员判处死刑立即执行。

第四十九条 【不适用死刑的对象】
犯罪的时候不满十八周岁的人和审判的时候怀孕的妇女，不适用死刑。
审判的时候已满七十五周岁的人，不适用死刑，但以特别残忍手段致人死亡的除外。

【立法沿革】

《中华人民共和国刑法》（1997 年修订，自 1997 年 10 月 1 日起施行）

第四十九条

犯罪的时候不满十八周岁的人和审判的时候怀孕的妇女，不适用死刑。

《中华人民共和国刑法修正案（八）》（自 2011 年 5 月 1 日起施行）

三、在刑法第四十九条中增加一款作为第二款：

"审判的时候已满七十五周岁的人，不适用死刑，但以特别残忍手段致人死亡的除外。"

【条文说明】

本条是关于限制死刑适用对象的规定。
本条共分为两款。

第一款是关于**对未成年人和怀孕的妇女不适用死刑的规定**。根据本款规定，对下列两种人不能适用死刑：一是犯罪时**不满十八周岁的未成年人**。未成年人由于其生理和心理发育尚未成熟，社会阅历、社会经验也有限，规定对其不适用死刑（包括死刑缓期二年执行），主要是出于对未成年人的保护和刑事责任能力角度的考虑，且也与我国已经批准加入的《儿童权利公约》和已经签署的《公民权利和政治权利国际公约》中的有关规定相一致。"**犯罪时不满十八周岁的**"，是指实施犯罪行为时的年龄，对于犯罪时不满十八周岁但审判时已满十八周岁的，适用本条规定。"不满十八周岁"，是决定不适用死刑的年龄界限，在司法实践中应当一律按公历年、月、日计算实足年龄。自十八岁生日的第二天起，才认为已满十八周岁，在此之前，则为不满十八周岁。二是**对于在审判的时候怀孕的妇女不适用死刑**。这一规定主要是出于人道主义考虑，未出生的胎儿是无辜的，不能因其母亲犯罪而剥夺其出生的权利。所谓"**审判的时候怀孕的妇女**"，是指在人民法院审判的时候被告人是怀孕的妇女，也包括审判前在羁押时已经怀孕的妇女。因此，对于犯罪的怀孕妇女，无论是在被羁押或者受审期间怀孕的，都应视同审判时怀孕的妇女，不能适用死刑。

第二款是关于**对老年人不适用死刑的规定**。本款规定的"**审判的时候已满七十五周岁的人**"，是指犯罪行为人作为被告人接受人民法院审判的阶段年满七十五周岁的情况。如果实施犯罪行为时尚不满七十五周岁，到审判阶段年满七十五周岁的，属于本款规定的情况。"**以特别残忍手段致人死亡**"，是指犯罪手段凶残、冷酷，如以肢解、残酷折磨、毁人容貌等特别残忍的手段致使被害人死亡的。① 本款规定的不适用死刑，也包括不适用死刑缓期二年执行。在实际适用本款规定时应当注意，只要被告人在人民法院作出判决前已年满七十五周岁的，就应适用本款规定。

在实际执行中，对犯罪时不满十八周岁的人和审判时怀孕的妇女"**不适用死刑**"，是指**绝对不适用死刑**。② 也就是说，只要满足法定条件，即使在行为人年满十八周岁或者怀孕的妇女流产、分娩以后也不能执行死刑。《最高人民法院关于对怀孕妇女在羁押期间自然流产审判时是否可以适用死刑问题的批复》明确，怀孕妇女因涉嫌犯罪在羁押期间自然流产后，又因同一事实被起诉、交付审判的，**应当视为"审判的时候怀孕的妇女"**，依

---

① "以特别残忍手段致人死亡"既包括以特别残忍手段故意杀人，也包括以特别残忍手段实施其他暴力犯罪致人死亡。参见张明楷：《刑法学》（第 6 版），法律出版社 2021 年版，第 696 页。

② 此规定不宜作为量刑情节，而应作为法定刑的修正。譬如，十七周岁的未成年人故意杀人，对其不能适用死刑，故而《刑法》第二百三十二条的法定刑被修正为"无期徒刑或者十年以上有期徒刑"。适用经过修正的法定刑之后，还应当适用《刑法》第十七条第三款之规定（应当从轻或者减轻处罚）。参见张明楷：《刑法学》（第 6 版），法律出版社 2021 年版，第 696 页。

法不适用死刑。这也符合立法精神。

另外,实践中也有这样的情况,有的犯了严重罪行的妇女,在羁押期间设法怀孕逃避被判处死刑,还有的犯罪组织专门利用怀孕妇女从事运输毒品等犯罪。上述利用刑法中的人道主义规定逃避严厉制裁的情况确实存在,但刑法的规定是明确的,只要符合本条规定的条件,一律不适用死刑。同时,对于前一种情况,应当严格羁押场所管理,依法追究相关责任人的责任,杜绝这种情况的发生。对于后一种情况,虽然不能适用死刑,但是依法运用刑法现有规定和刑罚手段也能起到严厉惩处严重犯罪的作用,如可以适用无期徒刑、限制减刑和假释等多种刑罚手段对犯罪分子予以惩处。

【司法解释】

《最高人民法院关于对怀孕妇女在羁押期间自然流产审判时是否可以适用死刑问题的批复》(法释〔1998〕18号,自1998年8月13日起施行)

△(羁押期间自然流产;审判的时候怀孕的妇女;死刑)怀孕妇女因涉嫌犯罪在羁押期间自然流产后,又因同一事实被起诉、交付审判的,应当视为"审判的时候怀孕的妇女",依法不适用死刑。

【司法解释性文件】

《最高人民法院研究室关于如何理解"审判的时候怀孕的妇女不适用死刑"问题的电话答复》(1991年3月18日公布)

△(在羁押期间已是孕妇的被告人;审判的时候怀孕的妇女)在羁押期间已是孕妇的被告人,无论其怀孕是否属于违反国家计划生育政策,也不论其是否自然流产或者经人工流产以及流产后移送起诉或审判期间的长短,仍应执行我院〔83〕法研字第18号《关于人民法院审判严重刑事犯罪案件中具体应用法律的若干问题的答复》中对第三个问题的答复:"对于这类案件,应当按照刑法第四十四条和刑事诉讼法第一百五十四条①的规定办理,即:人民法院对'审判的时候怀孕的妇女,不适用死刑'。如果人民法院在审判时发现,在羁押受审时已是孕妇的,仍应依照上述法律规定,不适用死刑。"

【参考案例】

No.4-232-60 张怡懿等故意杀人案

公安机关待犯罪嫌疑人分娩后再采取强制措施的,应认定为审判时怀孕的妇女。

No.4-232-99 胡金亭故意杀人案

《刑法》第四十九条第二款中的"以特别残忍手段"杀人是对善良风俗、伦理底线、人类恻隐心的严重戕犯,应当从杀人手段以及行为过程等方面进行认定。

No.6-7-347-25 韩雅利贩卖毒品、韩镇平窝藏毒品案

怀孕妇女羁押期间做人工流产手术后脱逃,之后又被抓获交付审判的,仍然属于审判时怀孕的妇女,依法不适用死刑。

第五十条 【死缓的法律后果】

判处死刑缓期执行的,在死刑缓期执行期间,如果没有故意犯罪,二年期满以后,减为无期徒刑;如果确有重大立功表现,二年期满以后,减为二十五年有期徒刑;如果故意犯罪,情节恶劣的,报请最高人民法院核准后执行死刑;对于故意犯罪未执行死刑的,死刑缓期执行的期间重新计算,并报最高人民法院备案。

对被判处死刑缓期执行的累犯以及因故意杀人、强奸、抢劫、绑架、放火、爆炸、投放危险物质或者有组织的暴力性犯罪被判处死刑缓期执行的犯罪分子,人民法院根据犯罪情节等情况可以同时决定对其限制减刑。

【立法沿革】

《中华人民共和国刑法》(1997年修订,自1997年10月1日起施行)

第五十条

判处死刑缓期执行的,在死刑缓期执行期间,如果没有故意犯罪,二年期满以后,减为无期徒刑;如果确有重大立功表现,二年期满以后,减为十五年以上二十年以下有期徒刑;如果故意犯罪,查证属实的,由最高人民法院核准,执行死刑。

《中华人民共和国刑法修正案(八)》(自2011

---

① 2018年修正的《中华人民共和国刑事诉讼法》第二百六十二条。

年5月1日起施行)

四、将刑法第五十条修改为：

"判处死刑缓期执行的，在死刑缓期执行期间，如果没有故意犯罪，二年期满以后，减为无期徒刑；如果确有重大立功表现，二年期满以后，减为二十五年有期徒刑；如果故意犯罪，查证属实的，由最高人民法院核准，执行死刑。

对被判处死刑缓期执行的累犯以及因故意杀人、强奸、抢劫、绑架、放火、爆炸、投放危险物质或者有组织的暴力性犯罪被判处死刑缓期执行的犯罪分子，人民法院根据犯罪情节等情况可以同时决定对其限制减刑。"

《中华人民共和国刑法修正案(九)》(自2015年11月1日起施行)

二、将刑法第五十条第一款修改为：

"判处死刑缓期执行的，在死刑缓期执行期间，如果没有故意犯罪，二年期满以后，减为无期徒刑；如果确有重大立功表现，二年期满以后，减为二十五年有期徒刑；如果故意犯罪，情节恶劣的，报请最高人民法院核准后执行死刑；对于故意犯罪未执行死刑的，死刑缓期执行的期间重新计算，并报最高人民法院备案。"

【条文说明】

本条是关于被判处死刑缓期执行的罪犯减刑或者执行死刑的条件及程序的规定。

本条共分为两款。

"死刑缓期执行"不是独立的刑种，而是死刑的一种执行方式。被判处死刑缓期执行的罪犯存在执行死刑和不再执行死刑两种可能性。为了正确处理判处死刑缓期执行的案件，本条第一款对于被判处死刑缓期执行的罪犯减刑和执行死刑的条件以及程序作了明确规定。

第一款规定，"**判处死刑缓期执行的，在死刑缓期执行期间，如果没有故意犯罪，二年期满以后，减为无期徒刑**"。这里所说的"**故意犯罪**"，

依照《刑法》第十四条的规定，是指明知自己的行为会发生危害社会的结果，并且希望或者放任这种结果发生，因而构成犯罪的；不包括过失犯罪。① 是否构成"**故意犯罪**"，具体要看行为人的行为是否符合刑法分则关于个罪犯罪构成的要件的规定。判处死刑缓期执行的，在死刑缓期执行期间，"如果确有重大立功表现的，二年期满以后，减为二十五年有期徒刑"，这里所说的"**重大立功表现**"，是指《刑法》第七十八条所列的重大立功表现之一，即阻止他人重大犯罪活动的；检举监狱内外重大犯罪活动的，经查证属实的；有发明创造或者重大技术革新的；在日常生产、生活中舍己救人的；在抗御自然灾害或者排除重大事故中，有突出表现的；对国家和社会有其他重大贡献的。

判处死刑缓期执行的，在死刑缓期执行期间，"**如果故意犯罪，情节恶劣的，报请最高人民法院核准后执行死刑**"。所谓"**故意犯罪**"，需要经人民法院审判确定。根据刑事诉讼法的有关规定，被判处死刑缓期执行的罪犯，在死刑缓期执行期间故意犯罪的，应当由监狱进行侦查，人民检察院提起公诉，罪犯服刑地的中级人民法院依法审判，所作的判决可以上诉、抗诉。所谓"**情节恶劣**"，需要结合犯罪的动机、手段、危害、造成的后果等犯罪情节，以及罪犯在缓期执行期间的改造、悔罪表现等综合确定。对于故意犯罪、情节恶劣的，在认定构成故意犯罪的判决、裁定发生法律效力后，应当层层报最高人民法院核准后执行死刑。② 判处死刑缓期执行的，在死刑缓期执行期间，"**对于故意犯罪未执行死刑的，死刑缓期执行的期间重新计算**"。这里所规定的"故意犯罪未执行死刑的"，是指故意犯罪，但不属于情节恶劣，因而不执行死刑的。在这种情况下，死刑缓期执行期间重新计算，自故意犯罪的判决确定之日起计算。③ 之所以规定重新计算缓期执行期间，是因为罪犯在原缓期执行期间故意犯罪，虽然依法不需要执

---

① 李希慧教授指出，刑法对故意犯罪的种类和性质没有限定。换言之，只要犯罪分子在死刑缓期执行期间实施了故意犯罪，不管其实施的是何种故意犯罪，也不论其实施的故意犯罪是既遂状态还是未完成状态的预备、未遂或中止，只要情节恶劣，就要核准执行死刑。参见赵秉志主编：《刑法总论》(第3版)，中国人民大学出版社2016年版，第342页。

② 罪犯在死刑缓期执行期间故意犯罪且情节恶劣？对此，学说上存在不同的观点。我国学者认为，死刑缓期执行是判处死刑同时宣告"缓期二年执行"，如果没有等到二年期满后就执行，可能违反死缓的本质。参见张明楷：《刑法学》(第6版)，法律出版社2021年版，第700页。对此，李希慧教授则认为，死缓是给犯罪分子自新机会的刑法制度，如果犯罪分子在死刑缓期执行期间内故意犯罪且情节恶劣，说明其没有珍惜此机会，行为人恶性不改，主观危险性极大。对此种情形，应及时由人民法院核准执行死刑，无须等到二年期满后核准执行。参见赵秉志主编：《刑法总论》(第3版)，中国人民大学出版社2016年版，第342页。

③ 我国学者指出，应从故意犯罪之日起重新计算。如果从裁定之日起计算，就会因为裁判经过的时间较长，而对被告人产生明显不利的后果。参见张明楷：《刑法学》(第6版)，法律出版社2021年版，第700页。

行死刑,但属于在二年缓期执行期间仍具有明显社会危险的情形,需要重新确定一个缓期执行期间,再根据在新的缓期执行期内的表现,决定是执行死刑,或者予以减刑还是减为二十五年有期徒刑。为保证严格执行法律规定,保证对这类案件的审判质量,发挥最高人民法院的监督作用,本款明确规定,对于故意犯罪未执行死刑的,应当将案件情况报最高人民法院备案。最高人民法院发现法律适用确有错误的,应当依法予以纠正。需要注意的是发生的故意犯罪,**必须发生在死刑缓期执行期间**,如果发生在死刑缓期执行期满后,不适用本款规定,而应当依照《刑法》第六十九条、第七十一条有关数罪并罚的规定处理。故意犯罪发生在死刑缓期执行期间,司法机关在死刑缓期执行期间满以后发现的,适用本款规定。

第二款是《刑法修正案(八)》增加的内容。根据本款规定,**对一些罪行严重的犯罪分子,人民法院根据犯罪情节等情况可以同时决定对其限制减刑**。① 这些罪行严重的犯罪分子包括:被判处死刑缓期执行的累犯以及因故意杀人、强奸、抢劫、绑架、放火、爆炸、投放危险物质或者有组织的暴力性犯罪被判处死刑缓期执行的犯罪分子。其中,累犯没有犯罪性质的限制。有组织的暴力性犯罪,不限于本款所列举的几种暴力犯罪,包括有组织地实施故意伤害、破坏交通工具、以危险方法危害公共安全、黑社会性质的组织犯罪等。需要指出的是,上述规定只是**划定了一个可以限制减刑的人员的范围**,并不是上述被判处死刑缓期执行的九类罪犯都要限制减刑,应由人民法院根据其所实施犯罪的具体情况等综合考虑决定。这里的"同时",是指判处死刑缓期执行的同时,不是在死刑缓期执行二年期满以后减刑的"同时"。"限制减刑",是指对犯罪分子虽然可以适用减刑,但其实际执行刑期比其他被判处死刑缓期执行的罪犯减刑后的实际执行刑期更长。根据《刑法》第七十八条的规定,对于判处死刑缓期二年执行,人民法院依照本款规定限制减刑的犯罪分子,缓期执行期满后依法减为无期徒刑的,实际执行的刑期不能少于二十五年;缓期执行期满后依法减为二十五年有期徒刑的,实际执行的刑期不能少于二十年。

【司法解释】

《最高人民法院关于〈中华人民共和国刑法修正案(八)〉时间效力问题的解释》(法释〔2011〕9号,自2011年5月1日起施行)

△(时间效力;死刑缓期执行;死刑缓期执行同时决定限制减刑)2011年4月30日以前犯罪,判处死刑缓期执行的,适用修正前刑法第五十条的规定。

被告人具有累犯情节,或者所犯之罪是故意杀人、强奸、抢劫、绑架、放火、爆炸、投放危险物质或者有组织的暴力性犯罪,罪行极其严重,根据修正前刑法判处死刑缓期执行不能体现罪刑相适应原则,而根据修正后刑法判处死刑缓期执行同时决定限制减刑可以罚当其罪的,适用修正后刑法第五十条第二款的规定。(§2)

《最高人民法院关于〈中华人民共和国刑法修正案(九)〉时间效力问题的解释》(法释〔2015〕19号,自2015年11月1日起施行)

△(时间效力;死刑缓期执行期间;故意犯罪)对于被判处死刑缓期执行的犯罪分子,在死刑缓期执行期间,且在2015年10月31日以前故意犯罪的,适用修正后刑法第五十条第一款的规定。(§2)

【司法解释性文件】

《最高人民法院关于报送复核被告人在死缓考验期内故意犯罪应当执行死刑案件时应当一并报送原审判处和核准被告人死缓案卷的通知》(法〔2004〕115号,2004年6月15日公布)

△(死缓考验期限内故意犯罪;一并审查;复核报告)各高级人民法院在审核下级人民法院报送复核被告人在死缓考验期限内故意犯罪,应当执行死刑案件时,应当对原审判处和核准该被告人死刑缓期二年执行是否正确一并进行审查,并在报送我院的复核报告中写明结论。(§1)

△(一案一报;报送材料内容)各高级人民法院报请核准被告人在死缓考验期限内故意犯罪,应当执行死刑的案件,应当一案一报。报送的材料应当包括:请报核准执行死刑的报告,在死缓考验期限内故意犯罪应当执行死刑的综合报告和判决书各十五份;全部诉讼案卷和证据;原审判处和核准被告人死刑缓期二年执行,剥夺政治权利终身的全部诉讼案卷和证据。(§2)

《最高人民法院关于对死刑缓期执行期间故意犯罪未执行死刑案件进行备案的通知》(法

---

① 由于本款规定的"限制减刑"是根据犯罪人的犯罪性质与再犯罪可能性而非根据执行过程中的表现作出的,因此,"限制减刑"并不是真正意义上的刑罚执行制度,而是量刑制度。参见张明楷:《刑法学》(第6版),法律出版社2021年版,第700—701页。

〔2016〕318号,2016年9月26日发布)

△(高级人民法院判决、裁定对死刑缓期执行期间故意犯罪不执行死刑;备案材料)高级人民法院判决、裁定对死刑缓期执行期间故意犯罪不执行死刑的,应当在裁判文书生效后二十日内报我院备案。备案材料报送我院审判监督庭,具体包括:1.关于被告人死刑缓期执行期间故意犯罪未执行死刑一案的报备报告;2.第一、二审(复核审)裁判文书、审理报告;3.被告人被判处死刑缓期执行的原审(复核审)裁判文书、审理报告。(§1)

△(中级人民法院判决对死刑缓期执行期间故意犯罪不执行死刑;逐级备案;报送材料)中级人民法院判决对死刑缓期执行期间故意犯罪不执行死刑的,不需要再报高级人民法院核准,应当在判决书生效后二十日内报高级人民法院备案。高级人民法院应当依法组成合议庭进行审查。高级人民法院同意不执行死刑的,再报我院备案。报送材料包括:1.关于被告人死刑缓期执行期间故意犯罪未执行死刑案的报备报告;2.第一审判决书、审理报告,高级人民法院审查报告;3.被告人被判处死刑缓期执行的原第一、二审(复核审)裁判文书、审理报告。(§2)

△(及时宣判并交付执行;报备工作不影响判决、裁定的生效和执行)高级人民法院、中级人民法院判决、裁定对死刑缓期执行期间故意犯罪未执行死刑的,应当及时宣判并交付执行。报备工作不影响上述判决、裁定的生效和执行。对于高级人民法院报我院备案的死刑缓期执行期间故意犯罪未执行死刑案件,我院将对报送材料予以登记存案,以备审查。经审查认为原生效裁判确有错误的,将按照审判监督程序依法予以纠正。(§3)

【参考案例】

No.4-232-113 王志才故意杀人案

因婚恋矛盾激化引发的故意杀人案件,被告人犯罪手段残忍,但有坦白悔罪、积极赔偿情节的,可以依法判处死刑缓期二年执行。

No.4-232-114 李飞故意杀人案

对于因民间矛盾引发的故意杀人案件,被告人犯罪手段残忍,且系累犯,论罪应当判处死刑,但被告人亲属主动协助公安机关将其抓捕归案,并积极赔偿的,人民法院根据案件具体情节,从尽量化解社会矛盾角度考虑,可以依法处以被告人死刑,缓期二年执行,同时决定限制减刑。

No.4-234-45 陈黎明故意伤害案

被告人在死刑缓期执行期间因有漏罪被起诉,在漏罪审理期间又故意再犯新罪的,应认定属于死刑缓期执行期间故意犯罪。

No.5-263-48 刘群等抢劫、诈骗案

适用死刑缓期执行不以具有法定从轻、减轻情节为条件,但具有法定从轻、减轻情节的,一般不应适用死刑立即执行。

No.5-263-58 范昌平抢劫、盗窃案

被判处死刑缓期二年执行的犯罪分子,在死缓执行期间发现判决宣告前还有其他罪没有判决,经对漏罪判决后,仍决定执行死刑缓期二年执行的,应报请高级人民法院重新核准。

No.5-263-59 范昌平抢劫、盗窃案

被判处死缓的犯罪分子,又因其他原因重新被判处死缓,其死缓执行期间从重新判处死缓的判决确定之日起计算,已经执行的原死缓期间不计算在新的死缓判决的执行期间之内。

No.5-263-137 宋江平、平建卫抢劫、盗窃案

共同犯罪中对判处死刑缓期执行的被告人,可以根据其主观恶性、人身危险性的大小,必要时决定限制减刑。

No.6-2-316(1)-5 张丽荣脱逃案

死刑缓期执行期间,再犯不法程度较轻的故意犯罪,若该故意犯罪因超过追诉时效被裁定终止审理的,死刑缓期执行期间应当连续计算,在逃期间不计算在内。

第五十一条 【死缓的期间及减为有期徒刑的刑期计算】
死刑缓期执行的期间,从判决确定之日起计算。 死刑缓期执行减为有期徒刑的刑期,从死刑缓期执行期满之日起计算。

【条文说明】

本条是关于死缓执行的期间及死缓减为有期徒刑的刑期计算的规定。

根据本条规定,死刑缓期执行的期间,从判决确定之日起计算。这里所说的"判决确定之日",即判决生效之日,而不是指判决执行之日。因此,

罪犯在判决生效后尚未送监执行的期限应当计入二年考验期内。但是，对罪犯在判决生效前先行羁押的日期不能折抵在二年考验期内。"**死刑缓期执行减为有期徒刑的**"，是指对确有重大立功表现宣告直接减为有期徒刑的，其有期徒刑的刑期从死刑缓期执行期满之日起计算。如果减刑裁定在死刑缓期执行期满以后生效，**死刑缓期执行期满之日至裁定减刑之日之间的时间应计入有期徒刑的刑期内**，但罪犯在死缓判决生效前先行羁押的日期和缓期执行的二年考验期不能计入有期徒刑的刑期内。①

实践中需要注意的是，根据刑法规定，死刑缓期二年执行中的"二年"考验期是确定的，从判决确定之日起计算，**不存在中止、中断或者延长等情况**。按照刑法的规定，死刑罪犯二年考验期满之后减刑的，存在依法减为无期徒刑、有期徒刑两种可能。另外，在死缓考验期间，也有可能因为故意犯罪，情节恶劣而被核准执行死刑，或者未核准执行死刑。本条只规定了死缓期满依法减为有期徒刑的刑期计算，对于死缓期满依法减为无期徒刑的，由于无期徒刑不存在刑期起算问题，无需在立法中明文规定。对于被核准执行死刑的，则依照刑事诉讼法规定的程序执行死刑，不存在刑期计算问题；对于死缓期间故意犯罪，情节恶劣，但是未核准执行死刑的，其死缓考验期依法需要重新计算。

第六节 罚 金

第五十二条 【罚金数额的决定根据】
判处罚金，应当根据犯罪情节决定罚金数额。

【条文说明】

本条是关于**如何确定罚金数额**的规定。

根据本条规定，决定罚金数额的依据是"犯罪情节"。所谓"**犯罪情节**"，主要是指影响犯罪行为人罪行的危害程度、主观恶性的大小、手段是否恶劣、非法所得的多少、后果是否严重等与犯罪有关的各种情况。同时，犯罪行为人的经济负担能力也需要作为考虑的因素。② 如果罚金数额过多，超过了犯罪行为人的实际负担能力，犯罪行为人无法缴纳，这对教育改造犯罪行为人不利，同时由于罚金刑无法得到实际执行，也损害了法律的严肃性；如果罚金数额过少，则会使犯罪行为人感受不到经济惩罚，对犯罪行为人起不到惩戒作用。

刑法分则根据本条规定的原则，结合各有关犯罪的具体情况，对于可以判处罚金的犯罪的罚金数额作出不同规定，有的条文未具体规定罚金数额，只是规定了一定幅度或者倍数、比例。根据本条规定，无论是刑法分则明确规定了罚金刑幅度的，还是没有明确规定罚金刑幅度的，判处罚金时都应当根据犯罪情节决定罚金数额。

实践中需要注意的是，从近年来几个刑法修正案的情况看，在修改刑法分则有关条文时，在罚金刑幅度的规定方面，有不少条文删去了原来对于罚金具体数额幅度或者倍数、比例的规定，改为原则规定"并处罚金""并处或者单处罚金"。这主要是考虑到实际情况比较复杂，为了适应实践中惩治有关犯罪的需要，便于司法机关在处理各种不同情形的案件时，根据个案的实际情况合理决定罚金数额。对于没有具体的罚金裁量幅度的案件，司法机关在决定判处罚金的数额时，也还是应当按照本条规定的原则，根据犯罪情节审慎地行使自由裁量权，做到罚当其罪，罪责刑相适应。

---

① 我国学者指出，二年考验期的规定，是为了观察犯罪人在这二年内有无悔改表现。如果将先前羁押的时间计算在内，就减少了考验时间，丧失了考验的意义。参见张明楷：《刑法学》（第6版），法律出版社2021年版，第700页；黎宏：《刑法学总论》（第2版），法律出版社2016年版，第346页。

② 相同的学说见解，参见赵秉志主编：《刑法总论》（第3版），中国人民大学出版社2016年版，第345页。有学者指出，被告人的财产富裕，不能成为增加责任刑的情节，也不能成为增加预防刑的情节；被告人的贫穷，不能成为减少责任刑的情节，但可以成为减少预防刑的情节。参见张明楷：《刑法学》（第6版），法律出版社2021年版，第705页。

【司法解释】

《最高人民法院关于适用财产刑若干问题的规定》(法释〔2000〕45号,自2000年12月19日起施行)

△("并处"罚金;"可以并处"罚金)刑法规定"并处"没收财产或者罚金的犯罪,人民法院在对犯罪分子判处主刑的同时,必须依法判处相应的财产刑;刑法规定"可以并处"没收财产或者罚金的犯罪,人民法院应当根据案件具体情况及犯罪分子的财产状况,决定是否适用财产刑。(§1)

△(罚金数额之确定;最低数额;未成年人犯罪)人民法院应当根据犯罪情节,如违法所得数额、造成损失的大小等,并综合考虑犯罪分子缴纳罚金的能力,依法判处罚金。刑法没有明确规定罚金数额标准的,罚金的最低数额不能少于一千元。

对未成年人犯罪应当从轻或者减轻判处罚金,但罚金的最低数额不能少于五百元。

△(数罪;并罚;总和数额;没收财产)依法对犯罪分子所犯数罪分别判处罚金的,应当实行并罚,将所判处的罚金数额相加,执行总和数额。

一人犯数罪依法同时并处罚金和没收财产的,应当合并执行;但并处没收全部财产的,只执行没收财产刑。① (§3)

△(单处罚金事由)犯罪情节较轻,适用单处罚金不致再危害社会并具有下列情形之一的,可以依法单处罚金:

(一)偶犯或者初犯;
(二)自首或者有立功表现的;
(三)犯罪时不满十八周岁的;
(四)犯罪预备、中止或者未遂的;
(五)被胁迫参加犯罪的;
(六)全部退赃并有悔罪表现的;
(七)其他可以依法单处罚金的情形。(§4)

《最高人民法院关于审理未成年人刑事案件具体应用法律若干问题的解释》(法释〔2006〕1号,自2006年1月23日起施行)

△(未成年罪犯;并处罚金;可以并处罚金;罚金数额之确定;代为垫付罚金)对未成年罪犯实施刑法规定的"并处"没收财产或者罚金的犯罪,应当依法判处相应的财产刑;对未成年罪犯实施刑法规定的"可以并处"没收财产或者罚金的犯罪,一般不判处财产刑。②

对未成年罪犯判处罚金刑时,应当依法从轻或者减轻判处,并根据犯罪情节,综合考虑其缴纳罚金的能力,确定罚金数额。但罚金的最低数额不得少于五百元人民币。

对被判处罚金刑的未成年罪犯,其监护人或者其他人自愿代为垫付罚金的,人民法院应当允许。(§15)

《最高人民法院关于刑事裁判涉财产部分执行的若干规定》(法释〔2014〕13号,自2014年11月6日起施行)

△(同时承担刑事责任、民事责任;执行顺序;优先受偿权)被执行人在执行中同时承担刑事责任、民事责任,其财产不足以支付的,按照下列顺序执行:

(一)人身损害赔偿中的医疗费用;
(二)退赔被害人的损失;
(三)其他民事债务;
(四)罚金;
(五)没收财产。

债权人对执行标的依法享有优先受偿权,其主张优先受偿的,人民法院应当在前款第(一)项规定的医疗费用受偿后,予以支持。(§13)

【司法解释性文件】

《全国法院维护农村稳定刑事审判工作座谈会纪要》(法〔1999〕217号,1999年10月27日公布)

△(罚金;死刑;无期徒刑;有期徒刑)凡法律规定并处罚金或者没收财产的,均应当依法并处,被告人的执行能力不能作为是否判处财产刑的依据。确实无法执行或不能执行的,可以依法执行终结或者减免。对法律规定主刑有死刑、无期徒刑和有期徒刑,同时并处没收财产或罚金的,如决定判处死刑,只能并处没收财产;判处无期徒刑的,也可以并处没收财产;判处有期徒刑的,只能并处罚金。

△(罚金数额之确定)对于法律规定有罚金刑的犯罪,罚金的具体数额应根据犯罪的情节确定。刑法和司法解释有明确规定的,按规定判处;

---

① 我国学者指出,其与现行《刑法》第六十九条第三款"数罪中有判处附加刑的,附加刑仍须执行,其中附加刑种类相同的,合并执行,种类不同的,分别执行"的规定相冲突。参见李立众编:《刑法一本通:中华人民共和国刑法总成》(第12版),法律出版社2016年版,第45页。

② 我国学者指出,对于未成年人犯罪,应尽量不判处罚金;即使必须判处罚金,也应免除罚金的执行。此措施旨在克服罚金刑可能违反刑罚一身专属性的缺陷,同时克服犯罪人因不能缴纳罚金而再次犯罪的现象。参见张明楷:《刑法学》(第6版),法律出版社2021年版,第707页。

没有规定的,各地可依照法律规定的原则和具体情况,在总结审判经验的基础上统一规定参照执行的数额标准。

△(**自由刑;罚金刑;选择适用**)对自由刑与罚金刑均可选择适用的案件,如盗窃罪,在决定刑罚时,既要避免以罚金刑代替自由刑,又要克服机械执法u判处自由刑的倾向。对于可执行财产刑且罪行又不严重的初犯、偶犯、从犯等,可单处罚金刑。对于应当并处罚金刑的犯罪,如被告人能积极缴纳罚金,认罪态度较好,且判处的罚金数量较大,自由刑可适当从轻,或考虑宣告缓刑。这符合罪刑相适应原则,因为罚金刑也是刑罚。

△(**数罪;罚金刑;没收财产**)被告人犯数罪的,应避免判处罚金刑的同时,判处没收部分财产。对于判处没收全部财产,同时判处罚金刑的,应决定执行没收全部财产,不再执行罚金刑。

第五十三条 【罚金的缴纳、减免】
罚金在判决指定的期限内一次或者分期缴纳。期满不缴纳的,强制缴纳。对于不能全部缴纳罚金的,人民法院在任何时候发现被执行人有可以执行的财产,应当随时追缴。
由于遭遇不能抗拒的灾祸等原因缴纳确实有困难的,经人民法院裁定,可以延期缴纳、酌情减少或者免除。

【立法沿革】

《中华人民共和国刑法》(1997年修订,自1997年10月1日起施行)

第五十三条

罚金在判决指定的期限内一次或者分期缴纳。期满不缴纳的,强制缴纳。对于不能全部缴纳罚金的,人民法院在任何时候发现被执行人有可以执行的财产,应当随时追缴。如果由于遭遇不能抗拒的灾祸缴纳确实有困难的,可以酌情减少或者免除。

《中华人民共和国刑法修正案(九)》(自2015年11月1日起施行)

三、将刑法第五十三条修改为:

"罚金在判决指定的期限内一次或者分期缴纳。期满不缴纳的,强制缴纳。对于不能全部缴纳罚金的,人民法院在任何时候发现被执行人有可以执行的财产,应当随时追缴。

"由于遭遇不能抗拒的灾祸等原因缴纳确实有困难的,经人民法院裁定,可以延期缴纳、酌情减少或者免除。"

【条文说明】

本条是关于如何缴纳罚金的规定。
本条共分为两款。
第一款是关于如何缴纳罚金和追缴罚金的规定。根据本款规定,罚金应当按照判决指定的期限缴纳,可以一次缴纳,也可以分期缴纳。人民法院在判处罚金时,应当同时指定缴纳的期限,并明确是一次缴纳还是分期缴纳。一般说来,罚金数额不多,或者罚金数额虽然较多但缴纳并不困难的,可以限定一次缴纳;罚金数额较多,根据罪犯的经济状况,无力一次缴纳的,可以限定时间分期缴纳。① 至于罚金的缴纳期限,应当根据罪犯的经济状况和缴纳的可能性确定。对于罪犯期满不缴纳的,包括未缴纳完毕的,由人民法院强制缴纳。所谓**强制缴纳**,是指人民法院采取查封、拍卖罪犯的财产,冻结、扣划存款,扣留、收缴工资或者其他收入等办法,强制罪犯缴纳罚金。对于根据上述规定采取强制缴纳措施仍未能全部缴纳罚金的,人民法院在任何时候发现被执行人有可以执行的财产,包括主刑执行完毕后发现的,应当随时追缴。所谓"**追缴**",是指人民法院对没有缴纳或者没有全部缴纳罚金的被执行人,在发现其有可供执行的财产时,予以追回上缴国库。这种情况下追缴财产,实际上仍是执行原判决判处的罚金刑。这样规定,可以使那些在人民法院执行罚金刑时采用各种手段转移、隐匿财产,逃避承担罚金刑的罪犯,或者在人民法院执行罚金刑时,一时不能缴纳或者全部缴纳,但事后有了执行能力的罪犯的刑事责任不至于落空。另外,赋予人民

---

① 我国学者指出,少采取一次缴纳,多实行分期缴纳,指定缴纳的期限也相对长一些。即使犯罪人具有一次缴纳的能力,也宜令其分期缴纳。此可以延长罚金刑的效果,克服罚金刑效果差、作用小以及执行难的缺陷。参见张明楷:《刑法学》(第6版),法律出版社2021年版,第707页。

法院随时追缴的权力，也增强了罚金刑执行的威慑力。

第二款是关于**延期缴纳、酌情减少或者免除罚金**的规定。根据本款规定，罪犯由于遭遇不能抗拒的灾祸等原因缴纳罚金确实有困难的，经人民法院裁定，可以延期缴纳、酌情减少或者免除。所谓**不能抗拒的灾祸等原因**，就是通常所说的"天灾人祸"，如遭遇火灾、水灾、地震等自然灾害或者罪犯及其家属重病、伤残等，以及其他一些导致缴纳罚金确实有困难的情形。对存在这些情形的，根据本款规定，可以延期缴纳、酌情减少或者免除。需要注意的是，遭遇不能抗拒的灾祸等是延期缴纳或者减免罚金的条件，但并不是凡有上述情况都可以延期缴纳或者减免罚金。只有由于遭遇不可抗拒的灾祸等原因造成缴纳罚金确实有困难的，才可以延期缴纳、酌情减少罚金数额或者免除全部罚金。"**延期缴纳**"，是指期满不能缴纳或者全部缴纳的，给予一定的延长期限缴纳罚金。具体延长多长时间，由人民法院根据罪犯的犯罪情节、经济状况、缴纳困难原因预期消除的时间等因素确定。延期缴纳罚金、酌情减少罚金数额或者免除罚金，均涉及对原判决的变更，程序上应当严格。根据本款规定，罚金延期缴纳、酌情减少或者免除，**需经人民法院裁定**。根据《最高人民法院关于适用〈中华人民共和国刑事诉讼法〉的解释》的有关规定，被执行人申请延期缴纳、酌情减少或者免除罚金的，应当提交相关证明材料。人民法院应当在收到申请后一个月以内作出裁定。符合法定条件的，应当准许；不符合条件的，驳回申请。

【司法解释】

《最高人民法院关于适用财产刑若干问题的规定》(法释〔2000〕45号，自2000年12月19日起施行)

△(**判决指定的期限**)刑法第五十三条规定的"判决指定的期限"应当在判决书中予以确定；"判决指定的期限"应为从判决发生法律效力第二日起最长不超过三个月。① (§5)

△(**由于遭遇不能抗拒的灾祸缴纳确实有困难；"可以酌情减少或者免除"事由；书面申请；裁定**)刑法第五十三条规定的"由于遭遇不能抗拒的灾祸缴纳确实有困难"，主要是指因遭受火灾、水灾、地震等灾祸而丧失财产；罪犯因重病、伤残等而丧失劳动能力，或者需要罪犯抚养的近

亲属患有重病，需支付巨额医药费等，确实没有财产可供执行的情形。

具有刑法第五十三条规定"可以酌情减少或者免除"事由的，由罪犯本人、亲属或者犯罪单位向负责执行的人民法院提出书面申请，并提供相应的证明材料。人民法院审查以后，根据实际情况，裁定减少或者免除应当缴纳的罚金数额。(§6)

△(**罚金刑；人民币；计算单位**)罚金刑的数额应当以人民币为计算单位。(§8)

△(**财产刑；财产之扣押或冻结**)人民法院认为依法应当判处被告人财产刑的，可以在案件审理过程中，决定扣押或者冻结被告人的财产。(§9)

△(**执行法院；异地**)财产刑由第一审人民法院执行。

犯罪分子的财产在异地的，第一审人民法院可以委托财产所在地人民法院代为执行。(§10)

△(**强制缴纳；非法处置查封、扣押、冻结的财产罪**)自判决指定的期限届满第二日起，人民法院对于没有法定减免事由不缴纳罚金的，应当强制其缴纳。

对于隐藏、转移、变卖、损毁已被扣押、冻结财产情节严重的，依照刑法第三百一十四条的规定追究刑事责任。(§11)

《最高人民法院关于刑事裁判涉财产部分执行的若干规定》(法释〔2014〕13号，自2014年11月6日起施行)

△(**执行；保留被执行人及其所扶养家属的生活必需费用**)执行没收财产或罚金刑，应当参照被扶养人住所地政府公布的上年度当地居民最低生活费标准，保留被执行人及其所扶养家属的生活必需费用。(§9Ⅱ)

《最高人民法院关于适用〈中华人民共和国刑事诉讼法〉的解释》(法释〔2021〕1号，自2021年3月1日起施行)

△(**罚金缴纳；追缴；罚款；折抵**)罚金在判决规定的期限内一次或者分期缴纳。期满无故不缴纳或者未足额缴纳的，人民法院应当强制缴纳。经强制缴纳仍不能全部缴纳的，在任何时候，包括主刑执行完毕后，发现被执行人有可供执行的财产的，应当追缴。

行政机关对被告人就同一事实已经处以罚款

---

① 我国学者指出，此规定似未考虑罚金刑的缺陷——由于罚金刑的执行具有一时性，犯罪人在罚金缴纳完毕后就不再有受刑的观念，因而惩罚作用降低，以及罚金刑执行难。因此，"判决指定的期限"应当更长。参见张明楷：《刑法学》(第6版)，法律出版社2021年版，第706页。

的,人民法院判处罚金时应当折抵,扣除行政处罚已执行的部分。(§523)

△**(因遭遇不能抗拒的灾祸等原因缴纳罚金确有困难)** 因遭遇不能抗拒的灾祸等原因缴纳罚金确有困难,被执行人申请延期缴纳、酌情减少或者免除罚金的,应当提交相关证明材料。人民法院应当在收到申请后一个月以内作出裁定。符合法定条件的,应当准许;不符合条件的,驳回申请。(§524)

第七节 剥夺政治权利

第五十四条 【剥夺政治权利的内容】
剥夺政治权利是剥夺下列权利:
(一)选举权和被选举权;
(二)言论、出版、集会、结社、游行、示威自由的权利;
(三)担任国家机关职务的权利;
(四)担任国有公司、企业、事业单位和人民团体领导职务的权利。

【条文说明】

本条是关于剥夺政治权利内容的规定。

根据本条规定,剥夺政治权利包括剥夺以下四项权利:一是**选举权和被选举权**。所谓"选举权",是指宪法和选举法规定的,公民参加选举活动,按照本人的自由意志投票选举人民代表等职务的权利,即参加投票选举的权利;"被选举权",是指根据宪法和选举法的规定,公民可以被提名为人民代表大会代表等职务的候选人,当选为人民代表等职务的权利。选举权和被选举权是公民的基本政治权利,是公民参与国家管理的必要前提和有效途径,被剥夺政治权利的犯罪行为人当然不能享有此项权利。二是**言论、出版、集会、结社、游行、示威自由的权利**。所谓言论自由,是公民以言语表达意思的自由;出版自由,是指以文字、音像、绘画等形式出版作品,向社会表达思想的自由;结社自由,是指公民为一定宗旨组成某种社会组织的自由;集会自由和游行、示威自由,都是公民表达自己见解和意愿的自由,只是表达的方式不同。这六项自由,是我国宪法规定的公民的基本政治自由,是人民发表意见、参加政治活动和国家管理的自由权利,被依法剥夺政治权利的人不能行使这些自由。三是**担任国家机关职务的权利**。"国家机关"包括国家各级权力机关、行政机关、监察机关、司法机关以及军事机关等。所谓"担任国家机关职务",是指在上述国家机关中担任领导职务,或者领导职务以外的其他职务,如担任审判人员、检察人员、书记员或者其他行政职务。被剥夺政治权利的人,不能担任这些职务。四是**担任国有公司、企业、事业单位和人民团体领导职务的权利**。根据本条规定,被剥夺政治权利的人可以在国有公司、企业、事业单位和人民团体中继续工作,但是不能担任领导职务。

实践中需要注意的是,被剥夺政治权利的人担任集体、私营企业和事业单位领导职务的权利不属于剥夺政治权利的范围,其他法律规定或者人民法院判决的禁止令、职业禁止另有要求的,按其要求执行。

【司法解释性文件】

《全国人民代表大会常务委员会法制工作委员会、最高人民法院、最高人民检察院、公安部、司法部、民政部关于正在服刑的罪犯和被羁押的人的选举权问题的联合通知》(法工委联字〔84〕1号,1984年3月24日公布)

△(**服刑人员;被羁押人员;选举权**)对准予行使选举权利的被羁押的人和正在服刑的罪犯,经选举委员会和执行羁押、监禁的机关共同决定,可以在原户口所在地参加选举,也可以在劳改场所参加选举;可以在流动票箱投票,也可以委托有选举权的亲属或者其他选民代为投票。(§5)

《最高人民法院、最高人民检察院、公安部、劳动人事部关于被判处管制、剥夺政治权利和宣告缓刑、假释的犯罪分子能否外出经商等问题的通知》[〔86〕高检会(三)字第2号,1986年11月8日公布]

△(剥夺政治权利;外出经商;事先经公安机关允许)对被判处管制、剥夺政治权利和宣告缓刑、假释的犯罪分子,公安机关和有关单位要依法对其实行经常性的监督改造或考察。被管制、假释的犯罪分子,不能外出经商;被剥夺政治权利和宣告缓刑的犯罪分子,按现行规定,属于允许经商范围之内的,如外出经商,需事先经公安机关允许。(§1)

△(剥夺政治权利;工商管理部门;批准在常住户口所在地自谋生计;就地从事或承包农副业生产)犯罪分子在被管制、剥夺政治权利、缓刑、假释期间,若原所在单位确有特殊情况不能安排工作的,在不影响对其实行监督考察的情况下,经工商管理部门批准,可以在常住户口所在地自谋生计;家在农村的,亦可就地从事或承包一些农副业生产。(§2)

△(剥夺政治权利;国营或集体企事业单位的领导职务)犯罪分子在被管制、剥夺政治权利、缓刑、假释期间,不能担任国营或集体企事业单位的领导职务。(§3)

《最高人民检察院关于被判处管制、剥夺政治权利和宣告缓刑、假释的犯罪分子能否担任中外合资、合作经营企业领导职务问题的答复》(高检研发〔1991〕4号,1991年9月25日公布)

△(剥夺政治权利;外出经商;中外合资、合作企业)最高人民法院、最高人民检察院、公安部、劳动人事部〔86〕高检会(三)字第2号《关于被判处管制、剥夺政治权利和宣告缓刑、假释的犯罪分子能否外出经商等问题的通知》第三条所规定的不能担任领导职务的原则,可适用于中外合资、中外合作企业(包括我方与港、澳、台客商合资、合作企业)。

第五十五条 【剥夺政治权利的期限】

剥夺政治权利的期限,除本法第五十七条规定外,为一年以上五年以下。

判处管制附加剥夺政治权利的,剥夺政治权利的期限与管制的期限相等,同时执行。

【条文说明】

本条是关于剥夺政治权利期限的规定。

本条共分为两款。

第一款是关于**剥夺政治权利期限的一般性规定**。根据本款规定,除《刑法》第五十七条规定的死刑、无期徒刑以及死刑缓期执行、无期徒刑减为有期徒刑附加剥夺政治权利的期限外,**剥夺政治权利的期限为一年以上五年以下**。这里包括了单**处剥夺政治权利和附加剥夺政治权利两种情况**,附加剥夺政治权利的,又包括有期徒刑附加剥夺政治权利和拘役附加剥夺政治权利两种情形。司法实践中,对罪犯判处剥夺政治权利的时候,应当根据犯罪的性质、危害程度以及情节轻重决定剥夺政治权利的期限,尤其是附加剥夺政治权利的刑期,应与所判处的主刑轻重相适应。

第二款是关于**判处管制附加剥夺政治权利的期限规定**。本款规定有两层意思。一是**剥夺政治权利的期限与管制的期限相等**,即在判处管制的同时附加判处剥夺政治权利的,判处管制的期限与判处附加剥夺政治权利的期限长短完全相同。根据《刑法》第三十八条的规定,管制的期限为三个月以上二年以下,管制附加的剥夺政治权利的期限也是三个月以上二年以下。二是**管制与附加的剥夺政治权利同时执行**,是指剥夺政治权利的刑罚不是要等管制期满后再执行,而是应在管制开始时就一同执行,当罪犯管制期满解除管制时,政治权利也同时恢复。

实践中需要注意的是,根据本条第二款的规定,管制附加剥夺政治权利的,两种刑罚期限相同,同时执行。但根据刑法、刑事诉讼法、社区矫正法等法律的有关规定,管制和剥夺政治权利两种刑罚的执行机关不同。**管制由社区矫正机构负责执行,剥夺政治权利由公安机关负责执行**。对于罪犯被判处管制附加剥夺政治权利的,社区矫正机构和公安机关应当加强协调配合,共同做好监督执行工作,确保两种刑罚同时执行到位。

第五十六条　【剥夺政治权利的适用对象】
对于危害国家安全的犯罪分子应当附加剥夺政治权利；对于故意杀人、强奸、放火、爆炸、投毒、抢劫等严重破坏社会秩序的犯罪分子，可以附加剥夺政治权利。
独立适用剥夺政治权利的，依照本法分则的规定。

【条文说明】

本条是关于剥夺政治权利适用对象的规定。
本条共分为两款。

第一款是关于**附加剥夺政治权利适用对象的规定**。根据本款规定，**附加剥夺政治权利的对象**主要是两种人：一是**危害国家安全的犯罪分子**，即实施《刑法》分则第一章所规定的危害国家安全犯罪和刑法分则其他章节中规定的性质上属于危害国家安全犯罪行为的犯罪分子。二是**对于故意杀人、强奸、放火、爆炸、投毒、抢劫等严重破坏社会秩序的犯罪分子**，可以附加剥夺政治权利。根据本款规定，可以附加剥夺政治权利的犯罪主要是上述几种犯罪，但不局限于所列几种犯罪，其他危害严重的破坏社会秩序的故意犯罪，也可以依法附加剥夺政治权利。① 需要注意的是，全国人大常委会于2001年12月29日通过了《刑法修正案（三）》，对《刑法》第一百一十四条、第一百一十五条进行了修改，将"投毒"改为"投放毒害性、放射性、传染病病原体等物质"。因此，对本款规定的"投毒"，应当结合《刑法修正案（三）》的有关规定进行理解。

第二款是关于**独立适用剥夺政治权利的规定**。根据本款规定，独立适用剥夺政治权利的，依照刑法分则的规定。② 刑法分则规定**独立适用剥夺政治权利的对象**主要有以下几种规定：一是危害国家安全罪中的分裂国家罪、煽动分裂国家罪、武装叛乱、暴乱罪、颠覆国家政权罪、煽动颠覆国家政权罪、资助危害国家安全犯罪活动罪、叛逃罪、为境外窃取、刺探、收买、非法提供国家秘密、情报罪。二是危害公共安全罪中的涉恐怖活动的相关犯罪。三是侵犯公民人身权利、民主权利罪中的非法拘禁罪、侮辱罪、诽谤罪、煽动民族仇恨、民族歧视罪，破坏选举罪。四是妨害社会管理秩序罪中的煽动暴力抗拒法律实施罪，招摇撞骗罪，伪造、变造、买卖国家机关公文、证件、印章罪，盗窃、抢夺、毁灭国家机关公文、证件、印章罪，伪造公司、企业、事业单位、人民团体印章罪，伪造、变造、买卖身份证件罪，非法获取国家秘密罪，聚众扰乱社会秩序罪，聚众冲击国家机关罪，组织、领导、参加黑社会性质组织罪，非法集会、游行、示威罪，非法携带武器、管制刀具、爆炸物参加集会、游行、示威罪，破坏集会、游行、示威罪，侮辱国旗、国徽罪。五是危害国防利益罪中的聚众冲击军事禁区罪，聚众扰乱军事管理区秩序罪，冒充军人招摇撞骗罪，伪造、变造、买卖武装部队公文、证件、印章罪，盗窃、抢夺武装部队公文、证件、印章罪。刑法分则条文中没有规定剥夺政治权利的犯罪，不得独立适用剥夺政治权利。

实践中需要注意的是，剥夺政治权利涉及对公民重要宪法权利的剥夺，司法机关在适用这一刑罚，尤其是对法律规定"可以附加剥夺政治权利"的犯罪决定是否附加剥夺政治权利时，既要考虑严厉惩治有关严重犯罪的需要，也要准确审慎掌握刑罚适用的标准。

【司法解释】

《最高人民法院关于对故意伤害、盗窃等严重破坏社会秩序的犯罪分子能否附加剥夺政治权利问题的批复》（法释〔1997〕11号，自1998年1月13日起施行）

△（严重破坏社会秩序的犯罪分子；剥夺政治权利）根据刑法第五十六条规定，对于故意杀人、强奸放火、爆炸、投毒、抢劫等严重破坏社会秩序的犯罪分子，可以附加剥夺政治权利。对故意伤害、盗窃等其他严重破坏社会秩序的犯罪，犯罪分子主观恶性较深、犯罪情节恶劣、罪行严重的，也可以依法附加剥夺政治权利。

《最高人民法院关于审理未成年人刑事案件具体应用法律若干问题的解释》（法释〔2006〕1号，自2006年1月23日起施行）

---

① 我国学者指出，对严重的经济犯罪分子、严重的贪污受贿犯罪分子、严重的渎职犯罪分子，也可以附加剥夺政治权利。参见张明楷：《刑法学》（第6版），法律出版社2021年版，第708页。
② 我国学者指出，独立适用，乃指剥夺政治权利与有关主刑相并列供选择适用，一旦选择独立适用剥夺政治权利，就不能再适用主刑，也不应再附加剥夺政治权利。参见赵秉志主编：《刑法总论》（第3版），中国人民大学出版社2016年版，第346页；张明楷：《刑法学》（第6版），法律出版社2021年版，第707—708页。

△(未成年罪犯;剥夺政治权利;从轻判处;被指控犯罪时未成年)除刑法规定"应当"附加剥夺政治权利外,对未成年罪犯一般不判处附加剥夺政治权利。

如果对未成年罪犯判处附加剥夺政治权利的,应当依法从轻判处。

对实施被指控犯罪时未成年、审判时已成年的罪犯判处附加剥夺政治权利,适用前款的规定。(§14)

【参考案例】

No.2-114、115(1)-4-3 方金青惠投毒案

对外国人,不能判处剥夺政治权利。

第五十七条 【对死刑、无期徒刑罪犯剥夺政治权利的期限】

对于被判处死刑、无期徒刑的犯罪分子,应当剥夺政治权利终身。

在死刑缓期执行减为有期徒刑或者无期徒刑减为有期徒刑的时候,应当把附加剥夺政治权利的期限改为三年以上十年以下。

【条文说明】

本条是关于被判处死刑、无期徒刑的罪犯如何附加适用剥夺政治权利的规定。

本条共分为两款。

第一款是关于**被判处死刑、无期徒刑的犯罪分子应当剥夺政治权利终身的规定**。根据本款规定,被判处死刑、无期徒刑的罪犯,**从判决或者裁定发生法律效力之日起**就被终身剥夺政治权利。这里所说的死刑,包括被判处死刑缓期二年执行的情况。根据本款规定,被判处死刑缓期二年执行的犯罪分子,如果在死缓考验期满后被减为无期徒刑的,附加的剥夺政治权利的期限仍为终身。

第二款是关于**死刑缓期执行、无期徒刑减为有期徒刑时附加剥夺政治权利期限的规定**。根据本款规定,原判处死刑缓期执行减为有期徒刑或者无期徒刑减为有期徒刑的,附加剥夺政治权利的期限应由原判终身剥夺改为三年以上十年以下。根据《刑法》第五十八条的规定,这种情况下剥夺政治权利的期限,应从罪犯主刑执行完毕之日或者从假释之日起再开始计算;同时,剥夺政治权利的效力也应自然及于其减刑以后确定的主刑执行期间。

第五十八条 【剥夺政治权利的刑期计算、效力与执行】

附加剥夺政治权利的刑期,从徒刑、拘役执行完毕之日或者从假释之日起计算;剥夺政治权利的效力当然施用于主刑执行期间。

被剥夺政治权利的犯罪分子,在执行期间,应当遵守法律、行政法规和国务院公安部门有关监督管理的规定,服从监督;不得行使本法第五十四条规定的各项权利。

【条文说明】

本条是关于附加剥夺政治权利的刑期如何计算和被剥夺政治权利的罪犯应当遵守的管理规定的规定。

本条共分为两款。

第一款是**对附加剥夺政治权利的刑期如何计算和在主刑执行期间对罪犯是否剥夺政治权利的规定**。根据本款规定,判处有期徒刑、拘役而附加剥夺政治权利的,剥夺政治权利的刑期**从主刑执行完毕之日或者从假释之日起**计算,即从主刑执行完毕刑满释放或者假释开始,再计算附加的剥夺政治权利的刑期。但是,剥夺政治权利的效力则**从主刑执行之日起**开始发生,即在主刑执行期间,也应同时剥夺政治权利。在这种情况下,附加剥夺政治权利的罪犯实际被剥夺政治权利的时间要比判决中确定的剥夺政治权利的期限长,等于罪犯主刑刑期和剥夺政治权利刑期的总和。应当注意的是,被判处有期徒刑、拘役而没有附加剥夺政治权利的罪犯,以及被羁押的犯罪嫌疑人、被告人,在刑罚执行或者羁押期间仍应享有政治权利,依照《全国人民代表大会常务委员会关于县级以下人民代表大会代表直接选举的若干规定》的规

定,应准许他们行使选举权。这些人员参加选举,由选举委员会和执行监禁、羁押的机关共同决定,可以在流动票箱投票,或者委托有选举权的亲属或者其他选民代为投票。被判处拘役的人也可以在选举日回原选区参加选举。

第二款是关于**被剥夺政治权利的罪犯应当遵守的有关管理规定的规定**。根据本款规定,被剥夺政治权利的罪犯,在执行期间应当遵守以下规定:一是**遵守法律、行政法规和国务院公安部门有关监督管理的规定,服从监督**。"遵守法律、行政法规",是指被剥夺政治权利的罪犯在执行期间必须遵守国家法律、行政法规,不得有违法行为。同时,根据《刑事诉讼法》第二百七十条的规定,对于被剥夺政治权利的罪犯,由公安机关执行。因此,被剥夺政治权利的罪犯在执行期间还应遵守公安部门有关监督管理的规定,自觉服从居住地公安机关及公安机关委托的罪犯所在单位或者居住地的基层组织的监管、教育。公安部制定的《公安机关办理刑事案件程序规定》对公安机关对被剥夺政治权利的罪犯监督管理的具体措施作了规定。二是**不得行使《刑法》第五十四条规定的各项权利**。《刑法》第五十四条规定的是应剥夺的政治权利的内容,被剥夺政治权利的罪犯在执行期间当然不能行使。只有在执行期满,罪犯被恢复政治权利以后,才能行使《刑法》第五十四条规定的各项政治权利。被剥夺政治权利的罪犯违反本款规定,如不服从公安机关的监督管理,行使《刑法》第五十四条规定的政治权利的,根据**《治安管理处罚法》**第六十条的规定,可以由公安机关处五日以上十日以下拘留,并处二百元以上五百元以下罚款。情节严重,构成刑法规定的**拒不执行判决、裁定罪**的,还可以依法追究刑事责任。

实践中需要注意的是,根据刑法有关规定,剥夺政治权利是剥夺罪犯参与政治活动和公共事务的有关权利,对被剥夺政治权利的人的人身自由,法律上并没有特别的限制。这与对被判处管制、宣告缓刑、假释的罪犯是不同的。公安机关对被剥夺政治权利的人的监督管理,也主要是监督他们不得行使有关政治权利,与社区矫正机构对社区矫正对象的监管措施不同。实践中公安机关应当正确执行有关监管措施,不应当对被剥夺政治权利的人的人身自由作不当的限制。

【参考案例】

No.5-264-56 王斌盗窃案

附加剥夺政治权利的效力施用于主刑执行期间,主刑执行期间不计入剥夺政治权利期间;前审判决遗漏剥夺政治权利的并罚而被再审判决纠正,前审再审改判确认的剥夺政治权利执行期间,不影响本罪应予并罚的剩余剥夺政治权利刑期的计算。

第八节 没收财产

第五十九条 【没收财产】
没收财产是没收犯罪分子个人所有财产的一部或者全部。 没收全部财产的,应当对犯罪分子个人及其扶养的家属保留必需的生活费用。
在判处没收财产的时候,不得没收属于犯罪分子家属所有或者应有的财产。

【条文说明】

本条是关于没收财产的规定。
本条共分为两款。
第一款是关于**如何适用没收财产刑**的规定。本款首先明确了刑法规定的没收财产刑的含义,即司法机关依据刑法的有关规定,将犯罪分子个人所有财产的一部或者全部强制无偿地收归国家所有。只有对于刑法分则中明确规定有没收财产刑的犯罪,才能适用这种刑罚。没收财产一般适用于严重的犯罪,如危害国家安全罪,生产、销售伪劣商品罪,破坏金融管理秩序罪,金融诈骗罪,危害税收征管罪,贪污罪,受贿罪,绑架罪等都有关于没收财产的规定。没收财产,只能是没收犯罪分子个人所有财产的一部或者全部。这句话有以下两层含义:一是**没收的只能是属于犯罪分子本人所有的财产**。犯罪分子本人所有的财产,是指属于犯罪分子本人所有的财物及其在与他人共有财产中依法应有的份额。在处理这类案件时,应当依据有关的民事法律界定犯罪分子个人所有的财产,严格划清犯罪分子本人财产与其家属或者他人财产的界限。只有是依法确定为犯罪分子个人所有的财产,才能予以没收。这里的财产包括动产和不动产。二是对于**犯罪分子本人所有的财产是没收一部分还是全部**,应当根据犯罪的性质、情节、对社会的危害程度以及案件的具体情况确定,不论是没收一部分还是全部,都应当对没收的财产名称、数量等在判决中写明,以便于负责执行的机构执行,不能笼统地写没收一部分或者全部。决定没收犯罪分子本人的全部财产时,**应当在没收的财产中给犯罪分子本人以及其所扶养的家属保留必要的生活费用**。这里所说的"其扶养的家属",根据民事法律的有关规定,既包括由其扶养的配偶,也包括由其抚养的子女和由其赡养的老人。

第二款是关于**不得没收属于犯罪分子家属所有或应有的财产**的规定。属于犯罪分子家属的财产,是指属于与犯罪分子共同生活的家庭成员个人所有的财产和在家庭共有财产中应当占有的份额。只要依法确定属于犯罪分子家属所有或应有的财产,就不能予以没收。要严格执行本款规定,就要求负责执行没收财产刑的机关,在执行没收财产时,特别是没收个人全部财产的刑罚时,应当按照有关民事法律和执行规定,对被执行人的家庭财产进行析产,准确区分被执行人本人的财产和其家属所有和应有的财产,在此基础上再进行执行。

在适用没收财产的刑罚时,应当注意以下两点:

1. **必须严格执行刑法分则的有关规定**。刑法分则对于什么性质的犯罪、具备什么样的条件才能适用没收财产的刑罚都作出了明确的规定。司法机关在办理具体案件时,要充分认识没收财产对于从经济上惩罚犯罪的重要意义,必须严格执行法律,凡是刑法分则条文中有没收财产规定的,就应当正确运用这一刑罚手段;凡是刑法分则条文中没有没收财产规定的,也不得随意扩大没收财产的适用范围。

2. **注意区分没收财产同《刑法》第六十四条规定的没收犯罪分子违法所得的财物和供犯罪所用的犯罪分子本人的财物的区别**。《刑法》第六十四条的规定是对犯罪分子违法所得、供犯罪所用的本人财物以及违禁品的强制处理方法,而不是一种刑罚。它适用于一切犯罪,不论犯罪分子犯什么罪,判什么刑,只要犯罪分子违法所得的一切财物和供犯罪所用的本人财物都要追缴或者没收,而本条规定的没收财产则是一种刑罚。

【司法解释】

《最高人民法院关于适用财产刑若干问题的规定》(法释〔2000〕45号,自2000年12月19日起施行)

△("并处"没收财产;"可以并处"没收财产)刑法规定"并处"没收财产或者罚金的犯罪,人民法院在对犯罪分子判处主刑的同时,必须依法判处相应的财产刑;刑法规定"可以并处"没收财产或者罚金的犯罪,人民法院应当根据案件具体情况及犯罪分子的财产状况,决定是否适用财产刑。(§1)

△(财产刑;财产之扣押或冻结)人民法院认为依法应当判处被告人财产刑的,可以在案件审理过程中,决定扣押或者冻结被告人的财产。(§9)

△(执行法院;异地)财产刑由第一审人民法院执行。

犯罪分子的财产在异地的,第一审人民法院可以委托财产所在地人民法院代为执行。(§10)

《最高人民法院关于审理未成年人刑事案件具体应用法律若干问题的解释》(法释〔2006〕1号,自2006年1月23日起施行)

△(未成年罪犯;并处没收财产;可以并处没收财产)对未成年罪犯实施刑法规定的"并处"没收财产或者罚金的犯罪,应当依法判处相应的财产刑;对未成年罪犯实施刑法规定的"可以并处"没收财产或者罚金的犯罪,一般不判处财产刑。(§15Ⅰ)

《最高人民法院关于刑事裁判涉财产部分执行的若干规定》(法释〔2014〕13号,自2014年11月6日起施行)

△(没收财产;具体财物或者金额)判处没收部分财产的,应当明确没收的具体财物或者金额。(§6Ⅱ)

△(没收财产;参照当地居民最低生活费标准;生活必需费用)判处没收财产的,应当执行刑事裁判生效时被执行人合法所有的财产。

执行没收财产或罚金刑,应当参照被扶养人住所地政府公布的上年度当地居民最低生活费标准,保留被执行人及其所扶养家属的生活必需费用。(§9)

《最高人民法院关于适用〈中华人民共和国刑事诉讼法〉的解释》(法释〔2021〕1号,自2021年3月1日起施行)

△(判处没收财产;立即执行)判处没收财产的,判决生效后,应当立即执行。(§525)

△(保留被执行人及其所扶养人的生活必

需费用)执行财产刑,应当参照被扶养人住所地政府公布的上年度当地居民最低生活费标准,保留被执行人及其所扶养人的生活必需费用。(§526)

△(应当先履行民事赔偿责任)被判处财产刑,同时又承担附带民事赔偿责任的被执行人,应当先履行民事赔偿责任。(§527)

【司法解释性文件】

《全国法院维护农村稳定刑事审判工作座谈会纪要》(法〔1999〕217号,1999年10月27日公布)

△(没收财产;死刑;无期徒刑)凡法律规定并处罚金或者没收财产的,均应当依法并处,被告人的执行能力不能作为是否判处财产刑的依据。确实无法执行或不能执行的,可以依法执行终结或者减免。对法律规定主刑有死刑、无期徒刑并处罚金的,同时并处没收财产或罚金的,如决定judge处死刑,只能并处没收财产;判处无期徒刑的,可以并处没收财产,也可以并处罚金;判处有期徒刑的,只能并处罚金。

△(没收财产;数罪;罚金刑)被告人犯数罪的,应避免判处罚金刑的同时,判处没收部分财产。对于判处没收全部财产,同时判处罚金刑的,应决定执行没收全部财产,不再执行罚金刑。

第六十条 【正当债务的偿还】

没收财产以前犯罪分子所负的正当债务,需要以没收的财产偿还的,经债权人请求,应当偿还。

【条文说明】

本条是关于在没收犯罪分子财产时,如何处理犯罪分子所负的正当债务的规定。

根据本条规定,犯罪分子所负债务是否应当以没收的财产偿还,需要符合四个方面的条件。**一是债务产生时间是在没收财产以前**。根据《最高人民法院关于适用财产刑若干问题的规定》的有关规定,本条规定的"没收财产以前犯罪分子所负的正当债务",是指犯罪分子在判决生效前所负他人的合法债务。如果犯罪分子所负债务发生在没收财产的判决生效以后,即使属于合法债务,也不能以没收的财产偿还。① **二是债务的性质是犯罪分子所负的正当债务**,即合法债务,如犯罪分子在犯罪前与他人(包括单位)因为合法的租赁、买卖、借贷、承包等关系所产生的正当债务。如果不是属于这种正当的债务关系,而是因违法行为所负的债务,如因赌博所欠的赌债、违法高利放贷产生的债务等,不属于正当债务,也就不能以没收的财产偿还。② **三是该债务需要以没收的财产偿还**。对于犯罪分子被判处没收部分财产的,如果犯罪分子还有其他财产可用以偿还债务而不是必须以没收的财产偿还的,不应适用本条规定。**四是债权人提出申请**。债权人应当向人民法院提出申请,申请的时间可以是在审判程序中,也可以是在没收财产刑执行程序中。人民法院接到债权人的申请后,经审查属于正当债务且符合本条规定的,应当予以偿还。

实践中存在有的犯罪分子为逃避财产刑的执行,与他人恶意串通,虚构债权债务关系,以偿还债务为名非法转移财产的情况。对于这类情形,人民法院应当加强对申请偿还的债务的真实性、合法性的审查,发现有关违法犯罪情形的,及时依法处理。

【司法解释】

《最高人民法院关于适用财产刑若干问题的规定》(法释〔2000〕45号,自2000年12月19日起施行)

△(没收财产以前犯罪分子所负的正当债务)刑法第六十条规定的"没收财产以前犯罪分子所负的正当债务",是指犯罪分子在判决生效前所负他人的合法债务。(§7)

《最高人民法院关于刑事裁判涉财产部分执行的若干规定》(法释〔2014〕13号,自2014年11月6日起施行)

△(同时承担刑事责任、民事责任;执行顺序;

---

① 我国学者指出,"没收财产以前犯罪分子所负的正当债务"仅指犯罪分子在判决生效前所欠他人的合法债务,不包括本次犯罪对被害人形成的赔偿债务。对于后者,可以直接适用《刑法》第三十六条第二款的规定,先对被害人承担民事赔偿责任,后执行罚金或者没收财产。参见张明楷:《刑法学》(第6版),法律出版社2021年版,第711页。
② 相同的学说见解,参见赵秉志主编:《刑法总论》(第3版),中国人民大学出版社2016年版,第349页。

优先受偿权;其他民事债务;没收财产)被执行人在执行中同时承担刑事责任、民事责任,其财产不足以支付的,按照下列顺序执行:

(一)人身损害赔偿中的医疗费用;
(二)退赔被害人的损失;
(三)其他民事债务;
(四)罚金;
(五)没收财产。

债权人对执行标的依法享有优先受偿权,其主张优先受偿的,人民法院应当在前款第(一)项规定的医疗费用受偿后,予以支持。(§13)

第四章 刑罚的具体运用

第一节 量刑

第六十一条 【量刑根据】
对于犯罪分子决定刑罚的时候,应当根据犯罪的事实、犯罪的性质、情节和对于社会的危害程度,依照本法的有关规定判处。

【条文说明】

本条是关于人民法院对犯罪行为人量刑原则的规定。

根据本条规定,对于犯罪行为人决定刑罚的时候,应当遵循以下原则:

1. 根据犯罪的事实。这里所说的"**犯罪的事实**",应是广义的犯罪事实,包括与犯罪有关的全部事实。包括:犯罪的主体是否为具有完全刑事责任能力者,以及是否符合特定犯罪对特殊主体的特别要求;犯罪的主观方面,是故意还是过失,以及犯罪的动机、目的等主观要素;犯罪的客观方面,危害社会的行为、手段、危害社会的后果、行为和后果之间的因果关系以及犯罪的时间、地点和方法等。要求量刑根据犯罪的事实,这是我国以事实为根据的基本司法原则的必然要求。犯罪事实既是定罪的事实基础,也是正确量刑的客观事实基础。要正确量刑,首先必须要以实事求是的态度,搞清楚犯罪的事实真相,然后才能在此基础上做到准确确定罪名,进而根据各项具体的犯罪事实,准确衡量其社会危害性和犯罪人本人的人身危险性,并对其量处恰当的刑罚,做到无罪不罚,有罪量罚,重罪重罚,轻罪轻罚,罚当其重。

2. 根据犯罪的性质。**犯罪的性质**,就是认定行为人的犯罪行为构成什么犯罪,应当确定什么样的罪名。我国刑法分则根据犯罪行为的性质和社会危害程度,分十章对不同性质的犯罪作了规定,在每一章中又根据情况规定了各种不同的罪名,并为各个具体罪名设定了不同的刑罚。因此,只有正确认定犯罪性质,才能准确确定罪名和相应的法定刑幅度,这是准确裁量刑罚的前提。

3. 根据犯罪的情节。"**犯罪的情节**",是指实施犯罪的有关具体情况,包括犯罪过程、手段等,这也是人民法院决定刑罚轻重的重要依据。一般按照犯罪情节是否在刑法中作了明确规定,可以把量刑情节分为以下两类:

一是**法定情节**,即法律中明确加以规定的从重、从轻、减轻以及免除处罚的情节。刑法在总则中规定了具有某些犯罪情节时应当或者可以从重、从轻、减轻、免除处罚,在分则中规定具体犯罪和法定刑时也针对某些情节规定了从重、从轻、减轻、免除处罚。首先,**法定从轻、减轻、免除处罚情节**,包括应当或者可以从轻、减轻、免除处罚,如总则中规定的犯罪的预备、未遂、中止,正当防卫和紧急避险超过必要限度,未成年人犯罪,已满七十五周岁的老年人犯罪,限制行为能力的精神病人犯罪,坦白、自首、立功,共同犯罪中的从犯、胁从犯等;分则中规定的行贿人在被追诉前主动交待行贿行为;非法种植毒品原植物,在收获前自动铲除的;收买被拐卖的妇女、儿童,对被买儿童没有虐待行为,不阻碍对其进行解救,或者按照被买妇女的意愿,不阻碍其返回原居住地的,等等。其次,**法定从重处罚情节**,包括应当或者可以从重处罚,如总则中规定的累犯,教唆未成年人犯罪;分则中规定的奸淫不满十四周岁的幼女的,猥亵儿童的,组织、强迫未成年人卖淫的,武装掩护走私的,索贿的,等等。对于犯罪行为人具有法定情节的,必须依法确定其量刑的轻重。

二是**酌定情节**,即不是法律中明确规定的情节,而是人民法院根据实际情况和审判实践,在量刑时予以考虑的情节。司法实践中,酌定情节主要包括犯罪的动机;犯罪的手段;犯罪时的环境和条件;犯罪的损害结果;犯罪侵害的对象;犯罪分子的个人情况和一贯表现;犯罪分子的认罪态度;

等等。首先，**酌定从轻处罚情节**，如犯罪没有造成危害结果或者危害结果较轻的，偶犯、初犯，犯罪分子为老年人、残疾人、孕妇等弱势人员，认罪态度较好，采取积极的措施消除或者减轻由其犯罪所造成的危害结果，等等。其次，**酌定从重处罚情节**，如造成一定危害结果或者危害结果较重的，危害行为持续时间较长的，犯罪方法手段残忍，犯罪人是具有犯罪经验和犯罪技能的人，有犯罪前科，犯罪目的、犯罪动机卑劣的，在重大自然灾害或者预防、控制突发传染病疫情等灾害期间故意犯罪的。

4. 根据犯罪行为对于社会的危害程度。"**对于社会的危害程度**"，是指犯罪行为对法律保护的社会关系损害的程度。对社会的危害程度一般包括两个方面的内容：一是**犯罪行为直接造成的危害结果**；二是**犯罪行为虽未直接造成实际的危害结果，但存在造成实际危害结果的危险性的**，这也是犯罪行为的社会危害性的具体体现。如刑法分则中规定的"足以使火车、汽车、电车、船只、航空器发生倾覆、毁坏危险""足以造成严重食物中毒事故或者其他严重食源性疾病""足以严重危害人体健康"等。根据不同的犯罪对社会的不同危害程度，刑法规定了不同的刑罚或者划分了不同的量刑幅度。

5. 依照本法的有关规定应处。所谓"**本法的有关规定**"，包括定罪量刑依据的刑法分则中的有关规定，也包括刑法总则中的有关规定。根据这些规定，确定对于被告人是否要处以刑罚、处以何种刑罚以及适用刑期的长短、刑罚的执行方式等。在具体适用刑法分则的有关规定时，如果该规定有不同的量刑幅度，应当选择与所犯罪行相应的量刑幅度。在适用总则的有关规定时，要根据犯罪的事实和情节，正确适用从重、从轻、减轻、免除刑罚的有关规定。

量刑是刑事审判的重要环节，对犯罪分子确定刑罚的时候，应当综合考虑犯罪的事实、性质、情节以及对社会的危害程度，依照刑法总则和分则的有关规定，决定判处的刑罚。对于存在特殊情况的应当区别情况予以处理，以体现刑罚的个别化和罪责刑相适应。如《最高人民法院关于审理未成年人刑事案件具体应用法律若干问题的解释》第十一条规定，对未成年罪犯适用刑罚，应当充分考虑是否有利于未成年犯罪的教育和矫正。对未成年罪犯量刑应当依照《刑法》第六十一条的规定，并充分考虑未成年人实施犯罪行为的动机和目的、犯罪时的年龄、是否初次犯罪、犯罪后的悔罪表现、个人成长经历和一贯表现等因素。对符合管制、缓刑、单处罚金或者免于刑事处罚适用条件的未成年罪犯，应当依法适用管制、缓刑、单处罚金或者免于刑事处罚。

实践中需要注意以下两个方面的问题：

1. **关于量刑规范化与刑罚个别化的关系问题**。近年来，司法机关在司法体制改革中对于量刑规范化问题比较重视，实践中也做了较多的探索，取得了一定的成效。量刑规范化改革的初衷，是由于长期以来司法实践中存在的所谓"同案不同判"、量刑轻重相差悬殊的情况比较突出的问题，各方面反应比较强烈，影响人民群众对司法公正的期待。总的来看，量刑不规范的成因是比较复杂的，其中既有长期以来重定罪轻量刑的传统问题，也有法官的业务能力水平、司法实践经验以及对法律的理解存在较大差异的问题，也有个别案件受到各种不正常因素影响的人为原因。因此，探索和寻找一套科学合理的量刑方法，规范法官的自由裁量权，对于实现量刑均衡，增强司法公信力，具有重要的积极意义。同时，也必须看到，量刑本身是一个把法律规定的抽象的规则适用于具体案件的过程，而具体的案件情况非常复杂，可以说不存在完全相同的两个案件。量刑规范化只能是在总结实践经验的基础上，将相对常见和具有一定共性的量刑情节等大体类型化，并根据情况设定相应的基数、参数、系数等，帮助法官在具体案件中做到基本相似的案件，量刑大体均衡，而不可能精准地解决所有量刑问题。因此，要做到每一个案件的量刑都罚当其事，都体现刑罚个别化，仅靠有限的规范刑的一些规则和参数等，显然是不现实的。为此，在量刑规范化运用过程中，要防止简单套用公式和规则，而不论结果是否符合司法公正基本要求的机械做法。因为"同案不同判"固然不能体现司法公正，不同案件"一刀切"的判决结果，也不符合司法公正的要求。为此，在具体量刑时需要注意以下问题：一是刑事案件情况复杂，犯罪的事实、性质和情节，以及对社会的危害性千差万别，很难用统一的标准予以衡量，如果设定的量刑标准过于机械，缺乏一定的灵活性和人性化，反而可能导致重罪轻判、轻罪重判的现象发生。二是现代刑罚更强调个别化原则，刑罚裁量不能不考虑犯罪人的具体情况，因此，在量刑时需要充分考虑行为人的个体差异，如行为人所处的社会环境、生理和心理因素。不同的原因产生不同的犯罪，同样的犯罪也可能因为原因不同而适用不同的刑罚，只有这样才能达到刑罚不仅体现预防和惩罚犯罪的目的，也能充分发挥刑罚的教育和矫正罪犯的功能。

2. **关于被害人过错对量刑的影响**。司法实践中，有些案件被害人对犯罪的发生也存在一定的过错,有的被害人的过错还比较明显和重大。因此,对于被害人有过错的案件,在量刑时是否需要加以考虑,是否影响对犯罪行为人量定刑罚,是需要认真研究的一个问题。一般而言,被害人过错对量刑是否有影响,不能一概而论,具体需要根据被害人过错程度予以确定。如果被害人只是**一般过错**,如言行举止不当等,在量刑时,一般不考虑被害人的过错而减轻加害人的责任;如果由于被害人存在**重大过错**而导致犯罪行为发生或者引发侵害结果进一步扩大的,如家庭内伤害案件,被害人长期实施家庭暴力行为等,在量刑时,应当根据被害人过错的具体情况,而适当减轻加害人的责任;如果完全由于被害人的过错而导致加害人的行为,如被害人正在实施性侵行为等,则要考虑加害人是否符合刑法规定的正当防卫行为,以及正当防卫是否超过必要的限度等。

【司法解释】

《最高人民法院关于审理未成年人刑事案件具体应用法律若干问题的解释》(法释〔2006〕1号,自2006年1月23日起施行)

△(**未成年罪犯;量刑**)对未成年罪犯适用刑罚,应当充分考虑是否有利于未成年罪犯的教育和矫正。

对未成年犯量刑应当依照刑法第六十一条的规定,并充分考虑未成年人实施犯罪行为的动机和目的、犯罪时的年龄、是否初次犯罪、犯罪后的悔罪表现、个人成长经历和一贯表现等因素。对符合管制、缓刑、单处罚金或者免予刑事处罚适用条件的未成年犯,应当依法适用管制、缓刑、单处罚金或者免予刑事处罚。(§11)

【司法解释性文件】

《最高人民法院、最高人民检察院关于常见犯罪的量刑指导意见(试行)》(法发〔2021〕21号,2021年6月6日发布)

△(**量刑的指导原则**)

(一)量刑应当以事实为根据,以法律为准绳,根据犯罪的事实、性质、情节和对于社会的危害程度,决定判处的刑罚。

(二)量刑既要考虑被告人所犯罪行的轻重,又要考虑被告人应负刑事责任的大小,做到罪责刑相适应,实现惩罚和预防犯罪的目的。

(三)量刑应当贯彻宽严相济的刑事政策,做到宽则宽,当严则严,宽严有济,罚当其罪,确保裁判政治效果、法律效果和社会效果的统一。

(四)量刑要客观、全面把握不同时期不同地区的经济社会发展和治安形势的变化,确保刑法任务的实现;对于同一地区同一时期案情相似的案件,所判处的刑罚应当基本均衡。

△(**量刑的基本方法**)量刑时,应当以定性分析为主,定量分析为辅,依次确定量刑起点、基准刑和宣告刑。

(一)量刑步骤

1. 根据基本犯罪构成事实在相应的法定刑幅度内确定量刑起点。

2. 根据其他影响犯罪构成的犯罪数额、犯罪次数、犯罪后果等犯罪事实,在量刑起点的基础上增加刑罚量确定基准刑。

3. 根据量刑情节调节基准刑,并综合考虑全案情况,依法确定宣告刑。

(二)调节基准刑的方法

1. 具有单个量刑情节的,根据量刑情节的调节比例直接调节基准刑。

2. 具有多个量刑情节的,一般根据各个量刑情节的调节比例,采用同向相加、逆向相减的方法调节基准刑;具有未成年人犯罪、老年人犯罪、限制行为能力的精神病人犯罪、又聋又哑的人或者盲人犯罪,防卫过当、避险过当、犯罪预备、犯罪未遂、犯罪中止,从犯、胁从犯和教唆犯等量刑情节的,先适用该量刑情节对基准刑进行调节,在此基础上,再适用其他量刑情节进行调节。

3. 被告人犯数罪,同时具有适用于个罪的立功、累犯等量刑情节的,先适用该量刑情节对个罪的量刑进行调节,确定个罪所应当判处的刑罚,再依法实行数罪并罚,决定执行的刑罚。

(三)确定宣告刑的方法

1. 量刑情节对基准刑的调节结果在法定刑幅度内,且罪责刑相适应的,可以直接确定为宣告刑;具有应当减轻处罚情节的,应当依法在法定最低刑以下确定宣告刑。

2. 量刑情节对基准刑的调节结果在法定最低刑以下,具有法定减轻处罚情节,且罪责刑相适应的,可以直接确定为宣告刑;只有从轻处罚情节的,可以依法确定法定最低刑为宣告刑;但是根据案件的特殊情况,经最高人民法院核准,也可以在法定刑以下判处刑罚。

3. 量刑情节对基准刑的调节结果在法定最高刑以上的,可以依法确定法定最高刑为宣告刑。

4. 综合考虑全案情况,独任审判员或合议庭可以在20%的幅度内对调节结果进行调整,确定宣告刑。当调整后的结果仍不符合罪责刑相适应原则的,应当提交审判委员会讨论,依法确定宣告刑。

5. 综合全案犯罪事实和量刑情节,依法应当判处无期徒刑以上刑罚、拘役、管制或者单处附加刑、缓刑、免予刑事处罚的，应当依法适用。

（四）判处罚金刑，应当以犯罪情节为根据，并综合考虑被告人缴纳罚金的能力，依法决定罚金数额。

（五）适用缓刑，应当综合考虑被告人的犯罪情节、悔罪表现、再犯罪的危险以及宣告缓刑对所居住社区的影响，依法作出决定。

△（**常见量刑情节的适用；未成年人犯罪；已满七十五周岁的老年人故意犯罪；又聋又哑的人或者盲人犯罪；未遂犯；自首情节；坦白情节；当庭自愿认罪；立功情节；退赃、退赔；积极赔偿被害人经济损失并取得谅解；达成刑事和解协议；在羁押期间表现好的；认罪认罚；累犯；前科；犯罪对象为未成年人、老年人、残疾人、孕妇等弱势人员；在重大自然灾害、预防、控制突发传染病疫情等灾害期间故意犯罪**）量刑时应当充分考虑各种法定和酌定量刑情节，根据案件的全部犯罪事实以及量刑情节的不同情形，依法确定量刑情节的适用及其调节比例。对黑恶势力犯罪、严重暴力犯罪、毒品犯罪、性侵未成年人犯罪等危害严重的犯罪，在确定从宽的幅度时，应当体现从严；对犯罪情节较轻的犯罪，应当充分体现从宽。具体确定各个量刑情节的调节比例时，应当综合平衡调节幅度与实际增减刑罚量的关系，确保罪责刑相适应。

（一）对于未成年人犯罪，综合考虑未成年人对犯罪的认知能力、实施犯罪行为的动机和目的、犯罪时的年龄、是否初犯、偶犯、悔罪表现、个人成长经历和一贯表现等情况，应当予以从宽处罚。

1. 已满十二周岁不满十六周岁的未成年人犯罪，减少基准刑的30%—60%；

2. 已满十六周岁不满十八周岁的未成年人犯罪，减少基准刑的10%—50%。

（二）对于已满七十五周岁的老年人故意犯罪，综合考虑犯罪的性质、情节、后果等情况，可以减少基准刑的40%以下；过失犯罪的，减少基准刑的20%—50%。

（三）对于又聋又哑的人或者盲人犯罪，综合考虑犯罪性质、情节、后果以及聋哑人或者盲人犯罪时的控制能力等情况，可以减少基准刑的50%以下；犯罪较轻的，可以减少基准刑的50%以上或者依法免除处罚。

（四）对于未遂犯，综合考虑犯罪行为的实行程度、造成损害的大小、犯罪未得逞的原因等情况，可以比照既遂犯减少基准刑的50%以下。

（五）对于从犯，综合考虑其在共同犯罪中的地位、作用等情况，应当予以从宽处罚，减少基准刑的20%—50%；犯罪较轻的，减少基准刑的50%以上或者依法免除处罚。

（六）对于自首情节，综合考虑自首的动机、时间、方式、罪行轻重、如实供述罪行的程度以及悔罪表现等情况，可以减少基准刑的40%以下；犯罪较轻的，可以减少基准刑的40%以上或者依法免除处罚。恶意利用自首规避法律制裁等不足以从宽处罚的除外。

（七）对于坦白情节，综合考虑如实供述罪行的阶段、程度、罪行轻重以及悔罪表现等情况，确定从宽的幅度。

1. 如实供述自己罪行的，可以减少基准刑的20%以下；

2. 如实供述司法机关尚未掌握的同种较重罪行的，可以减少基准刑的10%—30%；

3. 因如实供述自己罪行，避免特别严重后果发生的，可以减少基准刑的30%—50%。

（八）对于当庭自愿认罪的，根据犯罪的性质、罪行的轻重、认罪程度以及悔罪表现等情况，可以减少基准刑的10%以下。依法认定自首、坦白的除外。

（九）对于立功情节，综合考虑立功的大小、次数、内容、来源、效果以及罪行轻重等情况，确定从宽的幅度。

1. 一般立功的，可以减少基准刑的20%以下；

2. 重大立功的，可以减少基准刑的20%—50%；犯罪较轻的，减少基准刑的50%以上或者依法免除处罚。

（十）对于退赃、退赔的，综合考虑犯罪性质，退赃、退赔行为对损害结果所能弥补的程度，退赃、退赔的数额及主动程度等情况，可以减少基准刑的30%以下；对抢劫等严重危害社会治安犯罪的，应当从严掌握。

（十一）对于积极赔偿被害人经济损失并取得谅解的，综合考虑犯罪性质、赔偿数额、赔偿能力以及认罪悔罪表现等情况，可以减少基准刑的40%以下；积极赔偿但没有取得谅解的，可以减少基准刑的30%以下；尽管没有赔偿，但取得谅解的，可以减少基准刑的20%以下。对抢劫、强奸等严重危害社会治安犯罪的，应当从严掌握。

（十二）对于当事人根据刑事诉讼法第二百八十八条达成刑事和解协议的，综合考虑犯罪性质、赔偿数额、赔礼道歉以及真诚悔罪等情况，可以减少基准刑的50%以下；犯罪较轻的，可以减少基准刑的50%以上或者依法免除处罚。

（十三）对于被告人在羁押期间表现好的，可以减少基准刑的10%以下。

（十四）对于被告人认罪认罚的，综合考虑犯罪的性质、罪行的轻重、认罪认罚的阶段、程度、价值、悔罪表现等情况，可以减少基准刑的30%以下；具有自首、重大坦白、退赃退赔、赔偿谅解、刑事和解等情节的，可以减少基准刑的60%以下，犯罪较轻的，可以减少基准刑的60%以上或者依法免除处罚。认罪认罚与自首、坦白、当庭自愿认罪、退赃退赔、赔偿谅解、刑事和解、羁押期间表现好等量刑情节不作重复评价。

（十五）对于累犯，综合考虑前后罪的性质、刑罚执行完毕或赦免以后至再犯罪时间的长短以及前后罪行轻重等情况，应当增加基准刑的10%—40%，一般不少于3个月。

（十六）对于有前科的，综合考虑前科的性质、时间间隔长短、次数、处罚轻重等情况，可以增加基准刑的10%以下。前科犯罪为过失犯罪和未成年人犯罪的除外。

（十七）对于犯罪对象为未成年人、老年人、残疾人、孕妇等弱势人员的，综合考虑犯罪的性质、犯罪的严重程度等情况，可以增加基准刑的20%以下。

（十八）对于在重大自然灾害、预防、控制突发传染病疫情等灾害时间故意犯罪的，根据案件具体情况，可以增加基准刑的20%以下。

《最高人民检察院关于人民检察院办理认罪认罚案件开展量刑建议工作的指导意见》（2021年12月3日发布）

△（犯罪嫌疑人认罪认罚；提出量刑建议的原则）人民检察院对认罪认罚案件提出量刑建议，应当坚持以下原则：

（一）宽严相济。应当根据犯罪的具体情况，综合考虑从重、从轻、减轻或者免除处罚等各种量刑情节提出量刑建议，做到当宽则宽，当严则严，宽严相济，轻重有度。

（二）依法建议。应当根据犯罪的事实、性质、情节和对于社会的危害程度等，依照刑法、刑事诉讼法以及相关司法解释的规定提出量刑建议。

（三）客观公正。应当全面收集、审查有罪、无罪、罪轻、罪重、从宽、从严等证据，依法听取犯罪嫌疑人、被告人、辩护人或者值班律师、被害人及其诉讼代理人的意见，客观公正提出量刑建议。

（四）罪责刑相适应。提出量刑建议既要体现认罪认罚从宽，又要考虑犯罪嫌疑人、被告人所犯罪行的轻重、应负的刑事责任和社会危险性的大小，确保罚当其罪，避免罪刑失衡。

（五）量刑均衡。涉嫌犯罪的事实、情节基本相同的案件，提出的量刑建议应当保持基本均衡。（§2）

△（自首情节；立功情节；累犯、惯犯以及前科、劣迹等情节）对于自首情节，应当重点审查投案的主动性、供述的真实性和稳定性等情况。

对于立功情节，应当重点审查揭发罪行的轻重、提供的线索对侦破案件或者协助抓捕其他犯罪嫌疑人所起的作用、被检举揭发的人可能或者已经被判处的刑罚等情况。犯罪嫌疑人提出检举、揭发犯罪立功线索的，应当审查犯罪嫌疑人掌握线索的来源、有无移送侦查机关、侦查机关是否开展调查核实等。

对于累犯、惯犯以及前科、劣迹等情节，应当调取相关的判决、裁定、释放证明等材料，并重点审查前后行为的性质、间隔长短、次数、罪行轻重等情况。（§7）

△（酌定量刑情节；有关个人品格方面的证据材料）人民检察院应当根据案件情况对犯罪嫌疑人犯罪手段、犯罪动机、主观恶性、是否和解谅解、是否退赃退赔、有无前科劣迹等酌定量刑情节进行审查，并结合犯罪嫌疑人的家庭状况、成长环境、心理健康情况等情况进行审查，综合判断。

有关个人品格方面的证据材料不得作为定罪证据，但与犯罪相关的个人品格情况可以作为酌定量刑情节予以综合考虑。（§8）

△（达成/未能达成调解协议、和解协议从宽处罚的重要考虑因素）人民检察院办理认罪认罚案件提出量刑建议，应当听取被害人及其诉讼代理人的意见，并将犯罪嫌疑人是否与被害方达成调解协议、和解协议或者赔偿被害方损失，取得被害方谅解，是否自愿承担公益损害修复及赔偿责任等，作为从宽处罚的重要考虑因素。

犯罪嫌疑人自愿认罪并且有赔偿意愿，但被害方拒绝接受赔偿或者赔偿请求明显不合理的，未能达成调解或者和解协议的，可以综合考量赔偿情况及全案情节对犯罪嫌疑人予以适当从宽，但罪行极其严重、情节极其恶劣的除外。

必要时，人民检察院可以听取侦查机关、相关行政执法机关、案发地或者居住地基层组织和群众的意见。（§9）

△（犯罪嫌疑人社会危险性；调查评估意见）人民检察院应当认真审查侦查机关移送的关于犯罪嫌疑人社会危险性和案件对所居住社区影响的调查评估意见。侦查机关未委托调查评估，人民检察院拟提出判处管制、缓刑量刑建议的，应当委托犯罪嫌疑人居住地的社区矫正机构或者有关组织进行调查评估，必要时，也可以自行调查评估。

调查评估意见是人民检察院提出判处管制、

缓刑量刑建议的重要参考。人民检察院提起公诉时，已收到调查评估材料的，应当一并移送人民法院，已经委托调查评估但尚未收到调查评估材料的，人民检察院经审查全案情况认为犯罪嫌疑人符合管制、缓刑适用条件的，可以提出判处管制、缓刑的量刑建议，同时将委托文书随案移送人民法院。（§10）

【参考案例】

No. 4-232-20 王斌余故意杀人案

实施极其严重的犯罪后，具有法定和酌定从轻处罚情节的，一般情况下应当考虑从轻处罚；具有特殊情况的，也可以不从轻处罚。

No. 4-234-1 李尚琴等故意伤害案

被害人存在重大过错的，可对被告人从轻或者减轻处罚。

No. 4-234-2 李尚琴等故意伤害案

事前无预谋，在情绪激愤的状况下临时起意犯罪，事后不逃避法律制裁的，人身危险性较小，可以适用缓刑。

No. 4-234-3 余正希故意伤害案

刑法意义上的被害人过错，是指被害人出于主观上的过错实施了错误或不当的行为，且该行为违背了法律或者社会公序良俗、伦理规范等，侵犯了被告人的合法权益或其他正当利益，客观上激发了犯罪行为的发生。

No. 5-264-35 程森园抢劫案

同时具有从重处罚情节和从轻、减轻量刑情节的，应当依据全案的性质、情节及行为人的主观恶性等因素，综合考虑后确定刑罚。

第六十二条 【从重、从轻处罚】
犯罪分子具有本法规定的从重处罚、从轻处罚情节的，应当在法定刑的限度以内判处刑罚。

【条文说明】

本条是关于犯罪分子具有本法规定的从重、从轻处罚情节的应当如何适用刑罚的规定。

根据本条规定，从重处罚、从轻处罚都应当在法定刑的限度内判处刑罚。

1. 从重处罚。所谓"**从重处罚**"，是指在法定刑幅度内，对犯罪分子适用相对较重的刑种或者处以相对较长的刑期。**我国刑法总则规定有从重处罚的情节**，如教唆不满十八周岁的人犯罪、累犯等。**刑法分则**也规定了从重处罚情节，如奸淫不满十四周岁的幼女；利用、教唆未成年人走私、贩卖、运输、制造毒品或者向未成年人出售毒品；非法拘禁他人或者以其他方法非法剥夺他人人身自由的犯罪中，具有殴打、侮辱情节的；等等。

2. 从轻处罚。所谓"**从轻处罚**"，是指在法定刑的幅度内，对犯罪分子适用相对较轻的刑种或者处以较短的刑期。**我国刑法规定的从轻处罚的情节大多见之于刑法总则**，如犯罪形态中的预备犯、未遂犯、中止犯，未成年人犯罪，共同犯罪中的从犯、胁从犯，又聋又哑的人或者盲人犯罪，防卫过当、紧急避险超过必要限度的，被教唆的人未犯被教唆的罪的，犯罪后有自首、立功情节的，等等。**刑法分则也有个别条款规定了从轻处罚的情节**，如收买被拐卖的妇女、儿童，对被买儿童没有虐待行为，不阻碍对其进行解救，或者按照被买妇女的意愿，不阻碍其返回原居住地的；行贿人在被追诉前主动交待行贿行为的等。刑法规定的从轻处罚的情节可以分为两类：一类是**应当从轻处罚**；另一类是**可以从轻处罚**。对于刑法规定应当从轻处罚的，人民法院在量刑时应充分考虑该情节，并必须处以相对较轻的刑罚；对于刑法规定可以从轻处罚的情节，人民法院在量刑时也应当充分考虑该情节，并综合全案情况，决定是否予以从轻处罚以及从轻的幅度。如果犯罪分子同时具备从轻、从重处罚情节的，人民法院应当综合全案情况，在罪责刑相适应原则的指导下，处以合理的刑罚。

根据本条规定，对于具有本法规定的从重、从轻处罚情节的，应当对犯罪分子在法定刑的限度以内判处刑罚。所谓"**法定刑的限度以内**"，是指刑法分则针对某种特定的犯罪的特定情节规定的量刑幅度，既包括законный规定的刑种，也包括该条文具体规定的刑期。人民法院在决定量刑时，应当根据犯罪的事实、情节、社会危害程度以及具体量刑幅度，判处相应的刑罚，不得超出法定最低刑和法定最高刑判处。

实践中需要注意以下两个方面的问题：

1. 对于从重处罚应当注意把握以下两点：一是**应当在法定刑幅度内适用相对较重的刑罚**，也就是在犯罪分子所犯罪行应适用的法定刑幅度内相对从重，而不能在法定最高刑之上判处刑罚。如果刑法分则对某罪名规定数个刑罚幅度的，首先要依法确定该犯罪分子应适用的幅度，然后在该幅度内从重。二是从重处罚并不意味着一律判处该幅度的**最高刑罚，而是要根据犯罪分子的具体犯罪行为和情况、危害后果等**，相对于其如果没有该从重情节的情况下应判处的刑罚，适当从重，也就是对于具有从重情节的犯罪分子所判处的刑罚比不具有该从重情节时所应判处的刑罚要相对重些，而不是一律判处法定最高刑或者一律适用较重的刑种、较长的刑期或者一律在法定刑的平均刑期以上判处刑罚。

2. 对于从轻处罚也同样应当注意把握以下两点：一是应当**在法定刑幅度内适用相对较轻的刑罚**，而不能在法定最低刑以下判处刑罚。二是从轻处罚并不意味着一律处该幅度的**最低刑罚，而是要根据犯罪分子的具体犯罪行为和情况、危害后果等**，相对于其他没有从轻情节的情况下应判处的刑罚，适当从轻。

【参考案例】

No. 5-263-27　金军抢劫案
被告人的亲属协助公安机关破获案件的，可以在量刑时将其作为被告人的酌定从轻情节。

No. 5-266-1　余永贵诈骗案
诈骗案件中的被害人过错，不能作为从轻处罚的酌定情节。

第六十三条　【减轻处罚】
犯罪分子具有本法规定的减轻处罚情节的，应当在法定刑以下判处刑罚；本法规定有数个量刑幅度的，应当在法定量刑幅度的下一个量刑幅度内判处刑罚。
犯罪分子虽然不具有本法规定的减轻处罚情节，但是根据案件的特殊情况，经最高人民法院核准，也可以在法定刑以下判处刑罚。

【立法沿革】

《中华人民共和国刑法》（1997年修订，自1997年10月1日起施行）
第六十三条
犯罪分子具有本法规定的减轻处罚情节的，应当在法定刑以下判处刑罚。
犯罪分子虽然不具有本法规定的减轻处罚情节，但是根据案件的特殊情况，经最高人民法院核准，也可以在法定刑以下判处刑罚。

《中华人民共和国刑法修正案（八）》（自2011年5月1日起施行）
五、将刑法第六十三条第一款修改为：
"犯罪分子具有本法规定的减轻处罚情节的，应当在法定刑以下判处刑罚；本法规定有数个量刑幅度的，应当在法定量刑幅度的下一个量刑幅度内判处刑罚。"

【条文说明】

本条是关于减轻处罚的规定。
本条共分为两款。
第一款是关于**具有法定减轻处罚情节的如何适用刑罚的规定**。本款规定包含两个方面的内容：

1. 犯罪分子具有本法规定的减轻处罚情节的，**应当在法定刑以下判处刑罚**。所谓"**减轻处罚**"，是指在法定最低刑以下判处刑罚。我国刑法规定的减轻处罚的情节有：预备犯、未遂犯、中止犯、从犯、胁从犯，犯罪后自首、立功，未成年人犯罪，等等。刑法规定的减轻处罚的情节包括两类：一类是应当予以**减轻处罚**的；另一类是可以予以**减轻处罚**的。不论哪种情形，都必须先根据犯罪的事实、犯罪的性质、情节和对社会的危害程度，依照本法有关规定确定对犯罪分子应当判处的法定刑。对于具有刑法规定的应当减轻处罚情节的，人民法院在量刑时必须在该法定刑的量刑幅度规定的最低刑以下判处刑罚。对于具有刑法规定的可以予以减轻处罚情节的，人民法院应当综合全案的情况决定是否予以减轻处罚和减轻处罚的幅度。

2. **本法规定有数个量刑幅度的，应当在法定量刑幅度的下一个量刑幅度内判处刑罚**。刑法中的减轻处罚情节往往是以复合形式规定的，如"应当从轻、减轻处罚或者免除处罚""可以从轻或者减轻处罚"等，因此，人民法院在量刑时首先要综合全案情况，决定对犯罪分子是从轻还是减轻处罚，然后才能根据刑法的有关规定判处适当的刑罚。对于已经确定予以减轻处罚，本法规定有数个刑幅度的，应当在法定量刑幅度的下一个量刑幅度内判处刑罚，即规定此罪有两个以上量刑幅度的，减轻处罚只能在法定量刑幅度紧接着的下一个量刑幅度内判处刑罚，而不能跨越一个量刑幅度去判处刑罚；如果法定量刑幅度已经是最轻的一个量刑幅度，则减轻处罚也只能在此幅度内判处较轻或最轻的刑罚；对于已经确定予以减轻处罚，本法只规定了一个量刑幅度的，则只能在此量刑幅度内判处较轻或最轻的刑罚。

第二款是关于**犯罪分子没有法定减轻处罚的情节，但是根据案件的特殊情况，也可以在法定刑以下判处刑罚的规定。**

本款规定就是为了赋予人民法院在特殊情况下，根据案件的特殊情况作出特殊处理。"**经最高人民法院核准**"，主要是为了防止实践中扩大适用范围或滥用减轻处罚的规定，造成不良的影响和后果。本款规定的"**案件的特殊情况**"，主要是指案件本身的特殊性，加涉及政治、国防、外交等特殊情况。对于有上述特殊情况的案件，虽然犯罪分子不具有本法规定的减轻处罚的情节，但是确有需要的，地方各级人民法院经报最高人民法院核准，也可以在法定刑以下判处刑罚。需要特别注意的是，这是刑法对减轻处罚的特殊规定，实践中在具体适用上应当非常慎重。

减轻处罚在适用中需要注意以下两个方面的问题：

1. **减轻处罚判处的刑罚应当是在本应当适用的量刑幅度的下一个量刑幅度内的刑罚**。也就是说，对犯罪分子适用减轻处罚，应当在其所犯罪行法定刑幅度基础上降一个档次后在该量刑幅度内判处刑罚。如果已经是最低量刑幅度或者只有一个量刑幅度的，则必须适用该幅度的刑罚，不能适用量刑幅度内没有的刑罚。如故意杀人罪，根据《刑法》第二百三十二条的规定，故意杀人的，处死刑、无期徒刑或者十年以上有期徒刑；情节较轻的，处三年以上十年以下有期徒刑。如果行为人犯罪情节较轻，又具有减轻处罚情节，而没有法定免除处罚情节的，法院在量刑时最低只能判处三年有期徒刑，不能判处比三年有期徒刑更低的徒刑甚至判处管制、拘役。

2. **减轻处罚不是免予刑事处罚**。实践中，对于减轻处罚是否可以一直减至免予刑事处罚存在不同认识。有的认为，可以一直减至免予刑事处罚。笔者认为，减轻处罚与免予刑事处罚性质不同，减轻处罚是人民法院对犯罪分子具体适用刑罚时的量刑情节和量刑方式，是在一定条件下对刑期的缩减。一般情况下，减轻处罚仍然应当判处一定的刑罚。免予刑事处罚是针对犯罪情节轻微的情况，而设立的一种特殊制度，有独立的适用条件。《刑法》第三十七条规定，对于犯罪情节轻微不需要判处刑罚的，可以免予刑事处罚。据此，免予刑事处罚是犯罪情节轻微，不需要判处刑罚的情况。因此，减轻处罚作为量刑情节和量刑制度，只能在法定刑幅度的下一个量刑幅度内判处刑罚。如果已经是最低量刑幅度或者一个量刑幅度的，减轻处罚也必须在该幅度内判处刑罚。

当然，根据案件的具体情况，对于犯罪行为人具有刑法规定的免除处罚情节的，综合全案考虑，属于情节轻微的情况，符合《刑法》第三十七条规定的免予刑事处罚条件的，可以直接免予刑事处罚。

【司法解释】

《**最高人民法院关于适用刑法时间效力规定若干问题的解释**》(法释〔1997〕5号，自1997年10月1日起施行)

△(时间效力;减轻处罚) 犯罪分子1997年9月30日以前犯罪，不具有法定减轻处罚情节，但是根据案件的具体情况需要在法定刑以下判处刑罚的，适用修订前的刑法第五十九条第二款①的规定。(§2)

【司法解释性文件】

《**最高人民法院研究室关于如何理解"在法定刑以下判处刑罚"问题的答复**》(法研〔2012〕67号，2012年5月30日公布)

△(在法定刑以下判处刑罚;量刑幅度) 刑法第六十三条第一款规定的"在法定刑以下判处刑罚"，是指在法定量刑幅度的最低刑以下判处刑罚。刑法分则中规定的"处十年以上有期徒刑、无期徒刑或者死刑"，是一个量刑幅度，而不是"十年以上有期徒刑"、"无期徒刑"和"死刑"三个量刑幅度。

【公报案例】

杨逸章故意伤害案(《最高人民法院公报》2007年第1期)

△(殴打他人并致人死亡;因果关系;在法定刑以下判处刑罚) 行为人殴打他人并致人死亡，已构成故意伤害罪，但被害人死亡的主要原因是其生前患有严重疾病，行为人的殴打行为不是被害人死亡的主要原因，仅是被害人死亡诱因的，行为人不应对被害人的死亡结果承担全部责任。在这

---

① 《中华人民共和国刑法》(1979年)
第五十九条
Ⅱ犯罪分子虽然不具有本法规定的减轻处罚情节，如果根据案件的具体情况，判处法定刑的最低刑还是过重的，经人民法院审判委员会决定，也可以在法定刑以下判处刑罚。

种特殊情况下，如果行为人不具备法定减轻处罚情节，可以适用《刑法》第六十三条第二款的规定，在法定刑以下判处刑罚。

【参考案例】

No.3-8-225-40　王海旺非法经营案

《刑法》第六十三条第二款中的"特殊情况"，是多个情节综合认定的结果。

No.4-234-36　李小平等人故意伤害案

所审案件涉及政治、外交、统战、民族、宗教等国家利益的特殊需要，被告人又确实不具备法定减轻处罚情节，对其判处法定最低刑仍过重的，经最高人民法院核准，可以在法定刑以下判处刑罚。

No.4-234-40　宋会冬故意伤害案

不存在法定的减轻情节，但存在对被告人减轻处罚的酌定情节，人民法院可以依法对被告人减轻处罚，并层报最高人民法院核准。

No.8-382-35　刘某贪污案

在不具有法定减轻事由时，适用减轻处罚情节原则上不得减至免予刑事处罚。

第六十四条　【追缴违法所得、没收违禁品和供犯罪所用的本人财物】

犯罪分子违法所得的一切财物，应当予以追缴或者责令退赔；对被害人的合法财产，应当及时返还；违禁品和供犯罪所用的本人财物，应当予以没收。没收的财物和罚金，一律上缴国库，不得挪用和自行处理。

【条文说明】

本条是关于追缴违法所得，没收违禁品和供犯罪所用的本人财物的规定。

本条主要规定了以下几个方面的内容：

1. **犯罪分子违法所得的一切财物，应当予以追缴或者责令退赔。**所谓"**违法所得的一切财物**"，是指犯罪分子因实施犯罪活动而取得的全部财物，包括金钱或者物品，如盗窃得到的金钱或者物品、贪污得到的金钱或者物品等。所谓"**追缴**"，是指将犯罪分子的违法所得强制收缴。如在刑事诉讼过程中，对犯罪分子的违法所得进行追查、收缴；对于在办案过程中发现的犯罪分子已转移、隐藏的赃物追查下落，予以收缴。"**责令退赔**"，是指犯罪分子已将违法所得使用、挥霍或者毁坏的，也要责令其按违法所得财物的价值退赔。

2. **对追缴和退赔的违法所得，如果是属于被害人的合法财产，应当及时返还。**这里所说的"**被害人**"，是指遭受犯罪行为侵害的个人和单位。"**合法财产**"，是指依照法律规定属于被害人所有的动产和不动产，如被害人的财物、金钱、房屋等。根据本条规定，对于被害人的合法财产，原物存在的，应当及时返还；原物不存在或者损坏的，应当折价退赔。

3. **对于违禁品和供犯罪所用的本人财物，应当没收。**① 所谓"**违禁品**"，是指按照国家规定，公民不得私自留存、使用的物品，如枪支、弹药、毒品以及淫秽物品等。对违禁品，不管属于谁所有，法律规定都应予以没收。"**供犯罪所用的本人财物**"，是指供犯罪分子进行犯罪活动而使用的属于他本人所有的钱款和物品②，如用于走私的运输工具等。如果这些财物不是犯罪分子本人的，而是借用或者擅自使用的他人财物，财物所有人事前不知是供犯罪所用的，应当予以返还。但是，对司法机关作为证据扣押的，需要等到案件审理结束后，再发还给财物所有人。③ 如果通过照片、录像资料能够使原物充分发挥证据作用的，也可以将原物发

---

① 虽然《刑法》第六十四条和第五十九条在用语上均使用"没收"一词，但两者之间具有本质上的不同，不容混淆。其中，没收财产，作为刑罚的一种，是没收犯罪人合法所有且没有用于犯罪的财产，这些财产从民法或者行政法的角度来看，在所有权上毫无瑕疵；没收犯罪物品，或者属于行政性强制措施，或者是出于刑事诉讼的需要而实施的，并不具有刑罚的性质。参见黎宏：《刑法学总论》（第2版），法律出版社2016年版，第351—352页。

② "供犯罪所用的本人财物"包括两种类型：一是作为犯罪构成客观要件中不可缺少的要素，如赌博罪中的赌资、伪造公文罪中的虚假公文等；二是供犯罪使用或者意图供犯罪使用之物，如杀人用的毒药等。参见黎宏：《刑法学总论》（第2版），法律出版社2016年版，第352—353页。

③ 对于不是直接或者专门用作犯罪工具的本人财物，需结合系争物与犯罪形成的关联程度以及财物的价值与犯罪情节的轻重比较，遵循关联性原则和相当性原则，作出合乎常情常理的认定。其中，关联性原则主要判断系争财物对于犯罪的形成是否具有重大促进作用或者对于排除犯罪障碍有重大作用；相当性原则（又称均衡原则）则要求没收财物的范围、价值应当与犯罪的危害性质、危害程度相当。参见黎宏：《刑法学总论》（第2版），法律出版社2016年版，第353页。

还财物所有人，只保存照片、录像资料。

4. 对于依法没收的财物和罚金，一律上缴国库，不得私自挪用或者自行处理。这里所说的"上缴国库"，是指结案以后，由最后结案的单位统一上缴国家财政，不得挪作他用，如不能用于单位盖办公楼等；也不得随便处理，即不得私自低价变卖或者分给单位职工等。

【司法解释】

《最高人民法院、最高人民检察院关于办理诈骗刑事案件具体应用法律若干问题的解释》（法释〔2011〕7号，自2011年4月8日起施行）

△（将骗财物用于清偿债务或者转让给他人；追缴；善意取得）行为人已将诈骗财物用于清偿债务或者转让给他人，具有下列情形之一，应当依法追缴：

（一）对方明知是诈骗财物而收取的；

（二）对方无偿取得诈骗财物的；

（三）对方以明显低于市场的价格取得诈骗财物的；

（四）对方取得诈骗财物系源于非法债务或者违法犯罪活动的。

他人善意取得诈骗财物的，不予追缴。（§10）

《最高人民法院关于刑事裁判涉财产部分执行的若干规定》（法释〔2014〕13号，自2014年11月6日起施行）

△(追缴或者责令退赔；明确金额等相关情况) 判处追缴或者责令退赔的，应当明确追缴或者退赔的金额或财物的名称、数量等相关情况。（§6Ⅲ）

△(赃款赃物及其收益；投资或者置业；与其他合法财产共同投资或者置业；被害人的损失) 对赃款赃物及其收益，人民法院应当一并追缴。

被执行人将赃款赃物投资或者置业，对因此形成的财产及其收益，人民法院应予追缴。

被执行人将赃款赃物与其他合法财产共同投资或者置业，对因此形成的财产中与赃款赃物对应的份额及其收益，人民法院应予追缴。

对于被害人的损失，应当按照刑事裁判认定的实际损失予以发还或者赔偿。（§10）

△(清偿债务、转让或者设置其他权利负担；追缴；第三人善意取得) 被执行人将受刑事裁判认定为赃款赃物的涉案财物用于清偿债务、转让或者设置其他权利负担，有下列情形的，人民法院应予追缴：

（一）第三人明知是涉案财物而接受的；

（二）第三人无偿或者以明显低于市场的价格取得涉案财物的；

（三）第三人通过非法债务清偿或者违法犯罪活动取得涉案财物的；

（四）第三人通过其他恶意方式取得涉案财物的。

第三人善意取得涉案财物的，执行程序中不予追缴。作为原所有人的被害人对该涉案财物主张权利的，人民法院应当告知其通过诉讼程序处理。（§11）

《最高人民法院、最高人民检察院关于办理贪污贿赂刑事案件适用法律若干问题的解释》（法释〔2016〕9号，自2016年4月18日起施行）

△(贪污贿赂；追缴或者责令退赔) 贪污贿赂犯罪分子违法所得的一切财物，应当依照刑法第六十四条的规定予以追缴或者责令退赔，对被害人的合法财产应当及时返还。对尚未追缴到案或者尚未足额退赔的违法所得，应当继续追缴或者责令退赔。（§18）

【司法解释性文件】

《最高人民法院、最高人民检察院印发〈关于办理职务犯罪案件认定自首、立功等量刑情节若干问题的意见〉的通知》（法发〔2009〕13号，2009年3月12日公布）

△(赃款赃物追缴；贪污案件；受贿案件；职务犯罪案件；从轻处罚；酌情从轻处罚) 贪污案件中赃款赃物全部或者大部分追缴的，一般应当考虑从轻处罚。

受贿案件中赃款赃物全部或者大部分追缴的视具体情况可以酌定从轻处罚。

犯罪分子及其亲友主动退赃或者在办案机关追缴赃款赃物过程中积极配合的，在量刑时应当与办案机关查办案件过程中依职权追缴赃款赃物的有所区别。

职务犯罪案件立案后，犯罪分子及其亲友自行挽回的经济损失，司法机关或者犯罪分子所在单位及其上级主管部门挽回的经济损失，或者因客观原因减少的经济损失，不予扣减，但可以作为酌情从轻处罚的情节。（§4）

《最高人民法院关于适用刑法第六十四条有关问题的批复》（法〔2013〕229号，2013年10月21日公布）

△(追缴或者责令退赔；判决主文；发还；附带民事诉讼；民事诉讼) 根据刑法第六十四条和《最高人民法院关于适用〈中华人民共和国刑事诉讼法〉的解释》第一百三十八条、第一百三十九条的规定，被告人非法占有、处置被害人财产的，应当

依法予以追缴或者责令退赔。据此,追缴或者责令退赔的具体内容,应当在判决主文中写明;其中,判决前已经发还被害人的财产,应当注明。被害人提起附带民事诉讼,或者另行提起民事诉讼请求返还被非法占有、处置的财产的,人民法院不予以受理。

《最高人民法院、最高人民检察院、公安部、司法部关于办理黑恶势力犯罪案件若干问题的指导意见》(法发〔2018〕1号,2018年1月16日公布)

△(**涉案财产;查询、查封、扣押、冻结;代管、托管;估算**)公安机关、人民检察院、人民法院根据黑社会性质组织犯罪案件的诉讼需要,应当依法查询、查封、扣押、冻结全部涉案财产。公安机关侦查期间,要会同工商、税务、国土、住建、审计、人民银行等部门全面调查涉黑组织及其成员的财产状况。

对于不宜查封、扣押、冻结的经营性资产,可以申请当地政府指定有关部门或者委托有关机构代管或者托管。

对黑社会性质组织及其成员聚敛的财产及其孳息、收益的数额,办案单位可以委托专门机构评估;确实无法准确计算的,可以根据有关法律规定及查明的事实、证据合理估算。(§ 26)

△(**依法查封、冻结、扣押的黑社会性质组织涉案财产;追缴、没收**)对于依法查封、冻结、扣押的黑社会性质组织涉案财产,应当全面收集、审查证明其来源、性质、用途、权属及价值大小的有关证据。符合下列情形之一的,应当依法追缴、没收:

(1)组织及其成员通过违法犯罪活动或者其他不正当手段聚敛的财产及其孳息、收益;

(2)组织成员通过个人实施违法犯罪活动聚敛的财产及其孳息、收益;

(3)其他单位、组织、个人为支持该组织活动资助或主动提供的财产;

(4)通过合法的生产、经营活动获取的财产或者组织成员个人、家庭合法资产中,实际用于支持该组织活动的部分;

(5)组织成员非法持有的违禁品以及供犯罪所用的本人财物;

(6)其他单位、组织、个人利用黑社会性质组织及其成员的违法犯罪活动获取的财产及其孳息、收益;

(7)其他应当追缴、没收的财产。(§ 27)

△(**违法所得已用于清偿债务或者转让给他人;追缴**)违法所得已用于清偿债务或者转让给他人,具有下列情形之一的,应当依法追缴:

(1)对方明知是通过违法犯罪活动或者其他不正当手段聚敛的财产及其孳息、收益的;

(2)对方无偿或者以明显低于市场价格取得的;

(3)对方是因非法债务或者违法犯罪活动而取得的;

(4)通过其他方式恶意取得的。(§ 28)

△(**追缴、没收其他等值财产**)依法应当追缴、没收的财产无法找到、被他人善意取得、价值灭失或者与其他合法财产混合且不可分割的,可以追缴、没收其他等值财产。(§ 29)

△(**逃匿;死亡;没收其违法所得**)黑社会性质组织犯罪嫌疑人、被告人逃匿,在通缉一年后不能到案,或者犯罪嫌疑人、被告人死亡的,应当依照法定程序没收其违法所得。(§ 30)

△(**返还被害人**)对于依法查封、扣押、冻结的涉案财产,有证据证明确属被害人合法财产,或者确与黑社会性质组织及其违法犯罪活动无关的应予以返还。(§ 31)

《最高人民法院、最高人民检察院、公安部关于刑事案件涉扶贫领域财物依法快速返还的若干规定》(高检发〔2020〕12号,2020年7月24日印发)

△(**涉案财物**)本规定所称涉案财物,是指办案机关办理有关刑事案件过程中,查封、扣押、冻结的与扶贫有关的财物及孳息,以及由上述财物转化而来的财产。(§ 2)

△(**快速返还有关个人、单位或组织**)对于同时符合下列条件的涉案财物,应当依法快速返还有关个人、单位或组织:

(一)犯罪事实清楚,证据确实充分;

(二)涉案财物权属关系已经查明;

(三)有明确的权益被侵害的个人、单位或组织;

(四)返还涉案财物不损害其他被害人或者利害关系人的利益;

(五)不影响诉讼正常进行或者案件公正处理;

(六)犯罪嫌疑人、被告人以及利害关系人对涉案财物快速返还没有异议。(§ 3)

△(**依法积极追缴涉案财物**)人民法院、人民检察院、公安机关办理有关扶贫领域刑事案件,应当依法积极追缴涉案财物,对于本办案环节具备快速返还条件的,应当及时快速返还。(§ 4)

△(**及时调查、审查权属关系;补充侦查**)人民法院、人民检察院、公安机关对追缴到案的涉案财物,应当及时调查、审查权属关系。

对于权属关系未查明的,人民法院可以通知人民检察院,由人民检察院通知前一办案环节补充查证,或者由人民检察院自行补充侦查。(§5)

△**(听取人民检察院意见)** 公安机关办理涉扶贫领域财物刑事案件期间,可以就涉案财物处理等问题听取人民检察院意见,人民检察院应当提出相关意见。(§6)

△**(快速返还;制作返还财物清单)** 人民法院、人民检察院、公安机关认为涉案财物符合快速返还条件的,应当在作出返还决定五个工作日内返还有关个人、单位或组织。

办案机关返还涉案财物时,应当制作返还财物清单,注明返还理由,由接受个人、单位或组织在返还财物清单上签名或者盖章,并将清单、照片附卷。(§7)

△**(在侦查阶段、审查起诉阶段返还涉案财物;未快速返还而随案移送涉案财物)** 公安机关、人民检察院在侦查阶段、审查起诉阶段返还涉案财物的,在案件移送人民检察院、人民法院时,应当将返还财物清单随案移送,说明返还的理由并附相关证据材料。

未快速返还而随案移送的涉案财物,移送机关应当写明权属情况、提出处理建议并附相关证据材料。(§8)

△**(依法出售、变现或者先行变卖、拍卖)** 对涉案财物中易损毁、灭失、变质等不宜长期保存的物品,易贬值的汽车等物品,市场价格波动大的债券、股票、基金份额等财产,有效期即将届满的汇票、本票、支票等,经权利人同意或者申请,并经人民法院、人民检察院、公安机关主要负责人批准,可以及时依法出售、变现或者先行变卖、拍卖。所得款项依照本规定快速返还,或者按照有关规定处理。(§9)

△**(跟踪了解返还涉案财物管理发放情况)** 人民法院、人民检察院应当跟踪了解有关单位和村(居)民委员会等组织对返还涉案财物管理发放情况,跟进开展普法宣传教育,对于管理环节存在漏洞的,要及时提出司法建议、检察建议,确保扶贫款物依法正确使用。(§10)

△**(发现快速返还存在错误)** 发现快速返还存在错误的,应当由决定快速返还的机关及时纠正,依法追回返还财物;侵犯财产权的,依据《中华人民共和国国家赔偿法》第十八条及有关规定处理。(§11)

《**最高人民法院、最高人民检察院、海关总署、公安部、中国海警局关于打击粤港澳海上跨境走私犯罪适用法律若干问题的指导意见**》(署缉发〔2021〕141号,2021年12月14日)

△**(运输走私冻品等货物的船舶、车辆;没收)** 对用于运输走私冻品等货物的船舶、车辆,按照以下原则处置:

(一)对"三无"船舶,无法提供有效证书的船舶、车辆,依法予以没收、收缴或者移交主管机关依法处置;

(二)对走私犯罪分子自有的船舶、车辆或者假挂靠、长期不作登记、虚假登记等实为走私分子所有的船舶、车辆,作为犯罪工具依法没收;

(三)对所有人明知或者应当知道他人实施走私冻品等犯罪而出租、出借的船舶、车辆,依法予以没收。

具有下列情形之一的,可以认定船舶、车辆出租人、出借人明知或者应当知道他人实施违法犯罪,但有证据证明确属被蒙骗或者有其他相反证据的除外:

(一)出租人、出借人未经有关部门批准,擅自将船舶改装为可运载冻品等货物用的船舶,或者进行伪装的;

(二)出租人、出借人默许实际承运人将船舶改装为可运载冻品等货物用船舶,或者进行伪装的;

(三)因出租、出借船舶、车辆用于走私受过行政处罚,又出租、出借给同一走私人或者同一走私团伙使用的;

(四)出租人、出借人拒不提供真实的实际承运人信息,或者提供虚假的实际承运人信息的;

(五)其他可以认定明知或者应当知道的情形。

是否属于"三无"船舶,按照《"三无"船舶联合认定办法》(署缉发〔2021〕88号印发)规定认定。(§3)

【**指导性案例**】

最高人民检察院指导性案例第74号:李华波贪污案(2020年7月16日发布)

△**(违法所得没收程序;犯罪嫌疑人到案;程序衔接)** 对于贪污贿赂等重大职务犯罪案件,犯罪嫌疑人、被告人逃匿,在通缉一年后不能到案,如果有证据证明有犯罪事实,依照刑法规定应当追缴其违法所得及其他涉案财产的,应当依法适用违法所得没收程序办理。违法所得没收裁定生效后,在逃的职务犯罪嫌疑人自动投案或者被抓获,监察机关调查终结移送起诉的,检察机关应当依照普通刑事诉讼程序办理,并与原没收裁定程序做好衔接。

最高人民检察院指导性案例第127号：白静贪污违法所得没收案（2021年12月9日发布）

△(违法所得没收;证明标准;鉴定人出庭;举证重点)检察机关提出没收违法所得申请,应有证据证明申请没收的财产直接或者间接来源于犯罪所得,或者能够排除财产合法来源的可能性。人民检察院出席申请没收违法所得案件庭审,应当重点对于申请没收的财产属于违法所得进行举证。对于专业性较强的案件,可以申请鉴定人出庭。

最高人民检察院指导性案例第128号：彭旭峰受贿、贾斯语受贿、洗钱违法所得没收案（2021年12月9日发布）

△(违法所得没收;主犯;洗钱罪;境外财产;国际刑事司法协助)对于跨境转移贪污贿赂所得的洗钱犯罪案件,检察机关应当依法适用特别程序追缴贪污贿赂违法所得。对于犯罪嫌疑人、被告人转移至境外的财产,如果有证据证明具有高度可能属于违法所得及其他涉案财产的,可以依法申请予以没收。对于共同犯罪的主犯逃匿境外,其他共同犯罪人已经在境内依照普通刑事诉讼程序处理的案件,应当充分考虑主犯应对全案事实负责以及国际刑事司法协助等因素,依法审慎适用特别程序追缴违法所得。

最高人民检察院指导性案例第129号：黄艳兰贪污违法所得没收案（2021年12月9日发布）

△(违法所得没收;利害关系人异议;善意第三方)检察机关在适用违法所得没收程序中,应当承担证明有犯罪事实以及申请没收的财产属于违法所得及其他涉案财产的举证责任。利害关系人及其诉讼代理人参加诉讼并主张权利,但不能提供合法证据或者其主张明显与事实不符的,应当依法予以辩驳。善意第三方对申请没收财产享有合法权利的,应当依法予以保护。

最高人民检察院指导性案例第189号：李某等人挪用公款案（2023年7月31日发布）

△(挪用公款罪;归个人使用;追缴违法所得)办理金融领域挪用公款犯罪案件,应从实质上把握"归个人使用"等要件。对于为个人从事营利活动而违规使用单位公款,给公款安全造成风险,如果公款形式上归单位使用,但是实质上为个人使用的,可以认定挪用公款"归个人使用"。他人因行为人挪用公款犯罪直接获利,虽不构成犯罪或未被追究刑事责任,但主观上对利益违法性有认知的,对他人的直接获利应认定为违法所得,检察机关可以向监察机关提出建议,依法予以追缴或者责令退赔。

【参考案例】

No.5-264-95　郗菲菲、李超、蒋超超、林恺盗窃案

"供犯罪所用的财物"应当是与犯罪有经常性或密切性联系,对犯罪实施具有重要作用的财物。对于非专门用于犯罪的财物,可从以下两个方面去判断：第一,财物与犯罪应该存在直接或者密切联系;第二,被告人有将财物用于犯罪的主观认识。

No.5-264-96　郗菲菲、李超、蒋超超、林恺盗窃案

没收的财物应当为本人所有且对没收对第三人的合法权利不会构成损害。

No.5-264-97　郗菲菲、李超、蒋超超、林恺盗窃案

应当坚持以相当性原则衡量拟没收财物的价值是否与犯罪的危害性相当。

No.8-382-51　黄艳兰贪污违法所得没收案

犯罪行为所获得的财产及其收益均属于违法所得。

No.8-385-49　杨德林滥用职权、受贿案

交易型、投资型、委托理财型受贿行为中,行为人为索取贿赂所支付的对价应从受贿罪数额中扣除,但应作为"供犯罪所用的本人财物"适用《刑法》第六十四条的规定予以没收。

No.8-385-79　巴连孝受贿案

将违法所得用于个人生产经营后所形成的收益应当认定为违法所得,虽退还收受的贿赂款,但没有退还相应的孳息,不能认定其主动、积极、彻底退赃。

No.8-385-80　吴为兵受贿违法所得没收案

违法所得与合法财产发生混同时,混同、添附不能否定违法所得的性质,由违法所得转化、转变的部分仍应认定为违法所得。

第二节 累 犯

第六十五条 【一般累犯】
被判处有期徒刑以上刑罚的犯罪分子，刑罚执行完毕或者赦免以后，在五年以内再犯应当判处有期徒刑以上刑罚之罪的，是累犯，应当从重处罚，但是过失犯罪和不满十八周岁的人犯罪的除外。
前款规定的期限，对于被假释的犯罪分子，从假释期满之日起计算。

【立法沿革】

《中华人民共和国刑法》（1997年修订，自1997年10月1日起施行）

第六十五条

被判处有期徒刑以上刑罚的犯罪分子，刑罚执行完毕或者赦免以后，在五年以内再犯应当判处有期徒刑以上刑罚之罪的，是累犯，应当从重处罚，但是过失犯罪除外。

前款规定的期限，对于被假释的犯罪分子，从假释期满之日起计算。

《中华人民共和国刑法修正案（八）》（自2011年5月1日起施行）

六、将刑法第六十五条第一款修改为：

"被判处有期徒刑以上刑罚的犯罪分子，刑罚执行完毕或者赦免以后，在五年以内再犯应当判处有期徒刑以上刑罚之罪的，是累犯，应当从重处罚，但是过失犯罪和不满十八周岁的人犯罪的除外。"

【条文说明】

本条是关于累犯的概念以及对累犯如何处罚的规定。

本条共分为两款。

第一款是关于**累犯的概念以及对累犯从重处罚的规定**。一般来说，累犯可以是指符合特定条件的再次犯罪的人，也可以是指需要依法考虑的一种量刑的情节，也可以理解为对特定对象的一种量刑制度。累犯涉及犯罪行为人的刑罚轻重，对累犯的构成条件以及量刑方法，应当由法律作出明确规定。根据本款的规定，**累犯**是指在刑罚执行完毕或者赦免以后，在法定的期限内又犯应当判处刑罚之罪，依法应当予以从重处罚的情况。根据本款规定，构成累犯应当同时具备以下四个条件：

1. **行为人因前罪被判处有期徒刑以上刑罚，其所实施的新罪依法也应当被判处有期徒刑以上刑罚**，即前后罪的刑罚都是有期徒刑以上刑罚。这里的有期徒刑以上刑罚包括被判处有期徒刑、无期徒刑和死刑的情况。需要注意的是，后罪应当判处有期徒刑以上刑罚，是指根据后罪的性质、情节、社会危害程度等，属于应当判处有期徒刑以上刑罚的情况，而不是指该罪的法定刑幅度中包含有期徒刑以上的刑罚。因此，如果后罪的法定刑当中规定了有期徒刑，但按照案件的具体情况，对行为人应当判处的刑罚为拘役、管制、单处罚金等的，则不符合作为累犯的条件。①

2. **前罪和后罪的间隔时间不超过五年**。后罪发生的时间必须在前罪的刑罚执行完毕或者赦免以后五年以内，即后罪犯罪行为实施之日至前罪刑罚执行完毕释放之日或者赦免释放之日的时间间隔不满五年。在刑罚执行期间再犯罪的，不适用本款的规定，应当依照本法关于数罪并罚的规定处理。这里所说的"刑罚执行完毕"是仅指主刑执行完毕，还是也包括罚金、剥夺政治权利等附加刑执行完毕，实践中存在不同的认识。考虑到本条是对被判处有期徒刑以上刑罚的犯罪分子构成累犯的规定，**因此本条所说的"刑罚执行完毕"应是指有期徒刑以上刑罚执行完毕**。② 关于赦免，一般分为特赦和大赦，我国宪法只规定了特赦而没有规定大赦，因此，这里的"赦免以后"，应是指特赦以后。

---

① 在判断后罪是否应当判处有期徒刑以上刑罚时，只能撇开过去曾经犯罪的前科事实，纯粹客观地针对本次犯罪事实进行单独的考虑。否则，在社会危害性的评价上会违反禁止双重评价的原则。参见黎宏：《刑法学总论》（第2版），法律出版社2016年版，第374页。

② 相同的学说见解，参见张明楷：《刑法学》（第6版），法律出版社2021年版，第729页；赵秉志主编：《刑法总论》（第3版），中国人民大学出版社2016年版，第364页；黎宏：《刑法学总论》（第2版），法律出版社2016年版，第374页。

第六十五条

3. **前罪和后罪必须都是故意犯罪**。累犯不包括过失犯罪。前后罪中如果有一个罪是过失犯罪，就不符合累犯的条件。

4. **犯罪分子在犯前罪和后罪时必须都是年满十八周岁以上的人**。如果犯前罪时是不满十八周岁的未成年人，即使犯后罪时年满十八周岁，也不可以将未满十八周岁时所犯的前罪与后罪一起计算，构成累犯。

根据本款规定，对于累犯应当从重处罚，即应当在法定刑的幅度内处以更重的刑罚。① 具体应当在law确定行为人所犯罪行应适用的法定刑幅度内，适用相对没有累犯情节的情况下更重的刑罚。从重处罚不能超越应当适用的刑罚幅度予以加重处罚，也不简单意味着在应当适用的刑罚幅度内一律判处最高刑罚，即"顶格"量刑。具体需要在依法确定行为人如果不属于累犯的情况下，应当适用的量刑幅度和应当判处的刑罚的基础上，进一步量定更为严厉的刑罚，要罚当其罪，体现罪责刑相适应。

第二款是关于**被假释的罪犯**，在认定是否构成累犯时，如何计算前后罪时间间隔是否在五年以内的规定。根据本款规定，对于被假释的犯罪分子，应当**从假释期满之日**计算第一款规定的五年期限。《刑法》第八十一条第一款规定，被判处有期徒刑的犯罪分子，执行原判刑期二分之一以上，被判处无期徒刑的犯罪分子，实际执行十三年以上，如果认真遵守监规，接受教育改造，确有悔改表现，没有再犯罪的危险的，可以假释。第八十五条规定，对假释的犯罪分子，在假释考验期限内，依法实行社区矫正，如果没有本法第八十六条规定的情形，假释考验期满，就认为原判刑罚已经执行完毕。根据上述规定，假释考验期满就视为刑罚执行完毕，因此，对于被假释的犯罪分子，在认定是否构成累犯时，对其前后罪之间间隔的起算时间，从其假释考验期满起算，也就是说，在假释考验期间再犯罪的不能构成累犯。

实际执行中应当注意以下问题：

1. **如何理解本条规定的"刑罚执行完毕"**。实践中对于这一问题存在不同的认识，有的认为，"刑罚"是指主刑，而不包括附加刑，主刑执行完毕以后五年内再犯罪的，构成累犯。有的认为，"刑罚"不仅包括主刑，也包括附加刑，因为主刑和附加刑是一个统一的刑罚整体，不可割裂。除对"刑罚"是指主刑还是也包括附加刑的问题在认识上存在分歧以外，2015年通过的《刑法修正案（九）》对数罪并罚制度的修改，进一步增加了对上述主刑是仅指有期徒刑以上刑罚还是也包括管制在内的争议。《刑法修正案（九）》在《刑法》第六十九条中增加一款，规定："数罪中有判处有期徒刑和拘役的，执行有期徒刑。数罪中有判处有期徒刑和管制，或者拘役和管制的，有期徒刑、拘役执行完毕后，管制仍须执行。"这一修改，使得一个罪犯可能会被判处两个主刑，即有期徒刑和管制，那么对于犯罪分子同时被判处有期徒刑和管制的，都是主刑，其刑罚执行完毕的期限应当从有期徒刑执行完毕还是应当从管制执行完毕计算，也出现不同认识。有的认为，被同时判处有期徒刑和管制的，根据《刑法》第六十九条的规定，有期徒刑执行完毕后，管制仍须执行，也就是说，有期徒刑虽然执行完毕，但管制还在执行，并不能认为刑罚已经执行完毕，累犯的起算时间应当从管制执行完毕开始计算。笔者认为，**这里所说的"刑罚执行完毕"，应当是有期徒刑以上刑罚执行完毕**。因为刑法中"刑罚执行完毕"在数个条文中都有规定，在理解其含义时，必须结合刑法的具体规定，分析其本来含义和应有之义，不宜脱离刑法规定的具体制度，简单化地"一刀切"。具体到累犯条件中"刑罚执行完毕"的理解，自然应当根据刑法有关累犯制度的规定，结合累犯制度的立法目的等因素确定其含义。以有期徒刑执行完毕之日为累犯的起算时间的主要理由有：一是根据本条规定，只有判处有期徒刑以上刑罚的犯罪分子才可能构成累犯，也就是说，被判处拘役、管制或者单处罚金、剥夺政治权利等刑罚的，都不能构成累犯，因此，累犯的起算时间不适宜从拘役、管制或者单处罚金、剥夺政治权利等刑罚执行完毕之日开始计算。二是既然本条规定是被判处有期徒刑以上刑罚的犯罪分子构成累犯，这体现了刑法在累犯构成条件上对前后罪的严重程度作了一定的限制，设置了构成累犯的"门槛"，即不是所有犯罪都作为构成累犯的条件予以考虑，那么刑罚执行完毕也应当是指所判有期徒刑之罪的刑罚和有期徒刑之罪的刑罚。有期徒刑执行完毕后犯罪分子已经被释放，根据刑法有关规定，被判处管制的，依法实行社区矫正，是在社会上服刑；罚金等附加刑也可以在社会上执行，因此，累犯的起算时间从有期徒刑执行完毕开始计算是适宜的，即使管制或者罚金等附加刑尚未执行完毕，也不影

---

① 我国学者指出，对累犯从重处罚的幅度，应通过考察犯罪人再次犯罪的原因、刑罚执行完毕与再次犯罪的期间长短等因素来加以决定。基于特殊原因而再次犯罪的（如因受害人的严重迫害而故意犯罪，但又不具备阻却违法事由），从重幅度应当控制在极小范围之内。参见张明楷：《刑法学》（第6版），法律出版社2021年版，第733页。

响累犯的起算时间。

2. **因故意犯罪被判处有期徒刑但适用缓刑的罪犯**,**再犯应判处有期徒刑以上刑罚的故意犯罪的**,**是否构成累犯**。对这一问题也存在不同认识。有的认为,缓刑考验期满后五年以内再犯罪的,构成累犯。主要理由是:一是宣告缓刑必须以判处刑罚为前提,被判处缓刑的犯罪分子,如果是被判处有期徒刑以上刑罚的,符合累犯的适用条件;二是从我国刑法的目的上看,规定累犯是为了预防犯罪,对于那些屡教不改,严重危害社会的犯罪分子应当给予严厉的惩处,对于缓刑考验期满后再犯罪的,有必要从重处罚。《刑法》第七十六条规定,对宣告缓刑的犯罪分子,在缓刑考验期限内,依法实行社区矫正,如果没有本法第七十七条规定的情形,缓刑考验期满,原判的刑罚就不再执行。笔者认为,根据这一规定,缓刑属于附条件地不执行刑罚,考验期满原判刑罚不再执行,也就是说,刑罚并没有执行。因此,**被判处缓刑的犯罪分子不能认为已经执行了刑罚**,也就不符合本条规定的"刑罚执行完毕"的条件,**不能构成累犯**。

【司法解释】

《最高人民法院关于适用刑法时间效力规定若干问题的解释》(法释〔1997〕5号,自1997年10月1日起施行)

△(时间效力;一般累犯)前罪判处的刑罚已经执行完毕或者赦免,在1997年9月30日以前又犯应当判处有期徒刑以上刑罚之罪的,是否构成累犯,适用修订前的刑法第六十一条①的规定;1997年10月1日以后又犯应当判处有期徒刑以上刑罚之罪的,是否构成累犯,适用刑法第六十五条的规定。(§3)

《最高人民法院关于〈中华人民共和国刑法修正案(八)〉时间效力问题的解释》(法释〔2011〕9号,自2011年5月1日起施行)

△(时间效力;一般累犯)被判处有期徒刑以上刑罚,刑罚执行完毕或者赦免以后,在2011年4月30日以前犯应当判处有期徒刑以上刑罚之罪的,是否构成累犯,适用修正前刑法第六十五条的规定;但是,前罪实施时不满十八周岁的,是否构成累犯,适用修正后刑法第六十五条的规定。(§3Ⅰ)

《最高人民法院、最高人民检察院关于缓刑在考验期满后五年内再犯应当判处有期徒刑以上刑罚之罪应否认定为累犯问题的批复》(高检发释字〔2020〕1号,自2020年1月20日起施行)

△(在缓刑考验期满后五年内再犯;不应认定为累犯)被判处有期徒刑宣告缓刑的犯罪分子,在缓刑考验期满后五年内再犯应当判处有期徒刑以上刑罚之罪的,因前罪判处的有期徒刑并未执行,不具备刑法第六十五条规定的"刑罚执行完毕"的要件,故不应认定为累犯,但可作为对新罪确定刑罚的酌定从重情节予以考虑。

【司法解释性文件】

《最高人民法院关于贯彻宽严相济刑事政策的若干意见》(法发〔2010〕9号,2010年2月8日公布)

△(宽严相济刑事政策;累犯)要依法从严惩处累犯和毒品再犯。凡是依法构成累犯和毒品再犯的,即使犯罪情节较轻,也要体现从严惩处的精神。尤其是对于前罪为暴力犯罪或被判处重刑的累犯,更要依法从严惩处。(§11)

《最高人民检察院关于认定累犯如何确定刑罚执行完毕以后"五年以内"起始日期的批复》(高检发释字〔2018〕2号,自2018年12月30日起施行)

△(刑罚执行完毕;刑满释放之日)刑法第六十五条第一款规定的"刑罚执行完毕",是指刑罚执行到期应予释放之日。认定累犯,确定刑罚执行完毕以后"五年以内"的起始日期,应当从刑满释放之日起计算。

【指导性案例】

最高人民检察院指导性案例第19号:张某、沈某某等七人抢劫案(2014年9月10日发布)

△(未成年人;累犯)未成年人犯罪不构成累犯。

【参考案例】

No.2-118、119(1)-3-1 侯飞、谢延海等破坏电力设备、盗窃案

因故意犯罪被判处有期徒刑缓刑的,在缓刑考验期满五年内又犯应判处有期徒刑以上刑之故意犯罪的,不构成累犯。

---

① 《中华人民共和国刑法》(1979年)
第六十一条
Ⅰ 被判处有期徒刑以上刑罚的犯罪分子,刑罚执行完毕或者赦免以后,在三年内再犯应当判处有期徒刑以上刑罚之罪的,是累犯,应当从重处罚;但是过失犯罪除外。
Ⅱ 前款规定的期限,对于被假释的犯罪分子,从假释期满之日起计算。

No.5-263-160 钟某抢劫案

被告人前次犯罪跨越18周岁且被判处有期徒刑,在刑罚执行完毕后5年内再犯应当判处有期徒刑以上刑罚之罪的,18岁后实施的前罪不是应当判处有期徒刑以上刑罚的,不构成累犯;18周岁后实施的故意犯罪处于可能判处有期徒刑与拘役、管制、单处罚金等刑罚的临界点的,一般不认定为累犯。

No.5-264-6 南昌洙等盗窃案

被判处有期徒刑以上刑罚的犯罪分子,在刑罚执行完毕五年之内又犯应当判处有期徒刑以上刑罚之罪,但新罪被发现之时,已过追诉时效期限的,不应认定为累犯。

No.5-264-18 买买提盗窃案

被判处有期徒刑以上刑罚的犯罪分子,主刑执行完毕而附加罚金刑未执行完毕,五年以内再犯应当判处有期徒刑以上刑罚之罪的,应当认定为累犯。

No.5-264-70 王吕奇盗窃案

《刑法》第六十七条规定的"不满十八周岁的人犯罪的除外",指的是行为人犯前罪时不满十八周岁,不适用累犯制度。行为人犯前罪时跨越十八周岁实施同一犯罪行为的,原则上应当认定为不满十八周岁的人犯罪,但十八周岁后实施的行为可以被单独评价为犯罪的,应当认定为已满十八周岁的人犯罪。

No.5-264-74 谢友仁、潘锋盗窃案

已执行完毕的刑事判决被再审改判后,刑罚执行应以该再审判决为依据重新认定。行为人在原判决执行完毕后再犯新罪的,应当根据再审判决断成立累犯还是数罪并罚。

No.6-7-347-73 周崇敏贩卖毒品案

一审宣判后上诉期间再犯新罪的,即便判处的刑期已经届满也不能视为刑罚执行完毕,不符合一般累犯的成立条件。

第六十六条 【特别累犯】

危害国家安全犯罪、恐怖活动犯罪、黑社会性质的组织犯罪的犯罪分子,在刑罚执行完毕或者赦免以后,在任何时候再犯上述任一类罪的,都以累犯论处。

【立法沿革】

《中华人民共和国刑法》(1997年修订,自1997年10月1日起施行)

第六十六条

危害国家安全的犯罪分子在刑罚执行完毕或者赦免以后,在任何时候再犯危害国家安全罪的,都以累犯论处。

《中华人民共和国刑法修正案(八)》(自2011年5月1日起施行)

七、将刑法第六十六条修改为:

"危害国家安全犯罪、恐怖活动犯罪、黑社会性质的组织犯罪的犯罪分子,在刑罚执行完毕或者赦免以后,在任何时候再犯上述任一类罪的,都以累犯论处。"

【条文说明】

本条是关于危害国家安全罪、恐怖活动犯罪、黑社会性质的组织犯罪累犯的特殊规定。

根据本条规定,认定危害国家安全犯罪、恐怖活动犯罪、黑社会性质的组织犯罪的累犯,应当注意以下三个特点:

1. 犯罪分子所犯的前罪和后罪都是危害国家安全犯罪、恐怖活动犯罪、黑社会性质的组织犯罪。[①] 前罪或者后罪不属于上述犯罪的,不能构成本条规定的特殊累犯。但是,根据本条规定,犯危害国家安全犯罪、恐怖活动犯罪、黑社会性质的组织犯罪的行为人,只要再犯这三类犯罪中的任一类犯罪的,均构成累犯,即前罪和后罪不需要同属一类犯罪,如犯危害国家安全罪者,再犯恐怖活动犯罪的,就构成累犯。

2. 不受《刑法》第六十五条第一款关于构成累犯的前罪和后罪都应是"判处有期徒刑以上刑罚"的刑种条件限制,即前罪只要判处刑罚即可,后罪只要构成犯罪即可。

[①] 我国学者指出,黑社会性质组织犯罪不限于《刑法》分则第六章第一节中的"组织、领导、参加黑社会性质组织罪""入境发展黑社会组织罪""包庇、纵容黑社会性质组织罪",而是包括黑社会性质组织所实施的任何罪行。参见赵秉志主编:《刑法总论》(第3版),中国人民大学出版社2016年版,第367页;周光权:《刑法总论》(第4版),中国人民大学出版社2021年版,第452页;黎宏:《刑法学总论》(第2版),法律出版社2016年版,第375页。

3. 不受《刑法》第六十五条第一款关于构成累犯应在"刑罚执行完毕或者赦免以后,在五年以内再犯"的时间条件限制,即危害国家安全犯罪、恐怖活动犯罪、黑社会性质的组织犯罪的犯罪分子,在前罪的刑罚执行完毕或者赦免之后,不论何时再犯危害国家安全犯罪、恐怖活动犯罪、黑社会性质的组织犯罪,都构成累犯,不受五年期限的限制。

实际执行中对于**未成年人是否构成特殊累犯**,在认识上存在分歧。有的认为,未成年人不构成累犯是在一般累犯的条款中规定的,不适用于特殊累犯,未成年人只要实施了危害国家安全犯罪、恐怖活动犯罪、黑社会性质的组织犯罪,在刑罚执行完毕或者赦免以后,在任何时候再犯前述任一类罪的,都要以累犯论处。也有的认为,不能一概而论,对于已满十四周岁不满十六周岁的未成年人不构成特殊累犯,而已满十六周岁不满十八周岁的未成年人构成特殊累犯。**2011 年通过的《刑法修正案(八)》增加了未成年人犯罪不构成累犯的规定**。笔者认为,这一规定主要是考虑到未成年人身心发育尚未成熟,对犯罪的未成年人应更好地体现以教育、挽救为主的方针,使他们能更好地接受教育矫正,便于他们以后顺利融入社会。因此,未成年人不构成累犯属于对未成年人的特别规定,与《刑法》第十七条的规定一脉相承,不仅限于第六十五条,也应当适用于本条关于特殊累犯的规定。同时,从《刑法》第六十五条和第六十六条的关系来看,第六十五条既是一般累犯的规定,也是对累犯制度的一般性和基础性规定;而第六十六条是刑法在确立累犯基本制度的基础上,进一步针对几类特殊犯罪作的专门性规定。《刑法》第六十六条的立法目的在于,针对几类特殊犯罪,考虑到再次犯罪充分表明犯罪分子主观方面顽固坚持恐怖等立场和难以悔改的态度,给予其更为严厉的惩处。未成年人由于心智发育等方面的情况,具有较强的可塑性,**既然不能构成一般累犯,也不应构成特殊累犯**。另外,刑法关于未成年人不构成累犯的规定,与对特殊累犯中恐怖活动犯罪、黑社会性质的组织犯罪的规定,都是 2011 年《刑法修正案(八)》中增加的体现宽严相济刑事政策的内容,对此问题立法机关做过专门研究,二者是并行不悖的。

【司法解释】

《最高人民法院关于〈中华人民共和国刑法修正案(八)〉时间效力问题的解释》(法释〔2011〕9 号,自 2011 年 5 月 1 日起施行)

△(时间效力;特别累犯)曾犯危害国家安全犯罪,刑罚执行完毕或者赦免以后,在 2011 年 4 月 30 日以前再犯危害国家安全犯罪的,是否构成累犯,适用修正前刑法第六十六条的规定。

曾被判处有期徒刑以上刑罚,或者曾犯危害国家安全犯罪、恐怖活动犯罪、黑社会性质的组织犯罪,在 2011 年 5 月 1 日以后再犯罪的,是否构成累犯,适用修正后刑法第六十五条、第六十六条的规定。(§3 Ⅱ、Ⅲ)

第三节 自首和立功

第六十七条 【自首与坦白】

犯罪以后自动投案,如实供述自己的罪行的,是自首。对于自首的犯罪分子,可以从轻或者减轻处罚。其中,犯罪较轻的,可以免除处罚。

被采取强制措施的犯罪嫌疑人、被告人和正在服刑的罪犯,如实供述司法机关还未掌握的本人其他罪行的,以自首论。

犯罪嫌疑人虽不具有前两款规定的自首情节,但是如实供述自己罪行的,可以从轻处罚;因其如实供述自己罪行,避免特别严重后果发生的,可以减轻处罚。

【立法沿革】

《中华人民共和国刑法》(1997 年修订,自 1997 年 10 月 1 日起施行)

第六十七条

犯罪以后自动投案,如实供述自己的罪行的,是自首。对于自首的犯罪分子,可以从轻或者减轻处罚。其中,犯罪较轻的,可以免除处罚。

被采取强制措施的犯罪嫌疑人、被告人和正在服刑的罪犯,如实供述司法机关还未掌握的本人其他罪行的,以自首论。

《中华人民共和国刑法修正案(八)》(自2011年5月1日起施行)

八、在刑法第六十七条中增加一款作为第三款:

"犯罪嫌疑人虽不具有前两款规定的自首情节,但是如实供述自己罪行的,可以从轻处罚;因其如实供述罪行又避免特别严重后果发生的,可以减轻处罚。"

【条文说明】

本条是关于自首的概念、对自首犯如何处罚以及对如实供述自己罪行的罪犯如何处罚的规定。

本条共分为三款。

第一款是关于**自首的概念及其处罚原则的规定**。根据本款规定,自首必须符合下列条件:

1. 犯罪以后自动投案。所谓"**自动投案**",是指犯罪分子犯罪以后,犯罪事实未被司法机关发现以前;或者犯罪事实虽被发现,但不知何人所为;或者犯罪事实和犯罪分子均已被发现,但是尚未受到司法机关的传唤、讯问或者尚未采取强制措施之前,主动、直接到司法机关或者所在单位、基层组织等投案,接受审查和追诉的。这里的"**司法机关**"应指所有的依法负有调查、处理违法犯罪案件相关职责的机关,包括公安机关、国家安全机关、监察机关、人民检察院、人民法院等。需要说明的是,实践中对于法律关于相关司法机关具体职责分工的规定,很多公民并不是很清楚或者认知不是很准确。因此,只要犯罪行为人确实出于主动投案,接受法律处理的目的,到有关机关自首,即使该机关不属于相关案件的法定管辖机关,也不因为这一点而影响其自首的成立。如行为人实施了间谍行为,为自首到公安机关投案,实际上案件应当由国家安全机关管辖;或者其到人民法院自首,而人民法院是审判机关,并不负责案件的侦查。这些机关接到到犯罪行为人投案的,应当将其转交相应的负有管辖权的机关处理,这样的情况也不影响其自首的成立。

2. 如实供述自己的罪行。所谓"**如实供述自己的罪行**",是指犯罪分子投案以后,对于自己所犯的罪行,不管司法机关是否掌握,都必须如实地向司法机关供述,不能有隐瞒。至于有些细节或者情节,犯罪分子记不清楚或者确实无法说清楚的,不能认为是隐瞒。只要基本的犯罪事实和主要情节说清楚就应当认为属于如实供述自己的罪行。如果犯罪分子避重就轻或者供述一部分还保留一部分,企图蒙混过关,就不能认为是如实供述自己的罪行。对于共同犯罪中的犯罪分子不仅应供述自己的犯罪行为,还应供述与其共同实施犯罪的其他共犯的共同犯罪事实;对于犯有数罪的仅如实供述所犯数罪中部分犯罪的,只对如实供述部分犯罪的行为,认定为自首。实践中,有的犯罪嫌疑人自动投案并如实供述自己罪行后又翻供,对这种情况如何认定,《最高人民法院关于处理自首和立功具体应用法律若干问题的解释》第一条规定,犯罪嫌疑人自动投案并如实供述自己的罪行后又翻供的,不能认定为自首;但在一审判决前又能如实供述的,应当认定为自首。

犯罪以后自动投案,如实供述自己的罪行以后,不能逃避司法机关的处理。虽然本条对此没有明确规定,但是自首的性质本身就包含主动投案和自愿接受法律处理的含义。因此,对于自首的犯罪行为人来说,只有自觉接受法律处理,而不是逃避追究,才能说明其确有悔改的诚意。如果投案后如实供述了自己的罪行,后来又逃跑了,逃避司法机关对其的侦查、起诉和审判,说明其自动投案不彻底,不是真正意义上的自首,不能认定为自首。

根据本款规定,对于自首的犯罪分子**可以在法定刑的幅度内从轻或者减轻处罚**。如果是犯罪较轻的,**也可以免除处罚**。具体确定是从轻、减轻还是免除处罚,以及从轻、减轻的程度,要根据案件的具体情况,包括犯罪的事实、性质、情节、对社会的危害程度等,并考虑自首的具体情节、行为人悔罪程度等予以确定。

第二款是关于**以自首论**的规定。根据本款规定,必须同时具备以下条件的,才能以自首论:

1. 以自首的对象有以下三种人:**已经被司法机关采取强制措施的犯罪嫌疑人、被告人和正在服刑的罪犯**。这里的"**强制措施**",是指我国刑事诉讼法规定的拘传、拘留、取保候审、监视居住、逮捕。"**正在服刑**"是指已经人民法院判决,正在执行刑罚的罪犯。

2. **如实供述的内容是司法机关还未掌握的本人其他罪行**。这里所说的"**司法机关还未掌握的本人其他罪行**",是指司法机关根本不知道、还未掌握犯罪嫌疑人、被告人和正在服刑的罪犯的其他罪行,是司法机关正在追查或已经追究的行为人所犯罪行以外的其他犯罪行为。例如,司法机关正在对行为人的盗窃行为进行侦查,该犯罪嫌疑人又如实交代了司法机关尚未掌握的抢劫犯罪行为。对于共同犯罪来说,如果供述司法机关尚未掌握的他人的犯罪,则不属于这种情况,但是如果这种行为符合立功的条件,应当按照刑法关于立功的规定处理。

根据本款规定,只要符合上述条件,应当以自首论,按照本条第一款规定的原则处罚。应当注意的是,实践中,有的被告人自首后,**对自己行为的性质进行辩解**,这种情况不影响自首的成立。

第三款是对不具有前两款规定的"自首"以及"以自首论"的情节,但是如实供述自己罪行的,可以从轻或者减轻处罚的规定。**坦白从宽是**我国一贯的刑事政策,但"如实供述自己罪行"在司法实践中只是作为一种**酌定量刑情节**,在司法实践中适用时存在许多问题,如在侦查阶段的坦白、认罪,有时在审判阶段不被认可,甚至在个别案件中存在被告人因坦白使得司法机关认定了本来不掌握的罪行,但判处较重的刑罚的情况,被戏称为"坦白从宽,牢底坐穿"。司法实践表明,到案后能够自愿认罪,也表现了犯罪嫌疑人改恶向善的意愿,相对于负隅顽抗,甚至故意编造谎言误导侦查、审判工作的犯罪嫌疑人而言,自愿认罪者也更易于改造,适用较轻的刑罚即可达到刑罚目的。但《最高人民法院关于处理自首和立功若干具体问题的意见》规定,犯罪嫌疑人被亲友采用捆绑等手段送到司法机关,或者在亲友带领侦查人员前来抓捕时无拒捕行为,并如实供述犯罪事实,虽然不能认定为自动投案,但可以参照法律对自首的有关规定酌情从轻处罚。这一规定,在《刑法修正案(八)》出台之前,属于酌定从宽情节,根据本款规定,现在这一情形已经属于法定从宽情节。

根据本款规定,以下两种情况属于可以从宽处理的情形,但在从宽处理的幅度上有所不同。一是对一般的如实供述自己罪行的,**可以从轻处罚**;二是因其如实供述自己罪行,**避免特别严重后果发生的,可以减轻处罚**。其中的"如实供述自己罪行"和前两款的精神是一致的,应指自己犯罪的主要事实或者基本事实。"因其如实供述自己罪行,避免特别严重后果发生的",主要是指行为人已经实施了犯罪行为,但犯罪后果还没有发生或者没有全部发生,由于行为人的供述,使得有关方面能够采取措施避免特别严重后果发生的情况。本款规定的从宽处理是"可以"从轻、减轻处罚,对行为人虽然如实供述了自己罪行,但犯罪情节比较恶劣的也可以不从轻、减轻处罚。

实践中需要注意以下几个方面的问题:

1. **关于"自动投案"的具体认定**。除比较典型的自动投案行为以外,实践中还有很多投案的情况比较复杂。为便于司法机关依法适用刑罚,1998年4月6日通过的《最高人民法院关于处理自首和立功具体应用法律若干问题的解释》第一条中对"自动投案"的情形作了解释:一是犯罪嫌疑人因病、伤或者为了减轻犯罪后果,委托他人先代为投案,或者先以信电投案的;二是罪行未被司法机关发觉,仅因形迹可疑被有关组织或者司法机关盘问、教育后,主动交代自己的罪行的;三是犯罪后逃跑,在被通缉、追捕过程中,主动投案的;四是经查实确已准备去投案,或者正在投案途中,被公安机关捕获的,应当视为自动投案;五是并非出于犯罪嫌疑人主动,而是经亲友规劝、陪同投案的;六是公安机关通知犯罪嫌疑人的亲友,或者亲友主动报案后,将犯罪嫌疑人送去投案的,也应当视为自动投案。2010年12月22日发布的《最高人民法院关于处理自首和立功若干具体问题的意见》第一部分对"自动投案"情形又作了补充:一是犯罪后主动报案,虽未表明自己是作案人,但没有逃离现场,在司法机关询问时交代自己罪行的。二是明知他人报案而在现场等待,抓捕时无拒捕行为,供认犯罪事实的。三是在司法机关未确定犯罪嫌疑人,尚在一般性排查询问时主动交代自己罪行的。四是因特定违法行为被采取行政拘留、司法拘留、强制隔离戒毒等行政、司法强制措施期间,主动向执行机关交代尚未被掌握的犯罪行为的。五是罪行未被有关部门、司法机关发觉,仅因形迹可疑被盘问、教育后,主动交代了犯罪事实的,应当视为自动投案,但有关部门、司法机关在其身上、随身携带的物品、驾乘的交通工具等处发现与犯罪有关的物品的,不能认定为自动投案。六是交通肇事后保护现场、抢救伤者,并向公安机关报告的,应认定为自动投案,构成自首的,因上述行为同时系犯罪嫌疑人的法定义务,对其是否从宽、从宽幅度要适当从严掌握;交通肇事逃逸后自动投案,如实供述自己罪行的,应认定为自首,但应依法以较重法定刑为基准,视情决定对其是否从宽处以及从宽处罚的幅度。

2. **关于"如实供述自己罪行"的具体认定**。司法实践中,对有些情形是否属于如实供述自己的罪行的认定存在不同认识,为便于司法机关依法适用刑罚,《最高人民法院关于处理自首和立功具体应用法律若干问题的解释》第一条中对如实供述自己的罪行的情形作了解释:一是犯有数罪的犯罪嫌疑人仅如实供述所犯数罪中部分犯罪的,只对如实供述部分犯罪的行为,认定为自首。二是共同犯罪案件中的犯罪嫌疑人,除如实供述自己的罪行,还应当供述所知的同案犯,主犯则应当供述所知其他同案犯的共同犯罪事实,才能认定为自首。三是犯罪嫌疑人自动投案并如实供述自己的罪行后又翻供的,不能认定为自首;但在一审判决前又能如实供述的,应当认定为自首。《最高人民法院关于处理自首和立功若干具体问题的意见》第二部分对如实供述自己的罪行的认定作了补充。一是如实供述自己的罪行，除供述自己的主要犯罪事实外，还应包括姓名、年龄、职业、住址、前科等情况。二是犯罪嫌疑人供述的身份等情况与真实情况虽有差别，但不影响定罪量刑的，应认定为如实供述自己的罪行。犯罪嫌疑人自动投案后隐瞒自己的真实身份等情况，影响对其定罪量刑的，不能认定为如实供述自己的罪行。三是犯罪嫌疑人多次实施同种罪行的，应当综合考虑已交代的犯罪事实与未交代的犯罪事实的危害程度，决定是否认定为如实供述主要犯罪事实。虽然投案后没有交代全部犯罪事实，但如实交代的犯罪情节事实与未交代的犯罪情节事实，或者交代的犯罪数额多于未交代的犯罪数额，一般应认定为如实供述自己的主要犯罪事实。无法区分已交代的与未交代的犯罪情节的严重程度，或者交代的犯罪数额与未交代的犯罪数额相当，一般不认定为如实供述自己的主要犯罪事实。四是犯罪嫌疑人自动投案时虽然没有交代自己的主要犯罪事实，但在司法机关掌握其主要犯罪事实之前主动交代的，应认定为如实供述自己的罪行。

3. 关于"司法机关还未掌握的本人其他罪行"和"不同种罪行"的具体认定。由于司法实践中对有些问题存在不同认识，《最高人民法院关于处理自首和立功若干具体问题的意见》第三部分对"司法机关还未掌握的本人其他罪行"和"不同种罪行"的认定作了规定。一是犯罪嫌疑人、被告人在被采取强制措施期间，向司法机关主动如实供述本人的其他罪行，该罪行能否认定为司法机关已掌握，应根据不同情形区别对待。如果该罪行已被通缉，一般应以该司法机关是否在通缉令发布范围内作出判断，不在通缉令发布范围内的，应认定为还未掌握，在通缉令发布范围内的，应视为已掌握；如果该罪行已录入全国公安信息网络在逃人员信息数据库，应视为已掌握；如果该罪行未被通缉，也未录入全国公安信息网络在逃人员信息数据库，应以该司法机关是否实际掌握该罪行为标准。二是犯罪嫌疑人、被告人在被采取强制措施期间如实供述本人其他罪行，该罪行与司法机关已掌握的罪行属同种罪行还是不同种罪行，一般应以罪名区分。虽然如实供述的其他罪行的罪名与司法机关已掌握犯的罪名不同，但如实供述的其他犯罪与司法机关已掌握的犯罪属选择性罪名或者在法律、事实上密切关联，如因受贿被采取强制措施后，又交代因受贿为他人谋取利益行为，构成滥用职权罪的，应认定为同种罪行。

【**司法解释**】

《最高人民法院关于适用刑法时间效力规定若干问题的解释》（法释〔1997〕5号，自1997年10月1日起施行）

△（时间效力；如实供述）1997年9月30日以前被采取强制措施的犯罪嫌疑人、被告人或者1997年9月30日以前犯罪，1997年10月1日以后仍在服刑的罪犯，如实供述司法机关还未掌握的本人其他罪行的，适用刑法第六十七条第二款的规定。（§4）

《最高人民法院关于处理自首和立功具体应用法律若干问题的解释》（法释〔1998〕8号，自1998年5月9日起施行）

△（自首；自动投案；视为自动投案；自动投案后逃跑；如实供述自己的罪行；数罪；共同犯罪；翻供）根据刑法第六十七条第一款的规定，犯罪以后自动投案，如实供述自己的罪行的，是自首。

（一）自动投案，是指犯罪事实或者犯罪嫌疑人未被司法机关发觉，或者虽被发觉，但犯罪嫌疑人尚未受到讯问、未被采取强制措施时，主动、直接向公安机关、人民检察院或者人民法院投案。

犯罪嫌疑人向其所在单位、城乡基层组织或者其他有关负责人员投案的；犯罪嫌疑人因病、伤或者为了减轻罪责投案后，委托他人先代为投案；或者先以信电投案的；罪行尚未被司法机关发觉，仅因形迹可疑，被有关组织或者司法机关盘问、教育后，主动交代自己的罪行的；犯罪后逃跑，在被通缉、追捕过程中，主动投案的；经查实确已准备去投案，或者正在投案途中，被公安机关捕获的，应视为自动投案。

并非出于犯罪嫌疑人主动，而是经亲友规劝、陪同投案的；公安机关通知犯罪嫌疑人的亲友，或者亲友主动报案后，将犯罪嫌疑人送去投案的，也应当视为自动投案。

犯罪嫌疑人自动投案后又逃跑的，不能认定为自首。

（二）如实供述自己的罪行，是指犯罪嫌疑人自动投案后，如实交代自己的主要犯罪事实。

犯有数罪的犯罪嫌疑人仅如实供述所犯数罪中部分犯罪的，只对如实供述部分犯罪的行为，认定为自首。

共同犯罪案件中的犯罪嫌疑人，除如实供述自己的罪行，还应当供述所知的同案犯，主犯则应当供述所知其他同案犯的共同犯罪事实，才能认定为自首。

犯罪嫌疑人自动投案并如实供述自己的罪行后又翻供的，不能认定为自首；但在一审判决前又

能如实供述的,应当认定为自首。(§1)

△(以自首论;强制措施;如实供述;不同种罪行)根据刑法第六十七条第二款的规定,被采取强制措施的犯罪嫌疑人、被告人和已宣判的罪犯,如实供述司法机关尚未掌握的罪行,与司法机关已掌握的或者判决确定的罪行属不同种罪行的,以自首论。(§2)

△(从轻、减轻或免除处罚)根据刑法第六十七条第一款的规定,对于自首的犯罪分子,可以从轻或者减轻处罚;对于犯罪较轻的,可以免除处罚。具体确定从轻、减轻还是免除处罚,应当根据犯罪轻重,并考虑自首的具体情节。(§3)

△(如实供述;同种罪行;酌情从轻处罚)被采取强制措施的犯罪嫌疑人、被告人和已宣判的罪犯,如实供述司法机关尚未掌握的罪行,与司法机关已掌握的或者判决确定的罪行属同种罪行的,可以酌情从轻处罚;如实供述的同种罪行较重的,一般应当从轻处罚。(§4)

《最高人民法院关于被告人对行为性质的辩解是否影响自首成立问题的批复》(法释〔2004〕2号,自2004年4月1日起施行)

△(自首;对行为性质的辩解)根据刑法第六十七条第一款和最高人民法院《关于处理自首和立功具体应用法律若干问题的解释》第一条的规定,犯罪以后自动投案,如实供述自己的罪行的,是自首。被告人对行为性质的辩解不影响自首的成立。

《最高人民法院关于〈中华人民共和国刑法修正案(八)〉时间效力问题的解释》(法释〔2011〕9号,自2011年5月1日起施行)

△(时间效力;如实供述)2011年4月30日以前犯罪,虽不具有自首情节,但是如实供述自己罪行的,适用修正后刑法第六十七条第三款的规定。(§4)

【司法解释性文件】

《最高人民法院、最高人民检察院、海关总署关于办理走私刑事案件适用法律若干问题的意见》(法〔2002〕139号,2002年7月8日公布)

△(单位走私犯罪;单位自首)在办理单位走私犯罪案件中,对单位集体决定自首的,或者单位直接负责的主管人员自首的,应当认定单位自首。认定单位自首后,如实交代主要犯罪事实的单位负责的其他主管人员和其他直接责任人员,可视为自首,但对拒不交代主要犯罪事实或逃避法律追究的人员,不以自首论。(§21)

《最高人民法院、最高人民检察院印发〈关于办理职务犯罪案件认定自首、立功等量刑情节若干问题的意见〉的通知》(法发〔2009〕13号,2009年3月12日公布)

△(自首;自动投案;如实供述自己的罪行;视为自动投案;以自首论;单位犯罪;证据材料之移交;具体情节)根据刑法第六十七条第一款的规定,成立自首需同时具备自动投案和如实供述自己的罪行两个要件。犯罪事实或者犯罪分子未被办案机关掌握①,或者虽被掌握,但犯罪分子尚未受到调查谈话、讯问,或者未被宣布采取调查措施或者强制措施时,向办案机关投案的,是自动投案。在此期间如实交代自己的主要犯罪事实的,应当认定为自首。

犯罪分子向所在单位等办案机关以外的单位、组织或者有关负责人员投案的,应当视为自动投案。

没有自动投案,在办案机关调查谈话、讯问、采取调查措施或者强制措施期间,犯罪分子如实交代办案机关掌握的线索所针对的事实的,不能认定为自首。

没有自动投案,但具有以下情形之一的,以自首论:(1)犯罪分子如实交代办案机关未掌握的罪行,与办案机关已掌握的罪行属不同种罪行的;(2)办案机关所掌握线索针对的犯罪事实不成立,在此范围外犯罪分子交代同种罪行的。

单位犯罪案件中,单位集体决定或者单位负责人决定而自动投案,如实交代单位犯罪事实的,或者单位直接负责的主管人员自动投案,如实交代单位犯罪事实的,应当认定为单位自首。单位自首的,直接负责的主管人员和直接责任人员未自动投案,但如实交代自己知道的犯罪事实的,可以视为自首;拒不交代自己知道的犯罪事实或者逃避法律追究的,不应当认定为自首。单位没有自首,直接责任人员自动投案并如实交代自己知道的犯罪事实的,对该直接责任人员应当认定为自首。

对于具有自首情节的犯罪分子,办案机关移送案件时应当予以说明并移交相关证据材料。

---

① 我国学者指出,犯罪事实、犯罪分子是否掌握,犯罪分子是否被采取调查措施或者强制措施,是相对于办案机关而言的。此处的"办案机关"仅限于纪委、监察、公安、检察等法定职能部门。参见王作富主编:《刑法分则实务研究》(第5版),中国方正出版社2013年版,第1587页。

对于具有自首情节的犯罪分子，应当根据犯罪的事实、性质、情节和对于社会的危害程度，结合自动投案的动机、阶段、客观环境，交代犯罪事实的完整性、稳定性以及悔罪表现等具体情节，依法决定是否从轻、减轻或者免除处罚以及从轻、减轻处罚的幅度。（§1）

△（**如实交代犯罪事实；从轻处罚**）犯罪分子依法不成立自首，但如实交代犯罪事实，有下列情形之一的，可以酌情从轻处罚：（1）办案机关掌握部分犯罪事实的，犯罪分子交代了同种其他犯罪事实的；（2）办案机关掌握的证据不充分，犯罪分子如实交代有助于收集定案证据的。

犯罪分子如实交代犯罪事实，有下列情形之一的，一般应当从轻处罚：（1）办案机关仅掌握小部分犯罪事实，犯罪分子交代了大部分未被掌握的同种犯罪事实的；（2）如实交代对于定案证据的收集有重要作用的。（§3）

《最高人民法院关于贯彻宽严相济刑事政策的若干意见》（法发〔2010〕9号，2010年2月8日公布）

△（**宽严相济刑事政策；自首；从宽处罚；被告人亲属**）对于自首的被告人，除了罪行极其严重、主观恶性极深、人身危险性极大，或者恶意地利用自首规避法律制裁者以外，一般均应依法从宽处罚。

对于亲属以不同形式送被告人归案或协助司法机关抓获被告人而认定为自首的，原则上都应依法从宽处罚的，而虽然不能认定为自首，但考虑到被告人亲属支持司法机关工作，促使被告人到案、认罪、悔罪，在决定对被告人具体处罚时，也应当予以充分考虑。（§17）

《宽严相济在经济犯罪和职务犯罪案件审判中的具体贯彻》（2010年4月7日公布）

△（**自首；量刑情节；具体情节；从轻、减轻或免除处罚；幅度；主动交代犯罪事实；赃款赃物追回**）关于自首、立功等量刑情节的运用。自首、立功是法定的从宽情节。实践中要注意依照《意见》①第17条、第18条等规定，结合"两高"《关于办理职务犯罪案件认定自首、立功等量刑情节若干问题的意见》的规定，做好职务犯罪案件审判工作中宽严相济刑事政策与法律规定的有机结合，具体如下：

（1）要严格掌握自首、立功等量刑情节的法定标准和认定程序，确保自首、立功等量刑情节认定的严肃性和规范性的。

（2）对于具有自首情节的犯罪分子，应当根据犯罪事实并结合自动投案的动机、阶段、客观环境，交代犯罪事实的完整性、稳定性以及悔罪表现等具体情节，依法决定是否从轻、减轻或者免除处罚以及从轻、减轻处罚的幅度。

（3）对于具有立功情节的犯罪分子，应当根据犯罪事实并结合立功表现所起作用的大小、所破获案件的罪行轻重、所抓获犯罪嫌疑人可能判处的法定刑以及立功的时机等具体情节，依法决定是否从轻、减轻或者免除处罚以及从轻、减轻处罚的幅度。

（4）对于犯罪分子依法不成立自首，但主动交代犯罪事实的，应当视其主动交代的犯罪事实情况及对证据收集的作用大小、酌情处理。

（5）赃款赃物追回的，应当注意区分贪污、受贿等不同性质的犯罪以及犯罪分子在追赃中的具体表现，决定是否从轻处罚以及从轻处罚的幅度。（§2Ⅲ）

《最高人民法院印发〈关于处理自首和立功若干具体问题的意见〉的通知》（法发〔2010〕60号，2010年12月22日发布）

△（**自动投案之认定**）《解释》②第一条第（一）项规定七种应当视为自动投案的情形，体现了犯罪嫌疑人投案的主动性和自愿性。根据《解释》第一条第（一）项的规定，犯罪嫌疑人具有以下情形之一的，也应当视为自动投案：

1. 犯罪后主动报案，虽未表明自己是作案人，但没有逃离现场，在司法机关询问时交代自己罪行的；

2. 明知他人报案而在现场等待，抓捕时无拒捕行为，供认犯罪事实的；

3. 在司法机关未确定犯罪嫌疑人，尚在一般性排查询问时主动交代自己罪行的；

4. 因特定违法行为被采取劳动教养、行政拘留、司法拘留、强制隔离戒毒等行政、司法强制措施期间，主动向执行机关交代尚未被掌握的犯罪行为的；

5. 其他符合立法本意，应当视为自动投案的情形。

罪行未被有关部门、司法机关发觉，仅因形迹可疑被盘问、教育后，主动交代了犯罪事实的，应

---

① 即《最高人民法院关于贯彻宽严相济刑事政策的若干意见》（法发〔2010〕9号，2010年2月8日发布）。
② 即《最高人民法院关于处理自首和立功具体应用法律若干问题的解释》（法释〔1998〕8号，自1998年5月9日起施行）。

当视为自动投案,但有关部门、司法机关在其身上、随身携带的物品、驾乘的交通工具等处发现与犯罪有关的物品的,不能认定为自动投案。

交通肇事后保护现场、抢救伤者,并向公安机关报告的,应认定为自动投案,构成自首的,因上述行为同时系犯罪嫌疑人的法定义务,对其是否从宽、从宽幅度要适当从严掌握。交通肇事逃逸后自动投案,如实供述自己罪行的,应认定为自首,但应依法以较重法定刑为基准,视情决定对其是否从宽处罚以及从宽处罚的幅度。

犯罪嫌疑人被亲友采用捆绑等手段送到司法机关,或者在亲友带领侦查人员前来抓捕时无拒捕行为,并如实供认犯罪事实的,虽然不能认定为自动投案,但可以参照法律对自首的有关规定酌情从轻处罚。(§1)

△(如实供述自己的罪行)《解释》第一条第(二)项规定如实供述自己的罪行,除供述自己的主要犯罪事实外,还应包括姓名、年龄、职业、住址、前科等情况。犯罪嫌疑人供述的身份等情况与真实情况虽有差别,但不影响定罪量刑的,应认定为如实供述自己的罪行。犯罪嫌疑人自动投案后隐瞒自己的真实身份等情况,影响对其定罪量刑的,不能认定为如实供述自己的罪行。①

犯罪嫌疑人多次实施同种罪行的,应当综合考虑已交代的犯罪事实与未交代的犯罪事实的危害程度,决定是否认定为如实供述主要犯罪事实。虽然投案后没有交代的犯罪情节,但是实交代的犯罪情节重于未交代的犯罪情节,或者如实交代的犯罪数额多于未交代的犯罪数额,一般应认定为如实供述自己的主要犯罪事实。无法区分已交代的与未交代的犯罪情节的严重程度,或者已交代的犯罪数额与未交代的犯罪数额相当,一般不认定为如实供述自己的主要犯罪事实。

犯罪嫌疑人自动投案时虽然没有交代自己的主要犯罪事实,但在司法机关掌握其主要犯罪事实之前主动交代的,应认定为如实供述自己的罪行。(§2)

△(司法机关还未掌握的本人其他罪行;不同种罪行)犯罪嫌疑人、被告人在被采取强制措施期间,向司法机关主动如实供述本人的其他罪行,该罪行能否认定为司法机关已掌握,应根据不同情形区别对待。如果该罪行已被通缉,一般应以该司法机关是否在通缉令发布范围内作出判断,不在通缉令发布范围内的,应认定为还未掌握,在通缉令发布范围内的,应视为已掌握;如果该罪行已录入全国公安信息网络在逃人员信息数据库,应视为已掌握。如果该罪行未被通缉、也未录入全国公安信息网络在逃人员信息数据库,应以该司法机关是否实际掌握该罪行为标准。②

犯罪嫌疑人、被告人在被采取强制措施期间如实供述本人其他罪行,该罪行与司法机关已掌握的罪行属同种罪行还是不同种罪行,一般应以罪名区分。③④ 虽然如实供述的罪行的罪名与司法机关已掌握犯罪的罪名不同,但如实供述的其他犯罪与司法机关已掌握的犯罪属选择性罪名或者在法律、事实上密切关联,如因受贿被采取强制措施后,又交代因受贿为他人谋取利益行为,构成滥用职权罪的,应认定为同种罪行。⑤(§3)

△(自首;证据材料的审查)人民法院审查的自首证据材料,应当包括被告人投案经过、有罪供述以及能够证明其投案情况的其他材料。投案经过的内容一般应包括被告人投案时间、地点、方式等。证据材料应加盖接受被告人投案的单位的印章,并有接受人员签名。

---

① 我国学者指出,《刑法》第六十七条所规定的如实供述"自己的罪行",侧重于客观犯罪事实。行为人单纯隐瞒年龄、与职业无关的职业或者住址、前科,不隐瞒这些内容的,不影响自首的成立。参见张明楷:《刑法学》(第6版),法律出版社2021年版,第736页。另有学者认为,自首表示行为人愿意接受国家机关的审判,接受审判的前提是行为人交代自己的犯罪事实以及承担责任的有关情况,而年龄和承担责任有关。因此,隐瞒年龄是不如实交代自己"罪行"的表现,不成立自首。参见黎宏:《刑法学总论》(第2版),法律出版社2016年版,第380页。

② 我国学者指出,判断司法机关是否还未掌握其他罪行,原则上应以犯罪嫌疑人、被告人和正在执行的罪犯的认识为标准。只要犯罪嫌疑人、被告人和正在执行刑罚的罪犯认为司法机关还未掌握本人的其他罪行,而主动向司法机关如实供述本人的其他罪行,就应当认定成立准自首。参见赵秉志主编:《刑法总论》(第3版),中国人民大学出版社2016年版,第375页。

③ 我国学者指出,所谓"其他罪行",从字面意思上,乃指司法机关已经掌握的犯罪嫌疑人、被告人和正在服刑的罪犯的罪行以外的罪行,包括性质相同和性质不同的罪行。但是,系争规定如果也将其限定解释,将其理解为"与司法机关已掌握的或者判决确定的罪行属不同种罪行"。此种限定解释与刑法规定自首制度的宗旨不符,也不利于鼓励犯罪嫌疑人交代余罪。参见黎宏:《刑法学总论》(第2版),法律出版社2016年版,第381页。

④ 我国学者指出,同种/不同种罪行的判断,必须从客观意义上加以理解,不能从犯罪嫌疑人等的主观认识角度来考虑。参见黎宏:《刑法学总论》(第2版),法律出版社2016年版,第382页。

⑤ 我国学者指出,此规定没有考虑到自首制度的实质根据,造成坦白与自首的不协调,扩大了"同种罪行"的范围,进而使原本有利于被告人的刑法规定变得限缩。参见张明楷:《刑法学》(第6版),法律出版社2021年版,第738页。

人民法院审查的立功证据材料，一般应包括被告人检举揭发材料及证明其来源的材料，司法机关的调查核实材料、被检举揭发人的供述等。被检举揭发案件已立案、侦破，被检举揭发人被采取强制措施、公诉或者审判的，还应审查相关的法律文书。证据材料应加盖接收被告人检举揭发材料的单位的印章，并有接收人员签名。

人民法院经审查认为证明被告人自首、立功的材料不规范、不全面的，应当由检察机关、侦查机关予以完善或者提供补充材料。

上述证据材料在被告人被指控的犯罪一、二审审理时已形成的，应当经庭审质证。（§7）

△（自首；从轻、减轻处罚；免除处罚；累犯；共同犯罪）对具有自首、立功情节的被告人是否从宽处罚、从宽处罚的幅度，应当考虑其犯罪事实、犯罪性质、犯罪情节、危害后果、社会影响，被告人的主观恶性和人身危险性等。自首的还应考虑投案的主动性、供述的及时性和稳定性等。立功的还应考虑检举揭发罪行的轻重、被检举揭发人可能或者已经被判处的刑罚、提供的线索对侦破案件或者协助抓捕其他犯罪嫌疑人所起作用的大小等。

具有自首或者立功情节的，一般应依法从轻、减轻处罚；犯罪情节较轻的，可以免除处罚。类似情况下，对具有自首情节的被告人的从宽幅度要适当宽于具有立功情节的被告人。虽然具有自首或者立功情节，但犯罪情节特别恶劣、犯罪后果特别严重、被告人主观恶性深、人身危险性大，或者在犯罪前即为规避法律、逃避处罚而准备自首、立功的，可以不从宽处罚。

对于被告人具有自首、立功情节，同时又有累犯、毒品再犯等法定从重处罚情节的，既要考虑自首、立功的具体情节，又要考虑被告人的主观恶性、人身危险性等因素，综合分析判断，确定从宽或者从严处罚。累犯的前罪为非暴力犯罪的，一般可以从宽处罚，前罪为暴力犯罪或者前、后罪为同类犯罪的，可以不从宽处罚。

在共同犯罪案件中，对具有自首、立功情节的被告人的处罚，应注意共同犯罪人以及首要分子、主犯、从犯之间的量刑平衡。犯罪集团的首要分子、共同犯罪的主犯检举揭发或者协助司法机关抓捕同案地位、作用较次的犯罪分子的，从宽处罚与否应当从严掌握，如果从轻处罚可能导致全案量刑失衡的，一般应当从严掌握，如果从轻处罚的，如果检举揭发或者协助司法机关抓捕的是其他案件中罪行同样严重的犯罪分子，一般应依法从宽处罚。对于犯罪集团的一般成员、共同犯罪的从犯立功的，特别是协助抓捕首要分子、主犯的，应当充分体现政策，依法从宽处罚。（§8）

《最高人民法院研究室关于自动投案法律适用问题的答复》（法研〔2013〕10号，2013年1月20日发布）

△（在被取保候审期间逃跑后主动归案）对于行为人原不具备自动投案情节，在被取保候审期间逃跑后主动归案的情形，不能认定为自动投案。

《最高人民法院、最高人民检察院、公安部、国家安全部、司法部关于适用认罪认罚从宽制度的指导意见》（高检发〔2019〕13号，2019年10月11日发布）

△（认罪认罚从宽；自首；坦白）认罪认罚的从宽幅度一般应当大于仅有坦白，或者虽认罪但不认罚的从宽幅度。对犯罪嫌疑人、被告人具有自首、坦白情节，同时认罪认罚的，应当在法定刑幅度内给予相对更大的从宽幅度。认罪认罚与自首、坦白不作重复评价。（§9Ⅱ）

【参考案例】

No.2-128(1)-3 姜方平非法持有枪支、故意伤害案

被告人对不影响犯罪成立的次要事实先后作不同供述的，不影响自首的成立。

No.2-128(1)-4 姜方平非法持有枪支、故意伤害案

在投案自首以后，被告人对行为性质的辩解，不能视为翻供。

No.3-2-153、154-3 陈德福走私普通货物案

单位犯罪以后，单位直接负责的主管人员自动投案，如实供述自己的罪行，单位成立自首。

No.3-7-215-1 姚伟林等非法制造注册商标标识案

被告人向公安机关举报同案犯，并如实交代自己参与共同犯罪的事实，无论其基于何种动机，均成立自首。

No.4-232-5 王金良故意杀人、非法拘禁案

被采取强制措施的犯罪嫌疑人，如实供述办案民警所在的公安机关还未掌握，但是其他地区的公安机关已经掌握的本人其他罪行的，也应以自首论。

No.4-232-9 李超故意杀人案

在犯罪过程中主动投案，但之后又继续实施犯罪行为的，不能认定为自首。

No.4-232-23 张俊杰故意杀人案

亲友虽然报案，但并未送行为人归案，在警方到达现场后行为人未自愿将自己置于司法机关控

制之下的，不成立自首。

No. 4-232-26　赵迎锋故意杀人案

"送亲投案"能够反映出犯罪嫌疑人对于被送投案没有反抗的主观心态，愿意将自己置于司法机关控制之下，至少并不反对、抗拒，与自首制度设立的初衷相符，因而应当视为"自动投案"。

No. 4-232-27　赵春昌故意杀人案

有证据证明被告人主观上具有投案意愿，客观上具有投案准备，只是因为被公安机关及时抓获而未能投案的，属于经查实确已准备去投案，应视为自动投案；虽有愿意投案的言语表示，但在没有正当理由的情况下无任何准备投案的迹象而被抓获的，不属于准备去投案，不应认定为自动投案。

No. 4-232-32　刘兵故意杀人案

根据现有证据可以确定行为人与案件之间存在直接、明确、紧密联系的，可以认定行为人属于犯罪嫌疑人，不属于形迹可疑；不能建立起上述联系，而主要是凭经验、直觉认为具有作案可能的，应认定为形迹可疑；行为人在因形迹可疑受到盘问、教育时，主动交代自己所犯罪行的，应当认定为自动投案，成立自首。

No. 4-232-37　周文友故意杀人案

自动投案后，所供述的内容能够如实反映犯罪的动机、性质、主要情节等，即使存在具体细节与有关证据不一致的情况，也应认为其对主要犯罪事实作了供述，应认定为自首；对其行为性质进行辩解的，与成立自首的客观条件无关，不影响自首的成立。

No. 4-232-45　王勇故意杀人案

对于自首的犯罪分子，一般应当从轻或者减轻处罚；犯罪较轻的，一般应当免除处罚。

No. 4-232-49　张杰故意杀人案

自动投案后未如实供述所犯罪行的，不成立自首。

No. 4-232-53　梁小红故意杀人案

在公安机关将其作为犯罪嫌疑人进行讯问后交代所犯罪行的，不成立自首。

No. 4-232-55　王洪斌故意杀人案

为逃避法律制裁而向有关机关报假案的，不属于自动投案，不成立自首。

No. 4-232-59　张义洋故意杀人案

犯罪嫌疑人的亲友报案后，由于客观原因未将犯罪嫌疑人送去投案，但予以配合并带领司法机关工作人员将其抓获的，或者强制将其送去投案的，应认定为犯罪嫌疑人自动投案。

No. 4-232-69　计永欣故意杀人案

仅有自首的意思表示但并未自动投案的，不成立自首；被告人的亲属有积极规劝行为并主动报案的，可以适当减轻对被告人的处罚。

No. 4-232-76　张东生故意杀人案

实施犯罪后具备自首要件，但其亲属不配合抓捕的，不影响自首的成立。

No. 4-232-82　吕志明故意杀人、强奸、放火案

自动投案以犯罪嫌疑人具有投案目的为必要，犯罪嫌疑人的亲友并不知道犯罪嫌疑人实施了犯罪行为，出于让其撇清犯罪嫌疑而非接受司法机关处理的目的，主动联系司法机关的，不构成送亲归案情形的自动投案，不应认定为自首。

No. 4-232-83　袁翌琳故意杀人案

犯罪嫌疑人的亲属主动联系公安机关而嫌疑人未采取反抗和逃避抓捕行为的，应当认定为自动投案；到案后能够如实供述罪事实，应认定为自首。

No. 4-232-84　王宪梓故意杀人案

被告人亲属主动报案并带领公安人员抓获被告人的，不构成自首，但对被告人量刑时可据此从轻处罚。

No. 4-232-85　周元军故意杀人案

不知自己已经被公安机关控制而向在场人员陈述犯罪事实，不能认定为自动投案，不构成自首。

No. 4-232-86　李吉林故意杀人案

自动投案如实供述罪行后又翻供的，不能认定为自首。

No. 4-232-91　张春亭故意杀人、盗窃案

交代司法机关尚未掌握的案发起因构成其他犯罪的，应认定为自首。

No. 4-232-92　汪某故意杀人、敲诈勒索案

如实供述的罪行与司法机关已经掌握的罪行在事实上密切关联的，不构成自首。

No. 4-233-5　李满英过失致人死亡案

因抢救被害人未来得及自动投案即被抓获，到案后主动如实供述犯罪事实，经查明确具有准备投案的意思表示的，可认定为自首；不具有准备投案意思表示的，在量刑时应考虑积极抢救被害人以及到案后如实供述等情节，酌情从宽处理。

No. 4-234-6　毕素东故意伤害案

实施犯罪行为后，经他人规劝表示同意自首且未逃走，归案后能如实供述罪行的，应当认定为自首。

No. 4-234-12　武荣庆故意伤害案

因犯他罪被采取强制措施期间，经DNA比对成为本案犯罪嫌疑人后，虽如实供述罪行，但缺乏自首的其他必要条件的，不能认定为自首。

No.4-234-20 陈国策故意伤害案

在犯罪过程中报警，但报警内容未涉及本人的犯罪行为，案发后滞留现场等候警方处理，并在警方讯问时如实供述主要犯罪事实的，成立自首。

No.4-234-23 乌斯曼江等故意伤害案

以目击证人身份被不知情的司法工作人员带回询问，且不主动如实供述罪行的，不能认定为自动投案。

No.4-234-33 江某故意伤害案

自诉案件的被告人到案后如实陈述事实，未逃避审查和裁判的，成立自首。

No.4-234-41 熊华君故意伤害案

实施犯罪行为后，明知他人已经报案而自愿留在现场配合抓捕并接受讯问、如实供述自己罪行的，应当认定为自首。

No.4-236-4 何荣华强奸、盗窃案

被采取强制措施的犯罪嫌疑人、被告人和正在服刑的罪犯，如实供述司法机关还未有一定的客观线索，没有证据合理怀疑的本人其他罪行的，应当认定为自首。

No.5-263-6 庄保金抢劫案

经传唤如实供认犯罪事实的，不成立自首。

No.5-263-31 明safe华抢劫案

犯罪以后不是以投案为目的而是为了解案情而到公安机关的，不能认定为自首。

No.5-263-35 郭玉林等抢劫案

虽如实供述犯罪行为，但在此后审理中又对主要犯罪事实予以否认的，不应认定为自首。

No.5-263-41 杜祖斌等抢劫案

自动投案后，没有如实供述同案犯的，不属于如实供述自己的罪行，不能认定为自首。

No.5-263-42 杜祖斌等抢劫案

作案后打电话向公安机关报案，并等候公安人员将其抓获归案的，应当认定为自动投案。

No.5-263-47 刘群等抢劫、诈骗案

犯有数罪的犯罪分子归案后，既有主动供述同种犯罪的坦白情节，又有主动供述不同种犯罪的自首情节，还有检举揭发他人犯罪线索经查证属重大立功表现的，可予以从轻处罚。

No.5-263-106 王国清等抢劫、故意伤害、盗窃案

一人犯数罪但只对其中一罪自首的，自首从轻的效力仅及于自首之罪。

No.5-263-127 张某等抢劫、盗窃案

因形迹可疑受到盘问，公安人员当场搜查出与犯罪有关的物品，足以认定其有实施犯罪的嫌疑，因而被迫供述自己的犯罪事实的，不应认定为自首。

No.5-263-128 刘长华抢劫案

侦查机关尚未掌握一定的证据或线索足以合理怀疑行为人，将其与具体案件之间建立直接、明确、紧密的联系的，属于形迹可疑的情形；仅因形迹可疑被盘问、教育后，主动交代了犯罪事实的，应当视为自动投案，成立自首。

No.5-264-1 董保卫等盗窃、收购赃物案

自动投案符合法律及司法解释关于自首条件规定的，应当成立自首，其是否成立自首不受投案动机的影响。

No.5-264-2 董保卫等盗窃、收购赃物案

如实交代其主要犯罪行为的客观事实，仅否认主观内容，例如主观罪过或对行为性质的认识等，仍应认定为如实供述，不影响自首的成立。

No.5-264-3 王春明盗窃案

被公安机关传唤到案后，如实供述自己的犯罪行为的，应当认定为自首。

No.5-264-7 薛佩军等盗窃案

准备投案，但由于客观原因，未能及时将自己置于司法机关控制之下，后被抓获的，应当认定为自动投案。

No.5-264-54 周建龙盗窃案

犯罪后向被害人承认作案，并部分补偿被害人，但没有接受司法机关处理意愿的，不能认定为自首。

No.5-274-12 蒋文正爆炸、敲诈勒索案

主动供述的犯罪事实与公安机关所掌握的犯罪事实属于同种罪行的，不应认定为自首。

No.6-1-292-9 密文涛等聚众斗殴案

自动投案后，未如实供述自己的犯罪事实，直到其被采取强制措施后才如实供述自己的犯罪事实的，不成立自首。

No.6-1-293-14 杨安等故意伤害案

犯罪后在逃跑过程中与属于国家司法工作人员的亲友联系，亲友劝其自首，行为人未明确表示，亲友也未将其送去投案的，不成立自首。

No.6-2-316(1)-3 魏荣香等故意杀人、抢劫、脱逃、窝藏案

自动投案后又逃跑的，不构成自首。

No.6-7-347-11 杨永保等走私毒品案

仅因形迹可疑，被公安机关盘问即交代罪行的，应当认定为自首。

No.6-7-347-31 梁国雄等贩卖毒品案

被告人归案后，在协助公安人员抓捕在逃毒犯的过程中，在公安人员对归案被告人失去控制的情况下，被告人自动投案的，成立自首。

No.8-382-18 李平贪污、挪用公款案

罪行尚未被司法机关发觉，但已被所在单位

发觉，在有关组织对其盘问、教育后，交代了部分犯罪事实的，不成立自首。

No.8-384-8 吴江、李晓光挪用公款案

职务犯罪行为人在纪律监察部门采取明确的调查措施前长案的，构成自动投案；同时如实供述自己的罪行的，应当认定为自首。

No.8-384-18 刘某、姚某挪用公款案

职务犯罪案件中办案机关掌握的线索，不限于直接查证犯罪事实的线索，还包括与查证犯罪事实有关联的线索；被告人交代的事实与办案机关所掌握的线索针对的事实属于同种罪行，不成立自首。

No.8-384-19 刘某、姚某挪用公款案

明知办案机关掌握了其犯罪事实，由于翻然悔悟、迫于压力或者其他原因，自行主动到办案机关投案的，不论其基于何种动机，均属于自动投案。办案机关在掌握了犯罪事实或线索的情况下，直接找到涉案人员调查谈话，即使其如实交代犯罪事实，因缺乏自动投案这一要件，也不成立自首。

No.2-133之一-9 黄建忠危险驾驶案

醉酒驾驶导致交通事故后，经他人报警后留在现场等候，积极配合警方处理事故，主动供述饮酒事实的，应认定为自首，可以从轻处罚。

No.3-4-180(1)-12 杨治山内幕交易案

内幕交易案件中，行为人在主动向证券稽查部门反映情况并提供自己的联系方式，自愿等候有关部门处理的，应认定为自动投案。

No.3-4-180(1)-13 杨治山内幕交易案

内幕交易案件中，行为人关于其购买股票主要是基于自身专业知识判断的辩解属于性质辩解而非事实辩解，不影响对自首的认定。

No.4-232-98 赵新正故意杀人案

自动投案包括确已准备去投案，行为人必须为投案进行了安排或筹划，才能认定存在准备去投案。

No.4-232-100 李国仁故意杀人案

犯罪后主动报警投案，等待抓捕期间又实施犯罪的，不认定为自首。

No.4-232-101 孟庆宝故意杀人案

犯罪后自杀被救起，在接受尚未掌握犯罪人罪行的当地公安人员一般性盘问时，主动如实供述自己罪行的，应认定为"自首"。

No.4-232-105 喻春等故意杀人案

共同犯罪案件中，在其他同案犯供述后被迫如实供述，且未供述主要犯罪事实的，不成立自首。

No.4-232-106 冯维达、周峰故意杀人案

如实供述自己的罪行不仅要求行为人如实供述客观行为，还要求如实供述犯罪时的主观心态。行为人对于主观心态的辩解是否影响构成自首的成立，应当根据其是否改变或否定依照在案证据认定的案件事实为标准。

No.4-232-107 许涛故意杀人案

自动投案后，虚构作案动机，对定罪量刑有重大影响的，不宜认定为自首。

No.4-234-55 孟令廷故意杀人、故意伤害案

被采取强制措施期间，所供述的不同余罪已为司法机关掌握的，不成立自首。

No.4-237-2 杜周兵强奸、强制猥亵妇女、猥亵儿童案

强制猥亵妇女罪与猥亵儿童罪为同种罪行，因强制猥亵妇女罪而被采取强制措施的犯罪嫌疑人到案后如实供述司法机关尚未掌握的猥亵儿童罪的犯罪事实，不成立自首。①

No.5-263-144 徐凤抢劫案

公安机关确定犯罪嫌疑人并以其他名义通知其到案后，如实供述犯罪事实的，不成立自动投案。

No.5-263-145 徐凤抢劫案

被告人在一审庭审时对主要犯罪事实翻供的，不属于如实供述。

No.5-264-75 王冬岳盗窃案

因一般违法行为而被采取强制措施期间，主动供述与违法行为性质相同的犯罪行为的，不视为自动投案，不成立自首。

No.5-264-78 尚娟盗窃案

明知他人报案而留在现场等待，无拒捕行为且如实供述犯罪事实，但客观上不具备逃走条件的，不能认定为自动投案。

No.5-264-79 潘平盗窃案

犯罪嫌疑人在取保候审期间逃跑，逃避侦查，不具备成立自首情节要求的自动性；逃跑后再次投案的，不符合成立自首所要求的自动投案。因此，取保候审期间逃跑后又投案的情形不能认定为"自动投案"，不成立自首，但可以作为归案后如实供述、认罪态度较好等酌定从宽情节。

No.5-266-32 杨金凤、赵琪等诈骗案

自动投案必须发生在犯罪嫌疑人被办案机关控制之前，犯罪嫌疑人脱离侦查管控后又自行到

---

① 虽然《刑法修正案（九）》已经将"强制猥亵妇女罪"修改为"强制猥亵罪"，但由于该判决发生在《刑法修正案（九）》生效之前，此处仍然保留判决所使用的罪名。

案的,不成立自动投案。

No.6-6-338-8　台州市黄岩恒光金属加工有限公司、周正友污染环境案

行政主管部门与公安机关联合执法的案件中,行政执法机关发现违法行为并进行调查后,被告人再主动到公安机关投案的,不属于自动投案,不应认定为自首。

No.6-7-347-61　康文清贩卖毒品案

吸毒人员自愿投案隔离戒毒,但仅交代其吸毒的违法事实,而未交代贩卖毒品的犯罪事实的,不成立自首。

No.6-7-348-7　赛黎华、王翼龙贩卖毒品、赛黎华非法持有毒品案

在自首的认定中"同种罪行"不等同于同种罪名。即使罪名不同,如果行为人如实供述的其他犯罪与司法机关已掌握的犯罪属选择性罪名或者在法律上、事实上密切关联,应属于"同种罪行"。行为人如实供述为贩卖而持有毒品的行为,属于"同种罪行",不构成自首。

No.6-7-348-8　杨文博非法持有毒品案

侦查人员对犯罪嫌疑人进行盘查过程中发现可疑物品时,行为人主动交代非法持有毒品的事实,不构成自动投案。

No.6-7-348-9　周某非法持有毒品案

非法持有毒品者主动上交毒品的,不宜认定为未遂,可以认定为自首。

No.8-382-48　李华波违法所得没收、贪污案

犯罪人在国外刑满释放后仍有继续滞留境外的机会及可能而主动放弃,表示自愿回国接受司法处理,具有自首所要求的主动性及自愿性,应视为"自动投案"。

第六十八条　【立功】

犯罪分子有揭发他人犯罪行为,查证属实的,或者提供重要线索,从而得以侦破其他案件等立功表现的,可以从轻或者减轻处罚;有重大立功表现的,可以减轻或者免除处罚。

【立法沿革】

《中华人民共和国刑法》(1997年修订,自1997年10月1日起施行)

第六十八条

犯罪分子有揭发他人犯罪行为,查证属实的,或者提供重要线索,从而得以侦破其他案件等立功表现的,可以从轻或者减轻处罚;有重大立功表现的,可以减轻或者免除处罚。

犯罪后自首又有重大立功表现的,应当减轻或者免除处罚。

《中华人民共和国刑法修正案(八)》(自2011年5月1日起施行)

九、删去刑法第六十八条第二款。

【条文说明】

本条是关于犯罪分子有立功表现应当从宽处理的规定。

根据本条规定,作为量刑情节的立功,其主体是在案件侦查、审查起诉和庭审阶段的犯罪分子,其中庭审阶段包括一审庭审阶段和二审庭审阶段。

立功有以下常见表现形式:一是**犯罪分子有揭发他人犯罪行为,查证属实的**。"**犯罪分子有揭发他人犯罪行为**",是指犯罪分子归案以后,主动揭发其他人的犯罪行为,包括共同犯罪案件中的犯罪分子揭发同案犯共同犯罪以外的其他犯罪。揭发他人的犯罪行为,必须经过查证属实。"**查证属实**",是指必须经过司法机关查证以后,证明犯罪分子揭发的情况确实属实。如果经过查证,犯罪分子揭发的情况不属实或者不属于犯罪行为,那么也不认为犯罪分子有立功表现。二是**提供重要线索,从而得以侦破其他案件的**。所谓"**提供重要线索**",是指犯罪分子向司法机关提供未被司法机关掌握的重要犯罪线索,如证明犯罪行为的重要事实或提供有关证人等。这种提供必须是犯罪分子自身掌握的,是实事求是的,不能是编造的线索。"**从而得以侦破其他案件**",是指司法机关根据犯罪分子提供的线索,查清了犯罪事实,侦破了其他案件。

除上述两种立功表现形式外,实践中,有的犯罪分子还有其他有利于国家和社会的突出表现,如**阻止他人犯罪活动、协助司法机关抓捕其他犯罪分子(包括同案犯)等**,也属于本条规定的立功。

根据本条规定,对于有立功表现的犯罪分子,**可以从轻或者减轻处罚**;对于有重大立功表现的,**可以减轻或者免除处罚**。所谓"**重大立功表现**",是相对于一般立功表现而言的,主要是指犯罪分子检举、揭发他人的重大犯罪行为,如揭发了一个犯罪集团或犯罪团伙,或者因其提供了犯罪的重要线索,才使一个重大犯罪案件得以侦破;阻止他人重大犯罪活动;协助司法机关抓捕其他重大犯罪分子(包括同案犯);对国家和社会有其他重大贡献的;等等。一般而言,犯罪分子检举、揭发的他人犯罪,提供侦破其他案件的重要线索,阻止他人的犯罪活动,或者协助司法机关抓捕的其他犯罪嫌疑人,犯罪嫌疑人、被告人依法可能被判处无期徒刑以上刑罚的,应当认定为有重大立功表现。

实践中需要注意以下两个方面的问题:

1. 关于"立功表现"的认定。为了便于司法机关正确适用法律,《最高人民法院关于处理自首和立功具体应用法律若干问题的解释》第五条对"犯罪分子有揭发他人犯罪行为"的情形作了规定:共同犯罪案件中的犯罪分子揭发同案犯共同犯罪以外的其他犯罪,经查证属实;提供侦破其他案件的重要线索,经查证属实;阻止他人犯罪活动;协助司法机关抓捕其他犯罪嫌疑人(包括同案犯);具有其他有利于国家和社会的突出表现的,应当认定为有立功表现。

另外,实践中在认定立功方面还有一些突出问题。一是有的犯罪嫌疑人为了立功以求得从宽处理,以金钱收买他人犯罪线索、贿赂他人获得罪线索等不正当手段"立功",有的地方至形成所谓"线索黑市"。这些行为严重影响司法公正,损害司法权威,为此,《最高人民法院关于处理自首和立功若干具体问题的意见》第四部分对**立功线索来源的认定**作了规定:(1)犯罪分子通过贿买、暴力、胁迫等非法手段,或者被羁押后与律师、亲友会见过程中违反监管规定,获取他人犯罪线索并"检举揭发"的,不能认定为有立功表现。(2)犯罪分子将本人以往查办职务活动中掌握的,或者从负有查办犯罪、监管职责的国家工作人员处获取的他人犯罪线索予以检举揭发的,不能认定为有立功表现。(3)犯罪分子亲友为使犯罪分子"立功",向司法机关提供他人犯罪线索、协助抓捕犯罪嫌疑人的,不能认定为犯罪分子有立功表现。三是司法实践中对于如何认定"协助抓捕其他犯罪嫌疑人"往往存在不同认识,为此,《最高人民法院关于处理自首和立功若干具体问题的意见》第五部分对"**协助抓捕其他犯罪嫌疑人**"的认定作了规定:

按照司法机关的安排,以打电话、发信息等方式将其他犯罪嫌疑人(包括同案犯)约至指定地点的;按照司法机关的安排,当场指认、辨认其他犯罪嫌疑人(包括同案犯)的;带领侦查人员抓获其他犯罪嫌疑人(包括同案犯)的;提供司法机关尚未掌握的其他案件犯罪嫌疑人的联络方式、藏匿地址的;等等。

2. 在司法实践中应当注意,对于具有立功情节的犯罪分子,应当结合案件的性质、危害后果、犯罪分子的人身危险性等因素综合考虑,依法决定是否对其从轻、减轻或者免除处罚以及从轻、减轻处罚的幅度。对于**自首后又有重大立功表现的犯罪分子**,刑法虽然删除了应当减轻或者免除处罚的规定,但是考虑到这类犯罪分子的立功行为客观上有利于打击犯罪,主观上也有明显的悔罪意识,人身危险性有所降低,原则上还是可以结合案件具体情况减轻或者免除处罚。

【司法解释】

《**最高人民法院关于适用刑法时间效力规定若干问题的解释**》(法释〔1997〕5号,自1997年10月1日起施行)

△(时间效力;立功) 1997年9月30日以前犯罪的犯罪分子,有揭发他人犯罪行为,或者提供重要线索,从而得以侦破其他案件等立功表现的,适用刑法第六十八条的规定。(§5)

《**最高人民法院关于处理自首和立功具体应用法律若干问题的解释**》(法释〔1998〕8号,自1998年5月9日起施行)

△(立功表现) 根据刑法第六十八条第一款的规定,犯罪分子到案后[1]有检举、揭发他人犯罪行为,包括共同犯罪案件中的犯罪分子揭发同案犯共同犯罪以外的其他犯罪,经查证属实;提供侦破其他案件的重要线索,经查证属实;阻止他人犯罪活动;协助司法机关抓捕其他犯罪嫌疑人(包括同案犯);具有其他有利于国家和社会的突出表现的[2],应当认定为有立功表现。(§5)

△(共同犯罪;揭发同案犯共同犯罪事实;酌情从轻处罚) 共同犯罪案件的犯罪分子到案后,揭发同案犯共同犯罪事实的,可以酌情予以从轻处罚。(§6)

---

[1] 我国学者指出,将立功限定为到案后的表现,是对行为人不利的限制解释,也是不利于保障人权的解释。另外,《最高人民法院、最高人民检察院印发〈关于办理职务犯罪案件认定自首、立功等量刑情节若干问题的意见〉的通知》(法发〔2009〕13号)并未要求"到案后"。参见张明楷:《刑法学》(第6版),法律出版社2021年版,第740页。

[2] 我国学者指出,按照同类解释规则,既然《刑法》第六十八条所列举的表现(揭发他人犯罪行为、提供重要线索)是有利于查获犯罪的举止,即使进行扩大解释,立功也只能限于与预防、查获、制裁犯罪有关的举止。参见张明楷:《刑法学》(第6版),法律出版社2021年版,第741页。

△(重大立功表现;重大犯罪;重大案件;重大犯罪嫌疑人;无期徒刑以上刑罚;较大影响)根据刑法第六十八条第一款的规定,犯罪分子有检举、揭发他人重大犯罪行为,经查证属实;提供侦破其他重大案件的重要线索,经查证属实;阻止他人重大犯罪活动;协助司法机关抓捕其他重大犯罪嫌疑人(包括同案犯);对国家和社会有其他重大贡献等表现的,应当认定为有重大立功表现。

前款所称"重大犯罪"、"重大案件"、"重大犯罪嫌疑人"的标准,一般是指犯罪嫌疑人、被告人可能被判处无期徒刑以上刑罚或者案件在本省、自治区、直辖市或者全国范围内有较大影响等情形。(§7)

《最高人民法院关于〈中华人民共和国刑法修正案(八)〉时间效力问题的解释》(法释〔2011〕9号,自2011年5月1日起施行)

△(时间效力;自首又有重大立功表现)2011年4月30日以前犯罪,犯罪后自首又有重大立功表现的,适用修正前刑法第六十八条第二款的规定。(§5)

【司法解释性文件】

《最高人民法院、最高人民检察院印发〈关于办理职务犯罪案件认定自首、立功等量刑情节若干问题的意见〉的通知》(法发〔2009〕13号,2009年3月12日公布)

△(职务犯罪;立功;据以立功的线索、材料来源;重大立功表现;从轻、减轻或者免除处罚)立功必须是犯罪分子本人实施的行为。为使犯罪分子得到从轻处理,犯罪分子的亲友直接向有关机关揭发他人犯罪行为、提供侦破其他案件的重要线索,或者协助司法机关抓捕其他犯罪嫌疑人的,不应当认定为犯罪分子的立功表现。

据以立功的他人犯罪材料应当指明具体犯罪事实;据以立功的线索或者协助行为对于侦破案件或者抓捕犯罪嫌疑人要有实际作用。犯罪分子揭发他人犯罪行为时没有指明具体犯罪事实的;揭发的犯罪事实与查实的犯罪事实不具有关联性的;提供的线索或者协助行为对于其他案件的侦破或者其他犯罪嫌疑人的抓捕不具有实际作用的,不应当认定为立功表现。

犯罪分子揭发他人犯罪行为,提供侦破其他案件重要线索的,必须经查证属实,才能认定为立功。审查是否构成立功,不仅要审查办案机关的说明材料,还要审查有关事实和证据以及与案件定性处罚相关的法律文书,如立案决定书、逮捕决定书、侦查终结报告、起诉意见书、起诉书或者判决书等。

据以立功的线索、材料来源有下列情形之一的,不能认定为立功:(1)本人通过非法手段或者非法途径获取的;(2)本人因原担任的查禁犯罪等职务获取的;(3)他人违反监管规定向犯罪分子提供的;(4)负有查禁犯罪活动职责的国家机关工作人员或者其他国家工作人员利用职务便利提供的。

犯罪分子检举、揭发的他人犯罪,提供侦破其他案件的重要线索,阻止他人的犯罪活动,或者协助司法机关抓捕的其他犯罪嫌疑人,犯罪嫌疑人、被告人依法可能被判处无期徒刑以上刑罚的,应当认定为有重大立功表现。其中,可能被判处无期徒刑以上刑罚,是指根据犯罪行为的事实、情节可能判处无期徒刑以上刑罚。案件已经判决,以实际判处的刑罚为准。但是,根据犯罪行为的事实、情节应当判处无期徒刑以上刑罚,因被判刑人有法定情节经依法从轻、减轻处罚后判处有期徒刑的,应当认定为重大立功。

对于具有立功情节的犯罪分子,应当根据犯罪的事实、性质、情节和对于社会的危害程度,结合立功表现所起作用的大小、所破获案件的罪行轻重、所抓获犯罪嫌疑人可能判处的法定刑以及立功的时机等具体情节,依法决定是否从轻、减轻或者免除处罚以及从轻、减轻处罚的幅度。(§2)

《最高人民法院关于贯彻宽严相济刑事政策的若干意见》(法发〔2010〕9号,2010年2月8日公布)

△(宽严相济刑事政策;立功;从宽处罚)对于被告人检举揭发他人犯罪构成立功的,一般均应当依法从宽处罚。对于犯罪情节不是十分恶劣,犯罪后果不是十分严重的被告人立功的,从宽处罚的幅度应当更大。(§18)

《最高人民法院印发〈关于处理自首和立功若干具体问题的意见〉的通知》(法发〔2010〕60号,2010年12月22日公布)

△(立功线索来源;立功表现)犯罪分子通过贿买、暴力、胁迫等非法手段,或者被羁押后与律师、亲友会见过程中违反监管规定,获取他人犯罪线索并"检举揭发"的,不能认定为有立功表现。

犯罪分子将本人以往查办职务活动中掌握的,或者从负有查办犯罪、监管职责的国家工作人员处获取的他人犯罪线索予以检举揭发的,不能认定为有立功表现。

犯罪分子亲友为使犯罪分子"立功",向司法机关提供他人犯罪线索、协助抓捕犯罪嫌疑人的,不能认定为犯罪分子有立功表现。(§4)

△**(协助抓捕其他犯罪嫌疑人)** 犯罪分子具有下列行为之一,使司法机关抓获其他犯罪嫌疑人的,属于《解释》第五条规定的"协助司法机关抓捕其他犯罪嫌疑人":

1. 按照司法机关的安排,以打电话、发信息等方式将其他犯罪嫌疑人(包括同案犯)约至指定地点的;
2. 按照司法机关的安排,当场指认、辨认其他犯罪嫌疑人(包括同案犯)的;
3. 带领侦查人员抓获其他犯罪嫌疑人(包括同案犯)的;
4. 提供司法机关尚未掌握的其他案件犯罪嫌疑人的联络方式、藏匿地址的,等等。

犯罪分子提供同案犯姓名、住址、体貌特征等基本情况,或者提供犯罪前、犯罪中掌握、使用的同案犯联络方式、藏匿地址,司法机关据此抓捕同案犯的,不能认定为协助司法机关抓捕同案犯。(§5)

△**(立功线索之查证程序)** 被告人在一、二审审理期间检举揭发他人犯罪行为或者提供侦破其他案件的重要线索,人民法院经审查认为该线索内容具体、指向明确的,应及时移交有关人民检察院或者公安机关依法处理。

侦查机关出具材料,表明在三个月内还不能查证并抓获被检举揭发的人,或者不能查实的,人民法院审理案件时可不再等待查证结果。

被告人检举揭发他人犯罪行为或者提供侦破其他案件的重要线索经查证不属实,又重复提供同一线索,且没有提出新的证据材料的,可以不再查证。

根据被告人检举揭发获的他人犯罪案件,如果已有审判结果,应当依据判决确认的事实认定是否查证属实;如果被检举揭发的他人犯罪案件尚未进入审判程序,可以依据侦查机关提供的书面查证情况认定是否查证属实。检举揭发的线索经查确有犯罪发生,或者确定了犯罪嫌疑人,可能构成重大立功,只是未能将犯罪嫌疑人抓获归案的,对可能判处死刑的被告人一般要留有余地,对其他被告人原则上应酌情从轻处理。

被告人检举揭发或者协助抓获的人的行为构成犯罪,但因法定事由不追究刑事责任、不起诉、终止审理的,不影响对被告人立功表现的认定;被告人检举揭发或者协助抓获的人的行为判处无期徒刑以上刑罚,但基于法定、酌定从宽情节,宣告刑为有期徒刑或者更轻刑罚的,不影响被告人重大立功表现的认定。(§6)

△**(立功;证据材料的审查)** 人民法院审查的自首证据材料,应当包括被告人投案经过、有罪供述以及能够证明其投案情况的其他材料。投案经过的内容一般应包括被告人投案时间、地点、方式等。证据材料应加盖接受被告人投案的单位的印章,并有接受人员签名。

人民法院审查的立功证据材料,一般应包括被告人检举揭发材料及证明其来源的材料、司法机关的调查核实材料、被检举揭发人的供述等。被检举揭发案件已立案、侦破,被检举揭发人被采取强制措施、公诉或者审判的,还应审查相关的法律文书。证据材料应加盖接收被告人检举揭发材料的单位的印章,并有接收人员签名。

人民法院经审查认为证明被告人自首、立功的材料不规范、不全面的,应当由检察机关、侦查机关予以完善或者提供补充材料。

上述证据材料在被告人被指控的犯罪一、二审审理时已形成的,应当经庭审质证。(§7)

△**(立功;从轻、减轻处罚;免除处罚;累犯;共同犯罪)** 对具有自首、立功情节的被告人是否从宽处罚、从宽处罚的幅度,应当考虑其犯罪事实、犯罪性质、犯罪情节、危害后果、社会影响、被告人的主观恶性和人身危险性等。自首的还应考虑投案的主动性、供述的及时性和稳定性等。立功的还应考虑检举揭发罪行的轻重、被检举揭发的人可能或者已经被判处的刑罚、提供的线索对侦破案件或者协助抓捕其他犯罪嫌疑人所起作用的大小等。

具有自首或者立功情节的,一般应依法从轻、减轻处罚;犯罪情节较轻的,可以免除处罚。类似情况下,对具有自首情节的被告人的从宽幅度要适当宽于具有立功情节的被告人。

虽然具有自首或者立功情节,但犯罪情节特别恶劣、犯罪后果特别严重、被告人主观恶性深、人身危险性大,或者在犯罪前即为规避法律、逃避处罚而准备自首、立功的,可以不从宽处罚。

对于被告人有自首、立功情节,同时又有累犯、毒品再犯等法定从重处罚情节的,既要考虑自首、立功的具体情节,又要考虑被告人的主观恶性、人身危险性等因素,综合分析判断,确定从宽或者从严处理。累犯的前罪为非暴力犯罪的,一般可以从宽处罚;前罪为暴力犯罪或者前、后罪为同类犯罪的,可以不从宽处罚。

在共同犯罪案件中,对具有自首、立功情节的被告人的处罚,应注意共同犯罪人以及首要分子、主犯、从犯之间的量刑平衡。犯罪集团的首要分子、主犯检举揭发或者协助司法机关抓捕同案地位、作用较次的犯罪分子的,从宽处罚与否应当从严掌握,如果从轻处罚可能导致全案量刑失衡的,一般不从轻处罚;如果检举揭发或者协助司法机关抓捕的是其他案件中罪行同样严重的犯罪分子,一般应依法从宽处罚。对于犯罪集团的一般成员、共同犯罪的从犯立功的,特别是协助抓捕首要分子、主犯的,应当充分体现政策,依法从宽处罚。(§8)

【参考案例】

No.3-5-198-5 江彬、余志灵、陈浩保险诈骗、诈骗案

带领侦查人员抓捕同案犯,即使未当场抓获,仍有可能构成立功。

No.3-6-201-3 石敬伟偷税、贪污案

向侦查机关提供侦破其他案件的重要线索经查证属实的,应认定具有立功表现;在其他案件侦破后提供该案件的线索或证据,则不应认定为具有立功表现,但可以酌情从轻处罚。

No.3-6-205-6 霍海龙等虚开用于抵扣税款发票案

劝说、陪同同案犯自首的,属于具有其他有利于国家和社会的突出表现,可以认定为具有立功情节。

No.4-232-87 杨彦玲故意杀人案

如实供述其所参与的对合型犯罪中对方的犯罪行为,属于如实供述自己罪行的内容,不构成立功。

No.4-232-88 张杰、曲建宇等故意杀人案

协助抓捕型立功应具备客观上存在协助行为、成功抓获其他犯罪嫌疑人、协助行为确实起到实际作用三个条件。应从实质上对协助作用的有无和大小进行"量"的把握,而不宜不加区分地简单援引相关规范性文件规定,将其一律认定为立功。

No.4-234-53 李虎、李善东等故意伤害案

故意隐瞒参与共同犯罪的事实而指认同案犯的行为,不构成立功。

No.4-234-63 曹显深、杨永旭、张剑等故意伤害案

被告人投案后委托亲属动员在逃的同案犯投案自首的,不能认定为立功。

No.4-236-15 谢茂强等强奸、奸淫幼女案

检举他人较轻罪行,审查中又发现检举人重大罪行的,检举行为不构成重大立功,可以考虑作为酌定量刑情节。

No.4-236-28 冯绍龙等强奸案

被告人亲属向司法机关提供他人犯罪线索、协助抓捕其他犯罪嫌疑人,不得认定为具有立功表现,但在具备一定条件时,可以酌情从轻处罚。

No.4-239-6 杨占娟等绑架案

犯罪嫌疑人与其亲属将同案犯抓获后扭送到有关机关投案的,应当认定为立功。

No.5-263-1 吴足玉等抢劫、盗窃、窝藏案

掩饰、隐瞒犯罪所得、犯罪所得收益罪的犯罪嫌疑人,在供述中揭发所得或所得收益来源的犯罪人具体犯罪行为的,应当认定为揭发他人犯罪行为,成立立功。

No.5-263-55 陆骅等抢劫案

对公安机关抓捕同案犯确实起到协助作用的,无论协助方法的形式如何,均应认定为具有立功表现。

No.5-263-91 周应才等抢劫、掩饰、隐瞒犯罪所得案

重大立功认定标准中的可能被判处无期徒刑以上刑罚,应理解为排除罪后情节而可能判处无期徒刑以上的宣告刑。

No.5-263-92 张伶等抢劫、盗窃案

供述并协助抓获轻罪同案犯,该同案犯后被查明犯有重罪,可能被判处无期徒刑以上刑罚的,不能认定为重大立功,可认定为一般立功。

No.5-263-129 胡国栋抢劫案

自首时不仅交代了同案犯的罪行和基本信息,而且提供了司法机关无法通过正常工作程序掌握的同案犯的线索,司法机关通过该线索抓获同案犯,则其行为对司法机关起到了必要的协助作用,应当认定为立功。

No.5-263-130 刘伟等抢劫案

提供同案犯的信息,但并未对公安机关抓捕同案犯起到协助作用的,不能认定为立功。

No.5-263-131 张才文等抢劫、盗窃案

共同犯罪中,一方检举揭发同案犯在共同犯罪实施过程中超出共同犯意实施的实行过限行为,不构成立功。

No.5-266-33 刘哲骏等诈骗案

案件审理期间,被告人积极救助同监室自杀人员的行为,成立立功。

No.5-274-13 王奕发、刘演平敲诈勒索案

协助公安机关抓捕同案犯并进行指认的,应当认定为立功。

No.5-6-1-303(2)-3 严庭杰非法经营、卢海棠赌博、伪造国家机关证件案

诉讼期间的立功表现,在刑罚执行期间被查证属实的,可以不撤销原判重新审判,由其所在服刑单位直接提请减刑。

No.6-7-347-24 梁廷兵等贩卖、运输毒品案

为公安机关提供线索,协助公安机关抓捕同案犯的,应当认定为立功。

No.6-7-347-26 陈佳嵘等贩卖、运输毒品案

已归案的犯罪分子协助公安机关抓捕其他犯罪人的,无论其协助行为所起作用大小,均应认定

No.6-7-347-32　**梁国雄等贩卖毒品案**
被告人归案后及时提供毒品同案犯的住处和活动情况,使公安机关查缴大量毒品从而防止了毒品重大危害的,应当认定为立功。

No.6-7-347-33　**梁国雄等贩卖毒品案**
公诉机关未认定被告人具有自首、立功情节的,人民法院可以直接认定。

No.6-7-347-37　**田嫣等贩卖毒品案**
被告人亲属代为立功的,不构成刑法上的立功,但可以作为酌定从轻情节在量刑时适当予以考虑。

No.6-7-347-48　**魏光强等走私运输毒品案**
提供线索协助查获大量案外毒品的,即使无法查明毒品持有人,仍应认定为具有重大立功表现。

No.6-7-347-56　**胡俊波走私、贩卖、运输毒品,走私武器、弹药案**
公安机关根据被告人供述抓获同案犯,不认定为有立功情节。

No.6-7-347-57　**胡俊波走私、贩卖、运输毒品,走私武器、弹药案**
被告人如实供述并协助公安机关抓获毒品犯罪上、下家的,应当认定为有立功表现。

No.6-7-347-62　**康文清贩卖毒品案**
检举揭发他人违法行为线索,公安机关根据线索查获为其本人实施的犯罪行为的,不构成立功。

No.8-382-19　**李平贪污、挪用公款案**
检举、揭发同案犯的共同犯罪事实的,不构成立功。

No.8-384-9　**吴江、李晓光挪用公款案**
被告人除提供同案犯的情况外,还协助侦查机关抓捕同案犯的,应当认定为有立功表现;该同案犯若属于重大嫌疑人,即可能判处无期徒刑以上刑罚或案件在本省、自治区、直辖市或全国范围内有较大影响的,应当认定为有重大立功表现。

No.8-385-26　**黄立军受贿案**
区分一般立功与重大立功,应以被检举、揭发人的犯罪行为是否能被判处无期徒刑以上刑罚为标准。

No.8-385-34　**沈同贵受贿案**
阻止他人犯罪,虽然他人因未达到刑事责任年龄而未被追究刑事责任,仍应认定为具有立功表现。

第四节　数罪并罚

第六十九条　【判决宣告前一人犯数罪的并罚】
判决宣告以前一人犯数罪的,除判处死刑和无期徒刑的以外,应当在总和刑期以下、数刑中最高刑期以上,酌情决定执行的刑期,但是管制最高不能超过三年,拘役最高不能超过一年,有期徒刑总和刑期不满三十五年的,最高不能超过二十年,总和刑期在三十五年以上的,最高不能超过二十五年。
数罪中有判处有期徒刑和拘役的,执行有期徒刑。数罪中有判处有期徒刑和管制,或者拘役和管制的,有期徒刑、拘役执行完毕后,管制仍须执行。
数罪中有判处附加刑的,附加刑仍须执行,其中附加刑种类相同的,合并执行,种类不同的,分别执行。

【立法沿革】

《**中华人民共和国刑法**》(1997年修订,自1997年10月1日起施行)
第六十九条
判决宣告以前一人犯数罪的,除判处死刑和无期徒刑的以外,应当在总和刑期以下、数刑中最高刑期以上,酌情决定执行的刑期,但是管制最高不能超过三年,拘役最高不能超过一年,有期徒刑最高不能超过二十年。
如果数罪中有判处附加刑的,附加刑仍须执行。

《**中华人民共和国刑法修正案(八)**》(自2011年5月1日起施行)
十、将刑法第六十九条修改为:

第六十九条

"判决宣告以前一人犯数罪的,除判处死刑和无期徒刑的以外,应当在总和刑期以下、数刑中最高刑期以上,酌情决定执行的刑期,但是管制最高不能超过三年,拘役最高不能超过一年,有期徒刑总和刑期不满三十五年的,最高不能超过二十年,总和刑期在三十五年以上的,最高不能超过二十五年。

"数罪中有判处附加刑的,附加刑仍须执行,其中附加刑种类相同的,合并执行,种类不同的,分别执行。"

《中华人民共和国刑法修正案(九)》(自2015年11月1日起施行)

四、在刑法第六十九条中增加一款作为第二款:"数罪中有判处有期徒刑和拘役的,执行有期徒刑。数罪中有判处有期徒刑和管制,或者拘役和管制的,有期徒刑、拘役执行完毕后,管制仍须执行。"

原第二款作为第三款。

【条文说明】

本条是关于数罪并罚一般原则的规定。

本条共分为三款。

第一款是关于**判决宣告以前一人犯数罪的应当如何决定执行刑期的一般性规定**。本款规定主要包含以下两个方面的内容:

1. 对数罪中有一罪被判处死刑、无期徒刑的,数罪并罚采用吸收原则。对于犯罪分子犯有数罪的,应对各罪分别作出判决,而不能"估堆"判处刑罚。在对犯罪分子的各罪判处的刑罚中,有死刑或者无期徒刑的,由于死刑是以剥夺生命为内容的最严厉的刑罚,而无期徒刑属于终身剥夺自由的刑罚,这两种刑罚的特殊性决定了在适用本款规定的并罚原则时,实际上死刑和无期徒刑会吸收其他主刑,即在有死刑的数罪中实际执行死刑;在没有判处死刑而有无期徒刑和其他主刑的数罪中实际执行无期徒刑。也就是说:(1)数罪中无论判处几个死刑或者最重刑为死刑时,只执行一个死刑,不再执行其他无期徒刑、有期徒刑、拘役或者管制。(2)数罪中无论判处几个无期徒刑或者最重刑为无期徒刑时,只执行一个无期徒刑,不再执行其他无期徒刑、有期徒刑、拘役或者管制。

2. 对数罪判处数个有期徒刑,或者数个拘役,或者数个管制的,数罪并罚采用限制加重原则。根据本款规定,对于判决宣告之前一人犯有两种或者两种以上不同的罪,总的处罚原则是:在总和刑期以下,数刑中最高刑期以上酌情决定执行的刑期。有期徒刑、拘役、管制都是有期限的,数

罪并罚时的限制加重,其限制主要体现在以下三个方面:(1)**受总和刑期的限制。**"总和刑期",是指将犯罪分子所犯的各个不同的罪,分别依照刑法规定确定刑期后相加得出的刑期总数。根据本款规定,也必须在总和刑期以下决定执行的刑期,也就是说,执行的刑期不能超过总和刑期。(2)**受数罪中最高刑期的限制。**根据本款规定,必须在数罪中最高刑期以上决定执行的刑期,也就是说,不能低于数罪中判处的最高刑期。"数刑中最高刑期",是指对数个犯罪确定的刑期中最长的刑期。对于被告人犯有数罪的,人民法院在量刑时,应当先就数罪中的每一种犯罪分别量刑,然后再把各罪判处的刑罚相加,计算出总和刑期,最后在数罪中的最高刑期以上数罪总和刑期以下决定执行的刑罚。如被告人在判决宣告之前犯有强奸罪和抢劫罪,强奸罪判处有期徒刑十年,抢劫罪判处有期徒刑八年,这两种罪中最高刑期为强奸罪所判处的十年,总和刑期为十八年,人民法院应当在十年以上十八年以下决定应执行的刑期。(3)**受本款确定的相应刑种最高刑期的限制。**一是根据本款规定,**管制最高不能超过三年。**需要注意的是,根据《刑法》第三十八条第一款的规定,管制的最高刑期为二年,该最高刑期是对于一罪而言的,根据本款关于管制的数罪并罚的最高刑期的规定,对于数个罪都被判处管制的,不论管制的总和刑期为多少年,决定执行的管制刑期最高不能超过三年。二是根据本款规定,**拘役最高不能超过一年。**需要注意的是,《刑法》第四十二条规定,拘役的最高刑期为六个月,该最高刑期是对于一罪而言的,根据本款关于拘役的数罪并罚的最高刑期的规定,对于数个罪都被判处拘役的,不论拘役的总和刑期为多少年,决定执行的拘役刑期最高不能超过一年。三是根据本款规定,**有期徒刑总和刑期不满三十五年的,最高不能超过二十年,总和刑期在三十五年以上的,最高不能超过二十五年。**需要注意的是,《刑法》第四十五条规定,有期徒刑的最高刑期为十五年,该最高刑期是对于一罪而言的,根据本款关于有期徒刑的数罪并罚的最高刑期的规定,对于数个罪都被判处有期徒刑的,将每个犯罪判处的有期徒刑刑期相加计算得出总和刑期,对于总和刑期不满三十五年的,数罪并罚的期限不能超过二十年,即在数刑中最高刑以上二十年以下决定执行的刑期。对于总和刑期为三十五年以上的,数罪并罚的期限最高不能超过二十五年,即在数刑中最高刑以上二十五年以下决定执行的刑期。

第二款是关于**被判处有期徒刑、拘役、管制不同种刑罚如何并罚的规定**。本款包含以下两个方

面的内容:第一,**对数罪中有判处有期徒刑和拘役的,数罪并罚采用吸收原则**。根据本款规定,数罪中有判处有期徒刑和拘役的,执行有期徒刑,拘役不再执行,实际上相当于有期徒刑吸收了拘役。也就是说,对于一人因犯数罪被判处有期徒刑和拘役的,只执行有期徒刑,拘役因被吸收而不再执行。第二,**数罪中有判处有期徒刑和管制,或者拘役和管制的,数罪并罚采用并科原则,即有期徒刑、拘役执行完毕后,管制仍须执行**,也就是说,管制刑不能被有期徒刑、拘役所吸收。对于数罪中同时被判处有期徒刑、拘役和管制的,执行有期徒刑,拘役不再执行,但管制仍须执行,也就是说,对该罪犯在执行有期徒刑后,再执行管制。

第三款是关于数罪中有判处附加刑的,附加刑如何执行的规定。根据本款规定,在数罪中有一个罪判处附加刑,或者数罪都判处附加刑的,**附加刑种类相同的,合并之后一并执行,种类不同的,同时或者依次分别执行**。"合并执行",是指对于种类相同的多个附加刑,期限或者数额相加之后一并执行,比如同时判处多个罚金刑的,罚金数额相加之后一并执行;同时判处多个剥夺政治权利的,将数个剥夺政治权利的期限相加执行。需要注意的是,相同种类的多个附加刑并不适用限制加重原则。

在适用数罪并罚原则时,应当注意以下两点:

1. 根据本条第二款的规定,数罪中有判处有期徒刑和拘役的,执行有期徒刑,拘役被有期徒刑吸收时,该罪的罚金、剥夺政治权利等附加刑则不能被吸收,附加刑应当按照本条第三款的规定,种类相同的,合并执行,种类不同的,分别执行。

2. 对被判处剥夺政治权利的合并执行问题。根据本条规定,附加刑种类相同的,合并执行。实践中主要有两种情况:一是被判处数个一定期限的剥夺政治权利的,剥夺政治权利的期限相加,然后一并执行相加后的剥夺政治权利的期限,执行的期限不受《刑法》第五十五条第一款规定的五年期限的限制。这是因为《刑法》第五十五条第一款规定的剥夺政治权利的期限是一个罪判处的期限,对于数罪的应当按照本条规定执行,不受这一期限的限制。二是被判处数个剥夺政治权利的,其中只要有一个剥夺政治权利终身的,只执行一个剥夺政治权利终身。这是因为如果罪犯被判处剥夺政治权利终身,其在任何时期都将无法行

使权利,因此,即使罪犯被判处数个剥夺政治权利,也只能执行一个剥夺政治权利终身。

【司法解释】

《**最高人民法院关于适用财产刑若干问题的规定**》(法释〔2000〕45号,自2000年12月19日起施行)

△(**数罪并罚;总和数额;没收财产**)依法对犯罪分子所犯数罪分别判处罚金的,应当实行并罚,将所判处的罚金数额相加,执行总和数额。①

一人犯数罪依法同时并处罚金和没收财产的,应当合并执行;但并处没收全部财产的,只执行没收财产刑。(§3)

《**最高人民法院关于〈中华人民共和国刑法修正案(八)〉时间效力问题的解释**》(法释〔2011〕9号,自2011年5月1日起施行)

△(**时间效力;数罪并罚**)2011年4月30日以前一人犯数罪,应当数罪并罚的,适用修正前刑法第六十九条的规定;2011年4月30日前后一人犯数罪,其中一罪发生在2011年5月1日以后的,适用修正后刑法第六十九条的规定。(§6)

《**最高人民法院关于〈中华人民共和国刑法修正案(九)〉时间效力问题的解释**》(法释〔2015〕19号,自2015年11月1日起施行)

△(**时间效力;数罪并罚**)对于2015年10月31日以前一人犯数罪,数罪中有判处有期徒刑和拘役,有期徒刑和管制,或者拘役和管制,予以数罪并罚的,适用修正后刑法第六十九条第二款的规定。(§3)

【参考案例】

No.3-2-151(3)-2 青岛龙鑫泰国际货运有限公司等走私国家禁止进出口的货物案

单位工作人员在以单位名义实施犯罪的同时又以个人名义实施相同罪名的犯罪,构成异种数罪,应当实行数罪并罚。

No.5-263-40 苗振经抢劫案

在执行死刑前交代司法机关尚未掌握的其伙同他人共同犯罪事实的,应暂停死刑执行,对新罪作出判决,然后按数罪并罚的规定决定执行的刑罚。

No.9-397-2-1 林世元等受贿、玩忽职守案

犯有数罪,在具有法定从轻或者减轻处罚的

---

① 我国学者指出,其与《刑法》第六十九条第三款"数罪中有判处附加刑的,附加刑仍须执行,其中附加刑种类相同的,合并执行,种类不同的,分别执行"的规定相冲突。参见李立众主编:《刑法一本通:中华人民共和国刑法总成》(第12版),法律出版社2016年版,第45页。

情节时,应当先考虑这些情节,对各罪依法从轻或者减轻处罚,然后再按照数罪并罚的原则,决定执行的刑罚。

第七十条 【判决宣告后刑罚执行完毕前发现漏罪的并罚】

判决宣告以后,刑罚执行完毕以前,发现被判刑的犯罪分子在判决宣告以前还有其他罪没有判决的,应当对新发现的罪作出判决,把前后两个判决所判处的刑罚,依照本法第六十九条的规定,决定执行的刑罚。已经执行的刑期,应当计算在新判决决定的刑期以内。

【条文说明】

本条是关于判决宣告以后,刑罚执行完毕以前,发现被判刑的犯罪分子在判决宣告之前还有其他罪没有判决的,应当如何数罪并罚的规定。

根据本条规定,在判决宣告以后,刑罚执行完毕以前,发现有漏罪没有判决的,应当对新发现的罪作出判决,再把前后两个或几个判决所判处的刑罚相加,按照本法第六十九条规定的数罪并罚原则,决定应执行的刑罚,然后再减去罪犯已经执行的刑期,剩余的刑期就是罪犯应当继续执行的刑期。

本条中所说的"**其他罪**",是指漏罪。**漏罪发现的时间**,必须是在判决宣告以后,刑罚执行完毕以前,即犯罪分子在服刑期间。发现的漏罪必须是司法机关判决宣告之前已经发生的,并且是依法应当判处刑罚而没有判处的其他罪,不是判决以后新犯的罪。这里所说的"**发现**",是指通过司法机关侦查、他人揭发或犯罪分子自首等途径发现犯罪分子还有其他罪行。所说的"**两个判决所判处的刑罚**",是指已经交付执行的判决确定的执行刑期和对犯罪分子在原判决宣告之前的漏罪所判处的刑期。"**已经执行的刑期,应当计算在新判决决定的刑期以内**",是指重新判决决定执行的刑期应当包括犯罪分子已经执行的刑期。比如,甲犯盗窃罪被判处十三年有期徒刑,在刑罚执行八年后发现还有漏罪被判处十年有期徒刑,那么后罪并罚时,根据"先并后减"的方法,在总和刑期以下即二十三年以下,数罪中最高刑期以上即十三年以上,再根据总和刑期不满三十五年的,最高不能超过二十年的规定,应当在十三年以上二十年以下确定需要执行的刑罚,假定决定执行的刑期为十八年,之后再减去八年已经执行的刑期,还需要执行的刑期为十年。

在适用数罪并罚时,需要注意的是:

1. **刑罚执行完毕以前,罪犯因漏罪或者又犯新罪数罪并罚时,其在执行原判决确定的刑罚过程中如果有过减刑的情况,相关减刑裁定应如何处理的问题。** 2012年1月18日发布的《最高人民法院关于罪犯因漏罪、新罪数罪并罚时原减刑裁定应如何处理的意见》规定,罪犯被裁定减刑后,因被发现漏罪或者又犯新罪而依法进行数罪并罚时,经减刑裁定减去的刑期不计入已经执行的刑期。在此后对因漏罪数罪并罚的罪犯依法减刑,决定减刑的频次、幅度时,应当对其原经减刑裁定减去的刑期酌情考虑。这样规定,实际上就是对此前执行期间的减刑裁定的效力未予直接承认,主要理由是,此前执行的判决因为发现漏罪而需要与漏罪作为一个整体进行数罪并罚的规定重新决定执行的刑罚,之前判决执行期间的减刑裁定针对的判决已经不存在了,相关减刑裁定也无法直接认定为有效。对此,**实践中存在不同的认识**。有的认为,被减刑裁定减去的刑期如果不计入已经执行的刑期,仅靠法官在今后刑罚执行中酌情处理是无法弥补的,这对罪犯来说过于严苛,特别是判处长刑的案件,在长期服刑过程中可能已经数次减刑,都不予承认,罪犯实际服刑期限会很长,对罪犯不公平,也不利于对其的教育改造。针对这方面的复杂情况,自2017年1月1日起施行的《最高人民法院关于办理减刑、假释案件具体应用法律的规定》第三十四条规定:"罪犯被裁定减刑后,刑罚执行期间因发现漏罪而数罪并罚的,原减刑裁定自动失效。如漏罪系罪犯主动交代的,对其原减去的刑期,由执行机关报请有管辖权的人民法院重新作出减刑裁定,予以确认;如漏罪系有关机关发现或者他人检举揭发的,由执行机关报请有管辖权的人民法院,在原减刑裁定减去的刑期总和之内,酌情重新裁定。"第三十五条规定:"被判处死刑缓期执行的罪犯,在死刑缓期执行期内被发现漏罪,依据刑法第七十条规定数罪并罚,决定执行死刑缓期执行的,死刑缓期执行期间自新判决确定之日起计算,已经执行的死刑缓期执行期间计入新判决的死刑缓期执行期间内,但漏罪被判处死刑缓期执行的除外。"第三十六条规定:"被判处死刑缓期执行的罪犯,在死刑缓期执行期满后被发现漏罪,依据刑法第七十条规定数罪并罚,决定执行死刑缓期执行的,交付执行时罪犯实际执行无期徒刑,死缓考验期不再执行,但漏罪被判处死刑缓期执行的除外。在无期徒刑减为有期徒刑时,前罪死刑缓期执行减为无期徒刑之日起至新判决生效之日止已经实际执行的刑期,应当计算在减刑裁定决定执行的刑期以内。原减刑裁定减去的刑期依照本规定第三十四条处理。"第三十七条规定:"被判处无期徒刑的罪犯在减为有期徒刑后因发现漏罪,依据刑法第七十条规定数罪并罚,决定执行无期徒刑的,前无期徒刑生效之日起至新判决生效之日止已经实际执行的刑期,应当在新判决的无期徒刑减为有期徒刑时,在减刑裁定决定执行的刑期内扣减。无期徒刑罪犯减为有期徒刑后因发现漏罪判处三年有期徒刑以下刑罚,数罪并罚决定执行无期徒刑的,在新判决生效后执行一年以上,符合减刑条件的,可以减为有期徒刑,减刑幅度依照本规定第八条、第九条的规定执行。原减刑裁定减去的刑期依照本规定第三十四条处理。"

2. 对于第一审人民法院的判决宣告以后,因被告人提出上诉或者检察院提出抗诉,判决尚未发生法律效力的,如果第二审人民法院在审理期间,发现原审被告人在第一审判决宣告以前还有漏罪没有判决的,应当如何处理的问题。对于这种情况,第二审人民法院一般应当裁定撤销原判,发回原审人民法院重新审判,原审人民法院重新审判时,由于上诉或抗诉期间,判决没有生效,不属于判决宣告以后的情形,不能适用本条规定的先并后减的方法,**应当依照《刑法》第六十九条规定的数罪并罚原则处理**。

【司法解释】

《最高人民法院关于办理减刑、假释案件具体应用法律的规定》(法释〔2016〕23号,自2017年1月1日起施行)

△(**裁定减刑后;刑罚执行期间因发现漏罪而数罪并罚**)罪犯被裁定减刑后,刑罚执行期间因发现漏罪而数罪并罚的,原减刑裁定当然失效。如漏罪系罪犯主动交代的,对其原减去的刑期,由执行机关报请有管辖权的人民法院重新作出减刑裁定,予以确认;如漏罪系有关机关发现或者他人检举揭发的,由执行机关报请有管辖权的人民法院,在原减刑裁定减去的刑期总和之内,酌情重新裁定。(§34)

△(**死刑缓期执行;在死刑缓期执行期内被发现漏罪;数罪并罚**)被判处死刑缓期执行的罪犯,在死刑缓期执行期内被发现漏罪,依据刑法第七十条规定数罪并罚,决定执行死刑缓期执行的,死刑缓期执行期间自新判决确定之日起计算,已经执行的死刑缓期执行期间计入新判决的死刑缓期执行期间内,但漏罪被判处死刑缓期执行的除外。(§35)

△(**死刑缓期执行;在死刑缓期执行期满后被发现漏罪;数罪并罚**)被判处死刑缓期执行的罪犯,在死刑缓期执行期满后被发现漏罪,依据刑法第七十条规定数罪并罚,决定执行死刑缓期执行的,交付执行时对罪犯实际执行无期徒刑,死缓考验期不再执行,但漏罪被判处死刑缓期执行的除外。

在无期徒刑减为有期徒刑时,前罪死刑缓期执行减为无期徒刑之日起至新判决生效之日止已经实际执行的刑期,应当计算在减刑裁定决定执行的刑期以内。

原减刑裁定减去的刑期依照本规定第三十四条处理。(§36)

△(**被判处无期徒刑的罪犯在减为有期徒刑;发现漏罪;数罪并罚**)被判处无期徒刑的罪犯在减为有期徒刑后因发现漏罪,依据刑法第七十条规定数罪并罚,决定执行无期徒刑的,前无期徒刑生效之日至新判决生效之日止已经实际执行的刑期,应当在新判决的无期徒刑减为有期徒刑时,在减刑裁定决定执行的刑期内扣减。

无期徒刑罪犯减为有期徒刑后因发现漏罪判处三年有期徒刑以下刑罚,数罪并罚决定执行无期徒刑的,在新判决生效后执行一年以上,符合减刑条件的,可以减为有期徒刑,减刑幅度依照本规定第八条、第九条的规定执行。

原减刑裁定减去的刑期依照本规定第三十四条处理。(§37)

【司法解释性文件】

《最高人民法院关于判决宣告后又发现被判刑的犯罪分子的同种漏罪是否实行数罪并罚问题的批复》(法复〔1993〕3号,1993年4月16日公布)

△(**判决宣告后发现漏罪;同种漏罪;数罪并罚**)人民法院的判决宣告并已发生法律效力以后,刑罚还没有执行完毕以前,发现被判刑的犯罪分子在判决宣告以前还有其他罪没有判决的,不论新发现的罪与原判决的罪是否属于同种罪,都应当依照刑法第六十五条的规定①实行数罪并罚。但如果在第一审人民法院的判决宣告以后,被告

---

① 即现行《中华人民共和国刑法》第七十条。

人提出上诉或者人民检察院提出抗诉,判决尚未发生法律效力的,第二审人民法院在审理期间,发现原审被告人在第一审判决宣告以前还有同种漏罪没有判决的,第二审人民法院应当依照刑事诉讼法第一百三十六条①第(三)项的规定,裁定撤销原判,发回原审人民法院重新审判,第一审人民法院重新审判时,不适用刑法关于数罪并罚的规定。

《最高人民法院关于罪犯因漏罪、新罪数罪并罚时原减刑裁定应如何处理的意见》(法〔2012〕44号,2012年1月18日公布)

△(裁定减刑;发现漏罪;已经执行的刑期)
罪犯被裁定减刑后,因被发现漏罪或者又犯新罪而依法进行数罪并罚时,经减刑裁定减去的刑期不计入已经执行的刑期。②

在此后对因漏罪数罪并罚的罪犯依法减刑,决定减刑的频次、幅度时,应当对其原经减刑裁定减去的刑期酌予考虑。

【参考案例】

No.5-264-89 沈青鼠、王威盗窃案
刑罚执行期间发现漏罪,判决作出时原判刑罚已经执行完毕的应当适用漏罪数罪并罚规则,而不应对漏罪进行单独追诉。

No.5-264-90 王雲盗窃案
刑罚执行期间发现漏罪,判决作出时原判刑罚已经执行完毕的,应当适用漏罪数罪并罚规则,而不应对漏罪进行单独追诉。

No.5-264-91 岳德分盗窃案
无期徒刑减为有期徒刑后发现漏罪的,应当将前一判决所确定的无期徒刑刑罚与对漏罪所判刑罚依照"吸收原则"进行并罚后,确定其最终执行刑罚为无期徒刑。先前的减刑裁定无须撤销,经减刑裁定减去的刑期以及减为有期徒刑之后已经执行的刑期均不计算在内,但在我们第二个无期徒刑过程中,在再次减刑时应当考虑减刑裁定减去的刑期,以及第一次无期徒刑减为有期徒刑之后至漏罪判决之间已经执行的刑期。

No.5-266-34 朱韩英、郭东云诈骗案
刑罚执行完毕后,发现被告人在判决宣告以前还有其他犯罪没有判决的,不满足《刑法》第七十条"刑罚执行完毕以前"的条件,对于漏罪应单独进行定罪处罚。因公安机关未及时并案处理导致漏罪未及时审判的,可以在量刑上酌情考虑适用缓刑。

No.6-5-336(2)-2 陈菊玲非法进行节育手术案
判决宣告以前犯同种数罪的,一般应并案按照一罪处理,不实行并罚。

No.6-5-336(2)-3 陈菊玲非法进行节育手术案
在审理过程中,法院发现被告人犯有同种数罪但被人为分案处理的,可以建议检察机关并案起诉;检察机关不予并案处理的,应仅就起诉的犯罪事实作出裁判,在审理后起诉的犯罪事实时,可以适用《刑法》第七十条关于漏罪并罚的规定。

No.6-5-336(2)-4 陈菊玲非法进行节育手术案
对人为分案处理的同种数罪实行并罚时,决定执行的刑罚应当与并案以一罪处理时所应判处的刑罚基本相当,不得加重被告人的处罚。

第七十一条 【判决宣告后刑罚执行完毕前又犯新罪的并罚】
判决宣告以后,刑罚执行完毕以前,被判刑的犯罪分子又犯罪的,应当对新犯的罪作出判决,把前罪没有执行的刑罚和后罪所判处的刑罚,依照本法第六十九条的规定,决定执行的刑罚。

【立法解释性文件】

《全国人民代表大会常务委员会法制工作委员会关于对被告人在罚金刑执行完毕前又犯新罪的罚金应否与未执行完毕的罚金适用数罪并罚问

---

① 2018年修正后的《中华人民共和国刑事诉讼法》第二百三十六条。
② 我国学者指出,对犯罪分子减刑后,又发现犯罪分子还有其他犯罪未判决的,应先将原判刑期与后罪所判刑期按限制加重原则并罚,然后减去已执行刑期与减刑刑期,从而确定犯罪分子还须服刑期限。参见周光权:《刑法总论》(第4版),中国人民大学出版社2021年版,第470页。类似的批评见解,参见黎宏:《刑法学总论》(第2版),法律出版社2016年版,第396页。

题的答复意见》(法工办复〔2017〕2号,2017年11月26日发布)

△(刑罚执行完毕以前)刑法第七十一条中的"刑罚执行完毕以前"应是指主刑执行完毕以前。如果被告人主刑已执行完毕,而罚金尚未执行完毕的,根据刑法第五十三条的规定,人民法院在任何时候发现有可以执行的财产,应当随时追缴。因此,被告人前罪主刑已执行完毕,罚金尚未执行完毕的,应当由人民法院继续执行尚未执行完毕的罚金,不必与新罪判处的罚金数罪并罚。

【条文说明】

本条是关于犯罪分子在刑罚执行的过程中又犯新罪的,应当如何数罪并罚的规定。

根据本条规定,**犯罪分子又犯新罪的时间**,必须是在判决宣告以后,刑罚执行完毕之前,即在刑罚执行期间。"**被判刑的犯罪分子又犯罪的**",是指被判刑的犯罪分子在刑罚执行期间又犯依照刑法应当受到刑罚处罚的新罪。根据本条规定,犯罪分子在刑罚执行期间又犯新罪的,应当先对犯罪分子所犯的罪作出判决,再将新罪判处的刑期与前罪未执行的刑期相加,依照本法第六十九条的规定,决定应执行的刑期。"**没有执行的刑罚**",也就是原判刑罚没有执行完的剩余部分,如原判决对犯罪分子确定的刑罚是十年有期徒刑,对新犯的罪作出判决时,原判决已经执行了五年,没有执行完的刑罚就是五年有期徒刑。刑罚尚未执行完毕,在服刑期间又犯新罪,说明行为人未能积极接受教育改造,人身危险性比较大,相比在刑罚执行完毕以前发现漏罪没有判决的情况,应当给予更为严厉的惩戒。因此,本条对在服刑中的罪犯又犯新罪实行全部并罚规定了"**先减后并**"**的并罚原则**,体现了对这类犯罪情形从严打击的精神。比如,甲犯盗窃罪被判处十三年有期徒刑,在刑罚执行八年后又犯故意伤害罪被判处十年有期徒刑,那么前后两罪并罚时,根据"先减后并"的方法,先以原来的判决刑期减去已经执行的刑期,剩余刑期五年,再将剩余五年刑期与新犯的故意伤害罪的刑期按照《刑法》第六十九条的规定实行数罪并罚。这样,在总和刑期十五年以下,数罪中最高刑期十年以上,即十年至十五年之间确定应当执行的刑期。一般来说,适用"先减后并"的方法比适用"先并后减"的方法执行结果更大:一是先前已经实际执行的刑期不计算在新判决确定的刑期以内,其将来实际执行的最低刑期会提高。一般情况下,在刑罚执行期间,犯罪分子所犯新罪的时间距离原判决确定的刑罚执行的时间越远,数罪并罚实际执行的最低刑期可能就越高。二是实际执行的最高刑期限度,可能超过数罪并罚法定最高刑期的限制。一般情况下,在新罪所判处的刑期与原判决尚未执行完毕的剩余刑期之和长于数罪并罚法定最高刑期的情况下,实际执行的最高刑期长于数罪并罚法定最高刑期。

实践中需要注意以下两个方面的问题:

1. **本条所说的"刑罚执行完毕",应当是指主刑执行完毕,而不包括罚金、剥夺政治权利等附加刑**。关于这个问题,实践中存在不同认识。有一种观点认为,《刑法》第三十二条规定的刑罚包括主刑和附加刑,因此这里的刑罚应作同样理解。这种理解是不正确的,虽然一般来说法律中用语的含义应保持一致,但在具体确定用语含义时,还是要结合用语的各种背景情况,包括所在条文、涉及的具体制度等,考虑其最符合立法本意的含义,简单套用一个解释模式适用于所有的规定,有时可能会出现矛盾或者不合情理的解释结果。根据《刑法》第七十条、第七十一条的规定,判决宣告以后,刑罚执行完毕以前,发现犯罪分子有漏罪或者又犯新罪的,依照《刑法》第六十九条的规定决定执行的刑罚。而《刑法》第六十九条主要是针对主刑规定了实行数罪并罚的具体方法,包括吸收、限制加重等;对于附加刑,则是在该条第三款另行规定的,实际上实行的是简单并科。就数罪并罚制度的本质来说,实际上是协调数个罪的判决之间的关系,最终决定实行的刑罚,即对各罪的宣告刑按照数罪并罚规则处理之后确定执行的刑罚。如果将"刑罚执行完毕以前"理解为包括附加刑,实际上就是针对主刑已经执行完毕,而附加刑尚未执行完毕的情况,在这种情况下,对于主刑而言,已经执行完毕,无从与新罪判决的主刑数罪并罚;对于附加刑而言,继续执行,不存在需要数罪并罚的必要。因此这里的"刑罚执行完毕以前",结合语言环境和数罪并罚制度本意,应指主刑执行完毕以前,否则是没有实际意义的。

2. 根据2017年1月1日施行的《最高人民法院关于办理减刑、假释案件具体应用法律的规定》第三十三条的规定,**罪犯被裁定减刑后,刑罚执行期间因故意犯罪而数罪并罚时,经减刑裁定减去的刑期不计入已经执行的刑期**。原判死刑缓期执行减为无期徒刑、有期徒刑,或者无期徒刑减为有期徒刑的裁定继续有效。

【司法解释】

《最高人民法院关于在执行附加刑剥夺政治权利期间犯新罪应如何处理的批复》(法释〔2009〕10号,自2009年6月10日起施行)

△(执行附加刑剥夺政治权利期间;犯新罪)

对判处有期徒刑并处剥夺政治权利的罪犯,主刑已执行完毕,在执行附加刑剥夺政治权利期间又犯新罪,如果所犯新罪无须附加剥夺政治权利的,依照刑法第七十一条的规定数罪并罚。(§1)

△(执行附加刑剥夺政治权利期间;犯新罪;停止计算)前罪尚未执行完毕的附加刑剥夺政治权利的刑期从新罪的主刑有期徒刑执行之日起停止计算,并依照刑法第五十八条规定从新罪的主刑有期徒刑执行完毕之日或者假释之日起继续计算;附加刑剥夺政治权利的效力施用于新罪的主刑执行期间。(§2)

△(执行附加刑剥夺政治权利期间;犯新罪;新罪也剥夺政治权利)对判处有期徒刑的罪犯,主刑已执行完毕,在执行附加刑剥夺政治权利期间又犯新罪,如果所犯新罪也剥夺政治权利的,依照刑法第五十五条、第五十七条、第七十一条的规定并罚。(§3)

《最高人民法院关于办理减刑、假释案件具体应用法律的规定》(法释〔2016〕23号,自2017年1月1日起施行)

△(裁定减刑后;刑罚执行期间因故意犯罪而数罪并罚)罪犯被裁定减刑后,刑罚执行期间因故意犯罪而数罪并罚时,经减刑裁定减去的刑期不计入已经执行的刑期。原判死刑缓期执行减为无期徒刑、有期徒刑,或者无期徒刑减为有期徒刑的裁定继续有效。(§33)

【司法解释性文件】

《最高人民法院关于罪犯因漏罪、新罪数罪并罚时原减刑裁定应如何处理的意见》(法〔2012〕44号,2012年1月18日公布)

△(裁定减刑;犯新罪;已经执行的刑期)罪犯被裁定减刑后,因被发现漏罪或者又犯新罪而依法进行数罪并罚时,经减刑裁定减去的刑期不计入已经执行的刑期。

在此后对因漏罪数罪并罚的罪犯依法减刑,决定减刑的频次、幅度时,应当对其原经减刑裁定减去的刑期酌予考虑。

【参考案例】

No.5-264-9 吴孔成盗窃案
在保外就医期间又犯新罪的,前罪未执行的刑期应以罪犯重新犯罪之日起计算。

No.5-264-19 买买提盗窃案
对于犯罪分子在主刑执行完毕之后,附加罚金刑未执行完毕以前又犯新罪的,应当根据刑法规定,将前罪没有执行的罚金刑与后罪所判处的刑罚进行并罚。

No.5-264-33 秋立新盗窃案
前罪主刑执行完毕后,附加刑尚未执行完毕前,又犯新罪,符合累犯成立条件的,应构成累犯;前罪尚未执行完毕的附加刑,应与新罪判处的刑罚依照刑法有关规定实行数罪并罚,并应以行为人因再次犯罪被羁押之日作为前罪附加剥夺政治权利刑执行中止的起算日。

No.5-264-55 焦军盗窃案
前罪主刑执行完毕或假释后,附加剥夺政治权利执行期间,重新犯罪的,执行数罪并罚时,前罪未执行完毕的剥夺政治权利的刑期在因重新犯罪被羁押时中止。

No.5-274-17 田友兵敲诈勒索案
暂予监外执行期满后发现暂予监外执行期间再犯新罪的,不再进行数罪并罚。

No.6-1-303(1)-5 刘林等人赌博案
前罪主刑执行完毕后执行附加刑剥夺政治权利期间再犯新罪的,应依照刑法规定实行数罪并罚。

No.6-7-354-2 沙学民容留他人吸毒案
服刑人员在监外执行期间再犯新罪的,前罪剩余刑期应以其被采取强制措施之日为节点进行计算。

第五节 缓 刑

第七十二条　【缓刑的适用条件、禁止令与附加刑的执行】
对于被判处拘役、三年以下有期徒刑的犯罪分子，同时符合下列条件的，可以宣告缓刑，对其中不满十八周岁的人、怀孕的妇女和已满七十五周岁的人，应当宣告缓刑：
（一）犯罪情节较轻；
（二）有悔罪表现；
（三）没有再犯罪的危险；
（四）宣告缓刑对所居住社区没有重大不良影响。
宣告缓刑，可以根据犯罪情况，同时禁止犯罪分子在缓刑考验期限内从事特定活动，进入特定区域、场所，接触特定的人。
被宣告缓刑的犯罪分子，如果被判处附加刑，附加刑仍须执行。

【立法沿革】

《中华人民共和国刑法》（1997年修订，自1997年10月1日起施行）

第七十二条

对于被判处拘役、三年以下有期徒刑的犯罪分子，根据犯罪分子的犯罪情节和悔罪表现，适用缓刑确实不致再危害社会的，可以宣告缓刑。

被宣告缓刑的犯罪分子，如果被判处附加刑，附加刑仍须执行。

《中华人民共和国刑法修正案（八）》（自2011年5月1日起施行）

十一、将刑法第七十二条修改为：

"对于被判处拘役、三年以下有期徒刑的犯罪分子，同时符合下列条件的，可以宣告缓刑，对其中不满十八周岁的人、怀孕的妇女和已满七十五周岁的人，应当宣告缓刑：

"（一）犯罪情节较轻；

"（二）有悔罪表现；

"（三）没有再犯罪的危险；

"（四）宣告缓刑对所居住社区没有重大不良影响。

"宣告缓刑，可以根据犯罪情况，同时禁止犯罪分子在缓刑考验期限内从事特定活动，进入特定区域、场所，接触特定的人。

"被宣告缓刑的犯罪分子，如果被判处附加刑，附加刑仍须执行。"

【条文说明】

本条是关于缓刑的对象、条件以及宣告缓刑可以同时附加禁止令的规定。

缓刑，是一种刑事执行制度，而不是一种刑罚。缓刑，是指对罪行较轻的罪犯，在其符合法定条件的情况下，可以在一定的期间内不予关押，暂缓其刑罚的执行，以促进其悔过自新的一种刑事执行制度。实行缓刑制度，可以弥补短期自由刑的不足，避免恶性较轻的罪犯在监狱"交叉感染"其他恶习；对缓刑犯不予关押，使其个人、家庭维持基本生活状态，不受影响，从而有利于改造罪犯，也有利于社会的稳定。我国近代"缓刑"制度初见于《大清新刑律》，此后的《中华民国暂行新刑律》《中华民国刑法》等均规定了缓刑制度。中华人民共和国成立后，借鉴中外立法的经验，结合实际情况，建立了自己的缓刑制度，中华人民共和国成立初期的一些刑事法规和司法文件已有关于缓刑的规定和解释，并在司法实践中广泛运用，如1950年中央人民政府司法部发布的《关于假释、缓刑、剥夺公权等问题的解释》中规定：缓刑一般适用于对社会危害较小的，且依据具体情况又暂不执行为宜的徒刑犯。1953年12月26日发布的《最高人民法院关于缓刑问题的复函》中指出，"缓刑适用于对社会危害性不大，处刑较轻并因其他具体情况以暂不执行为宜的被告，即于判决罪刑时同时宣告缓刑若干时期"。这些实践都为我国确立系统的缓刑制度打下了良好的基础。

本条共分为三款。

第一款是关于**适用缓刑的对象和条件**的规定。根据本款规定，适用缓刑的前提有两个：一是**适用缓刑的对象，必须是被判处拘役、三年以下有期徒刑的特定的犯罪分子**。二是**同时符合犯罪情节较轻、有悔罪表现、没有再犯罪的危险、宣告缓刑对所居住社区没有重大不良影响四项条件**。是否可以适用缓刑的关键是看适用缓刑的犯罪分子是否具有社会危害性，只有不予关押不会危害社会的，才能适用缓刑。如果犯罪分子有可能危害社会，即使是被判处拘役、三年以下有期徒刑，也不能适用缓刑。是否具有社会危害性，应当根据犯罪分子的犯罪情节、悔罪表现、有无再犯罪的危险以及宣告缓刑是否会对所居住社区造成重大不良影响四个条件综合加以判断。"**犯罪情节较轻**"，是指犯罪人的行为性质不严重、犯罪情节不恶劣，如果犯罪情节恶劣、性质严重，则不能适用缓刑；"**有悔罪表现**"，是指犯罪人对于其犯罪行为能够认识到错误，真诚悔悟并有悔改的意愿和行为，同时积极向被害人道歉、赔偿被害人的损失、获取被害人的谅解等；"**没有再犯罪的危险**"，是指对犯罪人适用缓刑，其不会再次犯罪，如果犯罪人有可能再次侵害被害人，或者是由于生活条件、环境的影响而可能再次犯罪，比如犯罪人为惯习犯等，则不能对其适用缓刑；"**宣告缓刑对所居住社区没有重大不良影响**"，是指对犯罪人适用缓刑不会对其所居住社区的安全、秩序和稳定带来重大不良影响，这种影响必须是重大的、现实的，具体情形由法官根据个案情况来判断。适用缓刑的两个前提必须同时具备，缺一不可。如果根据案件的具体情况和罪犯的表现，不关押不足以教育改造罪犯和预防犯罪，就不能适用缓刑；或者罪犯虽然不再具有社会危害性，但判刑较重，超过三年有期徒刑，也不能适用缓刑。

对于一般主体，符合适用缓刑条件的，法律规定可以适用缓刑，从而赋予法官一定的自由裁量权，法官依据案件情况决定宣告缓刑，也可以不适用缓刑。但是，根据修改后的规定，**对于符合上述适用缓刑条件的不满十八周岁的人、怀孕的妇女和已满七十五周岁的人**，法律规定应当宣告缓刑，即只要符合适用缓刑条件的，就应当适用缓刑。需要指出的是，这三类主体适用缓刑也必须是被判处拘役、三年以下有期徒刑，同时符合犯罪情节较轻、有悔罪表现、没有再犯罪的危险、宣告缓刑对所居住社区没有重大不良影响四项条件，如果不符合上述条件，也不能宣告缓刑。

第二款是关于**对宣告缓刑的犯罪分子，可以根据犯罪情况附加禁止令的规定**。为了维护社会稳定，保护被害人、证人人身安全，同时为了帮助适用缓刑的犯罪分子改过自新，防止其再次犯罪，法律规定法官可以用禁止令的方式，对于被宣告缓刑的犯罪分子有针对性地在缓刑考验期限内进行一定的约束。禁止令的内容应体现在判决中，具有强制性的法律效力，犯罪分子必须遵守。"根据犯罪情况"，主要是指根据犯罪分子的犯罪情节、生活环境、是否有不良癖好等确定禁止令的内容。禁止令限定的"**特定活动**""**特定区域、场所**"

"**特定的人**"应当与原犯罪有关联，防止引发被宣告缓刑的犯罪分子再次犯罪，或者是为了确保犯罪分子遵守非监禁刑所要求的相关义务。总之，**禁止令的内容应当有正当理由或者是基于合理推断，而不能随意规定**。比如，"特定活动"是与原犯罪行为相关联的活动；"特定的人"是原犯罪行为的被害人及其近亲属、特定的证人等；"特定区域、场所"是原犯罪的区域、场所以及与原犯罪场所相类似的场所、区域等。本款为选择性适用规定，由法官决定在宣告缓刑的同时是否有必要规定禁止令，如果法官认为没有必要则可以不作规定。

第三款是关于**被宣告缓刑的犯罪分子，如果被判处附加刑，附加刑仍须执行的规定**。根据本款规定，缓刑的效力不及于附加刑，无论缓刑是否撤销，也不论是何种附加刑，附加刑都不能免除执行。

实践中需要注意的是，缓刑不同于**死刑缓期执行**。二者虽然都是有条件地不执行原判刑罚，都不是独立的刑种，但在适用对象、执行方法、考验期限和法律后果方面存在**本质区别**：一是缓刑适用于被判处拘役或者三年以下有期徒刑的犯罪人；死刑适用于应当判处死刑但不是必须立即执行的犯罪人。二是对于宣告缓刑的犯罪人不予关押；对于宣告死缓的犯罪人必须予以监禁，并强迫劳动改造，以观后效。三是缓刑的考验期限，依所判处的刑种与刑期不同而有不同的法定期限；死缓的考验期限为二年。四是缓刑的后果，要么原判刑罚不再执行，要么执行原判刑罚乃至数罪并罚；死缓的后果根据情况既可能减为无期徒刑或有期徒刑，也可能执行死刑。

缓刑与对军人的**战时缓刑**具有区别。《刑法》第四百四十九条规定："在战时，对被判处三年以下有期徒刑没有现实危险宣告缓刑的犯罪军人，允许其戴罪立功，确有立功表现时，可以撤销原判刑罚，不以犯罪论处。"可以看出，战时缓刑虽然属于一种特殊缓刑，但实际上是刑事责任消灭的一种特殊方式。缓刑与战时缓刑在适用的时间、适用的对象、适用的条件、考验的内容、法律后果等方面存在相当明显的区别。

【司法解释】

《**最高人民法院关于审理未成年人刑事案件具体应用法律若干问题的解释**》(法释〔2006〕1号，自2006年1月23日起施行)

△(未成年罪犯；宣告缓刑) 对未成年罪犯符合刑法第七十二条第一款规定的，可以宣告缓刑。如果同时具有下列情形之一，对其适用缓刑确实

不致再危害社会的,应当宣告缓刑:
(一)初次犯罪;
(二)积极退赃或赔偿被害人经济损失;
(三)具备监护、帮教条件。(§16)

《最高人民法院、最高人民检察院关于办理侵犯知识产权刑事案件具体应用法律若干问题的解释(二)》(法释〔2007〕6号,自2007年4月5日起施行)

△(缓刑)侵犯知识产权犯罪,符合刑法规定的缓刑条件的,依法适用缓刑。有下列情形之一的,一般不适用缓刑:
(一)因侵犯知识产权被刑事处罚或者行政处罚后,再次侵犯知识产权构成犯罪的;
(二)不具有悔罪表现的;
(三)拒不交出违法所得的;
(四)其他不宜适用缓刑的情形。(§3)

《最高人民法院关于〈中华人民共和国刑法修正案(八)〉时间效力问题的解释》(法释〔2011〕9号,自2011年5月1日起施行)

△(时间效力;缓刑;禁止令)对于2011年4月30日以前犯罪,依法应当判处管制或者宣告缓刑的,人民法院根据犯罪情况,认为确有必要同时禁止犯罪分子在管制期间或者缓刑考验期内从事特定区域、接触特定的人的,适用修正后刑法第三十八条第二款或者第七十二条第二款的规定。(§1Ⅰ)

【司法解释性文件】

《最高人民检察院法律政策研究室关于对数罪并罚决定执行刑期为三年以下有期徒刑的犯罪分子能否适用缓刑问题的复函》(〔1998〕高检研发第16号,1998年9月17日公布)

△(缓刑之适用条件;数罪并罚)根据刑法第七十二条的规定,可以适用缓刑的对象是被判处拘役、三年以下有期徒刑的犯罪分子;条件是根据犯罪分子的犯罪情节和悔罪表现,适用缓刑确实不致再危害社会。对于判决宣告以前数罪的犯罪分子,只要判决执行的刑罚为拘役、三年以下有期徒刑,且符合根据犯罪分子的犯罪情节和悔罪表现,适用缓刑确实不致再危害社会的案件,依法可以适用缓刑。

《宽严相济在经济犯罪和职务犯罪案件审判中的具体贯彻》(2010年4月7日公布)

△(宽严相济刑事政策;缓刑)关于缓刑等非监禁刑的适用。在依照《意见》第14条、第15条、第16条规定适用缓刑等非监禁刑时,应当充分考虑到当前职务犯罪案件缓刑等非监禁刑适用比例偏高的实际情况,以及职务犯罪案件适用非监禁刑所需要的社会民意基础和过多适用非监禁刑可能带来的社会负面影响。贪污、受贿犯罪分子具有下列情形之一的,一般不得适用缓刑:致使国家、集体和人民利益遭受重大损失或者影响恶劣的;不退赃或者退赃不积极,无悔罪表现的;犯罪动机、手段等情节恶劣,或者将赃款用于非法经营、走私、赌博、行贿等违法犯罪活动的;属于共同犯罪中情节严重的主犯,或者犯有数罪的;曾因职务、经济违法犯罪行为受过行政处分或者刑事处罚的;犯罪涉及的财物属于救灾、抢险、防汛、防疫、优抚、扶贫、移民、救济、捐助、社会保险、教育、征地、拆迁等专项款项和物资的。渎职犯罪分子具有下列情形之一的,一般不适用缓刑:(1)依法减轻处罚后判处三年有期徒刑以下刑罚的;(2)渎职犯罪造成特别恶劣影响的;(3)渎职行为同时构成其他犯罪,以渎职犯罪一罪处理或者实行数罪并罚的。(§2Ⅳ)

《最高人民法院、最高人民检察院、公安部、司法部关于对判处管制、宣告缓刑的犯罪分子适用禁止令有关问题的规定(试行)》(法发〔2011〕9号,2011年5月1日起施行)

△(宣告缓刑;禁止令)对判处管制、宣告缓刑的犯罪分子,人民法院根据犯罪情况,认为从促进犯罪分子教育矫正、有效维护社会秩序的需要出发,确有必要禁止其在管制执行期间、缓刑考验期限内从事特定活动,进入特定区域、场所,接触特定人的,可以根据刑法第三十八条第二款、第七十二条第二款的规定,同时宣告禁止令。(§1)

△(禁止令之宣告)人民法院应当根据犯罪分子的犯罪原因、犯罪性质、犯罪手段、犯罪后的悔罪表现、个人一贯表现等情况,充分考虑与犯罪分子所犯罪行的关联程度,有针对性地决定禁止其在管制执行期间、缓刑考验期限内"从事特定活动,进入特定区域、场所,接触特定的人"的一项或者几项内容。(§2)

△(禁止从事特定活动)人民法院可以根据犯罪情况,禁止判处管制、宣告缓刑的犯罪分子在管制执行期间、缓刑考验期限内从事以下一项或者几项活动:

(一)个人为进行违法犯罪活动而设立公司、企业、事业单位或者在设立公司、企业、事业单位后实施犯罪为主要活动的,禁止设立公司、企业、事业单位;

(二)实施证券犯罪、贷款犯罪、票据犯罪、信用卡犯罪等金融犯罪的,禁止从事证券交易、申领贷款、使用票据或者申领、使用信用卡等金融活动;

(三)利用从事特定生产经营活动实施犯罪的,禁止从事相关生产经营活动;

(四)附带民事赔偿义务未履行完毕,违法所得未追缴、退赔到位,或者罚金尚未足额缴纳的,禁止从事高消费活动;

(五)其他确有必要禁止从事的活动。(§3)

△(**禁止进入特定区域、场所**)人民法院可以根据犯罪情况,禁止判处管制、宣告缓刑的犯罪分子在管制执行期间、缓刑考验期限内进入以下一类或者几类区域、场所:

(一)禁止进入夜总会、酒吧、迪厅、网吧等娱乐场所;

(二)未经执行机关批准,禁止进入举办大型群众性活动的场所;

(三)禁止进入中小学校区、幼儿园园区及周边地区,确因本人就学、居住等原因,经执行机关批准的除外;

(四)其他确有必要禁止进入的区域、场所。(§4)

△(**禁止接触特定的人**)人民法院可以根据犯罪情况,禁止判处管制、宣告缓刑的犯罪分子在管制执行期间、缓刑考验期限内接触以下一类或者几类人员:

(一)未经对方同意,禁止接触被害人及其法定代理人、近亲属;

(二)未经对方同意,禁止接触证人及其法定代理人、近亲属;

(三)未经对方同意,禁止接触控告人、批评人、举报人及其法定代理人、近亲属;

(四)禁止接触同案犯;

(五)禁止接触其他可能遭受其侵害、滋扰的人或者可能诱发其再次危害社会的人。(§5)

△(**禁止令之期限;最短期限之限制;执行期限**)禁止令的期限,既可以与管制执行、缓刑考验的期限相同,也可以短于管制执行、缓刑考验的期限,但判处管制的,禁止令的期限不得少于三个月,宣告缓刑的,禁止令的期限不得少于二个月。

判处管制的犯罪分子在判决执行以前先行羁押以致管制执行的期限少于三个月的,禁止令的期限不受前款规定的最短期限的限制。

禁止令的执行期限,从管制、缓刑执行之日起计算。(§6)

△(**提起公诉;移送审查起诉;宣告禁止令的建议**)人民检察院在提起公诉时,对可能判处管制、宣告缓刑的被告人可以提出宣告禁止令的建议。当事人、辩护人、诉讼代理人可以就应否对被告人宣告禁止令提出意见,并说明理由。

公安机关在移送审查起诉时,可以根据犯罪嫌疑人涉嫌犯罪的情况,就应否宣告禁止令及宣告何种禁止令,向人民检察院提出意见。(§7)

△(**宣告禁止令;裁判文书;主文**)人民法院对判处管制、宣告缓刑的被告人宣告禁止令的,应当在判决文书主文部分单独作为一项予以宣告。(§8)

△(**执行机构;社区矫正机构**)禁止令由司法行政机关指导管理的社区矫正机构负责执行。(§9)

△(**监督机构;人民检察院;通知纠正**)人民检察院对社区矫正机构执行禁止令的活动实行监督。发现有违反法律规定的情况,应当通知社区矫正机构纠正。(§10)

△(**禁止令之违反;情节严重;治安管理处罚法**)判处管制的犯罪分子违反禁止令,或者被宣告缓刑的犯罪分子违反禁止令尚不属情节严重的,由负责执行禁止令的社区矫正机构所在地的公安机关依照《中华人民共和国治安管理处罚法》第六十条的规定处罚。(§11)

△(**违反禁止令;撤销缓刑;情节严重**)被宣告缓刑的犯罪分子违反禁止令,情节严重的,应当撤销缓刑,执行原判刑罚。原作出缓刑裁判的人民法院应当自收到当地社区矫正机构提出的撤销缓刑建议书之日起一个月内依法作出裁定。人民法院撤销缓刑的裁定一经作出,立即生效。

违反禁止令,具有下列情形之一的,应当认定为"情节严重":

(一)三次以上违反禁止令的;

(二)因违反禁止令被治安管理处罚后,再次违反禁止令的;

(三)违反禁止令,发生较为严重危害后果的;

(四)其他情节严重的情形。(§12)

△(**减刑;禁止令期限之缩短**)被宣告禁止令的犯罪分子被依法减刑时,禁止令的期限可以相应缩短,由人民法院在减刑裁定中确定新的禁止令期限。(§13)

《最高人民法院印发〈关于进一步加强危害生产安全刑事案件审判工作的意见〉的通知》(法发〔2011〕20号,2011年12月30日公布)

△(**生产安全犯罪;缓刑;区别对待**)对于危害后果较轻,在责任事故中不负主要责任,符合法律有关缓刑适用条件的,可以依法适用缓刑,但应注意根据案件具体情况,区别对待,严格控制,避免适用不当造成的负面影响。(§17)

△(**缓刑**)对于具有下列情形的被告人,原则上不适用缓刑:

(一)具有本意见第14条、第15条①所规定的情形的;

(二)数罪并罚的。(§18)

△(宣告缓刑;禁止令;与安全生产有关的特定活动)宣告缓刑,可以根据犯罪情况,同时禁止犯罪分子在缓刑考验期限内从事与安全生产有关的特定活动。(§19)

《最高人民法院、最高人民检察院印发〈关于办理职务犯罪案件严格适用缓刑、免予刑事处罚若干问题的意见〉的通知》(法发〔2012〕17号,2012年8月8日发布)

△(职务犯罪;缓刑)严格掌握职务犯罪案件缓刑、免予刑事处罚的适用。职务犯罪案件的刑罚适用直接关系反腐败工作的实际效果。人民法院、人民检察院要深刻认识职务犯罪的严重社会危害性,正确贯彻宽严相济刑事政策,充分发挥刑罚的惩治和预防功能。要在全面把握犯罪事实和量刑情节的基础上严格依照刑法规定的条件适用缓刑、免予刑事处罚,既要考虑从宽情节,又要考虑从严情节;既要做到刑罚与犯罪相当,又要做到刑罚执行方式与犯罪相当,切实避免缓刑、免予刑事处罚不当适用造成的消极影响。(§1)

△(职务犯罪分子;不适用缓刑)具有下列情形之一的职务犯罪分子,一般不适用缓刑或者免予刑事处罚:

(一)不如实供述罪行的;

(二)不予退缴赃款赃物或者将赃款赃物用于非法活动的;

(三)属于共同犯罪中情节严重的主犯的;

(四)犯有数个职务犯罪依法实行并罚或者以一罪处理的;

(五)曾因职务违纪违法行为受过行政处分的;

(六)犯罪涉及的财物属于救灾、抢险、防汛、优抚、扶贫、移民、救济、防疫等特定款物的;

(七)受贿犯罪中具有索贿情节的;

(八)渎职犯罪中徇私舞弊情节严重或者滥用职权情节恶劣的;

(九)其他不应适用缓刑、免予刑事处罚的情形。(§2)

△(贪污、受贿;缓刑;免予刑事处罚;挪用公款)不具有本意见第二条规定的情形,全部退缴赃款赃物,依法判处三年有期徒刑以下刑罚,符合刑法规定的缓刑适用条件的贪污、受贿犯罪分子,可以适用缓刑;符合刑法第三百八十三条第一款第(三)项的规定,依法不需要判处刑罚的,可以免予刑事处罚。

不具有本意见第二条所列情形,挪用公款进

---

① 《最高人民法院印发〈关于进一步加强危害生产安全刑事案件审判工作的意见〉的通知》(法发〔2011〕20号,2011年12月30日公布)

第十四条

造成《关于办理危害矿山生产安全刑事案件具体应用法律若干问题的解释》第四条规定的"重大伤亡事故或者其他严重后果",同时具有下列情形之一的,也可以认定为刑法第一百三十四条、第一百三十五条规定的"情节特别恶劣":

(一)非法、违法生产的;

(二)无基本劳动安全设施或未向生产、作业人员提供必要的劳动防护用品,生产、作业人员劳动安全无保障的;

(三)曾因安全生产设施或者安全生产条件不符合国家规定,被监督管理部门处罚或责令改正,一年内再次违规生产致使发生重大生产安全事故的;

(四)关闭、故意破坏必要安全警示设备的;

(五)已发现事故隐患,未采取有效措施,导致发生重大事故的;

(六)事故发生后不积极抢救人员,或者毁灭、伪造、隐藏影响事故调查的证据,或者转移财产逃避责任的;

(七)其他特别恶劣的情节。

第十五条

相关犯罪中,具有以下情形之一的,依法从重处罚:

(一)国家工作人员违反规定投资入股生产经营企业,构成危害生产安全犯罪的;

(二)贪污贿赂行为与事故发生存在关联性的;

(三)国家工作人员的职务犯罪与事故存在直接因果关系的;

(四)以行贿方式逃避安全生产监督管理,或者非法、违法生产、作业的;

(五)生产安全事故发生后,负有报告职责的国家工作人员不报或者谎报事故情况,贻误事故抢救,尚未构成不报、谎报安全事故罪的;

(六)事故发生后,采取转移、藏匿、毁灭遇难人员尸体,或者毁灭、伪造、隐藏影响事故调查的证据,或者转移财产,逃避责任的;

(七)曾因安全生产设施或者安全生产条件不符合国家规定,被监督管理部门处罚或责令改正,一年内再次违规生产致使发生重大生产安全事故的。

行营利活动或者超过三个月未还构成犯罪,一审宣判前已将公款归还,依法判处三年有期徒刑以下刑罚,符合刑法规定的缓刑适用条件的,可以适用缓刑;在案发前已归还,情节轻微,不需要判处刑罚的,可以免予刑事处罚。

△(**量刑意见;情节恶劣、社会反映强烈的职务犯罪案件;不适用缓刑**)人民法院审理职务犯罪案件时应当注意听取检察机关、被告人、辩护人提出的量刑意见,分析影响性案件案发前后的社会反映,必要时可以征求案件承办等机关的意见。对于情节恶劣、社会反映强烈的职务犯罪案件,不得适用缓刑、免予刑事处罚。(§4)

△(**量刑建议;检察委员会;审判委员会**)对于具有本意见第二条规定的情形之一,但根据全案事实和量刑情节,检察机关认为确有必要适用缓刑或者免予刑事处罚并据此提出量刑建议的,应经检察委员会讨论决定;审理法院认为确有必要适用缓刑或者免予刑事处罚的,应经审判委员会讨论决定。(§5)

《最高人民法院、最高人民检察院、公安部、司法部关于对因犯罪在大陆受审的台湾居民依法适用缓刑实行社区矫正有关问题的意见》(法发〔2016〕33号,2017年1月1日起施行)

△(**台湾居民;宣告缓刑**)对因犯罪被判处拘役、三年以下有期徒刑的台湾居民,如果其犯罪情节较轻、有悔罪表现、没有再犯罪的危险且宣告缓刑对所居住社区没有重大不良影响的,人民法院可以宣告缓刑,对其中不满十八周岁的人、怀孕的妇女和已满七十五周岁的人,应当宣告缓刑。(§1)

△(**建议缓刑;无犯罪记录证明等相关材料**)人民检察院建议对被告人宣告缓刑的,应当说明依据和理由。

被告人及其法定代理人、辩护人提出宣告缓刑的请求,应当说明理由,必要时需提交经过台湾地区公证机关公证的被告人在台湾地区无犯罪记录证明等相关材料。(§2)

△(**调查评估;涉台社区矫正专门机构;县级司法行政机关**)公安机关、人民检察院、人民法院需要委托司法行政机关调查评估宣告缓刑对社区影响的,可以委托犯罪嫌疑人、被告人在大陆居住地的县级司法行政机关,也可以委托适合协助社区矫正的下列单位或者人员所在地的县级司法行政机关:

(一)犯罪嫌疑人、被告人在大陆的工作单位或者就读学校;

(二)台湾同胞投资企业协会、台湾同胞投资企业;

(三)其他愿意且有能力协助社区矫正的单位或者人员。

已经建立涉台社区矫正专门机构的地方,可以委托该机构所在地的县级司法行政机关调查评估。

根据前两款规定仍无法确定接受委托的调查评估机关的,可以委托办理案件的公安机关、人民检察院、人民法院所在地的县级司法行政机关。(§3)

△(**调查评估报告;十个工作日;协助提供有关资料**)司法行政机关收到委托后,一般应当在十个工作日内向委托机关提交调查评估报告;对提交调查评估报告的时间另有规定的,从其规定。

司法行政机关开展调查评估,可以请当地台湾同胞投资企业协会、台湾同胞投资企业以及犯罪嫌疑人、被告人在大陆的监护人、亲友等协助提供有关材料。(§4)

△(**宣告缓刑;书面告知;送达;抄送**)人民法院对被告人宣告缓刑时,应当核实其居住地或者本意见第三条规定的有关单位、人员所在地,书面告知被告人应当自判决、裁定生效后十日内到社区矫正执行地的县级司法行政机关报到,以及逾期报到的法律后果。

缓刑判决、裁定生效后,人民法院应当在十日内将判决书、裁定书、执行通知书等法律文书送达社区矫正执行地的县级司法行政机关,同时抄送该地县级人民检察院和公安机关。(§5)

△(**海峡两岸共同打击犯罪及司法互助协议;移交执行**)对于符合条件的缓刑犯,可以依据《海峡两岸共同打击犯罪及司法互助协议》,移交台湾地区执行。(§10)

【公报案例】

李某某盗窃案(《最高人民法院公报》2016年第8期)

△(**未成年犯罪;适用缓刑的量刑参考标准**)未成年人犯罪案件的审理方式与成年人犯罪案件不同,应根据实际情况适用《刑事诉讼法》"未成年人刑事案件诉讼程序"专章中的相关规定,结合心理疏导、法律援助等方式,对犯罪的本人进行教育、感化和挽救,做到教育为主、惩罚为辅。同时通过加强社会调查,了解其个人成长经历、案外犯罪原因、羁押表现情况以及监护落实情况和社区矫治意见等,作为是否适用缓刑的量刑参考依据。

【参考案例】

No.2-133之一-7 魏海涛危险驾驶案

醉驾型危险驾驶案件中,被告人系初犯、偶犯,未曾因酒后驾驶受过行政处罚或刑事追究的,

第四章 刑罚的具体运用

虽发生交通事故，但后果并不严重的，可以适用缓刑。

No.4-237-1 何斌勇强制猥亵妇女案

在对被判处管制和宣告缓刑的犯罪分子适用禁止令时，应当综合考虑犯罪分子的犯罪事实、性质、情节、对社会危害的程度以及犯罪分子的个人情况、认罪悔罪表现。适用禁止令必须具有必要性，在具体案件中，应从促进罪犯教育矫正、有效维护秩序两方面进行衡量。禁止令的内容应当具有针对性，不能片面依据所犯罪行的客观危害大小决定是否适用，还应与行为人行为所需禁止的情形相适应。禁止令的内容应当具有现实可行性且不得重复禁止，应当考虑维护犯罪分子的基本生活条件。

第七十三条 【缓刑考验期限】
拘役的缓刑考验期限为原判刑期以上一年以下，但是不能少于二个月。
有期徒刑的缓刑考验期限为原判刑期以上五年以下，但是不能少于一年。
缓刑考验期限，从判决确定之日起计算。

【条文说明】

本条是关于缓刑考验期限的规定。

缓刑考验期限是指人民法院在宣告缓刑时，依照法律的规定并结合案件的具体情况，对犯罪分子暂缓执行原判刑罚，放在社会上进行考察的期限。决定缓刑考验期限，应当根据犯罪分子犯罪的情节、悔罪的表现以及判处的刑期，在法律规定的幅度内决定犯罪分子的考验期限。在缓刑考验期限内对犯罪分子的人身危险性进行考察，如果没有《刑法》第七十七条规定情形的，就不再执行原判刑罚。

本条共分为三款。

第一款规定了**被判处拘役的犯罪分子的缓刑考验期限为原判刑期以上一年以下，但不能少于二个月**。根据《刑法》第四十二条的规定，拘役的期限为一个月以上六个月以下，数罪并罚不能超过一年。即使犯罪分子被判处一个月的拘役，拘役的缓刑考验期限也不能少于二个月；如果实行数罪并罚，犯罪分子被判处一年的拘役，缓刑的考验期限可以确定为一年。

第二款规定了**对被判处有期徒刑的犯罪分子的缓刑考验期限为原判刑期以上五年以下，但是不能少于一年**。根据《刑法》第四十五条的规定，有期徒刑的期限，一般为六个月以上十五年以下。对于犯罪分子被判处一年以下有期徒刑的，缓刑考验期限也不能少于一年；犯罪分子被判处五年以上有期徒刑的，缓刑考验期限也不能超过五年。

第三款规定了**缓刑考验期限，应当从判决确定之日起计算**。所谓判决确定之日，即判决发生法律效力之日。如果提出上诉或抗诉，则应从终审判决确定之日起计算。**判决确定以前先行羁押的日期不能折抵缓刑考验期限**，因为缓刑期间并未执行刑罚。如果撤销缓刑，执行原判刑罚的，则之前的羁押日期可以折抵刑期。

实际执行中应当注意以下问题：人民法院应当在本条规定的法定期限内酌情裁量考验期限的长短，缓刑考验期限可以等于原判刑期，也可以高于原判刑期，但不能低于原判刑期。考验期限过长或过短，都不能充分有效地发挥缓刑制度的作用。考验期限过长，会给犯罪人造成不必要的精神压力，不利于其改过自新；考验期限过短，难以考察犯罪人是否得到改造，也有失刑罚的严肃性。

【司法解释性文件】

《最高人民法院、最高人民检察院、公安部、司法部关于对因犯罪在大陆受审的台湾居民依法适用缓刑实行社区矫正有关问题的意见》（法发〔2016〕33号，2017年1月1日起施行）

△（宣告缓刑；台湾居民；不准出境决定书；边控手续；缓刑考验期）对被告人宣告缓刑的，人民法院应当及时作出不准出境决定书，同时依照有关规定办理边控手续。

实施边控的期限为缓刑考验期。（§6）

【参考案例】

No.5-264-63 代海业盗窃案

缓刑考验期间不同于刑罚执行期间，缓刑考验期内再犯新罪，应撤销缓刑，对前罪与后罪所判处的刑罚进行数罪并罚，决定执行的刑期。

第七十四条 【不适用缓刑的对象】

对于累犯和犯罪集团的首要分子,不适用缓刑。

【立法沿革】

《中华人民共和国刑法》(1997年修订,自1997年10月1日起施行)

第七十四条

对于累犯,不适用缓刑。

《中华人民共和国刑法修正案(八)》(自2011年5月1日起施行)

十二、将刑法第七十四条修改为:

"对于累犯和犯罪集团的首要分子,不适用缓刑。"

【条文说明】

本条是关于**累犯、犯罪集团的首要分子不适用缓刑**的规定。

累犯的概念在《刑法》第六十五条已经阐述过,由于累犯主观恶性大,具有屡教不改的特点,对社会危害性很大,如果不关押执行,而适用缓刑,会有再次危害社会的危险性。因此,本条规定,对于累犯不适用缓刑,体现了对累犯从严管理、从重打击的精神。但是累犯可以在狱中好好改造,认真悔过,如果表现良好,还可以获得减刑等。

本条规定的"**犯罪集团**",是指《刑法》第二十六条第二款规定的,三人以上为共同实施犯罪而组成的较为固定的犯罪组织。"**犯罪集团的首要分子**",是指在犯罪集团进行犯罪活动中起组织、领导作用的主要犯罪分子。犯罪集团的首要分子在犯罪集团中起组织、领导作用,这类犯罪集团经常多次犯罪,有些犯罪行为性质恶劣,对社会危害严重,犯罪集团的首要分子主观恶性大,需要依法予以严惩,如果构成犯罪,即便被判处三年以下有期徒刑,也不能适用缓刑。

实际执行中应当注意,根据本条规定,对于《刑法》第六十五条规定的一般累犯和第六十六条规定的特殊累犯,都不能适用缓刑。2011年《刑法修正案(八)》对**特殊累犯的对象范围**作了扩大,由"危害国家安全的犯罪分子"扩大到"危害国家安全犯罪、恐怖活动犯罪、黑社会性质的组织犯罪的犯罪分子",所以不适用缓刑的累犯范围实际上有所扩大。

第七十五条 【缓刑犯应遵守的规定】

被宣告缓刑的犯罪分子,应当遵守下列规定:

(一)遵守法律、行政法规,服从监督;
(二)按照考察机关的规定报告自己的活动情况;
(三)遵守考察机关关于会客的规定;
(四)离开所居住的市、县或者迁居,应当报经考察机关批准。

【条文说明】

本条是关于被宣告缓刑的犯罪分子,在缓刑考验期限内应当遵守的规定。

根据本条规定,被宣告缓刑的犯罪分子,应当遵守下列规定:

1. **遵守法律、行政法规,服从监督**,是指遵守国家法律、国务院行政法规等规范性文件,自觉服从社区矫正机构、所在单位以及基层组织的监督考察。"遵守法律、行政法规",是每个公民都应当履行的法律义务,无论是否在缓刑考验期间,缓刑对象都应当自觉遵守法律、行政法规,这是预防其再次违法犯罪的有效途径,也是监督其是否改过自新的重要标准。这样规定也与社区矫正法等有关法律规定的要求相一致。

2. **按照考察机关的规定报告自己的活动情况**,是指按照社区矫正机构的规定,定期或不定期地报告自己的活动情况,如报告自己的思想、改造和遵纪守法的情况等。这样规定主要是为了及时了解、掌握缓刑对象的现实情况,以便更好地为其提供教育帮扶。

3. **遵守考察机关关于会客的规定**,是指遵守社区矫正机构向其宣布的有关会客的要求和规定。规定缓刑对象应当遵守会客的监督管理规定,主要是为了防止其受外界的不良影响、干扰,以致继续犯罪或重新违法犯罪。

4. **离开所居住的市、县或者迁居,应当报经考察机关批准**。结合本法和社区矫正法的相关规定,缓刑对象未经批准不得擅自离开所居住的市、县或者迁居,因故需要离开的应当履行必要的请假、变更手续。《社区矫正法》第二十七条规定:"社区矫正对象离开所居住的市、县或者迁居,应当报经社区矫正机构批准。社区矫正机构对于有正当理由的,应当批准;对于因正常工作和生活需要经常性跨市、县活动的,可以根据情况,简化批准程序和方式。因社区矫正对象迁居等原因需要变更执行地的,社区矫正机构应当按照有关规定作出变更决定。社区矫正机构作出变更决定后,应当通知社区矫正决定机关和变更后的社区矫正机构,并将有关法律文书抄送变更后的社区矫正机构。变更后的社区矫正机构应当将法律文书转送所在地的人民检察院、公安机关。"

实际执行中应当注意以下问题:刑法对包含缓刑犯在内的社区矫正对象的报告、会客、外出、迁居等监督管理措施作了规定,但总体比较原则。2019年12月28日第十三届全国人大常委会第十五次会议审议通过了《社区矫正法》。社区矫正是贯彻宽严相济刑事政策,推进国家治理体系和治理能力现代化的一项重要制度,是立足于我国国情和长期刑事司法实践经验的基础上,借鉴吸收其他国家有益做法,逐步发展起来的具有中国特色的非监禁的刑事执行制度。社区矫正法明确社区矫正机构负责社区矫正工作的具体实施,社区矫正机构特别是基层社区矫正机构对社区矫正对象直接负有监督管理和教育帮扶的职责,社区矫正对象应当自觉服从管理。实践中,作为社区矫正对象重要组成部分的缓刑犯,不仅要遵守刑法关于监督考察的规定,同时也要遵守社区矫正法的规定。相较于刑法,社区矫正法的规定更为具体、详细,但两者规定的精神和基本要求是一致的,执行机关和缓刑对象应将两部法律的规定和要求结合起来理解和适用。

【司法解释性文件】

《最高人民法院、最高人民检察院、公安部、劳动人事部关于被判处管制、剥夺政治权利和宣告缓刑、假释的犯罪分子能否外出经商等问题的通知》(〔86〕高检会(三)字第2号,1986年11月8日公布)

(缓刑;外出经商;事先经公安机关允许)对被判处管制、剥夺政治权利和宣告缓刑、假释的犯罪分子,公安机关和有关单位要依法对其实行经常性的监督改造或考察。被管制、假释的犯罪分子,不能外出经商;被剥夺政治权利和宣告缓刑的犯罪分子,按现行规定,属于允许经商范围之内的,如外出经商,需事先经公安机关允许。(§1)

△(缓刑;工商管理部门;批准在常住户口所在地自谋生计;就地从事或承包农副业生产)犯罪分子在被管制、剥夺政治权利、缓刑、假释期间,若原所在单位确有特殊情况不能安排工作的,在不影响对其实行监督考察的情况下,经工商管理部门批准,可以在常住户口所在地自谋生计;家在农村的,亦可就地从事或承包一些农副业生产。(§2)

△(缓刑;国营或集体企事业单位的领导职务)犯罪分子在被管制、剥夺政治权利、缓刑、假释期间,不能担任国营或集体企事业单位的领导职务。(§3)

《最高人民检察院关于被判处管制、剥夺政治权利和宣告缓刑、假释的犯罪分子能否担任中外合资合作经营企业领导职务问题的答复》(高检研发〔1991〕4号,1991年9月25日公布)

(缓刑;外出经商;中外合资、合作企业)最高人民法院、最高人民检察院、公安部、劳动人事部[86]高检会(三)字第2号《关于被判处管制、剥夺政治权利和宣告缓刑、假释的犯罪分子能否外出经商等问题的通知》第三条所规定的不能担任领导职务的原则,可适用于中外合资、中外合作企业(包括我方与港、澳、台客商合资、合作企业)。

第七十六条 【社区矫正与缓刑考验合格的处理】

对宣告缓刑的犯罪分子,在缓刑考验期限内,依法实行社区矫正,如果没有本法第七十七条规定的情形,缓刑考验期满,原判的刑罚就不再执行,并公开予以宣告。

【立法沿革】

《中华人民共和国刑法》(1997年修订,自1997年10月1日起施行)

第七十六条
被宣告缓刑的犯罪分子,在缓刑考验期限内,由公安机关考察,所在单位或者基层组织予以配合，如果没有本法第七十七条规定的情形，缓刑考验期满，原判的刑罚就不再执行，并公开予以宣告。

《中华人民共和国刑法修正案（八）》（自2011年5月1日起施行）

十三、将刑法第七十六条修改为：

"对宣告缓刑的犯罪分子，在缓刑考验期限内，依法实行社区矫正，如果没有本法第七十七条规定的情形，缓刑考验期满，原判的刑罚就不再执行，并公开予以宣告。"

【条文说明】

本条是关于对被宣告缓刑的犯罪分子实行社区矫正，以及缓刑考验期满后应如何处理的规定。

本条主要有两层意思：

1. 对于被宣告缓刑的犯罪分子，在缓刑考验期限内依法实行社区矫正。

缓刑是对符合条件的犯罪分子在一定期限内暂不关押、予以考察的刑罚执行制度。作为一种非监禁的刑罚执行方式，缓刑充分体现了宽严相济的刑事政策，对于教育改造犯罪情节相对较轻的犯罪分子，鼓励其回归社会，最大限度地消除因素为积极因素，促进社会和谐，具有重要意义。缓刑要取得好的社会效果，一个很重要的方面在于对处于缓刑考验期的犯罪分子有效地监督、管理和教育改造，而不是一放了之。近年来，社区矫正执行中，由社区矫正组织对被判处缓刑的犯罪分子进行监督和管理，是新的社会条件下探索改进缓刑犯罪分子监督管理工作的有益尝试，实际上加强了对这部分犯罪分子的管理和教育改造的力度，这也为进一步扩大缓刑适用范围创造了条件。自2020年7月1日起施行的《社区矫正法》是关于社区矫正的基础性法律，该法总结实践经验、坚持问题导向，构建了社区矫正制度的总体框架，对社区矫正工作提供了法律依据和支持。从具体内容看，社区矫正法明确了社区矫正工作的目标和原则，对社区矫正机构设置、工作程序等作了原则规定，明确了监督管理和教育帮扶具体措施，对未成年人社区矫正作了专章规定。对于缓刑适用社区矫正，应当严格依照社区矫正法的规定执行。需要注意的是，刑法关于缓刑考察机关的修改，并不是简单地将考察机关由一个部门更换为另一个部门。虽然《刑法修正案（八）》将刑法原来规定的"由公安机关考察"修改为"依法实行社区矫正"，但这并非意味着公安机关不再承担对被适用缓刑的犯罪分子的监督管理职责。社区矫正是一项综合性很强的工作，仅靠社区矫正机构或者司法行政部门是不够的，要注重发挥各相关部门的合力作用。《社区矫正法》第八条第二款规定，人民法院、人民检察院、公安机关和其他有关部门依照各自职责，依法做好社区矫正工作。具体而言，人民法院要把好社区矫正的入口关，做好社区矫正对象的教育工作，确保社区矫正对象自觉接受监管；公安机关要依法为社区矫正工作提供警务保障；人民检察院要依法对社区矫正工作实行法律监督。因此，在社区矫正工作中，公安机关依旧承担着重要的监督管理职责。

2. 规定了缓刑考验期正常结束的情形，即被宣告缓刑的犯罪分子如果没有《刑法》第七十七条规定的情形，缓刑考验期满，原判的刑罚就不再执行，并公开予以宣告。 适用缓刑的罪犯在缓刑考验期内如果没有发生《刑法》第七十七条规定的情形，表明其在考验期间的教育改造取得了成效，人身危险性得以消除，原判刑罚就不需要再执行。对此，有关方面应当向犯罪分子及其所在单位、居住地的居委会、村委会公开予以宣告。同时，《刑法》第七十七条规定了**缓刑考验期被撤销的两种情形**：一是被宣告缓刑的犯罪分子，在缓刑考验期限内犯新罪或者发现判决宣告以前还有其他罪没有判决的，应当撤销缓刑，对新犯的罪或者新发现的罪作出判决，把前罪和后罪所判处的刑罚，依照本法第六十九条的规定，决定执行的刑罚。二是被宣告缓刑的犯罪分子，在缓刑考验期限内，违反法律、行政法规或者国务院有关部门关于缓刑的监督管理规定，或者违反人民法院判决中的禁止令，情节严重的，应当撤销缓刑，执行原判刑罚。如果适用缓刑的罪犯在缓刑考验期内发生《刑法》第七十七条规定的情形，表明其人身危险性没有得到消除，不宜继续适用缓刑，需要依法撤销缓刑判决，根据具体情况依法处理。

【司法解释性文件】

《最高人民法院、最高人民检察院、公安部、司法部关于对因犯罪在大陆受审的台湾居民依法适用缓刑实行社区矫正有关问题的意见》（法发〔2016〕33号,2017年1月1日起施行）

△**（宣告缓刑；台湾居民；不准出境决定书；边控手续；缓刑考验期）** 对被告人宣告缓刑的，人民法院应当及时作出不准出境决定书，同时按照有关规定办理边控手续。

实施边控的期限为缓刑考验期。（§6）

△**（台湾居民；社区矫正；司法行政机关）** 对缓刑犯的社区矫正，由其在大陆居住地的司法行政机关负责指导管理、组织实施；在大陆没有居住

地的,由本意见第三条①规定的有关司法行政机关负责。(§7)

△(社区矫正小组)为缓刑犯确定的社区矫正小组可以吸收下列人员参与:
(一)当地台湾同胞投资企业协会、台湾同胞投资企业的代表;
(二)在大陆居住或者工作的台湾同胞;
(三)缓刑犯在大陆的亲友;
(四)其他愿意且有能力参与社区矫正工作的人员。(§8)

△(社区矫正;台湾同胞投资企业协会、台湾同胞投资企业)根据社区矫正需要,司法行政机关可以会同相关部门,协调台湾同胞投资企业协会、台湾同胞投资企业等,为缓刑犯提供工作岗位、技能培训等帮助。(§9)

第七十七条 【缓刑的撤销】

被宣告缓刑的犯罪分子,在缓刑考验期限内犯新罪或者发现判决宣告以前还有其他罪没有判决的,应当撤销缓刑,对新犯的罪或者新发现的罪作出判决,把前罪和后罪所判处的刑罚,依照本法第六十九条的规定,决定执行的刑罚。

被宣告缓刑的犯罪分子,在缓刑考验期限内,违反法律、行政法规或者国务院有关部门关于缓刑的监督管理规定,或者违反人民法院判决中的禁止令,情节严重的,应当撤销缓刑,执行原判刑罚。

【立法沿革】

《中华人民共和国刑法》(1997年修订,自1997年10月1日起施行)

第七十七条

被宣告缓刑的犯罪分子,在缓刑考验期限内犯新罪或者发现判决宣告以前还有其他罪没有判决的,应当撤销缓刑,对新犯的罪或者新发现的罪作出判决,把前罪和后罪所判处的刑罚,依照本法第六十九条的规定,决定执行的刑罚。

被宣告缓刑的犯罪分子,在缓刑考验期限内,违反法律、行政法规或者国务院公安部门有关缓刑的监督管理规定,情节严重的,应当撤销缓刑,执行原判刑罚。

《中华人民共和国刑法修正案(八)》(自2011年5月1日起施行)

十四、将刑法第七十七条第二款修改为:

"被宣告缓刑的犯罪分子,在缓刑考验期限内,违反法律、行政法规或者国务院有关部门关于缓刑的监督管理规定,或者违反人民法院判决中的禁止令,情节严重的,应当撤销缓刑,执行原判刑罚。"

【条文说明】

本条是关于撤销缓刑的规定。

本条共分为两款。

第一款是关于**犯罪分子在缓刑考验期间再犯新罪或者发现漏罪的如何处理的规定**。

缓刑犯在考验期间再犯新罪,表明其具有较大的人身危险性,不符合"没有再犯罪危险"的条件,不宜继续适用缓刑。缓刑犯在考验期间发现漏罪,也表明之前判决时对其人身危险性等的判断根据不全面,且需要对其漏罪作出判决后与前罪实行数罪并罚,因此也需要撤销缓刑。根据本款规定,只要被宣告缓刑的犯罪分子在缓刑考验期限内犯新罪或者发现判决宣告以前还有其他罪没有判决的,就应当撤销缓刑,然后对新犯的罪和

---

① 《最高人民法院、最高人民检察院、公安部、司法部关于对因犯罪在大陆受审的台湾居民依法适用缓刑实行社区矫正有关问题的意见》(法发〔2016〕33号,2017年1月1日起施行)
第三条
Ⅰ公安机关、人民检察院、人民法院需要委托司法行政机关调查评估宣告缓刑对社区影响的,可以委托犯罪嫌疑人、被告人在大陆居住地的县级司法行政机关,也可以委托适合协助社区矫正的下列单位或者人员所在地的县级司法行政机关:
(一)犯罪嫌疑人、被告人在大陆的工作单位或者就读学校;
(二)台湾同胞投资企业协会、台湾同胞投资企业;
(三)其他愿意且有能力协助社区矫正的单位或者人员。
Ⅱ已经建立涉台社区矫正专门机构的地方,可以委托该机构所在地的县级司法行政机关调查评估。
Ⅲ根据前两款规定仍无法确定接受委托的调查评估机关的,可以委托办理案件的公安机关、人民检察院、人民法院所在地的县级司法行政机关。

发现的漏罪作出判决,依照《刑法》第六十九条数罪并罚的规定,决定执行的刑罚。根据《刑法》第七十三条第三款的规定,缓刑考验期限从判决确定之日起计算。所谓判决确定之日就是指判决生效之日。这里所说的**在考验期限内又犯新罪**,是指缓刑犯在缓刑考验期限内又实施了新的犯罪行为。所说的发现判决宣告以前还有其他罪没有判决的,是指对犯罪分子宣告缓刑后,发现有漏罪没有判决的情况。缓刑犯在缓刑考验期限内又犯新罪,说明犯罪分子仍然具有较高的人身危险性,不再符合《刑法》第七十二条规定的适用缓刑的条件,因此应当撤销缓刑。**缓刑犯在缓刑考验期内被发现存在漏罪情形**,说明在对犯罪分子适用缓刑时,对其悔罪表现、人身危险性等的判断根据不全面,因此应当撤销缓刑。关于如何处理新罪、漏罪与原来被判处缓刑犯罪的并罚问题,由于缓刑是附条件的不执行刑罚,**缓刑犯并未实际执行刑罚**,因此,可以依照《刑法》第六十九条的规定处理,即"除判处死刑和无期徒刑的以外,应当在总和刑期以下、数刑中最高刑期以上,酌情决定执行的刑期,但是管制最高不能超过三年,拘役最高不能超过一年,有期徒刑总和刑期不满三十五年的,最高不能超过二十年,总和刑期在三十五年以上的,最高不能超过二十五年。数罪中有判处有期徒刑和拘役的,执行有期徒刑。数罪中有判处有期徒刑和管制,或者拘役和管制的,有期徒刑、拘役执行完毕后,管制仍须执行。数罪中有判处附加刑的,附加刑仍须执行,其中附加刑种类相同的,合并执行,种类不同的,分别执行"。

第二款是关于**缓刑考验期间因违反有关监管规定,撤销缓刑的规定**。根据本款规定,被判处缓刑的犯罪分子,在缓刑考验期限内违反法律、行政法规或国务院有关部门关于缓刑的监督管理规定,或者违反人民法院判决中的禁止令,情节严重但未构成犯罪的,也应当撤销缓刑,收监执行原判刑罚。这一规定促使犯罪分子遵纪守法、接受改造,也解决了实践中对于大错不犯、小错不断的缓刑犯如何处理的法律依据问题。

实践中需要注意的是,除本条规定外,社区矫正法也对撤销缓刑的条件、程序等作了规定,实践中需要结合适用。如《社区矫正法》第二十三条规定,社区矫正对象在社区矫正期间应当遵守法律、行政法规,履行判决、裁定、暂予监外执行决定等法律文书确定的义务,遵守国务院司法行政部门关于报告、会客、外出、迁居、保外就医等监督管理规定,服从社区矫正机构的管理。对于缓刑对象违反上述规定的,可能存在符合撤销缓刑的情形。此外,《社区矫正法》第六章专门对撤销缓刑等的条件作了较为详细的规定。

【司法解释】

《最高人民法院关于适用刑法时间效力规定若干问题的解释》(法释〔1997〕5号,自1997年10月1日起施行)

△(**时间效力;撤销缓刑**)1997年9月30日以前犯罪被宣告缓刑的犯罪分子,在1997年10月1日以后的缓刑考验期间又犯新罪、被发现漏罪或者违反法律、行政法规或者国务院公安部门有关缓刑的监督管理规定,情节严重的,适用刑法第七十七条的规定,撤销缓刑。(§6)

《最高人民法院关于撤销缓刑时罪犯在宣告缓刑前羁押的时间能否折抵刑期问题的批复》(法释〔2002〕11号,自2002年4月18日起施行)

△(**撤销缓刑;宣告缓刑前羁押的时间;折抵刑期**)根据刑法第七十七条的规定,对被宣告缓刑的犯罪分子撤销缓刑执行原判刑罚的,对其在宣告缓刑前羁押的时间应当折抵刑期。

《最高人民法院关于〈中华人民共和国刑法修正案(八)〉时间效力问题的解释》(法释〔2011〕9号,自2011年5月1日起施行)

△(**时间效力;禁止令;撤销缓刑**)犯罪分子在管制期间或者缓刑考验期内,违反人民法院判决中的禁止令的,适用修正后刑法第三十八条第四款或者第七十七条第二款的规定。(§1Ⅱ)

《最高人民法院关于适用〈中华人民共和国刑事诉讼法〉的解释》(法释〔2021〕1号,自2021年3月1日起施行)

△(**撤销缓刑**)罪犯在缓刑、假释考验期限内犯新罪或者被发现在判决宣告前还有其他罪没有判决,应当撤销缓刑、假释的,由审判新罪的人民法院撤销原判决、裁定宣告的缓刑、假释,并书面通知原审人民法院和执行机关。(§542)

△(**撤销缓刑的情形;撤销缓刑的裁定**)人民法院收到社区矫正机构的撤销缓刑建议书后,经审查,确认罪犯在缓刑考验期限内具有下列情形之一的,应当作出撤销缓刑的裁定:(一)违反禁止令,情节严重的;(二)无正当理由不按规定时间报到或者接受社区矫正期间脱离监管,超过一个月的;(三)因违反监督管理规定受到治安管理处罚,仍不改正的;(四)受到执行机关二次警告,仍不改正的;(五)违反法律、行政法规和监督管理规定,情节严重的其他情形。(§543Ⅰ)

△(**撤销缓刑建议;提请逮捕**)被提请撤销缓刑、假释的罪犯可能逃跑或者可能发生社会危险,

社区矫正机构在提出撤销缓刑、假释建议的同时，提请人民法院决定对其予以逮捕的，人民法院应当在四十八小时以内作出是否逮捕的决定。决定逮捕的，由公安机关执行。逮捕后的羁押期限不得超过三十日。（§544）

△（**撤销缓刑裁定；立即生效；折抵刑期**）人民法院应当在收到社区矫正机构的撤销缓刑、假释建议书后三十日以内作出裁定。撤销缓刑、假释的裁定一经作出，立即生效。

人民法院应当将撤销缓刑、假释裁定书送达社区矫正机构和公安机关，并抄送人民检察院，由公安机关将罪犯送交执行。执行以前被逮捕的，羁押一日折抵刑期一日。（§545）

【**司法解释性文件**】

《**中央社会治安综合治理委员会办公室、最高人民法院、最高人民检察院、公安部、司法部关于加强和规范监外执行工作的意见**》（高检会〔2009〕3号，2009年6月25日公布）

△（**撤销缓刑建议**）被宣告缓刑、假释的罪犯在缓刑、假释考验期间有下列情形之一的，由与原裁判人民法院同级的执行地公安机关提出撤销缓刑、假释的建议：

（1）人民法院、监狱、看守所已书面告知罪犯应当按时到执行地公安机关报到，罪犯未在规定的时间内报到，脱离监管三个月以上的；

（2）未经执行地公安机关批准擅自离开所居住的市、县或者迁居，脱离监管三个月以上的；

（3）未按照执行地公安机关的规定报告自己的活动情况或者不遵守执行机关关于会客等规定，经过三次教育仍然拒不改正的；

（4）有其他违反法律、行政法规或者国务院公安部门有关缓刑、假释的监督管理规定行为，情节严重的。（§15）

《**最高人民法院、最高人民检察院、公安部、司法部关于对判处管制、宣告缓刑的犯罪分子适用禁止令有关问题的规定（试行）**》（法发〔2011〕9号，2011年4月28日印发）

△（**宣告缓刑；违反禁止令；情节严重**）被宣告缓刑的犯罪分子违反禁止令，情节严重的，应当撤销缓刑，执行原判刑罚。原作出缓刑裁判的人民法院应当自收到当地社区矫正机构提出的撤销缓刑建议书之日起一个月内依法作出裁定。人民法院撤销缓刑的裁定一经作出，立即生效。

违反禁止令，具有下列情形之一的，应当认定为"情节严重"：

（一）三次以上违反禁止令的；

（二）因违反禁止令被治安管理处罚后，再次违反禁止令的；

（三）违反禁止令，发生较为严重危害后果的；

（四）其他情节严重的情形。（§12）

【**参考案例**】

No.2-133之一-18 包武伟危险驾驶案
缓刑判决生效前再犯新罪的，应撤销缓刑后数罪并罚。

No.3-3-163（1）-11 尹乐、李文颐非国家工作人员受贿案
在缓刑考验期内与行贿人达成贿赂合意，在缓刑执行期满后收取财物的，可以认定"在缓刑考验期内犯新罪"。

No.5-275-2 董军立故意毁坏财物案
犯罪预备行为发生在缓刑考验期内，实行行为发生在缓刑考验期满之后的，应当撤销缓刑，与前罪实行数罪并罚。

第六节 减刑

第七十八条 【减刑的适用条件与限度】
被判处管制、拘役、有期徒刑、无期徒刑的犯罪分子,在执行期间,如果认真遵守监规,接受教育改造,确有悔改表现的,或者有立功表现的,可以减刑;有下列重大立功表现之一的,应当减刑:
(一)阻止他人重大犯罪活动的;
(二)检举监狱内外重大犯罪活动,经查证属实的;
(三)有发明创造或者重大技术革新的;
(四)在日常生产、生活中舍己救人的;
(五)在抗御自然灾害或者排除重大事故中,有突出表现的;
(六)对国家和社会有其他重大贡献的。
减刑以后实际执行的刑期不能少于下列期限:
(一)判处管制、拘役、有期徒刑的,不能少于原判刑期的二分之一;
(二)判处无期徒刑的,不能少于十三年;
(三)人民法院依照本法第五十条第二款规定限制减刑的死刑缓期执行的犯罪分子,缓期执行满后依法减为无期徒刑的,不能少于二十五年,缓期执行期满后依法减为二十五年有期徒刑的,不能少于二十年。

【立法沿革】

《中华人民共和国刑法》(1997年修订,1997年10月1日施行)
第七十八条
被判处管制、拘役、有期徒刑、无期徒刑的犯罪分子,在执行期间,如果认真遵守监规,接受教育改造,确有悔改表现的,或者有立功表现的,可以减刑;有下列重大立功表现之一的,应当减刑:
(一)阻止他人重大犯罪活动的;
(二)检举监狱内外重大犯罪活动,经查证属实的;
(三)有发明创造或者重大技术革新的;
(四)在日常生产、生活中舍己救人的;
(五)在抗御自然灾害或者排除重大事故中,有突出表现的;
(六)对国家和社会有其他重大贡献的。
减刑以后实际执行的刑期,判处管制、拘役、有期徒刑的,不能少于原判刑期的二分之一;判处无期徒刑的,不能少于十年。

《中华人民共和国刑法修正案(八)》(自2011年5月1日起施行)
十五、将刑法第七十八条第二款修改为:
"减刑以后实际执行的刑期不能少于下列期限:
(一)判处管制、拘役、有期徒刑的,不能少于原判刑期的二分之一;
(二)判处无期徒刑的,不能少于十三年;
(三)人民法院依照本法第五十条第二款规定限制减刑的死刑缓期执行的犯罪分子,缓期执行期满后依法减为无期徒刑的,不能少于二十五年,缓期执行期满后依法减为二十五年有期徒刑的,不能少于二十年。"

【条文说明】

本条是关于减刑条件以及减刑后实际应执行刑期的规定。
本条共分为两款。
第一款是关于减刑对象和条件的规定。
1. **减刑的对象是被判处管制、拘役、有期徒刑、无期徒刑的犯罪分子**,也就是说,被判处这类刑罚的犯罪分子,在执行刑罚期间只要符合减刑条件的都可能成为减刑的对象。这一规定有利于犯罪分子认罪服法,接受改造。
2. 减刑的条件分为两类:**第一类是有悔改或者立功表现可以减刑的**。"遵守监规,接受教育改造,确有悔改表现的",是指在服刑期间积极参加政治、文化、技术学习,积极参加生产劳动,完成或者超额完成生产任务,认罪服法等。自2017年1月1日起施行的《最高人民法院关于办理减刑、假释案件具体应用法律的规定》第三条规定,"确有悔改表现"是指同时具备以下条件:认罪悔罪;遵守法律法规及监规,接受教育改造;积极参加思想、文化、职业技术教育;积极参加劳动,努力完成劳动任务。对职务犯罪、破坏金融管理秩序和金融诈骗犯罪、组织(领导、参加、包庇、纵容)黑社会性质组织犯罪等罪犯,不积极退赃、协助追缴赃款赃物、赔偿损失,或者服刑期间利用个人影响力和社会关系等不正当手段意图获得减刑、假释的,不认定其"确有悔改表现"。罪犯在刑罚执行期间的申诉权利应当依法保护,对其正当申诉不能不加分析地认为是不认罪悔罪。该解释第四条规定:"具有下列情形之一的,可以认定为有'立功表现':(一)阻止他人实施犯罪活动的;(二)检举、揭发监狱内外犯罪活动,或者提供重要的破案线索,经查证属实的;(三)协助司法机关抓捕其他犯罪嫌疑人的;(四)在生产、科研中进行技术革新,成绩突出的;(五)在抗御自然灾害或者排除重大事故中,表现积极的;(六)对国家和社会有其他较大贡献的。第(四)项、第(六)项中的技术革新或者其他较大贡献应当由罪犯在刑罚执行期间独立或者为主完成,并经省级主管部门确认。"犯罪分子在刑罚执行期间符合上述减刑条件的,就可以减刑。**第二类是属于重大立功表现应当减刑**。根据本条第一款的规定,有下列重大立功表现之一的,应当予以减刑:(1)阻止他人重大犯罪活动的;(2)检举监狱内外重大犯罪活动,经查证属实的;(3)有发明创造或者重大技术革新的;(4)在日常生产、生活中舍己救人的;(5)在抗御自然灾害或者排除重大事故中,有突出表现的;(6)对国家和社会有其他重大贡献的。此外,根据《最高人民法院关于办理减刑、假释案件具体应用法律的规定》第五条的规定,协助司法机关抓捕其他重大犯罪嫌疑人的,也可以认定为有"重大立功表现"。上述第(3)项中的发明创造或者重大技术革新应当是罪犯在刑罚执行期间独立或者为主完成并经国家主管部门确认的发明专利,且不包括实用新型专利和外观设计专利;第(6)项中的其他重大贡献应当由罪犯在刑罚执行期间独立或者为主完成,并经国家主管部门确认。

第二款是关于**减刑后实际执行刑期的具体规定**。本款规定包括三个方面的内容:

1. 判处管制、拘役、有期徒刑的,最低实际执行刑期不能少于原判刑期的二分之一。

2. 判处无期徒刑的,最低实际执行刑期不能少于十三年。《刑法修正案(八)》对无期徒刑减刑后最低实际执行的刑期作了修改,由十年提高到十三年。这样修改的原因:一是判处无期徒刑的罪犯属严重犯罪的罪犯,根据罪责刑相适应原则,可以适当将最低执行期限提高到十三年。二是《刑法修正案(八)》对《刑法》第六十九条作了修改,对数罪并罚后总和刑期在三十五年以上的,执行的刑期最高可达二十五年,其减刑后实际执行的刑期就要超过十年。本款第(二)项如果不作修改,将会出现被判处无期徒刑的犯罪分子的实际执行刑期比被判处有期徒刑的犯罪分子的实际执行刑期短的情况。从罪责刑相适应原则以及维护刑罚结构合理性的角度,有必要提高被判处无期徒刑的犯罪分子的最低实际执行刑期。

3. 人民法院依照《刑法》第五十条第二款规定限制减刑的死刑缓期执行的犯罪分子,缓期执行期满后依法减为无期徒刑的,最低实际执行刑期不能少于二十五年,缓期执行期满后依法减为二十五年有期徒刑的,最低实际执行刑期不能少于二十年。结合《刑法修正案(八)》对《刑法》第五十条的修改,这部分人是指被判处死刑缓期执行并被限制减刑的累犯以及实施故意杀人、强奸、抢劫、绑架、放火、爆炸、投放危险物质或者有组织的暴力性犯罪的罪犯。本款规定是《刑法修正案(八)》增加的内容。在研究过程中,有的意见提出,1997年刑法对死刑缓期执行罪犯减刑后的最低实际执行刑期未作规定,在实际执行中,死缓罪犯平均执行的刑期与无期徒刑罪犯平均执行的刑期相差无几,建议明确被判处死刑缓期执行的罪犯的最低实际执行刑期。经反复慎重研究,根据宽严相济刑事政策的要求,延长死缓罪犯被减刑后的实际执行刑期,应主要针对被判处死刑缓期执行并被限制减刑的累犯以及实施故意杀人、强奸、抢劫、绑架、放火、爆炸、投放危险物质或者有组织的暴力性犯罪的罪犯,不宜普遍提高死缓期满后被减刑的罪犯的刑罚执行期限。因此,对其他死缓罪犯被减刑后的最低实际执行刑期未作规定。

应当特别指出的是,本条第二款规定的减刑后实际执行的刑期,是实际执行的最低刑期,即不能少于这个刑期,而不是只要执行了这些刑期,就释放犯罪分子。对犯罪分子的减刑刑期,应在遵循本款规定的基础上,根据犯罪分子接受教育改造等具体情况确定。《最高人民法院关于办理减刑、假释案件具体应用法律的规定》对减刑起始时间、间隔时间、减刑幅度等作了进一步具体规定。

实际执行中应当注意以下问题:减刑的法律效果体现在减轻实际执行的刑罚,所减去的刑期,无须再予执行。这与**改判**存在原则区别,减刑不影响原判的效力,并未使原判决失效,而判决之后的改判,是发现原来的裁判在事实认定或法律适用上确有错误,由人民法院重新裁判,改判是对原判决的修正,使原判决失去效力。而判决确定之后的减刑,是在肯定原来判决结果的基础上进行的,对原判决不发生更改问题。

【司法解释】

《最高人民法院关于审理未成年人刑事案件具体应用法律若干问题的解释》(法释〔2006〕1号,自2006年1月23日起施行)

△(未成年罪犯;减刑;确有悔改表现;未成年罪犯在服刑期间已经成年)对未成年罪犯的减刑、假释,在掌握标准上可以比照成年罪犯依法适度放宽。

未成年罪犯能认罪服法,遵守监规,积极参加学习、劳动的,即可视为"确有悔改表现"予以减刑,其减刑的幅度可以适当放宽,间隔的时间可以相应缩短。符合刑法第八十一条第一款规定的,可以假释。

未成年罪犯在服刑期间已经成年的,对其减刑、假释可以适用上述规定。(§18)

《最高人民法院关于〈中华人民共和国刑法修正案(八)〉时间效力问题的解释》(法释〔2011〕9号,自2011年5月1日起施行)

△(时间效力;减刑)2011年4月30日以前犯罪,被判处无期徒刑的罪犯,减刑以后实际执行前实际执行的刑期,适用修正前刑法第七十八条第二款、第八十一条第一款的规定。(§7)

《最高人民法院关于办理减刑、假释案件具体应用法律的规定》(法释〔2016〕23号,自2017年1月1日起施行)

△(减刑;宽严相济刑事政策)减刑、假释是激励罪犯改造的刑罚制度,减刑、假释的适用应当贯彻宽严相济刑事政策,最大限度地发挥刑罚的功能,实现刑罚的目的。(§1)

△(可以减刑;综合考虑)对于罪犯符合刑法第七十八条第一款规定"可以减刑"条件的案件,在办理时应当综合考察罪犯犯罪的性质和具体情节、社会危害程度、原判刑罚及生效裁判中财产性判项的履行情况、交付执行后的一贯表现等因素。(§2)

△(确有悔改表现;不积极退赃、协助追缴赃款赃物、赔偿损失;在刑罚执行期间的申诉权利)"确有悔改表现"是指同时具备以下条件:

(一)认罪悔罪;
(二)遵守法律法规及监规,接受教育改造;
(三)积极参加思想、文化、职业技术教育;
(四)积极参加劳动,努力完成劳动任务。

对职务犯罪、破坏金融管理秩序和金融诈骗犯罪、组织(领导、参加、包庇、纵容)黑社会性质组织犯罪等罪犯,不积极退赃、协助追缴赃款赃物、赔偿损失,或者服刑期间利用个人影响力和社会关系等不正当手段意图获得减刑、假释的,不认定其"确有悔改表现"。

罪犯在刑罚执行期间的申诉权利应当依法保护,对其正当申诉不能不加分析地认为是不认罪悔罪。(§3)

△(立功表现)具有下列情形之一的,可以认定为有"立功表现":

(一)阻止他人实施犯罪活动的;
(二)检举、揭发监狱内外犯罪活动,或者提供重要的破案线索,经查证属实的;
(三)协助司法机关抓捕其他犯罪嫌疑人的;
(四)在生产、科研中进行技术革新,成绩突出的;
(五)在抗御自然灾害或者排除重大事故中,表现积极的;
(六)对国家和社会有其他较大贡献的。

第(四)项、第(六)项中的技术革新或者其他较大贡献应当由罪犯在刑罚执行期间独立或者为主完成,并经省级主管部门确认。(§4)

△(重大立功表现)具有下列情形之一的,应当认定为有"重大立功表现":

(一)阻止他人实施重大犯罪活动的;
(二)检举监狱内外重大犯罪活动,经查证属实的;
(三)协助司法机关抓捕其他重大犯罪嫌疑人的;
(四)有发明创造或者重大技术革新的;
(五)在日常生产、生活中舍己救人的;
(六)在抗御自然灾害或者排除重大事故中,有突出表现的;
(七)对国家和社会有其他重大贡献的。

第(四)项中的发明创造或者重大技术革新应当是罪犯在刑罚执行期间独立或者为主完成并经国家主管部门确认的发明专利,且不包括实用新型专利和外观设计专利;第(七)项中的其他重大贡献应当由罪犯在刑罚执行期间独立或者为主完成,并经国家主管部门确认。(§5)

△(有期徒刑;减刑起始时间;减刑幅度;减刑间隔时间;重大立功)被判处有期徒刑的罪犯减刑起始时间为:不满五年有期徒刑的,应当执行一年以上方可减刑;五年以上不满十年有期徒刑的,应当执行一年六个月以上方可减刑;十年以上有期徒刑的,应当执行二年以上方可减刑。有期徒刑减刑的起始时间自判决执行之日起计算。

确有悔改表现或者有立功表现的,一次减刑

不超过九个月有期徒刑;确有悔改表现并有立功表现的,一次减刑不超过一年有期徒刑;有重大立功表现的,一次减刑不超过一年六个月有期徒刑;确有悔改表现并有重大立功表现的,一次减刑不超过二年有期徒刑。

被判处不满十年有期徒刑的罪犯,两次减刑间隔时间不得少于一年;被判处十年以上有期徒刑的罪犯,两次减刑间隔时间不得少于一年六个月。减刑间隔时间不得低于上次减刑减去的刑期。

罪犯有重大立功表现的,可以不受上述减刑起始时间和间隔时间的限制。(§6)

△(**职务犯罪等特定犯罪类型;累犯;十年以上有期徒刑;减刑起始时间;减刑幅度;减刑间隔时间;重大立功**)对符合减刑条件的职务犯罪罪犯,破坏金融管理秩序和金融诈骗犯罪罪犯,组织、领导、参加、包庇、纵容黑社会性质组织犯罪罪犯,危害国家安全犯罪罪犯,恐怖活动犯罪罪犯,毒品犯罪集团的首要分子及毒品再犯,累犯,确有履行能力而不履行或者不全部履行生效裁判中财产性判项的,被判处十年以上有期徒刑的,执行二年以上方可减刑,减刑幅度应当比照本规定第六条从严掌握,一次减刑不超过一年有期徒刑,两次减刑之间应当间隔一年以上。

对被判处十年以上有期徒刑的前款罪犯,以及因故意杀人、强奸、抢劫、绑架、放火、爆炸、投放危险物质或者有组织的暴力性犯罪被判处十年以上有期徒刑的罪犯,数罪并罚且其中两罪以上被判处十年以上有期徒刑的罪犯,执行二年以上方可减刑,减刑幅度应当比照本规定第六条从严掌握,一次减刑不超过一年有期徒刑,两次减刑之间应当间隔一年六个月以上。

罪犯有重大立功表现的,可以不受上述减刑起始时间和间隔时间的限制。(§7)

△(**无期徒刑;减刑起始时间;减刑幅度;减刑间隔时间;重大立功**)被判处无期徒刑的罪犯在刑罚执行期间,符合减刑条件的,执行二年以上,可以减刑。减刑幅度为:确有悔改表现或者有立功表现的,可以减为二十二年有期徒刑;确有悔改表现并有立功表现的,可以减为二十一年以上二十二年以下有期徒刑;有重大立功表现的,可以减为二十年以上二十一年以下有期徒刑;确有悔改表现并有重大立功表现的,可以减为十九年以上二十年以下有期徒刑。无期徒刑罪犯减为有期徒刑后再减刑时,减刑幅度依照本规定第六条的规定执行。两次减刑间隔时间不得少于二年。

罪犯有重大立功表现的,可以不受上述减刑起始时间和间隔时间的限制。(§8)

△(**职务犯罪等特定犯罪类型;无期徒刑;减刑起始时间;减刑幅度;减刑间隔时间;重大立功**)对被判处无期徒刑的职务犯罪罪犯,破坏金融管理秩序和金融诈骗犯罪罪犯,组织、领导、参加、包庇、纵容黑社会性质组织犯罪罪犯,危害国家安全犯罪罪犯,恐怖活动犯罪罪犯,毒品犯罪集团的首要分子及毒品再犯,累犯以及因故意杀人、强奸、抢劫、绑架、放火、爆炸、投放危险物质或者有组织的暴力性犯罪的罪犯,确有履行能力而不履行或者不全部履行生效裁判中财产性判项的罪犯,数罪并罚被判处无期徒刑的罪犯,符合减刑条件的,执行三年以上方可减刑,减刑幅度应当比照本规定第八条从严掌握,减刑后的刑期最低不得少于二十年有期徒刑;减为有期徒刑后再减刑时,减刑幅度比照本规定第六条从严掌握,一次不超过一年有期徒刑,两次减刑之间应当间隔二年以上。

罪犯有重大立功表现的,可以不受上述减刑起始时间和间隔时间的限制。(§9)

△(**死刑缓期执行;减刑起始时间;减刑幅度;减刑间隔时间**)被判处死刑缓期执行的罪犯减为无期徒刑后,符合减刑条件的,执行二年以上方可减刑。减刑幅度为:确有悔改表现或者有立功表现的,可以减为二十五年有期徒刑;确有悔改表现并有立功表现的,可以减为二十四年以上二十五年以下有期徒刑;有重大立功表现的,可以减为二十三年以上二十四年以下有期徒刑;确有悔改表现并有重大立功表现的,可以减为二十二年以上二十三年以下有期徒刑。

被判处死刑缓期执行的罪犯减为有期徒刑后再减刑时,比照本规定第八条的规定办理。(§10)

△(**职务犯罪等特定犯罪类型;死刑缓期执行;减刑幅度;减刑间隔时间;重大立功**)对被判处死刑缓期执行的职务犯罪罪犯,破坏金融管理秩序和金融诈骗犯罪罪犯,组织、领导、参加、包庇、纵容黑社会性质组织犯罪罪犯,危害国家安全犯罪罪犯,恐怖活动犯罪罪犯,毒品犯罪集团的首要分子及毒品再犯,累犯以及因故意杀人、强奸、抢劫、绑架、放火、爆炸、投放危险物质或者有组织的暴力性犯罪的罪犯,确有履行能力而不履行或者不全部履行生效裁判中财产性判项的罪犯,数罪并罚被判处死刑缓期执行的罪犯,减为无期徒刑后,符合减刑条件的,执行三年以上方可减刑,一般减为二十五年有期徒刑,有立功表现或者重大立功表现的,可以比照本规定第十条减为二十三年以上二十五年以下有期徒刑;减为有期徒刑后再减刑时,减刑幅度比照本规定第六条从严掌握,一次不超过一年有期徒刑,两次减刑之间应当间隔二年以上。(§11)

△(死刑缓期执行;实际执行的刑期;抗拒改造)被判处死刑缓期执行的罪犯经过一次或者几次减刑后,其实际执行的刑期不得少于十五年,死刑缓期执行期间不包括在内。

死刑缓期执行罪犯在缓期执行期间不服从监管、抗拒改造,尚未构成犯罪的,在减为无期徒刑后再减刑时应当适当从严。(§12)

△(被限制减刑的死刑缓期执行罪犯;减为无期徒刑后再减刑)被限制减刑的死刑缓期执行罪犯,减为无期徒刑后,符合减刑条件的,执行五年以上方可减刑。减刑间隔时间和减刑幅度依照本规定第十一条的规定执行。(§13)

△(被限制减刑的死刑缓期执行罪犯;减为有期徒刑后再减刑;重大立功)被限制减刑的死刑缓期执行罪犯,减为有期徒刑后再减刑时,一次减刑不超过六个月有期徒刑,两次减刑间隔时间不得少于二年。有重大立功表现的,间隔时间可以适当缩短,但一次减刑不超过一年有期徒刑。(§14)

△(被判处终身监禁的罪犯)对被判处终身监禁的罪犯,在死刑缓期执行期满依法减为无期徒刑的裁定中,应当明确终身监禁,不得再减刑或者假释。(§15)

△(管制、拘役以及判决生效后剩余刑期不满二年有期徒刑;减刑;实际执行的刑期)被判处管制、拘役的罪犯,以及判决生效后剩余刑期不满二年有期徒刑的罪犯,符合减刑条件的,可以酌情减刑,减刑起始时间可以不受限制,但实际执行的刑期不得少于原判刑期的二分之一。(§16)

△(有期徒刑;死刑缓期执行、无期徒刑;减刑;附加剥夺政治权利的期限)被判处有期徒刑罪犯减刑时,对附加剥夺政治权利的期限可以酌减。酌减后剥夺政治权利的期限,不得少于一年。被判处死刑缓期执行、无期徒刑的罪犯减为有期徒刑时,应当将附加剥夺政治权利的期限减为七年以上十年以下,经过一次或者几次减刑后,最终剥夺政治权利的期限不得少于三年。(§17)

△(拘役或者三年以下有期徒刑;宣告缓刑;不适用减刑;重大立功;缓刑考验期)被判处拘役或者三年以下有期徒刑,并宣告缓刑的罪犯,一般不适用减刑。

前款规定的罪犯在缓刑考验期内有重大立功表现的,可以参照刑法第七十八条的规定予以减刑,同时应当依法缩减其缓刑考验期限。缩减后,拘役的缓刑考验期限不得少于二个月,有期徒刑的缓刑考验期限不得少于一年。(§18)

△(未成年罪犯;确有悔改表现;减刑幅度;减刑起始时间;间隔时间)对在报请减刑前的服刑期间不满十八周岁,且所犯罪行不属于刑法第八十一条第二款规定情形的罪犯,认罪悔罪,遵守法律法规及监规,积极参加学习、劳动,应当视为确有悔改表现。

对上述罪犯减刑时,减刑幅度可以适当放宽,或者减刑起始时间、间隔时间可以适当缩短,但放宽的幅度和缩短的时间不得超过本规定中相应幅度、时间的三分之一。(§19)

△(老年罪犯;患严重疾病罪犯;身体残疾罪犯;减刑;认罪悔罪的实际表现;减刑幅度;减刑起始时间;间隔时间)老年罪犯、患严重疾病罪犯或者身体残疾罪犯减刑时,应当主要考察其认罪悔罪的实际表现。

对基本丧失劳动能力,生活难以自理的上述罪犯减刑时,减刑幅度可以适当放宽,或者减刑起始时间、间隔时间可以适当缩短,但放宽的幅度和缩短的时间不得超过本规定中相应幅度、时间的三分之一。(§20)

△(刑罚执行期间又犯新罪;不予减刑时间)被判处有期徒刑、无期徒刑的罪犯在刑罚执行期间又故意犯罪,新罪被判处有期徒刑的,自新罪判决确定之日起三年内不予减刑;新罪被判处无期徒刑的,自新罪判决确定之日起四年内不予减刑。

罪犯在死刑缓期执行期间又故意犯罪,未被执行死刑的,死刑缓期执行的期间重新计算,减为无期徒刑后,五年内不予减刑。

被判处死刑缓期执行罪犯减刑后,在刑罚执行期间又故意犯罪的,依照第一款规定处理。(§21)

△(刑罚执行期间故意犯新罪;数罪并罚)罪犯被裁定减刑后,刑罚执行期间因故意犯罪而数罪并罚时,经减刑裁定减去的刑期不计入已经执行的刑期。原判死刑缓期执行减为无期徒刑、有期徒刑,或者无期徒刑减为有期徒刑的裁定继续有效。(§33)

△(刑罚执行期间发现漏罪;数罪并罚)罪犯被裁定减刑后,刑罚执行期间因发现漏罪而数罪并罚的,原减刑裁定自动失效。如漏罪系罪犯主动交代的,对其原减去的刑期,由执行机关报请有管辖权的人民法院重新作出减刑裁定,予以确认;如漏罪系有关机关发现或者他人检举揭发的,由执行机关报请有管辖权的人民法院,在原减刑裁定减去的刑期总和之内,酌情重新裁定。(§34)

△(死刑缓期执行;死刑缓期执行期内发现漏罪;数罪并罚)被判处死刑缓期执行的罪犯,在死刑缓期执行期内发现漏罪,依据刑法第七十条规定数罪并罚,决定执行死刑缓期执行的,死刑缓期执行期间自新判决确定之日起计算,已经执行的死刑缓期执行期间计入新判决的死刑缓期执行期内,但漏罪被判处死刑缓期执行的除外。(§

35)

△(死刑缓期执行;死刑缓期执行期满后发现漏罪;数罪并罚;无期徒刑减为有期徒刑;减刑裁定决定执行的刑期)被判处死刑缓期执行的罪犯,在死刑缓期执行期满后被发现漏罪,依据刑法第七十条规定数罪并罚,决定执行死刑缓期执行的,交付执行时对罪犯实际执行无期徒刑,死缓考验期不再执行,但漏罪被判处死刑缓期执行的除外。

在无期徒刑减为有期徒刑时,前罪死刑缓期执行减为无期徒刑之日起至新判决生效之日止已经实际执行的刑期,应当计算在减刑裁定决定执行的刑期以内。

原减刑裁定减去的刑期依照本规定第三十四条处理。(§36)

△(无期徒刑减为有期徒刑后发现漏罪;数罪并罚;减刑裁定决定执行的刑期)被判处无期徒刑的罪犯在减为有期徒刑后因发现漏罪,依据刑法第七十条规定数罪并罚,决定执行无期徒刑的,前罪无期徒刑生效之日起至新判决生效之日止已经实际执行的刑期,应当在新判决的无期徒刑减为有期徒刑时,在减刑裁定决定执行的刑期内扣减。

无期徒刑罪犯减为有期徒刑后因发现漏罪并处三年有期徒刑以下刑罚,数罪并罚决定执行无期徒刑的,在新判决生效后执行一年以上,符合减刑条件的,可以减为有期徒刑,减刑幅度依照本规定第八条、第九条的规定执行。

原减刑裁定减去的刑期依照本规定第三十四条处理。(§37)

△(财产性判项执行、履行情况;减刑;协助执行)人民法院作出的刑事判决、裁定发生法律效力后,在依照刑事诉讼法第二百五十三条①、第二百五十四条②的规定将罪犯交付执行刑罚时,如果生效裁判中有财产性判项,人民法院应当将反映财产性判项执行、履行情况的有关材料一并随案移送刑罚执行机关。罪犯在服刑期间本人履行或者其亲属代为履行生效裁判中财产性判项的,应当及时向刑罚执行机关报告。刑罚执行机关报请减刑时应随案移送以上材料。

人民法院办理减刑、假释案件时,可以向原一审人民法院核实罪犯履行财产性判项的情况。原一审人民法院应当出具相关证明。

刑罚执行期间,负责办理减刑、假释案件的人民法院可以协助原一审人民法院执行生效裁判中

---

① 2018年修正后的《中华人民共和国刑事诉讼法》第二百六十四条。
② 2018年修正后的《中华人民共和国刑事诉讼法》第二百六十五条。

的财产性判项。(§38)

△(老年罪犯;患严重疾病罪犯;身体残疾罪犯;重新诊断、鉴定)本规定所称"老年罪犯",是指报请减刑、假释时年满六十五周岁的罪犯。

本规定所称"患严重疾病罪犯",是指因患有重病,久治不愈,而不能正常生活、学习、劳动的罪犯。

本规定所称"身体残疾罪犯",是指因身体有肢体或者器官残缺、功能不全或者丧失功能,而基本丧失生活、学习、劳动能力的罪犯,但是罪犯犯罪后自伤致残的除外。

对刑罚执行机关提供的证明罪犯患有严重疾病或者有身体残疾的证明文件,人民法院应当审查,必要时可以委托有关单位重新诊断、鉴定。(§39)

△(判决执行之日;减刑间隔时间)本规定所称"判决执行之日",是指罪犯实际送交刑罚执行机关之日。

本规定所称"减刑间隔时间",是指前一次减刑裁定送达之日起至本次减刑报请之日止的期间。(§40)

△(财产性判项)本规定所称"财产性判项"是指判决罪犯承担的附带民事赔偿义务判项,以及追缴、责令退赔、罚金、没收财产等判项。(§41)

《最高人民法院关于办理减刑、假释案件具体应用法律的补充规定》(法释〔2019〕6号,自2019年6月1日起施行)

△(拒不认罪;不履行或者不全部履行生效裁判中财产性判项;不予减刑)对拒不认罪悔罪的,或者确有履行能力而不履行或者不全部履行生效裁判中财产性判项的,不予假释,一般不予减刑。(§1)

△(被判处十年以上有期徒刑;被判处不满十年有期徒刑;减刑的起始时间和间隔时间)被判处十年以上有期徒刑,符合减刑条件的,执行三年以上方可减刑;被判处不满十年有期徒刑,符合减刑条件的,执行二年以上方可减刑。

确有悔改表现或者有立功表现的,一次减刑不超过六个月有期徒刑;确有悔改表现并有立功表现的,一次减刑不超过九个月有期徒刑;有重大立功表现的,一次减刑不超过一年有期徒刑。

被判处十年以上有期徒刑的,两次减刑之间应当间隔二年以上;被判处不满十年有期徒刑的,两次减刑之间应当间隔一年六个月以上。(§2)

△(被判处无期徒刑;减刑的起始时间和间隔时间)被判处无期徒刑,符合减刑条件的,执行四

年以上方可减刑。

确有悔改表现或者有立功表现的,可以减为二十三年有期徒刑;确有悔改表现并有立功表现的,可以减为二十二年以上二十三年以下有期徒刑;有重大立功表现的,可以减为二十一年以上二十二年以下有期徒刑。

无期徒刑减为有期徒刑后再减刑时,减刑幅度比照本规定第二条的规定执行。两次减刑之间应当间隔二年以上。(§3)

△(被判处死刑缓期执行;减刑的起始时间和间隔时间)被判处死刑缓期执行的,减为无期徒刑后,符合减刑条件的,执行四年以上方可减刑。

确有悔改表现或者有立功表现的,可以减为二十五年有期徒刑;确有悔改表现并有立功表现的,可以减为二十四年六个月以上二十五年以下有期徒刑;有重大立功表现的,可以减为二十四年以上二十四年六个月以下有期徒刑。

减为有期徒刑后再减刑时,减刑幅度比照本规定第二条的规定执行。两次减刑之间应当间隔二年以上。(§4)

△(重大立功表现)罪犯有重大立功表现的,减刑可以不受上述起始时间和间隔时间的限制。(§5)

△(贪污贿赂罪犯;假释)对本规定所指贪污贿赂罪犯适用假释时,应当从严掌握。(§6)

△(适用效力)本规定自2019年6月1日起施行。此前发布的司法解释与本规定不一致的,以本规定为准。(§7)

《最高人民法院关于办理减刑、假释案件审查财产性判项执行问题的规定》(法释〔2024〕5号,自2024年5月1日起施行)

△(财产性判项;确有悔改表现)人民法院办理减刑、假释案件必须审查原生效刑事或者刑事附带民事裁判中财产性判项的执行情况,以此作为判断罪犯是否确有悔改表现的因素之一。

财产性判项是指生效刑事或者刑事附带民事裁判中确定罪犯承担的被依法追缴、责令退赔、罚金、没收财产判项,以及民事赔偿义务等判项。(§1)

△(审查财产性判项执行情况的依据;部分人履行全部赔偿义务;罪犯亲属代为履行财产性判项)人民法院审查财产性判项的执行情况,应将执行法院出具的结案通知书、缴付款票据、执行情况说明等作为审查判断的依据。

人民法院判决多名罪犯对附带民事赔偿承担连带责任的,只要其中部分人履行全部赔偿义务,即可认定附带民事赔偿判项已经执行完毕。

罪犯亲属代为履行财产性判项的,视为罪犯本人履行。(§2)

△(财产性判项未执行完毕;罪犯的履行能力)财产性判项未执行完毕的,人民法院应当着重审查罪犯的履行能力。

罪犯的履行能力应根据财产性判项的实际执行情况,并结合罪犯的财产申报、实际拥有财产情况,以及监狱或者看守所内消费、账户余额等予以判断。(§3)

△(罪犯确有/无财产性判项履行能力;因重大立功减刑)罪犯有财产性判项履行能力的,应在履行后方可减刑、假释。

罪犯确有履行能力而不履行的,不予认定其确有悔改表现,除法律规定情形外,一般不予减刑、假释。

罪犯确无履行能力的,不影响对其确有悔改表现的认定。

罪犯因重大立功减刑的,依照相关法律规定处理,一般不受财产性判项履行情况的影响。(§4)

△(财产性判项未执行完毕的减刑、假释案件;审查材料)财产性判项未执行完毕的减刑、假释案件,人民法院在受理时应当重点审查下列材料:

(一)执行裁定、缴付款票据、有无拒不履行或者妨害执行行为等有关财产性判项执行情况的材料;

(二)罪犯对其个人财产的申报材料;

(三)有关组织、单位对罪犯实际拥有财产情况的说明;

(四)不履行财产性判项可能承担不利后果的告知材料;

(五)反映罪犯在监狱、看守所内消费及账户余额情况的材料;

(六)其他反映罪犯财产性判项执行情况的材料。

上述材料不齐备的,应当通知报请减刑、假释的刑罚执行机关在七日内补送,逾期未补送的,不予立案。(§5)

△(罪犯确有履行能力而不履行)财产性判项未执行完毕,具有下列情形之一的,应当认定罪犯确有履行能力而不履行:

(一)拒不交代赃款、赃物去向的;

(二)隐瞒、藏匿、转移财产的;

(三)妨害财产性判项执行的;

(四)拒不申报或者虚假申报财产情况的。

罪犯采取借名、虚报用途等手段在监狱、看守所内消费的，或者无特殊原因明显超出刑罚执行机关规定额度标准消费的，视为其确有履行能力而不履行。

上述情形消失或者罪犯财产性判项执行完毕六个月后方可依法减刑、假释。（§6）

△（**确无履行能力**）罪犯经执行法院查控未发现有可供执行财产，且不具有本规定第六条所列情形的，应认定其确无履行能力。（§7）

△（**罚金；不影响对其确有悔改表现的认定**）罪犯被判处的罚金被执行法院裁定免除的，其他财产性判项未履行完毕不影响对其确有悔改表现的认定，但罪犯确有履行能力的除外。

判决确定分期缴纳罚金，罪犯没有出现期满未缴纳情形的，不影响对其确有悔改表现的认定。（§8）

△（**没收财产；没收财产判项执行情况一般不影响对罪犯确有悔改表现的认定**）判处没收财产的，判决生效后，应当立即执行，所执行财产为判决生效时罪犯个人合法所有的财产。除具有本规定第六条第一款所列情形外，没收财产判项执行情况一般不影响对罪犯确有悔改表现的认定。（§9）

△（**承担民事赔偿义务；不影响对其确有悔改表现的认定**）承担民事赔偿义务的罪犯，具有下列情形之一的，不影响对其确有悔改表现的认定：

（一）全额履行民事赔偿义务，附带民事诉讼原告人下落不明或者拒绝接受，对履行款项予以提存的；

（二）分期履行民事赔偿义务，没有出现期满未履行情形的；

附带民事诉讼原告人对罪犯表示谅解，并书面放弃民事赔偿的。（§10）

△（**受害人单独提起民事赔偿诉讼；综合判断罪犯是否确有悔改表现；承担民事赔偿义务，同时被判处罚金或者没收财产**）因犯罪行为造成损害，受害人单独提起民事赔偿诉讼的，人民法院办理减刑、假释案件时应对相关生效民事判决确定的赔偿义务判项执行情况进行审查，并结合本规定综合判断罪犯是否确有悔改表现。

承担民事赔偿义务的罪犯，同时被判处罚金或者没收财产的，应当先承担民事赔偿义务。对财产不足以承担全部民事赔偿义务及罚金、没收财产的罪犯，如能积极履行民事赔偿义务的，在认定其是否确有悔改表现时应予以考虑。（§11）

△（**职务犯罪等罪犯；不认定其确有悔改表现**）对职务犯罪、破坏金融管理秩序和金融诈骗犯罪、组织（领导、参加、包庇、纵容）黑社会性质组织犯罪等罪犯，不积极退赃、协助追缴赃款赃物、赔偿损失的，不认定其确有悔改表现。（§12）

△（**材料移送；执行；通报**）人民法院将罪犯交付执行刑罚时，对生效裁判中有财产性判项的，应当将财产性判项实际执行情况的材料一并移送刑罚执行机关。

执行财产性判项的人民法院收到刑罚执行机关核实罪犯财产性判项执行情况的公函后，应当在七日内出具相关证明，已经执行结案的，应当附有关法律文书。

执行财产性判项的人民法院在执行过程中，发现财产性判项未执行完毕的罪犯具有本规定第六条第一款第（一）（二）（三）项所列情形的，应当及时将相关情况通报刑罚执行机关。（§13）

△（**办理减刑、假释案件中发现罪犯确有履行能力而不履行；裁定减刑、假释后，发现其确有履行能力**）人民法院办理减刑、假释案件中发现罪犯确有履行能力而不履行的，裁定不予减刑、假释，或者依法由刑罚执行机关撤回减刑、假释建议。

罪犯被裁定减刑、假释后，发现其确有履行能力的，人民法院应当继续执行财产性判项；发现其虚假申报、故意隐瞒财产，情节严重的，人民法院应当撤销该减刑、假释裁定。（§14）

【司法解释性文件】

《最高人民法院关于贯彻宽严相济刑事政策的若干意见》（法发〔2010〕9号，2010年2月8日公布）

△（**宽严相济刑事政策；减刑**）对于危害国家安全犯罪、故意危害公共安全犯罪、严重暴力犯罪、涉众型经济犯罪等严重罪犯；恐怖组织犯罪、邪教组织犯罪、黑恶势力犯罪等有组织犯罪的领导者、组织者和骨干分子；毒品犯罪再犯的严重犯罪者；确有执行能力而拒不依法积极主动缴付财产执行财产刑或确有履行能力而不积极主动履行附带民事赔偿责任的，在依法减刑、假释时，应当从严掌握。对累犯减刑时，也应从严掌握。不交代真实身份或对减刑、假释材料弄虚作假，不符合减刑、假释条件的，不得减刑、假释。

对于因故意杀人、爆炸、抢劫、强奸、绑架等暴力犯罪，致人死亡或严重残疾而被判处死刑缓期二年执行或无期徒刑的罪犯，要严格控制减刑的频度和每次减刑的幅度，要保证其相对较长的实际服刑期限，维护公平正义，确保改造效果。

对于未成年犯、老年犯、残疾罪犯、过失犯、中止犯、胁从犯、积极主动缴付财产执行财产刑或履行民事赔偿责任的罪犯、因防卫过当或避险过当而判处徒刑的罪犯以及其他主观恶性不深、人身危险性不大的罪犯,在依法减刑、假释时,应当根据悔改表现予以从宽掌握。对认罪服法,遵守监规,积极参加学习、劳动,确有悔改表现的,依法予以减刑,减刑的幅度可以适当放宽,间隔的时间可以相应缩短。符合刑法第八十一条第一款规定的假释条件的,应当依法多适用假释。(§34)

《最高人民法院研究室关于罪犯在刑罚执行期间的发明创造能否按照重大立功表现作为对其漏罪审判时的量刑情节问题的答复》(法研〔2011〕79号,2011年6月14日公布)

△(**服刑期间;发明创造;立功或者重大立功;减刑**)罪犯在服刑期间的发明创造构成立功或者重大立功的,可以作为依法减刑的条件予以考虑,但不能作为追诉漏罪的法定量刑情节考虑。

《最高人民法院印发〈关于进一步加强危害生产安全刑事案件审判工作的意见〉的通知》(法发〔2011〕20号,2011年12月30日公布)

△(**减刑;生产安全犯罪**)办理与危害生产安全犯罪相关的减刑、假释案件,要严格执行刑法、刑事诉讼法和有关司法解释规定。是否决定减刑、假释,既要看罪犯服刑期间的悔改表现,还要充分考虑原判认定的犯罪事实、性质、情节、社会危害程度等情况。(§20)

《最高人民检察院、中国残疾人联合会关于在检察工作中切实维护残疾人合法权益的意见》(高检会〔2015〕11号,2015年11月30日公布)

△(**残疾罪犯;减刑;反复犯罪**)对残疾罪犯开展减刑、假释、暂予监外执行检察工作,可以依法适当从宽掌握,但是,反复故意实施犯罪的残疾罪犯除外。(§14Ⅱ)

《最高人民法院、最高人民检察院、公安部、司法部关于印发〈中华人民共和国社区矫正法实施办法〉的通知》(司发通〔2020〕59号,2020年6月18日公布)

△(**表扬;减刑建议**)社区矫正对象认罪悔罪、遵守法律法规、服从监督管理、接受教育表现突出的,应当给予表扬。

社区矫正对象接受社区矫正六个月以上并且同时符合下列条件的,执行地县级社区矫正机构可以给予表扬:
(一)服从人民法院判决,认罪悔罪;
(二)遵守法律法规;
(三)遵守关于报告、会客、外出、迁居等规定,服从社区矫正机构的管理;
(四)积极参加教育学习等活动,接受教育矫正的。

社区矫正对象接受社区矫正期间,有见义勇为、抢险救灾等突出表现,或者帮助他人、服务社会等突出事迹的,执行地县级社区矫正机构可以给予表扬。对于符合法定减刑条件的,由执行地县级社区矫正机构依照本办法第四十二条的规定,提出减刑建议。(§33)

△(**减刑**)社区矫正对象符合法定减刑条件的,由执行地县级社区矫正机构提出减刑建议书并附相关证据材料,报经地(市)社区矫正机构审核同意后,由地(市)社区矫正机构提请执行地的中级人民法院裁定。

依法应由高级人民法院裁定的减刑案件,由执行地县级社区矫正机构提出减刑建议书并附相关证据材料,逐级上报省级社区矫正机构审核同意后,由省级社区矫正机构提请执行地的高级人民法院裁定。

人民法院应当自收到减刑建议书和相关证据材料之日起三十日内依法裁定。

社区矫正机构减刑建议书和人民法院减刑裁定书副本,应当同时抄送社区矫正执行地同级人民检察院、公安机关及罪犯原服刑或者接收其档案的监狱。(§42)

《最高人民法院、最高人民检察院、公安部、司法部关于加强减刑、假释案件实质化审理的意见》(法发〔2021〕31号,2021年12月1日发布)

△(**不认定罪犯确有悔改表现;罪犯服刑期间改造表现的考核材料;计分考核材料;自书材料;罪犯违反监规纪律行为**)严格审查罪犯服刑期间改造表现的考核材料。对于罪犯的计分考核材料,应当认真审查考核分数的来源及其合理性等,如果存在考核分数与考核期不对应、加扣分与奖惩不对应、奖惩缺少相应事实和依据等情况,应当要求刑罚执行机关在规定期限内作出说明或者补充。对于在规定期限内不能作出合理解释的考核材料,不作为认定罪犯确有悔改表现的依据。

对于罪犯的认罪悔罪书、自我鉴定等自书材料,要结合罪犯的文化程度认真进行审查,对于无特殊原因非本人书写或者自书材料内容虚假的,不认定罪犯确有悔改表现。

对于罪犯存在违反监规纪律行为的,应当根据行为性质、情节等具体情况,综合分析判断罪犯的改造表现。罪犯服刑期间因违反监规纪律被处以警告、记过或者禁闭处罚的,可以根据案件具体情况,认定罪犯是否确有悔改表现。(§5)

△(**罪犯立功、重大立功的证据材料;检举、揭发监狱内外犯罪活动;技术革新、发明创造;阻止**

他人实施犯罪活动;较大贡献;重大贡献)严格审查罪犯立功、重大立功的证据材料,准确把握认定条件。对于检举、揭发监狱内外犯罪活动,或者提供重要破案线索的,应当注重审查线索的来源。对于揭发线索来源存疑的,应当进一步核查,如果查明线索系通过贿赂、暴力、威胁或者违反监规等非法手段获取的,不认定罪犯具有立功或者重大立功表现。

对于技术革新、发明创造,应当注重审查罪犯是否具备该技术革新、发明创造的专业能力和条件,对于罪犯明显不具备相应专业能力及条件、不能说明技术革新或者发明创造原理及过程的,不认定罪犯具有立功或者重大立功表现。

对于阻止他人实施犯罪活动、协助司法机关抓捕其他犯罪嫌疑人,在日常生产、生活中舍己救人,在抗御自然灾害或者排除重大事故中有积极或者突出表现的,除应当审查有关部门出具的证明材料外,还应当注重审查能够证明上述行为的其他证据材料,对于罪犯明显不具备实施上述行为能力和条件的,不认定罪犯具有立功或者重大立功表现。

严格把握"较大贡献"或者"重大贡献"的认定条件。该"较大贡献"或者"重大贡献",是指对国家、社会具有积极影响,而非仅对个别人员、单位有贡献和帮助。对于罪犯在警示教育活动中现身说法的,不认定罪犯具有立功或者重大立功表现。(§6)

△(罪犯履行财产性判项的能力;不认定罪犯确有悔改表现)严格审查罪犯履行财产性判项的能力。罪犯未履行或者未全部履行财产性判项,具有下列情形之一的,不认定罪犯确有悔改表现:

(1)拒不交代赃款、赃物去向;
(2)隐瞒、藏匿、转移财产;
(3)有可供履行的财产拒不履行。

对于前款罪犯,无特殊原因狱内消费明显超出规定额度标准的,一般不认定罪犯确有悔改表现。(§7)

△(罪犯身份信息、患有严重疾病或者身体有残疾的证据材料)严格审查罪犯身份信息、患有严重疾病或者身体有残疾的证据材料。对于上述证据材料有疑问的,可以委托有关单位重新调查、诊断、鉴定。对原判适用《中华人民共和国刑事诉讼法》第一百六十条第二款规定判处刑罚的罪犯,在刑罚执行期间不真心悔罪,仍不讲真实姓名、住址,且无法调查核实清楚的,除具有重大立功表现等特殊情形外,一律不予减刑、假释。(§9)

△(罪犯减刑后的实际服刑刑期)严格把握罪犯减刑后的实际服刑刑期。正确理解法律和司法解释规定的最低刑期限度,严格控制减刑起始时间、间隔时间及减刑幅度,并根据罪犯前期减刑情况和效果,对其后续减刑予以总体掌握。死刑缓期执行、无期徒刑罪犯减为有期徒刑后再减刑时,在减刑间隔时间及减刑幅度上,应当从严把握。(§10)

【指导性案例】

最高人民检察院指导性案例第70号:宣告缓刑罪犯蔡某等12人减刑监督案(2020年2月28日发布)

△(缓刑罪犯减刑)对于判处拘役或者三年以下有期徒刑并宣告缓刑的罪犯,在缓刑考验期内确有悔改表现或者有一般立功表现,一般不适用减刑。在缓刑考验期内有重大立功表现的,可以参照《刑法》第七十八条的规定予以减刑。人民法院对宣告缓刑罪犯裁定减刑适用法律错误的,人民检察院应当依法提出纠正意见。人民法院裁定维持原减刑裁定的,人民检察院应当继续予以监督。

第七十九条 【减刑程序】
对于犯罪分子的减刑,由执行机关向中级以上人民法院提出减刑建议书。 人民法院应当组成合议庭进行审理,对确有悔改或者立功事实的,裁定予以减刑。 非经法定程序不得减刑。

【条文说明】

本条是关于减刑程序的规定。

为使司法机关在办理减刑案件时有章可循、有法可依,减刑程序更加规范,刑法专门就减刑应当遵循的程序作出了规定。规定减刑建议必须由执行机关向中级以上人民法院提出,人民法院必须组成合议庭进行审理,主要是考虑到实践中存在执行机关和人民法院对提请和裁定减刑案件把关不严,也有的由于受到社会不正之风的影响,对不符合减刑条件的人予以减刑,在社会上造成不良影响的情况,除从法律上和实践中加强管理外,有必要从程序上加以规范。

根据本条规定,对于符合减刑条件的犯罪分子,应当由执行机关向其所在地的中级以上人民法院提交减刑建议书。**减刑建议书**是执行机关制作的,建议人民法院予以减刑的正式书面文件,也是人民法院启动减刑程序的依据,没有执行机关的减刑建议书,人民法院不能受理减刑案件,也不能制作减刑裁定书。这里的"执行机关"是指依法执行相关刑罚的机关,如公安机关和监狱。

人民法院收到执行机关的减刑建议书后,应当组成合议庭对减刑案件进行审理。审理的内容主要是执行机关申报的程序是否合法、手续是否完备和根据执行机关申报的材料,审查罪犯是否有悔改表现或者立功表现的事实等。《最高人民法院关于减刑、假释案件审理程序的规定》第六条规定:"……下列减刑、假释案件,应当**开庭审理**:(一)因罪犯有重大立功表现报请减刑的;(二)报请减刑的起始时间、间隔时间或者减刑幅度不符合司法解释一般规定的;(三)公示期间收到不同意见的;(四)人民检察院有异议的;(五)被报请减刑、假释罪犯系职务犯罪罪犯,组织(领导、参加、包庇、纵容)黑社会性质组织犯罪罪犯,破坏金融管理秩序和金融诈骗犯罪罪犯及其他在社会上有重大影响或社会关注度高的;(六)人民法院认为其他应当开庭审理的。"经过审理,合议庭认为犯罪分子确有悔改或立功事实,符合减刑法定条件的,应当裁定减刑;认为没有悔改或者立功事实的或者不符合法定减刑条件的,不予减刑。

对于**可以减刑的,应当制作裁定书**,裁定书应当送达提出减刑建议书的执行机关。不经过上述法定的减刑程序,不得减刑。

实践中需要注意以下两点:一是**减刑不同于改判**。改判是指原判决有错误,撤销原判决而重新作出判决;改判的结果多种多样。减刑并不改变原判决,而是在肯定原判决的基础上,基于法定原因将原judged执行的刑罚予以减轻。二是关于**减刑后的刑期计算方法**,因原判刑罚的种类不同而有所区别:对于原判刑罚为管制、拘役、有期徒刑的,所减刑后的刑期应从原判决执行之日起计算;原判刑期已经执行的部分时间,应计算到减刑后的刑期以内。对于无期徒刑减为有期徒刑的,有期徒刑的刑期应从裁定减刑之日起计算;已经执行的时间以及判决宣告以前先行羁押的日期,不计算在裁定减刑后的有期徒刑的刑期以内。对于无期徒刑减为有期徒刑以后再次减刑的,其刑期的计算,则应按照有期徒刑减刑的方法计算。对于曾被依法适用减刑,后因原判决有误,经再审后改判的,原

来的减刑所减刑期,应从改判后的刑期中扣除。

【司法解释】

《最高人民法院关于适用〈中华人民共和国刑事诉讼法〉的解释》(法释〔2021〕1号,自2021年3月1日起施行)

△(**死刑缓期执行;减刑;另行审判**)被判处死刑缓期执行的罪犯,在死刑缓期执行期间,没有故意犯罪的,死刑缓期执行期满后,应当裁定减刑;死刑缓期执行期满后,尚未裁定减刑前又犯罪的,应当在依法减刑后,对其所犯新罪另行审判。(§533)

△(**减刑;死刑缓期执行;无期徒刑;拘役;管制;减刑建议书**)对减刑、假释案件,应当按照下列情形分别处理:

(一)对被判处死刑缓期执行的罪犯的减刑,由罪犯服刑地的高级人民法院在收到同级监狱管理机关审核同意的减刑建议书后一个月以内作出裁定;

(二)对被判处无期徒刑的罪犯的减刑、假释,由罪犯服刑地的高级人民法院在收到同级监狱管理机关审核同意的减刑、假释建议书后一个月以内作出裁定,案情复杂或者情况特殊的,可以延长一个月;

(三)对被判处有期徒刑和被减为有期徒刑的罪犯的减刑、假释,由罪犯服刑地的中级人民法院在收到执行机关提出的减刑、假释建议书后一个月以内作出裁定,案情复杂或者情况特殊的,可以延长一个月;

(四)对被判处管制、拘役的罪犯的减刑,由罪犯服刑地的中级人民法院在收到同级执行机关审核同意的减刑建议书后一个月以内作出裁定。

对社区矫正对象的减刑,由社区矫正执行地的中级以上人民法院在收到社区矫正机构减刑建议书后三十日以内作出裁定。(§534)

△(**减刑;移送材料;补送**)受理减刑、假释案件,应当审查执行机关移送的材料是否包括下列内容:

(一)减刑、假释建议书;

(二)原审法院的裁判文书、执行通知书、历次减刑裁定书的复制件;

(三)证明罪犯确有悔改、立功或者重大立功表现具体事实的书面材料;

(四)罪犯评审鉴定表、奖惩审批表等;

(五)罪犯假释后对所居住社区影响的调查评估报告;

(六)刑事裁判涉财产部分、附带民事裁判的执行、履行情况;

（七）根据案件情况需要移送的其他材料。

人民检察院对报请减刑、假释案件提出意见的，执行机关应当一并移送受理减刑、假释案件的人民法院。

经审查，材料不全的，应当通知提请减刑、假释的执行机关在三日以内补送；逾期未补送的，不予立案。（§535）

△**【有悔改表现】**审理减刑、假释案件，对罪犯积极履行刑事裁判涉财产部分、附带民事裁判确定的义务的，可以认定有悔改表现，在减刑、假释时从宽掌握；对确有履行能力而不履行或者未全部履行的，在减刑、假释时从严掌握。（§536）

△**【减刑；公示】**审理减刑、假释案件，应当在立案后五日以内对下列事项予以公示：

（一）罪犯的姓名、年龄等个人基本情况；

（二）原判认定的罪名和刑期；

（三）罪犯历次减刑情况；

（四）执行机关的减刑、假释建议和依据。

公示应当写明公示期限和提出意见的方式。（§537）

△**【减刑；书面审理；开庭审理】**审理减刑、假释案件，应当组成合议庭，可以采用书面审理的方式，但下列案件应当开庭审理：

（一）因罪犯有重大立功表现提请减刑的；

（二）提请减刑的起始时间、间隔时间或者减刑幅度不符合一般规定的；

（三）被提请减刑、假释罪犯系职务犯罪罪犯，组织、领导、参加、包庇、纵容黑社会性质组织罪犯，破坏金融管理秩序罪犯或者金融诈骗罪犯的；

（四）社会影响重大或者社会关注度高的；

（五）公示期间收到不同意见的；

（六）人民检察院提出异议的；

（七）有必要开庭审理的其他案件。（§538）

△**【减刑裁定】**人民法院作出减刑、假释裁定后，应当在七日以内送达提请减刑、假释的执行机关、同级人民检察院以及罪犯本人。人民检察院认为减刑、假释裁定不当，在法定期限内提出书面纠正意见的，人民法院在收到意见后另行组成合议庭审理，并在一个月以内作出裁定。

对假释的罪犯，适用本解释第五百一十九条的有关规定，依法实行社区矫正。（§539）

△**【提请撤回减刑建议】**减刑、假释裁定作出前，执行机关书面提请撤回减刑、假释建议的，人民法院可以决定是否准许。（§540）

△**【已经生效的减刑、假释裁定确有错误；审理】**人民法院发现本院已经生效的减刑、假释裁定确有错误的，应当另行组成合议庭审理；发现下级人民法院已经生效的减刑、假释裁定确有错误的，可以指令下级人民法院另行组成合议庭审理，也可以自行组成合议庭审理。（§541）

《最高人民法院关于办理减刑、假释案件具体应用法律的规定》（法释〔2016〕23号，自2017年1月1日起施行）

△**【审判监督程序；原减刑裁定；原判决已经实际执行的刑期】**人民法院按照审判监督程序重新审理的案件，裁定维持原判决、裁定的，原减刑、假释裁定继续有效。

再审裁判改变原判决、裁定的，原减刑、假释裁定自动失效，执行机关应当及时报请有管辖权的人民法院重新作出是否减刑、假释裁定。重新作出减刑裁定时，不受本规定有关减刑起始时间、间隔时间和减刑幅度的限制。重新裁定时应综合考虑各方面因素，减刑幅度不得超过原裁定减去的刑期总和。

再审改判为死刑缓期执行或者无期徒刑的，在新判决减为有期徒刑之时，原判决已经实际执行的刑期一并扣减。

再审裁判宣告无罪的，原减刑、假释裁定自动失效。（§32）

【司法解释性文件】

《最高人民法院关于刘文占减刑一案的答复》（〔2006〕刑监他字第7号，2007年8月11日公布）

△**【无期徒刑减刑后发现漏罪；实际执行刑期；扣除】**罪犯刘文占犯盗窃罪被判处无期徒刑，减为有期徒刑十八年之后，发现其在判决宣告之前犯有强奸罪、抢劫罪。沧州市中级人民法院作出新的判决，对刘文占以强奸罪、抢劫罪分别定罪量刑，数罪并罚，决定对罪犯刘文占执行无期徒刑是正确的。

现监狱报请为罪犯刘文占减刑，你院在计算刑期时，应将罪犯刘文占第一次减为有期徒刑十八年之后至漏罪判决之间已经执行的刑期予以扣除。

《人民检察院办理减刑、假释案件规定》（高检发监字〔2014〕8号，2014年8月1日公布）

△**【减刑的提请、审理、裁定等；法律监督；人民检察院】**人民检察院依法对减刑、假释案件的提请、审理、裁定等活动是否合法实行法律监督。（§2）

△**【减刑；提请活动；审理、裁定活动；监督；派出席法庭；报告】**人民检察院办理减刑、假释案件，应当按照下列情形分别处理：

第七十九条

(一)对减刑、假释案件提请活动的监督,由对执行机关承担检察职责的人民检察院负责;

(二)对减刑、假释案件审理、裁定活动的监督,由人民法院的同级人民检察院负责;同级人民检察院对执行机关不承担检察职责的,可以根据需要指定对执行机关承担检察职责的人民检察院派员出席法庭;下级人民检察院发现减刑、假释裁定不当的,应当及时向作出减刑、假释裁定的人民法院的同级人民检察院报告。(§3)

△**(统一案件管理;办案责任制)** 人民检察院办理减刑、假释案件,依照规定实行统一案件管理和办案责任制。(§4)

△**(及时审查)** 人民检察院收到执行机关移送的下列减刑、假释案件材料后,应当及时进行审查:

(一)执行机关拟提请减刑、假释意见;

(二)终审法院裁判文书、执行通知书、历次减刑裁定书;

(三)罪犯确有悔改表现、立功表现或者重大立功表现的证明材料;

(四)罪犯评审鉴定表、奖惩审批表;

(五)其他应当审查的案件材料。(§5Ⅰ)

△**(应当调查核实)** 具有下列情形之一的,人民检察院应当进行调查核实:

(一)拟提请减刑、假释罪犯系职务犯罪罪犯,破坏金融管理秩序和金融诈骗犯罪罪犯,黑社会性质组织犯罪罪犯,严重暴力恐怖犯罪罪犯,或者其他在社会上有重大影响、社会关注度高的罪犯;

(二)因罪犯有立功表现或者重大立功表现拟提请减刑的;

(三)拟提请减刑、假释罪犯的减刑幅度大、假释考验期长、起始时间早、间隔时间短或者实际执行刑期短的;

(四)拟提请减刑、假释罪犯的考核计分高、专项奖励多或者鉴定材料、奖惩记录有疑点的;

(五)收到控告、举报的;

(六)其他应当进行调查核实的。(§6)

△**(调查核实内容)** 人民检察院可以采取调阅复制有关材料、重新组织诊断鉴别、进行文证鉴定、召开座谈会、个别询问等方式,对下列情况进行调查核实:

(一)拟提请减刑、假释罪犯在服刑期间的表现情况;

(二)拟提请减刑、假释罪犯的财产刑执行、附带民事裁判履行、退赃退赔等情况;

(三)拟提请减刑罪犯的立功表现、重大立功表现是否属实,发明创造、技术革新是否系罪犯在服刑期间独立完成并经有关主管机关确认;

(四)拟提请假释罪犯的身体状况、性格特征、假释后生活来源和监管条件等影响再犯罪的因素;

(五)其他应当进行调查核实的情况。(§7)

△**(派员列席执行机关提请减刑评审会议;发表意见)** 人民检察院可以派员列席执行机关提请减刑、假释评审会议,了解案件有关情况,根据需要发表意见。(§8)

△**(建议执行机关提请减刑)** 人民检察院发现罪犯符合减刑、假释条件,但是执行机关未按减刑、假释的,可以建议执行机关提请减刑、假释。(§9)

△**(逐案审查;书面意见;审查期限)** 人民检察院收到执行机关抄送的减刑、假释建议书副本后,应当逐案进行审查,可以向人民法院提出书面意见。发现减刑、假释建议不当或者提请减刑、假释违反法定程序的,应当在收到建议书副本后十日以内,依法向审理减刑、假释案件的人民法院提出书面意见,同时将检察意见书副本抄送执行机关。案情复杂或者情况特殊的,可以延长十日。(§10)

△**(开庭审理;应当指派检察人员出席法庭)** 人民法院开庭审理减刑、假释案件的,人民检察院应当指派检察人员出席法庭,发表检察意见,并对法庭审理活动是否合法进行监督。(§11)

△**(出席法庭;检察官职务)** 出席法庭的检察人员不得少于二人,其中至少一人具有检察官职务。(§12)

△**(庭审前准备工作)** 检察人员应当在庭审前做好下列准备工作:

(一)全面熟悉案情,掌握证据情况,拟定法庭调查提纲和出庭意见;

(二)对执行机关提请减刑、假释有异议的案件,应当收集相关证据,可以建议人民法院通知相关证人出庭作证。(§13)

△**(宣读减刑建议书;检察意见)** 庭审开始后,在执行机关代表宣读减刑、假释建议书并说明理由之后,检察人员应当发表检察意见。(§14)

△**(出示证据;申请证人出庭作证;向被提请减刑、假释的罪犯及证人提问;发表意见)** 庭审过程中,检察人员对执行机关提请减刑、假释有疑问的,经审判长许可,可以出示证据,申请证人出庭作证,要求执行机关代表出示证据或者作出说明,向被提请减刑、假释的罪犯及证人提问并发表意见。(§15)

△**(总结性意见)** 法庭调查结束时,在被提请减刑、假释罪犯作最后陈述之前,经审判长许可,

检察人员可以发表总结性意见。(§16)

△(**补充鉴定或重新鉴定；通知新证人出庭；建议休庭**)庭审过程中，检察人员认为需要进一步调查核实案件事实、证据，需要补充鉴定或者重新鉴定，或者需要通知新的证人到庭的，应当建议休庭。(§17)

△(**纠正意见**)检察人员发现法庭审理活动违反法律规定的，应当在庭审后及时向本院检察长报告，依法向人民法院提出纠正意见。(§18)

△(**减刑裁定书副本；审查内容**)人民检察院收到人民法院减刑、假释裁定书副本后，应当及时审查下列内容：

（一）人民法院对罪犯裁定予以减刑、假释，以及起始时间、间隔时间、实际执行刑期、减刑幅度或者假释考验期是否符合有关规定；

（二）人民法院对罪犯裁定不予减刑、假释是否符合有关规定；

（三）人民法院审理、裁定减刑、假释的程序是否合法；

（四）按照有关规定应当开庭审理的减刑、假释案件，人民法院是否开庭审理；

（五）人民法院减刑、假释裁定书是否依法送达执行并向社会公布。(§19)

△(**书面纠正意见**)人民检察院经审查认为人民法院减刑、假释裁定不当的，应当在收到裁定书副本后二十日以内，依法向作出减刑、假释裁定的人民法院提出书面纠正意见。(§20)

△(**监督；纠正意见；重组合议庭审理**)人民检察院对人民法院减刑、假释裁定提出纠正意见的，应当监督人民法院在收到纠正意见后一个月以内重新组成合议庭进行审理并作出最终裁定。(§21)

△(**确有错误；书面纠正意见；审判监督程序；另组合议庭重新审理**)人民检察院发现人民法院已经生效的减刑、假释裁定确有错误的，应当向人民法院提出书面纠正意见，提请人民法院按照审判监督程序依法另行组成合议庭重新审理并作出裁定。(§22)

△(**涉嫌违法；纠正违法意见；纪律处分；刑事责任**)人民检察院收到控告、举报或者发现司法工作人员在办理减刑、假释案件中涉嫌违法的，应当依法进行调查，并根据情况，向有关单位提出纠正违法意见，建议更换办案人，或者建议予以纪律处分；构成犯罪的，依法追究刑事责任。(§23)

△(**职务犯罪；减刑；备案审查**)人民检察院办理职务犯罪罪犯减刑、假释案件，按照有关规定实行备案审查。(§24)

《最高人民法院、最高人民检察院、公安部、司法部关于加强减刑、假释案件实质化审理的意见》(法发〔2021〕31号，2021年12月1日发布)

△(**庭审实质化**)充分发挥庭审功能。人民法院开庭审理减刑、假释案件，应当围绕罪犯实际服刑表现、财产性判项执行履行情况等，认真进行法庭调查。人民检察院应当派员出庭履行职务，并充分发表意见。人民法院对于有疑问的证据材料，要重点进行核查，必要时可以要求有关机关或者罪犯本人作出说明，有效发挥庭审在查明事实、公正裁判中的作用。(§11)

△(**证人出庭作证制度**)健全证人出庭作证制度。人民法院审理减刑、假释案件，应当通知罪犯的管教干警、同监室罪犯、公示期间提出异议的人员以及其他了解情况的人员出庭作证。开庭审理前，刑罚执行机关应当提供前述证人名单，人民法院根据需要从名单中确定相应数量的证人出庭作证。证人到庭后，应当对其进行详细询问，全面了解被报请减刑、假释罪犯的改造表现等情况。(§12)

△(**庭外调查核实权**)有效行使庭外调查核实权。人民法院、人民检察院对于刑罚执行机关提供的罪犯确有悔改表现、立功表现等证据材料存有疑问的，根据案件具体情况，可以采取讯问罪犯、询问证人、调取相关材料、与监所人民警察座谈、听取派驻监所检察人员意见等方式，在庭外对相关证据材料进行核实。(§13)

△(**审判组织的职能作用**)强化审判组织的职能作用。人民法院审理减刑、假释案件，合议庭成员应当对罪犯是否符合减刑或者假释条件、减刑幅度是否适当、财产性判项是否执行履行等情况，充分发表意见。对于重大、疑难、复杂的减刑、假释案件，合议庭必要时可以依法决定提交审判委员会讨论，但提请前应当先经专业法官会议研究。(§14)

△(**财产性判项执行衔接机制**)完善财产性判项执行衔接机制。人民法院刑事审判部门作出具有财产性判项内容的刑事裁判后，应当及时按照规定移送负责执行的部门执行。刑罚执行机关对罪犯报请减刑、假释时，可以向负责执行财产性判项的人民法院调取罪犯财产性判项执行情况的有关材料，负责执行的人民法院应当予以配合。刑罚执行机关提交的关于罪犯财产性判项执行情况的材料，可以作为人民法院认定罪犯财产性判项执行情况和判断罪犯是否具有履行能力的依据。(§15)

△(**减刑、假释信息化建设及运用水平**)提高信息化运用水平。人民法院、人民检察院、刑罚执

行机关要进一步提升减刑、假释信息化建设及运用水平,充分利用减刑、假释信息化协同办案平台、执行信息平台及大数据平台等,采用远程视频开庭等方式,不断完善案件办理机制。同时,加强对减刑、假释信息化协同办案平台和减刑、假释、暂予监外执行信息网的升级改造,不断拓展信息化运用的深度和广度,为提升减刑、假释案件办理质效和加强权力运行制约监督提供科技支撑。(§16)

第八十条 【无期徒刑减刑的刑期计算】
无期徒刑减为有期徒刑的刑期,从裁定减刑之日起计算。

【条文说明】

本条是关于无期徒刑减为有期徒刑的刑期从何时起算的规定。

根据本条规定,**被判处无期徒刑的犯罪分子,裁定减为有期徒刑,其有期徒刑的服刑日期,应当从人民法院裁定减刑之日起计算**。裁定减刑之日,即减刑裁定发生法律效力之日。由于无期徒刑是剥夺终身自由,故裁定减刑前罪犯已经执行的刑期以及判决宣告以前先行羁押的日期,不得计算在裁定减刑后的有期徒刑的刑期以内。根据刑法规定,无期徒刑是剥夺犯罪分子终身自由的刑罚方法,是仅次于死刑的一种严厉的刑罚方法。如果没有减刑,无期徒刑的本意就是要终身进行监禁。如果将无期徒刑的罪犯减为有期徒刑,已经是对罪犯的宽大处理和奖励,之前执行的刑期自然不能再用来折抵有期徒刑的刑期。对于无期徒刑减为有期徒刑以后再次减刑的,其刑期的计算,则应按照有期徒刑减刑的方法计算。

实际执行中应当注意以下问题:根据《刑法》第五十七条的规定,对于被判处死刑、无期徒刑的犯罪分子,应当剥夺政治权利终身。在死刑缓期执行减为有期徒刑或者无期徒刑减为有期徒刑的时候,应当把附加剥夺政治权利的期限改为三年以上十年以下。

第七节 假 释

第八十一条 【假释的适用条件】
被判处有期徒刑的犯罪分子,执行原判刑期二分之一以上,被判处无期徒刑的犯罪分子,实际执行十三年以上,如果认真遵守监规,接受教育改造,确有悔改表现,没有再犯罪的危险的,可以假释。如果有特殊情况,经最高人民法院核准,可以不受上述执行刑期的限制。

对累犯以及因故意杀人、强奸、抢劫、绑架、放火、爆炸、投放危险物质或者有组织的暴力性犯罪被判处十年以上有期徒刑、无期徒刑的犯罪分子,不得假释。

对犯罪分子决定假释时,应当考虑其假释后对所居住社区的影响。

【立法沿革】

《中华人民共和国刑法》(1997年修订,自1997年10月1日起施行)

第八十一条

被判处有期徒刑的犯罪分子,执行原判刑期二分之一以上,被判处无期徒刑的犯罪分子,实际执行十年以上,如果认真遵守监规,接受教育改造,确有悔改表现,假释后不致再危害社会的,可以假释。如果有特殊情况,经最高人民法院核准,可以不受上述执行刑期的限制。

对累犯以及因杀人、爆炸、抢劫、强奸、绑架等暴力性犯罪被判处十年以上有期徒刑、无期徒刑的犯罪分子,不得假释。

《中华人民共和国刑法修正案(八)》(自2011年5月1日起施行)

十六、将刑法第八十一条修改为:

"被判处有期徒刑的犯罪分子,执行原判刑期二分之一以上,被判处无期徒刑的犯罪分子,实际执行十三年以上,如果认真遵守监规,接受教育改造,确有悔改表现,没有再犯罪的危险的,可以假释。如果有特殊情况,经最高人民法院核准,可以不受上述执行刑期的限制。

"对累犯以及因故意杀人、强奸、抢劫、绑架、放火、爆炸、投放危险物质或者有组织的暴力性犯罪被判处十年以上有期徒刑、无期徒刑的犯罪分子,不得假释。

"对犯罪分子决定假释时,应当考虑其假释后对所居住社区的影响。"

【条文说明】

本条是关于假释的对象和条件的规定。

所谓**假释**,是指对于被判处有期徒刑、无期徒刑的犯罪分子,在执行期间确有悔改表现不致再危害社会的,执行一定的刑期后,附条件地将其提前释放的一种制度。它对于教育改造罪犯,鼓励犯罪分子认罪服法,充分发挥刑罚的教育、改造功能起到了积极的作用。实践证明,这也是一项行之有效的制度。

假释制度同缓刑制度都是近现代刑罚制度的重大改革。一般认为**假释的优点**体现为:一是判处长时间有期徒刑的罪犯,易自暴自弃,甚至产生"监禁型人格";而假释制度,可给他们提前出狱的希望,引导其改恶从善。二是刑罚目的之一是改造罪犯,执行一定期限的监禁刑罚后,刑罚对人人身危险性显著降低,有改过自新之意,刑罚就没有继续执行的必要。三是通过假释可以减轻狱的压力,节约财政资金。历史上,美国1869年《假释法》第一次将假释制度纳入法律。此后,各国纷纷规定了假释制度。中国最早规定假释制度的法律是1911年的《大清新刑律》。中华人民共和国成立后,1954年9月颁布的《劳动改造条例》将假释作为一种刑罚执行制度,对表现较好的在押罪犯的刑事奖励措施而加以明确具体的规定。

本条共分为三款。

第一款是关于适用假释的条件的规定。根据本款规定,假释必须符合以下条件:

1. 适用假释的对象有三种人:一是被判处有期徒刑的犯罪分子;二是被判处无期徒刑的犯罪分子;三是原判死刑缓期执行,被依法减刑的犯罪分子。

2. 对于被假释的犯罪分子,必须实际执行一定的刑期。被判处有期徒刑的犯罪分子,实际执行原判刑期二分之一以上;被判处无期徒刑的犯罪分子,实际执行原判刑期十三年以上。这样规定主要是为了维护法律的严肃性,保证被判刑的犯罪分子得到必要的改造。同时也只有对被判刑的人实际执行一定的刑期,经过一段时间的改造,执行机关和司法机关才能据此判断其是否会再危害社会。

《刑法修正案(八)》将无期徒刑犯假释的前提条件"实际执行十年以上"修改为"实际执行十三年以上",是因为有期徒刑的最高刑期在特定情况下可达到二十五年,该刑期的罪犯假释所要求的实际执行刑期为二分之一以上,即十二年半以上;无期徒刑犯假释所要求的实际执行刑期应高于有期徒刑犯,故将实际执行刑期由十年以上改为十三年以上,以保持二者的平衡。

有关假释前的实际执行刑期还有一个例外规定,即"**如果有特殊情况,经最高人民法院核准,可以不受上述执行刑期的限制**"。据此,对实际服刑不足法律规定期限的犯罪分子需要予以假释的,必须报请最高人民法院核准;不经最高人民法院核准,任何法院都无权批准假释。这样可以防止有的司法机关执法不严,滥用假释情况的发生。所谓特殊情况,主要是指涉及政治或者外交等从国家整体利益考虑的情况。自2017年1月1日起施行的《最高人民法院关于办理减刑、假释案件具体应用法律的规定》第二十四条也对这里所说的特殊情况作了明确,即"**有国家政治、国防、外交等方面特殊需要的情况**"。遇有这类特殊情况,即使实际服刑不足本款规定的期限,经过最高人民法院核准后,也可以假释。

3. 必须认真遵守监规,接受教育改造,确有悔改表现,没有再犯罪的危险。所谓确有悔改表现,没有再犯罪的危险,是指犯罪分子在刑罚执行期间遵守监规,接受教育改造,并通过教育、改造和学习,对自己所犯罪行有较深刻的认识,并以实际行动痛改前非,改恶从善,释放后不会重操旧业或从事违法犯罪活动。根据《最高人民法院关于办理减刑、假释案件具体应用法律的规定》第二十二条的规定,办理假释案件,认定"没有再犯罪的危险",除符合《刑法》第八十一条规定的情形外,还应当根据犯罪的具体情节、原判刑罚情况,在刑罚执行中的一贯表现,罪犯的年龄、身体状况、性格特征,假释后生活来源以及监管条件等因素综合考虑。应当注意的是,对罪犯在刑罚执行期间提出申诉的,要依法保护其申诉权利。对罪犯申诉应当具体情况具体分析,不应一概认为是没有悔改,不认罪服法。

在一般情况下,**上述三个条件必须同时具备,缺一不可**。对于同时具备上述条件的,依据本款规定,可以假释。

第二款是关于不得假释的情形的规定。关于不得假释的规定主要包括两个方面的内容:一是

累犯不得假释,因为累犯主观恶性较深、再犯的可能性较大;二是**严重犯罪不得假释**。关于严重犯罪的范围,《刑法修正案(八)》对原规定的范围作了修改。原规定为:"因杀人、爆炸、抢劫、强奸、绑架等暴力性犯罪被判处十年以上有期徒刑、无期徒刑的犯罪分子,不得假释。"《刑法修正案(八)》修改为:"故意杀人、强奸、抢劫、绑架、放火、爆炸、投放危险物质或者有组织的暴力性犯罪被判处十年以上有期徒刑、无期徒刑的犯罪分子,不得假释。"和原规定相比,增加了投放危险物质以及有组织的暴力性犯罪的犯罪分子不得假释。其中**有组织的暴力性犯罪**是指有组织地进行黑社会性质犯罪、恐怖活动犯罪等暴力性犯罪的情形。需要指出的是,对不得假释的犯罪分子,本款规定必须是被判处十年以上有期徒刑或者无期徒刑的犯罪分子。因为这类犯罪分子罪行严重,主观恶性深,社会危害性大,所以对于这类犯罪分子不适用假释。

第三款是关于**对犯罪分子决定假释时,应当考虑其假释后对所居住社区的影响**的规定。如前所述,假释制度有助于减少长期监禁时对罪犯回归社会造成的不利影响。一般来说,被假释的犯罪分子大多会回到原来所居住的社区,会对原来的社区造成一定的影响,如果犯罪分子假释后对所居住社区的影响不好,势必影响其融入社会,甚至会诱发新的犯罪,不利于社会的稳定与安宁。因此,《刑法修正案(八)》增加规定,对犯罪分子决定假释时,应当考虑其假释后对所居住社区的影响。

实际执行中应当注意以下问题:根据《最高人民法院关于办理减刑、假释案件具体应用法律的规定》第二十八条的规定,罪犯减刑后又假释的,间隔时间不得少于一年;对一次减去一年以上有期徒刑后,决定假释的,间隔时间不得少于一年六个月。罪犯减刑后余刑不足二年,决定假释的,可以适当缩短间隔时间。

【司法解释】

《最高人民法院关于适用刑法时间效力规定若干问题的解释》(法释〔1997〕5号,自1997年10月1日起施行)

△(时间效力;需要不受执行刑期限制假释;最高人民法院)1997年9月30日以前犯罪,1997年10月1日以后仍在服刑的犯罪分子,因特殊情况,需要不受执行刑期限制假释的,适用刑法第八十一条第一款的规定,报经最高人民法院核准。(§7)

△(时间效力;累犯;暴力性犯罪;假释)1997年9月30日以前犯罪,1997年10月1日以后仍在服刑的累犯以及因杀人、爆炸、抢劫、强奸、绑架等暴力性犯罪被判处十年以上有期徒刑、无期徒刑的犯罪分子,适用修订前的刑法第七十三条的规定①,可以假释。(§8)

《最高人民法院关于审理未成年人刑事案件具体应用法律若干问题的解释》(法释〔2006〕1号,自2006年1月23日起施行)

△(未成年罪犯;假释;确有悔改表现;未成年罪犯在服刑期间已经成年)对未成年罪犯的减刑、假释,在掌握标准上可以比照成年罪犯依法适度放宽。

未成年罪犯能认罪服法,遵守监规,积极参加学习、劳动的,即可视为"确有悔改表现"予以减刑,其减刑的幅度可以适当放宽,间隔的时间可以相应缩短。符合刑法第八十一条第一款规定的,可以假释。

未成年罪犯在服刑期间已经成年的,对其减刑、假释可以适用上述规定。(§18)

《最高人民法院关于〈中华人民共和国刑法修正案(八)〉时间效力问题的解释》(法释〔2011〕9号,自2011年5月1日起施行)

△(时间效力;无期徒刑;假释前实际执行的刑期)2011年4月30日以前犯罪,被判处无期徒刑的罪犯,减刑以后或者假释前实际执行的刑期,适用修正前刑法第七十八条第二款、第八十一条第一款的规定。(§7)

△(时间效力;累犯;暴力性犯罪;假释)2011年4月30日以前犯罪,因具有累犯情节或者系故意杀人、强奸、抢劫、绑架、放火、爆炸、投放危险物质或者有组织的暴力性犯罪并被判处十年以上有期徒刑、无期徒刑的犯罪分子,2011年5月1日以后仍在服刑的,能否假释,适用修正前刑法第八十一条第二款的规定;2011年4月30日以前犯罪,因其他暴力性犯罪被判处十年以上有期徒刑、无期徒刑的犯罪分子,2011年5月1日以后仍在服刑的,能否假释,适用修正后刑法第八十一条第二

---

① 《中华人民共和国刑法》(1979年)
第七十三条
被判处有期徒刑的犯罪分子,执行原判刑期二分之一以上,被判处无期徒刑的犯罪分子,实际执行十年以上,如果确有悔改表现,不致再危害社会,可以假释。如果有特殊情节,可以不受上述执行刑期的限制。

款、第三款的规定。（§8）

《最高人民法院关于办理减刑、假释案件具体应用法律的规定》（法释〔2016〕23号，自2017年1月1日起施行）

△（**假释；宽严相济刑事政策**）减刑、假释是激励罪犯改造的刑罚制度，减刑、假释的适用应当贯彻宽严相济刑事政策，最大限度地发挥刑罚的功能，实现刑罚的目的。（§1）

△（**确有悔改表现**）"确有悔改表现"是指同时具备以下条件：
（一）认罪悔罪；
（二）遵守法律法规及监规，接受教育改造；
（三）积极参加思想、文化、职业技术教育；
（四）积极参加劳动，努力完成劳动任务。

对职务犯罪、破坏金融管理秩序和金融诈骗犯罪、组织（领导、参加、包庇、纵容）黑社会性质组织犯罪等罪犯，不积极退赃、协助追缴赃款赃物、赔偿损失，或者服刑期间利用个人影响力和社会关系等不正当手段意图获得减刑、假释的，不认定其"确有悔改表现"。

罪犯在刑罚执行期间的申诉权利应当依法保护，对其正当申诉不能不加分析地认为是不认罪悔罪。（§3）

△（**假释；没有再犯罪的危险；综合考虑**）办理假释案件，认定"没有再犯罪的危险"，除符合刑法第八十一条规定的情形外，还应当根据犯罪的具体情节、原判刑罚情况，在刑罚执行中的一贯表现，罪犯的年龄、身体状况、性格特征，假释后生活来源以及监管条件等因素综合考虑。

△（**假释；实际执行刑期；先行羁押；折抵；有期徒刑；无期徒刑；死刑缓期执行**）被判处有期徒刑的罪犯假释时，执行原判刑期二分之一的时间，应当从判决执行之日起计算，判决执行以前先行羁押的以一日折抵刑期一日。

被判处无期徒刑的罪犯假释时，刑法中关于实际执行刑期不少于十三年的时间，应当从判决生效之日起计算。判决生效以前先行羁押的时间不予折抵。

被判处死刑缓期执行的罪犯减为无期徒刑或者有期徒刑后，假释时十五年以上，该实际执行时间应当从死刑缓期执行期满之日起计算。死刑缓期执行期间不包括在内，判决确定

以前先行羁押的时间不予折抵。（§23）

△（**特殊情况**）刑法第八十一条第一款规定的"特殊情况"，是指有国家政治、国防、外交等方面特殊需要的情况。（§24）

△（**累犯；暴力性犯罪；不得假释**）对累犯以及因故意杀人、强奸、抢劫、绑架、放火、爆炸、投放危险物质或者有组织的暴力性犯罪被判处十年以上有期徒刑、无期徒刑的罪犯，不得假释。

因前款情形和犯罪被判处死刑缓期执行的罪犯，被减为无期徒刑、有期徒刑后，也不得假释。（§25）

△（**假释；从宽；优先适用假释**）对下列罪犯适用假释时可以依法从宽掌握：
（一）过失犯罪的罪犯、中止犯罪的罪犯、被胁迫参加犯罪的罪犯；
（二）因防卫过当或者紧急避险过当而被判处有期徒刑以上刑罚的罪犯；
（三）犯罪时未满十八周岁的罪犯；
（四）基本丧失劳动能力、生活难以自理，假释后生活确有着落的老年罪犯、患严重疾病罪犯或者身体残疾罪犯；
（五）服刑期间改造表现特别突出的罪犯；
（六）具有其他可以从宽假释情形的罪犯。

罪犯既符合法定减刑条件，又符合法定假释条件的，可以优先适用假释。（§26）

△（**财产性判项；不履行或者不全部履行；不予假释**）对于生效裁判中有财产性判项，罪犯确有履行能力而不履行或者不全部履行的，不予假释。（§27）

△（**减刑后又假释；间隔时间；减刑后余刑不足二年**）罪犯减刑后又假释的，间隔时间不得少于一年；对一次减去一年以上有期徒刑后，决定假释的，间隔时间不得少于一年六个月。

罪犯减刑后余刑不足二年，决定假释的，可以适当缩短间隔时间。（§28）

△（**年满八十周岁；身患疾病或者生活难以自理；没有再犯罪危险；优先适用假释；从宽处理**）年满八十周岁、身患疾病或者生活难以自理、没有再犯罪危险的罪犯，既符合减刑条件，又符合假释条件的，优先适用假释；不符合假释条件的，参照本规定第二十条有关的规定①从宽处理。（§31）

---

① 《最高人民法院关于办理减刑、假释案件具体应用法律的规定》（法释〔2016〕23号，自2017年1月1日起施行）
第二十条
Ⅰ 老年罪犯、患严重疾病罪犯或者身体残疾罪犯减刑时，应当主要考察其认罪悔罪的实际表现。
Ⅱ 对基本丧失劳动能力、生活难以自理的上述罪犯减刑时，减刑幅度可以适当放宽，或者减刑起始时间、间隔时间可以适当缩短，但放宽的幅度和缩短的时间不得超过本规定中相应幅度、时间的三分之一。

△(财产性判项执行、履行情况;假释;协助执行)人民法院作出的刑事判决、裁定发生法律效力后,在依照刑事诉讼法第二百五十三条①、第二百五十四条②的规定将罪犯交付执行刑罚时,如果生效裁判中有财产性判项,人民法院应当将反映财产性判项执行、履行情况的有关材料一并随案移送刑罚执行机关。罪犯在服刑期间本人履行或者其亲属代为履行生效裁判中财产性判项的,应当及时向刑罚执行机关报告。刑罚执行机关报请减刑时应当随案移送以上材料。

人民法院办理减刑、假释案件时,可以向原一审人民法院核实罪犯履行财产性判项的情况。原一审人民法院应当出具相关证明。

刑罚执行期间,负责办理减刑、假释案件的人民法院可以协助原一审人民法院执行生效裁判中的财产性判项。(§38)

△(老年罪犯;患严重疾病罪犯;身体残疾罪犯;重新诊断、鉴定)本规定所称"老年罪犯",是指报请减刑、假释时年满六十五周岁的罪犯。

本规定所称"患严重疾病罪犯",是指因患有重病,久治不愈,而不能正常生活、学习、劳动的罪犯。

本规定所称"身体残疾罪犯",是指因身体有肢体或者官残缺、功能不全或者丧失功能,而基本丧失生活、学习、劳动能力的罪犯,但是罪犯犯罪后自伤致残的除外。

对刑罚执行机关提供的证明罪犯患有严重疾病或者有身体残疾的证明文件,人民法院应当审查,必要时可以委托有关单位重新诊断、鉴定。(§39)

△(判决执行之日)本规定所称"判决执行之日",是指罪犯实际送交刑罚执行机关之日。(§40Ⅰ)

△(财产性判项)本规定所称"财产性判项"是指判决罪犯承担的附带民事赔偿义务判项,以及追缴、责令退赔、罚金、没收财产等判项。(§41)

《最高人民法院关于适用〈中华人民共和国刑事诉讼法〉的解释》(法释〔2021〕1号,自2021年3月1日起施行)

△(不受执行刑期限制的假释案件;报请核准)报请最高人民法院核准因罪犯具有特殊情况,不受执行刑期限制的假释案件,应当按照下列情形分别处理:

(一)中级人民法院依法作出假释裁定后,应当报请高级人民法院复核。高级人民法院同意的,应当书面报请最高人民法院核准;不同意的,应当裁定撤销中级人民法院的假释裁定;

(二)高级人民法院依法作出假释裁定的,应当报请最高人民法院核准。(§420)

△(报送材料)报请最高人民法院核准因罪犯具有特殊情况,不受执行刑期限制的假释案件,应当报送报请核准的报告、罪犯具有特殊情况的报告、假释裁定书各五份,以及全部案卷。(§421)

△(核准裁定书)对因罪犯具有特殊情况,不受执行刑期限制的假释案件,最高人民法院予以核准的,应当作出核准裁定书;不予核准的,应当作出不核准裁定书,并撤销原裁定。(§422)

《最高人民法院关于办理减刑、假释案件审查财产性判项执行问题的规定》(法释〔2024〕5号,自2024年5月1日起施行)

△(财产性判项;确有悔改表现)人民法院办理减刑、假释案件必须审查原生效刑事或者刑事附带民事判决中财产性判项的执行情况,以此作为判断罪犯是否确有悔改表现的因素之一。

财产性判项是指生效刑事或者刑事附带民事裁判中确定罪犯承担的被依法追缴、责令退赔、罚金、没收财产判项,以及民事赔偿义务等判项。(§1)

△(审查财产性判项执行情况的依据;部分人履行全部赔偿义务;罪犯亲属代为履行财产性判项)人民法院审查财产性判项的执行情况,应将执行法院出具的结案通知书、缴付款票据、执行情况说明等作为审查判断的依据。

人民法院判决多名罪犯对附带民事赔偿承担连带责任的,只要其中部分人履行全部赔偿义务,即可认定附带民事赔偿判项已经执行完毕。

罪犯亲属代为履行财产性判项的,视为罪犯本人履行。(§2)

△(财产性判项未执行完毕;罪犯的履行能力)财产性判项未执行完毕的,人民法院应当着重审查罪犯的履行能力。

罪犯的履行能力应根据财产性判项的实际执行情况,并结合罪犯的财产申报、实际拥有财产情况,以及监狱或者看守所内消费、账户余额等予以判断。(§3)

△(罪犯确有/无财产性判项履行能力;因重大立功减刑)罪犯有财产性判项履行能力的,应在

---

① 2018年修正后的《中华人民共和国刑事诉讼法》第二百六十四条。
② 2018年修正后的《中华人民共和国刑事诉讼法》第二百六十五条。

履行后方可减刑、假释。

罪犯确有履行能力而不履行的,不予认定其确有悔改表现,除法律规定情形外,一般不予减刑、假释。

罪犯确无履行能力的,不影响对其确有悔改表现的认定。

罪犯因重大立功减刑的,依照相关法律规定处理,一般不受财产性判项履行情况的影响。(§4)

△(**财产性判项未执行完毕的减刑、假释案件;审查材料**)财产性判项未执行完毕的减刑、假释案件,人民法院在受理时应当重点审查下列材料:

(一)执行裁定、缴付款票据、有无拒不履行或者妨害执行行为等有关财产性判项执行情况的材料;

(二)罪犯对其个人财产的申报材料;

(三)有关组织、单位对罪犯实际拥有财产情况的说明;

(四)不履行财产性判项可能承担不利后果的告知材料;

(五)反映罪犯在监狱、看守所内消费及账户余额情况的材料;

(六)其他反映罪犯财产性判项执行情况的材料。

上述材料不齐备的,应当通知报请减刑、假释的刑罚执行机关在七日内补送,逾期未补送的,不予立案。(§5)

△(**罪犯确有履行能力而不履行**)财产性判项未执行完毕,具有下列情形之一的,应当认定罪犯确有履行能力而不履行:

(一)拒不交代赃款、赃物去向的;

(二)隐瞒、藏匿、转移财产的;

(三)妨害财产性判项执行的;

(四)拒不申报或者虚假申报财产情况的。

罪犯采取借条、虚报用途等手段在监狱、看守所内消费的,或者无特殊原因明显超出刑罚执行机关规定额度标准消费的,视为其确有履行能力而不履行。

上述情形消失或者罪犯财产性判项执行完毕六个月后方可依法减刑、假释。(§6)

△(**确无履行能力**)罪犯经执行法院查控未发现有可供执行财产,且不具有本规定第六条所列情形的,应当认定其确无履行能力。(§7)

△(**罚金;不影响对其确有悔改表现的认定**)罪犯被判处的罚金被执行法院裁定免除的,其他财产性判项未履行完毕不影响对其确有悔改表现的认定,但罪犯确有履行能力的除外。

判决确定分期缴纳罚金,罪犯没有出现期满未缴纳情形的,不影响对其确有悔改表现的认定。(§8)

△(**没收财产;没收财产判项执行情况一般不影响对罪犯确有悔改表现的认定**)判处没收财产的,判决生效后,应当立即执行,所执行财产为判决生效时罪犯个人合法所有的财产。除具有本规定第六条第一款所列情形外,没收财产判项执行情况一般不影响对罪犯确有悔改表现的认定。(§9)

△(**承担民事赔偿义务;不影响对其确有悔改表现的认定**)承担民事赔偿义务的罪犯,具有下列情形之一的,不影响对其确有悔改表现的认定:

(一)全额履行民事赔偿义务,附带民事诉讼原告人下落不明或者拒绝接受,对履行款项予以提存的;

(二)分期履行民事赔偿义务,没有出现期满未履行情形的;

(三)附带民事诉讼原告人对罪犯表示谅解,并书面放弃民事赔偿的。(§10)

△(**受害人单独提起民事赔偿诉讼;综合判断罪犯是否确有悔改表现;承担民事赔偿义务,同时被判处罚金或者没收财产**)因犯罪行为造成损害,受害人单独提起民事赔偿诉讼的,人民法院办理减刑、假释案件时应对相关生效民事判决确定的赔偿义务判项执行情况进行审查,并结合本规定综合判断罪犯是否确有悔改表现。

承担民事赔偿义务的罪犯,同时被判处罚金或者没收财产的,应当先承担民事赔偿义务。对财产不足以承担全部民事赔偿义务及罚金、没收财产的罪犯,如能积极履行民事赔偿义务的,在认定其是否确有悔改表现时应予以考虑。(§11)

△(**职务犯罪等罪犯;不认定其确有悔改表现**)对职务犯罪、破坏金融管理秩序和金融诈骗犯罪、组织(领导、参加、包庇、纵容)黑社会性质组织犯罪等罪犯,不积极退赃、协助追缴赃款赃物、赔偿损失的,不认定其确有悔改表现。(§12)

△(**材料移送;执行;通报**)人民法院将罪犯交付执行刑罚时,对生效裁判中有财产性判项的,应当将财产性判项实际执行情况的材料一并移送刑罚执行机关。

执行财产性判项的人民法院收到刑罚执行机关核实罪犯财产性判项执行情况的公函后,应当在七日内出具相关证明,已经执行结案的,应当附有关法律文书。

执行财产性判项的人民法院在执行过程中,发现财产性判项未执行完毕的罪犯具有本规定第

六条第一款第(一)(二)(三)项所列情形的,应当及时将相关情况通报刑罚执行机关。(§13)

△(办理减刑、假释案件中发现罪犯确有履行能力而不履行;裁定减刑、假释后,发现其确有履行能力)人民法院办理减刑、假释案件中发现罪犯确有履行能力而不履行的,裁定不予减刑、假释,或者依法由刑罚执行机关撤回减刑、假释建议。

罪犯被裁定减刑、假释后,发现其确有履行能力的,人民法院应当继续执行财产性判项;发现其虚假申报、故意隐瞒财产,情节严重的,人民法院应当撤销该减刑、假释裁定。(§14)

【司法解释性文件】

《最高人民法院关于贯彻宽严相济刑事政策的若干意见》(法发〔2010〕9号,2010年2月8日公布)

△(宽严相济刑事政策;假释)对于危害国家安全犯罪、故意危害公共安全犯罪、严重暴力犯罪、涉众型经济犯罪等严重犯罪、恐怖组织犯罪、邪教组织犯罪、黑恶势力犯罪等有组织犯罪的领导者、组织者和骨干分子;毒品犯罪再犯的严重罪犯者;有执行能力而不依法积极主动缴付财产执行财产刑或确有履行能力而不积极主动履行附带民事赔偿责任的,在依法减刑、假释时,应当从严掌握。对累犯减刑时,应当从严掌握。拒不交代真实身份或对减刑、假释材料弄虚作假,不符合减刑、假释条件的,不得减刑、假释。

对于因故意杀人、爆炸、抢劫、强奸、绑架等暴力犯罪,致人死亡或严重残疾而被判处死刑缓期二年执行或无期徒刑的罪犯,要严格控制减刑的频度和每次减刑的幅度,要保证其相对较长的实际服刑期限,维护公平正义,确保改造效果。

对于未成年犯、老年犯、残疾罪犯、过失犯、中止犯、胁从犯、积极主动缴付财产执行财产刑或履行民事赔偿责任的罪犯、因防卫过当或避险过当而判处徒刑的罪犯以及其他主观恶性不深、人身危险性不大的罪犯,在依法减刑、假释时,应当根据悔改表现予以从宽掌握。对认罪服法,遵守监规,积极参加学习、劳动,确有悔改表现的,依法于以减刑,减刑的幅度可以适当放宽,间隔的时间可以相应缩短。符合刑法第八十一条第一款规定的假释条件的,应当依法多适用假释。(§34)

《最高人民法院研究室关于假释时间效力法律适用问题的答复》(法研〔2011〕97号,2011年7月15日公布)

△(暴力性犯罪)经《中华人民共和国刑法修正案(八)》修正前刑法第八十一条第二款规定的"暴力性犯罪",不仅包括杀人、爆炸、抢劫、强奸、绑架五种,也包括故意伤害等其他暴力性犯罪。(§2)

《最高人民法院印发〈关于进一步加强危害生产安全刑事案件审判工作的意见〉的通知》(法发〔2011〕20号,2011年12月30日公布)

△(假释;生产安全犯罪)办理与危害生产安全犯罪相关的减刑、假释案件,要严格执行刑法、刑事诉讼法和有关司法解释规定。是否决定减刑、假释,既要看罪犯服刑期间的悔改表现,还要充分考虑原判认定的犯罪事实、性质、情节、社会危害程度等情况。(§20)

《最高人民检察院、中国残疾人联合会关于在检察工作中切实维护残疾人合法权益的意见》(高检会〔2015〕11号,2015年11月30日公布)

△(残疾罪犯;假释;反复犯罪)对残疾罪犯开展减刑、假释、暂予监外执行检察工作,可以依法适当从宽掌握,但是,反复故意实施犯罪的残疾罪犯除外。(§14Ⅱ)

《最高人民法院、最高人民检察院、公安部、司法部关于加强减刑、假释案件实质化审理的意见》(法发〔2021〕31号,2021年12月1日发布)

△(不认定罪犯确有悔改表现;罪犯服刑期间改造表现的考核材料;计分考核材料;自书材料;罪犯违反监规纪律行为)严格审查罪犯服刑期间改造表现的考核材料。对于罪犯的计分考核材料,应当认真审查考核分数的来源及其合理性等,如果存在考核分数与考核期不对应、加扣分与奖惩不对应、奖惩缺少相应事实和依据等情况,应当要求刑罚执行机关在规定期限内作出说明或者补充。对于在规定期限内不能作出合理解释的考核材料,不作为认定罪犯确有悔改表现的依据。

对于罪犯的认罪悔罪书、自我鉴定等自书材料,要结合罪犯的文化程度认真进行审查,对于无特殊原因非本人书写或者自书材料内容虚假的,不认定罪犯确有悔改表现。

对于罪犯存在违反监规纪律行为的,应当根据行为性质、情节等具体情况,综合分析判断罪犯的改造表现。罪犯服刑期间因违反监规纪律被处以警告、记过或者禁闭处罚的,可以根据案件具体情况,认定罪犯是否确有悔改表现。(§5)

△(罪犯履行财产性判项的能力;不认定罪犯确有悔改表现)严格审查罪犯履行财产性判项的能力。罪犯未履行或者未全部履行财产性判项,具有下列情形之一的,不认定罪犯确有悔改表现:

(1) 拒不交代赃款、赃物去向；
(2) 隐瞒、藏匿、转移财产；
(3) 有可供履行的财产拒不履行。
对于前款罪犯，无特殊原因状内消费明显超出规定额度标准的，一般不认定罪犯确有悔改表现。（§ 7）

△（再犯罪危险；综合判断）严格审查反映罪犯是否有再犯罪危险的材料。对于报请假释的罪犯，应当认真审查刑罚执行机关提供的反映罪犯服刑期间现实表现和生理、心理状况的材料，并认真审查司法行政机关或者有关社会组织出具的罪犯假释后对所居住社区影响的材料，同时结合罪犯犯罪的性质、具体情节、社会危害程度、原判刑罚及生效裁判中财产性判项的履行情况等，综合判断罪犯假释后是否具有再犯罪危险性。（§ 8）

△（罪犯身份信息、患有严重疾病或者身体有残疾的证据材料）严格审查罪犯身份信息、患有严重疾病或者身体有残疾的证据材料。对于上述证据材料有疑问的，可以委托有关单位重新调查、诊断、鉴定。对原判适用《中华人民共和国刑事诉讼法》第一百六十条第二款规定判处刑罚的罪犯，在刑罚执行期间不真心悔罪，仍不讲真实姓名、住址，且无法调查核实清楚的，除具有重大立功表现等特殊情形外，一律不予减刑、假释。（§ 9）

【指导性案例】

最高人民检察院指导性案例第 71 号：罪犯康某假释监督案（2020 年 2 月 28 日发布）

△（未成年罪犯；假释适用；帮教）人民检察院办理未成年罪犯减刑、假释监督案件，应当比照成年罪犯依法适当从宽把握假释条件。对既符合法定减刑条件又符合法定假释条件的，可以建议刑罚执行机关优先适用假释。审查未成年罪犯是否符合假释条件时，应当结合犯罪的具体情节、原判刑罚情况、刑罚执行中的表现、家庭帮教能力和条件等因素综合认定。

最高人民检察院指导性案例第 195 号：罪犯向某假释监督案（2023 年 10 月 16 日发布）

△（大数据监督模型；线索发现；再犯罪危险指标量化评估；优先适用假释；"派驻+巡回"检察机制）人民检察院办理假释监督案件可以充分运用大数据等手段进行审查，对既符合条件又符合假释条件的案件，监狱未优先提请假释的，应依法监督狱优先提请假释。可以对"再犯罪的危险"进行指标量化评估，增强判断的客观性、科学性。对罪犯再犯罪危险的量化评估应以证据为中心，提升假释监督案件的实质化审查水平。注重发挥"派驻+巡回"检察机制优势，充分运用巡回检察成果，以"巡回切入、派驻跟进"的方式，依法推进假释制度适用。

最高人民检察院指导性案例第 196 号：罪犯杨某某假释监督案（2023 年 10 月 16 日发布）

△（禁止适用假释范围；能动履职；再犯罪的危险；抚养未成年子女）人民检察院在日常监督履职中发现罪犯符合假释法定条件而未被提请假释的，应当依法建议刑罚执行机关启动假释提请程序。要准确把握禁止适用假释的罪犯范围，对于故意杀人罪等严重暴力犯罪罪犯，没有被判处十年以上有期徒刑、无期徒刑且不是累犯的，不属于禁止适用假释的情形，可在综合判断其主观恶性、服刑期间现实表现等基础上，对于符合假释条件的，依法提出适用假释意见。注重贯彻宽严相济刑事政策，对有未成年子女确需本人抚养且配偶正在服刑等特殊情况的罪犯，可以依法提出从宽适用假释的建议。

最高人民检察院指导性案例第 197 号：罪犯刘某某假释监督案（2023 年 10 月 16 日发布）

△（单位犯罪；直接负责的主管人员假释；财产性判项履行；调查核实；公开听证）人民检察院办理涉及单位犯罪罪犯的假释监督案件，应分别审查罪犯个人和涉罪单位的财产性判项履行情况。对于罪犯个人财产性判项全部履行，涉罪单位财产性判项尚未履行或未全部履行，且不能归责于罪犯个人原因的，一般不影响对罪犯的假释。除实质化审查单位犯罪的罪犯原判刑罚、犯罪情节、刑罚执行中的表现等因素外，还应重点调查核实罪犯假释后对单位财产性判项履行的实际影响，实现假释案件办理"三个效果"有机统一。

最高人民检察院指导性案例第 198 号：罪犯邹某某假释监督案（2023 年 10 月 16 日发布）

△（假释刑期条件；执行原判刑期二分之一；先行羁押；折抵刑期）人民检察院应当准确把握假释罪犯的服刑期限条件，被判处有期徒刑的罪犯"执行原判刑期二分之一以上"的期限，包括罪犯在监狱内服刑期和罪犯判决执行前先行羁押期限。注重通过个案办理，推动司法行政机关及时调整不符合法律规定和立法原意的相关规定，保障法律统一正确实施。

最高人民检察院指导性案例第 199 号：罪犯唐某假释监督案（2023 年 10 月 16 日发布）

△（毒品犯罪；虚假证明材料；悔改表现；不适用假释）人民检察院要加强对再犯罪危险性高的

罪犯,如毒品犯罪罪犯等假释适用条件的审查把关。要深入开展调查核实工作,注重实质化审查,准确认定涉毒罪犯是否确有悔改表现和有无再犯罪危险。罪犯采取不正当手段获取虚假证明材料意图获得假释的,表明主观上未能真诚悔罪,不能认定其确有悔改表现。在办理假释监督案件过程中,发现违纪违法等问题线索的,应依法移送相关机关办理,延伸监督效果。

【参考案例】

No.4-236-12 丁立军强奸、抢劫、盗窃案
在假释考验期间直至期满后连续犯罪的,应当撤销假释,实行数罪并罚。

No.4-236-13 丁立军强奸、抢劫、盗窃案
在假释考验期间直至期满连续犯罪的,其假释期满所犯的部分罪行不再认定为累犯。

第八十二条 【假释程序】
对于犯罪分子的假释,依照本法第七十九条规定的程序进行。非经法定程序不得假释。

【条文说明】

本条是关于假释程序的规定。

对于犯罪分子的假释,必须依照法律规定的程序进行,非经法定程序不得假释。根据本条规定,假释的程序依照《刑法》第七十九条规定的减刑程序进行。《刑法》第七十九条规定:"对于犯罪分子的减刑,由执行机关向中级以上人民法院提出减刑建议书,人民法院应当组成合议庭进行审理,对确有悔改或者立功事实的,裁定予以减刑。非经法定程序不得减刑。"据此,对于犯罪分子的假释,**应当由执行机关向中级以上人民法院提出假释建议书,中级以上人民法院应当组成合议庭审理假释案件。**人民法院应当依照《刑法》第八十一条的规定对犯罪分子是否符合假释条件进行审理,即被判处有期徒刑的犯罪分子,是否已经实际执行原判刑罚二分之一以上刑期;被判处无期徒刑的犯罪分子,是否已经实际执行十三年以上刑期,更重要的是,应审查罪犯在狱中是否认真遵守监规,接受教育改造,确有悔改表现,假释后有没有再犯罪危险。经过审理,人民法院认为符合假释条件的,应当作出假释的裁定。对于不符合假释条件的,不予假释。

对于决定假释的,应当制作裁定书,裁定书应当送达提出假释建议的执行机关。不经过上述法定的假释程序,不得假释。

【司法解释】

《最高人民法院关于适用〈中华人民共和国刑事诉讼法〉的解释》(法释〔2021〕1号,自2021年3月1日起施行)

△(假释;死刑缓期执行;无期徒刑;拘役;管制;减刑建议书)对减刑、假释案件,应当按照下列情形分别处理:

(一)对被判处死刑缓期执行的罪犯的减刑,由罪犯服刑地的高级人民法院在收到同级监狱管理机关审核同意的减刑建议书后一个月以内作出裁定;

(二)对被判处无期徒刑的罪犯的减刑、假释,由罪犯服刑地的高级人民法院在收到同级监狱管理机关审核同意的减刑、假释建议书后一个月以内作出裁定,案情复杂或者情况特殊的,可以延长一个月;

(三)对被判处有期徒刑和被减为有期徒刑的罪犯的减刑、假释,由罪犯服刑地的中级人民法院在收到执行机关提出的减刑、假释建议书后一个月以内作出裁定,案情复杂或者情况特殊的,可以延长一个月;

(四)对被判处管制、拘役的罪犯的减刑,由罪犯服刑地的中级人民法院在收到同级执行机关审核同意的减刑建议书后一个月以内作出裁定。

对社区矫正对象的减刑,由社区矫正执行地的中级以上人民法院在收到社区矫正机构减刑建议书后三十日以内作出裁定。(§534)

△(假释;移送材料;补送)受理减刑、假释案件,应当审查执行机关移送的材料是否包括下列内容:

(一)减刑、假释建议书;

(二)原审法院的裁判文书、执行通知书、历次减刑裁定书的复制件;

(三)证明罪犯确有悔改、立功或者重大立功表现具体事实的书面材料;

(四)罪犯评审鉴定表、奖惩审批表等;

(五)罪犯假释后对所居住社区影响的调查评估报告;

(六)刑事裁判涉财产部分、附带民事裁判的执行、履行情况;

(七)根据案件情况需要移送的其他材料。

人民检察院对报请减刑、假释案件提出意见的,执行机关应当一并移送受理减刑、假释案件的人民法院。

经审查,材料不全的,应当通知提请减刑、假释的执行机关在三日以内补送;逾期未补送的,不予立案。(§535)

△(**有悔改表现**)审理减刑、假释案件,对罪犯积极履行刑事裁判涉财产部分、附带民事裁判确定的义务的,可以认定有悔改表现,在减刑、假释时从宽掌握;对确有履行能力而不履行或者不全部履行的,在减刑、假释时从严掌握。(§536)

△(**假释;公示**)审理减刑、假释案件,应当在立案后五日以内对下列事项予以公示:

(一)罪犯的姓名、年龄等个人基本情况;
(二)原判认定的罪名和刑期;
(三)罪犯历次减刑情况;
(四)执行机关的减刑、假释建议和依据。

公示应当写明公示期限和提出意见的方式。(§537)

△(**假释;书面审理;开庭审理**)审理减刑、假释案件,应当组成合议庭,可以采用书面审理的方式,但下列案件应当开庭审理:

(一)因罪犯有重大立功表现提请减刑的;
(二)提请减刑的起始时间、间隔时间或者减刑幅度不符合一般规定的;
(三)被提请减刑、假释罪犯系职务犯罪犯、组织、领导、参加、包庇、纵容黑社会性质组织罪犯,破坏金融管理秩序罪犯或者金融诈骗罪犯的;
(四)社会影响重大或者社会关注度高的;
(五)公示期间收到不同意见的;
(六)人民检察院提出异议的;
(七)有必要开庭审理的其他案件。(§538)

△(**假释裁定;社区矫正**)人民法院作出减刑、假释裁定后,应当在七日以内送达提请减刑、假释的执行机关、同级人民检察院以及罪犯本人。人民检察院认为减刑、假释裁定不当的,在法定期限内提出书面纠正意见的,人民法院应当在收到意见后另行组成合议庭审理,并在一个月以内作出裁定。

对假释的罪犯,适用本解释第五百一十九条的有关规定,依法实行社区矫正。(§539)

△(**提请撤回假释建议**)减刑、假释裁定作出前,执行机关书面提请撤回假释建议的,人民法院可以决定是否准许。(§540)

△(**已经生效的减刑、假释裁定确有错误;审理**)人民法院发现本院已经生效的减刑、假释裁定确有错误的,应当另行组成合议庭审理;发现下级人民法院已经生效的减刑、假释裁定确有错误的,可以指令下级人民法院另行组成合议庭审理,也可以自行组成合议庭审理。(§541)

《**最高人民法院关于办理减刑、假释案件具体应用法律的规定**》(法释〔2016〕23号,自2017年1月1日起施行)

△(**审判监督程序;原假释裁定;原判决已经实际执行的刑期**)人民法院按照审判监督程序重新审理的案件,裁定维持原判决、裁定的,原减刑、假释裁定继续有效。

再审判决改变原判决、裁定的,原减刑、假释裁定自动失效,执行机关应当及时报请有管辖权的人民法院重新作出是否减刑、假释的裁定。重新作出减刑裁定时,不受本规定有关减刑起始时间、间隔时间和减刑幅度的限制。重新裁定时应综合考虑各方面因素,减刑幅度不得超过原裁定减去的刑期总和。

再审改判为死刑缓期执行或者无期徒刑的,在新判决减为有期徒刑之时,原判决已经实际执行的刑期一并扣减。

再审裁判宣告无罪的,原减刑、假释裁定自动失效。(§32)

【**司法解释性文件**】

《**人民检察院办理减刑、假释案件规定**》(高检发监字〔2014〕8号,2014年8月1日公布)

△(**假释的提请、审理、裁定等;法律监督;人民检察院**)人民检察院依法对减刑、假释案件的提请、审理、裁定等活动是否合法实行法律监督。(§2)

△(**假释;提请活动;审理、裁定活动;监督;派员出席法庭;报告**)人民检察院办理减刑、假释案件,应当按照下列情形分别处理:

(一)对减刑、假释案件提请活动的监督,由对执行机关承担检察职责的人民检察院负责;
(二)对减刑、假释案件审理、裁定活动的监督,由人民法院的同级人民检察院负责;同级人民检察院对执行机关不承担检察职责的,可以根据需要指定对执行机关承担检察职责的人民检察院派员出席法庭;下级人民检察院发现减刑、假释裁定不当的,应当及时向作出减刑、假释裁定的人民法院的同级人民检察院报告。(§3)

△(**统一案件管理;办案责任制**)人民检察院办理减刑、假释案件,依照规定实行统一案件管理和办案责任制。(§4)

△(**及时审查;调查评估报告**)人民检察院收到执行机关移送的下列减刑、假释案件材料后,应

当及时进行审查：

（一）执行机关拟提请减刑、假释意见；

（二）终审法院裁判文书、执行通知书、历次减刑裁定书；

（三）罪犯确有悔改表现、立功表现或者重大立功表现的证明材料；

（四）罪犯评审鉴定表、奖惩审批表；

（五）其他应当审查的案件材料。

对拟提请假释案件，还应当审查社区矫正机构或者基层组织关于罪犯假释后对所居住社区影响的调查评估报告。（§ 5）

△（应当调查核实）具有下列情形之一的，人民检察院应当进行调查核实：

（一）拟提请减刑、假释罪犯系职务犯罪罪犯、破坏金融管理秩序和金融诈骗犯罪罪犯、黑社会性质组织犯罪罪犯，严重暴力恐怖犯罪罪犯，或者其他在社会上有重大影响、社会关注度高的罪犯；

（二）因罪犯有立功表现或者重大立功表现拟提请减刑的；

（三）拟提请减刑、假释罪犯的减刑幅度大、假释考验期长、起始时间早、间隔时间短或者实际执行刑期短的；

（四）拟提请减刑、假释罪犯的考核计分高、专项奖励多或者鉴定材料、奖惩记录有疑点的；

（五）收到控告、举报的；

（六）其他应当进行调查核实的。（§ 6）

△（调查核实内容）人民检察院可以采取调阅复制有关材料、重新组织诊断鉴别、进行文证鉴定、召开座谈会、个别询问等方式，对下列情况进行调查核实：

（一）拟提请减刑、假释罪犯在服刑期间的表现情况；

（二）拟提请减刑、假释罪犯的财产刑执行、附带民事裁判履行、退赃退赔等情况；

（三）拟提请减刑罪犯的立功表现、重大立功表现是否属实，发明创造、技术革新是否系罪犯在服刑期间独立完成并经有关主管机关确认；

（四）拟提请假释罪犯的身体状况、性格特征、假释后生活来源和监管条件等影响再犯罪的因素；

（五）其他应当进行调查核实的情况。（§ 7）

△（派员列席执行机关提请假释评审会议；发表意见）人民检察院可以派员列席执行机关提请减刑、假释评审会议，了解案件有关情况，根据需要发表意见。（§ 8）

△（建议执行机关提请假释）人民检察院发现罪犯符合减刑、假释条件，但是执行机关未提请减刑、假释的，可以建议执行机关提请减刑、假释。（§ 9）

△（逐案审查；书面意见；审查期限）人民检察院收到执行机关抄送的减刑、假释建议书副本后，应当逐案进行审查，可以向人民法院提出书面意见。发现减刑、假释建议不当或者提请减刑、假释违反法定程序的，应当在收到建议书副本后十日以内，依法向审理减刑、假释案件的人民法院提出书面意见，同时将检察意见书副本抄送执行机关。案情复杂或者情况特殊的，可以延长十日。（§ 10）

△（开庭审理；应当指派检察人员出席法庭）人民法院开庭审理减刑、假释案件的，人民检察院应当指派检察人员出席法庭，发表检察意见，并对法庭审理活动是否合法进行监督。（§ 11）

△（出席法庭；检察官职务及人数）出席法庭的检察人员不得少于二人，其中至少一人具有检察官职务。（§ 12）

△（庭审前准备工作）检察人员应当在庭审前做好下列准备工作：

（一）全面熟悉案情，掌握证据情况，拟定法庭调查提纲和出庭意见；

（二）对执行机关提请减刑、假释有异议的案件，应当收集相关证据，可以建议人民法院通知相关证人出庭作证。（§ 13）

△（宣读减刑建议书；检察意见）庭审开始后，在执行机关代表宣读减刑、假释建议书并说明理由之后，检察人员应当发表检察意见。（§ 14）

△（出示证据；申请证人出庭作证；向被提请减刑、假释的罪犯及证人提问；发表意见）庭审过程中，检察人员对执行机关提请减刑、假释有疑问的，经审判长许可，可以出示证据，申请证人出庭作证，要求执行机关代表出示证据或者作出说明，向被提请减刑、假释的罪犯及证人提问并发表意见。（§ 15）

△（总结性意见）法庭调查结束时，在被提请减刑、假释罪犯作最后陈述之前，经审判长许可，检察人员可以发表总结性意见。（§ 16）

△（补充鉴定或重新鉴定；通知新证人出庭；建议休庭）庭审过程中，检察人员认为需要进一步调查核实案件事实、证据，需要补充鉴定或者重新鉴定，或者需要通知新的证人到庭的，应当建议休庭。（§ 17）

△（纠正意见）检察人员发现法庭审理活动违反法律规定的，应当在庭审后及时向本院检察长报告，依法向人民法院提出纠正意见。（§ 18）

△（假释裁定书副本；审查内容）人民检察院收到人民法院减刑、假释裁定书副本后，应当及时审查下列内容：

第四章 刑罚的具体运用　　　　　　　　　　　　　　　　　　　　　　第八十三条-第八十四条

（一）人民法院对罪犯裁定予以减刑、假释，以及起始时间、间隔时间、实际执行刑期、减刑幅度或者假释考验期是否符合有关规定；

（二）人民法院对罪犯裁定不予减刑、假释是否符合有关规定；

（三）人民法院审理、裁定减刑、假释的程序是否合法；

（四）按照有关规定应当开庭审理的减刑、假释案件，人民法院是否开庭审理；

（五）人民法院减刑、假释裁定书是否依法送达执行并向社会公布。（§19）

△（**书面纠正意见**）人民检察院经审查认为人民法院减刑、假释裁定不当的，应当在收到裁定书副本后二十日以内，依法向作出减刑、假释裁定的人民法院提出书面纠正意见。（§20）

△（**监督；纠正；重组合议庭审理**）人民检察院对人民法院减刑、假释裁定提出纠正意见的，应当监督人民法院在收到纠正意见后一个月以内重新组成合议庭进行审理并作出最终裁定。（§21）

△（**确有错误；书面纠正意见；审判监督程序；另组合议庭重新审理**）人民检察院发现人民法院已经生效的减刑、假释裁定确有错误的，应当向人民法院提出书面纠正意见，提请人民法院按照审判监督程序依法另组合议庭重新审理并作出裁定。（§22）

△（**涉嫌违法；纠正违法意见；纪律处分；刑事责任**）人民检察院收到控告、举报或者发现司法工作人员在办理减刑、假释案件中涉嫌违法的，应当依法进行调查，并根据情况，向有关单位提出纠正违法意见，建议更换办案人，或者建议予以纪律处分；构成犯罪的，依法追究刑事责任。（§23）

△（**职务犯罪；减刑；备案审查**）人民检察院办理职务犯罪犯减刑、假释案件，按照有关规定实行备案审查。（§24）

第八十三条　【假释考验期限与计算】
有期徒刑的假释考验期限，为没有执行完毕的刑期；无期徒刑的假释考验期限为十年。
假释考验期限，从假释之日起计算。

【条文说明】

本条是关于假释考验期限及其计算的规定。本条共分为两款。

第一款是关于假释考验期限的规定。根据本款规定，假释考验期限分为以下两类：一是**有期徒刑的假释考验期限为没有执行完毕的刑期**，也就是说被判处有期徒刑的犯罪分子的假释考验期限为没有执行完毕的刑期期限或者剩余刑罚的期限。二是**无期徒刑的考验期限为十年**，即不论被判处无期徒刑的犯罪分子实际执行刑罚多少年，其假释考验期限都应从人民法院裁定其假释之日起计算，一律为十年。

第二款是关于假释考验期限计算的规定。根据本款规定，**考验期限从人民法院依法裁定假释之日起计算**。

需要注意的是，本条第一款规定的无期徒刑的假释考验期限为十年，是指无期徒刑没有减刑而直接适用假释的情况；**对于原判无期徒刑，后减为有期徒刑的假释考验期限，应为减刑以后没有执行完毕的刑期**。

第八十四条　【假释犯应遵守的规定】
被宣告假释的犯罪分子，应当遵守下列规定：
（一）遵守法律、行政法规，服从监督；
（二）按照监督机关的规定报告自己的活动情况；
（三）遵守监督机关关于会客的规定；
（四）离开所居住的市、县或者迁居，应当报经监督机关批准。

【条文说明】

本条是关于被假释的犯罪分子在假释考验期限内应当遵守规定的规定。

被宣告假释的犯罪分子在假释考验期限内，应当遵守下列规定：

1. **遵守法律、行政法规，服从监督**。"遵守法律、行政法规"，是每个公民都应当履行的法律义务，无论是否在假释考验期间，假释对象都应当自觉遵守法律、行政法规，这也是预防其再次违法犯罪的有效途径，也是监督其是否改过自新的重要标准。这样规定也与社区矫正法等有关法律规定的要求是一致的。

2. 按照监督机关的规定报告自己的活动情况。 这是指按照社区矫正机构的要求，定期或不定期地报告自己在假释期间的活动情况，如报告自己的工作情况和遵纪守法情况等。这样规定主要是为了及时了解、掌握假释对象的现实情况，以便更好地为其提供教育帮扶。

3. 遵守监督机关关于会客的规定。 这是指遵守监督机关向其宣布的有关会客的要求和规定，结合本法和社区矫正法的相关规定，主要是要遵守社区矫正机构向其宣布的有关会客的要求和规定。规定社区矫正对象应当遵守会客的监督管理规定，主要是为了防止其受外界的不良影响、干扰，以致继续犯罪或重新违法犯罪。

4. 离开所居住的市、县或者迁居，应当报经监督机关批准。 结合本法和社区矫正法的相关规定，假释对象未经批准不得擅自离开所居住的市、县或者迁居，因故需要离开的应当履行必要的请假、变更手续。《社区矫正法》第二十七条规定："社区矫正对象离开所居住的市、县或者迁居，应当报经社区矫正机构批准。社区矫正机构对于有正当理由的，应当批准；对于因正常工作和生活需要经常性跨市、县活动的，可以根据情况，简化批准程序和方式。因社区矫正对象迁居等原因需要变更执行地的，社区矫正机构应当按照有关规定作出变更决定。社区矫正机构作出变更决定后，应当通知社区矫正决定机关和变更后的社区矫正机构，并将有关法律文书抄送变更后的社区矫正机构。变更后的社区矫正机构应当将法律文书转送所在地的人民检察院、公安机关。"

需要注意的是，刑法对包含假释犯在内的社区矫正对象的报告、会客、外出、迁居等监督管理措施作了规定，但总体比较原则。2019年12月28日，第十三届全国人大常委会第十五次会议审议通过了《社区矫正法》。社区矫正是贯彻宽严相济刑事政策、推进国家治理体系和治理能力现代化的一项重要制度，是立足我国国情和刑事司法实践经验的基础上，借鉴吸收其他国家有益做法，逐步发展起来的中国特色的非监禁的刑事执行制度。《社区矫正法》明确社区矫正机构负责社区矫正工作的具体实施，社区矫正机构特别是基层社区矫正机构对社区矫正对象直接负有监督管理和教育帮扶的职责，社区矫正对象应当自觉服从其管理。实践中，作为社区矫正对象重要组成部分的假释犯，不仅要遵守刑法关于监督考察的规定，同时也要遵守社区矫正法的规定。相较于刑法，社区矫正法的规定更为具体、详细，但两者规定的精神和基本要求是一致的。执行机关和假释对象应将两部法律的规定和要求结合起来理解和适用。

第八十五条　【社区矫正与假释考验期满的处理】

对假释的犯罪分子，在假释考验期限内，依法实行社区矫正，如果没有本法第八十六条规定的情形，假释考验期满，就认为原判刑罚已经执行完毕，并公开予以宣告。

【立法沿革】

《中华人民共和国刑法》（1997年修订，自1997年10月1日起施行）

第八十五条

被假释的犯罪分子，在假释考验期限内，由公安机关予以监督，如果没有本法第八十六条规定的情形，假释考验期满，就认为原判刑罚已经执行完毕，并公开予以宣告。

《中华人民共和国刑法修正案（八）》（自2011年5月1日起施行）

十七、将刑法第八十五条修改为：

"对假释的犯罪分子，在假释考验期限内，依法实行社区矫正，如果没有本法第八十六条规定的情形，假释考验期满，就认为原判刑罚已经执行完毕，并公开予以宣告。"

【条文说明】

本条是关于**对假释的犯罪分子实行社区矫正以及假释考验期满如何处理的规定**。

本条主要规定了两层意思。

1. 被假释的犯罪分子，在假释考验期限内，依法实行社区矫正。 2003年以来，有关部门在一些地方开展社区矫正试点工作，各方面反响较好，2009年有关部门又进一步在全国试行社区矫正。社区矫正是将符合法定条件的罪犯置于社区内，由专门的国家机关在相关社会团体、民间组织和社会志愿者的协助下,在判决、裁定或决定确定的期限内,矫正其犯罪心理和行为恶习,促进其顺利回归社会的刑事执行活动。本条的规定为通过社区矫正,对被假释的犯罪分子依法实行教育、管理和监督提供了必要的法律依据。2019年12月28日,第十三届全国人大常委会第十五次会议通过了《社区矫正法》,自2020年7月1日起施行。对于假释犯的监督考察,应当结合社区矫正法的具体内容开展。社区矫正机构应当按照《刑法》第八十四条和有关部门关于假释的监督管理规定,认真履行社区矫正职责,加强对被假释犯罪分子的监督管理和教育改造,督促他们在考验期间改恶从善,重新做人。

2. 规定了假释考验期满的处理。《刑法》第八十六条规定了撤销假释的具体情形:"被假释的犯罪分子,在假释考验期限内犯新罪,应当撤销假释,依照本法第七十一条的规定实行数罪并罚。在假释考验期限内,发现被假释的犯罪分子在判决宣告以前还有其他罪没有判决的,应当撤销假释,依照本法第七十条的规定实行数罪并罚。被假释的犯罪分子,在假释考验期限内,有违反法律、行政法规或者国务院有关部门关于假释的监督管理规定的行为,尚未构成新的犯罪的,应当依照法定程序撤销假释,收监执行未执行完毕的刑罚。"如果在假释考验期限内,被假释的犯罪分子没有《刑法》第八十六条规定的情形,即**犯罪分子在假释考验期限内没有再犯新罪,没有发现在判决宣告前还有漏罪没有判决,没有严重的违法行为,假释考验期满的,就认为犯罪分子的原判刑罚已经执行完毕**。同时,有关方面应当向犯罪分子和当地群众、组织或其单位公开予以宣告假释期满,执行完毕。这里的"执行完毕"与《刑法》期满原判刑罚"不再执行",其法律效果是不同的,被假释的犯罪分子在假释期满以后,如果五年以内再犯应当判处有期徒刑以上刑罚之罪的,**仍能构成累犯**;而被宣告缓刑的犯罪分子,在缓刑期满以后五年以内再犯应当判处有期徒刑以上刑罚之罪的,则不能构成累犯,因为缓刑期满,原判刑罚并没有实际执行,不构成累犯的条件。

需要注意的是,2011年《刑法修正案(八)》关于假释监督机关的修改,并不是简单地将监督机关由一个部门更换为另一个部门。社区矫正是一项综合性很强的工作,需要各有关部门分工配合,并充分动员社会各方面力量,共同做好工作。虽然《刑法修正案(八)》将刑法原来规定的"由公安机关予以监督"修改为"依法实行社区矫正",但这并不意味着公安机关不再承担被假释的犯罪分子的监督管理职责。根据社区矫正法的规定,在社区矫正工作中,公安机关承担着为社区矫正机构开展社会矫正活动提供警务保障的重要职责。

【司法解释性文件】

《最高人民法院、最高人民检察院、公安部、司法部关于印发〈中华人民共和国社区矫正法实施办法〉的通知》(司发通〔2020〕59号,2020年6月18日公布)

△(**违反监督管理规定或者人民法院禁止令等违法情形;撤销缓刑、撤销假释或者暂予监外执行收监执行的法定情形**)发现社区矫正对象有违反监督管理规定或者人民法院禁止令等违法情形的,执行地县级社区矫正机构应当调查核实情况,收集有关证据材料,提出处理意见。

社区矫正机构发现社区矫正对象有撤销缓刑、撤销假释或者暂予监外执行收监执行的法定情形的,应当组织开展调查取证工作,依法向社区矫正决定机关提出撤销缓刑、撤销假释或者暂予监外执行收监执行建议,并将建议书抄送同级人民检察院。(§40)

△(**依法决定行政拘留、司法拘留、强制隔离戒毒等;因涉嫌犯新罪、发现判决宣告前还有其他罪没有判决被采取强制措施**)社区矫正对象被依法决定行政拘留、司法拘留、强制隔离戒毒等或者因涉嫌犯新罪、发现判决宣告前还有其他罪没有判决被采取强制措施的,决定机关应当自作出决定之日起三日内将有关情况通知执行地县级社区矫正机构和执行地县级人民检察院。(§41)

△(**矫正期限届满;解除矫正手续;解除社区矫正证明书;暂予监外执行;赦免**)社区矫正对象矫正期限届满,且在社区矫正期间没有应当撤销缓刑、撤销假释或者暂予监外执行收监执行情形的,社区矫正机构依法办理解除矫正手续。

社区矫正对象一般应当在社区矫正期满三十日前,作出个人总结,执行地县级社区矫正机构应当根据其在接受社区矫正期间的表现等情况作出书面鉴定,与安置帮教工作部门做好衔接工作。

执行地县级社区矫正机构应当向社区矫正对象发放解除社区矫正证明书,并书面通知社区矫正决定机关,同时抄送执行地县级人民检察院和公安机关。

公安机关、监狱管理机关决定暂予监外执行的社区矫正对象刑期届满的,由看守所、监狱依法为其办理刑满释放手续。

社区矫正对象被赦免的,社区矫正机构应当向社区矫正对象发放解除社区矫正证明书,依法办理解除矫正手续。(§53)

△(**解除矫正宣告**)社区矫正对象矫正期满,

执行地县级社区矫正机构或者受委托的司法所可以组织解除矫正宣告。

解矫宣告包括以下内容：
（一）宣读对社区矫正对象的鉴定意见；
（二）宣布社区矫正期限届满，依法解除社区矫正；
（三）对判处管制的，宣布执行期满，解除管制；对宣告缓刑的，宣布缓刑考验期满，原判刑罚不再执行；对裁定假释的，宣布考验期满，原判刑罚执行完毕。

宣告由社区矫正机构或者司法所工作人员主持，矫正小组成员及其他相关人员到场，按照规定程序进行。（§54）

《最高人民法院、最高人民检察院、公安部、司法部关于对因犯罪在大陆受审的台湾居民依法适用缓刑实行社区矫正有关问题的意见》（法发〔2016〕33号，2016年7月26日公布）

△（台湾居民；假释；社区矫正）对因犯罪在大陆受审、执行刑罚的台湾居民判处管制、裁定假释、决定或者批准暂予监外执行，实行社区矫正的，可以参照适用本意见的有关规定。（§11）

第八十六条 【假释的撤销】

被假释的犯罪分子，在假释考验期限内犯新罪，应当撤销假释，依照本法第七十一条的规定实行数罪并罚。

在假释考验期限内，发现被假释的犯罪分子在判决宣告以前还有其他罪没有判决的，应当撤销假释，依照本法第七十条的规定实行数罪并罚。

被假释的犯罪分子，在假释考验期限内，有违反法律、行政法规或者国务院有关部门关于假释的监督管理规定的行为，尚未构成新的犯罪的，应当依照法定程序撤销假释，收监执行未执行完毕的刑罚。

【立法沿革】

《中华人民共和国刑法》（1997年修订，自1997年10月1日起施行）

第八十六条

被假释的犯罪分子，在假释考验期限内犯新罪，应当撤销假释，依照本法第七十一条的规定实行数罪并罚。

在假释考验期限内，发现被假释的犯罪分子在判决宣告以前还有其他罪没有判决的，应当撤销假释，依照本法第七十条的规定实行数罪并罚。

被假释的犯罪分子，在假释考验期限内，有违反法律、行政法规或者国务院公安部门有关假释的监督管理规定的行为，尚未构成新的犯罪的，应当依照法定程序撤销假释，收监执行未执行完毕的刑罚。

《中华人民共和国刑法修正案（八）》（自2011年5月1日起施行）

十八、将刑法第八十六条第三款修改为：
"被假释的犯罪分子，在假释考验期限内，有违反法律、行政法规或者国务院有关部门关于假释的监督管理规定的行为，尚未构成新的犯罪的，应当依照法定程序撤销假释，收监执行未执行完毕的刑罚。"

【条文说明】

本条是关于撤销假释的规定。

本条共分为三款。

第一款是关于**在假释考验期间犯新罪如何处理的规定**。根据本款规定，对在假释考验期间犯新罪的犯罪分子，应当撤销其假释，依照《刑法》第七十一条确定的先减后并原则实行并罚，也就是将前罪没有执行完的刑罚和后罪新判处的刑罚依照《刑法》第六十九条的规定确定应当执行的刑期。

第二款是关于**假释考验期间发现漏罪如何处理的规定**。根据本款规定，在假释考验期限内，如果发现被假释的犯罪分子在判决宣告以前还有其他罪没有判决的，应当撤销假释，依照《刑法》第七十条先并后减的原则实行数罪并罚，即将前后两罪的判决依照《刑法》第六十九条的规定确定刑罚，扣除已执行完的刑期后，剩余刑期为仍需执行的刑期。

第三款是关于**有违反法律、行政法规或者国务院有关部门关于假释的监督管理规定的行为如何处理的规定**。根据本款规定，在假释考验期限内，犯罪分子实施了违反法律、行政法规或者国务院有关部门关于假释的监督管理规定的行为，但尚未构成新的犯罪的，有关部门应当依法定程序对其撤销假释,并收执行其未执行完毕的刑罚。需要注意的是,犯罪分子违反的规定应当是**法律、行政法规或者国务院有关部门规章中与假释监管相关的规定**。一般的违法行为不应成为撤销假释的条件。根据2017年1月1日起施行的《最高人民法院关于办理减刑、假释案件具体应用法律的规定》第二十九条的规定,罪犯在假释考验期内违反法律、行政法规或者国务院有关部门关于假释的监督管理规定的,作出假释裁定的人民法院,应当在收到报请机关或者检察机关的撤销假释建议书后及时审查,作出是否撤销假释的裁定,并送达报请机关,同时抄送人民检察院、公安机关和原刑罚执行机关。罪犯在逃的,撤销假释裁定书可以作为对罪犯进行追捕的依据。

需要注意的是,根据上述司法解释第三十条的规定,**依照《刑法》第八十六条规定被撤销假释的罪犯,一般不得再假释**。但依照该条第二款被撤销假释的罪犯,如果对漏罪曾作如实供述但原判未予认定,或者漏罪系其自首,符合假释条件的,可以再假释。被撤销假释的罪犯,收监后符合减刑条件的,可以减刑,但减刑起始时间自收监之日起计算。

除本条的规定外,刑事诉讼法、社区矫正法也对撤销假释的条件、撤销假释的程序等作了规定,实践中需要结合适用。如《社区矫正法》第二十三条规定:"社区矫正对象在社区矫正期间应当遵守法律、行政法规,履行判决、裁定、暂予监外执行决定等法律文书确定的义务,遵守国务院司法行政部门关于报告、会客、外出、迁居、保外就医等监督管理规定,服从社区矫正机构的管理。"假释对象违反上述规定的,可能存在符合撤销假释的情形。此外,社区矫正法第六章专门对撤销假释的条件、程序等作了较为详细的规定。

【司法解释】

《最高人民法院关于适用刑法时间效力规定若干问题的解释》(法释〔1997〕5号,自1997年10月1日起施行)

△(**时间效力;撤销假释**)1997年9月30日以前被假释的犯罪分子,在1997年10月1日以后的假释考验期内,又犯新罪、被发现漏罪或者违反法律、行政法规或者国务院公安部门有关假释的监督管理规定的,适用刑法第八十六条的规定,撤销假释。(§9)

《最高人民法院关于办理减刑、假释案件具体应用法律的规定》(法释〔2016〕23号,自2017年1月1日起施行)

△(**撤销假释决定;罪犯在逃;追捕**)罪犯在假释考验期内违反法律、行政法规或者国务院有关部门关于假释的监督管理规定的,作出假释裁定的人民法院,应当在收到报请机关或者检察机关撤销假释建议书后及时审查,作出是否撤销假释的裁定,并送达报请机关,同时抄送人民检察院、公安机关和原刑罚执行机关。

罪犯在逃的,撤销假释裁定书可以作为对罪犯进行追捕的依据。(§29)

△(**撤销假释;如实供述;自首;假释;减刑**)依照刑法第八十六条规定被撤销假释的罪犯,一般不得再假释。但依照该条第二款被撤销假释的罪犯,如果罪犯对漏罪曾作如实供述但原判未予认定,或者漏罪系其自首,符合假释条件的,可以再假释。

被撤销假释的罪犯,收监后符合减刑条件的,可以减刑,但减刑起始时间自收监之日起计算。(§30)

《最高人民法院关于适用〈中华人民共和国刑事诉讼法〉的解释》(法释〔2021〕1号,自2021年3月1日起施行)

△(**撤销假释**)罪犯在缓刑、假释考验期限内犯新罪或者被发现在判决宣告前还有其他罪没有判决,应当撤销缓刑、假释的,由审判新罪的人民法院撤销原判决、裁定宣告的缓刑、假释,并书面通知原审人民法院和执行机关。(§542)

△(**撤销假释建议;提请逮捕**)被提请撤销缓刑、假释的罪犯可能逃跑或者可能发生社会危险,社区矫正机构在提出撤销缓刑、假释建议的同时,提请人民法院决定对其予以逮捕的,人民法院应当在四十八小时以内作出是否逮捕的决定。决定逮捕的,由公安机关执行。逮捕后的羁押期限不得超过三十日。(§544)

△(**撤销假释裁定;立即生效;折抵刑期**)人民法院应当在收到社区矫正机构的撤销缓刑、假释建议书后三十日以内作出裁定。撤销缓刑、假释的裁定一经作出,立即生效。

人民法院应当将撤销缓刑、假释裁定书送达社区矫正机构和公安机关,并抄送人民检察院,由公安机关将罪犯送交执行。执行以前被逮捕的,羁押一日折抵刑期一日。(§545)

【司法解释性文件】

《中央社会治安综合治理委员会办公室、最高人民法院、最高人民检察院、公安部、司法部关于加强和规范监外执行工作的意见》(高检会〔2009〕3号,2009年6月25日公布)

第八十七条

△（**撤销假释建议**）被宣告缓刑、假释的罪犯在缓刑、假释考验期间有下列情形之一的，由与原裁判人民法院同级的执行地公安机关提出撤销缓刑、假释的建议：

（1）人民法院、监狱、看守所已书面告知罪犯应当按时到执行地公安机关报到，罪犯未在规定的时间内报到，脱离监管三个月以上的；

（2）未经执行地公安机关批准擅自离开所居住的市、县或者迁居，脱离监管三个月以上的；

（3）未按照执行地公安机关的规定报告自己的活动情况或者不遵守执行机关关于会客等规定，经过三次教育仍然拒不改正的；

（4）有其他违反法律、行政法规或者国务院公安部门有关缓刑、假释的监督管理规定行为，情节严重的。（§15）

《最高人民法院、最高人民检察院、公安部、司法部关于印发〈关于监狱办理刑事案件有关问题的规定〉的通知》（司发通〔2014〕80号，2014年8月11日公布）

△（**撤销假释；逮捕；羁押**）罪犯在监狱内犯罪，假释期间被发现的，由审判新罪的人民法院撤销假释，并书面通知原裁定假释的人民法院和社区矫正机构。撤销假释的决定作出前，根据案件情况需要逮捕的，由人民检察院或者人民法院批准或者决定逮捕，公安机关执行逮捕，并将被逮捕人送监狱所在地看守所羁押，同时通知社区矫正机构。

刑满释放后发现，需要逮捕的，由监狱提请人民检察院审查批准逮捕，公安机关执行逮捕后，将被逮捕人送监狱所在地看守所羁押。（§3）

【参考案例】

No.5-264-86 **朱林森等盗窃案**

假释期间再犯新罪的，经减刑裁定减去的刑期不计入已经执行的刑期内。

第八节 时 效

第八十七条 【追诉期限】

犯罪经过下列期限不再追诉：

（一）法定最高刑为不满五年有期徒刑的，经过五年；

（二）法定最高刑为五年以上不满十年有期徒刑的，经过十年；

（三）法定最高刑为十年以上有期徒刑的，经过十五年；

（四）法定最高刑为无期徒刑、死刑的，经过二十年。如果二十年以后认为必须追诉的，须报请最高人民检察院核准。

【条文说明】

本条是关于犯罪追诉期限的规定。

"**追诉时效**"，是指依照法律规定对犯罪分子追究刑事责任的有效期限。在法定的追诉期限内，司法机关有权依法追究犯罪分子的刑事责任；超过法定追诉期限，不应再追究犯罪分子的刑事责任。根据刑法关于追诉时效制度的规定，《刑事诉讼法》第十六条对已过追诉时效案件的处理程序也作出了规定，犯罪已过追诉期限的，不追究刑事责任，已经追究的，应当撤销案件，或者不起诉，或者终止审理，或者宣告无罪。

本条针对不同的犯罪行为分别规定了四种不同的追诉期限：

1. 法定最高刑为不满五年有期徒刑的，经过五年。 就是说刑法对犯罪分子所犯罪行规定的刑罚，最高不超过五年有期徒刑的，如果犯罪人在五年之内没有被追究刑事责任的，不再追究。《刑法修正案（八）》增加了危险驾驶罪，《刑法修正案（九）》增加了使用虚假身份证件、盗用身份证件罪，以及代替考试罪等较轻犯罪，这类犯罪的最高刑为拘役。本条规定的法定最高刑为不满五年有期徒刑，最高刑为拘役的，应当理解为最高刑为不满五年有期徒刑的，适用该项规定的五年追诉期限。

2. 法定最高刑为五年以上不满十年有期徒刑的，经过十年。 根据《刑法》第九十九条的规定，"以上"包括本数。因此，法定最高刑为五年有期徒刑的，适用十年追诉期限。

3. 法定最高刑为十年以上有期徒刑的，经过十五年。 同样，根据《刑法》第九十九条的规定，"以上"包括本数。因此，最高刑为十年有期徒刑的，也按照十五年的追诉期处理。

4. 法定最高刑为无期徒刑、死刑的，经过二十年。如果二十年以后认为必须追诉的，须报请最高人民检察院核准。也就是说，虽然经过二十年，但由于案件后果特别严重、情节特别恶劣、社会影响特别重大等特殊原因，不追究刑事责任严重违反公平正义，严重影响国家安全、重大社会公共利益，必须予以追究的，经最高人民检察院核准同意，可以不受追诉期限的限制。这就是通常所说的核准追诉。这一制度规定对于弥补特殊情形下追诉期限规定的缺陷具有重要意义。一方面坚持追诉时效制度的基本定位，另一方面为实践留有余地，由最高人民检察院根据案件情况、社会影响等因素决定是否核准，能最大限度地发挥刑法惩处犯罪、平衡维护公平正义与保持社会关系平稳的关系。2012年《最高人民检察院关于办理核准追诉案件若干问题的规定》、2019年《人民检察院刑事诉讼规则》等对核准追诉的条件和程序作了具体规定，涉嫌犯罪的行为应当适用的法定量刑幅度的最高刑为无期徒刑或者死刑的，涉嫌犯罪的性质、情节和后果特别严重，虽然已过二十年追诉期限，但社会危害性和影响依然存在，不追究会严重影响社会稳定或者产生其他后果，而必须追诉的，最高人民检察院依法核准追诉，并对有关报请核准的具体程序作了规定。实践中最高人民检察院公布了一些核准追诉的指导案例。近些年来，随着DNA检测和信息系统建设等技术手段应用于刑侦领域，一些二十年以前发生的重大案件不断被破获，对此一方面应当依照刑法追诉期限的规定精神处理，另一方面必须追诉的应当报请核准，进一步发挥好核准追诉制度的作用和意义。

实践中需要注意以下两个方面的问题：

1. 在确定追究时效的法定最高刑时，需注意以下两个问题：（1）法定最高刑不是指罪犯应判决的具体期限，而是指根据犯罪分子的犯罪性质和法定情节，与其所犯罪行相对应的刑法分则条文规定的处刑档次中的最高刑。（2）法定最高刑也不是指某种性质犯罪全部刑罚的最高刑，而是指某种性质犯罪中可以划分处刑情况基本相适应的某一档处刑的最高刑。即对犯罪分子应在该档量刑幅度内处刑的档次最高刑。例如，犯故意杀人罪，法定最高刑有两档：一档的最高刑是死刑；而情节较轻的另一档，最高刑为十年有期徒刑。在确定追诉时效期限时，应首先根据犯罪情节确定行为人应当适用的量刑幅度是"死刑、无期徒刑或者十年以上有期徒刑"，还是"三年以上十年以下有期徒刑"，然后确定其追诉时效期限是二十年，还是十五年。

2. 关于追诉时效计算截止点。《刑法》第八十七条根据犯罪轻重规定了不再追诉的具体期限。对何为追诉、追诉期限的计算以何时间点截止没有明确规定。理论上对于追诉期限截止点的理解也不一致。多数观点认为，追诉是指进入刑事诉讼程序，即立案侦查是追诉期限的截止点；也有国家如日本，其刑事诉讼法将提起公诉作为追诉时效计算的截止点；还有国家如德国和我国，一些法院在审判实践中将法院立案审查或者审理作为截止点。上述对追诉和追诉期限计算截止点的不同理解，对一些即将到了追诉期限案件的处理会有不同结论。应当说，**刑法追诉时效制度中的"追诉"，应是指国家追究犯罪人刑事责任的活动**。根据刑事诉讼法的有关规定，立案侦查、审查起诉和审判是刑事诉讼活动的不同阶段，人民法院、人民检察院和公安机关在进行刑事诉讼活动中分工负责，互相配合，互相制约，**立案侦查**是追诉活动的一部分，在刑法规定的追诉时效期限以内立案侦查表明国家已经开始行使对犯罪人的追诉权，依法不应当再计算追诉时效期限。如果立案侦查、审查起诉期间继续计算追诉时效期限，如何实现刑法惩罚犯罪、保护人民的目的，如何保证诉讼质量，与刑事诉讼法规定的办案期限是否协调等都需要进一步研究。但是，将立案侦查作为追诉时效期限计算的终止点，也还有一些问题需要进一步研究。如侦查机关立案后，不采取实质措施追究犯罪，久拖不办，犯罪嫌疑人又没有逃避侦查的，这种情况下无论经过多长时间都要追究刑事责任，是否符合追诉时效制度的目的等，也都还需要进一步研究。

【司法解释】

《人民检察院刑事诉讼规则》（高检发释字〔2019〕4号，自2019年12月30日起施行）

△（报请核准追诉）法定最高刑为无期徒刑、死刑的犯罪，已过二十年追诉期限的，不再追诉。如果认为必须追诉的，须报请最高人民检察院核准。（§320）

△（强制措施；逮捕；侦查；提起公诉）须报请最高人民检察院核准追诉的案件，公安机关在核准之前可以依法对犯罪嫌疑人采取强制措施。

公安机关报请核准追诉并提请逮捕犯罪嫌疑人，人民检察院经审查认为必须追诉而且符合法定逮捕条件的，可以依法批准逮捕，同时要求公安机关在报请核准追诉期间不得停止对案件的侦查。

未经最高人民检察院核准，不得对案件提起公诉。（§321）

第八十七条

△(**报请核准追诉;要件**)报请核准追诉的案件应当同时符合下列条件:

(一)有证据证明存在犯罪事实,且犯罪事实是犯罪嫌疑人实施的;

(二)涉嫌犯罪的行为应当适用的法定量刑幅度的最高刑为无期徒刑或者死刑;

(三)涉嫌犯罪的性质、情节和后果特别严重,虽然已过二十年追诉期限,但社会危害性和影响依然存在,不追诉会严重影响社会稳定或者产生其他严重后果,而必须追诉的;

(四)犯罪嫌疑人能够及时到案接受追诉。(§322)

△(**公安机关报请核准追诉;层报**)公安机关报请核准追诉的案件,由同级人民检察院受理并层报最高人民检察院审查决定。(§323)

△(**检察委员会审议;核准追诉案件报告书**)地方各级人民检察院对公安机关报请核准追诉的案件,应当及时进行审查并开展必要的调查。经检察委员会审议提出是否同意核准追诉的意见,制作报请核准追诉案件报告书,连同案卷材料一并层报最高人民检察院。(§324)

△(**核准追诉决定书/不予核准追诉决定书**)最高人民检察院收到省级人民检察院报送的报请核准追诉案件报告书及案卷材料后,应当及时审查,必要时指派检察人员到案发地了解案件有关情况。经检察长批准,作出是否核准追诉的决定,并制作核准追诉决定书或者不予核准追诉决定书,逐级下达至最初受理案件的人民检察院,由其送达报请核准追诉的公安机关。(§325)

△(**变更强制措施;延长侦查羁押期限**)对已经采取强制措施的案件,强制措施期限届满不能作出是否核准追诉决定的,应当对犯罪嫌疑人变更强制措施或者延长侦查羁押期限。(§326)

△(**决定核准追诉;决定不予核准追诉**)最高人民检察院决定核准追诉的案件,最初受理案件的人民检察院应当监督公安机关的侦查工作。

最高人民检察院决定不予核准追诉,公安机关未及时撤销案件的,同级人民检察院应当提出纠正意见。犯罪嫌疑人在押的,应当立即释放。(§327)

【**司法解释性文件**】

《**最高人民法院、最高人民检察院关于不再追诉去台人员在中华人民共和国成立前的犯罪行为的公告**》(1988年3月14日公布)

△(**中华人民共和国成立前;去台人员;追诉时效**)对去台人员在中华人民共和国成立前在大陆犯有罪行的,根据《中华人民共和国刑法》第七十六条①关于对犯罪追诉时效的规定的精神,决定对其当时所犯罪行不再追诉。

《**最高人民法院、最高人民检察院关于不再追诉去台人员在中华人民共和国成立后当地人民政权建立前的犯罪行为的公告**》[〔89〕高检会(研)字第12号,1989年9月7日公布]

△(**去台人员;犯罪地方人民政权建立前;历史罪行;不再追诉**)对去台人员在中华人民共和国成立后、犯罪地方人民政权建立前所犯历史罪行,不再追诉。(§1)

△(**犯罪地方人民政权建立前;追诉期限;报请最高人民检察院核准追诉**)去台人员在中华人民共和国成立后、犯罪地方人民政权建立前起有罪行,并连续或继续到当地人民政权建立后的,追诉期限从犯罪行为终了之日起计算。凡符合《中华人民共和国刑法》第七十六条②规定的,不再追诉。其中法定最高刑为无期徒刑、死刑的,经过二十年,不再追诉。如果认为必须追诉的,由最高人民检察院核准。(§2)

△(**去海外其他地方的人员;犯罪地方政权建立前;追诉**)对于去海外其他地方的人员在中华人民共和国成立前,或者在中华人民共和国成立后、犯罪地方人民政权建立前所犯的罪行,分别按照最高人民法院、最高人民检察院《关于不再追诉去台人员在中华人民共和国成立之前的犯罪行为的公告》精神和本公告第一条第二条的规定办理。(§3)

《**最高人民检察院关于办理核准追诉案件若干问题的规定**》(高检发侦监〔2012〕21号,2012年8月21日公布)

△(**严格依法;从严控制**)办理核准追诉案件应当严格依法、从严控制。(§2)

△(**无期徒刑;死刑;二十年追诉期限;报请最高人民检察院核准追诉**)法定最高刑为无期徒刑、死刑的犯罪,已过二十年追诉期限的,不再追诉。如果认为必须追诉的,须报请最高人民检察院核准。(§3)

△(**报请最高人民检察院核准追诉;强制措施;逮捕;侦查;公诉**)须报请最高人民检察院核准追诉的案件在核准之前,侦查机关可以依法对犯

---

① 即现行《中华人民共和国刑法》第八十七条。
② 即现行《中华人民共和国刑法》第八十七条。

罪嫌疑人采取强制措施。

侦查机关报请核准追诉并提请逮捕犯罪嫌疑人,人民检察院经审查认为必须追诉而且符合法定逮捕条件的,可以依法批准逮捕,同时要求侦查机关在报请核准追诉期间不停止对案件的侦查。

未经最高人民检察院核准,不得对案件提起公诉。(§4)

△(报请核准追诉之条件)报请核准追诉的案件应当同时符合下列条件:

(一)有证据证明存在犯罪事实,且犯罪事实是犯罪嫌疑人实施的;

(二)涉嫌犯罪的行为应当适用的法定量刑幅度的最高刑为无期徒刑或者死刑的;

(三)涉嫌犯罪的性质、情节和后果特别严重,虽然已过二十年追诉期限,但社会危害性和影响依然存在,不追诉会严重影响社会稳定或者产生其他严重后果,而必须追诉的;

(四)犯罪嫌疑人能够及时到案接受追诉的。(§5)

△(报请核准追诉;同级人民检察院受理;层报)侦查机关报请核准追诉的案件,由同级人民检察院受理并层报最高人民检察院审查决定。(§6)

△(侦查羁押期限届满;变更强制措施;延长侦查羁押期限)对已经批准逮捕的案件,侦查羁押期限届满不能做出是否核准追诉决定的,应当依法对犯罪嫌疑人变更强制措施或者延长侦查羁押期限。(§10)

△(最高人民检察院核准追诉;监督侦查机关;调查取证;监督纠正;立即释放)最高人民检察院决定核准追诉的案件,最初受理案件的人民检察院应当监督侦查机关依法开展侦查取证。

最高人民检察院决定不予核准追诉,侦查机关未及时撤销案件的,同级人民检察院应当予以监督纠正。犯罪嫌疑人在押的,应当立即释放。(§11)

△(人民检察院直接立案侦查)人民检察院直接立案侦查的案件报请最高人民检察院核准追诉的,参照本规定办理。(§12)

【指导性案例】

最高人民检察院指导性案例第20号:马世龙(抢劫)核准追诉案(2015年7月3日发布)

△(严重危害社会治安的犯罪;二十年追诉期限)故意杀人、强奸、绑架、爆炸等严重危害社会治安的犯罪,经过二十年追诉期限,仍然严重影响人民群众安全感,被害方、案发地群众、基层组织等强烈要求追究犯罪嫌疑人刑事责任,不追诉可能影响社会稳定或者产生其他严重后果的,对犯罪嫌疑人应当追诉。

最高人民检察院指导性案例第21号:丁国山等(故意伤害)核准追诉案(2015年7月3日发布)

△(积极逃避侦查;二十年追诉期限;追诉)涉嫌犯罪情节恶劣、后果严重,并且犯罪后积极逃避侦查,经过二十年追诉期限,犯罪嫌疑人没有明显悔罪表现,也未通过赔礼道歉、赔偿损失等获得被害方谅解,犯罪造成的社会影响没有消失,不追诉可能影响社会稳定或者产生其他严重后果的,对犯罪嫌疑人应当追诉。

最高人民检察院指导性案例第22号:杨菊云(故意杀人)不核准追诉案(2015年7月3日发布)

△(因婚姻家庭等民间矛盾激化引发的犯罪;二十年追诉期限;追诉)因婚姻家庭等民间矛盾激化引发的犯罪,经过二十年追诉期限,犯罪嫌疑人没有再犯罪危险性,被害人及其家属对犯罪嫌疑人表示谅解,不追诉有利于化解社会矛盾、恢复正常社会秩序,同时不会影响社会稳定或者产生其他严重后果的,对犯罪嫌疑人可以不再追诉。

△(核准追诉;逮捕)须报请最高人民检察院核准追诉的案件,侦查机关在核准之前可以依法对犯罪嫌疑人采取强制措施。侦查机关报请核准追诉并提请逮捕犯罪嫌疑人,人民检察院经审查认为必须追诉而且符合法定逮捕条件的,可以依法批准逮捕。

最高人民检察院指导性案例第23号:蔡金星、陈国辉等(抢劫)不核准追诉案(2015年7月3日发布)

△(已过二十年追诉期限;追诉)涉嫌犯罪已过二十年追诉期限,犯罪嫌疑人没有再犯罪危险性,并且通过赔礼道歉、赔偿损失等方式积极消除犯罪影响,被害方对犯罪嫌疑人表示谅解,犯罪破坏的社会秩序明显恢复,不追诉不会影响社会稳定或者产生其他严重后果的,对犯罪嫌疑人可以不再追诉。

△(强制措施;逃避侦查或者审判;追诉期限;追诉)1997年9月30日以前实施的共同犯罪,已被司法机关采取强制措施的犯罪嫌疑人逃避侦查或者审判的,不受追诉期限限制。司法机关在追诉期限内未发现或者未采取强制措施的犯罪嫌疑人,应当受追诉期限限制;涉嫌犯罪应当适用的法定量刑幅度的最高刑为无期徒刑、死刑,犯罪行为发生二十年以后认为必须追诉的,须报请最高人民检察院核准。

【参考案例】

No.8-385-74 林少钦受贿案
尽管因修法后罪名法定刑降低而导致追诉时效缩短的,但已经立案侦查并进入诉讼程序的追诉行为不受追诉期限的限制。

第八十八条 【不受追诉时效限制的情形】
在人民检察院、公安机关、国家安全机关立案侦查或者在人民法院受理案件以后,逃避侦查或者审判的,不受追诉期限的限制。
被害人在追诉期限内提出控告,人民法院、人民检察院、公安机关应当立案而不予立案的,不受追诉期限的限制。

【条文说明】

本条是关于不受追诉时效限制的特别规定。本条共分为两款。

第一款是关于**人民检察院、公安机关、国家安全机关立案侦查或者在人民法院受理案件以后,逃避侦查或者审判的,不受追诉时效的限制的规定**。1979年刑法规定的是"采取强制措施以后"。一般认为,采取强制措施以后,既适用于已经执行强制措施后逃避侦查或者审判的,也适用于人民法院、人民检察院、公安机关决定(批准)采取强制措施后,由于犯罪分子逃避而无法执行,以及犯罪分子在逃,经决定(批准)逮捕并发布通缉令后拒不到案的情况。这里修改为"**立案侦查或者在人民法院受理案件以后**"。"立案侦查"以后,是指人民检察院、公安机关、国家安全机关依照刑事诉讼法的规定,按照自己的管辖范围,对发现犯罪事实或者犯罪嫌疑人的案件予以立案,进行侦查,收集、调取犯罪嫌疑人有罪或无罪、罪轻或罪重的证据材料之日起。需要注意的是,刑事诉讼法规定,发现犯罪事实或者犯罪嫌疑人的,应当立案侦查。立案侦查包括"因事立案"和"因人立案",当然也有人和事均发现后立案。本条规定了"立案侦查"以后,逃避侦查的,不受追诉期限的限制。如何理解这里的"立案侦查",是指在程序上有"立案"就可以,还是要求对犯罪嫌疑人"因人立案",并要求采取了一定的侦查措施活动?"因事立案"后,办案机关没有采取实质侦查活动的,犯罪嫌疑人也未逃跑的,是不是也不受追诉期限的限制?对于这些问题,存在不同观点。一种意见认为,这里的"立案侦查"没有限定因人立案还是因事立案,侧重点在于"立案",只要立案就可以,既包括"因人立案",也包括"因事立案",这样理解与刑事诉讼法的规定一致。另一种意见认为,"立案侦查"是指因人立案,仅有犯罪事实而立案,没有采取实质侦查活动,并没有确定犯罪嫌疑人的,不属于这里的"立案侦查",否则就会导致案件事实一旦被发现,即使完全不知道犯罪嫌疑人是谁,也不适用追诉时效制度,会导致追诉时效制度事实上被架空。还有意见认为,"立案侦查"是指侦查机关已经发现犯罪事实和犯罪嫌疑人,并且针对犯罪嫌疑人展开了侦查活动,对于单纯"因事立案"或者"因人立案"后未采取任何侦查措施的,追诉时效应当继续计算。对此,需要结合追诉时效制度目的和各种复杂案件的情况进一步研究。

"**受理案件以后**",是指人民法院依照刑事诉讼法关于审判管辖的规定,接受人民检察院提起公诉或被害人自诉案件之日起。

关于"**逃避侦查或者审判**"的理解,有不同观点。一种观点认为,"逃避侦查或者审判",应限于积极的、明显的,致使侦查、审判工作无法进行的逃避行为,主要是指积极逃跑、畏罪潜逃或者藏匿。主观上应当知道自己可能已经被发现涉嫌犯罪、可能被列为犯罪嫌疑人,具有逃避侦查的故意。如果对逃避作过于宽泛的理解,追诉时效制度会丧失应有的意义。另一种观点认为,"逃避侦查或者审判"除积极逃跑或者藏匿以外,还包括虽然犯罪嫌疑人没有离开相关地方,但是通过实施毁灭犯罪证据、到案后不如实供述等妨碍侦查或者审判的行为,也包括主观上不是出于逃避侦查或审判,而是因为工作生活的需要而变更住所、单位等,客观上对侦查、审判造成妨碍的,甚至还有认为应当包括没有主动投案,只是消极不到案的情况。根据刑法的规定和追诉时效制度的立法目的,以及关于不受追诉时效期限限制的条件设定本身所要解决的问题,"**逃避侦查或者审判**"**主要是指以逃避、隐藏的方法逃避刑事追究,不应包括消极不到案等情况**。犯罪嫌疑人在人民检察院、公安机关和国家安全机关立案侦查或者被告人在人民法院受理案件以后,如果其从拘留所、看守所逃跑，从自家潜逃、隐藏起来或者采用其他方法逃避侦查或者审判的，在任何时候将其追捕归案后，都可以进行追诉，不再受《刑法》第八十七条规定的追诉时效期限的限制。

第二款是关于**被害人在追诉期限内提出控告，人民法院、人民检察院、公安机关应当立案而不予立案的，不受追诉时效期限的限制**的规定。"被害人"是指遭受犯罪行为侵害的自然人和单位。"控告"是指被害人对侵犯本人、本单位合法权益的犯罪行为向司法机关告诉，要求追究侵害人的法律责任的行为。关于应当立案的理解，根据《刑事诉讼法》第一百一十条、第一百一十二条和第一百一十三条的规定，被害人对侵犯其人身、财产权利的犯罪事实或者犯罪嫌疑人，有权向公安机关、人民检察院或者人民法院报案或者控告。公安机关、人民检察院或者人民法院对于报案、控告、举报和自首的材料，应当按照管辖范围，迅速进行审查，认为有犯罪事实需要追究刑事责任的时候，应当立案；认为没有犯罪事实，或者犯罪事实显著轻微，不需要追究刑事责任的时候，不予立案，并且将不立案的通知控告人。人民检察院认为公安机关对应当立案侦查的不立案侦查的，或者被害人认为公安机关对应当立案侦查的案件而不立案侦查，向人民检察院提出的，人民检察院应当要求公安机关说明不立案的理由。人民检察院认为公安机关不立案理由不能成立的，应当通知公安机关立案，公安机关接到通知后应当立案。对于自诉案件，被害人有权向人民法院直接起诉。因此，"**应当立案**"是指符合《刑事诉讼法》第一百一十二条规定的"有犯罪事实需要追究刑事责任"的立案条件，应当立案侦查的。"**不予立案**"是指对符合立案条件的，不属于《刑事诉讼法》第一百一十二条规定的"没有犯罪事实，或者犯罪事实显著轻微，不需要追究刑事责任"不予立案的情况，但人民法院、人民检察院、公安机关却未予立案。"不予立案"包括**立案后又撤销案件**的情况。根据本款规定，只要被害人在追诉期限内提出控告，遇有该立案而不予立案的，对犯罪分子的追诉期限不受《刑法》第八十七条规定的追诉期限的限制。

实践中需要注意以下几个方面的问题：

1. 不能简单地理解为只要人民检察院、公安机关、国家安全机关对案件进行立案，或者人民法院对案件予以受理后，就不可受追诉时效的限制。上述机关对案件进行立案或受理后，犯罪嫌疑人或被告人必须具有"逃避侦查或者审判"的行为。如果没有逃避侦查和审判的行为，而是有的司法机关立案或受理后，因某些原因又未继续采取侦

查或追究措施，以致超过追诉期限的，不应适用本条规定。另外，本条规定"立案侦查"和"受理案件"是指在追诉时效的期限内，对于已过了追诉时效才开始的立案侦查和审判活动，不适用本条规定，而应分别采取撤销案件、不起诉或者宣告无罪的方法处理，不再追究刑事责任。对于其中法定最高刑为无期徒刑、死刑的，如果认为确实需要追诉的，应当报请最高人民检察院核准后再行追诉。

2. 本条规定在"人民检察院、公安机关、国家安全机关"立案侦查以后，逃避侦查的，不受追诉期限的限制，没有明确规定军事犯罪的军队保卫部门的侦查活动。1993年12月29日全国人大常委会通过的《全国人民代表大会常务委员会关于中国人民解放军保卫部门对军队内部发生的刑事案件行使公安机关的侦查、拘留、预审和执行逮捕的职权的决定》规定："中国人民解放军保卫部门承担军队内部发生的刑事案件的侦查工作，同公安机关对刑事案件的侦查工作性质是相同的，因此，军队保卫部门对军队内部发生的刑事案件，可以行使宪法和法律规定的公安机关的侦查、拘留、预审和执行逮捕的职权。"《刑事诉讼法》第三百零八条第一款规定："军队保卫部门对军队内部发生的刑事案件行使侦查权。"因此，**对于军队保卫部门立案侦查以后，逃避侦查或者审判的，也是应当适用本条规定的。**此外，关于海警立案侦查权，2018年6月22日全国人大常委会通过的《全国人民代表大会常务委员会关于中国海警局行使海上维权执法职权的决定》规定，中国海警局履行海上维权执法职责，包括执行打击海上违法犯罪活动、维护海上治安和安全保卫，中国海警局执行打击海上违法犯罪活动、维护海上治安和安全保卫等任务，行使法律规定的公安机关相应执法职权。《刑事诉讼法》第三百零八条第二款规定，"中国海警局履行海上维权执法职责，对海上发生的刑事案件行使侦查权"。因此，**对于海警部门立案侦查以后，逃避侦查的，也应适用本条追诉时效规定。**

3. 关于共同犯罪追诉时效的确定。共同犯罪案件中，主犯作案后逃跑，从犯未逃跑，侦查机关针对主犯立案后没有发现未逃跑的人参与案件，如果主犯不受追诉时效期限限制，从犯是否应当一并不受追诉期限限制，即共同犯罪案件是一体确定追诉时效，还是可以分别计算追诉时效。一种意见认为，共同犯罪案件应当一体确定追诉时效，共同犯罪人之间的追诉时效判断应当一致，保证案件公正审判。另一种意见认为，共同犯罪中，犯罪是共同的，责任是分别的，对是否"逃避侦查和审判"、是否经过追诉时效的判断应当是个别

判断，这样处理符合罪责自负的原则。2015年最高人民检察院发布的有关追诉时效的指导案例（检例第23号）则持**对共犯人追诉时效个别认定**的立场，其裁判要旨指出，1997年9月30日以前实施同一犯罪，已被司法机关采取强制措施的犯罪嫌疑人逃避侦查或者审判的，不受追诉期限限制。司法机关在追诉期限内未发现或者未采取强制措施的犯罪嫌疑人，应当受追诉期限限制。另外，需要注意的是，**在确定共同犯罪的具体追诉期限时，按照主犯的法定刑确定**，如共同犯罪主犯的最高法定刑是无期徒刑、死刑的，追诉期限为二十年，那么全体共同犯罪人的追诉期限均应当确定为二十年。

【司法解释】

《最高人民法院关于适用刑法时间效力规定若干问题的解释》（法释〔1997〕5号，自1997年10月1日起施行）

△（时间效力；不受追诉期限限制的情形）对于行为人1997年9月30日以前实施的犯罪行为，在人民检察院、公安机关、国家安全机关立案侦查或者在人民法院受理案件以后，行为人逃避侦查或者审判，超过追诉期限或者被害人在追诉期限内提出控告，人民法院、人民检察院、公安机关应当立案而不予立案，超过追诉期限的，是否追究行为人的刑事责任，适用修订前的刑法第七十七条①的规定。（§1）

【参考案例】

No.4-232-118 袁明祥、王汉恩故意杀人案

对于行为人1997年9月30日以前实施的犯罪行为，诉讼时效适用1979年《刑法》第七十七条规定。1979年《刑法》所规定的"不受追诉期限限制"既适用于已经执行强制措施后逃避侦查或者审判的，也适用于人民法院、人民检察院、公安机关决定（批准）采取强制措施的情形。

第八十九条 【追诉期限的计算】

追诉期限从犯罪之日起计算；犯罪行为有连续或者继续状态的，从犯罪行为终了之日起计算。

在追诉期限以内又犯罪的，前罪追诉的期限从犯后罪之日起计算。

【条文说明】

本条是关于追诉期限从何时起开始计算的规定。

本条共分为两款。

本条规定的追诉期限有两种起算情况：

1. **一般情况下追诉期限的起算时间是从犯罪之日起计算**。"犯罪之日"是指犯罪行为完成或停止之日。如运输毒品，在路途上用了三天，应以第三天将毒品运到，转交他人起开始计算运输毒品犯罪的追诉期限。对于以危害结果作为构成要件的犯罪，如一些过失犯罪如玩忽职守罪，结果发生之日为犯罪完成之日，自该日起算。在共同犯罪的场合，一般从所有共犯人中的最终的行为终了之日起，对所有共犯人的追诉期限。

2. **特殊情况下追诉期限的起算时间**，有三种情形：

（1）犯罪行为处于**连续状态的，从犯罪行为终了之日起计算**。即犯罪人连续实施同一罪名的犯罪，时效期限从其最后一个犯罪行为施行完毕时开始计算。"连续状态"是指犯罪人在一定时期，以一个故意连续实施数个独立的犯罪行为触犯同一罪名。如某罪犯多次在汽车上扒窃，其连续扒窃行为即是盗窃罪的"连续"状态。

（2）犯罪行为处于**继续状态的，从犯罪行为终了之日起计算**。即犯罪人的犯罪行为在一定时间内处于持续状态的，时效期限自这种持续状态停止的时候起开始计算。"继续状态"也就是持续状态，是指犯罪人实施的同一犯罪行为在一定时间内处于接连不断的状态，不法行为与不法状态同时继续。如非法拘禁他人，在被害人脱离拘禁以前，该犯罪就一直属于继续状态。对于脱逃罪、重婚罪等，是否只要犯罪处于继续状态，都属于在

---

① 《中华人民共和国刑法》（1979年）

第七十七条

在人民法院、人民检察院、公安机关采取强制措施以后，逃避侦查或者审判的，不受追诉期限的限制。

时效以内,对此,司法实践中持肯定态度。如《最高人民法院研究室关于重婚案件的被告人长期外逃法院能否中止审理和是否受追诉时效限制问题的电话答复》对比持肯定态度。

(3)**在追诉期限内又犯罪的,前一犯罪的追诉期限从后罪的犯罪行为完成或停止之日起计算**。这里的前罪和后罪并未限定为同一种罪名,只要构成犯罪即可。只要再犯新罪,前罪开始计算的时效期限就归于无效,而从犯后罪之日计算。这样规定是考虑到行为人犯罪后追诉时效尚未过去又再次犯罪,说明其人身危险性较大,经过一段时间以后,本人并没有悔过和完成自我改造重新回归社会,因此,如果不中断其追诉时效的计算,从性质上不符合设置时效制度的目的,为此,刑法规定前罪的追诉时效从犯后罪之日起重新计算。如果曾经此前犯有多个罪的,多个罪中追诉期限都属于"前罪",都应该重新计算,而不是各个前罪依照后一个罪的完成之日重新计算,换句话说,前罪不是前一个罪,而是之前的罪。

【司法解释】

《最高人民检察院关于对跨越修订刑法施行日期的继续犯罪、连续犯罪以及其他同种数罪应如何具体适用刑法问题的批复》(高检发释字〔1998〕6号,1998年12月2日公布)

△(跨越新旧法;继续犯罪;连续犯罪;其他同种数罪)对于开始于1997年9月30日以前,继续或者连续到1997年10月1日以后的行为,以及在1997年10月1日前后分别实施的同种类数罪,如果原刑法和修订刑法都认为是犯罪并且应当追诉,按下列原则决定如何适用法律:

一、对于开始于1997年9月30日以前,继续到1997年10月1日以后终了的继续犯罪,应当适用修订刑法一并进行追诉。

二、对于开始于1997年9月30日以前,连续到1997年10月1日以后的连续犯罪,或者在1997年10月1日前后分别实施的同种类数罪,其中罪名、构成要件、情节以及法定刑均没有变化的,应当适用修订刑法,一并进行追诉;罪名、构成要件、情节以及法定刑已经变化的,也应当适用修订刑法,一并进行追诉,但是修订刑法比原刑法所规定的构成要件和情节较为严格,或者法定刑较重的,在提起公诉时应当提出酌情从轻处理意见。

《最高人民法院关于挪用公款犯罪如何计算追诉期限问题的批复》(法释〔2003〕16号,自2003年10月10日起施行)

△(追诉期限之计算;挪用公款犯罪)根据刑法第八十九条、第三百八十四条的规定,挪用公款归个人使用,进行非法活动的,或者挪用公款数额较大、进行营利活动的,犯罪的追诉期限从挪用行为实施完毕之日计算;挪用公款数额较大、超过三个月未还的,犯罪的追诉期限从挪用公款罪成立之日计算。挪用公款行为有连续状态的,犯罪的追诉期限应当从最后一次挪用行为实施完毕之日或者犯罪成立之日计算。

【司法解释性文件】

《公安部关于刑事追诉期限有关问题的批复》(公复字〔2000〕11号,2000年10月25日发布)

△(新旧法适用;1997年9月30日以前实施的犯罪行为)根据从旧兼从轻原则,对1997年9月30日以前实施的犯罪行为,追诉期限问题应当适用1979年刑法第七十七条的规定,即在人民法院、人民检察院、公安机关采取强制措施以后逃避侦查或者审判的,不受追诉期限的限制。

《最高人民法院关于被告人林少钦受贿请示一案的答复》(〔2016〕最高法刑他5934号,2017年2月13日公布)

△(追诉时效之认定;立案侦查)追诉时效是依照法律规定对犯罪分子追究刑事责任的期限,在追诉时效期限内,司法机关应当依法追究犯罪分子刑事责任。对于法院正在审理的贪污贿赂案件,应当依据司法机关立案侦查时的法律规定认定追诉时效。依据立案侦查时的法律规定未过时效,且已经进入诉讼程序的案件,在新的法律规定生效后应当继续审理。

《最高法研究室关于如何理解和适用1997年刑法第十二条第一款规定有关问题征求意见的复函》(法研〔2019〕52号,2019年6月4日公布)

△(新旧法适用;1997年刑法施行以前实施的犯罪行为)1997年刑法施行以前实施的犯罪行为,1997年刑法施行以后仍在追诉时效期限内,具有"在人民检察院、公安机关、国家安全机关立案侦查或者在人民法院受理案件以后,逃避侦查或者审判"或者"被害人在追诉期限内提出控告,人民法院、人民检察院、公安机关应当立案而不予立案"情形的,适用1997年刑法第八十八条的规定,不受追诉期限的限制。

1997年刑法施行以前实施的犯罪行为,1997年刑法施行时已超过追诉期限的,是否追究行为人的刑事责任,应当适用1979年刑法第七十七条的规定。

第八十九条

【参考案例】
No.5-264-5 南昌洙等盗窃案
所犯之罪已过法定追诉期限,且不存在延长追诉期限的法定事由,而后又犯新罪且被司法机关立案侦查的,不属于追诉时效中断的情形,不能重新计算前罪的追诉期限。

第五章 其他规定

第九十条 【民族自治地方对本法的变通或补充规定】
民族自治地方不能全部适用本法规定的，可以由自治区或者省的人民代表大会根据当地民族的政治、经济、文化的特点和本法规定的基本原则，制定变通或者补充的规定，报请全国人民代表大会常务委员会批准施行。

【条文说明】

本条是关于民族自治地方在不能全部适用本法规定的情况下，可以制定变通或者补充规定的规定。

本条所说的"**民族自治地方**"，是指在我国领域内少数民族聚居的地方，根据当地的实际情况，依照宪法和法律建立的民族自治县、自治州或者自治区。"**不能全部适用本法规定**"是指根据民族自治地方的少数民族群众在长期的历史发展过程中所形成的一些风俗习惯、传统的特殊性而不能完全适用刑法的有关规定。"**根据当地民族的政治、经济、文化的特点**"是指根据民族自治地方的少数民族在政治、经济、文化方面的特殊性。"**制定变通或者补充的规定**"是指民族自治区或省一级的人民代表大会根据当地民族的政治、经济、文化的特点和本法规定的基本原则，对刑法的有关规定作一些变通或者补充的规定。

根据本条规定，对刑法制定变通或者补充的规定，必须符合以下条件：

1. 制定变通或者补充的规定，**必须根据刑法规定的基本原则**，即刑法对犯罪及其刑罚规定的原则。制定变通或者补充规定的依据，是由于少数民族特点不能全部适用刑法的，而不是由于其他原因。

2. 制定变通或者补充的规定，**应由自治区或者省一级的人民代表大会制定，并报全国人大常委会批准后方可执行**，其他任何机关都无权制定或批准变通、补充的规定。

3. 制定变通或者补充的规定，既要考虑当地民族的政治、经济、文化的特点，还要考虑当地政治、经济、文化的进步和发展。

需要注意的是，我国是统一的多民族国家，基于民族聚居地方经济文化特点的现实情况，国家在一些地方实行民族区域自治。考虑到有的少数民族可能因为长期历史形成的习惯和传统，完全执行刑法的有些规定可能存在一定的困难，刑法中专门规定了可以依法作出变通和补充规定的制度。但是，必须明确的是，刑法作为国家基本法律，原则上必须保证其在全国范围内统一施行，这是我国作为单一制国家的必然要求。同时，刑法作为规定犯罪与刑罚的法律，其所确立的规则，都是基本的行为规范，所禁止的行为，都是具有严重社会危害性的犯罪行为。因此，对于刑法的规定，公民基本上都应当能够理解和执行。这也是本条之所以规定，不能全部执行本法规定时，根据本法规定的原则，可以制定变通或者补充规定的主要考虑，即变通或者补充规定不能与刑法的原则精神相抵触，不能在"大是大非"问题上出现不一致。为此，在实践中需要注意以下问题：

1. 关于变通和补充规定。就变通和补充的内容而言，变通和补充的目的是处理及协调好刑法规定统一适用这一原则问题，与更好适应民族自治地方特殊情况这一灵活性问题之间的关系，因此，**变通和补充内容应该考虑民族区域自治地方的政治、经济、文化等实际情况及刑法与民族习惯的冲突等问题**。不同民族、不同区域的法律变通的需求不一样，甚至是相同民族在不同区域其变通情况也不一定一样，所以说，其变通的内容主要是针对本地区本民族的实际情况来定。就变通或者补充规定的效力范围而言，仅适用于本民族自治区域内，不得适用于该区域之外的地方。至于在本民族区域内是否都要按照变通或者补充的规定执行，也需要根据具体情况，由自治区或者省人民代表大会在制定具体规定时确定。

2. 民族自治地方的司法机关在具体案件处理当中，**也要注意正确处理少数民族习惯和刑法具体适用的关系问题**。从我国的实际情况看，民族习惯在少数民族地区的生活和社会交往以及纠纷解决中仍然有一定的影响力，这些习惯对于刑法的具体适用也会带来一些影响,在具体案件处理中,需要妥善处理好刑法适用与民族习惯之间的关系。如在婚姻家庭领域,重婚、早婚、抢婚、公房制等,与刑法规定的重婚罪、强奸罪、暴力干涉婚姻自由罪等的适用问题;在有的民族习俗中还存在除魔驱鬼的习惯,一些被认为是带来灾难或招致疾病的人的财物会被毁坏,甚至这些人会被殴打,这些行为与故意毁损公司财物罪、故意伤害罪等的适用问题。上述问题表明,即使是在没有制定变通或者补充规定的领域,刑法在少数民族地区实施过程中,也可能面临与当地风俗习惯的不一致问题,特别是相关风俗习惯的长期存在,可能会对当地少数民族群众关于某些行为的社会危害性的大小和应予谴责性的强烈程度的认识带来影响。对此,需要司法机关在对具体案件处理时注意把握好法律和政策。

> **第九十一条** 【公共财产】
> 本法所称公共财产,是指下列财产:
> (一)国有财产;
> (二)劳动群众集体所有的财产;
> (三)用于扶贫和其他公益事业的社会捐助或者专项基金的财产。
> 在国家机关、国有公司、企业、集体企业和人民团体管理、使用或者运输中的私人财产,以公共财产论。

【条文说明】

本条是关于公共财产具体范围的规定。

本条共分为两款。

第一款对公共财产的范围和种类作了明确。本条规定的公共财产,包括以下三种情况:

1. **国有财产**,即国家所有的财产。主要包括国家机关、国有公司、企业、国有事业单位、人民团体中的属于国家所有的财产。国有财产的范围十分广泛,根据我国《宪法》和有关法律的规定,国有财产主要有:(1)国家机关及所属事业单位的财产;(2)军队财产,如军事设施等;(3)全民所有制企业;(4)国家所有的公共设施、文物古迹等;(5)国家在国外的财产;(6)国家对非国有单位的投资以及债权等其他财产权等。

2. **劳动群众集体所有的财产**。主要包括集体所有制的公司、企业、事业单位、经济组织中的财产。在经济活动中,公民多人合伙经营积累的财产,属于合伙人共有,不属于集体所有的财产。《民法典》第二百六十一条第一款规定,农民集体所有的不动产和动产,属于本集体成员集体所有;第二百六十三条规定,城镇集体所有的不动产和动产,依照法律、行政法规的规定由本集体享有占有、使用、收益和处分的权利。关于集体所有的财产的范围,根据《民法典》第二百六十条的规定,包括:(1)法律规定属于集体所有的土地和森林、山岭、草原、荒地、滩涂;(2)集体所有的建筑物、生产设施、农田水利设施;(3)集体所有的教育、科学、文化、卫生、体育等设施;(4)集体所有的其他不动产和动产。根据《民法典》第二百六十二条的规定,对于集体所有的土地和森林、山岭、草原、荒地、滩涂等,属于村农民集体所有的,由村集体经济组织或者村民委员会依法代表集体行使所有权;分别属于村内两个以上农民集体所有的,由村内各该集体经济组织或者村民小组依法代表集体行使所有权;属于乡镇农民集体所有的,由乡镇集体经济组织代表集体行使所有权。根据《民法典》第二百六十五条的规定,集体所有的财产受法律保护,禁止任何组织或者个人侵占、哄抢、私分、破坏。

3. **用于扶贫和其他公益事业的社会捐助或者专项基金的财产**。"公益事业"主要是指服务于社会公益的非营利性事项。根据《公益事业捐赠法》第三条的规定,"公益事业"是指非营利的下列事项:(1)救助灾害、救济贫困、扶助残疾人等困难的社会群体和个人的活动;(2)教育、科学、文化、卫生、体育事业;(3)环境保护、社会公共设施建设;(4)促进社会发展和进步的其他社会公共和福利事业。"社会捐助"是指个人、组织或单位向社会公益事业以及向贫困地区所捐赠、赞助的款物。"专项基金"是指专门用于上述公益事业的各种基金。

第二款规定了**在国家机关、国有公司、企业、集体企业和人民团体管理、使用、运输中的私人财产,以公共财产对待,按公共财产予以保护**。因为这部分财产虽然属于私人所有,但当交由国家机关、国有公司、企业、集体企业和人民团体管理、使用、运输时,上述单位就有义务保护该财产,如果丢失、损毁，需要依法承担赔偿责任。对这些财产进行侵害，其法律后果就相当于对公共财产造成了损害。因此，法律规定这些财产以公共财产论。

实践中需要注意以下两个方面的问题：

1. **对于国有财产和个人财产混同的情况要做好区分**，特别是涉及与国有企业改制相关的问题时，既有国有资产被侵吞、侵占的情况，也有改制过程中因各种复杂情况造成的权属界限不明晰、制度不规范等情况，需要结合案件的具体情况，根据法律和有关政策规定，妥善处理。

2. **对于本条第二款规定中的"管理、使用或者运输"**应作实质理解，特别是对"管理"的理解不能与"占有"简单等同，只要事实上处于支配或管有状态即可。

第九十二条 【公民私人所有的财产】

本法所称公民私人所有的财产，是指下列财产：
（一）公民的合法收入、储蓄、房屋和其他生活资料；
（二）依法归个人、家庭所有的生产资料；
（三）个体户和私营企业的合法财产；
（四）依法归个人所有的股份、股票、债券和其他财产。

【立法解释性文件】

《全国人民代表大会常务委员会法制工作委员会对关于公司人员利用职务上的便利采取欺骗等手段非法占有股东股权的行为如何定性处理的批复的意见》(法工委发函〔2005〕105号，2005年12月1日发布)

△(股份)据刑法第九十二条的规定，股份属于财产。采用各种非法手段侵吞、占有他人依法享有的股份，构成犯罪的，适用刑法有关非法侵犯他人财产的犯罪规定。

【条文说明】

本条是关于公民私人所有的财产具体范围的规定。

本条规定的公民私人所有的合法财产，包括以下四种情况：

1. **公民的合法收入、储蓄、房屋和其他生活资料**。"合法收入"是指公民个人的工资收入、劳动所得、资产性收入以及其他各种依法取得的收入，如接受继承、馈赠而获得的财产等。"储蓄"是指公民将其合法的收入存入银行、信用社及其所得的利息。"房屋"是指公民私人所有的住宅。**"其他生活资料"**主要是指公民的各种生活用品，如家具、交通工具、图书资料等。上述生活资料的获得必须符合法律的规定，非法占有他人生活资料不受法律保护，如贪污受贿得到的钱财，法律不但不予保护，而且应当没收。

2. **依法归个人、家庭所有的生产资料**。包括各种劳动工具和劳动对象，如拖拉机、插秧机等机器设备，耕种的庄稼，用于耕种的牲畜，饲养的家禽、家畜，自己种植的林木以及其他用于生产的原料等生产资料。

3. **个体户和私营企业的合法财产**。个体户包括个体工商户和农村承包经营户。民法典保留了原《民法通则》第二十六条、第二十七条的规定，延续了个体工商户和农村承包经营户的分类。《民法典》第五十四条规定："自然人从事工商业经营，经依法登记，为个体工商户。个体工商户可以起字号。"第五十五条规定："农村集体经济组织的成员，依法取得农村土地承包经营权，从事家庭承包经营的，为农村承包经营户。"第五十六条规定："个体工商户的债务，个人经营的，以个人财产承担；家庭经营的，以家庭财产承担；无法区分的，以家庭财产承担。农村承包经营户的债务，以从事农村土地承包经营的农户财产承担；事实上由农户部分成员经营的，以该部分成员的财产承担。"总之，个体户是以个人或家庭为生产单位的，其合法财产属于该个人或者家庭所有。根据有关法律、行政法规，私营企业主要包括四类：(1)独资企业，是指一个自然人独家投资经营的企业。(2)合伙企业，根据《合伙企业法》第二条规定，是指自然人、法人和其他组织依法在中国境内设立的普通合伙企业和有限合伙企业。普通合伙企业由普通合伙人组成，合伙人对合伙企业债务承担无限连带责任。有限合伙企业由普通合伙人和有限合伙人设立，普通合伙人对合伙企业债务承担无限连带责任，有限合伙人以其认缴的出资额为限对合伙企业债务承担责任。(3)有限责任公司，是指若干个投资者以其出资额对公司负责，公司以其全部资产对公司债务承担责任的公司。(4)股份有限公司，是指依法由若干个人出资认股,公司以其全部资产对公司债务承担责任的企业。

4. 依法归个人所有的股份、股票、债券和其他财产。"个人所有的股份",是指公民个人出资认购的股份。公民个人出资认购的股份,属于个人所有的财产。"股票",是指股份有限公司依法发行的表明股东权利的有价证券。"债券",是指国家或企业依法发行的,约定到期时向持券人还本付息的有价证券,分为公债券、金融债券和企业债券。公债券是指国家发行的债券,国库券就是一种公债券。金融债券是指由金融机构直接发行的债券。企业债券即由企业发行的债券。"个人所有的股票、债券",是指由公民个人购买的依法向社会公开发行的股票和债券。公民个人合法购买或通过继承、馈赠等合法获取的股票、债券,也属于公民私人所有的财产。

第九十三条 【国家工作人员】

本法所称国家工作人员,是指国家机关中从事公务的人员。

国有公司、企业、事业单位、人民团体中从事公务的人员和国家机关、国有公司、企业、事业单位委派到非国有公司、企业、事业单位、社会团体从事公务的人员,以及其他依照法律从事公务的人员,以国家工作人员论。

【立法解释】

《全国人民代表大会常务委员会关于〈中华人民共和国刑法〉第九十三条第二款的解释》[2000年4月29日通过,该解释已经被《全国人民代表大会常务委员会关于修改部分法律的决定》(2009年8月27日通过)修改]

△(其他依照法律从事公务的人员;村民委员会等村基层组织人员)村民委员会等村基层组织人员协助人民政府从事下列行政管理工作,属于刑法第九十三条第二款规定的"其他依照法律从事公务的人员":

(一)救灾、抢险、防汛、优抚、扶贫、移民、救济款物的管理;

(二)社会捐助公益事业款物的管理;

(三)国有土地的经营和管理;

(四)土地征收、征用补偿费用的管理;

(五)代征、代缴税款;

(六)有关计划生育、户籍、征兵工作;

(七)协助人民政府从事的其他行政管理工作。

村民委员会等村基层组织人员从事前款规定的公务,利用职务上的便利,非法占有公共财物、挪用公款、索取他人财物或者非法收受他人财物,构成犯罪的,适用刑法第三百八十二条和第三百八十三条贪污罪、第三百八十四条挪用公款罪、第三百八十五条和第三百八十六条受贿罪的规定。

【条文说明】

本条是关于国家工作人员范围的规定。

本条共分为两款。

第一款是关于**国家机关工作人员**的定义规定。本条规定的**国家机关**,是指国家的权力机关、行政机关、监察机关、司法机关以及军事机关。国家机关是依据宪法和法律设立的,依法承担一定的国家和社会公共事务的管理职责和权力的组织。一般而言,国家机关的性质是比较容易确定的,但由于我国目前正在进行政治、经济体制的改革,改革中出现的一些特殊情况需要加以特别注意,比如目前有些机关在编制上属于事业编制而不是行政编制,如中国证券监督管理委员会,虽然其编制属于国有事业单位,但实际上行使了国家机关的职责,依照法律对全国证券市场进行统一监管,并具有行政处罚权。有的国家机关内部既包括一部分行政编制,又含有一部分事业编制,而且各地的具体做法也不尽相同,1997年修订刑法前后,有的地方的房地产管理局、技术监督局、工商所等整建制的属于事业编制,有的地方的原国家商检部门改为商检中心等。对于这些组织是否属于国家机关,实践中存在不同认识。国家机关的设立和对国家机关中工作人员的编制管理是性质不同的两个问题,因此只要是依法设立的行使一定国家管理职权的组织就是国家机关,至于组织人事部门在编制上对其是按照行政编制还是事业编制进行管理,并不影响刑法上将其作为国家机关,从严要求,以体现权责一致。"从事公务的人员",是指在上述国家机关中行使一定管理职权、履行一定职责的人员。在上述国家机关中从事劳务性工作的人员,如司机、门卫、炊事员、清洁工等勤杂人员以及部队战士等,不属于国家工作人员范畴。

第二款是"**以国家工作人员论**"的规定。主要包括三个方面:一是**在国有公司、企业、事业单**

位、人民团体中从事公务的人员。这里规定的"从事公务的人员",是指在国有公司、企业等单位中具有经营、管理职责或履行一定管理职务的人员,在国有公司、企业等上述单位中不具有管理职责的一般工人、临时工等其他劳务人员,不属本条规定的从事公务的人员。二是**国家机关、国有公司、企业、事业单位委派到非国有公司、企业、事业单位、社会团体从事公务的人员**。"委派"主要是指在一些具有国有资产成分的中外合资企业、合作企业、股份制企业当中,国有公司、企业或其他有关国有单位为了行使对所参与的管理经营权而派驻的管理人员。这里也包括有的国家机关、国有事业单位委派一些人员到非国有事业单位、社会团体中从事公务的人员。三是**其他依照法律从事公务的人员**,这些人虽不是上述单位的人员,却是依照法律规定从事国家事务工作的人员。

在认定国家机关工作人员身份的问题上,实践中存在不同认识。一种观点可称为"**身份论**",即只有依照法定程序任命,具有国家工作人员身份的人才属于国家机关工作人员;另一种观点可称为"**职责论**",这种观点认为,一般情况下国家工作人员是指上述具有正式国家工作人员身份的人,但是在特殊情况下,一些虽不具有正式国家工作人员身份的人员,如果因临时委托、授权等法律上的原因而实际上依法承担了国家事务的管理职责的,在其依法履行该职责时,应作为国家工作人员看待,如果有贪污贿赂、渎职等犯罪行为的,应依法追究相应的刑事责任。显然,"**职责论**"更符合刑法的立法本意,也更符合我国目前的实际情况。因此,对于那些虽不具有正式的国家工作人员身份,但因委托等法定原因实际享有国家工作人员的管理职权的人员,应当以国家工作人员论,对其管理职权的人员,应当以国家工作人员论,构成犯罪的,依法追究相应的刑事责任。例如,协助人民政府从事行政管理事务的村民委员会等村基层组织人员等,只要实际负有国家管理职责,在依法履行相应的职责的过程中有受贿、非法占有公共财物等行为,均应以国家工作人员论,构成犯罪的,依法追究相应的刑事责任。根据《全国人民代表大会常务委员会关于〈中华人民共和国刑法〉第九十三条第二款的解释》的规定,村民委员会等村基层组织人员协助人民政府从事下列行政管理工作时,属于《刑法》第九十三条第二款规定的"其他依照法律从事公务的人员":(1)救灾、抢险、防汛、优抚、扶贫、移民、救济款物的管理;(2)社会捐助公益事业的款物的管理;(3)国有土地的经营和管理;(4)土地征收、征用补偿费用的管理;(5)代征、代缴税款;(6)有关计划生育、户籍、征兵工作;(7)协助人民政府从事的其他行政管理工作。同时规定,村民委员会等村基层组织人员从事前述的公务,利用职务上的便利,非法占有公共财物、挪用公款、索取他人财物或者非法收受他人财物,构成犯罪的,适用《刑法》第三百八十二条和第三百八十三条贪污罪、第三百八十四条挪用公款罪、第三百八十五条和第三百八十六条受贿罪的规定。

《全国人民代表大会常务委员会关于〈中华人民共和国刑法〉第九章渎职罪主体适用问题的解释》规定:"在依照法律、法规规定行使国家行政管理职权的组织中从事公务的人员,或者在受国家机关委托代表国家行使职权的组织中从事公务的人员,或者虽未列入国家机关人员编制但在国家机关中从事公务的人员,在代表国家机关行使职权时,有渎职行为,构成犯罪的,依照刑法关于渎职罪的规定追究刑事责任。"这也体现了"依职责定责任"的立法精神。"依照法律、法规"是指其从事公务的根据,来源于相关法律法规。由于有相关法律、法规的授权规定,这些组织本身就是依法从事特定领域公共管理事务的机构,在其中依法履职的工作人员,就应当作为"**其他依照法律从事公务的人员**"。比如各级疾控中心虽然不属于行政机关,但传染病防治法对疾控中心依法开展相关工作作了明确规定,疾控中心就相应具有了法律所赋予的特定公共事务管理职权,其工作人员在依法履行这些公共事务管理职权的过程中,就属于本条规定的"其他依照法律从事公务的人员"。《传染病防治法》第七条第一款规定:"各级疾病预防控制机构承担传染病监测、预测、流行病学调查、疫情报告以及其他预防、控制工作。"《传染病防治法》第十八条第一款进一步规定:"各级疾病预防控制机构在传染病预防控制中履行下列职责:(一)实施传染病预防控制规划、计划和方案;(二)收集、分析和报告传染病监测信息,预测传染病的发生、流行趋势;(三)开展对传染病疫情和突发公共卫生事件的流行病学调查、现场处理及其效果评价;(四)开展传染病实验室检测、诊断、病原学鉴定;(五)实施免疫规划,负责预防性生物制品的使用管理;(六)开展健康教育、咨询,普及传染病防治知识;(七)指导、培训下级疾病预防控制机构及其工作人员开展传染病监测工作;(八)开展传染病防治应用性研究和卫生评价,提供技术咨询。"上述职责有的就涉及对相关人员、事项采取相应措施的职权,如第(三)项中对传染病疫情和突发公共卫生事件的流行病学调查、现场处理。如果疾控中心履行相关职责的人员在从事公务过程中有渎职、侵吞公共财物、索取收受贿赂等行为的,就要按照国家工作人员的相关犯罪规定处理。

【司法解释】

《最高人民法院关于在国有资本控股、参股的股份有限公司中从事管理工作的人员利用职务便利非法占有本公司财物如何定罪问题的批复》(法释〔2001〕17号,自2001年5月26日起施行)

△(国有资本控股、参股的股份有限公司;从事管理工作的人员;职务侵占罪)在国有资本控股、参股的股份有限公司中从事管理工作的人员,除受国家机关、国有公司、企业、事业单位委派从事公务的以外,不属于国家工作人员。对其利用职务上的便利,将本单位财物非法占为己有,数额较大的,应当依照《刑法》第二百七十一条第一款的规定,以职务侵占罪定罪处罚。

《最高人民法院关于如何认定国有控股、参股股份有限公司中的国有公司、企业人员的解释》(法释〔2005〕10号,自2005年8月11日起施行)

△(国有控股、参股的股份有限公司;国有公司、企业人员;委派;从事公务)为准确认定《刑法》分则第三章第三节中的国有公司、企业人员,现对国有控股、参股的股份有限公司中的国有公司、企业人员解释如下:国有公司、企业委派到国有控股、参股公司从事公务的人员,以国有公司、企业人员论。

【司法解释性文件】

《最高人民检察院对〈关于中国证监会主体认定的请示〉的答复函》(高检发法字〔2000〕7号,2000年4月30日公布)

△(中国证券监督管理委员会;事业单位;国家机关工作人员)中国证券监督管理委员会为国务院直属事业单位,是全国证券期货市场的主管部门。其主要职责是统一管理证券期货市场,按规定对证券期货监管机构实行垂直领导,所以,它是具有行政职责的事业单位。据此,北京证券监督管理委员会干部应视同为国家机关工作人员。

《最高人民检察院关于镇财政所所长是否适用国家机关工作人员的批复》(高检发研字〔2000〕9号,2000年5月4日公布)

△(镇财政所;国家机关工作人员)对于属行政执法事业单位的镇财政所中按国家机关在编干部管理的工作人员,在履行政府行政公务活动中,滥用职权或玩忽职守构成犯罪的,应以国家机关工作人员论。

《最高人民检察院关于贯彻执行全国人民代表大会常务委员会〈关于《中华人民共和国刑法》第九十三条第二款的解释〉的通知》(高检发研字〔2000〕12号,2000年6月5日公布)

△(村基层组织人员)各级检察机关在依法查处村民委员会等村基层组织人员涉嫌贪污、受贿、挪用公款犯罪案件过程中,要注意维护农村社会的稳定,注重办案的法律效果与社会效果的统一。对疑难、复杂、社会影响大的案件,下级检察机关要及时向上级检察机关请示。上级检察机关要认真及时研究,加强指导,以准确适用法律,保证办案质量。(§4)

《最高人民法院研究室关于国家工作人员在农村合作基金会兼职从事管理工作如何认定身份问题的答复》[法(研)明传〔2000〕12号,2000年6月29日公布]

△(农村合作基金会;一般从业人员;委派;国家工作人员)国家工作人员自行到农村合作基金会兼职从事管理工作的,因其兼职工作与国家工作人员身份无关,应认定为农村合作基金会一般从业人员;国家机关、国有公司、企业、事业单位委派到农村合作基金会兼职从事管理工作的人员,以国家工作人员论。

《最高人民检察院关于〈全国人民代表大会常务委员会关于《中华人民共和国刑法》第九十三条第二款的解释〉的时间效力的批复》(高检发研字〔2000〕15号,2000年6月29日公布)

△(其他依照法律从事公务的人员;法律解释;时间效力;溯及力)《全国人民代表大会常务委员会关于〈中华人民共和国刑法〉第九十三条第二款的解释》是对刑法第九十三条第二款关于"其他依照法律从事公务的人员"规定的进一步明确,并不是对刑法的修改。因此,该《解释》的效力适用于修订刑法的施行日期,其溯及力适用修订刑法第12条的规定。

《最高人民检察院对〈关于中国保险监督管理委员会主体认定的请示〉的答复函》(高检发法字〔2000〕17号,2000年10月8日公布)

△(中国保险监督管理委员会;国家机关工作人员)对于中国保险监督管理委员会可参照对国家机关的办法进行管理。据此,中国保险监督管理委员会干部应视同国家机关工作人员。

《最高人民检察院关于佛教协会工作人员能否构成受贿罪或者公司、企业人员受贿罪主体问题的答复》(〔2003〕高检研发第2号,2003年1月13日公布)

△(**佛教协会工作人员**)佛教协会属于社会团体,其工作人员除符合刑法第九十三条第二款的规定属于受委托从事公务的人员外,既不属于国家工作人员,也不属于公司、企业人员。根据刑法的规定,对非受委托从事公务的佛教协会的工作人员利用职务之便收受他人财物,为他人谋取利益的行为,不能按受贿罪或者公司、企业人员受贿罪追究刑事责任。

《全国法院审理经济犯罪案件工作座谈会纪要》(法发〔2003〕167号,2003年11月13日发布)

△(**国家机关工作人员**)刑法中所称的国家机关工作人员,是指在国家机关中从事公务的人员,包括在各级国家权力机关、行政机关、司法机关和军事机关中从事公务的人员。

根据有关立法解释的规定,在依照法律、法规规定行使国家行政管理职权的组织中从事公务的人员,或者在受国家机关委托代表国家行使职权的组织中从事公务的人员,或者虽未列入国家机关人员编制但在国家机关中从事公务的人员,视为国家机关工作人员。在乡(镇)以上中国共产党机关、人民政协机关中从事公务的人员,司法实践中也应视为国家机关工作人员。

△(**国家机关、国有公司、企业、事业单位;委派;监督、管理职权**)所谓委派,即委任、派遣,其形式多种多样,如任命、指派、提名、批准等。不论被委派的人身份如何,只要是接受国家机关、国有公司、企业、事业单位委派,代表国家机关、国有公司、企业、事业单位在非国有公司、企业、事业单位、社会团体中从事组织、领导、监督、管理等工作,都可以认定为国家机关、国有公司、企业、事业单位委派到非国有公司、企业、事业单位、社会团体从事公务的人员。如国家机关、国有公司、企业、事业单位委派在国有控股或者参股的股份有限公司中从事组织、领导、监督、管理等工作的人员,应当以国家工作人员论。国有公司、企业改制为股份有限公司后,原国有公司、企业的工作人员和股份有限公司新任命的人员中,除代表国有投资主体行使监督、管理职权的人员外,不以国家工作人员论。

△(**其他依照法律从事公务的人员;在特定条件下行使国家管理职能;依照法律规定从事公务**)刑法第九十三条第二款规定的"其他依照法律从事公务的人员"应当具有两个特征:一是在特定条件下行使国家管理职能;二是依照法律规定从事公务。具体包括:

(1)依法履行职责的各级人民代表大会代表;

(2)依法履行审判职责的人民陪审员;

(3)协助乡镇人民政府、街道办事处从事行政管理工作的村民委员会、居民委员会等农村和城市基层组织人员;

(4)其他由法律授权从事公务的人员。

△(**从事公务**)是指代表国家机关、国有公司、企业、事业单位、人民团体等履行组织、领导、监督、管理等职责。公务主要表现为与职权相联系的公共事务以及监督、管理国有财产的职务活动。如国家机关工作人员依法履行职责,国有公司的董事、经理、监事、会计、出纳人员等管理、监督有财产等活动,属于从事公务。那些不具备职权内容的劳务活动、技术服务工作,如售货员、售票员等所从事的工作,一般不认为是公务。

《最高人民检察院法律政策研究室关于集体性质的乡镇卫生院院长利用职务之便收受他人财物的行为如何适用法律问题的答复》(〔2003〕高检研发第9号,2003年4月2日公布)

△(**乡镇政府或者主管行政机关任命的乡镇卫生院院长;其他依照法律从事公务的人员;受贿罪**)经过乡镇政府或者主管行政机关任命的乡镇卫生院院长,在依法从事本区域卫生工作的管理与业务技术指导,承担医疗预防保健服务工作等公务活动时,属于刑法第九十三条第二款规定的其他依照法律从事公务的人员。对其利用职务上的便利,索取他人财物的,或者非法收受他人财物,为他人谋取利益的,应当依照刑法第三百八十五条、第三百八十六条的规定,以受贿罪追究刑事责任。

《最高人民检察院法律政策研究室关于国家机关、国有公司、企业委派到非国有公司、企业从事公务但尚未依照规定程序获取该单位职务的人员是否适用刑法第九十三条第二款问题的答复》(〔2004〕高检研发第17号,2004年11月3日公布)

△(**委派;从事公务;尚未依照规定程序获取该单位职务;职务犯罪;以国家工作人员论**)对于国家机关、国有公司、企业委派到非国有公司、企业从事公务但尚未依照规定程序获取该单位职务的人员,涉嫌职务犯罪的,可以依照刑法第九十三条第二款关于"国家机关、国有公司、企业委派到非国有公司、企业、事业单位、社会团体从事公务的人员","以国家工作人员论"的规定追究刑事责任。

【指导性案例】

最高人民检察院指导性案例第190号:宋某某违规出具金融票证、违法发放贷款、非国家工作人员受贿案(2023年7月31日发布)

△(**违规出具金融票证;违法发放贷款;非国家工作人员受贿责任主体**)集体经济组织中行使

公权力的人员是否属于国家工作人员,应当依据该集体经济组织股权结构、是否从事公务等要素审查判断。银行或其他金融机构工作人员违反规定,不正当履行职权或超越职权出具信用证或者保函、票据、存单、资信证明,情节严重的,构成违规出具金融票证罪。

第九十四条 【司法工作人员】
本法所称司法工作人员,是指有侦查、检察、审判、监管职责的工作人员。

【条文说明】

本条是关于司法工作人员的概念的规定。
根据本条规定,**司法工作人员**主要包括以下四种人员:

1. 担任侦查职责的人员。主要是指公安机关、国家安全机关依照刑事诉讼法规定的管辖分工,对犯罪嫌疑人的犯罪行为进行侦查的人员。另外,根据刑事诉讼法的规定,还有一些机构也承担特定刑事案件的侦查职责,对此需要注意:一是《刑事诉讼法》第十九条第二款规定:"人民检察院在对诉讼活动实行法律监督中发现的司法工作人员利用职权实施的非法拘禁、刑讯逼供、非法搜查等侵犯公民权利、损害司法公正的犯罪,可以由人民检察院立案侦查。对于公安机关管辖的国家机关工作人员利用职权实施的重大犯罪案件,需要由人民检察院直接受理的时候,经省级以上人民检察院决定,可以由人民检察院立案侦查。"根据以上规定,人民检察院依照刑事诉讼法规定直接侦查的案件中,承担相应侦查工作的人员,也属于本条规定的有侦查职责的工作人员。二是根据《刑事诉讼法》第三百零八条的规定,军队保卫部门对军队内部发生的刑事案件行使侦查权;中国海警局履行海上维权执法职责,对海上发生的刑事案件行使侦查权;罪犯在监狱内犯罪的案件由监狱进行侦查。因此,上述机构中的人员在承办相关刑事案件中,也属于有侦查职责的工作人员。

2. 担任检察职责的人员。主要是指检察机关担任批准逮捕、审查起诉、出庭支持公诉、法律监督工作职责的人员。

3. 担任审判职责的人员。主要是指在人民法院担任与审判工作有关的职务的人员,包括正副院长、正副庭长、审判委员会委员、审判员,以及其他依法负有审判辅助职责的法官助理、书记员等人员。

4. 担任监管职责的人员。主要是指在公安机关、国家安全机关以及司法行政部门所属的有关羁押场所(监狱、看守所等)中担任监管犯罪嫌疑人、被告人、罪犯职责的人员。

实践中需要注意以下两个方面的问题:

1. 本条关于"司法工作人员"的概念不同于一般所说的**司法机关工作人员**的概念。不是所有在公安机关、国家安全机关、人民检察院、人民法院以及看守所、监狱等监管机关工作的人员都属于司法工作人员,只有担负本条规定的四种职责之一的,才能被认定为"司法工作人员"。

2. 本条所说的具有侦查、检察、审判、监管职责的人员不只限于直接做上述工作的人员,在公安机关、国家安全机关、人民检察院、人民法院以及看守所、监狱等监管机关中**负责侦查、检察、审判、监管工作的领导人员**,也都属于司法工作人员。

第九十五条 【重伤】
本法所称重伤,是指有下列情形之一的伤害:
(一)使人肢体残废或者毁人容貌的;
(二)使人丧失听觉、视觉或者其他器官机能的;
(三)其他对于人身健康有重大伤害的。

【条文说明】

本条是关于重伤概念的规定。
本条规定了属于"**重伤**"的三种情况:

1. 使人肢体残废或者毁人容貌的。"**肢体残废**"是指由各种致伤因素致使肢体缺失,或者肢体虽然完整但已丧失功能。例如,二肢以上离断或者缺失(上肢腕关节以上、下肢踝关节以上),二肢六大关节功能完全丧失,四肢任一大关节强直畸形或者功能丧失50%以上,膝关节挛缩畸形屈曲30°以上,一足离断或者缺失50%以上,足跟离断或者缺失50%以上,一足第一趾及其相连的跖骨离断或者缺失,双手离断、缺失或者功能完全丧失,手功能丧失累计达一手功能36%等。"**毁人容貌**"是指毁损他人面容,致使面容显著变形、丑陋或者功能障碍。根据有关规定,面部瘢痕畸形,并有以下六项中四项者,属于重度容貌毁损:(1)眉毛缺失;(2)双睑外翻或者缺失;(3)外耳缺失;(4)鼻缺失;(5)上、下唇外翻或者小口畸形;(6)颈颏粘连。具有以下六项中三项者,属于中度容貌毁损:(1)眉毛部分缺失;(2)眼睑外翻或者部分缺失;(3)耳廓部分缺失;(4)鼻翼部分缺失;(5)唇外翻或者小口畸形;(6)颈部瘢痕畸形。具有中度畸形六项中二项者,属于轻度容貌毁损。

2. **使人丧失听觉、视觉或者其他器官机能的**。"丧失听觉"是指损伤后,一耳听力障碍(≥91 dB HL);一耳听力障碍(≥81 dB HL),另一耳听力障碍(≥41 dB HL);一耳听力障碍(≥81 dB HL),伴同侧前庭平衡功能障碍;双耳听力障碍(≥61 dB HL);双侧前庭平衡功能丧失,睁眼行走困难,不能并足站立等。"丧失视觉",是指损伤后,一眼盲目3级;双眼盲目4级等。**丧失"其他器官机能"**是指丧失听觉、视觉之外的其他器官的功能或者功能严重障碍。例如,女性两侧乳房损伤丧失哺乳能力;肾损伤并发肾性高血压、肾功能严重

障碍等。

3. **其他对于人身健康有重大伤害的**。这种情况主要是指上述几种重伤之外的,在受伤当时危及生命或者在损伤过程中能够引起威胁生命的并发症,以及其他严重影响人体健康的损伤。例如,开放性颅脑损伤,心脏损伤,胸部大血管损伤,胃、肠、胆道系统穿孔、破裂,烧、烫伤后出现休克等。

需要注意的是,关于"重伤"的概念和范围,2013年8月30日最高人民法院、最高人民检察院、公安部、国家安全部、司法部发布了《**人体损伤程度鉴定标准**》,自2014年1月1日起施行,该标准对人体损伤程度鉴定的原则、方法、内容和等级划分作了详细的规定,将重伤分为重伤一级和重伤二级,分别针对不同情况,制定了具体的认定标准。办理关于重伤的刑事案件,应以本条和该文件作为衡量是否构成重伤的具体标准。最高人民法院、最高人民检察院、公安部、国家安全部、司法部2016年4月18日颁布、2017年1月1日施行的《**人体损伤致残程度分级**》明确规定了人体损伤致残程度分级的原则、方法、内容和等级划分。该规定将人体损伤致残程度划分为十个等级,从一级(人体致残率100%)到十级(人体致残率10%),每级致残率相差10%。

在办理刑事案件中,应注意对于有多处损伤的,其中必须有一处符合重伤鉴定标准的规定才能构成重伤,而不能简单以多处轻伤相加,作为重伤看待。

第九十六条 【违反国家规定】

本法所称违反国家规定,是指违反全国人民代表大会及其常务委员会制定的法律和决定,国务院制定的行政法规、规定的行政措施、发布的决定和命令。

【条文说明】

本条是关于违反国家规定的解释性规定。

根据本条规定,"**违反国家规定**"主要包括两个方面:

1. **违反全国人大及其常委会制定的法律和决定**,包括由全国人大通过的法律(如宪法及其他基本法律),由全国人大常委会通过的法律、决定以及对现行法律的修改和补充的规定。宪法规定,立法权必须由全国人大及其常委会行使,法律是全国人民的意志表现,所以只有代表全体人民的最高国家权力机关才可以制定法律。

2. **违反国务院制定的行政法规、规定的行政**

措施、发布的决定和命令。宪法规定,国务院是最高国家权力机关的执行机关,是最高国家行政机关,可以根据宪法和法律,制定行政法规,规定行政措施,发布决定和命令。这里需要注意的是,实践中除由国务院直接制定行政法规、规定行政措施、发布决定和命令以外,还有一些**国务院发布的规范性文件**,是由国务院有关部委制定,经国务院批准后以国务院名义发布的。对于这些规范性文件的层级是属于国务院还是属于部委,存在不同认识。多数意见认为,由国务院批准发布是实践中长期存在的一种规范性文件制定和发布方式,虽然其制定主体是国务院部委,但是发布主体是国务院,而且从发布程序看,国务院在批准之前,

一般会征求其他部委和各有关方面的意见,将其作为国务院的发布规范性文件的行为,是符合实际的。这样的规范性文件也不是很多,作为刑法规定的"国家规定",是严格审慎的,总体上也是符合刑事立法定罪原则的要求的。

需要注意的是,本条仅限于全国人大及其常委会制定的法律和决定,国务院制定的行政法规、规定的行政措施、发布的决定和命令。**各级地方人大及其常委会制定的地方性法规以及国务院各部委制定的规章、发布的决定和命令都不属于刑法所指的国家规定。**

【司法解释性文件】

《最高人民法院关于准确理解和适用刑法中"国家规定"的有关问题的通知》(法发〔2011〕155号,2011年4月8日公布)

△**(国家规定;国务院规定的行政措施;以国务院办公厅名义制发的文件)**根据刑法第九十六条的规定,刑法中的"国家规定"是指,全国人民代表大会及其常务委员会制定的法律和决定,国务院制定的行政法规、规定的行政措施、发布的决定和命令等。其中,"国务院规定的行政措施"应当由国务院决定,通常以行政法规或者国务院制发文件的形式加以规定。以国务院办公厅名义制发的文件,符合以下条件的,亦应视为刑法中的"国家规定":

(1)有明确的法律依据或者同相关行政法规不相抵触;

(2)经国务院常务会议讨论通过或者经国务院批准;

(3)在国务院公报上公开发布。(§1)

△**(违反国家规定之认定;地方性法规、部门规章;法律适用问题;逐级请示)**各级人民法院在刑事审判工作中,对有关案件所涉及的"违反国家规定",要依照相关法律、行政法规及司法解释的规定准确把握。对于规定不明确的,要按照本通知的要求审慎认定。对于违反地方性法规、部门规章的行为,不得认定为"违反国家规定"。对被告人的行为是否"违反国家规定"存在争议的,应当作为法律适用问题,逐级向最高人民法院请示。(§2)

△**(非法经营罪;其它严重扰乱市场秩序的非法经营行为;法律适用问题;逐级请示)**各级人民法院审理非法经营犯罪案件,要依法严格把握刑法第二百二十五条第(四)的适用范围。对被告人的行为是否属于刑法第二百二十五条第(四)规定的"其它严重扰乱市场秩序的非法经营行为",有关司法解释未作明确规定的,应当作为法律适用问题,逐级向最高人民法院请示。(§3)

第九十七条 【首要分子】

本法所称首要分子,是指在犯罪集团或者聚众犯罪中起组织、策划、指挥作用的犯罪分子。

【条文说明】

本条是关于首要分子的概念的规定。

根据本条规定,本法所说的**首要分子**主要包括两类:

1. **在犯罪集团中起组织、策划、指挥作用的犯罪分子**。"**组织**",主要是指将其他犯罪人纠集在一起。"**策划**",主要是指为犯罪活动如何实施拟订办法、方案。"**指挥**",是指在犯罪的各个阶段指使、命令其他犯罪人去实施犯罪行为等。

"**犯罪集团**"是指三人以上为共同实施犯罪而组成的较为固定的犯罪组织。主要具有以下特征:(1)人数在三人以上,主要成员固定或基本固定。(2)经常纠集在一起共同进行一种或数种犯罪活动。(3)有明显的首要分子。有的首要分子是在纠集过程中形成的,有的首要分子则在纠集开始时就是组织者和领导者。(4)有预谋地实施犯罪活动。(5)不论作案次数多少,对社会造成很严重的危害或其具有很大的危险性。

2. **在聚众犯罪中起组织、指挥作用的犯罪分子**。"**聚众犯罪**",是指纠集多人共同实施的犯罪活动,如聚众斗殴、聚众哄抢公私财物的犯罪等。"聚众犯罪"与"犯罪集团"不同,是为进行犯罪而将众人聚集起来,不具有较固定的犯罪组织和成员。

由于首要分子在犯罪集团或聚众犯罪中起组织、策划、指挥作用,罪恶比较严重,因此,刑法分则对首要分子规定的处刑都比较重。

需要注意的是,对首要分子的认定要结合实际案件中所起的具体作用,特别是对于犯罪集团的首要分子的认定,组织、策划的人在犯罪中起到重要的谋划、指挥作用,但并未实际参与犯罪行为的,并不影响对于首要分子的认定。

第九十八条 【告诉才处理】

本法所称告诉才处理,是指被害人告诉才处理。如果被害人因受强制、威吓无法告诉的,人民检察院和被害人的近亲属也可以告诉。

【条文说明】

本条是关于告诉才处理的概念及如何适用的规定。

根据办理刑事案件实际的需要,刑法规定了一些告诉才处理的犯罪。根据刑法分则的规定,主要包括第二百四十六条**侮辱、诽谤罪**,第二百五十七条**暴力干涉婚姻自由罪**,第二百六十条**虐待罪**,第二百七十条**侵占罪**等。由于对犯罪行为的刑事追究或对行为人的处理往往涉及被害人的利益,所以法律允许被害人权衡利弊,作出是否提起刑事诉讼的决定。**"告诉才处理"**,是指只有被害人提出控告,要求对犯罪人追究刑事责任时,司法机关才能受理,如果有权进行告诉的人不告诉,司法机关不能主动追究犯罪。

根据本条规定,有权进行告诉的有三种人:

1. **告诉才处理的刑事案件的被害人。**
2. **人民检察院在被害人因受强制、威吓而无法告诉的情况下可以告诉。"受强制"** 是指被害人受到暴力的控制或者阻碍,如被捆绑、拘禁等。**"威吓"** 是指被害人受到威胁、恐吓,不敢向人民法院提出控告。
3. **被害人的近亲属在被害人因受强制、威吓而无法告诉的情况下也可以告诉。"被害人的近亲属"** 是指被害人的父母、子女、配偶、同胞兄弟姊妹。

需要注意的是,2015年8月29日第十二届全国人大常委会第十六次会议通过的《刑法修正案(九)》对《刑法》第二百六十条原第三款作了修改,将该条中"告诉的才处理"的规定修改为"告诉的才处理,但被害人没有能力告诉,或者因受到强制、威吓无法告诉的除外"。

【司法解释】

《**最高人民法院关于适用〈中华人民共和国刑事诉讼法〉的解释**》(法释〔2021〕1号,自2021年3月1日起施行)

△(**告诉才处理的案件**)人民法院直接受理的自诉案件包括:

(一)告诉才处理的案件:

1. 侮辱、诽谤案(刑法第二百四十六条规定的,但严重危害社会秩序和国家利益的除外);
2. 暴力干涉婚姻自由案(刑法第二百五十七条第一款规定的);
3. 虐待案(刑法第二百六十条第一款规定的,但被害人没有能力告诉或者因受到强制、威吓无法告诉的除外);
4. 侵占案(刑法第二百七十条规定的)。(§1 I)

第九十九条 【以上、以下、以内】

本法所称以上、以下、以内,包括本数。

【条文说明】

本条是关于刑法所称的"以上、以下、以内"的概念如何理解的规定。

根据本条规定,**刑法所称的"以上""以下""以内"都包括本数**。如规定对某种犯罪行为判处三年以下有期徒刑,判处的最高刑可以是三年。

第一百条 【前科报告义务】
依法受过刑事处罚的人，在入伍、就业的时候，应当如实向有关单位报告自己曾受过刑事处罚，不得隐瞒。
犯罪的时候不满十八周岁被判处五年有期徒刑以下刑罚的人，免除前款规定的报告义务。

【立法沿革】

《中华人民共和国刑法》(1997年修订，自1997年10月1日起施行)

第一百条

依法受过刑事处罚的人，在入伍、就业的时候，应当如实向有关单位报告自己曾受过刑事处罚，不得隐瞒。

《中华人民共和国刑法修正案(八)》(自2011年5月1日起施行)

十九、在刑法第一百条中增加一款作为第二款：

"犯罪的时候不满十八周岁被判处五年有期徒刑以下刑罚的人，免除前款规定的报告义务。"

【条文说明】

本条是关于**前科报告义务**的规定。

本条共分为两款。

第一款是关于前科报告义务的一般规定，主要有两个方面的内容：

1. **依法受过刑事处罚的人，应当如实向有关单位报告自己曾受过刑事处罚，不得隐瞒。**"依法受过刑事处罚的人"，是指依照我国的刑事法律，行为人的行为构成犯罪，并经人民法院判处刑罚。经人民法院判处刑罚，包括被人民法院依法判处刑法规定的各种主刑和附加刑。例如，某犯罪分子被人民法院宣告有期徒刑一年，宣告缓刑一年，在缓刑考验期内遵守刑法的有关规定，缓刑考验期满，原判的刑罚不再执行，这种情况也属于依法受过刑事处罚。如果某行为人虽曾受到司法机关的追诉，但其行为符合刑法规定的**不需要判处刑罚或者免除刑罚**的情况，因而人民法院决定免予刑罚处罚的，则不属于"受过刑事处罚的人"。同样，如果检察机关对上述情况依照刑事诉讼法的规定决定不予起诉的，也不在"受过刑事处罚"之列。

2. **如实报告仅限于在入伍、就业的时候。**"入伍"是指加入中国人民解放军或者中国人民武装警察部队。"就业"包括参加任何种类的工作，如进入国家机关，各种公司、企业、事业单位，各种团体等。"**向有关单位报告**"，是指向自己参加工作的单位报告。法律这样规定，是为了便于用人单位掌握本单位职工的情况，便于安置工作以及对该有关人员开展帮助和教育。

第二款是对不满十八周岁的未成年人免除报告义务的规定，有两个条件：一是**被免除前科报告义务的主体是犯罪时不满十八周岁的人**，既包括入伍、就业时未满十八周岁的未成年人，也包括入伍、就业时已满十八周岁的成年人，只要其犯罪时不满十八周岁，就构成适用本款规定的条件之一；二是**被判处五年有期徒刑以下刑罚**，既包括被判处五年以下有期徒刑的情形，也包括被判处拘役、管制、单处附加刑的情形，以及适用缓刑的情形。需要注意的是，以上两个条件需同时具备才能适用本款的规定。犯罪时不满十八周岁的人如果被判处超过五年有期徒刑的刑罚(不包括五年有期徒刑)的，则不适用本款的规定。

实践中需要注意以下几个方面的问题：

1. 本款的规定只是免除了犯罪的时候不满十八周岁、被判处五年有期徒刑以下刑罚的人的前科报告义务，这些人在入伍和就业时，征兵部门和招录单位依照招录的有关规定仍然可以对其进行考察。

2. 这些被免除前科报告义务的人，司法机关仍会保留其犯罪记录，但会对这些记录予以封存。

3. 2012年修正后的刑事诉讼法明确规定了**未成年人犯罪记录封存制度**。《刑事诉讼法》第二百八十六条规定："犯罪的时候不满十八周岁，被判处五年有期徒刑以下刑罚的，应当对相关犯罪记录予以封存。犯罪记录被封存的，不得向任何单位和个人提供，但司法机关为办案需要或者有关单位根据国家规定进行查询的除外。依法进行查询的单位，应当对被封存的犯罪记录的情况予以保密。"

【司法解释性文件】

《最高人民法院、最高人民检察院、公安部、国家安全部、司法部印发〈关于建立犯罪人员犯罪记录制度的意见〉的通知》(法发〔2012〕10号，2012年5月10日公布)

△(犯罪人员犯罪记录制度；刑事政策)建立犯罪人员犯罪记录制度，对犯罪人员信息进行合理登记和有效管理，既有助于国家有关部门充分掌握与运用犯罪人员信息，适时制定和调整刑事

政策及其他公共政策,改进和完善相关法律法规,有效防控犯罪,维护社会秩序,也有助于保障有犯罪记录的人的合法权利,帮助其顺利回归社会。

近年来,我国犯罪人员犯罪记录工作取得较大进展,有关部门为建立犯罪人员犯罪记录制度进行了积极探索。认真总结并推广其中的有益做法,在全国范围内开展犯罪人员信息的登记和管理工作,逐步建立和完善犯罪记录制度,对司法工作服务大局,促进社会矛盾化解,推进社会管理机制创新,具有重要意义。

建立犯罪记录制度,开展有关犯罪记录的工作,要按照深入贯彻落实科学发展观和构建社会主义和谐社会的总体要求,在司法体制和工作机制改革的总体框架内,全面落实宽严相济刑事政策,促进社会和谐稳定,推动经济社会健康发展。要立足国情,充分考虑现阶段我国经济社会发展的状况和人民群众的思想观念,注意与现有法律法规和其他制度的衔接。要充分认识我国的犯罪记录制度以及有关工作尚处于起步阶段这一现状,抓住重点,逐步推进,确保此项工作能够稳妥、有序开展,为进一步完善我国犯罪记录制度,健全犯罪记录工作机制创造条件。(§1)

△(**犯罪人员信息库**)为加强对犯罪人员信息的有效管理,依托政法机关现有网络和资源,由公安机关、国家安全机关、人民检察院、司法行政机关分别建立有关记录信息库,并实现互联互通,待条件成熟后建立全国统一的犯罪人员信息库。

犯罪人员信息登记机关录入的信息应当包括以下内容:犯罪人员的基本情况、检察机关(自诉人)和审判机关的名称、判决书编号、判决确定日期、罪名、所判处刑罚以及刑罚执行情况等。(§2Ⅰ)

△(**犯罪人员信息通报机制**)人民法院应当及时将生效的刑事裁判文书以及其他有关信息通报犯罪人员信息登记机关。

监狱、看守所应当及时将《刑满释放人员通知书》寄送被释放人员户籍所在地犯罪人员信息登记机关。

县级司法行政机关应当及时将《社区服刑人员矫正期满通知书》寄送被解除矫正人员户籍所在地犯罪人员信息登记机关。

国家机关基于办案需要,向犯罪人员信息登记机关查询有关犯罪信息,有关机关应当予以配合。(§2Ⅱ)

△(**犯罪人员信息查询机制**)公安机关、国家安全机关、人民检察院和司法行政机关分别负责受理、审核和处理有关犯罪记录的查询申请。

上述机关在向社会提供犯罪信息查询服务时,应当严格按照法律法规关于升学、入伍、就业等资格、条件的规定进行。

辩护律师为依法履行辩护职责,要求查询本案犯罪嫌疑人、被告人的犯罪记录的,应当允许,涉及未成年人的犯罪记录被执法机关依法封存的除外。(§2Ⅲ)

△(**未成年人犯罪记录封存制度**)为深入贯彻落实党和国家对违法犯罪未成年人的"教育、感化、挽救"方针和"教育为主、惩罚为辅"原则,切实帮助失足青少年回归社会,根据刑事诉讼法的有关规定,结合我国未成年人保护工作的实际,建立共和国人轻罪犯罪记录封存制度,对于犯罪时不满十八周岁,被判处五年有期徒刑以下刑罚的未成年人的犯罪记录,应当予以封存。犯罪记录被封存后,不得向任何单位和个人提供,但司法机关为办案需要或者有关单位根据国家规定进行查询的除外。依法进行查询的单位,应当对被封存的犯罪记录的情况予以保密。

执法机关对未成年人的犯罪记录可以作为工作记录予以保存。(§2Ⅳ)

△(**违反规定处理犯罪人员信息的责任**)负责提供犯罪人员信息的部门及其工作人员应当及时、准确地向犯罪人员信息登记机关提供有关信息。不按规定提供信息,或者故意提供虚假、伪造信息,情节严重或者造成严重后果的,应当依法追究相关人员的责任。

负责登记和管理犯罪人员信息的部门及其工作人员应当认真登记、妥善管理犯罪人员信息。不按规定登记犯罪人员信息、提供查询服务,或者违反规定泄露犯罪人员信息,情节严重或者造成严重后果的,应当依法追究相关人员的责任。

使用犯罪人员信息的单位和个人应当按照查询目的使用有关信息并对犯罪人员信息予以保密。违反规定使用犯罪人员信息,情节严重或者造成严重后果的,应当依法追究相关人员的责任。(§2Ⅴ)

△(**犯罪记录制度;系统工程;协调配合**)犯罪记录制度是我国一项崭新的法律制度,在建立和实施过程中不可避免地会遇到各种各样的问题和困难,有关部门要高度重视,精心组织,认真实施,并结合自身工作的性质和特点,研究制定具体实施办法或实施细则,循序渐进,在实践中不断健全、完善,确保取得实效。

犯罪记录制度的建立是一个系统工程,各有关部门要加强协调,互相配合,处理好在工作起步以及推进中可能遇到的各种问题。要充分利用政法网以及各部门现有的网络基础设施,逐步实现犯罪人员信息的网上录入、查询和文件流转,实现犯罪人员信息的共享。要处理好犯罪人员信息与被劳动教养、治安管理处罚、不起诉人员信息以及其他信息库之间的关系。要及时总结,适时调整工作思路和方法,保障犯罪记录工作的顺利展开,推动我国犯罪记录制度的发展与完善。(§3)

《人民检察院办理未成年人刑事案件的规定》(高检发研字[2013]7号,2013年12月27日公布)

△(**未成年人;犯罪记录封存;二审案件;通知**)犯罪的时候不满十八周岁,被判处五年有期徒刑以下刑罚的,人民检察院应当在收到人民法院生效判决后,对犯罪记录予以封存。①

对于二审案件,上级人民检察院对犯罪犯罪记录时,应当通知下级人民检察院对相关犯罪记录予以封存。(§62)

△(**专门的未成年人犯罪档案库;保管制度**)人民检察院应当将拟封存的未成年人犯罪记录、卷宗等相关材料装订成册,加密保存,不予公开,并建立专门的未成年人犯罪档案库,执行严格的保管制度。(§63)

△(**封存的犯罪记录;犯罪记录的证明;查询犯罪记录;书面申请**)除司法机关为办案需要或者有关单位根据国家规定进行查询的以外,人民检察院不得向任何单位和个人提供封存的犯罪记录,并不得提供未成年人犯罪记录的证明。

司法机关或者有关单位需要查询犯罪记录的,应当向封存犯罪记录的人民检察院提出书面申请,人民检察院应当在七日以内作出是否许可的决定。(§64)

△(**未成年人;犯罪记录;解除封存**)对被封存犯罪记录的未成年人,符合下列条件之一的,应当对其犯罪记录解除封存:

(一)实施新的犯罪,且新罪与封存记录之罪数罪并罚后被决定执行五年有期徒刑以上刑罚的;

(二)发现漏罪,且漏罪与封存记录之罪数罪并罚后被决定执行五年有期徒刑以上刑罚的。(§65)

△(**未成年犯罪嫌疑人;不起诉决定;封存**)人民检察院对未成年犯罪嫌疑人作出不起诉决定后,应当对相关记录予以封存。具体程序参照本规定第六十二条至第六十五条规定办理。(§66)

《最高人民法院、最高人民检察院、公安部、司法部关于未成年人犯罪记录封存的实施办法》(高检发办字[2022]71号,2022年5月24日印发)

△(**未成年人犯罪记录封存;数个行为构成一罪或者一并处理的数罪**)犯罪的时候不满十八周岁,被判处五年有期徒刑以下刑罚以及免予刑事处罚的未成年人犯罪记录,应当依法予以封存。

对在年满十八周岁前后实施数个行为,构成一罪或者一并处理的数罪,主要犯罪行为是在年满十八岁周岁前实施的,被判处或者决定执行五年有期徒刑以下刑罚以及免予刑事处罚的未成年人犯罪记录,应当对全案依法予以封存。(§4)

△(**及时、有效的原则**)未成年人犯罪记录封存应当贯彻及时、有效的原则。对于犯罪记录被封存的未成年人,在入伍、就业时免除犯罪记录的报告义务。

被封存犯罪记录的未成年人因涉嫌再次犯罪接受司法机关调查时,应当主动、如实地供述其犯罪记录情况,不得回避、隐瞒。(§9)

△(**犯罪记录解除封存**)对被封存犯罪记录的未成年人,符合下列条件之一的,封存机关应当对其犯罪记录解除封存:

(一)在未成年时实施新的犯罪,且新罪与封存记录之罪数罪并罚后被决定执行刑罚超过五年有期徒刑的;

(二)发现未成年时实施的漏罪,且漏罪与封存记录之罪数罪并罚后被决定执行刑罚超过五年有期徒刑的;

(三)经审判监督程序改判五年有期徒刑以上刑罚的;

被封存犯罪记录的未成年人,成年后又故意犯罪的,人民法院应当在裁判文书中载明其之前的犯罪记录。(§18)

【参考案例】

No.4-232-128 沈超故意杀人、抢劫案

犯罪记录封存不等于犯罪记录消灭,前罪符合犯罪记录封存条件,在前罪假释期内再犯新罪的,应撤销假释,实行数罪并罚。

---

① 《中华人民共和国刑事诉讼法》(2018年修正)
第二百八十六条
Ⅰ犯罪的时候不满十八周岁,被判处五年有期徒刑以下刑罚的,应当对相关犯罪记录予以封存。
Ⅱ犯罪记录被封存的,不得向任何单位和个人提供,但司法机关为办案需要或者有关单位根据国家规定进行查询的除外。依法进行查询的单位,应当对被封存的犯罪记录的情况予以保密。

第五章 其他规定

第一百零一条 【总则的适用】
本法总则适用于其他有刑罚规定的法律,但是其他法律有特别规定的除外。

【条文说明】

本条是关于刑法总则的规定适用于其他有刑罚规定的法律的规定。

本条包括两个方面的内容:

1. **本法总则适用于其他有刑罚规定的法律**。主要是指刑法总则规定的原则对于其他有定罪处刑规定的法律也适用,在依照其他法律规定对犯罪人判处刑罚时,也要依照刑法总则的规定。

"**其他有刑罚规定的法律**",是指除刑法以外的其他有定罪处刑规定的法律,理论上包括全国人大常委会通过的对刑法所作的决定或者补充规定,以及其他法律中对刑法补充规定的犯罪行为及其刑罚的规定。如上所述,1997年刑法施行以来,"其他有刑罚规定的法律"已经比较少见。比较典型的是1998年12月29日第九届全国人大常委会第六次会议通过的《全国人民代表大会常务委员会关于惩治骗购外汇、逃汇和非法买卖外汇犯罪的决定》,这是1997年刑法修订以后全国人大常委会第一次对刑法作修改补充。由于当时还没有就以修正案的方式修改刑法达成共识,仍按照1979年刑法施行期间的做法,通过单行决定的方式对刑法作出了修改和补充。该决定属于典型的在刑法之外"有刑罚规定的法律"。另外,2014年11月1日第十二届全国人大常委会第十一次会议通过的《反间谍法》是另外一种比较特别的情况。该法虽然没有直接规定罪名和刑罚,但是对于有特定情节的间谍行为的处理,作出了明确的规定,而该规定与刑法总则的相应规定有所不同。一是《反间谍法》第二十七条第二款规定:"实施间谍行为,有自首或者立功表现的,可以从轻、减轻或者免除处罚;有重大立功表现的,给予奖励。"这一规定与《刑法》第六十七条、第六十八条关于自首、立功的规定相比,从宽的幅度更大。二是《反间谍法》第二十八条规定:"在境外受胁迫或者受诱骗参加敌对组织、间谍组织,从事危害中华人民共和国国家安全的活动,及时向中华人民共和国驻外机构如实说明情况,或者入境后直接或者通过所在单位及时向国家安全机关、公安机关如实说明情况,并有悔改表现的,可以不予追究。"这一规定相比刑法总则的规定,增加了被诱骗实施犯罪的情形;可以不予追究的处理,也体现了更大力度的从宽政策。此外,2020年6月30日第十三届全国人大常委会第二十次会议通过的《香港特别行政区维护国家安全法》对危害国家安全的四类犯罪行为及其处罚作了规定,可以作为"其他有刑罚规定的法律"。

2. **其他法律有特别规定的除外**。这是指在其他有刑罚规定的法律中,对于涉及刑法总则的有关问题又作出了特殊规定,即在一定范围、一定限度内对刑法总则的有关规定不再适用,而依照该法律的特别规定执行。

分 则

第一章 危害国家安全罪[①]

第一百零二条 【背叛国家罪】
勾结外国，危害中华人民共和国的主权、领土完整和安全的，处无期徒刑或者十年以上有期徒刑。
与境外机构、组织、个人相勾结，犯前款罪的，依照前款的规定处罚。

【条文说明】

本条是关于背叛国家罪及其处罚的规定。
背叛国家罪，是指中国公民勾结外国，或者与境外机构、组织、个人相勾结，危害中华人民共和国的主权、领土完整和安全的行为。
本条共分为两款。
第一款是对**背叛国家罪及其处罚**的规定。根据本款规定，背叛国家罪具有以下特征：
1. 构成本罪的犯罪主体必须是**具有中华人民共和国国籍的公民**，即中国公民。
2. 行为人在客观上必须**实施了勾结外国，危害国家主权、领土完整和安全的行为**。这里所说的"勾结外国"，是指行为人通过各种方式与外国政府、政党、政治集团以及他们的代表人物联络，进行组织、策划危害国家安全行为等活动。这里的"外国"应作广义理解，主要是指具有独立主权的国家，但也可以包括其他虽未被广泛承认但以国家名义活动的实体，以及某些国家联盟性质的国际组织。"**危害中华人民共和国的主权、领土完整和安全**"，是指行为人勾结外国的直接目的和实施的行为，因此要害了中华人民共和国的主权、领土完整和安全。勾结外国是危害国家主权、领土完整和安全的手段，危害国家主权、领土完整和安全是勾结外国的直接目的，这两个行为必须同时具备，才能构成本罪。根据本条的规定，背叛国家罪的构成，并不要求造成危害国家主权、领土完整和安全的实际后果，只要**实施了勾结外国，危害国家主权、领土完整和安全的行为，即构成本罪**。无论是在暗中策划、信电往来秘密接触的阴谋阶段，还是已经将形成的计划付诸实施，都不影响构成本罪。

根据本款规定，行为人实施勾结外国，危害中华人民共和国的主权、领土完整和安全的行为，处无期徒刑或者十年以上有期徒刑。同时，根据本法第一百一十三条的规定，构成本罪，对国家和人民危害特别严重、情节特别恶劣的，可以判处死刑；构成本罪的，还可以并处没收财产。依照《刑法》第五十六条规定，犯危害国家安全罪的，应当附加剥夺政治权利。

第二款明确规定，**与境外机构、组织、个人相勾结，实施危害中华人民共和国的主权、领土完整和安全的犯罪行为的，依照第一款的规定处罚**。这里所说的"**境外机构、组织**"，是指中华人民共和国边境以外的国家或者地区的机构、组织，也包括其在中华人民共和国境内设立的分支（代表）机构和分支组织等。"**境外个人**"，是指中华人民共和国边境以外的人员；同时，在中华人民共和国境内的外国公民、无国籍人，也属于境外人员。"**与境外机构、组织、个人相勾结**"实施本条第一款规定的行为，主要是指通过与境外机构、组织、个人相互勾结，共同策划或者进行危害中华人民共和国的主权、领土完整和安全的活动；接受外国或者境外机构、组织、人员资助或者指使，进行危害中华人民共和国的主权、领土完整和安全的活动；与外国或者境外机构、组织、人员建立联系，取得支持、帮助，进行危害中华人民共和国的主权、领土完整和安全的活动等情况。根据各国的司法

[①] 《中华人民共和国公司法》（1993年12月29日通过，2018年10月26日第四次修正）
第二百一十三条
利用公司名义从事危害国家安全、社会公共利益的严重违法行为的，吊销营业执照。
第二百一十五条
违反本法规定，构成犯罪的，依法追究刑事责任。

实践，背叛国家行为往往要通过一些组织、个人进行，外国政府的活动也往往在一些民间组织及个人身份的掩护下进行。本款的规定充分考虑了维护国家安全的需要以及国际上政治斗争的特点。

根据本款规定，行为人与境外机构、组织、个人相勾结，实施危害中华人民共和国的主权、领土完整和安全的行为，依照第一款的规定处罚，即处无期徒刑或者十年以上有期徒刑。同时，根据本法第一百一十三条的规定，对国家和人民危害特别严重、情节特别恶劣的，可以判处死刑，还可以并处没收财产。依照《刑法》第五十六条规定，犯危害国家安全罪的，应当附加剥夺政治权利。

需要注意的是，本章规定的**其他危害国家安全犯罪**，如间谍罪，为境外窃取、刺探、收买、非法提供国家秘密情报罪等，也存在与境外势力勾结的情况，也对国家安全造成危害。因此，区分本罪与其他危害国家安全犯罪的关键于本罪在性质属于**直接从根本上危害国家的主权和领土完整，从而危害到国家的安全**；从行为表现上看，往往是通过与外国通谋，出卖国家领土和主权，勾结外国反动势力，对我国发动侵略战争，掠夺我国领土，破坏我国

领土完整等。这些行为直接危害我国的国家主权和领土完整，体现的是对国家安全的根本的、整体的危害，直接威胁到国家的外部安全，因而也有的国家称之为**外患或者诱致外患犯罪**。至于那些具体危害到国家安全某一方面的犯罪行为，则属于本章规定的其他相关危害国家安全犯罪，如危害国家政权和社会主义制度的行为，触犯的是《刑法》第一百零五条颠覆国家政权罪、煽动颠覆国家政权罪。

这里的"勾结"，是指与外国或者境外的机构、组织、个人进行公开的或者秘密的联系，以共同谋划，表现方式多种多样，可以是主动投靠，建立联系，也可以是国外的机构、组织、个人与国内的机构、组织、个人进行策划、帮助或提供资助；可以是直接接触，也可以是信件往来，应当结合其客观行为与主观目的进行认定。

这里的"危害"并不要求已经着手实施行为，或者造成实际发生国家主权、领土完整和安全的损害结果。只要行为人就危害中华人民共和国的主权、领土完整和安全进行谋议、策划，就构成犯罪的既遂。

第一百零三条 【分裂国家罪】【煽动分裂国家罪】

组织、策划、实施分裂国家、破坏国家统一的，对首要分子或者罪行重大的，处无期徒刑或者十年以上有期徒刑；对积极参加的，处三年以上十年以下有期徒刑；对其他参加的，处三年以下有期徒刑、拘役、管制或者剥夺政治权利。

煽动分裂国家、破坏国家统一的，处五年以下有期徒刑、拘役、管制或者剥夺政治权利；首要分子或者罪行重大的，处五年以上有期徒刑。

【条文说明】

本条是关于分裂国家罪和煽动分裂国家罪及其处罚的规定。

本条共分为两款。

第一款是对**分裂国家罪及其处罚**的规定。根据本款规定，构成本罪必须具备以下两个条件：

1. 构成本罪的主体是**一般主体**，即任何人都可以构成本罪的犯罪主体。本罪处罚的是"首要分子或者罪行重大的""积极参加的"和"其他参加的"犯罪分子。其中，"首要分子"的范围在刑法总则中已作了明确的界定。"罪行重大"是指虽不是首要分子，但在犯罪活动中起了十分恶劣的作用或者直接参与实施主要犯罪活动的骨干分子；"**积极参加的**"，是指那些主动参加犯罪集团并多次参与犯罪活动的；"**其他参加的**"，即指一般参加者。分裂国家、破坏国家统一是一种严重

的危害国家安全犯罪，往往靠个人难以达到目的，一般要组成一定的集团进行长期的犯罪活动。而且中国是一个多民族的国家，犯罪分子往往利用并激化民族矛盾，挑起事端，较其他犯罪更具有欺骗性和危险性，所以这种犯罪有可能会因某一突发性事件或者在一些特定的社会环境下，出现聚众犯罪的情况。对此，本款根据犯罪分子参与犯罪的情节及其所起的作用，对"首要分子或者罪行重大的""积极参加的"和"其他参加的"分别规定了处刑。应当注意的是，在严厉打击分裂国家、破坏国家统一的犯罪活动的同时，对这种有可能参加此类犯罪的较多的聚众犯罪，要把那些受欺骗蒙蔽、不明真相的群众与犯罪分子区别开来。

2. 必须实施了分裂国家、破坏国家统一的行为。这里所说的"**分裂国家、破坏国家统一**"，是指以各种手段和方式，企图将我国领土的一部分分离出去，另立政府，制造割据局面和分裂我国统

一的多民族国家,破坏民族团结,制造民族分裂等行为。所谓"**组织**",是指分裂国家的犯罪集团和分裂活动的组织人所进行的纠集行为,行为人在组织过程中的手段具有多样性,包括招募、雇佣、强迫、威胁、勾引、收买等,既包括将本来就具有分裂国家倾向的人员纠合起来,也包括采用各种手段聚集人员实施分裂国家活动;所谓"**策划**",是指对分裂国家、破坏国家统一的活动进行谋划的行为,如制定实施分裂国家的犯罪行动计划、方案,确定参加犯罪活动的人员名单和具体实施步骤等;所谓"**实施**",就是实际着手实施分裂国家、破坏国家统一的行为,既包括组织、策划者将其策划的内容付诸实施,也包括组织、策划者以外的其他人在组织、策划者的组织、指挥下参与实施分裂国家、破坏国家统一的活动。

根据本款规定,对组织、策划、实施分裂国家、破坏国家统一的,对首要分子或者罪行重大的,处无期徒刑或者十年以上有期徒刑;根据本法第一百一十三条的规定,对国家和人民危害特别严重、情节特别恶劣的,可以判处死刑。对积极参加的,处三年以上十年以下有期徒刑;对其他参加的,处三年以下有期徒刑、拘役、管制或者剥夺政治权利。

第二款是对**煽动分裂国家罪及其处罚**的规定。①② 这里所说的"**煽动**",是指以语言、文字、图像等方式对他人进行鼓动、宣传,意图使他人相信其所煽动的内容,进而使他人去实施所煽动的行为,客观行为表现为对不特定人或者多数人实施的,使其产生分裂国家的犯罪意思,或者刺激、助长、坚定已经产生的分裂国家的犯罪意思的行为,实践中应当注意与**分裂国家罪的教唆行为**之间的区别。③ 根据本款规定,行为人实施了煽动分裂国家、破坏国家统一的行为,并以被煽动者实施分裂国家行为,即具体地着手组织、策划、实施分裂国家、破坏国家统一的行为为必要,即构成此罪,处五年以下有期徒刑、拘役、管制或者剥夺政治权利;对首要分子或者罪行重大的,处五年以上有期徒刑。根据本法第一百一十三条的规定,构成本罪,还可以并处没收财产。

【**司法解释**】

《**最高人民法院关于审理非法出版物刑事案件具体应用法律若干问题的解释**》(法释〔1998〕30号,自1998年12月23日起施行)

△(**出版物;煽动分裂国家罪**)明知出版物中载有煽动分裂国家、破坏国家统一或者煽动颠覆国家政权、推翻社会主义制度的内容,而予以出版、印刷、复制、发行、传播的,依照刑法第一百零三条第二款或者第一百零五条第二款的规定,以煽动分裂国家罪或者煽动颠覆国家政权罪定罪处罚。(§1)

《**最高人民法院、最高人民检察院关于办理妨害预防、控制突发传染病疫情等灾害的刑事案件具体应用法律若干问题的解释**》(法释〔2003〕8号,自2003年5月15日起施行)

△(**突发传染病疫情等灾害;煽动分裂国家罪**)利用突发传染病疫情等灾害,制造、传播谣言,煽动分裂国家、破坏国家统一,或者煽动颠覆国家政权、社会主义制度的,依照刑法第一百零三条第二款、第一百零五条第二款的规定,以煽动分裂国家罪或者煽动颠覆国家政权罪定罪处罚。(§10Ⅱ)

△(**自首、立功等悔罪表现**)人民法院、人民检察院办理有关妨害预防、控制突发传染病疫情等灾害的刑事案件,对于有自首、立功等悔罪表现的,依法从轻、减轻、免除处罚或者依法作出不起诉决定。(§17)

【**司法解释性文件**】

《**最高人民法院、最高人民检察院、公安部、司法部关于依法惩治妨害新型冠状病毒感染肺炎疫情防控违法犯罪的意见**》(法发〔2020〕7号,2020年2月6日发布)

△(**肺炎疫情防控;编造、故意传播虚假信息罪;寻衅滋事罪;煽动分裂国家罪;煽动颠覆国家政权罪;拒不履行信息网络安全管理义务罪**)依法严惩造谣传谣犯罪。编造虚假的疫情信息,在信

---

① 我国学者指出,煽动必须公开进行,并针对不特定或者多数人实施,否则就只能论以分裂国家罪的教唆犯。参见黎宏:《刑法学各论》(第2版),法律出版社2016年版,第8页。
② 考虑到言论自由所具有的宪法价值,如果行为是为了正当目的而就公共事务发表言论,不得以本罪论处。参见周光权:《刑法各论》(第4版),中国人民大学出版社2021年版,第608页。
③ 李希慧教授认为,煽动的对象既可以是不特定的人或者多数人,也可以是特定的人。将煽动的对象限制在不特定的人或多数人的范围,在法律上没有根据。参见高铭暄、马克昌主编:《刑法学》(第7版),北京大学出版社、高等教育出版社2016年版,第322页。另有学者指出,煽动内容必须能够为不特定或者多数人所知悉。参见张明楷:《刑法学》(第6版),法律出版社2021年版,第871页。另有论者认为,只有当煽动行为具有明显的、紧迫的危险时,才属于刑法上的煽动行为。参见周光权:《刑法各论》(第4版),中国人民大学出版社2021年版,第608页。

息网络或者其他媒体上传播,或者明知是虚假疫情信息,故意在信息网络或者其他媒体上传播,严重扰乱社会秩序的,依照刑法第二百九十一条之一第二款的规定,以编造、故意传播虚假信息罪定罪处罚。

编造虚假信息,或者明知是编造的虚假信息,在信息网络上散布,或者组织、指使人员在信息网络上散布,起哄闹事,造成公共秩序严重混乱的,依照刑法第二百九十三条第一款第四项的规定,以寻衅滋事罪定罪处罚。

利用新型冠状病毒感染肺炎疫情,制造、传播谣言,煽动分裂国家、破坏国家统一,或者煽动颠覆国家政权、推翻社会主义制度的,依照刑法第一百零三条第二款、第一百零五条第二款的规定,以煽动分裂国家罪或者煽动颠覆国家政权罪定罪处罚。

网络服务提供者不履行法律、行政法规规定的信息网络安全管理义务,经监管部门责令采取改正措施而拒不改正,致使虚假疫情信息或者其他违法信息大量传播的,依照刑法第二百八十六条之一的规定,以拒不履行信息网络安全管理义务罪定罪处罚。

对虚假疫情信息案件,要依法、精准、恰当处置。对恶意编造虚假疫情信息,制造社会恐慌,挑动社会情绪,扰乱公共秩序,特别是恶意攻击党和政府,借机煽动颠覆国家政权、推翻社会主义制度的,要依法严惩。对于因轻信而传播虚假信息,危害不大的,不以犯罪论处。(§2Ⅵ)

△(治安管理处罚;从重情节)依法严惩妨害疫情防控的违法行为。实施上述(一)至(九)规定的行为,不构成犯罪的,由公安机关根据治安管理处罚法有关虚构事实扰乱公共秩序,扰乱单位秩序、公共场所秩序、寻衅滋事,拒不执行紧急状态下的决定、命令,阻碍执行职务,冲闯警戒带、警戒区,殴打他人,故意伤害,侮辱他人,诈骗,在铁路沿线非法挖掘坑穴,采石取沙,盗窃、损毁路面公共设施,损毁铁路设施设备,故意损毁财物,哄抢公私财物等规定,予以治安管理处罚,或者由有关部门予以其他行政处罚。

对于在疫情防控期间实施有关违法犯罪的,要作为从重情节予以考量,依法体现从严的政策要求,有力惩治震慑违法犯罪,维护法律权威,维护社会秩序,维护人民群众生命安全和身体健康。(§2Ⅹ)

【参考案例】

No.1-103(1)-1 伊力哈木·土赫提分裂国家案

以言论自由、学术批评之名编造谣言,歪曲事实,勾结境内外势力,煽动民族仇恨,推动暴力恐怖活动的实施,是组织、策划、实施分裂国家、破坏国家统一的行为,构成分裂国家罪。

第一百零四条 【武装叛乱、暴乱罪】

组织、策划、实施武装叛乱或者武装暴乱的,对首要分子或者罪行重大的,处无期徒刑或者十年以上有期徒刑;对积极参加的,处三年以上十年以下有期徒刑;对其他参加的,处三年以下有期徒刑、拘役、管制或者剥夺政治权利。

策动、胁迫、勾引、收买国家机关工作人员、武装部队人员、人民警察、民兵进行武装叛乱或者武装暴乱的,依照前款的规定从重处罚。

【条文说明】

本条是关于武装叛乱、暴乱罪及其处罚的规定。

本条共分为两款。

第一款是对**武装叛乱、暴乱罪及其处罚**的规定。**武装叛乱**,是指采取武装对抗的形式,以投靠境外组织或境外敌对势力为背景,或者意图投靠境外组织或境外敌对势力,反叛国家和政府的行为。**武装暴乱**,是指采取武装的形式,与国家和政府进行对抗或者烧杀抢掠等集体暴行的行为。[①] 根据本款规定,武装叛乱、暴乱罪具有以下特征:

1. 构成犯罪的主体是**一般主体**,即达到刑事责任年龄,具有刑事责任能力,实施了武装叛乱、

[①] 相同的学说见解,参见黎宏:《刑法学各论》(第2版),法律出版社2016年版,第11页;周光权:《刑法各论》(第4版),中国人民大学出版社2021年版,第609页;高铭暄、马克昌主编:《刑法学》(第7版),北京大学出版社、高等教育出版社2016年版,第323页。

暴乱行为的一切自然人都是本罪的犯罪主体。实践中多为我国公民,但不排除外国人、无国籍人犯本罪的可能性。

2. 必须实施了"**组织、策划、实施**"的具体行为。其中,本条规定的"**组织、策划、实施**"的基本含义与本法第一百零三条的规定是一致的,故不再赘述。①

3. 必须具有"**武装**"性质。所谓"**武装**",是指叛乱者或者暴乱者在实施犯罪行为时,装备了各种具有杀伤力的武器,携带或使用了各种军用、警用武器装备,民用枪械,刀,矛,棍棒,炸药,雷管,手榴弹等武器,与国家和政府进行对抗。只要是叛乱、暴乱分子持有上述武器即可,持有武器的多少均不影响本罪的成立。当然,没有武装设备或使用武器,只是使用一般性的暴力,如扔石块等,则不能构成武装叛乱、暴乱罪。武装叛乱行为与武装暴乱行为的主要区别在于行为人是否有境外组织或者境外敌对势力的背景。如果行为人的目的是投靠境外组织或境外敌对势力,或者与之相勾结,与国家和政府进行武装对抗的,就是**武装叛乱**;如果行为人没有上述意图和目的,只是直接与国家和政府进行武装对抗的,则是**武装暴乱**。当然,在武装暴乱的犯罪过程中,犯罪分子可能也会与境外的一些敌对势力相勾结,但其叛乱活动主要是针对政府;而武装叛乱,犯罪分子的主要目的是投靠、勾结境外组织或境外敌对势力。

根据本款规定,组织、策划、实施武装叛乱或武装暴乱的,对其首要分子或者罪行重大的,处无期徒刑或者十年以上有期徒刑;根据《刑法》第一百十三条的规定,对国家和人民危害特别严重、情节特别恶劣的,可以判处死刑。对积极参加的,处三年以上十年以下有期徒刑;对其他参加的,处三年以下有期徒刑、拘役、管制或者剥夺政治权利。

第二款是对**策动、胁迫、勾引、收买国家机关工作人员、武装部队人员、人民警察、民兵进行武装叛乱或者武装暴乱的处罚规定**。②这里所说的"**策动**",是指策划鼓动他人进行某项活动的行为,具体是指通过进行叛乱、暴乱的宣传、鼓动而使之产生背叛意图、参加武装叛乱或者暴乱活动;"**胁迫**",是指以暴力或者其他手段威胁、强迫他人实施某种行为,具体是指以实施暴力侵害、揭露隐私或者对家庭成员实施侵害行为等手段,使得国家机关工作人员、武装警察部队、人民警察、民兵等不敢反抗,被迫进行武装叛乱、暴乱;"**勾引**",是指以名利、地位、职务或者女色等各种利益对上述人员进行引诱,使之服从其领导、控制,为其所用,进而进行武装叛乱、暴乱犯罪的行为;"**收买**",是指以金钱、财物或者其他物质利益诱使上述人员为其所用,或拥有武器装备,一旦进行叛乱、暴乱,其破坏能力非一般犯罪主体可比,将严重危及国家安全。故本款将策动、胁迫、勾引、收买等武装叛乱、暴乱罪的预备行为纳入本罪的规制范围,体现对此种行为严厉处罚的精神。

根据本款的规定,策动、胁迫、勾引、收买国家机关工作人员、武装部队人员、人民警察、民兵进行武装叛乱或者武装暴乱的,依照第一款的规定,从重处罚。

---

① 我国学者指出,本罪中的"组织、策划"不仅包括负责组织叛乱、武装暴乱成员,领导、指挥他人进行武装叛乱、武装暴乱的行为,还包括策划、胁迫、勾引、收买他人进行武装叛乱、武装暴乱的行为。参见张明楷:《刑法学》(第5版),法律出版社2021年版,第872页。

② 我国学者指出,《刑法》第一百零四条第二款并未规定独立罪名,只是将策动、胁迫、勾引、收买特定人员进行武装叛乱或者暴乱的行为规定为从重处罚的情节。参见张明楷:《刑法学》(第6版),法律出版社2021年版,第872页。

第一百零五条 【颠覆国家政权罪】【煽动颠覆国家政权罪】

组织、策划、实施颠覆国家政权、推翻社会主义制度的，对首要分子或者罪行重大的，处无期徒刑或者十年以上有期徒刑；对积极参加的，处三年以上十年以下有期徒刑；对其他参加的，处三年以下有期徒刑、拘役、管制或者剥夺政治权利。

以造谣、诽谤或者其他方式煽动颠覆国家政权、推翻社会主义制度的，处五年以下有期徒刑、拘役、管制或者剥夺政治权利；首要分子或者罪行重大的，处五年以上有期徒刑。

【条文说明】

本条是关于颠覆国家政权罪、煽动颠覆国家政权罪及其处罚的规定。

本条共分为两款。

第一款是对颠覆国家政权罪的处罚规定。① 根据本款规定，颠覆国家政权罪，是指行为人组织、策划、实施颠覆国家政权、推翻社会主义制度的行为。其中，"**组织、策划、实施**"与前两条规定的"组织、策划、实施"的含义是一致的，这里不再赘述。本款规定的"**颠覆国家政权、推翻社会主义制度**"，是指以除武装暴动外的各种非法手段推翻国家政权，改变人民民主专政的政权性质和社会主义制度的行为。② 我国宪法明确规定，中华人民共和国是工人阶级领导的，以工农联盟为基础的人民民主专政的社会主义国家。社会主义制度是国家的根本制度，所以说，任何企图以各种手段颠覆国家政权、推翻社会主义制度的行为，都是对我国国家安全的严重危害，必须受到我国法律的严厉制裁。应当注意的是，"颠覆国家政权"在手段上通常有使用暴力手段的情况，《刑法》第一百零四条明确规定了武装叛乱、暴乱罪，并规定了更重的刑罚。对于以武装叛乱形式颠覆国家政权的，应当适用武装叛乱、暴乱罪。本款所规定的是指以非武装暴乱方式**颠覆国家政权的行为**。这里的"**国家政权**"包括中央政权和地方政权机关，具体包括我国各级权力机关、行政机关、司法机关、军事机关等。

根据本款规定，颠覆国家政权罪的构成不要求有颠覆国家政权、推翻社会主义制度的实际危害结果的发生，只要行为人进行了组织、策划、实施颠覆国家政权、推翻社会主义制度的行为，即构成本罪，对首要分子或者罪行重大的，处无期徒刑或者十年以上有期徒刑；对积极参加的，处三年以上十年以下有期徒刑；对其他参加的，处三年以下有期徒刑、拘役、管制或者剥夺政治权利。

第二款是对煽动颠覆国家政权罪的处罚规定。③ 这里所说的"**煽动**"，是指以造谣、诽谤或者其他方式④诱惑、鼓动群众颠覆国家政权和社会主义制度的行为。"**造谣**"主要是指出于颠覆国家政权和社会主义制度之目的，制造并散布各种谣言，以混淆视听，迷惑群众。"**诽谤**"主要是指捏造事实并予以散布，诋毁、攻击国家政权和社会主义制度，如利用文化传媒煽动颠覆国家政权，在公共场所书写、张贴含有颠覆国家政权、推翻社会主义制度内容的传单、大小字报或投寄煽动信件，以诗歌、漫画等形式进行宣传煽动，组织、参加相关组织，进行煽动、呼喊活动等。根据本款规定，构成本罪的，行为人在主观上必须具有颠覆国家政权、推翻社会主义制度的故意。本款对煽动颠覆国家政权罪规定了两档刑罚，只要行为人实施了以造谣、诽谤或者其他方式煽动颠覆国家政权、推翻社会主义制度行为的，就构成本罪，处五年以下有期徒刑、拘役、管制或者剥夺政治权利；对首要分子或者罪行重大的，处五年以上有期徒刑。

根据《刑法》第一百一十三条的规定，构成本罪的，可以并处没收财产。

【司法解释】

《最高人民法院关于审理非法出版物刑事案

---

① 颠覆国家政权罪是最为典型的政治犯，因为任何国家的刑法都只能对最终失败的颠覆现政权行为加以惩处。参见周光权：《刑法各论》（第4版），中国人民大学出版社2021年版，第610页。

② 我国学者指出，颠覆、推翻的手段，既可以是和平演变之类的非暴力形式。参见黎宏：《刑法学各论》（第2版），法律出版社2016年版，第11页；周光权：《刑法各论》（第4版），中国人民大学出版社2021年版，第610页；高铭暄、马克昌主编：《刑法学》（第7版），北京大学出版社、高等教育出版社2016年版，第324页。

③ 我国学者指出，造谣、诽谤或者其他方式的行为必须是公然实施的，否则就只能构成颠覆国家政权罪的教唆犯。参见黎宏：《刑法学各论》（第2版），法律出版社2016年版，第11页。

④ 我国学者指出，肆意夸大、渲染我国社会中存在的问题，许诺将来的政权和制度比现在好，以引起人们对现实政权和社会主义制度的不满等行为，属于本罪中的"其他方式"。参见黎宏：《刑法学各论》（第2版），法律出版社2016年版，第11页；高铭暄、马克昌主编：《刑法学》（第7版），北京大学出版社、高等教育出版社2016年版，第325页。

件具体应用法律若干问题的解释》（法释〔1998〕30号，自1998年12月23日起施行）

△（出版物；煽动颠覆国家政权罪）明知出版物中载有煽动分裂国家、破坏国家统一或者煽动颠覆国家政权、推翻社会主义制度的内容，而予以出版、印刷、复制、发行、传播的，依照刑法第一百零三条第二款或者第一百零五条第二款的规定，以煽动分裂国家罪或者煽动颠覆国家政权罪定罪处罚。（§1）

《最高人民法院、最高人民检察院关于办理妨害预防、控制突发传染病疫情等灾害的刑事案件具体应用法律若干问题的解释》（法释〔2003〕8号，自2003年5月15日起施行）

△（突发传染病疫情等灾害；煽动颠覆国家政权罪）利用突发传染病疫情等灾害，制造、传播谣言，煽动分裂国家、破坏国家统一，或者煽动颠覆国家政权、推翻社会主义制度的，依照刑法第一百零三条第二款、第一百零五条第二款的规定，以煽动分裂国家罪或者煽动颠覆国家政权罪定罪处罚。（§10Ⅱ）

△（自首、立功等悔罪表现）人民法院、人民检察院办理有关妨害预防、控制突发传染病疫情等灾害的刑事案件，对于有自首、立功等悔罪表现的，依法从轻、减轻、免除处罚或者依法作出不起诉决定。（§17）

【司法解释性文件】

《最高人民法院、最高人民检察院、公安部、司法部关于依法惩治妨害新型冠状病毒感染肺炎疫情防控违法犯罪的意见》（法发〔2020〕7号，2020年2月6日发布）

△（肺炎疫情防控；编造、故意传播虚假信息罪；寻衅滋事罪；煽动分裂国家罪；煽动颠覆国家政权罪；拒不履行信息网络安全管理义务罪）依法严惩造谣传谣犯罪。编造虚假的疫情信息，在信息网络或者其他媒体上传播，或者明知是虚假疫情信息，故意在信息网络或者其他媒体上传播，严重扰乱社会秩序的，依照刑法第二百九十一条之一第二款的规定，以编造、故意传播虚假信息罪定罪处罚。

编造虚假信息，或者明知是编造的虚假信息，在信息网络上散布，或者组织、指使人员在信息网络上散布，起哄闹事，造成公共秩序严重混乱的，依照刑法第二百九十三条第一款第四项的规定，以寻衅滋事罪定罪处罚。

利用新型冠状病毒感染肺炎疫情，制造、传播谣言，煽动分裂国家、破坏国家统一，或者煽动颠覆国家政权、推翻社会主义制度的，依照刑法第一百零三条第二款、第一百零五条第二款的规定，以煽动分裂国家罪或者煽动颠覆国家政权罪定罪处罚。

网络服务提供者不履行法律、行政法规规定的信息网络安全管理义务，经监管部门责令采取改正措施而拒不改正，致使虚假疫情信息或者其他违法信息大量传播的，依照刑法第二百八十六条之一的规定，以拒不履行信息网络安全管理义务罪定罪处罚。

对虚假疫情信息案件，要依法、精准、恰当处置。对恶意编造虚假疫情信息，制造社会恐慌，挑动社会情绪，扰乱公共秩序，特别是恶意攻击党和政府，借机煽动颠覆国家政权、推翻社会主义制度的，要依法严惩。对于因轻信而传播虚假信息，危害不大的，不以犯罪论处。（§2Ⅵ）

△（治安管理处罚；从重情节）依法严惩妨害疫情防控的违法行为。实施上述（一）至（九）规定的行为，不构成犯罪的，由公安机关根据治安管理处罚法有关虚构事实扰乱公共秩序，扰乱单位秩序、公共场所秩序、寻衅滋事，拒不执行紧急状态下的决定、命令，阻碍执行职务，冲闯警戒带、警戒区，殴打他人，故意伤害，侮辱他人，诈骗，在铁路沿线非法挖掘坑穴、采石取沙，盗窃、损毁路面公共设施，损毁铁路设施设备，故意损毁财物，哄抢公私财物等规定，予以治安管理处罚，或者由有关部门予以其他行政处罚。

在疫情防控期间实施有关违法犯罪的，要作为从重情节予以考量，依法体现从严的政策要求，有力惩治震慑违法犯罪，维护法律权威，维护社会秩序，维护人民群众生命安全和身体健康。（§2Ⅹ）

【参考案例】

No.1-105(1)-1　黄金秋颠覆国家政权案

通过互联网攻击我国政治制度，宣传煽动颠覆国家政权，并组织、策划成立反动党派的，不构成煽动颠覆国家政权罪，应以颠覆国家政权罪论处。

No.1-105(1)-2　周世锋颠覆国家政权案

编造、散布政治谣言，煽动不明真相的人对国家体制产生不满，策划、煽动、组织有利益群体，干扰正常社会秩序，冲击国家政权的，应认定为颠覆国家政权罪；该罪为行为犯，不要求有颠覆国家政权的实际结果，只要行为人进行了组织、策划、实施颠覆国家政权、推翻社会主义制度的行为，即构成本罪。

第一百零六条 【与境外勾结的从重处罚规定】

与境外机构、组织、个人相勾结，实施本章第一百零三条、第一百零四条、第一百零五条规定之罪的，依照各该条的规定从重处罚。

【条文说明】

本条是对与境外机构、组织、个人相勾结，进行危害国家安全犯罪的，予以从重处罚的规定。

近些年来，境外一些敌对势力为达到"西化""分化"我国的目的，以各种手段、方式对我国进行渗透、干扰，与境内不法分子相勾结，进行危害我国国家安全的犯罪活动。而我国国内的犯罪分子在进行危害国家安全的犯罪活动中，也往往与境外机构、组织、个人相勾结，取得他们的援助、资助等。这是多种危害国家安全犯罪的一个重要特点。为了更有力地维护国家安全，打击危害国家安全的犯罪，刑法特别作了关于与境外机构、组织、个人相勾结实施分裂国家罪、煽动分裂国家罪、武装叛乱、暴乱罪，颠覆国家政权罪、煽动颠覆国家政权罪应从重处罚的规定。这几种犯罪都是对我国国家安全危害最为严重、危险性最大的犯罪。本条规定的"**相勾结**"，是指境内的犯罪分子与境外机构、组织、个人通过各种途径联络，共同策划，密谋，以实施本章第一百零三条、第一百零四条、第一百零五条规定的有关危害国家安全的犯罪行为。①

根据本条规定，境内人员与境外机构、组织、个人相勾结，实施本章第一百零三条、第一百零四条、第一百零五条规定之罪的，对其依照上述有关条文规定的刑罚从重处罚。

第一百零七条 【资助危害国家安全犯罪活动罪】

境内外机构、组织或者个人资助实施本章第一百零二条、第一百零三条、第一百零四条、第一百零五条规定之罪的，对直接责任人员，处五年以下有期徒刑、拘役、管制或者剥夺政治权利；情节严重的，处五年以上有期徒刑。

【立法沿革】

《中华人民共和国刑法》(1997年修订，自1997年10月1日起施行)

第一百零七条

境内外机构、组织或者个人资助境内组织或者个人实施本章第一百零二条、第一百零三条、第一百零四条、第一百零五条规定之罪的，对直接责任人员，处五年以下有期徒刑、拘役、管制或者剥夺政治权利；情节严重的，处五年以上有期徒刑。

《中华人民共和国刑法修正案(八)》(自2011年5月1日起施行)

二十、将刑法第一百零七条修改为：

"境内外机构、组织或者个人资助实施本章第一百零二条、第一百零三条、第一百零四条、第一百零五条规定之罪的，对直接责任人员，处五年以下有期徒刑、拘役、管制或者剥夺政治权利；情节严重的，处五年以上有期徒刑。"

【条文说明】

本条是关于资助危害国家安全犯罪活动罪及其处罚的规定。②

根据本条规定，任何机构、组织或者个人资助实施本章所规定的危害中华人民共和国国家安全犯罪活动的，都将适用本条定罪量刑。"**境内外机构、组织或者个人**"，包括境内外一切机构、组织和个人。这里所说的"**资助**"，是指明知他人进行危害国家安全的犯罪活动，而向其提供金钱、物资、通信器材、交通工具等，使犯罪分子得到物质上的

---

① 我国学者基于定罪量刑协调之考量指出，本条所规定的"与境外机构、组织、个人相勾结"包括勾结外国的情形。因此，勾结外国分裂国家者，以分裂国家罪从重处罚。参见张明楷：《刑法学》(第6版)，法律出版社2021年版，第871页。

② 我国学者指出，资助在实际上属于危害国家安全犯罪的帮助犯。刑法为了对这种形式的帮助予以强调并严厉处罚，将其独立出来作为一种单独犯罪加以规定。参见黎宏：《刑法学各论》(第2版)，法律出版社2016年版，第12页。另有学者指出，本罪的范围既包括特定共同犯罪中的部分帮助行为，又包括不成立共同犯罪的资助行为。但是，对于构成共同犯罪的组织、策划、实行、煽动、教唆行为，应以其他相应犯罪论处。参见张明楷：《刑法学》(第6版)，法律出版社2021年版，第873页。

帮助。① 如果境内外机构、组织或者个人没有提供物质上的帮助，仅是在精神、宣传舆论等方面给予帮助、支持，则不能适用本条，而应适用其他危害国家安全犯罪的规定处理。②

本条将资助行为限定于资助实施本章第一百零二条规定的背叛国家罪，第一百零三条规定的分裂国家罪和煽动分裂国家罪，第一百零四条规定的武装叛乱、暴乱罪，第一百零五条规定的颠覆国家政权罪和煽动颠覆国家政权罪的范围。之所以这样规定，主要是因为这几种犯罪对国家安全最具威胁性，同时，也是根据维护国家安全的实际需要。

根据本条规定，犯本条规定之罪的，对直接责任人员，处五年以下有期徒刑、拘役、管制或者剥夺政治权利；**情节严重的**，即具有多次资助、资助多人，或者资助金额巨大，或者被资助者的行为造成严重后果等情形的，处五年以上有期徒刑。**直接责任人员**包括资助行为的决策人以及实际实施的人员。如果资助属个人行为，行为人即为直接责任人员。根据《刑法》第一百一十三条的规定，对犯本罪的，还可以并处没收财产。

第一百零八条 【投敌叛变罪】

投敌叛变的，处三年以上十年以下有期徒刑；情节严重或者带领武装部队人员、人民警察、民兵投敌叛变的，处十年以上有期徒刑或者无期徒刑。

【条文说明】

本条是关于投敌叛变罪及其处罚的规定。

根据本条规定，无论行为人出于何种目的或动机，实施投敌叛变行为的，即构成本罪。这里所说的**投敌叛变**，是指背叛国家，投靠敌国、敌方，出卖国家和人民利益的变节行为，包括投入敌人营垒，为敌人效力，被敌人俘虏后投降敌人进行危害国家安全的行为等。③ 其中，所谓"敌"是广义的，既包括在交战状态下公开宣布的敌国、敌方等敌人，也包括其他公然敌视中华人民共和国的政权和制度的敌对营垒。**本条没有区分平时与战时**，在战时"敌"的概念非常明确，只要与我国正式交战的即是"敌"，也就是说，行为人只要是投奔或者投靠敌方的，就构成本罪；但在和平时期，特别是在目前世界处于相对和平、稳定、发展的时期，我国的对外交往十分广泛，则可以在确定"敌"时应非常慎重。

本条对投敌叛变罪规定了两档刑罚，对构成本罪的一般投敌叛变行为，处三年以上十年以下有期徒刑；对情节严重或者带领武装部队人员、人民警察、民兵投敌叛变的，处十年以上有期徒刑或者无期徒刑，根据本法第一百一十三条的规定，对国家和人民危害特别严重、情节特别恶劣的，**可以判处死刑**。构成本罪，还可以并处没收财产。这里所说的**情节严重**，主要是指带领众人投敌叛变的手段特别恶劣，给国家和人民利益造成严重损失或者造成恶劣的政治影响等情况。"**带领武装部队人员、人民警察、民兵投敌叛变的**"，是指带领成建制的武装部队，如一个班、一个排或者更多的部队、武警投敌叛变，或者是带领人数较多的武装部队人员、人民警察、民兵投敌叛变的行为。武装部队、人民警察、民兵是国家的武装力量和专政机关，负有巩固国防、抵抗侵略、保卫祖国、保卫人民的和平劳动的职责，带领这些人员投敌叛变比带领其他人员投敌叛变，对国家安全和社会稳定具有更大的危害性，故必须予以严惩。

---

① 我国学者指出，资助方式没有限制，资助的时间也没有限定。在犯罪组织或个人实施特定犯罪之前、之中、之后进行资助，均成立本罪。参见张明楷：《刑法学》（第6版），法律出版社2021年版，第873页；黎宏：《刑法学各论》（第2版），法律出版社2016年版，第11—12页；高铭暄、马克昌主编：《刑法学》（第7版），北京大学出版社、高等教育出版社2016年版，第325页。

② 相同的学说见解，参见黎宏：《刑法学各论》（第2版），法律出版社2016年版，第11页；周光权：《刑法各论》（第4版），中国人民大学出版社2021年版，第611页；赵秉志、李希慧主编：《刑法各论》（第3版），中国人民大学出版社2016年版，第22页。

③ 刘志伟教授认为，叛变并非一种不同于投敌的独立行为，投敌即意味着叛变。行为人在投敌叛变之后不需要进行危害国家安全的活动就可以构成本罪。参见赵秉志、李希慧主编：《刑法各论》（第3版），中国人民大学出版社2016年版，第23页。另有学者指出，投敌叛变罪本身就包括了其他危害国家安全的活动。因此，如果投奔敌人营垒或屈膝投降之后，没有进行危害国家安全活动，一般难以认定为投敌"叛变"。参见张明楷：《刑法学》（第6版），法律出版社2021年版，第874页；黎宏：《刑法学各论》（第2版），法律出版社2016年版，第12页；高铭暄、马克昌主编：《刑法学》（第7版），北京大学出版社、高等教育出版社2016年版，第326页。

第一百零九条　【叛逃罪】
国家机关工作人员在履行公务期间,擅离岗位,叛逃境外或者在境外叛逃的,处五年以下有期徒刑、拘役、管制或者剥夺政治权利;情节严重的,处五年以上十年以下有期徒刑。
掌握国家秘密的国家工作人员叛逃境外或者在境外叛逃的,依照前款的规定从重处罚。

【立法沿革】

《中华人民共和国刑法》(1997年修订,自1997年10月1日起施行)

第一百零九条

国家机关工作人员在履行公务期间,擅离岗位,叛逃境外或者在境外叛逃,危害中华人民共和国国家安全的,处五年以下有期徒刑、拘役、管制或者剥夺政治权利;情节严重的,处五年以上十年以下有期徒刑。

掌握国家秘密的国家工作人员犯前款罪的,依照前款的规定从重处罚。

《中华人民共和国刑法修正案(八)》(自2011年5月1日起施行)

二十一、将刑法第一百零九条修改为:

"国家机关工作人员在履行公务期间,擅离岗位,叛逃境外或者在境外叛逃的,处五年以下有期徒刑、拘役、管制或者剥夺政治权利;情节严重的,处五年以上十年以下有期徒刑。

"掌握国家秘密的国家工作人员叛逃境外或者在境外叛逃的,依照前款的规定从重处罚。"

【条文说明】

本条是关于叛逃罪及其处罚的规定。

本条共分为两款。

第一款是关于**国家机关工作人员叛逃罪及其处罚**的规定。根据本款规定,构成本罪的,必须具备以下两个条件:

1. 构成本罪的主体是特殊主体,为国家机关工作人员,即在国家权力机关、行政机关、监察机关、司法机关以及军事机关中从事公务的人员。

2. 必须是在履行公务期间,擅离岗位,叛逃境外或者在境外叛逃的。这里所说的"**履行公务期间**",主要是指在职的国家机关工作人员在执行公务期间,如国家机关代表团在外访问期间、我国驻外使领馆的外交人员以及国家派驻国外执行任务的人员履行职务期间等。如果国家机关工作人员离职在境外学习,或者到境外探亲访友的,则不属于本款规定中的"履行公务期间"。"**擅离岗位**",是指违反规定私自离开岗位的行为。"**叛逃境外**",是指同境外的相关机构、组织联络,由境内逃离到境外的行为;"**在境外叛逃**

的",是指国家机关工作人员在境外履行公务期间擅自不归国,投靠境外的有关机构、组织,或者直接投奔国外的有关机构、组织,背叛国家的行为。根据本款的规定,构成本罪的,处五年以下有期徒刑、拘役、管制或者剥夺政治权利;情节严重的,处五年以上十年以下有期徒刑。根据《刑法》第一百一十三条的规定,构成本罪,还可以并处没收财产。

第二款是关于**掌握国家秘密的国家工作人员犯叛逃罪**如何处罚的规定。根据保守国家秘密法的规定,"**国家秘密**",是指关系国家安全和利益,依照法定程序确定,在一定时间内只限一定范围的人员知悉的事项。以下涉及国家安全和利益的事项,泄露后可能损害国家在政治、经济、国防、外交等领域的安全和利益的,应当确定为国家秘密:(1)国家事务重大决策中的秘密事项;(2)国防建设和武装力量活动中的秘密事项;(3)外交和外事活动中的秘密事项以及对外承担保密义务的秘密事项;(4)国民经济和社会发展中的秘密事项;(5)科学技术中的秘密事项;(6)维护国家安全活动和追查刑事犯罪中的秘密事项;(7)经国家保密行政管理部门确定的其他秘密事项。政党的秘密事项中符合上述规定的,属于国家秘密。"**掌握国家秘密**"应当是指由于职务关系、工作关系而知悉国家秘密或者本人就是专兼职保密工作人员而保管、知悉国家秘密的情形。如果是采用非法手段如窃取、利诱等而知悉国家秘密的,不属于"掌握国家秘密"国家工作人员的范围,对其行为可以依照其他有关规定处理。

第二款规定较第一款有以下几点不同:1. 犯罪主体范围更大,为国家工作人员。随着现代经济的发展,国家秘密占很大比重的是科技、经济领域的秘密,而掌握这一部分国家秘密的人员,不一定全部是国家机关工作人员。如果这些人中有人叛逃境外或在境外叛逃,同样会给国家安全造成严重的危害。而根据《刑法》第九十三条的规定,国家工作人员除国家机关工作人员之外,还包括"国有公司、企业、事业单位、人民团体中从事公务的人员和国家机关、国有公司、企业、事业单位委派到非国有公司、企业、事业单位、社会团体从事公务的人员,以及其他依照法律从事公务的人员"。

2. 客观行为与第一款规定比较,**没有在"履行公务期间,擅离岗位"的限制条件**。① 这样规定,主要是由于掌握国家秘密的国家工作人员,一旦叛逃,将有可能对国家安全造成更大的危害,因此,对这些人员叛逃,没有规定时间等情形的限制。

3. 量刑上从重处罚。掌握国家秘密的国家工作人员叛逃境外或者在境外叛逃对国家安全具有更大的危害性,因此,第二款规定,对上述人员叛逃境外或者在境外叛逃的,**依照第一款的规定从重处罚**。根据第一款的规定,情节一般的,最高可被处以五年有期徒刑,而情节严重的,则面临最高十年有期徒刑的刑罚。

第一百一十条 【间谍罪】
有下列间谍行为之一,危害国家安全的,处十年以上有期徒刑或者无期徒刑;情节较轻的,处三年以上十年以下有期徒刑:
(一)参加间谍组织或者接受间谍组织及其代理人的任务的;
(二)为敌人指示轰击目标的。

【条文说明】

本条是关于间谍罪及其处罚的规定。
根据本条规定,间谍行为主要包括以下三种行为:

1. 参加间谍组织。**间谍组织**,一般是指一国建立的旨在收集他国政治、经济、文化等各方面的国家秘密或者情报以及收集他国情报、对该国进行颠覆、破坏作为其主要任务的组织。**参加间谍组织**,就是通过一定的程序和手续正式加入境外的间谍组织而成为其中的一员。只要是正式参加间谍组织,就构成本罪,不以接受间谍组织任务,实施具体的危害行为为成立的要求。

2. 接受间谍组织及其代理人的任务的。"**接受间谍组织及其代理人的任务**",是指受间谍组织或者其成员的命令、派遣、指使、委托、资助,进行危害中华人民共和国国家安全活动的行为。其中,间谍组织的"**代理人**",是指受间谍组织委托、指派或者授意,下达间谍组织的任务指令的人,他们虽不属于间谍组织成员,但接受间谍组织的指使、委托、组织从事危害我国国家安全的行为。只要是接受间谍组织及其代理人的任务,无论是否已经参加间谍组织成为间谍组织成员,均不影响间谍罪的成立。②

3. 为敌人指示轰击目标的。这里所说的"**敌人**",主要是指战时与我方交战的敌对国或敌方,也包括平时采用轰击方式袭击我国领土的敌国、敌方。"**指示**",包括用各种手段向敌人明示所要轰击的目标,如发电报、写信、点火堆、放信号弹、报告目标的地理方位数据等,以使敌人能够准确地打击我方目标。"**轰击**",包括各类武器轰炸、炮击、爆炸以及导弹袭击等。只要是实施了为敌人指示轰击目标的行为,无论是否参加了间谍组织或者接受间谍组织及其代理人的任务,均不影响间谍罪的成立。

《**反间谍法**》第三十八条对间谍行为的含义作了明确规定。根据该条规定,间谍行为是指下列行为:(1)间谍组织及其代理人实施或者指使、资助他人实施,或者境内外机构、组织、个人与其相勾结实施的危害中华人民共和国国家安全的活动;(2)参加间谍组织或者接受间谍组织及其代理人的任务的;(3)间谍组织及其代理人以外的其他境外机构、组织、个人实施或者指使、资助他人实施,或者境内机构、组织、个人与其相勾结实施的窃取、刺探、收买或者非法提供国家秘密或者情报,或者策动、引诱、收买国家工作人员叛变的活动;(4)为敌人指示攻击目标的;(5)进行其他间谍活动的。上述间谍行为的定义,是正确认定刑法中间谍罪的重要根据,但是需要特别注意的是,上述间谍行为的定义,是**从国家防范和制止间谍行为的角度作**的规定,相关行为都可以构成犯罪,但是具体属于刑法中规定的哪一个罪名,还需要依据刑法的规定,结合具体案件的情况确定。如其中第(3)项规定的,间谍组织及其代理人以外的其他境外机构、组织、个人实施或者指使、资助他人实施,或者境内机构、组织、个人与其相勾

---
① 相同的学说见解,参见黎宏:《刑法学各论》(第 2 版),法律出版社 2016 年版,第 13 页。
② 李希慧教授认为,对于间谍组织的代理人,应作广义的理解:既包括间谍组织授权布置任务之人,也包括没有得到间谍组织授权而临时布置任务的间谍组织成员。参见高铭暄、马克昌主编:《刑法学》(第 7 版),北京大学出版社、高等教育出版社 2016 年版,第 328 页。

结实施的"窃取、刺探、收买或者非法提供国家秘密或者情报"的行为,在《刑法》第一百一十一条中作了专门的规定;"策动、引诱、收买国家工作人员叛变的活动",根据情况,可以分别适用《刑法》第一百零四条策动、胁迫、勾引、收买国家机关工作人员、武装部队人员、人民警察、民兵进行武装叛乱或者暴乱的规定处理,或者以《刑法》第一百零八条投敌叛变罪、第一百零九条叛逃罪的教唆犯、帮助犯处理。根据本条规定,对犯间谍罪,危害国家安全的,处十年以上有期徒刑或者无期徒刑;情节较轻的,即尚未对国家安全造成严重危害的,处三年以上十年以下有期徒刑。同时,根据本法第一百一十三条的规定,构成本罪,对国家和人民危害特别严重、情节特别恶劣的,可以判处死刑。构成本罪,还可以并处没收财产。

需要注意的是,为了有利于防范和打击间谍行为,反间谍法还对追究间谍行为的法律责任作了特别规定。《反间谍法》第二十七条第二款规定:"实施间谍行为,有自首或者立功表现的,可以从轻、减轻或者免除处罚;有重大立功表现的,给予奖励。"第二十八条规定:"在境外受胁迫或者受诱骗参加敌对组织、间谍组织,从事危害中华人民共和国国家安全的活动,及时向中华人民共和国驻外机构如实说明情况,或者入境后直接或者通过所在单位及时向国家安全机关、公安机关如实说明情况,并有悔改表现的,可以不予追究。"

【参考案例】

No.1-110-1 黄宇间谍案

行为人实施了参加间谍组织、虽未参加却接受间谍组织及其代理人的任务、为敌人指示轰击目标其中一项行为,危害国家安全的,应构成间谍罪;其中接受间谍组织及其代理人的任务,是指虽然没有参加间谍组织成为其正式成员,但是一次或多次接受间谍组织及其代理人的指示,为其进行收集、刺探、窃取、提供我国情报的间谍活动;间谍犯罪作为严重危害国家安全的犯罪之一,对于情节特别严重的犯罪分子,应依法从严惩处。

第一百一十一条 【为境外窃取、刺探、收买、非法提供国家秘密、情报罪】

为境外的机构、组织、人员窃取、刺探、收买、非法提供国家秘密或者情报的,处五年以上十年以下有期徒刑;情节特别严重的,处十年以上有期徒刑或者无期徒刑;情节较轻的,处五年以下有期徒刑、拘役、管制或者剥夺政治权利。

【条文说明】

本条是关于为境外窃取、刺探、收买、非法提供国家秘密、情报罪及其处罚的规定。

根据本条规定,构成本罪的,必须符合以下几个条件:(1)构成本罪的主体是一般主体,即无论其是中国公民还是非中国公民,都可能构成本罪。(2)必须是为境外的机构、组织和人员实施本条规定的犯罪行为。(3)必须是采取了窃取、刺探、收买、非法提供的方法。(4)行为人实施的犯罪对象只限于"国家秘密"或"情报"。

"**境外的机构**",是指中华人民共和国边境以外的国家和地区的机构。如外国和地区政府、军队以及其他由官方设置的机构等,也包括外国官方机构驻我国境内的代表机构、办事机构等。"**境外的组织**",主要是指中华人民共和国边境以外的国家和地区的政党、社会团体,以及相关国际组织等,也包括企业等经济组织以及宣传组织。"**境外的人员**",主要是指在我国边境外居住的人员,在我国境内的外国公民、无国籍人也属于"境外的人员"。① "**窃取**",是指行为人采用各种秘密手段,如盗窃、偷拍、偷录等取得国家秘密或情报的行为;"**刺探**",是指行为人通过各种途径和手段非法探知国家秘密或情报的行为;"**收买**",是指行为人以给予财物或者其他物质性利益的方法非法得到国家秘密或情报的行为;"**非法提供**",是指国家秘密或情报的持有人,将自己知悉、管理、持有的国家秘密或情报非法出售、交付、告知其他不应知悉该秘密或情报的境外机构、组织、人员的行为。

"**国家秘密**",是指关系国家安全和利益,依照法定程序确定,在一定时间内只限于一定范围

---

① 境外机构、组织与个人是否与我国为敌,对本罪的成立不生任何影响。参见高铭暄、马克昌主编:《刑法学》(第7版),北京大学出版社、高等教育出版社2016年版,第329页。

的人员知悉的事项。① 根据《保守国家秘密法》的规定,国家秘密分为绝密、机密和秘密三级。而这里所说的"**情报**",是指排除国家秘密以外的关系国家安全和利益、尚未公开或者依照有关规定不应公开的事项。应当注意的是,对于情报的范围,法律并未作出具体规定,在司法实践中要根据具体案件作具体分析,从严掌握。一是不能把所有未公开的内部情况,都列入"情报"范围,以免扩大打击面;二是要注意与正常的信息情报交流区别开来。

根据本条的规定,为境外窃取、刺探、收买、非法提供国家秘密或者情报,对国家安全和利益造成严重损害的,构成本条规定的犯罪,处五年以上十年以下有期徒刑;情节特别严重的,即为境外窃取、刺探、收买、非法提供国家秘密或者情报,对国家安全和利益造成特别严重损害的,处十年以上有期徒刑或者无期徒刑;为境外窃取、刺探、收买、非法提供国家秘密或者情报情节较轻的,处五年以下有期徒刑、拘役、管制或者剥夺政治权利。同时,根据《刑法》第一百一十三条的规定,构成本罪,对国家和人民危害特别严重、情节特别恶劣的,可以判处死刑。构成本罪,还可以并处没收财产。

实践中应当注意以下两点:一是行为人知道或者应当知道没有标明密级的事项关系国家安全和利益,而为境外窃取、刺探、收买、非法提供的,依照本条的规定定罪处罚;二是通过互联网将国家秘密或者情报非法发送给境外的机构、组织、个人的,依照本条的规定定罪处罚。而因渎职行为将国家秘密通过互联网传送,因而造成泄露,情节严重的,依照《刑法》第三百九十八条的规定定罪处罚。

【司法解释】

《最高人民法院关于审理为境外窃取、刺探、收买、非法提供国家秘密、情报案件具体应用法律若干问题的解释》(法释〔2001〕4号,自2001年1月22日起施行)

△(**国家秘密;情报;为境外窃取、刺探、收买、非法提供情报罪**)刑法第一百一十一条规定的"国家秘密",是指《中华人民共和国保守国家秘密法》第二条、第八条以及《中华人民共和国保守国家秘密法实施办法》第四条确定的事项。

刑法第一百一十一条规定的"情报",是指关系国家安全和利益、尚未公开或者依照有关规定不应公开的事项。

对于境外机构、组织、人员窃取、刺探、收买、非法提供国家秘密之外的情报的行为,以为境外窃取、刺探、收买、非法提供情报罪定罪处罚。(§1)

△(**情节特别严重;对国家和人民危害特别严重、情节特别恶劣;死刑**)为境外窃取、刺探、收买、非法提供国家秘密或者情报,具有下列情形之一的,属于"情节特别严重",处十年以上有期徒刑或者无期徒刑,可以并处没收财产:

(一)为境外窃取、刺探、收买、非法提供绝密国家秘密的;

(二)为境外窃取、刺探、收买、非法提供三项以上机密级国家秘密的;

(三)为境外窃取、刺探、收买、非法提供国家秘密或者情报,对国家安全和利益造成其他特别严重损害的。

实施前款行为,对国家和人民危害特别严重、情节特别恶劣的,可以判处死刑,并处没收财产。(§2)

△(**为境外窃取、刺探、收买、非法提供国家秘密或者情报**)为境外窃取、刺探、收买、非法提供国家秘密或者情报,具有下列情形之一的,处五年以上十年以下有期徒刑,可以并处没收财产:

(一)为境外窃取、刺探、收买、非法提供机密级国家秘密的;

(二)为境外窃取、刺探、收买、非法提供三项以上秘密级国家秘密的;

(三)为境外窃取、刺探、收买、非法提供国家秘密或者情报,对国家安全和利益造成其他严重损害的。

△(**情节较轻**)为境外窃取、刺探、收买、非法提供秘密级国家秘密或者情报,属于"情节较轻",处五年以下有期徒刑、拘役、管制或者剥夺政治权利,可以并处没收财产。(§4)

△(**没有标明密级的事项;为境外窃取、刺探、收买、非法提供国家秘密罪**)行为人知道或者应当知道②没有标明密级的事项关系国家安全和利益,而为境外窃取、刺探、收买、非法提供的,依照刑法第一百一十一条的规定以为境外窃取、刺探、收买、非法提供国家秘密罪定罪处罚。(§5)

---

① 政党的秘密事项符合国家秘密事项条件的,也属于国家秘密。参见张明楷:《刑法学》(第6版),法律出版社2021年版,第876页。
② 我国学者指出,应将此处的"应当知道"理解为根据事实推定行为人知道。参见张明楷:《刑法学》(第6版),法律出版社2021年版,第876页。

△(**通过互联网**)通过互联网将国家秘密或者情报非法发送给境外的机构、组织、个人的,依照刑法第一百一十一条的规定定罪处罚;将国家秘密通过互联网予以发布,情节严重的,依照刑法第三百九十八条的规定定罪处罚。(§6)

△(**鉴定**)审理为境外窃取、刺探、收买、非法提供国家秘密案件,需要对有关事项是否属于国家秘密以及属于何种密级进行鉴定的,由国家保密工作部门或者省、自治区、直辖市保密工作部门鉴定。(§7)

【司法解释性文件】

《最高人民法院、国家保密局关于执行〈关于审理为境外窃取、刺探、收买、非法提供国家秘密、情报案件具体应用法律若干问题的解释〉有关问题的通知》(法发〔2001〕117号,2001年8月22日公布)

△(**鉴定**)人民法院审理为境外窃取、刺探、收买、非法提供情报案件,需要对有关事项是否属于情报进行鉴定的,由国家保密工作部门或省、自治区、直辖市保密工作部门鉴定。

《人民法院、保密行政管理部门办理侵犯国家秘密案件若干问题的规定》(保发〔2020〕2号,2020年3月11日印发)

△(**侵犯国家秘密案件**)人民法院、保密行政管理部门办理《中华人民共和国刑法》第一百零九条第二款、第一百一十条、第一百一十一条、第二百八十二条、第三百九十八条、第四百三十一条、第四百三十二条规定的侵犯国家秘密案件,适用本规定。(§2)

△(**鉴定**)人民法院审理侵犯国家秘密案件,需要对有关事项是否属于国家秘密以及属于何种密级或者是否属于情报进行鉴定的,应当由有关机关依据《密级鉴定工作规定》向国家保密行政管理部门或者省、自治区、直辖市保密行政管理部门提起。(§3)

△(**咨询或者参考意见**)保密行政管理部门对于疑难、复杂的侵犯国家秘密案件,可以商请同级人民法院就专业性法律问题提出咨询或者参考意见。人民法院应当予以支持。

人民法院审理侵犯国家秘密案件,可以商请作出密级鉴定的保密行政管理部门就鉴定依据、危害评估等问题提出咨询或者参考意见。保密行政管理部门应当予以支持。(§4)

△(**通报**)最高人民法院应当在每年1月31日前,将人民法院上一年度审结生效的侵犯国家秘密案件情况书面通报国家保密局,并提供裁判文书。因特殊情况不能提供裁判文书的,应当在通报中作出说明。

人民法院审理本规定第二条规定以外的其他案件,发现有未处理涉嫌违反保密法律法规行为的,应当及时将有关情况通报同级或者有管辖权的保密行政管理部门。(§5)

△(**部门沟通协作**)人民法院与保密行政管理部门应当加强沟通协作,适时相互通报办理侵犯国家秘密案件有关情况,会商案件办理中遇到的法律政策问题,研究阶段性工作重点和措施。(§6)

△(**信息沟通和共享**)人民法院与保密行政管理部门应当加强信息沟通和共享。双方分别确定具体牵头部门及联络人员,开展经常性的信息互通、多方位合作,依法加大对侵犯国家秘密的查处力度。(§7)

《人民检察院、保密行政管理部门办理案件若干问题的规定》(保发〔2020〕3号,2020年3月12日印发)

△(**侵犯国家秘密案件**)人民检察院、保密行政管理部门办理《中华人民共和国刑法》第一百零九条第二款、第一百一十条、第一百一十一条、第二百八十二条、第三百九十八条、第四百三十一条、第四百三十二条规定的侵犯国家秘密案件,适用本规定。(§2)

△(**通报**)人民检察院办理侵犯国家秘密案件,认为需要追究刑事责任的,应当在作出起诉决定的同时,将案件基本情况通报同级保密行政管理部门;认为符合刑事诉讼法规定不起诉情形的,应当在作出不起诉决定的同时,将不起诉决定书抄送同级保密行政管理部门。

对涉及国家安全的重大案件,因高度敏感不宜按照常规方式通报的,可以采用适当方式处理。

最高人民检察院应当在每年1月31日前,将检察机关上一年度办理的侵犯国家秘密案件情况书面通报国家保密局。(§3)

△(**鉴定**)人民检察院办理侵犯国家秘密案件,需要对有关事项是否属于国家秘密以及属于何种密级或者是否属于情报进行鉴定的,应当依据《密级鉴定工作规定》向国家保密行政管理部门或者省、自治区、直辖市保密行政管理部门提起。(§4)

△(**咨询或者参考意见**)保密行政管理部门对于疑难、复杂的侵犯国家秘密案件,可以商请同级人民检察院就专业性法律问题提出咨询或者参考意见。人民检察院应当予以支持。

人民检察院办理侵犯国家秘密案件,可以商

请作出定密鉴定的保密行政管理部门就鉴定依据、危害评估等问题提出咨询或者参考意见。保密行政管理部门应当予以支持。（§5）

△**(检察建议)** 人民检察院办理侵犯国家秘密案件，可以依据《人民检察院检察建议工作规定》向相关主管部门或者涉案机关、单位等提出改进工作、完善治理的检察建议。

人民检察院向相关主管部门或者涉案机关、单位提出检察建议的，应当同时抄送同级保密行政管理部门。人民检察院、保密行政管理部门按照各自职责共同督促、指导被建议单位落实检察建议。（§6）

△**(部门沟通协作)** 人民检察院与保密行政管理部门应当加强沟通协作，适时相互通报办理侵犯国家秘密案件的有关情况，会商案件办理中遇到的法律政策问题，研究阶段性工作重点和措施。（§7）

△**(信息沟通和共享)** 人民检察院与保密行政管理部门应当加强信息沟通和共享。双方分别确定具体牵头部门及联络人员，开展经常性的信息互通、多方位合作，依法加大对侵犯国家秘密案件的查处力度。（§8）

【**参考案例**】

No.1-111-1 林旭亮为境外刺探国家秘密案

涉案国家秘密获取的难易程度不影响为境外刺探国家秘密罪的认定。

第一百一十二条 【**资敌罪**】

战时供给敌人武器装备、军用物资资敌的，处十年以上有期徒刑或者无期徒刑；情节较轻的，处三年以上十年以下有期徒刑。

【**条文说明**】

本条是关于资敌罪及其处罚的规定。

根据本条规定，构成本罪的，必须具备以下几个条件：一是**任何人都可以构成本罪的主体**。二是**必须是在"战时"**。所谓"战时"，是指国家宣布进入战争状态、部队接受作战任务或者遭受敌人突然袭击时。根据我国宪法的规定，宣布进入战争状态是全国人民代表大会的职权，在全国人民代表大会闭会期间，如果遇到国家遭受武装侵犯或者必须履行国际间共同防止侵略的条约的情况，由全国人大常委会决定战争状态的宣布。当国家遭受外国突然袭击，来不及由国家的权力机关宣布进入战争状态，自遭受突然袭击时起，国家就自然进入战争状态。三是**必须具有供给敌人武器装备、军用物资的行为**。这里所说的"供给"，是指非法向敌人提供，包括非法出售或者无偿提供。"**武器装备**"，主要是指各种武器、弹药、坦克车、飞机、舰艇、军用通信设备等；"**军用物资**"，主要是指武器装备以外的其他军用物品，如医疗用品、军服、军被等。

根据本条规定，构成本条规定犯罪的，处十年以上有期徒刑或者无期徒刑；情节较轻的，即没有使国家安全和利益遭受重大损失的，处三年以上十年以下有期徒刑。同时，根据《刑法》第一百一十三条的规定，构成本罪，对国家和人民危害特别严重、情节特别恶劣的，可以判处死刑。构成本罪，还可以并处没收财产。

第一百一十三条 【**本章之罪死刑、没收财产的适用**】

本章上述危害国家安全罪行中，除第一百零三条第二款、第一百零五条、第一百零七条、第一百零九条外，对国家和人民危害特别严重、情节特别恶劣的，可以判处死刑。

犯本章之罪的，可以并处没收财产。

【**条文说明**】

本条是关于对犯危害国家安全罪适用死刑及没收财产的刑罚的规定。

本条共分为两款。

第一款是关于**犯危害国家安全罪适用死刑**的规定。危害国家安全的犯罪，是对国家危害最严重的犯罪，是刑法首要打击的犯罪。本款对本章所规定的危害国家安全的犯罪，集中规定了最高刑可以判处死刑。根据本款规定,下列对国家和人民危害特别严重、情节特别恶劣的危害国家安全的犯罪,最高刑可以判处死刑:(1)第一百零二条规定的背叛国家罪;(2)第一百零三条第一款规定的分裂国家罪;(3)第一百零四条规定的武装叛乱、暴乱罪;(4)第一百零八条规定的投敌叛变罪;(5)第一百一十条规定的间谍罪;(6)第一百一十一条规定的为境外窃取、刺探、收买、非法提供国家秘密、情报罪;(7)第一百一十二条规定的资敌罪。根据本款规定,**危害国家安全罪不适用死刑的有:**(1)第一百零三条第二款规定的煽动分裂国家罪;(2)第一百零五条规定的颠覆国家政权罪和煽动颠覆国家政权罪;(3)第一百零七条规定的资助危害国家安全犯罪活动罪;(4)第一百零九条规定的叛逃罪。其中**颠覆国家政权罪**之所以未规定死刑,主要是考虑到对于以武装暴乱形式颠覆国家政权的行为,应按照武装暴乱罪处罚,该条已有死刑规定,颠覆国家政权罪所规定的主要是以非暴力形式进行的犯罪行为。

第二款是对**犯危害国家安全罪适用没收财产**的规定。没收财产,是指没收犯罪分子个人所有财产的一部分或全部。**本款规定,对犯有危害国家安全罪的,可以并处没收财产。**这就是说,对犯有危害国家安全罪的犯罪分子,除依法判处主刑外,根据其罪行和财产状况,可以并处没收财产。因此,本款规定的没收财产是作为**附加刑**的,不能独立适用。应当注意的是,本款在规定没收财产时,使用的是"可以",而不是"应当",也就是说,在人民法院审理危害国家安全的犯罪案件时,应当根据案件的具体情况运用法律,对有必要判处没收财产的犯罪分子,可以并处没收财产,而不是一律并处没收财产。

第二章 危害公共安全罪[①]

第一百一十四条 【放火罪】【决水罪】【爆炸罪】【投放危险物质罪】【以危险方法危害公共安全罪】
放火、决水、爆炸以及投放毒害性、放射性、传染病病原体等物质或者以其他危险方法危害公共安全，尚未造成严重后果的，处三年以上十年以下有期徒刑。

【立法沿革】

《中华人民共和国刑法》（1997年修订，自1997年10月1日起施行）

第一百一十四条

放火、决水、爆炸、投毒或者以其他危险方法破坏工厂、矿场、油田、港口、河流、水源、仓库、住宅、森林、农场、谷场、牧场、重要管道、公共建筑物或者其他公私财产，危害公共安全，尚未造成严重后果的，处三年以上十年以下有期徒刑。

《中华人民共和国刑法修正案（三）》（自2001年12月29日起施行）

一、将刑法第一百一十四条修改为：

"放火、决水、爆炸以及投放毒害性、放射性、传染病病原体等物质或者以其他危险方法危害公共安全，尚未造成严重后果的，处三年以上十年以下有期徒刑。"

【条文说明】

本条是关于放火罪、决水罪、爆炸罪、投放危险物质罪、以危险方法危害公共安全罪及其处罚的规定。

本条列举了在危害公共安全的犯罪中最常见、最具危险性的四种犯罪手段，即放火、决水、爆炸和投放毒害性、放射性、传染病病原体等物质。但以放火、爆炸等方法进行的犯罪，并不都是危害公共安全罪，只有以这几种危险方法用于危害不特定的多数人的生命、健康以及重大财产的安全时，才能构成本罪。"**放火**"，是指故意纵火焚烧公私财物，严重危害公共安全的行为；[②][③]"**决水**"，是指故意破坏堤防、大坝、防水、排水设施，制造水患危害公共安全的行为；"**爆炸**"，是指

[①] 危害公共安全罪中的"公共"所指为何，刑法理论上存在不特定说、多数人说、不特定且多数人说、不特定或者多数人说四种观点。其中，张明楷教授认为，公共安全中的"公共"，乃指不特定或者多数人。前者指犯罪行为可能侵犯的对象和可能造成的结果事先无法确定，行为人对此既无法具体预料也难以预测，行为造成的危险或者侵害结果可能随时扩大或增加；后者则指行为使较多人（即便是特定的多数人）的生命、健康受到威胁。参见张明楷：《刑法学》（第6版），法律出版社2021年版，第878—879页。类似见解，参见周光权：《刑法各论》（第4版），中国人民大学出版社2021年版，第175页。
也有学者进一步补充，危害公共安全罪所保护的法益系针对该种犯罪的客观属性而言。换言之，即便犯罪行为未造成不特定或者多数人的生命、健康或者公共财产的严重损害，但从实施该行为的环境和条件来看，完全有可能造成严重后果，即符合危害公共安全罪的客观属性。参见黎宏：《刑法学各论》（第2版），法律出版社2016年版，第18页。
劳东燕教授主张对"多数"作扩张的理解，即包括现实的多数与潜在的多数或者可能的多数。虽然此观点与前述见解并无本质上的差异，但劳东燕教授认为，不宜使用"不特定"的概念，以免徒增解释上的模糊与困惑。参见陈兴良主编：《刑法各论精释》，人民法院出版社2015年版，第653—654页。

[②] 使对象物燃烧的行为是否属于放火行为，关键在于其是否危害公共安全。燃烧他人财物不足以危害公共安全，只能构成故意毁坏财物罪；燃烧自己财物不足以危害公共安全，不构成犯罪。参见张明楷：《刑法学》（第6版），法律出版社2021年版，第884页。

[③] 刑法理论上认为存在不作为形式的放火，但也有学者认为，先行行为导致失火，不加扑救的，就是放火。参见黎宏：《刑法学各论》（第2版），法律出版社2016年版，第19页。

故意引起爆炸物爆炸，危害公共安全的行为；①"**投放毒害性、放射性、传染病病原体等物质**"，是指向公共饮用水源、食品或者公共场所、设施投放能够致人死亡或者严重危害人体健康的上述几种物质的行为。这里的"**毒害性**"物质，是指能对人或者动物产生毒害的有毒物质，包括化学性毒物、生物性毒物和微生物类毒物等；"**放射性**"物质，是指具有危害人体健康的放射性的物质，国家一直对这些极具危险性的物质实行严格的管理；"**传染病病原体**"，是指能在人体或动物体内生长、繁殖，通过空气、饮食、接触等方式传播，能对人体健康造成危害的传染病菌种和毒种。根据我国传染病防治法的相关规定，传染病分为甲、乙、丙三类，**甲类传染病**是指鼠疫、霍乱；**乙类传染病**是指传染性非典型肺炎、艾滋病、病毒性肝炎、脊髓灰质炎、人感染高致病性禽流感、麻疹、流行性出血热、狂犬病、流行性乙型脑炎、登革热、炭疽、细菌性和阿米巴性痢疾、肺结核、伤寒和副伤寒、流行性脑脊髓膜炎、百日咳、白喉、新生儿破伤风、猩红热、布鲁氏菌病、淋病、梅毒、钩端螺旋体病、血吸虫病、疟疾；**丙类传染病**是指流行性感冒、流行性腮腺炎、风疹、急性出血性结膜炎、麻风病、流行性和地方性斑疹伤寒、黑热病、包虫病、丝虫病，除霍乱、细菌性和阿米巴性痢疾、伤寒和副伤寒以外的感染性腹泻病。其中，对乙类传染病中传染性非典型肺炎、炭疽

的肺炭疽和人感染高致病性禽流感，可以采取传染病防治法所称甲类传染病的预防、控制措施。其他乙类传染病和突发原因不明的传染病需要采取传染病防治法所称甲类传染病的预防、控制措施的，由国务院卫生行政部门及时报经国务院批准后予以公布、实施。省、自治区、直辖市人民政府对本行政区域内常见、多发的其他地方性传染病，可以根据情况决定按照乙类或者丙类传染病管理并予以公布，报国务院卫生行政部门备案。"**其他危险方法**"，是指除放火、决水、爆炸以及投放毒害性、放射性、传染病病原体等物质以外的其他任何足以造成不特定的多数人的伤亡或者公私财产重大损失的行为②③④，如2020年发布的《最高人民法院、最高人民检察院、公安部、司法部关于依法惩治妨害新型冠状病毒感染肺炎疫情防控违法犯罪的意见》中将**故意传播新型冠状病毒感染肺炎病原体，危害公共安全的行为**，认定为以危险方法危害公共安全罪。

根据本条规定，构成本罪的主体是一般主体；行为人主观上必须是故意。本条处罚的是，以放火、决水、爆炸以及投放毒害性、放射性、传染病病原体等物质或者以其他危险方法危害公共安全犯罪中，尚未造成严重后果的犯罪行为。所谓"**尚未造成严重后果**"，是指行为人实施了本条所列的危害公共安全的行为，但尚未造成他人重伤、死亡或

---

① 我国学者指出，若行为人采用爆炸方法引起火灾或者水患，因而危害到公共安全的，应认定为放火罪或者决水罪；但是，如果爆炸行为本身（即使不发生火灾、水患）也足以危害公共安全，宜认定为包括的一罪，从一重罪处罚。参见张明楷：《刑法学》（第5版），法律出版社2021年版，第888页。陈家林教授指出，如果采用爆炸的方法引发水灾或者火灾，但爆炸行为本身也足以危害公共安全时，应认定为想象竞合犯，从一重罪处罚。参见赵秉志、李希慧主编：《刑法各论》（第3版），中国人民大学出版社2016年版，第37页。

② 我国学者指出，一方面，"以其他危险方法"仅限于与放火、决水、爆炸、投放危险物质相当的方法，而非泛指任何具有危害公共安全性质的方法；另一方面，"以其他危险方法"只是《刑法》第一百一十四条、第一百一十五条的"兜底"规定，而非《刑法》分则第二章的"兜底"规定。参见张明楷：《刑法学》（第6版），法律出版社2021年版，第891页；周光权：《刑法各论》（第4版），中国人民大学出版社2021年版，第185页；赵秉志、李希慧主编：《刑法各论》（第3版），中国人民大学出版社2016年版，第40页；高铭暄、马克昌主编：《刑法学》（第7版），北京大学出版社、高等教育出版社2016年版，第336—337页；陈兴良主编：《刑法各论精释》，人民法院出版社2015年版，第647—648页。另有学者指出，如果行为人使用的方法，不足以一次就能危害不特定或者多数人的生命、健康或者造成重大公私财产的损失，而是数次实施才造成数个危害结果的话，就不能构成以危险方法危害公共安全罪。参见黎宏：《刑法学各论》（第2版），法律出版社2016年版，第23页。

③ 我国学者指出，若采用放火、爆炸、决水或者投放危险物质的行为方式，却无法构成放火罪、爆炸罪、决水罪或者投放危险物质罪的行为，自然也不可能成立以危险方法危害公共安全罪。另外，单纯造成多数人心理恐慌或者其他轻微后果，并不足以造成《刑法》第一百一十四条、第一百一十五条第一款所规定的具体公共危险或者侵害结果，同样也不成立以危险方法危害公共安全罪。参见张明楷：《刑法学》（第6版），法律出版社2021年版，第892页。

④ 劳东燕教授指出，不能将危害公共安全的判断等同于对"**其他危险方法**"的认定，也不能从结果的严重性来反推行为的危险性。参见陈兴良主编：《刑法各论精释》，人民法院出版社2015年版，第681页。

者公私财产重大损失等情况。①② 若行为人的行为造成了严重后果的发生，则不能适用本条的规定，而应依照第一百一十五条的规定处罚。根据本条规定，构成本条规定之罪的，处三年以上十年以下有期徒刑。

实践中需要注意以下两个方面的问题：

1. 本条是把多个罪名规定在同一个条文中，形式上是选择性罪名，但实质上是**并列罪名**，不能作为选择性罪名适用。

2. 本条与《刑法》第一百一十五条共同构成以危险方法危害公共安全的罪名。对于实施了放火、决水、爆炸等危险行为，尚未造成严重后果的，依照本条处罚；致人重伤、死亡或者使公私财产遭受重大损失的，依照《刑法》第一百一十五条的规定定罪处罚。

对于"**其他危险方法**"，不是指任何具有危害公共安全可能性的方法，而是在危险程度上与放火、决水、爆炸、投放危险物质等行为的危险性相有相当或者超过上述行为危险性的方法。行为客观上必须对不特定多数人的生命、健康或者重大公私财产安全产生了威胁，具有发生危险后果的现实可能性。没有这种现实可能性，就不能认定为"其他危险方法"。本条规定之罪的法定最低刑是三年有期徒刑，是比较严重的犯罪，执行中应注意不宜泛化，甚至将其作为一个**口袋罪**适用，对一些可予以治安管理处罚即可的行为追究刑事责任，违背罪责刑相适应的刑法基本原则。

司法解释中有不少适用以危险方法危害公共安全定罪的细化规定，执行中也应注意把握好罪与非罪的界限，如：2003 年《最高人民法院、最高人民检察院关于办理妨害预防、控制突发传染病疫情等灾害的刑事案件具体应用法律若干问题的解释》第一条规定了故意传播突发传染病病原体、危害公共安全的行为；2009 年《最高人民法院关于印发醉酒驾车犯罪法律适用问题指导意见及相关典型案例的通知》规定，行为人明知酒后驾车违法、醉酒驾车会危害公共安全的行为；2013 年《关于公安机关处置信访活动中违法犯罪行为适用法律的指导意见》规定了为制造社会影响、发泄不满情绪、实现个人诉求，驾驶机动车在公共场所任意冲撞，危害公共安全的行为；2020 年《最高人民法院、最高人民检察院、公安部、司法部关于依法惩治妨害新型冠状病毒感染肺炎疫情防控违法犯罪的意见》规定了故意传播新型冠状病毒感染肺炎病原体、危害公共安全的行为；2020 年《最高人民法院、最高人民检察院、公安部关于办理涉窨井盖相关刑事案件的指导意见》规定了盗窃、破坏人员密集往来的非机动车道、人行道以及车站、码头、公园、广场、学校、商业中心、厂区、社区、院落等生产生活、人员聚集场所的窨井盖，已足以危害公共安全的行为。如果某种行为符合其他犯罪的犯罪构成，以其他犯罪论处符合罪刑相适应原则，应尽量认定为其他犯罪，不宜认定为以危险方法危害公共安全罪。

【**司法解释**】

《最高人民法院、最高人民检察院关于办理妨害预防、控制突发传染病疫情等灾害的刑事案件具体应用法律若干问题的解释》（法释〔2003〕8 号，自 2003 年 5 月 15 日起施行）

△（**突发传染病病原体；以危险方法危害公共安全罪**）故意传播突发传染病病原体，危害公共安全的，依照刑法第一百一十四条、第一百一十五条第一款的规定，按照以危险方法危害公共安全罪定罪处罚。（§1Ⅰ）

△（**自首、立功**）人民法院、人民检察院办理有关妨害预防、控制突发传染病疫情等灾害的刑事案件，对于有自首、立功等悔罪表现的，依法从轻、减轻、免除处罚或者依法作出不起诉决定。（§17）

△（**突发传染病疫情等灾害**）本解释所称"突发传染病疫情等灾害"，是指突然发生，造成或者可能造成社会公众健康严重损害的重大传染病疫情、群体性不明原因疾病以及其他严重影响公众健康的灾害。（§18）

《最高人民法院、最高人民检察院关于办理组织、利用邪教组织破坏法律实施等刑事案件适用法律若干问题的解释》（法释〔2017〕3 号，自 2017

---

① "尚未造成严重后果"属于表面的构成要件要素，《刑法》第一百一十四条及第一百一十五条第一款之间不存在相互排斥的关系。从实体法的角度而言，表面的构成要件要素不是成立犯罪必须具备的要素；从诉讼法的角度来看，表面的构成要件要素是不需要证明的要素。参见张明楷：《刑法学》（第 6 版），法律出版社 2021 年版，第 886 页；陈兴良主编：《刑法各论精释》，人民法院出版社 2015 年版，第 662—663 页。

② 只要放火、爆炸等危害公共安全的行为没有造成严重伤亡的实害结果，就只能适用《刑法》第一百一十四条（不再适用《刑法》总则第二十三条关于未遂犯的规定），而不是适用《刑法》第一百一十五条第一款（同时适用《刑法》总则第二十三条关于未遂犯的规定）。参见张明楷：《刑法学》（第 6 版），法律出版社 2021 年版，第 885 页；陈兴良主编：《刑法各论精释》，人民法院出版社 2015 年版，第 689—690 页。

年 2 月 1 日起施行）

△（**邪教组织人员；自焚、自爆；放火罪；爆炸罪；以危险方法危害公共安全罪**）邪教组织人员以自焚、自爆或者其他危险方法危害公共安全的，依照刑法第一百一十四条、第一百一十五条的规定，以放火罪、爆炸罪、以危险方法危害公共安全罪①等定罪处罚。（§ 12）

《**最高人民法院、最高人民检察院关于办理环境污染刑事案件适用法律若干问题的解释**》（法释〔2023〕7 号，自 2023 年 8 月 15 日起施行）

△（**竞合；污染环境罪；非法处置进口的固体废物罪；投放危险物质罪**）违反国家规定，排放、倾倒、处置含有毒害性、放射性、传染病病原体等物质的污染物，同时构成污染环境罪、非法处置进口的固体废物罪、投放危险物质罪等犯罪的，依照处罚较重的规定定罪处罚。（§ 9）

△（**单位犯罪**）单位实施本解释规定的犯罪的，依照本解释规定的定罪量刑标准，对直接负责的主管人员和其他直接责任人员定罪处罚，并对单位判处罚金。（§ 13）

△（**监测数据；检测获取的数据；作为证据使用**）环境保护主管部门及其所属监测机构在行政执法过程中收集的监测数据，在刑事诉讼中可以作为证据使用。

公安机关单独或者会同环境保护主管部门，提取污染物样品进行检测获取的数据，在刑事诉讼中可以作为证据使用。（§ 14）

△（**国家危险废物名录所列的废物；危险废物的数量；认定**）对国家危险废物名录所列的废物，可以依据涉案物质的来源、产生过程、被告人供述、证人证言以及经批准或者备案的环境影响评价文件、排污许可证、排污登记表等证据，结合环境保护主管部门、公安机关等出具的书面意见作出认定。

对于危险废物的数量，依据案件事实，综合被告人供述、涉案企业的生产工艺、物耗、能耗情况，以及经批准或者备案的环境影响评价文件等证据作出认定。（§ 15）

△（**环境污染专门性问题难以确定；鉴定意见；报告**）对案件所涉的环境污染专门性问题难以确定的，依据鉴定机构出具的鉴定意见，或者国务院环境保护主管部门、公安部门指定的机构出具的报告，结合其他证据作出认定。（§ 16）

△（**非法处置危险废物**）无危险废物经营许可证，以营利为目的，从危险废物中提取物质作为原材料或者燃料，并具有超标排放污染物、非法倾倒污染物或者其他违法造成环境污染的情形的行为，应当认定为"非法处置危险废物"。（§ 18）

【**司法解释性文件**】

《**公安部关于印发新修订〈关于公安机关处置信访活动中违法犯罪行为适用法律的指导意见〉的通知**》（公通字〔2013〕25 号，2013 年 7 月 19 日公布）

△（**信访活动；驾驶机动车在公共场所任意冲闯；以危险方法危害公共安全罪**）为制造社会影响、发泄不满情绪、实现个人诉求，驾驶机动车在公共场所任意冲闯，危害公共安全，符合《刑法》第一百一十四条、第一百一十五条第一款规定的，以危险方法危害公共安全罪追究刑事责任。

△（**信访活动；放火罪、爆炸罪、以危险方法危害公共安全罪**）采取放火、爆炸或者其他危险方法危害公共安全，符合《刑法》第一百一十四条和第一百一十五条第一款规定的，以放火罪、爆炸罪、以危险方法危害公共安全罪追究刑事责任。

《**最高人民法院关于依法妥善审理高空抛物、坠物案件的意见**》（法发〔2019〕25 号，2019 年 10 月 21 日发布）

△（**高空抛物、坠物行为；社会危害性**）充分认识高空抛物、坠物行为的社会危害性。高空抛物、坠物行为损害人民群众人身、财产安全，极易造成人身伤亡和财产损失，引发社会矛盾纠纷。人民法院要高度重视高空抛物、坠物行为的现实危害，深刻认识运用刑罚手段惩治情节和后果严重的高空抛物、坠物行为的必要性和重要性，依法惩治此类犯罪行为，有效防范、坚决遏制此类行为发生。（§ 4）

△（**高空抛物犯罪；以危险方法危害公共安全罪；故意伤害罪；故意杀人罪**）准确认定高空抛物犯罪。对于高空抛物行为，应当根据行为人的动机、抛物场所、抛掷物的情况以及造成的后果等因素，全面考量行为的社会危害程度，准确判断行为

---

① 劳东燕教授指出，在适用827司法解释时，仍应从是否危害公共安全与是否成立"其他危险方法"两个方面进行理解与限定。一般的自焚、自爆或者传播传染病等行为，如果并未危及公共安全，或者虽然无法对公共安全但并不具有导致多数人重伤、死亡的现实可能性，不宜认定为构成以危险方法危害公共安全罪。参见陈兴良主编：《刑法各论精释》，人民法院出版社 2015 年版，第 660—661 页。

性质,正确适用罪名,准确裁量刑罚。

故意从高空抛弃物品,尚未造成严重后果,但足以危害公共安全的,依照刑法第一百一十四条规定的以危险方法危害公共安全罪定罪处罚;致人重伤、死亡或者使公私财产遭受重大损失的,依照刑法第一百一十五条第一款的规定处罚。为伤害、杀害特定人员实施上述行为的,依照故意伤害罪、故意杀人罪定罪处罚。(§5)

△(高空抛物犯罪;从重处罚;不得适用缓刑)依法从重惩治高空抛物犯罪。具有下列情形之一的,应当从重处罚,一般不得适用缓刑:(1)多次实施的;(2)经劝阻仍继续实施的;(3)受过刑事处罚或者行政处罚后又实施的;(4)在人员密集场所实施的;(5)其他情节严重的情形。(§6)

《最高人民法院、最高人民检察院、公安部关于办理涉窨井盖相关刑事案件的指导意见》(高检发〔2020〕3号,2020年3月16日发布)

△(窨井盖;以危险方法危害公共安全罪;过失以危险方法危害公共安全罪)盗窃、破坏人员密集往来的非机动车道、人行道以及车站、码头、公园、广场、学校、商业中心、厂区、社区、院落等生产生活、人员集场所的窨井盖,足以危害公共安全,尚未造成严重后果的,依照刑法第一百一十四条的规定,以危险方法危害公共安全罪定罪处罚;致人重伤、死亡或使公私财产遭受重大损失的,依照刑法第一百一十五条第一款的规定处罚。(§2Ⅰ)

△(窨井盖)本意见所称的"窨井盖",包括城市、城乡结合部和乡村等地的窨井盖以及其他井盖。(§12)

《最高人民法院、最高人民检察院、公安部、司法部关于依法惩治妨害新型冠状病毒感染肺炎疫情防控违法犯罪的意见》(法发〔2020〕7号,2020年2月6日发布)

△(肺炎疫情防控;以危险方法危害公共安全罪;妨害传染病防治罪;妨害公务罪)依法严惩抗拒疫情防控措施犯罪。故意传播新型冠状病毒感染肺炎病原体,具有下列情形之一,危害公共安全的,依照刑法第一百一十四条、第一百一十五条第一款的规定,以以危险方法危害公共安全罪定罪处罚:

1. 已经确诊的新型冠状病毒感染肺炎病人、病原携带者,拒绝隔离治疗或者隔离期未满擅自脱离隔离治疗,并进入公共场所或者公共交通工具的;

2. 新型冠状病毒感染肺炎疑似病人拒绝隔离治疗或者隔离期未满擅自脱离隔离治疗,并进入公共场所或者公共交通工具,造成新型冠状病毒传播的。

其他拒绝执行卫生防疫机构依照传染病防治法提出的防控措施,引起新型冠状病毒传播或者有传播严重危险的,依照刑法第三百三十条的规定,以妨害传染病防治罪定罪处罚。

以暴力、威胁方法阻碍国家机关工作人员(含在依照法律、法规规定行使国家有关疫情防控行政管理职权的组织中从事公务的人员,在受国家机关委托代表国家机关行使疫情防控职权的组织中从事公务的人员,虽未列入国家机关人员编制但在国家机关中从事疫情防控公务的人员)依法履行为防控疫情而采取的防疫、检疫、强制隔离、隔离治疗等措施的,依照刑法第二百七十七条第一款、第三款的规定,以妨害公务罪定罪处罚。暴力袭击正在依法执行职务的人民警察的,以妨害公务罪定罪,从重处罚。(§2Ⅰ)

△(治安管理处罚;从重情节)依法严惩妨害疫情防控的违法行为。实施上述(一)至(九)规定的行为,不构成犯罪的,由公安机关根据治安管理处罚法有关虚构事实扰乱公共秩序,扰乱单位秩序、公共场所秩序、寻衅滋事,拒不执行紧急状态下的决定、命令,阻碍执行职务,冲闯警戒带、警戒区,殴打他人,故意伤害,侮辱他人,诈骗,在铁路沿线非法挖掘坑穴、采石取沙,盗窃、损毁路面公共设施,损毁铁路设施设备,故意损毁财物、哄抢公私财物等规定,予以治安管理处罚,或者由有关部门予以其他行政处罚。

对于在疫情防控期间实施有关违法犯罪的,要作为从重情节予以考量,依法体现从严的政策要求,有力惩治震慑违法犯罪,维护法律权威,维护社会秩序,维护人民群众生命安全和身体健康。(§2Ⅹ)

《最高人民法院、最高人民检察院、公安部、工业和信息化部、住房和城乡建设部、交通运输部、应急管理部、国家铁路局、中国民用航空局、国家邮政局关于依法惩治涉枪支、弹药、爆炸物、易燃易爆危险物品犯罪的意见》(法发〔2021〕35号,2021年12月28日发布)

△(水路、铁路、航空易燃易爆危险物品运输生产作业活动;以危险方法危害公共安全罪)在水路、铁路、航空易燃易爆危险物品运输生产作业活动中违反有关安全管理的规定,有下列情形之一,明知存在重大事故隐患而不排除,足以危害公共安全的,依照刑法第一百一十四条的规定,以危险方法危害公共安全罪定罪处罚;致人重伤、死亡或者使公私财产遭受重大损失的,依照刑法第一百一十五条第一款的规定处罚:

(1)未经依法批准或者许可,擅自从事易燃易爆危险物品运输的;
(2)委托无资质企业或者个人承运易燃易爆危险物品的;
(3)在托运的普通货物中夹带易燃易爆危险物品的;
(4)将易燃易爆危险物品谎报或者匿报为普通货物托运的;
(5)其他在水路、铁路、航空易燃易爆危险物品运输活动中违反有关安全管理规定的情形。(§8Ⅰ)

△(夹带易燃易爆危险物品;谎报为普通物品交寄)通过邮件、快件夹带易燃易爆危险物品,或者将易燃易爆危险物品谎报为普通物品交寄,符合本意见第5条第8条规定的,依照各该条的规定定罪处罚。(§9)

《最高人民法院、最高人民检察院、公安部、司法部关于依法严厉打击传播艾滋病病毒等违法犯罪行为的指导意见》(公通字〔2019〕23号,2019年5月19日发布)

△(传播艾滋病病毒;以危险方法危害公共安全罪)采用危险方法,意图使不特定多数人感染艾滋病病毒,危害公共安全,尚未造成严重后果的,依照刑法第一百一十四条的规定,以危险方法危害公共安全罪定罪处罚;致人重伤、死亡或者使公私财产遭受重大损失的,依照刑法第一百一十五条的规定定罪处罚。

△(治安管理处罚或者其他行政处罚)实施本条第一项至第十一项规定的行为,不构成犯罪,依法不起诉或者免予刑事处罚的,依法予以治安管理处罚或者其他行政处罚。

【参考案例】

No.2-114、115(1)-1-1 **王新生等放火案**
意图放火烧毁特定财物,但客观上危及公共安全且行为人主观上对危害公共安全的后果持放任态度的,以放火罪论处。①

No.2-114、115(1)-1-5 **陈俊伟放火案**
放火罪与其他以放火方式实施的犯罪之间的区别在于,放火罪的成立以客观上足以危害公共安全且主观上具有放火的故意为要件。

No.2-114、115(1)-3-2 **于光平爆炸案**
受害人具有明显过错的,可对被告人处以较轻处罚。

No.2-114、115(1)-3-3 **胡国东爆炸案**
设置引爆装置,公开扬言制造爆炸,尚未实施引爆行为的,应以爆炸罪(预备)论处。②

No.2-114、115(1)-3-4 **靳如超、王玉顺、郝风琴、胡晓洪爆炸,故意杀人,非法制造、买卖爆炸物案**
虽有具体的杀人目标,但行为人购买大量炸药,并安放于不同居民楼,能够预见足以对不特定多数人的生命、财产安全造成危险仍实施爆炸行为的,应认定为爆炸罪。

No.2-114、115(1)-4-2 **方金青惠投毒案**
投毒致人死亡,没有危及公共安全的,不构成投放危险物质罪,应以故意杀人罪论处。

No.2-114、115(1)-5-1 **康兆永等危险物品肇事案**
主观上不具有放任危害公共安全的故意,即使客观上存在危害公共安全的现实可能性的,也不能认定为以危险方法危害公共安全罪。

No.2-114、115(1)-5-3 **李跃等人以危险方法危害公共安全案**
实质上具有导致不特定或者多数人重伤、死亡的现实可能性的方法,应当认定为以危险方法危害公共安全罪的其他危险方法。

No.2-114、115(1)-5-4 **李跃等人以危险方法危害公共安全案**
行为造成高概率危险的,应以危险方法危害公共安全罪论处。

No.2-114、115(1)-5-5 **李跃等人以危险方法危害公共安全案**
在认定具体危险犯时,应当以事后查明的、行为时所存在的各种客观事实为基础,以行为时为标准,从一般人的立场出发,判断是否存在具体危险。③

No.2-114、115(1)-5-6 **袁鸣晓等以危险方法危害公共安全案**
以骗取被害人财物为目的,在城市交通干道

---

① 我国学者指出,如果行为人放火时对他人死亡、重伤结果持放意心态的,宜认定为放火罪与故意杀人罪、故意伤害罪的想象竞合,从一重罪处罚。参见张明楷:《刑法学》(第6版),法律出版社2021年版,第884页。
② 劳东燕教授指出,既然《刑法》第一百一十四条的实质未遂犯是以既遂的形式出现的,那么刑法总则中关于未遂犯、中止犯的规定之仍有适用之余地。换言之,在危险出现之后,如果该危险尚未达到紧迫状态,或者尚未升高化,则行为人的行为仍然存在成立未遂或者中止的空间。参见陈兴良主编:《刑法各论精释》,人民法院出版社2015年版,第690页。
③ 劳东燕教授持相同的见解,在是否存在具体危险的问题上,应采取一般人的标准,立足于行为人当时的具体情况,客观地判断行为所造成的危险在客观上是否已经处于逼近实现的阶段或者状态。参见陈兴良主编:《刑法各论精释》,人民法院出版社2015年版,第663页。

及高速公路上,故意制造交通事故的,构成以危险方法危害公共安全罪与诈骗罪的牵连犯,应以危险方法危害公共安全罪论处。

No.2-114、115(1)-5-17 郑小教以危险方法危害公共安全案

在相对封闭的场所内驾车撞人,导致多人受伤的损害结果,应认定为以危险方法危害公共安全罪。

No.2-114、115(1)-5-18 支玖龙以危险方法危害公共安全案

以危险方法危害公共安全罪是具体危险犯,疫情防控期间因对人员、车辆进入小区需要核实、登记并办理证件不满而驾车冲撞不特定多人的行为,不应被评价为妨害公务罪、寻衅滋事罪、故意杀人罪,而应以危险方法危害公共安全罪追究被告人的刑事责任。

No.2-114、115(1)-5-19 支玖龙以危险方法危害公共安全案

疫情防控期间针对疫情防控措施实施犯罪的,应予从重处罚。

No.5-263-142 刘飞抢劫案

驾驶机动车在城市道路上故意制造碰撞事故借以勒索钱财的"碰瓷"行为,通常不具有与放火、爆炸等危险方法相当的危险扩散性与广泛的杀伤力、破坏性,不足以严重危及不特定多数人的人身财产安全,不应以以危险方法危害公共安全罪论处。如果特定案件中,行为人选择的作案时间、方式或者地点必然给公共安全带来严重危险的,则该行为应当被认定为危害公共安全的行为。

第一百一十五条 【放火罪】【决水罪】【爆炸罪】【投放危险物质罪】【以危险方法危害公共安全罪】【失火罪】【过失决水罪】【过失爆炸罪】【过失投放危险物质罪】【过失以危险方法危害公共安全罪】

放火、决水、爆炸以及投放毒害性、放射性、传染病病原体等物质或者以其他危险方法致人重伤、死亡或者使公私财产遭受重大损失的,处十年以上有期徒刑、无期徒刑或者死刑。

过失犯前款罪的,处三年以上七年以下有期徒刑;情节较轻的,处三年以下有期徒刑或者拘役。

【立法沿革】

《中华人民共和国刑法》(1997年修订,自1997年10月1日起施行)

第一百一十五条

放火、决水、爆炸、投毒或者以其他危险方法致人重伤、死亡或者使公私财产遭受重大损失的,处十年以上有期徒刑、无期徒刑或者死刑。

过失犯前款罪的,处三年以上七年以下有期徒刑;情节较轻的,处三年以下有期徒刑或者拘役。

《中华人民共和国刑法修正案(三)》(自2001年12月29日起施行)

二、将刑法第一百一十五条第一款修改为:

"放火、决水、爆炸以及投放毒害性、放射性、传染病病原体等物质或者以其他危险方法致人重伤、死亡或者使公私财产遭受重大损失的,处十年以上有期徒刑、无期徒刑或者死刑。"

【条文说明】

本条是关于放火罪、决水罪、爆炸罪、投放危险物质罪、以其他危险方法危害公共安全罪以及失火罪、过失决水罪、过失爆炸罪、过失投放危险物质罪、过失以危险方法危害公共安全罪及其处罚的规定。

本条共分为两款。

第一款是对**放火、决水、爆炸以及投放毒害性、放射性、传染病病原体等物质或者以其他危险方法致人重伤、死亡或者使公私财产遭受重大损失的**处罚规定。其中本条所规定的"放火""决水""爆炸"和"投放毒害性、放射性、传染病病原体等物质"与第一百一十四条的规定是一致的,前面已有论述,这里不再赘述。本款规定的是对放火、决水、爆炸以及投放毒害性、放射性、传染病病原体等物质或者以其他危险方法危害公共安全罪,造成严重后果的犯罪行为的处刑。与第一百一十四条规定的"尚未造成严重后果"的处刑是相对应的。这里所说的"**造成严重后果**",就是本款规定的"致人重伤、死亡或者使公私财产遭受重大损失"的结

果。①② 根据本款规定，对造成上述危害后果的，处十年以上有期徒刑、无期徒刑或者死刑。

第二款是关于**失火罪、过失决水罪、过失爆炸罪、过失投放危险物质罪、过失以危险方法危害公共安全罪及其处罚**的规定。其中，"过失犯前款罪的"，是指由于行为人主观上的过失而引起的火灾、决水、爆炸以及投放毒害性、放射性、传染病病原体等物质，造成致人重伤、死亡或者使公私财产遭受重大损失的严重后果，危害公共安全的行为。根据本款规定，上述过失行为只有构成了严重后果，才构成犯罪。根据《最高人民检察院、公安部关于公安机关管辖的刑事案件立案追诉标准的规定（一）》的规定，过失引起火灾，涉嫌下列情形的，按照失火罪立案追诉：（1）造成死亡一人以上，或者重伤三人以上的；（2）造成公共财产或者他人财产直接经济损失五十万元以上的；（3）造成十户以上家庭的房屋以及其他基本生活资料烧毁的；（4）造成森林火灾，过火有林地面积二公顷以上，或者过火疏林地、灌木林地、未成林地、苗圃地面积四公顷以上的；（5）其他造成严重后果的情形。

根据本款的规定，由于过失行为构成本款所规定的犯罪的，处三年以上七年以下有期徒刑；情节较轻的，处三年以下有期徒刑或者拘役。

【司法解释】

《最高人民法院、最高人民检察院关于办理妨害预防、控制突发传染病疫情等灾害的刑事案件具体应用法律若干问题的解释》（法释〔2003〕8号，自2003年5月15日起施行）

△（**突发传染病病原体；以危险方法危害公共安全罪；过失以危险方法危害公共安全罪**）故意传播突发传染病病原体，危害公共安全的，依照刑法第一百一十四条、第一百一十五条第一款的规定，按照以危险方法危害公共安全罪定罪处罚。

患有突发传染病或者疑似突发传染病而拒绝接受检疫、强制隔离或者治疗，过失造成传染病传播，情节严重，危害公共安全的，依照刑法第一百一十五条第二款的规定，按照过失以危险方法危害公共安全罪定罪处罚。（§1）

△（**自首、立功**）人民法院、人民检察院办理有关妨害预防、控制突发传染病疫情等灾害的刑事案件，对于有自首、立功等悔罪表现的，依法从轻、减轻、免除处罚或者依法作出不起诉决定。（§17）

△（**突发传染病疫情等灾害**）本解释所称"突发传染病疫情等灾害"，是指突然发生，造成或者可能造成社会公众健康严重损害的重大传染病疫情、群体性不明原因疾病以及其他严重影响公众健康的灾害。（§18）

《最高人民法院、最高人民检察院关于办理组织、利用邪教组织破坏法律实施等刑事案件适用法律若干问题的解释》（法释〔2017〕3号，自2017年2月1日起施行）

△（**邪教组织人员；自焚、自爆；放火罪；爆炸罪；以危险方法危害公共安全罪**）邪教组织人员以自焚、自爆或者其他危险方法危害公共安全的，依照刑法第一百一十四条、第一百一十五条的规定，以放火罪、爆炸罪、以危险方法危害公共安全罪等定罪处罚。（§12）

【司法解释性文件】

《国家林业局、公安部关于森林和陆生野生动物刑事案件管辖及立案标准》（林安字〔2001〕156号，2001年5月9日发布）

---

① 我国学者指出，《刑法》第一百一十五条第一款所规定之放火罪，既可能是典型的结果加重犯情形，也可能是普通的结果犯情形。前者乃指对具体的危险具有故意，对发生的伤亡实害结果仅具有过失；后者则指对造成不特定或者多数人的伤亡实害结果有故意。参见张明楷：《刑法学》（第6版），法律出版社2021年版，第885页。林维教授则认为，张明楷教授的见解会导致行为人对于危害结果的故意无足轻重。但过失以危险方法危害公共安全罪完全是以对严重危害后果的过失作为标准。因此，两者的标准会产生矛盾，可能会不当地扩大以危险方法危害公共安全罪的使用范围。参见陈兴良主编：《刑法各论精释》，人民法院出版社2015年版，第756页。

② 单纯的财产安全是否属于公共安全，学说上尚存在争议。其中，肯定论者认为，法条使用的是"或者"一词，"重伤"与"死亡"之间用的是顿号，这表明重伤、死亡或者使公私财产遭受重大损失，是"三选一"的关系；只要将范围限定在公众的重大财产，就不会出现罪刑不协调的现象。最后，从司法实践来看，本罪的成立之证成取决于行为方式，而非罪质的程度。参见曲新久：《论刑法中的"公共安全"》，载《人民检察》2010年第9期，第20—21页。否定论者则认为，如果单纯的财产安全属于公共安全，势必无法处理以危险方法危害公共安全罪与故意毁坏财物罪之间的关系，也难以理解为何在侵犯财产安全的具体危险出现时，刑法就要提前介入进行保护。因此，本罪的"使公私财产遭受重大损失"应限缩解释为，在使公私财产遭受重大损失的同时，还存在致人重伤、死亡的现实可能性。此外，劳东燕教授反对，将"公众生活的平稳与安宁"纳入公共安全的范畴，否则无法与《刑法》分则第六章妨害社会管理秩序罪所保护的法益相区分。参见陈兴良主编：《刑法各论精释》，人民法院出版社2015年版，第656—657页；张明楷：《刑法学》（第6版），法律出版社2021年版，第880—881页。

第二章 危害公共安全罪　　　　　　　　　　　　　　　　　　　　　　第一百一十五条

△(**放火罪**;**立案标准**;**重大案件**;**特别重大案件**)凡故意放火造成森林或者其他林木火灾的都应当立案;过火有林地面积2公顷以上为重大案件;过火有林地面积10公顷以上,或者致人重伤、死亡的,为特别重大案件。

△(**失火罪**;**立案标准**;**重大案件**;**特别重大案件**)失火造成森林火灾,过火有林地面积2公顷以上,或者致人重伤、死亡的应当立案;过火有林地面积为10公顷以上,或者致人死亡、重伤5人以上的,为重大案件;过火有林地面积为50公顷以上,或者死亡2分以上的,为特别重大案件。

《**最高人民检察院、公安部关于公安机关管辖的刑事案件立案追诉标准的规定(一)**》(公通字〔2008〕36号,2008年6月25日公布)

△(**失火罪**;**立案追诉标准**)过失引起火灾,涉嫌下列情形之一的,应予立案追诉:

(一)造成死亡一人以上,或者重伤三人以上的;

(二)造成公共财产或者他人财产直接经济损失五十万元以上的;

(三)造成十户以上家庭的房屋以及其他基本生活资料烧毁的;

(四)造成森林火灾,过火有林地面积二公顷以上,或者过火疏林地、灌木林地、未成林地、苗圃地面积四公顷以上的;

(五)其他造成严重后果的情形。

本条和本规定第十五条规定的"有林地"、"疏林地"、"灌木林地"、"未成林地"、"苗圃地",按照国家林业主管部门的有关规定确定。(§1)

《**最高人民法院关于印发醉酒驾车犯罪法律适用问题指导意见及相关典型案例的通知**》(法发〔2009〕47号,2009年9月11日公布)

△(**醉酒驾车**;**危害公共安全的故意**;**以危险方法危害公共安全罪**)刑法规定,醉酒的人犯罪,应当负刑事责任。行为人明知酒后驾车违法、醉酒驾车会危害公共安全,却无视法律醉酒驾车,特别是在肇事后继续驾车冲撞,造成重大伤亡,说明行为人主观上对持续发生的危害结果持放任态度,具有危害公共安全的故意。对此类醉酒驾车造成重大伤亡的,应依法以危险方法危害公共安全罪定罪。(§1)

△(**间接故意**;**直接故意**;**宽严相济刑事政策**)根据刑法第一百一十五条第一款的规定,醉酒驾车,放任危害结果发生,造成重大伤亡事故,构成以危险方法危害公共安全罪的,应处以十年以上有期徒刑、无期徒刑或者死刑。具体决定被告人的刑罚时,要综合考虑此类犯罪的性质、被告人的犯罪情节、危害后果及其主观恶性、人身危险性。一般情况下,醉酒驾车构成本罪的,行为人在主观上并不希望、也不追求危害结果的发生,属于间接故意犯罪,行为的主观恶性与以制造事端为目的而恶意驾车撞人并造成重大伤亡后果的直接故意犯罪有所不同,因此,在决定刑罚时,也应当有所区别。此外,醉酒状态下驾车,行为人的辨认和控制能力实际有所减弱,量刑时也应酌情考虑。

被告人黎景全和被告人孙伟铭醉酒驾车犯罪案件,依法没有适用死刑,而是分别判处无期徒刑,主要考虑到二被告人均系间接故意犯罪,与直接故意犯罪相比,主观恶性不是很深,人身危险性不是很大;犯罪时驾驶车辆的控制能力有所减弱,归案后认罪、悔罪态度较好,积极赔偿被害方的经济损失,一定程度上获得了被害方的谅解。广东省高级人民法院和四川省高级人民法院的终审裁判对二被告人的量刑是适当的。(§2)

△(**典型案例**;**统一法律适用机制**)为依法严肃处理醉酒驾车犯罪案件,遏制酒后和醉酒驾车对公共安全造成的严重危害,警示、教育潜在违规驾驶人员,今后,对醉酒驾车放任危害结果的发生,造成重大伤亡的,一律按照本意见规定,并参照附发的典型案例,依法以以危险方法危害公共安全罪定罪量刑。

为维护生效裁判的既判力,稳定社会关系,对于此前已经处理过的将特定情形的醉酒驾车认定为交通肇事罪的案件,应维持终审裁判,不再变动。(§3)

《**公安部关于印发新修订〈关于公安机关处置信访活动中违法犯罪行为适用法律的指导意见〉的通知**》(公通字〔2013〕25号,2013年7月19日公布)

△(**信访活动**;驾驶机动车在公共场所任意冲闯;**以危险方法危害公共安全罪**)为制造社会影响、发泄不满情绪、实现个人诉求,驾驶机动车在公共场所任意冲闯,危害公共安全,符合《刑法》第一百一十四条、第一百一十五条第一款规定的,以以危险方法危害公共安全罪追究刑事责任。

△(**信访活动**;**放火罪**、**爆炸罪**、**以危险方法危害公共安全罪**)采取放火、爆炸或者以其他危险方法自伤、自残、自杀,危害公共安全,符合《刑法》第一百一十四条和第一百一十五条第一款规定的,以放火罪、爆炸罪、以危险方法危害公共安全罪追究刑事责任。

《**最高人民法院、最高人民检察院、公安部、司法部、生态环境部关于办理环境污染刑事案件有**

关问题座谈会纪要》(高检会〔2019〕3号,2019年2月20日公布)

△(投放危险物质罪;污染环境罪)会议强调,目前我国一些地方环境违法犯罪活动高发多发,刑事处罚威慑力不强的问题仍然突出,现阶段在办理环境污染犯罪案件时必须坚决贯彻落实中央领导同志关于重典治理污染的指示精神,把刑法和《环境解释》①的规定用足用好,形成对环境污染违法犯罪的强大震慑。

会议认为,司法实践中对环境污染行为适用投放危险物质罪追究刑事责任时,应当重点审查判断行为人的主观恶性、污染行为恶劣程度、污染物的毒害性危险性、污染持续时间、污染结果是否可逆、是否对公共安全造成现实、具体、明确的危险或者危害等各方面因素。对于行为人明知其排放、倾倒、处置的污染物含有毒害性、放射性、传染病病原体等危险物质,仍实施环境污染行为放任其危害公共安全,造成重大人员伤亡、重大公私财产损失等严重后果,以污染环境罪论处明显不足以罚当其罪的,可以按投放危险物质罪定罪量刑。实践中,此类情形主要是向饮用水水源保护区、饮用水供水单位取水口和出水口,南水北调水库、干渠、涵洞等配套工程,重要渔业水体以及自然保护区核心区等特殊保护区域,排放、倾倒、处置毒害性极强的污染物,危害公共安全并造成严重后果的情形。

《最高人民法院关于依法妥善审理高空抛物、坠物案件的意见》(法发〔2019〕25号,2019年10月21日发布)

△(高空抛物、坠物行为;社会危害性)充分认识高空抛物、坠物行为的社会危害性。高空抛物、坠物行为损害人民群众人身、财产安全,极易造成人身伤亡和财产损失,引发社会矛盾纠纷。人民法院要高度重视高空抛物、坠物行为的现实危害,深刻认识运用刑罚手段惩治情节和后果严重的高空抛物、坠物行为的必要性和重要性,依法惩治此类犯罪行为,有效防范、坚决遏制此类行为发生。(§4)

△(高空抛物犯罪;以危险方法危害公共安全罪;故意伤害罪;故意杀人罪)准确认定高空抛物犯罪。对于高空抛物行为,应当根据行为人的动机、抛物场所、抛掷物的情况以及造成的后果等因素,全面考量行为的社会危害程度,准确判断行为性质,正确适用罪名,准确裁量刑罚。

故意从高空抛弃物品,尚未造成严重后果,但足以危害公共安全的,依照刑法第一百一十四条规定的以危险方法危害公共安全罪定罪处罚;致人重伤、死亡或者使公私财产遭受重大损失的,依照刑法第一百一十五条第一款的规定处罚。为伤害、杀害特定人员实施上述行为的,依照故意伤害罪、故意杀人罪定罪处罚。(§5)

△(高空抛物犯罪;从重处罚;不得适用缓刑)依法从重惩治高空抛物犯罪。具有下列情形之一的,应当从重处罚,一般不得适用缓刑:(1)多次实施的;(2)经劝阻仍继续实施的;(3)受过刑事处罚或者行政处罚后又实施的;(4)在人员密集场所实施的;(5)其他情节严重的情形。(§6)

《最高人民法院、最高人民检察院、公安部关于办理涉窨井盖相关刑事案件的指导意见》(高检发〔2020〕3号,2020年3月16日发布)

△(窨井盖;以危险方法危害公共安全罪;过失以危险方法危害公共安全罪)盗窃、破坏人员密集往来的非机动车道、人行道以及车站、码头、公园、广场、学校、商业中心、厂区、社区、院落等生产生活、人员聚集场所的窨井盖,足以危害公共安全,尚未造成严重后果的,依照刑法第一百一十四条的规定,以危险方法危害公共安全罪定罪处罚;致人重伤、死亡或者使公私财产遭受重大损失的,依照刑法第一百一十五条第一款的规定处罚。

过失致人重伤、死亡或者使公私财产遭受重大损失的,依照刑法第一百一十五条第二款的规定,以过失以危险方法危害公共安全罪定罪处罚。(§2)

△(窨井盖)本意见所称的"窨井盖",包括城市、城乡结合部和乡村等地的窨井盖以及其他井盖。(§12)

《最高人民法院、最高人民检察院、公安部、司法部关于依法惩治妨害新型冠状病毒感染肺炎疫情防控违法犯罪的意见》(法发〔2020〕7号,2020年2月6日发布)

△(肺炎疫情防控;以危险方法危害公共安全罪;妨害传染病防治罪;妨害公务罪)依法严惩抗拒疫情防控措施犯罪。故意传播新型冠状病毒感染肺炎病原体,具有下列情形之一,危害公共安全的,依照刑法第一百一十四条、第一百一十五条第一款的规定,以危险方法危害公共安全罪定罪处罚:

1.已经确诊的新型冠状病毒感染肺炎病人、病原携带者,拒绝隔离治疗或者隔离期未满擅自

---

① 即《最高人民法院、最高人民检察院关于办理环境污染刑事案件适用法律若干问题的解释》(已失效)。

脱离隔离治疗,并进入公共场所或者公共交通工具的;

2. 新型冠状病毒感染肺炎疑似病人拒绝隔离治疗或者隔离期未满擅自脱离隔离治疗,并进入公共场所或者公共交通工具,造成新型冠状病毒传播的。

其他拒绝执行卫生防疫机构依照传染病防治法提出的防控措施,引起新型冠状病毒传播或者有传播严重危险的,依照刑法第三百三十条的规定,以妨害传染病防治罪定罪处罚。

以暴力、威胁方法阻碍国家机关工作人员(含在依照法律、法规规定行使国家有关疫情防控行政管理职权的组织中从事公务的人员,在受国家机关委托代表国家机关行使疫情防控职权的组织中从事公务的人员,虽未列入国家机关人员编制但在国家机关中从事疫情防控公务的人员)依法履行为防控疫情而采取的防疫、检疫、强制隔离、隔离治疗等措施的,依照刑法第二百七十七条第一款、第三款的规定,以妨害公务罪定罪处罚。暴力袭击正在依法执行职务的人民警察的,以妨害公务罪定罪处罚。(§2Ⅰ)

△(治安管理处罚;从重情节)依法严惩妨害疫情防控的违法行为。实施上述(一)至(九)规定的行为,不构成犯罪的,由公安机关根据治安管理处罚法有关虚构事实扰乱公共秩序、扰乱单位秩序、公共场所秩序、寻衅滋事、拒不执行紧急状态下的决定、命令、阻碍执行职务、冲闯警戒带、警戒区、殴打他人、故意伤害、侮辱他人、诈骗,在铁路沿线非法挖掘坑穴、采石取沙、盗窃、损毁路面公共设施,损毁铁路设施设备、故意损毁财物、哄抢公私财物等规定,予以治安管理处罚,或者由有关部门予以其他行政处罚。

对于疫情防控期间实施有关违法犯罪的,要作为从重情节予以考量,依法体现从严的政策要求,有力惩治震慑违法犯罪,维护法律权威,维护社会秩序,维护人民群众生命安全和身体健康。(§2Ⅹ)

《最高人民法院、最高人民检察院、公安部、工业和信息化部、住房和城乡建设部、交通运输部、应急管理部、国家铁路局、中国民用航空局、国家邮政局关于依法惩治涉枪支、弹药、爆炸物、易燃易爆危险物品犯罪的意见》(法发〔2021〕35号,2021年12月28日发布)

△(水路、铁路、航空易燃易爆危险物品运输生产作业活动;以危险方法危害公共安全罪)在水路、铁路、航空易燃易爆危险物品运输生产作业活动中违反有关安全管理的规定,有下列情形之一,明知存在重大事故隐患而不排除,足以危害公共安全的,依照刑法第一百一十四条的规定,以危险方法危害公共安全罪定罪处罚;致人重伤、死亡或者使公私财产遭受重大损失的,依照刑法第一百一十五条第一款的规定处罚。

(1)未经依法批准或者许可,擅自从事易燃易爆危险物品运输的;

(2)委托无资质企业或者个人承运易燃易爆危险物品的;

(3)在托运的普通货物中夹带易燃易爆危险物品的;

(4)将易燃易爆危险物品谎报或者匿报为普通货物托运的;

(5)其他在水路、铁路、航空易燃易爆危险物品运输活动中违反有关安全管理规定的情形。(§8Ⅰ)

△(夹带易燃易爆危险物品;谎报为普通物品交寄)通过邮件、快件夹带易燃易爆危险物品,或者将易燃易爆危险物品谎报为普通物品交寄,符合本意见第5条至第8条规定的,依照各该条的规定定罪处罚。(§9)

《最高人民法院、最高人民检察院、公安部、司法部关于依法严厉打击传播艾滋病病毒等违法犯罪行为的指导意见》(公通字〔2019〕23号,2019年5月19日发布)

△(传播艾滋病病毒;以危险方法危害公共安全罪)采用危险方法,意图使不特定多数人感染艾滋病病毒,危害公共安全,尚未造成严重后果的,依照刑法第一百一十四条的规定,以危险方法危害公共安全罪定罪处罚;致人重伤、死亡或者使公私财产遭受重大损失的,依照刑法第一百一十五条的规定定罪处罚。

△(治安管理处罚或者其他行政处罚)实施本要第一项至第十一项规定的行为,不构成犯罪,依法不起诉或者免予刑事处罚的,依法予以治安管理处罚或者其他行政处罚。

【公报案例】

王桂平以危险方法危害公共安全、销售伪劣产品、虚报注册资本案(《最高人民法院公报》2009年第1期)

△(药品生产;销售假冒的药用辅料;以危险方法危害公共安全罪)行为人明知会发生危害他人身体健康的后果,但基于非法牟利的目的,放任这种结果的发生,向药品生产企业销售假冒的药用辅料以用于生产药品,致使药品投入市场后发生致人重伤、死亡的严重后果,其行为构成以危险

方法危害公共安全罪。①

【参考案例】

No.2-114、115(1)-1-2 王新生等放火案

放火造成自己的财产损失以及自己的人身损害的,不属于放火罪加重构成要件中的致人重伤、死亡或者使公私财产遭受重大损失。

No.2-114、115(1)-1-3 杨某某、杜某某放火案

行为人为实施放火行为而向被害人房屋内泼洒汽油,引起屋内的被害人使用照明设备进而引发火灾的行为,其行为与火灾发生之间存在刑法上的因果关系,构成放火罪。

No.2-114、115(1)-1-4 落牙、刚组、达瓦桑布放火案

在"打砸抢烧"严重暴力事件中,行为人大肆打砸,围攻无辜群众,放火焚烧商铺、民宅、机关、学校等,聚众冲击国家机关,严重危害公共安全和社会秩序,侵害了群众的生命、人身、财产安全,对于犯罪手段残忍、犯罪情节恶劣、犯罪后果严重的犯罪分子,应当依法判处死刑。

No.2-114、115(1)-3-1 于光平爆炸案

客观上具有一定的现实依据时,才能认定行为人主观上自信其行为不会造成危害后果。

No.2-114、115(1)-4-4 陈美娟投放危险物质案

介入因素并非异常,而且对结果的作用力较小的,不能断绝行为与结果之间的因果关系。

No.2-114、115(1)-4-5 陈美娟投放危险物质案

以杀害特定人为目的的投放危险物质行为,客观上危害公共安全,主观上对不特定多数人的伤亡后果持放任的态度,应以投放危险物质罪论处。

No.2-114、115(1)-5-7 孙伟铭以危险方法危害公共安全案

醉酒驾车连续冲撞致多人伤亡的,应当以危险方法危害公共安全罪论处。

No.2-114、115(1)-5-8 金复生以危险方法危害公共安全、故意杀人案

基于不同犯意的驾车连续冲撞行为,应分别评价为数罪。

No.2-114、115(1)-5-9 田军祥等以危险方法危害公共安全、妨害公务案

行为人为逃避法律制裁而暴力抗法,在神志清醒、控制力正常的状态下实施危害公共安全的行为,在量刑上应当重于因醉酒引起的以危险方法危害公共安全的行为。

No.2-114、115(1)-5-10 黎景全以危险方法危害公共安全案

醉酒驾车肇事后,继续驾车行驶以致再次肇事,造成更为严重的后果,且行为人主观上对他人伤亡的危害后果持放任态度的,应当认定为以危险方法危害公共安全罪。

No.2-114、115(1)-5-11 任寒青以危险方法危害公共安全案

行为人为逃避酒驾检查驾车,冲撞警察与他人,同时符合妨害公务罪、故意伤害罪与以危险方法危害公共安全罪的,应当以以危险方法危害公共安全罪定罪处罚。

No.2-114、115(1)-5-12 黄世华以危险方法危害公共安全案

对危害公共安全犯罪中不特定多数人的判断,不以行为人的主观认识为准,只要客观上行为在一定条件下形成了对不特定公众人身或财产安全的重大威胁,就应当认定其构成危害公共安全犯罪。

No.2-114、115(1)-5-13 黄世华以危险方法危害公共安全案

醉酒驾车造成严重后果的,构成以危险方法危害公共安全罪,犯罪性质极其恶劣的可以适用死刑。

No.2-114、115(1)-5-14 孙福成以危险方法危害公共安全案

对于醉酒驾车构成以危险方法危害公共安全罪的,在量刑上应当综合考虑醉驾行为造成的危害后果、行为人的主观恶性,注意把握民事赔偿与量刑的关系、法律效果与社会效果的统一,贯彻宽严相济的刑事政策。

No.2-115(2)-5-1 许小渠过失以危险方法危害公共安全案

食品销售人员未尽妥善保管义务,致使所销售的食品中混入有毒有害物质的,成立过失以危险方法危害公共安全罪。

---

① 劳东燕教授指出,以危险方法危害公共安全罪中的"其他危险方法",不仅要求行为在客观上具有导致多数人重伤或者死亡的可能性与高度盖然性,还要求行为与结果之间在因果关系上满足直接性的要求,且行为所蕴含的危险一旦现实化为侵害结果,便具有迅速蔓延与不可控制的特性。但在王桂平以危险方法危害公共安全案、销售伪劣产品、虚报注册资本案中,以二甘醇冒充药用丙二醇进行销售的行为,并不具备此特性。因此,可以使用间接正犯的理论来说明该行为的定性,进而认定该行为构成生产、销售假药罪。参见陈兴良主编:《刑法各论精释》,人民法院出版社2015年版,第679—680页。

第一百一十六条　【破坏交通工具罪】
破坏火车、汽车、电车、船只、航空器，足以使火车、汽车、电车、船只、航空器发生倾覆、毁坏危险，尚未造成严重后果的，处三年以上十年以下有期徒刑。

【条文说明】

本条是关于破坏交通工具罪及其处罚的规定。

破坏交通工具罪，是指故意破坏火车、汽车、电车、船只、航空器，足以使火车、汽车、电车、船只、航空器发生倾覆、毁坏危险，尚未造成严重后果或者造成严重后果，危害公共安全的行为。本条《刑法》第一百一十九条共同构成对破坏交通工具的行为的处罚。根据本条规定，构成本罪必须符合以下条件：

1. 行为人主观上必须具有**破坏的故意**。
2. 破坏行为必须是针对**火车、汽车**①**、电车、船只、航空器**这五种特定的交通工具。随着社会发展和科学技术的进步，新型交通工具不断出现，如高速铁路、地铁以及无人驾驶的公共汽车等，这些交通工具不仅要耗费大量的资金生产或购置，而且承担着大量的客运、货运任务，对它们进行破坏会造成旅客的重大伤亡和财产的重大损失，对社会公共安全具有极大的危险性和危害性。因此，**破坏这些新型的交通工具的行为**，也可以认定为破坏交通工具罪。这里所规定的"航空器"，包括飞机等飞行工具。这里所说的**破坏**，是指以各种手段和方法破坏交通工具，危害公共安全的行为。②

3. 破坏行为必须**足以使交通工具这几种交通工具发生倾覆、毁坏的危险**。这里所说的**倾覆**，是指火车出轨、颠覆，汽车、电车翻车，船只翻沉，航空器坠毁等情况；"毁坏"，是指上述交通工具由于遭到人为破坏而不能正常行驶，危及运载的人、物品及交通工具自身的安全。"足以使火车、汽车、

电车、船只、航空器发生倾覆、毁坏危险"，是指该种破坏行为有造成火车、汽车、电车、船只、航空器的倾覆、毁坏的现实可能性和威胁。③ 应当注意的是，在实践中如何判断某种破坏行为是否已达到"现实可能性和威胁"的程度，主要应从以下几个方面来判定：（1）**交通工具是否在使用过程中**。这不仅包括正在行驶和飞行期间，也包括使用过程中的待用期间。如果破坏的是尚未交付使用或者正在修理的交通工具，一般不会危及公共安全，故不构成本罪。（2）**破坏的是不是交通工具的关键部位**。如果行为人破坏的是交通工具的次要部位，如破坏的是交通工具的座椅、卫生设备或者其他不影响安全行驶的辅助设备等，则不足以使火车、汽车、电车、船只、航空器发生倾覆、毁坏危险，故同样不能构成本罪。（3）**破坏交通工具所采用的破坏方法**。行为人所采用的破坏方法应达到足以使交通运输工具发生倾覆、毁坏危险的，才构成本罪。

4. 破坏行为必须是**尚未造成严重后果的**。"尚未造成严重后果的"，是指该种破坏行为的行为，没有造成任何危害后果或者只造成了轻微的危害后果。根据本条规定，对这种没有造成严重后果破坏交通工具的行为，处三年以上十年以下有期徒刑。

只要行为人实施完毕破坏公共交通工具的行为，足以导致发生交通工具倾覆的危险，即构成本罪的**既遂**，并不要求出现实际的严重后果。对于造成人员伤亡、财产损失等严重后果的，应当依照《刑法》第一百一十九条的规定，处十年以上有期徒刑、无期徒刑或者死刑。

---

① 陈家林教授与林亚刚教授指出，将从事客货运输业务的大型拖拉机解释为汽车，仍在"汽车"此一法律用语可能的词义范围之内，没有超过一般国民的预测可能性，属于扩大解释，而非法律所禁止的类推。参见赵秉志、李希慧主编：《刑法各论》（第3版），中国人民大学出版社2016年版，第41页；高铭暄、马克昌主编：《刑法学》（第7版），北京大学出版社、高等教育出版社2016年版，第338页。

② 破坏行为，通常是指对火车、汽车、电车、船只、航空器等交通工具的整体或者重要部件的破坏；不影响交通运输安全的行为，并不包括在内。参见张明楷：《刑法学》（第6版），法律出版社2021年版，第894页；黎宏：《刑法学各论》（第2版），法律出版社2016年版，第27—28页。

③ 时延安教授指出，当破坏行为达到一定的程度，即造成交通工具关键部位损坏时，此种危险状态才会形成。故而，在破坏行为着手后至此种危险状态形成之间，往往会存在一定的时间历程。因此，本罪存在成立未遂的可能性。参见谢望原、赫兴旺主编：《刑法分论》（第3版），中国人民大学出版社2016年版，第36页。

第一百一十七条 【破坏交通设施罪】

破坏轨道、桥梁、隧道、公路、机场、航道、灯塔、标志或者进行其他破坏活动,足以使火车、汽车、电车、船只、航空器发生倾覆、毁坏危险,尚未造成严重后果的,处三年以上十年以下有期徒刑。

【条文说明】

本条是关于破坏交通设施罪及其处罚的规定。

根据本条规定,**破坏交通设施罪**,是指破坏轨道、桥梁、隧道、公路①、机场②、航道、灯塔、标志或者进行其他破坏活动,足以使火车、汽车、电车、船只、航空器发生倾覆、毁坏危险,尚未造成严重后果的行为。构成本罪必须同时符合以下条件:

1. 行为人主观上必须具有**破坏的故意**。
2. 破坏行为必须是针对**涉及交通安全的设施**。如果破坏的是与交通安全无关的设施,不影响车辆行驶、船只航行、航空器飞行安全,则不构成本罪。③这里所说的"**其他破坏活动**",是指破坏上述列举以外的其他交通设施和虽然没有直接破坏上述交通设施,但却足以使火车、汽车、电车、船只、航空器发生倾覆、毁坏危险的行为,如乱发指示信号、干扰无线电通信、导航,在铁轨上放置障碍物等。应当强调的是,这里所说的"**破坏**",不仅包括使交通设施遭受有形的损坏,也包括对交通设施正常功能的损害,如发出无线电干扰信号,使正常行驶中的交通工具与指挥、导航系统不能联系,致使该交通工具处于极大风险之中的行为等。④
3. 破坏行为必须是**足以使火车、汽车、电车、船只、航空器发生倾覆、毁坏危险**。这里所说的"**足以**",是指行为人对交通设施的破坏程度,已达到可以使交通工具发生倾覆或者毁坏的现实可能性和威胁。⑤如果其破坏交通设施的程度不会造成这种现实危险,则不构成本罪。主要应从以下几个方面来判定:(1)犯罪对象是**正在使用中的直接关系交通运输安全的交通设施**,不是正在建设中或者正在修理且未交付使用的交通设施或者已废弃不用的交通设施;(2)从破坏的**手段、部位**等进行分析,对于破坏交通设施的重要部位会危及交通工具的行驶安全,足以造成交通工具的倾覆、毁坏危险的应当认定为本罪,如果行为人破坏的只是交通设施的附属部分,如破坏的是火车道旁的沙石,这些行为与交通运输安全没有直接联系,不足以使交通工具发生倾覆、毁坏危险的,不构成本罪。
4. 破坏行为必须是"**尚未造成严重后果的**"。本条处罚的是"尚未造成严重后果"的破坏交通设施的犯罪。对于已造成严重后果的破坏交通设施的犯罪,适用《刑法》第一百一十九条的规定处罚。

根据本条规定,对故意破坏交通设施,尚未造成严重后果的,处三年以上十年以下有期徒刑。

【司法解释性文件】

《最高人民法院、最高人民检察院、公安部关于办理涉窨井盖相关刑事案件的指导意见》(高检发〔2020〕3号,2020年3月16日发布)

△(**窨井盖;破坏交通设施罪;过失损坏交通设施罪**)盗窃、破坏正在使用中的社会机动车通行道路上的窨井盖,足以使汽车、电车发生倾覆、毁坏危险,尚未造成严重后果的,依照刑法第一百一十七条的规定,以破坏交通设施罪定罪处罚;造成严重后果的,依照刑法第一百一十九条第一款的规定处罚。(§11)

△(**窨井盖**)本意见所称的"窨井盖",包括城市、城乡结合部和乡村等地的窨井盖以及其他井盖。(§12)

---

① 我国学者指出,凡是可供汽车(包括大型拖拉机)、电车通过的道路,均应认定为"公路"。参见黎宏:《刑法学各论》(第2版),法律出版社2016年版,第29页。
② 破坏民用机场,成立本罪;破坏军用机场,成立破坏军事设施罪。参见张明楷:《刑法学》(第6版),法律出版社2021年版,第896页。
③ 相同的学说见解,参见张明楷:《刑法学》(第6版),法律出版社2021年版,第896页;周光权:《刑法各论》(第4版),中国人民大学出版社2021年版,第188页。
④ 我国学者指出,破坏行为既包括使交通设施本身遭受毁损的行为,也包括使交通设施丧失应有性能的行为。参见张明楷:《刑法学》(第6版),法律出版社2021年版,第896页;黎宏:《刑法学各论》(第2版),法律出版社2016年版,第28页;陈兴良主编:《刑法各论精释》,人民法院出版社2015年版,第675页。
⑤ 我国学者指出,本罪在危险的判定上,其具体危险程度要比放火等危险犯的危险程度高,属于科学意义上的危险,而非一般人感觉上的危险。参见黎宏:《刑法学各论》(第2版),法律出版社2016年版,第29页。

《最高人民法院、最高人民检察院、公安部、司法部关于依法惩治妨害新型冠状病毒感染肺炎疫情防控违法犯罪的意见》（法发〔2020〕7号，2020年2月6日发布）

△(肺炎疫情防控；破坏交通设施罪)依法严惩破坏交通设施犯罪。在疫情防控期间，破坏轨道、桥梁、隧道、公路、机场、航道、灯塔、标志或者进行其他破坏活动，足以使火车、汽车、电车、船只、航空器发生倾覆、毁坏危险的，依照刑法第一百一十七条、第一百一十九条第一款的规定，以破坏交通设施罪定罪处罚。

办理破坏交通设施案件，要区分具体情况，依法审慎处理。对于为了防止疫情蔓延，未经批准擅自封路阻碍交通，未造成严重后果的，一般不以犯罪论处，由主管部门予以纠正。（§2Ⅷ）

△(治安管理处罚；从重情节)依法严惩妨害疫情防控的违法行为。实施上述（一）至（九）规定的行为，不构成犯罪的，由公安机关根据治安管理处罚法有关虚构事实扰乱公共秩序、扰乱单位秩序、公共场所秩序、寻衅滋事、拒不执行紧急状态下的决定、命令、阻碍警戒带、警戒区，殴打他人、故意伤害、侮辱他人、诈骗、在铁路沿线非法挖掘坑穴、采石取沙、盗窃、损毁路面公共设施、损毁铁路设施设备、故意损毁财物、哄抢公私财物等规定，予以治安管理处罚，或者由有关部门予以其他行政处罚。

对于在疫情防控期间实施有关违法犯罪的，要作为从重情节予以考量，依法体现从严的政策要求，有力惩治震慑违法犯罪，维护法律权威，维护社会秩序，维护人民群众生命安全和身体健康。（§2Ⅹ）

【参考案例】

No.2-117、119(1)-2-1 **王仁兴破坏交通设施案**
因合法行为使某种合法权益处于危险状态的，行为人负有采取积极救助措施以消除该危险状态的作为义务；若不履行这一义务，可构成不作为犯罪。

No.2-117、119(1)-2-2 **陈勇破坏交通设施案**
铁路运输领域破坏交通设施罪的入罪标准是足以使火车发生倾覆、毁坏的危险；而"严重后果"的认定应当从火车倾覆、人员伤亡、重大的直接经济损失以及行车中断时长等方面分别考量。

No.5-264-58 **王廷明破坏交通设施案**
盗窃正在使用中的关键交通设施，危及交通运输安全的，应以破坏交通设施罪论处。

第一百一十八条 【破坏电力设备罪】【破坏易燃易爆设备罪】
破坏电力、燃气或者其他易燃易爆设备，危害公共安全，尚未造成严重后果的，处三年以上十年以下有期徒刑。

【条文说明】

本条是关于破坏电力设备罪、破坏易燃易爆设备罪及其处罚的规定。

根据本条规定，**破坏电力设备罪和破坏易燃易爆设备罪**，是指破坏电力、燃气或者其他易燃易爆等设备，危害公共安全的行为。构成本罪必须同时具备以下几个条件：

1. 行为人主观上必须具有破坏的故意。
2. 行为人必须实施了**破坏电力、燃气或者其他易燃易爆设备的行为**。其中，"**电力**"设备是指用来发电和供电的公用设备[①]，如发电厂、供电站、高压输电线路等。[②] 需要注意的是，这里的电力设备，包括处于运行、应急等使用中的电力设备；已经通电使用，只是由于枯水季节或电力不足等原因暂停使用的电力设备；已经交付使用但尚未通电的电力设备。不包括尚未安装完毕，或者已经安装完毕但尚未交付使用的电力设备。"**燃气**"设备是指生产、贮存、输送各种燃气的设备，如煤气管道、煤气罐、天然气管道等。"**其他易燃易爆设备**"，是指除燃气设备以外的生产、贮存和输送易燃易爆物品的设备，如石油管道、汽车加油站、火药及易燃易爆的化学物

[①] 我国学者指出，除了各种发电设备、供电设备，电力设备还包括输变电设备。参见张明楷：《刑法学》（第6版），法律出版社2021年版，第897页；赵秉志、李希慧主编：《刑法各论》（第3版），中国人民大学出版社2016年版，第44页。

[②] 尚未安装完毕或者已经安装完毕但尚未交付使用的电力设备，不属于正在使用中的电力设备。已经交付使用但尚未通电或暂停使用的电力设备，属于电力设备。参见张明楷：《刑法学》（第6版），法律出版社2021年版，第897页；赵秉志、李希慧主编：《刑法各论》（第3版），中国人民大学出版社2016年版，第44页。

品的生产、贮存、运输设备等。这里的犯罪对象是易燃易爆设备，而不是易燃易爆物品。对违反易燃易爆危险物品管理规定而造成火灾、爆炸等严重后果的，不构成本罪，应以《刑法》第一百三十六条**危险物品肇事罪**定罪处罚。

3. 破坏易燃易爆设备的行为，**必须危害了公共安全**。如果上述破坏行为仅局限在一些特定的范围，没有危及公共安全，则不应按本罪处罚。情节严重的，可依法以其他犯罪处罚。

根据本条的规定，本条处罚的是"尚未造成严重后果的"破坏电力、燃气或者其他易燃易爆设备，危害公共安全的行为。对于这种行为，处三年以上十年以下有期徒刑。对于造成严重后果的破坏电力设备、易燃易爆设备的犯罪，则应依照其他有关条款的规定处罚。

【司法解释】

《最高人民法院、最高人民检察院关于办理盗窃油气、破坏油气设备等刑事案件具体应用法律若干问题的解释》（法释〔2007〕3号，自2007年1月19日起施行）

△（盗窃油气；破坏易燃易爆设备罪）在实施盗窃油气等行为过程中，采用切割、打孔、撬砸、拆卸、开关等手段破坏正在使用的油气设备，属于刑法第一百一十八条规定的"破坏燃气或者其他易燃易爆设备"的行为；危害公共安全，尚未造成严重后果的，依照刑法第一百一十八条的规定定罪处罚。（§1）

△（想象竞合犯；盗窃罪）盗窃油气同时构成盗窃罪和破坏易燃易爆设备罪的，依照刑法处罚较重的规定定罪处罚。（§4）

△（油气；油气设备）本解释所称的"油气"，是指石油、天然气。其中，石油包括原油、成品油；天然气包括煤层气。

本解释所称"油气设备"，是指用于石油、天然气生产、储存、运输等易燃易爆设备。（§8）

《最高人民法院关于审理破坏电力设备刑事案件具体应用法律若干问题的解释》（法释〔2007〕15号，自2007年8月21日起施行）

△（盗窃电力设备；想象竞合犯；盗窃罪）盗窃电力设备，危害公共安全，但不构成盗窃罪的，以破坏电力设备罪定罪处罚；同时构成盗窃罪和破坏电力设备罪的，依照刑法处罚较重的规定处罚。（§3Ⅰ）

△（电力设备）本解释所称电力设备，是指处于运行、应急中使用中的电力设备；已经通电使用，只是由于枯水季节或电力不足等原因暂停使用的电力设备；已经交付使用但尚未通电的电力设备。不包括尚未安装完毕，或者已经安装完毕但尚未交付使用的电力设备。（§4Ⅰ）

《最高人民法院、最高人民检察院关于办理盗窃刑事案件适用法律若干问题的解释》（法释〔2013〕8号，自2013年4月4日起施行）

△（想象竞合犯；盗窃罪）盗窃公私财物并造成财物损毁的，按照下列规定处理：

（一）采用破坏性手段盗窃公私财物，造成其他财物损毁的，以盗窃罪从重处罚；同时构成盗窃罪和其他犯罪的，择一重罪从重处罚；

（二）实施盗窃犯罪后，为掩盖罪行或者报复等，故意毁坏其他财物构成犯罪的，以盗窃罪和构成的其他犯罪数罪并罚；

（三）盗窃行为未构成犯罪，但损毁财物构成其他犯罪的，以其他犯罪定罪处罚。（§11）

【司法解释性文件】

《最高人民法院、最高人民检察院、公安部关于办理盗窃油气、破坏油气设备等刑事案件适用法律若干问题的意见》（法发〔2018〕18号，2018年9月28日公布）

△（盗窃油气；破坏油气设备；危害公共安全）在实施盗窃油气等行为过程中，破坏正在使用的油气设备，具有下列情形之一的，应当认定为刑法第一百一十八条规定的"危害公共安全"：

（一）采用切割、打孔、撬砸、拆卸手段的，但是明显未危害公共安全的除外；

（二）采用开、关等手段，足以引发火灾、爆炸等危险的。（§1）

△（盗窃油气；破坏油气设备；主犯；共同犯罪）在共同盗窃油气、破坏油气设备等犯罪中，实际控制、为主出资或者组织、策划、纠集、雇佣、指使他人参与犯罪的，应当依法认定为主犯；对于其他人员，在共同犯罪中起主要作用的，也应当依法认定为主犯。

在输油输气管道投入使用前擅自安装阀门，在管道投入使用后将该阀门提供给他人盗窃油气的，以盗窃罪、破坏易燃易爆设备罪等有关犯罪的共同犯罪论处。（§3）

△（专门性问题）对于油气的质量、标准等专门性问题，综合油气企业提供的证据材料、犯罪嫌疑人、被告人及其辩护人所提辩解、辩护意见等认定；难以确定的，依据司法鉴定机构出具的鉴定意见或者国务院公安部门指定的机构出具的报告，结合其他证据认定。

油气企业提供的证据材料，应当有工作人员

签名和企业公章。(§7)

【参考案例】

No.2-118、119(1)-3-2 冯留民破坏电力设备、盗窃案

以非法占有为目的盗剪正在使用中的电缆,系一行为触犯两罪名,属于想象竞合犯,应当择一重罪处罚。

No.2-118、119(1)-3-3 冯留民破坏电力设备、盗窃案

想象竞合犯涉及的两个罪名的法定刑相同的,应当通过比较两种犯罪的社会危害性及犯罪行为本身的性质来确定罪名的轻重。

第一百一十九条 【破坏交通工具罪】【破坏交通设施罪】【破坏电力设备罪】【破坏易燃易爆设备罪】【过失损坏交通工具罪】【过失损坏交通设施罪】【过失损坏电力设备罪】【过失损坏易燃易爆设备罪】

破坏交通工具、交通设施、电力设备、燃气设备、易燃易爆设备,造成严重后果的,处十年以上有期徒刑、无期徒刑或者死刑。

过失犯前款罪的,处三年以上七年以下有期徒刑;情节较轻的,处三年以下有期徒刑或者拘役。

【条文说明】

本条是关于破坏交通工具罪、破坏交通设施罪、破坏电力设备罪、破坏易燃易爆设备罪以及过失损坏交通工具罪、过失损坏交通设施罪、过失损坏电力设备罪、过失损坏易燃易爆设备罪及其处罚的规定。

本条共分为两款。

第一款是对破坏交通工具、交通设施、电力、燃气或者其他易燃易爆设备造成严重后果的处罚规定。《刑法》第一百一十六条破坏交通工具罪、第一百一十七条破坏交通设施罪、第一百一十八条破坏电力设备罪和破坏易燃易爆设备罪规定的处罚,都是对上述破坏行为尚未造成严重后果的情况下的刑罚。而本款对这几条规定的犯罪行为造成严重后果的,规定了更为严厉的处罚。这里所说的"造成严重后果的",主要是指犯罪分子实施上述几种犯罪行为,导致了火车、汽车、电车、船只、航空器倾覆、毁坏的结果发生或者电厂、供电设备failures、天然气管道爆炸,发生重大火灾等,造成了人员的死亡或者造成公私财产的重大毁损,从而危害公共安全的行为。根据本款的规定,对实施第一百一十六条规定的破坏交通工具罪、第一百一十七条规定的破坏交通设施罪、第一百一十八条规定的破坏电力设备罪和破坏易燃易爆设备罪,造成严重后果的,处十年以上有期徒刑、无期徒刑或者死刑。本款所规定的"交通工具",是指第一百一十六条所规定的火车、汽车、电车、船只、航空器;"交通设施",是指第一百一十七条规定的轨道、桥梁、隧道、公路、机场、航道、灯塔、标志等;"电力设备""燃气设备"和"易燃易爆设备",与本法第一百一十八条规定的范围是一致的,因在前面已有解释,这里不再赘述。

第二款是关于过失损坏交通工具罪、过失损坏交通设施罪、过失损坏电力设备罪、过失损坏易燃易爆设备罪的规定。这里所说的"过失犯前款罪",是指由于行为人主观上疏忽大意或者轻信能够避免的过失而损坏交通工具、交通设施、电力设备、燃气设备、易燃易爆设备造成严重后果、危害公共安全的行为。根据本款规定,构成过失损坏交通工具罪、过失损坏交通设施罪、过失损坏电力设备罪、过失损坏易燃易爆设备罪必须同时具备以下条件:

1. 行为人在主观上是过失,而不是故意。如果行为人故意实施破坏行为,则应按第一款的规定处罚,不能适用本款。

2. 行为人的过失行为只有实际造成了严重后果的,才构成犯罪,适用本款规定。根据本款规定,过失损坏交通工具、损坏交通设施、损坏电力、燃气设备或者其他易燃易爆设备,造成严重后果的,处三年以上七年以下有期徒刑;情节较轻的,处三年以下有期徒刑或者拘役。对于何为"造成严重后果",可以根据各种因素综合认定。比如,有盗窃油气、破坏油气设备的行为,造成人员死亡或者多人重伤、轻伤的,造成井喷或者重大环境污染事故的,造成直接经济损失数额巨大,或者造成其他严重后果的。再如,破坏电力设备造成人员死亡或者多人重伤、轻伤的,造成长时间断电致使生产、生活受到严重影响的,造成直接经济损失数额巨大的,以及造成其他危害公共安全严重后果的。

如果本条所规定的犯罪行为同时构成其他犯

罪的,属于刑法中的竞合情形,应当按照从重原则处罚。比如,盗窃油气等同时构成盗窃罪和破坏易燃易爆设备罪的,依照刑法处罚较重的规定定罪处罚;同时构成盗窃罪和破坏电力设备罪的,依照刑法处罚较重的规定定罪处罚。

【司法解释】

《最高人民法院、最高人民检察院关于办理盗窃油气、破坏油气设备等刑事案件具体应用法律若干问题的解释》(法释〔2007〕3号,自2007年1月19日起施行)

△(破坏易燃易爆设备罪;造成严重后果)实施本解释第一条①规定的行为,具有下列情形之一的,属于刑法第一百一十九条第一款规定的"造成严重后果",依照刑法第一百一十九条第一款的规定定罪处罚:

(一)造成一人以上死亡、三人以上重伤或者十人以上轻伤的;

(二)造成井喷或者重大环境污染事故的;

(三)造成直接经济损失数额在五十万元以上的;

(四)造成其他严重后果的。(§2)

△(想象竞合犯;盗窃罪)盗窃油气同时构成盗窃罪和破坏易燃易爆设备罪的,依照刑法处罚较重的规定定罪处罚。(§4)

△(油气;油气设备)本解释所称的"油气",是指石油、天然气。其中,石油包括原油、成品油;天然气包括煤层气。

本解释所称"油气设备",是指用于石油、天然气生产、储存、运输等易燃易爆设备。(§8)

《最高人民法院关于审理破坏电力设备刑事案件具体应用法律若干问题的解释》(法释〔2007〕15号,自2007年8月21日起施行)

△(破坏电力设备罪;造成严重后果)破坏电力设备,具有下列情形之一的,属于刑法第一百一十九条第一款规定的"造成严重后果",以破坏电力设备罪判处十年以上有期徒刑、无期徒刑或者死刑:

(一)造成一人以上死亡、三人以上重伤或者十人以上轻伤的;

(二)造成一万以上用户电力供应中断六小时以上,致使生产、生活受到严重影响的;

(三)造成直接经济损失一百万元以上的;

(四)造成其他危害公共安全严重后果的。(§1)

△(过失损坏电力设备罪)过失损坏电力设备,造成本解释第一条规定的严重后果的,依照刑法第一百一十九条第二款的规定,以过失损坏电力设备罪判处三年以上七年以下有期徒刑;情节较轻的,处三年以下有期徒刑或者拘役。(§2)

△(盗窃电力设备;想象竞合犯;盗窃罪)盗窃电力设备,危害公共安全,但不构成犯罪的,以破坏电力设备罪定罪处罚;同时构成盗窃罪和破坏电力设备罪的,依照刑法处罚较重的规定定罪处罚。(§3Ⅰ)

△(电力设备;直接经济损失的计算范围)本解释所称电力设备,是指处于运行、应急等使用中的电力设备,已经通电使用的,只是由于枯水季节或电力不足等原因暂停使用的电力设备;已经交付使用但尚未通电的电力设备。不包括尚未安装完毕,或者已经安装完毕但尚未交付使用的电力设备。

本解释中直接经济损失的计算范围,包括电量损失金额,被毁损设备材料的购置、更换、修复费用,以及因停电给用户造成的直接经济损失等。(§4)

《最高人民法院、最高人民检察院关于办理盗窃刑事案件适用法律若干问题的解释》(法释〔2013〕8号,自2013年4月4日起施行)

△(想象竞合犯;盗窃罪)盗窃公私财物并造成财物损毁的,按下列规定处理:

(一)采用破坏性手段盗窃公私财物,造成其他财物损毁的,以盗窃罪从重处罚;同时构成盗窃罪和其他犯罪的,择一重罪从重处罚;

(二)实施盗窃犯罪后,为掩盖罪行或者报复等,故意毁坏其他财物构成犯罪的,以盗窃罪和构成的其他犯罪数罪并罚;

(三)盗窃行为未构成犯罪,但损毁财物构成其他犯罪的,以其他犯罪定罪处罚。(§11)

【司法解释性文件】

《最高人民法院、最高人民检察院、公安部关于办理盗窃油气、破坏油气设备等刑事案件适用

---

① 《最高人民法院、最高人民检察院关于办理盗窃油气、破坏油气设备等刑事案件具体应用法律若干问题的解释》(法释〔2007〕3号,自2007年1月19日起施行)
第一条
在实施盗窃油气等行为过程中,采用切割、打孔、撬砸、拆卸、开关等手段破坏正在使用的油气设备的,属于刑法第一百一十八条规定的"破坏燃气或者其他易燃易爆设备"的行为;危害公共安全,尚未造成严重后果的,依照刑法第一百一十八条的规定定罪处罚。

法律若干问题的意见》(法发〔2018〕18号,2018年9月28日公布)

△(**直接经济损失;认定**)《最高人民法院、最高人民检察院关于办理盗窃油气、破坏油气设备等刑事案件具体应用法律若干问题的解释》第二条第三项规定的"直接经济损失"包括因实施盗窃油气等行为直接造成的油气损失以及采取抢修堵漏等措施所产生的费用。

对于直接经济损失数额,综合油气企业提供的证据材料、犯罪嫌疑人、被告人及其辩护人所提辩解、辩护意见等认定;难以确定的,依据价格认证机构出具的报告,结合其他证据认定。

油气企业提供的证据材料,应当有工作人员签名和企业公章。(§6)

△(**专门性问题**)对于油气的质量、标准等专门性问题,综合油气企业提供的证据材料、犯罪嫌疑人、被告人及其辩护人所提辩解、辩护意见等认定;难以确定的,依据司法鉴定机构出具的鉴定意见或者国务院公安部门指定的机构出具的报告,结合其他证据认定。

油气企业提供的证据材料,应当有工作人员签名和企业公章。(§7)

《**最高人民法院、最高人民检察院、公安部关于办理涉窨井盖相关刑事案件的指导意见**》(高检发〔2020〕3号,2020年3月16日发布)

△(**窨井盖;破坏交通设施罪;过失损坏交通设施罪**)盗窃、破坏正在使用中的社会机动车通行道路上的窨井盖,足以使汽车、电车发生倾覆、毁坏危险,尚未造成严重后果的,依照刑法第一百一十七条的规定,以破坏交通设施罪定罪处罚;造成严重后果的,依照刑法第一百一十九条第一款的规定处罚。

过失造成严重后果的,依照刑法第一百一十九条第二款的规定,以过失损坏交通设施罪定罪处罚。(§1)

△(**窨井盖**)本意见所称的"窨井盖",包括城市、城乡结合部和乡村等地的窨井盖以及其他井盖。(§12)

《**最高人民法院、最高人民检察院、公安部、司法部关于依法惩治妨害新型冠状病毒感染肺炎疫情防控违法犯罪的意见**》(法发〔2020〕7号,2020年2月6日发布)

△(**肺炎疫情防控;破坏交通设施罪**)依法严惩破坏交通设施犯罪。在疫情防控期间,破坏轨道、桥梁、隧道、公路、机场、航道、灯塔、标志或者进行其他破坏活动,足以使火车、汽车、电车、船只、航空器发生倾覆、毁坏危险的,依照刑法第一百一十七条、第一百一十九条第一款的规定,以破坏交通设施罪定罪处罚。

办理破坏交通设施案件,要区分具体情况,依法审慎处理。对于为了防止疫情蔓延,未经批准擅自封路阻碍交通,未造成严重后果的,一般不以犯罪论处,由主管部门予以纠正。(§2Ⅷ)

△(**治安管理处罚;从重情节**)依法严惩妨害疫情防控的违法行为。实施上述(一)至(九)规定的行为,不构成犯罪的,由公安机关根据治安管理处罚法有关虚构事实扰乱公共秩序、扰乱单位秩序、公共场所秩序、寻衅滋事,拒不执行紧急状态下的决定、命令,阻碍执行职务,冲闯警戒带、警戒区,殴打他人,故意伤害,侮辱他人,诈骗,在铁路沿线非法挖掘坑穴、采石取沙,盗窃、损毁路面公共设施,损毁铁路设施设备,故意损毁财物、哄抢公私财物等规定,予以治安管理处罚,或者由有关部门予以相关行政处罚。

对于在疫情防控期间实施有关违法犯罪的,要作为从重情节予以考量,依法体现从严的政策要求,有力惩治震慑违法犯罪,维护法律权威,维护社会秩序,维护人民群众生命健康和身体健康。(§2Ⅹ)

第一百二十条 【组织、领导、参加恐怖组织罪】

组织、领导恐怖活动组织的,处十年以上有期徒刑或者无期徒刑,并处没收财产;积极参加的,处三年以上十年以下有期徒刑,并处罚金;其他参加的,处三年以下有期徒刑、拘役、管制或者剥夺政治权利,可以并处罚金。

犯前款罪并实施杀人、爆炸、绑架等犯罪的,依照数罪并罚的规定处罚。

【立法沿革】

《**中华人民共和国刑法**》(1997年修订,自1997年10月1日起施行)

第一百二十条

组织、领导和积极参加恐怖活动组织的,处三年以上十年以下有期徒刑;其他参加的,处三年以下有期徒刑、拘役或者管制。

犯前款罪并实施杀人、爆炸、绑架等犯罪的,依照数罪并罚的规定处罚。

《中华人民共和国刑法修正案(三)》(自2001年12月29日起施行)

三、将刑法第一百二十条第一款修改为:

"组织、领导恐怖活动组织的,处十年以上有期徒刑或者无期徒刑;积极参加的,处三年以上十年以下有期徒刑;其他参加的,处三年以下有期徒刑、拘役、管制或者剥夺政治权利。"

《中华人民共和国刑法修正案(九)》(自2015年11月1日起施行)

五、将刑法第一百二十条修改为:

"组织、领导恐怖活动组织的,处十年以上有期徒刑或者无期徒刑,并处没收财产;积极参加的,处三年以上十年以下有期徒刑,并处罚金;其他参加的,处三年以下有期徒刑、拘役、管制或者剥夺政治权利,可以并处罚金。

"犯前款罪并实施杀人、爆炸、绑架等犯罪的,依照数罪并罚的规定处罚。"

【条文说明】

本条是关于组织、领导、参加恐怖组织罪及其处罚的规定。

本条共分为两款。

第一款是关于**组织、领导、参加恐怖组织罪及其处罚**的规定。这里所说的"**组织**",是指鼓动、召集若干人建立或者安排为从事某一特定活动的比较稳定的组织或者集团。"**领导**",是指在某一组织或者集团中起指挥、决定作用。"**积极参加的**",是指对参加恐怖活动态度积极,并起主要作用的成员。"**其他参加的**",主要是指恐怖组织中的一般成员。根据反恐怖主义法的规定,**恐怖主义**,是指通过暴力、破坏、恐吓等手段,制造社会恐慌、危害公共安全、侵犯人身财产,或者胁迫国家机关、国际组织,以实现其政治、意识形态等目的的主张和行为。**恐怖活动**是指恐怖主义性质的下列行为:(1)组织、策划、准备实施、实施造成或者意图造成人员伤亡、重大财产损失、公共设施损坏、社会秩序混乱等严重社会危害的活动的;(2)宣扬恐怖主义,煽动实施恐怖活动,或者非法持有宣扬恐怖主义的物品,强制他人在公共场所穿戴宣扬恐怖主义的服饰、标志的;(3)组织、领导、参加恐怖活动组织的;(4)为恐怖活动组织、恐怖活动人员、实施恐怖活动或者恐怖活动培训提供信息、资金、物资、劳务、技术、场所等支持、协助、便利的;(5)其他恐怖活动。**恐怖活动组织**是指三人以上为实施恐怖活动而组成的犯罪组织。恐怖活动组织一般具备以下特征:(1)成员必须是三人以上,这是恐怖活动组织在人数上的最低限制。实践中,恐怖活动组织的规模大小不一,有的几人,有的几十人,有的甚至成百上千人,在具体把握上,对于其中成员数量达到三人以上的,即可认定为恐怖活动组织。(2)恐怖活动组织必须具有特定的目的,一般带有政治、意识形态等性质,不具有这方面的目的,仅是为实施普通犯罪而结合起来的犯罪集团,与恐怖活动组织是有明显区别的。(3)恐怖活动组织属于犯罪组织,既包括为实施恐怖活动而组成的较为固定的犯罪集团,也包括组织形态相对松散,人员不太固定的犯罪团伙。根据反恐怖主义法的规定,对恐怖活动组织有**两种认定渠道**:一是由国家反恐怖主义工作领导机构认定,二是由人民法院在刑事诉讼中依法认定。

根据《最高人民法院、最高人民检察院、公安部、司法部关于办理恐怖活动和极端主义犯罪案件适用法律若干问题的意见》的有关规定,具有下列情形之一的,应当认定为本条规定的"**组织、领导恐怖活动组织**",以组织、领导恐怖组织罪定罪处罚:(1)发起、建立恐怖活动组织的;(2)恐怖活动组织成立后,对组织及其日常运行负责决策、指挥、管理的;(3)恐怖活动组织成立后,组织、策划、指挥该组织成员进行恐怖活动的;(4)其他组织、领导恐怖活动组织的情形。具有下列情形之一的,应当认定为本条规定的"**积极参加**",以参加恐怖组织罪定罪处罚:(1)纠集他人共同参加恐怖活动组织的;(2)多次参加恐怖活动组织的;(3)曾因参加恐怖活动组织、实施恐怖活动被追究刑事责任或者二年内受过行政处罚的;(4)在恐怖活动组织中实施恐怖活动且作用突出的;(5)在恐怖活动组织中积极协助组织、领导者实施组织、领导行为的;(6)其他积极参加恐怖活动组织的情形。参加恐怖活动组织,但不具有前两款规定情形的,应当认定为本条规定的"**其他参加**",以参加恐怖组织罪定罪处罚。

根据本款规定,对组织、领导、积极参加和参加恐怖活动组织的,除判处主刑外,还要区别情形判处**财产刑**。具体而言:对组织、领导恐怖活动组织的,处十年以上有期徒刑或者无期徒刑,并处没收财产;对积极参加的,处三年以上十年以下有期徒刑,并处罚金;对其他参加的,处三年以下有期徒刑、拘役、管制或者剥夺政治权利,可以并处罚金。

第二款是关于**参加恐怖活动组织又实施恐怖**

活动的处罚规定。恐怖主义犯罪是极其严重的犯罪,因此,刑法将有组织、领导、积极参加或者参加恐怖活动组织行为之一的,即规定为犯罪,将刑法的防线提前,不等到有其他更严重危害行为时才作犯罪处理。但对犯罪分子而言,组织、领导、参加恐怖活动组织只是手段不是目的。他们的目的是要借助其组织实施暴力恐怖行为,因而往往同时又实施了具体的恐怖活动。对于在组织、领导或者参加恐怖活动组织后又借助其组织实施其他犯罪行为的情况如何处理,本款作了明确规定。根据本款规定,犯组织、领导、参加恐怖组织罪同时又实施了杀人、爆炸、绑架等犯罪的,依照**数罪并罚**的规定处罚。根据实际情况和国际反恐怖主义工作的经验,本款列举的"杀人、爆炸、绑架"三种犯罪,是恐怖活动组织经常实施的几种犯罪活动。这些犯罪活动都是严重危害人身安全、公共安全的严重刑事犯罪,必须予以严惩。对于恐怖活动组织实施的**这三种犯罪以外的其他犯罪**,如劫持航空器、以危险方法危害公共安全等其他犯罪的,根据本款规定,也要依照数罪并罚的规定处罚。即以本罪与所犯其他暴力犯罪,分别定罪量刑,然后依照本法第六十九条的规定,决定应执行的刑罚。

需要注意的是:第一,本罪是**选择性罪名**,行为人只要实施了组织、领导、积极参加或者参加恐怖活动组织行为之一的,便构成本罪。行为人实施本条第一款规定的二种或者两个以上的行为,比如既组织又领导恐怖组织的,也只成立一罪,不实行数罪并罚。第二,关于本罪的**财产刑的适用**问题。对犯本罪的,除判处主刑外,还要区别情形判处不同财产刑。对其中组织、领导恐怖活动组织的,**并处没收财产**;对积极参加的,**并处罚金**;对参加的,**可以并处罚金**。

实践中根据本条规定认定犯罪时,还应当注意以下几点:

1. 对于恐怖活动犯罪,要注意做好案件侦办、证据固定等工作,用好用足刑法有关规定,不放纵犯罪。既要注意适用本条有关犯罪并罚的规定,对具体的恐怖活动犯罪行为,注意根据情况分别适用刑法有关杀人、爆炸、绑架等规定;也要考虑《刑法》第五十条有关"限制减刑"的规定、第六十六条有关"特殊累犯"的规定。对于组织、领导恐怖活动组织,符合刑法总则有关犯罪集团的规定的,对组织、领导恐怖活动集团的首要分子,按照集团所犯的全部罪行处罚。

2. 掌握好罪与非罪的界限。本罪的主观方面是故意,一般具有借助恐怖活动组织实施恐怖活动的目的。实践中,对于参加恐怖活动组织而言,行为人必须明知是恐怖活动组织而自愿参加的,才能构成本罪。对于那些因不明真相、因受蒙蔽、欺骗而参加恐怖活动组织,一经发现即脱离关系,实际上也没有参与实施恐怖活动的,不能认定为犯罪。

3. 掌握好本罪与**组织、领导、参加黑社会性质组织罪**的界限。本法第二百九十四条规定了组织、领导、参加黑社会性质组织罪,并明确了黑社会性质组织应当同时具备的特征。这两种犯罪在客观方面的行为方式上非常相近,在人员构成、犯罪方式、活动形式等方面也很相似。但两者的区别也是明显的:一是类罪名不同。组织、领导、参加恐怖活动组织罪是危害公共安全的犯罪,而组织、领导、参加黑社会性质组织罪是破坏社会管理秩序的犯罪。二是犯罪组织的性质不同。恐怖活动组织具有较浓的政治色彩,而黑社会性质组织更多的是为了追求非法经济利益,主要构成对经济、社会生活秩序的严重破坏。

4. 对恐怖活动组织和人员的认定与救济。根据反恐怖主义法与本法的规定,恐怖活动组织的认定包括行政认定与司法认定。**行政认定**是由国家反恐怖主义工作领导机构认定,**司法认定**是由人民法院在刑事诉讼中依法认定。根据刑事诉讼法的规定,有管辖权的中级以上人民法院在审理刑事案件的过程中,可以依法认定恐怖活动组织和人员。在具体的恐怖活动案件中可能两种认定方式并存。对于被认定为恐怖活动组织和人员不服的,应当按照各自的规定申请救济,其中根据反恐怖主义法认定的恐怖活动组织和人员,被认定的恐怖活动组织和人员对认定不服的,可以通过国家反恐怖主义工作领导机构的办事机构申请复核。

【**司法解释性文件**】

《最高人民法院关于充分发挥审判职能作用切实维护公共安全的若干意见》(法发〔2015〕12号,2015年9月16日公布)

△(**暴力恐怖犯罪活动;区别对待**)依法严惩暴力恐怖犯罪活动。暴力恐怖犯罪严重危害广大人民群众的生命财产安全,严重危害社会和谐稳定。对暴力恐怖犯罪活动,要坚持严打方针不动摇,对首要分子、骨干成员、罪行重大者,该判处重刑乃至死刑的应当依法判处;要立足于早打小打早苗头,对已经构成犯罪的一律依法追究刑事责任,对因被及时发现、采取预防措施而没有造成实际损害的暴恐分子,只要符合犯罪构成条件的,该依法重判的也要依法重判;要注意区别对待,对自动投案、检举揭发,特别是主动交代、协助抓捕幕后

指使的,要体现政策依法从宽处理。要通过依法裁判,树立法治威严,坚决打掉暴恐分子的嚣张气焰,有效维护人民权益和社会安宁。

《最高人民法院、最高人民检察院、公安部、司法部关于办理恐怖活动和极端主义犯罪案件适用法律若干问题的意见》(高检会〔2018〕1号,2018年3月16日公布)

△(组织、领导恐怖活动组织;积极参加;其他参加;数罪并罚)具有下列情形之一的,应当认定为刑法第一百二十条规定的"组织、领导恐怖活动组织",以组织、领导恐怖组织罪定罪处罚:

1. 发起、建立恐怖活动组织的;
2. 恐怖活动组织成立后,对组织及其日常运行负责决策、指挥、管理的;
3. 恐怖活动组织成立后,组织、策划、指挥该组织成员进行恐怖活动的;
4. 其他组织、领导恐怖活动组织的情形。

具有下列情形之一的,应当认定为刑法第一百二十条规定的"积极参加",以参加恐怖组织罪定罪处罚:

1. 纠集他人共同参加恐怖活动组织的;
2. 多次参加恐怖活动组织的;
3. 曾因参加恐怖活动组织、实施恐怖活动被追究刑事责任或者二年内受过行政处罚,又参加恐怖活动组织的;
4. 在恐怖活动组织中实施恐怖活动且作用突出的;
5. 在恐怖活动组织中积极协助组织、领导者实施组织、领导行为的;
6. 其他积极参加恐怖活动组织的情形。

参加恐怖活动组织,但不具有前两款规定情形的,应当认定为刑法第一百二十条规定的"其他参加",以参加恐怖组织罪定罪处罚。

犯刑法第一百二十条规定的犯罪,又实施杀人、放火、爆炸、绑架、抢劫等犯罪的,依照数罪并罚的规定定罪处罚。

△(竞合)犯刑法第一百二十条规定的犯罪,同时构成刑法第一百二十条之一至之六规定的犯罪的,依照处罚较重的规定定罪处罚。

犯《刑法》第一百二十条之一至之六规定的犯罪,同时构成其他犯罪的,依照处罚较重的规定定罪处罚。

△(恐怖主义、极端主义;恐怖活动;恐怖活动组织)恐怖主义、极端主义,恐怖活动,恐怖活动组织,根据《中华人民共和国反恐怖主义法》等法律法规认定。

△(恐怖活动组织和恐怖活动人员;认定;公告)国家反恐怖主义工作领导机构对恐怖活动组织和恐怖活动人员作出认定并予以公告的,人民法院可以在办案中根据公告直接认定。国家反恐怖主义工作领导机构没有公告的,人民法院应当严格依照《中华人民共和国反恐怖主义法》有关恐怖活动组织和恐怖活动人员的定义认定,必要时,可以商地市级以上公安机关出具意见作为参考。

【参考案例】

No.2-120-2 依斯坎达尔·艾海提等组织、领导、参加恐怖组织,故意杀人案

恐怖活动组织成员的罪责认定应正确区分行为人所属的成员类别,而后根据法律规定确定各行为人应当承担的刑事责任。

No.2-120-3 依斯坎达尔·艾海提等组织、领导、参加恐怖组织,故意杀人案

恐怖活动犯罪死刑的适用应当严格依照《刑法》第四十八条第一款关于"死刑只适用于罪行极其严重的犯罪分子"的规定,坚持罪刑法定、罪刑相适应等刑法基本原则,综合考虑犯罪情节、犯罪后果以及被告人的主观恶性和人身危险性等因素,依法准确裁量判断。

第一百二十条之一 【帮助恐怖活动罪】

资助恐怖活动组织、实施恐怖活动的个人的,或者资助恐怖活动培训的,处五年以下有期徒刑、拘役、管制或者剥夺政治权利,并处罚金;情节严重的,处五年以上有期徒刑,并处罚金或者没收财产。

为恐怖活动组织、实施恐怖活动或者恐怖活动培训招募、运送人员的,依照前款的规定处罚。

单位犯前两款罪的,对单位判处罚金,并对其直接负责的主管人员和其他直接责任人员,依照第一款的规定处罚。

【立法沿革】

《中华人民共和国刑法修正案(三)》(自2001年12月29日起施行)

四、刑法第一百二十条后增加一条,作为第一百二十条之一:

"资助恐怖活动组织或者实施恐怖活动的个人的,处五年以下有期徒刑、拘役、管制或者剥夺政治权利,并处罚金;情节严重的,处五年以上有期徒刑,并处罚金或者没收财产。

"单位犯前款罪的,对单位判处罚金,并对其直接负责的主管人员和其他直接责任人员,依照前款的规定处罚。"

《中华人民共和国刑法修正案(九)》(自2015年11月1日起施行)

六、将刑法第一百二十条之一修改为:

"资助恐怖活动组织、实施恐怖活动的个人的,或者资助恐怖活动培训的,处五年以下有期徒刑、拘役、管制或者剥夺政治权利,并处罚金;情节严重的,处五年以上有期徒刑,并处罚金或者没收财产。

"为恐怖活动组织、实施恐怖活动或者恐怖活动培训招募、运送人员的,依照前款的规定处罚。

"单位犯前两款罪的,对单位判处罚金,并对其直接负责的主管人员和其他直接责任人员,依照第一款的规定处罚。"

【条文说明】

本条是关于帮助恐怖活动罪及其处罚的规定。

本条共分为三款。

第一款是关于**资助恐怖活动组织、实施恐怖活动的个人以及资助恐怖活动培训的犯罪及其处罚**的规定。① 构成本罪必须符合以下条件:一是主观上必须是**故意**,即犯罪分子明知对方是恐怖活动组织、实施恐怖活动的个人或者恐怖活动培训而予以资助。不知道对方是恐怖活动组织、实施恐怖活动的个人或者恐怖活动培训,而是由于受欺骗而为其提供资助的,不构成本罪。这是区分罪与非罪的重要界限。二是必须**实施了相应的资助行为**,即实施了为恐怖活动组织、实施恐怖活动的个人或者恐怖活动培训筹集、提供经费、物资或者提供场所以及其他物质便利的行为。提供资助的犯罪动机是多种多样的,但不同动机不影响本罪的构成。三是资助的对象必须是恐怖活动组织、实施恐怖活动的个人或者恐怖活动培训。其中的"**恐怖活动组织**",是指《刑法》第一百二十条和《反恐怖主义法》第三条规定的恐怖活动组织,既包括在我国境内的恐怖活动组织,也包括在境外其他国家或者地区的恐怖活动组织;既包括由官方名单确认的恐怖活动组织,也包括未经官方名单确认,但符合其实质特征的恐怖活动组织。"**实施恐怖活动的个人**",包括预谋实施、准备实施和实际实施恐怖活动的个人,既包括在我国境内实施恐怖活动的个人,也包括在其他国家和地区实施恐怖活动的个人;既包括我国公民,也包括外国人和无国籍人。"**恐怖活动培训**",既包括为实施恐怖活动而进行的培训活动,也包括去参加或者接受恐怖活动培训的行为;既包括在我国境内开展的恐怖活动培训,也包括在我国境外开展的恐怖活动培训。根据本款的规定,只要实施了资助恐怖活动组织、实施恐怖活动的个人,或者资助恐怖活动培训的,就构成犯罪,处五年以下有期徒刑、拘役、管制或者剥夺政治权利,并处罚金;情

---

① 本罪属于帮助犯的正犯化,本罪之成立不以恐怖活动组织或者人员实施具体的恐怖活动犯罪为前提。只要行为人所提供的资助为恐怖活动组织或者个人所接受,即告本罪之既遂。参见张明楷:《刑法学》(第6版),法律出版社2021年版,第903页;黎宏:《刑法学各论》(第2版),法律出版社2016年版,第37—38页;高铭暄、马克昌主编:《刑法学》(第7版),北京大学出版社、高等教育出版社2016年版,第343页。

节严重的，处五年以上有期徒刑，并处罚金或者没收财产。实践中，对于有多次资助、持续资助、提供大量资金资助等情形的，可以认定为本款规定的"情节严重"。

第二款是关于为恐怖活动组织、实施恐怖活动或者恐怖活动培训招募、运送人员的犯罪及其处罚的规定。这里所规定的"招募"，是指通过所谓"合法"或者非法途径，面向特定或者不特定的群体募集人员的行为。"运送"是指用各种交通工具运输人员。这些行为，在本质上也属于资助行为。根据本款规定，只要为恐怖活动组织、实施恐怖活动或者恐怖活动培训招募、运送人员的，就构成犯罪，依照本条第一款的规定处罚，即处五年以下有期徒刑、拘役、管制或者剥夺政治权利，并处罚金；情节严重的，处五年以上有期徒刑，并处罚金或者没收财产。实践中，对于有多次招募、运送人员，招募、运送人员众多等情形的，可以认定为本款规定的"情节严重"。实践中需要注意的是：本罪在主观上必须是**故意**，即犯罪分子知道或者应当知道对方是恐怖活动组织、实施恐怖活动或者恐怖活动培训而为其招募、运送人员。对于不明真相，或者因上当受骗而为其提供招募、运送服务的，不构成本条规定的犯罪。

根据《最高人民法院、最高人民检察院、公安部、司法部关于办理恐怖活动和极端主义犯罪案件适用法律若干问题的意见》的有关规定，具有下列情形之一的，依照本条规定，以**帮助恐怖活动罪**定罪处罚：（1）以募捐、变卖房产、转移资金等方式为恐怖活动组织、实施恐怖活动的个人、恐怖活动培训筹集、提供经费，或者提供器材、设备、交通工具、武器装备等物资，或者提供其他物质便利的；（2）以宣传、招收、介绍、输送等方式为恐怖活动组织、实施恐怖活动、恐怖活动培训招募人员的；（3）以帮助非法出入境，或者为非法出入境提供中介服务、中转运送、停留住宿、伪造身份证明材料等便利，或者充当向导、帮助探查偷越国（边）境路线等方式，为恐怖活动组织、实施恐怖活动、恐怖活动培训运送人员的；（4）其他资助恐怖活动组织、实施恐怖活动的个人、恐怖活动培训，或者为恐怖活动组织、实施恐怖活动、恐怖活动培训招募、运送人员的情形。

第三款是关于单位资助恐怖活动组织、实施恐怖活动的个人或者恐怖活动培训，以及为恐怖活动组织、实施恐怖活动或者恐怖活动培训募、运送人员的犯罪及其处罚的规定。根据本款规定，单位犯本条规定之罪的，对单位判处罚金，并对其直接负责的主管人员和其他直接责任人员，处五年以下有期徒刑、拘役、管制或者剥夺政治权利，并处罚金；情节严重的，处五年以上有期徒刑，并处罚金或者没收财产。

另外，根据《反恐怖主义法》第八十条的规定，实施本条规定的行为，**情节轻微，尚不构成犯罪的**，由公安机关处十日以上十五日以下拘留，可以并处一万元以下罚款。

在实践中适用本条应当注意以下几点：

1. 要注意本罪与**参加恐怖活动组织、实施恐怖活动罪**的区别。构成本罪的主观故意只是资助恐怖活动组织、实施恐怖活动的个人和恐怖活动培训，而不是作为恐怖活动组织的成员负责有关筹集资金、物资的活动，也不是直接资助恐怖活动组织或者个人所实施的恐怖犯罪活动，其主观故意与被资助对象的犯罪故意是不一致的。如果行为人与恐怖活动组织或者实施恐怖活动的个人通谋，为其提供物资、资金、帐号、证明，或者为其提供运输、保管或者其他方便的，属于共同犯罪，根据刑法总则关于共同犯罪的有关规定进行惩处。

2. 资助只能是以有形的物质性利益进行帮助，即只能是提供经费、活动场所、训练基地、各种宣传通讯设备、设施等，如果行为人不是提供物质上的帮助，仅是在精神上、舆论宣传方面给予支持帮助，不能认定为本款规定的资助行为。①

3. 要注意本罪的罪名被确定为帮助恐怖活动罪，但具体的构成行为应该严格按照刑法本条的规定具体确定，要注意和共同犯罪中的帮助犯相区分。本条是在《刑法修正案（三）》中增加的资助恐怖活动组织或者实施恐怖活动的个人的基础上，根据实践需要，增加了资助恐怖活动培训，以及为恐怖活动组织、实施恐怖活动或者恐怖活动培训招募、运送人员的情形，并非所有的帮助犯都要按照本罪追究。

【司法解释】

《**最高人民法院关于审理洗钱等刑事案件具体应用法律若干问题的解释**》（法释〔2009〕15号，自2009年11月11日起施行）

△（资助；实施恐怖活动的个人）刑法第一百

---

① 相同的学说见解，参见张明楷：《刑法学》（第6版），法律出版社2021年版，第902页；黎宏：《刑法学各论》（第2版），法律出版社2016年版，第37页；赵秉志、李希慧主编：《刑法各论》（第3版），中国人民大学出版社2016年版，第51页；高铭暄、马克昌主编：《刑法学》（第7版），北京大学出版社、高等教育出版社2016年版，第343页。

二十条之一规定的"资助",是指为恐怖活动组织或者实施恐怖活动的个人筹集、提供经费、物资或者提供场所以及其他物质便利的行为。

刑法第一百二十条之一规定的"实施恐怖活动的个人",包括预谋实施、准备实施和实际实施恐怖活动的个人。(§5)

《最高人民法院、最高人民检察院关于办理非法从事资金支付结算业务、非法买卖外汇刑事案件适用法律若干问题的解释》(法释〔2019〕1号,自2019年2月1日起施行)

△(想象竞合;非法经营罪;帮助恐怖活动罪;洗钱罪)非法从事资金支付结算业务或者非法买卖外汇,构成非法经营罪,同时又构成刑法第一百二十条之一规定的帮助恐怖活动罪或者第一百九十一条规定的洗钱罪的,依照处罚较重的规定定罪处罚。(§5)

【司法解释性文件】

《最高人民法院、最高人民检察院、公安部、司法部关于办理恐怖活动和极端主义犯罪案件适用法律若干问题的意见》(高检会〔2018〕1号,2018年3月16日公布)

△(帮助恐怖活动;实施恐怖活动的个人;主观故意;洗钱罪;共同犯罪)具有下列情形之一的,依照刑法第一百二十条之一的规定,以帮助恐怖活动罪定罪处罚:

1. 以募捐、变卖房产、转移资金等方式为恐怖活动组织、实施恐怖活动的个人、恐怖活动培训筹集、提供经费,或者提供器材、设备、交通工具、武器装备等物资,或者提供其他物质便利的;

2. 以宣传、招收、介绍、输送等方式为恐怖活动组织、实施恐怖活动、恐怖活动培训招募人员的;

3. 以帮助非法出入境,或者为非法出入境提供中介服务、中转运送、停留住宿、伪造身份证明材料等便利,或者充当向导、帮助探查偷越国(边)境路线等方式,为恐怖活动组织、实施恐怖活动、恐怖活动培训运送人员的;

4. 其他资助恐怖活动组织、实施恐怖活动的个人、恐怖活动培训,或者为恐怖活动组织、实施恐怖活动、恐怖活动培训招募、运送人员的情形。

实施恐怖活动的个人,包括已经实施恐怖活动的个人,也包括准备实施、正在实施恐怖活动的个人。包括在我国领域内实施恐怖活动的个人,也包括在我国领域外实施恐怖活动的个人。包括我国公民,也包括外国公民和无国籍人。

帮助恐怖活动罪的主观故意,应当根据案件具体情况,结合行为人的具体行为、认知能力、一贯表现和职业等综合认定。

明知是恐怖活动犯罪所得及其产生的收益,为掩饰、隐瞒其来源和性质,而提供资金账户,协助将财产转换为现金、金融票据、有价证券,通过转账或者其他结算方式协助资金转移,协助将资金汇往境外的,以洗钱罪定罪处罚。事先通谋的,以相关恐怖活动犯罪的共同犯罪论处。

△(竞合)犯刑法第一百二十条规定的犯罪,同时构成刑法第一百二十条之一至之六规定的犯罪的,依照处罚较重的规定定罪处罚。

犯刑法第一百二十条之一至之六规定的犯罪,同时构成其他犯罪的,依照处罚较重的规定定罪处罚。

△(恐怖主义;极端主义;恐怖活动;恐怖活动组织)恐怖主义、极端主义、恐怖活动,恐怖活动组织,根据《中华人民共和国反恐怖主义法》等法律法规认定。

△(恐怖活动组织和恐怖活动人员;认定;公告)国家反恐怖主义工作领导机构对恐怖活动组织和恐怖活动人员作出认定并予以公告的,人民法院可以在办案中根据公告直接认定。国家反恐怖主义工作领导机构没有公告的,人民法院应当严格依照《中华人民共和国反恐怖主义法》有关恐怖活动组织和恐怖活动人员的定义认定,必要时,可以商地市级以上公安机关出具意见作为参考。

《最高人民检察院、公安部关于公安机关管辖的刑事案件立案追诉标准的规定(二)》(公通字〔2022〕12号,2022年4月6日公布)

△(帮助恐怖活动罪;立案追诉标准)资助恐怖活动组织、实施恐怖活动的个人的,或者资助恐怖活动培训的,应予立案追诉。(§1)

第一百二十条之二 【准备实施恐怖活动罪】

有下列情形之一的,处五年以下有期徒刑、拘役、管制或者剥夺政治权利,并处罚金;情节严重的,处五年以上有期徒刑,并处罚金或者没收财产:

（一）为实施恐怖活动准备凶器、危险物品或者其他工具的;
（二）组织恐怖活动培训或者积极参加恐怖活动培训的;
（三）为实施恐怖活动与境外恐怖活动组织或者人员联络的;
（四）为实施恐怖活动进行策划或者其他准备的。

有前款行为,同时构成其他犯罪的,依照处罚较重的规定定罪处罚。

【立法沿革】

《中华人民共和国刑法修正案（九）》（自2015年11月1日起施行）

七、在刑法第一百二十条之一后增加五条,作为第一百二十条之二……:

"第一百二十条之二 有下列情形之一的,处五年以下有期徒刑、拘役、管制或者剥夺政治权利,并处罚金;情节严重的,处五年以上有期徒刑,并处罚金或者没收财产:

"（一）为实施恐怖活动准备凶器、危险物品或者其他工具的;

"（二）组织恐怖活动培训或者积极参加恐怖活动培训的;

"（三）为实施恐怖活动与境外恐怖活动组织或者人员联络的;

"（四）为实施恐怖活动进行策划或者其他准备的。

"有前款行为,同时构成其他犯罪的,依照处罚较重的规定定罪处罚。

"……"

【条文说明】

本条是关于准备实施恐怖活动罪及其处罚的规定。

本条共分为两款。

第一款是关于**准备实施恐怖活动罪及其处罚**的规定。[①] 本款规定了以下几种准备实施恐怖活动的犯罪行为:

1. **为实施恐怖活动准备凶器、危险物品或者其他工具的**。这一行为的前提是"为实施恐怖活动"。[②] 这里规定的"**凶器**",是指用来实施恐怖犯罪行为,能够对人身健康、生命等造成危险的枪支等武器、刀具、棍棒、爆炸物等物品。这里所说的"**危险物品**",是指具有燃烧性、爆炸性、腐蚀性、毒害性、放射性等特性,能够引起人身伤亡,或者造成公共利益和人民群众重大财产损害的物品,比如剧毒物品、放射性物品和其他易燃易爆物品等。"**其他工具**"是指能够为恐怖活动犯罪提供便利,或者有利于提高实施暴力恐怖活动能力的物品,比如汽车等交通工具、手机等通信工具、地图、指南针等。[③]

2. **组织恐怖活动培训或者积极参加恐怖活动培训的**。恐怖活动培训可以使受恐怖活动人员形成更顽固的恐怖主义思想,熟练掌握残忍的恐怖活动技能,并在培训过程中加强恐怖活动人员之间的联系而促使他们协同配合进行恐怖活动,具有极大的社会危害性。为此,《上海合作组织反恐怖主义公约》等相关国际公约明确要求将组织恐怖活动培训或者积极参加恐怖活动培训的行为规定为犯罪。一些国家也直接对这种组织培训或者接受培训的行为规定了刑事责任。比如,法国刑法规定了"**赴恐怖训练营受训罪**",对公民或者常驻居民赴境外参加、接受恐怖主义训练的,予以刑事惩处。这里所说的"**恐怖活动培训**",在内容上,既可以是传授、灌输恐怖主义思想、主张,使恐怖活动人员形成更顽固的思想,也可以是进行心理、体能训练或者传授、训练制造工具、武器、炸弹等方面的犯罪技能和方法,还可以是进行恐怖活动的实战训练等。在**具体的组织方式**上,包括当面讲授、开办培训班、组建训练营、开办论坛、组织收听观看含有恐怖主义内容的音视频材料、在网

[①] 本罪属于预备犯的既遂形。为了实施本罪而实施的准备行为（可谓独立预备罪的预备行为）,如果具有危害公共安全的抽象危险,也可能适用《刑法》总则第二十二条关于从属预备犯之规定。参见张明楷:《刑法学》（第6版）,法律出版社2021年版,第904页;周光权:《刑法各论》（第4版）,中国人民大学出版社2021年版,第198页。

[②] 本罪之成立,仅要求行为人具有将要实施恐怖活动的一般性目的即可,不要求行为人在行为时已经具有实施特定恐怖活动的具体目的。参见张明楷:《刑法学》（第6版）,法律出版社2021年版,第904页。

[③] 本罪的"**其他物品**",乃指危险性与上述凶器及危险物品相当的其他物品。参见赵秉志、李希慧主编:《刑法各论》（第3版）,中国人民大学出版社2016年版,第52页。

上注册成员建立共同的交流指导平台等。

3. **为实施恐怖活动与境外恐怖活动组织或者人员联络的**。近些年,国际恐怖主义日益猖獗,境内恐怖活动组织、人员与境外恐怖活动组织、人员之间相互勾连的情形日益严重。联络的目的,有的是为了参加境外的恐怖活动组织,有的是为了出境参加所谓"圣战"、接受培训,有的是为了寻求支持、支援或者帮助,有的是要求对方提供情报信息,有的是为了协同发动恐怖袭击以制造更大的恐慌和影响等。进行联络的方式也多种多样,包括直接见面、写信、打电话、发电子邮件等。只要是为实施恐怖活动而与境外恐怖活动组织或者人员联络的,都要依照本款规定追究刑事责任。

4. **为实施恐怖活动进行策划或者其他准备的**。这里的"**策划**",是指制定恐怖活动计划,选择实施恐怖活动的目标、地点、时间,分配恐怖活动任务等行为。"**其他准备**"是关于准备实施恐怖活动犯罪的兜底性规定,指上述规定的四种准备行为之外的其他为实施恐怖活动而进行的准备活动。①

根据《最高人民法院、最高人民检察院、公安部、司法部关于办理恐怖活动和极端主义犯罪案件适用法律若干问题的意见》的有关规定,具有下列情形之一的,依照本条的规定,以**准备实施恐怖活动罪**定罪处罚:(1)为实施恐怖活动制造、购买、储存、运输凶器,易燃易爆、易制爆品,腐蚀性、放射性、传染性、毒害性物品等危险物品,或者其他工具的;(2)以当面传授、开办培训班、夏令营、开办论坛、组织收听收看音频视频资料等方式,或者利用网站、网页、论坛、博客、微博客、网盘、即时通信、通讯群组、聊天室等网络平台、网络应用服务组织恐怖活动培训的,或者积极参加恐怖活动心理健体能培训,传授、学习犯罪技能方法或者进行恐怖活动训练的;(3)为实施恐怖活动,通过打电话、发送短信、电子邮件等方式,或者利用网站、网页、论坛、博客、微博客、网盘、即时通信、通讯群组、聊天室等网络平台、网络应用服务与境外恐怖活动组织、人员联络的;(4)为实施恐怖活动出入境或者组织、策划、煽动、拉拢他人出入境的;(5)为实施恐怖活动进行策划或者其他准备的情形。

根据本款的规定,对于有上述情形之一的,处五年以下有期徒刑、拘役、管制或者剥夺政治权利,并处罚金;情节严重的,处五年以上有期徒刑,并处罚金或者没收财产。这里所说的"**情节严重**",是指准备凶器、危险品数量巨大,培训人员数量众多,与境外恐怖活动组织频繁联络,策划袭击

可能造成重大人员伤亡以及重大目标破坏等情形。在司法实践中,可由司法机关根据案件的具体情节予以认定,必要的时候也可以通过制定相关的司法解释作出具体的规定。

第二款是关于**实施本条第一款规定的犯罪同时构成其他犯罪如何处理**的规定。犯罪分子实施本条第一款规定的犯罪行为,也可能同时触犯刑法的其他规定,构成刑法规定的其他犯罪。比如,行为人为了准备实施恐怖活动犯罪而制造、买卖、运输、储存枪支、弹药、爆炸物或者危险物质;在培训过程中煽动被培训对象实施分裂国家、颠覆国家政权的犯罪;传授制枪制爆技术或者传授其他犯罪方法;在进行策划以及其他准备过程中以窃取、刺探、收买等方式非法获取国家秘密、情报等。对于这些犯罪行为,如果与本款规定的犯罪行为出现了竞合的情形,应当依照处罚较重的规定定罪处罚。

需要注意的是,本条为适应与日益猖獗的恐怖主义犯罪活动作斗争的需要,将刑法惩治的防线提前,将以往按照法律规定属于犯罪预备阶段的一些行为规定为独立的犯罪,司法机关要把握好本条规定的精神,用好法律武器,对这些行为总体上从严惩治。与此同时,也要注意把握好法律和政策的界限,处理好惩治极少数与教育挽救大多数的关系。特别是在受恐怖主义、极端主义思想影响较深的地区,还是要综合运用多种手段做好反恐和去极端化工作,不能单纯依靠刑事手段进行打击。对于受蒙蔽、裹挟参与了一些涉恐活动,但情节显著轻微危害不大的,可以依法不认定为犯罪。

此外,适用中要注意把握此罪与彼罪的界限。本条主要针对"**独狼式**"**暴恐等组织程度较低的恐怖活动犯罪**所增加的规定,要准确界定是组织程度较低还是属于大的恐怖活动组织犯罪的一个环节或准备阶段,两者虽然在表现形式上有相似之处,但严重程度明显不同,对于后者,符合《刑法》第一百二十条规定的,应该按照组织、领导、参加恐怖组织罪的规定依法追究刑事责任。实践中要避免因为查证不深入等原因轻纵了犯罪。

【**司法解释性文件**】

《**最高人民法院、最高人民检察院、公安部、司法部关于办理恐怖活动和极端主义犯罪案件适用法律若干问题的意见**》(高检会〔2018〕1号,2018年3月16日公布)

△(准备实施恐怖活动)具有下列情形之一的,依照刑法第一百二十条之二的规定,以准备实

---

① 相同的学说见解,参见张明楷:《刑法学》(第6版),法律出版社2021年版,第904页。

施恐怖活动罪定罪处罚:

1. 为实施恐怖活动制造、购买、储存、运输凶器,易燃易爆、易制爆品,腐蚀性、放射性、传染性、毒害性物品等危险物品,或者其他工具的;
2. 以当面传授、开办培训班、组建训练营、开办论坛、组织收听收看音频视频资料等方式,或者利用网站、网页、论坛、博客、微博客、网盘、即时通信、通讯群组、聊天室等网络平台、网络应用服务组织恐怖活动培训的,或者积极参加恐怖活动心理体能培训,传授、学习犯罪技能方法或者进行恐怖活动训练的;
3. 为实施恐怖活动,通过拨打电话、发送短信、电子邮件等方式,或者利用网站、网页、论坛、博客、微博客、网盘、即时通信、通讯群组、聊天室等网络平台、网络应用服务与境外恐怖活动组织、人员联络的;
4. 为实施恐怖活动出入境或者组织、策划、煽动、拉拢他人出入境的;
5. 为实施恐怖活动进行策划或者其他准备的情形。

△(竞合)犯刑法第一百二十条规定的犯罪,同时构成刑法第一百二十条之一至之六规定的犯罪的,依照处罚较重的规定定罪处罚。

犯刑法第一百二十条之一至之六规定的犯罪,同时构成其他犯罪的,依照处罚较重的规定定罪处罚。

△(恐怖主义、极端主义;恐怖活动;恐怖活动组织)恐怖主义、极端主义,恐怖活动,恐怖活动组织,根据《中华人民共和国反恐怖主义法》等法律法规认定。

△(恐怖活动组织和恐怖活动人员;认定;公告)国家反恐怖主义工作领导机构对恐怖活动组织和恐怖活动人员作出认定并予以公告的,人民法院可以在办案中根据公告直接认定。国家反恐怖主义工作领导机构没有公告的,人民法院应当严格依照《中华人民共和国反恐怖主义法》有关恐怖活动组织和恐怖活动人员的定义认定,必要时,可以商地市级以上公安机关出具意见作为参考。

第一百二十条之三 【宣扬恐怖主义、极端主义、煽动实施恐怖活动罪】

以制作、散发宣扬恐怖主义、极端主义的图书、音频视频资料或者其他物品,或者通过讲授、发布信息等方式宣扬恐怖主义、极端主义的,或者煽动实施恐怖活动的,处五年以下有期徒刑、拘役、管制或者剥夺政治权利,并处罚金;情节严重的,处五年以上有期徒刑,并处罚金或者没收财产。

【立法沿革】

《中华人民共和国刑法修正案(九)》(自2015年11月1日起施行)

七、在刑法第一百二十条之一后增加五条,为……第一百二十条之三……:

"……

"第一百二十条之三 以制作、散发宣扬恐怖主义、极端主义的图书、音频视频资料或者其他物品,或者通过讲授、发布信息等方式宣扬恐怖主义、极端主义的,或者煽动实施恐怖活动的,处五年以下有期徒刑、拘役、管制或者剥夺政治权利,并处罚金;情节严重的,处五年以上有期徒刑,并处罚金或者没收财产。

"……"

【条文说明】

本条是关于宣扬恐怖主义、极端主义、煽动实施恐怖活动罪及其处罚的规定。

本条规定的"**宣扬**",是指以各种方式散布、传播恐怖主义、极端主义观念、思想和主张的行为。本条规定的"**恐怖主义**"的含义,与第一百二十条中阐释的相同。本条规定的"**极端主义**",根据《反恐怖主义法》第四条第二款的规定,是指以歪曲宗教教义或者其他方法煽动仇恨、煽动歧视、鼓吹暴力等主张和行为。本条规定的"**煽动**",是指以各种方式对他人进行要求、鼓动、怂恿,意图使他人产生犯意,去实施所煽动的行为。煽动的具体内容,主要是煽动实施暴力恐怖活动,包括煽动参加恐怖活动组织,也包括煽动资助或者以其他方式帮助暴力恐怖活动。对于煽动类的犯罪来说,只要行为人实施了煽动行为就构成犯罪,被煽动人是否接受煽动而实施恐怖活动犯罪,不影响犯罪的构成。

本条主要包括两类犯罪:一是宣扬恐怖主义、极端主义的,二是煽动实施恐怖活动的。

本条规定的一类犯罪是**宣扬恐怖主义、极端主义的犯罪**。主要包括:

1. 制作、散发宣扬恐怖主义、极端主义的图书、音频视频资料或者其他物品。这里所说的"**制作**",是指编写、出版、印刷、复制载有恐怖主义、极端主义思想内容的图书、音频视频资料或者其他物品的行为。"**散发**",是指通过发行,当面散发,以邮寄、手机短信、电子邮件等方式发送,或者通过网络、微信等即时通讯工具、聊天软件、移动存储介质公开发帖、转载、传输,以使他人接触到恐怖主义、极端主义信息的行为。散发的目的也是明确、具体的,也可以是针对不特定的多数人的。"**图书、音频视频资料或者其他物品**",包括图书、报纸、期刊、音像制品、电子出版物,载有恐怖主义、极端主义思想内容的传单、图片、标语等,在手机、移动存储介质、电子阅读器、网络上展示的图片、文稿、音频、视频、音像制品,以及带有恐怖主义、极端主义的标识、符号、文字、图像的服饰、纪念品、生活用品等。需要注意的是,制作、散发恐怖主义、极端主义的图书、音频视频资料或者其他物品的行为,是宣扬恐怖主义、极端主义活动的重要环节,因此,即使只实施了制作、寄递、出售等行为,也应当依照本条规定定罪处罚。比如,工厂明知所制作、印刷的是宣扬恐怖主义、极端主义的图书、音频视频资料而制作的,寄递企业明知道是宣扬恐怖主义、极端主义的图书、音频视频资料而寄递的,书店明知道是宣扬恐怖主义、极端主义的图书、音频视频资料而出售的,也属于宣扬恐怖主义、极端主义的行为。

2. 讲授、发布信息等方式。这里所说的"**讲授**",是指为宣扬对象讲解、传授恐怖主义、极端主义的思想、观念、主张的。讲授的对象,可以是明确的一人或者数人,也可以是一定范围内的不特定的人,比如,在广场上针对围观的人群进行讲解。[①] "**发布信息**",则是面向特定个人或者不特定个人,通过手机短信、电子邮件等方式宣扬恐怖主义、极端主义,也可以是在网络平台上发布相关信息,使特定人或不特定人看到这些信息的行为。

3. 其他方式。本条在列举宣扬恐怖主义、极端主义的具体方式中使用了"**等方式**"的表述。在本条中列举宣扬的具体方式,主要是为了司法执法活动提供指导,同时也向社会警示宣扬恐怖主义、极端主义在实践中常见的方式,发挥刑法对社会行为的引导和教育作用。这里所规定的"**等方式**",意思是宣扬恐怖主义、极端主义的方式不限于本条所列举的情形。例如在私人场合或者秘密场合,在亲戚朋友之间,或者通过投寄信件、利用不开放的网络论坛或者聊天室等进行的煽动行为,也属于本条规定的犯罪,应当依法追究其刑事责任。

本条规定的另一类犯罪是**煽动实施恐怖活动的犯罪**,对具体行为方式本条未作限定,在煽动的时间、场合、方式等方面和宣扬恐怖主义、极端主义的犯罪有一定重合。比如,近些年来,我国部分地区利用地下讲经点煽动实施恐怖活动的情况比较严重,甚至有相当一部分未成年人进入这些秘密的地下讲经点,接受恐怖主义、极端主义的灌输、洗脑,成为"独狼式"的恐怖活动人员。宣扬恐怖主义、极端主义犯罪和煽动实施恐怖活动犯罪的区别主要在于前者重在**思想上的洗脑**,煽动则侧重于**具体实施恐怖活动行为**。

根据《最高人民法院、最高人民检察院、公安部、司法部关于办理恐怖活动和极端主义犯罪案件适用法律若干问题的意见》的有关规定,实施下列行为之一,宣扬恐怖主义、极端主义或者煽动实施恐怖活动的,依照本条的规定,以**宣扬恐怖主义、极端主义,煽动实施恐怖活动罪**定罪处罚:(1)编写、出版、印刷、复制、发行、散发、储藏载有宣扬恐怖主义、极端主义内容的图书、报刊、文稿、图片或者音频视频资料的;(2)设计、生产、制作、销售、租赁、运输、托运、寄递、散发、展示带有宣扬恐怖主义、极端主义内容的标识、标志、服饰、旗帜、徽章、器物、纪念品等物品的;(3)利用网站、网页、论坛、博客、微博客、网盘、即时通信、通讯群组、聊天室等网络平台、网络应用服务等登载、张贴、复制、发送、播放、演示载有恐怖主义、极端主义内容的图书、报刊、文稿、图片或者音频视频资料的;(4)网站、网页、论坛、博客、微博客、网盘、即时通信、通讯群组、聊天室等网络平台、网络应用服务的建立、开办、经营、管理者,明知他人利用网络平台、网络应用服务散布、宣扬恐怖主义、极端主义内容,经相关行政主管部门处罚后仍允许或者放任他人发布的;(5)利用教经、讲经、解经、学经、婚礼、葬礼、纪念、聚会和文体活动等宣扬恐怖主义、极端主义,煽动实施恐怖活动的;(6)其他宣扬恐怖主义、极端主义,煽动实施恐怖活动的。

根据本条规定,宣扬恐怖主义、极端主义,或者煽动实施恐怖活动的,处五年以下有期徒刑、拘役、管制或者剥夺政治权利,并处罚金;情节严重的,处五年以上有期徒刑,并处罚金或者没收

[①] 相同的学说见解,参见赵秉志、李希慧主编:《刑法各论》(第3版),中国人民大学出版社2016年版,第53页。

财产。在实践中,对于是否属于"**情节严重**",可以根据制作、散布的图书、音像制品等物品的数量,讲授、发布信息的次数和数量,宣扬、煽动的内容、场所和对象范围,以及引起恐怖活动发生的现实危险程度等因素综合进行衡量。比如,制作、散发宣扬恐怖主义、极端主义的图书、音频视频资料数量特别巨大的,散布范围广大或者造成广泛影响的,接受讲授和信息的人员数量巨大的,在公共场所、人员密集场所公然散布图书、音频视频资料或者讲授、发布信息的,造成他人实施恐怖活动、极端主义行为的等,可以认定为情节严重的行为。

另外,根据《反恐怖主义法》第八十条的规定,实施本条规定的行为,**情节轻微,尚不构成犯罪**的,由公安机关处十日以上十五日以下拘留,可以并处一万元以下罚款。

需要注意的是,本罪名属于**选择性罪名**。从司法实践情况看,宣扬恐怖主义、极端主义和煽动实施恐怖活动往往交织在一起。有些犯罪分子在宣扬恐怖主义、极端主义的同时,也会煽动被宣传对象去实施恐怖活动。因此,在适用本条规定时,任何人无论是同时实施了宣扬恐怖主义、极端主义和煽动实施恐怖活动的行为,还是仅仅实施了宣扬恐怖主义、极端主义或者煽动实施恐怖活动行为中的某一种行为,都构成本罪,应当依法追究刑事责任。

【司法解释性文件】

《最高人民法院、最高人民检察院、公安部、司法部关于办理恐怖活动和极端主义犯罪案件适用法律若干问题的意见》(高检会〔2018〕1号,2018年3月16日公布)

△(**宣扬恐怖主义、极端主义、煽动实施恐怖活动**)实施下列行为之一,宣扬恐怖主义、极端主义或者煽动实施恐怖活动的,依照刑法第一百二十条之三的规定,以宣扬恐怖主义、极端主义、煽动实施恐怖活动罪定罪处罚:

1. 编写、出版、印刷、复制、发行、散发、播放载有宣扬恐怖主义、极端主义内容的图书、报刊、文稿、图片或者音频视频资料的;

2. 设计、生产、制作、销售、租赁、运输、托运、寄递、散发、展示带有宣扬恐怖主义、极端主义内容的标识、标志、服饰、旗帜、徽章、器物、纪念品等物品的;

3. 利用网站、网页、论坛、博客、微博客、网盘、即时通信、通讯群组、聊天室等网络平台、网络应用服务等登载、张贴、复制、发送、播放、演示载有恐怖主义、极端主义内容的图书、报刊、文稿、图片或者音频视频资料的;

4. 网站、网页、论坛、博客、微博客、网盘、即时通信、通讯群组、聊天室等网络平台、网络应用服务的建立、开办、经营、管理者,明知他人利用网络平台、网络应用服务散布、宣扬恐怖主义、极端主义内容,经相关行政主管部门处罚后仍允许或者放任他人发布的;

5. 利用教经、讲经、解经、学经、婚礼、葬礼、纪念、聚会和文体活动等宣扬恐怖主义、极端主义、煽动实施恐怖活动的;

6. 其他宣扬恐怖主义、极端主义、煽动实施恐怖活动的行为。

△(**竞合**)犯刑法第一百二十条规定的犯罪,同时构成刑法第一百二十条之一至之六规定的犯罪的,依照处罚较重的规定定罪处罚。

犯刑法第一百二十条之一至之六规定的犯罪,同时构成其他犯罪的,依照处罚较重的规定定罪处罚。

△(**恐怖主义、极端主义;恐怖活动;恐怖活动组织**)恐怖主义、极端主义,恐怖活动,恐怖活动组织,根据《中华人民共和国反恐怖主义法》等法律法规认定。

△(**宣扬恐怖主义、极端主义的图书、音频视频资料,服饰、标志或者其他物品;认定**)宣扬恐怖主义、极端主义的图书、音频视频资料,服饰、标志或者其他物品的认定,应当根据《中华人民共和国反恐怖主义法》有关恐怖主义、极端主义的规定,从其记载的内容、外观特征等分析判断。公安机关应当对涉案物品全面审查并逐一标注或者摘录,提出审读意见,与扣押、移交物品清单及涉案物品原件一并移送人民检察院审查。人民检察院、人民法院可以结合在案证据、案件情况、办案经验等综合审查判断。

第一百二十条之四 【利用极端主义破坏法律实施罪】

利用极端主义煽动、胁迫群众破坏国家法律确立的婚姻、司法、教育、社会管理等制度实施的,处三年以下有期徒刑、拘役或者管制,并处罚金;情节严重的,处三年以上七年以下有期徒刑,并处罚金;情节特别严重的,处七年以上有期徒刑,并处罚金或者没收财产。

【立法沿革】

《中华人民共和国刑法修正案(九)》(自2015年11月1日起施行)

七、在刑法第一百二十条之一后增加五条,作为……第一百二十条之四……:

"第一百二十条之四 利用极端主义煽动、胁迫群众破坏国家法律确立的婚姻、司法、教育、社会管理等制度实施的,处三年以下有期徒刑、拘役或者管制,并处罚金;情节严重的,处三年以上七年以下有期徒刑,并处罚金;情节特别严重的,处七年以上有期徒刑,并处罚金或者没收财产。

"……"

【条文说明】

本条是关于利用极端主义破坏法律实施罪及其处罚的规定。

构成本条规定的犯罪,需要符合以下几个方面的条件:

1. 本罪的行为方式,表现为**利用极端主义煽动、胁迫群众**。只有利用极端主义实施本条规定的煽动、胁迫行为的,才构成本罪。这里规定的"**极端主义**"的含义,与第一百二十条之三中阐释的相同,经常表现为对其他文化、宗教、观念、族群等的完全歧视和排斥。在日常生活中,极端主义的具体形态多种多样,有的打着宗教的旗号,歪曲宗教教义,强制他人信仰宗教或者不信仰宗教,歧视信仰其他宗教或者不信仰宗教的人,破坏宪法规定的宗教信仰自由制度的实施。也有的披着民族传统、风俗习惯的外衣,打着"保护民族文化"的招牌,煽动仇恨与其民族、风俗习惯不同的群体,主张民族隔离,煽动抗拒现有法律秩序等。这里所说的"**煽动**",是指利用极端主义,以各种方式对他人进行要求、鼓动、怂恿,意图使他人产生犯意,去实施所煽动的行为。实践中,这种煽动经常表现为无中生有,编造不存在的事情,或者通过造谣、诽谤对事实进行歪曲,或者通过对被煽动对象的情绪进行挑动,使被煽动者丧失对事实的正常感受和判断能力,丧失对自己行为的理性控制,从而去从事违法犯罪行为,达到破坏国家法律制度实施的目的。这里所说的"**胁迫**",是指通过暴力、威胁或者以给被胁迫人或者其亲属等造成人身、心理、经济等方面的损害为要挟,对他人形成心理强制,迫使其从事胁迫者希望其实施的特定行为。胁迫的方式可以是通过暴力手段,也可以是通过言语威胁或者对被胁迫者的利益进行限制、剥夺等方式。实践中,还出现以关爱朋友、亲情等为借口,或者以孤立、排斥等方法施加压力的情况。虽然被胁迫者仍然具有一定的意志自由,能够理解自己的行为是违法行为,主观上也不愿意实施这些行为,但由于受到精神的强制而处于恐惧状态之下,因而不得已按照胁迫者的要求行事。煽动和胁迫的内容也多种多样。

2. 本罪中煽动、胁迫的目的,是**破坏国家法律制度的实施**。国家法律确立的婚姻、司法、教育、社会管理等方面的制度,涉及社会的基本生活,是国家对社会进行管理的基本形式和内容。我国宪法和法律保障公民的宗教信仰自由,保障各民族平等、团结共同发展和共同繁荣,尊重各民族的风俗习惯,并为保障这些权利制定了相应的法律制度。尊重宗教信仰自由和民族风俗习惯,与遵守国家法律制度本身是一致的。但很多极端主义分子歪曲宗教教义或者民族风俗习惯,假借宗教信仰或者民族风俗习惯等煽动歧视、煽动仇恨,崇尚、鼓吹、挑动暴力,本身就与宗教信仰自由和民族风俗习惯背道而驰,是对国家相关法律维护的破坏。虽然他们在进行煽动、胁迫时经常打着维护宗教教义或者民族风俗习惯的旗号,但其背后的真实目的是煽动、胁迫人们对政府管理活动的抵制甚至对抗,蛊惑人们不遵守国家法律确立的婚姻、司法、教育、社会管理等制度,制造国家对社会管理的真空,引起社会秩序的混乱。

近些年来,在我国一些地区,出现了**各种形式的利用极端主义煽动、胁迫群众破坏国家法律制度实施**的情形。比如,煽动、胁迫群众按照宗教仪式举行婚礼或者离婚,不到政府机关进行婚姻登记,对已办理婚姻登记的撕毁结婚证等;煽动、胁迫群众以民族、宗教等名义干扰司法或者阻碍司法工作人员依法执行职务;煽动、胁迫群众出现纠纷不依照法律途径处理,甚至出现命案也通过私下谈判进行私了;煽动、胁迫群众不让孩子到学校读书,不接受义务教育,而是参加所谓的"读经班",阻挠、破坏国家的教育制度实施;煽动、胁迫群众拒绝使用身份证、户口簿等国家法定证件以及人民币,甚至煽动、胁迫他人损毁身份证、户口簿等国家法定证件以及人民币;煽动、胁迫群众改变信仰;煽动、胁迫群众驱赶其他民族或者有其他信仰的人离开居住地;煽动、胁迫群众违反法律规定,干涉他人日常的生活方式、生产经营和人际交往等。这些行为都属于破坏国家法律制度实施的行为。

3. 本罪的直接危害,是**破坏国家法律规定的管理制度,使国家法律确定的婚姻、司法、教育、社会管理等制度得不到有效实施。**① 同时,本罪的危害还在于,这一行为还会使煽动、胁迫的特定对象产生认知混乱或者恐惧心理,损害其个人的合法权益,进而危及公共利益、社会安全和秩序。本罪不以被煽动、胁迫者实施破坏国家法律制度的具体行为为必要条件,只要行为人实施了煽动、胁迫的行为,就已经构成本罪。

根据《最高人民法院、最高人民检察院、公安部、司法部关于办理恐怖活动和极端主义犯罪案件适用法律若干问题的意见》的有关规定,利用极端主义,实施下列行为之一的,依照本条的规定,以**利用极端主义破坏法律实施罪**定罪处罚:(1)煽动、胁迫群众以宗教仪式取代结婚、离婚登记,或者干涉婚姻自由的;(2)煽动、胁迫群众破坏国家法律确立的司法制度实施的;(3)煽动、胁迫群众干涉未成年人接受义务教育,或者破坏学校教育制度、国家教育考试制度等国家法律规定的教育制度的;(4)煽动、胁迫群众抵制人民政府依法管理,或者阻碍国家机关工作人员依法执行职务的;(5)煽动、胁迫群众损毁居民身份证、居民户口簿等国家法定证件以及人民币的;(6)煽动、胁迫群众驱赶其他民族、有其他信仰的人员离开居住地,或者干涉他人生活和生产经营的;(7)其他煽动、胁迫群众破坏国家法律制度实施的行为。

根据本条规定,利用极端主义煽动、胁迫群众破坏国家法律确立的婚姻、司法、教育、社会管理等制度实施的,处三年以下有期徒刑、拘役或者管制,并处罚金;情节严重的,处三年以上七年以下有期徒刑,并处罚金;情节特别严重的,处七年以上有期徒刑,并处罚金或者没收财产。对于"**情节严重**"和"**情节特别严重**",可以根据其煽动、胁迫行为所使用的手段、涉及的人员多少和区域大小、造成的危害程度和影响等各方面因素综合考虑,分别适用不同的刑罚。必要的时候,也可以由有关部门制定司法解释,进一步作出具体的规定。

另外,根据《反恐怖主义法》第八十一条的规定,实施本条规定的行为,情节轻微,尚不构成犯罪的,由公安机关处五日以上十五日以下拘留,可以并处一万元以下罚款。

实践中需要注意以下几个方面的问题:

1. "**利用极端主义**"是构成本罪的一个要件。对于煽动、胁迫他人破坏国家法律制度实施但没有利用极端主义的,应当根据具体情况分别处理。对于组织、利用会道门、邪教组织或者利用迷信破坏国家法律、行政法实施,构成犯罪的,依照本法第三百条的规定定罪处罚。有些人由于思想狭隘或者愚昧等原因,对宗教教义、民族风俗习惯产生不正确的理解,并进而破坏国家法律制度实施的,如果构成犯罪,可以按照刑法的其他规定定罪处罚。不构成犯罪的,依法予以行政处罚或者进行批评、教育。

2. 在处理这类犯罪时,**应当正确区分敌我矛盾和人民内部矛盾**,处理好依法打击和分化瓦解的关系,在依法严厉打击少数极端分子的同时,对受裹挟、蒙蔽的一般群众,应当最大限度地进行区分,进行团结和教育。

3. 要注意罪与非罪的界限。本条规定的是煽动、胁迫"**群众**"破坏国家相关制度实施而不是煽动他人。家长出于极端主义考虑干涉未成年子女接受义务教育,或者干涉子女婚姻自由的一般不宜按照本条规定的煽动、胁迫破坏国家制度的犯罪追究,必要时可以根据反恐怖主义法的规定予以行政处罚。

【**司法解释性文件**】

《**最高人民法院、最高人民检察院、公安部、司法部关于办理恐怖活动和极端主义犯罪案件适用法律若干问题的意见**》(高检会〔2018〕1号,2018年3月16日公布)

△(**利用极端主义破坏法律实施**)利用极端主义,实施下列行为之一的,依照刑法第一百二十条之四的规定,以利用极端主义破坏法律实施罪定罪处罚:

1. 煽动、胁迫群众以宗教仪式取代结婚、离婚登记,或者干涉婚姻自由的;

2. 煽动、胁迫群众破坏国家法律确立的司法制度实施的;

3. 煽动、胁迫群众干涉未成年人接受义务教育,或者破坏学校教育制度、国家教育考试制度等国家法律规定的教育制度的;

---

① 陈家林教授指出,破坏法律实施,既包括积极的暴力抗拒行为,也包括消极的不遵守、不履行法定义务的行为。参见赵秉志、李希慧主编:《刑法各论》(第3版),中国人民大学出版社2016年版,第54页。

4. 煽动、胁迫群众抵制人民政府依法管理，或者阻碍国家机关工作人员依法执行职务的；

5. 煽动、胁迫群众损毁居民身份证、居民户口簿等国家法定证件以及人民币的；

6. 煽动、胁迫群众驱赶其他民族、有其他信仰的人员离开居住地，或者干涉他人生活和生产经营的；

7. 其他煽动、胁迫群众破坏国家法律制度实施的行为。

△(竞合)犯刑法第一百二十条规定的犯罪，同时构成刑法第一百二十条之一至之六规定的犯罪的，依照处罚较重的规定定罪处罚。

犯刑法第一百二十条之一至之六规定的犯罪，同时构成其他犯罪的，依照处罚较重的规定定罪处罚。

△(恐怖主义、极端主义；恐怖活动；恐怖活动组织)恐怖主义、极端主义，恐怖活动，恐怖活动组织，根据《中华人民共和国反恐怖主义法》等法律法规认定。

第一百二十条之五 【强制穿戴宣扬恐怖主义、极端主义服饰、标志罪】

以暴力、胁迫等方式强制他人在公共场所穿着、佩戴宣扬恐怖主义、极端主义服饰、标志的，处三年以下有期徒刑、拘役或者管制，并处罚金。

【立法沿革】

《中华人民共和国刑法修正案(九)》(自2015年11月1日起施行)

七、在刑法第一百二十条之一后增加五条，作为……第一百二十条之五……：

"……

"第一百二十条之五 以暴力、胁迫等方式强制他人在公共场所穿着、佩戴宣扬恐怖主义、极端主义服饰、标志的，处三年以下有期徒刑、拘役或者管制，并处罚金。

"……"

【条文说明】

本条是关于强制穿戴宣扬恐怖主义、极端主义服饰、标志罪及其处罚的规定。

本条规定的犯罪主体为**一般主体**，即任何强制他人在公共场所穿着、佩戴宣扬恐怖主义、极端主义服饰、标志的人。犯罪侵害的客体是**多重客体**，既在社会范围内渗透恐怖主义、极端主义思想，又侵犯被害人的人身权利、民主权利，同时也妨害社会管理秩序。犯罪的主观要件为**故意**，对强制他人在公共场所穿着、佩戴宣扬恐怖主义、极端主义服饰、标志的行为和结果都是明知并且希望结果的发生。

本条所说的"**暴力**"，是指以殴打、捆绑、伤害他人人身体的方法，使被害人不能抗拒。① "**胁迫**"，是指对被害人施以威胁、恐吓，进行精神上的强制，迫使被害人就范，不敢抗拒，包括以杀害被害人、加害被害人的亲属相威胁，威胁要对被害人、被害人的亲属施以暴力，以披露被害人的隐私相威胁，利用职权、教养关系、从属关系或者被害人孤立无援的环境迫使被害人服从等。② 除暴力、胁迫手段以外，通过采用**对被害人产生肉体强制或者精神强制的其他手段**，强制他人在公共场所穿着、佩戴宣扬恐怖主义、极端主义服饰、标志的，也构成本罪。如限制被害人的人身自由，利用被害人的宗教信仰施加精神强制，强迫被害人长时间暴露在高温或者严寒中，负有监护责任的人对被监护人不给饭吃、不给衣穿等。这里的"**公共场所**"包括群众进行公开活动的场所，如商店、影剧院、体育场、街道等；也包括各类单位，如机关、团体、事业单位的办公场所，企业生产经营场所，医院，学校，幼儿园等；还包括公共交通工具，如火车、轮船、长途客运汽车、公共

---

① 我国学者指出，本罪之"暴力"乃指最广义的暴力，包括不法行使有形力的一切情况，其对象不仅可以是人(对人暴力)，也可以是物(对物暴力)。参见张明楷：《刑法学》(第6版)，法律出版社2021年版，第906页。另有学者指出，本罪的"暴力"是广义的暴力，即不法对他人使用有形力，其要求针对被害人的身体实施。参见周光权：《刑法各论》(第4版)，中国人民大学出版社2021年版，第200页。

② 学说见解认为，本罪之"胁迫"乃指广义的胁迫，即以使他人产生恐惧心理为目的，以恶害相通告的行为。参见张明楷：《刑法学》(第6版)，法律出版社2021年版，第906页。

电车、汽车、民用航空器等。①

本条规定的"宣扬恐怖主义、极端主义服饰、标志",指的是穿着、佩戴的服饰、标志包含了恐怖主义、极端主义的符号、旗帜、徽记、文字、口号、标语、图形或者带有恐怖主义、极端主义的色彩,容易使人联想到恐怖主义、极端主义。实践中比较普遍的是穿着模仿恐怖活动组织统一着装的衣物,穿着印有恐怖主义、极端主义符号、旗帜等标志的衣物,佩戴恐怖活动组织标志或者恐怖主义、极端主义标志等。具体哪些服饰、标志属于"宣扬恐怖主义、极端主义服饰、标志",可由有关主管部门根据国际、国内反恐、去极端化斗争实际认定和掌握。从实践情况看,恐怖主义、极端主义势力通过强制他人在公共场所穿着、佩戴宣扬恐怖主义、极端主义服饰、标志等手段,在社会上强化了人们的身份差别意识,用异类的标志或者身份符号,刻意地制造出隔膜和距离感,以达到其渲染恐怖主义、极端主义氛围甚至宣扬恐怖主义、极端主义的目的,社会危害是很大的。

根据《最高人民法院、最高人民检察院、公安部、司法部关于办理恐怖活动和极端主义犯罪案件适用法律若干问题的意见》的有关规定,具有下列情形之一的,依照本条规定,以**强制穿戴宣扬恐怖主义、极端主义服饰、标志罪**定罪处罚:(1)以暴力、胁迫等方式强制他人在公共场所穿着、佩戴宣扬恐怖主义、极端主义服饰的;(2)以暴力、胁迫等方式强制他人在公共场所穿着、佩戴含有恐怖主义、极端主义的文字、符号、图形、口号、徽章的服饰、标志的;(3)其他强制他人穿戴宣扬恐怖主义、极端主义服饰、标志的情形。

根据本条规定,对以暴力、胁迫等方式强制他人在公共场所穿着、佩戴宣扬恐怖主义、极端主义服饰、标志的,应当视情节的轻重,处以三年以下有期徒刑、拘役或者管制,并处罚金。

另外,根据《反恐怖主义法》第八十条的规定,实施本条规定的行为,**情节轻微,尚不构成犯罪的**,由公安机关处于十日以上十五日以下拘留,可以并处一万元以下罚款。

需要注意的是,本条规定追究刑事责任的是以暴力、胁迫等方式强制他人在公共场所穿着、佩戴宣扬恐怖主义、极端主义服饰、标志的行为人。对于受裹挟、蒙蔽,或者受极端主义思想的影响,在公共场所穿着、佩戴宣扬恐怖主义、极端主义服饰、标志的群众,应当加强教育、劝阻,促进他们转变思想观念,通过多种途径做好去极端化工作,并可以根据有关地方性法规等禁止其在公共场所穿着、佩戴有关服饰、标志。

【司法解释性文件】

《**最高人民法院、最高人民检察院、公安部、司法部关于办理恐怖活动和极端主义犯罪案件适用法律若干问题的意见**》(高检会〔2018〕1号,2018年3月16日公布)

△(**强制穿戴宣扬恐怖主义、极端主义服饰、标志**)具有下列情形之一的,依照刑法第一百二十条之五的规定,以强制穿戴宣扬恐怖主义、极端主义服饰、标志罪定罪处罚:

1. 以暴力、胁迫等方式强制他人在公共场所穿着、佩戴宣扬恐怖主义、极端主义服饰的;

2. 以暴力、胁迫等方式强制他人在公共场所穿着、佩戴含有恐怖主义、极端主义的文字、符号、图形、口号、徽章的服饰、标志的;

3. 其他强制他人穿戴宣扬恐怖主义、极端主义服饰、标志的情形。

实施刑法第一百二十条规定的犯罪,同时构成刑法第一百二十条之一至之六规定的犯罪的,依照处罚较重的规定定罪处罚。

犯刑法第一百二十条之一至之六规定的犯罪,同时构成其他犯罪的,依照处罚较重的规定定罪处罚。

△(**恐怖主义、极端主义;恐怖活动;恐怖活动组织**)恐怖主义、极端主义,恐怖活动,恐怖活动组织,根据《中华人民共和国反恐怖主义法》等法律法规认定。

---

① 我国学者指出,"公共场所"乃指不特定人或者多数人可以自由出入的场所。参见张明楷:《刑法学》(第6版),法律出版社2021年版,第907页。强制他人穿着、佩戴宣扬恐怖主义、极端主义服饰、标准在网络空间出现、展示,不构成本罪。参见周光权:《刑法各论》(第4版),中国人民大学出版社2021年版,第200页。

第一百二十条之六 【非法持有宣扬恐怖主义、极端主义物品罪】
明知是宣扬恐怖主义、极端主义的图书、音频视频资料或者其他物品而非法持有,情节严重的,处三年以下有期徒刑、拘役或者管制,并处或者单处罚金。

【立法沿革】

《中华人民共和国刑法修正案(九)》(自2015年11月1日起施行)

七、在刑法第一百二十条之一后增加五条,作为……第一百二十条之六:

"……

"第一百二十条之六 明知是宣扬恐怖主义、极端主义的图书、音频视频资料或者其他物品而非法持有,情节严重的,处三年以下有期徒刑、拘役或者管制,并处或者单处罚金。"

【条文说明】

本条是关于非法持有宣扬恐怖主义、极端主义物品罪及其处罚的规定。

根据本条规定,**非法持有宣扬恐怖主义、极端主义物品罪**,是指明知是宣扬恐怖主义、极端主义的图书、音频视频资料或者其他物品而非法持有,情节严重的行为。本罪在主观上要求是**故意**,即行为人明知是宣扬恐怖主义、极端主义的图书、音频视频资料或者其他物品而非法持有的,才能构成本罪。这里所说的"**明知**",是指知道或者应当知道。实践中,行为人有可能会辩解其"不明知"所持有物品的性质和内容。在这种情况下,不能仅听行为人本人的辩解,对是否"明知"的认定,应当结合案件的具体情况和有关证据材料进行全面分析。要坚持重证据、重调查研究,以行为人实施的客观行为为基础,结合其一贯表现、具体行为、手段、事后态度,以及年龄、认知和受教育程度,所从事的职业、所生活的环境、所接触的人群等综合作出判断。比如,对曾因实施暴力恐怖活动、极端主义违法犯罪行为受过行政、刑事处罚的,或者被责令改正后又实施的,应当认定为明知。有其他共同犯罪嫌疑人、被告人或者其他知情人供认、指证,虽然行为人不承认其主观上"明知",但又不能作出合理解释的,依据其行为本身和认知程度,足以认定其确实知道或者应当知道的,应当认定为明知。但是,结合行为人的认知程度和客观条件,如果确属实为不明知所持有物品为宣扬恐怖主义、极端主义图书、音频视频资料等物品的,不能认定为本罪。比如,捡拾到保存有宣扬恐怖主义、极端主义音频视频资料的手机、U盘或者其他存储介质的;维修电脑的人员为修理电脑而暂时保管他人送修的存有宣扬恐怖主义、极端主义音频视频资料,而事先未被告知,待公安机关查办案件时才发现的等。对于不属于明知而持有宣扬恐怖主义、极端主义的图书、音频视频资料等其他物品的,一旦发现后,就应当立即予以销毁、删除,个人无法销毁、删除的,应当将含有恐怖主义、极端主义的图书、音频视频资料或者其他物品交给公安机关或者基层组织,请求帮助销毁、删除。对此问题,《最高人民法院、最高人民检察院、公安部、司法部关于办理恐怖活动和极端主义犯罪案件适用法律若干问题的意见》作了一些具体规定。

本罪在客观上要求行为人有非法持有的行为。这里所规定的"**持有**",是指行为人对恐怖主义、极端主义宣传品处于占有、支配、控制的一种状态。不仅随身携带可以认定为持有,在其住所、驾驶的运输工具上发现的恐怖主义、极端主义宣传品也可以认定为持有。持有型犯罪以行为人持有特定物品或者财产的不法状态为基本的构成要素。我国刑法设置的持有型犯罪有巨额财产来源不明罪、非法持有毒品罪、非法持有、私藏枪支、弹药罪、非法持有假币罪,非法持有国家绝密、机密文件、资料、物品罪,非法持有毒品原植物种子、幼苗罪等。在持有型犯罪中,有的持有物本身不具有危害性,如巨额财产、绝密、机密文件等;有的本身就是违禁品,如毒品、枪支、弹药、毒品原植物种子、幼苗等。无论是否为违禁品,构成犯罪的前提都是非法持有。实践中有一些合法持有的情形,如查办案件的人民警察查封、扣押宣扬恐怖主义、极端主义的图书、音频视频资料等物品因而持有的,研究反恐怖主义问题的专家学者为进行学术研究而持有少量恐怖主义、极端主义宣传品的,则不能认定为犯罪。

从实践情况看,**宣扬恐怖主义、极端主义的图书、音频视频资料和其他物品**主要包含了两类内容:一是含有恐怖主义、极端主义的思想、观念和主张,煽动以暴力手段危害他人生命和公私财产安全、破坏法律实施等内容的。二是含有传授制造、使用炸药、爆炸装置、枪支、管制刀具、危险物品实施暴力恐怖犯罪的方法、技能等内容的。这些宣传品在形式上和内容上均表现多样。比如,有的宣扬参加暴力恐怖活动的,流血就能洗刷罪过,可以带自己和亲友上天堂,杀死一人即做十年功,可以直接上天堂,在天堂有仙女相伴等。有的利用地理环境相对闭塞地区的一些信教民众对外部正确信息了解甚少，辨别意识不强，借助区域经济差异、社会竞争压力等社会问题，对国家民族政策大肆诋毁，破坏民族关系。有的通过编造谣言或者炒作个别案例，将社会成员划分为不同群体，刻意制造不同信仰之、不同民族之间的隔阂和对立，煽动仇恨、歧视，争取民众对暴恐分子的同情。有的表面上是宣传宗教教义，但在内容上对宗教教义进行歪曲，或者在其中夹杂恐怖主义、极端主义的内容，诱骗一些对宗教教义知之甚少的群众将一些错误观点奉为经典，造成思想混乱，为暴恐活动披上"宗教"的合法外衣。本条中规定的"**其他物品**"，是指除图书、音频视频资料外的其他恐怖主义、极端主义宣传品，如含有宣扬恐怖主义、极端主义内容的文稿、图片、存储介质、电子阅读器等。实践中，网络存储空间内储存宣扬恐怖主义、极端主义的资料的，本质上与存储在个人电脑、手机、移动硬盘中没有区别，且更容易造成大面积传播，情节严重的，也构成本罪。对涉案物品因涉及与专门知识或语言文字等内容难以鉴别的，可商请有关主管部门提供鉴别意见。

根据《最高人民法院、最高人民检察院、公安部、司法部关于办理恐怖活动和极端主义犯罪案件适用法律若干问题的意见》的有关规定，明知是载有宣扬恐怖主义、极端主义内容的图书、报刊、文稿、图片、音频视频资料、服饰、标志或者其他物品而非法持有，达到下列数量标准之一的，依照刑法本条规定，以**非法持有宣扬恐怖主义、极端主义物品罪**定罪处罚：（1）图书、刊物二十册以上，或者电子图书、刊物五册以上的；（2）报纸一百份（张）以上，或者电子报纸二十份（张）以上的；（3）文稿、图片一百篇（张）以上，或者电子文稿、图片二十篇（张）以上的；（4）录音带、录像带等音像制品二十个以上，或者电子音频视频资料五个以上的，或者电子音频视频资料二十分钟以上的；（5）服饰、标志二十件以上的。非法持有宣扬恐怖主义、极端主义的物品，虽未达到前款规定的数量标准，但具有多次持有，持有多类物品，造成严重后果或者恶劣社会影响，曾因实施恐怖活动、极端主义违法犯罪被追究刑事责任或者二年内受过行政处罚等情形

之一的，也可以定罪处罚。

根据本条规定，明知是宣扬恐怖主义、极端主义的图书、音频视频资料或者其他物品而非法持有的行为，只有达到情节严重的，才构成犯罪。① 对于是否属于"**情节严重**"，可以根据所有的恐怖主义、极端主义宣传品的数量多少，所包含的内容的严重程度，曾经因类似行为受到处罚的情况，以及其事后的态度等因素作出认定。对于因为好奇或者思想认识不清楚，非法持有少量的恐怖主义、极端主义宣传品，没有其他的恐怖主义、极端主义违法行为，经发现后及时销毁、删除的，不作为犯罪追究。

另外，根据《反恐怖主义法》第八十条的规定，实施本条规定的行为，**情节轻微，尚不构成犯罪**的，由公安机关处十日以上十五日以下拘留，可以并处一万元以下罚款。

需要注意的是，本罪作为持有型犯罪，是一项补充性罪名，目的是严密法网，防止放纵犯罪分子。在实践中，对于被查获的非法持有恐怖主义、极端主义宣传品的人，应当尽力调查其犯罪事实，如果经查证是为通过散发、讲授等方式宣扬恐怖主义、极端主义，煽动实施恐怖活动而非法持有的，是为利用极端主义煽动群众破坏国家法律制度实施而非法持有的，应当依照《刑法》第一百二十条之三、第一百二十条之四的规定定罪处罚。

【司法解释性文件】

《最高人民法院、最高人民检察院、公安部、司法部关于办理恐怖活动和极端主义犯罪案件适用法律若干问题的意见》（高检会〔2018〕1号，2018年3月16日公布）

△（非法持有宣扬恐怖主义、极端主义物品；数量累计计算；折算；明知；综合审查判断）明知是载有宣扬恐怖主义、极端主义内容的图书、报刊、文稿、图片、音频视频资料、服饰、标志或者其他物品而非法持有，达到下列数量标准之一的，依照刑法第一百二十条之六的规定，以非法持有宣扬恐怖主义、极端主义物品罪定罪处罚：

1. 图书、刊物二十册以上，或者电子图书、刊物五册以上的；

2. 报纸一百份（张）以上，或者电子报纸二十

---

① 我国学者指出，和持有假币罪等其他持有型犯罪不一样的是，假币等违禁品本身就具有侵害或者威胁刑法所保护的某种法益的属性（譬如，枪支、弹药本身就是凶器，假币本身就可以破坏国家的金融秩序），但"宣扬恐怖主义、极端主义的图书、音频视频资料或者其他物品"并不具有上述违禁品的性质，它只能通过对他人的思想、观念产生影响，然后通过受影响的他人而危害法益。因此，现行法规定，成立本罪，必须要有"情节严重"的要求。参见黎宏：《刑法学各论》（第2版），法律出版社2016年版，第41页。

3. 文稿、图片一百篇(张)以上,或者电子文稿、图片二十篇(张)以上,或者电子文档五十万字符以上的;

4. 录音带、录像带等音像制品二十个以上,或者电子音频视频资料五个以上,或者电子音频视频资料二十分钟以上的;

5. 服饰、标志二十件以上的。

非法持有宣扬恐怖主义、极端主义的物品,虽未达到前款规定的数量标准,但具有多次持有、持有多类物品,造成严重后果或者恶劣社会影响,曾因实施恐怖活动、极端主义违法犯罪被追究刑事责任或者二年内受过行政处罚等情形之一的,也可以定罪处罚。

多次非法持有宣扬恐怖主义、极端主义的物品,未经处理的,数量应当累计计算。非法持有宣扬恐怖主义、极端主义的物品,涉及不同种类或者形式的,可以根据本条规定的不同数量标准的相应比例折算后累计计算。

非法持有宣扬恐怖主义、极端主义物品罪主观故意中的"明知",应当根据案件具体情况,以行为人实施的客观行为为基础,结合其一贯表现,具体行为、程度、手段、事后态度,以及年龄、认知和受教育程度,所从事的职业等综合审查判断。

具有下列情形之一,行为人不能做出合理解释的,可以认定其"明知",但有证据证明确属被蒙骗的除外:

1. 曾因实施恐怖活动、极端主义违法犯罪被追究刑事责任,或者二年内受过行政处罚,或者被责令改正后又实施的;

2. 在执法人员检查时,有逃跑、丢弃携带物品或者逃避、抗拒检查等行为,在其携带、藏匿或者丢弃的物品中查获宣扬恐怖主义、极端主义的物品的;

3. 采用伪装、隐匿、暗语、手势、代号等隐蔽方式制作、散发、持有宣扬恐怖主义、极端主义的物品的;

4. 以虚假身份、地址或者其他虚假方式办理托运、寄递手续,在托运、寄递的物品中查获宣扬恐怖主义、极端主义的物品的;

5. 有其他证据足以证明行为人应当知道的情形。

△(竞合)犯刑法第一百二十条规定的犯罪,同时构成刑法第一百二十条之一至六规定的犯罪的,依照处罚较重的规定定罪处罚。

犯刑法第一百二十条之一至六规定的犯罪,同时构成其他犯罪的,依照处罚较重的规定定罪处罚。

△(恐怖主义、极端主义;恐怖活动;恐怖活动组织)恐怖主义、极端主义,恐怖活动,恐怖活动组织,根据《中华人民共和国反恐怖主义法》等法律法规认定。

第一百二十一条 【劫持航空器罪】
以暴力、胁迫或者其他方法劫持航空器的,处十年以上有期徒刑或者无期徒刑;致人重伤、死亡或者使航空器遭受严重破坏的,处死刑。

【条文说明】

本条是关于劫持航空器罪及其处罚的规定。

根据本条规定,行为人构成本罪必须是实施了**以暴力、威胁或者其他方法劫持**①**航空器的行为**。这里所说的"**暴力**",主要是指犯罪分子使用强暴手段,如杀害、殴打等方法劫持航空器的行为。② "**胁迫**",主要是指犯罪分子以爆炸飞机、枪杀旅客等手段要挟、强迫机组人员服从其劫持航空器的命令的行为。③ "**其他方法**",是指犯罪分子使用除暴力、威胁方法以外的方法劫持航空器的行为。如航空器的驾驶人员,利用驾驶航空器的便利条件,违反规定直接驾机非法出逃境外、危害公众安全的行为。本罪侵犯的对象是**使用中的航空器**。这里规定的"**航空器**",是指各种运送旅

---

① 劫持包括两种情况:一是劫夺航空器;二是控制航空器的航行。参见周光权:《刑法各论》(第4版),中国人民大学出版社2021年版,第202页;谢望原、赫兴旺主编:《刑法分论》(第3版),中国人民大学出版社2016年版,第45页。
② 我国学者指出,本罪的暴力,应限于最狭义的暴力。行为人对机组成员等人不法行使有形力,并达到足以抑制其反抗的程度,才属于本罪之暴力。参见张明楷:《刑法学》(第6版),法律出版社2021年版,第909页;赵秉志、李希慧主编:《刑法各论》(第3版),中国人民大学出版社2016年版,第57页。
③ 我国学者指出,本罪的胁迫,应限于最狭义的胁迫,而不包括轻微暴力、胁迫的情形(本罪的法定刑很重)。参见张明楷:《刑法学》(第6版),法律出版社2021年版,第909页。

客和运输物资的空中运输工具。① 《关于在航空器内的犯罪和其他某些行为的公约》《关于制止非法劫持航空器的公约》中规定的都是在飞行中的航空器。所谓在飞行中是指航空器在装载结束,机舱外部各门已关闭时起,直到打开任一机门以便卸载时为止的任何时间;而如果飞机是强迫降落的,则在主管当局接管该航空器及其所载人员和财产以前。《关于制止危害民用航空安全的非法行为的公约》扩大了罪行的范围,它不仅包括在飞行中,而且包括在使用中的航空器内所犯的罪行。而所谓使用中是指从地面人员或机组对某一特定飞行器开始进行飞行前准备起,直到降落后24小时止。因此,我们不能狭义地把本罪的侵犯对象理解为飞行中的航空器。

根据本条的规定,对以暴力、胁迫或者其他方法劫持航空器的犯罪的处刑分为两档,即一般情况下,处十年以上有期徒刑或者无期徒刑;**致人重伤、死亡或者使航空器遭受严重破坏的,处死刑**,这一情况主要是指犯罪分子在劫持航空器的过程中,造成旅客或者机组人员重伤、死亡一或者使航空器上的重要设施、设备遭受严重破坏等②,对这些行为,都将处以死刑。

实践中需要注意以下几个方面的问题:

1. 对于航空器的理解。根据航空服务的目的不同,航空器可分为国家航空器和民用航空器。**国家航空器**的概念最早于1919年《关于管理空中航行的公约》中正式出现。该公约第三十条规定:"下列为国家航空器:(a)军用航空器。(b)专为国家目的服务的航空器,如邮政、海关、警察部门的航空器。除此之外任何其他航空器都应当被认定为是私人航空器。除军用、海关和警察部门航空器外,所有其他航空器均应视为私人航空器,并应遵守本公约的所有规定。"该公约第三十一条还进一步解释了军用航空器的定义:"具体来讲,每架由服役人员指挥的航空器,均应视为军用航空器。"这里使用的是:"**私人航空器**"(private aircraft)的概念,而不是"民用航空器"(civil aircraft)。确定航空器是不是国家航空器的决定因素是有关航空器是否受雇于国家服务部门。1919年《关于管理空中航行的公约》不仅给国家航空器和私人航空器下了定义,还清晰地确定了两者定义的边界。1944年《国际民用航空公约》第三条规定:"(a)本公约只适用于民用航空器,不适用于国家航空器。(b)用于军事、海关和警察的航空器,应视为国家航空器。"这里开始出现"民用航空器"的概念,这一概念在随后的航空法律文书中继续使用。此外,与1919年《关于管理空中航行的公约》不同,《国际民用航空公约》对于军用航空器这一特定类型没有给出明确的定义,而军用航空器往往是受到特别规则管制的一类。对于劫持航空器罪是否包括国家航空器,我国刑法学界有不同认识:一种观点认为,从国际公约和我国承担的义务来看,本罪中的航空器仅指民用航空器;另一种观点认为,本罪侵犯的对象是航空器,至于是民用的,还是供军事、海关等使用,均不影响本罪的成立。从刑法规定看,**我国刑法并没有对航空器作出任何限制**;劫持用于军事、海关、警察等领域的航空器的犯罪行为也可能发生,依法应予以惩治。

2. 关于管辖权。《刑法》第九条规定:"对于中华人民共和国缔结或者参加的国际条约所规定的罪行,中华人民共和国在所承担条约义务的范围内行使刑事管辖权的,适用本法。"我国作为相关公约的缔约国,对劫持航空器的犯罪行为,不论航空器是哪国的,不论犯罪行为人是哪国的或无国籍,也不论犯罪行为发生在何地,**我国都可以行使刑事管辖权**。

3. 关于本条规定中的"死刑"的理解。本条规定的刑罚中的**死刑**,包括死刑立即执行和死刑缓期二年执行。对于有本条规定的犯罪行为,但不是必须立即执行的,可以依法判处死刑缓期二年执行。

---

① 作为本罪对象的航空器,必须是使用中或飞行中的航空器;并且,航空器既可以是民用航空器,也可以是国家航空器(用于军事、海关、警察部门的航空器)。另外,无人驾驶的航空器也能成为本罪对象。参见张明楷:《刑法学》(第6版),法律出版社2021年版,第909页;赵秉志、李希慧主编:《刑法各论》(第4版),中国人民大学出版社2016年版,第57页;谢望原、赫兴旺主编:《刑法分论》(第3版),中国人民大学出版社2016年版,第45页。林亚刚教授则认为,国际公约(《东京公约》第一条、《海牙公约》第三条等)规定,劫持航空器的犯罪仅指对民用航空器的劫持,不包括国家航空器。因此,本罪的数据专指民用航空器。劫持国家航空器,虽然同样具有严重的社会危害性,但不构成本罪。参见高铭暄、马克昌主编:《刑法学》(第7版),北京大学出版社、高等教育出版社2016年版,第345页。

② "致人重伤、死亡"还包括劫持行为导致其他人员(如地面人员)重伤、死亡的情形。参见张明楷:《刑法学》(第6版),法律出版社2021年版,第910页。

第一百二十二条 【劫持船只、汽车罪】

以暴力、胁迫或者其他方法劫持船只、汽车的，处五年以上十年以下有期徒刑；造成严重后果的，处十年以上有期徒刑或者无期徒刑。

【条文说明】

本条是关于劫持船只、汽车罪及其处罚的规定。

劫持船只、汽车罪，是指以暴力、胁迫或者其他方法劫持船只、汽车，危害公共安全的行为。其中"**以暴力、胁迫或者其他方法**"规定的含义与第一百二十一条规定的劫持航空器罪中的"以暴力、胁迫或者其他方法"的基本含义是一致的。"**暴力**"可以理解为对船只、汽车的驾驶、操作人员实施打击或身体强制，使其不能反抗、不敢反抗或无力反抗，从而使船只、汽车按照行为人的意志行驶或者行为人自己控制船只、汽车；"**胁迫**"是指对船只、汽车的驾驶、操作人员等以人身事实伤害、杀害等暴力手段相威胁，对其实施精神强制，使其恐惧不敢反抗的手段；"**其他方法**"是暴力、胁迫以外的，与此相当的犯罪方法，如用药物麻醉、致昏等。本条所说的"**船只**"，是指各种运送旅客或者物资的水上运输工具；"**汽车**"主要是指公共汽车、电车等机动车辆，包括内燃机、柴油机、电机等机械为动力的车辆。

根据本条规定，只要行为人实施了以暴力、胁迫或者其他方法劫持船只、汽车的，即构成本罪，处五年以上十年以下有期徒刑；造成严重后果的，即造成人员伤亡或者使国家和人民的财产遭受重大损失的，处十年以上有期徒刑或者无期徒刑。

需要指出的是，**本条规定的劫持船只、汽车行为的目的不是为了抢劫或者实施海盗行为**，对于以抢劫为目的劫持船只、汽车的，应当依照**抢劫罪**的规定定罪处罚。本条规定的劫持船只、汽车的目的与第一百二十一条规定的劫持航空器的目的是基本一致的，主要是为了逃避法律追究，让船只、汽车开往其指定的地点，或者以劫持持车船作为要挟手段，让政府答应其提出的某项条件等。①

需要注意的是，如果仅有对船只、汽车的驾驶、操作人员等使用暴力、胁迫或者其他方法的行为，无非法劫夺、控制船只、汽车的行为，**不是"劫持"**。另外，所谓"劫持"，应是非法的，因执行公务、紧急避险等情况而强行控制船只、汽车的，不是劫持。劫持的对象，必须是**正在使用中的船只、汽车**，包括正在行驶和停放码头、车站等停机待用、准备随时执行运输任务的船只、汽车。至于船只、汽车是否正在行驶中，本条没有明文规定，如果行为人在船只、汽车停机、待用时，以暴力、胁迫或者其他方法强制驾驶、操作人员等上船、上车而进行劫持的，也应按本罪处理。

【参考案例】

No.2-122-1　陈志故意杀人、劫持汽车案

杀人后出于逃跑的目的而劫持汽车的，不成立抢劫罪，应认定为劫持汽车罪。

第一百二十三条 【暴力危及飞行安全罪】

对飞行中的航空器上的人员使用暴力，危及飞行安全，尚未造成严重后果的，处五年以下有期徒刑或者拘役；造成严重后果的，处五年以上有期徒刑。

【条文说明】

本条是关于暴力危及飞行安全罪及其处罚的规定。

1. 根据本条规定，构成本罪的主体是**一般主体**，即任何在飞行中的航空器上的人员都可以构成本罪的主体。

2. 构成本罪还必须具有以下条件：(1)**必须使用暴力**。即对飞行中航空器上的人员使用暴力，如使用凶器行凶或者斗殴等。这里所说的**使用暴力**，较劫持航空器罪的范围要宽，包括对飞行中的航空器上的人员脚踢、使用凶器行凶，以及乘

---

① 我国学者指出，使用暴力、胁迫方法迫使小型出租车开往某地，一般不应认定为本罪(行为人不付出租车费用，可认定为抢劫罪)。但是，使用暴力、胁迫方法逼使出租车司机横冲直撞，或者劫持后直接驾驶出租车横冲直撞，应认定为劫持汽车罪。参见张明楷：《刑法学》(第5版)，法律出版社2016年版，第709页。

客之间、乘客与机组人员之间的暴力事件。① (2) **危及飞行安全**。② 在飞行中的航空器上，任何使用暴力的情况都会危及飞行安全，但本罪在处刑上区分了两种情况，一是尚未造成严重后果的；二是造成严重后果的。其中，"**尚未造成严重后果的**"，是指使用暴力对飞行安全没有造成直接的危害后果。"**造成严重后果的**"，主要是指因行为人在航空器中使用暴力的行为，致使航空器不能正常航行，以致迫降、坠毁等。

3. 本条规定的航空器仅限于"**飞行中**"的航空器。何为"飞行中"，《关于制止危害民用航空安全的非法行为的公约》第二条规定："航空器从装载完毕、机舱外部各门均已关闭时起，直至打开任一机舱门以便卸载时为止，应被认为是在飞行中；航空器强迫降落时，在主管当局接管对该航空器及其所载人员和财产的责任前，应被认为是仍在飞行中。"对于不在"飞行中"的航空器及相关人员使用暴力的，构成犯罪的，可以根据故意伤害、毁损财物等相关犯罪依法追究刑事责任。

根据本条规定，对暴力危及飞行安全罪，尚未造成严重后果的，处五年以下有期徒刑或者拘役；造成严重后果的，处五年以上有期徒刑。

需要注意的是，是否处于"**飞行中**"是确定罪

与非罪的关键，根据《关于在航空器内的犯罪和其他某些行为的公约》《关于制止非法劫持航空器的公约》中规定的飞行中的航空器是指航空器在装载结束，机舱外部各门均已关闭时起，直到打开任一机门以便卸载时为止的任何时间；而加果飞机是强迫降落的，则在主管当局接管该航空器及其所载人员和财产以前。《关于制止危害民用航空安全的非法行为的公约》扩大了罪行的范围，它不仅包括在飞行中，而且包括在使用中的航空器内所犯的罪行。而所谓使用中是指人地面人员或机组对某一特定飞行器开始进行飞行前准备起，直到降落后二十四小时止。实践中应严格把握是否为飞行中的状态，如果是对处于待飞行状态航空器上的人员使用暴力，原则上不适用本条，"待飞行"应以实质的飞行状态判断，如经停、航行前检测、维修，航空管制待飞等均应属于"**待飞行**"。对于不在"飞行中"的航空器及相关人员使用暴力的，构成犯罪的，可以根据**故意伤害、毁损财物等相关犯罪**依法追究刑事责任，如在飞机上、候机厅、安检处等殴打安检人员、飞机乘务人员、其他旅客等造成人身伤害的以故意伤害罪追究刑事责任。毁坏机场设备或飞机上的设备等情形可以故意毁坏财物罪追究刑事责任。

第一百二十四条 【**破坏广播电视设施、公用电信设施罪**】【**过失损坏广播电视设施、公用电信设施罪**】

破坏广播电视设施、公用电信设施，危害公共安全的，处三年以上七年以下有期徒刑；造成严重后果的，处七年以上有期徒刑。

过失犯前款罪的，处三年以上七年以下有期徒刑；情节较轻的，处三年以下有期徒刑或者拘役。

【条文说明】

本条是关于破坏广播电视设施、公用电信设施罪和过失损坏广播电视设施、公用电信设施罪及其处罚的规定。

本条规定的是以广播电视设施、公用电信设施为侵害对象的危害公共安全犯罪，1979年刑法就有规定，1997年刑法修订时作了个别文字调整。广播电视设施、公用电信设施是关系到国家

经济建设和人民生活的重要基础设施，破坏广播、电视、公用电信设施会严重危及通信方面的公共安全，严重影响人民群众的生产、生活，往往会造成巨大的直接和间接经济损失。此外，鉴于此类犯罪所具有的严重的社会危害性，还应当追究其过失犯罪的刑事责任。

本条共分为两款。

第一款是故意破坏广播电视设施、公用电信

---

① 我国学者指出，本罪之暴力乃指广义之暴力，即不法对人行使有形力的一切行为。参见张明楷：《刑法学》（第6版），法律出版社2021年版，第910页。另有学者指出，本罪中的暴力，其程度只能是轻伤，而不包括致人重伤和死亡。否则，会造成罪刑失衡。参见周光权：《刑法各论》（第4版），中国人民大学出版社2021年版，第204页；赵秉志、李希慧主编：《刑法各论》（第3版），中国人民大学出版社2016年版，第59页。

② 本罪属于具体危险犯，要求犯罪行为对飞行安全构成了威胁。参见张明楷：《刑法学》（第6版），法律出版社2021年版，第910页。

设施犯罪的规定。这里所说的"**广播设施**",包括发射无线电广播信号的发射台站等。"**电视设施**",主要是指传播新闻信息的电视发射台、转播台等。公用电信设施主要包括:(1)通信线路类:包括光(电)缆、电力电缆等;交接箱、分(配)线盒等;管道、槽道、人井(手孔);电杆、拉线、吊线、挂钩等支撑加固和保护装置;标石、标志标牌、井盖等附属配套设施。(2)通信设备类:包括基站、中继站、微波站、直放站、室内分布系统、无线局域网(WLAN)系统、有线接入设备、公用电话终端等。(3)其他配套设备类:包括通信铁塔、收发信天(馈)线;公用电话亭;用于维系通信设备正常运转的通信机房、空调、蓄电池、开关电源、不间断电源(UPS)、太阳能电池板、油机、变压器、接地铜排、消防设备、安防设备、动力环境设备等附属配套设施。(4)电信主管部门认定的其他电信设施。如国家电信部门的无线电发报设施、设备,包括发射机、天线等;还有电话交换局、交换站以及国家有关重要部门的电话交换台、无线电通信网络,如在航空、航海交通工具及交通设施中使用的无线电通信、导航设施等。总之,电信设施,既包括各种机器设备,也包括其组成部分的线路等。应当注意的是,那些不可能影响公共安全的通信服务设备,如城市大街上的公用电话亭、一般的民用家庭电话等,**不属于本条规定的"公用电信设施"**的范围。如其被破坏,可按**故意毁坏财物罪**处理。根据本款的规定,行为人破坏广播电视设施、公用电信设施的行为,只有达到"**危害公共安全**"的程度,才能构成本罪。本款对破坏广播电视设施、公用电信设施的犯罪行为规定了两档刑罚,危害公共安全的,处三年以上七年以下有期徒刑或者拘役;造成严重后果的,处七年以上有期徒刑。"**造成严重后果的**",是指由于行为人破坏广播电视设施、公用电信设施的行为,致使广播电视传播或者公用通信中断,不能及时排除险情或者疏散群众,因而导致人员伤亡或者使公私财产遭受重大损失等情况。

对"危害公共安全"和"严重后果"的理解,2004年8月《最高人民法院关于审理破坏公用电信设施刑事案件具体应用法律若干问题的解释》第一条规定:"采用截断通信线路、损毁通信设备或者删除、修改、增加电信网计算机信息系统中存储、处理或者传输的数据和应用程序等手段,故意破坏正在使用的公用电信设施,具有下列情形之一的,属于刑法第一百二十四条规定的'**危害公共安全**',依照刑法第一百二十四条第一款规定,以**破坏公用电信设施罪**处三年以上七年以下有期徒刑:(一)造成火警、匪警、医疗急救、交通事故报警,救灾、抢险、防汛等严重障碍,并因此贻误救助、救治、救灾、抢险等,致使人员死亡一人、重伤三人以上或者造成财产损失三十万元以上的;(二)造成二千以上不满一万用户通信中断一小时以上,或者一万以上用户通信中断一小时的;(三)在一个本地网范围内,网间通信全阻、关口局至某一局向全部中断或网间某一业务全部中断不满二小时或者直接影响范围不满五万(用户×小时)的;(四)造成网间通信严重障碍,一日内累计二小时以上不满十二小时的;(五)其他危害公共安全的情形。"

对于"严重后果"的理解,《最高人民法院关于审理破坏公用电信设施刑事案件具体应用法律若干问题的解释》第二条规定:"实施本解释第一条规定的行为,具有下列情形之一的,属于刑法第一百二十四条第一款规定的'**严重后果**',以**破坏公用电信设施罪**处七年以上有期徒刑:(一)造成火警、匪警、医疗急救、交通事故报警,救灾、抢险、防汛等严重障碍,并因此贻误救助、救治、救灾、抢险等,致使人员死亡二人以上、重伤六人以上或者造成财产损失六十万元以上的;(二)造成一万以上用户通信中断一小时以上的;(三)在一个本地网范围内,网间通信全阻、关口局至某一局向全部中断或网间某一业务全部中断二小时以上或者直接影响范围五万(用户×小时)以上的;(四)造成网间通信严重障碍,一日内累计十二小时以上的;(五)造成其他严重后果的。"

第二款是关于**过失损坏广播电视设施、公用电信设施罪及其处罚**的规定。所谓"**过失犯前款罪的**",是指由于行为人主观上的疏忽大意或者过于轻信等过失,造成广播电视设施、公用电信设施被损坏,危害公共安全的行为。① 根据本款规定,构成过失损坏广播电视设施、公用电信设施罪的,处三年以上七年以下有期徒刑;情节较轻的,即广播电视设施、公用电信设施被损坏的程度不太严重,对公共安全危害不大的等行为,处三年以下有期徒刑或者拘役。

---

① 尽管《刑法》第一百二十四条第一款的规定包括破坏广播电视、公用电信设施危害公共安全(尚未造成严重后果)与造成严重后果两者,但同条第二款仅包括过失犯前款中造成严重后果的犯罪。因为过失行为只有造成结果,才能成立犯罪。参见张明楷:《刑法学》(第6版),法律出版社2021年版,第900页;赵秉志、李希慧主编:《刑法各论》(第3版),中国人民大学出版社2016年版,第49页。

【司法解释】

《最高人民法院关于审理破坏公用电信设施刑事案件具体应用法律若干问题的解释》（法释〔2004〕21号，自2005年1月11日起施行）

△（**破坏公用电信设施罪；危害公共安全**）采用截断通信线路、损毁通信设备或者删除、修改、增加电信网计算机信息系统中存储、处理或者传输的数据和应用程序等手段，故意破坏正在使用的公用电信设施，具有下列情形之一的，属于刑法第一百二十四条规定的"危害公共安全"，依照刑法第一百二十四条第一款规定，以破坏公用电信设施罪处三年以上七年以下有期徒刑[①]：

（一）造成火警、匪警、医疗急救、交通事故报警、救灾、抢险、防汛等通信中断或者严重障碍，并因此贻误救助、救治、救灾、抢险等，致使人员死亡一人、重伤三人以上或者造成财产损失三十万元的；

（二）造成二千以上不满一万用户通信中断一小时以上的，或者一万以上用户通信中断不满一小时的；

（三）在一个本地网范围内，网间通信全阻、关口局至某一局向全部中断或网间某一业务全部中断不满二小时或者直接影响范围不满五万（用户×小时）的；

（四）造成网间通信严重障碍，一日内累计二小时以上不满十二小时的；

（五）其他危害公共安全的情形。（§1）

△（**破坏公用电信设施罪；严重后果**）实施本解释第一条规定的行为，具有下列情形之一的，属于刑法第一百二十四条第一款规定的"严重后果"，以破坏公用电信设施罪处七年以上有期徒刑：

（一）造成火警、匪警、医疗急救、交通事故报警、救灾、抢险、防汛等通信中断或者严重障碍，并因此贻误救助、救治、救灾、抢险等，致使人员死亡二人以上、重伤六人以上或者造成财产损失六十万元以上的；

（二）造成一万以上用户通信中断一小时以上的；

（三）在一个本地网范围内，网间通信全阻、关口局至某一局向全部中断或网间某一业务全部中断二小时以上或者直接影响范围五万（用户×小时）以上的；

（四）造成网间通信严重障碍，一日内累计十二小时以上的；

（五）造成其他严重后果的。（§2）

△（**盗窃公用电信设施；想象竞合犯；盗窃罪**）盗窃公用电信设施价值数额不大，但是构成危害公共安全犯罪的，依照刑法第一百二十四条的规定定罪处罚；盗窃公用电信设施同时构成盗窃罪和破坏公用电信设施罪的，依照处罚较重的规定定罪处罚。（§3Ⅱ）

△（**共犯**）指使、组织、教唆他人实施本解释规定的故意犯罪行为的，按照共犯定罪处罚。（§4）

△（**公用电信设施的范围、用户数、通信中断和严重障碍的标准和时间长度**）本解释中规定的公用电信设施的范围、用户数、通信中断和严重障碍的标准和时间长度，依据国家电信行业主管部门的有关规定确定。（§5）

《最高人民法院关于审理破坏广播电视设施等刑事案件具体应用法律若干问题的解释》（法释〔2011〕13号，自2011年6月13日起施行）

△（**破坏广播电视设施罪**）采取拆卸、毁坏设备，剪割缆线，删除、修改、增加广播电视设备系统中存储、传输的数据和应用程序，非法占用频率等手段，破坏正在使用的广播电视设施，具有下列情形之一的，依照刑法第一百二十四条第一款的规定，以破坏广播电视设施罪处三年以上七年以下有期徒刑：

（一）造成救灾、抢险、防汛和灾害预警等重大公共信息无法发布的；

（二）造成县级、地市（设区的市）级广播电视台中直接关系节目播出的设施无法使用，信号无法播出的；

（三）造成省级以上广播电视传输网内的设施无法使用，地市（设区的市）级广播电视传输网内的设施无法使用三小时以上，县级广播电视传输网内的设施无法使用十二小时以上，信号无法传输的；

（四）其他危害公共安全的情形。（§1）

△（**破坏广播电视设施罪；造成严重后果**）实施本解释第一条规定的行为，具有下列情形之一的，应当认定为刑法第一百二十四条第一款规定的"造成严重后果"，以破坏广播电视设施罪处七年以上有期徒刑：

（一）造成救灾、抢险、防汛和灾害预警等重大公共信息无法发布，因此贻误排除险情或者疏

[①] 我国学者指出，本罪属于具体危险犯，不以造成侵害结果为要件。因此，该司法解释将破坏公用电信设施罪解释为侵害犯的做法，值得进一步推敲。参见张明楷：《刑法学》（第6版），法律出版社2021年版，第899页。

导群众,致使一人以上死亡、三人以上重伤或者财产损失五十万元以上,或者引起严重社会恐慌、社会秩序混乱的;

(二)造成省级以上广播电视台中直接关系节目播出的设施无法使用,信号无法播出的;

(三)造成省级以上广播电视传输网内的设施无法使用三小时以上,地市(设区的市)级广播电视传输网内的设施无法使用十二小时以上,县级广播电视传输网内的设施无法使用四十八小时以上,信号无法传输的;

(四)造成其他严重后果的。(§2)

△(过失损坏广播电视设施罪;酌情从宽处罚事由)过失损坏正在使用的广播电视设施,造成本解释第二条规定的严重后果的,依照刑法第一百二十四条第二款的规定,以过失损坏广播电视设施罪处,在七年以下有期徒刑;情节较轻的,处三年以下有期徒刑或者拘役。

过失损坏广播电视设施构成犯罪,但能主动向有关部门报告,积极赔偿损失或者修复被损坏设施的,可以酌情从宽处罚。(§3)

△(建设、施工单位的管理人员、施工人员;破坏广播电视设施罪;过失损坏广播电视设施罪)建设、施工单位的管理人员、施工人员,在建设、施工过程中,违反广播电视设施保护规定,故意或者过失损毁正在使用的广播电视设施,构成犯罪的,以破坏广播电视设施罪或者过失损坏广播电视设施罪定罪处罚。其定罪量刑标准适用本解释第一至三条的规定。(§4)

△(想象竞合犯;盗窃罪)盗窃正在使用的广播电视设施,尚未构成盗窃罪,但具有本解释第一条、第二条规定情形的,以破坏广播电视设施罪定罪处罚;同时构成盗窃罪和破坏广播电视设施罪的,依照处罚较重的规定定罪处罚。(§5)

△(想象竞合犯;煽动分裂国家罪;煽动颠覆国家政权罪;煽动民族仇恨、民族歧视罪)实施破坏广播电视设施犯罪,并利用广播电视设施实施煽动分裂国家、煽动颠覆国家政权、煽动民族仇恨、民族歧视或者宣扬邪教等行为,同时构成其他犯罪的,依照处罚较重的规定定罪处罚。(§7)

△(广播电视台中直接关系节目播出的设施、广播电视传输网内的设施)本解释所称广播电视台中直接关系节目播出的设施、广播电视传输网内的设施,参照国家广播电视行政主管部门和其他相关部门的有关规定确定。(§8)

《最高人民法院、最高人民检察院关于办理盗窃刑事案件适用法律若干问题的解释》(法释〔2013〕8号,自2013年4月4日起施行)

△(想象竞合犯;盗窃罪)盗窃公私财物并造成财物损毁的,按照下列规定处理:

(一)采用破坏性手段盗窃公私财物,造成其他财物损毁的,以盗窃罪从重处罚;同时构成盗窃罪和其他犯罪的,择一重罪从重处罚;

(二)实施盗窃罪后,为掩盖罪行或者报复等,故意毁坏其他财物构成犯罪的,以盗窃罪和构成的其他犯罪数罪并罚;

(三)盗窃行为未构成犯罪,但损毁财物构成其他犯罪的,以其他犯罪定罪处罚。(§11)

【司法解释性文件】

《最高人民法院、最高人民检察院、公安部、国家安全部关于依法办理非法生产销售使用"伪基站"设备案件的意见》(公通字〔2014〕13号,2014年3月14日公布)

△("伪基站"设备;想象竞合犯;虚假广告罪;非法获取公民个人信息罪;破坏计算机信息系统罪;扰乱无线电通讯管理秩序罪;诈骗罪)非法使用"伪基站"设备干扰公用电信网络信号,危害公共安全的,依照《刑法》第一百二十四条第一款的规定,以破坏公用电信设施罪追究刑事责任;同时构成虚假广告罪、非法获取公民个人信息罪、破坏计算机信息系统罪、扰乱无线电通讯管理秩序罪的,依照处罚较重的规定追究刑事责任。

除法律、司法解释另有规定外,利用"伪基站"设备实施诈骗等其他犯罪行为,同时构成破坏公用电信设施罪的,依照处罚较重的规定追究刑事责任。

△("伪基站"设备;共同犯罪)明知他人实施非法生产、销售"伪基站"设备,或者非法使用"伪基站"设备干扰公用电信网络信号等犯罪,为其提供资金、场所、技术、设备等帮助的,以共同犯罪论处。

《最高人民法院、最高人民检察院、工业和信息化部、公安部关于印发〈公用电信设施损坏经济损失计算方法〉的通知》(工信部联电管〔2014〕372号,2014年8月28日公布)

△(规范目的)保障公用电信设施安全稳定运行,规范公用电信设施损坏经济损失计算,制定本方法。(§1)

△(适用范围)中华人民共和国境内由于盗窃、破坏等因素造成公用电信设施损坏所带来的经济损失,根据本方法计算。(§2)

△(公用电信设施)本方法中公用电信设施主要包括:

(一)通信线路类:包括光(电)缆、电力电缆等;交接箱、分(配)线盒等;管道、槽道、人井(手孔);电杆、拉线、吊线、挂钩等支撑加固和保护装置;标石、标志标牌、井盖等附属配套设施。

(二)通信设备类:包括基站、中继站、微波站、直放站、室内分布系统、无线局域网(WLAN)系统、有线接入设备、公用电话终端等。

(三)其他配套设备类:包括通信铁塔、收发信天(馈)线;公用电话亭;用于维系通信设备正常运转的通信机房、空调、蓄电池、开关电源、不间断电源(UPS)、太阳能电池板、油机、变压器、接地铜排、消防设备、安防设备、动力环境设备等附属配套设施。

(五)电信主管部门认定的其他电信设施。(§3)

△(公用电信设施损坏经济损失;公用电信设施修复损失;阻断通信业务损失;阻断通信其他损失)公用电信设施损坏经济损失,主要包括公用电信设施修复损失、阻断通信业务损失和阻断通信其他损失。

公用电信设施修复损失,是指公用电信设施损坏后临时抢修、正式恢复所需各种修复费用总和,包括人工费、机具使用费、仪表使用费、调遣费、慰补费、更换设施设备费用等。

阻断通信业务损失,是指公用电信设施损坏造成通信中断所带来的业务损失的总和,包括干线光传送网阻断通信损失、城域/本地光传送网阻断通信损失和接入网阻断通信损失。

阻断通信其他损失,是指公用电信设施损坏造成通信中断所带来的除通信业务损失以外的其他损失的总和,包括基础电信企业依法向电信用户支付的赔偿费用等损失。(§4)

△(公用电信设施修复损失计算)公用电信设施损坏后临时抢修、正式修复所需费用按照《关于发布〈通信建设工程概算、预算编制办法及相关定额〉的通知》(工信部规[2008]75号)核实确定。

公用电信设施损坏后通过设置应急通信设备、使用备份设备或迂回路由等方式临时抢修产生的费用,可由当地通信管理局确定。(§5)

△(阻断通信业务损失计算)阻断通信业务损失=阻断通信时间×阻断通信单位时间价值。

阻断通信时间,是指自该类业务通信阻断发生时始,至该类业务修复后经测试验证后通信可用时止的时间长度。

单位时间通信业务价值,是指阻断通信时间段前三十天对应时段内的平均业务量与业务单价的乘积。

各类业务单价可在该类业务标价和套餐折合最低价之间取值,具体由当地通信管理局根据当地实际情况确定。

(一)干线光传送网阻断通信损失

干线光传送网,按照阻断通信的使用带宽进行计算,即:

干线光传送网阻断通信损失=阻断通信时间(分钟)×前三十天对应时段内平均使用带宽(Mb)×单位带宽价格(元/Mbps/分钟)。

单位带宽价格按基础电信企业向当地通信管理局资费备案的互联网100Mbps专线接入(当地静态路由接入方式)价格的百分之一计算。

(二)城域/本地光传送网阻断通信损失

城域/本地光传送网阻断通信损失参照干线光传送网阻断通信损失计算。

(三)接入网阻断通信损失

接入网可明确区分不同业务类型,应分别计算该网络内不同业务实际阻断通信时间内的损失,并将不同业务类型损失进行叠加。

接入网阻断通信损失包括固定和移动语音业务损失、固定数据业务损失、移动数据业务损失、固定和移动专线出租电路损失、短信业务损失和增值电信业务损失。

固定和移动语音业务损失包括国际长途、国内长途和本地通话三类业务损失,每类业务损失计算公式为:固定和移动语音业务损失=前三十天对应时段内平均通话时长(分钟)×单价(元/分钟)。

固定数据业务损失计算公式为:固定数据业务损失=阻断通信时间(分钟)×月均固定数据业务资费/当月分钟数(元/分钟)。

移动数据业务损失计算公式为:移动数据业务损失=前三十天对应时段内平均数据流量(MB/秒)×阻断时长(秒)×单价(元/MB)。

固定和移动专线出租电路损失根据基础电信企业和党、政、军机关、事业单位、企业等签订的专线电路租用合同相关条款进行计算。

短信业务损失计算公式为:短信业务阻断损失=前三十天对应时段内平均短信量(条)×单价(元/条)。

增值电信业务损失可由当地通信管理局确定。(§6)

△(专用电信设施损坏经济损失计算)专用电信设施损坏经济损失计算可参照本方法执行。(§7)

△(各省、自治区、直辖市通信管理局)各省、自治区、直辖市通信管理局可根据本规定,结合具体情况制定适合本行政区域内的公用电信设施损坏经济损失计算方法。(§8)

△(解释机关)本方法由工业和信息化部负责解释。(§9)

△(实施时间)本规定自印发之日起实施。(§10)

【参考案例】

No.2-124(1)-1 李雄剑等扰乱无线电通讯管理秩序案

利用"伪基站"群发短信的行为不符合破坏广播电视设施、公用电信设施罪的破坏行为要件,也没有达到危害公共安全的程度,不宜以破坏广播电视设施、公用电信设施罪定罪处罚,应认定为扰乱无线电通讯管理秩序罪。

第一百二十五条 【非法制造、买卖、运输、邮寄、储存枪支、弹药、爆炸物罪】【非法制造、买卖、运输、储存危险物质罪】

非法制造、买卖、运输、邮寄、储存枪支、弹药、爆炸物的,处三年以上十年以下有期徒刑;情节严重的,处十年以上有期徒刑、无期徒刑或者死刑。

非法制造、买卖、运输、储存毒害性、放射性、传染病病原体等物质,危害公共安全的,依照前款的规定处罚。

单位犯前两款罪的,对单位判处罚金,并对其直接负责的主管人员和其他直接责任人员,依照第一款的规定处罚。

【立法沿革】

《中华人民共和国刑法》(1997年修订,自1997年10月1日起施行)

第一百二十五条

非法制造、买卖、运输、邮寄、储存枪支、弹药、爆炸物的,处三年以上十年以下有期徒刑;情节严重的,处十年以上有期徒刑、无期徒刑或者死刑。

非法买卖、运输核材料的,依照前款的规定处罚。

单位犯前两款罪的,对单位判处罚金,并对其直接负责的主管人员和其他直接责任人员,依照第一款的规定处罚。

《中华人民共和国刑法修正案(三)》(自2001年12月29日起施行)

五、将刑法第一百二十五条第二款修改为:"非法制造、买卖、运输、储存毒害性、放射性、传染病病原体等物质,危害公共安全的,依照前款的规定处罚。"

【条文说明】

本条是关于非法制造、买卖、运输、邮寄、储存枪支、弹药、爆炸物罪和非法制造、买卖、运输、储存危险物质罪及其处罚的规定。

本条共分为三款。

第一款是对非法制造、买卖、运输、邮寄、储存枪支、弹药、爆炸物的犯罪及其处罚的规定。这里所说的"非法",既包括违反法律、法规,也包括违反国家有关部门发布的规章、通告等规范性文件。其中,"制造",是指以各种方法生产枪支、弹药、爆炸物的行为,包括改造、装配;"买卖",是指行为人购买或者出售枪支、弹药、爆炸物的行为;①②"运输",是指通过各种交通工具移送枪支、弹药、爆炸物的行为;"邮寄",是指通过邮局、快递等将枪支、弹药、爆炸物寄往目的地的行为;"储存",包括明知是他人非法制造、买卖、运输、邮寄的枪支、弹药、爆炸物而为其存放的行为,也包括自己储存的情况。应当注意的是,这里所说的"运输"与"邮寄"的主要区别是运输的方式不同,一个通过交通工具,另一个通过邮政、快递系统,"运输"一般较"邮寄"的数量要多。

本款规定的"枪支",根据枪支管理法的规定,是指以火药或者压缩气体等为动力,利用管状器具发射金属弹丸或者其他物质,足以致人伤亡或者丧失知觉的各种枪支。包括军用的手枪、步枪、冲锋枪、机枪以及射击运动用的各种枪支,还有各种民用的狩猎用枪等。③"弹药",是指上述枪支所使用的子弹、火药等。"爆炸物",是指具

---

① 以枪支换枪支、以弹药换弹药或者以枪支换弹药的行为,是否构成非法买卖枪支、弹药罪,取决于行为是否增加了公共危险。一般而言,上述各种交换行为都会增加公共危险,只有当交换对象的性能与数量完全相同时,才可能认为没有增加公共危险。参见张明楷:《刑法学》(第6版),法律出版社2021年版,第912页。

② 买方因购买枪支而得到随枪附赠子弹的行为,构成非法买卖弹药罪。参见黎宏:《刑法学各论》(第2版),法律出版社2016年版,第46页。

③ 我国学者指出,枪支、弹药包括民用枪支、弹药。但是,私自制作土枪出售者或将体育运动用枪改装成火药枪,情节显著轻微危害不大,不构成犯罪。参见周光权:《刑法各论》(第4版),中国人民大学出版社2021年版,第205页。

有爆破性并对人体造成杀伤的物品,如手榴弹、炸药以及雷管、爆破筒、地雷等。根据本款规定,2001年5月15日发布了《最高人民法院关于审理非法制造、买卖、运输枪支、弹药、爆炸物等刑事案件具体应用法律若干问题的解释》,2009年11月16日公布了《最高人民法院关于修改〈最高人民法院关于审理非法制造、买卖、运输枪支、弹药、爆炸物等刑事案件具体应用法律若干问题的解释〉的决定》,对该解释进行了修改,在执法中应当按照修改后的司法解释执行。

第二款是对**非法制造、买卖、运输、储存毒害性、放射性、传染病病原体等物质,危害公共安全犯罪的处罚规定**。这里所说的"**毒害性、放射性、传染病病原体等物质**",第一百一十四条中已有论述,不再赘述。根据本款规定,非法制造、买卖、运输、储存毒害性、放射性、传染病病原体等物质,只有是危害公共安全的,才构成犯罪。①

根据本条规定,非法制造、买卖、运输、邮寄、储存枪支、弹药、爆炸物的,以及非法制造、买卖、运输、储存毒害性、放射性、传染病病原体等物质,危害公共安全的,处三年以上十年以下有期徒刑;情节严重的,处十年以上有期徒刑、无期徒刑或者死刑。

第三款是关于单位犯前两款罪的处罚规定。单位犯前两款罪的,对单位判处罚金,并对其直接负责的主管人员和其他直接责任人员,依照第一款的规定处罚,即一般情形处三年以上十年以下有期徒刑;情节严重的,处十年以上有期徒刑、无期徒刑或者死刑。

【司法解释】

《最高人民法院、最高人民检察院关于办理非法制造、买卖、运输、储存毒鼠强等禁用剧毒化学品刑事案件具体应用法律若干问题的解释》(法释〔2003〕14号,自2003年10月1日起施行)

△(**毒鼠强等禁用剧毒化学品;非法制造、买卖、运输、储存危险物质罪**)非法制造、买卖、运输、储存毒鼠强等禁用剧毒化学品,具有下列情形之一的,依照刑法第一百二十五条的规定,以非法制造、买卖、运输、储存危险物质罪,处三年以上十年以下有期徒刑:

(一)非法制造、买卖、运输、储存原粉、原液、制剂50克以上,或者饵料2千克以上的;

(二)在非法制造、买卖、运输、储存过程中致人重伤、死亡或者造成公私财产损失10万元以上的。(§1)

△(**毒鼠强等禁用剧毒化学品;非法制造、买卖、运输、储存危险物质罪;情节严重**)非法制造、买卖、运输、储存毒鼠强等禁用剧毒化学品,具有下列情形之一的,属于刑法第一百二十五条规定的"情节严重",处十年以上有期徒刑、无期徒刑或者死刑:

(一)非法制造、买卖、运输、储存原粉、原液、制剂500克以上,或者饵料20千克以上的;

(二)在非法制造、买卖、运输、储存过程中致3人以上重伤、死亡,或者造成公私财产损失20万元以上的;

(三)非法制造、买卖、运输、储存原粉、原液、制剂50克以上不满500克,或者饵料2千克以上不满20千克,并具有其他严重情节的。(§2)

△(**单位犯罪**)单位非法制造、买卖、运输、储存毒鼠强等禁用剧毒化学品的,依照本解释第一条、第二条规定的定罪量刑标准执行。(§3)

△(**"但书"不作为犯罪处理;从轻、减轻或者免除处罚事由**)本解释施行以前,确因生产、生活需要而非法制造、买卖、运输、储存毒鼠强等禁用剧毒化学品饵料自用,没有造成严重社会危害的,可以依照刑法第十三条的规定,不作为犯罪处理。

本解释施行以后,确因生产、生活需要而非法制造、买卖、运输、储存毒鼠强等禁用剧毒化学品饵料自用,构成犯罪,但没有造成严重社会危害,经教育确有悔改表现的,可以依法从轻、减轻或者免除处罚。(§5)

△(**毒鼠强等禁用剧毒化学品**)本解释所称"毒鼠强等禁用剧毒化学品",是指国家明令禁止的毒鼠强、氟乙酰胺、氟乙酸钠、毒鼠硅、甘氟。②(§6)

《最高人民法院关于审理非法制造、买卖、运输枪支、弹药、爆炸物等刑事案件具体应用法律若干问题的解释》(法释〔2009〕18号,自2010年1月1日起施行)

△(**非法制造、买卖、运输、邮寄、储存枪支、弹药、爆炸物罪;共犯**)个人或者单位非法制造、买

---

① 本罪属于具体危险犯。参见张明楷:《刑法学》(第6版),法律出版社2021年版,第914页。

② 我国学者指出,非法制造、买卖、运输、储存危险物质并不限于条举规定中所明文列举的五类禁用剧毒化学品。列入《剧毒化学品目录》(2002年版)的限用化学品(如液氨等),虽非国家禁用化学品,但其属于剧毒化学品且被列入《剧毒化学品目录》,就属于严格监管的对象。因此,可以判定其具有明显的"毒害性",不容任意买卖。参见周光权:《刑法各论》(第4版),中国人民大学出版社2021年版,第207—208页。

卖、运输、邮寄、储存枪支、弹药、爆炸物,具有下列情形之一的,依照刑法第一百二十五条第一款的规定,以非法制造、买卖、运输、邮寄、储存枪支、弹药、爆炸物罪定罪处罚:

(一)非法制造、买卖、运输、邮寄、储存军用枪支一支以上的;

(二)非法制造、买卖、运输、邮寄、储存以火药为动力发射枪弹的非军用枪支一支以上或者以压缩气体等为动力的其他非军用枪支二支以上的;

(三)非法制造、买卖、运输、邮寄、储存军用子弹十发以上、气枪铅弹五百发以上或者其他军用子弹一百发以上的;

(四)非法制造、买卖、运输、邮寄、储存手榴弹一枚以上的;

(五)非法制造、买卖、运输、邮寄、储存爆炸装置的;

(六)非法制造、买卖、运输、邮寄、储存炸药、发射药、黑火药一千克以上或者烟火药三千克以上,雷管三十枚以上或者导火索、导爆索三十米以上的;

(七)具有生产爆炸物品资格的单位不按照规定的品种制造,或者具有销售、使用爆炸物品资格的单位超过限额买卖炸药、发射药、黑火药十千克以上或者烟火药三十千克以上,雷管三百枚以上或者导火索、导爆索三百米以上的;

(八)多次非法制造、买卖、运输、邮寄、储存弹药、爆炸物的;

(九)虽未达到上述最低数量标准,但具有造成严重后果等其他恶劣情节的。

介绍买卖枪支、弹药、爆炸物的,以买卖枪支、弹药、爆炸物罪的共犯论处。(§1)

△(**非法制造、买卖、运输、邮寄、储存枪支、弹药、爆炸物罪;情节严重**)非法制造、买卖、运输、邮寄、储存枪支、弹药、爆炸物,具有下列情形之一的,属于刑法第一百二十五条第一款规定的"情节严重":

(一)非法制造、买卖、运输、邮寄、储存枪支、弹药、爆炸物的数量达到本解释第一条第(一)、(二)、(三)、(六)、(七)项规定的最低数量标准五倍以上的;

(二)非法制造、买卖、运输、邮寄、储存手榴弹三枚以上的;

(三)非法制造、买卖、运输、邮寄、储存爆炸装置的;

(四)达到本解释第一条规定的最低数量标准,并具有造成严重后果等其他恶劣情节的。(§2)

△(**枪支数量之计算**)非法制造、买卖、运输、邮寄、储存、盗窃、抢夺、持有、私藏、携带成套枪支散件的,以相应数量的整枪计算。非成套枪支散件以每三十件为一成套枪支散件计。(§7)

△(**非法储存**)刑法第一百二十五条第一款规定的"非法储存",是指明知是他人非法制造、买卖、运输、邮寄的枪支、弹药而为其存放的行为,或者非法存放爆炸物的行为。① (§8Ⅰ)

△(**从轻处罚、免除刑罚事由;情节严重;量刑**)因筑路、建房、打井、整修宅基地和土地等正常生产、生活需要,以及因从事合法的生产经营活动而非法制造、买卖、运输、邮寄、储存爆炸物,数量达到本解释第一条规定标准,没有造成严重社会危害,并确有悔改表现的,可依法从轻处罚;情节轻微的,可免除处罚。

具有前款情形,数量虽达到本解释第二条规定标准的,也可以不认定为刑法第一百二十五条第一款规定的"情节严重"。

在公共场所、居民区等人员集中区域非法制造、买卖、运输、邮寄、储存爆炸物,或者因非法制造、买卖、运输、邮寄、储存爆炸物三年内受到两次以上行政处罚又实施上述行为,数量达到本解释规定标准的,不适用前两款量刑的规定。(§9)

△(**非法制造、买卖、运输、邮寄、储存其他弹药、爆炸物品等**)实施非法制造、买卖、运输、储存、盗窃、抢夺、持有、私藏其他弹药、爆炸物品的,参照本解释有关条文规定的定罪量刑标准处罚。(§10)

《最高人民法院、最高人民检察院关于涉以压缩气体为动力的枪支、气枪铅弹刑事案件定罪量刑问题的批复》(法释〔2018〕8号,自2018年3月

---

① 我国学者指出,此规定虽然对区分储存行为与持有行为具有意义,但会使储存行为的范围过于狭小。就此而言,非法储存大量枪支、弹药的行为仅成立非法持有、私藏枪支、弹药罪。并且,依照系争规定,"非法存放爆炸物的行为"构成非法储存爆炸物罪,并不要求行为人明知是他人非法制造、买卖、运输的爆炸物而为其存放。在非法存放大量枪支、弹药的情形,额外要求严格的明知要件,也需要一个有力的理由来对此差别处理加以说明。而且,与非法储存、私藏具有直接关联、但保存、控制大量枪支、弹药的行为,也应认定为非法储存枪支、弹药罪,而非非法持有、私藏枪、弹药罪。就此而言,《刑法》第一百二十八条第一款属于普通法条,第一百二十五条第一款是特别法条。参见张明楷:《刑法学》(第6版),法律出版社2021年版,第913、917页;黎宏:《刑法学各论》(第2版),法律出版社2016年版,第51—52页。

30日起施行）

△(以压缩气体为动力且枪口比动能较低的枪支；考量情节；综合评估) 对于非法制造、买卖、运输、邮寄、储存、持有、私藏、走私以压缩气体为动力且枪口比动能较低的枪支的行为，在决定是否追究刑事责任以及如何裁量刑罚时，不仅应当考虑涉案枪支的数量，而且应当充分考虑涉案枪支的外观、材质、发射物、购买场所和渠道、价格、用途、致伤力大小、是否易于通过改制提升致伤力，以及行为人的主观认知、动机目的、一贯表现、违法所得、是否规避调查等情节，综合评估社会危害性，坚持主客观相统一，确保罪责刑相适应。（§1）

△(气枪铅弹；考量情节；综合评估) 对于非法制造、买卖、运输、邮寄、储存、持有、私藏、走私气枪铅弹的行为，在决定是否追究刑事责任以及如何裁量刑罚时，应当综合考虑气枪铅弹的数量、用途以及行为人的动机目的、一贯表现、违法所得、是否规避调查等情节，综合评估社会危害性，确保罪责刑相适应。（§2）

【司法解释性文件】

《公安部关于对彩弹枪按照枪支进行管理的通知》（公治〔2002〕82号，2002年6月7日公布）

△(彩弹枪) 彩弹枪的结构符合《中华人民共和国枪支管理法》第四十六条有关枪支定义规定的要件，且其发射弹时枪口动能均值达到93焦耳，已超过国家军用标准规定的对人体致伤动能的标准（78焦耳）。各地要按照《中华人民共和国枪支管理法》的有关规定对彩弹枪进行管理，以维护社会治安秩序，保障公共安全。

《最高人民法院关于处理涉枪、涉爆申诉案件有关问题的通知》（法〔2003〕8号，2003年1月15日公布）

△(审判监督程序)《解释》①公布后，人民法院经审理并已作出生效裁判的非法制造、买卖、运输枪支、弹药、爆炸物等刑事案件，当事人依法提出申诉，经审查认为生效裁判不符合《通知》②规定的，人民法院可以根据案件的具体情况，按照审判监督程序重新审理，并依照《通知》规定的精神予以改判。

《最高人民法院关于九七刑法实施后发生的非法买卖枪支案件，审理时新的司法解释尚未作出，是否可以参照1995年9月20日最高人民法院〈关于办理非法制造、买卖、运输非军用枪支、弹药刑事案件适用法律问题的解释〉的规定审理案件请示的复函》（〔2003〕刑立他字第8号，2003年7月29日公布）

△(司法解释效力；参照) 原审被告人侯磊非法买卖枪支的行为发生在修订后的《刑法》实施以后，而该案审理时《最高人民法院关于审理非法制造、买卖、运输枪支、弹药、爆炸物等刑事案件具体应用法律若干问题的解释》尚未颁布，因此，依我院法发〔1997〕3号《关于认真学习宣传贯彻修订的〈中华人民共和国刑法〉的通知》的精神，该案应参照1995年9月20日最高人民法院法发〔1995〕20号《关于办理非法制造、买卖、运输非军用枪支、弹药刑事案件适用法律问题的解释》的规定办理。

《最高人民检察院法律政策研究室关于非法制造、买卖、运输、储存以火药为动力发射弹药的大口径武器的行为如何适用法律问题的答复》（〔2004〕高检研发第18号，2004年11月3日公布）

△(以火药为动力发射弹药的大口径武器；非法制造、买卖、运输、储存枪支罪) 对于非法制造、买卖、运输以火药为动力发射弹药的大口径武器的行为，应当按照刑法第一百二十五条第一款的规定，以非法制造、买卖、运输、储存枪支罪追究刑事责任。

《公安部关于涉弩违法犯罪行为的处理及性能鉴定问题的批复》（公复字〔2006〕2号，2006年5月25日公布）

△(弩；登记收缴) 弩是一种具有一定杀伤能力的运动器材，但其结构和性能不符合《中华人民共和国枪支管理法》对枪支的定义，不属于枪支范畴。因此，不能按照《最高人民法院关于审理非法制造、买卖、运输枪支、弹药、爆炸物等刑事案件具体应用法律若干问题的解释》（法释〔2001〕15号）追究刑事责任，仍应按照《公安部、国家工商行政管理局关于加强弩管理的通知》（公治〔1999〕1646号）的规定，针对非法制造、销售、运输、持有弩的登记收缴，消除社会治安隐患。

《公安部关于对以气体等为动力发射金属弹

---

① 本规定中的《解释》乃指《最高人民法院关于审理非法制造、买卖、运输枪支、弹药、爆炸物等刑事案件具体应用法律若干问题的解释》（法释〔2001〕15号）。
② 本规定中的《通知》乃指《最高人民法院对执行〈关于审理非法制造、买卖、运输枪支、弹药、爆炸物等刑事案件具体应用法律若干问题的解释〉有关问题的通知》（法释〔2001〕129号），该通知现已失效。

丸或者其他物质的仿真枪认定问题的批复》(公复字[2006]5号,2006年10月11日公布)

△(仿真枪;杀伤力)依据《中华人民共和国枪支管理法》第四十六条的规定,利用气体、弹簧、电机等形成压缩气体为动力、发射金属弹丸或者其他物质并具有杀伤力的"仿真枪",具备制式气枪的本质特征,应认定为枪支,并按气枪进行管制处理。对非法制造、买卖、运输、储存、邮寄、持有、携带和走私此类枪支的,应当依照《中华人民共和国枪支管理法》、《中华人民共和国刑法》、《中华人民共和国治安管理处罚法》的有关规定,追究当事人的法律责任。对不具有杀伤力但符合仿真枪认定规定的,应认定为仿真枪;对非法制造、销售此类仿真枪的,应当依照《中华人民共和国枪支管理法》的有关规定,予以处罚。

《公安部关于印发〈仿真枪认定标准〉的通知》(公通字[2008]8号,2008年2月19日印发)

△(仿真枪)凡符合以下条件之一的,可以认定为仿真枪:

1. 符合《中华人民共和国枪支管理法》规定的枪支构成要件,所发射金属弹丸或其他物质的枪口比动能小于1.8焦耳/平方厘米(不含本数)、大于0.16焦耳/平方厘米(不含本数)的;

2. 具备枪支外形特征,并且具有与制式枪支材质和功能相似的枪管、枪机、机匣或者击发等机构之一的;

3. 外形、颜色与制式枪支相同或者近似,并且外形长度尺寸介于相应制式枪支全枪长度尺寸的二分之一与一倍之间的。(§1)

△(枪口比动能的计算)枪口比动能的计算,按照《枪支致伤力的法庭科学鉴定判据》规定的计算方法执行。(§2)

△(制式枪支;全枪长)术语解释

1. 制式枪支:国内制造的制式枪支是指已完成定型试验,并且经军队或国家有关主管部门批准投入装备、使用(含外贸出口)的各类枪支。国外制造的制式枪支是指制造商已完成定型试验,并且装备、使用或投入市场销售的各类枪支。

2. 全枪长:是指从枪管口部至枪托或枪机框(适用于无枪托的枪支)底部的长度。(§3)

《最高人民法院、公安部关于公安机关管辖的刑事案件立案追诉标准的规定(一)》(公通字[2008]36号,2008年6月25日公布)

△(非法制造、买卖、运输、储存危险物质罪;立案追诉标准)非法制造、买卖、运输、储存毒害性、放射性、传染病病原体等物质,危害公共安全,涉嫌下列情形之一的,应予立案追诉:

(一)造成人员重伤或者死亡的;

(二)造成直接经济损失十万元以上的;

(三)非法制造、买卖、运输、储存毒鼠强、氟乙酰胺、氟乙酰钠、毒鼠硅、甘氟原粉、原液、制剂五十克以上,或者饵料二千克以上的;

(四)造成急性中毒、放射性疾病或者造成传染病流行、暴发的;

(五)造成严重环境污染的;

(六)造成毒害性、放射性、传染病病原体等危险物质丢失、被盗、被抢或者被他人利用进行违法犯罪活动的;

(七)其他危害公共安全的情形。(§2)

《公安部关于仿真枪认定标准有关问题的批复》(公复字[2011]1号,2011年1月8日发布)

△(仿真枪与制式枪支的比例问题)公安部《仿真枪认定标准》第一条第三项规定的"外形长度尺寸介于相应制式枪支全枪长度尺寸的二分之一与一倍之间",其中的"一倍"是指比相应制式枪支全枪长度尺寸长出一倍;其中的二分之一与一倍均不包含本数。(§1)

△(仿真枪仿制式枪支年代问题)鉴于转轮手枪等一些手动、半自动枪械均属于第一次世界大战以前就已问世的产品。因此,制式枪支的概念不能以第一次世界大战为界划定,仍应当按照《仿真枪认定标准》的有关规定执行。但绳枪、燧发枪等古代前装枪不属于制式枪支的范畴。(§2)

《公安部关于对空包弹管理有关问题的批复》(公复字[2011]3号,2011年9月22日公布)

△(空包弹;枪支管理;射钉弹、发令弹)空包弹是一种能够被枪支击发的无弹头特种枪弹。容于空包弹易被犯罪分子改制成枪弹,并且发射时其枪口冲击波在一定距离内,仍能够对人员造成伤害。因此,应当依据《中华人民共和国枪支管理法》将空包弹纳入枪支弹药管理范畴。其中,对中国人民解放军、武装警察部队需要配备使用的各类空包弹,纳入军队、武警部队装备枪支弹药管理范畴予以管理;对公务用枪配备单位需要使用的各类空包弹,纳入公务用枪管理范畴予以管理;对民用枪支配置、影视制作等单位需要配置使用的各类空包弹,纳入民用枪支弹药管理范畴予以管理。

对于射钉弹、发令弹的口径与制式枪支口径相同的,应当作为民用枪支弹药进行管理;口径与制式枪支口径不同的,对制造企业应当作为民用爆炸物品使用单位进行管理,其销售、购买应当实行实名登记管理。

《最高人民法院、最高人民检察院、公安部、国

《家安全监管总局关于依法加强对涉嫌犯罪的非法生产经营烟花爆竹行为刑事责任追究的通知》(安监总管三〔2012〕116号,2012年9月6日公布)

△(烟花爆竹;黑火药、烟火药;非法制造、买卖、运输、邮寄、储存爆炸物罪)非法生产、经营烟花爆竹及相关行为涉及非法制造、买卖、运输、邮寄、储存黑火药、烟火药,构成非法制造、买卖、运输、邮寄、储存爆炸物罪的,应当依照刑法第一百二十五条的规定定罪处罚;非法生产、经营烟花爆竹及相关行为涉及生产、销售伪劣产品或不符合安全标准产品,构成生产、销售伪劣产品罪或生产、销售不符合安全标准产品罪的,应当依照刑法第一百四十条、第一百四十六条的规定定罪处罚;非法生产、经营烟花爆竹及相关行为构成非法经营罪的,应当依照刑法第二百二十五条的规定定罪处罚。上述非法生产经营烟花爆竹行为的定罪量刑和立案追诉标准,分别按照《最高人民法院关于审理非法制造、买卖、运输枪支、弹药、爆炸物等刑事案件具体应用法律若干问题的解释》(法释〔2009〕18号)、《最高人民法院、最高人民检察院关于办理生产、销售伪劣商品刑事案件具体应用法律若干问题的解释》(法释〔2001〕10号)、《最高人民检察院、公安部关于公安机关管辖的刑事案件立案追诉标准的规定(一)》(公通字〔2008〕36号)、《最高人民检察院、公安部关于公安机关管辖的刑事案件立案追诉标准的规定(二)》(公通字〔2010〕23号)等有关规定执行。

《最高人民法院、最高人民检察院、公安部关于依法收缴非法枪支弹药爆炸物品严厉打击枪爆违法犯罪的通告》(公治〔2018〕258号,2018年5月7日印发)

△(枪支)本通告所称枪支包括:军用枪、猎枪、射击运动枪、麻醉注射枪、气枪、彩弹枪、火药枪等各类制式枪支、能发射制式弹药的非制式枪支以及枪支零部件;弹药包括:以上各类枪支使用的制式、非制式弹丸;爆炸物品包括:炸药、雷管、导火索、导爆索、震源弹、黑火药、烟火药、手榴弹、地雷等各类爆炸物品以及列入易制爆危险化学品名录,可用于制造爆炸物品的危险化学品。(§8)

《最高人民法院、最高人民检察院、公安部、工业和信息化部、住房和城乡建设部、交通运输部、应急管理部、国家铁路局、中国民用航空局、国家邮政局关于依法惩治涉枪支、弹药、爆炸物、易燃易爆危险物品犯罪的意见》(法发〔2021〕35号,2021年12月28日发布)

△(数罪并罚)非法制造、买卖、运输、邮寄、储存、盗窃、抢夺、抢劫、持有、私藏、走私枪支、弹药、爆炸物,并利用该枪支、弹药、爆炸物实施故意杀人、故意伤害、抢劫、绑架等犯罪的,依照数罪并罚的规定处罚。

△(利用信息网络;利用寄递渠道;从严追究)利用信息网络非法买卖枪支、弹药、爆炸物、易燃易爆危险物品,或者利用寄递渠道非法运输枪支、弹药、爆炸物、易燃易爆危险物品,依法构成犯罪的,从严追究刑事责任。(§12)

△(因正常生产、生活需要;因从事合法的生产经营活动;从轻处罚)确因正常生产、生活需要,以及因从事合法的生产经营活动而非法生产、储存、使用、经营、运输易燃易爆危险物品,依法构成犯罪,没有造成严重社会危害,并确有悔改表现的,可以从轻处罚。(§13)

△(主动上交;从轻处罚;自首;立功表现)将非法枪支、弹药、爆炸物主动上交公安机关,或者将未经依法批准或者许可生产、储存、使用、经营、运输的易燃易爆危险物品主动上交行政执法机关处置的,可以从轻处罚;未造成实际危害后果,犯罪情节轻微不需要判处刑罚的,可以依法不追诉或者免予刑事处罚;成立自首的,可以依法从轻、减轻或者免除处罚。

有揭发他人涉枪支、弹药、爆炸物、易燃易爆危险物品犯罪行为,查证属实的,或者提供重要线索,从而得以侦破其他涉枪支、弹药、爆炸物、易燃易爆危险物品案件等立功表现的,可以依法从轻或者减轻处罚;有重大立功表现的,可以依法减轻或者免除处罚。(§14)

《最高人民法院、最高人民检察院、公安部、司法部关于依法严厉打击传播艾滋病病毒等违法犯罪行为的指导意见》(公通字〔2019〕23号,2019年5月19日发布)

△(传播艾滋病病毒;非法买卖危险物质罪)非法买卖含有艾滋病病毒的血液,危害公共安全的,依照刑法第一百二十五条第二款的规定,以非法买卖危险物质罪定罪处罚。

△(治安管理处罚或者其他行政处罚)实施本条第一项至第十一项规定的行为,不构成犯罪,依法不起诉或者免予刑事处罚的,依法予以治安管理处罚或者其他行政处罚。

《最高人民法院、最高人民检察院、公安部、商务部、国家市场监督管理总局、中央军委后勤保障部、中央军委装备发展部、中央军委训练管理部、中央军委国防动员部关于军地共同加强部队训练场未爆弹药安全风险防控的意见》(军训〔2022〕181号,2022年10月22日发布)

△(非法买卖未爆弹药;非法买卖未爆弹药拆解的炮弹引信、火炸药)打击违法犯罪。非法进入训练场、不听制止的,破坏训练场围墙、围网等周界防护设施的,依照军事设施保护法的有关规定处罚,符合刑法第三百六十九条第一款、第三百七十一条规定的,分别以破坏军事设施罪、聚众冲击军事禁区罪、聚众扰乱军事管理区秩序罪定罪处罚。挖捡、非法买卖未爆弹药,符合刑法第一百二十七条第一款、第一百二十五条第一款规定的,分别以盗窃弹药、爆炸物罪和非法买卖弹药、爆炸物罪定罪处罚。非法买卖未爆弹药拆解的炮弹引信、火炸药,符合刑法第一百二十五条第一款规定的,以非法买卖弹药、爆炸物罪定罪处罚。非法进入训练场挖捡炮弹残片,符合刑法第二百六十四条规定的,以盗窃罪定罪处罚。因敲击、拆解未爆弹药等行为引发爆炸,符合刑法第一百一十五条第二款、第二百三十三条、第二百三十五条规定的,分别以过失爆炸罪、过失致人死亡罪、过失致人重伤罪定罪处罚。明知是非法拆解的未爆弹药或者非法挖捡的炮弹残片及其所产生的收益而窝藏、转移、代为销售或者以其他方法掩饰、隐瞒,符合刑法第三百一十二条规定的,以掩饰、隐瞒犯罪所得、犯罪所得收益罪定罪处罚。有非法挖捡买卖行为,经教育后确有悔改表现,上交未爆弹药、炮弹残片或者销售炮弹残片违法所得的,可以依法从宽处理;情节显著轻微危害不大不构成犯罪,构成违反治安管理行为的,依法给予治安管理处罚。(§13)

【指导性案例】

最高人民法院指导性案例第 13 号:王召成等非法买卖、储存危险物质案(2013 年 1 月 31 日发布)

△(毒害性物质)国家严格监督管理的氰化钠等剧毒化学品,易致人中毒或者死亡,对人体、环境具有极大的毒害性和危险性,属于刑法第一百二十五条第二款规定的"毒害性"物质。

△("非法买卖"毒害性物质)"非法买卖"毒害性物质,是指违反法律和国家主管部门规定,未经有关主管部门批准许可,擅自购买或者出售毒害性物质的行为,并不需要兼有买进和卖出的行为。

【公报案例】

查从余、黄保根非法买卖爆炸案(《最高人民法院公报》2005 年第 5 期)

△(非法买卖爆炸物罪;确因生活所需;社会危害性;法定刑以下处刑罚)被告人非法买卖爆炸药的行为,已构成非法买卖爆炸物罪,但鉴于其确因生活所需非法买卖爆炸药,没有造成严重社会危害,经教育确有悔改表现的,可以在法定刑以下判处刑罚。

【参考案例】

No.2-114、115(1)-3-5 靳如超、王玉顺、郝凤琴、胡晓洪爆炸,故意杀人,非法制造、买卖爆炸物案

非法制造、买卖炸药、发射药、黑火药 5 千克以上,或者烟火药 15 千克以上,雷管 150 枚以上或者导火索、导爆索 150 米以上的,为非法制造、买卖炸药罪的"情节严重",若未达到构罪的最低数量标准,但具有造成严重后果等其他恶劣情节的,亦应认定"情节严重"。

No.2-125(1)-4 税启忠非法制造爆炸物案

非法制造、买卖、运输、邮寄、储存枪支、弹药、爆炸物罪中的爆炸物,包括炸药、发射药、黑火药、烟火药、雷管、导火索、导爆索等,但烟花爆竹等娱乐用品不应认定为爆炸物。

No.2-125(1)-5 税启忠非法制造爆炸物案

民情风俗中涉及爆炸物的生产使用,且未造成严重社会危害的,可以认定为确因生产、生活所需而非法制造、买卖、运输枪支、弹药、爆炸物,应当依法免除处罚或从轻处罚。

No.2-125(1)-6 王挺等走私武器、弹药,非法买卖枪支、弹药,非法持有枪支、弹药案

非法买卖枪支弹药罪不以牟利目的为成立要件,行为人基于收藏目的而购买枪支弹药的行为,应以非法买卖枪支、弹药罪定罪处罚。

No.2-125(1)-7 张玉良、方俊强非法买卖枪支案

发生在 1997 年 10 月 1 日以前的非法买卖枪支行为,应适用 1979 年刑法和 1995 年《最高人民法院关于办理非法制造、买卖、运输非军用枪支、弹药刑事案件适用法律问题的解释》(已失效)。

No.2-125(1)-8 张玉良、方俊强非法买卖枪支案

非法买卖枪支罪的追诉时效应从犯罪行为完成之日起计算。

No.2-125(2)-1 王召成等非法买卖、储存危险物质案

《刑法》第一百二十五条第二款规定的毒害性物质不限于国家明令禁止的有毒物质,也包括其他国家剧毒化学品名录中的、毒害性足以危害公共安全的物质。

No.2-125(2)-2 王召成等非法买卖、储存危险物质案

只要存在买入或卖出危险物质的行为之一,

即可构成买卖危险物质罪。

No.2-125(2)-3　王召成等非法买卖、储存危险物质案

《刑法》第一百二十五条第二款规定的"毒害性"物质不仅包括禁用剧毒化学品，也包括纳入危险化学品名录的，易致人中毒或死亡，对人体、环境具有极大毒害性与危险性的剧毒化学品。

No.2-125(2)-4　王召成等非法买卖、储存危险物质案

"非法买卖"毒害性物质，是指违反法律和国家主管机关规定，未经有关主管部门批准许可，擅自购买或者出售毒害性物质的行为，并不需要兼有买进和卖出的行为。

No.2-125(2)-5　于学伟等非法储存危险物质、非法经营、危险物品肇事、单位行贿案

行为人采取违法手段获取经营资质，非法储存危险化学品发生爆炸，根据犯罪事实的不同以及危险化学品种类、性质的不同，分别触犯了非法储存危险物质罪、非法经营罪、危险物品肇事罪，应当实施数罪并罚。

No.2-125(2)-6　于学伟等非法储存危险物质、非法经营、危险物品肇事、单位行贿案

非法储存危险物质，危害公共安全，情节严重的，处十年以上有期徒刑、无期徒刑或者死刑。对于死刑的适用，应当慎重考察"情节严重"的程度，综合社会危害性、犯罪性质、危害后果、人身危险性等方面综合考量，使量刑符合罪责刑相适应原则。

No.3-8-225-47　易某某非法经营案

烟花爆竹制品中虽然含有黑火药或者烟火药成分，但火药经过分装制成烟花爆竹成品后，威力降低、爆炸属性减弱，娱乐属性更强，且行为人不具有获取烟火药或黑火药的爆炸属性的目的，不宜认定为刑法意义上的爆炸物。

第一百二十六条　【违规制造、销售枪支罪】

依法被指定、确定的枪支制造企业、销售企业，违反枪支管理规定，有下列行为之一的，对单位判处罚金，并对其直接负责的主管人员和其他直接责任人员，处五年以下有期徒刑；情节严重的，处五年以上十年以下有期徒刑；情节特别严重的，处十年以上有期徒刑或者无期徒刑：

（一）以非法销售为目的，超过限额或者不按照规定的品种制造、配售枪支的；

（二）以非法销售为目的，制造无号、重号、假号的枪支的；

（三）非法销售枪支或者在境内销售为出口制造的枪支的。

【条文说明】

本条是关于违规制造、销售枪支罪及其处罚的规定。

根据本条的规定，构成本罪的主体只能是单位，即**依法被指定、确定的枪支制造企业、销售企业**。枪支是涉及国家安全、公共安全的特殊物品，国家对枪支的制造、销售等实行严格的管制。《枪支管理法》第十三条明确规定："国家对枪支的制造、配售实行特别许可制度。未经许可，任何单位或者个人不得制造、买卖枪支。"只有经国家专门指定或确定的企业才能从事枪支的制造或销售。这里所说的"**依法**"，是指枪支管理法和有关部门依枪支管理法制定的有关规定。所谓**被指定、确定的枪支制造企业**，是指根据枪支管理法由国家和有关部门指定、确定的允许制造枪支的企业。根据《枪支管理法》第十四条、第十五条的规定，公务用枪，即部队、警察、民兵以及其他特殊部门所装备的各种军用、警用等公务使用枪支，由国家指定的企业制造；民用枪支，即猎枪、麻醉注射枪、射击运动枪等其他非军用枪支的制造企业，由国务院有关主管部门提出，由国务院公安部门确定。同时，制造民用枪支的企业，由国务院公安部门核发民用枪支制造许可证件，有效期三年，期满需要继续制造民用枪支的，应当重新申请领取许可证件。

本条规定的犯罪行为主要包括三种情形：

1.**以非法销售为目的，超过限额或者不按规定的品种制造、配售枪支的**。其中，"**以非法销售为目的**"，是指其生产活动、经营活动是以非法出售枪支获得非法利润为目的。这里的"**超过限额**"制造、配售枪支的，是指枪支制造企业、销售企业超过国家有关主管部门下达的生产或配售枪支的数量指标或者任务，而擅自制造、配售枪支的行为。根据《枪支管理法》及有关主管部门的规定，制造、销售枪支的企业，每年的生产任务、销售总数都由各级公安部门及其他有关主管部门统一下达任务指标。"**不按照规定的品种**"制造、配售枪支的，是指生产枪支的企业没有按照国家规定的技术标准生产枪支或者配售枪支的企业不按照国家规定的配售枪支的品种、型号去配售枪支。例如,《枪支管理法》第十六条规定:"国家对制造、配售民用枪支的数量,实行限额管理。制造民用枪支的年度限额,由国务院林业、体育等有关主管部门、省级人民政府公安机关提出,由国务院公安部门确定并统一编制民用枪支序号,下达到民用枪支制造企业。配售民用枪支的年度限额,由国务院林业、体育等有关主管部门、省级人民政府公安机关提出,由国务院公安部门确定并下达到民用枪支配售企业。"第十七条规定:"制造民用枪支的企业不得超过限额制造民用枪支,所制造的民用枪支必须全部交由指定的民用枪支配售企业配售,不得自行销售。配售民用枪支的企业应当在配售限额内,配售指定的企业制造的民用枪支。"第十八条规定:"制造民用枪支的企业,必须严格按照国家规定的技术标准制造民用枪支,不得改变民用枪支的性能和结构……"如果枪支制造企业、销售企业在制造、销售民用枪支时,违反枪支管理法上述规定的,就属于这里的"超过限额或者不按照规定的品种制造、配售枪支"。

2. 以非法销售为目的,制造无号、重号、假号的枪支的。所谓"制造无号、重号、假号的枪支",是指生产枪支的企业,为了逃避检查,规避法律,在生产枪支过程中有意制造一批没有编号或者重复编号或者虚假编号的枪支,用以非法销售牟利的行为。根据《枪支管理法》第十八条的规定,公安部门对生产的民用枪支必须在生产前确定并统一编制枪支的序号,下达到制造民用枪支的企业。生产企业必须在民用枪支指定的部位铸印制造厂的厂名、枪种代码和公安部门统一编制的枪支序号。如果制造无号、重号或者假号的枪支,就可以逃避有关主管机关的检查,而达到非法牟利的目的。

3. 非法销售枪支或者在境内销售为出口制造的枪支的。这里所说的"非法销售枪支",是指违反枪支管理的规定,销售枪支的行为。根据《枪支管理法》第十九条规定,配售民用枪支的企业必须核对配购证件,严格按照配购证件载明的品种、型号和数量配售;配售弹药,必须核对持枪证件。这里"非法销售枪支"既包括根本没有配售许可资格的销售行为,如私自销售等,也包括没有枪支制造资格的企业制造后销售枪支或者从该企业进货后销售枪支的行为。"在境内销售为出口制造的枪支",是指生产、销售出口枪支的企业将为出口制造的枪支,在境内销售牟利,包括出口退税后转内销,以出口为名生产后内销以及在完成出口任务后,将剩余的枪支非法在境内销售牟利等。根据本条规定和2009年《最高人民法院关于审理非法制造、买卖、运输枪支、弹药、爆炸物等刑事案件具体应用法律若干问题的解释》第三条的规定,依法被指定、确定的枪支制造企业、销售企业有下列行为之一,即违规制造枪支五支以上的,违规销售枪支两支以上的,或者虽未达到上述最低数量标准,但具有造成严重后果等其他恶劣情节的,对单位判处罚金,并对直接负责的主管人员和其他直接责任人员,处五年以下有期徒刑;情节严重的,即违规制造枪支二十支以上的,违规销售枪支十支以上的,或者违规制造枪支五支以上,违规销售枪支两支以上,并具有造成严重后果等其他恶劣情节的,处五年以上十年以下有期徒刑;情节特别严重的,即违规制造枪支五十支以上的,违规销售枪支三十支以上的,或者违规制造枪支二十支以上,违规销售枪支十支以上,并具有造成严重后果等其他恶劣情节的,处十年以上有期徒刑或者无期徒刑。该解释第七条同时规定,成套枪支散件,以相应数量的枪支计;非成套枪支散件以每三十件为一成套枪支散件计。

根据本条规定,构成本罪的,对单位判处罚金,并对其直接负责的主管人员和其他直接责任人员,处五年以下有期徒刑;情节严重的,处五年以上十年以下有期徒刑;情节特别严重的,处十年以上有期徒刑或者无期徒刑。

需要注意的是,本条规定的是违反枪支管理规定,违规制造、销售枪支的犯罪。《枪支管理法》第二条规定:"中华人民共和国境内的枪支管理,适用本法。对中国人民解放军、中国人民武装警察部队和民兵装备枪支的管理,国务院、中央军事委员会另有规定的,适用有关规定。"《枪支管理法》第十三条规定:"国家对枪支的制造、配售实行特别许可制度。未经许可,任何单位或者个人不得制造、买卖枪支。"对于军用枪支的制造、配售也同样适用。因此,**依法被指定、确定从事军用枪支的制造企业、销售企业**,如果有在本条规定的违规制造、销售枪支的行为,也应依照本条规定定罪处罚。如果被依法指定、确定从事非军用枪支的制造、销售企业,违规制造、销售军用枪支的,同样依法适用本条规定定罪处罚。

【司法解释】

《最高人民法院关于审理非法制造、买卖、运输枪支、弹药、爆炸物等刑事案件具体应用法律若干问题的解释》(法释〔2009〕18号,自2010年1月1日起施行)

△(违规制造、销售枪支罪;情节严重;情节特别严重)依法被指定或者确定的枪支制造、销售企业,实施刑法第一百二十六条规定的行为,具有下列情形之一的,以违规制造、销售枪支罪定罪处罚:

(一)违规制造枪支五支以上的;
(二)违规销售枪支二支以上的;
(三)虽未达到上述最低数量标准,但具有造成严重后果等其他恶劣情节的。

具有下列情形之一的,属于刑法第一百二十六条规定的"情节严重":

(一)违规制造枪支二十支以上的;
(二)违规销售枪支十支以上的;
(三)达到本条第一款规定的最低数量标准,并具有造成严重后果等其他恶劣情节的。

具有下列情形之一的,属于刑法第一百二十六条规定的"情节特别严重":

(一)违规制造枪支五十支以上的;
(二)违规销售枪支三十支以上的;
(三)达到本条第二款规定的最低数量标准,并具有造成严重后果等其他恶劣情节的。(§3)

【司法解释性文件】

《最高人民检察院、公安部关于公安机关管辖的刑事案件立案追诉标准的规定(一)》(公通字[2008]36号,2008年6月25日公布)

△(违规制造、销售枪支罪;立案追诉标准;枪支数量之计算)依法被指定、确定的枪支制造企业、销售企业,违反枪支管理规定,以非法销售为目的,超过限额或者不按照规定的品种制造、配售枪支,或者以非法销售为目的,制造无号、重号、假号的枪支,或者非法销售枪支或者在境内销售为出口制造的枪支,涉嫌下列情形之一的,应予立案追诉:

(一)违规制造枪支五支以上的;
(二)违规销售枪支二支以上的;
(三)虽未达到上述数量标准,但具有造成严重后果等其他恶劣情节的。

本条和本规定第四条、第七条规定的"枪支",包括枪支散件。成套枪支散件,以相应数量的枪支计;非成套枪支散件,以每三十件为一成套枪支散件计。(§3)

第一百二十七条 【盗窃、抢夺枪支、弹药、爆炸物、危险物质罪】【抢劫枪支、弹药、爆炸物、危险物质罪】

盗窃、抢夺枪支、弹药、爆炸物的,或者盗窃、抢夺毒害性、放射性、传染病病原体等物质,危害公共安全的,处三年以上十年以下有期徒刑;情节严重的,处十年以上有期徒刑、无期徒刑或者死刑。

抢劫枪支、弹药、爆炸物的,或者抢劫毒害性、放射性、传染病病原体等物质,危害公共安全的,或者盗窃、抢夺国家机关、军警人员、民兵的枪支、弹药、爆炸物的,处十年以上有期徒刑、无期徒刑或者死刑。

【立法沿革】

《中华人民共和国刑法》(1997年修订,自1997年10月1日起施行)

第一百二十七条

盗窃、抢夺枪支、弹药、爆炸物的,处三年以上十年以下有期徒刑;情节严重的,处十年以上有期徒刑、无期徒刑或者死刑。

抢劫枪支、弹药、爆炸物或者盗窃、抢夺国家机关、军警人员、民兵的枪支、弹药、爆炸物的,处十年以上有期徒刑、无期徒刑或者死刑。

《中华人民共和国刑法修正案(三)》(自2001年12月29日起施行)

六、将刑法第一百二十七条修改为:

"盗窃、抢夺枪支、弹药、爆炸物的,或者盗窃、抢夺毒害性、放射性、传染病病原体等物质,危害公共安全的,处三年以上十年以下有期徒刑;情节严重的,处十年以上有期徒刑、无期徒刑或者死刑。

"抢劫枪支、弹药、爆炸物的,或者抢劫毒害性、放射性、传染病病原体等物质,危害公共安全的,或者盗窃、抢夺国家机关、军警人员、民兵的枪支、弹药、爆炸物的,处十年以上有期徒刑、无期徒刑或者死刑。"

【条文说明】

本条是关于盗窃、抢夺枪支、弹药、爆炸物、危险物质罪和抢劫枪支、弹药、爆炸物、危险物质罪及其处罚的规定。

本条共分为两款。

第一款是对**盗窃、抢夺枪支、弹药、爆炸物或者盗窃、抢夺毒害性、放射性、传染病病原体等物质的犯罪及其处罚的规定**。① **盗窃枪支、弹药、爆炸物、危险物质**，是指秘密窃取枪支、弹药、爆炸物或者毒害性、放射性、传染病病原体等危险物质的犯罪行为；**抢夺枪支、弹药、爆炸物、危险物质**，是指乘人不备，公开夺取枪支、弹药、爆炸物或者毒害性、放射性、传染病病原体等危险物质的行为。根据本款的规定，只要行为人实施了盗窃、抢夺枪支、弹药、爆炸物或者毒害性、放射性、传染病病原体等危险物质危害公共安全的，就构成犯罪，处三年以上十年以下有期徒刑；对情节严重的，即盗窃、抢夺枪支、弹药、爆炸物或者毒害性、放射性、传染病病原体等物质数量较大、手段恶劣或者造成严重后果的，处十年以上有期徒刑、无期徒刑或者死刑。这里所说的"**枪支、弹药、爆炸物**"和"**毒害性、放射性、传染病病原体等物质**"的含义、范围与本法第一百二十五条的规定是一致的。《最高人民法院关于审理非法制造、买卖、运输枪支、弹药、爆炸物等刑事案件具体应用法律若干问题的解释》第四条对本条的规定作了进一步细化："盗窃、抢夺枪支、弹药、爆炸物，具有下列情形之一的，依照刑法第一百二十七条第一款的规定，以**盗窃、抢夺枪支、弹药、爆炸物罪**定罪处罚：（一）盗窃、抢夺以火药为动力的发射枪弹非军用枪支一支以上或者以压缩气体等为动力的其他非军用枪支二支以上的；（二）盗窃、抢夺军用子弹十发以上、气枪铅弹五百发以上或者其他非军用子弹一百发以上的；（三）盗窃、抢夺爆炸装置的；（四）盗窃、抢夺炸药、发射药、黑火药一千克以上或者烟火药三千克以上，雷管三十枚以上或者导火索、导爆索三十米以上的；（五）虽未达到上述最低数量标准，但具有造成严重后果等其他恶劣情节的。具有下列情形之一的，属于刑法第一百二十七条第一款规定的'情节严重'：（一）盗窃、抢夺枪支、弹药、爆炸物的数量达到本条第一款规定的最低数量标准五倍以上的；（二）盗窃、抢夺军用枪支的；（三）盗窃、抢夺手榴弹的；（四）盗窃、抢夺爆炸装置，危害严重的；（五）达到本条第一款规定的最低数量标准，并具有造成严重后果等其他恶劣情节的。"

第二款是对**抢劫枪支、弹药、爆炸物或者抢劫毒害性、放射性、传染病病原体等物质**②，**危害公共安全或者盗窃、抢夺国家机关、军警人员、民兵的枪支、弹药、爆炸物的犯罪及其处罚的规定**。抢劫枪支、弹药、爆炸物或者抢劫毒害性、放射性、传染病病原体等物质的行为，具有更大的社会危害性，因此单独规定了更重的处罚。这里规定的"抢劫"，是指以暴力或者以暴力相威胁劫取枪支、弹药、爆炸物或者毒害性、放射性、传染病病原体等物质的行为。这里的"**国家机关**"，是指依法允许装备、使用枪支的国家机关，如公安机关、国家安全机关、人民检察院、人民法院、监狱、海关等；"**军警人员**"，是指军队、武警部队及人民警察中的人员；"**民兵**"，是指依照有关法律规定组成的不脱离生产的群众武装组织成员。根据本款的规定，抢劫枪支、弹药、爆炸物或者抢劫毒害性、放射性、传染病病原体等物质，危害公共安全或盗窃、抢夺国家机关、军警人员、民兵的枪支、弹药、爆炸物的，处十年以上有期徒刑、无期徒刑或者死刑。

需要注意的是，根据2018年中共中央印发的《深化党和国家机构改革方案》的精神，军队、武装警察部队等进行了相应的改革，如**消防部队经过改革后不再属于武装警察部队**。实践中应根据从旧兼从轻的精神，准确把握本条规定的"军警人员"的范围。

【司法解释】

《**最高人民法院关于审理非法制造、买卖、运输枪支、弹药、爆炸物等刑事案件具体应用法律若干问题的解释**》（法释〔2009〕18号，自2010年1月1日起施行）

△（盗窃、抢夺枪支、弹药、爆炸物罪；情节严重）盗窃、抢夺枪支、弹药、爆炸物，具有下列情形之一的，依照刑法第一百二十七条第一款的规定，以盗窃、抢夺枪支、弹药、爆炸物罪定罪处罚：

（一）盗窃、抢夺以火药为动力的发射枪弹非军用枪支一支以上或者以压缩气体等为动力的其他非军用枪支二支以上的；

（二）盗窃、抢夺军用子弹十发以上、气枪铅弹五百发以上或者其他非军用子弹一百发以上的；

---

① 盗窃、抢夺枪支、弹药、爆炸物，属于抽象危险犯；盗窃、抢夺危险物质，属于具体危险犯，需要根据危险物质的种类、盗窃与抢夺的行为方式等判断行为是否发生了具体的公共危险。参见张明楷：《刑法学》（第6版），法律出版社2021年版，第915页。

② 抢劫枪支、弹药、爆炸物，属于抽象危险犯；抢劫危险物质，属于具体危险犯。参见张明楷：《刑法学》（第6版），法律出版社2021年版，第916页。

（三）盗窃、抢夺爆炸装置的；
（四）盗窃、抢夺炸药、发射药、黑火药一千克以上或者烟火药三千克以上、雷管三十枚以上或者导火索、导爆索三十米以上的；
（五）虽未达到上述最低数量标准，但具有造成严重后果等其他恶劣情节的。

具有下列情形之一的，属于刑法第一百二十七条第一款规定的"情节严重"：
（一）盗窃、抢夺枪支、弹药、爆炸物的数量达到本条第一款规定的最低数量标准五倍以上的；
（二）盗窃、抢夺军用枪支的；
（三）盗窃、抢夺手榴弹的；
（四）盗窃、抢夺爆炸装置，危害严重的；
（五）达到本条第一款规定的最低数量标准，并具有造成严重后果等其他恶劣情节的。（§4）

△（**枪支数量之计算**）非法制造、买卖、运输、邮寄、储存、盗窃、抢夺、持有、私藏、携带成套枪支散件的，以相应数量的枪支计；非成套枪支散件以每三十件为一成套枪支散件计。（§7）

△（**盗窃、抢夺其他弹药、爆炸物品等**）实施非法制造、买卖、运输、邮寄、储存、盗窃、抢夺、持有、私藏其他弹药、爆炸物品等行为，参照本解释有关条文规定的定罪量刑标准处罚。（§10）

【**司法解释性文件**】

《最高人民法院、最高人民检察院、公安部、工业和信息化部、住房和城乡建设部、交通运输部、应急管理部、国家铁路局、中国民用航空局、国家邮政局关于依法惩治涉枪支、弹药、爆炸物、易燃易爆危险物品犯罪的意见》（法发〔2021〕35号，2021年12月28日发布）

△（**数罪并罚**）非法制造、买卖、运输、邮寄、储存、盗窃、抢夺、持有、私藏、走私枪支、弹药、爆炸物，并利用该枪支、弹药、爆炸物实施故意杀人、故意伤害、抢劫、绑架等犯罪的，依照数罪并罚的规定处罚。（§4）

△（**主动上交；从轻处罚；自首；立功表现**）将非法枪支、弹药、爆炸物主动上交公安机关，或将未经依法批准或者许可生产、储存、使用、经营、运输的易燃易爆危险物品主动上交行政执法机关处置的，可以从轻处罚；未造成实际危害后果，犯罪情节轻微不需要判处刑罚的，可以依法不起诉或者免予刑事处罚；成立自首的，可以依法从轻、减轻或者免除处罚。

有揭发他人涉枪支、弹药、爆炸物、易燃易爆危险物品犯罪行为，查证属实的，或者提供重要线索，从而得以侦破其他涉枪支、弹药、爆炸物、易燃易爆危险物品案件等立功表现的，可以依法从轻或者减轻处罚；有重大立功表现的，可以依法减轻或者免除处罚。（§14）

【**参考案例**】

No.5-263-79 张君等抢劫、杀人案

利用保管本单位弹药的职务之便，将本人保管的弹药据为己有后予以出卖的，不构成非法买卖弹药罪，应以盗窃弹药罪论处。

第一百二十八条 【非法持有、私藏枪支、弹药罪】【非法出租、出借枪支罪】

违反枪支管理规定，非法持有、私藏枪支、弹药的，处三年以下有期徒刑、拘役或者管制；情节严重的，处三年以上七年以下有期徒刑。

依法配备公务用枪的人员，非法出租、出借枪支的，依照前款的规定处罚。

依法配置枪支的人员，非法出租、出借枪支，造成严重后果的，依照第一款的规定处罚。

单位犯第二款、第三款罪的，对单位判处罚金，并对其直接负责的主管人员和其他直接责任人员，依照第一款的规定处罚。

【**条文说明**】

本条是关于非法持有、私藏枪支、弹药罪和非法出租、出借枪支罪及其处罚的规定。

本条共分为四款。

第一款是关于**非法持有、私藏枪支、弹药罪**的处罚规定。本款规定的"**违反枪支管理规定**"，是指枪支管理法及国家有关主管部门对枪支、弹药管理等方面作的规定。如枪支管理法中对哪些部门、哪些单位、哪些人员可以配备、使用枪支，都作了明确规定。"**非法持有**"，是指不符合配备、配置枪支、弹药条件的人员，违反枪支管理法律、法规的规定，擅自持有枪支、弹药的行为。"**私藏**"，是指依法配备、配置枪支、弹药的人员，在配备、配置枪支、弹药的条件消失后，违反枪支管理法律、法规的规定，私自藏匿所配备、配置的枪支、弹药

且拒不交出的行为。①②根据本款规定和《最高人民法院关于审理非法制造、买卖、运输枪支、弹药、爆炸物等刑事案件具体应用法律若干问题的解释》第五条的规定，违反枪支管理规定，非法持有、私藏军用枪支一支的；非法持有、私藏以火药为动力发射枪弹的非军用枪支一支或者以压缩气体等为动力的其他非军用枪支两支以上的；非法持有、私藏军用子弹二十发以上，气枪铅弹一千发以上或者其他非军用子弹二百发以上的；非法持有、私藏手榴弹一枚以上的；或者非法持有、私藏的弹药造成人员伤亡、财产损失的，构成犯罪，处三年以下有期徒刑、拘役或者管制；情节严重的，即非法持有、私藏军用枪支两支以上的；非法持有、私藏以火药为动力发射枪弹的非军用枪支两支以上或者以压缩气体等为动力的其他非军用枪支五支以上的；非法持有、私藏军用子弹一百发以上，气枪铅弹五千发以上或者其他非军用子弹一千发以上的；非法持有、私藏手榴弹三枚以上的；非法持有、私藏枪支达到构成犯罪的最低数量标准，并具有造成严重后果等其他恶劣情节的，处三年以上七年以下有期徒刑。

第二款是关于**配备公务用枪的人员非法出租、出借枪支罪**的处罚规定。这里所说的"**依法配备公务用枪的人员**"，一般是指公安机关、国家安全机关、监狱的人民警察，人民法院、人民检察院的司法警察，以及海关的缉私人员，在依法履行职责时确有必要使用枪支的人员，还有国家重要的军工、金融、仓储、科研等单位的专职守护、押运人员在执行守护、押运任务时确有必要使用枪支的人员。这里所说的"**依法配备**"，主要是指根据枪支管理法规定的审批权配备。1996年《枪支管理法》第七条第一款规定："配备公务用枪，由国务院公安部门统一审批。"考虑到国务院公安部门可以利用信息化手段，对公务用枪配备、领取、交还、使用等环节进行动态监管，对公务用枪购置实行统一渠道订购，依法查纠超范围、超标准配枪行为，因此，2015年4月24日第十二届全国人大常委会第十四次会议通过《全国人民代表大会常务委员会关于修改〈中华人民共和国港口法〉等七部法律的决定》，修改了《枪支管理法》第七条第一款的规定，将其修改为"配备公务用枪，由国务院公安部门或者省级人民政府公安机关审批"，**将除公安部机关及所属部门外的配备公务用枪审批权下放到省级人民政府公安机关。**这里所说的"**公务用枪**"，是指各种军用枪支，如手枪、冲锋枪、机枪等。"**非法出租**"，是指以牟利为目的，将配备给自己的枪支租给他人的行为；③"**非法出借**"，是指擅自将配备给自己的枪支借给他人的行为。④⑤根据本款的规定，行为人在主观上对出租、出借的行为是明知的，有的是为牟利，有的是供他人娱乐，但表明知他人使用枪支进行犯罪活动仍出租、出借的，则应定为共犯，不能适用本款定罪处刑。根据本款规定，构成犯罪的，处三年以下有期徒刑、拘役或者管制；情节严重的，处三年以上七年以下有期徒刑。

第三款是关于**依法配置枪支的人员，非法出租、出借枪支罪**的处罚规定。本款与第二款在犯罪行为的表述和处刑上是一致的，但在犯罪构成上有两点不同：一是**这里所说的"枪支"，是指民用枪支**，如猎枪、麻醉注射枪、射击运动枪等。对于配置上述民用枪支的范围，枪支管理法已作了明确规定。二是**构成本款之罪的，必须是造成严重后果的非法出租、出借行为**，如使用人利用该枪支打伤，打死人等情况。⑥也就是说，如果非法出租、出借民用枪支的行为没有造成严重后果的，则应按有关规定处理，不构成犯罪。根据本款规定，

---

① 我国学者指出，"非法持有"与"私藏"之间的区别，并无实际意义。行为人所非法持有的枪支、弹药的来源没有限制。参见张明楷：《刑法学》（第6版），法律出版社2021年版，第916页。

② 我国学者指出，只有在根据证据尚不能将其行为认定为非法制造、买卖、运输、盗窃、抢夺、抢劫枪支、弹药而持有、私藏的场合，才能认定其行为构成本罪；否则，应以相应的犯罪论处，不构成本罪。参见黎宏：《刑法学各论》（第2版），法律出版社2016年版，第51页。

③ 如果行为人永久性且有偿地将枪支转让给他人，则构成非法买卖枪支罪。参见张明楷：《刑法学》（第6版），法律出版社2021年版，第918页；黎宏：《刑法学各论》（第2版），法律出版社2016年版，第52页。

④ 如果非法将公务用枪赠予他人，则该行为可以被评价为永久性且无偿地提供给他人使用的行为，应认定为非法出借枪支罪。参见张明楷：《刑法学》（第6版），法律出版社2021年版，第918页；黎宏：《刑法学各论》（第2版），法律出版社2016年版，第52页。

⑤ 我国学者指出，非法出租、出借的对方（他人），应是没有配备公务用枪资格的人员或单位。参见张明楷：《刑法学》（第6版），法律出版社2021年版，第918页。

⑥ 我国学者指出，本罪之"造成严重后果"宜理解为客观的超过要素，只要行为人具有认识的可能性即可。参见张明楷：《刑法学》（第6版），法律出版社2021年版，第918页。另外，对客观超过要素的批评，参见周光权：《刑法总论》（第4版），中国人民大学出版社2021年版，第270—271页。

构成犯罪的,处三年以下有期徒刑、拘役或者管制;情节严重的,处三年以上七年以下有期徒刑。

第四款是关于**单位非法出租、出借枪支罪**的处罚规定。这里的单位为依法配备、配置公务用枪的单位和依法配备、配置民用枪支的单位。单位犯非法出租、出借枪支罪,是指单位作为犯罪主体实施的非法出租、出借枪支的犯罪行为。单位构成犯罪的,对单位判处罚金,相关责任人员根据情节轻重,处三年以下有期徒刑、拘役或者管制;情节严重的,处三年以上七年以下有期徒刑。

需要注意的是,《枪支管理法》第二十二条规定:"禁止制造、销售仿真枪。"随着我国枪支、弹药管理逐步严格,仿真枪成为行政执法的重点。然而,"天津大妈"非法持有枪支案等一些社会公众较为关切的刑事案件暴露出一些涉及枪支案件的处理存在**违背罪责刑相适应原则**的问题。我们有的全国人大代表提出,我国对枪支实行严格的管制制度是合适和必要的,也赞同对**仿真枪**从严管理,但是建议规范和提高仿真枪的入刑标准。

司法实践中产生上述问题的主要原因在于**如何认定刑法上的"枪支"**。关于枪支的定义,《枪支管理法》第四十六条就有明确规定,即"以火药或者压缩气体等为动力,利用管状器具发射金属弹丸或者其他物质,足以致人伤亡或者丧失知觉的各种枪支"。有的仿真枪不仅与枪支外形相似,而且也具有一定杀伤力,符合《枪支管理法》规定的"足以致人伤亡或者丧失知觉"的条件。但是《枪支管理法》并未规定更明确的认定标准,特别是对于"足以致人伤亡或者丧失知觉"的条件,缺乏参考依据。实践中,公安机关颁布的规范性文件对"足以致人伤亡或者丧失知觉"的条件作了补充。2008年公安部《枪支致伤力的法庭科学鉴定判据》规定,"未造成人员伤亡的非制式枪支致伤力判据为枪口比动能 $e_0 \geq 1.8J/cm^2$";2010年《公安机关涉案枪支弹药性能鉴定工作规定》进一步认定,"对不能发射制式弹药的非制式枪支,按照《枪支致伤力的法庭科学鉴定判据》(GA/T 718—2007)的规定,当所发射弹丸的枪口比动能大于等于1.8焦耳/平方厘米时,一律认定为枪支"。基于此,行政执法对枪支的认定标准简化为:**发射弹丸的枪口比动能大于等于1.8焦耳/平方厘米的就是枪支**。而根据行政执法上对"枪支"的认定标准直接认定构成刑法上的"枪支",则可能出现刑法关于"枪支"犯罪的适用范围扩大、打击面过大等问题。

考虑到涉枪案件的情况非常复杂,在追究法律责任特别是刑事责任方面需要非常慎重,以确保罪责刑相适应,避免出现与社会公众认识严重背离的情况,影响司法的公信力。针对实践中出现的问题,有的学者提出,公安部制定的1.8焦耳/平方厘米的标准,达不到《枪支管理法》第四十六条规定的"足以致人伤亡或者丧失知觉"的程度,建议公安机关修改关于"枪支"的认定标准,提高如管功能。也有的建议提出,可以通过最高人民法院、最高人民检察院颁布司法解释或者规范性文件的方式,对涉及"枪支"的刑事案件作出规范性指引。2018年《最高人民法院、最高人民检察院关于涉以压缩气体为动力的枪支、气枪铅弹刑事案件定罪量刑问题的批复》规定了处理以压缩气体为动力的枪支、气枪铅弹刑事案件的具体要求:一是对于**非法制造、买卖、运输、邮寄、储存、持有、私藏、走私以压缩气体为动力且枪口比动能较低的枪支**的行为,在决定是否追究刑事责任以及如何裁量刑罚时,不仅应当考虑涉案枪支的数量,而且应当充分考虑涉案枪支的外观、材质、发射物、购买场所和渠道、价格、用途、致伤力大小、是否易于通过改制提升致伤力、是否为行为人的主观认知、动机目的、一贯表现、违法所得、是否规避调查等情节,综合评估社会危害性,坚持主客观相统一,确保罪责刑相适应。二是对于**非法制造、买卖、运输、邮寄、储存、持有、私藏、走私气枪铅弹**的行为,在决定是否追究刑事责任以及如何裁量刑罚时,应当综合考虑气枪铅弹的数量、用途以及行为人的动机目的、一贯表现、违法所得、是否规避调查等情节,综合评估社会危害性,确保罪责刑相适应。

【司法解释】

《**最高人民检察院关于将公务用枪用作借债质押的行为如何适用法律问题的批复**》(高检发释字〔1998〕4号,1998年11月3日公布)

△(将公务用枪用作借债质押物;非法出借枪支罪;非法持有枪支罪)依法配备公务用枪的人员,违反法律规定,将公务用枪用作借债质押物,使枪支处于非依法持枪人的控制、使用之下,严重危害公共安全,是刑法第一百二十八条第二款所规定的非法出借枪支行为的一种形式,应以非法出借枪支罪追究刑事责任;对接受枪支质押的人员,构成犯罪的,根据刑法第一百二十八条第一款的规定,应以非法持有枪支罪追究其刑事责任。

《**最高人民法院关于审理非法制造、买卖、运输枪支、弹药、爆炸物等刑事案件具体应用法律若干问题的解释**》(法释〔2009〕18号,自2010年1月1日起施行)

△(非法持有、私藏枪支、弹药罪;情节严重)具有下列情形之一的,依照刑法第一百二十八条

第一款的规定,以非法持有、私藏枪支、弹药罪定罪处罚:

(一)非法持有、私藏军用枪支一支的;

(二)非法持有、私藏以火药为动力发射枪弹的非军用枪支一支或者以压缩气体等为动力的其他非军用枪支二支以上的;

(三)非法持有、私藏军用子弹二十发以上,气枪铅弹一千发以上或者其他非军用子弹二百发以上的;

(四)非法持有、私藏手榴弹一枚以上的;

(五)非法持有、私藏的弹药造成人员伤亡、财产损失的。

具有下列情形之一的,属于刑法第一百二十八条第一款规定的"情节严重":

(一)非法持有、私藏军用枪支二支以上的;

(二)非法持有、私藏以火药为动力发射枪弹的非军用枪支二支以上或者以压缩气体等为动力的其他非军用枪支五支以上的;

(三)非法持有、私藏军用子弹一百发以上,气枪铅弹五千发以上或者其他非军用子弹一千发以上的;

(四)非法持有、私藏手榴弹三枚以上的;

(五)达到本条第一款规定的最低数量标准,并具有造成严重后果等其他恶劣情节的。(§5)

△(**枪支数量之计算**)非法制造、买卖、运输、邮寄、储存、盗窃、抢夺、持有、私藏、携带成套枪支散件的,以相应数量的枪支计;非成套枪支散件以每三十件为一成套枪支散件计。(§7)

△(**非法持有;私藏**)刑法第一百二十八条第一款规定的"非法持有",是指不符合配备、配置枪支、弹药条件的人员,违反枪支管理法律、法规的规定,擅自持有枪支、弹药的行为。

刑法第一百二十八条第一款规定的"私藏",是指依法配备、配置枪支、弹药的人员,在配备、配置枪支、弹药的条件消除后,违反枪支管理法律、法规的规定,私自藏匿所配备、配置的枪支、弹药且拒不交出的行为。(§8Ⅱ、Ⅲ)

△(**非法持有、私藏其他弹药、爆炸物品等**)实施非法制造、买卖、运输、邮寄、储存、盗窃、抢夺、持有、私藏其他弹药、爆炸物品等行为的,参照本解释有关条文规定的定罪量刑标准处罚。(§10)

《**最高人民法院、最高人民检察院关于涉以压缩气体为动力的枪支、气枪铅弹刑事案件定罪量刑问题的批复**》(法释〔2018〕8号,自2018年3月30日起施行)

△(**以压缩气体为动力且枪口比动能较低的枪支;考量情节;综合评估**)对于非法制造、买卖、运输、邮寄、储存、持有、私藏、走私以压缩气体为动力且枪口比动能较低的枪支的行为,在决定是否追究刑事责任以及如何裁量刑罚时,不仅应当考虑涉案枪支的数量,而且应当充分考虑涉案枪支的外观、材质、发射物、购买场所和渠道、价格、用途、致伤力大小、是否易于通过改制提升致伤力,以及行为人的主观认知、动机目的、一贯表现、违法所得、是否规避调查等情节,综合评估社会危害性,坚持主客观相统一,确保罪责刑相适应。(§1)

△(**气枪铅弹;考量情节;综合评估**)对于非法制造、买卖、运输、邮寄、储存、持有、私藏、走私气枪铅弹的行为,在决定是否追究刑事责任以及如何裁量刑罚时,应当综合考虑气枪铅弹的数量、用途以及行为人的动机目的、一贯表现、违法所得、是否规避调查等情节,综合评估社会危害性,确保罪责刑相适应。(§2)

【**司法解释性文件**】

《**最高人民检察院、公安部关于公安机关管辖的刑事案件立案追诉标准的规定(一)**》(公通字〔2008〕36号,2008年6月25日公布)

△(**非法持有、私藏枪支、弹药罪;立案追诉标准;非法持有;私藏**)违反枪支管理规定,非法持有、私藏枪支、弹药,涉嫌下列情形之一的,应予立案追诉:

(一)非法持有、私藏军用枪支一支以上的;

(二)非法持有、私藏以火药为动力发射枪弹的非军用枪支一支以上,或者以压缩气体等为动力的其他非军用枪支二支以上的;

(三)非法持有、私藏军用子弹二十发以上、气枪铅弹一千发以上或者其他非军用子弹二百发以上的;

(四)非法持有、私藏手榴弹、炸弹、地雷、手雷等具有杀伤性弹药一枚以上的;

(五)非法持有、私藏的弹药造成人员伤亡、财产损失的。

本条规定的"非法持有",是指不符合配备、配置枪支、弹药条件的人员,擅自持有枪支、弹药的行为;"私藏",是指依法配备、配置枪支、弹药的人员,在配备、配置枪支、弹药的条件消除后,私自藏匿所配备、配置的枪支、弹药且拒不交出的行为。(§4)

△(**非法出租、出借枪支罪;立案追诉标准**)依法配备公务用枪的人员或单位,非法将枪支出租、出借未取得公务用枪配备资格的人员或单位,或者将公务用枪用作借债质押物的,应予立案追诉。

依法配备公务用枪的人员或单位,非法将枪支出租、出借给具有公务用枪配备资格的人员或单位，以及依法配置民用枪支的人员或单位，非法出租、出借民用枪支，涉嫌下列情形之一的，应予立案追诉：

（一）造成人员轻伤以上伤亡事故的；
（二）造成枪支丢失、被盗、被抢的；
（三）枪支被他人利用进行违法犯罪活动的；
（四）其他造成严重后果的情形。（§5）

【参考案例】

No.2-128（1）-1　姜方平非法持有枪支、故意伤害案

事前并没有配备、配置枪支资格而擅自持有枪支的，不构成私藏枪支罪，应以非法持有枪支罪论处。

No.2-128（1）-5　郭继东私藏枪支、弹药案

在需要合法使用枪支、弹药的任务完成后，其配备枪支、弹药的条件并不自动消除，未主动交出枪支、弹药的，不构成私藏枪支、弹药罪。

No.2-128（1）-7　谭永良非法持有枪支案

情节加重犯与缓刑适用条件中的"犯罪情节较轻"并不冲突，可以根据案情适用缓刑。

No.2-128（1）-8　包云、刘阳明非法持有枪支案

本应按照连续犯作一罪处理的数个犯罪行为，由于侦查、起诉、审判阶段的割裂而被分别立案起诉，且某些行为已经审理并执行完毕，而另外某些行为刚进入审理阶段时，法院应对这些犯罪行为实行数罪并罚，但在量刑中应进行合理调整。

No.8-385-7　姜杰受贿案

私自藏匿枪支、弹药，因暂未找到而未能及时交出，但已向有关部门和人员作出说明、汇报，且不存在拒不交出情形的，不以私藏枪支、弹药罪论处。

第一百二十九条　【丢失枪支不报罪】
依法配备公务用枪的人员，丢失枪支不及时报告，造成严重后果的，处三年以下有期徒刑或者拘役。

【条文说明】

本条是关于丢失枪支不报罪及其处罚的规定。

根据本条的规定，构成本罪的主体是**特殊主体**，即"**依法配备公务用枪的人员**"。这里所说的"**依法配备公务用枪的人员**"的范围与本法第一百二十八条规定的依法配备公务用枪的人员的范围是一致的，即公安机关、国家安全机关、监狱的人民警察，人民法院、人民检察院的司法警察，以及海关的缉私人员，在依法履行职责时确有必要使用枪支的人员，以及国家重要的军工、金融、仓储、科研等单位的专职守护、押运人员在执行守护、押运任务时确有必要使用枪支的人员。构成本罪的行为人必须具有丢失枪支不及时报告的行为。这里所说的"**枪支**"，即指依法配备、配置的公务用枪，不包括民用枪支。"**丢失枪支**"，主要是指依法配备公务用枪的人员的枪支被盗、被抢或者遗失等情况。① 现实中丢失枪支的情况很复杂，有的行为人有过错，有的行为人没有过错，但无论枪支如何丢失，都构成犯罪的前提条件。为了划清罪与非罪的界限，本条规定，构成本罪必须具备以下两个条件：一是**丢枪后"不及时报告"**。即行为人丢失枪支后未及时向本单位或者有关部门报告。如果行为人及时、如实报告自己丢失枪支的情况，则不能适用本条的规定。二是**丢失枪支的行为造成了严重后果**。② 所谓"造成严重后果"，是指枪支丢失后被实施犯罪的行为人用于犯罪活动等情况。③④如2002年《最高人民法院关于加强人民法院司法警察使用枪支管理工作的通知》第一条规定："……人民法院在职司法警

---

① 相同的学说见解，参见王作富主编：《刑法》（第6版），中国人民大学出版社2016年版，第269页。
② 我国学者指出，和造成严重后果之间有因果关系的是"丢失枪支"的行为，而不是"不及时报告"的行为。因此，本罪不要求"造成严重后果"和"不及时报告"之间存在刑法上的因果关系。参见黎宏：《刑法学各论》（第2版），法律出版社2016年版，第53页。
③ 我国学者指出，本罪之"严重后果"，应当包括直接危害后果与间接危害后果。参见张明楷：《刑法学》（第6版），法律出版社2021年版，第918页。
④ 我国学者指出，本罪的严重后果并非客观处罚条件，而是构成要件客观方面的要素，但不要求行为人对此有所认识。参见周光权：《刑法各论》（第4版），中国人民大学出版社2021年版，第213页。

察是人民法院惟一具备公务用枪使用资格的人员……"第五条规定:"对违反规定使用枪支造成枪支丢失、被盗、被抢,滥用枪支致人重伤、死亡以及造成其他后果的,必须严格按照《中华人民共和国枪支管理法》和其他有关使用枪支管理法律法规,追究主管负责人和直接责任人的责任。"这里的法律责任就包括本条规定的刑事责任。

根据本条规定,构成丢失枪支不报罪的,处三年以下有期徒刑或者拘役。

需要注意的是,关于本条规定的立案追诉标准,《最高人民检察院、公安部关于公安机关管辖的刑事案件立案追诉标准的规定(一)》第六条规定:"依法配备公务用枪的人员,丢失枪支不及时报告,涉嫌下列情形之一的,应予立案追诉:(一)丢失的枪支被他人使用造成人员轻伤以上伤亡事故的;(二)丢失的枪支被他人利用进行违法犯罪活动的;(三)其他造成严重后果的情形。"

【司法解释性文件】

《最高人民检察院、公安部关于公安机关管辖的刑事案件立案追诉标准的规定(一)》(公通字〔2008〕36号,2008年6月25日公布)

△(丢失枪支不报罪;立案追诉标准)依法配备公务用枪的人员,丢失枪支不及时报告,涉嫌下列情形之一的,应予立案追诉:

(一)丢失的枪支被他人使用造成人员轻伤以上伤亡事故的;

(二)丢失的枪支被他人利用进行违法犯罪活动的;

(三)其他造成严重后果的情形。(§6)

第一百三十条 【非法携带枪支、弹药、管制刀具、危险物品危及公共安全罪】
非法携带枪支、弹药、管制刀具或者爆炸性、易燃性、放射性、毒害性、腐蚀性物品,进入公共场所或者公共交通工具,危及公共安全,情节严重的,处三年以下有期徒刑、拘役或者管制。

【条文说明】

本条是关于非法携带枪支、弹药、管制刀具、危险物品危及公共安全罪及其处罚的规定。

根据本条规定,构成本罪的,必须具备以下几个条件:

1. 行为人具有**非法携带枪支、弹药、管制刀具或者其他危险物品,进入公共场所或进入公共交通工具的行为**。① 这里所说的"枪支、弹药"及"爆炸性、易燃性、放射性、毒害性、腐蚀性物品"的含义与范围与本章其他条文所规定的内容是一致的。本条规定的"**管制刀具**",是指国家依法进行管制,只能由特定人员持有、使用,禁止私自生产、买卖、持有的刀具,如匕首、三棱刮刀、弹簧刀以及类似的单刃刀、双刃刀和三棱尖刀等。管制刀具的具体认定,由有关部门具体规定。2007年公安部制定的《管制刀具认定标准》,对匕首、三棱刮刀、弹簧刀等规定了认定标准,同时规定,少数民族使用的藏刀、腰刀、靴刀、马刀等刀具的管制范围认定标准,由少数民族自治区(自治州、自治县)人民政府公安机关参照该标准制定。2011年《公安部关于海关缉私部门认定管制刀具问题的批复》规定:"同意海关缉私部门对海关监管区内查获的管制刀具进行认定,由隶属海关缉私分局以上缉私部门依据公安部制定的《管制刀具认定标准》(公通字〔2007〕2号)组织实施。对难以做出准确认定或有争议的,由上一级海关缉私部门会同当地公安机关治安管理部门认定。对送检认定和收缴的管制刀具,由隶属海关缉私分局以上缉私部门登记造册,妥善保管,适时集中销毁。"本条规定的"**公共场所**"主要是指大众进行公开活动的场所,如商店、影剧院、体育场、街道等。"**公共交通工具**",是指火车、轮船、长途客运汽车、公共电车、汽车、民用航空器、城市轨道交

---

① 关于"携带",学说上的一个重要讨论点在于行为人进入公共场所或者公共交通工具后,取出枪支、弹药、管制刀具或者危险物品,进而携带的行为,能否该当本罪。我国学者指出,应进行区分处理。就携带枪支、弹药而言,讨论意义不大(可以认定为非法持有枪支、弹药罪);但对于管制刀具与危险物品,其倾向于否定的回答。因为本罪之行为必须表现为将管制刀具与危险物品带入公共场所或者公共交通工具。不过,如果行为增加了公共危险,如行为人发现他人遗留下来的管制刀具后,将该刀具从第一节车厢携带至第二节车厢(车厢上有其他乘客),则可以适用本罪。参见张明楷:《刑法学》(第6版),法律出版社2021年版,第921页。

通等。

2. **必须危及公共安全,且是情节严重的行为,才能构成本罪。**① 一般而言,非法携带枪支、弹药、管制刀具或者其他危险物品进入公共场所或者公共交通工具,行为本身就危及公共安全,使广大公民及国家财产处于危险之中,但根据本条规定,只有上述行为达到情节严重的程度,才能构成本罪。根据《最高人民法院关于审理非法制造、买卖、运输枪支、弹药、爆炸物等刑事案件具体应用法律若干问题的解释》第六条的规定,非法携带枪支、弹药、爆炸物进入公共场所或者公共交通工具,危及公共安全,具有下列情形之一的,属于"情节严重":(1)携带枪支或者手榴弹的;(2)携带爆炸装置的;(3)携带炸药、发射药、黑火药五百克以上或者烟火药一千克以上、雷管二十枚以上或者导火索、导爆索二十米以上的;(4)携带的弹药、爆炸物在公共场所或者公共交通工具上发生爆炸或者燃烧,尚未造成严重后果的;(5)具有其他严重情节的。此外,行为人非法携带上述第(3)项规定的爆炸物进入公共场所或者公共交通工具,虽未达到上述数量标准,但拒不交出的,依照本条的规定定罪处罚;携带的数量达到最低数量标准,能够主动、全部交出的,可以不犯罪论处。

根据本条的规定,构成非法携带枪支、弹药、管制刀具、危险物品危及公共安全犯罪的,处三年以下有期徒刑、拘役或者管制。②

实践中,对于本罪的适用需要特别注意罪与非罪的界限。对于虽具有非法携带枪支、弹药、管制刀具或者爆炸性、易燃性、放射性、毒害性、腐蚀性物品的行为,进入公共场所或者公共交通工具的,但是尚未达到危及公共安全的程度的,不宜定罪处罚,应适用**行政管理和行政处罚的方式处理**。此外,由于相关法律法规或者规范性文件尚不能对所有的管制刀具、危险物品作详尽列举,对于实践中出现的法规和规范性文件以外的刀具和物品,认为需要按照管制刀具、危险物品管控的,宜先适用行政管理和行政处罚的方式处理,不能一进入公共场所或者公共交通工具,就追究刑事责任。

【司法解释】

《最高人民法院关于审理非法制造、买卖、运输枪支、弹药、爆炸物等刑事案件具体应用法律若干问题的解释》(法释〔2009〕18 号,自 2010 年 1 月 1 日起施行)

△(**情节严重**)非法携带枪支、弹药、爆炸物进入公共场所或者公共交通工具,危及公共安全,具有下列情形之一的,属于刑法第一百三十条规定的"情节严重":

(一)携带枪支或者手榴弹的;

(二)携带爆炸装置的;

(三)携带炸药、发射药、黑火药五百克以上或者烟火药一千克以上、雷管二十枚以上或者导火索、导爆索二十米以上的;

(四)携带的弹药、爆炸物在公共场所或者公共交通工具上发生爆炸或者燃烧,尚未造成严重后果的;

(五)具有其他严重情节的。

行为人非法携带本条第一款第(三)项规定的爆炸物进入公共场所或者公共交通工具,虽未达到上述数量标准,但拒不交出的,依照刑法第一百三十条的规定定罪处罚;携带的数量达到最低数量标准,能够主动、全部交出的,可以不犯罪论处。(§6)

△(**枪支数量之计算**)非法制造、买卖、运输、邮寄、储存、盗窃、抢夺、持有、私藏、携带成套枪支散件的,以相应数量的枪支计;非成套枪支散件以每三十件为一成套枪支散件计。(§7)

【司法解释性文件】

《公安部关于对少数民族人员佩带刀具乘坐火车如何处理问题的批复》(公复字〔2001〕6 号,2001 年 4 月 28 日公布)

△(**少数民族人员;管制刀具;没收**)根据国务院批准、公安部发布的《对部分刀具实行管制的暂行规定》〔〔83〕公发(治)31 号〕的规定,管制刀具是指匕首、三棱刀(包括机械加工用的三棱刮刀)、带有自锁装置的弹簧刀(跳刀)以及其他相类似的单刃、双刃、三棱尖刀。任何人不得非法制

---

① 本罪属于具体危险犯,需要根据携带物品的种类、数量、杀伤力强弱,公共场所与公共交通工具的特点,携带的方式、方法、次数,已经形成的危险状态等判断携带行为是否危及公共安全。参见张明楷:《刑法学》(第 6 版),法律出版社 2021 年版,第 920 页。

② 值得注意的是,非法携带枪支、弹药、管制刀具、危险物品危及公共安全的行为,其社会危害性要高于单纯的携带枪支、弹药行为,但法条对后者所规定的法定刑却高于前者。因此,有论者认为,尽管《刑法》第一百二十八条第一款和《刑法》第一百三十条之间属于法律竞合的关系,但在特别法规定的法定刑低于普通法所规定的法定刑时,应适用"重法优于轻法"的原则加以处理。参见黎宏:《刑法学各论》(第 2 版),法律出版社 2016 年版,第 55—56 页。

造、销售、携带和私自保存管制刀具。少数民族人员只能在民族自治地区佩带、销售和使用藏刀、腰刀、靴刀等民族刀具;在非民族自治地区,只要少数民族人员所携带的刀具属于管制刀具范围内,公安机关就应当严格按照相应规定予以管理。凡公安工作中涉及的此类有关少数民族的政策、法律规定,各级公安机关应当积极采取多种形式广泛宣传,特别是要加大在车站等人员稠密的公共场所及公共交通工具上的宣传力度。

少数民族人员违反《中华人民共和国铁路法》和《铁路运输安全保护条例》携带管制刀具进入车站、乘坐火车的,由公安机关依法予以没收,但在本少数民族自治地区携带具有特别纪念意义或者比较珍贵的民族刀具进入车站的,可由携带人交其亲友带回或者交由车站派出所暂时保存并出具相应手续,携带人返回时领回;对不服从管理,构成违反治安管理行为的,依法予以治安处罚;构成犯罪的,依法追究其刑事责任。

《最高人民检察院、公安部关于公安机关管辖的刑事案件立案追诉标准的规定(一)》(公通字〔2008〕36号,2008年6月25日公布)

△(非法携带枪支、弹药、管制刀具、危险物品危及公共安全罪;立案追诉标准)非法携带枪支、弹药、管制刀具或者爆炸性、易燃性、放射性、毒害性、腐蚀性物品,进入公共场所或者公共交通工具,危及公共安全,涉嫌下列情形之一的,应予立案追诉:

(一)携带枪支一支以上或者手榴弹、炸弹、地雷、手雷等具有杀伤性弹药一枚以上的;

(二)携带爆炸装置一套以上的;

(三)携带炸药、发射药、黑火药五百克以上或者烟火药一千克以上,雷管二十枚以上或者导火索、导爆索二十米以上,或者虽未达到上述数量标准,但拒不交出的;

(四)携带的弹药、爆炸物在公共场所或者公共交通工具上发生爆炸或者燃烧,尚未造成严重后果的;

(五)携带管制刀具二十把以上,或者虽未达到上述数量标准,但拒不交出,或者用来进行违法活动尚未构成其他犯罪的;

(六)携带的爆炸性、易燃性、放射性、毒害性、腐蚀性物品在公共场所或者公共交通工具上发生泄漏、遗洒,尚未造成严重后果的;

(七)其他情节严重的情形。(§7)

《公安部关于将陶瓷类刀具纳入管制刀具管理问题的批复》(公复字〔2010〕1号,2010年4月7日公布)

△(陶瓷类刀具;管制刀具)陶瓷类刀具具有超高硬度、超高耐磨、刃口锋利等特点,其技术特性已达到或超过了部分金属刀具的性能,对符合《管制刀具认定标准》(公通字〔2007〕2号)规定的刀具类型、刀刃长度和刀尖角度等条件的陶瓷类刀具,应当作为管制刀具管理。

《关于公安机关处置信访活动中违法犯罪行为适用法律的指导意见》(公通字〔2013〕25号,2013年7月19日印发)

△(信访;非法携带管制器具或者危险物质)在信访接待场所、其他国家机关或者公共场所、公共交通工具上非法携带枪支、弹药、弓弩、匕首等管制器具,或者爆炸性、毒害性、放射性、腐蚀性等危险物质的,应当及时制止,收缴枪支、弹药、管制器具、危险物质;符合《治安管理处罚法》第三十二条、第三十条规定的,以非法携带枪支、弹药、管制器具、非法携带危险物质依法予以治安管理处罚;情节严重,符合《刑法》第一百三十条规定的,以非法携带枪支、弹药、管制刀具、危险物品危及公共安全罪追究刑事责任。

《最高人民法院、最高人民检察院、公安部、司法部、国家卫生和计划生育委员会等印发〈关于依法惩处涉医违法犯罪维护正常医疗秩序的意见〉的通知》(法发〔2014〕5号,2014年4月22日公布)

△(医疗机构;非法携带枪支、弹药、管制刀具、危险物品危及公共安全罪)非法携带枪支、弹药、管制器具,或者爆炸性、放射性、毒害性、腐蚀性物品进入医疗机构的,依照治安管理处罚法第三十条、第三十二条的规定处罚;危及公共安全情节严重,构成非法携带枪支、弹药、管制刀具、危险物品危及公共安全罪的,依照刑法的有关规定定罪处罚。

《最高人民法院、最高人民检察院、公安部、工业和信息化部、住房和城乡建设部、交通运输部、应急管理部、国家铁路局、中国民用航空局、国家邮政局关于依法惩治涉枪支、弹药、爆炸物、易燃易爆危险物品犯罪的意见》(法发〔2021〕35号,2021年12月28日发布)

△(非法携带易燃易爆危险物品;非法携带危险物品危及公共安全罪)非法携带易燃易爆危险物品进入水路、铁路、航空公共交通工具或者有关公共场所,危及公共安全,情节严重的,依照刑法第一百三十条的规定,以非法携带危险物品危及公共安全罪定罪处罚。(§8Ⅱ)

△(夹带易燃易爆危险物品;谎报为普通物品

交寄）通过邮件、快件夹带易燃易爆危险物品,或者将易燃易爆危险物品谎报为普通物品交寄,符合本意见第 5 条至第 8 条规定的,依照各该条的规定定罪处罚。(§9)

第一百三十一条 【重大飞行事故罪】

航空人员违反规章制度,致使发生重大飞行事故,造成严重后果的,处三年以下有期徒刑或者拘役;造成飞机坠毁或者人员死亡的,处三年以上七年以下有期徒刑。

【条文说明】

本条是关于重大飞行事故罪及其处罚的规定。

根据本条规定,构成本罪必须符合以下条件:

1. 构成本罪的主体必须是"**航空人员**"。① 非航空人员不能构成本罪的犯罪主体。这里所说的"**航空人员**",根据《民用航空法》第三十九条的规定,是指从事民用航空活动的空勤人员和地面人员。其中,空勤人员包括驾驶员、飞行机械人员、乘务员;地面人员包括民用航空器维修人员、空中交通管制员、飞行签派员和航空电台通信员。②

2. 行为人必须**实施了违反规章制度的行为,致使发生重大飞行事故**。这里所说的"**违反规章制度**",是指违反了对民用航空器的维修、操作管理、空域管理、运输管理及安全飞行管理等方面的规章制度,如民用航空器不按照空中交通管制单位指定的航路和飞行高度飞行;民用航空器机组人员的飞行时间、执勤时间大大超过国务院民用航空主管部门规定的时限;民用航空器维护人员不按照规定维修、检修航空器等。"**重大飞行事故**",是指在航空器飞行过程中发生的航空器严重毁坏、破损,或者造成人身伤亡的事件。

3. **必须造成严重后果**,这是构成本罪的必要条件。这里所说的"**造成严重后果**",是指造成人员重伤或者航空器严重损坏以及承运的货物毁坏等重大损失的情形。

本条规定了两档刑罚,第一档刑罚,构成本罪的,处三年以下有期徒刑或者拘役;第二档刑罚,造成飞机坠毁或者人员死亡的,处三年以上七年以下有期徒刑。这里所说的"**造成飞机坠毁或者人员死亡**",是指造成飞机坠落、机毁人亡,或者飞机虽未坠毁,但由于重大飞行事故造成人员死亡的情形。

实践中需要注意以下两个方面的问题:

1. 实践中,飞行事故发生的原因很多,往往并非单一原因造成的,也就是说飞行事故的发生不仅仅是因为航空人员违反规章制度,还有其他诸如恶劣天气、机械故障、航空管理疏忽等原因,因此,本条规定的发生重大飞行事故必须是由航空人员违反规章制度的行为引起的,即**违反规章制度与重大飞行事故之间存在因果关系**,如果重大飞行事故不是由于人违反规章制度的行为引起的,而是由暴雨、雷电等自然原因引起的,则不构成本罪。

2. 本罪与**重大责任事故罪**的区别。两者都是过失犯罪,且都是实施了违反有关安全管理规定的行为,并且都以发生重大事故,造成严重后果为构成犯罪的必要条件。但两者也有不同:一是犯罪主体不同。本罪的犯罪主体是航空人员;而重大责任事故罪的犯罪主体是从事生产、作业的人员。二是发生的场所不同,本罪发生在航空器的飞行过程中;而重大责任事故罪则发生在生产、作业过程中。

---

① 陈家林教授指出,非航空人员违反航空运输管理法规,因而发生重大飞行事故,致人重伤、死亡或者使公私财产遭受重大损失,又不构成其他犯罪的,按交通肇事罪论处。参见赵秉志、李希慧主编:《刑法各论》(第 3 版),中国人民大学出版社 2016 年版,第 68 页。

② 相同的学说见解,参见周光权:《刑法各论》(第 3 版),中国人民大学出版社 2016 年版,第 186 页。

第一百三十二条　【铁路运营安全事故罪】
铁路职工违反规章制度，致使发生铁路运营安全事故，造成严重后果的，处三年以下有期徒刑或者拘役；造成特别严重后果的，处三年以上七年以下有期徒刑。

【条文说明】

本条是关于铁路运营安全事故罪及其处罚的规定。

根据本条规定，构成本罪，必须符合以下条件：

1. 构成本罪的主体必须是"**铁路职工**"。非铁路职工不构成本罪。① 所谓"**铁路职工**"，是指从事铁路管理、运输、维修等工作的人员，既包括工人，也包括管理人员。根据《铁路法》第二条的规定，铁路，包括国家铁路、地方铁路、专用铁路和铁路专用线。其中专用铁路是指由企业或者其他单位管理，专为本企业或者本单位内部提供运输服务的铁路；铁路专用线是指由企业或者其他单位管理的与国家铁路或者其他铁路线路接轨的岔线。实践中，有的大型工矿企业有自备的专用铁路和铁路专用线，既有自己的机车、自备车辆，又有自己的调度员、机车乘务员等。因此，铁路职工既包括铁路企业及其所属单位的工作人员，也包括使用该铁路和铁路专用线的企业中从事铁路运营的相关工作人员。

2. 行为人实施了违反规章制度的行为，致使发生铁路运营安全事故。这里所说的"**违反规章制度**"，是指违反法律、行政法规或者有关主管部门制定、颁布的保证铁路运输安全的各种规章和制度，包括交通法规、技术操作规程、运输管理工作制度等。如违反操作规程冒险作业，不按时发出火车进出站信号、发错信号、错扳道岔、不按规定放下道口栏杆、值班时睡觉等。"**铁路运营安全事故**"，是指铁路在运输过程中发生的火车倾覆、出轨、撞车等造成人员伤亡、机车毁坏以及致使公私财产遭受重大损失的严重事件。这里的"铁路运营安全事故"**不包括列车晚点，不能正点发车或者到达等非安全事故**。

3. 由于行为人的行为，造成了严重后果。这是构成本罪的必要条件，即铁路职工不仅要实施违反规章制度的行为，而且还要发生铁路运营安全事故，造成严重后果的，才构成本罪。这里说的"**造成严重后果的**"，是指造成人员伤亡和公私财产遭受重大损失等结果。根据《最高人民法院、最高人民检察院关于办理危害生产安全刑事案件适用法律若干问题的解释》第六条的规定，具有下列情形之一的，应当认定为"造成严重后果"：(1)造成死亡一人以上，或者重伤三人以上的；(2)造成直接经济损失一百万元以上的；(3)其他造成严重后果或者重大安全事故的情形。

本条规定了两档刑罚，第一档刑罚，构成本罪的，处三年以下有期徒刑或者拘役；第二档刑罚，造成特别严重后果的，处三年以上七年以下有期徒刑。这里所说的"**造成特别严重后果的**"，是指造成多人伤亡或者使公私财产遭受特别重大损失等情形。根据《最高人民法院、最高人民检察院关于办理危害生产安全刑事案件适用法律若干问题的解释》第七条的规定，具有下列情形之一，处三年以上七年以下有期徒刑：(1)造成死亡三人以上或者重伤十人以上，负事故主要责任的；(2)造成直接经济损失五百万元以上，负事故主要责任的；(3)其他造成特别严重后果、情节特别恶劣或者后果特别严重的情形。需要注意的是，铁路运输涉及人员较多，既有直接参与铁路安全运营的人员，如行车指挥调度人员、车站作业人员、设备操作人员、列车乘务员等，也有与保障铁路运营安全直接相关的人员，如铁道线路工、桥梁工、隧道工、钢轨探伤工、道口工、路基工、供电安装维护工、铁路信号工、车辆维修工、乘务检车员、货车列检员等，还有为铁路提供后勤保障的人员，如从事环保生活、医疗卫生、餐饮服务等人员。铁路运输涉及人员多，线路长，运输车站多。铁路发生运营安全事故后，可能会涉及每个作业环节的人员，直接或者间接涉及的人员会很多，在追究刑事责任时，要全面、具体地分析情况，正确把握每个相关责任人员与铁路事故发生之间的因果关系，以及对发生事故所起的作用大小，分清主要责任和次要责任，重点追究直接相关责任人员，对于不相关人员或者关联度较小人员不应予以处罚。

【司法解释】

《最高人民法院、最高人民检察院关于办理危害

---

① 陈家林教授指出，非铁路职工违反铁路运输管理法规，因而发生重大铁路运营安全事故，致人重伤、死亡或者使公私财产遭受重大损失，又不构成其他犯罪的，按交通肇事罪论处。参见赵秉志、李希慧主编：《刑法各论》（第3版），中国人民大学出版社2016年版，第68页。

生产安全刑事案件适用法律若干问题的解释》(法释〔2015〕22号,自2015年12月16日起施行)

△(**造成严重后果**)实施刑法第一百三十二条、第一百三十四条第一款、第一百三十五条、第一百三十六条、第一百三十九条规定的行为,因而发生安全事故,具有下列情形之一的,应当认定为"造成严重后果"或者"发生重大伤亡事故或者造成其他严重后果",对相关责任人员,处三年以下有期徒刑或者拘役:

(一)造成死亡一人以上,或者重伤三人以上的;

(二)造成直接经济损失一百万元以上的;

(三)其他造成严重后果或者重大安全事故的情形。(§6Ⅰ)

△(**造成特别严重后果**)实施刑法第一百三十二条、第一百三十四条第一款、第一百三十五条之一、第一百三十六条、第一百三十九条规定的行为,因而发生安全事故,具有下列情形之一的,对相关责任人员,处三年以上七年以下有期徒刑:

(一)造成死亡三人以上或者重伤十人以上,负事故主要责任的;

(二)造成直接经济损失五百万元以上,负事故主要责任的;

(三)其他造成特别严重后果、情节特别恶劣或者后果特别严重的情形。(§7Ⅰ)

△(**从重处罚事由;数罪并罚;行贿罪**)实施刑法第一百三十二条、第一百三十四条至第一百三十九条之一规定的犯罪行为,具有下列情形之一的,从重处罚:

(一)未依法取得安全许可证件或者安全许可证件过期、被暂扣、吊销、注销后从事生产经营活动的;

(二)关闭、破坏必要的安全监控和报警设备的;

(三)已经发现事故隐患,经有关部门或者个人提出后,仍不采取措施的;

(四)一年内曾因危害生产安全违法犯罪活动受过行政处罚或者刑事处罚的;

(五)采取弄虚作假、行贿等手段,故意逃避、阻挠负有安全监督管理职责的部门实施监督检查的;

(六)安全事故发生后转移财产意图逃避承担责任的;

(七)其他从重处罚的情形。

实施前款第五项规定的行为,同时构成刑法第三百八十九条规定的犯罪的,依照数罪并罚的规定处罚。(§12)

△(**酌情从轻处罚事由**)实施刑法第一百三十二条、第一百三十四条至第一百三十九条之一规定的犯罪行为,在安全事故发生后积极组织、参与事故抢救,或者积极配合调查、主动赔偿损失的,可以酌情从轻处罚。(§13)

△(**国家工作人员;数罪并罚;贪污、受贿犯罪**)国家工作人员违反规定投资入股生产经营,构成本解释规定的有关犯罪的,或者国家工作人员的贪污、受贿犯罪行为与安全事故发生存在关联性的,从重处罚;同时构成贪污、受贿犯罪和危害生产安全犯罪的,依照数罪并罚的规定处罚。(§14)

△(**缓刑;从业禁止**)对于实施危害生产安全犯罪适用缓刑的犯罪分子,可以根据犯罪情况,禁止其在缓刑考验期限内从事与安全生产相关联的特定活动;对于被判处刑罚的犯罪分子,可以根据犯罪情况和预防再犯罪的需要,禁止其自刑罚执行完毕之日或者假释之日起三年至五年内从事与安全生产相关的职业。(§16)

第一百三十三条 【交通肇事罪】

违反交通运输管理法规,因而发生重大事故,致人重伤、死亡或者使公私财产遭受重大损失的,处三年以下有期徒刑或者拘役;交通运输肇事后逃逸或者有其他特别恶劣情节的,处三年以上七年以下有期徒刑;因逃逸致人死亡的,处七年以上有期徒刑。

【条文说明】

本条是关于交通肇事罪及其处罚的规定。

根据本条规定,构成本罪的,必须符合以下条件:

1. 本条规定的犯罪主体为**一般主体**,任何人只要从事机动车船驾驶的,均可成为本罪的主体。本罪的主体既包括车辆、船舶的驾驶员、车长、船长等,也包括对上述交通运输的正常、安全运行负有职责的其他有关人员。对于没有合法证件、手续而从事交通运输的人员,如无证驾驶车辆、船舶人员,也属于本罪的犯罪主体。由于《刑法》第一百三十一条、第一百三十二条已对**航空人员**、**铁路职工**违反规章制度,致使发生重大飞行事故、铁路运营安全事故作了专门的规定,所以本条不再包括上述两种人员。

2. 行为人主观上是**出于过失**。如果行为人故意造成交通事故的发生则应按其他有关条款定罪量刑,不能适用本条。如行为人利用交通工具故意杀人、故意伤害他人的,则应当适用刑法有关故意杀人罪、故意伤害罪的规定定罪处罚。

3. 行为人必须**实施了违反交通运输管理法规的行为**。这里所说的"**违反交通运输管理法规**",是指违反国家有关交通运输管理方面的法律、法规。"**交通运输管理法规**",包括道路交通安全法、海上交通安全法、道路交通安全法实施条例、内河交通安全管理条例、渔港水域交通安全管理条例、铁路道口管理暂行规定以及其他有关道路、海运、船运等方面的法律法规。如道路交通安全法对机动车、非机动车的通行规则作了规定;海上交通安全法对在沿海水域航行、停泊和作业的船舶等的通行、安全保障作了规定;内河交通安全管理条例对在内河通航水域从事航行、停泊和作业以及与内河交通安全有关的活动作了规定;渔港水域交通安全管理条例对渔港和渔港水域航行、停泊、作业的船舶等通行作了规定;铁路道口管理暂行规定对道路与铁路相关的道口、人行过道、平过道的设置、安全通行、管理等作了规定。

4. **行为人的行为只有造成了重大事故,致人重伤、死亡或者使公私财产遭受重大损失的,才能构成本罪**。这是区分交通肇事罪与**一般交通事故**的主要标准,如果行为人违反有关交通法规的过失行为未造成上述危害后果的,就不构成犯罪,而应按交通事故由有关主管部门处理。根据《最高人民法院关于审理交通肇事刑事案件具体应用法律若干问题的解释》第二条的规定,交通肇事有下列情形之一的,处三年以下有期徒刑或者拘役:(1)死亡一人或者重伤三人以上,负事故全部或者主要责任的;(2)死亡三人以上,负事故同等责任的;(3)造成公共财产或者他人财产直接损失,负事故全部或者主要责任,无能力赔偿数额在三十万元以上的。交通肇事致一人以上重伤,负事故全部或者主要责任,并具有下列情形之一的,以交通肇事罪定罪处罚:(1)酒后、吸食毒品后驾驶机动车辆的;(2)无驾驶资格驾驶机动车辆的;(3)明知是安全装置不全或者安全机件失灵的机动车辆而驾驶的;(4)明知是无牌证或者已报废的机动车辆而驾驶的;(5)严重超载驾驶的;(6)为逃避法律追究逃离事故现场的。

本条规定了三档刑罚,第一档刑罚,构成本罪的,处三年以下有期徒刑或者拘役。第二档刑罚,对交通运输肇事后逃逸或者有其他特别恶劣情节的,处三年以上七年以下有期徒刑。本条所规定的"**交通运输肇事后逃逸**",是指行为人交通肇事构成犯罪,在发生交通事故后,为逃避法律追究而逃跑的行为。行为人交通肇事未construct成犯罪而逃逸的,不属于本条所规定的情况,可作为行政处罚的从重情节考虑。这里所说的"**有其他特别恶劣情节**",根据上述解释第四条的规定,是指:(1)死亡二人以上或者重伤五人以上,负事故全部或者主要责任的;(2)死亡六人以上,负事故同等责任的;(3)造成公共财产或者他人财产直接损失,负事故全部或者主要责任,无能力赔偿数额在六十万元以上的。第三档刑罚,对因逃逸致人死亡的,处七年以上有期徒刑。这里所说的"**因逃逸致人死亡**",是指行为人在交通肇事后为逃避法律追究而逃跑,致使被害人因得不到救助而死亡的情形。

实践中需要注意以下几个方面的问题:

1. 由于发生重大交通事故的原因是多方面的,**实践中需要注意分清造成事故的原因以及各自的责任**,正确定罪量刑。对于完全由于行为人违反交通运输管理法规造成重大交通事故的,构成犯罪的,应当依照本罪予以处罚;对于完全由被害人自己的故意如常见的"碰瓷"等造成重大交通事故的,则应由被害人负完全责任,不应当追究行为人的责任;对于行为人与被害人双方均有过错而引发的重大交通事故,则应查清双方责任的主次及责任大小,各自承担相应的责任。考虑到交通肇事犯罪的社会危害性主要体现在伤亡人数、财产损失等危害后果以及是否逃逸等方面,对需要追究行为人刑事责任的,量刑时应当根据交通事故被害人的伤亡人数、被害人受伤的程度,或者财产损失的数额或危害后果以及逃逸等情节确定的刑罚。

2. **驾驶非机动车发生交通事故是否构成本罪**。非机动车,根据《道路交通安全法》第一百一十九条的规定,是指以人力或者畜力驱动,上道路行驶的交通工具,以及虽有动力装置驱动但设计最高时速、空车质量、外形尺寸符合有关国家标准的残疾人机动轮椅车、电动自行车等交通工具。实践中对于驾驶非机动车肇事是否构成交通肇事罪存在不同认识,有的认为,本罪的犯罪主体没有限制,驾驶非机动车从事交通运输,发生重大交通事故的,也应当构成本罪;而有的则认为,交通肇事罪本质上是危害公共安全的犯罪,驾驶非机动车肇事的,不足以危及不特定多数人的生命、健康和财产安全,不构成本罪。笔者认为,**不能一概而论**,如果驾驶非机动车不具有危害公共安全的性质,如在行人稀少、没有车辆来往的道路上违ավ骑自行车等，则不能以本罪论处，如果符合《刑法》第二百三十三条规定的过失致人死亡的，可以依照过失致人死亡罪定罪处罚。实践中由于非机动车的种类很多，包括自行车、马车、残疾人机动轮椅车、电动自行车等，有的非机动车的速度并不低于机动车，如果行为人驾驶非机动车具有危害公共安全的性质，如在人员密集的场所驾驶非机动车，或者驾驶速度较快的电动自行车等，构成犯罪的，应当依照本条的规定处罚。

3. 交通肇事后逃逸犯罪行为与**故意杀人、故意伤害犯罪**的界限。根据《最高人民法院关于审理交通肇事刑事案件具体应用法律若干问题的解释》第六条的规定，关于交通肇事后逃逸的需要注意，行为人在交通肇事后为逃避法律追究，将被害人带离事故现场后隐藏或者遗弃，致使被害人无法得到救助而死亡或者严重残疾的，应当分别依照刑法第二百三十二条、第二百三十四条第二款的规定，以故意杀人罪或者故意伤害罪定罪处罚。

【司法解释】

《最高人民法院关于审理交通肇事刑事案件具体应用法律若干问题的解释》（法释〔2000〕33号，自2000年11月21日起施行）

△（**从事交通运输人员；非交通运输人员；交通肇事罪**）从事交通运输人员或者非交通运输人员①，违反交通运输管理法规发生重大交通事故，在分清事故责任的基础上，对于构成犯罪的，依照刑法第一百三十三条的规定定罪处罚。（§1）

△（**交通肇事罪**）交通肇事具有下列情形之一的，处三年以下有期徒刑或者拘役②：

（一）死亡一人或者重伤三人以上，负事故全部或者主要责任的；

（二）死亡三人以上，负事故同等责任的③；

（三）造成公共财产或者他人财产直接损失，负事故全部或者主要责任，无能力赔偿数额在三十万元以上的。④

交通肇事致一人以上重伤，负事故全部或者主要责任，并具有下列情形之一的，以交通肇事罪定罪处罚⑤：

（一）酒后、吸食毒品后驾驶机动车辆的⑥；

（二）无驾驶资格驾驶机动车辆的；

（三）明知是安全装置不全或者安全机件失灵的机动车辆而驾驶的；

（四）明知是无牌证或者已报废的机动车辆而驾驶的；

（五）严重超载驾驶的；

（六）为逃避法律追究逃离事故现场的。⑦（§2）

△（**交通运输肇事后逃逸**）"交通运输肇事后逃逸"，是指行为人具有本解释第二条第一款规定和第二款第（一）至（五）项规定的情形之一，在发生交通事故后，为逃避法律追究而逃跑的行为。（§3）

---

① 林维教授指出，此一区分既不科学也不必要。因为本罪的行为主体并不局限于直接从事交通行为的人员，也包括在交通过程中，同交通安全相关的人员，尤其是指那些保障交通安全的人员。参见陈兴良主编：《刑法各论精释》，人民法院出版社2015年版，第741页。

② 需要注意的是，道路交通管理法的目的与刑法目的存在明显区别，不能直接将公安交通管理部门所出具的交通事故责任认定书作为刑事事件的认定依据。参见黎宏：《刑法学各论》（第2版），法律出版社2016年版，第60页；陈兴良主编：《刑法各论精释》，人民法院出版社2015年版，第751—752页。

③ 我国学者指出，本解释中的"同等责任"乃指加害方与受害方之间的责任分配；而公安交通部门根据《道路交通事故处理程序规定》所作出的"同等责任"，还包括数个加害人之间的责任分配在内，不可将两者混同。参见黎宏：《刑法学各论》（第2版），法律出版社2016年版，第61页。

④ 我国学者指出，争争规定违反了功能责任主义，值得商榷，不能纯粹从法益的角度，而应从行为人对法规范的态度来理解责任。不能光看行为人有无能力赔偿，而是要判断行为人是否真诚悔罪和积极赔偿。参见梁根林主编：《刑法体系与犯罪构造》，北京大学出版社2016年版，第174页。其他的批评，参见陈兴良主编：《刑法各论精释》，人民法院出版社2015年版，第754—755页。另有学者指出，该司法解释的规定具有合理性，其体现了被害人（而不是犯罪人）所主导的刑事政策，有利于被害人财产的保护。参见欧阳本祺：《刑事政策视野下的刑法教义学》，北京大学出版社2016年版，第287—288页。

⑤ 林维教授指出，本解释第二条第二款所规定的六种情形主要是针对机动车辆驾驶行为而规定的。基于责任分配原则或者风险分担的精神，应理解为本罪的定罪标准应当在交通领域中作严格的限定。因此，系争规定应在处理道路交通安全事故以外的交通安全事故中，参照适用。参见陈兴良主编：《刑法各论精释》，人民法院出版社2015年版，第744—745页。

⑥ 我国学者指出，虽然系争司法解释未明确使用"原因自由行为"概念，但其精神实质和原因自由行为的法理相符，具有合理性。参见周光权：《刑法总论》（第4版），中国人民大学出版社2021年版，第247页。

⑦ 林维教授指出，在此情形中，必须先脱离逃逸行为，独立评价行为人的肇事责任是否负事故全部或者主要责任，然后叠加逃逸行为，才能构成本罪。参见陈兴良主编：《刑法各论精释》，人民法院出版社2015年版，第753页。另外，无法再适用"交通肇事后逃逸"的法定刑，否则会形成重复评价。参见张明楷：《刑法学》（第6版），法律出版社2021年版，第924页。

△(**有其他特别恶劣情节**)交通肇事具有下列情形之一的,属于"有其他特别恶劣情节",处三年以上七年以下有期徒刑:

(一)死亡二人以上或者重伤五人以上,负事故全部或者主要责任的;

(二)死亡六人以上,负事故同等责任的;

(三)造成公共财产或者他人财产直接损失,负事故全部或者主要责任,无能力赔偿数额在六十万元以上的。(§4)

△(**因逃逸致人死亡;指使肇事人逃逸;共犯**)"因逃逸致人死亡",是指行为人在交通肇事后为逃避法律追究而逃跑,致使被害人①因得不到救助而死亡的情形。②

交通肇事后,单位主管人员、机动车辆所有人、承包人或者乘车人指使肇事人逃逸,致使被害人因得不到救助而死亡的,以交通肇事罪的共犯论处。③(§5)

△(**移置性逃逸;故意杀人罪;故意伤害罪**)行为人在交通肇事后为逃避法律追究,将被害人带离事故现场后隐藏或者遗弃,致使被害人无法得到救助而死亡或者严重残疾的,应当分别依照刑法第二百三十二条、第二百三十四条第二款的规定,以故意杀人罪或者故意伤害罪定罪处罚。④

---

① 林维教授指出,所谓的"被害人"是指逃逸前交通肇事行为所侵犯的被害人。因逃逸行为而引起的后续交通肇事行为所侵犯的被害人,并不包括在内。参见陈兴良主编:《刑法各论精释》,人民法院出版社2015年版,第772页。

② 对于"因逃逸致人死亡",通说赞同司法解释中的观点,但学说上也存在着不同见解。其中,我国学者指出,将逃逸的动机限定为逃避法律追究明显不当。从期待可能性的观点来看,犯罪后为逃避法律追究而逃跑,对于犯罪人而言,可谓"人之常情"。正因为如此,刑法才会创设自首作为法定的从宽处罚情节。而且,如果将"逃逸"解释为在逃避法律追究而逃跑是合理的话,那么,刑法也应该一贯地将逃逸规定为杀人、放火、抢劫等罪法定刑升格的情节。就此而论,逃逸是指逃避救助被害人的义务。只要行为人在交通肇事后不救助被害人,就可以认定为逃逸。参见张明楷:《刑法学》(第6版),法律出版社2021年版,第926页。

另有学者在部分认同张明楷教授批评见解的同时,也对张明楷教授的解释提出了一些质疑,特别是在罪刑法定原则上。具体而言,仅仅不予救助但是不离开现场、仍在原地的行为,难以被容纳进"逃逸"的口语文义范围。将此种行为解释为"逃逸",有违罪刑法定原则。进而,将交通肇事的刑罚设置与《刑法》第二百三十五条过失致人重伤罪、第二百三十三条过失致人死亡罪、第一百三十一条重大飞行事故罪以及第一百三十二条铁路运营安全事故罪加以比较可知,交通肇事罪是现代社会中一种非常特殊的过失犯罪,现行法的规定及司法解释都对交通肇事的惩罚表现出非比寻常的宽容(在其他犯罪中,出现"死亡"结果,会导致在三年以上量刑;而交通肇事罪者,即便出现死亡结果,也是在三年以下量刑)。因为随着汽车时代的到来,立法者推每一个交通肇事者也是悲剧中受很多偶然因素左右而被卷入事故的被害人,而非假定驾驶者(几乎是每一个公民)都是对法规范漠视或人的人性恶者。但当交通肇事者逃逸时,行为人就丧失了立法者愿中的"受害者"形象,不应再得到此种惩罚上的"优惠"。因此,肇事后逃逸的法定刑升格为三年以上七年以下有期徒刑,因逃逸致人死亡者的法定刑飙升到七年以上有期徒刑,就此而论,漠视风险社会中的连带助责任,进而脱离了立法者预设的"带有被害人性质的特殊行为人"的框架,其表现形式既可以为不救助型被害人,也可以是逃避法律追究承担自己的法律责任。因此,只要行为人实施了履行抢救义务或承担肇事责任中的任何一个行为,李立众、李海滢:《车浩的刑法题》,北京大学出版社2016年版,第7—10页。类似见解,参见周光权:《刑法各论》(第4版),中国人民大学出版社2021年版,第218页。

③ 肯定见解认为,指使者与肇事者具有共同的犯罪故意,应共同对此一后果承担责任。不过,也有学者认为肯定见解值得商榷,特别是"因逃逸致人死亡"的定性上。若将其解释为加重犯、结合犯或不作为的杀人犯,要么认出理解论上的扞格,要么与其法定刑不均衡。另外,指使司机逃逸并不意味着指使者对他人的死亡持间接故意,指使者完全可能对被害人的死亡有过失的心理态度。并且,"因逃逸致人死亡"属于交通肇事罪的一种加重情节,若将指使司机逃逸因而导致被害人死亡的行为认定为交通肇事罪的共犯,则缺少基本犯这一前提条件。对此,学说上有论者提供了两种路径。一是,将交通肇事后逃逸视作一个独立的犯罪,则逃逸致人死亡"就是结果加重犯,指使司机逃逸者则为教唆犯。二是,认定指使者的行为成立窝藏罪(正犯)或者遗弃罪(教唆犯)。参见张明楷:《刑法学》(第6版),法律出版社2021年版,第928—930页。

林亚刚教授则指出,将"因逃逸致人死亡"理解为客观处罚条件比较妥当,其仅涉及行为人"逃逸"行为的直接后果。只要"因逃逸"而造成"致人死亡"结果的,就符合法律规定的客观处罚条件。至于其心理作用对致人死亡是过失抑或是故意,只对适用本款时的刑罚轻重有所影响,与能否适用本规定无涉。参见高铭暄、马克昌主编:《刑法学》(第7版),北京大学出版社、高等教育出版社2016年版,第357—358页。

林维教授则指出,在指使行为已经构成交通肇事罪之人逃逸并且没有出现任何加重结果的场合,姑且可以认定其构成窝藏罪;但是,在出现逃逸致人死亡的场合,应考虑逃逸指使者的心理,结合逃逸者所构成的犯罪,来判定指使者行为的性质(成立过失致人死亡罪的间接正犯或故意杀人罪的教唆犯)。但无论如何,指使行为都不能使其成为交通肇事罪的行为主体。参见陈兴良主编:《刑法各论精释》,人民法院出版社2015年版,第747—748页。

④ 林维教授指出,(不真正不作为犯)等价性的判断不完全依赖于是否带离事故现场后隐藏或遗弃,必须实质性地判断行为人对被害人生命是否实施了排他性的支配和保证。参见陈兴良主编:《刑法各论精释》,人民法院出版社2015年版,第780—781页。

(§6)

△(**指使、强令他人违章驾驶;交通肇事罪**)单位主管人员①、机动车辆所有人或者机动车辆承包人指使、强令他人违章驾驶造成重大交通事故,具有本解释第二条规定情形之一的,以交通肇事罪定罪处罚。②(§7)

△(**公共交通管理的范围**)在实行公共交通管理的范围内③发生重大交通事故的,依照刑法第一百三十三条和本解释的有关规定办理。

在公共交通管理的范围外,驾驶机动车辆或者使用其他交通工具致人伤亡或者致使公共财产或者他人财产遭受重大损失,构成犯罪的,分别依照刑法第一百三十四条、第一百三十五条、第二百三十三条等规定定罪处罚。(§8)

△(**起点数额标准**)各省、自治区、直辖市高级人民法院可以根据本地实际情况,在三十万元至六十万元、六十万元至一百万元的幅度内,确定本地区执行本解释第二条第一款第(三)项、第四条第(三)项的起点数额标准,并报最高人民法院备案。(§9)

【**司法解释性文件**】

《**最高人民检察院关于印发部分罪案〈审查逮捕证据参考标准(试行)〉的通知**》(高检侦监发〔2003〕107号,2003年11月27日公布)

△(**交通肇事罪;证据审查**)交通肇事罪,是指触犯《刑法》第133条的规定,违反交通运输管理法规,因而发生重大事故,致人重伤、死亡或造成公私财产遭受重大损失的行为。其他以交通肇事罪定罪处罚的有:

(1)交通肇事后,单位主管人员、机动车辆所有人、承包人或者乘车人指使肇事人逃逸,致使被害人因得不到救助而死亡的;

(2)单位主管人员、机动车辆所有人或者机动车辆承包人指使、强令他人违章驾驶造成重大交通事故的。

对提请批捕的交通肇事案件,应当注意从以下几个方面审查证据:

(一)有证据证明发生了交通肇事犯罪事实。

重点审查:

1. 生效的交通事故认定责任书、现场照片、现场勘查笔录、肇事车辆检验报告等证明发生触犯交通运输管理法规,因而发生重大事故的行为的证据。

2. 被害人伤情照片、伤情鉴定、尸体检验报告、损失财产照片及估价证明等证明交通肇事行为造成了如下严重后果之一的证据:死亡1人或者重伤3人以上,负事故全部或者主要责任的;死亡3人以上,负事故同等责任的;造成公共财产或他人财产直接损失,负事故全部或者主要责任,无能力赔偿数额在30万元以上的;对事故负全部责任或者主要责任的,造成重伤1人以上,情节恶劣,后果严重的;致1人以上重伤,负事故全部或者主要责任,情节严重的。

3. 证明在交通肇事后逃逸的证据。

4. 证明交通肇事的行为出于过失的证据。

5. 证明交通肇事事实发生的被害人陈述、证人证言、同案犯和犯罪嫌疑人供述等。

(二)有证据证明交通肇事犯罪事实系犯罪嫌疑人实施的。

重点审查:

1. 交通事故发生后,现场抓获犯罪嫌疑人的证据。

2. 显示犯罪嫌疑人实施肇事犯罪的视听资料。

3. 被害人的指认。

4. 同案犯罪嫌疑人的供述。

5. 犯罪嫌疑人的供认。

6. 证人证言。

7. 交通肇事后具有逃逸情节的证据材料。

8. 证明犯罪嫌疑人所驾车辆为肇事车辆的技术鉴定结论及性能检测报告。

9. 其他能够证明犯罪嫌疑人实施交通肇事犯罪的证据。

(三)证明犯罪嫌疑人实施交通肇事犯罪行为的证据已有查证属实的。

重点审查:

---

① 林维教授指出,在单位主管人员对交通安全确实具有安全保证义务的情形下,可以直接按照监督过失的原则加以处理,而无须援引本条。因此,本规定所谓的"单位主管人员",乃指对交通安全不具有直接保证责任,但对驾驶者或者驾驶行为仍可能产生制约、支配影响之人。参见陈兴良主编:《刑法各论精释》,人民法院出版社2015年版,第746页。

② 林维教授指出,该司法解释局限于单位主管人员、机动车辆所有人或者机动车辆承包人这一特殊地位者的路径,在立场上过于保守。其认为,凡是能够产生同上述特殊地位者相同的,对驾驶人员学法心态抑制的支配者,如家属等,只要其指使行为达到一定程度,在特定情况下均可能构成本罪的间接正犯。参见陈兴良主编:《刑法各论精释》,人民法院出版社2015年版,第746页。

③ 交通运输管理领域并不限于机动车辆的道路交通运输(或者说公路运输)领域,而应无例外地包括水上交通、铁路、航空运输等领域。参见陈兴良主编:《刑法各论精释》,人民法院出版社2015年版,第744页。

1. 现场抓获犯罪嫌疑人的,现场照片、现场勘查笔录、交通事故认定责任书等证据。
2. 能够排除合理怀疑的视听资料。
3. 其他证据能够印证的被害人的指认。
4. 他据能够印证的犯罪嫌疑人的供述。
5. 能够相互印证的证人证言。
6. 能够与其他证据相互印证的证人证言。
7. 其他查属实的证明犯罪嫌疑人实施交通肇事犯罪的证据。

《最高人民法院关于印发醉酒驾车犯罪法律适用问题指导意见及相关典型案例的通知》(法发〔2009〕47号,2009年9月11日公布)

△(醉酒驾车;交通肇事罪;既判力)为维护生效裁判的既判力,稳定社会关系,对于此前已经处理过的将特定情形的醉酒驾车认定为交通肇事罪的案件,应维持终审裁判,不再变动。

《最高人民法院印发〈关于处理自首和立功若干具体问题的意见〉的通知》(法发〔2010〕60号,2010年12月22日公布)

△(自首;从宽处罚)交通肇事后保护现场、抢救伤者,并向公安机关报告的,应认定为自动投案,构成自首的①,因上述行为同时系犯罪嫌疑人的法定义务,对其是否从宽、从宽幅度要适当从严掌握。交通肇事逃逸后自动投案,如实供述自己罪行的,应认定为自首,但应依法以较重法定刑为基准,视情决定对其是否从宽处罚以及从宽处罚的幅度。

《最高人民法院研究室关于交通肇事刑事案件附带民事赔偿范围问题的答复》(法研〔2014〕30号,2014年2月24日公布)

△(刑事附带民事诉讼;死亡赔偿金、残疾赔偿金)根据刑事诉讼法第九十九条②、第一百零一条③和《最高人民法院关于适用〈中华人民共和国刑事诉讼法〉的解释》第一百五十五条的规定,交通肇事刑事案件的附带民事诉讼当事人未能就民事赔偿问题达成调解、和解协议的,无论附带民事诉讼被告人是否投保机动车第三者强制责任保险,均可将死亡赔偿金、残疾赔偿金纳入判决赔偿的范围。

《最高人民法院、最高人民检察院、公安部关于依法办理"碰瓷"违法犯罪案件的指导意见》(公通字〔2020〕12号,2020年9月22日印发)

△("碰瓷")实施"碰瓷",驾驶机动车对其他机动车进行追逐、冲撞、挤别、拦截或者突然加减速、急刹车等可能影响交通安全的行为,因而发生重大事故,致人重伤、死亡或者使公私财物遭受重大损失,符合刑法第一百三十三条规定的,以交通肇事罪定罪处罚。

《最高人民法院、最高人民检察院、公安部关于依法办理"碰瓷"违法犯罪案件的指导意见》(公通字〔2020〕12号,2020年9月22日印发)

△("碰瓷")实施"碰瓷",驾驶机动车对其他机动车进行追逐、冲撞、挤别、拦截或者突然加减速、急刹车等可能影响交通安全的行为,因而发生重大事故,致人重伤、死亡或者使公私财物遭受重大损失,符合刑法第一百三十三条规定的,以交通肇事罪定罪处罚。(§6)

《最高人民法院、最高人民检察院关于常见犯罪的量刑指导意见(试行)》(法发〔2021〕21号,2021年6月6日发布)

△(交通肇事罪;量刑)
1. 构成交通肇事罪的,根据下列情形在相应的幅度内确定量刑起点:
(1)致人重伤、死亡或者使公私财产遭受重大损失的,在二年以下有期徒刑、拘役幅度内确定量刑起点。
(2)交通运输肇事后逃逸或者有其他特别恶劣情节的,在三年至五年有期徒刑幅度内确定量刑起点。
(3)因逃逸致一人死亡的,在七年至十年有期徒刑幅度内确定量刑起点。
2. 在量刑起点的基础上,根据事故责任、致人重伤、死亡的人数或者财产损失的数额以及逃逸等其他影响犯罪构成的犯罪事实增加刑罚量,确定基准刑。
3. 构成交通肇事罪的,综合考虑事故责任、危害后果、赔偿谅解等犯罪事实、量刑情节,以及被告人的主观恶性、人身危险性、认罪悔罪表现等因素,决定缓刑的适用。

【**指导性案例**】

最高人民检察院指导性案例第97号:夏某某等人重大责任事故案(2021年1月20日发布)

△(重大责任事故罪;交通肇事罪;捕后引导侦查;审判监督)内河运输中发生的船舶交通事故,相关责任人员可能同时涉嫌交通肇事罪和重

---

① 我国学者指出,肇事后的自动投案仅符合自首的自动投案条件,构成自首还须如实供述自己的罪行等条件。参见陈兴良主编:《刑法各论精释》,人民法院出版社2015年版,第770页。
② 2018年修正后的《中华人民共和国刑事诉讼法》第一百零一条。
③ 2018年修正后的《中华人民共和国刑事诉讼法》第一百零三条。

大责任事故罪，要根据运输活动是否具有营运性质以及相关人员的具体职责和行为，准确适用罪名。重大责任事故往往涉案人员较多，因果关系复杂，要准确认定涉案单位投资人、管理人员及相关国家工作人员等涉案人员的刑事责任。

【公报案例】

龚德田交通肇事案（《最高人民法院公报》2017年第6期）

△（作为入罪要件的逃逸行为；不能重复评价）交通肇事案件中，已作为入罪要件的逃逸行为，不能再作为对被告人加重处罚的量刑情节而予以重复评价。

【参考案例】

No.2-133-1 陈全安交通肇事案

违章行为与重大事故之间没有因果关系的，不构成交通肇事罪。[①]

No.2-133-2 钱竹平交通肇事案

交通肇事后，主观上基于逃避法律追究的目的而逃跑的，应当认定为肇事后逃逸。

No.2-133-3 钱竹平交通肇事案

交通肇事逃逸情形下的逃避法律追究，是指逃避抢救义务和逃避责任追究。

No.2-133-4 孙贤玉交通肇事案

交通肇事逃离现场后，立即投案的，不以肇事后逃逸论处。

No.2-133-5 梁应金等交通肇事案

对交通工具的营运安全负有管理职责的人员，指使或强令交通工具的直接经营人违章驾驶，造成重大交通事故的，以交通肇事罪论处。

No.2-133-6 赵双江故意杀人、赵文齐交通肇事案

"交通运输肇事后逃逸"，应当定位于"为逃避法律追究而逃跑"，且"逃跑"并不限于"当即从现场逃跑"。

No.2-133-7 赵双江故意杀人、赵文齐交通肇事案

车辆所有人在交通肇事后将被害人隐藏致使被害人无法得到救助而死亡的，应以故意杀人罪论处。

No.2-133-8 冯广山交通肇事案

交通肇事案件的被害人伤情严重，即便及时送往医院也不能避免死亡，或者交通肇事行为发生时被害人已经死亡，即使肇事者逃逸，仍属于交通肇事后逃逸，不能认定为交通肇事后因逃逸致人死亡。

No.2-133-9 李金宝交通肇事案

交通肇事后，为逃避法律追究而逃逸的，应当认定为交通肇事后逃逸。

No.2-133-10 李金宝交通肇事案

交通肇事弃车逃离现场后，主动报警并不逃避法律追究的，不能认定为交通肇事后逃逸。

No.2-133-11 宋良虎等故意杀人案

在居民住宅小区内驾驶机动车肇事的，因事故并非发生在公共交通道路上，其肇事行为不构成交通肇事罪；肇事行为造成他人重伤或者死亡的，应以过失伤害罪或者过失致人死亡罪论处。

No.2-133-12 宋良虎等故意杀人案

在住宅小区内驾驶机动车致人受伤的，不构成交通肇事罪，但将生命处于危险状态的被害人遗弃的，构成故意杀人罪。

No.2-133-13 宋良虎等故意杀人案

介入因素对危害结果的发生有一定作用的，可以在一定程度上酌情减轻被告人的刑事责任。

No.2-133-14 李心德交通肇事案

交通肇事后没有立即逃离现场，但将被害人送医院救治后，为了逃避法律责任而逃逸的，属于交通肇事后逃逸，应以交通肇事罪论处，但一般应当酌情从轻处罚。

No.2-133-15 俞耀交通肇事案

交通肇事后指使他人冒名顶替的，应以妨害作证罪定罪处罚，并与交通肇事罪实行数罪并罚。

No.2-133-16 谭继伟交通肇事案

交通肇事后报警并留在现场等候处理，向警方如实交代犯罪事实的，应当认定为自首。

No.2-133-17 谭继伟交通肇事案

在交通肇事后自首，且事后通过亲属积极赔偿被害人，取得被害人谅解的，一般应从宽处罚。

No.2-133-18 王友彬交通肇事案

交通肇事后逃逸，后又自动投案，如实供述罪行的，构成自首，但应以交通肇事后逃逸的法定刑为基准，视情况决定对其是否从宽处罚以及从宽处罚的幅度。

No.2-133-19 陶明华交通肇事案

交通肇事后及时抢救伤者，保护现场、报告公安机关并等候处理的，后因无经济能力治疗被害人而逃跑的，不构成交通肇事后逃逸。

No.2-133-20 张宪国交通肇事案

交通肇事后履行了保护现场、抢救伤者与迅

[①] 交通肇事的结果必须由违反规范保护目的的行为所引起。参见张明楷：《刑法学》（第6版），法律出版社2021年版，第923页。

速报案等法定义务后,为逃避法律责任而潜逃的,不构成交通肇事后逃逸。

No.2-133-21 刘本露交通肇事案
交通肇事逃逸行为不限于在事故现场实施,为逃避法律追究而从医院逃离的行为也应当认定为交通肇事后逃逸。

No.2-133-22 龚某交通肇事案
交通肇事后在被害人住院期间离开案发地,未影响对被害人的及时救助、未妨碍警方对事故的调查处理,也没有导致事故损失扩大的,不成立交通肇事后逃逸。

No.2-133-23 马国旺交通肇事案
交通肇事致一人重伤,负事故全部责任,其肇事后逃逸的行为应当作为加重处罚的情节。

No.2-133-24 李启铭交通肇事案
允许社会车辆通行的校园道路属于道路交通安全法意义上的道路,违反交通运输管理法规,在校园道路内醉驾,导致重大交通事故的,应成立交通肇事罪。

No.2-133-25 杜军交通肇事案
醉酒驾驶仅发生一次碰撞,并为避免危害后果采取了一定的措施,主观上仅对事故后果持过于自信的过失的,应认定为交通肇事罪。

No.2-133-27 张超泽交通肇事案
吸毒后驾驶机动车交通肇事造成特别严重后果的,属于《刑法》第一百三十三条意义上的"其他特别恶劣情节"。

No.2-133-28 汪庆樟交通肇事案
肇事者发生交通事故后滞留现场不履行救助义务,后车发生二次碰撞造成被害人死亡的,成立逃逸致死。

No.2-133-29 王爱华、陈玉华交通肇事案
交通肇事逃逸后发生二次碾压时,若无法确定被害人具体死亡时间的,不宜认定为逃逸致人死亡,仅构成交通肇事后逃逸。

No.2-133-30 李彬交通肇事案
区分交通肇事罪和以危险方法危害公共安全罪,关键在于准确认定行为人的罪过形式。

No.2-133-31 黄文鑫交通肇事案
交通肇事后被告人虽然报警并积极救治伤员,但在协助调查时隐瞒真相安排他人顶包的行为,构成交通肇事后逃逸。

No.2-133-32 胡伦霞交通肇事案
行人是交通肇事罪的适格主体。

No.2-133-33 黄来珠交通肇事案
被告人确有认罪认罚表现,程序上未按认罪认罚模式从简处理的,不影响实体从宽处罚。

No.2-134(1)-1 李卫东过失致人死亡案
在公共交通管理的范围外,驾驶机动车辆或者其他交通工具致人伤亡或者致使公共财产遭受重大损失的,不构成交通肇事罪;发生在生产、作业过程中的,以重大责任事故罪论处;并非发生在生产、作业过程中的,以过失致人死亡罪论处。

No.4-233-4 李满英过失致人死亡案
驾驶交通工具在非公共交通范围内致人亡,构成过失犯罪的,应以过失致人死亡罪论处;该行为同时又符合重大责任事故罪或者重大劳动安全事故罪的构成要件的,应按照特别法条优于普通法条的适用原则,以重大责任事故罪或者重大劳动安全事故罪论处。

第一百三十三条之一 【危险驾驶罪】

在道路上驾驶机动车,有下列情形之一的,处拘役,并处罚金:
(一)追逐竞驶,情节恶劣的;
(二)醉酒驾驶机动车的;
(三)从事校车业务或者旅客运输,严重超过额定乘员载客,或者严重超过规定时速行驶的;
(四)违反危险化学品安全管理规定运输危险化学品,危及公共安全的。
机动车所有人、管理人对前款第三项、第四项行为负有直接责任的,依照前款的规定处罚。
有前两款行为,同时构成其他犯罪的,依照处罚较重的规定定罪处罚。

【立法沿革】

《中华人民共和国刑法修正案(八)》(自2011年5月1日起施行)

二十二、在刑法第一百三十三条后增加一条,作为第一百三十三条之一:

"在道路上驾驶机动车追逐竞驶,情节恶劣的,或者在道路上醉酒驾驶机动车的,处拘役,并处罚金。

"有前款行为,同时构成其他犯罪的,依照处

罚较重的规定定罪处罚。"

《中华人民共和国刑法修正案（九）》（自2015年11月1日起施行）

八、将刑法第一百三十三条之一修改为：

"在道路上驾驶机动车，有下列情形之一的，处拘役，并处罚金：

"（一）追逐竞驶，情节恶劣的；

"（二）醉酒驾驶机动车的；

"（三）从事校车业务或者旅客运输，严重超过额定乘员载客，或者严重超过规定时速行驶的；

"（四）违反危险化学品安全管理规定运输危险化学品，危及公共安全的。

"机动车所有人、管理人对前款第三项、第四项行为负有直接责任的，依照前款的规定处罚。

"有前两款行为，同时构成其他犯罪的，依照处罚较重的规定定罪处罚。"

【条文说明】

本条是关于危险驾驶罪及其处罚的规定。
本条共分为三款。

第一款是关于**危险驾驶罪及其处罚**的规定。

本款规定的犯罪主体为**一般主体**，即任何存在上行驶的机动车的驾驶人。本罪侵害的是**双重客体**，主要是道路交通秩序，同时也威胁到不特定多数人的生命、财产安全。行为人在主观上应当为故意，尽管犯罪人在主观上并没有追求交通事故、人员伤亡等后果的发生，但是对于危险驾驶的行为是明知或者放任发生的。

构成危险驾驶罪的前提是**在道路上驾驶机动车**。本款规定的**道路**，根据《道路交通安全法》第一百一十九条的规定，是指公路、城市道路和虽在单位管辖范围但允许社会机动车通行的地方，包括广场、公共停车场等用于公众通行的场所。根据《公路法》第二条、第六条的规定，**公路**包括公路桥梁、公路隧道和公路渡口，公路按其在公路路网中的地位分为国道、省道、县道和乡道。根据《城市道路管理条例》第二条的规定，**城市道路**，是指城市供车辆、行人通行的，具备一定技术条件的道路、桥梁及其附属设施。本款规定的"机动车"，根据《道路交通安全法》第一百一十九条的规定，是指以动力装置驱动或者牵引，上道路行驶的供人员乘用或者用于运送物品以及进行工程专项作业的轮式车辆。机动车包括汽车、挂车、无轨电车、摩托车、三轮摩托车、农用运输车、农用拖拉机以及轮式专用机械车等，不包括在轨道上运行的车辆，如有轨电车。

根据本款规定，构成危险驾驶罪的行为有以下四种：

1. "**追逐竞驶，情节恶劣的**"。这里规定的"追逐竞驶"，就是平常所说的"飙车"，是指在道路上，以在较短的时间内通过某条道路为目标或者与同行的其他车辆为竞争目标，追逐行驶。具体情形包括在道路上进行汽车驾驶"计时赛"，或者若干车辆在同时行进中互相追赶等，既包括超过限定时速的追逐竞驶，也包括未超过限定时速的追逐竞驶。根据本款规定，在道路上追逐竞驶，情节恶劣的才构成犯罪。判断是否"情节恶劣"，应结合追逐竞驶所在的道路、时段、人员流量，追逐竞驶造成的危害程度以及危害后果等方面进行认定。①

2. "**醉酒驾驶机动车的**"。《道路交通安全法》第九十一条规定了饮酒和醉酒两种情形。根据国家质量监督检验检疫总局、国家标准化管理委员会2011年1月27日发布的《车辆驾驶人员血液、呼气酒精含量阈值与检验》（GB 19522-2010）的规定，**饮酒后驾车**是指车辆驾驶人员血液中的酒精含量大于或者等于20mg/100mL，小于80mg/100mL的驾驶行为；**醉酒后驾车**是指车辆驾驶人员血液中的酒精含量大于或者等于80mg/100mL的驾驶行为。实践中，执法部门也依据这一标准来判断酒后驾车和醉酒驾车两种行为。

醉酒驾驶机动车的行为不一定造成交通事故、人员伤亡的严重后果，只要行为人血液中的酒精含量大于或者等于80mg/100mL，即构成危险驾驶的行为。② 我国过往的司法实践往往以此作为危险驾驶行为的唯一认定标准。但这一相对僵化的司法惯例被新发布的司法解释性文件所打破。《最高人民法院、最高人民检察院、公安部、司法部

---

① 我国学者指出，情节恶劣是对处罚范围的限制，而非衡量危险现实化与否的具体标准。规定情节恶劣，并不意味着追逐竞驶型危险驾驶行为属于具体危险犯。参见周光权：《刑法各论》（第4版），中国人民大学出版社2021年版，第221页。

② 陈家林教授指出，司法实践往往以血液酒精含量是否大于或者等于80mg/100mL作为判断是否醉酒驾驶的唯一认定标准。通说亦认为，醉酒驾驶型危险驾驶罪是抽象危险犯，只要行为人血液中的酒精含量达到上述标准，即构成本罪，不需要司法人员具体判断醉酒行为是否具有公共危险。参见赵秉志、李希慧主编：《刑法各论》（第3版），中国人民大学出版社2016年版，第73页。另有学者指出，危险驾驶罪中的"醉酒"必须基于刑法的立场而非行政取缔的观点进行解释。除了参考行政法规中的数量指标外，还必须结合行为人醉酒当时的具体事由加以综合判断。参见黎宏：《刑法学各论》（第2版），法律出版社2016年版，第63页。

关于办理醉酒危险驾驶刑事案件的意见》第4条第1款规定,在道路上驾驶机动车,经呼气酒精含量检测,显示血液酒精含量达到80毫克/100毫升以上的,公安机关应当依照刑事诉讼法和本意见的规定决定是否立案。对情节显著轻微、危害不大,不认为是犯罪的,不予立案。

3."**从事校车业务或者旅客运输,严重超过额定乘员载客,或者严重超过规定时速行驶的**"。这里所规定的"**校车**",主要是指依照国家规定取得使用许可,用于接送接受义务教育的学生上下学的七座以上的载客汽车。依照国务院颁布的《校车安全管理条例》的有关规定,从事校车业务应当取得许可。学校或者校车服务提供者申请取得校车使用许可,应当向县级或者设区的市级人民政府教育行政部门提交书面申请和证明其符合该条例第十四条规定条件的材料。教育行政部门应当自收到申请材料之日起三个工作日内,分别送同级公安机关交通管理部门、交通运输部门征求意见,公安机关交通管理部门和交通运输部门应当在三个工作日内回复意见。教育行政部门应当自收到回复意见之日起五个工作日内提出审查意见,报本级人民政府。本级人民政府决定批准的,由公安机关交通管理部门发给校车标牌,并在机动车行驶证上签注校车类型和核载人数;不予批准的,书面说明理由。校车标牌应当载明本校车的号牌号码、车辆的所有人、驾驶人、行驶线路、开行时间、停靠站点以及校车标牌发牌单位、有效期等事项。禁止使用未取得校车标牌的车辆提供校车服务。

从事旅客运输的车辆,主要是指从事旅客运输的营运机动车。根据《道路交通管理机动车类型》(GA 802-2019)的规定,机动车按结构可以分为载客汽车、载货汽车、专项作业车等类型;按使用性质分为营运、非营运和运送学生。营运机动车是指个人或者单位以获取利润为目的而使用的机动车,具体包括公路客运、旅游客运、公交客运、出租客运、租赁以及教练车等,实践中问题比较突出的是公路客运、旅游客运中的危险驾驶问题。根据国务院《道路运输条例》和有关规定,从事旅客运输的驾驶人员需要具备一定的资质,由有关部门颁发准驾证明;客运经营者应当持有道路运输经营许可证依法向工商行政管理机关办理有关登记手续;客运车辆不得超过核定的载客人数,但按照规定免票的儿童除外,在载客人数已满的情况下,按照规定免票的儿童不得超过核定载客人数的10%等。

《道路交通安全法》第四十九条规定,机动车载人不得超过核定的人数;第四十二条规定,机动车上道路行驶,不得超过限速标志标明的最高时速。从事校车业务的机动车和旅客运输车辆严重超员、超速的危害性很大。超员会导致车辆超出其载质量,增加行车的不稳定性,引发爆胎、偏驶、制动失灵、转向失控等危险。超速行驶会降低驾驶人的判断能力,使反应距离和制动距离增大。这两种做法,都容易造成群死群伤的重特大交通事故,且会加大事故的伤亡后果。这里所规定的"严重"超员、超速的具体界限,需要由有关部门通过制定衔接性规定加以明确。只要从事校车业务的机动车和旅客运输车辆严重超员、超速的,无论是否造成严重后果,都应当追究危险驾驶罪的刑事责任。

4."**违反危险化学品安全管理规定运输危险化学品,危及公共安全的**"。根据国务院发布的《危险化学品安全管理条例》的规定,危险化学品是指具有毒害、腐蚀、爆炸、燃烧、助燃等性质,对人体、设施、环境具有危害的剧毒化学品和其他化学品。从事危险化学品道路运输的,应当取得危险货物道路运输许可,并向工商行政管理部门办理登记手续。危险化学品道路运输企业应当配备专职安全管理人员。驾驶人员、装卸管理人员、押运人员应当经交通主管部门考核合格,取得从业资格。运输危险化学品,应当根据危险化学品的危险特性采取相应的安全防护措施,并配备必要的防护用品和应急救援器材。用于运输危险化学品的槽罐以及其他容器应当封口严密,能够防止危险化学品在运输过程中因温度、湿度或者压力的变化发生渗漏、洒漏;槽罐以及其他容器的溢流和泄压装置应当设置准确、起闭灵活。运输危险化学品的驾驶人员、装卸管理人员、押运人员应当了解所运输的危险化学品的危险特性及其包装物、容器的使用要求和出现险情况时的应急处置方法。通过道路运输危险化学品的,托运人应当委托依法取得危险货物道路运输许可的企业承运,应当按照运输车辆的核定载质量装载危险化学品,不得超载。危险化学品运输车辆应当符合国家标准要求的安全技术条件,并按照国家有关规定定期进行安全技术检验,应当悬挂或者喷涂符合国家标准要求的警示标志。通过道路运输危险化学品的,应当配备押运人员,并保证所运输的危险化学品处于押运人员的监控之下。运输危险化学品途中因住宿或者发生影响正常运输的情况,需要较长时间停车的,驾驶人员、押运人员应采取相应的安全防范措施;运输剧毒化学品或者易制爆危险化学品的,还应当向当地公安机关报告。未经公安机关批准,运输危险化学品的车辆不得进入危险化学品运输车辆限制通行的区域。危险化学品运输车辆限制通行的区域由县级人民政府公安机关划定，并设置明显的标志。根据本款规定，违反上述规定，危及公共安全的，应当依法追究刑事责任，尚未危及公共安全的，也应当依法予以行政处罚。这里所规定的"**危及公共安全的**"，是划分罪与非罪的重要界限。在实践中，对于是否危及公共安全，应当结合运输的危险化学品的性质、品种及数量，运输的时间、路线，违反安全管理规定的具体内容及严重程度，一旦发生事故可能造成的损害后果等综合作出判断。

根据本款规定，构成犯罪的，处拘役，并处罚金。

第二款是关于**机动车所有人、管理人对危险驾驶行为承担刑事责任**的规定。

一般情况下，危险驾驶罪的行为主体为机动车的驾驶人。但是，从实践情况看，对于从事校车业务的或者从事旅客运输，严重超过额定乘员载客，或者严重超过规定时速行驶的，违反危险化学品安全管理规定运输危险化学品，危及公共安全的，有**机动车的所有人、管理人**也会成为共同的犯罪主体。比如，学校、校车服务提供者或者从事旅客运输的企业、车辆所有人、实际管理人强令、指使或者放任车辆驾驶人超过额定乘员载客或者严重超过规定时速行驶的；危险化学品运输企业、车辆所有人、实际管理人要求或者放任车辆驾驶人违反危险化学品安全管理规定运输危险化学品，危及公共安全的。这些情况，实际上是很多危险驾驶行为发生的直接原因，性质是很恶劣的，应当依法予以惩治，从源头上防范危险驾驶行为的发生。根据本款规定，机动车所有人、管理人对从事校车业务或者旅客运输的车辆驾驶人严重超过额定乘员载客，或者严重超过规定时速行驶负有直接责任的，对违反危险化学品的车辆驾驶人违反危险化学品安全管理规定运输危险化学品，危及公共安全负有直接责任的，依照本条第一款关于危险驾驶罪的规定追究刑事责任，即处拘役，并处罚金。

第三款是关于**有危险驾驶行为，同时又构成其他犯罪如何适用法律**的规定。根据本条规定，犯危险驾驶罪的，处拘役，并处罚金。**本条是刑法中第一个最高刑为拘役的犯罪**。根据本款规定，具有第一款、第二款规定的上述竞合情形的，应当依照处罚较重的规定定罪处罚。这里主要涉及如何处理好本条规定的犯罪与交通肇事罪等其他罪名的关系。如果行为人有第一款规定的危险驾驶行为，造成人员伤亡或者公私财产重大损失，符合《刑法》第一百三十三条交通肇事罪构成要件或者构成其他犯罪的，根据本款规定的原则，应当依照《刑法》第一百三十三条的规定以交通肇事罪定罪处罚①，或者依照刑法其他有关规定定罪处罚，而行为人危险驾驶的行为，将会被作为处罚的量刑情节予以考虑。②③

实践中需要注意以下几个方面的问题：

1. 危险驾驶罪与刑法总则相关规定的关系。根据《刑法》第十三条的规定，情节显著轻微危害不大的，不认为是犯罪。第三十七条规定，对于犯罪情节轻微不需要判处刑罚的，可以免予刑事处罚。本条规定的危险驾驶罪总体上是可以适用刑法总则的规定予以相应的从宽处理的。但考虑到本条在修改时，配套修改了道路交通安全法，取消了后者对醉酒行为予以拘留处罚的精神，一定时期内，对上述从宽情形应当严格掌握。根据《最高人民法院关于常见犯罪的量刑指导意见（二）（试行）》的规定，对于醉酒驾驶机动车的被告人，应当综合考虑被告人的醉酒程度、机动车类型、车辆行驶道路、行车速度、是否造成实际损害以及认罪悔罪等情况，准确定罪量刑。对于情节显著轻微危害不大的，不予定罪处罚；犯罪情节轻微不需要判处刑罚的，可以免予刑事处罚。

2. 实践中，有的从事校车业务的车辆并未取得许可，有的从事旅客运输的车辆不具备营运资格，还有一些未取得客运道路运输经营许可非法从事旅客运输的车辆，甚至还有货车违反规定载人、拖拉机载人的；有的从业人员并不具备相关资质，如有的校车驾驶员就是由幼儿园的管理人员

---

① 我国学者指出，此时的交通肇事罪属于结果加重犯。参见张明楷：《刑法学》（第6版），法律出版社2021年版，第933页。林维教授则认为，结果加重犯通常仅仅会导致量刑的增加，而不会改变基本罪名的框架，因此，认定为想象竞合犯，更为妥当。参见陈兴良主编：《刑法各论精释》，人民法院出版社2015年版，第754页。

② 我国学者指出，根据立法精神与从一重罪处罚的基本原则，对于轻罪中的特定行为依照某一重罪处罚时，如果重罪没有附加刑而轻罪有配金刑时，在判处重罪的主刑的同时，应当判处轻罪的附加刑。因此，对危险驾驶罪构成交通肇事罪、以危险方法危害公共安全罪，在科处《刑法》第一百三十三条、第一百一十四条或者第一百一十五条规定的主刑的同时，应当根据《刑法》第一百三十三条之一并处罚金。参见张明楷：《刑法学》（第6版），法律出版社2021年版，第734页。

③ 我国学者指出，如果肯认危险驾驶属于抽象危险犯，那么危险驾驶罪的成立就会比较早。从理论上来说，危险驾驶行为实施后，并不马上发生死伤结果，因此，就有成立数罪（并罚）的可能性。参见周光权：《刑法各论》（第4版），中国人民大学出版社2021年版，第222页。

担任的,有的客运车辆驾驶员并不具备相应的驾驶资格。但是,**未取得许可或者不具备相关资质,不影响本罪刑事责任的认定**,只要是从事了校车业务或者旅客运输,严重超过额定乘员载客,或者严重超过规定时速行驶的,都应当依照本条规定追究刑事责任。

3. 关于醉酒驾驶超标电动自行车是否构成危险驾驶罪,根据《道路交通安全法》第一百一十九条的规定,符合国家标准的电动自行车属于非机动车,醉酒驾驶符合标准的电动自行车不能构成危险驾驶罪,但醉酒驾驶超标电动自行车是否构成危险驾驶罪,实践中存在不同认识,一种意见认为,醉酒驾驶超标电动自行车应当按照危险驾驶罪处罚,主要理由如下:目前,电动自行车已成为人民群众重要的日常交通工具,有的超标电动自行车已经达到摩托车的速度,与摩托车没有什么区别,应当属于机动车,醉酒驾驶这类车辆上道路行驶带来的危险性与醉驾机动车没有区别,符合危险驾驶罪的立法精神。另一种意见认为,不宜将醉酒驾驶超标电动自行车按照危险驾驶罪处罚,主要理由是:电动自行车的技术性规范是针对生产、经营活动而设定的标准,对于超标电动自行车是否属于机动车,并无明确规定,因此,不能认定超标电动自行车属于刑法意义上的机动车。自2019年4月15日起《电动自行车安全技术规范》强制性国家标准实施,该规范进一步规范了电动车的生产经营活动。但由于对电动自行车长期缺乏有效规范,大量超标自行车仍然继续上路行驶,有关方面在认定时应当慎重,综合考虑电动自行车对群众生活的影响、电动自行车发展不规范的深层次原因、道路的状况以及行为人醉驾电动自行车行为可能造成的危害程度等因素。

【司法解释性文件】

《最高人民法院、最高人民检察院关于常见犯罪的量刑指导意见(试行)》(法发〔2021〕21号,2021年6月6日发布)

△(危险驾驶罪;量刑)

1. 构成危险驾驶罪的,依法在一个月至六个月拘役幅度内确定宣告刑。

2. 构成危险驾驶罪的,根据危险驾驶行为、实际损害后果等犯罪情节,综合考虑被告人缴纳罚金的能力,决定罚金数额。

3. 构成危险驾驶罪的,综合考虑危险驾驶行为、危害后果等犯罪事实、量刑情节,以及被告人主观恶性、人身危险性、认罪悔罪表现等因素,决定缓刑的适用。

《最高人民法院、最高人民检察院、公安部、工业和信息化部、住房和城乡建设部、交通运输部、应急管理部、国家铁路局、中国民用航空局、国家邮政局关于依法惩治涉枪支、弹药、爆炸物、易燃易爆危险物品犯罪的意见》(法发〔2021〕35号,2021年12月28日发布)

△(擅自从事易燃易爆危险物品道路运输活动;危险驾驶罪;竞合)违反危险化学品安全管理规定,未经依法批准或者许可擅自从事易燃易爆危险物品道路运输活动,或者实施其他违反危险化学品安全管理规定通过道路运输易燃易爆危险物品的行为,危及公共安全的,依照刑法第一百三十三条之一第一款第四项的规定,以危险驾驶罪定罪处罚。

实施前两款行为,同时构成刑法第一百三十条规定之罪等其他犯罪的,依照处罚较重的规定定罪处罚;导致发生重大伤亡事故或者其他严重后果,符合刑法第一百三十四条、第一百三十五条、第一百三十六条等规定的,依照各该条的规定定罪从重处罚。(§5Ⅰ、Ⅲ)

△(夹带易燃易爆危险物品;谎报为普通物品交寄)通过邮件、快件夹带易燃易爆危险物品,或者将易燃易爆危险物品谎报为普通物品交寄,符合本意见第5条至第8条规定的,依照各条的规定定罪处罚。(§9)

《最高人民法院、最高人民检察院、公安部、司法部关于办理醉酒危险驾驶刑事案件的意见》(高检发办字〔2023〕187号,2023年12月13日发布)

△(权责划分;法律监督)人民法院、人民检察院、公安机关办理醉驾案件,应当坚持分工负责,互相配合,互相制约,坚持正确适用法律,坚持证据裁判原则,严格执法,公正司法,提高办案效率,实现政治效果、法律效果和社会效果的有机统一。人民检察院依法对醉驾案件办理活动实行法律监督。(§1)

△(宽严相济刑事政策)人民法院、人民检察院、公安机关办理醉驾案件,应当全面准确贯彻宽严相济刑事政策,根据案件的具体情况,实行区别对待,做到该宽则宽,当严则严,罚当其罪。(§2)

△(惩治与预防相结合;源头治理)人民法院、人民检察院、公安机关和司法行政机关应当坚持惩治与预防相结合,采取多种方式强化综合治理、诉源治理,从源头上预防和减少酒后驾驶行为的发生。(§3)

△(立案标准;醉酒认定依据;抽血前逃脱或者找人顶替;呼气或抽血前故意饮酒)在道路上驾驶机动车,经呼气酒精含量检测,显示血液酒精含

量达到80毫克/100毫升以上的,公安机关应当依照刑事诉讼法和本意见的规定决定是否立案。对情节显著轻微、危害不大,不认为是犯罪的,不予立案。

公安机关应当及时提取犯罪嫌疑人血液样本送检。认定犯罪嫌疑人是否醉酒,主要以血液酒精含量鉴定意见作为依据。

犯罪嫌疑人经呼气酒精含量检测,显示血液酒精含量达到80毫克/100毫升以上,在提取血液样本前脱逃或者找人顶替的,可以以呼气酒精含量检测结果作为认定其醉酒的依据。

犯罪嫌疑人在公安机关依法检查时或者发生道路交通事故后,为逃避法律追究,在呼气酒精含量检测或者提取血液样本前故意饮酒的,可以以查获后血液酒精含量鉴定意见作为认定其醉酒的依据。(§4)

△("道路""机动车"的认定)醉驾案件中"道路""机动车"的认定适用道路交通安全法有关"道路""机动车"的规定。

对机关、企事业单位、厂矿、校园、居民小区等单位管辖范围内的路段是否认定为"道路",应当以是否具有"公共性",是否"允许社会机动车通行"作为判断标准。只允许单位内部机动车、特定来访机动车通行的,可以不认定为"道路"。(§5)

△(醉驾;拘留或者取保候审的适用条件;监视居住;逮捕)对醉驾犯罪嫌疑人、被告人,根据案件具体情况,可以依法予以拘留或者取保候审。具有下列情形之一的,一般可予以取保候审:(一)因本人受伤需要救治的;(二)患有严重疾病,不适宜羁押的;(三)系怀孕或者正在哺乳自己婴儿的妇女;(四)系生活不能自理的人的唯一扶养人;(五)其他需要取保候审的情形。

对符合取保候审条件,但犯罪嫌疑人、被告人不能提出保证人,也不交纳保证金的,可以监视居住。对违反取保候审、监视居住规定的犯罪嫌疑人、被告人,情节严重的,可以予以逮捕。(§6)

△(醉驾案件的证据收集)办理醉驾案件应当收集以下证据:(一)证明犯罪嫌疑人情况的证据材料,主要包括人口信息查询记录或者户籍证明等身份证明;驾驶证、驾驶人信息查询记录;犯罪前科记录、曾因饮酒后驾驶机动车被查获或者行政处罚记录、本次交通违法行政处罚决定等;(二)证明醉酒检测情况的证据材料,主要包括呼气酒精含量检测结果、呼气酒精含量检测仪标定证书、血液样本提取笔录、鉴定委托书或者鉴定机构接收检材登记材料、血液酒精含量鉴定意见、鉴定意见通知书等;(三)证明机动车情况的证据材料,主要包括机动车行驶证、机动车信息查询记录、机动车照片等;(四)证明现场执法情况的照片,主要包括现场检查机动车、呼气酒精含量检测、提取与封装血液样本等环节的照片,并应当保存相关环节的录音录像资料;(五)犯罪嫌疑人供述和辩解。

根据案件具体情况,还应当收集以下证据:(一)犯罪嫌疑人是否饮酒、驾驶机动车有争议的,应当收集同车人员、现场目击证人或者共同饮酒人员等证人证言、饮酒场所及行驶路段监控记录等;(二)道路属性有争议的,应当收集相关管理人员、业主等知情人员证言、管理单位或者有关部门出具的证明等;(三)发生交通事故的,应当收集交通事故认定书、事故路段监控记录、人体损伤程度等鉴定意见、被害人陈述等;(四)可能构成自首的,应当收集犯罪嫌疑人到案经过等材料;(五)其他有必要收集的证据材料。(§7)

△(血液样本提取、封装、保管、送检、鉴定等程序;全程录音录像;血液酒精含量鉴定意见作为证据使用的;书面通知)对犯罪嫌疑人血液样本的提取、封装、保管、送检、鉴定等程序,按照公安部、司法部有关道路交通安全违法行为处理程序、鉴定规则等规定执行。

公安机关提取、封装血液样本过程应当全程录音录像。血液样本提取、封装应当做好标记和编号,由提取人、封装人、犯罪嫌疑人在血液样本提取笔录上签字。犯罪嫌疑人拒绝签字的,应当注明。提取的血液样本应当及时送往鉴定机构进行血液酒精含量鉴定。因特殊原因不能及时送检的,应当按照有关规范和技术标准保管检材并在五个工作日内送检。

鉴定机构应当对血液样品制备和仪器检测过程进行录音录像。鉴定机构应当在收到送检血液样本后三个工作日内,按照有关规范和技术标准进行鉴定并出具血液酒精含量鉴定意见,通知或者送交委托单位。

血液酒精含量鉴定意见作为证据使用的,办案单位应当自收到血液酒精含量鉴定意见之日起五个工作日内,书面通知犯罪嫌疑人、被告人、被害人或者其法定代理人。(§8)

△(血液酒精含量鉴定意见;补正解释;证据排除)具有下列情形之一,经补正或者作出合理解释的,血液酒精含量鉴定意见可以作为定案的依据;不能补正或者作出合理解释的,应当予以排除:(一)血液样本提取、封装、保管不规范的;(二)未按规定的时间和程序送检,出具鉴定意见的;(三)鉴定过程未按规定同步录音录像的;(四)存在其

△(醉驾;从重处理事由)醉驾具有下列情形之一,尚不构成其他犯罪的,从重处理:(一)造成交通事故且负事故全部或者主要责任的;(二)造成交通事故后逃逸的;(三)未取得机动车驾驶证驾驶汽车的;(四)严重超员、超载、超速驾驶的;(五)服用国家规定管制的精神药品或者麻醉药品后驾驶的;(六)驾驶机动车从事客运活动且载有乘客的;(七)驾驶机动车从事校车业务且载有师生的;(八)在高速公路上驾驶的;(九)驾重重型载货汽车的;(十)运输危险化学品、危险货物的;(十一)逃避、阻碍公安机关依法检查的;(十二)实施威胁、打击报复、引诱、贿买证人、鉴定人等人员或者毁灭、伪造证据等妨害司法行为的;(十三)二年内曾因饮酒后驾驶机动车被查获或者受过行政处罚的;(十四)五年内曾因危险驾驶行为被判决有罪或者作相对不起诉的;(十五)其他需要从重处理的情形。(§10)

△(醉驾;从轻处理事由)醉驾具有下列情形之一,从宽处理:(一)自首、坦白、立功的;(二)自愿认罪认罚的;(三)造成交通事故,赔偿损失或者获得谅解的;(四)其他需要从宽处理的情形。(§11)

△(情节显著轻微、危害不大;紧急避险)醉驾具有下列情形之一,且不具有本意见第十条规定情形的,可以认定为情节显著轻微、危害不大,依照刑法第十三条、刑事诉讼法第十六条的规定处理:(一)血液酒精含量不超过150毫克/100毫升的;(二)出于急救伤病人员等紧急情况驾驶机动车,且不构成紧急避险的;(三)在居民小区、停车场等场所挪车、停车入位等短距离驾驶机动车的;(四)由他人驾驶至居民小区、停车场等场所短距离接替驾驶停放机动车的,或者为方便他人驾驶,自居民小区、停车场等场所短距离驶出的;(五)其他情节显著轻微的情形。

醉酒后出于急救伤病人员等紧急情况,不得已驾驶机动车,构成紧急避险的,依照刑法第二十一条的规定处理。(§12)

△(犯罪情节轻微)对公安机关移送审查起诉的醉驾案件,人民检察院综合考虑犯罪嫌疑人驾驶的动机和目的、醉酒程度、机动车类型、道路情况、行驶时间、速度、距离以及认罪悔罪表现等因素,认为属于犯罪情节轻微的,依照刑法第三十七条、刑事诉讼法第一百七十七条第二款的规定处理。(§13)

△(缓刑的适用)对符合刑法第七十二条规定的醉驾被告人,依法宣告缓刑。具有下列情形之一,一般不适用缓刑:(一)造成交通事故致他人轻微伤或者轻伤,且负事故全部或者主要责任的;(二)造成交通事故且负事故全部或者主要责任,未赔偿损失的;(三)造成交通事故后逃逸的;(四)未取得机动车驾驶证驾驶汽车的;(五)血液酒精含量超过180毫克/100毫升的;(六)服用国家规定管制的精神药品或者麻醉药品后驾驶的;(七)采取暴力手段抗拒公安机关依法检查,或者实施妨害司法行为的;(八)五年内曾因饮酒后驾驶机动车被查获或者受过行政处罚的;(九)曾因危险驾驶行为被判决有罪或者作相对不起诉的;(十)其他情节恶劣的情形。(§14)

△(罚金刑;罚金数额的确定)对被告人判处罚金,应当根据醉驾行为、实际损害后果等犯罪情节,综合考虑被告人缴纳罚金的能力,确定与主刑相适应的罚金数额。起刑点一般不应低于道路交通安全法规定的饮酒后驾驶机动车相应情形的罚款数额;每增加一个月拘役,增加一千元至五千元罚金。(§15)

△(竞合)醉驾同时构成交通肇事罪、过失以危险方法危害公共安全罪、以危险方法危害公共安全罪等其他犯罪的,依照处罚较重的规定定罪,依法从严追究刑事责任。

醉酒驾驶机动车,以暴力、威胁方法阻碍公安机关依法检查,又构成妨害公务罪、袭警罪等其他犯罪的,依照数罪并罚的规定处罚。(§16)

△(自动投案)犯罪嫌疑人醉驾被现场查获后,经允许离开,再经公安机关通知到案或者主动到案,不认定为自动投案;造成交通事故后保护现场、抢救伤者,向公安机关报告并配合调查的,应当认定为自动投案。(§17)

△(自愿接受安全驾驶教育、从事交通志愿服务、社区公益服务等情况;考量因素)根据本意见第十二条第一款、第十三条、第十四条处理的案件,可以将犯罪嫌疑人、被告人自愿接受安全驾驶教育、从事交通志愿服务、社区公益服务等情况作为作出相关处理的考量因素。(§18)

△(训诫或者责令具结悔过、赔礼道歉、赔偿损失)对犯罪嫌疑人、被告人决定不起诉或者免予刑事处罚的,可以根据案件的不同情况,予以训诫或者责令具结悔过、赔礼道歉、赔偿损失,需要给予行政处罚、处分的,移送有关主管机关处理。(§19)

△(吊销机动车驾驶证等行政处罚;移送公安机关)醉驾等于严重的饮酒后驾驶机动车行为。血液酒精含量达到80毫克/100毫升以上,公安机关应当在决定不予立案、撤销案件或者移送审查起诉前,给予行为人吊销机动车驾驶证行政处罚。根据本意见第十二条第一款处理的案件,公安机

关还应当按照道路交通安全法规定的饮酒后驾驶机动车相应情形,给予行为人罚款、行政拘留的行政处罚。

人民法院、人民检察院依据本意见第十二条第一款、第十三条处理的案件,对被不起诉人、被告人መ予不予行政处罚的,应当提出检察意见或者司法建议,移送公安机关依照前款规定处理。公安机关应当将处理情况通报人民法院、人民检察院。(§20)

△(建立健全醉驾案件快速办理机制)人民法院、人民检察院、公安机关和司法行政机关应当加强协作配合,在遵循法定程序、保障当事人权利的前提下,因地制宜建立健全醉驾案件快速办理机制,简化办案流程,缩短办案期限,实现醉驾案件优质高效办理。(§21)

△(适用快速办理机制)符合下列条件的醉驾案件,一般应当适用快速办理机制:(一)现场查获,未造成交通事故的;(二)事实清楚,证据确实、充分,法律适用没有争议的;(三)犯罪嫌疑人、被告人自愿认罪认罚的;(四)不具有刑事诉讼法第二百二十三条规定情形的。(§22)

△(适用快速办理机制办理的醉驾案件;在立案侦查之日起三十日内完成侦查、起诉、审判工作)适用快速办理机制办理的醉驾案件,人民法院、人民检察院、公安机关一般应当在立案侦查之日起三十日内完成侦查、起诉、审判工作。(§23)

△(公安机关可以不再重新作出取保候审决定)在侦查或者审查起诉阶段采取取保候审措施的,案件移送至审查起诉或者审判阶段时,取保候审期限尚未届满且符合取保候审条件的,受案机关可以不再重新作出取保候审决定,由公安机关继续执行原取保候审措施。(§24)

△(调查评估)对醉驾被告人拟提出缓刑量刑建议或者宣告缓刑的,一般可以不进行调查评估。确有必要的,应当及时委托社区矫正机构或者有关社会组织进行调查评估。受委托方应当及时向委托机关提供调查评估结果。(§25)

△(简化文书;案件线上办理)适用简易程序、速裁程序的醉驾案件,人民法院、人民检察院、公安机关和司法行政机关可以采取合并式、要素式、表格式等方式简化文书。

具备条件的地区,可以通过一体化的网上办案平台流转、送达电子卷宗、法律文书等,实现案件线上办理。(§26)

△(普法责任制)人民法院、人民检察院、公安机关和司法行政机关应当积极落实普法责任制,加强道路交通安全法治宣传教育,广泛开展普法进机关、进乡村、进社区、进学校、进企业、进单位、进网络工作,引导社会公众培养规则意识,养成守法习惯。(§27)

△(司法建议、检察建议、提示函等机制)人民法院、人民检察院、公安机关和司法行政机关应当充分运用司法建议、检察建议、提示函等机制,督促有关部门、企事业单位,加强本单位人员教育管理,加大驾驶培训环节安全驾驶教育,规范代驾行业发展,加强餐饮、娱乐等涉酒场所管理,加大警示提醒力度。(§28)

△(制定有针对性的教育改造、矫正方案)公安机关、司法行政机关应当根据醉驾服刑人员、社区矫正对象的具体情况,制定有针对性的教育改造、矫正方案,实现分类管理、个别化教育,增强其悔罪意识、法治观念,帮助其成为守法公民。(§29)

【指导性案例】

最高人民法院指导性案例第 32 号:张某某、金某危险驾驶案(2014 年 12 月 18 日发布)

△(追逐竞驶)机动车驾驶人员出于竞技、追求刺激、斗气或者其他动机,在道路上曲折穿行、快速追赶行驶的,属于《中华人民共和国刑法》第一百三十三条之一规定的"追逐竞驶"。

△(情节恶劣)追逐竞驶虽未造成人员伤亡或财产损失,但综合考虑超过限速、闯红灯、强行超车、抗拒交通执法等严重违反道路交通安全法的行为,足以威胁他人生命、财产安全的,属于危险驾驶罪中"情节恶劣"的情形。

【参考案例】

No.2-133 之一-1 杨飞、高永贵危险驾驶案

教练明知学员醉酒而放任其驾驶教练车的,成立危险驾驶罪。

No.2-133 之一-2 谢忠德危险驾驶案

《刑法》第一百三十三条之一危险驾驶罪中的"道路"不限于《最高人民法院、公安部关于处理道路交通事故案件有关问题的通知》(已失效)中所规定的《中华人民共和国公路管理条例》规定的,经公路主管部门验收认定的城间、城乡间、乡间能行驶汽车的公共道路(包括国道、省道、县道和乡道)",也包括农村中具有一定规模和较强公共性的农村道路。

No.2-133 之一-3 廖开田危险驾驶案

允许不特定的社会车辆自由通行的小区道路属于道路交通安全法意义上的道路,在小区道路内醉酒驾驶成立危险驾驶罪。

No.2-133 之一-4 林某危险驾驶案

超标电动自行车虽然符合摩托车的技术条

件，但不宜认定为机动车，醉酒驾驶超标电动自行车不成立危险驾驶罪。

No.2-133 之一—8　罗代智危险驾驶案

醉驾型危险驾驶案件中，应当综合考虑醉酒驾驶对他人人身财产和公共安全所造成的危险程度以及行为人的人身危险性和主观恶性大小进行量刑。

No.2-133 之一—10　郑帮巧危险驾驶案

危险驾驶致本人重伤，不构成交通肇事罪，应以危险驾驶罪定罪处罚。

No.2-133 之一—11　于岗危险驾驶、妨害公务案

醉酒驾驶后以暴力抗拒检查的，应当以危险驾驶罪与妨害公务罪数罪并罚。

No.2-133 之一—13　张纪伟、金鑫危险驾驶案

追逐竞驶情节恶劣，应当根据行为对道路交通安全造成的危险程度进行认定。

No.2-133 之一—14　张纪伟、金鑫危险驾驶案

行为人出于竞技、追求刺激、斗气或其他动机，在道路上曲折穿行、快速追赶行驶，虽未造成人员伤亡，但综合考虑限速、闯红灯、强行超车、抗拒交通执法等严重违反道路交通安全法的行为，足以威胁他人生命、财产安全的，属于危险驾驶情节恶劣的情形。

No.2-133 之一—15　彭建伟危险驾驶案

追逐竞驶造成交通事故尚不构成交通肇事罪，行为人主观上对事故结果持过于自信的态度，追逐竞驶行为客观上尚未达到与放火、决水等行为相当的危险程度的，应认定为危险驾驶罪。

No.2-133 之一—16　徐光明危险驾驶案

在危险驾驶罪中将无证驾驶与使用伪造号牌作为量刑情节考虑时，行为人因此所受的行政拘留期间可以折抵刑期。

No.2-133 之一—17　杨某危险驾驶案

醉酒驾驶仅致本人受伤的，仍然成立危险驾驶罪，但本人伤害结果不宜作为从重处罚情节。

No.2-133 之一—19　高晓松危险驾驶案

血液酒精含量超过 80mg/100ml 即为醉酒驾驶，对于在道路上醉酒驾驶机动车，严重危害道路安全，对其他车辆、行人的安全造成危险的，应构成危险驾驶罪，如同时构成其他犯罪的，依照处罚较重的规定定罪处罚。

第一百三十三条之二　【妨害安全驾驶罪】

对行驶中的公共交通工具的驾驶人员使用暴力或者抢控驾驶操纵装置，干扰公共交通工具正常行驶，危及公共安全的，处一年以下有期徒刑、拘役或者管制，并处或者单处罚金。

前款规定的驾驶人员在行驶的公共交通工具上擅离职守，与他人互殴或者殴打他人，危及公共安全的，依照前款的规定处罚。

有前两款行为，同时构成其他犯罪的，依照处罚较重的规定定罪处罚。

【立法沿革】

《中华人民共和国刑法修正案（十一）》（自2021年3月1日起施行）

二、在刑法第一百三十三条之一后增加一条，作为第一百三十三条之二：

"对行驶中的公共交通工具的驾驶人员使用暴力或者抢控驾驶操纵装置，干扰公共交通工具正常行驶，危及公共安全的，处一年以下有期徒刑、拘役或者管制，并处或者单处罚金。

"前款规定的驾驶人员在行驶的公共交通工具上擅离职守，与他人互殴或者殴打他人，危及公共安全的，依照前款的规定处罚。

"有前两款行为，同时构成其他犯罪的，依照处罚较重的规定定罪处罚。"

【条文说明】

本条是关于妨害安全驾驶罪及其处罚的规定。

本条共分为三款。

第一款是关于**对行驶中的公共交通工具的驾驶人员使用暴力或者抢控驾驶操纵装置，危及安全驾驶的犯罪及其处罚**的规定。构成本款规定的犯罪应当具备以下条件：

1. 犯罪的主体主要是**公共交通工具上的乘客等人员**。在公共交通工具行驶过程中，与驾驶员发生冲突的一般都是乘客，个别情况下，车辆上的售票员或者安保员也有可能会与驾驶员发生冲突。

2. **行为发生在行驶的公共交通工具上**。这里所说的"公共交通工具"，主要是指公共汽车、公路客运车、大、中型出租车等车辆。司乘人员冲突事件大多发生在上述这几类公共交通工具上。此外，公共交通工具还有从事空中运输的飞机，铁路运输的火车、地铁、轻轨，水路运输的客运轮船、摆渡船、快艇等。

3. 行为人实施了对驾驶人员使用暴力或者抢控驾驶操纵装置的行为。这里所说的对"**驾驶人员使用暴力或者抢控驾驶操纵装置**"，主要是指行为人对公共交通工具的驾驶人员实施殴打、推操拉拽等暴力行为，或者实施抢夺控制方向盘、变速杆等驾驶操纵装置的行为。"**驾驶操纵装置**"，主要是指供驾驶人员控制车辆行驶的装置，包括方向盘、离合器踏板、加速踏板、制动踏板、变速杆、驻车制动手柄等。本款所说的"抢控驾驶操作装置"并不需要行为人实际控制驾驶操作装置，只要实施了争抢行为即可。

4. 行为人的行为干扰公共交通工具的正常行驶，危及公共安全，这是划分罪与非罪的重要界限。这样规定主要是考虑到此类行为主要是危害公共安全的犯罪，其危害性主要体现在危及公共交通工具上不特定多数人的人身和财产安全，以及道路和周边环境中不特定多数人的人身和财产安全。这里所说的"**干扰公共交通工具正常行驶，危及公共安全的**"，主要是指行为人的行为足以导致公共交通工具不能安全行驶，车辆失控，随时可能发生乘客、道路上的行人、车辆伤亡或者财产损失的现实危险。如果行为人只是辱骂、轻微拉扯驾驶员或者轻微争抢方向盘，并没有影响车辆的正常行驶，不宜作为犯罪处理，但违反治安管理处罚法规定的，应当依法予以治安处罚。

根据本款规定，构成犯罪的，处一年以下有期徒刑、拘役或者管制，并处或者单处罚金。

第二款是关于驾驶人员擅离职守，与他人互殴或者殴打他人，危及安全驾驶的犯罪及其处罚的规定。构成本款规定的犯罪，应当符合以下特征：

1. 犯罪的主体是**公共交通工具的驾驶人员**。

2. 行为发生在行驶的公共交通工具上，这是构成本款规定的前提条件。关于公共交通工具在第一款已经叙述，这里不再赘述。

3. 行为人实施了**擅离职守，与他人互殴或者殴打他人的行为**。这里所说的"擅离职守"，主要是指驾驶人员未采取任何安全措施控制车辆，擅自离开驾驶位置，或者双手离开方向盘等。"**与他人互殴或者殴打他人**"，是指驾驶人员与乘客等进行互相殴打，或者驾驶人员殴打乘客等行为。

4. 行为人的行为危及公共安全，这是划分罪与非罪的重要界限。这里所说的"**危及公共安全的**"，主要是指行为人的行为足以导致公共交通工具不能安全行驶，车辆失控，随时可能发生乘客、道路上的行人、车辆伤亡或者财产损失的现实危险。如果行为人只是辱骂或者轻微拉扯乘客等，并没有影响车辆的正常行驶，不宜作为犯罪处理，但违反治安管理处罚法规定的，应当依法予以治安处罚。

构成本条规定的犯罪，依照前款的规定处罚，即处一年以下有期徒刑、拘役或者管制，并处或者单处罚金。

第三款是关于**实施本条规定的犯罪同时构成其他犯罪如何处理的**规定。行为人实施本条第一款、第二款规定的犯罪行为，也可能同时触犯刑法的其他规定，构成刑法规定的其他犯罪，如果与本条规定的犯罪行为出现了竞合的情形，**应当依照处罚较重的规定定罪处罚**。这里主要涉及如何处理好本条规定的犯罪与故意伤害罪、故意杀人罪、以危险方法危害公共安全罪等其他罪名的关系。如果行为人有第一款、第二款规定的妨害安全驾驶的犯罪行为，造成人员伤亡、公私财产重大损失或者车辆倾覆等，符合《刑法》第一百三十三条交通肇事罪、第二百三十四条故意伤害罪、第二百三十二条故意杀人罪、第一百一十五条以危险方法危害公共安全罪、第二百七十五条故意毁坏财物罪构成要件或者构成其他犯罪的，根据本款的规定，采取从一重罪处罚的原则，即依照处罚较重的规定定罪处罚，由于本条规定的刑罚较轻，一般情况下，应当依照交通肇事罪、故意伤害罪、故意杀人罪、以危险方法危害公共安全罪、故意毁坏财物罪等定罪处罚，而行为人妨害公共交通工具安全驾驶的行为，将会作为处罚的量刑情节予以考虑。这里需要注意的是，本条第三款规定的"同时构成其他犯罪"中的其他犯罪，应当是与妨害公共交通工具安全驾驶行为直接相关的犯罪，如果行为人实施了本款的犯罪行为，在行驶中的公共交通工具上又实施其他与妨害公共交通工具安全驾驶行为不相关的犯罪行为，如行为人明显具有伤害、杀人的恶意殴打、杀害司机或乘客，或者盗窃、抢劫乘客财物、强制猥亵乘客等行为，应当根据情况适用故意伤害罪、故意杀人罪、盗窃罪、抢劫罪、强制猥亵罪与本罪实行**数罪并罚**。

实践中需要注意以下几个方面的问题：

1. 把握好妨害安全驾驶的犯罪**与以危险方法危害公共安全罪**的界限。两罪虽然都是危害公共安全的犯罪，但两罪的行为性质不同，《刑法》第一百一十四条规定以其他危险方法危害公共安全的应当是放火、决水、爆炸、投放危险物质性质相同的危害公共安全行为，而妨害公共交通工具安全驾驶虽然存在危害公共安全的可能性，但一般情况下不具有现实的危险性,实践中乘客与司机往往因琐事发生口角争执,进而动手,多数乘客主观恶性并不大,只是因一时冲动殴打司机,抢夺方向盘,并非故意要将公交车置于危险地带,且多数并未造成危害后果,有的虽然造成一定危害后果,但后果也不严重,如发生车辆剐蹭。为体现宽严相济刑事政策和刑法罪刑相适应原则,避免适用以危险方法危害公共安全罪而导致刑罚过重,《刑法修正案(十一)》增加了妨害安全驾驶的犯罪,实践中对于在行驶中的公共交通工具上发生的因司乘纠纷而引发的互殴、厮打等妨害安全驾驶行为**一般不宜再适用《刑法》第一百一十四条规定的以危险方法危害公共安全罪**。对于个别情况下,行为人妨害公共交通工具安全驾驶行为,判处一年有期徒刑明显偏轻,符合《刑法》第一百一十四条规定的,可以按照以危险方法危害公共安全罪追究。

2. 把握好妨害公共交通安全行驶的犯罪与**正当防卫、紧急避险**的界限。根据《最高人民法院、最高人民检察院、公安部关于依法惩治妨害公共交通工具安全驾驶违法犯罪行为的指导意见》的规定,对正在进行的妨害安全驾驶的违法犯罪行为,乘客等人员有权采取措施予以制止,制止行为造成违法犯罪行为人损害,符合法定条件的,应当认定为正当防卫。正在驾驶公共交通工具的驾驶人员遭到妨害安全驾驶行为侵害时,为避免公共交通工具倾覆或者人员伤亡等危害后果发生,采取紧急制动或者躲避措施,造成公共交通工具、交通设施损坏或者人身损害,符合法定条件的,应当认定为紧急避险。实践中需要注意的是,驾驶人员有权采取措施对乘客妨害安全驾驶的行为予以制止,但首先必须要保障车辆行驶的安全,也就是说驾驶人员必须首先采取制动措施,让车辆停在安全地带,才可以采取措施制止乘客的违法行为,不能在车辆行驶的过程中对乘客进行殴打。

3. 在适用本条时要注意把握罪与非罪的界限。对于妨害安全驾驶的犯罪,其行为不仅要干扰公共交通工具正常行驶,而且还要达到危及公共安全的后果,**对于情节轻微、危害不大的行为,不宜按照犯罪处理**,《最高人民法院、最高人民检察院、公安部关于依法惩治妨害公共交通工具安全驾驶违法犯罪行为的指导意见》对此也有规定,即在办理案件过程中,人民法院、人民检察院和公安机关要综合考虑公共交通工具行驶速度、通行路段情况、载客情况、妨害安全驾驶行为的严重程度及对公共交通安全的危害大小、行为人认罪悔罪表现等因素,全面准确评判,充分彰显强化保障公共交通安全的价值导向。

第一百三十四条 【重大责任事故罪】【强令、组织他人违章冒险作业罪】
在生产、作业中违反有关安全管理的规定,因而发生重大伤亡事故或者造成其他严重后果的,处三年以下有期徒刑或者拘役;情节特别恶劣的,处三年以上七年以下有期徒刑。
强令他人违章冒险作业,或者明知存在重大事故隐患而不排除,仍冒险组织作业,因而发生重大伤亡事故或者造成其他严重后果的,处五年以下有期徒刑或者拘役;情节特别恶劣的,处五年以上有期徒刑。

【立法沿革】

《中华人民共和国刑法》(1997年修订,自1997年10月1日起施行)

第一百三十四条

工厂、矿山、林场、建筑企业或者其他企业、事业单位的职工,由于不服管理、违反规章制度,或者强令工人违章冒险作业,因而发生重大伤亡事故或者造成其他严重后果的,处三年以下有期徒刑或者拘役;情节特别恶劣的,处三年以上七年以下有期徒刑。

《中华人民共和国刑法修正案(六)》(自2006年6月29日起施行)

一、将刑法第一百三十四条修改为:

"在生产、作业中违反有关安全管理的规定,因而发生重大伤亡事故或者造成其他严重后果的,处三年以下有期徒刑或者拘役;情节特别恶劣的,处三年以上七年以下有期徒刑。

"强令他人违章冒险作业,因而发生重大伤亡事故或者造成其他严重后果的,处五年以下有期徒刑或者拘役;情节特别恶劣的,处五年以上有期徒刑。"

《中华人民共和国刑法修正案(十一)》(自2021年3月1日起施行)

三、将刑法第一百三十四条第二款修改为:

"强令他人违章冒险作业,或者明知存在重大事故隐患而不排除,仍冒险组织作业,因而发生重大伤亡事故或者造成其他严重后果的,处五年以下有期徒刑或者拘役;情节特别恶劣的,处五年以上有期徒刑。"

【条文说明】

本条是关于重大责任事故罪,强令、组织他人违章冒险作业罪及其处罚的规定。

本条共分为两款。

第一款是关于**重大责任事故罪及其处罚**的规定。根据本款的规定,认定重大责任事故罪应当注意以下几个方面的问题:

1. 本罪的主体是**在各类生产经营活动中从事生产、作业及其指挥管理的人员**,既包括1997年刑法规定的工厂、矿山、林场、建筑企业或者其他企业、事业单位的职工,也包括其他生产、经营单位的人员、个体经营户、群众合作经营组织的生产、管理人员,甚至违法经营单位、无照经营单位的生产、作业及其指挥管理人员等。① 只要在生产、作业中违反有关安全管理的规定,造成不特定人员伤亡或者公私财产重大损害的,无论其生产、作业性质,均可以构成该罪。

2. 本罪在客观方面表现为**在生产、作业中**②**违反有关安全管理的规定,因而发生重大伤亡事故或者造成严重后果**。(1)**行为人违反了有关安全管理的规定**。这里所说的"有关安全管理的规定",既包括国家制定的关于安全管理的法律、法规,比如安全生产法等,也包括行业或者管理部门制定的关于安全生产、作业的规章制度、操作章程等。③ 违反安全管理规定的行为往往具有不同的形式。普通职工主要表现为不服管理、不听指挥、不遵守操作规程和工艺设计要求或者盲目蛮干、擅离岗位等。生产管理人员主要表现为违背客观规律在现场盲目指挥,或者作出不符合安全生产、作业要求的工作安排等。(2)**行为人违反有关安全管理规定的行为引起了重大伤亡事故,造成严重后果**。本条规定了"重大伤亡"和"严重后果"两个标准,但只要具备其一便构成犯罪。其中,造成其他严重后果,是指除重大伤亡事故以外的其他后果,包括重大财产损失④等。关于重大伤亡或者"其他严重后果"的认定标准,由于生产领域、地域、时间等情况的不同,一般由相关领域的管理规定作出规定。司法实践中,司法机关可以根据犯罪的具体情节、造成的后果、社会影响等综合认定。

3. 在主观方面本罪表现为过失。⑤ 这种过失,是指对造成的重大人身伤亡或者其他严重后果由于疏忽大意没有预见,或者虽然预见但轻信能够避免而没有采取相应的措施。而对违反安全管理规定本身,则既可以是过失,也可以是故意,这对认定本罪没有影响,但在量刑时可以作为一个情节予以考虑。如果行为人对危害结果出于故意的心理状态,则不构成本罪,应当按照其他相应的犯罪规定处罚。实践中,有些企业、事业单位或者群众合作经营组织、个体经营户招用从业人员,不经技术培训,也不进行必要的安全教育,直接安排其从事生产、作业,使职工在不了解安全管理规定的情况下违反安全管理规定,因而发生重大责任事故,对于生产、作业人员不宜认定为犯罪,但对发生事故的单位和经营组织、经营户的直接责任人员,则应当按照本罪定罪处罚。

根据本款的规定,在生产、作业中违反有关安全管理的规定,因而发生重大伤亡事故或者造成其他严重后果的,处三年以下有期徒刑或者拘役。根据《最高人民法院、最高人民检察院关于办理危

---

① 名义上是企业管理人员,但未实际参与企业经营管理活动之人(企业挂名),非属重大责任事故罪的行为主体。参见陈兴良主编:《刑法各论精释》,人民法院出版社2015年版,第700页。

② 陈兴良教授指出,此处的"生产、作业"并不仅仅是一个空间与时间的概念,而是一个行为性质的决定性因素。换言之,行为与生产、作业之间必须具有直接关联,即必然是因为生产、作业的需要而实施的行为,如果超出了生产、作业的需要而实施的违反规章制度行为,与本罪无关。参见陈兴良主编:《刑法各论精释》,人民法院出版社2015年版,第703页。

③ 除了上述两类规定外,林亚刚教授认为,虽无法律法规等明文规定,却反映了生产、科研、设计、施工中安全操作的客观规律和要求,在实践中为职工所公认的行之有效的操作习惯与惯例等,同样属于安全管理规定。参见高铭暄、马克昌主编:《刑法学》(第7版),北京大学出版社、高等教育出版社2016年版,第360页;陈兴良主编:《刑法各论精释》,人民法院出版社2015年版,第703—704页。

④ 司法实践一般将经济损失分为直接经济损失与间接经济损失。参见陈兴良主编:《刑法各论精释》,人民法院出版社2015年版,第705页。

⑤ 关于本罪的主观构成要件要素,陈兴良教授细分为疏忽过失、轻信过失以及监督过失和管理过失三类。对于疏忽过失,由于重大责任事故罪属于业务过失,因而其所要求的应当是特别注意义务。并且,应当根据行为人的实际状况来认定其是否具有预见可能性(主观说、个人标准说);对于轻信过失,重大责任事故罪的避免能力主要应当根据行为人的主观状况加以确定;关于监督过失和管理过失,两者之间的区别是相对的,将二者进行区分,并不具有理论上的意义。参见陈兴良主编:《刑法各论精释》,人民法院出版社2015年版,第713—716页。

害生产安全刑事案件适用法律若干问题的解释》第六条的规定，实施本款规定的行为，因而发生安全事故，具有下列情形之一的，应当认定为"**发生重大伤亡事故或者造成其他严重后果**"，对相关责任人员，处三年以下有期徒刑或者拘役：(1)造成死亡一人以上，或者重伤三人以上的；(2)造成直接经济损失一百万元以上的；(3)其他造成严重后果或者重大安全事故的情形。情节特别恶劣的，处三年以上七年以下有期徒刑。这里规定的"**情节特别恶劣**"，是指造成伤亡人数特别多，造成直接经济损失特别大，或者其他违反安全管理规定非常恶劣的情况。比如，经常违反规章制度，屡教不改；明知没有安全保证，不听劝阻；发生过事故不引以为戒，继续蛮干；违章行为特别恶劣，如已因违反规章制度受到批评教育或行政处罚而不改正，再次违反安全管理规定，造成重大事故等。根据上述司法解释的规定，实施本款规定的行为，因而发生安全事故，具有下列情形之一的，对相关责任人员，处三年以上七年以下有期徒刑：(1)造成死亡三人以上或者重伤十人以上，负事故主要责任的；(2)造成直接经济损失五百万元以上，负事故主要责任的；(3)其他造成特别严重后果、情节特别恶劣或者后果特别严重的情形。

第二款是关于强令、组织他人违章冒险作业罪及其处罚的规定。

1. **强令违章冒险作业罪**。这种情况，主要是指那些负有生产、作业指挥和管理职责的人员[1]，为了获取高额利润，明知存在安全生产隐患，或者为了获得高额利润，采取违反安全管理规定的行为，在生产、作业人员拒绝的情况下，利用职权或者其他强制手段强令工人违章冒险作业，因而发生重大伤亡事故或者造成其他严重后果的。这种情况，首先表现在工人不愿听从生产、作业指挥管理人员违章冒险作业的命令，其次是生产、作业指挥管理人员利用自己的职权或者其他手段强迫命令工人在违章的情况下冒险作业，即强迫工人服从其错误的指挥，而工人不得不违章作业。这种"强令"，不完全表现在恶劣的态度、强硬的语言或者行动，**只要是利用组织、指挥、管理职权，能够对工人产生精神强制，使其不敢违抗命令，不得不违章冒险作业的，均构成"强令"**。[2]根据本款的规定，对于强令他人违章冒险作业，因而发生重大伤亡事故或者造成严重后果的，处五年以下有期徒刑或者拘役；情节特别恶劣的，处五年以上有期徒刑。这里所说的"情节特别恶劣"，比如，用恶劣手段强令工人违章作业等。根据《最高人民法院、最高人民检察院关于办理危害生产安全刑事案件适用法律若干问题的解释》第六条、第七条的规定，强令违章冒险作业，因而发生安全事故，具有下列情形的，应当认定为"**发生重大伤亡事故或者造成其他严重后果**"，对相关责任人员，处五年以下有期徒刑或者拘役：(1)造成死亡一人以上，或者重伤三人以上的；(2)造成直接经济损失一百万元以上的；(3)其他造成严重后果或者重大安全事故的情形。有下列情形的，应当认定为"**情节特别恶劣**"，处五年以上有期徒刑：(1)造成死亡三人以上或者重伤十人以上，负事故主要责任的；(2)造成直接经济损失五百万元以上，负事故主要责任的；(3)其他造成特别严重后果、情节特别恶劣或者后果特别严重的情形。

2. **组织他人违章冒险作业罪**。《刑法修正案(十一)》在本条第二款中增加规定了"明知存在重大事故隐患而不排除，仍冒险组织作业"的情形。理解该规定，需要注意：

一是关于**重大事故隐患**。本款规定的"重大事故隐患"具有相应的标准，应当按照法律、行政法规或者安全生产监督管理部门发布的有关国家、行业标准确定。根据安全生产法和中共中央、国务院关于推进安全生产领域改革发展的意见，原国家安监总局于2017年最早发布了《煤矿重大生产安全事故隐患判定标准》，其后分别制定发布了金属、非金属矿山、化工和危险化学品生产经营单位、烟花爆竹生产经营单位、工贸行业重大生产安全事故隐患判定标准。此外，还有公安部制定的《水利工程生产安全重大事故隐患判定标准(试行)》，交通运输部制定的《危险货物港口作业重大事故隐患判定指南》等。《安全生产法》第一百一十三条第二款规定："国务院安全生产监督管理部门和其他负有安全生产监督管理职责的部门应当根据各自的职责分工，制定相关行业、领域重大事故隐患的判定标准。"需要注意的是，重大事故隐患判断标准中的情形也比较复杂，既包括可能直接导致、引发重大事故发生的直接重大隐患，也

---

[1] 陈兴良教授指出，强令违章冒险作业罪的行为主体仅限于，生产、作业的管理人员，以及对生产、作业负有管理职责的实际控制人或者投资人，但不包括直接从事生产、作业的人员。参见陈兴良主编：《刑法各论精释》，人民法院出版社2015年版，第719页。

[2] 相同的学说见解，参见高铭暄、马克昌主编：《刑法学》(第7版)，北京大学出版社、高等教育出版社2016年版，第362页；陈兴良主编：《刑法各论精释》，人民法院出版社2015年版，第719页。

有属于管理培训制度、项目建设规范等方面的间接隐患,比如厂房安全距离设置不符合要求,主要负责人、安全生产管理人员未依法经考核合格,作业人数超过标准人数等,尚不足以直接导致事故的发生。因此,实践中在适用本款规定判处更重刑罚时也应当考虑重大隐患的不同情况。

二是要求"**明知**"存在重大事故隐患而不排除。对事故隐患的存在主观上具有明知,虽然对危害结果的发生不是积极追求的故意,但在对重大隐患的认识上是明知的,主观上存在一种鲁莽、轻率心态,即意欲完全凭借侥幸或者为了生产作业而不管不问的心态。"**不排除**"是指对重大隐患不采取有效措施予以排除危险。根据《安全生产法》第三十八条、第四十三条、第六十七条等的规定,生产经营单位应当建立健全生产安全事故隐患排查治理制度,采取技术、管理措施,及时发现并消除事故隐患;生产经营单位的安全生产管理人员应当根据本单位的生产经营特点,对安全生产状况进行经常性检查,对检查中发现的安全问题,应当立即处理,不能处理的,应当及时报告本单位有关负责人,有关负责人应当及时处理;负有安全生产监督管理职责的部门依法对存在重大事故隐患的生产经营单位作出停产停业、停止施工、停止使用相关设施或者设备的决定,生产经营单位应当依法执行,及时消除事故隐患。立法过程中曾表述为"拒不排除",有意见提出,这一表述可能暗含需经安全生产监督管理部门等检查指出后,拒不执行监管指令的"不排除",会造成适用面太窄,**因此删去了"拒"字**。

三是**仍然冒险组织作业**。这是本罪的客观行为。即在明知具有重大事故隐患未排除的情况下,仍然组织冒险作业。如已发现事故苗头,仍然不听劝阻、一意孤行,拒不采纳工人和技术人员的意见,导致事故发生的;通过恶劣手段掩盖安全生产隐患、蒙骗工人作业,在出现险情的情况下仍然继续生产、作业或者指挥工人生产、作业的等。组织冒险作业的主体是**冒险作业的组织者、指挥者**,对一般的从事、参与冒险作业的人则不适用本款规定。根据本款规定,犯组织他人违章冒险作业罪,发生重大伤亡事故或者造成其他严重后果的,处五年以下有期徒刑或者拘役;情节特别恶劣的,处五年以上有期徒刑。有关具体标准由司法解释规定或者司法实践把握。

实践中需要注意以下几个方面的问题:

1. 关于**本条规定犯罪主体的问题**。与《刑法》第一百三十五条、第一百三十五条之一、第一百三十七条、第一百三十八条、第一百三十九条等安全事故犯罪明确规定了犯罪主体,如直接负责的主管人员和其他直接责任人员、直接责任人员等不同,**本条规定没有明确规定犯罪主体**。既可以是单位直接责任人员,也可以是个人、个体经营者等。在单位实施重大责任事故罪,强令、组织他人违章冒险作业罪的情况下,根据有关法律解释的规定,对企业负责人等直接责任人员可依法追究刑事责任。根据《全国人民代表大会常务委员会关于〈中华人民共和国刑法〉第三十条的解释》的规定,公司、企业、事业单位、机关、团体等单位实施刑法规定的危害社会的行为,刑法分则和其他法律未规定追究单位的刑事责任的,对组织、策划、实施该危害社会行为的人依法追究刑事责任。因此由单位实施的有关安全生产事故犯罪,可以依法追究负有直接责任的企业负责人的刑事责任。另外,根据《最高人民法院、最高人民检察院关于办理危害生产安全刑事案件适用法律若干问题的解释》的规定,**本条第一款规定的犯罪主体**,包括对生产、作业负有组织、指挥或者管理职责的负责人、管理人员、实际控制人、投资人等人员,以及直接从事生产、作业的人员。**第二款规定的犯罪主体**,包括对生产、作业负有组织、指挥或者管理职责的负责人、管理人员、实际控制人、投资人等人员。根据安全生产法的规定,安全生产实行企业等生产经营单位主体责任制,生产经营单位的主要负责人对本单位的安全生产工作全面负责。实践中,企业负责人对安全生产事故发生负有直接责任的,适用本条规定处罚。

2. 在认定重大责任事故罪时,应当注意区分重大责任事故和自然事故的界限。所谓**自然事故**,是指不以人的意志为转移的自然原因造成的事故,如雷电、暴风雨造成电路故障而引起的人员伤亡或经济损失。如果无人违章,纯属自然事故,不构成犯罪。[①] 此外,也应当区分重大责任事故罪与技术事故的界限。所谓**技术事故**,是指由于技术手段或者设备条件所限而无法避免的人员伤亡或经济损失。比如在生产和科学实验中,总会因为科技水平和设备条件的限制,不可避免地出现一些事故,造成一些损失,这不是犯罪问题,但是,如果凭借现有的科技和设备条件,经过努力本来可以避免事故发生,由于疏忽大意或者过于自信未能避免的,则可能构成重大责任事

[①] 陈兴良教授指出,责任事故与自然事故之间的区隔,主要从以下两个方面进行考察:(1)是否存在违反有关安全管理规定的行为;(2)是否存在主观过失。参见陈兴良主编:《刑法各论精释》,人民法院出版社2015年版,第717页。

故罪。

3. 注意处理好相关规定适用情形。一是《刑法修正案(十一)》在本条中增加组织他人违章冒险作业罪,与强令违章冒险作业罪的关系。二者的区别主要在于是否具有"强令"行为,对于企业负责人、管理人员利用组织、指挥、管理职权,强制他人违章作业的,或者采取威逼、胁迫、恐吓等手段,强制他人违章作业的情形,应当认定为构成强令违章冒险作业罪。二是组织他人违章冒险作业罪与重大劳动安全事故罪、危险物品肇事罪、工程重大安全事故罪等其他安全生产犯罪的关系。《刑法修正案(十一)》增加组织他人违章冒险作业罪的一个主要考虑是加大对安全生产领域造成重大事故、情节特别严重的加重处罚,但是没有提高各个罪的刑罚,在这些各个罪涉及的具体领域,如工程建设领域、危险物品生产经营领域等,如果符合明知有重大隐患而不排除,仍组织冒险作业情况的,可适用本款规定,判处更重刑罚。

【司法解释】

《最高人民法院关于审理交通肇事刑事案件具体应用法律若干问题的解释》(法释〔2000〕33号,自2000年11月21日起施行)

△(**公共交通管理的范围**;**重大责任事故罪**)在公共交通管理的范围外,驾驶机动车辆或者使用其他交通工具致人伤亡或者致使公共财产或者他人财产遭受重大损失,构成犯罪的,分别依照刑法第一百三十四条、第一百三十五条、第二百三十三条等规定定罪处罚。(§8Ⅱ)

《最高人民法院、最高人民检察院关于办理危害生产安全刑事案件适用法律若干问题的解释》(法释〔2015〕22号,自2015年12月16日起施行)

△(**重大责任事故罪**;**犯罪主体**)刑法第一百三十四条第一款规定的犯罪主体,包括对生产、作业负有组织、指挥或者管理职责的负责人、管理人员、实际控制人、投资人等人员,以及直接从事生产、作业的人员。(§1)

△(**强令违章冒险作业罪**;**犯罪主体**)刑法第一百三十四条第二款规定的犯罪主体,包括对生产、作业负有组织、指挥或者管理职责的负责人、管理人员、实际控制人、投资人等人员。(§2)

△(**强令他人违章冒险作业**)明知存在事故隐患、继续作业存在危险,仍违反有关安全管理的规定,实施下列行为之一的,应当认定为刑法第一百三十四条第二款规定的"强令他人违章冒险作业":

(一)利用组织、指挥、管理职权,强制他人违章作业的;

(二)采取威逼、胁迫、恐吓等手段,强制他人违章作业的;

(三)故意掩盖事故隐患,组织他人违章作业的;①

(四)其他强令他人违章作业的行为。(§5)

△(**发生重大伤亡事故或者造成其他严重后果**;**重大责任事故罪**;**强令他人违章冒险作业**)实施刑法第一百三十二条、第一百三十四条第一款、第一百三十五条、第一百三十五条之一、第一百三十六条、第一百三十九条规定的行为,因而发生安全事故,具有下列情形之一的,应当认定为"造成严重后果"或者"发生重大伤亡事故或者造成其他严重后果",对相关责任人员,处三年以下有期徒刑或者拘役:

(一)造成死亡一人以上,或者重伤三人以上的;

(二)造成直接经济损失一百万元以上的;

(三)其他造成严重后果或者重大安全事故的情形。

实施刑法第一百三十四条第二款规定的行为,因而发生安全事故,具有本条第一款规定情形的,应当认定为"发生重大伤亡事故或者造成其他严重后果",对相关责任人员,处五年以下有期徒刑或者拘役。(§6 Ⅰ、Ⅱ)

△(**情节特别恶劣**;**重大责任事故罪**;**强令他人违章冒险作业**)实施刑法第一百三十二条、第一百三十四条第一款、第一百三十五条、第一百三十五条之一、第一百三十六条、第一百三十九条规定的行为,因而发生安全事故,具有下列情形之一的,对相关责任人员,处三年以上七年以下有期徒刑:

(一)造成死亡三人以上或者重伤十人以上,负事故主要责任的;

(二)造成直接经济损失五百万元以上,负事故主要责任的;

(三)其他造成特别严重后果、情节特别恶劣或者后果特别严重的情形。

实施刑法第一百三十四条第二款规定的行为,因而发生安全事故,具有本条第一款规定情形的,对相关责任人员,处五年以上有期徒刑。(§7 Ⅰ、Ⅱ)

---

① 《刑法修正案(十一)》修正后,此情形属于"组织他人违章冒险作业"。

△（从重处罚事由；数罪并罚；行贿罪）实施刑法第一百三十二条、第一百三十四条至第一百三十九条之一规定的犯罪行为，具有下列情形之一的，从重处罚：

（一）未依法取得安全许可证件或者安全许可证件过期、被暂扣、吊销、注销后从事生产经营活动的；

（二）关闭、破坏必要的安全监控和报警设备的；

（三）已经发现事故隐患，经有关部门或者个人提出后，仍不采取措施的；

（四）一年内曾因危害生产安全违法犯罪活动受过行政处罚或者刑事处罚的；

（五）采取弄虚作假、行贿等手段，故意逃避、阻挠负有安全监督管理职责的部门实施监督检查的；

（六）安全事故发生后转移财产意图逃避承担责任的；

（七）其他从重处罚的情形。

实施前款第五项规定的行为，同时构成刑法第三百八十九条规定的犯罪的，依照数罪并罚的规定处罚。（§12）

△（酌情从轻处罚事由）实施刑法第一百三十二条、第一百三十四条至第一百三十九条之一规定的犯罪行为，在安全事故发生后积极组织、参与事故抢救，或者积极配合调查、主动赔偿损失的，可以酌情从轻处罚。（§13）

△（国家工作人员；数罪并罚；贪污、受贿犯罪）国家工作人员违反规定投资入股生产经营，构成本解释规定的有关犯罪的，或者国家工作人员的贪污、受贿犯罪行为与安全事故发生存在关联性的，从重处罚；同时构成贪污、受贿犯罪和危害生产安全犯罪的，依照数罪并罚的规定处罚。（§14）

△（缓刑；从业禁止）对于实施危害生产安全犯罪适用缓刑的犯罪分子，可以根据犯罪情况，禁止其在缓刑考验期限内从事与安全生产相关联的特定活动；对于被判处刑罚的犯罪分子，可以根据犯罪情况和预防再犯罪的需要，禁止其自刑罚执行完毕之日或者假释之日起三年至五年内从事与安全生产相关的职业。（§16）

《最高人民法院、最高人民检察院关于办理危害生产安全刑事案件适用法律若干问题的解释（二）》（法释〔2022〕19号，自2022年12月19日起施行）

△（强令他人违章冒险作业；冒险组织作业）明知存在事故隐患，继续作业存在危险，仍然违反有关安全管理的规定，有下列情形之一的，属于刑法第一百三十四条第二款规定的"强令他人违章冒险作业"：

（一）以威逼、胁迫、恐吓等手段，强制他人违章作业的；

（二）利用组织、指挥、管理职权，强制他人违章作业的；

（三）其他强令他人违章冒险作业的情形。

明知存在重大事故隐患，仍然违反有关安全管理的规定，不排除或者故意掩盖重大事故隐患，组织他人作业的，属于刑法第一百三十四条第二款规定的"冒险组织作业"。（§1）

△（重大事故隐患；认定）刑法第一百三十四条第二款和第一百三十四条之一第二项规定的"重大事故隐患"，依照法律、行政法规、部门规章、强制性标准以及有关行政规范性文件进行认定。

对于是否属于"重大事故隐患"或者"危险物品"难以确定的，可以依据司法鉴定机构出具的鉴定意见、地市级以上负有安全生产监督管理职责的部门或者其指定的机构出具的意见，结合其他证据综合审查，依法作出认定。（§4Ⅰ、Ⅲ）

【司法解释性文件】

《最高人民检察院、公安部关于公安机关管辖的刑事案件立案追诉标准的规定（一）》（公通字〔2008〕36号，2008年6月25日公布）

△（重大责任事故罪；立案追诉标准）在生产、作业中违反有关安全管理的规定，涉嫌下列情形之一的，应予立案追诉：

（一）造成死亡一人以上，或者重伤三人以上；

（二）造成直接经济损失五十万元以上的；

（三）发生矿山生产安全事故，造成直接经济损失一百万元以上的；

（四）其他造成严重后果的情形。（§8）

△（强令违章冒险作业罪；立案追诉标准）强令他人违章冒险作业，涉嫌下列情形之一的，应予立案追诉：

（一）造成死亡一人以上，或者重伤三人以上；

（二）造成直接经济损失五十万元以上的；

（三）发生矿山生产安全事故，造成直接经济损失一百万元以上的；

（四）其他造成严重后果的情形。（§9）

《最高人民法院印发〈关于进一步加强危害生产安全刑事案件审判工作的意见〉的通知》（法发〔2011〕20号，2011年12月30日公布）

△（从严惩处）严格依法，从严惩处。对严重危害生产安全犯罪，尤其是相关职务犯罪，必须始

终坚持严格依法、从严惩处。对于人民群众广泛关注、社会反映强烈的案件要及时审结，回应人民群众关切，维护社会和谐稳定。

△**(区分责任)** 区分责任，均衡量刑。危害生产安全犯罪，往往涉案人员较多，犯罪主体复杂，既包括直接从事生产、作业的人员，也包括对生产、作业负有组织、指挥或者管理职责的负责人、管理人员、实际控制人、投资人等，有的还涉及国家机关工作人员渎职犯罪。对相关责任人的处理，要根据事故原因、危害后果、主体职责、过错大小等因素，综合考虑全案，正确划分责任，做到罪责刑相适应。

△**(罪刑平等;裁判效果)** 主体平等，确保公正。审理危害生产安全刑事案件，对于所有责任主体，都必须严格落实法律面前人人平等的刑法原则，确保刑罚适用公正，确保裁判效果良好。

△**(责任之认定根据)** 审理危害生产安全刑事案件，政府或相关职能部门依法对事故原因、损失大小、责任划分作出的调查认定，经庭审质证后，结合其他证据，可作为责任认定的依据。

△**(违反有关安全管理规定之认定根据)** 认定相关人员违反有关安全管理规定，应当根据相关法律、行政法规，参照地方性法规、规章及国家标准、行业标准，必要时可参考公认的惯例和生产经营单位制定的安全生产规章制度、操作规程。

△**(多个原因行为;主要原因;次要原因;主要责任;次要责任)** 多个原因行为导致生产安全事故发生时，在区分直接原因与间接原因的同时，应当根据原因行为在引发事故中所具作用的大小，分清主要原因与次要原因，确认主要责任和次要责任，合理确定罪责。

一般情况下，对生产、作业负有组织、指挥或者管理职责的负责人、管理人员、实际控制人、投资人，违反有关安全生产管理规定，对重大生产安全事故的发生起决定性、关键性作用的，应当承担主要责任。

对于直接从事生产、作业的人员违反安全管理规定，致发生重大生产安全事故的，要综合考虑行为人的从业资格、从业时间、接受安全生产教育培训情况、现场条件、是否受到他人强令作业、生产经营单位执行安全生产规章制度的情况等因素认定责任，不能将直接责任简单等同于主要责任。

对于负有安全生产管理、监督职责的工作人员，应根据其岗位职责、履职依据、履职时间等，综合考察工作职责、监管条件、履职能力、履职情况等，合理确定罪责。

△**(以其他危险方法危害公共安全罪;违章违规的故意;对危害后果发生的故意)** 严格把握危害生产安全犯罪与以其他危险方法危害公共安全罪的界限，不应将生产经营中违章违规的故意不加区别地视为对危害后果发生的故意。

△**(数罪并罚;行贿罪;破坏环境资源保护犯罪)** 以行贿方式逃避安全生产监督管理，或者非法、违法生产、作业，导致发生重大生产安全事故，构成数罪的，依照数罪并罚的规定处罚。

违反安全生产管理规定，非法采矿、破坏性采矿或排放、倾倒、处置有害物质严重污染环境，造成重大伤亡事故或者其他严重后果，同时构成危害生产安全犯罪和破坏环境资源保护犯罪的，依照数罪并罚的规定处罚。

△**(宽严相济刑事政策;综合考虑因素;法律效果和社会效果)** 审理危害生产安全刑事案件，应综合考虑生产安全事故所造成的伤亡人数、经济损失、环境污染、社会影响、事故原因与被告人职责的关联程度、被告人主观过错大小、事故发生后被告人的施救表现、履行赔偿责任情况等，正确适用刑罚，确保裁判法律效果和社会效果相统一。

△**(情节特别恶劣)** 造成《关于办理危害矿山生产安全刑事案件具体应用法律若干问题的解释》第四条规定的"重大伤亡事故或者其他严重后果"，同时具有下列情形之一的，也可以认定为刑法第一百三十四条、第一百三十五条规定的"情节特别恶劣"：

(一) 非法、违法生产的；

(二) 无基本劳动安全设施或未向生产、作业人员提供必要的劳动防护用品，生产、作业人员劳动安全无保障的；

(三) 曾因安全生产设施或者安全生产条件不符合国家规定，被监督管理部门处罚或责令改正，一年内再次违规生产致使发生重大生产安全事故的；

(四) 关闭、故意破坏必要安全警示设备的；

(五) 已发现事故隐患，未采取有效措施，导致发生重大事故的；

(六) 事故发生后不积极抢救人员，或者毁灭、伪造、隐藏影响事故调查的证据，或者转移财产逃避责任的；

(七) 其他特别恶劣的情节。

△**(从重处罚事由)** 相关犯罪中，具有以下情形之一的，依法从重处罚：

(一) 国家工作人员违反规定投资入股生产经营企业，构成危害生产安全犯罪的；

(二) 贪污贿赂行为与事故发生存在关联性的；

(三) 国家工作人员的职务犯罪与事故存在

直接因果关系的；

（四）以行贿方式逃避安全生产监督管理，或者非法、违法生产、作业的；

（五）生产安全事故发生后，负有报告职责的国家工作人员不报或者谎报事故情况，贻误事故抢救，尚未构成不报、谎报安全事故罪的；

（六）事故发生后，采取转移、藏匿、毁灭遇难人员尸体，或者毁灭、伪造、隐藏影响事故调查的证据，或者转移财产，逃避责任的；

（七）曾因安全生产设施或者安全生产条件不符合国家规定，被监督管理部门处罚或责令改正，一年内再次违规生产致使发生重大生产安全事故的。

△（**从宽处罚事由**）对于事故发生后，积极施救，努力挽回事故损失，有效避免损失扩大；积极配合调查，赔偿受害人损失的，可依法从宽处罚。

△（**缓刑**）对于危害后果较轻，在责任事故中不负主要责任，符合法律有关缓刑适用条件的，可以依法适用缓刑，但应注意根据案件具体情况，区别对待，严格控制，避免适用不当造成的负面影响的。

△（**不适用缓刑**）对于具有下列情形的被告人，原则上不适用缓刑：

（一）具有本意见第 14 条、第 15 条所规定的情形的；

（二）数罪并罚的。

△（**缓刑考验期**）宣告缓刑，可以根据犯罪情况，同时禁止犯罪分子在缓刑考验期限内从事与安全生产有关的特定活动。

△（**减刑；假释**）办理与危害生产安全犯罪相关的减刑、假释案件，要严格执行刑法、刑事诉讼法和有关司法解释规定。是否决定减刑、假释，既要看罪犯服刑期间的悔改表现，还要充分考虑原判认定的犯罪事实、性质、情节、社会危害程度等情况。

《最高人民法院关于充分发挥审判职能作用切实维护公共安全的若干意见》（法发〔2015〕12 号，2015 年 9 月 16 日公布）

△（**从严惩治；负责人、管理人、实际控制人、投资人**）准确把握打击重点。结合当前形势并针对犯罪原因，既要重点惩治发生在危险化学品、民爆器材、烟花爆竹、电梯、煤矿、非煤矿山、油气运送管道、建筑施工、消防、粉尘涉爆等重点行业领域企业，以及港口、码头、人员密集场所等重点部位的危害公共安全犯罪，更要从严惩治发生在这些犯罪背后的国家机关工作人员贪污贿赂和渎职犯罪。既要依法追究直接造成损害的从事生产、作业的责任人员，更要依法从严惩治生产、作业负责组织、指挥或者管理职责的负责人、管理人、实际控制人、投资人。既要加大对各类安全生产犯罪的惩治力度，更要从严惩治因安全生产条件不符合国家规定被处罚而又违规生产、关闭或者故意破坏安全警示设备，事故发生后不积极抢救人员或者毁灭、伪造、隐藏影响事故调查证据，通过行贿非法获取相关生产经营资质等情节的危害安全生产的犯罪。

△（**连带责任；民事赔偿优先；先予执行**）依法妥善审理与重大责任事故有关的赔偿案件。对当事人因重大责任事故遭受人身、财产损失而提起诉讼要求赔偿的，应当依法及时受理，保障人诉权。对两人以上实施危及他人人身、财产安全的行为，其中一人或者数人的行为造成他人损害，能够确定具体责任人的，由责任人承担赔偿责任，不能确定具体责任人的，由行为人承担连带责任。被告人因重大责任事故既承担刑事、行政责任，又承担民事责任的，其财产应当优先承担民事责任。原告因重大责任事故遭受损失而无法及时履行赡养、抚养等义务，申请先予执行的，应当依法支持。

《最高人民法院关于依法妥善审理高空抛物、坠物案件的意见》（法发〔2019〕25 号，2019 年 10 月 21 日发布）

△（**高空抛物、坠物行为；社会危害性**）充分认识高空抛物、坠物行为的社会危害性。高空抛物、坠物行为损害人民群众人身、财产安全，极易造成人身伤亡和财产损失，引发社会矛盾纠纷。人民法院要高度重视高空抛物、坠物行为的现实危害，深刻认识运用刑罚手段惩治情节和后果严重的高空抛物、坠物行为的必要性和重要性，依法惩治此类犯罪行为，有效防范、坚决遏制此类行为发生。（§ 4）

△（**高空坠物犯罪；过失致人死亡罪；过失致人重伤罪；重大责任事故罪**）准确认定高空坠物犯罪。过失导致物品从高空坠落，致人死亡、重伤，符合刑法第二百三十三条、第二百三十五条规定的，依照过失致人死亡罪、过失致人重伤罪定罪处罚。在生产、作业中违反有关安全管理规定，从高空坠落物品，发生重大伤亡事故或者造成其他严重后果的，依照刑法第一百三十四条第一款的规定，以重大责任事故罪定罪处罚。（§ 7）

《最高人民法院、最高人民检察院、公安部关于办理涉窨井盖相关刑事案件的指导意见》（高检发〔2020〕3 号，2020 年 3 月 16 日发布）

△（**窨井罪；重大责任事故罪**）在生产、作业中违反有关安全管理的规定，擅自移动窨井盖或者未做好安全防护措施等，发生重大伤亡事故或

者造成其他严重后果的，依照刑法第一百三十四条第一款的规定，以重大责任事故罪定罪处罚。（§ 5Ⅰ）

△（**窨井盖**）本意见所称的"窨井盖"，包括城市、城乡结合部和乡村等地的窨井盖以及其他井盖。（§ 12）

【指导性案例】

最高人民检察院指导性案例第 94 号：余某某等人重大劳动安全事故重大责任事故案（2021 年 1 月 20 日发布）

△（**重大劳动安全事故罪；重大责任事故罪；关联案件办理；追诉漏罪漏犯；检察建议**）办理危害生产安全刑事案件，要根据案发原因及涉案人员的职责和行为，准确适用重大责任事故罪和重大劳动安全事故罪。要全面审查案件事实证据，依法追诉漏罪漏犯，准确认定责任主体和相关人员责任，并及时移交职务违法犯罪线索。针对事故中暴露出的相关单位安全管理漏洞和监管问题，要及时制发检察建议，督促落实整改。

最高人民检察院指导性案例第 97 号：夏某某等人重大责任事故案（2021 年 1 月 20 日发布）

△（**重大责任事故罪；交通肇事罪；捕后引导侦查；审判监督**）内河运输中发生的船舶交通事故，相关责任人员可能同时涉嫌交通肇事罪和重大责任事故罪，要根据运输活动是否具有营运性质以及相关人员的具体职责和行为，准确适用罪名。重大责任事故往往涉案人员较多，因果关系复杂，要准确认定涉案单位投资人、管理人员及相关国家工作人员等涉案人员的刑事责任。

第一百三十四条之一　**【危险作业罪】**

在生产、作业中违反有关安全管理的规定，有下列情形之一，具有发生重大伤亡事故或者其他严重后果的现实危险的，处一年以下有期徒刑、拘役或者管制：

（一）关闭、破坏直接关系生产安全的监控、报警、防护、救生设备、设施，或者篡改、隐瞒、销毁其相关数据、信息的；

（二）因存在重大事故隐患被依法责令停产停业、停止施工、停止使用有关设备、设施、场所或者立即采取排除危险的整改措施，而拒不执行的；

（三）涉及安全生产的事项未经依法批准或者许可，擅自从事矿山开采、金属冶炼、建筑施工，以及危险物品生产、经营、储存等高度危险的生产作业活动的。

【立法沿革】

《中华人民共和国刑法修正案（十一）》（自 2021 年 3 月 1 日起施行）

四、在刑法第一百三十四条后增加一条，作为第一百三十四条之一：

"在生产、作业中违反有关安全管理的规定，有下列情形之一，具有发生重大伤亡事故或者其他严重后果的现实危险的，处一年以下有期徒刑、拘役或者管制：

"（一）关闭、破坏直接关系生产安全的监控、报警、防护、救生设备、设施，或者篡改、隐瞒、销毁其相关数据、信息的；

"（二）因存在重大事故隐患被依法责令停产停业、停止施工、停止使用有关设备、设施、场所或者立即采取排除危险的整改措施，而拒不执行的；

"（三）涉及安全生产的事项未经依法批准或者许可，擅自从事矿山开采、金属冶炼、建筑施工，以及危险物品生产、经营、储存等高度危险的生产作业活动的。"

【条文说明】

本条是关于危险作业罪及其处罚的规定。

本条列举的三项行为是实践中多发易发的重大安全生产违法违规情形。

1. 第（一）项"**关闭、破坏直接关系生产安全的监控、报警、防护、救生设备、设施，或者篡改、隐瞒、销毁其相关数据、信息的**"。该项针对的是生产、作业中已经发现危险如瓦斯超标，但故意关闭、破坏报警、监控设备，或者修改设备阈值，破坏检测设备正常工作条件，使有关监控、监测设备不能正常工作，而继续冒险作业，逃避监管。如 2009 年河南平顶山新华四矿瓦斯爆炸事故，行为人故意将瓦斯监测仪探头放到窗户通风处，将报警仪电线剪断。关闭、破坏设备、设施或者篡改、隐瞒、销毁相关数据、信息的行为是"故意"的，但对结果不是希望或者追求结果，否则可能构成其他犯罪如以危险方法危害公共安全罪等。关闭、破坏的"设备、设施"属于"直接关系生产安全的"设备、设施，这是限定条件。**直接关系生产安全是**

指设备、设施的功能直接检测安全环境数据,关闭、破坏后可能直接导致事故发生,具有重大危险。关闭、破坏与安全生产事故发生不具有直接性因果关系的设备、设施,不能认定为本项犯罪。立法过程中有意见提出,将应当配置而没有配置直接关系生产安全的监控、报警、防护、救生设备、设施,或者配置不合格的上述设备、设施的情形也增加规定为犯罪,如故意不安装切断阀、防静电装置、防爆、通风系统和装置,未建立瓦斯抽采系统等,或者为了降低企业成本,在安全生产设备设施投入中减料或者故意使用不合格产品等。考虑到实践中这类情况比较复杂,安全生产标准和要求较为全面、严格,而不安装行为并非具有直接导致重大危害结果的危险性,且涉及企业安全生产的投入,因此未作专门规定。对这类情况是否构成危险作业犯罪,需要结合实践情况慎重把握。

2. 第(二)项**"因存在重大事故隐患被依法责令停产停业、停止施工、停止使用有关设备、设施、场所或者立即采取排除危险的整改措施,而拒不执行的"**。这是本条危险作业犯罪的核心条款。第(一)项和第(三)项规定的行为都是具体的、明确的,入罪情形是清晰和限定的,这两项情况在实践中发生,但还不是重大隐患入刑想要解决的主体性问题。立法过程中如果采用"其他违反有关安全管理规定行为,可能直接导致重大事故发生的"这种兜底项,不好界定,范围可能过大。但同时如果没有兜底条款,可能无法适应安全生产各方面违法违规的复杂情况。因此,本项规定在违反安全生产管理规定的行为范围上是开放的,可以涵盖安全生产领域各类违反规定的行为,同时本条在限制条件上又是极为严格的:第一,存在重大事故隐患;第二,经监管部门责令整改;第三,拒不整改。这一构成犯罪的条件是递进的。本项规定实际上要求附加行政部门前置处罚的规定,给予监管部门强有力刑法手段的同时,促使监管部门履职到位。这样既控制了处罚范围,又适应了实践情况,加强安全生产监管的实际需要。

(1) **存在重大事故隐患**。重大事故隐患具有明确的国家标准、行业标准。《安全生产法》第一百一十三条规定:"国务院安全生产监督管理部门和其他负有安全生产监督管理职责的部门应当根据各自的职责分工,制定相关行业、领域重大事故隐患的判定标准。"目前主要safe安全生产领域如煤矿,金属、非金属矿山,化工和危险化学品、烟花爆竹,工贸行业,火灾隐患,水利工程,危险货物港口作业等领域,都制定了重大隐患判断标准。从具体规定看,重大隐患判断标准中的内容涵盖的范围和要求较多,有的是重大危险行为,可能直接导致危害后果发生,如瓦斯超标作业;也有一些内容属于管理培训制度、项目建设规范等方面的隐患,尚不足以直接导致事故的发生,因此,仅存在重大事故隐患还需经执法部门依法责令停产停业、停止施工、停止使用相关设施设备或者责令采取整改措施,拒不执行的,同时要求具备发生严重后果的现实危险的才纳入刑法。

(2) **被依法责令整改,而拒不执行**。本条规定时强调因存在重大事故隐患被"**依法**"责令停产停业等措施,之所以强调依法,是指监管部门必须依照安全生产法律法规等规定,依法责令,不能超越职权、随意采取责令停产停业等措施,停产停业等决定通常是企业安全生产出现高度危险时才会作出的,对于没有执法依据的责令停产停业拒不执行的,不构成本条规定的犯罪。责令整改包括两种情况:一是被执法部门依法责令停产停业、停止施工、停止使用有关设备、设施、场所。《安全生产法》第六十七条规定,执法部门对存在重大事故隐患的,依法作出停产停业等决定,企业拒不执行,有发生生产安全事故的现实危险的,可以采取通知有关单位停止供电、停止供应民用爆炸物品等措施,强制生产经营单位履行决定。这种情况下冒险作业极易发生事故,例如2013年吉林八宝煤矿瓦斯爆炸事故。行为人不执行停产停业、禁止人员下井决定,多次擅自违规安排人员施工,造成后续重大事故发生。二是**不采取排除危险的整改措施**。监管部门虽未责令停产停业,但对采取排除危险的整改措施、期限等作出明确规定,企业拒不执行,发生生产安全事故危险的情况,例如江苏响水天嘉宜化工有限公司"3·21"特别重大爆炸事故。原国家安全监管总局对江苏响水天嘉宜化工有限公司检查中责令整改的十三项安全隐患问题,企业未整改。违法违规堆放处置危险废物被行政处罚后,企业仍不落实责任有效整改。

3. 第(三)项涉及**安全生产的事项未经依法批准或者许可,擅自从事矿山开采、金属冶炼、建筑施工,以及危险物品生产、经营、储存等高度危险的生产作业活动的**。本项规定的是安全生产的事项未经批准擅自生产经营的,即通常所说的"黑矿山""黑加油站"等。《安全生产法》第六十条规定:"负有安全生产监督管理职责的部门依照有关法律、法规的规定,对涉及安全生产的事项需要审查批准(包括批准、核准、许可、注册、认证、颁发证照等,下同)或者验收的,必须严格依照有关法律、法规和国家标准或者行业标准规定的安全生产条件和程序进行审查;不符合有关法律、法规和国家标准或者行业标准规定的安全生产条件的，不得批准或者验收通过。对未依法取得批准或者验收合格的单位擅自从事有关活动的，负责行政审批的部门发现或者接到举报后应当立即予以取缔，并依法予以处理。对已经依法取得批准的单位，负责行政审批的部门发现其不再具备安全生产条件的，应当撤销原批准。"同时根据矿山安全法、危险化学品安全管理条例等法律法规的规定，从事矿山开采、金属冶炼、建筑施工、危险物品等行业生产经营，应当依法取得有关安全生产事项的批准。本项规定的行业是具有高度危险性的安全生产领域，在安全监管方面实行严格的批准或者许可制度。没有经过安全生产批准或者许可的，一般来说，安全生产条件不符合法定要求，极易导致重大事故发生。如矿山开采，需要建立一系列矿山安全规程和行业技术规范，未经审查的私自煤矿等开采行为，具有重大安全隐患，必须严加监管和追究法律责任。需要注意的是，本项规定的未经安全生产批准的领域要求是高度危险的生产作业活动，一般的安全生产行业、领域有关事项未经安全监管部门批准的，不构成本罪。第（三）项中列举的行业包括矿山开采、金属冶炼、建筑施工和危险物品生产等，需要注意的是建筑施工领域情况复杂，范围不能把握过宽，对于**农村建房等施工领域，未取得有关安全生产事项批准的，不宜作为本罪处理。**

关于本罪门槛的规定及其准确表述是一个重要问题。在立法过程中曾反复研究，目的是控制好处罚范围，将那种特别危险、极易导致结果发生的重大隐患行为列入犯罪，而不能将一般的、数量众多的其他违反安全生产管理规定的行为纳入刑事制裁，毕竟本罪不要求发生现实危害结果。本条没有使用"情节严重"，而是使用了"**现实危险**"的概念，这在刑法其他条文中是没有的，采用这一概念的目的是准确表述行为的性质和危险性。《安全生产法》第六十七条中使用了这一概念，"生产经营单位拒不执行，有发生生产安全事故的现实危险的，在保证安全的前提下，经本部门主要负责人批准，负有安全生产监督管理职责的部门可以采取通知有关单位停止供电、停止供应民用爆炸物品等措施，强制生产经营单位履行决定"，在安全生产工作实践中对"现实危险"也有相应的判断标准。**现实危险**主要是指，已经出现了重大险情，或者出现了"冒顶""渗漏"等"小事故"，虽然最终没有发生重大伤亡事故或者其他严重后果，但没有发生，有的是因为被及时制止了，有的是因为开展了有效救援，有的完全是因为偶然性的客观原因，对这"千钧一发"的危险才能

认定为现实危险。具体判断标准将来还需要在进一步总结司法实践经验的基础上，在案件中把握或者出台有关司法解释等作出进一步明确。立法规定的这一要件为司法适用在总体上明确了方向，防止将这类过失危险犯罪的范围过于扩大，防止对企业正常生产经营的不当重大影响。

实践中需要注意以下几个方面的问题：

1. 妥善把握好犯罪界限和范围。认定本罪时应当严格按照本条规定的条件认定。注意把握好不能因为企业存在重大事故隐患就予以刑事处罚，**还要看重大安全隐患的具体情况，是否经责令整改而拒不执行，是否属于具有"现实危险"的行为等进行综合判断。**

2. 在适用本条第（一）项、第（三）项的规定时，注意区分与其他犯罪的界限和罪数适用。特别是第（三）项的有关行为，可能同时构成**非法采矿罪，非法运输、储存危险物质罪等其他犯罪**，应当根据案件具体情况从一重罪处罚或者数罪并罚。

3. 符合本条规定的行为，如果发生了安全事故，达到重大责任事故罪等罪的定罪量刑标准时，适用**重大责任事故罪等相关犯罪**处罚，不适用本条规定。如果发生的后果是小事故，尚不够重大责任事故罪等罪的定罪量刑的标准，如重伤人数、经济损失数额没有达到标准，但同时具有造成更大事故的现实危险，符合本条规定的，仍应适用本条规定处罚。

【司法解释】

《最高人民法院、最高人民检察院关于办理危害生产安全刑事案件适用法律若干问题的解释（二）》（法释〔2022〕19号，自2022年12月19日起施行）

△(**危险作业罪；犯罪主体**)刑法第一百三十四条之一规定的犯罪主体，包括对生产、作业负有组织、指挥或者管理职责的负责人、管理人员、实际控制人、投资人等人员，以及直接从事生产、作业的人员。(§2)

△(**拒不执行；行贿罪；单位行贿罪；数罪并罚**)因存在重大事故隐患被依法责令停产停业、停止施工、停止使用有关设备、设施、场所或者立即采取排除危险的整改措施，有下列情形之一的，属于刑法第一百三十四条之一第二项规定的"拒不执行"：

（一）无正当理由故意不执行各级人民政府或者负有安全生产监督管理职责的部门依法作出的上述行政决定、命令的；

（二）虚构重大事故隐患已经排除的事实，规

避、干扰执行各级人民政府或者负有安全生产监督管理职责的部门依法作出的上述行政决定、命令的;

(三)以行贿等不正当手段,规避、干扰执行各级人民政府或者负有安全生产监督管理职责的部门依法作出的上述行政决定、命令的。

有前款第三项行为,同时构成刑法第三百八十九条行贿罪、第三百九十三条单位行贿罪等犯罪的,依照数罪并罚的规定处罚。

认定是否属于"拒不执行",应当综合考虑行政决定、命令是否具有法律、行政法规等依据,行政决定、命令的内容和期限要求是否明确、合理,行为人是否具有按照要求执行的能力等因素进行判断。(§3)

△(**重大事故隐患;危险物品;认定**)刑法第一百三十四条第二款和第一百三十四条之一第二项规定的"重大事故隐患",依照法律、行政法规、部门规章、强制性标准以及有关行政规范性文件进行认定。

刑法第一百三十四条之一第三项规定的"危险物品",照照安全生产法第一百一十七条的规定确定。

对于是否属于"重大事故隐患"或者"危险物品"难以确定的,可以依据司法鉴定机构出具的鉴定意见,地市级以上负有安全生产监督管理职责的部门或者其指定的机构出具的意见,结合其他证据综合审查,依法作出认定。(§4)

△(**竞合;重大责任事故罪;重大劳动安全事故罪;危险物品肇事罪;工程重大安全事故罪**)在生产、作业中违反有关安全管理的规定,有刑法第一百三十四条之一规定情形之一,因而发生重大伤亡事故或者造成其他严重后果,构成刑法第一百三十四条、第一百三十五条至第一百三十九条等规定的重大责任事故罪、重大劳动安全事故罪、危险物品肇事罪、工程重大安全事故罪等犯罪的,依照该规定定罪处罚。(§5)

△(**从宽处罚;不起诉或者免予刑事处罚;不作为犯罪处理**)有刑法第一百三十四条之一行为,积极配合公安机关或者负有安全生产监督管理职责的部门采取措施排除事故隐患,确有悔改表现,认罪认罚的,可以依法从宽处罚;犯罪情节轻微不需要判处刑罚的,可以不起诉或者免予刑事处罚;情节显著轻微危害不大的,不作为犯罪处理。(§10)

△(**行政处罚、政务处分或者其他处分**)有本解释规定的行为,被不起诉或者免予刑事处罚,需要给予行政处罚、政务处分或者其他处分的,依法移送有关主管机关处理。(§11)

【**司法解释性文件**】

《最高人民法院、最高人民检察院、公安部、工业和信息化部、住房和城乡建设部、交通运输部、应急管理部、国家铁路局、中国民用航空局、国家邮政局关于依法惩治涉枪支、弹药、爆炸物、易燃易爆危险物品犯罪的意见》(法发〔2021〕35号,2021年12月28日发布)

△(**易燃易爆危险物品生产、经营、储存;危险作业罪;竞合**)在易燃易爆危险物品生产、经营、储存等高度危险的生产作业活动中违反有关安全管理的规定,有下列情形之一,具有发生重大伤亡事故或者其他严重后果的现实危险的,依照刑法第一百三十四条之一第三项的规定,以危险作业罪定罪处罚:

(1)委托无资质企业或者个人储存易燃易爆危险物品的;

(2)在储存的普通货物中夹带易燃易爆危险物品的;

(3)将易燃易爆危险物品谎报或者匿报为普通货物申报、储存的;

(4)其他涉及安全生产的事项未经依法批准或者许可,擅自从事易燃易爆危险物品生产、经营、储存等活动的情形。

实施前两款行为,同时构成刑法第一百三十条规定之罪等其他犯罪的,依照处罚较重的规定定罪处罚;导致发生重大伤亡事故或者其他严重后果,符合刑法第一百三十四条、第一百三十五条、第一百三十六条等规定的,依照各该条的规定定罪从重处罚。(§5Ⅱ、Ⅲ)

△(**夹带易燃易爆危险物品;谎报为普通物品交寄**)通过邮件、快件夹带易燃易爆危险物品,或者将易燃易爆危险物品谎报为普通物品交寄,符合本意见第5条至第8条规定的,依照各该条的规定定罪处罚。(§9)

第一百三十五条 【重大劳动安全事故罪】

安全生产设施或者安全生产条件不符合国家规定，因而发生重大伤亡事故或者造成其他严重后果的，对直接负责的主管人员和其他直接责任人员，处三年以下有期徒刑或者拘役；情节特别恶劣的，处三年以上七年以下有期徒刑。

【立法沿革】

《中华人民共和国刑法》（1997年修订，自1997年10月1日起施行）

第一百三十五条

工厂、矿山、林场、建筑企业或者其他企业、事业单位的劳动安全设施不符合国家规定，经有关部门或者单位职工提出后，对事故隐患仍不采取措施，因而发生重大伤亡事故或者造成其他严重后果的，对直接责任人员，处三年以下有期徒刑或者拘役；情节特别恶劣的，处三年以上七年以下有期徒刑。

《中华人民共和国刑法修正案（六）》（自2006年6月29日起施行）

二、将刑法第一百三十五条修改为：

"安全生产设施或者安全生产条件不符合国家规定，因而发生重大伤亡事故或者造成其他严重后果的，对直接负责的主管人员和其他直接责任人员，处三年以下有期徒刑或者拘役；情节特别恶劣的，处三年以上七年以下有期徒刑。"

【条文说明】

本条是关于重大劳动安全事故罪及其处罚的规定。

重大劳动安全事故罪侵犯**劳动者的生命、健康和重大公私财产安全**。在社会主义现代化建设中，劳动者作为生产力中的决定因素，对经济、社会的发展起着非常重要的作用。我国政府部门历来坚持"安全第一"的生产方针，重视生产安全。《刑法修正案（六）》对本条进行修改完善后，2014年修正的《安全生产法》、2018年修正的《劳动法》、2019年修正的《建筑法》等法律法规，从用人单位、主管部门等多个方面对劳动安全进行规范和保护。近年来，煤矿、高压、易燃易爆等事故频发，要充分发挥刑法作用，切实保护劳动者的生命、健康和公私财产安全。根据本条规定，构成重大劳动安全事故罪应当具备以下条件：

1. 本罪规定的刑罚适用对象是"**直接负责的主管人员和其他直接责任人员**"。根据《最高人民法院、最高人民检察院关于办理危害生产安全刑事案件适用法律若干问题的解释》第三条的规定，"直接负责的主管人员和其他直接责任人员"包括对安全生产设施或者安全生产条件不符合国家规定负有直接责任的生产经营单位负责人、实际控制人、投资人，以及其他对安全生产设施或者安全生产条件负有管理、维护职责的人员等。需要说明的是，和大部分安全事故类犯罪一样，本条规定的适用对象限定在"直接负责"的主管人员和"其他直接责任"人员。所谓"**直接负责**"的主管人员，是指在单位实施的犯罪中起了决定、批准、授意、纵容、指挥等作用的主管人员；所谓"**其他直接责任**"人员，是指在直接负责的主管人员之外其他具体实施犯罪的人员。

2. 构成重大劳动安全事故罪需要"**安全生产设施或者安全生产条件不符合国家规定**"。"**安全生产设施**"，主要是指为了防止和消除在生产过程中的伤亡事故，防止生产设备遭到破坏，用以保障劳动者安全的技术设备、设施和各种用品。主要包括：一是**防护装置**，即用屏护方法使人体与生产中危险部分相隔离的装置；二是**保险装置**，即能自动消除生产中由于设备故障和部件损害而引起的人身事故危险的装置；三是**信号装置**，即应用信号警告、危险的装置；四是**危险牌示和识别标志**，即危险告示标志和借助醒目颜色或者图形判断是否安全的标志。本条规定的"**安全生产条件**"，主要是指劳动生产者在进行劳动生产时所处的环境条件及用于保护劳动者安全生产作业的安全防护措施、安全防护用品等。特别是从事某种特殊或者危险工作的劳动生产，如从事某种有毒、高空作业的，都必须配备相应的、符合国家有关生产安全标准的防毒设备和高空安全防护用具；又如用于防毒、绝缘、防火、避雷、防暴、通风等用品和措施，确保劳动者在一个安全的劳动条件或者具备安全防护措施的条件下进行劳动生产。另外，《安全生产法》第二十六条规定："生产经营单位采用新工艺、新技术、新材料或者使用新设备，必须了解、掌握其安全技术特性，采取有效的安全防护措施，并对从业人员进行专门的安全生产教育和培训。"第二十八条规定，生产经营单位新建、改建、扩建工程项目的安全设施，必须与主体工程同时设计、同时施工、同时投入生产和使用。由此可见，**生产经营过程中的安全防护设施、安全教育培训、安全措施保障等尤其是这些组合形成的安全生产环境**，在符合条件的情况下也可以纳入"安全生产条件"的范畴。

本条规定的"**不符合国家规定**",主要是指用于劳动生产的安全生产设施或者安全生产条件,不符合国家的有关安全标准或者有关安全要求的规定。包括:全国人大及其常委会在安全生产方面颁布实施的法律和决定,国务院在安全生产方面颁布实施的行政法规、行政措施以及发布的决定和命令等。实践中,有的生产经营单位新建、改建、扩建工程的安全设施未依法经有关部门审查批准,擅自投入生产或使用;有的生产经营单位不按照国家有关法律、法规的规定为工人提供必要的劳动保护用品;有的生产经营单位由于不具备安全生产条件或者存在重大事故隐患,被行政执法机关责令停产、停业或者取缔、关闭后,仍强行生产经营等,均属于"不符合国家规定"的情形。另外,为了确保劳动生产的安全,国家对劳动生产设施采取国家统一的安全技术标准认定,并对生产设施、设备的安全使用期限都有严格的规定。劳动生产部门应当使用具有国家有关部门经过技术标准认定的生产设施和设备,严禁使用不符合技术标准的或者超过使用期限而应当报废的生产设施和设备。实践中,有的生产经营单位擅自使用不符合国家规定的安全设施、设备或者使用超过安全使用期限的生产设施、设备,也属于"不符合国家规定"的情形。再者,对劳动生产条件的安全,有关法律、法规也都有明确的规定,特别是从事有毒有害或者危险作业的行业。如《安全生产法》第三十四条规定,生产经营单位使用的危险物品的容器、运输工具,以及涉及人身安全、危险性较大的海洋石油开采特种设备和矿山井下特种设备,必须按照国家有关规定,由专业生产单位生产,并具有专业资质的检测、检验机构检测、检验合格,取得安全使用证或者安全标志,方可投入使用。第三十五条规定,国家对严重危及生产安全的工艺、设备实行淘汰制度,具体目录由国务院安全生产监督管理部门会同国务院有关部门制定并公布。生产经营单位不得使用应当淘汰的危及生产安全的工艺、设备。实践中,有些生产经营单位不按规定给工人配备必要的安全防护用品和设备都是不符合国家规定的。

3. 构成重大劳动安全事故罪要"**发生重大伤亡事故或者造成其他严重后果**"。根据《最高人民法院、最高人民检察院关于办理危害生产安全刑事案件适用法律若干问题的解释》的有关规定,"**重大伤亡事故**"是指造成死亡一人以上,或者重伤三人以上的情形。"**造成其他严重后果的**",是指造成直接经济损失一百万元以上或者其他严重后果的情况,如造成国家的重要工程、生产计划不能如期完工的严重后果等。

此外,根据上述司法解释的规定,本条规定的"**情节特别恶劣**",是指造成死亡三人以上或者重伤十人以上,负事故主要责任的;或者造成直接经济损失五百万元以上,负事故主要责任的;或者其他造成特别严重后果、情节特别恶劣或者后果特别严重的情形,如经有关部门多次要求整改而拒不执行,曾发生过劳动安全事故仍不重视劳动安全设施造成严重后果的,事故发生后未采取积极措施阻止危害结果扩大蔓延造成严重后果的或者事故发生后为逃避责任而故意破坏现场、毁灭证据等。

根据本条规定,构成犯罪的,对直接负责的主管人员和其他直接责任人员,处三年以下有期徒刑或者拘役;情节特别恶劣的,处三年以上七年以下有期徒刑。对单位犯罪的处罚,《刑法》第三十一条规定:"单位犯罪的,对单位判处罚金,并对其直接负责的主管人员和其他直接责任人员判处刑罚。本法分则和其他法律另有规定的,依照规定。"据此,对单位犯罪的处罚是以双罚制为原则,单罚制为例外。**本条没有规定罚金刑**,主要是考虑以下两点:一是发生安全事故的单位应立即整改使安全生产设施、安全生产条件达到国家规定,以及对安全事故伤亡人员进行治疗、赔偿,因此在处罚上只追究"直接负责的主管人员和其他直接责任人员"的刑事责任。二是此类犯罪主要是过失犯罪,不属于贪利性犯罪。包括安全生产法在内的大量法律法规,已经对安全生产事故类犯罪中的单位主体和直接责任人员规定了具体的罚款等经济处罚措施。

需要注意的是,本罪和第一百三十四条**重大责任事故罪**有明显区别。《刑法》第一百三十四条、第一百三十五条都是涉及违反安全生产规定的犯罪,两者都有重大事故的发生,且行为人对重大事故的发生通常都是一种过失的心理状态。但两者有明显区别,主要体现为:(1)**刑罚适用对象不同**。本条规定的重大劳动安全事故罪适用的主体主要是对安全生产设施和安全生产条件不符合规定负有"直接责任"的主管和其他人员;而第一百三十四条重大责任事故罪适用的主体则主要是对生产、作业过程负有"领导或管理责任"的相关人员,以及直接违规从事生产、作业的人员。(2)**客观方面的行为方式不同**。本条规定的重大劳动安全事故罪具体表现为不提供安全生产设施、对劳动安全隐患不采取整改措施或者提供的安全生产条件不符合国家规定等;而第一百三十四条重大责任事故罪主要表现在主管领导指示或者工人自行违反安全管理规定生产作业、强令他人违章冒险作业等。需要注意的是,由于安全生产设施或者安全生产条件不符合国家规定本身就属于违反安全管理规定的内容,对于在生产、作业中安全生产设施或者安全生产条件不符合国家规定,因而发生事故,造成严重后果的,**存在重大劳动安全事故罪与重大责任事故罪竞合的情形**,对符合本条规定情形的行为人应当适用本罪定罪处罚。

【司法解释】

《**最高人民法院关于审理交通肇事刑事案件具体应用法律若干问题的解释**》(法释〔2000〕33号,自2000年11月21日起施行)

△(**公共交通管理的范围;重大劳动事故罪**)在公共交通管理的范围外,驾驶机动车辆或者使用其他交通工具致人伤亡或者致使公共财产或者他人财产遭受重大损失,构成犯罪的,分别依照刑法第一百三十四条、第一百三十五条、第二百三十三条等规定定罪处罚。(§8Ⅱ)

《**最高人民法院、最高人民检察院关于办理危害生产安全刑事案件适用法律若干问题的解释**》(法释〔2015〕22号,自2015年12月16日起施行)

△(**直接负责的主管人员和其他直接责任人员**)刑法第一百三十五条规定的"直接负责的主管人员和其他直接责任人员",是指对安全生产设施或者安全生产条件不符合国家规定负有直接责任的生产经营单位负责人、管理人员、实际控制人、投资人,以及其他对安全生产设施或者安全生产条件负有管理、维护职责的人员。(§3)

△(**发生重大伤亡事故或者造成其他严重后果**)实施刑法第一百三十二条、第一百三十四条第一款、第一百三十五条、第一百三十五条之一、第一百三十六条、第一百三十九条规定的行为,因而发生安全事故,具有下列情形之一的,应当认定为"造成严重后果"或者"发生重大伤亡事故或者造成其他严重后果",对相关责任人员,处三年以下有期徒刑或者拘役:

(一)造成死亡一人,或者重伤三人以上的;

(二)造成直接经济损失一百万元以上的;

(三)其他造成严重后果或者重大安全事故的情形。(§6Ⅰ)

△(**情节特别恶劣**)实施刑法第一百三十二条、第一百三十四条第一款、第一百三十五条、第一百三十五条之一、第一百三十六条、第一百三十九条规定的行为,因而发生安全事故,具有下列情形之一的,对相关责任人员,处三年以上七年以下有期徒刑:

(一)造成死亡三人以上或者重伤十人以上,负事故主要责任的;

(二)造成直接经济损失五百万元以上,负事故主要责任的;

(三)其他造成特别严重后果、情节特别恶劣或者后果特别严重的情形。(§7Ⅰ)

△(**从重处罚事由;数罪并罚;行贿罪**)实施刑法第一百三十二条、第一百三十四条至第一百三十九条之一规定的犯罪行为,具有下列情形之一的,从重处罚:

(一)未依法取得安全许可证件或者安全许可证件过期、被暂扣、吊销、注销后从事生产经营活动的;

(二)关闭、破坏必要的安全监控和报警设备的;

(三)已经发现事故隐患,经有关部门或者个人提出后,仍不采取措施的;

(四)一年内曾因危害生产安全违法犯罪活动受过行政处罚或者刑事处罚的;

(五)采取弄虚作假、行贿等手段,故意逃避、阻挠负有安全监督管理职责的部门实施监督检查的;

(六)安全事故发生后转移财产意图逃避承担责任的;

(七)其他从重处罚的情形。

实施前款第五项规定的行为,同时构成刑法第三百八十九条规定的犯罪的,依照数罪并罚的规定处罚。(§12)

△(**酌情从轻处罚事由**)实施刑法第一百三十二条、第一百三十四条至第一百三十九条之一规定的犯罪行为,在安全事故发生后积极组织、参与事故抢救,或者积极配合调查、主动赔偿损失的,可以酌情从轻处罚。(§13)

△(**国家工作人员;数罪并罚;贪污、受贿犯罪**)国家工作人员违反规定投资入股生产经营,构成本解释规定的有关犯罪的,或者国家工作人员的贪污、受贿犯罪行为与安全事故发生存在关联性的,从重处罚;同时构成贪污、受贿犯罪和危害生产安全犯罪的,依照数罪并罚的规定处罚。(§14)

△(**缓刑;从业禁止**)对于实施危害生产安全犯罪适用缓刑的犯罪分子,可以根据犯罪情况,禁止其在缓刑考验期限内从事与安全生产相关联的特定活动;对于被判处刑罚的犯罪分子,可以根据犯罪情况和预防再犯罪的需要,禁止其自刑罚执行完毕之日或者假释之日起三年至五年内从事与安全生产相关的职业。(§16)

【司法解释性文件】

《最高人民检察院、公安部关于公安机关管辖的刑事案件立案追诉标准的规定(一)》(公通字〔2008〕36号,2008年6月25日公布)

△(重大劳动安全事故罪;立案追诉标准)安全生产设施或者安全生产条件不符合国家规定,涉嫌下列情形之一的,应予立案追诉:

(一)造成死亡一人以上,或者重伤三人以上;

(二)造成直接经济损失五十万元以上的;

(三)发生矿山生产安全事故,造成直接经济损失一百万元以上的;

(四)其他造成严重后果的情形。(§10)

《最高人民法院研究室关于被告人阮某重大劳动安全事故案有关法律适用问题的答复》(法研〔2009〕228号,2009年12月25日公布)

△(职业病危害预防设施;重大劳动安全事故罪)用人单位违反职业病防治法的规定,职业病危害预防设施不符合国家规定,因而发生重大伤亡事故或者造成其他严重后果的,对直接负责的主管人员和其他直接责任人员,可以依照刑法第一百三十五条的规定,以重大劳动安全事故罪定罪处罚。

【指导性案例】

最高人民检察院指导性案例第94号:余某某等人重大劳动安全事故重大责任事故案(2021年1月20日发布)

△(重大劳动安全事故罪;重大责任事故罪;关联案件办理;追诉漏罪漏犯;检察建议)办理危害生产安全刑事案件,要根据案发原因及涉案人员的职责和行为,准确适用重大责任事故罪和重大劳动安全事故罪。要全面审查案件事实证据,依法追诉漏罪漏犯,准确认定责任主体和相关人员责任,并及时移交职务违法犯罪线索。针对事故中暴露出的相关单位安全管理漏洞和监管问题,要及时制发检察建议,督促落实整改。

第一百三十五条之一 【大型群众性活动重大安全事故罪】

举办大型群众性活动违反安全管理规定,因而发生重大伤亡事故或者造成其他严重后果的,对直接负责的主管人员和其他直接责任人员,处三年以下有期徒刑或者拘役;情节特别恶劣的,处三年以上七年以下有期徒刑。

【立法沿革】

《中华人民共和国刑法修正案(六)》(自2006年6月29日起施行)

三、在刑法第一百三十五条后增加一条,作为第一百三十五条之一:

"举办大型群众性活动违反安全管理规定,因而发生重大伤亡事故或者造成其他严重后果的,对直接负责的主管人员和其他直接责任人员,处三年以下有期徒刑或者拘役;情节特别恶劣的,处三年以上七年以下有期徒刑。"

【条文说明】

本条是关于大型群众性活动重大安全事故罪及其处罚的规定。

根据本条规定,构成这一犯罪需要符合以下几个条件:

1. 本罪主体是**特殊主体**,包括**大型群众性活动举办单位及相关人员**。需要注意的是,我国大型群众性活动的安全管理实行承办者负责、政府监管的原则,县级以上人民政府公安机关负责大型群众性活动的安全管理工作,县级以上人民政府其他有关主管部门按照各自的职责,负责大型群众性活动的其他安全工作。实践中,我国许多大型集会、体育赛事、文艺演出等群众性活动是由地方政府主办或者政府部门协调举办的,但承办者才是大型群众性活动的实际组织者,根据国务院2007年8月29日颁布的《大型群众性活动安全管理条例》有关规定,承办者对其承办活动的安全负责,承办者的主要负责人为大型群众性活动的安全责任人。对负有安全监管职责的有关主管部门的工作人员在履行大型群众性活动安全管理职责中,有滥用职权、玩忽职守、徇私舞弊行为,构成犯罪的,应当依据**刑法第九章渎职罪**的相关规定追究刑事责任。

2. 行为人主观上是**过失**。即行为人对自己违反有关安全管理规定举办大型群众性活动的行为,可能发生的危害社会的结果,因为疏忽大意而没有预见,或者已经预见而轻信能够避免,以致发生这种结果。

3. 行为人客观上实施了违反安全管理规

定,**举办大型群众性活动的行为**。大型活动的举办,其特点是在一定时期和有限的空间内,人员众多,身份复杂,物资汇聚,极易发生重大伤亡事故。针对这一特点,为预防和减少事故的发生,确保人民群众的生命和财产安全,我国法律、法规对举办大型群众性活动规定了明确的条件。《大型群众性活动安全管理条例》对大型群众性活动有关人员的安全责任和安全管理要求作了明确规定。根据该规定,大型群众性活动的预计参加人数在一千人以下五千人以下的,由活动所在地县级人民政府公安机关实施安全许可;预计参加人数在五千人以上的,由活动所在地设区的市级人民政府公安机关或者直辖市人民政府公安机关实施安全许可;跨省、自治区、直辖市举办大型群众性活动的,由国务院公安部门实施安全许可。举办大型群众性活动,承办者应当制订大型群众性活动安全工作方案。根据本条的规定,构成这一犯罪的客观行为要同时具备两个条件:一是**"违反安全管理规定"**。这里的"安全管理规定"是广义的,不仅包括举办大型群众性活动应当具备的各种安全防范设施,还包括举办大型群众性活动涉及的人员管理的各种安全规定。如存在参加者人数大大超出场地人员的核定容量、没有迅速疏散人员的应急预案等严重安全隐患,不符合举办大型群众性活动的安全要求,可能危及参加者人身财产安全等情况。二是**举办的是"大型群众性活动"**。"大型群众性活动",一般是指法人或者其他组织面向社会公众举办的每场次预计参加人数达到一千人以上的各种群众活动,如体育比赛活动,演唱会、音乐会等文艺演出活动,展览、展销活动等。

4.**举办大型群众性活动违反安全管理规定的行为导致了"发生重大伤亡事故或者造成其他严重后果"的危害结果的发生**。这是区分罪与非罪的重要界限,且举办大型群众性活动违反安全管理规定的行为与发生重大伤亡事故或者造成其他严重后果之间要有直接因果关系。根据《最高人民法院、最高人民检察院关于办理危害生产安全刑事案件适用法律若干问题的解释》的有关规定,举办大型群众性活动违反安全管理规定,涉嫌下列情形之一的,应当认定为**"发生重大伤亡事故或者造成其他严重后果"**:(1)造成死亡一人以上,或者重伤三人以上的;(2)造成直接经济损失一百万元以上的;(3)其他造成严重后果或者重大安全事故的情形。具有下列情形之一的,应当视为**"情节特别恶劣"**:(1)造成死亡三人以上或者重伤十人以上,负事故主要责任的;(2)造成直接经济损失五百万元以上,负事故主要责任的;

(3)其他造成特别严重后果、情节特别恶劣或者后果特别严重的情形。

法律对构成本条规定之罪的直接负责的主管人员和其他直接人员,规定了两档刑罚:发生重大伤亡事故或者造成其他严重后果的,处三年以下有期徒刑或者拘役;情节特别恶劣的,处三年以上七年以下有期徒刑。这主要是考虑到刑法关于过失犯罪的量刑平衡问题。我国刑法大多数条款对过失罪的处刑规定的最高刑都为七年有期徒刑。

实际执行中应当注意本罪的适用主体问题。本条规定的犯罪属于**单位犯罪**,这里的"单位"既包括法人组织,也包括非法人组织;既包括国家机关,也包括非国家机关性质的公司和企事业单位。因此,在适用本罪时要注意以下几种情形:一是承办者是国家机关尤其是政府部门的,因违反安全管理规定举办大型群众性活动导致发生重大伤亡事故或其他严重后果的,对安全事故直接负责的主管人员及其他直接责任人员也应当适用本罪。二是承办者虽然是普通的公司、企事业单位,但是有国家工作人员违反规定投资入股甚至生产经营的,对依法应当承担本条规定法律责任的国家工作人员,可考虑从重处罚。三是承办者对其承办活动的安全负责,承办者的主要负责人为大型群众性活动的安全责任人。活动的其他参与者,如主办方、协办方、赞助商等不宜承担安全事务的,不适用本条规定。对负有安全监管职责的有关主管部门的工作人员在履行大型群众性活动安全管理职责中,有滥用职权、玩忽职守、徇私舞弊行为,构成犯罪的,应当依据刑法第九章的相关规定追究刑事责任。

【司法解释】

《**最高人民法院、最高人民检察院关于办理危害生产安全刑事案件适用法律若干问题的解释**》(法释〔2015〕22号,自2015年12月16日起施行)

△(发生重大伤亡事故或者造成其他严重后果)实施刑法第一百三十二条、第一百三十四条第一款、第一百三十五条、第一百三十五条之一、第一百三十六条、第一百三十九条规定的行为,因而发生安全事故,具有下列情形之一的,应当认定为"造成严重后果"或者"发生重大伤亡事故或者造成其他严重后果",对相关责任人员,处三年以下有期徒刑或者拘役:

(一)造成死亡一人以上,或者重伤三人以上的;

(二)造成直接经济损失一百万元以上的;

(三)其他造成严重后果或者重大安全事故的情形。(§6Ⅰ)

△**(情节特别恶劣)**实施刑法第一百三十二条、第一百三十四条第一款、第一百三十五条、第一百三十五条之一、第一百三十六条、第一百三十九条规定的行为,因而发生安全事故,具有下列情形之一的,对相关责任人员,处三年以上七年以下有期徒刑:

(一)造成死亡三人以上或者重伤十人以上,负事故主要责任的;

(二)造成直接经济损失五百万元以上,负事故主要责任的;

(三)其他造成特别严重后果、情节特别恶劣或者后果特别严重的情形。(§7Ⅰ)

△**(从重处罚事由;数罪并罚;行贿罪)**实施刑法第一百三十二条、第一百三十四条至第一百三十九条之一规定的犯罪行为,具有下列情形之一的,从重处罚:

(一)未依法取得安全许可证件或者安全许可证件过期、被暂扣、吊销、注销后从事生产经营活动的;

(二)关闭、破坏必要的安全监控和报警设备的;

(三)已经发现事故隐患,经有关部门或者个人提出后,仍不采取措施的;

(四)一年内曾因危害生产安全违法犯罪活动受过行政处罚或者刑事处罚的;

(五)采取弄虚作假、行贿等手段,故意逃避、阻挠负有安全监督管理职责的部门实施监督检查的;

(六)安全事故发生后转移财产意图逃避承担责任的;

(七)其他从重处罚的情形。

实施前款第五项规定的行为,同时构成刑法第三百八十九条规定的犯罪的,依照数罪并罚的规定处罚。(§12)

△**(酌情从轻处罚事由)**实施刑法第一百三十二条、第一百三十四条至第一百三十九条之一规定的犯罪行为,在安全事故发生后积极组织、参与事故抢救,或者积极配合调查、主动赔偿损失的,可以酌情从轻处罚。(§13)

△**(国家工作人员;数罪并罚;贪污、受贿犯罪)**国家工作人员违反规定投资入股生产经营,构成本解释规定的有关犯罪的,或者国家工作人员的贪污、受贿犯罪行为与安全事故发生存在关联性的,从重处罚;同时构成贪污、受贿犯罪和危害生产安全犯罪的,依照数罪并罚的规定处罚。(§14)

△**(缓刑;从业禁止)**对于实施危害生产安全犯罪适用缓刑的犯罪分子,可以根据犯罪情况,禁止其在缓刑考验期限内从事与安全生产相关联的特定活动;对于被判处刑罚的犯罪分子,可以根据犯罪情况和预防再犯罪的需要,禁止其自刑罚执行完毕之日或者假释之日起三年至五年内从事与安全生产相关的职业。(§16)

【司法解释性文件】

《最高人民检察院、公安部关于公安机关管辖的刑事案件立案追诉标准的规定(一)》(公通字〔2008〕36号,2008年6月25日公布)

△**(大型群众性活动重大安全事故罪;立案追诉标准)**举办大型群众性活动违反安全管理规定,涉嫌下列情形之一的,应予立案追诉:

(一)造成死亡一人以上,或者重伤三人以上;

(二)造成直接经济损失五十万元以上的;

(三)其他造成严重后果的情形。(§11)

第一百三十六条 【危险物品肇事罪】

违反爆炸性、易燃性、放射性、毒害性、腐蚀性物品的管理规定,在生产、储存、运输、使用中发生重大事故,造成严重后果的,处三年以下有期徒刑或者拘役;后果特别严重的,处三年以上七年以下有期徒刑。

【条文说明】

本条是关于危险物品肇事罪及其处罚的规定。

1. 构成本条规定的危险物品肇事罪的主体为从事生产、储存、运输、使用危险物品的工作人员。由于他们在工作中负有遵守、执行危险物品管理规定的职责,如果违反并发生重大事故,造成严重后果的,当然要依法追究刑事责任。

2. 行为人在主观上是出于过失。若行为人是故意制造爆炸等事故的,则不适用本条定罪处刑,而应适用其他有关条款定罪处刑,如《刑法》第一百一十四条规定的危害公共安全犯罪等。

3. 本罪在客观方面为实施了违反爆炸性、

易燃性、放射性、毒害性、腐蚀性物品的管理规定的行为。根据《安全生产法》第一百一十二条的规定,该法规定的危险物品,是指易燃易爆物品、危险化学品、放射性物品等能够危及人身安全和财产安全的物品。与本条规定的爆炸性、易燃性、放射性、毒害性、腐蚀性物品在范围上大致相同,构成危险物品肇事罪首先是违反了有关上述危险物品的相关管理规定。这里的危险物品包括:(1)"爆炸性"物品,是指多种具有爆炸性能的物品,如各种炸药、雷管、非电导爆系统、起爆药和爆破剂以及黑火药、烟火剂、信号弹和烟花爆竹等;(2)"易燃性"物品,是指汽油、煤油、酒精、丙酮、香蕉水以及各种很容易燃烧的化学物品和液剂;(3)"放射性"物品,是指钴、镭以及其他各种具有放射性能,并对人体或牲畜能够造成严重损害的物品;(4)"毒害性"物品,是指如氰化钾等其他各种对人体或牲畜能够造成严重毒害的物品;(5)"腐蚀性"物品,是指硫酸、盐酸等能够严重毁坏其他物品以及人身的物品。这些物品本身具有很大的危险性,国家有关主管部门为保证这些物品的安全生产、储存、运输、使用,都有严格的管理规定,以确保人身和财产安全,防止危害公共安全。在正常情况下,只要严格遵守国家有关部门制定的各种规定,是可以避免发生危险事故的。

本条规定的违反危险物品"管理规定",是指行为人必须有违反国家有关部门颁布实施的危险物品管理规定的行为。为了保障安全生产、储存、运输、使用本条规定的危险物品,不仅我国安全生产法作了规定,要求有关主管部门依照有关法律、法规的规定和国家标准或者行业标准审批并实施监督管理;国家有关部门也陆续颁发了一系列危险物品管理规定,如《危险化学品安全管理条例》《道路危险货物运输管理规定》等,对危险物品的种类、范围以及生产、储存、运输、使用的具体管理办法都作了明确而具体的规定。在判定行为人是否构成本罪时,必须严格按照该行为是否明确违反了有关危险物品的管理规定来判断。这种违反安全管理规定涵盖了危险物品生产、储存、运输、使用的各个环节。包括以下具体情形:在生产方面,通常表现为不按规定要求设置相应的通风、防火、防爆、防毒、监测、报警、防潮、避雷、防静电、隔离操作等安全设施;在储存方面,如不按规定专人管理,不设置相应的防火、泄压、防火、防雷、防火、防晒、调温、消除静电、防护围堤等安全设施;在运输方面,如违反有关规定,将客货混装、不按规定分运、分卸、不限速行驶,货物的容器和包装不符合安全规定,押运员擅离职守等;在使用方面不按规

定的剂量、范围、方法使用或者不采取必要的防护措施等。行为人只有在生产、储存、运输、使用危险物品的过程中,违反危险物品的管理规定,才能构成本罪。如果行为人在其他场合发生与危险物品有关的重大事故,如已经到达目的地的烟花爆竹货运司机,携带少量烟花爆竹回家途中发生意外导致爆炸发生重大事故的,可能构成过失致人死亡罪、过失致人重伤罪或者危害公共安全等犯罪,但一般不按照本罪处理。

4. 根据本条规定,行为人违反危险物品管理规定的行为必须"发生重大事故,造成严重后果的",才构成犯罪,即必须因违反危险物品管理规定而发生重大事故,造成严重后果,这是构成本罪的结果条件。其中,根据《最高人民法院、最高人民检察院关于办理危害生产安全刑事案件适用法律若干问题的解释》,发生重大事故,"造成严重后果的",是指:(1)造成死亡一人以上,或者重伤三人以上的;(2)造成直接经济损失一百万元以上的;(3)其他造成严重后果或者重大安全事故的情形。对相关责任人员,处三年以下有期徒刑或者拘役。"后果特别严重的",是指:(1)造成死亡三人以上或者重伤十人以上,负事故主要责任的;(2)造成直接经济损失五百万元以上,负事故主要责任的;(3)其他造成特别严重后果、情节特别恶劣或者后果特别严重的情形。对相关责任人员,处三年以上七年以下有期徒刑。其中,未依法取得安全许可证件或者安全许可证件过期、被暂扣、吊销、注销后从事生产经营活动的,依法从重处罚。

实践中需要注意以下几个方面的问题:

1. 罪与非罪的区别。危险物品肇事罪与自然事故、技术事故的区别。自然事故是指由于行为人不能预见或不能抗拒的自然条件的变化而导致的事故;技术事故是指由于技术条件和设备条件未达到应有水平和性能而造成的事故。如果在生产、储存、运输、使用危险物品过程中发生的重大事故不是由于行为人的违章违规行为所引起的,而是由于自然原因或者技术原因引起的,则属于自然事故或技术事故。如因暴雨或山洪导致库房倒塌,致使毒害性、腐蚀性物品扩散造成环境污染、财产损失等严重后果的,如果储存条件和设施等合法合规,事故是由因不可抗力的自然原因造成的,那么就属于自然事故,一般不构成犯罪。但是,在安全事故发生后,负有报告职责的人员不报或者谎报事故情况,贻误事故抢救,情节严重的,可能构成不报、谎报安全事故罪。

2. 危险物品肇事罪与《刑法》第一百二十五

条规定的非法制造、买卖、运输、邮寄、储存枪支、弹药、爆炸物罪和非法制造、买卖、运输、储存危险物质罪的区别。《刑法》第一百二十五条第一款和第二款规定："非法制造、买卖、运输、邮寄、储存枪支、弹药、爆炸物的，处三年以上十年以下有期徒刑；情节严重的，处十年以上有期徒刑、无期徒刑或者死刑。非法制造、买卖、运输、储存毒害性、放射性、传染病原体等物质，危害公共安全的，依照前款的规定处罚。"危险物品肇事罪与《刑法》第一百二十五条规定的非法制造、买卖、运输、邮寄、储存枪支、弹药、爆炸物罪和非法制造、买卖、运输、储存危险物质罪的主要区别为：一是主观方面不同。前者是过失犯罪；后者是故意犯罪。二是构成犯罪的要求不同。前者要求必须发生重大事故并造成严重后果，是结果犯；后者则不要求发生实际的危害结果。三是犯罪对象不完全相同。本条规定的是危险物品，具体包括爆炸性、易燃性、放射性、毒害性、腐蚀性物品等物质；第一百二十五条第一款规定的是枪支、弹药、爆炸物，第二款规定的是毒害性、放射性、传染病原体等物质。①

3. 本罪与重大责任事故罪的关系。根据《刑法》第一百三十四条第一款的规定，在生产、作业中违反有关安全管理的规定，因而发生重大伤亡事故或者造成其他严重后果的，构成重大责任事故罪。该条中的"违反有关安全管理的规定"可以包括违反危险物品管理规定在内的所有有关安全生产的规章制度。鉴于本条属于重大责任事故犯罪的特殊规定，在生产中违反危险物品管理规定，因而发生重大事故，造成严重后果的，应当适用本罪定罪处罚。

【司法解释】

《最高人民法院、最高人民检察院关于办理危害生产安全刑事案件适用法律若干问题的解释》（法释〔2015〕22号，自2015年12月16日起施行）

△(**造成严重后果**)实施刑法第一百三十二条、第一百三十四条第一款、第一百三十五条、第一百三十五条之一、第一百三十六条、第一百三十九条规定的行为，因而发生安全事故，具有下列情形之一的，应当认定为"造成严重后果"或者"发生重大伤亡事故或者造成其他严重后果"，对相关责任人员，处三年以下有期徒刑或者拘役：

（一）造成死亡一人以上，或者重伤三人以上的；

（二）造成直接经济损失一百万元以上的；

（三）其他造成严重后果或者重大安全事故的情形。（§6Ⅰ）

△(**后果特别严重**)实施刑法第一百三十二条、第一百三十四条第一款、第一百三十五条、第一百三十五条之一、第一百三十六条、第一百三十九条规定的行为，因而发生安全事故，具有下列情形之一的，对相关责任人员，处三年以上七年以下有期徒刑：

（一）造成死亡三人以上或者重伤十人以上，负事故主要责任的；

（二）造成直接经济损失五百万元以上，负事故主要责任的；

（三）其他造成特别严重后果、情节特别恶劣或者后果特别严重的情形。（§7Ⅰ）

△(**从重处罚事由；数罪并罚；行贿罪**)实施刑法第一百三十二条、第一百三十四条至第一百三十九条之一规定的犯罪行为，具有下列情形之一的，从重处罚：

（一）未依法取得安全许可证件或者安全许可证件过期、被暂扣、吊销、注销后从事生产经营活动的；

（二）关闭、破坏必要的安全监控和报警设备的；

（三）已经发现事故隐患，经有关部门或者个人提出后，仍不采取措施的；

（四）一年内曾因危害生产安全违法犯罪活动受过行政处罚或者刑事处罚的；

（五）采取弄虚作假、行贿等手段，故意逃避、阻挠负有安全监督管理职责的部门实施监督检查的；

（六）安全事故发生后转移财产意图逃避承担责任的；

（七）其他从重处罚的情形。

实施前款第五项规定的行为，同时构成刑法第三百八十九条规定的犯罪的，依照数罪并罚的规定处罚。（§12）

△(**酌情从轻处罚事由**)实施刑法第一百三十二条、第一百三十四条至第一百三十九条之一规定的犯罪行为，在安全事故发生后积极组织、参与事故抢救，或者积极配合调查、主动赔偿损失的，可以酌情从轻处罚。（§13）

---

① 学说见解指出，和非法制造、买卖、运输、储存危险物质罪不同的是，危险物品肇事罪是因违反危险物品管理规定而造成的，其应当是在正常的生产作业活动中的行为。因此，本罪中所运输的危险物品属于合法生产或者制造的物品。参见黎宏：《刑法学各论》（第2版），法律出版社2016年版，第71页。

△(国家工作人员;数罪并罚;贪污、受贿犯罪)国家工作人员违反规定投资入股生产经营,构成本解释规定的有关犯罪的,或者国家工作人员的贪污、受贿犯罪行为与安全事故发生存在关联性的,依法从重处罚;同时构成贪污、受贿犯罪和危害生产安全犯罪的,依照数罪并罚的规定处罚。(§14)

△(缓刑;从业禁止)对于实施危害生产安全犯罪适用缓刑的犯罪分子,可以根据犯罪情况,禁止其在缓刑考验期限内从事与安全生产相关联的特定活动;对于被判处刑罚的犯罪分子,可以根据犯罪情况和预防再犯罪的需要,禁止其自刑罚执行完毕之日或者假释之日起三年至五年内从事与安全生产相关的职业。(§16)

【司法解释性文件】

《公安部关于加强爆炸案件和爆炸物品丢失被盗案件倒查责任追究工作的通知》(公明发[2000]1186号,2000年5月9日发布)

△(安全管理制度不落实、仓储设施不符合安全要求、守卫看护人员擅离职守等)充分运用法律武器,依法从严追究涉案责任人员的责任。在依法严惩作案犯罪分子的同时,要根据倒查结果区别不同情况,依法从严追究有关人员的责任。对故意向作案犯罪分子提供爆炸物品的,依照《刑法》有关规定,以共同犯罪论处;对非法制造、买卖、运输、储存爆炸物品的,依照《刑法》第125条的规定,追究责任人的刑事责任,属于单位犯罪的,一并追究单位主管负责人的刑事责任;对因安全管理制度不落实、仓储设施不符合安全要求、守卫看护人员擅离职守等导致爆炸物品被私拿、私藏或丢失、被盗,或者非法转借、转送等被犯罪分子获取作案的,依照《刑法》第136条的规定,追究责任人的刑事责任;凡有上述行为尚不够刑事处罚的,按照《民用爆炸物品管理条例》和《治安管理处罚条例》有关规定予以行政处罚,并建议涉案责任单位给予主管负责人和直接责任人相应的行政处分。对因监管、收缴工作失职或乱审批、乱发证导致爆炸物品被犯罪分子获取制造重大爆炸案件的,依照《刑法》第397条的规定,移送检察机关追究责任民警和有关领导的刑事责任,尚不够刑事处罚的,按照《人民警察法》等有关规定给予直至撤职、开除的行政处分或予以辞退;对检查和督促整改隐患不力导致发生爆炸物品丢失被盗的,依照《人民警察法》等有关规定,给予责任民警和有关领导行政处分。(§3)

《公安部、中央社会治安综合治理委员会办公室、民政部等关于进一步加强和改进出租房屋管理工作有关问题的通知》(公通字[2004]83号,2004年11月12日发布)

△(承租人利用出租房屋生产、销售、储存、使用危险物品;不及时制止、报告)依法加强对出租房屋的管理。各部门要加大工作力度,规范房屋租赁活动。对房主违反出租房屋管理规定的行为,按照下列规定严肃查处:

……

(五)明知承租人违反爆炸、剧毒、易燃、放射性等危险物品管理规定,利用出租房屋生产、销售、储存、使用危险物品,不及时制止、报告,尚未造成严重后果的,由公安部门依照《租赁房屋治安管理规定》第九条第(三)项的规定予以处罚;构成犯罪的,依照《中华人民共和国刑法》第一百三十六条的规定追究刑事责任。

……(§3Ⅴ)

《最高人民检察院、公安部关于公安机关管辖的刑事案件立案追诉标准的规定(一)》(公通字[2008]36号,2008年6月25日公布)

△(危险物品肇事罪;立案追诉标准)违反爆炸性、易燃性、放射性、毒害性、腐蚀性物品的管理规定,在生产、储存、运输、使用中发生重大事故,涉嫌下列情形之一的,应予立案追诉:

(一)造成死亡一人以上,或者重伤三人以上;

(二)造成直接经济损失五十万元以上的;

(三)其他造成严重后果的情形。(§12)

《最高人民法院、最高人民检察院、公安部、工业和信息化部、住房和城乡建设部、交通运输部、应急管理部、国家铁路局、中国民用航空局、国家邮政局关于依法惩治涉枪支、弹药、爆炸物、易燃易爆危险物品犯罪的意见》(法发[2021]35号,2021年12月28日发布)

△(易燃易爆危险物品生产、储存、运输、使用;危险物品肇事罪)在易燃易爆危险物品生产、储存、运输、使用中违反有关安全管理的规定,实施本意见第5条前两款规定以外的其他行为,导致发生重大事故,造成严重后果,符合刑法第一百三十六条等规定的,以危险物品肇事罪等罪名定罪处罚。(§6)

△(危险物品肇事罪;从重处罚;不报、谎报安全事故罪;数罪并罚)实施刑法第一百三十六条规定行为,向负有安全生产监督管理职责的部门不报、谎报或者迟报相关情况的,从重处罚;同时构成刑法第一百三十九条之一规定之罪的,依照数罪并罚的规定处罚。(§7)

△(夹带易燃易爆危险物品;谎报为普通物品交寄)通过邮件、快件夹带易燃易爆危险物品,或者将易燃易爆危险物品谎报为普通物品交寄,符合本意见第5条至第8条规定的,依照各该条的规定定罪处罚。(§9)

【公报案例】

康兆永、王刚危险物品肇事案(《最高人民法院公报》2006年第8期)

△(危险物品肇事罪;具有安全隐患的机动车;超载运输;剧毒化学品)有危险货物运输从业资格的人员,明知使用具有安全隐患的机动车超载运输剧毒化学品,有可能引发危害公共安全的事故,却轻信能够避免,以致这种事故发生并造成严重后果的,构成《刑法》第一百三十六条规定的危险物品肇事罪。

△(剧毒化学品运输工作;抢救、协助抢救等义务)从事剧毒化学品运输工作的专业人员,在发生交通事故致使剧毒化学品泄漏后,有义务利用随车配备的应急处理器材和防护用品抢救对方车辆上的受伤人员,有义务在现场附近设置警戒区域,有义务及时报警并在报警时主动说明危险物品的特征、可能发生的危害,以及需要采取何种救助工具与救助方式才能防止、减轻以至消除危害,有义务在现场等待抢险人员的到来,利用自己对剧毒危险化学品的专业知识以及对运输车辆构造的了解,协助抢险人员处置突发事故。从事剧毒化学品运输工作的专业人员不履行这些义务,应当对由此造成的特别严重后果承担责任。

【参考案例】

No.2-114、115(1)-5-2 康兆永等危险物品肇事案

违反国家关于危险物品运输安全的规定,因而发生交通事故,导致危险物品泄漏,造成重大人员伤亡和财产损失的,应以危险物品肇事罪论处。

No.2-136-1 朱平书等危险物品肇事案

对危险物品的装卸负有管理职责的人员,违反有关管理规定,因而发生重大事故的,应以危险物品肇事罪论处。

第一百三十七条 【工程重大安全事故罪】

建设单位、设计单位、施工单位、工程监理单位违反国家规定,降低工程质量标准,造成重大安全事故的,对直接责任人员,处五年以下有期徒刑或者拘役,并处罚金;后果特别严重的,处五年以上十年以下有期徒刑,并处罚金。

【条文说明】

本条是关于工程重大安全事故罪及其处罚的规定。

根据本条规定,构成本罪必须具备以下条件:

1. 构成本罪的**主体**是**单位**,即**建设单位、设计单位、施工单位及工程监理单位**。工程建设是一项对质量要求相当严格的工作,要求设计科学、施工认真、建筑材料合格等,任何一个环节出差错都可能给国家、集体和个人带来严重后果。并且由于这类事故往往是人为原因导致,要求建设单位、设计单位、施工单位及工程监理单位遵守国家规定的质量标准,不仅是对建筑行业的基本要求,也是维护社会公共安全的应有之义。根据建筑法及相关规定,"**建设单位**",是具有开发、建设、经营工程项目的权利或资格的单位;"**设计单位**",是指专门承担勘察设计任务的勘察设计单位以及其他承担勘察设计任务的勘察设计单位;"**施工单位**",是指从事土木建筑、线路管道、设备安装和建筑装饰装修等工程新建、扩建、改建活动的建筑业企业,其中包括工程施工总承包企业、施工承包企业;"**工程监理单位**"是指对建筑工程专门进行监督管理,以保证质量、安全的单位。"**直接责任人员**",一般是指对建筑工程质量安全负有直接作用的人员,包括对是否降低工程质量标准有权作出决定的有关领导人员,建设单位的建设人员,设计单位的设计人员,施工单位的施工人员,监理单位的监理人员等。对直接责任人员范围的掌握,应本着直接因果关系的原则,合理确定。

2. 本罪在客观方面表现为**违反国家规定、降低工程质量标准、造成重大安全事故的行为**。"**违反国家规定**"是指违反国家有关建筑工程质量监督管理方面的法律法规,包括《安全生产法》《建筑法》《建设工程质量管理条例》《建设工程安全生产管理条例》等。"**降低工程质量标准**",是指建设单位、设计单位、施工单位和工程监理单位违反国家规定,以低于国家规定的质量标准进行工程的建设、设计、施工、监理的行为。主要体现为:(1)建设单位违反规定,要求设计单位或施工单位压缩工程造价、增加建房层数、降低工程标准、提供不合规格质量的建筑材料、建筑构件、配件和设备强迫施工单位使用,造成工程质量下降的行为;(2)设计单位不按建筑工程质量标准、技术规范以及建设单位的特别质量要求对工程进行设计,造成工程质量下降的行为等;(3)施工单位在施工中偷工减料,擅自使用不合规格的建筑材料、建筑构件、配件和设备,或者不按照设计图纸或者施工技术标准施工,造成工程质量下降的行为;(4)工程监理单位不认真履行监理职责,对有损工程质量的设计和施工行为不监督、不指出、不制止、不提出规范和整改措施的行为等。

3. 构成犯罪需要造成重大安全事故。"**重大安全事故**"是指该建筑工程在建设中以及交付使用后,由于达不到质量标准或者存在严重问题,导致建筑工程坍塌、机械设备损毁、安全设施失当,造成人员伤亡或重大经济损失的事故。根据《最高人民法院、最高人民检察院关于办理危害生产安全刑事案件适用法律若干问题的解释》的相关规定,具有下列情形之一的,应当认定为"**重大安全事故**":(1)造成死亡一人以上,或者重伤三人以上的;(2)造成直接经济损失一百万元以上的;(3)其他造成严重后果或者重大安全事故的情形。具有下列情形之一的,应当认定为"**造成严重后果**":(1)造成死亡三人以上或者重伤十人以上,负事故主要责任的;(2)造成直接经济损失五百万元以上,负事故主要责任的;(3)其他造成特别严重后果、情节特别恶劣或者后果特别严重的情形。

根据本条规定,建设单位、设计单位、施工单位、工程监理单位违反国家规定,降低工程质量标准,造成重大安全事故的,对直接责任人员,处五年以下有期徒刑或者拘役,并处罚金;后果特别严重的,处五年以上十年以下有期徒刑,并处罚金。

实际执行中应当注意**无法定工程资格、无相关工程资质、非法设立的单位能否成为本罪的犯罪主体**问题。

根据《建筑法》和《建设工程质量管理条例》的规定,建设单位必须领取施工许可证与开工报告;设计单位应当依法取得相应等级的资质证书,并在其资质等级许可范围内承揽工程;施工单位应当依法取得相应等级的资质证书,并在其资质等级许可的范围内承揽工程;工程监理单位应当依法取得相应等级的资质证书,并在其资质等级许可的范围内承担工程监理业务。对未取得法定工程资格,而从事相关工程的建设、设计、施工、监理的单位能否认定为本罪犯罪主体的问题,本条仅从形式上规定了工程重大安全事故罪的单位主体,并未对此类单位的法定工程资格作出规定。**有无法定工程资格,并不妨碍相关单位成为本罪的犯罪主体**。虽然这些单位系非法成立,但是只要它们是以建设、设计、施工、监理的身份作用于工程建设,无论它们名义上是否具有相应称呼、法律上是否具有相应资质,都可以成为本罪的犯罪主体。当然,如果不具有单位属性的,纯粹是个人或多数人集体建设、设计、施工、监理工程的,降低工程质量标准而造成重大安全事故的,不能构成本罪,可依其他相关罪名追究责任人的刑事责任。

【**司法解释**】

《最高人民法院、最高人民检察院关于办理危害生产安全刑事案件适用法律若干问题的解释》(法释〔2015〕22号,自2015年12月16日起施行)

△(**造成重大安全事故**)实施刑法第一百三十二条、第一百三十四条第一款、第一百三十五条、第一百三十五条之一、第一百三十六条、第一百三十九条规定的行为,因而发生安全事故,具有下列情形之一的,应当认定为"造成严重后果"或者"发生重大伤亡事故或者造成其他严重后果",对相关责任人员,处三年以下有期徒刑或者拘役:

(一)造成死亡一人以上,或者重伤三人以上的;

(二)造成直接经济损失一百万元以上的;

(三)其他造成严重后果或者重大安全事故的情形。

实施刑法第一百三十七条规定的行为,因而发生安全事故,具有本条第一款规定情形的,应当认定为"造成重大安全事故",对直接责任人员,处五年以下有期徒刑或者拘役,并处罚金。(§6Ⅰ、Ⅲ)

△(**后果特别严重**)实施刑法第一百三十二条、第一百三十四条第一款、第一百三十五条、第一百三十五条之一、第一百三十六条、第一百三十九条规定的行为,因而发生安全事故,具有下列情形之一的,对相关责任人员,处三年以上七年以下有期徒刑:

(一)造成死亡三人以上或者重伤十人以上,负事故主要责任的;

(二)造成直接经济损失五百万元以上,负事故主要责任的;

(三)其他造成特别严重后果、情节特别恶劣或者后果特别严重的情形。

实施刑法第一百三十七条规定的行为,因而发生安全事故,具有本条第一款规定情形的,对直接责任人员,处五年以上十年以下有期徒刑,并处罚金。(§7Ⅰ、Ⅲ)

△(**从重处罚事由;数罪并罚;行贿罪**)实施刑法第一百三十二条、第一百三十四条至第一百

三十九条之一规定的犯罪行为,具有下列情形之一的,从重处罚:

(一)未依法取得安全许可证件或者安全许可证件过期、被暂扣、吊销、注销后从事生产经营活动的;

(二)关闭、破坏必要的安全监控和报警设备的;

(三)已经发现事故隐患,经有关部门或者个人提出后,仍不采取措施的;

(四)一年内曾因危害生产安全违法犯罪活动受过行政处罚或者刑事处罚的;

(五)采取弄虚作假、行贿等手段,故意逃避、阻挠负有安全监督管理职责的部门实施监督检查的;

(六)安全事故发生后转移财产意图逃避承担责任的;

(七)其他从重处罚的情形。

实施前款第五项规定的行为,同时构成刑法第三百八十九条规定的犯罪的,依照数罪并罚的规定处罚。(§12)

△(酌情从轻处罚事由)实施刑法第一百三十二条、第一百三十四条至第一百三十九条之一规定的犯罪行为,在安全事故发生后积极组织、参与事故抢救,或者积极配合调查、主动赔偿损失的,可以酌情从轻处罚。(§13)

△(国家工作人员;数罪并罚;贪污、受贿犯罪)国家工作人员违反规定支持投资入股生产经营,构成本解释规定的有关犯罪的,或者国家工作人员的贪污、受贿犯罪行为与安全事故发生存在关联性的,从重处罚;同时构成贪污、受贿犯罪和危害生产安全犯罪的,依照数罪并罚的规定处罚。(§14)

△(缓刑;从业禁止)对于实施危害生产安全犯罪适用缓刑的犯罪分子,可以根据犯罪情况,禁止其在缓刑考验期限内从事与安全生产相关联的特定活动;对于被判处刑罚的犯罪分子,可以根据犯罪情况和预防再犯罪的需要,禁止其自刑罚执行完毕之日或者假释之日起三年至五年内从事与安全生产相关的职业。(§16)

【司法解释性文件】

《最高人民检察院、公安部关于公安机关管辖的刑事案件立案追诉标准的规定(一)》(公通字〔2008〕36号,2008年6月25日公布)

△(工程重大安全事故罪;立案追诉标准)建设单位、设计单位、施工单位、工程监理单位违反国家规定,降低工程质量标准,涉嫌下列情形之一的,应予立案追诉:

(一)造成死亡一人以上,或者重伤三人以上;

(二)造成直接经济损失五十万元以上的;

(三)其他造成严重后果的情形。(§13)

《最高人民法院、最高人民检察院、公安部关于办理涉窨井盖相关刑事案件的指导意见》(高检发〔2020〕3号,2020年3月16日发布)

△(窨井盖;工程重大安全事故罪)窨井盖建设、设计、施工、工程监理单位违反国家规定,降低工程质量标准,造成重大安全事故的,依照刑法第一百三十七条的规定,以工程重大安全事故罪定罪处罚。(§5Ⅱ)

△(窨井盖)本意见所称的"窨井盖",包括城市、城乡结合部和乡村等地的窨井盖以及其他井盖。(§12)

第一百三十八条 【教育设施重大安全事故罪】

明知校舍或者教育教学设施有危险,而不采取措施或者不及时报告,致使发生重大伤亡事故的,对直接责任人员,处三年以下有期徒刑或者拘役;后果特别严重的,处三年以上七年以下有期徒刑。

【条文说明】

本条是关于教育设施重大安全事故罪及其处罚的规定。

根据本条规定,构成本罪必须具备以下条件:

1.构成本罪的主体主要是对学校校舍及其他教育教学设施的安全负有责任的学校领导和学校上级机关、有关房管部门的主管人员;特殊情况下,也可能包括未经允许擅自使用有危险性的校舍或者教育教学设施的一般教师。

2.本罪在主观方面表现为过失,可以是疏忽大意的过失,也可以是过于自信的过失。这里所说的"过失",是指行为人对其所造成的危害结果的心理状态而言,即行为人明知校舍或者教育教学设施有危险,但未预料到会因此立即产生严重后果,或者轻信能够避免,以致发生了重大安全事故。

3. 本罪在客观方面表现为**明知校舍或者教育教学设施具有危险而仍不采取措施或者不及时报告，致使发生重大事故的行为**。教育是社会主义现代化建设的基础，而校舍和教育教学设施则是教育的最基本条件。本罪严重危害学校等教育教学机构的正常活动秩序和师生员工的人身安全。如果校舍、教育教学设施不符合安全标准，一旦发生教育教学设施重大安全事故，不仅会造成不特定师生员工的重伤、死亡和国家财产的重大损失，而且还会扰乱正常的教学秩序，造成恶劣的社会影响。因此，对校舍、教育教学设施负有安全责任的主管人员和直接责任人员必须正确履行职责，维护教学活动的正常进行和师生员工的人身安全。

（1）"**校舍**"，主要是指各类学校及其他教育机构的教室、教学楼、行政办公室、宿舍、图书阅览室等；"**教育教学设施**"，是指用于教育教学的各类设施、设备，如实验室及实验设备、体育活动场地及器械等。"**明知校舍或者教育教学设施有危险**"，一般是指知道校舍或者教育教学设施有倒塌或者发生人身伤害的危险。

"**明知校舍或者教育教学设施有危险，而不采取措施或者不及时报告**"，是指行为人明知道校舍或者教育教学设施有倒塌或者发生人身伤害事故的危险、隐患，不履行自己应当履行的职责，采取有效的措施或者向有关主管部门、上级领导报告，以防止事故发生的行为。在现实生活中，校舍及教育教学设施发生重大伤亡事故的原因很多，现有的校舍及教育教学设施，有的已十分陈旧，但由于资金有限，非主观愿望就可以改变现状，立法时充分考虑到这一实际情况，明确规定本罪打击的重点是那些负有领导责任的人员，对学校的危房及存在危险的教育教学设施，漠不关心，发现问题不及时采取防范措施，自己不能解决时，也不向上级领导及有关主管机关及时报告的行为。

（2）这里的"**不采取措施**"，通常包括三种情形：一是行为人明知校舍或者教育教学设施有危险，却对危险视而不见，不采取任何措施排除危险；二是虽然对危险有能力采取行动也采取了一定行动，但是措施并没有落到实处，敷衍了事，不足以消除危险；三是措施并非有效措施，无法消除既存的危险，即对于行为人主观上误认为自己已采取了有效的措施足以防止重大伤亡事故，而客观上采取的措施不足以有效地防止重大伤亡事故的情况，仍属于"不采取措施"的行为，存在着以教育设施重大安全事故罪论处的可能性。"不采取措施"的具体表现方式多种多样，如各级人民政府中分管教育的领导和教育行政部门的领导对学校的危房情况漠不关心，应当投入危房改造维修资金但不及时投入，或者虽然知道危房情况，不及时组织、协调各方面的力量进行维修、改造；学校校长和分管教育教学设施的副校长对校舍或者教育教学设施的情况不过问，不进行检查，发现了问题也不及时采取防范措施，对已经确定为危房的校舍仍然使用，对有严重隐患的，不安排人员进行加固处理，对有危险的教学设备、仪器、器械不及时更换；有关维修人员不履行自己的职责，不对校舍等进行正常检查、维修或者对应该立即维修的校舍、教育教学设施故意拖延时间不立即采取维修措施；等等。

"**不及时报告**"，是指行为人在没有能力排除危险的情况下，不及时向当地人民政府、教育行政部门或学校领导报告校舍、教育教学设施存在的危险，以致延误了上级单位采取措施的时机，致使发生重大伤亡事故。行为人能够采取措施而不采取、不能采取措施而又不及时报告，是本罪在客观方面的两种行为表现，行为人只需具备其中之一，就可构成本罪。关于报告的及时性，要视实际情况的具体情形而定。通常来讲，如果上级主管部门在接到行为人的报告之后，有能力立即采取措施却未及时排除危险，造成重大伤亡事故的，一般以本罪追究上级主管部门相关责任人员的刑事责任；如果行为人在不能排除危险的情况下，虽然向上级报告了危险情况，但由于延误送达上级单位采取相关措施的时机，导致发生重大伤亡事故，则行为人的相关行为依然构成本罪。

（3）**必须导致重大伤亡事故的发生**。这里的"**重大伤亡事故**"，根据《最高人民法院、最高人民检察院关于办理危害生产安全刑事案件适用法律若干问题的解释》的相关规定，一般是指造成死亡一人以上，或者重伤三人以上的。"**后果特别严重**"，是指：造成死亡三人以上或者重伤十人以上，负事故主要责任的；具有造成死亡一人以上，或者重伤三人以上的情形，同时造成直接经济损失五百万以上并负事故主要责任的，或者同时造成恶劣社会影响的。

根据本条规定，构成犯罪的，处三年以下有期徒刑或者拘役；后果特别严重的，即造成人员伤亡众多，国家财产遭受特别重大损失，社会影响极为恶劣的情形，处三年以上七年以下有期徒刑。

【**司法解释**】

《**最高人民法院、最高人民检察院关于办理危害生产安全刑事案件适用法律若干问题的解释**》（法释〔2015〕22号，自2015年12月16日起施行）

△(发生重大伤亡事故)实施刑法第一百三十二条、第一百三十四条第一款、第一百三十五条、第一百三十五条之一、第一百三十六条、第一百三十九条规定的行为,因而发生安全事故,具有下列情形的,应当认定为"造成严重后果"或者"发生重大伤亡事故或者造成其他严重后果",对相关责任人员,处三年以下有期徒刑或者拘役:

(一)造成死亡一人以上,或者重伤三人以上的;

(二)造成直接经济损失一百万元以上的;

(三)其他造成严重后果或者重大安全事故的情形。

……

实施刑法第一百三十八条规定的行为,因而发生安全事故,具有本条第一款第一项规定情形的,应当认定为"发生重大伤亡事故",对直接责任人员,处三年以下有期徒刑或者拘役。(§ 6 I,Ⅳ)

△(后果特别严重)实施刑法第一百三十二条、第一百三十四条第一款、第一百三十五条、第一百三十五条之一、第一百三十六条、第一百三十九条规定的行为,因而发生安全事故,具有下列情形之一的,对相关责任人员,处三年以上七年以下有期徒刑:

(一)造成死亡三人以上或者重伤十人以上,负事故主要责任的;

(二)造成直接经济损失五百万元以上,负事故主要责任的;

(三)其他造成特别严重后果、情节特别恶劣或者后果特别严重的情形。

……

实施刑法第一百三十八条规定的行为,因而发生安全事故,具有下列情形之一的,对直接责任人员,处三年以上七年以下有期徒刑:

(一)造成死亡三人以上或者重伤十人以上,负事故主要责任的;

(二)具有本解释第六条第一款第一项规定情形,同时造成直接经济损失五百万元以上并负事故主要责任的,或者同时造成恶劣社会影响的。(§ 7 I,Ⅳ)

△(从重处罚事由;数罪并罚;行贿罪)实施刑法第一百三十二条、第一百三十四条至第一百三十九条之一规定的犯罪行为,具有下列情形之一的,从重处罚:

(一)未依法取得安全许可证件或者安全许可证件过期、被暂扣、吊销、注销后从事生产经营活动的;

(二)关闭、破坏必要的安全监控和报警设备的;

(三)已经发现事故隐患,经有关部门或者他人提出后,仍不采取措施的;

(四)一年内曾因危害生产安全违法犯罪活动受过行政处罚或者刑事处罚的;

(五)采取弄虚作假、行贿等手段,故意逃避、阻挠负有安全监督管理职责的部门实施监督检查的;

(六)安全事故发生后转移财产意图逃避承担责任的;

(七)其他从重处罚的情形。

实施前款第五项规定的行为,同时构成刑法第三百八十九条规定的犯罪的,依照数罪并罚的规定处罚。(§ 12)

△(酌情从轻处罚事由)实施刑法第一百三十二条、第一百三十四条至第一百三十九条之一规定的犯罪行为,在安全事故发生后积极组织、参与事故抢救,或者积极配合调查、主动赔偿损失的,可以酌情从轻处罚。(§ 13)

△(国家工作人员;数罪并罚;贪污、受贿犯罪)国家工作人员违反规定投资入股生产经营,构成本解释规定的有关犯罪的,或者国家工作人员的贪污、受贿犯罪行为与安全事故发生存在关联性的,从重处罚;同时构成贪污、受贿犯罪和危害生产安全犯罪的,依照数罪并罚的规定处罚。(§ 14)

△(缓刑;从业禁止)对于实施危害生产安全犯罪适用缓刑的犯罪分子,可以根据犯罪情况,禁止其在缓刑考验期限内从事与安全生产相关联的特定活动;对于被判处刑罚的犯罪分子,可以根据犯罪情况和预防再犯罪的需要,禁止其自刑罚执行完毕之日或者假释之日起三年至五年内从事与安全生产相关的职业。(§ 16)

【司法解释性文件】

《最高人民检察院、公安部关于公安机关管辖的刑事案件立案追诉标准的规定(一)》(公通字〔2008〕36号,2008年6月25日公布)

△(教育设施重大安全事故罪;立案追诉标准)明知校舍或者教育教学设施有危险,而不采取措施或者不及时报告,涉嫌下列情形之一的,应予立案追诉:

(一)造成死亡一人以上、重伤三人以上或者轻伤十人以上的;

(二)其他致使发生重大伤亡事故的情形。(§ 14)

【公报案例】

高知先、乔永杰过失致人死亡案(《最高人民法院公报》2005年第1期)

△(幼儿教育单位的负责人;接送幼儿的专用车辆;未采取必要的检修措施;教育设施重大安全事故罪)幼儿教育单位的负责人明知本单位

接送幼儿的专用车辆有安全隐患,不符合行车要求,而不采取必要的检修措施,仍让他人使用该车接送幼儿,以至在车辆发生故障后,驾驶人员违规操作引起车辆失火,使被接送的幼儿多人伤亡,该负责人的行为构成刑法第一百三十八条规定的教育设施重大安全事故罪。

第一百三十九条　【消防责任事故罪】
违反消防管理法规,经消防监督机构通知采取改正措施而拒绝执行,造成严重后果的,对直接责任人员,处三年以下有期徒刑或者拘役;后果特别严重的,处三年以上七年以下有期徒刑。

【条文说明】

本条是关于消防责任事故罪及其处罚的规定。

根据本条规定,构成本罪必须具备以下条件:

1. 本罪主体是**一般主体**,主要是**负有防火安全职责的单位负责人员、主管人员或者其他直接责任人员**。

2. 本罪在主观方面表现为**过失**,可以是疏忽大意的过失,也可以是过于自信的过失。这里所说的"**过失**",是指行为人对其所造成的危害结果的心理状态而言。行为人主观上并不希望火灾事故发生,但就其违反消防管理法规,经消防机构通知采取改正措施而拒绝执行而言,则是存在主观故意的。行为人明知违反了消防管理法规,但未想到会因此立即产生严重后果,或者轻信能够避免,以致发生了严重后果。

3. 本罪在客观方面表现为**违反消防管理法规,经消防监督机构通知采取改正措施而拒绝执行,造成严重后果的**。

本罪严重侵犯国家的消防监督检查制度和公共安全。消防工作涉及各行各业,关系国计民生和社会安定。我国对消防工作实行严格的监督管理,专门制定了《消防法》及与之相配套的《火灾事故调查规定》《消防监督检查规定》《机关、团体、企业、事业单位消防安全管理规定》等规章制度。具体来说,

(1) "**违反消防管理法规**",是指违反国家有关消防方面的法律、法规以及有关主管部门为保障消防安全所作的规定,如《消防法》《烟草行业消防安全管理规定》等。根据上述法律法规,违反消防管理法规的行为包括:不执行国务院有关主管部门关于建筑设计防火规范的规定;不经允许在森林、草原野外用火;不按规定,在非安全地点新建生产、储存和装卸易燃易爆化学物品的工厂、仓库和专用车站、码头;人员集中的公共场所、安全出口、疏通通道无法保证畅通无阻;没有建立用火用电与易燃易爆物品的管理制度以及加强值班和巡逻的制度;应当配置消防器材、设备、设施而没有配置等。

(2) "**消防监督机构**",根据消防法的有关规定,国务院应急管理部门对全国的消防工作实施监督管理。县级以上地方人民政府应急管理部门对本行政区域内的消防工作实施监督管理,并由本级人民政府消防救援机构负责实施。县级以上地方人民政府应急管理部门对本行政区域内的消防工作实施监督管理,并由本级人民政府消防救援机构负责实施。军事设施的消防工作,由其主管单位监督管理,消防救援机构协助,矿井地下部分、核电厂、海上石油天然气设施的消防工作,由其主管单位监督管理。县级以上人民政府其他有关部门在各自的职责范围内做好消防工作。法律、行政法规对森林、草原的消防工作另有规定的,从其规定。

我国综合性消防救援队伍由应急管理部管理,是由公安消防部队(武警消防部队)、武警森林部队退出现役,成建制划归应急管理部后组建成立。省、市、县级分别设消防救援总队、支队、大队,城市和乡镇根据需要按标准设立消防救援站;森林消防队伍以下单位保持原建制。

(3) 关于"**经消防监督机构通知采取改正措施而拒绝执行**",一是根据《消防法》第四条的规定,我国消防监督管理工作由国务院和县级以上地方人民政府应急管理部门负责,并由本级人民政府消防救援机构负责实施。消防救援机构应当对机关、团体、企业、事业单位遵守消防法律、法规的情况依法进行监督检查,在消防监督检查中发现火灾隐患的,应及时向被检查的单位或居民以及上级主管部门发出《火险隐患整改通知书》,被通知单位的防火负责人或公民,应当采取有效措施,消除火灾隐患,并将整改的情况及时告诉消防监督机构。对于及时对消除隐患中可能严重威胁公共安全的,消防救援机构应当依照规定对危险部位或者场所采取临时查封措施。二是行为人经消防监督机构通知采取改正措施而拒绝执行,既包括对火险隐患视而不见、不实施改正措施,也包括未

按照要求采取改正措施或者其采取的改正措施不到位,不足以消除火险隐患。如果行为人有违反消防管理法规的行为,但是没有接到过消防监督机构关于采取改正措施的通知,即使造成严重后果,也不宜以本罪论处。

(4)**必须造成严重后果**。根据《最高人民法院、最高人民检察院关于办理危害生产安全刑事案件适用法律若干问题的解释》的规定,这里所说的"造成严重后果",包括以下几种情形:造成死亡一人以上,或者重伤三人以上的;造成直接经济损失一百万元以上的;其他造成严重后果或者重大安全事故的情形。"后果特别严重",包括以下几种情形:造成死亡三人以上或者重伤十人以上,负事故主要责任的;造成直接经济损失五百万元以上,负事故主要责任的;其他造成特别严重后果、情节特别恶劣或者后果特别严重的情形。

根据本条规定,犯本罪,对直接责任人员,处三年以下有期徒刑或者拘役;后果特别严重的,处三年以上七年以下有期徒刑。

实际执行中应当注意本罪与**玩忽职守罪**的关系。一是对于本罪涉及消防监督管理职责,根据《最高人民法院、最高人民检察院关于办理危害生产安全刑事案件适用法律若干问题的解释》的相关规定,国家机关工作人员在履行安全监督管理职责时滥用职权、玩忽职守,致使公共财产、国家和人民利益遭受重大损失的,依照《刑法》第三百九十七条规定,以滥用职权罪、玩忽职守罪定罪处罚。公司、企业、事业单位的工作人员在依法或者受委托行使安全监督管理职责时滥用职权或者玩忽职守,构成犯罪的,适用刑法关于渎职罪的规定追究刑事责任。因此,本条对消防监督机构积极的履职也进行了相应要求。另一方面,如果事故单位的负责人或直接责任人员是国家机关工作人员,违反消防管理法规,经消防监督机构通知采取改正措施而拒绝执行,致使发生火灾事故,造成严重后果的,则属于**法条竞合**,同时触犯本条和《刑法》第三百九十七条的规定,**一般应择一重罪处罚**。

【司法解释】

《最高人民法院、最高人民检察院关于办理危害生产安全刑事案件适用法律若干问题的解释》(法释〔2015〕22号,自2015年12月16日起施行)

△(**造成严重后果**)实施刑法第一百三十二条、第一百三十四条第一款、第一百三十五条、第一百三十五条之一、第一百三十六条、第一百三十九条规定的行为,因而发生安全事故,具有下列情形之一的,应当认定为"造成严重后果"或者"发生重大伤亡事故或者造成其他严重后果",对相关责任人员,处三年以下有期徒刑或者拘役:

(一)造成死亡一人以上,或者重伤三人以上的;

(二)造成直接经济损失一百万元以上的;

(三)其他造成严重后果或者重大安全事故的情形。(§6Ⅰ)

△(**后果特别严重**)实施刑法第一百三十二条、第一百三十四条第一款、第一百三十五条、第一百三十五条之一、第一百三十六条、第一百三十九条规定的行为,因而发生安全事故,具有下列情形之一的,对相关责任人员,处三年以上七年以下有期徒刑:

(一)造成死亡三人以上或者重伤十人以上,负事故主要责任的;

(二)造成直接经济损失五百万元以上,负事故主要责任的;

(三)其他造成特别严重后果、情节特别恶劣或者后果特别严重的情形。(§7Ⅰ)

△(**从重处罚事由;数罪并罚;行贿罪**)实施刑法第一百三十二条、第一百三十四条至第一百三十九条之一规定的犯罪行为,具有下列情形之一的,从重处罚:

(一)未依法取得安全许可证件或者安全许可证件过期、被暂扣、吊销、注销后从事生产经营活动的;

(二)关闭、破坏必要的安全监控和报警设备的;

(三)已经发现事故隐患,经有关部门或者个人提出后,仍不采取措施的;

(四)一年内曾因危害生产安全违法犯罪活动受过行政处罚或者刑事处罚的;

(五)采取弄虚作假、行贿等手段,故意逃避、阻挠负有安全监督管理职责的部门实施监督检查的;

(六)安全事故发生后转移财产意图逃避承担责任的;

(七)其他从重处罚的情形。

实施前款第五项规定的行为,同时构成刑法第三百八十九条规定的犯罪的,依照数罪并罚的规定处罚。(§12)

△(**酌情从轻处罚事由**)实施刑法第一百三十二条、第一百三十四条至第一百三十九条之一规定的犯罪行为,在安全事故发生后积极组织、参与事故抢救,或者积极配合调查、主动赔偿损失的,可以酌情从轻处罚。(§13)

△(**国家工作人员;数罪并罚;贪污、受贿犯罪**)国家工作人员违反规定投资入股生产经营,

构成本解释规定的有关犯罪的,或者国家工作人员的贪污、受贿犯罪行为与安全事故发生存在关联性的,从重处罚;同时构成贪污、受贿犯罪和危害生产安全犯罪的,依照数罪并罚的规定处罚。(§14)

△(缓刑;从业禁止)对于实施危害生产安全犯罪适用缓刑的犯罪分子,可以根据犯罪情况,禁止其在缓刑考验期限内从事与安全生产相关联的特定活动;对于被判处刑罚的犯罪分子,可以根据犯罪情况和预防再犯罪的需要,禁止其自刑罚执行完毕之日或者假释之日起三年至五年内从事与安全生产相关的职业。(§16)

【司法解释性文件】

《最高人民检察院、公安部关于公安机关管辖的刑事案件立案追诉标准的规定(一)》(公通字〔2008〕36号,2008年6月25日公布)

△(消防责任事故罪;立案追诉标准)违反消防管理法规,经消防监督机构通知采取改正措施而拒绝执行,涉嫌下列情形之一的,应于立案追诉:

(一)造成死亡一人以上,或者重伤三人以上;

(二)造成直接经济损失五十万元以上的;

(三)造成森林火灾,过火有林地面积二公顷以上,或者过火疏林地、灌木林地、未成林地、苗圃地面积四公顷以上的;

(四)其他造成严重后果的情形。(§15)

【参考案例】

No.2-139-1 王华伟消防责任事故案

违反消防法规,经消防监督机构通知采取改正措施而拒绝执行,致火灾发生、扩大、蔓延的,即使事后确定行为人对于火灾事故的发生仅负有间接责任,也可以认定为直接责任人员,应以消防责任事故罪论处。

第一百三十九条之一 【不报、谎报安全事故罪】
在安全事故发生后,负有报告职责的人员不报或者谎报事故情况,贻误事故抢救,情节严重的,处三年以下有期徒刑或者拘役;情节特别严重的,处三年以上七年以下有期徒刑。

【立法沿革】

《中华人民共和国刑法修正案(六)》(自2006年6月29日起施行)

四、在刑法第一百三十九条后增加一条,作为第一百三十九条之一:

"在安全事故发生后,负有报告职责的人员不报或者谎报事故情况,贻误事故抢救,情节严重的,处三年以下有期徒刑或者拘役;情节特别严重的,处三年以上七年以下有期徒刑。"

【条文说明】

本条是关于不报、谎报安全事故罪及其处罚的规定。

根据本条规定,构成本罪必须具备以下条件:

1. 本条规定的犯罪主体是**对安全事故的发生负有报告职责的人员**。这里的"安全事故"是指环境污染、水灾、矿难、大型群众性活动中发生的重大伤亡事故等各种安全事故。① "**负有报告职责的人员**",是指负有组织、指挥或者管理职责的负责人、管理人员、实际控制人、投资人,以及其他负有报告职责的人员,包括生产经营单位的主要负责人、负有安全生产监督管理职责部门的主要负责人员和有关地方人民政府的直接责任人员、直接造成安全事故的责任人员等。

2. 本罪在主观方面表现为**故意**,即明知安全事故发生而不报、迟报、谎报事故情况的情形,对安全事故造成的人身伤亡和财产损失,则可能出于过失。

---

① 我国学者指出,"安全事故"是指《刑法》第一百三十一条、第一百三十二条以及第一百三十四条至第一百三十九条所规定的交通事故。发生交通事故后不报或者谎报情况,贻误事故抢救的行为,则应直接以逃逸,不再适用《刑法》第一百三十九条之一。参见张明楷:《刑法学》(第6版),法律出版社2021年版,第941页。亦有学者指出,丢失枪支不报罪、交通肇事罪、教育设施重大安全事故罪已经将不报告或者逃逸作为构成犯罪者法定刑升格的条件之一,因此,其与本罪无涉。参见周光权:《刑法各论》(第4版),中国人民大学出版社2021年版,第235页。时延安教授及王作富教授则主张,本罪中的不报、谎报安全事故,并包括该章中的各种安全事故。参见谢望原、赫兴旺主编:《刑法分论》(第3版),中国人民大学出版社2016年版,第63页;王作富主编:《刑法》(第6版),中国人民大学出版社2016年版,第279页。

3. **本罪在客观方面表现为安全事故发生后，负有报告职责的人员不报或者谎报事故情况，贻误事故抢救，情节严重的情形**。本罪严重破坏安全事故监管制度，危害公共安全。在客观方面应当注意以下方面：

（1）**行为人实施了不报或者谎报的行为**。"**不报**"，是指行为人不按照规定及时报告。实践中，有的行为人一开始隐瞒了事故真实情况，被发现后不得已再报告，这种情况应视为不报。"**谎报**"，是指行为人虽然将发生了安全事故这件事按照规定向有关部门了报告，但对事故的真实情况如人员伤亡、财产损失、事故原因等作了虚假的描述或隐瞒了某些情况，作避重就轻的描述。

（2）**行为人不报或者谎报事故情况的行为，导致贻误事故抢救，且情节严重才构成犯罪**，这是罪与非罪的界限。"**贻误事故抢救**"包括贻误对受伤人员的救治，也包括贻误对财产的抢救。根据《最高人民法院、最高人民检察院关于办理危害生产安全刑事案件适用法律若干问题的解释》，具有下列情形之一的，应当认定为"情节严重"：①导致事故后果扩大，增加死亡一人以上，或者增加重伤三人以上，或者增加直接经济损失一百万元以上的。②实施下列行为之一，致使不能及时有效开展事故抢救的：一是决定不报、迟报、谎报事故情况或者指使、串通有关人员不报、迟报、谎报事故情况的；二是在事故抢救期间擅离职守或者逃匿的；三是伪造、破坏事故现场，或者转移、藏匿、毁灭遇难人员尸体，或者转移、藏匿受伤人员的；四是毁灭、伪造、隐匿与事故有关的图纸、记录、计算机数据等资料以及其他证据的。③其他情节严重的情形。具有下列情形之一的，应当认定为"**情节特别严重**"：①导致事故后果扩大，增加死亡三人以上，或者增加重伤十人以上，或者增加直接经济损失五百万元以上的。②采用暴力、胁迫、命令等方式阻止他人报告事故情况，导致事故后果扩大的。③其他情节特别严重的情形。需要注意的是，在安全事故发生后，与负有报告职责的人员串通，不报或者谎报事故情况，贻误事故抢救，情节严重的，依照本法的规定，以共犯论处。①

本条作为重大责任事故类犯罪的最后一条，根据《最高人民法院、最高人民检察院关于办理危害生产安全刑事案件适用法律若干问题的解释》的规定，实施《刑法》第一百三十四条至第一百三十九条之一规定的犯罪行为，具有下列情形之一的，从重处罚：未依法取得安全许可证件或者安全许可证件过期、被暂扣、吊销、注销后从事生产经营活动的；关闭、破坏必要的安全监控和报警设备的；已经发现事故隐患，经有关部门或者个人提出后，仍不采取措施的；一年内曾因危害生产安全违法犯罪活动受过行政处罚或者刑事处罚的；采取弄虚作假、行贿等手段，故意逃避、阻挠负有安全监督管理职责的部门实施监督检查的；安全事故发生后转移财产意图逃避承担责任的；其他从重处罚的情形。实施《刑法》第一百三十四条至第一百三十九条之一规定的犯罪行为，在安全事故发生后积极组织、参与事故抢救，或者积极配合调查、主动赔偿损失的，**可以酌情从轻处罚**。

根据本条规定，构成本罪的，处三年以下有期徒刑或者拘役；情节特别严重的，处三年以上七年以下有期徒刑。

实践中应当注意把握**不报、谎报行为与安全事故损失扩大的因果关系**，本条主要是针对由于行为人不报或者谎报的行为导致贻误了事故抢救的最佳时机，造成事故损失进一步扩大的情形。

另外，要注意本罪与**玩忽职守罪**的区别，负有安全生产监督管理职责的部门的检查人员不报、谎报、迟报安全事故的，有可能同时构成本罪和玩忽职守罪，在实践中应当注意区分具体的犯罪情节。

【司法解释】

《最高人民法院、最高人民检察院关于办理危害生产安全刑事案件适用法律若干问题的解释》
（法释〔2015〕22号，自2015年12月16日起施行）

△（**负有报告职责的人员**）刑法第一百三十九条之一规定的"负有报告职责的人员"，是指负有组织、指挥或者管理职责的负责人、管理人员、实际控制人、投资人，以及其他负有报告职责的人员。（§4）

△（**情节严重；情节特别严重**）在安全事故发生后，负有报告职责的人员不报或者谎报事故情况，贻误事故抢救，具有下列情形之一的，应当认定为刑法第一百三十九条之一规定的"**情节严重**"：

（一）导致事故后果扩大，增加死亡一人以上，或者增加重伤三人以上，或者增加直接经济损失一百万元以上的；

（二）实施下列行为之一，致使不能及时有效

---

① 我国学者指出，只有在结果可能加重或者扩大的情况下，不报或者谎报行为才可能成立本罪。在安全事故发生后，虽然负有报告职责的人员没有报告，但是他人已经及时报告，则负有报告职责的人员的不报告行为不成立本罪（也不成立本罪的未遂犯）。因为，负有报告职责的人员的不报告行为，不可能贻误事故抢救。参见张明楷：《刑法学》（第6版），法律出版社2021年版，第941页。

开展事故抢救的：

1. 决定不报、迟报、谎报事故情况或者指使、串通有关人员不报、迟报、谎报事故情况的；

2. 在事故抢救期间擅离职守或者逃匿的；

3. 伪造、破坏事故现场，或者转移、藏匿、毁灭遇难人员尸体，或者转移、藏匿受伤人员的；

4. 毁灭、伪造、隐匿与事故有关的图纸、记录、计算机数据等资料以及其他证据的；

（三）其他情节严重的情形。

具有下列情形之一的，应当认定为刑法第一百三十九条之一规定的"情节特别严重"：

（一）导致事故后果扩大，增加死亡三人以上，或者增加重伤十人以上，或者增加直接经济损失五百万元以上的；

（二）采用暴力、胁迫、命令等方式阻止他人报告事故情况，导致事故后果扩大的；

（三）其他情节特别严重的情形。（§8）

△（共犯）在安全事故发生后，与负有报告职责的人员串通，不报或者谎报事故情况，贻误事故抢救，情节严重的，依照刑法第一百三十九条之一的规定，以共犯论处。（§9）

△（从重处罚事由；数罪并罚；行贿罪）实施刑法第一百三十二条、第一百三十四条至第一百三十九条之一规定的犯罪行为，具有下列情形之一的，从重处罚：

（一）未依法取得安全许可证件或者安全许可证件过期、被暂扣、吊销、注销后从事生产经营活动的；

（二）关闭、破坏必要的安全监控和报警设备的；

（三）已经发现事故隐患，经有关部门或者个人提出后仍不采取措施的；

（四）一年内曾因危害生产安全违法犯罪活动受过行政处罚或者刑事处罚的；

（五）采取弄虚作假、行贿等手段，故意逃避、阻挠负有安全监督管理职责的部门实施监督检查的；

（六）安全事故发生后转移财产意图逃避承担责任的；

（七）其他从重处罚的情形。

实施前款第五项规定的行为，同时构成刑法第三百八十九条规定的犯罪的，依照数罪并罚的规定处罚。（§12）

△（酌情从轻处罚事由）实施刑法第一百三十二条、第一百三十四条至第一百三十九条之一规定的犯罪行为，在安全事故发生后积极组织、参与事故抢救，或者积极配合调查、主动赔偿损失的，可以酌情从轻处罚。（§13）

△（国家工作人员；数罪并罚；贪污、受贿犯罪）

国家工作人员违反规定投资入股生产经营，构成本解释规定的有关犯罪的，或者国家工作人员的贪污、受贿犯罪行为与安全事故发生存在关联性的，从重处罚；同时构成贪污、受贿犯罪和危害生产安全犯罪的，依照数罪并罚的规定处罚。（§14）

△（缓刑；从业禁止）对于实施危害生产安全犯罪适用缓刑的犯罪分子，可以根据犯罪情况，禁止其在缓刑考验期限内从事与安全生产相关联的特定活动；对于被判处刑罚的犯罪分子，可以根据犯罪情况和预防再犯罪的需要，禁止其自刑罚执行完毕之日或者假释之日起三年至五年内从事与安全生产相关的职业。（§16）

【司法解释性文件】

《最高人民法院印发〈关于进一步加强危害生产安全刑事案件审判工作的意见〉的通知》（法发〔2011〕20号，2011年12月30日公布）

△（数罪并罚；职务犯罪）安全事故发生后，负有报告职责的国家工作人员不报或者谎报事故情况，贻误事故抢救，情节严重，构成不报、谎报安全事故罪，同时构成职务犯罪或其他危害生产安全犯罪的，依照数罪并罚的规定处罚。

《最高人民检察院、公安部关于公安机关管辖的刑事案件立案追诉标准的规定（一）的补充规定》（公通字〔2017〕12号，2017年4月27日公布）

△（不报、谎报安全事故罪；立案追诉标准）在《最高人民检察院、公安部关于公安机关管辖的刑事案件立案追诉标准的规定（一）》[以下简称《立案追诉标准（一）》]第15条后增加一条，作为第15条之一：[不报、谎报安全事故案（刑法第139条之一）]负有报告职责的人员，在安全事故发生后，不报或者谎报事故情况，贻误事故抢救，涉嫌下列情形之一的，应予立案追诉：

（一）导致事故后果扩大，增加死亡1人以上，或者增加重伤3人以上，或者增加直接经济损失100万元以上的；

（二）实施下列行为之一，致使不能及时有效开展事故抢救的：

1. 决定不报、迟报、谎报事故情况或者指使、串通有关人员不报、迟报、谎报事故情况的；

2. 在事故抢救期间擅离职守或者逃匿的；

3. 伪造、破坏事故现场，或者转移、藏匿、毁灭遇难人员尸体，或者转移、藏匿受伤人员的；

4. 毁灭、伪造、隐匿与事故有关的图纸、记录、计算机数据等资料以及其他证据的；

（三）其他不报、谎报安全事故情节严重的情形。

本条规定的"负有报告职责的人员"，是指负有组织、指挥或者管理职责的负责人、管理人员、实际控制人、投资人,以及其他负有报告职责的人员。

《最高人民法院、最高人民检察院、公安部、工业和信息化部、住房和城乡建设部、交通运输部、应急管理部、国家铁路局、中国民用航空局、国家邮政局关于依法惩治涉枪支、弹药、爆炸物、易燃易爆危险物品犯罪的意见》(法发〔2021〕35号,2021年12月28日发布)

△(危险物品肇事罪;从重处罚;不报、谎报安全事故罪;数罪并罚)实施刑法第一百三十六条规定等行为,向负有安全生产监督管理职责的部门不报、谎报或者迟报相关情况的,从重处罚;同时构成刑法第一百三十九条之一规定之罪的,依照数罪并罚的规定处罚。(§7)

△(夹带易燃易爆危险物品;谎报为普通物品交寄)通过邮件、快件夹带易燃易爆危险物品,或者将易燃易爆危险物品谎报为普通物品交寄,符合本意见第5条至第8条规定的,依照各该条的规定定罪处罚。(§9)

【指导性案例】

最高人民检察院指导性案例第96号:黄某某等人重大责任事故、谎报安全事故案(2021年1月20日发布)

△(谎报安全事故罪;引导侦查取证;污染处置;化解社会矛盾)检察机关要充分运用行政执法和刑事司法衔接工作机制,通过积极履职,加强对线索移送和立案的法律监督。认定谎报安全事故罪,要重点审查谎报行为与贻误事故抢救结果之间的因果关系。对同时构成重大责任事故罪和谎报安全事故罪的,应当数罪并罚。应注重督促涉事单位或有关部门及时赔偿被害人损失,有效化解社会矛盾。安全生产事故涉及生态环境污染等公益损害的,刑事检察部门要和公益诉讼检察部门加强协作配合,督促协同行政监管部门,统筹运用法律、行政、经济等手段严格落实企业主体责任,修复受损公益,防控安全风险。

第三章　破坏社会主义市场经济秩序罪

第一节　生产、销售伪劣商品罪

第一百四十条　【生产、销售伪劣产品罪】
生产者、销售者在产品中掺杂、掺假，以假充真，以次充好或者以不合格产品冒充合格产品，销售金额五万元以上不满二十万元的，处二年以下有期徒刑或者拘役，并处或者单处销售金额百分之五十以上二倍以下罚金；销售金额二十万元以上不满五十万元的，处二年以上七年以下有期徒刑，并处销售金额百分之五十以上二倍以下罚金；销售金额五十万元以上不满二百万元的，处七年以上有期徒刑，并处销售金额百分之五十以上二倍以下罚金；销售金额二百万元以上的，处十五年有期徒刑或者无期徒刑，并处销售金额百分之五十以上二倍以下罚金或者没收财产。

【条文说明】

本条是关于生产、销售伪劣产品罪及其处罚的规定。

根据本条规定，构成生产、销售伪劣产品罪必须具备以下几个条件：

1. 生产者、销售者的主观方面是**故意**，如果行为人在主观上不是故意的，不知所售产品是次品，而当作正品出售了，应承担民事责任，不能作为犯罪处理。

2. 生产者、销售者在客观上实施了"**在产品中掺杂、掺假，以假充真，以次充好或者以不合格产品冒充合格产品**"等行为。"**生产者**"，既包括产品的制造者，也包括产品的加工者；"**销售者**"，包括批量生产者、零散销售者以及生产后的直接销售者；"**产品**"，是指经过加工、制作、用于销售的商品，包括工业用品、农业用品以及生活用品。"**掺杂、掺假**"，是指在产品中掺入杂质或者异物，致使产品质量不符合国家法律、法规或者产品明示质量标准规定的质量要求，降低、失去其应有使用性能的行为。"**以假充真**"，是指以不具有某种使用性能的产品冒充具有该种使用性能的产品的行为。"**以次充好**"，是指以低等级、低档次产品冒充高等级、高档次产品，或者以残次、废旧零配件组合、拼装El冒充正品或者新产品的行为。"**不合格产品**"，是指不符合产品质量法规定的质量要求的产品。

3. 生产者、销售者在产品中掺杂、掺假，以假充真，以次充好或者以不合格产品冒充合格产品，**销售金额必须达到五万元以上**，才构成犯罪，如果销售金额不足五万元的，不构成犯罪。

4. 生产、销售伪劣产品的犯罪主体是**生产者、销售者**，消费者不能构成本罪的主体。

本条对于生产、销售伪劣产品罪的处罚，根据其销售金额的不同，分为四个档次，并对犯罪者在适用自由刑的同时，也注重财产刑的适用。本条所说的"销售金额"，是指生产者、销售者出售伪劣产品后应得和应得的全部违法收入。多次实施生产、销售伪劣产品行为，未经处理的，伪劣产品的销售金额累计计算。根据本条规定，**销售金额五万元以上不满二十万元的**，处二年以下有期徒刑或者拘役，并处或者单处销售金额百分之五十以上二倍以下罚金；**销售金额二十万元以上不满五十万元的**，处二年以上七年以下有期徒刑，并处销售金额百分之五十以上二倍以下罚金；**销售金额五十万元以上不满二百万元的**，处七年以上有期徒刑，并处销售金额百分之五十以上二倍以下罚金；**销售金额二百万元以上的**，处十五年有期徒刑或者无期徒刑，并处销售金额百分之五十以上二倍以下罚金或者没收财产。

实践中需要注意以下几个方面的问题：

1. 关于立案追诉标准问题。根据《最高人民检察院、公安部关于公安机关管辖的刑事案件立案追诉标准的规定（一）》第十六条的规定，生产者、销售者在产品中掺杂、掺假，以假充真，以次充好或者以不合格产品冒充合格产品，涉嫌下列情形之一的，**应予立案追诉**：(1)伪劣产品销售金额五万元以上的；(2)伪劣产品尚未销售，货值金额十五万元以上的；(3)伪劣产品销售金额不满五万元，但将已销售金额乘以三倍后，与尚未销售的伪劣产品货值金额合计十五万元以上的。"**销售金额**"，包括生产者、销售者出售伪劣产品后所得和应得的全部违法收入。"**货值金额**"，以违法生产、销售的伪劣产品的标价计算；没有标价的，按照同类合格产品的市场中间价格计算。货值金额难以确定的，按照《扣押、追缴、没收物品估价管理办法》的规定，委托估价机构确定。但是，对于伪劣产品尚未销售的，货值金额达到销售金额三倍以上或者销售金额未达到五万元，但与未销售货值金额合计达到十五万元以上的，以本罪**未遂**进行处罚。

2. 关于伪劣产品的认定问题。在生产、销售伪劣产品中，有的纯属伪劣产品，有的则只是侵犯知识产权的非伪劣产品。对"以假充真""以次充好""以不合格产品冒充合格产品"的认定，直接影响对被告人的定罪量刑，《最高人民法院关于审理生产、销售伪劣商品刑事案件有关问题的通知》规定，上述情形难以确定的，**由公诉机关委托法律、行政法规规定的产品质量检验机构进行鉴定**。

3. 关于罪数问题。《最高人民法院、最高人民检察院关于办理生产、销售伪劣商品刑事案件具体应用法律若干问题的解释》对本罪的共犯、数罪并罚问题进行了规定，如：知道或者应当知道他人实施生产、销售伪劣商品犯罪，而为其提供贷款、资金、帐号、发票、证明、许可证件，或者提供生产、经营场所或者运输、仓储、保管、邮寄等便利条件，或者提供制假生产技术的，以**生产、销售伪劣商品犯罪的共犯论处**；实施生产、销售伪劣商品犯罪的共犯论处；实施生产、销售伪劣商品犯罪，同时构成侵犯知识产权、非法经营等其他犯罪的，**依照处罚较重的规定定罪处罚**；实施《刑法》第一百四十条至第一百四十八条规定的犯罪，又以暴力、威胁方法抗拒查处，构

成其他犯罪的，依照**数罪并罚**的规定处罚。此外，**国家机关工作人员**参与生产、销售伪劣商品犯罪的，从重处罚。

4. 关于本罪与本节其他罪名的关系问题。本罪是在生产、销售伪劣产品构成本罪，又构成本节其他罪名的情形下，一般应**按照特殊罪名定罪处罚**。如果生产、销售伪劣商品罪处罚较重，应依照生产、销售伪劣商品罪定罪处罚。

【司法解释】

《最高人民法院、最高人民检察院关于办理生产、销售伪劣商品刑事案件具体应用法律若干问题的解释》(法释〔2001〕10号，自2001年4月10日起施行)

△(**在产品中掺杂、掺假；以假充真；以次充好；不合格产品；鉴定**)刑法第一百四十条规定的"在产品中掺杂、掺假"，是指在产品中掺入杂质或者异物，致使产品质量不符合国家法律、法规或者产品明示质量标准规定的质量要求①，降低、失去应有使用性能的行为。

刑法第一百四十条规定的"以假充真"，是指以不具有某种使用性能的产品冒充具有该种使用性能的产品的行为。

刑法第一百四十条规定的"以次充好"，是指以低等级、低档次产品冒充高等级、高档次产品，或者以残次、废旧零配件组合、拼装后冒充正品或者新产品的行为。

刑法第一百四十条规定的"不合格产品"，是指不符合《中华人民共和国产品质量法》第二十六条第二款规定②的质量要求的产品。

对本条规定的上述行为难以确定的，应当委托法律、行政法规规定的产品质量检验机构进行鉴定。(§1)

△(**销售金额；伪劣产品尚未销售；未遂；货值金额之确定；累计计算**)刑法第一百四十条、第一

---

① 我国学者指出，"致使产品质量不符合国家法律、法规或者产品明示质量标准规定的质量要求"此一要素，并不必要。一方面，经过掺杂、掺假处理的产品，即便其仍然符合质量标准，但也属于在产品中掺杂掺假；另一方面，由于一些产品(如原材料)具有特殊性，对掺杂、掺假的认定也需要考虑到买卖双方的合同内容。参见张明楷：《刑法学》(第6版)，法律出版社2021年版，第945页。
② 《中华人民共和国产品质量法》(1993年2月22日通过，2018年12月29日第三次修正)
第二十六条：
Ⅱ产品质量应当符合下列要求：
(一)不存在危及人身、财产安全的不合理的危险，有保障人体健康和人身、财产安全的国家标准、行业标准的，应当符合该标准；
(二)具备产品应当具备的使用性能，但是，对产品存在使用性能的瑕疵作出说明的除外；
(三)符合在产品或者其包装上注明采用的产品标准，符合以产品说明、实物样品等方式表明的质量状况。

百四十九条规定的"销售金额",是指生产者、销售者出售伪劣产品后所得和应得的全部违法收入。

伪劣产品尚未销售,货值金额达到刑法第一百四十九条规定的销售金额三倍以上的,以生产、销售伪劣产品罪(未遂)定罪处罚。①

货值金额以违法生产、销售的伪劣产品的标价计算;没有标价的,按照同类合格产品的市场中间价格计算。货值金额难以确定的,按照国家计划委员会、最高人民法院、最高人民检察院、公安部1997年4月22日联合发布的《扣押、追缴、没收物品估价管理办法》的规定,委托指定的估价机构确定。

多次实施生产、销售伪劣产品行为,未经处理的,伪劣产品的销售金额或者货值金额累计计算。(§2)

△(生产、销售伪劣商品犯罪的共犯)知道或者应当知道他人实施生产、销售伪劣商品犯罪,而为其提供贷款、资金、账号、发票、证明、许可证件,或者提供生产、经营场所或者运输、仓储、保管、邮寄等便利条件,或者提供制假生产技术的,以生产、销售伪劣商品犯罪的共犯②论处。(§9)

△(想象竞合;侵犯知识产权犯罪;非法经营罪)实施生产、销售伪劣商品犯罪,同时构成侵犯知识产权、非法经营等其他犯罪的,依照处罚较重的规定定罪处罚。(§10)

△(数罪并罚;妨害公务罪)实施刑法第一百四十条至第一百四十八条规定的犯罪,又以暴力、威胁方法抗拒查处,构成其他犯罪的,依照数罪并罚的规定处罚。(§11)

△(国家机关工作人员;从重处罚)国家机关工作人员参与生产、销售伪劣商品犯罪的,从重处罚。(§12)

《最高人民法院、最高人民检察院关于办理妨害预防、控制突发传染病疫情等灾害的刑事案件具体应用法律若干问题的解释》(法释〔2003〕8号,自2003年5月15日起施行)

△(预防、控制突发传染病疫情;伪劣的防治、防护产品;生产、销售伪劣产品罪;从重处罚)在预防、控制突发传染病疫情等灾害期间,生产、销售伪劣的防治、防护产品、物资,或者生产、销售用于防治传染病的假药、劣药,构成犯罪的,分别依照刑法第一百四十条、第一百四十一条、第一百四十二条的规定,以生产、销售伪劣产品罪,生产、销售假药罪或者生产、销售劣药罪定罪,依法从重处罚。(§17)

△(自首、立功)人民法院、人民检察院办理有关妨害预防、控制突发传染病疫情等灾害的刑事案件,对于有自首、立功等悔罪表现的,依法从轻、减轻、免除处罚或者依法作出不起诉决定。(§17)

《最高人民法院、最高人民检察院关于办理非法生产、销售烟草专卖品等刑事案件具体应用法律若干问题的解释》(法释〔2010〕7号,自2010年3月26日起施行)

△(伪劣烟草专卖品;生产、销售伪劣产品罪)生产、销售伪劣卷烟、雪茄烟等烟草专卖品,销售金额在五万元以上的,依照刑法第一百四十条的规定,以生产、销售伪劣产品罪定罪处罚。(§1Ⅰ)

△(伪劣烟草专卖品尚未销售;未遂;既未遂并存;酌情从重处罚事由;未销售货值金额之计算)伪劣卷烟、雪茄烟等烟草专卖品尚未销售,货值金额达到刑法第一百四十条规定的销售金额定罪起点数额标准的三倍以上的,或者销售金额未达到五万元,但与未销售货值金额合计达到十五万元以上的,以生产、销售伪劣产品罪(未遂)定罪处罚。

销售金额和未销售货值金额分别达到不同的法定刑幅度或者均达到同一法定刑幅度的,在处罚较重的法定刑幅度内酌情从重处罚。

查获的未销售的伪劣卷烟、雪茄烟,能够查清销售价格的,按照实际销售价格计算。无法查清实际销售价格,有品牌的,按照该品牌卷烟、雪茄

---

① 李希慧教授指出,生产、销售伪劣产品罪存在未遂犯,且不以货值金额达到5万元的三倍以上作为未遂犯的条件。参见赵秉志、李希慧主编:《刑法各论》(第3版),中国人民大学出版社2016年版,第85页。
另有学者从法益保护以及销售金额的立法目的来切入。就前者来说,仅生产或者仅购入伪劣产品的行为,还没有使伪劣产品进入市场,既没有破坏市场竞争秩序,也没有损害消费者的合法权益。虽然本罪的罪名为"生产、销售伪劣产品罪",但从《刑法》第一百四十条对构成要件的描述来看,其是一个单纯生产的行为。换言之,只有销售了生产的产品,才能成立本罪;就后者而言,《刑法》第一百四十条之所以规定销售金额,是为了明确处罚条件、限制处罚范围。如果立法者认为,即便行为人的销售金额在5万元以下,也具有法益侵害性及刑事需罚性的话,那么立法者会降低销售金额标准。总而言之,购入并储存伪劣产品的行为,并不是构成要件中的销售,系争司法解释的观点,有违反罪刑法定原则之嫌。参见张明楷:《刑法学》(第6版),法律出版社2021年版,第946页。
② 我国学者指出,此种情形可以认定为事先通谋型的共同犯罪。参见黎宏:《刑法学各论》(第2版),法律出版社2016年版,第81页。

烟的查获地省级烟草专卖行政主管部门出具的零售价格计算;无品牌的,按照查获地省级烟草专卖行政主管部门出具的上年度卷烟平均零售价格计算。① (§2)

△ (**想象竞合;侵犯知识产权犯罪;非法经营罪**)行为人实施非法生产、销售烟草专卖品犯罪,同时构成生产、销售伪劣产品罪、侵犯知识产权犯罪、非法经营罪的,依照处罚较重的规定定罪处罚。(§5)

△ (**共犯**)明知他人实施本解释第一条所列犯罪,而为其提供贷款、资金、账号、发票、证明、许可证件,或者提供生产、经营场所、设备、运输、仓储、保管、邮寄、代理进出口等便利条件,或者提供生产技术、卷烟配方的,应当按照共犯追究刑事责任。(§6)

△ (**鉴定**)办理非法生产、销售烟草专卖品等刑事案件,需要对伪劣烟草专卖品鉴定的,应当委托国务院产品质量监督管理部门和省、自治区、直辖市人民政府产品质量监督管理部门指定的烟草质量检测机构进行。(§7)

△ (**烟草专卖品**)本解释所称"烟草专卖品",是指卷烟、雪茄烟、烟丝、复烤烟叶、烟叶、卷烟纸、滤嘴棒、烟用丝束、烟草专用机械。(§9Ⅰ)

《最高人民检察院关于废止〈最高人民检察院关于办理非法经营食盐刑事案件具体应用法律若干问题的解释〉的决定》(高检发释字〔2020〕2号,自2020年4月1日起施行)

△ (**以非碘盐充当碘盐或者以工业用盐等非食盐充当食盐等危害食盐安全;生产、销售伪劣产品罪**)为适应盐业体制改革,保证国家法律统一正确适用,根据《食盐专营办法》(国务院令696号)的规定,结合检察工作实际,最高人民检察院决定废止《最高人民检察院关于办理非法经营食盐刑事案件具体应用法律若干问题的解释》(高检发释字〔2002〕6号)。

该解释废止后,对以非碘盐充当碘盐或者以工业用盐等非食盐充当食盐等危害食盐安全的行为,人民检察院可以依据《最高人民法院、最高人民检察院关于办理生产、销售伪劣商品刑事案件具体应用法律若干问题的解释》(法释〔2001〕10号)、《最高人民法院、最高人民检察院关于办理危害食品安全刑事案件适用法律若干问题的解释》(法释〔2013〕12号)的规定,分别不同情况,以

生产、销售伪劣产品罪,或者生产、销售不符合安全标准的食品罪,或者生产、销售有毒、有害食品罪追究刑事责任。

《最高人民法院、最高人民检察院关于办理危害食品安全刑事案件适用法律若干问题的解释》(法释〔2021〕24号,自2022年1月1日起施行)

△ (**竞合;生产、销售不符合安全标准的食品罪;生产、销售有毒、有害食品罪;生产、销售伪劣产品罪;妨害动植物防疫、检疫罪等**)生产、销售不符合食品安全标准的食品,有毒、有害食品,符合刑法第一百四十三条、第一百四十四条规定的,以生产、销售不符合安全标准的食品罪或者生产、销售有毒、有害食品罪定罪处罚。同时构成其他犯罪的,依照处罚较重的规定定罪处罚。

生产、销售不符合食品安全标准的食品,无证据证明足以造成严重食物中毒事故或者其他严重食源性疾病,构成生产、销售不符合安全标准的食品罪,但构成生产、销售伪劣产品罪,妨害动植物防疫、检疫罪等其他犯罪的,依照该其他犯罪定罪处罚。(§13)

△ (**不符合食品安全标准的食品添加剂等;生产、销售超过保质期的食品原料;超过保质期的食品;回收食品;竞合**)生产、销售不符合食品安全标准的食品添加剂,用于食品的包装材料、容器、洗涤剂、消毒剂,或者用于食品生产经营的工具、设备等,符合刑法第一百四十条规定的,以生产、销售伪劣产品罪定罪处罚。

生产、销售用超过保质期的食品原料、超过保质期的食品、回收食品作为原料的食品,或者以更改生产日期、保质期、改换包装等方式销售超过保质期的食品、回收食品,适用前款的规定定罪处罚。

实施前两款行为,同时构成生产、销售不符合安全标准的食品罪,生产、销售不符合安全标准的产品罪等其他犯罪的,依照处罚较重的规定定罪处罚。(§15)

△ (**畜禽屠宰;生产、销售有毒、有害食品罪;生产、销售不符合安全标准的食品罪;生产、销售伪劣产品罪**)在畜禽屠宰等相关环节,对畜禽使用食品动物中禁止使用的药品及其他化合物等有毒、有害的非食品原料,依照刑法第一百四十四条的规定以生产、销售有毒、有害食品罪定罪处罚;对畜禽注水或者注入其他物质,足以造成严重食

---

① 我国学者指出,适用此规定,可能会产生未遂犯与既遂犯的处罚轻重倒置的问题。因为伪劣烟草的实际销售价格在实践中通常远远低于相同品牌、相同等级烟草的零售价格。销售伪劣烟草犯罪未遂的数额,应当以同类品牌型号的伪劣烟草在黑市上的实际销售价格的中间价格为准加以计算。参见黎宏:《刑法学各论》(第2版),法律出版社2016年版,第81页。

中毒事故或者其他严重食源性疾病的,依照刑法第一百四十三条的规定以生产、销售不符合安全标准的食品罪定罪处罚;虽不足以造成严重食物中毒事故或者其他严重食源性疾病,但符合刑法第一百四十条规定的,以生产、销售伪劣产品罪定罪处罚。(§17Ⅱ)

△(非法经营;竞合)实施本解释规定的非法经营行为,同时构成生产、销售伪劣产品罪,生产、销售不符合安全标准的食品罪,生产、销售有毒、有害食品罪,生产、销售伪劣农药、兽药等其他犯罪的,依照处罚较重的规定定罪处罚。(§18Ⅱ)

△(保健食品或者其他食品;虚假广告罪;诈骗罪;竞合)违反国家规定,利用广告对保健食品或者其他食品作虚假宣传,符合刑法第二百二十二条规定的,以虚假广告罪定罪处罚;以非法占有为目的,利用销售保健食品或者其他食品诈骗财物,符合刑法第二百六十六条规定的,以诈骗罪定罪处罚。同时构成生产、销售伪劣产品罪等其他犯罪的,依照处罚较重的规定定罪处罚。(§19)

△(禁止令;行政处罚)对实施本解释规定之犯罪的犯罪分子,依照刑法规定的条件,严格适用缓刑、免予刑事处罚。对于依法适用缓刑的,可以根据犯罪情况,同时宣告禁止令。

对于被不起诉或者免予刑事处罚的行为人,需要给予行政处罚、政务处分或者其他处分的,依法移送有关主管机关处理。(§22)

△(单位犯罪)单位实施本解释规定的犯罪的,对单位判处罚金,并对直接负责的主管人员和其他直接责任人员,依照本解释规定的定罪量刑标准处罚。(§23)

【司法解释性文件】

《最高人民法院关于审理生产、销售伪劣商品刑事案件有关鉴定问题的通知》(法〔2001〕70号,2001年5月21日公布)

△(鉴定)对于提起公诉的生产、销售伪劣产品、假冒商标、非法经营等严重破坏社会主义市场经济秩序的犯罪案件,所涉生产、销售的产品是否属于"以假充真"、"以次充好"、"以不合格产品冒充合格产品"难以确定的,应当根据《解释》①第一条第五款的规定,由公诉机关委托法律、行政法规规定的产品质量检验机构进行鉴定。

△(竞合;生产、销售假药罪;生产、销售不符合安全标准的食品罪;侵犯知识产权犯罪;非法经营罪)经鉴定确系伪劣商品,被告人的行为既构成生产、销售伪劣产品罪,又构成生产、销售假药罪或者生产、销售不符合卫生标准的食品罪②,或者同时构成侵犯知识产权、非法经营等其他犯罪的,根据刑法第一百四十九条第二款和《解释》③第十条的规定,应当依照处罚较重的规定定罪处罚。

《最高人民法院、最高人民检察院、公安部、国家烟草专卖局关于印发〈关于办理假冒伪劣烟草制品等刑事案件适用法律问题座谈会纪要〉的通知》(商检会〔2003〕4号,2003年12月23日公布)

△(生产伪劣烟草制品尚未销售或者尚未完全销售;未遂)根据刑法第一百四十条的规定,生产、销售伪劣烟草制品,销售金额在五万元以上的,构成生产、销售伪劣产品罪。

根据《最高人民法院、最高人民检察院关于办理生产、销售伪劣商品刑事案件具体应用法律若干问题的解释》的有关规定,销售金额是指生产者、销售者出售伪劣烟草制品后所得和应得的全部违法收入。伪劣烟草制品尚未销售,货值金额达到刑法第一百四十条规定的销售金额三倍(十五万元)以上的,以生产、销售伪劣产品罪(未遂)定罪处罚。货值金额以违法генератор生产、销售的伪劣产品的标价计算;没有标价的,按照同类合格产品的市场中间价格计算。货值金额难以确定的,按照国家计划委员会、最高人民法院、最高人民检察院、公安部1997年4月22日联合发布的《扣押、追缴、没收物品估价管理办法》的规定,委托指定的估价机构确定。

伪劣烟草制品尚未销售,货值金额分别达到十五万元以上不满二十万元、二十万元以上不满五十万元、五十万元以上不满二百万元、二百万元以上的,分别依照刑法第一百四十条规定的各量刑档次定罪处罚。

伪劣烟草制品的销售金额不满五万元,但与尚未销售的伪劣烟草制品的货值金额合计达到十五万元以上的,以生产、销售伪劣产品罪(未遂)定罪处罚。

生产伪劣烟草制品尚未销售,无法计算货值

---

① 即《最高人民法院、最高人民检察院关于办理生产、销售伪劣商品刑事案件具体应用法律若干问题的解释》(法释〔2001〕10号)。
② 《刑法修正案(八)》已将"生产、销售不符合卫生标准的食品罪"修正为"生产、销售不符合安全标准的食品罪"。
③ 即《最高人民法院、最高人民检察院关于办理生产、销售伪劣商品刑事案件具体应用法律若干问题的解释》(法释〔2001〕10号)。

第一百四十条

金额,有下列情形之一的,以生产、销售伪劣产品罪(未遂)定罪处罚:

1. 生产伪劣烟用烟丝数量在 1000 公斤以上的;
2. 生产伪劣烟用烟叶数量在 1500 公斤以上的。

△(**非法生产、拼装、销售烟草专用机械行为;生产、销售伪劣产品罪**)非法生产、拼装、销售烟草专用机械行为,依照刑法第一百四十条的规定,以生产、销售伪劣产品罪追究刑事责任。

△(**共犯;立功表现;重大立功表现**)知道或者应当知道他人实施本《纪要》第一条至第三条规定的犯罪行为,仍实施下列行为之一的,应认定为共犯,依法追究刑事责任:

1. 直接参与生产、销售假冒伪劣烟草制品或者销售假冒烟用注册商标的烟草制品或者直接参与非法经营烟草制品并在其中起主要作用的;
2. 提供房屋、场地、设备、车辆、贷款、资金、账号、发票、证明、技术等设施和条件,用于帮助生产、销售、储存、运输假冒伪劣烟草制品、非法经营烟草制品的;
3. 运输假冒伪劣烟草制品的。

上述人员中有检举他人犯罪经查证属实,或者提供重要线索,有立功表现的,可以从轻或减轻处罚;有重大立功表现的,可以减轻或者免除处罚。

△(**国家机关工作人员;从重处罚**)根据《最高人民法院、最高人民检察院关于办理生产、销售伪劣商品刑事案件具体应用法律若干问题的解释》的规定,国家机关工作人员参与实施本《纪要》第一条至第三条规定的犯罪行为的,从重处罚。

△(**想象竞合;销售假冒注册商标的商品罪;非法经营罪**)行为人的犯罪行为同时构成生产、销售伪劣产品罪、销售假冒注册商标的商品罪、非法经营罪的,依照处罚较重的规定定罪处罚。

△(**烟草制品;卷烟**)本纪要所称烟草制品指卷烟、雪茄烟、烟丝、复烤烟叶、烟叶、卷烟纸、滤嘴棒、烟用丝束。

本纪要所称卷烟包括散支烟和成品烟。

《最高人民检察院、公安部关于公安机关管辖的刑事案件立案追诉标准的规定(一)》(公通字〔2008〕36 号,2008 年 6 月 25 日公布)

△(**立案追诉标准;生产、销售伪劣产品罪;掺杂、掺假;以假充真;以次充好;不合格产品;销售金额;货值金额**)生产者、销售者在产品中掺杂、掺假,以次充好或者以不合格产品冒充合格产品,涉嫌下列情形之一的,应予立案追诉:

(一)伪劣产品销售金额五万元以上的;

(二)伪劣产品尚未销售,货值金额十五万元以上的;

(三)伪劣产品销售金额不满五万元,但将已销售金额乘以三倍后,与尚未销售的伪劣产品货值金额合计十五万元以上的。

本条规定的"掺杂、掺假",是指在产品中掺入杂质或者异物,致使产品质量不符合国家法律、法规或者产品明示质量标准规定的质量要求,降低、失去应有使用性能的行为;"以假充真",是指以不具有某种使用性能的产品冒充具有该种使用性能的产品的行为;"以次充好",是指以低等级、低档次产品冒充高等级、高档次产品,或者以残次、废旧零配件组合、拼装后冒充正品或者新产品的行为;"不合格产品",是指不符合《中华人民共和国产品质量法》规定的质量要求的产品。

对本条规定的上述行为难以确定的,应当委托法律、行政法规规定的产品质量检验机构进行鉴定。本条规定的"销售金额",是指生产者、销售者出售伪劣产品后所得和应得的全部违法收入;"货值金额",以违法生产、销售的伪劣产品的标价计算;没有标价的,按照同类合格产品的市场中间价格计算。货值金额难以确定的,按照《扣押、追缴、没收物品估价管理办法》的规定,委托估价机构进行确定。(§16)

《最高人民法院、最高人民检察院、公安部、国家安全监管总局关于依法加强对涉嫌犯罪的非法生产经营烟花爆竹行为刑事责任追究的通知》(安监总管三〔2012〕116 号,2012 年 9 月 6 日公布)

△(**非法生产、经营烟花爆竹;生产、销售伪劣产品罪**)非法生产、经营烟花爆竹及相关行为涉及非法制造、买卖、运输、邮寄、储存黑火药、烟火药,构成非法制造、买卖、运输、邮寄、储存爆炸物罪的,应当依照刑法第一百二十五条的规定定罪处罚;非法生产、经营烟花爆竹及相关行为涉及生产、销售伪劣产品或不符合安全标准产品,构成生产、销售伪劣产品罪或生产、销售不符合安全标准产品罪的,应当依照刑法第一百四十条、第一百四十六条的规定定罪处罚;非法生产、经营烟花爆竹及相关行为构成非法经营罪的,应当依照刑法第二百二十五条的规定定罪处罚。上述非法生产经营烟花爆竹行为的定罪量刑和立案追诉标准,分别按照《最高人民法院关于审理非法制造、买卖、运输枪支、弹药、爆炸物等刑事案件具体应用法律若干问题的解释》(法释〔2009〕18 号)、《最高人民法院、最高人民检察院关于办理生产、销售伪劣商品刑事案件具体应用法律若干问题的解释》(法释〔2001〕10 号)、《最

高人民检察院、公安部关于公安机关管辖的刑事案件立案追诉标准的规定（一）》（公通字〔2008〕36号）、《最高人民检察院、公安部关于公安机关管辖的刑事案件立案追诉标准的规定（二）》（公通字〔2010〕23号）等有关规定执行。

《最高人民检察院法律政策研究室对〈关于具有药品经营资质的企业通过非法渠道从私人手中购进药品后销售的如何适用法律问题的请示〉的答复》（高检研〔2015〕19号，2015年10月26日公布）

△**（具有药品经营资质的企业；通过非法渠道；购销药品；销售假药罪；销售劣药罪；销售伪劣产品罪；行政处罚）**司法机关应当根据《中华人民共和国药品管理法》的有关规定，对具有药品经营资质的企业通过非法渠道从私人手中购销的药品的性质进行认定，区分不同情况，分别定性处理：

一是对于经认定属于假药、劣药，且达到"两高"《关于办理危害药品安全刑事案件适用法律若干问题的解释》（以下称《药品解释》）规定的销售假药罪、销售劣药罪的定罪量刑标准的，应当以销售假药罪、销售劣药罪依法追究刑事责任。

二是对于经认定属于劣药，但尚未达到《药品解释》规定的销售劣药罪的定罪量刑标准的，可以依据刑法第一百四十九条、第一百四十条的规定，以销售伪劣产品罪追究刑事责任。

三是对于无法认定属于假药、劣药的，可以由药品监督管理部门依照《中华人民共和国药品管理法》的规定给予行政处罚，不宜以非法经营罪追究刑事责任。

《最高人民法院、最高人民检察院、公安部、司法部关于依法惩治妨害新型冠状病毒感染肺炎疫情防控违法犯罪的意见》（法发〔2020〕7号，2020年2月6日发布）

△**（肺炎疫情防控；生产、销售伪劣产品罪；生产、销售假药罪；生产、销售劣药罪；生产、销售不符合标准的医用器材罪）**依法严惩制假售假犯罪。在疫情防控期间，生产、销售伪劣的防治、防护产品、物资，或者生产、销售用于防治新型冠状病毒感染肺炎的假药、劣药，符合刑法第一百四十条、第一百四十一条、第一百四十二条规定的，以生产、销售伪劣产品罪，生产、销售假药罪或者生产、销售劣药罪定罪处罚。

在疫情防控期间，生产不符合保障人体健康的国家标准、行业标准的医用口罩、护目镜、防护服等医用器材，或者销售明知是不符合标准的医用器材，足以严重危害人体健康的，依照刑法第

一百四十五条的规定，以生产、销售不符合标准的医用器材罪定罪处罚。（§2Ⅲ）

△**（治安管理处罚；从重情节）**依法严惩妨害疫情防控的违法行为。实施上述（一）至（九）规定的行为，不构成犯罪的，由公安机关根据治安管理处罚法有关虚构事实扰乱公共秩序，扰乱单位秩序、公共场所秩序、寻衅滋事，拒不执行紧急状态下的决定、命令，阻碍执行职务，冲闯警戒带、警戒区，殴打他人，故意伤害，侮辱他人，诈骗，在铁路沿线非法挖掘坑穴、采石取沙，盗窃、损毁路面公共设施，损毁铁路设施设备，故意损毁财物、哄抢公私财物等规定，予以治安管理处罚，或者由有关部门予以其他行政处罚。

对于在疫情防控期间实施有关违法犯罪的，要作为从重情节予以考量，依法体现从严的政策要求，有力惩治震慑违法犯罪，维护法律权威，维护社会秩序，维护人民群众生命安全和身体健康。（§2Ⅹ）

《最高人民法院关于进一步加强涉种子刑事审判工作的指导意见》（法〔2022〕66号，2022年3月2日公布）

△**（种子制假售假犯罪；生产、销售伪劣种子罪；生产、销售伪劣产品罪；假冒注册商标罪）**准确适用法律，依法严惩种子制假售假犯罪。对销售明知是假的或者失去使用效能的种子，以种子的名义，销售者以不合格的种子冒充合格的种子，使生产遭受较大损失的，依照刑法第一百四十七条的规定以生产、销售伪劣种子罪定罪处罚。

对实施生产、销售伪劣种子行为，因无法认定使生产遭受较大损失等原因，不构成生产、销售伪劣种子罪，但是销售金额在五万元以上的，依照刑法第一百四十条的规定以生产、销售伪劣产品罪定罪处罚。同时构成假冒注册商标罪等其他犯罪的，依照处罚较重的规定定罪处罚。（§3）

△**（宽严相济的刑事政策）**贯彻落实宽严相济的刑事政策，确保裁判效果。实施涉种子犯罪，具有下列情形之一的，应当作为从重情节考量：对稻、小麦、玉米、棉花、大豆等主要农作物种子实施的、曾因涉种子犯罪受过刑事处罚的，二年内曾因涉种子违法行为受过行政处罚的，其他应当酌情从重处罚的情形。

对受雇佣或者受委托参与种子生产、繁殖的，要综合考虑社会危害程度、在共同犯罪中的地位作用、认罪悔罪表现等情节，准确适用刑罚。犯罪情节轻微的，可以依法免予刑事处罚；情节显著轻微危害不大的，不以犯罪论处。（§6）

△**（鉴定；伪劣种子）**依法解决鉴定难问题，

准确认定伪劣种子。对是否属于假的、失去使用效能的或者不合格的种子,或者使生产遭受的损失难以确定的,可以依据具有法定资质的种子质量检验机构出具的鉴定意见、检验报告,农业农村、林业和草原主管部门出具的书面意见,农业农村主管部门所属的种子管理机构组织出具的田间现场鉴定书等,结合其他证据作出认定。(§7)

【指导性案例】

最高人民检察院指导性案例第12号:柳立国等人生产、销售有毒、有害食品,生产、销售伪劣产品案(2014年2月20日发布)

△(地沟油;生产、销售有毒、有害食品罪;生产、销售伪劣产品罪)明知对方是食用油经销者,仍将用餐厨废弃油(俗称"地沟油")加工而成的劣质油脂销售给对方,导致劣质油脂流入食用油市场供人食用的,构成生产、销售有毒、有害食品罪;明知油脂经销者向饲料生产企业和药品生产企业等单位销售豆油等食用油,仍将用餐厨废弃油加工而成的劣质油脂销售给对方,导致劣质油脂流向饲料生产企业和药品生产企业等单位的,构成生产、销售伪劣产品罪。

最高人民检察院指导性案例第85号:刘远鹏涉嫌生产、销售"伪劣产品"(不起诉)案(2020年12月14日发布)

△(民营企业;创新产品;强制标准;听证;不起诉)检察机关办理涉企案件,应当注意保护企业创新发展。对涉及创新的争议案件,可以通过听证方式开展审查。对专业性问题,应当加强与行业主管部门沟通,充分听取行业意见和专家意见,促进完善相关行业领域标准。

【参考案例】

No.3-1-140-1 **韩俊杰等生产伪劣产品案**
为他人加工伪劣产品的,应以生产、销售伪劣产品罪论处。

No.3-1-140-2 **韩俊杰等生产伪劣产品案**
仅有伪劣产品的加工行为,尚未销售,伪劣产品货值金额达到15万元以上的,以生产、销售伪劣产品罪(未遂)论处。

No.3-1-140-3 **陈建明等销售伪劣产品案**
伪劣产品尚未销售,货值金额达到15万元以上的,应以生产、销售伪劣产品罪(未遂)论处。

No.3-1-140-4 **王洪成生产、销售伪劣产品案**
生产、销售不具有生产者、销售者所许诺的使用性能的产品的,应以生产、销售伪劣产品罪论处。

No.3-1-140-5 **官松志、张寒林、张海芬销售伪劣产品案**
伪劣产品尚未销售,没有标价的,按照同类合格产品的市场中间价格计算;有标价的,货值金额以违法生产、销售的伪劣产品的标价计算。

No.3-1-140-6 **朱海林、周汝胜、谢从军非法经营案**
生产、销售伪劣产品罪中的"伪劣产品"为不合格产品,非质量问题产品不属于不合格产品。

No.3-1-140-8 **福喜公司生产、销售伪劣产品案**
用回收食品或超过保质期的食品作为原料生产的食品具有食品安全风险,存在《产品质量法》意义上的危及人身安全的不合理危险,属于"不合格产品"。

No.3-1-140-9 **方永胜销售伪劣产品案**
疫情防控期间,以出售非医用口罩的名义销售"三无"劣质口罩的,应认定为销售伪劣产品罪,而非诈骗罪。

No.3-1-140-10 **方永胜销售伪劣产品案**
《刑法》第一百四十条意义上的伪劣产品,是指《产品质量法》意义上的不合格产品,"三无产品"并不必然是"伪劣产品"。对产品是否为"不合格产品"难以确定的,应当委托法律、行政法规规定的产品质量检验机构进行鉴定。

No.3-1-140-11 **王丽莉、陈鹏销售伪劣产品案**
明知是"三无"产品仍冒充"KN95"口罩对外销售的行为,且销售金额5万元以上的,构成销售伪劣产品罪。冒充"KN95"口罩的"三无"产品如果从执行标准等方面确属于医用产品,足以严重危害人体健康的,同时构成销售不符合标准的医用器材罪。

No.3-1-140-12 **徐云、桑林华等非法经营案**
生产、销售伪劣产品罪中的伪劣产品认定,应采实质判断说,即从产品本身质量、使用性能及性能高低来判定,对于无关产品性能及质量的行为,不能仅凭伪造或冒用生产商、产地、认证标志,张贴含有虚假内容标签推定构成"伪劣产品"。

第一百四十一条 【生产、销售、提供假药罪】
生产、销售假药的,处三年以下有期徒刑或者拘役,并处罚金;对人体健康造成严重危害或者有其他严重情节的,处三年以上十年以下有期徒刑,并处罚金;致人死亡或者有其他特别严重情节的,处十年以上有期徒刑、无期徒刑或者死刑,并处罚金或者没收财产。
药品使用单位的人员明知是假药而提供给他人使用的,依照前款的规定处罚。

【立法沿革】

《中华人民共和国刑法》(1997年修订,自1997年10月1日起施行)

第一百四十一条

生产、销售假药,足以严重危害人体健康的,处三年以下有期徒刑或者拘役,并处或者单处销售金额百分之五十以上二倍以下罚金;对人体健康造成严重危害的,处三年以上十年以下有期徒刑,并处销售金额百分之五十以上二倍以下罚金;致人死亡或者对人体健康造成特别严重危害的,处十年以上有期徒刑、无期徒刑或者死刑,并处销售金额百分之五十以上二倍以下罚金或者没收财产。

本条所称假药,是指依照《中华人民共和国药品管理法》的规定属于假药和按假药处理的药品、非药品。

《中华人民共和国刑法修正案(八)》(自2011年5月1日起施行)

二十三、将刑法第一百四十一条第一款修改为:

"生产、销售假药的,处三年以下有期徒刑或者拘役,并处罚金;对人体健康造成严重危害或者有其他严重情节的,处三年以上十年以下有期徒刑,并处罚金;致人死亡或者有其他特别严重情节的,处十年以上有期徒刑、无期徒刑或者死刑,并处罚金或者没收财产。"

《中华人民共和国刑法修正案(十一)》(自2021年3月1日起施行)

五、将刑法第一百四十一条修改为:

"生产、销售假药的,处三年以下有期徒刑或者拘役,并处罚金;对人体健康造成严重危害或者有其他严重情节的,处三年以上十年以下有期徒刑,并处罚金;致人死亡或者有其他特别严重情节的,处十年以上有期徒刑、无期徒刑或者死刑,并处罚金或者没收财产。

"药品使用单位的人员明知是假药而提供给他人使用的,依照前款的规定处罚。"

【条文说明】

本条是关于生产、销售、提供假药罪及其处罚的规定。

本条共分为两款。

第一款是对生产、销售假药罪的构成要件及其处罚的规定。根据本款规定,生产、销售假药罪有以下构成要件:

1. 本罪不仅侵害了**正常的药品生产、销售监管秩序**,而且危及**不特定多数人的生命健康**。

2. 本罪的主体可以是**自然人**,也可以是**单位**。根据《刑法》第一百五十条的规定,单位犯本罪的,对单位判处罚金,并对其直接负责的主管人员和其他直接责任人员,依照该条的规定处罚。

3. 行为人在主观上只能是**故意**。

4. 行为人必须实施了生产、销售假药的行为。① 根据《药品管理法》第二条的规定,**药品**,是指用于预防、治疗、诊断人的疾病,有目的地调节人的生理机能并规定有适应症或者功能主治、用法和用量的物质,包括中药、化学药和生物制品等。根据《药品管理法》第九十八条的规定,有下列情形之一的,为**假药**:(1)药品所含成分与国家药品标准规定的成分不符;(2)以非药品冒充药品或者以他种药品冒充此种药品;(3)变质的药品;(4)药品所标明的适应症或者功能主治超出规定范围。在办理生产、销售假药罪案件中,应当依照《药品管理法》来认定假药。根据《最高人民法院、最高人民检察院关于办理危害药品安全刑事案件适用法律若干问题的解释》第六条的规定,以生产、销售假药、劣药为目的,实施下列行为之一的,应当认定为本款规定的**生产**:(1)合成、精制、提取、储存、加工炮制药品原料的行为;(2)

---

① 生产、销售假药罪中的"假药"都限于用于人体的药品和非药品。生产、销售假农药、假兽药,不构成本罪。另外,部分药品本不能用于人体,但行为人将其冒充为药品用于满足人体治疗目的,也属于本罪中的药品。参见张明楷:《刑法学》(第6版),法律出版社2021年版,第949页;黎宏:《刑法学各论》(第2版),法律出版社2016年版,第82页;周光权:《刑法各论》(第4版),中国人民大学出版社2021年版,第242页。

将药品原料、辅料、包装材料制成成品过程中,进行配料、混合、制剂、储存、包装的行为;(3)印制包装材料、标签、说明书的行为。

根据本款规定,只要实施了生产、销售假药的行为,即构成犯罪,**并不要求一定要有实际的危害结果发生**。鉴于生产、销售假药罪的极大危害性,**刑法把对人体健康已造成严重危害后果,作为一个加重处罚的情节**。本条规定中的"**其他严重情节**"和"**其他特别严重情节**"主要应当根据行为人生产、销售假药的数量、被害的人数以及其他严重危害人体健康的情节进行认定。

根据本款规定,对生产、销售假药的犯罪行为,分为三档刑罚。第一档刑罚,**生产、销售假药的**,处三年以下有期徒刑或者拘役,并处罚金。第二档刑罚,**对人体健康造成严重危害或者有其他严重情节的**,处三年以上十年以下有期徒刑,并处罚金。根据《最高人民法院、最高人民检察院关于办理危害药品安全刑事案件适用法律若干问题的解释》第二条的规定,生产、销售假药,具有下列情形之一的,应当认定为"**对人体健康造成严重危害**":(1)造成轻伤或者重伤的;(2)造成轻度残疾或者中度残疾的;(3)造成器官组织损伤导致一般功能障碍或者严重功能障碍的;(4)其他对人体健康造成严重危害的情形。根据《最高人民法院、最高人民检察院关于办理危害药品安全刑事案件适用法律若干问题的解释》第三条的规定,具有下列情形之一的,应当认定为"**其他严重情节**":(1)造成较大突发公共卫生事件的;(2)生产、销售金额二十万元以上不满五十万元的;(3)生产、销售金额十万元以上不满二十万元,并具有"对人体健康造成严重危害"情形之一的;(4)根据生产、销售的时间、数量、假药种类等,应当认定为其他严重情节的。第三档刑罚,**致人死亡或者有其他特别严重情节的**,处十年以上有期徒刑、无期徒刑或者死刑,并处罚金或者没收财产。根据《最高人民法院、最高人民检察院关于办理危害药品安全刑事案件适用法律若干问题的解释》第四条的规定,生产、销售假药,具有下列情形之一的,应当认定为"**其他特别严重情节**":(1)致人重度残疾的;(2)造成三人以上重伤、中度残疾或者器官组织损伤导致严重功能障碍的;(3)造成五人以上轻度残疾或者器官组织损伤导致一般功能障碍的;(4)造成十人以上轻伤的;(5)造成重大、特别重大突发公共卫生事件的;(6)生产、销售金额五十万元以上的;(7)生产、销售金额二十万元以上不满五十万元,并具有"对人体健康造成严重危害"规定情形之一的;(8)根据生产、销售的时间、数量、假药种类等,应当认定为情节特别严重的。

关于本罪与其他相关罪名的关系与适用问题。《最高人民法院、最高人民检察院关于办理危害药品安全刑事案件适用法律若干问题的解释》对以下问题作了专门规定:第一,明知他人生产、销售假药、劣药,而有下列情形之一的,以共同犯罪论处:(1)提供资金、贷款、帐号、发票、证明、许可证件的;(2)提供生产、经营场所、设备或者运输、储存、保管、邮寄、网络销售渠道等便利条件的;(3)提供生产技术或者原料、辅料、包装材料、标签、说明书的;(4)提供广告宣传等帮助行为的。第二,依照处罚较重的规定定罪处罚的情形:(1)实施生产、销售假药、劣药犯罪,同时又构成生产、销售伪劣产品罪,以危险方法危害公共安全罪等犯罪的;(2)实施生产、销售假药、劣药犯罪,同时构成生产、销售伪劣产品,侵犯知识产权,非法经营,非法行医,非法采供血等犯罪的。第三,广告主、广告经营者、广告发布者违反国家规定,利用广告对药品作虚假宣传,情节严重的,依照《刑法》第二百二十二条的规定以**虚假广告罪**定罪处罚。

第二款是关于**药品使用单位的人员明知是假药而提供给他人使用进行处罚**的规定。医院、疾病预防控制中心、防疫站、乡镇卫生院等药品使用单位的人员具有药品专业知识,在日常工作中承担治疗疾患、疾病预防控制、卫生防疫等特殊职责,从事药品购进、储存、调配以及使用等活动,有的还直接面对人民群众,负有救死扶伤等特定义务。这些单位的人员明知是假药而有偿销售、无偿提供给他人使用的行为,严重损害人民群众生命和身体健康,影响职业公信,社会危害严重。《药品管理法》第一百一十九条规定:"药品使用单位使用假药、劣药的,按照销售假药、劣药的规定处罚……"为与药品管理法做好衔接,《刑法修正案(十一)》增加了本款规定,将对生产销售假药、劣药的处罚,**延伸到使用环节**。医疗机构等药品使用单位使用假药、劣药,明确按生产、销售假药、劣药追究刑事责任。

实践中需要注意以下两个方面的问题:

1. 关于生产、销售假药、劣药行为的行政处罚与刑事责任衔接问题。《刑法修正案(八)》修改入刑条件,删除"足以严重危害人体健康的"入刑条件,生产、销售假药行为即构成犯罪。根据《食品药品行政执法与刑事司法衔接工作办法》的规定,在查办药品违法案件过程中,发现涉嫌犯罪,依法需要追究刑事责任的,及时将案件移送公安机关。

2. 关于销售少量根据民间传统配方私自加

工的药品或者销售少量未经批准进口的国外、境外药品的行为。依照《最高人民法院、最高人民检察院关于办理危害药品安全刑事案件适用法律若干问题的解释》的规定，上述行为没有造成他人伤害后果或者延误诊治，情节显著轻微危害不大的，不认为是犯罪。

【司法解释】

《最高人民法院、最高人民检察院关于办理生产、销售伪劣商品刑事案件具体应用法律若干问题的解释》（法释〔2001〕10号，自2001年4月10日起施行）

△(**对人体健康造成严重危害**)生产、销售的假药被使用后，造成轻伤、重伤或者其他严重后果的，应认定为"对人体健康造成严重危害"。(§3Ⅱ)

△(**生产、销售伪劣商品犯罪的共犯**)知道或者应当知道他人实施生产、销售伪劣商品犯罪，而为其提供贷款、资金、账号、发票、证明、许可证件，或者提供生产、经营场所或者运输、仓储、保管、邮寄等便利条件，或者提供制假生产技术的，以生产、销售伪劣商品犯罪的共犯论处。(§9)

△(**想象竞合；侵犯知识产权罪；非法经营罪**)实施生产、销售伪劣商品犯罪，同时构成侵犯知识产权、非法经营等其他犯罪的，依照处罚较重的规定定罪处罚。(§10)

△(**数罪并罚；妨害公务罪**)实施刑法第一百四十条至第一百四十八条规定的犯罪，又以暴力、威胁方法抗拒查处，构成其他犯罪的，依照数罪并罚的规定处罚。(§11)

△(**国家机关工作人员；从重处罚**)国家机关工作人员参与生产、销售伪劣商品犯罪的，从重处罚。(§12)

《最高人民法院、最高人民检察院关于办理妨害预防、控制突发传染病疫情等灾害的刑事案件具体应用法律若干问题的解释》（法释〔2003〕8号，自2003年5月15日起施行）

△(**预防、控制突发传染病疫情；用于防治传染病的假药；生产、销售假药罪；从重处罚**)在预防、控制突发传染病疫情等灾害期间，生产、销售伪劣的防治、防护产品、物资，或者生产、销售用于防治传染病的假药、劣药，构成犯罪的，分别依照刑法第一百四十条、第一百四十一条、第一百四十二条的规定，以生产、销售伪劣产品罪、生产、销售假药罪或者生产、销售劣药罪定罪，依法从重处罚。(§2)

△(**自首、立功**)人民法院、人民检察院办理有关妨害预防、控制突发传染病疫情等灾害的刑事案件，对于有自首、立功等悔罪表现的，依法从轻、减轻、免除处罚或者依法作出不起诉决定。(§17)

《最高人民法院、最高人民检察院关于办理危害药品安全刑事案件适用法律若干问题的解释》（高检发释字〔2022〕1号，自2022年3月6日起施行）

△(**酌情从重**)生产、销售、提供假药，具有下列情形之一的，应当酌情从重处罚：

（一）涉案药品以孕产妇、儿童或者危重病人为主要使用对象的；

（二）涉案药品属于麻醉药品、精神药品、医疗用毒性药品、放射性药品、生物制品，或者以药品类易制毒化学品冒充其他药品的；

（三）涉案药品属于注射剂药品、急救药品的；

（四）涉案药品系用于应对自然灾害、事故灾难、公共卫生事件、社会安全事件等突发事件的；

（五）药品使用单位及其工作人员生产、销售假药的；

（六）其他应当酌情从重处罚的情形。(§1)

△(**对人体健康造成严重危害**)生产、销售、提供假药，具有下列情形之一的，应当认定为刑法第一百四十一条规定的"对人体健康造成严重危害"：

（一）造成轻伤或者重伤的；

（二）造成轻度残疾或者中度残疾的；

（三）造成器官组织损伤导致一般功能障碍或者严重功能障碍的；

（四）其他对人体健康造成严重危害的情形。(§2)

△(**其他严重情节**)生产、销售、提供假药，具有下列情形之一的，应当认定为刑法第一百四十一条规定的"其他严重情节"：

（一）引发较大突发公共卫生事件的；

（二）生产、销售、提供假药的金额二十万元以上不满五十万元的；

（三）生产、销售、提供假药的金额十万元以上不满二十万元，并具有本解释第一条规定情形之一的；

（四）根据生产、销售、提供的时间、数量、假药种类、对人体健康危害程度等，应当认定为情节严重的。(§3)

△(**其他特别严重情节**)生产、销售、提供假药，具有下列情形之一的，应当认定为刑法第一百四十一条规定的"其他特别严重情节"：

(一)致人重度残疾以上的;
(二)造成三人以上重伤、中度残疾或者器官组织损伤导致严重功能障碍的;
(三)造成五人以上轻度残疾或者器官组织损伤导致一般功能障碍的;
(四)造成十人以上轻伤的;
(五)引发重大、特别重大突发公共卫生事件的;
(六)生产、销售、提供假药的金额五十万元以上的;
(七)生产、销售、提供假药的金额二十万元以上不满五十万元,并具有本解释第一条规定情形之一的;
(八)根据生产、销售、提供的时间、数量、假药种类、对人体健康危害程度等,应当认定为情节特别严重的。(§4)

△(**生产;销售;提供**)以生产、销售、提供假药、劣药为目的,合成、精制、提取、储存、加工炮制药品原料,或者在将药品原料、辅料、包装材料制成成品过程中,进行配料、混合、制剂、储存、包装的,应当认定为刑法第一百四十一条、第一百四十二条规定的"生产"。

药品使用单位及其工作人员明知是假药、劣药而有偿提供给他人使用的,应当认定为刑法第一百四十一条、第一百四十二条规定的"销售";无偿提供给他人使用的,应当认定为刑法第一百四十一条、第一百四十二条规定的"提供"。(§6)

△(**共同犯罪**)明知他人实施危害药品安全犯罪,而有下列情形之一的,以共同犯罪论处:
(一)提供资金、贷款、账号、发票、证明、许可证件的;
(二)提供生产、经营场所、设备或者运输、储存、保管、邮寄、销售渠道等便利条件的;
(三)提供生产技术或者原料、辅料、包装材料、标签、说明书的;
(四)提供虚假药物非临床研究报告、药物临床试验报告及相关材料的;
(五)提供广告宣传的;
(六)提供其他帮助的。(§9)

△(**主观故意的认定**)办理生产、销售、提供假药、生产、销售、提供劣药、妨害药品管理等刑事案件,应当结合行为人的从业经历、认知能力、药品质量、进货渠道和价格、销售渠道和价格以及生产、销售方式等事实综合判断认定行为人的主观故意。

具有下列情形之一的,可以认定行为人有实施相关犯罪的主观故意,但有证据证明确实不具有故意的除外:

(一)药品价格明显异于市场价格的;
(二)向不具有资质的生产者、销售者购买药品,且不能提供合法有效的来历证明的;(三)逃避、抗拒监督检查的;
(四)转移、隐匿、销毁涉案药品、进销货记录的;
(五)曾因实施危害药品安全违法犯罪行为受过处罚,又实施同类行为的;
(六)其他足以认定行为人主观故意的情形。(§10)

△(**危害药品安全刑事案件;生产、销售伪劣产品罪**)以提供给他人生产、销售、提供药品为目的,违反国家规定,生产、销售不符合药用要求的原料、辅料,符合刑法第一百四十条规定的,以生产、销售伪劣产品罪从重处罚;同时构成其他犯罪的,依照处罚较重的规定定罪处罚。(§11)

△(**罚金**)对于犯生产、销售、提供假药罪、生产、销售、提供劣药罪、妨害药品管理罪的,应当结合被告人的犯罪数额、违法所得,综合考虑被告人缴纳罚金的能力,依法判处罚金。罚金一般应当在生产、销售、提供的药品金额二倍以上。共同犯罪的,对各共同犯罪人合计判处的罚金一般应当在生产、销售、提供的药品金额二倍以上。(§15)

△(**职业禁止**)对于犯生产、销售、提供假药罪、生产、销售、提供劣药罪、妨害药品管理罪的,应当依照刑法规定的条件,严格适用、免予刑事处罚的适用。对于被判处罚的,可以根据犯罪情况和预防再犯罪的需要,依法宣告职业禁止或者禁止令。《中华人民共和国药品管理法》等法律、行政法规另有规定的,从其规定。

对于不起诉或者免予刑事处罚的行为人,需要给予行政处罚、政务处分或者其他处分的,依法移送有关主管机关处理。(§16)

△(**单位犯罪**)单位犯生产、销售、提供假药罪、生产、销售、提供劣药罪、妨害药品管理罪的,对单位判处罚金,并对其直接负责的主管人员和其他直接责任人员,依照本解释规定的自然人犯罪的定罪量刑标准处罚。

单位犯罪的,对被告单位及其直接负责的主管人员、其他直接责任人员合计判处的罚金一般应当在生产、销售、提供的药品金额二倍以上。(§17)

△(**民间传统配方**)根据民间传统配方私自加工药品或者销售上述药品,数量不大,且未造成他人伤害后果或者延误诊治的,或者不以营利为目的实施带有自救、互助性质的生产、进口、销售药品的行为,不应当认定为犯罪。

对于是否属于民间传统配方难以确定的,根据地市级以上药品监督管理部门或者有关部门出具的认定意见,结合其他证据作出认定。(§18)

△**(假药、劣药的认定)** 刑法第一百四十一条、第一百四十二条规定的"假药""劣药",依照《中华人民共和国药品管理法》的规定认定。

对于《中华人民共和国药品管理法》第九十八条第二款第二项、第四项及第三款第三项至第六项规定的假药、劣药,能够根据现场查获的原料、包装,结合犯罪嫌疑人、被告人供述等证据材料作出判断的,可以由地市级以上药品监督管理部门出具认定意见。对于依据《中华人民共和国药品管理法》第九十八条第二款、第三款的其他规定认定假药、劣药,或者是否属于第九十八条第二款第二项、第三款第六项规定的假药、劣药存在争议的,应当由省级以上药品监督管理部门设置或者确定的药品检验机构进行检验,出具质量检验结论。司法机关根据认定意见、检验结论,结合其他证据作出认定。(§19)

△**(生产、提供和销售药品的金额计算)** 对于生产、提供药品的金额,以药品的货值金额计算;销售药品的金额,以所得和可得的全部违法收入计算。(§20)

【司法解释性文件】

《最高人民法院关于审理生产、销售伪劣商品刑事案件有关鉴定问题的通知》(法〔2001〕70号,2001年5月21日公布)

△**(鉴定)** 根据《解释》[1]第三条和第四条的规定,人民法院受理的生产、销售假药犯罪案件和生产、销售不符合卫生标准的食品犯罪案件,均需有"省级以上药品监督管理部门设置或者确定的药品检验机构"和"省级以上卫生行政部门确定的机构"出具的鉴定结论。

△**(想象竞合;生产、销售伪劣产品罪)** 经鉴定确系伪劣商品,被告人的行为既构成生产、销售伪劣产品罪,又构成生产、销售假药罪或者生产、销售不符合卫生标准的食品罪,或者同时构成侵犯知识产权、非法经营等其他犯罪的,根据刑法第一百四十九条第二款和《解释》[2]第十条的规定,应当依照处罚较重的规定定罪处罚。

《最高人民法院关于充分发挥审判职能作用切实维护公共安全的若干意见》(法发〔2015〕12号,2015年9月16日公布)

△**(非监禁刑;追缴违法犯罪所得;财产刑)** 依法惩治危害食品药品安全犯罪。食品药品安全形势不容乐观,重大、恶性食品药品安全犯罪案件时有发生,党中央高度关注,人民群众反映强烈。要以"零容忍"的态度,坚持最严厉的处罚、最严肃的问责,依法严惩生产、销售有毒、有害食品、不符合卫生标准的食品,以及生产、销售假药、劣药犯罪。要充分认识此类犯罪的严重社会危害,严格缓刑、免刑等非监禁刑的适用。要采取有效措施依法追缴违法犯罪所得,充分适用财产刑,坚决让犯罪分子在经济上无利可图,得不偿失。要依法适用禁止令,有效防范犯罪分子再次危害社会。

《最高人民检察院法律政策研究室对〈关于具有药品经营资质的企业通过非法渠道从私人手中购进药品后销售的如何适用法律问题的请示〉的答复》(高检研〔2015〕19号,2015年10月26日公布)

△**(具有药品经营资质的企业;通过非法渠道;购销药品;销售假药罪;销售伪劣产品罪;行政处罚)** 司法机关应当根据《中华人民共和国药品管理法》的有关规定,对具有药品经营资质的企业通过非法渠道从私人手中购销的药品的性质进行认定,区分不同情况,分别定性处理:一是对于经认定属于假药、劣药,且达到"两高"《关于办理危害药品安全刑事案件适用法律若干问题的解释》(以下称《药品解释》)规定的销售假药罪、销售劣药罪的定罪量刑标准的,应当以销售假药罪、销售劣药罪依法追究刑事责任。二是对于经认定属于劣药,但尚未达到《药品解释》规定的销售劣药罪的定罪量刑标准的,可以依据刑法第一百四十九条、第一百四十条的规定,以销售伪劣产品罪追究刑事责任。三是对于无法认定属于假药、劣药的,可以由药品监督管理部门依照《中华人民共和国药品管理法》的规定给予行政处罚,不宜以非法经营罪追究刑事责任。

《最高人民检察院、公安部关于公安机关管辖的刑事案件立案追诉标准的规定(一)的补充规定》(公通字〔2017〕12号,2017年4月27日公布)

△**(生产、销售假药罪;立案追诉标准;生产;**

---

[1] 即《最高人民法院、最高人民检察院关于办理生产、销售伪劣商品刑事案件具体应用法律若干问题的解释》(法释〔2001〕10号)。

[2] 即《最高人民法院、最高人民检察院关于办理生产、销售伪劣商品刑事案件具体应用法律若干问题的解释》(法释〔2001〕10号)。

第一百四十一条

销售;假药）将《立案追诉标准（一）》第17条修改为：[生产、销售假药案（刑法第141条）]生产、销售假药的，应予立案追诉。但销售少量根据民间传统配方私自加工的药品，或者销售少量未经批准进口的国外、境外药品，没有造成他人伤害后果或者延误诊治，情节显著轻微危害不大的除外。

以生产、销售假药为目的，具有下列情形之一的，属于本条规定的"生产"：

（一）合成、精制、提取、储存、加工炮制药品原料的；

（二）将药品原料、辅料、包装材料制成成品过程中，进行配料、混合、制剂、储存、包装的；

（三）印制包装材料、标签、说明书的。

医疗机构、医疗机构工作人员明知是假药而有偿提供给他人使用，或者为出售而购买、储存的，属于本条规定的"销售"。

本条规定的"假药"，是指依照《中华人民共和国药品管理法》的规定属于假药和按假药处理的药品、非药品。是否属于假药难以确定的，可以根据地市级以上药品监督管理部门出具的认定意见等相关材料进行认定。必要时，可以委托省级以上药品监督管理部门设置或者确定的药品检验机构进行检验。

《最高人民法院、最高人民检察院、公安部、司法部关于依法惩治妨害新型冠状病毒感染肺炎疫情防控违法犯罪的意见》（法发〔2020〕7号，2020年2月6日发布）

△（肺炎疫情防控；生产、销售伪劣产品罪；生产、销售假药罪；生产、销售劣药罪；生产、销售不符合标准的医用器材罪）依法严惩制假售假犯罪。在疫情防控期间，生产、销售伪劣的防治、防护产品、物资，或者生产、销售用于防治新型冠状病毒感染肺炎的假药、劣药，符合刑法第一百四十条、第一百四十一条、第一百四十二条规定的，以生产、销售伪劣产品罪，生产、销售假药罪或者生产、销售劣药罪定罪处罚。

在疫情防控期间，生产不符合保障人体健康的国家标准、行业标准的医用口罩、护目镜、防护服等医用器材，或者销售明知是不符合标准的医用器材，足以严重危害人体健康的，依照刑法第一百四十五条的规定，以生产、销售不符合标准的医用器材罪定罪处罚。（§2Ⅲ）

△（治安管理处罚；从重情节）依法严惩妨害疫情防控的违法行为。实施上述（一）至（九）规定的行为，不构成犯罪的，由公安机关根据治安管理处罚法有关虚构事实扰乱公共秩序，扰乱单位秩序、公共场所秩序、寻衅滋事，拒不执行紧急状态下的决定、命令，阻碍执行职务，冲闯警戒带、警戒区，殴打他人，故意伤害，侮辱他人，诈骗，在铁路沿线非法挖掘坑穴、采石取沙，盗窃、损毁路面公共设施，损毁铁路设施设备，故意损毁财物，哄抢公私财物等规定，予以治安管理处罚，或者由有关部门予以其他行政处罚。

对于在疫情防控期间实施有关违法犯罪的，要作为从重情节予以考量，依法体现从严的政策要求，有力惩治震慑违法犯罪，维护法律权威，维护社会秩序，维护人民群众生命安全和身体健康。（§2Ⅹ）

【公报案例】

申东兰生产、销售假药，赵玉侠等销售假药案（《最高人民法院公报》2010年第12期）

△（主观故意之判断；被告人供述）《刑法》第一百四十一条规定了生产、销售假药罪。行为人主观上有无生产、销售假药的故意，是认定生产、销售假药罪成立与否的主观要件。在审理时，被告人供述是重要但不是唯一的依据。对于行为人主观故意的判断，可以根据涉案药品交易的渠道是否正规、销售价格是否合理、药品包装是否完整、药品本身是否存在明显瑕疵，结合行为人的职业、文化程度等因素，进行全面分析。

【参考案例】

No.3-1-141-1 熊漓斌等生产、销售假药案

以他种药品冒充此种药品而生产、销售的，应以生产、销售假药罪论处。

No.3-1-141-2 王明等销售假药案

为出售而购入假药，已经着手实行销售假药行为，尚未出售的，成立销售假药罪的未遂。

No.3-1-141-3 王明等销售假药案

销售假药罪中，已购入但尚未销售的假药应计入销售金额。

No.6-5-335-1 孟广超医疗事故案

具有执业资格的医生在诊疗过程中，出于治疗患者的目的，根据民间验方、偏方制成药物用于诊疗小范围患者的，不构成生产、销售假药罪。

第一百四十二条 【生产、销售、提供劣药罪】

生产、销售劣药,对人体健康造成严重危害的,处三年以上十年以下有期徒刑,并处罚金;后果特别严重的,处十年以上有期徒刑或者无期徒刑,并处罚金或者没收财产。

药品使用单位的人员明知是劣药而提供给他人使用的,依照前款的规定处罚。

【立法沿革】

《中华人民共和国刑法》(1997年修订,自1997年10月1日起施行)

第一百四十二条

生产、销售劣药,对人体健康造成严重危害的,处三年以上十年以下有期徒刑,并处销售金额百分之五十以上二倍以下罚金;后果特别严重的,处十年以上有期徒刑或者无期徒刑,并处销售金额百分之五十以上二倍以下罚金或者没收财产。

本条所称劣药,是指依照《中华人民共和国药品管理法》的规定属于劣药的药品。

《中华人民共和国刑法修正案(十一)》(自2021年3月1日起施行)

六、将刑法第一百四十二条修改为:

"生产、销售劣药,对人体健康造成严重危害的,处三年以上十年以下有期徒刑,并处罚金;后果特别严重的,处十年以上有期徒刑或者无期徒刑,并处罚金或者没收财产。

"药品使用单位的人员明知是劣药而提供给他人使用的,依照前款的规定处罚。"

【条文说明】

本条是关于生产、销售、提供劣药罪及其处罚的规定。

本条共分为两款。

第一款是对生产、销售劣药罪的构成要件及其处罚的规定。根据本款规定,生产、销售劣药罪有以下构成要件:

1. 行为人在主观上只能是**故意**。

2. 行为人必须有**生产、销售劣药的行为**。本条规定的药品,仅限于人用药品,不包括兽用药品。所谓"**劣药**",根据《药品管理法》第九十八条第三款的规定,有下列情形之一的,为劣药:(1)药品成分的含量不符合国家药品标准;(2)被污染的药品;(3)未标明或者更改有效期的药品;(4)未注明或者更改产品批号的药品;(5)超过有效期的药品;(6)擅自添加防腐剂和辅料的药品;(7)其他不符合药品标准规定,影响药品质量的药品。

3. 生产、销售劣药,必须要有对**人体健康造成严重危害的后果**,才构成犯罪,这也是生产、销售劣药罪与生产、销售假药罪在犯罪构成上最大的不同。生产、销售假药,只要实施了生产、销售假药的行为,不必有危害人体健康的结果发生,就构成犯罪;而生产、销售劣药,必须对人体造成严重危害的才能构成犯罪。①

生产、销售劣药的犯罪行为,分为两档刑罚。第一档刑罚,生产、销售劣药**对人体健康造成严重危害的**,处三年以上十年以下有期徒刑,并处罚金。根据司法实践,"对人体健康造成严重危害",是指生产、销售的劣药被使用后,造成轻伤、重伤或者其他严重后果的。根据《最高人民法院、最高人民检察院关于办理危害药品安全刑事案件适用法律若干问题的解释》第五条的规定,生产、销售劣药,具有下列情形之一的,应当认定为"**对人体健康造成严重危害**":(1)造成轻伤或者重伤的;(2)造成轻度残疾或者中度残疾的;(3)造成器官组织损伤导致一般功能障碍或者严重功能障碍的;(4)其他对人体健康造成严重危害的情形。第二档刑罚,**后果特别严重的**,处十年以上有期徒刑或者无期徒刑,并处罚金或者没收财产。"后果特别严重",主要是指致人死亡或者对人体健康造成特别严重危害的情况。根据《最高人民法院、最高人民检察院关于办理危害药品安全刑事案件适用法律若干问题的解释》第五条第二款的规定,生产、销售劣药,致人死亡,或者具有下列情形之一的,应当认定为"**后果特别严重**":(1)致人重度残疾的;(2)造成三人以上重伤、中度残疾或者器官组织损伤导致严重功能障碍的;(3)造成五人以上轻度残疾或者器官组织损伤导致一般功能障碍的;(4)造成十人以上轻伤的;(5)造成重大、特别重大突发公共卫生事件的。

第二款是对药品使用单位的人员明知是劣药而提供给他人使用的,依照第一款的规定处罚的规定。

需要注意的是,生产、销售劣药罪与其他罪的

---

① 我国学者指出,由于劣药一般比假药的危害小,故而生产、销售劣药对人体健康造成严重危害的,才成立犯罪。参见张明楷:《刑法学》(第6版),法律出版社2021年版,第951页。

区别在于:

1. 生产、销售劣药罪与利用迷信手段骗取财物的区别:二者除犯罪主体不同外,在客观方面,生产、销售劣药罪有生产、销售劣药行为,而利用迷信手段,把根本不具备药品效能和外观、包装的物品当成是药品进行诈骗钱财,其所利用的不是人们认为药品可以治病的科学心理,而是利用人们的愚昧、迷信心理,有可能构成诈骗罪。

2. 生产、销售劣药罪与生产、销售伪劣产品罪的区别:生产、销售劣药行为同时触犯了两种罪名,根据《刑法》第一百四十九条的规定,应按处刑较重的罪处罚;如果生产、销售劣药没有对人体造成严重危害的后果,而销售金额在五万元以上,则不构成生产、销售劣药罪,而应以生产、销售伪劣产品罪处罚。

【司法解释】

《最高人民法院、最高人民检察院关于办理生产、销售伪劣商品刑事案件具体应用法律若干问题的解释》(法释〔2001〕10号,自2001年4月10日起施行)

△(生产、销售伪劣商品犯罪的共犯)知道或者应当知道他人实施生产、销售伪劣商品犯罪,而为其提供贷款、资金、账号、发票、证明、许可证件,或者提供生产、经营场所或者运输、仓储、保管、邮寄等便利条件,或者提供制假生产技术的,以生产、销售伪劣商品犯罪的共犯论处。(§9)

△(想象竞合;侵犯知识产权犯罪;非法经营罪)实施生产、销售伪劣商品犯罪,同时构成侵犯知识产权、非法经营等其他犯罪的,依照处罚较重的规定定罪处罚。(§10)

△(数罪并罚;妨害公务罪)实施刑法第一百四十条至第一百四十八条规定的犯罪,又以暴力、威胁方法抗拒查处,构成其他犯罪的,依照数罪并罚的规定处罚。(§11)

△(国家机关工作人员;从重处罚)国家机关工作人员参与生产、销售伪劣商品犯罪的,从重处罚。(§12)

《最高人民法院、最高人民检察院关于办理妨害预防、控制突发传染病疫情等灾害的刑事案件具体应用法律若干问题的解释》(法释〔2003〕8号,自2003年5月15日起施行)

△(预防、控制突发传染病疫情;用于防治传染病的假药;生产、销售假药罪;从重处罚)在预防、控制突发传染病疫情期间,生产、销售伪劣的防治、防护产品、物资,或者生产、销售用于防治传染病的假药、劣药,构成犯罪的,分别依照刑法第一百四十条、第一百四十一条、第一百四十二条的规定,以生产、销售伪劣产品罪,生产、销售假药罪或者生产、销售劣药罪定罪,依法从重处罚。(§2)

△(自首、立功)人民法院、人民检察院办理有关妨害预防、控制突发传染病疫情等灾害的刑事案件,对于有自首、立功等悔罪表现的,依法从轻、减轻、免除处罚或者依法作出不起诉决定。(§17)

《最高人民法院、最高人民检察院关于办理危害药品安全刑事案件适用法律若干问题的解释》(高检发释字〔2022〕1号,自2022年3月6日起施行)

△(酌情从重处罚;对人体健康造成严重危害;后果特别严重)生产、销售、提供劣药,具有本解释第一条规定情形之一的,应当酌情从重处罚。

生产、销售、提供劣药,具有本解释第二条规定情形之一的,应当认定为刑法第一百四十二条规定的"对人体健康造成严重危害"。

生产、销售、提供劣药,致人死亡,或者具有本解释第四条第一项至第五项规定情形之一的,应当认定为刑法第一百四十二条规定的"后果特别严重"。(§5)

△(生产;销售;提供)以生产、销售、提供假药、劣药为目的,合成、精制、提取、储存、加工炮制药品原料,或者在将药品原料、辅料、包装材料制成成品过程中,进行配料、混合、制剂、储存、包装的,应当认定为刑法第一百四十一条、第一百四十二条规定的"生产"。

药品使用单位及其工作人员明知是假药、劣药而有偿提供给他人使用的,应当认定为刑法第一百四十一条、第一百四十二条规定的"销售";无偿提供给他人使用的,应当认定为刑法第一百四十一条、第一百四十二条规定的"提供"。(§6)

△(共同犯罪)明知他人实施危害药品安全犯罪,而有下列情形之一的,以共同犯罪论处:

(一)提供资金、贷款、账号、发票、证明、许可证件的;

(二)提供生产、经营场所、设备或者运输、储存、保管、邮寄、销售渠道等便利条件的;

(三)提供生产技术或者原料、辅料、包装材料、标签、说明书的;

(四)提供虚假药物非临床研究报告、药物临床试验报告及相关材料的;

(五)提供广告宣传的;

(六)提供其他帮助的。(§9)

△(主观故意的认定)办理生产、销售、提供

假药、生产、销售、提供劣药、妨害药品管理等刑事案件,应当结合行为人的从业经历、认知能力、药品质量、进货渠道和价格、销售渠道和价格以及生产、销售方式等事实综合判断认定行为人的主观故意。具有下列情形之一的,可以认定行为人有实施相关犯罪的主观故意,但有证据证明确实不具有故意的除外:

(一)药品价格明显异于市场价格的;

(二)向不具有资质的生产者、销售者购买药品,且不能提供合法有效的来历证明的;

(三)逃避、抗拒监督检查的;

(四)转移、隐匿、销毁涉案药品、进销货记录的;

(五)曾因实施危害药品安全违法犯罪行为受过处罚,又实施同类行为的;

(六)其他足以认定行为人主观故意的情形。(§10)

△(**危害药品安全刑事案件;生产、销售伪劣产品罪**)以提供给他人生产、销售、提供药品为目的,违反国家规定,生产、销售不符合药用要求的原料、辅料,符合刑法第一百四十条规定的,以生产、销售伪劣产品罪从重处罚;同时构成其他犯罪的,依照处罚较重的规定定罪处罚。(§11)

△(**罚金**)对于犯生产、销售、提供假药罪、生产、销售、提供劣药罪、妨害药品管理罪的,应当结合被告人的犯罪数额、违法所得,综合考虑被告人缴纳罚金的能力,依法判处罚金。罚金一般应当在生产、销售、提供的药品金额二倍以上;共同犯罪的,对各共同犯罪人合计判处的罚金一般应当在生产、销售、提供的药品金额二倍以上。(§15)

△(**职业禁止**)对于犯生产、销售、提供假药罪、生产、销售、提供劣药罪、妨害药品管理罪的,应当依照刑法规定的条件,严格缓刑、免予刑事处罚的适用。对于被判处刑罚的,可以根据犯罪情况和预防再犯罪的需要,依法宣告职业禁止或者禁止令。《中华人民共和国药品管理法》等法律、行政法规另有规定的,从其规定。

对于被不起诉或者免予刑事处罚的行为人,需要给予行政处罚、政务处分或者其他处分的,依法移送有关主管机关处理。(§16)

△(**单位犯罪**)单位犯生产、销售、提供假药罪、生产、销售、提供劣药罪、妨害药品管理罪的,对单位判处罚金,并对直接负责的主管人员和其他直接责任人员,依照本解释规定的自然人犯罪的定罪量刑标准处罚。

单位犯罪的,对被告单位及其直接负责的主管人员、其他直接责任人员合计判处的罚金一般应当在生产、销售、提供的药品金额二倍以上。(§17)

△(**民间传统配方**)根据民间传统配方私自加工药品或者销售上述药品,数量不大,且未造成他人伤害后果或者延误诊治的,或者不以营利为目的实施带有自救、互助性质的生产、进口、销售药品的行为,不应当认定为犯罪。

对于是否属于民间传统配方难以确定的,根据地市级以上药品监督管理部门或者有关部门出具的认定意见,结合其他证据作出认定。(§18)

△(**假药、劣药的认定**)刑法第一百四十一条、第一百四十二条规定的"假药""劣药",依照《中华人民共和国药品管理法》的规定认定。

对于《中华人民共和国药品管理法》第九十八条第二款第二项、第四项及第三款第三项至第六项规定的假药、劣药,能够根据现场查获的原料、包装,结合犯罪嫌疑人、被告人供述等证据材料作出判断的,可以由地市级以上药品监督管理部门出具认定意见。对于依据《中华人民共和国药品管理法》第九十八条第二款、第三款的其他规定认定假药、劣药,或者是否属于第九十八条第二款第二项、第三款第六项规定的假药、劣药存在争议的,应当由省级以上药品监督管理部门设置或者确定的药品检验机构进行检验,出具质量检验结论。司法机关根据认定意见、检验结论,结合其他证据作出认定。(§19)

△(**生产、提供和销售药品的金额计算**)对于生产、提供药品的金额,以药品的货值金额计算;销售药品的金额,以所得和可得的全部违法收入计算。(§20)

【司法解释性文件】

《最高人民检察院、公安部关于公安机关管辖的刑事案件立案追诉标准的规定(一)》(公通字〔2008〕36号,2008年6月25日公布)

△(**生产、销售劣药罪;立案追诉标准;劣药**)生产(包括配制)、销售劣药,涉嫌下列情形之一的,应予立案追诉:

(一)造成人员轻伤、重伤或者死亡的;

(二)其他对人体健康造成严重危害的情形。

本条规定的"劣药",是指依照《中华人民共和国药品管理法》的规定,药品成份的含量不符合国家药品标准的药品和按劣药论处的药品。(§18)

《最高人民法院关于充分发挥审判职能作用切实维护公共安全的若干意见》(法发〔2015〕12号,2015年9月16日公布)

△(**非监禁刑;追缴违法犯罪所得;财产刑**)

依法惩治危害食品药品安全犯罪。食品药品安全形势不容乐观,重大、恶性食品药品安全犯罪案件时有发生,党中央高度关注,人民群众反映强烈。要以"零容忍"的态度,坚持最严厉的处罚、最严肃的问责,依法严惩生产、销售有毒、有害食品、不符合卫生标准的食品,以及生产、销售假药、劣药等犯罪。要充分认识此类犯罪的严重社会危害,严格缓刑、免刑等非监禁刑的适用。要采取有效措施依法追缴违法犯罪所得,充分适用财产刑,坚决让犯罪分子在经济上无利可图、得不偿失。要依法适用禁止令,有效防范犯罪分子再次危害社会。

《最高人民检察院法律政策研究室对〈关于具有药品经营资质的企业通过非法渠道从私人手中购进药品后销售的如何适用法律问题的请示〉的答复》(高检研〔2015〕19号,2015年10月26日公布)

△(具有药品经营资质的企业;通过非法渠道;购销药品;销售劣药罪;销售伪劣产品罪;行政处罚)司法机关应当根据《中华人民共和国药品管理法》的有关规定,对具有药品经营资质的企业通过非法渠道从私人手中购销的药品的性质进行认定,区分不同情况,分别定性处理。一是对于经认定属于假药、劣药,且达到"两高"《关于办理危害药品安全刑事案件适用法律若干问题的解释》(以下称《药品解释》)规定的销售假药罪、销售劣药罪的定罪量刑标准的,应当以销售假药罪、销售劣药罪依法追究刑事责任。二是对于经认定属于劣药,但尚未达到《药品解释》规定的销售劣药罪的定罪量刑标准的,可以依据刑法第一百四十九条、第一百四十条的规定,以销售伪劣产品罪追究刑事责任。三是对于无法认定属于假药、劣药的,可以由药品监督管理部门依照《中华人民共和国药品管理法》的规定给予行政处罚,不宜以非法经营罪追究刑事责任。

《最高人民法院、最高人民检察院、公安部、司法部关于依法惩治妨害新型冠状病毒感染肺炎疫情防控违法犯罪的意见》(法发〔2020〕7号,2020年2月6日发布)

△(肺炎疫情防控;生产、销售伪劣产品罪;生产、销售假药罪;生产、销售劣药罪;生产、销售不符合标准的医用器材罪)依法严惩制假售假犯罪。在疫情防控期间,对于生产、销售伪劣的防治、防护产品、物资,或者生产、销售用于防治新型冠状病毒感染肺炎的假药、劣药,符合刑法第一百四十条、第一百四十一条、第一百四十二条规定的,以生产、销售伪劣产品罪,生产、销售假药罪或者生产、销售劣药罪定罪处罚。

在疫情防控期间,生产不符合保障人体健康的国家标准、行业标准的医用口罩、护目镜、防护服等医用器材,或者销售明知是不符合标准的医用器材,足以严重危害人体健康的,依照刑法第一百四十五条的规定,以生产、销售不符合标准的医用器材罪定罪处罚。(§2Ⅲ)

△(治安管理处罚;从重情节)依法严惩妨害疫情防控的违法行为。实施上述(一)至(九)规定的行为,不构成犯罪的,由公安机关根据治安管理处罚法有关虚构事实扰乱公共秩序,扰乱单位秩序、公共场所秩序、寻衅滋事,拒不执行紧急状态下的决定、命令,阻碍执行职务,冲闯警戒带、警戒区,殴打他人,故意伤害,侮辱他人,诈骗,在铁路沿线非法挖掘坑穴、采石取沙,盗窃、损毁路面公共设施,损毁铁路设施设备,故意损毁财物、哄抢公私财物等规定,予以治安管理处罚,或者由有关部门予以其他行政处罚。

对于在疫情防控期间实施有关违法犯罪的,要作为从重情节予以考量,依法体现从严的政策要求,有力惩治震慑违法犯罪,维护法律权威,维护社会秩序,维护人民群众生命安全和身体健康。(§2Ⅹ)

第一百四十二条之一　【妨害药品管理罪】
违反药品管理法规，有下列情形之一，足以严重危害人体健康的，处三年以下有期徒刑或者拘役，并处或者单处罚金；对人体健康造成严重危害或者有其他严重情节的，处三年以上七年以下有期徒刑，并处罚金：
（一）生产、销售国务院药品监督管理部门禁止使用的药品的；
（二）未取得药品相关批准证明文件生产、进口药品或者明知是上述药品而销售的；
（三）药品申请注册中提供虚假的证明、数据、资料、样品或者采取其他欺骗手段的；
（四）编造生产、检验记录的。
有前款行为，同时又构成本法第一百四十一条、第一百四十二条规定之罪或者其他犯罪的，依照处罚较重的规定定罪处罚。

【立法沿革】

《中华人民共和国刑法修正案（十一）》（自2021年3月1日起施行）

七、在刑法第一百四十二条后增加一条，作为第一百四十二条之一：

"违反药品管理法规，有下列情形之一，足以严重危害人体健康的，处三年以下有期徒刑或拘役，并处或者单处罚金；对人体健康造成严重危害或者有其他严重情节的，处三年以上七年以下有期徒刑，并处罚金：

"（一）生产、销售国务院药品监督管理部门禁止使用的药品的；

"（二）未取得药品相关批准证明文件生产、进口药品或者明知是上述药品而销售的；

"（三）药品申请注册中提供虚假的证明、数据、资料、样品或者采取其他欺骗手段的；

"（四）编造生产、检验记录的。

"有前款行为，同时又构成本法第一百四十一条、第一百四十二条规定之罪或者其他犯罪的，依照处罚较重的规定定罪处罚。"

【条文说明】

本条是关于妨害药品管理罪及其处罚的规定。

本条共分为两款。

第一款是违反药品管理秩序的行为及其处罚的规定。根据本款规定，违反药品管理秩序的犯罪行为，有以下构成要件：

1. 行为人在主观上只能是**故意**。

2. 本罪的犯罪主体包括**单位和个人**。依照《刑法》第三十条、第三十一条的规定，单位犯本罪的，可以对单位判处罚金，并对其直接负责的主管人员和其他直接责任人员，依照本罪定罪处罚。

3. 行为人有违反药品管理法规的行为。这里所说的"**药品管理法规**"，是指违反国家有关药品监督管理方面的法律、法规，如药品管理法、中医药法、药品管理法实施条例以及其他有关药品监管方面的法律、法规。

根据本款规定，构成本罪的行为有以下四种：

1. "**生产、销售国务院药品监督管理部门禁止使用的药品的**"。这里的"禁止使用的药品"，包括根据《药品管理法》第八十三条的规定，属于疗效不确切、不良反应大或者因其他原因危害人体健康的情形，被依法注销药品注册证书，禁止使用的药品。由于科学技术发展水平的局限及人类对自身认识的不足，人们对一些药品的疗效、作用机制等的认识可能是不全面的，有时甚至是错误的，一些经过严格审批投入临床使用的药品也可能会对人们的身体健康造成损害。发现药品生产、使用中存在的问题并采取相应的改正措施，对于保证药品使用的安全有效、保证人体健康和生命安全，是非常有必要的。对国务院药品监督管理部门禁止使用的药品，药品生产企业、批发单位等应当严格遵守禁止规定，不得生产、销售和使用。如果继续生产、销售和使用这类药品，应按照《药品管理法》第一百二十四条的规定，给予行政处罚。符合本条规定的入刑条件的，依法追究刑事责任。

2. "**未取得药品相关批准证明文件生产、进口药品或者明知是上述药品而销售的**"。根据《药品管理法》第二十四条、第四十一条的规定，从事药品生产、经营活动，应当取得药品生产、经营许可证。在中国境内上市的药品，应当经国务院药品监督管理部门批准，取得药品注册证书；医疗机构配制制剂，根据《药品管理法》第七十四条、《中医药法》第三十二条的规定，应当取得医疗机构制剂许可证、制剂批准文号；进口药品，根据《药品管理法实施条例》第三十五条、《药品进口管理办法》第五条的规定，必须取得国务院药品监督管理部门核发的《进口药品注册证》（或者《医药产品注册证》），或者《进口药品批件》后，方可进口。

未得到上述药品相关批准证明文件,生产、进口药品的行为及销售上述药品的行为,既不能保证所生产、进口的物品具有药品预防、治疗、诊断疾病的功能,有可能延误病情诊治,损害人民群众身体健康、生命安全,又严重违反药品监督管理秩序,造成药品监管市场秩序混乱,可以根据《药品管理法》第一百二十四条的规定,给予行政处罚。符合本条规定的入刑条件的,依法追究刑事责任。

对于本项行为,应当根据具体情况,区分不同情形依法处理。《药品管理法》第一百二十一条规定,关于对假药、劣药的处罚决定,应当以依法载明药品检验机构的质量检验结论的规定。如果依照药品管理法的规定属于假药、劣药的,可以适用生产、销售假药、劣药罪。如果不属于的,则不适用生产、销售假药、劣药罪。对"足以严重危害人体健康"的认定,可以通过相关司法解释作类型化处理,有的可以直接界定为"足以严重危害人体健康"。

3. "**药品申请注册中提供虚假的证明、数据、资料、样品或者采取其他欺骗手段的**"。药品注册申请,是指药品注册申请人按照法定程序和相关要求提出药物临床试验、药品上市许可、再注册申请以及补充申请的行为。依照《药品管理法》第二十四条的规定,申请药品注册,应当提供真实、充分、可靠的数据、资料和样品。这里的数据、资料和样品,包括药物临床试验、药品上市许可、再注册申请以及补充申请的数据、资料和样品。对于在药品申请注册中提供虚假的证明、数据、资料、样品或者采取其他欺骗手段的,可以按照《药品管理法》第一百二十三条的规定,给予行政处罚。符合本条规定的入刑条件的,依法追究刑事责任。

4. "**编造生产、检验记录的**"。生产、检验记录涉及药品生产管理、质量管理的实施过程的重要记载,有利于实现生产过程的可追溯,是实现药品按照国家药品标准和经药品监督管理部门核准的生产工艺进行生产,实现药品质量可控的重要手段。依照《药品管理法》第四十四条的规定,生产、检验记录应当完整准确,不得编造。对于编造生产、检验记录的行为,可以按照《药品管理法》第一百二十四条的规定,给予行政处罚。符合本条规定的入刑条件的,依法追究刑事责任。

根据本款规定,违反药品管理法规的犯罪行为,有两个量刑档次。第一档刑罚,违反药品管理法规,**足以严重危害人体健康的**,处三年以下有期徒刑或者拘役,并处或者单处罚金;第二档刑罚,**对人体健康造成严重危害或者有其他严重情节的**,处三年以上七年以下有期徒刑,并处罚金。

"足以严重危害人体健康""对人体健康造成严重危害""其他严重情节"的认定,可由司法机关在总结经验的基础上,通过制定相关的司法解释作出具体的规定。

第二款是构成妨害药品监管秩序的犯罪,又构成刑法其他犯罪,如何适用法律的规定。根据本款规定,具有上述竞合情形的,应当依照处罚较重的规定定罪处罚。这里主要涉及的是如何处理好本条规定的犯罪与《刑法》第一百四十一条生产、销售、提供假药罪,第一百四十二条生产、销售、提供劣药罪等犯罪的关系。如果违反药品管理法规的行为,生产、销售的药品为假药、劣药,符合生产、销售假药、劣药罪构成要件或者生产、销售伪劣产品,侵犯知识产权,非法经营,非法行医,非法供血等其他犯罪的,根据本款规定的原则,应当依照**生产、销售假药、劣药的规定定罪**处罚,或者依照**生产、销售伪劣商品罪,侵犯知识产权犯罪,非法经营罪等本法其他有关规定**定罪处罚。

【**司法解释**】

《最高人民法院、最高人民检察院关于办理危害药品安全刑事案件适用法律若干问题的解释》(高检发释字〔2022〕1号,自2022年3月6日起施行)

△(**足以严重危害人体健康**)实施妨害药品管理的行为,具有下列情形之一的,应当认定为刑法第一百四十二条之一规定的"足以严重危害人体健康":

(一)生产、销售国务院药品监督管理部门禁止使用的药品,综合生产、销售的时间、数量、禁止使用原因等情形,认为具有严重危害人体健康的现实危险的;

(二)未取得药品相关批准证明文件生产药品或者明知是上述药品而销售,涉案药品属于本解释第一条第一项至第三项规定情形的;

(三)未取得药品相关批准证明文件生产药品或者明知是上述药品而销售,涉案药品的适应症、功能主治或者成分不明的;

(四)未取得药品相关批准证明文件生产药品或者明知是上述药品而销售,涉案药品没有国家药品标准,且无核准的药品质量标准,但检出化学药品成分的;

(五)未取得药品相关批准证明文件进口药品或者明知是上述药品而销售,涉案药品在境外也未合法上市的;

(六)在药物非临床研究或者药物临床试验过程中故意使用虚假试验用药品,或者瞒报与药

物临床试验用药品相关的严重不良事件的;

(七)故意损毁原始药物非临床研究数据或者药物临床试验数据,或者编造受试动物信息、受试者信息、主要试验过程记录、研究数据、检测数据等药物非临床试验和药物临床试验数据,影响药品的安全性、有效性和质量可控性的;

(八)编造生产、检验记录,影响药品的安全性、有效性和质量可控性的;

(九)其他足以严重危害人体健康的情形。

对于涉案药品是否在境外合法上市,应当根据境外药品监督管理部门或者权利人的证明等证据,结合犯罪嫌疑人、被告人及其辩护人提供的证据材料综合审查,依法作出认定。对于"足以严重危害人体健康"难以确定的,根据地市级以上药品监督管理部门出具的认定意见,结合其他证据作出认定。(§7)

△(**对人体健康造成严重危害;竞合**)实施妨害药品管理的行为,具有本解释第二条规定情形之一的,应当认定为刑法第一百四十二条之一规定的"对人体健康造成严重危害"。实施妨害药品管理的行为,足以严重危害人体健康,并具有下列情形之一的,应当认定为刑法第一百四十二条之一规定的"有其他严重情节":

(一)生产、销售国务院药品监督管理部门禁止使用的药品,生产、销售的金额五十万元以上的;

(二)未取得药品相关批准证明文件生产、进口药品或者明知是上述药品而销售,生产、销售的金额五十万元以上的;

(三)药品申请注册中提供虚假的证明、数据、资料、样品或者采取其他欺骗手段,造成严重后果的;

(四)编造生产、检验记录,造成严重后果的;

(五)造成恶劣社会影响或者具有其他严重情节的情形。

实施刑法第一百四十二条之一规定的行为,同时又构成生产、销售、提供假药罪、生产、销售、提供劣药罪或者其他犯罪的,依照处罚较重的规定定罪处罚。(§8)

△(**共同犯罪**)明知他人实施危害药品安全犯罪,而有下列情形之一的,以共同犯罪论处:

(一)提供资金、贷款、账号、发票、证明、许可证件的;

(二)提供生产、经营场所、设备或者运输、储存、保管、邮寄、销售渠道等便利条件的;

(三)提供生产技术或者原料、材料、包装材料、标签、说明书的;

(四)提供虚假药物非临床研究报告、药物临床试验报告及相关材料的;

(五)提供广告宣传的;

(六)提供其他帮助的。(§9)

△(**主观故意的认定**)办理生产、销售、提供假药、生产、销售、提供劣药、妨害药品管理等刑事案件,应当结合行为人的从业经历、认知能力、药品质量、进货渠道和价格、销售渠道和价格以及生产、销售方式等事实综合判断认定行为人的主观故意。具有下列情形之一的,可以认定行为人有实施相关犯罪的主观故意,但有证据证明确实不具有故意的除外:

(一)药品价格明显异于市场价格的;

(二)向不具有资质的生产者、销售者购买药品,且不能提供合法有效的来历证明的;

(三)逃避、抗拒监督检查的;

(四)转移、隐匿、销毁涉案药品、进销货记录的;

(五)曾因实施危害药品安全违法犯罪行为受过处罚,又实施同类行为的;

(六)其他足以认定行为人主观故意的情形。(§10)

△(**危害药品安全刑事案件;生产、销售伪劣产品罪**)以提供给他人生产、销售、提供药品为目的,违反国家规定,生产、销售不符合药用要求的原料、辅料,符合刑法第一百四十条规定的,以生产、销售伪劣产品罪从重处罚;同时构成其他犯罪的,依照处罚较重的规定定罪处罚。(§11)

△(**罚金**)对于犯生产、销售、提供假药罪、生产、销售、提供劣药罪、妨害药品管理罪的,应当结合被告人的犯罪数额、违法所得,综合考虑被告人缴纳罚金的能力,依法判处罚金。罚金一般应当在生产、销售、提供的药品金额二倍以上;共同犯罪的,对各共同犯罪人合计判处的罚金一般应当在生产、销售、提供的药品金额二倍以上。(§15)

△(**职业禁止**)对于犯生产、销售、提供假药罪、生产、销售、提供劣药罪、妨害药品管理罪的,应当依照刑法规定的条件,严格缓刑、免于刑事处罚的适用。对于被判处刑罚的,可以根据犯罪情况和预防再犯罪的需要,依法宣告职业禁止或者禁止令。《中华人民共和国药品管理法》等法律、行政法规另有规定的,从其规定。

对于被不起诉或者免予刑事处罚的行为人,需要给予行政处罚、政务处分或者其他处分的,依法移送有关主管机关处理。(§16)

△(**单位犯罪**)单位犯生产、销售、提供假药罪、生产、销售、提供劣药罪、妨害药品管理罪的,对单位判处罚金,并对直接负责的主管人员和其他直接责任人员,依照本解释规定的自然人犯罪

的定罪量刑标准处罚。

单位犯罪的，对被告单位及其直接负责的主管人员、其他直接责任人员合计判处的罚金一般应当在生产、销售、提供的药品金额二倍以上。（§17）

△（民间传统配方）根据民间传统配方私自加工药品或者销售上述药品，数量不大，且未造成他人伤害后果或者延误诊治的，或者不以营利为目的实施带有自救、互助性质的生产、进口、销售药品的行为，不应当认定为犯罪。

对于是否属于民间传统配方难以确定的，根据地市级以上药品监督管理部门或者有关部门出具的认定意见，结合其他证据作出认定。（§18）

△（生产、提供和销售药品的金额计算）对于生产、提供药品的金额，以药品的货值金额计算；销售药品的金额，以所得和可得的全部违法收入计算。（§20）

【司法解释性文件】

《最高人民法院关于为促进消费提供司法服务和保障的意见》（法发〔2022〕35号，2022年12月26日发布）

△（妨害药品管理罪）以最严的手段斩断"黑作坊"生产经营链条。生产经营未依法标明生产者名称、地址、生产日期、保质期的预包装食品，消费者主张生产经营者承担惩罚性赔偿责任的，人民法院应当依法支持，但法律、行政法规、食品安全国家标准对标签标注事项另有规定的除外。未取得药品相关批准证明文件而生产药品或者明知是该类药品而销售，药品的适应症、功能主治或者成分不明的，按妨害药品管理罪惩处；药品被依法认定为假劣药，生产经营者同时构成生产、销售假药罪或者生产、销售劣药罪的，依照处罚较重的规定定罪处罚。既要依法追究生产者责任，也要依法追究经营者责任，坚决斩断"黑作坊"食品、药品的生产经营链条。（§2）

【参考案例】

No.3-1-142之一一1 上海赛诺克医药科技有限公司、张奇能等妨害药品管理案

原料药具有明确的适应症和功能主治，能够治疗人的疾病，符合《药品管理法》关于药品的规定。

No.3-1-142之一一2 上海赛诺克医药科技有限公司、张奇能等妨害药品管理案

妨害药品管理罪是具体危险犯，要求行为达到足以严重危害人体健康的程度。应当从涉案药品的安全性、有效性和药品的适应症、使用对象两方面综合判断行为是否足以严重危害人体健康。

第一百四十三条 【生产、销售不符合安全标准的食品罪】

生产、销售不符合食品安全标准的食品，足以造成严重食物中毒事故或者其他严重食源性疾病的，处三年以下有期徒刑或者拘役，并处罚金；对人体健康造成严重危害或者有其他严重情节的，处三年以上七年以下有期徒刑，并处罚金；后果特别严重的，处七年以上有期徒刑或者无期徒刑，并处罚金或者没收财产。

【立法沿革】

《中华人民共和国刑法》（1997年修订，自1997年10月1日起施行）

第一百四十三条

生产、销售不符合卫生标准的食品，足以造成严重食物中毒事故或者其他严重食源性疾患的，处三年以下有期徒刑或者拘役，并处或者单处销售金额百分之五十以上二倍以下罚金；对人体健康造成严重危害的，处三年以上七年以下有期徒刑，并处销售金额百分之五十以上二倍以下罚金；后果特别严重的，处七年以上有期徒刑或者无期徒刑，并处销售金额百分之五十以上二倍以下罚金或者没收财产。

《中华人民共和国刑法修正案（八）》（自2011年5月1日起施行）

二十四、将刑法第一百四十三条修改为：

"生产、销售不符合食品安全标准的食品，足以造成严重食物中毒事故或者其他严重食源性疾病的，处三年以下有期徒刑或者拘役，并处罚金；对人体健康造成严重危害或者有其他严重情节的，处三年以上七年以下有期徒刑，并处罚金；后果特别严重的，处七年以上有期徒刑或者无期徒刑，并处罚金或者没收财产。"

【条文说明】

本条是关于生产、销售不符合安全标准的食品罪及其处罚的规定。

根据本条规定,生产、销售不符合安全标准的食品罪必须具备以下几个构成要件:

1. 行为人在主观上是**故意**,即故意生产、销售不符合食品安全标准的食品。

2. 行为人有**生产、销售不符合食品安全标准的食品的行为**。这里的"**食品**",是指各种供人食用或者饮用的成品和原料以及按照传统既是食品又是药品的物品,但是不包括以治疗为目的的物品。根据食品安全法的规定,食品安全标准是强制执行的标准,食品安全标准,应当以保障公众身体健康为宗旨,做到科学合理、安全可靠。食品安全包括下列内容:(1)食品、食品添加剂、食品相关产品中的致病性微生物,农药残留、兽药残留、生物毒素、重金属等污染物质以及其他危害人体健康物质的限量规定;(2)食品添加剂的品种、使用范围、用量;(3)专供婴幼儿和其他特定人群的主辅食品的营养成分要求;(4)对与卫生、营养等食品安全要求有关的标签、标志、说明书的要求;(5)食品生产经营过程的卫生要求;(6)与食品安全有关的质量要求;(7)与食品安全有关的食品检验方法与规程;(8)其他需要制定为食品安全标准的内容。根据食品安全法的规定,食品安全标准有食品安全国家标准、食品安全地方标准和企业标准。关于**食品安全国家标准**,应当依据食品安全风险评估结果并充分考虑食用农产品安全风险评估结果,参照相关的国际标准和国际食品安全风险评估结果,并将食品安全国家标准草案向社会公布,广泛听取食品生产经营者、消费者、有关部门等方面的意见后确定;关于**食品安全地方标准**,对地方特色食品,没有食品安全国家标准的,省、自治区、直辖市人民政府卫生行政部门可以制定并公布食品安全地方标准,报国务院卫生行政部门备案。食品安全国家标准制定后,该地方标准即行废止;关于**企业标准**,国家鼓励食品生产企业制定严于食品安全国家标准或者地方标准的企业标准,在本企业适用,并报省、自治区、直辖市人民政府卫生行政部门备案。"**不符合食品安全标准的食品**",根据食品安全法的规定,主要是指:(1)用非食品原料生产的食品或者添加食品添加剂以外的化学物质和其他可能危害人体健康物质的食品,或者用回收食品作为原料生产的食品;(2)致病性微生物,农药残留、兽药残留、生物毒素、重金属等污染物质含量超过食品安全标准限量的食品、食品添加剂、食品相关产品;(3)用超过保质期的食品原料、食品添加剂生产的食品、食品添加剂;(4)超范围、超限量使用食品添加剂的食品;(5)营养成分不符合食品安全标准的专供婴幼儿和其他特定人群的主辅食品;(6)腐败变质、油脂酸败、霉变生虫、污秽不洁、混有异物、掺假掺杂或者感官性状异常的食品、食品添加剂;(7)病死、毒死或者死因不明的禽、畜、兽、水产动物肉类及其制品;(8)未按规定进行检疫或者检疫不合格的肉类,或者未经检验或者检验不合格的肉类制品;(9)被包装材料、容器、运输工具等污染的食品、食品添加剂;(10)标注虚假生产日期、保质期或者超过保质期的食品、食品添加剂;(11)无标签的预包装食品、食品添加剂;(12)国家为防病等特殊需要明令禁止生产经营的食品;(13)其他不符合法律、法规或者食品安全标准的食品、食品添加剂、食品相关产品。

3. 生产、销售不符合安全标准的食品,**足以造成严重食物中毒事故或者其他严重食源性疾病**。根据食品安全法的规定,"**食物中毒**",是指食用了被有毒有害物质污染的食品或者食用了含有毒有害物质的食品后出现的急性、亚急性疾病。"**食源性疾病**",是指食品中致病因素进入人体引起的感染性、中毒性等疾病,包括食物中毒。根据《最高人民法院、最高人民检察院关于办理生产、销售伪劣商品刑事案件具体应用法律若干问题的解释》第四条第一款的规定,经省级以上卫生行政部门确定的机构鉴定,食品中含有可能导致严重食物中毒事故或者其他严重食源性疾患的超标准的有害细菌或者其他污染物的,应认定为"**足以造成严重食物中毒事故或者其他严重食源性疾患**"。

对生产、销售不符合食品安全标准的食品罪的处罚,根据其危害的不同,分为三档刑罚:第一档刑罚,**足以造成严重食物中毒事故或者其他严重食源性疾病的**,处三年以下有期徒刑或者拘役,并处罚金。第二档刑罚,**对人体健康造成严重危害或者有其他严重情节的**,处三年以上七年以下有期徒刑,并处罚金。这里的"对人体健康造成严重危害",是指对人体器官造成严重损伤以及其他严重损害人体健康的情节。"其他严重情节",是指具有大量生产、销售不符合食品安全标准的食品等情节。第三档刑罚,**后果特别严重的**,处七年以上有期徒刑或者无期徒刑,并处罚金或者没收财产。这里的"后果特别严重",一般是指生产、销售不符合食品安全标准的食品被食用后,致人死亡、严重残疾、多人重伤或者造成其他特别严重后果的。

实践中需要注意以下几个方面的问题:

1. **关于足以造成严重食物中毒事故或者其他严重食源性疾病的认定**。《最高人民法院、最高人民检察院关于办理危害食品安全刑事案件适用法律若干问题的解释》第一条规定:"生产、销售

第一百四十三条

不符合食品安全标准的食品,具有下列情形之一的,应当认定为刑法第一百四十三条规定的'足以造成严重食物中毒事故或者其他严重食源性疾病':(一)含有严重超出标准限量的致病性微生物、农药残留、兽药残留、生物毒素、重金属等污染物质以及其他严重危害人体健康的物质的;(二)属于病死、死因不明或者检验检疫不合格的畜、禽、兽、水产动物肉类及其制品的;(三)属于国家为防控疾病等特殊需要明令禁止生产、销售的;(四)特殊医学用途配方食品、专供婴幼儿的主辅食品营养成分严重不符合食品安全标准的;(五)其他足以造成严重食物中毒事故或者严重食源性疾病的情形。"实践中难以确定的,司法机关可以根据检验报告并结合专家意见等相关材料进行认定。必要时,人民法院可以依法通知有关专家出庭作出说明。

2. 关于滥用食品添加剂、农药、兽药的问题。在食品加工、销售、运输、贮存等过程中,违反食品安全标准,超限量或超范围滥用食品添加剂,足以造成严重食物中毒事故或者其他严重食源性疾病,依照本罪定罪处罚。在食用农产品种植、养殖、销售、运输、贮存等过程中,违反食品安全标准,超限量或者超范围滥用添加剂、农药、兽药等,足以造成严重食物中毒或者其他严重食源性疾病的,依照本罪定罪处罚。

3. 对于生产、销售不符合食品安全标准的食品,无证据证明足以造成严重食物中毒事故或者其他严重食源性疾病,不构成本罪,但是销售金额在五万元以上,构成生产、销售伪劣产品罪犯罪的,依照生产、销售伪劣商品罪定罪处罚。

【司法解释】

《最高人民法院、最高人民检察院关于办理生产、销售伪劣商品刑事案件具体应用法律若干问题的解释》(法释〔2001〕10 号,自 2001 年 4 月 10 日起施行)

△(足以造成严重食物中毒事故或者其他严重食源性疾患;对人体健康造成严重危害;后果特别严重)经省级以上卫生行政部门确定的机构鉴定,食品中含有可能导致严重食物中毒事故或者其他严重食源性疾患的超标准的有害细菌或者其他污染物的,应当认定为刑法第一百四十三条规定的"足以造成严重食物中毒事故或者其他严重食源性疾患"①。

生产、销售不符合卫生标准的食品被食用后,造成轻伤、重伤或者其他严重后果的,应当认定为

"对人体健康造成严重危害"。

生产、销售不符合卫生标准的食品被食用后,致人死亡、严重残疾,三人以上重伤、十人以上轻伤或者造成其他特别严重后果的,应认定为"后果特别严重"。

△(生产、销售伪劣商品犯罪的共犯)知道或者应当知道他人实施生产、销售伪劣商品犯罪,而为其提供贷款、资金、账号、发票、证明、许可证件,或者提供生产、经营场所或者运输、仓储、保管、邮寄等便利条件,或者提供制假生产技术的,以生产、销售伪劣商品犯罪的共犯论处。(§9)

△(想象竞合;侵犯知识产权犯罪)非法经营罪)实施生产、销售伪劣商品犯罪,同时构成侵犯知识产权、非法经营罪或其他罪的,依照处罚较重的规定定罪处罚。(§10)

△(数罪并罚;妨害公务罪)实施刑法第一百四十条至第一百四十八条规定的犯罪,又以暴力、威胁方法抗拒查处,构成其他犯罪的,依照数罪并罚的规定处罚。(§11)

△(国家机关工作人员;从重处罚)国家机关工作人员参与生产、销售伪劣商品犯罪的,从重处罚。(§12)

《最高人民法院关于审理走私、非法经营、非法使用兴奋剂刑事案件适用法律若干问题的解释》(法释〔2019〕16 号,自 2020 年 1 月 1 日起施行)

△(生产、销售含有兴奋剂目录所列物质的食品;生产、销售不符合安全标准的食品罪;生产、销售有毒、有害食品罪)生产、销售含有兴奋剂目录所列物质的食品,符合刑法第一百四十三条、第一百四十四条规定的,以生产、销售不符合安全标准的食品罪、生产、销售有毒、有害食品罪定罪处罚。(§5)

△("兴奋剂""兴奋剂目录所列物质""体育运动""国内、国际重大体育竞赛"等专门性问题;认定意见)对于是否属于本解释规定的"兴奋剂""兴奋剂目录所列物质""体育运动""国内、国际重大体育竞赛"等专门性问题,应当依据《中华人民共和国体育法》《反兴奋剂条例》等法律法规,结合国务院体育主管部门出具的认定意见等证据材料作出认定。(§8)

《最高人民检察院关于废止〈最高人民检察院关于办理非法经营食盐刑事案件具体应用法律若干问题的解释〉的决定》(高检发释字〔2020〕2 号,自 2020 年 4 月 1 日起施行)

① 《刑法修正案(八)》已将"食源性疾患"改为"食源性疾病"。

△(**以非碘盐充当碘盐或者以工业用盐等非食盐充当食盐等危害食盐安全;生产、销售不符合安全标准的食品罪**)为适应盐业体制改革,保证国家法律统一正确适用,根据《食盐专营办法》(国务院令696号)的规定,结合检察工作实际,最高人民检察院决定废止《最高人民检察院关于办理非法经营食盐刑事案件具体应用法律若干问题的解释》(高检发释字〔2002〕6号)。

该解释废止后,对以非碘盐充当碘盐或者以工业用盐等非食盐充当食盐等危害食盐安全的行为,人民检察院可以依据《最高人民法院、最高人民检察院关于办理生产、销售伪劣商品刑事案件具体应用法律若干问题的解释》(法释〔2001〕10号)、《最高人民法院、最高人民检察院关于办理危害食品安全刑事案件适用法律若干问题的解释》(法释〔2013〕12号)的规定,分别不同情况,以生产、销售伪劣产品罪,或者生产、销售不符合安全标准的食品罪,或者生产、销售有毒、有害食品罪追究刑事责任。

《最高人民法院、最高人民检察院关于办理危害食品安全刑事案件适用法律若干问题的解释》(法释〔2021〕24号,自2022年1月1日起施行)

△(**足以造成严重食物中毒事故或者其他严重食源性疾病**)生产、销售不符合食品安全标准的食品,具有下列情形之一的,应当认定为刑法第一百四十三条规定的"足以造成严重食物中毒事故或者其他严重食源性疾病":

(一)含有严重超出标准限量的致病性微生物、农药残留、兽药残留、生物毒素、重金属等污染物质以及其他严重危害人体健康的物质的;

(二)属于病死、死因不明或者检验检疫不合格的畜、禽、兽、水产动物肉类及其制品的;

(三)属于国家为防控疾病等特殊需要明令禁止生产、销售的;

(四)特殊医学用途配方食品、专供婴幼儿的主辅食品营养成分严重不符合食品安全标准的;

(五)其他足以造成严重食物中毒事故或者严重食源性疾病的情形。(§1)

△(**对人体健康造成严重危害**)生产、销售不符合食品安全标准的食品,具有下列情形之一的,应当认定为刑法第一百四十三条规定的"对人体健康造成严重危害":

(一)造成轻伤以上伤害的;

(二)造成轻度残疾或者中度残疾的;

(三)造成器官组织损伤导致一般功能障碍或者严重功能障碍的;

(四)造成十人以上严重食物中毒或者其他严重食源性疾病的;

(五)其他对人体健康造成严重危害的情形。(§2)

△(**其他严重情节**)生产、销售不符合食品安全标准的食品,具有下列情形之一的,应当认定为刑法第一百四十三条规定的"其他严重情节":

(一)生产、销售金额二十万元以上的;

(二)生产、销售金额十万元以上不满二十万元,不符合食品安全标准的食品数量较大或者生产、销售持续时间六个月以上的;

(三)生产、销售金额十万元以上不满二十万元,属于特殊医学用途配方食品、专供婴幼儿的主辅食品的;

(四)生产、销售金额十万元以上不满二十万元,且在中小学校园、托幼机构、养老机构及周边面向未成年人、老年人销售的;

(五)生产、销售金额十万元以上不满二十万元,曾因危害食品安全犯罪受过刑事处罚或者二年内因危害食品安全违法行为受过行政处罚的;

(六)其他情节严重的情形。(§3)

△(**后果特别严重**)生产、销售不符合食品安全标准的食品,具有下列情形之一的,应当认定为刑法第一百四十三条规定的"后果特别严重":

(一)致人死亡的;

(二)造成重度残疾以上的;

(三)造成三人以上重伤、中度残疾或者器官组织损伤导致严重功能障碍的;

(四)造成十人以上轻伤、五人以上轻度残疾或者器官组织损伤导致一般功能障碍的;

(五)造成三十人以上严重食物中毒或者其他严重食源性疾病的;

(六)其他特别严重的后果。(§4)

△(**超限量或者超范围滥用食品添加剂;超限量或者超范围滥用添加剂、农药、兽药等**)在食品生产、销售、运输、贮存过程中,违反食品安全标准,超限量或者超范围滥用食品添加剂,足以造成严重食物中毒事故或者其他严重食源性疾病的,依照刑法第一百四十三条的规定以生产、销售不符合安全标准的食品罪定罪处罚。

在食用农产品种植、养殖、销售、运输、贮存等过程中,违反食品安全标准,超限量或者超范围滥用添加剂、农药、兽药等,足以造成严重食物中毒事故或者其他严重食源性疾病的,适用前款的规定定罪处罚。(§5)

△(**使用不符合食品安全标准的食品包装材料等**)在食品生产、销售、运输、贮存等过程中,使用不符合食品安全标准的食品包装材料、容器、洗

涤剂、消毒剂，或者用于食品生产经营的工具、设备等，造成食品被污染，符合刑法第一百四十三条、第一百四十四条规定的，以生产、销售不符合安全标准的食品罪或者生产、销售有毒、有害食品罪定罪处罚。（§12）

△**（竞合；生产、销售不符合安全标准的食品罪；生产、销售有毒、有害食品罪；生产、销售伪劣产品罪；妨害动植物防疫、检疫罪等）** 生产、销售不符合食品安全标准的食品，有毒、有害食品，符合刑法第一百四十三条、第一百四十四条规定的，以生产、销售不符合安全标准的食品罪或者生产、销售有毒、有害食品罪定罪处罚。同时构成其他犯罪的，依照处罚较重的规定定罪处罚。

生产、销售不符合食品安全标准的食品，无证据证明足以造成严重食物中毒事故或者其他严重食源性疾病，不构成生产、销售不符合安全标准的食品罪，但构成生产、销售伪劣产品罪、妨害动植物防疫、检疫罪等其他犯罪的，依照该其他犯罪定罪处罚。（§13）

△**（共犯；生产、销售不符合安全标准的食品罪；生产、销售有毒、有害食品罪）** 明知他人生产、销售不符合食品安全标准的食品，有毒、有害食品，具有下列情形之一的，以生产、销售不符合安全标准的食品罪或者生产、销售有毒、有害食品罪的共犯论处：

（一）提供资金、贷款、账号、发票、证明、许可证件的；

（二）提供生产、经营场所或者运输、贮存、保管、邮寄、销售渠道等便利条件的；

（三）提供生产技术或者食品原料、食品添加剂、食品相关产品或者有毒、有害的非食品原料的；

（四）提供广告宣传的；

（五）提供其他帮助行为的。（§14）

△**（不符合食品安全标准的食品添加剂等；生产、销售伪劣产品罪；超过保质期的食品原料；超过保质期的食品；回收食品；竞合）** 生产、销售不符合食品安全标准的食品添加剂，用于食品的包装材料、容器、洗涤剂、消毒剂，或者用于食品生产经营的工具、设备等，符合刑法第一百四十条规定的，以生产、销售伪劣产品罪定罪处罚。

生产、销售用超过保质期的食品原料、超过保质期的食品、回收食品作为原料的食品，或者以更改生产日期、保质期、改换包装等方式销售超过保质期的食品、回收食品，适用前款的规定定罪处罚。

实施前两款行为，同时构成生产、销售不符合安全标准的食品罪、生产、销售不符合安全标准的产品罪等其他犯罪的，依照处罚较重的规定定罪处罚。（§15）

△**（畜禽屠宰；生产、销售有毒、有害食品罪；生产、销售不符合安全标准的食品罪；生产、销售伪劣产品罪）** 在畜禽屠宰相关环节，对畜禽养殖动物中禁止使用的药品及其他化合物等有毒、有害的非食品原料，依照刑法第一百四十四条的规定以生产、销售有毒、有害食品罪定罪处罚；对畜禽注水或者注入其他物质，足以造成严重食物中毒事故或者其他严重食源性疾病的，依照刑法第一百四十三条的规定以生产、销售不符合安全标准的食品罪定罪处罚；虽不足以造成严重食物中毒事故或者其他严重食源性疾病，但符合刑法第一百四十条规定的，以生产、销售伪劣产品罪定罪处罚。（§17Ⅱ）

△**（非法经营；竞合）** 实施本解释规定的非法经营行为，同时构成生产、销售伪劣产品罪，生产、销售不符合安全标准的食品罪，生产、销售有毒、有害食品罪，生产、销售伪劣农药、兽药罪等其他犯罪的，依照处罚较重的规定定罪处罚。（§18Ⅱ）

△**（罚金）** 生产、销售不符合安全标准的食品罪，生产、销售有毒、有害食品罪，一般应当依法判处生产、销售金额二倍以上的罚金。

共同犯罪的，对各共同犯罪人合计判处的罚金一般应当在生产、销售金额的二倍以上。（§21）

△**（禁止令；行政处罚）** 对实施本解释规定之犯罪的犯罪分子，应当依照刑法规定的条件，严格适用缓刑、免予刑事处罚。对于依法适用缓刑的，可以根据犯罪情况，同时宣告禁止令。

对于被不起诉或者免予刑事处罚的行为人，需要给予行政处罚、政务处分或者其他处分的，依法移送有关主管机关处理。（§22）

△**（单位犯罪）** 单位实施本解释规定的犯罪的，对单位判处罚金，并对直接负责的主管人员和其他直接责任人员，依照本解释规定的定罪量刑标准处罚。（§23）

△**（专门性问题；认定；书面意见）** "足以造成严重食物中毒事故或者其他严重食源性疾病""有毒、有害的非食品原料"等专门性问题难以确定的，司法机关可以依据鉴定意见、检验报告、地市级以上相关行政主管部门组织出具的书面意见，结合其他证据作出认定。必要时，专门性问题由省级以上相关行政主管部门组织出具书面意见。

△**（二年内）** 本解释所称"二年内"，以第一次违法行为受到行政处罚的生效之日与又实施相应行为之日的时间间隔计算确定。（§25）

【司法解释性文件】

《最高人民法院关于审理生产、销售伪劣商品刑事案件有关鉴定问题的通知》（法〔2001〕70号，2001年5月21日公布）

△（鉴定）根据《解释》①第三条和第四条的规定，人民法院受理的生产、销售假药犯罪案件和生产、销售不符合卫生标准②的食品犯罪案件，均需有"省级以上药品监督管理部门设置或者确定的药品检验机构"和"省级以上卫生行政部门确定的机构"出具的鉴定结论。（§2）

△（竞合；生产、销售伪劣产品罪）经鉴定确系伪劣商品，被告人的行为既构成生产、销售伪劣产品罪，又构成生产、销售假药罪或者生产、销售不符合卫生标准的食品罪，或者同时构成侵犯知识产权、非法经营等其他犯罪的，根据刑法第一百四十九条第二款和《解释》③第十条的规定，应当依照处罚较重的规定定罪处罚。（§3）

《最高人民检察院、公安部关于公安机关管辖的刑事案件立案追诉标准的规定（一）的补充规定》（公通字〔2017〕12号，2017年4月27日公布）

△（生产、销售不符合食品安全标准的食品罪；立案追诉标准）将《立案追诉标准（一）》第19条修改为：[生产、销售不符合安全标准的食品案（刑法第143条）] 生产、销售不符合食品安全标准④的食品，涉嫌下列情形之一的，应予立案追诉：

（一）食品含有严重超出标准限量的致病性微生物、农药残留、兽药残留、重金属、污染物质以及其他危害人体健康的物质的；

（二）属于病死、死因不明或者检验检疫不合格的畜、禽、兽、水产动物及其肉类、肉类制品的；

（三）属于国家为防控疾病等特殊需要明令禁止生产、销售的食品的；

（四）婴幼儿食品中生长发育所需营养成分严重不符合食品安全标准的；

（五）其他足以造成严重食物中毒事故或者严重食源性疾病的情形。

在食品加工、销售、运输、贮存等过程中，违反食品安全标准，超限量或者超范围滥用食品添加剂，足以造成严重食物中毒事故或者其他严重食源性疾病的，应予立案追诉。

在食用农产品种植、养殖、运输、贮存过程中，违反食品安全标准，超限量或者超范围滥用添加剂、农药、兽药等，足以造成严重食物中毒事故或者其他严重食源性疾病的，应予立案追诉。

《最高人民法院、最高人民检察院、公安部关于依法严惩"地沟油"犯罪活动的通知》（公通字〔2012〕1号，2012年1月9日公布）

△（地沟油；销售不符合安全标准的食品罪）虽无法查明"食用油"是否系利用"地沟油"生产、加工，但犯罪嫌疑人、被告人明知该"食用油"来源可疑而予以销售的，应分别情形处理：经鉴定，检出有毒、有害成分，依照刑法第144条销售有毒、有害食品的规定追究刑事责任；属于不符合安全标准的食品的，依照刑法第143条销售不符合安全标准的食品罪追究刑事责任；属于以假充真、以次充好、以不合格产品冒充合格产品或者假冒注册商标，构成犯罪的，依照刑法第140条销售伪劣产品罪或者第213条假冒注册商标罪、第214条销售假冒注册商标的商品罪追究刑事责任。

《最高人民法院关于充分发挥审判职能作用切实维护公共安全的若干意见》（法发〔2015〕12号，2015年9月16日公布）

△（非监禁刑；追缴违法犯罪所得；财产刑）依法惩治危害食品药品安全犯罪。食品药品安全形势不容乐观，重大、恶性食品药品安全犯罪案件时有发生，党中央高度关注，人民群众反映强烈。要以"零容忍"的态度，坚持最严厉的处罚、最严肃的问责，依法严惩生产、销售有毒、有害食品、不符合卫生标准的食品，以及生产、销售假药、劣药等犯罪。要充分认识此类犯罪的严重社会危害，严格缓刑、免刑等非监禁刑的适用。要采取有效措施依法追缴违法犯罪所得，充分适用财产刑，坚决让犯罪分子在经济上无利可图、得不偿失。要依法适用禁止令，有效防范犯罪分子再次危害社会。

【参考案例】

No.3-1-143-1　田井伟、谭亚琼生产、销售不符合安全标准的食品案

食品添加剂属于有毒有害的非食品原料，在食品生产中超量使用食品添加剂的行为，不成立生产、销售有毒有害食品罪。

---

① 即《最高人民法院、最高人民检察院关于办理生产、销售伪劣商品刑事案件具体应用法律若干问题的解释》（法释〔2001〕10号）。
② 《刑法修正案（八）》已将"生产、销售不符合卫生标准的食品罪"修正为"生产、销售不符合安全标准的食品罪"。
③ 《最高人民法院、最高人民检察院关于办理生产、销售伪劣商品刑事案件具体应用法律若干问题的解释》（法释〔2001〕10号）。
④ 《刑法修正案（八）》已将"生产、销售不符合卫生标准的食品罪"修正为"生产、销售不符合安全标准的食品罪"。

第一百四十四条 【生产、销售有毒、有害食品罪】
在生产、销售的食品中掺入有毒、有害的非食品原料的，或者销售明知掺有有毒、有害的非食品原料的食品的，处五年以下有期徒刑，并处罚金；对人体健康造成严重危害或者有其他严重情节的，处五年以上十年以下有期徒刑，并处罚金；致人死亡或者有其他特别严重情节的，依照本法第一百四十一条的规定处罚。

【立法沿革】

《中华人民共和国刑法》（1997年修订，自1997年10月1日起施行）

第一百四十四条

在生产、销售的食品中掺入有毒、有害的非食品原料的，或者销售明知掺有有毒、有害的非食品原料的食品的，五年以下有期徒刑或者拘役，并处或者单处销售金额百分之五十以上二倍以下罚金；造成严重食物中毒事故或者其他严重食源性疾患，对人体健康造成严重危害的，处五年以上十年以下有期徒刑，并处销售金额百分之五十以上二倍以下罚金；致人死亡或者对人体健康造成特别严重危害的，依照本法第一百四十一条的规定处罚。

《中华人民共和国刑法修正案（八）》（自2011年5月1日起施行）

二十五、将刑法第一百四十四条修改为：

"在生产、销售的食品中掺入有毒、有害的非食品原料的，或者销售明知掺有有毒、有害的非食品原料的食品的，处五年以下有期徒刑，并处罚金；对人体健康造成严重危害或者有其他严重情节的，处五年以上十年以下有期徒刑，并处罚金；致人死亡或者有其他特别严重情节的，依照本法第一百四十一条的规定处罚。"

【条文说明】

本条是关于生产、销售有毒、有害食品罪及其处罚的规定。

根据本条规定，生产、销售有毒、有害食品罪必须具备以下几个构成要件：

1. 行为人在主观方面是**故意犯罪**，即故意往食品中掺入有毒、有害非食品原料或者明知是有毒、有害食品而销售的行为。

2. 行为人在客观上实施了**在生产、销售的食品中掺入有毒、有害的非食品原料或者明知是掺有有毒、有害的非食品原料的食品而销售的行为**，至于销售后有无具体危害后果的发生并不影响本罪的成立。所谓**"有毒、有害的非食品原料"**，是指对人体具有生理毒性，食用后会引起不良反应，损害机体健康的不能食用的原料①，如制酒时加入工业酒精，在饮料中加入国家严禁使用的非食用色素等。如果掺入的是食品原料，由于污染、腐败变质而具有了毒害性，不构成本罪。《最高人民法院、最高人民检察院关于办理危害食品安全刑事案件适用法律若干问题的解释》第九条规定："下列物质应当认定为刑法第一百四十四条规定的'有毒、有害的非食品原料'：（一）因危害人体健康，被法律、法规禁止在食品生产经营活动中添加、使用的物质；（二）因危害人体健康，被国务院有关部门列入《食品中可能违法添加的非食用物质名单》《保健食品中可能非法添加的物质名单》和国务院有关部门公告的禁用农药《食品动物中禁止使用的药品及其他化合物清单》等名单上的物质；（三）其他有毒、有害的物质。"

对生产、销售有毒、有害的食品罪的处罚，根据危害程度的不同，分为三档刑罚：第一档刑罚，**在生产、销售的食品中掺入有毒、有害的非食品原料的，或者销售明知掺有有毒、有害的非食品原料的食品的**，处五年以下有期徒刑，并处罚金。第二档刑罚，对人体健康造成严重危害或者有其他严重情节的，处五年以上十年以下有期徒刑，并处罚金。"对人体健康造成严重危害"，是指对人体器官造成严重损伤以及其他严重损害人体健康的情节。"其他严重情节"，是指具有大量生产、销售有毒、有害食品等情节。第三档刑罚，**致人死亡或者有其他特别严重情节的**，依照《刑法》第一百四十一条生产、销售、提供假药罪的规定处罚，即处十年以上有期徒刑、无期徒刑或者死刑。"致人死亡或者有其他特别严重情节"，是指生产、销售的有毒、有害食品被食用后，造成他人死亡或者致使多人严重残疾，以及具有生产、销售特别大量有毒、有害食品情节的。

实践中需要注意以下两个方面的问题：

1. 在实际执行中，应当注意生产、销售有毒、

---

① 我国学者指出，对"有毒、有害的非食品原料"应当具体判断。即使原料本身无害，但掺入某种食品中会使食品有毒、有害，也属于"有毒、有害的非食品原料"。参见张明楷：《刑法学》（第6版），法律出版社2021年版，第954页。

害食品罪与其他罪的区别:一是与生产、销售不符合安全标准的食品罪的区别。生产、销售不符合安全标准的食品罪在食品中掺入的原料也可能有毒有害,但其本身是食品原料,其毒害性是由于食品原料污染或者腐败变质所引起的;而生产、销售有毒、有害食品罪中,往食品中掺入的则是有毒、有害的非食品原料。① 二是与**故意投放危险物质罪**的区别。投放危险物质罪的目的是造成不特定多数人死亡或伤亡;而生产、销售有毒、有害食品罪的目的则是获取非法利润,行为人对在食品中掺入有毒、有害非食品原料虽然是明知的,但并不追求致人伤亡的危害结果的发生。② 三是与**过失投放危险物质罪**的区别。主要在于主观心理状态不同。过失投放危险物质罪不是故意在食品中掺入有毒害性的非食品原料,而是疏忽大意或者过于自信造成的;而生产、销售有毒、有害食品罪则是故意在食品中掺入有毒害性的非食品原料。

2. 关于职业禁止。《刑法修正案(九)》增加《刑法》第三十七条之一职业禁止规定。对于因利用职业便利实施犯罪,或者实施违背职业要求的特定义务的犯罪被判处刑罚的,人民法院可以根据犯罪情况和预防再犯罪的需要,禁止其自刑罚执行完毕之日或者假释之日起从事相关职业,期限为三年至五年。其他法律、行政法规对其从事相关职业另有禁止或者限制性规定的,从其规定。《食品安全法》第一百三十五条第二款规定:"因食品安全犯罪被判处有期徒刑以上刑罚的,终身不得从事食品生产经营管理工作,也不得担任食品生产经营企业食品安全管理人员。"食品安全监督管理工作中应注意是否存在因食品安全犯罪被禁止从业的原犯人员从事食品行业工作的情况。对于食品安全犯罪被判处其他刑罚的,可以依照《刑法》第三十七条之一的规定,禁止其自刑罚执行完毕之日或者假释之日起从事食品行业,期限为三年至五年。

【司法解释】

《最高人民法院、最高人民检察院关于办理生产、销售伪劣商品刑事案件具体应用法律若干问题的解释》(法释〔2001〕10号,自2001年4月10日起施行)

△(**对人体健康造成严重危害**)生产、销售的有毒、有害食品被食用后,造成轻伤、重伤或者其他严重后果的,应认定为刑法第一百四十四条规定的"对人体健康造成严重危害"。(§5Ⅰ)

△(**生产、销售伪劣商品犯罪的共犯**)知道或者应当知道他人实施生产、销售伪劣商品犯罪,而为其提供贷款、资金、账号、发票、证明、许可证件,或者提供生产、经营场所或者运输、仓储、保管、邮寄等条件,或者提供制假售假技术的,以生产、销售伪劣商品犯罪的共犯论处。(§9)

△(**想象竞合;侵犯知识产权犯罪;非法经营罪**)实施生产、销售伪劣商品犯罪,同时构成侵犯知识产权、非法经营等其他犯罪的,依照处罚较重的规定定罪处罚。(§10)

△(**数罪并罚;妨害公务罪**)实施刑法第一百四十条至第一百四十八条规定的犯罪,又以暴力、威胁方法抗拒查处,构成其他犯罪的,依照数罪并罚的规定处罚。(§11)

△(**国家机关工作人员;从重处罚**)国家机关工作人员参与生产、销售伪劣商品犯罪的,从重处罚。(§12)

《最高人民法院、最高人民检察院关于办理非法生产、销售、使用禁止在饲料和动物饮用水中使用的药品等刑事案件具体应用法律若干问题的解释》(法释〔2002〕26号,自2002年8月23日起施行)

△(**盐酸克仑特罗;生产、销售有毒、有害食品罪**)使用盐酸克仑特罗等禁止在饲料和动物饮用水中使用的药品或者含有该类药品的饲料养殖供人食用的动物,或者销售明知是使用该类药品或者含有该类药品的饲料养殖的供人食用的动物的,依照刑法第一百四十四条的规定,以生产、销售有毒、有害食品罪追究刑事责任。(§3)

△(**盐酸克仑特罗;提供屠宰等加工服务;销售动物制品;生产、销售有毒、有害食品罪**)明知是使用盐酸克仑特罗等禁止在饲料和动物饮用水中

---

① 我国学者指出,由于有毒、有害食品必然足以造成严重употребления中毒事故或者其他严重的食源性疾病,就此而言,本罪与生产、销售不符合安全标准的食品罪是特别与一般的关系。成立本罪的行为,也必然符合生产、销售不符合安全标准的食品罪。参见张明楷:《刑法学》(第6版),法律出版社2021年版,第955—956页。

② 相同的学说见解,参见周光权:《刑法各论》(第4版),中国人民大学出版社2021年版,第248页。我国学者指出,两者的区别在于,生产、销售有毒、有害食品罪是抽象危险犯,投放危险物质罪则是具体危险犯。两者之间并非对立关系,存在成立想象竞合犯的可能性。参见张明楷:《刑法学》(第6版),法律出版社2021年版,第956页。另有学者指出,生产、销售有毒、有害食品罪与投放危险物质罪具有相似的一面,二者之间存在特别法与一般法的关系。两者的区别主要在于,是否发生在生产、经营活动中,并与之产生关系。如果出现确难以区分的场合,可以按照特别法优于一般法的原则加以处理。参见黎宏:《刑法学各论》(第2版),法律出版社2016年版,第89页。

使用的药品或者含有该类药品的饲料养殖的供人食用的动物,而提供屠宰等加工服务,或者销售其制品的,依照刑法第一百四十四条的规定,以生产、销售有毒、有害食品罪追究刑事责任。(§4)

△(**想象竞合**)实施本解释规定的行为,同时触犯刑法规定的两种以上犯罪的,依照处罚较重的规定追究刑事责任。(§5)

△(**禁止在饲料和动物饮用水中使用的药品**)禁止在饲料和动物饮用水中使用的药品,依照国家有关部门公告的禁止在饲料和动物饮用水中使用的药物品种目录确定。(§6)

《最高人民法院关于审理走私、非法经营、非法使用兴奋剂刑事案件适用法律若干问题的解释》(法释〔2019〕16号,自2020年1月1日起施行)

△(**生产、销售含有兴奋剂目录所列物质的食品;生产、销售不符合安全标准的食品罪;生产、销售有毒、有害食品罪**)生产、销售含有兴奋剂目录所列物质的食品,符合刑法第一百四十三条、第一百四十四条规定的,以生产、销售不符合安全标准的食品罪、生产、销售有毒、有害食品罪定罪处罚。(§5)

△(**"兴奋剂""兴奋剂目录所列物质""体育运动""国内、国际重大体育竞赛"等专门性问题;认定意见**)对于是否属于本解释规定的"兴奋剂""兴奋剂目录所列物质""体育运动""国内、国际重大体育竞赛"等专门性问题,应当依据《中华人民共和国体育法》《反兴奋剂条例》等法律法规,结合国务院体育主管部门出具的认定意见等证据材料作出认定。(§8)

《最高人民检察院关于废止〈最高人民检察院关于办理非法经营食盐刑事案件具体应用法律若干问题的解释〉的决定》(高检发释字〔2020〕2号,自2020年4月1日起施行)

△(**以非碘盐充当碘盐或者以工业用盐等非食盐充当食盐等危害食盐安全;生产、销售有毒、有害食品罪**)为适应盐业体制改革,保证国家法律统一正确适用,根据《食盐专营办法》(国务院令696号)的精神,结合检察工作实际,最高人民检察院决定废止《最高人民检察院关于办理非法经营食盐刑事案件具体应用法律若干问题的解释》(高检发释字〔2002〕6号)。

该解释废止后,对以非碘盐充当碘盐或者以工业用盐等非食盐充当食盐安全的行为,人民检察院可以依据《最高人民法院、最高人民检察院关于办理生产、销售伪劣商品刑事案件具体应用法律若干问题的解释》(法释〔2001〕10号)、《最高人民法院、最高人民检察院关于办理危害食品安全刑事案件适用法律若干问题的解释》(法释〔2013〕12号)的规定,分别不同情况,以生产、销售伪劣产品罪,或者生产、销售不符合安全标准的食品罪,或者生产、销售有毒、有害食品罪追究刑事责任。

《最高人民法院、最高人民检察院关于办理危害食品安全刑事案件适用法律若干问题的解释》(法释〔2021〕24号,自2022年1月1日起施行)

△(**对人体健康造成严重危害**)生产、销售有毒、有害食品,具有本解释第二条规定情形之一的,应当认定为刑法第一百四十四条规定的"对人体健康造成严重危害"。(§6)

△(**其他严重情节**)生产、销售有毒、有害食品,具有下列情形之一的,应当认定为刑法第一百四十四条规定的"其他严重情节":

(一)生产、销售金额二十万元以上不满五十万元的;

(二)生产、销售金额十万元以上不满二十万元,有毒、有害食品数量较大或者生产、销售持续时间六个月以上的;

(三)生产、销售金额十万元以上不满二十万元,属于特殊医学用途配方食品、专供婴幼儿的主辅食品的;

(四)生产、销售金额十万元以上不满二十万元,在中小学校园、托幼机构、养老机构及周边面向未成年人、老年人销售的;

(五)生产、销售金额十万元以上不满二十万元,曾因危害食品安全犯罪受过刑事处罚或者二年内因危害食品安全违法行为受过行政处罚的;

(六)有毒、有害的非食品原料毒害性强或者含量高的;

(七)其他情节严重的情形。(§7)

△(**其他特别严重情节**)生产、销售有毒、有害食品,生产、销售金额五十万元以上,或者具有本解释第四条第二项至第六项规定的情形之一的,应当认定为刑法第一百四十四条规定的"其他特别严重情节"。(§8)

△(**有毒、有害的非食品原料**)下列物质应当认定为刑法第一百四十四条规定的"有毒、有害的非食品原料":

(一)因危害人体健康,被法律、法规禁止在食品生产经营活动中添加、使用的物质;

(二)因危害人体健康,被国务院有关部门列入《食品中可能违法添加的非食用物质名单》《保健食品中可能非法添加的物质名单》和国务院有关部门公告的禁用农药、《食品动物中禁止使用的药品及其他化合物清单》等名单上的物质;

(三)其他有毒、有害的物质。(§9)

△(**明知**)刑法第一百四十四条规定的"明知",应当综合行为人的认知能力、食品质量、进货或者销售的渠道及价格等主、客观因素进行认定。

具有下列情形之一的,可以认定为刑法第一百四十四条规定的"明知",但存在相反证据并经查证属实的除外:

(一)长期从事相关食品、食用农产品生产、种植、养殖、销售、运输、贮存行业,不依法履行保障食品安全义务的;

(二)没有合法有效的购货凭证,且不能提供或者拒不提供销售的相关食品来源的;

(三)以明显低于市场价格进货或者销售且无合理原因的;

(四)在有关部门发出禁令或者食品安全预警的情况下继续销售的;

(五)因实施危害食品安全行为受过行政处罚或者刑事处罚,又实施同种行为的;

(六)其他足以认定行为人明知的情形。(§10)

△(**掺入/使用有毒、有害的非食品原料;食用农产品、保健食品**)在食品生产、销售、运输等过程中,掺入有毒、有害的非食品原料,或者使用有毒、有害的非食品原料生产食品的,依照刑法第一百四十四条的规定以生产、销售有毒、有害食品罪定罪处罚。

在食用农产品种植、养殖、销售、运输、贮存过程中,使用禁用农药、食品动物中禁止使用的药品及其他化合物等有毒、有害的非食品原料,适用前款的规定定罪处罚。

在保健食品或者其他食品中非法添加国家禁用药物等有毒、有害的非食品原料的,适用第一款的规定定罪处罚。(§11)

△(**使用不符合食品安全标准的食品包装材料等**)在食品生产、销售、运输、贮存等过程中,使用不符合食品安全标准的食品包装材料、容器、洗涤剂、消毒剂,或者用于食品生产经营的工具、设备等,造成食品被污染,符合刑法第一百四十三条、第一百四十四条规定的,以生产、销售不符合安全标准的食品罪或者生产、销售有毒、有害食品罪定罪处罚。(§12)

△(**竞合;生产、销售不符合安全标准的食品罪;生产、销售有毒、有害食品罪;生产、销售伪劣产品罪;妨害动植物防疫、检疫罪等**)生产、销售不符合食品安全标准的食品,有毒、有害食品,符合刑法第一百四十三条、第一百四十四条规定的,以生产、销售不符合安全标准的食品罪或者生产、销售有毒、有害食品罪定罪处罚。同时构成其他犯罪的,依照处罚较重的规定定罪处罚。

生产、销售不符合食品安全标准的食品,无证据证明足以造成严重食物中毒事故或者其他严重食源性疾病,不构成生产、销售不符合安全标准的食品罪,但构成生产、销售伪劣产品罪,妨害动植物防疫、检疫罪等其他犯罪的,依照该其他犯罪定罪处罚。(§13)

△(**共犯;生产、销售不符合安全标准的食品罪;生产、销售有毒、有害食品罪**)明知他人生产、销售不符合食品安全标准的食品,有毒、有害食品,具有下列情形之一的,以生产、销售不符合安全标准的食品罪或者生产、销售有毒、有害食品罪的共犯论处:

(一)提供资金、贷款、账号、发票、证明、许可证件的;

(二)提供生产、经营场所或者运输、贮存、保管、邮寄、销售渠道等便利条件的;

(三)提供生产技术或者食品原料、食品添加剂、食品相关产品或者有毒、有害的非食品原料的;

(四)提供广告宣传的;

(五)提供其他帮助行为的。(§14)

△(**不符合食品安全标准的食品添加剂等;生产、销售伪劣产品罪;超过保质期的食品原料;超过保质期的食品;回收食品;竞合**)生产、销售不符合食品安全标准的食品添加剂,用于食品的包装材料、容器、洗涤剂、消毒剂,或者用于食品生产经营的工具、设备等,符合刑法第一百四十条规定的,以生产、销售伪劣产品罪定罪处罚。

生产、销售使用超过保质期的食品原料、超过保质期的食品、回收食品作为原料的食品,或者以更改生产日期、保质期、改换包装等方式销售超过保质期的食品、回收食品,适用前款的规定定罪处罚。

实施前两款行为,同时构成生产、销售不符合安全标准的食品罪,生产、销售不符合安全标准的产品罪等其他犯罪的,依照处罚较重的规定定罪处罚。(§15)

△(**畜禽屠宰;生产、销售有毒、有害食品罪;生产、销售不符合安全标准的食品罪;生产、销售伪劣产品罪**)在畜禽屠宰相关环节,对畜禽使用食品动物中禁止使用的药品及其他化合物等有毒、有害的非食品原料,依照刑法第一百四十四条的规定以生产、销售有毒、有害食品罪定罪处罚;对畜禽注水或者注入其他物质,足以造成严重食物中毒事故或者其他严重食源性疾病的,依照刑法第一百四十三条的规定以生产、销售不符合安全标准的食品罪定罪处罚;虽不足以造成严重食物

中毒事故或者其他严重食源性疾病,但符合刑法第一百四十条规定的,以生产、销售伪劣产品罪定罪处罚。(§17Ⅱ)

△(非法经营;竞合)实施本解释规定的非法经营行为,同时构成生产、销售伪劣产品罪、生产、销售不符合安全标准的食品罪,生产、销售有毒、有害食品罪,生产、销售伪劣农药、兽药罪等其他犯罪的,依照处罚较重的规定定罪处罚。(§18Ⅱ)

△(罚金)犯生产、销售不符合安全标准的食品罪,生产、销售有毒、有害食品罪,一般应当依法判处生产、销售金额二倍以上的罚金。

共同犯罪的,对各共同犯罪人合计判处的罚金一般应当在生产、销售金额的二倍以上。(§21)

△(禁止令;行政处罚)对实施本解释规定之犯罪的犯罪分子,应当依照刑法规定的条件,严格适用缓刑、免予刑事处罚。对于依法适用缓刑的,可以根据犯罪情况,同时宣告禁止令。

对于被不起诉或者免予刑事处罚的行为人,需要给予行政处罚、政务处分或者其他处分的,依法移送有关主管机关处理。(§22)

△(单位犯罪)单位实施本解释规定的犯罪的,对单位判处罚金,并对直接负责的主管人员和其他直接责任人员,依照本解释规定的定罪量刑标准处罚。(§23)

△(专门性问题;认定;书面意见)"足以造成严重食物中毒事故或者其他严重食源性疾病""有毒、有害的非食品原料"等专门性问题难以确定的,司法机关可以依据鉴定意见、检验报告、地市级以上相关行政主管部门组织出具的书面意见,结合其他证据作出认定。必要时,专门性问题由省级以上相关行政主管部门组织出具书面意见。(§24)

△(二年内)本解释所称"二年内",以第一次违法行为受到行政处罚的生效之日与又实施相应行为之日的时间间隔计算确定。(§25)

【司法解释性文件】

《最高人民检察院、公安部关于公安机关管辖的刑事案件立案追诉标准的规定(一)的补充规定》(公通字〔2017〕12号,2017年4月27日公布)

△(生产、销售有毒、有害食品罪;立案追诉标准;食品加工、销售、运输、贮存;食用农产品种植、养殖、销售、运输、贮存;保健食品;有毒、有害的非食品原料)将《立案追诉标准(一)》第20条修改为:[生产、销售有毒、有害食品案(刑法第144条)]在生产、销售的食品中掺入有毒、有害的非食品原料的,或者销售明知掺有有毒、有害的非食品原料的食品的,应予立案追诉。

在食品加工、销售、运输、贮存等过程中,掺入有毒、有害的非食品原料,或者使用有毒、有害的非食品原料加工食品的,应予立案追诉。

在食用农产品种植、养殖、销售、运输、贮存过程中,使用禁用农药、兽药等禁用物质或者其他有毒、有害物质的,应予立案追诉。

在保健食品或者其他食品中非法添加国家禁用药物等有毒、有害物质的,应予立案追诉。

下列物质应当认定为本条规定的"有毒、有害的非食品原料":

(一)法律、法规禁止在食品生产经营活动中添加、使用的物质;

(二)国务院有关部门公布的《食品中可能违法添加的非食用物质名单》《保健食品中可能非法添加的物质名单》中所列物质;

(三)国务院有关部门公告禁止使用的农药、兽药以及其他有毒、有害物质;

(四)其他危害人体健康的物质。(§20)

《最高人民法院、最高人民检察院、公安部关于依法严惩"地沟油"犯罪活动的通知》(公通字〔2012〕1号,2012年1月9日公布)

△(地沟油;生产有毒、有害食品罪)对于利用"地沟油"生产"食用油"的,依照刑法第144条生产有毒、有害食品罪的规定追究刑事责任。

△(地沟油;明知之认定)明知是利用"地沟油"生产的"食用油"而予以销售的,依照刑法第144条销售有毒、有害食品罪的规定追究刑事责任。认定是否"明知",应当结合犯罪嫌疑人、被告人的认知能力,犯罪嫌疑人、被告人及其同案人的供述和辩解,证人证言,产品质量,进货渠道及进货价格、销售渠道及销售价格等主、客观因素予以综合判断。

△(地沟油;销售有毒、有害食品罪)对于利用"地沟油"生产的"食用油",已经销售出去没有实物,但是有证据证明系已被查实生产、销售有毒、有害食品犯罪事实的上线提供的,依照刑法第144条销售有毒、有害食品罪的规定追究刑事责任。

△(明知"食用油"来源可疑;销售有毒、有害食品罪)虽无法查明"食用油"是否系利用"地沟油"生产、加工,但犯罪嫌疑人、被告人明知该"食用油"来源可疑而予以销售的,应分别情形处理:经鉴定,检出有毒、有害成分的,依照刑法第144条销售有毒、有害食品罪的规定追究刑事责任;属于不符合安全标准的食品的,依照刑法第143条销售不符合安全标准的食品罪追究刑事责任;属于以假充真、以次充好、以不合格产品冒充合格产

品或者假冒注册商标,构成犯罪的,依照刑法第140条销售伪劣产品罪或者第213条假冒注册商标罪、第214条销售假冒注册商标的商品罪追究刑事责任。

△(共犯)知道或应当知道他人实施以上第(一)、(二)、(三)款犯罪行为,而为其掏捞、加工、贩运"地沟油",或者提供贷款、资金、账号、发票、证明、许可证件,或者提供技术、生产、经营场所、运输、仓储、保管等便利条件的,依照本条第(一)、(二)款犯罪的共犯论处。

△(行政部门)对违反有关规定,掏捞、加工、贩运"地沟油",没有证据证明用于生产"食用油"的,交由行政部门处理。

△(宽严相济刑事政策;自首;立功;从宽;缓刑;免予刑事处罚;禁止令)在对"地沟油"犯罪定罪量刑时,要充分考虑犯罪数额、犯罪分子主观恶性及其犯罪手段、犯罪行为对人民群众生命安全和身体健康的危害,对市场经济秩序的破坏程度、恶劣影响等。对于具有累犯、前科、共同犯罪的主犯、集团犯罪的首要分子等情节,以及犯罪数额巨大、情节恶劣、危害严重,群众反映强烈,给国家和人民利益造成重大损失的犯罪分子,依法严惩,罪当判处死刑的,要坚决依法判处死刑。对在同一条生产销售链上的犯罪分子,要在法定刑幅度内体现严惩源头犯罪的精神,确保生产环节与销售环节量刑的整体平衡。对于明知是"地沟油"而非法销售的公司、企业,要依法从严追究有关单位和直接责任人员的责任。对于具有自首、立功、从犯等法定情节的犯罪分子,可以依法从宽处理。要严格把握适用缓刑、免予刑事处罚的条件。对依法必须适用缓刑的,一般同时宣告禁止令,禁止其在缓刑考验期内从事与食品生产、销售等有关的活动。

《最高人民法院关于充分发挥审判职能作用切实维护公共安全的若干意见》(法发〔2015〕12号,2015年9月16日公布)

△(非监禁刑;追缴违法犯罪所得;财产刑)依法惩治危害食品药品安全犯罪。食品药品安全形势不容乐观,重大、恶性食品药品安全犯罪案件时有发生,党中央高度关注,人民群众反映强烈。要以"零容忍"的态度,坚持最严厉的处罚、最严肃的问责,依法严惩生产、销售有毒、有害食品、不符合卫生标准的食品,以及生产、销售假药、劣药等犯罪。要充分认识此类犯罪的严重社会危害,严格缓刑、免刑等非监禁刑的适用。要采取有效措施依法追缴违法犯罪所得,充分适用财产刑,坚决让犯罪分子在经济上无利可图、得不偿失。要依法适用禁止令,有效防范犯罪分子再次危害社会。

【指导性案例】

最高人民检察院指导性案例第12号:柳立国等人生产、销售有毒、有害食品,生产、销售伪劣产品案(2014年2月20日发布)

△(生产、销售有害食品罪;生产、销售伪劣产品罪)明知对方是食用油经销者,仍将用餐厨废弃油(俗称"地沟油")加工而成的劣质油脂销售给对方,导致劣质油脂流入食用油市场供人食用的,构成生产、销售有毒、有害食品罪;明知地沟油经销者向饲料生产企业和药品生产企业等单位销售豆油等食用油,仍将用餐厨废弃油加工而成的劣质油脂销售给对方,导致劣质油脂流向饲料生产企业和药品生产企业等单位的,构成生产、销售伪劣产品罪。

最高人民检察院指导性案例第13号:徐孝伦等人生产、销售有害食品案(2014年2月20日发布)

△(生产、销售有害食品罪)在食品加工过程中,使用有毒、有害的非食品原料加工食品并出售的,应当认定为生产、销售有毒、有害食品罪;明知是他人使用有毒、有害的非食品原料加工出的食品仍然购买并出售的,应当认定为销售有毒、有害食品罪。

最高人民检察院指导性案例第14号:孙建亮等人生产、销售有毒、有害食品案(2014年2月20日发布)

△(生产、销售有毒、有害食品罪;共犯)明知盐酸克伦特罗(俗称"瘦肉精")是国家禁止在饲料和动物饮用水中使用的药品,而用以养殖供人食用的动物并出售的,应当认定为生产、销售有毒、有害食品罪。明知盐酸克伦特罗是国家禁止在饲料和动物饮用水中使用的药品,而买卖并代买盐酸克伦特罗片剂,供他人用以养殖供人食用的动物的,应当认定为生产、销售有毒、有害食品罪的共犯。

最高人民检察院指导性案例第15号:胡林贵等人生产、销售有毒、有害食品,行贿;骆梅、刘康素销售伪劣产品;朱伟全、曾伟中生产、销售伪劣产品;黎达文等人受贿,食品监管渎职案(2014年2月20日发布)

△(数罪并罚;行贿罪)实施生产、销售有毒、有害食品犯罪,为逃避查处向负有食品安全监管职责的国家工作人员行贿的,应当以生产、销售有毒、有害食品罪和行贿罪实行数罪并罚。

第一百四十四条

最高人民法院指导性案例第70号：北京阳光一佰生物技术开发有限公司、习文有等生产、销售有毒、有害食品案(2016年12月28日发布)

△(有毒、有害的非食品原料)行为人在食品生产经营中添加的虽然不是国务院有关部门公布的《食品中可能违法添加的非食用物质名单》和《保健食品中可能非法添加的物质名单》中的物质，但如果该物质与上述名单中所列物质具有同等属性，并且根据检验报告和专家意见等相关材料能够确定该物质对人体具有同等危害的，可以认定为《刑法》第一百四十四条规定的"有毒、有害的非食品原料"。

【参考案例】

No.3-1-144-1 林烈群、何华平等销售有害食品案

以工业原料冒充食品予以销售致人死亡的，应以生产、销售有毒、有害食品罪论处。

No.3-1-144-2 俞亚春生产、销售有毒、有害食品案

销售以有毒物质饲养的肉类至多人中毒的，应以生产、销售有毒食品罪论处。

No.3-1-144-3 俞亚春生产、销售有毒、有害食品案

生产、销售的有毒食品被食用后，导致多人中毒，但未造成身体伤害的，不应认定为生产、销售有毒、有害食品罪的对人体健康造成严重危害，不能依照《刑法》第一百四十一条的规定处罚。

No.3-1-144-4 王岳超等生产销售有毒、有害食品案

生产、销售有毒、有害食品罪与以危险方法危害公共安全罪之间存在法条竞合关系，根据特别法优于普通法的原则，应以生产、销售有毒、有害食品罪论处。

No.3-1-144-5 王岳超等生产销售有毒、有害食品案

在生产、销售的食品中故意掺入有毒、有害的非食品原料，应以生产、销售有毒、有害食品罪论处。

No.3-1-144-6 王岳超等生产销售有毒、有害食品案

对于被吊销营业执照的单位犯罪，公诉机关虽未追究单位的刑事责任，仍然可以追究直接负责的主管人员和其他直接责任人员的刑事责任。

No.3-1-144-8 杨涛销售有毒、有害食品案

明知食品中含有国家明文禁止生产销售和使用的药物成分而销售的，构成销售有毒、有害食品罪。

No.3-1-144-11 柳立国等生产销售有毒、有害食品，生产、销售伪劣产品案

明知地沟油流向食用市场而生产销售的，应认定为生产、销售有毒、有害食品罪；明知地沟油将流向非食用市场而生产、销售的，应认定为生产、销售伪劣产品罪。

No.3-1-144-12 张联新、郑荷芹生产、销售有毒、有害食品，李阿明、何金友生产有毒、有害食品，王一超等销售有毒、有害食品案

利用含有淋巴的花油、含有伤肉的膘肉碎、"肚下膀"等肉制品加工废弃物生产、加工的"食用油"，即便检测报告中未检测出有毒、有害成分，仍应当视为"新型地沟油"。

No.3-1-144-13 张联新、郑荷芹生产、销售有毒、有害食品，李阿明、何金友生产有毒、有害食品，王一超等销售有毒、有害食品案

明知他人生产加工地沟油供人使用仍然向其提供生猪屠宰废弃物作为原料的，与生产者成立生产、销售有毒、有害食品罪的共犯，生猪屠宰行为的合法性不影响共犯的认定。

No.3-1-144-14 邓文均、符纯宣生产、销售有毒、有害食品案

认定有毒有害食品不能仅依据鉴定意见，而应结合其实质危害性、回收和使用行为的行政违法性以及法律和司法解释的相关规定进行判断。

第一百四十五条 【生产、销售不符合标准的医用器材罪】

生产不符合保障人体健康的国家标准、行业标准的医疗器械、医用卫生材料，或者销售明知是不符合标准的保障人体健康的国家标准、行业标准的医疗器械、医用卫生材料，足以严重危害人体健康的，处三年以下有期徒刑或者拘役，并处销售金额百分之五十以上二倍以下罚金；对人体健康造成严重危害的，处三年以上十年以下有期徒刑，并处销售金额百分之五十以上二倍以下罚金；后果特别严重的，处十年以上有期徒刑或者无期徒刑，并处销售金额百分之五十以上二倍以下罚金或者没收财产。

【立法沿革】

《中华人民共和国刑法》（1997年修订，自1997年10月1日起施行）

第一百四十五条

生产不符合保障人体健康的国家标准、行业标准的医疗器械、医用卫生材料，或者销售明知是不符合保障人体健康的国家标准、行业标准的医疗器械、医用卫生材料，对人体健康造成严重危害的，处五年以下有期徒刑，并处销售金额百分之五十以上二倍以下罚金；后果特别严重的，处五年以上十年以下有期徒刑，并处销售金额百分之五十以上二倍以下罚金，其中情节特别恶劣的，处十年以上有期徒刑或者无期徒刑，并处销售金额百分之五十以上二倍以下罚金或者没收财产。

《中华人民共和国刑法修正案（四）》（自2002年12月28日起施行）

一、将刑法第一百四十五条修改为：

"生产不符合保障人体健康的国家标准、行业标准的医疗器械、医用卫生材料，或者销售明知是不符合标准的保障人体健康的国家标准、行业标准的医疗器械、医用卫生材料，足以严重危害人体健康的，处三年以下有期徒刑或者拘役，并处销售金额百分之五十以上二倍以下罚金；对人体健康造成严重危害的，处三年以上十年以下有期徒刑，并处销售金额百分之五十以上二倍以下罚金；后果特别严重的，处十年以上有期徒刑或者无期徒刑，并处销售金额百分之五十以上二倍以下罚金或者没收财产。"

【条文说明】

本条是关于生产、销售不符合标准的医用器材罪及其处罚的规定。

根据本条的规定，生产、销售不符合标准的医用器材罪有以下构成要件：

1. 行为人在主观上是**故意**的。国家对于医疗器械、医用卫生材料的生产单位有严格的审批程序，还制定了严格的国家标准、行业标准，产品不符合标准的，不准出厂。作为生产者，对于所生产的医疗器械、医用卫生材料是否达到国家标准、行业标准是十分清楚的，如果生产不符合标准的医疗器材，其主观故意是明显的。作为销售者，本条规定是在明知是不符合标准的医疗器械、医用卫生材料的情况下销售的，才构成本罪，这种情况销售者当然在主观上是故意的。如果销售者不知道是不符合标准的医疗器械、医用卫生材料而销售的，不构成本罪。

2. **生产者在客观上具有生产不符合保障人体健康的国家标准、行业标准的医疗器械、医用卫生材料的行为，销售者在客观上具有明知是不符合保障人体健康的国家标准、行业标准的医疗器械、医用卫生材料而予以销售的行为**。这里规定的"国家标准、行业标准"，主要是指国家卫生主管部门或者医疗器械、医用卫生材料生产行业制定的旨在保障人们使用安全的有关质量与卫生标准。根据最高人民法院、最高人民检察院关于办理生产、销售伪劣商品刑事案件具体应用法律若干问题的解释》的规定，没有国家标准、行业标准的医疗器材，其注册产品标准可视为"保障人体健康的行业标准"。"医疗器械"，是指用于人体疾病诊断、治疗、预防，调节人体生理功能或者替代人体器官的仪器、设备、材料、植入物和相关物品，如注射器、心脏起搏器、超声波诊断仪等。"**医用卫生材料**"是指用于诊断、治疗、预防人的疾病，调节人的生理功能的辅助材料，如医用纱布、药棉等。

3. 生产、销售不符合标准的医疗器械、医用卫生材料，只要**足以严重危害人体健康**，就构成犯罪。

对生产不符合保障人体健康的国家标准、行业标准的医疗器械、医用卫生材料，或者销售明知是不符合保障人体健康的国家标准、行业标准的医疗器械、医用卫生材料的处罚，根据危害程度的不同，分为三档刑罚。第一档刑罚，**足以严重危害人体健康的**，处三年以下有期徒刑或者拘役，并处销售金额百分之五十以上二倍以下罚金。《最高人民检察院、公安部关于公安机关管辖的刑事案件立案追诉标准的规定（一）》第二十一条第一款规定:"生产不符合保障人体健康的国家标准、行业标准的医疗器械、医用卫生材料,或者销售明知是不符合保障人体健康的国家标准、行业标准的医疗器械、医用卫生材料,涉嫌下列情形之一的,应予立案追诉:(一)进入人体的医疗器械的材料中含有超过标准的有毒有害物质的;(二)进入人体的医疗器械的有效性指标不符合标准要求,导致治疗、替代、调节、补偿功能部分或者全部丧失,可能造成贻误诊治或者人体严重损伤的;(三)用于诊断、监护、治疗的有源医疗器械的安全指标不符合强制性标准要求,可能对人体构成伤害或者潜在危害的;(四)用于诊断、监护、治疗的有源医疗器械的主要性能指标不合格,可能造成贻误诊治或者人体严重损伤的;(五)未经批准,擅自增加功能或者适用范围,可能造成贻误诊治或者人体严重损伤的;(六)其他足以严重危害人体健康或者对人体健康造成严重危害的情形。"第二档刑罚,**对人体健康造成严重危害的**,处三年以上十年以下有期徒刑,并处销售金额百分之五十以上二倍以下罚金。根据《最高人民法院、最高人民检察院关于办理生产、销售伪劣商品刑事案件具体应用法律若干问题的解释》第六条第一款的规定,生产、销售不符合标准的医疗器械、医用卫生材料,致人轻伤或者人体严重损伤的,应认定为"**对人体健康造成严重危害**"。第三档刑罚,**后果特别严重的**,处十年以上有期徒刑或者无期徒刑,并处销售金额百分之五十以上二倍以下罚金或者没收财产。根据《最高人民法院、最高人民检察院关于办理生产、销售伪劣商品刑事案件具体应用法律若干问题的解释》第六条第二款的规定,生产、销售不符合标准的医疗器械、医用卫生材料,造成感染病毒性肝炎等难以治愈的疾病,一人以上重伤、三人以上轻伤或者其他严重后果的,应认定为"**后果特别严重**"。

需要注意的是,按照《最高人民检察院、公安部关于公安机关管辖的刑事案件立案追诉标准的规定(一)》第二十一条、《最高人民法院、最高人民检察院关于办理妨害预防、控制突发传染病疫情等灾害的刑事案件具体应用法律若干问题的解释》第三条的规定,将医疗机构或者个人知

道或者应当知道是不符合保障人体健康的国家标准、行业标准的医疗器械、医用卫生材料而购买并有偿使用的认定为"**销售**",以本罪定罪处罚。

【司法解释】

《最高人民法院、最高人民检察院关于办理生产、销售伪劣商品刑事案件具体应用法律若干问题的解释》(法释〔2001〕10号,自2001年4月10日起施行)

△(**对人体健康造成严重危害;后果特别严重;情节特别恶劣;医疗机构;保障人体健康的行业标准**)生产、销售不符合标准的医疗器械、医用卫生材料,致人轻伤或者其他严重后果的,应认定为刑法第一百四十五条规定的"对人体健康造成严重危害"。

生产、销售不符合标准的医疗器械、医用卫生材料,造成感染病毒性肝炎等难以治愈的疾病,一人以上重伤、三人以上轻伤或者其他严重后果的,应认定为"后果特别严重"。

生产、销售不符合标准的医疗器械、医用卫生材料,致人死亡、严重残疾、感染艾滋病、三人以上重伤、十人以上轻伤或者造成其他特别严重后果的,应认定为"情节特别恶劣"。

医疗机构或者个人,知道或者应当知道[1]是不符合保障人体健康的国家标准、行业标准的医疗器械、医用卫生材料而购买、使用,对人体健康造成严重危害的,以销售不符合标准的医用器材罪定罪处罚。[2]

没有国家标准、行业标准的医疗器械,注册产品标准可视为"保障人体健康的行业标准"。(§6)

△(**生产、销售伪劣商品犯罪的共犯**)知道或者应当知道他人实施生产、销售伪劣商品犯罪,为其提供贷款、资金、账号、发票、证明、许可证件,或者提供生产、经营场所或者运输、仓储、保管、邮寄等便利条件,或者提供制假生产技术的,以生产、销售伪劣商品犯罪的共犯论处。(§9)

△(**想象竞合;侵犯知识产权犯罪;非法经营**

---

[1] 本罪只能由故意构成,成立本罪的共犯也必须具有故意。但是,"应当知道"并不意味着"明知"。故而,系争解释中的"应当知道"宜理解为"推定行为人知道"。参见张明楷:《刑法学》(第6版),法律出版社2021年版,第957页。

[2] 我国学者指出,从条文的明文规定来看,《刑法》第一百四十五条仅处罚销售不符合标准的医用器材的行为,故而,将购买不符合标准的医用器材的行为认定为销售行为,并不妥当。退万步而言,本解释并未注意区分有偿/无偿使用的情形。因为医疗机构或个人的使用行为一概地可以认定为本罪,也存在疑问。譬如,购买不符合标准的医用器材后供自己使用或者无偿提供给他人使用,不可能属于销售行为。再退万万步而言,即便是有偿使用医疗器械的情形,也不必然属于销售医疗器材。因为如果医疗机构所收取的只是服务费用,而不是医疗器材的对价,自然不能将提供行为评价为销售。参见张明楷:《刑法学》(第6版),法律出版社2021年版,第957—958页。

罪)实施生产、销售伪劣商品犯罪,同时构成侵犯知识产权、非法经营等其他犯罪的,依照处罚较重的规定定罪处罚。(§10)

△(**数罪并罚**;**妨害公务罪**)实施刑法第一百四十条至第一百四十八条规定的犯罪,又以暴力、威胁方法抗拒查处,构成其他犯罪的,依照数罪并罚的规定处罚。(§11)

△(**国家机关工作人员**;**从重处罚**)国家机关工作人员参与生产、销售伪劣商品犯罪的,从重处罚。(§12)

《**最高人民法院、最高人民检察院关于办理妨害预防、控制突发传染病疫情等灾害的刑事案件具体应用法律若干问题的解释**》(法释〔2003〕8号,自2003年5月15日起施行)

△(**预防、控制突发传染病疫情**;**用于防治传染病的不符合保障人体健康的国家标准、行业标准的医疗器械、医用卫生材料**;**生产、销售不符合标准的医用器材罪**;**从重处罚**;**生产、销售行为**;**医疗机构**)在预防、控制突发传染病疫情等灾害期间,生产用于防治传染病的不符合保障人体健康的国家标准、行业标准的医疗器械、医用卫生材料,或者销售明知是用于防治传染病的不符合保障人体健康的国家标准、行业标准的医疗器械、医用卫生材料,不具有防护、救治功能,足以严重危害人体健康的,依照刑法第一百四十五条的规定,以生产、销售不符合标准的医用器材罪定罪,依法从重处罚。

医疗机构或者个人,知道或者应当知道系前款规定的不符合保障人体健康的国家标准、行业标准的医疗器械、医用卫生材料而购买并有偿使用的,以销售不符合标准的医用器材罪定罪,依法从重处罚。(§3)

【**司法解释性文件**】

《**最高人民检察院、公安部关于公安机关管辖的刑事案件立案追诉标准的规定(一)**》(公通字〔2008〕36号,自2008年6月25日起施行)

△(**生产、销售不符合标准的医用器材罪**;**立案追诉标准**;**销售**)生产、销售不符合标准的国家标准、行业标准的医疗器械、医用卫生材料,或者销售明知是不符合保障人体健康的国家标准、行业标准的医疗器械、医用卫生材料,涉嫌下列情形之一的,应予立案追诉:

(一)进入人体的医疗器械的材料中含有超过标准的有毒有害物质的;

(二)进入人体的医疗器械的有效性指标不符合标准要求,导致治疗、替代、调节、补偿功能部分或者全部丧失,可能造成贻误诊治或者人体严重损伤的;

(三)用于诊断、监护、治疗的有源医疗器械的安全指标不符合强制性标准要求,可能对人体构成伤害或者潜在危害的;

(四)用于诊断、监护、治疗的有源医疗器械的主要性能指标不合格,可能造成贻误诊治或者人体严重损伤的;

(五)未经批准,擅自增加功能或者适用范围,可能造成贻误诊治或者人体严重损伤的;

(六)其他足以严重危害人体健康或者对人体健康造成严重危害的情形。

医疗机构或者个人知道或者应当知道是不符合保障人体健康的国家标准、行业标准的医疗器械、医用卫生材料而购买并有偿使用的,视为本条规定的"销售"。(§21)

《**最高人民法院、最高人民检察院、公安部、司法部关于依法惩治妨害新型冠状病毒感染肺炎疫情防控违法犯罪的意见**》(法发〔2020〕7号,2020年2月6日发布)

△(**肺炎疫情防控**;**生产、销售伪劣产品罪**;**生产、销售假药罪**;**生产、销售劣药罪**;**生产、销售不符合标准的医用器材罪**)依法严惩制假售假犯罪。在疫情防控期间,生产、销售伪劣的防治、防护产品、物资,或者生产、销售用于防治新型冠状病毒感染肺炎的假药、劣药,符合刑法第一百四十条、第一百四十一条、第一百四十二条规定的,以生产、销售伪劣产品罪,生产、销售假药罪或者生产、销售劣药罪定罪处罚。

在疫情防控期间,生产不符合国家标准、行业标准的医用口罩、护目镜、防护服等医用器材,或者销售明知是不符合标准的医用器材,足以严重危害人体健康的,依照刑法第一百四十五条的规定,以生产、销售不符合标准的医用器材罪定罪处罚。(§2Ⅲ)

△(**治安管理处罚**;**从重情节**)依法严惩妨害疫情防控的违法行为。实施上述(一)至(九)规定的行为,不构成犯罪的,由公安机关根据治安管理处罚法有关规定构成事实扰乱公共秩序、扰乱单位秩序、公共场所秩序、寻衅滋事,拒不执行紧急状态下的决定、命令,阻碍执行职务,冲闯警戒带、警戒区,殴打他人,故意伤害,侮辱他人,诈骗,在铁路沿线非法挖掘坑穴、采石取沙,盗窃、损毁路面公共设施,损毁铁路设施设备,故意毁损财物,哄抢公私财物等规定,予以治安管理处罚,或者由有关部门予以其他行政处罚。

对于在疫情防控期间实施有关违法犯罪的,

要作为从重情节予以考量,依法体现从严的政策要求,有力惩治震慑违法犯罪,维护法律权威,维护社会秩序,维护人民群众生命安全和身体健康。(§2X)

第一百四十六条 【生产、销售不符合安全标准的产品罪】
生产不符合保障人身、财产安全的国家标准、行业标准的电器、压力容器、易燃易爆产品或者其他不符合保障人身、财产安全的国家标准、行业标准的产品,或者销售明知是以上不符合保障人身、财产安全的国家标准、行业标准的产品,造成严重后果的,处五年以下有期徒刑,并处销售金额百分之五十以上二倍以下罚金;后果特别严重的,处五年以上有期徒刑,并处销售金额百分之五十以上二倍以下罚金。

【条文说明】

本条是关于生产、销售不符合安全标准的产品罪及其处刑的规定。

根据本条规定,生产、销售不符合安全标准的产品罪有以下构成要件:

1. 行为人在主观方面是**故意**的。由于电器、压力容器、易燃易爆产品使用危险性大,破坏性强,一旦发生爆炸、漏电、燃烧等,会给人的生命、健康和财产造成很大损失,因此,国家对电器、压力容器、易燃易爆产品规定了严格的国家标准和行业标准,不符合标准的,不准出厂。作为生产者,对所生产的电器、压力容器、易燃易爆产品没有达到保障人身、财产安全的国家标准、行业标准是十分清楚的,但仍然生产,其行为故意显而易见。作为销售者,在明知是不符合安全标准的电器、压力容器、易燃易爆产品的情况下面销售,也具备故意心理状态。如果销售者不知是不符合安全标准的产品而销售,不构成此罪。

2. **生产者在客观上有生产不符合保障人身、财产安全的国家标准、行业标准的电器、压力容器、易燃易爆产品或者其他不符合保障人身、财产安全的国家标准、行业标准的产品的行为;销售者有销售明知是以上不符合保障人身、财产安全的国家标准、行业标准的产品的行为。"电器"**,包括家用电器,如电视机、电冰箱、电热器、微波炉等各种电力器材等;"**压力容器**",是指锅炉、氧气瓶、煤气罐、压力锅等高压容器;"**易燃易爆产品**",是指烟花爆竹、雷管、民用炸药等容易燃烧爆炸的产品。

3. 生产、销售不符合安全标准的电器、压力容器、易燃易爆产品或者其他不符合保障人身、财产安全的国家标准、行业标准的产品,**造成严重后果的**,才构成犯罪,这也是划分罪与非罪的重要界限。如果没有造成严重后果,不构成此罪。2008年《最高人民检察院、公安部关于公安机关管辖的刑事案件立案追诉标准的规定(一)》第二十二条规定:"生产不符合保障人身、财产安全的国家标准、行业标准的电器、压力容器、易燃易爆或者其他不符合保障人身、财产安全的国家标准、行业标准的产品,或者销售明知是以上不符合保障人身、财产安全的国家标准、行业标准的产品,涉嫌下列情形之一的,应予立案追诉:(一)造成人员重伤或者死亡的;(二)造成直接经济损失十万元以上的;(三)其他造成严重后果的情形。"

对生产不符合保障人身、财产安全的国家标准、行业标准的电器、压力容器、易燃易爆产品或者其他不符合保障人身、财产安全的国家标准、行业标准的产品,或者销售明知是以上不符合保障人身、财产安全的国家标准、行业标准的产品的处理,规定了两档刑罚。第一档刑罚,**造成严重后果**的,处五年以下有期徒刑,并处销售金额百分之五十以上二倍以下罚金;第二档刑罚,**后果特别严重**的,处五年以上有期徒刑,并处销售金额百分之五十以上二倍以下罚金。

实践中需要注意以下两个方面的问题:

1. 应当注意区分生产、销售不符合安全标准的产品罪与其他罪的界限。(1)本罪与**爆炸罪、放火罪**的区别:本罪的目的是非法牟利,没有致人伤亡或造成财产损失的犯罪目的,而爆炸罪、放火罪则是通过制造爆炸、放火等方式以求直接达到致人伤亡或造成财产损失的目的。(2)本罪与**生产、销售伪劣产品罪**的界限:生产、销售不符合安全标准的电器、压力容器、易燃易爆产品的行为,同时触犯两个罪名的,按处刑较重的罪处罚。如果生产、销售不符合安全标准的电器、压力容器、易燃易爆产品的行为没有造成严重后果,不构成本罪,但销售金额在五万元以上的,应按生产、销售伪劣产品罪处理。

2. 本罪中的产品包括**安全设备**。2015年《最高人民法院、最高人民检察院关于办理危害生产安全刑事案件适用法律若干问题的解释》第十一条规定:"生产不符合保障人身、财产安全的国家标准、行业标准的安全设备,或者明知安全设备不符合保障人身、财产安全的国家标准、行业标准而进行销售,致使发生安全事故,造成严重后果的,依照刑法第一百四十六条的规定,以生产、销售不符合安全标准的产品罪定罪处罚。"

【司法解释】

《最高人民法院、最高人民检察院关于办理生产、销售伪劣商品刑事案件具体应用法律若干问题的解释》(法释〔2001〕10号,自2001年4月10日起施行)

△(生产、销售伪劣商品犯罪的共犯)知道或者应当知道他人实施生产、销售伪劣商品犯罪,而为其提供贷款、资金、账号、发票、证明、许可证件,或者提供生产、经营场所或者运输、仓储、保管、邮寄等便利条件,或者提供制假生产技术的,以生产、销售伪劣商品犯罪的共犯论处。(§9)

△(想象竞合;侵犯知识产权犯罪;非法经营罪)实施生产、销售伪劣商品犯罪,同时构成侵犯知识产权、非法经营等其他犯罪的,依照处罚较重的规定定罪处罚。(§10)

△(数罪并罚;妨害公务罪)实施刑法第一百四十条至第一百四十八条规定的犯罪,又以暴力、威胁方法抗拒查处,构成其他犯罪的,依照数罪并罚的规定处罚。(§11)

△(国家机关工作人员;从重处罚)国家机关工作人员参与生产、销售伪劣商品犯罪的,从重处罚。(§12)

《最高人民法院、最高人民检察院关于办理危害生产安全刑事案件适用法律若干问题的解释》(法释〔2015〕22号,自2015年12月16日起施行)

△(生产安全;生产、销售不符合安全标准的产品罪)生产不符合保障人身、财产安全的国家标准、行业标准的安全设备,或者明知安全设备不符合保障人身、财产安全的国家标准、行业标准而进行销售,致使发生安全事故,造成严重后果的,依照刑法第一百四十六条的规定,以生产、销售不符合安全标准的产品罪定罪处罚。(§11)

【司法解释性文件】

《最高人民检察院、公安部关于公安机关管辖的刑事案件立案追诉标准的规定(一)》(公通字〔2008〕36号,自2008年6月25日起施行)

△(生产、销售不符合安全标准的产品罪;立案追诉标准)生产不符合保障人身、财产安全的国家标准、行业标准的电器、压力容器、易燃易爆或者其他不符合保障人身、财产安全的国家标准、行业标准的产品,或者销售明知是以上不符合保障人身、财产安全的国家标准、行业标准的产品,涉嫌下列情形之一的,应予立案追诉:

(一)造成人员重伤或者死亡的;
(二)造成直接经济损失十万元以上的;
(三)其他造成严重后果的情形。(§22)

《最高人民法院、最高人民检察院、公安部关于办理涉窨井盖相关刑事案件的指导意见》(高检发〔2020〕3号,2020年3月16日发布)

△(窨井盖;生产、销售不符合安全标准的产品罪)生产不符合保障人身、财产安全的国家标准、行业标准的窨井盖,或者销售明知是不符合保障人身、财产安全的国家标准、行业标准的窨井盖,造成严重后果的,依照刑法第一百四十六条的规定,以生产、销售不符合安全标准的产品罪定罪处罚。(§6)

△(窨井盖)本意见所称的"窨井盖",包括城市、城乡结合部和乡村等地的窨井盖以及其他井盖。(§12)

【参考案例】

No.3-1-146-1 刘泽均等生产、销售不符合安全标准的产品案

生产、销售不符合安全标准的建筑材料,造成建筑毁损,致使人员伤亡的,以生产、销售不符合安全标准的产品罪论处,不构成生产、销售伪劣产品罪。

第一百四十七条 【生产、销售伪劣农药、兽药、化肥、种子罪】
生产假农药、假兽药、假化肥,销售明知是假的或者失去使用效能的农药、兽药、化肥、种子,或者生产者、销售者以不合格的农药、兽药、化肥、种子冒充合格的农药、兽药、化肥、种子,使生产遭受较大损失的,处三年以下有期徒刑或者拘役,并处或者单处销售金额百分之五十以上二倍以下罚金;使生产遭受重大损失的,处三年以上七年以下有期徒刑,并处销售金额百分之五十以上二倍以下罚金;使生产遭受特别重大损失的,处七年以上有期徒刑或者无期徒刑,并处销售金额百分之五十以上二倍以下罚金或者没收财产。

【条文说明】

本条是关于生产、销售伪劣农药、兽药、化肥、种子罪及其处罚的规定。

根据本条规定,生产、销售伪劣农药、兽药、化肥、种子罪有以下几个构成要件:

1. 行为人在主观上是**故意**的。无论是生产假农药、假兽药、假化肥,还是销售明知是假的或者失去使用效能的农药、兽药、化肥、种子,或是生产者、销售者以不合格的农用生产资料冒充合格的农用生产资料生产、销售的,其行为的故意是十分清楚的,生产者、销售者对生产、销售对象的性质是明知的,目的都是为了非法牟利。

2. 行为人在客观上必须实施了下列行为之一:(1)**生产假农药、假兽药、假化肥**。所谓"**假农药、假兽药、假化肥**",是指所含的成分与国家标准、行业标准不相符合或者以非农药、非化肥、非兽药冒充农药、化肥、兽药。(2)**销售明知是假的或者失去使用效能的农药、兽药、化肥、种子**。所谓"**失去使用效能的农药、兽药、化肥、种子**",是指因为过期、受潮、腐烂、变质等原因失去了原有功效和使用效能,丧失了使用价值的农药、兽药、化肥、种子。(3)**生产者、销售者以不合格的农药、兽药、化肥、种子冒充合格的农药、兽药、化肥、种子**。所谓"**不合格**",是指不具备应当具备的使用性能或者没有达到应当达到的质量标准。

3. 生产、销售上述伪劣农用生产资料,**使生产遭受较大损失**的,才构成本罪,这也是区分罪与非罪的主要界限。由于上述各项生产资料的功效、作用不同,可能造成的损害也不一样,一般来说,"**使生产遭受较大损失**",实践中一般是指造成比较严重的或者比较大范围的粮食减产、较多的牲畜患病或死亡等。《最高人民检察院、公安部关于公安机关管辖的刑事案件立案追诉标准的规定(一)》第二十三条规定:"生产假农药、假兽药、假化肥,销售明知是假的或者失去使用效能的农药、兽药、化肥、种子,或者生产者、销售者以不合格的农药、兽药、化肥、种子冒充合格的农药、兽药、化肥、种子,涉嫌下列情形之一的,应予立案追诉:(一)使生产遭受损失二万元以上的;(二)其他使生产遭受较大损失的情形。"

对生产、销售伪劣农药、兽药、化肥、种子罪的处罚,本罪规定有三档刑罚:**使生产遭受较大损失的**,处三年以下有期徒刑或者拘役,并处或者单处销售金额百分之五十以上二倍以下罚金;**使生产遭受重大损失的**,处三年以上七年以下有期徒刑,并处销售金额百分之五十以上二倍以下罚金;**使生产遭受特别重大损失的**,处七年以上有期徒刑或者无期徒刑,并处销售金额百分之五十以上二倍以下罚金或者没收财产。2001年《最高人民法院、最高人民检察院关于办理生产、销售伪劣商品刑事案件具体应用法律若干问题的解释》第七条规定:"刑法第一百四十七条规定的生产、销售伪劣农药、兽药、化肥、种子罪中'**使生产遭受较大损失**',一般以二万元为起点;'**重大损失**',一般以十万元为起点;'**特别重大损失**',一般以五十万元为起点。"

在实际执行中应当注意区分生产、销售伪劣农药、兽药、化肥、种子罪与其他罪的区别。

1. 与**破坏生产经营罪**的区别:本罪的目的是非法牟利,采取的方式是生产、销售伪劣农药、兽药、化肥和种子;而破坏生产经营罪则是由于泄愤报复或者其他个人目的,采取的方式是毁坏机器设备、残害耕畜或其他方法。

2. 与**生产、销售伪劣产品罪**的区别:生产、销售伪劣农药、兽药、化肥、种子的行为,如果同时触犯两个罪名,**按处刑较重的罪处罚**。如果实施以上行为,未使生产遭受较大损失,但销售金额在五万元以上的,按生产、销售伪劣产品罪定罪处罚。

【司法解释】

《最高人民法院、最高人民检察院关于办理生产、销售伪劣商品刑事案件具体应用法律若干问题的解释》(法释〔2001〕10号,自2001年4月10日起施行)

△(**使生产遭受较大损失;重大损失;特别重大损失**)刑法第一百四十七条规定的生产、销售伪

劣农药、兽药、化肥、种子罪中"使生产遭受较大损失",一般以二万元为起点;"重大损失",一般以十万元为起点;"特别重大损失",一般以五十万元为起点。(§7)

【司法解释性文件】

《最高人民检察院、公安部关于公安机关管辖的刑事案件立案追诉标准的规定(一)》(公通字[2008]36号,自2008年6月25日起施行)

△(生产、销售伪劣农药、兽药、化肥、种子罪;立案追诉标准)生产假农药、假兽药、假化肥,销售明知是假的或者失去使用效能的农药、兽药、化肥、种子,或者生产者、销售者以不合格的农药、兽药、化肥、种子冒充合格的农药、兽药、化肥、种子,涉嫌下列情形之一的,应予立案追诉:

(一)使生产遭受损失二万元以上的;
(二)其他使生产遭受较大损失的情形。
(§23)

《最高人民法院关于进一步加强涉种子刑事审判工作的指导意见》(法[2022]66号,2022年3月2日公布)

△(种子制假售假犯罪;生产、销售伪劣种子罪;生产、销售伪劣产品罪;假冒注册商标罪)准确适用法律,依法严惩种子制假售假犯罪。对销售明知是假的或者失去使用效能的种子,或者生产者、销售者以不合格的种子冒充合格的种子,生产遭受较大损失的,依照刑法第一百四十七条的规定以生产、销售伪劣种子罪定罪处罚。

对实施生产、销售伪劣种子行为,因无法认定使生产遭受较大损失等原因,不构成生产、销售伪劣种子罪,但是销售金额在五万元以上的,依照刑法第一百四十条的规定以生产、销售伪劣产品罪定罪处罚。同时构成假冒注册商标罪等其他犯罪的,依照处罚较重的规定定罪处罚。(§3)

△(宽严相济的刑事政策)贯彻落实宽严相济的刑事政策,确保裁判效果。实施涉种子犯罪,具有下列情形之一的,应当酌情从重处罚:针对稻、小麦、玉米、棉花、大豆等主要农作物种子实施的,曾因涉种子犯罪受过刑事处罚,二年内曾因涉种子违法行为受过行政处罚,其他应当酌情从重处罚的情形。

对受雇佣或者受委托参与种子生产、繁殖,要综合考虑社会危害程度、在共同犯罪中的地位作用、认罪悔罪表现等情节,准确适用刑罚。犯罪情节轻微的,可以依法免予刑事处罚;情节显著轻微危害不大的,不以犯罪论处。(§6)

△(鉴定;伪劣种子)依法解决鉴定难问题,准确认定伪劣种子。对是否属于假的、失去使用效能的或者不合格的种子,或者使生产遭受的损失难以确定的,可以依据具有法定资质的种子质量检验机构出具的鉴定意见、检验报告,农业农村、林业和草原主管部门出具的书面意见,农业农村主管部门所属的种子管理机构组织出具的田间现场鉴定书等,结合其他证据作出认定。(§7)

【指导性案例】

最高人民检察院指性导案例第61号:王敏生产、销售伪劣种子案(2019年12月20日发布)

△(生产、销售伪劣种子罪;假种子;农业生产损失认定)以同一科属的此品种种子冒充彼品种种子,属于刑法上的"假种子"。行为人对假种子进行小包装分装销售,使农业生产遭受较大损失的,应当以生产、销售伪劣种子罪追究刑事责任。

最高人民检察院指导性案例第62号:南京百分百公司等生产、销售伪劣农药案(2019年12月20日发布)

△(生产、销售伪劣农药罪;借证生产农药)未取得农药登记证的企业或者个人,借用他人农药登记证、生产许可证、质量标准证等许可证明文件生产、销售农药,使生产遭受较大损失的,以生产、销售伪劣农药罪追究刑事责任。

△(田间试验;损失金额)对于使用伪劣农药造成的农业生产损失,可采取田间试验的方法确定受损原因,并以农作物绝收折损面积、受害地区前三年该类农作物的平均亩产量和平均销售价格为基准,综合计算认定损失金额。

【参考案例】

No.3-1-147-1 李云平销售伪劣种子案

以此种品种的种子冒充其他品种种子的,应以生产、销售伪劣种子罪论处。

第一百四十八条 【生产、销售不符合卫生标准的化妆品罪】
生产不符合卫生标准的化妆品,或者销售明知是不符合卫生标准的化妆品,造成严重后果的,处三年以下有期徒刑或者拘役,并处或者单处销售金额百分之五十以上二倍以下罚金。

【条文说明】

本条是关于生产、销售不符合卫生标准的化妆品罪及其处罚的规定。

根据本条规定,生产、销售不符合卫生标准的化妆品罪有以下几个构成要件:

1. 行为人在主观上有犯罪的**故意**。鉴于化妆品在人们生活中的地位愈来愈重要,国家制定了《化妆品卫生标准》,详细规定了化妆品的各项卫生标准,不符合卫生标准的化妆品不准出厂。生产者对所生产的化妆品不符合卫生标准,应当是十分清楚的,在这种情况下,仍然进行生产,无疑是故意。销售者对明知是不符合卫生标准的化妆品仍然予以销售,其行为的故意也十分清楚。

2. 行为人在客观上具有**生产不符合卫生标准的化妆品**,或者**销售明知是不符合卫生标准的化妆品的行为**。这里的"**化妆品**",是指以涂擦、喷洒或者其他类似的方法散布于人体表面的任何部位(皮肤、毛发、指甲、口唇等),以达到清洁、消除不良气味、护肤、美容和装饰作用的日用化学工业品,如护发素、洗发水、护肤霜、美容霜等日用化妆品,也包括染发剂、祛斑霜、脱毛剂等特殊用途的化妆品。"**不符合卫生标准**",是指不符合国家制定的各种化妆品的强制性标准。

3. 生产、销售不符合卫生标准的化妆品,**必须造成严重后果**,才构成本罪。如果生产、销售不符合卫生标准的化妆品,使用以后没有任何效果,根本不具有效果,或者没有造成严重后果的,不构成本罪。在司法实践中,"**严重后果**"一般是指:(1)致人毁容,或者严重皮肤损伤的;(2)生产、销售不符合卫生标准的化妆品,数量大的;(3)虽然有致人毁容,但受害人数多、受害地域广,在社会上造成恶劣影响的;(4)导致其他严重后果,如受害人精神失常、自杀等。《最高人民检察院、公安部关于公安机关管辖的刑事案件立案追诉标准的规定(一)》第二十四条规定:"生产不符合卫生标准的化妆品,或者销售明知是不符合卫生标准的化妆品,涉嫌下列情形之一的,应予立案追诉:(一)造成他人容貌毁损或者皮肤严重损伤的;(二)造成他人器官组织损伤导致严重功能障碍的;(三)致使他人精神失常或者自杀、自残造成重伤、死亡的;(四)其他造成严重后果的情形。"

在实际执行中,应当注意区分本罪与生产、销售伪劣产品罪的区别,正确适用法律。生产、销售不符合卫生标准的化妆品,如果没有造成严重后果,但销售金额在五万元以上的,虽不构成本罪,但仍构成生产、销售伪劣产品罪。如果生产、销售不符合卫生标准的化妆品,同时触犯两种罪名,则应按处刑较重的罪处罚。

【司法解释】

《最高人民法院、最高人民检察院关于办理生产、销售伪劣商品刑事案件具体应用法律若干问题的解释》(法释〔2001〕10号,自2001年4月10日起施行)

△(生产、销售伪劣商品犯罪的共犯)知道或者应当知道他人实施生产、销售伪劣商品犯罪,而为其提供贷款、资金、账号、发票、证明、许可证件,或者提供生产、经营场所或者运输、仓储、保管、邮寄等便利条件,或者提供制假生产技术的,以生产、销售伪劣商品犯罪的共犯论处。(§9)

△(想象竞合;侵犯知识产权犯罪;非法经营罪)实施生产、销售伪劣商品犯罪,同时构成侵犯知识产权、非法经营等其他犯罪的,依照处罚较重的规定定罪处罚。(§10)

△(数罪并罚;妨害公务罪)实施刑法第一百四十条至第一百四十八条规定的犯罪,又以暴力、威胁方法抗拒查处,构成其他犯罪的,依照数罪并罚的规定处罚。(§11)

△(国家机关工作人员;从重处罚)国家机关工作人员参与生产、销售伪劣商品犯罪的,从重处罚。(§12)

【司法解释性文件】

《最高人民检察院、公安部关于公安机关管辖的刑事案件立案追诉标准的规定(一)》(公通字〔2008〕36号,自2008年6月25日起施行)

△(生产、销售不符合卫生标准的化妆品罪;立案追诉标准)生产不符合卫生标准的化妆品,或者销售明知是不符合卫生标准的化妆品,涉嫌下列情形之一的,应予立案追诉:

(一)造成他人容貌毁损或者皮肤严重损伤的;

(二)造成他人器官组织损伤导致严重功能障碍的;

(三)致使他人精神失常或者自杀、自残造成重伤、死亡的;

(四)其他造成严重后果的情形。(§24)

第一百四十九条　【生产、销售伪劣产品的犯罪的其他情形及其处罚的规定】
生产、销售本节第一百四十一条至第一百四十八条所列产品,不构成各该条规定的犯罪,但是销售金额在五万元以上的,依照本节第一百四十条的规定定罪处罚。
生产、销售本节第一百四十一条至第一百四十八条所列产品,构成各该条规定的犯罪,同时又构成本节第一百四十条规定之罪的,依照处罚较重的规定定罪处罚。

【条文说明】

本条是关于生产、销售伪劣产品的犯罪的其他情形及其处罚的规定。

本条共分为两款。

第一款是关于**对生产、销售特殊伪劣产品行为,不构成有关犯罪,而销售金额在五万元以上的,如何正确适用法律的规定**。除《刑法》第一百四十条对生产、销售伪劣产品罪作一般规定外,为了对群众反映强烈的一些生产、销售直接危害人民生命健康和严重影响生产安全的特定的假冒伪劣产品行为进行严厉打击,法律又对生产、销售一些特定伪劣产品专门规定了罪名,构成这些生产、销售特殊伪劣产品犯罪的要件又各有不同。有的要以"对人体健康造成严重危害"为犯罪构成要件,有的则要求"造成严重后果",还有的以"使生产遭受较大损失"为必要条件。这样在有些情况下,如果生产、销售了某些特定伪劣产品,销售金额在五万元以上,但由于构成这些犯罪所必需的"严重后果"还没有发生或者难以确定,则难以定罪。为了不影响对于这些犯罪行为的打击,根据本款规定,对于"生产、销售本法第一百四十一条至第一百四十八条所列产品,不构成各该条规定的犯罪,但是销售金额在五万元以上的,依照本法第一百四十条的规定定罪处罚",即可按生产、销售伪劣产品罪追究刑事责任。①

第二款是**对生产、销售特殊伪劣产品行为,如果同时触犯了两个罪名,如何正确适用法律的规定**。生产、销售假药、劣药,不符合安全标准的食品,有毒、有害食品,不符合标准的医疗器械、医用卫生材料,不符合安全标准的电器、压力容器、易燃易爆产品,伪劣农药、兽药、化肥、种子,不符合卫生标准的化妆品等行为,有的时候不仅构成了刑法规定的生产、销售特定伪劣产品的犯罪,如果销售金额在五万元以上,同时也构成了一般的生产、销售伪劣产品罪,对于这种情况本款采取了从一重罪处罚的原则,即依照处刑较重的规定定罪处罚。②

【司法解释】

《最高人民法院、最高人民检察院关于办理生产、销售伪劣商品刑事案件具体应用法律若干问题的解释》(法释〔2001〕10号,自2001年4月10日起施行)

△(**销售金额;伪劣产品尚未销售;未遂;货值金额之确定;累计计算**)刑法第一百四十条、第一百四十九条规定的"销售金额",是指生产者、销售者出售伪劣产品后所得和应得的全部违法收入。

伪劣产品尚未销售,货值金额达到刑法第一百四十条规定的销售金额三倍以上的,以生产、销售伪劣产品罪(未遂)定罪处罚。

货值金额以违法生产、销售的伪劣产品的标价计算;没有标价的,按照同类合格产品的市场中间价格计算。货值金额难以确定的,按国家计划委员会、最高人民法院、最高人民检察院、公安部1997年4月22日联合发布的《扣押、追缴、没

---

① 需要注意的是,由于《刑法》第一百四十一条之生产、销售假药罪与第一百四十四条之生产、销售有毒、有害食品罪,属于抽象危险犯,不要求发生具体危险,更遑论发生侵害结果。因此,前两种罪难以因为没有发生具体危险或侵害结果,而适用《刑法》第一百四十条之生产、销售伪劣产品罪。参见张明楷:《刑法学》(第6版),法律出版社2021年版,第959页。
② 我国学者指出,《刑法》第一百四十条与第一百四十一条至第一百四十八条之间的关系不是一般与特别的关系,而是相互补充关系或者想象竞合关系。参见张明楷:《刑法学》(第6版),法律出版社2021年版,第960页。另有学者指出,《刑法》第一百四十条与第一百四十一条至第一百四十八条之间存在法条竞合关系。参见周光权:《刑法各论》(第4版),中国人民大学出版社2021年版,第242页。

收物品估价管理办法》的规定,委托指定的估价机构确定。

多次实施生产、销售伪劣产品行为,未经处理的,伪劣产品的销售金额或者货值金额累计计算。(§2)

【司法解释性文件】

《最高人民法院关于审理生产、销售伪劣商品刑事案件有关鉴定问题的通知》(法〔2001〕70号,自2001年5月21日起施行)

△(竞合:生产、销售伪劣产品罪;生产、销售假药罪;生产、销售不符合安全标准的食品罪;侵犯知识产权犯罪;非法经营罪)经鉴定确系伪劣商品,被告人的行为既构成生产、销售伪劣产品罪,又构成生产、销售假药罪或者生产、销售不符合卫生标准的食品罪,或者同时构成侵犯知识产权、非法经营等其他犯罪的,根据刑法第一百四十九条第二款和《解释》①第十条的规定,应当依照处罚较重的规定定罪处罚。(§3)

第一百五十条 【单位犯本节之罪的处罚规定】

单位犯本节第一百四十条至第一百四十八条规定之罪的,对单位判处罚金,并对其直接负责的主管人员和其他直接责任人员,依照各该条的规定处罚。

【条文说明】

本条是关于单位实施相关犯罪的处罚规定。

根据本条规定,单位如果犯《刑法》第一百四十条至第一百四十八条规定的生产、销售伪劣产品罪,生产、销售、提供假药罪,生产、销售、提供劣药罪,生产、销售不符合安全标准的食品罪,生产、销售有毒、有害食品罪,生产、销售不符合标准的医用器材罪,生产、销售不符合安全标准的产品罪,生产、销售伪劣农药、兽药、化肥、种子罪,生产、销售不符合卫生标准的化妆品罪的,**对单位判处罚金,并对其直接负责的主管人员和其他直接责任人员**,依照各该条对于个人犯罪的规定处罚。

---

① 即《最高人民法院、最高人民检察院关于办理生产、销售伪劣商品刑事案件具体应用法律若干问题的解释》(法释〔2001〕10号)。

第二节 走私罪①

第一百五十一条 【走私武器、弹药罪】【走私核材料罪】【走私假币罪】【走私文物罪】【走私贵重金属罪】【走私珍贵动物、珍贵动物制品罪】【走私国家禁止进出口的货物、物品罪】

走私武器、弹药、核材料或者伪造的货币的,处七年以上有期徒刑,并处罚金或者没收财产;情节特别严重的,处无期徒刑,并处没收财产;情节较轻的,处三年以上七年以下有期徒刑,并处罚金。

走私国家禁止出口的文物、黄金、白银和其他贵重金属或者国家禁止进出口的珍贵动物及其制品的,处五年以上十年以下有期徒刑,并处罚金;情节特别严重的,处十年以上有期徒刑或者无期徒刑,并处没收财产;情节较轻的,处五年以下有期徒刑,并处罚金。

走私珍稀植物及其制品等国家禁止进出口的其他货物、物品的,处五年以下有期徒刑或者拘役,并处或者单处罚金;情节严重的,处五年以上有期徒刑,并处罚金。

单位犯本条规定之罪的,对单位判处罚金,并对其直接负责的主管人员和其他直接责任人员,依照本条各款的规定处罚。

【立法沿革】

《中华人民共和国刑法》(1997年修订,自1997年10月1日起施行)

第一百五十一条

走私武器、弹药、核材料或者伪造的货币的,处七年以上有期徒刑,并处罚金或者没收财产;情节较轻的,处三年以上七年以下有期徒刑,并处罚金。

走私国家禁止出口的文物、黄金、白银和其他贵重金属或者国家禁止进出口的珍贵动物及其制品的,处五年以上十年以下有期徒刑,并处罚金;情节较轻的,处五年以下有期徒刑,并处罚金。

走私国家禁止进出口的珍稀植物及其制品的,处五年以下有期徒刑,并处或者单处罚金;情节严重的,处五年以上有期徒刑,并处罚金。

犯第一款、第二款罪,情节特别严重的,处无期徒刑或者死刑,并处没收财产。

单位犯本条规定之罪的,对单位判处罚金,并对其直接负责的主管人员和其他直接责任人员,依照本条各款的规定处罚。

《中华人民共和国刑法修正案(七)》(自2009年2月28日起施行)

一、将刑法第一百五十一条第三款修改为:

"走私珍稀植物及其制品等国家禁止进出口的其他货物、物品的,处五年以下有期徒刑或者拘役,并处或者单处罚金;情节严重的,处五年以上有期徒刑,并处罚金。"

《中华人民共和国刑法修正案(八)》(自2011年5月1日起施行)

二十六、将刑法第一百五十一条修改为:

"走私武器、弹药、核材料或者伪造的货币的,处七年以上有期徒刑,并处罚金或者没收财产;情节特别严重的,处无期徒刑或者死刑,并处没收财产;情节较轻的,处三年以上七年以下有期徒刑,并处罚金。

"走私国家禁止出口的文物、黄金、白银和其他贵重金属或者国家禁止进出口的珍贵动物及其制品的,处五年以上十年以下有期徒刑,并处罚金;情节特别严重的,处十年以上有期徒刑或者无期徒刑,并处没收财产;情节较轻的,处五年以下有期徒刑,并处罚金。

"走私珍稀植物及其制品等国家禁止进出口的其他货物、物品的,处五年以下有期徒刑或者拘役,并处或者单处罚金;情节严重的,处五年以上有期徒刑,并处罚金。

"单位犯本条规定之罪的,对单位判处罚金,

---

① 《最高人民法院关于审理骗购外汇、非法买卖外汇刑事案件具体应用法律若干问题的解释》(法释〔1998〕20号,自1998年9月1日起施行)

第一条

Ⅰ以进行走私、逃汇、洗钱、骗税等犯罪活动为目的,使用虚假、无效的凭证、商业单据或者采取其他手段向外汇指定银行骗购外汇的,应当分别按照刑法分则第三章第二节、第一百九十条、第一百九十一条和第二百零四条等规定定罪处罚。

第一百五十一条

并对其直接负责的主管人员和其他直接责任人员,依照本条各款的规定处罚。"

《中华人民共和国刑法修正案(九)》(自2015年11月1日起施行)

九、将刑法第一百五十一条第一款修改为:

"走私武器、弹药、核材料或者伪造的货币的,处七年以上有期徒刑,并处罚金或者没收财产;情节特别严重的,处无期徒刑,并处没收财产;情节较轻的,处三年以上七年以下有期徒刑,并处罚金。"

【条文说明】

本条是关于走私武器、弹药罪,走私核材料罪,走私假币罪,走私文物罪,走私贵重金属罪,走私珍贵动物、珍贵动物制品罪,走私国家禁止进出口的货物、物品罪及其处罚的规定。

本条共分为四款。

第一款是关于走私武器、弹药罪,走私核材料罪,走私假币罪及其处罚的规定。本款主要规定了两个方面的内容。第一,明确了第一类走私物品的具体内容,即走私武器、弹药、核材料或者伪造的货币。其中"**武器、弹药**",是指各种军用武器、弹药和爆炸物以及其他类似军用武器、弹药和爆炸物等。"武器、弹药"的种类,参照《海关进出口税则》及《禁止进出境物品表》的有关规定确定。"**核材料**",是指铀、钍等可以发生原子核变或聚合反应的放射性材料。① 2017年9月1日第十二届全国人大常委会第二十九次会议通过的《核安全法》第二条作了具体规定,"**核材料**,是指:(一)铀-235材料及其制品;(二)铀-233材料及其制品;(三)钚-239材料及其制品;(四)法律、行政法规规定的其他需要管制的核材料"。"**伪造的货币**",是指伪造可在国内市场流通或者兑换的人民币、境外货币。② 2014年8月12日发布的《最高人民法院、最高人民检察院关于办理走私刑事案件适用法律若干问题的解释》第七条规定:"刑法第一百五十一条第一款规定的'货币',包括正在流通的人民币和境外货币。伪造的境外货币数额,折合成人民币计算。"伪造不流通或者并不存在的人民币,如伪造三十元面值人民币的,不属于伪造的"货币"。本款规定的第二个方面的内容,就是对走私上述物品的犯罪行为的处罚规定。根据本款的规定,对于走私武器、弹药、核材料或者伪造的货币的行为,根据情节轻重规定了三档刑罚。

第一档刑罚,**走私武器、弹药、核材料或者伪造的货币的**,处七年以上有期徒刑,并处罚金或者没收财产。《最高人民法院、最高人民检察院关于办理走私刑事案件适用法律若干问题的解释》第一条第二款规定:"具有下列情形之一的,依照刑法第一百五十一条第一款的规定处七年以上有期徒刑,并处罚金或者没收财产:(一)走私以火药为动力发射枪弹的枪支一支,或者以压缩气体等非火药为动力发射枪弹的枪支五支以上不满十支的;(二)走私第一款第二项规定的弹药,数量在该项规定的最高数量比以上不满最高数量五倍的;(三)走私各种口径在六十毫米以下常规炮弹、手榴弹或者枪榴弹等分别或者合计达到五枚以上不满十枚,或者各种口径超过六十毫米以上常规炮弹合计不满五枚的;(四)达到第一款第一、二、四项规定的数量标准,且属于犯罪集团的首要分子,使用特种车辆从事走私活动,或者走私的武器、弹药被用于实施犯罪等情形的。"第六条第二款规定,走私伪造的货币的"具有下列情形之一的,依照刑法第一百五十一条第一款的规定处七年以上有期徒刑,并处罚金或者没收财产:(一)走私数额在二万元以上不满二万元,或者数量在五千张(枚)以上不满二万张(枚)的;(二)走私数额或者数量达到第一款规定的标准,且具有走私的伪造货币流入市场等情节的"。

第二档刑罚,**情节特别严重的**,处无期徒刑,并处没收财产。《最高人民法院、最高人民检察院关于办理走私刑事案件适用法律若干问题的解释》第一条第三款规定:"具有下列情形之一的,应当认定为刑法第一百五十一条第一款规定的'情节特别严重':(一)走私第二款第一项规定的枪支,数量超过该项规定的数量标准的;(二)走私第二款第二项规定的弹药,数量在该项规定的最高数量标准五倍以上的;(三)走私第二款第三项规定的弹药,数量超过该项规定的数量标准,或者走私具有巨大杀伤力的非常规炮弹一枚以上的;(四)达到第二款第一项至第三项规定的数量标准,且属于犯罪集团的首要分子,使用特种车辆

---

① 核武器虽由核材料制成,但与核材料有所不同,所以,走私核武器不属于走私核材料罪的实行行为。参见周光权:《刑法各论》(第4版),中国人民大学出版社2021年版,第255页。

② 我国学者指出,伪造与变造行为的性质和危害性并不相同,所以,变造的货币不能等同于伪造的货币。参见周光权:《刑法各论》(第4版),中国人民大学出版社2021年版,第255页。另有学者指出,变造的货币,广义而言也是伪造的货币,能够成为本罪的处罚对象。参见黎宏:《刑法学各论》(第2版),法律出版社2016年版,第95页。

从事走私活动,或者走私的武器、弹药被用于实施犯罪等情形的。"第六条第三款规定,走私伪造的货币"具有下列情形之一的,应当认定为刑法第一百五十一条第一款规定的'**情节特别严重**':(一)走私数额在二十万元以上,或者数量在二万张(枚)以上的;(二)走私数额或者数量达到第二款第一项规定的标准,且属于犯罪集团的首要分子,使用特种车辆从事走私活动,或者走私的伪造货币流入市场等情形的"。

第三档刑罚,**情节较轻**的,处三年以上七年以下有期徒刑,并处罚金。《最高人民法院、最高人民检察院关于办理走私刑事案件适用法律若干问题的解释》第一条第一款规定:"走私武器、弹药,具有下列情形之一的,可以认定为刑法第一百五十一条第一款规定的'**情节较轻**':(一)走私以压缩气体等非火药为动力发射枪弹的枪支二支以上不满五支的;(二)走私气枪铅弹五百发以上不满二千五百发,或者其他子弹十发以上不满五十发的;(三)未达到上述数量标准,但属于犯罪集团的首要分子,使用特种车辆从事走私活动,或者走私的武器、弹药被用于实施犯罪等情形的;(四)走私各种口径在六十毫米以下常规炮弹、手榴弹或者枪榴弹等分别或者合计不满五枚的。"第三条规定:"走私枪支散件,构成犯罪的,依照刑法第一百五十一条第一款的规定,以走私武器罪定罪处罚。成套枪支散件以相应套枪支计,非成套枪支散件以每三十件为一套枪支散件计。"第四条规定:"走私各种弹药的弹头、弹壳,构成犯罪的,依照刑法第一百五十一条第一款的规定,以走私弹药罪定罪处罚。具体的定罪量刑标准,按照本解释第一条规定的数量标准的五倍执行……弹头、弹壳是否属于前款规定的'报废或者无法组装并使用'或者'废物',由国家有关技术部门进行鉴定。"第六条第一款规定:"走私伪造的货币,数额在二千元以上不满二万元,或者数量在二百张(枚)以上不满二千张(枚)的,可以认定为刑法第一百五十一条第一款规定的'**情节较轻**'。"

第二款是关于走私文物罪、走私贵重金属罪、走私珍贵动物、珍贵动物制品罪及其处罚的规定。本款主要规定了两个方面的内容。第一,规定了第二类走私物品的具体内容。即走私国家禁止出口的文物①、黄金、白银和其他贵重金属②或者国家禁止进出口的珍贵动物及其制品。其中"**国家禁止出口的文物**",是指国家馆藏一、二、三级文物及其他国家禁止出口的文物。《文物保护法》第六十条规定:"国有文物、非国有文物中的珍贵文物和国家规定禁止出境的其他文物,不得出境;但是依照本法规定出境展览或者因特殊需要经国务院批准出境的除外。"2005年12月29日第十届全国人大常委会第十九次会议通过的《全国人民代表大会常务委员会关于〈中华人民共和国刑法〉有关文物的规定适用于具有科学价值的古脊椎动物化石、古人类化石的解释》规定:"刑法有关文物的规定,适用于具有科学价值的古脊椎动物化石、古人类化石。"因此,走私**古脊椎动物化石、古人类化石**的依照走私文物处理。"**珍贵动物**",是指列入《国家重点保护野生动物名录》中的国家一、二级保护野生动物和列入《濒危野生动植物种国际贸易公约》附录一、附录二中的野生动物以及驯养繁殖的上述物种。主要有大熊猫、金丝猴、白唇鹿、扬子鳄、丹顶鹤、白鹤、天鹅、野骆驼等。**珍贵动物的"制品"**,是指珍贵野生动物的皮、毛、骨等制成品。本条中珍贵动物的范围与《刑法》第三百四十一条有关野生动物犯罪中的"国家重点保护的珍贵、濒危野生动物"的范围应当是一样的。"**其他贵重金属**",是指铂、铱、铑、钛等金属以及国家规定禁止出口的其他贵重金属。第二,对走私上述物品的犯罪行为的处罚规定。根据本款规定,对于走私国家禁止出口的文物、黄金、白银和其他贵重金属或者国家禁止进出口的珍贵动物及其制品的行为,根据情节轻重规定了三档刑罚。

第一档刑罚,对于**走私国家禁止出口的文物、黄金、白银和其他贵重金属或者国家禁止进出口的珍贵动物及其制品**的,处五年以上十年以下有期徒刑,并处罚金。《最高人民法院、最高人民检察院关于办理走私刑事案件适用法律若干问题的解释》第九条第二款规定:"具有下列情形之一的,依照刑法第一百五十一条第二款的规定处五年以上十年以下有期徒刑,并处罚金:(一)走私国家一、二级保护动物达到本解释附表中(一)规定的数量标准的;(二)走私珍贵动物制品数额在二十万元以上不满一百万元的;(三)走私国家一、二级保护动物未达到本解释附表中(一)规定

---

① 行为人走私文物出境后,将其私自赠送或出售给外国人,只构成本罪,非法向外国人出售、赠送珍贵文物罪为本罪所吸收。参见周光权:《刑法各论》(第4版),中国人民大学出版社2021年版,第256页。

② 本罪的处罚范围仅限于将文物或者贵重金属从境内走私至境外的行为。如果行为人将文物或者贵重金属从境外走私至境内,成立走私普通货物、物品罪。参见张明楷:《刑法学》(第6版),法律出版社2021年版,第963页;黎宏:《刑法各论》(第2版),法律出版社2016年版,第96—97页;周光权:《刑法各论》(第4版),中国人民大学出版社2021年版,第257页。

的数量标准,但具有造成该珍贵动物死亡或者无法追回等情节的。"

第二档刑罚,**情节特别严重**的,处十年以上有期徒刑或者无期徒刑,并处没收财产。《最高人民法院、最高人民检察院关于办理走私刑事案件适用法律若干问题的解释》第九条第三款规定:"具有下列情形之一的,应当认定为刑法第一百五十一条第二款规定的'情节特别严重':(一)走私国家一、二级保护动物达到本解释附表中(二)规定的数量标准的;(二)走私珍贵动物制品数额在一百万元以上的;(三)走私国家一、二级保护动物达到本解释附表中(一)规定的数量标准,且属于犯罪集团的首要分子、使用特种车辆从事走私活动,或者造成该珍贵动物死亡、无法追回等情形的。"第十条规定:"刑法第一百五十一条第二款规定的'珍贵动物',包括列入《国家重点保护野生动物名录》中的国家一、二级保护野生动物,《濒危野生动植物种国际贸易公约》附录Ⅰ、附录Ⅱ中的野生动物,以及驯养繁殖的上述动物。走私本解释附表中未规定的珍贵动物的,参照附表中规定的同属或者同科动物的数量标准执行。走私本解释附表中未规定珍贵动物的制品的,按照《最高人民法院、最高人民检察院、国家林业局、公安部、海关总署关于破坏野生动物资源刑事案件中涉及的CITES附录Ⅰ和附录Ⅱ所列陆生野生动物制品价值核定问题的通知》(林濒发〔2012〕239号)的有关规定核定价值。"

第三档刑罚,**情节较轻**的,处五年以下有期徒刑,并处罚金。《最高人民法院、最高人民检察院关于办理走私刑事案件适用法律若干问题的解释》第九条第一款规定:"走私国家一、二级保护动物未达到本解释附表中(一)规定的数量标准,或者走私珍贵动物制品数额不满二十万元的,可以认定为刑法第一百五十一条第二款规定的'**情节较轻**'。"

需要说明的是,**有关走私文物犯罪定罪量刑标准**,《最高人民法院、最高人民检察院关于办理走私刑事案件适用法律若干问题的解释》第八条的规定与《最高人民法院、最高人民检察院关于办理妨害文物管理等刑事案件适用法律若干问题的解释》的规定**不完全一致**。《最高人民法院、最高人民检察院关于办理妨害文物管理等刑事案件适用法律若干问题的解释》第一条第二、三款规定:"走私国家禁止出口的二级文物的,应当依照刑法第一百五十一条第二款的规定,以走私文物罪处五年以上十年以下有期徒刑,并处罚金;走私国家禁止出口的一级文物的,应当认定为刑法第一百五十一条第二款规定的'情节特别严重';走

私国家禁止出口的三级文物的,应当认定为刑法第一百五十一条第二款规定的'情节较轻'。走私国家禁止出口的文物,无法确定文物等级,或者按照文物等级定罪量刑明显过轻或者过重的,可以按照走私的文物价值定罪量刑。走私的文物价值在二十万元以上不满一百万元的,应当依照刑法第一百五十一条第二款的规定,以走私文物罪处五年以上十年以下有期徒刑,并处罚金;文物价值在一百万元以上的,应当认定为刑法第一百五十一条第二款规定的'情节特别严重';文物价值在五万元以上不满二十万元的,应当认定为刑法第一百五十一条第二款规定的'情节较轻'。"

第三款是关于走私国家禁止进出口的货物、物品罪及其处罚的规定。本款规定了两个方面的内容。

第一,规定了第三类走私的物品和范围。即走私珍稀植物及其制品等国家禁止进出口的其他货物、物品。其中规定的"**珍稀植物及其制品**",根据《最高人民法院、最高人民检察院关于办理走私刑事案件适用法律若干问题的解释》第十二条第一款的规定:"刑法第一百五十一条第三款规定的'**珍稀植物**',包括列入《国家重点保护野生植物名录》《国家重点保护野生药材物种名录》《国家珍贵树种名录》中的国家一、二级保护野生植物、国家重点保护的野生药材、珍贵树木,《濒危野生动植物种国际贸易公约》附录Ⅰ、附录Ⅱ中的野生植物,以及人工培育的上述植物。"珍稀植物的"**制品**",是指用珍稀植物制成的药材、木材、标本、器具等制成品。"**其他国家禁止进出口的货物、物品**",是指本条所列货物、物品以外的,被列入国家禁止进出口物品目录或者法律规定禁止进出口的货物、物品的,如来自疫区的动植物及其制品、古植物化石等。2019年11月18日公布的《**最高人民法院关于审理走私、非法经营、非法使用兴奋剂刑事案件适用法律若干问题的解释**》第一条第一款规定:"运动员、运动员辅助人员走私兴奋剂目录所列物质,或者其他人员以在体育竞赛中非法使用为目的走私兴奋剂目录所列物质,涉案物质属于国家禁止进出口的货物、物品,具有下列情形之一的,应当依照刑法第一百五十一条第三款的规定,以走私国家禁止进出口的货物、物品罪定罪处罚:(一)一年内曾因走私被给予两次以上行政处罚已又走私的;(二)用于或者准备用于未成年人运动员、残疾人运动员的;(三)用于或者准备用于国内、国际重大体育竞赛的;(四)其他造成严重恶劣社会影响的情形。"

第二,对走私上述物品的犯罪行为的处罚规定。其中,对于走私珍稀植物、珍稀植物制品罪等

国家禁止进出口的其他货物、物品犯罪，本款规定了两档刑罚：第一档刑罚，对**走私珍稀植物及其制品等国家禁止进出口的其他货物、物品的**，处五年以下有期徒刑或者拘役，并处或者单处罚金。根据《最高人民法院、最高人民检察院关于办理走私刑事案件适用法律若干问题的解释》第十一条第一款的规定，包括以下情形："（一）走私国家一级保护野生植物五株以上不满二十五株，国家二级保护野生植物十株以上不满五十株，或者珍稀植物、珍稀植物制品数额在二十万元以上不满一百万元的；（二）走私重点保护古生物化石五件以上不满二十五件，未命名的古生物化石不满十件，或者一般保护古生物化石十件以上不满五十件的；（三）走私禁止出口的有毒物质一吨以上不满五吨，或者数额在二万元以上不满十万元的；（四）走私来自境外疫区的动植物及其产品五吨以上不满二十五吨，或者数额在五万元以上不满二十五万元的；（五）走私木炭、硅砂等妨害环境、资源保护的货物、物品十吨以上不满五十吨，或者数额在十万元以上不满五十万元的；（六）走私旧机动车、切割车、旧机电产品或者其他禁止进出口的货物、物品二十吨以上不满一百吨，或者数额在二十万元以上不满一百万元的；（七）数量或者数额未达到本款第一项至第六项规定的标准，但属于犯罪集团的首要分子，使用特种车辆从事走私活动，造成环境严重污染，或者引起甲类传染病传播、重大动植物疫情等情形的。"第二档刑罚，**情节严重的**，处五年以上有期徒刑，并处罚金。根据《最高人民法院、最高人民检察院关于办理走私刑事案件适用法律若干问题的解释》第十一条第二款的规定，包括下列情形："（一）走私数量或者数额超过前款第一项至第六项规定的标准的；（二）达到前款第一项至第六项规定的标准，且属于犯罪集团的首要分子，使用特种车辆从事走私活动，造成环境严重污染，或者引起甲类传染病传播、重大动植物疫情等情形的。"

第四款是对单位走私国家禁止进出口物品罪的处罚规定。依照本款的规定，单位犯本条规定之罪的，**对单位判处罚金，并对直接负责的主管人员和其他直接责任人员依照本条各款的规定处罚**。

实践中需要注意以下两个方面的问题：

1. 犯本条所列走私国家禁止进出口物品罪，行为人主观上必须具有**犯罪故意**，客观上必须有**逃避海关监管，非法运输、携带、邮寄国家禁止进出口的物品进出口的行为**。由于本条所列物品有的是违禁品，有的是国家严禁出口的物品，对走私本条所列物品罪的条件，在数量上一般没有限制，凡是走私本条所列物品，原则上都构成犯罪。在实际执行中应当注意分罪与非罪的界限，如行为人不知其所携带出境的文物是国家禁止出口的文物的，且如实申报没有逃避海关监管，即使其运输、携带或者邮寄的属于禁止出口的文物，也不应作为犯罪处理。

2. 关于走私限制进出口货物、物品犯罪问题。根据《最高人民法院、最高人民检察院关于办理走私刑事案件适用法律若干问题的解释》第二十一条的规定："未经许可进出口国家限制进出口的货物物品的，构成犯罪的，应当依照刑法第一百五十一条、第一百五十二条的规定，以走私国家禁止进出口的货物、物品罪等罪名定罪处罚；偷逃应缴税额，同时又构成走私普通货物、物品罪的，依照处罚较重的规定定罪处罚。取得许可，但超过许可数量进出口国家限制进出口的货物、物品，构成犯罪的，依照刑法第一百五十三条的规定，以走私普通货物、物品罪定罪处罚。租用、借用或者使用购买的他人许可证，进出口国家限制进出口的货物、物品的，适用本条第一款的规定定罪处罚。"

另外，对于违反 2020 年 10 月 17 日第十三届全国人大常委会第二十二次会议通过的《**出口管制法**》的规定，对国家禁止出口的管制物项，包括出口禁止出口的相关货物、技术、服务或者相关技术资料等数据，构成犯罪的，依照本条各款相关规定处罚。

【司法解释】

《**最高人民法院、最高人民检察院关于办理走私刑事案件适用法律若干问题的解释**》（法释〔2014〕10号，自 2014 年 9 月 10 日起施行）

△（**走私武器、弹药罪；量刑档次；情节较轻；情节特别严重；其他武器、弹药**）走私武器、弹药，具有下列情形之一的，可以认定为刑法第一百五十一条第一款规定的"**情节较轻**"：

（一）走私以压缩气体等非火药为动力发射枪弹的枪支二支以上不满五支的；

（二）走私气枪铅弹五百发以上不满二千五百发，或者其他子弹十发以上不满五十发的；

（三）未达到上述数量标准，但属于犯罪集团的首要分子，使用特种车辆从事走私活动，或者走私的武器、弹药被用于实施犯罪等情形的；

（四）走私各种口径在六十毫米以下常规炮弹、手榴弹或者枪榴弹等分别或者合计不满五枚的。

具有下列情形之一的，依照刑法第一百五十一条第一款的规定处七年以上有期徒刑，并处罚金或者没收财产：

第一百五十一条

（一）走私以火药为动力发射枪弹的枪支一支，或者以压缩气体等非火药为动力发射枪弹的枪支五支以上不满十支的；

（二）走私第一款第二项规定的弹药，数量在该项规定的最高数量以上不满最高数量五倍的；

（三）走私各种口径在六十毫米以下常规炮弹、手榴弹或者枪榴弹等分别或者合计达到五枚以上不满十枚，或者各种口径超过六十毫米以上常规炮弹合计不满五枚的；

（四）达到第一款第一、二、四项规定的数量标准，且属于犯罪集团的首要分子，使用特种车辆从事走私活动，或者走私的武器、弹药被用于实施犯罪等情形的。

具有下列情形之一的，应当认定为刑法第一百五十一条第一款规定的"情节特别严重"：

（一）走私第一款第一项规定的枪支，数量超过该项规定的数量标准的；

（二）走私第一款第二项规定的弹药，数量在该项规定的最高数量标准五倍以上的；

（三）走私第二款第三项规定的弹药，数量超过该项规定的数量标准，或者走私具有巨大杀伤力的非常规炮弹一枚以上的；

（四）达到第二款第一项至第三项规定的数量标准，且属于犯罪集团的首要分子，使用特种车辆从事走私活动，或者走私的武器、弹药被用于实施犯罪等情形的。

走私其他武器、弹药，构成犯罪，参照本条各款规定的标准处罚。（§1）

△（**武器、弹药的种类**）刑法第一百五十一条第一款规定的"武器、弹药"的种类，参照《中华人民共和国进口税则》及《中华人民共和国禁止进出口物品表》的有关规定确定。（§2）

△（**枪支散件；成套枪支散件**）走私枪支散件，构成犯罪的，依照刑法第一百五十一条第一款的规定，以走私武器罪定罪处罚。成套枪支散件以相应数量的枪支计，非成套枪支散件以每三十件为一套枪支散件计。（§3）

△（**走私弹药罪；数量标准；五倍**）走私各种弹药的弹头、弹壳，构成犯罪的，依照刑法第一百五十一条第一款的规定，以走私弹药罪定罪处罚。具体的定罪量刑标准，按照本解释第一条规定的数量标准的五倍执行。（§4Ⅰ）

△（**国家禁止或者限制进出口的仿真枪、管制刀具；走私国家禁止进出口的货物、物品罪；鉴定为枪支；走私武器罪；从轻处罚；免予刑事处罚**）走私国家禁止或者限制进出口的仿真枪、管制刀具，构成犯罪的，依照刑法第一百五十一条第三款的规定，以走私国家禁止进出口的货物、物品罪定罪处罚。具体的定罪量刑标准，适用本解释第十一条第一款第六、七项和第二款的规定。

走私的仿真枪经鉴定为枪支，构成犯罪的，依照刑法第一百五十一条第一款的规定，以走私武器罪定罪处罚。不以牟利或者从事违法犯罪活动为目的，走私数量较少，情节较轻的，可以依法从轻处罚；情节轻微不需要判处刑罚的，可以免予刑事处罚。[①]（§5）

△（**走私假币罪；量刑档次；情节较轻；情节特别严重**）走私伪造的货币，数额在二千元以上不满二万元，或者数量在二百张（枚）以上不满二千张（枚）的，可以认定为刑法第一百五十一条第一款规定的"情节较轻"。

具有下列情形之一的，依照刑法第一百五十一条第一款的规定处七年以上有期徒刑，并处罚金或者没收财产：

（一）走私数额在二万元以上不满二十万元，或者数量在二千张（枚）以上不满二万张（枚）的；

（二）走私数额或者数量达到第一款规定的标准，且具有走私的伪造货币流入市场等情节的。

具有下列情形之一的，应当认定为刑法第一百五十一条第一款规定的"情节特别严重"：

（一）走私数额在二十万元以上，或者数量在二万张（枚）以上的；

（二）走私数额或者数量达到第二款第一项规定的标准，且属于犯罪集团的首要分子，使用特种车辆从事走私活动，或者走私的伪造货币流入市场等情形的。（§6）

△（**货币**）刑法第一百五十一条第一款规定的"货币"，包括正在流通的人民币和境外货币。伪造的境外货币数额，折合成人民币计算。（§7）

△（**走私文物罪；量刑档次；情节较轻；情节特别严重**）走私国家禁止出口的三级文物二件以下的，可以认定为刑法第一百五十一条第二款规定的"情节较轻"。

具有下列情形之一的，依照刑法第一百五十一条第二款的规定处五年以上十年以下有期徒

[①] 我国学者指出，由于一般人对仿真枪的理解并不相同，如果行为人认为自己走私的仿真枪不具有枪支的功能，就缺乏走私枪支的故意，即便事后鉴定为枪支，也只能认定为走私国家禁止进出口的货物、物品罪。参见张明楷：《刑法学》（第5版），法律出版社2016年版，第749页。

刑,并处罚金:

(一)走私国家禁止出口的二级文物不满三件,或者三级文物三件以上不满九件的;

(二)走私国家禁止出口的文物不满三件,且具有造成文物严重毁损或者无法追回等情节的。

具有下列情形之一的,应当认定为刑法第一百五十一条第二款规定的"情节特别严重":

(一)走私国家禁止出口的一级文物一件以上,或者二级文物三件以上,或者三级文物九件以上的;

(二)走私国家禁止出口的文物达到第二款第一项规定的数量标准,且属于犯罪集团的首要分子,使用特种车辆从事走私活动,或者造成文物严重毁损、无法追回等情形的。(§8)

△(走私珍贵动物、珍贵动物制品罪;量刑档次;情节较轻;情节特别严重;免予刑事处罚;情节显著轻微)走私国家一、二级保护动物未达到本解释附表中(一)规定的数量标准,或者走私珍贵动物制品数额在二十万元以下的,可以认定为刑法第一百五十一条第二款规定的"情节较轻"。

具有下列情形之一的,依照刑法第一百五十一条第二款的规定处五年以上十年以下有期徒刑,并处罚金:

(一)走私国家一、二级保护动物达到本解释附表中(一)规定的数量标准的;

(二)走私珍贵动物制品数额在二十万元以上不满一百万元的;

(三)走私国家一、二级保护动物未达到本解释附表中(一)规定的数量标准,但具有造成该珍贵动物死亡或者无法追回等情节的。

具有下列情形之一的,应当认定为刑法第一百五十一条第二款规定的"情节特别严重":

(一)走私国家一、二级保护动物达到本解释附表中(二)规定的数量标准的;

(二)走私珍贵动物制品数额在一百万元以上的;

(三)走私国家一、二级保护动物达到本解释附表中(一)规定的数量标准,且属于犯罪集团的首要分子,使用特种车辆从事走私活动,或者造成该珍贵动物死亡、无法追回等情形的。

不以牟利为目的,为留作纪念而走私珍贵动物制品进境不满十万元的,可以免予刑事处罚;情节显著轻微的,不作为犯罪处理。(§9)

△(珍贵动物;解释附表中未规定的珍贵动物;解释附表中未规定珍贵动物的制品)刑法第一百五十一条第二款规定的"珍贵动物",包括列入《国家重点保护野生动物名录》中的国家一、二级保护野生动物,《濒危野生动植物种国际贸易公约》附录Ⅰ、附录Ⅱ中的野生动物,以及驯养繁殖的上述动物。

走私本解释附表中未规定的珍贵动物的,参照附表中规定的同属或者同科动物的数量标准执行。

走私本解释附表中未规定珍贵动物的制品的,按照《最高人民法院、最高人民检察院、国家林业局、公安部、海关总署关于破坏野生动物资源刑事案件中涉及的CITES附录Ⅰ和附录Ⅱ所列陆生野生动物制品价值核定问题的通知》(林濒发〔2012〕239号)的有关规定核定价值。(§10)

△(走私国家禁止进出口的货物、物品罪;量刑档次;情节严重)走私国家禁止进出口的货物、物品,具有下列情形之一的,依照刑法第一百五十一条第三款的规定处五年以下有期徒刑或者拘役,并处或者单处罚金:

(一)走私国家一级保护野生植物五株以上不满二十五株,国家二级保护野生植物十株以上不满五十株,或者稀植物、珍稀植物制品数额在二万元以上不满一百万元的;

(二)走私重点保护古生物化石或者未命名的古生物化石不满十件,或者一般保护古生物化石十件以上不满五十件的;

(三)走私禁止进出口的有毒物质一吨以上不满五吨,或者数额在二万元以上不满十万元的;

(四)走私来自境外疫区的动植物及其产品五吨以上不满二十五吨,或者数额在五万元以上不满二十五万元的;

(五)走私木炭、硅砂等妨害环境、资源保护的货物、物品十吨以上不满五十吨,或者数额在十万元以上不满五十万元的;

(六)走私旧机动车、切割车、旧机电产品或其他禁止进出口的货物、物品二十吨以上不满一百吨,或者数额在二十万元以上不满一百万元的;

(七)数量或者数额未达到本款第一项至第六项规定的标准,但属于犯罪集团的首要分子,使用特种车辆从事走私活动,造成环境严重污染,或者引起甲类传染病传播、重大动植物疫情等情形的。

具有下列情形之一的,应当认定为刑法第一百五十一条第三款规定的"情节严重":

(一)走私数量或者数额超过前款第一项至第六项规定的标准的;

(二)达到前款第一项至第六项规定的标准,且属于犯罪集团的首要分子,使用特种车辆从事走私活动,造成环境严重污染,或者引起甲类传染

病传播、重大动植物疫情等情形的。(§11)

△(**珍稀植物；古生物化石；具有科学价值的古脊椎动物化石、古人类化石**)刑法第一百五十一条第三款规定的"珍稀植物"，包括列入《国家重点保护野生植物名录》《国家重点保护野生药材物种名录》《国家珍贵树木名录》中的国家一、二级保护野生植物、国家重点保护的野生药材、珍贵树木，《濒危野生动植物种国际贸易公约》附录Ⅰ、附录Ⅱ中的野生植物，以及人工培育的上述植物。

本解释规定的"古生物化石"，按照《古生物化石保护条例》的规定予以认定。走私具有科学价值的古脊椎动物化石、古人类化石，构成犯罪的，依照刑法第一百五十一条第二款的规定，以走私文物罪定罪处罚。(§12)

△(**走私国家禁止进出口的货物、物品罪；想象竞合；走私普通货物、物品罪；租用、借用或者使用购买的他人许可证**)未经许可进出口国家限制进出口的货物、物品，构成犯罪的，应当依照刑法第一百五十一条、第一百五十二条的规定，以走私国家禁止进出口的货物、物品罪等定罪处罚；偷逃应缴税额，同时又构成走私普通货物、物品罪的，依照处罚较重的规定定罪处罚。

租用、借用或者使用购买的他人许可证，进出口国家限制进出口的货物、物品的①，适用本条第一款的规定定罪处罚。(§21Ⅰ、Ⅲ)

△(**实际走私的货物、物品；数罪并罚**)在走私的货物、物品中藏匿刑法第一百五十一条、第一百五十二条、第三百四十七条、第三百五十条规定的货物、物品，构成犯罪的，以实际走私的货物、物品定罪处罚；构成数罪的，实行数罪并罚。②(§22)

△(**犯罪既遂**)实施走私犯罪，具有下列情形之一的，应当认定为犯罪既遂：

(一)在海关监管现场被查获的；

(二)以虚假申报方式走私，申报行为实施完毕的；

(三)以保税货物或者特定减税、免税进口的货物、物品为对象走私，在境内销售的，或者申请核销行为实施完毕的。(§23)

△(**单位犯罪**)单位犯刑法第一百五十一条、第一百五十二条规定之罪，依照本解释规定的标准定罪处罚。(§24Ⅰ)

《最高人民法院、最高人民检察院关于办理妨害文物管理等刑事案件适用法律若干问题的解释》(法释〔2015〕23号，自2016年1月1日起施行)

△(**国家禁止出口的文物；走私文物罪；量刑档次；情节特别严重；情节较轻；无法确定文物等级；走私的文物价值**)刑法第一百五十一条规定的"国家禁止出口的文物"，依照《中华人民共和国文物保护法》规定的"国家禁止出境的文物"的范围认定。

走私国家禁止出口的二级文物的，应当依照刑法第一百五十一条第二款的规定，以走私文物罪处五年以上十年以下有期徒刑，并处罚金；走私国家禁止出口的一级文物的，应当认定为刑法第一百五十一条第二款规定的"情节特别严重"；走私国家禁止出口的三级文物的，应当认定为刑法第一百五十一条第二款规定的"情节较轻"。

走私国家禁止出口的文物，无法确定文物等级，或者按照文物等级定罪量刑明显过轻或者过重的，可以按照走私的文物价值定罪量刑。走私的文物价值在二十万元以上不满一百万元的，应当依照刑法第一百五十一条第二款的规定，以走私文物罪处五年以上十年以下有期徒刑，并处罚金；文物价值在一百万元以上的，应当认定为刑法第一百五十一条第二款规定的"情节特别严重"；文物价值在五万元以上不满二十万元的，应当认定为刑法第一百五十一条第二款规定的"情节较轻"。(§1)

△(**单位犯罪**)单位实施走私文物、倒卖文物等行为，构成犯罪的，依照本解释规定的相应自然人犯罪的定罪量刑标准，对直接负责的主管人员和其他直接责任人员定罪处罚，并对单位判处罚金。(§11Ⅰ)

△(**走私不可移动文物整体；量刑情节**)针对不可移动文物整体实施走私、盗窃、倒卖、哄抢等的，根据所属不可移动文物的等级，依照本解释第一条、第二条、第六条的规定定罪量刑：

---

① 我国学者指出，将限制进出口的货物、物品直接等同于禁止进出口的货物、物品，不无类推解释之疑，值得进一步研究。参见张明楷：《刑法学》(第6版)，法律出版社2021年版，第964页。

② 我国学者指出，在走私犯罪中，中国刑法整体上是以行为人所侵犯的犯罪对象为标准来规定一罪与数罪，因此，如果行为人在一次走私行为中实施不同货物、物品，以数罪并罚加以处理，并不为过。参见黎宏：《刑法学各论》(第2版)，法律出版社2016年版，第105页；张明楷：《刑法学》(第6版)，法律出版社2021年版，第967页。另有学者指出，走私的同一批次货物中，既有武器、弹药，又有珍贵文物、淫秽物品或者普通物品，由于行为人只有一个走私行为，自应成立想象竞合犯，从一重罪处断。参见周光权：《刑法各论》(第4版)，中国人民大学出版社2021年版，第254页。

（一）尚未被确定为文物保护单位的不可移动文物，适用一般文物的定罪量刑标准；

（二）市、县级文物保护单位，适用三级文物的定罪量刑标准；

（三）全国重点文物保护单位、省级文物保护单位，适用二级以上文物的定罪量刑标准。

针对不可移动文物中的建筑构件、壁画、雕塑、石刻等实施走私、盗窃、倒卖等行为的，根据建筑构件、壁画、雕塑、石刻等文物本身的等级或者价值，依照本解释第一条、第二条、第六条的规定定罪量刑。建筑构件、壁画、雕塑、石刻等所属不可移动文物的等级，应当作为量刑情节予以考虑。（§ 12）

△(**不同等级的文物;五件同级文物**)案件涉及不同等级的文物的，按照高级别文物的量刑幅度量刑;有多件同级文物的，五件同级文物视为一件高一级文物，但是价值明显不相当的除外。（§ 13）

△(**文物价值之认定;根据涉案物的有效价格证明;根据销赃数额认定;结合鉴定意见、报告认定**)依照文物价值定罪量刑的，根据涉案文物的有效价格证明认定文物价值；无有效价格证明，或者价格证明认定明显不合理的，根据销赃数额认定，或者结合本解释第十五条规定的鉴定意见、报告认定。（§ 14）

△(**鉴定意见**)在行为人实施有关行为前，文物行政部门已对涉案文物及其等级作出认定的，可以直接对有关案件事实作出认定。

对案件涉及的有关文物鉴定、价值认定等专门性问题难以确定的，由司法鉴定机构出具鉴定意见，或者由国务院文物行政部门指定的机构出具报告。其中，对于文物价值，也可以由有关价格认证机构作出价格认证并出具报告。（§ 15）

△(**犯罪情节轻微;不起诉或者免予刑事处罚**)实施本解释第一条、第二条、第六条至第九条规定的行为，应当追究刑事责任的初犯，但行为人系初犯，积极退回或者协助追回文物，未造成文物损毁，并确有悔罪表现的，可以认定为犯罪情节轻微，不起诉或者免予刑事处罚。（§ 16Ⅰ）

△**走私具有科学价值的古脊椎动物化石、古人类化石**走私、盗窃、损毁、倒卖、盗掘或者非法转让具有科学价值的古脊椎动物化石、古人类化石的，依照刑法和本解释的有关规定定罪量刑。（§ 17）

《最高人民法院、最高人民检察院关于涉以压缩气体为动力的枪支、气枪铅弹刑事案件定罪量刑问题的批复》（法释〔2018〕8号，自2018年3月30日起施行）

△(**以压缩气体为动力且枪口比动能较低的枪支;考量情节;综合评估**)对于非法制造、买卖、运输、邮寄、储存、持有、私藏、走私以压缩气体为动力且枪口比动能较低的枪支的行为，在决定是否追究刑事责任以及如何裁量刑罚时，不仅应当考虑涉案枪支的数量，而且应当充分考虑涉案枪支的外观、材质、发射物、购买场所和渠道、价格、用途、致伤力大小、是否易于通过改制提升致伤力，以及行为人的主观认知、动机目的、一贯表现、违法所得、是否规避调查等情节，综合评估社会危害性，坚持主客观相统一，确保罪责刑相适应。（§ 1）

△(**气枪铅弹;考量情节;综合评估**)对于非法制造、买卖、运输、邮寄、储存、持有、私藏、走私气枪铅弹的行为，在决定是否追究刑事责任以及如何裁量刑罚时，应当综合考虑气枪铅弹的数量、用途以及行为人的动机目的、一贯表现、违法所得、是否规避调查等情节，综合评估社会危害性，确保罪责刑相适应。（§ 2）

《最高人民法院关于审理走私、非法经营、非法使用兴奋剂刑事案件适用法律若干问题的解释》（法释〔2019〕16号，自2020年1月1日起施行）

△(**走私兴奋剂目录所列物质行为;走私国家禁止进出口的货物、物品罪;走私普通货物、物品罪**)运动员、运动员辅助人员走私兴奋剂目录所列物质，或者其他人员以在体育竞赛中非法使用为目的走私兴奋剂目录所列物质，涉案物质属于国家禁止进出口的货物、物品，具有下列情形之一的，应当依照刑法第一百五十一条第三款的规定，以走私国家禁止进出口的货物、物品罪定罪处罚：

（一）一年内曾因走私被给予二次以上行政处罚后又走私的；

（二）用于或者准备用于未成年人运动员、残疾人运动员的；

（三）用于或者准备用于国内、国际重大体育竞赛的；

（四）其他造成严重恶劣社会影响的情形。

实施前款规定的行为，涉案物质不属于国家禁止进出口的货物、物品，但偷逃应缴税额一万元以上或者一年内曾因走私被给予二次以上行政处罚后又走私的，应当依照刑法第一百五十三条的规定，以走私普通货物、物品罪定罪处罚。

对于本条第一款、第二款规定以外的走私兴奋剂目录所列物质行为，适用《最高人民法院、最高人民检察院关于办理走私刑事案件适用法律若干问题的解释》（法释〔2014〕10号）规定的定罪量刑标准。（§ 1）

△(**兴奋剂;毒品、制毒物品**)实施本解释规定的行为，涉案物质属于毒品、制毒物品等，构成

有关犯罪的,依照相应犯罪定罪处罚。(§7)

△("兴奋剂""兴奋剂目录所列物质""体育运动""国内、国际重大体育竞赛"等专门性问题;认定意见)对于是否属于本解释规定的"兴奋剂""兴奋剂目录所列物质""体育运动""国内、国际重大体育竞赛"等专门性问题,应当依据《中华人民共和国体育法》《反兴奋剂条例》等法律法规,结合国务院体育主管部门出具的认定意见等证据材料作出认定。(§8)

《最高人民法院、最高人民检察院关于办理破坏野生动物资源刑事案件适用法律若干问题的解释》(法释〔2022〕12号,自2022年4月9日起施行)

△(走私国家禁止进出口的珍贵动物及其制品)具有下列情形之一的,应当认定为刑法第一百五十一条第二款规定的走私国家禁止进出口的珍贵动物及其制品:

(一)未经批准擅自进出口列入经国家濒危物种进出口管理机构公布的《濒危野生动植物种国际贸易公约》附录一、附录二的野生动物及其制品;

(二)未经批准擅自出口列入《国家重点保护野生动物名录》的野生动物及其制品。(§1)

△(走私珍贵动物、珍贵动物制品罪;情节特别严重;情节较轻;从重处罚;不起诉或者免予刑事处罚;不作为犯罪处理)走私国家禁止进出口的珍贵动物及其制品,价值二十万元以上不满二百万元的,应当依照刑法第一百五十一条第二款的规定,以走私珍贵动物、珍贵动物制品罪处五年以上十年以下有期徒刑,并处罚金;价值二百万元以上的,应当认定为"情节特别严重",处十年以上有期徒刑或者无期徒刑,并处没收财产;价值二万元以上不满二十万元的,应当认定为"情节较轻",处五年以下有期徒刑,并处罚金。

实施前款规定的行为,具有下列情形之一的,从重处罚:

(一)属于犯罪集团的首要分子的;

(二)为逃避监管,使用特种交通工具实施的;

(三)二年内曾因破坏野生动物资源受过行政处罚的。

实施第一款规定的行为,不具有第二款规定的情形,且未造成动物死亡或者动物、动物制品无法追回,行为人全部退赃退赔,确有悔罪表现的,按下列规定处理:

(一)珍贵动物及其制品价值二百万元以上的,可以处五年以上十年以下有期徒刑,并处罚金;

(二)珍贵动物及其制品价值二十万元以上不满二百万元的,可以认定为"情节较轻",处五年以下有期徒刑,并处罚金;

(三)珍贵动物及其制品价值二万元以上不满二十万元的,可以认定为犯罪情节轻微,不起诉或者免予刑事处罚;情节显著轻微危害不大的,不作为犯罪处理。(§2)

△(涉案动物及其制品的价值;核算)对于涉案动物及其制品的价值,应当根据下列方法确定:

(一)对于国家禁止进出口的珍贵动物及其制品、国家重点保护的珍贵、濒危野生动物及其制品的价值,根据国务院野生动物保护主管部门制定的评估标准和方法核算;

(二)对于有重要生态、科学、社会价值的陆生野生动物、地方重点保护野生动物、其他野生动物及其制品的价值,根据销赃数额认定;无销赃数额、销赃数额难以查证或者根据销赃数额认定明显偏低的,根据市场价格核算,必要时,也可以参照相关评估标准和方法核算。(§15)

△(涉案动物及其制品的价值;鉴定)根据本解释第十五条规定难以确定涉案动物及其制品价值的,依据司法鉴定机构出具的鉴定意见,或者下列机构出具的报告,结合其他证据作出认定:

(一)价格认证机构出具的报告;

(二)国务院野生动物保护主管部门、国家濒危物种进出口管理机构或者海关总署等指定的机构出具的报告;

(三)地、市级以上人民政府野生动物保护主管部门、国家濒危物种进出口管理机构的派出机构或者直属海关等出具的报告。(§16)

△(涉案动物的种属类别等专门性问题;认定意见)对于涉案动物的种属类别、是否系人工繁育,非法捕捞、狩猎的工具、方法,以及对野生动物资源的损害程度等专门性问题,可以由野生动物保护主管部门、侦查机关依据现场勘验、检查笔录等出具认定意见;难以确定的,依据司法鉴定机构出具的鉴定意见、本解释第十六条所列机构出具的报告,被告人及其辩护人提供的证据材料,结合其他证据材料综合审查,依法作出认定。(§17)

△(单位犯罪)餐饮公司、渔业公司等单位实施破坏野生动物资源犯罪的,依照本解释规定的相应自然人犯罪的定罪量刑标准,对直接负责的主管人员和其他直接责任人员定罪处罚,并对单位判处罚金。(§18)

【司法解释性文件】

《国家林业局、公安部关于森林和陆生野生动物刑事案件管辖及立案标准》(林安字〔2001〕156

△(走私珍稀植物、珍稀植物制品罪;立案标准;重大案件;特别重大案件)走私国家禁止进出口的珍稀植物、珍稀植物制品的应当立案;走私珍稀植物2株以上、珍稀植物制品价值在2万元以上的,为重大案件;走私珍稀植物10株以上、珍稀植物制品价值在10万元以上的,为特别重大案件。

△(走私珍贵动物、珍贵动物制品罪;立案标准;重大案件;特别重大案件)走私国家重点保护和《濒危野生动植物种国际贸易公约》附录一、附录二的陆生野生动物及其制品的应当立案;走私国家重点保护的陆生野生动物重大案件和特别重大案件按附表的标准执行。

走私国家重点保护和《濒危野生动植物种国际贸易公约》附录一、附录二的陆生野生动物制品价值10万元以上的,应当立为重大案件;走私国家重点保护和《濒危野生动植物种国际贸易公约》附录一、附录二的陆生野生动物制品价值20万元以上的,应当立为特别重大案件。

《最高人民法院、最高人民检察院、海关总署关于办理走私刑事案件适用法律若干问题的意见》(法〔2002〕139号,2002年7月8日公布)

△(主观故意之认定;明知)行为人明知自己的行为违反国家法律法规,逃避海关监管,偷逃进出境货物、物品的应缴税额,或者逃避国家有关进出境的禁止性管理,并且希望或者放任危害结果发生的,应认定为具有走私的主观故意。

走私主观故意中的"明知"是指行为人知道或者应当知道所从事的行为是走私行为。具有下列情形之一的,可以认定为"明知",但有证据证明确属被蒙骗的除外:

(一)逃避海关监管,运输、携带、邮寄国家禁止进出境的货物、物品的;

(二)用特制的设备或者运输工具走私货物、物品的;

(三)未经海关同意,在非设关的码头、海(河)岸、陆路边境等地点,运输(驳载)、收购或者贩卖非法进出境货物、物品的;

(四)提供虚假的合同、发票、证明等商业单证委托他人办理通关手续的;

(五)以明显低于货物正常进(出)口的应缴税额委托他人代理进(出)口业务的;

(六)曾因同一种走私行为受过刑事处罚或者行政处罚的;

(七)其他有证据证明的情形。(§5)

△(走私的具体对象不明确;根据实际的走私对象;受蒙骗;认识错误;从轻处罚)走私犯罪嫌疑人主观上具有走私犯罪故意,但对其走私的具体对象不明确的,不影响走私犯罪构成,应当根据实际的走私对象定罪处罚。① 但是,确有证据证明行为人因受蒙骗而对走私对象发生认识错误的,可以从轻处罚。(§6)

△(伪报价格;实际成交价格之认定)走私犯罪案件中的伪报价格行为,是指犯罪嫌疑人、被告人在进出口货物、物品时,向海关申报进口或者出口的货物、物品的价格低于或者高于进出口货物的实际成交价格。

对实际成交价格的认定,在无法提取真、伪两套合同、发票等单证的情况下,可以根据犯罪嫌疑人、被告人的付汇渠道、资金流向、会计账册、境内外收发货人的真实交易方式,以及其他能够证明进出口货物实际成交价格的证据材料综合认定。(§11)

△(出售走私货物;增值税专用发票;非法开具增值税专用发票;走私偷逃应缴税额;扣除)走私犯罪嫌疑人为出售走私货物而开具增值税专用发票并缴纳增值税,是其走私行为既遂后在流通领域获违法所得的一种手段,属于非法开具增值税专用发票。对走私犯罪嫌疑人因出售走私货物而实际缴纳走私货物增值税的,在核定走私货物偷逃应缴税额时,不应当将其已缴纳的增值税从其走私偷逃应缴税额中扣除。(§12)

△(单位走私犯罪;诉讼代表人之确定;拘传;先行追究;直接负责的主管人员或者直接责任人员;追缴、没收)单位走私犯罪案件的诉讼代表人,

---

① 我国学者指出,此做法违反了责任主义原则。行为人误以为自己走私的是普通货物,但客观上走私了武器,也只能认定为走私普通货物罪。但是,若行为人客观上走私了武器,却误以为是走私弹药,由于属于同一犯罪构成内的错误,不影响走私武器罪(既遂)的成立。参见张明楷:《刑法学》(第6版),法律出版社2021年版,第961页。
类似的学说见解指出,在行为人对于其所走私的对象发生认识错误的情形下,如果实际走私的对象和误认的对象体现完全相同的社会危害性,如果行为人具有犯罪的故意,但即造成了重罪的结果,或即使行为人具有犯罪的故意,但是却造成了轻罪的结果,都应当严格按照犯罪故意的成立条件来分析该行为成立何罪,而不能根据行为人的故意内容或者仅根据行为结果来认定犯罪。参见黎宏:《刑法学各论》(第2版),法律出版社2016年版,第105—107页。

应当是单位的法定代表人或者主要负责人。单位的法定代表人或者主要负责人被依法追究刑事责任或者因其他原因无法参与刑事诉讼的,人民检察院应当另行确定被告单位的其他负责人作为诉讼代表人参加诉讼。

接到出庭通知的被告单位的诉讼代表人应当出庭应诉。拒不出庭的,人民法院在必要的时候,可以拘传到庭。

对直接负责的主管人员和其他直接责任人员均无法归案的单位走私犯罪案件,只要单位走私犯罪的事实清楚、证据确实充分,且能够确定诉讼代表人代表单位参与刑事诉讼活动的,可以先行追究该单位的刑事责任。

被告单位没有合适人选作为诉讼代表人出庭的,因不具备追究该单位刑事责任的诉讼条件,可按照单位犯罪的条款先行追究单位犯罪中直接负责的主管人员或者其他直接责任人员的刑事责任。人民法院在对单位犯罪中直接负责的主管人员或者直接责任人员进行判决时,对于扣押、冻结的走私货物、物品、违法所得以及属于犯罪单位所有的走私犯罪工具,应当一并判决予以追缴、没收。(§17)

△(**单位走私犯罪;直接负责的主管人员和直接责任人员之认定**)具备下列特征的,可以认定为单位走私犯罪:(1)以单位的名义实施走私犯罪,即由单位集体研究决定,或者由单位的负责人或者被授权的其他人员决定、同意;(2)为单位谋取不正当利益或者违法所得大部分归单位所有。

依照《最高人民法院关于审理单位犯罪案件具体应用法律有关问题的解释》第二条的规定,个人为进行违法犯罪活动而设立的公司、企业、事业单位实施犯罪的,或者个人设立公司、企业、事业单位后,以实施犯罪为主要活动的,不以单位犯罪论处。单位是否以实施犯罪为主要活动,应根据单位实施走私行为的次数、频度、持续时间、单位进行合法经营的状况等因素综合考虑认定。

根据单位人员在单位走私犯罪活动中所发挥的不同作用,对其直接负责的主管人员和其他直接责任人员,可以确定为一人或者数人。对于受单位领导指派而积极参与实施走私犯罪行为的人员,如果其行为在走私犯罪的主要环节起重要作用的,可以认定为单位犯罪的直接责任人员。(§18)

△(**单位走私犯罪;单位分立、合并或者其他资产重组;单位被依法注销、宣告破产;被执行人;减除**)单位走私犯罪后,单位发生分立、合并或者其他资产重组等情况的,只要承受该单位权利义务的单位存在,应当追究单位走私犯罪的刑事责任。走私单位发生分立、合并或者其他资产重组后,原单位名称发生更改的,仍以原单位(名称)作为被告单位。承受原单位权利义务的单位法定代表人或者负责人为诉讼代表人。

单位走私犯罪后,发生分立、合并或者其他资产重组情形,以及被依法注销、宣告破产等情况的,无论承受该单位权利义务的单位是否存在,均应追究原单位直接负责的主管人员和其他直接责任人员的刑事责任。

人民法院对原走私单位判处罚金的,应当将承受原单位权利义务的单位作为被执行人。罚金超出新单位所承受的财产的,可在执行中予以减除。(§19)

△(**单位走私犯罪;自首**)在办理单位走私犯罪案件中,对单位集体决定自首的,或者单位直接负责的主管人员自首的,应当认定单位自首。认定单位自首后,如实交代主要犯罪事实的单位负责的其他主管人员和直接责任人员,可视为自首,但对拒不交代主要犯罪事实或逃避法律追究的人员,不以自首论。(§21)

△(**共同走私犯罪案件;罚金刑**)审理共同走私犯罪案件时,对各共同犯罪人判处罚金的总额应掌握在共同走私行为偷逃应缴税额的一倍以上五倍以下。(§22)

△(**走私货物、物品、走私违法所得;走私犯罪工具;追缴;没收;查扣、冻结;先行变卖、拍卖**)在办理走私犯罪案件过程中,对发现的走私货物、物品、走私违法所得以及属于走私犯罪分子所有的犯罪工具,其他走私犯罪侦查机关应当及时追缴,依法予以查扣、冻结。在移送审查起诉时应当่将扣押物品文件清单、冻结存款证明文件等材料随案移送,对于扣押的危险品或者鲜活、易腐、易失效、易贬值等不宜长期保存的货物、物品,已经依法先行变卖、拍卖的,应当随案移送变卖、拍卖物品清单以及原物的照片或者录像资料;人民检察院在提起公诉时应当将上述扣押物品文件清单、冻结存款证明和变卖、拍卖物品清单一并移送;人民法院在判决走私罪案件时,应当对随案清单、证明文件中载明的款、物审查确认并依法判决予以追缴、没收;海关根据人民法院的判决和海关法的有关规定予以处理,上缴中央国库。(§23)

△(**无法扣押;不便扣押;走私违法所得;追缴**)在办理走私普通货物、物品犯罪案件中,对于走私货物、物品因流入国内市场或者投入使用,致使走私货物、物品无法扣押或者不便扣押的,应当

按照走私货物、物品的进出口完税价格认定违法所得予以追缴;走私货物、物品实际销售价格高于进出口完税价格的,应当按照实际销售价格认定违法所得予以追缴。(§24)

《最高人民法院关于严格执行有关走私案件涉案财物处理规定的通知》(法〔2006〕114号,2006年4月30日公布)

△(**赃款赃物之处理**)关于刑事案件赃款赃物的处理问题,相关法律、司法解释已经规定得很明确。《海关法》第九十二条规定,"海关依法扣留的货物、物品、运输工具,在人民法院判决或者海关处罚决定作出之前,不得处理";"人民法院判决没收或者海关决定没收的走私货物、物品、违法所得、走私运输工具、特制设备,由海关依法统一处理,所得价款和海关决定处以的罚款,全部上缴中央国库。"《最高人民法院、最高人民检察院、海关总署关于办理走私刑事案件适用法律若干问题的意见》第二十三条规定,"人民法院在判决走私罪案件时,应当对随案清单、证明文件中载明的款、物审查确认并依法判决予以追缴、没收;海关根据人民法院的判决和海关法的有关规定予以处理,上缴中央国库。"

《宽严相济在经济犯罪和职务犯罪案件审判中的具体贯彻》(2010年4月7日公布)

△(**宽严相济;走私犯罪**)根据《意见》第25条规定的宽严"相济"要求,应当区分犯罪行为的具体情形区别对待。以走私犯罪为例,对海上偷运走私、绕关走私等未向海关报关的走私与价格蒙骗走私,走私特殊物品与走私普通货物、物品在具体量刑时都应当有所区别;对进口走私象牙等珍贵动物制品犯罪在量刑时应当酌情考虑出口国家的法律规定以及行为人的主观认识因素。

《最高人民法院、最高人民检察院、公安部、司法部关于依法惩治非法野生动物交易犯罪的指导意见》(公通字〔2020〕19号,2020年12月18日发布)

△(**走私珍贵动物、珍贵动物制品罪**)走私国家禁止进出口的珍贵动物及其制品,符合刑法第一百五十一条第二款规定的,以走私珍贵动物、珍贵动物制品罪定罪处罚。(§2Ⅲ)

△(**数量;数额累计计算**)二次以上实施本意见第一条至第三条的行为构成犯罪,依法应当追诉的,或者二年内二次以上实施本意见第一条至第三条的行为未经处理的,数量、数额累计计算。(§4)

△(**共同犯罪**)明知他人实施非法野生动物交易行为,有下列情形之一的,以共同犯罪论处:

(一)提供贷款、资金、账号、车辆、设备、技术、许可证件的;

(二)提供生产、经营场所或者运输、仓储、保管、快递、邮寄、网络信息交互等便利条件或者其他服务的;

(三)提供广告宣传等帮助行为的。(§5)

△(**涉案野生动物及其制品价值;核算**)对涉案野生动物及其制品价值,可以根据国务院野生动物保护主管部门制定的价值评估标准和方法核算。对野生动物制品,根据实际情况予以核算,但核算总额不能超过该种野生动物的整体价值。具有特殊利用价值或者导致动物死亡的主要部分,核算方法不明确的,其价值标准最高可以按照该种动物整体价值标准的80%予以折算,其他部分价值标准最高可以按整体价值标准的20%予以折算,但是按照上述方法核算的价值明显不当的,应当根据实际情况妥当予以核算。核算价值低于实际交易价格的,以实际交易价格认定。

根据前款规定难以确定涉案野生动物及其制品价值的,依据下列机构出具的报告,结合其他证据作出认定:

(一)价格认证机构出具的报告;

(二)国务院野生动物保护主管部门、国家濒危物种进出口管理机构、海关总署等指定的机构出具的报告;

(三)地、市级以上人民政府野生动物保护主管部门、国家濒危物种进出口管理机构的派出机构、直属海关等出具的报告。(§6)

△(**认定意见;鉴定意见;报告**)对野生动物及其制品种属类别,非法捕捞、狩猎的工具、方法,以及对野生动物资源的损害程度、食用涉案野生动物对人体健康的危害程度等专门性问题,可以由野生动物保护主管部门、侦查机关或者有专门知识的人依据现场勘验、检查笔录等出具认定意见。难以确定的,依据司法鉴定机构出具的鉴定意见,或者本意见第六条第二款所列机构出具的报告,结合其他证据作出认定。(§7)

△(**证据使用;不易保管的涉案野生动物及其制品;移交处置**)办理非法野生动物交易案件中,行政执法部门依法收集的物证、书证、视听资料、电子数据等证据材料,在刑事诉讼中可以作为证据使用。

对不易保管的涉案野生动物及其制品,在做好拍摄、提取检材或者制作足以反映原物形态特征或者内容的照片、录像等取证工作后,可以移交野生动物保护主管部门及其指定的机构依法处

第一百五十一条　　　　　　　　　　　　　　　第三章　破坏社会主义市场经济秩序罪

置。对存在或者可能存在疫病的野生动物及其制品，应立即通知野生动物保护主管部门依法处置。（§8）

△（综合评估；罪责刑相适应）实施本意见规定的行为，在认定是否构成犯罪以及裁量刑罚时，应当考虑涉案动物是否系人工繁育、物种的濒危程度、野外存活状况、人工繁育情况、是否列入国务院野生动物保护主管部门制定的人工繁育国家重点保护野生动物名录，以及行为手段、对野生动物资源的损害程度、食用涉案野生动物对人体健康的危害程度等情节，综合评估社会危害性，确保罪责刑相适应。相关定罪量刑标准明显不适宜的，可以根据案件的事实、情节和社会危害程度，依法作出妥当处理。（§9）

《最高人民法院、最高人民检察院、海关总署、公安部、中国海警局关于打击粤港澳海上跨境走私犯罪适用法律若干问题的指导意见》（署缉发〔2021〕141号，2021年12月14日）

△（走私来自境外疫区/非疫区的冻品）非设关地走私进口未取得国家检验检疫准入证书的冻品，应认定为国家禁止进口的货物，构成犯罪的，按走私国家禁止进出口的货物罪定罪处罚。其中，对走私来自境外疫区的冻品，依据《最高人民法院、最高人民检察院关于办理走私刑事案件适用法律若干问题的解释》（法释〔2014〕10号，以下简称《解释》）第十一条第一款第四项和第二款规定定罪处罚。对走私来自境外非疫区的冻品，或者无法查明是否来自境外疫区的冻品，依据《解释》第十一条第一款第六项和第二款规定定罪处罚。（§1）

《最高人民检察院、公安部关于公安机关管辖的刑事案件立案追诉标准的规定（二）》（公通字〔2022〕12号，2022年4月6日公布）

△（走私假币罪；立案追诉标准）走私伪造的货币，涉嫌下列情形之一的，应予立案追诉：

（一）总面额在二千元以上或者币量在二百张（枚）以上的；

（二）总面额在一千元以上或者币量在一百张（枚）以上，二年内因走私假币受过行政处罚，又走私假币的；

（三）其他走私假币应予追究刑事责任的情形。（§2）

【参考案例】

No.3-2-151（1）-1　戴永光走私弹药、非法持有枪支案

气枪铅弹属于走私弹药罪中的弹药，走私气枪铅弹的行为成立走私弹药罪。

No.3-2-151（1）-2　戴永光走私弹药、非法持有枪支案

走私气枪铅弹的行为，不能仅根据铅弹数量定刑，行为社会危害小、行为人人身危险性较低的，应当按照"情节较轻"进行处罚。

No.3-2-151（2）-1-1　裴口义则走私文物案

走私古脊椎动物、古人类化石以外的其他古生物化石的，不构成走私文物罪。

No.3-2-151（2）-3-1　岑张耀等走私珍贵动物、马忠明非法收购珍贵野生动物、赵应明等非法运输珍贵野生动物案

主观上具有走私的故意，但对走私的具体对象认识不明确的，应以实际的走私对象定罪处罚，确有证据证明受蒙骗的，可以从轻处罚。

No.3-2-151（3）-1　朱丽清走私国家禁止出口的物品案

年代久远、与人类活动无关的古脊椎动物化石，不能认定为刑法所规定的文物；走私该古脊椎动物化石，不构成走私文物罪，应以走私国家禁止出口的物品罪论处。

第一百五十二条 【走私淫秽物品罪】【走私废物罪】

以牟利或者传播为目的,走私淫秽的影片、录像带、录音带、图片、书刊或者其他淫秽物品的,处三年以上十年以下有期徒刑,并处罚金;情节严重的,处十年以上有期徒刑或者无期徒刑,并处罚金或者没收财产;情节较轻的,处三年以下有期徒刑、拘役或者管制,并处罚金。

逃避海关监管将境外固体废物、液态废物和气态废物运输进境,情节严重的,处五年以下有期徒刑,并处或者单处罚金;情节特别严重的,处五年以上有期徒刑,并处罚金。

单位犯前两款罪的,对单位判处罚金,并对其直接负责的主管人员和其他直接责任人员,依照前两款的规定处罚。

【立法沿革】

《中华人民共和国刑法》(1997年修订,自1997年10月1日起施行)

第一百五十二条

以牟利或者传播为目的,走私淫秽的影片、录像带、录音带、图片、书刊或者其他淫秽物品的,处三年以上十年以下有期徒刑,并处罚金;情节严重的,处十年以上有期徒刑或者无期徒刑,并处罚金或者没收财产;情节较轻的,处三年以下有期徒刑、拘役或者管制,并处罚金。

单位犯前款罪的,对单位判处罚金,并对其直接负责的主管人员和其他直接责任人员,依照前款的规定处罚。

《中华人民共和国刑法修正案(四)》(自2002年12月28日起施行)

二、在第一百五十二条中增加一款作为第二款:

"逃避海关监管将境外固体废物、液态废物和气态废物运输进境,情节严重的,处五年以下有期徒刑,并处或者单处罚金;情节特别严重的,处五年以上有期徒刑,并处罚金。"

原第二款作为第三款,修改为:

"单位犯前两款罪的,对单位判处罚金,并对其直接负责的主管人员和其他直接责任人员,依照前两款的规定处罚。"

【条文说明】

本条是关于走私淫秽物品罪、走私废物罪及其处罚的规定。

本条共分为三款。

第一款规定,走私淫秽物品罪有以下几个构成要件:

1. 行为人在主观上有**犯罪故意**,即以牟利或者传播为目的,这是构成本罪的一个必备条件。**以牟利为目的**,是指行为人走私淫秽物品是为了出卖、出租或者通过其他方式牟取非法利益;**以传播为目的**,是指行为人走私淫秽物品是为了在社会上传播、扩散。不具有上述目的的不应认定为本罪,如果行为人携带少量的淫秽物品入境,目的是为了自己使用的,则不应按走私淫秽物品罪论处。①

2. 行为人在客观上有**逃避海关监管,运输、携带、邮寄淫秽物品的行为**。根据《刑法》第三百六十七条规定:"本法所称**淫秽物品**,是指具体描绘性行为或者露骨宣扬色情的诲淫性的书刊、影片、录像带、录音带、图片及其他淫秽物品。有关人体生理、医学知识的科学著作不是淫秽物品。包含有色情内容的有艺术价值的文学、艺术作品不视为淫秽物品。"

3. 本罪的犯罪主体为一般主体,单位或者自然人都可以成为本罪的犯罪主体。

对于走私淫秽物品罪的处罚,本款规定,**以牟利或者传播为目的,走私淫秽物品的**,处三年以上十年以下有期徒刑,并处罚金;**情节严重的**,处十年以上有期徒刑或者无期徒刑,并处罚金或者没收财产;**情节较轻的**,处三年以下有期徒刑、拘役或者管制,并处罚金。实践中办理走私淫秽物品的案件,涉及具体的数额标准,可以参照2014年《最高人民法院、最高人民检察院关于办理走私刑事案件适用法律若干问题的解释》中关于"情节较轻""情节严重"等内容办理。《最高人民法院、最高人民检察院关于办理走私刑事案件适用法律若干问题的解释》第十三条规定:"以牟利或者传播为目的,走私淫秽物品,达到下列数量之一的,可以认定为刑法第一百五十二条第一款规定的'情节较轻':(一)走私淫秽录像带、影碟五十盘(张)以上不满一百盘(张)的;(二)走私淫秽录音

---

① 相同的学说见解,参见黎宏:《刑法学各论》(第2版),法律出版社2016年版,第99页;高铭暄、马克昌主编:《刑法学》(第7版),北京大学出版社、高等教育出版社2016年版,第380页。

带、音碟一百盘（张）以上不满二百盘（张）的；（三）走私淫秽扑克、书刊、画册一百副（册）以上不满二百副（册）的；（四）走私淫秽照片、画片五百张以上不满五千张的；（五）走私其他淫秽物品相当于上述数量的。走私淫秽物品在前款规定的最高数量以上不满最高数量五倍的，依照刑法第一百五十二条第一款的规定处三年以上十年以下有期徒刑，并处罚金。走私淫秽物品在第一款规定的最高数量五倍以上，或者在第一款规定的最高数量以上不满五倍的，但属于犯罪集团的首要分子，使用特种车辆从事走私活动等情形的，应当认定为刑法第一百五十二条第一款规定的'**情节严重**'。"

第二款是 2002 年 12 月 28 日第九届全国人大常委会第三十一次会议通过的《刑法修正案（四）》新增加和修改的内容，即将 1997 年《刑法》第一百五十五条第（三）项"逃避海关监管将境外固体废物运输进境的"内容移到本款，并根据海关法的规定和实践中的具体情况，增加了将液态废物和气态废物运输进境的规定。1997 年《刑法》第一百五十五条第（三）项没有单独规定刑罚，而是规定**以走私罪论处**，依照刑法关于走私罪的有关规定处罚。由于《刑法》关于走私罪一章，除第一百五十一条、第一百五十二条明确规定走私几类违禁品的处罚以外，对走私罪是按照行为人偷逃应缴税额的多少规定刑罚的，而在司法实践中，对有些走私固体废物的行为无法计算应缴税额，因此，司法机关对本罪在量刑上存在一定的困难。该次修改，对逃避海关监管将境外固体废物、液态废物和气态废物运输进境的行为**规定为犯罪并单独规定了两档刑罚**。本款所说的"**固体废物**"，是指国家禁止进口的固体废物和国家限制进口的可用作原料的固体废物。2017 年我国发布《禁止洋垃圾入境推进固体废物进口管理制度改革实施方案》，明确提出"分批分类调整进口固体废物管理目录"，逐步有序减少固体废物进口种类和数量。国家限制进口的可用作原料的固体废物，按照《限制进口类可用作原料的固体废物目录》执行，2019 年，国家调整公布了新的《限制进口类可用作原料的固体废物目录》，废钢铁、铜废碎料、铝废碎料等被列入。本款所说的"**液态废物**"，是指区别于固体废物的液体形态的废物，是有一定的体积但没有一定的形状、可以流动的物质。"**气态废物**"，是指放置在容器中的气体形态的废物。我国对于境外固体废物、液态废物和气态废物入境有严格的限制和批准程序，近年来，国内一些单位或者个人见利忘义，以各种方式逃避海关监管，向海关隐瞒、掩饰，擅自将境外固体废物、液态废物和气态废物偷运入境。对于这种危害国家和人民利益的走私行为，给予严厉打击是完全必要的。

根据本款规定，走私固体废物、液态废物、气态废物，**情节严重的**，处五年以下有期徒刑，并处或者单处罚金；**情节特别严重的**，处五年以上有期徒刑，并处罚金。《最高人民法院、最高人民检察院关于办理走私刑事案件适用法律若干问题的解释》第十四条规定："走私国家禁止进口的废物或者国家限制进口的可用作原料的废物，具有下列情形之一的，应当认定为刑法第一百五十二条第二款规定的'**情节严重**'：（一）走私国家禁止进口的危险性固体废物、液态废物分别或者合计达到一吨以上不满五吨的；（二）走私国家禁止进口的非危险性固体废物、液态废物分别或者合计达到五吨以上不满二十五吨的；（三）走私国家限制进口的可用作原料的固体废物、液态废物分别或者合计达到二吨以上不满一百吨的；（四）未达到上述数量标准，但属于犯罪集团的首要分子，使用特种车辆从事走私活动，或者造成环境严重污染等情形的。具有下列情形之一的，应当认定为刑法第一百五十二条第二款规定的'**情节特别严重**'：（一）走私数量超过前款规定的标准的；（二）达到前款规定的标准，且属于犯罪集团的首要分子，使用特种车辆从事走私活动，或者造成环境严重污染等情形的；（三）未达到前款规定的标准，但造成环境严重污染且后果特别严重的。走私置于容器中的气态废物，构成犯罪的，参照前两款规定的标准处罚。"

第三款是对单位犯走私淫秽物品罪、走私废物罪的处罚规定。本款也由《刑法修正案（四）》作了修改，虽只是文字修改，但修改后的内容却有了实质的变化。原来只规定对单位犯走私淫秽物品罪的处罚，现在增加了对单位犯走私废物罪的处罚。对单位犯上述罪行的，采用**双罚制原则**。对单位判处罚金，并对其直接负责的主管人员和其他直接责任人员，依照前两款的规定处罚。

本罪在实际执行中要注意正确把握罪与非罪的界限。是否"**以牟利或者传播为目的**"，是区分罪与非罪的界限，判断是否具有牟利或者传播的目的，不能只凭行为人的口供或者辩解，要具体情况具体分析,根据各种证据,加以分析判断。① 如果行为人走私大量淫秽物品,显然超出了自用的范围,就可以认定是以牟利或者传播为目的,至于"牟利"或者"传播"的目的是否实现,并不影响本罪的成立。②

【司法解释】

《最高人民法院、最高人民检察院关于办理走私刑事案件适用法律若干问题的解释》(法释〔2014〕10号,自2014年9月10日起施行)

△**(报废或无法组装并使用的弹头、弹壳;走私废物罪;鉴定)**走私报废或者无法组装并使用的各种弹药的弹头、弹壳,构成犯罪的,依照刑法第一百五十三条的规定,以走私普通货物、物品罪定罪处罚;属于废物的,依照刑法第一百五十二条第二款的规定,以走私废物罪定罪处罚。

弹头、弹壳是否属于前款规定的"报废或者无法组装并使用"或者"废物",由国家有关技术部门进行鉴定。(§4Ⅱ、Ⅲ)

△**(走私淫秽物品罪;情节较轻;情节严重)**以牟利或者传播为目的,走私淫秽物品,达到下列数量之一的,应当认定为刑法第一百五十二条第一款规定的"情节较轻":

(一)走私淫秽录像带、影碟五十盘(张)以上不满一百盘(张)的;

(二)走私淫秽录音带、音碟一百盘(张)以上不满二百盘(张)的;

(三)走私淫秽扑克、书刊、画册一百副(册)以上不满二百副(册)的;

(四)走私淫秽照片、画片五百张以上不满一千张的;

(五)走私其他淫秽物品相当于上述数量的。

走私淫秽物品在前款规定的最高数量以上不满最高数量五倍的,依照刑法第一百五十二条第一款的规定处三年以上十年以下有期徒刑,并处罚金。

走私淫秽物品在第一款规定的最高数量五倍以上,或者在第一款规定的最高数量以上不满五倍,但属于犯罪集团的首要分子,使用特种车辆从事走私活动等情形的,应当认定为刑法第一百五十二条第一款规定的"情节严重"。(§13)

△**(走私废物罪;情节严重;情节特别严重;置于容器中的气态废物)**走私国家禁止进口的废物或者国家限制进口的可用作原料的废物,具有下列情形之一的,应当认定为刑法第一百五十二条第二款规定的"情节严重":

(一)走私国家禁止进口的危险性固体废物、液态废物分别或者合计达到一吨以上不满五吨的;

(二)走私国家禁止进口的非危险性固体废物、液态废物分别或者合计达到五吨以上不满二十五吨的;

(三)走私国家限制进口的可用作原料的固体废物、液态废物分别或者合计达到二十吨以上不满一百吨的;

(四)未达到上述数量标准,但属于犯罪集团的首要分子,使用特种车辆从事走私活动,或者造成环境严重污染等情形的。

具有下列情形之一的,应当认定为刑法第一百五十二条第二款规定的"情节特别严重":

(一)走私数量超过前款规定的标准的;

(二)达到前款规定的标准,且属于犯罪集团的首要分子,使用特种车辆从事走私活动,或者造成环境严重污染等情形的;

(三)未达到前款规定的标准,但造成环境严重污染且后果特别严重的。

走私置于容器中的气态废物,构成犯罪的,参照前两款规定的标准处理。(§14)

△**(国家限制进口的可用作原料的废物;具体种类)**国家限制进口的可用作原料的废物的具体种类,参照国家有关部门的规定确定。(§15)

△**(走私废物罪;想象竞合;走私普通货物、物品罪;租用、借用或者使用购买的他人许可证)**未经许可进出口国家限制进出口的货物、物品,构成犯罪的,应当依照刑法第一百五十一条、第一百五十二条的规定,以走私国家禁止进出口的货物、物品罪等罪名定罪处罚;偷逃应缴税额,同时又构成走私普通货物、物品罪的,依照处罚较重的规定定罪处罚。③

租用、借用或者使用购买的他人许可证,进出口国家限制进出口的货物、物品的,适用本条第一款的规定定罪处罚。(§21Ⅰ、Ⅲ)

---

① 行为人是否具有牟利或者传播的目的,应主要通过走私淫秽物品的种类、数量、次数等进行判断。参见张明楷:《刑法学》(第6版),法律出版社2021年版,第964页;周光权:《刑法各论》(第4版),中国人民大学出版社2021年版,第259页。

② 相同的学说观点,参见黎宏:《刑法学各论》(第2版),法律出版社2016年版,第99页;周光权:《刑法各论》(第4版),中国人民大学出版社2021年版,第259页。

③ 我国学者指出,系争规定并不是关于特别法条适用原则的规定,而是关于想象竞合的规定。参见张明楷:《刑法学》(第6版),法律出版社2021年版,第965页。

△(**实际走私的货物、物品;数罪并罚**)在走私的货物、物品中藏匿刑法第一百五十一条、第一百五十二条、第三百四十七条、第三百五十条规定的货物、物品,构成犯罪的,以实际走私的货物、物品定罪处罚;构成数罪的,实行数罪并罚。(§22)

△(**犯罪既遂**)实施走私犯罪,具有下列情形之一的,应当认定为犯罪既遂:

(一)在海关监管现场被查获的;

(二)以虚假申报方式走私,申报行为实施完毕的;

(三)以保税货物或者特定减税、免税进口的货物、物品为对象走私,在境内销售的,或者申请核销行为实施完毕的。(§23)

△(**单位犯罪**)单位犯刑法第一百五十一条、第一百五十二条规定之罪,依照本解释规定的标准定罪处罚。(§24 I)

【**司法解释性文件**】

《最高人民法院、最高人民检察院、海关总署关于办理走私刑事案件适用法律若干问题的意见》(法〔2002〕139号,2002年7月8日公布)

△(**主观故意之认定;明知**)行为人明知自己的行为违反国家法律法规,逃避海关监管,偷逃进出境货物、物品的应缴税额,或者逃避国家有关出入境的禁止性管理,并且希望或者放任危害结果发生的,应认定为具有走私的主观故意。

走私主观故意中的"明知"是指行为人知道或者应当知道所从事的行为是走私行为。具有下列情形之一的,可以认定为"明知",但有证据证明确属被蒙骗的除外:

(一)逃避海关监管,运输、携带、邮寄国家禁止进出境的货物、物品的;

(二)用特制的设备或者运输工具走私货物、物品的;

(三)未经海关同意,在非设关的码头、海(河)岸、陆路边境等地点,运输(驳载)、收购或者贩卖非法进出境货物、物品的;

(四)提供虚假的合同、发票、证明等商业单据委托他人办理通关手续的;

(五)以明显低于货物正常进(出)口的应缴税款委托他人代理进(出)口业务的;

(六)曾因同一种走私行为受过刑事处罚或者行政处罚的;

(七)其他有证据证明的情形。(§5)

△(**走私故意;走私的具体对象不明确;认识错误;从轻处罚**)走私犯罪嫌疑人主观上具有走私犯罪故意,但对其走私的具体对象不明确的,不影响走私犯罪构成,应当根据实际的走私对象定罪处罚。但是,确有证据证明行为人因受蒙骗而对走私对象发生认识错误的,可以从轻处罚。(§6)

△(**单位走私犯罪;诉讼代表人之确定;拘传;先行追究;直接负责的主管人员或者直接责任人员;追缴、没收**)单位走私犯罪案件的诉讼代表人,应当是单位的法定代表人或者主要负责人。单位的法定代表人或者主要负责人被依法追究刑事责任或者因其他原因无法参与刑事诉讼的,人民检察院应当另行确定被告单位的其他负责人作为诉讼代表人参加诉讼。

接到出庭通知的被告单位的诉讼代表人应当出庭应诉。拒不出庭的,人民法院在必要的时候,可以拘传到庭。

对直接负责的主管人员和其他直接责任人员均无法归案的单位走私犯罪案件,只要单位走私犯罪的事实清楚、证据确实充分,且能够确定诉讼代表人代表单位参与刑事诉讼活动的,可以先行追究该单位的刑事责任。

被告单位没有合适人选作为诉讼代表人出庭的,因其不具备追究该单位刑事责任的诉讼条件,可按照单位犯罪的条款先行追究单位犯罪中直接负责的主管人员或者其他直接责任人员的刑事责任。人民法院在对单位犯罪中直接负责的主管人员或者直接责任人员进行判决时,对于扣押、冻结的走私货物、物品、违法所得以及属于犯罪单位所有的走私犯罪工具,应当一并判决予以追缴、没收。(§17)

△(**单位走私犯罪;直接负责的主管人员和直接责任人员之认定**)具备下列特征的,可以认定为单位走私犯罪:(1)以单位的名义实施走私犯罪,即由单位集体研究决定,或者由单位的负责人或者被授权的其他人员决定、同意;(2)为单位谋取不正当利益或者违法所得绝大部分归单位所有。

依照《最高人民法院关于审理单位犯罪案件具体应用法律有关问题的解释》第二条的规定,个人为进行违法犯罪活动而设立的公司、企业、事业单位实施犯罪的,或者个人设立公司、企业、事业单位后,以实施犯罪为主要活动的,不以单位犯罪论处。单位是否以实施犯罪为主要活动,应根据单位实施走私行为的次数、频度、持续时间、单位进行合法经营的状况等因素综合考虑认定。

根据单位人员在单位走私犯罪活动中所发挥的不同作用,对其直接负责的主管人员和其他直接责任人员,可以确定为一人或者数人。对于受单位领导指派而积极参与实施走私犯罪行为的人员,如果其行为在走私犯罪的主要环节起重要作用的,可以认定为单位犯罪的直接责任人员。

(§18)

△(**单位走私犯罪;单位分立、合并或者其他资产重组;单位被依法注销、宣告破产;被执行人;减除**)单位走私犯罪后,单位发生分立、合并或者其他资产重组等情况的,只要承受该单位权利义务的单位存在,应当追究单位走私犯罪的刑事责任。走私单位发生分立、合并或者其他资产重组后,原单位名称发生更改的,仍以原单位(名称)作为被告单位。承受原单位权利义务的单位法定代表人或者负责人为诉讼代表人。

单位走私犯罪后,发生分立、合并或者其他资产重组情形,以及被依法注销、宣告破产等情况的,无论承受该单位权利义务的单位是否存在,均应追究原单位直接负责的主管人员和其他直接责任人员的刑事责任。

人民法院对原走私单位判处罚金的,应当将承受原单位权利义务的单位作为被执行人。罚金超出新单位所承受的财产的,可在执行中予以减除。(§19)

△(**单位走私犯罪;自首**)在办理单位走私犯罪件中,对单位集体决定自首的,或者单位直接负责的主管人员自首的,应当认定单位自首。认定单位自首后,如实交代主要犯罪事实的单位负责的其他主管人员和其他直接责任人员,可视为自首,但对拒不交代主要犯罪事实或逃避法律追究的人员,不以自首论。(§21)

△(**共同走私犯罪案件;罚金刑**)审理共同走私犯罪案件时,对各共同犯罪人判处罚金的总额应掌握在共同走私行为偷逃应缴税额的一倍以上五倍以下。(§22)

△(**走私货物、物品、走私违法所得;走私犯罪工具;追缴;没收;查扣、冻结;先行变卖、拍卖**)在办理走私犯罪案件过程中,对发现的走私货物、物品、走私违法所得以及属于走私犯罪分子所有的犯罪工具,侦查机关应当及时追缴,依法予以查扣、冻结。在移送审查起诉时应当将扣押物品文件清单、冻结存款证明文件等材料随案移送,对于扣押的危险品或者鲜活、易腐、易失效、易贬值等不宜长期保存的货物、物品、已经依法先行变卖、拍卖的,应当随案移送变卖、拍卖物品清单以及原物的照片或者录像资料;人民检察院在提起公诉时应当将上述扣押物品文件清单、冻结存款证明文件或变卖、拍卖物品清单一并移送;人民法院在判决走私犯罪案件时,应当对随案清单、证明文件中载明的款、物审查确认并依法判决予以追缴、没收;海关根据人民法院的判决和海关法的有关规定予以处理,上缴中央国库。(§23)

△(**无法扣押;不便扣押;走私违法所得;追缴**)在办理走私普通货物、物品犯罪案件中,对于走私货物、物品因流入国内市场或者投入使用,致使走私货物、物品无法扣押或者不便扣押的,应当按照走私货物、物品的进出口完税价格认定违法所得予以追缴;走私货物实际销售价格高于进出口完税价格的,应当按照实际销售价格认定违法所得予以追缴。(§24)

《最高人民法院关于严格执行有关走私案件涉案财物处理规定的通知》(法〔2006〕114号,2006年4月30日公布)

△(**赃款赃物之处理**)关于刑事案件赃款赃物的处理问题,相关法律、司法解释已经规定的很明确。《海关法》第九十二条规定,"海关依法扣留的货物、物品、运输工具,在人民法院判决或者海关处理决定作出之前,不得处理";"人民法院判决没收或者海关决定没收的走私货物、物品、违法所得、走私运输工具、特制设备,由海关依法统一处理,所得价款和海关决定处以的罚款,全部上缴中央国库。"《最高人民法院、最高人民检察院、海关总署关于办理走私刑事案件适用法律若干问题的意见》第二十三条规定,"人民法院在判决走私罪案件时,应当对随案清单、证明文件中载明的款、物审查确认并依法判决予以追缴、没收;海关根据人民法院的判决和海关法的有关规定予以处理,上缴中央国库。"

《最高人民检察院、公安部关于公安机关管辖的刑事案件立案追诉标准的规定(一)》(公通字〔2008〕36号,2008年6月25日公布)

△(**走私淫秽物品罪;立案追诉标准**)以牟利或者传播为目的,走私淫秽的影片、录像带、录像带、图片、书刊或者其他通过文字、声音、形象等形式表现淫秽内容的影碟、音碟、电子出版物等物品,涉嫌下列情形之一的,应予立案追诉:

(一)走私淫秽录像带、影碟五十盘(张)以上的;

(二)走私淫秽录音带、音碟一百盘(张)以上的;

(三)走私淫秽扑克、书刊、画册一百副(册)以上的;

(四)走私淫秽照片、画片五百张以上的;

(五)走私其他淫秽物品相当于上述数量的;

(六)走私淫秽物品数量虽未达到本条第(一)项至第(四)项规定标准,但分别达到其中两项以上标准的百分之五十以上的。(§25)

《宽严相济在经济犯罪和职务犯罪案件审判中的具体贯彻》(2010年4月7日公布)

△(**宽严相济;走私犯罪;酌定情节**)根据《意

第一百五十三条

见》第25条规定的宽严"相济"要求,应当区分犯罪行为的具体情形区别对待。以走私犯罪为例,对海上偷运走私、绕关等未向海关报关的走私与价格瞒骗走私,走私特殊物品与走私普通货物,物品在具体量刑时都应当有所区别;对进口走私象牙等珍贵动物制品犯罪在量刑时应当酌情考虑出口国家的法律规定以及行为人的主观认识因素。

【公报案例】

应志敏、陆骏走私废物、走私普通货物案
(《最高人民法院公报》2014年第5期)

△(走私故意;主客观相统一原则;量刑情节)在走私犯罪案件中,应当根据案情综合判断行为人对夹藏物品是否具有走私的故意。行为人不具有ака概括故意,对于走私物品中还夹藏有其他不同种类走私物品确实不明知的,不能适用相关规范性文件中"根据实际的走私对象定罪处罚"的规定进行数罪并罚,而应当根据主客观相统一原则,以行为人主观认知的走私对象性质加以定罪处罚。对于客观上走私了夹藏的其他物品的,可作为行为人所构成特定走私犯罪的量刑情节予以评价,以体现罪责刑相适应原则。

【参考案例】

No.3-2-152(2)-1　程瑞洁走私废物案

走私废物中混有普通货物的,行为人主观上明确知道所走私废物的性质,但因受蒙骗而对混入的普通物品无认识的,应认为其主观上仅存在走私废物的故意,根据其主观上认识的货物、物品性质定罪处罚。

No.3-2-152(2)-2　应志敏、陆骏走私废物、走私普通货物案

走私废物行为中,对夹藏的普通货物缺少明知,不应按照实际走私的对象处罚,应认定成立走私废物一罪。

No.3-2-152(2)-3　佛山市格利华经贸有限公司、王炽东、李伟雄走私废物案

借用他人许可证,帮助不具备环评资质的单位或个人将国家限制进口的、可用作原料的固体废物运输进境内销售,成立走私废物罪的共犯。

第一百五十三条　【走私普通货物、物品罪】

走私本法第一百五十一条、第一百五十二条、第三百四十七条规定以外的货物、物品的,根据情节轻重,分别依照下列规定处罚:

(一)走私货物、物品偷逃应缴税额较大或者一年内曾因走私被给予二次行政处罚后又走私的,处三年以下有期徒刑或者拘役,并处偷逃应缴税额一倍以上五倍以下罚金。

(二)走私货物、物品偷逃应缴税额巨大或者有其他严重情节的,处三年以上十年以下有期徒刑,并处偷逃应缴税额一倍以上五倍以下罚金。

(三)走私货物、物品偷逃应缴税额特别巨大或者有其他特别严重情节的,处十年以上有期徒刑或者无期徒刑,并处偷逃应缴税额一倍以上五倍以下罚金或者没收财产。

单位犯前罪的,对单位判处罚金,并对其直接负责的主管人员和其他直接责任人员,处三年以下有期徒刑或者拘役;情节严重的,处三年以上十年以下有期徒刑;情节特别严重的,处十年以上有期徒刑。

对多次走私未经处理的,按照累计走私货物、物品的偷逃应缴税额处罚。

【立法沿革】

《中华人民共和国刑法》(1997年修订,自1997年10月1日起施行)

第一百五十三条

走私本法第一百五十一条、第一百五十二条、第三百四十七条规定以外的货物、物品的,根据情节轻重,分别依照下列规定处罚:

(一)走私货物、物品偷逃应缴税额在五十万元以上的,处十年以上有期徒刑或者无期徒刑,并处偷逃应缴税额一倍以上五倍以下罚金或者没收财产;情节特别严重的,依照本法第一百五十一条第四款的规定处罚。

(二)走私货物、物品偷逃应缴税额在十五万元以上不满五十万元的,处三年以上十年以下有期徒刑,并处偷逃应缴税额一倍以上五倍以下罚金;情节特别严重的,处十年以上有期徒刑或者无期徒刑,并处偷逃应缴税额一倍以上五倍以下罚金或者没收财产。

(三)走私货物、物品偷逃应缴税额在五万元以上不满十五万元的,处三年以下有期徒刑或者拘役,并处偷逃应缴税额一倍以上五倍以下罚金。

单位犯前款罪的,对单位判处罚金,并对其直接负责的主管人员和其他直接责任人员,处三年以下有期徒刑或者拘役;情节严重的,处三年以上十年以下有期徒刑;情节特别严重的,处十年以上有期徒刑。

对多次走私未经处理的,按照累计走私货物、物品的偷逃应缴税额处罚。

《中华人民共和国刑法修正案(八)》(自2011年5月1日起施行)
二十七、将刑法第一百五十三条修改为:
"走私本法第一百五十一条、第一百五十二条、第三百四十七条规定以外的货物、物品的,根据情节轻重,分别依照下列规定处罚:
"(一)走私货物、物品偷逃应缴税额较大或者一年内曾因走私被给予二次行政处罚后又走私的,处三年以下有期徒刑或者拘役,并处偷逃应缴税额一倍以上五倍以下罚金;
"(二)走私货物、物品偷逃应缴税额巨大或者有其他严重情节的,处三年以上十年以下有期徒刑,并处偷逃应缴税额一倍以上五倍以下罚金;
"(三)走私货物、物品偷逃应缴税额特别巨大或者有其他特别严重情节的,处十年以上有期徒刑或者无期徒刑,并处偷逃应缴税额一倍以上五倍以下罚金或者没收财产。"

【条文说明】

本条是关于走私普通货物、物品罪及其处罚的规定。

本条共分为三款。

第一款是对走私普通货物、物品罪的处罚规定。构成本罪必须具备以下要件:

1. 行为人主观方面是**故意犯罪**,通常都具有逃避海关监管、偷逃关税的目的。

2. 行为人在客观上具有**逃避海关监管,走私普通货物、物品,偷逃应缴税额,应当追究刑事责任的行为**。《刑法》第一百五十一条规定了对走私武器、弹药、核材料、伪造的货币、国家禁止出口的文物、黄金、白银和其他贵重金属、国家禁止进出口的珍贵动物及其制品、国家禁止进出口的珍稀植物及其制品等国家禁止进出口的其他货物、物品的刑事处罚。《刑法》第一百五十二条规定了走私淫秽物品的刑事处罚。《刑法》第三百四十七条规定了走私、贩卖、运输、制造毒品罪的刑事处罚。本款规定的"**本法第一百五十一条、第一百五十二条、第三百四十七条规定以外的货物、物品**"①,实践中主要包括两类②:一类是国家对其进出口实行配额或者许可证管理的货物、物品。例如,烟、酒、贵重中药材及其成药、汽车、摩托车等。另一类是应纳税货物、物品。例如,玻璃制品、造纸材料、塑料等进口货物和钨矿砂及精矿、淡水鱼、虾、海蜇等出口物品。本条之所以要把走私一般货物、物品同走私国家禁止进出口货物、走私淫秽物品的犯罪分开来规定,是因为走私物品的种类不同,其社会危害性也不同,在处罚上也应有所区别。《刑法》第一百五十一条、第一百五十二条和第三百四十七条所列物品,都是国家禁止进出口的物品,走私这类物品,对社会的危害性大,往往难以用物品的价额或者偷逃应缴税额来计算。因此,对于走私国家禁止出口的物品和淫秽物品的处罚,都没有规定价额或者数额标准。但走私普通货物、物品,其危害程度主要是根据偷逃应缴税额的大小来决定的,这里的"**应缴税额**",是指进出口货物、物品应当缴纳的进出口关税和进口环节、海关代征代扣的其他税款,偷逃应缴税额越大,危害性也就越大。考虑到普通货物、物品的进出口税率是不一样的,走私相同价额不同种类的货物、物品,由于国家规定的税率不同,可能偷逃的关税和给国家造成的损失也不同。因此,本条将定罪处罚的标准规定为"应缴税额"。

对于走私普通货物、物品的处罚,本款根据偷逃应缴税的大小规定了三档刑罚:第一档刑罚,**走私货物、物品偷逃应缴税额较大或者一年内曾因走私被给予二次行政处罚后又走私的**,处三年以下有期徒刑或者拘役,并处偷逃应缴税额一倍以上五倍以下罚金。《最高人民法院、最高人民检察

---

① 此构成要件要属于表面的构成要件要素,作用在于区分不同的走私犯罪。就此而言,《刑法》第一百五十三条是走私罪的普通法条,其他有关走私罪的规定则属于特别法条。故而,不构成其他走私犯罪的走私行为,都可能构成走私普通货物、物品罪。另外,由于本罪的最高档法定刑高于《刑法》第一百五十一条第三款与第一百五十二条的法定刑。在此情形下,应当认定为想象竞合,从一重罪处断。参见张明楷:《刑法学》(第6版),法律出版社2021年版,第965页。
② 我国学者指出,本罪的普通货物、物品不再包括国家禁止出口的其他货物、物品。参见周光权:《刑法各论》(第4版),中国人民大学出版社2021年版,第262页。但另有学者主张,走私普通货物、物品罪中的"普通货物、物品"还应包括《刑法》第一百五十一条、第一百五十二条和第三百四十七条所列物品之外的其他国家禁止进出口的货物、物品。参见黎宏:《刑法学各论》(第2版),法律出版社2016年版,第101页。

院关于办理走私刑事案件适用法律若干问题的解释》第十八条规定:"刑法第一百五十三条规定的'应缴税额',包括进出口货物、物品应当缴纳的进出口关税和进口环节海关代征税的税额。应缴税额以走私行为实施时的税则、税率、汇率和完税价格计算;多次走私的,以每次走私行为实施时的税则、税率、汇率和完税价格逐票计算;走私行为实施时间不能确定的,以案发时的税则、税率、汇率和完税价格计算。"根据上述司法解释的规定,"**偷逃应缴税额较大**"是指偷逃应缴税额在十万元以上不满五十万元。第二档刑罚,**走私货物、物品偷逃应缴税额巨大或者有其他严重情节的**,处三年以上十年以下有期徒刑,并处偷逃应缴税额一倍以上五倍以下罚金。偷逃应缴税额在五十万元以上不满二百五十万元的,应当认定为"**偷逃应缴税额巨大**"。第三档刑罚,**走私货物、物品偷逃应缴税额特别巨大或者有其他特别严重情节的**,处十年以上有期徒刑或者无期徒刑,并处偷逃应缴税额一倍以上五倍以下罚金或者没收财产。偷逃应缴税额在二百五十万元以上的,应当认定为"**偷逃应缴税额特别巨大**"。根据上述司法解释的规定,走私普通货物、物品,具有下列情形之一,偷逃应缴税额在三十万元以上不满五十万元的,应当认定为第二档刑罚中规定的"**其他严重情节**";偷逃应缴税额在一百五十万元以上不满二百五十万元的,应当认定为第三档刑罚中规定的"**其他特别严重情节**":(1)犯罪集团的首要分子;(2)使用特种车辆从事走私活动的;(3)为实施走私犯罪,向国家机关工作人员行贿的;(4)教唆、利用未成年人、孕妇等特殊人群走私的;(5)聚众阻挠缉私的。

第二款是对单位犯走私普通货物、物品罪的处罚规定。单位走私普通货物、物品,根据本款规定对单位判处罚金,并对其直接负责的主管人员和直接责任人员,处三年以下有期徒刑或者拘役;情节严重的,处三年以上十年以下有期徒刑;情节特别严重的,处十年以上有期徒刑。上述司法解释对单位犯罪规定了**不同于自然人的定罪量刑标准**:"单位犯走私普通货物、物品罪,偷逃应缴税额在二十万元以上不满一百万元的,应当依照刑法第一百五十三条第二款的规定,对单位判处罚金,并对其直接负责的主管人员和其他直接责任人员,处三年以下有期徒刑或者拘役;偷逃应缴税额在一百万元以上不满五百万元的,应当认定为'**情节严重**';偷逃应缴税额在五百万元以上的,应当认定为'**情节特别严重**'。"

第三款是对多次走私未经处理的如何处罚的规定。"**多次走私未经处理**",是指走私受到行政执法机关或者司法机关处理的,如果其走私行为受到某一机关处理过,不管是行政处罚还是刑事处罚,就不属于未经处理之列。根据本款规定,对多次走私未经处理的,按照累计走私货物、物品的偷逃应缴税额处罚。

实践中需要注意以下两个方面的问题:

1. 在执法中,应注意**在走私本条规定的货物、物品同时,走私《刑法》第一百五十一条、第一百五十二条、第三百四十七条、第三百五十条规定的正确的处理**。《最高人民法院、最高人民检察院关于办理走私刑事案件适用法律若干问题的解释》第二十二条规定:"在走私的货物、物品中藏匿刑法第一百五十一条、第一百五十二条、第三百四十七条、第三百五十条规定的货物、物品的,以实际走私的货物、物品定罪处罚,构成数罪的,实行数罪并罚。"

2. 关于**定罪量刑标准计算时适用行为时税率还是审判时税率**,即税率发生变化时如何适用的问题。这一问题实践中有不同认识。《最高人民法院、最高人民检察院关于办理走私刑事案件适用法律若干问题的解释》第十八条第一款规定:"刑法第一百五十三条规定的'应缴税额',包括进出口货物、物品应当缴纳的进出口关税和进口环节海关代征税的税额。应缴税额以走私行为实施时的税则、税率、汇率和完税价格计算;多次走私的,以每次走私行为实施时的税则、税率、汇率和完税价格逐票计算;走私行为实施时间不能确定的,以案发时的税则、税率、汇率和完税价格计算。"

【司法解释】

《最高人民法院、最高人民检察院关于办理走私刑事案件适用法律若干问题的解释》(法释〔2014〕10号,自2014年9月10日起施行)

△(报废或者无法组装并使用的各种弹药的弹头、弹壳;走私普通货物、物品罪;鉴定)走私报废或者无法组装并使用的各种弹药的弹头、弹壳,构成犯罪的,依照刑法第一百五十三条的规定,以走私普通货物、物品罪定罪处罚;属于废物的,依照刑法第一百五十二条第二款的规定,以走私废物罪定罪处罚。

弹头、弹壳是否属于前款规定的"报废或者无法组装并使用"或者"废物",由国家有关技术部门进行鉴定。(§4Ⅱ、Ⅲ)

△(走私普通货物、物品罪;偷逃应缴税额较大;偷逃应缴税额巨大;偷逃应缴税额特别巨大;其他严重情节;其他特别严重情节)走私普通货物、物品,偷逃应缴税额在十万元以上不满五十

万元的,应当认定为刑法第一百五十三条第一款规定的"偷逃应缴税额较大";偷逃应缴税额在五十万元以上不满二百五十万元的,应当认定为"偷逃应缴税额巨大";偷逃应缴税额在二百五十万元以上的,应当认定为"偷逃应缴税额特别巨大"。

走私普通货物、物品,具有下列情形之一,偷逃应缴税额在三十万元以上不满五十万元的,应当认定为刑法第一百五十三条第一款规定的"其他严重情节";偷逃应缴税额在一百五十万元以上不满二百五十万元的,应当认定为"其他特别严重情节":

(一)犯罪集团的首要分子;

(二)使用特种车辆从事走私活动的;

(三)为实施走私犯罪,向国家机关工作人员行贿的;

(四)教唆、利用未成年人、孕妇等特殊人群走私的;

(五)聚众阻挠缉私的。(§16)

△("一年内";"被给予二次行政处罚"的走私行为;"又走私"行为)刑法第一百五十三条第一款规定的"一年内曾因走私被给予二次行政处罚后又走私"中的"一年内",以因走私第一次受到行政处罚的生效之日与"又走私"行为实施之日的时间间隔计算确定;"被给予二次行政处罚"的走私行为,包括走私普通货物、物品以及其他货物、物品;"又走私"行为仅指走私普通货物、物品。① (§17)

△(应缴税额之计算;多次走私;走私行为实施时间不能确定;多次走私未经处理)刑法第一百五十三条规定的"应缴税额",包括进出口货物、物品应当缴纳的进出口关税和进口环节海关代征税的税额。应缴税额以走私行为实施时的税则、税率、汇率和完税价格计算;多次走私的,以每次走私行为实施时的税则、税率、汇率和完税价格逐票计算;走私行为实施时间不能确定的,以案发时的税则、税率、汇率和完税价格计算。

刑法第一百五十三条第三款规定的"多次走私未经处理",包括未经行政处理和刑事处理。(§18)

△(走私国家禁止进出口的货物、物品罪;竞合;走私普通货物、物品罪;超过许可数量;租用、借用或者使用购买的他人许可证)未经许可而进出口国家限制进出口的货物、物品,构成犯罪的,应当依照刑法第一百五十一条、第一百五十二条、规定,以走私国家禁止进出口的货物、物品罪等罪名定罪处罚;偷逃应缴税额,同时又构成走私普通货物、物品罪的,依照处罚较重的规定定罪处罚。

取得许可,但超过许可数量进出口国家限制进出口的货物、物品,构成犯罪的,依照刑法第一百五十三条的规定,以走私普通货物、物品罪定罪处罚。

租用、借用或者使用购买的他人许可证,进出口国家限制进出口的货物、物品的,适用本条第一款的规定定罪处罚。(§21)

△(实际走私的货物、物品;数罪并罚)在走私的货物、物品中藏匿刑法第一百五十一条、第一百五十二条、第三百四十七条、第三百五十条规定的货物、物品,构成犯罪的,以实际走私的货物、物品定罪处罚,实行数罪并罚。(§22)

△(犯罪既遂)实施走私犯罪,具有下列情形之一的,应当认定为犯罪既遂:

(一)在海关监管现场被查获的;

(二)以虚假申报方式走私,申报行为实施完毕的;

(三)以保税货物或者特定减税、免税进口的货物、物品为对象走私,货物内销售的,或者申请核销行为实施完毕的。(§23)

△(单位犯罪;走私普通货物、物品罪;量刑档次;情节严重;情节特别严重)单位犯走私普通货物、物品罪,偷逃应缴税额在二十万元以上不满一百万元的,应当依照刑法第一百五十三条第二款的规定,对单位判处罚金,并对其直接负责的主管人员和其他直接责任人员,处三年以下有期徒刑或者拘役;偷逃应缴税额在一百万元以上不满五百万元的,应当认定为"情节严重";偷逃应缴税额在五百万元以上的,应当认定为"情节特别严重"。(§24Ⅱ)

《最高人民法院关于审理走私、非法经营、非法使用兴奋剂刑事案件适用法律若干问题的解释》(法释〔2019〕16号,自2020年1月1日起施行)

△(走私兴奋剂目录所列物质行为;走私国家禁止进出口的货物、物品罪;走私普通货物、物品罪)运动员、运动员辅助人员走私兴奋剂目录所列物质,或者其他人员以在体育竞赛中非法使用为目的走私兴奋剂目录所列物质,涉案物质属于国家禁止进出口的货物、物品,具有下列情形之一的,应当依照刑法第一百五十一条第三款的规定,以走私国家禁止进出口的货物、物品罪定罪处罚:

---

① 我国学者指出,因走私小额自用商品二次受到行政处罚后,又走私小额自用商品,不宜认定为走私普通货物、物品罪。参见张明楷:《刑法学》(第6版),法律出版社2021年版,第966页。

(一)一年内曾因走私被给予二次以上行政处罚后又走私的;(二)用于或者准备用于未成年人运动员、残疾人运动员的;(三)用于或者准备用于国内、国际重大体育竞赛的;(四)其他造成严重恶劣社会影响的情形。

实施前款规定的行为,涉案物质不属于国家禁止进出口的货物、物品,但偷逃应缴税额一万元以上或者一年内曾因走私被给予二次以上行政处罚又走私的,应当依照刑法第一百五十三条的规定,以走私普通货物、物品罪定罪处罚。

对于本条第一款、第二款规定以外的走私兴奋剂目录所列物质行为,适用《最高人民法院、最高人民检察院关于办理走私刑事案件适用法律若干问题的解释》(法释〔2014〕10号)规定的定罪量刑标准。(§1)

△(兴奋剂;毒品、制毒物品)实施本解释规定的行为,涉案物质属于毒品、制毒物品等,构成有关犯罪的,依照相应犯罪定罪处罚。(§7)

△("兴奋剂""兴奋剂目录所列物质""体育运动""国内、国际重大体育竞赛"等专门性问题;认定意见)对于是否属于本解释规定的"兴奋剂""兴奋剂目录所列物质""体育运动""国内、国际重大体育竞赛"等专门性问题,应当依据《中华人民共和国体育法》《反兴奋剂条例》等法律法规,结合国务院体育主管部门出具的认定意见等证据材料作出认定。(§8)

【司法解释性文件】

《最高人民法院、最高人民检察院、海关总署关于办理走私刑事案件适用法律若干问题的意见》(法〔2002〕139号,2002年7月8日公布)

△(主观故意;明知)行为人明知自己的行为违反国家法律法规,逃避海关监管,偷逃进出境货物、物品的应缴税额,或者逃避国家有关进出境的禁止性管理,并且希望或者放任危害结果发生的,应认定为具有走私的主观故意。

走私主观故意中的"明知"是指行为人知道或者应当知道所从事的行为是走私行为。具有下列情形之一的,可以认定为"明知",但有证据证明确属被蒙骗的除外:

(一)逃避海关监管,运输、携带、邮寄国家禁止进出境的货物、物品的;

(二)用特制的设备或者运输工具走私货物、物品的;

(三)未经海关同意,在非设关的码头、海(河)岸、陆路边境等地点,运输(驳载)、收购或者贩卖非法进出境货物、物品的;

(四)提供虚假的合同、发票、证明等商业单证委托他人办理通关手续的;

(五)以明显低于货物正常进(出)口的应缴税额委托他人代理进(出)口业务的;

(六)曾因同一种走私行为受过刑事处罚或者行政处罚的;

(七)其他有证据证明的情形。(§5)

△(走私的具体对象不明确;根据实际的走私对象;受蒙骗;认识错误;从轻处罚)走私犯罪嫌疑人主观上具有走私犯罪故意,但对其走私的具体对象不明确的,不影响走私犯罪构成,应当根据实际的走私对象定罪处罚。但是,确有证据证明行为人因受蒙骗而对走私对象发生认识错误的,可以从轻处罚。(§6)

△(旧汽车、切割车等货物、物品;走私普通货物、物品罪)走私刑法第一百五十一条、第一百五十二条、第三百四十七条、第三百五十条规定的货物、物品以外的、已被国家明令禁止进出口的货物、物品,例如旧汽车、切割车、侵犯知识产权的货物、来自疫区的动植物及其产品等,应当依照刑法第一百五十三条的规定,以走私普通货物、物品罪追究刑事责任。(§8)

△(加工贸易登记手册、特定减免税批文等涉税单证;走私普通货物、物品罪)加工贸易登记手册、特定减免税批文等涉税单证是海关根据国家法律法规以及有关政策性规定,给予特定企业用于保税货物经营管理和减免税优惠待遇的凭证。利用购买的加工贸易登记手册、特定减免税批文等涉税单证进口货物,实质是将一般贸易货物伪报为加工贸易保税货物或者特定减免税货物进口,以达到偷逃应缴税款的目的,应当适用刑法第一百五十三条的通谋出售上述涉税单证,或者在出卖批文后又以提供印章、向海关伪报税货物、特定减免税货物等方式帮助买方办理进口通关手续的,对卖方依照刑法第一百五十六条以走私罪共犯定罪处罚。买卖上述涉税单证情节严重尚未进口货物的,依照刑法第二百八十条的规定定罪处罚。(§9)

△(加工贸易活动;骗取海关核销;走私普通货物、物品罪;不可抗力)在加工贸易经营活动中,以假出口、假结转或者利用虚假单证等方式骗取海关核销,致使保税货物、物品脱离海关监管,造成国家税款流失,情节严重的,依照刑法第一百五十三条的规定,以走私普通货物、物品罪追究刑事责任。但有证据证明因不可抗力原因导致保税货物脱离海关监管,经营人无法办理正常手续而取海关核销的,不认定为走私犯罪。(§10)

△(伪报价格;实际成交价格之认定)走私犯

罪案件中的伪报价格行为,是指犯罪嫌疑人、被告人在进出口货物、物品时,向海关申报进口或者出口的货物、物品的价格低于或者高于进出口货物的实际成交价格。

对实际成交价格的认定,在无法提取真、伪两套合同、发票等单证的情况下,可以根据犯罪嫌疑人、被告人的付汇渠道、资金流向、会计账册、境内外收发货人的真实交易方式,以及其他能够证明进出口货物实际成交价格的证据材料综合认定。(§11)

△(出售走私货物;增值税专用发票;非法开具增值税专用发票;走私偷逃应缴税额;扣除)走私犯罪嫌疑人为出售走私货物而开具增值税专用发票并缴纳增值税,是其走私行为既遂后在流通领域获违法所得的一种手段,属于非法开具增值税专用发票。对走私犯罪嫌疑人因出售走私货物而实际缴纳走私货物增值税的,在核定走私货物偷逃应缴税额时,不应当将其已缴纳的增值税款从其走私偷逃应缴税额中扣除。(§12)

△(单位走私犯罪;诉讼代表人之确定;拘传;先行追究;直接负责的主管人员或者直接责任人员;追缴、没收)单位走私犯罪案件的诉讼代表人,应当是单位的法定代表人或者主要负责人。单位的法定代表人或者主要负责人被依法追究刑事责任或者因其他原因无法参与刑事诉讼的,人民检察院应当另行确定被告单位的其他负责人作为诉讼代表人参加诉讼。

接到出庭通知的被告单位的诉讼代表人应当出庭应诉。拒不出庭的,人民法院在必要的时候,可以拘传到庭。

对直接负责的主管人员和其他直接责任人员均无法归案的单位走私犯罪案件,只要单位走私犯罪的事实清楚、证据确实充分,且能够确定诉讼代表人代表单位参与刑事诉讼活动的,可以先行追究该单位的刑事责任。

被告单位没有合适人选作为诉讼代表人出庭的,因不具备追究该单位刑事责任的诉讼条件,可按照单位犯罪的条款先行追究单位犯罪中直接负责的主管人员或者其他直接责任人员的刑事责任。人民法院在对单位犯罪中直接负责的主管人员或者直接责任人员进行判决时,对于扣押、冻结的走私货物、物品、违法所得以及属于犯罪单位所有的走私犯罪工具,应当一并判决予以追缴、没收。(§17)

△(单位走私犯罪;直接负责的主管人员和直接责任人员之认定)具备下列特征的,可以认定为单位走私犯罪:(1)以单位的名义实施走私犯罪,即由单位集体研究决定,或者由单位的负责人或者被授权的其他人员决定、同意;(2)为单位谋取不正当利益或者违法所得大部分归单位所有。

依照《最高人民法院关于审理单位犯罪案件具体应用法律有关问题的解释》第二条的规定,个人为进行违法犯罪活动而设立的公司、企业、事业单位实施犯罪的,或者个人设立公司、企业、事业单位后,以实施犯罪为主要活动的,不以单位犯罪论处。单位是否以实施犯罪为主要活动,应根据单位实施走私行为的次数、频度、持续时间、单位进行合法经营的状况等因素综合考虑认定。

根据单位人员在单位走私犯罪活动中所发挥的不同作用,对其直接负责的主管人员和其他直接责任人员,可以确定为一人或者数人。对于受单位领导指派而积极参与实施走私犯罪的人员,如果其行为在走私犯罪的主要环节起重要作用的,可以认定为单位犯罪的直接责任人员。(§18)

△(单位走私犯罪;单位分立、合并或者其他资产重组;单位被依法注销,宣告破产;被执行人;减除)单位走私犯罪后,单位发生分立、合并或者其他资产重组等情况的,只要承受该单位权利义务的单位存在,应当追究单位走私犯罪的刑事责任。走私单位发生分立、合并或者其他资产重组后,原单位名称发生更改的,仍以原单位(名称)作为被告单位。承受原单位权利义务的单位法定代表人或者负责人为诉讼代表人。

单位走私犯罪后,发生分立、合并或者其他资产重组情形,以及被依法注销、宣告破产等情况的,无论承受该单位权利义务的单位是否存在,均应追究原走私单位直接负责的主管人员和其他直接责任人员的刑事责任。

人民法院对原走私单位判处罚金的,应当将承受原单位权利义务的单位作为被执行人。罚金超出新单位所承受的财产的,可在执行中予以减除。(§19)

△(单位与个人共同走私普通货物、物品)单位和个人(不包括单位直接负责的主管人员和其他直接责任人员)共同走私的,单位和个人均应对共同走私所偷逃应缴税额负责。

对单位和个人共同走私偷逃应缴税额为5万元以上不满25万元的,应当根据其在案件中所起的作用,区分不同情况做出处理。单位起主要作用的,对单位和个人均不追究刑事责任,由海关予以行政处理;个人起主要作用的,对个人依照刑法有关规定追究刑事责任,对单位由海关予以行政处理。无法认定单位或个人起主要作用的,对个人和单位分别按个人犯罪和单位犯罪的标准处理。

单位和个人共同走私偷逃应缴税额超过25万元且能区分主、从犯的,应当按照刑法关于主、从犯的有关规定,对从犯从轻、减轻处罚或者免除处罚。(§20)

△(**单位走私犯罪;自首**)在办理单位走私犯罪案件中,对单位集体决定自首的,或者单位直接负责的主管人员自首的,应当认定单位自首。认定单位自首后,如实交代主要犯罪事实的单位负责的其他主管人员和其他直接责任人员,可视为自首,但对拒不交代主要犯罪事实或逃避法律追究的人员,不以自首论。(§21)

△(**共同走私犯罪案件;罚金刑**)审理共同走私犯罪案件时,对各共同犯罪人判处罚金的总额应掌握在共同走私行为偷逃应缴税额的一倍以上五倍以下。(§22)

△(**走私货物、物品、走私违法所得;走私犯罪工具;追缴;没收;查扣、冻结;先行变卖、拍卖**)在办理走私犯罪案件过程中,对发现的走私货物、物品、走私违法所得以及属于走私分子所有的犯罪工具,走私犯罪侦查机关应当及时追缴,依法予以查扣、冻结。在移送审查起诉时应当将扣押物品文件清单、冻结款证明文件等材料随案移送,对于扣押的危险品或者鲜活、易腐、易失效、易贬值等不宜长期保存的货物、物品,已经依法先行变卖、拍卖的,应当随案移送变卖、拍卖物品清单以及原物的照片或者录像资料;人民检察院在提起公诉时应当将上述扣押物品文件清单、冻结存款证明和变卖、拍卖物品清单一并移送;人民法院在判决走私案件时,应当对随案清单、证明文件中载明的款、物审查确认并依法判决予以追缴、没收;海关根据人民法院的判决和海关法的有关规定予以处理,上缴中央国库。(§23)

△(**无法扣押;不便扣押;走私违法所得;追缴**)在办理走私普通货物、物品犯罪案件中,对于走私货物、物品因流入国内市场或者被人使用,致使走私货物、物品无法扣押或者不便扣押的,应当按照走私货物、物品的进出口完税价格认定违法所得予以追缴;走私货物、物品实际销售价格高于进出口完税价格的,应当按照实际销售价格认定违法所得予以追缴。(§24)

《最高人民法院关于严格执行有关走私案件涉案财物处理规定的通知》(法〔2006〕114号,2006年4月30日公布)

△(**赃款赃物之处理**)关于刑事案件赃款赃物的处理问题,相关法律、司法解释已经规定的很明确。《海关法》第九十二条规定,"海关依法扣留的货物、物品、运输工具,在人民法院判决或者海关处罚决定作出之前,不得处理";"人民法院判决没收或者海关决定没收的走私货物、物品、违法所得、走私运输工具、特制设备,由海关依法统一处理,所得价款和海关决定处以的罚款,全部上缴中央国库。"《最高人民法院、最高人民检察院、海关总署关于办理走私刑事案件适用法律若干问题的意见》第二十三条规定,"人民法院在判决走私案件时,应当对随案清单、证明文件中载明的款、物审查确认并依法判决予以追缴、没收;海关根据人民法院的判决和海关法的有关规定予以处理,上缴中央国库。"

《宽严相济在经济犯罪和职务犯罪案件审判中的具体贯彻》(2010年4月7日公布)

△(**宽严相济;走私犯罪**)根据《意见》第25条规定的宽严"相济"要求,应当区分犯罪行为的具体情形区别对待。以走私犯罪为例,对海上偷运走私、绕关走私等未向海关报关的走私与价格瞒骗走私,对走私特殊物品与走私普通物品在具体量刑时都应当有所区别;对进口走私象牙等珍贵动物制品犯罪在量刑时应当酌情考虑出口国家的法律规定以及行为人的主观认识因素。

《最高人民法院关于审理走私犯罪案件适用法律有关问题的通知》(法〔2011〕163号,2011年4月26日公布)

△(**刑法修正;司法解释;参照适用**)《刑法修正案(八)》取消了走私普通货物、物品罪定罪量刑的数额标准,《刑法修正案(八)》施行后,新的司法解释出台前,各地人民法院在审理走私普通货物、物品犯罪案件时,可参照适用修正前的刑法及《最高人民法院关于审理走私刑事案件具体应用法律若干问题的解释》[①](法释〔2000〕30号)规定的数额标准。(§1)

△(**具体的定罪量刑标准;一年内曾因走私被给予二次行政处罚后又走私**)对于一年内曾因走私被给予二次行政处罚后又走私需要追究刑事责任的,具体的定罪量刑标准可由各

---

① 系争解释已为《最高人民法院、最高人民检察院关于办理走私刑事案件适用法律若干问题的解释》(法释〔2014〕10号)所废止而失效。

地人民法院结合案件具体情况和本地实际确定。各地人民法院要依法审慎稳妥把握好案件的法律适用和政策适用，争取社会效果和法律效果的统一。（§2）

《最高人民法院、最高人民检察院、海关总署关于印发〈打击非设关地成品油走私专题研讨会会议纪要〉的通知》（署缉发〔2019〕210号，2019年10月24日印发）

△（**走私成品油;走私普通货物罪;共犯**）走私成品油，构成犯罪的，依照刑法第一百五十三条的规定，以走私普通货物罪定罪处罚。

对不构成走私共犯的收购人，直接向走私人购买走私的成品油，数额较大的，依照刑法第一百五十五条第（一）项的规定，以走私罪论处；向非直接走私人购买走私的成品油，根据其主观故意，分别依照刑法第一百九十一条规定的洗钱罪或者第三百一十二条规定的掩饰、隐瞒犯罪所得、犯罪所得收益罪定罪处罚。

在办理非设关地走私成品油刑事案件中，发现行为人在销售的成品油中掺杂、掺假，以假充真，以次充好或者以不合格油品冒充合格油品，构成犯罪的，依照刑法第一百四十条的规定，对该行为以生产、销售伪劣产品罪定罪处罚。

行为人与他人事先通谋或者明知他人从事走私成品油犯罪活动而，在我国专属经济区或者公海向其贩卖、过驳成品油的，应当按照走私犯罪的共犯追究刑事责任。

明知他人从事走私成品油犯罪活动而为其提供资金、贷款、账号、发票、证明、许可文件，或者提供运输、仓储等其他便利条件的，应当按照走私犯罪的共犯追究刑事责任。

对成品油走私共同犯罪或者犯罪集团中的主要出资者、组织者，应当认定为主犯；对受雇用的联络员、船长等管理人员，可以认定为从犯，如果在走私犯罪中起重要作用的，应当认定为主犯；对其他参与人员，如船员、司机、"黑引水"、盯梢望风人员等，不以其职业、身份判断是否追究刑事责任，应当按照其在走私活动中的实际地位、作用、涉案金额、参与次数等确定是否追究刑事责任。

对在非设关地走私成品油的犯罪嫌疑人、被告人，人民检察院、人民法院应当依法严格把握不起诉、缓刑适用条件。（§1）

△（**走私犯罪故意**）行为人没有合法证明，逃避监管，在非设关地运输、贩卖、收购、接卸成品油，有下列情形之一的，综合其他在案证据，可以认定具有走私犯罪故意，但有证据证明确属被蒙骗或者有其他相反证据的除外：

（一）使用"三无"船舶、虚假船名船舶、非法改装的船舶，或者使用虚假号牌车辆、非法改装、伪装的车辆的；

（二）虚假记录船舶航海日志、轮机日志，进出港未申报或者进行虚假申报的；

（三）故意关闭或者删除船载AIS系统、GPS及其他导航系统存储数据，销毁手机存储数据，或者销毁成品油交易、运输单证的；

（四）在明显不合理的隐蔽时间、偏僻地点过驳成品油的；

（五）使用无实名登记或者无法定位的手机卡、卫星电话卡等通讯工具的；

（六）使用暗号、信物进行联络、接头的；

（七）交易价格明显低于同类商品国内合规市场同期价格水平且无法作出合理解释的；

（八）使用控制的他人名下银行账户收付成品油交易款项的；

（九）逃避、抗拒执法机关检查，或者事前制定逃避执法机关检查预案的；

（十）其他可以认定具有走私犯罪故意情形的。（§2）

△（**犯罪数额的认定**）非设关地成品油走私活动属于非法的贸易活动，计核非设关地成品油走私刑事案件的偷逃应缴税额，一律按照成品油的普通税率核定，不适用最惠国税率或者暂定税率。

查获部分走私成品油的，可以按照被查获的走私成品油标准核定应缴税额；全案没有查获成品油的，可以结合其他在案证据综合认定走私成品油的种类和数量，核定应缴税额。

办理非设关地成品油走私犯罪案件，除主要犯罪嫌疑人以外，对集团犯罪、共同犯罪中的其他犯罪嫌疑人，无法准确核定其参与走私的具体偷逃应缴税额的，可以结合各种相关证据，根据其参与走私的涉案金额、次数或者在走私活动中的地位、作用等情节决定是否追究刑事责任。（§3）

△（**关于证据的收集**）办理非设关地成品油走私犯罪案件，应当注意收集、提取以下证据：

（一）反映涉案地点的位置、环境，涉案船舶、车辆、油品的特征、数量、属性等的证据；

（二）涉案船舶的航次航图、航海日志、GPS、AIS轨迹、卫星电话及其通话记录；

（三）涉案人员的手机号码及其通话记录、手机短信、微信聊天记录，涉案人员通过微信、支付宝、银行卡等方式收付款的资金交易记录；

（四）成品油取样、计量过程的照片、视听资料；

（五）跟踪守候、监控拍摄的照片、视听资料；

（六）其他应当收集、提取的证据。

依照法律规定采取技术侦查措施收集的物证、书证、视听资料、电子数据等证据材料对定罪量刑有重大影响的，应当随案移送，并移送批准采取技术侦查措施的法律文书和侦查办案部门对证据内容的说明材料。对视听资料中涉及的绰号、暗语、俗语、方言等，侦查机关应当结合犯罪嫌疑人的供述、证人证言等证据说明其内容。

确因客观条件的限制无法逐一收集船员、司机、收购人等人员证言的，可结合已收集的言词证据和物证、书证、视听资料、电子数据等证据，综合认定犯罪事实。（§4）

△〖涉案货物、财产及运输工具的处置〗对查封、扣押的涉案成品油及易贬值、不易保管的涉案船舶、车辆，权利人明确的，经其本人书面同意或者申请，依法履行审批程序，并固定证据和留存样本后，可以依法先行变卖、拍卖、变卖，拍卖所得价款暂予保存，待诉讼终结后一并依法处理。

有证据证明依法应当追缴、没收的涉案财产被他人善意取得或者与其他合法财产混合且不可分割的，应当追缴、没收其他等值财产。

侦查机关查封、扣押的财物经审查后应当返还的，应当通知原主认领。无人认领的，应当公告通知，公告满三个月无人认领的，依法拍卖、变卖后所得价款上缴国库；上缴国库后有人认领，经查证属实的，应当申请退库予以返还。

对用于运输走私成品油的船舶、车辆，按照以下原则处置：

（一）对"三无"船舶、无法提供有效证书的船舶、车辆，依法予以没收、收缴或者移交主管机关依法处置；

（二）对走私犯罪分子自有的船舶、车辆或者假挂靠、长期不作登记、虚假登记等实为走私分子所有的船舶、车辆，依法予以没收；

（三）对所有人明知他人实施走私犯罪而出租、出借的船舶、车辆，依法予以没收。

具有下列情形之一的，可以认定船舶、车辆出租人、出借人明知他人实施违法犯罪，但有证据证明确属被蒙骗或者有其他相反证据的除外：

（一）出租人、出借人未经有关部门批准，擅自将船舶、车辆改装为可装载油料用的船舶、车辆，或者进行伪装的；

（二）出租人、出借人默许实际承租人将船舶、车辆改装为可装载油料用船舶、车辆，或者进行伪装的；

（三）因出租、出借船舶、车辆用于走私受过行政处罚，又出租、出借给同一走私人或者同一走私团伙使用的；

（四）出租人、出借人拒不提供真实的实际承运人信息，或者提供虚假的实际承运人信息的；

（五）其他可以认定明知的情形。（§5）

△〖办案协作〗为有效遏制非设关地成品油走私犯罪活动，各级海关缉私部门、人民检察院和人民法院要进一步加强办案协作，依法及时开展侦查、批捕、起诉和审判工作。要强化人民检察院提前介入机制，并加大对非设关地重大成品油走私案件联合挂牌督办力度。要强化案件信息沟通，积极发挥典型案例指引作用，保证执法司法标准的统一性和均衡性。（§6）

△〖成品油；非设关地走私白糖、冻品等刑事案件〗本纪要中的成品油是指汽油、煤油、柴油以及其他具有相同用途的乙醇汽油和生物柴油等替代燃料（包括添加染色剂的"红油""白油""蓝油"等）。

办理非设关地走私白糖、冻品等刑事案件的相关问题，可以参照本纪要的精神依法处理。（§7）

【参考案例】

No.3-2-153、154-4　宋世璋走私普通货物案

在代理转口贸易中不如实报关，未造成实际损失的，不构成走私普通货物罪。

No.3-2-153、154-5　上海华源伊龙实业发展公司等走私普通货物案

未经海关许可且未补缴应缴税额，擅自将进料加工的保税货物在境内销售牟利的，应以走私普通货物罪论处。

No.3-2-153、154-7　王红梅等走私普通货物、虚开增值税专用发票案

走私犯罪行为完成后，以该走私货物让他人虚开增值税专用发票以抵扣税款的，应以走私罪和虚开增值税专用发票罪实行数罪并罚。

No.3-2-153、154-8　叶春业走私普通货物案

通过互联网进行海外代购，故意违反海关法规，逃避海关监管，运输、携带、邮寄普通货物、物品进出国（地）境，偷逃应缴税额较大的，构成走私普通货物、物品罪。

No.3-2-153、154-9　佳鑫投资有限公司、刘光明等走私普通货物案

临时反补贴措施保证金属于临时性特别关税，应计入走私犯罪偷逃的应缴税额。临时反倾销措施保证金属于临时性行政措施，不属于关税，不计入偷逃税额。

No.3-2-153、154-10　舟山市某远洋渔业有限公司、李某某走私普通货物案

明知远洋渔业项目已经过期，仍违反海关规定

冒用其他船舶的远洋自捕水产品免税资格,逃避海关监管,走私进口货物,构成走私普通货物罪。

No.3-2-153、154-11 吕丽玲走私普通物品案

行为人逃避海关监管,携带纪念币入境,偷逃应缴税额较大的,构成走私普通物品罪。

No.3-2-153、154-12 吕丽玲走私普通物品案

走私关税为零的普通货物、物品的行为可以构成走私罪。

> **第一百五十四条 【走私普通货物、物品罪】**
> 下列走私行为,根据本节规定构成犯罪的,依照本法第一百五十三条的规定定罪处罚:
> (一)未经海关许可并且未补缴应缴税额,擅自将批准进口的来料加工、来件装配、补偿贸易的原材料、零件、制成品、设备等保税货物,在境内销售牟利的;
> (二)未经海关许可并且未补缴应缴税额,擅自将特定减税、免税进口的货物、物品,在境内销售牟利的。

【条文说明】

本条是关于走私保税货物和特定减免税货物犯罪及其处罚的规定。

根据第(一)项的规定,"未经海关许可并且未补缴应缴税额,擅自将批准进口的来料加工、来件装配、补偿贸易的原材料、零件、制成品、设备等保税货物,在境内销售牟利的",是走私行为。依照本法第一百五十三条走私普通货物、物品罪定罪处罚,定罪量刑标准也应当适用该罪标准。本条规定的"**保税货物**",根据《海关法》第一百条的规定,是指经海关批准未办理纳税手续进境,在境内储存、加工、装配后复运出境的货物。保税货物包括通过加工贸易、补偿贸易等方式进口的货物,以及在保税仓库、保税工厂、保税区或者免税商店等储存、加工、寄售的货物。保税货物进境时未交纳关税,如从境外进口原料、部件,在境内加工制成成品后,复运出境,海关按实际加工出口的数量免征进口税。这部分料件,有的所有权属于境外,有的虽经发货买人,但目的不是为了消费,而是为了加工成成品在境外销售,以赚取外汇收入。如果对这部分料件入境时征收关税,出境时再退税,难免手续繁杂,不利于开展对外贸易。为了保证保税货物能复运出境,国家规定由海关对其储存、加工、装配过程进行监管。进口多少料件,出口多少成品,不允许采取隐瞒、欺骗的方法擅自在境内销售。如果情况发生变化,需要转人国内销售市场的,必须经过海关批准并补缴应缴税额。

第(二)项所列的走私行为是"未经海关许可并且未补缴应缴税额,擅自将特定减税、免税进口的货物、物品,在境内销售牟利的",《海关法》第五十七条规定:"特定地区、特定企业或者有特定用途的进出口货物,可以减征或者免征关税。特定减税或者免税的范围和办法由国务院规定。依照前款规定减征或者免征关税进口的货物,只能用于特定地区、特定企业或者特定用途,未经海关核准并补缴关税,不得移作他用。"因此本项所说的"**特定减税、免税进口的货物、物品**",主要是指:经济特区等特定地区进口的货物;三资企业进口的货物;为特定用途进口的货物,以及《海关法》第五十六条、第五十八条规定的其他减征、免征关税的其他货物、物品、临时减征或者免征关税货物、物品。根据本条规定,个人或者单位如果有上述行为且该行为构成犯罪,应分别依照本法第一百五十三条的规定定罪处罚。

需要注意的是,本条第(一)(二)项规定的"**销售牟利**",是指行为人主观上为了牟取非法利益而擅自销售海关监管的保税货物、特定减免税货物。该种行为是否构成犯罪,应当根据偷逃的应缴税额是否达到《刑法》第一百五十三条及相关司法解释规定的数额标准予以认定。实际获利与否或者获利多少并不影响对其定罪。

【司法解释】

《**最高人民检察院关于擅自销售进料加工保税货物的行为法律适用问题的解释**》(高检发释字〔2000〕3号,自2000年10月16日起施行)

△(保税货物;擅自销售进料加工保税货物;走私普通货物、物品罪)保税货物是指经海关批准未办理纳税手续进境,在境内储存、加工、装配后复运出境的货物。经海关批准进口的进料加工的货物属于保税货物。未经海关许可并且未补缴应缴税额,擅自将批准进口的进料加工的原材料、零件、制成品、设备等保税货物,在境内销售牟利,偷逃应缴税额在五万元以上的,依照刑法第一百五

十四条、第一百五十三条的规定,以走私普通货物、物品罪追究刑事责任。

《最高人民法院、最高人民检察院关于办理走私刑事案件适用法律若干问题的解释》(法释〔2014〕10号,自2014年9月10日起施行)

△(**保税货物**)刑法第一百五十四条规定的"保税货物",是指经海关批准,未办理纳税手续进境,在境内储存、加工、装配后应予复运出境的货物,包括通过加工贸易、补偿贸易等方式进口的货物,以及在保税仓库、保税工厂、保税区或者免税商店内等储存、加工、寄售的货物。(§19)

【司法解释性文件】

《最高人民法院、最高人民检察院、海关总署关于办理走私刑事案件适用法律若干问题的意见》(法〔2002〕139号,2002年7月8日公布)

△(**主观故意之认定;明知**)行为人明知自己的行为违反国家法律法规,逃避海关监管,偷运进出境货物、物品的应缴税额,或者逃避国家有关出境的禁止性管理,并且希望或者放任危害结果发生的,应认定为具有走私的主观故意。

走私主观故意中的"明知"是指行为人知道或者应当知道所从事的行为是走私行为。具有下列情形之一的,可以认定为"明知",但有证据证明确属被蒙骗的除外:

(一)逃避海关监管,运输、携带、邮寄国家禁止进出境的货物、物品的;

(二)用特制的设备或者运输工具走私货物、物品的;

(三)未经海关同意,在非设关的码头、海(河)岸、陆路边境等地点,运输(驳载)、收购或者贩卖非法进出境货物、物品的;

(四)提供虚假的合同、发票、证明等商业单证委托他人办理通关手续的;

(五)以明显低于货物正常进(出)口的应缴税额委托他人代理进(出)口业务的;

(六)曾同一种走私行为受过刑事处罚或者行政处罚的;

(七)其他有证据证明的情形。(§5)

△(**走私的具体对象不明确;根据实际的走私对象;受蒙骗;认识错误;从轻处罚**)走私犯罪嫌疑人主观上具有走私犯罪故意,但对其走私的具体对象不明确的,不影响走私犯罪构成,应当根据实际的走私对象定罪处罚。但是,确有证据证明行为人因受蒙骗而对走私对象发生认识错误的,可以从轻处罚。(§6)

△(**伪报价格;实际成交价格之认定**)走私犯罪案件中的伪报价格行为,是指犯罪嫌疑人、被告人在进出口货物、物品时,向海关申报进口或者出口的货物、物品的价格低于或者高于进出口的实际成交价格。

对实际成交价格的认定,在无法提取真、伪两套合同、发票等单证的情况下,可以根据犯罪嫌疑人、被告人的付汇渠道、资金流向、会计账册、境内外收发货人的真实交易方式,以及其他能够证明进出口货物实际成交价格的证据材料综合认定。(§11)

△(**出售走私货物;增值税专用发票;非法开具增值税专用发票;走私偷逃应缴税额;扣除**)走私犯罪嫌疑人为出售走私货物而开具增值税专用发票并缴纳增值税的,是其走私行为既遂后在流通领域获违法所得的一种手段,属于非法开具增值税专用发票。对走私犯罪嫌疑人因出售走私货物而实际缴纳走私货物增值税的,在核定走私货物偷逃应缴税额时,不应当将其已缴纳的增值税额从其走私偷逃应缴税额中扣除。(§12)

△(**销售牟利;实际获利**)刑法第一百五十四条第(一)、(二)项规定的"销售牟利",是指行为人主观上为了牟取非法利益而擅自销售海关监管的保税货物、特定减免税货物。该种行为是否构成犯罪,应当根据偷逃的应缴税额是否达到刑法第一百五十三条及相关司法解释规定的数额标准予以认定。实际获利与否或者获利多少并不影响其定罪。(§13)

△(**单位走私犯罪;诉讼代表人之确定;拘传;先行追究;直接负责的主管人员或者直接责任人员;追缴、没收**)单位走私犯罪案件的诉讼代表人,应当是单位的法定代表人或者主要负责人。单位的法定代表人或者主要负责人被依法追究刑事责任或者因其他原因无法参与刑事诉讼的,人民检察院应当另行确定被告单位的其他负责人作为诉讼代表人参加诉讼。

接到出庭通知的被告单位的诉讼代表人应当出庭应诉。拒不出庭的,人民法院在必要的时候,可以拘传到庭。

对直接负责的主管人员和其他直接责任人员均无法归案的单位走私犯罪案件,只要单位走私犯罪的事实清楚、证据确实充分,且能够确定诉讼代表人代表单位参与刑事诉讼活动的,可以先行追究该单位刑事责任。

被告单位没有合适人选作为诉讼代表人出庭的,因不具备追究该单位刑事责任的诉讼条件,可按照单位犯罪的条款先行追究单位犯罪中直接负责的主管人员或者其他直接责任人员的刑事责任。人民法院在对单位犯罪中直接负责的主管人员或者直接责任人员进行判决时,对于扣押、冻结的走私货物、物品、违法所得以及属于犯罪单位所有的走私犯罪工具,应当一并判决予以追缴、没收。(§17)

△(**单位走私犯罪;直接负责的主管人员和直接责任人员之认定**)具备下列特征的,可以认定为单位走私犯罪:(1)以单位的名义实施走私犯罪,即由单位集体研究决定,或者由单位的负责人或者被授权的其他人员决定、同意;(2)为单位谋取不正当利益或者违法所得大部分归单位所有。

依照《最高人民法院关于审理单位犯罪案件具体应用法律有关问题的解释》第二条的规定,个人为进行违法犯罪活动而设立的公司、企业、事业单位实施犯罪的,或者个人设立公司、企业、事业单位后,以实施犯罪为主要活动的,不以单位犯罪论处。单位是否以实施犯罪为主要活动,应根据单位实施走私行为的次数、频度、持续时间、单位进行合法经营的状况等因素综合考虑认定。

根据单位人员在单位走私犯罪活动中所发挥的不同作用,对其直接负责的主管人员和其他直接责任人员,可以确定为一人或者数人。对于受单位领导指派而积极参与实施走私犯罪行为的人员,如果其行为在走私犯罪的主要环节起重要作用的,可以认定为单位犯罪的直接责任人员。(§18)

△(**单位走私犯罪;单位分立、合并或者其他资产重组;单位被依法注销、宣告破产;被执行人;减除**)单位走私犯罪后,单位发生分立、合并或者其他资产重组等情况的,只要承受该单位权利义务的单位存在,应当追究单位走私犯罪的刑事责任。走私犯罪发生分立、合并或者其他资产重组后,原单位名称发生变更的,仍以原单位(名称)作为被告单位。承受原单位权利义务的单位法定代表人或者负责人为诉讼代表人。

单位走私犯罪后,发生分立、合并或者其他资产重组情形,以及被依法注销、宣告破产等情况的,无论承受该单位权利义务的单位是否存在,均应追究原单位直接负责的主管人员和其他直接责任人员的刑事责任。

人民法院对原走私单位判处罚金的,应当将承受原单位权利义务的单位作为被执行人。罚金超出新单位所承受的财产的,可在执行中予以减除。(§19)

△(**单位走私犯罪;自首**)在办理单位走私犯罪案件中,对单位集体决定自首的,或者单位直接负责的主管人员自首的,应当认定单位自首。认定单位自首后,如实交代主要犯罪事实的单位负责的其他主管人员和其他直接责任人员,可视为自首,但对拒不交代主要犯罪事实或逃避法律追究的人员,不以自首论。(§21)

△(**共同走私犯罪案件;罚金刑**)审理共同走私犯罪案件时,对各共同犯罪人判处罚金的总额应掌握在共同走私行为偷逃应缴税额的一倍以上五倍以下。(§22)

△(**走私货物、物品、走私违法所得;走私犯罪工具;追缴;没收;查扣、冻结;先行变卖、拍卖**)在办理走私犯罪案件过程中,对发现的走私货物、物品、走私违法所得以及属于走私犯罪分子所有的犯罪工具,走私犯罪侦查机关应当及时追缴,依法予以查扣、冻结。在移送审查起诉时应当将扣押物品文件清单、冻结存款证明文件等材料随案移送,对于扣押的危险品或者鲜活、易腐、易失效、易贬值等不宜长期保存的货物、物品,已经依法先行变卖、拍卖的,应当随案移送变卖、拍卖物品清单以及原物的照片或者录像资料;人民检察院在提起公诉时应当将上述扣押物品文件清单、冻结存款证明和变卖、拍卖物品清单一并移送;人民法院在判决走私罪案件时,应当对随案清单、证明文件中载明的款、物审查确认并依法判决予以追缴、没收;海关根据人民法院的判决和海关法的有关规定予以处理,上缴中央国库。(§23)

△(**无法扣押;不便扣押;走私违法所得;追缴**)在办理走私普通货物、物品犯罪案件中,对于走私货物、物品因流入国内市场或者投入使用,致使走私货物、物品无法扣押或者不便扣押的,应当按照走私货物、物品的进出口完税价格认定违法所得予以追缴;走私货物、物品实际销售价格高于进出口完税价格的,应当按照实际销售价格认定违法所得予以追缴。(§24)

《最高人民法院关于严格执行有关走私案件涉案财物处理规定的通知》(法〔2006〕114号,2006年4月30日公布)

△(**赃款赃物之处理**)关于刑事案件赃款赃物的处理问题,相关法律、司法解释已经规定的比较明确。《海关法》第九十二条规定,"海关依法扣留的货物、物品、运输工具,在人民法院判决或者海关处理决定作出之前,不得处理";"人民法院判决没收或者海关决定没收的走私货物、物品、违法所得、走私运输工具、特制设备,由海关依法统一处理,所得价款和海关决定处以的罚款,全部上缴中央国库。"《最高人民法院、最高人民检察院、海关总署关于办理走私刑事案件适用法律若干问题的意见》第二十三条规定,"人民法院在判决走私罪案件时,应当对随案清单、证明文件中载明的

款、物审查确认并依法判决予以追缴、没收；海关根据人民法院的判决和海关法的有关规定予以处理，上缴中央国库。"

《宽严相济在经济犯罪和职务犯罪案件审判中的具体贯彻》（2010年4月7日公布）

△（宽严相济；走私犯罪；酌定情节）根据《意见》第25条规定的宽严"相济"要求，应当区分犯罪行为的具体情形区别对待。以走私犯罪为例，对海上偷运走私、绕关走私等未向海关报关的走私与价格瞒骗走私，走私特殊物品与走私普通货物、物品在具体量刑时都应当有所区别；对进口私象牙等珍贵动物制品犯罪在量刑时应当酌情考虑出口国家的法律规定以及行为人的主观认识因素。

第一百五十五条　【以走私罪论处的情形】

下列行为，以走私罪论处，依照本节的有关规定处罚：

（一）直接向走私人非法收购国家禁止进口物品的，或者直接向走私人非法收购走私进口的其他货物、物品，数额较大的；

（二）在内海、领海、界河、界湖运输、收购、贩卖国家禁止进出口物品的，或者运输、收购、贩卖国家限制进出口货物、物品，数额较大，没有合法证明的。

【立法沿革】

《中华人民共和国刑法》（1997年修订，自1997年10月1日起施行）

第一五十五条

下列行为，以走私罪论处，依照本节的有关规定处罚：

（一）直接向走私人非法收购国家禁止进口物品的，或者直接向走私人非法收购走私进口的其他货物、物品，数额较大的；

（二）在内海、领海运输、收购、贩卖国家禁止进出口物品的，或者运输、收购、贩卖国家限制进出口货物、物品，数额较大，没有合法证明的；

（三）逃避海关监管于境外固体废物运输进境的。

《中华人民共和国刑法修正案（四）》（自2002年12月28日起施行）

三、将刑法第一百五十五条修改为：

"下列行为，以走私罪论处，依照本节的有关规定处罚：

"（一）直接向走私人非法收购国家禁止进口物品的，或者直接向走私人非法收购走私进口的其他货物、物品，数额较大的；

"（二）在内海、领海、界河、界湖运输、收购、贩卖国家禁止进出口物品的，或者运输、收购、贩卖国家限制进出口货物、物品，数额较大，没有合法证明的。"

【条文说明】

本条是关于对直接向走私人非法收购走私进口的货物、物品以及在内海、领海、界河、界湖运输、收购、贩卖国家禁止进出口或者限制进出口货物、物品的行为以走私罪论处的规定。

第（一）项所列行为，要以走私罪论处必须符合以下两个条件：

1. 行为人在境内必须直接向走私人非法收购国家禁止进口或者走私进口的其他货物、物品，即所谓的"**第一手交易**"。如果不是直接向走私分子收购走私进境的货物、物品，而是经过第二手、第三手甚至更多的收购环节后收购的，即使收购人明知是走私货物、物品，也不能以走私罪论处。

2. 直接向走私人非法收购武器、弹药、核材料或者伪造的货币和淫秽物品等禁止进口物品的，没有规定数额的限制，定罪量刑标准依照《最高人民法院、最高人民检察院关于办理走私刑事案件适用法律若干问题的解释》的规定确定；但收购走私进口的其他货物、物品，必须达到数额较大，才能构成犯罪。根据《刑法》第一百五十三条和上述司法解释的规定，个人收购走私货物、物品偷逃应缴税额在十万元以上的，即为"数额较大"。

第（二）项所列行为，要以走私罪论处必须符合以下两个条件：

1. 行为人必须在内海、领海、界河、界湖运输、收购、贩卖国家禁止进出口物品或者国家限制进出口的货物、物品。"**内海**"，是指我国领海基线以内，包括海港、领海、海峡、直基线与海岸之间的海域，还包括内河的入海口水域，它属于我国内水的范围。"**领海**"，是指邻接我国陆地领土和内水的一带海域。我国的领海宽度从领海基线量起为十二海里。这里所说的"**界河**"，是指我国与另一国家之间的分界河流。"**界湖**",是指我国与另一国家之间的分界湖泊。界河和界湖都是可航水域。如果行为人不是在内海、领海、界河、界湖,而是在内地运输、收购、贩卖国家禁止进出口的货物、物品或者国家限制进出口的货物、物品,不能以走私罪论处。

2. **在内海、领海、界河、界湖运输、收购、贩卖国家限制进出口的货物、物品,必须达到数额较大,没有合法证明的,才能构成犯罪**。本项所称"国家限制进出口的货物、物品",是指国家对进口或者出口实行配额或者许可证管理的货物、物品,其他一般应纳税物品不包括在内。本条所说的"合法证明",是指有关主管部门颁发的进出口货物、物品许可证、准运证等能证明其来源、用途合法的证明文件。只有数额达到较大,又无合法证明的,才能以走私罪论处。

根据本条规定,直接向走私人非法收购走私进口的货物、物品,在内海、领海、界河、界湖运输、收购、贩卖国家禁止进出口的物品,或者没有合法证明,在内海、领海、界河、界湖运输、收购、贩卖国家限制进出口的货物、物品,构成犯罪的,应当**按照走私货物、物品的种类,分别依照《刑法》第一百五十一条、第一百五十二条、第一百五十三条、第三百四十七条、第三百五十条等走私罪相关条文的规定定罪处罚。**

【司法解释】

《**最高人民法院、最高人民检察院关于办理走私刑事案件适用法律若干问题的解释**》(法释〔2014〕10号,自2014年9月10日起施行)

△(以走私罪论处;内海;入海口水域)直接向走私人非法收购走私进口的货物、物品,在内海、领海、界河、界湖运输、收购、贩卖国家禁止进出口的物品,或者没有合法证明,在内海、领海、界河、界湖运输、收购、贩卖国家限制进出口的货物、物品,构成犯罪的,应当按照走私货物、物品的种类,分别依照刑法第一百五十一条、第一百五十二条、第三百四十七条、第三百五十条的规定定罪处罚。

刑法第一百五十五条第二项规定的"内海",包括内河的入海口水域。(§ 20)

【司法解释性文件】

《**最高人民法院、最高人民检察院、海关总署关于办理走私刑事案件适用法律若干问题的意见**》(法〔2002〕139号,2002年7月8日公布)

△(海上走私犯罪;运输人;事先通谋;集资走私;使用特殊的走私运输工具;其他参与人员)对刑法第一百五十五条第(二)项规定的实施海上走私犯罪行为的运输人、收购人或者贩卖人应当追究刑事责任。对运输人,一般追究运输工具的负责人或者主要责任人的刑事责任,但对于事先通谋的、集资走私的、或者使用特殊的走私运输工具从事走私犯罪活动的,可以追究其他参与人员的刑事责任。(§ 14)

《**最高人民法院、最高人民检察院、海关总署关于印发〈打击非设关地成品油走私专题研讨会会议纪要〉的通知**》(署缉发〔2019〕210号,2019年10月24日印发)

△(直接向走私人购买走私的成品油;走私)对不构成走私共犯的收购人,直接向走私人购买走私的成品油,数额较大的,依照刑法第一百五十五条第(一)项的规定,以走私罪论处;向非直接走私人购买走私的成品油的,根据其主观故意,分别依照刑法第一百九十一条规定的洗钱罪或者第三百一十二条规定的掩饰、隐瞒犯罪所得、犯罪所得收益罪定罪处罚。(§ 1 Ⅱ)

第一百五十六条 【走私罪共犯】
与走私罪犯通谋,为其提供贷款、资金、帐号、发票、证明,或者为其提供运输、保管、邮寄或者其他方便的,以走私罪的共犯论处。

【条文说明】

本条是关于走私罪共犯的规定。
本条规定了以走私罪的共犯论处的几种情形。本条规定的以走私罪论处的行为应当具备以下条件:

1. 行为人在主观上有犯罪故意,"**与走私罪犯通谋**",是指行为人有犯罪故意的外在表现形式,主要是指事前、事中与走私罪犯共同商议,制订走私计划以及进行走私分工等活动。2002年《最高人民法院、最高人民检察院、海关总署关于办理走私刑事案件适用法律若干问题的意见》第十五条第二款规定:"通谋是指犯罪行为人之间事先或者事中形成的共同的走私故意。下列情形可以认定为**通谋**：(一)对明知他人从事走私活动而同意为其提供贷款、资金、账号、发票、证明、海关单证、提供运输、保管、邮寄或者其他方便的；
(二)多次为同一走私犯罪分子的走私行为提供前项帮助的。"

2. 行为人在客观上有为走私罪犯"**提供贷款、资金、帐号、发票、证明，或者为其提供运输、保管、邮寄或者其他方便**"等行为。提供"**贷款、资金**"，是指金融机构或者其他单位的工作人员，提供贷款、资金给走私分子从事犯罪活动；提供"**帐号**"，是指将本人或者单位在银行或者金融机构中设立的帐号提供给走私分子，供其在走私中使用；提供"**发票**"，是指为走私分子提供可作为记帐、纳税、报销等凭据的写有售出商品名称、数量、价格、金额、日期等内容的发货票或者空白发票等；提供"**证明**"，是指非法为走私分子提供运输、收购、贩卖走私货物、物品所需要的有关证明，如进出口许可证、商检证明等；提供"**运输**"方便，是指为犯罪分子运输走私货物、物品提供各种运输工具；提供"**保管**"方便，是指为犯罪分子存放走私货物、物品提供存放仓库、场所或者代为储存、保管等便利；提供"**邮寄**"方便，是指海关、邮电工作人员明知他人邮寄的物品是国家禁止进出口的物品，或者是超过国家规定的进出境限额的物品而准予邮寄的行为；"**其他方便**"，是指除上述所列情形以外的其他各种帮助，如为犯罪分子传递重要信息等。这些行为都是当时实践中帮助走私行为的有针对性规定。

根据本条规定，行为人如果与走私罪犯通谋，为其提供贷款、资金、帐号、发票、证明，或者为其提供运输、保管、邮寄或者其他方便的，**以走私罪的共犯论处**。量刑依照刑法总则有关共同犯罪的规定处理。

【司法解释性文件】

《**最高人民法院、最高人民检察院、海关总署关于办理走私刑事案件适用法律若干问题的意见**》(法〔2002〕139号，2002年7月8日公布)

△(**通谋**) 通谋是指行为人之间事先或者事中形成的共同的走私故意。下列情形可以认定为通谋：

(一)对明知他人从事走私活动而同意为其提供贷款、资金、账号、发票、证明、海关单证，提供运输、保管、邮寄或者其他方便的；

(二)多次为同一走私犯罪分子的走私行为提供前项帮助的。(§15)

《**最高人民法院、最高人民检察院、海关总署关于印发〈打击非设关地成品油走私专题研讨会会议纪要〉的通知**》(署缉发〔2019〕210号，2019年10月24日印发)

△(**走私犯罪的共犯**) 明知他人从事走私成品油犯罪活动而为其提供资金、贷款、账号、发票、证明，许可文件，或者提供运输、仓储等其他便利条件的，应当按照走私犯罪的共犯追究刑事责任。(§1Ⅴ)

第一百五十七条 【对武装掩护走私和以暴力、威胁方法抗拒缉私犯罪的处罚】
武装掩护走私的，依照本法第一百五十一条第一款的规定从重处罚。
以暴力、威胁方法抗拒缉私的，以走私罪和本法第二百七十七条规定的阻碍国家机关工作人员依法执行职务罪，依照数罪并罚的规定处罚。

【立法沿革】

《中华人民共和国刑法》(1997年修订，自1997年10月1日起施行)

第一百五十七条

武装掩护走私的，依照本法第一百五十一条第一款、第四款的规定从重处罚。

以暴力、威胁方法抗拒缉私的，以走私罪和本法第二百七十七条规定的阻碍国家机关工作人员依法执行职务罪，依照数罪并罚的规定处罚。

《中华人民共和国刑法修正案(八)》(自2011年5月1日起施行)

二十八、将刑法第一百五十七条第一款修改为：

"武装掩护走私的，依照本法第一百五十一条第一款的规定从重处罚。"

【条文说明】

本条是对武装掩护走私和以暴力、威胁方法抗拒缉私犯罪处罚的规定。

本条共分为两款。

第一款是关于武装掩护走私处罚的规定。"**武装掩护走私**"，是指行为人携带武器用以保护走私活动的行为。① 在实践中，有的犯罪分子在遇到缉私检查时，公然持武器进行抵抗，有的没有用武器进行抵抗或者没有来得及用武器进行抵抗，便被捕获。只要犯罪分子携带武器武装掩护，无论是否使用武器，都不影响本条的适用。② 武装掩护走私，是最严重的走私行为之一，社会危害性极大，所以本款规定，对武装掩护走私的，依照本法第一百五十一条第一款的规定从重处罚。③《刑法》第一百五十一条第一款将量刑幅度分为三个档次：走私武器、弹药、核材料或者伪造的货币的，处七年以上有期徒刑，并处罚金或者没收财产；情节特别严重的，处无期徒刑，并处没收财产；情节较轻的，处三年以上七年以下有期徒刑，并处罚金。本款所说的从重处罚，是指根据情节轻重，在相应的量刑档次内从重，而不是在该档的量刑幅度以外从重。另外，应当注意的是，刑法对武装掩护走私有特别规定的，根据特别规定处罚。比如，对于**武装掩护走私、贩卖、运输、制造毒品的**，应当根据《刑法》第三百四十七条第二款的规定，处十五年有期徒刑、无期徒刑或者死刑，并处没收财产，而不是适用本款的规定进行处罚。武装掩护走私，同时构成故意杀人、伤害、非法持有枪支等其他犯罪的，根据案件情况应当数罪并罚或从一重罪处罚。

第二款是对以暴力、威胁方法抗拒缉私行为处罚的规定。"**暴力**"，一般是指使用有形的力量，如殴打、捆绑等。"**威胁**"，一般是指使用无形的力量，造成对方精神上的压力，在心理上有一种恐惧感。例如，扬言对他人使用暴力，或以杀害、毁坏财产、报复家人、破坏名誉等相威胁。如果走私分子使用暴力、威胁手段抗拒缉私，根据本款的规定，应当以走私罪和本法第二百七十七条规定的阻碍国家机关工作人员依法执行职务罪，即妨害公务罪**数罪并罚**。

在实际执行中应当注意的是，行为人必须是走私分子，而且其走私行为已经构成犯罪，又有以暴力、威胁方法抗拒缉私的行为，才能以数罪并罚的规定处罚。根据《刑法》第六十九条的规定，数罪并罚，是指对两个以上独立的犯罪实行并罚。如果行为人的走私行为尚不构成走私罪，但使用暴力、威胁方法抗拒缉私的，则只能按《刑法》第二百七十七条阻碍国家机关工作人员依法执行职务罪定罪处罚。

【司法解释性文件】

《最高人民法院、最高人民检察院、海关总署、公安部、中国海警局关于打击粤港澳海上跨境走私犯罪适用法律若干问题的指导意见》（署缉发〔2021〕141号，2021年12月14日）

△**（走私罪；以危险方法危害公共安全罪；袭警罪；妨害公务罪；数罪并罚；武装掩护走私）**走私犯罪分子在实施走私犯罪或者逃避追缉过程中，实施碰撞、挤别、抛撒障碍物、超高速行驶、强光照射驾驶人员等危险行为，危害公共安全的，以走私罪和以危险方法危害公共安全罪数罪并罚。以暴力、威胁方法抗拒缉私执法，以走私罪和袭警罪或者妨害公务罪数罪并罚。武装掩护走私的，依照刑法第一百五十一条第一款规定从重处罚。（§2）

---

① 武装掩护是暴力、威胁方法中的一种特殊情况，既然立法者明确将武装掩护单独列举，就意味着其从暴力、威胁方法中脱离出来。参见黎宏：《刑法学各论》（第2版），法律出版社2016年版，第107页。

② 相同的学说见解，参见黎宏：《刑法学各论》（第2版），法律出版社2016年版，第107页；周光权：《刑法各论》（第4版），中国人民大学出版社2021年版，第263页；高铭暄、马克昌主编：《刑法学》（第7版），北京大学出版社、高等教育出版社2016年版，第383页。

③ 武装掩护走私并非独立的罪名，而是以某种特殊手段实施的各种犯罪的概称，是各种走私犯罪的一种从重处罚情节。参见黎宏：《刑法学各论》（第2版），法律出版社2016年版，第107页。

第三节 妨害对公司、企业的管理秩序罪

第一百五十八条 【虚报注册资本罪】
申请公司登记使用虚假证明文件或者采取其他欺诈手段虚报注册资本，欺骗公司登记主管部门，取得公司登记，虚报注册资本数额巨大、后果严重或者有其他严重情节的，处三年以下有期徒刑或者拘役，并处或者单处虚报注册资本金额百分之一以上百分之五以下罚金。
单位犯前款罪的，对单位判处罚金，并对其直接负责的主管人员和其他直接责任人员，处三年以下有期徒刑或者拘役。

【立法解释】

《全国人民代表大会常务委员会关于〈中华人民共和国刑法〉第一百五十八条、第一百五十九条的解释》（2014年4月24日通过）
△（适用范围）依法实行注册资本实缴登记制的公司）刑法第一百五十八条、第一百五十九条的规定，只适用于依法实行注册资本实缴登记制的公司。[①]

【条文说明】

本条是关于虚报注册资本罪及其处罚的规定。
本条共分为两款。
第一款是对申请公司登记的个人犯虚报注册资本骗取公司登记罪的处罚规定。根据本条规定，本罪有以下几个构成要件：
1. 犯罪主体是特殊主体，即必须是**申请公司登记的个人或者单位**。这里所说的"公司"，是指公司法规定的有限责任公司和股份有限公司。根据2014年《全国人民代表大会常务委员会关于〈中华人民共和国刑法〉第一百五十八条、第一百五十九条的解释》的规定，应当限定为**法律、行政法规和国务院规定实行注册资本实缴登记制的公司**。根据2014年国务院《注册资本登记制度改革方案》的规定，现行法律、行政法规以及国务院决定明确规定实行注册资本实缴登记制的公司包括银行业金融机构、证券公司、期货公司、基金管理公司、保险公司、保险专业代理机构和保险经纪人、直销企业、对外劳务合作企业、融资性担保公司、募集设立的股份有限公司，以及劳务派遣企业、典当行、保险资产管理公司、小额贷款公司等。

2. 行为人在客观上必须实施了使用虚假证明文件或者采取其他欺诈手段虚报注册资本，欺骗公司登记主管部门的行为。这里所说的"证明文件"，主要是指依法设立的注册会计师事务所和审计师事务所等法定验资机构依法对申请公司登记的人的出资所出具的验资报告、资产评估报告、验资证明等材料。"**其他欺诈手段**"，主要是指采取贿赂等非法手段收买有关机关和部门的工作人员，恶意串通，虚报注册资本，或者采用其他隐瞒事实真相的方法欺骗公司登记主管部门的行为。"**公司登记主管部门**"，是指市场监督管理机关。这里需要指出的是，无论使用虚假证明文件还是采取其他欺诈手段，其目的是虚报注册资本，欺骗公司登记主管机关。如果使用虚假证明文件或者采取其他欺诈手段是为了夸大公司员工的人数或生产经营条件，虚构生产经营场所等，与虚报注册资本无关，不构成本罪。如果使用虚假的证明文件或者采取其他欺诈手段，没有到市场监督管理机关申请公司设立登记，而是去欺骗另一方当事人，签订经济合同，诈骗钱财，也不构成本罪，对其行为应当依照刑法其他有关条款进行处罚。[②]

3. 行为人必须取得了公司登记，而且虚报注册资本数额巨大、后果严重或者有其他严重情节的，才构成犯罪。"**取得公司登记**"，是指经市场监督管理部门核准并发给《企业法人营业执照》，包括取得公司设立登记和变更登记的情况。如果

[①] 此立法解释出台的背景在于，全国人大常委会于2013年12月修改了《公司法》，将一般公司的注册资本实缴登记制改为认缴登记制，取消了注册资本最低限额制度和缴足出资的期限规定。参见周光权：《刑法各论》（第4版），中国人民大学出版社2021年版，第264页；黎宏：《刑法学各论》（第2版），法律出版社2016年版，第108页。
[②] 相同的学说见解，参见黎宏：《刑法学各论》（第2版），法律出版社2016年版，第109页。

在申请登记过程中,市场监督管理部门发现其使用的是虚假的证明文件或者采取了欺诈手段,没有予以登记的,不构成本罪。因此"取得公司登记"是区分罪与非罪的一个重要界限。**虚报注册资本必须有"数额巨大"、后果严重或者有其他严重情节的,才构成犯罪**,这是本罪区分罪与非罪的另一界限。如果虚报注册资本,欺骗公司登记主管机关,数额不大,后果不严重,也没有其他严重情节,就不构成犯罪。至于什么是"数额巨大""后果严重""其他严重情节",本条未作具体规定,这主要是考虑到,实际发生的公司注册资本虚报的情况比较复杂,要由司法解释作出具体规定。根据《最高人民检察院、公安部关于公安机关管辖的刑事案件立案追诉标准的规定(二)》第三条的规定,"涉嫌下列情形之一的,**应予立案追诉**:(一)超过法定出资期限,实缴注册资本不足法定注册资本最低限额,有限责任公司虚报数额在三十万元以上并占其应缴出资数额百分之六十以上的,股份有限公司虚报数额在三百万元以上并占其应缴出资数额百分之三十以上的;(二)超过法定出资期限,实缴注册资本达到法定注册资本最低限额,但仍虚报注册资本,有限责任公司虚报数额在一百万元以上并占其应缴出资数额百分之六十以上的,股份有限公司虚报数额在一千万元以上并占其应缴出资数额百分之三十以上的;(三)造成投资者或者其他债权人直接经济损失累计数额在十万元以上的;(四)虽未达到前款数额标准,但具有下列情形之一的:1.两年内因虚报注册资本受过行政处罚二次以上,又虚报注册资本的;2.向公司登记主管人员行贿的;3.为进行违法活动而注册的。(五)其他后果严重或者有其他严重情节的情形"。对于个人犯虚报注册资本骗取公司登记罪的处罚,本条规定为处三年以下有期徒刑或者拘役,并处或者单处虚报注册资本金额百分之一以上百分之五以下罚金。

第二款是对单位犯虚报注册资本骗取公司登记罪的处罚规定。本款所说"**单位**",是指不是以个人名义而是代表一个单位去申请登记的单位。根据公司法的规定,以发起设立方式设立股份有限公司的,发起人认足公司章程规定的出资后,应当选举董事会和监事会,由董事会向公司登记机关报送设立公司的批准文件、公司章程、验资证明等文件,申请设立登记。设立有限责任公司,则是由全体股东指定的代表或者共同委托的代理人去申请公司登记。对单位犯虚报注册资本骗取公司登记罪的处罚,本款的规定体现了**双罚原则**,即对单位判处罚金,并对其直接负责的主管人员和其他直接责任人员,处三年以下有期徒刑或者拘役。

实践中需要注意以下问题:

1. 准确理解和适用法律解释,按照解释的精神把握好犯罪界限。实践中,在适用**虚报注册资本罪**和《刑法》第一百五十九条规定的**虚假出资、抽逃出资罪**时,应当根据公司法修改和全国人大常委会关于两个条文的法律解释的精神,把握好犯罪范围。除依法实行注册资本实缴登记制的公司以外,对申请公司登记的单位和个人不得以虚报注册资本罪追究刑事责任;对公司股东、发起人不得以虚假出资、抽逃出资罪追究刑事责任。根据2014年5月20日《最高人民检察院、公安部关于严格依法办理虚报注册资本和虚假出资抽逃出资刑事案件的通知》的规定,对依法实行注册资本实缴登记制的公司涉嫌虚报注册资本和虚假出资、抽逃出资犯罪的,在依照刑法和《最高人民检察院、公安部关于公安机关管辖的刑事案件立案追诉标准的规定(二)》的相关规定追究刑事责任时,应当认真研究行为性质和危害后果,确保执法办案的法律效果和社会效果。

2. 依法妥善处理以往案件。根据上述通知的规定,对发生在2013年公司法修正施行以前尚未处理或者正在处理的虚报注册资本和虚假出资、抽逃出资刑事案件,应当按照《刑法》第十二条规定的从旧兼从轻的精神处理,对此前的虚报注册资本、虚假出资抽逃出资不再作为犯罪处理。根据公司法的规定,按照相关违约责任处理。

【司法解释性文件】

《最高人民检察院、公安部关于严格依法办理虚报注册资本和虚假出资抽逃出资刑事案件的通知》(公经〔2014〕247号,2014年5月20日公布)

△(**依法实行注册资本实缴登记制的公司;虚假注册资本罪**)根据新修改的公司法和全国人大常委会立法解释,自2014年3月1日起,除依法实行注册资本实缴登记制的公司[参见《国务院关于印发注册资本登记制度改革方案的通知》(国发〔2014〕7号)]以外,对申请公司登记的单位和个人不得以虚报注册资本罪追究刑事责任;对公司股东、发起人不得以虚假出资、抽逃出资罪追究刑事责任。对依法实行注册资本实缴登记制的公司涉嫌虚报注册资本和虚假出资、抽逃出资犯罪的,各级公安机关、检察机关依照刑法和《立案追诉标准(二)》的相关规定追究刑事责任时,应当认真研究行为性质和危害后果,确保执法办案的法律效果和社会效果。(§2)

△(**跨时限案件**)各级公安机关、检察机关对发生在2014年3月1日以前尚未处理或者正在

处理的虚报注册资本和虚假出资、抽逃出资刑事案件,应当按照刑法第十二条规定的精神处理。除依法实行注册资本实缴登记制的公司以外,依照新修改的公司法不再符合犯罪构成要件的案件,公安机关已经立案的,应当撤销案件;检察机关已经批准逮捕的,应当撤销批准逮捕决定,并监督公安机关撤销案件;检察机关审查起诉的,应当作出不起诉决定;检察机关已经起诉的,应当撤回起诉并作出不起诉决定;检察机关已经抗诉的,应当撤回抗诉。(§3)

《最高人民检察院、公安部关于公安机关管辖的刑事案件立案追诉标准的规定(二)》(公通字〔2022〕12号,2022年4月6日公布)

△(虚报注册资本罪;立案追诉标准)申请公司登记使用虚假证明文件或者采取其他欺诈手段虚报注册资本,欺骗公司登记主管部门,取得公司登记,涉嫌下列情形之一的,应予立案追诉:

(一)法定注册资本最低限额在六百万元以下,虚报数额占其应缴出资数额百分之六十以上的;

(二)法定注册资本最低限额超过六百万元,虚报数额占其应缴出资数额百分之三十以上的;

(三)造成投资者或者其他债权人直接经济损失累计数额在五十万元以上的;

(四)虽未达到上述数额标准,但具有下列情形之一的:

1. 二年内因虚报注册资本受过二次以上行政处罚,又虚报注册资本的;

2. 向公司登记主管人员行贿的;

3. 为进行违法活动而注册的。

(五)其他后果严重或者有其他严重情节的情形。

本条只适用于依法实行注册资本实缴登记制的公司。(§3)

【参考案例】

No.3-3-158-2 薛玉泉虚报注册资本案

未实际转移公款控制权,而以单位资产凭证作为个人公司的注册资本进行验资、骗取公司登记的,不构成挪用公款罪,应以虚报注册资本罪论处。

No.3-3-158-3 卜毅冰虚报注册资本案

公司设立过程中,委托中介公司代为垫资、取得验资证明、骗取公司登记,并于公司登记前取出垫资的行为,构成虚报注册资本罪。

No.3-3-158-4 眉山市天姿娇服饰有限公司、张建清等虚报注册资本案

虚报注册资本罪只适用于实行注册资本实缴登记制的公司,实行注册资本认缴登记制的公司不构成虚报注册资本罪。

No.3-3-158-5 顾雏军等虚报注册资本、违规披露、不披露重要信息,挪用资金再审案

《公司法》对无形资产在注册资本中所占比例的限制性规定发生了重大改变,在此背景下将无形资产置换为不实货币资本但并未减少资本总额的,应属于情节显著轻微,危害不大。

第一百五十九条 【虚假出资、抽逃出资罪】

公司发起人、股东违反公司法的规定未交付货币、实物或者未转移财产权,虚假出资,或者在公司成立后又抽逃其出资,数额巨大、后果严重或者有其他严重情节的,处五年以下有期徒刑或者拘役,并处或者单处虚假出资金额或者抽逃出资金额百分之二以上百分之十以下罚金。

单位犯前款罪的,对单位判处罚金,并对其直接负责的主管人员和其他直接责任人员,处五年以下有期徒刑或者拘役。

【立法解释】

《全国人民代表大会常务委员会关于〈中华人民共和国刑法〉第一百五十八条、第一百五十九条的解释》(2014年4月24日通过)

△(适用范围;依法实行注册资本实缴登记制的公司)刑法第一百五十八条、第一百五十九条的规定,只适用于依法实行注册资本实缴登记制的公司。

【条文说明】

本条是关于虚假出资、抽逃出资罪及其处罚的规定。

本条共分为两款。

第一款是对自然人犯虚假出资、抽逃出资罪及其处罚的规定。根据本款规定,虚假出资、抽逃出资罪的构成要件有以下几个:

1. 此罪的犯罪主体是特殊主体,即公司的发起人或者股东。根据《公司法》和2014年《全国

人民代表大会常务委员会关于〈中华人民共和国刑法〉第一百五十八条、第一百五十九条的解释》的规定，这里的"**公司**"，应当限定为公司法所规定的仍然实行注册资本实缴登记制的有限责任公司和股份有限公司。"**公司发起人**"是指依法创立筹办股份有限公司的人。"**股东**"是指公司的出资人，包括有限责任公司的股东和股份有限公司的股东。①

2. 行为人必须有**违反公司法的规定，未交付货币、实物或者未转移财产权，虚假出资，或者在公司成立后又抽逃其出资的行为**。这里的"**违反公司法规定**"，主要是指违反了公司法以及其他法律、行政法规或者国务院决定有关仍实行注册资本实缴登记制管理的规定。2014年国务院《注册资本登记制度改革方案》规定："现行法律、行政法规以及国务院决定明确规定实行注册资本实缴登记制的银行业金融机构、证券公司、期货公司、基金管理公司、保险公司、保险专业代理机构和保险经纪人、直销企业、对外劳务合作企业、融资性担保公司、募集设立的股份有限公司，以及劳务派遣企业、典当行、保险资产管理公司、小额贷款公司实行注册资本实缴登记制问题，另行研究决定。在法律、行政法规以及国务院决定未修改前，暂按现行规定执行。"如《商业银行法》第十三条第一款规定："设立全国性商业银行的注册资本最低限额为十亿元人民币。设立城市商业银行的注册资本最低限额为一亿元人民币，设立农村商业银行的注册资本最低限额为五千万元人民币。注册资本应当是实缴资本。"因此，设立这类公司应足额缴纳注册资本。其中：（1）有限责任公司股东应当按期足额缴纳公司章程中规定的各自所认缴的出资额。股东以货币出资的，应当将货币出资足额存入有限责任公司在银行开设的账户；以非货币财产出资的，应当依法办理其财产权的转移手续。（2）股份有限公司以发起设立方式设立股份有限公司的，发起人应当书面认足公司章程规定其认购的股份，并按照公司章程规定缴纳出资；以非货币财产出资的，应当依法办理其财产权的转移手续。以募集设立方式设立股份有限公司的，发起人认购的股份不得少于公司股份总数的百分之三十五，法律、行政法规另有规定的从其规定。"**未交付货币**"，是指没有按规定交付其所认缴的出资额或者根本就没有交付任何货币。**未交付"实物或者未转移财产权"**，是指以实物、工业产权、非专利技术或者土地使用权出资的，根本没有实物移交或者没有办理所有权、土地使用

权转让手续。"**虚假出资**"，主要是指对以实物、工业产权、非专利技术或者土地使用权出资的，在评估作价时，故意高估或者低估作价，然后再作为出资等情况。在实践中发生最多的是对个人或非国有资产作为出资额时高估作价，而对国有资产故意低估作价。这样做，不仅损害了国家和人民的利益，同时，也是一种虚假出资的行为。"**公司成立后又抽逃其出资**"一般包括两种情况：一种是为达到设立公司的目的，通过向其他企业借款或者向银行贷款等手段取得资金，作为自己的出资，待公司登记成立后，又抽回这些资金；另一种是在公司设立时，依法缴纳了自己的出资，但当公司成立后，又将其出资撤回。

3. **虚假出资、抽逃出资的数额巨大、后果严重或者有其他严重情节的，才构成犯罪**。这是划清罪与非罪的主要界限。如果股东、公司发起人虽有未交付货币、实物或未转移财产权，虚假出资，或者在公司成立后又抽逃其出资等行为，但数额不大，或者情节、后果不严重，不构成犯罪，可用其他方式处理。由于在实际经济生活中发生的公司发起人、股东虚假出资、抽逃出资的情况非常复杂，对于"数额巨大""后果严重"，或者"有其他严重情节"如何掌握，由最高人民法院、最高人民检察院作出具体司法解释。根据2010年《最高人民检察院、公安部关于公安机关管辖的刑事案件立案追诉标准的规定（二）》第四条的规定："公司发起人、股东违反公司法的规定未交付货币、实物或者未转移财产权，虚假出资，或者在公司成立后又抽逃其出资，涉嫌下列情形之一的，**应予立案追诉**：（一）超过法定出资期限，有限责任公司股东虚假出资数额在三十万元以上并占其应缴出资额百分之六十以上的，股份有限公司发起人、股东虚假出资数额在三百万元以上并占其应缴出资额百分之三十以上的；（二）有限责任公司股东抽逃出资数额在三十万元以上并占其实缴出资数额百分之六十以上的，股份有限公司发起人、股东抽逃出资数额在三百万元以上并占其实缴出资数额百分之三十以上的；（三）造成公司、股东、债权人的直接经济损失累计数额在十万元以上的；（四）虽未达到上述数额标准，但具有下列情形之一的：1. 致使公司资不抵债或者无法正常经营的；2. 公司发起人、股东合谋虚假出资、抽逃出资的；3. 两年内因虚假出资、抽逃出资受过行政处罚二次以上，又虚假出资、抽逃出资的；4. 利用虚假出资、抽逃出资所得资金进行违法活动的。（五）其他

---
① 相同的学说见解，参见黎宏：《刑法学各论》（第2版），法律出版社2016年版，第110页。

后果严重或者有其他严重情节的情形。"需要注意的是,这一解释是在公司法修改和全国人大常委会的法律解释以前的规定,在适用于仍实行注册资本实缴登记制公司时,也应注意妥善把握好犯罪界限。对于个人犯虚假出资、抽逃出资罪的处罚,本条规定,处五年以下有期徒刑或者拘役,并处或者单处虚假出资金额或者抽逃出资金额百分之二以上百分之十以下罚金。

第二款是对单位犯虚假出资、抽逃出资罪的处罚规定。这里所说的"单位",是指有限责任公司、股份有限公司和其他企业。对单位犯本罪的,实行**双罚原则**,即对单位判处罚金,并对其直接负责的主管人员和其他直接责任人员,处五年以下有期徒刑或者拘役。

在实际执行中应注意抽逃出资与**转让出资**的区别。公司发起人、股东在公司成立后如需要收回或减少自己的资本,可以依照法律规定采取转让出资或适当减少注册资本的方式,这与抽逃出资的行为是根本不同的。

另外,关于本罪界限范围,以及跨时限案件的处理,需要注意的问题与上述《刑法》第一百五十八条中应当注意的问题是同样的。

【司法解释性文件】

《最高人民检察院、公安部关于严格依法办理虚报注册资本和虚假出资抽逃出资刑事案件的通知》(公经〔2014〕247 号,2014 年 5 月 20 日公布)

△**(依法实行注册资本实缴登记制的公司;虚假出资、抽逃出资罪)**根据新修改的公司法和全国人大常委会立法解释,自 2014 年 3 月 1 日起,除依法实行注册资本实缴登记制的公司[参见《国务院关于印发注册资本登记制度改革方案的通知》(国发〔2014〕7 号)]以外,对申请公司登记的单位和个人不得以虚报注册资本罪追究刑事责任;对公司股东、发起人不得以虚假出资、抽逃出资罪追究刑事责任。对依法实行注册资本实缴登记制的公司涉嫌虚报注册资本和虚假出资、抽逃出资罪的,各级公安机关、检察机关依照刑法和《立案追诉标准(二)》的相关规定追究刑事责任时,应当认真研究行为性质和危害后果,确保执法办案的法律效果和社会效果。(§2)

△**(跨时限案件)**各级公安机关、检察机关对发生在 2014 年 3 月 1 日以前尚未处理或者正在处理的虚报注册资本和虚假出资、抽逃出资犯罪的,应当按照刑法第十二条规定的精神处理;除依法实行注册资本实缴登记制的公司以外,依照新修改的公司法不再符合犯罪构成要件的案件,公安机关已经立案侦查的,应当撤销案件;检察机关已经批准逮捕的,应当撤销批准逮捕决定,并监督公安机关撤销案件;检察机关审查起诉的,应当作出不起诉决定;检察机关已经起诉的,应当撤回起诉并作出不起诉决定;检察机关已经抗诉的,应当撤回抗诉。(§3)

《最高人民检察院、公安部关于公安机关管辖的刑事案件立案追诉标准的规定(二)》(公通字〔2022〕12 号,2022 年 4 月 6 日公布)

△**(虚假出资、抽逃出资罪;立案追诉标准)**公司发起人、股东违反公司法的规定未交付货币、实物或者未转移财产权,虚假出资,或者在公司成立后又抽逃其出资,涉嫌下列情形之一的,应予立案追诉:

(一)法定注册资本最低限额在六百万元以下,虚假出资、抽逃出资数额占其应缴出资数额百分之六十以上的;

(二)法定注册资本最低限额超过六百万元,虚假出资、抽逃出资数额占其应缴出资数额百分之三十以上的;

(三)造成公司、股东、债权人的直接经济损失累计数额在五十万元以上的;

(四)虽未达到上述数额标准,但具有下列情形之一的:

1. 致使公司资不抵债或者无法正常经营的;

2. 公司发起人、股东合谋虚假出资、抽逃出资的;

3. 二年内因虚假出资、抽逃出资受过二次以上行政处罚,又虚假出资、抽逃出资的;

4. 利用虚假出资、抽逃出资所得资金进行违法活动的。

(五)其他后果严重或者有其他严重情节的情形。

本条只适用于依法实行注册资本实缴登记制的公司。(§4)

【参考案例】

No. 3-3-159-1 孙凤娟等虚报注册资本案

在公司成立并经营一段时间后,为了增加注册资本而进行变更登记,在新的营业执照签发前抽回出资的,不构成抽逃出资罪,应以虚报注册资本罪论处。

第一百六十条 【欺诈发行证券罪】

在招股说明书、认股书、公司、企业债券募集办法等发行文件中隐瞒重要事实或者编造重大虚假内容，发行股票或者公司债券、企业债券、存托凭证或者国务院依法认定的其他证券，数额巨大、后果严重或者有其他严重情节的，处五年以下有期徒刑或者拘役，并处或者单处罚金；数额特别巨大、后果特别严重或者有其他特别严重情节的，处五年以上有期徒刑，并处罚金。

控股股东、实际控制人组织、指使实施前款行为的，处五年以下有期徒刑或者拘役，并处或者单处非法募集资金金额百分之二十以上一倍以下罚金；数额特别巨大、后果特别严重或者有其他特别严重情节的，处五年以上有期徒刑，并处非法募集资金金额百分之二十以上一倍以下罚金。

单位犯前两款罪的，对单位判处非法募集资金金额百分之二十以上一倍以下罚金，并对其直接负责的主管人员和其他直接责任人员，依照第一款的规定处罚。

【立法沿革】

《中华人民共和国刑法》（1997年修订，自1997年10月1日起施行）

第一百六十条

在招股说明书、认股书、公司、企业债券募集办法中隐瞒重要事实或者编造重大虚假内容，发行股票或者公司、企业债券，数额巨大、后果严重或者有其他严重情节的，处五年以下有期徒刑或者拘役，并处或者单处非法募集资金金额百分之一以上五以下罚金。

单位犯前款罪的，对单位判处罚金，并对其直接负责的主管人员和其他直接责任人员，处五年以下有期徒刑或者拘役。

《中华人民共和国刑法修正案（十一）》（自2021年3月1日起施行）

八、将刑法第一百六十条修改为：

"在招股说明书、认股书、公司、企业债券募集办法等发行文件中隐瞒重要事实或者编造重大虚假内容，发行股票或者公司、企业债券、存托凭证或者国务院依法认定的其他证券，数额巨大、后果严重或者有其他严重情节的，处五年以下有期徒刑或者拘役，并处或者单处罚金；数额特别巨大、后果特别严重或者有其他特别严重情节的，处五年以上有期徒刑，并处罚金。

"控股股东、实际控制人组织、指使实施前款行为的，处五年以下有期徒刑或者拘役，并处或者单处非法募集资金金额百分之二十以上一倍以下罚金；数额特别巨大、后果特别严重或者有其他特别严重情节的，处五年以上有期徒刑，并处非法募集资金金额百分之二十以上一倍以下罚金。

"单位犯前两款罪的，对单位判处非法募集资金金额百分之二十以上一倍以下罚金，并对其直接负责的主管人员和其他直接责任人员，依照第一款的规定处罚。"

【条文说明】

本条是关于欺诈发行证券罪及其处罚的规定。

本条共分为三款。

第一款是关于个人犯欺诈发行股票、债券、存托凭证或者国务院依法认定的其他证券的犯罪及其处罚的规定。根据本款规定，构成本罪必须具备以下几个构成要件：

1. 行为人在主观方面有**欺诈发行的故意**。

2. 行为人"**在招股说明书、认股书、公司、企业债券募集办法等发行文件中隐瞒重要事实或者编造重大虚假内容**"。这里的"**招股说明书、认股书、公司、企业债券募集办法等发行文件**"是公司、企业设立和公司、企业向社会筹集资金的重要书面文件。公司法、证券法以及国家有关规定对制作这些文件的内容和要求都有明确具体的规定，目的是使社会公众了解公司、企业真实情况，保护投资者和社会公众的利益，维护正常的市场经济秩序。如果内容虚假，其实质就是欺骗投资者，使投资者在不明真相的情况下作出错误的判断和选择，使投资处于高风险之中，不仅会给投资者带来重大的经济损失，还会扰乱证券市场管理秩序，影响社会稳定。这里的"**等发行文件**"包含了在发行过程中与"招股说明书、认股书、公司、企业债券募集办法"重要性一样的其他发行文件，包括公司的监事会对募集说明书真实性、准确性、完整性的审核意见、募集资金使用的可行性报告，以及增发、发行可转换公司债券等涉及的发行文件等。需要注意的是，注册制施行后，需要通过交易所审核和证券监督管理部门注册两个环节完成股票、债券等注册发行。交易所审核主要通过向发行人提出问题、发行人回答问题的方式来进行。这种"问答"环节所形成的文件也属于这里所说的发行文件。本款所说的"隐瞒重要事实或者编造重大虚假内容"，是指违反公司法、证券法及其有关法律、法规的规定，制作的招股说明书、认股书、公司、企业债券募集办法等发行文件的内容全部都是虚构的，或者对其中重要的事项和部分内容作虚假的陈述或记载，或者对某些重要事实进行夸大或者隐瞒，或者故意遗漏有关的重要事项等。例如，虚构发起人认购股份数额；故意夸大公司、企业生产经营利润和公司、企业净资产额；对所筹资金的使用提出虚假的计划和虚假的经营生产项目；故意隐瞒公司、企业所负债务和正在进行的重大诉讼；故意遗漏公司、企业签订的重要合同等。

3. 行为人实施了"**发行股票或者公司债券、企业债券、存托凭证或者国务院依法认定的其他证券**"的行为。本款所说的"**发行股票或者公司债券、企业债券、存托凭证或者国务院依法认定的其他证券**"，是指实际已经发行了股票或者公司、企业债券、存托凭证或者国务院依法认定的其他证券，如果制作或形成了虚假的招股说明书、认股书、公司、企业债券募集办法等发行文件，但只锁在办公室抽屉里，还未来得及发行就被阻止，不予注册或者主动撤回注册申请，未实施向社会发行股票或公司债券、企业债券、存托凭证或者国务院依法认定的其他证券的行为，**不构成犯罪**。需要说明的是，**这里的"国务院依法认定的其他证券"并不是广义的兜底性规定**，其与2019年修订的《证券法》第二条第一款中规定的"国务院依法认定的其他证券"的含义是一致的，只有国务院经法定程序确认的新型证券品种才符合这一规定。

4. 需要满足"**数额巨大、后果严重或者有其他严重情节**"的入罪门槛，才构成犯罪。这里说的"**数额巨大**"，是指欺诈发行的股票或者公司债券、企业债券、存托凭证或者国务院依法认定的其他证券的数额巨大，如果数额不大，且又无其他严重后果或严重情节，虽然违法，但不构成犯罪。这里的"**后果严重**"，主要是指造成了投资者或者其他债权人的重大经济损失；严重影响了投资人、债权人的生产、经营活动；破坏了投资人、债权人的正常生活甚至激发了一些社会矛盾，影响了社会安定和正常的社会生活秩序等。"**其他严重情节**"，主要是指除数额巨大和后果严重外，严重违反法律规定，扰乱金融和社会管理秩序的其他情节。本款规定的"**数额特别巨大、后果特别严重或者有其他特别严重情节**"是欺诈发行行为具有更为严重的社会危害性的情况，应适用更重的刑罚。对于"数额巨大、后果严重或者有其他严重情节"以及"数额特别巨大、后果特别严重或者有其

特别严重情节"的内容，可以由司法机关根据实际情况作出细化解释。根据本款规定，对个人实施欺诈发行的行为，规定了两档刑罚，符合"数额巨大、后果严重或者有其他严重情节"的，处五年以下有期徒刑或者拘役，并处或者单处罚金；符合"数额特别巨大、后果特别严重或者有其他特别严重情节"的，处五年以上有期徒刑，并处罚金。

第二款是关于控股股东、实际控制人组织、指使实施欺诈发行行为构成犯罪及其处罚的规定。"**控股股东**"是指其持有的股份占公司股本总额百分之五十以上的股东，或者其持有股份虽不足百分之五十，但持有股份所享有的表决权已足以对股东大会的决议产生重大影响的股东。"**实际控制人**"是指虽不是公司的股东，但通过投资关系、协议或者其他安排，能够实际支配公司的人。根据刑法总则有关共同犯罪的规定，控股股东、实际控制人组织、指使公司、企业的董事、监事、高级管理人员以发行人的名义实施欺诈发行行为的，应当按照共同犯罪处理，通常情况下还应当作为主犯，追究其刑事责任。因此，本款即使未作规定，实际上也不影响对相关人员刑事责任的追究。但是，考虑到实践中发行人实施欺诈发行行为不可能与控股股东、实际控制人的意志相违背，往往是董事、监事、高级管理人员等实际执行人员受控股股东、实际控制人的组织、指使，这些实际执行人员实际上只是控股股东、实际控制人用以实施欺诈发行犯罪的工具，在幕后进行操纵的控股股东、实际控制人是欺诈发行行为的罪魁祸首和实际受益人。因此，有必要在法律中对这些人员的责任予以明确规定。对其中**符合刑法总则关于共同犯罪中主犯、首要分子规定的人员，能够查证属实的，应当同时依照有关追究主犯、首要分子刑事责任的规定，予以处罚**。根据本款规定，控股股东、实际控制人组织、指使实施欺诈发行行为的，处五年以下有期徒刑或者拘役，并处或者单处非法募集资金金额百分之二十以上一倍以下罚金；数额特别巨大、后果特别严重或者有其他特别严重情节的，处五年以上有期徒刑，并处非法募集资金金额百分之二十以上一倍以下罚金。

第三款是对单位犯欺诈发行股票、债券、存托凭证或者国务院依法认定的其他证券的犯罪的处罚规定。这里所说的"**单位**"包括有限责任公司、股份有限公司和其他企业法人。对单位犯罪，本款包含了两种情形：第一种情形是**单位直接构成欺诈发行犯罪的**。这里对单位采取了**双罚制原则**，即对单位判处非法募集资金金额百分之二十以上一倍以下罚金，并对其直接负责的主管人员和其他直接责任人员，按照本条第一款的规定处罚，即处五年以下有期徒刑或者拘役，并处或者单

处罚金;数额特别巨大、后果特别严重或者有其他特别严重情节的,处五年以上有期徒刑,并处罚金。第二种情形是单位作为控股股东、**实际控制人组织、指使实施欺诈发行行为,构成欺诈发行犯罪的**。实践中,确实存在控股股东、实际控制人是单位的情况,特别是上市公司的控股股东、实际控制人多数为单位。因此,如果单位作为控股股东、实际控制人组织、指使实施欺诈发行的,对该单位也应比照自然人作为控股股东、实际控制人的情况予以处罚,即对单位处非法募集资金金额百分之二十以上一倍以下罚金,同时对单位的直接责任人员也按照本条第一款的规定处罚。

实践中需要注意以下问题:

1. 在实际执行中,如果有限责任公司、股份有限公司和其他企业法人的直接负责的主管人员和其他有直接责任的人员将非法募集的资金中饱私囊,落入个人腰包,则属于贪污行为或侵占行为,构成犯罪的,应当分别依刑法规定的**贪污罪、职务侵占罪**定罪处罚。

2. 关于本条第一款规定的不定额罚金的适用问题。**本条对控股股东、实际控制人以及单位构成欺诈发行犯罪的,规定了倍比罚金**,即处"非法募集资金金额百分之二十以上一倍以下罚金"。对自然人构成欺诈发行犯罪的,由原来规定的处"非法募集资金金额百分之一以上百分之五以下罚金"修改为处以不定额的"罚金"。主要是考虑到,有的部门反映,控股股东、实际控制人以及作为发行人的单位是欺诈发行行为的实质获益方,应对欺诈发行行为负主要责任,承担较重的经济刑罚,但对于涉案的具体行为人来说,情况比较复杂。欺诈发行案件中非法募集资金金额一般特别巨大,按照1997年《刑法》第一百六十条的规定,明确设置罚金下限的罚金数额往往也很大。如果对所有涉案人员均设置一样的罚金刑起点,有时存在过于严苛的情况。特别是有些董事、监事、高级管理人员往往是受控股股东、实际控制人指挥、操纵,对其判处高额罚金刑不能更好地体现罪责刑相适应的原则,也容易出现罚金刑"空判"难以执行的问题。《刑法修正案(十一)》将针对**自然人的罚金刑调整为不定额的"罚金"**,司法机关可以根据案件的实际情况以及各行为人在案件中发挥的具体作用,灵活确定罚金刑的数额,做到罪责刑相适应。

【司法解释性文件】

《最高人民检察院、公安部关于公安机关管辖的刑事案件立案追诉标准的规定(二)》(公通字〔2022〕12号,2022年4月6日公布)

△(**欺诈发行证券罪;立案追诉标准**)在招股说明书、认股书、公司、企业债券募集办法等发行文件中隐瞒重要事实或者编造重大虚假内容,发行股票或者公司、企业债券、存托凭证或者国务院依法认定的其他证券,涉嫌下列情形之一的,应予立案追诉:

(一)非法募集资金金额在一千万元以上的;

(二)虚增或者虚减资产达到当期资产总额百分之三十以上的;

(三)虚增或者虚减营业收入达到当期营业收入总额百分之三十以上的;

(四)虚增或者虚减利润达到当期利润总额百分之三十以上的;

(五)隐瞒或者编造的重大诉讼、仲裁、担保、关联交易或者其他重大事项所涉及的数额或者连续十二个月的累计数额达到最近一期披露的净资产百分之五十以上的;

(六)造成投资者直接经济损失数额累计在一百万元以上的;

(七)为欺诈发行证券而伪造、变造国家机关公文、有效证明文件或者相关凭证、单据的;

(八)为欺诈发行证券向负有金融监督管理职责的单位或者人员行贿的;

(九)募集的资金全部或者主要用于违法犯罪活动的;

(十)其他后果严重或者有其他严重情节的情形。(§ 5)

【参考案例】

No.3-3-160-1 江苏北极皓天科技有限公司、杨佳业欺诈发行债券案

无论是公募债券还是私募债券,均属于欺诈发行债券罪的行为对象,中小企业发行私募债券属于欺诈发行债券罪的规制范围。

No.3-3-160-2 江苏北极皓天科技有限公司、杨佳业欺诈发行债券案

应当以结果数额作为欺诈发行债券罪的发行数额进行定量裁判。

No.3-3-160-4 丹东欣泰电气股份有限公司及温德乙、刘明胜欺诈发行股票、违规披露重要信息案

虚构财务数据使公司成功上市发行股票,上市后继续违规披露虚假财物会计报告,同时成立欺诈发行股票罪与违规披露重要信息罪,应实行数罪并罚。

第一百六十一条 【违规披露、不披露重要信息罪】
依法负有信息披露义务的公司、企业向股东和社会公众提供虚假的或者隐瞒重要事实的财务会计报告，或者对依法应当披露的其他重要信息不按照规定披露，严重损害股东或者其他人利益，或者有其他严重情节的，对其直接负责的主管人员和其他直接责任人员，处五年以下有期徒刑或者拘役，并处或者单处罚金；情节特别严重的，处五年以上十年以下有期徒刑，并处罚金。

前款规定的公司、企业的控股股东、实际控制人实施或者组织、指使实施前款行为的，或者隐瞒相关事项导致前款规定的情形发生的，依照前款的规定处罚。

犯前款罪的控股股东、实际控制人是单位的，对单位判处罚金，并对其直接负责的主管人员和其他直接责任人员，依照第一款的规定处罚。

【立法沿革】

《中华人民共和国刑法》（1997年修订，自1997年10月1日起施行）

第一百六十一条

公司向股东和社会公众提供虚假的或者隐瞒重要事实的财务会计报告，严重损害股东或者其他人利益的，对其直接负责的主管人员和其他直接责任人员，处三年以下有期徒刑或者拘役，并处或者单处二万元以上二十万元以下罚金。

《中华人民共和国刑法修正案（六）》（自2006年6月29日起施行）

五、将刑法第一百六十一条修改为：

"依法负有信息披露义务的公司、企业向股东和社会公众提供虚假的或者隐瞒重要事实的财务会计报告，或者对依法应当披露的其他重要信息不按照规定披露，严重损害股东或者其他人利益，或者有其他严重情节的，对其直接负责的主管人员和其他直接责任人员，处三年以下有期徒刑或者拘役，并处或者单处二万元以上二十万元以下罚金。"

《中华人民共和国刑法修正案（十一）》（自2021年3月1日起施行）

九、将刑法第一百六十一条修改为：

"依法负有信息披露义务的公司、企业向股东和社会公众提供虚假的或者隐瞒重要事实的财务会计报告，或者对依法应当披露的其他重要信息不按照规定披露，严重损害股东或者其他人利益，或者有其他严重情节的，对其直接负责的主管人员和其他直接责任人员，处五年以下有期徒刑或者拘役，并处或者单处罚金；情节特别严重的，处五年以上十年以下有期徒刑，并处罚金。

"前款规定的公司、企业的控股股东、实际控制人实施或者组织、指使实施前款行为的，或者隐瞒相关事项导致前款规定的情形发生的，依照前款的规定处罚。

"犯前款罪的控股股东、实际控制人是单位的，对单位判处罚金，并对其直接负责的主管人员和其他直接责任人员，依照第一款的规定处罚。"

【条文说明】

本条是关于违规披露、不披露重要信息罪及其处罚的规定。

本条共分为三款。

第一款是关于依法负有信息披露义务的公司、企业违规披露或者不披露重要信息构成犯罪及其处罚的规定。根据本款规定，需要满足以下两个方面才能构成本罪：

1. 犯罪主体为"**依法负有信息披露义务的公司、企业**"。依据公司法、证券法、银行业监督管理法、商业银行法、证券投资基金法、保险法等法律、法规的规定，负有信息披露义务的公司、企业包括：公开发行证券的申请人、上市公司、公司、企业债券上市交易的单位以及其他信息披露义务人、商业银行、基金管理人、基金托管人和其他基金信息披露义务人、保险公司等。另外，根据《证券法》第七十八条规定，国务院证券监督管理机构可以对其他信息披露义务人的范围作出规定。比如，中国证券监督管理委员会《上市公司收购管理办法》（2020年修正）第三条规定，上市公司的收购及相关股份权益变动活动中的信息披露义务人，应当充分披露其在上市公司中的权益及变动情况，依法严格履行报告、公告和其他法定义务。

2. **行为人实施了向股东和社会公众提供虚假的或者隐瞒重要事实的财务会计报告或者对依法应当披露的其他重要信息不按照规定披露的行为。**

关于"**虚假的或者隐瞒重要事实的财务会计报告**"，根据《公司法》第六十二条、第一百六十四条、第一百六十五条的规定，公司应当在每一会计年度终了时，依照法律、行政法规和国务院财政部门的规定编制财务会计报告，并依法经会计师事所审计。有限责任公司应当依照公司章程规定的期限将财务会计报告送交各股东。股份有限公司的财务会计报告应当在召开股东大会年会的二十日前置备于本公司,供股东查阅;公开发行股票的股份有限公司必须公告其财务会计报告。依照上述规定,制作并向股东和社会公众提供财务会计报告是公司的一项法定义务。客观地记录和反映公司经营情况,如实地制作财务会计报告,才能让股东准确地了解其出资或投资的收益情况。公司向股东和社会公众提供虚假的或者隐瞒重要事实的财务会计报告,对股东和社会公众的利益造成损害,应追究其相应的刑事责任。

关于"**依法应当披露的其他重要信息不按照规定披露**"的行为,是指违反法律、行政法规和国务院证券管理部门等对信息披露的规定,对除财务会计报告以外的其他重要信息不披露或者进行虚假披露,如作虚假记载、误导性陈述或者有重大遗漏等。根据公司法、证券法、银行业监督管理法、证券投资基金法等法律、法规的规定,"**依法应当披露的其他重要信息**"包括:招股说明书、债券募集办法、财务会计报告、上市报告等文件,上市公司年度报告、中期报告、临时报告及其他信息披露资料;金融机构的财务会计报告、风险管理状况、董事和高级管理人员变更以及其他重大事项等信息及基金信息、实际控制人、控股股东应当依法披露的重要信息等。如 2019 年修订的《证券法》第八十条规定,发生可能对上市公司、股票在国务院批准的其他全国性证券交易场所交易的公司的股票交易价格产生较大影响的重大事件,投资者尚未得知时,公司应当立即将有关该重大事件的情况向国务院证券监督管理机构和证券交易场所报送临时报告,并予公告,说明事件的起因、目前的状态和可能产生的法律后果。这里的**重大事件**包括:公司的经营方针和经营范围的重大变化;公司的重大投资行为,公司在一年内购买、出售重大资产超过公司资产总额百分之三十的,或者公司营业用主要资产的抵押、质押、出售或者报废一次超过该资产的百分之三十;公司订立重要合同,提供重大担保或者从事关联交易,可能对公司的资产、负债、权益和经营成果产生重要影响;公司发生重大债务和未能清偿到期重大债务的违约情况;公司发生重大亏损或者重大损失;公司生产经营的外部条件发生的重大变化;公司的董事、三分之一以上监事或者经理发生变动,董事长或者经理无法履行职责;持有公司百分之五以上股份的股东或者实际控制人持有股份或者控制公司的情况发生较大变化,公司的实际控制人及其控制的其他企业从事与公司相同或者相似业务的情况

发生较大变化;公司分配股利、增资的计划,公司股权结构的重要变化,公司减资、合并、分立、解散及申请破产的决定,或者依法进入破产程序、被责令关闭;涉及公司的重大诉讼、仲裁,股东大会、董事会决议被依法撤销或者宣告无效;公司涉嫌犯罪被依法立案调查,公司的控股股东、实际控制人、董事、监事、高级管理人员涉嫌犯罪被依法采取强制措施;国务院证券监督管理机构规定的其他事项。第八十一条规定,发生可能对上市交易公司债券的交易价格产生较大影响的重大事件,投资者尚未得知时,公司应当立即将有关该重大事件的情况向国务院证券监督管理机构和证券交易场所报送临时报告,并予公告,说明事件的起因、目前的状态和可能产生的法律后果。这里的**重大事件**包括:公司股权结构或者生产经营状况发生重大变化;公司债券信用评级发生变化;公司重大资产抵押、质押、出售、转让、报废;公司发生未能清偿到期债务的情况;公司新增借款或者对外提供担保超过上年末净资产的百分之二十;公司放弃债权或者财产超过上年末净资产的百分之十;公司发生超过上年末净资产百分之十的重大损失;公司分配股利,作出减资、合并、分立、解散及申请破产的决定,或者依法进入破产程序、被责令关闭;涉及公司的重大诉讼、仲裁;公司涉嫌犯罪被依法立案调查,公司的控股股东、实际控制人、董事、监事、高级管理人员涉嫌犯罪被依法采取强制措施;国务院证券监督管理机构规定的其他事项。这些都属于"依法应当披露的其他重要信息"。

本款规定对"**严重损害股东或者他人利益,或者有其他严重情节的**"才追究刑事责任。关于损害标准可以参考《最高人民检察院、公安部关于公安机关管辖的刑事案件立案追诉标准的规定(二)》的相关规定,如造成股东、债权人或者其他人直接经济损失数额累计在五十万元以上的;致使公司发行的股票、公司债券或者国务院依法认定的其他证券被终止上市交易或者多次被暂停上市交易等。关于"**其他严重情节**",主要包括隐瞒多项应当披露的重要信息、多次虚假披露或者不按照规定披露、因不按照规定披露受到处罚后又违反等情形。

根据本款规定,"依法负有信息披露义务的公司、企业"是本罪的犯罪主体。本款规定的是单位犯罪,但采用**单罚制**,只对公司、企业的直接负责的主管人员和其他直接责任人员判处刑罚,对公司、企业不再判处罚金。这里考虑的是,公司、企业的违法行为已经损害了股东和投资者的利益,如果再对其判处罚金,将会加重股东和其他投资

者的损失程度。① 根据本款规定,公司、企业不按照规定披露信息,严重损害股东或者其他人利益的,或者有其他严重情节的,对其直接负责的主管人员和其他直接责任人员处五年以下有期徒刑或者拘役,并处或者单处罚金;情节特别严重的,处五年以上十年以下有期徒刑,并处罚金。本款规定的"情节严重""情节特别严重",可以由司法机关通过司法解释作进一步细化。

第二款是关于公司、企业的控股股东、实际控制人实施或者组织、指使实施违规披露、不披露重要信息构成犯罪及其处罚的规定。**控股股东**是指其持有的股份占公司股本总额百分之五十以上的股东,或者其持有股份虽不足百分之五十,但持有股份所享有的表决权已足以对股东大会的决议产生重大影响的股东。**实际控制人**是指虽不是公司的股东,但通过投资关系、协议或者其他安排,能够实际支配公司的人。本款包含三层意思:

1. **公司、企业的控股股东、实际控制人实施不按照规定披露重要信息行为构成犯罪的情况。** 公司、企业的控股股东、实际控制人能够对发行人、公司、企业的行为产生重大影响或者实际支配公司、企业的行为。实践中,出现了控股股东、实际控制人控制公司印章和信息披露渠道,绕开股东大会、董事会等法定机构,直接以公司名义实施披露虚假信息的情形。因此本款将控股股东、实际控制人直接实施不按照规定披露重要信息的行为规定为犯罪。

2. **公司企业的控股股东、实际控制人组织、指使实施不按照规定披露重要信息行为构成犯罪的情况。** 控股股东、实际控制人能够实际影响或者支配公司的行为,其容易组织、指使其他信息披露义务人不按照规定披露重要信息,对股东等他人利益的危害极大。因此,本款将控股股东、实际控制人组织、指使实施不按照规定披露重要信息的行为规定为犯罪。

3. **公司、企业的控股股东、实际控制人隐瞒相关事项导致公司、企业违规披露或者不披露重要信息构成犯罪的情况。** 公司、企业的控股股东、实际控制人对公司、企业具有较强的影响甚至是支配能力。这里的"**隐瞒相关事项导致前款规定的情形发生**",包含了两种情形;第一种情形是,**控股股东、实际控制人隐瞒自身的重要信息导致公司、企业违规披露或者不披露重要信息构成犯罪**。控股股东、实际控制人本身就具有十分重要的信息披露义务,如对其拥有的公司股权进行大宗交易买卖、抵押等都属于足以影响公司、企业的重大活动。因此,证券法等法律法规对公司、企业的控股股东、实际控制人的信息披露义务作了明确的规定。如果因控股股东、实际控制人违规披露或者不披露自身重要信息,导致公司、企业违规披露或者不披露重要信息构成犯罪的,其危害程度更大,对股东等他人利益所造成的损害也更重。虽然在公司、企业违规披露或者不披露重要信息构成犯罪的情况下,控股股东、实际控制人也能够作为单位犯罪的直接责任人员予以处罚。但是通过此款规定,强调控股股东、实际控制人的责任,特别是当控股股东、实际控制人是单位的情况下,能够对单位处以罚金,可以达到从重处罚的效果。因此,控股股东、实际控制人隐瞒自身应当披露的重要信息属于这里规定的"隐瞒相关事项"。第二种情形是,**控股股东、实际控制人利用其控制公司、企业的权力,隐瞒一些其掌握的公司、企业的核心和关键性信息**,如重大资产交易动向系虚构、关联交易损害公司、企业利益等。该行为导致公司、企业违规披露或者不披露重要信息构成犯罪的情况,也属于这里规定的"隐瞒相关事项"。基于此,本款将控股股东、实际控制人因隐瞒相关事项导致违规披露或者不披露重要信息的情形规定为犯罪。

根据本款规定,控股股东、实际控制人实施本款行为,严重损害股东或者其他人利益,或者有其他严重情节的,处五年以下有期徒刑或者拘役,并处或者单处罚金;情节特别严重的,处五年以上十年以下有期徒刑,并处罚金。

第三款是关于控股股东、实际控制人是单位并构成第二款规定的犯罪及其处刑的规定。控股股东、实际控制人很多也是公司、企业。本款规定,**对于控股股东、实际控制人是单位并构成第二款规定的犯罪的**,如提供虚假的或者隐瞒重要事项的财务会计报告,实施或者组织、指使实施以及隐瞒相关事项导致违规披露、不披露重要信息等情形发生的,严重损害股东或者其他人利益,或者有其他严重情节的,对单位判处罚金,并对其直接负责的主管人员和其他直接责任人员,处五年以下有期徒刑或者拘役,并处或者单处罚金;情节特别严重的,对单位判处罚金,并对其直接负责的主管人员和其他直接责任人员处五年以上十年以下有期徒刑,并处罚金。

需要注意的是,本条第一款规定的犯罪主体是单位,即"依法负有信息披露义务的公司、企业"。实践中,不能因为该款规定了单罚制,仅对

---

① 类似的见解,参见黎宏:《刑法学各论》(第2版),法律出版社2016年版,第112页。

单位直接负责的主管人员和其他直接责任人员设置了刑罚,就否认单位构成犯罪的实质。在司法实践中,应首先依法明确是单位构成了犯罪,再对有关责任人员予以处罚。同时,对犯本条规定之罪的,必要时可以根据有关规定作退币处理。

【司法解释性文件】

《最高人民检察院、公安部关于公安机关管辖的刑事案件立案追诉标准的规定(二)》(公通字〔2022〕12号,2022年4月6日公布)

△(违规披露、不披露重要信息罪;立案追诉标准)依法负有信息披露义务的公司、企业向股东和社会公众提供虚假的或者隐瞒重要事实的财务会计报告,或者对依法应当披露的其他重要信息不按照规定披露,涉嫌下列情形之一的,应予立案追诉:

(一)造成股东、债权人或者其他人直接经济损失数额累计在一百万元以上的;

(二)虚增或者虚减资产达到当期披露的资产总额百分之三十以上的;

(三)虚增或者虚减营业收入达到当期披露的营业收入总额百分之三十以上的;

(四)虚增或者虚减利润达到当期披露的利润总额百分之三十以上的;

(五)未按照规定披露的重大诉讼、仲裁、担保、关联交易或者其他重大事项所涉及的数额或者连续十二个月的累计数额达到最近一期披露的净资产百分之五十以上的;

(六)致使不符合发行条件的公司、企业骗取发行核准或者注册并且上市交易的;

(七)致使公司、企业发行的股票或者公司、企业债券、存托凭证或者国务院依法认定的其他证券被终止上市交易的;

(八)在公司财务会计报告中将亏损披露为盈利,或者将盈利披露为亏损的;

(九)多次提供虚假的或者隐瞒重要事实的财务会计报告,或者多次对依法应当披露的其他重要信息不按照规定披露的;

(十)其他严重损害股东、债权人或者其他人利益,或者有其他严重情节的情形。(§6)

【指导性案例】

最高人民检察院指导性案例第66号:博元投资股份有限公司、余蒂妮等人违规披露、不披露重要信息案(2020年2月5日发布)

△(违规披露、不披露重要信息;犯罪与刑罚)刑法规定违规披露、不披露重要信息罪只处罚单位直接负责的主管人员和其他直接责任人员,不处罚单位。公安机关以本罪将单位移送起诉的,检察机关应当对单位直接负责的主管人员及其他直接责任人员提起公诉,对单位依法作出不起诉决定。对单位需要给予行政处罚的,检察机关应当提出检察意见,移送证券监督管理部门依法处理。

【参考案例】

No.3-3-158-6 顾雏军等虚报注册资本、违规披露、不披露重要信息、挪用资金再审案

违规披露、不披露重要信息罪的成立应证明供虚假财务会计报告的行为严重损害股东或者其他人利益。

No.3-3-161-1 于在青违规不披露重要信息案

上市公司违规披露、不披露重要信息不以给股东和社会公众造成经济损失为成立要件,情节达到一定严重程度即可构成。

第一百六十二条 【妨害清算罪】

公司、企业进行清算时,隐匿财产,对资产负债表或者财产清单作虚伪记载或者在未清偿债务前分配公司、企业财产,严重损害债权人或者其他人利益的,对其直接负责的主管人员和其他直接责任人员,处五年以下有期徒刑或者拘役,并处或者单处二万元以上二十万元以下罚金。

【条文说明】

本条是关于妨害清算罪及其处罚的规定。

公司、企业清算是公司、企业因解散、分立、合并或者破产,依照法律规定清理公司、企业的债权债务的活动。公司、企业决定停止对外经营活动,使其法人资格消失的行为,就是公司、企业的解散。根据《公司法》第一百八十条、第一百八十二条的规定,公司、企业因下列原因解散:公司章程规定的营业期限届满或者公司章程规定的其他解散事由出现;股东会或者股东大会决议

解散；依法被吊销营业执照、责令关闭或者被撤销；公司经营管理发生严重困难，继续存续会使股东利益受到重大损失，通过其他途径不能解决的，持有公司全部股东表决权百分之十以上的股东，可以请求人民法院解散公司，人民法院据此予以解散的。因上述原因解散的，应当在解散事由出现之日起十五日内成立清算组，开始清算。有限责任公司的清算组由股东组成，股份有限公司的清算组由董事或者股东大会确定的人员组成。逾期不成立清算组进行清算的，债权人可以申请人民法院指定有关人员组成清算组进行清算。人民法院应当受理该申请，并及时组织清算组进行清算。此外，根据企业破产法的规定，公司、企业因不能清偿到期债务，被依法宣告破产，也须进行破产清算。由于清算活动与公司、企业、股东及其他债权人、债务人有直接的经济利益关系，因此，清算活动必须严格依照法律规定的程序和条件进行，以确保清算活动的公正性，维护公司、企业、股东、债权人、债务人等各方面的合法权益。根据本条规定，构成本罪必须具备以下几个要件：

1. 本罪的主体在一般情况下是**进行清算的公司、企业法人**。但如果**清算组成员与公司、企业相勾结共同实施本条规定的行为，也应以共同犯罪依照本条规定追究刑事责任**。根据《企业破产法》第十三条的规定："人民法院裁定受理破产申请的，应当同时指定管理人。"**破产管理人**与公司、企业串通妨害清算的，应当依法追究刑事责任。

2. 本罪在客观方面表现为**在公司、企业清算时，有隐匿财产、对资产负债表或者财产清单作虚伪记载，或者在公司、企业清偿债务前分配公司、企业财产的行为**。本条所说的"**隐匿财产**"是指将公司、企业财产予以转移、隐藏。公司、企业的财产既包括资金，也包括工具、设备、产品、货物等各种财物。"**对资产负债表或者财产清单作虚伪记载**"是指公司、企业在制作资产负债表或者财产清单时，故意采取隐瞒或欺骗等方法，对资产负债或者财产清单进行虚报，以达到逃避公司、企业债务的目的。虚报公司、企业的财产，有时可能采用少报、低报的手段，故意隐瞒或者缩小公司、企业的实际财产的数额；有时也可能采取较大的手段，多报公司、企业的实际资产，如将公司、企业的厂房、设备、产品的实际价值高估高报，用以抵销或者偿还债务；也有的对公司、企业现有债务状况进行夸张或不实记载，等等。总之，隐匿财产、虚报财产的目的是逃避公司、企业的债务，或者使少数股东、债权人在分公司、企业财产或者清偿公司、企业债务时优于其他股东或者债权人分得财产或者得到抵偿，其后果是将损害债权人和其他人的利益。"**在未清偿债务前**"分配财产是指在清算过程中，违反法律规定，在清偿债务之前，就分配公司、企业的财产，这样的结果，会造成对公司、企业所欠债务不能履行，损害债权人的合法权益。

3. 行为人隐匿公司、企业的财产，在未清偿债务前分配公司、企业的财产，严重损害债权人或其他人利益的，才构成犯罪。**严重损害债权人的利益**是指由于公司、企业的上述行为，使本应得到偿还的债权人的巨额债务无法得到偿还，等等；**严重损害其他人的利益**是指严重损害实际债权人利益以外的其他人的利益，主要是指由于公司、企业的上述行为造成公司、企业长期拖欠的职工工资和社会保险费用、国家巨额税款得不到清偿等情形。如果公司、企业虽有隐瞒财产或在未清偿债务之前分配公司、企业财产等行为，并没有影响向债权人履行还债义务，或者对债权人或者其他人虽有损害，但尚未达到严重的程度，不能构成此罪。对于其违法行为可作其他处理。根据《最高人民检察院、公安部关于公安机关管辖的刑事案件立案追诉标准的规定（二）》第七条的规定，妨害清算"涉嫌下列情形之一的，应予立案追诉：（一）隐匿财产价值在五十万元以上的；（二）对资产负债表或者财产清单作虚伪记载涉及金额在五十万元以上的；（三）在未清偿债务前分配公司、企业财产价值在五十万元以上的；（四）造成债权人或者其他人直接经济损失数额累计在十万元以上的；（五）虽未达到上述数额标准，但应ން拘役，并处或者单处二万元以上二十万元以下罚金。在这里，**没有规定对公司、企业处以罚金**，是考虑到如果采用双罚制原则，既处罚直接负责的主管人员和其他直接责任人员，又对公司、企业判处罚金，就可能使该公司、企业所欠债务更加无法偿还，更不利于保护债权人和其他人的合法权益。

在实际执行中应注意本罪与**侵占罪、贪污罪**的区别。尽管这几个罪名都可能有隐匿公司、企业财产的行为，但本罪的犯罪主体是公司和企业法人，其目的是逃避公司、企业债务；而侵占罪、贪污罪的主体是自然人，其目的是将公司、企业的财产非法占为己有。如果是清算组的成员利用职务上的便利，侵吞、窃取、骗取或者以其他手段非法将进行清算的公司、企业财物据为己有的，应当以侵占罪追究其刑事责任；国有公司、企业的工作人员有以上行为的，应当以贪污罪追究其刑事责任。

【司法解释性文件】

《最高人民检察院、公安部关于公安机关管辖的刑事案件立案追诉标准的规定（二）》（公通字〔2022〕12号，2022年4月6日公布）

△（妨害清算罪）立案追诉标准）公司、企业进行清算时，隐匿财产，对资产负债表或者财产清单作虚伪记载或者在未清偿债务前分配公司、企业财产，涉嫌下列情形之一的，应予立案追诉：

（一）隐匿财产价值在五十万元以上的；

（二）对资产负债表或者财产清单作虚伪记载涉及金额在五十万元以上的；

（三）在未清偿债务前分配公司、企业财产价值在五十万元以上的；

（四）造成债权人或者其他人直接经济损失数额累计在十万元以上的；

（五）虽未达到上述数额标准，但应清偿的职工的工资、社会保险费用和法定补偿金得不到及时清偿，造成恶劣社会影响的；

（六）其他严重损害债权人或者其他人利益的情形。（§7）

【参考案例】

No.3-3-162-2　沈卫国等挪用资金、妨害清算案

在公司清算中，擅自处理、转移库存及代销物资，拒绝移交账单等行为，若没有损害到相关债权人及其他利害关系人利益的，不构成妨害清算罪。

第一百六十二条之一　【隐匿、故意销毁会计凭证、会计帐簿、财务会计报告罪】
隐匿或者故意销毁依法应当保存的会计凭证、会计帐簿、财务会计报告，情节严重的，处五年以下有期徒刑或者拘役，并处或者单处二万元以上二十万元以下罚金。
单位犯前款罪的，对单位判处罚金，并对其直接负责的主管人员和其他直接责任人员，依照前款的规定处罚。

【立法解释性文件】

《全国人民代表大会常务委员会法制工作委员会关于对"隐匿、销毁会计凭证、会计账簿、财务会计报告构成犯罪的主体范围"问题的答复意见》（法工委复字〔2002〕3号，2002年1月14日公布）

△（犯罪主体；侦查管辖）根据全国人大常委会1999年12月25日刑法修正案第一条的规定，任何单位和个人在办理会计事务时对依法应当保存的会计凭证、会计账簿、财务会计报告，进行隐匿、销毁，情节严重的，构成犯罪，应当依法追究其刑事责任。

根据《刑事诉讼法》第十八条关于刑事案件侦查管辖的规定，除法律规定的特定案件由人民检察院立案侦查以外，其他刑事案件的侦查应由公安机关进行。隐匿、销毁会计凭证、会计账簿、财务会计报告，构成犯罪的，应当由公安机关立案侦查。

【立法沿革】

《中华人民共和国刑法修正案》（自1999年12月25日起施行）

一、第一百六十二条后增加一条，作为第一百六十二条之一：

"隐匿或者故意销毁依法应当保存的会计凭证、会计帐簿、财务会计报告，情节严重的，处五年以下有期徒刑或者拘役，并处或者单处二万元以上二十万元以下罚金。

"单位犯前款罪的，对单位判处罚金，并对其直接负责的主管人员和其他直接责任人员，依照前款的规定处罚。"

【条文说明】

本条是关于隐匿、故意销毁会计凭证、会计帐簿、财务会计报告罪及其处罚的规定。

本条共分为两款。

第一款是关于个人犯罪的处罚规定。本款对犯罪主体未作特别规定。任何人只要实施了本款规定的隐匿或者故意销毁依法应当保存的会计凭证、会计帐簿、财务会计报告，情节严重的就构成犯罪。所谓**隐匿**，是指有关机关要求其提供会计凭证、会计帐簿、财务会计报告，以便监督检查其会计工作，查找犯罪证据时，故意转移、隐藏

应当保存的会计凭证、会计帐簿、财务会计报告的行为。所谓**故意销毁**，是指故意将应当依法保存的会计凭证、会计帐簿、财务会计报告予以毁灭、损毁的行为。**会计凭证**，是指记录经济业务发生和完成情况，明确经济责任，作为记帐依据的书面证明。**会计帐簿**，是指由一定格式、相互联系的帐页组成，以会计凭证为依据，用以序时地、分类地、全面地、系统地记录、反映和监督一个单位经济业务活动情况的会计簿籍。**会计帐簿**按其不同用途和会计法的规定，可以分为总帐、明细帐、日记帐和其他辅助性帐簿。**财务会计报告**，是指根据会计簿记记录和有关会计核算资料编制的反映单位财务状况和经营成果的报告文书。根据《会计法》第二十三条的规定："各单位对会计凭证、会计帐簿、财务会计报告和其他会计资料应当建立档案，妥善保管。会计档案的保管期限和销毁办法，由国务院财政部门会同有关部门规定。"各单位应当对本单位的会计凭证、会计帐簿、财务会计报告等会计资料，按照国家规定的期限、方法妥善保管，需要销毁时，应当按照规定的程序办理手续，由规定的人员进行销毁。不得违反国家规定予以隐匿或者故意销毁。如果行为人实施了上述行为，且达到情节严重的程度，无论其出于何种目的，均构成本罪，处五年以下有期徒刑或者拘役，并处或者单处二万元以上二十万元以下罚金。根据《最高人民检察院、公安部关于公安机关管辖的刑事案件立案追诉标准的规定（二）》第八条的规定，隐匿或者故意销毁依法应当保存的会计凭证、会计帐簿、财务会计报告，涉嫌下列情形之一的，**应予立案追诉**：（1）隐匿、故意销毁的会计凭证、会计帐簿、财务会计报告涉及金额在五十万元以上的；（2）依法应当向司法机关、有关主管部门等提供而隐匿、故意销毁或者拒不交出会计凭证、会计帐簿、财务会计报告的；（3）其他情节严重的情形。

第二款是关于单位犯罪的规定。目前有些单位经济管理混乱，会计工作秩序一团糟，其原因是多方面的，有的是会计人员个人所为，但主要是单位行为，为明确单位负责人员对本单位会计工作和保证会计资料真实性、完整性的责任，《会计法》第四条明确规定："单位负责人对本单位的会计工作和会计资料的真实性、完整性负责。"根据本款的规定，单位隐匿或者故意销毁依法应当保存的会计凭证、会计帐簿、财务会计报告构成犯罪的，除对单位判处罚金外，对单位直接负责的主管人员和其他直接责任人员还要依照第一款的规定处罚，即处五年以下有期徒刑或者拘役，并处或者单处二万元以上二十万元以下罚金。

应当指出的是，《刑法修正案》增加该条并将其放在《刑法》第一百六十二条之后作为第一百六十二条之一，主要是考虑到增加的内容与《刑法》第一百六十二条的内容最为接近。该条虽然被放在《刑法》分则第三章第三节"妨害对公司、企业的管理秩序罪"中，并不意味着该条的犯罪主体仅限于公司、企业。**对于该条的法律含义应从条文本身的内容去分析理解，而不要只从节名划定该条的犯罪主体**。正如第一百六十六条、第一百六十七条和第一百六十八条虽然也在《刑法》分则第三章第三节"妨害对公司、企业的管理秩序罪"中，但犯罪主体不仅包括国有公司、企业，也包括国有事业单位一样。按照第一百六十二条之一的规定，所有必须依照会计法的规定办理会计事务的国家机关、社会团体、公司、企业、事业单位组织和个人，都可以成为该罪的犯罪主体。

【司法解释性文件】

《最高人民检察院、公安部关于公安机关管辖的刑事案件立案追诉标准的规定（二）》（公通字[2022]12号，2022年4月6日公布）

△（隐匿、故意销毁会计凭证、会计帐簿、财务会计报告罪；立案追诉标准）隐匿或者故意销毁依法应当保存的会计凭证、会计帐簿、财务会计报告，涉嫌下列情形之一的，应予立案追诉：

（一）隐匿、故意销毁的会计凭证、会计帐簿、财务会计报告涉及金额在五十万元以上的；

（二）依法应当向监察机关、司法机关、行政机关、有关主管部门等提供而隐匿、故意销毁或者拒不交出会计凭证、会计帐簿、财务会计报告的；

（三）其他情节严重的情形。（§8）

【参考案例】

No.3-3-162之一-1　兰永宁故意销毁会计凭证、会计账簿，贪污、受贿案

账外资金的会计资料反映了单位在一定时期内的部分经营活动状况，依法应当予以保存。行为人销毁这些会计资料构成故意销毁会计凭证、会计账簿罪。

No.3-3-162之一-2　林垦、金敏隐匿会计凭证、会计账簿、财务会计报告，非法持有枪支、弹药案

未实施对抗监管部门监督检查的"隐匿"行为，不具备逃避有关监督检查部门的监督检查的目的，不构成隐匿会计凭证、会计账簿、财务会计报告罪。

第一百六十二条之二 【虚假破产罪】

公司、企业通过隐匿财产、承担虚构的债务或者以其他方法转移、处分财产，实施虚假破产，严重损害债权人或者其他人利益的，对其直接负责的主管人员和其他直接责任人员，处五年以下有期徒刑或者拘役，并处或者单处二万元以上二十万元以下罚金。

【立法沿革】

《中华人民共和国刑法修正案（六）》（自2006年6月29日起施行）

六、在刑法第一百六十二条之一后增加一条，作为第一百六十二条之二：

"公司、企业通过隐匿财产、承担虚构的债务或者以其他方法转移、处分财产，实施虚假破产，严重损害债权人或者其他人利益的，对其直接负责的主管人员和其他直接责任人员，处五年以下有期徒刑或者拘役，并处或者单处二万元以上二十万元以下罚金。"

【条文说明】

本条是关于虚假破产罪及其处罚的规定。

根据本条规定，构成虚假破产罪必须具备以下几个要件：

1. 本罪的主体是**公司、企业**。"公司"是指依照公司法设立的有限责任公司和股份有限公司；"企业"是指依法设立的从事生产经营的法人实体。

2. 本罪的主观方面是**故意犯罪**，即具有通过虚假破产逃避债务的犯罪故意。

3. 本罪的客观方面表现为**实施了通过隐匿财产、承担虚构的债务或者以其他方法转移、处分财产，实施虚假破产的行为，严重损害了债权人或者其他人利益**。本条规定的"**隐匿财产**"，是指将公司、企业的财产予以转移、隐藏，或者对公司、企业的财产清单和资产负债表作虚假记载，或者采用少报、低报的手段，故意隐瞒、缩小公司、企业财产的实际数额。公司、企业的财产既包括资金，也包括工具、设备、产品、货物等各种财物。"**承担虚构的债务**"，是指夸大公司、企业的负债状况，目的是造成公司资不抵债的假象。"**以其他方法转移、处分财产**"，是指以隐匿财产、承担虚构的债务以外的方法转移、处分公司、企业的财产，如将公司、企业财产无偿或者以明显不合理的低价转让，以明显高于市场的价格受让财产，放弃公司、企业的债权等。①"**实施虚假破产**"是"隐匿财产、承担虚构的债务或者以其他方法转移、处分财产"的目的，是本罪行为的本质特征，是指通过上述转移、处分财产的行为，造成本不符合法律规定的破产条件的公司、企业不能清偿到期债务或者资不抵债的假象，从而向人民法院申请宣告破产或者被债权人申请宣告破产，致使公司、企业进入有关法律规定的破产程序，实际上公司、企业并不符合法定破产条件，制造假象，欺骗人民法院实施虚假破产。②③**严重损害债权人的利益**是指由于公司、企业的上述行为，债权人本应得到偿还的债权人的巨额债务无法得到偿还等。严重损害其他人利益主要是指由于公司、企业的上述行为造成公司、企业拖欠的职工工资、社会保险费用和国家税款得不到清偿，或者使公司、企业的其他股东的合法权益受到损害等情形。需要注意的是，如果公司、企业虽然实施了通过隐匿财产、承担虚构的债务或者以其他方法转移、处分财产，实施虚假破产的行为，但尚未对债权人或者其他人的利益造成严重损害的，不能构成本条规定的犯罪，应当由有关主管部门对其违法行为进行处理。"**严重损害**"的具体含义，即本罪的追诉标准，可以由司法机关根据案件的实际情况确定或者通过作出司法解释来予以明确。根据2010年《最高人民检察院、公安部关于公安机关管辖的刑事案件立案追诉标准的规定（二）》第九条的规定，"实施虚假破产，涉嫌下列情形之一的，**应予立案追诉**：（一）隐匿财产价值在五十万元以上的；（二）承担虚构的债务涉及金额在五十万元以上的；（三）以其他方法转移、处分财产价值在五十万元以上的；（四）造成债权人或者其他人直接经济损失数额累计在十万元以上

---

① 我国学者指出，处分并不限于民法上的处分行为，而是指广义的处分行为（包括债权）的行为。参见张明楷：《刑法学》（第6版），法律出版社2021年版，第973页。

② 我国学者指出，虚假破产包括两种情形之一，实体上没有真实的破产，以假破产的方式严重损害债权人或者其他人的利益；之二，实体上真实破产，但在破产前或破产程序中实施严重损害债权人或者其他人利益的行为。参见张明楷：《刑法学》（第6版），法律出版社2021年版，第973页。

③ "实施虚假破产"的时间应当截止于公司、企业提出破产申请之日，或者因为公司、企业资不抵债，由债权人提出破产申请之日。参见周光权：《刑法各论》（第4版），中国人民大学出版社2021年版，第273页。

的；(五)虽未达到上述数额标准，但应清偿的职工的工资、社会保险费用和法定补偿金得不到及时清偿，造成恶劣社会影响的；(六)其他严重损害债权人或者其他人利益的情形"。

本条规定的犯罪是单位犯罪，根据其规定，对犯本条罪的公司、企业的直接负责的主管人员和其他直接责任人员，处五年以下有期徒刑或者拘役，并处或单处二万元以上二十万元以下罚金。在这里，没有规定对犯罪的公司、企业处以罚金。根据《刑法》第三十一条的规定，对于单位犯罪，一般情况下都实行既处罚犯罪单位，又处罚该单位直接负责的主管人员和其他直接责任人员的双罚制原则，只有在法律另有规定的例外情况下才实行只处罚直接负责的主管人员和其他直接责任人员不处罚单位的单罚制。本条即属于此种例外情况，这里之所以没有规定对公司、企业判处罚金，是考虑到可能使该公司、企业所欠债务更加难以得到偿还，更不利于保护债权人和其他人的合法权益。

在实际执行中应注意本罪与《刑法》第一百六十二条规定的**妨害清算罪**的区别。两罪的主体都是公司、企业，犯罪目的也都是为了逃避债务，行为上都可能有隐匿公司、企业财产的行为。但两罪有着明显的区别，妨害清算罪的犯罪行为发生在公司、企业进入清算程序以后，破坏的是对公司、企业进行清算的正常秩序，至于公司、企业进行清算的原因则是真实的；而本罪的犯罪行为主要发生在公司、企业进入破产程序之前，是制造不符合破产条件的公司、企业不能清偿到期债务或者资不抵债，需要进行破产清算的假象。**是否进入清算程序是区分本罪和妨害清算罪的关键。**"实施虚假破产"的时间界限于公司、企业提出破产申请并进入清算程序之前，或者因为公司、企业资不抵债，由债权人提出破产申请并进入清算程序之前。

【司法解释性文件】

《最高人民检察院、公安部关于公安机关管辖的刑事案件立案追诉标准的规定(二)》(公通字〔2022〕12号,2022年4月6日公布)

△(虚假破产罪；立案追诉标准)公司、企业通过隐匿财产、承担虚构的债务或者以其他方法转移、处分财产，实施虚假破产，涉嫌下列情形之一的，应予立案追诉：

(一)隐匿财产价值在五十万元以上的；

(二)承担虚构的债务涉及金额在五十万元以上的；

(三)以其他方法转移、处分财产价值在五十万元以上的；

(四)造成债权人或者其他人直接经济损失数额累计在十万元以上的；

(五)虽未达到上述数额标准，但应清偿的职工的工资、社会保险费用和法定补偿金得不到及时清偿，造成恶劣社会影响的；

(六)其他严重损害债权人或者其他人利益的情形。(§9)

第一百六十三条 【非国家工作人员受贿罪】

公司、企业或者其他单位的工作人员，利用职务上的便利，索取他人财物或者非法收受他人财物，为他人谋取利益，数额较大的，处三年以下有期徒刑或者拘役，并处罚金；数额巨大或者有其他严重情节的，处三年以上十年以下有期徒刑，并处罚金；数额特别巨大或者有其他特别严重情节的，处十年以上有期徒刑或者无期徒刑，并处罚金。

公司、企业或者其他单位的工作人员在经济往来中，利用职务上的便利，违反国家规定，收受各种名义的回扣、手续费，归个人所有的，依照前款的规定处罚。

国有公司、企业或者其他国有单位中从事公务的人员和国有公司、企业或者其他国有单位委派到非国有公司、企业以及其他单位从事公务的人员有前两款行为的，依照本法第三百八十五条、第三百八十六条的规定定罪处罚。

【立法沿革】

《中华人民共和国刑法》(1997年修订，自1997年10月1日起施行)

第一百六十三条

公司、企业的工作人员利用职务上的便利，索取他人财物或者非法收受他人财物，为他人谋取利益，数额较大的，处五年以下有期徒刑或者拘役，数额巨大的，处五年以上有期徒刑，可以并没收财产。

公司、企业的工作人员在经济往来中，违反国家规定，收受各种名义的回扣、手续费，归个人所有的，依照前款的规定处罚。

国有公司、企业中从事公务的人员和国有公司、企业委派到非国有公司、企业从事公务的人员有前两款行为的，依照本法第三百八十五条、第三百八十六条的规定定罪处罚。

《中华人民共和国刑法修正案（六）》（自2006年6月29日起施行）

七、将刑法第一百六十三条修改为：

"公司、企业或者其他单位的工作人员利用职务上的便利，索取他人财物或者非法收受他人财物，为他人谋取利益，数额较大的，处五年以下有期徒刑或者拘役；数额巨大的，处五年以上有期徒刑，可以并处没收财产。

"公司、企业或者其他单位的工作人员在经济往来中，利用职务上的便利，违反国家规定，收受各种名义的回扣、手续费，归个人所有的，依照前款的规定处罚。

"国有公司、企业或者其他国有单位中从事公务的人员和国有公司、企业或者其他国有单位委派到非国有公司、企业以及其他单位从事公务的人员有前两款行为的，依照本法第三百八十五条、第三百八十六条的规定定罪处罚。"

《中华人民共和国刑法修正案（十一）》（自2021年3月1日起施行）

十、将刑法第一百六十三条第一款修改为：

"公司、企业或者其他单位的工作人员，利用职务上的便利，索取他人财物或者非法收受他人财物，为他人谋取利益，数额较大的，处三年以下有期徒刑或者拘役，并处罚金；数额巨大或者有其他严重情节的，处三年以上十年以下有期徒刑，并处罚金；数额特别巨大或者有其他特别严重情节的，处十年以上有期徒刑或者无期徒刑，并处罚金。"

【条文说明】

本条是关于非国家工作人员受贿罪及其处罚的规定。

本条共分为三款。

第一款是关于公司、企业或者其他单位的工作人员受贿犯罪及其处罚的规定。本款有三层含义：

1. 明确了犯罪的主体范围，即"**公司、企业或者其他单位的工作人员**"，包括非国有公司、企业、事业单位或其他组织的工作人员。①

2. 明确了犯罪的行为特征，即**行为人必须实施利用职务上的便利，索取他人财物或者非法收受他人财物为他人谋取利益的行为**。所谓"利用职务上的便利"，是指公司、企业或者其他单位的工作人员利用自己职务上组织、领导、监管、主管、经管、负责某项工作的便利条件。②"索取他人财物"，主要是指公司、企业或者其他单位的工作人员以为他人谋取利益为条件，向他人索取财物。"**非法收受他人财物**"，主要是指公司、企业或者其他单位的工作人员利用其职务上的便利或权力，接受他人主动送予的财物。"为他人谋取利益"，从谋取利益的性质上看，既包括他人应当得到的合法的、正当的利益，也包括他人不应当得到的非法的、不正当的利益；从利益的实现方面看，包括已为他人谋取的利益，以及意图谋取或者正在谋取但尚未谋取到的利益。③④根据2016年4月18日《最高人民法院、最高人民检察院关于办理贪污贿赂刑事案件适用法律若干问题的解释》第十三条第一款的规定："具有下列情形之一的，应当认定为'为他人谋取利益'，构成犯罪的，应当依照刑法关于受贿犯罪的规定

---

① 《刑法》第一百六十三条中的公司、企业或者其他单位，并不限于国内的公司、企业与其他单位，还包括外国公司、企业与其他单位以及国际组织。参见张明楷：《刑法学》（第6版），法律出版社2021年版，第977页。

② 我国学者指出，与《刑法》第三百八十五条、第三百八十八条所规定的受贿罪不同的是，本罪中的"利用职务上的便利"应限于直接利用自己的职务便利，而不包括间接利用他人的职务便利。参见黎宏：《刑法学各论》（第2版），法律出版社2016年版，第116页；周光权：《刑法各论》（第4版），中国人民大学出版社2021年版，第274页。

③ 我国学者指出，"为他人谋取利益"的最低限度是允诺为他人谋取利益，不要求行为人实际上为他人谋取了利益。参见张明楷：《刑法学》（第6版），法律出版社2021年版，第974页；周光权：《刑法各论》（第4版），中国人民大学出版社2021年版，第274页；赵秉志、李希慧主编：《刑法各论》（第3版），中国人民大学出版社2016年版，第109页；高铭暄、马克昌主编：《刑法学》（第7版），北京大学出版社、高等教育出版社2016年版，第387页。

④ 刘志伟教授指出，本罪之既遂，不仅要求行为人已经收受了数额较大的财物，还必须至少同时具有为他人谋取利益的承诺行为。如果没有为他人谋取利益此一行为为要素，不仅谈不上受贿行为的存在，当然也不可能成立本罪的既遂。参见高铭暄、马克昌主编：《刑法学》（第7版），北京大学出版社、高等教育出版社2016年版，第388页。

定罪处罚：(一)实际或者承诺为他人谋取利益的；(二)明知他人有具体请托事项的；(三)履职时未被请托，但事后基于该履职事由收受他人财物的。"

3. 索取或者非法收受他人财物，必须达到数额较大，才构成犯罪。① 对受贿数额不大的，可以依照反不正当竞争法的规定处理。本款在罪状表述上，只原则规定了"数额较大""数额巨大或者有其他严重情节""数额特别巨大或者有其他特别严重情节"，具体数额和情节标准，可由司法机关根据实际情况制定司法解释确定。根据《最高人民法院、最高人民检察院关于办理贪污贿赂刑事案件适用法律若干问题的解释》第十一条第一款的规定，非国家工作人员受贿罪中的"**数额较大**""**数额巨大**"的数额起点，按照该解释关于受贿罪、贪污罪相对应的数额标准规定的二倍、五倍执行。《刑法修正案(十一)》在本条规定的犯罪的第二档、第三档量刑标准中，在数额之外增加"情节"，是考虑到实践中非国家工作人员受贿的情况比较复杂，情节差别很大，单纯考虑数额，难以全面反映具体个罪的社会危害性，同时也是为了与《刑法修正案(九)》对贪污受贿罪定罪量刑标准的修改相衔接。根据本款规定，对公司、企业或者其他单位的工作人员受贿犯罪的处罚，分为三档刑罚：**数额较大的**，处三年以下有期徒刑或者拘役，并处罚金；**数额巨大或者有其他严重情节的**，处三年以上十年以下有期徒刑，并处罚金；**数额特别巨大或者有其他特别严重情节的**，处十年以上有期徒刑或者无期徒刑，并处罚金。《刑法修正案(十一)》修改后，除不能判处死刑以外，**非国家工作人员受贿罪与国家工作人员受贿罪的刑罚已经基本接近**，落实了平等保护的精神。

第二款是关于对公司、企业或者其他单位的工作人员收受回扣、手续费归个人所有的处罚规定。根据本款规定，公司、企业或者其他单位的工作人员在经济往来中，利用职务上的便利，违反国家规定，收受各种名义的回扣、手续费，归个人所有的，即构成非国家工作人员受贿罪。这里所说的"**回扣**"，是指在商品或者经济活动中，由卖方从所收到的价款中，按照一定的比例扣出一部分返还给买方或者其经办人的款项。"**手续费**"是指在经济活动中，除回扣以外，其他违反国家规定支付给公司、企业或者其他单位的工作人员的各种义的钱，如信息费、顾问费、劳务费、辛苦费、好处费等。**违反国家规定，收取各种名义的回扣、手续费，是否归个人所有**，是区分罪与非罪的主要界限，如果收取的回扣、手续费，都上交给公司、企业或者本单位的，不构成犯罪；只有将收取的回扣、手续费归个人所有的，才构成犯罪。根据本款规定，对收受各种名义的回扣、手续费，归个人所有的，按照第一款的规定处罚。

第三款是关于国有公司、企业或者其他国有单位中从事公务的人员和国有公司、企业或者其他国有单位委托到非国有公司、企业或者其他单位从事公务的人员有本条第一款、第二款犯罪行为如何定罪处罚的规定。根据本款规定，**国有公司、企业或者其他国有单位中从事公务的人员和国有公司、企业或者其他国有单位委派到非国有公司、企业以及其他单位从事公务的人员**，利用职务上的便利，索取他人财物或者非法收受他人财物为他人谋取利益，数额较大的，或者在经济往来中，利用职务便利，违反国家规定收受各种名义的回扣、手续费，归个人所有的，依照《刑法》第三百八十五条、第三百八十六条国家工作人员受贿罪的规定定罪处罚。根据《刑法》第三百八十六条的规定，应当依照《刑法》第三百八十三条的规定处罚。2015年8月29日第十二届全国人大常委会第十六次会议通过的《刑法修正案(九)》对《刑法》第三百八十三条进行了修改，主要是对原来规定的贪污、受贿罪的处罚规定作了调整，由过去将贪污、受贿具体数额作为定罪量刑根据，修改为综合考虑数额和情节的原则性规定。本款这样规定，主要体现了对国家工作人员犯罪要比一般的公司、企业或者其他单位的工作人员从重处罚的立法精神。

实践中执行本条规定应当注意准确理解本条规定的立法精神，1997年修订刑法增加本条规定和《刑法修正案(十一)》调整本条规定的法定刑，都是为了**以刑法手段平等保护非公有制经济产权**。司法机关在办理非公有制企业等单位中的贿赂犯罪时，要根据本条规定的精神，区分不同情况，把握法律和政策界限，当严则严、当宽则宽。如对于建立了规范的法人治理结构，由职业经理人经营的企业，与股东兼任经营者的小型企业或者家族企业，在刑事政策掌握上应当有所区别。

【司法解释】

《最高人民法院关于如何认定国有控股、参股股份有限公司中的国有公司、企业人员的解释》(法释〔2005〕10号，自2005年8月11日起施行)

---

① 《刑法》第一百六十三条所规定的"数额较大"，不是指为他人谋取利益的数额较大，而是索取或者收受财物的数额较大。参见张明楷：《刑法学》(第6版)，法律出版社2021年版，第974页。

△(委派;国有公司、企业人员)国有公司、企业委派到国有控股、参股公司从事公务的人员,以国有公司、企业人员论。

《最高人民法院、最高人民检察院关于办理贪污贿赂刑事案件适用法律若干问题的解释》(法释〔2016〕9号,自2016年4月18日起施行)

△(非国家工作人员受贿罪;数额较大;数额巨大)刑法第一百六十三条规定的非国家工作人员受贿罪,第二百七十一条规定的职务侵占罪中的"数额较大""数额巨大"的数额起点,按照本解释关于受贿罪、贪污罪相对应的数额标准规定的二倍、五倍执行。(§11Ⅰ)

【司法解释性文件】

《最高人民检察院关于佛教协会工作人员能否构成受贿罪或者公司、企业人员受贿罪主体问题的答复》(〔2003〕高检研发第2号,自2003年1月13日起施行)

△(佛教协会工作人员)佛教协会属于社会团体,其工作人员除符合刑法第九十三条第二款的规定属于受委托从事公务的人员外,既不属于国家工作人员,也不属于公司、企业人员。根据刑法的规定,对非受委托从事公务的佛教协会的工作人员利用职务之便收受他人财物,为他人谋取利益的行为,不能按受贿罪或者公司、企业人员受贿罪追究刑事责任。①

《最高人民法院、最高人民检察院关于办理商业贿赂刑事案件适用法律若干问题的意见》(法发〔2008〕33号,2008年11月20日公布)

△(商业贿赂犯罪;非国家工作人员受贿罪)商业贿赂犯罪②涉及刑法规定的以下八种罪名:(1)非国家工作人员受贿罪(刑法第一百六十三条);(2)对非国家工作人员行贿罪(刑法第一百六十四条);(3)受贿罪(刑法第三百八十五条);(4)单位受贿罪(刑法第三百八十七条);(5)行贿罪(刑法第三百八十九条);(6)对单位行贿罪(刑法第三百九十一条);(7)介绍贿赂罪(刑法第三百九十二条);(8)单位行贿罪(刑法第三百九十三条)。(§1)

△(其他单位)刑法第一百六十三条、第一百六十四条规定的"其他单位",既包括事业单位、社会团体、村民委员会、居民委员会、村民小组等常设性的组织,也包括为组织体育赛事、文艺演出或者其他正当活动而成立的组织、筹委会、工程承包队等非常设性的组织。(§2)

△(公司、企业或者其他单位的工作人员)刑法第一百六十三条、第一百六十四条规定的"公司、企业或者其他单位的工作人员",包括国有公司、企业以及其他国有单位中的非国家工作人员。(§3)

△(医疗机构;非国家工作人员;医务人员;非国家工作人员受贿罪)医疗机构中的国家工作人员,在药品、医疗器械、医用卫生材料等医药产品采购活动中,利用职务上的便利,索取销售方财物,或者非法收受销售方财物,为销售方谋取利益,构成犯罪的,依照刑法第三百八十五条的规定,以受贿罪定罪处罚。

医疗机构中的非国家工作人员,有前款行为,数额较大的,依照刑法第一百六十三条的规定,以非国家工作人员受贿罪定罪处罚。

医疗机构中的医务人员,利用开处方的职务便利,以各种名义非法收受药品、医疗器械、医用卫生材料等医药产品销售方财物,为医药产品销售方谋取利益,数额较大的,依照刑法第一百六十三条的规定,以非国家工作人员受贿罪定罪处罚。(§4)

△(学校及其他教育机构;非国家工作人员;教师;非国家工作人员受贿罪)学校及其他教育机构中的国家工作人员,在教材、教具、校服或者其他物品的采购等活动中,利用职务上的便利,索取销售方财物,或者非法收受销售方财物,为销售方谋取利益,构成犯罪的,依照刑法第三百八十五条的规定,以受贿罪定罪处罚。

学校及其他教育机构中的非国家工作人员,有前款行为,数额较大的,依照刑法第一百六十三条的规定,以非国家工作人员受贿罪定罪处罚。

学校及其他教育机构中的教师,利用教学活动的职务便利,以各种名义非法收受教材、教具、校服或者其他物品销售方财物,为教材、教具、校

---

① 补充说明的一点是,系争答复发布于《刑法修正案(六)》之前。《刑法修正案(六)》第七条将《刑法》第一百六十三条的行为主体扩大到"其他单位的工作人员"。因此,对非受委托从事公务的佛教协会的工作人员利用职务之便收受他人财物,为他人谋取利益的行为,目前完全可以按照《刑法》第一百六十三条非国家工作人员受贿罪进行论处。参见车浩:《车浩的刑法题》,北京大学出版社2016年版,第26页;李立众主编:《刑法一本通:中华人民共和国刑法总成》(第12版),法律出版社2016年版,第587页。

② 我国学者指出,商业贿赂并非刑法意义上的类罪,也不是刑法意义上的独立的犯罪类型。"商业贿赂"系着眼于贿赂发生的领域而形成的概念,即发生在商业领域的贿赂就是商业贿赂;而刑法主要是根据主体性质的区别规定了各种不同的受贿罪和行贿罪。参见张明楷:《刑法学》(第6版),法律出版社2021年版,第976页。

服或者其他物品销售方谋取利益,数额较大的,依照刑法第一百六十三条的规定,以非国家工作人员受贿罪定罪处罚。(§5)

△(评标委员会、竞争性谈判采购中谈判小组、询价采购中询价小组;评标;采购)依法组建的评标委员会、竞争性谈判采购中谈判小组、询价采购中询价小组的组成人员,在招标、政府采购等事项的评标或者采购活动中,索取他人财物或者非法收受他人财物,为他人谋取利益,数额较大的,依照刑法第一百六十三条的规定,以非国家工作人员受贿罪定罪处罚。(§6Ⅰ)

△(商业贿赂;财物;财产性利益)商业贿赂中的财物,既包括金钱和实物,也包括可以用金钱计算数额的财产性利益,如提供房屋装修、含有金额的会员卡、代币卡(券)、旅游费用等。具体数额以实际支付的资费为准。(§7)

△(受贿数额;银行卡)收受银行卡的,不论受贿人是否实际取出或者消费,卡内的存款数额一般应全额认定为受贿数额。使用银行卡透支的,如果由给予银行卡的一方承担还款责任,透支数额也应当认定为受贿数额。(§8)

△(商业贿赂;馈赠)办理商业贿赂犯罪案件,要注意区分贿赂与馈赠的界限。主要应当结合以下因素全面分析、综合判断:

(1)发生财物往来的背景,如双方是否存在亲友关系及历史上交往的情形和程度;

(2)往来财物的价值;

(3)财物往来的缘由、时机和方式,提供财物方对于接受有无职务上的请托;

(4)接受方是否利用职务上的便利为提供方谋取利益。(§10)

△(非国家工作人员与国家工作人员通谋)非国家工作人员与国家工作人员通谋,共同收受他人财物,构成共同犯罪的,根据双方利用职务便利的具体情形分别定罪追究刑事责任:

(1)利用国家工作人员的职务便利为他人谋取利益的,以受贿罪追究刑事责任。

(2)利用非国家工作人员的职务便利为他人谋取利益的,以非国家工作人员受贿罪追究刑事责任。

(3)分别利用各自的职务便利为他人谋取利益的,按照主犯的犯罪性质追究刑事责任,不能分清主从犯的,可以受贿罪追究刑事责任。(§11)

《宽严相济在经济犯罪和职务犯罪案件审判中的具体贯彻》(2010年4月7日公布)

△(宽严相济刑事政策)关于政策法律界限。在坚持依法从严惩处职务犯罪的同时,同样要根据《意见》第14条、第25条的规定,体现宽严"相济",做到严中有宽、宽以济严。以贿赂犯罪为例说明如下:(1)对于收受财物后于案发前退还或上交所收财物的,应区分情况做出不同处理:收受请托人财物后及时退还或者上交的,因其受贿故意不能确定,同时为了感化、教育潜在受贿犯罪分子,故不宜以受贿处理;受贿后因自身或者与其受贿有关联的人、事被查处,为掩饰犯罪而退还或者上交的,因受贿行为既已完毕,且无主动悔罪之意思,故不影响受贿罪的认定。(2)对于行业、领域内带有一定普遍性、涉案人员众多的案件,要注意区别对待,防止因打击面过宽导致不良的社会效果。特别是对于普通医生的商业贿赂犯罪问题,更要注意运用多种手段治理应对。对收受回扣数额大的;明知药品伪劣,但为收受回扣而要求医院予以采购的;为收受回扣而给病人大量开药或者使用不对症药品,造成严重后果的;收受回扣造成其他严重影响的等情形,应依法追究刑事责任。(3)对于性质恶劣、情节严重、涉案范围广、影响面大的商业贿赂犯罪案件,特别是对于顶风作案的,或者案发后隐瞒犯罪事实、毁灭证据、订立攻守同盟、负案潜逃等企图逃避法律追究的,应当依照《意见》第8条第2款的规定依法从严惩处的同时,对于在自查自纠中主动向单位、行业主管(监管)部门讲清问题、积极退赃的,或者检举、揭发他人犯罪行为,有自首、立功情节的,应当依照《意见》有关规定依法从轻、减轻和免予处罚。

《最高人民检察院、公安部关于公安机关管辖的刑事案件立案追诉标准的规定(二)》(公通字〔2022〕12号,2022年4月6日公布)

△(非国家工作人员受贿罪;立案追诉标准)公司、企业或者其他单位的工作人员利用职务上的便利,索取他人财物或者非法收受他人财物,为他人谋取利益,或者在经济往来中,利用职务上的便利,违反国家规定,收受各种名义的回扣、手续费,归个人所有,数额在三万元以上的,应予立案追诉。(§10)

【参考案例】

No.3-3-163(1)-1 杨志华企业人员受贿案
筹建中的企业工作人员利用职务上的便利,为请托人谋取利益,非法收受、索取请托人财物,数额较大的,以非国家工作人员受贿论处。

No.3-3-163(1)-2 韩中举、商光秀、韩雪萍、高原非国家工作人员受贿案
村委会利用村级专项资金建设公共服务项目以及化解公共服务建设中的矛盾纠纷的,属于村

自治范围内的管理公共事务行为,村委会成员在这一过程中,利用职务便利索取他人财物或收受财物为他人谋取利益的,构成非国家工作人员受贿罪。

No.3-3-163(1)-3　杨孝理受贿、非国家工作人员受贿案

国有参股企业改制为非国家出资企业后,行为人经公司全体股东大会研究决定任命,行使经理职权的,不属于从事公务的行为,不应认定为国家工作人员。

No.3-3-163(1)-4　陈凯旋受贿案

省农村信用合作联社委派到市县乡镇农村信用合作社联合社、农村信用合作社的人员,不从事公务的,不属于国家工作人员。

No.3-3-163(1)-5　宋涛非国家工作人员受贿案

国有控股企业中一般中层管理干部的任命非经国家出资企业中负有管理、监督国有资产职责的组织批准或研究决定,且并非专门从事国有资产监督、管理活动的,不属于国家工作人员。

No.3-3-163(1)-6　高世银非国家工作人员受贿案

在村集体土地上自行修建道路属于村民自治范围内事务,村民委员会主任从事村民自治范围内的活动,不属于从事公务,不应认定为国家工作人员。

No.3-3-163(1)-7　王海洋非国家工作人员受贿、挪用资金案

国有控股企业并非刑法意义上的国有公司,而属于国家出资企业,国有出资企业中的工作人员并非受负有管理、监督国有资产职责的组织批准或研究决定任命的,属于非国家工作人员。

No.3-3-163(1)-8　朱建军受贿、挪用公款案

自然人股东与国有股东共同出资成立新的公司,自然人股东以实物出资后未变更实物的权属登记,后抽逃出资,仍应认定为国有参股企业。

No.3-3-163(1)-9　朱建军受贿、挪用公款案

国有参股企业中,自然人股东根据公司章程当选企业董事、董事长,不应认定为国家工作人员。

No.3-3-163(1)-10　周根强、朱江华非国家工作人员受贿罪案

受国家机关委托行使行政管理职权的公司将相关职权再次委托给其他人员,相关人员的职权不直接来源于国家机关,不属于国家机关工作人员。

第一百六十四条　【对非国家工作人员行贿罪】【对外国公职人员、国际公共组织官员行贿罪】

为谋取不正当利益,给予公司、企业或者其他单位的工作人员以财物,数额较大的,处三年以下有期徒刑或者拘役;数额巨大的,处三年以上十年以下有期徒刑,并处罚金。

为谋取不正当商业利益,给予外国公职人员或者国际公共组织官员以财物的,依照前款的规定处罚。

单位犯前两款罪的,对单位判处罚金,并对其直接负责的主管人员和其他直接责任人员,依照第一款的规定处罚。

行贿人在被追诉前主动交待行贿行为的,可以减轻处罚或者免除处罚。

【立法沿革】

《中华人民共和国刑法》(1997年修订,自1997年10月1日起施行)

第一百六十四条

为谋取不正当利益,给予公司、企业的工作人员以财物,数额较大的,处三年以下有期徒刑或者拘役;数额巨大的,处三年以上十年以下有期徒刑,并处罚金。

单位犯前款罪的,对单位判处罚金,并对其直接负责的主管人员和其他直接责任人员,依照前款的规定处罚。

行贿人在被追诉前主动交待行贿行为的,可以减轻处罚或者免除处罚。

《中华人民共和国刑法修正案(六)》(自2006年6月29日起施行)

八、将刑法第一百六十四条第一款修改为:

"为谋取不正当利益,给予公司、企业或者其他单位的工作人员以财物,数额较大的,处三年以下有期徒刑或者拘役;数额巨大的,处三年以上十年以下有期徒刑,并处罚金。"

第一百六十四条

《中华人民共和国刑法修正案（八）》（自2011年5月1日起施行）

二十九、将刑法第一百六十四条修改为：

"为谋取不正当利益，给予公司、企业或者其他单位的工作人员以财物，数额较大的，处三年以下有期徒刑或者拘役；数额巨大的，处三年以上十年以下有期徒刑，并处罚金。

"为谋取不正当商业利益，给予外国公职人员或者国际公共组织官员以财物的，依照前款的规定处罚。

"单位犯前两款罪的，对单位判处罚金，并对其直接负责的主管人员和其他直接责任人员，依照第一款的规定处罚。

"行贿人在被追诉前主动交待行贿行为的，可以减轻处罚或者免除处罚。"

《中华人民共和国刑法修正案（九）》（自2015年11月1日起施行）

十、将刑法第一百六十四条第一款修改为：

"为谋取不正当利益，给予公司、企业或者其他单位的工作人员以财物，数额较大的，处三年以下有期徒刑或者拘役，并处罚金；数额巨大的，处三年以上十年以下有期徒刑，并处罚金。"

【条文说明】

本条是关于对非国家工作人员行贿罪和对外国公职人员、国际公共组织官员行贿罪及其处罚的规定。

本条共分为四款。

第一款是关于个人向公司、企业或者其他单位的工作人员行贿犯罪及其处罚的规定。本款包含三层含义：第一，行为人必须具有谋取不正当利益的目的。根据2008年11月20日《最高人民法院、最高人民检察院关于办理商业贿赂刑事案件适用法律若干问题的意见》第九条的规定，在行贿犯罪中"**谋取不正当利益**"，是指行贿人谋取违反法律、法规、规章或者政策规定的利益，或者要求对方违反法律、法规、规章、政策、行业规范的规定提供帮助或者方便条件。另外，在招标投标、政府采购等商业活动中，违背公平原则，给予相关人员财物以谋取竞争优势的，也属于"谋取不正当利益"。①第二，行为人必须实施了给予公司、企业或者其他单位的工作人员以财物的行为。这里的"**给予**"应当是实际给付行为，即作为贿赂物的财物已经从行贿人手中转移到受贿人控制之下。根据2008年《最高人民法院、最高人民检察院关于办理商业贿赂刑事案件适用法律若干问题的意见》、2016年《最高人民法院、最高人民检察院关于办理贪污贿赂刑事案件适用法律若干问题的解释》的规定，贿赂犯罪中的"**财物**"，包括货币、物品和财产性利益。财产性利益包括可以折算为货币的物质利益如房屋装修、债务免除等，以及需要支付货币的其他利益如会员服务、旅游等。后者的犯罪数额，以实际支付或者应当支付的数额计算。第三，**行贿的财物必须达到数额较大，才构成犯罪**。本条在罪状表述上，只原则规定了"数额较大""数额巨大"，其具体数额标准，根据2016年4月18日《最高人民法院、最高人民检察院关于办理贪污贿赂刑事案件适用法律若干问题的解释》第十一条第三款的规定："刑法第一百六十四条第一款规定的对非国家工作人员行贿罪中的'数额较大''数额巨大'的数额起点，**适用本解释第七条、第八条第一款关于行贿罪的数额标准规定的二倍执行**。"②需要注意的是，《刑法修正案（十一）》对有关非国家工作人员受贿罪、职务侵占罪、挪用资金罪作出修改后，进一步体现产权平等保护精神，现行司法解释规定的非国家工作人员和国家工作人员入罪标准按照二倍、五倍确定的办法，下一步可能将按照法律修改后的精神作出进一步调整，也可能涉及本条罪定罪量刑标准的调整。对行贿数额不大，不够司法解释规定的标准的，可以通过其他方式予以处理。根据本款规定，对公司、企业或者其他单位的工作人员行贿犯罪的处罚，分为两档刑罚：**数额较大**的，处三年以下有期徒刑或者拘役，并处罚金；**数额巨大**的，处三年以上十年以下有期徒刑，并处罚金。

第二款是关于为谋取不正当商业利益，给予外国公职人员或者国际公共组织官员以财物的犯罪的规定。其中"**为谋取不正当商业利益**"是指行为人谋取违反法律、法规、规章或者政策规定的利益，或者要求对方违反法律、法规等提供帮助或者各种便利条件，以获取私利的情况。另外，这里所称"**外国公职人员**"是指外国经任命或选举担任立法、行政、行政管理或者司法职务的人员，以及为外国国家及公共机构或者公营企

---

① 谋取不正当利益，既包括谋取违法的利益，也包括谋取其他经正当途径不能获得的利益。参见高铭暄、马克昌主编：《刑法学》（第7版），北京大学出版社、高等教育出版社2016年版，第389页。

② "数额较大"是指"行贿6万元以上"或者"具有特定情节，行贿2万元以上"；"数额巨大"则指"行贿200万元以上"或者"具有特定情节，行贿100万元以上"。

业行使公共职能的人员①;"国际公共组织官员"是指国际公务人员或者经国际组织授权代表该组织行事的人员②。关于"**财物**",是指不论是物质的还是非物质的、动产还是不动产、有形的还是无形的各种资产,以及证明对这种资产的产权或者权益的法律文件或者文书。根据本款规定,为谋取不正当商业利益,给予外国公职人员或者国际公共组织官员以财物的,依照第一款的规定处罚,即**数额较大的**,处三年以下有期徒刑或者拘役;**数额巨大的**,处三年以上十年以下有期徒刑,并处罚金。需要说明的是,本款在构成要件上没有明确规定"数额较大",属于立法技术上的处理,依照前款的规定,包括依照前款两档刑罚的规定。

第三款是关于单位向非国家工作人员、外国公职人员、国际公共组织官员行贿的犯罪及其处罚的规定。对单位犯本罪的,本条采取了**双罚制原则**,即对单位判处罚金,并对其直接负责的主管人员和其他直接责任人员,依照本条第一款关于个人向公司、企业人员行贿的规定处罚。

对于向公司、企业人员行贿的追诉标准,2010年5月7日《最高人民检察院、公安部关于公安机关管辖的刑事案件立案追诉标准的规定(二)》规定,为谋取不正当利益,给予公司、企业或者其他单位的工作人员以财物,单位行贿数额在二十万元以上的,应予立案追诉。

根据2011年11月14日《最高人民检察院、公安部关于公安机关管辖的刑事案件立案追诉标准的规定(二)的补充规定》的规定,为谋取不正当商业利益,给予外国公职人员或者国际公共组织官员以财物,个人行贿数额在一万元以上的,单位数额在二十万元以上的,应予立案追诉。2016年《最高人民法院、最高人民检察院关于办理贪污贿赂刑事案件适用法律若干问题的解释》第十一条第三款规定:"刑法第一百六十四条第一款规定的对非国家工作人员行贿罪中的'数额较大''数额巨大'的数额起点,按照本解释第七条、第八条第一款关于行贿罪的数额标准规定的二倍执行。"因此,对个人行贿的应当为五万元以上,**单位行贿的未作明确规定,仍可适用上述追诉标准的规定**。

第四款是关于对行贿人可以减轻处罚或者免除处罚的条件的规定。根据本款规定,对行贿人减轻处罚或者免除处罚的,必须具备两个条件:一是**必须主动交待行贿行为**;二是**交待的时间必须在被追诉之前**,二者缺一不可。所谓"**主动交待**",是指行贿人主动向司法机关或者其他有关部门如实交待其行贿事实。因司法机关调查或者其他有关部门查询而不得不交待的,或者为了避重就轻不如实交待的,均不属于本款中的"主动交待"。本款所称"**在被追诉之前**",是指在司法机关立案、开始追究刑事责任之前。如果司法机关已经发现了行贿事实,并认为应当追究刑事责任而立案后,行贿人交待行贿行为的,不适用本款规定。本款规定的目的,在于在刑事政策上给予行贿人从宽处理的出路,鼓励行贿人悔过,揭发检举受贿人,有利于节省司法资源,及时发现、惩罚贿赂犯罪。

需要注意的是,**本罪规定的行贿对象是公司、企业或者其他单位的"工作人员"**,即是个人,而不是单位,向非国有的公司、企业行贿的,不构成本条规定的犯罪。《刑法》的三百九十一条规定了**对单位行贿罪**,规定的是对国家机关、国有公司、企业、事业单位人民团体行贿。**未规定对私有单位行贿的原因是考虑到市场经济中,私有单位经过集体研究决定"受贿"**,将商品、服务提供他人,这种情况与市场交易中市场主体决定选择交易对象、交易条件不好区分。但这种行为显然也是违反市场公平竞争规则的,构成反不正当竞争法规定的不正当竞争行为的,依法追究其他法律责任。

【司法解释】

《最高人民法院、最高人民检察院关于办理贪污贿赂刑事案件适用法律若干问题的解释》(法释〔2016〕9号,自2016年4月18日起施行)

△(对非国家工作人员行贿罪;"数额较大";"数额巨大")刑法第一百六十四条第一款规定的对非国家工作人员行贿罪中的"数额较大""数额巨大"的数额起点,按照本解释第七条、第八条第一款关于行贿罪的数额标准规定的二倍执行。(§11Ⅲ)

【司法解释性文件】

《最高人民法院、最高人民检察院关于办理商业贿赂刑事案件适用法律若干问题的意见》(法发〔2008〕33号,2008年11月20日公布)

---

① 外国不仅限于"国家",其包括从国家到地方的各级政府及其各下属部门,有时也包括任何有组织的外国地区或实体,比如自治领土或独立关税地区。参见高铭暄、马克昌主编:《刑法学》(第7版),北京大学出版社、高等教育出版社2016年版,第390页。

② 国际公共组织官员包括具有中国国籍的国际公共组织官员。参见张明楷:《刑法学》(第6版),法律出版社2021年版,第977页。

第三章　破坏社会主义市场经济秩序罪

△(商业贿赂犯罪;对非国家工作人员行贿罪)商业贿赂犯罪涉及刑法规定的以下八种罪名:(1)非国家工作人员受贿罪(刑法第一百六十三条);(2)对非国家工作人员行贿罪(刑法第一百六十四条);(3)受贿罪(刑法第三百八十五条);(4)单位受贿罪(刑法第三百八十七条);(5)行贿罪(刑法第三百八十九条);(6)对单位行贿罪(刑法第三百九十一条);(7)介绍贿赂罪(刑法第三百九十二条);(8)单位行贿罪(刑法第三百九十三条)。(§1)

△(其他单位)刑法第一百六十三条、第一百六十四条规定的"其他单位",既包括事业单位、社会团体、村民委员会、居民委员会、村民小组等常设性的组织,也包括为组织体育赛事、文艺演出或者其他正当活动而成立的组委会、筹委会、工程承包队等非常设性的组织。(§2)

△(公司、企业或者其他单位的工作人员)刑法第一百六十三条、第一百六十四条规定的"公司、企业或其他单位的工作人员",包括国有公司、企业以及其他国有单位中的非国家工作人员。(§3)

△(商业贿赂;财物;财产性利益)商业贿赂中的财物,既包括金钱和实物,也包括可以用金钱计算数额的财产性利益,如提供房屋装修、含有金额的会员卡、代币卡(券)、旅游费用等。具体数额以实际支付的资费为准。(§7)

△(谋取不正当利益)在行贿犯罪中,"谋取不正当利益"是指行贿人谋取违反法律、法规、规章或者政策规定的利益,或者要求对方违反法律、法规、规章、政策、行业规范的规定提供帮助或者方便条件。

在招标投标、政府采购等商业活动中,违背公平原则,给予相关人员财物以谋取竞争优势的,属于"谋取不正当利益"。(§9)

△(贿赂;馈赠)办理商业贿赂犯罪案件,要注意区分贿赂与馈赠的界限。主要应当结合以下因素全面分析、综合判断:

(1)发生财物往来的背景,如双方是否存在亲友关系及历史上交往的情形和程度;

(2)往来财物的价值;

(3)财物往来的缘由、时机和方式,提供财物对于接受方有无职务上的请托;

(4)接受方是否利用职务上的便利为提供方谋取利益。(§10)

《最高人民检察院、公安部关于公安机关管辖的刑事案件立案追诉标准的规定(二)》(公通字〔2022〕12号,2022年4月6日公布)

△(对非国家工作人员行贿罪;立案追诉标准)为谋取不正当利益,给予公司、企业或者其他单位的工作人员以财物,个人行贿数额在三万元以上的,单位行贿数额在二十万元以上的,应予立案追诉。(§11)

△(对外国公职人员、国际公共组织官员行贿罪;立案追诉标准)为谋取不正当商业利益,给予外国公职人员或者国际公共组织官员以财物,个人行贿数额在三万元以上的,单位行贿数额在二十万元以上的,应予立案追诉。(§12)

【参考案例】

No.3-3-164-1　张建军、刘祥伟对非国家工作人员行贿案

在国有建设用地使用权挂牌出让过程中,通过贿赂指使参与竞买的其他人放弃竞买、串通报价,最终使请托人竞买成功的,不构成串通投标罪。

第一百六十五条　【非法经营同类营业罪】

国有公司、企业的董事、监事、高级管理人员,利用职务便利,自己经营或者为他人经营与其所任职公司、企业同类的营业,获取非法利益,数额巨大的,处三年以下有期徒刑或者拘役,并处或者单处罚金;数额特别巨大的,处三年以上七年以下有期徒刑,并处罚金。

其他公司、企业的董事、监事、高级管理人员违反法律、行政法规规定,实施前款行为,致使公司、企业利益遭受重大损失的,依照前款的规定处罚。

【立法沿革】

《中华人民共和国刑法》(1997年修订,自1997年10月1日起施行)

第一百六十五条

国有公司、企业的董事、经理利用职务便利,自己经营或者为他人经营与其所任职公司、企业同类的营业,获取非法利益,数额巨大的,处三年以下有期徒刑或者拘役,并处或者单处罚金;数额特别巨大的,处三年以上七年以下有期徒刑,并处罚金。

《中华人民共和国刑法修正案（十二）》（自2024年3月1日起施行）

一、在刑法第一百六十五条中增加一款作为第二款，将该条修改为：

"国有公司、企业的董事、监事、高级管理人员，利用职务便利，自己经营或者为他人经营与其所任职公司、企业同类的营业，获取非法利益，数额巨大的，处三年以下有期徒刑或者拘役，并处或者单处罚金；数额特别巨大的，处三年以上七年以下有期徒刑，并处罚金。

"其他公司、企业的董事、监事、高级管理人员违反法律、行政法规规定，实施前款行为，致使公司、企业利益遭受重大损失的，依照前款的规定处罚。"

【条文说明】

本条是关于非法经营同类营业罪及其处罚的规定。

本条共分为两款。

第一款是关于国有公司、企业的董事、监事、高级管理人员非法经营同类营业的处罚规定。根据本款规定，国有公司、企业的董事、监事、高级管理人员非法经营同类营业罪的构成要件有以下几个：

1. 本罪的主体是特殊主体，即**国有公司、企业的董事、监事和高级管理人员**。这里的国有公司、企业包括国有独资、全资公司、企业和国有控股、参股公司、企业等。董事、监事和高级管理人员的具体范围，与《公司法》等公司、企业管理法律法规的规定范围是一致的。考虑到非法经营同类营业的危害性体现在董事、监事和高级管理人员利用职权便利可能带来的损害，一般的工作人员实施的非法经营同类营业行为不作为本罪处理。

2. 本罪在客观方面表现为**行为人利用职务便利，自己经营或者为他人经营与所任职公司、企业同类的营业，获取非法利益的行为**。我国《公司法》第179条规定，董事、监事、高级管理人员应当遵守法律、行政法规和公司章程。第180条规定，董事、监事、高级管理人员对公司负有忠实义务，应当采取措施避免自身利益与公司利益冲突，不得利用职权牟取不正当利益。董事、监事、高级管理人员对公司负有勤勉义务，执行职务应当为公司的最大利益尽到管理者通常应有的合理注意。第184条规定，董事、监事、高级管理人员未向董事会或者股东会报告，并按照公司章程的规定经董事会或者股东会决议通过，不得自营或者为他人经营与其任职公司同类的业务。所谓"**利用职务便利**"，是指利用自己在国有公司、企业任董事、监事、高级管理人员掌管材料、物资、市场、计划、销售等便利条件，既包括本人在经营、管理国家出资企业事务中的职权，也包括利用在职务上有隶属、制约关系的他人的职权。"**自己经营**"包括以私人名义另行注册公司、企业，有的是以亲友的名义注册公司、企业，或者是在他人经办的公司、企业中入股进行经营。"**为他人经营**"，是指行为人虽未参与投资和利润分配，但被雇用、聘其担任他人公司、企业的管理人员参与管理，或者幕后为他人的公司、企业的业务进行策划、指挥，并领取一定报酬的行为。所谓"**同类的营业**"，是指从事与其所任职国有公司、企业相同或者相近似的业务。这样，行为人利用其在国有公司任职所获得的在产、供、销、市场、物资、信息等方面的优势，利用其所任职公司、企业的人力、资金、物质、信息资源、客户渠道等，有可能在市场竞争中占据有利地位，排挤所任职的国有公司、企业，损害国有公司、企业的利益。

3. 国有公司、企业的董事、监事、高级管理人员非法经营同类营业行为，获取非法利益，数额巨大的，才构成犯罪。"**非法利益**"，是指行为人获取的非法经营所得，包括金钱、物品和可折算为金钱的财产性利益。"**数额巨大**"，是指通过上述手段，转移利润或者转移损失，获取了大批非法利润，国有公司、企业由此遭受重大损失。

第二款是关于其他公司、企业的董事、监事和高级管理人员非法经营同类营业的处罚规定。根据本款规定，其他公司、企业的董事、监事和高级管理人员非法经营同类营业罪在犯罪构成上具有以下特征：

1. 本罪的主体是**其他公司、企业的董事、监事和高级管理人员**。这里的其他公司、企业比较广泛，是除国有公司、企业之外的所有公司、企业。董事、监事和高级管理人员的具体范围和《公司法》等公司、企业管理法律法规的规定范围是一致的。考虑到非法经营同类营业的危害性体现在董事、监事和高级管理人员利用职权便利可能带来的损害，对一般的工作人员实施的非法经营同类营业行为不宜作为本罪处理。

2. 本罪在客观方面表现为行为人利用职务便利，自己经营或者为他人经营与所任职公司、企业同类的营业，获取非法利益的行为。"**利用职务便利**""**自己经营**""**为他人经营**""**同类的营业**"等的理解参照本条第一款中的相应解释。

3. 违反法律、行政法规规定，致使公司、企业利益遭受重大损失的，才构成犯罪。立法过程中曾考虑采用"**未经公司、企业同意**"的表述，有的意见提出，未经公司、企业同意，在实践中谁代表公司、企业同意不明确，并且会存在开始时同意后又不同意而要求追究行为人刑事责任的情况，故将**违反法律、行政法规规定**作为入罪的一个条件。

第一百六十六条

实践中,公司、企业治理通常以公司章程为依据,属于企业自治范畴。对于自营或者与他人经营与所任职公司同类的营业,有些情况下公司、企业章程允许或者对作出允许有具体规定。对于符合公司、企业章程规定的这些经营同类行为,也不是刑事惩治范围。所谓"**致使公司、企业利益遭受重大损失**",是指通过上述手段,转移利润或者转嫁损失,使原公司、企业由此遭受重大损失。这里的"重大损失",是由行为人的非法经营同类行为造成的,执法中要注意正确认定行为与结果之间的因果关系,与正常的市场经营风险之间进行区分,对于"重大损失"的认定,需要办案机关及时出台配套规定,明确具体情形。

本款规定了"**依照前款的规定处罚**",是指依照第一款的**两档刑罚**处罚,具体是指对于致使公司、企业利益遭受重大损失的,处3年以下有期徒刑或者拘役,并处或者单处罚金;致使公司、企业利益遭受特别重大损失的,处3年以上7年以下有期徒刑,并处罚金。

【参考案例】

No.3-3-165-1　杨文康非法经营同类营业案

非国有企业的中层管理人员利用职务便利,将所在公司业务交由以亲属名义设定的公司进行经营的,不构成非法经营同类营业罪。

No.3-3-165-2　吴小军非法经营同类营业、对非国家工作人员行贿案

经委派到国家出资企业中从事公务的人员,只要符合受委派从事公务的条件,仍可以被认定为"国有公司、企业人员",成为非法经营同类营业罪的适格主体。

No.3-3-165-3　吴小军非法经营同类营业、对非国家工作人员行贿案

"同类营业"并非"同样营业",即使该同类营业不属于本公司法定经营范围,只要不违反国家禁止性规定,亦不影响非法经营同类营业的性质认定。

No.3-3-165-4　吴小军非法经营同类营业、对非国家工作人员行贿案

非法经营同类营业罪所保护的法益并非交易各方的利益,而是正常的市场秩序以及国有公司、企业的利益,交易各方并未受损不影响非法经营同类营业罪的成立。

第一百六十六条　【为亲友非法牟利罪】

国有公司、企业、事业单位的工作人员,利用职务便利,有下列情形之一,致使国家利益遭受重大损失的,处三年以下有期徒刑或者拘役,并处或者单处罚金;致使国家利益遭受特别重大损失的,处三年以上七年以下有期徒刑,并处罚金:

(一)将本单位的盈利业务交由自己的亲友进行经营的;

(二)以明显高于市场的价格从自己的亲友经营管理的单位采购商品、接受服务或者以明显低于市场的价格向自己的亲友经营管理的单位销售商品、提供服务的;

(三)从自己的亲友经营管理的单位采购、接受不合格商品、服务的。

其他公司、企业的工作人员违反法律、行政法规规定,实施前款行为,致使公司、企业利益遭受重大损失的,依照前款的规定处罚。

【立法沿革】

《中华人民共和国刑法》(1997年修订,自1997年10月1日起施行)

第一百六十六条

国有公司、企业、事业单位的工作人员,利用职务便利,有下列情形之一,使国家利益遭受重大损失的,处三年以下有期徒刑或者拘役,并处或者单处罚金;致使国家利益遭受特别重大损失的,处三年以上七年以下有期徒刑,并处罚金:

(一)将本单位的盈利业务交由自己的亲友进行经营的;

(二)以明显高于市场的价格向自己的亲友经营管理的单位采购商品或者以明显低于市场的价格向自己的亲友经营管理的单位销售商品的;

(三)向自己的亲友经营管理的单位采购不合格商品的。

《中华人民共和国刑法修正案(十二)》(自2024年3月1日起施行)

二、在刑法第一百六十六条中增加一款作为第二款,将该条修改为:"国有公司、企业、事业单位的工作人员,利用职务便利,有下列情形之一,致使国家利益遭受重大损失的,处三年以下有期徒刑或者拘役，并处或者单处罚金；致使国家利益遭受特别重大损失的，处三年以上七年以下有期徒刑，并处罚金：

"（一）将本单位的盈利业务交由自己的亲友进行经营的；

"（二）以明显高于市场的价格从自己的亲友经营管理的单位采购商品、接受服务或者以明显低于市场的价格向自己的亲友经营管理的单位销售商品、提供服务的；

"（三）从自己的亲友经营管理的单位采购、接受不合格商品、服务的。

"其他公司、企业的工作人员违反法律、行政法规规定，实施前款行为，致使公司、企业利益遭受重大损失的，依照前款的规定处罚。"

【条文说明】

本条是关于为亲友非法牟利罪及其处罚的规定。

本条共分两款。

第一款是关于国有公司、企业、事业单位的工作人员为亲友非法牟利的定罪处罚规定。根据本条规定，为亲友非法牟利罪具有以下特征：

1. 本款的主体是**国有公司、企业、事业单位的工作人员**。规定国有单位的经营主体是考虑到国有公司、企业、事业单位的财产属于国家，所有权与具体管理权分离，个别管理人员容易产生损公肥私、利用职权便利损害国有单位利益的情况，这与非公有制企业中的非法牟利有所不同，非公有制企业的财产与管理人员往往是同一的，处于财产所有人的监督之下，私有单位的股东在职权范围内有权决定与什么样的公司以什么样的条件进行交易。

2. 行为人具有利用职务便利为亲友非法牟利的行为。《公司法》第183条规定，"董事、监事、高级管理人员，不得利用职务便利为自己或者他人谋取属于公司的商业机会。但是，有下列情形之一的除外：（一）向董事会或者股东会报告，并按照公司章程的规定经董事会或者股东会决议通过；（二）根据法律、行政法规或者公司章程的规定，公司不能利用该商业机会"。本条列举了三项具体的行为：（1）**将本单位的盈利业务交由自己的亲友进行经营的**。这是指行为人利用自己决定、参与经贸项目、购销往来掌握经贸信息市场行情的职务便利，将明显是可以盈利的业务项目交给自己的亲友去经营。这里的"交由自己的亲友进行经营"包括交给其亲友投资、管理、控股的单位经营。（2）**以明显高于市场的价格从自己的亲友经营管理的单位采购商品、接受服务或者以明显低于市场的价格向自己的亲友经营管理的单位销售商品、提供服务的**。如果行为人向其亲友采购或者销售的商品、服务不是明显地背离市场价格，则不构成犯罪。（3）**从自己的亲友经营管理的单位采购、接受不合格商品、服务的**。这表现在有公司、企业、事业单位购进原材料时，从自己的亲友经营管理的单位购入质次价高的商品。应当说这三类行为都是国有公司、企业、事业单位实际经营中较多发生的，本条规定具有很强的针对性，列举规定，未作兜底性规定。

3. 行为人的为亲友非法牟利行为，**致使国家利益遭受重大损失的，才构成犯罪**。本条所称"**致使国家利益遭受重大损失的**"，是指通过上述手段，转移国有公司、企业、事业单位的利润或者转嫁自己亲友经营的损失，数额巨大的。

本条对于国有公司、企业、事业单位工作人员为亲友牟利罪，规定了两档刑：**致使国家利益遭受重大损失的**，处3年以下有期徒刑或者拘役，并处或者单处罚金；**致使国家利益遭受特别重大损失的**，处3年以上7年以下有期徒刑，并处罚金。

第二款是关于其他公司、企业的工作人员为亲友非法牟利的定罪处罚规定。

1. 关于"**其他公司、企业**"的理解。《刑法修正案（十二）》出台前，《刑法》只对国有公司、企业、事业单位中存在的为亲友非法牟利行为作出规定，此次修改进一步加强对民营企业的平等保护，对于国有公司、企业、事业单位之外的其他公司、企业内部实施的为亲友非法牟利行为作出规定。这里"其他公司、企业"范围上是除了国有公司、企业、事业单位之外的其他公司、企业，类型上包括但不限于有限责任公司、股份有限公司、合伙企业等。

2. 关于"**违反法律、行政法规**"的理解。此次修改，与《公司法》等法律作了衔接，进一步明确符合法律、行政法规规定的条件或者程序作出的同类营业和有关关联交易不构成犯罪，比如经过公司、企业同意的等情形不宜作为犯罪处理。《公司法》第183条规定，"董事、监事、高级管理人员，不得利用职务便利为自己或者他人谋取属于公司的商业机会。但是，有下列情形之一的除外：（一）向董事会或者股东会报告，并按照公司章程的规定经董事会或者股东会决议通过；（二）根据法律、行政法规或者公司章程的规定，公司不能利用该商业机会"。根据《公司法》上述规定，充分考虑《公司法》等法律关于非法经营同类营业、有关关联交易行为治理的规定，如向董事会或者股东会报告，并按照公司章程的规定经董事会或者股东会决议通过的情形，不属于"违反法律、行政法规"。

3. 关于"致使公司、企业利益遭受重大损失"的理解。一是"其他公司、企业的工作人员"实施为亲友非法牟利的行为,如果对公司、企业没有造成重大损失,不适用本款追究责任。实践中,个别案件存在实施为亲友非法牟利的行为,对公司企业并没有造成损失反而获得一定利益的情况,也不宜依据本款追究刑事责任。上述情况可根据《公司法》等其他法律依法追究责任。二是公司、企业利益要遭受"重大损失",并非造成所有的损失都绝对追究刑事责任。"重大损失"的判定,也要结合公司、企业的规模、经营情况等综合判断,具体标准需要相关司法解释予以明确。三是损失原则以以实际造成的损失为判断标准,如营业收入、额外支出费用、货物损失等。对于客户资源、商业机会等难以量化或者非短期可见的是否属于损失范围,还要通过证据情况及因果关系等角度综合判断。

第一百六十七条 【签订、履行合同失职被骗罪】

国有公司、企业、事业单位直接负责的主管人员,在签订、履行合同过程中,因严重不负责任被诈骗,致使国家利益遭受重大损失的,处三年以下有期徒刑或者拘役;致使国家利益遭受特别重大损失的,处三年以上七年以下有期徒刑。

【单行刑法】

《全国人民代表大会常务委员会关于惩治骗购外汇、逃汇和非法买卖外汇犯罪的决定》(1998年12月29日通过)

七、金融机构、从事对外贸易经营活动的公司、企业的工作人员严重不负责任的行为,造成大量外汇被骗购或者逃汇,致使国家利益遭受重大损失的,依照刑法第一百六十七条的规定定罪处罚。

八、犯本决定规定之罪,依法被追缴、没收的财物和罚金,一律上缴国库。

【条文说明】

本条是关于签订、履行合同失职被骗罪及其处罚的规定。

根据本条规定,签订、履行合同失职被骗罪有如下特征:

1. **犯罪主体是特殊主体**,即国有公司、企业、事业单位直接负责的主管人员。

2. **行为人在签订、履行合同过程中,因严重不负责任被诈骗**。应当注意的是,本条规定的犯罪是以单位作为受害人的。这是因为订立合同、履行合同的行为都是以单位名义实施的,同时所产生的经济后果也是由单位来承担的。同时,单位的上述行为又是由于直接负责的主管人员的严重不负责任造成的。因此,对这种犯罪行为,本条规定,只追究直接负责的主管人员的刑事责任。本条中的"严重不负责任"在实践中表现为各种各样的行为:有的是盲目轻信,不认真审查对方当事人的合同主体资格、资信情况;有的是不认真审查对方的履约能力和资源情况;有的是贪图个人私利,关心的不是产品的质量和价格,而是个人能在中捞取多少,在得到好处后,在质量上舍优求劣,在价格上舍低就高,在路途上舍近求远;有的是销售商品时对并非滞销甚至是紧俏的商品,让价出售或赊销,以权谋私,导致被骗;有的是无视规章制度和工作纪律,擅自越权,签订或者履行合同;有的是急于推销产品,上当受骗;有的是盲目吸收投资,同假外商签订引资合作协议等;有的是违反规定为他人签订合同提供担保,导致发生纠纷时承担保证责任。

3. **本罪须以致使国家利益遭受重大损失为条件**,所谓"**国家利益遭受重大损失**"包括造成大量财物被诈骗;因为被骗,对方根本无法供货,造成停产、企业濒临破产倒闭等。①

对于签订、履行合同失职被骗罪的追诉标准,2010年5月7日《最高人民检察院、公安部关于公安机关管辖的刑事案件立案追诉标准的规定(二)》第十四条规定:"国有公司、企业、事业单位直接负责的主管人员,在签订、履行合同过程中,因严重不负责任被诈骗,涉嫌下列情形之一的,应予立案追诉:(一)造成国家直接经济损失数额在五十万元以上的;(二)造成有关单位破产、停业、停产六个月以上,或者被吊销许可证和营业执照、责令关闭、撤销、解散的;(三)其他致使国家利益

---

① 我国学者指出,对于损失的认定应采取经济的观点(仅进行经济的、事实上的评价,而非法的评价)。在遭受经济损失的同时享有所谓"债权"的,也不影响损失的认定。参见张明楷:《刑法学》(第6版),法律出版社2021年版,第980页。

遭受重大损失的情形。金融机构、从事对外贸易经营活动的公司、企业的工作人员严重不负责任,造成一百万美元以上外汇被骗购或者逃汇一千万美元以上的,应予立案追诉。本条规定的'诈骗',是指对方当事人的行为已经涉嫌诈骗犯罪,不以对方当事人已经被人民法院判决构成诈骗犯罪作为立案追诉的前提。"

对于签订、履行合同失职被骗罪的处罚,本条根据后果规定了两档刑罚:**致使国家利益遭受重大损失的**,对其直接负责的主管人员,处三年以下有期徒刑或者拘役;**致使国家利益遭受特别重大损失的**,处三年以上七年以下有期徒刑。本罪将直接负责的主管人员作为处罚的对象,是因为他们对于本单位被诈骗负有不可推卸的责任。

应当指出的是,在外汇业务中,一些外汇交易中心、国家指定的商业银行工作人员,不认真审查、核定购汇公司、企业和单位提供的凭证、单据是否真实就售汇或者付汇;或一些从事对外贸易经营活动的公司、企业的工作人员,不认真审查要求其作为购汇单位是否实际进行了对外贸易经营活动,就拿着要求其代为购汇的单位提供的虚假的购汇凭证和单据到银行和外汇交易中心购汇,致使国家大量外汇被骗购或者逃汇,使国家利益遭受重大损失。为了更有力地打击骗汇、逃汇活动,惩治严重渎职行为,1998年12月29日第九届全国人大常委会第六次会议通过了《**全国人民代表大会常务委员会关于惩治骗购外汇、逃汇和非法买卖外汇犯罪的决定**》,其中第七条明确规定:"金融机构、从事对外贸易经营活动的公司、企业的工作人员严重不负责任,造成大量外汇被骗购或者逃汇,致使国家利益遭受重大损失的,依照刑法第一百六十七条的规定定罪处罚。"该决定中的这一规定,扩大了《刑法》第一百六十七条犯罪主体的范围。其中所称的"**金融机构**",是指经外汇管理机关批准,有权经营外汇业务的商业银行和外汇交易中心。"**从事对外贸易经营活动的公司、企业**",即对外贸易经营者,是指有权从事货物进出口与技术进出口的外贸单位以及国际服务贸易企业和组织。行为人在客观方面实施了严重不负责任,造成大量外汇被骗购或者逃汇的行为。所谓"**严重不负责任**",是指违反国家有关外汇管理的法律、法规和规章制度,放弃职责,不履行、不正确履行应当履行的职责,或者在履行职责中马虎草率、敷衍塞责、不负责任,或者放弃职守,对自己应当负责的工作撒手不管等。行为人实施上述行为,还必须"致使国家利益遭受重大损失的"才能构成本罪,是否"致使国家利益遭受重大损失"是区分罪与非罪的界限,如果未使国家利益遭受重大损失的,可以由有关部门给予批评教育或者行政处分。所谓"**致使国家利益遭受重大损失的**",主要是指使国家外汇造成大量流失。

根据上述决定的规定,金融机构、从事对外贸易经营活动的公司、企业的工作人员具有上述行为的,应当依照《刑法》第一百六十七条的规定定罪处罚,即处三年以下有期徒刑或者拘役;致使国家利益遭受特别重大损失的,处三年以上七年以下有期徒刑。

需要注意的是,在实践中适用本条,应正确区分罪与非罪的界限,其中十分重要的是看行为人是正确履行职责还是严重不负责任,主观上是否具有重大过失。关键看行为人应尽的职责和义务,在有条件、有可能履行的情况下,是正确履行,还是放弃职守、不积极履行、放任自流;看行为人是否滥用职权、超越职权、擅自作出决定;看行为人是否违反国家法律、政策、企业管理规章制度和经商原则。

【司法解释性文件】

《**最高人民检察院、公安部关于公安机关管辖的刑事案件立案追诉标准的规定(二)**》(公通字〔2010〕23号,2010年5月7日公布)

△〔签订、履行合同失职被骗罪;立案追诉标准;金融机构;从事对外贸易经营活动的公司、企业;诈骗〕国有公司、企业、事业单位直接负责的主管人员,在签订、履行合同过程中,因严重不负责任被诈骗,涉嫌下列情形之一的,应予立案追诉:

(一)造成国家直接经济损失数额在五十万元以上的;

(二)造成有关单位破产、停业、停产六个月以上,或者被吊销许可证和营业执照、责令关闭、撤销、解散的;

(三)其他致使国家利益遭受重大损失的情形。

金融机构、从事对外贸易经营活动的公司、企业的工作人员严重不负责任,造成一百万美元以上外汇被骗购或者逃汇一千万美元以上的,应予立案追诉。

本条规定的"诈骗",是指对方当事人的行为已经涉嫌诈骗犯罪,不以对方当事人已经被人民

法院判决构成诈骗犯罪作为立案追诉的前提。① (§ 14)

【参考案例】

No. 3-3-167-1　高原信用证诈骗,梁汉钊

签订、履行合同失职被骗案

国有公司、企业、事业单位中具有管理人员身份,行使管理职权,并对合同的签订、履行负有直接责任的人员,应当认定为签订、履行合同失职被骗罪中的直接负责的主管人员。

第一百六十八条【国有公司、企业、事业单位人员失职罪】【国有公司、企业、事业单位人员滥用职权罪】

国有公司、企业的工作人员,由于严重不负责任或者滥用职权,造成国有公司、企业破产或者严重损失,致使国家利益遭受重大损失的,处三年以下有期徒刑或者拘役;致使国家利益遭受特别重大损失的,处三年以上七年以下有期徒刑。

国有事业单位的工作人员有前款行为,致使国家利益遭受重大损失的,依照前款的规定处罚。

国有公司、企业、事业单位的工作人员,徇私舞弊,犯前两款罪的,依照第一款的规定从重处罚。

【立法沿革】

《中华人民共和国刑法》(1997 年修订,自 1997 年 10 月 1 日起施行)

第一百六十八条

国有公司、企业直接负责的主管人员,徇私舞弊,造成国有公司、企业破产或者严重亏损,致使国家利益遭受重大损失的,处三年以下有期徒刑或者拘役。

《中华人民共和国刑法修正案》(自 1999 年 12 月 25 日起施行)

二、将刑法第一百六十八条修改为:

"国有公司、企业的工作人员,由于严重不负责任或者滥用职权,造成国有公司、企业破产或者严重损失,致使国家利益遭受重大损失的,处三年以下有期徒刑或者拘役;致使国家利益遭受特别重大损失的,处三年以上七年以下有期徒刑。

"国有事业单位的工作人员有前款行为,致使国家利益遭受重大损失的,依照前款的规定处罚。

"国有公司、企业、事业单位的工作人员,徇私舞弊,犯前两款罪的,依照第一款的规定从重处罚。"

【条文说明】

本条是关于国有公司、企业、事业单位人员失职罪和国有公司、企业、事业单位人员滥用职权罪及其处罚的规定。

本条共分为三款。

第一款是关于对国有公司、企业的工作人员,由于严重不负责任或者滥用职权,造成国有公司、企业破产或者严重损失,致使国家利益遭受重大损失追究刑事责任的规定。本款规定的犯罪主体与 1997 年《刑法》第一百六十八条相比,由原来的"国有公司、企业直接负责的主管人员"修改为"国有公司、企业的工作人员",范围上有较大的扩大。2010 年《最高人民法院、最高人民检察院关于办理国家出资企业中职务犯罪案件具体应用法律若干问题的意见》第四条规定,**国家出资企业中的国家工作人员在公司、企业改制或者国有资产处置过程中严重不负责任或者滥用职权,致使国家利益遭受重大损失的,依照本条规定处罚**。在行为的构成要件上,由原来的"徇私舞弊,造成国有公司、企业破产或者严重亏损,致使国家利益遭受重大损失"修改为:"由于严重不负责任或者滥用职权,造成国有公司、企业破产或者严重损失,致使国家利益遭受重大损失"。本款列举了国有公司、企业渎职犯罪两种常见的行为,即严重不负责任和滥用职权。有关司法解释确定的本条罪名包括两个:国有公司、企业、事业单位人员失职

---

① 我国学者指出,本罪中的"被诈骗",并不限于对方的行为构成刑法上的普通诈骗、金融诈骗与合同诈骗等罪,还应包括对方的行为属于民事欺诈的情形。此外,本罪的认定,也不要求对方已被人民法院认定为诈骗罪或民事欺诈。参见张明楷:《刑法学》(第 6 版),法律出版社 2021 年版,第 979 页。另有学者指出,对方的诈骗行为需要达到诈骗类犯罪成立的条件。对方只构成民事欺诈行为的,不能视为本罪中的诈骗行为,相应纠纷应当在民事法律领域解决,不成立本罪。参见周光权:《刑法各论》(第 4 版),中国人民大学出版社 2021 年版,第 279 页;黎宏:《刑法学各论》(第 2 版),法律出版社 2016 年版,第 121 页。

罪和国有公司、企业、事业单位人员滥用职权罪。"**严重不负责任**"客观上表现为不履行、不正确履行或者放弃履行自己的职责,通常表现为工作马马虎虎,草率行事,或公然违反职责规定,或放弃对自己负责的工作撒手不管等。"**滥用职权**"通常表现为行为人超越职责权限或违反行使职权所应遵守的程序。根据本款规定,行为人严重不负责任或者滥用职权的行为,造成国有公司、企业破产或严重损失,致使国家利益遭受重大损失的就构成犯罪。行为如果没有达到致使国家利益遭受重大损失的,则不构成犯罪。这是区分罪与非罪的重要界限。"**破产**"是指国有公司、企业由于到期债务无法偿还而宣告倒闭。① 本款将原条文中的"严重亏损"改为"严重损失",意思更加明确。"**严重损失**"既包括直接经济损失,也包括间接的或者其他方面的损失,如企业的名声、品牌的信誉等;既包括给国有公司、企业造成亏损,也包括造成盈利减少,即虽然总体上经营没有出现亏损,但使本应获得的利润大量减少,也属于造成严重损失。"**致使国家利益遭受重大损失**"包括国家经济利益等造成严重损失。根据本款规定,构成国有公司、企业、事业单位人员失职罪、滥用职权罪的,处三年以下有期徒刑或者拘役。"**致使国家利益遭受特别重大损失的**",处三年以上七年以下有期徒刑。

第二款是关于国有事业单位的工作人员有第一款规定行为的如何定罪处罚的规定。本款规定,**国有事业单位的工作人员严重不负责任或者滥用职权,造成国有事业单位严重损失,致使国家利益遭受重大损失的,依照第一款的规定处罚**,即处三年以下有期徒刑或者拘役;致使国家利益遭受特别重大损失的,处三年以上七年以下有期徒刑。

对于国有公司、企业、事业单位人员失职罪和国有公司、企业、事业单位人员滥用职权罪的追诉标准,2010 年 5 月 7 日《最高人民检察院、公安部关于公安机关管辖的刑事案件立案追诉标准的规定(二)》第十五条规定:"国有公司、企业、事业单位的工作人员,严重不负责任,涉嫌下列情形之一的,**应予立案追诉**:(一)造成国家直接经济损失数额在五十万元以上的;(二)造成有关单位破产、停业、停产一年以上,或者被吊销许可证和营业执照、责令关闭、撤销、解散的;(三)其他致使国家利益遭受重大损失的情形。"第十六条规定:"国有公司、企业、事业单位的工作人员,滥用职权,涉嫌下列情形之一的,**应予立案追诉**:(一)造成国家直接经济损失数额在三十万元以上的;(二)造成有关单位破产、停业、停产六个月以上,或者被吊销许可证和营业执照、责令关闭、撤销、解散的;(三)其他致使国家利益遭受重大损失的情形。"

第三款是关于国有公司、企业、事业单位的工作人员,徇私舞弊,犯前两款罪如何定罪处罚的规定。**徇私舞弊**,是指行为人徇个人私情、私利的行为。由于这种行为是从个人利益出发,置国家利益于不顾,主观恶性较大,**因此本款规定依照第一款的规定从重处罚**。

【司法解释】

《**最高人民法院关于审理扰乱电信市场管理秩序案件具体应用法律若干问题的解释**》(法释〔2000〕12 号,自 2000 年 5 月 24 日起施行)

△(国有电信企业的工作人员;国有公司、企业、事业单位人员失职罪;国有公司、企业、事业单位人员滥用职权罪)国有电信企业的工作人员,由于严重不负责任或者滥用职权,造成国有电信企业破产或者严重损失,致使国家利益遭受重大损失的,依照刑法第一百六十八条的规定定罪处罚。(§6)

《**最高人民法院、最高人民检察院关于办理妨害预防、控制突发传染病疫情等灾害的刑事案件具体应用法律若干问题的解释**》(法释〔2003〕8 号,自 2003 年 5 月 15 日起施行)

△(预防、控制突发传染病疫情;国有公司、企业、事业单位人员失职罪;国有公司、企业、事业单位人员滥用职权罪)国有公司、企业、事业单位的工作人员,在预防、控制突发传染病疫情等灾害的工作中,由于严重不负责任或者滥用职权,造成国有公司、企业破产或者严重损失,致使国家利益遭受重大损失的,依照刑法第一百六十八条的规定,以国有公司、企业、事业单位人员失职罪或者国有公司、企业、事业单位人员滥用职权罪定罪处罚。(§4)

△(自首、立功)人民法院、人民检察院办理有关妨害预防、控制突发传染病疫情等灾害的刑事案件,对于有自首、立功等悔罪表现的,依法从轻、减轻、免除处罚或者依法作出不起诉决定。(§17)

---

① 我国学者指出,本罪中的"破产"并不必然等于宣告破产。本罪的成立与否,取决于行为人是否使国有公司、企业、事业单位陷入无力清偿到期债务的状态。刑法上的判断是独立判断,不以民事程序是否启动或者存在生效裁判为前提。参见周光权:《刑法各论》(第 4 版),中国人民大学出版社 2021 年版,第 281 页。

第一百六十八条

《最高人民法院关于如何认定国有控股、参股股份有限公司中的国有公司、企业人员的解释》(法释〔2005〕10号,自2005年8月11日起施行)

△(委派;国有公司、企业人员)国有公司、企业委派到国有控股、参股公司从事公务的人员,以国有公司、企业人员论。

【司法解释性文件】

《最高人民检察院研究室关于中国农业发展银行及其分支机构的工作人员法律适用问题的答复》(〔2002〕高检研发第16号,2002年9月23日公布)

△(中国农业发展银行及其分支机构;国有公司、企业、事业单位人员失职罪;国有公司、企业、事业单位人员滥用职权罪)中国农业发展银行及其分支机构的工作人员严重不负责任或者滥用职权,构成犯罪的,应当依照刑法第一百六十八条的规定追究刑事责任。

《最高人民法院、最高人民检察院关于办理国家出资企业中职务犯罪案件具体应用法律若干问题的意见》(法发〔2010〕49号,2010年11月26日公布)

△(企业改制;国有公司、企业、事业单位人员失职罪;国有公司、企业、事业单位人员滥用职权罪)在企业改制过程中未采取低估资产、隐瞒债权、虚列债务、虚构产权交易等方式故意隐匿公司、企业财产的,一般不应当认定为贪污;造成国有资产重大损失的,依法构成刑法第一百六十八条或者第一百六十九条规定的犯罪的,依照该规定定罪处罚。(§1Ⅳ)

△(国家出资企业;国有公司、企业人员失职罪;国有公司、企业人员滥用职权罪;贿赂罪)国家出资企业中的国家工作人员在企业改制或者国有资产处置过程中严重不负责任或者滥用职权,致使国家利益遭受重大损失的,依照刑法第一百六十八条的规定,以国有公司、企业人员失职罪或者国有公司、企业人员滥用职权罪定罪处罚。①

国家出资企业中的国家工作人员因实施第一款、第二款行为收受贿赂,同时又构成刑法第三百八十五条规定之罪的,依照处罚较重的规定定罪处罚。(§4Ⅰ,Ⅳ)

△(改制前后主体身份发生变化;数罪并罚)国家工作人员在国家出资企业改制前利用职务上的便利实施犯罪,在其不再具有国家工作人员身份后又实施同种行为,依法构成不同犯罪的,应当分别定罪,实行数罪并罚。(§5Ⅰ)

△(国家出资企业;国家工作人员之认定)经国家机关、国有公司、企业、事业单位提名、推荐、任命、批准等,在国有控股、参股公司及其分支机构中从事公务的人员,应当认定为国家工作人员。具体的任命机构和程序,不影响国家工作人员的认定。

经国家出资企业中负有管理、监督国有资产职责的组织批准或者研究决定,代表其在国有控股、参股公司及其分支机构中从事组织、领导、监督、经营、管理工作的人员,应当认定为国家工作人员。

国家出资企业中的国家工作人员,在国家出资企业中持有个人股份或者同时接受非国有股东委托的,不影响其国家工作人员身份的认定。(§6)

△(国家出资企业;"谁投资、谁拥有产权"原则)本意见所称"国家出资企业",包括国家出资的国有独资公司、国有独资企业,以及国有资本控股公司、国有资本参股公司。

是否属于国家出资企业不清楚的,应遵循"谁投资、谁拥有产权"的原则进行界定。企业注册登记中的资金来源与实际出资不符的,应根据实际出资情况确定企业的性质。企业实际出资情况不清楚的,可以综合工商注册、分配形式、经营管理等因素确定企业的性质。(§7)

△(宽严相济刑事政策)办理国家出资企业中的职务犯罪案件时,要综合考虑历史条件、企业发展、职工就业、社会稳定等因素,注意具体情况具体分析,严格把握犯罪与一般违规行为的区分界限。对于主观恶意明显、社会危害严重、群众反映强烈的严重犯罪,要坚决依法从严惩处;对于特定历史条件下、为了顺利完成企业改制而实施的违反国家政策法律规定的行为,行为人无主观恶意或者主观恶意不明显,情节较轻,危害不大的,可以不作为犯罪处理。

对于国家出资企业中的职务犯罪,要加大经济上的惩罚力度,充分重视财产刑的适用和执行,最大限度地挽回国家和人民利益遭受的损失。不能退赃的,在决定刑罚时,应当作为重要情节予以

---

① 由于"国家出资企业"包括国家出资的国有独资企业、国有独资公司,以及国有资本控股公司、国有资本参股公司(本意见第七条),"国家出资企业"未必是"国有公司、企业","国家出资企业中的工作人员"也未必属于"国有公司、企业的工作人员"。因此,部分论者认为,该意见实际上已经偷换了概念,不无违反罪刑法定原则之嫌。参见张明楷:《刑法学》(第6版),法律出版社2021年版,第980—981页。

考虑。(§8)

【指导性案例】

最高人民检察院指导性案例第 188 号：桑某受贿、国有公司人员滥用职权、利用未公开信息交易案（2023 年 7 月 31 日发布）

△（受贿罪；国有公司人员滥用职权罪；利用未公开信息交易罪；股权收益权；损失认定）检察机关在办理投融资领域受贿犯罪案件时，要准确认定利益输送行为的性质，着重审查投融资的背景、投融资方式、融资需求的真实性、行为人是否需要承担风险、风险与所获收益是否相符等证据。在办理国有公司人员滥用职权犯罪案件时，要客观认定行为造成公共财产损失的范围，对于国有公司应得而未获得的预期收益，可以认定为损失数额。在办理利用未公开信息交易犯罪案件中，对于内幕信息、未公开信息的范围、趋同性交易盈利数额等关键要件的认定，要调取证券监督管理部门、证券交易所等专业机构出具的认定意见，综合全案证据审查判断。

第一百六十九条　【徇私舞弊低价折股、出售公司、企业资产罪】

国有公司、企业或者其上级主管部门直接负责的主管人员，徇私舞弊，将国有资产低价折股或者低价出售，致使国家利益遭受重大损失的，处三年以下有期徒刑或者拘役；致使国家利益遭受特别重大损失的，处三年以上七年以下有期徒刑。

其他公司、企业直接负责的主管人员，徇私舞弊，将公司、企业资产低价折股或者低价出售，致使公司、企业利益遭受重大损失的，依照前款的规定处罚。

【立法沿革】

《中华人民共和国刑法》（1997 年修订，自 1997 年 10 月 1 日起施行）

第一百六十九条

国有公司、企业或者其上级主管部门直接负责的主管人员，徇私舞弊，将国有资产低价折股或者低价出售，致使国家利益遭受重大损失的，处三年以下有期徒刑或者拘役；致使国家利益遭受特别重大损失的，处三年以上七年以下有期徒刑。

《中华人民共和国刑法修正案（十二）》（自 2024 年 3 月 1 日起施行）

三、在刑法第一百六十九条中增加一款作为第二款，将该条修改为：

"国有公司、企业或者其上级主管部门直接负责的主管人员，徇私舞弊，将国有资产低价折股或者低价出售，致使国家利益遭受重大损失的，处三年以下有期徒刑或者拘役；致使国家利益遭受特别重大损失的，处三年以上七年以下有期徒刑。

"其他公司、企业直接负责的主管人员，徇私舞弊，将公司、企业资产低价折股或者低价出售，致使公司、企业利益遭受重大损失的，依照前款的规定处罚。"

【条文说明】

本条是徇私舞弊低价折股、出售公司、企业资产犯罪及其处罚的规定。

本条共分两款。

第一款是关于国有公司、企业或者其上级主管部门直接负责的主管人员徇私舞弊，将国有资产低价折股或者低价出售的规定。根据本款规定，徇私舞弊低价折股、出售国有公司、企业资产犯罪有以下特征：

1. 本罪主体是**国有公司、企业或者其上级主管部门直接负责的主管人员**。

2. 行为人在客观上有**徇私舞弊，将国有资产低价折股或者低价出售的行为**。本款中的"**国有资产**"，是指国家以各种形式对国有公司、企业投资和投资收益形成的财产，以及依据法律、行政法规认定的国有公司、企业财产。所谓"**将国有资产低价折股或者低价出售**"，其表现形式是多种多样的：有的是在合资、合营、股份制改革过程，对国有财产不进行资产评估，或者虽进行资产评估，但背离所评估资产的价值低价折股；有的低估实物资产；有的国有资产未按重置价格折股，未计算其增值部分，只是按帐面原值折股；有的对公司、企业的商标、信誉等无形资产未计入国家股；有的不经主管部门批准，不经评估组织作价，擅自将属于企业的土地、厂房低价卖给私营业主等，从中收取回扣等。

3. **行为人有以上行为，致使国家利益遭受重大损失的，才构成犯罪**。本条中"**致使国家利益遭受重大损失**"，一般是指造成国有公司、企业财产流失严重或造成国有公司、企业严重亏损，无法进行生产经营，濒临倒闭等。

对于将国有资产低价折股、低价出售罪的处罚，本款根据致使国家利益遭受的损失不同规定了**两档刑**:对致使国家利益遭受重大损失的,处3年以下有期徒刑或者拘役;致使国家利益遭受特别重大损失的,处3年以上7年以下有期徒刑。

第二款是关于其他公司、企业直接负责的主管人员徇私舞弊,将公司、企业资产低价折股或者低价出售的规定。根据本款规定,有以下特征:

1. 本罪主体是国有公司、企业以外的其他公司、企业直接负责的主管人员。

2. 行为人在客观上有徇私舞弊,将公司、企业资产低价折股或者低价出售的行为。实践中,公司内部腐败案件通常发生在采购、销售、财务岗位中,如销售环节多报、虚报或者销售主管人员利用负责销售、市场营销、代收货款的机会,通过设立皮包公司或谎称收不到、伪造对帐单等方式,侵占和挪用资金等。《刑法修正案(十二)》的修改范围只将徇私舞弊,故意背信损害公司利益,且行为方式为低价折股出售企业资产的相对具体行为规定为犯罪,主要考虑是民营企业中主管人员徇私舞弊从而损害公司、企业利益的情况,是实践中反映最突出、迫切的行为。

3. 行为人有以上行为,致使公司、企业利益遭受重大损失的,才构成犯罪。本款中"致使公司、企业利益遭受重大损失",一般是指造成公司、企业资产流失严重或造成公司、企业严重亏损,无法进行生产经营,让公司经营停摆等。

对于将公司企业资产低价折股、低价出售罪的处罚,本款根据致使公司、企业利益遭受的损失不同规定了**两档刑**:**致使公司、企业遭受重大损失的**,处3年以下有期徒刑或者拘役;**致使公司、企业利益遭受特别重大损失的**,处3年以上7年以下有期徒刑。本款通过惩治民营企业关键岗位人员通过各种非法手段进行的"损企肥私"行为,加强对民营企业、民营企业家的保护,进一步增强民营企业家信心,为民营企业有效预防惩治内部腐败犯罪提供法律手段。

【司法解释】

《**最高人民法院关于如何认定国有控股、参股股份有限公司中的国有公司、企业人员的解释**》(法释〔2005〕10号,自2005年8月11日起施行)

△(委派;国有公司、企业人员)国有公司、企业委派到国有控股、参股公司从事公务的人员,以国有公司、企业人员论。

【司法解释性文件】

《**最高人民法院、最高人民检察院关于办理国家出资企业中职务犯罪案件具体应用法律若干问题的意见**》(法发〔2010〕49号,2010年11月26日公布)

△(企业改制;**徇私舞弊低价折股、出售国有资产罪**)在企业改制过程中未采取低估资产、隐瞒债权、虚设债务、虚构产权交易等方式故意隐匿公司、企业财产的,一般不应当认定为贪污;造成国有资产重大损失,依法构成刑法第一百六十八条或者第一百六十九条规定的犯罪的,依照该规定定罪处罚。(§1Ⅳ)

△(国家出资企业;**徇私舞弊低价折股、出售国有资产罪;贿赂罪**)国家出资企业中的国家工作人员在企业改制过程中徇私舞弊,将国有资产低价折股或者低价出售给其本人未持有股份的公司、企业或者其他个人,致使国家利益遭受重大损失的,依照刑法第一百六十九条的规定,以徇私舞弊低价折股、出售国有资产罪定罪处罚。

国家出资企业中的国家工作人员因实施第一款、第二款行为收受贿赂,同时又构成刑法第三百八十五条规定之罪的,依照处罚较重的规定定罪处罚。(§4Ⅱ、Ⅳ)

△(改制前后主体身份发生变化;数罪并罚)国家工作人员在国家出资企业改制前利用职务上的便利实施犯罪,在其不再具有国家工作人员身份后又实施同种行为,依法构成不同犯罪的,应当分别定罪,实行数罪并罚。(§5Ⅰ)

△(国家出资企业;国家工作人员之认定)经国家机关、国有公司、企业、事业单位追条推荐、任命、批准等,在国有控股、参股公司及其分支机构中从事公务的人员,应当认定为国家工作人员。具体的任命机构和程序,不影响国家工作人员的认定。

经国家出资企业中负有管理、监督国有资产职责的组织批准或者研究决定,代表其在国有控股、参股公司及其分支机构中从事组织、领导、监督、经营、管理工作的人员,应当认定为国家工作人员。

国家出资企业中的国家工作人员,在国家出资企业中持有个人股份或者同时接受非国有股东委托的,不影响其国家工作人员身份的认定。(§6)

△(国家出资企业;"谁投资、谁拥有产权"原则)本意见所称"国家出资企业",包括国家出资的国有独资公司、国有独资企业,以及国有资本控股公司、国有资本参股公司。

是否属于国家出资企业不清楚的,应遵循"谁投资、谁拥有产权"的原则进行界定。企业注册登记的资金来源与实际出资不符的,应根据实际出资情况确定企业的性质。企业实际出资情况不清楚的,可以综合工商注册、分配形式、经营管理

等因素确定企业的性质。(§7)

△（宽严相济刑事政策）办理国家出资企业中的职务犯罪案件时，要综合考虑历史条件、企业发展、职工就业、社会稳定等因素，注意具体情况具体分析，严格把握犯罪与一般违规行为的区分界限。对于主观恶意明显、社会危害严重、群众反映强烈的严重犯罪，要坚决依法从严惩处；对于特定历史条件下、为了顺利完成企业改制而实施的违反国家政策法律规定的行为，行为人无主观恶意或者主观恶意不明显，情节较轻，危害不大的，可以不作为犯罪处理。

对于国家出资企业中的职务犯罪，要加大经济上的惩罚力度，充分重视财产刑的适用和执行，最大限度地挽回国家和人民利益遭受的损失。不能退赔的，在决定刑罚时，应当作为重要情节予以考虑。(§8)

第一百六十九条之一　【背信损害上市公司利益罪】

上市公司的董事、监事、高级管理人员违背对公司的忠实义务，利用职务便利，操纵上市公司从事下列行为之一，致使上市公司利益遭受重大损失的，处三年以下有期徒刑或者拘役，并处或者单处罚金；致使上市公司利益遭受特别重大损失的，处三年以上七年以下有期徒刑，并处罚金：

（一）无偿向其他单位或者个人提供资金、商品、服务或者其他资产的；

（二）以明显不公平的条件，提供或者接受资金、商品、服务或者其他资产的；

（三）向明显不具有清偿能力的单位或者个人提供资金、商品、服务或者其他资产的；

（四）为明显不具有清偿能力的单位或者个人提供担保，或者无正当理由为其他单位或者个人提供担保的；

（五）无正当理由放弃债权、承担债务的；

（六）采用其他方式损害上市公司利益的。

上市公司的控股股东或者实际控制人，指使上市公司董事、监事、高级管理人员实施前款行为的，依照前款的规定处罚。

犯前款罪的上市公司的控股股东或者实际控制人是单位的，对单位判处罚金，并对其直接负责的主管人员和其他直接责任人员，依照第一款的规定处罚。

【立法沿革】

《中华人民共和国刑法修正案（六）》（自2006年6月29日起施行）

九、在刑法第一百六十九条后增加一条，作为第一百六十九条之一：

"上市公司的董事、监事、高级管理人员违背对公司的忠实义务，利用职务便利，操纵上市公司从事下列行为之一，致使上市公司利益遭受重大损失的，处三年以下有期徒刑或者拘役，并处或者单处罚金；致使上市公司利益遭受特别重大损失的，处三年以上七年以下有期徒刑，并处罚金：

"（一）无偿向其他单位或者个人提供资金、商品、服务或者其他资产的；

"（二）以明显不公平的条件，提供或者接受资金、商品、服务或者其他资产的；

"（三）向明显不具有清偿能力的单位或者个人提供资金、商品、服务或者其他资产的；

"（四）为明显不具有清偿能力的单位或者个人提供担保，或者无正当理由为其他单位或者个人提供担保的；

"（五）无正当理由放弃债权、承担债务的；

"（六）采用其他方式损害上市公司利益的。

"上市公司的控股股东或者实际控制人，指使上市公司董事、监事、高级管理人员实施前款行为的，依照前款的规定处罚。

"犯前款罪的上市公司的控股股东或者实际控制人是单位的，对单位判处罚金，并对其直接负责的主管人员和其他直接责任人员，依照第一款的规定处罚。"

【条文说明】

本条是关于背信损害上市公司利益罪及其处罚的规定。

本条共分为三款。

第一款是对上市公司的董事、监事、高级管理人员违背对公司的忠实义务，损害上市公司利益的犯罪及其处罚的规定。根据本款规定，损害上市公司利益犯罪具有以下特征：

1. 犯罪主体是上市公司的董事、监事、高级管理人员。根据公司法的规定，上市公司的董事会由股东大会选举产生，对股东大会负责，代表股东大会行使对公司的管理权。上市公司的监事会则承担对公司财务活动，以及公司董事、高级管理人员执行公司职务的行为等情况进行监督的职权。**上市公司的董事**作为董事会成员，具体承担对公司各项重要经营管理事项的决策职责；而**上市公司的监事**，则具体承担监事会的监督职责。**上市公司的高级管理人员**，是指公司的经理、副经理、财务负责人、董事会秘书和公司章程规定的其他人员。

2. 本罪客观方面表现为**行为人违背对公司的忠实义务，利用职务便利，操纵上市公司从事有损自身利益的活动，给公司造成重大损失**。违背对公司的忠实义务，是指上市公司的董事、监事、高级管理人员，在代表上市公司从事经营活动或者履行相关职责时，违背其对公司负有的忠实于公司利益的义务，损害公司权益的行为，简单地说，就是"吃里爬外"。实践中，行为人之所以在公司经营活动中千方百计地损害本公司利益，往往是因为其为交易对方所收买、控制，或者其本身就是交易对方利用大股东地位或者控制关系安排到上市公司中的，实际代表的正是上市公司的大股东或者实际控制人的利益。但认定本罪并不需要证明行为人的动机，只要行为人有利用职务便利，操纵上市公司损害自身利益的行为即可。

操纵公司从事有损自身利益的行为，是这种行为在形式上的重要特点。与公司、企业的经营管理人员个人利用职务之便，收受贿赂、侵占公司资产以牟取私利不同，本罪中损害公司利益的行为总是以公司行为的形式出现，是上市公司"自己损害自身的利益"。而本罪的行为人，上市公司的董事、监事、高级管理人员，则是以履行相关经营管理职责的名义，从事决策、执行等"职务行为"，形式上并不存在牟取个人私利的表象。但是，从行为人代表上市公司所进行的经营活动的本质看，则是严重损害上市公司自身利益的，行为人是利用其代表上市公司从事经营管理活动的身份，故意为上市公司安排不公平交易，将上市公司的资金、利益向外输送给其他公司、企业或个人。根据《刑法》第一百六十九条之一的规定，行为人利用职务便利，操纵上市公司损害自身利益，主要有以下几种表现形式：

一是无偿向其他单位或者个人提供资金、商品、服务或者其他资产。这种行为对上市公司利益的损害是显而易见的，但实践中这种行为是比较常见的。例如，将上市公司募集来的资金直接划拨给其他单位或者个人使用，或者替其他单位、个人偿还债务；将公司的产品无偿提供给其他公司、个人等；进行没有实际交易的资金划拨；由上市公司代为支付费用；为其他公司、个人提供服务不收费用等。认定这种行为，要注意与**一些企业正常的捐赠**行为相区别。在现代社会，企业在追求自身经济利益之外，积极地承担一定的社会责任也是越来越为企业和社会所认可的。适当的捐助行为，还可以改善企业形象，提高企业的美誉度，对企业开拓市场、提高品牌竞争力是有帮助的，因而在总体上是有利于企业利益的。捐赠行为在形式上也符合无偿提供资金、商品、服务的特征，但是，捐赠在性质上是一种慈善活动，捐助的对象一般是有特殊困难的弱势群体，或者是社会公益组织。而本罪中的无偿提供资金、商品、服务的行为，是一种利益输送行为，是上市公司的董事、监事、高级管理人员利用职务便利，让上市公司从事损己利人的"自杀行为"，是"掏空"上市公司的一种手段，无论是其提供资产的对象、数额、目的、对上市公司的影响，都与正常的企业捐赠行为有明显区别。

二是以明显不公平的条件，提供、接受资金、商品、服务或者其他资产。这种行为带有一定的隐蔽性，行为人安排的利益输送是以交易的形式进行的，如表面上是在进行资金的有偿借贷、商品的买卖等，也约定有价款等交易条件，貌似正常交易。但是，分析实际交易条件，则是明显不公平的。实质是上市公司以明显不公平的高价收购他人的资产或者接受他人提供的商品、服务，或者使上市公司以明显不公平的低价转让资产，提供商品、服务给他人，从而"掏空"上市公司。这种利益输送在进、出两个环节都可以实现。在进的环节，有意高估交易对价，接受他人的资金、商品、服务，如在商品、服务采购过程中，以明显高于市场的价格采购商品，接受服务；在接受资产转让时，故意高估对方资产的实际价值，多支付对价。在出的环节，以明显低于市场的价格出售商品，或者将公司优良资产、预期良好的赢利项目，低价转让等。明显不公平的条件，主要是指交易价格明显高于、低于市场价格或者资产的实际价值。此外，在付款时间、付款方式等其他交易条件方面，故意作出不利于上市公司的安排，也可以达到利益输送的目的。例如，在借贷资金给他人的活动中，除了采用故意约定极低利息这种方式外，也可能约定的利息并不明显过低，但对还款时间和支付利息的时间故意不作要求，由借款人随意使用。这种情况只要符合《刑法》第一百六十九条之一的规定，也可以依法追究。

三是向明显不具有清偿能力的单位或者个人

提供资金、商品、服务或者其他资产。这种行为的特点是，行为人为上市公司安排的交易活动从表面上看，不存在"无偿"或者"明显不公平的条件"，如签订有买卖合同，合同的价款也合乎市场价格。但是，从交易对象的偿付能力看，对方明显不具有支付货款的可能性。任何一个公司，在了解交易对象属于无偿付能力的情况下，都不会与其进行这种交易活动。因此，行为人操纵上市公司向明显不具有清偿能力的单位或者个人提供资金、商品、服务或者其他资产，对上市公司利益的损害是显而易见的。

四是为明显不具有清偿能力的单位或者个人提供担保，或者无正当理由为其他单位或者个人提供担保。故意让上市公司为他人提供担保，也是"掏空"上市公司的一种常见方式。一些上市公司的控股股东、实际控制人，利用这种方式，故意让上市公司为其他单位或者个人，甚至是明显不具有清偿能力的单位提供担保，取得贷款后迅速将贷款以各种方式转移，偿还责任则由上市公司承担。这样，上市公司成了骗取银行信用的工具，间接地成为其"取款机"。为他人的债务进行担保，担保人是要承担债务人不履行债务的法律责任的，因此，担保本身实际上是承担风险的活动。上市公司的董事、监事、高级管理人员，让上市公司为明显没有清偿能力的单位或者个人提供担保，或者在没有正当理由的情况下，让上市公司为他人提供担保，是不适当地让上市公司承担本不应承担的风险，承受本不应承受的损失，从而损害了上市公司和公众投资人的利益。从实践中的情况看，利用这种手段"掏空"的案件相当多，给上市公司造成的损失往往也是巨额的，很多上市公司因此而陷入绝境。

五是无正当理由放弃债权、承担债务。上市公司的债权是公司资产的重要构成部分，其利益归于上市公司的全体股东；而上市公司的债务则需要以公司的资产偿还。没有正当理由而放弃债权，会导致公司资产的直接减少，从而损害上市公司和公众投资人的利益。同样，没有正当理由而随意承担债务，也会导致公司的负担加重，间接减少公司资产，从而损害上市公司和公众投资人的利益。上市公司董事、监事、高级管理人员的职责是通过勤勉的经营管理活动，使公司的资产保值、增值，这些人员随意放弃应收债权，增加公司不应有的债务，违背了对公司的忠实义务，严重损害了上市公司的利益，应当承担法律责任。

六是采用其他方式损害上市公司利益的。这是一项兜底性规定。为了便于在司法实践中准确认定本罪，《刑法》第一百六十九条之一第一款采用列举的方式，明确规定了比较常见的五种损害上市公司利益的行为方式。同时，考虑到实践中"掏空"上市公司的情况比较复杂，法律上难以列举穷尽；也不排除一些行为人为逃避法律追究，采用其他更为隐蔽的手段，损害上市公司利益，本款又在明确列举的同时，规定了这一兜底性规定。这样，除上述五种明确列举的损害上市公司利益的行为外，其他符合本款规定的特征的行为，也可以依法追究。但对于依照兜底项追究的行为在对上市公司的危害性上应当与前五项有相当性，都属于通过关联交易等损害公司利益、违背对公司忠实义务的行为。

犯本款罪，须致使上市公司利益遭受重大损失。根据《最高人民检察院、公安部关于公安机关管辖的刑事案件立案追诉标准的规定（二）》第十八条的规定，有下列情形之一的，予以追诉：（1）无偿向其他单位或者个人提供资金、商品、服务或者其他资产，致使上市公司直接经济损失数额在一百五十万元以上的；（2）以明显不公平的条件，提供或者接受资金、商品、服务或者其他资产，致使上市公司直接经济损失数额在一百五十万元以上的；（3）向明显不具有清偿能力的单位或者个人提供资金、商品、服务或者其他资产，致使上市公司直接经济损失数额在一百五十万元以上的；（4）为明显不具有清偿能力的单位或者个人提供担保，或者无正当理由为其他单位或者个人提供担保，致使上市公司直接经济损失数额在一百五十万元以上的；（5）无正当理由放弃债权、承担债务，致使上市公司直接经济损失数额在一百五十万元以上的；（6）致使公司发行的股票、公司债券或者国务院依法认定的其他证券被终止上市交易或者多次被暂停上市交易的；（7）其他致使上市公司利益遭受重大损失的情形。

第二款是关于上市公司的控股股东或者实际控制人，指使上市公司董事、监事、高级管理人员实施损害上市公司利益行为的处罚规定。**上市公司的控股股东**是指其持有的股份占上市公司股本总额百分之五十以上的股东，或者其持有股份虽不足百分之五十，但持有股份所享有的表决权已足以对股东大会的决议产生重大影响的股东。**上市公司的实际控制人**，是指虽不是公司的股东，但通过投资关系、协议或者其他安排，能够实际支配公司行为的人。根据刑法总则有关共同犯罪的规定，上市公司的控股股东、实际控制人指使上市公司的董事、监事、高级管理人员，利用职务便利，操纵上市公司从事损害自身利益行为的，应当按照共犯，通常情况下还应当作为主犯，追究其刑事责任。因此，本款即使未作规定，实际上也不应影响对相关人员刑事责任的追究。但是，考虑到实践中上市公司的董事、监事、高级管理人员之所以实施这种"吃里爬外"的犯罪，往往是因为受上市公司控股股东、实际控制人的唆使、控制。这些人员实际上只是上市公司控股股东、实际控制人利用以实施犯罪的工具，在幕后进行操纵的控股股东、实际控制人，在许多情况下就是"掏空"上市公司的罪魁祸首和实际受益人。因此，有必要在法律中对这些人员的责任予以明确规定。对其中符合刑法总则关于共同犯罪中主犯、首要分子规定的人员，应当依照有关追究主犯、首要分子刑事责任的规定，予以处罚。

第三款是关于单位指使上市公司的董事、监事、高级管理人员，实施损害上市公司利益行为的处罚规定。实践中"掏空"上市公司的行为，多为上市公司的控股股东或者实际控制人指使，而上市公司的控股股东、实际控制人又多为单位。因此，本款明确规定，上市公司的控股股东、实际控制人是单位的，对该单位判处罚金；对单位直接负责的主管人员和其他直接责任人员，依照第一款关于上市公司的董事、监事、高级管理人员的处罚规定处罚。

【司法解释性文件】

《最高人民检察院、公安部关于公安机关管辖的刑事案件立案追诉标准的规定（二）》（公通字〔2022〕12号，2022年4月6日公布）

△（背信损害上市公司利益罪）立案追诉标准）上市公司的董事、监事、高级管理人员违背对公司的忠实义务，利用职务便利，操纵上市公司从事损害上市公司利益的行为，以及上市公司的控股股东或者实际控制人，指使上市公司董事、监事、高级管理人员实施损害上市公司利益的行为，涉嫌下列情形之一的，应予立案追诉：

（一）无偿向其他单位或者个人提供资金、商品、服务或者其他资产，致使上市公司直接经济损失数额在一百五十万元以上的；

（二）以明显不公平的条件，提供或者接受资金、商品、服务或者其他资产，致使上市公司直接经济损失数额在一百五十万元以上的；

（三）向明显不具有清偿能力的单位或者个人提供资金、商品、服务或者其他资产，致使上市公司直接经济损失数额在一百五十万元以上的；

（四）为明显不具有清偿能力的单位或者个人提供担保，或者无正当理由为其他单位或者个人提供担保，致使上市公司直接经济损失数额在一百五十万元以上的；

（五）无正当理由放弃债权、承担债务，致使上市公司直接经济损失数额在一百五十万元以上的；

（六）致使公司、企业发行的股票或者公司、企业债券、存托凭证或者国务院依法认定的其他证券被终止上市交易的；

（七）其他致使上市公司利益遭受重大损失的情形。（§13）

【参考案例】

No.3-3-161-2 于在青违规不披露重要信息案

上市公司直接负责的主管人员违规向不具有清偿能力的控股股东提供担保，未造成实际损失的，不构成背信损害上市公司利益罪。

第四节　破坏金融管理秩序罪①

第一百七十条　【伪造货币罪】
伪造货币的,处三年以上十年以下有期徒刑,并处罚金;有下列情形之一的,处十年以上有期徒刑或者无期徒刑,并处罚金或者没收财产:
（一）伪造货币集团的首要分子;
（二）伪造货币数额特别巨大的;
（三）有其他特别严重情节的。

【立法沿革】

《中华人民共和国刑法》（1997年修订,自1997年10月1日起施行）

第一百七十条

伪造货币的,处三年以上十年以下有期徒刑,并处五万元以上五十万元以下罚金;有下列情形之一的,处十年以上有期徒刑、无期徒刑或者死刑,并处五万元以上五十万元以下罚金或者没收财产:

（一）伪造货币集团的首要分子;

（二）伪造货币数额特别巨大的;

（三）有其他特别严重情节的。

《中华人民共和国刑法修正案（九）》（自2015年11月1日起施行）

十一、将刑法第一百七十条修改为:

"伪造货币的,处三年以上十年以下有期徒刑,并处罚金;有下列情形之一的,处十年以上有期徒刑或者无期徒刑,并处罚金或者没收财产:

"（一）伪造货币集团的首要分子;

"（二）伪造货币数额特别巨大的;

"（三）有其他特别严重情节的。"

---

① 《最高人民检察院关于办理涉互联网金融犯罪案件有关问题座谈会纪要》(高检诉〔2017〕14号,2017年6月2日公布)

1. 准确认识互联网金融的本质。互联网金融的本质仍然是金融,其潜在的风险与传统金融没有区别,甚至还可能因互联网的作用而被放大。要依据现有的金融管理法律规定,依法准确判断各类金融活动、金融业态的法律性质,准确界定金融创新和金融违法犯罪的界限。在办理涉互联网金融犯罪案件时,判断是否符合"违反国家规定""未经有关国家主管部门批准"等要件时,应当以现行刑事法律和金融管理法律法规为依据。对各种类型互联网金融活动,要深入剖析行为实质并据此判断其性质,从而确区分罪与非罪、此罪与彼罪、轻罪与重罪、打击与保护的界限,不能机械地被所谓"互联网金融创新"表象所迷惑。

2. 妥善把握刑事追诉的范围和边界。涉互联网金融犯罪案件涉案人员众多,要按照区别对待的原则分类处理,综合运用刑事追诉和非刑事手段处置和化解风险,打击少数、教育挽救大多数。要坚持主客观相统一的原则,根据犯罪嫌疑人在犯罪活动中的地位作用、涉案数额、危害结果、主观过错等主客观情节,综合判断责任轻重及刑事追诉的必要性,做到罪责适应、罚当其罪。对犯罪情节严重、主观恶性大、在犯罪中起主要作用的人员,特别是核心管理层人员和骨干人员,依法从严打击;对犯罪情节相对较轻、主观恶性较小、在犯罪中起次要作用的人员依法从宽处理。

3. 注重案件统筹协调推进。涉互联网金融犯罪跨区域特征明显,各地检察机关公诉部门要按照"统一办案协调、统一案件指挥、统一资产处置、分别侦查诉讼、分别落实维稳"（下称"三统两分"）的要求分别地理好辖区内案件,加强横向、纵向联系,在上级检察机关特别是省级检察院的指导下统一协调推进办案工作,确保辖区内案件处理结果相对平衡统一。跨区县案件由地市级检察院统筹协调,跨地市案件由省级检察院统一协调,跨省案件由高检院公诉厅统一协调。各级检察机关公诉部门要加强与同级、上级和下级检察院以及同级金融业务主管部门的联系,建立健全案件信息通报机制,及时掌握重大案件的立案、侦查、批捕、信访等情况,适时开展提前介入侦查等工作,并及时上报上级检察院。省级检察院公诉部门要发挥工作主动性,主动掌握社会影响大的案件情况,研究制定工作方案,统筹协调解决办案中遇到的问题,重大、疑难、复杂问题要及时向高检院报告。

4. 坚持司法办案"三个效果"有机统一。涉互联网金融犯罪影响广泛,社会各界特别是投资人群体十分关注案件处理。各级检察机关公诉部门要从有利于全案依法妥善处置的角度出发,切实做好提前介入侦查引导取证、审查起诉、出庭公诉等各个阶段的工作,依法妥善处理重大敏感问题,不能机械司法、就案办案。同时,要把办案工作与保障投资人合法权益紧密结合起来,同步做好释法说理、风险防控、追赃挽损、维护稳定等工作,努力实现司法办案的法律效果、社会效果、政治效果有机统一。

第一百七十条

【条文说明】

本条是关于伪造货币罪及其处罚的规定。

根据本条规定，构成本罪，应当具备以下条件：

1. 行为人实施了**伪造货币的行为**。本条规定的"**伪造货币**"，是指仿照人民币或者外币的图案、色彩、形状等，使用印刷、复印、描绘、拓印等各种制作方法，将非货币的物质非法制造为假货币，冒充真货币的行为。同时，还包括实践中出现的制造货币版样的行为。**制造货币版样的行为**，是伪造货币活动中的一部分，这种行为为大量伪造货币提供了条件。至于行为人出于何种目的，是否牟利，使用何种方法，并不影响本罪的构成。只要行为人实施了制造货币版样或将非货币的物质非法制造为假货币，冒充真货币的行为，即构成本罪。此外，根据 2010 年《最高人民法院关于审理伪造货币等案件具体应用法律若干问题的解释（二）》第二条的规定，同时采用伪造和变造手段，制造真伪拼凑货币的行为，依照刑法第一百七十条的规定，以伪造货币罪定罪处罚。

2. 本罪的犯罪对象是**人民币和外币**，这里所说的"**货币**"，是指可在国内市场流通①或者兑换的人民币和外币②。根据《中国人民银行法》第十六条的规定，中华人民共和国的法定货币是人民币。根据《人民币管理条例》第十八条的规定："中国人民银行可以根据需要发行纪念币。纪念币是具有特定主题的限量发行的人民币，包括普通纪念币和贵金属纪念币。"因此，普通纪念币、贵金属纪念币也是本罪的犯罪对象。这里所说的"**外币**"，是广义的，是指正在流通使用的境外货币。《中国人民银行法》第十八条规定："人民币由中国人民银行统一印制、发行。中国人民银行发行新版人民币，应当将发行时间、面额、图案、式样、规格予以公告。"随着我国经济的发展，一些国内外不法分子把人民币作为犯罪的侵害对象。近年来，伪造人民币的犯罪也日益增多。犯罪分子出于各种非法目的，通过各种非法手段伪造人民币，而且这类犯罪呈现愈演愈烈的趋势。这些犯罪通过伪造人民币或者进行假币交易，或者向社会投放伪造的假币的犯罪活动，严重损害了人民币的信誉，扰乱了国家正常的金融秩序和人民群众的生活秩序。③ 该种犯罪社会影响impacto大，社会危害性大，针对这种情况，刑法对伪造货币罪作了专门规定。在涉案货币金额计算方面，2010 年《最高人民法院关于审理伪造货币等案件具体应用法律若干问题的解释（二）》第三条第二款规定："假境外货币犯罪的数额，按照发当日中国外汇交易中心或者中国人民银行授权机构公布的人民币对该货币的中间价折合成人民币计算。中国外汇交易中心或者中国人民银行授权机构未公布汇率中间价的境外货币，按照案发当日境内银行人民币对该货币的中间价折算成人民币，或者该货币在境内银行、国际外汇市场对美元汇率，与人民币对美元汇率中间价进行套算。"第四条第二款规定："假普通纪念币犯罪的数额，以面额计算；假贵金属纪念币犯罪的数额，以贵金属纪念币的初始发售价格计算。"此外，如果是以使用为目的，伪造停止流通的货币的，根据该司法解释第五条的规定，"依照刑法第二百六十六条的规定，以诈骗罪定罪处罚"。

3. 行为人在主观上是**故意的**。伪造货币是一种故意犯罪，在实际发生的案件中，犯罪分子的犯罪目的可能有所不同，如有的是为了某种政治目的，有的是为了牟取暴利，但在主观上具有犯罪

---

① 我国学者指出，国内货币的流通不是指事实上流通，而是根据法律具有强制流通力。参见周光权：《刑法各论》（第 4 版），中国人民大学出版社 2021 年版，第 285 页。

② 伪造已经停止流通的古钱、废钞作为真币使用，骗取他人财物的，不成立本罪，但可以构成诈骗罪。参见黎宏：《刑法学各论》（第 2 版），法律出版社 2016 年版，第 124 页；周光权：《刑法各论》（第 4 版），中国人民大学出版社 2021 年版，第 286 页；高铭暄、马克昌主编：《刑法学》（第 7 版），北京大学出版社、高等教育出版社 2016 年版，第 394 页；赵秉志、李希慧主编：《刑法各论》（第 3 版），中国人民大学出版社 2016 年版，第 115 页。

③ 关于伪造货币罪的保护法益，我国学者指出，保护货币发行权也是为了保护货币的公共信用，故仅将货币的公共信用作为本罪的保护法益即可。参见张明楷：《刑法学》（第 6 版），法律出版社 2021 年版，第 983 页。另有学者指出，在考察伪造货币罪的保护法益时，完全不考虑对货币发行权的侵害是不妥的。伪造并非政府发行的真实货币的行为，由于其没有侵害国家的货币发行权，即便妨害了公众对货币的信用，也不构成本罪。参见黎宏：《刑法学各论》（第 2 版），法律出版社 2016 年版，第 124 页。亦有学者指出，本罪的保护法益是作为交易手段的货币的公共信用，以及国家的货币发行权、国家通过货币发行量规制经济生活的权力等利益。参见周光权：《刑法各论》（第 4 版），中国人民大学出版社 2021 年版，第 285 页。刘志伟教授则主张，本罪的保护法益是国家的货币管理秩序。参见高铭暄、马克昌主编：《刑法学》（第 7 版），北京大学出版社、高等教育出版社 2016 年版，第 394 页。

的故意则是相同的。①

本条列举了三种加重处罚的犯罪情形。

第一种情形是"**伪造货币集团的首要分子**"。这里所说的"**伪造货币集团的首要分子**",是指在伪造货币集团中起组织、领导、策划作用的犯罪分子。依照本条规定,伪造货币集团的首要分子应当处十年以上有期徒刑或者无期徒刑,并处罚金或者没收财产。如果该犯罪集团还同时触犯其他犯罪,根据《刑法》总则第二十六条第三款的规定,对组织、领导犯罪集团的首要分子,按照集团所犯的全部罪行处罚。

第二种情形是"**伪造货币数额特别巨大的**"。关于伪造货币构成犯罪的具体数额,根据2000年《最高人民法院关于审理伪造货币等案件具体应用法律若干问题的解释》第一条的规定,伪造货币的总面额在二千元以上不满三万元或者币量在二百张(枚)以上不足三千张(枚)的,处三年以上十年以下有期徒刑,并处五万元以上五十万元以下罚金。伪造货币的总面额在三万元以上的,属于"**伪造货币数额特别巨大**"。依照本条规定,应当处十年以上有期徒刑或者无期徒刑,并处罚金或者没收财产。

第三种情形是"**有其他特别严重情节的**"。"**其他特别严重情节**"主要是指以伪造货币为常业的,伪造货币技术特别先进、规模特别巨大等情况。实践中,从被摧毁的制造假币的犯罪窝点可以看出,有些犯罪活动呈现出专业化很强、技术化程度很高、分工很细致的情况,有些制造的假币几乎乱真,平日生活中很难辨别,危害性极大。依照本条规定,应处十年以上有期徒刑或者无期徒刑,并处罚金或者没收财产。对实践中出现的制造货币版样或者与他人事前通谋,为他人伪造货币提供版样的行为,依照本条规定定罪处罚。

需要注意的是,实践中对于伪造货币是否必须以伪造真货币为前提,存在一定的分歧。有的意见认为,对伪造货币行为如果限制为真货币,会缩小伪造货币的范围,放纵犯罪,不利于依法惩治伪造货币犯罪行为。如有的行为人伪造面额为三百元人民币后谎称其为中国人民银行新发行的货币;有的行为人在伪造外币时,凭空想象设计假外币或者利用被害人不知情等情况欺诈对方出售、使用该货币。上述行为均没有以真币为样板来制作假币,同样应当认定构成本罪。也有的意见认为,"伪"相对于"真"才能存在,在真实货币都不存在的情况下,伪造不真实的所谓"货币"与本罪保护的对象相违背,容易将本罪与诈骗罪相混淆。总的来看,**后一种意见更具有合理性**,如果伪造的是不存在的货币,如"月球币"等,并未对真实货币的流通秩序产生影响,如果构成诈骗罪的,可以按照**诈骗罪**定罪处罚。

【司法解释】

《最高人民法院关于审理伪造货币等案件具体应用法律若干问题的解释》(法释〔2000〕26号,自2000年9月14日起施行)

△(**伪造货币罪;伪造货币数额特别巨大;事前通谋;提供版样**)伪造货币的总面额在二千元以上不满三万元或者币量在二百张(枚)以上不足三千张(枚)的,依照刑法第一百七十条的规定,处三年以上十年以下有期徒刑,并处五万元以上五十万元以下罚金。

伪造货币的总面额在三万元以上的,属于"伪造货币数额特别巨大"。

行为人制造货币版样或者与他人事前通谋,为他人伪造货币提供版样的,依照刑法第一百七十条的规定定罪处罚。(§1)

△(**货币;货币面额之计算**)本解释所称"货币"是指可在国内市场流通或者兑换的人民币和

---

① 国外刑法一般规定本罪以行使(置于流通)为目的,如《德国刑法典》第一百四十六条(伪造变造货币)第一款(第一)项规定:"有下列行为之一者,处一年以上有期徒刑;意图伪造、变造之货币充作真正的货币以供行使之用或得以供行使之用,而伪造货币,或基于相同意图而变造货币,使之具有较高价值之假象者。"参见何赖杰、林钰雄审译:《德国刑法典》,元照出版有限公司2017年版,第216页。《日本刑法典》第一百四十八条(伪造行使通用货币)规定:"(第一款)以行使之目的,伪造或变造通用货币、纸币、银行券者,处无期惩役或三年以上惩役。"(第二款)行使伪造或变造之货币、纸币、银行券,或以行使之目的而交付于人或输入者,与前款同。"参见陈子平编译:《日本刑法典》,元照出版有限公司2016年版,第99页。

对此,我国学者指出,从立法论来看,鉴于伪造货币行为的严重法益侵犯性,中国刑法未作此规定;自解释论而言,也没有必要将本罪确定为目的犯。故而,如果行为人虽然不具有使伪币流通的目的,但明知伪造的货币会落入他人之手置于流通,应当认定为本罪。反之,则不能认定为本罪论处。参见张明楷:《刑法学》(第6版),法律出版社2021年版,第984页;黎宏:《刑法学各论》(第2版),法律出版社2016年版,第125—126页。刘志伟教授则认为,意图流通或营利的目的在证明上极为困难,故而,在司法实践中,不应将其作为绝对标准。参见高铭暄、马克昌主编:《刑法学》(第7版),北京大学出版社、高等教育出版社2016年版,第394页。

不过,亦有学者指出,在刑法解释上应当要求有行使、流通的意思(目的犯),即将假币作为真币置于市场上流通,从而危害货币的公共信用。参见周光权:《刑法各论》(第4版),中国人民大学出版社2021年版,第286页。

境外货币。①

货币面额应当以人民币计算,其他币种以案发时国家外汇管理机关公布的外汇牌价折算成人民币。(§7)

《最高人民法院关于审理伪造货币等案件具体应用法律若干问题的解释(二)》(法释[2010]14号,自2010年11月3日起施行)

△(伪造货币)仿照真货币的图案、形状、色彩等特征非法制造货币,冒充真币的行为,应当认定为刑法第一百七十条规定的"伪造货币"。②(§1Ⅰ)

△(同时采用伪造和变造手段;伪造货币罪)同时采用伪造和变造手段,制造真伪拼凑货币的行为,依照刑法第一百七十条的规定,以伪造货币罪定罪处罚。(§2)

△(正在流通的境外货币;假币犯罪;犯罪数额之计算)以正在流通的境外货币为对象的假币犯罪,依照刑法第一百七十条至第一百七十三条的规定定罪处罚。

假境外货币犯罪的数额,按照案发当日中国外汇交易中心或者中国人民银行授权机构公布的人民币对该货币的中间价折合成人民币计算。中国外汇交易中心或者中国人民银行授权机构未公布汇率中间价的境外货币,按照案发当日境内银行人民币对该货币的中间价折算成人民币,或者该货币在境内银行、国际外汇市场对美元汇率,与人民币对美元汇率的中间价进行套算。(§3)

△(普通纪念币;贵金属纪念币;犯罪数额之计算)以中国人民银行发行的普通纪念币和贵金属纪念币为对象的假币犯罪,依照刑法第一百七十条至第一百七十三条的规定定罪处罚。

假普通纪念币犯罪的数额,以面额计算;假金属纪念币犯罪的数额,以贵金属纪念币的初始发售价格计算。(§4)

【司法解释性文件】

《全国法院审理金融犯罪案件工作座谈会纪要》(法[2001]8号,2001年1月21日公布)

△(假币犯罪;伪造币罪;假币犯罪罪名之确定;伪造台币)假币犯罪的认定。假币犯罪是一种严重破坏金融管理秩序的犯罪。只要有证据证明行为人实施了出售、购买、运输、使用假币行为,且数额较大,就构成犯罪。伪造货币的,只要实施了伪造行为,不论是否完成全部印制工序,即构成伪造货币罪;对于尚未制造出成品,无法计算伪造、销售假币面额的,或者制造、销售用于伪造货币的版样的③,不认定犯罪数额,依据犯罪情节决定刑罚。明知是伪造的而持有,数额较大,根据现有证据不能认定行为人是为了进行其他假币犯罪的,以持有假币罪定罪处罚;如果有证据证明其持有的假币已构成其他假币犯罪的,应当以其他假币犯罪定罪处罚。

假币犯罪罪名的确定。假币犯罪案件中犯罪分子实施数个相关行为的,在确定罪名时应把握以下原则:

(1)对同一宗假币实施了法律规定为选择性罪名的行为,应根据行为人所实施的数个行为,按相关罪名规定的排列顺序并列确定罪名,数额不累计计算,不实行数罪并罚。

(2)对不同宗假币实施法律规定为选择性罪名的行为,并列确定罪名,数额按全部假币面额累计计算,不实行数罪并罚。

(3)对同一宗假币实施了刑法没有规定为选择性罪名的数个犯罪行为,择一重罪从重处罚。如伪造货币或者购买假币后使用的,以伪造货币罪或购买假币罪定罪,从重处罚。

(4)对不同宗假币实施了刑法没有规定为选择性罪名的数个犯罪行为,分别定罪,数罪并罚。

出售假币被查获部分的处理。在出售假币时被抓获的,除现场查获的假币应认定为出售假币的犯罪数额外,现场之外在行为人住所或者其他藏匿地查获的假币,亦应认定为出售假币的犯罪数额。但有证据证实后者是为行为人实施其他假币犯罪的除外。

制造或者出售伪造的台币行为的处理。对于伪造台币的,应以伪造货币罪定罪处罚;出售伪造的台币的,应当以出售假币罪定罪处罚。

《最高人民法院、最高人民检察院、公安部关于严厉打击假币犯罪活动的通知》(公通字

---

① 《最高人民法院关于审理伪造货币等案件具体应用法律若干问题的解释(二)》(法释[2010]14号,自2010年11月3日起施行)第三条已将假币犯罪的对象扩张到所有正在流通的境外货币。

② 我国学者指出,本款规定并非伪造货币的定义。无对应真币的伪造行为,同样构成伪造货币罪。理由在于,即使是无对应真币的伪造行为,也必须仿照真币的图案、形状、色彩等特征,否则,不可能足以使一般人误以为是货币。另外,故意伪造"错版"人民币,也应构成本罪。参见张明楷:《刑法学》(第6版),法律出版社2021年版,第983页。

③ 我国学者指出,此处所谓的"提供版样",应做广义理解,包括版版与制模等综合行为。参见黎宏:《刑法学各论》(第2版),法律出版社2016年版,第125页。

〔2009〕45号,2009年9月15日公布)
△(假币犯罪;地域管辖;指定管辖)……根据刑事诉讼法的有关规定,假币犯罪案件的地域管辖应当遵循以犯罪地管辖为主,犯罪嫌疑人居住地管辖为辅的原则。假币犯罪案件中的犯罪地,既包括犯罪预谋地、行为发生地,也包括运输假币的途经地。假币犯罪案件中的犯罪嫌疑人居住地,不仅包括犯罪嫌疑人经常居住地和户籍所在地,也包括其临时居住地。几个公安机关都有权管辖的假币犯罪案件,由最初立案地或者主要犯罪地公安机关管辖;对管辖有争议或者情况特殊的,由共同的上级公安机关指定管辖。如需人民检察院、人民法院指定管辖的,公安机关要及时提出相关建议。经审查需要指定的,人民检察院、人民法院要依法指定管辖。(§2)

《最高人民检察院、公安部关于公安机关管辖的刑事案件立案追诉标准的规定(二)》(公通字〔2022〕12号,2022年4月6日公布)
△(伪造货币罪;立案追诉标准)伪造货币,涉嫌下列情形之一的,应予立案追诉:
(一)总面额在二千元以上或者币量在二百张(枚)以上的;
(二)总面额在一千元以上或者币量在一百张(枚)以上,二年内因伪造货币受过行政处罚,又伪造货币的;
(三)制造货币版样或者为他人伪造货币提供版样的;
(四)其他伪造货币应予追究刑事责任的情形。(§14)

【指导性案例】

最高人民检察院指导性案例第176号:郭四记、徐维伦等人伪造货币案(2023年5月11日发布)
△(伪造货币;网络犯罪;共同犯罪;主犯;全链条惩治)行为人为直接实施伪造货币人员提供专门用于伪造货币的技术或者物资的,应当认定其具有伪造货币的共同犯罪故意。通过网络积极宣传、主动为直接实施伪造货币人员提供伪造货币的关键技术、物资,或者明知他人有伪造货币意图,仍积极提供专门从事伪造货币相关技术、物资等的,系主犯,对其实际参与的伪造货币犯罪总额负责。对于通过网络联络、分工负责、共同实施伪造货币犯罪案件,检察机关应当注重对伪造货币犯罪全链条依法追诉。

【参考案例】

No.3-4-170-1 杨吉茂伪造货币案
伪造正在流通、使用的外币的,以伪造货币罪论处。

第一百七十一条 【出售、购买、运输假币罪】【金融工作人员购买假币、以假币换取货币罪】

出售、购买伪造的货币或者明知是伪造的货币而运输,数额较大的,处三年以下有期徒刑或者拘役,并处二万元以上二十万元以下罚金;数额巨大的,处三年以上十年以下有期徒刑,并处五万元以上五十万元以下罚金;数额特别巨大的,处十年以上有期徒刑或者无期徒刑,并处五万元以上五十万元以下罚金或者没收财产。

银行或者其他金融机构的工作人员购买伪造的货币或者利用职务上的便利,以伪造的货币换取货币的,处三年以上十年以下有期徒刑,并处二万元以上二十万元以下罚金;数额巨大或者有其他严重情节的,处十年以上有期徒刑或者无期徒刑,并处二万元以上二十万元以下罚金或者没收财产;情节较轻的,处三年以下有期徒刑或者拘役,并处或者单处一万元以上十万元以下罚金。

伪造货币并出售或者运输伪造的货币的,依照本法第一百七十条的规定定罪从重处罚。

【条文说明】

本条是关于出售、购买、运输假币罪和金融工作人员购买假币、以假币换取货币罪及其处罚的规定。
本条共分为三款。

第一款是关于出售、购买、运输假币罪及其处罚的规定。本条规定的"出售"伪造的货币是指以营利为目的,以一定的价格卖出伪造的货币的行为。"购买"伪造的货币是指行为人以一定的价格用货币换取伪造的货币的行为。①② "**明知是伪造的货币而运输**",是指行为人主观上明明知道是伪造的货币,而使用汽车、飞机、火车、轮船等交通工具或者以其他方式将伪造的货币从甲地运输到乙地的行为。本款共规定了以下三个罪名:

1. **出售假币罪**。出售假币罪具有以下特征:其一,行为人在主观上必须是故意的。人民币不是一般的商品,是不能出售的,在现实生活中更不可能存在用低于某种货币的面值出售该种货币的情况,只有其所持有的"货币"是伪造的,并具有其票面所标明价值的情况下,才可能出现某些不法分子为牟取不义之财进行出售的情况。在这种情况下,行为人主观上的故意是不言而喻的。其二,行为人必须实施了出售伪造货币的行为。其三,行为人出售伪造货币要达到一定的数量。根据本款规定,出售伪造货币的数额较大,即构成本罪。根据2000年《最高人民法院关于审理伪造货币等案件具体应用法律若干问题的解释》第三条的规定,出售假币总面额在四千元以上不满五万元的,属于"**数额较大**";总面额在五万元以上不满二十万元的,属于"**数额巨大**";总面额在二十万元以上的,属于"**数额特别巨大**",依照本条第一款的规定定罪处罚。对于出售了少量伪造的货币,没有达到数额较大标准的,应当按照有关规定,给予相应的行政处罚。

2. **购买假币罪**。构成购买假币罪,应具备以下特征:其一,行为人在主观上是故意,一般都以牟取非法利益为目的,如购买后冒充货币使用或者行骗;购买后再进行贩卖以牟取暴利等。其二,行为人必须实施了以一定的价格购买伪造货币的行为,在通常情况下,其买入的价格一般远低于票面所印价格。其三,购买的伪造货币的数额较大。这里"数额较大"的标准与前述2000年《最高人民法院关于审理伪造货币等案件具体应用法律若干问题的解释》第三条规定的出售假币罪的标准一致。

3. **运输假币罪**。根据本款规定,构成本罪应当具备以下特征:其一,行为人首先要具有运输伪造货币的行为。其二,行为人在主观上必须是明知的,即行为人清楚地知道其运输的货物是伪造的货币。从实际情况看,运输伪造货币的行为与出售伪造货币的行为、购买伪造货币的行为不同。出售、购买伪造货币的行为人具有主观上的故意是不言而喻的;运输伪造货币的案件,主观状态则比较复杂,在有些情况下,托运人并未向承运人如实告知所运货物的情况,承运人也无法了解所运货物的真实情况。在这种情况下,承运人是被蒙骗的,对这种因受蒙骗等原因在不知道运输的是伪造的货币的而运输的,不能作为犯罪处理。因此本款明确将"**明知**"规定为构成犯罪的要件。其三,运输的伪造的货币的数额较大。这里"数额较大"的标准也与前述2000年《最高人民法院关于审理伪造货币等案件具体应用法律若干问题的解释》第三条规定的出售假币罪的标准一致。

根据本款和前述最高人民法院司法解释的规定,对出售、购买伪造的货币或者明知是伪造的货币而运输,**数额较大的**,即总面额在四千元以上不满五万元的,处三年以下有期徒刑或者拘役,并处二万元以上二十万元以下罚金;**数额巨大的**,即总面额在五万元以上不满二十万元的,处三年以上十年以下有期徒刑,并处五万元以上五十万元以下罚金;**数额特别巨大的**,即总面额在二十万元以上的,处十年以上有期徒刑或者无期徒刑,并处五万元以上五十万元以下罚金或者没收财产。对于行为人购买伪造的货币后使用,构成犯罪的,**依照本条规定的购买假币罪定罪,并从重处罚**。对于行为人出售、运输假币构成犯罪,同时有使用假币行为进行犯罪的,**应当分别依照本条和《刑法》第一百七十二条的规定,实行数罪并罚**。

第二款是关于银行或者其他金融机构的工作人员购买伪造的货币,或者利用职务上的便利以伪造的货币换取货币的犯罪及处罚的规定。③④这里所说的"**银行**",指开发性金融机构(国家开发银行)、住房储蓄银行、政策性银行、商业银行、

---

① 由于假币互易行为难谓有偿转让,故而,其不在本罪所称的出售、购买的范围之内,不能以本罪论处。参见黎宏:《刑法学各论》(第2版),法律出版社2016年版,第127页。

② 我国学者指出,由于立法者将出售和购买假币的行为均规定为犯罪,二者互相依赖,因而是一种必要共犯关系。故而,要求购买方与出售方都明知交易的对象是假币。参见黎宏:《刑法学各论》(第2版),法律出版社2016年版,第126—127页。

③ 如果金融机构工作人员出售、运输假币的,则以出售、运输假币罪论处。参见黎宏:《刑法学各论》(第2版),法律出版社2016年版,第127页。

④ 国有金融机构工作人员利用职务上管理金库、出纳现金、吸收付出存款等便利条件,以伪造的货币换取货币,同时构成金融机构工作人员以假币换取货币罪和贪污罪,两者之间有法条竞合的关系。一般情况下,以本罪论处;但是,如果换取假币数额特别巨大,以本罪处理明显偏轻的,似可考虑以贪污罪定罪处罚。参见周光权:《刑法各论》(第4版),中国人民大学出版社2021年版,第288页。

农村合作银行、村镇银行、农村和城市的信用合作社、农村资金互助社等。"**其他金融机构**",是指除银行以外的信托公司、证券公司、期货经纪公司、保险公司、金融资产管理公司、企业集团财务公司、金融租赁公司、汽车金融公司、货币经纪公司、消费金融公司、境外非银行金融机构驻华代表处等金融机构。"**利用职务上的便利,以伪造的货币换取货币**",是指银行或者其他金融机构的工作人员,利用职务上管理金库、出纳现金、吸收付出存款等便利条件,以伪造的货币换取货币的行为。银行及其他金融机构从事货币流通及其相关的业务活动,其工作人员出于工作性质和工作的需要,有更多的机会和条件接触货币。一些银行或者其他金融机构的工作人员购买伪造货币或者以伪造货币换取货币的案件,往往涉及的犯罪金额巨大,不仅给国家造成了严重的经济损失,而且严重影响了银行及其他金融机构的声誉,严重扰乱了国家的金融秩序,也违背了他们维护货币的正常流通及金融秩序稳定的职责,他们的行为较一般公民购买伪造货币或者以伪造的货币换取货币的行为具有更为严重的社会危害性。① 因此,本款对银行或者其他金融机构工作人员购买伪造货币和银行或者其他金融机构的工作人员利用职务上的便利,以伪造的货币换取货币的行为,规定了比一般公民更为严厉的刑罚。

本款规定的银行或者其他金融机构的工作人员购买假币罪,其犯罪构成在主观方面和行为特征上与普通人购买伪造的货币是一样的。不同的是普通人购买伪造的货币数额较大的才构成犯罪,**本款规定没有这一限制**。也就是说银行或者其他金融机构的工作人员,只要实施了购买伪造货币的行为,不论数额大小都可构成犯罪。

本款规定的银行或者其他金融机构的工作人员以假币换取货币罪,其犯罪构成具有以下特征:第一,犯罪主体必须是特定的,即必须是银行或者其他金融机构的工作人员。第二,行为人必须实施了用伪造的货币换取货币的行为,即以假币换真币的行为。第三,行为人必须利用了职务上的便利。如果行为人没有利用职务上的便利,而是在私下场合用自己所持有的假币向别人换取真币,不能构成本罪。第四,行为人在主观上必须是故意的。如果行为人在工作中误将假币支付给他人,不能视为利用职务便利以假币换真币。

根据本款和前述最高人民法院司法解释的规定,银行或者其他金融机构工作人员购买假币或者利用职务上的便利,以假币换取货币,**总面额在四千元以上不满五万元或者币量在四百张(枚)以上不足五千张(枚)的**,处三年以上十年以下有期徒刑,并处二万元以上二十万元以下罚金;**数额巨大即总面额在五万元以上或者币量在五千张(枚)以上或者有其他严重情形的**,处十年以上有期徒刑或者无期徒刑,并处二万元以上二十万元以下罚金或者没收财产;**情节较轻即总面额不满四千元或者币量不足四百张(枚)或者具有其他较轻情节的**,处三年以下有期徒刑或者拘役,并处或者单处一万元以上十万元以下罚金。

第三款是关于伪造货币并出售或者运输伪造货币的,**依照本法第一百七十条伪造货币罪的规定定罪从重处罚**的规定。根据本款的规定,行为人伪造货币,并将伪造的货币出售的;或者伪造货币,并将伪造的货币运输到他处的,应当以伪造货币罪定罪②,并根据行为人所犯罪行的具体情节,在本法第一百七十条规定的伪造货币罪的量刑幅度内从重处罚。

需要注意的是,关于本条规定的立案追诉标准,2010年《最高人民检察院、公安部关于公安机关管辖的刑事案件立案追诉标准的规定(二)》第二十条规定:"出售、购买伪造的货币或者明知是伪造的货币而运输,总面额在四千元以上或者币量在四百张(枚)以上的,应予立案追诉。在出售假币时被抓获的,除现场查获的假币应认定为出售假币的数额外,现场之外在行为人住所或者其他藏匿地查获的假币,也应认定为出售假币的数额。"第二十一条规定:"银行或者其他金融机构的工作人员购买伪造的货币或者利用职务上的便利,以伪造的货币换取货币,总面额在二千元以上或者币量在二百张(枚)以上的,**应予立案追诉**。"

【司法解释】

《最高人民法院关于审理伪造货币等案件具体应用法律若干问题的解释》(法释〔2000〕26号,自2000年9月14日起施行)

△(购买假币后使用;购买假币罪;数罪并罚;使用假币罪)行为人购买假币后使用,构成犯罪

---

① 我国学者指出,加重处罚的原因在于,金融机构工作人员的身份决定了他们随时可能将假币调换成为真货币,使假币通过金融机构置于流通,更严重地损害了货币的公共信用。参见张明楷:《刑法学》(第6版),法律出版社2021年版,第985页。
② 仅限于行为人出售、运输自己伪造的假币的情形。参见张明楷:《刑法学》(第6版),法律出版社2021年版,第985页。

的，依照刑法第一百七十一条的规定，以购买假币罪定罪，从重处罚。①

行为人出售、运输假币构成犯罪，同时有使用假币行为的，依照刑法第一百七十一条、第一百七十二条的规定，实行数罪并罚。（§2）

△(**数额较大；数额巨大；数额特别巨大**) 出售、购买假币或者明知是假币而运输，总面额在四千元以上不满五万元的，属于"数额较大"；总面额在五万元以上不满二十万元的，属于"数额巨大"；总面额在二十万元以上的，属于"数额特别巨大"，依照刑法第一百七十一条第一款的规定定罪处罚。（§3）

△(**金融工作人员购买假币、以假币换取货币罪；量刑档次**) 银行或者其他金融机构的工作人员购买假币或者利用职务上的便利，以假币换取货币，总面额在四千元以上不满五万元或者币量在四百张(枚)以上不足五千张(枚)的，处三年以上十年以下有期徒刑，并处二万元以上二十万元以下罚金；总面额在五万元以上或者币量在五千张(枚)以上或者有其他严重情节的，处十年以上有期徒刑或者无期徒刑，并处二万元以上二十万元以下罚金或者没收财产；总面额不满人民币四千元或者币量不足四百张(枚)或者具有其他情节较轻情形的，处三年以下有期徒刑或者拘役，并处或者单处一万元以上十万元以下罚金。（§4）

△(**货币；货币面额之计算**) 本解释所称"货币"是指可在国内市场流通或者兑换的人民币和境外货币。②

货币面额应当以人民币计算，其他币种以案发时国家外汇管理机关公布的外汇牌价折算成人民币。（§7）

《最高人民法院关于审理伪造货币等案件具体应用法律若干问题的解释(二)》（法释〔2010〕14号，自2010年11月3日起施行）

△(**正在流通的境外货币；假币犯罪；犯罪数额之计算**) 以正在流通的境外货币为对象的假币犯罪，依照刑法第一百七十条至第一百七十三条的规定定罪处罚。

假境外货币犯罪的数额，按照案发当日中国外汇交易中心或者中国人民银行授权机构公布的人民币对该货币的中间价折合成人民币计算。中国外汇交易中心或者中国人民银行授权机构未公布汇率中间价的境外货币，按照案发当日境内银行人民币对该货币的中间价折算成人民币，或者该货币在境内银行、国际外汇市场对美元汇率，与人民币对美元汇率中间价进行套算。（§3）

△(**普通纪念币；贵金属纪念币；假币犯罪；犯罪数额之计算**) 以中国人民银行发行的普通纪念币和贵金属纪念币为对象的假币犯罪，依照刑法第一百七十条至第一百七十三条的规定定罪处罚。

假普通纪念币犯罪的数额，以面额计算；假贵金属纪念币犯罪的数额，以贵金属纪念币的初始发售价格计算。（§4）

【**司法解释性文件**】

《全国法院审理金融犯罪案件工作座谈会纪要》（法〔2001〕8号，2001年1月21日公布）

△(**假币犯罪；出售假币罪；假币犯罪罪名之确定；出售伪造的台币**) 假币犯罪的认定。假币犯罪是一种严重破坏金融管理秩序的犯罪。只要有证据证明行为人实施了出售、购买、运输、使用假币行为，且数额较大，就构成犯罪。伪造货币的，只要实施了伪造行为，不论是否完成全部印制工序，即构成伪造货币罪；对于尚未制造出成品，无法计算伪造、销售假币面额的，或者制造、销售用于伪造货币的版样的，不认定犯罪数额，按照犯罪情节决定刑罚。明知是伪造的货币而持有，数额较大，根据现有证据不能认定行为人是为了进行其他假币犯罪的，以持有假币罪定罪处罚；如果有证据证明其持有的假币已构成其他假币犯罪的，应当以其他假币犯罪定罪处罚。

假币罪罪名的确定。假币犯罪案件中犯罪分子实施数个相关行为的，在确定罪名时应把握以下原则：

(1)对同一宗假币实施了法律规定为选择性罪名的行为，应根据行为人所实施的数个行为，按相关罪名刑法规定的排列顺序并列确定罪名，数额不累计计算，不实行数罪并罚。

(2)对不同宗假币实施法律规定为选择性罪

---

① 对此，我国学者指出，将"购买假币并使用"一概地认定成立购买假币罪，会导致量刑上的不协调。尽管从法益侵害程度上来看，购买假币罪是危险犯，而使用假币罪是侵害犯，后者明显重于前者，但是，按照现行法的规定，购买假币罪的法定刑重于使用假币罪。如此规定的原因在于，《刑法》第一百七十一条所规定的购买假币行为，是与出售假币相关联的行为。因此，必须区分不同情形进行讨论。为了自己使用而购买假币，宜认定为持有、使用假币罪；为了出售而购买假币，才以购买假币罪论处。参见张明楷：《刑法学》（第6版），法律出版社2021年版，第987页。

② 《最高人民法院关于审理伪造货币等案件具体应用法律若干问题的解释(二)》（法释〔2010〕14号，自2010年11月3日起施行）第三条已将假币罪的对象扩张到所有正在流通的境外货币。

名的行为,并列确定罪名,数额按全部假币面额累计计算,不实行数罪并罚。

(3)对同一宗假币实施了刑法没有规定为选择性罪名的数个犯罪行为,择一重罪从重处罚。如伪造货币或者购买假币后使用的,以伪造货币罪或购买假币罪定罪,从重处罚。

(4)对不同宗假币实施了刑法没有规定为选择性罪名的数个犯罪行为,分别定罪,数罪并罚。

出售假币被查获部分的处理。在出售假币时被抓获的,除现场查获的假币应认定为出售假币的犯罪数额外,现场之外在行为人住所或者其他藏匿地查获的假币,亦应认定为出售假币的犯罪数额。① 但有证据证实后者是行为人实施其他假币犯罪的除外。

制造或者出售伪造的台币行为的处理。对于伪造台币的,应当以伪造货币罪定罪处罚;出售伪造的台币的,应当以出售假币罪定罪处罚。

《最高人民法院、最高人民检察院、公安部关于严厉打击假币犯罪活动的通知》(公通字〔2009〕45号,2009年9月15日公布)

△(**假币犯罪;地域管辖;指定管辖**)……根据刑事诉讼法的有关规定,假币犯罪案件的地域管辖应当遵循以犯罪地管辖为主,犯罪嫌疑人居住地管辖为辅的原则。假币犯罪案件中的犯罪地,既包括犯罪预谋地、行为发生地,也包括运输假币的途经地。假币犯罪案件中的犯罪嫌疑人居住地,不仅包括犯罪嫌疑人经常居住地和户籍所在地,也包括其临时居住地。几个公安机关都有

权管辖的假币犯罪案件,由最初立案地或者主要犯罪地公安机关管辖;对管辖有争议或者情况特殊的,由共同的上级公安机关指定管辖。如需人民检察院、人民法院指定管辖的,公安机关要及时提出相关建议。经审查需要指定的,人民检察院、人民法院要依法指定管辖。(§2)

《最高人民检察院、公安部关于公安机关管辖的刑事案件立案追诉标准的规定(二)》(公通字〔2022〕12号,2022年4月6日公布)

△(**出售、购买、运输假币罪;立案追诉标准**)出售、购买伪造的货币或者明知是伪造的货币而运输,涉嫌下列情形之一的,应予立案追诉:

(一)总面额在四千元以上或者币量在四百张(枚)以上的;

(二)总面额在二千元以上或者币量在二百张(枚)以上,二年内因出售、购买、运输假币受过行政处罚,又出售、购买、运输假币的;

(三)其他出售、购买、运输假币应予追究刑事责任的情形。

在出售假币时被抓获的,除现场查获的假币应认定为出售假币的数额外,现场之外在行为人住所或者其他藏匿地查获的假币,也应认定为出售假币的数额。(§15)

△(**金融工作人员购买假币、以假币换取货币罪;立案追诉标准**)银行或者其他金融机构的工作人员购买伪造的货币或者利用职务上的便利,以伪造的货币换取货币,总面额在二千元以上或者币量在二百张(枚)以上的,应予立案追诉。(§16)

第一百七十二条　【持有、使用假币罪】
明知是伪造的货币而持有、使用,数额较大的,处三年以下有期徒刑或者拘役,并处或者单处一万元以上十万元以下罚金;数额巨大的,处三年以上十年以下有期徒刑,并处二万元以上二十万元以下罚金;数额特别巨大的,处十年以上有期徒刑,并处五万元以上五十万元以下罚金或者没收财产。

【条文说明】

本条是关于持有、使用假币罪及其处罚的规定。

本条规定的"**明知是伪造的货币而持有**",是指行为人在主观上明确地知道所持有的货币是伪造的人民币或者外币而违反国家的有关规定非法持有的行为。本条规定的"**明知是伪造的货币而使用**",是指行为人明确地知道是伪造的

人民币或者外币而以真货币的名义进行支付、汇兑、储蓄等使用的行为。

本条规定了两个罪名:

1. **持有假币罪**。考虑到故意持有伪造的货币的行为不仅可能构成伪造货币、运输、出售、走私、购买伪造货币等犯罪,而且这种行为本身对国

---

① 我国学者指出,对于行为人没有出售的假币数额,没有必要将其算入出售假币的犯罪数额中,而应视假币来源认定为伪造货币、购买假币既遂的数额。参见张明楷:《刑法学》(第6版),法律出版社2021年版,第985页。

家正常的金融秩序造成了一定的危害，具有社会危害性，因而本罪将明知是伪造的货币而持有的行为规定为犯罪。构成本罪应当具备下列条件：其一，行为人具有持有伪造的货币的行为。这里所说的"**持有**"的概念是广义的，不仅仅是指行为人随身携带伪造的货币，而且包括行为人在自己家中、亲属朋友处保存伪造的货币，自己或者通过他人传递伪造的货币等行为。① 其二，行为人在主观上明知其所持有的是伪造的货币。如果行为人在主观上不知道其所持有的是伪造的货币，则不构成本罪。其三，行为人所持有的伪造货币的数额要达到较大的标准。这里所说的"数额较大"，是指在客观方面行为人的行为构成伪造货币罪的条件。如果行为人持有的伪造货币的数额没有达到"数额较大"的标准，则不构成本罪。

根据本条和2000年《最高人民法院关于审理伪造货币等案件具体应用法律若干问题的解释》第五条的规定，明知是伪造的货币而持有，**数额较大的**，即总面额在四千元以上不满五万元的，处三年以下有期徒刑或者拘役，并处或者单处一万元以上十万元以下罚金；**数额巨大的**，即总面额在五万元以上不满二十万元的，处三年以上十年以下有期徒刑，并处二万元以上二十万元以下罚金；**数额特别巨大的**，即总面额在二十万元以上的，处十年以上有期徒刑，并处五万元以上五十万元以下罚金或者没收财产。

2. **使用假币罪**。使用伪造货币的行为，为伪造货币的继续流通、泛滥提供了条件，严重扰乱了国家的金融秩序，影响了人民群众的正常生活。同时，通过使用伪造货币行为，也使伪造货币、走私、运输、购买、出售伪造货币等犯罪活动的有利可图成为可能。因此，应当予以刑事处罚。本条在将使用伪造的货币规定为犯罪的同时，对构成这种犯罪的条件也作了规定。根据本条规定，构成使用假币罪应当具备下列条件：其一，行为人实施了明知是伪造的货币而使用的行为。这里所说的"**使用**"，包括行为人出于各种目的，以各种方式将伪造的货币作为货币流通的行为②③，如使用伪造的货币购买商品④；将伪造的货币存入银行⑤；用伪造的外币在境内进行兑换⑥；以伪造的货币清偿债务等。其二，行为人在主观上明知其使用的是伪造的货币。行为人在主观上是否明知，是区分罪与非罪的标准之一，如果行为人不知是伪造的货币而使用的，不能构成本罪。其三，行为人所使用的伪造的货币的数额较大。行为人使用伪造的货币如果不是数额较大，不能构成犯罪。这里规定的"数额较大"，是区分行为人是否构成犯罪的标准。另外，本条还将行为人使用伪造货币"数额巨大"或者"数额特别巨大"的，规定为加重刑事犯罪的情节。如果行为人使用伪造的货币，没有达到"数额较大"的，不能构成犯罪。

根据本条和前述最高人民法院司法解释的规定，行为人明知是伪造的货币而使用，数额较大的，即总面额在四千元以上不满五万元的，处三年以下有期徒刑或者拘役，并处或单处一万元以上十万元以下罚金；**数额巨大的**，即总面额在五万元以上不满二十万元的，处三年以上十年以下有期徒刑，并处二万元以上二十万元以下罚金；**数额特别巨大的**，即总面额在二十万元以上的，处十年以上有期徒刑，并处五万元以上五十万元以下罚金或者没收财产。

实践中需要注意以下问题：

1. 如果行为人出售、运输假币构成犯罪，同时有使用假币行为的，根据2000年《最高人民法

---

① 只要伪造的货币处于行为人事实上的支配之下即可，不要求行为人实际上握有伪造的货币。参见黎宏：《刑法学各论》（第2版），法律出版社2016年版，第128页；赵秉志、李希慧主编：《刑法各论》（第3版），中国人民大学出版社2016年版，第118页。

② 使用假币是否包含使用变造的货币数额较大的情形？对此，我国学者指出，刑法已经明确区分了伪造与变造，且从体系上来看，变造货币罪规定在使用假币罪之后。因此，"使用伪造的货币"不包括使用变造的货币。但是，对使用变造的货币骗取财物的行为，可以考虑以诈骗罪论处，既可以与诈骗罪协调，也可以与使用假币罪协调（使用假币骗取数额特别巨大的财物，按诈骗罪的法定刑处罚）。参见张明楷：《刑法学》（第6版），法律出版社2021年版，第990页。

③ 我国学者指出，使用假币，乃指将假币作为真货币流通的行为，其以对于生人为前提。参见张明楷：《刑法学》（第6版），法律出版社2021年版，第986页；黎宏：《刑法学各论》（第2版），法律出版社2016年版，第128页。

④ 使用假币骗取财物的行为，既侵犯了货币的公共信用，又侵害了他人财产，但仅有一行为，属于想象竞合犯。参见张明楷：《刑法学》（第6版），法律出版社2021年版，第988—989页。

⑤ 如果行为人使用真实有效的信用卡或者存折，通过ATM成功存入假币，并从其他ATM中取出真币，我国学者指出，行为人通过ATM存入假币的行为构成使用假币罪，其后在ATM上取出真币的行为构成盗窃罪，二者之间不具有所谓的类型性的牵连关系，也不属于其他应当以一罪论处的情形，故应数罪并罚。参见张明楷：《刑法学》（第6版），法律出版社2021年版，第987—988页。

⑥ 我国学者指出，行为人使用假币兑换另一种真货币，其行为同时触犯了使用假币罪和诈骗罪两个罪名，应当按照从一重处罚的原则处理。参见黎宏：《刑法学各论》（第2版），法律出版社2016年版，第129页。

院关于审理伪造货币等案件具体应用法律若干问题的解释》第二条的规定，**依照《刑法》第一百七十一条"出售、运输假币罪"和本条的规定，实行数罪并罚**。

2. 如果行为人以使用为目的，使用伪造的停止流通的货币，根据2010年《最高人民法院关于审理伪造货币等案件具体应用法律若干问题的解释（二）》第五条的规定，该行为依照《刑法》第二百六十六条的规定，**以诈骗罪定罪处罚**。

【司法解释】

《最高人民法院关于审理伪造货币等案件具体应用法律若干问题的解释》（法释〔2000〕26号，自2000年9月14日起施行）

△（**持有、使用假币罪；数额较大；数额巨大；数额特别巨大**）明知是假币而持有、使用，总面额在四千元以上不满五万元的，属于"数额较大"；总面额在五万元以上不满二十万元的，属于"数额巨大"；总面额在二十万元以上的，属于"数额特别巨大"，依照刑法第一百七十二条的规定定罪处罚。（§5）

△（**货币；货币面额之计算**）本解释所称"货币"是指中在国内市场流通或者兑换的人民币和境外货币。①

货币面额应当以人民币计算，其他币种以案发时国家外汇管理机关公布的外汇牌价折算成人民币。（§7）

《最高人民法院关于审理伪造货币等案件具体应用法律若干问题的解释（二）》（法释〔2010〕14号，自2010年11月3日起施行）

△（**正在流通的境外货币；假币犯罪；犯罪数额之计算**）以正在流通的境外货币为对象的假币犯罪，依照刑法第一百七十条至第一百七十三条的规定定罪处罚。

假境外货币犯罪的数额，按照案发当日中国外汇交易中心或者中国人民银行授权机构公布的人民币对该货币的中间价折合成人民币计算。中国外汇交易中心或者中国人民银行授权机构未公布汇率中间价的境外货币，按照案发当日境内银行人民币对该货币的中间价折算成人民币，或者该货币在境内银行、国际外汇市场对美元汇率，与人民币对美元汇率中间价进行套算。（§3）

△（**普通纪念币；贵金属纪念币；假币犯罪；犯罪数额之计算**）以中国人民银行发行的普通纪念币和贵金属纪念币为对象的假币犯罪，依照刑法第一百七十条至第一百七十三条的规定定罪处罚。

假普通纪念币犯罪的数额，以面额计算；假贵金属纪念币犯罪的数额，以贵金属纪念币的初始发售价格计算。（§4）

【司法解释性文件】

《全国法院审理金融犯罪案件工作座谈会纪要》（法〔2001〕8号，2001年1月21日公布）

△（**假币犯罪；持有假币罪；假币犯罪罪名之确定**）假币犯罪的认定。假币犯罪是一种严重破坏金融管理秩序的犯罪。只要有证据证明行为人实施了出售、购买、运输、使用假币行为，且数额较大，就构成犯罪。伪造货币的，只要实施了伪造行为，不论是否完成全部印制工序，即构成伪造货币罪；对于尚未制造出成品，无法计算伪造、销售假币面额的，或者制造、销售用于伪造货币的版样的，不认定犯罪数额，依据犯罪情节决定刑罚。明知是伪造的货币而持有，数额较大，根据现有证据不能认定行为人是为了进行其他假币犯罪的，以持有假币罪定罪处罚；如果有证据证明其持有的假币已构成其他假币犯罪的，应当以其他假币犯罪定罪处罚。

假币犯罪罪名的确定。假币犯罪案件中犯罪分子实施数个相关行为的，在确定罪名时应把握以下原则：

（1）对同一宗假币实施了法律规定为选择性罪名的行为的，应根据行为人所实施的数个行为，按相关罪名刑法规定的排列顺序并列确定罪名，数额不累计计算，不实行数罪并罚。

（2）对不同宗假币实施法律规定为选择性罪名的行为，并列确定罪名，数额按全部假币面额累计计算，不实行数罪并罚。②

（3）对同一宗假币实施了刑法没有规定为选择性罪名的数个犯罪行为，择一重罪从重处罚。如伪造货币或者购买假币后使用的，以伪造货币罪或购买假币罪定罪，从重处罚。

（4）对不同宗假币实施了刑法没有规定为选择性罪名的数个犯罪行为，分别定罪，数罪并罚。

---

① 《最高人民法院关于审理伪造货币等案件具体应用法律若干问题的解释（二）》（法释〔2010〕14号，自2010年11月3日起施行）第三条已将朋币的对象扩张到所有正在流通的境外货币。

② 我国学者指出，选择性罪名也存在并罚的可能性。但是，当刑法分则条文将数额较大作为犯罪起点，并针对数额巨大、数额特别巨大规定了加重法定刑时，不实行并罚，也能做到罪刑相适应。参见张明楷：《刑法学》（第6版），法律出版社2021年版，第989页。

第一百七十三条

《最高人民法院、最高人民检察院、公安部关于严厉打击假币犯罪活动的通知》（公通字〔2009〕45号，2009年9月15日公布）

△（假币犯罪；地域管辖；指定管辖）……根据刑事诉讼法的有关规定，假币犯罪案件的地域管辖应当遵循以犯罪地管辖为主，犯罪嫌疑人居住地管辖为辅的原则。假币犯罪案件中的犯罪地，既包括犯罪预谋地、行为发生地，也包括运输假币的途经地。假币犯罪案件中的犯罪嫌疑人居住地，不仅包括犯罪嫌疑人经常居住地和户籍所在地，也包括其临时居住地。几个公安机关都有权管辖的假币犯罪案件，由最初立案地或者主要犯罪地公安机关管辖；对管辖有争议或者情况特殊的，由共同的上级公安机关指定管辖。如需人民检察院、人民法院指定管辖的，公安机关要及时提出相关建议。经审查需要指定的，人民检察院、人民法院要依法指定管辖。（§2）

《最高人民检察院、公安部关于公安机关管辖的刑事案件立案追诉标准的规定（二）》（公通字〔2022〕12号，2022年4月6日公布）

△（持有、使用假币罪；立案追诉标准）明知是伪造的货币而持有、使用，涉嫌下列情形之一的，应予立案追诉：

（一）总面额在四千元以上或者币量在四百张（枚）以上的；

（二）总面额在二千元以上或者币量在二百张（枚）以上，二年内因持有、使用假币受过行政处罚，又持有、使用假币的；

（三）其他持有、使用假币应予追究刑事责任的情形。（§17）

【参考案例】

No.3-4-171（1）-2　张顺发持有、使用假币案

购买假币后使用的假币数额，包括已经使用和准备使用的数额。

第一百七十三条　【变造货币罪】

变造货币，数额较大的，处三年以下有期徒刑或者拘役，并处或者单处一万元以上十万元以下罚金；数额巨大的，处三年以上十年以下有期徒刑，并处二万元以上二十万元以下罚金。

【条文说明】

本条是关于变造货币罪及其处罚的规定。

本条规定的"**变造货币**"，是指行为人在真人民币或外币的基础上或者以真货币为基本材料，通过挖补、剪接、涂改、揭层等加工处理，使原货币改变数量、形态和面值的行为。

根据本条规定，构成变造货币罪应当具备以下条件：

1. 行为人必须具有**变造货币的行为**。变造货币的行为表现为剪贴、挖补、揭层、涂改、移位、重印等各种不同方式。不论行为人以其中何种方式变造货币，都可构成本罪。变造货币的行为与伪造货币的行为是不同的，变造货币是在真币的基础上进行的加工处理，以增加原货币的面值①；伪造货币则不是对真币进行加工处理，而是将非伪造的一些物质经过加工后伪造成货币，有的伪造行为要利用货币，如采用彩色复印机伪造货币的。变造的货币在某种程度上有原货币的成分，如原货币的纸张、金属防伪线、油墨等；伪造的货币则不具有原货币的成分。2010年《最高人民法院关于审理伪造货币等案件具体应用法律若干问题的解释（二）》第一条第二款规定："对真货币采用剪贴、挖补、揭层、涂改、移位、重印等方法加工处理，改变真币形态、价值的行为，应当认定为刑法第一百七十三条规定的'变造货币'。"

2. 行为人在主观上是**故意的**，主要是以非法牟利为目的。如果行为人不具有非法牟利的目的，如出于好奇等原因对货币进行了涂改，改变了货币的金额，但并未进行使用，且不具有使用的意图，不能构成本罪。

3. 行为人变造货币的数额要达到一定的标准，即"**数额较大**"。这里所说的"数额较大"，是构成本罪的要件之一。变造货币的数额是衡量该行为对社会危害性的主要标准。一般来说变造货币的数额小，其社会危害性也比较小；变造货币的数

---

① 我国学者指出，变造货币的表现并不限于增加货币面额。减少货币面额、将真币变为"错版"人民币，减少金属硬币的金属含量、改变货币形态的行为，均属于变造货币。参见张明楷：《刑法学》（第6版），法律出版社2021年版，第990页。

额大，社会危害性也大。本条以"数额较大"作为构成犯罪的条件。同时还对变造货币**数额巨大的**，规定了较重的处罚。行为人变造货币的数额不大的，如剪贴了几张小面额的货币等，不构成犯罪，可以由公安机关处罚。

根据本条和2000年《最高人民法院关于审理伪造货币等案件具体应用法律若干问题的解释》第六条的规定，行为人变造货币，**数额较大的**，即总面额在二千元以上不满三万元的，处三年以下有期徒刑或者拘役，并处或单处一万元以上十万元以下罚金；**数额巨大的**，即总面额在三万元以上的，处三年以上十年以下有期徒刑，并处二万元以上二十万元以下罚金。

本条对变造货币罪规定了**比伪造货币罪较轻的刑罚**①，主要是考虑这类犯罪由于受到行为方式的限制，一般情况下变造的货币的数额要远小于伪造的货币的数额，而且变造货币的犯罪是在货币的基础上进行加工处理，犯罪分子还需要先投入一部分真的货币才能进行这种犯罪活动，从这个角度上讲，这类犯罪所能牟取的非法利益也要相对小于伪造货币的犯罪。伪造货币的犯罪有时则是成批、大量地生产"货币"，对国家的金融秩序的危害要比变造货币严重，为了体现区别对待、罪刑相适应的原则，本法对变造货币的犯罪和伪造货币的犯罪规定了不同的刑罚。

实践中，对于货币面额的计算标准，特别是**外币面额的计算标准**，直接影响犯罪的量刑档次。根据2000年《最高人民法院关于审理伪造货币等案件具体应用法律若干问题的解释》第七条和2010年《最高人民法院关于审理伪造货币等案件具体应用法律若干问题的解释（二）》第三条的规定，司法部门在办案涉及《刑法》第一百七十条至第一百七十三条规定的犯罪案件时，货币面额应当以人民币计算，计算人民币以外的其他币种的数额，按照案发当日中国外汇交易中心或者中国人民银行授权机构公布的人民币对该货币的中间价折合成人民币计算；中国外汇交易中心或者中国人民银行授权机构未公布汇率中间价的境外货币，按照案发当日境内银行人民币对该货币的中间价折算成人民币，或者该货币在境内银行、国际外汇市场对美元汇率，与人民币对美元汇率中间价进行套算。

【司法解释】

《最高人民法院关于审理伪造货币等案件具体应用法律若干问题的解释》（法释〔2000〕26号，自2000年9月14日起施行）

△（**变造货币罪；数额较大；数额巨大**）变造货币的总面额在二千元以上不满三万元的，属于"数额较大"；总面额在三万元以上的，属于"数额巨大"，依照刑法第一百七十三条的规定定罪处罚。（§6）

△（**货币；货币面额之计算**）本解释所称"货币"是指可在国内市场流通或者兑换的人民币和境外货币。②

货币面额应当以人民币计算，其他币种以案发时国家外汇管理机关公布的外汇牌价折算成人民币。（§7）

《最高人民法院关于审理伪造货币等案件具体应用法律若干问题的解释（二）》（法释〔2010〕14号，自2010年11月3日起施行）

△（**变造货币**）对真币采用剪贴、挖补、揭层、涂改、移位、重印等方法加工处理，改变真币形态、价值的行为，应当认定为刑法第一百七十三条规定的"变造货币"。（§1Ⅱ）

△（**同时采用伪造和变造手段；伪造货币罪**）同时采用伪造和变造手段，制造真伪拼凑货币的，依照刑法第一百七十条的规定，以伪造货币罪定罪处罚。（§2）

△（**正在流通的境外货币；假币犯罪；犯罪数额之计算**）以正在流通的境外货币为对象的假币犯罪，依照刑法第一百七十条至第一百七十三条的规定定罪处罚。

假币犯罪的数额，按照案发当日中国外汇交易中心或者中国人民银行授权机构公布的人民币对该货币的中间价折合成人民币计算。中国外汇交易中心或者中国人民银行授权机构未公布汇率中间价的境外货币，按照案发当日境内银行人民币对该货币的中间价折算成人民币，或者该货币在境内银行、国际外汇市场对美元汇率，与人民币对美元汇率中间价进行套算。（§3）

△（**普通纪念币；贵金属纪念币；假币犯罪；犯罪数额之计算**）以中国人民银行发行的普通纪念币

---

① 变造货币罪与伪造货币罪的区别在于，变造是针对真币的加工行为，因此，变造的货币和变造前的货币具有同一性（如变造金属货币上的发行年份）。如果加工的程度导致其与真货币丧失同一性，则属于伪造货币。参见张明楷：《刑法学》（第6版），法律出版社2021年版；黎宏：《刑法学各论》（第2版），法律出版社2016年版，第129页；周光权：《刑法各论》（第4版），中国人民大学出版社2021年版，第289页。

② 《最高人民法院关于审理伪造货币等案件具体应用法律若干问题的解释（二）》（法释〔2010〕14号，自2010年11月3日起施行）第三条已将假币犯罪的对象扩张到所有正在流通的境外货币。

和贵金属纪念币为对象的假币犯罪,依照刑法第一百七十条至第一百七十三条的规定定罪处罚。

假普通纪念币犯罪的数额,以面额计算;假金属纪念币犯罪的数额,以贵金属纪念币的初始发售价格计算。(§4)

【司法解释性文件】

《全国法院审理金融犯罪案件工作座谈会纪要》(法〔2001〕8号,2001年1月21日公布)

△(假币犯罪罪名之确定)假币犯罪案件中犯罪分子实施数个相关行为的,在确定罪名时应把握以下原则:

(1)对同一宗假币实施了法律规定为选择性罪名的行为,应根据行为人所实施的数个行为,按相关罪名刑法规定的排列顺序并列确定罪名,数额不累计计算,不实行数罪并罚。

(2)对不同宗假币实施法律规定为选择性罪名的行为,并列确定罪名,数额按全部假币面额累计计算,不实行数罪并罚。

(3)对同一宗假币实施了刑法没有规定为选择性罪名的数个犯罪行为,择一重罪从重处罚。如伪造货币或者购买假币后使用的,以伪造货币罪或购买假币罪定罪,从重处罚。

(4)对不同宗假币实施了刑法没有规定为选择性罪名的数个犯罪行为,分别定罪,数罪并罚。

《最高人民法院、最高人民检察院、公安部关于严厉打击假币犯罪活动的通知》(公通字〔2009〕45号,2009年9月15日公布)

△(假币犯罪;地域管辖;指定管辖)……根据刑事诉讼法的有关规定,假币犯罪案件的地域管辖应当遵循以犯罪地管辖为主,犯罪嫌疑人居住地管辖为辅的原则。假币犯罪案件中的犯罪地,既包括犯罪预谋地、行为发生地,也包括运输假币的途经地。假币犯罪案件中的犯罪嫌疑人居住地,不仅包括犯罪嫌疑人经常居住地和户籍所在地,也包括其临时居住地。几个公安机关都有权管辖的假币犯罪案件,由最初立案地或者主要犯罪地公安机关管辖;对管辖有争议或者情况特殊的,由共同的上级公安机关指定管辖。如需人民检察院、人民法院指定管辖的,公安机关要及时提出相关建议。经审查需要指定的,人民检察院、人民法院要依法指定管辖。(§2)

《最高人民检察院、公安部关于公安机关管辖的刑事案件立案追诉标准的规定(二)》(公通字〔2022〕12号,2022年4月6日公布)

△(变造货币罪;立案追诉标准)变造货币,涉嫌下列情形之一的,应予立案追诉:

(一)总面额在二千元以上或者币量在二百张(枚)以上的;

(二)总面额在一千元以上或者币量在一百张(枚)以上,二年内因变造货币受过行政处罚,又变造货币的;

(三)其他变造货币应予追究刑事责任的情形。(§18)

第一百七十四条 【擅自设立金融机构罪】【伪造、变造、转让金融机构经营许可证、批准文件罪】

未经国家有关主管部门批准,擅自设立商业银行、证券交易所、期货交易所、证券公司、期货经纪公司、保险公司或者其他金融机构的,处三年以下有期徒刑或者拘役,并处或者单处二万元以上二十万元以下罚金;情节严重的,处三年以上十年以下有期徒刑,并处五万元以上五十万元以下罚金。

伪造、变造、转让商业银行、证券交易所、期货交易所、证券公司、期货经纪公司、保险公司或者其他金融机构的经营许可证或者批准文件的,依照前款的规定处罚。

单位犯前两款罪的,对单位判处罚金,并对其直接负责的主管人员和其他直接责任人员,依照第一款的规定处罚。

【立法沿革】

《中华人民共和国刑法》(1997年修订,自1997年10月1日起施行)

第一百七十四条

未经中国人民银行批准,擅自设立商业银行或者其他金融机构的,处三年以下有期徒刑或者拘役,并处或者单处二万元以上二十万元以下罚金;情节严重的,处三年以上十年以下有期徒刑,并处五万元以上五十万元以下罚金。

伪造、变造、转让商业银行或者其他金融机构经营许可证的,依照前款的规定处罚。

单位犯前两款罪的,对单位判处罚金,并对其直接负责的主管人员和其他直接责任人员,依照第一款的规定处罚。

《中华人民共和国刑法修正案》(自1999年12月25日起施行)

三、将刑法第一百七十四条修改为:

"未经国家有关主管部门批准,擅自设立商业银行、证券交易所、期货交易所、证券公司、期货经纪公司、保险公司或者其他金融机构的,处三年以下有期徒刑或者拘役,并处或者单处二万元以上二十万元以下罚金;情节严重的,处三年以上十年以下有期徒刑,并处五万元以上五十万元以下罚金。

"伪造、变造、转让商业银行、证券交易所、期货交易所、证券公司、期货经纪公司、保险公司或者其他金融机构的经营许可证或者批准文件的,依照前款的规定处罚。

"单位犯前两款罪的,对单位判处罚金,并对其直接负责的主管人员和其他直接责任人员,依照第一款的规定处罚。"

【条文说明】

本条是关于擅自设立金融机构罪和伪造、变造、转让金融机构经营许可证、批准文件罪及其处罚的规定。

本条共分为三款。

第一款是关于擅自设立商业银行、证券交易所、期货交易所、证券公司、期货经纪公司、保险公司或者其他金融机构的犯罪及其处罚的规定。具体具有以下特征:

1. 犯罪的主体包括**自然人和单位**。

2. 犯罪的主观方面为具有非法设立商业银行、证券交易所、期货交易所、证券公司、期货经纪公司、保险公司或者其他金融机构的**主观故意**,即行为人主观上明知设立上述金融机构应当经过有关主管机关的审查和批准,但是为了达到获取非法利益的目的,而故意违反有关的法律、法规擅自设立从事金融业务的机构。

3. 本罪所侵犯的客体,是国家对商业银行、证券交易所、期货交易所、证券公司、期货经纪公司、保险公司和其他金融机构的**审批管理制度**。国家相关部门根据各部门的职责和权限进行审批,并因部门职责的调整同步调整审批权限。在2018年国务院机构改革中,中国银行业监督管理委员会和中国保险监督管理委员会的职责又进一步整合,组建中国银行保险监督管理委员会。目前,设立商业银行、证券交易所、期货交易所、证券公司、期货经纪公司、保险公司和其他金融机构必须由中国人民银行、中国证券监督管理委员会(以下简称"中国证监会")、中国银行保险监督管理委员会(以下简称"中国银保监会")等国家指定的主管机关进行审批和监督管理。这是国家对金融业进行宏观调控的一个主要方面,特别是我国社会主义经济建设逐步进入社会主义市场经济的轨道后,在建立健全完善的金融运作体系和管理秩序的过程中,加强对金融业的监督和管理,显得尤为重要。而违反国家法律、法规的规定,擅自设立这些金融机构的行为,则破坏了国家规定的审批管理制度,必然会严重损害国家的金融管理秩序,也会给整个国民经济建设造成严重的破坏。

4. 本罪的客观方面表现为行为人实施了**非法设立商业银行、证券交易所、期货交易所、证券公司、期货经纪公司、保险公司和其他金融机构**①**的犯罪行为**。这种行为具有以下两个方面的特点:其一,实施了相应的行为,即行为人必须有设立这些机构的具体行为。其二,事实上已经设立了这些机构。考虑相关法律规定的修改,根据银行业监督管理法和商业银行法的有关规定,商业银行依法接受**中国银保监会**的监督管理,商业银行的设立及其经营范围都必须经过中国银保监会的审查和批准。未经批准,任何单位和个人如果擅自设立商业银行的,就是"擅自设立商业银行"的行为。其中"**商业银行**"是指根据《商业银行法》和《公司法》成立的,经中国银保监会批准的,并以"银行"名义对外吸收公众存款、发放贷款、办理结算以及开展其他金融业务,具有法人资格,以实现利润为其经营目的的金融机构。根据相关法律法规和中国证监会的有关规定,证券交易所、期货交易所、证券公司、期货经纪公司等接受**中国证监会**的监督管理。这些交易所及其公司的设立和经营范围都必须经过中国证监会的审查、批准。这里所说的"**证券交易所**"是指经中国证监会审查批准设立的专门从事买卖股票、公债、公司债券等有价证券的交易场所;"**期货交易所**"是指经中国证监会审查批准设立的以期货为主要交易内容的交易场所;"**证券公司**"是指经中国证监会审查批准设立的经营股票、债券等上市证券业务的企

---

① 刘志伟教授认为,本罪中所称的"金融机构",既包括商业银行、证券交易所、期货交易所、证券公司、期货经纪公司、保险公司或者其他金融机构,也包括为设立这些金融机构而成立的筹备组织。参见高铭暄、马克昌主编:《刑法学》(第7版),北京大学出版社、高等教育出版社2016年版,第397页。

业法人;"**期货经纪公司**"是指经中国证监会审查批准设立的,主要从事代理期货上市交易的经纪公司。此外,还有基金管理公司等,如《证券投资基金法》第十三条规定,设立管理公开募集基金的基金管理公司,应当经国务院证券监督管理机构批准。根据中国银保监会的有关规定,保险公司接受中国银保监会的监督管理。保险公司的设立及其经营范围必须经中国银保监会审查和批准。这里所说的"**保险公司**"是指经中国银保监会审查批准设立的经营保险业务的具有法人资格的企业。另外,本款所说的"**其他金融机构**"是指除上述规定的商业银行、证券交易所、期货交易所、证券公司、期货经纪公司、保险公司以外的,经国家有关主管部门批准设立的其他依法参与金融活动、开展金融业务的,具有法人资格的组织。从我国目前的情况来看,"其他金融机构"主要有以下几类:信托公司、金融租赁公司、企业集团财务公司等。

根据本款规定,**擅自设立商业银行、证券交易所、期货交易所、证券公司、期货经纪公司、保险公司或者其他金融机构的**,处三年以下有期徒刑或者拘役,并处或者单处二万元以上二十万元以下罚金;**情节严重的**,处三年以上十年以下有期徒刑,并处五万元以上五十万元以下罚金。

第二款是关于伪造、变造、转让金融机构经营许可证或者批准文件的犯罪及其处罚的规定。本款规定的伪造、变造和转让金融机构经营许可证或者批准文件的犯罪具有以下特征:

1. 犯罪主体是**自然人和单位**。当然,由于伪造、变造、转让金融机构经营许可证或者批准文件这三种犯罪行为有其各自的特征,所以从事这种犯罪的主体也会有所区别。就一般而言,伪造、变造金融机构经营许可证或者批准文件的行为一般是个人所为,当然也不排除个万别单位从事这类犯罪活动的可能性。而转让金融机构经营许可证或者批准文件的犯罪,则一般都是由该许可证的所有者,即单位所为。但在实践中也会有个人未经单位同意,或者通过窃取手段将金融机构经营许可证私下转让的行为发生。

2. 犯罪行为侵犯的客体是国家对商业银行、证券交易所、期货交易所、证券公司、期货经纪公司、保险公司和其他金融机构的**管理秩序**。

3. 行为人在主观方面都具有伪造、变造和转让金融机构经营许可证或者批准文件的**主观故意**。从这类犯罪行为的方法可以看出,行为人都是在明知其行为是法律严格禁止的情况下,为了达到使自己或他人非法经营金融业务的目的,而故意实施伪造、变造和转让金融机构经营许可证或者批准文件的危害社会的行为。

4. 行为人必须实施了**伪造、变造或转让金融机构经营许可证或者批准文件的行为**。其中,商业银行的经营许可证或者批准文件是指由中国银保监会审查批准的商业银行经营金融业务及其经营范围的具有法律意义的证明文件之一,如金融许可证等。证券交易所、期货交易所、证券公司、期货经纪公司的经营许可证或者批准文件是指由中国证监会审查批准的这些机构经营有关金融业务及其经营范围的证明文件,如经营证券期货业务许可证等。保险公司的经营许可证或者批准文件是指由中国银保监会审查批准的经营保险业务及其经营范围的证明文件,如保险许可证等。其他金融机构的经营许可证或者批准文件是指根据有关法律、法规的规定,由有关主管部门审查批准的经营金融业务及其经营范围的证明文件。

本款规定的"**伪造**"金融机构经营许可证或者批准文件,是指仿照经营许可证或者批准文件的形状、特征、色彩、样式,非法制造假的经营许可证或者批准文件的行为。"**变造**"金融机构经营许可证或者批准文件,是指通过涂改、拼改、挖补等手段,改变经营许可证或者批准文件内容的行为,如通过上述手段改变原许可证或者批准文件上的经营业务的范围、单位的名称、批准的日期、批准的单位等。"**转让**"金融机构经营许可证或者批准文件,是指行为人将自己的经营许可证或者批准文件通过出售、出租、出借、赠与等方式有偿或者无偿转与或者让与其他机构或者个人使用的行为。在实际发生的案件中,伪造、变造、转让金融机构的经营许可证或者批准文件的行为,从方式上讲可能是多种多样的,但无论行为人采取什么方式、方法,均不影响犯罪的成立。这里应当注意的是,**本款在罪状的表述上没有将伪造、变造或者转让金融机构经营许可证的数量或者其他情节作为定罪的界限**。根据本款的规定,行为人只要实施了伪造、变造或转让金融机构经营许可证或者批准文件的行为,就构成犯罪。当然,对于个别"情节显著轻微、危害不大"的,可以依照刑法总则的有关规定不予刑事处罚。

对构成伪造、变造、转让金融机构经营许可证或者批准文件的犯罪的,应当依照本条第一款规定的刑罚处罚,即对伪造、变造、转让商业银行、证券交易所、期货交易所、证券公司、期货经纪公司、保险公司或者其他金融机构的经营许可证或者批准文件的犯罪,应当处以三年以下有期徒刑或者拘役,并处或者单处二万元以上二十万元以下罚金。对"情节严重"的,处以三年以上十年以下有期徒刑,并处五万元以上五十万元以下罚金。其中"情

节严重"主要是指行为人实施本款规定的犯罪行为情节恶劣或者造成严重后果,如通过伪造、变造、转让金融机构经营许可证或者批准文件,使自己或者他人开始非法经营大量的金融业务,严重干扰了国家金融秩序,或者给客户、经营单位造成重大经济损失等严重后果的;或者多次从事这类犯罪行为,屡教不改又再次从事这类犯罪活动的;或者利用伪造、变造、转让的金融机构经营许可证或者批准文件,进行诈骗活动的,等等。

第三款是关于单位犯本条第一、二款犯罪的规定。根据本款规定,单位犯前两款罪的,对单位判处罚金,并对其直接负责的主管人员和其他直接责任人员,依照第一款的规定处罚。经济活动中存在有些单位从事擅自设立商业银行、证券交易所、期货交易所、证券公司、期货经纪公司、保险公司或者其他金融机构以及伪造、变造、转让商业银行、证券交易所、期货交易所、证券公司、期货经纪公司、保险公司或者其他金融机构的经营许可证或者批准文件的违法犯罪行为。由于单位从事这类违法犯罪活动,从某种意义上讲要比个人从事这类违法犯罪活动的社会危害程度更严重,特别是单位擅自设立商业银行、证券交易所、期货交易所、证券公司、期货经纪公司、保险公司或者其他金融机构的违法犯罪行为,给国家的金融管理秩序造成的危害后果更大,因此有必要对单位犯罪作出单独的规定。

根据本条第三款的规定,对单位犯罪采取**双罚原则**,即如果单位构成本条前两款规定的擅自设立金融机构、证券交易所、期货交易所、证券公司、期货经纪公司、保险公司或者其他金融机构的犯罪和伪造、变造、转让商业银行、证券交易所、期货交易所、证券公司、期货经纪公司、保险公司或者其他金融机构的经营许可证或者批准文件的犯罪的,对单位直接负责的主管人员和其他直接责任人员依照第一款的规定判处三年以下有期徒刑或者拘役,并处或者单处二万元以上二十万元以下罚金;情节严重的,处三年以上十年以下有期徒刑,并处五万元以上五十万元以下罚金。同时对单位判处罚金。

在实践中,有些商业银行、证券公司、期货经纪公司、保险公司或者其他金融机构,为了扩展业务,**不向主管机关申报而擅自扩建营业网点、增设分支机构,或者虽向主管机关申报,但在主管机关尚未批准前就擅自设立分支机构进行营业活动**。虽然这些行为都是违法行为,但与那些未取得金融业务经营资格的单位或者个人违反法律、法规的规定擅自设立商业银行、证券交易所、期货交易所、证券公司、期货经纪公司、保险公司或者其他金融机构的行为在本质上是有区别的。前者应由有关主管部门查处后予以违纪或行政处理,如责令取消未经批准设立之扩建的营业网点和分支机构,给予行政处罚等,而不应当按照犯罪处理。①

【司法解释性文件】
━━━━━━━━━━━━━━━━━━━━━▼

《**全国法院审理金融犯罪案件工作座谈会纪要**》(法〔2001〕8号,2001年1月21日公布)

△〔**整顿金融"三乱"工作;擅自设立金融机构罪**〕1998年7月13日,国务院发布了《非法金融机构和非法金融业务活动取缔办法》。1998年8月11日,国务院办公厅转发了中国人民银行整顿乱集资、乱批设金融机构和乱办金融业务实施方案,对整顿金融"三乱"工作的政策措施等问题做出了规定。各地根据整顿金融"三乱"工作实施方案的规定,对于未经中国人民银行批准,但是根据地方政府或有关部门文件设立并从事或变相从事金融业务的各类基金会、互助会、储金会等机构和组织,由各地人民政府和各有关部门限期进行清理整顿。超过实施方案规定期限继续从事非法金融业务活动的,依法予以取缔;情节严重、构成犯罪的,依法追究刑事责任。因此,上述非法从事金融活动的机构和组织只要在实施方案规定期限之前停止非法金融业务活动的,对有关单位和责任人员,不应以擅自设立金融机构罪处理;对其以前从事的非法金融活动,一般也不作犯罪处理;这些机构和组织的人员利用职务实施的个人犯罪,如贪污罪、职务侵占罪、挪用公款罪、挪用资金罪等,应当根据具体案情分别依法定罪处罚。

《**最高人民法院、最高人民检察院、公安部、司法部关于办理黑恶势力犯罪案件若干问题的指导意见**》(法发〔2018〕1号,2018年1月16日公布)

△〔**民间借贷;擅自设立金融机构罪;非法吸收公众存款罪;骗取贷款罪;高利转贷罪;故意杀人罪;故意伤害罪;非法拘禁罪;故意毁坏财物罪;数罪并罚**〕在民间借贷活动中,如有擅自设立金融机构、非法吸收公众存款、骗取贷款、套取金融机

---

① 相同的学说见解,参见黎宏:《刑法学各论》(第2版),法律出版社2016年版,第130页;周光权:《刑法各论》(第4版),中国人民大学出版社2021年版,第290页。不过,亦有学者指出,合法机构擅自设分支机构是否构成本罪,需要具体分析。具体而言,如果该分支机构的设立需要国家有关主管部门批准,则构成本罪;如果分支机构的设立只需要该金融机构的内部批准,就不成立本罪(但可能成立非法经营罪)。参见张明楷:《刑法学》(第6版),法律出版社2021年版,第991页。

第一百七十五条

构资金发放高利贷以及为强索债务而实施故意杀人、故意伤害、非法拘禁、故意毁坏财物等行为的，应当按照具体犯罪侦查、起诉、审判。依法符合数罪并罚条件的，应当并罚。（§19）

《最高人民检察院、公安部关于公安机关管辖的刑事案件立案追诉标准的规定（二）》（公通字〔2022〕12号，2022年4月6日公布）

△（擅自设立金融机构罪；立案追诉标准）未经国家有关主管部门批准，擅自设立金融机构，涉嫌下列情形之一的，应予立案追诉：

（一）擅自设立商业银行、证券交易所、期货交易所、证券公司、期货公司、保险公司或者其他金融机构的；

（二）擅自设立金融机构筹备组织的。（§19）

△（伪造、变造、转让金融机构经营许可证、批准文件罪；立案追诉标准）伪造、变造、转让商业银行、证券交易所、期货交易所、证券公司、期货公司、保险公司或者其他金融机构的经营许可证或者批准文件的，应予立案追诉。（§20）

【参考案例】

No.3-8-225-22 张军、张小琴非法经营案

未经国家有关主管部门批准，擅自设立金融机构，但尚未对金融安全产生严重危害的行为，不应认定为擅自设立金融机构罪。

第一百七十五条【高利转贷罪】

以转贷牟利为目的，套取金融机构信贷资金高利转贷他人，违法所得数额较大的，处三年以下有期徒刑或者拘役，并处违法所得一倍以上五倍以下罚金；数额巨大的，处三年以上七年以下有期徒刑，并处违法所得一倍以上五倍以下罚金。

单位犯前款罪的，对单位判处罚金，并对其直接负责的主管人员和其他直接责任人员，处三年以下有期徒刑或者拘役。

【条文说明】

本条是关于高利转贷罪及其处罚的规定。
本条共分为两款。

第一款是个人套取金融机构贷款转贷他人非法牟利犯罪及其处罚的规定。根据本条的规定，本罪在构成要件上有以下特征：一是第一款的主体为**自然人**。二是行为人在客观上实施了套取金融机构信贷资金并高利转贷给他人以牟利的行为。本条所说的**套取金融机构信贷资金高利转贷他人**"是指编造虚假理由，从银行、信托公司、农村信用社、农村合作银行等金融机构获得信贷资金后又转贷给第三人。① 行为人转贷给他人的资金必须是金融机构的信贷资金。② 如果行为人只是将自己的剩余资金借贷给他人，不构成犯罪。本条所说的"高利转贷他人"，是指行为人以比金融机构贷款利率高的利率将套取的金融机构的信贷资金转贷他人，从中获取不法利益。③ 三是行为人在主观上有转贷牟利的目的。④⑤如果行为人在主观上有非法占有信贷资金的目的，则可能构成他罪。四是行为人将金融机构信贷资金转贷他人，**获取非法利益，数额较大的**，才构成犯罪，这是区分罪与非罪的重要界限。

对于个人犯本罪，本条根据违法所得数额的大小，规定了两档处罚：**违法所得数额较大的**，处三年以下有期徒刑或者拘役，并处违法所得一倍以上五倍以下罚金；**数额巨大的**，处三年以上七年

---

① 值得注意的是，本罪并不要求行为必须具有欺骗性质。行为人与金融机构负责人合谋，金融机构负责人知道真相后仍然发放贷款，转贷行为仍然构成本罪。参见张明楷：《刑法学》（第6版），法律出版社2021年版，第992页。

② 信贷资金，乃指金融机构用于发放贷款的资金，既包括担保贷款，也包括信用贷款。参见黎宏：《刑法学各论》（第2版），法律出版社2016年版，第131页；周光权：《刑法各论》（第4版），中国人民大学出版社2021年版，第292页。

③ 我国学者指出，行为人取得信贷资金后，以高于借入贷款利率多少将转贷给他人，在所不问。否则，会人为地限制本罪的成立范围。参见周光权：《刑法各论》（第4版），中国人民大学出版社2021年版，第292页。

④ 我国学者指出，行为人在获取金融机构信贷资金时，就必须具有转贷牟利的目的。否则，就违反了行为与罪责同时存在的原则。另外也需要注意单纯改变贷款用途的行为以及变相高利转贷的情形。参见张明楷：《刑法学》（第6版），法律出版社2021年版，第992页。

⑤ 行为人以转贷牟利为目的，意味着没有非法占有信贷资金的目的。换言之，行为人具有按时偿还信贷资金的意思。参见周光权：《刑法各论》（第4版），中国人民大学出版社2021年版，第293页。

以下有期徒刑，并处违法所得一倍以上五倍以下罚金。

第二款是关于单位将金融机构的信贷转贷他人，非法牟利犯罪及其处罚的规定。这里的"单位"，不仅包括非金融系统的公司、企业或者其他单位，也包括金融系统本身办的一些所谓三产企业、单位。有些银行或者其他金融机构办的所谓三产单位，利用为金融机构下属单位的有利条件，低息从金融机构获取贷款后，高息转贷他人，获取非法利益，严重地破坏了金融秩序，必须坚决给予打击。根据本条规定，单位犯本条规定之罪的，对单位判处罚金，并对其直接负责的主管人员和其他直接责任人员，处三年以下有期徒刑或者拘役。

实践中，需要注意我国利率的改革和发展对具体案件中"高利"的认定所产生的影响。对于本罪来说，只要高于行为人提供信贷资金来源的金融机构的贷款利率，就符合这里的"高利"。考虑到我国金融改革的进程有所变化，不同时期、不同性质的金融机构贷款利率有时不同。因此，**不能以不高于同期其他金融机构的贷款利率而否定构成"高利"**，需要具体情况具体分析。

从我国利率改革和发展的过程上看，《中国人民银行法》第五条第一款规定："中国人民银行就年度货币供应量、利率、汇率和国务院规定的其他重要事项作出的决定，报国务院批准后执行。"《商业银行法》第三十八条规定："商业银行应当按照中国人民银行规定的贷款利率的上下限，确定贷款利率。"一段时期以来，金融领域的利率市场化改革稳步推进。原先中国人民银行施行金融机构贷款利率管制，对金融机构贷款利率设置浮动区间，同时根据金融改革和市场发展的需要，不断扩大浮动区间，如在1998年至1999年期间，中国人民银行三次扩大了金融机构贷款利率浮动区间。2004年1月，经国务院批准，中国人民银行进一步扩大了金融机构贷款利率浮动区间。金融机构不再根据规模和所有制性质，而是根据信誉、风险等因素确定合理的贷款利率。2004年10月，中国人民银行对金融机构存贷款利率作出进一步作出调整，不再对贷款利率设定上限，仅设定下限为贷款基准利率的0.9倍。此外，考虑到城乡信用社的金融竞争环境尚不完善，一段时期内，中国人民银行仍对其贷款利率实行上限管理，最高上浮系数为贷款基准利率的2.3倍。2013年7月20日，经国务院批准，中国人民银行全面开放金融机构贷款利率管制，包括取消已下调至贷款基准利率0.7倍的贷款利率下限、农村信用社贷款利率上限等。2013年10月，中国人民银行正式运行贷款基础利率（LPR）集中报价和发布机制。目前各金融机构开展贷款基准利率转换贷款基础利率的改革工作仍在进行。由此，**实践中需要根据案件的具体情况，如行为人向金融机构贷款的时间，金融机构的性质、金融机构确定的贷款利率等确定是否为"高利"**。如根据政策要求，行为人按照农村信用社利率上限贷出信贷资金，转贷他人的利率高于农村信用社的贷款利率但是仍低于同期其他金融机构的贷款利率的，仍构成"高利转贷"行为。

【司法解释性文件】

《最高人民法院、最高人民检察院、公安部、司法部关于办理黑恶势力犯罪案件若干问题的指导意见》（法发〔2018〕1号，2018年1月16日公布）

△（民间借贷；擅自设立金融机构罪；非法吸收公众存款罪；骗取贷款罪；高利转贷罪；故意杀人罪；故意伤害罪；非法拘禁罪；故意毁坏财物罪；数罪并罚）在民间借贷活动中，如有擅自设立金融机构，非法吸收公众存款、骗取贷款、套取金融机构资金发放高利贷以及为强索债务而实施故意杀人、故意伤害、非法拘禁、故意毁坏财物等行为的，应当按照具体犯罪侦查、起诉、审判。依法符合数罪并罚条件的，应当并罚。（§19）

《最高人民检察院、公安部关于公安机关管辖的刑事案件立案追诉标准的规定（二）》（公通字〔2022〕12号，2022年4月6日公布）

△（高利转贷罪；立案追诉标准）以转贷牟利为目的，套取金融机构信贷资金高利转贷他人，违法所得数额在五十万元以上的，应予立案追诉。（§21）

【参考案例】

No.3-4-175-1　姚凯高利转贷案

以转贷牟利为目的，编造虚假交易关系骗取银行信贷资金的，应以高利转贷罪论处。

No.3-4-175-2　姚凯高利转贷案

转贷的利率高于银行利率的，可以认定为高利。

第一百七十五条之一 【骗取贷款、票据承兑、金融票证罪】

以欺骗手段取得银行或者其他金融机构贷款、票据承兑、信用证、保函等，给银行或者其他金融机构造成重大损失的，处三年以下有期徒刑或者拘役，并处或者单处罚金；给银行或者其他金融机构造成特别重大损失或者有其他特别严重情节的，处三年以上七年以下有期徒刑，并处罚金。

单位犯前款罪的，对单位判处罚金，并对其直接负责的主管人员和其他直接责任人员，依照前款的规定处罚。

【立法沿革】

《中华人民共和国刑法修正案（六）》（自2006年6月29日起施行）

十、在刑法第一百七十五条后增加一条，作为第一百七十五条之一：

"以欺骗手段取得银行或者其他金融机构贷款、票据承兑、信用证、保函等，给银行或者其他金融机构造成重大损失或者有其他严重情节的，处三年以下有期徒刑或者拘役，并处或者单处罚金；给银行或者其他金融机构造成特别重大损失或者有其他特别严重情节的，处三年以上七年以下有期徒刑，并处罚金。

"单位犯前款罪的，对单位判处罚金，并对其直接负责的主管人员和其他直接责任人员，依照前款的规定处罚。"

《中华人民共和国刑法修正案（十一）》（自2021年3月1日起施行）

十一、将刑法第一百七十五条之一第一款修改为：

"以欺骗手段取得银行或者其他金融机构贷款、票据承兑、信用证、保函等，给银行或者其他金融机构造成重大损失的，处三年以下有期徒刑或者拘役，并处或者单处罚金；给银行或者其他金融机构造成特别重大损失或者有其他特别严重情节的，处三年以上七年以下有期徒刑，并处罚金。"

【条文说明】

本条是关于骗取贷款、票据承兑、金融票证罪及其处罚的规定。

本条共分为两款。

第一款是关于个人骗取银行或者其他金融机构的贷款及其他信用的犯罪行为及其处罚的规定。根据本条的规定，构成这一犯罪需要符合以下几个条件。

1. 犯罪的主体。构成本罪的犯罪主体既包括**个人**，也包括**单位**。本款是关于个人犯罪的规定。

2. 犯罪人必须采取了欺骗的手段。所谓"**欺骗手段**"，是指行为人在取得银行或者其他金融机构的贷款、票据承兑、信用证、保函等信贷资金、信用时，采用的是虚构事实、隐瞒真相等手段，掩盖了客观事实，骗取了银行或者其他金融机构的信任。申请人在申请贷款的过程中有虚构事实、掩盖真相的情节，或者在申请贷款过程中，提供假证明、假材料，就符合这一条件。① 需要注意的是，对"欺骗手段"的理解不能过于宽泛，欺骗手段应当是严重影响银行对借款人资信状况、还款能力判断的实质性事项，这类事项应当属于银行等金融机构一旦知晓真实情况就会基于风险控制而不会为其融资的事项。如行为人编造虚假的资信证明、资金用途、抵押物价值等虚假材料，导致银行或者其他金融机构高估其资信现状的，**可以认定为使用"欺骗手段"**。

3. 犯罪的对象是银行或者其他金融机构的贷款、票据承兑、信用证、保函等。这里所说的"**银行**"，包括中国人民银行和各类商业银行。"**其他金融机构**"是指除银行以外的各种开展金融业务的机构，如证券、保险、期货、外汇、融资租赁、信托投资公司等。"**贷款**"是指贷款人向借款人提供的按照借款合同的约定还本付息的货币资金。"**信用证**"是指开证银行根据客户（申请开证人）的请求或者自己主动向一方（受益人）所签发的一种书面约定，如果受益人满足了该书面约定的各项条款，开证银行即向受益人支付该书面约定

---

① 相同的学说见解，参见黎宏：《刑法学各论》（第2版），法律出版社2016年版，第131页。另有学者指出，不能认为任何欺骗行为都属于本罪的欺骗手段。只有在对金融机构发放贷款、出具保函等起重要作用的方面有所欺骗，才能认定为本罪。参见张明楷：《刑法学》（第6版），法律出版社2021年版，第996页。亦有学者指出，这里的欺骗手段，必须是在重要事实上欺骗，否则，对金融安全不会造成刑事违法性意义上的危险。参见周光权：《刑法各论》（第4版），中国人民大学出版社2021年版，第293页。

的款项的凭证。实际上，信用证就是开证银行有条件地向受益人付款的书面凭证。"**票据承兑**"是指汇票付款人承诺在汇票到期日支付汇票金额的行为，其目的在于使承兑人依票据载明的义务承担支付票据金额的义务。"**保函**"是指银行以自身的信用为他人承担责任的担保文件，是重要的银行资信文件。

4. **给银行或者其他金融机构造成重大损失**，这是区分是否构成本罪的界限。《刑法修正案（十一）》对本罪入罪门槛作了修改，删去了原规定的"其他严重情节"，规定为"造成重大损失"的条件。因此，一般来说，对于并非出于诈骗银行资金目的，在向银行等金融机构融资过程中存在违规行为，使用了"欺骗手段"获得资金，但归还了银行资金，未给银行造成重大损失的，不作为犯罪处理。"给银行或者其他金融机构造成重大损失"是一个**客观标准**，指的是上述行为直接造成的经济损失，如贷款无法追回，银行由于出具的信用所承担的还款或者付款等实际经济损失。2010年《最高人民检察院、公安部关于公安机关管辖的刑事案件立案追诉标准的规定（二）》第二十七条对修改前条文的"造成重大损失"作了规定，"以欺骗手段取得贷款、票据承兑、信用证、保函等，给银行或者其他金融机构造成直接经济损失数额在二十万元以上的"，应予立案追诉。"**直接经济损失**"是指侦查机关立案时逾期未偿还银行或者其他金融机构的信贷资金。实践中对于偿还了银行贷款，或者提供了足额真实担保，未给银行造成直接损失的，一般不应追究骗取贷款、票据承兑、金融票证罪刑事责任。需要注意的是，**实践中对是否造成"重大损失"的判断时点和标准不能过于拘泥**，不能要求穷尽一切法律手段后才确定是否造成损失，如行为人采取欺骗手段贷款，不能按期归还资金，也没有提供有效担保，就应认定给银行等金融机构造成重大损失，而不能要求银行等在采取诉讼等法律手段追偿作为人房产等财产不能清偿之后，才判定其遭到重大损失。对于后期在判决前通过法律手段获得清偿的，可酌定从宽处理。

对于构成本罪的，本款规定了两档刑罚，即**给银行或者其他金融机构造成重大损失的，处三年以下有期徒刑或者拘役，并处或者单处罚金；给银行或者其他金融机构造成特别重大损失或者有其他特别严重情节的，处三年以上七年以下有期徒刑，并处罚金**。需要注意的是，本条第二档刑罚中保留了"特别严重情节"的规定。这种立法体例在刑法其他条文规定中也是有的，如诈骗罪、贷款诈骗罪等。"**其他特别严重情节**"一般也应当以"**造成重大损失**"为条件，如果具有欺骗手段特别严重或者涉嫌数额极其巨大，给国家金融安全造成特别重大风险的，也可依法追究刑事责任。

第二款是对单位从事第一款的行为追究刑事责任的规定。根据本款的规定，**单位犯前款罪的**，对单位判处罚金，并对其直接负责的主管人员和其他直接责任人员，依照前款的规定处罚。

本条规定是立法机关针对实践中出现的新情况，为保障我国金融安全，维护社会稳定，而新增加的一种犯罪。同时根据有关方面意见和实践情况，在定罪量刑上又作了进一步调整完善，更好地把握犯罪界限，防止走偏，因此在适用这一条款惩治此类犯罪活动时，要注意以下几个问题：

1. 《刑法修正案（六）》增加了骗取贷款罪，《刑法修正案（十一）》对定罪标准作了适当调整，并非意味着放松对骗取银行贷款等行为的惩治。在贷款等融资过程中采取欺骗手段，给银行等金融机构造成重大损失的，仍应当依法追究刑事责任。同时，在办理骗取贷款等犯罪案件时，在涉及企业生产经营领域，要充分考虑企业"融资难""融资贵"的实际情况，注意从借款人采取的欺骗手段是否属于明显虚构事实或者隐瞒真相，是否与银行工作人员合谋、受其指使，是否非法影响银行放贷决策、危及信贷资金安全，是否造成重大损失等方面，合理判断其行为危害性，不苛求企业等借款人。对于借款人因生产经营需要，在贷款过程中虽有违规行为，但未造成实际损失的，一般不作犯罪处理。还有，需要注意的是，行为人不是出于生产经营需要融资，而是具有非法占有资金的目的，采取诈骗手段骗取银行贷款等资金的，无论是否给银行造成损失，都应当按照贷款诈骗罪、票据诈骗罪、信用证诈骗罪等依法追究刑事责任。

2. 与《刑法》第一百九十三条**贷款诈骗罪**的关系。本条与《刑法》第一百九十三条规定的贷款诈骗罪是两个不同的独立的罪。本条所规定的骗取贷款罪，在构成要件上与《刑法》第一百九十三条的贷款诈骗罪有很大的区别，**构成本罪不要求行为人要以"非法占有为目的"**，降低了打击这类犯罪的门槛。需要注意的是，不能因此就忽视对以非法占有为目的，诈骗银行或者其他金融机构贷款行为的打击。对在司法实践中能够认定的行为人以"非法占有为目的"的诈骗贷款行为，应依照《刑法》第一百九十三条贷款诈骗罪追究其刑事责任。且两个罪在法定最高刑上也是不同的，贷款诈骗罪最高可以判处无期徒刑，而骗取贷款罪最高法定刑仅为七年有期徒刑。

3. 准确认定和惩治有关**共同犯罪**。一是关于银行等金融机构人员明知他人实施骗取贷款等行为人,仍为其提供帮助或者合谋、指导等,构成犯罪的,依法追究刑事责任。在全国人大常委会审议和调研过程中,有意见提出,在本罪中增加"银行或者其他金融机构人员明知行为人采取欺骗手段,仍为其贷款、票据承兑、开具信用证、保函等,依照前款处罚"的规定。《刑法》第一百八十六条规定了违法发放贷款罪,第一百八十八条规定了违规出具金融票证罪,第一百八十九条规定了对违法票据承兑、付款、保证罪等,银行等金融机构工作人员构成上述犯罪的,应依法追究刑事责任。二是担保人明知他人实施骗取贷款、票据承兑、金融票证行为而为其提供虚假担保,不履行担保责任,给银行等金融机构造成损失的,可按照共同犯罪处理。保证人明知他人有采取欺骗手段骗取贷款等行为,仍为其担保的,甚至担保人为免除其担保责任而故意举报行为人骗取贷款的,并不必然免除其担保责任,担保合同、担保责任是否有效依照民法的有关规定处理。

【司法解释性文件】

《最高人民法院、最高人民检察院、公安部、司法部关于办理黑恶势力犯罪案件若干问题的指导意见》(法发〔2018〕1号,2018年1月16日公布)

△(民间借贷;擅自设立金融机构罪;非法吸收公众存款罪;骗取贷款罪;高利转贷罪;故意杀人罪;故意伤害罪;非法拘禁罪;故意毁坏财物罪;数罪并罚)在民间借贷活动中,如有擅自设立金融机构、非法吸收公众存款、骗取贷款、套取金融机构资金发放高利贷以及为强索债务而实施故意杀人、故意伤害、非法拘禁、故意毁坏财物等行为的,应当按照具体犯罪侦查、起诉、审判。依法符合数罪并罚条件的,应当并罚。(§19)

《最高人民检察院、公安部关于公安机关管辖的刑事案件立案追诉标准的规定(二)》(公通字〔2022〕12号,2022年4月6日公布)

△(骗取贷款、票据承兑、金融票证罪;立案追诉标准)以欺骗手段取得银行或者其他金融机构贷款、票据承兑、信用证、保函等,给银行或者其他金融机构造成直接经济损失数额在五十万元以上的,应予立案追诉。(§22)

【参考案例】

No.3-4-175之一-1 徐云骗取贷款案

不以非法占有为目的,但以欺骗手段骗取贷款,给金融机构造成重大损失的,应以骗取贷款罪论处。

No.3-4-175之一-2 江树昌骗取贷款案

小额贷款公司属于非银行金融机构,在无法证明行为人具有非法占有目的的情况下,骗取小额贷款公司贷款的行为应当认定为骗取贷款罪。

No.3-4-175之一-3 陈恒国骗取贷款案

行为人使用欺骗方法骗取贷款后用于经营活动,具有还款意愿的,应否定非法占有目的,成立骗取贷款罪。

No.3-4-175之一-4 钢滚公司、武建钢骗取贷款、诈骗案

使用虚假资料获取银行贷款的案件中,行为人非法占有目的的认定,应结合被告人及被告单位申请贷款之前的经济状况、获取贷款之后的款项用途、款项到期后的还款意愿及还款效果等综合评价。

第一百七十六条 【非法吸收公众存款罪】

非法吸收公众存款或者变相吸收公众存款,扰乱金融秩序的,处三年以下有期徒刑或者拘役,并处或者单处罚金;数额巨大或者有其他严重情节的,处三年以上十年以下有期徒刑,并处罚金;数额特别巨大或者有其他特别严重情节的,处十年以上有期徒刑,并处罚金。

单位犯前款罪的,对单位判处罚金,并对其直接负责的主管人员和其他直接责任人员,依照前款的规定处罚。

有前两款行为,在提起公诉前积极退赃退赔,减少损害结果发生的,可以从轻或者减轻处罚。

【立法沿革】

《中华人民共和国刑法》(1997年修订,自1997年10月1日起施行)

第一百七十六条

非法吸收公众存款或者变相吸收公众存款,扰乱金融秩序的,处三年以下有期徒刑或者拘役,并处或者单处二万元以上二十万元以下罚金;数额巨大或者有其他严重情节的,处三年以上十年

以下有期徒刑,并处五万元以上五十万元以下罚金。

单位犯前款罪的,对单位判处罚金,并对其直接负责的主管人员和其他直接责任人员,依照前款的规定处罚。

《中华人民共和国刑法修正案(十一)》(自2021年3月1日起施行)

十二、将刑法第一百七十六条修改为:

"非法吸收公众存款或者变相吸收公众存款,扰乱金融秩序的,处三年以下有期徒刑或者拘役,并处或者单处罚金;数额巨大或者有其他严重情节的,处三年以上十年以下有期徒刑,并处罚金;数额特别巨大或者有其他特别严重情节的,处十年以上有期徒刑,并处罚金。

"单位犯前款罪的,对单位判处罚金,并对其直接负责的主管人员和其他直接责任人员,依照前款的规定处罚。

"有前两款行为,在提起公诉前积极退赃退赔,减少损害结果发生的,可以从轻或者减轻处罚。"

【条文说明】

本条是关于非法吸收公众存款罪及其处罚的规定。

本条共分为三款。

第一款是关于非法吸收公众存款和变相吸收公众存款的犯罪及其处罚的规定。"**非法吸收公众存款**"是指行为人违反国家法律、法规的规定在社会上以存款的形式公开吸收公众资金的行为。**广义的非法吸收公众存款,包含两种情况:一是行为人不具有吸收存款的主体资格而吸收存款,破坏金融秩序。二是行为人具有吸收存款的主体资格,但是,其吸收存款所采用的方法是违法的**。例如,有的银行或其他金融机构为争揽储户,违反中国人民银行关于利率的规定,采用擅自提高利率的方式吸收存款,进行恶意竞争,破坏了国家的利率政策,扰乱了金融秩序。**对后一种情况,《商业银行法》已具体规定了行政处罚,一般不宜作为犯罪处理**。①

通常所说的"**存款**",是指存款人将资金存入银行或者其他金融机构,银行或者其他金融机构向存款人支付利息,使其得到收益的一种经济活动。② "**公众存款**",指的是存款人是不特定的群体的存款,如果存款人只是少数个人或者属于特定的范围,如仅限本单位的人员等,不能认为是公众存款。

本款所说的"变相吸收公众存款",是指行为人不以存款的名义而是通过其他形式吸收公众资金,从而达到吸收公众存款的目的的行为。例如,有些单位和个人,未经批准成立各种基金会吸收公众的资金,或者以投资、集资入股等名义吸收公众资金,但并不按正常投资的形式分配利润、股息,而是以一定的利息进行支付的行为。变相吸收公众存款规避国家对吸收公众存款的监督管理,其危害和犯罪的性质与非法吸收公众存款是相同的。

根据本款规定,构成非法吸收公众存款罪应符合以下条件:

1. 非法吸收公众存款罪的主体可以是**自然人**,也可以是**单位**。

2. 行为人在主观上具有**非法吸收公众存款或者变相吸收公众存款的故意**。行为人一般都要千方百计地冒充银行或者其他金融机构,或者谎称金融机构授权,或者变换手法、巧立名目,变相地吸收公众存款,以逃避法律的追究。

3. 在客观方面,行为人实施了**非法向公众吸收存款或者变相吸收存款的行为**。实践中,行为人吸收存款的手段可能是多种多样的,无论其采取什么方法,只要其行为具有非法吸收公众存款的特征,即符合本条规定的条件。至于采取的手段、吸收的存款的人数、存款的数量,均不影响构成本罪。特别是随着互联网的发展,互联网金融成为新型的金融业务模式。互联网金融涉及P2P网络借贷、股权众筹、第三方支付、互联网保险以及通过互联网开展资产管理及跨界从事金融业务等多个金融领域,行为方式多样,所涉法律关系复杂。部分机构、业态偏离了正确方向,有些甚至打着"金融创新"的幌子进行非法集资等违法犯罪活动,严重扰乱了金融管理秩序,侵害了人民群众的合法权益。根据2017年6月2日**《最高人民检察院关于办理涉互联网金融犯罪案件有关问题座**

---

① 我国学者指出,由于这类金融机构本身具有吸收存款业务的资格,还有付息具有一定保证,和没有吸收存款主体资格的人吸收公众存款的情况有所不同,故而,只有非法吸收存款的数额和规模达到了相同的程度,情节严重的才能作为犯罪处理。参见黎宏:《刑法学各论》(第2版),法律出版社2016年版,第133页。

② 由于本罪属于破坏金融秩序罪,行为人非法吸收的是公众的"存款",而非公众的"资金",因此,按照法益保护的原理,行为人必须将吸收的存款用于信贷目的,即吸收存款后再发放贷款(用于货币、资本的经营),才可能构成本罪。参见周光权:《刑法各论》(第4版),中国人民大学出版社2021年版,第298页。

谈会纪要》的要求,对于涉互联网金融活动在未经有关部门依法批准的情况下,公开宣传并向不特定公众吸收资金,承诺在一定期限内还本付息的,应当依法追究刑事责任。其中,应重点审查互联网金融活动相关主体是否存在归集资金、沉淀资金,致使投资人资金存在被挪用、侵占等重大风险等情形,以准确适用法律。

4. **本罪侵犯了国家的金融管理秩序**。非法吸收公众存款或者变相吸收公众存款的行为,一般都是通过采取提高利率的方式或手段,将大量的资金集中到自己手中,从而造成大量社会闲散资金失控。同时,行为人任意提高利率,形成在吸收存款上的不正当竞争,破坏了利率的统一,影响币值的稳定,严重扰乱国家金融秩序。

根据本款规定,对非法吸收公众存款或者变相吸收公众存款,扰乱金融秩序的,处三年以下有期徒刑或者拘役,并处或者单处罚金;**数额巨大或者有其他严重情节的**,处三年以上十年以下有期徒刑,并处罚金;**数额特别巨大或者有其他特别严重情节的**,处十年以上有期徒刑,并处罚金。这里所说的"数额巨大""数额特别巨大"的具体数额和"其他严重情节""其他特别严重情节"的具体情节,可由最高人民法院、最高人民检察院通过司法解释明确。"其他严重情节"一般是指:吸收公众存款或者变相吸收公众存款的犯罪手段恶劣的;屡教不改的;吸收的公众存款用于违法活动的;或者给储户造成重大损失的;以及具有其他属于严重危害国家金融秩序的情况。

第二款是关于单位非法吸收公众存款和变相吸收公众存款犯罪及其处罚的规定。本款规定对于单位犯前款罪的,采取**双罚原则**,即对单位判处罚金,对单位直接负责的主管人员和其他直接责任人员根据犯罪的不同情节,分别依照第一款规定的刑罚处罚。

第三款是关于在提起公诉前积极退赃退赔可以从轻处理的规定。本款是《刑法修正案(十一)》在加大对非法吸收公众存款罪惩治力度的同时,为贯彻宽严相济刑事政策,促使犯罪分子积极退赃退赔,减少和挽回社会公众损失增加的规定。根据本款规定,对非法吸收公众存款犯罪从宽处理必须同时符合以下条件:一是**在提起公诉前**。"提起公诉"是人民检察院对公安机关移送起诉的非法吸收公众存款案件,全面审查,对事实清楚,证据确实充分的,依法应当判处刑罚的,提交人民法院审判的诉讼活动。二是行为人必须**积极退赃退赔**。"退赃"是指将非法吸收的存款退回原所有人;"退赔"是指在非法吸收的存款无法直接退回的情况下,赔偿等值

财产。三是**减少损害结果的发生**。行为人积极退赃退赔的表现,必须要达到避免或减少损害结果发生的实际效果。在同时具备以上前提的条件下,对犯非法吸收公众存款罪的行为人,**可以根据不同情形,从轻或者减轻处罚**。

实践中在执行本条规定应当注意,《刑法修正案(十一)》为依法惩治金融乱象,从严惩治非法集资犯罪,对本条规定的非法吸收公众存款罪和《刑法》第一百九十二条规定的集资诈骗罪都加大了惩处力度,特别是本条规定的非法吸收公众存款罪法定刑提高后,除不能判处无期徒刑外,**与集资诈骗罪的最高刑差别不大了**。实践中,司法机关对于非法集资类犯罪,还是应当根据犯罪事实和是否具有非法占有目的等情节准确定性,做到罚当其罪。

【**司法解释**】

《**最高人民法院关于审理非法集资刑事案件具体应用法律若干问题的解释**》[法释〔2010〕18号,自 2011 年 1 月 4 日起施行,该解释已经被《最高人民法院关于修改〈最高人民法院关于审理非法集资刑事案件具体应用法律若干问题的解释〉的决定》(法释〔2022〕5 号,自 2022 年 3 月 1 日起施行)修正]

△(非法吸收公众存款或者变相吸收公众存款)违反国家金融管理法律规定,向社会公众(包括单位和个人)吸收资金的行为,同时具备下列四个条件的,除刑法另有规定的以外,应当认定为刑法第一百七十六条规定的"非法吸收公众存款或者变相吸收公众存款":

(一)未经有关部门依法许可或者借用合法经营的形式吸收资金;

(二)通过网络、媒体、推介会、传单、手机信息等途径向社会公开宣传;

(三)承诺在一定期限内以货币、实物、股权等方式还本付息或者给付回报;

(四)向社会公众即社会不特定对象吸收资金。

未向社会公开宣传,在亲友或者单位内部针对特定对象吸收资金的,不属于非法吸收或者变相吸收公众存款。(§1)

△(非法吸收公众存款罪)实施下列行为之一,符合本解释第一条第一款规定的条件的,应当依照刑法第一百七十六条的规定,以非法吸收公众存款罪定罪处罚:

(一)不具有房产销售的真实内容或者不以房产销售为主要目的,以返本销售、售后包租、约定回购、销售房产份额等方式非法吸收资金的;

(二)以转让林权并代为管护等方式非法吸收资金的;

(三)以代种植(养殖)、租种植(养殖)、联合种植(养殖)等方式非法吸收资金的;

(四)不具有销售商品、提供服务的真实内容或者不以销售商品、提供服务为主要目的,以商品回购、寄存代售等方式非法吸收资金的;

(五)不具有发行股票、债券的真实内容,以虚假转让股权、发售虚构债券等方式非法吸收资金的;

(六)不具有募集基金的真实内容,以假借境外基金、发售虚构基金等方式非法吸收资金的;

(七)不具有销售保险的真实内容,以假冒保险公司、伪造保险单据等方式非法吸收资金的;

(八)以网络借贷、投资入股、虚拟币交易等方式非法吸收资金的;

(九)以委托理财、融资租赁等方式非法吸收资金的;

(十)以提供"养老服务"、投资"养老项目"、销售"老年产品"等方式非法吸收资金的;

(十一)利用民间"会""社"等组织非法吸收资金的;

(十二)其他非法吸收资金的行为。(§2)

△(**非法吸收或者变相吸收公众存款;入罪门槛**)非法吸收或者变相吸收公众存款,具有下列情形之一的,应当依法追究刑事责任:

(一)非法吸收或者变相吸收公众存款数额在100万元以上的;

(二)非法吸收或者变相吸收公众存款对象150人以上的;

(三)非法吸收或者变相吸收公众存款,给存款人造成直接经济损失数额在50万元以上的。

非法吸收或者变相吸收公众存款数额在50万元以上或者给存款人造成直接经济损失数额在25万元以上,同时具有下列情形之一的,应当依法追究刑事责任:

(一)曾因非法集资受过刑事追究的;

(二)二年内曾因非法集资受过行政处罚的;

(三)造成恶劣社会影响或者其他严重后果的。(§3)

△(**数额巨大或者有其他严重情节;其他严重情节**)非法吸收或者变相吸收公众存款,具有下列情形之一的,应当认定为刑法第一百七十六条规定的"数额巨大或者有其他严重情节":

(一)非法吸收或者变相吸收公众存款数额在500万元以上的;

(二)非法吸收或者变相吸收公众存款对象500人以上的;

(三)非法吸收或者变相吸收公众存款,给存款人造成直接经济损失数额在250万元以上的。

非法吸收或者变相吸收公众存款数额在250万元以上或者给存款人造成直接经济损失数额在150万元以上,同时具有本解释第三条第二款第三项情节的,应当认定为"其他严重情节"。(§4)

△(**数额特别巨大或者有其他特别严重情节;其他特别严重情节**)非法吸收或者变相吸收公众存款,具有下列情形之一的,应当认定为刑法第一百七十六条规定的"数额特别巨大或者有其他特别严重情节":

(一)非法吸收或者变相吸收公众存款数额在5000万元以上的;

(二)非法吸收或者变相吸收公众存款对象5000人以上的;

(三)非法吸收或者变相吸收公众存款,给存款人造成直接经济损失数额在2500万元以上的。

非法吸收或者变相吸收公众存款数额在2500万元以上或者给存款人造成直接经济损失数额在1500万元以上,同时具有本解释第三条第二款第三项情节的,应当认定为"其他特别严重情节"。(§5)

△(**数额计算;从轻或者减轻处罚;量刑情节;可以免予刑事处罚;不作为犯罪处理**)非法吸收或者变相吸收公众存款的数额,以行为人所吸收的资金全额计算。在提起公诉前积极退赃退赔,减少损害结果发生的,可以从轻或者减轻处罚;在提起公诉后退赃退赔的,可以作为量刑情节酌情考虑。

非法吸收或者变相吸收公众存款,主要用于正常的生产经营活动,能够在提起公诉前清退所吸收资金,可以免予刑事处罚;情节显著轻微危害不大的,不作为犯罪处理。

对依法不需要追究刑事责任或者免予刑事处罚的,应当依法将案件移送有关行政机关。(§6)

△(**非法吸收公众存款罪;罚金刑**)犯非法吸收公众存款罪,判处三年以下有期徒刑或者拘役,并处或者单处罚金的,处五万元以上二十万元以下罚金;判处三年以上十年以下有期徒刑的,并处十万元以上五百万元以下罚金;判处十年以上有期徒刑的,并处五十万元以上罚金。(§9Ⅰ)

△(传销;组织、领导传销活动罪;竞合)通过传销手段向社会公众非法吸收资金,构成非法吸收公众存款罪与组织、领导传销活动罪的,依照处罚较重的规定定罪处罚。(§13)

△(**单位犯罪**)单位实施非法吸收公众存款、

集资诈骗犯罪的,依照本解释规定的相应自然人犯罪的定罪量刑标准,对单位判处罚金,并对其直接负责的主管人员和其他直接责任人员定罪处罚。(§14)

[司法解释性文件]

《**最高人民法院、最高人民检察院、公安部、中国证券监督管理委员会关于整治非法证券活动有关问题的通知**》(证监发〔2008〕1号,2008年1月2日公布)

△(**以发行证券为幌子;非法吸收公众存款罪**)关于擅自发行证券的责任追究。未经依法核准,擅自发行证券,涉嫌犯罪的,依照《刑法》第一百七十九条之规定,以擅自发行股票、公司、企业债券罪追究刑事责任。未经依法核准,以发行证券为幌子,实施非法证券活动,涉嫌犯罪的,依照《刑法》第一百七十六条、第一百九十二条等规定,以非法吸收公众存款罪、集资诈骗罪等罪名追究刑事责任。未构成犯罪的,依照《证券法》和有关法律的规定给予行政处罚。(§2Ⅱ)

《**宽严相济在经济犯罪和职务犯罪案件审判中的具体贯彻**》(2010年4月7日公布)

△(**宽严相济;非法吸收公众存款罪;民间借贷;免予刑事处罚事由;不作为犯罪处理**)关于政策法律界限。对于当前金融危机背景下的经济违法行为,应当根据《意见》①第4条规定的"审时度势"原则、第5条规定的"两个效果相统一"原则以及第14条、第23条规定的从宽要求,审慎分析判断其社会危害性,从有利于保障经济增长、维护社会稳定的角度依法准确定罪量刑。以非法集资案件为例说明如下:一是要准确界定非法集资与民间借贷、商业交易的政策法律界限。②未经社会公开宣传,在单位职工或者亲友内部针对特定对象筹集资金的,一般可以不作为非法集资。二是要准确把握非法集资罪与非罪的界限。资金主要用于生产经营及相关活动,行为人有还款意愿,能够及时清退集资款项,情节轻微,社会危害不大的,可以免予刑事处罚或者不作为犯罪处理。此外,对于"边缘案"、"踩线案"、罪与非罪界限一时难以划清的案件,要从有利于促进企业生存发展、有利于保障员工生计、有利于维护社会和谐稳定的高度,依法妥善处理,可定可不定的,原则上不按犯罪处理。特别对于涉及企业、公司法定代表人、技术人员因政策界限不明而实施的轻微违法犯罪,更要依法慎重处理。(§1Ⅱ)

《**最高人民法院关于非法集资刑事案件性质认定问题的通知**》(法〔2011〕262号,2011年8月18日公布)

△(**行政认定**)行政部门对于非法集资的性质认定,不是非法集资案件进入刑事程序的必经程序。行政部门未对非法集资作出性质认定的,不影响非法集资刑事案件的审判。(§1)

△(**司法解释**)人民法院应当依照刑法和《最高人民法院关于审理非法集资刑事案件具体应用法律若干问题的解释》等有关规定认定案件事实的性质,并认定相关行为是否构成犯罪。(§2)

△(**是否符合行业技术标准;行政认定意见**)对于案情复杂、性质认定疑难的案件,人民法院可以在有关部门关于是否符合行业技术标准的行政认定意见的基础上,根据案件事实和法律规定作出性质认定。(§3)

△(**加强配合**)非法集资刑事案件的审判工作涉及领域广、专业性强,人民法院在审理此类案件当中要注意加强与有关行政主(监)管部门以及公安机关、人民检察院的配合。审判工作中遇到重大问题难以解决的,请及时报告最高人民法院。(§4)

《**最高人民法院、最高人民检察院、公安部关于办理非法集资刑事案件适用法律若干问题的意见**》(公通字〔2014〕16号,2014年3月25日公布)

△(**行政认定**)行政部门对于非法集资的性质认定,不是非法集资刑事案件进入刑事诉讼程序的必经程序。行政部门未对非法集资作出性质认定的,不影响非法集资刑事案件的侦查、起诉和审判。

公安机关、人民检察院、人民法院应当依法认定案件事实的性质,对于案情复杂、性质认定疑难的案件,可参考有关部门的认定意见,根据案件事实和法律规定作出性质认定。(§1)

△(**向社会公开宣传**)《最高人民法院关于审理非法集资刑事案件具体应用法律若干问题的解释》第一条第一款第二项中的"向社会公开宣传",包括以各种途径向社会公众传播吸收资金的

---

① 即《最高人民法院关于贯彻宽严相济刑事政策的若干意见》(法发〔2010〕9号,2010年2月8日公布)。
② 我国学者指出,合法民间借贷和非法吸收公众存款之间的区分,可以从以下几个方面进行把握:一是程序,即是否经过有关主管机关批准;二是对象,即是否面向社会不特定对象;三是利率,即是否违反司法解释的规定;四是用途,即所筹集借款的去向。参见黎宏:《刑法学各论》(第2版),法律出版社2016年版,第134页。

信息，以及明知吸收资金的信息向社会公众扩散而予以放任等情形。①（§2）

△(社会公众之认定) 下列情形不属于《最高人民法院关于审理非法集资刑事案件具体应用法律若干问题的解释》第一条第二款规定的"针对特定对象吸收资金"的行为，应当认定为向社会公众吸收资金：

（一）在向亲友或者单位内部人员吸收资金的过程中，明知亲友或者单位内部人员向不特定对象吸收资金而予以放任的；

（二）以吸收资金为目的，将社会人员吸收为单位内部人员，并向其吸收资金的。（§3）

△(共同犯罪；从轻处罚；免除处罚事由；情节显著轻微) 为他人向社会公众非法吸收资金提供帮助，从中收取代理费、好处费、返点费、佣金、提成等费用，构成非法集资共同犯罪的，应当依法追究刑事责任。能够及时退缴上述费用的，可依法从轻处罚；其中情节轻微的，可以免除处罚；情节显著轻微、危害不大的，不作为犯罪处理。（§4）

△(涉案财物之追缴、处置和返还) 向社会公众非法吸收的资金属于违法所得。以吸收的资金向集资参与人支付的利息、分红等财物，以及向帮助吸收资金人员支付的代理费、好处费、返点费、佣金、提成等费用，应当依法追缴。集资参与人本金尚未归还的，所支付的回报可予折抵本金。

将非法吸收的资金及其转换财物用于清偿债务或者转让给他人，有下列情形之一的，应当依法追缴：

（一）他人明知是上述资金及财物而收取的；

（二）他人无偿取得上述资金及财物的；

（三）他人以明显低于市场的价格取得上述资金及财物的；

（四）他人取得上述资金及财物系属于非法债务或者违法犯罪活动的；

（五）其他依法应当追缴的情形。

查封、扣押、冻结的易贬值和保管、养护成本较高的涉案财物，可以在诉讼终结前按照有关规定变卖、拍卖。所得价款由查封、扣押、冻结机关予以保管，待诉讼终结后一并处置。

查封、扣押、冻结的涉案财物，一般应在诉讼终结后，返还集资参与人。涉案财物不足全部返还的，按照集资参与人的集资比例返还。（§5）

△(证据收集) 办理非法集资刑事案件中，确因客观条件的限制无法逐一收集集资参与人的言词证据的，可结合已收集的集资参与人的言词证据和依法收集并查证属实的书面合同、银行账户交易记录、会计凭证及会计账簿、资金收付凭证、审计报告、互联网电子数据等证据，综合认定非法集资对象人数和吸收资金数额等犯罪事实。（§6）

△(涉及民事案件之处理) 对于公安机关、人民检察院、人民法院正在侦查、起诉、审理的非法集资刑事案件，有关单位或者个人就同一事实向人民法院提起民事诉讼或者申请执行涉案财物的，人民法院应当不予受理，并将有关材料移送公安机关或者检察机关。

人民法院在审理民事案件或执行过程中，发现有非法集资犯罪嫌疑的，应当裁定驳回起诉或者中止执行，并及时将有关材料移送公安机关或者检察机关。

公安机关、人民检察院、人民法院在侦查、起诉、审理的民事案件属同一事实，或者被申请执行的财物属于涉案财物的，应当及时通报相关人民法院。人民法院经审查认为确属涉嫌犯罪的，依照前款规定处理。（§7）

△(跨区域非法集资刑事案件；涉案财物之处置；渎职犯罪) 跨区域非法集资刑事案件，在查清犯罪事实的基础上，可以由不同地区的公安机关、人民检察院、人民法院分别处理。

对于分别处理的跨区域非法集资刑事案件，应当按照统一制定的方案处置涉案财物。

国家机关工作人员违反规定处置涉案财物，构成渎职等犯罪的，应当依法追究刑事责任。（§8）

《最高人民检察院关于办理涉互联网金融犯罪案件有关问题座谈会纪要》（高检诉〔2017〕14号，2017年6月2日印发）

△(涉互联网金融；归集资金、沉淀资金；重大风险) 涉互联网金融活动在未经有关部门依法批准的情形下，公开宣传并向不特定公众吸收资金，承诺在一定期限内还本付息的，应当依法追究刑事责任。其中，应重点审查互联网金融活动相关主体是否存在归集资金、沉淀资金，致使投资人资金存在被挪用、侵占等重大风险等情形。（§6）

△(未经有关部门依法批准) 互联网金融的本质是金融，判断其是否属于"未经有关部门依法批准"，即行为是否具有非法性的主要法律依据是

---

① 我国学者指出，本罪的成立并不以非出资者知悉为前提，也不以某一区域或者行业内的多数人知悉为前提。非法吸收公众存款罪的公开性，只是意味着其行为对象的公众性。参见张明楷：《刑法学》（第6版），法律出版社2021年版，第999页。

《商业银行法》、《非法金融机构和非法金融业务活动取缔办法》（国务院令第247号）等现行有效的金融管理法律规定。（§7）

△（**网络借贷领域；非法吸收公众存款罪**）对以下网络借贷领域的非法吸收公众资金的行为，应当以非法吸收公众存款罪分别追究相关行为主体的刑事责任：

（1）中介机构以提供信息中介服务为名，实际从事直接或间接归集资金、甚至自融或变相自融等行为，应当依法追究中介机构的刑事责任。特别要注意识别变相自融行为，如中介机构通过拆分融资项目期限、实行债权转让等方式为自己吸收资金的，应当认定为非法吸收公众存款。

（2）中介机构与借款人存在以下情形之一的，应当依法追究刑事责任：①中介机构与借款人合谋或者明知借款人存在违规情形，仍为其非法吸收公众存款提供服务的；中介机构与借款人合谋，采取向借款人提供信用担保、通过电子渠道以外的物理场所开展借贷业务等违规方式向社会公众吸收资金的；②双方合谋通过拆分融资项目期限、实行债权转让等方式为借款人吸收资金的。在对中介机构、借款人进行追诉时，应根据各自在非法集资中的地位、作用确定其刑事责任。中介机构虽然没有直接吸收资金，但是通过大肆组织借款人开展非法集资并从中收取费用数额巨大、情节严重的，可以认定为主犯。

（3）借款人故意隐瞒事实，违反规定，以自己名义或借用他人名义利用多个网络借贷平台发布借款信息，借款总额超过规定的最高限额，或将吸收资金用于明确禁止的投资股票、场外配资、期货合约等高风险行业，造成重大损失和社会影响的，应当依法追究借款人的刑事责任。对于借款人将借款主要用于正常的生产经营活动，能够及时清退所吸收资金的，不作为犯罪处理。（§8）

△（**主观故意；明知法律的禁止性规定**）在非法吸收公众存款罪中，原则上认定主观故意并不要求以明知法律的禁止性规定为要件。特别是具备一定涉金融活动相关从业经历、专业背景或在犯罪活动中担任一定管理职务的犯罪嫌疑人，应当知晓相关金融法律管理规定，如果有证据证明其实际从事的行为应当批准而未经批准，行为在客观上具有非法性，原则上就可以认定其具有非法吸收公众存款的主观故意。在证明犯罪嫌疑人的主观故意上，可以收集运用犯罪嫌疑人的任职情况、职业经历、专业背景、培训经历、此前任职单位或者其本人因从事同类行为受到处罚情况等证据，证明犯罪嫌疑人提出的"不知道相关行为被法律所禁止，故不具有非法吸收公众存款的主观故意"等辩解不能成立。除此之外，还可以收集运用以下证据进一步印证犯罪嫌疑人知道或应当知道其所从事行为具有非法性，比如犯罪嫌疑人故意规避法律以逃避监管的相关证据：自己或要求下属以特定语言签订虚假的亲友关系确认书，频繁更换宣传用语逃避监管，实际推介内容与宣传用语、实际经营状况不一致，刻意向投资人夸大公司兑付能力，在培训课程中传授或接受规避法律的方法，等等。（§9）

△（**执行单位领导指令；信赖行政主管部门出具的相关意见；主观故意**）对于无相关职业经历、专业背景，且从业时间短暂，在单位犯罪中层级较低，纯属执行单位领导指令的犯罪嫌疑人提出辩解的，如确实无其他证据证明其具有主观故意的，可以不作为犯罪处理。另外，实践中还存在犯罪嫌疑人提出因信赖行政主管部门出具的相关意见而陷入错误认识的辩解。如果上述辩解确有证据证明，不应作为犯罪处理，但应当对行政主管部门出具的相关意见及其出具过程进行查证，如存在以下情形之一，仍应认定犯罪嫌疑人具有非法吸收公众存款的主观故意：

（1）行政主管部门出具意见所涉及的行为与犯罪嫌疑人实际从事的行为不一致的；

（2）行政主管部门出具的意见未对是否存在非法吸收公众存款问题进行合法性审查，仅对其他合法性问题进行审查的；

（3）犯罪嫌疑人在行政主管部门出具意见时故意隐瞒事实、弄虚作假的；

（4）犯罪嫌疑人与出具意见的行政主管部门的工作人员存在利益输送行为的；

（5）犯罪嫌疑人存在其他影响和干扰行政主管部门出具意见公正性的情形的。

对犯罪嫌疑人提出因信赖专家学者、律师等专业人士、主流新闻媒体宣传或有关行政主管部门工作人员的个人意见而陷入错误认识的辩解，不能作为犯罪嫌疑人判断自身行为合法性的根据和排除主观故意的理由。（§10）

△（**吸收金额；经过司法会计鉴定**）负责或从事吸收资金的犯罪嫌疑人非法吸收公众存款金额，根据其实际参与吸收的全部金额认定。但以下金额不应计入该犯罪嫌疑人的吸收金额：

（1）犯罪嫌疑人自身及其近亲属所投资的资金金额；

（2）记录在犯罪嫌疑人名下，但其未实际参与吸收且未从中收取任何形式好处的资金。

吸收金额经过司法会计鉴定的，可以将前述不计入部分分直接扣除。但是，前述两项所涉金额仍应计入相对应的上一级负责人及所在单位的吸

收金额。（§11）

△(**反复投资;累计计算**)投资人在每期投资结束后，利用投资账户中的资金(包括每期投资结束后归还的本金、利息)进行反复投资的金额应当累计计算。对反复投资的数额应当作出说明。对负责或从事行政管理、财务会计、技术服务等辅助工作的犯罪嫌疑人，应当按照其参与的犯罪事实，结合其在犯罪中的地位和作用，依法确定刑事责任范围。（§12）

△(**吸收金额之确定;证据**)确定犯罪嫌疑人的吸收金额时，应当重点审查、认真下列证据：
（1）涉案主体自身的服务器或第三方服务器上存储的交易记录等电子数据；
（2）会计账簿和会计凭证；
（3）银行账户交易记录、POS 机支付记录；
（4）资金收付凭证、书面合同等书证。仅凭投资人报案数据不能认定吸收金额。（§13）

△(**单位犯罪;追诉方向**)涉互联网金融犯罪案件多以单位形式组织实施，所涉单位数量众多、层级复杂，其中还包括大量分支机构和关联单位，集团化特征明显。在涉互联网金融犯罪案件中分支机构遍布全国，既有具备法人资格的，又有不具备法人资格的；既有受总公司直接领导的，又有受总公司的下属单位领导的。公安机关在立案时做法不一，有的对单位立案，有的不对单位立案，有的被立案的单位不具有独立法人资格，有的仅对最上层的单位立案而不对关联单位立案。对此，检察机关公诉部门在审查起诉时，应当从能够全面揭示犯罪行为基本特征、全面覆盖犯罪活动、准确界定区分各层级人员的地位作用、有利于有力指控犯罪、有利于追缴违法所得等方面依法具体把握，确定是否以单位犯罪追究。（§20）

△(**单位犯罪**)涉互联网金融犯罪所涉罪名中，刑法规定应当追究单位刑事责任的，对同时具备以下情形且具有独立法人资格的单位，可以以单位犯罪追究：
（1）犯罪活动经单位决策实施；
（2）单位的员工主要按照单位的决策实施具体犯罪活动；
（3）违法所得归单位所有，经单位决策使用，收益亦归单位所有。但是，单位设立后专门从事违法犯罪活动的，应当以自然人犯罪追究刑事责任。（§21）

△(**不具有独立法人资格的分支机构**)对参与涉互联网金融犯罪，但不具有独立法人资格的分支机构，是否追究其刑事责任，可以区分两种情形处理：
（1）全部或部分违法所得归分支机构所有并

支配，分支机构作为单位犯罪主体追究刑事责任；
（2）违法所得完全归分支机构上级单位所有并支配的，不能对分支机构作为单位犯罪主体追究刑事责任，而是应当对分支机构的上级单位(符合单位犯罪主体资格)追究刑事责任。（§22）

△(**分支机构相关涉案人员**)分支机构认定为单位犯罪主体的，该分支机构相关涉案人员应当作为该分支机构的"直接负责的主管人员"或者"其他直接责任人员"追究刑事责任。仅将分支机构的上级单位认定为单位犯罪主体的，该分支机构相关涉案人员可以作为该上级单位的"其他直接责任人员"追究刑事责任。（§23）

△(**符合追诉条件的分支机构;审查起诉**)对符合追诉条件的分支机构(包括具有独立法人资格的和不具有独立法人资格)及其所属单位，公安机关均没有作为犯罪嫌疑单位移送审查起诉，仅将其所属单位的上级单位作为犯罪嫌疑单位移送审查起诉的，对相关分支机构涉案人员可以区分以下情形处理：
（1）有证据证明被立案的上级单位(比如总公司)在业务、财务、人事等方面对下属单位及其分支机构进行实际控制，下属单位及其分支机构涉案人员可以作为被移送审查起诉的上级单位的"其他直接责任人员"追究刑事责任。在证明实际控制关系时，应当收集、运用公司决策、管理、考核等相关文件，OA 系统等电子数据，资金往来记录等证据。对不同地区同一单位的分支机构涉案人员起诉时，证明实际控制关系的证据体系、证明标准应基本一致。
（2）据现有证据无法证明被立案的上级单位与下属单位及其分支机构之间存在实际控制关系的，对符合单位犯罪构成要件的下属单位或分支机构应当补充起诉，下属单位及其分支机构不具备补充起诉条件的，可以将下属单位及其分支机构的涉案犯罪嫌疑人直接起诉。（§24）

△(**跨区域;涉互联网金融犯罪;统一平衡**)在办理跨区域涉互联网金融犯罪案件时，在追诉标准、追诉范围以及量刑建议等方面应当注意统一平衡。对于同一单位在多个地区分别设立分支机构的，在同一省(自治区、直辖市)范围内应当保持基本一致。分支机构所涉犯罪嫌疑人与上级单位主要犯罪嫌疑人之间应当保持适度平衡，防止出现责任轻重"倒挂"的现象。（§25）

△(**单位犯罪;区分主犯、从犯**)单位犯罪中，直接负责的主管人员和其他直接责任人员在涉互联网金融犯罪案件中的地位、作用存在明显差别的，可以区分主犯和从犯。对起组织领导作用的总公司的直接负责的主管人员和发挥主要作用的

其他直接责任人员,可以认定为全案的主犯,其他人员可以认定为从犯。(§26)

△(**最大限度减少投资人的实际损失;从轻、减轻处罚;不起诉决定**)最大限度减少投资人的实际损失是办理涉互联网金融犯罪案件特别是非法集资案件的重要工作。在决定是否起诉、提出量刑建议时,要重视对是否具有认罪认罚、主动退赃退赔等情节的考察。分支机构涉案人员积极配合调查、主动退还违法所得、真诚认罪悔罪的,应当依法提出从轻、减轻处罚的量刑建议。其中,对情节轻微,可以免予刑事处罚的,或者情节显著轻微、危害不大、不认为是犯罪的,应当依法作出不起诉决定。对被不起诉人需要给予行政处罚或者没收违法所得的,应当向行政主管部门提出检察意见。(§27)

△(**证据;真实性;合法性;关联性**)涉互联网金融犯罪案件证据种类复杂、数量庞大、且分散于各地,收集、审查、运用证据的难度大。各地检察机关公诉部门要紧紧围绕证据的真实性、合法性、关联性,引导公安机关依法全面收集固定证据,加强证据的审查、运用,确保案件事实经得起法律的检验。(§28)

△(**提前介入侦查;收集固定证据;非法证据排除**)对于重大、疑难、复杂涉互联网金融犯罪案件,检察机关公诉部门要依法提前介入侦查,围绕指控犯罪的需要积极引导公安机关全面收集固定证据,必要时与公安机关共同会商,提出完善依据思路、侦查提纲的意见建议。加强对侦查取证合法性的监督,对应当依法排除的非法证据坚决予以排除,对应当补正或作出合理解释的及时提出意见。(§29)

△(**电子数据;云存储电子数据;真实性;合法性;关联性**)电子数据在涉互联网金融犯罪案件的证据体系中地位重要,对于指控证实相关犯罪事实具有重要作用。随着互联网技术的不断发展,电子数据的形式、载体出现了许多新的变化,对电子数据的勘验、提取、审查等提出了更高要求,处理不当会对电子数据的真实性、合法性造成不可逆转的损害。检察机关公诉部门要严格执行《最高人民法院、最高人民检察院、公安部关于办理刑事案件收集提取和审查判断电子数据问题的若干规定》(法发〔2016〕22号),加强对电子数据收集、提取程序和技术标准的审查,确保电子数据的真实性、合法性。对云存储电子数据等新类型电子数据进行提取、审查时,要高度重视程序合法性、数据完整性等问题,必要时主动征求相关领域专家意见,在提取前会同公安机关、云存储服务提供商制定科学合法的提取方案,确保万无一失。(§30)

△(**证据交换共享机制**)落实"三统两分"要求,健全证据交换共享机制,协调推进跨区域案件办理。对涉及主案犯罪嫌疑人的证据,一般由主案侦办地办案机构负责收集,其他地区提供协助。其他地区办案机构需要主案侦办地提供证据材料的,应当向主案侦办地办案机构提出证据需求,由主案侦办地办案机构收集并依法移送。无法移送证据原件的,应当在移送复制件的同时,按照相关规定作出说明。各地检察机关公诉部门之间要加强协作,加强与公安机关的协调,督促本地公安机关与其他地区公安机关做好证据交换共享工作。案件进入审查起诉阶段后,检察机关公诉部门可以根据案件需要,直接向其他地区检察机关调取证据,其他地区检察机关公诉部门应积极协助。此外,各地检察机关在办理案件过程中发现对其他地区案件办理有重要作用的证据,应当及时采取措施并通知相应检察机关,做好依法移送工作。(§31)

《最高人民法院、最高人民检察院、公安部关于办理非法集资刑事案件若干问题的意见》(高检会〔2019〕2号,2019年1月30日公布)

△(**非法集资;非法性**)人民法院、人民检察院、公安机关认定非法集资的"非法性",应当以国家金融管理法律法规作为依据。对于国家金融管理法律法规仅作原则性规定的,可以根据法律规定的精神并参考中国人民银行、中国银行保险监督管理委员会、中国证券监督管理委员会等行政主管部门依照国家金融管理法律法规制定的部门规章或者国家有关金融管理的规定、办法、实施细则等规范性文件的规定予以认定。

△(**单位犯罪**)单位实施非法集资犯罪活动,全部或者大部分违法所得归单位所有的,应当认定为单位犯罪。

个人为进行非法集资犯罪活动而设立的单位实施犯罪的,或者单位设立后,以实施非法集资犯罪活动为主要活动的,不以单位犯罪论处,对单位中组织、策划、实施非法集资犯罪活动的人员应以自然人犯罪依法追究刑事责任。

判断单位是否以实施非法集资犯罪活动为主要活动,应当根据单位实施非法集资的次数、频度、持续时间、资金规模、资金流向、投入人力物力情况、单位成立后的经营的状况以及犯罪活动的影响、后果等因素综合考虑认定。

△(**涉案下属单位;单位犯罪**)办理非法集资刑事案件中,人民法院、人民检察院、公安机关应当全面查清涉案单位,包括上级单位(总公司、母

公司)和下属单位(分公司、子公司)的主体资格、层级、关系、地位、作用、资金流向等,区分情况依法作出处理。

上级单位已被认定为单位犯罪,下属单位实施非法集资犯罪活动,且全部或者大部分违法所得归下属单位所有的,对该下属单位也应当认定为单位犯罪。上级单位和下属单位构成共同犯罪的,应当根据犯罪单位的地位、作用,确定犯罪单位的刑事责任。

上级单位已被认定为单位犯罪,下属单位实施非法集资犯罪活动,但全部或者大部分违法所得归上级单位所有的,对下属单位不单独认定为单位犯罪。下属单位中涉嫌犯罪的人员,可以作为上级单位的其他直接责任人员依法追究刑事责任。

上级单位未被认定为单位犯罪,下属单位被认定为单位犯罪的,对上级单位中组织、策划、实施非法集资犯罪的人员,一般可以与下属单位按照自然人与单位共同犯罪处理。

上级单位与下属单位均未被认定为单位犯罪的,一般以上级单位与下属单位中承担组织、领导、管理、协调职责的主管人员或者直接负责的人员作为主犯,以其他积极参加非法集资犯罪的人员作为从犯,按照自然人共同犯罪处理。

△(**主观故意**)认定犯罪嫌疑人、被告人是否具有非法吸收公众存款的犯罪故意,应当依据犯罪嫌疑人、被告人的任职情况、职业经历、专业背景、培训经历、本人因同类行为受到行政处罚或者刑事追究情况以及吸收资金方式、宣传推广、合同资料、业务流程等证据,结合其供述,进行综合分析判断。

犯罪嫌疑人、被告人使用诈骗方法非法集资,符合《最高人民法院关于审理非法集资刑事案件具体应用法律若干问题的解释》第四条规定的,可以认定为集资诈骗罪中"以非法占有为目的"。

办案机关在办理非法集资刑事案件中,应当根据案件具体情况注意收集运用涉及犯罪嫌疑人、被告人的以下证据:是否使用虚假身份信息对外开展业务;是否虚假订立合同、协议;是否虚假宣传,明显超出经营范围或者夸大经营、投资、服务项目及盈利能力;是否吸收资金后隐匿、销毁合同、协议、账目;是否传授或者接受规避法律、逃避监管的方法,等等。

△(**犯罪数额的认定**)非法吸收或者变相吸收公众存款构成犯罪,具有下列情形之一的,向亲友或者单位内部人员吸收的资金应当与向不特定对象吸收的资金一并计入犯罪数额:

(一)在向亲友或者单位内部人员吸收资金的过程中,明知亲友或者单位内部人员向不特定对象吸收资金而予以放任的;

(二)以吸收资金为目的,将社会人员吸收为单位内部人员,并向其吸收资金的;

(三)向社会公开宣传,同时向不特定对象、亲友或者单位内部人员吸收资金的。

非法吸收或者变相吸收公众存款的数额,以行为人所吸收的资金全额计算。集资参与人收回本金或者获得回报后又重复投资的数额不予扣除,但可以作为量刑情节酌情考虑。

△(**宽严相济刑事政策**)办理非法集资刑事案件,应当贯彻宽严相济刑事政策,依法合理把握追究刑事责任的范围,综合运用刑事手段和行政手段处置和化解风险,做到惩处少数、教育挽救大多数。要根据行为人的客观行为、主观恶性、犯罪情节及其地位、作用、层级、职务等情况,综合判断行为人的责任轻重和刑事追究的必要性,按照区别对待原则分类处理涉案人员,做到罚当其罪、罪责刑相适应。

重点惩处非法集资犯罪活动的组织者、领导者和管理人员,包括单位犯罪中的上级单位(总公司、母公司)的核心层、管理层和骨干人员,下属单位(分公司、子公司)的管理层和骨干人员,以及其他发挥主要作用的人员。

对于涉案人员积极配合调查、主动退赃退赔、真诚认罪悔罪的,可以依法从轻处罚,其中情节轻微的,可以免除处罚;情节显著轻微、危害不大的,不作为犯罪处理。

△(**管辖**)跨区域非法集资刑事案件按照《国务院关于进一步做好防范和处置非法集资工作的意见》(国发〔2015〕59号)确定的工作原则办理。如果合并侦查、诉讼更为适宜的,可以合并办理。

办理跨区域非法集资刑事案件,如果多个公安机关都有权立案侦查的,一般由主要犯罪地公安机关作为案件主办地,对主要犯罪嫌疑人立案侦查和移送审查起诉;由其他犯罪地公安机关对案件分办地根据案件具体情况,对本地区犯罪嫌疑人立案侦查和移送审查起诉。

管辖不明或者有争议的,按照有利于查清犯罪事实、有利于诉讼的原则,由其共同的上级公安机关协调确定或者指定有关公安机关作为案件主办地立案侦查。需要提请批准逮捕、移送审查起诉、提起公诉的,由分别立案侦查的公安机关所在地的人民检察院、人民法院受理。

对于重大、疑难、复杂的跨区域非法集资刑事案件,公安机关应当在协调确定或者指定案件主办地立案侦查的同时,通报同级人民检察院、人民法院。人民检察院、人民法院参照前款规定,确定主要犯罪地作为案件主办地，其他犯罪地作为案件分办地，由所在地的人民检察院、人民法院负责起诉、审判。

本条规定的"主要犯罪地"，包括非法集资活动的主要组织、策划、实施地，集资行为人的注册地、主要营业地、主要办事机构所在地，集资参与人的主要所在地等。

△（办案工作机制）案件主办地和其他涉案地办案机关应当密切沟通协调，协同推进侦查、起诉、审判、资产处置工作，配合有关部门最大限度追赃挽损。

案件主办地办案机关应当统一负责主要犯罪嫌疑人、被告人涉嫌非法集资全部犯罪事实的立案侦查、起诉、审判，防止遗漏犯罪事实；并应就全案处理政策、追诉主要犯罪嫌疑人、被告人的证据要求及诉讼时限、追赃挽损、资产处置等工作要求，向其他涉案地办案机关进行通报。其他涉案地办案机关应当对本地区犯罪嫌疑人、被告人涉嫌非法集资的犯罪事实及时立案侦查、起诉、审判，积极协助主办地处置涉案资产。

案件主办地和其他涉案地办案机关应当建立和完善证据交换共享机制。对涉及主要犯罪嫌疑人、被告人的证据，一般由案件主办地办案机关负责收集，其他涉案地提供协助。案件主办地办案机关应当及时通报接收涉及主要犯罪嫌疑人、被告人的证据材料的程序及要求。其他涉案地办案机关需要向其他涉案地提供证据材料的，应当向案件主办地办案机关提出证据需求，由案件主办地收集并依法移送。无法移送证据原件的，应当在移送复制件的同时，按照相关规定作出说明。

△（涉案财物追缴处置）办理跨区域非法集资刑事案件，其他涉案地办案机关应当及时归集涉案财物，为统一资产处置做好基础性工作。其他涉案地办案机关应当及时查明涉案财物，明确其来源、去向、用途、流转情况，依法办理查封、扣押、冻结手续，并制作详细清单，对扣押款项应当设立明细账，在扣押后立即存入办案机关唯一合规账户，并将有关情况提供案件主办地办案机关。

人民法院、人民检察院、公安机关应当严格依照刑事诉讼法和相关司法解释的规定，依法移送、审查、处理查封、扣押、冻结的涉案财物。对审判时尚未追缴到案或者尚未足额退赔的违法所得，人民法院应当判决继续追缴或者责令退赔，由人民法院负责执行，处置非法集资职能部门、人民检察院、公安机关等应当予以配合。

人民法院对涉案财物依法作出判决后，有关地方和部门应当在处置非法集资职能部门统筹协

调下，切实履行协作义务，综合运用多种手段，做好涉案财物清运、财产变现、资金归集、资金清退等工作，确保最大限度减少实际损失。

根据有关规定，查封、扣押、冻结的涉案财物，一般应在诉讼终结后返还集资参与人。涉案财物不足全部返还的，按照集资参与人的集资额比例返还。退赔集资参与人的损失一般优先于其他民事债务以及罚金、没收财产的执行。

△（集资参与人；权利保障）集资参与人，是指向非法集资活动投入资金的单位和个人，为非法集资活动提供帮助并获取经济利益的单位和个人除外。

人民法院、人民检察院、公安机关应当通过及时公布案件进展、涉案资产处置情况等方式，依法保障集资参与人的合法权利。集资参与人可以推选代表人向人民法院提出相关意见和建议；推选不出代表人的，人民法院可以指定代表人。人民法院可以视案件情况决定集资参与人代表人参加或者旁听庭审，对集资参与人提起附带民事诉讼等请求不予受理。

△（行政执法与刑事司法衔接）处置非法集资部门或者有关行政主管部门，在调查非法集资行为或者行政执法过程中，认为案情重大、疑难、复杂的，可以商请公安机关就追诉标准、证据固定等问题提出咨询或者参考意见；发现非法集资行为涉嫌犯罪的，应当按照《行政执法机关移送涉嫌犯罪案件的规定》等规定，履行相关手续，在规定的期限内将案件移送公安机关。

人民法院、人民检察院、公安机关在办理非法集资刑事案件过程中，可商请处置非法集资职能部门或者有关行政主管部门指派专业人员配合开展工作，协助查阅、复制有关专业资料，就案件涉及的专业问题出具认定意见。涉及需要行政处理的事项，应当及时移交处置非法集资职能部门或有关行政主管部门依法处理。

《最高人民法院、最高人民检察院、公安部、司法部关于办理黑恶势力犯罪案件若干问题的指导意见》（法发〔2018〕1号，2018年1月16日公布）

△（民间借贷；擅自设立金融机构罪；非法吸收公众存款罪；骗取贷款罪；高利转贷罪；故意杀人罪；故意伤害罪；非法拘禁罪；故意毁坏财物罪；数罪并罚）在民间借贷活动中，如有擅自设立金融机构、非法吸收公众存款、骗取贷款、套取金融机构资金发放高利贷以及为强索债务而实施故意杀人、故意伤害、非法拘禁、故意毁坏财物等行为的，应当按照具体犯罪侦查、起诉、审判。依法符合数罪并罚条件的，应当并罚。（§19）

△(假借民间借贷之名;诈骗罪;强迫交易罪;敲诈勒索罪;抢劫罪;虚假诉讼罪;违法所得)对于以非法占有为目的,假借民间借贷之名,通过"虚增债务""签订虚假借款协议""制造资金走账流水""肆意认定违约""转单平账""虚假诉讼"等手段非法占有他人财产,或者使用暴力、威胁手段强立债权、强行索债的,应当根据案件具体事实,以诈骗、强迫交易、敲诈勒索、抢劫、虚假诉讼等罪名侦查、起诉、审判。对于非法占有的被害人实际所得借款以外的虚高"债务"和以"保证金""中介费""服务费"等各种名目扣除或收取的额外费用,均应计入违法所得。对于名义上为被害人所得、但在案证据能够证明实际上却为犯罪嫌疑人、被告人实施后续犯罪所使用的"借款",应予以没收。(§20)

《最高人民法院、最高人民检察院关于常见犯罪的量刑指导意见(试行)》(法发〔2021〕21号,2021年6月6日公布施行)

△(非法吸收公众存款罪;量刑)

1. 构成非法吸收公众存款罪的,根据下列情形在相应的幅度内确定量刑起点:

(1)犯罪情节一般的,在一年以下有期徒刑、拘役幅度内确定量刑起点。

(2)达到数额巨大起点或者有其他严重情节的,在三年至四年有期徒刑幅度内确定量刑起点。

(3)达到数额特别巨大起点或者有其他特别严重情节的,在十年至十二年有期徒刑幅度内确定量刑起点。

2. 在量刑起点的基础上,根据非法吸收存款数额等其他影响犯罪构成的犯罪事实增加刑罚量,确定基准刑。

3. 对于在提起公诉前积极退赃退赔,减少损害结果发生的,可以减少基准刑的40%以下;犯罪较轻的,可以减少基准刑的40%以上或者依法免除处罚。

4. 构成非法吸收公众存款罪的,根据非法吸收公众存款数额、存款人数、给存款人造成的直接经济损失数额等犯罪情节,综合考虑被告人缴纳罚金的能力,决定罚金数额。

5. 构成非法吸收公众存款罪的,综合考虑非法吸收公众存款人数、给存款人造成的直接经济损失数额、清退资金数额等犯罪事实、量刑情节,以及被告人主观恶性、人身危险性、认罪悔罪表现等因素,决定缓刑的适用。

《最高人民检察院、公安部关于公安机关管辖的刑事案件立案追诉标准的规定(二)》(公通字〔2022〕12号,2022年4月6日公布)

△(非法吸收公众存款罪;立案追诉标准)非法吸收公众存款或者变相吸收公众存款,扰乱金融秩序,涉嫌下列情形之一的,应予立案追诉:

(一)非法吸收或者变相吸收公众存款数额在一百万元以上的;

(二)非法吸收或者变相吸收公众存款对象一百五十人以上的;

(三)非法吸收或者变相吸收公众存款,给集资参与人造成直接经济损失数额在五十万元以上的;

非法吸收或者变相吸收公众存款数额在五十万元以上或者给集资参与人造成直接经济损失数额在二十五万元以上,同时涉嫌下列情形之一的,应予立案追诉:

(一)因非法集资受过刑事追究的;

(二)二年内因非法集资受过行政处罚的;

(三)造成恶劣社会影响或者其他严重后果的。(§23)

【指导性案例】

最高人民检察院指导性案例第64号:杨卫国等人非法吸收公众存款案(2020年2月5日发布)

△(非法吸收公众存款;网络借贷;资金池)单位或个人假借开展网络借贷信息中介业务之名,未经依法批准,归集不特定公众的资金设立资金池,控制、支配资金池中的资金,并承诺还本付息的,构成非法吸收公众存款罪。

最高人民检察院指导性案例第175号:张业强等人非法集资案(2023年5月11日发布)

△(私募基金;非法集资;非法占有目的;证据审查)违反私募基金管理有关规定,以发行销售私募基金形式公开宣传,向社会公众吸收资金,并承诺还本付息的,属于变相非法集资。向私募基金投资者隐瞒未将募集资金用于约定项目的事实,虚构投资项目经营情况,应当认定为使用诈骗方法。非法集资人虽然将部分集资款投入生产经营活动,但投资随意,明知经营活动盈利能力不具有支付本息的现实可能性,仍然向社会公众大规模吸收资金,还本付息主要通过募新还旧实现,致使集资款不能返还的,应当认定其具有非法占有目的。在共同犯罪或者单位犯罪中,应当根据非法集资人是否具有非法占有目的、认定其构成集资诈骗罪还是非法吸收公众存款罪。检察机关应当围绕私募基金宣传推介方式、收益分配规则、投资人信息、资金实际去向等重点判断非法集资人是否具有非法占有目的,针对性开展指控证明工作。

【公报案例】

渭南市尤湖塔园有限责任公司、惠庆祥、陈创、冯振达非法吸收公众存款,惠庆祥挪用资金案
(《最高人民法院公报》2008 年第 6 期)

△(变相吸收公众存款)未经中国人民银行批准,不以吸收公众存款的名义,向社会不特定对象吸收资金,但承诺履行的义务与吸收公众存款性质相同,即承诺在一定期限内返本付息的,属于《刑法》第一百七十六条规定的"变相吸收公众存款"。只要行为人实施了非法吸收公众存款的行为,无论采取何种非法吸收公众存款的手段、方式,均不影响非法吸收公众存款罪的成立。

【参考案例】

No.3-4-176-1 中富证券有限责任公司及彭军等人非法吸收公众存款案

承诺保本付息进行所谓投资理财,属于变相吸收公众存款行为。

No.3-4-176-2 中富证券有限责任公司及彭军等人非法吸收公众存款案

非法吸收公众存款的涉案金额,应以实际收取的客户享有所有权的自有资金为准。

No.3-4-176-3 惠庆祥等非法吸收公众存款案

未经中国人民银行批准,向社会不特定对象吸收资金,承诺在一定期限内还本付息的,属于变相吸收公众存款,应以非法吸收公众存款罪论处。

No.3-4-176-4 惠庆祥等非法吸收公众存款案

向社会不特定对象吸收存款的,构成非法吸收公众存款罪,不属于合法的民间借贷。

No.3-4-176-5 田亚平诈骗案

金融机构工作人员以虚构银行内部高额利息存款的手段,吸纳亲友等特定人的大量现金,归个人使用的,不构成非法吸收公众存款罪,应以诈骗罪论处。

No.3-4-176-6 高远非法吸收公众存款案

以高额利息为诱饵,吸收公众存款进行赢利,但不具有非法占有目的的,不构成集资诈骗罪,应以非法吸收公众存款罪论处。

No.3-4-176-7 云南荷尔思商贸有限责任公司、张安均等非法吸收公众存款案

行为人使用诈骗方法非法集资后,用于生产经营的资金与筹集资金规模明显不成比例,致使集资款不能返还的,应认定行为人对集资款具有非法占有目的。

No.3-4-176-8 韩学梅、刘孝明、李鸿雁非法吸收公众存款案

行为人委托第三方代为销售其私募基金理财产品,本质是利用第三方的客户资源向社会公开宣传,并向社会不特定对象吸收资金的行为,构成非法吸收公众存款罪。

No.3-4-176-9 毛肖东等非法吸收公众存款案

非法吸收公众存款罪中"数额巨大"与"其他严重情节"在社会危害性、法益侵害与犯罪后果的可救济方面存在明显区别,二者适用缓刑的可能性应予区别对待:一般情况下,"数额巨大"可能适用缓刑,而"其他严重情节"不适用缓刑。

No.3-4-176-10 毛肖东等非法吸收公众存款案

非法吸收公众存款罪"数额巨大"能否适用"从轻处罚"应当考察集资目的与清退资金两个要素。

第一百七十七条 【伪造、变造金融票证罪】

有下列情形之一,伪造、变造金融票证的,处五年以下有期徒刑或者拘役,并处或者单处二万元以上二十万元以下罚金;情节严重的,处五年以上十年以下有期徒刑,并处五万元以上五十万元以下罚金;情节特别严重的,处十年以上有期徒刑或者无期徒刑,并处五万元以上五十万元以下罚金或者没收财产:
（一）伪造、变造汇票、本票、支票的;
（二）伪造、变造委托收款凭证、汇款凭证、银行存单等其他银行结算凭证的;
（三）伪造、变造信用证或者附随的单据、文件的;
（四）伪造信用卡的。
单位犯前款罪的,对单位判处罚金,并对其直接负责的主管人员和其他直接责任人员,依照前款的规定处罚。

【立法解释】

《全国人民代表大会常务委员会关于〈中华人民共和国刑法〉有关信用卡规定的解释》(2004年12月29日通过)

△**(信用卡)** 刑法规定的"信用卡",是指由商业银行或者其他金融机构发行的具有消费支付、信用贷款、转账结算、存取现金等全部功能或者部分功能的电子支付卡。

【条文说明】

本条是关于伪造、变造金融票证罪及其处罚的规定。

本条共分为两款。

第一款是关于伪造、变造汇票、本票、支票、信用证等金融票证犯罪及其处罚的规定。本款规定中的"**金融票证**",主要包括汇票、本票、支票、信用证或者附随的单据、文件、信用卡以及委托收款凭证、汇款凭证、银行存单等其他银行结算凭证等。对伪造、变造金融票证的行为,第一款具体规定了四项:

第(一)项规定了伪造、变造汇票、本票、支票的行为。这里的"**汇票**",根据《票据法》第十九条的规定,是指出票人签发的,委托付款人在见票时或者在指定日期无条件支付确定的金额给收款人或者持票人的票据。汇票分为银行汇票和商业汇票。"**本票**",根据《票据法》第七十三条的规定,是指出票人签发的,承诺自己在见票时无条件支付确定的金额给收款人或者持票人的票据。"**支票**",根据《票据法》第八十一条的规定,是指出票人签发的,委托办理支票存款业务的银行或者其他金融机构在见票时无条件支付确定的金额给收款人或者持票人的票据。这里所说的"**伪造**",是指行为人仿照真实的汇票、本票或者支票的形式、图案、颜色、格式,通过印刷、复印、绘制等制作方法非法制造以上票据的行为。① 这里所说的"**变造**",是指行为人在真实的汇票、本票或者支票的基础上或以真实的票据为基本材料,通过剪接、挖补、覆盖、涂改等方法,对票据的主要内容,非法加以改变的行为,如改变出票人名称、持票人名称、金额、有效期等。

第(二)项规定了伪造、变造银行结算凭证的行为。这里所说的"**银行结算凭证**",是指银行办理支付结算过程中用以表明结算法律关系的各种凭据和证明,主要分为有价单证、重要空白凭证和一般结算凭证三种,包括汇票、本票、支票以及委托收款凭证、汇款凭证、进账单等银行、单位和个人填写的各种结算凭证。其中,"**委托收款凭证**"是指收款人在委托银行向付款人收取款项时,所填写提供的凭据和证明。委托收款凭证分为邮寄和电报划回两种,由收款人选择。这里所说的"**汇款凭证**",是指汇款人委托银行将款项汇给收款人时,所填写的凭据和证明。这里所说的"**银行存单**",既是一种信用凭证,也是一种银行结算凭证。这里的"**其他银行结算凭证**"为委托收款凭证、汇款凭证、银行存单以外的其他结算凭证,主要有进账单、联行报单、限额结算凭证、债务收款单证、内部往来凭证等。这里的"**伪造**"主要是指行为人印刷、复印、绘制银行结算凭证的行为。实践中,较多的是未经国家有关主管部门的批准,非法印制银行结算凭证的行为。"**变造**"主要是指以真实的银行结算凭证为基础或基础性材料,通过剪接、挖补、覆盖、涂改等方法对其进行加工、修改的行为。

第(三)项规定了伪造、变造信用证或者附随

---

① 伪造包括有形伪造和无形伪造两种。参见张明楷:《刑法学》(第6版),法律出版社2021年版,第1004页。

的单据、文件的行为。信用证是国际贸易结算的一种方式,是银行有条件地保证付款的凭证。规范的信用证有标准的格式和内容。"**伪造**"信用证是指行为人采用描绘、复制、印刷等方法仿照信用证的格式、内容制造假信用证的行为或以编造、冒用某银行的名义开出假信用证的行为。"**变造**"信用证是指行为人在原信用证的基础上,采用涂改、剪贴、挖补等方法改变原信用证的内容和主要条款,使其成为虚假的信用证的行为。作为国际贸易结算手段的依据的绝大多数是跟单信用证。按照这种结算方式,开证银行根据买方的资信情况,要求其提供一定的抵押或缴纳一定的保证金,也可以要求其先将货款存入开证银行后,开证银行按照买方的要求开具信用证,通知卖方或卖方的开户银行,卖方按买卖合同和信用证规定的条款组织发运货物,同时备齐所有单据,议付银行对卖方所提交的单据进行审查后,如认为符合信用证的规定即通知代付银行垫付款项,同时向开证银行或者其他特定的付款银行索偿,开证银行核对单据无误后付款给议付银行,并通知买方备款赎单。从信用证的交易过程看,信用证交易实际上就是单据买卖,信用证备当事人所处理的是单据而不是货物。单据是卖方对买方履行了合同义务的证明文件,买方也只能通过单据了解货物的情况。因此,单据是否真实,是否真正代表了符合要求的货物就很重要了。因此,信用证附随的单据在信用证交易中起着十分重要的作用。信用证附随的单据主要有运输单据、商业发票和保险单据三种。**运输单据**是表明运送人已将货物装船或发运或接受监管的单据,包括海运提单、不可转让的海运提单、租船合同提单、空运单据、公路、铁路或内陆水运单据、快递收据、邮政收据或投邮证明等。**保险单据**是关于货物运输保险的单据。**商业发票**是证明卖方已履行了合同的凭证,也是海关实行货物进出口管理的依据,是买方验收货物是否完全符合合同规定的数量、质量、品种等的依据。此外,有的信用证还需要附其他的单据,如领事发票、海关发票、出口许可证、产地证明书。**伪造、变造附随的单据、文件**是指行为人在使用信用证时伪造、变造提单等必须附随信用证的单据的行为。

第(四)项规定了伪造信用卡的行为。**伪造信用卡的犯罪**主要分为两种情况:一是非法制造信用卡,即模仿信用卡的质地、模式、版块、图样以及磁条密码等制造信用卡;二是在真卡的基础上进行伪造,即信用卡本身是合法制造出来的,但是未经银行或者信用卡发卡机构发行给用户正式使用,即在卡面上未加打卡号或者姓名,在磁条上也未输入一定的密码等信息,但是通过复制他人信用卡,或者将他人信用卡的信息资料写入磁条介质、芯片等使这种空白的信用卡能够使用。这种信用卡的伪造,多发生在银行内部或者发行信用卡机构内部,不少为这些机构内部的工作人员所为。根据《最高人民法院、最高人民检察院关于办理妨害信用卡管理刑事案件具体应用法律若干问题的解释》第一条的规定:"复制他人信用卡、将他人信用卡信息资料写入磁条介质、芯片或者以其他方法伪造信用卡一张以上的,应当认定为刑法第一百七十七条第一款第四项规定的'**伪造信用卡**',以伪造金融票证罪定罪处罚。伪造空白信用卡十张以上的,应当认定为刑法第一百七十七条第一款第四项规定的'伪造信用卡',以伪造金融票证罪定罪处罚。伪造信用卡,有下列情形之一的,应当认定为刑法第一百七十七条规定的'**情节严重**':(一)伪造信用卡五张以上不满二十五张的;(二)伪造的信用卡内存款余额、透支额度单独或者合计数额在二十万元以上不满一百万元的;(三)伪造空白信用卡五十张以上不满二百五十张的;(四)其他情节严重的情形。伪造信用卡,有下列情形之一的,应当认定为刑法第一百七十七条规定的'**情节特别严重**':(一)伪造信用卡二十五张以上的;(二)伪造的信用卡内存款余额、透支额度单独或者合计数额在一百万元以上的;(三)伪造空白信用卡二百五十张以上的;(四)其他情节特别严重的情形。本条所称'信用卡内存款余额、透支额度',以信用卡被伪造后发卡行记录的最高存款余额、可透支额度计算。"根据本款规定,对伪造、变造金融票证的,处五年以下有期徒刑或者拘役,并处或者单处二万元以上二十万元以下罚金;**情节严重**的,处五年以上十年以下有期徒刑,并处五万元以上五十万元以下罚金;**情节特别严重**的,处十年以上有期徒刑或者无期徒刑,并处五万元以上五十万元以下罚金或者没收财产。

第二款是对单位犯本条之罪时进行处罚的规定。根据本款规定,**单位犯伪造、变造金融票证罪**的,对单位判处罚金,并对其直接负责的主管人员和其他直接责任人员,根据案件的具体情况依照前款个人犯此罪的三个量刑档次进行处罚。

需要注意的是,关于本条规定的立案追诉标准,根据《最高人民检察院、公安部关于公安机关管辖的刑事案件立案追诉标准的规定(二)》第二十九条的规定:"伪造、变造金融票证,涉嫌下列情形之一的,**应予立案追诉**:(一)伪造、变造汇票、本票、支票,或者伪造、变造委托收款凭证、汇款凭证、银行存单等其他银行结算凭证,或者伪造、变造信用证或者附随的单据、文件,总面额在一万元以上或者数量在十张以上的;(二)伪造信用卡一张以上,或者伪造空白信用卡十张以上的。"

【司法解释】

《最高人民法院、最高人民检察院关于办理妨害信用卡管理刑事案件具体应用法律若干问题的解释》(法释〔2018〕19号,自2018年12月1日起施行)

△(伪造信用卡;伪造金融票证罪;情节严重;情节特别严重;信用卡内存款余额、透支额度)复制他人信用卡,将他人信用卡信息资料写入磁条介质、芯片或者以其他方法伪造信用卡一张以上的,应当认定为刑法第一百七十七条第一款第四项规定的"伪造信用卡",以伪造金融票证罪定罪处罚。

伪造空白信用卡十张以上的,应当认定为刑法第一百七十七条第一款第四项规定的"伪造信用卡",以伪造金融票证罪定罪处罚。

伪造信用卡,有下列情形之一的,应当认定为刑法第一百七十七条规定的"情节严重":

(一)伪造信用卡五张以上不满二十五张的;

(二)伪造的信用卡内存款余额、透支额度单独或者合计数额在二十万元以上不满一百万元的;

(三)伪造空白信用卡五十张以上不满二百五十张的;

(四)其他情节严重的情形。

伪造信用卡,有下列情形之一的,应当认定为刑法第一百七十七条规定的"情节特别严重":

(一)伪造信用卡二十五张以上的;

(二)伪造的信用卡内存款余额、透支额度单独或者合计数额在一百万元以上的;

(三)伪造空白信用卡二百五十张以上的;

(四)其他情节特别严重的情形。

本条所称"信用卡内存款余额、透支额度",以信用卡被伪造后发卡行记录的最高存款余额、可透支额度计算。(§1)

【司法解释性文件】

《最高人民检察院、公安部关于公安机关管辖的刑事案件立案追诉标准的规定(二)》(公通字〔2022〕12号,2022年4月6日公布)

△(伪造、变造金融票证罪;立案追诉标准)

伪造、变造金融票证,涉嫌下列情形之一的,应予立案追诉:

(一)伪造、变造汇票、本票、支票,或者伪造、变造委托收款凭证、汇款凭证、银行存单等其他银行结算凭证,或者伪造、变造信用证或者附随的单据、文件,总面额在一万元以上或者数量在十张以上的;

(二)伪造信用卡一张以上,或者伪造空白信用卡十张以上的。(§24)

【参考案例】

No.3-5-194(1)-3 周大伟票据诈骗案

盗取空白现金支票伪造后使用的,应以伪造金融票证罪论处。

第一百七十七条之一 【妨害信用卡管理罪】【窃取、收买、非法提供信用卡信息罪】

有下列情形之一,妨害信用卡管理,处三年以下有期徒刑或者拘役,并处或者单处一万元以上十万元以下罚金;数量巨大或者有其他严重情节的,处三年以上十年以下有期徒刑,并处二万元以上二十万元以下罚金:

(一)明知是伪造的信用卡而持有、运输的,或者明知是伪造的空白信用卡而持有、运输,数量较大的;

(二)非法持有他人信用卡,数量较大的;

(三)使用虚假的身份证明骗领信用卡的;

(四)出售、购买、为他人提供伪造的信用卡或者以虚假的身份证明骗领的信用卡的。

窃取、收买或者非法提供他人信用卡信息资料的,依照前款规定处罚。

银行或者其他金融机构的工作人员利用职务上的便利,犯第二款罪的,从重处罚。

【立法解释】

《全国人民代表大会常务委员会关于〈中华人民共和国刑法〉有关信用卡规定的解释》(2004年12月29日通过)

△(信用卡)刑法规定的"信用卡",是指由商业银行或者其他金融机构发行的具有消费支付、信用贷款、转账结算、存取现金等全部功能或者部分功能的电子支付卡。

第一百七十七条之一

【立法沿革】

《中华人民共和国刑法修正案(五)》(自2005年2月28日起施行)

一、在刑法第一百七十七条后增加一条,作为第一百七十七条之一:

"有下列情形之一,妨害信用卡管理的,处三年以下有期徒刑或者拘役,并处或者单处一万元以上十万元以下罚金;数量巨大或者有其他严重情节的,处三年以上十年以下有期徒刑,并处二万元以上二十万元以下罚金:

"(一)明知是伪造的信用卡而持有、运输的,或者明知是伪造的空白信用卡而持有、运输,数量较大的;

"(二)非法持有他人信用卡,数量较大的;

"(三)使用虚假的身份证明骗领信用卡的;

"(四)出售、购买、为他人提供伪造的信用卡或者以虚假的身份证明骗领的信用卡的。

"窃取、收买或者非法提供他人信用卡信息资料的,依照前款规定处罚。

"银行或者其他金融机构的工作人员利用职务上的便利,犯第二款罪的,从重处罚。"

【条文说明】

本条是关于妨害信用卡管理罪和窃取、收买、非法提供信用卡信息罪及其处罚的规定。

本条共分为三款。

第一款是关于妨害信用卡管理的犯罪及其处罚的规定。根据本条的规定,构成妨害信用卡管理的犯罪,必须符合以下构成要件:一是行为人主观上为**故意**,即明知自己的行为会发生妨害信用卡管理的后果,并希望这种结果发生。二是行为人客观上实施了**妨害信用卡管理的行为**。根据本条的规定,行为人实施的妨害信用卡管理的行为主要有以下形式:

1. 明知是伪造的信用卡①**而持有、运输的,或者明知是伪造的空白信用卡而持有、运输,数量较大的**。近年来,为了逃避打击,许多犯罪组织之间形成了细致的分工。从空白银行卡的印制、运输、买卖,到写入磁条信息完成假卡制作,再到使用假卡取现或骗取财物的各个环节往往由不同犯罪组织的人员承担。除了在伪造和使用环节查获的案件以外,对其他环节查获的人员,如果要按照共同犯罪来追究,则行为人之间的共同犯罪故意很难查证。实践中查获的一些案件,行为人持有、运输大量伪造的银行卡或者伪造的空白银行卡,但如果不能查明该银行卡系其本人伪造,或者要用于实施诈骗,就很难追究其刑事责任。因此,修改刑法,在妨害信用卡管理的犯罪行为中,规定了非法持有、运输伪造的信用卡或者伪造的空白信用卡的行为。值得注意的是,**持有、运输伪造的信用卡,无论数量多少,均可构成犯罪;而持有、运输伪造的空白信用卡,必须达到数量较大的,才能构成犯罪**。根据2018年《最高人民法院、最高人民检察院关于办理妨害信用卡管理刑事案件具体应用法律若干问题的解释》第二条第一款的规定,明知是伪造的空白信用卡而持有、运输十张以上不满一百张的,应当认定为《刑法》第一百七十七条之一第一款第(一)项规定的"**数量较大**"。

2. 非法持有他人信用卡②**,数量较大的**。根据2016年《最高人民法院、最高人民检察院、公安部关于办理电信网络诈骗等刑事案件适用法律若干问题的意见》的规定,非法持有他人信用卡,没有证据证明从事电信网络诈骗犯罪活动,但符合非法持有他人信用卡数量较大的,以妨害信用卡管理罪追究刑事责任。根据2018年《最高人民法院、最高人民检察院关于办理妨害信用卡管理刑事案件具体应用法律若干问题的解释》第二条第一款的规定,非法持有他人信用卡五张以上不满五十张的,应当认定为《刑法》第一百七十七条之一第一款第(二)项规定的"**数量较大**"。

3. 使用虚假的身份证明骗领信用卡的。使用虚假的身份证明、资信证明等,骗领信用卡后大量透支诈骗银行贷款的犯罪,是当前多发的一种信用卡诈骗活动。在行为人使用伪造的身份证明、任职证明、收入证明骗领信用卡;有的假借招聘,骗取求职者身份资料后,使用真实的身份证复印件,伪造在职证明、收入证明等一次骗领大量信用卡;有的公司冒用员工名义骗领信用卡后供公司使用。有的不法分子以信用卡代理公司的名义,专门帮助他人骗领信用卡牟利。这些人员利用熟悉银行内部发卡审核程序的便利,替申请人

---

① "伪造的信用卡"包括无权制作的信用卡和有权但非法制作的信用卡。参见黎宏:《刑法学各论》(第2版),法律出版社2016年版,第137页。

② 非法持有他人信用卡,并不要求信用卡的来源非法,而是要求持有行为本身违反信用卡管理规定。否则,必然导致难以处理认识错误的情形,进而造成处罚的漏洞。参见张明楷:《刑法学》(第6版),法律出版社2021年版,第1007页。同时,也有论者指出,在特定情况下,不排除他人伪造的信用卡。参见黎宏:《刑法学各论》(第2版),法律出版社2016年版,第137页。

伪造各种资信证明文件和资料，向多个发卡银行骗领多张信用卡，有的为一个申请人一次申领十余张信用卡。这些申请人往往资信状况较差，骗取信用卡就是为了透支取现。有的代理公司还以各种手段骗取银行授权，成为特约商户，然后帮助申请人在其POS机上取现，并收取高额手续费。针对这种情况，有必要将使用虚假身份证明骗领信用卡的行为规定为犯罪，因为这种行为人主观上非法占有的目的是很明显的。至于一些申请人为了顺利取得信用卡，或者获得较高的授信额度，**在申请信用卡时对自己的收入状况等作了不实陈述的行为**，因为其主观上并无非法占有的目的，性质是不同于上述骗领信用卡的，应不属于本项规定的情形。此外，2018年《最高人民法院、最高人民检察院关于办理妨害信用卡管理刑事案件具体应用法律若干问题的解释》第二条第三项对本项又作了进一步细化规定，即"违背他人意愿，使用其居民身份证、军官证、士兵证、港澳居民往来内地通行证、台湾居民来往大陆通行证、护照等身份证明申领信用卡的，或者使用伪造、变造的身份证明申领信用卡的，应当认定为刑法第一百七十七条之一第一款第三项规定的'**使用虚假的身份证明骗领信用卡**'"。

4. 出售、购买、为他人提供伪造的信用卡或者以虚假的身份证明骗领的信用卡的。这些行为往往是洗钱、信用卡诈骗等犯罪的重要环节，属于该类犯罪的上游犯罪，其危害性不言而喻，必须运用刑罚的手段予以惩治，以维护我国的金融安全。

根据本款的规定，**妨害信用卡管理的，处三年以下有期徒刑或者拘役，并处或者单处一万元以上十万元以下罚金；数量巨大或者有其他严重情节的**，处三年以上十年以下有期徒刑，并处二万元以上二十万元以下罚金。根据《最高人民法院、最高人民检察院关于办理妨害信用卡管理刑事案件具体应用法律若干问题的解释》第二条第二款规定："有下列情形之一的，应当认定为刑法第一百七十七条之一第一款规定的'**数量巨大**'：（一）明知是伪造的信用卡而持有、运输十张以上的；（二）明知是伪造的空白信用卡而持有、运输一百张以上的；（三）非法持有他人信用卡五十张以上的；（四）使用虚假的身份证明骗领信用卡十张以上的；（五）出售、购买、为他人提供伪造的信用卡或者以虚假的身份证明骗领的信用卡十张以上的。"

第二款是关于窃取、收买或者非法提供他人信用卡信息资料的犯罪及其处罚的规定。伪造银行卡的最后也是最关键的环节，是在银行卡的磁条或者芯片上写入事先非法获取的他人银行卡的磁条或芯片信息。银行卡的磁条或者芯片信息，是一组有关发卡行代码、持卡人帐户、帐号、密码等内容的加密电子数据，由发卡行在发卡时使用专用设备写入银行卡的磁条或者芯片中。银行卡磁条或者芯片信息是POS机、ATM机等终端机器识别合法用户的依据，没有这些信息，伪造的银行卡是无法使用的。银行卡犯罪集团非法获取他人银行卡磁条或者芯片信息的一种方式是**自行窃取**，主要是使用望远镜偷窥、在ATM机上安装摄像头偷录，或者安装吞卡装置并张贴假的客服电话骗取持卡人信息等方式，获取有自设密码保护的借记卡的磁条或者芯片信息。另一种方式就是**收买特约商户的收银员、金融机构的工作人员**，利用受理银行卡业务之际盗录他人银行卡磁条或者芯片信息。这成为伪造信用卡集团获取信用卡磁条或者芯片信息的主要来源。磁条或者芯片信息本身只是一组加密数据，除了用于伪造他人银行卡外别无他用。但如果要将非法获取、向他人非法提供银行卡磁条或者芯片信息的行为人按照伪造银行卡的共犯处理，就需要查明行为人非法获取他人银行卡磁条或者芯片信息是否要用于伪造银行卡，或者非法提供他人银行卡磁条或者芯片信息的行为人与伪造银行卡者之间有无共同犯罪的故意。这一点很难查证。在刑法中明确规定非法获取、非法提供他人银行卡磁条或者芯片信息的行为为犯罪，有利于从源头上打击银行卡犯罪活动。

根据本款的规定，**窃取、收买或者非法提供他人信用卡信息资料的，处三年以下有期徒刑或者拘役，并处或者单处一万元以上十万元以下罚金；数量巨大或者有其他严重情节的，处三年以上十年以下有期徒刑，并处二万元以上二十万元以下罚金**。《最高人民法院、最高人民检察院关于办理妨害信用卡管理刑事案件具体应用法律若干问题的解释》第三条规定："窃取、收买、非法提供他人信用卡信息资料，足以伪造可进行交易的信用卡，或者足以使他人以信用卡持卡人名义进行交易，涉及信用卡一张以上不满五张的，依照刑法第一百七十七条之一第二款的规定，以窃取、收买、非法提供信用卡信息罪定罪处罚；涉及信用卡五张以上的，应当认定为刑法第一百七十七条之一第一款规定的'**数量巨大**'。"

第三款是关于银行或者其他金融机构的工作人员利用职务上的便利，犯窃取、收买或者非法提供他人信用卡信息资料罪的，从重处罚的规定。在实际工作中，银行或者其他金融机构的工作人员接触他人信用卡的机会较多，也容易获取他人的信用卡资料。而这些信用卡资料属于信用卡管理系统中的核心环节,更是犯罪分子千方百计想要得到的东西。因为凭借这些信用卡资料,犯罪分子伪造信用卡或者利用伪造的信用卡诈骗比较容易。而获取信用卡资料的最佳来源就是银行或者其他金融机构。这样,一些经常接触他人信用卡资料的银行或者其他金融机构工作人员就成为犯罪分子的目标,他们往往以财物的形式向这些工作人员提出收购要求。某些银行或者其他金融机构的工作人员为了牟取利益,利用接触他人信用卡资料的职务之便,窃取、收买或者非法提供他人信用卡信息资料。上述行为的存在严重影响了我国银行或者其他金融机构的信誉,危及我国的金融安全,必须予以严厉惩处。因此,本条规定,**对银行或者其他金融机构的工作人员利用职务上的便利,犯窃取、收买、非法提供信用卡信息罪的,从重处罚**。

在实践中,不少犯罪团伙通过网络、邮递等方式,向他人购买银行卡及身份证复印件、网上银行数字证书、银行卡密码和绑定手机卡等信息资料,组成所谓的"几件套",以控制相关银行帐户,进行赃款转移,从事电信网络诈骗、赌博、洗钱等犯罪。对上述非法收买,转卖他人真实信用卡的行为如何定性,在司法实践中还存在不同认识。第一种意见认为,收买、非法提供他人真实信用卡及含有信用卡信息的套件的行为,足以使他人以信用卡持卡人名义进行交易,应当以本条第二款规定的**收买、非法提供信用卡信息罪**定罪处罚。可参考《最高人民法院、最高人民检察院关于办理妨害信用卡管理刑事案件具体应用法律若干问题的解释》第三条规定:"窃取、收买、非法提供他人信用卡信息资料,足以伪造可进行交易的信用卡,或者足以使他人以信用卡持卡人名义进行交易,涉及信用卡一张以上不满五张的,依照刑法第一百七十七条之一第二款的规定,以窃取、收买、非法提供信用卡信息罪定罪处罚;涉及信用卡五张以上的,应当认定为刑法第一百七十七条之一第一款规定的'数量巨大'。"第二种意见认为,该种行为等同于实质持有他人信用卡,根据本条第一款第(二)项规定,非法持有他人信用卡,数量较大,妨害信用卡管理的,构成**妨害信用卡管理罪**。第三种意见认为,该种行为属于明知他人利用信息网络犯罪,为其犯罪提供技术支持、支付结算等帮助行为,构成《刑法》第二百八十七条之二

"**帮助信息网络犯罪活动罪**"。总体来看,该类行为情况较为复杂,办理案件时需要结合证据情况认定与上下游犯罪之间的关系,准确定罪处罚。

【司法解释】

《最高人民法院、最高人民检察院关于办理妨害信用卡管理刑事案件具体应用法律若干问题的解释》(法释〔2018〕19号,自2018年12月1日起施行)

△(**妨害信用卡管理罪;数量较大;数量巨大;使用虚假的身份证明骗领信用卡**)明知是伪造的空白信用卡而持有、运输一张以上不满一百张的,应当认定为刑法第一百七十七条之一第一款第一项规定的"数量较大";非法持有他人信用卡五张以上不满五十张的,应当认定为刑法第一百七十七条之一第一款第二项规定的"数量较大"。

有下列情形之一的,应当认定为刑法第一百七十七条之一第一款规定的"数量巨大":

(一)明知是伪造的信用卡而持有、运输十张以上的;

(二)明知是伪造的空白信用卡而持有、运输一百张以上的;

(三)非法持有他人信用卡五十张以上的;

(四)使用虚假的身份证明骗领信用卡十张以上的;

(五)出售、购买、为他人提供伪造的信用卡或者以虚假的身份证明骗领的信用卡十张以上的。

使用其居民身份证、军官证、士兵证、港澳居民往来内地通行证、台湾居民来往大陆通行证、护照等身份证明申领信用卡的,或者使用伪造、变造的身份证明申领信用卡的,应当认定为刑法第一百七十七条之一第一款第三项规定的"使用虚假的身份证明骗领信用卡"。(§2)

△(**窃取、收买、非法提供信用卡信息罪;数量巨大**)窃取、收买、非法提供他人信用卡信息资料,足以伪造可进行交易的信用卡,或者足以使他人以信用卡持卡人名义进行交易,涉及信用卡一张以上不满五张的,依照刑法第一百七十七条之一第二款的规定,以窃取、收买、非法提供信用卡信息罪定罪处罚;涉及信用卡五张以上的,应当认定为刑法第一百七十七条之一第一款规定的"数量巨大"。(§3)

---

① 从反面来看,似乎征得他人同意而以他人名义申领信用卡,不成立本罪。对此,我国学者指出,征得他人同意而申领信用卡的行为,并非一概不构成本罪,譬如,准备实施电信诈骗的人在征得他人同意之后,利用他人身份证明申领信用卡,也能构成本罪。参见张明楷:《刑法学》(第6版),法律出版社2021年版,第1007页。

【司法解释性文件】

《最高人民法院、最高人民检察院、公安部关于办理电信网络诈骗等刑事案件适用法律若干问题的意见》(法发〔2016〕32号,2016年12月19日公布)

△(**电信网络诈骗;非法持有他人信用卡;妨害信用卡管理罪**)非法持有他人信用卡,没有证据证明从事电信网络诈骗犯罪活动,符合刑法第一百七十七条之一第一款第(二)项规定的,以妨害信用卡管理罪追究刑事责任。(§3 Ⅳ)

《最高人民法院、最高人民检察院、公安部办理跨境赌博犯罪案件若干问题的意见》(公通字〔2020〕14号,2020年10月16日发布)

△(**赌博犯罪共犯;非法经营罪、妨害信用卡管理罪、窃取、收买、非法提供信用卡信息罪、掩饰、隐瞒犯罪所得、犯罪所得收益罪;非法利用信息网络罪;帮助信息网络犯罪活动罪;侵犯公民个人信息罪**)为赌博犯罪提供资金、信用卡、资金结算等,构成赌博罪共犯,同时构成非法经营罪、妨害信用卡管理罪、窃取、收买、非法提供信用卡信息罪、掩饰、隐瞒犯罪所得、犯罪所得收益罪等罪的,依照处罚较重的规定定罪处罚。

为网络赌博犯罪提供互联网接入、服务器托管、网络存储、通讯传输等技术支持,或者提供广告推广、支付结算等帮助,构成赌博罪共犯,同时构成非法利用信息网络罪、帮助信息网络犯罪活动罪等罪的,依照处罚较重的规定定罪处罚。

为实施赌博犯罪,非法获取公民个人信息,或者向实施赌博罪者出售、提供公民个人信息,构成赌博罪共犯,同时构成侵犯公民个人信息罪的,依照处罚较重的规定定罪处罚。(§4 Ⅴ)

《最高人民法院、最高人民检察院、公安部关于办理电信网络诈骗等刑事案件适用法律若干问题的意见(二)》(法发〔2021〕22号,2021年6月17日发布)

△(**电信网络诈骗犯罪;他人的单位结算卡;非法持有他人信用卡**)正当理由持有他人的单位结算卡的,属于刑法第一百七十七条之一第一款第(二)项规定的"非法持有他人信用卡"。(§4)

△(**调取异地公安机关依法制作、收集的证据材料**)办案地公安机关可以通过公安机关信息化系统调取异地公安机关依法制作、收集的刑事案件受案登记主文、案件决定书、被害人陈述等证据材料。调取时不得少于两名侦查人员,并应记载调取的时间、使用的信息化系统名称等相关信息,调取人签名并加盖办案地公安机关印章。经审核证明真实的,可以作为证据使用。(§13)

△(**境外证据材料;证据使用**)通过国(区)际警务合作收集或者境外警方移交的境外证据材料,确因客观条件限制,境外警方未提供相关证据的发现、收集、保管、移交情况等材料的,公安机关应当对上述证据材料的来源、移交过程以及种类、数量、特征等作出相应说明,由两名以上侦查人员签名并加盖公安机关印章。经审核能够证明案件事实的,可以作为证据使用。(§14)

△(**境外抓获并羁押;折抵刑期**)对境外司法机关抓获并羁押的电信网络诈骗犯罪嫌疑人,在境内接受审判的,境外的羁押期限可以折抵刑期。(§15)

△(**宽严相济刑事政策**)办理电信网络诈骗犯罪案件,应当充分贯彻宽严相济刑事政策。在侦查、审查起诉、审判过程中,应当全面收集证据、准确甄别犯罪嫌疑人、被告人在共同犯罪中的层级地位及作用大小,结合其认罪态度和悔罪表现,区别对待,宽严并用,科学量刑,确保罚当其罪。

对于电信网络诈骗犯罪集团、犯罪团伙的组织者、策划者、指挥者和骨干分子,以及利用未成年人、在校学生、老年人、残疾人实施电信网络诈骗的,依法从严惩处。

对于电信网络诈骗犯罪集团、犯罪团伙中的从犯,特别是其中参与时间相对较短、诈骗数额相对较低或者从事辅助性工作并领取少量报酬的,以及初犯、偶犯、未成年人、在校学生等,应当综合考虑其在共同犯罪中的地位作用、社会危害程度、主观恶性、人身危险性、认罪悔罪表现等情节,可以依法从轻、减轻处理。犯罪情节轻微的,可以依法不起诉或者免予刑事处罚;情节显著轻微危害不大的,不以犯罪论处。(§16)

△(**查扣涉案账户资金;优先返还**)查扣的涉案账户内资金,应当优先返还被害人,如不足以全额返还的,应当按照比例返还。(§17)

《最高人民检察院、公安部关于公安机关管辖的刑事案件立案追诉标准的规定(二)》(公通字〔2022〕12号,2022年4月6日公布)

△(**妨害信用卡管理罪;立案追诉标准**)妨害信用卡管理,涉嫌下列情形之一的,应予立案追诉:

(一)明知是伪造的信用卡而持有、运输的;

(二)明知是伪造的空白信用卡而持有、运输,数量累计在十张以上的;

(三)非法持有他人信用卡,数量累计在五张以上的;

(四)使用虚假的身份证明骗领信用卡的;

(五)出售、购买、为他人提供伪造的信用卡或者以虚假的身份证明骗领的信用卡的。

违背他人意愿,使用其居民身份证、军官证、士兵证、港澳居民往来内地通行证、台湾居民来往大陆通行证、护照等身份证明申领信用卡的,或者使用伪造、变造的身份证明申领信用卡的,应当认定为"使用虚假的身份证明骗领信用卡"。(§25)

△**(窃取、收买、非法提供信用卡信息罪;立案追诉标准)** 窃取、收买或者非法提供他人信用卡信息资料,足以伪造可进行交易的信用卡,或者足以使他人以信用卡持卡人名义进行交易,涉及信用卡一张以上的,应予立案追诉。(§26)

《最高人民法院刑事审判第三庭、最高人民检察院第四检察厅、公安部刑事侦查局关于"断卡"行动中有关法律适用问题的会议纪要》(2022年3月22日公布)

△**(收购、出售、出租信用卡;"断卡"行动;一般不以窃取、收买、非法提供信用卡信息罪追究刑事责任)** 关于收购、出售、出租信用卡的,可否以窃取、收买、非法提供信用卡信息罪追究刑事责任的问题。《刑法修正案(五)》设立了窃取、收买、非法提供信用卡信息罪,主要考虑是:利用信用卡信息资料复制磁条卡的问题在当时比较突出,严重危害持卡人的财产安全和国家金融安全,故设立本罪,相关司法解释将本罪入罪门槛规定为1张(套)信用卡。其中的"信用卡信息资料",是指用于伪造信用卡的电子数据等基础信息,如有关发卡行代码、持卡人账户、密码等内容的加密电子数据。在"断卡"行动破获的此类案件中,行为人非法交易信用卡的主要目的在于直接使用信用卡,而非利用卡内的信息资料伪造信用卡。故当前办理"断卡"行动中的此类案件,一般不以窃取、收买、非法提供信用卡信息罪追究刑事责任。(§7)

△**(收购、出售、出租信用卡"四件套";帮助信息网络犯罪活动罪;妨害信用卡管理罪)** 关于收购、出售、出租信用卡"四件套"行为的处理。行为人收购、出售、出租信用卡"四件套"(一般包括信用卡,身份信息,U盾,网银),数量较大的,可能同时构成帮助信息网络犯罪活动罪、妨害信用卡管理罪等。"断卡"行动中破获的此类案件,行为人收购、出售、出租的信用卡"四件套",主要流向电信网络诈骗犯罪团伙或人员手中,用于非法接收、转移诈骗资金,一般以帮助信息网络犯罪活动罪论处。对于涉案信用卡"四件套"数量巨大,同时符合妨害信用卡管理罪构成要件的,择一重罪论处。(§8)

△**(重大电信网络诈骗及其关联犯罪案件的管辖;从严惩处和全面惩处;宽以济严)** 关于重大电信网络诈骗及其关联犯罪案件的管辖。对于涉案人数超过80人,以及在境外实施的电信网络诈骗及其关联犯罪案件,公安部根据工作需要指定异地管辖的,指定管辖前应当商最高人民检察院和最高人民法院。

各级人民法院、人民检察院、公安机关要充分认识到当前持续深入推进"断卡"行动的重要意义,始终坚持依法从严惩处和全面惩处的方针,坚决严惩跨境电信网络诈骗犯罪集团和人员、贩卖"两卡"团伙头目和骨干、职业"卡商"、行业"内鬼"等。同时,还应当注重宽以济严,对于初犯、偶犯,未成年人、在校学生,特别是其中被胁迫或蒙骗出售本人名下"两卡",违法所得、涉案数额较少且认罪认罚的,以教育、挽救为主,落实"少捕慎诉慎押"的刑事司法政策,可以依法从宽处理,确保社会效果良好。

各省级人民法院、人民检察院、公安机关要尽快传达并转发本会议纪要,不断提高办案能力,依法准确办理涉"两卡"犯罪案件,确保"断卡"行动深入健康开展。在司法实践中如遇有重大疑难问题,应及时对口上报。(§9)

【参考案例】

No.3-4-177之一—(2)-1 邵鑫窃取、收买、非法提供信用卡信息案

以营利为目的,通过互联网窃取、收买他人信用卡信息资料,并非法转卖给他人,且数量巨大,应以窃取、收买、非法提供信用卡信息罪定罪处罚。

第一百七十八条 【伪造、变造国家有价证券罪】【伪造、变造股票、公司、企业债券罪】

伪造、变造国库券或者国家发行的其他有价证券,数额较大的,处三年以下有期徒刑或者拘役,并处或者单处二万元以上二十万元以下罚金;数额巨大的,处三年以上十年以下有期徒刑,并处五万元以上五十万元以下罚金;数额特别巨大的,处十年以上有期徒刑或者无期徒刑,并处五万元以上五十万元以下罚金或者没收财产。

伪造、变造股票或者公司、企业债券,数额较大的,处三年以下有期徒刑或者拘役,并处或者单处一万元以上十万元以下罚金;数额巨大的,处三年以上十年以下有期徒刑,并处二万元以上二十万元以下罚金。

单位犯前两款罪的,对单位判处罚金,并对其直接负责的主管人员和其他直接责任人员,依照前两款的规定处罚。

【条文说明】

本条是关于伪造、变造国家有价证券罪和伪造、变造股票、公司、企业债券罪及其处罚的规定。

本条共分为三款。

第一款是关于伪造、变造国家有价证券罪及其处罚的规定。主要规定了以下几个要件:一是行为人在主观上有**犯罪故意**,即有伪造、变造国家发行的有价证券的故意,通常有牟取非法利益的目的。二是行为人在客观上实施了**伪造、变造国库券或者国家发行的有价证券**的行为。本条所称"**伪造**",是指行为人仿照真实的有价证券的形式、图案、颜色、格式、面额,通过印刷、复印、绘制等制作方法非法制造有价证券的行为。本条所称"**变造**",是指行为人在真实的有价证券的基础上或者以真实的有价证券为基本材料,通过剪接、挖补、覆盖、涂改等方法,对有价证券的主要内容,非法加以改变的行为,如改变有价证券的面额、发行期限等。本条所称"**国家发行的其他有价证券**",是指国家发行的除国库券以外的其他国家有价证券以及国家银行金融债券,如财政债券、国家建设债券、保值公债、国家重点建设债券等。本罪犯罪行为所指向的对象是国库券和国家发行的其他有价证券。这是本罪区别于伪造、变造金融票证罪的主要区别。三是行为人伪造、变造国库券或者国家发行的有价证券的行为,才构成犯罪,这是区别罪与非罪的重要界限。对于什么是"数额较大",本条没作具体规定,可由司法机关总结司法实践经验作出司法解释。

对于伪造、变造国家有价证券罪的处罚,本款根据数额规定了三档刑罚:**数额较大的**,处三年以下有期徒刑或者拘役,并处或者单处二万元以上二十万元以下罚金;**数额巨大的**,处三年以上十年以下有期徒刑,并处五万元以上五十万元以下罚金;**数额特别巨大的**,处十年以上有期徒刑或者无期徒刑,并处五万元以上五十万元以下罚金或者没收财产。

第二款是关于伪造、变造股票、公司、企业债券罪及其处罚的规定。本罪在主观方面、行为特点上与伪造、变造国家有价证券罪没有什么区别,最大的不同在于本罪的行为对象是股票、公司债券、企业债而不是国家债券。本条所称的"**股票**"是股份有限公司为筹集资金发给股东的入股凭证,是代表股份资本所有权的证书和股东借以取得股息和红利的一种有价证券。所谓"**公司、企业债券**",是指公司、企业依照法定程序发行的,约定在一定期限还本付息的有价证券。随着资本市场的发展,公司、企业债券的类型还在不断丰富。

对伪造、变造股票、公司、企业债券罪的处罚,本款根据数额规定了两档刑罚:**数额较大的**,处三年以下有期徒刑或者拘役,并处或者单处一万元以上十万元以下罚金;**数额巨大的**,处三年以上十年以下有期徒刑,并处二万元以上二十万元以下罚金。

第三款是关于单位犯伪造、变造国家有价证券罪及伪造、变造股票、公司、企业债券罪及其处罚的规定。根据本款规定,**单位犯前两款罪的**,对单位判处罚金,并对其直接负责的主管人员和其他直接责任人员,根据案件的具体情况,分别依照本条第一款、第二款的规定处罚。

需要注意的是,关于本条规定的**立案追诉标准**,《最高人民检察院、公安部关于公安机关管辖的刑事案件立案追诉标准的规定(二)》第三十二条、第三十三条分别作出了规定。对于本条第一款"伪造、变造国家有价证券罪",伪造、变造国库券或者国家发行的其他有价证券,总面额在二千元以上的,应予立案追诉。对于本条第二款"伪造、变造股票、公司、企业债券罪",伪造、变造股票或者公司、企业债券,总面额在五千元以上的,应予立案追诉。

【司法解释性文件】

《最高人民检察院、公安部关于公安机关管辖的刑事案件立案追诉标准的规定（二）》（公通字〔2022〕12号，2022年4月6日公布）

△（伪造、变造国家有价证券罪）立案追诉标准）伪造、变造国库券或者国家发行的其他有价证券，总面额在二千元以上的，应予立案追诉。（§27）

△（伪造、变造股票、公司、企业债券罪）立案追诉标准）伪造、变造股票或者公司、企业债券，总面额在三万元以上的，应予立案追诉。（§28）

第一百七十九条　【擅自发行股票、公司、企业债券罪】

未经国家有关主管部门批准，擅自发行股票或者公司、企业债券，数额巨大、后果严重或者有其他严重情节的，处五年以下有期徒刑或者拘役，并处或者单处非法募集资金金额百分之一以上百分之五以下罚金。

单位犯前款罪的，对单位判处罚金，并对其直接负责的主管人员和其他直接责任人员，处五年以下有期徒刑或者拘役。

【条文说明】

本条是关于擅自发行股票、公司、企业债券罪及其处罚的规定。

本条共分为两款。

第一款是对自然人擅自发行股票、公司、企业债券犯罪及其刑事处罚的规定。根据本款规定，擅自发行股票、公司、企业债券罪有以下几个构成要件：

1. 本罪的犯罪主体是一般主体，即**自然人或单位**。既包括那些根本不具备发行股票、公司、企业债券条件的单位和个人，也包括那些具备发行股票、公司、企业债券条件，但还没有得到国家有关主管部门批准，而擅自发行股票、公司、企业债券的单位和个人。

2. 实施了**未经国家有关主管部门批准，擅自发行股票、公司、企业债券的行为**。发行股票、公司、企业债券是市场经济条件下的一种有效的集资手段，但由于面向社会公众，这种大规模的集资方式并非只是一家公司、企业自己筹措资金的简单行为，而是事关广大股票、债券投资者的切身利益的行为。因为发行股票、公司、企业债券的单位要向投资者负责。发行股票要定期付给股东红利，发行公司、企业债券要按时归还本金及利息，这依赖于发行公司、企业的生产经营管理及其经济效益的好坏，具有一定的风险，同时由于这种活动涉及面广，事关大量资金的流向，与社会金融秩序的稳定及社会安定密切相关。因此，证券法、公司法、全民所有制工业企业法等法律法规和部门规章对发行股票、公司、企业债券规定了明确的条件和准许程序。随着我国金融体制改革不断深入，国家批准发行股票、公司、企业债券的主管部门和程序也在发生变化。目前"国家有关主管部门批准"主要指两种方式：核准制与注册制。

（1）关于核准制。核准制是传统意义上国家金融主管部门对股票、公司、企业债券发行实施的审查批准制度。需要注意的是，2019年修订后的《证券法》已经明确了证券发行注册制，其中第九条规定，"证券发行注册制的具体范围、实施步骤，由国务院规定"。根据注册制改革过渡期的安排，核准制与注册制仍将在一段时期内同时存在。核准制的相关标准和要求，仍按照以前的法律法规执行。核准制主要有以下几种情况：

其一，采用募集形式设立股份有限公司须向社会发行股票募集股份的，或者股份有限公司成立后公开发行或者非公开发行新股的，都必须根据公司法和证券法的规定，符合国务院证券管理部门规定的发行股票的条件，并报国务院证券管理部门核准。根据2014年修正的《证券法》第二十三条的规定，国务院证券监督管理机构依照法定条件负责核准股票发行申请。核准程序应当公开，依法接受监督。此外，2014年修正的《证券法》第三十六条规定，公开发行股票，代销、包销期限届满，发行人还应当在规定的期限内将股票发行情况报国务院证券监督管理机构备案。

其二，公司发行公司债券的，根据2014年修正的《证券法》第十七条的规定，应当向国务院证券监督管理机构报送相关文件，并由其核准；国有独资公司要发行公司债券的，根据《公司法》第六十六条的规定，必须由国有资产监督管理机构决定。此外，根据《公司法》第一百六十一条和2014年修正的《证券法》第十六条的规定，上市公司发行可转换为股票的公司债券，应当报国务院证券监管管理机构核准。上述规定,体现了国家对发行股票、公司债券活动的严格监督和管理。

其三,**企业发行企业债券的**。这里的企业绝大多数具有法人资格,也有一些企业不具有董事会、监事会、股东大会等法人制度,仍保留党委会、职工代表大会、工会的企业组织形式,如全民所有制企业,其发行企业债券时应符合全民所有制工业企业法的规定。负责监管企业发行企业债券的国家监管部门,在较长时间的金融改革中也有过变化。根据《国务院批准中国人民银行〈关于企业债券改由国家计委审批的请示〉》(银发[1999]364号)》的规定,国家监管企业债券的部门由中国人民银行变更为国家发展计划委员会负责。2011年修订后的《企业债券管理条例》第十条规定:"国家计划委员会会同中国人民银行、财政部、国务院证券委员会拟订全国企业债券发行的年度规模和规模内的各项指标,报国务院批准后,下达各省、自治区、直辖市、计划单列市人民政府和国务院有关部门执行。未经国务院同意,任何地方、部门不得擅自突破企业债券发行的年度规模,并不得擅自调整年度规模内的各项指标。"第十一条规定:"企业发行企业债券必须按照本条例的规定进行审批;未经批准的,不得擅自发行和变相发行企业债券。中央企业发行企业债券,由中国人民银行会同国家计划委员会审批;地方企业发行企业债券,由中国人民银行会、自治区、直辖市、计划单列市分行会同同级计划主管部门审批。"需要注意的是,国家计划委员会的职能经多次国务院机构改革后现已由国家发展和改革委员会承担。

(2)关于**注册制**。注册制是比核准制更加市场化的股票、债券发行制度。从国际上看,成熟市场普遍实行注册制,但没有统一的模式。注册制的核心是信息披露,发行人要充分披露投资者作出价值判断和投资决策所需的信息,确保信息披露真实、准确、完整。主管机构负责审核注册,落实发行人信息披露责任,提高信息披露质量。2015年12月,第十二届全国人大常委会第十八次会议通过了授权国务院在实施股票发行注册制改革中调整适用《证券法》有关规定的决定,为在《证券法》修订前推行注册制改革提供了法律依据。2018年2月,第十二届全国人大常委会第三十三次会议决定将上述授权延期两年。2019年12月,第十三届全国人大常委会第十五次会议通过了修订后的《证券法》,正式确立证券发行注册制度。2019年修订的《证券法》第九条第一款规定:"公开发行证券,必须符合法律、行政法规规定的条件,并依法报经国务院证券监督管理机构或者国务院授权的部门注册。未经依法注册,任何单位和个人不得公开发行证券。证券发行注册制的具体范围、实施步骤,由国务院规定。"具体内容包括以下几种情况:

其一,**设立股份有限公司公开发行股票的**。2019年修订的《证券法》第十一条规定,设立股份有限公司公开发行股票,应当符合《公司法》规定的条件和经国务院批准的国务院证券监督管理机构规定的其他条件,向国务院证券监督管理机构报送募股申请和发起人协议、招股说明书等文件。

其二,**上市公司发行新股的**。2019年修订的《证券法》第十三条规定,公司公开发行新股,应当报送募股申请和招股说明书等相关文件。

其三,**公司公开发行公司债券的**。2019年修订的《证券法》第十六条规定,申请公开发行公司债券,应当向国务院授权的部门或者国务院证券监督管理机构报送公司债券募集办法等文件。此外,2019年修订的《证券法》第二十一条进一步明确,国务院证券监督管理机构或者国务院授权的部门依照法定条件负责证券发行申请的注册。证券公开发行注册的具体办法由国务院规定。按照国务院的规定,证券交易所等可以审核公开发行证券申请,判断发行人是否符合发行条件、信息披露要求,督促发行人完善信息披露内容。

其四,**企业发行企业债券**。2020年3月1日《国家发展改革委关于企业债券发行实施注册制有关事项的通知》第一条规定,企业债券发行的核准制改为注册制。国家发展改革委为企业债券的法定注册机关,发行企业债券应当依法经国家发展改革委注册。国家发展改革委指定相关机构负责企业债券的受理、审核。其中,中央国债登记结算有限责任公司为受理机构,中央国债登记结算有限责任公司、中国银行间市场交易商协会为审核机构。企业债券发行人直接向受理机构提出申请,国家发展改革委对企业债券受理、审核工作及两家指定机构进行监督指导,并在法定时限内履行发行注册程序。该通知第四条同时规定,债券募集资金在用于固定资产投资项目的,省级发展改革部门应对募投项目出具符合国家宏观调控政策、固定资产投资管理法规制度和产业政策的专项意见,并承担相应责任。省级发展改革部门要发挥属地管理优势,通过项目筛查、风险排查、监督检查等方式,做好区域内企业债券监管工作,防范化解企业债券领域风险。

综上所述,1997年修订刑法后,股票、债券市场经过持续改革和完善,börse全面完成核准制向注册制的转变。根据股票、债券的具体情况,核准制和注册制都属于"国家有关主管部门批准"的一种方式。未经国家有关主管部门核准和注册，是不允许擅自发行股票和公司、企业债券的。

此外，行为人是否实际上已经发行了股票、公司、企业债券，是区分罪与非罪的主要界限之一。如果不是采取发行股票、公司、企业债券的方式，而是采取其他方法非法筹集资金的，不构成本罪。

3. 擅自发行股票、公司、企业债券，必须达到**数额巨大，或者造成严重后果或者有其他严重情节，才构成犯罪**，这是区分罪与非罪的另一主要界限。本条对什么是"数额巨大""后果严重"和"其他严重情节"，没有作具体规定，可由最高人民法院、最高人民检察院根据司法实践情况作出司法解释。

对于擅自发行股票、公司、企业债券罪的处罚，本款规定处五年以下有期徒刑或者拘役，并处或者单处非法募集资金金额百分之一以上百分之五以下罚金。

第二款是对单位犯擅自发行股票、公司、企业债券罪的处罚规定。单位犯本罪的，对单位判处罚金，并对其直接负责的主管人员和其他直接责任人员，处五年以下有期徒刑或者拘役。

需要注意的是，关于本条规定的立案追诉标准，2010年《最高人民检察院、公安部关于公安机关管辖的刑事案件立案追诉标准的规定（二）》第三十四条规定："未经国家有关主管部门批准，擅自发行股票或者公司、企业债券，涉嫌下列情形之一的，**应予立案追诉**：（一）发行数额在五十万元以上的；（二）虽未达到上述数额标准，但擅自发行致使三十人以上的投资者购买了股票或者公司、企业债券的；（三）不能及时清偿或者清退的；（四）其他后果严重或者有其他严重情节的情形。"

【**司法解释**】

《**最高人民法院关于审理非法集资刑事案件具体应用法律若干问题的解释**》[法释〔2010〕18号，自2011年1月4日起施行，该解释已被《最高人民法院关于修改〈最高人民法院关于审理非法集资刑事案件具体应用法律若干问题的解释〉的决定》（法释〔2022〕5号，自2022年3月1日起施行）修正]

△（**擅自发行股票或者公司、企业债券**）未经国家有关主管部门批准，向社会不特定对象发行、以转让股权等方式变相发行股票或者公司、企业债券，或者向特定对象发行、变相发行股票或者公司、企业债券累计超过200人的，应当认定为刑法第一百七十九条规定的"擅自发行股票或者公司、企业债券"。构成犯罪的，以擅自发行股票、公司、企业债券罪定罪处罚。（§10）

【**司法解释性文件**】

《**最高人民法院、最高人民检察院、公安部、中国证券监督管理委员会关于整治非法证券活动有关问题的通知**》（证监发〔2008〕1号，2008年1月2日公布）

△（**公司及其股东向社会公众擅自转让股票**）关于公司及其股东向社会公众擅自转让股票行为的性质认定。《证券法》第十条第三款规定："非公开发行证券，不得采用广告、公开劝诱和变相公开方式。"国办发99号文规定："严禁任何公司股东自行或委托他人以公开方式向社会公众转让股票。向特定对象转让股票，未依法报经证监会核准的，转让后，公司股东累计不得超过200人。"公司、公司股东违反上述规定，擅自向社会公众转让股票，应当追究其擅自发行股票的责任。公司与其股东合谋，实施上述行为的，公司与其股东共同承担责任。（§2Ⅰ）

△（**擅自发行证券；擅自发行股票、公司、企业债券罪**）关于擅自发行证券的责任追究。未经依法核准，擅自发行证券的，涉嫌犯罪的，按《刑法》第一百七十九条之规定，以擅自发行股票、公司、企业债券罪追究刑事责任。未经依法核准，以发行证券为幌子，实施非法证券活动，涉嫌犯罪的，依照《刑法》第一百七十六条、第一百九十二条等规定，以非法吸收公众存款、集资诈骗罪等罪名追究刑事责任。未构成犯罪的，依照《证券法》和有关法律的规定给予行政处罚。（§2Ⅱ）

△（**非法经营证券业务；非上市公司；中介机构；擅自发行股票罪**）关于非法经营证券业务的责任追究。任何单位和个人经营证券业务，必须经证监会批准。未经批准的，属于非法经营证券业务，涉嫌犯罪的，依照《刑法》第二百二十五条之规定，以非法经营罪追究刑事责任。对于中介机构非法代理买卖非上市公司股票，涉嫌犯罪的，应当依照《刑法》第二百二十五条之规定，以非法经营罪追究刑事责任；所代理的非上市公司涉嫌擅自发行股票，构成犯罪的，应当依照《刑法》第一百七十九条之规定，以擅自发行股票罪追究刑事责任。非上市公司和中介机构共谋擅自发行股票，构成犯罪的，以擅自发行股票罪的共犯论处。未构成犯罪的，依照《证券法》和有关法律的规定给予行政处罚。（§2Ⅲ）

《**最高人民检察院、公安部关于公安机关管辖的刑事案件立案追诉标准的规定（二）**》（公通字〔2022〕12号，2022年4月6日公布）

△【**擅自发行股票、公司、企业债券罪**】【立案追诉标准】未经国家有关主管部门批准或者注册，擅自发行股票或者公司、企业债券，涉嫌下列情形之一的，应予立案追诉：

（一）非法募集资金额在一百万元以上的；

（二）造成投资者直接经济损失数额累计在五十万元以上的；

（三）募集的资金全部或者主要用于违法犯罪活动的；

（四）其他后果严重或者有其他严重情节的情形。

本条规定的"擅自发行股票或者公司、企业债券"，是指向社会不特定对象发行、以转让股权等方式变相发行股票或者公司、企业债券，或者向特定对象发行、变相发行股票或者公司、企业债券累计超过二百人的行为。（§29）

【**公报案例**】

上海安基生物科技股份有限公司、郑戈擅自发行股票案（《最高人民法院公报》2010年第9期）

△（非上市股份有限公司委托中介机构向不特定社会公众转让公司股东的股权；擅自发行股票罪）非上市股份有限公司为筹集经营资金，在未经证券监管部门批准的情况下，委托中介机构向不特定社会公众转让公司股东的股权，其行为属于未经批准擅自发行股票的行为，数额巨大、后果严重或者有其他严重情节的，应当以擅自发行股票罪定罪处罚。

第一百八十条　【内幕交易、泄露内幕信息罪】【利用未公开信息交易罪】

证券、期货交易内幕信息的知情人员或者非法获取证券、期货交易内幕信息的人员，在涉及证券的发行，证券、期货交易或者其他对证券、期货交易价格有重大影响的信息尚未公开前，买入或者卖出该证券，或者从事与该内幕信息有关的期货交易，或者泄露该信息，或者明示、暗示他人从事上述交易活动，情节严重的，处五年以下有期徒刑或者拘役，并处或者单处违法所得一倍以上五倍以下罚金；情节特别严重的，处五年以上十年以下有期徒刑，并处违法所得一倍以上五倍以下罚金。

单位犯前款罪的，对单位判处罚金，并对其直接负责的主管人员和其他直接责任人员，处五年以下有期徒刑或者拘役。

内幕信息、知情人员的范围，依照法律、行政法规的规定确定。

证券交易所、期货交易所、证券公司、期货经纪公司、基金管理公司、商业银行、保险公司等金融机构的从业人员以及有关监管部门或者行业协会的工作人员，利用因职务便利获取的内幕信息以外的其他未公开的信息，违反规定，从事与该信息相关的证券、期货交易活动，或者明示、暗示他人从事相关交易活动，情节严重的，依照第一款的规定处罚。

【**立法沿革**】

《中华人民共和国刑法》（1997年修订，自1997年10月1日起施行）

第一百八十条

证券交易内幕信息的知情人员或者非法获取证券交易内幕信息的人员，在涉及证券的发行、交易或者其他对证券的价格有重大影响的信息尚未公开前，买入或者卖出该证券，或者泄露该信息，情节严重的，处五年以下有期徒刑或者拘役，并处或者单处违法所得一倍以上五倍以下罚金；情节特别严重的，处五年以上十年以下有期徒刑，并处违法所得一倍以上五倍以下罚金。

单位犯前款罪的，对单位判处罚金，并对其直接负责的主管人员和其他直接责任人员，处五年以下有期徒刑或者拘役。

内幕信息的范围，依照法律、行政法规的规定确定。

知情人员的范围，依照法律、行政法规的规定确定。

《中华人民共和国刑法修正案》（自1999年12月25日起施行）

四、将刑法第一百八十条修改为：

"证券、期货交易内幕信息的知情人员或者非法获取证券、期货交易内幕信息的人员，在涉及证券的发行，证券、期货交易或者其他对证券、期货交易价格有重大影响的信息尚未公开前，买入或者卖出该证券，或者从事与该内幕信息有关的期货交易，或者泄露该信息，情节严重的，处五年以下有期徒刑或者拘役，并处或者单处违法所得一倍以上五倍以下罚金；情节特别严重的，处五年以

第一百八十条

上十年以下有期徒刑，并处违法所得一倍以上五倍以下罚金。

"单位犯前款罪的，对单位判处罚金，并对其直接负责的主管人员和其他直接责任人员，处五年以下有期徒刑或者拘役。

"内幕信息、知情人员的范围，依照法律、行政法规的规定确定。"

《中华人民共和国刑法修正案（七）》（自2009年2月28日起施行）

二、将刑法第一百八十条第一款修改为：

"证券、期货交易内幕信息的知情人员或者非法获取证券、期货交易内幕信息的人员，在涉及证券的发行，证券、期货交易或者其他对证券、期货交易价格有重大影响的信息尚未公开前，买入或者卖出该证券，或者从事与该内幕信息有关的期货交易，或者泄露该信息，或者明示、暗示他人从事上述交易活动，情节严重的，处五年以下有期徒刑或者拘役，并处或者单处违法所得一倍以上五倍以下罚金；情节特别严重的，处五年以上十年以下有期徒刑，并处违法所得一倍以上五倍以下罚金。"

增加一款作为第四款：

"证券交易所、期货交易所、证券公司、期货经纪公司、基金管理公司、商业银行、保险公司等金融机构的从业人员以及有关监管部门或者行业协会的工作人员，利用因职务便利获取的内幕信息以外的其他未公开的信息，违反规定，从事与该信息相关的证券、期货交易活动，或者明示、暗示他人从事相关交易活动，情节严重的，依照第一款的规定处罚。"

【条文说明】

本条是关于内幕交易、泄露内幕信息罪和利用未公开信息交易罪及其处罚的规定。

本条共分为四款。

第一款是关于个人犯内幕交易罪、泄露内幕信息罪的处罚规定。根据本款的规定，构成内幕交易罪、泄露内幕信息罪必须符合下列构成要件：

1. **主体符合本条的规定**。该罪的主体是特殊主体①，即**证券、期货交易内幕信息的知情人员和非法获取证券、期货交易内幕信息的人员**。根据本条第三款的规定，内幕信息、知情人员的范围，依照法律、行政法规的规定确定。由于证券、期货交易的差异，二者所指向的内幕信息和知情人员也有所不同。

根据2019年修订的《证券法》第五十二条的规定，"**内幕信息**"具体指证券交易活动中，涉及发行人的经营、财务或者对该发行人证券的市场价格有重大影响的尚未公开的信息。《证券法》第八十条第二款和第八十一条第二款所列的重大事件也属于内幕信息。《证券法》第八十条规定，**投资者尚未得知的，发生可能对上市公司、股票在国务院批准的其他全国性证券交易场所交易的公司的股票交易价格产生较大影响的重大事件**，包括以下内容：（1）公司的经营方针和经营范围的重大变化；（2）公司的重大投资行为，公司在一年内购买、出售重大资产超过公司资产总额百分之三十，或者公司营业用主要资产的抵押、质押、出售或者报废一次超过该资产的百分之三十；（3）公司订立重要合同、提供重大担保或者从事关联交易，可能对公司的资产、负债、权益和经营业绩产生重要影响；（4）公司发生重大债务和未能清偿到期重大债务的违约情况；（5）公司发生重大亏损或者重大损失；（6）公司生产经营的外部条件发生的重大变化；（7）公司的董事、三分之一以上监事或者经理发生变动，董事长或者经理无法履行职责；（8）持有公司百分之五以上股份的股东或者实际控制人持有股份或者控制公司的情况发生较大变化，公司的实际控制人及其控制的其他企业从事与公司相同或者相似业务的情况发生较大变化；（9）公司分配股利、增资的计划，公司股权结构的重要变化，公司减资、合并、分立、解散及申请破产的决定，或者依法进入破产程序、被责令关闭；（10）涉及公司的重大诉讼、仲裁，股东大会、董事会决议被依法撤销或宣告无效；（11）公司涉嫌犯罪被依法立案调查，公司的控股股东、实际控制人、董事、监事、高级管理人员涉嫌犯罪被依法采取强制措施；（12）国务院证券监督管理机构规定的其他事项。《证券法》第八十一条规定，**投资者尚未得知的，发生可能对上市交易公司债券的交易价格产生较大影响的重大事件**，包括以下内容：（1）公司股权结构或者生产经营状况发生重大变化；（2）公司债券信用评级发生变化；（3）公司重大资产抵押、质押、出售、转让、报废；（4）公司发生未能清偿到期债务的情况；（5）公司新增借款或者对外提供担保超过上年末净资产的百分之二十；（6）公司放弃债权或者财产超过上

---

① 卢勤忠教授指出，尽管任何人均可能通过非法手段来获取内幕信息，但是，本罪的行为主体仍为特殊主体。因为评定某一个罪名的主体是否为特殊主体，只能以实施该种犯罪时是否需要特殊身份为标准，而不能以取得特定身份前的一般主体状态作为标准。参见赵秉志、李希慧主编：《刑法各论》（第3版），中国人民大学出版社2016年版，第115页。

年末净资产的百分之十;(7)公司发生超过上年末净资产百分之十的重大损失;(8)公司分配股利,作出减资、合并、分立、解散及申请破产的决定,或者依法进入破产程序、被责令关闭;(9)涉及公司的重大诉讼、仲裁;(10)公司涉嫌犯罪被依法立案调查,公司的控股股东、实际控制人、董事、监事、高级管理人员涉嫌犯罪被依法采取强制措施;(11)国务院证券监督管理机构规定的其他事项。根据《证券法》第五十一条的规定,"**证券交易内幕信息的知情人**"包括下列人员:(1)发行人及其董事、监事、高级管理人员;(2)持有公司百分之五以上股份的股东及其董事、监事、高级管理人员,公司的实际控制人及其董事、监事、高级管理人员;(3)发行人控股或者实际控制的公司及其董事、监事、高级管理人员;(4)由于所任公司职务或者因与公司业务往来可以获取公司有关内幕信息的人员;(5)上市公司收购人或者重大资产交易方及其控股股东、实际控制人、董事、监事和高级管理人员;(6)因职务、工作可以获取内幕信息的证券交易场所、证券公司、证券登记结算机构、证券服务机构的有关人员;(7)因职责、工作可以获取证券监督管理机构工作人员;(8)因法定职责对证券的发行、交易或者对上市公司及其收购、重大资产交易进行管理可以获取内幕信息的有关主管部门、监管机构的工作人员;(9)国务院证券监督管理机构规定的可以获取内幕信息的其他人员。

在期货交易中,根据《期货交易管理条例》的规定,"**内幕信息**"是指可能对期货交易价格产生重大影响的尚未公开的信息,包括:国务院期货监督管理机构以及其他相关部门制定的对期货交易价格可能发生重大影响的政策,期货交易所作出的可能对期货交易价格发生重大影响的决定,期货交易所、客户的交易和交易动向以及国务院期货监督管理机构认定的对期货交易价格有显著影响的其他重要信息。"**内幕信息的知情人员**"是指由于其管理地位、监督地位或者职业地位,或者作为雇员、专业顾问履行职务,能够接触或者获得内幕信息的人员,包括:期货交易所的管理人员以及其他由于任职可获取内幕信息的从业人员,国务院期货监督管理机构和其他有关部门的工作人员以及国务院期货监督管理机构规定的其他人员。本条所称的"**非法获取证券、期货交易内幕信息的人员**",是指利用骗取、套取、偷听、监听或者私下交易等手段获取证券、期货交易内幕信息的人员。

2. 行为人在主观上有**犯罪的故意**,通常有让自己或者他人从中牟利的目的,过失不构成本罪。

3. 在客观上,行为人实施了**在涉及证券的发行,证券、期货交易或者其他对证券、期货交易价格有重大影响的信息尚未公开前,买入或者卖出该证券,或者从事与该内幕信息有关的期货交易,或者泄露该信息,或者明示、暗示他人从事上述交易活动的行为**。证券、期货交易中,信息披露制度是公开、公平、公正原则的具体体现和要求,是确保证券、期货市场公平交易的一项重要制度。而且,在信息披露过程中,要求有关方面必须及时、准确地将证券、期货信息公布于众,才能保证投资者都能够平等地获取信息。而少数人利用获取内幕信息的有利地位或者非法获取的内幕信息进行内幕交易,不但违背了市场规则,更主要的是在这种情况下,证券、期货交易价格失去了客观公正性和真实性,从而破坏了证券、期货市场的正常运行秩序。同时,这种行为侵犯了其他投资者的合法权益。因此,为维护证券、期货市场的公平、公正运行,对内幕交易及泄露内幕信息的行为必须予以严惩。本条所称的**泄露该信息**,主要是指将内幕信息透露、提供给不应知道该信息的人,让他人利用该信息买入、卖出股票或者进行期货交易,获取不正当利益。

4. 必须是**情节严重的行为**。内幕交易行为及泄露内幕信息行为是否构成犯罪,主要在于其行为情节的轻重。2012年3月29日《最高人民法院、最高人民检察院关于办理内幕交易、泄露内幕信息刑事案件具体应用法律若干问题的解释》第六条规定:"在内幕信息敏感期内从事或者明示、暗示他人从事或者泄露内幕信息导致他人从事与该内幕信息有关的证券、期货交易,具有下列情形之一的,应当认定为刑法第一百八十条第一款规定的'**情节严重**':(一)证券交易成交额在五十万元以上的;(二)期货交易占用保证金数额在三十万元以上的;(三)获利或者避免损失数额在十五万元以上的;(四)三次以上的;(五)具有其他严重情节的。"该解释第七条规定:"在内幕信息敏感期内从事或者明示、暗示他人从事或者泄露内幕信息导致他人从事与该内幕信息有关的证券、期货交易,具有下列情形之一的,应当认定为刑法第一百八十条第一款规定的'**情节特别严重**':(一)证券交易成交额在二百五十万元以上的;(二)期货交易占用保证金数额在一百五十万元以上的;(三)获利或者避免损失数额在七十五万元以上的;(四)具有其他特别严重情节的。"

本款根据情节轻重,对内幕交易、泄露内幕信息罪的处罚,规定了两档刑罚:**对情节严重的**,处五年以下有期徒刑或者拘役,并处或者单处违法所得一倍以上五倍以下罚金；**情节特别严重的**，处五年以上十年以下有期徒刑，并处违法所得一倍以上五倍以下罚金。

第二款是关于单位犯内幕交易罪、泄露内幕信息罪的处罚规定。**知悉证券、期货交易内幕信息的单位或者非法获取证券、期货交易内幕信息的单位**，在涉及证券的发行，证券、期货交易或者其他对证券、期货交易价格有重大影响的信息尚未公开前，买入或者卖出该证券，或者从事与该内幕信息有关的期货交易，或者泄露该信息，或者建议他人从事上述交易活动，情节严重的，根据本款的规定，对单位判处罚金，并对其直接负责的主管人员和其他直接责任人员，处五年以下有期徒刑或者拘役。

第三款是对"内幕信息、知情人员"的范围作出的原则规定，在本条第一款内容说明中已作了解释，在此不再赘述。

在实际执行中，内幕交易罪与**侵犯商业秘密罪**侵害的对象具有一定的相似性，都属于尚未公开的，可能给当事人带来经济利益的有关信息。但是在侵害对象、客体、行为主体等方面存在区别：一是从侵害对象而言，内幕信息是尚未公开的，涉及证券的发行，证券、期货交易或者其他对证券、期货交易价格有重大影响的信息；而商业秘密，是指不为公众所知悉，具有商业价值并经权利人采取相应保密措施的技术信息、经营信息等商业信息。二是内幕交易罪侵犯的客体是国家金融管理秩序的正常运行，而侵犯商业秘密罪侵犯的是企事业单位经营活动的正常进行，二者侵犯的客体属于不同的领域和范畴。三是内幕交易罪的主体为证券、期货交易内幕信息的知情人员或者非法获取证券、期货交易内幕信息的人员，具有相对的特殊性，而侵犯商业秘密罪的主体为一般主体。

泄露内幕信息罪与**泄露国家秘密的犯罪**也存在不同之处：一是行为人的主观心态不同。泄露内幕信息罪只能由主观故意构成，过失不构成本罪，而泄露国家秘密的犯罪的主观方面包括故意和过失。二是侵犯的对象不同。泄露内幕信息罪侵犯的是证券、期货交易中的内幕信息，而泄露国家秘密的犯罪侵犯的是国家秘密。三是侵害的客体不同。泄露内幕信息罪侵害的是证券、期货市场的管理秩序，泄露国家秘密的犯罪侵害的是国家的安全和重大利益。

第四款是关于利用未公开信息交易罪及其处罚的规定。构成本款规定的犯罪，须注意以下两个方面的内容：

1. 本罪属于特殊主体，即**证券交易所、期货交易所、证券公司、期货经纪公司、基金管理公司、商业银行、保险公司等金融机构的从业人员以及有关监管部门或者行业协会的工作人员**。这些金融机构大都开展代客理财的业务，手中握有大量的客户资金，可以投向证券、期货等市场。这部分人员在证券、期货交易中具有信息优势，其利用职务便利可以先行知悉一些内幕信息以外的其他未公开的信息。同时，这部分人员一旦利用这些信息从事证券、期货交易，对市场的危害性将是十分严重的，必须予以惩处。

2. 犯罪分子所利用的信息不属于内幕信息的范畴，但属于未公开的信息，如基金投资公司即将建仓、出仓的信息等。

根据本款规定，上述人员违反规定，从事与该信息相关的证券、期货交易活动，或者明示、暗示他人从事相关交易活动，情节严重的，依照第一款的规定处罚。

需要注意的是：对于本条规定的理解，可结合2019年修订的《证券法》的有关规定，相关司法解释也具有一定的借鉴作用。例如2012年《最高人民法院、最高人民检察院关于办理内幕交易、泄露内幕信息刑事案件具体应用法律若干问题的解释》第二条规定："具有下列行为的人员应当认定为刑法第一百八十条第一款规定的'**非法获取证券、期货交易内幕信息的人员**'：（一）利用窃取、骗取、套取、窃听、利诱、刺探或者私下交易等手段获取内幕信息的；（二）内幕信息知情人员的近亲属或者其他与内幕信息知情人员关系密切的人员，在内幕信息敏感期内，从事或者明示、暗示他人从事，或者泄露内幕信息导致他人从事与该内幕信息有关的证券、期货交易，相关交易行为明显异常，且无正当理由或者正当信息来源的；（三）在内幕信息敏感期内，与内幕信息知情人员联络、接触，从事或者明示、暗示他人从事，或者泄露内幕信息导致他人从事与该内幕信息有关的证券、期货交易，相关交易行为明显异常，且无正当理由或者正当信息来源的。

2019年《最高人民法院、最高人民检察院关于办理利用未公开信息交易刑事案件适用法律若干问题的解释》对本条第四款规定的"内幕信息以外的其他未公开的信息""违反规定""明示、暗示他人从事相关交易活动"等规定作了进一步细化。特别是该解释第六条、第七条对本条第四款规定的"依照第一款的规定从重处罚"作了具体的说明。第六条规定："利用未公开信息交易，违法所得数额在五十万元以上，或者证券交易成交额在五百万元以上，或者期货交易占用保证金数额在一百万元以上，具有下列情形之一的，应当认定为刑法第一百八十条第四款规定的'情节严重':(一)以出售或者变相出售未公开信息等方式,明示、暗示他人从事相关交易活动的;(二)因证券、期货犯罪行为受过刑事追究的;(三)二年内因证券、期货违法行为受过行政处罚的;(四)造成恶劣社会影响或者其他严重后果的。"第七条规定:"**刑法第一百八十条第四款规定的'依照第一款的规定处罚'**,包括该条第一款关于'情节特别严重'的规定。利用未公开信息交易,违法所得数额在一千万元以上的,应当认定为'情节特别严重'。违法所得数额在五百万元以上,或者证券交易成交额在五千万元以上,或者期货交易占用保证金数额在一千万元以上,具有本解释第六条规定的四种情形之一的,应当认定为'情节特别严重'。"

【司法解释】

《最高人民法院、最高人民检察院关于办理内幕交易、泄露内幕信息刑事案件具体应用法律若干问题的解释》(法释〔2012〕6号,自2012年6月1日起施行)

△(证券、期货交易内幕信息的知情人员)下列人员应当认定为刑法第一百八十条第一款规定的"证券、期货交易内幕信息的知情人员":
(一)证券法第七十四条规定的人员①;
(二)期货交易管理条例第八十五条第十二项规定②的人员。(§1)

△(非法获取证券、期货交易内幕信息的人员)具有下列行为的人员应当认定为刑法第一百八十条第一款规定的"非法获取证券、期货交易内幕信息的人员":
(一)利用窃取、骗取、套取、窃听、利诱、刺探或者私下交易等手段获取内幕信息的;
(二)内幕信息知情人员的近亲属或者其他与内幕信息知情人员关系密切的人员,在内幕信息敏感期内,从事或者明示、暗示他人从事,或者泄露内幕信息导致他人从事与该内幕信息有关的证券、期货交易,相关交易行为明显异常,且无正当理由或者正当信息来源的;
(三)在内幕信息敏感期内,与内幕信息知情人员联络、接触,从事或者明示、暗示他人从事,或者泄露内幕信息导致他人从事与该内幕信息有关

的证券、期货交易,相关交易行为明显异常,且无正当理由或者正当信息来源的。(§2)

△(相关交易行为明显异常之认定)本解释第二条第二项、第三项规定的"相关交易行为明显异常",要综合以下情形,从时间吻合程度、交易背离程度和利益关联程度等方面予以认定:
(一)开户、销户、激活资金账户或者指定交易(托管)、撤销指定交易(转托管)的时间与该内幕信息形成、变化、公开时间基本一致的;
(二)资金变化与该内幕信息形成、变化、公开时间基本一致的;
(三)买入或者卖出与内幕信息有关的证券、期货合约时间与内幕信息的形成、变化和公开时间基本一致的;
(四)买入或者卖出与内幕信息有关的证券、期货合约时间与获悉内幕信息的时间基本一致的;
(五)买入或者卖出证券、期货合约行为明显与平时交易习惯不同的;
(六)买入或者卖出证券、期货合约行为,或者集中持有证券、期货合约行为与该证券、期货公开信息反映的基本面明显背离的;
(七)账户资金进出与该内幕信息知情人员或者非法获取人员有关联或者利害关系的;
(八)其他交易行为明显异常情形。(§3)

△(从事与内幕信息有关的证券、期货交易)具有下列情形之一的,不属于刑法第一百八十条第一款规定的从事与内幕信息有关的证券、期货交易:
(一)持有或者通过协议、其他安排与他人共同持有上市公司百分之五以上股份的自然人、法人或者其他组织收购该上市公司股份的;
(二)按照事先订立的书面合同、指令、计划从事相关证券、期货交易的;
(三)依据已被他人披露的信息而交易的;
(四)交易具有其他正当理由或者正当信息来源的。(§4)

△(内幕信息敏感期;内幕信息的形成之时;内幕信息的公开)本解释所称"内幕信息敏感期"是指内幕信息自形成至公开的期间。

证券法第六十七条第二款所列"重大事件"

---

① 即《中华人民共和国证券法》(2019年第二次修订)第五十一条。
② 2007年3月6日公布的《期货交易管理条例》第八十五条第(十二)项,经过历次修改,现已规定于《期货交易管理条例》(2017年修订)第八十一条第(十二)项;内幕信息的知情人员,是指由于其管理地位、监督地位或者职业地位,或者作为雇员、专业顾问履行职务,能够接触或者获得内幕信息的人员,包括:期货交易所的管理人员、以及其他由于任职可获取内幕信息的从业人员,国务院期货监督管理机构和其他有关部门的工作人员以及国务院期货监督管理机构规定的其他人员。

第一百八十条

的发生时间①，第七十五条规定的"计划"、"方案"②以及期货交易管理条例第八十五条第十一项规定③的"政策"、"决定"等的形成时间，应当认定为内幕信息的形成之时。

影响内幕信息形成的动议、筹划、决策或者执行人员，其动议、筹划、决策或者执行初始时间，应当认定为内幕信息的形成之时。

内幕信息的公开，是指内幕信息在国务院证券、期货监督管理机构指定的报刊、网站等媒体披露。（§5）

△（情节严重）在内幕信息敏感期内从事或者明示、暗示他人从事或者泄露内幕信息导致他人从事与该内幕信息有关的证券、期货交易，具有下列情形之一的，应当认定为刑法一百八十条第一款规定的"情节严重"：

（一）证券交易成交额在五十万元以上的；

（二）期货交易占用保证金数额在三十万元以上的；

（三）获利或者避免损失数额在十五万元以上的；

（四）三次以上的；

（五）具有其他严重情节的。（§6）

△（情节特别严重）在内幕信息敏感期内从事或者明示、暗示他人从事或者泄露内幕信息导致他人从事与该内幕信息有关的证券、期货交易，具有下列情形之一的，应当认定为刑法一百八十条第一款规定的"情节特别严重"：

（一）证券交易成交额在二百五十万元以上的；

（二）期货交易占用保证金数额在一百五十万元以上的；

（三）获利或者避免损失数额在七十五万元以上的；

（四）具有其他特别严重情节的。（§7）

△（交易数额累计计算）二次以上实施内幕交易或者泄露内幕信息行为，未经行政处理或者刑事处理的，应当对相关交易数额依法累计计算。（§8）

△（犯罪数额之计算；共同犯罪；罚金）同一案件中，成交额、占用保证金额、获利或者避免损失额分别构成情节严重、情节特别严重的，按照处罚较重的数额定罪处罚。

构成共同犯罪的，按照共同犯罪行为人的成交总额、占用保证金总额、获利或者避免损失总额定罪处罚，但判处各被告人罚金的总额应掌握在获利或者避免损失总额的一倍以上五倍以下。（§9）

△（违法所得；未实际从事内幕交易；罚金数额）刑法第一百八十条第一款规定的"违法所得"，是指通过内幕交易行为所获利益或者避免的损失。

内幕信息的泄露人员或者内幕交易的明示、暗示人员未实际从事内幕交易的，其罚金数额按照因泄露而获悉内幕信息人员或者被明示、暗示人员从事内幕交易的违法所得计算。（§10）

△（单位犯罪）单位实施刑法第一百八十条第一款规定的行为，具有本解释第六条规定情形之一的，按照刑法第一百八十条第二款的规定定罪处罚。（§11）

《最高人民法院、最高人民检察院关于办理利用未公开信息交易刑事案件适用法律若干问题的解释》（法释〔2019〕10号，自2019年7月1日起施行）

△（内幕信息以外的其他未公开的信息）刑法第一百八十条第四款规定的"内幕信息以外的其他未公开的信息"，包括下列信息：

（一）证券、期货的投资决策、交易执行信息；

（二）证券持仓数量及变化、资金数量及变化、交易动向信息；

（三）其他可能影响证券、期货交易活动的信息。（§1）

△（内幕信息以外的其他未公开的信息难以认定；认定意见）内幕信息以外的其他未公开的信息难以认定的，司法机关可以在有关行政主（监）管部门的认定意见的基础上，根据案件事实和法律规定作出认定。（§2）

△（违反规定）刑法第一百八十条第四款规定的"违反规定"，是指违反法律、行政法规、部门规章、全国性行业规范有关证券、期货未公开信息保护的规定，以及行为人所在的金融机构有关信息保密、禁止交易、禁止利益输送等规定。（§3）

△（明示、暗示他人从事相关交易活动）刑法

---

① 即《中华人民共和国证券法》（2019年第二次修订）第八十条第二款、第八十一条第二款。
② 即《中华人民共和国证券法》（2019年第二次修订）第八十条。
③ 原《期货交易管理条例》第八十五条第（十一）项，经过历次修改，现已规定于《期货交易管理条例》（2017年修订）第八十一条第（十一）项；内幕信息，是指可能对期货交易价格产生重大影响的尚未公开的信息，包括：国务院期货监督管理机构以及其他相关部门制定的对期货交易价格可能发生重大影响的政策，期货交易所作出的可能对期货交易价格发生重大影响的决定，期货交易所会员、客户的资金和交易动向以及国务院期货监督管理机构认定的对期货交易价格有显著影响的其他重要信息。

第一百八十条第四款规定的行为人"明示、暗示他人从事相关交易活动",应当综合以下方面进行认定:

(一)行为人具有获取未公开信息的职务便利;

(二)行为人获取未公开信息的初始时间与他人从事相关交易活动的初始时间具有关联性;

(三)行为人与他人之间具有亲友关系、利益关联、交易终端关联等关联关系;

(四)他人从事相关交易的证券、期货品种、交易时间与未公开信息所涉证券、期货品种、交易时间等方面基本一致;

(五)他人从事的相关交易活动明显不具有符合交易习惯、专业判断等正当理由;

(六)行为人对明示、暗示他人从事相关交易活动没有合理解释。(§4)

△(**情节严重**)利用未公开信息交易,具有下列情形之一的,应当认定为刑法第一百八十条第四款规定的"情节严重":

(一)违法所得数额在一百万元以上的;

(二)二年内三次以上利用未公开信息交易的;

(三)明示、暗示三人以上从事相关交易活动的。(§5)

△(**情节严重**)利用未公开信息交易,违法所得数额在五十万元以上,或者证券交易成交额在五百万元以上,或者期货交易占用保证金数额在一百万元以上,具有下列情形之一的,应当认定为刑法第一百八十条第四款规定的"情节严重":

(一)以出售或者变相出售未公开信息等形式,明示、暗示他人从事相关交易活动的;

(二)因证券、期货犯罪行为受过刑事追究的;

(三)二年内因证券、期货违法行为受过行政处罚的;

(四)造成恶劣社会影响或者其他严重后果的。(§6)

△(**情节特别严重**)刑法第一百八十条第四款规定的"依照第一款的规定处罚",包括该条第一款关于"情节特别严重"的规定。

利用未公开信息交易,违法所得数额在一千万元以上的,应当认定为"情节特别严重"。

违法所得数额在五百万元以上,或者证券交易成交额在五千万元以上,或者期货交易占用保证金数额在一千万元以上,具有本解释第六条规定的四种情形之一的,应当认定为"情节特别严重"。(§7)

△(**二次以上利用未公开信息交易;累计计算**)二次以上利用未公开信息交易,依法应予行政处理或者刑事处理而未经处理的,相关交易数额或者违法所得数额累计计算。(§8)

△(**违法所得**)本解释所称"违法所得",是指行为人利用未公开信息从事与该信息相关的证券、期货交易活动所获利益或者避免的损失。

行为人明示、暗示他人利用未公开信息从事相关交易活动,被明示、暗示人员从事相关交易活动所获利益或者避免的损失,应当认定为"违法所得"。(§9)

△(**未实际从事证券、期货交易活动;罚金数额;违法所得**)行为人未实际从事与未公开信息相关的证券、期货交易活动的,其罚金数额按照被明示、暗示人员从事相关交易活动的违法所得计算。(§10)

△(**从轻处罚;不起诉或者免予刑事处罚;认罪认罚从宽**)符合本解释第五条、第六条规定的标准,行为人如实供述犯罪事实,认罪悔罪,并积极配合查调,退缴违法所得的,可以从轻处罚;其中犯罪情节轻微的,可以依法不起诉或者免予刑事处罚。

符合刑事诉讼法规定的认罪认罚从宽适用范围和条件的,依照刑事诉讼法的规定处理。(§11)

【**司法解释性文件**】

《**最高人民检察院、公安部关于公安机关管辖的刑事案件立案追诉标准的规定(二)**》(公通字〔2022〕12号,2022年4月6日公布)

△(**内幕交易、泄露内幕信息罪;立案追诉标准**)证券、期货交易内幕信息的知情人员、单位或者非法获取证券、期货交易内幕信息的人员、单位,在涉及证券、期货的发行,证券、期货交易或者其他对证券、期货交易价格有重大影响的信息尚未公开前,买入或者卖出该证券,或者从事与该内幕信息有关的期货交易,或者泄露该信息,或者明示、暗示他人从事上述交易活动,涉嫌下列情形之一的,应予立案追诉:

(一)获利或者避免损失数额在五十万元以上的;

(二)证券交易成交额在二百万元以上的;

(三)期货交易占用保证金数额在一百万元以上的;

(四)二年内三次以上实施内幕交易、泄露内幕信息行为的;

(五)明示、暗示三人以上从事与内幕信息相关的证券、期货交易活动的;

(六)具有其他严重情节的。

内幕交易获利或者避免损失数额在二十五万元以上,或者证券交易成交额在一百万元以上,或者期货交易占用保证金数额在五十万元以上,同时涉嫌下列情形之一的,应予立案追诉:

(一)证券法规定的证券交易内幕信息的知情人实施或者与他人共同实施内幕交易行为的;

(二)以出售或者变相出售内幕信息等方式,明示、暗示他人从事与该内幕信息相关的交易活动的;

(三)因证券、期货犯罪行为受过刑事追究的;

(四)二年内因证券、期货违法行为受过行政处罚的;

(五)造成其他严重后果的。(§30)

△(利用未公开信息交易罪;立案追诉标准)证券交易所、期货交易所、证券公司、期货公司、基金管理公司、商业银行、保险公司等金融机构的从业人员以及有关监管部门或者行业协会的工作人员,利用因职务便利获取的内幕信息以外的其他未公开的信息,违反规定,从事与该信息相关的证券、期货交易活动,或者明示、暗示他人从事相关交易活动,涉嫌下列情形之一的,应予立案追诉:

(一)获利或者避免损失数额在一百万元以上的;

(二)二年内三次以上利用未公开信息交易的;

(三)明示、暗示三人以上从事相关交易活动的;

(四)具有其他严重情节的。

利用未公开信息交易,获利或者避免损失数额在五十万元以上,或者证券交易成交额在五百万元以上,或者期货交易占用保证金数额在一百万元以上,同时涉嫌下列情形之一的,应予立案追诉:

(一)以出售或者变相出售未公开信息等方式,明示、暗示他人从事相关交易活动的;

(二)因证券、期货犯罪行为受过刑事追究的;

(三)二年内因证券、期货违法行为受过行政处罚的;

(四)造成其他严重后果的。(§31)

《最高人民法院、最高人民检察院、公安部、中国证券监督管理委员会关于办理证券期货违法犯罪案件工作若干问题的意见》(2024年4月16日印发)

△(从严打击证券期货违法犯罪活动)坚持零容忍要求,依法从严打击证券期货违法犯罪活动。加大查处力度,坚持应移尽移、当捕则捕、该诉则诉,严格控制缓刑适用,加大财产刑适用和执行力度,最大限度追赃挽损,完善全链条打击、全方位追责体系。正确贯彻宽严相济刑事政策,坚持"严",依法认定从宽情节,实现政治效果、法律效果和社会效果的有机统一。(§1)

△(工作协同)加强工作协同,形成工作合力。人民法院、人民检察院、公安机关、证券期货监管机构要坚持分工负责、互相配合、互相制约,健全完善工作机制,切实强化证券期货刑事案件的移送、侦查、起诉和审判工作,坚持以审判为中心,不断强化证据和程序意识,有效加强法律监督,确保严格执法、公正司法。要坚持统筹协调,充分发挥各部门职能作用,将依法办案与防范化解金融风险相结合,维护经济金融安全和社会稳定。(§2)

△(执法司法共识)凝聚执法司法共识,提升专业化水平。人民法院、人民检察院、公安机关、证券期货监管机构通过联合制定规范性文件、联合发布典型案例等方式,明确执法办案标准和政策把握尺度,统一法律理解与适用。优化机构设置,加强办案基地、审判基地建设,充实一线办案力量。加强执法司法队伍专业化建设,提升专业化水平。(§3)

△(向公安机关移送案件)证券期货监管机构发现涉嫌犯罪依法需要追究刑事责任的,应当及时向公安机关移送。移送案件时应当附有以下材料:移送书、涉案物品清单以及证据材料,已经作出行政处罚决定或者市场禁入决定的,应当附有行政处罚决定书、市场禁入决定书等。同时,应当将移送书、行政处罚决定书、市场禁入决定书抄送同级人民检察院。人民检察院依法对证券期货监管机构移送案件活动实施监督。(§4)

△(立案)公安机关对证券期货监管机构移送的案件,认为有犯罪事实需要追究刑事责任的,应当及时立案。上级公安机关指定管辖或者书面通知立案的,应当在要求的期限内立案。公安机关决定不予立案的,证券期货监管机构可以申请复议,人民检察院依法对公安机关立案活动和侦查活动实施监督。(§5)

△(公安机关决定不予立案或者撤销案件等;移送证券期货监管机构处理)公安机关决定不予立案或者撤销案件、人民检察院决定不起诉、人民法院判决无罪或者免予刑事处罚,有证据证明存在证券期货违法行为的,根据证券期货法律法规需要给予涉案人员行政处罚、没收违法所得、市场禁入等处理的,应当在作出决定、判决的一个月内提出意见并附生效法律文书、证据材料、处理根据、

按照下列情形移送证券期货监管机构处理：

（1）案件系中国证券监督管理委员会移送公安部的，由地方公安机关层报公安部移送中国证券监督管理委员会依法处理，或者由地方人民检察院、人民法院移送原负责有关案件调查的证券期货监管机构依法处理。

（2）案件系省级及以下公安机关自行受理的，由省级公安机关，或者作出决定的人民检察院、人民法院移送本地证券期货监管机构依法处理。

证券期货监管机构应当将处理情况及时向移送案件的公安机关、人民检察院、人民法院书面通报并附相关法律文书。（§6）

△【**证券期货犯罪的第一审案件；管辖**】证券期货犯罪的第一审案件由中级人民法院管辖，同级人民检察院负责提起公诉，地（市）级以上公安机关负责立案侦查。（§7）

△【**管辖竞合**】几个公安机关都有权管辖的证券期货犯罪案件，由最初受理的公安机关管辖，必要时可以移送主要犯罪地的公安机关管辖。如果由犯罪嫌疑人居住地的公安机关管辖更为适宜的，可以由犯罪嫌疑人居住地的公安机关管辖。发生争议的协商解决，协商不成的由共同的上级公安机关指定管辖。（§8）

△【**证券期货犯罪的犯罪地**】证券期货犯罪的犯罪地，包括以下情形：证券期货账户及保证金账户开立地；委员指令发出地、撮合成交地；交易资金划转指令发出地；交易证券期货品种挂牌上市的证券期货交易所所在地、登记结算机构所在地；交易指令、内幕信息的传出地、接收地；隐瞒重要事实或者虚假的发行文件、财务会计报告等信息披露文件的虚假信息编制地、文件签署地和申报地、注册审核地，不按规定披露信息的隐瞒行为发生地；犯罪所得的实际取得地、藏匿地、转移地、使用地、销售地；承担资产评估、会计、审计、法律服务、保荐等职责的中介组织提供中介服务所在地。（§9）

△【**居住地**】居住地包括户籍所在地、经常居住地。单位登记的住所地为其居住地，主要营业地或者主要办事机构所在地与登记的住所地不一致的，主要营业地或者主要办事机构所在地为其居住地。（§10）

△【**并案处理**】具有下列情形之一的，人民法院、人民检察院、公安机关可以在职责范围内并案处理：

（1）一人犯数罪的；

（2）共同犯罪的；

（3）共同犯罪的犯罪嫌疑人、被告人还实施其他犯罪的；

（4）多个犯罪嫌疑人、被告人实施的犯罪存在关联，并案处理有利于查明案件事实的。（§11）

△【**逮捕**；侦查终结移送审查起诉】上级公安机关指定下级公安机关立案侦查的案件，需要逮捕犯罪嫌疑人的，由侦查该案件的公安机关提请同级人民检察院审查批准，同级人民检察院应当受理。

公安机关侦查终结移送审查起诉，同级人民检察院经审查认为需要指定审判管辖或者移送其他人民检察院起诉的，按照有关规定办理。（§12）

△【**指定管辖**】充分发挥办案基地、审判基地专业化办案优势。加大向证券期货犯罪办案基地交办案件的力度，依法对证券期货犯罪案件适当集中管辖。对于由犯罪地或者犯罪嫌疑人、被告人居住地以外的司法机关管辖更为适宜的，原则上指定办案基地、审判基地公安机关、人民检察院、人民法院侦查、起诉、审判。公安机关、人民检察院、人民法院的办案基地、审判基地所在地一致的，适当简化各环节指定管辖的办理手续，加快办理进度。（§13）

△【**全面侦查取证；发现犯罪嫌疑人另有其他罪行**】证券期货违法犯罪行为具有专业、隐蔽的特征，为揭露查证违法犯罪，对可以用于证明案件事实的证据应当做到"应收尽尽收集、尽早收集"。

在侦查证券期货犯罪案件时发现犯罪嫌疑人另有其他罪行的，除依法移交有管辖权的部门处理以外，应当一并进行全面侦查取证。（§14）

△【**收集提取物证、书证、电子数据等客观证据；电子数据调取；信息披露公告**】注重收集提取物证、书证、电子数据等客观证据。收集提取电子数据应当遵守法定程序、遵循有关技术标准，保证电子数据的真实性、合法性、完整性。

证券交易场所、期货交易场所、证券登记结算机构、期货保证金监控机构以及证券公司、期货公司留存的证券期货委托记录、交易记录、交易终端设备信息和登记存管结算资料等电子数据，调取时应当以电子光盘或者其他载体复制原始数据，附制作方法、制作时间、制作人、完整性校验值等说明，并由制作人和原始电子数据持有人签名或盖章。

发行人、上市公司或者其他信息披露义务人在证券交易场所的网站和符合证券期货监管机构规定条件的媒体发布的信息披露公告，其打印件或者据此制作的电子光盘、其他载体，经核对无误并附来源、制作人、制作时间、制作地点等说明的，可以作为刑事证据使用。（§15）

△【**证明标准**】证券期货监管机构在行政执

云中,虽未能调取到直接证明证券期货违法行为的证据,但其他证据高度关联、相互印证,形成证据链条的,可以根据明显优势证据标准综合认定违法事实。

公安机关、人民检察院、人民法院办理证券期货犯罪案件,应当做到犯罪事实清楚、证据确实、充分。没有犯罪嫌疑人、被告人供述,证据确实、充分的,可以认定案件事实。

办理涉众型证券期货违法犯罪案件,因客观条件限制无法逐一收集言词证据的,可以根据已依法收集并查证属实的客观证据、言词证据,综合认定资金数额、损失数额等犯罪事实。(§16)

△(**行政机关在行政执法和查办案件过程中收集的客观性证据材料**)行政机关在行政执法和查办案件过程中收集的物证、书证、视听资料、电子数据等客观性证据材料,经法定程序查证属实且收集程序符合有关法律、行政法规规定的,在刑事诉讼程序中可以作为定案的根据。(§17)

△(**商请证券期货监管机构出具专业认定意见**)公安机关、人民检察院、人民法院可以就案件涉及的证券期货专业问题,商请证券期货监管机构出具专业认定意见。证券期货监管机构作出专业认定意见作为认定案件事实的参考。证券期货监管机构作出行政处罚的案件,进入刑事诉讼程序后主要事实和证据没有发生重大变化的,公安机关、人民检察院、人民法院可以参考行政处罚决定的认定意见。

出具专业认定意见不是办理证券期货刑事案件的必经程序。公安机关、人民检察院、人民法院应当依法认定案件事实的性质,没有专业认定意见的,不影响案件的侦查终结、提起公诉和作出判决。(§18)

△(**一般不适用相对不起诉、免予刑事处罚和缓刑的情形**)深刻认识证券期货犯罪对金融管理秩序和金融安全的严重危害,坚持依法从严惩处,充分发挥刑罚的惩治和预防功能。对具有不如实供述罪行或者以各种方式阻碍办案工作,拒不退缴赃款赃物或者将赃款赃物用于非法活动,非法获利特别巨大,多次实施证券期货违法犯罪,造成上市公司退市,投资人遭受重大损失、可能引发金融风险,严重危害金融安全等恶劣社会影响或者严重危害后果等情形的犯罪嫌疑人、被告人,一般不适用相对不起诉、免予刑事处罚和缓刑。(§19)

△(**从严从快从重查处财务造假、侵占上市公司资产、内幕交易、操纵市场和证券欺诈等违法犯罪案件**)依法从严从快从重查处财务造假、侵占上市公司资产、内幕交易、操纵市场和证券欺诈等违法犯罪案件。证券发行人、控股股东、实际控制人、董事、监事、高级管理人员、金融从业人员等实施证券期货违法犯罪的,应当依法从严惩处。全链条打击为财务造假行为提供虚假证明文件、金融票证等的中介组织、金融机构,为内幕交易、操纵证券期货市场犯罪实施配资、操盘、荐股等配合行为的职业团伙,与上市公司内外勾结掏空公司资产的外部人员,构成犯罪的,应当依法追究刑事责任。(§20)

△(**宽严相济刑事政策**)正确贯彻宽严相济刑事政策,做到罚当其罪、罪责刑相适应。对于积极配合调查、如实供述犯罪事实、主动退赃退赔、真诚认罪悔罪的,依法可以从宽处罚;符合认罪认罚从宽适用范围和条件的,依照刑事诉讼法的规定处理。依法认定自首、立功、从犯等法定从宽处罚情节,不得降低认定标准。(§21)

△(**财产刑适用和执行;从业禁止**)加大财产刑适用和执行力度,人民检察院提出量刑建议、人民法院作出判决,要注重自由刑与财产刑、追缴违法所得并用,加大对证券期货犯罪分子的经济处罚和财产执行力度。人民检察院、人民法院可以根据犯罪嫌疑人、被告人犯罪情况和预防再犯罪的需要,依法提出从业禁止建议,作出从业禁止决定。(§22)

△(**办案协作机制**)完善办案协作机制。证券期货监管机构和公安机关对于可能涉嫌证券期货犯罪线索,可以通过联合情报导侦方式,综合运用数据资源和信息化手段,协同开展行政调查和刑事核查活动。各级人民法院、人民检察院、公安机关和证券期货监管机构根据办案需要并依法履行相关手续,查询涉案证券期货账户交易信息、相关人员的户籍和出入境等涉案信息,调取案件材料,以及商请向被采取刑事强制措施的犯罪嫌疑人、被告人代为送达法律文书,代为询问,咨询专业性问题的,应当依法互相协助。(§23)

△(**信息通报机制**)建立健全信息通报机制。证券期货监管机构、公安机关、检察机关加强配合协同,注重运用现代科技手段,依法及时通报案件移送、办理信息及协作需求,依托大数据智能化应用技术,开展资源整合共享,合力提高办案质效。(§24)

△(**执法司法联合专项行动机制**)建立健全执法司法联合专项行动机制。人民检察院、公安机关和证券期货监管机构根据工作需要开展联合专项行动,集中整治重点环节,新兴领域,高发类型等违法犯罪活动;联合挂牌督办大案要案,及时回应市场关切,发挥震慑作用。(§25)

△(**工作会商机制**)建立健全工作会商机制。人民法院、人民检察院、公安机关和证券期货监管

机构建立不同层级的会商制度,解决工作中遇到的法律适用、证明标准等争议问题,消除工作配合制约过程中的分歧;分析研判违法犯罪态势,提出治理对策,共同提高工作质效。(§26)

△(以暴力、威胁方法阻碍证券期货监管机构工作人员依法执行职务)以暴力、威胁方法阻碍证券期货监管机构工作人员依法执行职务的,公安机关应当依法处理,构成犯罪的,依法追究刑事责任。(§27)

△(统一执法司法标准与尺度)人民法院、人民检察院、公安机关要结合工作实际,进一步健全办案机构,强化办案力量,加大办案工作力度。要加强证券期货犯罪工作公安、司法队伍专业化建设,鼓励、支持省级人民法院、人民检察院、公安机关辖区内专业办案能力建设和培养,充分发挥办案基地、审判基地示范效应。通过联合调研、联合培训、发布典型案例、制定规范性文件等方式,进一步统一执法司法标准与尺度,提高办理证券期货犯罪案件的能力和水平。(§28)

【指导性案例】

最高人民检察院指导性案例第 24 号:马乐利用未公开信息交易案(2016 年 5 月 31 日发布)

△(援引法定刑;全部援引;情节严重;情节特别严重)《刑法》第一百八十条第四款利用未公开信息交易罪为援引法定刑的情形,应当是对第一款法定刑的全部援引。其中,"情节严重"是入罪标准,在处罚上应当依照本条第一款内幕交易、泄露内幕信息罪的全部法定刑处罚,即区分不同情形分别依照第一款规定的"情节严重"和"情节特别严重"两个量刑档次处罚。

最高人民法院指导性案例第 61 号:马乐利用未公开信息交易案(2016 年 6 月 30 日发布)

△(利用未公开信息交易罪;援引法定刑;情节特别严重)《刑法》第一百八十条第四款规定的利用未公开信息交易罪援引法定刑的情形,应当是对第一款内幕交易罪法定刑的全部法定刑的引用,即利用未公开信息交易罪应有"情节严重""情节特别严重"两种情形和两个量刑档次。

最高人民检察院指导性案例第 65 号:王鹏等人利用未公开信息交易案(2020 年 2 月 5 日发布)

△(利用未公开信息交易;间接证据;证明方法)具有获取未公开信息职务便利条件的金融机构从业人员及其近亲属从事相关证券交易行为明显异常,且与未公开信息相关交易高度趋同,即使其拒不供述未公开信息传递过程等犯罪事实,但其他证据之间相互印证,能够形成证明利用未公开信息犯罪的完整证明体系,足以排除其他可能的,可以依法认定犯罪事实。

最高人民检察院指导性案例第 188 号:桑某受贿、国有公司人员滥用职权、利用未公开信息交易案(2023 年 7 月 31 日发布)

△(受贿罪;国有公司人员滥用职权罪;利用未公开信息交易罪;股权收益权;损失认定)检察机关在办理投融资领域受贿犯罪案件时,要准确认定利益输送行为的性质,着重审查投融资的背景、投融资方式、融资需求的真实性、行为人是否需要承担风险、风险与所获收益是否相符等证据。在办理国有公司人员滥用职权犯罪案件时,要客观认定行为造成公共财产损失的范围,对于国有公司应得而未获得的预期收益,可以认定为损失数额。在办理利用未公开信息交易犯罪案件时,对于内幕信息、未公开信息的范围、趋同性交易盈利数额等关键要件的认定,要调取证券监督管理部门、证券交易所等专业机构出具的认定意见,综合全案证据审查判断。

【公报案例】

许春茂利用未公开信息交易案(《最高人民法院公报》2012 年第 10 期)

△(基金经理;利用掌握的未公开的信息,从事与该信息相关的证券交易;利用未公开信息交易罪)行为人在担任基金经理期间,违反规定,利用掌握的未公开的信息,从事与该信息相关的证券交易活动,先于或同步多次买入、卖出相同个股,情节严重,应当按照《刑法》第一百八十四条第四款的规定,以利用未公开信息交易罪定罪处罚。

刘宝春、陈巧玲内幕交易案(《最高人民法院公报》2013 年第 1 期)

△(内幕信息的知情人员;共同犯罪)国家工作人员因履行工作职责而获取对证券交易价格具有重大影响的、尚未公开的信息的,属于内幕信息的知情人员。在内幕信息敏感期内,知情人员与关系密切人共同从事证券交易活动,情节严重的,应当以内幕交易罪定罪处罚。

【参考案例】

No.3-4-180(1)-1 李启红等内幕交易、泄露内幕信息案

内幕信息敏感期应自内幕信息形成之时起至内幕信息公开时止计算,对于内幕信息形成的决策者、筹划者、推动者或执行者，内幕信息形成的时间应以上述人员决意、决策、动议或执行之时为准。

No.3-4-180(1)-2　李启红等内幕交易、泄露内幕信息案

内幕信息知情人员建议他人买卖与内幕信息有关的证券，本人没有获利的，构成内幕交易罪。

No.3-4-180(1)-4　肖时庆受贿、内幕交易案

借壳公司发生改变不影响内幕信息真实性的认定。

No.3-4-180(1)-5　肖时庆受贿、内幕交易案

内幕信息对于行为人交易决定的影响不必唯一，只要行为人获取的内幕信息对促使其交易决定有一定影响，即帮助其在一定程度上确信从事相关交易必定获得丰厚回报，就应当认定行为人是利用内幕信息从事内幕交易。

No.3-4-180(1)-6　杜兰库、刘乃华内幕交易，刘乃华泄露内幕信息案

具有专业知识的人员，不论其是否是利用专业知识掌握了内幕信息的内容，原则上只要其判断时依据了因其职务或工作获取的信息，就应当认定为内幕信息的知情人员。

No.3-4-180(1)-7　杜兰库、刘乃华内幕交易，刘乃华泄露内幕信息案

内幕信息知情人员的近亲属或是与内幕信息的知情人员关系密切的人，即便是被动获悉内幕信息，也应当依法认定为非法获取内幕信息的人员。

No.3-4-180(1)-8　赵丽梅等内幕交易案

内幕信息知情人员的近亲属或者与其关系密切的人被动获悉内幕信息的，应当认定为"非法获取证券交易内幕信息的人员"。

No.3-4-180(1)-9　赵丽梅等内幕交易案

应综合时间吻合程度、交易背离程度和利益关联程度三个方面认定"交易行为明显异常"。

No.3-4-180(1)-10　王文芳泄露内幕信息、徐双全内幕交易案

与内幕信息知情人员关系密切人员的范围不限于受贿罪中的"特定关系人"，只要关系密切到一定程度，基于共同学习而产生的关系也应纳入"关系密切人员"的范围内。

No.3-4-180(1)-11　王文芳泄露内幕信息、徐双全内幕交易案

行为人获取股票预期价格信息时，利好型内幕信息公开后继续持股未卖出，且公开当日股票价格未出现涨停的，内幕交易的违法所得应当以内幕信息公开当日的收盘价计算。

No.3-4-180(1)-14　刘春宝、陈巧玲内幕交易案

国家工作人员因履行工作职责而获取对证券交易价格具有重大影响的、尚未公开的信息，属于内幕信息知情人员，在内幕信息敏感期内，与关系密切人员共同从事证券活动，情节严重的，构成内幕交易罪。

No.3-4-180(1)-15　冯方明内幕交易案

内幕信息敏感期内，相关交易行为是否明显异常，要从时间吻合程度、交易背离程度和利益关联程度等方面予以综合认定。

No.3-4-180(4)-1　李旭利利用未公开信息交易案

先买先卖不是利用未公开信息交易罪的构成要件。

No.3-4-180(4)-2　李旭利利用未公开信息交易案

利用未公开信息交易罪的成立不以基金公司买入行为对于涉案股票价格的影响以及行为人是否实际获利为要件。

No.3-4-180(4)-3　李旭利利用未公开信息交易案

《刑法》第一百八十条第四款利用未公开信息交易罪中的"违反规定"不仅包括违反国家规定，也包括违反部门规章、地方性法规以及行业规范。

No.3-4-180(4)-4　马乐利用非公开信息交易案

《刑法》第一百八十条第四款对第一款法定刑的援引应是全部援引；《刑法》第一百八十条第四款虽然没有明确表述"情节特别严重"，但是根据本条款设立的立法目的、法条文意及立法技术，应当包含"情节特别严重"的情形和量刑档次。

No.3-4-180(4)-5　马乐利用非公开信息交易案

利用未公开信息交易罪"情节特别严重"的认定标准参照内幕交易、泄露内幕信息罪的规定处罚。

第一百八十一条 【编造并传播证券、期货交易虚假信息罪】【诱骗投资者买卖证券、期货合约罪】

编造并且传播影响证券、期货交易的虚假信息,扰乱证券、期货交易市场,造成严重后果的,处五年以下有期徒刑或者拘役,并处或者单处一万元以上十万元以下罚金。

证券交易所、期货交易所、证券公司、期货经纪公司的从业人员,证券业协会、期货业协会或者证券期货监督管理部门的工作人员,故意提供虚假信息或者伪造、变造、销毁交易记录,诱骗投资者买卖证券、期货合约,造成严重后果的,处五年以下有期徒刑或者拘役,并处或者单处一万元以上十万元以下罚金;情节特别恶劣的,处五年以上十年以下有期徒刑,并处二万元以上二十万元以下罚金。

单位犯前两款罪的,对单位判处罚金,并对其直接负责的主管人员和其他直接责任人员,处五年以下有期徒刑或者拘役。

【立法沿革】

《中华人民共和国刑法》(1997年修订,自1997年10月1日起施行)

第一百八十一条

编造并且传播影响证券交易的虚假信息,扰乱证券交易市场,造成严重后果的,处五年以下有期徒刑或者拘役,并处或者单处一万元以上十万元以下罚金。

证券交易所、证券公司的从业人员,证券业协会或者证券管理部门的工作人员,故意提供虚假信息或者伪造、变造、销毁交易记录,诱骗投资者买卖证券,造成严重后果的,处五年以下有期徒刑或者拘役,并处或者单处一万元以上十万元以下罚金;情节特别恶劣的,处五年以上十年以下有期徒刑,并处二万元以上二十万元以下罚金。

单位犯前两款罪的,对单位判处罚金,并对其直接负责的主管人员和其他直接责任人员,处五年以下有期徒刑或者拘役。

《中华人民共和国刑法修正案》(自1999年12月25日起施行)

五、将刑法第一百八十一条修改为:

"编造并且传播影响证券、期货交易的虚假信息,扰乱证券、期货交易市场,造成严重后果的,处五年以下有期徒刑或者拘役,并处或者单处一万元以上十万元以下罚金。

"证券交易所、期货交易所、证券公司、期货经纪公司的从业人员,证券业协会、期货业协会或者证券期货监督管理部门的工作人员,故意提供虚假信息或者伪造、变造、销毁交易记录,诱骗投资者买卖证券、期货合约,造成严重后果的,处五年以下有期徒刑或者拘役,并处或者单处一万元以上十万元以下罚金;情节特别恶劣的,处五年以上十年以下有期徒刑,并处二万元以上二十万元以下罚金。

"单位犯前两款罪的,对单位判处罚金,并对其直接负责的主管人员和其他直接责任人员,处五年以下有期徒刑或者拘役。"

【条文说明】

本条是关于编造并传播证券、期货交易虚假信息罪和诱骗投资者买卖证券、期货合约罪及其处罚的规定。

本条共分为三款。

第一款是关于编造并传播证券、期货交易虚假信息罪及其处罚的规定。根据本款的规定,构成编造并传播证券、期货交易虚假信息罪必须符合下列条件:第一,犯罪主体为**自然人**。主要是证券交易所、期货交易所、证券公司、期货经纪公司、证券登记结算机构、期货登记结算机构、为公开或非公开募集资金设立的证券投资基金的从业人员,证券业协会、期货业协会或者证券期货监督管理部门的工作人员,证券、期货咨询服务机构及相关机构的人员,以及证券、期货交易的客户,从事证券市场信息报道的工作人员、行情分析人员等。第二,行为人主观上具有**犯罪故意**,即明知编造并且传播影响证券、期货交易的虚假信息,会扰乱证券、期货交易市场秩序,仍实施该行为,并希望危害结果出现。第三,行为人客观上实施了**编造并且传播影响证券、期货交易的虚假信息,扰乱证券、期货交易市场的行为**。[①] 本条所称的**影响证券交易的虚假信息**,主要是指可能对上市公司股

[①] 相同的学说见解认为,本罪的实行行为包括编造与传播两个行为,只有编造没有传播,或者只有传播而没有编造的行为,都不能成立本罪的实行行为。参见黎宏:《刑法学各论》(第2版),法律出版社2016年版,第145页;周光权:《刑法各论》(第4版),中国人民大学出版社2021年版,第308页;高铭暄、马克昌主编:《刑法学》(第7版),北京大学出(转下页)

票交易价格产生较大影响的虚假信息,如涉及公司分配股利或者增资的计划;公司债务担保的重大变更;公司发生重大亏损或者遭受重大损失;公司减资、合并、分立、解散等虚假信息。影响期货交易的虚假信息,主要是指可能对期货合约的交易产生较大影响的虚假信息,如金融银根914变,有关会议内容、市场整顿措施、新品种上市、税率调整、大户入市、保证金比例的提高、交易头寸变化、仓量调整、新法规新措施的出台等。值得注意的是,这里的"**虚假信息**",是指凭空捏造的、歪曲事实的或者有误导性的,能引起市场行情变化的信息,如引起价格上涨或者下跌,交易量增加或减少等。行为人必须既具有编造又具有传播影响证券、期货交易的虚假信息的行为。至于行为人是否从中牟利,不影响本罪的成立。如果行为人只编造而没有传播,或者道听途说又散布给他人,不能以犯罪论处。行为人编造并传播的必须是能够影响证券、期货交易的虚假信息,如该虚假信息对证券、期货交易无影响,也不构成本罪。第四,构成本罪必须是**扰乱证券、期货交易市场,造成严重后果的行为**。所谓"**扰乱证券、期货交易市场,造成严重后果**",是指虚假信息引起股票价格、期货交易价格重大波动,或者在股民、期货交易客户中引起了心理恐慌,大量抛售或者买进某种股票、期货交易品种,给股民、投资者造成重大经济损失,或者造成恶劣的社会影响,等等。

对于编造并传播影响证券、期货交易虚假信息罪的处罚,根据本款的规定,处五年以下有期徒刑或者拘役,并处或者单处一万元以上十万元以下罚金。

第二款是关于诱骗投资者买卖证券、期货合约罪及其处罚的规定。根据本款的规定,构成本罪须符合以下条件:第一,本罪是**特殊主体**,即证券交易所、期货交易所、证券公司、期货经纪公司的从业人员,证券业协会、期货业协会或者证券期货监督管理部门的工作人员,其他人不能成为本罪的主体。第二,行为人主观上具有**犯罪故意**,即故意提供虚假信息,诱骗投资者买卖证券、期货合约。本条所称的"**期货合约**",是指由期货交易所统一制定的,规定在将来某一特定的时间和地点交割一定数量和质量商品的标准化合约。第三,行为人客观上实施了**提供虚假信息或者伪造、变造、销毁交易记录的行为**。本条所称的"**伪造**"交易记录,是指制作假的交易记录,即原来未进行交易,在交易记录中谎报进行了交易,原来未进行大量交易,而在交易记录中谎报进行了大量交易。所谓"**变造**",是指用涂改、擦消、拼接等方法,对真实的交易记录文件进行篡改,使其加以改动的行为。所谓"**销毁**",是指把真实的交易记录加以毁灭的行为。第四,构成本罪的必须是**故意提供虚假信息或者伪造、变造、销毁交易记录,诱骗投资者买卖证券、期货合约,造成严重后果的行为**。"**造成严重后果**"主要是指使投资者造成重大经济损失;造成证券、期货交易秩序严重混乱等。

对于诱骗投资者买卖证券、期货合约罪的处罚,本款规定了两档刑罚:**造成严重后果的**,处五年以下有期徒刑或者拘役,并处或者单处一万元以上十万元以下罚金;**情节特别恶劣的**,处五年以上十年以下有期徒刑,并处二万元以上二十万元以下罚金。

第三款是关于单位犯编造并传播证券、期货交易虚假信息罪和诱骗投资者买卖证券、期货合约罪的处罚规定。本款对单位犯前两款罪的处罚采取了**双罚制原则**,即对单位判处罚金,并对其直接负责的主管人员和其他直接责任人员,处五年以下有期徒刑或者拘役。

在实践执行中,需要注意以下两个方面的情况:

1. 要正确划清**市场行情分析失误**与**编造并传播虚假信息**的界限。在证券、期货市场上,一些经纪人、咨询人员、行情分析人员等业内人士或者专家学者经常对证券、期货市场的行情发表评论。这种评论往往是依据个人的经验和知识,结合市场行情的走向、有关的数据资料、技术分析作出的判断或者预测。这只是个人之见,其目的是为投资者正确决策提供参考。因此,判断失误在所难免。而编造并传播虚假信息是通过虚构事实、隐瞒真相等欺诈手段散布信息,造成严重后果的行为。因此,二者的主要区别**在于是否具有故意编造虚假信息的行为**。

2. 对于**编造并传播"虚假的内幕信息"**的行为如何定性,实践中存在争议。有观点认为,内幕信息必须是真实的,不真实的信息属于虚假信息。如果行为人编造、传播所谓"内幕信息"是虚假信

(接上页)社、高等教育出版社 2016 年版,第 406 页;赵秉志、李希慧主编:《刑法各论》(第 3 版),中国人民大学出版社 2016 年版,第 133 页。对此,另有学者指出,"编造并且传播"的规定,只是为了将缺乏故意的传播行为排除在犯罪之外,并不意味着本罪的实行行为由编造与传播两个行为构成。因此,单纯编造影响证券、期货交易的虚假信息而不传播,不是本罪的实行行为,不成立未遂犯;明知是他人编造的影响证券、期货交易的虚假信息而传播,即使与编造者没有通谋,也能成立本罪。参见张明楷:《刑法学》(第 6 版),法律出版社 2021 年版,第 1013 页。

息的,应构成本条规定的编造并传播证券、期货交易虚假信息罪。也有观点认为,内幕信息不以最终真实性为要件。实践中,内幕信息仅代表一段时间内尚未公开的可能影响证券、期货市场价格的信息,这些信息最终可能具有临时性,也不完全准确、真实、完整。而且就算国务院证券监督管理机构等指定的报刊、媒体、平台披露的信息也未必都是真实的,事后有可能会被证明为虚假信息披露。因此真实性不影响对"内幕信息"的判断。只要信息一旦向社会公开,会对证券、期货交易价格或者交易量产生重大影响的,就应当认定为内幕信息。行为人泄露虚假的"内幕信息"的,可能构成《刑法》第一百八十条规定的泄露内幕信息罪,而不是本条规定的编造并传播证券、期货交易虚假信息罪。从整体上看,**信息相对真实应属于"内幕信息"的认定标准。**刑法惩治交易和泄露内幕信息行为,主要是为了惩治通过内幕信息"占得先机"的市场投机行为。虽然事后看,相关信息可能不是完全准确、真实、完整的,但是只要相关信息与指定报刊、媒体、平台首次公开的信息基本一致,就应当认定其具有真实性,属"内幕信息"。泄露"内幕信息"的,应当构成泄露内幕信息罪。另外,对于虚假"内幕信息"而言,获取了该类信息而实施的市场投机行为无法牟取非法利益,但是编造、传播该类信息仍然具有社会危害性。**行为人故意编造并传播虚假"内幕信息"的,可能构成编造并传播证券、期货交易虚假信息罪或者操纵证券、期货市场罪。**

【司法解释性文件】

《最高人民检察院、公安部关于公安机关管辖的刑事案件立案追诉标准的规定(二)》(公通字[2022]12号,2022年4月6日公布)

△(编造并传播证券、期货交易虚假信息罪;立案追诉标准)编造并且传播影响证券、期货交易的虚假信息,扰乱证券、期货交易市场,涉嫌下列情形之一的,应予立案追诉:

(一)获利或者避免损失数额在五万元以上的;

(二)造成投资者直接经济损失数额在五十万元以上的;

(三)虽未达到上述数额标准,但多次编造并且传播影响证券、期货交易的虚假信息的;

(四)致使交易价格或者交易量异常波动的;

(五)造成其他严重后果的。(§32)

△(诱骗投资者买卖证券、期货合约罪;立案追诉标准)证券交易所、期货交易所、证券公司、期货公司的从业人员,证券业协会、期货业协会或者证券期货监督管理部门的工作人员,故意提供虚假信息或者伪造、变造、销毁交易记录,诱骗投资者买卖证券、期货合约,涉嫌下列情形之一的,应予立案追诉:

(一)获利或者避免损失数额在五万元以上的;

(二)造成投资者直接经济损失数额在五十万元以上的;

(三)虽未达到上述数额标准,但多次诱骗投资者买卖证券、期货合约的;

(四)致使交易价格或者交易量异常波动的;

(五)造成其他严重后果的。(§33)

第一百八十二条 【操纵证券、期货市场罪】

有下列情形之一,操纵证券、期货市场,影响证券、期货交易价格或者证券、期货交易量,情节严重的,处五年以下有期徒刑或者拘役,并处或者单处罚金;情节特别严重的,处五年以上十年以下有期徒刑,并处罚金:

(一)单独或者合谋,集中资金优势、持股或者持仓优势或者利用信息优势联合或者连续买卖的;

(二)与他人串通,以事先约定的时间、价格和方式相互进行证券、期货交易的;

(三)在自己实际控制的帐户之间进行证券交易,或者以自己为交易对象,自买自卖期货合约的;

(四)不以成交为目的,频繁或者大量申报买入、卖出证券、期货合约并撤销申报的;

(五)利用虚假或者不确定的重大信息,诱导投资者进行证券、期货交易的;

(六)对证券、证券发行人、期货交易标的公开作出评价、预测或者投资建议,同时进行反向证券交易或者相关期货交易的;

(七)以其他方法操纵证券、期货市场的。

单位犯前款罪的,对单位判处罚金,并对其直接负责的主管人员和其他直接责任人员,依照前款的规定处罚。

【立法沿革】

《中华人民共和国刑法》(1997年修订,自1997年10月1日起施行)

第一百八十二条

有下列情形之一,操纵证券交易价格,获取不正当利益或者转嫁风险,情节严重的,处五年以下有期徒刑或者拘役,并处或者单处违法所得一倍以上五倍以下罚金:

(一)单独或者合谋,集中资金优势、持股优势或者利用信息优势联合或者连续买卖,操纵证券交易价格的;

(二)与他人串通,以事先约定的时间、价格和方式相互进行证券交易或者相互买卖并不持有的证券,影响证券交易价格或者证券交易量的;

(三)以自己为交易对象,进行不转移证券所有权的自买自卖,影响证券交易价格或者证券交易量的;

(四)以其他方法操纵证券交易价格的。

单位犯前款罪的,对单位判处罚金,并对其直接负责的主管人员和其他直接责任人员,处五年以下有期徒刑或者拘役。

《中华人民共和国刑法修正案》(自1999年12月25日起施行)

六、将刑法第一百八十二条修改为:

"有下列情形之一,操纵证券、期货交易价格,获取不正当利益或者转嫁风险,情节严重的,处五年以下有期徒刑或者拘役,并处或者单处违法所得一倍以上五倍以下罚金:

"(一)单独或者合谋,集中资金优势、持股或者持仓优势或者利用信息优势联合或者连续买卖,操纵证券、期货交易价格的;

"(二)与他人串通,以事先约定的时间、价格和方式相互进行证券、期货交易,或者相互买卖并不持有的证券,影响证券交易价格或者证券、期货交易量的;

"(三)以自己为交易对象,进行不转移证券所有权的自买自卖,或者以自己为交易对象,自买自卖期货合约,影响证券、期货交易价格或者证券、期货交易量的;

"(四)以其他方法操纵证券、期货交易价格的。

"单位犯前款罪的,对单位判处罚金,并对其直接负责的主管人员和其他直接责任人员,处五年以下有期徒刑或者拘役。"

《中华人民共和国刑法修正案(六)》(自2006年6月29日起施行)

十一、将刑法第一百八十二条修改为:

"有下列情形之一,操纵证券、期货市场,情节严重的,处五年以下有期徒刑或者拘役,并处或者单处罚金;情节特别严重的,处五年以上十年以下有期徒刑,并处罚金:

"(一)单独或者合谋,集中资金优势、持股或者持仓优势或者利用信息优势联合或者连续买卖,操纵证券、期货交易价格或者证券、期货交易量的;

"(二)与他人串通,以事先约定的时间、价格和方式相互进行证券、期货交易,影响证券、期货交易价格或者证券、期货交易量的;

"(三)在自己实际控制的账户之间进行证券交易,或者以自己为交易对象,自买自卖期货合约,影响证券、期货交易价格或者证券、期货交易量的;

"(四)以其他方法操纵证券、期货市场的。

"单位犯前款罪的,对单位判处罚金,并对其直接负责的主管人员和其他直接责任人员,依照前款的规定处罚。"

《中华人民共和国刑法修正案(十一)》(自2021年3月1日起施行)

十三、将刑法第一百八十二条第一款修改为:

"有下列情形之一,操纵证券、期货市场,影响证券、期货交易价格或者证券、期货交易量,情节严重的,处五年以下有期徒刑或者拘役,并处或者单处罚金;情节特别严重的,处五年以上十年以下有期徒刑,并处罚金:

"(一)单独或者合谋,集中资金优势、持股或者持仓优势或者利用信息优势联合或者连续买卖的;

"(二)与他人串通,以事先约定的时间、价格和方式相互进行证券、期货交易的;

"(三)在自己实际控制的帐户之间进行证券交易,或者以自己为交易对象,自买自卖期货合约的;

"(四)不以成交为目的,频繁或者大量申报买入、卖出证券、期货合约并撤销申报的;

"(五)利用虚假或者不确定的重大信息,诱导投资者进行证券、期货交易的;

"(六)对证券、证券发行人、期货交易标的公开作出评价、预测或者投资建议,同时进行反向证券交易或者相关期货交易的;

"(七)以其他方法操纵证券、期货市场的。"

【条文说明】

本条是关于操纵证券、期货市场罪及其处罚的规定。

本条共分为两款。

第一款是关于个人操纵证券、期货市场的犯罪及其处罚的规定。惩治操纵证券、期货市场的犯罪行为,既是我国证券、期货市场规范化建设的一个重要内容,也是我国证券、期货市场健康发展的客观需要。"操纵证券、期货交易市场"的行为,是背离市场自由竞争和供求关系原则,人为地操纵证券、期货交易价格,或者制造证券、期货交易的虚假价格或交易数量,引诱他人参与证券、期货交易,为自己牟取不正当利益或者转嫁风险的市场欺诈行为。这种行为既损害投资者的利益,同时也对证券、期货市场的秩序造成极大的危害,所以,必须严厉打击。根据本款规定,构成操纵证券、期货市场罪,必须同时具备以下条件:

1. **具有操纵证券、期货市场的行为**。本款具体列举了七种操纵证券、期货市场的行为,只要实施了七种行为之一,影响证券、期货交易价格或者交易数量,情节严重的,就构成操纵证券、期货市场的犯罪。七种行为分别是:

一是**单独或者合谋,集中资金优势、持股或者持仓优势或者利用信息优势联合或者连续买卖**。所谓"**单独或者合谋**",是指操纵证券、期货交易价格的行为人既可以是买方也可以是卖方,甚至既是买方又是卖方,可以是一个人所为也可以是多人联合所为。"**集中资金优势、持股或者持仓优势或者利用信息优势**",是指证券、期货的投资大户、会员单位等利用手中持有的大量资金、股票、期货合约或者利用了解某些内幕信息等优势,进行证券、期货交易。"**联合**"买卖是指行为人在一段时间内共同对某种股票或者期货合约进行买进或者卖出的行为。"**连续买卖**"即连续交易,是指行为人在短时间内对同一股票或者期货合约反复进行买进又卖出的行为。这种操纵方式一般是行为人先筹足一大笔资金,并锁定某种具有炒作潜力且易操作的股票或者期货合约,暗中利用不同帐户在市场上吸足筹码,然后配合各式炒作题材连续拉抬股价或期货价格,制造多头行情,以诱使投资人跟进追小涨,使股价或期货价格一路攀升,等股价或期货价格上涨到一定高度时,暗中释放出手中所持股票或期货合约,甚至融券卖空,此时交易量明显放大,价格出现剧烈震荡,行为人出清所持股票或期货合约后,交易量萎缩,股票或期货价格丧失支撑旋即暴跌,等价格回跌再乘低补进,以便为下次操作准备筹码,以此方式循环操作,操纵证券、期货交易价格,从上涨和下跌中两面获利。

二是**与他人串通,以事先约定的时间、价格和方式相互进行证券、期货交易**。这种操纵证券价格的方式又称为"对敲",主要表现为行为人与他人通谋,在事先以约定的时间、约定的价格在自己卖出或者买入股票或者期货合约时,另一约定人同时实施买入或者卖出股票或者期货合约,或者相互买卖证券或者期货合约,通过几家联手反复实施买卖行为,目的在于虚假造势,从而可能抬高或者打压某种股票或者期货的价格,最后,行为人乘机建仓或者平仓,以获取暴利或者转嫁风险。这种行为会使其他投资者对证券、期货市场产生极大误解,导致错误判断而受损,对证券、期货市场的破坏力很大。这种操纵行为方式主要表现为相互交易，即与他人串通，以事先约定的时间、价格和方式相互进行证券、期货交易。在现行集中交易市场电脑竞价撮合成交的交易状态下，串通者所买进与卖出的证券、期货要完全相同，几乎是不可能的。只要串通双方的委托在时间上和价格上具有相似性，数量上具有一致性，即可成立。也不要求必须以整个市场价格为对象，只要影响了某种股票或者期货品种的交易价格即可。

三是**在自己实际控制的帐户之间进行证券交易，或者以自己为交易对象，自买自卖期货合约**。"**在自己实际控制的帐户之间进行证券交易**"，是指将预先配好的委托分别下达给两个证券公司，由一个证券公司买进，另一个证券公司卖出，实际上是自买自卖证券的行为，其所有权并没有发生转移。这种行为实际上也会对证券的交易价格和交易量产生很大的影响。"**以自己为交易对象，自买自卖期货合约**"，主要是指以不转移期货合约形式进行虚假买卖。这种情况也称为**虚假交易**，主要包括两种情况：一种是**自我买卖**，即会员单位或者客户在期货交易中既作卖方又作买方，形式上买进卖出，实际上期货合约的所有人并没有发生变化，实践中这种人往往在在开设帐户时一客多户，或假借他人帐户，或用假名虚设帐户，在买卖期货过程中，形式上是多个客户在交易，实质上为同一客户；另一种是**不同行为人之间进行的交易**，他们事先合谋，相互买卖期货合约，但事后买进的一方，返还给另一方。这种不转移合约所有权形式的虚假交易行为，显然会影响期货行情，制造出虚假价格。例如，行为人通过反复的虚假买卖，引发期货价格的波动，蒙蔽其他投资者入市，当期货价格上涨或下跌到一定价位后，操纵者乘机建仓或平仓，牟取不法利益。所谓"**期货合约**"，是指由期货交易所统一制定的、规定在将来某一特定的时间和地点交割一定数量和质量商品的标准化合约。行为人实施了以自己为交易对象，进行不转移证券所有权的自买自卖。

四是**不以成交为目的，频繁或者大量申报买入、卖出证券、期货合约并撤销申报**。这种操纵方式通常称为"**虚假申报操纵**"或者"**幌骗交易操纵**"，具体包括分层挂单、反向交易等行为，其核心特征是通过不以成交为目的的挂单，诱骗其他投资者交易或者放弃交易，从而实现对证券、期货价格或者交易量的影响。随着计算机程序交易的普及，通过计算机程序快速下单和撤单也已经具备了可能性。该种操纵方式多利用程序化交易等技术手段进行，以实现高频交易或者大量申报但最终不成交，进而影响证券交易的数据，从而抬高股价，谋取非法利益。

五是**利用虚假或者不确定的重大信息，诱导投资者进行证券、期货交易**。这种操纵证券、期货市场的行为通常称为"**蛊惑交易操纵**"。实践中，该种行为通过公开传播虚假、重大误导性信息来影响投资者的判断和交易，并进而影响特定证券、期货交易的价格、交易量。实施该类操纵行为的犯罪行为人利用许多投资者存在迷信内部消息、追捧热点信息的心理，通过"编故事、画大饼"等方式，传播公司重组意图、投资意向、行业信息等所谓重大信息，引起证券、期货市场关注和反应，吸引大量投资者跟风交易，以达到行为人操纵证券、期货市场的目的。

六是**对证券、证券发行人、期货交易标的公开作出评价、预测或者投资建议，同时进行反向证券交易或者相关期货交易**。这种操纵证券、期货市场的行为通常称为"**抢帽子交易操纵**"。这里作出公开评价、预测或者投资建议的主体是不特定主体，既有证券公司、证券咨询机构、专业中介机构及其工作人员等，也有各种所谓炒股专家、专业分析师等，其往往预先买入证券、期货合约，然后利用其身份在互联网、电视等平台对其买入的股票、证券发行人、期货标的进行公开评价、预测和推荐，影响股票、期货的价格以及交易量，并通过操作以获利。需要注意的是，**这里行为人所进行的交易对于证券要求是"反向证券交易"**，即"言行不一致"，从中获取不法利益；而对期货交易没有相关要求，这是因为期货为双向交易，既可以买入开仓以看涨，也可以卖出开仓以看跌，同时各种期货品种之间具有一定的关联性，行为人实施操纵行为后获利的方式多样，例如可能暗中开仓，公开作出对自己市场有利的评价，诱导他人对其进行相同方向的交易，影响期货价格或者交易量，最后通过实际交割或者平仓行权了结获利，因此这里规定的是行为人进行"相关"期货交易。

七是**以其他方法操纵证券、期货市场**①，即除上述六种情形以外其他操纵证券、期货市场的方法。行为人不管采用什么手法，也不问其主观动机是什么，只要客观上造成了操纵证券、期货市场的结果，就属于操纵证券、期货市场的行为。这样规定主要是考虑在上述六种操纵证券、期货市场的形式以外，操纵者还会采用许多新的手法，法律

---

① 其他方法，诸如与他人合谋进行不转移证券所有权的虚假买卖，利用职务之便人为地抬高或压低某种证券交易价格，非法侵入计算机信息系统抬高股票价格，等等。参见黎宏：《刑法学各论》（第2版），法律出版社2016年版，第146页。

难以一一列举,作出这一概括性的规定,可以适应复杂的实际情况,有利于严厉打击操纵证券、期货市场的行为。**以其他方法操纵证券、期货市场的行为**,目前有利用职务便利操纵证券、期货市场,主要是证券交易所、期货交易所、证券公司、期货经纪公司及其从业人员,利用手中掌握的证券、期货委托、报价交易等职务便利,人为地压低或者抬高证券、期货价格,从中牟取暴利,其表现形式包括:擅自篡改证券、期货行情记录,引起证券、期货价格波动;在委托交易中,利用时间差,进行强买强卖兹意引起价格波动的;串通客户共同操纵证券、期货价格;在证券、期货代理过程中,违反规定取得多个客户的全权委托,并实际操作客户账户,实施操纵交易;会员单位或客户利用多个会员或客户的账户与注册编码,规避交易所持股、持仓量或交易头寸的限制超量持股、持仓以及借股、借仓交易等操纵价格的行为;交易所会员或客户在现货市场上超越自身经营范围或实际需求,囤积居奇,企图或实际严重影响期货市场价格的;交易所会员或客户超越自身经营范围或实际要求,控制大量交易所指定仓库标准仓单,企图或实际严重影响期货市场价格的;交易所会员故意阻止、延误或改变客户某一方向的交易指令,或擅自下达交易指令或诱导、强制客户按照自己的意志进行交易,操纵证券、期货交易价格的;等等。

2. 操纵行为要符合**"影响证券、期货交易价格或者证券、期货交易量"**的要求。操纵行为必然表现为影响了证券、期货价格或者证券、期货交易量。实践中,对认定构成操纵证券、期货市场犯罪的,一般都需要从"证券、期货交易价格或者证券、期货交易量"是否被影响的角度固定证据,如持有或者实际控制证券的流通股份数量、数个交易日总成交量等。

3. 行为人有操纵证券、期货市场的行为,**情节严重的才构成犯罪**。"情节严重",主要是指行为人获取不正当利益巨大的;多次操纵证券、期货市场的;造成恶劣社会影响的;造成股票、期货价格暴涨暴跌,严重影响证券、期货秩序的;给其他投资者造成巨大经济损失的;等等。

根据本款规定,**构成操纵证券、期货市场罪的**,处五年以下有期徒刑或者拘役,并处或者单处罚金;**情节特别严重的**,处五年以上十年以下有期徒刑,并处罚金。

第二款是关于单位操作证券、期货市场的犯罪及其处罚的规定。根据本款规定,单位有前款行为的,对单位判处罚金,并对其直接负责的主管人员和其他直接责任人员,依照前款的规定处罚,即采取了**双罚制原则**。这样,单位操纵证券、期货市场,情节严重的,对单位判处罚金,并对单位直接负责的主管人员和其他直接责任人员,处五年以下有期徒刑或者拘役,并处或者单处罚金;情节特别严重的,处五年以上十年以下有期徒刑,并处罚金。

需要注意的是,2019年《最高人民法院、最高人民检察院关于办理操纵证券、期货市场刑事案件适用法律若干问题的解释》对本条规定中的一些内容作了进一步细化,具有一定的参考价值。如该解释第二条对本条第一款中**"情节严重"**作了列举,包括:"(一)持有或者实际控制证券的流通股份数量达到该证券的实际流通股份总量百分之十以上,实施刑法第一百八十二条第一款第一项操纵证券市场行为,连续十个交易日的累计成交量达到同期该证券总成交量百分之二十以上的;(二)实施刑法第一百八十二条第一款第二项、第三项操纵证券市场行为,连续十个交易日的累计成交量达到同期该证券总成交量百分之二十以上的;(三)实施本解释第一条第一项至第四项操纵证券市场行为,证券交易成交额在一千万元以上的;(四)实施刑法第一百八十二条第一款第一项及本解释第一条第六项操纵期货市场行为,实际控制的账户合并持仓连续十个交易日的最高值超过期货交易所限仓标准的二倍,累计成交量达到同期该期货合约总成交量百分之二十以上,且期货交易占用保证金数额在五百万元以上的;(五)实施刑法第一百八十二条第一款第二项、第三项及本解释第一条第一项、第二项操纵期货市场行为,实际控制的账户连续十个交易日的累计成交量达到同期该期货合约总成交量百分之二十以上,且期货交易占用保证金数额在五百万元以上的;(六)实施该解释第一条第五项操纵证券、期货市场行为,当日累计撤回申报量达到同期该证券、期货合约总申报量百分之五十以上,且证券撤回申报额在一千万元以上、撤回申报的期货合约占用保证金数额在五百万元以上的;(七)实施操纵证券、期货市场行为,违法所得数额在一百万元以上的。"该解释第三条对本条第一款规定的**"情节严重"**作了进一步列举,包括:"(一)发行人、上市公司及其董事、监事、高级管理人员、控股股东或者实际控制人实施操纵证券、期货市场行为的;(二)收购人、重大资产重组的交易对方及其董事、监事、高级管理人员、控股股东或者实际控制人实施操纵证券、期货市场行为的;(三)行为人明知操纵证券、期货市场行为被有关部门调查,仍继续实施的;(四)因操纵证券、期货市场行为受过刑事追究的;(五)二年内因操纵证券、期货市场行为受过行政处罚的;(六)在市场出现重大异常波动等特定时段操纵证券、期货市场的;(七)造成恶劣社会影响或者其他严重后果的。"该解释第四条对本条第一款规定的"**情节特别严重**"作了具体列举,包括:"(一)持有或者实际控制证券的流通股份数量达到该证券的实际流通股份总量百分之十以上,实施刑法第一百八十二条第一款第一项操纵证券市场行为,连续十个交易日的累计成交量达到同期该证券总成交量百分之五十以上的;(二)实施刑法第一百八十二条第一款第二项、第三项操纵证券市场行为,连续十个交易日的累计成交量达到同期该证券总成交量百分之五十以上的;(三)实施本解释第一条第一项至第四项操纵证券市场行为,证券交易成交额在五千万元以上的;(四)实施刑法第一百八十二条第一款第一项及本解释第一条第六项操纵期货市场行为,实际控制的账户合并持仓连续十个交易日的最高值超过期货交易所限仓标准的五倍,累计成交量达到同期该期货合约总成交量百分之五十以上,且期货交易占用保证金数额在二千五百万元以上的;(五)实施刑法第一百八十二条第一款第二项、第三项及本解释第一条第一项、第二项操纵期货市场行为,实际控制的账户连续十个交易日的累计成交量达到同期该期货合约总成交量百分之五十以上,且期货交易占用保证金数额在二千五百万元以上的;(六)实施操纵证券、期货市场行为,违法所得数额在一千万元以上的。实施操纵证券、期货市场行为,违法所得数额在五百万元以上,并具有该解释第三条规定的七种情形之一的,应当认定为'情节特别严重'。"此外,该解释还注意到了**市场间的差别**,其第十条规定:"对于全国中小企业股份转让系统中实施操纵证券市场行为,社会危害性大,严重破坏公平公正的市场秩序的,比照本解释的规定执行,但本解释第二条第一项、第二项和第四条第一项、第二项除外。"因此,在具体适用中,需要注意不同市场间的差异性,以准确认定操纵证券、期货市场的犯罪行为。

【司法解释】

《最高人民法院、最高人民检察院关于办理操纵证券、期货市场刑事案件适用法律若干问题的解释》(法释〔2019〕9号,自2019年7月1日起施行)
△(**以其他方法操纵证券、期货市场**)行为人具有下列情形之一的,可以认定为刑法第一百八十二条第一款第四项规定的"以其他方法操纵证券、期货市场":

(一)利用虚假或者不确定的重大信息,诱导投资者作出投资决策,影响证券、期货交易价格或者证券、期货交易量,并进行相关交易或者谋取相关利益的;

(二)通过对证券及其发行人、上市公司、期货交易标的的公开作出评价、预测或者投资建议,误导投资者作出投资决策,影响证券、期货交易价格或者证券、期货交易量,并进行与其评价、预测、投资建议方向相反的证券交易或者相关期货交易的;

(三)通过策划、实施资产收购或者重组、投资新业务、股权转让、上市公司收购等虚假重大事项,误导投资者作出投资决策,影响证券交易价格或者证券交易量,并进行相关交易或者谋取相关利益的;

(四)通过控制发行人、上市公司信息的生成或者控制信息披露的内容、时点、节奏,误导投资者作出投资决策,影响证券交易价格或者证券交易量,并进行相关交易或者谋取相关利益的;

(五)不以成交为目的,频繁申报、撤单或者大额申报、撤单,误导投资者作出投资决策,影响证券、期货交易价格或者证券、期货交易量,并进行与申报相反的交易或者谋取相关利益的;

(六)通过囤积现货,影响特定期货品种市场行情,并进行相关期货交易的;

(七)以其他方法操纵证券、期货市场的。(§1)

△(**情节严重**)操纵证券、期货市场,具有下列情形之一的,应当认定为刑法第一百八十二条第一款规定的"情节严重":

(一)持有或者实际控制证券的流通股份数量达到该证券的实际流通股份总量百分之十以上,实施刑法第一百八十二条第一款第一项操纵证券市场行为,连续十个交易日的累计成交量达到同期该证券总成交量百分之二十以上的;

(二)实施刑法第一百八十二条第一款第二项、第三项操纵证券市场行为,连续十个交易日的累计成交量达到同期该证券总成交量百分之二十以上的;

(三)实施本解释第一条第一项至第四项操纵证券市场行为,证券交易成交额在一千万元以上的;

(四)实施刑法第一百八十二条第一款第一项及本解释第一条第六项操纵期货市场行为,实际控制的账户合并持仓连续十个交易日的最高值超过期货交易所限仓标准的二倍,累计成交量达到同期该期货合约总成交量百分之二十以上,且期货交易占用保证金数额在五百万元以上的;

(五)实施刑法第一百八十二条第一款第二项、第三项及本解释第一条第一项、第二项操纵期货市场行为,实际控制的账户连续十个交易日的累计成交量达到同期该期货合约总成交量百分之二十以上，且期货交易占用保证金数额在五百万元以上的；

（六）实施本解释第一条第五项操纵证券、期货市场行为，当日累计撤回申报量达到同期该证券、期货合约总申报量百分之五十以上，且证券撤回申报额在一千万元以上、撤回申报的期货合约占用保证金数额在五百万元以上的；

（七）实施操纵证券、期货市场行为，违法所得数额在一百万元以上的。（§2）

△**（情节严重）**操纵证券、期货市场，违法所得数额在五十万元以上，具有下列情形之一的，应当认定为刑法第一百八十二条第一款规定的"情节严重"：

（一）发行人、上市公司及其董事、监事、高级管理人员、控股股东或者实际控制人实施操纵证券、期货市场行为的；

（二）收购人、重大资产重组的交易对方及其董事、监事、高级管理人员、控股股东或者实际控制人实施操纵证券、期货市场行为的；

（三）行为人明知操纵证券、期货市场行为被有关部门调查，仍继续实施的；

（四）因操纵证券、期货市场行为受过刑事追究的；

（五）二年内因操纵证券、期货市场行为受过行政处罚的；

（六）在市场出现重大异常波动等特定时段操纵证券、期货市场的；

（七）造成恶劣社会影响或者其他严重后果。（§3）

△**（情节特别严重）**具有下列情形之一的，应当认定为刑法第一百八十二条第一款规定的"情节特别严重"：

（一）持有或者实际控制证券的流通股份数量达到该证券的实际流通股份总量百分之十以上，实施刑法第一百八十二条第一款第一项操纵证券市场行为，连续十个交易日的累计成交量达到同期该证券总成交量百分之五十以上的；

（二）实施刑法第一百八十二条第一款第二项、第三项操纵证券市场行为，连续十个交易日的累计成交量达到同期该证券总成交量百分之五十以上的；

（三）实施本解释第一条第一项至第四项操纵证券市场行为，证券交易成交额在五千万元以上的；

（四）实施刑法第一百八十二条第一款第一项及本解释第一条第六项操纵期货市场行为，实际控制的账户合并持仓连续十个交易日的最高值超过期货交易所限仓标准的五倍，累计成交量达到同期该期货合约总成交量百分之五十以上，且期货交易占用保证金数额在二千五百万元以上的；

（五）实施刑法第一百八十二条第一款第二项、第三项及本解释第一条第二项操纵期货市场行为，实际控制的账户连续十个交易日的累计成交量达到同期该期货合约总成交量百分之五十以上，且期货交易占用保证金数额在二千五百万元以上的；

（六）实施操纵证券、期货市场行为，违法所得数额在一千万元以上的。

实施操纵证券、期货市场行为，违法所得数额在五百万元以上，并具有本解释第三条规定的七种情形之一的，应当认定为"情节特别严重"。（§4）

△**（自己实际控制的账户；行为人对账户内资产没有交易决策权）**下列账户应当认定为刑法第一百八十二条中规定的"自己实际控制的账户"：

（一）行为人以自己名义开户并使用的实名账户；

（二）行为人向账户转入或者从账户转出资金，并承担实际损益的他人账户；

（三）行为人通过第一项、第二项以外的方式管理、支配或者使用的他人账户；

（四）行为人通过投资关系、协议等方式对账户内资产行使交易决策权的他人账户；

（五）其他有证据证明行为人具有交易决策权的账户。

有证据证明行为人对前款第一项至第三项账户内资产没有交易决策权的除外。（§5）

△**（二次以上实施操纵证券、期货市场行为；累计计算）**二次以上实施操纵证券、期货市场行为，依法应予行政处理或者刑事处理而未经处理的，相关交易数额或者违法所得数额累计计算。（§6）

△**（从轻处罚；不起诉或者免予刑事处罚；认罪认罚从宽）**符合本解释第二条、第三条规定的标准，行为人如实供述犯罪事实，认罪悔罪，并积极配合调查，退缴违法所得的，可以从轻处罚；其中犯罪情节轻微的，可以依法不起诉或者免予刑事处罚。

符合刑事诉讼法规定的认罪认罚从宽适用范围和条件的，依照刑事诉讼法的规定处理。（§7）

△**（单位犯罪）**单位实施刑法第一百八十二条第一款行为的，依照本解释规定的定罪量刑标准，对其直接负责的主管人员和其他直接责任人员定罪处罚，并对单位判处罚金。（§8）

△(违法所得;连续十个交易日)本解释所称"违法所得",是指通过操纵证券、期货市场所获利益或者避免的损失。

本解释所称"连续十个交易日",是指证券、期货市场开市交易的连续十个交易日,并非指行为人连续交易的十个交易日。(§9)

△(在全国中小企业股份转让系统中实施操纵证券市场行为)对于在全国中小企业股份转让系统中实施操纵证券市场行为,社会危害性大,严重破坏公平公正的市场秩序的,比照本解释的规定执行,但本解释第二条第一项、第二项和第四条第一项、第二项除外。(§10)

【司法解释性文件】

《最高人民检察院、公安部关于公安机关管辖的刑事案件立案追诉标准的规定(二)》(公通字〔2022〕12号,2022年4月6日公布)

△(操纵证券、期货市场罪;立案追诉标准)操纵证券、期货市场,影响证券、期货交易价格或者证券、期货交易量,涉嫌下列情形之一的,应予立案追诉:

(一)持有或者实际控制证券的流通股份数量达到该证券的实际流通股份总量百分之十以上,实施刑法第一百八十二条第一款第一项操纵证券市场行为,连续十个交易日的累计成交量达到同期该证券总成交量百分之二十以上的;

(二)实施刑法第一百八十二条第一款第二项、第三项操纵证券市场行为,连续十个交易日的累计成交量达到同期该证券总成交量百分之二十以上的;

(三)利用虚假或者不确定的重大信息,诱导投资者进行证券交易,行为人进行相关证券交易的成交额在一千万元以上的;

(四)对证券、证券发行人公开作出评价、预测或者投资建议,同时进行反向证券交易,证券交易成交额在一千万元以上的;

(五)通过策划、实施资产收购或者重组、投资新业务、股权转让、上市公司收购等虚假重大事项,误导投资者作出投资决策,并进行相关交易或者谋取相关利益,证券交易成交额在一千万元以上的;

(六)通过控制发行人、上市公司信息的生成或者控制信息披露的内容、时点、节奏,误导投资者作出投资决策,并进行相关交易或者谋取相关利益,证券交易成交额在一千万元以上的;

(七)实施刑法第一百八十二条第一款第一项操纵期货市场行为,实际控制的账户合并持仓连续十个交易日的最高值超过期货所限仓标准的二倍,累计成交量达到同期该期货合约总成交量百分之二十以上,且期货交易占用保证金数额在五百万元以上的;

(八)通过囤积现货,影响特定期货品种市场行情,并进行相关期货交易,实际控制的账户合并持仓连续十个交易日的最高值超过期货交易所限仓标准的二倍,累计成交量达到同期该期货合约总成交量百分之二十以上,且期货交易占用保证金数额在五百万元以上的;

(九)实施刑法第一百八十二条第一款第二项、第三项操纵期货市场行为,实际控制的账户连续十个交易日的累计成交量达到同期该期货合约总成交量百分之二十以上,且期货交易占用保证金数额在五百万元以上的;

(十)利用虚假或者不确定的重大信息,诱导投资者进行期货交易,行为人进行相关期货交易,实际控制的账户连续十个交易日的累计成交量达到同期该期货合约总成交量百分之二十以上,且期货交易占用保证金数额在五百万元以上的;

(十一)对期货交易标的公开作出评价、预测或者投资建议,同时进行相关期货交易,实际控制的账户连续十个交易日的累计成交量达到同期该期货合约总成交量的百分之二十以上,且期货交易占用保证金数额在五百万元以上的;

(十二)不以成交为目的,频繁或者大量申报买入、卖出证券、期货合约并撤销申报,当日累计撤回申报量达到同期该证券、期货合约总申报量百分之五十以上,且证券撤回申报额在一千万元以上,撤回申报的期货合约占用保证金数额在五百万元以上的;

(十三)实施操纵证券、期货市场行为,获利或者避免损失数额在一百万元以上的。

操纵证券、期货市场,影响证券、期货交易价格或者证券、期货交易量,获利或者避免损失数额在五十万元以上,同时涉嫌下列情形之一的,应予立案追诉:

(一)发行人、上市公司及其董事、监事、高级管理人员、控股股东或者实际控制人实施操纵证券、期货市场行为的;

(二)收购人、重大资产重组的交易对方及其董事、监事、高级管理人员、控股股东或者实际控制人实施操纵证券、期货市场行为的;

(三)行为人明知操纵证券、期货市场行为被有关部门调查,仍继续实施的;

(四)因操纵证券、期货市场行为受过刑事追究的;

(五)二年内因操纵证券、期货市场行为受过行政处罚的;

（六）在市场出现重大异常波动等特定时段操纵证券、期货市场的；

（七）造成其他严重后果的。

对于在全国中小企业股份转让系统中实施操纵证券市场行为，社会危害性大，严重破坏公平公正的市场秩序的，比照本条的规定执行，但本条第一款第一项和第二项除外。（§34）

【指导性案例】

最高人民检察院指导性案例第39号：朱炜明操纵证券市场案（2018年7月3日发布）

△(操纵证券市场；"抢帽子"交易；公开荐股)证券公司、证券咨询机构、专业中介机构及其工作人员违背从业禁止规定，买卖或者持有证券，并在对相关证券作出公开评价、预测或者投资建议后，通过预期的市场波动反向操作，谋取利益，情节严重的，以操纵证券市场罪追究其刑事责任。

【参考案例】

No.3-4-182-1 赵喆操纵证券交易价格案

非法侵入计算机信息系统，利用修改计算机系统存储数据的方法，抬高证券价格从而获利的，应以操纵证券交易价格罪论处。

No.3-4-182-2 汪建中操纵证券市场案

严重的抢先交易行为属于操纵证券市场罪中的"以其他方法操纵证券、期货市场"的行为方式，构成操纵证券市场罪。

第一百八十三条 【保险公司工作人员骗取保险金的处理】

保险公司的工作人员利用职务上的便利，故意编造未曾发生的保险事故进行虚假理赔，骗取保险金归自己所有的，依照本法第二百七十一条的规定定罪处罚。

国有保险公司工作人员和国有保险公司委派到非国有保险公司从事公务的人员有前款行为的，依照本法第三百八十二条、第三百八十三条的规定定罪处罚。

【条文说明】

本条是关于保险公司工作人员虚假理赔的犯罪及其处罚的规定。

本条共分为两款。

第一款是关于保险公司的工作人员进行虚假理赔犯罪及其处罚的规定。根据本款规定，保险公司的工作人员虚假理赔犯罪有以下几个构成要件：一是本罪的犯罪主体是**特殊主体**，即保险公司的工作人员。如果是非保险公司的工作人员故意编造未曾发生的保险事故，进行虚假理赔，不构成此罪，而构成保险诈骗罪。二是行为人在主观上有**犯罪故意**。行为人有故意编造未曾发生的保险事故进行虚假理赔，骗取保险金的目的。三是行为人实施了利用职务上的便利，故意编造未曾发生的保险事故进行虚假理赔，并将骗取的保险金归自己所有的行为。本款所说的"**保险**"，根据《保险法》第二条的规定，是指投保人根据合同约定，向保险人支付保险费，保险人对于合同约定的可能发生的事故因其发生所造成的财产损失承担赔偿保险金责任，或者当被保险人死亡、伤残、疾病或者达到合同约定的年龄、期限等条件时承担给付保险金责任的商业保险行为。"**保险公司**"是指与投保人订立保险合同，并承担赔偿或者给付保险责任的保险人。"**保险公司的工作人员利用职务上的便利，故意编造未曾发生的保险事故进行虚假理赔**"，是指保险公司的工作人员利用他们直接负责保险事故的理赔工作的便利条件，利用投保人与保险公司签订的保险合同关系，谎称发生保险事故，利用职务进行"理赔"，并将理赔款据为己有，从而骗取保险金的犯罪活动。本条所说的**保险事故**，是指保险合同约定的保险责任范围内的事故。是否骗取了保险金是构成犯罪的重要条件。如果行为人虽然有利用职务上的便利，故意编造未曾发生的保险事故进行虚假理赔，但其虚假理赔的行为被及时揭穿，骗取保险金的阴谋未能得逞，属于**犯罪未遂**，可以比照既遂犯从轻或者减轻处罚。如果行为人将骗取的保险金归自己所有，依照本款规定，应当依照本法第二百七十一条职务侵占罪的规定定罪处罚。

第二款是关于国有保险公司工作人员和国有保险公司委派到非国有保险公司从事公务的人员犯虚假理赔犯罪的处罚规定。本条规定，对于国有保险公司工作人员和国有保险公司委派到非国有保险公司从事公务的人员犯此罪，依照《刑法》第三百八十二条、第三百八十三条贪污罪的规定定罪处罚。法律作这样的规定，体现了对国家工作人员犯罪从重处罚的立法精神。需要注意的是，2015年8月29日第十二届全国人大常委会第十六次会议审议通过的《刑法修正案

（九）》对《刑法》第三百八十三条作了修改完善，一是修改了贪污犯罪的定罪量刑标准，取消了《刑法》第三百八十三条对贪污犯罪定罪量刑的具体数额标准，采用数额加情节的标准，同时增加了罚金刑。二是进一步明确、严格了对贪污犯罪从轻、减轻、免除处罚的条件。三是增加一款规定，对犯贪污罪，被判处死刑缓期执行的，人民法院根据犯罪情节等情况可以同时决定在其死刑缓期执行二年期满依法减为无期徒刑后，终身监禁，不得减刑、假释。2016年4月18日起施行的《最高人民法院、最高人民检察院关于办理贪污贿赂刑事案件适用法律若干问题的解释》对《刑法》第三百八十三条的具体数额、情节标准予以明确规定，指导司法实践。

需要注意的是，2020年12月26日第十三届全国人大常委会第二十四次会议审议通过的《刑法修正案（十一）》对《刑法》第二百七十一条作了修改完善，调整了刑罚配置，将原来的"数额较大的，处五年以下有期徒刑或者拘役；数额巨大的，处五年以上有期徒刑，可以并处没收财产"，修改为"数额较大的，处三年以下有期徒刑或者拘役，并处罚金；数额巨大的，处三年以上十年以下有期徒刑，并处罚金；数额特别巨大的，处十年以上有期徒刑或者无期徒刑，并处罚金"。

第一百八十四条　【金融机构工作人员受贿的处理】

银行或者其他金融机构的工作人员在金融业务活动中索取他人财物或者非法收受他人财物，为他人谋取利益的，或者违反国家规定，收受各种名义的回扣、手续费，归个人所有的，依照本法第一百六十三条的规定定罪处罚。

国有金融机构工作人员和国有金融机构委派到非国有金融机构从事公务的人员有前款行为的，依照本法第三百八十五条、第三百八十六条的规定定罪处罚。

【条文说明】

本条是关于金融机构工作人员受贿及其处罚的规定。

本条共分为两款。

第一款是关于银行或者其他金融机构工作人员受贿及其刑事处罚的规定。本条所称"**银行**"，包括政策性银行、各商业银行以及其他在我国境内设立的合资、外资银行等。本条所称"**其他金融机构**"，是指除银行以外的其他经营保险、信托、证券、外汇、期货、金融租赁等金融业务的机构。金融机构工作人员受贿有以下特征：一是主体是银行或者其他金融机构的工作人员，其他人员不能成为本罪的行为主体。二是行为人在办理金融业务的活动中有索取、收受贿赂的行为。本条所称"**金融业务活动**"，是指银行办理的吸收公众存款，发放短期、中期和长期贷款，办理国内外结算，办理票据贴现，发行金融债券，代理发行、代理兑付、承销政府债券，买卖政府债券，从事同业拆借，买卖、代理外汇，提供信用证服务及担保，代理收付款项及代理保险业务，提供保管箱服务等业务，以及其他金融机构办理的保险、信托、证券、外汇、期货、金融租赁等业务。本条所称"**索取他人财物**"，是指行为人向他人索要财物及财产性利益，或者以各种方式提示对方行贿。所谓"**非法收受他人财物**"，是指行为人接受对方给予的财物及财产性利益。本条所称"**违反国家规定，收受各种名义的回扣、手续费**"，是指银行或者其他金融机构的工作人员违反国家规定，以收取回扣或者其他各种名义的手续费的形式变相收取贿赂的行为。实践中，一些银行、金融机构工作人员将自己手中的贷款权、结算权视为特权，公然向贷款申请人索取、收受贿赂；也有的在发放贷款时，不按应付的贷款金额发放，而是予以克扣；还有的在贷款利率之外，向金融规定收取的手续费之外，又馈赠他收取费用归个人所有；有的公然向贷款人、客户要房子、车子等归个人使用。这些行为严重破坏了正常金融秩序，败坏了金融机构的声誉，损害了国家和人民的利益，应当予以严厉打击。需要注意的是，行为人收受各种回扣、手续费要"**归个人所有**"。

本款规定，对银行或者其他金融机构的工作人员索取、收受贿赂，或者收受各种名义的回扣、手续费的，**依照《刑法》第一百六十三条的规定定罪处罚**。

第二款是对国有金融机构工作人员和国有金融机构委派到非国有金融机构从事公务的人员受贿的，依照本法第三百八十五条、第三百八十六条定罪处罚的规定。本条所说的"**国有金融机构工作人员和国有金融机构委派到非国有金融机构从事公务的人员**"，主要是指中国人民银行、国家政策性银行、国有商业银行或者其他国有金融机构的工作人员以及受国有银行委派到非国有商业银行和金融机构从事公务的人员。如果他们在金融业务活动中索取、收受贿赂，或者违反国家规定收受各种名义的回扣、手续费的，定受贿罪，并根据受贿所得数额及情节轻重处罚。法律作这样的规定，体现了对国家工作人员犯罪从严惩处的立法精神。

需要注意的是，2020年12月26日第十三届全国人大常委会第二十四次会议审议通过的《刑法修正案（十一）》对《刑法》第一百六十三条作了修改完善，将原来第一款规定的"公司、企业或者其他单位的工作人员利用职务上的便利，索取他人财物或者非法收受他人财物，为他人谋取利益，数额较大的，处五年以下有期徒刑或者拘役；数额巨大的，处五年以上有期徒刑，可以并处没收财产"，修改为"公司、企业或者其他单位的工作人员，利用职务上的便利，索取他人财物或者非法收受他人财物，为他人谋取利益，数额较大的，处三年以下有期徒刑或者拘役，并处罚金；数额巨大或者有其他严重情节的，处三年以上十年以下有期徒刑，并处罚金；数额特别巨大或者有其他特别严重情节的，处十年以上有期徒刑或者无期徒刑，并处罚金"。

第一百八十五条　【金融机构工作人员挪用资金的处理】

商业银行、证券交易所、期货交易所、证券公司、期货经纪公司、保险公司或者其他金融机构的工作人员利用职务上的便利，挪用本单位或者客户资金的，依照本法第二百七十二条的规定定罪处罚。

国有商业银行、证券交易所、期货交易所、证券公司、期货经纪公司、保险公司或者其他国有金融机构的工作人员和国有商业银行、证券交易所、期货交易所、证券公司、期货经纪公司、保险公司或者其他国有金融机构委派到前款规定中的非国有机构从事公务的人员有前款行为的，依照本法第三百八十四条的规定定罪处罚。

【立法沿革】

《中华人民共和国刑法》（1997年修订，自1997年10月1日起施行）

第一百八十五条

银行或者其他金融机构的工作人员利用职务上的便利，挪用本单位或者客户资金的，依照本法第二百七十二条的规定定罪处罚。

国有金融机构工作人员和国有金融机构委派到非国有金融机构从事公务的人员有前款行为的，依照本法第三百八十四条的规定定罪处罚。

《中华人民共和国刑法修正案》（自1999年12月25日起施行）

七、将刑法第一百八十五条修改为：

"商业银行、证券交易所、期货交易所、证券公司、期货经纪公司、保险公司或者其他金融机构的工作人员利用职务上的便利，挪用本单位或者客户资金的，依照本法第二百七十二条的规定定罪处罚。

"国有商业银行、证券交易所、期货交易所、证券公司、期货经纪公司、保险公司或者其他国有金融机构的工作人员和国有商业银行、证券交易所、期货交易所、证券公司、期货经纪公司、保险公司或者其他国有金融机构委派到前款规定中的非国有机构从事公务的人员有前款行为的，依照本法第三百八十四条的规定定罪处罚。"

【条文说明】

本条是关于金融机构工作人员挪用本单位、客户资金和国有金融机构的工作人员挪用公款以及国有金融机构委派到非国有金融机构中从事公务的人员挪用公款的犯罪及其处罚的规定。

本条共分为两款。

第一款是关于金融机构工作人员挪用本单位或者客户资金的犯罪及其处罚的规定。根据本款规定，构成挪用本单位资金或者客户资金罪必须同时具备以下四个条件：第一，犯罪主体必须是**商业银行、证券交易所、期货交易所、证券公司、期货经纪公司、保险公司或者其他金融机构的工作人员**。这里的"**其他金融机构的工作人员**"，是指除本款明确规定的商业银行、证券交易所、期货交易所、证券公司、期货经纪公司、保险公司外从事信托、金融租赁等金融业务的机构，如信托公司、金融租赁公司、财务公司等机构的工作人员。第二，行为人在主观方面必须具有**故意**，而不是由于工作的过失或者因业务不熟而造成的失误。其挪用资金是为个人使用或者借贷给他人。第三，**行为人挪用本单位或者客户资金的行为利用了职务上的便利**。"**利用职务上的便利**"是指本款所列主体利用分管、负责或者办理某项业务的权力或者职权所形成的便利条件。"**挪用本单位或者客户资金**"是指个人利用职务之便,擅自挪用本单位所有或者有权支配的资金以及本单位客户存入本单位或者委托本单位办理结算、转汇、保管等业务的资金。第四,行为人擅自挪用本单位或者客户资金,**必须达到法定的条件,才能构成犯罪。**

根据本款规定,商业银行、证券交易所、期货交易所、证券公司、期货经纪公司、保险公司或者其他金融机构的工作人员利用职务上的便利,挪用本单位或者客户资金的,**依照《刑法》第二百七十二条的规定定罪处罚。**本款"**依照本法第二百七十二条的规定定罪处罚**",就是指构成犯罪的条件、定罪量刑的情节和具体的处罚幅度按第二百七十二条的规定执行。

第二款是关于国有金融机构的工作人员以及国有金融机构委派到非国有金融机构中从事公务的人员挪用公款的犯罪及其处罚的规定。

本款规定的犯罪主体与第一款规定的犯罪主体是不同的,有两种:一种是**国有商业银行、证券交易所、期货交易所、证券公司、期货经纪公司、保险公司或者其他国有金融机构的工作人员**;另一种是**国有商业银行、证券交易所、期货交易所、证券公司、期货经纪公司、保险公司或者其他国有金融机构委派到非国有的商业银行、证券交易所、期货交易所、证券公司、期货经纪公司、保险公司或者其他金融机构中从事公务的人员。**根据本款规定,构成挪用公款罪的犯罪构成与挪用资金罪是相似的。根据本款规定,对有挪用本单位或者客户资金行为的犯罪分子,**应当依照《刑法》第三百八十四条挪用公款罪的规定定罪处罚。**也就是说,国有商业银行、证券交易所、期货交易所、证券公司、期货经纪公司、保险公司或者其他国有金融机构的工作人员和上述机构委派到非国有的商业银行、证券交易所、期货交易所、证券公司、期货经纪公司、保险公司或者其他金融机构中从事公务的人员,如果利用职务上的便利挪用本单位或者客户资金的,将按国家工作人员论处,按《刑法》第三百八十四条的规定追究刑事责任。这里所说的"**依照本法第三百八十四条的规定定罪处罚**",是指构成犯罪的条件、定罪量刑的情节和具体的处罚幅度按《刑法》第三百八十四条的规定执行。

实践中需要注意以下问题:

1. **需要将用帐外客户资金非法拆借、发放贷款的行为与挪用公款罪和挪用资金罪予以区分。**对此,可以参考2001年最高人民法院《全国法院审理金融犯罪案件工作座谈会纪要》的相关规定。该纪要规定,银行或者其他金融机构及其工作人员用帐外客户资金非法拆借、发放贷款,对于利用职务上的便利,挪用已经记入金融机构法定存款帐户的客户资金归个人使用的,或者吸收客户资金不入帐,却给客户开具银行存单,客户也认为该款已存入银行,该款却被行为人以个人名义借贷给他人的,均应认定为挪用公款罪或者挪用资金罪。

2. 2020年12月26日第十三届全国人大常委会第二十四次会议审议通过的《刑法修正案(十一)》对《刑法》第二百七十二条作了修改完善,将该条修改为:"公司、企业或者其他单位的工作人员,利用职务上的便利,挪用本单位资金归个人使用或者借贷给他人,数额较大、超过三个月未还的,或者虽未超过三个月,但数额较大、进行营利活动的,或者进行非法活动的,处三年以下有期徒刑或者拘役;挪用本单位资金数额巨大的,处三年以上七年以下有期徒刑;数额特别巨大的,处七年以上有期徒刑。国有公司、企业或者其他国有单位中从事公务的人员和国有公司、企业或者其他国有单位委派到非国有公司、企业以及其他单位从事公务的人员有前款行为的,依照本法第三百八十四条的规定定罪处罚。有第一款行为,在提起公诉前将挪用的资金退还的,可以从轻或者减轻处罚。其中,犯罪较轻的,可以减轻或者免除处罚。"需要注意的是,《刑法修正案(十一)》对《刑法》第二百七十二条增加规定了第三款,即"有第一款行为,在提起公诉前将挪用的资金退还的,可以从轻或者减轻处罚。其中,犯罪较轻的,可以减轻或者免除处罚",以鼓励犯罪行为人将挪用资金主动退还,减少单位或者客户的损失。

第一百八十五条之一　【背信运用受托财产罪】【违法运用资金罪】
商业银行、证券交易所、期货交易所、证券公司、期货经纪公司、保险公司或者其他金融机构，违背受托义务，擅自运用客户资金或者其他委托、信托的财产，情节严重的，对单位判处罚金，并对其直接负责的主管人员和其他直接责任人员，处三年以下有期徒刑或者拘役，并处三万元以上三十万元以下罚金；情节特别严重的，处三年以上十年以下有期徒刑，并处五万元以上五十万元以下罚金。
社会保障基金管理机构、住房公积金管理机构等公众资金管理机构，以及保险公司、保险资产管理公司、证券投资基金管理公司，违反国家规定运用资金的，对其直接负责的主管人员和其他直接责任人员，依照前款的规定处罚。

【立法沿革】

《中华人民共和国刑法修正案(六)》(自2006年6月29日起施行)

十二、在刑法第一百八十五条后增加一条，作为第一百八十五条之一：

"商业银行、证券交易所、期货交易所、证券公司、期货经纪公司、保险公司或者其他金融机构，违背受托义务，擅自运用客户资金或者其他委托、信托的财产，情节严重的，对单位判处罚金，并对其直接负责的主管人员和其他直接责任人员，处三年以下有期徒刑或者拘役，并处三万元以上三十万元以下罚金；情节特别严重的，处三年以上十年以下有期徒刑，并处五万元以上五十万元以下罚金。

社会保障基金管理机构、住房公积金管理机构等公众资金管理机构，以及保险公司、保险资产管理公司、证券投资基金管理公司，违反国家规定运用资金的，对其直接负责的主管人员和其他直接责任人员，依照前款的规定处罚。"

【条文说明】

本条是关于背信运用受托财产罪、违法运用资金罪及其处罚的规定。

本条共分为两款。

第一款是关于背信运用受托财产罪及其处罚的规定。构成该罪应符合如下条件：第一，本罪的犯罪主体是**单位**，即**商业银行、证券交易所、期货交易所、证券公司、期货经纪公司、保险公司或者其他金融机构**。[1] 所谓"**其他金融机构**"，是指除上述规定的商业银行、证券交易所、期货交易所、证券公司、期货经纪公司、保险公司以外的、经国家有关主管部门批准有资格从事委托理财等金融业务的金融机构，如信托公司、金融资产管理公司等。第二，行为人在主观方面必须是**故意**[2]，过失实施本款规定行为的不构成本罪。第三，必须实施了**违背受托义务，擅自运用客户资金或者其他委托、信托的财产的行为**。所谓违背受托义务，不仅限于违背委托人与受托人之间具体约定的义务，还包括违背法律、行政法规、部门规章规定的法定义务。[3] 这是因为，法律、行政法规、部门规章规定的法定义务一般就受托人在受托理财实践中出现的损害委托人利益的突出问题，对受托人必须履行的职责和禁止行为作了明确规定。有些情况下，普通委托人对受托人应当遵守的这些法定义务，难以了解得十分清楚，也难以在合同中约定得十分具体，但受托人必须受相关法律法规的调整。例如，2013年修订的《证券公司客户资产管理业务管理办法》规定，证券公司从事客户资产管理业务不得挪用客户资产；不得以转移资产管理帐户收益或者亏损为目的，在自营帐户与资产管理帐户之间或者不同的资产管理帐户之间进行买卖，损害客户的利益；不得以获取佣金或者其他利益为目的，用客户资产进行不必要的证券交易；等等。这里所说的"**客户资金**"是指客户存入上

---

[1] 我国学者指出，本罪的行为主体除了银行和其他金融机构外，尚包括其中的主管人员和其他直接责任人员。并且，违背受托义务运用客户资金的行为，必须是经过单位决策机构研究决定后实施。如果是个人挪用的，则视行为人的主体身份认定为挪用公款罪或者挪用资金罪。参见黎宏：《刑法学各论》(第2版)，法律出版社2016年版，第147页。

[2] 本罪既不要求行为人具有牟利目的，也不要求行为人对委托人具有加害目的。参见张明楷：《刑法学》(第6版)，法律出版社2021年版，第1015页。

[3] 相同的学说见解，参见赵秉志、李希慧主编：《刑法各论》(第3版)，中国人民大学出版社2016年版，第136页。

述金融机构的资金。① 所谓委托、信托的财产,主要是指在当前的委托理财业务中,存放在各类金融机构中的以下财产:一是证券投资业务中的客户交易结算资金;二是委托理财业务中的客户资产;三是信托业务中的信托财产;四是证券投资基金。第四,构成本款规定的犯罪,必须达到情节严重的程度。2010年《最高人民检察院、公安部关于公安机关管辖的刑事案件立案追诉标准的规定(二)》第四十规定:"商业银行、证券交易所、期货交易所、证券公司、期货公司、保险公司或者其他金融机构,违背受托义务,擅自运用客户资金或者其他委托、信托的财产,涉嫌下列情形之一的,**应予立案追诉**:(一)擅自运用客户资金或者其他委托、信托的财产数额在三十万元以上的;(二)虽未达到上述数额标准,但多次擅自运用客户资金或者其他委托、信托的财产,或者擅自运用多个客户资金或者其他委托、信托的财产的;(三)其他情节严重的情形。"

第二款是关于违法运用资金罪及其处罚的规定。构成该罪应符合如下条件:第一,本款规定的犯罪主体是单位,包括社会保障基金管理机构、住房公积金管理机构等公众资金经营、管理机构,以及保险公司、保险资产管理公司、证券投资基金管理公司。第二,主观方面是**故意**的。第三,必须实施了**违反国家规定运用资金的行为**。根据《刑法》第九十六条的规定,所谓违反国家规定,是指违反全国人民代表大会及其常务委员会制定的法律和决定,国务院制定的行政法规、规定的行政措施、发布的决定和命令。本款与前款不同,本款对于公众资金等的运用违背的并不是受托义务,而是违反了国家对资金运用的条件、程序等的规定。例如,《住房公积金管理条例》第五条规定:"住房公积金应当用于职工购买、建造、翻建、大修自住住房,任何单位和个人不得挪作他用。"如果相关住房公积金管理机构违反上述规定,挪用住房公积金从事其他用途的活动的,属于这里规定的违法运用资金的行为。第四,**必须达到情节严重的程度**,如擅自动用的资金数额比较大、社会影响比较恶劣,影响了社会稳定等,具体如何认定情节严重,需要最高人民法院和最高人民检察院在总结司法实践经验的基础上,就这一问题作出司法解释。2010年《最高人民检察院、公安部关于公安机关管辖的刑事案件立案追诉标准的规定(二)》中对违法运用资金罪的立案追诉标准作作了规定,

根据该规定第四十一条的规定,社会保障基金管理机构、住房公积金管理机构等公众资金管理机构,以及保险公司、保险资产管理公司、证券投资基金管理公司,违反国家规定运用资金数额在三十万元以上的,或者虽未达到上述数额标准,但多次违反国家规定运用资金的,或者有其他情节严重情形的,**予以立案追诉**。实践中在定罪量刑时,可以参照上述规定的数额,根据具体案件的性质、情节和危害后果,裁量刑罚。

本条根据情节轻重,对前款两个犯罪规定了两档刑罚,对**情节严重的**,对单位判处罚金,并对其直接负责的主管人员和其他直接责任人员,处三年以下有期徒刑或者拘役,并处三万元以上三十万元以下罚金;**情节特别严重的**,处三年以上十年以下有期徒刑,并处五万元以上五十万元以下罚金。

需要注意的是,随着经济社会的不断发展,实践中有一些单位实质不具备接受委托资金的资质,也未按规定接受金融监管并违规从事金融业务。这些单位通过各种变相公开宣传、承诺保本保收益、向社会不特定对象募资等形式与委托人订立合同,募集资金,同时实施相关违法行为,完全违背与委托人订立合同中规定的权利义务。包括以虚构事实,隐瞒真相的方式伪造、编造投资行为;或者违规挪用、侵占甚至挥霍受委托资金;或者将受委托资金直接用来进行非法活动等,造成委托人、投资人的极大损失。这些行为,表面上是该类单位的责任人员违背受托义务,擅自运用客户资金或受托财产的行为,实质上属于非法集资类犯罪,应根据案件的具体情况,依照《刑法》第一百七十六条非法吸收公众存款罪、第一百九十二条集资诈骗罪等,依法定罪处罚。

【司法解释性文件】

《最高人民检察院、公安部关于公安机关管辖的刑事案件立案追诉标准的规定(二)》(公通字〔2022〕12号,2022年4月6日公布)

△(背信运用受托财产罪;立案追诉标准)商业银行、证券交易所、期货交易所、证券公司、期货公司、保险公司或者其他金融机构,违背受托义务,擅自运用客户资金或者其他委托、信托的财产,涉嫌下列情形之一的,应予立案追诉:

(一)擅自运用客户资金或者其他委托、信托

---

① 我国学者指出,本罪的"客户资金"必须是限定了特定用途的客户资金。凡是金融机构可以自主决定使用的资金,都不属于本罪的"客户资金",如公众的普通存款、购买方支付的货款或者股权对价款等。参见张明楷:《刑法学》(第6版),法律出版社2021年版,第1015页。

的财产数额在三十万元以上的;

(二)虽未达到上述数额标准,但多次擅自运用客户资金或者其他委托、信托的财产,或者擅自运用多个客户资金或者其他委托、信托的财产的;

(三)其他情节严重的情形。(§35)

△(**违法运用资金罪;立案追诉标准**)社会保障基金管理机构、住房公积金管理机构等公众资金管理机构,以及保险公司、保险资产管理公司、证券投资基金管理公司,违反国家规定运用资金,涉嫌下列情形之一的,应予立案追诉:

(一)违反国家规定运用资金数额在三十万元以上的;

(二)虽未达到上述数额标准,但多次违反国家规定运用资金的;

(三)其他情节严重的情形。(§36)

【参考案例】

No.3-4-185之一(1)-1 兴证期货大连营业部背信运用受托财产案

期货公司工作人员以公司名义违规运用受托财产为公司谋取利益的,期货公司构成背信运用受托财产罪。

第一百八十六条 【违法发放贷款罪】

银行或者其他金融机构的工作人员违反国家规定发放贷款,数额巨大或者造成重大损失的,处五年以下有期徒刑或者拘役,并处一万元以上十万元以下罚金;数额特别巨大或者造成特别重大损失的,处五年以上有期徒刑,并处二万元以上二十万元以下罚金。

银行或者其他金融机构的工作人员违反国家规定,向关系人发放贷款的,依照前款的规定从重处罚。

单位犯前两款罪的,对单位判处罚金,并对其直接负责的主管人员和其他直接责任人员,依照前两款的规定处罚。

关系人的范围,依照《中华人民共和国商业银行法》和有关金融法规确定。

【立法沿革】

《中华人民共和国刑法》(1997年修订,自1997年10月1日起施行)

第一百八十六条

银行或者其他金融机构的工作人员违反法律、行政法规规定,向关系人发放信用贷款或者发放担保贷款的条件优于其他借款人同类贷款的条件,造成较大损失的,处五年以下有期徒刑或者拘役,并处一万元以上十万元以下罚金;造成重大损失的,处五年以上有期徒刑,并处二万元以上二十万元以下罚金。

银行或者其他金融机构的工作人员违反法律、行政法规规定,向关系人以外的其他人发放贷款,造成重大损失的,处五年以下有期徒刑或者拘役,并处一万元以上十万元以下罚金;造成特别重大损失的,处五年以上有期徒刑,并处二万元以上二十万元以下罚金。

单位犯前两款罪的,对单位判处罚金,并对其直接负责的主管人员和其他直接责任人员,依照前两款的规定处罚。

关系人的范围,依照《中华人民共和国商业银行法》和有关金融法规确定。

《中华人民共和国刑法修正案(六)》(自2006年6月29日起施行)

十三、将刑法第一百八十六条第一款、第二款修改为:

"银行或者其他金融机构的工作人员违反国家规定发放贷款,数额巨大或者造成重大损失的,处五年以下有期徒刑或者拘役,并处一万元以上十万元以下罚金;数额特别巨大或者造成特别重大损失的,处五年以上有期徒刑,并处二万元以上二十万元以下罚金。

"银行或者其他金融机构的工作人员违反国家规定,向关系人发放贷款的,依照前款的规定从重处罚。"

【条文说明】

本条是关于违法发放贷款罪及其处罚的规定。

本条共分为四款。

第一款是关于违法发放贷款犯罪及其处罚的规定。贷款是银行或者其他金融机构通过一定的程序将资金附条件地借给单位和个人使用的一种金融活动。根据贷款用途,贷款可分为经营性贷款、消费性贷款等;根据贷款的偿还期限,贷款可分为活期贷款、定期贷款、透支等;根据贷款的保障程度,贷款可分为抵押贷款、信用贷款;等等。

加强信贷管理，对搞活经济、发展宏观调控十分重要。一些银行和其他金融机构的工作人员，违反国家规定，发放人情贷款、关系贷款，给国家和金融机构造成重大经济损失，严重扰乱了国家的正常金融秩序。为严厉打击这类犯罪，刑法规定了非法发放贷款罪。《刑法修正案（六）》作出了相应的修改。根据本款规定，该罪有以下几个构成要件：

1. 本罪的犯罪主体是**特殊主体**，即银行或者其他金融机构的工作人员，非上述人员，不能构成本罪。这里的"**银行**"，是广义的，包括政策性银行、各商业银行以及其他在我国境内设立的合资、外资银行等。这里的"**其他金融机构**"，是指除银行以外的其他经营保险、信托、证券、外汇、期货、金融租赁等金融业务的机构。

2. 行为人必须实施了**违反国家规定发放贷款的行为**。这里所说的"**违反国家规定**"，主要是指违反有关贷款的法律、行政法规，例如《商业银行法》等。关于发放贷款，《商业银行法》第三十五条规定："商业银行贷款，应当对借款人的借款用途、偿还能力、还款方式等情况进行严格审查。商业银行贷款，应当实行审贷分离、分级审批的制度。"第三十六条规定："商业银行贷款，借款人应当提供担保。商业银行应当对保证人的偿还能力，抵押物、质权的权属和价值以及实现抵押权、质权的可行性进行严格审查。经商业银行审查、评估，确认借款人资信良好，确能偿还贷款的，可以不提供担保。"第三十七条规定："商业银行贷款，应当与借款人订立书面合同。合同应当约定贷款种类、借款用途、金额、利率、还款期限、还款方式、违约责任和双方认为需要约定的其他事项。"如果行为人违反国家规定发放贷款，如不严格审查借款人的借款目的、是否存在真实交易、是否具有偿还能力、保证人的偿还能力、抵押物的权属以及实现抵押权、质权的可行性等，就属于违反国家规定发放贷款。

3. 行为人非法发放贷款行为，**必须数额巨大或者造成了重大损失的，才构成犯罪**。这是违法发放贷款罪修改后的犯罪构成的重要变化。相对于原条文的犯罪构成，又增加了"数额巨大"的规定。也就是说，违法发放贷款罪的犯罪构成条件有两个结果性条款，任何一项结果成就，都可能构成本罪。这主要是考虑到实践中认定因违法发放贷款所造成的损失特别困难，单一以造成重大损失来认定犯罪，难以定性。所谓"**重大损失**"，是指银行或者其他金融机构由于行为人非法发放贷款的行为，致使贷款全部或者部分不能收回的情况。①

根据本款规定，**银行或者其他金融机构的工作人员违反国家规定发放贷款，数额巨大或者造成重大损失的**，处五年以下有期徒刑或者拘役，并处一万元以上十万元以下罚金；**数额特别巨大或者造成特别重大损失的**，处五年以上有期徒刑，并处二万元以上二十万元以下罚金。

第二款是对违法向关系人发放贷款从重处罚的规定。根据本款的规定，违法向关系人发放贷款的予以从重处罚。根据《商业银行法》第四十条的规定，**关系人**是指"（一）商业银行的董事、监事、管理人员、信贷业务人员及其近亲属；（二）前项所列人员投资或者担任高级管理职务的公司、企业和其他经济组织"。关于向关系人发放贷款，《商业银行法》第四十条第一款规定："商业银行不得向关系人发放信用贷款；向关系人发放担保贷款的条件不得优于其他借款人同类贷款的条件。"行为人违反国家规定向关系人发放贷款，即指违反上述规定，向关系人发放信用贷款，或者向关系人发放担保贷款的条件优于其他借款人同类贷款的条件。这里所说的"**信用贷款**"，是指银行不要求借款人提供任何的经济担保，只凭借款人可靠的信用发放的贷款。这里所说的"借款人可靠的信用"，主要是指：借款人有雄厚的物质基础；具有健全的管理制度，能合理地、高效益地使用资金；有能力及时、足额归还以往贷款，并能保证按期还本付息。这里所说的"**担保贷款**"，是指银行向借款人提供具有相应经济实力的单位或者个人的经济担保，或者向银行提供物资，以银行票据、股票等实物抵押，以取得银行贷款。总体上，只要是向关系人提供信用贷款，或者在向关系人提供担保贷款时采用了比普通贷款人更为优惠的条件，如要求关系人提供担保的数额低于对其他人要求的数额，或者对关系人发放的担保贷款所收取的利率比其他借款人低，贷款期限比其他借款人长等，都属于"**违反国家规定，向关系人发放贷款**"。根据本款的规定，银行或者其他金融机构的工作人员违反国家规定，向关系人发放贷款的，**依照第一款的规定从重处罚**，即根据具体犯罪情节，

---

① 我国学者指出，是否造成重大损失，不是从法律上考察金融机构是否丧失了财产（法律上的损害概念），而是从经济上、事实上考察金融机构是否受到了损失（经济上的损害概念）。将"造成重大损失"理解为"发放的贷款被列为呆滞贷款或呆账贷款"，会导致本罪的成立范围受到不当限缩。参见张明楷：《刑法学》（第6版），法律出版社2021年版，第1016页；黎宏：《刑法学各论》（第2版），法律出版社2016年版，第149页。

在第一款规定的两个量刑幅度内处以较违法向非关系人发放贷款行为更重的刑罚。

第三款是关于单位犯违法发放贷款罪的处罚规定。本条对单位违法发放贷款罪的处罚采用**双罚制原则**，即对单位判处罚金，并对其直接负责的主管人员和其他直接责任人员，依照本条第一、二款的规定判处刑罚。本条所说的"**单位**"，是指银行或者其他金融机构等有信贷业务的单位。"**直接负责的主管人员**"一般是指对本单位违反法律、行政法规非法发放贷款的犯罪负有直接责任的单位领导人员，如银行的行长、信托公司的经理等。"**其他直接责任人员**"一般是指具体实施非法发放贷款犯罪活动的主要执行人，如信贷员等。

第四款是关于关系人的范围的规定。根据本款的规定，关系人的范围，依照《商业银行法》和有关金融法规确定。根据《商业银行法》的规定，**商业银行的关系人**是指"（一）商业银行的董事、监事、管理人员、信贷业务人员及其近亲属；（二）前项所列人员投资或者担任高级管理职务的公司、企业和其他经济组织"。至于其他金融机构的关系人的情况比较复杂，还需要由有关金融法规予以明确。这里所说的**法规**是指法律和行政法规。

实践中存在**银行或者其他金融机构的工作人员教唆、主动帮助不符合放贷条件的主体获取贷款**的情况。为了在形式上满足发放贷款的相关规定，规避金融监管，有的银行或者其他金融机构的工作人员教唆、帮助贷款申请主体伪造资质、合同、贸易背景等材料，以便于通过银行或者其他金融机构的内控合规审查。因贷款申请主体实质不符合放贷条件，在贷款发放后，常造成贷款无法收回等重大损失。贷款申请主体还可能涉嫌骗取贷款、票据承兑、金融票证罪。对于这种教唆、帮助不符合放贷条件的主体骗取贷款的情况，司法机关应严格依照本条的规定，追究银行或者其他金融机构的工作人员的刑事责任。

【司法解释性文件】

《**全国法院审理金融犯罪案件工作座谈会纪要**》(法〔2001〕8号，2001年1月21日公布)

△（**违法发放贷款罪；造成重大损失；造成特别重大损失；单位犯罪；具体标准**）最高人民法院先后颁行了《关于审理伪造货币等案件具体应用法律若干问题的解释》《关于审理走私刑事案件具体应用法律若干问题的解释》，对伪造货币，走私、出售、购买、运输假币等犯罪的定罪处刑标准

以及相关适用法律问题作出了明确规定。为正确执行刑法，在其他有关的司法解释出台之前，对假币犯罪以外的破坏金融管理秩序犯罪的数额和情节，可参照以下标准掌握：

……

关于违法向关系人发放贷款罪。[①] 银行或者其他金融机构工作人员违反法律、行政法规规定，向关系人发放信用贷款或者发放担保贷款的条件优于其他借款人同类贷款条件，造成10—30万元以上损失的，可以认定为"造成较大损失"；造成50—100万元以上损失的，可以认定为"造成重大损失"。

关于违法发放贷款罪。银行或者其他金融机构工作人员违反法律、行政法规定，向关系人以外的其他人发放贷款，造成50—100万元以上损失的，可以认定为"造成重大损失"；造成300—500万元以上损失的，可以认定为"造成特别重大损失"。

……

对于单位实施违法发放贷款和用账外客户资金非法拆借、发放贷款造成损失构成犯罪的数额标准，可按个人实施上述犯罪的数额标准二至四倍掌握。

由于各地经济发展不平衡，各省、自治区、直辖市高级人民法院可参照上述数额标准或幅度，根据本地的具体情况，确定在本地区掌握的具体标准。

《**最高人民检察院、公安部关于公安机关管辖的刑事案件立案追诉标准的规定（二）**》(公通字〔2022〕12号，2022年4月6日公布)

△（**违法发放贷款罪；立案追诉标准**）银行或者其他金融机构及其工作人员违反国家规定发放贷款，涉嫌下列情形之一的，应予立案追诉：

（一）违法发放贷款，数额在二百万元以上的；

（二）违法发放贷款，造成直接经济损失数额在五十万元以上的。（§37）

【参考案例】

No.3-4-186-1 **刘顺新等违法发放贷款案**

行为人与金融机构工作人员事前通谋，在发放贷款过程中隐瞒贷款用途及抵押物不足的情况，超越贷款审批权限发放贷款数额特别巨大，造成特别重大损失的，成立违法发放贷款罪。

[①] 需要注意的是，《刑法修正案（六）》已经将"违法向关系人发放贷款罪"并入"违法发放贷款罪"之中。

第一百八十七条 【吸收客户资金不入帐罪】
银行或者其他金融机构的工作人员吸收客户资金不入帐,数额巨大或者造成重大损失的,处五年以下有期徒刑或者拘役,并处二万元以上二十万元以下罚金;数额特别巨大或者造成特别重大损失的,处五年以上有期徒刑,并处五万元以上五十万元以下罚金。

单位犯前款罪的,对单位判处罚金,并对其直接负责的主管人员和其他直接责任人员,依照前款的规定处罚。

【立法沿革】

《中华人民共和国刑法》(1997年修订,自1997年10月1日起施行)

第一百八十七条

银行或者其他金融机构的工作人员以牟利为目的,采取吸收客户资金不入账的方式,将资金用于非法拆借、发放贷款,造成重大损失的,处五年以下有期徒刑或者拘役,并处二万元以上二十万元以下罚金;造成特别重大损失的,处五年以上有期徒刑,并处五万元以上五十万元以下罚金。

单位犯前款罪的,对单位判处罚金,并对其直接负责的主管人员和其他直接责任人员,依照前款的规定处罚。

《中华人民共和国刑法修正案(六)》(自2006年6月29日起施行)

十四、将刑法第一百八十七条第一款修改为:

"银行或者其他金融机构的工作人员吸收客户资金不入账,数额巨大或者造成重大损失的,处五年以下有期徒刑或者拘役,并处二万元以上二十万元以下罚金;数额特别巨大或者造成特别重大损失的,处五年以上有期徒刑,并处五万元以上五十万元以下罚金。"

【条文说明】

本条是关于吸收客户资金不入帐罪及其处罚的规定。

本条共分为两款。

第一款是关于吸收客户资金不入帐罪及其处罚的规定。本罪具有以下特征:一是犯罪主体是**特殊主体**,即**银行或者其他金融机构的工作人员**。这里所称"**银行**"主要是指商业银行等;"**其他金融机构**"是指除银行以外的保险、外汇、证券、金融租赁等具有货币资金融通职能的机构。二是行为人客观上实施了**吸收客户资金不入帐的行为**。"**吸收客户资金不入帐**"是指违反金融法律、法规,对收受客户的存款资金[①]不如实记入银行或者其他金融机构存款帐目,帐目上反映不出这笔新增款项业务,或者帐目上的记载与出具给储户的存单、存折上的记载不相符。[②] 三是行为人吸收客户资金不入帐,**数额巨大或者造成重大损失的**才构成犯罪。这是罪与非罪的界限。至于什么是"数额巨大",什么是"重大损失",需要在总结实践经验的基础上,由司法解释加以规定。对金融机构工作人员犯本款规定之罪的,根据其行为造成的损失和数额规定了两档刑罚:**数额巨大或者造成重大损失的**,处五年以下有期徒刑或者拘役,并处二万元以上二十万元以下罚金;**数额特别巨大或者造成特别重大损失的**,处五年以上有期徒刑,并处五万元以上五十万元以下罚金。

第二款是对单位犯本罪的规定。实践中存在一些银行或者其他非银行金融机构为本单位的小集体利益而违反规定以单位名义吸收客户资金不入帐的情况。根据本款的规定,对单位犯此罪的,对单位判处罚金,并对其直接负责的主管人员或者其他直接责任人员根据其犯罪情节依照第一款的规定处罚。

需要注意的是,关于本条规定的立案追诉标准,2010年《最高人民检察院、公安部关于公安机关管辖的刑事案件立案追诉标准的规定(二)》第四十三条规定,"银行或者其他金融机构及其工作人员吸收客户资金不入账,涉嫌下列情形之一的,

---

[①] 和背信运用受托财产罪不同的是,本罪中的"客户资金"既包括个人存款,也包括单位存款;既包括以合法方式吸收的存款,也包括以违反规定提高利率或者其他不正当方式吸收的存款。参见张明楷:《刑法学》(第6版),法律出版社2021年版,第1018页;黎宏:《刑法学各论》(第2版),法律出版社2016年版,第149页;赵秉志、李希慧主编:《刑法各论》(第3版),中国人民大学出版社2016年版,第138页。

[②] 是否记入法定账目以外设立的账目,不影响本罪的成立。参见周光权:《刑法各论》(第4版),中国人民大学出版社2021年版,第314页;黎宏:《刑法学各论》(第2版),法律出版社2016年版,第149页;高铭暄、马克昌主编:《刑法学》(第7版),北京大学出版社、高等教育出版社2016年版,第409页;赵秉志、李希慧主编:《刑法各论》(第3版),中国人民大学出版社2016年版,第138页。

应予立案追诉:(一)吸收客户资金不入账,数额在一百万元以上的;(二)吸收客户资金不入账,造成直接经济损失数额在二十万元以上的。"

【司法解释性文件】

《全国法院审理金融犯罪案件工作座谈会纪要》(法〔2001〕8号,2001年1月21日公布)

△(吸收客户资金不入账)吸收客户资金不入账,是指不记入金融机构的法定存款账目,以逃避国家金融监管,至于是否记入法定账目以外设立的账目,不影响该罪成立。

△(造成重大损失;造成特别重大损失;单位犯罪;具体标准)最高人民法院先后颁行了《关于审理伪造货币等案件具体应用法律若干问题的解释》《关于审理走私刑事案件具体应用法律若干问题的解释》,对伪造货币、走私、出售、购买、运输假币等犯罪的定罪处刑标准以及相关适用法律问题作出了明确规定。为正确执行刑法,在其他有关的司法解释出台之前,对假币犯罪以外的破坏金融管理秩序犯罪的数额和情节,可参照以下标准掌握:

······

关于用账外客户资金非法拆借、发放贷款罪。① 对于银行或者其他金融机构工作人员以牟利为目的,采取吸收客户资金不入账的方式,将资金用于非法拆借、发放贷款,造成50—100万元以上损失的,可以认定为"造成重大损失";造成300—500万元以上损失的,可以认定为"造成特别重大损失"。

对于单位实施违法发放贷款和用账外客户资金非法拆借、发放贷款造成损失构成犯罪的数额标准,可按个人实施上述犯罪的数额标准二至四倍掌握。

由于各地经济发展不平衡,各省、自治区、直辖市高级人民法院可参照上述数额标准或幅度,根据本地的具体情况,确定在本地区掌握的具体标准。

《最高人民检察院、公安部关于公安机关管辖的刑事案件立案追诉标准的规定(二)》(公通字〔2022〕12号,2022年4月6日公布)

△(吸收客户资金不入账罪;立案追诉标准)银行或者其他金融机构及其工作人员吸收客户资金不入账,涉嫌下列情形之一的,应予立案追诉:

(一)吸收客户资金不入账,数额在二百万元以上的;

(二)吸收客户资金不入账,造成直接经济损失数额在五十万元以上的。(§38)

第一百八十八条 【违规出具金融票证罪】

银行或者其他金融机构的工作人员违反规定,为他人出具信用证或者其他保函、票据、存单、资信证明,情节严重的,处五年以下有期徒刑或者拘役;情节特别严重的,处五年以上有期徒刑。

单位犯前款罪的,对单位判处罚金,并对其直接负责的主管人员和其他直接责任人员,依照前款的规定处罚。

【立法沿革】

《中华人民共和国刑法》(1997年修订,自1997年10月1日起施行)

第一百八十八条

银行或者其他金融机构的工作人员违反规定,为他人出具信用证或者其他保函、票据、存单、资信证明,造成较大损失的,处五年以下有期徒刑或者拘役;造成重大损失的,处五年以上有期徒刑。

单位犯前款罪的,对单位判处罚金,并对其直接负责的主管人员和其他直接责任人员,依照前款的规定处罚。

《中华人民共和国刑法修正案(六)》(自2006年6月29日起施行)

十五、将刑法第一百八十八条第一款修改为:

"银行或者其他金融机构的工作人员违反规定,为他人出具信用证或者其他保函、票据、存单、资信证明,情节严重的,处五年以下有期徒刑或者拘役;情节特别严重的,处五年以上有期徒刑。"

【条文说明】

本条是关于违规出具金融票证罪及其处罚的规定。

---

① 需要注意的是,《刑法修正案(六)》将"用账外客户资金非法拆借、发放贷款罪"修改成"吸收客户资金不入账罪"。

第一百八十八条

本条共分为两款。

第一款是对个人违规出具金融票证罪及其处罚的规定。1997年《刑法》第一百八十八条第一款规定："银行或者其他金融机构的工作人员违反规定,为他人出具信用证或者其他保函、票据、存单、资信证明,造成较大损失的,处五年以下有期徒刑或者拘役;造成重大损失的,处五年以上有期徒刑。"根据本款规定,构成该罪必须具备以下几个条件:

1. 行为人必须是**银行或者其他金融机构的工作人员**。这里所说的"**银行**"主要是指政策性银行、各类商业银行等;"**其他金融机构**"包括除银行以外的各种开展金融业务的机构,比如信托、保险、企业集团财务公司、金融租赁公司等。

2. 行为人必须有**违反规定,为他人出具信用证或者其他保函、票据、存单、资信证明的行为**。①本条所说的"**违反规定**",是指违反了有关金融法律、行政法规、规章以及银行金融机构内部规定的一些重要业务规则和规章制度。"**他人**"不仅包括自然人,也包括单位。"**信用证**"是指开证银行根据客户(申请开证人)的请求或者自己主动向一方(受益人)所提供的一种书面约定,如果受益人满足了该书面约定的各项条款,开证银行即向受益人支付该书面约定的款项的凭证。简单地说,信用证就是开证银行有条件地向受益人付款的书面凭证。"**保函**"是指银行以其自身的信用为他人承担责任的担保文件,是重要的银行资信文件。根据《商业银行法》的规定,商业银行可以提供担保服务,但是商业银行的工作人员不得违反规定徇私向亲属朋友提供担保;《中国人民银行法》第三十条第二款规定:"中国人民银行不得向任何单位和个人提供担保。"如果人民银行或者商业银行的工作人员违反规定擅自为他人出具保函,都属于本条所说的违反规定为他人出具"保函"。违反规定出具"**票据**",是指违反票据法、行政法规和其他各项业务管理的规定,为他人非法出具汇票、本票、支票的行为。"**资信证明**"是指证明个人或者单位经济实力的文件,广义的资信证明包括票据、银行存单等、房契、地契以及其他各种产权证明等,此外,还包括由银行出具的有关财产方面的委托书、协议书等。

3. 行为人违规为他人出具金融票据,**情节严重的,才构成犯罪**。"情节严重"不仅包括给金融机构造成了较大损失,还包括虽然还没有造成较大损失,但非法出具金融票证涉及金额巨大,或者多次非法出具金融票证等情形。如果行为人有以上违反规定的行为,但被及时发现并制止,情节不严重的,可作为违法行为处理,不宜以犯罪论处。至于具体什么是"情节严重",由于各案情况不同,实践情况比较复杂,本条没有作出具体规定,可以由司法机关根据案件的具体情况确定,也可以在总结司法实践经验的基础上作出司法解释。此外,关于本罪的追诉条件,《最高人民检察院、公安部关于公安机关管辖的刑事案件立案追诉标准的规定(二)》第四十四条规定:"银行或者其他金融机构及其工作人员违反规定,为他人出具信用证或者其他保函、票据、存单、资信证明,涉嫌下列情形之一的,**应予立案追诉**:(一)违反规定为他人出具信用证或者其他保函、票据、存单、资信证明,数额在一百万元以上的;(二)违反规定为他人出具信用证或者其他保函、票据、存单、资信证明,造成直接经济损失数额在二十万元以上的;(三)多次违规出具信用证或者其他保函、票据、存单、资信证明的;(四)接受贿赂违规出具信用证或者其他保函、票据、存单、资信证明的;(五)其他情节严重的情形。"

本款根据情节严重程度,对违规出具金融票证罪规定了两档刑罚:**情节严重的**,处五年以下有期徒刑或者拘役;**情节特别严重的**,处五年以上有期徒刑。

第二款是关于单位犯违规出具金融票据罪的处罚规定。本条采用了**双罚制原则**,单位犯本罪,对单位判处罚金,并对其直接负责的主管人员和其他直接责任人员,根据其犯罪情节,依照本条第一款的规定判处刑罚,即情节严重的,处五年以下有期徒刑或者拘役;情节特别严重的,处五年以上有期徒刑。

实践中对于**本条规定的违规"出具"是否包含"付款、承兑、保证"的含义**,认识上存在分歧。一种意见提出,1998年国务院办公厅转发的中国人民银行《整顿银行帐外帐及违规经营工作实施方案的通知》中提到,"违规开具银行承兑汇票,是指违反银行承兑汇票有关管理规定的行为,包括违规承兑和违规贴现";"违规开具信用证,是指违反信用证管理有关规定,无贸易背景开证、越权开证、保证金不足开证和未落实担保开证等行为"等。该通知对违规"开具"的适用,也可以用于理解《刑法》第一百八十八条中规定的"出具",即"出具"除了具有开具的文意外,包

---

① 我国学者指出,对于无形伪造金融票证的行为(如在他人没有存款的情况下,给他人开具存单),应认定为伪造金融票证罪。参见张明楷:《刑法学》(第6版),法律出版社2021年版,第1018页。

含对票据的"付款、承兑、保证"等行为。另一种意见提出，《刑法》第一百八十八条规定的"出具"的对象，包含了信用证、保函、票据、存单、资信证明。一般来说，不宜将"出具"作扩大解释为包含"付款、承兑、保证"行为。如作扩大解释，不仅无法将该条与《刑法》第一百八十九条"对违法票据承兑、付款、保证罪"作出区分，而且会将一般的提供、交付行为也理解为签发、开立法律文书的行为，与实际不符。**将《刑法》第一百八十八条规定的"开具"扩大解释为包含"付款、承兑、保证"**，其实质是在司法适用中，因较难满足《刑法》第一百八十九条"对违法票据承兑、付款、保证罪"规定的"造成重大损失"的入罪条件，进而转向适用《刑法》第一百八十八条"违规出具金融票证罪"，似不符合法律适用原理，有违württemberg刑法定原则。

《票据法》第二十条规定："出票是指出票人签发票据并将其交付给收款人的票据行为。"第六十二条规定："持票人行使追索权时，应当提供被拒绝承兑或者被拒绝付款的有关证明。持票人提示承兑或者提示付款被拒绝的，承兑人或者付款人必须出具拒绝证明，或者出具退票理由书。未出具拒绝证明或者退票理由书的，应当承担由此产生的民事责任。"由此可见，《票据法》中同时使用了"出票"和"出具"两种表述。《票据法》中的"出具"的对象不是法定票据，而是与票据有关的证明文书，如退票理由书等。《刑法》第一百八十八条规定的"出具"票据的含义应与票据法中"出票"的含义一致，与背书、承兑、保证、付款等同属票据行为。对于违法进行票据承兑、付款、保证等行为，可通过《刑法》第一百八十九条"对违法票据承兑、付款、保证罪"惩治。因此，根据《刑法》第一百八十八条和第一百八十九条的规定，**《刑法》第一百八十八条规定的"出具"票据应理解为票据法上规定的出票行为**。对于非法承兑等其他票据行为，可以结合具体案件情况，分别适用《刑法》第一百八十九条"对违法票据承兑、付款、保证罪"、第一百七十五条"高利转贷罪"、第一百七十五条之一"骗取贷款、票据承兑、金融票证罪"等规定处罚。

【司法解释性文件】

《最高人民检察院、公安部关于公安机关管辖的刑事案件立案追诉标准的规定（二）》（公通字〔2022〕12号，2022年4月6日公布）

△(违规出具金融票证罪；立案追诉标准) 银行或者其他金融机构及其工作人员违反规定，为他人出具信用证或者其他保函、票据、存单、资信证明，涉嫌下列情形之一的，应予立案追诉：

（一）违反规定为他人出具信用证或者其他保函、票据、存单、资信证明，数额在二百万元以上的；

（二）违反规定为他人出具信用证或者其他保函、票据、存单、资信证明，造成直接经济损失数额在五十万元以上的；

（三）多次违规出具信用证或者其他保函、票据、存单、资信证明的；

（四）接受贿赂违规出具信用证或者其他保函、票据、存单、资信证明的；

（五）其他情节严重的情形。（§39）

【指导性案例】

最高人民检察院指导性案例第190号：宋某某违规出具金融票证、违法发放贷款、非国家工作人员受贿案（2023年7月31日发布）

△(违规出具金融票证；违法发放贷款；非国家工作人员受贿责任主体) 集体经济组织中行使公权力的人员是否属于国家工作人员，应当依据该集体经济组织股权结构、是否从事公务等要素审查判断。银行或其他金融机构工作人员违反规定，不正当履行职权或超越职权出具信用证或者保函、票据、存单、资信证明，情节严重的，构成违规出具金融票证罪。

第一百八十九条　【对违法票据承兑、付款、保证罪】
银行或者其他金融机构的工作人员在票据业务中，对违反票据法规定的票据予以承兑、付款或者保证，造成重大损失的，处五年以下有期徒刑或者拘役；造成特别重大损失的，处五年以上有期徒刑。
单位犯前款罪的，对单位判处罚金，并对其直接负责的主管人员和其他直接责任人员，依照前款的规定处罚。

【条文说明】

本条是关于对违法票据承兑、付款、保证罪及其处罚的规定。
本条共分为两款。
第一款是关于个人犯对违法票据承兑、付款、保证罪及其处罚的规定。对于个人犯对违法票据承兑、付款、保证罪的构成要件，本款作了以下规定：一是本罪的犯罪主体是**特殊主体**，即只能是**银行或者其他金融机构的工作人员**，其他人不能成为本罪的主体。所谓"**其他金融机构**"，主要指可以经营金融业务的信托公司、保险公司、企业集团财务公司、金融租赁公司等金融机构。二是行为人在主观上主要表现为**过失**，即由于工作不负责、审查不严所致。① 三是行为人在客观上实施了**对违反票据法规定的票据予以承兑、付款或者保证的行为**。票据法明确规定：汇票的出票人必须与付款人具有真实的委托付款关系，并且具有支付汇票金额的可靠资金来源。付款人及其代理付款人付款时，应当审查汇票背书的连续，并审查提示付款人的合法身份证明和有效证件。如果行为人不认真审查，对违反票据法规定的票据予以承兑、付款或者保证，即构成本罪的犯罪行为。本条所称票据"**承兑**"，是指汇票付款人承诺在汇票到期日支付汇票金额的票据行为，承兑系汇票所特有的一种法律制度，仅适用于汇票，其目的在于使承兑人依票据载明的义务承担支付票据金额的义务。本条所称"**付款**"，是指汇票的付款人或者代理付款人支付汇票金额以消灭票据关系的附属票据行为。四是行为人对违反票据法规定的票据予以承兑、付款或者保证，**造成重大损失的，才构成犯罪**，这是划分罪与非罪的重要界限。《票据法》第一百零四条规定："金融机构工作人员在票据业务中玩忽职守，对违反本法规定的票据予以承兑、付款或者保证的，给予处分；造成重大损失，构成犯罪的，依法追究刑事责任。由于金融机构工作人员因前款行为给当事人造成损失的，由该金融机构和直接责任人员依法承担赔偿责任。"本条规定的"**重大损失**"，是指由于行为人的违法承兑、付款、保证，使银行或者其他金融机构被骗，造成重大经济损失。

对于个人犯对违法票据承兑、付款、保证罪的处罚，本款根据造成的损失，规定了两档刑罚：**造成重大损失的**，处五年以下有期徒刑或者拘役；**造成特别重大损失的**，处五年以上有期徒刑。

第二款是关于单位犯对违法票据承兑、付款、保证罪的处罚规定。对单位犯本罪的，本款采取**双罚制原则**，即对单位判处罚金，并对其直接负责的主管人员和其他直接责任人员，依照本条第一款的规定处罚，即造成重大损失的，处五年以下有期徒刑或者拘役；造成特别重大损失的，处五年以上有期徒刑。

需要注意的是，关于本条规定的立案追诉标准，2010年《最高人民检察院、公安部关于公安机关管辖的刑事案件立案追诉标准的规定（二）》第四十五条规定："银行或者其他金融机构及其工作人员在票据业务中，对违反票据法规定的票据予以承兑、付款或者保证，造成直接经济损失数额在二十万元以上的，应予立案追诉。"

【司法解释性文件】

《最高人民检察院、公安部关于公安机关管辖的刑事案件立案追诉标准的规定（二）》（公通字〔2022〕12号，2022年4月6日公布）

△（**对违法票据承兑、付款、保证罪；立案追诉标准**）银行或者其他金融机构及其工作人员在票据业务中，对违反票据法规定的票据予以承兑、付款或者保证，造成直接经济损失数额在五十万元以上的，应予立案追诉。（§40）

---
① 我国学者指出，本罪应为故意犯罪，行为人必须明知是违反票据法规定的票据，而予以承兑、付款或者保证。"造成重大损失"可作为客观的超过要素，不需要行为人具有希望或者放任的心理态度。参见张明楷：《刑法学》（第6版），法律出版社2021年版，第1019页。另外，对客观超过要素的学说评判，参见周光权：《刑法总论》（第4版），中国人民大学出版社2021年版，第270—272页。

第一百九十条　【逃汇罪】

公司、企业或者其他单位，违反国家规定，擅自将外汇存放境外，或者将境内的外汇非法转移到境外，数额较大的，对单位判处逃汇数额百分之五以上百分之三十以下罚金，并对其直接负责的主管人员和其他直接责任人员处五年以下有期徒刑或者拘役；数额巨大或者有其他严重情节的，对单位判处逃汇数额百分之五以上百分之三十以下罚金，并对其直接负责的主管人员和其他直接责任人员处五年以上有期徒刑。

【立法沿革】

《中华人民共和国刑法》（1997 年修订，自 1997 年 10 月 1 日起施行）

第一百九十条

国有公司、企业或者其他国有单位，违反国家规定，擅自将外汇存放境外，或者将境内的外汇非法转移到境外，情节严重的，对单位判处罚金，并对其直接负责的主管人员和其他直接责任人员，处五年以下有期徒刑或者拘役。

《全国人民代表大会常务委员会关于惩治骗购外汇、逃汇和非法买卖外汇犯罪的决定》（自 1998 年 12 月 29 日起施行）

三、将刑法第一百九十条修改为：

公司、企业或者其他单位，违反国家规定，擅自将外汇存放境外，或者将境内的外汇非法转移到境外，数额较大的，对单位判处逃汇数额百分之五以上百分之三十以下罚金，并对其直接负责的主管人员和其他直接责任人员处五年以下有期徒刑或者拘役；数额巨大或者有其他严重情节的，对单位判处逃汇数额百分之五以上百分之三十以下罚金，并对其直接负责的主管人员和其他直接责任人员处五年以上有期徒刑。

【条文说明】

本条是关于逃汇罪及其处罚的规定。

根据本条规定，逃汇罪包含两种情况：

第一种情况是公司、企业或者其他单位，违反国家规定，擅自将外汇存放境外，数额较大的。本条所称的"**违反国家规定，擅自将外汇存放境外**"，是指违反了国家有关外汇管理的规定，将应调回国内的外汇不调回国内，而存放境外的行为。① 根据《外汇管理条例》第九条的规定："境内机构、境内个人的外汇收入可以调回境内或者存放境外；调回境内或者存放境外的条件、期限等，由国务院外汇管理部门根据国际收支状况和外汇管理的需要作出规定。"此外，我国对境内机构资本项目外汇收入的管理，按照现行的有关规定，主要是《外汇管理条例》第二十一条的规定："资本项目外汇收入保留或者卖给经营结汇、售汇业务的金融机构，应当经外汇管理机关批准，但国家规定无需批准的除外。"

第二种情况是公司、企业或者其他单位，违反国家规定，将境内的外汇非法转移到境外，数额较大的，依法追究刑事责任。本条所称的违反国家规定，"**将境内的外汇非法转移到境外**"，是指违反国家有关规定，未经批准将境内外汇非法转移到境外的行为。

根据本条规定，**对于犯逃汇罪的**，对单位判处逃汇数额百分之五以上百分之三十以下罚金，并对其直接负责的主管人员和其他直接责任人员处五年以下有期徒刑或者拘役；**数额巨大或者有其他严重情节的**，对单位判处逃汇数额百分之五以上百分之三十以下罚金，并对其直接负责的主管人员和其他直接责任人员处五年以上有期徒刑。此外，根据《全国人民代表大会常务委员会关于惩治骗购外汇、逃汇和非法买卖外汇犯罪的决定》第五条的规定："海关、外汇管理部门以及金融机构、从事对外贸易经营活动的公司、企业或者其他单位的工作人员与骗购外汇或者逃汇的行为人通谋，为其提供购买外汇的有关凭证或者其他便利的，或者明知是伪造、变造的凭证和单据而售汇、付汇的，以共犯论，依照本决定从重处罚。"

在实际执行中应当注意以下两点：

1. 本条规定的构成犯罪的条件是，擅自将外汇存放境外，或者将境内的外汇非法转移到境外，**数额较大的行为**。未达到数额较大的逃汇行为不能作为犯罪处理，应当依照《外汇管理条例》的规定由外汇管理机关责令限期调回外汇，处逃汇金额百分之三十以下的罚款；情节严重的，处逃汇金额百分之三十以上等值以下的罚款。对于什么是

---

① 我国学者指出，本罪中的"存放"，并非一般意义上的储存、寄存，而是指外汇不调回国内的一种事实状态。至于该外汇是储存、寄存，抑或投资、挪作他用，在所不论。参见赵秉志、李希慧主编：《刑法各论》（第 3 版），中国人民大学出版社 2016 年版，第 140 页；高铭暄、马克昌主编：《刑法学》（第 7 版），北京大学出版社、高等教育出版社 2016 年版，第 411 页。

"数额较大",本条没作具体规定,可由最高人民法院在总结司法实践经验的基础上作出司法解释。根据2010年《最高人民检察院、公安部关于公安机关管辖的刑事案件立案追诉标准的规定(二)》第四十六条的规定,公司、企业或者其他单位,违反国家规定,擅自将外汇存放境外,或者将境内的外汇非法转移到境外,单笔在二百万美元以上或者累计数额在五百万美元以上的,**应予立案追诉**。

2. 本条规定的犯罪是**单位犯罪**,犯罪主体限于**公司、企业或者其他单位**,个人不能成为逃汇罪的犯罪主体,不能构成逃汇罪。对于个人携带大量外汇或外币支付凭证、有价证券等出境,逃避海关监管,构成走私等行为的,应当按照国家有关规定处理。

根据1998年12月29日第九届全国人大常委会第六次会议通过的《全国人民代表大会常务委员会关于惩治骗购外汇、逃汇和非法买卖外汇犯罪的决定》第五条的规定,海关、外汇管理部门以及金融机构、从事对外贸易经营活动的公司、企业或者其他单位的工作人员与本条规定的逃汇行为人通谋,为其提供购买外汇的有关凭证或者其他便利的,或者明知是伪造、变造的凭证和单据而售汇、付汇的,**以逃汇罪的共犯论处,并从重处罚**。这里所说的"从重处罚",是指在本条规定的罚金幅度内和量刑幅度内从重处罚。对于刑罚的从重,既可以选择较重的刑期,也可以选择较重的刑种。

【司法解释】

《最高人民法院关于审理骗购外汇、非法买卖外汇刑事案件具体应用法律若干问题的解释》(法释〔1998〕20号,自1998年9月1日起施行)

△(**逃汇罪;骗购外汇**)以进行走私、逃汇、洗钱、骗税等犯罪活动为目的,使用虚假、无效的凭证、商业单据或采取其他手段向外汇指定银行骗购外汇的,应当分别按照刑法分则第三章第二节、第一百九十条、第一百九十一条和第二百零一条等规定定罪处罚。(§1Ⅰ)

【司法解释性文件】

《最高人民法院、最高人民检察院、公安部办理骗汇、逃汇犯罪案件联席会议纪要》(公通字〔1999〕39号,1999年6月7日公布)

△(**适用效力**)全国人大常委会《关于惩治骗购外汇、逃汇和非法买卖外汇犯罪的决定》(以下简称《决定》)公布施行后发生的犯罪行为,应当依照《决定》办理;对于《决定》公布施行前发生的公布后尚未处理或者正在处理的行为,依照修订后的刑法第十二条第一款规定的原则办理。(§2Ⅰ)

△(**立案管辖**)公安机关侦查骗汇、逃汇犯罪案件中涉及人民检察院管辖的贪污贿赂、渎职犯罪案件的,应当将贪污贿赂、渎职犯罪案件材料移送有管辖权的人民检察院审查。对管辖交叉的案件,可以分别立案,共同工作。如果涉嫌主罪属于公安机关管辖,由公安机关为主侦查,人民检察院予以配合;如果涉嫌主罪属于人民检察院管辖,由人民检察院为主侦查,公安机关予以配合。双方意见有较大分歧的,要协商解决,并及时向当地党委、政法委和上级主管机关请示。(§3)

△(**证据固定;先行处理;骗购外汇既遂**)公安机关侦查骗汇、逃汇犯罪案件,要及时全面收集和固定犯罪证据,抓紧缉捕犯罪分子。人民检察院和人民法院对正在办理的骗汇、逃汇犯罪案件,只要基本犯罪事实清楚,基本证据确实充分,应当及时依法起诉、审判。主犯在逃或者骗购外汇所需人民币资金的来源无法彻底查清,但证明本案的其他犯罪嫌疑人实施犯罪的基本证据确实充分的,为在法定时限内结案,可以对在案的其他犯罪嫌疑人先行处理。对于已收集到外汇指定银行汇出凭证和境外收汇银行收款凭证等证据,能够证明所骗购的外汇确已汇至港澳台地区或国外的,应视为骗购外汇既遂。(§4)

《最高人民检察院关于认真贯彻执行〈全国人民代表大会常务委员会关于惩治骗购外汇、逃汇和非法买卖外汇犯罪的决定〉的通知》(高检会〔1999〕3号,1999年1月21日公布)

△(**适用效力**)对于《决定》①公布施行后发生的犯罪行为,应当依照《决定》办理;对于《决定》公布施行前发生的行为,按照刑法第十二条规定的原则办理。(§3)

《最高人民检察院、公安部关于公安机关管辖的刑事案件立案追诉标准的规定(二)》(公通字〔2022〕12号,2022年4月6日公布)

△(**逃汇罪;立案追诉标准**)公司、企业或者其他单位,违反国家规定,擅自将外汇存放境外,或者将境内的外汇非法转移到境外,单笔在二百万美元以上或者累计数额在五百万美元以上的,应予立案追诉。(§41)

---

① 即《全国人民代表大会常务委员会关于惩治骗购外汇、逃汇和非法买卖外汇犯罪的决定》(自1998年12月29日起施行)。

第一百九十一条　[洗钱罪]

为掩饰、隐瞒毒品犯罪、黑社会性质的组织犯罪、恐怖活动犯罪、走私犯罪、贪污贿赂犯罪、破坏金融管理秩序犯罪、金融诈骗犯罪的所得及其产生的收益的来源和性质,有下列行为之一的,没收实施以上犯罪的所得及其产生的收益,处五年以下有期徒刑或者拘役,并处或者单处罚金;情节严重的,处五年以上十年以下有期徒刑,并处罚金:

(一)提供资金帐户的;
(二)将财产转换为现金、金融票据、有价证券的;
(三)通过转帐或者其他支付结算方式转移资金的;
(四)跨境转移资产的;
(五)以其他方法掩饰、隐瞒犯罪所得及其收益的来源和性质的。

单位犯前款罪的,对单位判处罚金,并对其直接负责的主管人员和其他直接责任人员,依照前款的规定处罚。

【立法沿革】

《中华人民共和国刑法》(1997年修订,自1997年10月1日起施行)

第一百九十一条

明知是毒品犯罪、黑社会性质的组织犯罪、走私犯罪的违法所得及其产生的收益,为掩饰、隐瞒其来源和性质,有下列行为之一的,没收实施以上犯罪的违法所得及其产生的收益,处五年以下有期徒刑或者拘役,并处或者单处洗钱数额百分之五以上百分之二十以下罚金;情节严重的,处五年以上十年以下有期徒刑,并处洗钱数额百分之五以上百分之二十以下罚金:

(一)提供资金账户的;
(二)协助将财产转换为现金或者金融票据的;
(三)通过转账或者其他结算方式协助资金转移的;
(四)协助将资金汇往境外的;
(五)以其他方法掩饰、隐瞒犯罪的违法所得及其收益的性质和来源的。

单位犯前款罪的,对单位判处罚金,并对其直接负责的主管人员和其他直接责任人员,处五年以下有期徒刑或者拘役。

《中华人民共和国刑法修正案(三)》(自2001年12月29日起施行)

七、将刑法第一百九十一条修改为:

"明知是毒品犯罪、黑社会性质的组织犯罪、恐怖活动犯罪、走私犯罪的违法所得及其产生的收益,为掩饰、隐瞒其来源和性质,有下列行为之一的,没收实施以上犯罪的违法所得及其产生的收益,处五年以下有期徒刑或者拘役,并处或者单处洗钱数额百分之五以上百分之二十以下罚金;情节严重的,处五年以上十年以下有期徒刑,并处洗钱数额百分之五以上百分之二十以下罚金:

"(一)提供资金账户的;
"(二)协助将财产转换为现金或者金融票据的;
"(三)通过转账或者其他结算方式协助资金转移的;
"(四)协助将资金汇往境外的;
"(五)以其他方法掩饰、隐瞒犯罪的违法所得及其收益的来源和性质的。

"单位犯前款罪的,对单位判处罚金,并对其直接负责的主管人员和其他直接责任人员,处五年以下有期徒刑或者拘役;情节严重的,处五年以上十年以下有期徒刑。"

《中华人民共和国刑法修正案(六)》(自2006年6月29日起施行)

十六、将刑法第一百九十一条第一款修改为:

"明知是毒品犯罪、黑社会性质的组织犯罪、恐怖活动犯罪、走私犯罪、贪污贿赂犯罪、破坏金融管理秩序犯罪、金融诈骗犯罪的所得及其产生的收益,为掩饰、隐瞒其来源和性质,有下列行为之一的,没收实施以上犯罪的所得及其产生的收益,处五年以下有期徒刑或者拘役,并处或者单处洗钱数额百分之五以上百分之二十以下罚金;情节严重的,处五年以上十年以下有期徒刑,并处洗钱数额百分之五以上百分之二十以下罚金:

"(一)提供资金账户的;
"(二)协助将财产转换为现金、金融票据、有价证券的;
"(三)通过转账或者其他结算方式协助资金转移的;
"(四)协助将资金汇往境外的;
"(五)以其他方法掩饰、隐瞒犯罪所得及其收益的来源和性质的。"

《中华人民共和国刑法修正案(十一)》(自2021年3月1日起施行)

第一百九十一条

十四、将刑法第一百九十一条修改为：

"为掩饰、隐瞒毒品犯罪、黑社会性质的组织犯罪、恐怖活动犯罪、走私犯罪、贪污贿赂犯罪、破坏金融管理秩序犯罪、金融诈骗犯罪的所得及其产生的收益的来源和性质，有下列行为之一的，没收实施以上犯罪的所得及其产生的收益，处五年以下有期徒刑或者拘役，并处或者单处罚金；情节严重的，处五年以上十年以下有期徒刑，并处罚金：

"（一）提供资金帐户的；

"（二）将财产转换为现金、金融票据、有价证券的；

"（三）通过转帐或者其他支付结算方式转移资金的；

"（四）跨境转移资产的；

"（五）以其他方法掩饰、隐瞒犯罪所得及其收益的来源和性质的。

"单位犯前款罪的，对单位判处罚金，并对其直接负责的主管人员和其他直接责任人员，依照前款的规定处罚。"

【条文说明】

本条是关于洗钱罪及其处罚的规定。

本条共分为两款。

第一款是关于个人犯洗钱罪的处罚规定。根据本款规定，构成洗钱罪必须具备以下条件：

1. 主观上是为掩饰、隐瞒上游犯罪的所得及其产生的收益的来源和性质。这里的"**掩饰、隐瞒**"是指行为人以窝藏、转移、转换、收购等方法将自己或者他人实施上游犯罪的所得及其产生的收益予以掩盖或洗白，本条对"掩饰、隐瞒"的方法作了具体列举。行为人的主观方面，可以通过行为人的认知能力，接触和掌握上游犯罪及其犯罪所得和收益的情况，犯罪所得及其收益的种类、数额，掩饰、隐瞒犯罪所得及其收益的方式等，结合客观实际情况与犯罪意图综合判断。本条规定的上游犯罪，为"**毒品犯罪、黑社会性质的组织犯罪、恐怖活动犯罪、走私犯罪、贪污贿赂犯罪、破坏金融管理秩序犯罪、金融诈骗犯罪**"。这里规定的是某一类犯罪，例如"贪污贿赂犯罪"是指《刑法》分则第八章"贪污贿赂罪"一章中的所有犯罪；"破坏金融管理秩序犯罪"和"金融诈骗犯罪"包括《刑法》分则第三章第四节"破坏金融管理秩序罪"和第五节"金融诈骗罪"两节中规定的所有犯罪。这里的类型也应包括基于实施"毒品犯罪"等七类犯罪的目的而实施其他犯罪的情况，**具体确定的罪名不一定是这七类罪**。如为参加恐怖活动组织、接受恐怖活动培训或者实施恐怖活动，偷越国（边）境的，当行为人因涉恐怖活动而触犯《刑法》第三百三十二条"偷越国（边）境罪"时，该罪也应属于本罪规定的"恐怖活动犯罪"。这里的犯罪"**所得及其产生的收益的来源和性质**"，是指上游犯罪行为人犯罪所获得的非法利益以及利用犯罪所得的非法利益所产生的孳息或者进行经营活动所产生的经济利益的来源和性质。①

2. 行为人实施了掩饰、隐瞒**毒品犯罪**②、**黑社会性质的组织犯罪**、**恐怖活动犯罪**③、**走私犯罪**④、**贪污贿赂犯罪**⑤、**破坏金融管理秩序犯罪**⑥、**金融诈骗犯罪的所得及其产生收益的来源和性质**的行

---

① 我国学者指出，"犯罪所得"既包括犯罪行为的直接所得与间接所得，也包括犯罪行为所取得的报酬。"产生的收益"既包括上游犯罪所得产生的收益，也包括没有犯罪所得的上游犯罪行为直接产生的收益（如挪用公款罪）。参见张明楷：《刑法学》（第6版），法律出版社2021年版，第1020页。

② 毒品犯罪，指《刑法》分则第六章第七节所规定的犯罪，无限缩解释之必要。参见张明楷：《刑法学》（第6版），法律出版社2021年版，第1021页；黎宏：《刑法学各论》（第2版），法律出版社2016年版，第153页；高铭暄、马克昌主编：《刑法学》（第7版），北京大学出版社、高等教育出版社2016年版，第412页。

③ 黑社会性质的组织犯罪、恐怖活动犯罪，指以黑社会性质组织、恐怖活动组织及其成员为主体实施的各种犯罪。参见张明楷：《刑法学》（第6版），法律出版社2021年版，第1021页。

④ 走私犯罪，指《刑法》分则第三章第二节所规定的全部走私犯罪。参见张明楷：《刑法学》（第6版），法律出版社2021年版，第1021页；黎宏：《刑法学各论》（第2版），法律出版社2016年版，第153页；高铭暄、马克昌主编：《刑法学》（第7版），北京大学出版社、高等教育出版社2016年版，第412页。

⑤ 关于贪污贿赂犯罪的范围，我国学者指出，包括《刑法》分则第八章全部贪污贿赂的犯罪。参见黎宏：《刑法学各论》（第2版），法律出版社2016年版，第153页；高铭暄、马克昌主编：《刑法学》（第7版），北京大学出版社、高等教育出版社2016年版，第412页；赵秉志、李希慧主编：《刑法各论》（第3版），中国人民大学出版社2016年版，第143页。另有学者指出，《刑法》第一百六十三条之非国家工作人员受贿罪的犯罪所得及其产生的收益，可以成为洗钱罪的对象；职务侵占罪无法成为洗钱罪的对象（将职务侵占归入贪污罪中，使职务侵占罪适应立原则之虞）。另贿赂公款挪用的"公款"本身不是"所得"，但挪用公款所产生的收益，属于上游犯罪产生的收益，能够成为洗钱的对象；隐瞒境外存款罪难以成为上游犯罪。参见张明楷：《刑法学》（第6版），法律出版社2021年版，第1021页。

⑥ 破坏金融管理秩序罪与金融诈骗罪，指《刑法》分则第三章第四节与第五节所规定的犯罪。参见张明楷：《刑法学》（第6版），法律出版社2021年版，第1021页；高铭暄、马克昌主编：《刑法学》（第7版），北京大学出版社、高等教育出版社2016年版，第412页。

为。洗钱罪的本质在于为特定上游犯罪的犯罪所得披上合法外衣，消灭犯罪线索和证据，逃避法律追究和制裁，实现犯罪所得的安全循环使用。①本条列举了五种洗钱行为：（1）**提供资金帐户**，是指为犯罪行为人提供金融机构帐户等的行为，包括提供各种真名帐户、匿名帐户、假名帐户等，为其转移犯罪所得及其收益提供方便。（2）**将财产转换为现金、金融票据或者有价证券**，是指犯罪行为人本人或者协助他人将犯罪所得及其收益的财产通过交易等方式转换为现金或者汇票、本票、支票等金融票据或者股票、债券等有价证券，以掩饰、隐瞒犯罪所得财产的真实所有权关系。（3）**通过转帐或者其他支付结算方式转移资金**。这种行为的目的是犯罪行为人为自己或者为他人掩盖犯罪所得资金的来源、去向。这里的支付结算方式包括转帐、票据承兑和贴现等资金支付结算业务。（4）**跨境转移资产**，是指以各种方式将犯罪所得的资产转移到境外的国家或地区，兑换成外币、动产、不动产等；或者将犯罪所得的资产从境外转移到境内，兑换成人民币、动产、不动产等。实践中，跨境转移资产有直接跨境实施的，如通过运输、邮递、携带等方式跨越国（边）境实现资产转移，以投资等方式购买境外资产等；也有间接跨境实施的，如犯罪集团控制境内、境外分别设立的两个资金池，当境内完成收款后，通知境外资金向外放款，实现跨境转移资产。（5）**以其他方法掩饰、隐瞒犯罪所得及其收益的来源和性质**，是一个兜底性规定，包括将犯罪所得投资于各种行业进行合法经营，将非法获得的收入注入合法收入中，或者用犯罪所得购买不动产等各种手段，掩饰、隐瞒犯罪所得及其收益的来源和性质的行为。2009年《最高人民法院关于审理洗钱等刑事案件具体应用法律若干问题的解释》第二条对该款原规定又作了进一步细化，包括"（一）通过典当、租赁、买卖、投资等方式，协助转移、转换犯罪所得及其收益的；（二）通过与商场、饭店、娱乐场所等现金密集型场所的经营收入相混合的方式，协助转移、转换犯罪所得及其收益的；（三）通过虚构交易、虚设债权债务、虚报担保、虚报收入等方式，协助将犯罪所得及其收益转换为'合法'财物的；（四）通过买卖彩票、奖券方式，协助转换犯罪所得及其收益的；（五）通过赌博方式，协助将犯罪所得及其收益转换为赌博收益的；（六）协助将犯罪所得及其收益携带、运输或者邮寄出入境的；（七）通过前述规定以外的方式协助转移、转换犯罪所得及其收益的"。

对于个人犯洗钱罪的处罚，本款根据情节轻重规定了两档刑罚；**构成洗钱犯罪的**所得及其产生的收益②，处五年以下有期徒刑或者拘役，并处或者单处罚金。**情节严重的**，没收犯罪的所得及其产生的收益，处五年以上十年以下有期徒刑，并处罚金。

第二款是关于单位犯洗钱罪的处罚规定。对单位犯洗钱罪，本条规定实行**双罚制原则**，既处罚单位又处罚有关的责任人员。本款根据犯罪情节规定了两档刑罚；**对于单位实施洗钱行为构成犯罪的**，对单位判处罚金，并对其直接负责的主管人员和其他直接责任人员，没收犯罪的所得及其产生的收益，处五年以下有期徒刑或者拘役，并处或者单处罚金。**情节严重的**，除对单位判处罚金外，对其直接负责的主管人员和其他直接责任人员，没收犯罪的所得及其产生的收益，处五年以上十年以下有期徒刑，并处罚金。

实践中需要注意以下问题：

1. 关于洗钱罪是否需要在上游犯罪判决之后才能认定的问题。对此，《最高人民法院关于审理洗钱等刑事案件具体应用法律若干问题的解释》第四条规定了下述三种情形不影响洗钱犯罪的审判和认定：（1）上游犯罪尚未依法裁判，但查证属实的；（2）上游犯罪事实可以确认，因行为人死亡等原因依法不予追究刑事责任的；（3）上游犯罪事实可以确认，依法以其他罪名定罪处罚的。

2. 关于修改《刑法》第一百九十一条后，"自洗钱"可以独立定罪，《刑法》第三百一十二条"掩饰、隐瞒犯罪所得、犯罪所得收益罪"是否也适用"自洗钱"独立定罪的问题。根据《刑法修正案（十一）》对洗钱罪的修改，"自洗钱"行为可以按《刑法》第一百九十一条洗钱罪定罪处罚。同样，作为广义的洗钱犯罪，《刑法》第三百一十二条"掩饰、隐瞒犯罪所得、犯罪所得收益罪"也适用"自洗钱"行为可以独立定罪。从文意表述看，《刑法》第三百一十二条"掩饰、隐瞒犯罪所得、犯罪所得收益罪"的规定与"自洗钱"单独定罪并不矛盾。因此，《刑法修正案（十一）》没有对其进行

---

① 我国学者指出，洗钱活动大致可以分为三个阶段：（1）"浸泡"阶段；（2）"分account"阶段；（3）"甩干"阶段。参见周光权：《刑法各论》（第4版），中国人民大学出版社2021年版，第319页。

② 我国学者指出，《刑法》第一百九十一条所规定的"没收"，实际上与第六十四条的"追缴"基本上是一个含义。凡是有被害人的，应当将犯罪所得返还给被害人；对于没有被害人的犯罪，如毒品犯罪、走私犯罪、赌博犯罪所得及其产生的收益，应当追缴并上缴国库。参见张明楷：《刑法学》（第6版），法律出版社2021年版，第1024页。

修改。"自洗钱"行为可以按照洗钱罪定罪处罚后,"自洗钱"独立定罪处罚也一并适用于《刑法》第三百一十二条"掩饰、隐瞒犯罪所得、犯罪所得收益罪"。对此,《全国人民代表大会宪法和法律委员会关于〈中华人民共和国刑法修正案(十一)(草案)〉修改情况的汇报》对此作了明确规定:"宪法和法律委员会经同有关方面研究,建议对草案作以下修改补充……修改洗钱罪,将实施一些严重犯罪后的'自洗钱'明确为犯罪,同时完善有关洗钱行为方式,增加地下钱庄通过'支付'结算方式洗钱等。作上述修改以后,我国刑法第一百九十一条、第三百一十二条等规定的洗钱犯罪的上游犯罪包含所有犯罪,'自洗钱'也可单独定罪,为有关部门有效预防、惩治洗钱违法犯罪以及境外追逃追赃提供充足的法律保障。"

【司法解释】

《最高人民法院关于审理骗购外汇、非法买卖外汇刑事案件具体应用法律若干问题的解释》(法释〔1998〕20号,自1998年9月1日起施行)

△(洗钱;骗购外汇)以进行走私、逃汇、洗钱、骗税等洗钱活动为目的,使用虚假、无效的凭证、商业单据或者采取其他手段向外汇指定银行骗购外汇的,应当分别按照刑法分则第三章第二节、第一百九十条、第一百九十一条和第二百零四条等规定定罪处罚。(§1)

《最高人民法院关于审理洗钱等刑事案件具体应用法律若干问题的解释》(法释〔2009〕15号,自2009年11月11日起施行)

△(明知之认定)刑法第一百九十一条、第三百一十二条规定的"明知"①,应当结合被告人的认知能力,接触他人犯罪所得及其收益的情况,犯罪所得及其收益的种类、数额,犯罪所得及其收益的转换、转移方式以及被告人的供述等主、客观因素进行认定。

具有下列情形之一的,可以认定被告人明知系犯罪所得及其收益,但有证据证明确实不知道的除外:

(一)知道他人从事犯罪活动,协助转换或者转移财物的;

(二)没有正当理由,通过非法途径协助转换或者转移财物的;

(三)没有正当理由,以明显低于市场的价格收购财物的;

(四)没有正当理由,协助转换或者转移财物,收取明显高于市场的"手续费"的;

(五)没有正当理由,协助他人将巨额现金散存于多个银行账户或者在不同银行账户之间频繁划转的;

(六)协助近亲属或者其他关系密切的人转换或者转移与其职业或者财产状况明显不符的财物的;

(七)其他可以认定行为人明知的情形。

被告人将刑法第一百九十一条规定的某一上游犯罪的犯罪所得及其收益误认为刑法第一百九十一条规定的上游犯罪范围内的其他犯罪所得及其收益的,不影响刑法第一百九十一条规定的"明知"的认定。(§1)

△(以其他方法掩饰、隐瞒犯罪所得及其收益的来源和性质)具有下列情形之一的,可以认定为刑法第一百九十一条第一款第(五)项规定的"以其他方法掩饰、隐瞒犯罪所得及其收益的来源和性质":

(一)通过典当、租赁、买卖、投资等方式,协助转移、转换犯罪所得及其收益的;

(二)通过与商场、饭店、娱乐场所等现金密集型场所的经营收入相混合的方式,协助转移、转换犯罪所得及其收益的;

(三)通过虚构交易、虚设债权债务、虚假担保、虚报收入等方式,协助将犯罪所得及其收益转为"合法"财物的;

(四)通过买卖彩票、奖券等方式,协助转换或者转移犯罪所得及其收益的;

(五)通过赌博方式,协助将犯罪所得及其收益转换为赌博收益的;

(六)协助将犯罪所得及其收益携带、运输或者邮寄出入境的;

(七)通过前述规定以外的方式协助转移、转换犯罪所得及其收益的。(§2)

△(竞合;掩饰、隐瞒犯罪所得、犯罪所得收益罪)明知是犯罪所得及其产生的收益而予以掩饰、隐瞒,构成刑法第三百一十二条规定的犯罪,同时又构成刑法第一百九十一条或者第三百四十九条规定的犯罪的,依照处罚较重的规定定罪处罚。②(§3)

---

① 我国学者指出,关于"明知",并不要求达到确知的程度,只要达到可能是的程度即可。参见黎宏:《刑法学各论》(第2版),法律出版社2016年版,第154页。

② 我国学者指出,洗钱罪和掩饰、隐瞒犯罪所得、犯罪所得收益罪之间是特殊法与普通法的关系。正常情况下,(当二者竞合时)按照特殊法优于普通法的原则,应当构成洗钱罪。但是,如果按照掩饰、隐瞒犯罪所得、犯罪所得收益罪处罚较重时,则以掩饰、隐瞒犯罪所得、犯罪所得收益罪处断。参见黎宏:《刑法学各论》(第2版),法律出版社2016年版,第154—155页。

△(上游犯罪事实成立;上游犯罪)刑法第一百九十一条、第三百一十二条、第三百四十九条规定的犯罪,应当以上游犯罪事实成立为认定前提。上游犯罪尚未依法裁判,但查证属实的,不影响刑法第一百九十一条、第三百一十二条、第三百四十九条规定的犯罪的审判。

上游犯罪事实可以确认,因行为人死亡等原因依法不予追究刑事责任的,不影响刑法第一百九十一条、第三百一十二条、第三百四十九条规定的犯罪的认定。

上游犯罪事实可以确认,依法以其他罪名定罪处罚的,不影响刑法第一百九十一条、第三百一十二条、第三百四十九条规定的犯罪的认定。

本条所称"上游犯罪",是指产生刑法第一百九十一条、第三百一十二条、第三百四十九条规定的犯罪所得及其收益的各种犯罪行为。(§4)

《最高人民法院最高人民检察院关于办理非法从事资金支付结算业务、非法买卖外汇刑事案件适用法律若干问题的解释》(法释〔2019〕1号,自2019年2月1日起施行)

△(想象竞合;非法经营罪;帮助恐怖活动罪;洗钱罪)非法从事资金支付结算业务或者非法买卖外汇,构成非法经营罪,同时又构成刑法第一百二十条之一规定的帮助恐怖活动罪或者第一百九十一条规定的洗钱罪的,依照处罚较重的规定定罪处罚。(§5)

【司法解释性文件】

《最高人民检察院、公安部关于公安机关管辖的刑事案件立案追诉标准的规定(二)》(公通字〔2022〕12号,2022年4月6日公布)

△(洗钱罪;立案追诉标准)为掩饰、隐瞒毒品犯罪、黑社会性质的组织犯罪、恐怖活动犯罪、走私犯罪、贪污贿赂犯罪、破坏金融管理秩序犯罪、金融诈骗犯罪的所得及其产生的收益的来源和性质,涉嫌下列情形之一的,应予立案追诉:

(一)提供资金账户的;

(二)将财产转换为现金、金融票据、有价证券的;

(三)通过转账或者其他支付结算方式转移资金的;

(四)跨境转移资产的;

(五)以其他方法掩饰、隐瞒犯罪所得及其收益的来源和性质的。(§43)

【公报案例】

汪照洗钱案(《最高人民法院公报》2004年第10期)

△(洗钱罪;明知;协助以购买股份的方式投资企业经营)根据《刑法》第一百九十一条的规定,被告人为获得不法利益,明知他人从事毒品犯罪活动,且掌握的大量资金可能是毒品犯罪所得,仍积极协助其以购买股份的方式投资企业经营,掩饰、隐藏资金的性质及来源,其行为构成了洗钱罪。

【参考案例】

No.3-4-180(1)-3 李启红等内幕交易、泄露内幕信息案

行为人明知是内幕交易犯罪所得而予以掩饰、隐瞒的,应以洗钱罪论处。

No.3-4-191-1 潘儒民等洗钱案

上游犯罪行为人虽未定罪判刑,但洗钱行为证据确实、充分的,应当认定为洗钱罪。

No.3-4-191-2 汪照洗钱案

将毒品犯罪的违法所得用于投资经营等活动,意在将赃物的非法性质和来源予以合法化的,不构成隐瞒毒赃罪,应以洗钱罪论处。

第五节 金融诈骗罪

第一百九十二条 【集资诈骗罪】
以非法占有为目的，使用诈骗方法非法集资，数额较大的，处三年以上七年以下有期徒刑，并处罚金；数额巨大或者有其他严重情节的，处七年以上有期徒刑或者无期徒刑，并处罚金或者没收财产。

单位犯前款罪的，对单位判处罚金，并对其直接负责的主管人员和其他直接责任人员，依照前款的规定处罚。

【立法沿革】

《中华人民共和国刑法》（1997年修订，自1997年10月1日起施行）

第一百九十二条

以非法占有为目的，使用诈骗方法非法集资，数额较大的，处五年以下有期徒刑或者拘役，并处二万元以上二十万元以下罚金；数额巨大或者有其他严重情节的，处五年以上十年以下有期徒刑，并处五万元以上五十万元以下罚金；数额特别巨大或者有其他特别严重情节的，处十年以上有期徒刑或者无期徒刑，并处五万元以上五十万元以下罚金或者没收财产。

《中华人民共和国刑法修正案（十一）》（自2021年3月1日起施行）

十五、将刑法第一百九十二条修改为：

"以非法占有为目的，使用诈骗方法非法集资，数额较大的，处三年以上七年以下有期徒刑，并处罚金；数额巨大或者有其他严重情节的，处七年以上有期徒刑或者无期徒刑，并处罚金或者没收财产。

"单位犯前款罪的，对单位判处罚金，并对其直接负责的主管人员和其他直接责任人员，依照前款的规定处罚。"

【条文说明】

本条是关于集资诈骗罪及其处罚的规定。

本条共分为两款。

第一款是关于集资诈骗罪及其处罚的规定。集资诈骗犯罪本质上属于诈骗犯罪的一种，之所以在破坏社会主义市场经济秩序罪一章中加以规定，是考虑到这类犯罪一方面严重侵犯了公众财产的所有权；另一方面还严重扰乱国家正常的金融秩序。[1] 对于本罪，主要可以从以下几个方面加以理解和把握：

1. 本罪行为人在主观上具有"**非法占有**"目的。非法占有目的是成立集资诈骗罪的法定要件，是区分集资诈骗罪与其他非法集资类犯罪的关键所在，同时又是集资诈骗罪司法认定当中的难点。这里的"非法占有"是广义的，通常是指将非法募集的资金的所有权转归为自己所有，或任意挥霍，或占有资金后携款潜逃等。在司法实践中，认定是否具有非法占有为目的，应当坚持**主客观相一致的原则**，既要避免单纯根据损失结果客观归罪，也不能仅凭被告人自己的供述，而应当根据案件具体情况具体分析。2010年《最高人民法院关于审理非法集资刑事案件具体应用法律若干问题的解释》第四条规定，具有下列情形之一的，可以认定为**具有非法占有的目的**：（1）集资后不用于生产经营活动或者用于生产经营活动与筹集资金规模明显不成比例，致使集资款不能返还的；（2）肆意挥霍集资款，致使集资款不能返还的；（3）携带集资款逃匿的；（4）将集资款用于违法犯罪活动的；（5）抽逃、转移资金、隐匿财产，逃避返还资金的；（6）隐匿、销毁帐目，或者搞假破产、假倒闭，逃避返还资金的；（7）拒不交代资金去向，逃避返还资金的；（8）其他可以认定非法占有目的的情形。此外，考虑到非法集资犯罪活动往往持续时间较长，有的行为人在非法集资之初，不一定具有非法占有目的；非法集资犯罪活动参与实施人员众多，实践中部分参与非法集资活动的人员，主观上不一定具有非法占有目的。因此，集资诈骗罪中的非法占有目的，需要区分情形进行具

---

[1] 我国学者指出，本罪的保护客体包括国家的金融管理秩序和公私财产的所有权。参见赵秉志、李希慧主编：《刑法各论》（第3版），中国人民大学出版社2016年版，第144页；高铭暄、马克昌主编：《刑法学》（第7版），北京大学出版社、高等教育出版社2016年版，第415页。

体认定。行为人部分非法集资行为具有非法占有目的,对该部分非法集资行为所涉集资款以集资诈骗罪定罪处罚;非法集资共同犯罪中部分行为人有非法占有目的,其他行为人没有非法占有集资款的共同故意和行为的,对具有非法占有目的的行为人以集资诈骗罪定罪处罚。

2. 行为人实施了"**使用诈骗方法非法集资**"的行为。本条所规定的"**使用诈骗方法**",是指行为人以非法占有为目的,通过编造谎言、捏造或者隐瞒事实真相欺骗的方法,骗取社会公众的行为。不论其采取什么欺骗手段,实质都是为了隐瞒事实真相,诱使公众信以为真,错误地相信非法集资者的谎言,以达到其进行非法集资进而非法占有集资款的目的。① "**非法集资**",是指违反国家金融管理法规,向社会公众(包括单位在内)吸收资金的行为。一般来说,应同时具备下列四个条件:(1)未经有关部门依法批准,或者以合法经营的形式掩盖非法吸收资金的实质;(2)通过媒体、推介会、传单、手机短信等途径向社会公开宣传;(3)承诺在一定期限内以货币、实物、股权等方式还本付息或者给付回报;(4)向社会公众即社会不特定对象吸收资金。② 本条关于非法集资的"**非法性**"认定,即违反国家金融管理法规,包括未经有关部门依法批准和以合法经营的形式掩盖非法吸收资金的实质两种。对于实践中形式复杂且国家金融管理法规仅作原则性规定的,可以根据金融管理法规的精神,并结合中国人民银行、中国银行保险监督管理委员会、中国证券监督管理委员会等金融监管部门依照国家金融管理法律法规制定的部门规章或者国家有关金融管理的规定、办法、实施细则等规范性文件的规定予以认定。根据本条的规定,行为人在客观方面缺少上述任何一个条件,都不符合该罪行为的特征。至于行为人是否已实际将他人的资金占为己有,并不影响本罪的成立。③

3. 本罪的犯罪主体既包括**自然人**,也包括**公司、企业等单位**。从司法实践的情况看,集资诈骗行为多是以单位的名义实施的,即使是自然人作为犯罪主体时,很多也都以公司、企业或其他组织的名义进行。究其原因,主要是以单位名义实施,更具有可信性,资金筹措规模更大,更容易使人受骗上当。司法实践中正确认定案件的主体,关键在于准确认定犯罪行为所体现出的是个人的意志,还是单位的意志。对于受个人意志支配而实施的集资诈骗行为,应当按照刑法中有关自然人犯罪的规定处理;对于受单位意志支配而实施的集资诈骗行为,则应当按照刑法关于单位犯罪的规定处理。在2019年1月30日印发的《**最高人民法院、最高人民检察院、公安部关于办理非法集资刑事案件若干问题的意见**》中,司法机关认为,单位实施非法集资犯罪活动,全部或者大部违法所得归单位所有的,应当认定为单位犯罪。个人为进行非法集资犯罪活动而设立的单位实施犯罪的,或者单位设立后,以实施非法集资犯罪活动为主要活动的,不以单位犯罪论处,对单位中组织、策划、实施非法集资犯罪活动的人员应当以自然人犯罪依法追究刑事责任。判断单位是否以实施非法集资犯罪活动为主要活动,应当根据单位实施非法集资的次数、频度、持续时间、资金规模、资金流向、投入人力物力情况、单位进行正当经营的状况以及犯罪活动的影响、后果等因素综合考虑认定。

综上所述,认定非法集资的行为是否构成本条规定的犯罪,应当从行为人的主观目的、行为方式、后果等方面的具体情节综合研究确定。

本款对集资诈骗罪规定了两档刑罚:**数额较大的**,处三年以上七年以下有期徒刑,并处罚金;**对诈骗数额巨大或者有其他严重情节的**,处七年以上有期徒刑或者无期徒刑,并处罚金或者没收财产。根据2010年《**最高人民检察院、公安部关于公安机关管辖的刑事案件立案追诉标准的规定(二)**》第四十九条的规定,个人集资诈骗数额在十万元以上的,**应予立案追诉**。另外,由于这类犯罪案件情况较为复杂,从实际发生的案例来看,涉案数额一般都很大,有的要达到数千万元、数亿元,有的甚至达到数十亿元、数百亿元。实践中对**集资诈骗数额的认定**,在新司法解释出台前,可参考2010年《**最高人民法院关于审理非法集资刑事案件具体应用法律若干问题的解释**》第五条的规定,集资诈骗的数额以行为人实际骗取的数额计算,案发前已归还的数额应予扣除。行为人为实施集资诈骗活动而支付的广告费、中介费、手续费、回扣,或者用于行贿、赠与等费用,不予扣除。行为人为实施集资诈骗活动而支付的利息,除本

---

① 我国学者指出,对集资诈骗罪的"诈骗方法"只能进行实质的限定,无法穷尽其具体表现,故而不能将欺骗行为局限为几种特定的手段。参见张明楷:《刑法学》(第6版),法律出版社2021年版,第1024页。
② 我国学者指出,非法集资表现为虚假承诺回报,承诺回报限于行为人承诺"只要出资即可通过出资行为获得回报"。并且,所承诺的回报不必具有确定性。参见张明楷:《刑法学》(第6版),法律出版社2021年版,第1025页。
③ 相同的学说见解,参见张明楷:《刑法学》(第6版),法律出版社2021年版,第1024—1025页。

金未归还可予折抵本金以外，应当计入诈骗数额。

第二款是关于单位犯罪的规定。根据本款规定，**单位犯第一款罪的**，对单位判处罚金，并对其直接负责的主管人员和其他直接责任人员，依照第一款的规定处罚。具体分为两档刑罚：**集资诈骗数额较大的**，处三年以上七年以下有期徒刑；**数额巨大或者有其他严重情节的**，处七年以上有期徒刑或者无期徒刑。根据《最高人民检察院、公安部关于公安机关管辖的刑事案件立案追诉标准的规定（二）》第四十九条的规定，单位集资诈骗数额在五十万元以上的，**应予立案追诉**。

实际执行中应当注意以下两个方面的问题：

1. 本罪与**非法吸收公众存款罪**的区别。二者均属于非法集资类犯罪，其根本区别在于对筹集的资金是否具有"非法占有"的目的。前文对"非法占有"目的的认定作了说明，司法解释也对具体情形作了列举，实践中需要结合行为人非法集资时的主观目的和集资后资金使用情况等加以确定。

在客观行为方面，非法吸收公众存款罪，通常表现为违反法律法规，以存款的形式吸收公众资金；未经过中国人民银行或者国务院批准，擅自以"基金"或"基金会"等名义吸收公众资金；以投资、集资入股名义吸收公众资金，但并不按正常投资的形式分配利润、股息，而是支付一定利息的行为。为非法吸收公众存款罪，而以使用欺骗方法作为犯罪的构成要件，欺骗手段一般仅是行为人为了保证非法吸收公众存款资金能够顺利进行，伪造的一些资质、证明文件或者虚假陈述等。而集资诈骗罪是以使用诈骗方法为犯罪构成要件的，包括使用虚假的身份信息、虚假合同、虚假宣传、虚构资金用途等，是骗取集资款的一种非法手段。

《刑法》第一百七十六条规定了非法吸收公众存款罪，对于非法吸收或者变相吸收公众存款，扰乱金融秩序的，处三年以下有期徒刑或者拘役，并处或者单处罚金；数额巨大或者有其他严重情节的，处三年以上十年以下有期徒刑，并处罚金。单位犯非法吸收公众存款罪的，对单位判处罚金，并对其直接负责的主管人员和其他直接责任人员，依照自然人犯罪的规定处罚。可以看到，经《刑法修正案（十一）》修改后的集资诈骗罪与非法吸收公众存款罪在法定刑上形成了较为明显的差异，集资诈骗罪的第一档刑罚为三年以上七年以下有期徒刑，而非法吸收公众存款罪的第一档刑罚为三年以下有期徒刑或者拘役。比较而言，非法吸收公众存款罪的量刑较轻，准确区分和认定二者具有重要的现实意义。

2. 刑事诉讼中集资参与人的权利保护。根据2019年《最高人民法院、最高人民检察院、公安部关于办理非法集资刑事案件若干问题的意见》的规定，集资参与人，是指向非法集资活动投入资金的单位和个人，不包括为非法集资活动提供帮助并获取经济利益的单位和个人。从实践中的情况看，集资参与人往往人数众多，有的集资参与人为了追回损失，不惜采取各种极端方式，造成社会不稳定。因此，对这种涉众型犯罪，在惩治罪犯的同时，如何妥善处理与集资参与人有关的追缴和责令退赔工作，也是处理集资诈骗罪中较为重要并具有一定复杂性的实务性问题。

一是在**程序选择**上，根据《最高人民法院关于适用〈中华人民共和国刑事诉讼法〉的解释》第一百七十五条、一百七十六条和《最高人民法院关于审理刑事集资刑事案件具体应用法律若干问题的解释》等规定，**集资参与人的损害赔偿应当通过刑事追缴、退赔的方式解决**。对于提起附带民事诉讼，或者另行提起民事诉讼请求返还被非法占有、处置的财产的，人民法院不予受理。上述规定有利于含集资参与人在内的涉众型经济犯罪案件受害人统一受偿，避免个别清偿导致的与刑事诉讼法关于财产保全和执行规定的冲突和结果上的不公正。

二是在**追缴范围**上，根据2014年《最高人民法院关于刑事裁判涉财产部分执行的若干规定》第十条、第十一条的规定，判处追缴或者责令退赔的，人民法院应当明确追缴或者退赔的金额或财物的名称、数量等相关情况。**对赃款赃物及其收益，将赃款赃物投资或者置业后形成的财产及其收益，人民法院应当予以追缴**。第三人明知是涉案财物、无偿或者以不合理低价取得涉案财物、通过非法手段等恶意方式取得涉案财物的，人民法院也应当予以追缴。

三是在诉讼过程中，人民法院、人民检察院、公安机关应当通过及时公布案件进展、涉案资产处置情况等方式，依法保障**集资参与人的知情权**。集资参与人可以推选代表人向人民法院提出相关意见和建议；推选不出代表人的，人民法院可以指定代表人。人民法院可以视案件情况决定集资参与人代表人参加或者旁听庭审，以有利于集资参与人原则保障其参与权。对审判时尚未追缴到案或者尚未足额退赔的违法所得，人民法院应当判决继续追缴或者责令退赔，并由人民法院负责执行，人民检察院、公安机关、国家安全机关、司法行政机关等应当予以配合，退赔集资参与人的损失一般优先于其他民事债务以及罚金、没收财产的执行，从程序机制上保障集资参与人的求偿权。

四是在权利救济上，集资参与人对判决中涉

案财物处理决定不服的,**可以请求人民检察院抗诉**。在执行中认为有关财物应当认定为赃款赃物而实际未予认定的,可以向执行法院提出书面异议;可以通过裁定补正的,执行机构应当将异议材料移送刑事审判部门处理;无法通过裁定补正的,应当告知异议人通过审判监督程序处理。人民法院、人民检察院、公安机关、国家安全机关应当建立有效的权利救济机制,对集资参与人提出异议、复议、申诉、投诉或者举报的,应当依法及时受理并反馈处理结果。

【司法解释】

《最高人民法院关于审理非法集资刑事案件具体应用法律若干问题的解释》[法释〔2010〕18号,自2011年1月4日起施行,该解释已经被《最高人民法院关于修改〈最高人民法院关于审理非法集资刑事案件具体应用法律若干问题的解释〉的决定》(法释〔2022〕5号,自2022年3月1日起施行)修正]

△(**集资诈骗罪;以非法占有为目的;共同犯罪**)以非法占有为目的,使用诈骗方法实施本解释第二条规定所列行为的,应当依照刑法第一百九十二条的规定,以集资诈骗罪定罪处罚。

使用诈骗方法非法集资,具有下列情形之一的,可以认定为"以非法占有为目的":

(一)集资后不用于生产经营活动或者用于生产经营活动与筹集资金规模明显不成比例,致使集资款不能返还的;

(二)肆意挥霍集资款,致使集资款不能返还的;

(三)携带集资款逃匿的;

(四)将集资款用于违法犯罪活动的;

(五)抽逃、转移资金、隐匿财产,逃避返还资金的;

(六)隐匿、销毁账目,或者搞假破产、假倒闭,逃避返还资金的;

(七)拒不交代资金去向,逃避返还资金的;

(八)其他可以认定非法占有目的的情形。

集资诈骗罪中的非法占有目的,应当区分情形进行具体认定。行为人部分非法集资行为具有非法占有目的的,对该部分非法集资行为所涉集资款以集资诈骗罪定罪处罚;非法集资共同犯罪中部分行为人具有非法占有目的,其他行为人没有非法占有集资款的共同故意的行为,对具有非法占有目的的行为人以集资诈骗罪定罪处罚。(§7)

△(**数额巨大;其他严重情节;数额计算与扣除**)集资诈骗数额在10万元以上的,应当认定为"数额较大";数额在100万元以上的,应当认定为"数额巨大"。

集资诈骗数额在50万元以上,同时具有本解释第三条第二款第三项情节的,应当认定为刑法第一百九十二条规定的"**其他严重情节**"。

集资诈骗的数额以行为人实际骗取的数额计算,在案发前已归还的数额应予扣除。行为人为实施集资诈骗活动而支付的广告费、中介费、手续费、回扣,或者用于行贿、赠与等费用,不予扣除。行为人为实施集资诈骗活动而支付的利息,除本金未归还可予折抵本金以外,应当计入诈骗数额。(§8)

△(**集资诈骗罪;罚金刑**)犯集资诈骗罪,判处三年以上七年以下有期徒刑的,并处十万元以上五百万元以下罚金;判处七年以上有期徒刑或者无期徒刑的,并处五十万元以上罚金或者没收财产。(§9Ⅱ)

△(**传销;组织、领导传销活动罪;竞合**)通过传销手段向社会公众非法吸收资金,构成非法吸收公众存款罪或者集资诈骗罪,同时又构成组织、领导传销活动罪的,依照处罚较重的规定定罪处罚。(§13)

△(**单位犯罪**)单位实施非法吸收公众存款、集资诈骗犯罪的,依照本解释规定的相应自然人犯罪的定罪量刑标准,对单位判处罚金,并对其直接负责的主管人员和其他直接责任人员定罪处罚。(§14)

【司法解释性文件】

《全国法院审理金融犯罪案件工作座谈会纪要》(法〔2001〕8号,2001年1月21日公布)

△(**金融诈骗犯罪;非法占有目的**)金融诈骗犯罪都是以非法占有为目的的犯罪。在司法实践中,认定是否具有非法占有为目的,应当坚持主客观相一致的原则,既要避免单纯根据损失结果客观归罪,也不能仅凭被告人自己的供述,而应当根据案件具体情况具体分析。根据司法实践,对于行为人通过诈骗的方法非法获取资金,造成数额较大资金不能归还,并具有下列情形之一的,可以认定为具有非法占有的目的:

(1)明知没有归还能力而大量骗取资金的;

(2)非法获取资金后逃跑的;

(3)肆意挥霍骗取资金的;

(4)使用骗取的资金进行违法犯罪活动的;

(5)抽逃、转移资金、隐匿财产,以逃避返还资金的;

(6)隐匿、销毁账目,或者搞假破产、假倒闭,以逃避返还资金的;

(7)其他非法占有资金、拒不返还的行为。但是,在处理具体案件的时候,对于有证据证明行为人不具有非法占有目的的,不能单纯以财产不能归还就按金融诈骗罪处罚。

△(集资诈骗罪;非法占有目的;欺诈发行股票、债券罪;非法吸收公众存款罪)集资诈骗罪和欺诈发行股票、债券罪、非法吸收公众存款罪在客观上均表现为向社会公众非法募集资金。区别的关键在于行为人是否具有非法占有的目的。对于以非法占有为目的而非法集资,或者在非法集资过程中产生了非法占有他人资金的故意,均构成集资诈骗罪。但是,在处理具体案件时要注意以下两点:一是不能仅凭较大数额的非法集资款不能返还的结果,推定行为人具有非法占有的目的;二是行为人将大部分资金用于投资或生产经营活动,而将少量资金用于个人消费或挥霍的,不应仅以此便认定具有非法占有的目的。

△(金融诈骗犯罪;财产刑;罚金数额)金融犯罪是图利型犯罪,惩罚和预防此类犯罪,应当注重同时从经济上制裁犯罪分子。刑法对金融犯罪都规定了财产刑,人民法院应当严格依法判处。罚金的数额,应当根据被告人的犯罪情节,在法律规定的数额幅度内确定。对于具有从轻、减轻或者免除处罚情节的被告人,对于本应并处的罚金刑原则上也应当从轻、减轻或者免除。

《最高人民法院、最高人民检察院、公安部、中国证券监督管理委员会关于整治非法证券活动有关问题的通知》(证监发〔2008〕1号,2008年1月2日公布)

△(以发行证券为幌子;集资诈骗罪)关于擅自发行证券的责任追究。未经依法核准,擅自发行证券,涉嫌犯罪的,依照《刑法》第一百七十九条之规定,以擅自发行股票、公司、企业债券罪追究刑事责任。未经依法核准,以发行证券为幌子,实施非法证券活动,涉嫌犯罪的,依照《刑法》第一百七十六条、第一百九十二条等规定,以非法吸收公众存款罪、集资诈骗罪等罪名追究刑事责任。未构成犯罪的,依照《证券法》和有关法律的规定给予行政处罚。(§2Ⅱ)

《最高人民检察院关于办理涉互联网金融犯罪案件有关问题座谈会纪要》(高检诉〔2017〕14号,2017年6月2日公布)

△(涉互联网金融犯罪;非法占有目的)以非法占有为目的,使用诈骗方法非法集资,是集资诈骗罪的本质特征。是否具有非法占有的目的,是区分非法吸收公众存款罪和集资诈骗罪的关键要件,对此要重点围绕融资项目真实性、资金去向、归还能力等事实进行综合判断。犯罪嫌疑人存在以下情形之一的,原则上可以认定具有非法占有目的:

(1)大部分资金未用于生产经营活动,或名义上投入生产经营但又通过各种方式抽逃转移资金的;

(2)资金使用成本过高,生产经营活动的盈利能力不具有支付全部本息的现实可能性的;

(3)对资金使用的决策极度不负责任或肆意挥霍造成资金缺口较大的;

(4)归还本息主要通过借新还旧来实现的;

(5)其他依照有关司法解释可以认定为非法占有目的的情形。(§14)

△(犯罪目的;犯罪目的之转变;共同犯罪;单位犯罪)对于共同犯罪或单位犯罪案件中,不同层级的犯罪嫌疑人之间存在犯罪目的发生转化或者犯罪目的明显不同的,应当根据犯罪嫌疑人的犯罪目的分别认定。

(1)注意区分犯罪目的发生转变的时间节点。犯罪嫌疑人在初始阶段仅具有非法吸收公众存款的故意,但在发生经营失败、资金链断裂等问题后,明知没有归还能力仍然继续吸收公众存款的,这一时间节点之后的行为应当认定为集资诈骗罪,此前的行为应当认定为非法吸收公众存款罪。

(2)注意区分犯罪嫌疑人的犯罪目的的差异。在共同犯罪或单位犯罪中,犯罪嫌疑人由于层级、职责分工、获取收益方式、对全部犯罪事实的知情程度等不同,其犯罪目的也存在不同。在非法集资犯罪中,有的犯罪嫌疑人具有非法占有的目的,有的则不具有非法占有目的,对此,应当分别认定为集资诈骗罪和非法吸收公众存款罪。(§15)

△(非法占有目的;证明)证明主观上是否具有非法占有目的,可以重点收集、运用以下客观证据:

(1)与实施集资诈骗整体行为模式相关的证据:投资合同、宣传资料、培训内容等;

(2)与资金使用相关的证据:资金往来记录、会计账簿和会计凭证、资金使用成本(包括利息和佣金等)、资金决策使用过程、资金主要用途、财产转移情况等;

(3)与归还能力相关的证据:吸收资金所投资项目内容、投资实际经营情况、盈利能力、归还本息资金的主要来源、负债情况、是否存在虚构业绩等虚假宣传行为等;

(4)其他涉及欺诈等方面的证据:虚构融资项目进行宣传、隐瞒资金实际用途、隐匿销毁账簿;等等。司法会计鉴定机构对相关数据进行鉴定时,办案部门可以根据查证犯罪事实的需要提出重点鉴定的项目,保证司法会计鉴定意见与待证的构成要件事实之间的关联性。(§16)

△(**集资诈骗的数额计算**)集资诈骗的数额,应当以犯罪嫌疑人实际骗取的金额计算。犯罪嫌疑人为吸收公众资金制造还本付息的假象,在诈骗的同时对部分投资人还本付息的,集资诈骗的金额以案发时实际未兑付的金额计算。① 案发后,犯罪嫌疑人主动退还集资款项的,不能从集资诈骗的金额中扣除,但可以作为量刑情节考虑。(§17)

△(**单位犯罪;追诉方向**)涉互联网金融犯罪案件多以单位形式组织实施,所涉单位数量众多、层级复杂,其中还包括大量分支机构和关联单位,集团化特征明显。有的涉互联网金融犯罪案件中分支机构遍布全国,既具备法人资格的,又有不具备法人资格的;既有受总公司直接领导的,又有受总公司的下属单位领导的。公安机关在立案时做法不一,有的对单位立案,有的不对单位立案,有的被立案的单位不具有独立法人资格,有的仅对最上层的单位立案而不对其分支机构立案。对此,检察机关公诉部门在审查起诉时,应当从能够全面揭示犯罪行为基本特征、全面覆盖犯罪活动、准确界定区分各层级人员的地位作用、有利于有力指控犯罪、有利于追缴违法所得等方面依法具体把握,确定是否以单位犯罪追诉。(§20)

△(**单位犯罪**)涉互联网金融犯罪所涉罪名中,刑法规定应当追究单位刑事责任的,对同时具备以下情形且具有独立法人资格的单位,可以以单位犯罪追究:

(1)犯罪活动经单位决策实施;
(2)单位的员工主要按照单位的决策实施具体犯罪活动;
(3)违法所得归单位所有,经单位决策使用,收益亦归单位所有。但是,单位设立后专门从事违法犯罪活动的,应当以自然人犯罪追究刑事责任。(§21)

△(**不具有独立法人资格的分支机构**)对参与涉互联网金融犯罪,但不具有独立法人资格的分支机构,是否追究其刑事责任,可以区分两种情形处理:

(1)全部或部分违法所得归分支机构所有并支配,分支机构作为单位犯罪主体追究刑事责任;
(2)违法所得完全归分支机构上级单位所有并支配的,不能对分支机构作为单位犯罪主体追究刑事责任,而是应当对分支机构的上级单位(符合单位犯罪主体资格)追究刑事责任。(§22)

△(**分支机构相关涉案人员**)分支机构认定为单位犯罪主体的,该分支机构相关涉案人员应当作为该分支机构的"直接负责的主管人员"或者"其他直接责任人员"追究刑事责任。仅将分支机构的上级单位认定为单位犯罪主体的,该分支机构相关涉案人员可以作为该上级单位的"其他直接责任人员"追究刑事责任。(§23)

△(**符合追诉条件的分支机构;审查起诉**)对符合追诉条件的分支机构(包括具有独立法人资格的和不具有独立法人资格)及其所属单位,公安机关均没有作为犯罪嫌疑单位移送审查起诉的,仅将其所属单位的上级单位作为犯罪嫌疑单位移送审查起诉的,对相关分支机构涉案人员可以区分以下情形处理:

(1)有证据证明被立案的上级单位(比如总公司)在业务、财务、人事等方面对下属单位及其分支机构进行实际控制,下属单位及其分支机构涉案人员可以作为被移送审查起诉的上级单位的"其他直接责任人员"追究刑事责任。在证明实际控制关系时,应当收集、运用公司决策、管理、考核等相关文件,OA系统等电子数据,资金往来记录等证据。对不同地区同一单位的分支机构涉案人员起诉时,证明实际控制关系的证据体系、证明标准应基本一致。

(2)据现有证据无法证明被立案的上级单位与下属单位及其分支机构之间存在实际控制关系的,对符合单位犯罪构成要件的下属单位或分支机构应当补充起诉,下属单位及其分支机构也不具备补充起诉条件的,可以将下属单位及其分支机构的涉案犯罪嫌疑人直接起诉。(§24)

△(**跨区域;涉互联网金融犯罪;统一平衡**)在办理跨区域涉互联网金融犯罪案件时,在追诉标准、追诉范围以及量刑建议等方面应当注意统一平衡。对于同一单位在不同地区分别设立分支机构的,在同一省(自治区、直辖市)范围内应当保持基本一致。分支机构所涉犯罪嫌疑人与上级单位主要犯罪嫌疑人之间应当保持适度平衡,防止出现责任轻重"倒挂"的现象。(§25)

△(**单位犯罪;区分主犯、从犯**)单位犯罪中,直接负责的主管人员和其他直接责任人员在涉互联网金融犯罪案件中的地位、作用存在明显差别的,可以区分主犯和从犯。对起组织领导作用的

---

① 相同的学说见解,参见周光权:《刑法各论》(第4版),中国人民大学出版社2021年版,第322页。

总公司的直接负责的主管人员和发挥主要作用的其他直接责任人员,可以认定为全案的主犯,其他人员可以认定为从犯。(§26)

△(**最大限度减少投资人的实际损失;从轻、减轻处罚;不起诉决定**)最大限度减少投资人的实际损失失办理涉互联网金融犯罪案件特别是非法集资案件的重要工作。在决定是否起诉、提出量刑建议时,要重视对是否具有认罪认罚、主动退赃退赔等情节的考察。分支机构涉案人员积极配合调查、主动退还违法所得、真诚认罪悔罪的,应当依法提出从轻、减轻处罚的量刑建议。其中,对情节轻微,可以免予刑事处罚的,或者情节显著轻微、危害不大、不认为是犯罪的,应当依法作出不起诉决定。对被不起诉人需要给予行政处罚或者没收违法所得的,应当向行政主管部门提出检察意见。(§27)

△(**证据;真实性;合法性;关联性**)涉互联网金融犯罪案件证据种类复杂、数量庞大、且分散于各地,收集、审查、运用证据的难度大。各地检察机关公诉部门要紧紧围绕证据的真实性、合法性、关联性,引导公安机关依法全面收集固定证据,加强证据的审查、运用,确保案件事实经得起法律的检验。(§28)

△(**提前介入侦查;收集固定证据;非法证据排除**)对于重大、疑难、复杂涉互联网金融犯罪案件,检察机关公诉部门要依法提前介入侦查,围绕指控犯罪的需要积极引导公安机关全面收集固定证据,必要时与公安机关共同会商,提出完善侦查思路、侦查提纲的意见建议。加强对侦查取证合法性的监督,对应当依法排除的非法证据坚决予以排除,对应当补正或作出合理解释的及时提出意见。(§29)

△(**电子数据;云存储电子数据;真实性;合法性;关联性**)电子数据在涉互联网金融犯罪案件的证据体系中地位重要,对于指控查实相关犯罪事实具有重要作用。随着互联网技术的不断发展,电子数据的形式、载体出现了许多新的变化,对电子数据的勘验、提取、审查等提出了更高要求,处理不当会对电子数据的真实性、合法性造成不可逆转的损害。检察机关公诉部门要严格执行《最高人民法院、最高人民检察院、公安部关于办理刑事案件收集提取和审查判断电子数据问题的若干规定》(法发〔2016〕22号),加强对电子数据收集、提取程序和技术标准的审查,确保电子数据的真实性、合法性。对云存储电子数据等新类型电子数据进行提取、审查时,要高度重视程序合法性、数据完整性等问题,必要时主动征求相关领域专家意见,在提取前会同公安机关、云存储服务提供商制定科学合法的提取方案,确保万无一失。(§30)

△(**证据交换共享机制**)落实"三统两分"要求,健全证据交换共享机制,协调推进跨区域案件办理。对涉及主案犯罪嫌疑人的证据,一般由主案侦办地办案机构负责收集,其他地区提供协助。其他地区办案机构需要主案侦办地提供证据材料的,应当向主案侦办地办案机构提出证据需求,由主案侦办地办案机构收集并依法移送。无法移送证据原件的,应当在移送复制件的同时,按照相关规定作出说明。各地检察机关公诉部门之间要加强协作,加强与公安机关的协调,督促本地公安机关与其他地区公安机关做好证据交换共享相关工作。案件进入审查起诉阶段后,检察机关公诉部门可以根据案件需要,直接向其他地区检察机关调取证据,其他地区检察机关公诉部门应积极协助。此外,各地检察机关在办理案件过程中发现对其他地区案件办理有重要作用的证据,应当及时采取措施并通知相应检察机关,做好依法移送工作。(§31)

《最高人民法院、最高人民检察院、公安部关于办理非法集资刑事案件若干问题的意见》(高检会〔2019〕2号,2019年1月30日公布)

△(**非法集资;非法性**)人民法院、人民检察院、公安机关认定非法集资的"非法性",应当以国家金融管理法律法规作为依据。对于国家金融管理法律法规仅作原则性规定的,可以根据法律规定的精神并参考中国人民银行、中国银行保险监督管理委员会、中国证券监督管理委员会等行政主管部门依照国家金融管理法律法规制定的部门规章或者国家有关金融管理的规定、办法、实施细则等规范性文件的规定予以认定。

△(**单位犯罪**)单位实施非法集资犯罪活动,全部或者大部分违法所得归单位所有的,应当认定为单位犯罪。

个人为进行非法集资犯罪活动而设立的单位实施犯罪的,或者单位设立后,以实施非法集资犯罪活动为主要活动的,不以单位犯罪论处,对单位中组织、策划、实施非法集资犯罪活动的人员应当以自然人犯罪依法追究刑事责任。

判断单位是否以实施非法集资犯罪活动为主要活动,应当根据单位实施非法集资的次数、频度、持续时间、资金规模、资金流向、投入人力物力情况、单位进行正当经营的状况以及犯罪活动的影响、后果等因素综合考虑认定。

△(**涉案下属单位;单位犯罪**)办理非法集资刑事案件中,人民法院、人民检察院、公安机关应

当全面查清涉案单位，包括上级单位（总公司、母公司）和下属单位（分公司、子公司）的主体资格、层级、关系、地位、作用、资金流向等，区分情况依法作出处理。

上级单位已被认定为单位犯罪，下属单位实施非法集资犯罪活动，但全部或者大部分违法所得归下属单位所有的，对该下属单位也应当认定为单位犯罪。上级单位和下属单位构成共同犯罪的，应当根据犯罪单位的地位、作用，确定犯罪单位的刑事责任。

上级单位已被认定为单位犯罪，下属单位实施非法集资犯罪活动，但全部或者大部分违法所得归上级单位所有的，对下属单位不单独认定为单位犯罪。下属单位中涉嫌犯罪的人员，可作为上级单位的其他直接责任人员依法追究刑事责任。

上级单位未被认定为单位犯罪，下属单位被认定为单位犯罪的，上级单位中组织、策划、实施非法集资犯罪的人员，一般可以与下属单位按照自然人与单位共同犯罪处理。

上级单位与下属单位均未被认定为单位犯罪的，一般以上级单位与下属单位中承担组织、领导、管理、协调职责的主管人员和发挥主要作用的人员作为主犯，以其他积极参加非法集资犯罪的人员作为从犯，按照自然人共同犯罪处理。

△（**主观故意**）认定犯罪嫌疑人、被告人是否具有非法吸收公众存款的犯罪故意，应当依据犯罪嫌疑人、被告人的任职情况、职业经历、专业背景、培训经历、本人同类行为受到行政处罚或者刑事追究情况以及吸收资金方式、宣传推广、合同资料、业务流程等证据，结合其供述，进行综合分析判断。

犯罪嫌疑人、被告人使用诈骗方法非法集资，符合《最高人民法院关于审理非法集资刑事案件具体应用法律若干问题的解释》第四条规定的，可以认定为集资诈骗罪中"以非法占有为目的"。

办案机关在办理非法集资刑事案件中，应当根据案件具体情况注意收集运用涉及犯罪嫌疑人、被告人的以下证据：是否使用虚假身份信息对外开展业务；是否虚假订立合同、协议；是否虚假宣传，明显超出经营范围或者夸大经营、投资、服务项目及盈利能力；是否吸收资金后隐匿、销毁合同、协议、账目；是否传授或者接受规避法律、逃避监管的方法；等等。

△（**犯罪数额的认定**）非法吸收或者变相吸收公众存款构成犯罪，具有下列情形之一的，向亲友或者单位内部人员吸收的资金应当与向不特定对象吸收的资金一并计入犯罪数额：

（一）在向亲友或者单位内部人员吸收资金的过程中，明知亲友或者单位内部人员向不特定对象吸收资金而予以放任的；

（二）以吸收资金为目的，将社会人员吸收为单位内部人员，并向其吸收资金的；

（三）向社会公开宣传，同时向不特定对象、亲友或者单位内部人员吸收资金的。

非法吸收或者变相吸收公众存款的数额，以行为人所吸收的资金全额计算。集资参与人收回本金或者获得回报后又重复投资的数额不予扣除，但可以作为量刑情节酌情考虑。

△（**宽严相济刑事政策**）办理非法集资刑事案件，应当贯彻宽严相济刑事政策，依法合理把握追究刑事责任的范围，综合运用刑事手段和行政手段处置和化解风险，做到惩处少数、教育挽救大多数。要根据行为人的客观行为、主观恶性、犯罪情节及其地位、作用、层级、职务等情况，综合判断行为人的责任轻重和刑事追究的必要性，按照区别对待原则分类处理涉案人员，做到罚当其罪、罪责刑相适应。

重点惩处非法集资犯罪活动的组织者、领导者和管理人员，包括单位犯罪中的上级单位（总公司、母公司）的核心层、管理层和骨干人员，下属单位（分公司、子公司）的管理层和骨干人员，以及其他发挥主要作用的人员。

对于涉案人员积极配合调查、主动退赃退赔、真诚认罪悔罪的，可以依法从轻处罚；其中情节轻微的，可以免除处罚；情节显著轻微、危害不大的，不作为犯罪处理。

△（**管辖**）跨区域非法集资刑事案件按照《国务院关于进一步做好防范和处置非法集资工作的意见》（国发〔2015〕59号）确定的工作原则办理。如果合并侦查、诉讼更为适宜的，可以合并办理。

办理跨区域非法集资刑事案件，如果多个公安机关都有权立案侦查的，一般由主要犯罪地公安机关作为案件主办地，对主要犯罪嫌疑人立案侦查和移送审查起诉；由其他犯罪地公安机关作为案件分办地根据案件具体情况，对本地区犯罪嫌疑人立案侦查和移送审查起诉。

管辖不明或者有争议的，按照有利于查清犯罪事实、有利于诉讼的原则，由其共同的上级公安机关协调确定或者指定有关公安机关作为案件主办地立案侦查。需要提请批准逮捕、移送审查起诉、提起公诉的，由分别立案侦查的公安机关所在地的人民检察院、人民法院受理。

对于重大、疑难、复杂的跨区域非法集资刑事案件，公安机关应当在协调确定或者指定案件主办地立案侦查的同时，通报同级人民检察院、人民法院。人民检察院、人民法院参照前款规定，确定主要犯罪地作为案件主办地，其他犯罪地作为案件分办地，由所在地的人民检察院、人民法院负责起诉、审判。

本条规定的"主要犯罪地"，包括非法集资活动的主要组织、策划、实施地，集资行为人的注册地、主要营业地、主要办事机构所在地，集资参与人的主要所在地等。

△（办案工作机制）案件主办地和其他涉案地办案机关应当密切沟通协调，协同推进侦查、起诉、审判、资产处置工作，配合有关部门最大限度追赃挽损。

案件主办地办案机关应当统一负责主要犯罪嫌疑人、被告人涉嫌非法集资全部犯罪事实的立案侦查、起诉、审判，防止遗漏犯罪事实；并应就全案处理政策、追诉主要犯罪嫌疑人、被告人的证据要求及诉讼时限、追赃挽损、资产处置等工作要求，向其他涉案地办案机关进行通报。其他涉案地办案机关应当对本地区犯罪嫌疑人、被告人涉嫌非法集资的犯罪事实及时立案侦查、起诉、审判，积极协助主办地处置涉案资产。

案件主办地和其他涉案地办案机关应当建立和完善证据交换共享机制。对涉及主要犯罪嫌疑人、被告人的证据，一般由案件主办地办案机关负责收集，其他涉案地提供协助。案件主办地办案机关应当及时通报接收涉主要犯罪嫌疑人、被告人的证据材料的程序及要求。其他涉案地办案机关需要案件主办地提供证据材料的，应当向案件主办地办案机关提出证据需求，由案件主办地收集并依法移送。无法移送证据原件的，应当在移送复制件的同时，按照相关规定作出说明。

△（涉案财物追缴处置）办理跨区域非法集资刑事案件，案件主办地办案机关应当及时归集涉案财物，为统一资产处置做好基础性工作。其他涉案地办案机关应当及时查明涉案财物，明确其来源、去向、用途、流转情况，依法办理查封、扣押、冻结手续，并制作详细清单，对扣押款项应当设立明细账，在扣押后立即存入办案机关唯一合规账户，并将有关情况提供案件主办地办案机关。

人民法院、人民检察院、公安机关应当严格依照刑事诉讼法和相关司法解释的规定，依法移送、审查、处置查封、扣押、冻结的涉案财物。对审判时尚未追缴到案或者尚未足额退赔的违法所得，人民法院应当判决继续追缴或者责令退赔，并由人民法院负责执行，处置非法集资职能部门、人民检察院、公安机关等应当予以配合。

人民法院对涉案财物依法作出判决后，有关地方和部门应当在处置非法集资职能部门统筹协调下，切实履行协作义务，综合运用多种手段，做好涉案财物清运、财产变现、资金归集、资金清退等工作，确保最大限度减少实际损失。

根据有关规定，查封、扣押、冻结的涉案财物，一般应在诉讼终结后返还集资参与人。涉案财物不足全部返还的，按照集资参与人的集资额比例返还。退赔集资参与人的损失一般优先于其他民事债务以及罚金、没收财产的执行。

△（集资参与人；权利保障）集资参与人，是指向非法集资活动投入资金的单位和个人，为非法集资活动提供帮助并获取经济利益的单位和个人除外。

人民法院、人民检察院、公安机关应当通过及时公布案件进展、涉案资产处置情况等方式，依法保障集资参与人的合法权利。集资参与人可以推选代表人向人民法院提出相关意见和建议；推选不出代表人的，人民法院可以指定代表人。人民法院可以视案件情况决定集资参与人代表人参加或者旁听庭审，对集资参与人提起附带民事诉讼等请求不予受理。

△（行政执法与刑事司法衔接）处置非法集资职能部门或者有关行政主管部门，在调查非法集资行为或者行政执法过程中，认为案情重大、疑难、复杂的，可以商请公安机关就追诉标准、证据固定等问题提出咨询或者参考意见；发现非法集资行为涉嫌犯罪的，应当按照《行政执法机关移送涉嫌犯罪案件的规定》等规定，履行相关手续，在规定的期限内将案件移送公安机关。

人民法院、人民检察院、公安机关在办理非法集资刑事案件过程中，可商请处置非法集资职能部门或者有关行政主管部门指派专业人员配合开展工作，协助查询、复制有关专业资料，就案件涉及的专业问题出具认定意见。涉及需要行政处理的事项，应当及时移交处置非法集资职能部门或者有关行政主管部门依法处理。

《最高人民法院、最高人民检察院关于常见犯罪的量刑指导意见（试行）》（法发〔2021〕21号，2021年6月6日发布）

△（集资诈骗罪；量刑）

1. 构成集资诈骗罪的，根据下列情形在相应的幅度内确定量刑起点：

（1）达到数额较大起点的，在三年至四年有期徒刑幅度内确定量刑起点。

（2）达到数额巨大起点或者有其他严重情节的，在七年至九年有期徒刑幅度内确定量刑起点。依法应当判处无期徒刑的除外。

2. 在量刑起点的基础上，根据集资诈骗数额等其他影响犯罪构成的犯罪事实增加刑罚量，确定基准刑。

3. 构成集资诈骗罪的，根据犯罪数额、危害后果等犯罪情节，综合考虑被告人缴纳罚金的能力，决定罚金数额。

4. 构成集资诈骗罪的，综合考虑犯罪数额、诈骗对象、危害后果、退赃退赔等犯罪事实、量刑情节，以及被告人主观恶性、人身危险性、认罪悔罪表现等因素，决定缓刑的适用。

《最高人民检察院、公安部关于公安机关管辖的刑事案件立案追诉标准的规定（二）》（公通字〔2022〕12号，2022年4月6日公布）

△（集资诈骗罪；立案追诉标准）以非法占有为目的，使用诈骗方法非法集资，数额在十万元以上的，应予立案追诉。（§44）

【指导性案例】

最高人民检察院指导性案例第40号：周辉集资诈骗案（2018年7月3日发布）

△（集资诈骗；非法占有目的；网络借贷信息中介机构）网络借贷信息中介机构或其控制人，利用网络借贷平台发布虚假信息，非法建立资金池募集资金，所得资金大部分未用于生产经营活动，主要用于借新还旧和个人挥霍，无法归还所募资金数额巨大，应认定为具有非法占有目的，以集资诈骗罪追究刑事责任。

【公报案例】

许官成、许冠卿、马茹梅集资诈骗案（《最高人民法院公报》2009年第10期）

△（非法占有目的；主客观相统一；集资诈骗罪；虚构集资用途）行为人以非法占有为目的，采取虚构集资用途，以虚假的证明文件和高回报率为诱饵，未经有权机关批准，向社会公众非法募集资金，骗取集资款的行为，构成《刑法》第一百九十二条规定的集资诈骗罪。在认定行为人是否具有非法占有目的时，应当坚持主客观相统一的认定标准，既要避免单纯根据损失结果客观归罪，也不能仅凭被告人自己的供述，应当根据案件具体情况全面分析行为人无法偿还募资款的原因，若行为人没有进行实体经营或实体经营的比例极小，根本无法通过正常经营偿还前期非法募集的本金及约定利息，将募集的款项隐匿、挥霍的，应当认定行为人具有非法占有的目的。

【参考案例】

No.3-5-192-2 李传柱等集资诈骗、非法吸收公众存款案

集资诈骗与非法吸收公众存款的区别关键在于是否具有非法占有目的，在非法集资团伙中，经营公司或项目的发起者、组织者以及积极参与者在明知实际经营状况的情况下实施欺骗投资者的行为，可认定为具有非法占有目的，应认定为集资诈骗罪；其他不了解实际经营情况的普通参与者则不宜认定为集资诈骗罪，应以非法吸收公众存款罪论处。

No.3-5-192-3 安徽钰诚控股集团、钰诚国际控股集团有限公司和丁宁、丁甸等集资诈骗、非法吸收公众存款、走私贵重金属、非法持有枪支、偷越国境案

虽然P2P网络借贷本身是合法的经营模式，但网络借贷平台不得利用平台为自身或具有关联关系的借款人融资、不得直接或间接接受或归集出借人的资金、不得向出借人提供担保或者承诺保本保息、不得将融资项目的期限进行拆分、不得在物理场所开展风险管理及监管规定明确的必要经营环节外的其他业务等，违反上述规定应认定具有非法性。

No.3-5-192-4 安徽钰诚控股集团、钰诚国际控股集团有限公司和丁宁、丁甸等集资诈骗、非法吸收公众存款、走私贵重金属、非法持有枪支、偷越国境案

客观行为所具有的欺骗性不能直接得出被告单位具有非法占有目的，对于企业出于经营需要，采取一定的夸大式甚至是欺诈式手段进行融资，如果确实用于生产经营活动，就不应判定行为人具有非法占有的目的。即使最终因经营不善无法归还资金，也不能仅凭这一客观结果推定其具有非法占有目的。要坚持主客观相一致的原则，结合集资款的实际用途具体考察行为人的主观故意。

No.3-5-192-5 安徽钰诚控股集团、钰诚国际控股集团有限公司和丁宁、丁甸等集资诈骗、非法吸收公众存款、走私贵重金属、非法持有枪支、偷越国境案

在单位犯罪中，应当以单位整体作为评价视角，自上而下地梳理、确认犯罪主体的组织行为结构，又应注意根据各犯罪主体的本体行为进行实质性评判，综合确定各被告人所处的地位及发挥的作用。

第一百九十三条 【贷款诈骗罪】
有下列情形之一,以非法占有为目的,诈骗银行或者其他金融机构的贷款,数额较大的,处五年以下有期徒刑或者拘役,并处二万元以上二十万元以下罚金;数额巨大或者有其他严重情节的,处五年以上十年以下有期徒刑,并处五万元以上五十万元以下罚金;数额特别巨大或者有其他特别严重情节的,处十年以上有期徒刑或者无期徒刑,并处五万元以上五十万元以下罚金或者没收财产:
(一)编造引进资金、项目等虚假理由的;
(二)使用虚假的经济合同的;
(三)使用虚假的证明文件的;
(四)使用虚假的产权证明作担保或者超出抵押物价值重复担保的;
(五)以其他方法诈骗贷款的。

【条文说明】

本条是关于贷款诈骗罪及其处罚的规定。

贷款诈骗的对象是**依法取得贷款资质的银行或者其他金融机构**。在我国,贷款业务是上述金融机构的基本业务,是其重要的收入来源。同时,由于信贷业务是国家用有偿方式动员和分配资金的重要形式,**贷款诈骗行为的存在,妨碍了贷款的正常职能和作用,不利于我国维护金融市场秩序和正常市场经济活动**。因此,贷款诈骗罪不仅侵犯了财产所有权,还侵犯了国家的金融管理秩序。具体而言,本罪主要从以下几个方面加以理解:

1. 本罪在主观方面表现为"**以非法占有为目的**"。"非法占有目的"是成立贷款诈骗罪的法定要件,是区分贷款诈骗罪与骗取贷款罪的关键所在,也是司法实践中认定的难点。① 至于行为人非法占有贷款是为了挥霍享受,还是为了转移隐匿,都不影响本罪的构成。在认定贷款诈骗罪时,**不能简单地认为,只要贷款到期不能偿还,就以贷款诈骗罪论处**。实际生活中,贷款不能按期偿还的情况时有发生,其原因也很复杂,如有的因为经营不善或者市场行情的变动,使营利计划无法实现不能按时偿还贷款。这种情况下,行为人虽然主观上有过错,但其没有非法占有的目的,故不能以本罪认定。如果行为人虽然在向银行或者其他金融机构申请贷款的过程中使用了规避贷款审核的一些欺骗手段,但其目的不是为了非法占有贷款,而是因为要解决生产经营的一时急需等,以后还要想方设法归还贷款的,也不能构成本罪。

关于如何认定"以非法占有为目的",在2001年《全国法院审理金融犯罪案件工作座谈会纪要》中曾经提到,金融诈骗犯罪都是以非法占有

为目的的犯罪。在司法实践中,认定是否具有非法占有目的,应当坚持**主客观相一致的原则**,既要避免单纯根据损失结果客观归罪,也不能仅凭被告人自己的供述,而应当根据案件具体情况具体分析。根据司法实践,对于行为人通过什么样的方法非法获取资金,造成数额较大资金不能归还,并具有下列情形之一的,**可以认定为具有非法占有的目的**:(1)明知没有归还能力而大量骗取资金的;(2)非法获取资金后逃跑的;(3)肆意挥霍骗取资金的;(4)使用骗取的资金进行违法犯罪活动的;(5)抽逃、转移资金、隐匿财产,以逃避返还资金的;(6)隐匿、销毁帐目,或者搞假破产、假倒闭,以逃避返还资金的;(7)其他非法占有资金、拒不返还的行为。上述纪要精神在《最高人民法院关于审理非法集资刑事案件具体应用法律若干问题的解释》中对集资诈骗罪"非法占有为目的"的认定规定中有所体现。司法实践中,可以借鉴上述纪要精神和非法集资司法解释相关规定,坚持主客观相统一的原则,严格以事实为依据,综合行为人事前的经济状况、为犯罪实施的准备活动和取得贷款后资金的使用、去向与事后是否有偿还贷款的意愿等因素予以认定。

2. 行为人实施了"**诈骗银行或者其他金融机构贷款**"的行为。这里所说的"银行",主要是指政策性银行和各类商业银行。商业银行又分为国有独资商业银行、股份制商业银行、外资银行、中外合资银行等。"**其他金融机构**"是指除银行以外的保险公司、信托投资公司、城市信用社、农村信用社等具有信贷业务的非银行金融机构。

本条明确列举了四种具体诈骗手段:(1)**编造引进资金、项目等虚假理由骗取银行或者其他**

---

① 非法占有目的的,必须在签订贷款合同时就已经存在。参见黎宏:《刑法学各论》(第2版),法律出版社2016年版,第158页。

金融机构贷款。(2)**使用虚假的经济合同诈骗银行或者其他金融机构的贷款**。这里所说的"**虚假的经济合同**",是指伪造的合同、变造的合同(如篡改原合同的标的、价款等)、无效的合同(如采取欺诈手段签订的合同)、以及伪造印章虚制的合同等。(3)**使用虚假的证明文件诈骗银行或者其他金融机构的贷款**。这里所说的"证明文件",包括银行的存款证明、公司和金融机构的担保函、划款证明等向银行或者其他金融机构申请贷款时所需要的文件。(4)**使用虚假的产权证明作担保,骗取银行或者其他金融机构贷款**。这里所说的"产权证明",是指能够证明行为人对房屋等不动产或者汽车、货币,可即时兑付的票据等动产具有所有权的一切文件以及以其他方法诈骗银行或者其他金融机构贷款。同时,由于犯罪行为方式复杂多样,在法律中难以将所有的诈骗银行或者其他金融机构贷款的行为都具体列举并予以规定,因而本条规定了"**以其他方法诈骗贷款的**"作为兜底条款,包括伪造单位公章、印鉴骗取贷款;以非法占有为目的,贷款到期后采用欺诈手段拒不还贷等情况。①

3. **行为人诈骗银行或者其他金融机构的贷款数额较大**。本条规定了三档刑罚,分别是:**数额较大**的,处五年以下有期徒刑或者拘役,并处二万元以上二十万元以下罚金;**数额巨大或者有其他严重情节的**,处五年以上十年以下有期徒刑,并处五万元以上五十万元以下罚金;**数额特别巨大或者有其他特别严重情节的**,处十年以上有期徒刑或者无期徒刑,并处五万元以上五十万元以下罚金或者没收财产。根据《最高人民检察院、公安部关于公安机关管辖的刑事案件立案追诉标准的规定(二)》第五十条的规定,诈骗银行或者其他金融机构的贷款数额在二万元以上的,应予立案追诉。对于"其他严重情节"和"其他特别严重情节",在实践中主要是考虑行为人的诈骗手段或诈骗行为给银行或其他金融机构造成的损失等情况。

综上所述,认定本条规定的贷款诈骗罪,应当结合行为人的主观目的、行为方式、损害后果等方面综合认定。同时,处理贷款诈骗案件应当贯彻宽严相济刑事政策,以犯罪行为对金融秩序的破坏程度和金融机构的实际损失两个方面综合考虑,综合运用刑事手段和行政手段处置和化解风险,综合判断行为人的责任轻重和刑事追究的必要性,做到罪责刑相适应。对于涉案人员积极配合调查、主动退赃退赔、真诚认罪悔罪的,

可以依法从轻处罚;其中情节轻微的,可以免除处罚;情节显著轻微、危害不大的,不作为犯罪处理。

实际执行中应当注意以下两个方面的问题:

1. **注意把握贷款诈骗罪与骗取贷款罪的区别**。本法第一百七十五条之一规定了**骗取贷款罪**,即以欺骗手段取得银行或者其他金融机构贷款,给银行或者其他金融机构造成重大损失的,处三年以下有期徒刑或者拘役,并处或者单处罚金;给银行或者其他金融机构造成特别重大损失或者有其他特别严重情节的,处三年以上七年以下有期徒刑,并处罚金。单位犯前款罪的,对单位判处罚金,并对其直接负责的主管人员和其他直接责任人员,依照前款的规定处罚。

从上述规定可以看出,贷款诈骗罪和骗取贷款罪在客观行为上均表现为以虚构事实或者隐瞒真相等欺骗手段取得银行或者其他金融机构的贷款。二者区别的关键在于行为人是否具有非法占有的目的。骗取贷款罪不是以非法占有为目的,只因在不符合贷款条件的情况下为取得贷款而采用了欺骗手段。而贷款诈骗罪的主观意图就是通过非法手段骗取贷款并非法占有。在办理具体案件时要注意以下三点:一是不能仅凭较大数额的贷款不能返还的客观结果,推定行为人具有非法占有的目的。在2001年《全国法院审理金融犯罪案件工作座谈会纪要》中曾提到,要严格区分贷款诈骗与贷款纠纷,对于合法取得贷款后,没有按规定的用途使用贷款,到期没有归还贷款的,不能以贷款诈骗罪定罪处罚;对于确有证据证明行为人不具有诈骗的目的,因不具备贷款的条件采取了欺骗手段获取贷款,案发后有能力履行还贷义务,或者案发时不能归还贷款是因为意志以外的原因,如因经营不善、被骗、市场风险等,不宜以贷款诈骗罪定罪处罚。二是行为人虽然以欺骗手段取得贷款资金,但将大部分资金用于投资或生产经营活动等正常贷款用途的,而将少量资金用于个人消费或挥霍的,不应仅以此便认定具有非法占有的目的。

2. **贷款诈骗的单位犯罪问题**。根据本条规定,贷款诈骗罪主体为自然人,刑法条文并未将单位规定为贷款诈骗罪的主体。实践中,单位已成为银行以及其他金融机构主要的贷款对象,从贷款资金上来看,单位贷款额度要远高于自然人。与此相对应的则是单位涉贷款诈骗案件的增加,且涉案金额巨大、诈骗手段多样化。这给银行等金融机构造

---

① 相同的学说见解,参见黎宏:《刑法学各论》(第2版),法律出版社2016年版,第158页。

成了严重的损失,无论是实践中还是法律上均应对单位涉贷款诈骗案件的情形予以明确。

在2001年《全国法院审理金融犯罪案件工作座谈会纪要》中,司法机关认为单位不能构成贷款诈骗罪。该纪要提到,根据《刑法》第三十条和第一百九十三条的规定,单位不能成为贷款诈骗罪的主体。对于单位实施的贷款诈骗行为,不能以贷款诈骗罪定罪处罚,也不能以贷款诈骗罪追究直接负责的主管人员和其他直接责任人员的刑事责任。但是,在司法实践中,对于单位十分明显地以非法占有为目的,利用签订、履行借款合同骗银行或其他金融机构贷款,符合《刑法》第二百二十四条规定的合同诈骗罪构成要件的,应当以合同诈骗罪定罪处罚。2014年《全国人民代表大会常务委员会关于〈中华人民共和国刑法〉第三十条的解释》,对公司、企业、事业单位、机关、团体等单位实施刑法规定的危害社会的行为,法律未规定追究单位的刑事责任的,如何适用刑法有关规定的问题,作出了如下解释:"公司、企业、事业单位、机关、团体等单位实施刑法规定的危害社会的行为,刑法没规定其他法律未规定追究单位的刑事责任的,对组织、策划、实施该危害社会行为的人依法追究刑事责任。"根据该立法解释,单位**依然不能成为贷款诈骗罪的主体,但以单位作为行为主体进行贷款诈骗的,可以对组织、策划、实施贷款诈骗的行为人以贷款诈骗罪追究刑事责任。**上述行为人一般是指公司的法定代表人、实际控制人、股东、高级管理人员和财务主管人员等能够对外代表公司的相关人员。

此外,单位涉贷款诈骗的案件,符合合同诈骗构成要件的,也可以以**合同诈骗罪**追究单位的刑事责任,对其直接负责的主管人员和其他直接责任人员判处自由刑并对单位判处罚金。

【司法解释性文件】

《全国法院审理金融犯罪案件工作座谈会纪要》(法〔2001〕8号,2001年1月21日公布)

△(**金融诈骗犯罪;非法占有目的**)金融诈骗犯罪都是以非法占有为目的的犯罪。在司法实践中,认定是否具有非法占有为目的,应当坚持主客观相一致的原则,既要避免单纯根据损失结果客观归罪,也不能仅凭被告人自己的供述,而应当根据案件具体情况具体分析。根据司法实践,对于行为人通过诈骗的方法非法获取资金,造成数额较大资金不能归还,并具有下列情形之一的,可以认定为具有非法占有的目的:

(1)明知没有归还能力而大量骗取资金的;
(2)非法获取资金后逃跑的;
(3)肆意挥霍骗取资金的;
(4)使用骗取的资金进行违法犯罪活动的;
(5)抽逃、转移资金、隐匿财产,以逃避返还资金的;
(6)隐瞒、销毁账目,或者搞假破产、假倒闭,以逃避返还资金的;
(7)其他非法占有资金、拒不返还的行为。

但是,在处理具体案件的时候,对于有证据证明行为人不具有非法占有目的的,不能单纯以财产不能归还就按金融诈骗罪处理。

△(**贷款诈骗罪;行为主体;单位;合同诈骗罪;贷款纠纷**)贷款诈骗罪的认定和处理。贷款诈骗犯罪是目前案发较多的金融诈骗犯罪之一。审理贷款诈骗犯罪案件,应当注意以下两个问题:

一是单位不能构成贷款诈骗罪。根据刑法第三十条和第一百九十三条的规定,单位不能成为贷款诈骗罪。对于单位实施的贷款诈骗行为,不能以贷款诈骗罪定罪处罚,也不能以贷款诈骗罪追究直接负责的主管人员和其他直接责任人员的刑事责任。但是,在司法实践中,对于单位十分明显地以非法占有为目的,利用签订、履行借款合同骗银行或其他金融机构贷款,符合刑法第二百二十四条规定的合同诈骗罪构成要件的,应当以合同诈骗罪定罪处罚。①

二是要严格区分贷款诈骗与贷款纠纷的界限。对于合法取得贷款后,没有按规定的用途使用贷款,到期没有归还贷款的,不能以贷款诈骗罪定罪处罚;对于确有证据证明行为人不具有非法占有的目的,因不具备贷款的条件而采取了欺骗手段获取贷款,案发时有能力履行还贷义务,或者案发时不能归还贷款是因为意志以外的原因,如因经营不善、被骗、市场风险等,不应以贷款诈骗罪定罪处罚。

△(**金融诈骗犯罪;诈骗数额之认定**)金融诈骗犯罪定罪量刑的数额标准和犯罪数额的计算。金融诈骗的数额不仅是定罪的重要标准,也是量

---

① 我国学者指出,尽管刑法没有将单位规定为贷款诈骗罪的行为主体,但是,按照2014年4月24日通过的《全国人民代表大会常务委员会关于〈中华人民共和国刑法〉第三十条的解释》的规定,对于单位实施的贷款诈骗行为,应当对组织、策划、实施贷款诈骗行为的自然人,以贷款诈骗罪论处。因此,本争专家的相关部分不得继续沿用。参见张明楷:《刑法学》(第6版),法律出版社2021年版,第1029页。相同的结论,参见黎宏:《刑法学各论》(第2版),法律出版社2016年版,第157页。

刑的主要依据。在没有新的司法解释之前，可参照1996年《最高人民法院关于审理诈骗案件具体应用法律的若干问题的解释》①的规定执行。在具体认定金融诈骗罪的数额时，应当以行为人实际骗取的数额计算。对于行为人为实施金融诈骗活动而支付的中介费、手续费、回扣等，或者用于行贿、赠与等费用，均应计入金融诈骗的犯罪数额。但应当将案发前已归还的数额扣除。

△（**金融诈骗犯罪；财产刑；罚金数额**）金融犯罪是图利型犯罪，惩罚和预防此类犯罪，应当注重同时从经济上制裁犯罪分子。刑法对金融犯罪都规定了财产刑，人民法院应当严格依法判处。罚金的数额，应当根据被告人的犯罪情节，在法律规定的数额幅度内确定。对于具有从轻、减轻或者免除处罚情节的被告人，对于本应并处的罚金刑原则上也应当从轻、减轻或者免除。

《最高人民检察院、公安部关于公安机关管辖的刑事案件立案追诉标准的规定（二）》（公通字〔2022〕12号，2022年4月6日公布）

△（**贷款诈骗罪；立案追诉标准**）以非法占有为目的，诈骗银行或者其他金融机构的贷款，数额在五万元以上的，应予立案追诉。（§45）

【参考案例】

No.3-5-193-1　张福顺贷款诈骗案
以欺诈手段获取银行贷款并违反合同约定使用贷款，但能积极寻找偿还贷款途径，确有证据证明行为人主观上不具有非法占有目的的，不构成贷款诈骗罪。

No.3-5-193-2　吴晓丽贷款诈骗案
取得贷款时未采取欺诈手段，还贷过程中非法转移抵押物的，主观上不具有非法占有目的，不构成贷款诈骗罪。

No.3-5-193-3　马汝方等贷款诈骗、违法发放贷款、挪用资金案
单位与自然人共同诈骗银行贷款的，应以合同诈骗罪的共犯论处。

No.3-5-193-4　孙联强贷款诈骗案
贷款确系被用于所约定的项目，并且被告人正在设法偿还，最终不能偿还贷款是因被告人不能控制的原因造成的，应认定为主观上不存在非法占有的目的，不构成贷款诈骗罪。

No.3-5-193-5　陈玉泉等贷款诈骗案
单位实施的贷款诈骗行为，不构成贷款诈骗罪，应以合同诈骗罪论处。

第一百九十四条　【票据诈骗罪】【金融凭证诈骗罪】

有下列情形之一，进行金融票据诈骗活动，数额较大的，处五年以下有期徒刑或者拘役，并处二万元以上二十万元以下罚金；数额巨大或者有其他严重情节的，处五年以上十年以下有期徒刑，并处五万元以上五十万元以下罚金；数额特别巨大或者有其他特别严重情节的，处十年以上有期徒刑或者无期徒刑，并处五万元以上五十万元以下罚金或者没收财产：

（一）明知是伪造、变造的汇票、本票、支票而使用的；
（二）明知是作废的汇票、本票、支票而使用的；
（三）冒用他人的汇票、本票、支票的；
（四）签发空头支票或者与其预留印鉴不符的支票，骗取财物的；
（五）汇票、本票的出票人签发无资金保证的汇票、本票或者在出票时作虚假记载，骗取财物的。

使用伪造、变造的委托收款凭证、汇款凭证、银行存单等其他银行结算凭证的，依照前款的规定处罚。

【条文说明】

本条是关于票据诈骗罪、金融凭证诈骗罪及其处罚的规定。

本条共分为两款。

第一款是关于票据诈骗罪的规定。这里所说的"**金融票据诈骗**"，是指使用虚构事实或者隐瞒真相的方法，利用汇票、本票、支票进行诈骗的行为。本款具体列举了五项金融票据诈骗的行为。

第（一）项规定了**使用伪造、变造的汇票、本票或者支票进行诈骗**的行为。根据本项规定，使用伪造、变造的汇票、本票或者支票进行诈骗，应当具备以下两个条件：（1）行为人在主观上对其

---

① 该解释已经被废止。

所使用的汇票、本票或者支票,必须"明知"是伪造、变造的。在主观上是否明知所使用的汇票、本票或者支票是伪造、变造的,是判断是否构成此项犯罪的重要界限。如果行为人在使用汇票、本票或者支票时,在主观上确实不知道该票据是伪造、变造的,则不构成此项犯罪。(2)行为人必须使用了明知是伪造、变造的汇票、本票或者支票。这里所说的"使用",是指行为人以伪造、变造的金融票据冒充真票据,以非法占有他人财物为目的,进行诈骗活动的行为。是否实际实施了使用伪造、变造票据的行为,是区分此罪与彼罪的界限。如果行为人仅是伪造、变造了汇票、本票或者支票,而没有使用,则构成《刑法》第一百七十七条规定的伪造、变造金融票证罪,不构成此项犯罪。

第(二)项规定了**明知是作废的汇票、本票、支票而使用的诈骗行为**。根据本项规定,使用作废的汇票、本票、支票进行诈骗犯罪应当符合以下两个条件:(1)**行为人主观上必须"明知"**。主观上是否明知其使用的汇票、本票或者支票是作废的,是构成本项犯罪的罪与非罪的主要界限之一。如果行为人在使用汇票、本票或者支票时,主观上确实不知道该票据已作废的,则不构成此项犯罪。(2)**行为人实施了使用作废的汇票、本票或者支票的行为**。这里所说的"作废"票据,是指根据法律和有关规定不能使用的汇票、本票或者支票。这里的"作废"应当从广义上理解,既包括票据法中所说的"过期"的票据,也包括无效的以及被依法宣布作废的票据。具体而言,"过期"的票据主要是指根据《票据法》第十七条的规定,在法定期限内不行使票据权利而使得权利消灭的下列票据,包括:(1)持票人自票据到期日起二年不行使对票据的出票人和承兑人权利的;(2)见票即付的汇票、本票,持票人自出票日起二年不行使票据权利的;(3)支票自出票日起六个月,持票人不行使对出票人权利的。票据的出票日、到期日由票据当事人依法确定。**无效的票据**是指根据票据法相关规定,因不符合法定形式而绝对无效的票据,主要包括以下几类:(1)票据金额中中文大写和数码同时记载,二者不一致的。(2)更改票据金额、日期、收款人名称的。(3)汇票未记载下列事项:①表明"汇票"的字样;②无条件支付的委托;③确定的金额;④出票日期;⑤出票人签章。(4)本票未记载下列事项:①表明"本票"的字样;②无条件支付的承诺;③确定的金额;④收款人名称;⑤出票日期;⑥出票人签章。(5)支票未记载下列事项:①表明"支票"的字样;②无条件支付的委托;③确定的金额;④付款人名称;⑤出票日期;⑥出票人签章。**作废的票据**主要是指根据《票据法》第十五条规定,票据丧失后,失票人向人民法院申请公示催告或者提起诉讼,人民法院依法作出宣告票据无效的判决的情形。另外,也包括银行根据国家有关规定予以作废的票据,如国家规定更换票据版本,而旧的不得再行使用的票据版本就是作废的票据。

第(三)项规定了**冒用他人汇票、本票、支票进行诈骗的行为**。根据本项规定构成冒用他人金融票据进行诈骗的行为应当具备以下特征:(1)**行为人实施了冒用他人票据的行为**。这里所说的"冒用",是指行为人擅自以合法持票人的名义,支配、使用、转让自己不具备支配权利的他人的票据的行为。这里所说的"冒用"通常表现为以下几种情况:①行为人以非法手段获取的票据,如以欺诈、偷盗或者胁迫等手段取得的票据,或者明知是以上述手段取得的票据而使用,进行欺诈活动;②没有代理权而以代理人名义或者代理人超越代理权限的行为;③用他人委托代为保管的或者捡拾他人遗失的票据进行使用,骗取财物的行为。(2)**行为人冒用他人票据的行为必须是故意的**。对于冒用他人票据骗取财物的行为人来说,其主观上具有进行诈骗的故意是不言而喻的。但是在有些情况下,可能会出现有些行为人冒用他人的票据是在不知情的情况下所为的,如持票人所持票据是其他人委托使用或者窃取的;有的行为人是受他人委托并使用委托人提供的票据,进行购物、支付、结算等活动,而该票据本身是冒用的;委托人为了逃避追查,隐瞒了该票据持有人的真实情况;请他人代为使用。在这些行为人不知票据是冒用的情况下,主观上当然也就不具有诈骗的故意。因此,就不应承担本项规定的法律责任。

第(四)项规定了**签发空头支票或者与其预留印鉴不符的支票,骗取财物的行为**。根据本项规定,构成签发空头支票或者与预留印鉴不符的支票进行诈骗行为,应当符合以下几个条件:(1)**行为人主观上是故意的**。在实践中出现签发空头支票或者与其预留印鉴不符的支票的情况比较复杂,造成这种情况的原因很多。有些是企业内部缺乏管理的原因;有些则是由于资金转让、结算等方法的原因,如有的银行、金融机构在办理结算、汇款等业务中"压单""压票"情况比较严重,使款本按正常期限应当到帐的款项被拖延,单位在这种情况下,可能会误认为钱已到帐而开出空头支票。在这种情况下,行为人主观方面不具有犯罪的故意,不可能构成本款所说的票据诈骗罪。(2)**行为人必须实施了签发空头支票或者与其预**

留的本人签名式样或者印鉴不符的支票的行为。① 这里所说的"空头支票",是指出票人所签发的支票金额超过其付款时在付款人处实有的存款金额的支票。所谓付款人就是指签发空头支票人开立帐户的银行或者其他金融机构。简单地说,出票人签发的支票金额超过其在银行现有的存款金额,这样的支票就是空头支票。本项所说的签发与其预留印鉴不符的支票,就是指票据签发人在其签发的支票上加盖与其预留存在银行或者其他金融机构处的印鉴不一致的财务公章或者支票签发人的名章。② 这里所说的"与其预留印鉴"不符,可以是与其预留的某一个印鉴不符,也可以是与所有的预留印鉴都不符。(3)**行为人的目的是骗取财物**。这是区分罪与非罪的界限。也就是说要求行为人故意签发空头支票或者与其预留印鉴不符的支票。行为人的目的如果不是骗取财物的,不构成犯罪。③ 例如,有的企业因一时资金周转不过来签发了空头支票,事后及时在帐上补充资金。在这种情况下,行为人主观上没有骗取财物的目的,只是违反了票据法及有关行政法规,应受到行政处罚的。

第(五)项规定了签发无资金保证的汇票、本票或者在出票时作虚假记载、骗取财物的行为,构成此项犯罪行为,应当符合以下几个条件:

一是构成本罪的行为主体必须是汇票、本票的出票人。汇票、本票的出票人是票据活动的当事人。这里所说的"出票人",是指依法定方式制作汇票、本票并在这些票据上签章,将汇票、本票交付给收款人的人。对于出票人承担的责任,《票据法》第四条第一款作了规定:"票据出票人制作票据,应当按照法定条件在票据上签章,并按照所记载的事项承担票据责任。"根据《票据法》的规定,所谓票据责任,就是指票据债务人向持票人支付票据金额的义务。

二是行为人必须实施了签发无资金保证的汇票、本票或者在出票时作虚假记载的行为。出票人签发汇票、本票时,必须具有可靠的资金保证。这是其承担票据责任的基础和保证。所谓"**资金保证**",是指票据的出票人在承兑票据时具有按票据支付的能力。由于汇票许多不是即时支付的,有的是远期汇票。因此,汇票的出票人在出票时并不要求其当时即具有支付能力,而是要求其保证在汇票到期日具有支付能力即可。"**虚假记载**"指的是,出票人对票据上除签章以外的其他事项,如付款人、收款人、票据金额、付款地所作的不真实记载。

三是行为人签发的无资金保证的对象必须是汇票和本票。这里所说的汇票,包括银行汇票和商业汇票两种。其中"**银行汇票**"是指汇款人将款项交存银行,由银行签发给汇款人持往异地办理转帐结算或者支取现金的票据。"**商业汇票**"是指由企业、事业、机关、团体等单位签发的汇票。商业汇票按其承兑人的不同,又可分为商业承兑汇票和银行承兑汇票两种。其中由收款人签发、经付款人承兑或者由付款人签发并承兑的票据是商业承兑汇票;而银行承兑汇票,是指以银行为付款人并由付款银行承兑的远期汇票。这里所说的"**本票**",就是指银行本票。所谓"银行本票",是指由申请人将款项交存银行,由银行签发给其凭以办理转帐结算和支取现金的票据。

四是**行为人具有骗取财物的目的**。是否以非法占有他人财物为目的,是此项犯罪的罪与非罪的重要界限之一。如果汇票、本票的出票人签发无资金保证的汇票、本票或者在出票时作虚假记载,是出于过失或者其他原因,而不具有骗取财物的目的,则不构成此项犯罪。

根据本款规定,有上述五类行为之一,**数额较大的**,处五年以下有期徒刑或者拘役,并处二万元以上二十万元以下罚金;**数额巨大或者有其他严重情节的**,处五年以上十年以下有期徒刑,并处五万元以上五十万元以下罚金;**数额特别巨大或者有其他特别严重情节的**,处十年以上有期徒刑或者无期徒刑,并处五万元以上五十万元以下罚金或者没收财产。

第二款是关于金融凭证诈骗罪及其处罚的规定。根据本款规定,构成金融凭证诈骗罪,应符合以下条件:

一是**行为人使用的银行结算凭证,必须是伪造、变造的**。这里所说的"**伪造**",是指行为人未经国家有关主管部门批准,非法印制银行结算凭证的行为;所谓"**变造**",是指行为人在真实、合法的银行结算凭证的基础上或者以真实的银行结算

---

① 开始制作空头支票时,并非本罪的着手;以非法占有为目的,将空头支票交付给他人时,才是本罪的着手。参见张明楷:《刑法学》(第6版),法律出版社2021年版,第1034页。

② 我国学者指出,对"印鉴"应作实质性理解。签发与预留签名不同、与预留密码不同的支票,骗取财物的,也应论以本罪。参见张明楷:《刑法学》(第6版),法律出版社2021年版,第1034页。

③ 我国学者指出,签发空头支票不是为了骗取财物,而是为了拖缓债务履行,不应立本罪。参见张明楷:《刑法学》(第6版),法律出版社2021年版,第1034页。

凭证为基本材料,通过剪接、挖补、涂改等手段,对银行结算凭证的主要内容,非法加以改变的行为。

二是行为人必须实施了"使用"伪造、变造的委托收款凭证、汇款凭证、银行存单等其他银行结算凭证的行为。这里所说的"使用",是指以非法占有他人财物为目的,进行诈骗活动。如果行为人仅是伪造、变造了委托收款凭证、汇款凭证、银行存单等其他银行结算凭证,而没有使用的,则不构成此款规定的犯罪行为。这里所说的"**银行结算凭证**",是指办理银行结算的凭据和证明。"**委托收款凭证**"是指收款人在委托银行向付款人收取款项时,所填写提供的凭据和证明。"**汇款凭证**"是指汇款人委托银行将款项汇给外地收款人时,所填写的凭据和证明。"**银行存单**"既是一种信用凭证,也是一种银行结算凭证,银行凭以办理收付次数比较少、具有固定性的储蓄业务,如一次存取的整存整取和定活两便储蓄存款等;它是由储户向银行交存款项、办理开户,银行签发载有户名、帐号、存款金额、存期、存入日、到期日、利率等内容的存单,凭以办理存款的取有。存款到期后,银行有到期绝对付款的责任,可以挂失。因此,可以说银行存单是一种重要的信用和结算凭证。

根据本款规定,对本款规定的犯罪行为依照票据诈骗罪的量刑规定处罚。

单位犯上述两款规定之罪的,根据本法第二百条规定,对单位判处罚金,并对其直接负责的主管人员和其他直接责任人员,处五年以下有期徒刑或者拘役,可以并处罚金;数额巨大或者有其他严重情节的,处五年以上十年以下有期徒刑,并处罚金;数额特别巨大或者有其他特别严重情节的,处十年以上有期徒刑或者无期徒刑,并处罚金。

实际执行中应当注意以下两个方面的问题:

1. 罪与非罪的界限。在司法实践中,行为人主观上是否明知、是否以骗取他人财物为目的是区别罪与非罪的重要标准。本条为避免混淆罪与非罪的界限,对行为人主观方面作出了明确规定。一是伪造、变造或者作废的汇票、本票、支票,行为人在主观上必须是"明知"而使用的,隐含了骗取财物的目的。应当注意的是,在司法实践中判断行为人主观上是否明知,不能仅依据行为人自己的供述,而是要在全面了解整个案件的基础上进行综合分析后得出结论。二是冒用他人票据的,即故意冒充并使用,本身也隐含了骗取财物的目的。三是对于签发空头支票或者与其预留印鉴不符的支票、签发无资金保证的汇票、本票或者在出票时作虚伪记载以及使用伪造、变造的其他银行结算凭证的,这些行为本身就是弄虚作假,故要求

行为人必须具有诈骗他人财物的故意和目的。从本条规定可以看出,行为人必须被动接受(明知)或者主动采取弄虚作假行为,并有骗取财物故意的,方能构成本条规定的犯罪。

在司法实践中,要注意审查行为人是否存在不知是伪造、变造、作废的金融票据而使用的,或无存款已不足而误签空头支票或者误签与其预留印鉴不符的支票的,签发汇票、本票时因过失而作错误记载的等情形。根据《票据法》第一百零三条的规定,有票据欺诈行为,情节轻微,不构成犯罪的,依照国家有关规定给予行政处罚。

2. 本罪与伪造、变造金融票证罪的区别和处罚。《刑法》第一百七十七条规定了伪造、变造**金融票证罪**,对伪造、变造汇票、本票、支票以及其他银行结算凭证的行为定罪处罚。两罪的根本区别在于,伪造、变造金融票证罪惩治的是伪造、变造行为本身,而金融票据诈骗罪惩治的是使用这些金融票据进行诈骗的行为。如果行为人仅仅是伪造、变造金融票证,而没有使用的,则这种行为仅构成伪造、变造金融票证罪。但司法实践中,这两种犯罪往往又是联系在一起的,通常表现为行为人先伪造、变造汇票、本票、支票或者其他银行结算凭证,然后使用该伪造、变造的票证进行诈骗活动,**既构成本罪又构成伪造、变造金融票证罪的,应当从一重罪处罚**,而不实行数罪并罚。

【司法解释性文件】

《全国法院审理金融犯罪案件工作座谈会纪要》(法[2001]8号,2001年1月21日公布)

△(金融诈骗犯罪;非法占有目的)金融诈骗犯罪都是以非法占有为目的的犯罪。在司法实践中,认定是否具有非法占有为目的,应当坚持主客观相一致的原则,既要避免单纯根据损失结果客观归罪,也不能仅凭被告人自己的供述,而应当根据案件具体情况具体分析。根据司法实践,对于行为人通过诈骗的方法非法获取资金,造成数额较大资金不能归还,并具有下列情形之一的,可以认定为具有非法占有的目的:

(1)明知没有归还能力而大量骗取资金的;

(2)非法获取资金后逃跑的;

(3)肆意挥霍骗取资金的;

(4)使用骗取的资金进行违法犯罪活动的;

(5)抽逃、转移资金、隐匿财产,以逃避返还资金的;

(6)隐匿、销毁账目,或者搞假破产、假倒闭,以逃避返还资金的;

(7)其他非法占有资金、拒不返还的行为。

但是,在处理具体案件的时候,对于有证据证明行

为人不具有非法占有目的的，不能单纯以财产不能归还就按金融诈骗罪处罚。

△（金融诈骗犯罪；诈骗数额之认定）金融诈骗犯罪定罪量刑的数额标准和犯罪数额的计算。金融诈骗的数额不仅是定罪的重要标准，也是量刑的主要依据。在没有新的司法解释之前，可参照1996年《最高人民法院关于审理诈骗案件具体应用法律的若干问题的解释》的规定执行。在具体认定金融诈骗罪的数额时，应当以行为人实际骗取的数额计算。对于行为人为实施金融诈骗活动而支付的中介费、手续费、回扣等，或者用于行贿、赠与等费用，均应计入金融诈骗的犯罪数额。但应当将案发前已归还的数额扣除。

△（金融诈骗犯罪；财产刑/罚金数额）金融犯罪是图利型犯罪，惩罚和预防此类犯罪，应当注重同时从经济上制裁犯罪分子。刑法对金融犯罪都规定了财产刑，人民法院应当严格依法判处。罚金的数额，应当根据被告人的犯罪情节，在法律规定的数额幅度内确定。对于具有从轻、减轻或者免除处罚情节的被告人，对于本应并处的罚金刑原则上也应当从轻、减轻或者免除。

《最高人民检察院、公安部关于公安机关管辖的刑事案件立案追诉标准的规定（二）》（公通字〔2022〕12号，2022年4月6日公布）

△（票据诈骗罪；立案追诉标准）进行金融票据诈骗活动，数额在五万元以上的，应予立案追诉。（§46）

△（金融凭证诈骗罪；立案追诉标准）使用伪造、变造的委托收款凭证、汇款凭证、银行存单等其他银行结算凭证进行诈骗活动，数额在五万元以上的，应予立案追诉。（§47）

【参考案例】

No.3-4-177-1 王昌和变造金融票证案
变造金融凭证后进行金融凭证诈骗活动的，应以金融凭证诈骗论处。

No.3-5-194(1)-1 王世清票据诈骗、刘耀挪用资金案
以非法占有为目的，伙同金融机构工作人员使用已经贴现的真实票据质押贷款的，属于冒用他人票据，应以票据诈骗罪论处。①

No.3-5-194(1)-2 李兰香票据诈骗案
利用保管其他公司工商登记、经营证章的便利条件；以其他公司名义申领、签发支票并非法占有其他公司财物的，应以票据诈骗罪论处。

No.3-5-194(1)-4 季某票据诈骗、合同诈骗案
收取货物后以空头支票支付货款的，应以票据诈骗罪论处。②

No.3-5-194(1)-5 姚建林票据诈骗案
主观上不具有非法占有的目的的，不构成票据诈骗罪。

No.3-5-194(1)-6 张平票据诈骗案
盗窃银行承兑汇票并使用，骗取财物数额巨大的，应以票据诈骗罪论处。

No.3-5-194(1)-7 颜强票据诈骗案
金融机构工作人员，采用欺骗手段取得客户印鉴后将客户账户内的资金取出的行为，成立票据诈骗罪。

No.3-5-194(2)-2 李路军等金融凭证诈骗案
金融机构工作人员利用工作之便，以偷换储户存折的方式支取存款的，应以金融凭证诈骗论处。

No.3-5-194(2)-3 张北海等人金融凭证诈骗案
使用伪造的企业网上银行转账授权书，利用网上银行骗取银行资金，数额较大的，应以金融凭证诈骗罪论处。

No.3-5-194(2)-4 朱成芳金融凭证诈骗、贷款诈骗案
使用伪造的金融凭证作抵押骗取贷款的，不构成贷款诈骗罪，应以金融凭证诈骗罪论处。

No.3-5-194(2)-5 曹娅莎金融凭证诈骗案
变造金融凭证并使用的，应以金融凭证诈骗罪论处。

---

① 如果一般公民与银行内部具有财产处分权限的人相勾结，使用伪造的票据从银行取得财产，由于没有受骗者，不能认定为票据诈骗罪，而应认定为贪污罪或者职务侵占罪的共同犯罪；相对的，如果一般公民与银行内部不具有财产处分权限的人相勾结，使用伪造的票据从银行取得财产，由于存在受骗者，成立票据诈骗罪。参见张明楷：《刑法学》（第6版），法律出版社2021年版，第1035页。
② 如果先骗取了他人财物，事后将空白支票交付给对方，不应认定为本罪，只能认定为（合同）诈骗罪。参见张明楷：《刑法学》（第6版），法律出版社2021年版，第1034页。

第一百九十五条 【信用证诈骗罪】

有下列情形之一，进行信用证诈骗活动的，处五年以下有期徒刑或者拘役，并处二万元以上二十万元以下罚金；数额巨大或者有其他严重情节的，处五年以上十年以下有期徒刑，并处五万元以上五十万元以下罚金；数额特别巨大或者有其他特别严重情节的，处十年以上有期徒刑或者无期徒刑，并处五万元以上五十万元以下罚金或者没收财产：

（一）使用伪造、变造的信用证或者附随的单据、文件的；
（二）使用作废的信用证的；
（三）骗取信用证的；
（四）以其他方法进行信用证诈骗活动的。

【条文说明】

本条是关于信用证诈骗罪及其处罚的规定。

信用证是指开证银行根据作为进口商的开证申请人的请求，开给受益人（通常情况下为出口商）的一种在其具备了约定的条件以后，即可得到由开证银行或支付银行支付的约定金额的保证付款的凭证。**信用证支付的一般程序**是：进口商向其所在地银行（即"开证行"）提出开立信用证申请；开证行开立以出口商为受益人的信用证；开证行请求出口商所在地的银行通知卖方；该出口商所在地的银行，对信用证提供承兑、议付或者付款；出口商根据符合信用证要求的单据，向出口商所在地该承兑、议付或者付款银行请求付款；该承兑、议付或者付款银行对单据审核后，向出口商付款，并持单据向开证行申请偿付；开证行审核单据无误后对该付款行偿付；开证行在进口商付款后交单，进口商凭单提货。信用证是以买卖合同的确立为基础和前提，同时又不依附于买卖合同而独立于其之外的一个凭证，信用证一经开出就成为信用证中规定的各当事人之间达成一致的承诺和约定。针对信用证诈骗活动的不同情况，本条具体列举了以下四项信用证诈骗犯罪行为：

1. 使用伪造、变造的信用证或者附随的单据、文件的。① 所谓**"伪造"的信用证**，是指行为人采用描绘、复制、印刷等方法仿照信用证的格式、内容制造假信用证的行为或以其编造、冒用的某银行的名义开出假信用证的行为。所谓**"变造"的信用证**，是指行为人在原信用证的基础上，采用涂改、剪贴、挖补等方法改变原信用证的内容和主要条款使其成为假信用证的行为。

伪造、变造的"附随的单据、文件"是指伪造、变造开立信用证时约定受益人必须提交方能取得货款的单据，如装船提单、出口证、产地证、质量证书、装货单、仓库收据等，从而骗取信用证项下货款。由于信用证是独立于买卖合同之外的银行信用，银行在付款时，只凭单据，不看货物，即银行在审查单据时强调的是信用证与基础贸易相分离的书面形式的认证。犯罪分子利用信用证支付方式的这一特点，在货物根本不存在的情况下，伪造各种单据，使开证银行因全部单据与信用证在形式上相符合而无条件付款，从而达到诈骗货款的目的。这种犯罪有的是伪造提单，有的是伪造签字，有的是采用空头提单，有的则是对提单上所载明的货物作假，如提单所载明的货物与实际货物不相符或者伪造根本不存在的货物。

使用伪造、变造的信用证或者附随的单据、文件，既包括行为人自己伪造、变造后自己使用，又包括明知他人提供的信用证或附随的单据、文件是伪造、变造的而使用。

2. 使用作废的信用证的。"作废的信用证"一般是指失去效用的、银行不再负有承兑义务的信用证。在这里应当作广义理解，包括已过到期日或交单日的信用证、不具备有效条件的信用证、已经撤销或注销的信用证等。**"使用作废的信用证"**主要是指使用过期的信用证、使用无效的信用证、使用已撤销或注销的信用证等，从而骗取信用证项下的款项。

根据本条和本法关于伪造、变造金融票证罪的有关解释，**"变造"**是指行为人在原金融票证的基础上，采用涂改、剪贴、挖补等方法改变其主要内容的行为，**"经他人涂改的信用证"**，一般是未经开证行修改程序而由行为人自行修改的，既属于作废的信用证，同时又可能构成变造的信用证。在司法实践中，要准确界定"使用明知是经他人涂

---

① 我国学者指出，伪造、变造信用证或者附随的单据、文件的行为本身是伪造、变造金融票证罪的实行行为。故而，行为人仅具有伪造或变造信用证的行为，但尚未使用其骗取贷款即被查获，虽然属于本罪的预备行为，但也应以伪造、变造金融票证罪论处。参见周光权：《刑法各论》（第4版），中国人民大学出版社2021年版，第326页。

改的信用证"的行为性质,对于经涂改后,改变信用证主要内容从而使得受害人因为相信涂改后的内容而作出相应行为的,以及对于仅仅因涂改票面或者其他信息导致信用证作废的,要区分不同情况处理。

3. **骗取信用证的**。所谓骗取信用证,是指行为人编造虚假的事实或隐瞒事实真相,欺骗银行为其开具信用证的行为。① 包括行为人编造虚假的不存在的交易事实,欺骗开证银行为其开立信用证,或者行为人根本无货或没有符合要求的货物、隐瞒企业经营不佳状况或者以投资为名等,诱使他人向银行开立以其本人为受益人的信用证的情形。

4. **以其他方法进行信用证诈骗活动的**。考虑到利用信用证诈骗的情况较为复杂,表现形式多样,在法律上难以具体一一列举,因此,本条在列举了几种常见的诈骗行为的同时还规定了"以其他方法进行信用证诈骗"。以其他方法进行信用证诈骗的手段很多,如有的利用"**软条款**"信用证进行诈骗活动。所谓"**软条款**"信用证,是指在开立信用证时,故意制造一些隐蔽性的条款,这些条款实际上赋予开证人或开证行单方面的主动权,从而使信用证随时因开证申请人单方面的行为而解除,以达到骗取财物的目的。② 例如,有些不法分子利用远期信用证诈骗。由于采用远期信用证支付时,进口商是先取货、后付款,在信用证到期付款前有一段时间,犯罪分子就利用这段时间,制造付款障碍,以达到骗取货物的目的。有的是取得货物后,将财产转移,宣布企业破产;有的则是与银行勾结,在信用证到期付款前,将银行资金转移,宣布银行破产;甚至有的国外小银行,其本身的资金就少于信用证所开出的金额,仍以开证行名义为进口商开具信用证,待进口商取得货物后,宣告资不抵债。

根据本条规定,有上述四项行为之一构成犯罪的,处五年以下有期徒刑或者拘役,并处二万元以上二十万元以下罚金;**数额巨大或者有其他严重情节的**,处五年以上十年以下有期徒刑,并处五万元以上五十万元以下罚金;**数额特别巨大或者有其他特别严重情节的**,处十年以上有期徒刑或无期徒刑,并处五万元以上五十万元以下罚金或者没收财产。这里的情节严重、情节特别严重主要从犯罪行为所使用的手段、造成的后果和影响等多种因素来考虑。

单位犯本条规定之罪的,根据本法第二百条

规定,对单位判处罚金,并对其直接负责的主管人员和其他直接责任人员,处五年以下有期徒刑或者拘役,可以并处罚金;数额巨大或者有其他严重情节的,处五年以上十年以下有期徒刑,并处罚金;数额特别巨大或者有其他特别严重情节的,处十年以上有期徒刑或者无期徒刑,并处罚金。

实际执行中应当注意以下两个方面的问题:

1. **罪与非罪的界限**。按照本条规定,实施本条规定的信用证诈骗活动的,即构成信用证诈骗罪,**无须达到"数额较大"等诈骗数额上的标准**。该规定包含两层含义:一是行为人在行为上实施了信用证诈骗活动,二是其主观上具有非法占有信用证项下财物的目的。二者缺一不可,这是区分罪与非罪的关键。由于信用证结算与审单规则较为专业,国际贸易下权利义务的取得实施受当地法律政策、仓储运输风险等事件影响较大,贸易纠纷时有发生,对于行为人因疏忽大意或者业务不熟悉等原因导致在使用信用证过程中存在违法违规行为的,以及因贸易纠纷导致出现违法违规使用信用证的,即使因此实际取得了财物也不能轻易认定为犯罪,要看行为人主观上是否具有非法占有公私财物的目的,是否符合构成犯罪的其他要件。

2. **本罪与伪造、变造金融票证罪的区别**。《刑法》第一百七十七条规定了伪造、变造金融票证罪。对于单纯伪造、变造信用证或者附随的单据、文件,而并未使用的行为,应当按照伪造、变造金融票证罪定罪处罚。同时,伪造、变造信用证或者附随的单据、文件的行为,是构成信用证诈骗犯罪的法定行为要件之一,在实践中,一些犯罪分子为了进行信用证诈骗活动,而先自行伪造、变造信用证或者附随的单据、文件的,触犯了两个罪名,应当择一重罪定罪处罚。

【司法解释性文件】

《全国法院审理金融犯罪案件工作座谈会纪要》(法〔2001〕8号,2001年1月21日公布)

△(金融诈骗罪:非法占有目的)金融诈骗犯罪都是以非法占有为目的的犯罪。在司法实践中,认定是否具有非法占有为目的,应当坚持主客观相一致的原则,既要避免单纯根据损失结果客观归罪,也不能仅凭被告人自己的供述,而应当根据案件具体情况具体分析。根据司法实践,对于

---

① 如果行为人通过欺骗手段骗取他人已经持有的信用证,仅认定为信用证诈骗罪的预备犯即可。行为人自动放弃骗取财物的行为,成立中止犯。参见张明楷:《刑法学》(第6版),法律出版社2021年版,第1036页。

② 相同的学说见解,参见黎宏:《刑法学各论》(第2版),法律出版社2016年版,第161页。

行为人通过诈骗的方法非法获取资金,造成数额较大资金不能归还,并具有下列情形之一的,可以认定为具有非法占有的目的:
(1)明知没有归还能力而大量骗取资金的;
(2)非法获取资金后逃跑的;
(3)肆意挥霍骗取资金的;
(4)使用骗取的资金进行违法犯罪活动的;
(5)抽逃、转移资金、隐匿财产,以逃避返还资金的;
(6)隐匿、销毁账目,或者搞假破产、假倒闭,以逃避返还资金的;
(7)其他非法占有资金、拒不返还的行为。
但是,在处理具体案件的时候,对于有证据证明行为人不具有非法占有目的的,不能单纯以财产不能归还就按金融诈骗罪处দ。

△(金融诈骗犯罪;诈骗数额之认定)金融诈骗犯罪定罪量刑的数额标准和犯罪数额的计算。金融诈骗的数额不仅是定罪的重要标准,也是量刑的主要依据。在没有新的司法解释之前,可参照1996年《最高人民法院关于审理诈骗案件具体应用法律的若干问题的解释》①的规定执行。在具体认定金融诈骗罪的数额时,应当以行为人实际骗取的数额计算。对于行为人为实施金融诈骗活动而支付的中介费、手续费、回扣等,或者用于行贿、赠与等费用,均应计入金融诈骗的犯罪数额。但应当将案发前已归还的数额扣除。

△(金融诈骗犯罪;财产刑;罚金数额)金融犯罪是图利型犯罪,惩罚和预防此类犯罪,应当注重同时从经济上制裁犯罪分子。刑法对金融犯罪都规定了财产刑,人民法院应当严格依法判处。罚金的数额,应当根据被告人的犯罪情节,在法律规定的数额幅度内确定。对于具有从轻、减轻或者免除处罚情节的被告人,对于本应并处的罚金刑原则上也应当从轻、减轻或者免除。

《最高人民检察院、公安部关于公安机关管辖的刑事案件立案追诉标准的规定(二)》(公通字〔2022〕12号,2022年4月6日公布)
△(信用证诈骗罪;立案追诉标准)进行信用证诈骗活动,涉嫌下列情形之一的,应予立案追诉:
(一)使用伪造、变造的信用证或者附随的单据、文件的;
(二)使用作废的信用证的;
(三)骗取信用证的;
(四)以其他方法进行信用证诈骗活动的。
(§48)

第一百九十六条 【信用卡诈骗罪】
有下列情形之一,进行信用卡诈骗活动,数额较大的,处五年以下有期徒刑或者拘役,并处二万元以上二十万元以下罚金;数额巨大或者有其他严重情节的,处五年以上十年以下有期徒刑,并处五万元以上五十万元以下罚金;数额特别巨大或者有其他特别严重情节的,处十年以上有期徒刑或者无期徒刑,并处五万元以上五十万元以下罚金或者没收财产:
(一)使用伪造的信用卡,或者使用以虚假的身份证明骗领的信用卡的;
(二)使用作废的信用卡的;
(三)冒用他人信用卡的;
(四)恶意透支的。
前款所称恶意透支,是指持卡人以非法占有为目的,超过规定限额或者规定期限透支,并且经发卡银行催收后仍不归还的行为。
盗窃信用卡并使用的,依照本法第二百六十四条的规定定罪处罚。

【立法解释】

《全国人民代表大会常务委员会关于〈中华人民共和国刑法〉有关信用卡规定的解释》(2004年12月29日通过)

△(信用卡)刑法规定的"信用卡",是指由商业银行或者其他金融机构发行的具有消费支付、信用贷款、转账结算、存取现金等全部功能或者部分功能的电子支付卡。

【立法沿革】

《中华人民共和国刑法》(1997年修订,自1997年10月1日起施行)

---

① 该解释已经废止。

第一百九十六条

有下列情形之一，进行信用卡诈骗活动，数额较大的，处五年以下有期徒刑或者拘役，并处二万元以上二十万元以下罚金；数额巨大或者有其他严重情节的，处五年以上十年以下有期徒刑，并处五万元以上五十万元以下罚金；数额特别巨大或者有其他特别严重情节的，处十年以上有期徒刑或者无期徒刑，并处五万元以上五十万元以下罚金或者没收财产：

（一）使用伪造的信用卡的；
（二）使用作废的信用卡的；
（三）冒用他人信用卡的；
（四）恶意透支的。

前款所称恶意透支，是指持卡人以非法占有为目的，超过规定限额或者规定期限透支，并且经发卡银行催收后仍不归还的行为。

盗窃信用卡并使用的，依照本法第二百六十四条的规定定罪处罚。

《中华人民共和国刑法修正案（五）》（自2005年2月28日起施行）

二、将刑法第一百九十六条修改为：

"有下列情形之一，进行信用卡诈骗活动，数额较大的，处五年以下有期徒刑或者拘役，并处二万元以上二十万元以下罚金；数额巨大或者有其他严重情节的，处五年以上十年以下有期徒刑，并处五万元以上五十万元以下罚金；数额特别巨大或者有其他特别严重情节的，处十年以上有期徒刑或者无期徒刑，并处五万元以上五十万元以下罚金或者没收财产：

"（一）使用伪造的信用卡，或者使用以虚假的身份证明骗领的信用卡的；
"（二）使用作废的信用卡的；
"（三）冒用他人信用卡的；
"（四）恶意透支的。

"前款所称恶意透支，是指持卡人以非法占有为目的，超过规定限额或者规定期限透支，并且经发卡银行催收后仍不归还的行为。

"盗窃信用卡并使用的，依照本法第二百六十四条的规定定罪处罚。"

【条文说明】

本条是关于信用卡诈骗罪及其处罚的规定和关于盗窃信用卡并使用的如何定罪处罚的规定。

2004年12月29日第十届全国人大常委会第十三次会议通过的《全国人民代表大会常务委员会关于〈中华人民共和国刑法〉有关信用卡规定的解释》中规定，"**刑法规定的'信用卡'**，是指由商业银行或者其他金融机构发行的具有消费支付、信用贷款、转账结算、存取现金等全部功能或者部分功能的电子支付卡"。利用信用卡进行诈骗的行为，不仅侵害了公私财物的财产权，还妨碍了信用卡管理制度，扰乱了我国市场经济管理秩序。

本条共分为三款。

第一款是关于信用卡诈骗的犯罪行为及其处罚的规定。本款列举了以下四种信用卡诈骗犯罪行为：

1. **使用伪造的信用卡，或者使用以虚假的身份证明骗领的信用卡的**。"**伪造的信用卡**"是指仿照信用卡的材料、图案、磁性等，使用各种方法制造的假信用卡。根据《最高人民法院、最高人民检察院关于办理妨害信用卡管理刑事案件具体应用法律若干问题的解释》第一条的相关规定，复制他人信用卡、将他人信用卡信息资料写入磁条介质、芯片或者以其他方法伪造信用卡、伪造空白信用卡的，应当认定为"**伪造信用卡**"。"**虚假的身份证明**"是指不能反映信用卡申领人真实身份信息的居民身份证、护照、军官证等身份证件，既包括伪造的假身份证明，也包括与信用卡申领人真实身份不符的其他人的身份证明。根据《最高人民法院、最高人民检察院关于办理妨害信用卡管理刑事案件具体应用法律若干问题的解释》第二条的规定，违背他人意愿，使用其居民身份证、军官证、士兵证、港澳居民往来内地通行证、台湾居民来往大陆通行证、护照等身份证明申领信用卡的，或者使用伪造、变造的身份证明申领信用卡的，应当认定为《刑法》第一百七十七条之一第一款第（三）项规定的"**使用虚假的身份证明骗领信用卡**"。该规定的身份证明骗领信用卡的情形是《刑法修正案（五）》新增的规定。

这里规定的"使用伪造的信用卡，或者使用以虚假的身份证明骗领的信用卡"中的**使用行为**，包括用伪造的信用卡或者以虚假的身份证明骗领的信用卡购买商品、在银行或者自动柜员机上支取现金以及接受用信用卡进行支付结算的各种服务等。[①] 使用伪造的信用卡或以虚假的身份证明骗领的信用卡，既包括自己伪造或者骗领后供自己使用，也包括明知是他人伪造或者骗领后自己

---

① 我国学者指出，使用伪造的信用卡，仅限于对自然人使用。在机器上使用伪造的信用卡取得财物，则成立盗窃罪。参见张明楷：《刑法学》（第6版），法律出版社2021年版，第1038页。

使用。① 使用伪造的信用卡或者以虚假的身份证明骗领的信用卡，无论是进行购物或者接受各种有偿性的服务，在性质上都属于诈骗行为。

2. 使用作废的信用卡的。 这里规定的"**使用作废的信用卡**"，包括用作废的信用卡购买商品、在银行或者自动柜员机上支取现金以及接受信用卡进行支付结算的各种服务等。② "**作废的信用卡**"是指因法定的原因失去效用的信用卡。根据规定，信用卡作废主要有以下几种情况：（1）信用卡超过有效使用期而自动失效。（2）信用卡持卡人在信用卡有效期限内中途停止使用信用卡，并将信用卡交回发卡机构。由于种种原因，有的持卡人决定不再使用某种信用卡，而该信用卡还在有效使用期限内，持卡人可将该信用卡退回发卡机构办理退卡手续。此时该信用卡有效期虽未到，但在办理退卡手续后即属于作废的信用卡。（3）因挂失而使信用卡失效。现实生活中，信用卡丢失的情况经常发生，有的是因为被盗，有的是不慎遗失，或者因其他种种原因使持卡人失去信用卡。所以，任何一个发卡机构对于信用卡的丢失都规定有挂失的制度，以防止在信用卡丢失的情况下被他人冒用而使持卡人受到经济损失。

3. 冒用他人信用卡的。 "**冒用他人信用卡**"是指非持卡人以持卡人名义使用持卡人的信用卡骗取财物的行为，如使用拾得的信用卡；未经卡人同意，使用为持卡人代为保管的信用卡。构成本项规定的冒用他人信用卡的犯罪，行为人主观上必须具备骗取他人财物的目的。只有主观上具备诈骗的故意，客观上有冒用他人信用卡的行为，才构成本项规定的犯罪。实践中有的信用卡持卡人将自己的信用卡借给他人使用，如借给自己的亲属、朋友等，虽然这种行为是违反信用卡使用规定的，但是使用人在主观上不以非法占有持卡人财物为目的，因此不具备诈骗罪的本质特征。在这种情况下可以对其进行纠正或者按照有关规定处理，不能适用本项规定作为犯罪处理。根据《最高人民法院、最高人民检察院关于办理妨害信用卡管理刑事案件具体应用法律若干问题的解释》第五条第二款的规定，具有下列情形的，属于"**冒用他人信用卡**"：（1）拾得他人信用卡并使用的；（2）骗取他人信用卡并使用的；（3）窃取、收买、骗取或者以其他非法方式获取他人信用卡信息资料，并通过互联网、通讯终端等使用的；（4）其他冒用他人信用卡的情形。

4. 恶意透支的。 这里规定的"**透支**"是指在银行设立帐户的客户在帐户上已无资金或者资金不足的情况下，经过银行批准，以超过其帐上资金的额度支用款项的行为。信用卡基本上都有该功能，只有持卡人恶意透支，数额较大的，才构成本项规定的犯罪。③ 根据《最高人民法院、最高人民检察院关于办理妨害信用卡管理刑事案件具体应用法律若干问题的解释》第六条的规定，持卡人以非法占有为目的，超过规定限额或者规定期限透支，并且经发卡银行两次催收后超过三个月仍不归还的，应当认定为"**恶意透支**"。

根据本款规定，行为人有上述行为之一，**数额较大的**，处五年以下有期徒刑或者拘役，并处二万元以上二十万元以下罚金④；**数额巨大或者有其他严重情节的**，处五年以上十年以下有期徒刑，并处五万元以上五十万元以下罚金；**数额特别巨大或者有其他特别严重情节的**，处十年以上有期徒刑或者无期徒刑，并处五万元以上五十万元以下罚金或者没收财产。结合《最高人民法院、最高人民检察院关于办理妨害信用卡管理刑事案件具体应用法律若干问题的解释》第五条第一款的规定："使用伪造的信用卡、以虚假的身份证明骗领的信用卡、作废的信用卡或者冒用他人信用卡，进行信用卡诈骗活动，数额在五千元以上不满五万元的，应当认定为刑法第一百九十六条规定的'**数额较大**'；数额在五万元以上不满五十万元的，应当认定为刑法第一百九十六条规定的'**数额巨大**'；数额在五十万元以上的，应当认定为刑法第一百九十六条规定的'**数额特别巨大**'。"需要注意的是，

---

① 相同的学说见解，参见高铭暄、马克昌主编：《刑法学》（第7版），北京大学出版社、高等教育出版社2016年版，第419页。另外，使用伪造的信用卡，还包括使用所谓"变造"的信用卡（如磁条内的信息被变更的信用卡）。参见张明楷：《刑法学》（第6版），法律出版社2021年版，第1038页；周光权：《刑法各论》（第4版），中国人民大学出版社2021年版，第327页。

② 我国学者指出，使用作废的信用卡仅限于对自然人使用，在机器上使用作废的信用卡取得财物的，成立盗窃罪。参见张明楷：《刑法学》（第6版），法律出版社2021年版，第1038页。

③ 恶意透支的持卡人属于身份犯，乃指合法持卡人。以虚假的身份骗领信用卡的行为人不是持卡人。参见张明楷：《刑法学》（第6版），法律出版社2021年版，第1040页；黎宏：《刑法学各论》（第2版），法律出版社2016年版，第162页；赵秉志、李希慧主编：《刑法各论》（第3版），中国人民大学出版社2016年版，第152页。

④ 我国学者指出，没有达到数额标准的，应视具体情况以诈骗罪或者本罪的未遂犯论处。参见张明楷：《刑法学》（第6版），法律出版社2021年版，第1039页。

该司法解释第八条对"**恶意透支**"的量刑情节规定为:"恶意透支,数额在五万元以上不满五十万元的,应当认定为刑法第一百九十六条规定的'**数额较大**';数额在五十万元以上不满五百万元的,应当认定为刑法第一百九十六条规定的'**数额巨大**';数额在五百万元以上的,应当认定为刑法第一百九十六条规定的'**数额特别巨大**'。"该司法解释第九条第一款规定:"**恶意透支的数额,是指公安机关刑事立案时尚未归还的实际透支的本金数额,不包括利息、复利、滞纳金、手续费等发卡银行收取的费用。归还或者支付的数额,应认定为归还实际透支的本金。**"

第二款是对第一款第(四)项"恶意透支"含义的解释。按照本款的规定,利用信用卡进行恶意透支的诈骗犯罪活动,**行为人在主观上应当具有非法占有的目的,这是恶意透支与善意透支的本质区别**。根据《最高人民法院、最高人民检察院关于办理妨害信用卡管理刑事案件具体应用法律若干问题的解释》第六条第二、三款规定:"对于是否以非法占有为目的,应当综合持卡人信用记录、还款能力和意愿、申领和透支信用卡的状况、透支资金的用途、透支后的表现、未按规定还款的原因等情节作出判断。**不得单纯依据持卡人未按规定还款的事实认定非法占有目的**。具有以下情形之一的,应当认定为刑法第一百九十六条第二款规定的'以非法占有为目的',但有证据证明持卡人确实不具有非法占有目的的除外:(一)明知没有还款能力而大量透支,无法归还的;(二)使用虚假资信证明申领信用卡后透支,无法归还的;(三)透支后通过逃匿、改变联系方式等手段,逃避银行催收的;(四)抽逃、转移资金,隐匿财产,逃避还款的;(五)使用透支的资金进行犯罪活动的;(六)其他非法占有资金,拒不归还的情形。"**恶意透支在客观上表现为超过规定限额或者规定期限透支,并且经发卡银行催收后仍不归还。**"规定限额或者规定期限"是指有关主管部门规章和发卡银行规定中规定的透支限额或者透支期限。"**催收**"是指发卡银行以函件、电话、电子邮件等各种方式催促持卡人归还透支款项的行为。① 《最高人民法院、最高人民检察院关于办理妨害信用卡管理刑事案件具体应用法律若干问题的解释》第七条规定:"催收同时符合下列条件的,应当认定为本解释第六条规定的'**有效催收**':(一)在透支超过规定限额或者规定期限后进行;(二)催收应当采用能够确认持卡人收悉的方式,但持卡人故意逃避催收的除外;(三)两次催收至少间隔三十日;(四)符合催收的有关规定或者约定。对于是否属于有效催收,应当根据发卡银行提供的电话录音、信息送达记录、信函送达回执、电子邮件送达记录,持卡人或者其家属签字以及其他催收原始证据材料作出判断。发卡银行提供的相关证据材料,应当有银行工作人员签名和银行公章。"

第三款是关于盗窃信用卡并使用的犯罪如何处理的规定。② "**盗窃信用卡并使用**"是指盗窃他人信用卡③后使用该信用卡购买商品、在银行或者自动柜员机上支取现金以及接受用信用卡进行支付结算的各种服务④诈骗财物的行为。根据本款规定,对这种犯罪行为,**应当依照《刑法》第二百六十四条的规定以盗窃罪定罪处罚**。⑤

需要注意的是,近年来信用卡诈骗犯罪呈现恶意透支型诈骗案件数量增多、恶意透支刑事案件量刑整体偏重的特点。对于恶意透支型信用卡诈骗罪,根据法律规定,非法占有目的有无,是判断罪与非罪的关键。

《最高人民法院、最高人民检察院关于办理妨害信用卡管理刑事案件具体应用法律若干问题的解释》对信用卡恶意透支的"以非法占有为目的"进行了明确,为实践中判断非法占有目的提供了相对明确的司法规则,"(一)明知没有还款能力

---

① 我国学者指出,应将"恶意透支后,经发卡银行催收后仍不归还"这一条件认定为客观处罚条件,参见周光权:《刑法总论》(第4版),中国人民大学出版社2021年版,第274—275页;张明楷:《刑法学》(第6版),法律出版社2021年版,第1041页。

② 本款规定属于法律拟制而非注意规定,因此,不能将本款理解"推而广之"。无论行为人是骗取他人信用卡之后对自然人使用,抑或拾得他人信用卡并对自然人使用,均不构成诈骗罪或者侵占罪,而只能以信用卡诈骗罪论处。参见张明楷:《刑法学》(第6版),法律出版社2021年版,第1044—1045页。

③ 本款所规定的"信用卡"并未限定为他人真实有效的信用卡。参见张明楷:《刑法学》(第6版),法律出版社2021年版,第1043—1044页。

④ 盗窃信用卡后出售信用卡,不属于"盗窃信用卡并使用",只能分别针对盗窃行为与出售行为是否构成其他相关犯罪。参见张明楷:《刑法学》(第6版),法律出版社2021年版,第1044页。

⑤ 对于盗窃他人信用卡后在机器上加以使用,有论者认为,直接根据《刑法》第二百六十四条定罪量刑即可。如此,可以仅将《刑法》第一百九十六条第三款规定理解为法律拟制。参见张明楷:《刑法学》(第6版),法律出版社2021年版,第1044页。

而大量透支,无法归还的;(二)使用虚假资信证明申领信用卡后透支,无法归还的;(三)透支后通过逃匿、改变联系方式等手段,逃避银行催收的;(四)抽逃、转移资金,隐匿财产,逃避还款的;(五)使用透支的资金进行犯罪活动的;(六)其他非法占有资金,拒不归还的情形"。另外,该解释对恶意透支数额的计算方法、定罪量刑标准、银行催收的认定等内容也作出了更加规范和详细的规定。

需要注意的是,在实践中,"非法占有目的"的认定较为复杂,需要对信用卡使用的事前、事中、事后等不同阶段作出区分,且信用卡透支行为的发生原因是复杂和多元的,一方面,行为人因经营不善、资金周转困难、重大灾害、意外事件等原因,导致不能及时归还信用卡透支金额的情形并不罕见;另一方面,发卡银行等金融机构也存在信用卡违规办理、未能充分履行监管义务等诱发信用卡透支的情形。

在处理这类案件时,一定要注意**避免客观归罪和事后倾向性评价**。所谓**客观归罪**,一般指仅因行为人透支消费数额较大、经银行多次催收后不还款的结果,就认定行为人构成信用卡诈骗罪,而未能证明行为人的透支行为是出于"恶意"。所谓**事后倾向性评价**,一般是指仅仅依据事后产生的后果,去评价行为发生时的主观意图。《最高人民法院、最高人民检察院关于办理妨害信用卡管理刑事案件具体应用法律若干问题的解释》第六条关于"以非法占有为目的"的情形中第(一)项"明知没有还款能力而大量透支,无法归还的"为例,若行为人在使用信用卡透支消费时,将透支的钱款用于存在一定风险的投资经营,即便其事后投资失败,不能归还钱款,也不能仅仅因此就认定其对于没有还款能力属于"明知",而应该结合其他因素,如犯罪嫌疑人申领信用卡时是否有伪造手段、投资经营项目是否正当等予以确定。

之所以要在恶意透支行为入罪上采取相对谨慎的态度,主要是考虑到恶意透支信用卡行为本身的民事违约与行政违法性,立法机关在条文设计上也有充分的政策考虑,比如,明确要求"经发

卡银行催收后仍不归还的",这既是对银行等金融机构义务的规范性要求,也是对信用卡透支行为人的善意提醒。在司法实践中,应当充分运用好民事、行政手段解决信用卡纠纷,对于恶意透支型信用卡诈骗罪,则要难确认定行为人的主观意图,对透支数额较大的行为人,根据《最高人民法院、最高人民检察院关于办理妨害信用卡管理刑事案件具体应用法律若干问题的解释》第十条的规定,在提起公诉前全部归还或者具有其他情节轻微情形的,可以不起诉;在一审判决前全部归还或者具有其他情节轻微情形的,可以免予刑事处罚。但是,曾因信用卡诈骗受过两次以上处罚的除外。

【司法解释】

《最高人民检察院关于拾得他人信用卡并在自动柜员机(ATM机)上使用的行为如何定性问题的批复》(高检发释字〔2008〕1号,自2008年5月7日起施行)

△(拾得他人信用卡;ATM机;冒用他人信用卡)拾得他人信用卡并在自动柜员机(ATM机)上使用的行为,属于刑法第一百九十六条第一款第(三)项规定的"冒用他人信用卡"的情形,构成犯罪的,以信用卡诈骗罪追究刑事责任。①

《最高人民法院、最高人民检察院关于办理妨害信用卡管理刑事案件具体应用法律若干问题的解释》(法释〔2018〕19号,自2018年12月1日起施行)

△(数额较大;数额巨大;数额特别巨大;冒用他人信用卡)使用伪造的信用卡、以虚假的身份证明骗领的信用卡、作废的信用卡或者冒用他人信用卡,进行信用卡诈骗活动,数额在五千元以上不满五万元的,应当认定为刑法第一百九十六条规定的"数额较大";数额在五万元以上不满五十万元的,应当认定为刑法第一百九十六条规定的"数额巨大";数额在五十万元以上的,应当认定为刑法第一百九十六条规定的"数额特别巨大"。

刑法第一百九十六条第一款第(三)项所称

---

① 我国学者指出,机器作为人脑的延伸和替代,能够帮助人处理一些简单的活动。欺骗机器实际上就是欺骗设置该机器的主体即人,而以可作为对人的诈骗。参见黎宏:《刑法学各论》(第2版),法律出版社2016年版,第162页。
另有学者指出,此解释违反了信用卡诈骗罪的基本原理。一方面,在机器上使用信用卡,并没有对任何人实施诈骗行为。只要符合操作规程、输入的密码正确,任何人都可以从机器中取款;反之,即便是合法持卡人,只要不符合操作规程、输入的密码有误,就不可能从机器中取款。另一方面,此解释与《最高人民检察院关于非法制作、出售、使用IC电话卡行为如何适用法律问题的答复》自相矛盾。参见张明楷:《刑法学》(第6版),法律出版社2021年版,第1038—1039页。也有学者指出,信用卡诈骗罪中的使用行为,仅限于针对银行柜台、特约商户的工作人员实施。如此才能维持诈骗概念的同一性,也符合诈骗犯罪实行行为的内在要求。参见周光权:《刑法各论》(第4版),中国人民大学出版社2021年版,第329页。

"冒用他人信用卡"①,包括以下情形②:

(一)拾得他人信用卡并使用的;

(二)骗取他人信用卡并使用的;

(三)窃取、收买、骗取或者以其他非法方式获取他人信用卡信息资料,并通过互联网、通讯终端等使用的③;

(四)其他冒用他人信用卡的情形。(§5)

△(**恶意透支;以非法占有为目的;数额较大;数额巨大;数额特别巨大;恶意透支的数额;从轻处罚;不追究刑事责任**)持卡人以非法占有为目的,超过规定限额或者规定期限透支,经发卡银行两次有效催收后超过三个月仍不归还的,应当认定为刑法第一百九十六条规定的"恶意透支"。(§6Ⅰ)

具有以下情形之一的,应当认定为刑法第一百九十六条第二款规定的"以非法占有为目的"④,但有证据证明持卡人确实不具有非法占有目的的除外:

(一)明知没有还款能力而大量透支,无法归还的;

(二)使用虚假资信证明申领信用卡后透支,无法归还的;

(三)透支后通过逃匿、改变联系方式等手段,逃避银行催收的;

(四)抽逃、转移资金,隐匿财产,逃避还款的;

(五)使用透支的资金进行犯罪活动的;

(六)其他非法占有资金,拒不归还的情形。(§6Ⅲ)

△(**有效催收**)催收同时符合下列条件的,应当认定为本解释第六条规定的"有效催收":

(一)在透支超过规定限额或者规定期限后进行;

(二)催收应当采用能够确认持卡人收悉的方式,但持卡人故意逃避催收的除外;

(三)两次催收至少间隔三十日;

(四)符合催收的有关规定或者约定。

对于是否属于有效催收,应当根据发卡银行提供的电话录音、信息送达记录、信函送达回执、电子邮件送达记录、持卡人或者其家属签字以及其他催收原始证据材料作出判断。

发卡银行提供的相关证据材料,应当有银行工作人员签名和银行公章。(§7)

△(**数额较大;数额巨大;数额特别巨大**)恶意透支,数额在五万元以上不满五十万元的,应当认定为刑法第一百九十六条规定的"数额较大";数额在五十万元以上不满五百万元的,应当认定为刑法第一百九十六条规定的"数额巨大";数额在五百万元以上的,应当认定为刑法第一百九十六条规定的"数额特别巨大"。(§8)

△(**恶意透支的数额**)恶意透支的数额,是指公安机关刑事立案时尚未归还的实际透支的本金数额,不包括利息、复利、滞纳金、手续费等发卡银行收取的费用。归还或者支付的数额,应当认定为归还实际透支的本金。

检察机关在审查起诉、提起公诉时,应当根据发卡银行提供的交易明细、分类账单(透支账单、还款账单)等证据材料,结合犯罪嫌疑人、被告人及其辩护人所提辩解、辩护意见及相关证据材料,审查认定恶意透支的数额;恶意透支的数额难以确定的,应当依据司法会计、审计报告,结合其他证据材料审查认定。人民法院在审判过程中,应当在对上述证据材料查证属实的基础上,对恶意透支的数额作出认定。

发卡银行提供的相关证据材料,应当有银行工作人员签名和银行公章。(§9)

△(**不起诉;免予刑事处罚**)恶意透支数额较大,在提起公诉前全部归还或者具有其他情节轻微情形的,可以不起诉;在一审判决前全部归还或者具有其他情节轻微情形的,可以免予刑事处罚。但是,曾因信用卡诈骗受过两次以上处罚的除外。(§10)

△(**变相发放贷款;恶意透支**)发卡银行违规以信用卡透支形式变相发放贷款,持卡人未按规定归还的,不适用刑法第一百九十六条'恶意透

---

① 我国学者指出,冒用他人信用卡,只限于对自然人使用;在机器上使用他人信用卡取款,成立盗窃罪。因为机器不可能存在是否产生认识错误的问题。参见张明楷:《刑法学》(第6版),法律出版社2021年版,第1038页。

② 我国学者指出,如果拾得(侵占)、骗取、抢夺、勒索他人信用卡后,未加以使用的,不构成信用卡诈骗罪,但可能成立妨害信用卡管理罪。参见张明楷:《刑法学》(第6版),法律出版社2021年版,第1045页。也有学者指出,盗窃信用卡之后不使用的,没有什么意义。参见黎宏:《刑法学各论》(第2版),法律出版社2016年版,第164页。

③ 我国学者指出,窃取他人信用卡资料后使用的,也应认定为"盗窃信用卡并使用"。理由在于,既然能够将其中的使用规定为冒用他人信用卡,则整个行为就属于盗窃信用卡并使用,理应认定为盗窃罪。参见张明楷:《刑法学》(第6版),法律出版社2021年版,第1045页。

④ 按照行为与责任同时存在的原理,非法占有目的必须存在于透支时。参见张明楷:《刑法学》(第6版),法律出版社2021年版,第1042页。

支'的规定。构成其他犯罪的,以其他犯罪论处。(§11)

△(**恶意透支;信用卡诈骗罪**)违反国家规定,使用销售点终端机具(POS机)等方法,以虚构交易、虚开价格、现金退货等方式向信用卡持卡人直接支付现金,情节严重的,应当依据刑法第二百二十五条的规定,以非法经营定罪处罚。

实施前款行为,数额在一百万元以上的,或者造成金融机构资金二十万元以上逾期未还的,或者造成刑法第二百二十五条规定的经济损失十万元以上的,应当认定为刑法第二百二十五条规定的"情节严重";数额在五百万元以上的,或者造成金融机构资金一百万元以上逾期未还的,或者造成金融机构经济损失五十万元以上的,应当认定为刑法第二百二十五条规定的"情节特别严重"。

持卡人以非法占有为目的,采用上述方式恶意透支,应当追究刑事责任的,依照刑法第一百九十六条的规定,以信用卡诈骗罪定罪处罚。(§12)

△(**单位**)单位实施本解释规定的行为,适用本解释规定的相应自然人犯罪的定罪量刑标准。(§13)

【司法解释性文件】

《**全国法院审理金融犯罪案件工作座谈会纪要**》(法〔2001〕8号,2001年1月21日公布)

△(**金融诈骗罪;非法占有为目的**)金融诈骗犯罪都是以非法占有为目的的犯罪。在司法实践中,认定是否具有非法占有为目的,应当坚持主客观相一致的原则,既要避免单纯根据损失结果客观归罪,也不能仅凭被告人自己的供述,而应当根据案件具体情况具体分析。根据司法实践,对于行为人通过诈骗的方法非法获取资金,造成数额较大资金不能归还,并具有下列情形之一的,可以认定为具有非法占有的目的:

(1)明知没有归还能力而大量骗取资金的;
(2)非法获取资金后逃跑的;
(3)肆意挥霍骗取资金的;
(4)使用骗取的资金进行违法犯罪活动的;
(5)抽逃、转移资金、隐匿财产,以逃避返还资金的;
(6)隐匿、销毁账目,或者搞假破产、假倒闭,以逃避返还资金的;
(7)其他非法占有资金、拒不返还的行为。

但是,在处理具体案件的时候,对于有证据证明行为人不具有非法占有目的的,不能单纯以财产不能归还就按金融诈骗罪处罚。

△(**金融诈骗罪;财产刑;罚金数额**)金融犯罪是图利型犯罪,惩罚和预防此类犯罪,应当注重同时从经济上制裁犯罪分子。刑法对金融犯罪都规定了财产刑,人民法院应当严格依法判处。罚金的数额,应当根据被告人的犯罪情节,在法律规定的数额幅度内确定。对于具有从轻、减轻或者免除处罚情节的被告人,对于本应并处的罚金刑原则上也应当从轻、减轻或者免除。

《**最高人民法院研究室关于信用卡犯罪法律适用若干问题的复函**》(法研〔2010〕105号,2010年7月5日公布)

△(**持有多张信用卡;恶意透支;累计数额计算**)对于一人持有多张信用卡进行恶意透支,每张信用卡透支数额均未达到1万元的立案追诉标准的,原则上可以累计数额进行追诉。但考虑到一人办多张信用卡的情况复杂,如果累计透支数额不大的,应分别不同情况慎重处理。(§1)

△(**催收;两次催收**)发卡银行的"催收"应有电话录音、持卡人或其家属签字等证据证明。"两次催收"一般应分别采用电话、信函、上门等两种以上催收形式。(§2)

△(**非法占有目的;恶意透支**)若持卡人在透支大额款项后,仅向发卡行偿还远低于最低还款额的欠款,具有非法占有目的的,可以认定为"恶意透支";行为人确实不具有非法占有目的的,不能认定为"恶意透支"。(§3)

△(**非法套现;向持卡人询问并制作笔录**)非法套现犯罪的证据规格,仍应遵循刑事诉讼法规定的证据确实、充分的证明标准。原则上应向各持卡人询问并制作笔录。如因持卡人数量众多、下落不明等客观原因导致无法取证,且其他证据已能确实、充分地证明使用信用卡非法套现的犯罪事实及套现数额的,则可以不向所有持卡人询问并制作笔录。(§4)

《**最高人民法院、最高人民检察院、公安部关于信用卡诈骗犯罪管辖有关问题的通知**》(公通字〔2011〕29号,2011年8月8日公布)

△(**信用卡诈骗;管辖;持卡人信用卡申领地**)对以窃取、收买等手段非法获取他人信用卡信息资料后在异地使用的信用卡诈骗犯罪案件,持卡人信用卡申领地的公安机关、人民检察院、人民法院可以依法立案侦查、起诉、审判。

《**最高人民法院、最高人民检察院关于常见犯罪的量刑指导意见(试行)**》(法发〔2021〕21号,2021年6月6日发布)

△(**信用卡诈骗罪;量刑**)

1. 构成信用卡诈骗罪的,根据下列情形在相应的幅度内确定量刑起点:

(1)达到数额较大起点的,在二年以下有期徒刑、拘役幅度内确定量刑起点。

(2)达到数额巨大起点或者有其他严重情节的,在五年至六年有期徒刑幅度内确定量刑起点。

(3)达到数额特别巨大起点或者有其他特别严重情节的,在十年至十二年有期徒刑幅度内确定量刑起点。依法应当判处无期徒刑的除外。

2. 在量刑起点的基础上,根据信用卡诈骗数额等其他影响犯罪构成的犯罪事实增加刑罚量,确定基准刑。

3. 构成信用卡诈骗罪的,根据诈骗手段、犯罪数额、危害后果等犯罪情节,综合考虑被告人缴纳罚金的能力,决定罚金数额。

4. 构成信用卡诈骗罪的,综合考虑诈骗手段、犯罪数额、危害后果、退赃退赔等犯罪事实、量刑情节,以及被告人主观恶性、人身危险性、认罪悔罪表现等因素,决定缓刑的适用。

《最高人民检察院、公安部关于公安机关管辖的刑事案件立案追诉标准的规定(二)》(公通字〔2022〕12号,2022年4月6日公布)

△(信用卡诈骗罪;立案追诉标准)进行信用卡诈骗活动,涉嫌下列情形之一的,应予立案追诉:

(一)使用伪造的信用卡、以虚假的身份证明骗领的信用卡、作废的信用卡或者冒用他人信用卡,进行诈骗活动,数额在五千元以上的;

(二)恶意透支,数额在五万元以上的。

本条规定的"恶意透支",是指持卡人以非法占有为目的,超过规定限额或者规定期限透支,经发卡银行两次有效催收后超过三个月仍不归还的。

恶意透支的数额,是指公安机关刑事立案时尚未归还的实际透支的本金数额,不包括利息、复利、滞纳金、手续费等发卡银行收取的费用。归还或者支付的数额,应当认定为归还实际透支的本金。

恶意透支,数额在五万元以上不满五十万元的,在提起公诉前全部归还或者具有其他情节轻微情形的,可以不起诉。但是,因信用卡诈骗受过二次以上处罚的除外。(§49)

【参考案例】

No. 3-5-196(1)-1 纪礼明等信用卡诈骗案

在信用卡诈骗犯罪中,如果证据只能证明被告人系信用卡的非真实持有人,应认定被告人冒用他人信用卡。

No. 3-5-196(1)-2 纪礼明等信用卡诈骗案

信用卡诈骗罪的既遂应以实际骗取财物为标准,不应以妨碍信用卡管理秩序这一非物质性结果认定信用卡诈骗罪既遂。

No. 3-5-196(1)-4 潘安信用卡诈骗案

利用他人遗忘在ATM机内已输好密码的信用卡取款行为,构成信用卡诈骗罪。

No. 3-5-196(1)-5 郑正山等信用卡诈骗案

以伪造国际信用卡,申请成为交易特约商户,并通过无货物交易的虚假刷卡方式骗取国外发卡中心资金的,应以信用卡诈骗罪论处。

No. 3-5-196(1)-6 周德福信用卡诈骗案

使用真实的个人身份信息,但提交了虚假的收入证明、房产证明等申领信用卡的,不属于"以虚假的身份证明申领信用卡"。

No. 3-5-196(1)-7 鲁刘典信用卡诈骗案

盗窃未激活的信用卡后补办新卡并使用的行为,成立信用卡诈骗罪。

No. 3-5-196(1)-8 陈自渝信用卡诈骗案

恶意透支型信用卡诈骗中犯罪所得仅限于透支本金,不包括本金所产生的复利、滞纳金等其他费用。

No. 3-5-196(1)-9 王立军等信用卡诈骗案

私自开拆他人开卡邮件并激活使用的,成立信用卡诈骗罪。

No. 3-5-196(1)-10 房毅信用卡诈骗案

恶意透支型信用卡诈骗行为中,透支行为发生在缓刑考验期前,催收截止日期发生在缓刑考验期内的,所犯罪行系新罪。

No. 3-5-196(1)-11 梁保权、梁博艺信用卡诈骗案

行为人透支信用卡用于生产经营活动,因经营不善等客观原因导致信用款逾期无法偿还的,不能认定"以非法占有为目的"。

No. 3-5-196(1)-12 陈南权、郑国翠等信用卡诈骗案

通过欺骗行为获得实际持卡人授权进而提取款项的行为,应认定为一般诈骗;未得到真实持卡人的授权,仅仅因为持有信用卡而使得银行误认为具备取款权限的非法取款行为,应认定为信用卡诈骗罪。

No. 3-5-196(1)-13 陈华增、梁锦仔、林冬明盗窃案

拾得他人遗失的医保卡,并在药店盗刷卡内个人医保账户资金,成立盗窃罪。

第一百九十七条 【有价证券诈骗罪】

使用伪造、变造的国库券或者国家发行的其他有价证券，进行诈骗活动，数额较大的，处五年以下有期徒刑或者拘役，并处二万元以上二十万元以下罚金；数额巨大或者有其他严重情节的，处五年以上十年以下有期徒刑，并处五万元以上五十万元以下罚金；数额特别巨大或者有其他特别严重情节的，处十年以上有期徒刑或者无期徒刑，并处五万元以上五十万元以下罚金或者没收财产。

【条文说明】

本条是关于有价证券诈骗罪及其处罚的规定。

飞速发展的社会主义现代化建设需要大量的资金，在当前国家财政收入还不富裕、资金比较短缺的情况下，为了给国家的经济建设设筹集资金，政府每年都要发行大量的国库券和其他有价证券。国库券不仅可以向银行贴现和抵押，而且可以在指定机构进行买卖，是当前债券市场上的重要债券形式。因此，使用伪造、变造的国库券或国家发行的其他有价证券，**是对包括债券市场在内的金融市场和金融秩序的破坏**。同时，由于国库券和国家发行的其他有价证券具有很强的变现能力和一定资本性质，使用伪造、变造的国库券或国家发行的其他有价证券，就意味着使用人能够以非法的形式取得物质利益，同时侵犯了他人财产的所有权。

对于使用伪造、变造的国家有价证券进行诈骗犯罪，可以从以下几个方面加以理解：

1. 行为人必须明知是伪造、变造的国库券或者国家发行的其他有价证券而使用，这是区分罪与非罪的关键。明知而使用的，即在主观上有犯罪故意，通常在于获取不法利益的目的。

2. 行为人在客观上实施了**使用伪造、变造的国库券或者国家发行的①其他有价证券进行诈骗活动的行为**。本条所称"伪造、变造"行为，已在本法第一百七十八条作了解释，在此不再赘述。本条所称**"国家发行的其他有价证券"**，是指国家发行的除国库券以外的其他国家有价证券以及国家银行金融债券，如财政债券、国家建设债券、保值公债、国家重点建设债券等。本罪犯罪行为所指向的对象是国库券和国家发行的其他有价证券，这是本罪区别于票据诈骗罪、金融凭证诈骗罪的主要区别。本条所称**"使用"**，是指行为人将伪造、变造的国库券或国家发行的其他有价证券用于兑换现金、抵消债务等获取财物或者财产性利益的活动。需要注意的是，如果行为人仅仅使用作废、无效的有价证券进行诈骗活动的，不构成本条规定的伪造、变造有价证券的，数额较大的，应当认定为诈骗罪，而不能以本罪定罪处罚。

3. 行为人骗取财物数额较大的才构成犯罪。这是区分罪与非罪的重要界限。本条所称**"数额较大"**，是指行为人因使用伪造、变造的有价证券而实际骗取的金额。根据《最高人民检察院、公安部关于公安机关管辖的刑事案件立案追诉标准的规定（二）》第五十五条的规定，使用伪造、变造的国库券或者国家发行的其他有价证券进行诈骗活动，数额在一万元以上的，**应予立案追诉**。

对于使用伪造、变造的国家有价证券进行诈骗犯罪的处罚，本条根据数额规定了三档刑罚：**数额较大的**，处五年以下有期徒刑或者拘役，并处二万元以上二十万元以下罚金；**数额巨大或者有其他严重情节的**，处五年以上十年以下有期徒刑，并处五万元以上五十万元以下罚金；**数额特别巨大或者有其他特别严重情节的**，处十年以上有期徒刑或者无期徒刑，并处五万元以上五十万元以下罚金或者没收财产。

实际执行中应当注意本罪与**伪造、变造国家有价证券罪**的区别。《刑法》第一百七十八条第一款规定了伪造、变造国家有价证券罪。

二者的区别主要在于：本罪是以非法占有为目的，使用伪造、变造的国库券或者国家发行的其他有价证券，骗取公私财物；而伪造、变造国家有价证券罪强调伪造、变造有价证券行为本身，侵害的是国家金融管理秩序。如果行为人自行伪造、变造了有价证券，而后又使用这些伪造、变造的有价证券实施诈骗行为的，应当依照刑法择一重罪定罪处罚；如果行为人伪造、变造了数额较大的有价证券，但自己并未使用，而是将这些有价证券以

---

① 本罪中的"国家发行"，既包括国家直接发行，也包括国家间接发行（即国家通过证券商承销出售证券的方式发行）；既包括中央人民政府发行，也包括代表国家的国家职能部门（如财政部）发行。参见张明楷：《刑法学》（第6版），法律出版社2021年版，第1048页。

出售、转让等形式提供给别人使用的,对其伪造、变造有价证券的行为,则应当依伪造、变造有价证券罪定罪处罚。

【司法解释性文件】

《全国法院审理金融犯罪案件工作座谈会纪要》(法〔2001〕8号,2001年1月21日发布)

△(金融诈骗犯罪;非法占有目的)金融诈骗犯罪都是以非法占有为目的的犯罪。在司法实践中,认定是否具有非法占有为目的,应当坚持主客观相一致的原则,既要避免单纯根据损失结果客观归罪,也不能仅凭被告人自己的供述,而应当根据案件具体情况具体分析。根据司法实践,对于行为人通过诈骗的方法非法获取资金,造成数额较大资金不能归还,并具有下列情形之一的,可以认定为具有非法占有目的:

(1) 明知没有归还能力而大量骗取资金的;

(2) 非法获取资金后逃跑的;

(3) 肆意挥霍骗取资金的;

(4) 使用骗取的资金进行违法犯罪活动的;

(5) 抽逃、转移资金、隐匿财产,以逃避返还资金的;

(6) 隐匿、销毁账目,或者搞假破产、假倒闭,以逃避返还资金的;

(7) 其他非法占有资金、拒不返还的行为。

但是,在处理具体案件的时候,对于有证据证明行为人不具有非法占有目的的,不能单纯以财产不能归还就按金融诈骗罪处罚。

△(金融诈骗犯罪;诈骗数额之认定)金融诈骗犯罪定罪量刑的数额标准和犯罪数额的计算。金融诈骗的数额不仅是定罪的重要标准,也是量刑的主要依据。在没有新的司法解释之前,可参照1996年《最高人民法院关于审理诈骗案件具体应用法律的若干问题的解释》①的规定执行。在具体认定金融诈骗罪的数额时,应当以行为人实际骗取的数额计算。对于行为人为实施金融诈骗活动而支付的中介费、手续费、回扣等,或者用于行贿、赠与等费用,均应计入金融诈骗的犯罪数额。但应当将案发前已归还的数额扣除。

△(金融诈骗犯罪;财产刑;罚金数额)金融犯罪是图利型犯罪,惩罚和预防此类犯罪,应当注重同时从经济上制裁犯罪分子。刑法对金融犯罪都规定了财产刑,人民法院应当严格依法判处。罚金的数额,应当根据被告人的犯罪情节,在法律规定的数额幅度内确定。对于具有从轻、减轻或者免除处罚情节的被告人,对于本应并处的罚金刑原则上也应当从轻、减轻或者免除。

《最高人民检察院、公安部关于公安机关管辖的刑事案件立案追诉标准的规定(二)》(公通字〔2022〕12号,2022年4月6日公布)

△(有价证券诈骗罪;立案追诉标准)使用伪造、变造的国库券或者国家发行的其他有价证券进行诈骗活动,数额在五万元以上的,应予立案追诉。(§50)

---

① 该解释已经被废止。

第一百九十八条　【保险诈骗罪】
有下列情形之一，进行保险诈骗活动，数额较大的，处五年以下有期徒刑或者拘役，并处一万元以上十万元以下罚金；数额巨大或者有其他严重情节的，处五年以上十年以下有期徒刑，并处二万元以上二十万元以下罚金；数额特别巨大或者有其他特别严重情节的，处十年以上有期徒刑，并处二万元以上二十万元以下罚金或者没收财产：
（一）投保人故意虚构保险标的，骗取保险金的；
（二）投保人、被保险人或者受益人对发生的保险事故编造虚假的原因或者夸大损失的程度，骗取保险金的；
（三）投保人、被保险人或者受益人编造未曾发生的保险事故，骗取保险金的；
（四）投保人、被保险人故意造成财产损失的保险事故，骗取保险金的；
（五）投保人、受益人故意造成被保险人死亡、伤残或者疾病，骗取保险金的。
有前款第四项、第五项所列行为，同时构成其他犯罪的，依照数罪并罚的规定处罚。
单位犯第一款罪的，对单位判处罚金，并对其直接负责的主管人员和其他直接责任人员，处五年以下有期徒刑或者拘役；数额巨大或者有其他严重情节的，处五年以上十年以下有期徒刑；数额特别巨大或者有其他特别严重情节的，处十年以上有期徒刑。
保险事故的鉴定人、证明人、财产评估人故意提供虚假的证明文件，为他人诈骗提供条件的，以保险诈骗的共犯论处。

【条文说明】

本条是关于保险诈骗罪及其处罚的规定。

保险在稳定企业经营，维护个人生活安定，尤其是社会保障方面，发挥着十分重要的作用。同时，我国保险业务由经国务院保险监督管理机构批准设立的保险公司以及法律、行政法规规定的其他保险组织经营，投保人与保险公司签订保险合同并缴纳保险费，只有在约定的条件下发生保险事故时，才有权向保险公司索取保险金。行为人实施保险诈骗的行为，侵犯了**我国的保险制度和公私财产所有权**。

本条共分为四款。

第一款具体规定了保险诈骗的犯罪行为及其处罚。根据近些年来发生在保险业中的诈骗犯罪案的情况，针对保险活动各个环节可能发生的问题，本款具体规定了保险诈骗罪的五种表现形式：

1. **投保人故意虚构保险标的，骗取保险金的**。这里所说的"投保人"，是指与保险人订立保险合同，并根据保险合同负支付保险费义务的人；"保险人"是指与投保人订立保险合同，并根据保险合同收取保险费，在保险事故发生或者约定的保险期间届满时，承担赔偿或者给付保险金责任的保险公司。一般情况下，保险合同还涉及另外两种人，即被保险人和受益人。"**被保险人**"是指在保险事故发生或者约定的保险期间届满时，依保险合同，有权向他人请求补偿损失或者领取保险金的人。"**受益人**"则是指由保险合同明确指定的或者依照法律规定有权取得保险金的人。"**保险标的**"是指作为保险对象的物质财富及有关利益、人的生命或健康。保险标的，从某种意义上讲是订立保险合同的核心内容。可以说，保险活动的当事人所进行的保险活动都是围绕保险标的而开展的，或者与保险标的有着直接或间接的关系。本款所称"**投保人故意虚构保险标的**"，是指投保人违背法律关于诚实信用的原则，在与他人订立保险合同时，故意虚构保险标的的行为。① 从行为特征看，投保人是出于故意，即明知这样做是违法的而故意为之。虚构保险标的，是指投保人为骗取保险金，虚构了一个根本不存在的保险对象与保险人订立保险合同的行为。

2. **投保人、被保险人或者受益人对发生的保险事故编造虚假的原因或者夸大损失的程度，骗取保险金的**。本项所说的"**对发生的保险事故编造虚假的原因**"，主要是指投保人、被保险人或者受益人，为了骗取保险金，在发生保险事故后，对造成保险事故的原因作虚假的陈述或者隐瞒真实

---

① "故意虚构保险标的，骗取保险金"包括，恶意超值投保、恶意重复投保、隐瞒险危险投保。参见张明楷：《刑法学》（第6版），法律出版社2021年版，第1049页；黎宏：《刑法学各论》（第2版），法律出版社2016年版，第166页。另有学者指出，采用隐瞒保险标的瑕疵的方法虚构保险标的的行为，是以不作为的方式实施保险诈骗的情形。参见周光权：《刑法各论》（第4版），中国人民大学出版社2021年版，第331页。

情况的行为。一般来说，保险合同中关于保险事故发生后的赔偿约定都是有条件的，不是对任何原因引起的保险事故保险人都负赔偿责任的。在我国有关保险方面的法律、法规一般都明确规定了某种保险赔偿的责任范围以及除外条款，以明确保险人在什么情况下才负有保险赔偿的责任，在什么情况下则不予赔偿。在许多情况下，发生保险事故后，引起保险事故发生的原因，是确定保险合同双方当事人的责任，以及是否予以理赔的一个重要依据。"**编造虚假的原因**"主要是指编造使保险人承担保险赔偿责任的虚假原因。所谓"**夸大损失的程度，骗取保险金的**"，是指投保人、被保险人或者受益人对发生的保险事故，故意夸大由于保险事故造成保险标的的损失程度，从而更多地取得保险赔偿金的行为。应当明确的是，本项规定的"对发生保险事故编造虚假的原因或者夸大损失的程度"是两种行为，行为人只要实施了其中一个行为，就构成犯罪，就应当依本条的规定追究其刑事责任。

3. **投保人、被保险人或者受益人编造未曾发生的保险事故，骗取保险金的**。所谓编造未曾发生的保险事故，是指投保人、被保险人或者受益人在未发生保险事故的情况下，虚构事实，谎称发生保险事故，骗取保险金的行为。

4. **投保人、被保险人故意造成财产损失的保险事故，骗取保险金的**。所谓故意造成财产损失的保险事故，是指投保财产的投保人、被保险人，在保险合同的有效期内，为人为地制造保险标的的出险的保险事故，造成财产损失，从而骗取保险金的行为。根据保险法的规定，对投保人、被保险人或者受益人故意制造保险事故的，他人不负赔偿责任。保险人对投保人、被保险人或者受益人的except，在保险合同有效期间发生下列保险事故为前提条件。因此，在没有发生保险事故的情况下，故意制造财产损失的保险事故，骗取保险金，就成为一些不法的投保人、被保险人或者受益人骗取保险金的一种手段。

5. **投保人、受益人故意造成被保险人死亡、伤残或者疾病，骗取保险金的**。这种情况发生于人身保险，因为人身保险是以人的生命以及健康为保险内容的保险。这类保险除个别的具有"两全"储蓄性质的险种外，一般都以被保险人的死亡、伤残或者发生疾病为赔偿条件。在这种情况下，有些投保人、受益人为了取得保险金，就会千方百计地促成赔偿条件的实现。这里所说的"**故意造成被保险人死亡、伤残或者疾病，骗取保险金的**"，是指投保人、受益人采取杀害、伤害、虐待、遗弃、投毒、传播传染病以及用其他方法故意造成人身事故，从而使被保险人死亡、伤残或者生病，取得保险金的行为。

需要指出的是，**本款所列五项情形，从主体上看是有区别的**。这里主要是根据保险活动的各个阶段的特点和保险当事人参与保险活动的情况来确定的。如第（一）项规定的情形只列举了投保人，这是因为这类犯罪行为发生在保险活动的开始，一般只能由投保人所为。第（二）项和第（三）项所规定的情形则列举了投保人、被保险人和受益人，因为对发生保险事故编造虚假的原因或者夸大损失的程度和编造未曾发生的保险事故这三种人都可能有条件实施此种行为。第（四）项规定的情形列举了投保人、被保险人，因为在一般情况下，对财产的投保，被保险人就是受益人。第（五）项规定的情形比较复杂，虽然也涉及投保人、受益人和被保险人，但故意造成被保险人死亡、伤残或者疾病的，通常情况下，多是投保人和受益人所为。当然也不排除实践中会发生被保险人为使受益人取得保险金而自杀、自残的情况。这类情况按照保险法的规定是不予赔偿的，可不作为犯罪处理。因此，本项只列举了投保人和受益人为犯罪主体。掌握了本条所列五项情形中有关主体的规定，对有效地防止和查清这类诈骗犯罪活动，有着重要意义。

根据本款规定，有上述所列五项行为之一，**数额较大的**，处五年以下有期徒刑或者拘役，并处一万元以上十万元以下罚金；**数额巨大或者有其他严重情节的**，处五年以上十年以下有期徒刑，并处二万元以上二十万元以下罚金；**数额特别巨大或者有其他特别严重情节的**，处十年以上有期徒刑，并处二万元以上二十万元以下罚金或者没收财产。根据《最高人民检察院、公安部关于公安机关管辖的刑事案件立案追诉标准的规定（二）》第五十六条的规定，个人进行保险诈骗，数额在一万元以上的，应予立案追诉。

第二款规定行为人为骗取保险金而故意造成财产损失的保险事故，或者故意造成被保险人死亡、伤残或者疾病，同时构成其他犯罪的，依照数罪并罚的规定处罚。保险诈骗犯罪的突出特点就是其犯罪手段可能会触犯其他罪名，构成另一独立犯罪，如第（四）项规定的"造成财产损失的保险事故，骗取保险金的"，如果行为人采取纵火、爆炸等方法制造保险事故的，无论其保险诈骗行为是否继续实施，是否得逞，其所实施的纵火、爆炸行为已触犯了刑法关于危害公共安全罪的规定。又如第（五）项规定的"投保人、受益人故意造成被保险人死亡、伤残或者疾病"，如果行为人采取伤害或谋杀等手段，就同时构成保险诈骗罪和故意杀人、故意伤害罪，对这种情况，根据本款的规定，应当数罪并罚。① 需要注意的是，在有些情况下，行为人为达到保险诈骗的目的，其采取的方法已构成独立的犯罪，如杀人、纵火等，而其所要进行的保险诈骗行为由于各种原因没有或者未能继续实施下去，也未能得逞，在这种情况下，其保险诈骗罪未完成，但并不因此而影响对其实施的杀人、纵火等行为追究刑事责任。

第三款是关于单位犯罪的规定。根据本款规定，单位犯第一款罪的，对单位判处罚金，并对其直接负责的主管人员和其他直接责任人员，依照本款的规定处罚。具体分为三档刑罚：**对于数额较大的**，处五年以下有期徒刑或者拘役；**数额巨大或者有其他严重情节的**，处五年以上十年以下有期徒刑；**数额特别巨大或者有其他特别严重情节的**，处十年以上有期徒刑。根据《最高人民检察院、公安部关于公安机关管辖的刑事案件立案追诉标准的规定（二）》第五十六条的规定，单位进行保险诈骗，数额在五万元以上的，**应予立案追诉**。

第四款是关于**保险事故的鉴定人、证明人、财产评估人故意提供虚假的证明文件，为他人诈骗提供条件的，以保险诈骗的共犯论处的规定**。② 其中，**保险事故的鉴定人、证明人、财产评估人**，是指在保险事故发生后，参与保险事故调查工作的人员。根据《保险法》第一百二十九条的规定，保险活动当事人可以委托保险公估机构等依法设立的独立评估机构或者具有相关专业知识的人，对保险事故进行评估和鉴定。根据本款规定，保险事故的鉴定人、证明人、财产评估人构成保险诈骗共犯要符合以下两个条件：一是必须明知是虚假文件而提供；二是其所提供的虚假证明文件在客观上起到了影响保险事故调查结果的作用，也就是说在客观上为他人实施保险诈骗行为提供了便利条件。

在实践中需要注意以下两点：一是**不能仅凭其出具的鉴定报告等意见有错误，就认定保险事故的鉴定人、证明人、财产评估人具有主观故意**；二是**本款规定的"以共犯论"不需要保险事故的鉴定人、证明人、财产评估人与保险诈骗者"通谋"**，即保险事故的鉴定人、证明人、财产评估人在明知保险诈骗者诈骗故意和诈骗行为的情况下，单方面为其提供虚假的证明文件，为其诈骗提供条件的，也以保险诈骗罪的共犯论处。对于他人实施的保险诈骗行为尚不构成犯罪的，对保险事故的鉴定人、证明人、财产评估人也就无所谓以共犯之说的，但其提供虚假证明文件的行为仍有可能构成本条规定的提供虚假证明文件罪等其他犯罪。

【司法解释性文件】

《**最高人民检察院法律政策研究室关于保险诈骗未遂能否按犯罪处理问题的答复**》（[1998]高检研发第20号，1998年11月27日公布）

△（保险诈骗未遂）行为人已经着手实施保险诈骗行为，但由于其意志以外的原因未能获得保险赔偿的，是诈骗未遂，情节严重的，应依法追究刑事责任。

《**全国法院审理金融犯罪案件工作座谈会纪要**》（法〔2001〕8号，2001年1月21日公布）

△（金融诈骗犯罪；非法占有目的）金融诈骗犯罪都是以非法占有为目的的犯罪。在司法实践中，认定是否具有非法占有为目的，应当坚持主客观相一致的原则，既要避免单纯根据损失结果客观归罪，也不能仅凭被告人自己的供述，而应当根据案件具体情况具体分析。根据司法实践，对于行为人通过诈骗的方法非法获取资金，造成数额较大资金不能归还，并具有下列情形之一的，可以认定为具有非法占有的目的：

（1）明知没有归还能力而大量骗取资金的；

（2）非法获取资金后逃跑的；

（3）肆意挥霍骗取资金的；

（4）使用骗取的资金进行违法犯罪活动的；

（5）抽逃、转移资金、隐匿财产，以逃避返还资金；

（6）隐匿、销毁账目，或者搞假破产、假倒闭，以逃避返还资金的；

（7）其他非法占有资金、拒不返还的行为。

但是，在处理具体案件的时候，对于有证据证明行为人不具有非法占有目的的，不能单纯以财产不能归还就按金融诈骗罪处罚。

---

① 如果单位采取放火等方法，故意造成财产损失的保险事故，进而骗取保险金的，由于单位不属于放火罪的行为主体，基于罪刑法定原则的考量，也能分别针对保险诈骗罪和放火罪进行处罚；就保险诈骗罪而言，成立单位犯罪，放火大罪而言，处罚组织、策划、实施放火行为的自然人。参见张明楷：《刑法学》（第6版），法律出版社2021年版，第1053页；黎宏：《刑法学各论》（第2版），法律出版社2016年版，第166页。

② 本款规定为注意规定（提示性规定）。即便不存在本款规定，按照刑法总则中关于共犯的规定，上述行为也同样成立保险诈骗罪的共犯。参见张明楷：《刑法学》（第6版），法律出版社2021年版，第1052页；黎宏：《刑法学各论》（第2版），法律出版社2016年版，第167页。

△(金融诈骗犯罪;诈骗数额之认定)金融诈骗犯罪定罪量刑的数额标准和犯罪数额的计算。金融诈骗的数额不仅是定罪的重要标准,也是量刑的主要依据。在没有新的司法解释之前,可参照1996年《最高人民法院关于审理诈骗案件具体应用法律的若干问题的解释》①的规定执行。在具体认定金融诈骗犯罪的数额时,应当以行为人实际骗取的数额计算。② 对于行为人为实施金融诈骗活动而支付的中介费、手续费、回扣等,或者用于行贿、赠与等用的,均应计入金融诈骗的犯罪数额。但应当将案发前已归还的数额扣除。

△(金融诈骗犯罪;财产刑/罚金数额)金融犯罪是图利型犯罪,惩罚和预防此类犯罪,应当注重同时对从经济上制裁犯罪分子。刑法对金融犯罪都规定了财产刑,人民法院应当严格依法判处。罚金的数额,应当根据被告人的犯罪情节,在法律规定的数额幅度内确定。对于具有从轻、减轻或者免除处罚情节的被告人,对于本应并处的罚金刑原则上也应当从轻、减轻或者免除。

《最高人民检察院、公安部关于公安机关管辖的刑事案件立案追诉标准的规定(二)》(公通字〔2022〕12号,2022年4月6日公布)

△(保险诈骗罪;立案追诉标准)进行保险诈骗活动,数额在五万元以上的,应予立案追诉。(§51)

【参考案例】

No.3-5-198-1 曾劲青等保险诈骗、故意伤害案

以骗取保险金为目的,帮助投保人实施自伤行为,致投保人重伤的,同时成立保险诈骗罪的帮助犯和故意伤害罪的实行犯,应从一重处断,以故意伤害罪论处,并应承担相应的民事赔偿责任,但因存在被害人同意的情况,应当予以减轻处罚。

No.3-5-198-2 曾劲青等保险诈骗、故意伤害案

△以骗取数额巨大的保险金为目的,实施保险诈骗行为,因意志以外的原因未得逞的,亦应以保险诈骗罪论处。

No.3-5-198-4 徐开雷保险诈骗案
△被保险车辆的实际所有人利用挂靠单位的名义实施保险诈骗行为的,应以保险诈骗罪的间接正犯论处。

No.4-232-64 王志峰等故意杀人、保险诈骗案

制造已发生保险事故的假象,但尚未向保险公司申请赔付时案发的,属于保险诈骗罪的预备。③

第一百九十九条 【删除】

【立法沿革】

《中华人民共和国刑法》(1997年修订,自1997年10月1日起施行)

第一百九十九条

犯本节第一百九十二条、第一百九十四条、第一百九十五条规定之罪,数额特别巨大并且给国家和人民利益造成特别重大损失的,处无期徒刑或者死刑,并处没收财产。

《中华人民共和国刑法修正案(八)》(自2011年5月1日起施行)

三十、将刑法第一百九十九条修改为:"犯本节第一百九十二条规定之罪,数额特别巨大并且给国家和人民利益造成特别重大损失的,处无期徒刑或者死刑,并处没收财产。"

《中华人民共和国刑法修正案(九)》(自2015年11月1日起施行)

十二、删去刑法第一百九十九条。

---

① 该解释已被废止。
② 我国学者指出,保险公司实际支付或者应当支付的保险金额是犯罪数额,不应将保险金额减去投保时缴纳费用的差额部分作为犯罪数额。参见周光权:《刑法各论》(第4版),中国人民大学出版社2021年版,第331—332页。
③ 相同的学说见解指出,对于保险诈骗罪而言,到保险公司索赔或者提出支付保险金的请求,才是本罪的着手,不应以开始实施虚构保险标的、开始制造保险事故等行为作为着手。参见张明楷:《刑法学》(第6版),法律出版社2021年版,第1051—1052页;黎宏:《刑法学各论》(第2版),法律出版社2016年版,第167—168页;赵秉志、李希慧主编:《刑法各论》(第3版),中国人民大学出版社2016年版,第154页。

第二百条　【单位犯本节规定之罪的处罚规定】
单位犯本节第一百九十四条、第一百九十五条规定之罪的，对单位判处罚金，并对其直接负责的主管人员和其他直接责任人员，处五年以下有期徒刑或者拘役，可以并处罚金；数额巨大或者有其他严重情节的，处五年以上十年以下有期徒刑，并处罚金；数额特别巨大或者有其他特别严重情节的，处十年以上有期徒刑或者无期徒刑，并处罚金。

【立法沿革】

《中华人民共和国刑法》(1997年修订，自1997年10月1日起施行)

第二百条

单位犯本节第一百九十二条、第一百九十四条、第一百九十五条规定之罪的，对单位判处罚金，并对其直接负责的主管人员和其他直接责任人员，处五年以下有期徒刑或者拘役；数额巨大或者有其他严重情节的，处五年以上十年以下有期徒刑；数额特别巨大或者有其他特别严重情节的，处十年以上有期徒刑或者无期徒刑。

《中华人民共和国刑法修正案(八)》(自2011年5月1日起施行)

三十一、将刑法第二百条修改为：

"单位犯本节第一百九十二条、第一百九十四条、第一百九十五条规定之罪的，对单位判处罚金，并对其直接负责的主管人员和其他直接责任人员，处五年以下有期徒刑或者拘役，可以并处罚金；数额巨大或者有其他严重情节的，处五年以上十年以下有期徒刑，并处罚金；数额特别巨大或者有其他特别严重情节的，处十年以上有期徒刑或者无期徒刑，并处罚金。"

《中华人民共和国刑法修正案(十一)》(自2021年3月1日起施行)

十六、将刑法第二百条修改为：

"单位犯本节第一百九十四条、第一百九十五条规定之罪的，对单位判处罚金，并对其直接负责的主管人员和其他直接责任人员，处五年以下有期徒刑或者拘役，可以并处罚金；数额巨大或者有其他严重情节的，处五年以上十年以下有期徒刑，并处罚金；数额特别巨大或者有其他特别严重情节的，处十年以上有期徒刑或者无期徒刑，并处罚金。"

【条文说明】

本条是关于单位犯票据诈骗罪、金融凭证诈骗罪和信用证诈骗罪的处罚规定。

"直接负责的主管人员"，是指在单位实施的犯罪中起决定、批准、授意、指挥等作用的人员，一般是单位的主管负责人，包括法定代表人。"其他直接责任人员"，是在单位犯罪中具体实施犯罪并起较大作用的人员。

根据本条的规定，对于单位犯票据诈骗罪、金融凭证诈骗罪和信用证诈骗罪的，采用双罚制原则，即对单位判处罚金，并对其直接负责的主管人员和其他直接责任人员，处五年以下有期徒刑或者拘役，可以并处罚金；数额巨大或者有其他严重情节的，处五年以上十年以下有期徒刑，并处罚金；数额特别巨大或者有其他特别严重情节的，处十年以上有期徒刑或者无期徒刑，并处罚金。

对个人犯票据诈骗罪、金融凭证诈骗罪和信用证诈骗罪的，根据《刑法》第一百九十四条和第一百九十五条规定，罚金刑有明确的数额限制。起刑点为二万元以上二十万元以下罚金；数额巨大或者有其他严重情节的，为五万元以上五十万元以下罚金；数额特别巨大或者有其他特别严重情节的，为五万元以上五十万元以下罚金或者没收财产。而本条规定的单位犯罪的罚金刑，无论是对单位判处罚金，还是对其直接负责的主管人员和其他直接责任人员，罚金刑都没有具体数额限制，需要在实践中根据犯罪情节依法裁量决定。

实践中要注意正确认定单位犯罪。《刑法》第三十条规定："公司、企业、事业单位、机关、团体实施的危害社会的行为，法律规定为单位犯罪的，应当负刑事责任。"2019年《最高人民法院、最高人民检察院、公安部关于办理非法集资刑事案件若干问题的意见》在"关于单位犯罪的认定问题"中提到，单位实施非法集资犯罪活动，全部或者大部分违法所得归单位所有的，应当认定为单位犯罪。个人为进行非法集资犯罪活动而设立的单位实施犯罪的，或者单位设立后，以实施非法集资犯罪活动为主要活动的，不以单位犯罪论处，对单位中组织、策划、实施非法集资犯罪活动的人员应当以自然人犯罪依法追究刑事责任。判断单位是否以实施非法集资犯罪活动为主要活动的，应当根据单位实施非法集资的次数、频度、持续时间、资金规模、资金流向、投入人力物力情况、单位进行正当经营的状况以及犯罪活动的影响、后果等因素综合考虑认定。

【司法解释性文件】

《全国法院审理金融犯罪案件工作座谈会纪要》(法〔2001〕8号,2001年1月21日公布)

△(单位的分支机构或者内设机构、部门;违法所得;单位犯罪)单位的分支机构或者内设机构、部门实施犯罪行为的处理。以单位的分支机构、内设机构、部门的名义实施犯罪,违法所得亦归分支机构或者内设机构、部门所有的,应认定为单位犯罪。不能因为单位的分支机构或者内设机构、部门没有可供执行罚金的财产,就不将其认定为单位犯罪,而按照个人犯罪处理。

△(单位犯罪;直接负责的主管人员和其他直接责任人员之认定)单位犯罪直接负责的主管人员和其他直接责任人员的认定:直接负责的主管人员,是在单位实施的犯罪中起决定、批准、授意、纵容、指挥等作用的人员,一般是单位的主管负责人,包括法定代表人。其他直接责任人员,是在单位犯罪中具体实施犯罪并起较大作用的人员,既可以是单位的经营管理人员,也可以是单位的职工,包括聘任、雇佣的人员。应当注意的是,在单位犯罪中,对于受单位领导指派或奉命而参与实施了一定犯罪行为的人员,一般不宜作为直接责任人员追究刑事责任。对单位犯罪中的直接负责的主管人员和其他直接责任人员,应根据其在单位犯罪中的地位、作用和犯罪情节,分别处以相应的刑罚,主管人员与直接责任人员,在个案中,不是当然的主、从犯关系,有的案件,主管人员与直接责任人员在实施犯罪行为的主从关系不明显的,可不分主、从犯。但具体案件可以分清主、从犯,且不分清主、从犯,在同一法定刑档次、幅度内量刑无法做到罪刑相适应的,应当分清主、从犯,依法处罚。

△(未作为单位犯罪起诉的单位犯罪案件;建议补充起诉)对未作为单位犯罪起诉的单位犯罪案件的处理。对于应当认定为单位犯罪的案件,检察机关只作为自然人犯罪案件起诉的,人民法院应及时与检察机关协商,建议检察机关对犯罪单位补充起诉。如检察机关不补充起诉的,人民法院仍应依法审理,对被起诉的自然人根据指控的犯罪事实、证据及庭审查明的事实,依法按单位犯罪中的直接负责的主管人员或者其他直接责任人员追究刑事责任,并应引用刑法分则关于单位犯罪追究直接负责的主管人员和其他直接责任人员刑事责任的有关条款。

△(单位共同犯罪)单位共同犯罪的处理。两个以上单位以共同故意实施的犯罪,应根据各单位在共同犯罪中的地位、作用大小,确定犯罪单位的主、从犯。

△(罚金刑;直接负责的主管人员和其他直接责任人员)单位金融犯罪中直接负责的主管人员和其他直接责任人员,是否适用罚金刑,应当根据刑法的具体规定。刑法分则条文规定有罚金刑,并规定对单位犯罪中直接负责的主管人员和其他直接责任人员依照自然人犯罪条款处罚的,应当判处罚金刑,但是对直接负责的主管人员和其他直接责任人员判处罚金的数额,应当低于对单位判处罚金的数额;刑法分则条文明确规定对单位犯罪中直接负责的主管人员和其他直接责任人员只判处自由刑的,不能附加判处罚金刑。

第六节 危害税收征管罪①

第二百零一条 【逃税罪】

纳税人采取欺骗、隐瞒手段进行虚假纳税申报或者不申报,逃避缴纳税款数额较大并且占应纳税额百分之十以上的,处三年以下有期徒刑或者拘役,并处罚金;数额巨大并且占应纳税额百分之三十以上的,处三年以上七年以下有期徒刑,并处罚金。

扣缴义务人采取前款所列手段,不缴或者少缴已扣、已收税款,数额较大的,依照前款的规定处罚。

对多次实施前两款行为,未经处理的,按照累计数额计算。

有第一款行为,经税务机关依法下达追缴通知后,补缴应纳税款,缴纳滞纳金,已受行政处罚的,不予追究刑事责任;但是,五年内因逃避缴纳税款受过刑事处罚或者被税务机关给予二次以上行政处罚的除外。

【立法沿革】

《中华人民共和国刑法》(1997年修订,自1997年10月1日起施行)

第二百零一条

纳税人采取伪造、变造、隐匿、擅自销毁账簿、记账凭证,在账簿上多列支出或者不列、少列收入,经税务机关通知申报而拒不申报或者进行虚假的纳税申报的手段,不缴或者少缴应纳税款,偷税数额占应纳税额的百分之十以上不满百分之三十并且偷税数额在一万元以上不满十万元的,或者因偷税被税务机关给予二次行政处罚又偷税的,处三年以下有期徒刑或者拘役,并处偷税数额一倍以上五倍以下罚金;偷税数额占应纳税额的百分之三十以上并且偷税数额在十万元以上的,处三年以上七年以下有期徒刑,并处偷税数额一倍以上五倍以下罚金。

扣缴义务人采取前款所列手段,不缴或者少缴已扣、已收税款,数额占应缴税额的百分之十以上并且数额在一万元以上的,依照前款的规定处罚。

对多次犯有前两款行为,未经处理的,按照累计数额计算。

《中华人民共和国刑法修正案(七)》(自2009年2月28日起施行)

三、将刑法第二百零一条修改为:

"纳税人采取欺骗、隐瞒手段进行虚假纳税申报或者不申报,逃避缴纳税款数额较大并且占应纳税额百分之十以上的,处三年以下有期徒刑或者拘役,并处罚金;数额巨大并且占应纳税额百分之三十以上的,处三年以上七年以下有期徒刑,并处罚金。

"扣缴义务人采取前款所列手段,不缴或者少缴已扣、已收税款,数额较大的,依照前款的规定处罚。

"对多次实施前两款行为,未经处理的,按照累计数额计算。

"有第一款行为,经税务机关依法下达追缴通知后,补缴应纳税款,缴纳滞纳金,已受行政处罚的,不予追究刑事责任;但是,五年内因逃避缴纳税款受过刑事处罚或者被税务机关给予二次以上行政处罚的除外。"

【条文说明】

本条是关于逃税罪及其处罚以及不予追究刑

---

① 《最高人民法院、最高人民检察院关于办理危害税收征管刑事案件适用法律若干问题的解释》(法释[2024]4号,自2024年3月20日起施行)

△(**提供账号、资信证明或者其他帮助;共犯**)明知他人实施危害税收征管犯罪而仍为其提供账号、资信证明或者其他帮助的,以相应犯罪的共犯论处。(§19)

△(**以宽处罚;不起诉或者免予刑事处罚;不作为犯罪处理;行政处罚**)实施危害税收征管犯罪,造成国家税款损失,行为人补缴税款、挽回税收损失、有效合规整改的,可以从宽处罚;犯罪情节轻微不需要判处刑罚的,可以不起诉或者免予刑事处罚;情节显著轻微危害不大的,不作为犯罪处理。

对于实施本解释规定的相关行为被不起诉或者免予刑事处罚,需要给予行政处罚、政务处分或者其他处分的,依法移送有关主管机关处理。有关主管机关应当将处理结果及时通知人民检察院、人民法院。(§21)

事责任的情形及其例外的规定。

本条共分为四款。

第一款是关于逃税罪及其处罚的规定。构成逃税罪应符合以下条件：

1. 犯罪主体必须是纳税人。① 这里规定的"**纳税人**"，是指根据法律和行政法规的规定负有纳税义务的单位和个人，包括未按照规定办理税务登记的从事生产、经营的纳税人以及临时从事经营的纳税人。

2. 行为人实施了**逃税行为**，主要通过虚假纳税申报，或者不申报手段进行。其中，"**虚假纳税申报**"是指纳税人在进行纳税申报过程中，制造虚假情况，如不如实填写或者提供纳税申报表、财务会计报表及其他纳税资料等。实践中，虚假纳税申报主要有以下手段：一是伪造、变造、隐匿或者擅自销毁帐簿、记帐凭证或者其他涉税资料，如设立虚假的帐簿、记帐凭证；对帐簿、记帐凭证进行挖补、涂改等；未经税务主管机关批准而擅自将正在使用中或尚未过期的帐簿、记帐凭证销毁处理等行为。二是在帐簿上多列支出或者不列、少列收入，如在帐簿上大量填写超出实际支出的数额以冲抵或减少实际收入的数额。这里的"**不申报**"，是指应依法办理纳税申报的纳税人，不按照法律、行政法规的规定办理纳税申报的行为。

3. 逃避缴纳税额达到一定数额并达到本款规定的所占应纳税额的比例。

根据本款规定，**逃税数额较大并且占应纳税额的百分之十以上的**，处三年以下有期徒刑或者拘役，并处罚金。**数额巨大并且占应纳税额的百分之三十以上的**，处三年以上七年以下有期徒刑，并处罚金。应当注意的是，逃税数额占应纳税额的比例和实际逃税的数额这两种数额必须都达到条款规定的标准，才构成犯罪及处罚逃税罪。这是根据逃税罪本身的特点来制定的。因为，逃税数额所占应纳税额的比例大小，从一定程度上反映了行为人的主观恶性程度的大小，逃税数额多少实际上反映了客观的社会危害程度。规定一个百分比，同时规定一个数额作为基数，这样从两方面来确定是否构成犯罪及处罚比较科学和严谨。这里的"**逃税数额**"，是指行为人在一个纳

税期间所逃的各种税的总额。本法所称"**应纳税额**"，是指某一法定纳税期限或者税务机关依法核定的纳税期间内应纳税额的总和。逃避缴纳税款行为涉及两个以上税种的，只要其中一个税种的逃税数额、比例达到法定标准的，即可构成逃税罪。

第二款是关于扣缴义务人采取第一款所列手段，不缴或者少缴已扣、已收税款的行为及其处罚的规定。本款规定的"**扣缴义务人**"，是指根据不同的税种，由有关的法律、行政法规规定的，负有代扣代缴、代收代缴税收义务的单位和个人。他们所代扣代缴和代收代缴的税款，应依法上缴税务机关。如果扣缴义务人采取第一款规定的"虚假纳税申报或者不申报"手段，不缴或者少缴已扣、已收税款，实际上是一种截留国家税款的行为。对这类行为，数额较大的，应当依照前款的规定处罚。

第三款是对多次犯有前两款规定的违法行为未经处理的，按照累计数额计算的规定。这里规定的"**未经处理**"，是指未经税务机关或者司法机关处理，既包括行政处理，也包括刑事处理。"**按照累计数额计算**"是指按照行为人历次逃税的数额累计相加。只要多次犯有逃税行为，不管每次的数额多少，只要累计达到了法定起刑数额标准，即应按本条的规定追究刑事责任。

第四款是对逃税犯罪不予追究刑事责任的特殊规定。根据本款规定，当发现纳税人具有虚假纳税申报或者不申报行为后，税务机关应当根据纳税人的逃税事实依法下达追缴通知，要求其补缴应纳税款，缴纳滞纳金，并且接受行政处罚。**如果当事人按照税务机关下发的追缴通知和行政处罚决定书的规定，积极采取措施，补缴税款，缴纳滞纳金，接受行政处罚的，则不作为犯罪处理**②；如果当事人拒不配合税务机关的上述要求，或者仍逃避自己的纳税义务的，则税务机关有权将此案件转交公安机关立案侦查进入刑事司法程序。应当指出的是，本条宽大处理的规定**仅针对初犯者，五年内曾因逃避缴纳税款受过刑事处罚或者被税务机关给予二次以上行政处罚的除外**，如果达到第一款规定的逃税数额和比例，即作为涉嫌

---

① 我国学者指出，无证经营者可以成为逃税罪的主体。因为根据《税收征收管理法》第三十七条的规定，无证经营者也有纳税的义务。但是，非法经营者不能成为本罪的行为主体，理由在于：一方面，《税收征收管理法》并未针对非法经营者规定纳税义务；另一方面，大多数法律对非法经营行为没有"没收非法所得"的规定，故而，不存在征收的基础和可行性。参见黎宏：《刑法学各论》（第2版），法律出版社2016年版，第168—169页。

② 我国学者指出，只要行为人接受了税务机关的处理，就不应追究刑事责任。至于税务机关的处理是否全面，不影响处罚阻却事由的成立。行为人不能因为税务机关存在处理缺陷而承担责任。参见张明楷：《刑法学》（第6版），法律出版社2021年版，第1056页。

犯罪移交公安机关立案处理。

考虑到打击逃税犯罪的主要目的是维护税收征管秩序，保证国家税收收入，《刑法修正案（七）》规定了逃税罪对初犯不予追究刑事责任的例外情形。对属于初犯，经税务机关指出后积极补缴税款和滞纳金，履行了纳税义务，已受行政处罚的，可不再作为犯罪追究刑事责任，这样处理也体现了宽严相济的刑事政策。① 具体适用中应当注意如下问题：

1. 不予追究刑事责任的适用条件是**经税务机关依法下达追缴通知，补缴应纳税款，缴纳滞纳金，已受行政处罚的**。这里的"**依法下达追缴通知**"，是对税务机关征税行为的合法性说明，该规定不影响行为人在法定期限内对税务机关的相关追缴行为依法提起复议和诉讼，但是要注意，根据《税收征收管理法》第八十八条的规定，纳税人、扣缴义务人、纳税担保人同税务机关在纳税上发生争议时，必须先依照税务机关的纳税决定缴纳或者解缴税款及滞纳金或者提供相应的担保，然后可以依法申请救济。这里的"**已受行政处罚**"，不仅指行政机关已经作出了行政处罚，还要求行为人已经履行了行政处罚的内容。需要说明的是，根据《税收征收管理法》第八十六条的规定，违反税收法律、行政法规应当给予行政处罚的行为，在五年内未被发现的，不再给予行政处罚。对于行政机关因该逃避缴纳税款行为超过五年而依法不予给予行政处罚，但行为人根据追缴通知已经补缴应纳税款和滞纳金的，也可以适用本款规定。

2. **税务机关的行政处罚程序是对纳税人有利的保护程序，是逃避缴纳税款处理的一般程序原则**。涉嫌逃税罪的纳税人应由税务机关先行行政处罚。税务机关及其工作人员徇私舞弊或者玩忽职守，不依法履职，构成犯罪的，依法追究刑事责任，尚不构成犯罪的，依法给予行政处分。

3. 关于不予追究刑事责任的例外情形。本款规定了两个限制性条件：(1)**五年内曾因逃避缴纳税款受过刑事处罚的**，实践中这里的"受过刑事处罚"通常不包括"免予刑事处罚"的情形。(2)**被税务机关给予二次以上行政处罚的**，是指因纳税人的逃避缴纳税款行为被给予二次以上行政处罚的，包含二次，且该行政处罚必须是针对逃避缴纳税款行为作出的。②

【司法解释】

《最高人民法院、最高人民检察院关于办理危害税收征管刑事案件适用法律若干问题的解释》（法释〔2024〕4号，自2024年3月20日起施行）

△（欺骗、隐瞒手段；不申报；定扣缴义务人"已扣、已收税款"）纳税人进行虚假纳税申报，具有下列情形之一的，应当认定为刑法第二百零一条第一款规定的"欺骗、隐瞒手段"：

（一）伪造、变造、转移、隐匿、擅自销毁账簿、记账凭证或者其他涉税资料的；

（二）以签订"阴阳合同"等形式隐匿或者以他人名义分解收入、财产的；

（三）虚列支出、虚抵进项税额或者虚报专项附加扣除的；

（四）提供虚假材料，骗取税收优惠的；

（五）编造虚假计税依据的；

（六）为不缴、少缴税款而采取的其他欺骗、隐瞒手段。

具有下列情形之一的，应当认定为刑法第二百零一条第一款规定的"不申报"：

（一）依法在登记机关办理设立登记的纳税人，发生应税行为而不申报纳税的；

（二）依法不需要在登记机关办理设立登记或者未依法办理设立登记的纳税人，发生应税行为，经税务机关依法通知其申报而不申报纳税的；

（三）其他明知应当依法申报纳税而不申报纳税的。

扣缴义务人采取第一、二款所列手段，不缴或者少缴已扣、已收税款，数额较大的，依照刑法第二百零一条第一款的规定定罪处罚。扣缴义务人承诺为纳税人代付税款，在其向纳税人支付税后所得时，应当认定扣缴义务人"已扣、已收税款"。（§1）

△（数额较大；数额巨大）纳税人逃避缴纳税款十万元以上、五十万元以上的，应当分别认定为刑法第二百零一条第一款规定的"数额较大"、"数额巨大"。

扣缴义务人不缴或者少缴已扣、已收税款"数额较大"、"数额巨大"的认定标准，依照前款规定。（§2）

---

① 相同的学说见解，参见黎宏：《刑法学各论》（第2版），法律出版社2016年版，第170页；周光权：《刑法各论》（第4版），中国人民大学出版社2021年版，第334页。

② "二次以上行政处罚"，乃针对税法中规定的逃税行为所给予的，其并不限于因符合逃税罪的犯罪构成要件所给予的行政处罚。但是，因漏税而受行政处罚，不包含在内。参见张明楷：《刑法学》（第6版），法律出版社2021年版，第1057页。

△(补缴应纳税款;不予追究刑事责任)纳税人有刑法第二百零一条第一款规定的逃避缴纳税款行为,在公安机关立案前,经税务机关依法下达追缴通知后,在规定的期限或者批准延缓、分期缴纳的期限内足额补缴应纳税款,缴纳滞纳金,并全部履行税务机关作出的行政处罚决定的,不予追究刑事责任。但是,五年内因逃避缴纳税款受过刑事处罚或者被税务机关给予二次以上行政处罚的除外。

纳税人逃避缴纳税款行为,税务机关没有依法下达追缴通知的,依法不予追究刑事责任。(§3)

△(逃避缴纳税款数额;应纳税额;逃避缴纳税款数额占应纳税额的百分比;逃避行为跨越若干个纳税年度;未经处理)刑法第二百零一条第一款规定的"逃避缴纳税款数额",是指在确定的纳税期间,不缴或者少缴税务机关负责征收的各税种税款的总额。

刑法第二百零一条第一款规定的"应纳税额",是指应税行为发生年度内依照税收法律、行政法规规定应当缴纳的税额,不包括海关代征的增值税、关税等及纳税人依法预缴的税额。

刑法第二百零一条第一款规定的"逃避缴纳税款数额占应纳税额的百分比",是指行为人在一个纳税年度中的各税种逃税总额与该纳税年度应纳总额的比例;不按纳税年度确定纳税期的,按照最后一次逃税行为发生之日前一年中各税种纳税总额与该年应纳税总额的比例确定。纳税义务存续期间不足一个纳税年度的,按照各税种逃税总额与实际发生纳税义务期间应纳税总额的比例确定。

逃税行为跨越若干个纳税年度,只要其中一个纳税年度的逃税数额及百分比达到刑法第二百零一条第一款规定的标准,即构成逃税罪。各纳税年度的逃税数额应当累计计算,逃税额占应纳税额百分比应当按照各逃税年度百分比的最高值确定。

刑法第二百零一条第三款规定的"未经处理",包括未经行政处理和刑事处理。(§4)

【司法解释性文件】

《公安部关于如何理解〈刑法〉第二百零一条规定的"应纳税额"问题的批复》(公复字〔1999〕4号,1999年11月23日公布)

△(应纳税额)《刑法》第二百零一条规定的"应纳税额"是指某一法定纳税期限或者税务机关依法核定的纳税期间内应纳税额的总和。偷税行为涉及两个以上税种的,只要其中一个税种的偷税数额、比例达到法定标准的,即构成偷税罪,其他税种的偷税数额累计计算。

《公安部关于对未依法办理税务登记的纳税人能否成为偷税犯罪主体问题的批复》(公复字〔2007〕3号,2007年5月23日发布)

△(未依法办理税务登记的纳税人)根据《中华人民共和国税收管理法》第四条、第三十七条的规定,未按照规定办理税务登记的从事生产、经营的纳税人以及临时从事经营的纳税人,可以构成偷税罪的犯罪主体。其行为触犯《中华人民共和国刑法》第二百零一条规定的,公安机关应当以偷税罪立案侦查,依法追究刑事责任。

《最高人民检察院、公安部关于公安机关管辖的刑事案件立案追诉标准的规定(二)》(公通字〔2022〕12号,2022年4月6日公布)

△(逃税罪;立案追诉标准)逃避缴纳税款,涉嫌下列情形之一的,应予立案追诉:

(一)纳税人采取欺骗、隐瞒手段进行虚假纳税申报或者不申报,逃避缴纳税款,数额在十万元以上并且占各税种应纳税总额百分之十以上,经税务机关依法下达追缴通知后,不补缴应纳税款、不缴纳滞纳金或者不接受行政处罚的;

(二)纳税人五年内因逃避缴纳税款受过刑事处罚或者被税务机关给予二次以上行政处罚,又逃避缴纳税款,数额在十万元以上并且占各税种应纳税总额百分之十以上的;

(三)扣缴义务人采取欺骗、隐瞒手段,不缴或者少缴已扣、已收税款,数额在十万元以上的。

纳税人在公安机关立案后再补缴应纳税款、缴纳滞纳金或者接受行政处罚的,不影响刑事责任的追究。(§52)

【参考案例】

No.3-6-201-2 樟树市大京九加油城、黄春发等偷税案

购进货物时应当取得增值税专用发票而未索要,销售货物后没有按照增值税征管规定缴纳,从而偷逃应纳税款的,在计算偷税数额时,应当减除按照增值税征管规定可以申报抵扣的税额。

No.3-6-201-3 石敬伟偷税、贪污案

向侦查机关提供侦破其他案件的重要线索经查证属实的,应认定具有立功表现,但在其他案件侦破后提供该案件的线索或证据,则不应认定为具有立功表现,但可以酌情从轻处罚。

No.3-6-205-5 芦才兴虚开抵扣税款发票案

以逃税为目的,虚开可以用于抵扣税款的发票充减营业额偷逃税款的,不构成虚开用于抵扣税款的发票罪,应以逃税罪论处。

第二百零二条 【抗税罪】

以暴力、威胁方法拒不缴纳税款的,处三年以下有期徒刑或者拘役,并处拒缴税款一倍以上五倍以下罚金;情节严重的,处三年以上七年以下有期徒刑,并处拒缴税款一倍以上五倍以下罚金。

【条文说明】

本条是关于抗税罪及其处罚的规定。

抗税罪是危害税收征管罪中唯一的暴力犯罪,特别是那些以暴力方法对税务人员进行人身伤害的抗税行为,不仅侵害了国家的税收管理制度,还侵害了正在执行征税职务的税务人员的人身权利。[①]本罪可以从以下几个方面加以理解:

本条规定的**抗税罪**,是指负有缴纳税款义务的纳税义务人,以暴力、威胁方法拒不缴纳税款的犯罪。"**以暴力方法拒不缴纳税款**"是指行为人对税务人员采用暴力方法,包括殴打、推搡、伤害等直接侵害人身安全的暴力方法拒缴纳税款的行为[②];"**以威胁方法拒不缴纳税款**"是指纳税人采用威胁的方法拒不缴纳税款,如扬言以拼命的威胁方法拒缴税款,或扬言对税务人员及亲属的人身、财产的安全采取伤害、破坏手段,威胁税务人员,达到拒不缴税的目的。其中,威胁方法包括当面直接威胁,也包括采取其他间接的威胁方法,如打恐吓电话、寄恐吓信件等。

虽然根据本条的规定,只要行为人实施了以暴力、威胁方法拒抗纳税的行为,就构成犯罪,但是在司法实践中,**并不意味着对所有的抗税行为不分具体情节,一律定罪处罚**,同样也需要区分罪与非罪的界限问题。在税收征管中,有的纳税人或扣缴义务人出于一时冲动,或者出于对事实或法律的误解,在与税务人员争辩、口角中实施了阻拦、推挡、拉扯行为,甚至到税务机关大吵闹,或者一气之下说了一些威胁的言辞等,或者动作虽较大,但经批评教育后及时改正等,这些行为不足以阻碍税务机关的正常征管活动,从结果上看没有造成明显的危害后果,就可以认为**情节显著轻微危害不大的行为**,一般不宜以抗税罪追究刑事责任,可以按《税收征收管理法》第四十五条的规定予以处罚。据此,区分罪与非罪的界限,可以以下两方面考虑:一是**暴力程度、后果及威胁的内容**,如只是一般的争执、推搡,或只是一般的威胁,情节较轻的,不按犯罪处理较妥。二是**抗拒的税款数额**,如数额较小,也不宜以抗税罪论处。

本条对抗税罪规定处三年以下有期徒刑或者拘役,并处拒缴税款一倍以上五倍以下罚金,这是对一般的抗税罪的处罚规定。另外对情节严重的,规定处三年以上七年以下有期徒刑,并处拒缴税款一倍以上五倍以下罚金。关于本罪最新的定罪量刑标准,具体可参见 2024 年颁布的《最高人民法院、最高人民检察院关于办理危害税收征管刑事案件适用法律若干问题的解释》第五条。

实践中要注意对抗税罪与妨害公务罪进行区分。

《刑法》第二百七十七条规定的**妨害公务罪**,是指以暴力、威胁方法阻碍国家机关工作人员依法执行职务的行为。妨害公务罪与抗税罪在行为表现上具有相似之处,且二者主观上都出于故意,容易在司法实践中混淆。二者的犯罪行为均表现为采取暴力、威胁等方式阻碍对方依法执行公务,包括采取殴打、推搡,伤害等直接侵害人身安全的暴力方法和扬言对工作人员及亲属的人身、财产的安全采取伤害、破坏手段的威胁。只不过抗税罪一般仅针对税务工作人员使用上述行为,以拒不缴纳税款。**抗税罪是一种特殊的妨害公务犯罪**,刑法对抗税罪规定了独立且重于妨害公务罪一般情形的法定刑。在通常情况下,符合抗税罪构成要件的,应当依照抗税罪定罪处罚。

【司法解释】

《最高人民法院、最高人民检察院关于办理危害税收征管刑事案件适用法律若干问题的解释》(法释〔2024〕4 号,自 2024 年 3 月 20 日起施行)

△(情节严重;故意伤害罪或者故意杀人罪;竞合)以暴力、威胁方法拒不缴纳税款,具有下列

[①] 卢勤忠教授指出,本罪的保护客体包括国家正常的税收征管秩序和税务机关的财产、税务工作人员的人身安全。参见赵秉志、李希慧主编:《刑法各论》(第 3 版),中国人民大学出版社 2016 年版,第 157 页。

[②] 我国学者指出,本罪的暴力除了对人身外,还包括对物暴力。参见张明楷:《刑法学》(第 6 版),法律出版社 2021 年版,第 1057 页;周光权:《刑法各论》(第 4 版),中国人民大学出版社 2021 年版,第 335 页。有学者指出,虽然本罪的暴力不限于只能针对人身实施的暴力,但是必须有所限制:一是程度只限定于轻伤;二是只能针对执行征税的工作人员当场实施。参见黎宏:《刑法学各论》(第 2 版),法律出版社 2016 年版,第 171 页。

情形之一的,应当认定为刑法第二百零二条规定的"情节严重":

(一)聚众抗税的首要分子;
(二)故意伤害致人轻伤的;
(三)其他情节严重的情形。

实施抗税行为致人重伤、死亡,符合刑法第二百三十四条或者第二百三十二条规定的,以故意伤害罪或者故意杀人罪定罪处罚。(§5)

【司法解释性文件】

《最高人民检察院、公安部关于公安机关管辖的刑事案件立案追诉标准的规定(二)》(公通字〔2022〕12号,2022年4月6日公布)

△(**抗税罪;立案追诉标准**)以暴力、威胁方法拒不缴纳税款,涉嫌下列情形之一的,应予立案追诉:

(一)造成税务工作人员轻微伤以上的;
(二)以给税务工作人员及其亲友的生命、健康、财产等造成损害为威胁,抗拒缴纳税款的;
(三)聚众抗拒缴纳税款的;
(四)以其他暴力、威胁方法拒不缴纳税款的。(§53)

第二百零三条 【逃避追缴欠税罪】

纳税人欠缴应纳税款,采取转移或者隐匿财产的手段,致使税务机关无法追缴欠缴的税款,数额在一万元以上不满十万元的,处三年以下有期徒刑或者拘役,并处或者单处欠缴税款一倍以上五倍以下罚金;数额在十万元以上的,处三年以上七年以下有期徒刑,并处欠缴税款一倍以上五倍以下罚金。

【条文说明】

本条是关于逃避追缴欠税罪及其处罚的规定。

本条规定的**逃避追缴欠税罪**,是指负有纳税义务的单位或个人,欠缴应纳税款,并采取转移或者隐匿财产的手段,逃避税务机关追缴,数额较大的犯罪。逃避追缴欠税罪是故意犯罪,根据本条规定,行为人必须具有以下行为,才构成犯罪:

1. 行为人有欠缴税款的事实。"欠缴应纳税款"是指纳税单位或个人超过税务机关核定的纳税期限,没有按时缴纳税款、拖欠税款的行为。欠缴应纳税款是行为人明知未纳税或未纳足税款而故意拖欠的行为。拖欠的原因可能是其确实暂时无力缴纳,也可能是不愿缴纳。认定是否存在欠缴应纳税款这一事实,关键是看行为人未缴纳应纳税款的事实是否已过纳税期限。

至于具体的纳税期限,各个税种规定不尽一致,应依据具体的税收法规来确定。另外,法律也对确有困难的纳税人作了延期缴纳税款的规定,《税收征收管理法》第三十一条第二款规定:"纳税人因有特殊困难,不能按期缴纳税款的,经省、自治区、直辖市国家税务局、地方税务局批准,可以延期缴纳税款,但是最长不得超过三个月。"本条规定的**逃避追缴欠税**,主要是指行为人有能力缴纳而故意拖欠的情形。

2. 行为人采取了转移或者隐匿财产的手段。这里所说的"**采取转移或者隐匿财产的手段**",是指负有纳税义务的单位或个人在欠缴应纳税款的情况下将其财产转移或隐藏起来,使税务机关无法根据法律、行政法规的有关规定,对其采取相应的行政强制措施而追缴其欠缴的税款。行为人采取转移或者隐匿财产的手段包括转移开户行、提走存款、运走商品、隐匿存货等。如果行为人只是公开、消极地不予缴纳应纳税款,或者采取自身逃匿,或者实施暴力、威胁等方式抵制追缴的,均不能构成逃避追缴欠税罪,但可能构成本法规定的逃税罪、抗税罪等。

需要注意的是,**本条规定的行为人欠缴应纳税款和转移或者隐匿财产二者之间并无绝对的先后顺序**。如果行为人在纳税期限届满前即缴纳税款前就转移或隐匿财产,意图以后逃避纳税的,税务机关可以先行采取措施。根据《税收征收管理法》第三十八条的规定,税务机关有根据认为从事生产、经营的纳税人有逃避纳税义务行为的,可以在规定的纳税期之前责令其限期缴纳应纳税款;在限期内发现纳税人有明显的转移、隐匿其应纳税的商品、货物以及其他财产或者应纳税的收入的迹象的,可以责成纳税人提供纳税担保。如其拒绝,可对其采取税收保全措施。若纳税期届满后,行为人仍欠缴税款,且因其之前的转移隐匿财产行为致使税务机关无法追缴欠税款的,依法可以适用逃避追缴欠税罪。

3. 行为人转移或者隐匿财产致使税务机关无法追缴。这是逃避追缴欠税罪所要求的客观结果。在实践中,纳税人拖欠税款致使税务机关无法追缴的,一般有两种情形:一是纳税人财力不支、资金短缺,其商品、货物或者其他财产不足以支付欠缴的应纳税款,也不能提供纳税担保,即使对其执行强制措施也无法追缴所欠缴的税款;二是纳税人既不提供纳税担保,又采取转移或者隐匿财产的手段,使税务机关强制执行等追缴措施难以奏效。上述第一种情形属于单纯拖欠税款,当然不构成逃避追缴欠税罪;而第二种情形是行为人有能力缴纳所欠税款,但却不愿缴纳,并采取转移或者隐匿财产手段,致使税务机关无法追缴,实质上妨碍了税务机关的职能活动,可以构成逃避追缴欠税罪。

4. **无法追缴的欠税数额须达法定的数额标准**。根据本条规定,无法追缴的欠税数额应该在一万元以上。逃避追缴欠税罪是结果犯,如果不足一万元,即便具备前述要素,也不构成犯罪,这里的数额指税务机关无法追回的欠税数额,亦即国家税款的损失数额,而非行为人转移或隐匿的财产数额,也不是行为人的实际欠税数额。无法追缴的欠税达不到法定数额的,由税务部门依法作出行政处罚。

根据本条规定,**数额在一万元以上不满十万元的**,处三年以下有期徒刑或者拘役,并处或者单处欠缴税款一倍以上五倍以下罚金;**数额在十万元以上的**,处三年以上七年以下有期徒刑,并处欠缴税款一倍以上五倍以下罚金。

实践中应当注意区分逃避追缴欠税罪和逃税罪,虽然二者在本质上都属于不履行纳税义务,但仍存在以下区别:

1. 在主观方面,两种犯罪故意产生的阶段和内容不同。逃税罪的犯意通常是在纳税人的应税行为发生之后,税务机关确定其纳税义务之前产生,其目的是不缴或少缴应纳税款;逃避追缴欠税罪的犯意通常是纳税人在税务机关已经确定其应税数额和缴税期限之后产生,目的是拖欠应纳税款,使得税务机关无法追缴。

2. 在犯罪主体上,逃避追缴欠税罪的主体只能由纳税人构成,该纳税人还必须是欠税人;而逃税罪除纳税人以外还可由扣缴义务人构成。

3. 在客观方面,两种犯罪行为的表现形式不同。逃避追缴欠税罪采取的是转移、隐匿财产的手段,在此之前,行为人一般没有使用偷税的手段(可能是正常欠税款或漏税款)。而逃税罪往往采取利用帐簿、记帐凭证作假等隐瞒、欺骗手段进行虚假纳税申报或者不申报,从而达到偷税目的,其行为具有隐蔽性。

值得注意的是,有的纳税人在实施逃税犯罪行为之后,受到税务、司法机关查处,为了继续逃避纳税义务,往往采取转移或者隐匿财产的方法,致使税务、司法机关无法追缴其所应纳的税款。在这种情况下,行为人的转移、隐匿财产行为已经成为了逃税行为下的一个继续手段,不再单独评价,以逃税罪论处。

【司法解释】

《最高人民法院、最高人民检察院关于办理危害税收征管刑事案件适用法律若干问题的解释》(法释〔2024〕4号,自2024年3月20日起施行)

△(采取转移或者隐匿财产的手段)纳税人欠缴应纳税款,为逃避税务机关追缴,具有下列情形之一的,应当认定为刑法第二百零三条规定的"采取转移或者隐匿财产的手段":

(一)放弃到期债权的;

(二)无偿转让财产的;

(三)以明显不合理的价格进行交易的;

(四)隐匿财产的;

(五)不履行税收义务并脱离税务机关监管的;

(六)以其他手段转移或者隐匿财产的。(§6)

【司法解释性文件】

《最高人民检察院、公安部关于公安机关管辖的刑事案件立案追诉标准的规定(二)》(公通字〔2022〕12号,2022年4月6日公布)

△(逃避追缴欠税罪:立案追诉标准)纳税人欠缴应纳税款,采取转移或者隐匿财产的手段,致使税务机关无法追缴欠缴的税款,数额在一万元以上的,应予立案追诉。(§54)

第二百零四条 【骗取出口退税罪】

以假报出口或者其他欺骗手段,骗取国家出口退税款,数额较大的,处五年以下有期徒刑或者拘役,并处骗取税款一倍以上五倍以下罚金;数额巨大或者有其他严重情节的,处五年以上十年以下有期徒刑,并处骗取税款一倍以上五倍以下罚金;数额特别巨大或者有其他特别严重情节的,处十年以上有期徒刑或者无期徒刑,并处骗取税款一倍以上五倍以下罚金或者没收财产。

纳税人缴纳税款后,采取前款规定的欺骗方法,骗取所缴纳的税款的,依照本法第二百零一条的规定定罪处罚;骗取税款超过所缴纳的税款部分,依照前款的规定处罚。

【条文说明】

本条是关于骗取出口退税罪及其处罚的规定。

本条共分为两款。

第一款是关于骗取出口退税罪及其处罚的规定。骗取出口退税罪同其他诈骗罪一样是故意犯罪,行为人具有非法牟利的目的,行为人实施了假报出口或者其他欺骗手段。根据有关规定,申请退税,必须提供海关盖有"验讫章"的产品出口报关单、出口销售发票、出口产品购进发票和银行的出口结汇单。税务机关正是根据上述有关凭证、单据,依法对出口企业办理退税。而"**假报出口**",则是行为人根本没有出口产品,但为了骗取国家的出口退税款而采取伪造合同、有关单据、凭证等手段,假报出口的行为。

根据 2024 年《最高人民法院、最高人民检察院关于办理危害税收征管刑事案件适用法律若干问题的解释》第七条的规定,具有下列情形之一的,应当认定为**假报出口或者其他欺骗手段**:(1)使用虚开、非法购买或者以其他非法手段取得的增值税专用发票或者其他可以用于出口退税的发票申报出口退税的;(2)将未负税或者免税的出口业务申报为已税的出口业务的;(3)冒用他人出口业务申报出口退税的;(4)虽有出口,但虚构应退税出口业务的品名、数量、单价等要素,以虚增出口退税额申报出口退税的;(5)伪造、签订虚假的销售合同,或者以伪造、变造等非法手段取得出口报关单、运输单据等出口业务相关单据、凭证,虚构出口事实申报出口退税的;(6)在货物出口后,又转入境内或者将境外同种货物转入境内循环进出口并申报出口退税的;(7)虚报出口产品的功能、用途等,将不享受退税政策的产品申报为退税产品的;(8)以其他欺骗手段骗取出口退税款的。

本款关于刑罚的规定分为三档:第一档刑罚是**数额较大的**,处五年以下有期徒刑或者拘役,并处骗取税款一倍以上五倍以下罚金;第二档刑罚是**数额巨大或者有其他严重情节的**,处五年以上十年以下有期徒刑,并处骗取税款一倍以上五倍以下罚金;第三档刑罚是**数额特别巨大或者有其他特别严重情节的**,处十年以上有期徒刑或者无期徒刑,并处骗取税款一倍以上五倍以下罚金或者没收财产。

关于本罪的具体定罪量刑标准,参见 2024 年颁布的《最高人民法院、最高人民检察院关于办理危害税收征管刑事案件适用法律若干问题的解释》第八条。

第二款是关于纳税人缴纳税款后,采取前款规定的欺骗方法,骗取所缴纳的税款的定罪与处罚的规定。本款与前款规定的不同之处在于,本款所规定的犯罪主体仅限于纳税人,"**纳税人缴纳税款后**"是指纳税人骗取税款的行为发生在缴纳税款后;"**采取前款规定的欺骗方法**"是指采取本条第一款规定的"以假报出口或者其他欺骗手段";"**骗取所缴纳的税款**"是指纳税人将已缴纳的税款骗回的行为。

在实际发生的案件中,这类情况的骗税人往往超过其所缴纳的税额骗за退税。为了区别情况,真正做到罪刑相当,本款规定,**骗取所缴纳的税款的,依照**《刑法》第二百零一条的规定定罪处罚,即按照逃税罪的规定处罚。**骗取税款超过所缴纳的税款的部分**,依照前款关于骗取出口退税罪的规定处罚。这是考虑到骗取自己所缴纳的税款,实际上等于没有缴纳税款,性质与逃税差不多;而超过所缴纳的税款骗取税款,其所骗取的超过所缴纳的税款部分,实际上是国家金库中的财产,将这部分财产占为己有的,与第一款规定的骗取出口退税罪的性质是一样的。所以对"骗取税款超过所缴纳的税款部分",本款规定依照前款规定处罚。①

---

① 相同的学说见解,参见黎宏:《刑法学各论》(第 2 版),法律出版社 2016 年版,第 174 页;张明楷:《刑法学》(第 6 版),法律出版社 2021 年版,第 1058 页。

在实际执行中应当注意分辨骗取出口退税罪与以下罪名的区别和联系：

1. 诈骗罪。根据《刑法》第二百六十六条的规定，诈骗罪是指以非法占有为目的，用虚构事实或者隐瞒真相的方法，骗取数额较大的公私财物的行为。欺骗性是诈骗罪的本质特征。骗取出口退税罪是指单位或个人以骗取国家出口退税款为目的，采用虚增增值税专用发票、搞假货物报关出口骗取货物出口报关单、内外勾结提供出口收汇单证等欺骗手段，非法组织虚假的出口退税凭证，在根本未交纳税款的情况下，从税务机关骗取出口退税款的行为。因此，骗取出口退税行为实质上是一种诈骗行为。近些年来，诈骗犯罪的手段越来越多，诈骗的对象也越来越广，出现了诸如信用证诈骗、金融票据诈骗、保险诈骗、合同诈骗、骗出口退税等行为，为了有效地惩治这些犯罪行为，刑法规定了专门的犯罪，例如凡符合骗取出口退税犯罪构成要件的，直接以骗取出口退税定罪处罚，不再以一般诈骗罪定罪处罚。

2. 虚开增值税专用发票罪。根据《刑法》第二百零五条的规定，虚开增值税专用发票罪是指单位和个人违反国家税收征管和发票管理程度，为他人虚开、为自己虚开、让他人为自己虚开、介绍他人虚开增值税专用发票的行为。骗取出口退税罪与虚开增值税专用发票罪同属危害税收征管类犯罪，虚开增值税专用发票本身是行为人实施骗取出口退税罪的重要手段之一，骗取出口退税罪的实施以行为人虚开增值税专用发票为必要环节。当行为人将虚开的增值税专用发票用于向税务机关申请出口退税，数额较大时，该行为人就同时触犯了骗取出口退税罪和虚开增值税专用发票罪两个罪名，但应从一重处罚，不适用数罪并罚。

【司法解释】

《最高人民法院关于审理骗购外汇、非法买卖外汇刑事案件具体应用法律若干问题的解释》（法释〔1998〕20号，自1998年9月1日起施行）

△(**骗购外汇；骗取出口退税罪；非国有公司、企业或者其他单位；逃汇罪的共犯**) 以进行走私、逃汇、洗钱、骗税等犯罪活动为目的，使用虚假、无效的凭证、商业单据或者采取其他手段向外汇指定银行骗购外汇的，应当分别按照刑法分则第三章第二节、第一百九十条、第一百九十一条和第二百零四条等规定定罪处罚。

非国有公司、企业或者其他单位，与国有公司、企业或者其他国有单位勾结逃汇的，以逃汇罪的共犯处罚。（§1）

《最高人民法院、最高人民检察院关于办理危害税收征管刑事案件适用法律若干问题的解释》（法释〔2024〕4号，自2024年3月20日起施行）

△(**假报出口或者其他欺骗手段**) 具有下列情形之一的，应当认定为刑法第二百零四条第一款规定的"假报出口或者其他欺骗手段"：

（一）使用虚开、非法购买或者以其他非法手段取得的增值税专用发票或者其他可以用于出口退税的发票申报出口退税的；

（二）将未负税或者免税的出口业务申报为已税的出口业务的；

（三）冒用他人出口业务申报出口退税的；

（四）虽有出口，但虚构应退税出口业务的品名、数量、单价等要素，以虚增出口退税额申报出口退税的；

（五）伪造、签订虚假的销售合同，或者以伪造、变造等非法手段取得出口报关单、运输单据等出口业务相关单据、凭证，虚构出口事实申报出口退税的；

（六）在货物出口后，又转入境内或者将境外同种货物转入境内循环进出口并申报出口退税的；

（七）虚报出口产品的功能、用途，将不享受退税政策的产品申报为退税产品的；

（八）以其他欺骗手段骗取出口退税款的。（§7）

△(**数额较大；数额巨大；数额特别巨大；其他严重情节；其他特别严重情节**) 骗取国家出口退税款数额十万元以上、五十万元以上、五百万元以上的，应当分别认定为刑法第二百零四条第一款规定的"数额较大"、"数额巨大"、"数额特别巨大"。

具有下列情形之一的，应当认定为刑法第二百零四条第一款规定的"其他严重情节"：

（一）两年内实施虚假申报出口退税行为三次以上，且骗取国家税款三十万元以上的；

（二）五年内因骗取国家出口退税受过刑事处罚或者二次以上行政处罚，又实施骗取国家出口退税行为，数额在十万元以上的；

（三）致使国家税款被骗取三十万元以上并且在提起公诉前无法追回的；

（四）其他情节严重的情形。

具有下列情形之一的，应当认定为刑法第二百零四条第一款规定的"其他特别严重情节"：

（一）两年内实施虚假申报出口退税行为五次以上，或者以骗取出口退税为主要业务，且骗取国家税款三百万元以上的；

（二）五年内因骗取国家出口退税受过刑事处罚或者二次以上行政处罚，又实施骗取国家出

口退税行为,数额在三百万元以上的;
（三）致使国家税款被骗取三百万元以上并且在提起公诉前无法追回的;
（四）其他情节特别严重的情形。（§8）
△（没有实际取得出口退税款）实施骗取国家出口退税行为,没有实际取得出口退税款的,可以比照既遂犯从轻或者减轻处罚。（§9Ⅰ）
△（非法购买增值税专用发票用于骗取抵扣税款或者骗取出口退税款）购买伪造的增值税专用发票又出售的,以出售伪造的增值税专用发票罪定罪处罚;非法购买增值税专用发票用于骗取抵扣税款或者骗取出口退税款,同时构成非法购买增值税专用发票罪与虚开增值税专用发票罪、骗取出口退税罪的,依照处罚较重的规定定罪处罚。（§16Ⅲ）

【司法解释性文件】

《最高人民检察院、公安部关于公安机关管辖的刑事案件立案追诉标准的规定（二）》（公通字〔2022〕12号,2022年4月6日公布）

△（骗取出口退税罪;立案追诉标准）以假报出口或者其他欺骗手段,骗取国家出口退税款,数额在十万元以上的,应予立案追诉。（§55）

【参考案例】

No.3-6-204-1　杨康林等骗取出口退税案

有进出口经营权的公司将代理出口业务伪造自营出口业务,致使国家税款被骗的,可以认定具有骗取国家出口退税款的主观故意。

第二百零五条　【虚开增值税专用发票、用于骗取出口退税、抵扣税款发票罪】

虚开增值税专用发票或者虚开用于骗取出口退税、抵扣税款的其他发票的,处三年以下有期徒刑或者拘役,并处二万元以上二十万元以下罚金;虚开的税款数额较大或者有其他严重情节的,处三年以上十年以下有期徒刑,并处五万元以上五十万元以下罚金;虚开的税款数额巨大或者有其他特别严重情节的,处十年以上有期徒刑或者无期徒刑,并处五万元以上五十万元以下罚金或者没收财产。

单位犯本条规定之罪的,对单位判处罚金,并对其直接负责的主管人员和其他直接责任人员,处三年以下有期徒刑或者拘役;虚开的税款数额较大或者有其他严重情节的,处三年以上十年以下有期徒刑;虚开的税款数额巨大或者有其他特别严重情节的,处十年以上有期徒刑或者无期徒刑。

虚开增值税专用发票或者虚开用于骗取出口退税、抵扣税款的其他发票,是指有为他人虚开、为自己虚开、让他人为自己虚开、介绍他人虚开行为之一的。

【立法解释】

《全国人民代表大会常务委员会关于〈中华人民共和国刑法〉有关出口退税、抵扣税款的其他发票规定的解释》（2005年12月29日通过）

△（出口退税、抵扣税款的其他发票）刑法规定的"出口退税、抵扣税款的其他发票",是指除增值税专用发票以外的,具有出口退税、抵扣税款功能的收付款凭证或者完税凭证。

【立法沿革】

《中华人民共和国刑法》（1997年修订,自1997年10月1日起施行）

第二百零五条

虚开增值税专用发票或者虚开用于骗取出口退税、抵扣税款的其他发票的,处三年以下有期徒刑或者拘役,并处二万元以上二十万元以下罚金;虚开的税款数额较大或者有其他严重情节的,处三年以上十年以下有期徒刑,并处五万元以上五十万元以下罚金;虚开的税款数额巨大或者有其他特别严重情节的,处十年以上有期徒刑或者无期徒刑,并处五万元以上五十万元以下罚金或者没收财产。

有前款行为骗取国家税款,数额特别巨大,情节特别严重,给国家利益造成特别重大损失的,处无期徒刑或者死刑,并处没收财产。

单位犯本条规定之罪的,对单位判处罚金,并对其直接负责的主管人员和其他直接责任人,处三年以下有期徒刑或者拘役;虚开的税款数额较大或者有其他严重情节的,处三年以上十年以下有期徒刑;虚开的税款数额巨大或者有其他特别严重情节的,处十年以上有期徒刑或者无期徒刑。

虚开增值税专用发票或者虚开用于骗取出口

退税、抵扣税款的其他发票,是指有为他人虚开、为自己虚开、让他人为自己虚开、介绍他人虚开行为之一的。

《中华人民共和国刑法修正案(八)》(自2011年5月1日起施行)

三十二、删去刑法第二百零五条第二款。

【条文说明】

本条是关于虚开增值税专用发票、用于骗取出口退税、抵扣税款发票罪及其处罚的规定。

虚开增值税专用发票或用于骗取出口退税、抵扣税款的其他发票的行为违反了**发票管理制度**,同时虚开增值税专用发票或用于骗取出口退税、抵扣税款的其他发票,可以抵扣大量税款,**造成国家税款的大量流失**,这种行为也严重地破坏了社会主义经济秩序,应当予以严惩。

本条共分为三款。

第一款是关于虚开增值税专用发票、用于骗取出口退税、抵扣税款发票罪及其处罚的规定。本条规定的"**增值税专用发票**",是指国家税务部门根据增值税征收管理需要,兼记货物或劳务所负担的增值税税额而设定的一种发票。根据2005年12月29日第十届全国人大常委会第十九次会议通过的《全国人民代表大会常务委员会关于〈中华人民共和国刑法〉有关出口退税、抵扣税款的其他发票规定的解释》的规定,"**出口退税、抵扣税款的其他发票**"是指除增值税专用发票以外的,具有出口退税、抵扣税款功能的收付款凭证或者完税凭证。目前,在我国的税收征管制度中,除增值税专用发票以外,还有几种其他发票也具有抵扣税款的功能,主要是农林牧水产品收购发票、废旧物品收购发票、运输发票以及海关出具的代征增值税专用缴款书等,还有征课消费税的产品出口时所开具的发票也可以作为出口退税的凭证。随着税收征管工作的进一步加强,今后还可能会出现一些具有抵扣税款或者退税功能的专用发票。另外,从是否有商品交易来看,本款规定的"**虚开**"主要有两种情况:一种是根本不存在商品交易,无中生有,虚构商品交易内容和虚假发票,然后利用虚开的发票抵扣税款;另一种是虽然存在真实的商品交易,但是以少开多,达到偷税的目的。①

根据本款规定,凡有本款所规定行为的,即构成犯罪,处三年以下有期徒刑或者拘役,并处二万元以上二十万元以下罚金;**虚开的税款数额较大或者有其他严重情节的**,处三年以上十年以下有期徒刑,并处五万元以上五十万元以下罚金;**虚开的税款数额巨大或者有其他特别严重情节的**,处十年以上有期徒刑或者无期徒刑,并处五万元以上五十万元以下罚金或者没收财产。

第二款是关于单位犯本条规定之罪及其处罚的规定。本款中"**单位犯本条规定之罪的**"是指单位触犯本条关于虚开发票的规定而构成犯罪的。在司法实践中,单位触犯本条罪名的情形更为普遍,案涉金额也更大。"**直接负责的主管人员和其他直接责任人员**"主要是指法定代表人、控股股东、实际控制人、财务主管人员等。本款关于单位犯本条规定之罪的刑罚规定采取了**双罚制原则**,即对单位判处罚金,同时规定对单位直接负责的主管人员和直接责任人员,处三年以下有期徒刑或者拘役;虚开的税款数额较大或者有其他严重情节的,处三年以上十年以下有期徒刑;虚开的税款数额巨大或者有其他特别严重情节的,处十年以上有期徒刑或者无期徒刑。

第三款是关于"虚开"行为的定义。本款规定,**虚开增值税专用发票或者虚开用于骗取出口退税、抵扣税款的其他发票**,是指有为他人虚开、为自己虚开、让他人为自己虚开、介绍他人虚开行为之一的。"**为他人虚开**"是指开票人与他人无商品交易活动,但利用所持有的上述发票,采用无中生有或者以少开多的手段,为他人虚开发票的行为,其中也包括以往所说的"代开"发票的行为。这里规定的"他人"既包括企业、事业单位、机关团体,也包括个人。"**为自己虚开**"是指利用自己所持有的上述发票,虚开以后自己使用,如进行抵扣税款或者骗取出口退税。"**让他人为自己虚开**"是指要求或者诱骗收买他人为自己虚开上述发票的行为。"**介绍他人虚开**"是指在虚开上述发票过程中牵线搭桥、组织策划的犯罪行为。

根据本款规定,虚开增值税专用发票、用于骗取出口退税、抵扣税款发票罪属于行为犯,即只要具有上述虚开行为之一,便可构成犯罪,没有"数额""情节"的限定。同时实践中虚开增值税专用发票、用于骗取出口退税、抵扣税款发票罪也存在定罪标准。关于本罪最新的定罪量刑标准,具体

---

① 关于虚开行为的内容,刘志伟教授额外提及第三种情形,即进行了实际经营活动,但让他人为自己开增值税专用发票。对此,如果存在现实的交易,且所开具的增值税专用发票如实反映了该交易活动涉及税款计算的内容,销售方也如实缴纳了相应的涉税款项,则不宜将此行为作为犯罪处理。参见高铭暄、马克昌主编:《刑法学》(第7版),北京大学出版社、高等教育出版社2016年版,第428页。

参见2024年颁布的《最高人民法院、最高人民检察院关于办理危害税收征管刑事案件适用法律若干问题的解释》第十一条。

实践中需要注意以下两个方面的问题：

1. 实施虚开行为后进而利用该行为骗取国家税款应如何认定。在实践中，"虚开"行为往往伴随着逃避缴纳税款、骗取出口退税、出售营利等不法目的，虚开增值税专用发票或者可用于出口退税、抵扣税款的发票往往成为虚假申报、逃避缴纳税款或者骗取出口退税的一种手段工具。由于我国实行税收法定原则，根据本条规定，虚开行为本身就可能构成犯罪。对于虚开本条规定的发票后又利用该虚开发票减免应纳税额以逃避缴纳税款的，或者直接骗取国家出口退税的，或者出售的等情形，**应在实践中结合行为人目的、情节具体分析**。如对于以虚开增值税专用发票为业务并售卖的，一般以虚开增值税专用发票罪论处；对于以逃税目的虚开增值税专用发票的，可考虑按照逃税罪处等。

2. 关于**挂靠开票和代开发票行为**的认定。一是挂靠方以挂靠形式向受票方实际销售货物，被挂靠方向受票方开具增值税专用发票的行为，应如何认定。挂靠，一般指由挂靠方适用被挂靠方的经营资格进行经营活动，并向挂靠方支付挂靠费的一种经营方式，主要存在于建筑施工领域。《建筑法》第二十六条虽明确禁止以挂靠形式从事经营活动，但对于挂靠方以被挂靠方名义开具发票的行为，根据2014年《国家税务总局关于纳税人对外开具增值税专用发票有关问题的公告》，主管机关认为挂靠方以挂靠形式向受票方实际销售货物，被挂靠方向受票方开具增值税专用发票的，不属于虚开。2015年最高人民法院研究室《〈关于如何认定以"挂靠"有关公司名义实施经营活动并让有关公司为自己虚开增值税专用发票行为的性质〉征求意见的复函》中有规定认为，该行为不宜认定为虚开增值税专用发票罪。二是行为人利用他人的名义从事经营活动，并让他人或公司开具增值税专用发票的直接代开发票行为。如行为人进行了实际的经营活动，主观上并无骗取抵扣税款的故意，客观上也未造成国家增值税款损失的，一般也不宜直接认定为虚开增值税专用发票罪，符合逃税罪等其他犯罪构成条件的，可以其他犯罪论处。

虚开增值税专用发票罪的法定最高刑为无期徒刑，系严重侵犯增值税专用发票管理秩序的犯罪。前述两种情形，行为人不以骗取国家税款为目的，且依据真实的商品交易，仅是名义发票主体与实际发票主体不一致，实际上未造成国家税款损失的，应当遵循刑法的罪责刑相适应原则，根据行为情节的轻重，认定行为是否具有行政违法性或者刑事违法性。

【司法解释】

《最高人民法院、最高人民检察院关于办理危害税收征管刑事案件适用法律若干问题的解释》（法释〔2024〕4号，自2024年3月20日起施行）

△(**虚开增值税专用发票或者虚开用于骗取出口退税、抵扣税款的其他发票；为虚增业绩、融资、贷款等不以骗抵税款为目的**)具有下列情形之一的，应当认定为刑法第二百零五条第一款规定的"虚开增值税专用发票或者虚开用于骗取出口退税、抵扣税款的其他发票"：

（一）没有实际业务，开具增值税专用发票、用于骗取出口退税、抵扣税款的其他发票的；

（二）有实际应抵扣业务，但开具超过实际应抵扣业务对应税款的增值税专用发票、用于骗取出口退税、抵扣税款的其他发票的；

（三）对依法不能抵扣税款的业务，通过虚构交易主体开具增值税专用发票、用于骗取出口退税、抵扣税款的其他发票的；

（四）非法篡改增值税专用发票或者用于骗取出口退税、抵扣税款的其他发票相关电子信息的；

（五）违反规定以其他手段虚开的。

为虚增业绩、融资、贷款等不以骗抵税款为目的，没有因抵扣造成税款被骗损失的，不以本罪论处，构成其他犯罪的，依法以其他犯罪追究刑事责任。（§10）

△(**数额较大；数额巨大；其他严重情节；其他特别严重情节；既虚开进项又虚开销项；以伪造的增值税专用发票进行虚开**)虚开增值税专用发票、用于骗取出口退税、抵扣税款的其他发票，税款数额在十万元以上的，应当依照刑法第二百零五条的规定定罪处罚；虚开税款数额在五十万元以上、五百万元以上的，应当分别认定为刑法第二百零五条第一款规定的"数额较大"、"数额巨大"。

具有下列情形之一的，应当认定为刑法第二百零五条第一款规定的"**其他严重情节**"：

（一）在提起公诉前，无法追回的税款数额达到三十万元以上的；

（二）五年内因虚开发票受过刑事处罚或者二次以上行政处罚，又虚开增值税专用发票或者虚开用于骗取出口退税、抵扣税款的其他发票，虚开税款数额在三十万元以上的；

（三）其他情节严重的情形。

具有下列情形之一的，应当认定为刑法第二

百零五条第一款规定的"其他特别严重情节":

(一)在提起公诉前,无法追回的税款数额达到三百万元以上的;

(二)五年内因虚开发票受过刑事处罚或者二次以上行政处罚,又虚开增值税专用发票或者虚开用于骗取出口退税、抵扣税款的其他发票,虚开税款数额在三百万元以上的;

(三)其他情节特别严重的情形。

以同一购销业务名义,既虚开进项增值税专用发票、用于骗取出口退税、抵扣税款的其他发票,又虚开销项的,以其中较大的数额计算。

以伪造的增值税专用发票进行虚开,达到本条规定标准的,应当以虚开增值税专用发票罪追究刑事责任。(§11)

△(非法购买增值税专用发票用于骗取抵扣税款或者骗取出口退税款)购买伪造的增值税专用发票又出售的,以出售伪造的增值税专用发票罪定罪处罚;非法购买增值税专用发票用于骗取抵扣税款或者骗取出口退税款,同时构成非法购买增值税专用发票罪与虚开增值税专用发票罪、骗取出口退税罪的,依照处罚较重的规定定罪处罚。(§16 Ⅲ)

【司法解释性文件】

《最高人民法院关于对〈审计署关于咨询虚开增值税专用发票罪问题的函〉的复函》(法函〔2001〕66号,2001年10月17日公布)

△(地方税务机关;"高开低征"; "开大征小";违规开具增值税专用发票;渎职罪)地方税务机关实施"高开低征"或者"开大征小"等违规开具增值税专用发票的行为,不属于刑法第二百零五条规定的虚开增值税专用发票的犯罪行为,造成国家税款重大损失的,对有关主管部门的国家机关工作人员,应当根据刑法有关渎职罪的规定追究刑事责任。

《最高人民检察院法律政策研究室关于税务机关工作人员通过企业以"高开低征"的方法代开增值税专用发票的行为如何适用法律问题的答复》(高检研发〔2004〕6号,2004年3月17日公布)

△(虚开增值税专用发票;虚报为一般纳税人;"高开低征"的方法)税务机关及其工作人员将不具备条件的小规模纳税人虚报为一般纳税人,并让其采用"高开低征"的方法为他人代开增值税专用发票的行为,属于虚开增值税专用发票。对于造成国家税款损失,构成犯罪的,应当依照刑法第二百零五条的规定追究刑事责任。

《国家税务总局关于纳税人对外开具增值税专用发票有关问题的公告》(国家税务总局公告2014年第39号,自2014年8月1日起施行)

△(对外开具增值税专用发票)纳税人通过虚增增值税进项税额偷逃税款,但对外开具增值税专用发票同时符合以下情形的,不属于对外虚开增值税专用发票①:

一、纳税人向受票方纳税人销售了货物,或者提供了增值税应税劳务、应税服务;

二、纳税人向受票方纳税人收取了所销售货物、所提供应税劳务或者应税服务的款项,或者取得了索取销售款项的凭据;

三、纳税人按规定向受票方纳税人开具的增值税专用发票相关内容,与所销售货物、所提供应税劳务或者应税服务相符,且该增值税专用发票是纳税人合法取得、并以自己名义开具的。

受票方纳税人取得的符合上述情形的增值税专用发票,可以作为增值税扣税凭证抵扣进项税额。

《最高人民法院研究室〈关于如何认定以"挂靠"有关公司名义实施经营活动并让有关公司为自己虚开增值税专用发票行为的性质〉征求意见的复函》(法研〔2015〕58号,2015年6月11日公布)

△(挂靠;被挂靠方向受票方开具增值税专用发票)挂靠方以挂靠形式向受票方实际销售货物,被挂靠方向受票方开具增值税专用发票的,不属于刑法第二百零五条规定的"虚开增值税专用发票"。② 主要考虑:

(1)由挂靠方适用被挂靠方的经营资格进行经营活动,并向挂靠方支付挂靠费的经营方式在实践中常观存在,且带有一定普遍性。相关法律并未明确禁止以挂靠形式从事经营活动。

(2)虚开增值税专用发票罪是行政犯,对相关入罪要件的判断,应当依据、参照相关行政法规、部门规章等,而根据《国家税务总局关于纳税人对外开具增值税专用发票有关问题的公告》(国家税务总局公告2014年第39号),挂靠方以挂靠形式向受票方实际销售货物,被挂靠方向受票方开具增值税专用发票的,不属于虚开。(§1)

---

① 学说见解指出,本公告仅规定了纳税人的某一行为不属于虚开增值税专用发票,无法从中反推出,不符合三种情形的行为就是虚开增值税专用发票。参见张明楷:《刑法学》(第6版),法律出版社2021年版,第1060页。

② 相同的学说见解,参见张明楷:《刑法学》(第6版),法律出版社2021年版,第1060页。

△(以他人名义开具增值税专用发票;实际的经营活动;主观故意)行为人利用他人的名义从事经营活动,并以他人名义开具增值税专用发票的,即便行为人与该他人之间不存在挂靠关系,但如行为人进行了实际的经营活动,主观上并无骗取抵扣税款的故意,客观上也未造成国家增值税款损失的,不宜认定为刑法第二百零五条规定的"虚开增值税专用发票";符合逃税罪等其他犯罪构成条件的,可以其他犯罪论处。主要考虑:

(1)虚开增值税发票罪的危害实质在于通过虚开行为骗取抵扣税款,对于有实际交易存在的代开行为,如行为人主观上并无骗取抵扣税款的故意,客观上未造成国家增值税款损失的,不宜以虚开增值税专用发票罪论处。虚开增值税专用发票罪的法定最高刑为无期徒刑,系严重犯罪,如果将该罪理解为行为犯,只要虚开增值税专用发票,侵犯增值税专用发票管理秩序的,即构成犯罪并要判处重刑,也不符合罪刑责相适应原则。

(2)1996年10月17日《关于适用〈全国人民代表大会常务委员会关于惩治虚开、伪造和非法出售增值税专用发票犯罪的决定〉的若干问题的解释》①虽然未被废止,但该解释制定于1997年刑法施行前,根据我院《关于认真学习宣传贯彻修订的〈中华人民共和国刑法〉的通知》(法发〔1997〕3号)第五条"修订的刑法实施后,对已明令废止的全国人大常委会有关决定和补充规定,最高人民法院原作出的有关司法解释不再适用,但是如果修订的刑法有关条文实质内容没有变化的,人民法院在刑事审判工作中,在没有新的司法解释前,可参照执行。其他对于与修订的刑法规定相抵触的司法解释,不再适用"的规定,应当根据现行刑法第二百零五条关于虚开增值税专用发票罪的规定,合理选择该解释中可以继续参照适用的条文。其中,该解释中关于"进行了实际经营活动,但让他人为自己代开增值税专用发票"也属于虚开的规定,与虚开增值税专用发票罪的规定不符,不应继续适用;如继续适用该解释的上述规定,则对于挂靠代开案件也要以犯罪论处,显然有失妥当。

(3)《刑事审判参考》曾刊登"芦才兴虚开抵扣税款发票案"。该案例提出,虚开用于抵扣税款的发票冲减营业额偷逃税款的行为。主观上明知所虚开的运输发票均不用于抵扣税款,客观上使用虚开冲减营业额的方法偷逃应纳税款,其行为不符合虚开用于抵扣税款发票罪的构成要件,属于偷税行为。2001年福建高院请示的泉州市松苑绵涤实业有限公司等虚开增值税专用发票案,被告单位不以抵扣税款为目的,而是为了显示公司实力以达到在与外商谈判中处于有利地位的目的而虚开增值税发票。我院答复认为该公司的行为不构成犯罪。(§2)

《最高人民检察院、公安部关于公安机关管辖的刑事案件立案追诉标准的规定(二)》(公通字〔2022〕12号,2022年4月6日公布)

△(虚开增值税专用发票、用于骗取出口退税、抵扣税款发票罪;立案追诉标准)虚开增值税专用发票或者虚开用于骗取出口退税、抵扣税款的其他发票,虚开的税款数额在十万元以上或者造成国家税款损失数额在五万元以上的,应予立案追诉。(§56)

【指导性案例】

最高人民检察院指导性案例第81号:无锡F警用器材公司虚开增值税专用发票案(2020年11月24日发布)

△(单位认罪认罚;不起诉;移送行政处罚;合规经营)民营企业违规经营触犯刑法情节较轻,认罪认罚的,对单位和直接责任人员依法能不捕的不捕,能不诉的不诉。检察机关应当督促认罪认罚的民营企业合法规范经营。拟对企业作出不起诉处理的,可以通过公开听证听取意见。对被不起诉人(单位)需要给予行政处罚、处分或者需要没收其违法所得的,应当依法提出检察意见,移送有关主管机关处理。

【参考案例】

No.3-6-205-2 吴彩森等虚开增值税专用发票案

违反增值税专用发票管理法规,采取高开低征的方式开具增值税专用发票的,应以虚开增值税专用发票罪论处。

No.3-6-205-8 金民、袁丽等人逃税案

虚开用于抵扣税款的发票罪以行为人主观上具有偷骗税款的目的为成立要件。

No.3-6-205-9 孟庆弘虚开增值税专用发票案

虚开增值税专用发票的行为中,无实际经营活动的行为人为他人虚开销项发票的同时又让他

---

① 该解释在2024年已被《最高人民法院、最高人民检察院关于办理危害税收征管刑事案件适用法律若干问题的解释》废止。

人为自己虚开进项发票的，应当按其中数额较大的一项计算虚开的数额，而不应累计计算销项与进项发票的数额。

No.3-6-205-11　王小禹、鞠井田虚开增值税专用发票案

虚开增值税发票罪中的"虚开的税款数额"是指使用增值税专用发票可以抵扣的税款额（票面载明的数额）。

第二百零五条之一　【虚开发票罪】

虚开本法第二百零五条规定以外的其他发票，情节严重的，处二年以下有期徒刑、拘役或者管制，并处罚金；情节特别严重的，处二年以上七年以下有期徒刑，并处罚金。

单位犯前款罪的，对单位判处罚金，并对其直接负责的主管人员和其他直接责任人员，依照前款的规定处罚。

【立法沿革】

《中华人民共和国刑法修正案（八）》（自2011年5月1日起施行）

三十三、在刑法第二百零五条后增加一条，作为第二百零五条之一：

"虚开本法第二百零五条规定以外的其他发票，情节严重的，处二年以下有期徒刑、拘役或者管制，并处罚金；情节特别严重的，处二年以上七年以下有期徒刑，并处罚金。

"单位犯前款罪的，对单位判处罚金，并对其直接负责的主管人员和其他直接责任人员，依照前款的规定处罚。"

【条文说明】

本条是关于虚开发票罪及其处罚的规定。

本条共分为两款。

第一款是关于虚开发票罪及其处罚的规定。"**虚开发票**"是指为他人虚开、为自己虚开、让他人为自己虚开、介绍他人虚开等行为。虚开的手段多种多样，比如"大头小尾"、开"阴阳票"、改变品目、使用地税营业税发票开国税业务发票，甚至使用假发票等。虚开的目的可以是为了赚取手续费，也可以是通过虚开发票少报收入，偷税、骗税，甚至是用于非法经营、贪污贿赂、侵占等违法犯罪活动。"**本法第二百零五条规定以外的其他发票**"是指除增值税专用发票或者其他具有退税、抵扣税款功能的发票以外的普通发票①，既包括真的也包括伪造、变造的普通发票②。根据本款规定，**对于虚开《刑法》第二百零五条规定以外的其他发票，情节严重的**，处二年以下有期徒刑、拘役或者管制，并处罚金；**情节特别严重的**，处二年以上七年以下有期徒刑，并处罚金。对于情节认定的具体标准，可以由最高人民法院、最高人民检察院根据司法实践情况通过制定司法解释确定。对于不属于"情节严重"或者"情节特别严重"的一般虚开其他发票的行为，尚不够刑罚处罚的，可以根据发票管理办法的规定，由税务机关没收违法所得；虚开金额在一万元以下的，可以并处五万元以下的罚款；虚开金额超过一万元的，并处五万元以上五十万元以下的罚款。税务机关在处理这些行为的过程中，如果发现其虚开发票的行为已经构成犯罪的，应当依法移送司法机关追究刑事责任。

第二款是关于单位犯罪的规定。对于单位犯本条规定之罪的，实行**双罚制原则**，即对单位判处罚金，同时对其直接负责的主管人员和其他直接责任人员，依照第一款的规定处罚，即情节严重的，处二年以下有期徒刑、拘役或者管制，并处罚金；情节特别严重的，处二年以上七年以下有期徒刑，并处罚金。

在实际执行中认定虚开发票罪应当注意以下两个方面的问题：

1. 要注意区分罪与非罪的界限。依照《刑法》第二百零五条之一的规定，**虚开普通发票必须达到情节严重的程度才构成犯罪**。因为这类行为首先违反的是国家发票管理法规，是一种行政违法行为，应当主要通过行政制裁的方式处理。只有情节严重的虚开普通发票行为才构成犯罪。司法实践中，"情节严重"可以从几个方面来分析认定：虚开普通发票数额或者数量；虚开普通发

---

① 我国学者指出，"刑法第二百零五条规定以外"属于界限要素，不是真正的构成要件要素。参见张明楷：《刑法学》（第6版），法律出版社2021年版，第1061页。

② 相同的学说见解，参见黎宏：《刑法学各论》（第2版），法律出版社2016年版，第176页。

票的次数;虚开普通发票造成的后果;是否因虚开普通发票的行为受到过行政处罚或者刑事处罚;有无其他恶劣情节;等等。

2. 区分虚开发票罪与**虚开增值税专用发票罪、逃税罪**的界限。虚开发票罪与虚开增值税专用发票罪的主要区别是犯罪对象不同,前者是普通发票,后者是增值税专用发票。虚开发票罪与逃税罪的主要区别是犯罪的客观方面不同,前者是虚开普通发票的行为,后者是逃税的行为。如果行为人利用虚开普通发票的手段进行逃税,同时触犯了两个罪名的,应当从一重处罚。

【司法解释】

《最高人民法院、最高人民检察院关于办理危害税收征管刑事案件适用法律若干问题的解释》(法释〔2024〕4号,自2024年3月20日起施行)

△(**虚开刑法第二百零五条规定以外的其他发票**)具有下列情形之一的,应当认定为刑法第二百零五条之一第一款规定的"虚开刑法第二百零五条规定以外的其他发票":

(一)没有实际业务而为他人、为自己、让他人为自己、介绍他人开具发票的;

(二)有实际业务,但为他人、为自己、让他人为自己、介绍他人开具与实际业务的货物品名、服务名称、货物数量、金额等不符的发票;

(三)非法篡改发票相关电子信息的;

(四)违反规定以其他手段虚开的。(§12)

△(**情节严重;情节特别严重;以伪造的发票进行虚开**)具有下列情形之一的,应当认定为刑法第二百零五条之一第一款规定的"情节严重":

(一)虚开发票票面金额五十万元以上的;

(二)虚开发票一百份以上且票面金额三十万元以上的;

(三)五年内因虚开发票受过刑事处罚或者二次以上行政处罚,又虚开发票,票面金额达到第一、二项规定的标准60%以上的。

具有下列情形之一的,应当认定为刑法第二百零五条之一第一款规定的"情节特别严重":

(一)虚开发票票面金额二百五十万元以上的;

(二)虚开发票五百份以上且票面金额一百五十万元以上的;

(三)五年内因虚开发票受过刑事处罚或者二次以上行政处罚,又虚开发票,票面金额达到第一、二项规定的标准60%以上的。

使用伪造的发票进行虚开,达到本条第一款规定的标准的,应当以虚开发票罪追究刑事责任。(§13)

【司法解释性文件】

《最高人民检察院、公安部关于公安机关管辖的刑事案件立案追诉标准的规定(二)》(公通字〔2022〕12号,2022年4月6日公布)

△(**虚开发票罪;立案追诉标准**)虚开刑法第二百零五条规定以外的其他发票,涉嫌下列情形之一的,应予立案追诉:

(一)虚开发票金额累计在五十万元以上的;

(二)虚开发票一百份以上且票面金额在三十万元以上的;

(三)五年内因虚开发票受过刑事处罚或者二次以上行政处罚,又虚开发票,数额达到第一、二项标准百分之六十以上的。(§57)

第二百零六条 【伪造、出售伪造的增值税专用发票罪】

伪造或者出售伪造的增值税专用发票的,处三年以下有期徒刑、拘役或者管制,并处二万元以上二十万元以下罚金;数量较大或者有其他严重情节的,处三年以上十年以下有期徒刑,并处五万元以上五十万元以下罚金;数量巨大或者有其他特别严重情节的,处十年以上有期徒刑或者无期徒刑,并处五万元以上五十万元以下罚金或者没收财产。

单位犯本条规定之罪的,对单位判处罚金,并对其直接负责的主管人员和其他直接责任人员,处三年以下有期徒刑、拘役或者管制;数量较大或者有其他严重情节的,处三年以上十年以下有期徒刑;数量巨大或者有其他特别严重情节的,处十年以上有期徒刑或者无期徒刑。

【立法沿革】

《中华人民共和国刑法》(1997年修订,自1997年10月1日起施行)

第二百零六条

伪造或者出售伪造的增值税专用发票的,处三年以下有期徒刑、拘役或者管制,并处二万元以上二十万元以下罚金；数量较大或者有其他严重情节的，处三年以上十年以下有期徒刑，并处五万元以上五十万元以下罚金；数量巨大或者有其他特别严重情节的，处十年以上有期徒刑或者无期徒刑，并处五万元以上五十万元以下罚金或者没收财产。

伪造并出售伪造的增值税专用发票，数量特别巨大，情节特别严重，严重破坏经济秩序的，处无期徒刑或者死刑，并处没收财产。

单位犯本条规定之罪的，对单位判处罚金，并对其直接负责的主管人员和其他直接责任人员，处三年以下有期徒刑、拘役或者管制；数量较大或者有其他严重情节的，处三年以上十年以下有期徒刑；数量巨大或者有其他特别严重情节的，处十年以上有期徒刑或者无期徒刑。

《中华人民共和国刑法修正案（八）》（自2011年5月1日起施行）

三十四、删去刑法第二百零六条第二款。

【条文说明】

本条是关于伪造、出售伪造的增值税专用发票罪及其处罚的规定。

我国建立以增值税为主体的流转税制度，是深化改革、促进竞争、公平税负和保障国家税收的需要，国家对增值税专用发票实行严格管理。根据我国《发票管理办法》第七条的规定，增值税专用发票由国务院税务主管部门确定的企业印制。禁止私自印制、伪造、变造发票。伪造、出售伪造的增值税专用发票的行为侵犯了我国增值税专用发票管理制度，扰乱了市场经济秩序。

本条共分为两款。

第一款是关于伪造、出售伪造的增值税专用发票罪及其处罚的规定。其中，"**伪造**"增值税**专用发票**是指仿照增值税专用发票的形状、样式、色彩、图案等，使用各种仿制方法制造假增值税专用发票的行为。① "**出售伪造的增值税专用发票**"是指个人或单位通过各种方法将伪造的增值税专用发票出售、进行牟利的行为，既包括以票换取金钱的典型出卖行为，同时也包括以票换取其他财物或者其他财产性利益与报酬的非典型出卖行为。至于出售的是自己伪造的，还是他人伪造的，是通过购买而从他人手上得到的，还是他人伪造后送与的，都不影响行为的性质，只要行为人出于明知，即可构成出售伪造的增值税专用发票罪。

本款关于刑罚的规定分为三档，人民法院可审理这类案件时，根据本条的规定和案件的情况，适用相应的刑罚规定。第一档刑罚为"处三年以下有期徒刑、拘役或者管制，并处二万元以上二十万元以下罚金"，这是对**一般的伪造或者出售伪造的增值税专用发票行为的处罚规定**；第二档刑罚为"**数量较大或者有其他严重情节的**，处三年以上十年以下有期徒刑，并处五万元以上五十万元以下罚金"；第三档刑罚为"**数量巨大或者有其他特别严重情节的**，处十年以上有期徒刑或者无期徒刑，并处五万元以上五十万元以下罚金或者没收财产"。其中，"数量较大""有其他严重情节""数量巨大""有其他特别严重情节"，一般是指伪造或者出售伪造的增值税专用发票的本数、份数较大、巨大或者屡教不改，以伪造或者出售伪造的增值税专用发票为常业等情形。

根据本款规定，伪造、出售伪造的增值税专用发票罪属于行为犯，只要具有伪造或者出售伪造的增值税专用发票行为之一，便可构成犯罪，没有"数额""情节"的限定。但是，伪造或者出售伪造的增值税专用发票行为为情节显著轻微危害不大，根据《刑法》第十三条的规定，不应认为是犯罪。从这个意义上讲，构成伪造、出售伪造的增值税专用发票罪也存在入罪门槛或标准。关于本罪最新的定罪量刑标准，具体参见2024年颁布的《最高人民法院、最高人民检察院关于办理危害税收征管刑事案件适用法律若干问题的解释》第十四条。

第二款是关于单位犯本条规定之罪及其处罚的规定。其中，"**单位犯本条规定之罪**"是指单位触犯本条规定的伪造或者出售伪造和伪造并出售伪造的增值税专用发票的构成犯罪的情况。单位犯本条规定之罪的刑罚采取**双罚制原则**，即"对单位判处罚金"，同时规定，对单位直接负责的主管人员和其他责任人员，处三年以下有期徒刑、拘役或者管制；数量较大或者有其他严重情节的，处三年以上十年以下有期徒刑；数量巨大或者有其他特别严重情节的，处十年以上有期徒刑或者无期徒刑。

---

① 我国学者指出，本罪中的"伪造"，还包括对真实增值税发票进行加工的变造增值税专用发票的行为。参见张明楷：《刑法学》（第6版），法律出版社2021年版，第1062页；黎宏：《刑法学各论》（第2版），法律出版社2016年版，第177页；周光权：《刑法各论》（第4版），中国人民大学出版社2021年版，第341页；赵秉志、李希慧主编：《刑法各论》（第3版），中国人民大学出版社2016年版，第160页；高铭暄、马克昌主编：《刑法学》（第7版），北京大学出版社、高等教育出版社2016年版，第430页。

根据本条规定,构成伪造、出售伪造的增值税专用发票罪,只要具有伪造或者出售伪造的增值税专用发票的其中一种行为即可,**不要求同时具备两种行为**。如果同一主体同时具有伪造和出售伪造的增值税专用发票的行为,则应以伪造、出售伪造的增值税专用发票罪定罪处罚,而不数罪并罚,但出售行为应作为量刑情节在量刑时予以考虑。

实践中,行为人伪造增值税专用发票后,又利用伪造的增值税专用发票实施逃避缴纳税款、虚开增值税专用发票、骗取国家出口退税等其他犯罪的情况比较普遍。对于这种情况,司法实践中一般按照牵连犯的原则,**从一重罪处罚**。变造增值税专用发票的,按照伪造增值税专用发票行为处理。

【司法解释】

《最高人民法院、最高人民检察院关于办理危害税收征管刑事案件适用法律若干问题的解释》(法释〔2024〕4号,自2024年3月20日起施行)

△(**伪造、出售伪造的增值税专用发票;数量较大;其他严重情节;数量巨大;其他特别严重情节;伪造并出售同一增值税专用发票;变造增值税专用发票**)伪造或者出售伪造的增值税专用发票,具有下列情形之一的,应当依照刑法第二百零六条的规定定罪处罚:

(一)票面税额十万元以上的;

(二)伪造或者出售伪造的增值税专用发票十份以上且票面税额六万元以上的;

(三)违法所得一万元以上的。

伪造或者出售伪造的增值税专用发票票面税额五十万元以上的,或者五十份以上且票面税额三十万元以上的,应当认定为刑法第二百零六条第一款规定的"数量较大"。

五年内因伪造或者出售伪造的增值税专用发票受过刑事处罚或者二次以上行政处罚,又实施伪造或者出售伪造的增值税专用发票行为,票面税额达到本条第二款规定的标准60%以上的,或者违法所得五万元以上的,应当认定为刑法第二百零六条第一款规定的"其他严重情节"。

伪造或者出售伪造的增值税专用发票票面税额五百万元以上的,或者五百份以上且票面税额三百万元以上的,应当认定为刑法第二百零六条第一款规定的"数量巨大"。

五年内因伪造或者出售伪造的增值税专用发票受过刑事处罚或者二次以上行政处罚,又实施伪造或者出售伪造的增值税专用发票行为,票面税额达到本条第四款规定的标准60%以上的,或者违法所得五十万元以上的,应当认定为刑法第二百零六条第一款规定的"其他特别严重情节"。

伪造并出售同一增值税专用发票的,以伪造、出售伪造的增值税专用发票罪论处,数量不重复计算。

变造增值税专用发票的,按照伪造增值税专用发票论处。(§14)

△(**购买伪造的增值税专用发票又出售**)购买伪造的增值税专用发票又出售伪造的增值税专用发票罪定罪处罚;非法购买增值税专用发票用于骗取抵扣税款或者骗取出口退税款,同时构成非法购买增值税专用发票罪与虚开增值税专用发票罪、骗取出口退税罪的,依照处罚较重的规定定罪处罚。(§16Ⅲ)

【司法解释性文件】

《最高人民检察院、公安部关于公安机关管辖的刑事案件立案追诉标准的规定(二)》(公通字〔2022〕12号,2022年4月6日公布)

△(**伪造、出售伪造的增值税专用发票罪;立案追诉标准**)伪造或者出售伪造的增值税专用发票,涉嫌下列情形之一的,应予立案追诉:

(一)票面税额累计在十万元以上的;

(二)伪造或者出售伪造的增值税专用发票十份以上且票面税额在六万元以上的;

(三)非法获利数额在一万元以上的。(§58)

【参考案例】

No.3-6-206-1 曾珠玉等伪造增值税专用发票案

购买伪造的增值税专用发票又出售的,应以出售伪造的增值税专用发票罪论处。

No.3-6-206-2 曾珠玉等伪造增值税专用发票案

制造、销售伪造增值税专用发票的印刷工具的,应以伪造增值税专用发票罪论处。

第二百零七条 【非法出售增值税专用发票罪】

非法出售增值税专用发票的,处三年以下有期徒刑、拘役或者管制,并处二万元以上二十万元以下罚金;数量较大的,处三年以上十年以下有期徒刑,并处五万元以上五十万元以下罚金;数量巨大的,处十年以上有期徒刑或者无期徒刑,并处五万元以上五十万元以下罚金或者没收财产。

【条文说明】

本条是关于非法出售增值税专用发票罪及其处罚的规定。

本条规定的"**非法出售增值税专用发票**",是指除税务机关依照规定发售增值税专用发票外,增值税专用发票持有人违反国家有关法律法规规定出售发票的行为。增值税专用发票由国家税务机关依照规定发售,只限于增值税的一般纳税人领购使用。除此之外,任何人和单位不得出售。对增值税专用发票必须进行非常严格的管理。所谓违反国家有关法律法规,主要是指违反税收征收管理法、发票管理办法及其实施细则、目前的增值税暂行条例等法规规章。所谓"**非法出售**",是指行为人非法将增值税专用发票提供给他人,并收取一定价款的行为。本条规定的"非法出售"是广义的,既包括税务机关及其工作人员故意违反法律、法规的规定进行出售的行为,也包括其他任何人非法出售增值税专用发票的行为。另外,非法出售增值税专用发票,首先是以持有这种发票为条件的,行为人取得这种发票的方式多样,有的是从合法渠道领取的,即符合一般纳税人条件的单位和个人依法从税务部门领取增值税专用发票;有的是与税务人员相勾结,并非法取得增值税专用发票。但无论非法出售的增值税专用发票的来源是否合法,并不影响非法出售增值税专用发票罪的成立。应当注意的是,**本条规定的非法出售的增值税专用发票,必须是国家统一印制的增值税专用发票**,而不是伪造的,否则构成出售伪造的增值税专用发票罪。[①]

关于非法出售增值税专用发票罪的刑罚,本条根据非法出售增值税专用发票犯罪行为的情节,规定了三档。第一档刑罚是处三年以下有期徒刑、拘役或者管制,并处二万元以上二十万元以下罚金。第二档刑罚是针对"**数量较大**"的,规定处三年以上十年以下有期徒刑,并处五万元以上五十万元以下罚金。第三档刑罚是针对"**数量巨大**"的,规定处十年以上有期徒刑或者无期徒刑,并处五万元以上五十万元以下罚金或者没收财产。

根据本条规定,非法出售增值税专用发票属于行为犯,没有"数额""情节"的限定。但是,非法出售的行为情节显著轻微危害不大的,根据《刑法》第十三条的规定,不应认为是犯罪。从这个意义上讲,构成非法出售增值税专用发票罪也存在入罪门槛或标准。关于本罪具体的定罪量刑标准,参见《最高人民法院、最高人民检察院关于办理危害税收征管刑事案件适用法律若干问题的解释》第十五条。

【司法解释】

《**最高人民法院、最高人民检察院关于办理危害税收征管刑事案件适用法律若干问题的解释**》(法释〔2024〕4号,自2024年3月20日起施行)

△(**定罪量刑标准**)非法出售增值税专用发票的,依照本解释第十四条的定罪量刑标准定罪处罚。(§15)

【司法解释性文件】

《**最高人民检察院、公安部关于公安机关管辖的刑事案件立案追诉标准的规定(二)**》(公通字〔2022〕12号,2022年4月6日公布)

△(**非法出售增值税专用发票罪;立案追诉标准**)非法出售增值税专用发票,涉嫌下列情形之一的,应予立案追诉:

(一)票面税额累计在十万元以上的;

(二)非法出售增值税专用发票十份以上且票面税额在六万元以上的;

(三)非法获利数额在一万元以上的。(§59)

【参考案例】

No. 3-6-207-1 邓冬蓉非法出售增值税专用发票案

对于非法出售增值税专用发票的份数和票面额分别达到不同的量刑档次的,应适用处罚较重的规定进行量刑。

[①] 相同的学说见解,参见黎宏:《刑法学各论》(第2版),法律出版社2016年版,第177页;张明楷:《刑法学》(第6版),法律出版社2021年版,第1063页;周光权:《刑法各论》(第4版),中国人民大学出版社2021年版,第341页。

第二百零八条 【非法购买增值税专用发票、购买伪造的增值税专用发票罪】

非法购买增值税专用发票或者购买伪造的增值税专用发票的，处五年以下有期徒刑或者拘役，并处或者单处二万元以上二十万元以下罚金。

非法购买增值税专用发票或者购买伪造的增值税专用发票又虚开或者出售的，分别依照本法第二百零五条、第二百零六条、第二百零七条的规定定罪处罚。

【条文说明】

本条是关于非法购买增值税专用发票、购买伪造的增值税专用发票罪，以及非法购买增值税专用发票或者购买伪造的增值税专用发票又虚开或者出售的犯罪及其处罚的规定。

本条共分为两款。

第一款是关于非法购买增值税专用发票、购买伪造的增值税专用发票罪及其处罚的规定。其中，"**非法购买增值税专用发票**"是相对于依法领购而言的。根据国家有关规定，购买增值税专用发票，必须符合一般纳税人的条件，而且须经税务机关认定并经过一定的程序到税务机关领购，除此之外，禁止任何组织和个人私自购买增值税专用发票，凡是私自购买的，都是非法购买。"**购买伪造的增值税专用发票**"是指所购买的增值税专用发票不是国家税务机关发售的真的增值税专用发票，而是伪造的。根据本款规定，非法购买增值税专用发票或者购买伪造的增值税专用发票，是犯罪行为。本条是选择性罪名，若行为人同时实施了非法购买增值税专用发票和购买伪造的增值税专用发票行为，应当按照本条规定的非法购买增值税专用发票、购买伪造的增值税专用发票罪定罪处罚，数量累计计算，**不实行数罪并罚**。非法购买增值税专用发票或者购买伪造的增值税专用发票构成犯罪的，处五年以下有期徒刑或者拘役，并处或者单处二万元以上二十万元以下罚金。

第二款是关于非法购买增值税专用发票或者购买伪造的增值税专用发票又虚开或者出售的犯罪及处罚的规定。其中，"**又虚开或者出售**"是指在非法购买增值税专用发票或者购买伪造的增值税专用发票后，又从事虚开或者出售的犯罪活动。如果购买后又进行上述行为之外其他犯罪活动，应当从一重罪判处刑罚。而虚开和出售增值税专用发票的刑罚规定要比购买的重，因此，**要按虚开或者出售的刑罚处罚**。《刑法》第二百零五条、第二百零六条、第二百零七条中将虚开、非法出售增值税专用发票或者出售伪造的增值税专用发票作为发票犯罪中十分严重的罪行加以规定，并规定了更为严厉的刑罚。本款明确了对这种牵连形式的犯罪从一重罪判处的处罚原则。也就是说，非法购买增值税专用发票或者购买伪造的增值税专用发票又虚开或者出售的，应根据不同的犯罪情节，分别依照《刑法》第二百零五条、第二百零六条和第二百零七条的规定定罪处罚。

【司法解释】

《最高人民法院、最高人民检察院关于办理危害税收征管刑事案件适用法律若干问题的解释》（法释〔2024〕4号，自2024年3月20日起施行）

△（**定罪量刑标准；非法购买真、伪两种增值税专用发票；购买伪造的增值税专用发票又出售；非法购买增值税专用发票用于骗取抵扣税款或者骗取出口退税款**）非法购买增值税专用发票或者购买伪造的增值税专用发票票面税额二十万元以上的，或者二十份以上且票面税额十万元以上的，应当依照刑法第二百零八条第一款的规定定罪处罚。

非法购买真、伪两种增值税专用发票的，数额累计计算，不实行数罪并罚。

购买伪造的增值税专用发票又出售的，以出售伪造的增值税专用发票罪定罪处罚；非法购买增值税专用发票用于骗取抵扣税款或者骗取出口退税款，同时构成非法购买增值税专用发票罪与虚开增值税专用发票罪、骗取出口退税罪的，依照处罚较重的规定定罪处罚。（§16）

【司法解释性文件】

《最高人民检察院、公安部关于公安机关管辖的刑事案件立案追诉标准的规定（二）》（公通字〔2022〕12号，2022年4月6日公布）

△（**非法购买增值税专用发票、购买伪造的增值税专用发票罪；立案追诉标准**）非法购买增值税专用发票或者购买伪造的增值税专用发票，涉嫌下列情形之一的，应予立案追诉：

（一）非法购买增值税专用发票或者购买伪造的增值税专用发票二十份以上且票面税额在十万元以上的；

（二）票面税额累计在二十万元以上的。（§60）

【参考案例】

No.3-6-205-10 王小禹、鞠井田虚开增值税专用发票案

介绍他人开具、让他人为自己开具无真实货物交易的增值税专用发票，以虚开增值税专用发票罪定罪处罚。

第二百零九条 【非法制造、出售非法制造的用于骗取出口退税、抵扣税款发票罪】【非法制造、出售非法制造的发票罪】【非法出售用于骗取出口退税、抵扣税款发票罪】【非法出售发票罪】

伪造、擅自制造或者出售伪造、擅自制造的可以用于骗取出口退税、抵扣税款的其他发票的，处三年以下有期徒刑、拘役或者管制，并处二万元以上二十万元以下罚金；数量巨大的，处三年以上七年以下有期徒刑，并处五万元以上五十万元以下罚金；数量特别巨大的，处七年以上有期徒刑，并处五万元以上五十万元以下罚金或者没收财产。

伪造、擅自制造或者出售伪造、擅自制造的前款规定以外的其他发票的，处二年以下有期徒刑、拘役或者管制，并处或者单处一万元以上五万元以下罚金；情节严重的，处二年以上七年以下有期徒刑，并处五万元以上五十万元以下罚金。

非法出售可以用于骗取出口退税、抵扣税款的其他发票的，依照第一款的规定处罚。

非法出售第三款规定以外的其他发票的，依照第二款的规定处罚。

【立法解释】

《全国人民代表大会常务委员会关于〈中华人民共和国刑法〉有关出口退税、抵扣税款的其他发票规定的解释》（2005年12月29日通过）

△（出口退税、抵扣税款的其他发票）刑法规定的"出口退税、抵扣税款的其他发票"，是指除增值税专用发票以外的①，具有出口退税、抵扣税款功能的收付款凭证或者完税凭证。

【立法解释性文件】

《全国人民代表大会常务委员会法制工作委员会刑法室关于对变造、出售变造普通发票行为的定性问题的意见》（刑发〔2005〕1号，2005年1月17日公布）

△（伪造、擅自制造，或者出售伪造、擅自制造的前款规定以外的其他发票）刑法第二百零九条第二款规定的"伪造、擅自制造，或者出售伪造、擅自制造的前款规定以外的其他发票"的行为，包括变造、出售变造的普通发票的行为。

【条文说明】

本条是关于非法制造、出售非法制造的用于骗取出口退税、抵扣税款发票罪，非法制造、出售非法制造的发票罪，非法出售用于骗取出口退税、抵扣税款发票罪，非法出售发票罪及其处罚的规定。

发票与国家的工商税收联系紧密。为了维护经济秩序，国家颁布了一系列法律、法规，对发票进行规范管理。本条规定的犯罪，既侵犯了国家的发票管理秩序，又侵犯了我国税收秩序。在客观上，上述行为都体现为违反了国家有关发票管理的法律法规。

本条共分为四款。

第一款是关于非法制造、出售非法制造的用于骗取出口退税、抵扣税款发票罪及其处罚的规定。其中，"**伪造**"是指仿照本款规定的发票的样式、图案、色彩以及面额等，私自制造假发票的。"**擅自制造**"是指被税务机关指定印制发票的企业，未按照税务机关规定的数量和规格，擅自超额印制的行为。"**出售**"是指进行出售，从中牟利的行为。关于"**可以用于骗取出口退税、抵扣税款的其他发票**"，2005年12月29日第十届全国人大常委会第十九次会议通过的《全国人民代表大会常务委员会关于〈中华人民共和国刑法〉有关出口退税、抵扣税款的其他发票规定的解释》对此作了解释："出口退税、抵扣税款的其他发票"是

---

① 此处的"增值税专用发票以外"属于界限要素，并非真正的构成要件要素。参见张明楷：《刑法学》（第6版），法律出版社2021年版，第1063页。

指除增值税专用发票以外的,具有出口退税、抵扣税款功能的收付款凭证或者完税凭证。国家税务总局在一定时期内根据国家税收和经济发展的需要,除增值税专用发票以外又规定了一些可以直接抵扣税款或者办理出口退税的其他发票,目前主要有农林牧水产品收购发票、废旧物品收购发票、运输发票、海关代征增值税专用缴款书等。

本款关于刑罚的规定是,处三年以下有期徒刑、拘役或者管制,并处二万元以上二十万元以下罚金;**数量巨大的**,处三年以上七年以下有期徒刑,并处五万元以上五十万元以下罚金;**数量特别巨大的**,处七年以上有期徒刑,并处五万元以上五十万元以下罚金或者没收财产。关于本罪最新的定罪量刑标准,具体参见 2024 年颁布的《最高人民法院、最高人民检察院关于办理危害税收征管刑事案件适用法律若干问题的解释》第十七条第一、二款。

第二款是关于非法制造、出售非法制造的发票罪及其处罚的规定。本款规定的"伪造""擅自制造""出售"等含义在上款释义中已经作了详细的阐述。这里所说的"**前款规定以外的其他发票**",是指不具有可以抵扣税款、用于出口退税功能的普通发票,如餐饮业、零售业、旅馆业发票等。① **本款关于处罚的规定是**,处二年以下有期徒刑、拘役或者管制,并处或者单处一万元以上五万元以下罚金;**情节严重的**,处二年以上七年以下有期徒刑,并处五万元以上五十万元以下罚金。这里规定的"情节严重",一般是指多次伪造、擅自制造或者多次出售伪造、擅自制造的前款规定以外的其他发票,或者数量较大等情况。关于本罪最新的定罪量刑标准,具体参见 2024 年颁布的《最高人民法院、最高人民检察院关于办理危害税收征管刑事案件适用法律若干问题的解释》第十七条第三、四款。

第三款是关于非法出售用于骗取出口退税、抵扣税款发票罪及其处罚的规定。本款规定的**出售行为**,是指非法出售从各种途径得到的可以用于骗取出口退税、抵扣税款的增值税专用发票以外的其他发票的行为。行为人出售的发票可能是非法取得的,也可能是合法取得的,无论其来源如何,都不影响犯罪的构成。② 本款关于刑罚的规定是,**依照本条第一款的规定处罚**,即处三年以下有期徒刑、拘役或者管制,并处二万元以上二十万元以下罚金;数量巨大的,处三年以上七年以下有期徒刑,并处五万元以上五十万元以下罚金;数量特别巨大的,处七年以上有期徒刑,并处五十万元以下罚金或者没收财产。非法出售用于骗取出口退税、抵扣税款的其他发票的,定罪量刑标准依照《最高人民法院、最高人民检察院关于办理危害税收征管刑事案件适用法律若干问题的解释》第十七条第一、二款的规定执行。

第四款是关于非法出售发票罪及其处罚的规定。根据本款规定,非法出售本条第三款规定以外的其他发票的,依照第二款的规定处罚。其中,"**非法出售第三款规定以外的其他发票**"是指非法出售不能用于骗取出口退税、抵扣税款的其他发票的行为。③ 本款关于刑罚的规定是"**依照第二款的规定处罚**",即处二年以下有期徒刑、拘役或者管制,并处或者单处一万元以上五万元以下罚金;情节严重的,处二年以上七年以下有期徒刑,并处五万元以上五十万元以下罚金。非法出售增值税专用发票、用于骗取出口退税、抵扣税款的其他发票以外的发票的,定罪量刑标准依照《最高人民法院、最高人民检察院关于办理危害税收征管刑事案件适用法律若干问题的解释》第十七条第三、四款的规定执行。

在司法实践中,一定要注意准确界定和区分增值税专用发票、出口退税、抵扣税款发票和普通发票,依照不同的行为对象适用不同的罪名和刑罚。若行为人同时伪造、出售伪造的增值税专用发票,用于骗取出口退税、抵扣税款的其他发票或其他普通发票的,分别触犯了伪造、出售伪造的增值税专用发票罪、非法制造、出售非法制造的用于骗取出口退税、抵扣税款发票罪或非法制造、出售非法制造的发票罪,均构成犯罪的,**应实行数罪并罚**。

【**司法解释**】

《最高人民法院、最高人民检察院关于办理危害税收征管刑事案件适用法律若干问题的解释》(法释〔2024〕4 号,自 2024 年 3 月 20 日起施行)

---

① 相同的学说见解,参见黎宏:《刑法学各论》(第2版),法律出版社 2016 年版,第 179 页。
② 我国学者指出,行为人所出售的发票必须是真实的。参见张明楷:《刑法学》(第6版),法律出版社 2021 年版,第 1063 页;黎宏:《刑法学各论》(第2版),法律出版社 2016 年版,第 179 页;周光权:《刑法各论》(第4版),中国人民大学出版社 2021 年版,第 343 页。
③ 我国学者指出,行为人所出售的发票必须是真实的。参见张明楷:《刑法学》(第6版),法律出版社 2021 年版,第 818 页;黎宏:《刑法学各论》(第2版),法律出版社 2016 年版,第 179 页;周光权:《刑法各论》(第4版),中国人民大学出版社 2021 年版,第 344 页。

第二百零九条

△(定罪量刑标准;数量巨大;数量特别巨大;情节严重)伪造、擅自制造或者出售伪造、擅自制造的用于骗取出口退税、抵扣税款的其他发票,具有下列情形之一的,应当依照刑法第二百零九条第一款的规定定罪处罚:

(一)票面可以退税、抵扣税额十万元以上的;

(二)伪造、擅自制造或者出售伪造、擅自制造的发票十份以上且票面可以退税、抵扣税额六万元以上的;

(三)违法所得一万元以上的。

伪造、擅自制造或者出售伪造、擅自制造的可以用于骗取出口退税、抵扣税款的其他发票票面可以退税、抵扣税额五十万元以上的,或者五十份以上且票面可以退税、抵扣税额三十万元以上的,应当认定为刑法第二百零九条第一款规定的"数量巨大";伪造、擅自制造或者出售伪造、擅自制造的可以用于骗取出口退税、抵扣税款的其他发票票面可以退税、抵扣税额五百万元以上的,或者五百份以上且票面可以退税、抵扣税额三百万元以上的,应当认定为刑法第二百零九条第一款规定的"数量特别巨大"。

伪造、擅自制造或者出售伪造、擅自制造刑法第二百零九条第二款规定的发票,具有下列情形之一的,应当依照该款的规定定罪处罚:

(一)票面金额五十万元以上的;

(二)伪造、擅自制造或者出售伪造、擅自制造发票一百份以上且票面金额三十万元以上的;

(三)违法所得一万元以上的。

伪造、擅自制造或者出售伪造、擅自制造刑法第二百零九条第二款规定的发票,具有下列情形之一的,应当认定为"情节严重":

(一)票面金额二百五十万元以上的;

(二)伪造、擅自制造或者出售伪造、擅自制造发票五百份以上且票面金额一百五十万元以上的;

(三)违法所得五万元以上的。

非法出售用于骗取出口退税、抵扣税款的其他发票的,定罪量刑标准依照本条第一、二款的规定执行。

非法出售增值税专用发票、用于骗取出口退税、抵扣税款的其他发票以外的发票,定罪量刑标准依照本条第三、四款的规定执行。(§17)

【司法解释性文件】

《最高人民法院、最高人民检察院、中华人民共和国公安部、国家工商行政管理局关于依法查处盗窃、抢劫机动车案件的规定》(公通字[1998]31号,1998年5月8日公布)

△(机动车有关的发票)非法出售机动车有关发票的,或者伪造、擅自制造或者出售伪造、擅自制造的机动车有关发票的,依照《刑法》第二百零九条的规定处罚。(§6)

《最高人民检察院、公安部关于公安机关管辖的刑事案件立案追诉标准的规定(二)》(公通字[2022]12号,2022年4月6日公布)

△(非法制造、出售非法制造的用于骗取出口退税、抵扣税款发票罪;立案追诉标准)伪造、擅自制造或者出售伪造、擅自制造的用于骗取出口退税、抵扣税款的其他发票,涉嫌下列情形之一的,应予立案追诉:

(一)票面可以退税、抵扣税额累计在十万元以上的;

(二)伪造、擅自制造或者出售伪造、擅自制造的发票十份以上且票面可以退税、抵扣税额在六万元以上的;

(三)非法获利数额在一万元以上的。(§61)

△(非法制造、出售非法制造的发票罪;立案追诉标准)伪造、擅自制造或者出售伪造、擅自制造的不具有骗取出口退税、抵扣税款功能的其他发票,涉嫌下列情形之一的,应予立案追诉:

(一)伪造、擅自制造或者出售伪造、擅自制造的不具有骗取出口退税、抵扣税款功能的其他发票一百份以上且票面金额累计在三十万元以上的;

(二)票面金额累计在五十万元以上的;

(三)非法获利数额在一万元以上的。(§62)

△(非法出售用于骗取出口退税、抵扣税款发票罪;立案追诉标准)非法出售可以用于骗取出口退税、抵扣税款的其他发票,涉嫌下列情形之一的,应予立案追诉:

(一)票面可以退税、抵扣税额累计在十万元以上的;

(二)非法出售用于骗取出口退税、抵扣税款的其他发票十份以上且票面可以退税、抵扣税额在六万元以上的;

(三)非法获利数额在一万元以上的。(§63)

△(非法出售发票罪;立案追诉标准)非法出售增值税专用发票、用于骗取出口退税、抵扣税款的其他发票以外的发票,涉嫌下列情形之一的,应予立案追诉:

(一)非法出售增值税专用发票、用于骗取出口退税、抵扣税款的其他发票以外的发票一百份以上且票面金额累计在三十万元以上的;

(二)票面金额累计在五十万元以上的;

(三)非法获利数额在一万元以上的。(§64)

【参考案例】

No.3-6-209（2）-1 管怀霞、高松祥出售非法制造的发票案

出售非法制造的发票的行为，不能仅以出售发票的份数认定情节严重，而应当根据累计金额、违法所得等因素综合认定。

第二百一十条　【盗窃、骗取增值税专用发票或者其他相关发票的处罚规定】

盗窃增值税专用发票或者可以用于骗取出口退税、抵扣税款的其他发票的，依照本法第二百六十四条的规定定罪处罚。

使用欺骗手段骗取增值税专用发票或者可以用于骗取出口退税、抵扣税款的其他发票的，依照本法第二百六十六条的规定定罪处罚。

【立法解释】

《全国人民代表大会常务委员会关于〈中华人民共和国刑法〉有关出口退税、抵扣税款的其他发票规定的解释》（2005年12月29日通过）

△（出口退税、抵扣税款的其他发票）刑法规定的"出口退税、抵扣税款的其他发票"，是指除增值税专用发票以外的①，具有出口退税、抵扣税款功能的收付款凭证或者完税凭证。

【条文说明】

本条是关于盗窃或者骗取增值税专用发票或者可以用于骗取出口退税、抵扣税款的其他发票的犯罪及其处罚的规定。

本条共分为两款。

第一款是关于盗窃增值税专用发票或者可以用于骗取出口退税、抵扣税款的其他发票的犯罪及其处罚的规定。

"**增值税专用发票**"是指国家税务部门根据增值税征收管理需要，兼记货物或劳务所负担的增值税税额而设定的一种专用发票。"**出口退税、抵扣税款的其他发票**"，根据2005年12月29日第十届全国人大常委会第十九次会议通过的《全国人民代表大会常务委员会关于〈中华人民共和国刑法〉有关出口退税、抵扣税款的其他发票规定的解释》的规定，是指除增值税专用发票以外的，具有出口退税、抵扣税款功能的收付款凭证或者完税凭证，主要包括农林牧水产品收购发票、废旧物品收购发票、运输发票等。

本款关于刑罚的规定是，"**依照本法第二百六十四条的规定定罪处罚**"，即按照《刑法》第二百六十四条关于盗窃罪的规定定罪处罚。根据《刑法》第二百六十四条的规定，盗窃公私财物，数额较大的，或者多次盗窃、入户盗窃、携带凶器盗窃、扒窃的，处三年以下有期徒刑、拘役或者管制，并处或者单处罚金；数额巨大或者有其他严重情节的，处三年以上十年以下有期徒刑，并处罚金；数额特别巨大或者有其他特别严重情节的，处十年以上有期徒刑或者无期徒刑，并处罚金或者没收财产。关于"数额"和"情节"的判断标准，1998年《最高人民法院关于审理盗窃案件具体应用法律若干问题的解释》第十一条曾作出过规定：盗窃增值税专用发票或者可以用于骗取出口退税、抵扣税款的其他发票的，数量在二十五份以上的，为"**数额较大**"；数量在二百五十份以上的，为"**数额巨大**"；数量在二千五百份以上的，为"**数额特别巨大**"。但是该解释已被2013年4月4日起实施的《最高人民法院、最高人民检察院关于办理盗窃刑事案件适用法律若干问题的解释》废止，**现行有效的2013年司法解释并未再对盗窃增值税专用发票和其他具有出口退税、抵扣税款功能发票的定罪量刑标准作出规定。**

由于我国目前税务系统已经全面实施"金税"工程，即对增值税专用发票和其他具有出口退税、抵扣税款功能发票的使用，除要求纸质发票外，还须与税务系统内部核发的电子发票配合使用，两者相一致，发票的功能才能实现。因此，在现行税收管理系统下，单纯盗窃纸质发票的行为已无实际意义。对于实践中能够确定定罪量刑的个别案件，可以参考上述1998年司法解释第十一条的规定，结合案件实际情况确定。

第二款是关于使用欺骗手段骗取增值税专用发票或者可以用于骗取出口退税、抵扣税款的其他发票的犯罪及其处罚的规定。其中，"**使用欺骗手段**"是指采取编造谎言或虚假理由，或者采取其

---

① 此处的"增值税专用发票以外"，属于界限要素，并非真正的构成要件要素。参见张明楷：《刑法学》（第6版），法律出版社2021年版，第1061页。

他欺骗方法。本款关于刑罚的规定是,"**依照本法第二百六十六条的规定定罪处罚**",即按照《刑法》第二百六十六条关于诈骗罪的规定定罪处罚。根据《刑法》第二百六十六条的规定,诈骗公私财物,数额较大的,处三年以下有期徒刑、拘役或者管制,并处或者单处罚金;数额巨大或者有其他严重情节的,处三年以上十年以下有期徒刑,并处罚金;数额特别巨大或者有其他特别严重情节的,处十年以上有期徒刑或者无期徒刑,并处罚金或者没收财产。本法另有规定的,依照规定。

司法实践中极易出现行为人在盗窃和使用欺骗手段骗取增值税专用发票或者可以用于骗取出口退税、抵扣税款的其他发票后,继续利用该发票实施虚开、出售、逃避缴纳税款、骗取出口退税等行为的情形,构成犯罪的,应当**在盗窃罪或者诈骗罪,与行为人触犯的其他罪名中择一重罪处罚。**

第二百一十条之一 【持有伪造的发票罪】
明知是伪造的发票而持有,数量较大的,处二年以下有期徒刑、拘役或者管制,并处罚金;数量巨大的,处二年以上七年以下有期徒刑,并处罚金。
单位犯前款罪的,对单位判处罚金,并对其直接负责的主管人员和其他直接责任人员,依照前款的规定处罚。

【立法沿革】

《中华人民共和国刑法修正案(八)》(自2011年5月1日起施行)

三十五、在刑法第二百一十条后增加一条,作为第二百一十条之一:

"明知是伪造的发票而持有,数量较大的,处二年以下有期徒刑、拘役或者管制,并处罚金;数量巨大的,处二年以上七年以下有期徒刑,并处罚金。

"单位犯前款罪的,对单位判处罚金,并对其直接负责的主管人员和其他直接责任人员,依照前款的规定处罚。"

【条文说明】

本条是关于持有伪造的发票罪及其处罚的规定。

本条共分为两款。

第一款是关于自然人犯持有伪造的发票罪及其处罚的规定。办理持有伪造的发票犯罪案件应当注意把握三点:一是**行为人对持有伪造的发票必须以明知为前提**,不明知的不能认定为犯罪。当然,是否明知不能只听嫌疑人本人的辩解,应当结合案件的有关证据材料全面分析,综合判断。并且在认定"持有"之前,应当尽量查证清是伪造的发票的真正来源,只有当有关证据确实无法获取的情况下,才能以持有伪造的发票罪认定并处

罚行为人。二是**本条所说的"持有"**是指行为人对伪造的发票处于占有、支配、控制的一种状态。不仅随身携带的伪造的发票可以认定为持有,而且在其住所、驾驶的运输工具上发现的伪造的发票也同样可以认定为持有。① 这里规定的持有的**"伪造的发票"**,不仅包括伪造的普通发票,而且还包括伪造的增值税专用发票和其他具有出口退税、抵扣税款功能的收付款凭证或者完税凭证。三是持有伪造的发票必须达到**"数量较大"**,才构成犯罪。根据《最高人民检察院、公安部关于公安机关管辖的刑事案件立案追诉标准的规定(二)的补充规定》的规定,"明知是伪造的发票而持有,具有下列情形之一的,**应予立案追诉**:(一)持有伪造的增值税专用发票五十份以上或者票面额累计在二十万元以上的,应予立案追诉;(二)持有伪造的可以用于骗取出口退税、抵扣税款的其他发票一百份以上或者票面额累计在四十万元以上的,应予立案追诉;(三)持有伪造的第(一)项、第(二)项规定以外的其他发票二百份以上或者票面额累计在八十万元以上的,应予立案追诉。"本款对持有伪造的发票犯罪规定了两档刑罚,考虑到这类犯罪是牟利性的,除自由刑外,还规定了罚金刑:**数量较大的**,处二年以下有期徒刑、拘役或者管制,并处罚金;**数量巨大的**,处二年以上七年以下有期徒刑,并处罚金。

第二款是关于单位犯持有伪造的发票罪及其

---

① 相同的学说见解,参见高铭暄、马克昌主编:《刑法学》(第7版),北京大学出版社、高等教育出版社2016年版,第434页;周光权:《刑法各论》(第4版),中国人民大学出版社2021年版,第344页;黎宏:《刑法学各论》(第2版),法律出版社2016年版,第180页。

处罚的规定。鉴于目前查获的假发票犯罪涉及单位的也不少，所以本条对单位持有伪造的发票犯罪也作了规定。**单位持有伪造的发票构成犯罪的**，要对单位判处罚金，并对单位直接负责的主管人员和其他直接责任人员依照第一款的规定判处相应的刑罚。

持有伪造的发票罪是因司法实践需要应运而生的。在出售型、虚开型发票犯罪中，如果被告人始终不承认查获的发票将要用于出售或者虚开，且发票来源无法明确，在认定虚开发票罪或其他发票类犯罪证据不准确充分的情况下，持有伪造的发票罪就成为一条可供选择的较为稳妥的路径。在行为人的身上、住所或者交通工具上查获大量假发票时，应当查明行为人持有伪造发票的目的和原因。如果能够查明行为人持有这些假发票的目的，就可以按照出售非法制造的发票罪等相关的罪名来进行查处。如果缺乏以出售非法制造的发票罪等罪名追责的证据，无法查清行为人持有此类假发票的目的，但认定行为人持有伪造发票的证据是确实、充分的，可以持有伪造的发票罪定罪量刑。需要说明的是，**并非所有持有伪造发票的行为都一律入刑**，在司法机关办案过程中，应首先查清伪造发票的来源和目的，无法查清只能适用本条规定的，也应满足法律规定的证据标准，达到"数额较大"的入罪门槛。

【司法解释】

《最高人民法院、最高人民检察院关于办理危害税收征管刑事案件适用法律若干问题的解释》（法释〔2024〕4号，自2024年3月20日起施行）

△(**数量较大;数量巨大**)具有下列情形之一的，应当认定为刑法第二百一十条之一第一款规定的"**数量较大**"：

（一）持有伪造的增值税专用发票或者可以用于骗取出口退税、抵扣税款的其他发票票面税额五十万元以上的；或者五十份以上且票面税额二十五万元以上的。

（二）持有伪造的前项规定以外的其他发票票面金额一百万元以上的，或者一百份以上且票面金额五十万元以上的。

持有的伪造发票数量、票面税额或者票面金额达到前款规定的标准五倍以上的，应当认定为刑法第二百一十条之一第一款规定的"**数量巨大**"。（§18）

【司法解释性文件】

《**最高人民检察院、公安部关于公安机关管辖的刑事案件立案追诉标准的规定(二)**》（公通字〔2022〕12号，2022年4月6日公布）

△(**持有伪造的发票罪；立案追诉标准**)明知是伪造的发票而持有，涉嫌下列情形之一的，应予立案追诉：

（一）持有伪造的增值税专用发票或者可以用于骗取出口退税、抵扣税款的其他发票五十份以上且票面税额累计在二十五万元以上的；

（二）持有伪造的增值税专用发票或者可以用于骗取出口退税、抵扣税款的其他发票票面税额累计在五十万元以上的；

（三）持有伪造的第一项规定以外的其他发票一百份以上且票面金额在五十万元以上的；

（四）持有伪造的第一项规定以外的其他发票票面金额累计在一百万元以上的。（§65）

第二百一十一条 【**单位犯本节规定之罪的处罚规定**】

单位犯本节第二百零一条、第二百零三条、第二百零四条、第二百零七条、第二百零八条、第二百零九条规定之罪的，对单位判处罚金，并对其直接负责的主管人员和其他直接责任人员，依照各该条的规定处罚。

【条文说明】

本条是关于单位犯危害税收征管罪有关条文规定之罪及其处罚的规定。

本条规定的"单位犯本节第二百零一条、第二百零三条、第二百零四条、第二百零七条、第二百零八条、第二百零九条规定之罪"，是指单位触犯本节有关条文的规定构成犯罪的情况。

本条关于单位犯罪的刑事规定采取了双罚制原则，即对单位判处罚金，并同时对单位直接负责的主管人员和其他直接责任人员，依照各该条的规定处罚。

根据本条规定，本节除了抗税罪和以盗窃罪、诈骗罪论处的犯罪，其他犯罪均适用单位犯罪的刑罚。

【司法解释】

《**最高人民法院、最高人民检察院关于办理危害税收征管刑事案件适用法律若干问题的解释**》

(法释〔2024〕4号,自2024年3月20日起施行)

△(单位犯罪)单位实施危害税收征管犯罪的定罪量刑标准,依照本解释规定的标准执行。(§20)

【参考案例】

No.3-6-205-4 苏州市安派精密电子有限公司、庞美兴、罗正华虚开增值税专用发票案

单位犯罪中直接负责的主管人员,应为单位的管理人员,不包括一般工作人员,直接负责包括"直接"和"负责"两个方面,如果是没有对犯罪起决定、批准、授意、纵容、指挥等作用的人员,不宜认定为直接责任人员,对于明确知晓单位犯意、积极参与单位犯罪的决策和组织,并为上下不节实施犯罪提供职务便利的管理人员应对单位犯罪直接负责。

第二百一十二条 【优先追缴税款、出口退税款】

犯本节第二百零一条至第二百零五条规定之罪,被判处罚金、没收财产的,在执行前,应当先由税务机关追缴税款和所骗取的出口退税款。

【条文说明】

本条是关于犯本节有关条文规定之罪,被判处罚金、没收财产的,在执行前,应当先由税务机关追缴税款和所骗取的出口退税款的规定。

根据本条规定,人民法院对构成本节第二百零一条至第二百零五条的犯罪案件审理后,作出判处罚金刑或没收财产刑的判决,在执行前,应由税务机关先行追缴税款。"本节第二百零一条至第二百零五条规定之罪"分别是逃税罪、抗税罪、逃避缴纳欠税罪、骗取出口退税罪以及虚开增值税专用发票、用于骗取出口退税、抵扣税款发票罪,均属于直接偷逃和骗取国家税款的犯罪,应当由税务机关及时予以追缴。尤其是在涉嫌逃税罪的案件中,税务机关的追缴情况和行政处罚执行情况是是否追究行为人刑事责任的重要条件。

危害税收征管犯罪的行为都具有双重违法性,既违反了行政法律又触犯了刑法,当然存在行政责任和刑事处罚如何适用的问题。需要注意的是,**本条规定的税收征缴优先,仅指税务机关追缴税款的行为,至于税务机关依法作出的罚款、没收财产等行政处罚并不在本条规定的范围内。**

第七节 侵犯知识产权罪

第二百一十三条 【假冒注册商标罪】

未经注册商标所有人许可,在同一种商品、服务上使用与其注册商标相同的商标,情节严重的,处三年以下有期徒刑,并处或者单处罚金;情节特别严重的,处三年以上十年以下有期徒刑,并处罚金。

【立法沿革】

《中华人民共和国刑法》(1997年修订,自1997年10月1日起施行)

第二百一十三条

未经注册商标所有人许可,在同一种商品上使用与其注册商标相同的商标,情节严重的,处三年以下有期徒刑或者拘役,并处或者单处罚金;情节特别严重的,处三年以上七年以下有期徒刑,并处罚金。

《中华人民共和国刑法修正案(十一)》(自2021年3月1日起施行)

十七、将刑法第二百一十三条修改为:

"未经注册商标所有人许可,在同一种商品、服务上使用与其注册商标相同的商标,情节严重的,处三年以下有期徒刑,并处或者单处罚金;情节特别严重的,处三年以上十年以下有期徒刑,并处罚金。"

【条文说明】

本条是关于假冒注册商标罪及其处罚的规定。

根据本条规定，构成假冒注册商标罪应具备以下条件：

1. 行为人使用他人注册商标未经注册商标所有人许可。"注册商标所有人"即商标注册人。在我国，凡依法提出商标注册申请，并经商标局核准的商标注册申请人即成为注册商标所有人。本条规定的"未经注册商标所有人许可"，是指行为人使用他人注册商标时，未经注册商标所有人同意。① 这是构成假冒注册商标罪的前提条件，根据《商标法》第四十三条的规定，商标注册人可以通过签订商标使用许可合同的方式，许可他人使用其注册商标。如果行为人已得到注册商标所有人的许可，而只是未按法定程序办理有关手续，不能认为构成犯罪。

2. 行为人在客观上实施了在同一种商品、服务上使用与他人注册商标相同的商标的行为，即商标相同，使用该商标的商品、服务为同一种类，这两个条件必须同时具备。这里所称的"同一种商品、服务"是指与注册商标核定使用的商品、服务相同的商品、服务，"相同的商标"是指违法行为人使用的商标与权利人注册商标高度一致。② 当然，毕竟是假冒商标行为，很多情况下二者之间不可能完全一样、没有任何差别。有些假冒者会有意通过细微改变注册商标的字体、字母大小写或者文字横竖排列、间距等方式，以图规避法律追究。对此，应当结合假冒商标和注册商标的具体情况，从二者在视觉上的差别大小、社会公众有到假冒商标是不是足以被误导等综合判断。同时，需要注意的是，虽有细微差别但不失为"相同"程度的商标，与"类似"程度的商标，应当是有明显区别的，对于二者不能够混淆。如果行为人在同一种商品、服务上使用与他人注册商标近似的商标，或者在类似商品、服务上使用与他人注册商标相同的商标，或者在类似商品、服务上使用与他人注册商标近似的商标，虽然也属于商标侵权行为，但不构成假冒注册商标罪。

根据2011年《最高人民法院、最高人民检察院、公安部关于办理侵犯知识产权刑事案件适用法律若干问题的意见》第五条的规定，名称相同的商品以及名称不同但指同一事物的商品，可以认定为"**同一种商品**"。"**名称**"是指国家商标主管部门在商标注册工作中对商品使用的名称，通常即《商标注册用商品和服务国际分类》中规定的商品名称。"**名称不同但指同一事物的商品**"是指在功能、用途、主要原料、消费对象、销售渠道等方面相同或者基本相同，相关公众一般认为是同一种事物的商品。认定"同一种商品"，应当在权利人注册商标核定使用的商品和行为人实际生产销售的商品之间进行比较。关于"与其注册商标相同的商标"的认定问题，根据2020年《最高人民法院、最高人民检察院关于办理侵犯知识产权刑事案件具体应用法律若干问题的解释（三）》第一条的规定，具有下列情形之一的，可以认定为"**与其注册商标相同的商标**"：（1）改变注册商标的字体、字母大小写或者文字横竖排列，与注册商标之间基本无差别的；（2）改变注册商标的文字、字母、数字等之间的间距，与注册商标之间基本无差别的；（3）改变注册商标颜色，不影响体现注册商标显著特征的；（4）在注册商标上仅增加商品通用名称、型号等缺乏显著特征要素，不影响体现注册商标显著特征的；（5）与立体注册商标的三维标志及平面要素基本无差别的；（6）其他与注册商标基本无差别、足以对公众产生误导的商标。

3. 根据本条规定，行为人的上述行为，情节严重的才构成犯罪，这是区分罪与非罪的界限。根据2004年《最高人民法院、最高人民检察院关于办理侵犯知识产权刑事案件具体应用法律若干问题的解释》第一条的规定，未经注册商标所有人许可，在同一种商品上使用与其注册商标相同的商标，具有下列情形之一的，属于本条规定的"**情节严重**"：（1）非法经营数额在五万元以上或者违法所得数额在三万元以上的；（2）假冒两种以上注册商标，非法经营数额在三万元以上或者违法所得数额在二万元以上的；（3）其他情节严重的情形。这里规定的"情节严重"的情形与2010年5月《最高人民检察院、公安部关于公安机关管辖的刑事案件立案追诉标准的规定（二）》第六十九条的立案追诉情形是一致的。本条对假冒他人注册商标犯罪的处罚分为两个档次，**情节严重的**，处

---

① 我国学者进一步指出，被控假冒注册商标行为人与商标注册人之间应不存在商标权属争议，否则不能视为行为人"未经商标注册人许可"。参见何卓律：《假冒注册商标罪认定的若干问题探析》，载《广西政法管理干部学院学报》2021年第6期，第32页。

② 我国学者指出，刑法仅规定相同商标而排除近似商标的做法，是基于法益保护与制度成本综合考量的结果，应当予以坚持。参见张耕、黄国赛：《对假冒注册商标罪中相同商标的判定》，载《人民司法·案例》2021年第7期，第74页。

三年以下有期徒刑，并处或者单处罚金；**情节特别严重的**，处三年以上十年以下有期徒刑，并处罚金。根据2004年《最高人民法院、最高人民检察院关于办理侵犯知识产权刑事案件具体应用法律若干问题的解释》第一条的规定，这里的"**情节特别严重**"包括下列情形：（1）非法经营数额在二十五万元以上或者违法所得数额在十五万元以上的；（2）假冒两种以上注册商标，非法经营数额在十五万元以上或者违法所得数额在十万元以上的；（3）其他情节特别严重的情形。

实际执行中应当注意以下几个方面的问题：

1. 关于假冒服务商标行为构成犯罪的定罪量刑标准。 目前有关司法解释规定的定罪量刑标准都是针对假冒商品商标行为的，对于假冒他人服务商标行为的定罪量刑标准问题，可以参照假冒商品商标的规定，并根据服务商标侵权行为的特点，进一步总结实践经验予以确定。在确定具体量刑时应当综合考虑侵权行为持续时间的长短、侵权范围和规模的大小、非法经营数额或违法所得数额的大小、对权利人造成的损害程度等因素予以确定。①

2. 关于未经处理的假冒注册商标行为的处理。 对于多次实施假冒注册商标行为，未经行政处理或者刑事处罚的，非法经营的数额应当累计计算。根据2011年《最高人民法院、最高人民检察院、公安部关于办理侵犯知识产权刑事案件适用法律若干问题的意见》第十四条的规定，数额进行累计计算限定在二年内。对于尚不构成犯罪的假冒注册商标行为，可以依法追究其民事和行政责任，对此，《商标法》第五十七条和第六十条也作了规定。

3. 对于尚不构成犯罪的假冒注册商标的违法行为，根据《商标法》第五十七条、第六十条的规定，**市场监督管理部门**可以责令立即停止侵权行为，没收、销毁侵权商品，违法经营额五万元以上的，可以处违法经营额五倍以下的罚款，没有违法经营额或者违法经营额不足五万元的，可以处二十五万元以下的罚款。此外，根据海关法和知识产权海关保护条例等法律法规的规定，海关在执法过程中发现侵犯知识产权货物的，可以依法予以没收并作出处理。

4. 关于缓刑的适用。 为进一步明确缓刑适用条件，2011年2月第十一届全国人大常委会第十九次会议通过的《刑法修正案（八）》对缓刑条件作了进一步细化，规定为："（一）犯罪情节较轻；（二）有悔罪表现；（三）没有再犯罪的危险；（四）宣告缓刑对所居住社区没有重大不良影响。"同时规定，宣告缓刑，可以根据犯罪情况，同时禁止犯罪分子在缓刑考验期内从事特定活动，进入特定区域、场所，接触特定的人。在办理侵犯知识产权刑事案件中，对于犯罪人是否适用缓刑，应当根据上述规定作出判断。同时，关于侵犯知识产权犯罪案件缓刑适用，最高人民法院、最高人民检察院相关的司法解释中也作了规定。如2020年《最高人民法院、最高人民检察院关于办理侵犯知识产权刑事案件具体应用法律若干问题的解释（三）》第八条规定："具有下列情形之一的，**可以酌情从重处罚，一般不适用缓刑**：（一）主要以侵犯知识产权为业的；（二）因侵犯知识产权被行政处罚后再次侵犯知识产权构成犯罪的；（三）在重大自然灾害、事故灾难、公共卫生事件期间，假冒抢险救灾、防疫物资等商品的注册商标的；（四）拒不交出违法所得的。"因此，司法机关在具体适用缓刑时，应当严格执行现有法律、司法解释的规定，切实加强对知识产权的保护力度。

5. 关于判处罚金的数额。 本条对判处罚金只是原则规定并处或者单处罚金，没有对罚金数额的具体标准作明确规定。因此，在具体案件中判处罚金时，需要根据案件的具体情况量定适当的罚金。为了指导此类案件罚金适用，提高罚金刑量刑规范化程度，2020年《最高人民法院、最高人民检察院关于办理侵犯知识产权刑事案件具体应用法律若干问题的解释（三）》第十条对确定罚金数额的原则和具体要求作了规定，即应当综合考虑犯罪违法所得数额、非法经营数额、给权利人造成的损失数额、侵权假冒物品数量及社会危害性等情节，依法判处罚金。罚金数额一般在违法所得数额的一倍以上五倍以下确定。违法所得数额无法查清的，罚金数额一般按照非法经营数额的百分之五十以上一倍以下确定。违法所得数额

---

① 我国学者指出，服务商标构成的特殊性在于其使用对象是服务。服务是为他人的利益的行为，服务的辅助行为附属于主要行为，在辅助服务上的商标使用行为应视为在核准注册的服务项目上的商标使用行为。服务商标使用的特殊性在于其只能附着于相关载体，必然需要跨类使用在其他商品或服务上。服务商标使用的认定应当根据所提供服务的内容和目的进行实质性判断。就服务商标的保护而言，应正视服务及服务商标在地域范围上的突破，对服务商标的保护应符合商业实践的发展，在处理涉及权利冲突的纠纷时应综合认定服务商标的知名度，涉案使用行为的正当性等各个因素，以合理保护服务商标并维护市场秩序。参见张今：《服务商标之使用和保护的特殊性研究》，载《法学杂志》2021年第6期，第3－10页。

和非法经营数额均无法查清，判处三年以下有期徒刑、拘役、管制或者单处罚金的，一般在三万元以上一百万元以下确定罚金数额；判处三年以上有期徒刑的，一般在十五万元以上五百万元以下确定罚金数额。

6. 关于单位构成假冒注册商标罪的入罪标准。 构成本条规定的假冒注册商标罪的主体包括个人，也包括单位。根据《刑法》第二百二十条的规定，单位犯本条规定之罪的，对单位判处罚金，并对其直接负责的主管人员和其他责任人员，依本条的规定定处罚。**对单位犯本罪的定罪量刑标准**，根据2007年《最高人民法院、最高人民检察院关于办理侵犯知识产权刑事案件具体应用法律若干问题的解释（二）》第六条的规定，单位实施本节规定的侵犯知识产权犯罪的，按照个人犯罪的定罪量刑标准定罪处罚。

7. 关于假冒注册商标罪与相关罪名的适用。 一般来说，行为人既实施本条规定的假冒注册商标罪，又进而销售该假冒注册商标的商品，构成犯罪的，属于一个犯罪行为，应当依照本条的规定，**以假冒注册商标罪定罪处罚**。如果行为人既实施本条规定的犯罪的行为，又有明知他人制售他人所假冒的注册商标商品的行为，构成犯罪的，属于分别实施了两个不同的犯罪，**应当以假冒注册商标罪和销售假冒注册商标的商品罪数罪并罚**。实践中，如果行为人假冒他人注册商标所生产、销售的商品属于伪劣商品，构成生产销售伪劣商品类相关犯罪的，则属于同时触犯数个罪名，**应按照刑法规定的处罚较重的规定处罚，即按照择一重罪处理的原则定罪量刑**。①

8. 关于帮助行为的处理。 假冒注册商标犯罪和其他侵犯知识产权犯罪类似，往往形成从伪造、提供商标标识，生产假冒商品，到销售、转移非法所得等完整的犯罪利益链条，因此，对于此类犯罪的惩处，要结合案件的实际情况，对整个犯罪相互联系、相互配套支持的各个环节实施全链条打击，才能收到成效。同时，与传统犯罪中帮助犯等共同犯罪的情形不同，这类同一犯罪利益链条中的各个犯罪人之间，可能不像传统犯罪中主犯与帮助犯那样，往往有很密切的人身关系、行为协调配合关系等，而只是类似于产业链上下游之间的"生意"来往，行为人之间甚至可能从未谋面，互不相识。因此，在具体认定是否属于共同犯罪时，往往存在一

些困难或者不同认识。为此，有关司法解释针对这些情况，明确了一些适用的情形。根据2011年《最高人民法院、最高人民检察院、公安部关于办理侵犯知识产权刑事案件适用法律若干问题的意见》第十五条的规定，明知他人实施侵犯知识产权犯罪，而为其提供生产、制造侵权产品的主要原材料、辅助材料、半成品、包装材料、机械设备、标签标识、生产技术、配方等帮助，或者提供互联网接入、服务器托管、网络存储空间、通讯传输通道、代收费、费用结算等服务的，**以侵犯知识产权犯罪的共犯论处**。根据2004年《最高人民法院、最高人民检察院关于办理侵犯知识产权刑事案件具体应用法律若干问题的解释》第十六条的规定，明知他人实施侵犯知识产权犯罪，而为其提供贷款、资金、帐号、发票、证明、许可证件，或者提供生产、经营场所或者运输、储存、代理进出口等便利条件、帮助的，**可以以侵犯知识产权犯罪的共犯论处**。值得注意的是，在具体适用中，若帮助行为同时构成《刑法》第三百一十二条规定的**掩饰、隐瞒犯罪所得、犯罪所得收益罪**的，应当依照处罚较重的规定处罚。

9. 关于行政处罚与刑事处罚的衔接程序。 根据我国商标法、著作权法、反不正当竞争法等法律的规定，对尚不构成犯罪的侵犯知识产权的违法行为，依法给予行政处罚，构成犯罪的，依法追究刑事责任。为了做好行政处罚与刑事处罚的衔接，2020年修订的《**行政执法机关移送涉嫌犯罪案件的规定**》对有关程序问题作了规定，其中第三条明确规定，知识产权领域的违法案件，行政执法机关根据调查收集的证据和查明的案件事实，认为存在犯罪的合理嫌疑，需要公安机关采取措施进一步获取证据以判断是否达到刑事立案追诉标准的，应当向公安机关移送。

【司法解释】

《**最高人民法院、最高人民检察院关于办理侵犯知识产权刑事案件具体应用法律若干问题的解释**》（法释〔2004〕19号，自2004年12月22日起施行）

△〔情节严重；情节特别严重〕未经注册商标所有人许可，在同一种商品上使用与其注册商标相同的商标，具有下列情形之一的，属于刑法第二百一十三条规定的"情节严重"，应当以假冒注册

---

① 马克昌教授指出，如果行为人生产、销售伪劣产品，并假冒他人注册商标的，属于牵连犯，应从一重罪从重处罚。参见高铭暄、马克昌主编：《刑法学》(第7版)，北京大学出版社、高等教育出版社2016年版，第371页。另有学者指出，此种情形属于想象竞合犯，应按从一重处的原则处理。参见赵秉志、李希慧主编：《刑法各论》（第3版），中国人民大学出版社2016年版，第85页；明明楷：《刑法学》(第6版)，法律出版社2021年版，第1067页。

商标罪判处三年以下有期徒刑或者拘役①，并处或者单处罚金：

（一）非法经营数额在五万元以上或者违法所得数额在三万元以上的；

（二）假冒两种以上注册商标，非法经营数额在三万元以上或者违法所得数额在二万元以上的；

（三）其他情节严重的情形。

具有下列情形之一的，属于刑法第二百一十三条规定的"情节特别严重"，应当以假冒注册商标罪判处三年以上七年以下有期徒刑，并处罚金②：

（一）非法经营数额在二十五万元以上或者违法所得数额在十五万元以上的；

（二）假冒两种以上注册商标，非法经营数额在十五万元以上或者违法所得数额在十万元以上的；

（三）其他情节特别严重的情形。（§1）

△（相同商标；使用）刑法第二百一十三条规定的"相同的商标"，是指与被假冒的注册商标完全相同，或者与被假冒的注册商标在视觉上基本无差别、足以对公众产生误导的商标。

刑法第二百一十三条规定的"使用"，是指将注册商标或者假冒的注册商标用于商品、商品包装或者容器以及产品说明书、商品交易文书，或者将注册商标或者假冒的注册商标用于广告宣传、展览以及其他商业活动等行为。③（§8）

△（非法经营数额；累计计算）本解释所称"非法经营数额"，是指行为人在实施侵犯知识产权行为过程中，制造、储存、运输、销售侵权产品的价值。已销售的侵权产品的价值，按照实际销售的价格计算。制造、储存、运输和未销售的侵权产品的价值，按照标价或者已经查清的侵权产品的实际销售平均价格计算。侵权产品没有标价或者无法查清其实际销售价格的，按照被侵权产品的市场中间价格计算。

多次实施侵犯知识产权行为，未经行政处理或者刑事处罚的，非法经营数额、违法所得数额或者销售金额累计计算。（§12Ⅰ、Ⅱ）

△（假冒并销售注册商标；假冒注册商标罪；数罪并罚）实施刑法第二百一十三条规定的假冒注册商标犯罪，又销售该假冒注册商标的商品，构成犯罪的，应当依照刑法第二百一十三条的规定，以假冒注册商标罪定罪处罚。

实施刑法第二百一十三条规定的假冒注册商标犯罪，又销售明知是他人的假冒注册商标的商品，构成犯罪的，应当实行数罪并罚。（§13）

△（侵犯知识产权犯罪的共犯）明知他人实施侵犯知识产权犯罪，而为其提供贷款、资金、账号、发票、证明、许可证件，或者提供生产、经营场所或者运输、储存、代理进出口等便利条件、帮助的，以侵犯知识产权犯罪的共犯论处。（§16）

《最高人民法院、最高人民检察院关于办理非法生产、销售烟草专卖品等刑事案件具体应用法律若干问题的解释》（法释〔2010〕7号，自2010年3月26日起施行）

△（烟草专卖品注册商标；假冒注册商标罪）未经卷烟、雪茄烟等烟草专卖品注册商标所有人许可，在卷烟、雪茄烟等烟草专卖品上使用与其注册商标相同的商标，情节严重的，依照刑法第二百一十三条的规定，以假冒注册商标罪定罪处罚。（§1Ⅱ）

△（竞合）行为人实施非法生产、销售烟草专卖品犯罪，同时构成生产、销售伪劣产品罪、侵犯知识产权犯罪、非法经营罪的，依照处罚较重的规定定罪处罚。（§5）

△（共犯）明知他人实施本解释第一条所列犯罪，而为其提供贷款、资金、账号、发票、证明、许可证件，或者提供生产、经营场所、设备、运输、仓储、保管、邮寄、代理进出口等便利条件，或者提供生产技术、卷烟配方的，应当按照共犯追究刑事责任。（§6）

△（鉴定）办理非法生产、销售烟草专卖品等刑事案件，需要对伪劣烟草专卖品鉴定的，应当委托国务院产品质量监督管理部门和省、自治区、直辖市人民政府产品质量监督管理部门指定的烟草质量检测机构进行。（§7）

△（烟草专卖品）本解释所称"烟草专卖品"，是指卷烟、雪茄烟、烟丝、复烤烟叶、烟叶、卷烟纸、滤嘴棒、烟用丝束、烟草专用机械。（§9Ⅰ）

《最高人民法院、最高人民检察院关于办理侵犯知识产权刑事案件具体应用法律若干问题的解释（二）》（法释〔2007〕6号，自2007年4月5日起施行）

△（缓刑）侵犯知识产权犯罪，符合刑法规定的缓刑条件的，依法适用缓刑。有下列情形之一的，一般不适用缓刑：

---

① 《刑法修正案（十一）》取消了本罪的拘役刑。
② 《刑法修正案（十一）》将此处的法定刑修改为"三年以上十年以下有期徒刑，并处罚金"。
③ 另外，关于反向假冒，由于行为人只是使用了他人的商品，而没有使用他人的商标，故而不成立本罪，但可能该当损害商业信誉、商品商誉罪或者生产、销售伪劣产品罪。参见张明楷：《刑法学》（第6版），法律出版社2021年版，第1064页。

（一）因侵犯知识产权被刑事处罚或者行政处罚后，再次侵犯知识产权构成犯罪的；
（二）不具有悔罪表现的；
（三）拒不交出违法所得的；
（四）其他不宜适用缓刑的情形。（§3）
△（罚金数额）对于侵犯知识产权犯罪的，人民法院应当综合考虑犯罪的违法所得、非法经营数额，给权利人造成的损失，社会危害性等情节，依法判处罚金。罚金数额一般在违法所得的一倍以上五倍以下，或者按照非法经营数额的50%以上一倍以下确定。（§4）
△（自诉；公诉）被害人有证据证明的侵犯知识产权刑事案件，直接向人民法院起诉的，人民法院应当依法受理；严重危害社会秩序和国家利益的侵犯知识产权刑事案件，由人民检察院依法提起公诉。（§5）

《最高人民法院、最高人民检察院关于办理侵犯知识产权刑事案件具体应用法律若干问题的解释（三）》（法释〔2020〕10号，自2020年9月14日施行）

△（与其注册商标相同的商标）具有下列情形之一的，可以认定为刑法第二百一十三条规定的"与其注册商标相同的商标"：
（一）改变注册商标的字体、字母大小写或者文字横竖排列，与注册商标之间基本无差别的；
（二）改变注册商标的文字、字母、数字等之间的间距，与注册商标之间基本无差别的；
（三）改变注册商标颜色，不影响体现注册商标显著特征的；
（四）在注册商标上仅增加商品通用名称、型号等缺乏显著特征要素，不影响体现注册商标显著特征的；
（五）与立体注册商标的三维标志及平面要素基本无差别的；
（六）其他与注册商标基本无差别，足以对公众产生误导的商标。（§1）
△（没收；销毁）除特殊情况外，假冒注册商标的商品、非法制造的注册商标标识、侵犯著作权的复制品、主要用于制造假冒注册商标的商品、注册商标标识或者侵权复制品的材料和工具，应当依法予以没收和销毁。
上述物品需要作为民事、行政案件的证据使用的，经权利人申请，可以在民事、行政案件终结后或者采取取样、拍照等方式对证据固定后予以销毁。（§7）
△（酌情从重处罚；不适用缓刑）具有下列情形之一的，可以酌情从重处罚，一般不适用缓刑：

（一）主要以侵犯知识产权为业的；
（二）因侵犯知识产权被行政处罚后再次侵犯知识产权构成犯罪的；
（三）在重大自然灾害、事故灾难、公共卫生事件期间，假冒抢险救灾、防疫物资等商品的注册商标的；
（四）拒不交出违法所得的。（§8）
△（酌情从轻处罚）具有下列情形之一的，可以酌情从轻处罚：
（一）认罪认罚的；
（二）取得权利人谅解的；
（三）具有悔罪表现的；
（四）以不正当手段获取权利人的商业秘密后尚未披露、使用或者允许他人使用的。（§9）
△（罚金）对于侵犯知识产权犯罪的，应当综合考虑犯罪所得数额、非法经营数额，给权利人造成的损失数额、侵权假冒物品数量及社会危害性等情节，依法判处罚金。
罚金数额一般在违法所得数额的一倍以上五倍以下确定。违法所得数额无法查清的，罚金数额一般按照非法经营数额的百分之五十以上一倍以下确定。违法所得数额和非法经营数额均无法查清，判处三年以下有期徒刑、拘役、管制或者单处罚金的，一般在三万元以上一百万元以下确定罚金数额；判处三年以上有期徒刑的，一般在十五万元以上五百万元以下确定罚金数额。（§10）
△（适用效力）本解释发布施行后，之前发布的司法解释和规范性文件与本解释不一致的，以本解释为准。（§11）

【司法解释性文件】

《最高人民法院刑事审判第二庭关于集体商标是否属于我国刑法的保护范围问题的复函》（〔2009〕刑二函字第28号，2009年4月10日公布）

△（注册商标；集体商标）我国《商标法》第三条规定："经商标局核准注册的商标为注册商标，包括商品商标、服务商标和集体商标、证明商标；商标注册人享有商标专用权，受法律保护。"因此，刑法第二百一十三条至二百一十五条所规定的"注册商标"应当涵盖"集体商标"。（§1）
△（相同商标）商标标识中注明了自己的注册商标的同时，又使用了他人注册为集体商标的地理名称，可以认定为刑法规定的"相同的商标"。根据贵局提供的材料，山西省清徐县溢美源醋业有限公司在其生产的食用醋的商标上用大号字体在显著位置上清晰地标明"镇江香（陈）醋"，说明其已经使用了与江苏省镇江市醋业协会所注

册的"镇江香(陈)醋"集体商标相同的商标。而且,山西省清徐县溢美源醋业有限公司还在其商标标识上注明了江苏省镇江市丹阳市某香醋厂的厂名厂址和QS标志,也说明其实施假冒注册"镇江香(陈)醋"集体商标的行为。(§2)

《最高人民法院、最高人民检察院、公安部印发〈关于办理侵犯知识产权刑事案件适用法律若干问题的意见〉的通知》(法发〔2011〕3号,2011年1月10日公布)

△(**侵犯知识产权犯罪;管辖**)侵犯知识产权犯罪案件由犯罪地公安机关立案侦查。必要时,可以由犯罪嫌疑人居住地公安机关立案侦查。侵犯知识产权犯罪案件的犯罪地,包括侵权产品制造地、储存地、运输地、销售地,传播侵权作品、销售侵权产品的网站服务器所在地,网络接入地,网站建立者或者管理者所在地,侵权作品上传者所在地,权利人受到实际侵害的犯罪结果发生地。对有多个侵犯知识产权犯罪地的,由最初受理的公安机关或者主要犯罪地公安机关管辖。多个侵犯知识产权犯罪地的公安机关对管辖有争议的,由共同的上级公安机关指定管辖,需要提请批准逮捕、移送审查起诉、提起公诉的,由该公安机关所在地的同级人民检察院、人民法院受理。

对于不同犯罪嫌疑人、犯罪团伙跨地区实施的涉及同一批侵权产品的制造、储存、运输、销售等侵犯知识产权犯罪行为,符合并案处理要求的,有关公安机关可以一并立案侦查,需要提请批准逮捕、移送审查起诉、提起公诉的,由该公安机关所在地的同级人民检察院、人民法院受理。(§1)

△(**行政执法部门收集、调取证据的效力**)行政执法部门依法收集、调取、制作的物证、书证、视听资料、检验报告、鉴定结论、勘验笔录、现场笔录,经公安机关、人民检察院审查,人民法院庭审质证确认,可以作为刑事证据使用。

行政执法部门制作的证人证言、当事人陈述等调查笔录,公安机关认为有必要作为刑事证据使用的,应当依法重新收集、制作。(§2)

△(**抽样取证;委托鉴定**)公安机关在办理侵犯知识产权刑事案件时,可以根据工作需要抽样取证,或者商请同级行政执法部门、有关检验机构协助抽样取证。法律、法规对抽样机构或者抽样方法有规定的,应当委托规定的机构并按照规定方法抽取样品。

公安机关、人民检察院、人民法院在办理侵犯知识产权犯罪案件中,对于需要鉴定的事项,应当委托国家认可的有鉴定资质的鉴定机构进行鉴定。

公安机关、人民检察院、人民法院应当对鉴定结论进行审查,听取权利人、犯罪嫌疑人、被告人对鉴定结论的意见,可以要求鉴定机构作出相应说明。(§3)

△(**自诉案件;证据收集**)人民法院依法受理侵犯知识产权刑事自诉案件,对于当事人因客观原因不能取得的证据,在提起自诉时能够提供有关线索,申请人民法院调取的,人民法院应当依法调取。(§4)

△(**同一种商品;名称**)名称相同的商品以及名称不同但指同一事物的商品,可以认定为"同一种商品"。"名称"是指国家工商行政管理总局商标局在商标注册工作中对商品使用的名称,通常即《商标注册用商品和服务国际分类》中规定的商品名称。"名称不同但指同一事物的商品"是指在功能、用途、主要原料、消费对象、销售渠道等方面相同或者基本相同,相关公众一般认为是同一种事物的商品。

认定"同一种商品",应当在权利人注册商标核定使用的商品和行为人实际生产销售的商品之间进行比较。① (§5)

△(**与其注册商标相同的商标**)具有下列情形之一,可以认定为"与其注册商标相同的商标"②③:

(一)改变注册商标的字体、字母大小写或者文字横竖排列,与注册商标之间仅有细微差别的;

(二)改变注册商标的文字、字母、数字等之间的间距,不影响体现注册商标显著特征的;

(三)改变注册商标颜色的;

(四)其他与注册商标在视觉上基本无差别、足以对公众产生误导的商标。(§6)

△(**尚未附着或者尚未全部附着假冒注册商标标识;非法经营数额**)在计算制造、储存、运输和

---

① 我国学者指出,对"同一种商品或服务"的认定,必须坚持法定标准和专家标准,不能以人们的习惯分类为准。参见周光权:《刑法各论》(第4版),中国人民大学出版社2021年版,第345页。

② 我国学者指出,对于"相同"的认定,应以是否足以使一般消费者误认为是注册商标为标准。并且,本罪不要求所假冒的商标与他人注册商标的构成要素没有任何差异。参见张明楷:《刑法学》(第6版),法律出版社2021年版,第1065页;黎宏:《刑法学各论》(第2版),法律出版社2016年版,第181页;周光权:《刑法各论》(第4版),中国人民大学出版社2021年版,第346页。

③ 最新的相关司法解释规定,参见《最高人民法院、最高人民检察院关于办理侵犯知识产权刑事案件具体应用法律若干问题的解释(三)》第一条。

未销售的假冒注册商标侵权产品价值时,对于已经制作完成但尚未附着(含加贴)或者尚未全部附着(含加贴)假冒注册商标标识的产品,如果有确实、充分证据证明该产品将假冒他人注册商标,其价值计入非法经营数额。(§7)

△(多次实施;累计计算数额)依照最高人民法院、最高人民检察院《关于办理侵犯知识产权刑事案件具体应用法律若干问题的解释》第十二条第二款的规定,多次实施侵犯知识产权行为,未经行政处理或者刑事处罚的,非法经营数额、违法所得数额或者销售金额累计计算。

二年内多次实施侵犯知识产权违法行为,未经行政处理,累计数额构成犯罪的,应当依法定罪处罚。实施侵犯知识产权犯罪行为的追诉期限,适用刑法的有关规定,不受前述二年的限制。(§14)

△(明知;提供原材料、机械设备等;侵犯知识产权犯罪的共犯)明知他人实施侵犯知识产权犯罪,而为其提供生产、储运违反产品的主要原材料、辅助材料、半成品、包装材料、机械设备、标签标识、生产技术、配方等帮助,或者提供互联网接入、服务器托管、网络存储空间、通讯传输通道、代收费、费用结算等服务的,以侵犯知识产权犯罪的共犯论处。(§15)

△(竞合)行为人实施侵犯知识产权犯罪,同时构成生产、销售伪劣商品犯罪的,依照侵犯知识产权犯罪与生产、销售伪劣商品犯罪中处罚较重的规定定罪处罚。(§16)

《最高人民法院关于进一步加强涉种子刑事审判工作的指导意见》(法〔2022〕66号,2022年3月2日公布)

△(种子套牌侵权相关犯罪;假冒注册商标罪;销售假冒注册商标的商品罪;非法制造、销售非法制造的注册商标标识罪;侵犯商业秘密罪;为境外窃取、刺探、收买、非法提供商业秘密罪)立足现有罪名,依法严惩种子套牌侵权相关犯罪。假冒品种权以及未经许可或者超出委托规模生产、繁殖授权品种种子对外销售等种子套牌侵权行为,经常伴随假冒注册商标、侵犯商业秘密等违法犯罪行为。审理此类案件时要把握这一特点,立足刑法现有规定,通过依法适用与种子套牌侵权密切相关的假冒注册商标罪、销售假冒注册商标的商品罪、非法制造、销售非法制造的注册商标标识罪、侵犯商业秘密罪、为境外窃取、刺探、收买、非法提供商业秘密罪等罪名,实现对种子套牌侵权行为的依法惩处。同时,应当将种子套牌侵权行为作为从重处罚情节,加大对此类犯罪的惩处力度。(§4)

【指导性案例】

最高人民法院指导性案例第87号:郭明升、郭明锋、孙淑标假冒注册商标案(2017年3月6日发布)

△(证据认定;非法经营数额、违法所得数额)假冒注册商标犯罪的非法经营数额、违法所得数额,应当综合被告人供述、证人证言、被害人陈述、网络销售电子数据、被告人银行账户往来记录、送货单、快递公司电脑系统记录、被告人等所作记账等证据认定。被告人辩解称网络销售记录存在刷信誉的不真实交易,但无证据证实的,对其辩解不予采纳。

最高人民检察院指导性案例第93号:丁某某、林某某等人假冒注册商标立案监督案(2020年12月21日发布)

△(制假售假;假冒注册商标;监督立案;关联案件管辖)检察机关在办理售假犯罪案件时,应当注意审查发现制假犯罪事实,强化对人民群众切身利益和企业知识产权的保护力度。对于公安机关未立案侦查的制假犯罪与已立案侦查的售假犯罪不属于共同犯罪的,应当按照立案监督程序,监督公安机关立案侦查。对于跨地域实施的关联制假售假犯罪,检察机关可以建议公安机关并案管辖。

最高人民检察院指导性案例第101号:姚常龙等五人假冒注册商标案(2021年2月8日发布)

△(假冒注册商标;境内制造境外销售;共同犯罪)凡在我国合法注册且在有效期内的商标,商标所有人享有的商标专用权依法受我国法律保护。未经商标所有人许可,无论假冒商品是否销往境外,情节严重构成犯罪的,依法应予追诉。判断侵犯注册商标犯罪案件是否构成共同犯罪,应重点审查假冒者和销售者之间的意思联络情况、对假冒违法性的认知程度、对销售价格与正品价格差价的认知情况等因素综合判断。

【参考案例】

No.3-7-213-1 王文海、李军假冒注册商标案

假冒注册商标行为中,生产完毕尚未包装组装但可以包装组装为成品的半成品的数额应当计入尚未销售的数额之中。

No.3-7-213-2 郭明升、郭明锋、孙淑标假冒注册商标案

在未经商标注册人授权许可的情况下,购进假冒注册商标的配件,组装假冒注册商标商品,并对外以注册商品进行销售的,属于未经注册商标所有人许可在同一种商品上使用与其相同的商标的行为,构成假冒注册商标罪。

No.3-7-213-3　郭明升、郭明锋、孙淑标假冒注册商标案

在互联网经营模式中,对于非法经营数额、违法所得数额,应当综合被告人供述、网络销售电子数据、被告人银行账户往来记录等证据认定。重复刷单、刷信誉行为不应计算在非法经营数额中,被告人部分否认非法经营数额的,应当由其对网络销售记录存在刷信誉的事实承担举证责任。

第二百一十四条　【销售假冒注册商标的商品罪】

销售明知是假冒注册商标的商品,违法所得数额较大或者有其他严重情节的,处三年以下有期徒刑,并处或者单处罚金;违法所得数额巨大或者有其他特别严重情节的,处三年以上十年以下有期徒刑,并处罚金。

【立法沿革】

《中华人民共和国刑法》(1997年修订,自1997年10月1日起施行)

第二百一十四条

销售明知是假冒注册商标的商品,销售金额数额较大的,处三年以下有期徒刑或者拘役,并处或者单处罚金;销售金额数额巨大的,处三年以上七年以下有期徒刑,并处罚金。

《中华人民共和国刑法修正案(十一)》(自2021年3月1日起施行)

十八、将刑法第二百一十四条修改为:

"销售明知是假冒注册商标的商品,违法所得数额较大或者有其他严重情节的,处三年以下有期徒刑,并处或者单处罚金;违法所得数额巨大或者有其他特别严重情节的,处三年以上十年以下有期徒刑,并处罚金。"

【条文说明】

本条是关于销售假冒注册商标的商品罪及其处罚的规定。

构成本条规定的犯罪,应具备以下条件:

1.行为人主观上必须是**明知**,即明知是假冒他人注册商标的商品仍然销售,从中牟取非法利益。行为人是否明知,是罪与非罪的重要界限。适用本条规定时,必须有证据证明行为人明知其销售的商品是假冒他人注册商标的商品,如果行为人不知是假冒注册商标的商品而销售,不构成销售假冒注册商标的商品罪。《商标法》第六十四条规定,销售不知道是侵犯注册商标专用权的商品,能证明该商品是自己合法取得并说明提供者的,不承担赔偿责任。实践中,**主要从以下几个方面判断行为人是否明知**:(1)根据行为人所销售商品的来源、渠道、本人的经验和知识,能够知道自己销售的是假冒注册商标的商品;(2)销售商品进货价格和质量明显低于市场上被假冒的注册商标商品的进货价格和质量;(3)行为人是否曾被告知所销售的商品是假冒注册商标的商品。根据2004年《最高人民法院、最高人民检察院关于办理侵犯知识产权刑事案件具体应用法律若干问题的解释》第九条的规定,具有下列情形之一的,应当认定为属于刑法第二百一十四条规定的"**明知**":(1)知道自己销售的商品上的注册商标被涂改、调换或者覆盖的;(2)因销售假冒注册商标的商品受到过行政处罚或者承担过民事责任,又销售同一种假冒注册商标的商品的;(3)伪造、涂改商标注册人授权文件或者知道该文件被伪造、涂改的;(4)其他知道或者应当知道是假冒注册商标的商品的情形。

2.行为人在客观上实施了**销售明知是假冒注册商标的商品的行为**。这里的"**销售**"应是广义的,包括批发、零售、代售、贩卖等各个销售环节。①"**假冒注册商标**"是指假冒他人已经注册了的商标。如果将还未有人注册过的商标冒充已经注册的商标在商品上使用,不构成本条规定的犯罪,而是属于违反注册商标管理的行为。

3.**违法所得必须达到数额较大或者有其他严重情节的,才构成犯罪**,这也是罪与非罪的重要界限。这里规定的"**其他严重情节**",主要是指违法所得金额较大之外的情形,其他如销售金额数额较大、销售侵权商品持续时间长、数量大,给权利人造成的损失大,给消费者造成了人身、财产等方面较大的损失等。具体认定时,可以根据侵权行为持续的时间长短、销售能力和销售规模的大小、犯罪的组织化程度等因素综合进行

---

① 相同的学说见解,参见黎宏:《刑法学各论》(第2版),法律出版社2016年版,第182页。

判断。

需要注意的是,虽然《刑法修正案(十一)》将入罪标准由"销售金额数额较大"修改为"违法所得数额较大或者有其他严重情节",但由于新的入罪标准增加了"其他严重情节"作为兜底性规定,因此,**销售金额本身的大小仍然应当属于衡量行为人所实施的犯罪行为的情节是否达到严重的重要参照**。所以,此前司法解释关于"销售金额数额较大"的规定,依然可以作为**认定行为人犯罪行为情节严重程度的参考标准**。根据2004年《最高人民法院、最高人民检察院关于办理侵犯知识产权刑事案件具体应用法律若干问题的解释》第二条的规定,销售金额在五万元以上的,**可以构成销售假冒注册商标的商品罪**。根据2011年《最高人民法院、最高人民检察院、公安部关于办理侵犯知识产权刑事案件适用法律若干问题的意见》第八条的规定,假冒注册商标的商品尚未销售,货值金额在十五万元以上的;或者已销售金额不满五万元,但销售金额与尚未销售的货值金额合计在十五万元以上的,应当以**销售假冒注册商标的商品罪(未遂)定罪处罚**。这与2010年《最高人民检察院、公安部关于公安机关管辖的刑事案件立案追诉标准的规定(二)》第七十条规定的立案追诉标准是一致的。

本条对销售明知是假冒注册商标商品的犯罪,规定了两档刑罚,即**违法所得数额较大或者有其他严重情节的**,处三年以下有期徒刑,并处或者单处罚金;**违法所得数额巨大或者有其他特别严重情节的**,处三年以上十年以下有期徒刑,并处罚金。这里的"其他特别严重情节"也需根据侵权行为持续的时间长短、销售能力和销售规模的大小、犯罪的组织化程度、违法所得的大小等因素综合进行判断。根据2004年《最高人民法院、最高人民检察院关于办理侵犯知识产权刑事案件具体应用法律若干问题的解释》第二条的规定,销售金额在二十五万元以上的,属于"数额巨大"。

实际执行应当注意以下几个方面的问题:

1. 关于销售假冒注册商标的商品犯罪案件中尚未销售或者部分销售情形的定罪量刑问题。根据2011年《最高人民法院、最高人民检察院、公安部关于办理侵犯知识产权刑事案件适用法律若干问题的意见》第八条的规定,销售明知是假冒注册商标的商品,具有下列情形之一的,依照本条规定,**以销售假冒注册商标的商品罪(未遂)定罪处罚**:(1)假冒注册商标的商品尚未销售,货值金额在十五万元以上的;(2)假冒注册商标的商品部分销售,已销售金额不满五万元,但与尚未销售的假冒注册商标的商品的货值金额合计在十五万元以上的。假冒注册商标的商品尚未销售,货值金额分别达到十五万元以上不满二十五万元、二十五万元以上的,分别依照本条规定的各法定刑幅度定罪处罚。销售金额和未销售货值金额分别达到不同的法定刑幅度或者均达到同一法定刑幅度的,在处罚较重的法定刑或者同一法定刑幅度内酌情从重处罚。

2. 关于销售假冒注册商标的商品罪与相关罪名的适用。如果行为人销售的假冒注册商标的商品,是其本人实施假冒注册商标行为而来的商品,构成犯罪的,**以假冒注册商标罪定罪处罚**。如果行为人既有销售本人假冒注册商标的商品的行为,又有销售他人假冒注册商标的商品的行为,分别构成犯罪的,**应当以假冒注册商标罪和销售假冒注册商标的商品罪数罪并罚**。另外,如果行为人销售的商品假冒了他人的注册商标,同时商品本身是伪劣产品,构成生产、销售伪劣产品罪的,**应依照刑法规定的处罚较重的规定处罚**。

3. 对于尚不构成犯罪的销售假冒注册商标的商品的违法行为,根据《商标法》第五十七条和第六十条的规定,**市场监督管理部门可以责令立即停止侵权行为,没收、销毁侵权商品,违法经营额在五万元以上的,可以处违法经营额五倍以下的罚款,没有违法经营额或者违法经营额不足五万元的,可以处二十五万元以下的罚款**。此外,《知识产权海关保护条例》第二十七条对**海关扣留的侵犯知识产权货物的处理**也作了规定。

关于未经处理的销售假冒注册商标的商品行为的处理、缓刑的适用、判处罚金的数额、单位构成犯罪的入罪标准、帮助行为的处理、行政处罚与刑事处罚的衔接程序等问题,本书第二百一十三条对此已有阐述,这里不再重复。

【司法解释】

《最高人民法院、最高人民检察院关于办理侵犯知识产权刑事案件具体应用法律若干问题的解释》(法释〔2004〕19号,自2004年12月22日起施行)

△(**数额较大**)销售明知是假冒注册商标的商品,销售金额在五万元以上的,属于刑法第二百一十四条规定的"数额较大",应当以销售假冒注册商标的商品罪判处三年以下有期徒刑或者拘役,并处或者单处罚金。

销售金额在二十五万元以上的,属于刑法第二百一十四条规定的"数额巨大",应当以销售假冒注册商标的商品罪判处三年以上七年以下有期徒刑,并处罚金。(§2)

△(**销售金额;明知**)刑法第二百一十四条规定的"销售金额",是指销售假冒注册商标的商品

后所得和应得的全部违法收入。

具有下列情形之一的,应当认定为属于刑法第二百一十四条规定的"明知":

(一)知道自己销售的商品上的注册商标被涂改、调换或者覆盖的;

(二)因销售假冒注册商标的商品受到过行政处罚或者承担过民事责任、又销售同一种假冒注册商标的商品的;

(三)伪造、涂改商标注册人授权文件或者知道该文件被伪造、涂改的;

(四)其他知道或者应当知道是假冒注册商标的商品的情形。(§9)

△**非法经营数额;累计计算** 本解释所称"非法经营数额",是指行为人在实施侵犯知识产权行为过程中,制造、储存、运输、销售侵权产品的价值。已销售的侵权产品的价值,按照实际销售的价格计算。制造、储存、运输和未销售的侵权产品的价值,按照标价或者已经查清的侵权产品的实际销售平均价格计算。侵权产品没有标价或者无法查清其实际销售价格的,按照被侵权产品的市场中间价格计算。

多次实施侵犯知识产权行为,未经行政处理或者刑事处罚的,非法经营数额、违法所得数额或者销售金额累计计算。(§12ⅠⅢ)

△**假冒并销售假冒注册商标;假冒注册商标罪;数罪并罚** 实施刑法第二百一十三条规定的假冒注册商标犯罪,又销售该假冒注册商标的商品,构成犯罪的,应当依照刑法第二百一十三条的规定,以假冒注册商标罪定罪处罚。

实施刑法第二百一十三条规定的假冒注册商标犯罪,又销售明知是他人的假冒注册商标的商品,构成犯罪的,应当实行数罪并罚。① (§13)

△**侵犯知识产权犯罪的共犯** 明知他人实施侵犯知识产权犯罪,而为其提供贷款、资金、账号、发票、证明,许可证件,或者提供生产、经营场所、设备或运输、储存、代理进出口等便利条件、帮助的,以侵犯知识产权犯罪的共犯论处。(§16)

《最高人民法院、最高人民检察院关于办理侵犯知识产权刑事案件具体应用法律若干问题的解释(二)》(法释〔2007〕6号,自2007年4月5日起施行)

△**缓刑** 侵犯知识产权犯罪,符合刑法规定的缓刑条件的,依法适用缓刑。有下列情形之一的,一般不适用缓刑:

(一)因侵犯知识产权被刑事处罚或者行政处罚后,再次侵犯知识产权构成犯罪的;

(二)不具有悔罪表现的;

(三)拒不交出违法所得的;

(四)其他不宜适用缓刑的情形。(§3)

△**(罚金数额)** 对于侵犯知识产权犯罪的,人民法院应当综合考虑犯罪的违法所得、非法经营数额、给权利人造成的损失、社会危害性等情节,依法判处罚金。罚金数额一般在违法所得的一倍以上五倍以下,或者按照非法经营数额的50%以上一倍以下确定。(§4)

△**(自诉;公诉)** 被害人有证据证明的侵犯知识产权刑事案件,直接向人民法院起诉的,人民法院应当依法受理;严重危害社会秩序和国家利益的侵犯知识产权刑事案件,由人民检察院依法提起公诉。(§5)

《最高人民法院、最高人民检察院关于办理非法生产、销售烟草专卖品等刑事案件具体应用法律若干问题的解释》(法释〔2010〕7号,自2010年3月26日起施行)

△**(烟草专卖品;销售假冒注册商标的商品罪)** 销售明知是假冒他人注册商标的卷烟、雪茄烟等烟草专卖品,销售金额较大的,依照刑法第二百一十四条的规定,以销售假冒注册商标的商品罪定罪处罚。(§1Ⅲ)

△**(想象竞合)** 行为人实施非法生产、销售烟草专卖品犯罪,同时构成生产、销售伪劣产品罪、侵犯知识产权犯罪、非法经营罪的,依照处罚较重的规定定罪处罚。(§5)

△**(共犯)** 明知他人实施本解释第一条所列犯罪,而为其提供贷款、资金、账号、发票、证明,许可证件,或者提供生产、经营场所,设备、运输、仓储、保管、邮寄、代理进出口等便利条件,或者提供生产技术、卷烟配方的,应当按共犯追究刑事责任。(§6)

△**(鉴定)** 办理非法生产、销售烟草专卖品刑事案件,需要对伪劣烟草专卖品鉴定的,应当委托国务院产品质量监督管理部门和省、自治区、直辖市人民政府产品质量监督管理部门指定的烟草质量检测机构进行。(§7)

△**(烟草专卖品)** 本解释所称"烟草专卖品",是指卷烟、雪茄烟、烟丝、复烤烟叶、烟叶、卷烟纸、滤嘴棒、烟用丝束、烟草专用机械。(§9Ⅰ)

【司法解释性文件】

《最高人民法院、最高人民检察院、公安部、国家烟草专卖局关于印发〈关于办理假冒伪劣烟草

---

① 销售假冒注册商标的商品罪的行为主体,应为本犯(假冒注册商标的犯罪人)以外的自然人或单位。参见张明楷:《刑法学》(第6版),法律出版社2021年版,第1069页。

制品等刑事案件适用法律问题座谈会纪要〉的通知》(商检会〔2003〕4号,2003年12月23日公布)

△(销售假冒注册商标的商品罪;明知)根据刑法第二百一十四条的规定,销售明知是假冒烟用注册商标的烟草制品,销售金额较大的,构成销售假冒注册商标的商品罪。

"明知",是指知道或应当知道。有下列情形之一的,可以认定为"明知":

1. 以明显低于市场价格进货的;
2. 以明显低于市场价格销售的;
3. 销售假冒烟用注册商标的烟草制品被发现后转移、销毁物证或者提供虚假证明、虚假情况的;
4. 其他可以认定为明知的情形。(§2)

△(共犯;立功;重大立功)知道或者应当知道他人实施本《纪要》第一条至第三条规定的犯罪行为,仍实施下列行为之一的,应认定为共犯,依法追究刑事责任:

1. 直接参与生产、销售假冒伪劣烟草制品或者销售假冒烟用注册商标的烟草制品或者直接参与非法经营烟草制品并在其中起主要作用的;
2. 提供房屋、场地、设备、车辆、贷款、资金、账号、发票、证明、商标等设施和条件,用于帮助生产、销售、储存、运输假冒伪劣烟草制品、非法经营烟草制品的;
3. 运输假冒伪劣烟草制品的。

上述人员中有检举他人犯罪经查证属实,或者提供重要线索,有立功表现的,可以从轻或减轻处罚;有重大立功表现的,可以减轻或者免除处罚。(§4)

△(想象竞合)行为人的犯罪行为同时构成生产、销售伪劣产品罪、销售假冒注册商标的商品罪、非法经营罪等罪的,依照处罚较重的规定定罪处罚。(§6)

《最高人民法院刑事审判第二庭关于集体商标是否属于我国刑法的保护范围问题的复函》(〔2009〕刑二函字第28号,2009年4月10日公布)

△(注册商标;集体商标)我国《商标法》第三条规定:"经商标局核准注册的商标为注册商标,包括商品商标、服务商标和集体商标、证明商标;商标注册人享有商标专用权,受法律保护。"因此,刑法第二百一十三条至二百一十五条所规定的"注册商标"应当涵盖"集体商标"。(§1)

《最高人民法院、最高人民检察院、公安部印发〈关于办理侵犯知识产权刑事案件适用法律若干问题的意见〉的通知》(法发〔2011〕3号,2011年1月10日公布)

△(侵犯知识产权犯罪;管辖)侵犯知识产权犯罪案件由犯罪地公安机关立案侦查。必要时,可以由犯罪嫌疑人居住地公安机关立案侦查。侵犯知识产权犯罪案件的犯罪地,包括侵权产品制造地、储存地、运输地、销售地,传播侵权作品、销售侵权产品的网站服务器所在地、网络接入地、网站建立者或者管理者所在地,侵权作品上传者所在地,权利人受到实际侵害的犯罪结果发生地。对有多个侵犯知识产权犯罪地的,由最初受理的公安机关或者主要犯罪地公安机关管辖。多个侵犯知识产权犯罪地的公安机关对管辖有争议的,由共同的上级公安机关指定管辖,需要提请批准逮捕、移送审查起诉、提起公诉的,由该公安机关所在地的同级人民检察院、人民法院受理。

对于不同犯罪嫌疑人、犯罪团伙跨地区实施的涉及同一批侵权产品的制造、储存、运输、销售等侵犯知识产权犯罪行为,符合并案处理要求的,有关公安机关可以一并立案侦查,需要提请批准逮捕、移送审查起诉、提起公诉的,由该公安机关所在地的同级人民检察院、人民法院受理。(§1)

△(行政执法部门收集、调取证据的效力)行政执法部门依法收集、调取、制作的物证、书证、视听资料、检验报告、鉴定结论、勘验笔录、现场笔录,经公安机关、人民检察院审查、人民法院庭审质证确认,可以作为刑事证据使用。

行政执法部门制作的证人证言、当事人陈述等调查笔录,公安机关认为有必要作为刑事证据使用的,应当依法重新收集、制作。(§2)

△(抽样取证;委托鉴定)公安机关在办理侵犯知识产权刑事案件时,可以根据工作需要抽样取证,或者商请同级行政执法部门、有关检验机构协助抽样取证。法律、法规对抽样机构或者抽样方法有规定的,应当委托规定的机构并按照规定方法抽取样品。

公安机关、人民检察院、人民法院在办理侵犯知识产权刑事案件时,对于需要鉴定的事项,应当委托国家认可的有鉴定资质的鉴定机构进行鉴定。

公安机关、人民检察院、人民法院应当对鉴定结论进行审查,听取权利人、犯罪嫌疑人、被告人对鉴定结论的意见,可以要求鉴定机构作出相应说明。(§3)

△(自诉案件;证据收集)人民法院依法受理侵犯知识产权刑事自诉案件,对于当事人因客观原因不能取得的证据,在提起自诉时能够提供有关线索,申请人民法院调取的,人民法院应当依法调取。(§4)

△(尚未销售或者部分销售)销售明知是假冒注册商标的商品,具有下列情形之一的,依照刑

法第二百一十四条的规定,以销售假冒注册商标的商品罪(未遂)定罪处罚①。

(一)假冒注册商标的商品尚未销售,货值金额在十五万元以上的;

(二)假冒注册商标的商品部分销售,已销售金额不满五万元,但与尚未销售的假冒注册商标的商品的货值金额合计在十五万元以上的。

假冒注册商标的商品尚未销售,货值金额分别达到十五万元以上不满二十五万元、二十五万元以上的,分别依照刑法第二百一十四条规定的各法定刑幅度定罪处罚。

销售金额和未销售货值金额分别达到不同的法定刑幅度或者均达到同一法定刑幅度的,在处罚较重的法定刑或者同一法定刑幅度内酌情从重处罚。(§8)

△(多次实施;累计计算数额)依照《最高人民法院、最高人民检察院关于办理侵犯知识产权刑事案件具体应用法律若干问题的解释》第十二条第二款的规定,多次实施侵犯知识产权行为,未经行政处理或者刑事处罚的,非法经营数额、违法所得数额或者销售金额累计计算。

二年内多次实施侵犯知识产权违法行为,未经行政处理,累计数额构成犯罪的,应当依法定罪处罚。实施侵犯知识产权犯罪行为的追诉期限,适用刑法的有关规定,不受前述二年的限制。(§14)

△(明知;提供原材料、机械设备等;侵犯知识产权犯罪的共犯)明知他人实施侵犯知识产权犯罪,而为其提供生产、制造侵权产品的主要原材料、辅助材料、半成品、包装材料、机械设备、标签标识、生产技术、配方等帮助,或者提供互联网接入、服务器托管、网络存储空间、通讯传输通道、代收费、费用结算等服务的,以侵犯知识产权犯罪的共犯论处。(§15)

△(想象竞合)行为人实施侵犯知识产权犯罪,同时构成生产、销售伪劣商品犯罪的,依照侵犯知识产权犯罪与生产、销售伪劣商品犯罪中处罚较重的规定定罪处罚。(§16)

《最高人民法院关于进一步加强涉种子刑事审判工作的指导意见》(法〔2022〕66号,2022年3月2日公布)

△(种子套牌侵权相关犯罪;假冒注册商标罪;销售假冒注册商标的商品罪;非法制造、销售非法制造的注册商标标识罪;侵犯商业秘密罪;为境外窃取、刺探、收买、非法提供商业秘密罪)立足现有罪名,依法严惩种子套牌侵权相关犯罪。假冒品种权以及未经许可或者超出委托规模生产、繁殖授权品种子对外销售等种子套牌侵权行为,经常伴随假冒注册商标、侵犯商业秘密等其他犯罪行为。审理此类案件时要把握这一特点,立足刑法现有规定,通过依法适用与种子套牌侵权密切相关的假冒注册商标罪、销售假冒注册商标的商品罪、非法制造、销售非法制造的注册商标标识罪、侵犯商业秘密罪、为境外窃取、刺探、收买、非法提供商业秘密罪等罪名,实现对种子套牌侵权行为的依法惩处。同时,应当将种子套牌侵权行为作为从重处罚情节,加大对此类犯罪的惩处力度。(§4)

【参考案例】

No.3-7-214-1 朱某销售假冒注册商标的商品案

以销售为目的购进假冒注册商标的商品后尚未进行销售就被查获的,应以销售假冒注册商标的商品罪(未遂)论处。

No.3-7-214-2 刘锐销售假冒注册商标的商品案

销售假冒注册商标的商品,未及销售即被查获的,如果货值金额达到法定既遂数额3倍以上,即15万元以上的,应以销售假冒注册商标的商品罪(未遂)论处。

No.3-7-214-3 戴恩辉销售假冒注册商标的商品案

销售假冒注册商标的商品数额较大,参照《刑法》第一百四十条生产、销售伪劣产品销售金额5万元以上的数额标准认定。

No.3-7-214-4 陈侠武销售假冒注册商标的商品案

商标虽然差异不大,但视觉上仍具有明显的辨识性,不属于《刑法》规定的在视觉上基本无差别的情况,不属于"相同的商标"。

No.3-7-214-5 白升佘销售假冒注册商标的商品案

销售冒牌口罩的行为同时触犯销售假冒注册商标的商品罪、销售伪劣产品罪等罪名的,构成想象竞合,应择一重罪处罚。

No.3-7-214-6 白升佘销售假冒注册商标的商品案

---

① 我国学者指出,仅有主观上的销售故意,客观上没有销售行为,既不可能破坏市场竞争秩序,也不可能侵犯消费者的合法权益。故而,主观上的销售故意不能等同也不能代替客观上的销售行为。参见张明楷:《刑法学》(第6版),法律出版社2021年版,第946页。

销售假冒注册商标的商品罪是故意犯罪,要求行为人主观上具有明知。"明知"不仅可以根据被告人明确的供述进行认定,也可以根据客观的事实进行推定;而从认识的程度来说,"明知"不仅包括对事实的确知,还应当包括对一种高度可能性的认识。

第二百一十五条 【非法制造、销售非法制造的注册商标标识罪】
伪造、擅自制造他人注册商标标识或者销售伪造、擅自制造的注册商标标识,情节严重的,处三年以下有期徒刑,并处或者单处罚金;情节特别严重的,处三年以上十年以下有期徒刑,并处罚金。

【立法沿革】

《中华人民共和国刑法》(1997年修订,自1997年10月1日起施行)
第二百一十五条
伪造、擅自制造他人注册商标标识或者销售伪造、擅自制造的注册商标标识,情节严重的,处三年以下有期徒刑、拘役或者管制,并处或者单处罚金;情节特别严重的,处三年以上七年以下有期徒刑,并处罚金。

《中华人民共和国刑法修正案(十一)》(自2021年3月1日起施行)
十九、将刑法第二百一十五条修改为:
"伪造、擅自制造他人注册商标标识或者销售伪造、擅自制造的注册商标标识,情节严重的,处三年以下有期徒刑,并处或者单处罚金;情节特别严重的,处三年以上十年以下有期徒刑,并处罚金。"

【条文说明】

本条是关于非法制造、销售非法制造的注册商标标识罪及其处罚的规定。

本条规定了两种行为。第一种行为是**伪造、擅自制造他人注册商标标识的行为**。构成这一犯罪,行为人必须实施了伪造、擅自制造他人注册商标标识的行为。商标作为区别商品、服务来源的标识,它的有形载体是商标标识。"**商标标识**"是指在商品、商品的包装上,或者在服务场所、招牌、广告及其他宣传用品中使用的附有商标图案的物质实体,具体包括带有商标的包装物、标签、封签、说明书、合格证等物品。"**伪造**"是指未经商标注册人许可而仿照他人注册商标的图样及物质实体制造出的与该注册商标标识相同的商标标识的行为,商标标识本身就是假的。"**擅自制造**"是指未经商标注册人许可在商标印制合同规定的印数之外,又私自加印商标标识的行为,商标标识本身是真的。第二种行为是**销售伪造、擅自制造的注册商标标识的行为**。这里的"**销售**"包括批发、零售、代售、贩卖等各个销售环节,既包括在内部销售,也包括在市场上销售。

伪造他人注册商标标识、销售伪造的他人注册商标标识,这些行为都是进一步实施假冒他人注册商标商品的前提条件。近年来,随着经济社会发展和情况的变化,假冒他人注册商标商品的犯罪活动也出现了新的情况。针对注册商标权利人越来越注意对商标权益保护,不断提高商标印制防伪措施的情况,一些不法分子专门从事假冒商标标识的印制、销售等活动,形成制假贩假一条龙。由于这种"专业化分工"的出现,假冒注册商标标识"以假乱真"的程度越来越高,制假者制假成本降低,逃避打击能力增强,给权利人维权、消费者辨识假冒伪劣产品、执法机关依法查处带来更大困难。针对这种情况,有必要采取更为有力和更具针对性的措施给予惩处。

上述行为,必须达到"情节严重"的程度才构成犯罪,这是罪与非罪的重要界限。根据2004年《最高人民法院、最高人民检察院关于办理侵犯知识产权刑事案件具体应用法律若干问题的解释》第三条的规定,伪造、擅自制造他人注册商标标识或者销售伪造、擅自制造的注册商标标识,具有下列情形之一的,属于本条规定的"**情节严重**":(1)伪造、擅自制造或者销售伪造、擅自制造的注册商标标识数量在二万件以上,或者非法经营数额在五万元以上,或者违法所得数额在三万元以上的;(2)伪造、擅自制造或者销售伪造、擅自制造两种以上注册商标标识数量在一万件以上,或者非法经营数额在三万元以上,或者违法所得数额在二万元以上的;(3)其他情节严重的情形。这里规定的"情节严重"的情形与2010年5月《最高人民检察院、公安部关于公安机关管辖的刑事案件立案追诉标准的规定(二)》第七十一条规定的立案追诉情形是一致的。

对于非法制造、销售非法制造的注册商标标识的犯罪,本条规定了两个处罚档次:**情节严重的**,处三年以下有期徒刑,并处或者单处罚金;**情节特别严重的**,处三年以上十年以下有期徒刑,并处罚金。根据2004年《最高人民法院、最高人民检察院关于办理侵犯知识产权刑事案件具体应用法律若干问题的解释》第三条的规定,这里的"**情节特别严重**"包括下列情形:(1)伪造、擅自制造或者销售伪造、擅自制造的注册商标标识数量在十万件以上,或者非法经营数额在二十五万元以上,或者违法所得数额在十五万元以上的;(2)伪造、擅自制造或者销售伪造、擅自制造两种以上注册商标标识数量在五万件以上,或者非法经营数额在十五万元以上,或者违法所得数额在十万元以上的;(3)其他情节特别严重的情形。

实际执行中应当注意以下几个方面的问题:

1. 关于销售他人非法制造的注册商标标识犯罪案件中尚未销售或者部分销售情形的定罪问题。 根据2011年《最高人民法院、最高人民检察院、公安部关于办理侵犯知识产权刑事案件适用法律若干问题的意见》第九条的规定,销售他人伪造、擅自制造的注册商标标识,具有下列情形之一的,**以销售非法制造的注册商标标识罪(未遂)定罪处罚**:(1)尚未销售他人伪造、擅自制造的注册商标标识数量在六万件以上的;(2)尚未销售他人伪造、擅自制造的两种以上注册商标标识数量在三万件以上的;(3)部分销售他人伪造、擅自制造的注册商标标识,已销售标识数量不满二万件,但与尚未销售标识数量合计在六万件以上的;(4)部分销售他人伪造、擅自制造的两种以上注册商标标识,已销售标识数量不满一万件,但与尚未销售标识数量合计在三万件以上的。

2. 对于尚不构成犯罪的非法制造、销售非法制造的注册商标标识的违法行为, 根据《商标法》第五十七条和第六十条的规定,**市场监督管理部门可以责令立即停止侵权行为,没收、销毁主要用于制造侵权商品、伪造注册商标标识的工具,违法经营额五万元以上的,可以处违法经营额五倍以下的罚款,没有违法经营额或者违法经营额不足五万元的,可以处二十五万元以下的罚款。** 此外,我国《知识产权海关保护条例》第二十七条对**海关扣留的侵权知识产权货物的处理**也作了规定。

**3. 关于未经处理的非法制造、销售非法制造的注册商标标识行为的处理、缓刑的适用、判处罚金的数额、单位构成犯罪的入罪标准、帮助行为的处理、行政处罚与刑事处罚的衔接程序等问题,本书第二百一十三条对此已有阐述,这里不再重复。

【司法解释】

《最高人民法院、最高人民检察院关于办理侵犯知识产权刑事案件具体应用法律若干问题的解释》(法释〔2004〕19号,自2004年12月22日起施行)

△(情节严重;情节特别严重)伪造、擅自制造他人注册商标标识或者销售伪造、擅自制造的注册商标标识,具有下列情形之一的,属于刑法第二百一十五条规定的"情节严重",应当以非法制造、销售非法制造的注册商标标识罪判处三年以下有期徒刑、拘役或者管制,并处或者单处罚金:

(一)伪造、擅自制造或者销售伪造、擅自制造的注册商标标识数量在二万件以上,或者非法经营数额在五万元以上,或者违法所得数额在三万元以上的;

(二)伪造、擅自制造或者销售伪造、擅自制造两种以上注册商标标识数量在一万件以上,或者非法经营数额在三万元以上,或者违法所得数额在二万元以上的;

(三)其他情节严重的情形。

具有下列情形之一的,属于刑法第二百一十五条规定的"情节特别严重",应当以非法制造、销售非法制造的注册商标标识罪判处三年以上七年以下有期徒刑,并处罚金:

(一)伪造、擅自制造或者销售伪造、擅自制造的注册商标标识数量在十万件以上,或者非法经营数额在二十五万元以上,或者违法所得数额在十五万元以上的;

(二)伪造、擅自制造或者销售伪造、擅自制造两种以上注册商标标识数量在五万件以上,或者非法经营数额在十五万元以上,或者违法所得数额在十万元以上的;

(三)其他情节特别严重的情形。(§3)

△(非法经营数额;累计计算;件)本解释所称"非法经营数额",是指行为人在实施侵犯知识产权行为过程中,制造、储存、运输、销售侵权产品的价值。已销售的侵权产品的价值,按照实际销售的价格计算。制造、储存、运输和未销售的侵权产品的价值,按照标价或者已经查清的侵权产品的实际销售平均价格计算。侵权产品没有标价或者无法查清其实际销售价格的,按照被侵权产品的市场中间价格计算。

多次实施侵犯知识产权行为,未经行政处理或者刑事处罚的,非法经营数额、违法所得数额或者销售金额累计计算。

本解释第三条所规定的"件",是指标有完整商标图样的一份标识。(§12)

△(侵犯知识产权犯罪的共犯)明知他人实施侵犯知识产权犯罪,而为其提供贷款、资金、账号、发票、证明、许可证件,或者提供生产、经营场所或者运输、储存、代理进出口等便利条件、帮助的,以侵犯知识产权犯罪的共犯论处。(§16)

《最高人民法院、最高人民检察院关于办理侵犯知识产权刑事案件具体应用法律若干问题的解释(二)》(法释〔2007〕6号,自2007年4月5日起施行)

△(缓刑)侵犯知识产权犯罪,符合刑法规定的缓刑条件的,依法适用缓刑。有下列情形之一

的,一般不适用缓刑:
(一)因侵犯知识产权被刑事处罚或者行政处罚后,再次侵犯知识产权构成犯罪的;
(二)不具有悔罪表现的;
(三)拒不交出违法所得的;
(四)其他不适宜适用缓刑的情形。(§3)
△(**罚金数额**)对于侵犯知识产权犯罪的,人民法院应当综合考虑犯罪的违法所得、非法经营数额、给权利人造成的损失、社会危害性等情节,依法判处罚金。罚金数额一般在违法所得的一倍以上五倍以下,或者按照非法经营数额的50%以上一倍以下确定。(§4)
△(**自诉;公诉**)被害人有证据证明的侵犯知识产权刑事案件,直接向人民法院起诉的,人民法院应当依法受理;严重危害社会秩序和国家利益的侵犯知识产权刑事案件,由人民检察院依法提起公诉。(§5)

《最高人民法院、最高人民检察院关于办理非法生产、销售烟草专卖品等刑事案件具体应用法律若干问题的解释》(法释[2010]7号,自2010年3月26日起施行)
△(**卷烟、雪茄烟注册商标标识;非法制造、销售非法制造的注册商标标识罪**)伪造、擅自制造他人卷烟、雪茄烟注册商标标识或者销售伪造、擅自制造的卷烟、雪茄烟注册商标标识,情节严重的,依照刑法第二百一十五条的规定,以非法制造、销售非法制造的注册商标标识罪定罪处罚。(§1Ⅳ)
△(**共犯**)明知他人实施本解释第一条所列犯罪,而为其提供贷款、资金、账号、发票、证明、许可证件,或者提供生产、经营场所、设备、运输、仓储、保管、邮寄、代理进出口等便利条件,或者提供生产技术、卷烟配方的,应当按照共犯追究刑事责任。(§6)

【司法解释性文件】

《最高人民法院刑事审判第二庭关于集体商标是否属于我国刑法的保护范围问题的复函》([2009]刑二函字第28号,2009年4月10日公布)
△(**注册商标;集体商标**)我国《商标法》第三条规定:"经商标局核准注册的商标为注册商标,包括商品商标、服务商标和集体商标、证明商标;商标注册人享有商标专用权,受法律保护。"因此,刑法第二百一十三条至二百一十五条所规定的"注册商标"应当涵盖"集体商标"。(§1)

《最高人民法院、最高人民检察院、公安部印发〈关于办理侵犯知识产权刑事案件适用法律若干问题的意见〉的通知》(法发[2011]3号,2011年1月10日公布)
△(**侵犯知识产权犯罪;管辖**)侵犯知识产权犯罪案件由犯罪地公安机关立案侦查。必要时,可以由犯罪嫌疑人居住地公安机关立案侦查。侵犯知识产权犯罪的犯罪地,包括侵权产品制造地、储存地、运输地、销售地,传播侵权作品、销售侵权产品的网站服务器所在地、网络接入地、网站建立者或者管理者所在地,侵权作品上传者所在地,权利人受到实际侵害的犯罪结果发生地。对有多个侵犯知识产权犯罪地,由最初受理的公安机关或者主要犯罪地公安机关管辖。多个侵犯知识产权犯罪地的公安机关对管辖有争议的,由共同的上级公安机关指定管辖,需要提请批准逮捕、移送审查起诉、提起公诉的,由该公安机关所在地的同级人民检察院、人民法院受理。

对于不同犯罪嫌疑人、犯罪团伙跨地区实施的涉及同一批侵权产品的制造、储存、运输、销售等侵犯知识产权犯罪行为,符合并案处理要求的,有关公安机关可以一并立案侦查,需要提请批准逮捕、移送审查起诉、提起公诉的,由该公安机关所在地的同级人民检察院、人民法院受理。(§1)

△(**行政执法部门收集、调取证据的效力**)行政执法部门依法收集、调取、制作的物证、书证、视听资料、检验报告、鉴定结论、勘验笔录、现场笔录,经公安机关、人民检察院审查,人民法院庭审质证确认,可以作为刑事证据使用。

行政执法部门制作的证人证言、当事人陈述等调查笔录,公安机关认为有必要作为刑事证据使用的,应当依法重新收集、制作。(§2)

△(**抽样取证;委托鉴定**)公安机关在办理侵犯知识产权刑事案件时,可以根据工作需要抽样取证,或者商请同级行政执法部门、有关检验机构协助抽样取证。法律、法规对抽样机构或者抽样方法有规定的,应当委托规定的机构并按照规定方法抽取样品。

公安机关、人民检察院、人民法院在办理侵犯知识产权刑事案件时,对于需要鉴定的事项,应当委托国家认可的有鉴定资质的鉴定机构进行鉴定。

公安机关、人民检察院、人民法院应当对鉴定结论进行审查,听取权利人、犯罪嫌疑人、被告人对鉴定结论的意见,可以要求鉴定机构作出相应说明。(§3)

△(**自诉案件;证据收集**)人民法院依法受理侵犯知识产权刑事自诉案件,对于当事人因客观原因不能取得的证据,在提起自诉时能够提供有关线索,申请人民法院调取的,人民法院应当依法

调取。（§4）

△（尚未销售或者部分销售）销售他人伪造、擅自制造的注册商标标识，具有下列情形之一的，依照刑法第二百一十五条的规定，以销售非法制造的注册商标标识罪（未遂）定罪处罚：

（一）尚未销售他人伪造、擅自制造的注册商标标识数量在六万件以上的；

（二）尚未销售他人伪造、擅自制造的两种以上注册商标标识数量在三万件以上的；

（三）部分销售他人伪造、擅自制造的注册商标标识，已销售标识数量不满二万件，但与尚未销售标识数量合计在六万件以上的；

（四）部分销售他人伪造、擅自制造的两种以上注册商标标识，已销售标识数量不满一万件，但与尚未销售标识数量合计在三万件以上的。（§9）

△（多次实施；累计计算数额）依照《最高人民法院、最高人民检察院关于办理侵犯知识产权刑事案件具体应用法律若干问题的解释》第十二条第二款的规定，多次实施侵犯知识产权行为，未经行政处理或者刑事处罚的，非法经营数额、违法所得数额或者销售金额累计计算。

二年内多次实施侵犯知识产权违法行为，未经行政处理，累计数额构成犯罪的，应当依法定罪处罚。实施侵犯知识产权犯罪行为的追诉期限，适用刑法的有关规定，不受前述二年的限制。（§14）

△（明知；提供原材料、机械设备等；侵犯知识产权犯罪的共犯）明知他人实施侵犯知识产权犯罪，而为其提供生产、制造侵权产品的主要原材料、辅助材料、半成品、包装材料、机械设备、标签标识、生产技术、配方等帮助，或者提供互联网接入、服务器托管、网络存储空间、通讯传输通道、代收费、费用结算等服务的，以侵犯知识产权犯罪的共犯论处。（§15）

△（想象竞合）行为人实施侵犯知识产权犯罪，同时构成生产、销售伪劣商品犯罪的，依照侵犯知识产权犯罪与生产、销售伪劣商品犯罪中处罚较重的规定定罪处罚。（§16）

《最高人民法院关于进一步加强涉种子刑事审判工作的指导意见》（法〔2022〕66号，2022年3月2日公布）

△（种子套牌侵权相关犯罪；假冒注册商标罪；销售假冒注册商标的商品罪；非法制造、销售非法制造的注册商标标识罪；侵犯商业秘密罪；为境外窃取、刺探、收买、非法提供商业秘密罪）立足现有ση容，依法严惩种子套牌侵权相关犯罪。假冒品种权以及未经许可或者超出委托规模生产、繁殖授权品种种子对外销售等种子套牌侵权行为，经常伴随假冒注册商标、侵犯商业秘密等其他犯罪行为。审理此类案件时要把握这一特点，立足刑法现有规定，通过依法适用与种子套牌侵权密切相关的假冒注册商标罪、销售假冒注册商标的商品罪、非法制造、销售非法制造的注册商标标识罪，侵犯商业秘密罪，为境外窃取、刺探、收买、非法提供商业秘密罪等罪名，实现对种子套牌侵权行为的依法惩处。同时，应当将种子套牌侵权行为作为从重处罚情节，加大对此类犯罪的惩处力度。（§4）

【参考案例】

No.3-7-215-2 张盛、邹丽假冒注册商标，王渭宝销售非法制造的注册商标标识案

行为人向从事假冒注册商标犯罪活动的人销售非法制造的注册商标标识，情节严重的，单独构成销售非法制造的注册商标标识罪，而非假冒注册商标罪的从犯。

第二百一十六条 【假冒专利罪】
假冒他人专利，情节严重的，处三年以下有期徒刑或者拘役，并处或者单处罚金。

【条文说明】

本条是关于假冒专利罪及其处罚的规定。

专利权是国家专利机关依据专利法授予专利申请人或其他权利继承人，在法定期限内对其发明创造享有的制造、使用或销售的专有权利。

专利权一经授予，任何单位、个人都不得未经许可实施其专利。专利作为一项工业产权，是技术、经济和法律相结合的整体，具有以下特点：第一，它是一种具备创造性并能够解决生产实际问题的新技术方案。第二，它是发明创造者的一种无形财产，专利权人依法保护其专利不受侵占，并有义务在法定有效期内对其专利技术加以推广应用。第三，它是专利权人在法定有效期内对发明创造享有的专有权。专利必须向社会公开，并记载于将专利公开、公告的专利证书和专利文献上。

本条规定的"**假冒他人专利**",是指侵权人在自己产品上加上他人的专利标记和专利号,或使其与专利产品相类似,使公众认为该产品是他人的专利产品,以假乱真,侵害他人合法权利的行为。专利侵权,主要是指未经专利权人许可,使用其专利的行为。"**专利权人**"包括单位和个人,也包括在我国申请专利的国外的单位和个人。"**使用其专利**"是指行为人为生产经营目的,将他人专利用于生产、制造产品的行为。根据专利法的规定,任何单位或者个人实施他人专利的,必须与专利权人订立书面实施许可合同,向专利权人支付专利使用费。被许可人无权允许合同规定以外的任何单位或个人实施该专利。这里规定的"**许可**"不是一般的口头同意,而是要签订专利许可合同。专利许可意味着专利权人允许被许可人有权在专利权期限内,在其效力所及的范围内对该发明创造加以利用。如果行为人已经得到专利权人同意,只是还未签订书面许可合同,或者还未向专利权人支付使用费,不构成犯罪。

根据2004年《最高人民法院、最高人民检察院关于办理侵犯知识产权刑事案件具体应用法律若干问题的解释》第十条的规定,实施下列行为之一的,属于本条规定的"**假冒他人专利**"的行为:(1)未经许可,在其制造或者销售的产品、产品的包装上标注他人专利号的;(2)未经许可,在广告或其他宣传材料中使用他人专利号的,使人将所涉及的技术误认为是他人专利技术的;(3)未经许可,在合同中使用他人的专利号,使人将合同涉及的技术误认为是他人专利技术的;(4)伪造或者变造他人的专利证书、专利文件或者专利申请文件的。

根据本条规定,假冒他人专利,情节严重的,处三年以下有期徒刑或者拘役,并处或者单处罚金。**行为人的假冒专利行为必须达到"情节严重"的程度,才构成犯罪**,这是罪与非罪的界限。根据2004年《最高人民法院、最高人民检察院关于办理侵犯知识产权刑事案件具体应用法律若干问题的解释》第四条的规定,这里的"**情节严重**"包括如下情形:(1)非法经营数额在二十万元以上或者违法所得数额在十万元以上的;(2)给专利权人造成直接经济损失五十万元以上的;(3)假冒两项以上他人专利,非法经营数额在十万元以上或者违法所得数额在五万元以上的;(4)其他情节严重的情形。这里规定的"情节严重"的情形与2010年5月《最高人民检察院、公安部关于公安机关管辖的刑事案件立案追诉标准的规定(二)》第七十二条规定的立案追诉情形是一致的。

实际执行中应当注意以下两个方面的问题:

1. **关于对冒充专利行为的处理**。对于冒充专利行为,编造不存在的专利,不是专利产品而冒充专利产品的,我国刑法没有规定为犯罪,但行为若符合诈骗罪、合同诈骗罪、虚假广告罪等犯罪构成要件的,可以依照相关规定定罪处罚。此外,对于假冒专利的行为,可以依法追究行为人的行政和民事责任。根据《专利法》第六十八条的规定,假冒专利的,除依法承担民事责任外,由负责专利执法的部门责令改正并予公告,没收违法所得,可以处违法所得五倍以下的罚款;没有违法所得或者违法所得在五万元以下的,可以处二十万元以下的罚款。

2. 关于未经处理的假冒他人专利行为的处理、缓刑的适用、判处罚金的数额、单位构成犯罪的入刑标准、帮助行为的处理、行政处罚与刑事处罚的衔接程序等问题,本书第二百一十三条已有阐述,这里不再重复。

【**司法解释**】

《**最高人民法院、最高人民检察院关于办理侵犯知识产权刑事案件具体应用法律若干问题的解释**》(法释〔2004〕19号,自2004年12月22日起施行)

△(**情节严重**)假冒他人专利,具有下列情形之一的,属于刑法第二百一十六条规定的"情节严重",应当以假冒专利罪判处三年以下有期徒刑或者拘役,并处或者单处罚金:

(一)非法经营数额在二十万元以上或者违法所得数额在十万元以上的;

(二)给专利权人造成直接经济损失五十万元以上的;

(三)假冒两项以上他人专利,非法经营数额在十万元以上或者违法所得数额在五万元以上的;

(四)其他情节严重的情形。(§4)

△(**假冒他人专利**)实施下列行为之一的,属于刑法第二百一十六条规定的"假冒他人专利"的行为:

(一)未经许可,在其制造或者销售的产品、产品的包装上标注他人专利号的;

(二)未经许可,在广告或者其他宣传材料中使用他人的专利号,使人将所涉及的技术误认为是他人专利技术的;

(三)未经许可,在合同中使用他人的专利号,使人将合同涉及的技术误认为是他人专利技术的;

(四)伪造或者变造他人的专利证书、专利文

件或者专利申请文件的。(§10)

△(非法经营数额;累计计算)本解释所称"非法经营数额",是指行为人在实施侵犯知识产权行为过程中,制造、储存、运输、销售侵权产品的价值。已销售的侵权产品的价值,按照实际销售的价格计算。制造、储存、运输和未销售的侵权产品的价值,按照标价或者已经查清的侵权产品的实际销售平均价格计算。侵权产品没有标价或者无法查清其实际销售价格的,按照被侵权产品的市场中间价格计算。

多次实施侵犯知识产权行为,未经行政处理或者刑事处罚的,非法经营数额、违法所得数额或者销售金额累计计算。(§12 Ⅰ、Ⅱ)

△(侵犯知识产权犯罪的共犯)明知他人实施侵犯知识产权犯罪,而为其提供贷款、资金、账号、发票、证明、许可证件,或者提供生产、经营场所或者运输、储存、代理进出口等便利条件、帮助的,以侵犯知识产权犯罪的共犯论处。(§16)

《最高人民法院、最高人民检察院关于办理侵犯知识产权刑事案件具体应用法律若干问题的解释(二)》(法释[2007]6号,自2007年4月5日起施行)

△(缓刑)侵犯知识产权犯罪,符合刑法规定的缓刑条件的,依法适用缓刑。有下列情形之一的,一般不适用缓刑:

(一)因侵犯知识产权被刑事处罚或者行政处罚后,再次侵犯知识产权构成犯罪的;

(二)不具有悔罪表现的;

(三)拒不交出违法所得的;

(四)其他不宜适用缓刑的情形。(§3)

△(罚金数额)对于侵犯知识产权犯罪的,人民法院应当综合考虑犯罪的违法所得、非法经营数额、给权利人造成的损失、社会危害性等情节,依法判处罚金。罚金数额一般在违法所得的一倍以上五倍以下,或者按照非法经营数额的50%以上一倍以下确定。(§4)

△(自诉;公诉)被害人有证据证明的侵犯知识产权刑事案件,直接向人民法院起诉的,人民法院应当依法受理;严重危害社会秩序和国家利益的侵犯知识产权刑事案件,由人民检察院依法提起公诉。(§5)

【司法解释性文件】

《最高人民法院、最高人民检察院、公安部印发〈关于办理侵犯知识产权刑事案件适用法律若干问题的意见〉的通知》(法发[2011]3号,2011年1月10日公布)

△(侵犯知识产权犯罪;管辖)侵犯知识产权犯罪案件由犯罪地公安机关立案侦查。必要时,可以由犯罪嫌疑人居住地公安机关立案侦查。侵犯知识产权犯罪案件的犯罪地,包括侵权产品制造地、储存地、运输地、销售地,传播侵权作品、销售侵权产品的网站服务器所在地、网络接入地、网站建立者或者管理者所在地,侵权作品上传者所在地,权利人受到实际侵害的犯罪结果发生地。对有多个侵犯知识产权犯罪地的,由最初受理的公安机关或者主要犯罪地公安机关管辖。对多个犯罪地的公安机关对管辖有争议的,由共同的上级公安机关指定管辖,需要提请批准逮捕、移送审查起诉、提起公诉的,由该公安机关所在地的同级人民检察院、人民法院受理。

对于不同犯罪嫌疑人、犯罪团伙跨地区实施的涉及同一批侵权产品的制造、储存、运输、销售等侵犯知识产权犯罪行为,符合并案处理要求的,有关公安机关可以一并立案侦查,需要提请批准逮捕、移送审查起诉、提起公诉的,由该公安机关所在地的同级人民检察院、人民法院受理。(§1)

△(行政执法部门收集、调取证据的效力)行政执法部门依法收集、调取、制作的物证、书证、视听资料、检验报告、鉴定结论、勘验笔录、现场笔录,经公安机关、人民检察院审查,人民法院庭审质证确认,可以作为刑事证据使用。

行政执法部门制作的证人证言、当事人陈述等调查笔录,公安机关认为有必要作为刑事证据使用的,应当依法重新收集、制作。(§2)

△(抽样取证;委托鉴定)公安机关在办理侵犯知识产权刑事案件时,可以根据工作需要抽样取证,或者商请同级行政执法部门、有关检验机构协助抽样取证。法律、法规对抽样机构或者抽样方法有规定的,应当委托规定的机构并按照规定方法抽取样品。

公安机关、人民检察院、人民法院在办理侵犯知识产权刑事案件时,对于需要鉴定的事项,应当委托国家认可的有鉴定资质的鉴定机构进行鉴定。

公安机关、人民检察院、人民法院应当对鉴定结论进行审查,听取权利人、犯罪嫌疑人、被告人对鉴定结论的意见,可以要求鉴定机构作出相应说明。(§3)

△(自诉案件;证据收集)人民法院依法受理侵犯知识产权刑事自诉案件,对于当事人因客观原因不能取得的证据,在提起自诉时能够提供有关线索,申请人民法院调取的,人民法院应当依法调取。(§4)

△(多次实施;累计计算数额)依照《最高人

民法院、最高人民检察院关于办理侵犯知识产权刑事案件具体应用法律若干问题的解释》第十二条第二款的规定,多次实施侵犯知识产权行为,未经行政处理或者刑事处罚的,非法经营数额、违法所得数额或者销售金额累计计算。

二年内多次实施侵犯知识产权违法行为,未经行政处理,累计数额构成犯罪的,应当依法定罪处罚。实施侵犯知识产权犯罪行为的追诉期限,适用刑法的有关规定,不受前述二年的限制。(§14)

△(明知;提供原材料、机械设备等;侵犯知识产权犯罪的共犯)明知他人实施侵犯知识产权犯罪,而为其提供生产、制造侵权产品的主要原材料、辅助材料、半成品、包装材料、机械设备、标签标识、生产技术、配方等帮助,或者提供互联网接入、服务器托管、网络存储空间、通讯传输通道、代收费、费用结算等服务的,以侵犯知识产权犯罪的共犯论处。(§15)

△(想象竞合)行为人实施侵犯知识产权犯罪,同时构成生产、销售伪劣商品犯罪的,依照侵犯知识产权犯罪与生产、销售伪劣商品犯罪中处罚较重的规定定罪处罚。(§16)

第二百一十七条 【侵犯著作权罪】
以营利为目的,有下列侵犯著作权或者与著作权有关的权利的情形之一,违法所得数额较大或者有其他严重情节的,处三年以下有期徒刑,并处或者单处罚金;违法所得数额巨大或者有其他特别严重情节的,处三年以上十年以下有期徒刑,并处罚金:
(一)未经著作权人许可,复制发行、通过信息网络向公众传播其文字作品、音乐、美术、视听作品、计算机软件及法律、行政法规规定的其他作品的;
(二)出版他人享有专有出版权的图书的;
(三)未经录音录像制作者许可,复制发行、通过信息网络向公众传播其制作的录音录像的;
(四)未经表演者许可,复制发行录有其表演的录音录像制品,或者通过信息网络向公众传播其表演的;
(五)制作、出售假冒他人署名的美术作品的;
(六)未经著作权人或者与著作权有关的权利人许可,故意避开或者破坏权利人为其作品、录音录像制品等采取的保护著作权或者与著作权有关的权利的技术措施的。

【立法沿革】

《中华人民共和国刑法》(1997年修订,自1997年10月1日起施行)
第二百一十七条
以营利为目的,有下列侵犯著作权情形之一,违法所得数额较大或者有其他严重情节的,处三年以下有期徒刑或者拘役,并处或者单处罚金;违法所得数额巨大或者有其他特别严重情节的,处三年以上七年以下有期徒刑,并处罚金:
(一)未经著作权人许可,复制发行其文字作品、音乐、电影、电视、录像作品、计算机软件及其他作品的;
(二)出版他人享有专有出版权的图书的;
(三)未经录音录像制作者许可,复制发行其制作的录音录像的;
(四)制作、出售假冒他人署名的美术作品。

《中华人民共和国刑法修正案(十一)》(自2021年3月1日起施行)

二十、将刑法第二百一十七条修改为:
"以营利为目的,有下列侵犯著作权或者与著作权有关的权利的情形之一,违法所得数额较大或者有其他严重情节的,处三年以下有期徒刑,并处或者单处罚金;违法所得数额巨大或者有其他特别严重情节的,处三年以上十年以下有期徒刑,并处罚金:
"(一)未经著作权人许可,复制发行、通过信息网络向公众传播其文字作品、音乐、美术、视听作品、计算机软件及法律、行政法规规定的其他作品的;
"(二)出版他人享有专有出版权的图书的;
"(三)未经录音录像制作者许可,复制发行、通过信息网络向公众传播其制作的录音录像的;
"(四)未经表演者许可,复制发行录有其表演的录音录像制品,或者通过信息网络向公众传播其表演的;
"(五)制作、出售假冒他人署名的美术作品的;

第二百一十七条

"(六)未经著作权人或者与著作权有关的权利人许可,故意避开或者破坏权利人为其作品、录音录像制品等采取的保护著作权或者与著作权有关的权利的技术措施的。"

【条文说明】

本条是关于侵犯著作权罪及其处罚的规定。

根据本条规定,构成侵犯著作权罪必须具备以下条件:

1. 行为人在主观上是故意的,并且以营利为目的。这是罪与非罪的界限。"以营利为目的",是指行为人侵犯他人权利的行为是为了获取非法利益。本条规定的以营利为目的,主要区别于其他目的,如《著作权法》第二十四条规定了合理使用作品的十三种情形,包括有些教学科研单位未经权利人许可少量复制他人作品供教学、科研之用;图书馆、档案馆、纪念馆等为了陈列或保存版本的需要,复制本馆收藏的作品;为个人学习、研究或者欣赏,使用他人已经发表的作品等,这些情形都是作品的合理使用,属于非以营利为目的,不构成犯罪。判断行为人是否是以营利为目的,需要根据行为人的具体行为表现、实际意图等因素进行综合判断。需要注意的是,是否以营利为目的,是就行为人相关行为的目的和性质而言的,并不意味着行为人的行为一定要有即期获利或者直接从中取得经济收入。如有的行为人虽然出于商业目的实施侵权行为,但开始阶段可能因为吸引"流量""促销"等原因,并没有实现盈利,甚至"赔本赚吆喝",但就其行为的实质来看,属于为了远期营利,而以营利为目的实施侵犯他人著作权的行为,这不影响其行为被认定为"以营利为目的"。还有的行为人虽然表面上并没有直接从被侵权作品获得经济利益,但是,通过广告等其他方式间接获得收益,这也是以营利为目的侵犯他人著作权的一种情况。

根据2011年最高人民法院、最高人民检察院、公安部印发的《关于办理侵犯知识产权刑事案件适用法律若干问题的意见》第十条的规定,除销售外,具有下列情形之一的,可以认定为"**以营利为目的**":(1)以在他人作品中刊登收费广告、捆绑第三方作品等方式直接或者间接收取费用的;(2)通过信息网络传播他人作品,或者利用他人上传的侵权作品,在网站或者网页上提供刊登收费广告服务,直接或者间接收取费用的;(3)以会员制方式通过信息网络传播他人作品,收取会员注册费或者其他费用的;(4)其他利用他人作品牟利的情形。

2. 行为人在客观上实施了本条规定的侵犯他人著作权的行为。本条对侵犯他人著作权的行为具体规定为以下六种情形:

(1)未经著作权人许可,复制发行、通过信息网络向公众传播其文字作品、音乐、美术、视听作品、计算机软件及法律、行政法规规定的其他作品。"**著作权人**",是指著作权的主体,即著作权权利和义务的承受者。根据著作权法的规定,著作权人可以是作者本人,也可以是其他依照著作权法享有著作权的公民、法人或者其他组织。"**未经著作权人许可**",是指没有得到著作权人授权,或者伪造、涂改著作权人授权许可文件或者超出授权许可范围的情形。一般来说,只有经过著作权人的许可,才能以复制发行等方式使用其作品,《著作权法》第二十四条规定的合理使用情形除外。"**复制**",是指以印刷、复印、拓印、录音、录像、翻录、翻拍等方式将作品制作一份或多份的行为。"**发行**",是指以出售或者赠与方式向公众提供作品的原件或者复制件的行为。"**复制发行**",包括复制、发行或者既复制又发行的行为。随着侵权行为网络化,通过信息网络向公众传播作品也成为侵犯著作权的重要途径和方式。复制发行、通过信息网络向公众传播行为未得到著作权人的许可,是构成犯罪的必备条件。这里规定的"**作品**"包括法律、行政法规规定的所有作品类型,包括《著作权法》第三条规定的文字作品,口述作品,音乐、戏剧、曲艺、舞蹈、杂技艺术作品,美术、建筑作品,摄影作品,视听作品,工程设计图、产品设计图、地图、示意图等图形作品和模型作品,计算机软件等作品类型。本条选择性地明确规定了文字作品、音乐、美术、视听作品、计算机软件等几种常见的作品类型,并作了"**法律、行政法规规定的其他作品**"的兜底规定。

(2)出版他人享有专有出版权的图书。"**出版**",是指将作品编辑加工后,通过复制向公众发行。"**专有出版权**",是指图书出版者依据其与著作权人之间订立的出版合同而享有独家出版权,《著作权法》第三十三条对此作了规定。擅自出版他人享有专有出版权的图书的行为,既损害了享有专有出版权的图书出版者和著作权人的合法权益,也会给文化市场造成混乱,情节严重的,需要给予刑事处罚。

(3)未经录音录像制作者许可,复制发行、通过信息网络向公众传播其制作的录音录像。录音录像制作者通过对原著作品编辑加工,以声音图像直观感性的形式把抽象的原著作品再现出来,对再现出来的作品形式享有独占性权利。① 未经录音录像制作者许可,复制发行、通过信息网络向公众传播其制作的录音录像,是一种侵犯他人著作权的行为,需要予以处罚。一般来说,只有经过录音录像制作者许可,才能以复制发行等方式使用他人制作的录音录像,但《著作权法》第四十二条作了除外规定,即录音制作者使用他人已经合法录制为录音制品的音乐作品制作录音制品,可以不经著作权人许可,但应当按照规定支付报酬。

(4)未经表演者许可,复制发行录有其表演的录音录像制品,或者通过信息网络向公众传播其表演。根据《著作权法》第三十九条第(五)项和第(六)项的规定,表演者有许可他人复制发行录有其表演的录音录像制品、通过信息网络向公众传播其表演,并获得报酬的权利。这是表演者的一项重要权利,行为人未经表演者许可,擅自复制发行录有其表演的录音录像制品,或者通过信息网络向公众传播其表演的,是一种严重的侵权行为,以营利为目的,违法所得数额较大或者有其他严重情节的,应当依照本条规定追究刑事责任。

(5)制作、出售假冒他人署名的美术作品。② "美术作品",是指以线条、色彩或其他方式构成的有审美意义的平面或立体的造型艺术作品,包括绘画、书法、雕塑、工艺美术等。制作、出售假冒他人署名的美术作品,包括以下两种方式:一是把自己制作的美术作品署上他人的名,假冒他人的作品出售③;二是将第三人的美术作品署上他人的姓名,假冒他人的作品出售,从中牟利。实践中,被假冒署名的人一般文学艺术水平较高,在社会上有一定的声望和影响,这种侵权行为会损害被假冒署名的人的声誉,也会扰乱文化市场秩序,情节严重的,需要予以刑事处罚。

(6)未经著作权人或者与著作权有关的权利人许可,故意避开或者破坏权利人为其作品、录音录像制品等采取的保护著作权或者与著作权有关的权利的技术措施。这里的"技术措施"是指用于防止、限制未经权利人许可浏览、欣赏作品、表演、录音录像制品或者通过信息网络向公众提供作品、表演、录音录像制品的有效技术、装置或者部件。当前,通过信息网络向公众传播作品、录音录像已经成为普遍现象,行为人采取加密保护等技术措施,是为了防止、限制他人不经其许可的使用和传播。行为人为了实施侵犯他人著作权的行为,对于他人采取的加密保护技术措施,通过解密等方式加以避开或者破坏的行为,实际上为侵权行为清除了障碍,同样是损害权利人利益、扰乱市场秩序的违法行为。比如,实践中一些行为人开发聚合链接类盗版视频平台,就是典型的避开或者破坏权利人的技术保护措施,侵犯权利人的著作权,同时也占用权利人视频网站的带宽资源的违法行为。对于该类行为,以营利为目的,违法所得数额较大或者有其他严重情节的,明确规定可以依照本条规定追究刑事责任。值得一提的是,《著作权法》第五十条对可以避开技术措施的五种情形作了规定,包括为学校课堂教学或科学研究,而无法通过正常途径获取;国家机关执行公务;进行加密研究或者计算机软件反向工程研究等,上述情形属于合理地避开,不属于违法行为。

3. 行为人的上述行为,必须是违法所得数额较大或者有其他严重情节的,才构成犯罪。对侵犯著作权罪,本条规定了两档刑罚:即违法所得数额较大或者有其他严重情节的,处三年以下有期徒刑,并处或者单处罚金;**违法所得数额巨大或者有其他特别严重情节的**,处三年以上十年以下有期徒刑,并处罚金。根据2004年《最高人民法院、最高人民检察院关于办理侵犯知识产权刑事案件具体应用法律若干问题的解释》第五条的规定,违法所得数额在三万元以上的,属于"**违法所得数额较大**";具有下列情形之一的,属于"**有其他严重情节**":(1)非法经营数额在五万元以上的;(2)未经著作权人许可,复制发行其文字作品、音乐、电影、电视、录像作品、计算机软件及其他作品,复制品数量合计在一千张(份)以上的;(3)其他严重情节的情形。根据上述司法解释的规定,违法所得数额在十五万元以上的,属于"**违法所得数额巨**

---

① 此处的"录音录像"仅是一种物化的载体,制作者享有的仅仅是该录音录像作品的邻接权。参见黎宏:《刑法学各论》(第2版),法律出版社2016年版,第186页。
② 我国学者指出,虽然本条第(五)项使用的是"出售"一词,而未使用"发行"的概念,但也应将"出售"限制理解为批量销售或者大规模销售,从而使《刑法》第二百一十七条和第二百一十八条相协调。参见张明楷:《刑法学》(第6版),法律出版社2021年版,第1072页。
③ 我国学者指出,制作、出售假冒他人署名的美术作品骗取大量钱财的行为,既触犯侵犯著作权罪又触犯诈骗罪,属于想象竞合犯,按照从一重罪处断的原则加以处理。参见黎宏:《刑法学各论》(第2版),法律出版社2016年版,第188页。另有论者指出,行为人在自己制作的美术作品上假冒他人(如著名画家)署名的行为,仅侵犯到他人的姓名权,没有侵犯到他人的署名权,不应认定为本罪。出售该作品的行为,则成立诈骗罪或者其他相应的犯罪(如合同诈骗罪)。参见张明楷:《刑法学》(第6版),法律出版社2021年版,第1073页。

大";具有下列情形之一的,属于"**有其他特别严重情节**":(1)非法经营数额在二十五万元以上的;(2)未经著作权人许可,复制发行其文字作品、音乐、电影、电视、录像作品、计算机软件及其他作品,复制品数量合计在五千张(份)以上的;(3)其他特别严重情节的情形。之后,2007年《最高人民法院、最高人民检察院关于办理侵犯知识产权刑事案件具体应用法律若干问题的解释(二)》第一条降低了复制发行侵权产品的数量标准,规定:"以营利为目的,未经著作权人许可,复制发行其文字作品、音乐、电影、电视、录像作品、计算机软件及其他作品,复制品数量合计在五百张(份)以上的,属于刑法第二百一十七条规定的'**有其他严重情节**';复制品数量在二千五百张(份)以上的,属于刑法第二百一十七条规定的'**有其他特别严重情节**'。"自该解释于2007年4月5日实施以后,复制发行侵权复制品构成本条规定之罪的,应适用新解释规定的数量标准。上述入罪标准与2008年《最高人民检察院、公安部关于公安机关管辖的刑事案件立案追诉标准的规定(一)》第二十六条规定的立案追诉标准是一致的。2011年最高人民法院、最高人民检察院、公安部印发的《关于办理侵犯知识产权刑事案件适用法律若干问题的意见》对通过信息网络传播侵权作品行为的定罪处罚作了进一步明确:以营利为目的,未经著作权人许可,通过信息网络向公众传播他人文字作品、音乐、电影、电视、美术、摄影、录像作品、录音录像制品、计算机软件及其他作品,具有下列情形之一的,属于本条规定的"**其他严重情节**":(1)非法经营数额在五万元以上的;(2)传播他人作品的数量合计在五百件(部)以上的;(3)传播他人作品的实际被点击数达到五万次以上的;(4)以会员制方式传播他人作品,注册会员达到一千人以上的;(5)数额或者数量虽未达到第(1)项至第(4)项规定标准,但分别达到其中两项以上标准一半以上的;(6)其他严重情节的情形。实施上述行为,数额或者数量达到第(1)项至第(5)项规定标准五倍以上的,属于本条规定的"**其他特别严重情节**"。

实际执行中应当注意以下几个方面的问题:

1. 关于本条第(一)项规定的"**法律、行政法规规定的其他作品**"的认定。这一规定属于兜底性规定,主要是考虑到随着文化和科学事业的发展,实践中可能还会出现一些新的思想表达形式,如果这些新形式的作品属于著作权法规定的符合作品特征的智力成果,且有关法律、行政法规明确予以肯定并加以保护的,就可以依法认定为属于本条规定的作品。著作权属于一种法定权利,如果一种所谓新的作品形式并不被著作权法、著作权法实施条例等法律、行政法规作为一种作品类型予以保护,则不在本条规定的作品的保护范围。这样规定是为了依法明确作品的范围,从而准确界定罪与非罪的界限,以防止刑事打击范围过于宽泛。

2. 关于本条第(五)项规定的"**美术作品**"的认定。刑法关于美术作品的范围,与著作权法的规定是一致的。根据著作权法的有关规定,美术作品主要包括绘画、书法、雕塑、工艺美术等。值得一提的是,这里的**工艺美术**通常分为两类,一类是陈设工艺,即专供陈设欣赏用的工艺美术品,如象牙雕刻、泥塑等;另一类是日用工艺,即经过装饰加工可供人们日常生活用的实用艺术品,如家居工艺、陶瓷工艺中的碗、杯等。需要指出的是,**著作权法所保护的工艺美术**,只保护工艺美术品中具有创造性的造型或美术图案,不保护生产过程中的工艺;只保护具有创造性的造型艺术,不保护日常生活中使用的实用功能,首创的具有实用功能的实用品,可以受到其他有关法律的保护。

3. 关于"**以营利为目的**"的认定。当前,网络侵犯著作权行为的营利方式呈现出多样化的特点,营利可能仅体现在犯罪的某一阶段。如有的为了提高网站的知名度、吸引更多网民或者提高点击率,许可他人免费使用自己侵权第三人著作权而得到的作品;有的以免费的形式将盗版作品通过网络进行分发,积累到一定的用户流量和会员数量后,便将网站或者APP打包出售以获取利益。此类行为在前期不投放广告、不收取会员费,都完全是以免费、非营利的表象出现的,只有在打包出售时才能体现出其主观营利的目的。对于前期的侵犯著作权的行为,是否能认定为"以营利为目的",应当结合行为人的行为表现、返期目标等进行综合判断,行为人是为了远期获利的,即使当前尚未实际获利甚至亏损,也符合"以营利为目的"条件的,可以依照本条规定予以处罚。

4. 关于侵犯著作权罪与相关罪名的适用。实施本条规定的侵犯著作权的行为,又销售该侵权复制品,构成犯罪的,以**侵犯著作权罪定罪处罚**。实施本条规定的侵犯著作权的行为,又明知是他人的侵权复制品而予以销售,分别构成数个犯罪,依照刑法规定应当予以数罪并罚,以**销售侵权复制品罪和侵犯著作权罪数罪并罚**。

5. 对于本条规定的侵权行为,尚不构成犯罪的,可以依法追究**侵权人的民事和行政责任**。根据《著作权法》第五十三条的规定,有本条规定的侵权行为的,侵权人应当根据情况,承担停止侵害、消除影响、赔礼道歉、赔偿损失等民事责任;侵权行为同时损害公共利益的,由主管著作权的部门责令停止侵权行为,予以警告,没收违法所得,没收、无害化销毁处理侵权复制品以及主要用于制作侵权复制品的材料、工具、设备等,违法经营额五万元以上的,可以并处违法经营额一倍以上五倍以下的罚款;没有违法经营额、违法经营额难以计算或者不足五万元的,可以并处二十五万元以下的罚款。根据该规定,侵权行为损害公共利益的,才需要追究侵权人的行政责任。同理,只有损害公共利益,达到一定严重程度,构成犯罪的,才能追究刑事责任。

6. 关于未经处理的侵犯著作权的行为的处理、缓刑的适用、判处罚金的数额、单位构成犯罪的入罪标准、帮助行为的处理、行政处罚与刑事处罚的衔接程序等问题,第二百一十三条对此已有阐述,这里不再重复。

【司法解释】

《最高人民法院、最高人民检察院关于办理侵犯知识产权刑事案件具体应用法律若干问题的解释》(法释〔2004〕19 号,自 2004 年 12 月 22 日起施行)

△(违法所得数额较大;有其他严重情节;违法所得数额巨大;有其他特别严重情节)以营利为目的,实施刑法第二百一十七条所列侵犯著作权行为之一,违法所得数额在三万元以上的,属于"违法所得数额较大";具有下列情形之一的,属于"有其他严重情节",应当以侵犯著作权罪判处三年以下有期徒刑或者拘役,并处或者单处罚金:

(一)非法经营数额在五万元以上的;
(二)未经著作权人许可,复制发行其文字作品、音乐、电影、电视、录像作品、计算机软件及其他作品,复制品数量合计在一千张(份)以上的①;
(三)其他严重情节的情形。

以营利为目的,实施刑法第二百一十七条所列侵犯著作权行为之一,违法所得数额在十五万元以上的,属于"违法所得数额巨大";具有下列情形之一的,属于"有其他特别严重情节",应当以侵犯著作权罪判处三年以上七年以下有期徒刑,并处罚金:

(一)非法经营数额在二十五万元以上的;
(二)未经著作权人许可,复制发行其文字作品、音乐、电影、电视、录像作品、计算机软件及其他作品,复制品数量合计在五千张(份)以上的②;
(三)其他特别严重情节的情形。(§ 5)

△(以营利为目的;未经著作权人许可;复制发行)以刊登收费广告等方式直接或者间接收取费用的情形,属于刑法第二百一十七条规定的"以营利为目的"。

刑法第二百一十七条规定的"未经著作权人许可",是指没有得到著作权人授权或者伪造、涂改著作权人授权许可文件或者超出授权许可范围的情形。

通过信息网络向公众传播他人文字作品、音乐、电影、电视、录像作品、计算机软件及其他作品的行为,应当视为刑法第二百一十七条规定的"复制发行"。③(§ 11)

△(非法经营数额;累计计算)本解释所称"非法经营数额",是指行为人在实施侵犯知识产权行为过程中,制造、储存、运输、销售侵权产品的价值。已销售的侵权产品的价值,按照实际销售的价格计算。制造、储存、运输和未销售的侵权产品的价值,按照标价或者已经查清的侵权产品的实际销售平均价格计算。侵权产品没有标价或者无法查清其实际销售价格的,按照被侵权产品的市场中间价格计算。

多次实施侵犯知识产权行为,未经行政处理或者刑事处罚的,非法经营数额、违法所得数额或者销售金额累计计算。(§ 12 Ⅰ、Ⅱ)

△(侵犯著作权又销售该侵权复制品;侵犯著作权罪;数罪并罚)实施刑法第二百一十七条规定的侵犯著作权犯罪,又销售该侵权复制品,构成犯罪的,应当依照刑法第二百一十七条的规定,以侵犯著作权罪定罪处罚。④

实施刑法第二百一十七条规定的侵犯著作权犯罪,又销售明知是他人的侵权复制品,构成犯罪的,应当实行数罪并罚。(§ 14)

△(侵犯知识产权犯罪的共犯)明知他人实施侵犯知识产权犯罪,而为其提供贷款、资金、账

---

① 《最高人民法院、最高人民检察院关于办理侵犯知识产权刑事案件具体应用法律若干问题的解释(二)》第一条将其降为"500 张(份)"。
② 《最高人民法院、最高人民检察院关于办理侵犯知识产权刑事案件具体应用法律若干问题的解释(二)》第一条将其降为"2500 张(份)"。
③ 《刑法修正案(十一)》已经将"通过信息网络向公众传播他人文字作品、音乐作品、视听作品、计算机软件及其他作品"纳入《刑法》第二百一十七条第(一)项中。
④ 我国学者指出,在一段时间内,既批量销售、大规模销售又零售的行为,属于包括的一罪,从一重罪论处即可。参见张明楷:《刑法学》(第6版),法律出版社 2021 年版,第 1073 页。

号、发票、证明、许可证件，或者提供生产、经营场所或者运输、储存、代理进出口等便利条件、帮助的，以侵犯知识产权犯罪的共犯论处。(§16)

《最高人民法院、最高人民检察院关于办理侵犯著作权刑事案件中涉及录音录像制品有关问题的批复》(法释〔2005〕12号，自2005年10月18日起施行)

△(**录音录像制品；复制发行**)以营利为目的，未经录音录像制作者许可，复制发行其制作的录音录像制品的行为，复制品的数量标准分别适用《最高人民法院、最高人民检察院关于办理侵犯知识产权刑事案件具体应用法律若干问题的解释》第五条第一款第(二)项、第二款第(二)项的规定。

未经录音录像制作者许可，通过信息网络传播其制作的录音录像制品的行为，应当视为刑法第二百一十七条第(三)项规定的"复制发行"。

《最高人民法院、最高人民检察院关于办理侵犯知识产权刑事案件具体应用法律若干问题的解释(二)》(法释〔2007〕6号，自2007年4月5日起施行)

△(**有其他严重情节；有其他特别严重情节**)以营利为目的，未经著作权人许可，复制发行其文字作品、音乐、电影、电视、录像作品、计算机软件及其他作品，复制品数量合计在五百张(份)以上的，属于刑法第二百一十七条规定的"有其他严重情节"；复制品数量在二千五百张(份)以上的，属于刑法第二百一十七条规定的"有其他特别严重情节"。(§1)

△(**复制发行；发行；非法出版、复制、发行他人作品**)刑法第二百一十七条侵犯著作权罪中的"复制发行"，包括复制、发行或者既复制又发行的行为。

侵权产品的持有人通过广告、征订等方式推销侵权产品的，属于刑法第二百一十七条规定的"发行"。

非法出版、复制、发行他人作品，侵犯著作权构成犯罪的，按照侵犯著作权罪定罪处罚。①(§2)

△(**缓刑**)侵犯知识产权犯罪，符合刑法规定的缓刑条件的，依法适用缓刑。有下列情形之一的，一般不适用缓刑：

(一)因侵犯知识产权被刑事处罚或者行政处罚后，再次侵犯知识产权构成犯罪的；

(二)不具有悔罪表现的；

(三)拒不交出违法所得的；

(四)其他不宜适用缓刑的情形。(§3)

△(**罚金数额**)对于侵犯知识产权犯罪的，人民法院应当综合考虑犯罪的违法所得、非法经营数额、给权利人造成的损失、社会危害性等情节，依法判处罚金。罚金数额一般在违法所得的一倍以上五倍以下，或者按照非法经营数额的50%以上一倍以下确定。(§4)

△(**自诉；公诉**)被害人有证据证明的侵犯知识产权刑事案件，直接向人民法院起诉的，人民法院应当依法受理；严重危害社会秩序和国家利益的侵犯知识产权刑事案件，由人民检察院依法提起公诉。(§5)

《最高人民法院、最高人民检察院关于办理侵犯知识产权刑事案件具体应用法律若干问题的解释(三)》(法释〔2020〕10号，自2020年9月14日起施行)

△(**推定为著作权人或者录音制作者；未经著作权人许可；未经录音制作者许可；例外**)在刑法第二百一十七条规定的作品、录音制品上以通常方式署名的自然人、法人或者非法人组织，应当推定为著作权人或者录音制作者，且该作品、录音制品上存在着相应权利，但有相反证明的除外。

在涉案作品、录音制品种类众多且权利人分散的案件中，有证据证明涉案复制品系非法出版、复制发行，且出版者、复制发行者不能提供获得著作权人、录音制作者许可的相关证据材料的，可以认定为刑法第二百一十七条规定的"未经著作权人许可""未经录音制作者许可"。但是，有证据证明权利人放弃权利、涉案作品的著作权或者录音制品的有关权利不受我国著作权法保护、权利保护期限已经届满的除外。(§2)

△(**没收；销毁；证据固定**)除特殊情况外，假冒注册商标的商品、非法制造的注册商标标识、侵权复制品、主要用于制造假冒注册商标的商品、注册商标标识或者侵权复制品的材料和工具，应当依法予以没收和销毁。

上述物品需要作为民事、行政案件的证据使用的，经权利人申请，可以在民事、行政案件终结后或者采取取样、拍照等方式对证据固定后予以销毁。(§7)

△(**酌情从重处罚；不适用缓刑**)具有下列情形之一的，可以酌情从重处罚，一般不适用缓刑：

---

① 我国学者指出，系争解释可能会导致刑罚适用上的不均衡(本罪的法定最高刑为七年有期徒刑)，因为其未考虑到成立想象竞合的情形。参见张明楷：《刑法学》(第6版)，法律出版社2021年版，第1074—1075页。

（一）主要以侵犯知识产权为业的；
（二）因侵犯知识产权被行政处罚后再次侵犯知识产权构成犯罪的；
（三）在重大自然灾害、事故灾难、公共卫生事件期间，假冒抢险救灾、防疫物资等商品的注册商标的；
（四）拒不交出违法所得的。（§8）

△（**酌情从轻处罚**）具有下列情形之一的，可以酌情从轻处罚：
（一）认罪认罚的；
（二）取得权利人谅解的；
（三）具有悔罪表现的；
（四）以不正当手段获取权利人的商业秘密后尚未披露、使用或者允许他人使用的。（§9）

△（**罚金**）对于侵犯知识产权犯罪的，应当综合考虑犯罪违法所得数额、非法经营数额、给权利人造成的损失数额、侵权假冒物品数量及社会危害性等情节，依法判处罚金。

罚金数额一般在违法所得数额的一倍以上五倍以下确定。违法所得数额无法查清的，罚金数额一般按照非法经营数额的百分之五十以上一倍以下确定。违法所得和非法经营数额均无法查清，判处三年以下有期徒刑、拘役、管制或者单处罚金的，一般在三万元以上一百万元以下确定罚金数额；判处三年以上有期徒刑的，一般在十五万元以上五百万元以下确定罚金数额。（§10）

△（**适用效力**）本解释发布施行后，之前发布的司法解释和规范性文件与本解释不一致的，以本解释为准。（§11）

【司法解释性文件】

《**最高人民检察院、公安部关于公安机关管辖的刑事案件立案追诉标准的规定（一）**》（公通字〔2008〕36号，2008年6月25日公布）

△（**侵犯著作权罪；立案追诉标准；以营利为目的；未经著作权人许可；复制发行；通过信息网络；发行；非法经营数额**）以营利为目的，未经著作权人许可，复制发行其文字作品、音乐、电影、电视、录像作品、计算机软件及其他作品，或者出版他人享有专有出版权的图书，或者未经录音录像制作者许可，复制发行其制作的录音录像，或者制作、出售假冒他人署名的美术作品，涉嫌下列情形之一的，应予立案追诉：
（一）违法所得数额三万元以上的；
（二）非法经营数额五万元以上的；
（三）未经著作权人许可，复制发行其文字作品、音乐、电影、电视、录像作品、计算机软件及其他作品，复制品数量合计五百张（份）以上的；
（四）未经录音录像制作者许可，复制发行其制作的录音录像制品，复制品数量合计五百张（份）以上的；
（五）其他情节严重的情形。
以刊登收费广告等方式直接或者间接收取费用的情形，属于本条规定的"以营利为目的"。

本条规定的"未经著作权人许可"，是指没有得到著作权人授权或者伪造、涂改著作权人授权许可文件或者超出授权许可范围的情形。

本条规定的"复制发行"，包括复制、发行或者既复制又发行的行为。

通过信息网络向公众传播他人文字作品、音乐、电影、电视、录像作品、计算机软件及其他作品，或者通过信息网络传播他人制作的录音录像制品的行为，应当视为本条规定的"复制发行"。

侵权产品的持有人通过广告、征订等方式推销侵权产品的，属于本条规定的"发行"。

本条规定的"非法经营数额"，是指行为人在实施侵犯知识产权行为过程中，制造、储存、运输、销售侵权产品的价值。已销售的侵权产品的价值，按照实际销售的价格计算。制造、储存、运输和未销售的侵权产品的价值，按照标价或者已经查清的侵权产品的实际销售平均价格计算。侵权产品没有标价或者无法查清其实际销售价格的，按照被侵权产品的市场中间价格计算。（§26）

《**最高人民法院、最高人民检察院、公安部印发〈关于办理侵犯知识产权刑事案件适用法律若干问题的意见〉的通知**》（法发〔2011〕3号，2011年1月10日公布）

△（**侵犯知识产权犯罪；管辖**）侵犯知识产权犯罪案件由犯罪地公安机关立案侦查。必要时，可以由犯罪嫌疑人居住地公安机关立案侦查。侵犯知识产权犯罪案件的犯罪地，包括侵权产品制造地、储存地、运输地、销售地，传播侵权作品、销售侵权产品的网站服务器所在地、网络接入地、网站建立者或者管理者所在地，侵权作品上传者所在地，权利人受到实际侵害的犯罪结果发生地。

对有多个侵犯知识产权犯罪地的，由最初受理的公安机关或者主要犯罪地公安机关管辖。多个侵犯知识产权犯罪地的公安机关对管辖有争议的，由共同的上级公安机关指定管辖，需要提请批准逮捕、移送审查起诉、提起公诉的，由该公安机关所在地的同级人民检察院、人民法院受理。

对于不同犯罪嫌疑人、犯罪团伙跨地区实施的涉及同一批侵权产品的制造、储存、运输、销售等侵犯知识产权犯罪行为，符合并案处理要求的，有关公安机关可以一并立案侦查，需要提请

批准逮捕、移送审查起诉、提起公诉的,由该公安机关所在地的同级人民检察院、人民法院受理。(§1)

△(行政执法部门收集、调取证据的效力)行政执法部门依法收集、调取、制作的物证、书证、视听资料、检验报告、鉴定结论、勘验笔录、现场笔录,经公安机关、人民检察院审查,人民法院庭审质证确认,可以作为刑事证据使用。

行政执法部门制作的证人证言、当事人陈述等调查笔录,公安机关认为有必要作为刑事证据使用的,应当依法重新收集、制作。(§2)

△(抽样取证;委托鉴定)公安机关在办理侵犯知识产权刑事案件时,可以根据工作需要抽样取证,或者商请同级行政执法部门、有关检验机构协助抽样取证。法律、法规对抽样机构或者抽样方法有规定的,应当委托规定的机构并按照规定方法抽取样品。

公安机关、人民检察院、人民法院在办理侵犯知识产权刑事案件时,对于需要鉴定的事项,应当委托国家认可的有鉴定资质的鉴定机构进行鉴定。

公安机关、人民检察院、人民法院应当对鉴定结论进行审查,听取权利人、犯罪嫌疑人、被告人对鉴定结论的意见,可以要求鉴定机构作出相应说明。(§3)

△(自诉案件;证据收集)人民法院依法受理侵犯知识产权刑事自诉案件,对于当事人因客观原因不能提供的证据,在提起自诉时能够提供有关线索,申请人民法院调取的,人民法院应当依法调取。(§4)

△(营利为目的)除销售外,具有下列情形之一的,可以认定为"以营利为目的":

(一)以在他人作品中刊登收费广告、捆绑第三方作品等方式直接或者间接收取费用的;

(二)通过信息网络传播他人作品,或者利用他人上传的侵权作品,在网站或者网页上提供刊登收费广告服务,直接或者间接收取费用的;

(三)以会员制方式通过信息网络传播他人作品,收取会员注册费或者其他费用的;

(四)其他利用他人作品牟利的情形。(§10)

△(未经著作权人许可)"未经著作权人许可"一般应当依据著作权人或者其授权的代理人、著作权集体管理组织、国家著作权行政管理部门指定的著作权认证机构出具的涉案作品版权认证文书,或者证明出版者、复制发行者伪造、涂改授权许可文件或者超出授权许可范围的证据,结合其他证据综合予以认定。

在涉案作品种类众多且权利人分散的案件中,上述证据确实难以一一取得,但有证据证明涉案复制品系非法出版、复制发行的,且出版者、复制发行者不能提供获得著作权人许可的相关证明材料的,可以认定为"未经著作权人许可"。但是,有据证明权利人放弃权利、涉案作品的著作权不受我国著作权法保护,或者著作权保护期限已经届满的除外。(§11)

△(发行;非法出版、复制、发行他人作品)"发行",包括总发行、批发、零售、通过信息网络传播以及出租、展销等活动。①

非法出版、复制、发行他人作品,侵犯著作权构成犯罪的,按照侵犯著作权罪定罪处罚,不认定为非法经营罪等其他犯罪。(§12)

△(通过信息网络传播);其他严重情节;其他特别严重情节)以营利为目的,未经著作权人许可,通过信息网络向公众传播他人文字作品、音乐、电影、电视、美术、摄影、录像作品、录音录像制品、计算机软件及其他作品,具有下列情形之一的,属于刑法第二百一十七条规定的"其他严重情节":

(一)非法经营数额在五万元以上的;

(二)传播他人作品的数量合计在五百件(部)以上的;

(三)传播他人作品的实际被点击数达到五万次以上的;

(四)以会员制方式传播他人作品,注册会员达到一千人以上的;

(五)数额或者数量虽未达到第(一)项至第(四)项规定标准,但分别达到其中两项标准一半以上的;

(六)其他严重情节的情形。

实施前款规定的行为,数额或者数量达到前款第(一)项至第(五)项规定标准五倍以上的,属于刑法第二百一十七条规定的"其他特别严重情节"。(§13)

△(多次实施;累计计算数额)依照《最高人民法院、最高人民检察院关于办理侵犯知识产权刑事案件具体应用法律若干问题的解释》第十二条第二款的规定,多次实施侵犯知识产权行为,未

---

① 我国学者指出,此一解释虽然有利于保护著作权,但会导致《刑法》第二百一十八条之销售侵权复制品罪成为废文。故而,对"发行"应当作限制解释。《刑法》第二百一十七条中的"发行",乃指批量销售或者大规模销售(但不限于第一次销售),《刑法》第二百一十八条中的"销售"则指零售。参见张明楷:《刑法学》(第6版),法律出版社2021年版,第1072页。

经行政处理或者刑事处罚的，非法经营额、违法所得数额或者销售金额累计计算。

二年内多次实施侵犯知识产权违法行为，未经行政处理，累计数额构成犯罪的，应当依法定罪处罚。实施侵犯知识产权犯罪行为的追诉期限，适用刑法的有关规定，不受前述二年的限制。（§14）

△ (明知；提供原材料、机械设备等；侵犯知识产权犯罪的共犯) 明知他人实施侵犯知识产权犯罪，而为其提供生产、制造侵权产品的主要原材料、辅助材料、半成品、包装材料、机械设备、标签标识、生产技术、配方等帮助，或者提供互联网接入、服务器托管、网络存储空间、通讯传输通道、代收费、费用结算等服务的，以侵犯知识产权犯罪的共犯论处。（§15）

△ (想象竞合) 行为人实施侵犯知识产权犯罪，同时构成生产、销售伪劣商品犯罪的，依照侵犯知识产权犯罪与生产、销售伪劣商品犯罪中处罚较重的规定定罪处罚。（§16）

【指导性案例】

最高人民检察院指导性案例第100号：陈力等八人侵犯著作权案（2021年2月8日发布）

△ (网络侵犯视听作品著作权；未经著作权人许可；引导侦查；电子数据) 办理网络侵犯视听作品著作权犯罪案件，应注意及时提取、固定和保全相关电子数据，并围绕客观性、合法性、关联性要求对电子数据进行全面审查。对涉众多作品的案件，在认定"未经著作权人许可"时，应围绕涉案复制品是否系非法出版、复制发行且被告人能否提供获得著作权人许可的相关证明材料进行审查。

最高人民检察院指导性案例第193号：梁永平、王正航等十五人侵犯著作权案（2023年7月27日发布）

△ (知识产权保护；侵犯著作权罪；信息网络传播；"避风港规则"适用；实质性相似；分层分类处理) 办理网络侵犯著作权刑事案件，应当准确理解把握"避风港规则"适用条件，通过审查网络服务提供者是否明知侵权，认定其无罪辩解是否成立。涉案侵权视听作品数量较大的，可通过鉴定机构抽样鉴定的方式，结合权利人鉴别意见，综合认定作品是否构成实质性相似。对于涉案人员众多的侵犯知识产权案件，应根据涉案人员在案件中的地位、作用、参与程度以及主观恶性等因素，按照宽严相济刑事政策分层分类处理。

最高人民检察院指导性案例第194号：上海某公司、许林、陶伟侵犯著作权案（2023年7月27日发布）

△ (知识产权保护；侵犯著作权罪；计算机软件；二进制代码；复制发行；避免"二次侵害") 通过反向工程获取芯片中二进制代码后，未经许可可复制二进制代码方式制售权利人芯片的，应认定为复制发行计算机软件行为，违法所得数额较大或有其他严重情节的，以侵犯著作权罪追究刑事责任。对于以复制二进制代码方式制售权利人芯片的，应以二进制代码作为比对客体，综合全案证据认定计算机软件是否构成实质性相似。办案中应完善涉商业秘密证据的取证、鉴定、审查、质证方法，避免知识产权遭受"二次侵害"。

【公报案例】

成都共软网络科技有限公司、孙显忠、张天平、洪磊、梁煒勇侵犯著作权案（《最高人民法院公报》2010年第9期）

△ (侵犯著作权罪) 根据《中华人民共和国刑法》第二百一十七条的规定，行为人以营利为目的，未经著作权人许可复制发行其文字作品、音乐、电影、电视、录像作品、计算机软件及其他作品，违法所得数额较大或者其他严重情节的，构成侵犯著作权罪。判断行为人的行为是否构成侵犯著作权罪，应当从行为人是否以营利为目的、复制行为是否未经著作权人许可、是否实施了发行行为等方面加以分析。

△ (复制发行) 行为人未经著作权人许可复制其计算机软件，通过修改相应程序捆绑其他软件后在互联网上发布供他人下载，并因此获取广告费等收益的，属于《刑法》第二百一十七条规定的"以营利为目的"的"复制发行"行为。

鞠文明、徐路路、华轶侵犯著作权案（《最高人民法院公报》2012年第1期）

△ (非法复制发行计算机软件；产品整体销售价格；非法经营数额之认定) 行为人通过非法手段获取他人享有著作权的计算机软件中的目标程序并与特定硬件产品相结合，用于生产同类侵权产品，在某些程序、代码方面虽有不同，但另要实现硬件产品功能的目标程序或功能性代码与他人享有著作权的计算机软件"实质相同"，即属于非法复制发行计算机软件的行为，应以侵犯著作权罪定罪处罚。

如果涉案侵权产品的价值主要在于实现其产品功能的软件程序，即软件著作权价值为其主要价值构成，应以产品整体销售价格作为非法经营数额的认定依据。

【参考案例】

No.3-7-217-1　孟祥国等侵犯著作权案
以营利为目的,盗印他人享有专有出版权的图书的,不构成非法经营罪,应以侵犯著作权罪论处。

No.3-7-217-2　王安涛侵犯著作权案
未经著作权人许可,将其计算机软件修改后销售牟利的,应以侵犯著作权罪论处。

No.3-7-217-4　闫少东侵犯著作权案
在网上私自架设服务器进行盗版网络游戏营运的,不构成非法经营罪,应以侵犯著作权罪论处。

No.3-7-217-5　徐楚风侵犯著作权案
以营利为目的,未经著作权人许可,复制发行其享有著作权的计算机软件,违法取得数额巨大的,应以侵犯著作权罪论处。

No.3-7-217-6　徐楚风等侵犯著作权案
向他人提供虚假的授权文件并非法安装序列号,使他人得以复制、使用软件的,应当认定为未经著作权人许可的复制发行行为。

No.3-7-217-7　舒亚眉等侵犯著作权案
以营利为目的,未经著作权人许可,复制发行其作品,违法所得数额较大的,应以侵犯著作权罪论处。

No.3-7-217-8　张杰侵犯著作权案
在互联网上利用 P2P 技术向用户提供链接供用户点播收看的行为,构成信息网络传播行为,可以成立侵犯著作权罪。

No.3-7-217-9　张俊雄侵犯著作权案
网络聚合平台利用 P2P 技术提供网络服务传播影视作品的行为,属于利用信息网络传播,构成侵犯著作权的行为。

No.3-7-217-10　余刚等侵犯著作权案
侵犯著作权罪中的复制行为,不限于内容完全相同的复制,也包括内容实质性相同的复制。

No.3-7-217-11　余刚等侵犯著作权案
复制部分实质性相同的程序文件并加入自行编写的脚本文件形成ішем的外挂程序后运用的行为,应当认定为刑法意义上的"复制发行"。

No.3-7-217-12　余刚等侵犯著作权案
销售使用复制侵权软件衍生的游戏金币的数额应当认定为非法经营额。

No.3-7-217-13　山东华盛建筑设计研究院等侵犯著作权案
增加再创作的高级剽窃行为侵犯了原作者的改编权,不属于侵犯著作权罪中的复制发行行为,不构成侵犯著作权罪。

No.3-7-217-14　李寿斌、项人达等侵犯著作权案
制作、销售网络外挂程序的行为,应以侵犯著作权罪定罪处罚。

第二百一十八条　【销售侵权复制品罪】
以营利为目的,销售明知是本法第二百一十七条规定的侵权复制品,违法所得数额巨大或者有其他严重情节的,处五年以下有期徒刑,并处或者单处罚金。

【立法沿革】

《中华人民共和国刑法》(1997 年修订,自 1997 年 10 月 1 日起施行)

第二百一十八条

以营利为目的,销售明知是本法第二百一十七条规定的侵权复制品,违法所得数额巨大的,处三年以下有期徒刑或者拘役,并处或者单处罚金。

《中华人民共和国刑法修正案(十一)》(自 2021 年 3 月 1 日起施行)

二十一、将刑法第二百一十八条修改为:
"以营利为目的,销售明知是本法第二百一十七条规定的侵权复制品,违法所得数额巨大或者有其他严重情节的,处五年以下有期徒刑,并处或者单处罚金。"

【条文说明】

本条是关于销售侵权复制品罪及其处罚的规定。

构成本条规定的犯罪,必须具备以下条件:

1. 行为人主观上必须是**以营利为目的,并明知是侵权复制品而销售**,这是罪与非罪的重要界限。如果行为人不知其销售的是侵权复制品,不构成犯罪。

2. 行为人实施了**销售侵权复制品的行为**,并且其所销售的复制品必须是第二百一十七条规定的**侵权复制品**,即未经著作权人许可,复制发行、通过信息网络向公众传播其作品;出版他人享有专有出版权的图书;未经录音录像作者许可,复制发行、通过信息网络向公众传播其制作的录音录像等六种情形产生的侵权复制品。这里的"销售"应当是广义的，包括批发、零售、代售、贩卖等各个销售环节。

3. 销售本条规定的侵权复制品必须是违法所得数额巨大或者有其他严重情节的，才构成犯罪。根据2004年《最高人民法院、最高人民检察院关于办理侵犯知识产权刑事案件具体应用法律若干问题的解释》第六条的规定，违法所得数额在十万元以上的，属于"**违法所得数额巨大**"。如果销售量很小，违法所得数额不大，不构成犯罪。此外，根据2008年《最高人民检察院、公安部关于公安机关管辖的刑事案件立案追诉标准的规定（一）》第二十七条的规定，违法所得数额未达到十万元，但尚未销售的侵权复制品货值金额达到三十万元的，**也应予立案追诉**。

本条的"**其他严重情节**"，可以包括非法经营数额巨大，销售金额巨大，销售的侵权复制品数量多，给权利人造成很大的损失等情形，具体认定时，可以根据侵权行为持续的时间长短、销售能力和销售规模的大小、犯罪的组织化程度等综合进行判断。

根据本条规定，对销售侵权复制品违法所得数额巨大或者有其他严重情节，构成犯罪的，依法应当判处五年以下有期徒刑，并处或者单处罚金。

实际执行中应当注意以下几个方面的问题：

1. 关于销售侵权复制品罪与相关罪名的适用。实施《刑法》第二百一十七条规定的侵犯著作权的行为，又销售该侵权复制品，构成犯罪的，**以侵犯著作权罪定罪处罚**。实施《刑法》第二百一十七条规定的侵犯著作权的行为，又明知是他人的侵权复制品而予以销售，分别构成数个犯罪，依照刑法规定应当予以数罪并罚，**以侵犯著作权罪和销售侵权复制品罪数罪并罚**。

2. 对于本条规定的侵权行为，尚不构成犯罪的，可以依法追究**侵权人的民事和行政责任**。根据《著作权法》第五十三条的规定，侵权行为同时损害公共利益的，由主管著作权的部门责令停止侵权行为，没收违法所得，没收、销毁侵权复制品以及主要用于制作侵权复制品的材料、工具、设备等，违法经营额五万元以上的，可以并处违法经营额一倍以上五倍以下的罚款；没有违法经营额、违法经营额难以计算或者不足五万元的，可以并处二十五万元以下的罚款。

3. 关于未经处理的侵权复制品行为的处理、缓刑的适用、判处罚金的数额、单位构成犯罪的入罪标准、帮助行为的处理、行政处罚与刑事处罚的衔接程序等问题，本书第二百一十三条对此已有阐述，这里不再重复。

【司法解释】

《最高人民法院、最高人民检察院关于办理侵犯知识产权刑事案件具体应用法律若干问题的解释》（法释〔2004〕19号，自2004年12月22日起施行）

△ (**违法所得数额巨大**) 以营利为目的，实施刑法第二百一十七条规定的行为，违法所得数额在十万元以上的，属于"违法所得数额巨大"，应当以销售侵权复制品罪判处三年以下有期徒刑或者拘役，并处或者单处罚金。(§6)

△ (**侵犯著作权又销售该侵权复制品；侵犯著作权罪；数罪并罚**) 实施刑法第二百一十七条规定的侵犯著作权犯罪，又销售该侵权复制品，构成犯罪的，应当依照刑法第二百一十七条的规定，以侵犯著作权罪定罪处罚。

实施刑法第二百一十七条规定的侵犯著作权犯罪，又销售明知是他人的侵权复制品，构成犯罪的，应当以实数罪并罚。(§14)

△ (**侵犯知识产权犯罪的共犯**) 明知他人实施侵犯知识产权犯罪，而为其提供贷款、资金、账号、发票、证明、许可证件，或者提供生产、经营场所或者运输、储存、代理进出口等便利条件、帮助的，以侵犯知识产权犯罪的共犯论处。(§16)

《最高人民法院、最高人民检察院关于办理侵犯知识产权刑事案件具体应用法律若干问题的解释（二）》（法释〔2007〕6号，自2007年4月5日起施行）

△ (**缓刑**) 侵犯知识产权犯罪，符合刑法规定的缓刑条件的，依法适用缓刑。有下列情形之一的，一般不适用缓刑：

（一）因侵犯知识产权被刑事处罚或者行政处罚后，再次侵犯知识产权构成犯罪的；

（二）不具有悔罪表现的；

（三）拒不交出违法所得的；

（四）其他不宜适用缓刑的情形。(§3)

△ (**罚金数额**) 对于侵犯知识产权犯罪的，人民法院应当综合考虑犯罪的违法所得、非法经营数额、给权利人造成的损失、社会危害性等情节，依法判处罚金。罚金数额一般在违法所得的一倍以上五倍以下，或者按照非法经营数额的50%以上一倍以下确定。(§4)

△ (**自诉；公诉**) 被害人有证据证明的侵犯知识产权刑事案件，直接向人民法院起诉的，人民法院应当依法受理；严重危害社会秩序和国家利益的侵犯知识产权刑事案件，由人民检察院依法提起公诉。(§5)

【司法解释性文件】

《最高人民检察院、公安部关于公安机关管辖的刑事案件立案追诉标准的规定(一)》(公通字〔2008〕36号,2008年6月25日公布)

△(销售侵权复制品罪;立案追诉标准)以营利为目的,销售明知是刑法第二百一十七条规定的侵权复制品,涉嫌下列情形之一的,应予立案追诉:

(一)违法所得数额十万元以上的;

(二)违法所得数额虽未达到上述数额标准,但尚未销售的侵权复制品货值金额达到三十万元以上的。(§27)

《最高人民法院、最高人民检察院、公安部印发〈关于办理侵犯知识产权刑事案件适用法律若干问题的意见〉的通知》(法发〔2011〕3号,2011年1月10日公布)

△(侵犯知识产权犯罪;管辖)侵犯知识产权犯罪案件由犯罪地公安机关立案侦查。必要时,可以由犯罪嫌疑人居住地公安机关立案侦查。侵犯知识产权犯罪地,包括侵权产品的制造地、储存地、运输地、销售地,传播侵权作品、销售侵权产品的网站服务器所在地、网络接入地、网站建立者或者管理者所在地,侵权作品上传者所在地,权利人受到实际侵害的犯罪结果发生地。对有多个侵犯知识产权犯罪地的,由最初受理的公安机关或者主要犯罪地公安机关管辖。多个侵犯知识产权犯罪地的公安机关对管辖有争议的,由共同的上级公安机关指定管辖,需要提请批准逮捕、移送审查起诉、提起公诉的,由该公安机关所在地的同级人民检察院、人民法院受理。

对于不同犯罪嫌疑人、犯罪团伙跨地区实施的涉及同一批侵权产品的制造、储存、运输、销售等侵犯知识产权犯罪行为,符合并案处理要求的,有关公安机关可以一并立案侦查,需要提请批准逮捕、移送审查起诉、提起公诉的,由该公安机关所在地的同级人民检察院、人民法院受理。(§1)

△(行政执法部门收集、调取证据的效力)行政执法部门依法收集、调取、制作的物证、书证、视听资料、检验报告、鉴定结论、勘验笔录、现场笔录,经公安机关、人民检察院审查,人民法院庭审质证确认,可以作为刑事证据使用。

行政执法部门制作的证人证言、当事人陈述等调查笔录,公安机关认为有必要作为刑事证据使用的,应当重新收集、制作。(§2)

△(抽样取证;委托鉴定)公安机关在办理侵犯知识产权刑事案件时,可以根据工作需要抽样取证,或者商请同级行政执法部门、有关检验机构协助抽样取证。法律、法规对抽样机构或者抽样方法有规定的,应当委托规定的机构并按照规定方法抽取样品。

公安机关、人民检察院、人民法院在办理侵犯知识产权刑事案件时,对于需要鉴定的事项,应当委托国家认可的有鉴定资质的鉴定机构进行鉴定。

公安机关、人民检察院、人民法院应当对鉴定结论进行审查,听取权利人、犯罪嫌疑人、被告人对鉴定结论的意见,可以要求鉴定机构作出相应说明。(§3)

△(自诉案件;证据收集)人民法院依法受理侵犯知识产权刑事自诉案件,对于当事人因客观原因不能取得的证据,在提起自诉时能够提供有关线索,申请人民法院调取的,人民法院应当依法调取。(§4)

△(多次实施;累计计算数额)依照《最高人民法院、最高人民检察院关于办理侵犯知识产权刑事案件具体应用法律若干问题的解释》第十二条第二款的规定,多次实施侵犯知识产权行为,未经行政处理或者刑事处罚的,非法经营数额、违法所得数额或者销售金额累计计算。

二年内多次实施侵犯知识产权违法行为,未经行政处理,累计数额构成犯罪的,应当依法定罪处罚。实施侵犯知识产权犯罪行为的追诉期限,适用刑法的有关规定,不受前述二年的限制。(§14)

△(明知;提供原材料、机械设备等;侵犯知识产权犯罪的共犯)明知他人实施侵犯知识产权犯罪,而为其提供生产、制造侵权产品的主要原材料、辅助材料、半成品、包装材料、机械设备、标签标识、生产技术、配方等帮助,或者提供互联网接入、服务器托管、网络存储空间、通讯传输通道、代收费、费用结算等服务的,以侵犯知识产权犯罪的共犯论处。(§15)

△(想象竞合)行为人实施侵犯知识产权犯罪,同时构成生产、销售伪劣商品犯罪的,依照侵犯知识产权犯罪与生产、销售伪劣商品犯罪中处罚较重的规定定罪处罚。(§16)

【公报案例】

顾然地等人非法经营案(《最高人民法院公报》2005年第9期)

△(低价购进明知是侵权的音像复制品后,高价向境外售出;销售侵权复制品罪)根据《刑法》第二百一十八条的规定,被告人以营利为目的,在未取得《音像制品经营许可证》的情况下,低价购进明知是侵权的音像复制品后高价向境外售出,违法所得数额巨大,构成了销售侵权复制品罪。

第二百一十九条 【侵犯商业秘密罪】
有下列侵犯商业秘密行为之一,情节严重的,处三年以下有期徒刑,并处或者单处罚金;情节特别严重的,处三年以上十年以下有期徒刑,并处罚金:
(一)以盗窃、贿赂、欺诈、胁迫、电子侵入或者其他不正当手段获取权利人的商业秘密的;
(二)披露、使用或者允许他人使用以前项手段获取的权利人的商业秘密的;
(三)违反保密义务或者违反权利人有关保守商业秘密的要求,披露、使用或者允许他人使用其所掌握的商业秘密的。
明知前款所列行为,获取、披露、使用或者允许他人使用该商业秘密的,以侵犯商业秘密论。
本条所称权利人,是指商业秘密的所有人和经商业秘密所有人许可的商业秘密使用人。

【立法沿革】

《中华人民共和国刑法》(1997年修订,自1997年10月1日起施行)
第二百一十九条
有下列侵犯商业秘密行为之一,给商业秘密的权利人造成重大损失的,处三年以下有期徒刑或者拘役,并处或者单处罚金;造成特别严重后果的,处三年以上七年以下有期徒刑,并处罚金:
(一)以盗窃、利诱、胁迫或者其他不正当手段获取权利人的商业秘密的;
(二)披露、使用或者允许他人使用以前项手段获取的权利人的商业秘密的;
(三)违反约定或者违反权利人有关保守商业秘密的要求,披露、使用或者允许他人使用其所掌握的商业秘密的。
明知或者应知前款所列行为,获取、使用或者披露他人的商业秘密的,以侵犯商业秘密论。
本条所称商业秘密,是指不为公众所知悉,能为权利人带来经济利益,具有实用性并经权利人采取保密措施的技术信息和经营信息。
本条所称权利人,是指商业秘密的所有人和经商业秘密所有人许可的商业秘密使用人。

《中华人民共和国刑法修正案(十一)》(自2021年3月1日起施行)
二十二、将刑法第二百一十九条修改为:
"有下列侵犯商业秘密行为之一,情节严重的,处三年以下有期徒刑,并处或者单处罚金;情节特别严重的,处三年以上十年以下有期徒刑,并处罚金:
"(一)以盗窃、贿赂、欺诈、胁迫、电子侵入或者其他不正当手段获取权利人的商业秘密的;
"(二)披露、使用或者允许他人使用以前项手段获取的权利人的商业秘密的;
"(三)违反保密义务或者违反权利人有关保守商业秘密的要求,披露、使用或者允许他人使用其所掌握的商业秘密的。
"明知前款所列行为,获取、披露、使用或者允许他人使用该商业秘密的,以侵犯商业秘密论。
"本条所称权利人,是指商业秘密的所有人和经商业秘密所有人许可的商业秘密使用人。"

【条文说明】

本条是关于侵犯商业秘密罪及其处罚的规定。
本条共分为三款。
第一款是关于侵犯他人商业秘密的行为的规定。本款具体列举了三种侵犯商业秘密的行为:(1)**以盗窃、贿赂、欺诈、胁迫、电子侵入或者其他不正当手段获取权利人的商业秘密**。实施这一行为的人,一般是享有商业秘密的权利人的竞争对手。"**贿赂**"是指通过给予因工作关系等实际知悉商业秘密的人财物,以获取权利人的商业秘密;"**胁迫**"是指通过声称对他人本人或者亲友等实施人身伤害、披露隐私等方式,迫使他人向其提供商业秘密;"**电子侵入**"是指的通过技术手段侵入计算机网络等信息系统,非法获取他人的商业秘密;"**其他不正当手段**",是兜底性规定,是指行为人采取以上明确列举的行为之外的,其他属于不正当竞争行为的方式,非法获取他人的秘密的各种行为。"**权利人**",是指商业秘密的所有人和经商业秘密所有人许可的商业秘密使用人。(2)**披露、使用或者允许他人使用以前项手段获取的权利人的商业秘密**。"**披露**",是指向他人透露行为人以盗窃、贿赂、欺诈、胁迫、电子侵入或者其他不正当手段获取的他人商业秘密,将权利人的商业秘密披露公开,破坏权利人竞争优势的行为;"**使用**",是指自己使用;"**允许他人使用**"是指将非法手段获取的商业秘密,提供给其他人使用的行为。无论是行为人自己使用或者允许他人使用上述商业秘密,都是侵犯权利人商业秘密的非法行为。(3)**违反保密义务或者违反了权利人有关保守商业秘密的要求,披露、使用或者允许他人使用其所掌握的商业秘密**。① 主要是指行为人所掌握的商业秘密虽然是先前合法获取的,但是违反了保密义务或者违反了权利人有关保守商业秘密的要求,向第三人披露、使用或者允许第三人使用其获取的商业秘密。例如,经营者通过与权利人签署合作协议取得商业秘密,之后违反与权利人关于保守商业秘密的约定或者权利人对保守商业秘密的要求,擅自向第三人披露该商业秘密,或者自己以权利人的身份又与他人签订技术转让合同等,允许他人使用其所掌握的商业秘密的行为。

第二款是关于以侵犯商业秘密论的行为的规定。根据这一规定,第三人自己虽未直接实施上述侵权行为,但如果明知他人具有上述三种侵犯商业秘密的行为,仍然从他那里获取、披露、使用或者允许他人使用该商业秘密,**以侵犯商业秘密论**。由于第三人不是非法获取商业秘密的直接责任人,因此,第三人主观上必须是明知,才构成犯罪。如果第三人不知道该信息是他人非法获取、披露的,则不是本条规定的侵犯商业秘密的行为。

第三款是关于权利人范围的规定。根据这一规定,**权利人包括商业秘密所有和经商业秘密所有人许可的商业秘密使用人**。商业秘密使用人,是与商业秘密所有人订立商业秘密使用许可合同的人。

根据本条规定,**侵犯他人商业秘密,情节严重的**,处三年以下有期徒刑,并处或者单处罚金;**情节特别严重的**,处三年以上十年以下有期徒刑,并处罚金。这里的"情节严重"可以综合给商业秘密的权利人造成的损失、权利人公司因而发生经营困难、行为人是否多次实施上述侵犯商业秘密的行为、行为人侵权所得数额等情形,加以判断。**"情节特别严重"**包括给商业秘密的权利人造成的损失数额巨大或者侵权人违法所得数额巨大等情形。2020年8月《最高人民法院、最高人民检察院关于办理侵犯知识产权刑事案件具体应用法律若干问题的解释(三)》第四条对**"给商业秘密的权利人造成重大损失"**的认定作出了规定,具体情形包括:(1)给商业秘密的权利人造成损失数额或者因侵犯商业秘密违法所得数额在三十万元以上的;(2)直接导致商业秘密的权利人因重大经营困难而破产、倒闭的;(3)造成商业秘密的

权利人其他重大损失的。此外,还规定,给商业秘密的权利人造成损失数额或者因侵犯商业秘密违法所得数额在二百五十万元以上的,应当认定为**"造成特别严重后果"**。

实际执行中应当注意以下几个方面的问题:

1. 关于"**明知**"的理解。刑法条文中有很多关于明知的规定,如第一百二十条之六规定的非法持有宣扬恐怖主义、极端主义物品罪要求明知是宣扬恐怖主义、极端主义的图书、音频视频资料或者其他物品而非法持有,第一百四十四条规定的销售有毒、有害食品罪要求销售的是明知掺有有毒、有害的非食品原料的食品,第一百四十八条规定的销售不符合卫生标准的化妆品罪要求销售的是明知不符合卫生标准的化妆品,第二百一十八条规定的销售侵权复制品罪要求销售的是明知是第二百一十七条规定的侵权复制品,第三百一十二条规定的掩饰、隐瞒犯罪所得、犯罪所得收益罪要求明知是犯罪所得及其产生的收益。本条规定的"明知"和上述条文中的明知一样,是指行为人主观上知道或者根据各方面情况足以认定行为人主观上应当是知道的。具体在认定行为人是否明知时,不能仅凭其口供,还需要根据行为人的客观行为、主观状态、平时表现等因素综合作出判断。

2. 关于"**贿赂**"手段的理解。"贿赂"指的是通过给予因工作关系等而知悉商业秘密的人财物,以获取权利人的商业秘密。关于用于贿赂的财物范围,可以参考2016年《最高人民法院、最高人民检察院关于办理贪污贿赂刑事案件适用法律若干问题的解释》的规定。按照该解释第十二条的规定,财物的范围包括货币、物品和财产性利益。财产性利益包括可以折算为货币的物质利益如房屋装修、债务免除等,以及需要支付货币的其他利益如会员服务、旅游等。后者的犯罪数额,以实际支付或者应当支付的数额计算。

3. 关于"**盗窃**"手段的认定。根据2020年《最高人民法院、最高人民检察院关于办理侵犯知识产权刑事案件具体应用法律若干问题的解释(三)》第五条的规定,采取非法复制、未经授权或者超越授权使用计算机信息系统等方式窃取商业秘密的,应当认定为本条第一款第(一)项规定的"**盗窃**"。

4. 关于"**商业秘密**"的概念。《刑法修正案(十一)》删去了原条文关于商业秘密概念的规定,这主要是为了与其他相关法律中商业秘密的规定保持一致。反不正当竞争法对于商业秘密的

---

① 我国学者指出,本项规定中的情形,仅限于合法获得商业秘密的行为人。参见黎宏:《刑法学各论》(第2版),法律出版社2016年版,第190页;周光权:《刑法各论》(第4版),中国人民大学出版社2021年版,第355页。

概念作了规定,本条中商业秘密的认定,可以依照反不正当竞争法关于商业秘密的定义进行。实际上又不正当竞争法关于商业秘密的规定,也是根据我国经济社会发展和实践中通过侵犯商业秘密实施不正当竞争等行为的情况的变化,分别于2017年、2019年进行了两次修改。因此,通过《刑法修正案(十一)》的修改,刑法中不再具体规定商业秘密的定义,具体认定商业秘密时,由司法机关根据反不正当竞争法等法律规定进行,这样更有利于维护刑法条文的稳定性。根据《反不正当竞争法》第九条的规定,**商业秘密**是指不为公众所知悉、具有商业价值并经权利人采取相应保密措施的技术信息、经营信息等商业信息。① 据此,商业秘密有以下特点:(1)**不为公众所知悉,具有秘密性,只限于一部分人知道**。如果通过公开的或者其他类似渠道可以获得的信息,不能认为是商业秘密。② (2)**应当具有商业价值**。该密信息能够给经营者带来经济利益或者竞争优势,可以是能够带来直接的、现实的经济利益或者竞争优势的信息,如产品配方、技术改良方案;也可以是能够带来间接的、潜在的经济利益或者竞争优势的信息,例如,客户资料信息等。甚至包括一些有关技术开发或者生产经营过程中经验教训的总结和积累的资料,如企业技术改造过程中一些能够证明某些工艺等不可行的科研资料。因为这些资料可以帮助经营者调整研发思路,缩短研发周期、降低研发成本。(3)**权利人对商业秘密采取了相应的保密措施,以防止他人未经授权获取**。具体的保密措施是可以是多种多样的,如制定保密规则,向员工提出保密要求,签订保密协议,对涉密信息采取加密、加锁、限定知悉范围、控制接触人群等措施。一般来说,企业对商业秘密采取的保密措施与该商业秘密的商业价值具有相称性,商业秘密的价值越大,经营者可能采取的保密措施越严格。(4)是指技术信息、经营信息等商业信息。"**技术信息**"包括产品配方、设计方案、技术诀窍、工艺流程等信息;"**经营信息**"包括有关经营的重要决策、产销策略、客户信息、货源情报、招投标中的标底等信息。

5. 关于本条规定的行为造成的损失数额或者违法所得数额的认定。2020年《最高人民法院、最高人民检察院关于办理侵犯知识产权刑事案件具体应用法律若干问题的解释(三)》第五条对侵权行为造成的损失数额或者违法所得数额如何认定作出了详细规定。如尚未披露、使用或者允许他人使用的,可以根据该项商业秘密的合理许可使用费确定损失数额;披露、使用或者允许他人使用的,可以根据权利人因被侵权造成销售利润的损失确定损失数额,但该损失数额低于商业秘密合理使用许可费的,根据合理许可使用费确定;因侵犯商业秘密行为导致商业秘密已为公众所知悉或者灭失的,损失数额可以根据该项商业秘密的商业价值确定,商业秘密的价值,可以根据该项商业秘密的研究开发成本、实施该项商业秘密的收益综合确定;因披露或者允许他人使用商业秘密而获得的财物或者其他财产性利益的,应当认定为违法所得等。

6. 关于侵犯商业秘密一般违法行为的处理。对于尚不构成犯罪的侵犯商业秘密的行为,根据《反不正当竞争法》第九条和第二十一条的规定,应当由监督检查部门责令停止违法行为,没收违法所得,处十万元以上一百万元以下的罚款;情节严重的,处五十万元以上五百万元以下的罚款。

7. 关于涉及商业秘密的证据的保密和案件审理。《刑事诉讼法》第五十四条规定,对涉及国家秘密、商业秘密、个人隐私的证据,应当保密。第一百五十二条规定,侦查人员对采取技术侦查措施过程中知悉的商业秘密,应当保密。第一百八十八条规定,涉及商业秘密的案件,当事人申请不公开审理的,可以不公开审理。此外,根据2020年《最高人民法院、最高人民检察院关于办理侵犯知识产权刑事案件具体应用法律若干问题的解释(三)》第六条的规定,在刑事诉讼程序中,当事人、辩护人、诉讼代理人或者案外人书面申请对有关商业秘密的证据、材料采取保密措施的,应当根据案件情况组织诉讼参与人签署保密承诺书等必要的保密措施。

**8. 关于未经处理的侵犯商业秘密行为的处理、缓刑的适用、判处罚金的数额、单位构成犯罪的入罪标准、帮助行为的处理、行政处罚与刑事处罚的衔接程序等问题,第二百一十三条对此已有阐述,这里不再重复。

---

① 我国学者指出,商业秘密不以其内容的合法性为前提。因此,披露内容不合法的商业秘密(如所谓的食品秘方实际上只是加人罂粟壳)的行为虽然构成要件该当,但阻却违法性,不成立犯罪。参见张明楷:《刑法学》(第6版),法律出版社2021年版,第1076页。

② 这里的"公众",一般是指有可能从该商业秘密的利用中取得经济利益的同业竞争者,并是泛指所有的自然人。参见周光权:《刑法各论》(第4版),中国人民大学出版社2021年版,第356页。

第二百一十九条

【司法解释】

《最高人民法院、最高人民检察院关于办理侵犯知识产权刑事案件具体应用法律若干问题的解释(二)》(法释〔2007〕6号,自2007年4月5日起施行)

△(缓刑)侵犯知识产权犯罪,符合刑法规定的缓刑条件的,依法适用缓刑。有下列情形之一的,一般不适用缓刑:

(一)因侵犯知识产权被刑事处罚或者行政处罚后,再次侵犯知识产权构成犯罪的;

(二)不具有悔罪表现的;

(三)拒不交出违法所得的;

(四)其他不宜适用缓刑的情形。(§3)

△(罚金数额)对于侵犯知识产权犯罪的,人民法院应当综合考虑犯罪的违法所得、非法经营数额、给权利人造成的损失、社会危害性等情节,依法判处罚金。罚金数额一般在违法所得的一倍以上五倍以下,或者按照非法经营数额的50%以上一倍以下确定。(§4)

△(自诉;公诉)被害人有证据证明的侵犯知识产权刑事案件,直接向人民法院起诉的,人民法院应当依法受理;严重危害社会秩序和国家利益的侵犯知识产权刑事案件,由人民检察院依法提起公诉。(§5)

《最高人民法院、最高人民检察院关于办理侵犯知识产权刑事案件具体应用法律若干问题的解释(三)》(法释〔2020〕10号,自2020年9月14日起施行)

△(商业秘密;盗窃;其他不正当手段)采取非法复制、未经授权或者超越授权使用计算机信息系统等方式窃取商业秘密的,应当认定为刑法第二百一十九条第一款第一项规定的"盗窃"。

以贿赂、欺诈、电子侵入方式获取权利人的商业秘密的,应当认定为刑法第二百一十九条第一款第一项规定的"其他不正当手段"。(§3)

△(给商业秘密的权利人造成重大损失;造成特别严重后果)实施刑法第二百一十九条规定的行为,具有下列情形之一的,应当认定为"给商业秘密的权利人造成重大损失":

(一)给商业秘密的权利人造成损失数额或者因侵犯商业秘密违法所得数额在三十万元以上的;

(二)直接导致商业秘密的权利人因重大经营困难而破产、倒闭的;

(三)造成商业秘密的权利人其他重大损失的。

给商业秘密的权利人造成损失数额或者因侵犯商业秘密违法所得数额在二百五十万元以上的,应当认定为刑法第二百一十九条规定的"造成特别严重后果"。(§4)

△(损失数额;违法所得数额;认定)实施刑法第二百一十九条规定的行为造成的损失数额或者违法所得数额,可以按照下列方式认定:

(一)以不正当手段获取权利人的商业秘密,尚未披露、使用或者允许他人使用的,损失数额可以根据该项商业秘密的合理许可使用费确定;

(二)以不正当手段获取权利人的商业秘密后,披露、使用或者允许他人使用的,损失数额可以根据权利人因被侵权造成销售利润的损失确定,但该损失数额低于商业秘密合理许可使用费的,根据合理许可使用费确定;

(三)违反约定、权利人有关保守商业秘密的要求,披露、使用或者允许他人使用其所掌握的商业秘密的,损失数额可以根据权利人因被侵权造成销售利润的损失确定;

(四)明知商业秘密是不正当手段获取或者是违反约定、权利人有关保守商业秘密的要求披露、使用、允许使用,仍获取、使用或者披露的,损失数额可以根据权利人因被侵权造成销售利润的损失确定;

(五)因侵犯商业秘密行为导致商业秘密已为公众所知悉或者灭失的,损失数额可以根据该项商业秘密的商业价值确定。商业秘密的商业价值,可以根据该项商业秘密的研究开发成本、实施该项商业秘密的收益综合确定;

(六)因披露或者允许他人使用商业秘密而获得的财物或者其他财产性利益,应当认定为违法所得。

前款第二项、第三项、第四项规定的权利人因被侵权造成销售利润的损失,可以根据权利人因被侵权造成销售量减少的总数乘以权利人每件产品的合理利润确定;销售量减少的总数无法确定的,可以根据侵权产品销售量乘以权利人每件产品的合理利润确定;权利人因被侵权造成销售量减少的总数和每件产品的合理利润均无法确定的,可以根据侵权产品销售量乘以每件侵权产品的合理利润确定。商业秘密系用于服务等其他经营活动的,损失数额可以根据权利人因被侵权而减少的合理利润确定。

商业秘密的权利人为减轻对商业运营、商业计划的损失或者重新恢复计算机信息系统安全、其他系统安全而支出的补救费用,应当计入给商业秘密的权利人造成的损失。(§5)

△(保密措施;擅自披露、使用或者允许他人使用在刑事诉讼程序中接触、获取的商业秘密)在

刑事诉讼程序中,当事人、辩护人、诉讼代理人或者案外人书面申请对有关商业秘密或者其他需要保密的商业信息的证据、材料采取保密措施的,应当根据案件情况采取组织诉讼参与人签署保密承诺书等必要的保密措施。

违反前款有关保密措施的要求或者法律法规规定的保密义务的,依法承担相应责任。擅自披露、使用或者允许他人使用在刑事诉讼程序中接触、获取的商业秘密,符合刑法第二百一十九条规定的,依法追究刑事责任。(§6)

△(酌情从重处刑;不适用缓刑)具有下列情形之一的,可以酌情从重处罚,一般不适用缓刑:
(一)主要以侵犯知识产权为业的;
(二)因侵犯知识产权被行政处罚后再次犯知识产权构成犯罪的;
(三)在重大自然灾害、事故灾难、公共卫生事件期间,假冒抢险救灾、防疫物资等商品的注册商标的;
(四)拒不交出违法所得的。(§8)

△(酌情从轻处罚)具有下列情形之一的,可以酌情从轻处罚:
(一)认罪认罚的;
(二)取得权利人谅解的;
(三)具有悔罪表现的;
(四)以不正当手段获取权利人的商业秘密后尚未披露、使用或者允许他人使用的。(§9)

△(罚金)对于侵犯知识产权犯罪的,应当综合考虑犯罪违法所得数额、非法经营数额、给权利人造成的损失数额、侵权假冒物品数量及社会危害性等情节,依法判处罚金。

罚金数额一般在违法所得数额的一倍以上五倍以下确定。违法所得数额无法查清的,罚金数额一般按照非法经营数额的百分之五十以上一倍以下确定。违法所得数额和非法经营数额均无法查清,判处三年以下有期徒刑、拘役、管制或者单处罚金的,一般在三万元以上一百万元以下确定罚金数额;判处三年以上有期徒刑的,一般在十五万元以上五百万元以下确定罚金数额。(§10)

△(适用效力)本解释发布施行后,之前发布的司法解释和规范性文件与本解释不一致的,以本解释为准。(§11)

【司法解释性文件】

《最高人民法院、最高人民检察院、公安部印发〈关于办理侵犯知识产权刑事案件适用法律若干问题的意见〉的通知》(法发〔2011〕3号,2011年1月10日公布)

△(侵犯知识产权犯罪;管辖)侵犯知识产权犯罪案件由犯罪地公安机关立案侦查。必要时,可以由犯罪嫌疑人居住地公安机关立案侦查。侵犯知识产权犯罪案件的犯罪地,包括侵权产品制造地、储存地、运输地、销售地,传播侵权作品、销售侵权产品的网站服务器所在地、网络接入地、网站建立者或者管理者所在地,被侵权产品上传者所在地,权利人受到实际侵害的犯罪结果发生地。对有多个侵犯知识产权犯罪的,由最初受理的公安机关或者主要犯罪地公安机关管辖。多个侵犯知识产权犯罪地的公安机关对管辖有争议的,由共同的上级公安机关指定管辖,需要提请批准逮捕、移送审查起诉、提起公诉的,由该公安机关所在地的同级人民检察院、人民法院受理。

对于不同犯罪嫌疑人、犯罪团伙跨地区实施的涉及同一批侵权产品的制造、储存、运输、销售等侵犯知识产权犯罪行为,符合并案处理要求的,有关公安机关可以一并立案侦查,需要提请批准逮捕、移送审查起诉、提起公诉的,由该公安机关所在地的同级人民检察院、人民法院受理。(§1)

△(行政执法部门收集、调取证据的效力)行政执法部门依法收集、调取、制作的物证、书证、视听资料、检验报告、鉴定结论、勘验笔录、现场笔录,经公安机关、人民检察院审查,人民法院庭审质证确认,可以作为刑事证据使用。

行政执法部门制作的证人证言、当事人陈述等调查笔录,公安机关认为有必要作为刑事证据使用的,应当依法重新收集、制作。(§2)

△(抽样取证;委托鉴定)公安机关在办理侵犯知识产权刑事案件时,可以根据工作需要抽样取证,或者商请同级行政执法部门、有关检验机构协助抽样取证。法律、法规对抽样机构或者抽样方法有规定的,应当委托规定的机构并按照规定方法抽取样品。

公安机关、人民检察院、人民法院在办理侵犯知识产权刑事案件时,对于需要鉴定的事项,应当委托国家认可的有鉴定资质的鉴定机构进行鉴定。

公安机关、人民检察院、人民法院应当对鉴定结论进行审查,听取权利人、犯罪嫌疑人、被告人对鉴定结论的意见,可以要求鉴定机构作出相应说明。(§3)

△(自诉案件;证据收集)人民法院依法受理侵犯知识产权刑事自诉案件,对于当事人因客观原因不能取得的证据,在提起自诉时能够提供有关线索,申请人民法院调取的,人民法院应当依法调取。(§4)

△(多次实施;累计计算数额)依照《最高人民法院、最高人民检察院关于办理侵犯知识产

第二百一十九条

刑事案件具体应用法律若干问题的解释》第十二条第二款的规定,多次实施侵犯知识产权行为,未经行政处理或者刑事处罚的,非法经营数额、违法所得数额或者销售金额累计计算。

二年内多次实施侵犯知识产权违法行为,未经行政处理,累计数额构成犯罪的,应当依法定罪处罚。实施侵犯知识产权犯罪行为的追诉期限,适用刑法的有关规定,不受前述二年的限制。(§14)

△(明知;提供原材料、机械设备等;侵犯知识产权犯罪的共犯)明知他人实施侵犯知识产权犯罪,而为其提供生产、制造侵权产品的主要原材料、辅助材料、半成品、包装材料、机械设备、标签标识、生产技术、配方等帮助,或者提供互联网接入、服务器托管、网络存储空间、通讯传输通道、代收费、费用结算等服务的,以侵犯知识产权犯罪的共犯论处。(§15)

△(想象竞合)行为人实施侵犯知识产权犯罪,同时构成生产、销售伪劣商品犯罪的,依照侵犯知识产权犯罪与生产、销售伪劣商品犯罪中处罚较重的规定定罪处罚。(§16)

《最高人民法院关于进一步加强涉种子刑事审判工作的指导意见》(法〔2022〕66号,2022年3月2日公布)

△(种子套牌侵权相关犯罪;假冒注册商标罪;销售假冒注册商标的商品罪;非法制造、销售非法制造的注册商标标识罪;侵犯商业秘密罪;为境外窃取、刺探、收买、非法提供商业秘密罪)立足现有罪名,依法严惩种子套牌侵权相关犯罪。假冒品种权以及未经许可或者超出委托规模生产、繁殖授权品种种子对外销售等种子套牌侵权行为,往往伴随假冒注册商标、侵犯商业秘密等其他犯罪行为。审理此类案件时要把握这一特点,立足刑法现有规定,通过依法适用与种子套牌侵权密切相关的假冒注册商标罪、销售假冒注册商标的商品罪、非法制造、销售非法制造的注册商标标识罪、侵犯商业秘密罪、为境外窃取、刺探、收买、非法提供商业秘密罪等罪名,实现对种子套牌侵权行为的依法惩处。同时,应当将种子套牌侵权行为作为从重处罚情节,加大对此类犯罪的惩处力度。(§4)

【指导性案例】

最高人民检察院指导性案例第102号:金义盈侵犯商业秘密案(2021年2月4日发布)

△(侵犯商业秘密;司法鉴定;专家辅助办案;证据链)办理侵犯商业秘密犯罪案件,被告人作无罪辩解的,既要注意审查商业秘密的成立及侵犯商业秘密的证据,又要依法排除被告人取得商业秘密的合法来源,形成指控犯罪的证据链。对鉴定意见的审查,必要时可聘请或指派有专门知识的人辅助办案。

【公报案例】

周德隆等人侵犯商业秘密案(《最高人民法院公报》2005年第3期)

△(侵犯商业秘密罪;工艺技术信息;伙同他人)违反与原单位的保密约定,伙同他人利用原单位专利技术以外不为公众知悉的工艺技术信息,生产与原单位相同的产品,并给原单位造成重大经济损失的,应根据刑法第二百一十九条第一款第(三)项和第二款的规定,按侵犯商业秘密罪论处。

△(侵犯商业秘密罪;明知他人违反保密约定)明知他人违反与原单位的保密约定,仍伙同其利用掌握原单位专利技术以外不为公众知悉的工艺技术信息,生产与其原单位相同的产品,并给其原单位造成重大经济损失的,应根据刑法第二百一十九条第一款第(三)项和第二款的规定,按侵犯商业秘密罪论处。

裴国良侵犯商业秘密案(《最高人民法院公报》2006年第12期)

△(技术秘密;附带民事诉讼)根据《最高人民法院关于执行中华人民共和国刑事诉讼法若干问题的解释》(已失效)第八十六条第(五)项的规定,行为人窃取他人技术秘密后提供自己所在的公司使用,从而给技术秘密权利人造成特别严重后果的,在追究行为人侵犯商业秘密罪的刑事责任时,可以根据附带民事诉讼原告人的请求,将行为人所在公司列为附带民事诉讼被告人一并追究侵权的民事赔偿责任。

△(技术秘密;物质损失;利润额;赔偿额)根据《最高人民法院关于刑事附带民事诉讼范围问题的规定》(已失效)第二条的规定,权利人因技术秘密被窃取而遭受的物质损失,包括已经遭受的实际损失和必然遭受的市场份额被削减、竞争力减弱等损失。侵权人利用窃取的技术秘密履行与他人签订的技术合同,从而谋取巨额利润的,应当将侵权人在侵权期间因侵权所获得的利润额确定为给技术秘密权利人的赔偿额。只能认定侵权人签订的合同总金额,无法确定侵权人在侵权期间因侵权所获得的利润的,可以按照该行业平均利润标准计算侵权人所获得的利润。

【参考案例】

No.3-7-219-1 黄志伟等侵犯商业秘密案
利用工作之便使用其所掌握的商业秘密牟利

的,不构成职务侵占罪,应以侵犯商业秘密罪论处。

No.3-7-219-2 昌达公司侵犯商业秘密案

侵犯商业秘密罪中的给商业秘密权利人造成重大损失,在难以计算的情况下,可以侵权人在侵权期间因侵权所获得的利润作为损失数额。

No.3-7-219-3 李宁侵犯商业秘密案

未经许可,擅自使用企业之间因商洽具体经营业务而形成的信息的,应以侵犯商业秘密罪论处。

No.3-7-219-4 杨俊杰等侵犯商业秘密案

在认定技术信息的秘密性时,不应一律区分为公知技术和非公知技术,应根据该技术信息是否为关键信息决定是否应将其作为一个整体认定为商业秘密。

No.3-7-219-5 杨俊杰等侵犯商业秘密案

权利人采取了合理的措施,使负有保密义务以外的其他人不能轻易获得有关商业秘密的,应当认定为权利人已经对商业秘密采取了保密措施。

No.3-7-219-6 杨俊杰等侵犯商业秘密案

违反约定或者违反权利人有关保守商业秘密的要求,将通过工作、职责掌握的商业秘密予以披露、使用,或者允许他人使用的,应当认定为侵犯商业秘密,但通过反向工程获得有关商业秘密的除外。

No.3-7-219-7 杨俊杰等侵犯商业秘密案

对于侵犯商业秘密所造成的损失程度,可以参照《反不正当竞争法》第二十条的规定加以认定。

No.3-7-219-8 张同洲侵犯商业秘密案

名称、地址、联系方式等简单的客户信息具有实用性功能的,应认定为商业秘密。

No.3-7-219-9 张同洲侵犯商业秘密案

采用反向工程方法获得并使用他人的商业秘密,不构成侵犯商业秘密罪。

No.3-7-219-10 项军等侵犯商业秘密案

非法披露计算机软件源代码的,应以侵犯商业秘密罪论处。

No.3-7-219-11 伍迪兵等五人侵犯商业秘密、侵犯著作权案

违反与单位的保密约定,向他人泄露单位的网络游戏源代码,造成重大经济损失的行为,构成侵犯商业秘密罪。实际经济损失无法查明的,应当以侵权人通过侵权行为所获的经济利益加以确定。

No.3-7-219-12 伍迪兵等五人侵犯商业秘密、侵犯著作权案

利用非法获取的源代码编译并运营游戏私服的行为成立侵犯著作权罪。

No.3-7-219-13 伍迪兵等五人侵犯商业秘密、侵犯著作权案

受让继续经营网络游戏私服的行为成立侵犯著作权罪而非销售侵权复制品罪。

No.3-7-219-14 伊特克斯公司、郭书周等侵犯商业秘密案

侵犯商业秘密案件中重大损失的计算主要有四种方式,即权利人的实际损失、侵权人的获利、商业秘密许可费的倍数以及商业秘密的商业价值,其中应当优先计算权利人的实际损失,在无法计算实际损失时,综合案件情况可以采取侵权人获利的计算方法。商业秘密的价值应当与其秘点相对应,在秘点与商业秘密整体可以分割时应当单独计算价值。

第二百一十九条之一 【为境外窃取、刺探、收买、非法提供商业秘密罪】
为境外的机构、组织、人员窃取、刺探、收买、非法提供商业秘密的,处五年以下有期徒刑,并处或者单处罚金;情节严重的,处五年以上有期徒刑,并处罚金。

【立法沿革】

《中华人民共和国刑法修正案(十一)》(自2021年3月1日起施行)

二十三、在刑法第二百一十九条后增加一条,作为第二百一十九条之一:

"为境外的机构、组织、人员窃取、刺探、收买、非法提供商业秘密的,处五年以下有期徒刑,并处或者单处罚金;情节严重的,处五年以上有期徒刑,并处罚金。"

【条文说明】

本条是关于为境外窃取、刺探、收买、非法提供商业秘密罪及其处罚的规定。

构成本条规定的犯罪,需具备以下条件:

1. 行为人必须实施了**窃取、刺探、收买、非法提供商业秘密的行为**。其中,"**窃取**"是指行为人采用各种秘密手段非法获取,如通过盗窃、偷拍、偷录等行为而取得商业秘密的行为;"**刺探**"是指行为人通过各种途径和手段非法探知商业秘密的行为；**收买**是指行为人以给予财物或者其他财产性利益等好处，或者通过提供工作机会、拉拢人心等手段非法得到商业秘密的行为；**非法提供**是指知悉、保管、持有商业秘密的人，将自己知悉、管理、持有的商业秘密非法出售、交付、披露给其他不应知悉该秘密的境外机构、组织、人员的行为。这几种行为方式是针对商业间谍行为的特点规定的。

2. **行为人为境外的机构、组织和人员实施了本条规定的窃取、刺探、收买、非法提供商业秘密的行为。**这里的"**境外的机构、组织**"包括境外机构、组织及其在中华人民共和国境内设立的分支（代表）机构和分支组织，"**境外的个人**"包括该个人身处境外，也包括虽然身处境内但身份属于外国人或者其他境外个人的情况。如果是为境内的公司、企业等实施窃取、刺探、收买、非法提供商业秘密的行为，与境外的机构、组织和人员没有关联的，不构成本条规定的为境外窃取、刺探、收买、非法提供商业秘密犯罪，若其行为构成《刑法》第二百一十九条规定的侵犯商业秘密罪的，依照该规定定罪处罚。

此外，构成本条规定的犯罪的主体是**一般主体**，包括自然人和单位，包括中国公民和非中国公民，只要实施了本条规定的行为的，都可能构成犯罪。

根据本条规定，**构成为境外窃取、刺探、收买、非法提供商业秘密犯罪的**，应当处处五年以下有期徒刑，并处或者单处罚金；**情节严重**的，处五年以上有期徒刑，并处罚金。这里的"**情节严重**"是指给商业秘密的权利人造成的损失数额较大，侵权人违法所得数额较大，多次实施犯罪行为，导致权利人公司失去核心竞争力或者因经营困难而破产、倒闭等情形。为境外窃取、刺探、收买、非法提供商业秘密行为，一方面，侵犯了企业的商业秘密，破坏了公平竞争的市场环境；另一方面，损害我国企业国际竞争力。因此，刑法对这类犯罪规定了比侵犯商业秘密罪更重的刑罚。

实际执行中应当注意以下几个方面的问题：

1. 关于本条规定的"**窃取、刺探、收买、非法提供**"商业秘密的行为方式与《刑法》第二百一十九条规定的**侵犯商业秘密罪**的行为方式之间的关系。"**窃取、刺探、收买、非法提供**"这几种行为方式是针对商业间谍行为的特点而专门规定的，这与《刑法》第二百一十九条规定的侵犯商业秘密罪的具体行为方式并不矛盾。行为人窃取、刺探商业秘密的，可能会采用盗窃、欺诈、胁迫、电子侵入等不正当手段；行为人通过收买获得商业秘密的，可能会采用贿赂的不正当手段；行为人为境外的机构、组织、人员非法提供商业秘密的，也可能

会通过不正当手段获得商业秘密，再披露给他人。

2. 关于本条规定的"**商业秘密**"的概念。本条规定中的商业秘密与《刑法》第二百一十九条中的规定相同，**都应当根据《反不正当竞争法》第九条关于商业秘密的定义进行认定**，即商业秘密是指不为公众所知悉、具有商业价值并经权利人采取相应保密措施的技术信息、经营信息等商业信息。商业秘密具有秘密性，只限于一部分人知道，可以直接或者间接给权利人带来经济利益或者竞争优势，权利人对商业秘密也采取了相应的保密措施。这里的权利人也是指《刑法》第二百一十九条规定的商业秘密的所有人和经商业秘密所有人许可的商业秘密使用人。

3. 关于单位能否构成为境外窃取、刺探、收买、非法提供商业秘密犯罪。根据《刑法》第二百二十条的规定，单位犯本条规定之罪的，对单位判处罚金，并对其直接负责的主管人员和其他责任人员，依照本条的规定处罚。据此，单位也能成为境外窃取、刺探、收买、非法提供商业秘密犯罪的犯罪主体，单位实施本条规定的行为，构成犯罪的，应当依法追究刑事责任。

4. 关于未经处理的为境外窃取、刺探、收买、非法提供商业秘密犯罪缓刑的适用、判处罚金的数额、单位构成犯罪的入罪标准、帮助行为的处理等问题，本书第二百一十三条对此已有阐述，这里不再重复。

【司法解释性文件】

《最高人民法院关于进一步加强涉种子刑事审判工作的指导意见》(法〔2022〕66号，2022年3月2日公布)

△〔种子套牌侵权相关犯罪；假冒注册商标罪；销售假冒注册商标的商品罪；非法制造、销售非法制造的注册商标标识罪；侵犯商业秘密罪；为境外窃取、刺探、收买、非法提供商业秘密罪〕立足现有罪名，依法严惩种子套牌侵权相关犯罪。假冒品种权以及未经许可或者超出委托规模生产、繁殖授权品种种子对外销售等种子套牌侵权行为，经常伴随假冒注册商标、侵犯商业秘密等其他犯罪行为。审理此类案件时要把握这一特点，立足刑法现有规定，通过依法适用与种子套牌侵权密切相关的假冒注册商标罪、销售假冒注册商标的商品罪、非法制造、销售非法制造的注册商标标识罪、侵犯商业秘密罪、为境外窃取、刺探、收买、非法提供商业秘密罪等罪名，实现对种子套牌侵权行为的依法惩处。同时，应当将种子套牌侵权行为作为从重处罚情节，加大对此类犯罪的惩处力度。(§4)

第二百二十条　【单位犯本节规定之罪的处罚规定】
单位犯本节第二百一十三条至第二百一十九条之一规定之罪的,对单位判处罚金,并对其直接负责的主管人员和其他直接责任人员,依照本节各该条的规定处罚。

【立法沿革】

《中华人民共和国刑法》(1997 年修订,自 1997 年 10 月 1 日起施行)

第二百二十条

单位犯本节第二百一十三条至第二百一十九条规定之罪的,对单位判处罚金,并对其直接负责的主管人员和其他直接责任人员,依照本节各该条的规定处罚。

《中华人民共和国刑法修正案(十一)》(自 2021 年 3 月 1 日起施行)

二十四、将刑法第二百二十条修改为:

"单位犯本节第二百一十三条至第二百一十九条之一规定之罪的,对单位判处罚金,并对其直接负责的主管人员和其他直接责任人员,依照本节各该条的规定处罚。"

【条文说明】

本条是关于单位侵犯他人知识产权的犯罪及其处罚的规定。

根据本条规定,本节规定的犯罪,犯罪主体除自然人外,还包括单位。"单位犯本节第二百一十三条至二百一十九条之一规定之罪"是指单位犯本法分则第三章第七节侵犯知识产权罪中规定的任何一罪的情形,包括第二百一十三条规定的假冒注册商标罪、第二百一十四条规定的销售假冒注册商标的商品罪、第二百一十五条规定的非法制造、销售非法制造的注册商标标识罪、第二百一十六条规定的假冒专利罪、第二百一十七条规定的侵犯著作权罪、第二百一十八条规定的销售侵权复制品罪、第二百一十九条规定的侵犯商业秘密罪、第二百一十九条之一规定的为境外窃取、刺探、收买、非法提供商业秘密罪犯罪。

依照本条规定,对单位犯本节规定的上述之罪的,实行**双罚制原则**,对犯罪的单位判处罚金,同时对直接负责的主管人员和其他直接责任人员,依照本节各该条规定的处罚标准处罚。如单位构成假冒注册商标罪的,根据第二百一十三条的规定,情节严重的,处三年以下有期徒刑,并处或者单处罚金;情节特别严重的,处三年以上十年以下有期徒刑,并处罚金。单位构成销售假冒注册商标的商品罪的,根据第二百一十四条的规定,违法所得数额较大或者有其他严重情节的,处三年以下有期徒刑,并处或者单处罚金;违法所得数额巨大或者有其他特别严重情节的,处三年以上十年以下有期徒刑,并处罚金。

2007 年《最高人民法院、最高人民检察院关于办理侵犯知识产权刑事案件具体应用法律若干问题的解释(二)》第六条规定:"单位实施刑法第二百一十三条至第二百一十九条规定的行为,按照《最高人民法院、最高人民检察院关于办理侵犯知识产权刑事案件具体应用法律若干问题的解释》和本解释规定的相应个人犯罪的定罪量刑标准定罪处罚。"据此,单位实施本节规定的侵犯知识产权犯罪的,按照个人犯罪的定罪量刑标准定罪处罚,即**单位与个人构成各犯罪的入罪门槛和定罪量刑标准是一致的**。

【司法解释】

《最高人民法院、最高人民检察院关于办理侵犯知识产权刑事案件具体应用法律若干问题的解释》(法释〔2004〕19 号,自 2004 年 12 月 22 日起施行)

△(单位犯罪)单位实施刑法第二百一十三条至第二百一十九条规定的行为,按照本解释规定的个人犯罪的定罪量刑标准的三倍定罪量刑。(§ 15)

《最高人民法院、最高人民检察院关于办理侵犯知识产权刑事案件具体应用法律若干问题的解释(二)》(法释〔2007〕6 号,自 2007 年 4 月 5 日起施行)

△(单位犯罪)单位实施刑法第二百一十三条至第二百一十九条规定的行为,按照《最高人民法院、最高人民检察院关于办理侵犯知识产权刑事案件具体应用法律若干问题的解释》和本解释规定的相应个人犯罪的定罪量刑标准定罪处罚。(§ 6)

第八节 扰乱市场秩序罪

第二百二十一条 【损害商业信誉、商品声誉罪】
捏造并散布虚伪事实,损害他人的商业信誉、商品声誉,给他人造成重大损失或者有其他严重情节的,处二年以下有期徒刑或者拘役,并处或者单处罚金。

【条文说明】

本条是关于损害商业信誉、商品声誉罪及其处罚的规定。

本条具体规定了"**捏造并散布虚伪事实,损害他人的商业信誉、商品声誉**"的行为。① 这里所称的"**捏造**",既包括无中生有、完全虚构、凭空编造虚假事实,也包括在真实情况基础上的部分虚构,恶意歪曲、夸大部分事实真相。"**散布**",既包括口头散布,也包括以书面方式散布,如宣传媒介、信函等。在信息时代,还包括通过信息网络等进行散布。**行为人只有同时具备"捏造"和"散布"虚伪事实的行为,才构成损害商业信誉、商品声誉罪**。这里规定的"**他人的商业信誉**",主要是指他人在从事商业活动中的信用程度和名誉等,如他人在信守合约或履行合同中的信誉度,他人在金融机构的信贷信誉,他人的生产能力和资金状况是否良好等;"**他人的商品声誉**",主要是指他人商品在质量等方面的可信赖程度,提供商品服务及售后服务的质量和经过长期良好地生产、经营所形成的知名度等。造成损害他人的商业信誉、商品声誉的后果是多方面的,既可以是直接的,也可以是潜在的,如使他人的商业信用降低,无法签订合同,无法获得贷款以保障资金链,或无法开展正常的商业活动等;或者使他人的商品声誉遭到破坏,产品大量积压,无法销售,被集中取消订单、退货等。这些损害要满足"**给他人造成重大损失或者有其他严重情节的**"条件,才能定罪处罚。这里的"**给他人造成重大损失**"一般认为是因商业信誉、商品声誉受损而产生的直接经济损失,如商品严重滞销、产品被大量退回、合同被停止履行、企业商誉显著降低、驰名产品声誉受到严重侵损、销售额和利润严重减少,应得收入大量减少、上市公司股票价格大幅度下跌、商誉以及其他无形资产的价值显著降低等产生的损失。需要注意的是,直接经济损失既包括有形的、可直接计算的财产损失,也包括无形的、需加以评估的财产损失。在具体认定损害行为所造成的经济损失时,应特别注意损害行为与经济损失之间的因果关系。不能将与捏造并散布虚伪事实的行为无因果关系和不是行为必然造成的损失计算在内。这里的"**其他严重情节的**"一般是指行为人在捏造并散布虚假事实、损害他人的商业信誉和商品声誉的过程中的除"重大损失"以外的严重情节。例如,多次损害他人商业信誉和商品声誉;因损害他人商业信誉和商品声誉被有关主管部门处罚后又损害他人商业信誉和商品声誉;虚构并散布的虚伪事实传播面较广,在消费者中产生严重的不良影响;使用恶劣的手段,捏造虚假事实等。

本条对损害商业信誉、商品声誉罪的处罚规定是,"给他人造成重大损失或者有其他严重情节的,处二年以下有期徒刑或者拘役,并处或者单处罚金"。鉴于这类犯罪往往具有贪利性质,本条在规定对行为人判处自由刑的同时,还规定"并处或者单处罚金"。此外,根据《刑法》第二百三十一条的规定,**单位犯本条规定之罪的**,对单位判处罚金,并对其直接负责的主管人员和其他直接责任人员,依照本条的规定,定罪处罚。根据《最高人民检察院、公安部关于公安机关管辖的刑事案件立案追诉标准的规定(二)》第七十四条的规定,捏造并散布虚伪事实,损害他人的商业信誉、商品声誉,涉嫌下列情形之一的,应予立案追诉:(1)给他人造成直接经济损失数额在五十万元以上的。(2)虽未达到上述数额标准,但具有下列情形之一的:①利用互联网或者其他媒体公开损害他人商业信誉、商品声誉的;②造成公司、企业等单位停业、停产六个月以上,或者破产的。(3)其他给他人造成重大损失或

---

① 相同的学说见解,参见黎宏:《刑法学各论》(第2版),法律出版社2016年版,第191页;周光权:《刑法各论》(第4版),中国人民大学出版社2021年版,第359页;赵秉志、李希慧主编:《刑法各论》(第3版),中国人民大学出版社2016年版,第172页;高铭暄、马克昌主编:《刑法学》(第7版),北京大学出版社·高等教育出版社2016年版,第442页。另有学者指出,本罪的实行行为是散布而非捏造。如果认为本罪的实行行为是复数行为(即捏造虚伪事实并予以传播),会产生诸多消极后果。参见张明楷:《刑法学》(第6版),法律出版社2021年版,第1079页。

者有其他严重情节的情形。

实践中需要注意以下两个方面的问题：

1. 在司法实践处理损害他人商业信誉、商品声誉的案件时，**他人的"间接损失"能否计算入"给他人造成重大损失"**，存在一定的分歧。一般在司法实践中，对于被害人为了恢复受到损害的商业信誉和商品声誉所投入的资金（如广告费用等）或者为制止不法侵害事件而扩大的开支（如律师费用、诉讼费用等）等间接经济损失，不认定为损害商业信誉、商品声誉所造成的损失。间接损失一般在量刑或者附带民事诉讼赔偿时酌情加以考虑。

2. 在司法实践处理损害他人商业信誉、商品声誉的案件时，对"他人"的理解也存在分歧。一般认为，这里的"他人"需要明确、特定，要有具体的被害个体。同时，**这里的"他人"也可能包括某一类他的行业、领域，包含数个被损害个体**。对于行为人在捏造并散布虚伪事实，虽然没有明确指出所损害的对象，没有提及某个生产者、经营者的名称或者其商品的名称，但是相关生产经营者和消费者从其捏造并散布的事实的内容上完全能够推测出是指向某一个或数个生产者、经营者的，也应认定为损害了"他人"的商业信誉和商品声誉。反之，如果社会公众无法确认行为人的行为所指向的具体行业、领域或者个体，则不符合损害商业信誉、商品声誉罪中特定他人的构成要件。

【司法解释性文件】

《最高人民检察院、公安部关于公安机关管辖的刑事案件立案追诉标准的规定（二）》（公通字〔2022〕12号，2022年4月6日公布）

△（损害商业信誉、商品声誉罪；立案追诉标准）捏造并散布虚伪事实，损害他人的商业信誉、商品声誉，涉嫌下列情形之一的，应予立案追诉：

（一）给他人造成直接经济损失数额在五十万元以上的；

（二）虽未达到上述数额标准，但造成公司、企业等单位停业、停产六个月以上，或者破产的；

（三）其他给他人造成重大损失或者有其他严重情节的情形。（§66）

【公报案例】

陈恩等人损害商品声誉案（《最高人民法院公报》2004年第6期）

△（损害商品声誉罪）被告人为诋毁他人商品声誉，故意夸大、歪曲事实，在公共场所砸毁他人商品，对他人的生产经营活动造成重大损失的，根据《刑法》第二百二十一条规定，其行为构成损害商品声誉罪。

【参考案例】

No.3-8-221-1 王宗达损害商业信誉、商品声誉案

损害商业信誉、商品声誉罪中的重大损失，一般是指直接经济损失，但间接经济损失应作为量刑情节考虑。①

第二百二十二条 【虚假广告罪】

广告主、广告经营者、广告发布者违反国家规定，利用广告对商品或者服务作虚假宣传，情节严重的，处二年以下有期徒刑或者拘役，并处或者单处罚金。

【条文说明】

本条是关于虚假广告罪及其处罚的规定。

本条规定的"**虚假广告罪**"的犯罪主体是**特殊主体**，即"**广告主、广告经营者、广告发布者**"。根据广告法的规定，"**广告主**"，是指为推销商品或者服务，自行或者委托他人设计、制作、发布广告的自然人、法人或者其他组织；"**广告经营者**"，是指接受委托提供广告设计、制作、代理服务的自然人、法人或者其他组织；"**广告发布者**"，是指为广告主或者广告主委托的广告经营者发布广告的自然人、法人或者其他组织。

本条中的行为人实施了**违反国家规定**，利用广告对商品或者服务进行虚假宣传的行为。这里的"广告"，是指商品经营者或者服务提供者承担费用，通过一定媒介和形式直接或者间接地介绍自己所推销的商品或者所提供的服务的商业广告。"违反国家规定"，根据《刑法》第九十六条的规定，是指违反全国人大及其常委会制定的法律和决定，国务院制定的行政法规、规定的行政措施、发布的决定和命令。在这里主要是指违反了

---

① 相同的学说见解，参见黎宏：《刑法学各论》（第2版），法律出版社2016年版，第191页。

国家制定发布的有关广告管理的法律、行政法规。广告法规定，广告不得含有虚假或者引人误解的内容，不得欺骗和误导消费者。反不正当竞争法规定，经营者不得对其商品的性能、功能、质量、销售状况、用户评价、曾获荣誉等作虚假或者引人误解的商业宣传，欺骗、误导消费者。经营者不得通过组织虚假交易等方式，帮助其他经营者进行虚假或者引人误解的商业宣传。我国广告法对规范广告活动作了更为具体明确的规定，主要有：广告内容必须真实，广告不得含有虚假或者引人误解的内容，不得欺骗和误导社会公众；广告必须合法，不得损害国家、民族利益和尊严，不得损害社会公众利益、妨碍社会公共秩序和有悖社会善良习俗；广告内容必须准确、清晰等。例如，《广告法》第八条第一款规定："广告中对商品的性能、功能、产地、用途、质量、成分、价格、生产者、有效期限、允诺等有表示的内容，提供者、形式、质量、价格、允诺等有表示的，应当准确、清楚、明白。"第十一条第二款规定："广告使用数据、统计资料、调查结果、文摘、引用语等证明内容的，应当真实、准确，并表明出处。引证内容有适用范围和有效期限的，应当明确表示。"本条规定的"**利用广告对商品或者服务作虚假宣传**"，就是指违反了上述法律及有关法律、行政法规规定，实施了利用广告这种特殊的传播媒介，对所生产的产品或者提供的服务作夸张、虚伪和不实的宣扬或传播①，足以产生使消费者受到欺骗或误导消费者的消费行为的行为②。

有本条规定的行为，"情节严重的"才构成犯罪。根据《最高人民检察院、公安部关于公安机关管辖的刑事案件立案追诉标准的规定（二）》第七十五条的规定，广告主、广告经营者、广告发布者违反国家规定，利用广告对商品或者服务作虚假宣传，涉嫌下列情形之一的，应予立案追诉：（1）违法所得数额在十万元以上的；（2）给单个消费者造成直接经济损失数额在五万元以上的，或者给多个消费者造成直接经济损失数额累计在二十万元以上的；（3）假借预防、控制突发事件的名义，利用广告作虚假宣传，致使多人上当受骗，违法所得数额在三万元以上的；（4）虽未达到上述数额标准，但两年内因利用广告作虚假宣传，受过行政处罚二次以上，又利用广告作虚假宣传的；（5）造成人身伤残的；（6）其他情节严重的情形。对行为人实施的一般虚假广告宣传行为，可以根据广告法或其他有关法律、法规的规定给予相应的行政处罚或通过民事索赔的方法解决。

根据本条规定，**对虚假广告罪**，处二年以下有期徒刑或者拘役，并处或者单处罚金。此外，根据《刑法》第二百三十一条的规定，**单位犯本条规定之罪的**，对单位判处罚金，并对其直接负责的主管人员和其他直接责任人员，依照本条的规定，定罪处罚。

虚假广告行为有时会放大其他犯罪的社会危害性，需要引起重视。有些司法解释已经对相关犯罪中涉及的虚假广告犯罪作了进一步明确和细化，强化各种广告主、广告经营者、广告发布者的责任。例如，《最高人民法院、最高人民检察院关于办理危害食品安全刑事案件适用法律若干问题的解释》第十九条规定："违反国家规定，利用广告对保健食品或者其他食品作虚假宣传，符合刑法第二百二十二条规定的，**以虚假广告罪**定罪处罚。"《最高人民法院关于审理非法集资刑事案件具体应用法律若干问题的解释》第八条规定："广告经营者、广告发布者违反国家规定，利用广告为非法集资活动相关的商品或者服务作虚假宣传，具有下列情形之一的，依照刑法第二百二十二条的规定，**以虚假广告罪定罪处罚**：（一）违法所得数额在10万元以上的；（二）造成严重危害后果或者恶劣社会影响的；（三）二年内利用广告作虚假宣传，受过行政处罚二次以上的；（四）其他情节严重的情形。明知他人从事欺诈发行股票、债券，非法吸收公众存款，擅自发行股票、债券，集资诈骗或者组织、领导传销活动等集资犯罪活动，为其提供广告等宣传的，以相关犯罪的共犯论处。"

【司法解释】

《最高人民法院、最高人民检察院关于办理妨害预防、控制突发传染病疫情等灾害的刑事案件具体应用法律若干问题的解释》（法释〔2003〕8

---

① 我国学者将"作虚假宣传"区分为两种情况，即"对商品或者服务作夸大失实的宣传"和"对商品或者服务作语意含糊、令人误解的宣传"。参见张明楷：《刑法学》（第6版），法律出版社2021年版，第1080页。另有学者指出，"令人误解的广告"虽然违反了广告必须清楚、明白的义务，但其并未违反广告必须真实的义务，故而不属于虚假广告。参见黎宏：《刑法学各论》（第2版），法律出版社2016年版，第192页。

② 我国学者指出，是否使一般人陷入错误认识，要根据行为当时的具体情况考察，特别是广告的内容。参见张明楷：《刑法学》（第6版），法律出版社2021年版，第1081页；周光权：《刑法各论》（第4版），中国人民大学出版社2021年版，第361页。

号,自2003年5月15日起施行)

△(**假借预防、控制突发传染病疫情等灾害的名义;虚假广告罪**)广告主、广告经营者、广告发布者违反国家规定,假借预防、控制突发传染病疫情等灾害的名义,利用广告对所推销的商品或者服务作虚假宣传,致使多人上当受骗,违法所得数额较大或者有其他严重情节的,依照刑法第二百二十二条的规定,以虚假广告罪定罪处罚。(§5)

《最高人民法院关于审理非法集资刑事案件具体应用法律若干问题的解释》[法释〔2010〕18号,自2011年1月4日起施行,该解释已经被《最高人民法院关于修改〈最高人民法院关于审理非法集资刑事案件具体应用法律若干问题的解释〉的决定》(法释〔2022〕5号,自2022年3月1日起施行)修正]

△(**非法集资活动相关的商品或者服务;虚假广告罪;共犯**)广告经营者、广告发布者违反国家规定,利用广告为非法集资活动相关的商品或者服务作虚假宣传,具有下列情形之一的,依照刑法第二百二十二条的规定,以虚假广告罪定罪处罚:

(一)违法所得数额在10万元以上的;

(二)造成严重危害后果或者恶劣社会影响的;

(三)二年内利用广告作虚假宣传,受过行政处罚二次以上的;

(四)其他情节严重的情形。

明知他人从事欺诈发行证券、非法吸收公众存款、擅自发行股票、公司、企业债券、集资诈骗或者组织、领导传销活动等集资犯罪活动,为其提供广告等宣传的,以相关犯罪的共犯论处。(§12)

《最高人民法院、最高人民检察院关于办理危害药品安全刑事案件适用法律若干问题的解释》(高检发释字〔2022〕1号,自2022年3月6日起施行)

△(**危害药品安全刑事案件;虚假广告罪**)广告主、广告经营者、广告发布者违反国家规定,利用广告对药品作虚假宣传,情节严重的,依照刑法第二百二十二条的规定,以虚假广告罪定罪处罚。(§12)

《最高人民法院、最高人民检察院关于办理危害食品安全刑事案件适用法律若干问题的解释》(法释〔2021〕24号,自2022年1月1日起施行)

△(**保健食品或者其他食品;虚假广告罪;诈骗罪;竞合**)违反国家规定,利用广告对保健食品或者其他食品作虚假宣传,符合刑法第二百二十二条规定的,以虚假广告罪定罪处罚;以非法占有为目的,利用销售保健食品或者其他食品诈骗财物,符合刑法第二百六十六条规定的,以诈骗罪定罪处罚。同时构成生产、销售伪劣产品罪等其他犯罪的,依照处罚较重的规定定罪处罚。(§19)

△(**禁止令;行政处罚**)对实施本解释规定之犯罪的犯罪分子,应当依照刑法规定的条件,严格适用缓刑、免于刑事处罚。对于依法适用缓刑的,可以根据犯罪情况,同时宣告禁止令。

对于被不起诉或者免予刑事处罚的行为人,需要给予行政处罚、政务处分或者其他处分的,依法移送有关主管机关处理。(§22)

△(**单位犯罪**)单位实施本解释规定的犯罪的,对单位判处罚金,并对直接负责的主管人员和其他直接责任人员,依照本解释规定的定罪量刑标准处罚。(§23)

【**司法解释性文件**】

《最高人民法院、最高人民检察院、公安部、司法部关于依法惩治妨害新型冠状病毒感染肺炎疫情防控违法犯罪的意见》(法发〔2020〕7号,2020年2月6日发布)

△(**肺炎疫情防控;诈骗罪;虚假广告罪;聚众哄抢罪**)依法严惩诈骗、聚众哄抢犯罪。在疫情防控期间,假借研制、生产或者销售用于疫情防控的物品的名义骗取公私财物,或者捏造事实骗取公众捐赠款物,数额较大的,依照刑法第二百六十六条的规定,以诈骗罪定罪处罚。

在疫情防控期间,违反国家规定,假借疫情防控的名义,利用广告对所推销的商品或者服务作虚假宣传,致使多人上当受骗,违法所得数额较大或者有其他严重情节的,依照刑法第二百二十二条的规定,以虚假广告罪定罪处罚。

在疫情防控期间,聚众哄抢公私财物特别是疫情防控和保障物资,数额较大或者有其他严重情节的,对首要分子和积极参加者,依照刑法第二百六十八条的规定,以聚众哄抢罪定罪处罚。(§2 V)

△(**治安管理处罚;从重情节**)依法严惩妨害疫情防控的违法行为。实施上述(一)至(九)规定的行为,不构成犯罪的,由公安机关根据治安管理处罚法有关虚构事实扰乱公共秩序,扰乱单位秩序、公共场所秩序、寻衅滋事,拒不执行紧急状态下的决定、命令,阻碍执行职务,冲闯警戒带、警戒区,故意伤害,侮辱他人,诈骗,在铁路沿线非法挖掘坑穴、采石取沙,盗窃、损毁路面公共设施,损毁铁路设施设备,故意损毁财物,哄抢公私财物等规定,予以治安管理处罚,或者由有关部门予以其他行政处罚。

对于在疫情防控期间实施有关违法犯罪的，要作为从重情节予以考量，依法体现从严的政策要求，有力惩治震慑违法犯罪，维护法律权威，维护社会秩序，维护人民群众生命安全和身体健康。（§2X）

《最高人民检察院、公安部关于公安机关管辖的刑事案件立案追诉标准的规定（二）》（公通字〔2022〕12号，2022年4月6日公布）

△**（虚假广告罪）立案追诉标准**）广告主、广告经营者、广告发布者违反国家规定，利用广告对商品或者服务作虚假宣传，涉嫌下列情形之一的，应予立案追诉：

（一）违法所得数额在十万元以上的；
（二）假借预防、控制突发事件、传染病防治的名义，利用广告作虚假宣传，致使多人上当受骗，违法所得数额在三万元以上的；
（三）利用广告对食品、药品作虚假宣传，违法所得数额在三万元以上的；
（四）虽未达到上述数额标准，但二年内因利用广告作虚假宣传受过二次以上行政处罚，又利用广告作虚假宣传的；
（五）造成严重危害后果或者恶劣社会影响的；
（六）其他情节严重的情形。（§67）

第二百二十三条　【串通投标罪】

投标人相互串通投标报价，损害招标人或者其他投标人利益，情节严重的，处三年以下有期徒刑或者拘役，并处或者单处罚金。

投标人与招标人串通投标，损害国家、集体、公民的合法利益的，依照前款的规定处罚。

【条文说明】

本条是关于串通投标罪及其处罚的规定。

本条共分为两款。

第一款是关于投标人相互串通投标报价，损害招标人或者其他投标人利益的犯罪及其处罚的规定。其中，"投标人"根据招标投标法的规定，是指响应招标、参加投标竞争的法人或者其他组织①；"相互串通投标报价"，是指投标人在投标中，包括投标前和投标过程中，串通一气，商量好采取抬高标价或者压低标价等行为，既包括多方相互串通，也包括多方串通；"招标人"根据招标投标法的规定，是指提出招标项目、进行招标的法人或者其他组织。招标投标法规定，招标投标活动应当遵循公开、公平、公正和诚实信用的原则。投标人不得相互串通投标报价，不得排挤其他投标人，损害招标人或者其他投标人的合法权益。"损害招标人或者其他投标人利益"，是指由于投标人相互串通投标报价而使招标人无法达到最佳的竞标结果或者其他投标人无法在公平竞争的条件下参与投标竞争而受到损害的情况，包括已经造成损害和造成潜在的损害两种情况。根据本款规定，投标人相互串通投标报价，损害招标人或者其他投标人利益，"情节严重的"才构成犯罪。②本条在刑罚规定中，还规定了"并处或者单处罚金"，即人民法院在对罪犯依法科以自由刑外，还应当根据案件的情况和本条的规定，对罪犯并处或者单处罚金刑。

第二款是关于投标人与招标人串通投标，损害国家、集体、公民的合法利益的犯罪及其处罚的规定。招标投标法规定，投标人不得与招标人串通投标，损害国家利益、社会公共利益或者他人的合法权益。③这里的"串通投标"是指投标人与招标人私下串通，事先根据招标底价确定投标报价、中标价格，而不是在公平竞争的条件下确定中标价格，从而破坏招标公正的行为。

根据本条规定，**对投标人相互串通投标报价，损害招标人或者其他投标人利益，或者投标人与**

---

① 我国学者指出，本罪的行为主体是自然人。并且，应将《刑法》第二百二十三条中的招标人与投标人，解释为主管、负责、参与招标、投标事项的人，而不能完全按照《招标投标法》第八条及第二十五条的规定进行解释。参见张明楷：《刑法学》（第6版），法律出版社2021年版，第1082页。

② 我国学者指出，由于本罪属于破坏公平的市场经济秩序的犯罪，因此，在"情节严重"的认定上，不能仅考虑行为给其他招、投标人所造成的具体经济损失。参见黎宏：《刑法学各论》（第2版），法律出版社2016年版，第194页。

③ 我国学者指出，招标人的行为类型社会危害性较大，不需要以"情节严重"作为犯罪成立要件。参见赵秉志、李希慧主编：《刑法各论》（第3版），中国人民大学出版社2016年版，第175页；周光权：《刑法各论》（第4版），中国人民大学出版社2021年版，第362页；高铭暄、马克昌主编：《刑法学》（第7版），北京大学出版社、高等教育出版社2016年版，第443页。

招标人串通投标，损害国家、集体、公民的合法利益的行为，处三年以下有期徒刑或者拘役，并处或者单处罚金。此外，根据本法第二百三十一条的规定，单位犯本条规定之罪的，对单位判处罚金，并对其直接负责的主管人员和其他直接责任人员，依照本条的规定，定罪处罚。在具体立案标准上，根据《最高人民检察院、公安部关于公安机关管辖的刑事案件立案追诉标准的规定（二）》第七十六条的规定，投标人相互串通投标报价，或者投标人与招标人串通投标，涉嫌下列情形之一的，应予立案追诉：（1）损害招标人、投标人或者国家、集体、公民的合法利益，造成直接经济损失数额在五十万元以上的；（2）违法所得数额在十万元以上的；（3）中标项目金额在二百万元以上的；（4）采取威胁、欺骗或者贿赂等非法手段的；（5）虽未达到上述数额标准，但两年内因串通投标，受过行政处罚二次以上，又串通投标的；（6）其他情节严重的情形。

实践中除串通投标以外，还存在**串通拍卖、串通挂牌等行为**。对于串通拍卖、串通挂牌的行为能否按照串通投标罪规定惩处，认识上存在一定的分歧。实质上，招投标、拍卖和挂牌是不同的交易方式和法律行为。《招标投标法》第五十条、第五十二条、第五十三条、第五十四条、第五十六条等都对追究刑事责任作了衔接性规定，而拍卖法和有关挂牌活动的规定（如《招标拍卖挂牌出让国有建设用地使用权规定》）则没有追究刑事责任的规定。从社会危害性来看，招投标主要适用于工程建设、购买设备等项目，串通投标的社会危害性一般大于串通拍卖、串通挂牌。对于在拍卖、挂牌过程中参与人相互串通竞买报价，违背公平竞争原则，给他人造成损害或者损失的，**应依照拍卖法等有关法律规定予以处罚，不宜依照本条规定的串通投标罪定罪处罚**。此外，在拍卖、挂牌过程中有贿赂等其他犯罪行为的，依照刑法的有关规定追究刑事责任。相关监管人员，如土地行政主管工作人员在拍卖、挂牌过程中有玩忽职守、滥用职权、徇私舞弊犯罪行为的，依照刑法的相关规定追究刑事责任。

【司法解释性文件】

《最高人民检察院、公安部关于公安机关管辖的刑事案件立案追诉标准的规定（二）》（公通字〔2022〕12号，2022年4月6日公布）

△（串通投标罪;立案追诉标准）投标人相互串通投标报价，或者投标人与招标人串通投标，涉嫌下列情形之一的，应予立案追诉：

（一）损害招标人、投标人或者国家、集体、公民的合法利益，造成直接经济损失数额在五十万元以上的；

（二）违法所得数额在二十万元以上的；

（三）中标项目金额在四百万元以上的；

（四）采取威胁、欺骗或者贿赂等非法手段的；

（五）虽未达到上述数额标准，但二年内因串通投标受过二次以上行政处罚，又串通投标的；

（六）其他情节严重的情形。（§68）

【指导性案例】

最高人民检察院指导性案例第90号：许某某、包某某串通投标立案监督案（2020年12月21日发布）

△（串通拍卖;串通投标;竞拍国有资产;罪刑法定;监督撤案）刑法规定了串通投标罪，但未规定串通拍卖行为构成犯罪。对于串通拍卖行为，不能以串通投标罪予以追诉。公安机关对串通竞拍国有资产行为以涉嫌串通投标罪刑事立案的，检察机关应当通过立案监督，依法通知公安机关撤销案件。

【参考案例】

No.3-8-223-1 黄正田、许敬杰等串通投标案

串通拍卖不同于串通投标，不成立串通投标罪。

第二百二十四条　【合同诈骗罪】
有下列情形之一，以非法占有为目的，在签订、履行合同过程中，骗取对方当事人财物，数额较大的，处三年以下有期徒刑或者拘役，并处或者单处罚金；数额巨大或者有其他严重情节的，处三年以上十年以下有期徒刑，并处罚金；数额特别巨大或者有其他特别严重情节的，处十年以上有期徒刑或者无期徒刑，并处罚金或者没收财产：
（一）以虚构的单位或者冒用他人名义签订合同的；
（二）以伪造、变造、作废的票据或者其他虚假的产权证明作担保的；
（三）没有实际履行能力，以先履行小额合同或者部分履行合同的方法，诱骗对方当事人继续签订和履行合同的；
（三）收受对方当事人给付的货物、货款、预付款或者担保财产后逃匿的；
（五）以其他方法骗取对方当事人财物的。

【条文说明】

本条是关于合同诈骗罪及其处罚的规定。

本条规定的犯罪是在签订合同或者履行合同过程中实施的。这里所讲的"合同"，主要是指受法律保护的各类经济合同，如供销合同、借贷合同等①，只要行为人在签订、履行合同中②，其行为特征符合本条规定，即构成合同诈骗罪。

根据本条规定，合同诈骗罪具有以下特征：

1. 行为人在主观上具有**非法占有**的目的，这是构成本条规定之罪的主观要件。非法占有的目的，一般来说可以从行为人的行为判断出来，如行为人自始根本没有履行合同的条件，也没有去创造履行合同的条件或者无意履行或者携款潜逃等。③

2. 行为人实施了**本条规定的诈骗行为**。本条共列举了五项犯罪行为：（1）**以虚构的单位或者冒用他人名义签订合同的**，即虚构合同主体的情形。其中"**虚构的单位**"，是指以根本不存在的单位的名义订立合同；"**冒用他人名义**"，是指未经他人允许或委托而采取他人的名义，即冒名订立合同的行为。（2）**以伪造、变造、作废的票据或者其他虚假的产权证明作担保的**，即虚构担保。在签订合同时，根据法律、法规的规定或者对方当事人的要求，出具合同担保是减少合同风险和保障合同履行的常规做法。这里所说的"**票据**"，主要指的是汇票、本票、支票等金融票据。"**产权证明**"包括土地使用证、房屋所有权证、股权、期权证明以及其他能证明动产、不动产权属的各种有效证明文件。采用虚构的担保文件的方式欺骗对方当事人而与其签订、履行合同，是合同诈骗中一种常见的方式。（3）**没有实际履行能力，以先履行小额合同或者部分履行合同的方法，诱骗对方当事人继续签订和履行合同的**。这是通常讲的"钓鱼式合同"，即行为人以履行小额合同或者部分履行合同为诱饵，骗取对方当事人的信任后，继续与其签订合同，以骗取更多的财物的情况。（4）**收受对方当事人给付的货物、货款、预付款或者担保财产后逃匿的**。这是指行为人一旦收受了对方当事人按合同约定给付的上述财产后，一逃了之

---

① 本罪中的"合同"不限于书面合同，也包括口头合同。不过，就合同内容而言，宜限于经济合同（不包括单纯的借款合同），即合同的内容是通过市场行为获得利润。参见黎宏：《刑法学各论》（第2版），法律出版社2016年版，第195页。另有学者指出，本罪的合同必须能够体现市场经济关系。在不违背罪刑法定原则的前提下，除利用经济合同之外，还可能存在着利用其他合同进行诈骗且足以扰乱市场秩序的行为。至于口头合同，基于证据的客观可见性要求，应从严把握，一般情形下不应将其认定为合同诈骗罪所指向的合同。参见周光权：《刑法各论》（第4版），中国人民大学出版社2021年版，第365页。刘志伟教授则主张应从以下三个方面来判断，合同是否体现市场交易关系：（1）合同是否发生在平等主体之间；（2）合同是否规定了财产流转的关系；（3）合同内容是否具有双务、有偿性。参见高铭暄、马克昌主编：《刑法学》（第7版），北京大学出版社、高等教育出版社2016年版，第444页。

② 我国学者指出，在签订合同时具有非法占有目的，但在履行合同过程中由于某种原因而放弃非法占有目的，积极履行全部合同义务，不应认定为合同诈骗罪。参见黎宏：《刑法学各论》（第2版），法律出版社2016年版，第196—197页。

③ 我国学者指出，非法占有目的既可以存在于签订合同时，也可以存在于履行合同的过程中，但非法占有目的必须存在于诈骗行为时。如果产生非法占有目的后，并未实施诈骗行为，则不成立本罪。参见张明楷：《刑法学》（第6版），法律出版社2021年版，第1086页。另有学者指出，按照行为与责任同在的原理，仅限于财物处于他人控制之下，行为人欺骗对方，对方由此上当受骗的，才成立本罪。参见周光权：《刑法各论》（第4版），中国人民大学出版社2021年版，第367页。

的行为。① 这里的**逃匿**即指行为人采取对方当事人无法寻找到的任何逃跑、隐藏、躲避的方式。(5)**以其他方法骗取对方当事人财物的**。这一项规定是指采取上述四项规定以外的其他方法骗取对方当事人财物的行为,这是为了适应这类犯罪的多样性、复杂性而规定的。

3. **行为人骗取对方当事人财物达到数额较大的才构成犯罪**,数额不大的不构成犯罪。根据《最高人民检察院、公安部关于公安机关管辖的刑事案件立案追诉标准的规定(二)》第七十七条的规定,以非法占有为目的,在签订、履行合同过程中,骗取对方当事人财物,数额在二万元以上的,**应予立案追诉**。

本条对合同诈骗罪刑罚的规定分为三档。第一档刑罚为**数额较大的**,处三年以下有期徒刑或者拘役,并处或者单处罚金;第二档刑罚为**数额巨大或者有其他严重情节的**,处三年以上十年以下有期徒刑,并处罚金;第三档刑罚为**数额特别巨大或者有其他特别严重情节的**,处十年以上有期徒刑或者无期徒刑,并处罚金或者没收财产。此外,根据《刑法》第二百三十一条的规定,**单位犯本条规定之罪的**,对单位判处罚金,并对其直接负责的主管人员和其他直接责任人员,依照本条的规定,定罪处罚。

实践中需要注意以下两个方面的问题:

1. 实践中关于本条规定的"合同"的范围和订立方式存在一定的分歧。一般认为,**构成合同诈骗罪的"合同"必须要能够体现一定的市场经济属性**,体现财产转移或者交易功能,为行为人带来财产及财产性利益。对于一些非经济属性的合同,诸如监护、收养、抚养等有关身份关系的合同或协议,应当排除在外。同时,随着社会的发展,特别是在信息时代,订立合同的方式不断翻新。例如,根据2020年5月28日第十三届全国人大第三次会议审议通过的《民法典》第四百六十九条第三款的规定,以电子数据交换、电子邮件等方式能够有形地表现所载内容,并可以随时调取查用的数据电文,视为书面形式订立合同。因此,对于"合同"的订立方式,不管是以口头形式、书面形式还是其他形式签订,只要能够具备合同的本质特征,即属于本条中的"合同"。

2. **实践中行为人是否具有"非法占有的目的"**,是认定合同诈骗罪的重点和难点。一般可以考虑从以下几个方面进行判断:其一,行为人是否

具有签订、履行合同的条件,是否创造虚假条件;其二,行为人在签订合同时有无履约能力;其三,行为人在签订和履行合同过程中有无诈骗行为;其四,行为人在签订合同后有无履行合同的实际行为;其五,行为人对取得财物的处置情况,是否有挥霍、挪用及携款潜逃等行为等。实践中,对于符合合同诈骗罪所列具体情形的,在判断上比较容易。但是对于本条规定的第五种情况,即"以其他方法骗取对方当事人财物的"规定,就需要根据案件的具体情况,综合判断行为人的非法占有目的,以确定诈骗行为。

【**司法解释性文件**】

《**最高人民检察院办公厅关于对合同诈骗、侵犯知识产权等经济犯罪案件依法正确适用逮捕措施的通知**》(高检办发〔2002〕14号,2002年5月22日发布)

△(**区分合同诈骗罪与合同违约、债务纠纷的界限**)要严格区分经济犯罪与经济纠纷的界限。经济犯罪案件具有案情较复杂,犯罪与经济纠纷往往相互交织在一起,罪与非罪的界限不易区分的特点。区分经济犯罪,必须严格依照刑法规定的犯罪基本特征和犯罪构成要件,从行为的的社会危害性、刑事违法性、应受惩罚性几个方面综合考虑。各级检察机关在审查批捕工作中,要严格区分经济犯罪与经济纠纷的界限,尤其要注意区分合同诈骗罪与合同违约、债务纠纷的界限,以及商业秘密与进入公知领域的技术信息、经营信息的界限,做到慎重稳妥,不枉不纵,依法打击犯罪者,保护无辜者,实现法律效果和社会效果的统一。不能把履行合同中发生的经济纠纷作为犯罪处理;对于造成本地企业利益受到损害的行为,要具体分析,不能一概作为犯罪处理,防止滥用逮捕权。对于合同和知识产权纠纷中,当事双方主体真实有效,行为客观存在,罪与非罪难以辨别,当事人可以行使民事诉讼权利的,更要慎用逮捕权。(§2)

《**最高人民法院关于充分发挥审判职能作用切实加强产权司法保护的意见**》(法发〔2016〕27号,2016年11月28日发布)

△(**企业经营不规范**)客观看待企业经营的不规范问题,对定罪依据不足的依法宣告无罪。对改革开放以来各类企业特别是民营企业因经营

---

① 行为人在收受对方当事人所给付的货物、货款、预付款或者担保财产之前,必须存在非法占有目的。并且,对方之所以给付货物、货款、预付款或者担保财产,必须是由于行为人的诈骗行为所致。参见张明楷:《刑法学》(第6版),法律出版社2021年版,第1085—1086页。

不规范所引发的问题，要以历史和发展的眼光客观看待，严格遵循罪刑法定、疑罪从无、从旧兼从轻等原则，依法公正处理。对虽属违法违规、但不构成犯罪，或者罪与非罪不清的，应当宣告无罪。对在生产、经营、融资等活动中的经济行为，除法律、行政法规明确禁止的，不得以犯罪论处。（§5）

△（严格区分合同纠纷与合同诈骗）严格区分经济纠纷与刑事犯罪，坚决防止把经济纠纷当作犯罪处理。充分考虑非公有制经济特点，严格把握刑事犯罪的认定标准，严格区分正当融资与非法集资、合同纠纷与合同诈骗、民营企业参与国有企业兼并重组中涉及的经济纠纷与恶意侵占国有资产等的界限，坚决防止把经济纠纷认定为刑事犯罪，坚决防止利用刑事手段干预经济纠纷。对于各类经济纠纷，特别是民营企业与国有企业之间的纠纷，不论实际损失多大，都要始终坚持依法办案，排除各种干扰，确保公正审判。（§6）

△（慎用强制措施和查封、扣押、冻结措施）依法慎用强制措施和查封、扣押、冻结措施，最大限度降低对企业正常生产经营活动的不利影响。对涉案企业和人员，应当综合考虑行为性质、危害程度以及配合诉讼的态度等情况，依法慎重决定是否适用强制措施和查封、扣押、冻结措施。在刑事审判中，对已被逮捕的被告人，符合取保候审、监视居住条件的，应当变更强制措施。在刑事、民事、行政审判中，确需采取查封、扣押、冻结措施的，除依法需查令关闭的企业外，在条件允许的情况下可以为企业预留必要的流动资金和往来账户。不得查封、扣押、冻结与案件无关的财产。（§7）

△（涉案财产的处置）严格规范涉案财产的处置，依法维护涉案企业和人员的合法权益。严格区分违法所得和合法财产，对经过审理不能确认为违法所得的，不得判决追缴或者责令退赔。严格区分个人财产和企业法人财产，处理股东、企业经营管理者等自然人犯罪不得任意牵连企业法人财产，处理企业犯罪不得任意牵连股东、企业经营管理者个人合法财产。严格区分涉案人员个人财产和家庭成员财产，处理涉案人员犯罪不得牵连其家庭成员合法财产。按照公开公正和规范高效的要求，严格执行、不断完善涉案财物保管、鉴定、估价、拍卖、变卖制度。（§8）

《最高人民法院关于依法妥善处理历史形成的产权案件工作实施意见》（法发〔2016〕28号，2016年11月28日发布）

△（严格区分合同纠纷与合同诈骗）准确把握罪与非罪的法律政策界限。严格区分经济纠纷与经济犯罪特别是合同纠纷与合同诈骗的界限、企业正当融资与非法集资的界限、民营企业参与国有企业兼并重组中涉及的经济纠纷与恶意侵占国有资产的界限。准确把握经济违法行为入刑标准，准确认定经济纠纷和经济犯罪的性质，坚决纠正将经济纠纷当作犯罪处理的错误生效裁判。对于在生产、经营、融资等活动中的经济行为，当时法律、行政法规没有明确禁止而以犯罪论处的，或者虽属违法违规但不构成犯罪而以犯罪论处的，均应依法纠正。（§13）

《最高人民法院关于充分发挥审判职能作用为企业家创新创业营造良好法治环境的通知》（法〔2018〕1号，2017年12月29日发布）

△（企业家创新创业行为）依法保护企业家的人身自由和财产权利。严格执行刑事法律和司法解释，坚决防止利用刑事手段干预经济纠纷。坚持刑事法定原则，对企业家在生产、经营、融资活动中的创新创业行为，只要不违反刑事法律的规定，不得以犯罪论处。严格非法经营罪、合同诈骗罪的构成要件，防止随意扩大适用。对于在合同签订、履行过程中产生的民事争议，如无确实充分的证据证明符合犯罪构成的，不得作为刑事案件处理。严格区分企业家违法所得和合法财产，没有充分证据证明为违法所得的，不得判决追缴或者责令退赔。严格区分企业家个人财产和企业法人财产，在处理企业犯罪时不得牵连企业家个人合法财产和家庭成员财产。（§2）

《最高人民法院、最高人民检察院关于常见犯罪的量刑指导意见（试行）》（法发〔2021〕21号，2021年6月6日发布）

△（合同诈骗罪；量刑）

1. 构成合同诈骗罪的，根据下列情形在相应的幅度内确定量刑起点：

（1）达到数额较大起点的，在一年以下有期徒刑、拘役幅度内确定量刑起点。

（2）达到数额巨大起点或者有其他严重情节的，在三年至四年有期徒刑幅度内确定量刑起点。

（3）达到数额特别巨大起点或者有其他特别严重情节的，在十年至十二年有期徒刑幅度内确定量刑起点。依法应当判处无期徒刑的除外。

2. 在量刑起点的基础上，根据合同诈骗数额等其他影响犯罪构成的犯罪事实增加刑罚量，确定基准刑。

3. 构成合同诈骗罪的，根据诈骗手段、犯罪数额、损失数额、危害后果等犯罪情节，综合考虑被告人缴纳罚金的能力，决定罚金数额。

4. 构成合同诈骗罪的，综合考虑诈骗手段、犯罪数额、危害后果、退赃退赔等犯罪事实、量刑情节，以及被告人主观恶性、人身危险性、认罪悔罪表现等因素，决定缓刑的适用。

《**最高人民检察院、公安部关于公安机关管辖的刑事案件立案追诉标准的规定（二）**》（公通字〔2022〕12号，2022年4月6日公布）

△（合同诈骗罪；立案追诉标准）以非法占有为目的，在签订、履行合同过程中，骗取对方当事人财物，数额在二万元以上的，应予立案追诉。（§69）

【**指导性案例**】

最高人民检察院指导性案例第91号：温某某合同诈骗立案监督案（2020年12月21日发布）

△（合同诈骗；合同欺诈；不应当立案而立案；侦查环节"挂案"；监督撤案）检察机关办理涉企业合同诈骗犯罪案件，应当严格区分合同诈骗与民事违约行为的界限。要注意审查涉案企业在签订、履行合同过程中是否具有非法占有目的和虚构事实、隐瞒真相的行为，准确认定是否具有诈骗故意。发现公安机关对企业之间的合同纠纷以合同诈骗进行刑事立案的，应当依法监督撤销案件。对于立案后久侦不结的"挂案"，检察机关应当向公安机关提出纠正意见。

【**参考案例**】

No.3-8-224-1 谭某合同诈骗案

公司业务员冒用公司名义与他人签订合同，违规收取货款的，应以合同诈骗罪论处。

No.3-8-224-2 俞辉合同诈骗案

骗取金融机构巨额贷款用于高风险投资和以新贷还前贷的，可以认定具有非法占有目的。

No.3-8-224-3 程庆合同诈骗案

采取欺骗手段兼并企业后恶意处分其财产的，应以合同诈骗罪论处。

No.3-8-224-4 秦文虚报注册资本、合同诈骗案

以向金融机构贷款的方式骗取担保人财产的，不构成贷款诈骗罪，应以合同诈骗罪论处。

No.3-8-224-5 黄志奋合同诈骗案

企业通过欺骗手段取得其他单位的委托款，用于本企业非经营开支的，应当认定为具有非法占有目的，构成合同诈骗罪。

No.3-8-224-6 宋德明合同诈骗案

合同诈骗罪中的合同是指体现一定市场秩序的书面合同或口头合同。

No.3-8-224-7 林拥荣合同诈骗案

以租车为名占有他人车辆，并将车辆以与他人签订抵押合同方式用以骗取财物的，构成合同诈骗罪，合同诈骗罪的数额以实际骗取的数额认定。

No.3-8-224-10 马汝方等贷款诈骗、违法发放贷款、挪用资金案

单位与自然人以非法占有为目的，共同实施利用签订、履行借款合同诈骗银行或其他金融机构贷款，符合合同诈骗罪的构成要件的，应对单位和自然人以合同诈骗罪的共犯论处。

No.3-8-224-11 宗爽合同诈骗案

以订立合同为名，收取他人钱财后潜逃境外的，以合同诈骗罪论处。

No.3-8-224-12 曹戈合同诈骗案

以伪造的购销合同办理银行承兑汇票，以获取银行资金，合同到期后无力偿还银行债务而逃匿，致使担保人遭受财产损失的，应以合同诈骗罪论处。

No.3-8-224-13 刘恺基合同诈骗案

没有履行合同的能力，伪造虚假的条件与他人签订合同，在履行合同过程中没有实际履行合同，而是将所取得的财物挥霍或挪用，应当认定其主观具有非法占有目的，构成合同诈骗罪。

No.3-8-224-15 杨永承合同诈骗案

获得公司临时授权从事某项具体事务的代理人不能认定为公司的工作人员；其以非法占有为目的在履行合同过程中实施诈骗行为的，应以合同诈骗罪论处。

No.3-8-224-16 董满礼合同诈骗案

租车诈骗行为中，交易对象为汽车租赁公司，应以合同诈骗罪论处；交易对象为自然人的，则应认定为普通诈骗罪，诈骗数额应当以所取得的汽车价值进行计算，行为人预先支付的租金应予以扣除。

No.3-8-224-17 马中正合同诈骗案

合同诈骗罪数额应当以被害人直接的实际损失数额为计算标准。

No.3-8-224-18 张海岩合同诈骗案

承运人将处于自己占有之下的货物偷偷掉包，导致收货人产生货物已经按质按量收到的错误认识，应成立诈骗犯罪。

No.3-8-224-19 张海岩等合同诈骗案

合同诈骗罪的本质是利用签订、履行合同扰乱市场经济秩序，只有体现一定的市场秩序、体现财产转移或交易关系、为行为人带来财产利益的合同才属于合同诈骗罪中的合同。

No.3-8-224-20 吴某合同诈骗案

运输公司的挂靠人员在劳资关系上完全独

立，并非受运输公司委派调度承运货物的，不属于运输公司职员，不符合职务侵占罪的构成要件。

No.3-8-224-21 吴某合同诈骗案

承运人以次充好将承运的货物掉包的行为，成立合同诈骗罪。

No.3-8-224-22 郭松飞合同诈骗案

通过网络交易平台诱骗二手车卖家过户车辆的行为，成立合同诈骗罪。

No.3-8-224-23 郭松飞合同诈骗案

被骗车辆虽然已经过户，但行为人尚未实际控制占有车辆的，成立合同诈骗罪未遂。

No.3-8-224-24 周有文、陈巧芳合同诈骗案

支付预付款获得他人房产过户后抵押给第三人获得借款的行为，应当以最初的卖房人为合同诈骗罪的被害人。

No.3-8-224-25 王立强合同诈骗案

"一房二卖"的案件中，行为人将售房款用于继续经营而未用于个人挥霍占有的，应当否定非法占有目的，不成立合同诈骗罪。

No.3-8-224-26 王新明合同诈骗案

行为既遂、未遂并存且分别达到入罪标准时，应先根据《刑法》第二十三条第二款的规定比照既遂犯的法定刑幅度确定未遂部分的法定刑幅度，然后与既遂部分对应的法定刑幅度进行比较后从一重决断。在根据既遂数额确定法定刑时，未遂部分的数额应当作为"其他影响犯罪构成的犯罪数额、犯罪次数、犯罪后果等犯罪事实"适当增加刑罚量。

No.3-8-224-27 陈景雷等合同诈骗案

农机补贴协议不属于合同诈骗罪中的经济合同，行为人以符合农机补贴条件的名义与农机主管部门签订购机补贴协议，以低价购得农机具并出售骗取农机购置补贴款的行为，不成立合同诈骗罪，应以诈骗罪定罪处罚。

No.3-8-224-28 吴剑、张加路、刘凯诈骗案

合同诈骗罪的成立要求行为人利用合同实施诈骗。行为人与被害人虽订立合同，但被害人并非因虚假合同而陷入认识错误进而处分财物的，不成立合同诈骗罪，仅成立诈骗罪。

No.3-8-224-29 王喆合同诈骗案

△民间借贷案件中，借款实际用途与约定不符，或约定抵押物无法实现抵押债权，但被告人主观上不具有非法占有目的的，不构成合同诈骗罪。

No.3-8-224-30 高淑华、孙里海合同诈骗案

合同诈骗案件中，行为人收取保证金后挪作他用，但其资产仍足以偿还的，不宜认定具有非法占有目的。

No.3-8-224-31 武志远、李立柱等合同诈骗案

以非法占有为目的，夸大收益并虚构买家诱骗客户签订合同的行为，成立合同诈骗罪。

No.3-8-224-32 于典等合同诈骗案

组织网络水军批量人工点击广告，属于带有欺骗性的无效恶意点击，不是对广告推广合作合同的正常履行，因此从平台处收取广告费的，构成合同诈骗罪。

第二百二十四条之一【组织、领导传销活动罪】

组织、领导以推销商品、提供服务等经营活动为名，要求参加者以缴纳费用或者购买商品、服务等方式获得加入资格，并按照一定顺序组成层级，直接或者间接以发展人员的数量为计酬或者返利依据，引诱、胁迫参加者继续发展他人参加，骗取财物，扰乱经济社会秩序的传销活动的，处五年以下有期徒刑或者拘役，并处罚金；情节严重的，处五年以上有期徒刑，并处罚金。

【立法沿革】

《中华人民共和国刑法修正案（七）》（自2009年2月28日起施行）

四、在刑法第二百二十四条后增加一条，作为第二百二十四条之一：

"组织、领导以推销商品、提供服务等经营活动为名，要求参加者以缴纳费用或者购买商品、服务等方式获得加入资格，并按照一定顺序组成层级，直接或者间接以发展人员的数量作为计酬或者返利依据，引诱、胁迫参加者继续发展他人参加，骗取财物，扰乱经济社会秩序的传销活动的，处五年以下有期徒刑或者拘役，并处罚金；情节严重的，处五年以上有期徒刑，并处罚金。"

【条文说明】

本条是关于组织、领导传销活动罪及其处罚的规定。

根据本条规定，组织、领导传销活动犯罪中的传销活动具有以下特征①：

1. 往往以从事商品、服务推销等经营活动为名，诱骗他人参加。传销活动一直为国家所禁止。一些不法分子为了逃避打击，诱骗不明真相的群众参加，往往利用一些群众急于"发财致富"的心理，编造各种名目的"经营项目"，如"种植""养殖""共销入股""网络倍增""消费联盟"等，有的甚至打广告，拉名人做宣传。不论行为人编造何种名目，其承诺或者宣传的高额回报是虚假的，至于其经营的商品，只是象征性的"道具"，有的甚至没有任何商品或者服务，而纯粹欺骗参加者去"拉人头"。

2. 要求参加者以缴纳费用或者购买商品、服务等方式获得加入资格。传销活动的目的就是诱骗尽可能多的人加入传销组织，骗取参加者缴纳的钱财。参加传销组织的条件，就是按照传销组织的要求，购买传销组织"经营"的"商品"或者"服务"，又称"入门费"。需要注意的是，这里所谓的"商品"和"服务"，有的具有真实内容，但物非所值，有的仅仅是名义上的，是虚假的。无论以何种形式存在，其本质是只有在"购买"了一定数量或者金额的"商品"或者"服务"后，才能取得进一步发展其他成员加入传销组织并按照一定比例抽取报酬的资格。

3. 按照一定顺序组成层级，直接或者间接以发展人员的数量作为计酬或者返利的依据。是关于传销组织在结构特征上的层级性规定。各种传销活动不论名目如何，在组织结构上都是按照加入的顺序、发展人员的多少、"业绩"大小等因素组成"金字塔"型层级结构。尽管每一个传销组织具体确定层级所采用的计算方式和称谓可能各不相同，如有的实行"五级三阶制"，但所有传销组织的共同特征是：参加传销者的回报取决于其在传销组织中的层级位置；而参加传销者的层级位置则取决于其直接或者间接发展的人员的数量。所谓"直接或者间接"以发展人员的数量作为计酬或者返利的依据，是指有的传销组织直接以参加者所发展的人员的数量作为计算回报的依据；有的传销组织的"计酬规则"虽然没有明确规定直接以参加者发展人员的数量多少计算回

报，但是以参加者的"业绩"，或者参加者所发展的人员（下线）的"业绩"作为计算回报的依据，这实际上也是"间接"地以发展人员的数量计算回报。这样一种机制就诱使传销的参加者不断挖空心思，欺朋骗友地"发展"他人参加，使传销组织像滚雪球一样越滚越大。因此，也有人将传销组织形象地称为"老鼠会"。这里的"计酬"与"返利"，并无本质不同，是针对传销组织所采用的不同名目的回报计算方式所作的规定。

4. 传销活动最本质的特征在于其诈骗性。传销活动尽管名目繁多，组织内部的结构也不尽相同，但其共同点在于以高额回报为诱饵，对参加者进行精神乃至人身控制，诱骗甚至迫使其成员不断发展新成员（下线），以敛取成员缴纳的"入门费"。传销组织所虚假宣传的"经营"活动，根本不可能维持传销组织的运转。有的传销组织甚至没有任何实际经营活动。传销组织许诺或者支付给成员的回报，来自成员缴纳的"入门费"，要维持传销组织的运转，必须使新成员以一定的倍数不断增加。由于其人员不可能无限增加，资金链必然断裂。由此可见，传销活动实际上是一种特殊的诈骗活动，传销组织是一种诈骗组织。这种诈骗的特殊性在于，传销组织实际上建立了一种诈骗机制。参与传销的人员不论对传销组织的诈骗本质是否有所认识，一旦加入传销组织，就成为这种诈骗组织的一部分，其不断发展下线的活动，势必导致更多的人卷入传销诈骗活动，诈骗大量参加者的财物。因此，**传销活动的参加者既是这种诈骗活动的受害者，又是使这种诈骗机制发挥作用的违法者。**

5. 传销活动具有多方面的社会危害性。一方面，传销活动的组织者、领导者利用传销活动骗取参与传销者大量财产，给传销者造成重大财产损失。另一方面，从实际情况看，受蒙蔽参与传销的多是农民、下岗工人等低收入、不具有抗风险能力的群体，这些人受传销组织蛊惑，有的变卖家产，有的将失地补偿金、买断工龄补偿金等投入传销。传销活动使这些梦想暴富的传销痴迷者倾家荡产，生活无着，影响社会稳定。同时，传销活动往往打着从事各种"经营"活动的旗号，有的借机销售假冒伪劣商品，严重干扰其他市场主体

---

① 我国学者指出，传销活动的判断步骤包括：（1）是否存在商品（包括服务）；（2）如果存在商品，进一步判断商品是否为道具；（3）商品发生占有转移时，是仅转移给参与传销的人员，抑或转移给真正的消费者；（4）如果有部分真正的消费者时，则进一步判断行为人是主要通过销售商品获利，还是主要通过收取"入门费"获利。参见张明楷：《刑法学》（第6版），法律出版社2021年版，第1089页。另外，有论者认为，直销与变相传销之间的区别在于：（1）有无人门费；（2）有无依托优质产品；（3）产品是否流通；（4）有无退货保障制度；（5）有无店铺经营。参见黎宏：《刑法学各论》（第2版），法律出版社2016年版，第199页。

的正常经营活动，扰乱市场经济秩序。

关于组织、领导传销活动罪的犯罪主体，根据本条规定，**只有传销活动的组织者、领导者才能构成犯罪**。其他参与传销活动的人员，如上所述，既是受害者，也是害人的违法者。本着教育、挽救大多数的原则，对其应当依法予以行政处罚或者批评教育。① 根据2010年《最高人民检察院、公安部关于公安机关管辖的刑事案件立案追诉标准的规定（二）》第七十八条的规定，**传销活动的组织者、领导者**，是指在传销活动中起组织、领导作用的发起人、决策人、操纵人，以及在传销活动中担负策划、指挥、布置、协调等重要职责，或者在传销活动实施中起到关键作用的人员。根据2013年《最高人民法院、最高人民检察院、公安部关于办理组织领导传销活动刑事案件适用法律若干问题的意见》的规定，下列人员可以认定为**传销活动的组织者、领导者**：（1）在传销活动中起发起、策划、操纵作用的人员；（2）在传销活动中承担管理、协调等职责的人员；（3）在传销活动中承担宣传、培训等职责的人员；（4）曾因组织、领导传销活动受过刑事处罚，或者一年以内因组织、领导传销活动受过行政处罚，又直接或者间接发展参与传销活动人员在十五人以上且层级在三级以上的人员；（5）其他对传销活动的实施、传销组织的建立、扩大等起关键作用的人员。以单位名义实施组织、领导传销活动犯罪的，对于受单位指派，仅从事劳务性工作的人员，一般不予追究刑事责任。

关于组织、领导传销活动罪的处罚，本条规定了两档刑罚：**构成犯罪的**，处五年以下有期徒刑或者拘役，并处罚金；**情节严重的**，处五年以上有期徒刑，并处罚金。同时，根据《刑法》第二百三十一条的规定，**单位犯本条规定之罪的**，对单位判处罚金，并对其直接负责的主管人员和其他直接责任人员，依照本条的规定，定罪处罚。根据2013年《最高人民法院、最高人民检察院、公安部关于办理组织领导传销活动刑事案件适用法律若干问题的意见》的规定，以推销商品、提供服务等经营活动为名，要求参加者以缴纳费用或者购买商品、服务等方式获得加入资格，并按照一定顺序组成层级，直接或者间接以发展人员的数量作为计酬或者返利依据，引诱、胁迫参加者继续发展他人参加，骗取财物，扰乱经济社会秩序的传销组织，其组织内部参与传销活动人员在三十人以上且层级在三级以上的，应当对**组织者、领导者追究刑事责任**。组织、领导多个传销组织，单个或者多个组织中的层级已达三级以上的，可将在各个组织中发展的人数合并计算。组织者、领导者形式上脱离原传销组织后，继续从原传销组织获取报酬或者返利的，原传销组织在其脱离后发展人员的层级数和人数，应当计算为其发展的层级数和人数。具有下列情形之一的，应当认定为"**情节严重**"：（1）组织、领导的参与传销活动人员累计达一百二十人以上的；（2）直接或者间接收取参与传销活动人员缴纳的传销资金数额累计达二百五十万元以上的；（3）曾因组织、领导传销活动受过刑事处罚，或者一年以内因组织、领导传销活动受过行政处罚，又直接或者间接发展参与传销活动人员累计达六十人以上的；（4）造成参与传销活动人员精神失常、自杀等严重后果的；（5）造成其他严重后果或者恶劣社会影响的。

此外，针对传销组织属于以骗取财物为目的的贪利性犯罪的特点，本条对组织、领导传销活动犯罪作了"**并处罚金**"的规定，即对于构成此罪的，均应当**处以罚金**。司法实践中应当注意对此类犯罪财产刑的适用，以剥夺犯罪行为人的犯罪收益，消除其再犯的经济基础。

实践中出现了一些借助信息网络的新型传销犯罪。组织者或者经营者利用信息网络发展会员，通过实物推销、广告点击、引荐网站加盟等方式，要求被发展人员缴纳或者变相缴纳"入门费"，并开始做任务、办活动，以获得提成和发展下线的资格。其实际计酬或者返利的标准，仍依靠发展更多的人员数量，引诱被发展人员继续发展他人参加，骗取财物，扰乱经济秩序。对于该类行为，符合传销犯罪的，应以组织、领导传销活动罪追究刑事责任。

【司法解释】

《最高人民法院关于审理非法集资刑事案件具体应用法律若干问题的解释》[法释〔2010〕18号，自2011年1月4日起施行，该解释已经被《最高人民法院关于修改〈最高人民法院关于审理非法集资刑事案件具体应用法律若干问题的解释〉的决定》（法释〔2022〕5号，自2022年3月1日起施行）修正]

△(传销;组织、领导传销活动罪；竞合) 通过传销手段向社会公众非法吸收资金，构成非法吸收公众存款罪或者集资诈骗罪，同时又构成组织、领导传销活动罪的，依照处罚较重的规定定罪处

---

① 我国学者指出，就诈骗型传销活动而言，参与人员的行为仍然可能成立集资诈骗等犯罪。参见张明楷：《刑法学》（第6版），法律出版社2021年版，第1092页。

罚。(§13)

【司法解释性文件】

《最高人民法院、最高人民检察院、公安部关于办理组织领导传销活动刑事案件适用法律若干问题的意见》(公通字〔2013〕37号,2013年11月14日公布)

△(传销组织层级及人数之认定)以推销商品、提供服务等经营活动为名,要求参加者以缴纳费用或者购买商品、服务等方式获得加入资格,并按照一定顺序组成层级,直接或者间接以发展人员的数量作为计酬或者返利依据,引诱、胁迫参加者继续发展他人参加,骗取财物,扰乱经济社会秩序的传销组织,其组织内部参与传销活动人员在三十人以上且层级在三级以上的,应当对组织者、领导者追究刑事责任。

组织、领导多个传销组织,单个或者多个组织中的层级已达三级以上的,可将在各个组织中发展的人数合并计算。

组织者、领导者形式上脱离原传销组织后,继续从原传销组织获取报酬或者返利的,原传销组织在其脱离后发展人员的层级数和人数,应当计算为其发展的层级数和人数。

办理组织、领导传销活动刑事案件中,确因客观条件的限制无法逐一收集参与传销活动人员的言词证据的,可以综合依法收集并查证属实的缴纳、支付费用及计酬、返利记录,视听资料,传销人员关系图,银行账户交易记录,互联网电子数据,鉴定意见等证据,综合认定参与传销的人数、层级数等犯罪事实。(§1)

△(传销活动的组织者、领导者;仅从事劳务性工作的人员)下列人员可以认定为传销活动的组织者、领导者:

(一)在传销活动中起发起、策划、操纵作用的人员;

(二)在传销活动中承担管理、协调等职责的人员;

(三)在传销活动中承担宣传、培训等职责的人员;

(四)曾因组织、领导传销活动受过刑事处罚,或者一年以内因组织、领导传销活动受过行政处罚,又直接或者间接发展参与传销活动人员在十五人以上且层级在三级以上的人员;

(五)其他对传销活动的实施、传销组织的建立、扩大等起关键作用的人员。

以单位名义实施组织、领导传销活动犯罪的,对于受单位指派,仅从事劳务性工作的人员,一般不予追究刑事责任。(§2)

△("骗取财物"之认定)传销活动的组织者、领导者采取编造、歪曲国家政策,虚构、夸大经营、投资、服务项目及盈利前景,掩饰计酬、返利真实来源或者其他欺诈手段,实施刑法第二百二十四条之一规定的行为,从参与传销活动人员缴纳的费用或者购买商品、服务的费用中非法获利的,应当认定为骗取财物。① 参与传销活动人员是否认为被骗,不影响骗取财物的认定。② (§3)

△(情节严重)对符合本意见第一条第一款规定的传销活动的组织者、领导者,具有下列情形之一的,应当认定为刑法第二百二十四条之一规定的"情节严重":

(一)组织、领导的参与传销活动人员累计达一百二十人以上的;

(二)直接或者间接收取参与传销活动人员缴纳的传销资金数额累计达二百五十万元以上的;

(三)曾因组织、领导传销活动受过刑事处罚,或者一年以内因组织、领导传销活动受过行政处罚,又直接或者间接发展参与传销活动人员累计达六十人以上的;

(四)造成参与传销活动人员精神失常、自杀等严重后果的;

(五)造成其他严重后果或者恶劣社会影响的。(§4)

△("团队计酬"式传销活动)传销活动的组织者或者领导者通过发展人员,要求传销活动的被发展人员发展其他人员加入,形成上下线关系,并以下线的销售业绩为依据计算和给付上线报酬,牟取非法利益的,是"团队计酬"式传销活动。

以销售商品为目的、以销售业绩为计酬依据的单纯的"团队计酬"式传销活动,不作为犯罪处理。形式上采取"团队计酬"方式,但实质上属于"以发展人员的数量作为计酬或者返利依据"的传销活动,应当依照刑法第二百二十四条之一的规定,以组织、领导传销活动罪定罪处罚。(§5)

---

① 我国学者指出,不能将本罪中的"骗取财物"解释为必须客观上骗取了他人财物,否则会造成处罚的不协调。毋宁说,"骗取财物"是对诈骗型传销组织(或者活动)的描述。只有当行为人组织、领导的传销活动具有"骗取财物"的性质时,才能成立本罪。参见张明楷:《刑法学》(第6版),法律出版社2021年版,第1091页。

② 由于《刑法》第二百二十四条之一的处罚对象是对诈骗型传销组织进行组织、领导的行为,因此,本罪不以客观上已经骗取了他人财物为前提。参见张明楷:《刑法学》(第6版),法律出版社2021年版,第1091页。

△(竞合:集资诈骗罪;数罪并罚)以非法占有为目的,组织、领导传销活动,同时构成组织、领导传销活动罪和集资诈骗罪的,依照处罚较重的规定定罪处罚。

犯组织、领导传销活动罪,并实施故意伤害、非法拘禁、敲诈勒索、妨害公务、聚众扰乱社会秩序、聚众冲击国家机关、聚众扰乱公共场所秩序、交通秩序等行为,构成犯罪的,依照数罪并罚的规定处罚。(§6)

△("以上""以内";"层级""级";传销组织内部人数和层级数的计算)本意见所称"以上"、"以内",包括本数。

本意见所称"层级"和"级",系指组织者、领导者与参与传销活动人员之间的上下线关系层次,而非组织者、领导者在传销组织中的身份等级。

对传销组织内部人数和层级数的计算,以及对组织者、领导者直接或者间接发展为参与传销活动人员人数和层级数的计算,包括组织者、领导者本人及其本层级在内。(§7)

《最高人民检察院、公安部关于公安机关管辖的刑事案件立案追诉标准的规定(二)》(公通字〔2022〕12号,2022年4月6日公布)

△(组织、领导传销活动罪;立案追诉标准)组织、领导以推销商品、提供服务等经营活动为名,要求参加者以缴纳费用或者购买商品、服务等方式获得加入资格,并按照一定顺序组成层级,直接或者间接以发展人员的数量作为计酬或者返利依据,引诱、胁迫参加者继续发展他人参加,骗取财物,扰乱经济社会秩序的传销活动,涉嫌组织、领导的传销活动人员在三十人以上且层级在三级以上的,对组织者、领导者,应予立案追诉。

下列人员可以认定为传销活动的组织者、领导者:

(一)在传销活动中起发起、策划、操纵作用的人员;

(二)在传销活动中承担管理、协调等职责的人员;

(三)在传销活动中承担宣传、培训等职责的人员;

(四)因组织、领导传销活动受过刑事追究,或者一年内因组织、领导传销活动受过行政处罚,又直接或者间接发展参与传销活动人员在十五人以上且层级在三级以上的人员;

(五)其他对传销活动的实施、传销组织的建立、扩大等起关键作用的人员。(§70)

【指导性案例】

最高人民检察院指导性案例第41号:叶经生等组织、领导传销活动案(2018年7月3日发布)

△(组织、领导传销活动;网络传销;骗取财物)组织者或者经营者利用网络发展会员,要求被发展人员以缴纳或者变相缴纳"入门费"为条件,获得提成和发展下线的资格。通过发展人员组成层级关系,并以直接或者间接发展的人员数量作为计酬或者返利的依据,引诱被发展人员继续发展他人参加,骗取财物,扰乱经济社会秩序的,以组织、领导传销活动罪追究刑事责任。

【参考案例】

No.3-8-224之一-1 危甫才组织、领导传销活动案

以经营活动为幌子,直接或间接以发展人员的数量作为计酬或返利依据,并具有等级性的组织结构,骗取财物,扰乱经济和社会秩序的,应以组织、领导传销活动罪论处。

No.3-8-224之一-2 危甫才组织、领导传销活动案

在传销活动中起组织领导作用的发起人、决策人、操纵者,以及在传销活动中担负策划、指挥、布置、协调等重要职责,或者在传销活动实施中起到关键作用的人员是传销活动的组织者、领导者,符合组织、领导传销活动罪的主体特征。

No.3-8-224之一-3 曹顺等人组织、领导传销案

线上消费返利经营模式中,不要求会员销售或购买商品,只要求发展人员及缴纳一定费用,即得发展下线的入门资格,并按照发展下线的人数获得报酬的,属于传销行为。

No.3-8-224之一-4 王艳组织、领导传销活动案

应注意区分传销与单层次或多层次的直销行为。

第二百二十五条 【非法经营罪】

违反国家规定,有下列非法经营行为之一,扰乱市场秩序,情节严重的,处五年以下有期徒刑或者拘役,并处或者单处违法所得一倍以上五倍以下罚金;情节特别严重的,处五年以上有期徒刑,并处违法所得一倍以上五倍以下罚金或者没收财产:

(一)未经许可经营法律、行政法规规定的专营、专卖物品或者其他限制买卖的物品的;
(二)买卖进出口许可证、进出口原产地证明以及其他法律、行政法规规定的经营许可证或者批准文件的;
(三)未经国家有关主管部门批准非法经营证券、期货、保险业务的,或者非法从事资金支付结算业务的;
(四)其他严重扰乱市场秩序的非法经营行为。

【单行刑法】

《全国人民代表大会常务委员会关于惩治骗购外汇、逃汇和非法买卖外汇犯罪的决定》(自1998年12月29日起施行)

四、在国家规定的交易场所以外非法买卖外汇,扰乱市场秩序,情节严重的,依照刑法第二百二十五条的规定定罪处罚。单位犯前款罪的,依照刑法第二百三十一条的规定处罚。

【立法沿革】

《中华人民共和国刑法》(1997年修订,自1997年10月1日起施行)

第二百二十五条

违反国家规定,有下列非法经营行为之一,扰乱市场秩序,情节严重的,处五年以下有期徒刑或者拘役,并处或者单处违法所得一倍以上五倍以下罚金;情节特别严重的,处五年以上有期徒刑,并处违法所得一倍以上五倍以下罚金或者没收财产:

(一)未经许可经营法律、行政法规规定的专营、专卖物品或者其他限制买卖的物品的;
(二)买卖进出口许可证、进出口原产地证明以及其他法律、行政法规规定的经营许可证或者批准文件的;
(三)其他严重扰乱市场秩序的非法经营行为。

《中华人民共和国刑法修正案》(自1999年12月25日起施行)

八、刑法第二百二十五条增加一项,作为第三项:

"未经国家有关主管部门批准,非法经营证券、期货或者保险业务的;"原第三项改为第四项。

《中华人民共和国刑法修正案(七)》(自2009年2月28日起施行)

五、将刑法第二百二十五条第三项修改为:

"未经国家有关主管部门批准非法经营证券、期货、保险业务的,或者非法从事资金支付结算业务的;"

【条文说明】

本条是关于非法经营罪及其处罚的规定。

本条规定的非法经营罪,是指违反国家规定,有所列非法经营行为之一,扰乱市场秩序的犯罪。其中,"**违反国家规定**",根据本法规定,是指违反全国人大及其常委会制定的法律和决定,国务院制定的行政法规、规定的行政措施、发布的决定和命令。① 本条所列举的四项行为是:

1. **未经许可经营法律、行政法规规定的专营、专卖物品或者其他限制买卖的物品**。其中,"**未经许可**",是指未经国家有关主管部门批准;"**法律、行政法规规定的专营、专卖物品**",是指由法律、行政法规明确规定的由专门的机构经营的专营、专卖的物品,如烟草等。"**其他限制买卖的物品**",是指国家根据经济发展和维护国家、社会和人民群众利益的需要,规定在一定时期实行限制性经营的物品,如农药等。专营、专卖物品和限制买卖的物品的范围,不是固定不变的,随着社会主义市场经济的发展,法律、行政法规的规定可以出现变化。

2. **买卖进出口许可证、进出口原产地证明以**

---

① 我国学者指出,本罪的非法经营行为并非单纯违反工商行政管理法规的行为,而是违反国家特许经营的有关规定,未经特许经营业务行政管理机关的批准,擅自经营特许经营业务的经营行为。如果行为人从事的经营活动是法律上的禁止经营业务,绝无成立非法经营罪的可能。参见黎宏:《刑法学各论》(第2版),法律出版社2016年版,第200—201页;周光权:《刑法各论》(第4版),中国人民大学出版社2021年版,第371页。

第二百二十五条

及其他法律、行政法规规定的经营许可证或者批准文件。其中,"进出口许可证"是国家外贸主管部门对企业颁发的可以从事进出口业务的确认资格的文件。"进出口原产地证明"是从事进出口经营活动中,由法律规定的,进出口产品时必须附带的由原产地有关主管机关出具的证明文件,例如进出口货物原产地证书。为维护市场经济有序和规范发展,国家对某些生产经营活动实行许可证管理制度或审批管理制度,这里**"其他法律、行政法规规定的经营许可证或者批准文件"**,指的是法律、行政法规规定的所有的经营许可证或者批准文件,如关于林木采伐、矿产开采、野生动物狩猎的许可证等。

3. 未经国家有关主管部门批准非法经营证券、期货、保险业务的,或者非法从事资金支付结算业务。其中,**非法经营证券、期货业务**,主要是指以下几种行为:未经有关主管部门批准,擅自开展证券或者期货经纪业务;从事证券、期货咨询性业务的证券、期货咨询公司、投资服务公司擅自超越经营范围从事证券、期货业务等。**非法经营保险业务**,主要是指未经授权进行保险代理业务、保险经纪人超越经营范围从事保险业务等行为。**非法从事资金支付结算业务**,主要是指不具有法定的从事资金支付结算业务的资格,非法为他人办理资金支付结算业务和外币兑换的行为,如为他人非法提供境内资金转移、分散提取现金服务等。支付结算是商业银行一项最基本的业务。根据支付结算办法的规定,银行是支付结算和资金清算的中介机构。未经中国人民银行批准的非银行金融机构和其他单位不得作为中介机构经营支付结算业务。根据2017年《最高人民检察院关于办理涉互联网金融犯罪案件有关问题座谈会纪要》的规定,未取得支付业务许可从事支付结算业务的行为,违反《非法金融机构和非法金融业务活动取缔办法》第四条第一款第(三)、(四)项的规定,破坏了支付结算业务许可制度,危害支付市场秩序和安全,情节严重的,适用本条第(三)项,以非法经营罪追究刑事责任。具体情形:(1)未取得支付业务许可经营基于客户支付帐户的网络支付业务。无证网络支付机构为客户非法开立支付帐户,客户先把资金支付到该支付帐户,再由无证机构根据订单信息从支付帐户平台将资金结算到收款人银行帐户。(2)未取得支付业务许可经营多用途预付卡业务。无证发卡机构非法发行可跨地区、跨行业、跨法人使用的多用途预付卡,聚集大量的预付卡销售资金,并根据客户订单信息向商户划转结算资金。2019年2月1日起施行的《最高人民法院、最高人民检察院关于办理非法从事资金支付结算业务、非法买卖外汇刑事案件适用法律若干问题的解释》第一条规定:"违反国家规定,具有下列情形之一的,属于刑法第二百二十五条第三项规定的'**非法从事资金支付结算业务**':(一)使用受理终端或者网络支付接口等方法,以虚构交易、虚开价格、交易退款等非法方式向指定付款方支付货币资金的;(二)非法为他人提供单位银行结算账户套现或者单位银行结算账户转个人账户服务的;(三)非法为他人提供票据套现服务的;(四)其他非法从事资金支付结算业务的情形。"

4. 其他严重扰乱市场秩序的非法经营行为。这是针对现实生活中非法经营犯罪活动的复杂性和多样性所作的概括性规定,这里所说的其他非法经营行为应当具备以下条件:其一,这种行为发生在经营活动中,主要是生产、流通领域。其二,这种行为违反法律、法规的规定。其三,具有社会危害性,严重扰乱市场经济秩序。如《最高人民法院、最高人民检察院关于办理妨害预防、控制突发传染病疫情等灾害的刑事案件具体应用法律若干问题的解释》第六条规定:"违反国家规定,在预防、控制突发传染病疫情等灾害期间有关市场经营、价格管理等规定,哄抬物价、牟取暴利,严重扰乱市场秩序,违法所得数额较大或者有其他严重情节的,依照刑法第二百二十五条第(四)项的规定,以非法经营罪定罪,依法从重处罚。"《最高人民法院、最高人民检察院关于办理生产、销售、使用禁止在饲料和动物饮用水中使用的药品等刑事案件具体应用法律若干问题的解释》第二条规定:"在生产、销售的饲料中添加盐酸克仑特罗等禁止在饲料和动物饮用水中使用的药品,或者销售明知是掺有该类药品的饲料,情节严重的,依照刑法第二百二十五条第(四)项的规定,以非法经营罪追究刑事责任。"《最高人民法院关于审理扰乱电信市场管理秩序案件具体应用法律若干问题的解释》第一条规定:"违反国家规定,采取租用国际专线、私设转接设备或者其他方法,擅自经营国际电信业务或者涉港澳台电信业务进行营利活动,扰乱电信市场管理秩序,情节严重的,依照刑法第二百二十五条第(四)项的规定,以非法经营罪定罪处罚。"

此外,对于**非法买卖外汇**的行为,1998年12月29日第九届全国人大常委会第六次会议通过了《全国人民代表大会常务委员会关于惩治骗购外汇、逃汇和非法买卖外汇犯罪的决定》,该决定第四条第一款规定:"在国家规定的交易场所以外非法买卖外汇,扰乱市场秩序,情节严重的,依照刑法第二百二十五条的规定定罪处罚。"这里的

"**国家规定的交易场所**",是指根据国家有关法律、法规规定设立的外汇交易中心、外汇指定银行以及由国家外汇管理机构批准的具有外汇买卖业务资格的非银行金融机构。根据《最高人民法院、最高人民检察院关于办理非法从事资金支付结算业务、非法买卖外汇刑事案件适用法律若干问题的解释》第三条的规定,非法买卖外汇的非法经营数额在五百万元以上的,或者违法所得数额在十万元以上的,构成"**情节严重**"。同时,非法经营数额在二百五十万元以上,或者违法所得数额在五万元以上,且具有下列情形之一的,也可以认定为非法买卖外汇行为"**情节严重**":(1)曾因非法买卖外汇犯罪行为受过刑事追究的;(2)二年内因非法买卖外汇违法行为受过行政处罚的;(3)拒不交代涉案资金去向或者拒不配合追缴工作,致使赃款无法追缴的;(4)造成其他严重后果的。根据1998年《全国人民代表大会常务委员会关于惩治骗购外汇、逃汇和非法买卖外汇犯罪的决定》第四条第二款的规定,**单位在国家规定的交易场所以外非法买卖外汇,扰乱市场秩序,情节严重**,对单位判处罚金,并对其直接负责的主管人员和其他直接责任人员,依照本条规定处罚。

本条对非法经营罪的刑罚分为两档,第一档刑罚为**情节严重的**,处五年以下有期徒刑或者拘役,并处或者单处违法所得一倍以上五倍以下罚金;第二档刑罚为**情节特别严重的**,处五年以上有期徒刑,并处违法所得一倍以上五倍以下罚金或者没收财产。此外,根据《刑法》第二百三十一条的规定,**单位犯本条规定之罪的**,对单位判处罚金,并对其直接负责的主管人员和其他直接责任人员,依照本条的规定,定罪处罚。对于什么是"情节严重""情节特别严重",可参见司法解释根据司法实践作出的规定。例如,根据2013年《最高人民法院、最高人民检察院关于办理利用信息网络实施诽谤等刑事案件适用法律若干问题的解释》第七条的规定,违反国家规定,以营利为目的,通过信息网络有偿提供删除信息服务,或者明知是虚假信息,通过信息网络有偿提供发布信息等服务,扰乱市场秩序,具有下列情形之一的,属于非法经营行为"**情节严重**",依照《刑法》第二百二十五条第(四)项的规定,以非法经营罪定罪处罚:(1)个人非法经营数额在五万元以上,或者违法所得数额在二万元以上的;(2)单位非法经营数额在十五万元以上,或者违法所得数额在五万元以上的。实施前述规定的行为,数额达到前述规定的数额五倍以上的,应当认定为《刑法》第二百二十五条规定的"情节特别严重"。

根据2014年《最高人民法院、最高人民检察院关于办理危害药品安全刑事案件适用法律若干问题的解释》第七条的规定,违反国家药品管理法律法规,未取得或者使用伪造、变造的药品经营许可证,非法经营药品,情节严重的,依照《刑法》第二百二十五条的规定以非法经营罪定罪处罚。以提供给他人生产、销售药品为目的,违反国家规定,生产、销售不符合药用要求的非药品原料、辅料,情节严重的,依照《刑法》第二百二十五条的规定以非法经营罪定罪处罚。实施前述行为,非法经营数额在十万元以上的,或者违法所得数额在五万元以上的,应当认定为《刑法》第二百二十五条规定的"**情节严重**";非法经营数额在五十万元以上,或者违法所得数额在二十五万元以上的,应当认定为《刑法》第二百二十五条规定的"**情节特别严重**"。

根据2014年《最高人民法院、最高人民检察院、公安部关于办理利用赌博机开设赌场案件适用法律若干问题的意见》第四条的规定,以提供给他人开设赌场为目的,违反国家规定,非法生产、销售具有退币、退分、退钢珠等赌博功能的电子游戏设施设备或者其专用软件,情节严重的,依照《刑法》第二百二十五条的规定以非法经营罪定罪处罚。实施前述规定的行为,具有下列情形之一的,属于非法经营行为"**情节严重**":(1)个人非法经营数额在五万元以上,或者违法所得数额在一万元以上的;(2)单位非法经营数额在五十万元以上,或者违法所得数额在十万元以上的;(3)虽未达到上述数额标准,但两年内因非法生产、销售赌博机行为受过二次以上行政处罚,又进行同种非法经营行为的;(4)其他情节严重的情形。具有下列情形之一的,属于非法经营行为"**情节特别严重**":(1)个人非法经营数额在二十五万元以上,或者违法所得数额在五万元以上的;(2)单位非法经营数额在二百五十万元以上,或者违法所得数额在五十万元以上的。

根据《最高人民法院、最高人民检察院关于办理非法生产、销售烟草专卖品等刑事案件具体应用法律若干问题的解释》第三条的规定,非法经营烟草专卖品,具有下列情形之一的,应当认定为《刑法》第二百二十五条规定的"**情节严重**":(1)非法经营数额在五万元以上的,或者违法所得数额在二万元以上的;(2)非法经营卷烟二十万支以上的;(3)曾因非法经营烟草专卖品三年内受过二次以上行政处罚,又非法经营烟草专卖品且数额在三万元以上的。具有下列情形之一的,应当认定为《刑法》第二百二十五条规定的"**情节特别严重**":(1)非法经营数额在二十五万元以上,或者违法所得数额在十万元以上的;(2)非法经营卷烟一百万支以上的。

《最高人民法院、最高人民检察院关于办理扰乱无线电通讯管理秩序等刑事案件适用法律若干问题的解释》第四条规定："非法生产、销售'黑广播''伪基站'、无线电干扰器等无线电设备，具有下列情形之一的，应当认定为刑法第二百二十五条规定的'**情节严重**'：（一）非法生产、销售无线电设备三套以上的；（二）非法经营数额五万元以上的；（三）其他情节严重的情形。实施前述规定的行为，数量或者数额达到前述第一项、第二项规定标准五倍以上，或者具有其他情节特别严重的情形的，应当认定为刑法第二百二十五条规定的'**情节特别严重**'。在非法生产、销售无线电设备窝点查扣的零件，以组装完成的套数以及能够组装的套数认定；无法组装为成套设备的，每三套广播信号调制器（激励器）认定为一套'黑广播'设备，每三块主板认定为一套'伪基站'设备。"

实践中需要注意以下两个方面的问题：

1. 关于"**未经许可经营法律、行政法规规定的专营、专卖物品或者其他限制买卖的物品**"的范围问题。对于专营、专卖物品以及限制买卖物品的范围，**国家会根据市场成熟程度以及改革发展的需要作出适当调整**。司法实践中，需要对政府及政府相关部门在市场经济领域的监管变化作出及时调整和反应。例如，长期以来，食盐是专营的。2002年9月4日发布的《最高人民检察院关于办理非法经营食盐刑事案件具体应用法律若干问题的解释》对办理非法经营食盐刑事案件适用非法经营罪等问题作出规定。2016年以来，国务院印发《盐业体制改革方案》，修订《食盐专营办法》，在坚持食盐专营制度的基础上推进供给侧结构性改革，主要以下四个方面变化，其一坚持完善食盐定点生产、定点批发制度；其二取消食盐产、运、销等环节的计划管理，取消食盐准运证；其三取消食盐产销隔离、区域限制制度，允许食盐生产企业进入流通和销售领域，允许食盐批发企业开展跨区域经营；其四，改革食盐定价机制，食盐价格由经营者自主确定。改革后，储运食盐未再被法律法规限制，不构成犯罪；对非法生产、销售食盐适用非法经营罪已不能准确评价其行为性质，对其中危害食品安全的应当适用危害食品安全的犯罪，没有危害食品安全的，仍可以根据修订后的《食盐专营办法》给予行政处罚。基于此，自2020年4月1日起施行的《最高人民检察院关于废止〈最高人民检察院关于办理非法经营食盐刑事案件具体应用法律若干问题的解释〉的决定》，该决定指出，为适应盐业体制改革，保障国家法律统一正确适用，根据《食盐专营办法》的规定，结合检察工作实际，最高人民检察院决定废止《最高人民检察院关于办理非法经营食盐刑事案件具体应用法律若干问题的解释》，同时规定，该解释废止后，对以非碘盐充当碘盐或者以工业用盐等非食盐充当食盐等危害食盐安全的行为，人民检察院可以依据《最高人民法院、最高人民检察院关于办理生产、销售伪劣商品刑事案件具体应用法律若干问题的解释》《最高人民法院、最高人民检察院关于办理危害食品安全刑事案件适用法律若干问题的解释》的规定，分为不同情况，以生产、销售伪劣产品罪，或者生产、销售不符合安全标准的食品罪，或者生产、销售有毒、有害食品罪追究刑事责任。

2. 关于"**其他严重扰乱市场秩序的非法经营行为**"的理解问题。本条规定了四种情况，其中第（四）项"其他严重扰乱市场秩序的非法经营行为"属于兜底性的规定。实践中对于该项规定的适用是否会被"扩大化"，各方面提出了一定的担忧。对此，从严把握该项规定的适用是适当和必要的，符合法治的精神，也契合我国社会主义市场经济的发展进程。司法机关面对实践中出现的一些新情况和新问题，通过遵循立法关于非法经营罪的本意，以司法解释等方式，经过严格的程序，也对一些情况明确适用该项规定。总体上，对于该项的认定和理解，应考虑与前三项所列的违法经营专营、专卖等物品，买卖进出口许可证、进出口原产地证等批准文件，未经国家有关主管部门批准非法经营证券、期货、保险等业务的情形具有相当的社会危害程度。司法机关应根据案件的情况和需要，审慎判断适用非法经营罪。

【司法解释】

《最高人民法院关于审理骗购外汇、非法买卖外汇刑事案件具体应用法律若干问题的解释》（法释〔1998〕20号，自1998年9月1日起施行）

△（非法买卖外汇；非法经营罪）在外汇指定银行和中国外汇交易中心及其分中心以外买卖外汇，扰乱金融市场秩序，具有下列情形之一的，按照刑法第二百二十五条第（三）项的规定①定罪处罚：

（一）非法买卖外汇二十万美元以上的；

（二）违法所得五万元人民币以上的。（§3）

---

① 即现行《中华人民共和国刑法》第二百二十五条第（四）项。

△(**为他人向外汇指定银行骗购外汇;居间介绍骗购外汇;非法经营罪**)公司、企业或者其他单位,违反有关外贸代理业务的规定,采用非法手段,或者明知是伪造、变造的凭证、商业单据,为他人向外汇指定银行骗购外汇,数额在五百万美元以上或者违法所得五十万元人民币以上的,按照刑法第二百二十五条第(三)项的规定①定罪处罚。

居间介绍骗购外汇一百万美元以上或者违法所得十万元人民币以上的,按照刑法第二百二十五条第(三)项的规定②定罪处罚。(§4)

《最高人民法院关于审理非法出版物刑事案件具体应用法律若干问题的解释》(法释〔1998〕30号,自1998年12月23日起施行)

△(**非法出版物;非法经营罪**)违反国家规定,出版、印刷、复制、发行本解释第一条至第十条规定以外的其他严重危害社会秩序和扰乱市场秩序的非法出版物,情节严重的,依照刑法第二百二十五条第(三)项的规定③,以非法经营罪定罪处罚。(§11)

△(**个人;情节严重;情节特别严重**)个人实施本解释第十一条规定的行为,具有下列情形之一的,属于非法经营行为"情节严重":

(一)经营数额在五万元至十万元以上的;

(二)违法所得数额在二万元至三万元以上的;

(三)经营报纸五千份或者期刊五千本或者图书二千册或者音像制品、电子出版物五百张(盒)以上的。

具有下列情形之一的,属于非法经营行为"情节特别严重":

(一)经营数额在十五万元至三十万元以上的;

(二)违法所得数额在五万元至十万元以上的;

(三)经营报纸一万五千份或者期刊一万五千本或者图书五千册或者音像制品、电子出版物一万五千张(盒)以上的。(§12)

△(**单位;情节严重;情节特别严重**)单位实施本解释第十一条规定的行为,具有下列情形之一的,属于非法经营行为"情节严重":

(一)经营数额在十五万元至三十万元以上的;

(二)违法所得数额在五万元至十万元以上的;

(三)经营报纸一万五千份或者期刊一万五千本或者图书五千册或者音像制品、电子出版物一千五百张(盒)以上的。

具有下列情形之一的,属于非法经营行为"情节特别严重":

(一)经营数额在五十万元至一百万元以上的;

(二)违法所得数额在十五万元至三十万元以上的;

(三)经营报纸五万份或者期刊五万本或者图书一万五千册或者音像制品、电子出版物五千张(盒)以上的。(§13)

△(**接近数额、数量起点标准;情节严重;情节特别严重**)实施本解释第十一条规定的行为,经营数额、违法所得数额或者经营数量接近非法经营行为"情节严重"、"情节特别严重"的数额、数量起点标准,并具有下列情形之一的,可以认定为非法经营行为"情节严重"、"情节特别严重":

(一)两年内因出版、印刷、复制、发行非法出版物受过行政处罚两次以上的;

(二)因出版、印刷、复制、发行非法出版物造成恶劣社会影响或者其他严重后果的。(§14)

△(**非法从事出版物的出版、印刷、复制、发行业务;非法经营罪**)非法从事出版物的出版、印刷、复制、发行业务,他人实施本解释第一条、第四条、第八条、第九条、第十条、第十一条规定的行为,构成犯罪的,对该出版单位应当以共犯论处。(§15)

△(**事前通谋;共犯**)出版单位与他人事前通谋,向其出售、出租或者以其他形式转让该出版单位的名称、书号、刊号、版号,他人实施本解释第二条、第四条、第八条、第九条、第十条、第十一条规定的行为,构成犯罪的,对该出版单位应当以共犯论处。(§16)

△(**经营数额;违法所得数额;单价数额之认定**)本解释所称"经营数额",是指以非法出版物的定价数额乘以行为人经营的非法出版物数量所得的数额。

本解释所称"违法所得数额",是指获利

---
① 即现行《中华人民共和国刑法》第二百二十五条第(四)项。
② 即现行《中华人民共和国刑法》第二百二十五条第(四)项。
③ 即现行《中华人民共和国刑法》第二百二十五条第(四)项。
④ 即现行《中华人民共和国刑法》第二百二十五条第(四)项。

数额。

非法出版物没有定价或者以境外货币定价的，其单价数额应当按照行为人实际出售的价格认定。(§ 17)

△(具体标准)各省、自治区、直辖市高级人民法院可以根据本地的情况和社会治安状况,在本解释第八条、第十条、第十二条、第十三条规定的有关数额、数量标准的幅度内,确定本地执行的具体标准,并报最高人民法院备案。(§ 18)

《最高人民法院关于审理扰乱电信市场管理秩序案件具体应用法律若干问题的解释》(法释〔2000〕12号,自2000年5月24日起施行)

△(擅自经营国际电信业务或者涉港澳台电信业务;非法经营罪)违反国家规定,采取租用国际专线、私设转接设备或者其他方法,擅自经营国际电信业务或者涉港澳台电信业务进行营利活动,扰乱电信市场管理秩序,情节严重的,依照刑法第二百二十五条第(四)项的规定,以非法经营罪定罪处罚。(§ 1)

△(情节严重;情节特别严重)实施本解释第一条规定的行为,具有下列情形之一的,属于非法经营行为"情节严重"：

(一)经营去话业务数额在一百万元以上的；

(二)经营来话业务造成电信资费损失数额在一百万元以上的。

具有下列情形之一的,属于非法经营行为"情节特别严重"：

(一)经营去话业务数额在五百万元以上的；

(二)经营来话业务造成电信资费损失数额在五百万元以上的。(§ 2)

△(接近数额、数量起点标准;情节严重;情节特别严重)实施本解释第一条规定的行为,经营数额或者造成电信资费损失数额接近非法经营行为"情节严重"、"情节特别严重"的数额起点标准,并具有下列情形之一的,可以分别认定为非法经营行为"情节严重"、"情节特别严重"：

(一)两年内因非法经营国际电信业务或者涉港澳台电信业务行为受过行政处罚两次以上的；

(二)因非法经营国际电信业务或者涉港澳台电信业务行为造成其他严重后果的。(§ 3)

△(单位犯罪)单位实施本解释第一条规定的行为构成犯罪的,对单位判处罚金,并对其直接负责的主管人员和其他直接责任人员,依照本解释第二条、第三条的规定处罚。(§ 4)

△(竞合;扰乱无线电通讯管理秩序罪)违反国家规定,擅自设置、使用无线电台(站),或者擅自占用频率,非法经营国际电信业务或者涉港澳台电信业务进行营利活动,同时构成非法经营罪和刑法第二百八十八条规定的扰乱无线电通讯管理秩序罪的,依照处罚较重的规定定罪处罚。(§ 5)

△(经营去话业务数额;电信资费损失数额)本解释所称"经营去话业务数额",是指以行为人非法经营国际电信业务或者涉港澳台电信业务的总时长(分钟数)乘以行为人每分钟收取的用户使用费所得的数额。

本解释所称"电信资费损失数额",是指以行为人非法经营国际电信业务或者涉港澳台电信业务的总时长(分钟数)乘以在合法电信业务中我国应当得到的每分钟国际结算价格所得的数额。(§ 10)

《最高人民检察院关于非法经营国际或港澳台地区电信业务行为法律适用问题的批复》(高检发释字〔2002〕1号,2002年2月6日公布)

△(非法经营国际或港澳台地区电信业务;非法经营罪)违反《中华人民共和国电信条例》规定,采取租用电信国际专线、私设转接设备或者其他方法,擅自经营国际或者香港特别行政区、澳门特别行政区和台湾地区电信业务进行营利活动,扰乱电信市场管理秩序,情节严重的,应当依照《刑法》第二百二十五条第(四)项的规定,以非法经营罪追究刑事责任。

《最高人民法院、最高人民检察院关于办理非法生产、销售、使用禁止在饲料和动物饮用水中使用的药品等刑事案件具体应用法律若干问题的解释》(法释〔2002〕26号,自2002年8月23日起施行)

△(非法生产、销售盐酸克仑特罗等药品;非法经营罪)未取得药品生产、经营许可证件和批准文号,非法生产、销售盐酸克仑特罗等禁止在饲料和动物饮用水中使用的药品,扰乱药品市场秩序,情节严重的,依照刑法第二百二十五条第(一)项的规定,以非法经营罪追究刑事责任。(§ 1)

△(非法生产、销售含有盐酸克仑特罗等药品的饲料;非法经营罪)在生产、销售的饲料中添加盐酸克仑特罗等禁止在饲料和动物饮用水中使用的药品,或者销售明知是添加有该类药品的饲料,情节严重的,依照刑法第二百二十五条第(四)项的规定,以非法经营罪追究刑事责任。(§ 2)

《最高人民法院、最高人民检察院关于办理妨害预防、控制突发传染病病疫情等灾害的刑事案件具体应用法律若干问题的解释》(法释〔2003〕8号,自2003年5月15日起施行)

△(预防、控制突发传染病疫情等灾害期间;哄抬物价、牟取暴利;非法经营罪)违反国家在预防、控制突发传染病疫情等灾害期间有关市场经营、价格管理等规定,哄抬物价、牟取暴利,严重扰乱市场秩序,违法所得数额较大或者有其他严重情节的,依照刑法第二百二十五条第(四)项的规定,以非法经营罪定罪,依法从重处罚。(§6)

《最高人民法院、最高人民检察院关于办理赌博刑事案件具体应用法律若干问题的解释》(法释〔2005〕3号,自2005年5月13日起施行)

△(擅自发行、销售彩票;非法经营罪)未经国家批准擅自发行、销售彩票,构成犯罪的,依照刑法第二百二十五条第(四)项的规定,以非法经营罪定罪处罚。(§6)

《最高人民法院、最高人民检察院关于办理妨害信用卡管理刑事案件具体应用法律若干问题的解释》(法释〔2018〕19号,自2018年12月1日起施行)

△(虚构交易、虚开价格、现金退货等;情节严重;情节特别严重;非法经营罪)违反国家规定,使用销售点终端机具(POS机)等方法,以虚构交易、虚开价格、现金退货等方式向信用卡持卡人直接支付现金,情节严重的,应当依据刑法第二百二十五条的规定,以非法经营罪定罪处罚。

实施前款行为,数额在一百万元以上的,或者造成金融机构资金二十万元以上逾期未还的,或者造成金融机构经济损失十万元以上的,应当认定为刑法第二百二十五条规定的"情节严重";数额在五百万元以上的,或者造成金融机构资金一百万元以上逾期未还的,或者造成金融机构经济损失五十万元以上的,应当认定为刑法第二百二十五条规定的"情节特别严重"。(§12Ⅰ、Ⅱ)

△(单位犯罪)单位犯本解释规定的行为的,适用本解释规定的相应自然人犯罪的定罪量刑标准。(§13)

《最高人民法院、最高人民检察院关于办理非法生产、销售烟草专卖品等刑事案件具体应用法律若干问题的解释》(法释〔2010〕7号,自2010年3月26日起施行)

△(非法经营烟草专卖品;非法经营罪)违反国家烟草专卖管理法律法规,未经烟草专卖行政主管部门许可,无烟草专卖生产企业许可证、烟草专卖批发企业许可证、特种烟草专卖经营企业许可证、烟草专卖零售许可证等许可证明,非法经营烟草专卖品,情节严重的,依照刑法第二百二十五条的规定,以非法经营罪定罪处罚。(§1Ⅴ)

△(情节严重;情节特别严重)非法经营烟草专卖品,具有下列情形之一的,应当认定为刑法第二百二十五条规定的"情节严重":

(一)非法经营数额在五万元以上的,或者违法所得数额在二万元以上的;

(二)非法经营卷烟二十万支以上的;

(三)曾因非法经营烟草专卖品三年内受过二次以上行政处罚,又非法经营烟草专卖品且数额在三万元以上的。

具有下列情形之一的,应当认定为刑法第二百二十五条规定的"情节特别严重":

(一)非法经营数额在二十五万元以上,或违法所得数额在十万元以上的;

(二)非法经营卷烟一百万支以上的。(§3)

△(非法经营数额之计算)非法经营烟草专卖品,能够查清销售或者购买价格的,按照其销售或者购买价格计算非法经营数额。无法查清销售或者购买价格的,按照下列方法计算非法经营数额:

(一)查获的卷烟、雪茄烟的价格,有品牌的,按照该品牌卷烟、雪茄烟的查获地省级烟草专卖行政主管部门出具的零售价格计算;无品牌的,按照查获地省级烟草专卖行政主管部门出具的上年度卷烟平均零售价格计算;

(二)查获的复烤烟叶、烟叶的价格按照查获地省级烟草专卖行政主管部门出具的上年度烤烟调拨平均基准价格计算;

(三)烟丝的价格按照第(二)项规定价格计算标准的一点五倍计算;

(四)卷烟辅料的价格,有品牌的,按照该品牌辅料的查获地省级烟草专卖行政主管部门出具的价格计算;无品牌的,按照查获地省级烟草专卖行政主管部门出具的上年度烟草行业生产卷烟所需该类卷烟辅料的平均价格计算;

(五)非法生产、销售、购买烟草专用机械的价格按照国务院烟草专卖行政主管部门下发的全国烟草专用机械产品指导价格目录进行计算;目录中没有该烟草专用机械的,按照省级以上烟草专卖行政主管部门出具的目录中同类烟草专用机械的平均价格计算。(§4)

△(想象竞合)行为人实施非法生产、销售烟草专卖品犯罪,同时构成生产、销售伪劣产品罪、侵犯知识产权犯罪、非法经营罪的,依照处罚较重的规定定罪处罚。(§5)

△(共犯)明知他人实施本解释第一条所列犯罪,而为其提供贷款、资金、账号、发票、证明、许可证件,或者提供生产、经营场所、设备、运输、仓储、保管、邮寄、代理进出口等便利条件,或者提供生产技术、卷烟配方的,应当按照共犯追究刑事责

任。(§6)

△(**烟草专卖品;卷烟辅料;烟草专用机械;同类烟草专用机械**)本解释所称"烟草专卖品",是指卷烟、雪茄烟、烟丝、复烤烟叶、烟叶、卷烟纸、滤嘴棒、烟用丝束、烟草专用机械。

本解释所称"卷烟辅料",是指卷烟纸、滤嘴棒、烟用丝束。

本解释所称"烟草专用机械",是指由国务院烟草专卖行政主管部门烟草专用机械名录所公布的,在卷烟、雪茄烟、烟丝、复烤烟叶、烟叶、卷烟纸、滤嘴棒、烟用丝束的生产加工过程中,能够完成一项或者多项特定加工工序,可以独立操作的机械设备。

本解释所称"同类烟草专用机械",是指在卷烟、雪茄烟、烟丝、复烤烟叶、烟叶、卷烟纸、滤嘴棒、烟用丝束的生产加工过程中,能够完成相同加工工序的机械设备。(§9)

《最高人民法院关于审理非法集资刑事案件具体应用法律若干问题的解释》[法释〔2010〕18号,自2011年1月4日起施行,该解释已经被《最高人民法院关于修改〈最高人民法院关于审理非法集资刑事案件具体应用法律若干问题的解释〉的决定》(法释〔2022〕5号,自2022年3月1日起施行)修正]

△(**擅自发行基金份额募集基金;非法经营罪**)违反国家规定,未经依法核准擅自发行基金份额募集基金,情节严重的,依照刑法第二百二十五条的规定,以非法经营罪定罪处罚。(§11)

《最高人民法院、最高人民检察院关于办理利用信息网络实施诽谤等刑事案件适用法律若干问题的解释》(法释〔2013〕21号,自2013年9月10日起施行)

△(**通过信息网络;有偿提供删除信息服务;有偿提供发布信息等服务;非法经营罪;情节严重;情节特别严重**)违反国家规定,以营利为目的,通过信息网络有偿提供删除信息服务,或者明知是虚假信息,通过信息网络有偿提供发布信息等服务,扰乱市场秩序,具有下列情形之一的,属于非法经营行为"情节严重",依照刑法第二百二十五条第(四)项的规定,以非法经营罪定罪处罚:

(一)个人非法经营数额在五万元以上,或者违法所得数额在二万元以上的;

(二)单位非法经营数额在十五万元以上,或者违法所得数额在五万元以上的。

实施前款规定的行为,数额达到前款规定的数额五倍以上的,应当认定为刑法第二百二十五条规定的"情节特别严重"。(§7)

△(**共犯**)明知他人利用信息网络实施诽谤、寻衅滋事、敲诈勒索、非法经营等犯罪,为其提供资金、场所、技术支持等帮助的,以共同犯罪论处。(§8)

△(**想象竞合**)利用信息网络实施诽谤、寻衅滋事、敲诈勒索、非法经营犯罪,同时又构成刑法第二百二十一条规定的损害商业信誉、商品声誉罪,第二百七十八条规定的煽动暴力抗拒法律实施罪,第二百九十一条之一规定的编造、故意传播虚假恐怖信息罪等犯罪的,依照处罚较重的规定定罪处罚。(§9)

△(**信息网络**)本解释所称信息网络,包括以计算机、电视机、固定电话机、移动电话机等电子设备为终端的计算机互联网、广播电视网、固定通信网、移动通信网等信息网络,以及向公众开放的局域网络。(§10)

《最高人民法院、最高人民检察院关于办理扰乱无线电通讯管理秩序等刑事案件适用法律若干问题的解释》(法释〔2017〕11号,自2017年7月1日起施行)

△(**"黑广播""伪基站"、无线电干扰等无线电设备;非法经营罪;情节严重;情节特别严重**)非法生产、销售"黑广播""伪基站"、无线电干扰器等无线电设备,具有下列情形之一的,应当认定为刑法第二百二十五条规定的"情节严重":

(一)非法生产、销售无线电设备三套以上的;

(二)非法经营数额五万元以上的;

(三)其他情节严重的情形。

实施前款规定的行为,数量或者数额达到前款第一项、第二项规定标准五倍以上,或者具有其他情节特别严重的情形的,应当认定为刑法第二百二十五条规定的"情节特别严重"。

在非法生产、销售无线电设备窝点查扣的零件,以组装完成的套数及能够组装的套数认定;无法组装为成套设备的,每三套广播信号调制器(激励器)认定为一套"黑广播"设备,每三块主板认定为一套"伪基站"设备。(§4)

△(**单位犯罪**)单位犯本解释规定之罪的,对单位判处罚金,并对直接负责的主管人员和其他直接责任人员,依照本解释规定的自然人犯罪的定罪量刑标准定罪处罚。(§5)

△(**鉴定意见;移动终端用户受影响情况之认定**)对案件所涉有关专门性问题难以确定的,依据司法鉴定机构出具的鉴定意见,或者下列机构出具的报告,结合其他证据作出认定:

(一)省级以上无线电管理机构、省级无线电管理机构依法设立的派出机构、地市级以上广播电视主管部门就是否系"伪基站""黑广播"出具的报告；

（二）省级以上广播电视主管部门及其指定的检测机构就"黑广播"功率、覆盖范围出具的报告；

（三）省级以上航空、铁路、船舶等主管部门就是否干扰导航、通信等出具的报告。

对移动终端用户受影响的情况，可以依据相关通信运营商出具的证明，结合被告人供述、终端用户证言等证据作出认定。（§9）

《最高人民法院最高人民检察院关于办理非法从事资金支付结算业务、非法买卖外汇刑事案件适用法律若干问题的解释》（法释〔2019〕1号，自2019年2月1日起施行）

△**(非法从事资金支付结算业务)** 违反国家规定，具有下列情形之一的，属于刑法第二百二十五条第三项规定的"非法从事资金支付结算业务"：

（一）使用受理终端或者网络支付接口等方法，以虚构交易、虚开价格、交易退款等非法方式向指定付款方支付货币资金的；

（二）非法为他人提供单位银行结算账户套现或单位银行结算账户转个人账户服务的；

（三）非法为他人提供票据套现服务的；

（四）其他非法从事资金支付结算业务的情形。（§1）

△**(非法买卖外汇;非法经营罪)** 违反国家规定，实施倒买倒卖外汇或者变相买卖外汇等非法买卖外汇行为，扰乱金融市场秩序，情节严重的，依照刑法第二百二十五条第四项的规定，以非法经营罪定罪处罚。（§2）

△**(情节严重)** 非法从事资金支付结算业务或者非法买卖外汇，具有下列情形之一的，应当认定为非法经营行为"情节严重"：

（一）非法经营数额在五百万元以上的；

（二）违法所得数额在十万元以上的。

非法经营数额在二百五十万元以上，或者违法所得数额在五万元以上，且具有下列情形之一的，可以认定为非法经营行为"情节严重"：

（一）曾因非法从事资金支付结算业务或者非法买卖外汇犯罪行为受过刑事追究的；

（二）二年内因非法从事资金支付结算业务或者非法买卖外汇违法行为受过行政处罚的；

（三）拒不交代涉案资金去向或者拒不配合追缴工作，致使赃款无法追缴的；

（四）造成其他严重后果的。（§3）

△**(情节特别严重)** 非法从事资金支付结算业务或者非法买卖外汇，具有下列情形之一的，应当认定为非法经营行为"情节特别严重"：

（一）非法经营数额在二千五百万元以上的；

（二）违法所得数额在五十万元以上的。

非法经营数额在一千二百五十万元以上，或者违法所得数额在二十五万元以上，且具有本解释第三条第二款规定的四种情形之一的，可以认定为非法经营行为"情节特别严重"。（§4）

△**(想象竞合;非法经营罪;帮助恐怖活动罪;洗钱罪)** 非法从事资金支付结算业务或者非法买卖外汇，构成非法经营罪，同时又构成刑法第一百二十条之一规定的帮助恐怖活动罪或者第一百九十一条规定的洗钱罪的，依照处罚较重的规定定罪处罚。（§5）

△**(非法经营数额;违法所得数额;累计计算)** 二次以上非法从事资金支付结算业务或者非法买卖外汇，依法应予行政处理或者刑事处理而未经处理的，非法经营数额或者违法所得数额累计计算。

同一案件中，非法经营数额、违法所得数额分别构成情节严重、情节特别严重的，按照处罚较重的数额定罪处罚。（§6）

△**(违法所得数额难以确定;罚金)** 非法从事资金支付结算业务或者非法买卖外汇违法所得数额难以确定的，按非法经营数额的千分之一认定违法所得数额，依法并处或者单处违法所得一倍以上五倍以下罚金。（§7）

△**(如实供述犯罪事实;从轻处罚;不起诉或者免予刑事处罚)** 符合本解释第三条规定的标准，行为人如实供述犯罪事实，认罪悔罪，并积极配合调查，退缴违法所得的，可以从轻处罚；其中犯罪情节轻微的，可以依法不起诉或者免予刑事处罚。

符合刑事诉讼法规定的认罪认罚从宽适用范围和条件的，依照刑事诉讼法的规定处理。（§8）

△**(单位犯罪)** 单位实施本解释第一条、第二条规定的非法从事资金支付结算业务、非法买卖外汇行为，依照本解释规定的定罪量刑标准，对单位判处罚金，并对其直接负责的主管人员和其他直接责任人员定罪处罚。（§9）

△**(犯罪地)** 非法从事资金支付结算业务、非法买卖外汇刑事案件中的犯罪地，包括犯罪嫌疑人、被告人用于犯罪活动的账户开立地、资金接收地、资金过渡账户开立地、资金账户操作地，以及资金交易对手资金交付和汇出地等。（§10）

△**(涉及外汇的犯罪数额;折算)** 涉及外汇的犯罪数额，按照案发当日中国外汇交易中心或者中国人民银行授权机构公布的人民币对该货币的中间价折合成人民币计算。中国外汇交易中心或

者中国人民银行授权机构未公布汇率中间价的境外货币,按照案发当日境内银行人民币对该货币的中间价折算成人民币,或者该货币在境内银行、国际外汇市场对美元汇率,与人民币对美元汇率中间价进行套算。(§11)

△(**适用效力**)本解释自2019年2月1日起施行。《最高人民法院关于审理骗购外汇、非法买卖外汇刑事案件具体应用法律若干问题的解释》(法释[1998]20号)与本解释不一致的,以本解释为准。(§12)

《最高人民法院关于审理走私、非法经营、非法使用兴奋剂刑事案件适用法律若干问题的解释》(法释[2019]16号,自2020年1月1日起施行)

△(**未经许可经营兴奋剂目录所列物质;非法经营罪**)违反国家规定,未经许可经营兴奋剂目录所列物质,涉案物质属于法律、行政法规规定的限制买卖的物品,扰乱市场秩序,情节严重的,应当依照刑法第二百二十五条的规定,以非法经营罪定罪处罚。(§2)

△("**兴奋剂**""**兴奋剂目录所列物质**""**体育运动**""**国内、国际重大体育竞赛**"等专门性问题;认定意见)对于是否属于本解释规定的"兴奋剂""兴奋剂目录所列物质""体育运动""国内、国际重大体育竞赛"等专门性问题,应当依据《中华人民共和国体育法》《反兴奋剂条例》等法律法规,结合国务院体育主管部门出具的认定意见等证据材料作出认定。(§8)

《最高人民法院、最高人民检察院关于办理危害食品安全刑事案件适用法律若干问题的解释》(法释[2021]24号,自2022年1月1日起施行)

△(**危害食品安全;非法经营罪**)以提供给他人生产、销售食品为目的,违反国家规定,生产、销售国家禁止用于食品生产、销售的非食品原料,情节严重的,依照刑法第二百二十五条的规定以非法经营罪定罪处罚。

以提供给他人生产、销售食用农产品为目的,违反国家规定,生产、销售国家禁止使用的农药、食品动物中禁止使用的药品及其他化合物等有毒、有害的非食品原料,或者生产、销售添加上述有毒、有害的非食品原料的农药、兽药、饲料、饲料添加剂、饲料原料,情节严重的,依照前款的规定定罪处罚。(§16)

△(**非法从事生猪屠宰、销售等经营活动;非法经营罪**)违反国家规定,私设生猪屠宰厂(场),从事生猪屠宰、销售等经营活动,情节严重的,依照刑法第二百二十五条的规定以非法经营罪定罪处罚。(§17Ⅰ)

△(**非法经营数额;竞合**)实施本解释规定的非法经营行为,非法经营数额在十万元以上,或者违法所得数额在五万元以上的,应当认定为刑法第二百二十五条规定的"情节严重";非法经营数额在五十万元以上,或者违法所得数额在二十五万元以上的,应当认定为刑法第二百二十五条规定的"情节特别严重"。

实施本解释规定的非法经营行为,同时构成生产、销售伪劣产品罪,生产、销售不符合安全标准的食品罪,生产、销售有毒、有害食品罪,生产、销售伪劣农药、兽药罪等其他犯罪的,依照处罚较重的规定定罪处罚。(§18)

△(**禁止令;行政处罚**)对实施本解释规定之犯罪的犯罪分子,应当依照刑法规定的条件,严格适用缓刑、免予刑事处罚。对于依法适用缓刑的,可以根据犯罪情况,同时宣告禁止令。

对于被不起诉或者免予刑事处罚的行为人,需要给予行政处罚、政务处分或者其他处分的,依法移送有关主管机关处理。(§22)

△(**单位犯罪**)单位实施本解释规定的犯罪的,对单位判处罚金,并对直接负责的主管人员和其他直接责任人员,依照本解释规定的定罪量刑标准处罚。(§23)

《最高人民法院、最高人民检察院关于办理环境污染刑事案件适用法律若干问题的解释》(法释[2023]7号,自2023年8月15日起施行)

△(**无证从事收集、贮存、利用、处置危险废物经营活动;想象竞合犯;污染环境罪**)无危险废物经营许可证从事收集、贮存、利用、处置危险废物经营活动,严重污染环境的,按照污染环境罪定罪处罚;同时构成非法经营罪的,依照处罚较重的规定定罪处罚。

实施前款规定的行为,不具有超标排放污染物、非法倾倒污染物或者其他违法造成环境污染的情形的,可以认定为非法经营情节显著轻微危害不大,不认为是犯罪;构成生产、销售伪劣产品等其他犯罪的,以其他犯罪论处。(§7)

△(**需要行政处罚、政务处分或者其他处分;依法移送**)对于实施本解释规定的相关行为被不起诉或者免予刑事处罚的行为人,需要给予行政处罚、政务处分或者其他处分的,依法移送有关主管机关处理。有关主管机关应当将处理结果及时通知人民检察院、人民法院。(§12)

△(**单位犯罪**)单位实施本解释规定的犯罪的,依照本解释规定的定罪量刑标准,对直接负责

的主管人员和其他直接责任人员定罪处罚,并对单位判处罚金。(§13)

△(监测数据;检测获取的数据;作为证据使用)环境保护主管部门及其所属监测机构在行政执法过程中收集的监测数据,在刑事诉讼中可以作为证据使用。

公安机关单独或者会同环境保护主管部门,提取污染物样品进行检测获取的数据,在刑事诉讼中可以作为证据使用。(§14)

△(国家危险废物名录所列的废物;危险废物的数量;认定)对国家危险废物名录所列的废物,可以依据涉案物质的来源、产生过程、被告人供述、证人证言以及经批准或者备案的环境影响评价文件、排污许可证、排污登记表等证据,结合环境保护主管部门、公安机关等出具的书面意见作出认定。

对危险废物的数量,依据案件事实,综合被告人供述,涉案企业的生产工艺、物耗、能耗情况,以及经批准或者备案的环境影响评价文件等证据作出认定。(§15)

△(环境污染专门性问题难以确定;鉴定意见;报告)对案件所涉的环境污染专门性问题难以确定的,依据鉴定机构出具的鉴定意见,或者国务院环境保护主管部门、公安部门指定的机构出具的报告,结合其他证据作出认定。(§16)

△(非法处置危险废物)无危险废物经营许可证,以营利为目的,从危险废物中提取物质作为原材料或者燃料,并具有超标排放污染物、非法倾倒污染物或者其他违法造成环境污染的情形的行为,应当认定为"非法处置危险废物"。(§18)

《最高人民法院关于审理破坏森林资源刑事案件适用法律若干问题的解释》(法释〔2023〕8号,自2023年8月15日起施行)

△(买卖允许进出口证明书等经营许可证明;非法经营罪;伪造、变造、买卖国家机关公文、证件罪)买卖允许进出口证明书等经营许可证明,同时构成刑法第二百二十五条、第二百八十条规定之罪的,依照处罚较重的规定定罪处罚。(§10Ⅱ)

【司法解释性文件】

《最高人民法院、最高人民检察院、公安部关于印发〈办理骗汇、逃汇犯罪案件联席会议纪要〉的通知》(公通字〔1999〕39号,1999年6月7日公布)

△(为他人向外汇指定银行骗购外汇;居间介绍骗购外汇;非法经营罪;采用非法手段;明知)全国人大常委会《关于惩治骗购外汇、逃汇和非法买卖外汇犯罪的决定》(以下简称《决定》)公布施行后发生的犯罪行为,应当依照《决定》办理;对于《决定》公布施行前发生的公布后尚未处理或者正在处理的行为,依照修订后的刑法第十二条第一款规定的原则办理。

最高人民法院1998年8月28日发布的《关于审理骗购外汇、非法买卖外汇刑事案件具体应用法律若干问题的解释》(以下简称《解释》),是对具体应用修订后的刑法有关问题的司法解释,适用于依照修订后的刑法判处的案件。各执法部门对于《解释》应当准确理解,严格执行。

《解释》第四条规定:"公司、企业或者其他单位,违反有关外贸代理业务的规定,采用非法手段,或者明知是伪造、变造的凭证、商业单据,为他人向外汇指定银行骗购外汇,数额在五百万美元以上或者违法所得五十万元人民币以上的,按照刑法第二百二十五条第(三)项的规定定罪处罚;居间介绍骗购外汇一百万美元以上或者违法所得十万元人民币以上的,按照刑法第二百二十五条第(三)项的规定定罪处罚。"上述所称"采用非法手段",是指有国家批准的进出口经营权的外贸代理企业在经营代理进出口业务时,不按国家经济主管部门有关规定履行职责,放任被代理方自带客户、自带货源、自带汇票、自行报关,在不见进口产品、不见供货货主、不见外商的情况下代理进口业务,或者采取法律、行政法规和部门规章禁止的其他手段代理进口业务。

认定《解释》第四条所称的"明知",要结合案件的具体情节予以综合考虑,不能仅仅因为行为人不供述就不予认定。报关行为先于签订外贸代理协议的,或者委托方提供的购汇凭证明显与真实凭证、商业单据不符的,应当认定为明知。

《解释》第四条所称"居间介绍骗购外汇",是指收取他人人民币、以虚假购汇凭证委托外贸公司、企业骗购外汇,获取非法收益的行为。(§2)

△(管辖;管辖交叉)公安机关侦查骗汇、逃汇犯罪案件中涉及人民检察院管辖的贪污贿赂、渎职犯罪案件的,应当将贪污贿赂、渎职犯罪案件材料移送有管辖权的人民检察院审查。对管辖交叉的案件,可以分别立案,共同工作。如果涉嫌主罪属于公安机关管辖,由公安机关为主侦查,人民检察院予以配合;如果涉嫌主罪属于人民检察院管辖,由人民检察院为主侦查,公安机关予以配合。双方意见有较大分歧的,要协商解决,并及时向当地党委、政法委和上级主管机关请示。(§3)

△(犯罪证据之收集和固定;先行处理;骗购外汇既遂)公安机关侦查骗汇、逃汇犯罪案件,要及时全面收集和固定犯罪证据,抓紧缉捕犯罪分

子。人民检察院和人民法院对正在办理的骗汇、逃汇犯罪案件,只要基本犯罪事实清楚,基本证据确实充分,应当及时依法起诉、审判。主犯在逃或者骗购外汇所需人民币资金的来源无法彻底查清,但证明在案的其他犯罪嫌疑人实施犯罪的基本证据确实充分的,为在法定时限内结案,可以对在案的其他犯罪嫌疑人先行处理。对于已收集到外汇指定银行汇出凭证和境外收汇银行收款凭证等证据,能够证明所骗购外汇已汇至港澳台地区或国外的,应视为骗购外汇既遂。(§4)

△(惩办与宽大相结合)坚持"惩办与宽大相结合"的政策。对骗购外汇共同犯罪的主犯,或者参与伪造、变造购汇凭证的骗汇人员,以及与骗购外汇的犯罪分子相勾结的国家工作人员,要从严惩处。对具有自首、立功或者其他法定从轻、减轻情节的,依法从轻、减轻处理。(§5)

《最高人民检察院法律政策研究室关于非法经营行为界定有关问题的复函》([2002]高检研发第24号,2002年10月25日公布)

△(经营违法音像制品;非法经营罪)关于经营违法音像制品行为的处理问题。对于经营违法音像制品行为,构成犯罪的,应当根据案件的具体情况,分别依照最高人民法院《关于审理非法出版物刑事案件具体应用法律若干问题的解释》和最高人民检察院、公安部《关于经济犯罪案件追诉标准的规定》[①]等相关规定办理。(§1)

△(非法经营行为)关于非法经营行为的界定问题,同意你部的意见,即:只要行为人明知是违法音像制品而进行经营即属于非法经营行为,其是否具有音像制品合法经营资格并不影响对非法经营行为的认定;非法经营行为包括一系列环节,经营者购进违法音像制品并存放于仓库等场所的行为属于经营行为的中间环节,对此也可以认定为是非法经营行为。(§2)

《最高人民检察院关于1998年4月18日以前的传销或者变相传销行为如何处理的答复》([2003]高检研发第7号,2003年3月21日公布)

△(传销或者变相传销行为)对1998年4月18日国务院发布《关于禁止传销经营活动的通知》以前的传销或者变相传销行为,不宜以非法经营罪追究刑事责任。行为人在传销或者变相传销活动中实施销售假冒伪劣产品、诈骗、非法集资、虚报注册资本、偷税[②]等行为,构成犯罪的,应当依照刑法的相关规定追究刑事责任。

《最高人民法院、最高人民检察院、公安部关于印发〈办理非法经营国际电信业务犯罪案件联席会议纪要〉的通知》(公通字[2002]29号,2003年4月22日公布)

△(擅自经营国际电信业务或者涉港澳台电信业务;其他方法)《解释》[③]第一条规定:"违反国家规定,采取租用国际专线、私设转接设备或者其他方法,擅自经营国际电信业务或者涉港澳台电信业务进行营利活动,扰乱电信市场管理秩序,情节严重的,依照刑法第二百二十五条第(四)项的规定,以非法经营罪处罚。"对于未取得国际电信业务(含涉港澳台电信业务,下同)经营许可证而经营,或被终止国际电信业务经营资格后继续经营,应认定为"擅自经营国际电信业务或者涉港澳台电信业务";情节严重的,应按上述规定以非法经营罪追究刑事责任。

《解释》[④]第一条所称"其他方法",是指在边境地区私自架设跨境通信线路;利用互联网跨境传送IP话音并设立转接设备,将国际话务转接至我境内公用电话网或转接至其他国家或地区;在境内以租用、托管、代维等方式设立转接平台;私自设置国际通信出入口等方法。(§2)

△(明知;非法经营罪的共犯)获得国际电信业务经营许可的经营者(含涉港澳台电信业务经营者)明知他人非法从事国际电信业务,仍违反国家规定,采取出租、合作、授权等手段,为他人提供经营和技术条件,利用现有设备或另设国际话务转接设备并从中营利,情节严重的,应以非法经营罪的共犯追究刑事责任。(§3)

《公安部关于对侵犯著作权案件中尚未印制完成的侵权复制品如何计算非法经营数额问题的批复》(公复字[2003]2号,2003年6月20日公布)

△(尚未印制完成侵权复制品;非法经营数额)根据《最高人民法院关于审理非法出版物刑事案件具体应用法律若干问题的解释》(法释

---

① 《最高人民检察院、公安部关于经济犯罪案件追诉标准的规定》已经被废止。
② 现行《刑法》第二百零一条已将罪名修正为"逃税罪"。
③ 即《最高人民法院关于审理扰乱电信市场管理秩序案件具体应用法律若干问题的解释》(法释[2000]12号,自2000年5月24日起施行)。
④ 即《最高人民法院关于审理扰乱电信市场管理秩序案件具体应用法律若干问题的解释》(法释[2000]12号,自2000年5月24日起施行)。

〔1998〕30号)第17条的规定,侵犯著作权案件,应以非法出版物的定价数额乘以行为人经营的非法出版物数量所得的数额计算其经营数额。因此,对于行为人尚未印制完成侵权复制品的,应当以侵权复制品的定价数额乘以承印数量所得的数额计算其经营数额。但由于上述行为属于犯罪未遂,对于需要追究刑事责任的,公安机关应当在起诉意见书中予以说明。

《最高人民法院、最高人民检察院、公安部关于依法开展打击淫秽色情网站专项行动有关工作的通知》(公通字〔2004〕53号,2004年7月16日公布)

△(**擅自设立互联网上网服务营业场所;擅自从事互联网上网服务经营活动;非法经营罪**)在专项行动中,要严格按照《刑法》、全国人民代表大会常务委员会《关于维护互联网安全的决定》和有关司法解释的规定,严格依法办案,正确把握罪与非罪的界限,保证办案质量。对于利用互联网从事犯罪活动的,应当根据其具体实施的行为,分别以制作、复制、出版、贩卖、传播淫秽物品牟利罪、传播淫秽物品罪、组织播放淫秽音像制品罪及刑法规定的其他有关罪名,依法追究刑事责任。对于违反国家规定,擅自设立互联网上网服务营业场所,或者擅自从事互联网上网服务经营活动,情节严重,构成犯罪的,以非法经营罪追究刑事责任。对于建立淫秽网站、网页,提供涉及未成年人淫秽信息、利用青少年教育网络从事淫秽色情活动以及顶风作案、罪行严重的犯罪分子,要坚决依法从重打击,严惩以罚代刑。要充分运用没收犯罪工具、追缴违法所得等措施,以及没收财产、罚金等财产刑,加大对犯罪分子的经济制裁力度,坚决铲除淫秽色情网站的生存基础,彻底剥夺犯罪分子非法获利和再次犯罪的资本。

《最高人民法院、最高人民检察院、公安部、中国证券监督管理委员会关于整治非法证券活动有关问题的通知》(证监发〔2008〕1号,2008年1月2日公布)

△(**非法经营证券业务;中介机构非法代理买卖非上市公司股票;非法经营罪**)关于非法经营证券业务的责任追究。任何单位和个人经营证券业务,必须经证监会批准。未经批准的,属于非法经营证券业务,情节严重的,可以取缔;涉嫌犯罪的,依照《刑法》第二百二十五条之规定,以非法经营罪追究刑事责任。对于中介机构非法代理买卖非上市公司股票,涉嫌犯罪的,应当依照《刑法》第二百二十五条之规定,以非法经营罪追究刑事责任;所代理的非上市公司涉嫌擅自发行股票,构成犯罪的,应当依照《刑法》第一百七十九条之规定,以擅自发行股票罪追究刑事责任。非上市公司和中介机构共谋擅自发行股票,构成犯罪的,以擅自发行股票罪的共犯论处。未构成犯罪的,依照《证券法》和有关法律的规定给予行政处罚。(§2Ⅲ)

《最高人民法院关于准确理解和适用刑法中"国家规定"的有关问题的通知》(法发〔2011〕155号,2011年4月8日公布)

△(**其他严重扰乱市场秩序的非法经营行为;法律适用问题;逐级请示**)各级人民法院审理非法经营犯罪案件,要依法严格把握刑法第二百二十五条第(四)的适用范围。对被告人的行为是否属于刑法第二百二十五条第(四)规定的"其他严重扰乱市场秩序的非法经营行为",有关司法解释未作明确规定的,应当作为法律适用问题,逐级向最高人民法院请示。(§3)

《最高人民法院关于被告人李明华非法经营请示一案的批复》(〔2011〕刑他字第21号,2011年5月6日公布)

△(**超范围和地域经营**)被告人李明华持有烟草专卖零售许可证,但多次实施批发业务,而且从非指定烟草专卖部门进货的行为,属于超范围和地域经营的情形,不宜按照非法经营罪处理,应由相关主管部门进行处理。

《最高人民法院关于被告人何伟光、张勇泉等非法经营案的批复》(〔2012〕刑他字第136号,2012年12月26日公布)

△(**高利放贷**)被告人何伟光、张勇泉等人高利放贷的行为具有一定的社会危害性,但此类行为是否属于刑法第二百二十五条规定的"其他严重扰乱市场秩序的非法经营行为",相关立法解释和司法解释尚无明确规定,故对何伟光、张勇泉等人的行为不宜以非法经营罪定罪处罚。

《最高人民法院、最高人民检察院、公安部、农业部、食品药品监管总局关于进一步加强麻黄草管理严厉打击非法买卖麻黄草等违法犯罪活动的通知》(公通字〔2013〕16号,2013年5月21日发布)

△(**违反国家规定采挖、销售、收购麻黄草**)违反国家规定采挖、销售、收购麻黄草,没有证据证明以制造毒品或者走私、非法买卖制毒物品为目的,依照刑法第二百二十五条的规定构成犯罪的,以非法经营罪定罪处罚。

《最高人民法院、最高人民检察院、公安部、国家安全部关于依法办理非法生产销售使用"伪基站"设备案件的意见》(公通字〔2014〕13号,2014

年 3 月 14 日公布)

△(非法生产、销售"伪基站"设备;非法经营罪;情节特别严重;想象竞合)非法生产、销售"伪基站"设备,具有以下情形之一的,依照《刑法》第二百二十五条的规定,以非法经营罪追究刑事责任:

1. 个人非法生产、销售"伪基站"设备三套以上,或者非法经营数额五万元以上,或者违法所得数额二万元以上的;

2. 单位非法生产、销售"伪基站"设备十套以上,或者非法经营数额十五万元以上,或者违法所得数额五万元以上的;

3. 虽未达到上述数额标准,但两年内曾因非法生产、销售"伪基站"设备受过两次以上行政处罚,又非法生产、销售"伪基站"设备的。

实施前款规定的行为,数量、数额达到前款规定的数量、数额五倍以上的,应当认定为《刑法》第二百二十五条规定的"情节特别严重"。

非法生产、销售"伪基站"设备,经鉴定为专用间谍器材的,依照《刑法》第二百八十三条的规定,以非法生产、销售间谍专用器材罪追究刑事责任;同时构成非法经营罪的,以非法经营罪追究刑事责任。(§1Ⅰ)

△(共同犯罪)明知他人实施非法生产、销售"伪基站"设备,或者非法使用"伪基站"设备干扰公用电信网络信号等犯罪,而为其提供资金、场所、技术、设备等帮助的,以共同犯罪论处。(§1Ⅲ)

△(宽严相济刑事政策)对犯罪嫌疑人、被告人的处理,应当结合其主观恶性大小、行为危害程度以及在案件中所起的作用等因素,切实做到区别对待。对组织指挥、实施非法生产、销售、使用"伪基站"设备的首要分子、积极参加的犯罪分子,以及曾因非法生产、销售、使用"伪基站"设备受过行政处罚或者刑事处罚,又实施非法生产、销售、使用"伪基站"设备的犯罪分子,应当作为打击重点依法予以严惩;对具有自首、立功、从犯等法定情节的犯罪分子,可以依法从宽处理。对情节显著轻微、危害不大的,依法不作为犯罪处理。(§2)

△(管辖;指定管辖)案件一般由犯罪地公安机关管辖,犯罪嫌疑人居住地公安机关管辖更为适宜的,也可以由犯罪嫌疑人居住地公安机关管辖。对案件管辖有争议的,可以由共同的上级公安机关指定管辖;情况特殊的,上级公安机关可以指定其他公安机关管辖。(§3Ⅰ)

△(逮捕;审查起诉)上级公安机关指定下级公安机关立案侦查的案件,需要逮捕犯罪嫌疑人的,由侦查该案件的公安机关提请同级人民检察院审查批准,人民检察院应当依法作出批准逮捕或者不批准逮捕的决定;需要移送审查起诉的,由侦查该案件的公安机关移送同级人民检察院审查起诉。(§3Ⅱ)

△(案件移送)人民检察院对于审查起诉的案件,按照《刑事诉讼法》的管辖规定,认为应当由上级人民检察院或者同级其他人民检察院起诉的,将案件移送有管辖权的人民检察院,或者报上级检察机关指定管辖。(§3Ⅲ)

△(并案处理)符合最高人民法院、最高人民检察院、公安部、国家安全部、司法部、全国人大法工委《关于实施刑事诉讼法若干问题的规定》有关并案处理规定的,人民法院、人民检察院、公安机关可以在职责范围内并案处理。(§3Ⅳ)

《最高人民法院、最高人民检察院、公安部关于办理利用赌博机开设赌场案件适用法律若干问题的意见》(公通字〔2014〕17 号,2014 年 3 月 26 日公布)

△(非法生产、销售赌博机;非法经营罪;情节严重;情节特别严重)以提供给他人开设赌场为目的,违反国家规定,非法生产、销售具有退币、退分、退钢珠等赌博功能的电子游戏设施设备或者其专用软件,情节严重的,依照刑法第二百二十五条的规定,以非法经营罪定罪处罚。

实施前款规定的行为,具有下列情形之一的,属于非法经营行为"情节严重":

(一)个人非法经营数额在五万元以上,或者违法所得数额在一万元以上的;

(二)单位非法经营数额在五十万元以上,或者违法所得数额在十万元以上的;

(三)虽未达到上述数额标准,但两年内因非法生产、销售赌博机行为受过二次以上行政处罚,又进行同种非法经营行为的;

(四)其他情节严重的情形。

具有下列情形之一的,属于非法经营行为"情节特别严重":

(一)个人非法经营数额在二十五万元以上,或者违法所得数额在五万元以上的;

(二)单位非法经营数额在二百五十万元以上,或者违法所得数额在五十万元以上的。(§4)

《最高人民法院、最高人民检察院、公安部、国家新闻出版广电总局关于依法严厉打击非法电视网络接收设备违法犯罪活动的通知》(新广电发〔2015〕229 号,2015 年 9 月 18 日公布)

△(非法电视网络接收设备;非法经营罪;想象竞合;追缴违法所得)各级公安、检察、审判机关和新闻出版广电行政主管部门要高度重视查办非法电视网络接收设备违法犯罪案件,正确把握法

律政策界限，严格执行法律法规的有关规定，坚决依法严厉打击非法电视网络接收设备违法犯罪活动。非法电视网络接收设备主要包括三类："电视棒"等网络共享设备；非法互联网电视接收设备，包括但不限于内置含有非法电视、非法广播等非法内容的定向接收软件或硬件模块的机顶盒、电视机、投影仪、显示器；用于收看非法电视、收听非法广播的网络软件、移动互联网客户端软件和互联网电视客户端软件。根据刑法和司法解释的规定，违反国家规定，从事生产、销售非法电视网络接收设备（含软件），以及为非法广播电视软件提供下载服务、为非法广播电视节目频道接收提供链接服务等营利性活动，扰乱市场秩序，个人非法经营数额在5万元以上或违法所得数额在1万元以上，单位非法经营数额在50万元以上或违法所得数额在10万元以上，按照非法经营罪追究刑事责任。对于利用生产、销售、安装非法电视网络接收设备传播淫秽色情节目、实施危害国家安全等行为的，根据其行为的性质，依法追究刑事责任。对非法电视网络接收设备犯罪行为，涉及数个罪名的，按照相关原则，择一重罪处罚或数罪并罚。在追究犯罪分子刑事责任的同时，还要依法追缴违法所得，没收其犯罪所用的一切财物。对于实施上述行为尚不构成犯罪的，由新闻出版广电等相关行政主管部门依法给予行政处罚；构成违反治安管理行为的，依法给予治安管理处罚。（§2）

《最高人民检察院关于办理涉互联网金融犯罪案件有关问题座谈会纪要》（高检诉〔2017〕14号，2017年6月2日公布）

△（**涉互联网金融犯罪；支付结算业务；非法经营罪**）支付结算业务（也称支付业务）是商业银行或者支付机构在收付款人之间提供的货币资金转移服务。非银行机构从事支付结算业务，应当经中国人民银行批准取得《支付业务许可证》，成为支付机构。未取得支付业务许可从事该业务的行为，违反《非法金融机构和非法金融业务活动取缔办法》第四条第一款第（三）、（四）项的规定，破坏了支付结算业务许可制度，危害支付市场秩序和安全，情节严重的，适用刑法第二百二十五条第（三）项，以非法经营罪追究刑事责任。具体情形：

（1）未取得支付业务许可经营基于客户支付账户的网络支付业务。无证网络支付机构为客户非法开立支付账户，客户先将资金支付到该支付账户，再由无证机构根据订单信息从支付账户平台将资金结算到收款人银行账户。

（2）未取得支付业务许可经营多用途预付卡业务。无证发卡机构非法发行可跨地区、跨行业、跨法人使用的多用途预付卡，聚集大量的预付卡销售资金，并根据客户订单信息向商户划转结算资金。

△（**资金支付结算的实质特征；"地下钱庄"**）在具体办案时，要深入剖析相关行为是否具备资金支付结算的实质特征，准确区分支付工具的正常商业流转与提供支付结算服务、区分单用途预付卡与多用途预付卡业务，充分考虑具体行为与"地下钱庄"等同类犯罪在社会危害方面的相当性以及刑事处罚的必要性，严格把握入罪和出罪标准。（§19）

△（**单位犯罪；追诉方向**）涉互联网金融犯罪案件以单位形式组织实施，所涉单位数量众多、层级复杂，其中还包括大量分支机构与关联单位，集团化特征明显。有的涉互联网金融犯罪案件中分支机构遍布全国，既有具备法人资格的，又有不具备法人资格的；既有受总公司直接领导的，又有受总公司的下属单位领导的。公安机关在立案时做法不一，有的对单位立案，有的不对单位立案，有的被立案的单位不具有独立法人资格，有的仅对最上层的单位立案而不对分支机构立案。对此，检察机关公诉部门在审查起诉时，应当从能够全面揭示犯罪行为基本特征、全面覆盖犯罪活动、准确界定区分各层级人员的地位作用、有利于有力指控犯罪、有利于追缴违法所得等方面依法具体把握，确定是否以单位犯罪追究。（§20）

△（**单位犯罪**）涉互联网金融犯罪所涉罪名中，刑法规定应当追究单位刑事责任的，对同时具备以下情形且具有独立法人资格的单位，可以以单位犯罪追究：

（1）犯罪活动经单位决策实施；

（2）单位的员工主要按照单位的决策实施具体犯罪活动；

（3）违法所得归单位所有，经单位决策使用，收益亦归单位所有。但是，单位设立之后专门从事违法犯罪活动的，应当以自然人犯罪追究刑事责任。（§21）

△（**不具有独立法人资格的分支机构**）对参与涉互联网金融犯罪，但不具有独立法人资格的分支机构，是否追究其刑事责任，可以区分两种情形处理：

（1）全部或部分违法所得归分支机构所有并支配，分支机构作为单位犯罪主体追究刑事责任；

（2）违法所得完全归分支机构上级单位所有并支配的，不能对分支机构作为单位犯罪主体追

究刑事责任,而是应当对分支机构的上级单位(符合单位犯罪主体资格)追究刑事责任。(§22)

△(**分支机构相关涉案人员**)分支机构被认定为单位犯罪主体的,该分支机构相关涉案人员应当作为该分支机构的"直接负责的主管人员"或者"其他直接责任人员"追究刑事责任。仅将分支机构的上级单位认定为单位犯罪主体的,该分支机构相关涉案人员可以作为该上级单位的"其他直接责任人员"追究刑事责任。(§23)

△(**符合追诉条件的分支机构;审查起诉**)对符合追诉条件的分支机构(包括具有独立法人资格的和不具有独立法人资格)及其所属单位,公安机关均没有作为犯罪嫌疑单位移送审查起诉,仅将其所属单位的上级单位作为犯罪嫌疑单位移送审查起诉的,对相关分支机构涉案人员可以区分以下情形处理:

(1)有证据证明被立案的上级单位(比如总公司)在业务、财务、人事等方面对下属单位及其分支机构进行实际控制,下属单位及其分支机构涉案人员已经移送审查起诉的作为被立案的上级单位的"其他直接责任人员"追究刑事责任。在证明实际控制关系时,应当收集、运用公司决策、管理、考核等相关文件,OA系统等电子数据,资金往来记录等证据。对不同地区同一单位的分支机构涉案人员起诉时,证明实际控制关系的证据体系、证明标准应当基本一致。

(2)据现有证据无法证明被立案的上级单位与下属单位及其分支机构之间存在实际控制关系的,对符合单位犯罪构成要件的下属单位或分支机构应当补充起诉,下属单位及其分支机构已不具备补充起诉条件的,可以将下属单位及其分支机构的涉案犯罪嫌疑人直接起诉。(§24)

△(**跨区域;涉互联网金融犯罪;统一平衡**)在办理跨区域涉互联网金融犯罪案件时,在追诉标准、追诉范围以及量刑建议等方面应当注意统一平衡。对于同一单位在多个地区分别设立分支机构的,在同一省(自治区、直辖市)范围内应当保持基本一致。分支机构所涉犯罪嫌疑人与上级单位主要犯罪嫌疑人之间应当保持适度平衡,防止出现责任轻重"倒挂"的现象。(§25)

△(**单位犯罪;区分主犯、从犯**)单位犯罪中,直接负责的主管人员和其他直接责任人员在涉互联网金融犯罪案件中的地位、作用存在明显差别的,可以区分主犯和从犯。对起组织领导作用的总公司的直接负责的主管人员和发挥主要作用的其他直接责任人员,可以认定为全案的主犯,其他人员可以认定为从犯。(§26)

△(**最大限度减少投资人的实际损失;从轻、减轻处罚;不起诉决定**)最大限度减少投资人的实际损失是办理涉互联网金融犯罪案件特别是非法集资案件的重要工作。在决定是否起诉、提出量刑建议时,要重视对是否有认罪认罚、在案退赃退赔等情节的考察。分支机构涉案人员积极配合调查、主动退还违法所得、真诚认罪悔罪的,应依法提出从轻、减轻处罚的量刑建议。其中,对情节轻微,可以免予刑事处罚的,或者情节显著轻微、危害不大、不认为是犯罪的,应当依法作出不起诉决定。对被不起诉人需要给予行政处罚或者没收违法所得的,应当向行政主管部门提出检察意见。(§27)

△(**证据;真实性;合法性;关联性**)涉互联网金融犯罪案件证据种类复杂、数量庞大、且分散于各地,收集、审查、运用证据的难度大。各地检察机关公诉部门要紧紧围绕证据的真实性、合法性、关联性,引导公安机关依法全面收集固定证据,加强证据的审查、运用,确保案件事实经得起法律的检验。(§28)

△(**提前介入侦查;收集固定证据;非法证据排除**)对于重大、疑难、复杂涉互联网金融犯罪案件,检察机关公诉部门要依法提前介入侦查,围绕指控犯罪的需要积极引导公安机关全面收集固定证据,必要时与公安机关共同会商,提出完善侦查思路、侦查提纲的意见建议。加强对侦查取证合法性的监督,对应当依法排除的非法证据坚决予以排除,对应当补正或作出合理解释的及时提出意见。(§29)

△(**电子数据;云存储电子数据;真实性;合法性;关联性**)电子数据在涉互联网金融犯罪案件的证据体系中地位重要,对于指控证实相关犯罪事实具有重要作用。随着互联网技术的不断发展,电子数据的形式、载体出现了许多新的变化,对电子数据的勘验、提取、审查等提出了更高要求,处理不当会对电子数据的真实性、合法性造成不可逆转的损害。检察机关公诉部门要严格执行《最高人民法院、最高人民检察院、公安部关于办理刑事案件收集提取和审查判断电子数据问题的若干规定》(法发〔2016〕22号),加强对电子数据收集、提取程序和技术标准的审查,确保电子数据的真实性、合法性。对云存储电子数据等新类型电子数据进行提取、审查时,要高度重视提取程序合法性、数据完整性等问题,必要时主动征求相关领域专家意见,在提取前会同公安机关、云存储服务提供商制定科学合法的提取方案,确保万无一失。(§30)

△(**证据交换共享机制**)落实"三统两分"要求,健全证据交换共享机制,协调推进跨区域案件

办理。对涉及主案犯罪嫌疑人的证据，一般由主案侦办地办案机构负责收集，其他地区提供协助。其他地区办案机构需要主案侦办地提供证据材料的，应当向主案侦办地办案机构提出证据需求，由主案侦办地办案机构收集并依法移送。无法移送证据原件的，应当在移送复制件的同时，按照相关规定作出说明。各地检察机关公诉部门之间要加强协作，加强与公安机关的协调，督促本地公安机关与其他地区公安机关做好证据交换共享相关工作。案件进入审查起诉阶段后，公诉部门需根据案件需要，直接向其他地区检察机关调取证据，其他地区检察机关公诉部门应积极协助。此外，各地检察机关在办理案件过程中发现对其他地区案件办理有重要作用的证据，应当及时采取措施，通知相应检察机关，做好依法移送工作。（§31）

《**最高人民法院、最高人民检察院、公安部、司法部、生态环境部关于办理环境污染刑事案件有关问题座谈会纪要**》(高检会〔2019〕3号，2019年2月20日公布)

△(**非法经营罪；污染环境罪**)会议针对如何把握非法经营罪与污染环境罪的关系以及如何具体适用非法经营罪的问题进行了讨论。会议强调，要高度重视非法经营危险废物案件的办理，坚持全链条、全环节、全流程对非法排放、倾倒、处置、经营危险废物的产业链进行刑事打击，查清犯罪网络，深挖犯罪源头，斩断利益链条，不断挤压和铲除此类犯罪滋生蔓延的空间。

会议认为，准确理解和适用《环境解释》①第六条的规定应当注意把握两个原则：一要坚持实质判断原则，对行为人非法经营危险废物行为的社会危害性作实质性判断。比如，一些单位或者个人虽未依法取得危险废物经营许可证，但其收集、贮存、利用、处置危险废物经营活动，没有超标排放污染物、非法倾倒污染物或者其他违法造成环境污染情形的，则不宜以非法经营罪论处。二要坚持综合判断原则，对行为人非法经营危险废物行为准据判断其在犯罪链条中的地位、作用综合判断其社会危害性。比如，有证据证明单位或者个人因无证经营危险废物行为属于危险废物非法经营产业链的一部分，并且已经形成了分工负责、利益均沾、相对固定的犯罪链条，如果行为人或者与其联系紧密的上游环节具有排放、倾倒、处置危险废物违法造成环境污染的情形，且交易价格明显异常的，对行为人可以根据案件具体情况在污染环境罪和非法经营罪中，择一重罪处断。

《**最高人民法院、最高人民检察院、公安部、司法部关于办理非法放贷刑事案件若干问题的意见**》(法发〔2019〕24号，2019年7月23日发布)

△(**非法放贷；非法经营罪；"经常性地向社会不特定对象发放贷款"；发放贷款次数**)违反国家规定，未经监管部门批准，或者超越经营范围，以营利为目的，经常性地向社会不特定对象发放贷款，扰乱金融市场秩序，情节严重的，依照刑法第二百二十五条第（四）项的规定，以非法经营罪定罪处罚。

前款规定中的"经常性地向社会不特定对象发放贷款"，是指2年内向不特定多人（包括单位和个人）以借款或其他名义出借资金10次以上。

贷款到期后延长还款期限的，发放贷款次数按照1次计算。（§1）

△(**情节严重；情节特别严重**)以超过36%的实际年利率实施符合本意见第一条规定的非法放贷行为，具有下列情形之一的，属于刑法第二百二十五条规定的"情节严重"，但单次非法放贷行为实际年利率未超过36%的，定罪量刑时不得计入：

（一）个人非法放贷数额累计在200万元以上的，单位非法放贷数额累计在1000万元以上的；

（二）个人违法所得数额累计在80万元以上的，单位违法所得数额累计在400万元以上的；

（三）个人非法放贷对象累计在50人以上的，单位非法放贷对象累计在150人以上的；

（四）造成借款人或者其近亲属自杀、死亡或者精神失常等严重后果的。

具有下列情形之一的，属于刑法第二百二十五条规定的"情节特别严重"：

（一）个人非法放贷数额累计在1000万元以上的，单位非法放贷数额累计在5000万元以上的；

（二）个人违法所得数额累计在400万元以上的，单位违法所得数额累计在2000万元以上的；

（三）个人非法放贷对象累计在250人以上的，单位非法放贷对象累计在750人以上的；

（四）造成多名借款人或者其近亲属自杀、死亡或精神失常等特别严重后果的。（§2）

△(**接近"情节严重""情节特别严重"的数额、数量起点标准**)非法放贷数额、违法所得数额、非法放贷对象数量接近本意见第二条规定的"情节严重""情节特别严重"的数额、数量起点标准，并具有下列情形之一的，可以分别认定为"情节严重""情节特别严重"：

---

① 即《最高人民法院、最高人民检察院关于办理环境污染刑事案件适用法律若干问题的解释》（已失效）。

(一) 2 年内因实施非法放贷行为受过行政处罚 2 次以上的;
(二) 以超过 72% 的实际年利率实施非法放贷为 10 次以上的。
前款规定中的"接近",一般应当掌握在相应数额、数量标准的 80% 以上。(§3)

△(仅向亲友、单位内部人员等特定对象出借资金) 仅向亲友、单位内部人员等特定对象出借资金,不得适用本意见第一条的规定定罪处罚。但具有下列情形之一的,定罪量刑时应当与向不特定对象非法放贷的行为一并处理:
(一) 通过亲友、单位内部人员等特定对象向不特定对象发放贷款的;
(二) 以发放贷款为目的,将社会人员吸收为单位内部人员,并向其发放贷款的;
(三) 向社会公开宣传,同时向不特定多人和亲友、单位内部人员等特定对象发放贷款的。(§4)

△(非法放贷数额;违法所得数额) 非法放贷数额应当以实际出借给借款人的本金金额认定。非法放贷行为人以介绍费、咨询费、管理费、逾期利息、违约金等名义和以从本金中预先扣除等方式收取利息的,相关数额在计算实际年利率时均应计入。
非法放贷行为人实际收取的除本金之外的全部财物,均应计入违法所得。
非法放贷行为未经处理的,非法放贷次数和数额、违法所得数额、非法放贷对象数量等应当累计计算。(§5)

△(竞合;数罪并罚;酌情从重处罚) 为从事非法放贷活动,实施擅自设立金融机构、套取金融机构资金高利转贷、骗取贷款、非法吸收公众存款等行为,构成犯罪的,应当择一重罪处罚。
为强行索要因非法放贷而产生的债务,实施故意杀人、故意伤害、非法拘禁、故意毁坏财物、寻衅滋事等行为,构成犯罪的,应当数罪并罚。
纠集、指使、雇佣他人采用恐吓、滋扰、纠缠、哄闹、聚众造势等手段强行索要债务,尚不单独构成犯罪,但实施非法放贷行为已构成非法经营罪的,应当按照非法经营罪的规定酌情从重处罚。
以上规定的情形,刑法、司法解释另有规定的除外。(§6)

△(黑恶势力非法放贷) 有组织地非法放贷,同时又有其他违法犯罪活动,符合黑社会性质组织或者恶势力、恶势力犯罪集团认定标准的,应当分别按照黑社会性质组织或者恶势力、恶势力犯罪集团侦查、起诉、审判。
黑恶势力非法放贷的,据以认定"情节严重"、"情节特别严重"的非法放贷数额、违法所得数额、非法放贷对象数量起点标准,可以分别按照本意见第二条规定中相应数额、数量标准的 50% 确定;同时具有本意见第三条第一款规定情形的,可以分别按照相应数额、数量标准的 40% 确定。(§7)

△(本意见施行前发生的非法放贷行为) 本意见自 2019 年 10 月 21 日起施行。对于本意见施行前发生的非法放贷行为,依照最高人民法院《关于准确理解和适用刑法中"国家规定"的有关问题的通知》(法发〔2011〕155 号) 的规定办理。(§8)

《最高人民法院、最高人民检察院、公安部办理跨境赌博犯罪案件若干问题的意见》(公通字〔2020〕14 号,2020 年 10 月 16 日发布)

△(赌博犯罪共犯;非法经营罪;妨害信用卡管理罪;窃取、收买、非法提供信用卡信息罪;掩饰、隐瞒犯罪所得、犯罪收益罪;非法利用信息网络罪;帮助信息网络犯罪活动罪;侵犯公民个人信息罪) 为赌博犯罪提供资金、信用卡、资金结算等服务,构成赌博犯罪共犯的,同时构成非法经营罪、妨害信用卡管理罪、窃取、收买、非法提供信用卡信息罪、掩饰、隐瞒犯罪所得、犯罪收益罪等罪的,依照处罚较重的规定定罪处罚。
为网络赌博犯罪提供互联网接入、服务器托管、网络存储、通讯传输等技术支持,或者提供广告推广、支付结算等帮助,构成赌博犯罪共犯的,同时构成非法利用信息网络罪、帮助信息网络犯罪活动罪等罪的,依照处罚较重的规定定罪处罚。
为实施赌博犯罪,非法获取公民个人信息,或者实施赌博犯罪者出售、提供公民个人信息,构成赌博犯罪共犯的,同时构成侵犯公民个人信息罪的,依照处罚较重的规定定罪处罚。(§4 Ⅴ)

《最高人民法院、最高人民检察院、公安部、司法部关于依法惩治妨害新型冠状病毒感染肺炎疫情防控违法犯罪的意见》(法发〔2020〕7 号,2020 年 2 月 6 日发布)

△(肺炎疫情防控;非法经营罪) 依法严惩哄抬物价犯罪。在疫情防控期间,违反国家有关市场经营、价格管理等规定,囤积居奇,哄抬疫情防控急需的口罩、护目镜、防护服、消毒液等防护用品,药品或者其他涉及民生的物品价格,牟取暴利,违法所得数额较大或者有其他严重情节,严重扰乱市场秩序的,依照刑法第二百二十五条第四项的规定,以非法经营罪定罪处罚。(§2 Ⅳ)

△(肺炎疫情防控;非法猎捕、杀害珍贵、濒危野生动物罪;非法收购、运输、出售珍贵、濒危野生

动物、珍贵、濒危野生动物制品罪；非法狩猎罪；非法经营罪；掩饰、隐瞒犯罪所得罪》依法严惩破坏野生动物资源犯罪。非法猎捕、杀害国家重点保护的珍贵、濒危野生动物的，或者非法收购、运输、出售国家重点保护的珍贵、濒危野生动物及其制品的，依照刑法第三百四十一条第一款的规定，以非法猎捕、杀害珍贵、濒危野生动物罪或者非法收购、运输、出售珍贵、濒危野生动物、珍贵、濒危野生动物制品罪定罪处罚。

违反狩猎法规，在禁猎区、禁猎期或者使用禁用的工具、方法进行狩猎，破坏野生动物资源，情节严重的，依照刑法第三百四十一条第二款的规定，以非法狩猎罪定罪处罚。

违反国家规定，非法经营非国家重点保护野生动物及其制品（包括开办交易场所、进行网络销售、加工食品出售等），扰乱市场秩序，情节严重的，依照刑法第二百二十五条第四项的规定，以非法经营罪定罪处罚。

知道或者应当知道是国家重点保护的珍贵、濒危野生动物及其制品，为食用或者其他目的而非法购买，符合刑法第三百四十一条第一款规定的，以非法收购珍贵、濒危野生动物、珍贵、濒危野生动物制品罪定罪处罚。

知道或者应当知道是非法狩猎的野生动物而购买，符合刑法第三百一十二条规定的，以掩饰、隐瞒犯罪所得罪定罪处罚。（§2Ⅸ）

△〔治安管理处罚；从重情节〕依法严惩妨害疫情防控的违法行为。实施上述（一）至（九）规定的行为，不构成犯罪的，由公安机关根据治安管理处罚法有关虚构事实扰乱公共秩序，扰乱单位秩序、公共场所秩序、寻衅滋事，拒不执行紧急状态下的决定、命令，阻碍执行职务，冲闯警戒带、警戒区，殴打他人，故意伤害，侮辱他人，诈骗，在铁路沿线非法挖掘坑穴、采石取沙、盗窃、损毁路面公共设施，损毁铁路设施设备，故意损毁财物，哄抢公私财物等规定，予以治安管理处罚，或者由有关部门予以其他行政处罚。

对于疫情防控期间实施有关违法犯罪的，要作为从重情节予以考量，依法体现从严的政策要求，有力遏制震慑违法犯罪，维护法律权威，维护社会秩序，维护人民群众生命安全和身体健康。（§2Ⅹ）

《最高人民检察院、公安部关于公安机关管辖的刑事案件立案追诉标准的规定（二）》（公通字〔2022〕12号，2022年4月6日公布）

△〔非法经营罪；立案追诉标准〕违反国家规定，进行非法经营活动，扰乱市场秩序，涉嫌下列情形之一的，应予立案追诉：

（一）违反国家烟草专卖管理法律法规，未经烟草专卖行政主管部门许可，无烟草专卖生产企业许可证、烟草专卖批发企业许可证、特种烟草专卖经营企业许可证、烟草专卖零售许可证等许可证明，非法经营烟草专卖品，具有下列情形之一的：

1. 非法经营数额在五万元以上，或者违法所得数额在二万元以上的；

2. 非法经营卷烟二十万支以上的；

3. 三年内因非法经营烟草专卖品受过二次以上行政处罚，又非法经营烟草专卖品且数额在三万元以上的。

（二）未经国家有关主管部门批准，非法经营证券、期货、保险业务，或非法从事资金支付结算业务，具有下列情形之一的：

1. 非法经营证券、期货、保险业务，数额在一百万元以上，或者违法所得数额在十万元以上的；

2. 非法从事资金支付结算业务，数额在五百万元以上，或者违法所得数额在十万元以上的；

3. 非法从事资金支付结算业务，数额在二百五十万元以上不满五百万元，或者违法所得数额在五万元以上不满十万元，且具有下列情形之一的：

（1）因非法从事资金支付结算业务犯罪行为受过刑事追究的；

（2）二年内因非法从事资金支付结算业务违法行为受过行政处罚的；

（3）拒不交代涉案资金去向或者拒不配合追缴工作，致使赃款无法追缴的；

（4）造成其他严重后果的。

4. 使用销售点终端机具（POS机）等方法，以虚构交易、虚开价格、现金退货等方式向信用卡持卡人直接支付现金，数额在一百万元以上的，或者造成金融机构资金二十万元以上逾期未还的，或者造成金融机构经济损失十万元以上的。

（三）实施倒买倒卖外汇或者变相买卖外汇等非法买卖外汇行为，扰乱金融市场秩序，具有下列情形之一的：

1. 非法经营数额在五百万元以上的，或者违法所得数额在十万元以上的；

2. 非法经营数额在二百五十万元以上的，或者违法所得数额在五万元以上，且具有下列情形之一的：

（1）因非法买卖外汇犯罪行为受过刑事追究的；

（2）二年内因非法买卖外汇违法行为受过行政处罚的；

(3)拒不交代涉案资金去向或者拒不配合追缴工作,致使赃款无法追缴的;

(4)造成其他严重后果的。

3. 公司、企业或者其他单位违反有关外贸代理业务的规定,采用非法手段,或者明知是伪造、变造的凭证、商业单据,为他人向外汇指定银行骗购外汇,数额在五百万美元以上或者违法所得数额在五十万元以上的;

4. 居间介绍骗购外汇,数额在一百万美元以上或者违法所得数额在十万元以上的。

(四)出版、印刷、复制、发行严重危害社会秩序和扰乱市场秩序的非法出版物,具有下列情形之一的:

1. 个人非法经营数额在五万元以上的,单位非法经营数额在十五万元以上的;

2. 个人违法所得数额在二万元以上的,单位违法所得数额在五万元以上的;

3. 个人非法经营报纸五千份或者期刊五千本或者图书二千册或者音像制品、电子出版物五百张(盒)以上的,单位非法经营报纸一万五千份或者期刊一万五千本或者图书五千册或者音像制品、电子出版物一千五百张(盒)以上的;

4. 虽未达到上述数额标准,但具有下列情形之一的:

(1)二年内因出版、印刷、复制、发行非法出版物受过二次以上行政处罚,又出版、印刷、复制、发行非法出版物的;

(2)因出版、印刷、复制、发行非法出版物造成恶劣社会影响或者其他严重后果的。

(五)非法从事出版物的出版、印刷、复制、发行业务,严重扰乱市场秩序,具有下列情形之一的:

1. 个人非法经营数额在十五万元以上的,单位非法经营数额在五十万元以上的;

2. 个人违法所得数额在五万元以上的,单位违法所得数额在十五万元以上的;

3. 个人非法经营报纸一万五千份或者期刊一万五千本或者图书五千册或者音像制品、电子出版物一千五百张(盒)以上的,单位非法经营报纸五万份或者期刊五万本或者图书一万五千册或者音像制品、电子出版物五千张(盒)以上的;

4. 虽未达到上述数额标准,二年内因非法从事出版物的出版、印刷、复制、发行业务受过二次以上行政处罚,又非法从事出版物的出版、印刷、复制、发行业务的。

(六)采取租用国际专线、私设转接设备或者其他方法,擅自经营国际电信业务或者涉港澳台电信业务进行营利活动,扰乱电信市场管理秩序,具有下列情形之一的:

1. 经营去话业务数额在一百万元以上的;

2. 经营来话业务造成电信资费损失数额在一百万元以上的;

3. 虽未达到上述数额标准,但具有下列情形之一的:

(1)二年内因非法经营国际电信业务或者涉港澳台电信业务行为受过二次以上行政处罚,又非法经营国际电信业务或者涉港澳台电信业务的;

(2)因非法经营国际电信业务或者涉港澳台电信业务行为造成其他严重后果的。

(七)以营利为目的,通过信息网络有偿提供删除信息服务,或者明知是虚假信息,通过信息网络有偿提供发布信息等服务,扰乱市场秩序,具有下列情形之一的:

1. 个人非法经营数额在五万元以上,或者违法所得数额在二万元以上的;

2. 单位非法经营数额在十五万元以上,或者违法所得数额在五万元以上的。

(八)非法生产、销售"黑广播""伪基站"、无线电干扰器等无线电设备,具有下列情形之一的:

1. 非法生产、销售无线电设备三套以上的;

2. 非法经营数额在五万元以上的;

3. 虽未达到上述数额标准,但二年内因非法生产、销售无线电设备受过二次以上行政处罚,又非法生产、销售无线电设备的。

(九)以提供给他人开设赌场为目的,违反国家规定,非法生产、销售具有退币、退分、退钢珠等赌博功能的电子游戏设施设备或者其专用软件,具有下列情形之一的:

1. 个人非法经营数额在五万元以上,或者违法所得数额在一万元以上的;

2. 单位非法经营数额在五十万元以上,或者违法所得数额在十万元以上的;

3. 虽未达到上述数额标准,但二年内因非法生产、销售赌博机行为受过二次以上行政处罚,又进行同种非法经营行为的;

4. 其他情节严重的情形。

(十)实施下列危害食品安全行为,非法经营数额在十万元以上,或者违法所得数额在五万元以上的:

1. 以提供给他人生产、销售食品为目的,违反国家规定,生产、销售国家禁止用于食品生产、销售的非食品原料的;

2. 以提供给他人生产、销售食用农产品为目的,违反国家规定,生产、销售国家禁用农药、食品动物中禁止使用的药品及其他化合物等有毒、有

害的非食品原料,或者生产、销售添加上述有毒、有害的非食品原料的农药、兽药、饲料、饲料添加剂、饲料原料的;

3. 违反国家规定,私设生猪屠宰厂(场),从事生猪屠宰、销售等经营活动的。

(十一)未经监管部门批准,或者超越经营范围,以营利为目的,以超过百分之三十六的实际年利率经常性地向社会不特定对象发放贷款,具有下列情形之一的:

1. 个人非法放贷数额累计在二百万元以上的,单位非法放贷数额累计在一千万元以上的;

2. 个人违法所得数额累计在八十万元以上的,单位违法所得数额累计在四百万元以上的;

3. 个人非法放贷对象累计在五十人以上的,单位非法放贷对象累计在一百五十人以上的;

4. 造成借款人或者其近亲属自杀、死亡或者精神失常等严重后果的;

5. 虽未达到上述数额标准,但具有下列情形之一的:

(1)二年内因实施非法放贷行为受过二次以上行政处罚的;

(2)以超过百分之七十二的实际年利率实施非法放贷行为十次以上的。

黑恶势力非法放贷的,按照第1、2、3项规定的相应数额、数量标准的百分之五十确定。同时具有第5项规定情形的,按照相应数额、数量标准的百分之四十确定。

(十二)从事其他非法经营活动,具有下列情形之一的:

1. 个人非法经营数额在五万元以上,或者违法所得数额在一万元以上的;

2. 单位非法经营数额在五十万元以上,或者违法所得数额在十万元以上的;

3. 虽未达到上述数额标准,但二年内因非法经营行为受过二次以上行政处罚,又从事同种非法经营行为的;

4. 其他情节严重的情形。

法律、司法解释对非法经营罪的立案追诉标准另有规定的,依照其规定。(§71)

【指导性案例】

最高人民法院指导性案例第97号:王力军非法经营再审改判无罪案(2018年12月19日发布)

△**(其他严重扰乱市场秩序的非法经营行为;社会危害性;刑事违法性;刑事处罚必要性)** 对于刑法第二百二十五条第四项规定的"其他严重扰乱市场秩序的非法经营行为"的适用,应当根据相关行为是否具有与刑法第二百二十五条前三项规定的非法经营行为相当的社会危害性、刑事违法性和刑事处罚必要性进行判断。

△**(违反行政管理有关规定;非法经营罪)** 判断违反行政管理有关规定的经营行为是否构成非法经营罪,应当考虑该经营行为是否严重扰乱市场秩序。对于虽然违反行政管理有关规定,但尚未严重扰乱市场秩序的经营行为,不应当认定为非法经营罪。

最高人民检察院指导性案例第177号:孙旭东非法经营案(2023年5月11日发布)

△**(非法经营罪;POS机套现;违反国家规定;自行侦查)** 对于为恶意透支的信用卡持卡人非法套现的行为,应当根据与信用卡持卡人有无犯意联络、是否具有非法占有目的等,区分非法经营罪与信用卡诈骗罪。经二次退回补充侦查仍未达到起诉条件,但根据已查清的事实认为犯罪嫌疑人仍然有遗漏犯罪重大嫌疑的,检察机关依法可以自行侦查。应当结合相关类型犯罪的特点,对在案证据、需要补充的证据和可能的侦查方向进行分析研判,明确自行侦查的可行性和路径。检察机关办理信用卡诈骗案件时发现涉及上下游非法经营金融业务等犯罪线索的,应当通过履行立案监督等职责,依法追诉遗漏犯罪嫌疑人和遗漏犯罪事实。

【公报案例】

宁波利百代投资咨询有限公司、陈宗纬、王文泽、郑淳中非法经营案(《最高人民法院公报》2009年第1期)

△**(代理销售非上市股份有限公司的股权;未经批准非法经营证券业务、扰乱国家证券市场的非法经营行为)** 行为人为非法经营证券业务而设立公司,超越工商行政管理部门核准登记的公司经营范围,未经法定机关批准,向不特定的社会公众代理销售非上市股份有限公司的股权(股票),其行为属未经批准非法经营证券业务、扰乱国家证券市场的非法经营行为,情节严重的,应当以非法经营罪定罪处罚。

董杰、陈珠非法经营案(《最高人民法院公报》2012年第2期)

△**(利用"外挂"软件"代练升级";其他严重扰乱市场秩序的非法经营行为)** 利用"外挂"软件"代练升级"从事非法经营活动,情节严重的,属于《刑法》第二百二十五条中规定的"其他严重扰乱市场秩序的非法经营行为",应以非法经营罪定罪处罚。

第二百二十五条

卞飞非法经营案(《最高人民法院公报》2022年第11期)

△(非法经营行为;全面审查)人民法院认定非法经营行为,应依据行政法律、法规的规定,对于行政机关内部文件,应当全面审查其是否符合行政法律法规的相关规定,不得单独据以认定行为人的行为构成犯罪。

【参考案例】

No.3-1-140-7　朱海林、周汝胜、谢从军非法经营案

未经许可从事摩托车生产,严重扰乱市场秩序,成立非法经营罪。

No.3-8-225-1　谢万兴非法经营案

对没有违法所得的非法经营犯罪行为,应依法并处罚金,罚金数额参照被告人非法经营的数额,在该数额的一倍至五倍之间予以确定。

No.3-8-225-2　胡廷蛟等生产、销售伪劣产品案

非法经营的专营、专卖物品属于伪劣产品的,应当认定为非法经营罪的"情节严重"。

No.3-8-225-3　高秋生等非法经营案

明知是假冒专营、专卖产品而运输,情节严重的,以非法经营罪论处。

No.3-8-225-4　李柏庭非法经营案

假借有奖销售的名义,以发展下线为主要经营方式,以明显背离商品价值的价格销售商品的,应当认定为变相传销,以非法经营罪论处。

No.3-8-225-5　李柏庭非法经营案

不以非法占有为目的,以传销方式实施的经营行为,应以非法经营罪论处。

No.3-8-225-6　高国华非法经营案

非法从事外汇按金交易的,应以非法经营罪论处。

No.3-8-225-7　郭金元等非法经营案

对于行政机关超越职权范围以罚代刑处置的非法经营数额,应当作为未经处理的犯罪数额予以累计计算。

No.3-8-225-8　谈文明等非法经营案

擅自制作网络游戏辅助软件出售牟利构成犯罪的,不构成侵犯著作权罪,以非法经营罪论处。

No.3-8-225-9　陈宗纬等非法经营案

超越经营范围向社会公众代理转让非上市股份有限公司的股权的,应以非法经营罪论处。

No.3-8-225-10　薛洽煌非法经营联邦止咳露案

国家实行经营许可制度的行业,未取得经营许可证,违反法律、行政法规的规定,进行经营活动的,应以非法经营罪论处。

No.3-8-225-11　梁俊涛非法经营案

没有出版资质或未经批准而擅自出版的出版物,属于形式违法的出版物;含有淫秽色情、宣扬暴力迷信以及具有严重政治问题的出版物为内容违法的出版物;这两种出版物,均应认定为非法出版物。

No.3-8-225-12　梁俊涛非法经营案

出版、印刷、复制、发行政治性非法出版物的,应以非法经营罪论处。

No.3-8-225-13　马智中、王现平非法经营案

非法经营罪中,非法出版物未经装订的情况下,应从实质意义上认定非法印刷行为,页码连贯、内容完整的出版物散页可以折算认定为刑法意义上的"册"。

No.3-8-225-14　马智中、王现平非法经营案

非法出版物没有装订且无法查明册数、定价或者销售价格的,可以散页的鉴定价格为依据计算非法经营数额。

No.3-8-225-15　刘溪、聂明湛、原维达非法经营案

刑法条文中所规定的空白罪状,适用时应当以相关的补充规范为依据。

No.3-8-225-16　刘溪、聂明湛、原维达非法经营案

为获取期货风险利润,使用标准化合约,实行当日无负债结算制度,收取低于合约标的额20%的保证金,进行集中交易的行为应认定为变相期货交易。

No.3-8-225-17　辛格·普利亚克、张海峰等非法经营案

未取得国家药品经营许可证,在不具备药品经营资格的情况下,擅自销售未经国家药品监督管理部门批准进口的药品的行为,构成非法经营罪。

No.3-8-225-18　陈保贵等非法占用农用地案

未经批准擅自征用农民承包土地开办建筑渣土倒场,收取倒土费的行为,未侵犯国家的特许经营制度,不构成非法经营罪。

No.3-8-225-19　李德茂等四人非法经营案

通过互联网接受和报送六合彩投注,未经批准销售六合彩的行为,构成非法经营罪。

No.3-8-225-20　张建刚等非法经营案

未取得生产经营许可证和批准文号而生产销售达到同类正品标准的药物,同时符合非法经营罪与生产销售假药罪的构成要件,从一重罪处断。

No.3-8-225-23 张军、张小琴非法经营案
△行为人未经许可擅自从事质押贷款业务,数额较小未严重扰乱金融市场秩序的,不以非法经营罪论处。

No.3-8-225-24 朱胜虎等非法经营案
具有法定从轻情节的,对主刑从轻处罚时,罚金刑可以减轻处罚。

No.3-8-225-25 于润龙非法经营案
行为人未经许可从事非法经营行为,审理期间行政审批项目被取消的,不成立非法经营罪。

No.3-8-225-26 张虹飚等非法经营案
利用POS机非法套现行为中,行为人为自己或实际控制的信用卡套取现金的,成立非法经营罪,套现数额应计入非法经营数额。

No.3-8-225-27 张虹飚等非法经营案
用后次套取的现金归还前次套取现金的,数额应当累计计算。

No.3-8-225-28 张虹飚等非法经营案
明知他人为非法套现而借用POS机的,借用期间的套现数额应当计入非法经营数额。

No.3-8-225-29 张虹飚等非法经营案
POS机的租用者为出租者套取现金的,套现金额应计入非法经营数额。

No.3-8-225-30 王后平非法经营案
挂靠有经营资质的单位从事药品经营的行为,违反《药品管理法》、《行政许可法》的规定,属于无证经营,成立非法经营罪。

No.3-8-225-31 曾国坚等非法经营案
组织领导"拉人头"型或"骗取入门费"型的传销活动,未达到立案追诉标准的,不能按照非法经营罪定罪处罚。

No.3-8-225-32 钟小云非法经营案
未经许可从事现货黄金延期交易的行为属于非法经营变相黄金期货交易,构成非法经营罪。

No.3-8-225-33 翁士喜非法经营案
未经取得施工许可证违规搭建商铺并出租的行为,构成非法经营罪。

No.3-8-225-34 王丹、沈玮婷非法经营、虚报注册资本案
不具备证券从业资格的公司与具有证券咨询资格的公司合作开展证券咨询业务的,仍然成立非法经营罪。

No.3-8-225-35 吴名强、黄桂荣等非法经营案

非以作为毒品替代物向毒品市场或吸食毒品群体投放的目的,生产销售受国家管制的第二类精神药品的行为,不构成制造、贩卖毒品罪,符合生产、销售伪劣产品罪、生产、销售假药罪、非法经营罪构成要件的,从一重定罪处罚。

No.3-8-225-36 李彦生、胡文龙非法经营案
国家经济贸易委员会、公安部、国家工商行政管理局公布的《关于取缔各类讨债公司严厉打击非法讨债活动的通知》(国经综合〔2000〕568号)虽然报请国务院同意,但不属于《刑法》第九十六条意义上的"国家规定",不能作为认定非法经营罪的依据,非法经营有偿讨债业务的行为不宜认定为非法经营罪。

No.3-8-225-37 何伟光等非法经营案
民间发放高利贷的行为,不构成非法经营罪。

No.3-8-225-38 欧敏、关树锦非法经营案
未经许可擅自从事大巴客运经营,严重扰乱市场秩序,构成非法经营罪。

No.3-8-225-39 王海旺非法经营案
无证经营假冒伪劣卷烟的行为可能同时触犯销售伪劣产品罪、销售冒注册商标的商品罪与非法经营罪,成立想象竞合,应择一重罪论处。

No.3-8-225-41 曾海涵非法经营案
客观上违反国家规定,但主观上没有违法开采故意的,不构成非法经营罪。

No.3-8-225-42 曾海涵非法经营案
将碳酸盐稀土加工成草酸盐稀土的行为不属于冶炼分离加工,未违反国家规定。

No.3-8-225-43 曾海涵非法经营案
因抵债获得稀土,销售对象是有加工稀土资质的企业,其行为属于定向选择,不属于自由买卖。

No.3-8-225-44 王力军非法经营案
《刑法》第二百二十五条第四项"其他严重扰乱市场秩序的非法经营行为"是在前三项规定明确列举的三类非法经营行为具体情形的基础上规定的一个兜底性条款。在尚无相关司法解释的情况下,认定无证收购和销售粮食的行为是否构成非法经营罪,应逐级请示最高人民法院,由最高人民法院作出相应判断。

No.3-8-225-45 王力军非法经营案
在适用兜底性条款时,应遵循"罪刑法定"原则严格解释兜底性条款的内容和范围同时树立谦抑性刑事司法理念,充分考量所适用法律产生的社会背景及社会效果。

No.3-8-225-46 王力军非法经营案
在适用《刑法》第二百二十五条第四项兜底

No. 3-8-225-48 易某某非法经营案

非法经营烟花爆竹制品的行为应根据《刑法》第二百二十五条第四项"其他严重扰乱市场秩序的非法经营行为"构成非法经营罪。

No. 3-8-225-49 周长兵非法经营宣告无罪案

保安服务业不属于严格意义上的限制经营许可业务，且无实质上犯罪行为及严重后果，不应认定为其他严重扰乱市场秩序的非法经营行为。

No. 3-8-225-50 董如彬、侯鹏非法经营、寻衅滋事案

违反国家规定，以营利为目的，通过信息网络有偿提供发布信息等服务，扰乱市场秩序，情节严重的，应以非法经营罪定罪处罚。

No. 3-8-225-52 满鑫、孙保锋非法经营案

未经国家主管部门批准，运营第四方支付平台，整合微信、支付宝二维码等收付款媒介，非法进行资金流转，属于非法从事资金支付结算业务，构成非法经营罪。同时亦构成帮助信息网络犯罪活动罪，依法择一重罪以非法经营罪处断。

No. 3-8-225-53 上海万晖特工贸有限公司、谢世全非法经营案

根据最高人民法院、最高人民检察院、公安部、司法部 2020 年 2 月 6 日印发的《关于依法惩治妨害新型冠状病毒感染肺炎疫情防控违法犯罪的意见》，利用疫情"哄抬物价"等行为，依法认定是否构成非法经营罪。"哄抬物价"行为究竟是行政违法还是刑事违法，应当综合考虑物品价格上涨的幅度、非法经营数额和违法所得数额、社会危害性确定。

No. 6-9-363(1)-2 武景明等贩卖淫秽物品牟利、非法经营案

持有数量较大的用于贩卖的盗版物，尚未销售，但情节特别严重的，应以非法经营罪论处。

第二百二十六条　【强迫交易罪】

以暴力、威胁手段，实施下列行为之一，情节严重的，处三年以下有期徒刑或者拘役，并处或者单处罚金；情节特别严重的，处三年以上七年以下有期徒刑，并处罚金；
（一）强买强卖商品的；
（二）强迫他人提供或者接受服务的；
（三）强迫他人参与或者退出投标、拍卖的；
（四）强迫他人转让或者收购公司、企业的股份、债券或者其他资产的；
（五）强迫他人参与或者退出特定的经营活动的。

【立法沿革】

《中华人民共和国刑法》（1997 年修订，自 1997 年 10 月 1 日起施行）

第二百二十六条

以暴力、威胁手段强买强卖商品、强迫他人提供服务或者强迫他人接受服务，情节严重的，处三年以下有期徒刑或者拘役，并处或者单处罚金。

《中华人民共和国刑法修正案（八）》（自 2011 年 5 月 1 日起施行）

三十六、将刑法第二百二十六条修改为：

"以暴力、威胁手段，实施下列行为之一，情节严重的，处三年以下有期徒刑或者拘役，并处或者单处罚金；情节特别严重的，处三年以上七年以下有期徒刑，并处罚金；

"（一）强买强卖商品的；

"（二）强迫他人提供或者接受服务的；

"（三）强迫他人参与或者退出投标、拍卖的；

"（四）强迫他人转让或者收购公司、企业的股份、债券或者其他资产的；

"（五）强迫他人参与或者退出特定的经营活动的。"

【条文说明】

本条是关于强迫交易罪及其处罚的规定。

本条规定了五种行为。

第一种行为是以暴力、威胁手段强买强卖商品的犯罪行为。其中，"以暴力、威胁手段"，是指行为人采取了暴力方法或威胁手段。例如，在商品交易中，不是以公平自愿的方式，而是对交易对方采取殴打等暴力方法或者以人多力强等威胁方

式迫使交易对方接受不公平的交易的行为①;"**强买强卖商品**",是指在商品交易中违反法律、法规和商品交易规则,不顾交易对方是否同意,以暴力、威胁手段强行买进或者强行卖出的行为②。

第二种行为是**以暴力、威胁手段强迫他人提供或者接受服务的行为**。"**强迫他人提供服务**",主要是指行为人在享受服务消费时,不遵守公平自愿的原则,不顾提供服务方是否同意,以暴力、威胁手段,强迫对方提供某种服务的行为;"**强迫他人接受服务**",主要是指餐饮业、旅游业、娱乐业、美容服务业、维修业等服务性质的行业在营业中,违反法律、法规和商业道德及公平自愿的原则,不顾消费者是否同意,以暴力、威胁手段强迫消费者接受其服务的行为。③

第三种行为是**以暴力、威胁手段强迫他人参与或者退出投标、拍卖的行为**。主要是指,在一些工程竞标、拍卖等活动中,使用暴力或者威胁手段施加压力迫使其他本不愿意参加投标或者拍卖的人参加投标或竞拍,旨在让他人作为陪衬,以此来掩饰自己或者其他第三者操纵投标或者竞拍的违法性;或者强迫参与竞标或者竞拍的参与者退出投标、拍卖活动,目的是使自己或者其他第三者中标或者在没有竞拍者竞拍的情况下以不公平的价格购买到拍卖品。按照正常的市场运作,竞标市场或者拍卖市场应当是在公平竞争的原则下,均以平等的身份参与竞标或竞拍活动的,也只有这样,竞标和竞拍的最终结果才能使得具有真正实力和资质的竞标者或竞拍者胜出,以达到竞标项目或拍卖品竞拍的最终目的,使得竞标项目或工程得到符合要求的保证、高质量地完成以及竞拍的拍卖品能让有真正收藏实力的人收藏。而以暴力、威胁手段强迫他人参与或者退出投标、拍卖的行为,不但破坏了正常的竞标和竞拍的市场秩序,而且在不公平的情况下得到竞标结果和拍卖品,使得没有资质和实力的施工队伍或项目经营者混入了市场,使他人不能合法地参与竞争。

第四种行为是**以暴力、威胁手段强迫他人转让或者收购公司、企业的股份、债券或者其他资产的行为**。公司、企业的资产转让,应当按照正常的市场法则进行。以暴力、威胁手段强迫他人转让或者收购公司、企业的股份、债券或者其他资产的行为,就是为了获得不正当的利益,以暴力、威胁手段,强迫他人在不符合市场价值规律和不利于出让人、收购人的情况下转让、收购公司、企业的股份、债券或者其他资产,而使他人利益受损。

第五种行为是**以暴力、威胁手段强迫他人参与或者退出特定的经营活动的行为**。其中参与或者退出特定的经营活动,是指在不法分子指定的经营活动范围内,由于屈从于暴力、威胁手段,在没有选择的情况下,从事或者退出经营活动的情况。比如屈从于暴力、威胁手段,被迫投资、出资入股,但被给予的收益分成比例与其出资比例极不相称,或者以暴力、威胁手段强迫竞争对手退出特定的经营活动,以形成垄断地位,从而轻易获取巨额不法利润等。

犯本条规定的犯罪,处两档刑罚。"**情节严重的**",处三年以下有期徒刑或者拘役,并处或者单处罚金。"**情节特别严重的**",处三年以上七年以下有期徒刑,并处罚金。此外,根据《刑法》第二百三十一条的规定,**单位犯本条规定之罪的**,对单位判处罚金,并对其直接负责的主管人员和其他直接责任人员,依照本条的规定,定罪处罚。

关于强迫交易罪的立案追诉标准,根据《最高人民检察院、公安部关于公安机关管辖的刑事案件立案追诉标准的规定(一)的补充规定》第五条的规定,以暴力、威胁手段强买强卖商品,强迫他人提供服务或者接受服务,涉嫌下列情形之一的,**应按照强迫交易犯罪予以立案追诉**:(1)造成被害人轻微伤的;(2)造成直接经济损失二千元以上的;(3)强迫交易三次以上或者强迫三人以上交易的;(4)强迫交易数额一万元以上,或者违法所得数额二千元以上的;(5)强迫他人购买伪劣商品数额五千元以上,或者违法所得数额一千元以上的;(6)其他情节严重的情形。以暴力、威胁手段强迫他人参与或者退出投标、拍卖,强迫他人转让或者收购公司、企业的股份、债券或者其他资产,强迫他人参与或者退出特定的经营活动,具有多次实施、手段恶劣、造成严重后果或者恶劣社会影响等情形之一的,**应予立案追诉**。

应当注意的是,实践中,如果行为人在强迫交

---

① 我国学者指出,由于本罪的最高法定刑为七年以下有期徒刑,因此,本罪中的暴力,不一定以造成轻伤为限。并且,暴力致人伤残的,只能限于轻伤范围,不包括杀害、重伤害行为在内。参见黎宏:《刑法学各论》(第 2 版),法律出版社 2016 年版,第 206 页;周光权:《刑法各论》(第 4 版),中国人民大学出版社 2021 年版,第 375 页。
② "商品",是指质量合格的商品,也包括有瑕疵的商品,乃至于伪劣产品。参见黎宏:《刑法学各论》(第 2 版),法律出版社 2016 年版,第 206 页。
③ 相同的学说见解,参见黎宏:《刑法学各论》(第 2 版),法律出版社 2016 年版,第 206 页。

易过程中使用暴力造成被害人重伤、死亡的,则应依照本法**故意杀人罪、故意伤害罪**等有关规定定罪处罚。① 如果行为人以市场交易为借口,以暴力或者威胁的手段索取、强拿的财物,远远超出正常买卖、交易情况下被害人应支付的财物,可以根据刑法关于**抢劫罪**的规定,追究行为人的刑事责任。

【司法解释】

《最高人民检察院关于强迫借贷行为适用法律问题的批复》(高检发释字〔2014〕1号,自2014年4月17日起施行)

△(强迫他人提供或者接受服务;竞合)以暴力、胁迫手段强迫他人借贷,属于刑法第二百二十六条第二项规定的"强迫他人提供或者接受服务",情节严重的,以强迫交易罪追究刑事责任;同时构成故意伤害等等其他犯罪的,依照处罚较重的规定定罪处罚。以非法占有为目的,以借贷为名采用暴力、胁迫手段获取他人财物,符合刑法第二百六十三条或者第二百七十四条规定的,以抢劫罪或者敲诈勒索罪追究刑事责任。②

【司法解释性文件】

《最高人民法院关于审理抢劫、抢夺刑事案件适用法律若干问题的意见》(法发〔2005〕8号,2005年6月8日公布)

△(暴力、胁迫手段索取超出正常交易价钱、费用的钱财;抢劫罪;强迫交易罪;抢劫罪)从事正常商品买卖、交易或者劳动服务的人,以暴力、胁迫手段迫使他人交出与合理价钱、费用相差不大钱物,情节严重的,以强迫交易罪定罪处罚;以非法占有为目的,以买卖、交易、服务为幌子采用暴力、胁迫手段迫使他人交出与合理价钱、费用相差悬殊的钱物的,以抢劫罪定罪处罚。在具体认定时,既要考虑超出合理价钱、费用的绝对数额,还要考虑超出合理价钱、费用的比例,加以综合判断。③(§9 Ⅱ)

《最高人民检察院、公安部关于公安机关管辖的刑事案件立案追诉标准的规定(一)的补充规定》(公通字〔2017〕12号,2017年4月27日公布)

△(强迫交易罪;立案追诉标准)将《立案追诉标准(一)》第28条修改为:[强迫交易案(刑法第226条)]以暴力、威胁手段强买强卖商品,强迫他人提供服务或者接受服务,涉嫌下列情形之一的,应予立案追诉:

(一)造成被害人轻微伤的;
(二)造成直接经济损失2千元以上的;
(三)强迫交易3次以上或者强迫3人以上交易的;
(四)强迫交易数额1万元以上,或者违法所得数额2千元以上的;
(五)强迫他人购买伪劣商品数额5千元以上,或者违法所得数额1千元以上的;
(六)其他情节严重的情形。

以暴力、威胁手段强迫他人参与或者退出投标、拍卖,强迫他人转让或者收购公司、企业的股份、债券或者其他资产,强迫他人参与或者退出特定的经营活动,具有多次实施、手段恶劣、造成严重后果或者恶劣社会影响等情形之一的,应予立案追诉。(§5)

《最高人民法院、最高人民检察院、公安部、司法部关于办理黑恶势力犯罪案件若干问题的指导意见》(法发〔2018〕1号,2018年1月16日公布)

△(黑恶势力;寻衅滋事罪;强迫交易罪;敲诈勒索罪;"以黑恶势力名义敲诈勒索";想象竞合;雇佣、指使;民间矛盾)黑恶势力为谋取不法利益或形成非法影响,有组织地采用滋扰、纠缠、哄闹、聚众造势等手段侵犯人身权利、财产权利,破坏经济秩序、社会秩序,构成犯罪的,应当分别依照《刑法》相关规定处理:

(1)有组织地采用滋扰、纠缠、哄闹、聚众造势等手段扰乱正常的工作、生活秩序,使他人产生心理恐惧或者形成心理强制,分别属于《刑法》第二百九十三条第一款第(二)项规定的"恐吓"、《刑法》第二百二十六条规定的"威胁",同时符合其他犯罪构成条件的,应分别以寻衅滋事罪、强迫交易罪定罪处罚。

《关于办理寻衅滋事刑事案件适用法律若干

---

① 相同的学说见解,参见黎宏:《刑法学各论》(第2版),法律出版社2016年版,第206页。
② 我国学者指出,强迫他人借贷的行为,也可能构成对财产性利益的抢劫与敲诈勒索。因而,与其尝试一般性地提出区分强迫交易罪与敲诈勒索罪、抢劫罪、故意伤害罪的标准,毋宁说更应注重犯罪之间的想象竞合。参见张明楷:《刑法学》(第6版),法律出版社2021年版,第1102页。
③ 我国学者指出,该意见试图通过价格、费用是否悬殊来区分本罪与抢劫罪。但事实上,本罪与抢劫罪之间并不是对立关系。强迫交易罪完全可能同时触犯抢劫罪、敲诈勒索罪,因而属于想象竞合犯的情形,理应从一重处罚。参见张明楷:《刑法学》(第6版),法律出版社2021年版,第1102页。

问题的解释》第二条至第四条中的"多次"一般应当理解为二年内实施寻衅滋事行为三次以上。二年内多次实施不同种类寻衅滋事行为的,应当追究刑事责任。

(2)以非法占有为目的强行索取公私财物,有组织地采用滋扰、纠缠、哄闹、聚众造势等手段扰乱正常的工作、生活秩序,同时符合《刑法》第二百七十四条规定的其他犯罪构成条件的,应当以敲诈勒索罪定罪处罚。同时由多人实施或以统一着装、显露纹身、特殊标识以及其他明示或者暗示方式,足以使对方感知相关行为的有组织性的,应当认定为《关于办理敲诈勒索刑事案件适用法律若干问题的解释》第二条第(五)项规定的"以黑恶势力名义敲诈勒索"。

采用上述手段,同时又构成其他犯罪的,应当依法按照处罚较重的规定定罪处罚。

雇佣、指使他人有组织地采用上述手段强迫交易、敲诈勒索,构成强迫交易罪、敲诈勒索罪的,对雇佣者、指使者,一般应当以共同犯罪中的主犯论处。为强索不受法律保护的债务或者因其他非法目的,雇佣、指使他人有组织地采用上述手段寻衅滋事,构成寻衅滋事罪的,对雇佣者、指使者,一般应当以共同犯罪中的主犯论处。对于追讨合法债务或者因婚恋、家庭、邻里纠纷等民间矛盾而雇佣、指使,没有造成严重后果的,一般不作为犯罪处理,但经有关部门批评制止或者处理处罚后仍继续实施的除外。(§17)

△(假借民间借贷之名;诈骗罪;强迫交易罪;敲诈勒索罪;抢劫罪;虚假诉讼罪;违法所得)对于以非法占有为目的,假借民间借贷之名,通过"虚增债务""签订虚假借款协议""制造资金走账流水""肆意认定违约""转单平账""虚假诉讼"等手段非法占有他人财产,或者使用暴力、威胁手段强立债权、强行索债的,应当根据案件具体事实,以诈骗、强迫交易、敲诈勒索、抢劫、虚假诉讼等罪名侦查、起诉、审判。对于非法占有的被害人实际所得借款以外的虚高"债务"和以"保证金""中介费""服务费"等各种名目扣除或收取的额外费用,均应计入违法所得。对于名义上为被害人所得、但在案证据能够证明实际上却为犯罪嫌疑人、被告人实施后续犯罪所使用的"借款",应予以没收。(§20)

《最高人民法院、最高人民检察院、公安部、司法部关于办理"套路贷"刑事案件若干问题的意见》(2019年4月9日公布,自2019年4月9日起施行)

△("套路贷";诈骗罪;敲诈勒索罪;非法拘禁罪;虚假诉讼罪;寻衅滋事罪;强迫交易罪;抢劫罪;绑架罪)实施"套路贷"过程中,未采用明显的暴力或者威胁手段,其行为特征从整体上表现为以非法占有为目的,通过虚构事实、隐瞒真相骗取被害人财物的,一般以诈骗罪定罪处罚;对于在实施"套路贷"过程中多种手段并用,构成诈骗、敲诈勒索、非法拘禁、虚假诉讼、寻衅滋事、强迫交易、抢劫、绑架等多种犯罪的,应当根据具体案件事实,区分不同情况,依照刑法及有关司法解释的规定数罪并罚或者择一重处。(§4)

《最高人民法院、最高人民检察院、公安部、司法部关于办理实施"软暴力"的刑事案件若干问题的意见》(自2019年4月9日起施行)

△("软暴力";强迫交易罪;寻衅滋事罪)采用"软暴力"手段,使他人产生心理恐惧或者形成心理强制,分别属于《刑法》第二百二十六条规定的"威胁"《刑法》第二百九十三条第一款第(二)项规定的"恐吓",同时符合其他犯罪构成要件的,应当分别以强迫交易罪、寻衅滋事罪定罪处罚。

《关于办理寻衅滋事刑事案件适用法律若干问题的解释》第二条至第四条中的"多次"一般应当理解为二年内实施寻衅滋事行为三次以上。三次以上寻衅滋事行为既包括同一类别的行为,也包括不同类别的行为;既包括未受行政处罚的行为,也包括已受行政处罚的行为。(§5)

△(想象竞合)采用"软暴力"手段,同时构成两种以上犯罪的,依法按照处罚较重的犯罪定罪处罚,法律另有规定的除外。(§9)

△(行政处罚;折抵刑期;抵扣罚金)根据本意见第五条、第八条规定,对已受行政处罚的行为追究刑事责任的,行为人先前所受的行政拘留处罚应当折抵刑期,罚款应当抵扣罚金。(§10)

△(雇佣、指使;主犯;强迫交易罪;敲诈勒索罪;非法侵入住宅罪;寻衅滋事罪;民间矛盾)雇佣、指使他人采用"软暴力"手段强迫交易、敲诈勒索,构成强迫交易罪、敲诈勒索罪的,对雇佣者、指使者,一般应当以共同犯罪中的主犯论处。

为强索不受法律保护的债务或者因其他非法目的,雇佣、指使他人采用"软暴力"手段非法剥夺他人人身自由构成非法拘禁罪,或者非法侵入他人住宅、寻衅滋事,构成非法侵入住宅罪、寻衅滋事罪的,对雇佣者、指使者,一般应当以共同犯罪中的主犯论处;因本人及近亲属合法债务、婚恋、家庭、邻里纠纷等民间矛盾而雇佣、指使,没有造成严重后果的,一般不作为犯罪处理,但经有关部门批评制止或者处理处罚后仍继续实施的除外。(§11)

第二百二十七条

【公报案例】

朱波伟、雷秀平抢劫案（《最高人民法院公报》2006年第4期）

△（出租车服务费；强迫交易罪；抢劫罪）出租车驾驶员在正常营运过程中，为牟取非法利益，采用暴力、威胁手段，强行向乘客索取与合理价格相差悬殊的高额出租车服务费的，其行为构成《刑法》第二百二十六条规定的强迫交易罪，不应以抢劫罪定罪处罚。

【参考案例】

No. 3-8-226-1 郑小平等抢劫案

主观上没有非法占有目的，客观上实施了强迫金融机构工作人员贷款行为的，不构成抢劫罪或敲诈勒索罪，应以强迫交易罪处。

No. 3-8-226-2 宋东亮等强迫交易、故意伤害案

在实施强迫交易行为的过程中，其手段行为或方法行为又触犯其他罪名的，应择一重罪处断。

No. 3-8-226-3 宋东亮等强迫交易、故意伤害案

在共同强迫交易过程中，个别行为人临时起意持刀重伤他人的，应当以故意伤害罪论处，对其他参与共同强迫交易的行为人，应以强迫交易罪论处。

第二百二十七条　【伪造、倒卖伪造的有价票证罪】【倒卖车票、船票罪】

伪造或者倒卖伪造的车票、船票、邮票或者其他有价票证，数额较大的，处二年以下有期徒刑、拘役或者管制，并处或者单处票证价额一倍以上五倍以下罚金；数额巨大的，处二年以上七年以下有期徒刑，并处票证价额一倍以上五倍以下罚金。

倒卖车票、船票，情节严重的，处三年以下有期徒刑、拘役或者管制，并处或者单处票证价额一倍以上五倍以下罚金。

【条文说明】

本条是关于伪造、倒卖伪造的有价票证罪，倒卖车票、船票罪及其处罚的规定。

本条共分为两款。

第一款是关于伪造、倒卖伪造的有价票证罪及其处罚的规定。其中，"伪造"，是指仿照车票、船票、邮票或者其他有价票证的样式、图案、规格，用印刷、描绘等手段，制作假车票、假船票、假邮票或者其他假有价票证的行为。**这里的"伪造"含有"变造"的意思**，即以拼接等方式变造车票、船票、邮票或者其他有价票证。① "车票"，主要是指客运火车票、长途客运汽车票。"船票"，主要是指客船票。"邮票"，是指由邮政部门发行的各类邮票。"其他有价票证"，是指除车票、船票、邮票以外的，由有关主管部门统一发行和管理的有价票证。② 有价票证的情况比较复杂，在不同时期，有价票证的种类不同，且不同的有价票证的作用、价值也不同，法律很难列举全面。刑法只列举了实践中较常见的危害较为严重的伪造、倒卖伪造的车票、船票、邮票的行为，至于对伪造或者倒卖伪造的其他有价票证的行为，作了概括性的规定。这样规定也便于司法机关在查处这类犯罪活动时，灵活掌握。随着形势的发展，还会出现新的破坏有价票证的犯罪行为。例如，根据《最高人民检察院关于非法制作、出售、使用IC电话卡行为如何适用法律问题的答复》的规定，非法制作或者出售非法制作的IC电话卡，数额较大的，应当依照本条第一款的规定，**以伪造、倒卖伪造的有价票证罪追究刑事责任**，犯罪数额可以根据销售数额认定。本款分为两档刑罚，第一档刑罚为**数额较大**的，处二年以下有期徒刑、拘役或者管制，并处或者单处票证价额一倍以上五倍以下罚金；第二档刑罚为**数额巨大的**，处二年以上七年以下有期徒刑，并处票证价额一倍以上五倍以下罚金。此外，根据本法第二百三十一条的规定，**单位犯本款规定之罪的**，对单位判处罚金，并对其直接负责的主

---

① 我国学者指出，本罪中的"伪造"乃指广义的伪造，还包括变造有价票证的行为。参见张明楷：《刑法学》（第6版），法律出版社2021年版，第1103页；黎宏：《刑法学各论》（第2版），法律出版社2016年版，第207页；周光权：《刑法各论》（第4版），中国人民大学出版社2021年版，第376页。

② 刘志伟教授指出，有价票证并不限于纸质票证，也包括IC电话卡等电子票证。参见高铭暄、马克昌主编：《刑法学》（第7版），北京大学出版社、高等教育出版社2016年版，第449页。

管人员和其他直接责任人员,依照本款的规定,定罪处罚。这里的"**票证价额**",是指本条规定的伪造或者倒卖伪造的有价票证的票面价额。根据《最高人民检察院、公安部关于公安机关管辖的刑事案件立案追诉标准的规定(一)》第二十九条的规定,伪造或者倒卖伪造的车票、船票、邮票或者其他有价票证,涉嫌下列情形之一的,**应予立案追诉**:(1)车票、船票票面数额累计二千元以上,或者数量累计五十张以上的;(2)邮票票面数额累计五千元以上,或者数量累计一千枚以上的;(3)其他有价票证价额累计五千元以上,或者数量累计一百张以上的;(4)非法获利累计一千元以上的;(5)其他数额较大的情形。

第二款是关于倒卖车票、船票罪及其处罚的规定。不同于第一款,本款规定的是**倒卖真的车票、船票的犯罪行为**。①对于这种犯罪的刑罚规定是,**情节严重**的,处三年以下有期徒刑、拘役或者管制,并处或者单处票证价额一倍以上五倍以下罚金。此外,根据《刑法》第二百三十一条的规定,**单位犯本款规定之罪的**,对单位判处罚金,并对其直接负责的主管人员和其他直接责任人员,依照本款的规定处罚。根据《最高人民检察院、公安部关于公安机关管辖的刑事案件立案追诉标准的规定(一)》第三十条的规定,倒卖车票、船票或者倒卖车票坐席、卧铺签字号以及订购车票、船票凭证,涉嫌下列情形之一的,**应予立案追诉**:(1)票面数额累计五千元以上的;(2)非法获利累计二千元以上的;(3)其他情节严重的情形。

实践中需要注意以下两个问题:

1. 本条第一款将伪造、倒卖伪造邮票的行为规定为犯罪。实践中还出现了**变造、倒卖变造邮票**的情况。变造的邮票也是一种伪造邮票的方式。2000年12月9日起施行的《最高人民法院关于对变造、倒卖变造邮票行为如何适用法律问题的解释》对此作了进一步明确。该解释规定,对变造或者倒卖变造的邮票数额较大的,应当依照本条第一款的规定定罪处罚。

2. 关于如何认定"有价票证"的问题。实践中,"票、证"的表现形式多样。有的票、证具有临时性、赠与性、无流通性、票证价值难以计算等情况。相关案件中的"**票、证**"是否属于本条第一款规定的"**有价票证**",在认定时需要慎重。司法机关根据实践中的情况,通过遵循立法原意,以司法解释等方式明确将一些票、证适用伪造、倒卖伪造的有价票证罪。例如,1999年通过的《最高人民法院关于审理倒卖车票刑事案件有关问题的解释》将倒卖火车票坐席、卧铺签字号、订购车票凭证这些无流通性质的票证视同倒卖火车票,予以定罪处罚。总体上,对于实践中出现的一些"**票、证**"是否属于"**有价票证**",**一般需要结合案件的具体情况,根据票、证的本质,以及是否具有与伪造、倒卖伪造的车票、船票、邮票等相当的危害程度综合认定。**

【司法解释】

《**最高人民法院关于审理倒卖车票刑事案件有关问题的解释**》(法释〔1999〕17号,自1999年9月14日起施行)

△(**倒卖车票情节严重**)高价、变相加价倒卖车票或者倒卖坐席、卧铺签字号及订购车票凭证,票面数额在五千元以上,或者非法获利数额在二千元以上的,构成刑法第二百二十七条第二款规定的"倒卖车票情节严重"。(§1)

△(**从重处罚事由**)对于铁路职工倒卖车票或者与其他人员勾结倒卖车票;组织倒卖车票的首要分子;曾因倒卖车票受过治安处罚两次以上或者被劳动教养一次以上,两年内又倒卖车票,构成倒卖车票罪的,依法从重处罚。(§2)

《**最高人民法院关于对变造、倒卖变造邮票行为如何适用法律问题的解释**》(法释〔2000〕41号,自2000年12月9日起施行)

△(**变造或者倒卖变造的邮票**)对变造或者倒卖变造的邮票数额较大的,应当依照刑法第二百二十七条第一款的规定定罪处罚。

【司法解释性文件】

《**最高人民检察院法律政策研究室关于非法制作、出售、使用IC电话卡行为如何适用法律问题的答复**》(〔2003〕高检研发第10号,2003年4月2日公布)

△(**非法制作或者出售非法制作的IC电话卡;犯罪数额;销售数额;盗窃罪**)非法制作或者出售非法制作的IC电话卡,数额较大的,应当依照刑法第二百二十七条第一款的规定,以伪造、倒卖

---

① 我国学者指出,伪造、倒卖伪造的有价票证罪中的"倒卖"乃指出售、贩卖,不要求先购入后出售;倒卖车票、船票中的"倒卖"则指先购入后出售的行为。参见张明楷:《刑法学》(第6版),法律出版社2021年版,第1103页。另有学者指出,倒卖既包括低价买进高价卖出的行为,也包括为了出卖而收买的行为。参见周光权:《刑法各论》(第4版),中国人民大学出版社2021年版,第376页。

伪造的有价票证追究刑事责任，犯罪数额可以根据销售数额认定；明知是非法制作的 IC 电话卡而使用或者购买并使用，造成电信资费损失数额较大的，应当依照刑法第二百六十四条的规定，以盗窃罪追究刑事责任。

《最高人民检察院、公安部关于公安机关管辖的刑事案件立案追诉标准的规定（一）》（公通字〔2008〕36号，2008年6月25日公布）

△（伪造、倒卖伪造的有价票证罪；立案追诉标准）伪造或者倒卖伪造的车票、船票、邮票或者其他有价票证，涉嫌下列情形之一的，应予立案追诉：

（一）车票、船票票面数额累计二千元以上，或者数量累计五十张以上的；

（二）邮票票面数额累计五千元以上，或者数量累计一千枚以上的；

（三）其他有价票证价额累计五千元以上，或者数量累计一百张以上的；

（四）非法获利累计一千元以上的；

（五）其他数额较大的情形。（§29）

△（倒卖车票、船票罪；立案追诉标准）倒卖车票、船票或者倒卖车票坐席、卧铺签字号以及订购车票、船票凭证，涉嫌下列情形之一的，应予立案追诉：

（一）票面数额累计五千元以上的；

（二）非法获利累计二千元以上的；

（三）其他情节严重的情形。（§30）

【参考案例】

No.3-8-227（1）-1　王珂伪造、倒卖伪造的有价票证、蔡明喜倒卖伪造的有价票证案
伪造、倒卖伪造的可享有消费优惠的资质证明，应以伪造、倒卖伪造的有价票证罪论处。

No.3-8-227（1）-2　董佳等伪造有价票证、职务侵占案
伪造单位对外发行具有经济价值、可流通的票证的，应以伪造有价票证罪论处。

No.3-8-227（1）-3　董佳等伪造有价票证、职务侵占案
以非法占有为目的，利用职务上的便利出售伪造的单位有价证的，应以职务侵占罪论处。

No.3-8-227（1）-4　赵志刚伪造有价票证案
伪造单位内流转、具有一定经济价值的票证的，应以伪造有价票证罪论处。

No.3-8-227（2）-1　刘建场等倒卖车票案
以出售牟利为目的购买大量车票尚未售出的，应以倒卖车票罪（既遂）论处。

第二百二十八条　【非法转让、倒卖土地使用权罪】
以牟利为目的，违反土地管理法规，非法转让、倒卖土地使用权，情节严重的，处三年以下有期徒刑或者拘役，并处或者单处非法转让、倒卖土地使用权价额百分之五以上百分之二十以下罚金；情节特别严重的，处三年以上七年以下有期徒刑，并处非法转让、倒卖土地使用权价额百分之五以上百分之二十以下罚金。

【立法解释】

《全国人民代表大会常务委员会关于〈中华人民共和国刑法〉第二百二十八条、第三百四十二条、第四百一十条的解释》[2001年8月31日通过，该解释已经被《全国人民代表大会常务委员会关于修改部分法律的决定》（2009年8月27日通过）修改]

△（违反土地管理法规）刑法第二百二十八条、第三百四十二条、第四百一十条规定的"违反土地管理法规"，是指违反土地管理法、森林法、草原法等法律以及有关行政法规中关于土地管理的规定。

【条文说明】

本条是关于非法转让、倒卖土地使用权罪及其处罚的规定。

本条规定的非法转让、倒卖土地使用权罪，是指以牟利为目的，违反土地管理法规，非法转让、倒卖土地使用权的犯罪行为。其中，"**以牟利为目的**"，是指以获取经济利益为目的。"**违反土地管理法规**"，根据2001年8月31日第九届全国人大常委会第二十三次会议通过的《全国人民代表大会常务委员会关于〈中华人民共和国刑法〉第二百二十八条、第三百四十二条、第四百一十条的解释》的规定，是指违反土地管理法、森林法、草原法等法律以及有关行政法规中关于土地管理的规定。"**非法转让土地使用权**"，是指将依法管理和持有的土地使用权违反上述法律、行政法规的有关规定，擅自转让给他人的行为。"**非法倒卖土**

使用权"，是指违反上述法律、行政法规的规定，将土地使用权进行倒卖，从而进行牟利的行为。①《土地管理法》第二条第三款规定，任何单位和个人不得侵占、买卖或者以其他形式非法转让土地。土地使用权可以依法转让。可见，土地使用权的享有和转让是由国家法律、行政法规明确规定的，不能随意买卖。即使进行土地使用权的有偿转让，也应根据有关法律、法规的规定和通过有关主管部门的审查和批准才能进行。

本条关于刑罚的规定为两档，第一档刑罚为**情节严重**的，处三年以下有期徒刑或者拘役，并处或者单处非法转让、倒卖土地使用权价额百分之五以上百分之二十以下罚金；第二档刑罚为**情节特别严重**的，处三年以上七年以下有期徒刑，并处非法转让、倒卖土地使用权价额百分之五以上百分之二十以下罚金。此外，根据《刑法》第二百三十一条的规定，**单位犯本条规定之罪**的，对单位判处罚金，并对其直接负责的主管人员和其他直接责任人员，依照本条的规定，定罪处罚。根据2010年《最高人民检察院、公安部关于公安机关管辖的刑事案件立案追诉标准的规定（二）》第八十条的规定，以牟利为目的，违反土地管理法规，非法转让、倒卖土地使用权，涉嫌下列情形之一的，应予立案追诉：(1)非法转让、倒卖基本农田五亩以上的；(2)非法转让、倒卖基本农田以外的耕地十亩以上的；(3)非法转让、倒卖其他土地二十亩以上的；(4)违法所得数额在五十万元以上的；(5)虽未达到上述数额标准，但因非法转让、倒卖土地使用权受过行政处罚，又非法转让、倒卖土地的；(6)其他情节严重的情形。根据2000年《最高人民法院关于审理破坏土地资源刑事案件具体应用法律若干问题的解释》第一条、第二条的规定，具有下列情形之一的，属于非法转让、倒卖土地使用权"**情节严重**"：(1)非法转让、倒卖基本农田五亩以上的；(2)非法转让、倒卖基本农田以外的耕地十亩以上的；(3)非法转让、倒卖其他土地二十亩以上的；(4)非法获利五十万元以上的；(5)非法转让、倒卖土地接近上述数量标准并具有其他恶劣情节的，如曾因非法转让、倒卖土地使用权受过行政处罚或者造成严重后果等。具有下列情形之一的，属于非法转让、倒卖土地使用权"**情节特别严重**"：(1)非法转让、倒卖基本农田以外的耕地二十亩以上的；(3)非法转让、倒卖其他土地四十亩以上的；(4)非法获利

一百万元以上的；(5)非法转让、倒卖土地接近上述数量标准并具有其他恶劣情节的，如造成严重后果等。本条具体规定了罚金刑的处罚幅度，即"**非法转让、倒卖土地使用权价额百分之五以上百分之二十以下**"。这是根据这种犯罪具有牟利性的特点规定的。其中罚金数额的具体确定，是以实际转让、倒卖土地使用权的价额为计算基数，非法转让、倒卖土地使用权价额越高，应当判处的罚金数额也就越大。

【**司法解释**】

《**最高人民法院关于审理破坏土地资源刑事案件具体应用法律若干问题的解释**》（法释〔2000〕14号，自2000年6月22日起施行）

△(**情节严重**)以牟利为目的，违反土地管理法规，非法转让、倒卖土地使用权，具有下列情形之一的，属于非法转让、倒卖土地使用权"情节严重"，依照刑法第二百二十八条的规定，以非法转让、倒卖土地使用权罪定罪处罚：

（一）非法转让、倒卖基本农田五亩以上的；

（二）非法转让、倒卖基本农田以外的耕地十亩以上的；

（三）非法转让、倒卖其他土地二十亩以上的；

（四）非法获利五十万元以上的；

（五）非法转让、倒卖土地接近上述数量标准并具有其他恶劣情节的，如因非法转让、倒卖土地使用权受过行政处罚或者造成严重后果等。（§1）

△(**情节特别严重**)实施第一条规定的行为，具有下列情形之一的，属于非法转让、倒卖土地使用权"情节特别严重"：

（一）非法转让、倒卖基本农田十亩以上的；

（二）非法转让、倒卖基本农田以外的耕地二十亩以上的；

（三）非法转让、倒卖其他土地四十亩以上的；

（四）非法获利一百万元以上的；

（五）非法转让、倒卖土地接近上述数量标准并具有其他恶劣情节的，如造成严重后果等。（§2）

△(**单位犯罪**)单位犯非法转让、倒卖土地使用权罪，非法占有耕地罪的定罪量刑标准，依照本解释第一条、第二条、第三条的规定执行。（§8）

△(**数量、数额累计计算**)多次实施本解释规

---

① 我国学者指出，本罪的成立不以土地使用权的变更登记为前提，只要事实上转让、倒卖了土地使用权即可。参见张明楷：《刑法学》(第6版)，法律出版社2021年版，第1103页。

定的行为依法应当追诉的,或者一年内多次实施本解释规定的行为未经处理的,按照累计的数量、数额处罚。(§9)

【司法解释性文件】

《最高人民法院关于个人违法建房出售行为如何适用法律问题的答复》(法〔2010〕395号,2010年11月1日公布)

△(个人违法建房出售)你院请示的在农村宅基地、责任田上违法建房出售如何处理的问题,涉及面广,法律、政策性强。据了解,有关部门正在研究制定政策意见和处理办法,在相关文件出台前,不宜以犯罪追究有关人员的刑事责任。(§1)

《最高人民检察院、公安部关于公安机关管辖的刑事案件立案追诉标准的规定(二)》(公通字〔2022〕12号,2022年4月6日公布)

△(非法转让、倒卖土地使用权罪;立案追诉标准)以牟利为目的,违反土地管理法规,非法转让、倒卖土地使用权,涉嫌下列情形之一的,应予立案追诉:

(一)非法转让、倒卖永久基本农田五亩以上的;

(二)非法转让、倒卖永久基本农田以外的耕地十亩以上的;

(三)非法转让、倒卖其他土地二十亩以上的;

(四)违法所得数额在五十万元以上的;

(五)虽未达到上述数额标准,但因非法转让、倒卖土地使用权受过行政处罚,又非法转让、倒卖土地的;

(六)其他情节严重的情形。(§72)

【参考案例】

No.3-8-228-1 王志芳非法转让土地使用权案

农民私自转让宅基地的行为,不宜追究非法转让土地使用权罪的刑事责任。

No.3-8-228-2 青岛瑞驰投资有限公司、栾钢先非法转让土地使用权案

转让公司股权与转让土地使用权是两个独立的法律关系,以转让公司股权的方式实现土地使用权或房地产项目转让的目的的,不成立非法转让、倒卖土地使用权。

第二百二十九条 【提供虚假证明文件罪】【出具证明文件重大失实罪】

承担资产评估、验资、验证、会计、审计、法律服务、保荐、安全评价、环境影响评价、环境监测等职责的中介组织的人员故意提供虚假证明文件,情节严重的,处五年以下有期徒刑或者拘役,并处罚金;有下列情形之一的,处五年以上十年以下有期徒刑,并处罚金:

(一)提供与证券发行相关的虚假的资产评估、会计、审计、法律服务、保荐等证明文件,情节特别严重的;

(二)提供与重大资产交易相关的虚假的资产评估、会计、审计等证明文件,情节特别严重的;

(三)在涉及公共安全的重大工程、项目中提供虚假的安全评价、环境影响评价等证明文件,致使公共财产、国家和人民利益遭受特别重大损失的。

有前款行为,同时索取他人财物或者非法收受他人财物构成犯罪的,依照处罚较重的规定定罪处罚。

第一款规定的人员,严重不负责任,出具的证明文件有重大失实,造成严重后果的,处三年以下有期徒刑或者拘役,并处或者单处罚金。

【立法沿革】

《中华人民共和国刑法》(1997年修订,自1997年10月1日起施行)

第二百二十九条

承担资产评估、验资、验证、会计、审计、法律服务等职责的中介组织的人员故意提供虚假证明文件,情节严重的,处五年以下有期徒刑或者拘役,并处罚金。

前款规定的人员,索取他人财物或者非法收受他人财物,犯前款罪的,处五年以上十年以下有期徒刑,并处罚金。

第一款规定的人员,严重不负责任,出具的证明文件有重大失实,造成严重后果的,处三年以下有期徒刑或者拘役,并处或者单处罚金。

《中华人民共和国刑法修正案（十一）》（自2021年3月1日起施行）

二十五、将刑法第二百二十九条修改为：

"承担资产评估、验资、验证、会计、审计、法律服务、保荐、安全评价、环境影响评价、环境监测等职责的中介组织的人员故意提供虚假证明文件，情节严重的，处五年以下有期徒刑或者拘役，并处罚金；有下列情形之一的，处五年以上十年以下有期徒刑，并处罚金：

"（一）提供与证券发行相关的虚假的资产评估、会计、审计、法律服务、保荐等证明文件，情节特别严重的；

"（二）提供与重大资产交易相关的虚假的资产评估、会计、审计等证明文件，情节特别严重的；

"（三）在涉及公共安全的重大工程、项目中提供虚假的安全评价、环境影响评价等证明文件，致使公共财产、国家和人民利益遭受特别重大损失的。

"有前款行为，同时索取他人财物或者非法收受他人财物构成犯罪的，依照处罚较重的规定定罪处罚。

"第一款规定的人员，严重不负责任，出具的证明文件有重大失实，造成严重后果的，处三年以下有期徒刑或者拘役，并处或者单处罚金。"

【条文说明】

本条是关于提供虚假证明文件罪和出具证明文件重大失实罪及其处罚的规定。

本条共分为三款。

第一款是关于承担资产评估、验资、验证、会计、审计、法律服务、保荐、安全评价、环境影响评价、环境监测等职责的中介组织人员故意提供虚假证明文件及其处罚的规定。构成本款规定的犯罪，必须符合以下特征：一是**主体特定，必须是中介机构的从业人员**。随着我国经济社会生活不断发展，中介组织发挥着越来越重要的作用，其活动对市场行为、人民群众的社会生活等发挥着重要影响，并直接关系到市场秩序、社会生活秩序的正常进行。为此，一系列法律、法规中都对中介组织的权利、义务、行为规范及中介组织违反这些规定所应负的法律责任作了规定。这里规定的"**承担资产评估、验资、验证、会计、审计、法律服务、保荐、安全评价、环境影响评价、环境监测等职责的中介组织**"，是指依法承担相关中介服务职责的资产评估机构、验资机构、验证机构、会计师事务所、审计师事务所、律师事务所、保荐机构、安全评价机构、环境影响评价机构、环境监测机构等。"**人员**"，是指在这些中介机构内，具有国家认可的专业资格的负有相关职责的专业从业人员。① 二是**行为人实施了故意提供虚假证明文件的行为**。② 这里所说的**虚假证明文件**，既包括伪造的证明文件，也包括内容虚假，有重大遗漏、误导性内容的文件。这些文件的载体有多种形式，如资产评估报告、验资报告、发行保荐书、安全评价报告、环境影响报告书（表）等。这些文件有时是单一文件，有时还含有其他附属材料以佐证其结论，包括数据、材料、资料、样本等。上述证明文件如果属于虚假文件，内容不真实，就违反了法律法规行业规则等对于资产评估、验资、验证、会计、审计、法律服务、保荐、安全评价、环境影响评价、环境监测等中介活动的要求，不能发挥证明作用。证明文件虚假，包括有关资料、报表、数据和各种结果、结论方面的报告和材料等不真实。三是**构成提供虚假证明文件罪需要符合"情节严重"的要件**。可以参考《最高人民检察院、公安部关于公安机关管辖的刑事案件立案追诉标准的规定（二）》的有关规定。根据该规定第八十一条的规定，承担资产评估、验资、验证、会计、审计、法律服务等职责的中介组织的人员故意提供虚假证明文件，涉嫌下列情形之一的，应予立案追诉：（1）给国家、公众或者其他投资者造成直接经济损失数额在五十万元以上的；（2）违法所得数额在十万元以上的；（3）虚假证明文件虚假数额在一百万元且占实际数额百分之三十以上的；（4）虽未达到上述数额标准，但具有下列情形之一的：①在提供虚假证明文件过程中索取或者非法接受他人财物的；②两年内因提供虚假证明文件，受过行政处罚二次以上，又提供虚假证明文件的。（5）其他情节严重的情形等。根据本款规定，**对中介组织的人员故意提供虚假证明文件构成犯罪的**，第一档刑罚可以处五年以下有期徒刑或者拘役，并处罚金。

《刑法修正案（十一）》对**一些承担特别重要职责的中介组织的人员故意提供虚假证明文件**

---

① 我国学者指出，本罪是身份犯。不过，此处的身份犯，并非指资产评估等中介机构的工作人员必须具有相应的资质，如注册会计师，而是指他们必须承担相应职责。参见周光权：《刑法各论》（第4版），中国人民大学出版社2021年版，第381页。

② 我国学者指出，这里的"提供"不只是单纯的交付行为，而应包括制作（无形伪造）与交付。参见张明楷：《刑法学》（第6版），法律出版社2021年版，第1104页。

的，还规定了更重一档刑罚。具体包括三种情形：

一是**提供与证券发行相关的虚假的资产评估、会计、审计、法律服务、保荐等证明文件，情节特别严重的**。依照证券法的规定，保荐机构、会计师事务所、律师事务所以及从事资产评估、资信评级等证券服务机构，应当提供相应的证明文件以支持证券发行。这些中介组织的人员所提供的证明文件对保障证券发行的真实性具有非常重要的作用。特别是在以信息披露为核心的证券发行注册制施行后，中介组织出具的证明文件对投资者的价值判断和投资决策具有直接影响。根据2019年修订的《证券法》第十条、第一百六十条、第一百六十三条、第一百八十二条、第二百一十三条等规定，保荐人、证券服务机构的人员为证券发行等证券业务活动制作、出具发行保荐书、审计报告及其他鉴证报告、资产评估报告、财务顾问报告、资信评级报告、法律意见书等文件，应当对文件的真实性、准确性、完整性进行核查和验证。如果制作、出具的文件有虚假记载、误导性陈述或者重大遗漏，对他人造成损失的，应当承担法律责任。本款第（一）项规定的中介组织的范围是"**资产评估、会计、审计、法律服务、保荐等**"，只要是负责提供与证券发行相关的虚假证明文件的中介组织的人员，都属于本项规定的主体。本项规定，要"**情节特别严重**"才能适用第二档刑罚，如造成的损失特别巨大，手段特别恶劣等。如果故意提供与证券发行相关的虚假证明文件只具有一般情节的，适用本款第一档刑罚。

二是**提供与重大资产交易相关的虚假的资产评估、会计、审计等证明文件，情节特别严重的**。这里的"**重大资产交易**"主要是指相关资产交易事项重要、金额巨大、影响广泛等情况。如重大的资产重组、收购、出售、转让、受让或者以其他方式进行的各种资产交易活动。公司法、证券法、上市公司重大资产重组管理办法等法律法规对重大资产交易作了相应的规定。其中，"**资产评估、会计、审计等**"中介组织出具的证明文件，对重大资产交易的真实性具有直接证明作用，会影响重大资产交易双方的决策以及交易完成后相关主体的一系列商业行为。本款第（二）项规定的中介组织的范围是"**资产评估、会计、审计等**"，只要是负责提供与重大资产交易相关的虚假证明文件的中介组织的人员都属于本项规定的主体。本项规定，要"**情节特别严重**"才能适用第二档刑罚，如造成的损失特别巨大，手段特别恶劣等。如果故意提供与重大资产交易相关的虚假证明文件只具有一般情节的，适用本款第一档刑罚。

三是在涉及公共安全的重大工程、项目中提供虚假的安全评价、环境影响评价等证明文件，致使公共财产、国家和人民利益遭受特别重大损失的。这里的"**涉及公共安全的重大工程、项目**"需要满足两个条件：其一"**涉及公共安全**"。重大工程、项目的性质不一，有的与公共安全息息相关，如矿山、水电站、核电站、桥梁、隧道、大型运动场等；有的可能与公共安全不直接相关，只是涉及金额比较大。对于与公共安全不直接相关的重大工程、项目中提供虚假的安全评价、环境影响评价等证明文件的行为，仍可以适用本款第一档刑罚处罚。其二应是"**重大工程、项目**"，主要是指与民生紧密相连的重大建筑工程、基础设施建设项目、矿山、金属冶炼建设项目等。如国家的国民经济和社会发展五年规划纲要中涉及的重大工程、项目或地方规划建设的重大工程、项目，涉及金额巨大，对一定区域商品和服务提供、生态环境等有重要影响的工程、项目等。根据本款第（三）项的规定，承担这些工程、项目的安全评价、环境影响评价等职责的中介机构提供虚假证明文件的，还需要符合"**致使公共财产、国家和人民利益遭受特别重大损失**"，包括特别重大的经济损失、造成人员重大伤亡、环境受到特别严重破坏等。这里的"**致使**"要求提供虚假证明文件的行为与"**公共财产、国家和人民利益遭受特别重大损失**"之间具有紧密的因果关系。如果承担重大工程、项目的安全评价、环境影响评价等职责的行为人故意提供虚假证明文件，但尚未"致使公共财产、国家和人民利益遭受特别重大损失"的，仍可以适用本款第一档刑罚处罚。

根据本款规定，中介组织的人员有上述三项规定的行为之一的，处五年以上十年以下有期徒刑，并处罚金。

第二款是关于有前款行为同时索取他人财物或者非法收受他人财物如何处罚的规定。本款规定的犯罪，从行为特征上看与第一款的犯罪基本一致；不同的是，增加了"**索取他人财物或者非法收受他人财物**"的客观要件。中介机构的性质决定了它所出具的证明文件应当公正，但若实际上却提供了虚假的证明文件，如果其中存在利用履行职务行为的便利条件进行利益交换以后再出具虚假的证明文件的情况，危害性就更大。为了确保中介机构的公正性，对于中介机构的人员索取他人财物或者非法收受他人财物而故意提供虚假证明文件的行为，应当明确给予惩治。今考虑到中介组织的人员一般属于非国家工作人员，其受贿行为往往还涉嫌构成《刑法》第一百六十三条规定的**非国家工作人员受贿罪**（另外，其中如果有属于国家工作人员范围的情况，则还可能涉嫌构成

《刑法》第三百八十五条规定的受贿罪）。因此，可能出现以下两种情况：一是行为人触犯提供虚假证明文件罪的量刑较高，同时触犯《刑法》第一百六十三条规定的非国家工作人员受贿罪的量刑较低；以及行为人触犯提供虚假证明文件罪的量刑较低，同时触犯第六十三条规定的非国家工作人员受贿罪的量刑较高（如果属于国家工作人员，涉嫌《刑法》第三百八十五条规定的受贿罪的，也有类似情况）。对此，根据本款规定，有前款行为，同时索取他人财物或者非法收受他人财物构成犯罪的，依照处罚较重的规定定罪处罚。

第三款是关于第一款规定的人员严重不负责任，出具的证明文件有重大失实的犯罪及其处罚的规定。其中"**第一款规定的人员**"，是指第一款规定的中介组织的人员，包括"**承担资产评估、验资、验证、会计、审计、法律服务、保荐、安全评价、环境影响评价、环境监测等职责的中介组织的人员**"；"**出具的证明文件有重大失实**"，是指所出具的证明文件，在内容上存在重大的不符合实际的错误或者内容虚假。① 这里规定的证明文件与第一款规定的证明文件的内容和范围是相同的。本款规定的犯罪与第一款规定的犯罪的主要区别在于行为人主观方面不同，第一款规定的犯罪是故意犯罪，而本款规定的则是过失犯罪。因此，**本款规定"造成严重后果的"，才负刑事责任**。这里可以参考《最高人民检察院、公安部关于公安机关管辖的刑事案件立案追诉标准的规定（二）》的第八十二条规定，承担资产评估、验资、验证、会计、审计、法律服务等职责的中介组织的人员严重不负责任，出具的证明文件有重大失实，涉嫌下列情形之一的，**应予立案追诉**：（1）给国家、公众或者其他投资者造成直接经济损失数额在一百万元以上的；（2）其他造成严重后果的情形。由于本款规定的出具证明文件重大失实罪是一种过失犯罪，较提供虚假证明文件罪在主观恶性上要轻一些，因此在刑罚的规定上也较第一款规定的提供虚假证明文件罪刑罚要轻，对于造成严重后果的，处三年以下有期徒刑或者拘役，并处或者单处罚金。

实践中，有些建设单位依法可以自行编制建设项目的环境影响评价文件。根据《环境影响评价法》第十九条的规定，建设单位具备环境影响评价技术能力的，可以自行对其建设项目开展环境影响评价，编制建设项目环境影响报告书、环境影响报告表。这类"**自评自建**"的建设单位不属于本条规定的承担环境影响评价职责的中介组织。当相关人员实施篡改、伪造环境影响报告书（表）的行为时，不属于本条规定的中介组织人员提供虚假证明文件的情况，但是其篡改、伪造环境影响报告书（表）的行为，如果构成刑法规定的其他犯罪的，应当依照相应规定追究。如相关环境影响评价涉及的项目造成环境污染的，相关证明文件造假的行为人可以按照《刑法》第三百三十八条污染环境罪的共犯定罪处罚。

【**司法解释**】

《**最高人民检察院关于公证员出具公证书有重大失实行为如何适用法律问题的批复**》（高检发释字〔2009〕1号，自2009年1月15日起施行）

△（**公证员；公证书；重大失实；出具证明文件重大失实罪**）《中华人民共和国公证法》施行以后，公证员在履行公证职责过程中，严重不负责任，出具的公证书有重大失实，造成严重后果的，依照刑法第二百二十九条第三款的规定，以出具证明文件重大失实罪追究刑事责任。

《**最高人民检察院关于地质工程勘测院和其他履行勘测职责的单位及其工作人员能否成为刑法第二百二十九条规定的有关犯罪主体的批复**》（高检发释字〔2015〕4号，自2015年11月12日起施行）

△（**地质工程勘测院和其他履行勘测职责的单位及其工作人员；出具证明文件重大失实罪**）地质工程勘测院和其他履行勘测职责的单位及其工作人员在履行勘察、勘查、测绘职责过程中，故意提供虚假工程地质勘察报告等证明文件，情节严重的，依照刑法第二百二十九条第一款和第二百三十一条的规定，以提供虚假证明文件罪追究刑事责任；地质工程勘测院和其他履行勘测职责的单位及其工作人员在履行勘察、勘查、测绘职责过程中，严重不负责任，出具的工程地质勘察报告等证明文件有重大失实，造成严重后果的，依照刑法第二百二十九条第三款和第二百三十一条的规定，以出具证明文件重大失实罪追究刑事责任。

《**最高人民法院、最高人民检察院关于办理妨害信用卡管理刑事案件具体应用法律若干问题的解释**》（法释〔2018〕19号，自2018年12月1日起施行）

△（**信用卡申请；提供虚假的资信证明材料；提供虚假证明文件罪；出具证明文件重大失实罪**）

---

① 相同的学说见解，参见张明楷：《刑法学》（第6版），法律出版社2021年版，第1105页。

承担资产评估、验资、验证、会计、审计、法律服务等职responsabilidad的中介组织或其人员,为信用卡申请人提供虚假的财产状况、收入、职务等资信证明材料,应当追究刑事责任的,依照刑法第二百二十九条的规定,分别以提供虚假证明文件罪和出具证明文件重大失实罪定罪处罚。(§4Ⅱ)

《最高人民法院、最高人民检察院关于办理危害生产安全刑事案件适用法律若干问题的解释(二)》(法释〔2022〕19号,自2022年12月19日起施行)

△(**虚假证明文件;故意提供虚假证明文件;出具证明文件重大失实罪**)承担安全评价职责的中介组织的人员提供的证明文件有下列情形之一的,属于刑法第二百二十九条第一款规定的"虚假证明文件":

(一)故意伪造的;

(二)在周边环境、主要建(构)筑物、工艺、装置、设备设施等重要内容上弄虚作假,导致与评价期间实际情况不符,影响评价结论的;

(三)隐瞒生产经营单位重大事故隐患及整改落实情况、主要灾害等级等情况,影响评价结论的;

(四)伪造、篡改生产经营单位相关信息、数据、技术报告或者结论等内容,影响评价结论的;

(五)故意采用存疑的第三方证明材料、监测检验报告,影响评价结论的;

(六)有其他弄虚作假行为,影响评价结论的情形。

生产经营单位提供虚假材料,影响评价结论,承担安全评价职责的中介组织的人员对评价结论与实际情况不符无主观故意的,不属于刑法第二百二十九条第一款规定的"故意提供虚假证明文件"。

有本条第二款情形,承担安全评价职责的中介组织的人员严重不负责任,导致出具的证明文件有重大失实,造成严重后果的,依照刑法第二百二十九条第三款的规定追究刑事责任。(§6)

△(**情节严重;致使公共财产、国家和人民利益遭受特别重大损失;罪责刑相适应**)承担安全评价职责的中介组织的人员故意提供虚假证明文件,有下列情形之一的,属于刑法第二百二十九条第一款规定的"情节严重":

(一)造成死亡一人以上或者重伤三人以上安全事故的;

(二)造成直接经济损失五十万元以上安全事故的;

(三)违法所得数额十万元以上的;

(四)两年内因故意提供虚假证明文件受过两次以上行政处罚,又故意提供虚假证明文件的;

(五)其他情节严重的情形。

在涉及公共安全的重大工程、项目中提供虚假的安全评价文件,有下列情形之一的,属于刑法第二百二十九条第一款第三项规定的"致使公共财产、国家和人民利益遭受特别重大损失":

(一)造成死亡三人以上或者重伤十人以上安全事故的;

(二)造成直接经济损失五百万元以上安全事故的;

(三)其他致使公共财产、国家和人民利益遭受特别重大损失的情形。

承担安全评价职责的中介组织的人员有刑法第二百二十九条第一款行为,在裁量刑罚时,应当考虑其行为手段、主观过错程度、对安全事故的发生所起作用大小及其获利情况、一贯表现等因素,综合评估社会危害性,依法裁量刑罚,确保罪责刑相适应。(§7)

△(**造成严重后果**)承担安全评价职责的中介组织的人员,严重不负责任,出具的证明文件有重大失实,有下列情形之一的,属于刑法第二百二十九条第三款规定的"造成严重后果":

(一)造成死亡一人以上或者重伤三人以上安全事故的;

(二)造成直接经济损失一百万元以上安全事故的;

(三)其他造成严重后果的情形。(§8)

△(**承担安全评价职责的中介组织**)承担安全评价职责的中介组织犯刑法第二百二十九条规定之罪的,对该中介组织判处罚金,并对其直接负责的主管人员和其他直接责任人员,依照本解释第七条、第八条的规定处罚。(§9)

《最高人民法院、最高人民检察院关于办理环境污染刑事案件适用法律若干问题的解释》(法释〔2023〕7号,自2023年8月15日起施行)

△(**情节严重**)承担环境影响评价、环境监测、温室气体排放检验检测,排放报告编制或者核查等职责的中介组织的人员故意提供虚假证明文件,具有下列情形之一的,应当认定为刑法第二百二十九条第一款规定的"情节严重":(一)违法所得三十万元以上的;(二)二年内曾因提供虚假证明文件受过二次以上行政处罚,又提供虚假证明文件的;(三)其他情节严重的情形。

实施前款规定的行为,在涉及公共安全的重大工程、项目中提供虚假的环境影响评价等证明文件,致使公共财产、国家和人民利益遭受特别重大损失的,应当依照刑法第二百二十九条第一款的规定,处五年以上十年以下有期徒刑,并处罚金。

实施前两款规定的行为,同时索取他人财物或者非法收受他人财物构成犯罪的,依照处罚较重的规定定罪处罚。(§10)

△(**单位犯罪**)单位实施本解释规定的犯罪的,依照本解释规定的定罪量刑标准,对直接负责的主管人员和其他直接责任人员定罪处罚,并对单位判处罚金。(§13)

△(**监测数据;检测获取的数据;作为证据使用**)环境保护主管部门及其所属监测机构在行政执法过程中收集的监测数据,在刑事诉讼中可以作为证据使用。

公安机关单独或者会同环境保护主管部门,提取污染物样品进行检测获取的数据,在刑事诉讼中可以作为证据使用。(§14)

△(**环境污染专门性问题难以确定;鉴定意见;报告**)对案件所涉的环境污染专门性问题难以确定的,依据鉴定机构出具的鉴定意见,或者国务院环境保护主管部门、公安部门指定的机构出具的报告,结合其他证据作出认定。(§16)

△(**违法所得**)本解释条所称"违法所得",是指实施№ 本解释第二百二十九条、第三百三十八条、第三百三十九条规定的行为所得和可得的全部违法收入。(§19 Ⅲ)

《最高人民法院、最高人民检察院关于办理危害税收征管刑事案件适用法律若干问题的解释》(法释〔2024〕4号,自 2024 年 3 月 20 日起施行)

△(**骗取国家出口退税款;提供虚假证明文件罪**)从事货物运输代理、报关、会计、税务、外贸综合服务等中介组织及其人员违反国家有关进出口经营规定,为他人提供虚假证明文件,致使他人骗取国家出口退税款,情节严重的,依照刑法第二百二十九条的规定追究刑事责任。(§9 Ⅱ)

【**司法解释性文件**】

《最高人民检察院、公安部关于公安机关管辖的刑事案件立案追诉标准的规定(二)》(公通字〔2022〕12号,2022 年 4 月 6 日公布)

△(**提供虚假证明文件罪;立案追诉标准**)承担资产评估、验资、验证、会计、审计、法律服务、保荐、安全评价、环境影响评价、环境监测等职责的中介组织的人员故意提供虚假证明文件,涉嫌下列情形之一的,应予立案追诉:

(一)给国家、公众或者其他投资者造成直接经济损失数额在五十万元以上的;

(二)违法所得数额在十万元以上的;

(三)虚假证明文件虚构数额在一百万元以上且占实际数额百分之三十以上的;

(四)虽未达到上述数额标准,但二年内因提供虚假证明文件受过二次以上行政处罚,又提供虚假证明文件的;

(五)其他情节严重的情形。(§73)

△(**出具证明文件重大失实罪;立案追诉标准**)承担资产评估、验资、验证、会计、审计、法律服务、保荐、安全评价、环境影响评价、环境监测等职责的中介组织的人员严重不负责任,出具的证明文件有重大失实,涉嫌下列情形之一的,应予立案追诉:

(一)给国家、公众或者其他投资者造成直接经济损失数额在一百万元以上的;

(二)其他造成严重后果的情形。(§74)

第二百三十条　【逃避商检罪】

违反进出口商品检验法的规定,逃避商品检验,将必须经商检机构检验的进口商品未报经检验而擅自销售、使用,或者将必须经商检机构检验的出口商品未报经检验合格而擅自出口,情节严重的,处三年以下有期徒刑或者拘役,并处或者单处罚金。

【**条文说明**】

本条是关于逃避商检罪及其处罚的规定。

本条规定的逃避商检罪,是指违反进出口商品检验法的规定,逃避商品检验的犯罪。构成逃避商检罪应当具备以下特征:

1. 行为人主观上有**逃避商检的故意**。[①] "逃避商品检验",是指行为人通过自己的作为或者故意的不作为使应当经过进出口商品检验部门检

[①] 我国学者指出,本罪的主观故意要求,行为人对商品属于法律、法规规定必须经过检验的特殊商品有明确认识,或者对行为违反进出口商品检验法的规定有明确认识。参见周光权:《刑法各论》(第4版),中国人民大学出版社 2021 年版,第384页。

验的商品，避开检验的行为。"**必须经商检机构检验的进出口商品**"，是指国家进出口商品检验主管部门依法列入必须实施检验的进出口商品目录中的商品。根据进出口商品检验法的规定，列入目录的进出口商品，由商检机构实施检验。进口商品未经检验的，不准销售、使用；出口商品未经检验合格的，不准出口。

2. 行为人实施了**逃避海关监管的行为**。根据本条规定，构成本条规定的犯罪行为主要有以下两种情况：（1）"**未报经检验而擅自销售、使用**"，是指行为人将进口商品未报经商检机构检验，就自行将商品在境内销售或者自行使用的情况。行为人未报经检验就自行销售、使用的行为，直接破坏了国家对进出口商品的监督和管理。（2）"**未报经检验合格而擅自出口**"，是指没有经商检机构检验合格就自行出口的行为。因为出口商品是否符合国家规定的出口条件，应经商检机构通过出口商品的检验才能确定。

3. 逃避商检的行为"**情节严重**"。根据《最高人民检察院、公安部关于公安机关管辖的刑事案件立案追诉标准的规定（二）》第八十三条的规定，违反进出口商品检验法的规定，逃避商品检验，将必须经商检机构检验的进口商品未报经检验而擅自销售、使用，或者将必须经商检机构检验的出口商品未报经检验合格而擅自出口，涉嫌下列情形之一的，应予立案追诉：（1）给国家、单位或者个人造成直接经济损失数额在五十万元以上的；（2）逃避商检的进出口货物货值金额在三百万元以上的；（3）导致病疫流行、灾害事故的；（4）多次逃避商检的；（5）引起国际经济贸易纠纷，严重影响国家对外贸易关系，或者严重损害国家声誉的；（6）其他情节严重的情形。应当注意的是，无论是未经检验、自行销售或者使用进口商品，还是擅自出口商品，都是以所销售、使用、出口的商品是法律、法规规定的必须经过检验的商品为限。如果不是必须经过检验的商品，不构成逃避商检罪。

本条对逃避商品检验构成犯罪的刑罚规定是，处三年以下有期徒刑或者拘役，并处或者单处罚金。此外，根据《刑法》第二百三十一条的规定，单位犯本条规定之罪的，对单位判处罚金，并对其直接负责的主管人员和其他直接责任人员，依照本条的规定，定罪处罚。

【司法解释性文件】

《最高人民检察院、公安部关于公安机关管辖的刑事案件立案追诉标准的规定（二）》（公通字〔2022〕12号，2022年4月6日公布）

△（逃避商检罪；立案追诉标准）违反进出口商品检验法的规定，逃避商品检验，将必须经商检机构检验的进口商品未报经检验而擅自销售、使用，或者将必须经商检机构检验的出口商品未报经检验合格而擅自出口，涉嫌下列情形之一的，应予立案追诉：

（一）给国家、单位或者个人造成直接经济损失数额在五十万元以上的；

（二）逃避商检的进出口货物货值金额在三百万元以上的；

（三）导致病疫流行、灾害事故的；

（四）多次逃避商检的；

（五）引起国际经济贸易纠纷，严重影响国家对外贸易关系，或者严重损害国家声誉的；

（六）其他情节严重的情形。（§75）

第二百三十一条 【单位犯本节规定之罪的处罚规定】
单位犯本节第二百二十一条至第二百三十条规定之罪的，对单位判处罚金，并对其直接负责的主管人员和其他直接责任人员，依照本节各条的规定处罚。

【条文说明】

本条是关于单位犯本节规定之罪及其处罚的规定。

本条规定的"**单位犯本节第二百二十一条至第二百三十条规定之罪的**"，是指单位触犯刑法第三章第八节各条规定的犯罪。这里的"单位"，根据《刑法》第三十条的规定，是指公司、企业、事业单位、机关、团体。本条关于对单位犯罪的刑罚规定，采取了双罚制原则，即对单位判处罚金，并对其直接负责的主管人员和其他直接责任人员，依照本节各条的规定处罚。

1998年12月29日第九届全国人大常委会第六次会议通过的《全国人民代表大会常务委员会关于惩治骗购外汇、逃汇和非法买卖外汇犯罪的决定》第四条规定："在国家规定的交易场所以外非法买卖外汇，扰乱市场秩序，情节严重的，依照刑法第二百二十五条的规定定罪处罚。单位犯前款罪的,依照刑法第二百三十一条的规定处罚。"因此,单位在国家规定的交易场所以外非法买卖外汇,扰乱市场秩序,情节严重的,应根据本条规定,对单位判处罚金,并对其直接负责的主管人员和其他直接责任人员,依照《刑法》第二百二十五条非法经营罪的规定处罚。

第四章 侵犯公民人身权利、民主权利罪

第二百三十二条 【故意杀人罪】
故意杀人的,处死刑、无期徒刑或者十年以上有期徒刑;情节较轻的,处三年以上十年以下有期徒刑。

【条文说明】

本条是关于故意杀人罪及其处罚的规定。

故意杀人,是指故意非法剥夺他人生命的行为,是一种最严重的侵犯公民人身权利的犯罪。故意杀人罪侵犯的客体是**他人的生命权利**。[1] 生命权是公民最重要的人身权利,根据我国的司法实践,胎儿脱离母体,能够独立呼吸,就有了生命,具有生命权利,任何人也不能非法剥夺。[2][3] 故意杀人罪在客观方面表现为非法剥夺他人生命的行为。在实际发生的案件中,非法剥夺他人生命的方法是多种多样的,行为人采用何种方法,不影响犯罪的成立。[4] 但是,正当防卫行为、人民警察依法执行职务的行为、依法对罪犯执行死刑的行为[5],不属于非法剥夺他人生命的行为,不构成故意杀人罪。[6] 故意杀人罪是**故意犯罪**,包括直接故意和间接故意。**直接故意**是有明确的杀人目的,并且希望其行为致使被害人死亡;**间接故意**是对自己的行为可能造成被害人死亡的后果采取放任的态度。

关于故意杀人罪,本条共规定了两档刑罚:**故意杀人的**,处死刑、无期徒刑或者十年以上有期徒

---

[1] 相同见解指出,由于刑法不承认自杀是犯罪,所以此处的人应当是行为者以外的人。参见周光权:《刑法各论》(第4版),中国人民大学出版社2021年版,第12页。另有学者指出,故意杀人罪中的"人"包括自己在内,自杀也是杀人。参见黎宏:《刑法学各论》(第2版),法律出版社2016年版,第217页。

[2] 相同见解,参见高铭暄、马克昌主编:《刑法学》(第7版),北京大学出版社、高等教育出版社2016年版,第455页。另有学者指出,为了合理地保护人的生存权,有必要在现在占通说地位的独立呼吸说的基础上,将人出生的时间适度提前,即承认部分露出说:婴儿在被排出母体,露出一部分时就成为人。参见周光权:《刑法各论》(第4版),中国人民大学出版社2021年版,第13页。也有论者倾向于全部露出说,只要胎儿的全部身体脱离母体(全部露出母体),就应当将其作为人加以保护。但是,如果胎儿在全部露出之前已经死亡,即便在全部露出之后,也不得认定为"人"。参见张明楷:《刑法学》(第6版),法律出版社2021年版,第1108页。

[3] 另外,关于死亡的标准,传统上采取综合标准说,即自发呼吸停止、心脏跳动停止、瞳孔反射机能停止。根据《人体器官移植条例》规定,在符合严格条件的前提下,应当允许摘取脑死亡者的身体器官移植于他人。因此,我国学者指出,应采取二元标准:通常情况下采取综合标准说,在器官移植的场合采取脑死亡标准说。参见张明楷:《刑法学》(第6版),法律出版社2021年版,第1108页。学者指出,在一定条件下,医学领域对于器官移植的需要可能会认可脑死标准,但就刑法领域而言,还是应当采用综合判断说。脑死患者仍然属于刑法上故意杀人罪的保护对象。参见黎宏:《刑法学各论》(第2版),法律出版社2016年版,第215页。学者指出,在医患关系紧张的背景下,在刑法上要求国民认同脑死亡不太现实。心脏死亡仍然应当作为刑法上判断人死亡的标准,其合理性在刑法上仍然是值得肯定的。参见周光权:《刑法各论》(第4版),中国人民大学出版社2021年版,第13—14页。

[4] 我国学者指出,剥夺他人生命的方式,既可以是作为,也可以是不作为;既可以是物理的方式,也可以是心理的方法。参见张明楷:《刑法学》(第6版),法律出版社2021年版,第1108页;黎宏:《刑法学各论》(第2版),法律出版社2016年版,第215页;周光权:《刑法各论》(第4版),中国人民大学出版社2021年版,第14页;赵秉志、李希慧主编:《刑法各论》(第3版),中国人民大学出版社2016年版,第188页;高铭暄、马克昌主编:《刑法学》(第7版),北京大学出版社、高等教育出版社2016年版,第455页。

[5] 罪犯的生命只是针对依法执行死刑的人而言,不受保护;但对于其他人来说,仍然受到刑法的保护。参见黎宏:《刑法学各论》(第2版),法律出版社2016年版,第214页。

[6] 不构成犯罪的原因在于违法性之阻却。另外,在本罪的违法性层次之审查上,通常会涉及两种情形,分别是安乐死和尊严死。详细的讨论,参见张明楷:《刑法学》(第6版),法律出版社2021年版,第1109页;黎宏:《刑法学各论》(第2版),法律出版社2016年版,第216—217页;赵秉志、李希慧主编:《刑法各论》(第3版),中国人民大学出版社2016年版,第190页;高铭暄、马克昌主编:《刑法学》(第7版),北京大学出版社、高等教育出版社2016年版,第457—458页。

刑;**故意杀人情节较轻的，处三年以上十年以下有期徒刑**。这里所规定的"情节较轻"，实践中可以从犯罪的动机、原因、后果等方面加以考虑，如出于义愤杀人等情况。① 考虑到故意杀人罪是一种非常严重的侵犯公民人身权利的犯罪，必须予以严厉打击，本条对于刑罚作了比较特殊的表述，是按照从重刑到轻刑的顺序列举的，首先是死刑，然后是无期徒刑或者十年以上有期徒刑，这样规定的目的在于显示刑法对故意杀人罪从严处罚的态度，维护公民的生命权利不受非法侵犯。对情节较轻的处三年以上十年以下有期徒刑，这样规定，主要考虑是实践中故意杀人的情况比较复杂，如果一律处以重刑，既不符合罪责刑相适应原则，也有悖公平正义。同时，也是参考域外有些国家、地区对故意杀人罪区分不同的情节予以不同处罚的经验做法，如有的国家将故意杀人区分一级谋杀、二级谋杀等，并适用不同的刑罚。

认定故意杀人罪不能客观归罪，不能只看行为的后果，要根据行为人的故意内容来认定。 如果行为人不是要故意非法剥夺他人生命，而是出于其他故意行为致人死亡的，如故意伤害致人死亡的，强奸妇女致使被害人死亡的、使用暴力进行抢劫致人死亡的，等等，不能认定为故意杀人罪，而应将致人死亡这一后果作为各罪的量刑情节考虑。

司法实践中应当注意，故意杀人侵犯的是人的生命和身体健康，社会危害大，直接影响人民群众的安全感，应当作为刑法重点惩治的犯罪。但是，实践中的故意杀人案件复杂多样，处理时要注意区分案件的不同性质，做到区别对待。一般而言，故意杀人案件从性质上可分为两类：一类是**严重危害社会治安、严重影响人民群众安全感的案件**，如极端仇视国家和社会，以不特定人为作案对象的，针对妇女、儿童等弱势群体在公共场所实施的杀人等；一类是**因婚姻家庭、邻里纠纷等民间矛盾激化引发的案件**。前者应当作为严惩的重点，依法判处被告人重刑直至判处死刑。在后者处理时应注意体现从严的精神，在判处重刑尤其是适用死刑时应当特别慎重。对于被害人本身在起因上存在过错，或者被告人案发后积极赔偿，真诚悔罪，取得被害人或其家属谅解的，应依法从宽处罚，对同时有法定从轻、减轻处罚情节的，也应当予以考虑。同时应重视此类案件中的附带民事调解工作，努力化解双方矛盾，实现积极的"案结事了"，增进社会和谐，达成法律效果与社会效果的有机统一。

【司法解释】

《**最高人民法院关于审理交通肇事刑事案件具体应用法律若干问题的解释**》（法释〔2000〕33号，自2000年11月21日起施行）

△（交通肇事罪；故意杀人罪）行为人在交通肇事后为逃避法律追究，将被害人带离事故现场后隐藏或者遗弃，致使被害人无法得到救助而死亡或者严重残疾的，应当分别依照刑法第二百三十二条、第二百三十四条第二款的规定，以故意杀人罪或者故意伤害罪定罪处罚。（§6）

《**最高人民法院关于抢劫过程中故意杀人案件如何定罪问题的批复**》（法释〔2001〕16号，自2001年5月26日起施行）

△（抢劫罪；为灭口而故意杀人；故意杀人罪；数罪并罚）行为人为劫取财物而预谋故意杀人，或者在劫取财物过程中，为制服被害人反抗而故意杀人的，以抢劫罪定罪处罚。

行为人实施抢劫后，为灭口而故意杀人的，以抢劫罪和故意杀人罪定罪，实行数罪并罚。

《**最高人民法院、最高人民检察院关于办理妨害预防、控制突发传染病疫情等灾害的刑事案件具体应用法律若干问题的解释**》（法释〔2003〕8号，自2003年5月15日起施行）

△（预防、控制突发传染病疫情等灾害；聚众"打砸抢"；故意杀人罪）在预防、控制突发传染病疫情等灾害期间，聚众"打砸抢"，致人伤残、死亡的，依照刑法第二百八十九条、第二百三十四条、第二百三十二条的规定，以故意伤害罪或者故意杀人罪定罪，依法从重处罚。对毁坏或者抢走公私财物的首要分子，依照刑法第二百八十九条、第二百六十三条的规定，以抢劫罪定罪，依法从重处罚。（§9）

---

① 另外，对于不具有间接正犯性质的教唆、帮助自杀行为，中国司法实践一般作为情节较轻的故意杀人罪加以处理。但是，处罚教唆、帮助自杀行为的刑法根据为何，仍有待进一步的论述。倘若不能找到刑法上的处罚根据，则只能认定上述司法实践的做法违反了罪刑法定原则。参见张明楷：《刑法学》（第6版），法律出版社2021年版，第1112—1113页。另有学者指出，自杀是违法，合法以外的第三种情形，即"法律的领域"（法外空间说）。因为自杀不能被评价为违法行为，所以自杀参与行为，除非另设单条，在现有立法体系之下，不能构成犯罪。参见周光权：《刑法各论》（第4版），中国人民大学出版社2021年版，第15—18页。也有学者指出，故意杀人中的"人"包括自己在内，自杀也是杀人。因此，教唆或帮助自杀的行为可以作为故意杀人罪论处。参见黎宏：《刑法学各论》（第2版），法律出版社2016年版，第217页。

《最高人民法院关于审理未成年人刑事案件具体应用法律若干问题的解释》(法释〔2006〕1号,自2006年1月23日起施行)

△(已满十四周岁不满十六周岁的人;故意伤害罪)已满十四周岁不满十六周岁的人盗窃、诈骗、抢夺他人财物,为窝藏赃物、抗拒抓捕或者毁灭罪证,当场使用暴力,故意伤害致人重伤或者死亡,或者故意杀人的,应当分别以故意伤害罪或者故意杀人罪定罪处罚。① (§10Ⅰ)

《最高人民法院、最高人民检察院关于办理危害生产安全刑事案件适用法律若干问题的解释》(法释〔2015〕22号,自2015年12月16日起施行)

△(安全事故;故意阻挠开展抢救;隐藏、遗弃被害人;故意杀人罪)在安全事故发生后,直接负责的主管人员和其他直接责任人员故意阻挠开展抢救,导致人员死亡或者重伤,或者为了逃避法律追究,对被害人进行隐藏、遗弃,致使被害人因无法得到救助而死亡或者重度残疾的,分别依照刑法第二百三十二条、第二百三十四条的规定,以故意杀人罪或者故意伤害罪定罪处罚。(§10)

《最高人民法院、最高人民检察院关于办理组织、利用邪教组织破坏法律实施等刑事案件适用法律若干问题的解释》(法释〔2017〕3号,自2017年2月1日起施行)

△(组织、策划、煽动、胁迫、教唆、帮助邪教组织成员或者他人实施自杀;故意杀人罪)组织、利用邪教组织,制造、散布迷信邪说,组织、策划、煽动、胁迫、教唆、帮助其成员或者他人实施自杀②、自伤的,依照刑法第二百三十二条、第二百三十四条的规定,以故意杀人罪或者故意伤害罪定罪处罚③。(§11)

《最高人民法院、最高人民检察院关于办理强奸、猥亵未成年人刑事案件适用法律若干问题的解释》(法释〔2023〕3号,自2023年6月1日起施行)

△(猥亵未成年人犯罪;竞合)实施猥亵未成年人犯罪,造成被害人轻伤以上后果,同时符合刑法第二百三十四条或者第二百三十二条的规定,构成故意伤害罪、故意杀人罪的,依照处罚较重的规定定罪处罚。(§10)

《最高人民法院、最高人民检察院关于办理危害税收征管刑事案件适用法律若干问题的解释》(法释〔2024〕4号,自2024年3月20日起施行)

△(抗税罪;竞合)实施抗税行为致人重伤、死亡,符合刑法第二百三十四条或者第二百三十二条规定的,以故意伤害罪或者故意杀人罪定罪处罚。(§5Ⅱ)

【司法解释性文件】

《全国法院维护农村稳定刑事审判工作座谈会纪要》(法〔1999〕217号,1999年10月27日公布)

△(故意杀人罪;死刑;综合考虑;被害人一方有明显过错)要准确把握故意杀人犯罪适用死刑的标准。对故意杀人犯罪是否判处死刑,不仅要看是否造成了被害人死亡结果,还要综合考虑案件的全部情况。对于因婚姻家庭、邻里纠纷等民间矛盾激化引发的故意杀人犯罪,适用死刑一定要十分慎重,应当与发生在社会上的严重危害社会治安的其他故意杀人犯罪案件有所区别。对于被害人一方有明显过错或对矛盾激化负有直接责任,或者被告人有法定从轻处罚情节的,一般不应判处死刑立即执行。

△(故意杀人罪;直接故意;间接故意;故意伤害致人死亡)要注意严格区分故意杀人罪与故意伤害罪的界限。在直接故意杀人与间接故意杀人案件中,犯罪人的主观恶性程度是不同的,在处刑上也应有所区别。至于故意杀人与故意伤害致人死亡,虽然都造成了死亡后果,但行为人故意的性质和内容是截然不同的。不注意区分犯罪的性质和故意的内容,只要有死亡后果就判处死刑的做法是错误的,这在今后的工作中,应当予以纠正。对于故意伤害致人死亡,手段特别残忍,情节特别恶劣的,才可以判处死刑。

---

① 林维教授指出,系争解释与《最高人民检察院法律政策研究室关于相对刑事责任年龄的人承担刑事责任范围有关问题的答复》的结论(以抢劫罪论处)相互矛盾。该司法解释将不法与罪责混为一谈,立法者将几种典型的危险行为拟制为抢劫行为,是关于构成要件之不法内涵的拟制。《刑法》第十七条第二款是关于责任年龄的规定,其只是表明相对责任刑事年龄者应对抢劫行为的不法负责,与不法内涵本身为何无关。因此,相对责任年龄者仍应对三种拟制性抢劫负责。参见陈兴良主编:《刑法各论精释》,人民法院出版社2015年版,第308页。

② 我国学者指出,这里的被害人自己造成死亡,并不属于刑法意义上的自杀,而是由邪教组织所操纵、支配的,邪教组织人员实施的实行行为,对邪教组织人员以故意杀人罪的间接正犯是合适的,此与《刑法》第三百条之规定,并不冲突。参见周光权:《刑法各论》(第4版),中国人民大学出版社2021年版,第18页。

③ 我国学者指出,凭借某种权势或利用某种特殊关系,以暴力、威胁或者其他心理强制方法,促使他人自杀身亡的,成立故意杀人的间接正犯。参见张明楷:《刑法学》(第6版),法律出版社2021年版,第1112页。

《在审理故意杀人、伤害及黑社会性质组织犯罪案件中切实贯彻宽严相济刑事政策》（最高人民法院刑三庭，2010年4月14日公布）

△(宽严相济刑事政策)在故意杀人、伤害及黑社会性质组织犯罪案件的审判中贯彻宽严相济刑事政策，要落实《意见》①第1条规定：根据犯罪的具体情况，实行区别对待，做到该宽则宽，当严则严，宽严相济，罚当其罪。落实这个总体要求，要注意把握以下几点：

1. 正确把握宽与严的对象。故意杀人和故意伤害犯罪的发案率高，社会危害大，是各级法院刑事审判工作的重点。黑社会性质组织犯罪在我国自二十世纪八十年代末出现以来，长时间保持快速发展势头，严厉打击黑社会性质组织犯罪，是法院刑事审判在当前乃至今后相当长一段时期内的重要任务。因此，对这三类犯罪总体上应坚持从严惩处的方针。但是在具体案件的处理上，也要分别案件的性质、情节和行为人的主观恶性、人身危险性等情况，把握宽严的范围。在确定从宽与从严的对象时，还应当注意审时度势，对经济社会的发展和治安形势的变化作出准确判断，为构建社会主义和谐社会的目标服务。

2. 坚持严格依法办案。三类案件的审判中，无论是从宽还是从严，都必须严格依照法律规定进行，做到宽严有据，罚当其罪，不能为追求打击效果，突破法律界限。比如在黑社会性质组织犯罪的审理中，黑社会性质组织的认定必须符合法律和立法解释规定的标准，既不能降格处理，也不能拔高认定。

3. 注重法律效果与社会效果的统一。严格依法办案，确保良好法律效果的同时，还应当充分考虑案件的处理是否有利于赢得人民群众的支持和社会稳定，是否有利于瓦解犯罪，化解矛盾，是否有利于罪犯的教育改造和回归社会，是否有利于减少社会对抗，促进社会和谐，争取更好的社会效果。比如在刑罚执行过程中，对于故意杀人、伤害犯罪及黑社会性质组织犯罪的领导者、组织者和骨干成员就应当从严掌握减刑、假释的适用，其他主观恶性不深、人身危险性不大的罪犯则可以从宽把握。（§1）

△(故意杀人罪；区别对待；犯罪情节；主观恶性和人身危险性；死刑适用)1. 注意区分两类不同性质的案件。故意杀人、故意伤害侵害的是人的生命和身体健康，社会危害大，直接影响到人民群众的安全感，《意见》第7条将故意杀人、故意伤害致人死亡犯罪作为严惩的重点是十分必要的。

但是，实践中的故意杀人、伤害案件复杂多样，处理时要注意分别案件的不同性质，做到区别对待。

实践中，故意杀人、伤害案件从性质上通常可分为两类：一类是严重危害社会治安、严重影响人民群众安全感的案件，如极端仇视国家和社会，以不特定人为行凶对象的；一类是因婚姻家庭、邻里纠纷等民间矛盾激化引发的案件。对于前者应当作为严惩的重点，依法判处被告人重刑直至判处死刑。对于后者处理时应注意体现从严的精神，在判处重刑尤其是适用死刑时应特别慎重，除犯罪情节特别恶劣、犯罪后果特别严重、人身危险性极大的被告人外，一般不应当判处死刑。对于被害人在起因上存在过错，或者是被告人案发后积极赔偿，真诚悔罪，取得被害人或其家属谅解的，应依法从宽处罚，对同时有法定从轻、减轻处罚情节的，应考虑在无期徒刑以下裁量刑罚。同时应重视此类案件中的附带民事调解工作，努力化解双方矛盾，实现积极的"案结事了"，增进社会和谐，达成法律效果与社会效果的有机统一。《意见》第23条是对此审判经验的总结。

此外，实践中一些致人死亡的犯罪是故意杀人还是故意伤害往往难以区分，在认定时除从作案工具、打击的部位、力度等方面进行判断外，也要注意考察犯罪的起因等因素。对于民间纠纷引发的案件，如果难以区分是故意杀人还是故意伤害时，一般可考虑定故意伤害罪。

2. 充分考虑各种犯罪情节。犯罪情节包括犯罪的动机、手段、对象、场所及造成的后果等，不同的犯罪情节反映不同的社会危害性。犯罪情节多属酌定量刑情节，法律往往未作明确的规定，但犯罪情节是适用刑罚的基础，是具体案件决定从严或从宽处罚的基本依据，需要在案件审理中进行仔细甄别，以准确判断犯罪的社会危害性。有的案件犯罪动机特别卑劣，比如为了铲除政治对手而雇凶杀人的，也有一些人犯罪是出于义愤，甚至是"大义灭亲"、"为民除害"的动机杀人。有的案件犯罪手段特别残忍，比如采取放火、泼硫酸等方法把人活活烧死的故意杀人行为。犯罪后果也可以分为一般、严重和特别严重几档。在实际中一般认为故意杀人、故意伤害一人死亡的为后果严重，致二人以上死亡的为犯罪后果特别严重。特定的犯罪对象和场所也反映社会危害性的不同，如针对妇女、儿童等弱势群体或在公共场所实施的杀人、伤害，就具有较大的社会危害性。以上犯罪动机卑劣，或者犯罪手段残忍，或者犯罪后果

---

① 即《最高人民法院关于贯彻宽严相济刑事政策的若干意见》。

严重，或者针对妇女、儿童等弱势群体作案等情节恶劣的，又无其他法定或酌定从轻情节应当依法从重判处。如果犯罪情节一般，被告人真诚悔罪，或有立功、自首等法定从轻情节的，一般应考虑从宽处罚。

实践中，故意杀人、伤害案件的被告人既有法定或酌定的从宽情节，又有法定或酌定从严情节的情形比较常见，此时，就应当根据《意见》第28条，在全面考察犯罪的事实、性质、情节和对社会危害程度的基础上，结合被告人的主观恶性、人身危险性、社会治安状况等因素，综合作出分析判断。

3. 充分考虑主观恶性和人身危险性。《意见》第10条、第16条明确了被告人的主观恶性和人身危险性是从严和从宽的重要依据，在适用刑罚时必须充分考虑。主观恶性是被告人对自己行为及社会危害性所抱的心理态度，在一定程度上反映了被告人的改造可能性。一般来说，经过精心策划的、有长时间计划的杀人、伤害，显示被告人的主观恶性深；激情犯罪、临时起意的犯罪，因被害人的过错行为引发的犯罪，显示的主观恶性较小。对主观恶性深的被告人要从严惩处，主观恶性较小的被告人则可考虑适用较轻的刑罚。

人身危险性即再犯可能性，可从被告人有无前科、平时表现及悔罪情况等方面综合判断。人身危险性大的被告人，要依法从重判处。如累犯中前罪系暴力犯罪，而被告人又曾因暴力犯罪被判刑后又犯故意杀人、故意伤害致人死亡的；平时横行乡里，寻衅滋事杀人、伤害致人死亡的，应依法从重判处。人身危险性小的被告人，应依法体现从宽精神。被告人平时表现较好，激情犯罪，系初犯、偶犯的；被告人杀人或伤人后有抢救被害人行为的，在量刑时应酌情予以从宽处罚。

未成年人及老年人的故意杀人、伤害犯罪与一般人犯罪相比，主观恶性和人身危险性等方面有一定特殊性，在处理时应当依据《意见》的第20条、第21条考虑从宽。对犯故意杀人、伤害罪的未成年人，要坚持"教育为主，惩罚为辅"的原则和"教育、感化、挽救"的方针进行处理。对于情节较轻、后果不重的伤害案件，可以依法适用缓刑，或者判处管制、单处罚金等非监禁刑。对于情节严重的未成年人，也应当从轻或减轻处罚。对于已满十四周岁不满十六周岁的未成年人，一般不判处无期徒刑。对于七十周岁以上的老年人犯故意杀人、伤害罪的，由于其已没有再犯罪的可能，在综合考虑其犯罪情节和主观恶性、人身危险性的基础上，一般也应酌情从宽处罚。

4. 严格控制和慎重适用死刑。故意杀人和故意伤害犯罪在判处死刑的案件中所占比例最高，审判中要按照《意见》第29条的规定，准确理解和严格执行"保留死刑，严格控制和慎重适用死刑"的死刑政策，坚持统一的死刑适用标准，确保死刑只适用于极少数罪行极其严重的犯罪分子，坚持同等的证据标准，确保把每一起判处死刑的案件都办成铁案。对于罪行极其严重，但只要有法定、酌定从轻情节，依法可不立即执行的，就不应当判处死刑立即执行。

对于自首的故意杀人、故意伤害致人死亡的被告人，除犯罪情节特别恶劣，犯罪后果特别严重的，一般不应考虑判处死刑立即执行。对亲属送被告人归案或协助抓获被告人的，也应视为自首，原则上应当从宽处罚。对具有立功表现的故意杀人、故意伤害致死的被告人，一般也应当体现从宽，可考虑不判处死刑立即执行。但如果犯罪情节极其恶劣，犯罪后果特别严重的，即使有立功情节，也可以不予从轻处罚。

共同犯罪中，多名被告人共同致死一名被害人的，原则上只判处一人死刑。处理时，根据案件的事实和证据能分清主从犯的，都应当认定主从犯；有多名主犯的，应当在主犯中进一步区分出罪行最为严重者和罪责严重者，不能以分不清主次为由，简单地一律判处死刑。（§2）

《最高人民法院、最高人民检察院、公安部、司法部、国家卫生和计划生育委员会关于依法惩处涉医违法犯罪维护正常医疗秩序的意见》（法发〔2014〕5号，2014年4月22日公布）

△（**故意杀害医务人员；故意杀人罪**）在医疗机构内殴打医务人员或者故意伤害医务人员身体、故意损毁公私财物，尚未造成严重后果的，分别依照治安管理处罚法第四十三条、第四十九条的规定处罚；故意杀害医务人员，或者故意伤害医务人员造成轻伤以上严重后果，或者随意殴打医务人员情节恶劣、任意损毁公私财物情节严重，构成故意杀人罪、故意伤害罪、故意毁坏财物罪、寻衅滋事罪的，依照刑法的有关规定定罪处罚。

《最高人民法院、最高人民检察院、公安部、司法部关于依法办理家庭暴力犯罪案件的意见》（法发〔2015〕4号，2015年3月2日公布）

△（**家庭暴力犯罪；防卫因素；过错责任；情节较轻"减刑；假释**）充分考虑案件中的防卫因素和过错责任。对于长期遭受家庭暴力后，在激愤、恐惧状态下为了防止再次遭受家庭暴力，或者为了摆脱家庭暴力而故意杀害、伤害施暴人，被告人的行为具有防卫因素，施暴人在案件起因上具有明显过错或者直接责任的，可以酌情从宽处罚。对于因遭受严重家庭暴力，身体、精神受到重大损害

而故意杀害施暴人;或者因不堪忍受长期家庭暴力而故意杀害施暴人,犯罪情节不是特别恶劣,手段不是特别残忍的,可以认定为刑法第二百三十二条规定的故意杀人"情节较轻"。在服刑期间确有悔改表现的,在依法放宽减刑的幅度,缩短减刑的起始时间与间隔时间;符合假释条件的,应当假释。被杀害施暴人的近亲属表示谅解的,在量刑、减刑、假释时应当予以充分考虑。(§20)

《最高人民法院、最高人民检察院、公安部、司法部关于办理黑恶势力犯罪案件若干问题的指导意见》(法发〔2018〕1号,2018年1月16日公布)

△(民间借贷;擅自设立金融机构罪;非法吸收公众存款罪;骗取贷款罪;高利转贷罪;故意杀人罪;故意伤害罪;非法拘禁罪;故意毁坏财物罪;数罪并罚)在民间借贷活动中,如有擅自设立金融机构、非法吸收公众存款、骗取贷款、套取金融机构资金发放高利贷以及为强索债务而实施故意杀人、故意伤害、非法拘禁、故意毁坏财物等行为的,应当按照具体犯罪侦查、起诉、审判。依法符合数罪并罚条件的,应当并罚。(§19)

《最高人民法院关于依法妥善审理高空抛物、坠物案件的意见》(法发〔2019〕25号,2019年10月21日发布)

△(高空抛物、坠物行为;社会危害性)充分认识高空抛物、坠物行为的社会危害性。高空抛物、坠物行为损害人民群众人身、财产安全,极易造成人员伤亡和财产损失,引发社会矛盾纠纷。人民法院要高度重视高空抛物、坠物行为的现实危害,深刻认识运用刑罚手段惩治情节和后果严重的高空抛物、坠物行为的必要性和重要性,依法惩治此类犯罪行为,有效防范、坚决遏制此类行为发生。(§4)

△(高空抛物犯罪;以危险方法危害公共安全罪;故意伤害罪;故意杀人罪)准确认定高空抛物犯罪。对于高空抛物行为,应当根据行为人的动机、抛物场所、抛掷物的情况以及造成的后果等因素,全面考量行为的社会危害程度,准确判断行为性质,正确适用罪名,准确裁量刑罚。

故意从高空抛弃物品,尚未造成严重后果,但足以危害公共安全的,依照刑法第一百一十四条规定的以危险方法危害公共安全罪定罪处罚;致人重伤、死亡或者使公私财产遭受重大损失的,依照刑法第一百一十五条第一款的规定处罚。为伤害、杀害特定人员实施上述行为的,依照故意伤害罪、故意杀人罪定罪处罚。(§5)

△(高空抛物犯罪;从重处罚;不得适用缓刑)依法从重惩治高空抛物犯罪。具有下列情形之一的,应当从重处罚,一般不得适用缓刑:(1)多次实施的;(2)经劝阻仍继续实施的;(3)受过刑事处罚或者行政处罚后又实施的;(4)在人员密集场所实施的;(5)其他情节严重的情形。(§6)

《最高人民法院、最高人民检察院、公安部关于依法办理"碰瓷"违法犯罪案件的指导意见》(公通字〔2020〕12号,2020年9月22日发布)

△("碰瓷";故意杀人罪)为实施"碰瓷"而故意杀害、伤害他人或者过失致人重伤、死亡,符合刑法第二百三十四条、第二百三十四条、第二百三十五条规定的,分别以故意杀人罪、故意伤害罪、过失致人死亡罪、过失致人重伤罪定罪处罚。(§7)

《最高人民法院、最高人民检察院、公安部办理跨境赌博犯罪案件若干问题的意见》(公通字〔2020〕14号,2020年10月16日发布)

△(赌博犯罪;故意杀人罪;故意伤害罪;非法拘禁罪;故意毁坏财物罪;寻衅滋事罪)实施赌博犯罪,为强行索要赌债,实施故意杀人、故意伤害、非法拘禁、故意毁坏财物、寻衅滋事等行为,构成犯罪的,应当依法数罪并罚。(§4Ⅳ)

《最高人民法院、最高人民检察院、公安部关于办理涉窨井盖相关刑事案件的指导意见》(高检发〔2020〕3号,2020年3月16日发布)

△(窨井盖;故意伤害罪;故意杀人罪)对于本意见第一条、第二条规定以外的其他场所的窨井盖,明知会造成人员伤亡后果而实施盗窃、破坏行为,致人伤害或者死亡的,依照刑法第二百三十四条、第二百三十二条的规定,分别以故意伤害罪、故意杀人罪定罪处罚。(§3Ⅰ)

△(窨井盖)本意见所称的"窨井盖",包括城市、城乡结合部和乡村等地的窨井盖以及其他井盖。(§12)

【指导性案例】

最高人民法院指导性案例第4号:王志才故意杀人案(2011年12月20日发布)

△(因恋爱、婚姻矛盾激化引发的故意杀人案件;死刑缓期执行;决定限制减刑)因恋爱、婚姻矛盾激化引发的故意杀人案件,被告人犯罪手段残忍、后果严重,论罪当判处死刑,但被告人具有坦白悔罪、积极赔偿等从轻处罚情节,同时被害人亲属要求严惩的,人民法院根据案件性质、犯罪情节、危害后果和被告人的主观恶性及人身危险性,可以依法判处被告人死刑,缓期二年执行,同时决定限制

减刑,以有效化解社会矛盾,促进社会和谐。

最高人民法院指导性案例第12号:李飞故意杀人案(2012年9月18日发布)

△(因民间矛盾引发的故意杀人案件;死刑缓期执行;决定限制减刑)对于因民间矛盾引发的故意杀人案件,被告人犯罪手段残忍,且系累犯,论罪应当判处死刑,但被告人亲属主动协助公安机关将其抓捕归案,并积极赔偿的,人民法院根据案件具体情节,从尽量化解社会矛盾角度考虑,可以依法判处被告人死刑,缓期二年执行,同时决定限制减刑。

【公报案例】

路国平故意杀人案(《最高人民法院公报》2005年第6期)

△(故意杀人罪;不立即执行死刑)被告人的行为已构成故意杀人罪,后果严重,应依法惩处,但鉴于路国平故意杀人案系民事纠纷引发,双方在起因上均有一定过错,且被告人在羁押期间有制止他人自杀的情节,对其判处的死刑可不立即执行。

【参考案例】

No.2-133-26 陆华故意杀人案

行为人醉酒驾驶肇事后继续驾车拖拽被害人,导致被害人死亡的,主观上对死亡结果持放任态度,应认定为(间接)故意杀人罪。

No.4-232-3 龚世义等人故意杀人、包庇案

故意杀人后为掩盖罪行而毁坏、抛弃尸体的,应以故意杀人罪一罪论处。

No.4-232-4 龚世义等人故意杀人、包庇案

被害人有重大过错的故意杀人行为,应以情节较轻的故意杀人罪论处。

No.4-232-6 夏锡仁故意杀人案

帮助意图自杀的人实现自杀意图的,应以故意杀人罪论处,并从轻处罚。

No.4-232-10 孙习军等故意杀人案

以一般人难以接受的方法杀人的,可以认定为故意杀人罪的手段特别残忍。

No.4-232-13 蔡超故意杀人案

故意杀人(未遂)手段特别残忍,后果特别严重,罪当判处死刑立即执行,但在二审期间被告人真诚悔罪,其亲属代为赔偿被害人的经济损失,并由此获得了被害人及其亲属的谅解而达成和解协议的,可以改判死刑,缓期二年执行。

No.4-232-14 王建辉等故意杀人、抢劫案

数个主犯参与共同犯罪应当判决死刑的,只对其中起最大作用的主犯判处死刑。

No.4-232-18 张志信故意杀人案

被害人的严重过错导致行为人义愤杀人或者大义灭亲杀人的,一般应认定为情节较轻的故意杀人罪,且符合法定条件的,可以适用缓刑。

No.4-232-22 叶得利、孙鹏辉故意杀人,孙鹏辉窝藏案

雇凶杀人案件中,应根据行为人的地位和作用认定罪责最严重的主犯,在致一名被害人死亡的案件中,应仅对罪责最为严重者适用死刑立即执行。

No.4-232-25 胡方权故意杀人、非法拘禁案

对严重危害社会治安和影响人民群众安全感的故意杀人案件,被告人主观恶性深,人身危险性大的,即使被告人亲属积极赔偿,得到被害人亲属谅解,也应从严惩处,判处死刑立即执行。

No.4-232-24 颜克于等故意杀人案

因先行行为致使被害人处于危险境地的,负有救助义务;有能力履行该义务而拒不履行,致使被害人死亡的,应以故意杀人罪论处。

No.4-232-29 颜克于等故意杀人案

在故意杀人中,主观上出于间接故意且被害人具有一定过错的,应认定为故意杀人情节较轻,予以从轻处罚。

No.4-232-30 陈君宏故意杀人案

船舶碰撞事故发生后,肇事责任人负有救助义务,应当救助而不救助,致落水船员死亡的,成立以不作为方式实施的故意杀人罪。

No.4-232-31 吴江故意杀人案

在故意杀人案中,被害人有明显过错或者对矛盾激化负有直接责任的,一般不应当判处被告人死刑立即执行。

No.4-232-33 彭崧故意杀人案

因故意吸食毒品等可致人辨认、控制能力受影响的物品而实施杀人行为的,应当承担刑事责任。

No.4-232-38 周文友故意杀人案

在刑事案件中,不论被害人的过错以何种程度的形式出现,只要能够反映罪行轻重及人身危险性大小等情况的,均可以作为减轻处罚的量刑情节。

No.4-232-40 官其明故意杀人案

在判断被害人有无过错时,应根据其有无故意或过失实施激化矛盾的行为,且该行为是否为诱发行为人实施犯罪的原因加以判断。

No.4-232-44 王征宇故意杀人案

为逃避检查等目的,故意驾车冲撞检查人员等特定个人致其死亡的,不构成以危险方法危害

No.4-232-46 宋有福等故意杀人案
在杀人案件中,犯罪意图不明确的,不得认定为直接故意杀人。

No.4-232-47 宋有福等故意杀人案
对于致使被害人死亡的杀人案件,量刑时应当考虑案件的起因、被告人动机的卑劣程度以及主观恶性的大小等因素。

No.4-232-50 张杰故意杀人案
因婚姻家庭矛盾实施杀人行为后,又实施抢救行为的,应当酌情从轻处罚。

No.4-232-51 曹成金故意杀人案
非法持有枪支、弹药实施间接故意杀人行为未造成危害结果的,不构成故意杀人罪(未遂)或者故意伤害罪(未遂),应以非法持有枪支、弹药罪论处。

No.4-232-52 梁小红故意杀人案
在实施故意杀人行为后,为转移侦查视线、掩盖罪行而书写、投送勒索钱财信件的,不构成敲诈勒索罪,应以故意杀人罪一罪论处。

No.4-232-54 王洪斌故意杀人案
在故意杀人案中,向被害人要害部位实施打击行为的,应当认定为直接故意杀人。

No.4-232-56 阎留普等故意杀人案
在故意杀人案中,同时具有多项法定从轻、减轻和酌定从轻、减轻情节的,一般不应顶格判处刑罚,应综合全案具体情况确定合适的刑罚。

No.4-232-57 杨政锋故意杀人案
驾车故意挤占车道阻止追赶车辆、致使他人车毁人亡的,不构成破坏交通工具罪,应以故意杀人罪论处。

No.4-232-63 王志峰等故意杀人、保险诈骗案
将他人杀死制造被保险人死亡假象以骗取保险金的,属于故意杀人罪与保险诈骗罪的想象竞合,应从一重罪处断,以故意杀人罪论处。

No.4-232-80 姚国英故意杀人案
因长期受到虐待和家庭暴力而杀害丈夫的,应以情节较轻的故意杀人罪论处。

No.4-232-89 刘祖枝故意杀人案
明知他人有强烈自杀倾向仍然通过言行强化他人自杀决意,并提供自杀工具、帮助他人完成自杀行为的,应当以故意杀人罪追究刑事责任。

No.4-232-90 刘祖枝故意杀人案
负有救助义务的人,当时能够履行而不履行其救助义务,构成不作为的故意杀人。

No.4-232-93 张士禄故意杀人案
对民间矛盾激化引发的犯罪,因被害方过错或者基于义愤引发的或者具有防卫因素的突发性犯罪,应酌情从宽处罚。即使被害人亲属不予谅解,要求严惩意愿强烈,但综合考虑案件犯罪事实、情节的基础上,仍可不判处死刑立即执行。

No.4-232-94 刘兴华故意杀人案
家庭、婚恋关系中的刑事案件不应一律从轻处理,行为人过往的施暴史应当作为量刑时的考量因素。

No.4-232-96 张某故意杀人案
近亲属之间发生的故意杀人案件,被害人存在一定过错,基于改造预防犯罪与化解社会矛盾的考虑,对被告人可不判处死刑立即执行。

No.4-232-97 邓明建故意杀人案
帮助自杀行为与死亡结果之间存在因果关系,侵犯死者生命权,构成故意杀人罪,但可认定为情节较轻的故意杀人。

No.4-232-102 李中海故意杀人案
交通肇事后明知逃逸可能导致被害人死亡而仍然放任结果发生的,成立(间接)故意杀人罪。

No.4-232-108 乐燕故意杀人案
负有抚养义务的人将婴儿留置在与外界完全隔绝的房间内,放任婴儿死亡危险的,构成故意杀人罪。

No.4-232-109 万道龙等故意杀人案
拒不履行抚养义务,将婴儿遗弃在获救希望渺茫的深山野林里,应认定为不作为故意杀人。

No.4-232-110 黄志坚故意杀人案
同时存在从重处罚与从轻处罚情节的,在量刑时应当先考虑所有的从重情节拟定刑罚之后再考虑从轻处罚情节,将刑罚幅度向下适当降低。

No.4-232-111 尹宝书故意杀人案
对于《刑法》第四十九条中的"特别残忍手段"应作限制性理解,不能仅仅因行为人使用了暴力手段就认定为手段特别残忍。

No.4-232-112 张静故意杀人案
行为人明知窒息游戏具有高度危险,在行为过程中不顾被害人剧烈反抗仍然继续游戏放任死亡结果发生的,成立(间接)故意杀人罪。

No.4-232-115 刘天赐故意杀人案
明知被害人特殊体质而实施轻微暴力致其病发,且未进行正确救助致被害人死亡的,构成故意杀人罪。

No.4-232-116 吴某某、郑某某故意杀人案
因长期遭受虐待而在被害人再次实施家庭暴力时杀害被害人的,可以认定为故意杀人罪情节较轻的情形。

No.4-232-117 洪森故意杀人案
在相约自杀案件中,幸存者因教唆或帮助他

人自杀而构成故意杀人罪。若幸存者既没有卑劣的犯罪动机,也没有对被害人进行强制、教唆或诱骗,人身危险性较小的,应认定为"情节较轻"。

No. 4-232-121 陈锦国故意杀人案

对暴力抗拒行政执法的故意杀人案件,应从行政管理的目的与动机是否正当、行政强制程序是否规范、暴力抗法行为是否具有防卫因素等分析被害人是否存在过错,以决定是否适用死刑。

No. 4-232-122 刘云芳、王进东、薛红军、刘秀芹故意杀人案

组织、利用邪教组织,制造、散布迷信邪说,组织、策划、煽动、胁迫、教唆、帮助其成员或者他人实施自杀、自伤的,以故意杀人罪或者故意伤害罪定罪处罚。

No. 4-232-123 阿不来提·赛买提等故意杀人案

在"打砸抢烧"严重暴力事件中,行为人以不特定人为侵害对象,大肆打砸、围攻无辜群众,以特别残忍手段致人伤亡的,实施暴力恐怖活动,严重危害公共安全和社会秩序的,应依法严惩,根据各被告人在共同犯罪中的地位和作用、犯罪后果、主观恶性和人身危险性等情况,分别判处死刑、死缓、无期徒刑、有期徒刑。

No. 4-232-126 王英生故意杀人案

暴力伤医案件不仅对医生的身体健康和生命安全造成直接的危害,还对医患关系、医疗制度乃至社会的医疗秩序造成严重的损害,对于犯罪手段残忍、主观恶性深、人身危险性大的被告人或者社会影响恶劣的涉医犯罪行为,应当依法从严惩处。

No. 4-232-127 张帆、张立冬、吕迎春等故意杀人、利用邪教组织破坏法律实施案

利用制造、散布迷信邪说等手段蛊惑、蒙骗他人,发展、控制成员,危害社会的非法组织为邪教组织,组织和利用邪教组织非法举行集会、游行、示威、煽动、欺骗、组织其成员或者他人聚众围攻、冲击、强占、哄闹公共场所及宗教活动场所,扰乱社会秩序的,以利用邪教组织破坏法律实施罪定罪处罚,若同时实施了故意杀人犯罪的,应以利用邪教组织破坏法律实施罪、故意杀人罪数罪并罚。

No. 4-236-37 韦风强奸、故意杀人案

强奸过程中被害人在逃离过程中失足落水,行为人未实施救助导致被害人死亡,应当单独评价为不作为的故意杀人。

第二百三十三条 【过失致人死亡罪】

过失致人死亡的,处三年以上七年以下有期徒刑;情节较轻的,处三年以下有期徒刑。 本法另有规定的,依照规定。

【条文说明】

本条是关于过失致人死亡罪及其处罚的规定。

过失致人死亡罪属于过失犯罪,是指由于过失导致他人死亡后果的犯罪。过失致人死亡,包括**疏忽大意的过失致人死亡和过于自信的过失致人死亡**。前者是指行为人应当预见自己的行为可能造成他人死亡的结果,由于疏忽大意而没有预见,以致造成他人死亡。后者是指行为人已经预见到其行为可能会造成他人死亡的结果,但由于轻信能够避免以致造成死亡。如果行为人主观上没有过失,而是由于其他无法预见的原因导致他人死亡的,属于意外事件,行为人不负刑事责任。

关于过失致人死亡罪的刑罚,本条规定,**过失致人死亡的,处三年以上七年以下有期徒刑;情节较轻的,处三年以下有期徒刑**。同时规定,"**本法另有规定的,依照规定**"。也就是说,过失致人死亡,除本条的一般规定外,刑法规定的其他犯罪中也有过失致人死亡的情况,根据特殊规定优于一般规定的原则,对于本法另有特殊规定的,适用特殊规定,而不按本条定罪处罚,如《刑法》第一百一十五条关于失火罪、过失决水罪、过失爆炸罪、过失投放危险物质罪等的规定;第一百三十三条关于交通肇事罪致人死亡的规定;第一百三十四条关于重大责任事故致人死亡的规定等。

实际执行中应当注意区分过于自信的过失致人死亡犯罪与**间接故意杀人犯罪**。上述两种犯罪中,行为人都预见到可能发生他人死亡的后果,但过失致人死亡犯罪的行为人并不希望或放任这种结果发生,而只是轻信能够避免;间接故意杀人犯罪的行为人则对结果的发生采取放任、听之任之和漠不关心的态度。

【司法解释】

《最高人民法院关于审理交通肇事刑事案件具体应用法律若干问题的解释》(法释〔2000〕33号,自2000年11月21日起施行)

△(公共交通管理的范围外;过失致人死亡罪)在公共交通管理的范围外,驾驶机动车辆或者使用其他交通工具致人伤亡或者致使公共财产或者他人财产遭受重大损失,构成犯罪的,分别依照刑法第一百三十四条、第一百三十五条、第二百三十三条等规定定罪处罚。(§8Ⅱ)

【司法解释性文件】

《最高人民法院关于依法妥善审理高空抛物、坠物案件的意见》(法发〔2019〕25号,2019年10月21日发布)

△(高空抛物、坠物行为;社会危害性)充分认识高空抛物、坠物行为的社会危害性。高空抛物、坠物行为损害人民群众人身、财产安全,极易造成人身伤亡和财产损失,引发社会矛盾纠纷。人民法院要高度重视高空抛物、坠物行为的现实危害,深刻认识运用刑罚手段惩治情节和后果严重的高空抛物、坠物行为的必要性和重要性,依法惩治此类犯罪行为,有效防范、坚决遏制此类行为发生。(§4)

△(高空坠物犯罪;过失致人死亡罪;过失致人重伤罪;重大责任事故罪)准确认定高空坠物犯罪。过失导致他人从高空坠落,致人死亡、重伤,符合刑法第二百三十三条、第二百三十五条规定的,依照过失致人死亡罪、过失致人重伤罪定罪处罚。在生产、作业中违反有关安全管理规定,从高空坠落物品,发生重大伤亡事故或者造成其他严重后果的,依照刑法第一百三十四条第一款的规定,以重大责任事故罪定罪处罚。(§7)

《最高人民法院、最高人民检察院、公安部关于办理涉窨井盖相关刑事案件的指导意见》(高检发〔2020〕3号,2020年3月16日发布)

△(窨井盖;过失致人重伤罪;过失致人死亡罪)过失致人重伤或者死亡的,依照刑法第二百三十五条、第二百三十三条的规定,分别以过失致人重伤罪、过失致人死亡罪定罪处罚。(§3Ⅱ)

△(窨井盖;管理职责;过失致人死亡罪)对窨井盖负有管理职责的其他公司、企业、事业单位的工作人员,严重不负责任,导致人员坠井等事故,致人重伤或者死亡,符合刑法第二百三十五条、第二百三十三条规定的,分别以过失致人重伤罪、过失致人死亡罪定罪处罚。(§10)

△(窨井盖)本意见所称的"窨井盖",包括城市、城乡结合部和乡村等地的窨井盖以及其他井盖。(§12)

《最高人民法院、最高人民检察院、公安部关于依法办理"碰瓷"违法犯罪案件的指导意见》(公通字〔2020〕12号,2020年9月22日发布)

△("碰瓷";过失致人死亡罪)为实施"碰瓷"而故意杀害、伤害他人或者过失致人重伤、死亡,符合刑法第二百三十二条、第二百三十四条、第二百三十三条、第二百三十五条规定的,分别以故意杀人罪、故意伤害罪、过失致人死亡罪、过失致人重伤罪定罪处罚。(§7)

【参考案例】

No.4-233-8 王刚强等过失致人死亡案
公路稽查人员在执行公务过程中追赶违章车辆,致使被追赶人死亡的,不构成过失致人死亡罪,应以滥用职权罪论处。

No.4-233-9 杨春过失致人死亡案
根据案件的起因、行为当时的条件、行为方式以及行为人对结果的事后态度考察,行为人已经预见危害结果的发生,但依据一定条件相信自己可以避免危害结果发生,具有避免危害结果发生意愿,应当认定为过于自信的过失;造成他人死亡的,应以过失致人死亡罪论处。

No.4-233-10 季忠兵过失致人死亡案
行为人应当预见会发生危害社会的结果而没有预见的,构成疏忽大意的过失。

No.4-233-11 肖某过失致人死亡案
对年幼的未成年子女实施足以造成严重后果的体罚殴打行为,造成未成年子女死亡的,属于故意伤害致人死亡。

No.4-233-12 张润博过失致人死亡案
轻微殴打导致被害人倒地磕碰死亡的,应认定为过失致人死亡罪。

No.4-238-10 李宁等过失致人死亡案
采用暴力手段威胁被害人,意图索取财物,但被害人并未交出财物,后在逃跑过程中意外死亡的,不构成故意杀人罪、非法拘禁罪或者敲诈勒索罪,应以过失致人死亡罪论处。

第二百三十四条 【故意伤害罪】

故意伤害他人身体的,处三年以下有期徒刑、拘役或者管制。

犯前款罪,致人重伤的,处三年以上十年以下有期徒刑;致人死亡或者以特别残忍手段致人重伤造成严重残疾的,处十年以上有期徒刑、无期徒刑或者死刑。本法另有规定的,依照规定。

【条文说明】

本条是关于故意伤害罪及其处罚的规定。

本条共分为两款。

第一款是关于故意伤害他人,尚未致人重伤、死亡的犯罪及其处罚的规定。**故意伤害**,是指故意非法损害他人身体健康的行为,包括损害人体组织的完整性或者损害人体器官的正常功能。如果不是对他人的身体健康造成损害,而是损害他人的人格、名誉或者人身自由的,不构成故意伤害罪,而是构成其他犯罪。故意伤害的方法很多,行为人采用何种具体方法不影响故意伤害罪的构成。①依照本款规定,故意伤害他人身体②③,尚未致人重伤、死亡的,处三年以下有期徒刑、拘役或者管制。

第二款是关于故意伤害他人,致人重伤或者死亡的犯罪及其处罚的规定。根据本款规定,故意伤害致人重伤的,处三年以上十年以下有期徒刑。这里所说的"**致人重伤**",依照《刑法》第九十五条的规定,是指有下列情形之一的伤害:(1)使人肢体残废或者毁人容貌的;(2)使人丧失听觉、视觉或者其他器官机能的;(3)其他对于人身健康有重大伤害的。《刑法》第九十五条中的"**其他对于人身健康有重大伤害的**",主要是指上述几种重伤之外的在受伤当时危及当事人生命或者在损伤过程中能够引起威胁生命的并发症,以及其他严重影响人体健康的损伤,主要包括颅脑损伤、颈部损伤、胸部损伤、腹部损伤、骨盆部损伤、脊柱和脊髓损伤以及烧伤、烫伤、冻伤、电击损伤以及物理、化学或者生物等致伤因素引起的损伤等。

本款规定的"致人死亡或者以特别残忍手段致人重伤造成严重残疾的,处十年以上有期徒刑、无期徒刑或者死刑"中的"**特别残忍手段**",是指故意要造成他人严重残疾而采用毁容、挖人眼睛、砍掉人双脚等特别残忍的手段伤害他人的行为。以特别残忍手段致人重伤造成严重残疾的故意伤害案件,**适用死刑时需要严格把握**,并非只要达到"致人重伤造成严重残疾"的程度就必须判处死刑,还需要根据受人"严重残疾"的具体情况,综合考虑犯罪情节和危害后果来决定具体适用的刑罚。故意伤害致人重伤造成严重残疾,只有犯罪手段特别残忍,后果特别严重的,才能考虑适用死刑。

本款同时还规定,"**本法另有规定的,依照规定**",这是指故意伤害他人身体,除本条的一般性

---

① 林亚刚教授认为,故意伤害罪的客体是他人的身体健康权,即己身以外的自然人对于保持其肢体、器官、组织的完整性和正常机能的权利。参见高铭暄、马克昌主编:《刑法学》(第7版),北京大学出版社、高等教育出版社2016年版,第459页。另有学者指出,只有侵害了他人生理机能的行为,才是伤害行为。并且,对生理机能的损害,不要求是永久性的,即使一时性地侵害了生理机能,也属于伤害。伤害行为既可以是作为,也可以是不作为;既可以是有形的,也可以是无形的。参见张明楷:《刑法学》(第6版),法律出版社2021年版,第1118页;黎宏:《刑法学各论》(第2版),法律出版社2016年版,第221—222页;周光权:《刑法各论》(第4版),中国人民大学出版社2021年版,第21页;陈兴良主编:《刑法各论精释》,人民法院出版社2015年版,第87—88页。

② 他人的身体不包括假肢、假发与假牙。但是,已经成为身体组成部分的人工骨、镶人的牙齿,也是身体的一部分。参见张明楷:《刑法学》(第6版),法律出版社2021年版,第1116页;周光权:《刑法各论》(第4版),中国人民大学出版社2021年版,第21页;陈兴良主编:《刑法各论精释》,人民法院出版社2015年版,第96页。

③ 伤害胎儿行为,能否被认定为故意伤害罪?阴建峰教授认为,伤害胎儿,因其生命还未开始,显然不能构成对他的故意伤害罪。但是,如果是为了伤害胎儿而伤害了母体,结果造成流产或者使胎儿出生后残疾,可构成对母亲的故意伤害罪。参见赵秉志、李希慧主编:《刑法各论》(第3版),中国人民大学出版社2016年版,第191页。另有学者指出,只要行为对象存在于行为产生影响或者发挥作用之时,就满足了行为对象的要求。具体而言,虽然行为人在实施伤害行为时,胎儿还不是人,但行为在发挥作用的过程中,胎儿成为了人,因此,行为成立故意伤害罪。参见张明楷:《刑法学》(第6版),法律出版社2021年版,第1117页;周光权:《刑法各论》(第4版),中国人民大学出版社2021年版,第22页。另有学者指出,在我国,从伤害胎儿上市之后为人的立场来看,是难以追究行为人的故意伤害罪责的。中国刑法中并无堕胎方面的犯罪,换言之,对胎儿的生命都不予保护,更遑论保护胎儿的身体健康。并且,如果将伤害胎儿的行为作为犯罪处理,会产生不必要的波及效果。参见黎宏:《刑法学各论》(第2版),法律出版社2016年版,第222—223页。

规定外,刑法规定的其他犯罪中也有故意伤害他人身体的情况,根据特别规定优于一般规定的原则,对于本法另有特别规定的,适用特别规定,而不依照本条的规定定罪处罚。① 例如,放火、决水、爆炸、投放危险物质致人重伤的,按《刑法》第一百一十五条第一款定罪处刑;强奸妇女或者奸淫幼女致人重伤的,按《刑法》第二百三十六条第三款定罪处刑;非法拘禁致人重伤的,按《刑法》第二百三十八条第二款定罪处刑;抢劫致人重伤的,按《刑法》第二百六十三条定罪处刑。

实践中应当注意以下几个方面的问题:

1. 关于故意伤害罪与**故意杀人罪**的界限。两罪的主要区别在于是否以非法剥夺他人生命为故意内容。如果行为人没有非法剥夺他人生命的故意,而只有伤害他人身体健康的故意,即使行为导致了他人的死亡,也只能定故意伤害罪;如果行为人有非法剥夺他人生命的故意,即使其行为没有造成他人死亡的结果,也构成故意杀人罪(未遂)。② 实践中一些致人死亡的犯罪是故意杀人还是故意伤害往往难以区分,在认定时除从作案工具、打击的部位、力度等方面进行判断外,也要注意考虑犯罪的起因等因素。对于民间纠纷引发的案件,如果难以区分是故意杀人还是故意伤害的,一般可考虑定故意伤害罪。

2. 故意伤害罪与**过失致人重伤罪**的界限。过失致人重伤罪在主观上是过失,而且法律要求必须造成他人重伤才能构成犯罪。故意伤害罪在主观上是故意,即使致人轻伤,也构成故意伤害罪。最高人民法院、最高人民检察院、公安部、国家安全部、司法部于2013年8月发布的《人体损伤程度鉴定标准》,自2014年1月1日起施行,在司法实践中,损伤程度的评定和认定主要是依据该标准进行的。

3. 故意伤害罪侵犯的客体是他人的身体健康,因此,对于**伤害自己身体的,一般不构成犯罪**。但是,根据本法第四百三十四条的规定,如果军人在战时逃避执行军事义务而自伤身体的,构成战时自伤罪。

【**司法解释**】

《**最高人民法院关于审理交通肇事刑事案件具体应用法律若干问题的解释**》(法释〔2000〕33号,自2000年11月21日起施行)

△(交通肇事;故意伤害罪)行为人在交通肇事后为逃避法律追究,将被害人带离事故现场后隐藏或者遗弃,致使被害人无法得到救助而死亡或者严重残疾的,应当分别依照刑法第二百三十二条、第二百三十四条第二款的规定,以故意杀人罪或者故意伤害罪定罪处罚。(§6)

《**最高人民法院、最高人民检察院关于办理妨害预防、控制突发传染病疫情等灾害的刑事案件具体应用法律若干问题的解释**》(法释〔2003〕8号,自2003年5月15日起施行)

△(预防、控制突发传染病疫情等灾害;聚众"打砸抢";故意伤害罪)在预防、控制突发传染病疫情期间,聚众"打砸抢",致人伤残、死亡的,依照刑法第二百八十九条、第二百三十四条、第二百三十二条的规定,以故意伤害罪或者故意杀人罪定罪,依法从重处罚。对毁坏或者抢走公私财物的首要分子,依照刑法第二百八十九条、第二百六十三条的规定,以抢劫罪定罪,依法从重处罚。(§9)

《**最高人民法院关于审理未成年人刑事案件具体应用法律若干问题的解释**》(法释〔2006〕1号,自2006年1月23日起施行)

△(已满十四周岁不满十六周岁的人;故意伤害罪)已满十四周岁不满十六周岁的人盗窃、诈骗、抢夺он人财物,为窝藏赃物、抗拒抓捕或者毁灭罪证,当场使用暴力,故意伤害致人重伤或者死亡,或者故意杀人的,应当分别以故意伤害罪或者故意杀人罪定罪处罚。③(§10Ⅰ)

---

① 系争规定并非仅针对《刑法》第二百三十四条第二款而言,而是同时适用于本条第一款。参见张明楷:《刑法学》(第6版),法律出版社2021年版,第1125页。

② 关于故意伤害罪与故意杀人罪之间的关系,刑法学说上存在对立理论与单一理论两种说法。前者认为,杀人与伤害是两个互相排斥的概念,杀人故意排除伤害故意;后者主张,杀人行为必然包含伤害行为,杀人故意必然包括伤害故意。有论者认为,单一理论具有合理性。任何杀人既遂都必然经过了伤害过程,任何杀人未遂也必然造成了伤害结果或者具有造成伤害结果的危险性。因此,故意杀人与故意伤害之间是特别关系。参见张明楷:《刑法学》(第6版),法律出版社2021年版,第1123页。

③ 林维教授指出,系争解释与《最高人民检察院法律政策研究室关于相对刑事责任年龄的人承担刑事责任范围有关问题的答复》的结论(以抢劫罪论)相互矛盾。该司法解释将不法与罪责混为一谈;立法者将不法与罪责混为一谈;立法者将不法与罪责混为一谈;立法者将有几种典型的危险行为拟制为抢劫行为,是关于构成要件的不法内涵的拟制。而《刑法》第十七条第二款是关于责任年龄的规定,其只是表明相对责任刑事年龄者应对抢劫行为的不法负责,与不法内涵本身为何无涉。所以,相对责任年龄者仍应对三种拟制性抢劫负责。参见陈兴良主编:《刑法各论精释》,人民法院出版社2015年版,第308页。

第二百三十四条

《最高人民法院、最高人民检察院关于办理危害生产安全刑事案件适用法律若干问题的解释》(法释〔2015〕22号,自2015年12月16日起施行)

△**(安全事故;故意阻挠开展抢救;隐藏、遗弃被害人;故意伤害罪)** 在安全事故发生后,直接负责的主管人员和其他直接责任人员故意阻挠开展抢救,导致人员死亡或者重伤,或者为了逃避法律追究,对被害人进行隐藏、遗弃,致使被害人因无法得到救助而死亡或者重度残疾的,分别依照刑法第二百三十二条、第二百三十四条的规定,以故意杀人罪或者故意伤害罪定罪处罚。(§10)

《最高人民法院、最高人民检察院关于办理组织、利用邪教组织破坏法律实施等刑事案件适用法律若干问题的解释》(法释〔2017〕3号,自2017年2月1日起施行)

△**(组织、策划、煽动、胁迫、教唆、帮助邪教组织成员或者他人实施自伤;故意伤害罪)** 组织、利用邪教组织,制造、散布迷信邪说,组织、策划、煽动、胁迫、教唆、帮助其成员或者他人实施自杀、自伤的,依照刑法第二百三十二条、第二百三十四条的规定,以故意杀人罪或者故意伤害罪定罪处罚。(§11)

《最高人民法院、最高人民检察院关于办理组织、强迫、引诱、容留、介绍卖淫刑事案件适用法律若干问题的解释》(法释〔2017〕13号,自2017年7月25日起施行)

△**(致使他人感染艾滋病病毒;重伤;故意伤害罪)** 具有下列情形之一,致使他人感染艾滋病病毒的,认定为刑法第九十五条第三项"其他对于人身健康有重大伤害"所指的"重伤",依照刑法第二百三十四条第二款的规定,以故意伤害罪定罪处罚:

(一)明知自己感染艾滋病病毒而卖淫、嫖娼的;

(二)明知自己感染艾滋病病毒,故意不采取防范措施而与他人发生性关系的。(§12Ⅱ)

《最高人民法院 最高人民检察院关于办理强奸、猥亵未成年人刑事案件适用法律若干问题的解释》(法释〔2023〕3号,自2023年6月1日起施行)

△**(猥亵未成年人犯罪;竞合)** 实施猥亵未成年人犯罪,造成被害人轻伤以上后果,同时符合刑法第二百三十四条或者第二百三十二条的规定,构成故意伤害罪、故意杀人罪的,依照处罚较重的规定定罪处罚。(§10)

《最高人民法院、最高人民检察院关于办理危害税收征管刑事案件适用法律若干问题的解释》(法释〔2024〕4号,自2024年3月20日起施行)

△**(抗税罪;竞合)** 实施抗税行为致人重伤、死亡,符合刑法第二百三十四条或者第二百三十二条规定的,以故意伤害罪或者故意杀人罪定罪处罚。(§5Ⅱ)

【司法解释性文件】

《全国法院维护农村稳定刑事审判工作座谈会纪要》(法〔1999〕217号,1999年10月27日公布)

△**(故意杀人罪;直接故意;间接故意;故意伤害致人死亡)** 要注意严格区分故意杀人罪与故意伤害罪的界限。在直接故意杀人与间接故意杀人案件中,犯罪人的主观恶性程度是不同的,在处刑上也应有所区别。间接故意杀人与故意伤害致人死亡,虽然都造成了死亡后果,但行为人故意的性质和内容是截然不同的。① 不注意区分罪的性质和故意的内容,只要有死亡后果就判处死刑的做法是错误的,这在今后的工作中,应当予以纠正。对于故意伤害致人死亡,手段特别残忍,情节特别恶劣的,才可以判处死刑。

△**(故意伤害致人重伤;严重残疾)** 要准确把握故意伤害致人重伤造成"严重残疾"的标准。参照1996年国家技术监督局颁布的《职工工伤与职业病致残程度鉴定标准②》(以下简称"工伤标准"),刑法第二百三十四条第二款规定的"严重残疾"是指下列情形之一:被害人身体器官大部缺损、器官明显畸形、身体器官有中等功能障碍、造成严重并发症等。残疾程序可以分为一般残疾(十至七级)、严重残疾(六至三级)、特别严重残疾(二至一级),六级以上视为"严重残疾"。在有关司法解释出台前,可统一参照"工伤标准"确定残疾等级。实践中,并不是只要达到"严重残疾"就判处死刑,还要根据伤害致人"严重残疾"的具体情况,综合考虑犯罪情节和危害后果来决定刑

---

① 我国学者指出,仅根据故意的内容即认定犯罪并不合适。一个客观上绝对不可能致人死亡的行为,即使行为人具有所谓的杀人故意,也不成立故意杀人罪。毋宁说,应当坚持罪刑法定与责任主义的原理,综合考虑案件的全部事实,以正确认定故意杀人罪与故意伤害罪:(1)行为人所使用的犯罪工具为何?(2)打击部位为何?(3)打击强度如何?(4)犯罪行为有无节制?(5)犯罪的时间、地点、环境如何?(6)行为人是否抢救被害人?(7)有无犯罪预谋?(8)行为人与被害人平时关系如何等。参见张明楷:《刑法学》(第6版),法律出版社2021年版,第1125页。

② 系争国家标准已失效,现行有效的标准是《劳动能力鉴定职工工伤与职业病致残等级》(GB/T 16180—2014)。

罚。故意伤害致重伤造成严重残疾,只有犯罪手段特别残忍,后果特别严重的,才能考虑适用死刑(包括死刑,缓期二年执行)。

《最高人民法院关于审理抢劫、抢夺刑事案件适用法律若干问题的意见》(法发〔2005〕8号,2005年6月8日公布)

△(**索取债务;故意伤害罪**)行为人为索取债务,使用暴力、暴力威胁等手段的,一般不以抢劫罪定罪处罚。构成故意伤害等其他犯罪的,依照刑法第二百三十四条等规定处罚。

《在审理故意杀人、伤害及黑社会性质组织犯罪案件中切实贯彻宽严相济刑事政策》(最高人民法院刑三庭,2010年4月14日公布)

△(**宽严相济刑事政策**)在故意杀人、伤害及黑社会性质组织犯罪案件的审判中贯彻宽严相济刑事政策,要落实《意见》①第1条规定:根据犯罪的具体情况,实行区别对待,做到该宽则宽,当严则严,宽严相济,罚当其罪。落实这个总体要求,要注意把握以下几点:

1. 正确把握宽与严的对象。故意杀人和故意伤害犯罪的发案率高,社会危害大,是各级法院刑事审判工作的重点。黑社会性质组织犯罪在我国自二十世纪八十年代末出现以来,长时间保持快速发展势头,严厉打击黑社会性质组织犯罪,是法院刑事审判在当前乃至今后相当长一段时期内的重要任务。因此,对这三类犯罪总体上应坚持从严惩处的方针。但是在具体案件的处理上,也要分别案件的性质、情节和行为人的主观恶性、人身危险性等情况,把握宽严的范围。在确定从宽与从严的对象时,还应当注意审时度势,对经济社会的发展和治安形势的变化作出准确判断,为构建社会主义和谐社会的目标服务。

2. 坚持严格依法办案。三类案件的审判中,无论是从宽还是从严,都必须严格依照法律规定进行,做到宽严有据,罚当其罪,不能为追求打击效果,突破法律事界。比如在黑社会性质组织犯罪的审理中,黑社会性质组织的认定必须符合法律和立法解释规定的标准,既不能降格处理,也不能拔高认定。

3. 注重法律效果与社会效果的统一。严格依法办案,确保良好法律效果的同时,还应当充分考虑案件的处理是否有利于赢得人民群众的支持和社会稳定,是否有利于瓦解犯罪,化解矛盾,是否有利于罪犯的教育改造和回归社会,是否有利于减少社会对抗,促进社会和谐,争取更好的社会

效果。比如在刑罚执行过程中,对于故意杀人、伤害犯罪及黑社会性质组织犯罪的领导者、组织者和骨干成员就应当从严掌握减刑、假释的适用,其他主观恶性不深、人身危险性不大的罪犯则可以从宽把握。(§1)

△(**故意伤害罪;区别对待;犯罪情节;主观恶性和人身危险性;死刑适用**)1. 注意区分两类不同性质的案件。故意杀人、故意伤害侵犯的是人的生命和身体健康,社会危害大,直接影响到人民群众的安全感,《意见》第7条将故意杀人、故意伤害致人死亡犯罪作为严惩的重点是十分必要的。但是,实践中的故意杀人、伤害案件复杂多样,处理时要注意分别案件的不同性质,做到区别对待。

实践中,故意杀人、伤害案件从性质上通常可分为两类:一类是严重危害社会治安、严重影响人民群众安全感的案件,如极端仇视国家和社会,以不特定人为行凶对象的;一类是因婚姻家庭、邻里纠纷等民间矛盾激化引发的案件。对于前者应当作为严惩的重点,依法判处被告人重刑直至判处死刑。对于后者处理时应注意体现从严的精神,在判处重刑尤其是适用死刑时应特别慎重,除犯罪情节特别恶劣、犯罪后果特别严重、人身危险性极大的被告人外,一般不宜判处死刑。对于被害人自身有过错,或者是被告人案发后积极赔偿,真诚悔罪,取得被害人或其家属谅解的,应依法从宽处罚,对同时有法定从轻、减轻处罚情节的,应考虑在无期徒刑以下裁量刑罚。同时应重视此类案件中的附带民事调解工作,努力化解双方矛盾,实现积极的"案结事了",增进社会和谐,达成法律效果与社会效果的有机统一。《意见》第23条是对此审判经验的总结。

此外,实践中一些致人死亡的犯罪是故意杀人还是故意伤害往往难以区分,在认定时除从作案工具、打击的部位、力度等方面进行判断外,也要注意考虑犯罪的起因等因素。对于民间纠纷引发的案件,如果难以区分是故意杀人还是故意伤害时,一般可考虑定故意伤害罪。

2. 充分考虑各种犯罪情节。犯罪情节包括犯罪的动机、手段、对象、场所及造成的后果等,不同的犯罪情节反映不同的社会危害性。犯罪情节多属酌定量刑情节,法律往往未作明确的规定,但犯罪情节是适用刑罚的基础,是具体案件决定从严或从宽处罚的基本依据,需要在案件审理中进行仔细甄别,以准确判断犯罪的社会危害性。有的案件犯罪动机特别卑劣,比如为了铲除政治对

---

① 2010年2月8日发布的《最高人民法院关于贯彻宽严相济刑事政策的若干意见》。

手而雇凶杀人的，也有一些人犯罪是出于义愤，甚至是"大义灭亲"、"为民除害"的动机杀人。有的案件犯罪手段特别残忍，比如采取放火、泼硫酸等方法把人活活烧死的故意杀人行为。犯罪后果也可以分为一般、严重和特别严重几档。在实际中一般认为故意杀人、故意伤害一人死亡的为后果严重，致二人以上死亡的为犯罪后果特别严重。特定的犯罪对象和场所也反映社会危害性的不同，如针对妇女、儿童等弱势群体或在公共场所实施的杀人、伤害，就具有较大的社会危害性。以上犯罪动机卑劣，或者犯罪手段残忍，或者犯罪后果严重，或者针对妇女、儿童等弱势群体作案等情节恶劣的，又无其他法定或酌定从轻情节应当依法从重判处。如果犯罪情节一般，被告人真诚悔罪，或有立功、自首等法定从轻情节的，一般应考虑从宽处罚。

实践中，故意杀人、伤害案件的被告人既有法定或酌定的从宽情节，又有法定或酌定从严情节的情形比较常见，此时，就应当根据《意见》第28条，在全面考察犯罪的事实、性质、情节和对社会危害程度的基础上，结合被告人的主观恶性、人身危险性、社会治安状况等因素，综合作出分析判断。

3. 充分考虑主观恶性和人身危险性。《意见》第10条、第16条明确了被告人的主观恶性和人身危险性是从严和从宽的重要依据，在适用刑罚时必须充分考虑。主观恶性是被告人对自己行为及社会危害性所抱的心理态度，在一定程度上反映了被告人的改造可能性。一般来说，经过精心策划的、有长时间计划的杀人、伤害，显示被告人的主观恶性深；激情犯罪，临时起意的犯罪，因被害人的过错行为引发的犯罪，显示的主观恶性较小。对主观恶性深的被告人要从严惩处，主观恶性较小的被告人则可考虑适用较轻的刑罚。

人身危险性即再犯可能性，可以结合被告人有无前科、平时表现及悔罪情况等方面综合判断。人身危险性大的被告人，要依法从重处罚。如累犯中前罪系暴力犯罪，或者曾因暴力犯罪被判重刑后又犯故意杀人、故意伤害致人死亡的；平时横行乡里，寻衅滋事杀人、伤害致人死亡的；应依法体现从重判处。人身危险性小的被告人，应依法体现从宽精神。如被告人平时表现较好，激情犯罪，初犯、偶犯的；被告人杀人或伤人后有抢救被害人行为的，在量刑时应该酌情予以从宽处罚。

未成年人及老年人的故意杀人、伤害犯罪与一般人犯罪相比，在主观恶性和人身危险性等方面有一定特殊性，在处理时应当依据《意见》的第20条、第21条考虑从宽。对犯故意杀人、伤害罪的未成年人，要坚持"教育为主、惩罚为辅"的原则和"教育、感化、挽救"的方针进行处罚。对于情节较轻、后果不重的伤害案件，可以依法适用缓刑、或者判处管制、单处罚金等非监禁刑。对于情节严重的未成年人，也应当从轻和减轻处罚。对于已满十四周岁不满十六周岁的未成年人，一般不判处无期徒刑。对于七十周岁以上的老年人犯故意杀人、伤害罪的，由于其已没有再犯罪的可能，在综合考虑其犯罪情节和主观恶性、人身危险性的基础上，一般也应酌情从宽处罚。

4. 严格控制和慎重适用死刑。故意杀人和故意伤害犯罪在判处死刑的案件中所占比例最高，审判中要按照《意见》第29条的规定，准确理解和严格执行"保留死刑，严格控制和慎重适用死刑"的死刑政策，坚持统一的死刑适用标准，确保死刑只适用于极少数罪行极其严重的犯罪分子；坚持严格的证据标准，确保把每一起判处死刑的案件都办成铁案。对于罪行极其严重，但只要有法定、酌定从轻情节，依法可不立即执行的，就不应当判处死刑立即执行。

对于自首的故意杀人、故意伤害致人死亡的被告人，除犯罪情节特别恶劣，犯罪后果特别严重的，一般不应考虑判处死刑立即执行。对亲属送被告人归案或协助抓获被告人的，也应视为自首，原则上应当从宽处罚。对具有立功表现的故意杀人、故意伤害致死的被告人，一般也应当体现从宽，可考虑不判处死刑立即执行。但如果犯罪情节特别恶劣，犯罪后果特别严重的，即使有立功情节，也可以不予从宽处罚。

共同犯罪中，多名被告人共同致死一名被害人的，原则上只判处一人死刑。处理时，根据案件的事实和证据能分清主从犯的，都应当认定主从犯；有多名主犯的，应当在主犯中进一步区分出罪行最为严重者和较为严重者，不能以分不清主次为由，简单地一律判处死刑。（§2）

《公安部关于印发新修订〈关于公安机关处置信访活动中违法犯罪行为适用法律的指导意见〉的通知》（公通字〔2013〕25号，2013年7月19日印发）

△（信访活动·故意伤害罪）殴打他人或者故意伤害他人身体，符合《治安管理处罚法》第四十三条规定的，以殴打他人、故意伤害依法予以治安管理处罚；符合《刑法》第二百三十四条规定的，以故意伤害罪追究刑事责任。明知患有艾滋病或者其他严重传染疾病，故意以撕咬、抓挠等方式伤害他人，符合《刑法》第二百三十四条规定的，以故意伤害罪追究刑事责任。

《最高人民法院关于执行〈人体损伤程度鉴定标准〉有关问题的通知》（法〔2014〕3号，2014

年1月2日公布)

△(致人损伤行为;鉴定标准)《最高人民法院、最高人民检察院、公安部、国家安全部、司法部关于发布〈人体损伤程度鉴定标准〉的公告》已于2013年8月30日发布,《人体损伤程度鉴定标准》(以下简称《损伤标准》)自2014年1月1日起施行。《人体重伤鉴定标准》(司发[1990]070号)、《人体轻伤鉴定标准(试行)》[法(司)发[1990]6号]和《人体轻微伤的鉴定》(GA/T146-1996)同时废止。为正确适用《损伤标准》,做好涉人体损伤案件审理工作,现就执行《损伤标准》有关问题通知如下:

一、致人损伤的行为发生在2014年1月1日之前,尚未审判或者正在审判的案件,需要进行损伤程度鉴定的,适用原鉴定标准。但按照《损伤标准》不构成损伤或者损伤程度较轻的,适用《损伤标准》。

二、致人损伤的行为发生在2014年1月1日之后,需要进行损伤程度鉴定的,适用《损伤标准》。

三、2014年1月1日前已发生法律效力的判决、裁定,按照当时的法律和司法解释,认定事实和适用法律没有错误的,不再变动。当事人及其法定代理人、近亲属以《损伤程度》的相关规定发生变更为由申请再审的,人民法院不予受理。

四、对于正在审理案件需要进行损伤程度鉴定的,司法技术部门应做好前期技术审核工作,在对外委托时应明确向鉴定机构提出适用标准。

五、各级人民法院应认真组织开展《损伤标准》学习培训,在执行过程中发现问题,应及时报告请示最高人民法院。

《最高人民法院、最高人民检察院、公安部、司法部、国家卫生和计划生育委员会关于依法惩处涉医违法犯罪维护正常医疗秩序的意见》(法发[2014]5号,2014年4月22日公布)

△(故意伤害医务人员身体;故意伤害罪)在医疗机构内殴打医务人员或者故意伤害医务人员身体、故意损毁公私财物,尚未造成严重后果的,分别依照治安管理处罚法第四十三条、第四十九条的规定处罚;故意杀害医务人员,或者故意伤害医务人员造成轻伤以上后果的,或者随意殴打医务人员情节恶劣、任意损毁公私财物情节严重,构成故意杀人罪、故意伤害罪、故意毁坏财物罪、寻衅滋事罪的,依照刑法的有关规定定罪处罚。

《最高人民法院、最高人民检察院、公安部、司法部关于办理黑恶势力犯罪案件若干问题的指导意见》(法发[2018]1号,2018年1月16日公布)

△(民间借贷;擅自设立金融机构罪;非法吸收公众存款罪;骗取贷款罪;高利转贷罪;故意杀人罪;故意伤害罪;非法拘禁罪;故意毁坏财物罪;数罪并罚)在民间借贷活动中,如有擅自设立金融机构、非法吸收公众存款、骗取贷款、套取金融机构资金发放高利贷以及为强索债务而实施故意杀人、故意伤害、非法拘禁、故意毁坏财物等行为的,应当按照具体犯罪侦查、起诉、审判。依法符合数罪并罚条件的,应当并罚。(§19)

《最高人民法院关于依法妥善审理高空抛物、坠物案件的意见》(法发[2019]25号,2019年10月21日发布)

△(高空抛物、坠物行为;社会危害性)充分认识高空抛物、坠物行为的社会危害性。高空抛物、坠物行为损害人民群众人身、财产安全,极易造成人身伤亡和财产损失,引发社会矛盾纠纷。人民法院应高度重视高空抛物、坠物行为的现实危害,深刻认识运用刑罚手段惩治情节和后果严重的高空抛物、坠物行为的必要性和重要性,依法惩治此类犯罪行为,有效防范、坚决遏制此类行为发生。(§4)

△(高空抛物犯罪;以危险方法危害公共安全罪;故意伤害罪;故意杀人罪)准确认定高空抛物犯罪。对于高空抛物行为,应当根据行为人的动机、抛物场所、抛掷物的情况以及造成的后果等因素,全面考量行为的社会危害程度,准确判断行为性质,正确适用罪名,准确裁量刑罚。

故意从高空抛弃物品,尚未造成严重后果,但足以危害公共安全的,依照刑法第一百一十四条规定的以危险方法危害公共安全罪定罪处罚;致人重伤、死亡或者使公私财产遭受重大损失的,依照刑法第一百一十五条第一款的规定处罚。为伤害、杀害特定人员实施上述行为的,依照故意伤害罪、故意杀人罪定罪处罚。(§5)

△(高空抛物犯罪;从重处罚;不得适用缓刑)依法从重惩治高空抛物犯罪。具有下列情形之一的,应当从重处罚,一般不得适用缓刑:(1)多次实施的;(2)经劝阻仍继续实施的;(3)受过刑事处罚或者行政处罚后又实施的;(4)在人员密集场所实施的;(5)其他情节严重的情形。(§6)

《最高人民法院、最高人民检察院、公安部关于依法惩治袭警违法犯罪行为的指导意见》(公通字[2019]32号,2020年1月10日发布)

△(袭警;故意伤害罪)驾车冲撞、碾轧、拖拽、剐蹭民警,或者挤别、碰撞正在执行职务的警用车辆,危害公共安全或者民警生命、健康安全,

符合刑法第一百一十四条、第一百一十五条、第二百三十二条、第二百三十四条规定的,应当以以危险方法危害公共安全罪、故意杀人罪或者故意伤害罪定罪,酌情从重处罚。

暴力袭警,致使民警重伤、死亡,符合刑法第二百三十四条、第二百三十二条规定的,应当以故意伤害罪、故意杀人罪定罪,酌情从重处罚。(§3)

△(民警非执行职务期间;暴力袭警;故意伤害罪)在民警非执行职务期间,因其职务行为对其实施暴力袭击、拦截、恐吓等行为,符合刑法第二百三十四条、第二百三十二条、第二百九十三条等规定的,应当以故意伤害罪、故意杀人罪、寻衅滋事罪等定罪,并根据袭警的具体情节酌情从重处罚。(§6)

《最高人民法院、最高人民检察院、公安部办理跨境赌博犯罪案件若干问题的意见》(公通字〔2020〕14号,2020年10月16日发布)

△(赌博犯罪;故意杀人罪;故意伤害罪;非法拘禁罪;故意毁坏财物罪;寻衅滋事罪)实施赌博犯罪,为强行索取赌债,实施故意杀人、故意伤害、非法拘禁、故意毁坏财物、寻衅滋事等行为,构成犯罪的,应当依法数罪并罚。(§4Ⅳ)

《最高人民法院、最高人民检察院、公安部关于办理涉窨井盖相关刑事案件的指导意见》(高检发〔2020〕3号,2020年3月16日发布)

△(窨井盖;故意伤害罪;故意杀人罪)对于本意见第一条、第二条规定以外的其他场所的窨井盖,明知会造成人身伤亡后果而实施盗窃、破坏行为,致人受伤或者死亡的,依照刑法第二百三十四条、第二百三十二条的规定,分别以故意伤害罪、故意杀人罪定罪处罚。(§3Ⅰ)

△(窨井盖)本意见所称的"窨井盖",包括城市、城乡结合部和乡村等地的窨井盖以及其他井盖。(§12)

《最高人民法院、最高人民检察院、公安部、司法部关于依法惩治妨害新型冠状病毒感染肺炎疫情防控违法犯罪的意见》(法发〔2020〕7号,2020年2月6日发布)

△(肺炎疫情防控;故意伤害罪;侮辱罪;寻衅滋事罪;非法拘禁罪)依法严惩暴力伤医犯罪。在疫情防控期间,故意伤害医务人员造成轻伤以上的严重后果,或者对医务人员实施撕扯防护装备、吐口水等行为,致使医务人员感染新型冠状病毒的,依照刑法第二百三十四条的规定,以故意伤害罪定罪处罚。

随意殴打医务人员,情节恶劣的,依照刑法第二百九十三条的规定,以寻衅滋事罪定罪处罚。

采取暴力或者其他方法公然侮辱、恐吓医务人员,符合刑法第二百四十六条、第二百九十三条规定的,以侮辱罪或者寻衅滋事罪定罪处罚。

以不准离开工作场所等方式非法限制医务人员人身自由,符合刑法第二百三十八条的,以非法拘禁罪定罪处罚。(§2Ⅱ)

△(治安管理处罚;从重情节)依法严惩妨害疫情防控的违法行为。实施上述(一)至(九)规定的行为,不构成犯罪的,由公安机关根据治安管理处罚法有关规定予以扰乱公共秩序、扰乱单位秩序、公共场所秩序、寻衅滋事,拒不执行紧急状态下的决定、命令,阻碍执行职务,冲闯警戒带、警戒区,殴打他人,故意伤害,侮辱他人,诈骗,在铁路沿线非法挖掘坑穴、采石取沙,盗窃、损毁路面公共设施,损毁铁路设施设备,故意损毁财物、哄抢公私财物等规定,予以治安管理处罚,或者由有关部门予以其他行政处罚。

对于在疫情防控期间实施有关违法犯罪的,要作为从重情节予以考量,依法体现从严的政策要求,有力惩治震慑违法犯罪,维护法律权威,维护社会秩序,维护人民群众生命安全和身体健康。(§2Ⅹ)

《最高人民法院、最高人民检察院关于常见犯罪的量刑指导意见(试行)》(法发〔2021〕21号,2021年6月6日发布)

△(故意伤害罪;量刑)

1. 构成故意伤害罪的,根据下列情形在相应的幅度内确定量刑起点:

(1)故意伤害致一人轻伤的,在二年以下有期徒刑、拘役幅度内确定量刑起点。

(2)故意伤害致一人重伤的,在三年至五年有期徒刑幅度内确定量刑起点。

(3)以特别残忍手段故意伤害致一人重伤,造成六级严重残疾的,在十年至十三年有期徒刑幅度内确定量刑起点。依法应当判处无期徒刑以上刑罚的除外。

2. 在量刑起点的基础上,根据伤害后果、伤残等级、手段残忍程度等其他影响犯罪构成的犯罪事实增加刑罚量,确定基准刑。

故意伤害致人轻伤的,伤残程度可以在确定量刑起点时考虑,或者作为调节基准刑的量刑情节。

3. 构成故意伤害罪的,综合考虑故意伤害的起因、手段、危害后果、赔偿谅解等犯罪事实、量刑情节,以及被告人的主观恶性、人身危险性、认罪悔罪表现等因素,决定缓刑的适用。

《最高人民检察院、公安部关于依法妥善办理

轻伤害案件的指导意见》(高检发办〔2022〕167号,2022年12月22日印发)

△**(轻伤害案件；诉源治理)** 注重矛盾化解、诉源治理。轻伤害案件常见多发,如果处理不当,容易埋下问题隐患或者激化矛盾。人民检察院、公安机关办理轻伤害案件,要依法用好认罪认罚从宽制度、刑事和解制度和司法救助制度,把化解矛盾、修复社会关系作为履职办案的重要任务。要充分借助当事人所在单位、社会组织、基层组织、调解组织等第三方力量,不断创新工作机制和方法,促进矛盾纠纷解决以及当事人和解协议的有效履行。(§2)

△**(宽严相济刑事政策)** 落实宽严相济刑事政策。人民检察院、公安机关要以宽严相济刑事政策为指导,对因婚恋、家庭、亲友、邻里、同学、同事等民间矛盾纠纷或者偶发事件引发的轻伤害案件,结合个案具体情况把握好法理情的统一,依法少捕慎诉慎押;对主观恶性大、情节恶劣的轻伤害案件,应当依法从严惩处,当捕即捕、当诉则诉。(§3)

△**(避免"唯结果论""谁受伤谁有理")** 准确区分罪与非罪。对被害人出现伤害后果的,人民检察院、公安机关判断犯罪嫌疑人是否构成故意伤害罪时,应当在全面审查案件事实、证据的基础上,根据双方的主观方面和客观行为准确认定,避免"唯结果论""谁受伤谁有理"。如果犯罪嫌疑人只是旨在被害人发生轻微推搡、拉扯的过程中为了摆脱被害人拉扯或者控制而实施甩手、后退等应急、防御行为的,不宜认定为刑法意义上的故意伤害行为。(§7)

△**(寻衅滋事罪；故意伤害罪)** 准确区分寻衅滋事罪与故意伤害罪。对出现被害人轻伤后果的案件,人民检察院、公安机关要全面分析案件性质,查明案件发生起因、犯罪嫌疑人的动机、是否有涉黑涉恶或者其他严重情节等,依法准确定性,不能简单化办案,一概机械认定为故意伤害罪。犯罪嫌疑人无事生非、借故生非,随意殴打他人的,属于"寻衅滋事",构成犯罪的,应当以寻衅滋事罪依法从严惩处。(§8)

△**(正当防卫；互殴型故意伤害)** 准确区分正当防卫与互殴型故意伤害。人民检察院、公安机关要坚持主客观相统一的原则,综合考察案发起因、对冲突升级是否有过错、是否使用或者准备使用凶器、是否采用明显不相当的暴力、是否纠集他人参与打斗等客观情节,准确判断犯罪嫌疑人的主观意图和行为性质。因琐事发生争执,双方均不能保持克制而引发打斗,对于过错的一方先动手且手段明显过激,或者一方先动手,在对方努力避免冲突的情况下仍继续侵害,还击一方造成对方伤害的,一般应当认定为正当防卫。故意挑拨对方实施不法侵害,借机伤害对方的,一般不认定为正当防卫。(§9)

△**(共同犯罪)** 准确认定共同犯罪。二人以上对同一被害人共同故意实施伤害行为,无论是否能够证明伤害结果具体由哪一犯罪嫌疑人的行为造成的,均应当按照共同犯罪认定处理,并根据各犯罪嫌疑人在共同犯罪中的地位、作用、情节等追究刑事责任。

犯罪嫌疑人对被害人实施伤害时,对虽然在场但并无伤害故意和伤害行为的人员,不能认定为共同犯罪。

对虽然有一定参与但犯罪情节轻微,依照刑法规定不需要判处刑罚或者免除刑罚的,可以依法作出不起诉处理。对情节显著轻微、危害不大,不认为是犯罪的,应当撤销案件,或者作出不起诉处理。(§10)

△**(刑事和解)** 充分适用刑事和解制度。对于轻伤害案件,符合刑事和解条件的,人民检察院、公安机关可以建议当事人进行和解,并告知相应的权利义务,必要时可以提供法律咨询,积极促进当事人自愿和解。

当事人双方达成和解并已实际履行的,应当依法从宽处理,符合不起诉条件的,应当作出不起诉决定。被害人事后反悔要求追究犯罪嫌疑人刑事责任或者不同意对犯罪嫌疑人从宽处理的,人民检察院、公安机关应当调查了解原因,认为被害人理由正当的,应当依法保障被害人的合法权益;对和解系自愿、合法的,应当维持已作出的从宽处理决定。

人民检察院、公安机关开展刑事和解工作的相关证据和材料,应当随案移送。(§11)

△**(认罪认罚从宽)** 充分适用认罪认罚从宽制度。人民检察院、公安机关应当向犯罪嫌疑人、被害人告知认罪认罚从宽制度,通过释明认罪认罚从宽制度的法律规定,鼓励犯罪嫌疑人认罪认罚、赔偿损失、赔礼道歉,促成当事人矛盾化解,并依法予以从宽处理。(§12)

△**(国家司法救助)** 积极开展国家司法救助。人民检察院、公安机关对于符合国家司法救助条件的被害人,应当及时开展国家司法救助,在解决被害人因该案遭受损伤而面临的生活急迫困难的同时,促进矛盾化解。(§13)

△**(矛盾纠纷多元化解)** 充分发挥矛盾纠纷多元化解工作机制作用。对符合刑事和解条件的,人民检察院、公安机关要充分利用检调、公调对接机制,依托调解组织、社会组织、基层组织、当

事人所在单位及同事、亲友、律师等单位、个人,促进矛盾化解、纠纷解决。(§14)

△(**不起诉释法说理;未成年人**)注重通过不起诉释法说理修复社会关系。人民检察院宣布不起诉决定,一般应当在人民检察院的宣告室等场所进行。根据案件的具体情况,也可以到当事人所在村、社区、单位等场所宣布,并邀请社区、单位有关人员参加。宣布不起诉决定时,应当就案件事实、法律责任、不起诉依据、理由等释法说理。

对于犯罪嫌疑人系未成年人的刑事案件,应当以不公开方式宣布不起诉决定,并结合案件具体情况对未成年犯罪嫌疑人予以训诫和教育。(§15)

△(**逮捕标准**)依法准确把握逮捕标准。轻伤害案件中,犯罪嫌疑人具有认罪认罚,且没有其他犯罪嫌疑;与被害人已达成和解协议并履行赔偿义务;系未成年人或者在校学生,本人确有悔罪表现等情形,人民检察院、公安机关审查认为犯罪嫌疑人不具有社会危险性的,公安机关可以不再提请批准逮捕,人民检察院可以作出不批捕的决定。

犯罪嫌疑人因其伤害行为致使当事人双方矛盾进一步激化,可能实施新的犯罪或者具有其他严重社会危险性情形,人民检察院可以依法批准逮捕。(§16)

△(**不起诉**)依法准确适用不起诉。对于犯罪事实清楚,证据确实、充分,具有本意见第十六条第一款规定情形之一,依照刑法规定不需要判处刑罚或者免除刑罚的,可以依法作出不起诉决定。

对犯罪嫌疑人自愿认罪认罚,愿意积极赔偿,并提供了担保,但因被害人赔偿请求明显不合理,未能达成和解的,一般不影响对符合条件的犯罪嫌疑人依法作出不起诉决定。(§17)

△(**不起诉后非刑罚责任**)落实不起诉后刑罚责任。人民检察院决定不起诉的轻伤害案件,可以根据案件的不同情况,对被不起诉人予以训诫或者责令具结悔过、赔礼道歉、赔偿损失。不起诉人在不起诉前已被刑事拘留、逮捕的,或者当事人双方已经和解并承担了民事赔偿责任的,人民检察院作出不起诉决定后,一般不再提出行政拘留的检察意见。(§18)

△(**羁押必要性审查**)依法开展羁押必要性审查。对于已经批准逮捕的犯罪嫌疑人,如果犯罪嫌疑人认罪认罚,当事人达成刑事和解,没有继续羁押必要的,人民检察院应当依法释放、变更强制措施或者建议公安机关、人民法院释放、变更强制措施。(§19)

△(**情节恶劣的轻伤害案件;从严处理**)对情节恶劣的轻伤害案件依法从严处理。对于虽然属于轻伤害案件,但犯罪嫌疑人涉黑涉恶的,雇凶伤害他人的,在被采取强制措施或者刑罚执行期间伤害他人的,犯罪动机、手段恶劣的,伤害多人的,多次伤害他人的,伤害未成年人、老年人、孕妇、残疾人及医护人员等特定职业人员的,以及具有累犯等其他恶劣情节的,应依法从严惩处。(§20)

△(**轻伤害案件**)本意见所称轻伤害案件,是指根据《中华人民共和国刑法》第二百三十四条第一款的规定,故意伤害他人身体,致人损伤程度达到《人体损伤程度鉴定标准》轻伤标准的案件。(§23)

《最高人民法院、最高人民检察院、公安部、司法部关于依法严厉打击传播艾滋病病毒等违法犯罪行为的指导意见》(公通字〔2019〕23 号,2019年5月19日发布)

△(**传播艾滋病病毒;故意伤害罪**)明知自己感染艾滋病病毒或者患有艾滋病而卖淫、嫖娼或者故意不采取防范措施与他人发生性关系,致人感染艾滋病病毒的,依照刑法第二百三十四条第二款的规定,以故意伤害罪定罪处罚。

故意采取针刺等方法,致人感染艾滋病病毒的,依照刑法第二百三十四条第二款的规定,以故意伤害罪定罪处罚;未致人感染艾滋病病毒,但造成他人身体轻伤以上伤害的,依照刑法第二百三十四条的规定,以故意伤害罪定罪处罚。

明知他人感染艾滋病病毒或者患有艾滋病而隐瞒情况,介绍与其他人发生性关系,致人感染艾滋病病毒的,以故意伤害罪的共犯论处。

告知对方自己感染艾滋病病毒或者患有艾滋病,或者对方明知他人感染艾滋病病毒或者患有艾滋病,双方仍自愿发生性关系的,不作为犯罪处理。

△(**治安管理处罚或者其他行政处罚**)实施本条第一项至第十一项规定的行为,不构成犯罪,依法不起诉或者免予刑事处罚的,依法予以治安管理处罚或者其他行政处罚。

【**指导性案例**】

最高人民法院指导性案例第 225 号:陈某某、刘某某故意伤害、虐待案(2024年5月30日发布)

△(**故意伤害罪;虐待罪;未成年人;以特别残忍手段致人重伤造成严重残疾**)在经常性的虐待过程中,行为人对被害人实施严重暴力,主观上希望或者放任、客观上造成被害人轻伤以上后果的,应当认定为故意伤害罪;如果将该伤害行为独立评价后,其他虐待行为仍符合虐待罪构成要件的,

应当以故意伤害罪与虐待罪数罪并罚。

对于故意伤害未成年人案件，认定是否符合刑法第二百三十四条第二款规定的以特别残忍手段致人重伤造成"严重残疾"，应当综合考量残疾等级、数量、所涉部位等情节，以及伤害后果对未成年人正在发育的身心所造成的严重影响等因素，依法准确作出判断。

【公报案例】

陈文兵故意伤害案（《最高人民法院公报》2005年第7期）

△（故意伤害罪；不立即执行死刑）被告人受雇佣，召集并带领其他人去伤害被害人，已构成故意伤害罪，依法应予惩处。但鉴于被告人没有直接实施伤害被害人的行为，他人实施的致被害人死亡的行为超出被告人的犯意，且被告人归案后认罪态度好，对其判处死刑可不立即执行。

王海生故意伤害案（《最高人民法院公报》2005年第8期）

△（故意伤害罪；法定刑以下判处刑罚）被告人的行为虽构成故意伤害罪，但鉴于其主观恶性较小，伤害手段一般，犯罪情节轻微，可依照《刑法》第六十三条第二款的规定，在法定刑以下判处刑罚。

【参考案例】

No.3-5-198-3 曾劲青等保险诈骗、故意伤害案

与他人共谋伤害自己致重伤的，对本人不应以故意伤害罪论处。

No.4-234-7 赵金明等故意伤害案

持刀追砍致使他人泅水逃避而溺水死亡的，追砍行为与被害人溺水死亡之间具有刑法意义上的因果关系，应以故意伤害（致人死亡）罪论处。

No.4-234-10 陈智勇故意伤害案

图谋报复持刀闯入他人住宅欲行伤害，致使被害人跳楼死亡的，应以故意伤害罪论处。

No.4-234-11 王俊超等故意伤害案

故意伤害致被害人重伤入院，在治疗期间被害人家属未尽护理义务，被害人因饥饿而死亡的，不能认定为故意伤害致人死亡。①

No.4-234-13 曾劲青等保险诈骗、故意伤害案

经被害人同意，故意造成被害人重伤的，应以故意伤害罪论处。②

No.4-234-15 陈晓燕等故意伤害案

并非出于正当医疗目的，故意切除他人正常身体器官，符合故意伤害罪构成特征的，应以故意伤害罪论处。

No.4-234-16 韩善达等故意伤害案

因特定事由殴打特定对象，致其伤害的，不构成寻衅滋事罪，应以故意伤害罪论处。

No.4-234-17 杨某某故意伤害案

明知自己的先行行为会造成他人身体伤害，而放任伤害结果的发生，造成轻伤以上结果的，应以故意伤害罪论处。

No.4-234-21 洪志宁故意伤害案

在不知被害人患病的情况下故意实施伤害行为，致使被害人病发身亡的，不构成过失致人死亡罪，应以故意伤害罪论处。

No.4-234-37 李小平等人故意伤害案

在故意伤害案中，事后积极赔偿且被害人存在一定过错的，可以酌定从轻处罚，但不应在法定刑以下判处刑罚。

No.4-234-39 刘传林故意伤害案

对于以特别残忍手段致人重伤造成严重残疾的故意伤害案件，适用死刑时应当更加严格把握，对于以特别残忍手段造成被害人重伤或造成特别严重残疾的被告人，可以适用死刑立即执行。

No.4-234-44 巫仰生等故意伤害案

故意伤害致人重伤后，被害人家属主动要求拔除气管插管、停止输液导致被害人死亡的，伤害行为与死亡结果之间不存在刑法意义上的因果关系。

No.4-234-45 王建秋、赫喜贵等人故意伤害、聚众斗殴、寻衅滋事案

行为人所实施的通常情况下不足以致人死亡的暴力，因为被害人特殊体质的存在，导致被害人死亡的，应当肯定行为与结果之间的因果关系。

---

① 故意伤害致人死亡之成立，要求伤害行为与死亡结果之间具有直接性的因果关系。易言之，要么是伤害行为直接造成死亡结果，要么是伤害行为造成了伤害结果，进而由伤害结果引起了死亡。参见张明楷：《刑法学》（第6版），法律出版社2021年版，第1120页。

② 关于被害人承诺能否阻却故意伤害罪的违法性，我国学者指出不能一概而论，应当分不同情形加以处理：第一，如果被害人的承诺是为了保护另一重大法益，则应当尊重法益主体的自己决定权；第二，在单纯伤害而欠缺另一重大法益之保护的前提下，如果造成有生命危险的重伤，被害人的承诺不阻却违法；第三，对于基于被害人承诺而造成轻伤的行为，不应认定为故意伤害罪。参见张明楷：《刑法学》（第6版），法律出版社2021年版，第1118—1119页。

劳东燕教授则主张，原则上，只有在伤害行为不违反公序良俗或具有社会相当性时，才能承认承诺的有效性，从而认定承诺阻却行为的违法性。参见陈兴良主编：《刑法各论精释》，人民法院出版社2015年版，第90页。

No.4-234-48　高某某故意伤害案

《刑法修正案（九）》关于死刑缓期执行期间故意犯罪"情节恶劣的"才能执行死刑的规定，应当适用于该修正案实施之前已经判决并生效的死刑缓期执行罪犯。

No.4-234-50　李某故意伤害案

协助他人向被害人注射麻醉药物导致被害人死亡，但主观上对死亡结果缺少认识的，仅成立故意伤害致人死亡罪

No.4-234-52　曾某故意伤害案

未成年人心智尚未发育成熟，在判断其犯罪故意时，应综合案件情况认定罪名。

No.4-234-57　孙道嵩、吕轶飞故意伤害案

故意伤害案件中，若行为人的殴打行为与被害人自身疾病所起作用大致相当，则应在法定刑幅度内根据殴打行为的作用大小进行量刑，而非在法定刑以下量刑。

No.4-234-62　周天武故意伤害案

明知自己感染艾滋病病毒，故意不采取保护措施与他人发生性关系，致使他人感染艾滋病病毒的，不成立故意杀人罪，应认定为故意伤害罪，按照致人重伤的标准定罪量刑。

第二百三十四条之一　【组织出卖人体器官罪】

组织他人出卖人体器官的，处五年以下有期徒刑，并处罚金；情节严重的，处五年以上有期徒刑，并处罚金或者没收财产。

未经本人同意摘取其器官，或者摘取不满十八周岁的人的器官，或者强迫、欺骗他人捐献器官的，依照本法第二百三十四条、第二百三十二条的规定定罪处罚。

违背本人生前意愿摘取其尸体器官，或者本人生前未表示同意，违反国家规定，违背其近亲属意愿摘取其尸体器官的，依照本法第三百零二条的规定定罪处罚。

【立法沿革】

《中华人民共和国刑法修正案（八）》（自2011年5月1日起施行）

三十七、将刑法第二百三十四条增加一条，作为第二百三十四条之一：

"组织他人出卖人体器官的，处五年以下有期徒刑，并处罚金；情节严重的，处五年以上有期徒刑，并处罚金或者没收财产。

"未经本人同意摘取其器官，或者摘取不满十八周岁的人的器官，或者强迫、欺骗他人捐献器官的，依照本法第二百三十四条、第二百三十二条的规定定罪处罚。

"违背本人生前意愿摘取其尸体器官，或者本人生前未表示同意，违反国家规定，违背其近亲属意愿摘取其尸体器官的，依照本法第三百零二条的规定定罪处罚。"

【条文说明】

本条是关于组织出卖人体器官罪及其处罚的规定。

本条共分为三款。

第一款规定："组织他人出卖人体器官的，处五年以下有期徒刑，并处罚金；情节严重的，处五年以上有期徒刑，并处罚金或者没收财产。"其中，**组织他人出卖人体器官**，是指在违反国家有关规定的情况下，组织他人进行出卖人体器官的行为。[①] 国务院2007年颁发的《人体器官移植条例》第三条规定："任何组织或者个人不得以任何形式买卖人体器官，不得从事与买卖人体器官有关的活动。"由此可见，组织他人出卖人体器官的行为严重破坏了国家对人体器官移植规范的正常秩序，严重损害他人的身体健康、侵犯他人基本人权，具有严重的社会危害性，必须给予严厉打击。根据本款规定，构成组织出卖人体器官罪首先必须**实施了"组织行为"**。实践中非法的人体器官移植已经由早期"供体"与"受体"直接联系交易，发展到由"黑市中介"控制整个非法的人体器官市场的供应，如有的采取欺骗、利诱甚至强迫手段，寻找器官"捐献"者，同时为捐献者提供生活

---

① 《人体器官移植条例》第二条规定："在中华人民共和国境内从事人体器官移植，适用本条例；从事人体细胞和角膜、骨髓等人体组织移植，不适用本条例（第一款）。本条例所称人体器官移植，是指摘取人体器官捐献人具有特定功能的心脏、肺脏、肝脏、肾脏或者胰腺等器官的全部或者部分，将其植入接受人身体以代替其病损器官的过程（第二款）。"不过，有论者认为，对于本罪的人体器官没有必要按照行政法规解释。本罪的人体器官不仅包括上述条例所称的器官，而且包括眼角膜、皮肤、肢体、骨头等，但血液、骨髓、脂肪、细胞不是器官。参见张明楷：《刑法学》（第6版），法律出版社2021年版，第1127页。

保障、医学检查;有的联系器官需求方;有的怕"捐献"者反悔派人监管、看管;等等。这就需要有人组织、指挥、协调。所谓组织行为,就是指以领导、策划、指挥、招募、雇用、控制出卖他人人体器官的行为。其次行为人必须**实施了"出卖行为"**,即出卖他人人体器官的行为。"他人"是指捐献者。这种行为不仅违背了人体器官捐献坚持的自愿、无偿的原则,而且违反了人类基本的伦理道德,把人体器官变成"商品",任意买卖,当然为法律所禁止。根据本款规定,构成组织他人出卖人体器官犯罪的,处五年以下有期徒刑,并处罚金;情节严重的,处五年以上有期徒刑,并处罚金或者没收财产。其中,"**情节严重的**"是指多次组织他人出卖人体器官或者获利数额较大的等情况。具体还有哪些情况属于情节严重,可由司法机关根据司法实践作出具体的司法解释。

第二款规定:"未经本人同意摘取其器官,或者摘取不满十八周岁的人的器官,或者强迫、欺骗他人捐献器官的,依照本法第二百三十四条、第二百三十二条的规定定罪处罚。"首先,应当说明的是,本款的"摘取"不包括出于医学治疗需要的摘取、切除,而是指违反国家规定,非医学治疗需要的摘取人体器官。"**未经本人同意摘取其器官**",是指在没有得到被摘取器官的本人的同意,就摘取其器官的行为,包括在本人不明真相的情况下摘取其器官和未经本人同意采取强制手段摘取其器官两种情况。根据国务院颁布的《人体器官移植条例》的规定,严禁未经公民本人同意摘取其活体器官。因此,未经本人同意摘取其器官,根据本款的规定就已经构成了犯罪行为。"**摘取不满十八周岁的人的器官**",是指摘取未满十八周岁的未成年人的器官。未成人的合法权利一向是被法律重点保护的对象。由于他们是处于社会中的弱体,处于身体发育阶段,对事物的判断能力还不成熟,更需要法律加以特殊的保护。因此不论未成年人本人是否同意,只要是非医学救治的需要而摘取其器官就构成了犯罪。"**强迫、欺骗他人捐献器官的**",是指采取强迫、欺骗的手段,使他人接受摘除其器官的行为。强迫包括使用暴力、胁迫或其他方法足以压制一般人的反抗,使他人器官被迫摘除,如采用麻醉手段摘除他人器官;欺骗包括虚构事实、隐瞒真相,使他人陷入认识错误,进而处分自己的器官,比如医师不履行告知义务,谎称器官病变需要摘除。公民捐献器官,一般是出于人道主义,自愿地对身患严重疾病或绝症的人给予人体器官捐赠的行为。国务院颁布的《人体器官移植条例》第七条规定:"人体器官捐献应当遵循自愿、无偿的原则。公民享有捐献或者不捐献其人体器官的权利;任何组织或者个人不得强迫、欺骗或者利诱他人捐献人体器官。"根据该条规定,强迫、欺骗他人捐献器官,违背了本人意愿,是对公民的人身权利的赤裸裸的侵犯。从本款规定的三种情形看,未经本人同意摘取其器官,或者摘取不满十八周岁的人的器官,或者强迫、欺骗他人捐献器官的行为,有一些共同特点:违背了器官被摘取者的意愿,行为人都知道摘取他人人体器官会对他人身体造成严重损害,甚至可能导致死亡。因此,对于上述行为的刑事责任,本款规定,"依照本法第二百三十四条、第二百三十二条的规定定罪处罚"。即可**依照故意伤害罪、故意杀人罪定罪处罚**,最高刑可判处死刑。

第三款规定:"违背本人生前意愿摘取其尸体器官,或者本人生前未表示同意,违反国家规定,违背其近亲属意愿摘取其尸体器官的,依照本法第三百零二条的规定定罪处罚。"其中,"**违背本人生前意愿摘取其尸体器官**",是指虽然已故公民在生前已经明确表示死后不愿意捐献其人体器官但仍违背其生前意愿摘取其器官的行为。"**本人生前未表示同意,违反国家规定,违背其近亲属意愿摘取其尸体器官的**",是指违反国务院颁发的《人体器官移植条例》第八条第二款的规定,即"公民生前未表示不同意捐献其人体器官的,该公民死亡后,其配偶、成年子女、父母可以以书面形式共同表示同意捐献该公民人体器官的意愿"。从这一规定可以看出,对没有在生前留下捐献器官意愿的死者,在没有其近亲属以书面形式共同表示同意摘取其器官的情况下,如果摘取其器官,也是被禁止的,也就构成了本款规定的犯罪。根据本款规定,构成本款规定犯罪的,依照本法第三百零二条的规定处罚。《刑法》第三百零二条规定:"盗窃、侮辱、故意毁坏尸体、尸骨、骨灰的,处三年以下有期徒刑、拘役或者管制。"本款规定的违背本人生前遗愿摘取其尸体器官,或者本人生前未表示同意,违反国家规定,违背其近亲属意愿摘取其尸体器官的行为,对死者尸体的完整性造成了破坏,不仅是对死者人格尊严的亵渎,也给死者近亲属带来极大的痛苦和伤害,属于刑法规定的有关侮辱、毁坏尸体行为,因此本款规定对于这种行为,**依照盗窃、侮辱、故意毁坏尸体、尸骨、骨灰罪定罪处罚**。

实际执行中应当注意以下问题:《刑法修正案(八)》实施前,司法实践中对组织他人出卖人体器官的行为,大多按非法经营罪中的"**其他严重扰乱市场秩序的非法经营行为**"来处理。《刑法修正案(八)》实施后,组织出卖人体器官罪是对组织他人出卖人体器官行为的专门规定,与非法经营罪构成特殊与一般的**法条竞合关系**,根据罪刑法定原则,对组织他人出卖人体器官的行为就不能再按非法经营罪来定罪处罚了。

【参考案例】

No.4-234之一-1 郑伟等组织出卖人体器官案

组织出卖人体器官罪中的组织行为应作广义理解,包括领导、策划、控制他人出卖人体器官的行为。

No.4-234之一-2 王海涛等组织出卖人体器官案

组织出卖人体器官罪是行为犯,不以出现实际的身体伤害结果为成立要件,实施组织他人出卖人体器官的行为,即成立既遂。

第二百三十五条 【过失致人重伤罪】
过失伤害他人致人重伤的,处三年以下有期徒刑或者拘役。 本法另有规定的,依照规定。

【条文说明】

本条是关于过失致人重伤罪及其处罚的规定。

过失致人重伤,是指过失伤害他人身体,致人重伤的行为。过失致人重伤罪是过失犯罪,行为人对于伤害他人的结果不是持希望或者放任的态度,而是由于疏忽大意或轻信能够避免而致使他人重伤的结果发生。其中**疏忽大意的过失重伤他人**,是指行为人应当预见自己的行为可能造成他人重伤的结果,由于疏忽大意而没有预见,以致造成他人重伤。**过于自信的过失致人重伤**,是指行为人已经预见到其行为可能会造成他人重伤的结果,但由于轻信能够避免以致造成他人重伤。行为人的过失行为,只有造成他人重伤的才能构成犯罪,造成他人轻伤的不构成犯罪。因此,对于行为人过失给他人造成的伤害结果,应当在专门鉴定的基础上,参照《人体损伤程度鉴定标准》,正确认定伤害的结果是否符合《刑法》第九十五条规定的重伤标准。如果行为人主观上没有过失,而是由于无法预见的原因导致他人重伤的,属于**意外事故**,行为人不负刑事责任。

依照本条规定,**过失伤害他人致人重伤的**,处三年以下有期徒刑或者拘役。本条同时规定的"**本法另有规定的,依照规定**",是指过失行为致人重伤的,除本条的一般性规定外,刑法规定的其他犯罪中也有过失致人重伤的情况,根据特别规定优于一般规定的原则,对于本法另有特别规定的,适用特别规定,而不依照本条的规定定罪处罚,如本法第一百三十三条关于交通肇事致人重伤的规定,第一百三十四条关于重大责任事故致人重伤的规定等。

实际执行中应当注意以下三个方面的问题:

1. 划清过失致人重伤罪与**意外事件**的界限。一是要查明行为人主观上有无罪过,是否存在疏忽大意、过于自信的情况。二是对于因过失造成被害人重伤的,还要进一步查明行为人的过失行为与重伤结果之间有无刑法上的因果关系。如果经过调查,根据行为人的认识能力,行为时的具体时间、地点和条件,证明致人重伤是由于行为人不能预见的原因引起的,则属于意外事件,不能追究行为人的刑事责任。

2. 划清过失致人重伤罪与**故意伤害罪**的界限。这两种犯罪在客观方面的表现相同,区别主要有两点:一是主观方面不同,一个是因过失致人重伤,主观上不希望伤害结果的发生;一个是故意伤害他人,积极追求或者放任伤害结果的发生。二是两个罪名对行为结果的要求不同。构成故意伤害罪,一般要求造成轻伤以上的结果,造成重伤结果的当然包括在内;而构成过失致人重伤罪,需要达到重伤的程度,如果过失致人轻伤,则不构成犯罪,但是需承担民事赔偿责任。

3. 在处理伤害案件时,往往附带有**损害赔偿**问题,对此首先要注意划清罪与非罪的界限,既不能把已构成伤害罪的案件当作损害赔偿的民事案件处理,也不能把轻微伤害引起的民事案件当作刑事案件处理,更不能把被告人赔偿的态度好坏作为划分罪与非罪的标准。

【司法解释性文件】

《最高人民法院关于依法妥善审理高空抛物、坠物案件的意见》(法发〔2019〕25 号,2019 年 10 月 21 日发布)

△(**高空抛物、坠物行为;社会危害性**)充分认识高空抛物、坠物行为的社会危害性。高空抛物、坠物行为损害人民群众人身、财产安全,极易造成人身伤亡和财产损失,引发社会矛盾纠纷。人民法院要高度重视高空抛物、坠物行为的现实危害,深刻认识运用刑罚手段惩治情节和后果严重的高空抛物、坠物行为的必要性和重要性,依法

惩治此类犯罪行为,有效防范、坚决遏制此类行为发生。(§4)

△(高空坠物犯罪;过失致人死亡罪;过失致人重伤罪;重大责任事故罪)准确认定高空坠物犯罪。过失导致物品从高空坠落,致人死亡、重伤,符合刑法第二百三十三条、第二百三十五条规定的,依照过失致人死亡罪、过失致人重伤罪定罪处罚。在生产、作业中违反有关安全管理规定,从高空坠落物品,发生重大伤亡事故或者造成其他严重后果的,依照刑法第一百三十四条第一款的规定,以重大责任事故罪定罪处罚。(§7)

《最高人民法院、最高人民检察院、公安部关于办理涉窨井盖相关刑事案件的指导意见)》(高检发〔2020〕3号,2020年3月16日发布)

△(窨井盖;过失致人重伤罪;过失致人死亡罪)过失致人重伤或者死亡的,依照刑法第二百三十五条、第二百三十三条的规定,分别以过失致人重伤罪、过失致人死亡罪定罪处罚。(§3Ⅱ)

△(窨井盖;管理职责;过失致人重伤罪;过失致人死亡罪)对窨井盖负有管理职责的其他公司、企业、事业单位的工作人员,严重不负责任,导致人员坠井等事故,致人重伤或者死亡,符合刑法第二百三十五条、第二百三十三条规定的,分别以过失致人重伤罪、过失致人死亡罪定罪处罚。(§10)

△(窨井盖)本意见所称的"窨井盖",包括城市、城乡结合部和乡村等地的窨井盖以及其他井盖。(§12)

第二百三十六条 【强奸罪】
以暴力、胁迫或者其他手段强奸妇女的,处三年以上十年以下有期徒刑。
奸淫不满十四周岁的幼女的,以强奸论,从重处罚。
强奸妇女、奸淫幼女,有下列情形之一的,处十年以上有期徒刑、无期徒刑或者死刑:
(一)强奸妇女、奸淫幼女情节恶劣的;
(二)强奸妇女、奸淫幼女多人的;
(三)在公共场所当众强奸妇女、奸淫幼女的;
(四)二人以上轮奸的;
(五)奸淫不满十周岁的幼女或者造成幼女伤害的;
(六)致使被害人重伤、死亡或者造成其他严重后果的。

【立法沿革】

《中华人民共和国刑法》(1997年修订,自1997年10月1日起施行)
第二百三十六条
以暴力、胁迫或者其他手段强奸妇女的,处三年以上十年以下有期徒刑。
奸淫不满十四周岁的幼女的,以强奸论,从重处罚。
强奸妇女、奸淫幼女,有下列情形之一的,处十年以上有期徒刑、无期徒刑或者死刑:
(一)强奸妇女、奸淫幼女情节恶劣的;
(二)强奸妇女、奸淫幼女多人的;
(三)在公共场所当众强奸妇女的;
(四)二人以上轮奸的;
(五)致使被害人重伤、死亡或者造成其他严重后果的。

《中华人民共和国刑法修正案(十一)》(自2021年3月1日起施行)
二十六、将刑法第二百三十六条修改为:

"以暴力、胁迫或者其他手段强奸妇女的,处三年以上十年以下有期徒刑。
"奸淫不满十四周岁的幼女的,以强奸论,从重处罚。
"强奸妇女、奸淫幼女,有下列情形之一的,处十年以上有期徒刑、无期徒刑或者死刑:
"(一)强奸妇女、奸淫幼女情节恶劣的;
"(二)强奸妇女、奸淫幼女多人的;
"(三)在公共场所当众强奸妇女、奸淫幼女的;
"(四)二人以上轮奸的;
"(五)奸淫不满十周岁的幼女或者造成幼女伤害的;
"(六)致使被害人重伤、死亡或者造成其他严重后果的。"

【条文说明】

本条是关于强奸罪及其处罚的规定。
强奸,是指违背妇女的意志,以暴力、胁迫或者其他手段强行与妇女发生性关系的行为。强奸罪的犯罪主体一般是男子,教唆、帮助男子强奸妇女的女子,也可以成为强奸罪的共犯。①②强奸罪在客观方面表现为违背妇女的意志,强行与妇女发生性关系的行为。这种行为具有以下特征:(1)**必须是违背了妇女的真实意愿**。判断与妇女发生性关系是否违背妇女的意志,要结合性关系发生的时间、周围环境及妇女的性格、体质等各种因素进行综合分析,不能将妇女是否有明显的抗拒举动作为违背其意愿的唯一要件。③对于有的被害妇女由于害怕等原因而不敢反抗、失去反抗能力的,也应认定是违背了妇女的真实意愿。同无责任能力的妇女(如呆傻妇女或精神病患者)发生性关系的,由于这些妇女无法正常表达自己的真实意愿,因此无论其是否"同意",均构成强奸罪。(2)**行为人必须以暴力、胁迫或者其他手段,强行与妇女发生性关系**。④ 这里所说的"**暴力**"手段,是指犯罪分子直接对被害妇女采取身体强制,如施以殴打等危害妇女人身安全和人身自由,使妇女不能抗拒的手段。"**胁迫**"手段,是指犯罪分子对被害妇女施以威胁、恫吓⑤,进行精神上的强制,迫使妇女就范,不敢抗拒的手段,如以杀害被害人、加害被害人的亲属相威胁的;以揭发被害人的隐私相威胁的;利用职权、教养关系、从属关系等形成的优势地位,以及妇女孤立无援的环境相胁迫的⑥;等等。"**其他手段**",是指犯罪分子使用暴力、胁迫以外的使被害妇女不知抗拒、无法抗拒的手段,如假冒为妇女治病而进行奸淫的;利用妇女患病、熟睡之机进行奸淫的;将妇女灌醉、麻醉后进行奸淫的;等等。

本条共分为三款。

第一款对构成强奸罪如何处罚作了规定。依照本款规定,对于犯强奸罪的,处三年以上十年以下有期徒刑。

第二款对奸淫幼女及其刑罚作了规定。幼女身体发育尚不成熟,欠缺自我保护能力,为了加强对幼女的保护,刑法规定了奸淫幼女的犯罪。**奸淫幼女**,是指与不满十四周岁的幼女⑦发生性关系的行为。奸淫幼女的,无论幼女是否"同意",即构成强奸罪。构成奸淫幼女型强奸罪应具备两个要件:(1)**被害人必须是不满十四周岁的幼女**;(2)**必须具有奸淫幼女的行为**。不论行为人采用什么手段,也不论幼女是否同意,只要与幼女发生了性关系,就构成犯罪。⑧ 依照本款规定,**奸淫不满十四周岁的幼女的,以强奸论,从重处罚**。

这里有一个问题需要注意,1997年《刑法》第

---

① 强奸罪既不是亲手犯,也不是身份犯。另外,关于婚内强奸(丈夫能否成为强奸妻子的行为主体)的详细讨论,参见张明楷:《刑法学》(第6版),法律出版社2021年版,第1133—1134页;黎宏:《刑法学各论》(第2版),法律出版社2016年版,第230页;周光权:《刑法各论》(第4版),中国人民大学出版社2021年版,第35页;陈兴良主编:《刑法各论精释》,人民法院出版社2015年版,第143—147页。

② 我国学者指出,妇女教唆没有达到法定年龄的男子或者不具有辨认控制能力的精神病男子实施强奸行为,可以成为强奸罪的间接正犯。参见黎宏:《刑法学各论》(第2版),法律出版社2016年版,第230页。

③ 类似的学说见解,参见张明楷:《刑法学》(第6版),法律出版社2021年版,第1135页;周光权:《刑法各论》(第4版),中国人民大学出版社2021年版,第32页。

④ 学说见解指出,本罪之暴力、胁迫以及其他手段都必须达到使妇女不能反抗、难以反抗、不敢反抗、不知反抗的程度。参见张明楷:《刑法学》(第6版),法律出版社2021年版,第1137页;黎宏:《刑法学各论》(第2版),法律出版社2016年版,第231页;周光权:《刑法各论》(第4版),中国人民大学出版社2021年版,第33页。

⑤ 行为人以加害自己相通告的情形(如果不同意性交,我就自杀),不属于胁迫。参见张明楷:《刑法学》(第6版),法律出版社2021年版,第1136页;黎宏:《刑法学各论》(第2版),法律出版社2016年版,第232页。

⑥ 利用教养关系、从属关系、职务权利等与妇女性交的,不能一律视为强奸。关键在于,行为人是否利用了这种特定关系进行胁迫而使妇女不敢反抗。参见张明楷:《刑法学》(第6版),法律出版社2021年版,第1136页;陈兴良主编:《刑法各论精释》,人民法院出版社2015年版,第140页。此外,阴建峰教授指出,行为人不是利用从属关系、教养关系中的优势地位胁迫女方,而是用入党、提干、分房等利益相诱惑,女方为利所趋,不惜以身相许,不能成为强奸罪。参见赵秉志、李希慧主编:《刑法》(第3版),中国人民大学出版社2016年版,第198页;高铭暄、马克昌主编:《刑法学》(第7版),北京大学出版社、高等教育出版社2016年版,第465页。

⑦ 从《刑法》第二百三十六条第二款来看,似乎同条第一款的行为对象只能是已满十四周岁的少女与成年妇女。但是,《刑法》第二百三十六条第一款与第二款不是排他的择一关系,而是基本条款与特别条款的关系。因此,行为人合理地认为已满十四周岁的乙已满十八周岁(不能预见乙为幼女),并使用暴力强制与之性交,其行为构成《刑法》第二百三十六条第一款的普通强奸。参见张明楷:《刑法学》(第6版),法律出版社2021年版,第1134页。

⑧ 按照学说上的说法,原因在于幼女身心发育不成熟,缺乏辨别是非的能力,不能理解行为的后果与意义,也没有抗拒能力。参见张明楷:《刑法学》(第6版),法律出版社2021年版,第1137页。

三百六十条第二款规定："嫖宿不满十四周岁的幼女的，处五年以上有期徒刑，并处罚金。"有意见提出删去刑法的这一规定，对实践中有此类行为的，按照本条第二款的规定处理。2015年8月29日，第十二届全国人大常委会第十六次会议通过的《刑法修正案（九）》删去了第三百六十条第二款关于**嫖宿幼女罪**的规定。关于这样修改的考虑，嫖宿幼女从性质上讲，也是奸淫幼女的一种情形。刑法原来对嫖宿幼女的情形专门作出规定，是为了司法实践中更准确地适用法律，从严惩处这类犯罪。如嫖宿幼女罪的起刑点是五年有期徒刑，而强奸罪的起刑点为三年有期徒刑，这充分表明了刑法关于嫖宿幼女罪的刑罚设定与强奸罪规定的"奸淫不满十四周岁的幼女，以强奸论，从重处罚"的精神相一致、刑罚相协调。但从实践中的情况看，由于各方面原因，对于嫖宿幼女行为的处理严厉程度不够。还有的提出，嫖宿幼女罪虽然针对的是现实存在的丑恶犯罪情况，但对被嫖宿的幼女而言，客观上会造成"污名化"的后果。应当说，对于嫖宿幼女犯罪的被害幼女的这些歧视等所谓"污名化"的后果，是极其错误并应当予以严厉谴责的，但从有利于受害幼女权利保护的角度考虑，删去该罪的规定，对相关行为一律按奸淫幼女处理，也是合理的。虽然如此，有关司法机关在案件处理上，仍有必要强调对各类受害幼女都平等保护，不应因有的受害行为发生在所谓"嫖宿"的场合而有所从宽。

第三款对犯强奸罪情节严重的应如何处罚作了规定。对于**强奸妇女、奸淫幼女情节严重**的，本款列入了以下六种情形：

1. **强奸妇女、奸淫幼女情节恶劣的**。这里的"情节恶劣"是指除本款已经列举之外的其他各种恶劣情节、欺凌等恶劣手段。

2. **强奸妇女、奸淫幼女多人的**，是指强奸妇女、奸淫幼女人数比较多的情况，包括一次多人、多次累计多人等情况。司法实践中一般掌握为三人（含）以上的。①

3. **在公共场所当众强奸妇女、奸淫幼女的**。这里的"**公共场所**"包括群众进行公开活动的场所，如商店、影剧院、体育场、街道等；也包括各类单位，如机关、团体、事业单位的办公场所，企业生产经营场所，医院、学校、幼儿园等；还包括公共交通工具，如火车、轮船、长途客运汽车、公共电车、汽车、民用航空器等。"**当众**"既包括故意使他人看到，也包括不避讳他人看到的情况。在公共场所强奸妇女、奸淫幼女的，只要有其他人在场，不论在场人员是否实际看到，均可以认定为在公共场所"当众"强奸妇女、奸淫幼女。

4. **二人以上轮奸的**。②这里所说的"**轮奸**"，是指两个以上的男子在同一犯罪活动中，以暴力、胁迫或者其他手段对同一妇女或幼女进行强奸或者奸淫的行为。③④

5. **奸淫不满十周岁的幼女或者造成幼女伤害的**。奸淫不满十周岁的幼女，通常会给幼女造成严重的身体伤害，同时也会对幼女的身心健康带来严重的不良影响，对于这种行为必须予以严惩。"造成幼女伤害的"是指因奸淫幼女行为给幼女造成身体、精神伤害结果的。这里的"奸淫不满十周岁的幼女"与"造成幼女伤害的"是并列的两种情形，行为人有奸淫幼女的行为，符合上述条件之一的，即应当处十年以上有期徒刑、无期徒刑或者死刑。

6. **致使被害人重伤、死亡或者造成其他严重后果的**。⑤这里所说的"致使被害人重伤、死亡"，是指因强奸妇女、奸淫幼女导致被害人性器

---

① 强奸妇女、奸淫幼女的被害人总数达到三人以上的，就应认定为强奸妇女、奸淫幼女多人。多次强奸妇女或者奸淫幼女，但被害人总数没有达到三人以上的，只能认定为情节恶劣。参见张明楷：《刑法学》（第6版），法律出版社2021年版，第1142页。

② 我国学者指出，刑法之所以对轮奸加重处罚，不仅因为被害人连续遭受了强奸，而且还因为共同轮奸的行为人，既要对自己的奸淫行为与结果承担责任，也要对他人的奸淫行为与结果承担责任。参见张明楷：《刑法学》（第6版），法律出版社2021年版，第1140页。

③ 我国学者指出，轮奸是强奸罪的一种特殊形式（共同正犯）。轮奸的成立，不要求各行为人均达到法定年龄、具有责任能力；存在片面的轮奸（即虽然客观上二名以上的男子连续对同一妇女实施了强奸行为，但完全可能只对其中一人适用轮奸的法定刑）；轮奸不是单纯的量刑规定，而是强奸罪的加重犯罪构成，对于构成轮奸的行为人，仍可能适用从犯之规定。参见张明楷：《刑法学》（第6版），法律出版社2021年版，第1140—1141页。

④ 我国学者指出，轮奸的成立条件包括：（1）两人以上的人都是男子，且均为强奸的实行犯；（2）侵害对象必须是同一妇女或者幼女；（3）数个行为人对相同对象的强奸在时间上具有连续性。参见黎宏：《刑法学各论》（第2版），法律出版社2016年版，第236页。

⑤ 我国学者指出，加重结果是由于暴力、胁迫或强制行为所造成，还是因性交行为所造成，都不影响结果加重犯的成立。参见周光权：《刑法各论》（第4版），中国人民大学出版社2021年版，第34页。

官严重损伤,或者造成其他严重伤害,甚至死亡。①

强奸妇女、奸淫幼女,只要上述所列六种情形之一的,就属于情节严重的情况,依法应当予以严惩,依照本款规定,属于上述情况的,处十年以上有期徒刑、无期徒刑或者死刑。

实际执行中应当注意,2015年《刑法修正案(九)》删去《刑法》第三百六十条第二款关于嫖宿幼女罪的规定,并不是对这类行为不再追究,在《刑法修正案(九)》施行之后,对于实践中发生的嫖宿幼女行为,应适用本第二款关于奸淫幼女的规定,直接以强奸罪处理,并予以从重处罚。

【司法解释】

《最高人民法院关于审理未成年人刑事案件具体应用法律若干问题的解释》(法释〔2006〕1号,自2006年1月23日起施行)

△**(已满十四周岁不满十六周岁的人;幼女;情节轻微;未造成严重后果)** 已满十四周岁不满十六周岁的人偶尔与幼女发生性行为,情节轻微、未造成严重后果的,不认为是犯罪。(§6)

《最高人民法院 最高人民检察院关于办理强奸、猥亵未成年人刑事案件适用法律若干问题的解释》(法释〔2023〕3号,自2023年6月1日起施行)

△**(奸淫幼女;强奸已满十四周岁的未成年女性;从重处罚事由)** 奸淫幼女的,依照刑法第二百三十六条第二款的规定从重处罚。具有下列情形之一的,应当适用较重的从重处罚幅度:(一)负有特殊职责的人员实施奸淫的;(二)采用暴力、胁迫等手段实施奸淫的;(三)侵入住宅或者学生集体宿舍实施奸淫的;(四)对农村留守女童、严重残疾或者精神发育迟滞的被害人实施奸淫的;(五)利用其他未成年人诱骗、介绍、胁迫被害人的;(六)曾因强奸、猥亵犯罪被判处刑罚的。

强奸已满十四周岁的未成年女性,具有前款第一项、第三项至第六项规定的情形之一,或者致使被害人轻伤、患梅毒、淋病等严重性病的,依照刑法第二百三十六条第一款的规定定罪,从重处罚。(§1)

△**(强奸妇女、奸淫幼女情节恶劣)** 强奸已满十四周岁的未成年女性或者奸淫幼女,具有下列情形之一的,应当认定为刑法第二百三十六条第三款第一项规定的"强奸妇女、奸淫幼女情节恶劣":(一)负有特殊职责的人员多次实施强奸、奸淫的;(二)有严重摧残、凌辱行为的;(三)非法拘禁或者利用毒品诱骗、控制被害人的;(四)多次利用其他未成年人诱骗、介绍、胁迫被害人的;(五)长期实施强奸、奸淫的;(六)奸淫精神发育迟滞的被害人的;(七)对强奸、奸淫过程或者被害人身体隐私部位制作视频、照片等影像资料,以此胁迫对被害人实施强奸、奸淫,或者致使影像资料向多人传播,暴露被害人身份的;(八)其他情节恶劣的情形。(§2)

△**(造成幼女伤害)** 奸淫幼女,具有下列情形之一的,应当认定为刑法第二百三十六条第三款第五项规定的"造成幼女伤害":(一)致使幼女轻伤的;(二)致使幼女患梅毒、淋病等严重性病的;(三)对幼女身心健康造成其他伤害的情形。(§3)

△**(致使被害人重伤)** 强奸已满十四周岁的未成年女性或者奸淫幼女,致使其感染艾滋病病毒的,应当认定为刑法第二百三十六条第三款第六项规定的"致使被害人重伤"。(§4)

△**(负有特殊职责的人员;利用优势地位或者被害人孤立无援的境地;强奸罪)** 对已满十四周岁未成年女性负有特殊职责的人员,利用优势地位或者被害人孤立无援的境地,迫使被害人与其发生性关系的,依照刑法第二百三十六条的规定,以强奸罪定罪处罚。(§6)

△**(认罪认罚)** 强奸、猥亵未成年人的成年被告人认罪认罚的,是否从宽处罚及从宽幅度应当从严把握。(§11)

△**(缓刑;禁止令)** 对强奸未成年人的成年被告人判处刑罚时,一般不适用缓刑。

对于判处刑罚同时宣告缓刑的,可以根据犯罪情况,同时宣告禁止令,禁止犯罪分子在缓刑考验期限内从事与未成年人有关的工作、活动,禁止其进入中小学校、幼儿园及其他未成年人集中的场所。确因本人就学、居住等原因,经执行机关批准的除外。(§12)

△**(从业禁止)** 对于利用职业便利实施强奸、猥亵未成年人等犯罪的,人民法院应当依法适用从业禁止。(§13)

△**(人身损害赔偿)** 对未成年人实施强奸、猥亵等犯罪造成人身损害的,应当赔偿医疗费、护理费、交通费、营养费、住院伙食补助费等为治疗和康复支付的合理费用,以及因误工减少的收入。

---

① "致使被害人重伤、死亡"并不包括被害人事后自杀身亡的情形。参见张明楷:《刑法学》(第6版),法律出版社2021年版,第1143页;黎宏:《刑法学各论》(第2版),法律出版社2016年版,第236页;高铭暄、马克昌主编:《刑法学》(第7版),北京大学出版社、高等教育出版社2016年版,第466页。

根据鉴定意见、医疗诊断书等证明需要对未成年人进行精神心理治疗和康复，所需的相关费用，应当认定为前款规定的合理费用。(§14)

△(**负有特殊职责的人员**)本解释规定的"负有特殊职责的人员"，是指对未成年人负有监护、收养、看护、教育、医疗等职责的人员，包括与未成年人具有共同生活关系且事实上负有照顾、保护等职责的人员。(§15)

【司法解释性文件】

《最高人民检察院侦查监督厅关于印发部分罪案〈审查逮捕证据参考标准(试行)〉的通知》(高检侦监发〔2003〕第107号，2003年11月27日公布)

△(**强奸罪;证据审查**)强奸罪，是指触犯《刑法》第236条的规定，违背妇女意志，使用暴力、胁迫或者其他手段，强行与妇女性交的行为。其他以强奸罪定罪处罚的有：(1)奸淫不满14周岁幼女的；(2)收买被拐卖的妇女，强行与其发生性关系的；(3)利用职权、从属关系，以胁迫手段奸淫现役军人的妻子的；(4)明知被害人是精神病患者或者痴呆者(程度严重)与其发生性关系的；(5)组织和利用邪教组织，以迷信邪说引诱、胁迫、欺骗或者其他手段，奸淫妇女、幼女的。

对提请批捕的强奸案件，应当注意从以下几个方面审查证据：

(一)有证据证明发生了强奸犯罪事实。重点审查：

1. 法医鉴定、被害人报案、控告、陈述、被害人亲友检举、犯罪嫌疑人供述、证人证言等证明发生强奸行为的证据。

2. 被害人伤情鉴定、犯罪工具实物或照片、现场勘查笔录、药物验检报告和发案背景等证明与妇女性交的行为违背其意志的证据，包括使用暴力、胁迫或者其他手段的证据。

3. 证明明知被害人不满14周岁或是精神病患者或者痴呆者(经法医鉴定为程度严重)的证据。

(二)有证据证明强奸犯罪事实系犯罪嫌疑人实施的。重点审查：

1. 显示犯罪嫌疑人实施强奸犯罪的视听资料。

2. 被害人的指认。

3. 犯罪嫌疑人的供认。

4. 证人证言。

5. 同案犯罪嫌疑人的供述。

6. 对遗留在犯罪工具、犯罪现场和犯罪嫌疑人、被害人身体、衣物上的指纹、足迹、血迹、精斑等所做的能够证明犯罪嫌疑人实施强奸犯罪的鉴定及被害人伤情鉴定。

7. 其他能够证明犯罪嫌疑人实施强奸犯罪的证据。

(三)证明犯罪嫌疑人实施强奸犯罪行为的证据已有查证属实的。重点审查：

1. 能够排除合理怀疑的视听资料。

2. 其他证据能够印证的被害人的指认。

3. 其他证据能够印证的犯罪嫌疑人的供述。

4. 能够相互印证的证人证言。

5. 能够与其他证据相互印证的证人证言或者同案犯供述。

6. 已有查证属实的证明犯罪嫌疑人实施强奸犯罪的其他证据。(§5)

《最高人民法院、最高人民检察院关于常见犯罪的量刑指导意见(试行)》(法发〔2021〕21号，2021年6月6日发布)

△(**强奸罪;量刑**)

1. 构成强奸罪的，根据下列情形在相应的幅度内确定量刑起点：

(1)强奸妇女一人的，在三年至六年有期徒刑幅度内确定量刑起点。

奸淫幼女一人的，在四年至七年有期徒刑幅度内确定量刑起点。

(2)有下列情形之一的，在十年至十三年有期徒刑幅度内确定量刑起点：强奸妇女、奸淫幼女情节恶劣的;强奸妇女、奸淫幼女三人的;在公共场所当众强奸妇女、奸淫幼女的;二人以上轮奸妇女的;奸淫不满十周岁的幼女或者造成幼女伤害的;强奸致被害人重伤或者造成其他严重后果的。依法应当判处无期徒刑以上刑罚的除外。

2. 在量刑起点的基础上，根据强奸妇女、奸淫幼女情节恶劣程度、强奸人数、致人伤害后果等其他影响犯罪构成的犯罪事实增加刑罚量，确定基准刑。

强奸多人多次的，以强奸人数作为增加刑罚量的事实，强奸次数作为调节基准刑的量刑情节。

3. 构成强奸罪的，综合考虑强奸的手段、危害后果等犯罪事实、量刑情节，以及被告人的主观恶性、人身危险性、认罪悔罪表现等因素，从严把握缓刑的适用。

《最高人民法院、最高人民检察院、公安部、司法部关于办理性侵害未成年人刑事案件的意见》(高检发〔2023〕4号，2023年5月24日印发)

△(**性侵害未成年人犯罪**)本意见所称性侵害未成年人犯罪，包括《中华人民共和国刑法》第二百三十六条、第二百三十六条之一、第二百三十

七条、第三百五十八条、第三百五十九条规定的针对未成年人实施的强奸罪，负有照护职责人员性侵罪，强制猥亵、侮辱罪，猥亵儿童罪，组织卖淫罪，强迫卖淫罪，协助组织卖淫罪，引诱、容留、介绍卖淫罪，引诱幼女卖淫罪等。（§1）

△（办理性侵害未成年人刑事案件；原则）办理性侵害未成年人刑事案件，应当坚持以下原则：

（一）依法从严惩处性侵害未成年人犯罪；

（二）坚持最有利于未成年人原则，充分考虑未成年人身心发育尚未成熟、易受伤害等特点，切实保障未成年人的合法权益；

（三）坚持双向保护原则，对于未成年人实施性侵害未成年人犯罪的，在依法保护未成年被害人的合法权益时，也要依法保护未成年犯罪嫌疑人、未成年被告人的合法权益。（§2）

△（行为人"明知"对方是幼女）知道或者应当知道对方是不满十四周岁的幼女，而实施奸淫等性侵害行为的，应当认定行为人"明知"对方是幼女。

对不满十二周岁的被害人实施奸淫等性侵害行为的，应当认定行为人"明知"对方是幼女。

对已满十二周岁不满十四周岁的被害人，从其身体发育状况、言谈举止、衣着特征、生活作息规律等观察可能是幼女，而实施奸淫等性侵害行为的，应当认定行为人"明知"对方是幼女。（§17）

△（在公共场所"当众"强奸、猥亵）在校园、游泳馆、儿童游乐场、学生集体宿舍等公共场所对未成年人实施强奸、猥亵犯罪，只要有其他多人在场，不论在场人员是否实际看到，均可以依照刑法第二百三十六条第三款、第二百三十七条的规定，认定为在公共场所"当众"强奸、猥亵。（§18）

△（外国人；附加适用驱逐出境；适用限期出境或者驱逐出境）外国人在中华人民共和国领域内实施强奸、猥亵未成年人等犯罪的，在依法判处刑罚时，可以附加适用驱逐出境。对于尚不构成犯罪但构成违反治安管理行为的，或者有性侵害未成年人犯罪记录不适宜在境内继续停留居留的，公安机关可以依法适用限期出境或者驱逐出境。（§19）

△（减刑、假释、暂予监外执行；严管严控）对性侵害未成年人的成年犯罪分子严格把握减刑、假释、暂予监外执行的适用条件。纳入社区矫正的，应当严管严控。（§20）

△（十四周岁以上未成年被害人真实意志；综合判断）对十四周岁以上未成年被害人真实意志的判断，不以其明确表示反对或者同意为唯一证据，应当结合未成年被害人的年龄、身体状况、被侵害前后表现以及双方关系、案发环境、案发过程等进行综合判断。（§31）

△（训诫；督促履行监护职责；责令接受家庭教育指导）人民法院、人民检察院、公安机关办理性侵害未成年人刑事案件，发现未成年人的父母或者其他监护人不依法履行监护职责或者侵犯未成年人合法权益的，应当予以训诫，并书面督促其依法履行监护职责。必要时，可以责令未成年人父母或者其他监护人接受家庭教育指导。（§34）

【指导性案例】

最高人民检察院指导性案例第42号：齐某强奸、猥亵儿童案（2018年11月9日发布）

△（强奸罪；被害人陈述；未成年人）性侵未成年人犯罪案件中，被害人陈述稳定自然，对于细节的描述符合正常记忆认知、表达能力，被告人辩解没有证据支持，结合生活经验对全案证据进行审查，能够形成完整证明体系的，可以认定案件事实。

△（奸淫幼女；情节恶劣）奸淫幼女具有《最高人民法院、最高人民检察院、公安部、司法部关于依法惩治性侵害未成年人犯罪的意见》①规定的从严处罚情节，社会危害性与《刑法》第236条第3款第二至第四项规定的情形相当的，可以认定为该款第一项规定的"情节恶劣"。

最高人民检察院指导性案例第172号：阻断性侵犯罪未成年被害人感染艾滋病风险综合司法保护案（2023年2月24日发布）

△（奸淫幼女；情节恶劣；认罪认罚；艾滋病暴露后预防；检察建议）检察机关办理性侵害未成年人案件，在受邀介入侦查时，应当及时协同做好取证和未成年被害人保护救助工作。对于遭受艾滋病病人或携带者性侵的未成年被害人，应当立即开展艾滋病暴露后预防并进行心理干预、司法救助，最大限度降低犯罪给其造成的危害后果和长期影响。行为人明知自己系艾滋病病人或感染者，奸淫幼女，造成艾滋病传播重大现实风险的，应当认定为奸淫幼女"情节恶劣"。对于犯罪情节恶劣，社会危害严重，主观恶性大的成年人性侵害未成年人案件，即使认罪认罚也不足以从宽处罚的，依法不予从宽。发现类案风险和社会治理漏洞，应当积极

---

① 该意见已经被2023年5月24日发布的《最高人民法院、最高人民检察院、公安部、司法部关于办理性侵害未成年人刑事案件的意见》所废止。

推动风险防控和相关领域制度完善。

最高人民检察院指导性案例第200号：隋某某利用网络猥亵儿童、强奸，敲诈勒索制作、贩卖、传播淫秽物品牟利案（2024年2月22日发布）

△（未成年人网络保护；隔空猥亵；强奸；阻断传播；网络保护综合治理）对性侵害未成年人犯罪要依法从严惩处。行为人实施线上猥亵犯罪行为后，又以散布私密照片、视频相要挟，强迫未成年被害人与其发生性关系的，构成两个独立的犯罪行为，应分别认定为猥亵儿童罪和强奸罪。办案中发现未成年被害人私密照片、视频ახ在互联网传播扩散的，检察机关应当及时协调有关部门删除信息、阻断传播。检察机关要能动发挥法律监督职能，积极推动各方协同发力，共同加强未成年人网络保护。

【参考案例】

No.4-236-1 韩自华强奸案
妇女因受胁迫而应约与之发生性行为，应当认定为违背妇女意志，以强奸罪论处。

No.4-236-2 谭荣财等强奸、抢劫、盗窃案
为寻求精神刺激，强迫他人性交和猥亵供其观看的，分别构成强奸罪和强制猥亵妇女罪。

No.4-236-5 滕开林等强奸案
通奸后，又帮助他人强奸该妇女的，应以强奸罪的共犯论处。

No.4-236-6 滕开林等强奸案
通奸后，又帮助他人强奸该妇女的，不能认定为轮奸。

No.4-236-7 唐胜海等强奸案
在轮奸案件中，部分人强奸既遂，部分人强奸未遂的，对各行为人以强奸罪既遂或罪并按轮奸情节予以处罚。①

No.4-236-8 唐胜海等强奸案
强奸罪中暴力、胁迫以外的其他手段通常包括以下情形：（1）采用药物麻醉、醉酒等类似手段，使被害妇女不知抗拒或无法抗拒后，再予以奸淫的；（2）利用被害妇女自身处于醉酒、昏迷、熟睡、患重病等不知抗拒或无法抗拒状态，乘机予以奸淫的；（3）利用被害妇女愚昧无知，采用假冒治病或以邪教组织、迷信等方法骗奸该妇女的；（4）采用其他类似手段的。

No.4-236-9 曹占宝强奸案
强奸导致被害人自杀的，属于因强奸造成其他严重后果的情形。

No.4-236-10 曹占宝强奸案
强奸导致被害人自杀的，被害人亲属有权就此遭受的物质损失提起附带民事诉讼，人民法院应当予以受理并依法作出判决。

No.4-236-11 李尧强奸案
与不满十四周岁的未成年人轮流奸淫同一妇女（或幼女）的，构成强奸罪，应以轮奸论处。

No.4-236-14 谢茂强等强奸、奸淫幼女案
既实施了强奸妇女行为，又实施了奸淫幼女行为的，应以强奸罪一罪论处。

No.4-236-17 王卫明强奸案
在离婚判决已经作出尚未生效期间，丈夫强行与妻子发生性关系的，应以强奸罪论处。

No.4-236-16 白俊峰强奸案
在婚姻关系正常存续期间，丈夫违背妻子的意志，采用暴力手段，强行与妻子发生性关系的，不构成强奸罪。②

No.4-236-19 许哲虎强奸案
在轮奸过程中，只要一人奸淫既遂，其他行为人即使奸淫未得逞，亦应认定为强奸既遂。

No.4-236-20 盛柯强奸案
强奸罪的认定不能从被害妇女事前同意或有无反抗表示作为必要条件，只要明知妇女不同意而与之发生性关系的，即可认定为违背妇女意志，构成强奸罪。

No.4-236-21 张某等强奸案
在强奸共同犯罪中，虽只有部分行为人完成强奸行为，但其他行为人在强奸中起到帮助作用的，应以共同强奸既遂论处。

---

① 相同的学说见解，参见黎宏：《刑法学各论》（第2版），法律出版社2016年版，第236页；周光权：《刑法各论》（第4版），中国人民大学出版社2021年版，第37页。付立庆教授指出，诸如强奸罪此类具有很强的个人体验性的犯罪，就实行者而言，其属于"亲手犯"，其是否既遂应该取决于行为人本身是否达到了奸淫的目的，不能因为其他实行犯达到了奸淫目的，就认为行为人也已经得逞。"部分实行全部责任"的原则在亲手犯的场合，应存在例外。参见陈兴良主编：《刑法各论精释》，人民法院出版社2015年版，第156页。

② 我国学者指出，尽管夫妻之间在结婚时就暗含承诺互相满足对方性要求的义务，但是，此种义务的承担应以一般人认可的妥当方式进行。丈夫违背妻子意志使用暴力、胁迫等方式来使对方履行此种义务，难谓具有合理性。因此，丈夫可以构成强奸罪的主体。参见黎宏：《刑法学各论》（第2版），法律出版社2016年版，第230页。亦有学者指出，本罪所要保护的妇女性的自决权当然包括决定不与丈夫发生性行为的内容。参见周光权：《刑法各论》（第4版），中国人民大学出版社2021年版，第35页。

No.4-236-22　张某等强奸案
在共同强奸犯罪中，一人强奸得逞，其他人未得逞的，应当以全部既遂论处，但不能认定为轮奸。

No.4-236-23　周建军强奸案
多次强奸未成年女性，致其堕胎辍学，遭受严重精神打击的，应当认定为强奸罪中的造成其他严重后果。

No.4-236-24　林跃明强奸案
在强奸案中，一人强奸既遂，其他行为人强奸未遂的，或者共同强奸未遂的，构成强奸罪，但不能认定为轮奸。

No.4-236-29　孙金亭强奸案
在非正常的婚姻状态下，即使双方属于合法的婚姻关系也不能阻却被告人成立强奸罪。

No.4-236-30　玄某、刘某等强奸案
参与轮奸的行为人因自身原因未能与被害人发生性关系的，成立强奸未遂，比照既遂犯从轻、减轻处罚。

No.4-236-31　吴玉滨强奸、猥亵儿童案
火车卧铺车厢是服务大众的活动场所，符合公共场所的特征，在火车卧铺车厢实施强奸行为符合"在公共场所强奸"的加重构成。

No.4-236-32　李振国故意杀人、强奸案
行为人出于奸淫目的而实施暴力手段导致被害人死亡的，应以强奸致人死亡论处。

No.4-236-33　李振国故意杀人、强奸案
使用足以致人伤亡的暴力手段实施强奸，导致被害人死亡的，应认定为强奸转人死亡。

No.4-236-34　张甲、张乙强奸案
二人以上基于共同的强奸故意先后对同一被害人实施强奸行为，无论是否得逞，均应认定为具有轮奸情节，且均成立强奸既遂。

No.4-236-35　张甲、张乙强奸案
二人以上共同实施强奸行为，未得逞的一方并不一定认定为强奸罪的从犯，而应当根据其在共同犯罪中的具体分工、地位、作用实际参与程度综合认定主从犯。

No.4-236-36　苑建民、李佳等绑架、强奸案
行为人实施强奸行为后离开现场，其他帮助犯起意轮奸同一被害人的，离开的行为人不成立轮奸。

No.4-236-38　卓651成等强奸案
行为人明知中间人系使用暴力胁迫手段迫使被害人同意与其发生性关系的，成立强奸罪，中间人成立强奸罪的共犯。

No.4-236-39　谈朝贵强奸案
与幼女有共同家庭生活关系的人多次奸淫幼女致其怀孕的，可以认定为奸淫幼女情节恶劣。

No.4-236-40　刘某强奸案
已满十六周岁的未成年人与幼女在恋爱过程中发生性关系的，成立强奸罪，但可以宣告缓刑。

No.4-236-42　李明明强奸案
共同犯罪人未经共谋在不同地点先后强奸同一被害人的，不构成轮奸。

No.4-236-43　淡某甲强奸、猥亵儿童案
以胁迫或其他手段长期强行奸淫幼女多名，导致幼女身心健康遭到严重损害的，应当认定为罪行极其严重，应判处死刑立即执行。

No.4-236-44　孟某等强奸案
被害人无明显反抗行为或意思表示不能当然推定被害人对性行为表示同意。明知被害人处于醉酒状态，利用其不知反抗、不能亦不敢反抗的状态与被害人发生性关系的，属于违背妇女意志强行发生性关系，构成强奸罪。

No.4-236-45　刘某某强奸案
在性侵幼女案件中，在认定行为人是否明知对方年龄上，应贯彻对幼女的最高限度保护和对性侵幼女的最低限度容忍原则，除非辩方有确凿的证据能证明行为人不明知，一般可以推定行为人明知对方系幼女。

第二百三十六条之一　【负有照护职责人员性侵罪】
对已满十四岁不满十六周岁的未成年女性负有监护、收养、看护、教育、医疗等特殊职责的人员，与该未成年女性发生性关系的，处三年以下有期徒刑；情节恶劣的，处三年以上十年以下有期徒刑。
有前款行为，同时又构成本法第二百三十六条规定之罪的，依照处罚较重的规定定罪处罚。

【立法沿革】
《中华人民共和国刑法修正案（十一）》（自2021年3月1日起施行）

二十七、在刑法第二百三十六条后增加一条，作为第二百三十六条之一：
"对已满十四周岁不满十六周岁的未成年女性负有监护、收养、看护、教育、医疗等特殊职责的人员，与该未成年女性发生性关系的,处三年以下有期徒刑;情节恶劣的,处三年以上十年以下有期徒刑。

"有前款行为,同时又构成本法第二百三十六条规定之罪的,依照处罚较重的规定定罪处罚。"

【条文说明】

本条是关于负有照护职责人员性侵罪及其处罚的规定。

本条共分为两款。

第一款是关于特定身份人员性侵未成年女性的犯罪及其处罚的规定。根据本款规定,对已满十四周岁不满十六周岁的未成年女性负有监护、收养、看护、教育、医疗等特殊职责的人员,与该未成年女性发生性关系的,即构成犯罪。这样规定主要是为了进一步保护未成年人的身心健康,已满十四周岁不满十六周岁的未成年女性尚处于生长发育过程中,其生活经验、社会阅历尚浅,对性的认知能力尚存欠缺,在面对一些特定关系人利用特殊职责等便利条件侵犯时,尚不具备完全的自我保护能力。2020年修订的《未成年人保护法》第五十四条也规定禁止对未成年人实施性侵害、性骚扰。因此,刑法明确禁止负有监护、收养、看护、教育、医疗等特殊职责的人员与已满十四周岁不满十六周岁的未成年女性发生性关系,即使是在该女性"同意"的情况下发生性关系的,也要追究行为人的刑事责任。

本条规定的犯罪主体是特殊主体,即**对已满十四周岁不满十六周岁的未成年女性负有监护、收养、看护、教育、医疗等特殊职责的人员**。这里的负有特殊职责的人员,是相对于未成年女性具体而言的。这里的**监护**,是指行为人负有保障无民事行为能力人和限制民事行为能力人的权益,弥补其民事行为能力不足的职责。《民法典》第三十四条规定,"监护人的职责是代理被监护人实施民事法律行为,保护被监护人的人身权利、财产权利以及其他合法权益等"。关于负有监护职责的人的范围,《民法典》第二十七条规定:"父母是未成年子女的监护人。未成年人的父母已经死亡或者没有监护能力的,由下列有监护能力的人按顺序担任监护人:(一)祖父母、外祖父母;(二)兄、姐;(三)其他愿意担任监护人的个人或者组织,但是须经未成年人住所地的居民委员会、村民委员会或者民政部门同意。"此外,民法典还对遗嘱指定监护人、协议确定监护人、监护人变更等作了规定。因此,可以根据上述法律规定,结合案件的具体情况,确定负有监护职责的人的范围。这里的**收养**,是指自然人依法领养他人子女为自己子女的民事法律行为。通过收养行为,原本没有

父母子女关系的收养人与被收养人形成了法律上拟制的父母子女关系,被收养人与生父母及其亲属之间的关系则相应终止。根据本条规定,收养人对其收养的已满十四周岁不满十六周岁的未成年女性负有特殊职责,禁止与其发生性关系。这里的**看护**,是指对已满十四周岁不满十六周岁的未成年女性负有看护职责的人,如雇佣的服务人员、保安等。这种看护职责通常是基于合同、雇佣、服务等关系确定,也可以通过口头约定、志愿性的服务等形式确定,如邻居受托或自愿代人照顾。这里的**教育、医疗**,主要是指对已满十四周岁不满十六周岁的未成年女性负有教育、医疗职责的人,如学校、培训机构、医院等机构的工作人员,包括教师、医生、护士等。这种教育、医疗职责通常是基于教育关系、医疗关系、服务合同等确定。上述负有特殊职责的人员与该已满十四周岁不满十六周岁的未成年女性发生性关系的,构成犯罪。

本款规定,对于构成犯罪的,处三年以下有期徒刑;**情节恶劣的**,处三年以上十年以下有期徒刑。这里的"情节恶劣",主要包括多人、多次、给遭受性侵害的未成年人造成重大伤害等。

第二款是关于有前款行为,同时又构成《刑法》第二百三十六条规定的强奸罪的,依照处罚较重的规定定罪处罚的规定。根据《刑法》第二百三十六条的规定,强奸罪是指违背妇女的意志,以暴力、胁迫或者其他手段强行与妇女发生性关系的行为。对已满十四周岁不满十六周岁的未成年女性负有监护、收养、看护、教育、医疗等特殊职责的人员,如果违背该未成年女性的意志,以暴力、胁迫或者其他手段强行与其发生性关系的,构成强奸罪,**应当依照处罚较重的规定定罪处罚**。

实际执行中应当注意本条规定之罪与**强奸罪**的区别,主要区别是:一是犯罪主体范围不同。强奸罪是一般主体,而本条规定之罪是特殊主体,即限于对已满十四周岁不满十六周岁的未成年女性负有监护、收养、看护、教育、医疗等特殊职责的人员,不负有上述职责的人员与已满十四周岁不满十六周岁的未成年女性发生性关系的,不构成本条规定之罪。二是客观表现不同。本条规定之罪一般表现为行为人未采用暴力、胁迫等手段,而强奸罪表现为违背妇女意志,以暴力、胁迫或者其他手段强行与其发生性关系。但需要指出的是,如果对已满十四周岁不满十六周岁的未成年女性负有监护、收养、看护、教育、医疗等特殊职责的人员,利用其优势地位或者被害人孤立无援的境地,违背其意愿,迫使被害人就范,而与其发生性关系的,构成强奸罪。

【司法解释】

《最高人民法院、最高人民检察院关于办理强奸、猥亵未成年人刑事案件适用法律若干问题的解释》（法释〔2023〕3号，自2023年6月1日起施行）

△（**情节恶劣**）对已满十四周岁不满十六周岁的未成年女性负有特殊职责的人员，与该未成年女性发生性关系，具有下列情形之一的，应当认定为刑法第二百三十六条之一规定的"情节恶劣"：（一）长期发生性关系的；（二）与多名被害人发生性关系的；（三）致使被害人感染艾滋病病毒或者患梅毒、淋病等严重性病的；（四）对发生性关系的过程或者被害人身体隐私部位制作视频、照片或影像资料，或使影像资料向多人传播，暴露被害人身份的；（五）其他情节恶劣的情形。（§5）

△（**认罪认罚**）强奸、猥亵未成年人的成年被告人认罪认罚的，是否从宽处罚及从宽幅度应当从严把握。（§11）

△（**缓刑；禁止令**）对强奸未成年人的成年被告人判处刑罚时，一般不适用缓刑。

对于判处刑罚同时宣告缓刑的，可以根据犯罪情况，同时宣告禁止令，禁止犯罪分子在缓刑考验期限内从事与未成年人有关的工作、活动，禁止其进入中小学校、幼儿园及其他未成年人集中的场所。确因本人就学、居住等原因，经执行机关批准的除外。（§12）

△（**从业禁止**）对于利用职业便利实施强奸、猥亵未成年人等犯罪的，人民法院应当依法适用从业禁止。（§13）

△（**人身损害赔偿**）对未成年人实施强奸、猥亵等犯罪造成人身损害的，应当赔偿医疗费、护理费、交通费、营养费、住院伙食补助费等为治疗和康复支付的合理费用，以及因误工减少的收入。

根据鉴定意见、医疗诊断书等证明需要对未成年人进行精神心理治疗和康复，所需的相关费用，应当认定为前款规定的合理费用。（§14）

△（**负有特殊职责的人员**）本解释规定的"负有特殊职责的人员"，是指对未成年人负有监护、收养、看护、教育、医疗等职责的人员，包括与未成年人具有共同生活关系且事实上负有照顾、保护等职责的人员。（§15）

第二百三十七条 【强制猥亵、侮辱罪】【猥亵儿童罪】

以暴力、胁迫或者其他方法强制猥亵他人或者侮辱妇女的，处五年以下有期徒刑或者拘役。

聚众或者在公共场所当众犯前款罪的，或者有其他恶劣情节的，处五年以上有期徒刑。

猥亵儿童的，处五年以下有期徒刑；有下列情形之一的，处五年以上有期徒刑：

（一）猥亵儿童多人或者多次的；

（二）聚众猥亵儿童的，或者在公共场所当众猥亵儿童，情节恶劣的；

（三）造成儿童伤害或者其他严重后果的；

（四）猥亵手段恶劣或者有其他恶劣情节的。

【立法沿革】

《中华人民共和国刑法》（1997年修订，自1997年10月1日起施行）

第二百三十七条

以暴力、胁迫或者其他方法强制猥亵妇女或者侮辱妇女的，处五年以下有期徒刑或者拘役。

聚众或者在公共场所当众犯前款罪的，处五年以上有期徒刑。

猥亵儿童的，依照前两款的规定从重处罚。

《中华人民共和国刑法修正案（九）》（自2015年11月1日起施行）

十三、将刑法第二百三十七条修改为：

"以暴力、胁迫或者其他方法强制猥亵他人或者侮辱妇女的，处五年以下有期徒刑或者拘役。

"聚众或者在公共场所当众犯前款罪的，或者有其他恶劣情节的，处五年以上有期徒刑。

"猥亵儿童的，依照前两款的规定从重处罚。"

《中华人民共和国刑法修正案（十一）》（自2021年3月1日起施行）

二十八、将刑法第二百三十七条第三款修改为：

"猥亵儿童的，处五年以下有期徒刑；有下列情形之一的，处五年以上有期徒刑：

"（一）猥亵儿童多人或者多次的；

"（二）聚众猥亵儿童的，或者在公共场所当众猥亵儿童，情节恶劣的；

"（三）造成儿童伤害或者其他严重后果的；

"（四）猥亵手段恶劣或者有其他恶劣情节的。"

【条文说明】

本条是关于强制猥亵、侮辱罪和猥亵儿童罪及其处罚的规定。

本条共分为三款。

第一款是关于强制猥亵、侮辱罪及其处罚的规定。[1] 本款规定的"**暴力**",是指行为人直接对他人或被害妇女施以伤害、殴打等危害他人或妇女人身安全和人身自由,使他人或妇女不能抗拒或者不敢反抗的方法;"**胁迫**",是指行为人对他人或被害妇女虽未直接实施暴力,但施以威胁、恫吓,进行精神上的强制,迫使他人或妇女就范,不敢抗拒的方法。例如,以杀害被害人、加害被害人的亲属相威胁的;以揭发被害人的隐私相威胁的;利用职权、教养关系、从属关系及他人或妇女孤立无援的环境相胁迫的;等等。[2] "**其他方法**",是指行为人使用暴力、胁迫以外的使他人或被害妇女不能抗拒的方法。例如,利用他人或妇女患病、熟睡之机进行猥亵、侮辱的;用酒将他人或妇女灌醉、用药物将他人或妇女麻醉后进行猥亵、侮辱的;等等。本款规定的"**强制猥亵**",主要是指违背他人的意愿,以搂抱、抠摸等淫秽下流的手段侵犯他人性权利的行为。"**他人**",是指年满十四周岁的人。本款规定的"**侮辱妇女**",主要是指对妇女实施猥亵行为以外的、损害妇女人格尊严的淫秽下流的、伤风败俗的行为。[3] 例如,以多次偷剪妇女的发辫、衣服,向妇女身上泼洒腐蚀物、涂抹污物[4],故意向妇女显露生殖器[5],追逐、堵截妇女[6]等手段侮辱妇女的行为。[7] 对他人"侮辱妇女"的,既可能出于损害妇女的人格和名誉等目的,也可能出于寻欢作乐的淫秽下流心理。

依照本款规定,以暴力、胁迫或者其他方法强制猥亵他人或者侮辱妇女的,处五年以下有期徒刑或者拘役。

第二款是关于对强制猥亵、侮辱罪加重处罚的规定。强制猥亵他人、侮辱妇女是对被害人的人格、尊严等人身权利的严重侵害,而聚众或者在公共场所实施强制猥亵、侮辱的行为,以及多次实施等"恶劣情节"的行为,对被害人造成的伤害更大,社会秩序受到的破坏更大,应当给予更为严厉的惩处。"**其他恶劣情节**",主要是指对多人实施猥亵或侮辱行为的,多次实施猥亵、侮辱行为的,造成被害人伤亡等严重后果的,以及手段特别恶劣的,等等。[8] 本款规定:"聚众或者在公共场所当众犯前款罪的,或者有其他恶劣情节的,处五年

---

[1] 丈夫强制猥亵妻子的行为应按照行为公然与否来认定是否构成强制猥亵罪。在具有夫妻关系的特殊场合中,丈夫的行为是否侵害到妻子的性自主决定权,主要取决于是否公然比一要素。参见张明楷:《刑法学》(第6版),法律出版社2021年版,第1145页。阴建峰教授则指出,如同在强奸罪中,合法婚姻关系中的丈夫不能成为强奸妻子的主体一样,合法婚姻关系中的丈夫原则上对其妻子亦不能成立强制猥亵、侮辱罪的主体。参见赵秉志、李希慧主编:《刑法各论》(第3版),中国人民大学出版社2016年版,第199页。

[2] 我国学者指出,在强制猥亵、侮辱妇女的场合,由于本罪的危害性比强奸罪小,故而暴力、胁迫的程度可能稍微低于强奸罪的暴力、胁迫;在强制猥亵男性的情形中,由于猥亵是一个广义的概念,包括类似于强奸妇女场合的奸淫行为,因此,其暴力、胁迫的程度可以与强奸罪中的暴力、胁迫程度相当。参见周光权:《刑法各论》(第4版),中国人民大学出版社2021年版,第40页。

[3] 我国学者指出,实务应当淡化"侮辱妇女"的概念。凡是属于强制猥亵行为的,均认定为强制猥亵罪;不属于强制猥亵行为,分别按照其他犯罪处理的较为适宜。参见张明楷:《刑法学》(第6版),法律出版社2021年版,第1147页。

[4] 我国学者指出,多次偷剪妇女的发辫、衣服,向妇女身上泼洒腐蚀物、涂抹污物,没有侵害到妇女的性自主权,不能与强制猥亵相提并论,应论以《刑法》第二百四十六条之侮辱罪。但是,如果行为导致妇女身体裸露,则另当别论。参见张明楷:《刑法学》(第6版),法律出版社2021年版,第1147页;周光权:《刑法各论》(第4版),中国人民大学出版社2021年版,第41页。

[5] 需要注意的是,如果行为人显露生殖器没有使用暴力、胁迫等手段强迫妇女观看,则为公然猥亵行为,不构成强制猥亵、侮辱罪。参见张明楷:《刑法学》(第6版),法律出版社2021年版,第1148页;黎宏:《刑法各论》(第2版),法律出版社2016年版,第1147页;周光权:《刑法各论》(第4版),中国人民大学出版社2021年版,第41页。

[6] "追逐、拦截"是《刑法》第二百九十三条所明文规定的寻衅滋事行为。倘若将追逐、拦截妇女的行为认定为侮辱妇女,会导致《刑法》第二百九十三条之追逐、拦截对象仅限于男性。此一见解并不妥当。参见张明楷:《刑法学》(第6版),法律出版社2021年版,第1147页。

[7] 我国学者指出,侮辱行为并不是独立于猥亵行为之外的一种行为。侮辱行为不能超出侵害他人性自主决定权的行为范围之外。如果坚持区分猥亵与侮辱行为,猥亵儿童成立猥亵儿童罪,但侮辱儿童或者不是犯罪,或者成立《刑法》第二百四十六条之侮辱罪。参见张明楷:《刑法学》(第6版),法律出版社2021年版,第1146页。另有学者指出,猥亵行为的特点是行为人的身体与被害人的身体直接发生接触,通过这种接触来满足奸淫以外的性欲或者性刺激;而侮辱妇女侵害其性羞耻感的行为,并不以与妇女发生身体接触为前提。当然,在个别情形下,强制侮辱与强制猥亵行为之间并无明确的界限。参见周光权:《刑法各论》(第4版),中国人民大学出版社2021年版,第41页。

[8] "其他情节恶劣",需要根据行为对象、行为次数、猥亵内容、侵害结果等方面的事实进行综合判断。参见张明楷:《刑法学》(第6版),法律出版社2021年版,第1150—1151页;黎宏:《刑法各论》(第2版),法律出版社2016年版,第239页。

以上有期徒刑。"

第三款是关于猥亵儿童罪的规定。这里所说的**猥亵**，主要是指以抠摸、指奸等淫秽下流的手段猥亵儿童的行为。考虑到儿童的认识能力，尤其是对性的认识能力欠缺，为了保护儿童的身心健康，构成猥亵儿童罪并不要求以暴力、胁迫或者其他方法强制进行。只要对儿童实施了猥亵行为，就构成了本款规定的犯罪。

根据本款规定，猥亵儿童的，处五年以下有期徒刑；有（一）猥亵儿童多人或者多次的；（二）聚众猥亵儿童的，或者在公共场所当众猥亵儿童，情节恶劣的；（三）造成儿童伤害或者其他严重后果的；（四）猥亵手段恶劣或者有其他恶劣情节的"情形之一的，处五年以上有期徒刑。2020年12月26日第十三届全国人大常委会第二十四次会议通过的**《刑法修正案（十一）》**对本款作了较大修改，对猥亵儿童的"恶劣情节"作了列举式规定。第（二）项中的"**聚众**"是指聚集多人；"**公共场所**"包括群众进行公开活动的场所，如商店、影剧院、体育场、街道等；也包括各类单位，如机关、团体、事业单位的办公场所，企业生产经营场所，学校，幼儿园等；还包括公共交通工具，如火车，轮船，长途客运汽车，公共电车、汽车，民用航空器等。第（三）项中的"**造成儿童伤害**"是指猥亵行为造成儿童身体或精神伤害后果的；"**其他严重后果**"包括导致儿童自杀、严重残疾等后果的；第（四）项中的"**猥亵手段恶劣或者有其他恶劣情节的**"，主要是指采取侵入身体等猥亵方式，以及猥亵过程中伴随对儿童进行摧残、凌辱等情况。

此外，行为人猥亵儿童时，如果造成儿童轻伤以上伤害、死亡等后果，同时符合《刑法》第二百三十四条或者第二百三十二条的规定，构成故意伤害罪、故意杀人罪的，应当依照处罚较重的规定定罪处罚。

实际执行中应当注意以下三个方面的问题：

1. 要注意区分罪与非罪的界限。要将强制猥亵他人、侮辱妇女行为与一般的猥亵他人、侮辱妇女的违法行为加以区分，其有"以暴力、胁迫或者其他方法强制"行为的，才能作为犯罪处理。

2. 要区分强制猥亵、侮辱罪与**侮辱罪**的区别。侮辱罪以败坏他人名誉为目的，必须是公然地针对特定的人实施；而强制猥亵、侮辱罪则是出于满足行为人淫秽下流的欲望，不要求公然地针对特定的人实施。

3. 实际执行中应当注意区分猥亵儿童与一般的对儿童表示"亲昵"的行为。猥亵儿童的行为是出于行为人淫秽下流的欲望[①]，往往对儿童的身体或者思想、认识造成伤害者和不良影响，行为一般为当地的风俗、习惯所不容。

【司法解释】

《最高人民法院、最高人民检察院关于办理强奸、猥亵未成年人刑事案件适用法律若干问题的解释》（法释〔2023〕3号，自2023年6月1日起施行）

△(造成儿童伤害或者其他严重后果) 猥亵儿童，具有下列情形之一的，应当认定为刑法第二百三十七条第三款第三项规定的"造成儿童伤害或者其他后果"：（一）致使儿童轻伤以上的；（二）致使儿童自残、自杀的；（三）对儿童身心健康造成其他伤害或者严重后果的情形。（§7）

△(猥亵手段恶劣或者有其他恶劣情节) 猥亵儿童，具有下列情形之一的，应当认定为刑法第二百三十七条第三款第四项规定的"猥亵手段恶劣或者有其他恶劣情节"：（一）以生殖器侵入肛门、口腔或者以生殖器以外的身体部位、物品侵入被害人生殖器、肛门等方式实施猥亵的；（二）有严重摧残、凌辱行为的；（三）对猥亵过程或者被害人身体隐私部位制作视频、照片等影像资料，以此胁迫对被害人实施猥亵，或者致使影像资料向多人传播，暴露被害人身份的；（四）采取其他恶劣手段实施猥亵或者有其他恶劣情节的情形。（§8）

△(胁迫、诱骗未成年人暴露身体隐私部位或者实施淫秽行为；强制猥亵罪、猥亵儿童罪；组织淫秽表演罪；竞合) 胁迫、诱骗未成年人通过网络视频聊天或者发送视频、照片等方式，暴露身体隐私部位或者实施淫秽行为，符合刑法第二百三十七条规定的，以强制猥亵罪或者猥亵儿童罪定罪处罚。

胁迫、诱骗未成年人通过网络直播方式实施前款行为，同时符合刑法第二百三十七条、第三百六十五条的规定，构成强制猥亵罪、猥亵儿童罪、组织淫秽表演罪的，依照处罚较重的规定定罪处罚。（§9）

[①] 传统观点要求，本罪主观上具有刺激或者满足性欲的内心倾向，以区分强制猥亵、侮辱罪与《刑法》第二百四十六条之侮辱罪之间的界限。另有学者指出，完全可以从客观上来区分本罪与侮辱罪之间的界限。并且，要求行为人出于刺激或者满足性欲的内心倾向，会导致不当缩小或者不当扩大处罚范围，有违反罪刑相适应原则之嫌。参见张明楷：《刑法学》（第6版），法律出版社2021年版，第1149页；黎宏：《刑法学各论》（第2版），法律出版社2016年版，第237—238页；周光权：《刑法各论》（第4版），中国人民大学出版社2021年版，第42页。

△(故意伤害罪、故意杀人罪;竞合)实施猥亵未成年人犯罪,造成被害人轻伤以上后果,同时符合刑法第二百三十四条或者第二百三十二条的规定,构成故意伤害罪、故意杀人罪的,依照处罚较重的规定定罪处罚。(§10)

△(认罪认罚)强奸、猥亵未成年人的成年被告人认罪认罚的,是否从宽处罚及从宽幅度应当从严把握。(§11)

△(缓刑;禁止令)对强奸猥亵未成年人的成年被告人判处刑罚时,一般不适用缓刑。

对于判处刑罚同时宣告缓刑的,可以根据犯罪情况,同时宣告禁止令,禁止犯罪分子在缓刑考验期限内从事与未成年人有关的工作、活动,禁止其进入中小学校、幼儿园及其他未成年人集中的场所。确因本人就学、居住等原因,经执行机关批准的除外。(§12)

△(从业禁止)对于利用职业便利实施强奸、猥亵未成年人等犯罪的,人民法院应当依法适用从业禁止。(§13)

△(人身损害赔偿)对未成年人实施强奸、猥亵等犯罪造成人身损害的,应当赔偿医疗费、护理费、交通费、营养费、住院伙食补助费等为治疗和康复支付的合理费用,以及因误工减少的收入。

根据鉴定意见、医疗诊断书等证明需要对未成年人进行精神心理治疗和康复,所需的相关费用,应当认定为前款规定的合理费用。(§14)

【指导性案例】

最高人民检察院指导性案例第 42 号:齐某强奸、猥亵儿童案(2018 年 11 月 9 日发布)

△(公共场所当众)行为人在教室、集体宿舍等场所实施猥亵行为,只要当时有多人在场,即使在场人员未实际看到,也应当认定犯罪行为是在"公共场所当众"实施。

最高人民检察院指导性案例第 43 号:骆某猥亵儿童案(2018 年 11 月 9 日发布)

△(猥亵儿童罪;网络猥亵;犯罪既遂)行为人以满足性刺激为目的,以诱骗、强迫或者其他方法要求儿童拍摄裸体、敏感部位照片、视频等供其观看,严重侵害儿童人格尊严和心理健康的,构成猥亵儿童罪。

最高人民检察院指导性案例第 200 号:隋某某利用网络猥亵儿童,强奸,敲诈勒索制作、贩卖、传播淫秽物品牟利案(2024 年 2 月 22 日发布)

△(未成年人网络保护;隔空猥亵;强奸;阻断传播;网络保护综合治理)对性侵害未成年人犯罪要依法从严惩处。行为人实施线上猥亵犯罪行为后,又以散布私密照片、视频相要挟,强迫未成年被害人与其发生性关系的,构成两个独立的犯罪行为,应分别认定为猥亵儿童罪和强奸罪。办案中发现未成年被害人私密照片、视频在互联网传播扩散的,检察机关应当及时协调有关部门删除信息、阻断传播。检察机关要能动发挥法律监督职能,积极推动各方协同发力,共同加强未成年人网络保护。

【参考案例】

No.4-237-3 王晓鹏强制猥亵妇女、猥亵儿童案

医生利用职务之便超越职责范围,采取非诊疗所必需的身体检查借机猥亵妇女的,应当认定为强制猥亵妇女罪。

No.4-237-4 王晓鹏强制猥亵妇女、猥亵儿童罪

强制猥亵对象中既包括已满十四周岁的妇女又包括未满十四周岁幼女的,应当进行数罪并罚。

No.4-237-5 吴茂东猥亵儿童案

在教室讲台猥亵儿童应当认定为在公共场所当众实施猥亵,加重处罚。

No.4-237-6 于书祥猥亵儿童案

以"在公共场所当众猥亵"为由加重处罚的前提,是猥亵行为本身足以构成犯罪,同一情节在入罪和加重处罚时不应被重复评价。

No.4-237-7 区润生强制侮辱案

出于寻求性刺激的目的,以偷拍妇女私生活照片上传网络相威胁强迫妇女自拍侮辱性照片的,应认定为强制侮辱罪。

第二百三十八条　【非法拘禁罪】
非法拘禁他人或者以其他方法非法剥夺他人人身自由的,处三年以下有期徒刑、拘役、管制或者剥夺政治权利。具有殴打、侮辱情节的,从重处罚。

犯前款罪,致人重伤的,处三年以上十年以下有期徒刑;致人死亡的,处十年以上有期徒刑。使用暴力致人伤残、死亡的,依照本法第二百三十四条、第二百三十二条的规定定罪处罚。

为索取债务非法扣押、拘禁他人的,依照前两款的规定处罚。

国家机关工作人员利用职权犯前三款罪的,依照前三款的规定从重处罚。

【条文说明】

本条是关于非法拘禁罪及其处罚的规定。

本条共分为四款。

第一款是关于非法拘禁罪及其处罚的规定。**非法拘禁罪**,是指以拘禁或者其他强制方法非法剥夺他人人身自由的行为。[①] 非法拘禁是一种持续行为,该行为在一定时间内处于继续状态,使他人在一定时间内失去身体自由。非法拘禁表现在两个方面:首先是**实施了拘禁他人的行为**[②],其次是**这种拘禁行为是非法的**。拘禁行为的方法多种多样,如捆绑、关押、扣留等,其实质就是强制剥夺他人的人身自由。我国对逮捕、拘留等限制人身自由的措施有严格的法律规定,必须由专门机关按照法律规定的程序进行。例如,根据宪法和刑事诉讼法等法律规定,公民的人身自由不受侵犯;任何公民非经人民检察院批准或者决定或者人民法院决定,并由公安机关执行,不受逮捕;拘留只能由公安机关、人民检察院决定,并由公安机关执行。监察机关依法可以采取留置措施。因此,任何机关、团体、企业、事业单位和个人不依照法律规定或者不依照法律规定的程序拘禁他人都是非法的。对违法者,应当依法惩处。依照刑事诉讼法及有关法律的规定,公民对正在实行犯罪或者犯罪后被及时发觉的、通缉在案的、越狱逃跑的、正在被追捕的人有权立即扭送到司法机关。这种扭送行为,包括在途中实施的捆绑、扣留等行为,不能认为是非法拘禁行为。但是,如果司法工作人员滥用职权,拘禁他人,或者行为人以某种理由为借口私设公堂,非法拘禁他人,则是侵犯他人人身自由权利的行为。此外,**构成非法拘禁罪的行为还必须是故意实施的**,过失的不构成犯罪。本条所说的"**具有殴打、侮辱情节**",是指在非法拘禁的过程中,对被害人实施了殴打、侮辱行为,如打骂、游街示众等。[③] 依照本条第一款的规定,非法拘禁他人或者以其他方法非法剥夺他人人身自由的,处三年以下有期徒刑、拘役、管制或者剥夺政治权利。具有殴打、侮辱情节的,从重处罚。

第二款是关于非法拘禁致人重伤、死亡和使用暴力致人伤残、死亡的应如何处罚的规定。这里所规定的"**致人重伤**",是指在非法拘禁过程中,由于捆绑过紧、长期囚禁、进行虐待等致使被害人身体健康受到重大伤害的;被害人在被非法拘禁期间不堪忍受,自伤自残,身体健康受到重大伤害的。"**致人死亡**",是指在非法拘禁过程中,由于捆绑过紧、用东西堵住嘴导致窒息等,致使被害人死亡的,以及被害人在被非法拘禁期间自杀

[①] 关于人身自由的内容,存在着争议。可能的自由说认为,本罪的保护法益是只要想活动身体就可以活动的自由;现实的自由说则认为,保护法益是在被害人打算可实现实地活动身体时才受侵害的自由。张明楷教授赞同现实的自由说,因为非法拘禁罪不是危险犯,而是实害犯。周光权教授则认为,如果考虑到司法实务的现状以及我国刑法规定的特殊性,就应当认同现在的自由说。参见张明楷:《刑法学》(第6版),法律出版社2021年版,第1153页;黎宏:《刑法学各论》(第2版),法律出版社2016年版,第239—240页;周光权:《刑法各论》(第4版),中国人民大学出版社2021年版,第45页。

[②] 关于"他人",学说见解认为,只要其有基于意识从事相应活动能力即可,不要求在刑法上的责任能力与民法上的法律行为能力。因此,能够行走的幼儿,精神病患者,能够依靠轮椅或者其他工具移动身体的人,均可成为本罪的行为对象。参见张明楷:《刑法学》(第6版),法律出版社2021年版,第1154页;高铭暄、马克昌主编:《刑法学》(第7版),北京大学出版社、高等教育出版社2016年版,第467页。

[③] 《刑法》第二百三十八条第一款是基本规定,故而,"具有殴打、侮辱情节的,从重处罚"也应适用于同条第二款与第三款。但是,如果侮辱行为表现为暴力侮辱,原则上不能再适用"具有殴打、侮辱情节的,从重处罚"的规定,否则会造成禁止双重评价原则之违反。参见张明楷:《刑法学》(第6版),法律出版社2021年版,第1156页。

身亡的。① "**使用暴力致人伤残、死亡**",是指在非法拘禁的同时,故意使用暴力损害被害人的身体健康或者杀害被害人致使被害人伤残、死亡的。这里的"暴力"是指超出非法拘禁目的的暴力,非法拘禁行为本身也可能存在附带的暴力行为,如本条第一款规定的殴打、侮辱等,但只有当使用非法拘禁目的以外的暴力致人伤残、死亡时,才能认定为故意伤害罪或者故意杀人罪。需要注意的是,实践中有的非法拘禁行为中轻微的推搡、拉扯行为不能认为使用了暴力,因为被害人被非法拘禁后会自然产生一种抵抗,行为人为了达到其拘禁的目的,不可避免地会与被害人发生身体上的接触。是否使用了暴力,可根据行为人的主观意志是否存在损害被害人身体的故意及当时案发情况等因素综合分析。依照本款规定,非法拘禁他人或者以其他方法非法剥夺他人人身自由,致人重伤的,处三年以上十年以下有期徒刑;致人死亡的,处十年以上有期徒刑。使用暴力致人伤残、死亡的,依照《刑法》第二百三十四条关于故意伤害罪、第二百三十二条关于故意杀人罪的规定定罪处罚。

第三款是对为索取债务非法扣押、拘禁他人的犯罪及其处罚的规定。这里所说的"**为索取债务非法扣押、拘禁他人**",是指为了胁迫他人履行合法的债务②,而将他人非法扣留,剥夺其人身自由的行为。这种行为在特征上与一般的非法拘禁不同,其目的不在于剥夺他人的人身自由,而是以剥夺他人人身自由为手段,来胁迫他人履行债务。考虑到这类犯罪情况比较复杂,以索取合法的债务为目的,主观恶性与以勒索财物等为目的绑架他人有所不同,对被非法扣押、拘禁的人的人身危险性也要小一些,但不能放任这种非法行为,因此本款规定,对**这类犯罪认定为非法拘禁罪,依照前两款的规定处罚**,即处三年以下有期徒刑、拘役、管制或者剥夺政治权利。具有殴打、侮辱情节的,从重处罚。为索取债务非法扣押、拘禁他人,致人重伤的,处三年以上十年以下有期徒刑;致人死亡的,处十年以上有期徒刑。使用暴力致人伤

残、死亡的,依照《刑法》第二百三十四条关于故意伤害罪、第二百三十二条关于故意杀人罪的规定处罚。③

第四款是关于国家机关工作人员利用职权犯前三款罪应当从重处罚的规定。依照本款规定,**国家机关工作人员利用职权非法拘禁他人或者以其他方法非法剥夺他人人身自由的,利用职权非法拘禁他人或者以其他方法非法剥夺他人人身自由,致人重伤、死亡或者使用暴力致人伤残、死亡的,以及为索取债务拘禁他人的,依照本条前三款的规定从重处罚**。

实际执行中应当注意以下三个方面的问题:

1. 要准确区分非法拘禁罪与**故意杀人罪**的界限。对出于非法剥夺他人生命的故意,以非法拘禁为手段杀人,如故意以拘禁的方法冻死、饿死他人的,不能认定为本条第二款规定的非法拘禁他人"致人死亡",而应当以故意杀人罪定罪处罚。

2. 要准确区分非法拘禁罪与**错拘错捕行为**。司法工作人员依照法定程序拘留或者逮捕了犯罪嫌疑人或者被告人,经查明情况属于错拘错捕,之后予以释放的,不能认为是非法拘禁。但是如果司法机关已经解除强制措施,有关执法人员拒不释放或者拖延释放的,则构成非法拘禁。

3. 要准确适用本条第四款的规定。根据本条第四款的规定,国家机关工作人员只有利用职权犯非法拘禁罪的,才能依照本条前三款的规定从重处罚。对于未利用职权而犯非法拘禁罪的,应当分别依照本条第一款、第二款、第三款的规定处罚。

【司法解释】

《最高人民法院关于对为索取法律不予保护的债务非法拘禁他人行为如何定罪问题的解释》
(法释〔2000〕19号,自2000年7月19日起施行)

△(**法律不予保护的债务;非法拘禁罪**)行为人为索取高利贷、赌债等法律不予保护的债务,非法扣押、拘禁他人的,依照刑法第二百三十八条的

---

① 相同的学说见解,参见黎宏:《刑法学各论》(第2版),法律出版社2016年版,第241页。另有学者指出,重伤、死亡结果与非法拘禁行为之间必须具有直接的因果关系(直接性要件)。因此,行为人在实施基本行为之后或之时,被害人自杀、自残、自身过失等造成死亡、伤残结果,由于欠缺直接性要件,不宜认定为结果加重犯。参见张明楷:《刑法学》(第6版),法律出版社2021年版,第1156页。

② 我国学者指出,索取的债务不以是否受法律保护为条件。参见高铭暄、马克昌主编:《刑法学》(第7版),北京大学出版社、高等教育出版社2016年版,第468页;黎宏:《刑法学各论》(第2版),法律出版社2016年版,第242页;周光权:《刑法各论》(第4版),中国人民大学出版社2021年版,第46页。

③ 我国学者指出,本款规定属于拟制规定而非注意规定。因此,不需要行为人对死亡或伤害具有故意。但根据责任主义原理,行为人至少对死亡或伤害必须有过失。参见张明楷:《刑法学》(第6版),法律出版社2021年版,第1157页。

第二百三十八条

规定定罪处罚。①

《最高人民检察院关于渎职侵权犯罪案件立案标准的规定》(高检发释字〔2006〕2 号,自 2006 年 7 月 26 日起施行)

△(非法拘禁罪;立案标准)非法拘禁罪是指以拘禁或者其他方法非法剥夺他人人身自由的行为。

国家机关工作人员利用职权非法拘禁,涉嫌下列情形之一的,应予立案②:

1. 非法剥夺他人人身自由 24 小时以上的③;
2. 非法剥夺他人人身自由,并使用械具或者捆绑等恶劣手段,或者实施殴打、侮辱、虐待行为的;
3. 非法拘禁,造成被拘禁人轻伤、重伤、死亡的;
4. 非法拘禁,情节严重,导致被拘禁人自杀、自残造成重伤、死亡,或者精神失常的;
5. 非法拘禁 3 人次以上的;
6. 司法工作人员对明知是没有违法犯罪事实的人而非法拘禁的;
7. 其他非法拘禁应予追究刑事责任的情形。

(§ 2Ⅰ)

【司法解释性文件】

《最高人民检察院关于印发〈人民检察院直接受理立案侦查的渎职侵权重大案件标准(试行)〉的通知》(高检发〔2001〕13 号,2001 年 8 月 24 日公布)

△(国家机关工作人员;非法拘禁罪;重特大案件)国家机关工作人员利用职权实施的非法拘禁案

(一)重大案件

1. 致人重伤或者精神失常的;
2. 明知是人大代表而非法拘禁的,或者明知是无辜的人而非法拘禁的;
3. 非法拘禁持续时间超过一个月,或者一次非法拘禁十人以上的。

(二)特大案件

非法拘禁致人死亡的。(§ 34)

《最高人民法院、最高人民检察院、公安部、司法部、国家卫生和计划生育委员会等印发〈关于依法惩处涉医违法犯罪维护正常医疗秩序的意见〉的通知》(法发〔2014〕5 号,2014 年 4 月 22 日公布)

△(非法限制医务人员人身自由;非法拘禁罪)以不准离开工作场所等方式非法限制医务人员人身自由的,依照治安管理处罚法第四十条的规定处罚;构成非法拘禁罪的,依照刑法的有关规定定罪处罚。(§ 2Ⅲ)

《最高人民法院、最高人民检察院、公安部、司法部关于办理黑恶势力犯罪案件若干问题的指导意见》(法发〔2018〕1 号,2018 年 1 月 16 日公布)

△(黑恶势力;非法拘禁罪)黑恶势力有组织地多次短时间非法拘禁他人的,应当认定为《刑法》第二百三十八条规定的"以其他方法非法剥夺他人人身自由"。非法拘禁他人三次以上、每次持续时间在四小时以上,或者非法拘禁他人累计时间在十二小时以上的,应以非法拘禁罪定罪处罚。(§ 18)

△(民间借贷;擅自设立金融机构罪;非法吸收公众存款罪;骗取贷款罪;高利转贷罪;故意杀人罪;故意伤害罪;非法拘禁罪;故意毁坏财物罪;数罪并罚)在民间借贷活动中,如有擅自设立金融机构、非法吸收公众存款、骗取贷款、套取金融机构资金发放高利贷以及为强索债务而实施故意杀人、故意伤害、非法拘禁、故意毁坏财物等行为的,应当按照具体犯罪侦查、起诉、审判。依法符合数罪并罚条件的,应当并罚。(§ 19)

《最高人民法院、最高人民检察院、公安部、司法部关于办理"套路贷"刑事案件若干问题的意见》(2019 年 2 月 28 日公布,自 2019 年 4 月 9 日起施行)

△("套路贷";诈骗罪;敲诈勒索罪;非法拘

---

① 司法实践中存在的一个倾向是,仅以行为人与被害人之间是否存在债务,来判断非法扣押、拘禁行为究竟是构成非法拘禁罪抑或绑架罪。至于系争债务本身的合法性、存在形式(双方认可的债务或行为人单方面主张的债务)以及行为人对被害人人身的危害程度如何,在所不问。对此,我国学者指出,在判断时不能仅以行为人与被害人之间是否存在债务作为唯一标准,更应考量被绑架人与债务人的关系、行为本身对人身自由的剥夺程度和对身体安全的侵害程度。譬如,为了索取法律所不予保护的债务或者单方面主张的债务,以实力支配、控制被害人后,以杀害、伤害被害人相威胁的,宜认定为绑架罪。参见张明楷:《刑法学》(第 6 版),法律出版社 2021 年版,第 1163 页。此外,由于《刑法修正案(十一)》增设了催收非法债务罪,此种情形也会构成催收非法债务罪,并与非法拘禁罪形成法条竞合的关系。

② 我国学者指出,这些立案标准过高,不利于保护公民的人身自由。参见张明楷:《刑法学》(第 6 版),法律出版社 2021 年版,第 1156 页。

③ 时间持续的长短原则上不影响本罪的成立,只影响量刑。但是,时间过短、瞬间性的剥夺人身自由的行为,难以认定为本罪。参见张明楷:《刑法学》(第 6 版),法律出版社 2021 年版,第 1156 页。

禁罪；虚假诉讼罪；寻衅滋事罪；强迫交易罪；抢劫罪；绑架罪**)实施"套路贷"过程中，未采用明显的暴力或者胁迫手段，其行为特征从整体上表现为以非法占有为目的，通过虚构事实、隐瞒真相骗取被害人财物的，一般以诈骗罪定罪处罚；对于在实施"套路贷"过程中多种行为并用，构成诈骗、敲诈勒索、非法拘禁、虚假诉讼、寻衅滋事、强迫交易、抢劫、绑架等多种犯罪的，应当根据具体案件事实，区分不同情况，依照刑法及有关司法解释的规定数罪并罚或者择一重处。(§ 4)

《最高人民法院、最高人民检察院、公安部、司法部关于办理实施"软暴力"的刑事案件若干问题的意见》(法发〔2019〕15 号，自 2019 年 4 月 9 日起施行)

△(**"以其他方法非法剥夺他人人身自由"；非法拘禁罪**)有组织地多次短时间非法拘禁他人的，应当认定为《刑法》第二百三十八条规定的"以其他方法非法剥夺他人人身自由"。非法拘禁他人三次以上、每次持续时间在四小时以上，或者非法拘禁他人累计时间在十二小时以上的，应当以非法拘禁罪定罪处罚。(§ 6)

《最高人民法院、最高人民检察院、公安部关于依法办理"碰瓷"违法犯罪案件的指导意见》(公通字〔2020〕12 号，2020 年 9 月 22 日发布)

△(**"碰瓷"；非法拘禁罪**)实施"碰瓷"，为索取财物，采取非法拘禁等方法非法剥夺他人人身自由或者非法搜查他人身体，符合刑法第二百三十八条、第二百四十五条规定的，分别以非法拘禁罪、非法搜查罪定罪处罚。(§ 8)

《最高人民法院、最高人民检察院、公安部办理跨境赌博犯罪案件若干问题的意见》(公通字〔2020〕14 号，2020 年 10 月 16 日发布)

△(**赌博犯罪；故意杀人罪；故意伤害罪；非法拘禁罪；故意毁坏财物罪；寻衅滋事罪**)实施赌博犯罪，为强行索要赌债，实施故意杀人、故意伤害、非法拘禁、故意毁坏财物、寻衅滋事等行为，构成犯罪的，应依法数罪并罚。(§ 4Ⅳ)

《最高人民法院、最高人民检察院、公安部、司法部关于依法惩治妨害新型冠状病毒感染肺炎疫情防控违法犯罪的意见》(法发〔2020〕7 号，2020 年 2 月 6 日发布)

△(**肺炎疫情防控；故意伤害罪；侮辱罪；寻衅滋事罪；非法拘禁罪**)依法严惩暴力伤医犯罪。在疫情防控期间，故意伤害医务人员造成轻伤以上的严重后果，或者对医务人员实施撕扯防护装备、吐口水等行为，致使医务人员感染新型冠状病毒的，依照刑法第二百三十四条的规定，以故意伤害罪定罪处罚。

随意殴打医务人员，情节恶劣的，依照刑法第二百九十三条的规定，以寻衅滋事罪定罪处罚。

采取暴力或者其他方法公然侮辱、恐吓医务人员，符合刑法第二百四十六条、第二百九十三条规定的，以侮辱罪或者寻衅滋事罪定罪处罚。

以不准离开工作场所等方式非法限制医务人员人身自由，符合刑法第二百三十八条规定的，以非法拘禁罪定罪处罚。(§ 2Ⅱ)

△(**治安管理处罚；从重情节**)依法严惩妨害疫情防控的违法行为。实施上述(一)至(九)规定的行为，不构成犯罪的，由公安机关根据治安管理处罚法有关虚构事实扰乱公共秩序、扰乱单位秩序、公共场所秩序、寻衅滋事、拒不执行紧急状态下的决定、命令、阻碍执行职务、冲闯警戒带、警戒区、殴打他人、故意伤害、侮辱他人、诈骗、在铁路沿线非法挖掘坑穴、采石取沙、盗窃、损毁路面公共设施、损毁铁路设施设备、故意损毁财物、哄抢公私财物等规定，予以治安管理处罚，或者由有关部门予以其他行政处罚。

对于在疫情防控期间实施有关违法犯罪的，要按从宽情节予以考量，依法体现从严的政策要求，有力惩治震慑违法犯罪，维护法律权威，维护社会秩序，维护人民群众生命安全和身体健康。(§ 2Ⅹ)

《最高人民法院、最高人民检察院关于常见犯罪的量刑指导意见(试行)》(法发〔2021〕21 号，2021 年 6 月 6 日发布)

△(**非法拘禁罪；量刑**)

1. 构成非法拘禁罪的，根据下列情形在相应的幅度内确定量刑起点：

(1)犯罪情节一般的，在一年以下有期徒刑、拘役幅度内确定量刑起点。

(2)致一人重伤的，在三年至五年有期徒刑幅度内确定量刑起点。

(3)致一人死亡的，在十年至十三年有期徒刑幅度内确定量刑起点。

2. 在量刑起点的基础上，根据非法拘禁人数、拘禁时间、致人伤亡后果等其他影响犯罪构成的犯罪事实增加刑罚量，确定基准刑。

非法拘禁多人多次的，以非法拘禁人数作为增加刑罚量的事实，非法拘禁次数作为调节基准刑的量刑情节。

3. 有下列情节之一的，增加基准刑的10%—20%：

(1) 具有殴打、侮辱情节的；
(2) 国家机关工作人员利用职权非法扣押、拘禁他人的。

4. 构成非法拘禁罪的，综合考虑非法拘禁的起因、时间、危害后果等犯罪事实、量刑情节，以及被告人的主观恶性、人身危险性、认罪悔罪表现等因素，决定缓刑的适用。

【参考案例】

No. 4-238-1 孟铁保等赌博、绑架、敲诈勒索、故意伤害、非法拘禁案

采用劫持、拘押人质、限制他人人身自由的手段强索赌债的，应以非法拘禁罪论处。

No. 4-238-2 孟铁保等赌博、绑架、敲诈勒索、故意伤害、非法拘禁案

非法劫持并扣押他人后，向被害人亲属索要明显超出赌债数额的财物的，应以绑架罪论处。

No. 4-238-3 颜通市等绑架案

因合同纠纷而绑架他人为人质的，应以非法拘禁罪论处。

No. 4-238-4 章浩等绑架案

基于索债目的，帮助他人实施绑架行为的，应以非法拘禁罪论处。

No. 4-238-6 胡经杰等非法拘禁案

为寻找他人而挟持人质的，应以非法拘禁罪论处。

No. 4-238-7 雷小飞等非法拘禁案

在索债型拘禁案件中，债务数额难以确定的，应以非法拘禁罪论处。

No. 4-238-8 雷小飞等非法拘禁案

在索债型拘禁案件中，索要数额超出债务数额不大，或虽然较大但行为人的目的仍为索债的，应以非法拘禁罪论处。

No. 4-238-9 辜正平非法拘禁案

为逼迫借款人还债而关押借款人以外的第三人的，应以非法拘禁罪论处。

No. 4-238-12 田磊等绑架案

为索要债务而绑架他人并致人死亡的，应以非法拘禁罪论处。

No. 4-238-13 徐振涛等非法拘禁案

赌博参与人员以其所输赌资或所赢赌债为抢劫对象，非法拘禁他人或者以其他方法非法剥夺他人人身自由的，不构成抢劫罪，应以非法拘禁罪论处。

No. 4-238-14 宋某胜等故意伤害、故意毁坏财物案

无论索取的是合法债务还是非法债务，为索取债务而非法拘禁他人的，不成立绑架罪，应以非法拘禁罪定罪处罚。

No. 4-238-15 宋某胜等故意伤害、故意毁坏财物案

非法拘禁使用暴力致人伤残的，不能单纯地以造成被害人伤残或者死亡的危害结果来确定行为人的罪名，应根据行为人的主观故意内容认定罪名。

No. 4-238-16 贾斌非法拘禁案

婚姻关系非正常存续期间，为索要离婚纠纷中的争议财产而将继子女私自带走的行为，构成非法拘禁罪。

No. 4-238-17 罗灵伟、蒋鼎非法拘禁案

行为人主观上的索债目的应当从其主观真实意思认定，而不要求客观上存在真实有效的债务债权关系。出于索债目的非法拘禁他人的，成立非法拘禁罪。

第二百三十九条 【绑架罪】

以勒索财物为目的绑架他人的，或者绑架他人作为人质的，处十年以上有期徒刑或者无期徒刑，并处罚金或者没收财产；情节较轻的，处五年以上十年以下有期徒刑，并处罚金。

犯前款罪，杀害被绑架人的，或者故意伤害被绑架人，致人重伤、死亡的，处无期徒刑或者死刑，并处没收财产。

以勒索财物为目的偷盗婴幼儿的，依照前两款的规定处罚。

【立法解释性文件】

《全国人民代表大会常务委员会法制工作委员会关于已满十四周岁不满十六周岁的人承担刑事责任范围问题的答复意见》（法工委复字〔2002〕12号，2002年7月24日发布）

△(八种犯罪；具体犯罪行为)刑法第十七条第二款规定的八种犯罪，是指具体犯罪行为而不是具体罪名。对于刑法第十七条中规定的"犯故意杀人、故意伤害致人重伤或者死亡"，是指只要故意实施了杀人、伤害行为并且造成了致人重伤、

死亡后果的,都应负刑事责任。而不是指只有犯故意杀人罪、故意伤害罪的,才负刑事责任,绑架撕票的,不负刑事责任。对司法实践中出现的已满十四周岁不满十六周岁的人绑架人质后杀害被绑架人、拐卖妇女、儿童而故意造成被拐卖妇女、儿童重伤或死亡的行为,依据刑法是应当追究其刑事责任的。①

【立法沿革】

《中华人民共和国刑法》(1997年修订,自1997年10月1日起施行)

第二百三十九条

以勒索财物为目的绑架他人的,或者绑架人作为人质的,处十年以上有期徒刑或者无期徒刑,并处罚金或者没收财产;致使被绑架人死亡或者杀害被绑架人的,处死刑,并处没收财产。

以勒索财物为目的偷盗婴幼儿的,依照前款的规定处罚。

《中华人民共和国刑法修正案(七)》(自2009年2月28日起施行)

六、将刑法第二百三十九条修改为:

"以勒索财物为目的绑架他人的,或者绑架他人作为人质的,处十年以上有期徒刑或者无期徒刑,并处罚金或者没收财产;情节较轻的,处五年以上十年以下有期徒刑,并处罚金。

"犯前款罪,致使被绑架人死亡或者杀害被绑架人的,处死刑,并处没收财产。

"以勒索财物为目的偷盗婴幼儿的,依照前两款的规定处罚。"

《中华人民共和国刑法修正案(九)》(自2015年11月1日起施行)

十四、将刑法第二百三十九条第二款修改为:

"犯前款罪,杀害被绑架人的,或者故意伤害被绑架人,致人重伤、死亡的,处无期徒刑或者死刑,并处没收财产。"

【条文说明】

本条是关于绑架罪及其处罚的规定。②

本条共分为三款。

第一款是关于绑架罪的构成及其处罚的规定,包括两种犯罪情形:

1. "以勒索财物为目的绑架他人的"勒索型绑架③,即通常说的"绑票"或者"掳人勒赎"。"勒索财物"是指行为人在绑架他人以后,以不答应要求或伤害人质相威胁,勒令与人质有特殊关系的人于指定时间,以特定方式,在指定地点交付一定数量的金钱或财物。④ 这里的"绑架"指行为人使用暴力、胁迫或者其他方法,完全控制了人质,人质被剥夺了人身自由。绑架的行为方式多样,可以是暴力劫持、强抢,如直接对被害人进行捆绑、堵嘴、蒙眼、装麻袋等人身强制,或者对被害人进行伤害、殴打等人身攻击手段;也可以是暴力威胁,如对被害人实行精神强制或者对被害人及其家属以实施暴力相威胁从而控制被害人;还可以是用欺骗、诱惑甚至麻醉的方法实施,如利用药物、醉酒等方法使被害人处于昏睡、昏迷状态等。行为人控制人质,常以非法将他人掳走、带离原来常习的处所的方法,使他人丧失行动自由,但也不排除行为人将他人拘禁于原处所作为人质的情形。⑤ 同时,绑架人质的行为人会向与人质有特殊关系的人或组织提出财

---

① 法律解释并未明确规定,应适用绑架罪,抑或故意杀人罪。对此,我国学者指出,应定故意杀人罪。因为已满十四周岁不满十六周岁的人实施绑架、杀人行为,基本犯(基本罪)绑架罪负责,只对被害人死亡此一加害结果承担责任。参见周光权:《刑法各论》(第4版),中国人民大学出版社2021年版,第51页。

② 关于绑架罪的保护法益,学说上存在诸多不同说法。譬如,通说认为,绑架罪的保护法益包括他人的人身自由权利、健康、生命权利及公私财产所有权利。参见高铭暄、马克昌主编:《刑法学》(第7版),北京大学出版社、高等教育出版社2016年版,第469页;赵秉志、李希慧主编:《刑法各论》(第3版),中国人民大学出版社2016年版,第202页。另有学者指出,本罪所保护的法益是被绑架者的身体安全及其亲权者的保护监督权,个别情况下还包括他的财产权。参见周光权:《刑法各论》(第4版),中国人民大学出版社2021年版,第49页。亦有学者指出,绑架罪的保护法益是被绑架人在本来的生活状态下的行动自由与身体安全。参见张明楷:《刑法学》(第6版),法律出版社2021年版,第1159页。

③ 我国学者指出,不宜将绑架的客观行为解释为复合行为(绑架行为与勒索行为),而应将其解释为单一行为。从法条的表述来看,《刑法》第二百三十九条并没有将勒索财物或者提出不法要求作为实行行为的一部分予以规定。参见张明楷:《刑法学》(第6版),法律出版社2021年版,第1161页。

④ 此处的"财物"还包括财产性利益。参见张明楷:《刑法学》(第6版),法律出版社2021年版,第1161页;黎宏:《刑法学各论》(第2版),法律出版社2016年版,第245页。

⑤ 绑架不要求使被害人离开原来的生活场所。参见张明楷:《刑法学》(第6版),法律出版社2021年版,第1159页。

物给付的要求。① 在勒索型绑架犯罪中,**犯罪既遂与否的实质标准是看绑架行为是否实施,从而使被害人丧失行动自由并不受到行为人的实际支配。**② 至于勒索财物的行为是否来得及实施,以及虽实施了勒索行为,但由于行为人意志以外的原因而未达到勒索索财物的目的,都不影响勒索型绑架犯罪既遂的成立。勒索财物目的是否实现仅是一个量刑加以考虑的情节,这里的"**财物**"不局限于现金财物,也包括其他财产性利益。现实生活中,与被害人有特殊关系的他人或组织会收到行为人将要杀死或伤害人质的威胁,但是人质自身可能仍处于平和的被控制状态,甚至都无从察觉其所陷入的危险,比如,孩童被行为人引诱去打游戏机的情形。因此,有的情况下,被害人自身是否认识到被绑架,并不影响绑架罪既遂的认定。

2. **绑架他人作为人质的情形。** 行为人实施绑架行为是为了要求对方作出妥协、让步或满足某种要求,有时还具有政治目的。绑架行为作为一种持续性犯罪,犯罪既遂以后所造成的不法状态在一段时间内仍然延续,会给被害人造成长期的身心折磨和伤害。应当注意的是,以出卖为目的,使用暴力、胁迫或者麻醉方法绑架妇女、儿童的行为不属于本条所规定的绑架罪的范围,而应当依照本法第二百四十条关于**拐卖妇女、儿童罪**的规定处罚。

第一款对绑架罪规定了两档刑罚。**第一档刑罚**为"处五年以上十年以下有期徒刑,并处罚金",需要符合"情节较轻"的条件,例如有些行为人没有伤害被绑架人的意图、勒索小额财物,绑架过程中没有使用暴力,绑架他人后善待人质,又主动释放的,控制被绑架人时间较短的,等等。③ **第二档刑罚**为"处十年以上有期徒刑或者无期徒刑,并处罚金或者没收财产",适用于没有较轻情节的一般绑架犯罪。

第二款是对绑架罪加重处罚的规定。本款的"**杀害被绑架人**"即通常说的"撕票",是指以剥夺被绑架人生命为目的实施的各种行为。④ "**杀害**"只需要行为人有故意杀人的故意及行为,并不要求"杀死"被绑架人的结果。"杀害"既可以是积极作为也可以是消极不作为。积极作为是指以杀害为目的,将被绑架人抛入深潭或水库中让其溺毙等情形;消极不作为,是指以杀害为目的,将被绑架人抛至人迹罕至的地方等待其冻饿死等情形。实践中,杀害被绑架人未遂的情况时有发生。对于被绑架人基于各种原因最终生还的,并不影响"杀害"行为的认定。⑤

本款经《刑法修正案(九)》修改,增加规定了"故意伤害被绑架人,致人重伤、死亡的"加重处罚情形。这里规定的"**故意伤害**"是指以伤害被绑架人的身体为目的实施各种行为。"**致人重伤、死亡**",是指造成被绑架人重伤、死亡的结果。依照本款规定,故意伤害被绑架人,致人重伤、死亡的,处无期徒刑或者死刑,并处没收财产。需要注

---

① 我国学者指出,仅仅以实力控制了他人,但尚未向第三人提出勒赎或者其他不法要求的场合,不能成立绑架罪的既遂,而只能成立本罪的未遂。参见黎宏:《刑法学各论》(第2版),法律出版社2016年版,第244—245页。

另有学者指出,即使行为人没有提出勒索财物或者其他不法要求,或者虽然提出了勒索财物等不法要求但没有实现目的,但只要发生了侵害人身自由与安全的结果,也成立绑架犯罪。参见张明楷:《刑法学》(第6版),法律出版社2021年版,第1161页;赵秉志、李希慧主编:《刑法各论》(第3版),中国人民大学出版社2016年版,第203—204页。

亦有学者指出,控制人质使之脱逃显著困难,就应当成立本罪之既遂。至于行为人是否提出勒索财物或者其他要求,对既遂的成立没有影响。参见周光权:《刑法各论》(第4版),中国人民大学出版社2021年版,第50页;高铭暄、马克昌主编:《刑法学》(第7版),北京大学出版社、高等教育出版社2016年版,第471页。

② 绑架罪是一种典型的短缩的二行为犯。尽管"完整的"或者犯罪人预定的犯罪行为原本由两个行为组成,但刑法规定,只要行为人以实施第二个行为为目的实施第一个行为(即短缩的二行为犯的实行行为),就以犯罪(既遂)论处,而不要求行为人客观上实施了第二个行为。参见张明楷:《刑法学》(第6版),法律出版社2021年版,第1161页。

③ 付立庆教授指出,犯罪中止(或者犯罪未遂、犯罪预备)的情形本身不能作为绑架罪(或者其他犯罪)的"情节较轻"的认定资料。是否"情节较轻",应当剔除犯罪未完成形态的因素,根据犯罪本身的情节予以认定。参见陈兴良主编:《刑法各论精释》,人民法院出版社2015年版,第191—192页。

④ 由于杀害行为与绑架行为常常容易一起发生,且一起发生时会导致不法程度明显加重,因此,应将"杀害被绑架人"理解为结合犯。并且,"杀害被绑架人"不以绑架既遂为前提。在着手绑架后既遂之前杀害被绑架人的,也属于"杀害被绑架人"。参见张明楷:《刑法学》(第6版),法律出版社2021年版,第1164页。

⑤ 我国学者指出,杀害被绑架人并未导致死亡结果,即便适用故意伤害罪也可能最高判到无期徒刑。并且,故意伤害被绑架人致人重伤,可以适用无期徒刑或者死刑的规定,也从另一个侧面印证了针对被绑架人实施杀害行为即便未得逞也属于这里的"杀害"。参见周光权:《刑法各论》(第4版),中国人民大学出版社2021年版,第54—55页。另有学者基于罪刑均衡的考量认为,本条第二款中的"故意杀害被绑架人"是指故意杀人既遂。对于杀人未遂,应当将绑架罪与故意杀人(未遂)罪实行并罚。参见张明楷:《刑法学》(第6版),法律出版社2021年版,第1164—1166页;陈兴良主编:《刑法各论精释》,人民法院出版社2015年版,第195页。

意的是,这里的故意伤害被绑架人的行为应与绑架人重伤、死亡的加重结果具有**直接因果关系**,两者仅具有间接关系的,如行为人实施故意伤害行为,被绑架人自杀而造成重伤或死亡结果的,可依照本条第一款的规定处理。此外,对行为人过失造成被绑架人重伤、死亡后果的,可以依照第一款规定,最高处以无期徒刑。

第三款是对"**以勒索财物为目的偷盗婴幼儿**的"行为应如何处罚的规定。这里所说的"**以勒索财物为目的偷盗婴幼儿**",是指以向婴幼儿的亲属或者其他监护人索取财物为目的,将被害婴幼儿秘密窃取并扣作人质的行为。"**偷盗**",主要是指趁被害婴幼儿亲属或者监护人不备,将该婴幼儿抱走、带走的行为,如潜入他人住宅将婴儿抱走,趁家长不备将正在玩耍的幼儿带走,以及采取利诱、拐骗方法将婴幼儿哄骗走等。婴幼儿的具体年龄界限,刑法未作具体规定,实践中一般是指未满六周岁的未成年人。需要特别注意的是,由于婴幼儿缺乏辨别是非的能力,无论是将其抱走、带走,还是哄骗走,都是偷盗婴幼儿的行为,都应当依照绑架罪的规定处罚。依照本款规定,以勒索财物为目的偷盗婴幼儿的,处十年以上有期徒刑或者无期徒刑,并处罚金或者没收财产;情节较轻的,处五年以上十年以下有期徒刑,并处罚金;杀害被偷盗的婴幼儿或者故意伤害被偷盗的婴幼儿致使其重伤、死亡的,处无期徒刑或者死刑,并处没收财产。

实际执行中应当注意以下三个方面的问题:

1. 应当注意**行为人为索要债务而实施"绑架"行为的问题**,涉及绑架罪与非法拘禁罪的区别。"索财型"绑架罪与"索债型"非法拘禁罪都实施了剥夺他人的人身自由并向他人索要财物的行为,但两罪主要有以下三方面区别:一是行为人非法限制他人人身自由的主观目的不同。绑架罪以勒索财物为目的,对财物无因而索;索要债务的非法拘禁行为,索债是事出有因。二是行为人侵犯的客体不同。"索财型"绑架罪侵犯的是复杂客体,即他人的人身权利和财产权利;"索债型"非法拘禁罪侵犯的客体是简单客体,即他人的人身权利。三是危险性不同。绑架罪需以暴力、胁迫等犯罪方法,对被害人的健康、生命有较大的危害;非法拘禁在实施扣押、拘禁他人的过程中也可能出现捆绑、推搡、殴打等行为,但更多的是侵害他人的人身自由,而非他人的人身健康。

2. 关于已满十四周岁不满十六周岁的人承担刑事责任的范围是否包括绑架撕票行为。2002年《全国人民代表大会常务委员会法制工作委员会关于已满十四周岁不满十六周岁的人承担刑事责任范围问题的答复意见》中指出,《刑法》第十七条第二款规定的八种犯罪,**是指具体犯罪行为而不是具体罪名**。对于《刑法》第十七条中规定的"犯故意杀人、故意伤害致人重伤或者死亡",是指只要故意实施了杀人、伤害行为并且造成了致人重伤、死亡后果的,都应负刑事责任。而不是指只有犯故意杀人罪、故意伤害罪的,才负刑事责任,绑架撕票的,不负刑事责任。对司法实践中出现的已满十四周岁不满十六周岁的人绑架人质后杀害被绑架人,拐卖妇女、儿童而故意造成被拐卖妇女、儿童重伤或死亡的行为,依据刑法是应当追究其刑事责任的。

3. 关于绑架罪与**抢劫罪**的界限。绑架罪是侵害他人人身自由权利的犯罪,其与抢劫罪的区别在于:第一,主观方面不尽相同。抢劫罪中,行为人一般出于非法占有他人财物的故意实施抢劫;绑架罪中,行为人既可能为勒索他人财物而实施绑架行为,也可能出于其他非经济目的实施绑架行为。第二,行为手段不尽相同。抢劫罪表现为行为人劫取财物一般应在同一时间、同一地点,具有"当场性";绑架罪表现为行为人以杀害、伤害等方式向被绑架人的亲属或其他人或单位发出威胁,索取赎金或提出其他非法要求,取得财物一般不具有"当场性"。

【司法解释性文件】

《最高人民法院关于对在绑架过程中以暴力、胁迫等手段当场劫取被害人财物的行为如何适用法律问题的答复》(法函〔2001〕68号,2001年11月8日公布)

△(绑架过程中;当场劫取被害人财物;择一重罪)行为人在绑架过程中,又以暴力、胁迫等手段当场劫取被害人财物,构成犯罪的,择一重罪处罚。

《最高人民法院关于审理抢劫、抢夺刑事案件适用法律若干问题的意见》(法发〔2005〕8号,2005年6月8日公布)

△(绑架罪;抢劫罪;当场劫取被害人随身携带财物)绑架罪是侵害他人人身自由权利的犯罪,其与抢劫罪的区别在于:第一,主观方面不尽相同。抢劫罪中,行为人一般出于非法占有他人财物的故意实施抢劫行为,绑架罪中,行为人既可能为勒索他人财物而实施绑架行为,也可能出于其他非经济目的实施绑架行为;第二,行为手段不尽相同。抢劫罪表现为行为人劫取财物一般应在同一时间、同一地点,具有"当场性";绑架罪表现为行为人以杀害、伤害等方式向被绑架人的亲属或其他人或单位发出威胁,索取赎金或提出其他非法要求,劫取财物一般不具有"当场性"。

第二百三十九条

绑架过程中又当场劫取被害人随身携带财物的,同时触犯绑架罪和抢劫罪两罪名,应择一重罪定罪处罚。(§9Ⅲ)

《最高人民法院、最高人民检察院、公安部、司法部关于办理"套路贷"刑事案件若干问题的意见》(2019年2月28日公布,自2019年4月9日起施行)

△("套路贷";诈骗罪;敲诈勒索罪;非法拘禁罪;虚假诉讼罪;寻衅滋事罪;强迫交易罪;抢劫罪;绑架罪)实施"套路贷"过程中,未采用明显的暴力或者威胁手段,其行为特征从整体上表现为以非法占有为目的,通过虚构事实、隐瞒真相骗取被害人财物的,一般以诈骗罪定罪处罚;对于在实施"套路贷"过程中多种手段并用,构成诈骗、敲诈勒索、非法拘禁、虚假诉讼、寻衅滋事、强迫交易、抢劫、绑架等多种犯罪的,应当根据具体案件事实,区分不同情况,依照刑法及有关司法解释的规定数罪并罚或者择一重处。(§4)

【指导性案例】

最高人民检察院指导性案例第2号:忻元龙绑架案(2010年12月31日发布)

△(死刑案件的抗诉)对于死刑案件的抗诉,要正确把握适用死刑的条件,严格证明标准,依法履行刑事审判法律监督职责。

【参考案例】

No.4-238-5 章浩等绑架案

明知他人实施绑架行为,帮助实施勒索行为的,应以绑架罪的共犯论处。①

No.4-238-19 郑师武非法拘禁案

在幻觉下挟持他人意图"逃避警察抓捕",绑架犯罪目的不具有客观真实性,依据主客观相一致的原则不认定其"绑架他人作为人质"。

No.4-239-1 杨锋等抢劫、绑架案

当场向人质的亲属勒索财物的,应以绑架罪论处。

No.4-239-2 杨锋等抢劫、绑架案

基于同一动机但不同犯意,针对不同对象实施的两个犯罪行为,不成立吸收犯,而应实行数罪并罚。

No.4-239-3 蔡克峰绑架案

以恢复恋爱关系为目的,采用暴力手段劫持他人的,应以绑架罪论处。

No.4-239-4 李城、杨琴绑架案

在绑架过程中对被绑架人实施杀人行为,并造成被绑架人死亡的结果,以绑架罪判处死刑;仅有故意杀人的行为,未造成被绑架人死亡结果的,以绑架罪最高判处无期徒刑;被绑架人未死亡,但遭受严重伤害的,根据主观心态的不同,以故意杀人罪或故意伤害罪与绑架罪实行数罪并罚。

No.4-239-5 杨占娟等绑架案

在绑架犯罪中,虽然实施了绑架行为,但并未采用暴力强制方法限制人质人身自由,未对人质施加暴力、侮辱行为,未使人质受到人身伤害,或者未取得财物或取得财物数额较小,同时没有其他恶劣情节的,可认定为绑架罪情节较轻。

No.4-239-7 张浪明等绑架案

出资雇请他人为自己赌博,他人背信后将其挟持为人质,劫取人质财物、勒索赎金的,应以绑架罪论处。

No.4-239-8 张卫华绑架案

为离婚等目的,使用暴力手段挟持他人作为人质的,构成绑架罪,犯罪情节轻微危害不大的,可以免予刑事处罚。

No.4-239-9 张兴等绑架案

绑架行为中,仅存在条件关系意义上的因果关系不足以认定"致使被绑架人死亡",被害人的死亡结果并非由于行为人的故意或者过失行为,而是由于无法预见的介入因素而引起的,不成立"致使被绑架人死亡"。

No.4-239-10 孙家洪、濮剑鸣等绑架、抢劫、故意杀人案

绑架罪以具有勒索财物的目的为成立要件,不能仅依据行为人对被害人实施了人身控制行为就认定其"以勒索财物为目的",还要求行为人向第三人提出了勒索财物的意思表示或具有证明行为人具有该目的的其他证据。

No.4-239-11 孙家洪、濮剑鸣等绑架、抢劫、故意杀人案

绑架罪的"情节较轻"中不包括未遂情节。

No.5-263-100 丁金华等抢劫、绑架案

绑架罪的既遂与未遂的区分,以劫持被绑架人并实际控制为标准,不以勒索财物或其他目的的实现为标准。

---

① 我国学者指出,需要判断协助勒索行为与他人的继续绑架之间是否具有物理的或者心理的因果性。如果没有因果性,就只能认定协助勒索的行为成立敲诈勒索罪,而不能认定为绑架罪的承继的共犯。一般而言,只是单纯协助勒索财物,不应认定为绑架罪的承继的共犯;但如果协助勒索财物的行为促进或者强化了正犯继续以实力支配被害人的心理,则构成绑架罪的承继的共犯。参见张明楷:《刑法学》(第6版),法律出版社2021年版,第1162页。

第二百四十条　【拐卖妇女、儿童罪】

拐卖妇女、儿童的，处五年以上十年以下有期徒刑，并处罚金；有下列情形之一的，处十年以上有期徒刑或者无期徒刑，并处罚金或者没收财产；情节特别严重的，处死刑，并处没收财产：

（一）拐卖妇女、儿童集团的首要分子；
（二）拐卖妇女、儿童三人以上的；
（三）奸淫被拐卖的妇女的；
（四）诱骗、强迫被拐卖的妇女卖淫或者将被拐卖的妇女卖给他人迫使其卖淫的；
（五）以出卖为目的，使用暴力、胁迫或者麻醉方法绑架妇女、儿童的；
（六）以出卖为目的，偷盗婴幼儿的；
（七）造成被拐卖的妇女、儿童或者其亲属重伤、死亡或者其他严重后果的；
（八）将妇女、儿童卖往境外的。

拐卖妇女、儿童是指以出卖为目的，有拐骗、绑架、收买、贩卖、接送、中转妇女、儿童的行为之一的。

【立法解释性文件】

《全国人民代表大会常务委员会法制工作委员会关于已满十四周岁不满十六周岁的人承担刑事责任范围问题的答复意见》（法工委复字〔2002〕12号，2002年7月24日发布）

△（八种犯罪；具体犯罪行为）刑法第十七条第二款规定的八种犯罪，是指具体犯罪行为而不是具体罪名。对于刑法第十七条中规定的"犯故意杀人、故意伤害致人重伤或者死亡"，是指只要故意实施了杀人、伤害行为并且造成了致人重伤、死亡后果的，都应负刑事责任。而不是指只有犯故意杀人罪、故意伤害罪的，才负刑事责任，绑架撕票的，不负刑事责任。对司法实践中出现的已满十四周岁不满十六周岁的人绑架人质后杀害被绑架人、拐卖妇女、儿童而故意造成被拐卖妇女、儿童重伤或死亡的行为，依据刑法是应当追究其刑事责任的。

【条文说明】

本条是关于拐卖妇女、儿童罪及其处罚的规定。

拐卖妇女、儿童罪严重侵犯妇女、儿童人身权利[①]，对被拐卖妇女、儿童身心健康造成巨大伤害，并由此引发一系列社会问题，严重影响社会和谐稳定。拐卖妇女、儿童的犯罪活动由来已久，原因主要有以下几点：一是一些地区受养儿防老传统观念的影响较深，造成拐卖、收买男童的现象屡禁不绝；二是我国男女人口比例失调，拐卖妇女作为婚配对象在个别地方成为一种陋习。近年来从周边国家拐入妇女的情形也有所增多。2007年以来，我国政府加大了打击拐卖妇女、儿童犯罪活动的力度，公安部成立"打拐办"，由专人负责这项工作。2007年12月13日，国务院出台了《中国反对拐卖妇女儿童行动计划（2008—2012）》，并建立了国务院反拐部际联席会议制度，反拐综合治理局面初步形成。为严厉打击拐卖妇女、儿童的犯罪活动，2009年以来公安机关开展了多次专项打拐行动，并采取了以下措施：(1)建立了全国失踪儿童DNA信息库，通过信息对比，查找解救被拐卖儿童；(2)建立儿童失踪快速查找机制，全国联网，只要发现案件线索，公安机立即行动，争取在最短的时间内侦破案件；(3)成立以地方公安局长、副局长负责的打拐专案组；(4)对来历不明的孩子进行重点摸底排查；(5)对在逃的拐卖人口的犯罪分子实行A级缉缉令进行通缉。通过上述措施，有力惩治了拐卖妇女、儿童的犯罪分子，近几年拐卖妇女、儿童的犯罪活动有所收敛。

本条共分为两款。

第一款是对犯拐卖妇女、儿童罪的应如何处罚的规定。

根据拐卖妇女、儿童罪的实际情况，本款具体规定了**三个量刑档次**：(1)拐卖妇女、儿童的，处五年以上十年以下有期徒刑，并处罚金。(2)拐卖妇女、儿童情节严重的，处十年以上有期徒刑或

[①] 关于本罪的保护法益，学说上有不同说法。其中，我国学者指出，本罪所侵犯的客体是妇女、儿童的人身自由权利和人性尊严。参见赵秉志、李希慧主编：《刑法各论》（第3版），中国人民大学出版社2016年版，第204页。另有（转下页）（接上页）学者指出，本罪的保护法益是被拐卖者在本来的生活状态下的身体安全与行动自由。参见张明楷：《刑法学》（第6版），法律出版社2021年版，第1166页。

者无期徒刑,并处罚金或者没收财产。本款具体列举了八项适用上述刑罚的严重情形:**①拐卖妇女、儿童集团的首要分子**。集团作案是拐卖妇女、儿童犯罪的主要特点之一。在大量拐卖妇女、儿童的案件中,妇女、儿童拐出地和拐入地的犯罪分子相互勾结起来,结成团伙,拐骗、接送、中转、出卖,都有预谋并且分工明确,形成所谓的"一条龙",有的已形成职业性的犯罪集团。这种拐卖妇女、儿童的犯罪集团,社会危害性极大。因此,这种犯罪集团,特别是这种犯罪集团的首要分子属于重点打击的对象,应规定十分严厉的刑罚。这里所说的"拐卖妇女、儿童集团",是指有计划、有组织地进行拐卖妇女、儿童犯罪活动的犯罪集团;"首要分子",是指在犯罪集团中起组织、领导、指挥作用的犯罪分子,可能是一人,也可能是多人。**②拐卖妇女、儿童三人以上的**。这里所说的"三人以上",是指犯罪分子直接参与拐卖的人数(包括本数在内)。"拐卖妇女、儿童三人以上"既包括以出卖为目的拐骗妇女、儿童三人以上,也包括在拐卖妇女、儿童犯罪活动中中转、接送、收买、贩卖妇女、儿童三人以上;既包括在一次犯罪活动中拐卖妇女、儿童三人以上,也包括多次进行拐卖活动,累计拐卖妇女、儿童三人以上。需要特别注意的是,对于拐卖妇女、儿童集团的首要分子应依照本款第(一)项的规定处理,对于拐卖集团中的其他成员,则不应以整个犯罪集团拐卖的人数当作该犯罪分子拐卖的人数,而应以其直接参与拐卖的人数作为处罚的根据。**③奸淫被拐卖的妇女的**。这里所说的"奸淫被拐卖的妇女",是指犯罪分子在拐卖过程中与被害妇女①发生性关系的行为,这种行为既包括犯罪分子利用被害妇女处于孤立无援的境地和不敢反抗的心理与其发生性关系的行为,也包括以暴力、胁迫或者

其他手段强奸被害妇女的行为。② 只要犯罪分子在拐卖过程中与被害妇女发生了性关系,无论其是否使用了暴力或者胁迫手段,也无论被害人是否有反抗的表示或行为,都应按照本项规定追究刑事责任。③ 根据这一规定,拐卖人强奸被拐卖的行为已作为处重刑的情节之一,所以对于犯罪分子不再适用数罪并罚。**④诱骗、强迫被拐卖的妇女卖淫或者将被拐卖的妇女卖给他人迫使其卖淫的**。④ 这里所说的"诱骗"被拐卖的妇女卖淫,是指犯罪分子以金钱、物质或者某种许诺等方法引诱、欺骗被拐卖的妇女进行卖淫活动。"强迫"被拐卖的妇女卖淫,是指犯罪分子以暴力、威胁手段迫使被拐卖的妇女卖淫。"将被拐卖的妇女卖给他人迫使其卖淫",是指犯罪分子明知收买人收买被拐卖的妇女后将迫使其卖淫,但出于营利等目的,仍将该妇女出卖的行为。⑤ **⑤以出卖为目的,使用暴力、胁迫或者麻醉方法绑架妇女、儿童的**。这里所规定的绑架妇女、儿童,只要求以出卖为目的,不论犯罪分子是否将被绑架的妇女、儿童卖掉,都构成本项规定的情形。**⑥以出卖为目的,偷盗婴幼儿的**。这里规定的偷盗婴幼儿,是以出卖为目的,如果偷盗婴幼儿是为了勒索婴幼儿的父母或者亲属的财物,则不能按照本罪定罪处罚,而应当根据《刑法》第二百三十九条第三款的规定,以绑架罪定罪处罚。根据有关司法解释的规定,对婴幼儿采取欺骗、利诱等手段使其脱离监护人或者看护人的,视为"偷盗婴幼儿"。**⑦造成被拐卖的妇女、儿童或者其亲属重伤、死亡或者其他严重后果的**,即在拐卖过程中,犯罪分子采用捆绑、殴打、虐待、侮辱等手段,造成被害人重伤、死亡等严重后果的,以及被害人及其亲属因犯罪分子的拐卖行为而自杀、精神

---

① 江溯教授指出,基于罪责刑相适应之考量,此处的"奸淫被拐卖的妇女"应当包括奸淫被拐卖的幼女在内。参见陈兴良主编:《刑法各论精释》,人民法院出版社 2015 年版,第 221 页。

② 我国学者指出,"奸淫被拐卖的妇女"并不限于拐卖人自己实施奸淫被拐卖的妇女的行为。如果拐卖人明知未参与拐卖的第三人意图奸淫被拐卖的妇女,而仍予以放纵甚至导致的,可以参考第三人视情况单独构成强奸罪,拐卖人仍应对被拐卖人被奸淫的结果承担加重责任。参见陈兴良主编:《刑法各论精释》,人民法院出版社 2015 年版,第 221 页。

③ 我国学者指出,如果与妇女(不包括幼女)的性交行为不具有强制性,则应排除在外,否则便形成了间接处罚。不过,对于强制性的判断,也应当充分考虑到被拐卖妇女处于行为人的非法支配下。只要相关事实表明性交行为违反被拐卖妇女的意志,就足以认定为具有强制性。参见张明楷:《刑法学》(第6版),法律出版社 2021 年版,第 1170 页。

④ 相反的,如果行为人诱骗、强迫妇女卖淫的行为已经实施完毕,之后又另起犯意,将该妇女出卖,或者行为人拐卖妇女、儿童的行为已经实施完毕,之后又实施了诱骗、强迫该被拐卖的妇女卖淫,应当按拐卖妇女、儿童罪和引诱卖淫罪、强迫卖淫罪数罪并罚。参见陈兴良主编:《刑法各论精释》,人民法院出版社 2015 年版,第 221 页。

⑤ 如果行为人确实不知收买人将妇女买去是迫使其卖淫的话,就不能适用此条款。参见黎宏:《刑法学各论》(第 2 版),法律出版社 2016 年版,第 252 页。

失常或者造成其他严重后果的。① 需要特别注意的是,如果上述后果是因收买人对所收买的妇女、儿童在收买后实施虐待等行为所致,则不属于本项所列的情况,应依法追究收买人的相应责任。如果犯罪分子对被拐卖的妇女、儿童故意伤害、杀害的,则应以故意伤害罪、故意杀人罪与拐卖妇女、儿童罪实行数罪并罚。② ⑧**将妇女、儿童卖往境外的**,即犯罪分子为了牟取暴利,与境外的人贩子相勾结,将妇女、儿童卖往境外的行为。③ 这里所说的"境外",是指国境外和边境外,既包括中华人民共和国领土以外的其他国家、地区,也包括边境外的我国香港、澳门和台湾地区。(3) 情节特别严重的,处死刑,并处没收财产。这里所规定的"情节特别严重",是指拐卖妇女、儿童,具有本款所规定的八种严重情形之一,而且情节特别严重的。④

第二款是关于拐卖妇女、儿童定义的规定。依照本款规定,拐卖妇女、儿童,是指以出卖为目的,有拐骗、绑架、收买、贩卖、接送、中转妇女、儿童的行为之一的。规定"**以出卖为目的**",主要是为了区别于以收养或者其他非营利的目的的拐骗不满十四周岁的儿童脱离家庭或者监护人的行为,和以结婚、收养为目的收买被拐卖妇女、儿童的行为。后两种行为应依照本法第二百六十二条关于拐骗儿童罪或第二百四十一条关于收买被拐卖的妇女、儿童罪的规定定罪处罚。也就是说,这里所规定的"**拐骗、绑架、收买、贩卖、接送、中转妇女、儿童行为**",都是为了将被害人出卖。根据《最高人民法院关于审理拐卖妇女案件适用法律有关问题的解释》的规定,拐卖妇女罪中的"**妇女**",既包括具有中国国籍的妇女,也包括具有外国国籍和无国籍的妇女。被拐卖的外国妇女没有身份证明的,不影响对犯罪分子的定罪处罚。外国人或者无国籍人拐卖外国妇女到我国境内被查获的,应当根据《刑法》第六条的规定,适用我国刑法定罪处罚。对于外国籍被告人身份无法查明者其国籍国拒绝提供有关身份证明,人民检察院根据《刑事诉讼法》第一百六十条第二款的规定起诉的案件,人民法院应当依法受理。本条所规定的"**儿童**",是指不满十四周岁的未成年人。其中,不满一周岁的为婴儿,一周岁以上不满六周岁的为幼儿;既包括中国儿童,也包括外国儿童。本款所规定的"**拐骗**",是指犯罪分子以欺骗、引诱的方法带走妇女、儿童的行为;"**绑架**",是指犯罪分子以暴力、胁迫或者麻醉等方法绑架妇女、儿童的行为;⑤"**收买**",是指犯罪分子为了以更高的价格出卖而以一定的钱物收买被拐骗、绑架的妇女、儿童的行为;"**贩卖**",是指收买妇女、儿童后转手出卖的行为;"**接送**""**中转**",则主要是指在拐卖妇女、儿童的共同犯罪活动中,分工接送被害人或者将被害人转手交给其他人贩子的行为,也包括为人贩子找买主,为人贩子在拐卖途中窝藏被拐卖的妇女、儿童的行为。上述几种行为均是以出卖为目的⑥⑦,只要有上述行为之一,即构成拐卖妇女、儿童罪。

实际执行中应当注意以下三个方面的问题:

1. 要准确区分罪与非罪的界限。要把借介绍婚姻索取钱财的违法行为与以营利为目的拐卖妇女的犯罪行为区别开来,把拐卖被拐骗与自愿外流区别开来。有的人受妇女本人或者他人请托,把妇女带到外地为其介绍婚姻,借以索取财物的,属于违法行为,一般不构成犯罪。这种行为与拐卖妇女的犯罪行为,虽然都具有牟利的目的,但牟利的内容、方法、手段及其产生的后果都是不相

---

① 相同的学说见解,参见黎宏:《刑法学各论》(第 2 版),法律出版社 2016 年版,第 252 页;赵秉志、李希慧主编:《刑法各论》(第 3 版),中国人民大学出版社 2016 年版,第 205 页。另有学者指出,因拐卖行为导致被害人的亲属自杀身亡的,不能适用本项。参见张明楷:《刑法学》(第 6 版),法律出版社 2021 年版,第 1170 页。

② 相同的学说见解,参见陈兴良主编:《刑法各论精释》,人民法院出版社 2015 年版,第 219 页。

③ 将妇女、儿童卖往境外,既可以是通过正常出境途径卖往境外,也可以通过非法出境途径将被害人卖往境外。在后一情形中,由于刑法已经将该行为作为本罪的加重处罚情形之一,因此不再另定运送他人偷越国(边)境罪。参见陈兴良主编:《刑法各论精释》,人民法院出版社 2015 年版,第 222 页。

④ 相同的学说见解,参见陈兴良主编:《刑法各论精释》,人民法院出版社 2015 年版,第 219 页。

⑤ 拐卖妇女、儿童罪中的"绑架"与绑架罪中的"绑架"仅是客观行为相似,但责任要素不同。前者以出卖为目的,后者则以勒索财物或者满足其他不法要求为目的。但也不能绝对排除成立想象竞合的情形。参见张明楷:《刑法学》(第 6 版),法律出版社 2021 年版,第 1169 页;陈兴良主编:《刑法各论精释》,人民法院出版社 2015 年版,第 210 页。

⑥ 出卖目的不等于营利目的,也不限于永久性的出卖目的。但是,假借出卖骗取他人财物,不能认定为具有出卖目的的人实施拐卖行为。对于刑法已经将该行为作为本罪的加重处罚情形之一,因此不影响本罪的成立。参见张明楷:《刑法学》(第 6 版),法律出版社 2021 年版,第 1168 页;陈兴良主编:《刑法各论精释》,人民法院出版社 2015 年版,第 205 页。

⑦ 江溯教授认为,以出卖为目的,并不仅限于自己出卖,也是为了自己出卖,也可以是为他人出卖。参见陈兴良主编:《刑法各论精释》,人民法院出版社 2015 年版,第 205、216 页。

同的。前者"介绍婚姻",妇女是自愿的,没有违背妇女的意志,行为人也没有采取欺骗或者胁迫手段;后者是行为人以欺骗、利诱或者胁迫手段实施拐骗、贩卖行为,违背了妇女意志。但是,如果行为人以介绍婚姻为名,采取非法扣押身份证件、限制人身自由等方式,或者利用妇女人地生疏、语言不通、孤立无援等境况,违背妇女意志,将其出卖给他人的,应当以拐卖妇女罪追究刑事责任。以介绍婚姻为名,与被介绍妇女串通骗取他人钱财,数额较大的,应当以诈骗罪追究刑事责任。

2. 划清借送养之名出卖亲生子女与民间送养行为的界限。实践中,有的行为人将生育作为非法获利手段,生育后即出卖儿女,对这种情况应当如何处理,能否认定为拐卖儿童罪?对此,2010年3月15日最高人民法院、最高人民检察院、公安部、司法部联合发布的《关于依法惩治拐卖妇女儿童犯罪的意见》第十六条规定:"以非法获利为目的,出卖亲生子女的,应当以拐卖妇女、儿童罪论处。"第十七条规定:"要严格区分借送养之名出卖亲生子女与民间送养行为的界限。区分的关键在于行为人是否具有非法获利的目的。应当通过审查将子女'送'人的背景和原因、有无收取钱财或收取钱财的多少、对方是否具有抚养目的及有无抚养能力等事实,综合判断行为人是否具有非法获利的目的。具有下列情形之一的,可以认定属于出卖亲生子女,应当以拐卖妇女、儿童罪论处:(1)将生育作为非法获利手段,生育后即出卖子女的;(2)明知对方不具有抚养目的的,或者根本不考虑对方是否具有抚养目的,为收取钱财将子女'送'给他人的;(3)为收取明显不属于'营养费'、'感谢费'的巨额钱财将子女'送'给他人的;(4)其他足以反映行为人具有非法获利目的的'送养'行为的。不是出于非法获利目的,而是出于生活困难,或者受重男轻女思想影响,私自将有独立生活能力的子女送给他人抚养,包括收取少量'营养费'、'感谢费'的,属于民间送养行为,不能以拐卖妇女、儿童罪论处。对私自送养导致子女身心健康受到严重损害,具有其他恶劣情节,符合遗弃罪特征的,可以遗弃罪论处;情节显著轻微危害不大的,可由公安机关依法予以行政处罚。"

3. 要正确贯彻刑事政策。拐卖妇女、儿童罪往往涉及多人、多个环节,要根据宽严相济刑事政策和罪责刑相适应的刑法基本原则,综合考虑犯罪分子在共同犯罪中的地位、作用及人身危险性的大小,依法准确量刑。对于犯罪集团的首要分子、组织策划者、多次参与者、拐卖多人者或者具有累犯等从严、从重处罚情节的,必须重点打击,坚决依法严惩。对于罪行严重,依法应当判处重刑乃至死刑的,坚决依法判处。要注重铲除"买方市场",从源头上遏制拐卖妇女、儿童犯罪。对于收买被拐卖的妇女、儿童的,应当依法追究刑事责任。同时,对于具有从宽处罚情节的,要在综合考虑犯罪事实、性质、情节和危害程度的基础上,依法从宽,鼓励犯罪人悔过自新。

【司法解释】

《最高人民法院关于审理拐卖妇女案件适用法律有关问题的解释》(法释〔2000〕1号,自2000年1月25日起施行)

△(妇女)刑法第二百四十条规定的拐卖妇女罪中的"妇女",既包括具有中国国籍的妇女,也包括具有外国国籍和无国籍的妇女。被拐卖的外国妇女没有身份证明的,不影响对犯罪分子的定罪处罚。① (§1)

△(拐卖外国妇女到我国境内)外国人或者无国籍人拐卖外国妇女到我国境内被查获的,应当根据刑法第六条的规定,适用我国刑法定罪处罚。(§2)

△(外国籍被告人身份无法查明;案件受理)对于外国籍被告人身份无法查明或者其国籍国拒绝提供有关身份证明,人民检察院根据刑事诉讼法第一百二十八条②第二款的规定起诉的案件,人民法院应当依法受理。(§3)

《最高人民法院关于审理拐卖妇女儿童犯罪案件具体应用法律若干问题的解释》(法释〔2016〕28号,自2017年1月1日起施行)

△(偷盗婴幼儿)对婴幼儿采取欺骗、利诱手段使其脱离监护人或者看护人的,视为刑法第二百四十条第一款第(六)项规定的"偷盗婴幼儿"。(§1)

△(医疗机构、社会福利机构等单位的工作人员;拐卖儿童罪)医疗机构、社会福利机构等单位

---

① 我国学者指出,妇女包括真两性畸形人和女性假性两性畸形人。参见张明楷:《刑法学》(第6版),法律出版社2021年版,第1167页。对此,江溯教授则指出,刑法人尽管具备女性的部分特征,但在生理上与纯粹的女性仍然存在一定的差别,因此不能单纯地将两性人当做妇女来看待。参见陈兴良主编:《刑法各论精释》,人民法院出版社2015年版,第201页。

② 2018年修正后的《中华人民共和国刑事诉讼法》第一百六十条。

的工作人员以非法获利为目的，将所诊疗、护理、抚养的儿童出卖给他人的，以拐卖儿童罪论处。（§2）

△（以介绍婚姻为名；拐卖妇女罪）以介绍婚姻为名，采取非法扣押身份证件、限制人身自由等方式，或者利用妇女人地生疏、语言不通、孤立无援等境况，违背妇女意志，将其出卖给他人的，应当以拐卖妇女罪追究刑事责任。（§3Ⅰ）

△（儿童）刑法第二百四十条、第二百四十一条规定的儿童，是指不满十四周岁的人。其中，不满一周岁的为婴儿，一周岁以上不满六周岁的为幼儿。（§9）

【司法解释性文件】

《最高人民检察院法律政策研究室关于以出卖为目的的倒卖外国妇女的行为是否构成拐卖妇女罪的答复》（〔1998〕高检研发第21号，1998年12月24日公布）

△（以出卖为目的的倒卖外国妇女）刑法第二百四十条明确规定："拐卖妇女、儿童是指以出卖为目的，有拐骗、绑架、收买、贩卖、接送、中转妇女、儿童的行为之一的。"其中作为"收买"对象的妇女、儿童并不要求必须是"被拐骗、绑架的妇女、儿童"。因此，以出卖为目的，收买、贩卖外国妇女，从中牟取非法6利益的，应以拐卖妇女罪追究刑事责任。但确属为他人介绍婚姻收取介绍费，而非以出卖为目的的，不能追究刑事责任。

《全国法院维护农村稳定刑事审判工作座谈会纪要》（法〔1999〕217号，1999年10月27日公布）

△（拐卖妇女、儿童犯罪团伙的首要分子；"人贩子"；买卖至亲）要从严惩处拐卖妇女、儿童犯罪团伙的首要分子和拐卖妇女、儿童为常业的"人贩子"。

要严格把握此类案件罪与非罪的界限。对于买卖至亲的案件，要区别对待：以贩卖牟利为目的的"收养"子女的，应以拐卖儿童罪定罪处罚；对于出于生活困难、或重男轻女思想影响而出卖亲生子女或收养子女的，可不作为犯罪处理；对于出卖子女亲属情节恶劣的，可按遗弃罪处罚；对于那些确属介绍婚姻，且被介绍的男女双方相互了解对方的基本情况，或者确属介绍收养，并经被收养人父母同意的，尽管介绍的人数较多，从中收取财物较多，也不应作犯罪处理。（§2Ⅳ）

《最高人民法院、最高人民检察院、公安部、民政部、司法部、全国妇联关于打击拐卖妇女儿童犯罪有关问题的通知》（公通字〔2000〕26号，2000年3月20日公布）

△（拐卖妇女、儿童罪；介绍婚姻收取钱物行为；收养中介行为；拐骗儿童罪；绑架儿童罪）正确适用法律，依法严厉打击拐卖妇女、儿童的犯罪活动。这次"打拐"专项斗争的重点是打击拐卖妇女、儿童的人贩子。凡是拐卖妇女、儿童的，不论是哪个环节，只要是以出卖为目的，有拐骗、绑架、收买、贩卖、接送、中转、窝藏妇女、儿童的行为之一的，不论拐卖人数多少，是否获利，均应以拐卖妇女、儿童罪追究刑事责任。对收买被拐卖的妇女、儿童的，以及阻碍解救被拐卖妇女、儿童构成犯罪的，要依法惩处。出卖亲生子女的，由公安机关依法没收非法所得，并处以罚款；以营利为目的，出卖不满十四周岁子女，情节恶劣的，借收养名义拐卖儿童的，以及出卖捡拾的儿童的，均应以拐卖儿童罪追究刑事责任。出卖十四周岁以上女性亲属或者其他不满十四周岁亲属的，以拐卖妇女、儿童罪追究刑事责任。

办案中，要正确区分罪与非罪、罪与罪的界限，特别是拐卖妇女罪与介绍婚姻收取钱物行为、拐卖儿童罪与收养中介行为、拐骗儿童罪与拐骗儿童罪，以及绑架儿童罪与拐卖儿童罪的界限，防止扩大打击面或者放纵犯罪。（§4）

△（解救和善后安置工作）切实做好解救和善后安置工作，保护被拐卖妇女、儿童的合法权益。解救被拐卖的妇女、儿童，是人民政府和政法机关的重要职责。公安、司法行政、民政、妇联等有关部门和组织要明确责任，各司其职，相互配合，通力合作。解救工作要充分依靠当地党委、政府的支持，做好对基层干部和群众的说服教育工作，注意方式、方法，慎用警械、武器，避免激化矛盾，防止出现围攻执法人员、聚众阻碍解救等突发事件。

对于被拐卖的未成年女性、现役军人配偶、遭受摧残虐待、被强迫卖淫或者从事其他色情服务的妇女以及本人要求解救的妇女，要立即解救。对于自愿继续留在现住地生活的成年女性，应尊重本人意愿，愿在现住地结婚且符合法定结婚条件的，应当依法办理结婚登记手续。被拐卖妇女与买主所生子女的抚养问题，可由双方协商解决或由人民法院裁决。对于遭受摧残虐待的、被强迫乞讨或从事违法犯罪活动的，以及本人要求解救的被拐卖儿童，应当立即解救。对于解救的被拐卖儿童，由其父母或者其他监护人户口所在地公安机关负责接回。

公安、民政、妇联等有关部门和组织应当密切配合，做好被解救妇女、儿童的善后安置工作。任何单位和个人不得歧视被拐卖的妇女、儿童。对被解救回的未成年人，其父母及其他监护人应当

接收并认真履行抚养义务。拒绝接收,拒不履行抚养义务,构成犯罪的,以遗弃罪追究刑事责任。(§6)

《最高人民法院、最高人民检察院、公安部、司法部印发〈关于依法惩治拐卖妇女儿童犯罪的意见〉的通知》(法发〔2010〕7号,2010年3月15日公布)

△(**部分环节的犯罪事实**)犯罪嫌疑人、被告人参与拐卖妇女、儿童犯罪活动的多个环节,只有部分环节的犯罪事实查证清楚、证据确实、充分的,可以对该环节的犯罪事实依法予以认定。(§14)

△(**强抢儿童或者捡拾儿童后予以出卖;以抚养为目的偷盗婴幼儿**)以出卖为目的强抢儿童,或者捡拾儿童后予以出卖,符合刑法第二百四十条第二款规定的,应当以拐卖儿童罪论处。

以抚养为目的偷盗婴幼儿或者拐骗儿童,之后予以出卖的,以拐卖儿童罪论处。(§15)

△(**出卖亲生子女**)以非法获利为目的①,出卖亲生子女的,应当以拐卖儿童罪论处。(§16)

△(**借送养之名出卖亲生子女;民间送养行为;出卖亲生子女;遗弃罪**)要严格区分借送养之名出卖亲生子女与民间送养行为的界限。区分的关键在于行为人是否具有非法获利的目的。应当通过审查将子女"送"人的背景和原因、有无收取钱财及收取钱财的多少、对方是否具有抚养目的及有无抚养能力等事实,综合判断行为人是否具有非法获利的目的。

具有下列情形之一的,可以认定属于出卖亲生子女,应当以拐卖妇女、儿童罪论处:

(1)将生育作为非法获利手段,生育后即出卖子女的;

(2)明知对方不具有抚养目的,或者根本不考虑对方是否具有抚养目的,为收取钱财将子女"送"给他人的;

(3)以收取明显不属于"营养费"、"感谢费"的巨额钱财将子女"送"给他人的;

(4)其他足以反映行为人具有非法获利目的的"送养"行为的。

不是出于非法获利目的,而是迫于生活困难,或者受重男轻女思想影响,私自将没有独立生活能力的子女送给他人抚养,包括收取少量"营养费"、"感谢费"的,属于民间送养行为,不能以拐卖妇女、儿童罪论处。对私自送养导致子女身心健康受到严重损害,或者具有其他恶劣情节,符合遗弃罪特征的,可以遗弃罪论处;情节显著轻微危害不大的,可由公安机关依法予以行政处罚。(§17)

△(**有关场所;拐卖妇女罪的共犯;组织卖淫罪**)将妇女拐卖给有关场所,致使被拐卖的妇女被迫卖淫或者从事其他色情服务的,以拐卖妇女罪论处。

有关场所的经营管理人员事前与拐卖妇女的犯罪人通谋的,对该经营管理人员以拐卖妇女罪的共犯论处;同时构成拐卖妇女罪和组织卖淫罪的,择一重罪处处。(§18)

△(**医疗机构、社会福利机构等单位;拐卖儿童罪**)医疗机构、社会福利机构等单位的工作人员以非法获利为目的,将所诊疗、护理、抚养的儿童贩卖给他人的,以拐卖儿童罪论处。(§19)

△(**明知;拐卖妇女、儿童罪的共犯;综合判断**)明知他人拐卖妇女、儿童,仍然向其提供被拐卖妇女、儿童的健康证明、出生证明或者其他帮助的,以拐卖妇女、儿童罪的共犯论处。

认定是否"明知",应当根据证人证言、犯罪嫌疑人、被告人及其同案人供述和辩解,结合提供帮助的人次,以及是否明显违反有关规章制度、工作流程等,予以综合判断。(§21Ⅰ、Ⅲ)

△(**明知;居间介绍;拐卖儿童罪的共犯**)明知他人系拐卖儿童的"人贩子",仍然利用从事诊疗、福利救助等工作的便利或者了解被拐卖方情况的条件,居间介绍的,以拐卖儿童罪的共犯论处。(§22)

△(**共犯;区分主从犯**)对于拐卖妇女、儿童犯罪的共犯,应当根据各被告人在共同犯罪中的分工、地位、作用,参与拐卖的人数、次数,以及分赃数额等,准确区分主从犯。

对于组织、领导、指挥拐卖妇女、儿童的某一个或者某几个犯罪环节,或者积极参与实施拐骗、绑架、买卖、贩卖、接送、中转妇女、儿童等犯罪行为,起主要作用的,应当认定为主犯。

对于仅提供被拐卖妇女、儿童信息或者相关证明文件,或者进行居间介绍,起辅助或者次要作用,没有获利或者获利较少的,一般可认定为从犯。

对于各被告人在共同犯罪中的地位、作用区别不明显的,可以不区分主从犯。(§23)

---

① 我国学者指出,只要是将子女作为商品予以出卖,就应认定为拐卖妇女、儿童罪。在法定的出卖目的之外,额外要求获利目的,没有必要。并且,自本罪的保护法益而言,本罪是侵犯人身自由与身体安全的犯罪,出卖者是否具有获利目的,并不影响其行为是否侵犯到被出卖者的人身自由与身体安全。参见张明楷:《刑法学》(第6版),法律出版社2021年版,第1167页。

△(**奸淫;诱骗、强迫卖淫;拐卖妇女、儿童罪**)拐卖妇女、儿童,又奸淫被拐卖的妇女、儿童,或者诱骗、强迫被拐卖的妇女、儿童卖淫的,以拐卖妇女、儿童罪处罚。(§24)

△(**数罪并罚;故意杀害、伤害、猥亵、侮辱等行为**)拐卖妇女、儿童,又对被拐卖的妇女、儿童实施故意杀害、伤害、猥亵、侮辱等行为,构成其他犯罪的,依照数罪并罚的规定处罚。① (§25)

△(**数罪并罚;组织、教唆被拐卖、收买的妇女、儿童犯罪**)拐卖妇女、儿童或者收买被拐卖的妇女、儿童,又组织、教唆被拐卖、收买的妇女、儿童进行犯罪的,以拐卖妇女、儿童罪或者收买被拐卖的妇女、儿童罪与其所组织、教唆的罪数罪并罚。(§26)

△(**数罪并罚;组织未成年人进行违反治安管理活动罪**)拐卖妇女、儿童,又组织、教唆被拐卖、收买的未成年妇女、儿童进行盗窃、诈骗、抢夺、敲诈勒索等违反治安管理活动的,以拐卖妇女、儿童罪或者收买被拐卖的妇女、儿童罪与组织未成年人进行违反治安管理活动罪数罪并罚。(§27)

△(**从重处罚事由**)对于拐卖妇女、儿童犯罪集团的首要分子,情节严重的主犯,累犯,偷盗婴幼儿、强抢儿童情节严重,将妇女、儿童卖往境外情节严重,拐卖妇女、儿童多人多次、造成伤亡后果,或者具有其他严重情节的,依法从重处罚;情节特别严重的,依法判处死刑。

拐卖妇女、儿童,并对被拐卖的妇女、儿童实施故意杀害、伤害、猥亵、侮辱等行为,数罪并罚决定执行的刑罚应当依法体现从严。(§28)

△(**特殊预防与一般预防效果**)对于拐卖妇女、儿童的犯罪分子,应当注重依法适用财产刑,并切实加大执行力度,以强化刑罚的特殊预防与一般预防效果。(§29)

△(**多名家庭成员或者亲友;综合考察**)多名家庭成员或者亲友共同参与出卖亲生子女,或者"买人为妻"、"买人为子"构成收买被拐卖的妇女、儿童罪的,一般应当在综合考察犯意提起、各行为人在犯罪中所起作用和情节等情节的基础上,依法追究其中罪责较重者的刑事责任。对其他情节显著轻微危害不大,不认为是犯罪的,依法不追究刑事责任;必要时可以由公安机关予以行政处罚。

(§31)

△(**法定从宽处罚事由;酌情从轻处罚事由**)具有从犯、自首、立功等法定从宽处罚情节的,依法从轻、减轻或者免除处罚。

对被拐卖的妇女、儿童没有实施摧残、虐待等违法犯罪行为,或者能够协助解救被拐卖的妇女、儿童,或者具有其他酌定从宽处罚情节的,可以依法酌情从轻处罚。(§32)

△(**同时具有从严和从宽处罚情节;综合考察**)同时具有从严和从宽处罚情节的,要在综合考察将妇女、儿童的手段、拐卖妇女、儿童的人次、危害后果以及被告人主观恶性、人身危险性等因素的基础上,结合当地此类犯罪发案情况和社会治安状况,决定对被告人总体从严或者从宽处罚。(§33)

△(**涉外犯罪**)要进一步加大对跨国、跨境拐卖妇女、儿童犯罪的打击力度。加强双边或者多边"反拐"国际交流与合作,加强对被跨国、跨境拐卖的妇女、儿童的救助工作。依照我国缔结或者参加的国际条约的规定,积极行使所享有的权利,履行所承担的义务,及时请求或者提供各项司法协助,有效遏制跨国、跨境拐卖妇女、儿童犯罪。(§34)

【**参考案例**】

No.4-240-1 吕锦城、黄高生故意杀人、拐卖儿童案

以贩卖为目的,入室偷盗婴幼儿过程中使用暴力抢走婴儿的行为,应当适用《刑法》第二百四十条第一款第(五)项的规定。

No.4-240-2 吕锦城、黄高生故意杀人、拐卖儿童案

拐卖儿童过程中,实施杀人行为的,应以故意杀人罪与拐卖儿童罪数罪并罚。②

No.4-240-3 武亚军、关倩倩拐卖儿童案

以非法获利为目的,出卖亲生子女的成立拐卖儿童罪。非法获利目的的认定,应当根据案件的具体情况,审查行为人是否将生育作为非法获利的手段、将子女送人的背景和原因、行为时是否考虑对方有无抚养目的与抚养能力、收取的钱财数额多少以及收取钱财过程中的态度进行综合判断,不能唯数额论。

---

① 相同的学说见解,参见张明楷:《刑法学》(第6版),法律出版社2021年版,第1170页。
② 我国学者指出,在拐卖过程中,行为人因遇被害人反抗而故意将被害人杀害、伤害,应以故意杀人罪、故意伤害罪与拐卖妇女、儿童罪数罪并罚;在拐卖、绑架过程中,为防止被害人逃跑而对被害人实施拘禁或者殴打、捆绑、麻醉等方法时导致被害人重伤、死亡,应视为拐卖妇女、儿童罪情节严重,不再单独定非法拘禁罪、过失致人重伤罪、过失致人死亡罪。参见周光权:《刑法各论》(第4版),中国人民大学出版社2021年版,第56—57页。

No. 4-240-4 武亚军、关倩倩拐卖儿童案

出卖亲生子女成立拐卖儿童罪的,应当根据案件具体情况,贯彻宽严相济的刑事政策,合理量刑。

No. 4-240-5 刘友祝拐卖妇女案

以牟利为目的,积极出卖无民事行为能力的妇女的行为,成立拐卖妇女罪。

No. 4-240-6 王献光、刘永贵拐卖儿童案

在完全不认识收养方,也没有考查收养方的抚养目的与抚养能力的情况下索要费用出卖亲生子女的,成立拐卖儿童罪。

No. 4-240-7 王献光、刘永贵拐卖儿童案

居间介绍人与出卖亲生子女者可以成立拐卖儿童罪的共同犯罪。

No. 4-240-8 孙如珍、卢康涛拐卖儿童案

居间介绍收养儿童者直接参与交易并获利的,即使收养方与送养方均不构成拐卖儿童罪,居间介绍者也可以单独成立拐卖儿童罪。

第二百四十一条 【收买被拐卖的妇女、儿童罪】

收买被拐卖的妇女、儿童的,处三年以下有期徒刑、拘役或者管制。

收买被拐卖的妇女,强行与其发生性关系的,依照本法第二百三十六条的规定定罪处罚。

收买被拐卖的妇女、儿童,非法剥夺、限制其人身自由或者有伤害、侮辱等犯罪行为的,依照本法的有关规定定罪处罚。

收买被拐卖的妇女、儿童,并有第二款、第三款规定的犯罪行为的,依照数罪并罚的规定处罚。

收买被拐卖的妇女、儿童又出卖的,依照本法第二百四十条的规定定罪处罚。

收买被拐卖的妇女、儿童,对被买儿童没有虐待行为,不阻碍对其进行解救的,可以从轻处罚;按照被买妇女的意愿,不阻碍其返回原居住地的,可以从轻或者减轻处罚。

【立法沿革】

《中华人民共和国刑法》(1997年修订,自1997年10月1日起施行)

第二百四十一条

收买被拐卖的妇女、儿童的,处三年以下有期徒刑、拘役或者管制。

收买被拐卖的妇女,强行与其发生性关系的,依照本法第二百三十六条的规定定罪处罚。

收买被拐卖的妇女、儿童,非法剥夺、限制其人身自由或者有伤害、侮辱等犯罪行为的,依照本法的有关规定定罪处罚。

收买被拐卖的妇女、儿童,并有第二款、第三款规定的犯罪行为的,依照数罪并罚的规定处罚。

收买被拐卖的妇女、儿童又出卖的,依照本法第二百四十条的规定定罪处罚。

收买被拐卖的妇女、儿童,按照被买妇女的意愿,不阻碍其返回原居住地的,对被买儿童没有虐待行为,不阻碍对其进行解救的,可以不追究刑事责任。

《中华人民共和国刑法修正案(九)》(自2015年11月1日起施行)

十五、将刑法第二百四十一条第六款修改为:"收买被拐卖的妇女、儿童,对被买儿童没有虐待行为,不阻碍对其进行解救的,可以从轻处罚;按照被买妇女的意愿,不阻碍其返回原居住地的,可以从轻或者减轻处罚。"

【条文说明】

本条是关于收买被拐卖的妇女、儿童罪及其处罚的规定。

本条共分为六款。

第一款是关于收买被拐卖的妇女、儿童犯罪的处罚规定。本款所说的**收买被拐卖的妇女、儿童**,是指不是以出卖为目的,而用金钱财物收买被拐卖的妇女、儿童的行为。收买被拐卖的妇女、儿童罪的侵害对象只限于被拐卖的妇女、儿童。这里的"妇女"指年满十四周岁的女性;"儿童"指不满十四周岁的男女儿童。妇女和儿童包括具有中国国籍的妇女、儿童,也包括具有外国国籍和无国籍的妇女、儿童。妇女和儿童没有身份证明的,不影响对行为人的定罪处罚。行为人收买是为了达到"结婚""收养"等目的。[1] 依照本款规定,收买被拐卖的妇女、儿童的,处三年以下有期徒刑、拘役或者管制。

---

[1] 收买妇女、儿童的动机,不影响本罪的成立。参见张明楷:《刑法学》(第6版),法律出版社2021年版,第1171页。

第二款是对收买人强行与被买妇女发生性关系的,依照刑法关于强奸罪的规定处罚的规定。"**强行发生性关系**"是指违背妇女意志,以暴力、胁迫或者其他手段与其发生性关系的行为。依照本款规定,收买被拐卖的妇女,强行与其发生性关系的,定罪量刑均适用《刑法》第二百三十六条关于强奸罪的规定。

第三款是关于收买人对被买的妇女、儿童非法剥夺、限制其人身自由或者有故意伤害、侮辱等犯罪行为的,依照刑法有关规定定罪处罚的规定。这里所说的"**非法剥夺、限制其人身自由**",是指收买人对被买的妇女、儿童有本法第二百三十八条非法拘禁罪规定的行为。"**伤害**"是指收买人对被买的妇女、儿童有本法第二百三十四条故意伤害罪规定的行为。"**侮辱**"是指收买人对被买的妇女、儿童有本法第二百四十六条侮辱罪规定的行为。

第四款是关于收买被拐卖的妇女、儿童,并有本条第二款、第三款规定的犯罪行为的,实行数罪并罚的规定。依照本法总则第四章第四节的有关规定,数罪并罚是指对犯有两种以上罪行的人,就其所犯各罪分别定罪量刑后,按一定的原则合并执行刑罚。根据本款规定,如果收买人收买被拐卖的妇女、儿童后,强行与被买妇女发生性关系,非法剥夺、限制被买妇女的人身自由,或者有伤害、侮辱等犯罪行为的,除按收买被拐卖的妇女、儿童罪定罪量刑外,还应根据其所犯其他各罪分别定罪量刑,**实行数罪并罚**。①

第五款是收买被拐卖的妇女、儿童又出卖的,依照刑法第二百四十条关于拐卖妇女、儿童罪的规定定罪处罚的规定。这里所说的"**收买被拐卖的妇女、儿童又出卖**"是指同时具有收买和出卖两种行为,收买人同时具有收买和出卖两种行为,收买人收买被拐卖的妇女、儿童后,无论其收买时出于什么目的,只要又出卖被害妇女、儿童,即属于本款所规定的情况,依照本款规定,构成拐卖妇女、儿童罪,并依照《刑法》第二百四十条的规定定罪处罚。

第六款是关于对收买人在特定条件下予以从宽处罚的规定。本款是刑事政策性的规定,目的是促使收买人善待被拐卖的妇女、儿童,以更好地维护被害人的权益。② 本款对收买人所收买的是妇女还是儿童,在量刑适用上作出了区分。对于**收买儿童的犯罪分子**,还需要具有"没有虐待行为"以及"不阻碍对其进行解救"的条件,才能按本款规定从轻处罚。这里所说的"**没有虐待行为**",是指收买人没有对被买儿童进行打骂、冻饿、禁闭等在精神和肉体上摧残的行为。"**不阻碍对其进行解救**",是指当国家机关工作人员、被害人家属对被买儿童进行解救时,没有采取任何方法阻止、妨碍国家机关工作人员、被害儿童家属的解救工作。本款规定对于收买被拐卖儿童,同时善待儿童、不阻碍解救的收买者,**可以从轻处罚**。对于**收买妇女的犯罪分子**,需要具有"按照被买妇女的意愿,不阻碍其返回原居住地"的条件,才能按照本款规定从轻或减轻处罚。这里所说的"**被买妇女的意愿**",是指被买妇女以各种方式向收买人提出的愿望或者要求。"**不阻碍其返回原居住地**",是指收买人提供路费或者交通工具,也包括不提任何要求,而让被买妇女返回其原居住地。"**原居住地**",一般是指被买妇女被拐卖前的居住地。这里需要特别注意的是,有的妇女是在外出时遭到拐卖的,即"拐出地"和原居住地不一致。在这种情况下,如果收买人按照被买妇女的意愿,将其送到被"拐出地"的,也应视为被买妇女返回原居住地。有的妇女要求到自己的亲友家,这种情况也应视为被买妇女返回了原居住地。除此之外,业已形成稳定的婚姻家庭关系,解救时被买妇女自愿继续留在当地共同生活的,可以视为"按照被买妇女的意愿,不阻碍其返回原居住地"。③ 有关部门在解救工作中也应注意尊重被买妇女的意愿。根据2000年3月20日发布的《最高人民法院、最高人民检察院、公安部、民政部、司法部、全国妇联关于打击拐卖妇女儿童犯罪有关问题的通知》的规定,对于自愿留在现生活地生活的成年女性应尊重其本人意愿,愿在现住地结婚且符合法定结婚条件的应当依法办理结婚登记手续。依照本款规定,对于收买被拐卖的妇女、不阻碍其返回原居住地的,**可以从轻或者减轻处罚**。

---

① 我国学者指出,行为人收买被拐卖的妇女、儿童后,对其实施强奸、非法拘禁等行为,之后又将其出卖的,应认定为拐卖妇女儿童罪,没有必要实行数罪并罚。主要理由在于,刑法规定"收买被拐卖的妇女、儿童又出卖的",依照拐卖妇女、儿童罪论处,而拐卖妇女儿童罪的行为包括了非法拘禁行为,法定刑升格情节中也包括了强奸行为。参见张明楷:《刑法学》(第6版),法律出版社2021年版,第1172—1173页。
② 我国学者指出,规定主要基于两个理由:之一,上述行为使被害人的人身自由得以恢复,同时说明行为人的特殊预防必要性减少;之二,上述行为使解救工作得以顺利进行,同时鼓励行为人保护被害人的法益,鼓励行为人悔过自新。参见张明楷:《刑法学》(第6版),法律出版社2021年版,第1173页。
③ 相同的学说见解,参见周光权:《刑法各论》(第4版),中国人民大学出版社2021年版,第58页。

第二百四十一条

【司法解释】

《最高人民法院关于审理拐卖妇女儿童犯罪案件具体应用法律若干问题的解释》（法释〔2016〕28号，自2017年1月1日起施行）

△(**阻碍对其进行解救**)在国家机关工作人员排查来历不明儿童或者进行解救时，将所收买的儿童藏匿、转移或者实施其他妨碍解救行为，经说服教育仍不配合的，属于刑法第二百四十一条第六款规定的"阻碍对其进行解救"。(§4)

△(**按照被买妇女的意愿，不阻碍其返回原居住地**)收买被拐卖的妇女，业已形成稳定的婚姻家庭关系，解救时被买妇女自愿继续留在当地共同生活的，可以视为"按照被买妇女的意愿，不阻碍其返回原居住地"。(§5)

△(**数罪并罚；组织卖淫罪；强迫卖淫罪；组织儿童乞讨罪；组织未成年人进行违反治安管理活动罪**)收买被拐卖的妇女、儿童后又组织、强迫卖淫或者组织乞讨、进行违反治安管理活动等构成其他犯罪的，依照数罪并罚的规定处罚。(§6)

△(**数罪并罚；妨害公务罪；聚众阻碍解救被收买的妇女、儿童罪**)收买被拐卖的妇女、儿童，以暴力、威胁方法阻碍国家机关工作人员解救收买的妇女、儿童，或者聚众阻碍国家机关工作人员解救被收买的妇女、儿童，构成妨害公务罪、聚众阻碍解救被收买的妇女、儿童罪的，依照数罪并罚的规定处罚。(§7)

△(**共同犯罪**)出于结婚目的收买被拐卖的妇女，或者出于抚养目的收买被拐卖的儿童，涉及多名家庭成员、亲友参与的，对其中起主要作用的人员应当依法追究刑事责任。(§8)

△(**儿童；婴儿；幼儿**)刑法第二百四十条、第二百四十一条规定的儿童，是指不满十四周岁的人。其中，不满一周岁的为婴儿，一周岁以上不满六周岁的为幼儿。(§9)

【司法解释性文件】

《最高人民法院、最高人民检察院、公安部、司法部印发〈关于依法惩治拐卖妇女儿童犯罪的意见〉的通知》（法发〔2010〕7号，2010年3月15日公布）

△(**收买被拐卖的妇女、儿童罪；数罪并罚**)明知是被拐卖的妇女、儿童而收买，具有下列情形之一的，以收买被拐卖的妇女、儿童罪论处；同时构成其他犯罪的，依照数罪并罚的规定处罚：

(1)收买被拐卖的妇女后，违背被收买妇女的意愿，阻碍其返回原居住地的；

(2)阻碍对被收买妇女、儿童进行解救的；

(3)非法剥夺、限制被收买妇女、儿童的人身自由，情节严重，或者对被收买妇女、儿童有强奸、伤害、侮辱、虐待等行为的；

(4)所收买的妇女、儿童被解救后又再次收买，或者收买多名被拐卖的妇女、儿童的；

(5)组织、诱骗、强迫被收买的妇女、儿童从事乞讨、苦役，或者盗窃、传销、卖淫等违法犯罪活动的；

(6)造成被收买妇女、儿童或者其亲属重伤、死亡以及其他严重后果的；

(7)具有其他严重情节的。(§20Ⅰ)

△(**收买被拐卖的妇女、儿童罪的共犯；明知**)他人收买被拐卖的妇女、儿童，仍然向其提供被收买妇女、儿童的户籍证明、出生证明或者其他帮助的，以收买被拐卖的妇女、儿童罪的共犯论处，但是，收买人未被追究刑事责任的除外。①

认定是否"明知"，应当根据证人证言、犯罪嫌疑人、被告人及其同案人供述和辩解，结合提供帮助的人本人、职务、身份，是否明显违反相关规章制度、工作流程等，予以综合判断。(§21Ⅱ、Ⅲ)

△(**数罪并罚；组织、教唆被拐卖、收买的妇女、儿童犯罪**)拐卖妇女、儿童或者被拐卖的妇女、儿童，又组织、教唆拐卖、收买的妇女、儿童进行犯罪的，以拐卖妇女儿童罪或者收买被拐卖的妇女、儿童罪与其所组织、教唆的罪数罪并罚。(§26)

△(**数罪并罚；组织未成年人进行违反治安管理活动罪**)拐卖妇女、儿童或者被拐卖的妇女、儿童，又组织、教唆被拐卖、收买的未成年妇女、儿童进行盗窃、诈骗、抢夺、敲诈勒索等违反治安管理活动的，以拐卖妇女儿童罪或者收买被拐卖的妇女、儿童罪与组织未成年人进行违反治安管理活动罪数罪并罚。(§27)

△(**从严处罚事由；从轻处罚事由；缓刑适用；免予刑事处罚事由**)犯收买被拐卖的妇女、儿童罪，对被收买妇女、儿童实施违法犯罪活动或者将其作为牟利工具的，处罚时应当依法体现从严。

收买被拐卖的妇女、儿童，对被收买妇女、儿童没有实施摧残、虐待行为或者与其已形成稳定的婚姻家庭关系，但仍应依法追究刑事责任的，一

---

① 对此，我国学者采取限制从属说，若收买人因为具有责任阻却事由或者处罚阻却事由而未被追究刑事责任，其犯不具备责任阻却事由与处罚阻却事由时，共犯仍然成立犯罪，应追究刑事责任。参见张明楷：《刑法学》（第6版），法律出版社2021年版，第1174页。

般应当从轻处罚;符合缓刑条件的,可以依法适用缓刑。

收买被拐卖的妇女、儿童,犯罪情节轻微的,可以依法免予刑事处罚。(§30)

△(共同犯罪)多名家庭成员或者亲友共同参与出卖亲生子女,或者"买人为妻"、"买人为子"构成收买被拐卖的妇女、儿童罪的,一般应当在综合考察犯意提起、各行为人在犯罪中所起作用等情节的基础上,依法追究其中罪责较重者的刑事责任。对于其他情节显著轻微危害不大,不认为是犯罪的,依法不追究刑事责任;必要时可以由公安机关予以行政处罚。(§31)

【参考案例】

No.4-241(1)-1 龚绍吴收买被拐卖的妇女、儿童,强迫卖淫案

收买被拐卖的妇女儿童后强迫卖淫的,分别成立收买被拐卖妇女儿童罪与强迫卖淫罪,实行并罚。

第二百四十二条 【妨害公务罪】【聚众阻碍解救被收买的妇女、儿童罪】

以暴力、威胁方法阻碍国家机关工作人员解救被收买的妇女、儿童的,依照本法第二百七十七条的规定定罪处罚。

聚众阻碍国家机关工作人员解救被收买的妇女、儿童的首要分子,处五年以下有期徒刑或者拘役;其他参与者使用暴力、威胁方法的,依照前款的规定处罚。

【条文说明】

本条是关于聚众阻碍解救被收买的妇女、儿童罪及其处罚的规定。

收买被拐卖的妇女、儿童是严重侵犯公民人身自由权利的行为,任何个人或者组织不得阻碍对被拐卖的妇女、儿童进行解救,并不得向被收买的、拐卖的妇女、儿童及其家属索要费用。实践中,解救被收买的妇女、儿童的行动往往遇到种种各方面的阻力,一些收买妇女、儿童的人及其亲属以暴力、威胁方法阻碍国家机关工作人员解救被收买的妇女、儿童,还有的纠集多人,聚众阻碍解救被收买的妇女、儿童,有的甚至围攻、殴打从事解救工作的国家机关工作人员。对于上述行为,必须依法追究刑事责任。

本条共分为两款。

第一款是关于以暴力、威胁方法阻碍国家机关工作人员解救被收买的妇女、儿童的犯罪及其处罚的规定。① 这里所规定的"**暴力**",是指对解救被收买的妇女、儿童的国家机关工作人员人身进行打击或者实行强制,如殴打、捆绑等。"**威胁**",是指以杀害、伤害、毁坏财产、破坏名誉等手段进行要挟,迫使国家机关工作人员放弃执行解救被收买的妇女、儿童的职责。本款规定的犯罪必须具备以下两个条件:(1)犯罪人必须采用暴力、威胁方法实施了**阻碍国家机关工作人员解救被收买的妇女、儿童的行为**,如果行为人没有实施暴力、威胁的阻碍行为,只是吵闹、谩骂、不服管理等,不构成犯罪,可以依法进行治安管理处罚。(2)犯罪分子阻碍的对象必须是**依法执行解救职责的国家机关工作人员**。依照本款规定,以暴力、威胁方法阻碍国家机关工作人员解救被收买的妇女、儿童的,依照《刑法》第二百七十七条关于**妨害公务罪**的规定定罪处罚,即处三年以下有期徒刑、拘役、管制或者罚金。

第二款是关于聚众阻碍解救被收买的妇女、儿童罪及其处罚的规定。**聚众阻碍解救被收买的妇女、儿童**,是指有预谋、有组织、有领导地纠集多人阻碍国家机关工作人员解救被收买的妇女、儿童的行为。实践中,组织聚众阻碍解救被收买的妇女、儿童的首要分子,有的并不直接采用暴力、威胁的方法,而是在幕后策划、指挥、煽动,因此难以适用《刑法》第二百七十七条规定的妨害公务罪。为了有力惩治聚众阻碍解救被收买的妇女、儿童的犯罪行为,刑法设专条作了规定。本款所说的"**聚众**",是指聚集多人。"**首要分子**",是指在聚众阻碍国家机关工作人员解救被收买的妇女、儿童的犯罪活动中起组织、策划、指挥、煽动等作用的犯罪分子,可能是一人,也可能是多人。"**其他参与者**",是指首要分子以外的其他参与聚众阻碍国家机关工作人员解救被拐卖、绑架的妇

---

① 如果阻碍国家机关工作人员解救已被拐骗、绑架但尚未被出卖(未被收买)的妇女、儿童,则构成拐卖妇女、儿童罪的共犯。参见张明楷:《刑法学》(第6版),法律出版社2021年版,第1174页。

女、儿童的人。依照本款规定，聚众阻碍国家机关工作人员解救被收买的妇女、儿童的首要分子，处五年以下有期徒刑或者拘役；其他参与者使用暴力、威胁方法的，依照前款的规定处罚，即处三年以下有期徒刑、拘役、管制或者罚金。

实际执行中应当注意以下问题：根据本条第二款的规定，对于聚众阻碍解救被收买的妇女、儿童的首要分子，不论其是否使用暴力、威胁方法，都按聚众阻碍解救被收买的妇女、儿童罪处罚。对于其他参与者，则只有使用暴力、威胁方法的，才能按照本条第一款的规定，以妨害公务罪定罪处罚；未使用暴力、威胁方法的，不构成犯罪。

【司法解释】

《最高人民法院关于审理拐卖妇女儿童犯罪案件具体应用法律若干问题的解释》（法释〔2016〕28号，自2017年1月1日起施行）

△（数罪并罚；收买被拐卖的妇女、儿童罪）收买被拐卖的妇女、儿童，又以暴力、威胁方法阻碍国家机关工作人员解救被收买的妇女、儿童，或者聚众阻碍国家机关工作人员解救被收买的妇女、儿童，构成妨害公务罪，聚众阻碍解救被收买的妇女、儿童罪的，依照数罪并罚的规定处罚。（§7）

第二百四十三条　【诬告陷害罪】

捏造事实诬告陷害他人，意图使他人受刑事追究，情节严重的，处三年以下有期徒刑、拘役或者管制；造成严重后果的，处三年以上十年以下有期徒刑。

国家机关工作人员犯前款罪的，从重处罚。

不是有意诬陷，而是错告，或者检举失实的，不适用前两款的规定。

【条文说明】

本条是关于诬告陷害罪及其处罚的规定。

《宪法》第三十八条规定："中华人民共和国公民的人格尊严不受侵犯。禁止用任何方法对公民进行侮辱、诽谤和诬告陷害。"检举揭发违法犯罪行为是每个公民的权利，但实践中有些人往往是滥用检举揭发权，无中生有，诬告陷害他人，严重影响社会和谐发展，破坏社会风气，应当予以惩处。由于行为人企图假手司法机关实现其诬陷无辜的目的，不仅侵犯了公民的人身权利，使无辜者的名誉受到损害，而且可能导致冤假错案，造成错捕、错判甚至错杀的严重后果，干扰司法机关的正常活动，破坏司法机关的威信，因此必须依法予以严惩。

本条共分为三款。

第一款是关于诬告陷害罪及其处罚的规定。依照本款规定，**诬告陷害罪**，是指捏造事实，作虚假告发，意图陷害他人，使他人受刑事追究，情节严重的行为。这里所说的"**他人**"，既包括一般的干部、群众，也包括正在服刑的罪犯和其他在押的被告人和犯罪嫌疑人。诬告陷害罪侵犯的客体是复杂客体，既侵犯了他人的人身权利，也侵犯了司法机关的正常活动。[①] 根据本款规定，构成诬告陷害罪必须具备以下条件：（1）**诬告陷害他人，必须以使他人受刑事追究为目的**。[②] 行为人诬陷他人可能出于不同的动机，有的是发泄私愤，有的是嫉贤妒能，有的是排除异己，但必须以使他人受刑事追究为目的的，才能构成诬告陷害罪。如果不以使他人受刑事追究为目的而捏造事实诬告的，如以败坏他人名誉、阻止他人得到某种奖励或者提升等为目的而诬告他人有违法或不道德行为的，则不构成诬告陷害罪。（2）**捏造的事实必须是他人的犯罪事实**，如果捏造的事实不足以使他

[①] 关于诬告陷害罪的保护法益，学说上存在人身权利说、司法（审判）作用说、择一说以及并合说四种说法。由于我国刑法将诬告陷害罪置于侵犯公民人身权利、民主权利罪章中，我国学者指出，应当采取人身权利说，而不能采纳司法作用说、择一说与并合说。因此，基于被害人承诺的诬告行为，以及诬告虚无人的行为，不属于刑法所规定的诬告行为。参见张明楷：《刑法学》（第6版），法律出版社2021年版，第1175页；黎宏：《刑法学各论》（第2版），法律出版社2016年版，第255—256页；周光权：《刑法各论》（第4版），中国人民大学出版社2021年版，第59页。

[②] 行为人虽然明知自己的诬告行为不可能使他人受到刑事处罚，但是，明知自己的行为会使他人被刑事拘留、逮捕等，意图使他人成为犯罪嫌疑人而被立案侦查，也应认定为"意图使他人受到刑事追究"。参见张明楷：《刑法学》（第6版），法律出版社2021年版，第1178页。

人受到刑事追究的,则不构成犯罪。① 捏造事实,既包括无中生有,捏造事实陷害他人,也包括栽赃陷害,在确实发生了具体犯罪事实的情况下,捏造证据栽赃、嫁祸他人,还包括借题发挥,将不构成犯罪的事实夸大为犯罪事实,进而陷害他人等。(3)**行为人不仅捏造了他人的犯罪事实,而且将捏造的犯罪事实向有关机关进行了告发**。② 行为人虽有捏造他人犯罪事实的行为,但如果没有进行告发,其诬陷的目的就无法实现,因而也不构成诬告陷害罪。告发的形式可以是书面告发,也可以是口头告发,可以是实名告发,也可以是匿名告发。(4)**诬告陷害的行为必须有明确的对象**。如果行为人只是捏造了某种犯罪事实,向有关机关告发,并没有具体的告发对象,这种行为虽然也侵犯了司法机关的正常活动,但并未直接侵犯他人的人身权利,不构成诬告陷害罪。③ 有明确的对象并非要求行为人必须指名道姓告发,如果通过告发的事实可以明显地判断出告发对象,即使没有提出具体姓名,也属于有明确的对象。(5)**诬告陷害情节严重的**。这里所规定的"**情节严重**",主要是指捏造的犯罪事实情节严重,诬陷手段恶劣,严重影响司法机关的正常工作、社会影响恶劣等。只要诬告陷害的行为符合以上条件,诬告陷害罪就成立。本款所规定的"**造成严重后果**",主要是指被害人被错误地追究了刑事责任,或者使被诬陷人的人身权利、民主权利、财产权利等受到重大损害,或者使司法机关的正常工作遭受特别重大的损害。依照本款规定,犯诬告陷害罪的,处三年以下有期徒刑、拘役或者管制;造成严重后果的,处三年以上十年以下有期徒刑。④

第二款是关于国家机关工作人员犯诬告陷害罪从重处罚的规定。这里所规定的"**国家机关工作人员**",根据本法第九十三条的规定,是指在国家权力机关、行政机关、监察机关、人民法院、人民检察院、军事机关等国家机关中从事公务的人员。国家机关工作人员由于其所处的地位和掌握的权力,如果捏造事实诬告陷害他人,往往会对被害人的合法权益和国家机关的声誉造成更大的损害,同时考虑到对国家机关工作人员的要求应当更加严格,因此,本款规定,国家机关工作人员犯诬告陷害罪的,从重处罚。

第三款是关于错告或者检举失实不适用前两款规定的规定。⑤ 这样规定是为了正确区分诬告陷害与**错告、检举失实**的界限,以有利于打击犯罪,保护公民与违法犯罪作斗争的积极性。《宪法》第四十一条第一款规定:"中华人民共和国公民对于任何国家机关和国家工作人员,有提出批评和建议的权利;对于任何国家机关和国家工作人员的违法失职行为,有向有关国家机关提出申诉、控告或者检举的权利,但是不得捏造或者歪曲事实进行诬告陷害。"诬告与错告或者检举失实,二者在客观上都表现为向国家机关或有关单位告发的犯罪事实与客观事实不相符合。但在主观方面,二者有着质的不同:前者是故意捏造或者歪曲事实告发他人,具有陷害他人的故意;后者则是行为人认为自己告发的是真实犯罪事实,只是由于情况不明,或者认识片面而在控告、检举中发生差错,没有陷害他人的故意。由此可见,是否具有诬告陷害的故意,是区分诬告与错告或者检举失实的根本标志。实践中要准确区分诬告与错告或者检举失实,就必须根据行为人告发的背景、原因、告发的事实来源、告发人与被告人之间的关系等综合判定。

实际执行中应当注意以下两个方面的问题:

1. 实践中应当注意诬告陷害罪与**诽谤罪**的区别:(1)诽谤罪的目的是损害他人的人格和名

---

① 我国学者指出,为了防止不当限制公民的告发权,应当要求行为人明知自己所告发的确实是虚假的犯罪事实(确定的认识说)。参见张明楷:《刑法学》(第6版),法律出版社2021年版,第1177页。

② 相同的学说见解,参见黎宏:《刑法学各论》(第2版),法律出版社2016年版,第256页;高铭暄、马克昌主编:《刑法学》(第7版),北京大学出版社、高等教育出版社2016年版,第474页。另有学者指出,本罪实行行为的内容是虚假告发,即向有关机关使刑事追究活动的公安、司法机关,或者向事实上能够对被诬陷人采取限制、剥夺人身自由等措施的机关告发捏造的犯罪事实。告发之前的"捏造事实"(打印他人"犯罪"资料,撰写"控告信"等行为),非属本罪之实行行为。参见张明楷:《刑法学》(第6版),法律出版社2021年版,第1176页。

③ 相同的学说见解,参见周光权:《刑法各论》(第4版),中国人民大学出版社2021年版,第59页;赵秉志、李希慧主编:《刑法各论》(第3版),中国人民大学出版社2021年版,第207页。

④ 我国学者指出,应利用间接正犯与想象竞合犯,来克服(对诬告陷害罪规定)相对确定法定刑所带来的缺陷。例如,如果诬告陷害行为导致他人被错判死刑,应认定为诬告陷害罪与故意杀人罪(间接正犯)的想象竞合,从一重罪处罚。参见张明楷:《刑法学》(第6版),法律出版社2021年版,第1178页。

⑤ 我国学者指出,"有意诬告"是客观处罚条件。在诬告陷害罪中,行为人需要证明其不是诬告,其对检举揭发的事实如果在一定程度上加以证明,则不受惩罚。参见周光权:《刑法总论》(第4版),中国人民大学出版社2021年版,第275—276页。

誉,而诬告陷害罪的目的是使被诬告陷害人受刑事追究;(2)诽谤罪捏造的事实不一定是他人犯罪的事实,而诬告陷害罪捏造的必须是他人犯罪的事实;(3)诽谤罪行为人的手段是散布其捏造的事实,诬告陷害罪行为人的手段是向有关机关告发其捏造的他人的犯罪事实;(4)诽谤罪属于亲告罪,即告诉的才处理,但是严重危害社会秩序和国家利益的除外,而诬告陷害罪不是亲告罪,属于国家公诉案件。

2. 诬告陷害罪与**报复陷害罪**的界限:(1)犯罪对象不同,诬告陷害罪的对象是非特定公民;报复陷害罪的对象是控告人、申诉人、批评人与举报人。(2)主体不同,诬告陷害罪是一般主体,只是规定国家机关工作人员犯罪要从重处罚;而报复陷害罪是特殊主体,限于国家机关工作人员。(3)行为表现不同,诬告陷害罪表现为捏造犯罪事实,作虚假告发;报复陷害罪表现为滥用职权、假公济私,进行报复陷害。(4)目的不同,诬告陷害罪的目的是意图使他人受刑事追究;报复陷害罪是一般报复的目的。

第二百四十四条 【强迫劳动罪】

以暴力、威胁或者限制人身自由的方法强迫他人劳动的,处三年以下有期徒刑或者拘役,并处罚金;情节严重的,处三年以上十年以下有期徒刑,并处罚金。

明知他人实施前款行为,为其招募、运送人员或者有其他协助强迫他人劳动行为的,依照前款的规定处罚。

单位犯前两款罪的,对单位判处罚金,并对其直接负责的主管人员和其他直接责任人员,依照第一款的规定处罚。

【立法沿革】

《中华人民共和国刑法》(1997年修订,自1997年10月1日起施行)

第二百四十四条

用人单位违反劳动管理法规,以限制人身自由方法强迫职工劳动,情节严重的,对直接责任人员,处三年以下有期徒刑或者拘役,并处或者单处罚金。

《中华人民共和国刑法修正案(八)》(自2011年5月1日起施行)

三十八、将刑法第二百四十四条修改为:

"以暴力、威胁或者限制人身自由的方法强迫他人劳动的,处三年以下有期徒刑或者拘役,并处罚金;情节严重的,处三年以上十年以下有期徒刑,并处罚金。

"明知他人实施前款行为,为其招募、运送人员或者有其他协助强迫他人劳动行为的,依照前款的规定处罚。

"单位犯前两款罪的,对单位判处罚金,并对其直接负责的主管人员和其他直接责任人员,依照第一款的规定处罚。"

【条文说明】

本条是关于强迫劳动罪及其处罚的规定。

本条共分为三款。

第一款是关于强迫劳动罪及其处罚的规定。根据本款规定,**强迫劳动犯罪**,是指以暴力、威胁或者限制人身自由的方法强迫他人劳动的行为。《宪法》第三十七条中规定"中华人民共和国公民的人身自由不受侵犯";第四十二条中规定"中华人民共和国公民有劳动的权利和义务";第四十三条中规定"中华人民共和国劳动者有休息的权利"。任何人都不能强迫他人劳动。所谓"**暴力**"是指犯罪分子直接对被害人实施殴打、伤害等危及其人身安全的行为,使其不能反抗、逃跑。"**威胁**"是指犯罪分子对被害人施以恫吓,进行精神强制,使其不敢反抗、逃跑。"**限制人身自由的方法**"则是指以限制离厂、不让回家,甚至雇用打手看管等方法非法限制被害人的人身自由,强迫其参加劳动。"**他人**"既包括与用人单位订有劳动合同的职工,也包括犯罪分子非法招募的工人、智障人等。强迫劳动罪是故意犯罪。根据本条规定,实施强迫劳动犯罪的,处三年以下有期徒刑或者拘役,并处罚金;情节严重的,处三年以上十年以下有期徒刑,并处罚金。与1997年刑法对强迫职工劳动罪的刑罚相比,本款规定取消了第一档刑罚中单处罚金的规定,增加了第二档刑罚,体现了对强迫劳动犯罪严厉打击的精神。所谓"**情节严重**"通常是指强迫多人劳动,长时间强迫他人劳动,以不人道手段对待被强迫劳动者等,具体标准应由司法机关根据实际情况通过司法解释确定。

第二款是关于协助强迫他人劳动行为处罚的规定。本款规定的协助强迫他人劳动行为,包括招募、运送人员和其他协助强迫他人劳动的行为。所谓"**招募**",是指通过所谓"合法"或非法途径,面向特定或者不特定的群体募集人员的行为。实践中犯罪分子往往利用被害人求职心切,以合法就业岗位、优厚待遇等手段诱骗被害人。"运送"是指用各种交通工具运输人员。"**其他协助强迫他人劳动行为**"是指除招募、运送人员外,为强迫劳动的人转移、窝藏或接收人员等行为。上述协助强迫他人劳动的行为,助长了强迫劳动犯罪,严重侵犯公民的人身权利和社会秩序,应当予以刑事处罚。我国加入的国际公约也要求将这种行为规定为犯罪。根据本款规定,明知他人实施本条第一款规定的强迫劳动行为,为其招募、运送人员或者有其他协助强迫他人劳动行为的,依照本条第一款的规定处罚,即处三年以下有期徒刑或者拘役,并处罚金;情节严重的,处三年以上十年以下有期徒刑,并处罚金。①

第三款是关于单位犯强迫劳动罪的处罚规定。根据本款规定,单位犯本条第一、二款规定的以暴力、威胁或者限制人身自由的方法强迫他人劳动,或者明知他人实施强迫劳动行为,为其招募、运送人员或者有其他协助强迫他人劳动行为的犯罪的,对单位判处罚金,并对其直接负责的主管人员和其他直接责任人员,依照本条第一款的规定处罚,即处三年以下有期徒刑或者拘役,并处罚金;情节严重的,处三年以上十年以下有期徒刑,并处罚金。

刑,并处罚金。

实际执行中应当注意以下问题:对于犯罪分子在强迫劳动的过程中使用暴力,致使被害人伤残、死亡的,应当根据本法的有关规定,**以强迫劳动罪、故意伤害罪或故意杀人罪数罪并罚**。

【司法解释性文件】

《最高人民检察院、公安部关于公安机关管辖的刑事案件立案追诉标准的规定(一)的补充规定》(公通字〔2017〕12号,2017年4月27日公布)
△(强迫劳动罪;立案追诉标准)将《立案追诉标准(一)》第31条修改为:[强迫劳动案(刑法第244条)]以暴力、威胁或者限制人身自由的方法强迫他人劳动的,应予立案追诉。

明知他人以暴力、威胁或者限制人身自由的方法强迫他人劳动,为其招募、运送人员或者有其他协助强迫他人劳动行为的,应予立案追诉。(§6)

【参考案例】

No.4-244-1 朱斌等强迫劳动案

使用殴打、体罚虐待、非法限制人身自由等以使他人陷入无法或难以抗拒的境地的方式强迫他人劳动的,应认定为强迫劳动罪。

第二百四十四条之一 【雇用童工从事危重劳动罪】

违反劳动管理法规,雇用未满十六周岁的未成年人从事超强度体力劳动的,或者从事高空、井下作业的,或者在爆炸性、易燃性、放射性、毒害性等危险环境下从事劳动,情节严重的,对直接责任人员,处三年以下有期徒刑或者拘役,并处罚金;情节特别严重的,处三年以上七年以下有期徒刑,并处罚金。

有前款行为,造成事故,又构成其他犯罪的,依照数罪并罚的规定处罚。

【立法沿革】

《中华人民共和国刑法修正案(四)》(自2002年12月28日起施行)

四、刑法第二百四十四条后增加一条,作为第二百四十四条之一:

"违反劳动管理法规,雇用未满十六周岁的未成年人从事超强度体力劳动的,或者从事高空、井下作业的,或者在爆炸性、易燃性、放射性、毒害性等危险环境下从事劳动,情节严重的,对直接责任人员,处三年以下有期徒刑或者拘役,并处罚金;情节特别严重的,处三年以上七年以下有期徒刑,并处罚金。

"有前款行为,造成事故,又构成其他犯罪的,依照数罪并罚的规定处罚。"

【条文说明】

本条是关于雇用童工从事危重劳动罪及其处罚的规定。

---

① 我国学者指出,协助强迫类型的强迫劳动罪表面上是帮助犯的正犯化,但实际上只是帮助犯的量刑规则(或只是量刑的正犯化)。因此,成立此一类型的犯罪,仍应以被害人被他人强迫劳动作为前提。参见张明楷:《刑法学》(第6版),法律出版社2021年版,第1178页。

本条共分为两款。

第一款是关于雇用童工从事危重劳动罪的构成要件以及处罚的规定。根据本款规定，认定雇用童工从事危重劳动罪要注意以下几个问题：

1. 违反劳动管理法规，雇用未满十六周岁的未成年人从事劳动。这里所说的"**劳动管理法规**"，是指劳动法等法律和国务院颁布的与劳动保护有关的行政法规，以及其他法律、法规中关于劳动关系、劳动保护等的规定。我国劳动法明确规定，国家对未成年工实行特殊劳动保护的原则，在就业年龄、工种、工作时间、劳动强度等方面给予特殊保护，如规定就业最低年龄为十六周岁；"不得安排未成年工从事矿山井下、有毒有害、国家规定的第四级体力劳动强度的劳动和其他禁忌从事的劳动"等。同时，根据劳动管理法规的规定，任何用人单位和个人，招用未满十六周岁的未成年人从事劳动的，属于使用童工的违法行为。但是，文艺、体育单位经未成年人的监护人同意，可以招用未满十六周岁的专业文艺工作者、运动员，学校、其他教育机构以及职业培训机构按照国家规定组织未满十六周岁的未成年人进行不影响其人身安全和身心健康的教育实践劳动、职业技能培训劳动的，不属于非法使用童工。一些单位和个人打着从事文艺、体育活动的招牌，非法雇用童工进行低俗、危险表演的，不属于招收文艺、体育工作者的情况，应当按照本条规定定罪处罚。所谓"**雇用**"，一般是指在行为人和童工之间形成一定的劳动关系。① 雇用是通过支付工资使他人为自己提供劳动的行为。雇佣关系的形成并不要求双方有明确的时间约定，也不以签有书面合同为条件，只要雇用人与被雇用的童工之间形成事实上的劳动关系即可。但是父母让未成年子女到自己的工厂、作坊等从事劳动的，不宜认定为雇佣关系。

2. 雇用未满十六周岁的未成年人从事超强度体力劳动、高空、井下作业，或者在爆炸性、易燃性、放射性、毒害性等危险环境下从事劳动。违反劳动管理法规的规定，雇用未满十六周岁的未成年人从事劳动的，都属于违法行为，但并非都属于犯罪行为。构成雇用童工从事危重劳动罪的行为，仅限于非法雇用童工从事刑法明确规定的对未成年人身心健康危害较大的特定劳动的行为。"**超强度体力劳动**"，是指劳动强度超过劳动者正常体能承受程度的体力劳动。关于劳动强度，国家劳动保护部门有专门的规定和测算依据。根据规定，体力劳动强度的测定是通过测量某劳动工种平均劳动时间率和能量代谢率，计算出其劳动强度指数，然后根据指数将体力劳动按照强度由低到高分为四级。其中第四级强度的体力劳动属于强度最大的劳动。根据计算，八小时工作日平均耗能值为113044千焦耳/人，劳动时间率为77%，劳动强度显然很大。根据国家保护未成年工(指十六周岁以上不满十八周岁)的规定，对于未成年工，不得要求其从事第四级劳动强度的作业。需要特别说明的是，这里的劳动强度是国家劳动保护部门为了进行科学的劳动保护管理，针对正常的生产劳动作业所作的区分，并与相应的劳动保护措施和福利待遇相联系。因此，在具体认定童工所从事的体力劳动是否属于超强度体力劳动时，可以参考上述劳动保护部门用于测算正常生产劳动作业的分级标准，对童工所具体从事的劳动强度进行测算，但不能简单地认定某级以上强度的劳动就属于超强度体力劳动。因为对于童工而言，并没有所谓适合其身体发育状况的体力劳动的分级。雇用未满十六周岁的未成年人，无论从事何种强度体力劳动，都属于非法使用童工。当然，虽然雇用童工从事体力劳动行为本身就属于非法行为，但是其违法的程度与童工从事的劳动的强度大小是密切联系的。比如，雇用童工从事的体力劳动在劳动时间率、平均耗能值等方面相当于一级体力劳动强度的，其危害性显然要小于雇用童工从事劳动强度相当于二级或三级体力劳动强度的劳动。所谓超强度是指超过劳动者正常体能所能合理承受的强度。所以在认定是否构成雇用童工从事超强度体力劳动时，还应结合被雇用童工的年龄、身体发育状况等因素。比如，根据国家劳动管理法规，用人单位可以安排未成年工(已满十六周岁不满十八周岁)从事四级强度体力劳动以下的劳动，那么用人单位安排未满十六周岁的未成年人从事四级体力劳动强度的劳动的，应当属于超强度体力劳动。但是安排即将年满十六周岁的未成年人从事一级体力劳动强度劳动的，是否属于超强度体力劳动，就不能一概而论了。由于童工的年龄跨度很大，雇用童工从事劳动的情况也很复杂，因此法律无法具体规定雇用童工从事何种劳动就属于超强度体力劳动。具体认定需要由司法机关根据案件的具体情

---

① 我国学者指出，应对"雇用"作扩大解释，其既包括支付劳动报酬的情形，也包括不支付劳动报酬的情形。参见张明楷：《刑法学》(第6版)，法律出版社2021年版，第1179页；周光权：《刑法各论》(第4版)，中国人民大学出版社2021年版，第62页。

况,结合童工的年龄、身体发育状况、承受能力、童工所从事的劳动的性质等因素,综合考虑。除超强度体力劳动外,本条还规定了**高空作业**和**井下作业**。高空作业具有一定的危险性,需要作业者具有专门的技术知识、自我保护意识和技能。井下作业不仅本身劳动强度较大,而且环境相对比较恶劣,在井下作业会严重损害未成年人的身体健康。而且,井下作业也需要一定的自我保护意识和技能。未成年人身心发育尚不成熟,自我保护意识和能力比较差,在从事高空和井下作业存在较大的危险性,因此刑法专门作了规定。对童工身心健康危害较大的几种危险劳动环境,本条也作了规定。这些危险环境主要包括**爆炸性、易燃性、放射性、毒害性环境**。这些环境本身对人身健康就具有危害性,未成年人身体发育尚不健全,更容易受到伤害。同时,这些环境由于具有高度危险,作业者必须具有专门的操作技能和安全知识,还需要作业者随时保持高度的警惕,由于未成年人的身心特点,其在从事这些危险作业时,更容易发生危险,造成事故。需要特别说明的是,刑法虽然只是规定了爆炸性、易燃性、放射性、毒害性等危险环境,但是,除上述危险环境外,非法雇用童工在与上述具有相当危险性的环境下劳动的,也可以构成雇用童工从事危重劳动罪。比如,雇用童工在严重的粉尘环境、极端低温或者高温环境下从事劳动。

3. 实施上述行为,情节严重。① 应当说雇用未满十六周岁的未成年人从事超强度体力劳动,或者从事高空、井下作业,或者在爆炸性、易燃性、放射性、毒害性等危险环境下从事劳动,其危害性比一般的非法雇用童工行为要严重。但是,根据刑法规定,并非实施上述行为就一律以犯罪追究。由于现实情况非常复杂,非法雇用童工从事上述劳动的,具体危害性可能存在很大的差异。这就需要司法机关根据案件的具体情节加以区别。**具体情节是否严重**,可以结合非法雇用童工的数量、童工所从事的劳动的种类和强度、童工的年龄及身体发育状况、劳动安全设施和劳动保护措施的状况、劳动环境危险性的高低等因素,综合衡量。

第一款规定了对雇用童工从事危重劳动罪的处罚。雇用童工从事危重劳动罪的刑罚幅度有两个,**非法雇用童工情节严重的**,对直接责任人员处三年以下有期徒刑或者拘役,并处罚金;**情节特别严重的**,处三年以上七年以下有期徒刑,并处罚

金。这里的**直接责任人员**,是指对非法雇用童工负有直接责任的人员,既包括企事业单位或者其他组织中直接负责的主管人员和其他负有直接责任的人员,也包括个体户、农户、城镇居民等。无论该企事业单位或者其他组织是否依法成立,也无论其具体经营活动是否合法,只要实施非法雇用童工的行为并构成犯罪的,都应当按照上述规定予以处罚。

第二款是关于**犯雇用童工从事危重劳动罪,造成事故,同时构成其他犯罪,予以数罪并罚的规定**。从实践情况看,非法雇用童工行为主要发生在一些个体、私营企业。这些企业在安全生产和劳动保护方面往往投入不足,劳动保护设施较差,安全生产制度不健全,工人和生产指挥人员缺乏安全生产意识,事故隐患较多。因此,非法雇用童工,又发生事故的情况时有发生。针对这种情况,为了保证依法追究非法雇用童工并造成事故的刑事责任,本条第二款明确规定了予以数罪并罚的处罚原则。这是因为,非法雇用童工,造成事故并构成其他犯罪的,行为人实际上存在数个行为,分别触犯了刑法数个条文的规定,在性质上属于数罪,如果按照雇用童工从事危重劳动罪或者重大安全事故罪等一罪追究的话,就会放纵犯罪分子。

实际执行中应当注意以下两个方面的问题:

1. 根据本条第二款的规定,雇用童工从事危重劳动,造成事故,又构成其他犯罪的,应当依照数罪并罚的规定处罚。对被告人实行数罪并罚的条件有三个:(1)有非法雇用童工的犯罪行为。数罪并罚的前提条件是行为人的数个行为都构成犯罪,因此行为人必须实施了本法第一款规定的非法雇用童工的行为,情节严重,构成犯罪。(2)造成了事故。造成事故是指过失造成被雇用的童工人身伤害、死亡等后果。因采用暴力手段强迫被雇用的童工劳动,体罚、虐待被雇用的童工,造成童工伤害或者死亡后果的,应当按照刑法有关规定处理,不属于这里所说的事故。需要说明的是,本条第二款是对非法雇用童工和造成事故这两种情况同时发生如何处理作出的规定,并不要求两者之间具有直接因果关系。事故的直接原因与非法雇用童工行为没有直接联系,但是发生重大责任事故或者重大安全事故,造成童工人身伤亡,符合本条第二款规定的,应当按照数罪进行并罚。(3)造成事故的行为构成了犯罪。这里的其

---

① 我国学者指出,"情节严重"这一要素仅针对第三种行为类型,而并针对本条第一款中的所有行为类型。一方面,条文在第一种和第二种类型后面已经使用"的",表明对前两种类型的表述已经完结;另一方面,"危险环境"的范围很广,只有情节严重,才宜认定为犯罪。参见张明楷:《刑法学》(第6版),法律出版社2021年版,第1179页。

他犯罪主要是指《刑法》第一百三十四条、第一百三十五条等有关安全生产事故的犯罪。

2. 要准确区分罪与非罪的界限。根据法律规定,情节是否严重,是区分违法与犯罪的关键。实践中,使用童工的情况比较复杂,要根据案件具体情况,严格区分罪与非罪、违法与犯罪的界限。2008年《最高人民检察院、公安部关于公安机关管辖的刑事案件立案追诉标准的规定(一)》第三十二条规定:"违反劳动管理法规,雇用未满十六周岁的未成年人从事国家规定的第四级体力劳动强度的劳动,或者从事高空、井下劳动,或者在爆炸性、易燃性、放射性、毒害性等危险环境下从事劳动,涉嫌下列情形之一的,**应予立案追诉**:(一)造成未满十六周岁的未成年人伤亡或者对其身体健康造成严重危害的;(二)雇用未满十六周岁的未成年人三人以上的;(三)以强迫、欺骗等手段雇用未满十六周岁的未成年人从事危重劳动的;(四)其他情节严重的情形。"对情节不严重,不构成犯罪的违法行为,可由劳动行政部门给予行政处理或者行政处罚。

【司法解释性文件】

《**最高人民检察院、公安部关于公安机关管辖的刑事案件立案追诉标准的规定(一)**》(公通字〔2008〕36号,2008年6月25日公布)

△(雇用童工从事危重劳动罪;立案追诉标准)违反劳动管理法规,雇用未满十六周岁的未成年人从事国家规定的第四级体力劳动强度的劳动,或者从事高空、井下劳动,或者在爆炸性、放射性、毒害性等危险环境下从事劳动,涉嫌下列情形之一的,应予立案追诉:

(一)造成未满十六周岁的未成年人伤亡或者对其身体健康造成严重危害的;

(二)雇用未满十六周岁的未成年人三人以上的;

(三)以强迫、欺骗等手段雇用未满十六周岁的未成年人从事危重劳动的;

(四)其他情节严重的情形。(§32)

第二百四十五条 【非法搜查罪】【非法侵入住宅罪】

非法搜查他人身体、住宅,或者非法侵入他人住宅的,处三年以下有期徒刑或者拘役。

司法工作人员滥用职权,犯前款罪的,从重处罚。

【条文说明】

本条是关于非法搜查罪、非法侵入住宅罪及其处罚的规定。

本条共分为两款。

第一款是关于非法搜查罪、非法侵入住宅罪及其处罚的规定。根据本款规定,**非法搜查罪**,是指非法对他人的身体、住宅进行搜查的行为。《宪法》第三十七条规定:"中华人民共和国公民的人身自由不受侵犯……禁止非法搜查公民的身体。"第三十九条规定:"中华人民共和国公民的住宅不受侵犯。禁止非法搜查或者非法侵入公民的住宅。"我国刑事诉讼法、监察法及其他有关法律规定,搜查只能由人民检察院、公安机关、国家安全机关、监察机关依照法律规定的程序进行。如《刑事诉讼法》第二编第二章第五节对"搜查"作了专门规定,为了收集犯罪证据、查获犯罪嫌疑人,侦查人员可以对犯罪嫌疑人以及可能隐藏罪犯或者犯罪证据的人的身体、物品、住处和其他有关的地方进行搜查,但必须严格依照法律规定的程序进行,如必须向被搜查人出示搜查证;搜查时应当有被搜查人或者他的家属、邻居或者其他见证人在场;搜查妇女身体,应当由女工作人员进行等。只有符合上述要求,搜查行为才是合法的。这里的"**非法搜查**"包括两层意思:一是指无权进行搜查的机关、团体、单位的工作人员或者个人,非法对他人人身、住宅进行搜查;二是指有搜查权的国家机关工作人员,滥用职权,非法对他人的人身、住宅进行搜查或者搜查的程序和手续不符合法律规定。具有其中之一的,即为非法搜查。非法搜查罪是故意犯罪,过失的不构成犯罪。

非法侵入住宅罪,是指未经住宅主人同意,非法强行闯入他人住宅,或者经住宅主人要求其退出仍拒不退出的行为。① 这里的"**非法**",主要是指无权或者无理进入他人住宅而强行闯入或者拒不退出。如果是事先征得住宅主人同意的,或者是司法工作人员为依法执行搜查、逮捕、拘留等任务而进入他人住宅的,都不是非法侵入他人住宅。这里的"**住宅**"是指他人生活为与外界相对隔离的住所,包括封闭的院落、牧民的帐篷、渔民作为家庭生活场所的渔船、为生活租用的房屋等。非法侵入他人住宅罪是故意犯罪,过失的不构成犯罪。根据本款规定,非法搜查他人身体、住宅,或者非法侵入他人住宅的,处三年以下有期徒刑或者拘役。

第二款是关于司法工作人员滥用职权犯非法搜查罪、非法侵入住宅罪从重处罚的规定。这里所规定的"**司法工作人员**",根据本法第九十四条的规定,是指有侦查、检察、审判、监管职责的工作人员。这里所说的"**滥用职权**",是指司法工作人员超越职权或者违背职责行使职权,非法搜查他人身体、住宅,或者非法侵入他人住宅的行为。依照本款规定,司法工作人员滥用职权犯非法搜查罪、非法侵入住宅罪的,依照前款规定从重处罚。

实际执行中应当注意以下两个方面的问题:

1. 根据2006年《最高人民检察院关于渎职侵权犯罪案件立案标准的规定》的规定,国家机关工作人员利用职权非法搜查,涉嫌下列情形之一的,应予立案:(1)非法搜查他人身体并实施殴打、侮辱等行为的;(2)非法搜查,情节严重,导致被搜查人或者其近亲属自杀、自残造成重伤、死亡,或者精神失常的;(3)非法搜查,造成财物严重损坏的;(4)非法搜查三人(户)次以上的;(5)司法工作人员对明知是与涉嫌犯罪无关的人身、住宅非法搜查的;(6)其他非法搜查应予追究刑事责任的情形。

2. 根据《治安管理处罚法》第四十条的规定,"非法侵入他人住宅或者非法搜查他人身体的",处十日以上十五日以下拘留,并处五百

元以上一千元以下罚款;情节较轻的,处五日以上十日以下拘留,并处二百元以上五百元以下罚款。对于非法侵入他人住宅或者非法搜查他人身体,尚不构成犯罪的,可以给予治安管理处罚。

【司法解释】

《**最高人民检察院关于渎职侵权犯罪案件立案标准的规定**》(高检发释字〔2006〕2号,自2006年7月26日起施行)

△(**国家机关工作人员;非法搜查罪;立案标准**)非法搜查罪是指非法搜查他人身体、住宅的行为。

国家机关工作人员利用职权非法搜查,涉嫌下列情形之一的,应予立案:

1. 非法搜查他人身体、住宅,并实施殴打、侮辱等行为的;

2. 非法搜查,情节严重,导致被搜查人或者其近亲属自杀、自残造成重伤、死亡,或者精神失常的;

3. 非法搜查,造成财物严重损坏的;

4. 非法搜查3人(户)次以上的;

5. 司法工作人员对明知是与涉嫌犯罪无关的人身、住宅非法搜查的;

6. 其他非法搜查应予追究刑事责任的情形。〔§2Ⅱ〕

【司法解释性文件】

《**最高人民检察院关于印发〈人民检察院直接受理立案侦查的渎职侵权重特大案件标准(试行)〉的通知**》(高检发〔2001〕13号,2001年8月24日公布)

△(**国家机关工作人员;非法搜查罪;重特大案件**)国家机关工作人员利用职权实施的非法搜查案

(一)重大案件

1. 五次以上或者一次对五人(户)以上非法搜查的;

2. 引起被搜查人精神失常的。

---

① 国外刑法明文将"不退去"(经权利人要求退去而拒不退去)规定为犯罪行为的类型。譬如,《日本刑法典》第一百三十条(侵入住居等)规定:"无正当理由侵入他人住居、有人看守之宅邸、建筑物或船舰,或受要求而仍不从该等场所退去,处三年以下惩役或十万元以下罚金。"参见陈子平编译:《日本刑法典》,元照出版有限公司2016年版,第91页。《德国刑法典》第一百二十三条(侵入住居及场所)第一款规定:"违法侵入他人住宅、营业场所、设有围篱之土地,或供公共服务或运输之封闭性场所者,或已受权利人退去之要求,但仍无故滞留者,处一年以下徒刑或罚金金。"何赖杰、林钰雄审译:《德国刑法典》,元照出版有限公司2017年版,第183页。但是,我国《刑法》第二百四十五条并无"不退去"的规定。因此,我国学者指出,将"不退去"本身评价为"非法侵入",有类推解释之嫌。在以后的刑事立法中,将强行进入和不退去分别规定,可能是一个值得考虑的问题。参见张明楷:《刑法学》(第6版),法律出版社2021年版,第1183页;周光权:《刑法各论》(第4版),中国人民大学出版社2021年版,第65页。阴建峰教授则指出,虽然中国刑法未明文规定"不退去",但并不能将这种不作为排除在非法侵入住宅罪的范畴之外。参见赵秉志、李希慧主编:《刑法各论》(第3版),中国人民大学出版社2016年版,第210页。

(二)特大案件

1. 七次以上或者一次对七人(户)以上非法搜查的;
2. 引起被搜查人自杀的。(§35)

《最高人民法院、最高人民检察院、公安部、司法部关于办理实施"软暴力"的刑事案件若干问题的意见》(自2019年4月9日起施行)

△("非法侵入他人住宅";非法侵入住宅罪)以"软暴力"手段非法进入或者滞留他人住宅的,应当认定为《刑法》第二百四十五条规定的"非法侵入他人住宅",同时符合其他犯罪构成要件的,应当以非法侵入住宅罪定罪处罚。(§7)

△(雇佣、指使;主犯;强迫交易罪;敲诈勒索罪;非法侵入住宅罪;寻衅滋事罪;民间矛盾)雇佣、指使他人采用"软暴力"手段强迫交易、敲诈勒索,构成强迫交易罪、敲诈勒索罪的,对雇佣者、指使者,一般应当以共同犯罪中的主犯论处。

为强索不受法律保护的债务或者因其他非法目的,雇佣、指使他人采用"软暴力"手段非法剥夺他人人身自由构成非法拘禁罪,或者非法侵入他人住宅、寻衅滋事,构成非法侵入住宅罪、寻衅滋事罪的,对雇佣者、指使者,一般应当以共同犯罪中的主犯论处;因本人及近亲属合法债务、婚恋、家庭、邻里纠纷等民间矛盾而雇佣、指使,没有造成严重后果的,一般不作为犯罪处理,但经有关部门批评制止或者处理处罚后仍继续实施的除外。(§11)

【参考案例】

No.4-245-2-1 顾振军非法侵入住宅案

将尸体抬入他人住宅摆放,情节严重的,不构成侮辱罪,应以非法侵入他人住宅罪论处。

No.4-245-2-2 罗付兴盗窃、非法侵入住宅案

入室盗窃过程中,被害人因受惊吓而造成的损害,不构成转化型抢劫罪;若入室盗窃行为不构成盗窃罪的,应以非法侵入住宅罪论处。①

第二百四十六条 【侮辱罪】【诽谤罪】

以暴力或者其他方法公然侮辱他人或者捏造事实诽谤他人,情节严重的,处三年以下有期徒刑、拘役、管制或者剥夺政治权利。

前款罪,告诉的才处理,但是严重危害社会秩序和国家利益的除外。

通过信息网络实施第一款规定的行为,被害人向人民法院告诉,但提供证据确有困难的,人民法院可以要求公安机关提供协助。

【立法沿革】

《中华人民共和国刑法》(1997年修订,自1997年10月1日起施行)

第二百四十六条

以暴力或者其他方法公然侮辱他人或者捏造事实诽谤他人,情节严重的,处三年以下有期徒刑、拘役、管制或者剥夺政治权利。

前款罪,告诉的才处理,但是严重危害社会秩序和国家利益的除外。

《中华人民共和国刑法修正案(九)》(自2015年11月1日起施行)

十六、在刑法第二百四十六条中增加一款作为第三款:

"通过信息网络实施第一款规定的行为,被害人向人民法院告诉,但提供证据确有困难的,人民法院可以要求公安机关提供协助。"

【条文说明】

本条是关于侮辱罪、诽谤罪及其处罚的规定。

《宪法》第三十八条规定:"中华人民共和国公民的人格尊严不受侵犯。禁止用任何方法对公民进行侮辱、诽谤和诬告陷害。"尊重他人的人格和名誉,是每一个公民应有的道德品质和必须遵循的共同生活准则。

本条共分为三款。

第一款是对侮辱罪、诽谤罪及其处罚的规定。依照本款规定,**侮辱罪**,是指以暴力或者其他方法公然侮辱他人,情节严重的行为;**诽谤罪**,是指故意捏造事实,公然损害他人人格和名誉,情节严重的行为。

---

① 我国学者指出,若非法侵入他人住宅只是为了实现另一犯罪目的,只应按照行为人旨在实施的主要罪行定罪量刑,不按数罪并罚处理;如果非法侵入他人住宅,严重妨碍到他人的居住与生活安宁,但又不构成其他犯罪,则论以非法侵入住宅罪。参见张明楷:《刑法学》(第6版),法律出版社2021年版,第1183页。

侮辱罪、诽谤罪侵犯的客体是他人的人格尊严和名誉权。人格尊严和名誉权是公民基本的人身权利。所谓**人格尊严**，是指公民基于自己所处的社会环境、地位、声望等客观条件而对自己或他人的人格价值和社会价值的认识和尊重。所谓**名誉**，是指公民在社会生活中所获得的名望声誉、一个人的品德、才干、信誉等在社会生活中所获得的社会评价。① 所谓名誉权，是指以名誉的维护和安全为内容的人格权。**侮辱罪、诽谤罪的犯罪对象**只能是自然人，侮辱、诽谤法人以及其他团体、组织等单位，不构成侮辱罪和诽谤罪。需要注意的是，根据《刑法》第二百九十九条的规定，在公众场合故意以焚烧、毁损、涂划、玷污、践踏等方式侮辱中华人民共和国国旗、国徽的，应以**侮辱国旗、国徽罪**依法追究刑事责任。

在客观表现方面，侮辱罪和诽谤罪有所不同。侮辱罪在客观方面主要表现为以暴力或其他方法公然贬损他人人格、破坏他人声誉，情节严重的行为。这里所说的侮辱行为，可以是暴力，也可以是暴力以外的其他方法。所谓"**暴力**"，是指以强制方法来损害他人人格和名誉，如强迫他人"戴高帽"游行、当众剥光他人衣服、以粪便泼人、强迫他人做出有辱人格的动作等。这里的暴力，其目的不是损害他人的身体健康，如果在实施暴力侮辱的过程中造成他人死亡或者伤害后果的，可能同时构成故意杀人罪或者故意伤害罪。所谓"**其他方法**"，是指以语言、文字等暴力以外的方法侮辱他人，语言侮辱如当众用恶毒刻薄的语言对被害人进行嘲笑、辱骂，使其当众出丑，散布被害人的生活隐私、生理缺陷等；文字侮辱如贴传单、漫画、书刊或者其他公开的文字等方式诋毁他人人格、侮辱他人。值得注意的是，随着信息网络的普及和发展，利用互联网侮辱、诽谤他人的行为也不断增多，如通过网络对他人进行辱骂攻击、发布涉及他人隐私信息或图片、捏造损害他人人格、名誉的事实等，这类行为借助互联网传播快、范围广，往往给被害人造成更大伤害。侮辱他人的行为，必须是公然进行，如果不是公然，不构成犯罪。所谓"**公然**"侮辱他人，是指当众或者利用能够使多人听到或看到的方式，对他人进行侮辱，公然侮辱并不一定要求被害人在场。② 如果行为人仅仅针对被害人进行侮辱，没有第三人在场，也不可能被第三者知悉，则不构成侮辱罪，因为只有他人在场，被害人的名誉才会受到伤害。③ 所谓"**他人**"，在这里是指特定的人，即侮辱罪的行为必须是明确地针对某特定的人实施，如果不是针对特定的人，而是一般的"骂街"、谩骂等，不构成侮辱罪。④

诽谤罪在客观方面表现为行为人实施捏造并散布某种虚构的事实，足以贬损他人人格、名誉的行为。"**诽谤**"，是指故意捏造事实，并且进行散播，所谓"**捏造事实**"，就是无中生有，凭空制造虚假的事实，而且这些内容已经或足以给被害人的人格、名誉造成损害。诽谤除捏造事实外还要将该捏造的事实进行散播，散播包括使用口头方法和书面方法，口头方法是通过言论捏造事实并散布，书面方法包括用图画、报刊、书信或者通过互联网等方法，故意捏造事实并散布的行为。**捏造事实的行为与散播行为必须同时具备才构成诽谤罪**。⑤ 如果只是捏造事实又与个别亲友私下议论，没有散播，或者散播的是客观事实而不是捏造的虚假事实的，即使有损于他人的人格、名誉，也不构成诽谤罪。与侮辱罪类似，诽谤罪也必须针对特定的人实施，这种行为不一定公开地指明对方姓名，但是只要从内容上知道被害人是谁，就可

---

① 名誉有外部的名誉（社会的名誉）、内部的名誉、主观的名誉（名誉感情）三种含义。但是，作为侮辱罪与诽谤罪的名誉，其仅限于外部的名誉。并且，外部名誉又可以区分为本来应有的评价（规范的名誉）与现实通用的评价（事实的名誉）。参见张明楷：《刑法学》（第6版），法律出版社2021年版，第1193—1194页；周光权：《刑法各论》（第4版），中国人民大学出版社2021年版，第69页。

② 我国学者指出，所谓"公然"，乃指当着不特定或者多数人的面，或者采用能够使不特定或者多数人感知的方式对他人进行公开侮辱。参见周光权：《刑法各论》（第4版），中国人民大学出版社2021年版，第70页。

③ 相同的学说见解，参见张明楷：《刑法学》（第6版），法律出版社2021年版，第1194页。

④ 另外，我国学者指出，死者不能成为本罪的侮辱对象，法人也不能成为本罪对象。但是，如果侮辱死人，足以对死人亲属或者与其有关的他人的名誉产生影响的，可以将其视为对活人的侮辱。参见张明楷：《刑法学》（第6版），法律出版社2021年版，第1194—1195页；黎宏：《刑法学各论》（第2版），法律出版社2016年版，第262页。

⑤ 我国学者指出，除了在网络上实施，一般来说，"捏造"和"散布"必须同时具备。如果只有"捏造"没有"散布"，或者只有"散布"但没有"捏造"，均不构成诽谤罪。参见黎宏：《刑法学各论》（第2版），法律出版社2016年版，第263页。又有学者指出，单纯的捏造并非本罪的实行行为，将捏造的事实予以散布，才是诽谤罪的实行行为。因此，明知是损害他人名誉的虚假事实而加以散布的，也属于诽谤。参见张明楷：《刑法学》（第6版），法律出版社2021年版，第1196页；周光权：《刑法各论》（第4版），中国人民大学出版社2021年版，第72页。

以构成犯罪①，如果行为人捏造并散布的内容不针对特定的对象，也不能构成犯罪。

依照本款规定，构成侮辱罪、诽谤罪的行为，都必须是情节严重的行为，虽有侮辱、诽谤他人的行为，但情节不严重的，只属于一般的民事侵权行为。这里所说的"**情节严重**"，主要是指侮辱、诽谤他人手段恶劣、后果严重或者影响很坏等情况，如当众扯光被害人的衣服；强令被害人当众爬过自己胯下；当众向被害人身上泼粪便；给被害人脸上抹黑灰、挂破鞋并游街示众；捏造事实诽谤他人，致使被害人受到严重精神刺激而自伤、自残或者自杀；侮辱、诽谤执行公务的人员，造成恶劣影响；等等。

侮辱罪、诽谤罪都是**故意犯罪**，并有侮辱、诽谤他人的目的，过失的行为不构成犯罪。侮辱罪、诽谤罪属于一般主体犯罪，任何年满十六周岁，且具有刑事责任能力的人，均可成为侮辱罪、诽谤罪的主体。关于侮辱罪、诽谤罪的刑罚，依照本款规定，以暴力或者其他方法公然侮辱他人或者捏造事实诽谤他人，情节严重的，处三年以下有期徒刑、拘役、管制或者剥夺政治权利。

第二款是关于侮辱罪、诽谤罪属于告诉才处理的犯罪及例外情形的规定。依照本款规定，对于侮辱罪、诽谤罪，只有被侮辱人、被诽谤人亲自向人民法院控告的，人民法院才能受理；对于被侮辱人、被诽谤人不控告的，司法机关不能主动追究侮辱、诽谤行为人的刑事责任。法律之所以将这类案件规定为**告诉才处理的犯罪**，主要是为了更好地保护当事人的隐私，维护其合法权益。同时，侮辱罪、诽谤罪作为告诉才处理的犯罪也存在**例外情形**：一是根据《刑法》第九十八条的规定，如果被害人受强制或者威吓而无法告诉的，人民检察院和被害人的近亲属也可以告诉；二是依照本款规定，严重危害社会秩序和国家利益的除外。②需要指出的是，上述两种例外情形性质并不相同，对于被害人受强制或者威吓而无法告诉的，人民检察院和被害人近亲属的告诉没有改变侮辱罪、诽谤罪告诉才处理的性质，只是由他人或者机关代被害人自己告诉，这里需要被害人有告诉的意愿。他人代为告诉后，**被害人可以在人民法院宣判以前撤回告诉**。但是对于严重危害社会秩序和国家利益的案件，**根据本款规定不再适用告诉才处理的规定**，而应作为公诉案件处理，由人民检察院提起公诉。这里所说的"**严重危害社会秩序和国家利益**"，主要是指侮辱、诽谤行为严重扰乱社会秩序的；侮辱、诽谤外交使节造成恶劣国际影响的；侮辱、诽谤行为给国家形象造成恶劣影响的；等等。

第三款是关于对通过信息网络实施侮辱、诽谤行为，人民法院可以要求公安机关提供协助的规定。随着网络的普及和发展，通过信息网络实施侮辱、诽谤犯罪的案件开始增多，对此根据2009年修正的《全国人民代表大会常务委员会关于维护互联网安全的决定》第四条的规定，为了保护个人、法人和其他组织的人身、财产等合法权利，对利用互联网侮辱他人或者捏造事实诽谤他人，构成犯罪的，依照刑法有关规定追究刑事责任。由于法律将一般的侮辱罪、诽谤罪规定为告诉才处理的犯罪，根据《刑事诉讼法》第二百一十条、第二百一十一条的规定，告诉才处理的犯罪属于自诉案件，人民法院对于自诉案件进行审查后，按下列情形分别处理：（1）犯罪事实清楚，有足够证据的案件，应当开庭审判；（2）缺乏罪证的自诉案件，如果自诉人提不出补充证据，应当说服自诉人撤回自诉，或者裁定驳回。实践中，由于网络本身的虚拟性，被害人遭受网络侮辱、诽谤行为后，很难确认行为人身份，往往无法达到自诉案件法院开庭审理的要求。为了打击网络侮辱、诽谤行为，维护被害人权益，《刑法修正案（九）》根据实际需要和有关方面的建议，增加了本款规定。对于被害人向人民法院告诉的通过网络实施的侮辱、诽谤行为，被害人提供证据确有困难，受理被害人告诉的人民法院可以根据具体情况，要求公安机关提供协助。**被害人"提供证据确有困难"**是指被害人通过正常的途径难以查明犯罪嫌疑人身份，难以收集、固定相应的犯罪证据。由于实践中的情况复杂，对此法律规定得较为原则，需要司法机关在处理具体案件过程中根据情况确定。这里的"**提供协助**"，主要是指由公安机关查明犯罪嫌疑人的身份信息，向互联网企业调取有关犯罪证据，协助人民法院查明有关案情，等等。根据人民警察法的规定，公安机关负有预防、制止和侦查违法犯罪活动的职责，在人民法院要求公安机关提供协助的情况下，公安机关可以行使法律赋予的职权，开展相应调查工作。

实际执行中应当注意以下几个方面的问题：

---

① 相同的学说见解，参见黎宏：《刑法学各论》（第 2 版），法律出版社 2016 年版，第 263 页。
② 为发泄对地方领导工作的不满而实施侮辱行为，原则上不属于严重危害社会秩序和国家利益，不能由检察机关提起公诉。参见周光权：《刑法各论》（第 4 版），中国人民大学出版社 2021 年版，第 71 页。

1. 关于**侮辱罪**与**诽谤罪**的区别。两罪的不同之处主要在于：侮辱罪不是用捏造的方式进行，而诽谤罪必须是捏造事实的方式；侮辱罪包含暴力侮辱行为，而诽谤罪一般不使用暴力手段。实践中侮辱罪往往是当着被害人的面进行的，而诽谤罪则是当众或者向第三者散布的，被害人不一定在场。

2. 关于侮辱罪与**强制猥亵、侮辱罪**的界限。当行为人采用强扒妇女衣服、对女性身体进行某些猥亵、侮辱动作时，对行为人定侮辱罪还是强制猥亵、侮辱罪，容易发生混淆。二者的区别在于，行为人的主观目的和动机不同，侮辱罪中的侮辱妇女，行为人的目的在于败坏妇女的名誉，贬低其人格，动机多出于私愤报复、发泄不满等，与侮辱男性没有什么区别；而强制猥亵他人、侮辱妇女的行为，行为人的目的在于寻求畸形的性刺激，满足其下流的心理需求。此外，侮辱罪的对象一般是特定的人，而强制猥亵、侮辱罪的对象具有不特定性。①

3. 对于实施侮辱、诽谤行为，尚不构成犯罪的，可以依法给予**治安管理处罚**。《治安管理处罚法》第四十二条中规定，"公然侮辱他人或者捏造事实诽谤他人的"，处五日以下拘留或者五百元以下罚款；情节较重的，处五日以上十日以下拘留，可以并处五百元以下罚款。

【司法解释】

《**最高人民法院关于审理非法出版物刑事案件具体应用法律若干问题的解释**》(法释〔1998〕30号，自1998年12月23日起施行)

△(**出版物；侮辱罪；诽谤罪**) 在出版物中公然侮辱他人或者捏造事实诽谤他人，情节严重的，依照刑法第二百四十六条的规定，分别以侮辱罪或者诽谤罪定罪处罚。(§6)

《**最高人民法院、最高人民检察院关于办理利用信息网络实施诽谤等刑事案件适用法律若干问题的解释**》(法释〔2013〕21号，自2013年9月10日起施行)

△(**捏造事实诽谤他人；以"捏造事实诽谤他人"论**) 具有下列情形之一的，应当认定为刑法第二百四十六条第一款规定的"捏造事实诽谤他人"：

(一)捏造损害他人名誉的事实，在信息网络上散布，或者组织、指使人员在信息网络上散布的；

(二)将信息网络上涉及他人的原始信息内容篡改为损害他人名誉的事实，在信息网络上散布，或者组织、指使人员在信息网络上散布的；

明知是捏造的损害他人名誉的事实，在信息网络上散布，情节恶劣的，以"捏造事实诽谤他人"论。(§1)

△(**情节严重**) 利用信息网络诽谤他人，具有下列情形之一的，应当认定为刑法第二百四十六条第一款规定的"情节严重"：

(一)同一诽谤信息实际被点击、浏览次数达到五千次以上，或者被转发次数达到五百次以上的②；

(二)造成被害人或者其近亲属精神失常、自残、自杀等严重后果的；

(三)二年内曾因诽谤受过行政处罚，又诽谤他人的；

(四)其他情节严重的情形。(§2)

△(**严重危害社会秩序和国家利益**) 利用信息网络诽谤他人，具有下列情形之一的，应当认定为刑法第二百四十六条第二款规定的"严重危害社会秩序和国家利益"：

(一)引发群体性事件的；

(二)引发公共秩序混乱的；

(三)引发民族、宗教冲突的；

(四)诽谤多人，造成恶劣社会影响的；

(五)损害国家形象，严重危害国家利益的；

(六)造成恶劣国际影响的；

(七)其他严重危害社会秩序和国家利益的情形。(§3)

△(**累计计算**) 一年内多次实施利用信息网络诽谤他人行为未经处理，诽谤信息实际被点击、浏览、转发次数累计计算构成犯罪的，应当依法定

---

① 相同的学说见解，参见赵秉志、李希慧主编：《刑法各论》(第3版)，中国人民大学出版社2016年版，第214—215页。另有学者指出，侮辱罪侵犯的法益是他人的名誉，强制猥亵、侮辱罪的法益则是他人的性自主决定权。侮辱罪与强制猥亵、侮辱罪两者之间并不是对立的关系。参见张明楷：《刑法学》(第6版)，法律出版社2021年版，第1195页。

② 学说上对于此存在着否定性观点，即该项规定一方面会导致一个人是否犯罪并不完全取决于犯罪行为人自身的行为；另一方面，也会导致本罪的处罚范围得以扩张。但是，我国学者指出，当行为人在信息网络上发表诽谤言论时，其行为就已经既遂。故，系争司法解释的规定非但没有扩大诽谤罪的处罚范围，反而可能缩小了诽谤罪的处罚范围。参见张明楷：《刑法学》(第6版)，法律出版社2021年版，第1197—1198页。也有学者指出，将同一诽谤信息实际被点击、浏览或者被转发的次数作为情节严重的认定标准，具有合理性。参见周光权：《刑法各论》(第4版)，中国人民大学出版社2021年版，第73页。

罪处罚。(§4)

△(共同犯罪)明知他人利用信息网络实施诽谤、寻衅滋事、敲诈勒索、非法经营等犯罪,为其提供资金、场所、技术支持等帮助的,以共同犯罪论处。(§8)

△(想象竞合犯;损害商业信誉、商品声誉罪;煽动暴力抗拒法律实施罪;编造、故意传播虚假恐怖信息罪)利用信息网络实施诽谤、寻衅滋事、敲诈勒索、非法经营犯罪,同时又构成刑法第二百二十一条规定的损害商业信誉、商品声誉罪,第二百七十八条规定的煽动暴力抗拒法律实施罪,第二百九十一条之一规定的编造、故意传播虚假恐怖信息罪等犯罪的,依照处罚较重的规定定罪处罚。(§9)

△(信息网络)本解释所称信息网络,包括以计算机、电视机、固定电话机、移动电话机等电子设备为终端的计算机互联网、广播电视网、固定通信网、移动通信网等信息网络,以及向公众开放的局域网络。(§10)

《最高人民法院关于〈中华人民共和国刑法修正案(九)〉时间效力问题的解释》(法释〔2015〕19号,自2015年11月1日起施行)

△(时间效力)对于2015年10月31日以前通过信息网络实施的刑法第二百四十六条第一款规定的侮辱、诽谤行为,被害人向人民法院告诉,但提供证据确有困难的,适用修正后刑法第二百四十六条第三款的规定。(§4)

【司法解释性文件】

《公安部关于严格依法办理侮辱诽谤案件的通知》(公通字〔2009〕6号,2009年4月3日发布)

△(侮辱、诽谤公诉案件;"严重危害社会秩序和国家利益")准确把握侮辱、诽谤公诉案件的管辖范围及基本要件。根据《刑法》第二百四十六条的规定,侮辱、诽谤案件一般属于自诉案件,应当由公民个人自行向人民法院提起诉讼,只有在侮辱、诽谤行为"严重危害社会秩序和国家利益"时,公安机关才能按照公诉程序立案侦查。公安机关在依公诉程序办理侮辱、诽谤刑事案件时,必须准确把握犯罪构成要件。对于不具备"严重危害社会秩序和国家利益"这一基本要件的,公安机关不得作为公诉案件受理。对于具有下列情形之一的侮辱、诽谤行为,应当认定为"严重危害社会秩序和国家利益",以侮辱罪、诽谤罪立案侦查,作为公诉案件办理:(一)因侮辱、诽谤行为导致群体性事件,严重影响社会秩序的;(二)因侮辱、诽谤外交使节、来访的外国国家元首、政府首脑等人员,造成恶劣国际影响的;(三)因侮辱、诽谤行为给国家利益造成严重危害的其他情形。公安机关在接到公民对侮辱、诽谤行为的报案、控告或者举报后,首先要认真审查,判明是否属于公安机关管辖。对于符合上述情形,且通过公诉可能对国家利益和国家形象造成更大损害的,可以通过其他方式予以处理。对于经过审查认为不属于上述情形但涉嫌犯罪的侮辱、诽谤案件,公安机关应当向明情况,制作笔录,并将案件材料移交有管辖权的人民法院,同时向当事人说明此类案件依照法律规定属于自诉案件,不属公安机关管辖,告知其到人民法院自行提起诉讼。公安机关在立案前的审查过程中,不得对有关人员和财产采取强制性措施。对于不构成犯罪但违反《治安管理处罚法》的,要通过治安调解,最大限度地化解矛盾和纠纷;对于调解不成的,应依法给予治安管理处罚。公安机关在办理侮辱、诽谤案件时,要深入细致,辨法析理,努力争取让违法犯罪行为人和被侵害人心悦诚服地接受处理结果,化消极因素为积极因素,取得法律效果和社会效果的统一。(§2)

《最高人民法院、最高人民检察院、公安部、司法部、国家卫生和计划生育委员会等印发〈关于依法惩处涉医违法犯罪维护正常医疗秩序的意见〉的通知》(法发〔2014〕5号,2014年4月22日公布)

△(医务人员;侮辱罪)公然侮辱、恐吓医务人员,依照治安管理处罚法第四十二条的规定处罚;采取暴力或者其他方法公然侮辱、恐吓医务人员情节严重(恶劣),构成侮辱罪、寻衅滋事罪的,依照刑法的有关规定定罪处罚。(§2Ⅳ)

《最高人民法院、最高人民检察院、公安部、司法部关于依法惩治妨害新型冠状病毒感染肺炎疫情防控违法犯罪的意见》(法发〔2020〕7号,2020年2月6日发布)

△(肺炎疫情防控;故意伤害罪;侮辱罪;寻衅滋事罪;非法拘禁罪)依法严惩暴力伤医犯罪。在疫情防控期间,故意伤害医务人员造成轻伤以上的严重后果,或者对医务人员实施撕扯防护装备、吐口水等行为,致使医务人员感染新型冠状病毒的,依照刑法第二百三十四条的规定,以故意伤害罪定罪处罚。

随意殴打医务人员,情节恶劣的,依照刑法第二百九十三条的规定,以寻衅滋事罪定罪处罚。

采取暴力或者其他方法公然侮辱、恐吓医务人员,符合刑法第二百四十六条、第二百九十三条规定的,以侮辱罪或者寻衅滋事罪定罪处罚。

以不准离开工作场所等方式非法限制医务人

员人身自由，符合刑法第二百三十八条规定的，以非法拘禁罪定罪处罚。（§2Ⅱ）

△（治安管理处罚；从重情节）依法严惩妨害疫情防控的违法行为。实施上述（一）至（九）规定的行为，不构成犯罪的，由公安机关根据治安管理处罚法有关虚构事实扰乱公共秩序，扰乱单位秩序、公共场所秩序、寻衅滋事，拒不执行紧急状态下的决定、命令，阻碍执行职务，冲闯警戒带、警戒区，殴打他人，故意伤害，侮辱他人，诈骗，在铁路沿线非法挖掘坑穴、采石取沙，盗窃、损毁路面公共设施，损毁铁路设施设备，故意损毁财物、哄抢公私财物等规定，予以治安管理处罚，或者由有关部门予以其他行政处罚。

对于在疫情防控期间实施有关违法犯罪的，要作为从重情节予以考量，依法体现从严的政策要求，有力惩治震慑违法犯罪，维护法律权威，维护社会秩序，维护人民群众生命安全和身体健康。（§2Ⅱ）

《最高人民法院、最高人民检察院、公安部关于依法惩治网络暴力违法犯罪的指导意见》（法发〔2023〕14号，2023年9月20日印发）

△（网络诽谤）依法惩治网络诽谤行为。在信息网络上制造、散布谣言，贬损他人人格、损害他人名誉，情节严重，符合刑法第二百四十六条规定的，以诽谤罪定罪处罚。（§2）

△（网络侮辱）依法惩治网络侮辱行为。在信息网络上采取肆意谩骂、恶意诋毁、披露隐私等方式，公然侮辱他人，情节严重，符合刑法第二百四十六条规定的，以侮辱罪定罪处罚。（§3）

△（行政处罚）依法惩治网络暴力违法行为。实施网络侮辱、诽谤等网络暴力行为，尚不构成犯罪，符合治安管理处罚法等规定，依法予以行政处罚。（§7）

△（从重处罚事由）依法严惩网络暴力违法犯罪。对网络暴力违法犯罪，应当体现从严惩治精神，让人民群众充分感受到公平正义。坚持严格执法司法，对于网络暴力违法犯罪，依法严肃追责，切实矫正"法不责众"的错误倾向。要重点打击恶意发起者、组织者、恶意推波助澜者以及屡教不改者。实施网络暴力违法犯罪，具有下列情形之一的，依法从重处罚：

（1）针对未成年人、残疾人实施的；

（2）组织"水军"、"打手"或者其他人员实施的；

（3）编造"涉性"话题侵害他人人格尊严的；

（4）利用"深度合成"等生成式人工智能技术发布违法信息的；

（5）网络服务提供者发起、组织的。（§8）

△（不应当认定为诽谤/侮辱违法犯罪）准确把握违法犯罪行为的认定标准。通过信息网络检举、揭发他人犯罪或者违法违纪行为，只要不是故意捏造事实或者明知是捏造的事实而故意散布的，不应当认定为诽谤违法犯罪。针对他人言行发表评论、提出批评，即使观点有所偏颇、言论有些偏激，只要不是肆意谩骂、恶意诋毁的，不应当认定为侮辱违法犯罪。（§10）

△（公安机关协助取证；网络服务提供者）落实公安机关协助取证的法律规定。根据刑法第二百四十六条第三款的规定，对于被害人就网络侮辱、诽谤提起自诉的案件，人民法院经审查认为被害人提供证据确有困难的，可以要求公安机关提供协助。公安机关应当根据人民法院要求和案件具体情况，及时查明行为主体，收集其有侮辱、诽谤信息传播扩散情况及造成的影响等证据材料。网络服务提供者应当依法为公安机关取证提供必要的技术支持和协助。经公安机关协助取证，达到自诉案件受理条件的，人民法院应当决定立案；无法收集相关证据材料的，公安机关应当书面向人民法院说明情况。（§11）

△（公诉条件；"严重危害社会秩序"）准确把握侮辱罪、诽谤罪的公诉条件。根据刑法第二百四十六条第二款的规定，实施侮辱、诽谤犯罪，严重危害社会秩序和国家利益的，应当依法提起公诉。认定网络侮辱、诽谤是否严重危害社会秩序，应当综合侵害对象、动机目的、行为方式、信息传播范围、危害后果等因素作出判定。

实施网络侮辱、诽谤行为，具有下列情形之一的，应当认定为刑法第二百四十六条第二款规定的"严重危害社会秩序"：

（1）造成被害人或者其近亲属精神失常、自杀等严重后果，社会影响恶劣的；

（2）随意以普通公众为侵害对象，相关信息在网络上大范围传播，引发大量低俗、恶意评论，严重破坏网络秩序，社会影响恶劣的；

（3）侮辱、诽谤多人或者多次散布侮辱、诽谤信息，社会影响恶劣的；

（4）组织、指使人员在多个网络平台大量散布侮辱、诽谤信息，社会影响恶劣的；

（5）其他严重危害社会秩序的情形。（§12）

△（公诉程序）依法适用侮辱、诽谤刑事案件的公诉程序。对于严重危害社会秩序的网络侮辱、诽谤行为，公安机关应当依法及时立案。被害人同时向人民法院提起自诉的，人民法院可以请自诉人撤回自诉或者裁定不予受理；已经受理的，应当裁定终止审理，并将相关材料移送公安机关，

原自诉人可以作为被害人参与诉讼。对于网络侮辱、诽谤行为，被害人在公安机关立案前提起自诉，人民法院经审查认为有行为严重危害社会秩序的，应当将案件移送公安机关。

对于网络侮辱、诽谤行为，被害人或者其近亲属向公安机关报案，公安机关经审查认为已构成犯罪但不符合公诉条件的，可以告知报案人向人民法院提起自诉。（§13）

△（人格权侵害禁令制度）依法适用人格权侵害禁令制度。权利人有证据证明行为人正在实施或者即将实施侵害其人格权的违法行为，不及时制止将使其合法权益受到难以弥补的损害，依据民法典第九百九十七条向人民法院申请采取责令行为人停止有关行为的措施的，人民法院可以根据案件具体情况依法作出人格权侵害禁令。（§15）

△（受害人权益保障）有效保障受害人权益。办理网络暴力案件，应当及时告知受害人及其法定代理人或者近亲属有权委托诉讼代理人，并告知其有权依法申请法律援助。针对相关网络暴力信息传播范围广、社会危害大、影响消除难的现实情况，要依法及时向社会发布案件进展信息，澄清事实真相，有效消除不良影响。依法适用认罪认罚从宽制度，促使被告人认罪认罚，真诚悔罪，通过媒体公开道歉等方式，实现对受害人人格权的有效保护。对于被判处刑罚的被告人，可以依法宣告职业禁止或者禁止令。（§17）

【指导性案例】

最高人民检察院指导性案例第137号：郎某、何某诽谤案（2021年2月21日发布）

△（网络诽谤；严重危害社会秩序；自诉转公诉）用信息网络诽谤他人，破坏公众安全感，严重扰乱网络社会秩序，符合《刑法》第二百四十六条第二款"严重危害社会秩序"的，检察机关应当依法履行追诉职责，作为公诉案件办理。对公安机关未立案侦查，被害人已提出自诉的，检察机关应当处理好由自诉向公诉程序的转换。

最高人民检察院指导性案例第138号：岳某侮辱案（2021年2月21日发布）

△（网络侮辱；裸照；严重危害社会秩序；公诉程序）利用信息网络散布被害人的裸体视频、照片及带有侮辱性的文字，公然侮辱他人，贬损他人人格、破坏他人名誉，导致出现被害人自杀等后果，严重危害社会秩序的，应当按照公诉程序，以侮辱罪依法追究刑事责任。

【参考案例】

No.4-246-1-1　笪开福侮辱案
以挖掘祖坟等恶劣手段使他人受到侮辱的，即使其挖掘祖坟行为是秘密进行的，但其结果却使他人公然受辱，应以侮辱罪论处。

No.4-246-1-2　周彩萍等侮辱案
将被捉奸的妇女赤裸捆绑、拘禁、示众的，应以侮辱罪论处。①

No.4-246-1-3　周彩萍等侮辱案
严重危害社会秩序和国家利益的侮辱行为，应当由检察机关提起公诉。

No.4-246-1-4　周彩萍等侮辱案
侮辱妇女罪中的侮辱是指为获得性刺激，以淫秽举止或者言语调戏妇女的行为，不同于侮辱罪中基于泄愤报复等动机对妇女的侮辱。

No.4-246-1-5　蔡晓青侮辱案
通过互联网发布信息要求人肉搜索会严重降低被搜索者的社会评价，致使其在现实社会中无法正常工作、学习和生活，严重侵害被搜索者的名誉权，导致被搜索者自杀，达到侮辱他人情节严重的程度，成立侮辱罪。

No.4-246-2-1　秦志晖（网名"秦火火"）诽谤、寻衅滋事案
"捏造并散布""篡改并散布""明知虚假事实而散布"都属于捏造事实诽谤他人的行为方式，"情节严重"应当从"诽谤信息数量""危害后果""主观恶性"三个方面具体判断，捏造事实诽谤他人，且情节严重的，构成诽谤罪；诽谤罪系告诉才处理的案件，若严重危害社会秩序和国家利益的，应当适用公诉程序进行追诉。

---

① 我国学者指出，不管出于什么动机与目的，不管在什么场所，强行剥光他人衣裤的行为，都构成强制猥亵、侮辱罪。参见张明楷：《刑法学》（第6版），法律出版社2021年版，第1195页；黎宏：《刑法学各论》（第2版），法律出版社2016年版，第263页。

第二百四十七条 【刑讯逼供罪】【暴力取证罪】

司法工作人员对犯罪嫌疑人、被告人实行刑讯逼供或者使用暴力逼取证人证言的,处三年以下有期徒刑或者拘役。致人伤残、死亡的,依照本法第二百三十四条、第二百三十二条的规定定罪从重处罚。

【条文说明】

本条是关于刑讯逼供罪、暴力取证罪及其处罚的规定。

刑讯逼供、暴力取证在长期的封建专制历史中大量存在。在我国长达数千年的封建社会里,刑讯逼供曾经是公开、合法的审讯方式。受到这种消极司法文化传统的影响,刑讯逼供、暴力取证在当今个别司法人员身上也时有发生。刑讯逼供不仅使被审讯的人在肉体上、精神上遭受摧残和折磨,也是造成许多冤假错案的重要原因。早在抗日战争时期,毛泽东同志在《论政策》一文中就明确指出,对任何犯人,应坚决废止肉刑,重证据而不轻信口供。中华人民共和国成立后,我国旗帜鲜明地反对刑讯逼供、暴力取证等违反民主、法治的办案作风。但受封建残存思想以及不尊重犯罪嫌疑人、被告人基本权利的落后意识的影响,刑讯逼供、暴力取证的行为屡禁不止。2005年、2010年先后发生在湖北和河南的轰动全国的佘祥林案和赵作海案,就是因刑讯逼供导致的典型的冤错案件,佘祥林、赵作海险遭错杀,这些案件的教训值得深刻吸取。2010年最高人民法院、最高人民检察院、公安部、国家安全部、司法部联合印发了《关于办理死刑案件审查判断证据若干问题的规定》和《关于办理刑事案件排除非法证据若干问题的规定》,2017年最高人民法院、最高人民检察院、公安部、国家安全部、司法部又联合印发了《关于办理刑事案件严格排除非法证据若干问题的规定》。上述规范性文件明确了非法证据的内涵和外延,对审查和排除通过刑讯逼供、暴力取证等获取的非法证据的程序、证明责任等问题进行了具体规定。2012年修改刑事诉讼法,首次将"不得强迫任何人证实自己有罪"的原则写进刑事诉讼法,现行《刑事诉讼法》第五十六条规定,"采用刑讯逼供等非法方法收集的犯罪嫌疑人、被告人供述和采用暴力、威胁等非法方法收集的证人证言、被害人陈述,应当予以排除。收集物证、书证不符合法定程序,可能严重影响司法公正的,应当予以补正或者作出合理解释;不能补正或者作出合理解释的,对该证据应当予以排除"。上述规定为制度上进一步遏制刑讯逼供、暴力取证行为提供了法律规范依据。实践中,刑讯逼供、暴力取证行为的产生和存在与执法理念、历史文化、司法伦理、职业道德等因素密切相关,有其深刻的社会历史根源和思想根源,消除刑讯逼供、暴力取证,仍然任重道远。

依照本条规定,**刑讯逼供罪**,是指司法工作人员对犯罪嫌疑人、被告人使用肉刑或者变相肉刑逼取口供的行为。① **暴力取证罪**,是指司法工作人员对证人使用暴力,逼取证言的行为。刑讯逼供罪和暴力取证罪的犯罪主体都必须是司法工作人员。根据本法第九十四条的规定,**司法工作人员**是指有侦查、检察、审判、监管职责的工作人员。② 这两种犯罪都是**故意犯罪**,并且具有逼取犯罪嫌疑人、被告人口供或者逼取证人证言的目的。至于行为人的动机如何,逼取的口供、证人证言事后是否被证实符合事实,不影响犯罪的构成。本条所规定的"**犯罪嫌疑人、被告人**",根据我国刑事诉讼法的有关规定,是指在刑事诉讼中,被指控有犯罪行为而被司法机关依法追究刑事责任的人,公诉案件中,在向人民法院提起公诉前称为犯罪嫌疑人,在向人民法院提起公诉后人民法院判决前称为被告人;自诉案件中,在人民法院判决前称为被告人。③ "**使用暴力**",是指司法工作人员对证人施以肉刑、伤害、殴打等危害证人人身的

---

① 我国学者指出,本罪具有渎职罪的部分特征,故而,必须利用职务上的便利实施本罪。若未利用职务上的便利对犯罪嫌疑人、被告人实施刑讯逼供,如私设公堂刑讯逼供,不构成本罪,但可按非法拘禁罪或者故意伤害罪加以处理。参见周光权:《刑法各论》(第4版),中国人民大学出版社2021年版,第66页;赵秉志、李希慧主编:《刑法各论》(第3版),中国人民大学出版社2016年版,第211页。

② 未受公安机关正式录用,受委托履行侦查、监管职责的人员或者合同制民警,也可以成为本罪之主体。参见张明楷:《刑法学》(第6版),法律出版社2021年版,第1184页。

③ 我国学者指出,不能完全按照刑事诉讼法的规定来理解犯罪嫌疑人。只要是被公安、司法机关作为犯罪嫌疑人对待或者被采取刑事追诉手段的人,均属于刑讯逼供罪中的犯罪嫌疑人。参见张明楷:《刑法学》(第6版),法律出版社2021年版,第1184页。

行为,暴力的范围包括捆绑、吊打、非法使用刑具等直接暴力手段,也包括非直接暴力手段,使之遭受肉体痛苦和精神折磨的行为。"证人",是指在刑事诉讼中,知道案件情况而向司法机关作证的人。① 应当特别注意的是,对于不知道案件情况或者知道案件情况但拒绝作证的人,司法工作人员使用暴力逼迫提供证言的人,也属于本条规定的"证人"。"致人伤残、死亡",是指司法工作人员在刑讯逼供和逼取证人证言过程中,故意使用肉刑、变相肉刑或者使用暴力致使犯罪嫌疑人、被告人、证人身体健康受到严重伤害、残疾或者死亡。② 刑讯逼供和使用暴力逼取证人证言,不仅严重侵犯了公民的人身权利,也妨害了司法机关的正常司法活动,必须依法予以严惩。依照本条规定,司法工作人员对犯罪嫌疑人、被告人实行刑讯逼供或者使用暴力逼取证人证言的,处三年以下有期徒刑或者拘役。致人伤残、死亡的,依照本法第二百三十四条关于故意伤害罪、第二百三十二条关于故意杀人罪的规定定罪,并从重处罚。③

实践中应当注意区分刑讯逼供罪、暴力取证罪与**非法拘禁罪**的区别:一是二者的主体不同,刑讯逼供罪、暴力取证罪的犯罪主体必须是司法工作人员;非法拘禁罪的主体是一般主体,非司法工作人员也可成为犯罪主体。二是刑讯逼供罪、暴力取证罪所侵害的对象只限于被指控有犯罪行为的犯罪嫌疑人、被告人和刑事诉讼中的证人;而非法拘禁罪侵害的对象则是依法享有人身自由权利的任何公民。三是刑讯逼供罪、暴力取证罪在客观上表现为对犯罪嫌疑人、被告人使用肉刑、变相肉刑或者使用暴力逼取口供或者证人证言的行为;非法拘禁罪在客观上表现为以拘禁或者其他强制方法非法剥夺他人人身自由的行为。为此,刑讯逼供罪、暴力取证罪要求行为人具有逼取口供、证人证言的目的;而非法拘禁罪的构成则没有这一要求。

【司法解释】

《最高人民检察院关于渎职侵权犯罪案件立案标准的规定》(高检发释字〔2006〕2号,自2006年7月26起施行)

△(刑讯逼供罪;立案标准)刑讯逼供罪是指司法工作人员对犯罪嫌疑人、被告人使用肉刑或者变相肉刑逼取口供的行为。

涉嫌下列情形之一的,应予立案:

1. 以殴打、捆绑、违法使用械具等恶劣手段逼取口供的;

2. 以较长时间冻、饿、晒、烤等手段逼取口供,严重损害犯罪嫌疑人、被告人身体健康的;

3. 刑讯逼供造成犯罪嫌疑人、被告人轻伤、重伤、死亡的;

4. 刑讯逼供,情节严重,导致犯罪嫌疑人、被告人自杀、自残造成重伤、死亡,或者精神失常的;

5. 刑讯逼供,造成错案的;

6. 刑讯逼供3人次以上的;

7. 纵容、授意、指使、强迫他人刑讯逼供,具有上述情节的;

8. 其他刑讯逼供应予追究刑事责任的情形。(§2Ⅲ)

△(暴力取证罪;立案标准)暴力取证罪是指司法工作人员以暴力逼取证人证言的行为。

涉嫌下列情形之一的,应予立案:

1. 以殴打、捆绑、违法使用械具等恶劣手段逼取证人证言的;

2. 暴力取证造成证人轻伤、重伤、死亡的;

3. 暴力取证,情节严重,导致证人自杀、自残造成重伤、死亡,或者精神失常的;

4. 暴力取证,造成错案的;

5. 暴力取证3人次以上的;

6. 纵容、授意、指使、强迫他人暴力取证,具

---

① 学说见解多对暴力取证罪中的"证人"作广义的理解。本罪中的证人,不仅包括刑事诉讼中的证人,还包括民事诉讼(含经济纠纷的处理)、行政诉讼中的证人,但不包括诉讼活动以外的证人,如仲裁活动、纪律检查机关、行政机关调查取证活动中的证人。另外,被害人、鉴定人、不具有作证资格的人、不知道案件真实情况的人,也可以成为本罪中的证人。参见张明楷:《刑法学》(第6版),法律出版社2021年版,第1186页;黎宏:《刑法学各论》(第2版),法律出版社2016年版,第265页;周光权:《刑法各论》(第4版),中国人民大学出版社2021年版,第67页;高铭暄、马克昌主编:《刑法学》(第7版),北京大学出版社、高等教育出版社2016年版,第479页。

② 我国学者指出,如果刑讯逼供导致被害人自杀,要根据具体情节分析认定,一般不宜认定为刑讯逼供致人死亡。参见张明楷:《刑法学》(第5版),法律出版社2016年版,第909页;黎宏:《刑法学各论》(第2版),法律出版社2016年版,第266页。

③ 我国学者指出,本款规定属于拟制规定而非注意规定。因此,不需要行为人对死亡或伤害具有故意。但根据责任主义原理,行为人对死亡或伤害必须至少有过失。参见张明楷:《刑法学》(第6版),法律出版社2021年版,第1185页;黎宏:《刑法学各论》(第2版),法律出版社2016年版,第265—266页;周光权:《刑法各论》(第4版),中国人民大学出版社2021年版,第66页。

有上述情形之一的;

7. 其他暴力取证应予追究刑事责任的情形。(§2Ⅳ)

【司法解释性文件】

《最高人民检察院关于印发〈人民检察院直接受理立案侦查的渎职侵权重大案件标准(试行)〉的通知》(高检发〔2001〕13号,2001年8月24日公布)

△(刑讯逼供罪;重特大案件)刑讯逼供案

(一)重大案件

1. 致人重伤或者精神失常的;
2. 五次以上或者对五人以上刑讯逼供的;
3. 造成冤、假、错案的。

(二)特大案件

1. 致人死亡的;
2. 七次以上或者对七人以上刑讯逼供的;
3. 致使无辜的人被判处十年以上有期徒刑、无期徒刑、死刑的。(§36)

△(暴力取证罪;重特大案件)暴力取证案

(一)重大案件

1. 致人重伤或者精神失常的;
2. 五次以上或者对五人以上暴力取证的。

(二)特大案件

1. 致人死亡的;
2. 七次以上或者对七人以上暴力取证的。(§37)

第二百四十八条 【虐待被监管人罪】
监狱、拘留所、看守所等监管机构的监管人员对被监管人进行殴打或者体罚虐待,情节严重的,处三年以下有期徒刑或者拘役;情节特别严重的,处三年以上十年以下有期徒刑。致人伤残、死亡的,依照本法第二百三十四条、第二百三十二条的规定定罪从重处罚。
监管人员指使被监管人殴打或者体罚虐待其他被监管人的,依照前款的规定处罚。

【条文说明】

本条是关于虐待被监管人罪及其处罚的规定。

2012年修订后的《监狱法》第七条中规定,"罪犯的人格不受侮辱,其人身安全、合法财产和辩护、申诉、控告、检举以及其他未被依法剥夺或者限制的权利不受侵犯";《看守所条例》第四条中规定,"看守所监管人犯,必须坚持严密警戒看管与教育相结合的方针,坚持依法管理、严格管理、科学管理和文明管理,保障人犯的合法权益。严禁打骂、体罚、虐待人犯"。监狱、拘留所、看守所等监管机构是国家法律的执行机关,是国家强制力的具体体现。监管机构代表国家依法执行法定职责,如羁押人犯、改造罪犯等。同时,它们也有义务维护国家机关的形象和法律的严肃性。被监管人员有双重身份,既是被监管的对象,也是享有权利并受到法律保护的公民,任何非法侵犯其权利的行为都是违法的。

本条共分为两款。

第一款是关于虐待被监管人罪及其处罚规定。根据本款规定,**虐待被监管人罪**,是指监狱、拘留所、看守所等监管机构的监管人员对被监管人进行殴打或者体罚虐待,情节严重的行为。这里所规定的"**监管人员**",是指在监狱、拘留所、看守所等监管机构中行使监管职责的工作人员。①"**体罚虐待**",是指监管人员违反监管法规规定,对被监管人实施任意殴打、捆绑、冻饿、强迫从事过度劳动、侮辱人格、滥施械具等行为②,如《监狱法》第十四条中规定,监狱的人民警察不得刑讯逼供或者体罚、虐待罪犯,不得侮辱罪犯的人格,不得殴打或者纵容他人殴打罪犯。但是,依照有关监管法规的规定,对被监管人采取的必要的监管措施,则不能认定为体罚虐待,不构成犯罪。如

---

① 我国学者指出,虽然检察院、法院不是监管机构,但是,检察院与法院在押解途中、提讯或者开庭审理期间,实际上在行使监管机构的权力,可谓是特定期间的监管机构。检察院与法院的司法警察在特定期间代为行使监管机构的监管人员之监管职责,故而能够成为本罪之行为主体。参见张明楷:《刑法学》(第6版),法律出版社2021年版,第1187页。另有学者指出,人民法院的法警不属于监管人员。故而,法警在押送被告人去法庭开庭的过程中,殴打被告人的场合,不成立虐待被监管人罪,视情形可以成立故意伤害罪。参见黎宏:《刑法学各论》(第2版),法律出版社2016年版,第266页。
② 我国学者指出,本罪的"殴打""体罚虐待"不要求具有一贯性,一次性殴打、体罚虐待情节严重,就足以构成本罪。参见黎宏:《刑法学各论》(第2版),法律出版社2016年版,第267页。

第二百四十八条

《监狱法》第四十五条规定:"监狱遇有下列情形之一的,可以使用戒具:(一)罪犯有脱逃行为的;(二)罪犯有使用暴力行为的;(三)罪犯正在押解途中的;(四)罪犯有其他危险行为需要采取防范措施的。"《监狱法》第五十八条规定,罪犯有聚众哄闹监狱,扰乱正常秩序;辱骂或者殴打人民警察;欺压其他罪犯等破坏监管秩序情形的,可以给予警告、记过或者禁闭。对于监管人员依照上述规定采取的必要的禁闭、使用手铐或者其他戒具等措施,属于依法执行职务的行为,不能认为是犯罪。① "**被监管人**",是指在监狱等刑罚执行场所服刑的罪犯、在看守所中被监管的犯罪嫌疑人和被告人、在拘留所中被执行行政拘留处罚的人以及其他依法被监管的人。如果体罚虐待的不是被监管的人,则不能构成虐待被监管人罪,对构成其他犯罪的,应依照刑法有关规定追究刑事责任。"**情节严重**",主要是指经常殴打或者体罚虐待被监管人屡教不改;殴打或者体罚虐待被监管人手段恶劣;殴打或者体罚虐待被监管人造成恶劣影响;殴打或者体罚虐待被监管人造成严重后果等。"**情节特别严重**",是指手段特别残忍、影响特别恶劣或者造成特别的严重后果等。"**致人伤残、死亡**",是指监狱、拘留所、看守所等监管机构的监管人员殴打或者体罚虐待被监管人致使被监管人身体健康受到严重伤害、残疾或者死亡。虐待被监管人罪是**故意犯罪**,行为人明知自己的行为会造成侵犯被监管人人身权利的结果,并且希望或者放任这种结果发生,行为人一般是出于某种动机对被监管人进行肉体摧残与精神折磨。依照本款规定,监狱、拘留所、看守所等监管机构的监管人员对被监管人进行殴打或者体罚虐待,情节严重的,处三年以下有期徒刑或者拘役;情节特别严重的,处三年以上十年以下有期徒刑。致人伤残、死亡的,依照《刑法》第二百三十四条关于故意伤害罪、第二百三十二条关于故意杀人罪的规定定罪,并从重处罚。②

第二款是关于监管人员指使被监管人殴打或者体罚虐待其他被监管人的犯罪的处罚规定。这里所说的**指使**,是指监管人员指挥、唆使、命令被监管人殴打或者体罚虐待其他被监管人。这种情况时有发生,实际是监管人员殴打或者体罚虐待被监管人的一种规避法律的做法,不仅影响恶劣,而且会因此使一些经常殴打、体罚虐待他人的被监管人成为牢头狱霸,妨害正常的监管秩序。③ 依照本款规定,监管人员指使被监管人殴打或者体罚虐待其他被监管人,情节严重的,处三年以下有期徒刑或者拘役;情节特别严重的,处三年以上十年以下有期徒刑;致人伤残、死亡的,依照《刑法》第二百三十四条关于故意伤害罪、第二百三十二条关于故意杀人罪的规定定罪,并从重处罚。④

实际执行中应当注意划清虐待被监管人罪与**刑讯逼供罪**的界限。两种犯罪在客观方面基本相同。它们之间的区别表现为:一是故意的内容不同。虐待被监管人罪一般是出于某种动机而体罚虐待被监管人,刑讯逼供罪是为了取得犯罪嫌疑人和被告人的有罪供述,查明故意的具体内容是区分两罪的关键。二是犯罪主体范围不完全相同。虐待被监管人罪的主体范围较小,一般限于监狱、拘留所、看守所等监管机构的监管人员,而刑讯逼供罪的犯罪主体较大,包括所有的司法工作人员。

【司法解释】

《最高人民检察院关于渎职侵权犯罪案件立案标准的规定》(高检发释字〔2006〕2号,自2006年7月26日起施行)

△(**虐待被监管人罪;立案标准**)虐待被监管人案

虐待被监管人罪是指监狱、拘留所、看守所、拘役所、劳教所等监管机构的监管人员对被监管人进行殴打或者体罚虐待,情节严重的行为。

涉嫌下列情形之一的,应予立案:

1. 以殴打、捆绑、违法使用械具等恶劣手段虐待被监管人的;

2. 以较长时间冻、饿、晒、烤等手段虐待被监管人,严重损害其身体健康的;

3. 虐待造成被监管人轻伤、重伤、死亡的;

4. 虐待被监管人,情节严重,导致被监管人自杀、自残造成重伤、死亡,或者精神失常的;

5. 殴打或者体罚虐待3人次以上的;

---

① 相同的学说见解,参见黎宏:《刑法学各论》(第2版),法律出版社2016年版,第267页。
② 我国学者指出,本款规定属于拟制规定而非注意规定。因此,不需要为人为死亡或伤害具有故意。但根据责任主义原理,行为人至少对死亡或伤害必须有过失。参见张明楷:《刑法学》(第6版),法律出版社2021年版,第1110页。
③ 我国学者指出,本款指使,纵容被监管人殴打或者体罚虐待其他被监管人,应当结合义务犯(身份犯)的法理进行处理。参见周光权:《刑法各论》(第4版),中国人民大学出版社2021年版,第68页。
④ 我国学者指出,本款规定属于注意规定。是以,监管人员实施《刑法》第二百四十八条第二款的行为,只有情节严重,才能认定为犯罪。参见张明楷:《刑法学》(第6版),法律出版社2021年版,第1188页。

第四章 侵犯公民人身权利、民主权利罪

6. 指使被监管人殴打、体罚虐待其他被监管人,具有上述情形之一的;

7. 其他情节严重的情形。(§2Ⅴ)

《最高人民检察院关于强制隔离戒毒所工作人员能否成为虐待被监管人罪主体问题的批复》(高检发释字〔2015〕2号,自2015年2月15日起施行)

△(强制隔离戒毒所;监管人员;虐待被监管人罪;故意伤害罪;故意杀人罪)根据有关法律规定,强制隔离戒毒所是对符合特定条件的吸毒成瘾人员限制人身自由,进行强制隔离戒毒的监管机构,其履行监管职责的工作人员属于刑法第二百四十八条规定的监管人员。

对于强制隔离戒毒所监管人员殴打或者体罚虐待戒毒人员,或者指使戒毒人员殴打、体罚虐待其他戒毒人员,情节严重的,应当适用刑法第二百四十八条的规定,以虐待被监管人罪追究刑事责任;造成戒毒人员伤残、死亡后果的,应当依照刑法第二百三十四条、第二百三十二条的规定,以故意伤害罪、故意杀人罪从重处罚。

【司法解释性文件】

《最高人民检察院关于印发〈人民检察院直接受理立案侦查的渎职侵权重大案件标准(试行)〉的通知》(高检发〔2001〕13号,2001年8月24日公布)

△(虐待被监管人罪;重特大案件)虐待被监管人案

(一)重大案件

1. 致使被监管人重伤或者精神失常的;

2. 对被监管人五人以上或五次以上实施虐待的。

(二)特大案件

1. 致使被监管人死亡的;

2. 对被监管人七人以上或七次以上实施虐待的。(§38)

第二百四十九条 【煽动民族仇恨、民族歧视罪】

煽动民族仇恨、民族歧视,情节严重的,处三年以下有期徒刑、拘役、管制或者剥夺政治权利;情节特别严重的,处三年以上十年以下有期徒刑。

【条文说明】

本条是关于煽动民族仇恨、民族歧视罪及其处罚的规定。

根据本条规定,煽动民族仇恨、民族歧视,情节严重的行为,构成犯罪。这里所说的"煽动",是指以激起民族之间的仇恨、歧视为目的,公然地以语言、文字等方式诱惑、鼓动群众的行为,如书写、张贴、散发含有民族仇恨、民族歧视内容的标语、传单、印刷、出版、散发含有民族仇恨、民族歧视内容的非法刊物,通过音频、视频方式播放、传播含有民族仇恨、民族歧视内容的音像制品,发表含有民族仇恨、民族歧视内容的演讲、呼喊口号等。"**煽动民族仇恨**",是指以激起不同民族间的仇恨为目的,利用各民族的来源、历史、风俗习惯等的不同,煽动民族间的相互敌对、仇视的行为。"**煽动民族歧视**",是指以激起民族之间的歧视为目的,利用各民族的来源、历史、风俗习惯等的不同,煽动民族间的相互排斥、侮辱、损害民族平等地位的行为。"**情节严重的**",是指煽动手段恶劣的,如使用侮辱、造谣等手段的;多次进行煽动的;造成严重后果或者影响恶劣的;等等。"**情节特别严重的**",是指煽动手段特别恶劣的;长期进行煽动的;引起民族纠纷、冲突或者民族地区骚乱后果特别严重的或者影响特别恶劣的;等等。关于煽动民族仇恨、民族歧视罪的刑罚,依照本条规定,情节严重的,处三年以下有期徒刑、拘役、管制或者剥夺政治权利;情节特别严重的,处三年以上十年以下有期徒刑。

实际执行中应当注意以下两个方面的问题:

1. 正确掌握煽动民族仇恨、民族歧视罪的入罪标准。行为人实施了煽动民族仇恨、民族歧视的行为,情节严重的,就可以构成犯罪,至于被煽动者是否进行了破坏民族团结的行为,不影响煽动民族仇恨、民族歧视罪的成立。此外,现行《治安管理处罚法》第四十七条规定:"煽动民族仇恨、民族歧视,或者在出版物、计算机信息网络中刊载民族歧视、侮辱内容的,处十日以上十五日以下拘留,可以并处一千元以下罚款。"实践中,对于煽动民族仇恨、民族歧视,尚不构成犯罪的,可以给予治安管理处罚。

2. 划清煽动民族仇恨、民族歧视罪与煽动分裂国家罪、煽动颠覆国家政权罪的界限。根据《刑法》第一百零三条第二款的规定,煽动分裂国家罪,是指进行宣传煽动分裂国家、破坏国家统一的行为。根据《刑法》第一百零五条第二款的规定,煽动颠覆国家政权罪,是指以造谣、诽谤或者其他方式煽动颠覆国家政权,推翻社会主义制度的行为。煽动民族仇恨、民族歧视罪与煽动分裂国家罪、煽动颠覆国家政权罪的主要区别体现在:一是侵犯的客体不同。煽动民族仇恨、民族歧视罪侵犯的是各民族的平等、团结,煽动分裂国家罪、煽动颠覆国家政权罪侵犯的是国家安全。二是主观方面的内容不同。煽动民族仇恨、民族歧视罪以破坏民族平等、民族团结为目的,煽动分裂国家罪、煽动颠覆国家政权罪则以分裂国家或者颠覆国家政权为目的。

第二百五十条 【出版歧视、侮辱少数民族作品罪】
在出版物中刊载歧视、侮辱少数民族的内容,情节恶劣,造成严重后果的,对直接责任人员,处三年以下有期徒刑、拘役或者管制。

【条文说明】

本条是关于出版歧视、侮辱少数民族作品罪及其处罚的规定。

根据本条规定,出版歧视、侮辱少数民族作品罪,是指在出版物中刊载歧视、侮辱少数民族的内容,情节恶劣,造成严重后果的行为。构成出版歧视、侮辱少数民族作品罪必须具备以下几个条件:**(1)必须是在出版物中刊载歧视、侮辱少数民族的内容**。这里所说的"出版物",包括报纸、期刊、图书、音像制品和电子出版物等。"刊载",包括发表、制作、转载等。如果不是在出版物上刊载,而只是口头表达的,不构成出版歧视、侮辱少数民族作品罪。**(2)刊载的必须是歧视、侮辱少数民族的内容**。这里所说的"歧视、侮辱少数民族的内容",是指针对少数民族的来源、历史、风俗习惯等,因对少数民族进行贬低、诬蔑、嘲讽、辱骂以及其他歧视、侮辱的行为。**(3)必须是情节恶劣的行为**。这里所说的"情节恶劣",主要是指刊载的内容歪曲历史或者制造谣言,内容污秽、恶毒以及多次刊载等。**(4)必须是造成严重后果的**。这里所说的"造成严重后果",主要是造成恶劣的政治影响,引起民族骚乱、纠纷等。**(5)出版歧视、侮辱少数民族作品罪的犯罪主体是在出版物中刊载歧视、侮辱少数民族的内容的直接责任人员**。这里所说的"直接责任人员",主要包括作者、责任编辑以及其他对刊载上述内容负有直接责任的人员。根据本条规定,在出版物中刊载歧视、侮辱少数民族的内容,情节恶劣,造成严重后果的,对直接责任人员,处三年以下有期徒刑、拘役或者管制。

实际执行中应当注意以下两个方面的问题:
1. 划清出版歧视、侮辱少数民族作品罪与**煽动民族仇恨、民族歧视罪**的界限。构成出版歧视、侮辱少数民族作品罪的行为,一般出于民族偏见、取笑、猎奇等目的,如果是为激起民族仇恨、民族歧视的目的而进行煽动的,应当依照本法第二百四十九条关于煽动民族仇恨、民族歧视罪的规定定罪处罚。

2. 出版歧视、侮辱少数民族作品,尚不构成犯罪的,可以依照治安管理处罚法给予**治安管理处罚**。《治安管理处罚法》第四十七条规定:"煽动民族仇恨、民族歧视,或者在出版物、计算机信息网络中刊载民族歧视、侮辱内容的,处十日以上十五日以下拘留,可以并处一千元以下罚款。"

【司法解释】

《最高人民法院关于审理非法出版物刑事案件具体应用法律若干问题的解释》(法释〔1998〕30号,自1998年12月23日起施行)

△(非法出版物;**出版歧视、侮辱少数民族作品罪**)出版刊载歧视、侮辱少数民族内容的作品,情节恶劣,造成严重后果的,依照刑法第二百五十条的规定,以出版歧视、侮辱少数民族作品罪定罪处罚。(§7)

第二百五十一条 【非法剥夺公民宗教信仰自由罪】【侵犯少数民族风俗习惯罪】
国家机关工作人员非法剥夺公民的宗教信仰自由和侵犯少数民族风俗习惯,情节严重的,处二年以下有期徒刑或者拘役。

【条文说明】

本条是关于非法剥夺公民宗教信仰自由罪、侵犯少数民族风俗习惯罪及其处罚的规定。

根据《宪法》第四条的规定,国家保障各少数民族的合法的权利和利益,维护和发展各民族的平等团结互助和谐关系;各民族都有使用和发展自己的语言文字的自由,都有保持或者改革自己的风俗习惯的自由。《宪法》第三十六条明确规定:"中华人民共和国公民有宗教信仰自由。任何国家机关、社会团体和个人不得强制公民信仰宗教或者不信仰宗教,不得歧视信仰宗教的公民和不信仰宗教的公民。国家保护正常的宗教活动……"非法剥夺公民宗教信仰自由罪,是指国家机关工作人员非法剥夺公民的宗教信仰自由,情节严重的行为;侵犯少数民族风俗习惯罪,是指国家机关工作人员以强制手段非法干涉、破坏少数民族的风俗习惯,情节严重的行为。**本条规定的非法剥夺公民宗教信仰自由罪和侵犯少数民族风俗习惯罪的犯罪主体都只能是国家机关工作人员。** 国家机关工作人员在执行国家宗教政策和少数民族政策中占有重要的地位,有的则专门从事宗教、民族事务工作,一旦对宗教信仰自由或者少数民族风俗习惯进行干涉、破坏,危害后果往往非常严重,造成的影响也更坏,因此本条将犯罪主体限定为国家机关工作人员。非国家机关工作人员实施非法剥夺公民宗教信仰自由或者侵犯少数民族风俗习惯的行为的,不构成上述犯罪;如其行为触犯了刑法其他条文的,可按刑法的有关规定定罪处罚。本条规定的"**非法剥夺**"公民的宗教信仰自由,是指采用强制等方法剥夺他人的宗教信仰自由,如非法干涉他人的合法宗教活动,强迫教徒退教或者改变信仰,强迫公民信教或者信某一教派,以及非法封闭或者捣毁合法宗教场所、设施等。"**宗教信仰自由**"包括公民既有信仰宗教的自由,也有不信仰宗教的自由;既有信仰这种宗教的自由,也有信仰那种宗教的自由;有过去不信教、现在信教的自由,也有过去信教、现在不信教的自由。① 本条所规定的"**少数民族风俗习惯**",是指我国各少数民族在长期的历史过程中形成的有本民族特色的风俗民情、伦理道德等。除了那些与社会主义公共道德相违背和与我国法律相抵触的陈规陋俗要摒弃,根据宪法等法律规定,各少数民族有保持或者改革自己的风俗习惯的自由。因此,对于少数民族的风俗习惯应当尊重,对于侵犯少数民族风俗习惯,情节严重的行为,应当依法予以惩处。根据本条规定,构成非法剥夺公民宗教信仰自由罪、侵犯少数民族风俗习惯罪的都必须是情节严重的行为。这里所说的"**情节严重**",主要是指非法剥夺公民宗教信仰自由和侵犯少数民族风俗习惯的行为手段恶劣,后果严重,或者政治影响恶劣等。依照本条规定,国家机关工作人员犯非法剥夺公民宗教信仰自由罪、侵犯少数民族风俗习惯罪的,处二年以下有期徒刑或者拘役。

实际执行中应当注意划清正常的宗教活动与利用宗教从事非法活动的界限。《宪法》第三十六条第三款、第四款规定:"国家保护正常的宗教活动。任何人不得利用宗教进行破坏社会秩序、损害公民身体健康、妨碍国家教育制度的活动。宗教团体和宗教事务不受外国势力的支配。"宗教信仰自由,必须在不违反国家的法律,不危害国家利益和各民族团结的前提下进行宗教信仰活动。利用宗教信仰从事违法犯罪活动的行为,不属于宗教信仰自由的范围。

---

① 相同的学说见解,参见周光权:《刑法各论》(第4版),中国人民大学出版社2021年版,第87页。

第二百五十二条 【侵犯通信自由罪】

隐匿、毁弃或者非法开拆他人信件,侵犯公民通信自由权利,情节严重的,处一年以下有期徒刑或者拘役。

【条文说明】

本条是关于侵犯通信自由罪及其处罚的规定。

根据本条规定,**侵犯通信自由罪**,是指隐匿、毁弃或者非法开拆他人信件,侵犯公民通信自由权利,情节严重的行为。这里所规定的"**隐匿**"他人信件,是指将他人投寄的信件秘密隐藏起来,使收件人无法查收的行为;"**毁弃**"他人信件,是指将他人投寄的信件予以撕毁、烧毁、扔弃等,致使他人无法查收的行为;"**非法开拆**",是指违反国家有关规定,未经投寄人或者收件人同意,私自开拆他人信件的行为。① 这里所说的"**公民通信自由权利**",是指我国宪法和法律所赋予公民的通信自由不受侵犯的权利。我国《宪法》第四十条明确规定:"中华人民共和国公民的通信自由和通信秘密受法律的保护,除因国家安全或者追查刑事犯罪的需要,由公安机关或者检察机关依照法律规定的程序对通信进行检查外,任何组织或者个人不得以任何理由侵犯公民的通信自由和通信秘密。"现行《刑事诉讼法》第一百四十三条、第一百四十五条规定了**检查扣押邮件的程序**,即侦查人员认为需要扣押犯罪嫌疑人的邮件、电报的时候,经公安机关或者人民检察院批准,即可通知邮电机关将有关的邮件、电报检交扣押,不需要继续扣押的时候,应即通知邮电机关。对查封、扣押的财物、文件、邮件、电报等,经查明确实与案件无关的,应当在三日以内解除查封、扣押、冻结,予以退还。除依据法定事由、法定程序扣押、检查之外,任何机关、团体、单位和个人都不得侵犯公民的通信自由和通信秘密。对于侵犯公民通信自由权利情节严重的行为,应当依法予以惩处。根据本条规定,构成侵犯通信自由罪的行为必须是情节严重的行为。这里所说的"**情节严重**",主要是指多次、经常隐匿、毁弃、非法开拆他人信件或者隐匿、毁弃、非法开拆他人信件数量较多或者造成严重后果等。侵犯通信自由罪是**故意犯罪**,如因过失而遗失、损毁、误拆他人信件的,不构成犯罪。关于侵犯公民通信自由罪的刑罚,根据本条规定,隐匿、毁弃或者非法开拆他人信件,侵犯公民通信自由权利,情节严重的,处一年以下有期徒刑或者拘役。

实际执行中应当注意划清**罪与非罪的界限**。侵犯通信自由的行为如果情节不严重,则不构成犯罪,不能追究行为人的刑事责任,但可以依照《治安管理处罚法》第四十八条的规定给予治安处罚。《治安管理处罚法》第四十八条规定:"冒领、隐匿、毁弃、私自开拆或者非法检查他人邮件的,处五日以下拘留或者五百元以下罚款。"

第二百五十三条 【私自开拆、隐匿、毁弃邮件、电报罪】

邮政工作人员私自开拆或者隐匿、毁弃邮件、电报的,处二年以下有期徒刑或者拘役。
犯前款罪而窃取财物的,依照本法第二百六十四条的规定定罪从重处罚。

【条文说明】

本条是关于私自开拆、隐匿、毁弃邮件、电报罪及其处罚的规定。

《宪法》第四十条明确规定:"中华人民共和国公民的通信自由和通信秘密受法律的保护,除因国家安全或者追查刑事犯罪的需要,由公安机关或者检察机关依照法律规定的程序对通信进行检查外,任何组织或者个人不得以任何理由侵犯公民的通信自由和通信秘密。"《邮政法》第三十五条规定,"任何单位和个人不得私自开拆、隐匿、毁弃他人邮件"。《刑事诉讼法》第一百四十三条、第一百四十五条规定了**检查扣押邮件的程序**,即侦查人员认为需要扣押犯罪嫌疑人的邮件、电报的时候,经公安机关或者人民检察院批准,即可

---

① 被害人最终是否能够再收到信件、行为人是否非法获知信件的内容等,均在所不同。不能认为必须是擅自将他人信件打开,并偷看其内容,才成立非法开拆。参见周光权:《刑法各论》(第4版),中国人民大学出版社2021年版,第76页。

通知邮电机关将有关的邮件、电报检交扣押,不需要继续扣押的时候,应即通知邮电机关;对查封、扣押的财物、文件、邮件、电报等,经查明确实与案件无关的,应当在三日以内解除查封、扣押、冻结,予以退还。除依据法定事由、法定程序扣押、检查之外,任何机关、团体、单位和个人都不得侵犯公民的通信自由和通信秘密。

本条共分为两款。

第一款是关于私自开拆、隐匿、毁弃邮件、电报罪及其处罚的规定。依照本款规定,**私自开拆、隐匿、毁弃邮件、电报罪**,是指邮政工作人员利用职务上的便利,私自开拆或者隐匿、毁弃邮件、电报的行为。本条所规定的"邮政工作人员",是指邮政部门的营业员、分拣员、投递员、押运员以及其他从事邮政工作的人员。① 私自开拆、隐匿、毁弃邮件、电报罪的主体只能是邮政工作人员,而且私自开拆、隐匿、毁弃邮件、电报的行为必须是**利用职务之便实施的**。② 如果隐匿、毁弃或者非法开拆他人信件、电报的行为人不是邮政工作人员或者邮政工作人员不是利用职务之便而实施的行为的,不构成私自开拆、隐匿、毁弃邮件、电报罪,情节严重的,构成《刑法》第二百五十二条规定的侵犯通信自由罪。本条规定了三种妨害邮政通讯的行为,其中**私自开拆**,是指违反国家规定,未经投寄人或者收件人同意,在邮途中非法开拆他人邮件、电报的行为。"**隐匿**",是指将他人投寄的邮件、电报予以截留藏匿而不递交给收件人的行为。"**毁弃**",是指将他人投寄的邮件、电报予以撕毁、烧毁、抛弃等,致使他人无法查收的行为。私自开拆、隐匿、毁弃邮件、电报是妨害邮政通讯的三种具体行为,只要邮政工作人员故意施行上述三种行为之一,就可构成私自开拆、隐匿、毁弃邮件、电报罪。邮政工作人员依法检查邮件的行为,属于正当的职务行为,不构成犯罪。这里所说的"**邮件**",是指通过邮政部门递寄的信件、印刷品、包裹、汇票、报刊等;"**电报**",包括明码、密码电报等。本款规定在执行中需要注意的是,私自开拆、隐匿、毁弃邮件、电报罪只能是**故意犯罪**,可能出于各种各样的动机,如报复、图财、逃避工作等。因过失而遗失、毁坏邮件、电报的,不构成私自开拆、隐匿、毁弃邮件、电报罪。依照本款规定,邮政工作人员犯私自开拆、隐匿、毁弃邮件、电报罪的,处二年以下有期徒刑或者拘役。

第二款是对邮政工作人员私自开拆或者隐匿、毁弃邮件、电报而窃取财物的依照本法关于盗窃罪的规定定罪从重处罚的规定。这里所规定的"**窃取财物**",是指邮政工作人员在私自开拆或者隐匿、毁弃邮件的同时,从邮件中窃取财物的行为。这种行为既妨害了邮政通讯,又侵犯了他人的合法财产。依照本款规定,邮政工作人员私自开拆或者隐匿、毁弃邮件、电报同时窃取财物的,构成盗窃罪,**应依照《刑法》第二百六十四条关于盗窃罪的规定从重处罚**。③④

实际执行中应注意区分私自开拆、隐匿、毁弃邮件、电报罪与《刑法》第二百五十二条规定的**侵犯通信自由罪**的区别:一是犯罪对象不完全相同,私自开拆、隐匿、毁弃邮件、电报罪的犯罪对象为邮件、电报,侵犯通信自由罪的犯罪对象为信件,私自开拆、隐匿、毁弃邮件、电报罪的犯罪对象比侵犯通信自由罪的范围更大。二是犯罪主体不同。私自开拆、隐匿、毁弃邮件、电报罪的犯罪主体为特殊主体,即限于邮政工作人员;侵犯通信自由罪为一般主体,任何人都可以构成。三是构成犯罪的要求不同。私自开拆、隐匿、毁弃邮件、电报罪不以情节严重为构成要件;侵犯通信自由罪则必须是情节严重的才构成犯罪。

---

① 单位专职信件收发员并非邮政工作人员,其利用工作之便藏匿、毁弃、私拆他人信件,只能构成侵犯通信自由罪,而非本罪。参见黎宏:《刑法学各论》(第2版),法律出版社2016年版,第269页。

② 相同的学说见解,参见高铭暄、马克昌主编:《刑法学》(第7版),北京大学出版社、高等教育出版社2016年版,第482页。

③ 我国刑法采取了"对包装物中的内容物的占有,依然保留在委托人手中"的立场。参见黎宏:《刑法学各论》(第2版),法律出版社2016年版,第317页。

④ 我国学者指出,邮政工作人员利用职务上的便利触犯本罪而窃取财物,若符合贪污罪的犯罪构成,属于本罪与贪污罪的想象竞合,应当按贪污罪的法定刑处断。因此,本款规定属于注意规定,而未将贪污行为拟制为盗窃罪。参见张明楷:《刑法学》(第6版),法律出版社2021年版,第1206页。

第二百五十三条之一 【侵犯公民个人信息罪】

违反国家有关规定，向他人出售或者提供公民个人信息，情节严重的，处三年以下有期徒刑或者拘役，并处或者单处罚金；情节特别严重的，处三年以上七年以下有期徒刑，并处罚金。

违反国家有关规定，将在履行职责或者提供服务过程中获得的公民个人信息，出售或者提供给他人的，依照前款的规定从重处罚。

窃取或者以其他方法非法获取公民个人信息的，依照第一款的规定处罚。

单位犯前三款罪的，对单位判处罚金，并对其直接负责的主管人员和其他直接责任人员，依照各该款的规定处罚。

【立法沿革】

《中华人民共和国刑法修正案（七）》（自2009年2月28日起施行）

七、在刑法第二百五十三条后增加一条，作为第二百五十三条之一：

"国家机关或者金融、电信、交通、教育、医疗等单位的工作人员，违反国家规定，将本单位在履行职责或者提供服务过程中获得的公民个人信息，出售或者非法提供给他人，情节严重的，处三年以下有期徒刑或者拘役，并处或者单处罚金。

"窃取或者以其他方法非法获取上述信息，情节严重的，依照前款的规定处罚。

"单位犯前两款罪的，对单位判处罚金，并对其直接负责的主管人员和其他直接责任人员，依照各该款的规定处罚。"

《中华人民共和国刑法修正案（九）》（自2015年11月1日起施行）

十七、将刑法第二百五十三条之一修改为：

"违反国家有关规定，向他人出售或者提供公民个人信息，情节严重的，处三年以下有期徒刑或者拘役，并处或者单处罚金；情节特别严重的，处三年以上七年以下有期徒刑，并处罚金。

"违反国家有关规定，将在履行职责或者提供服务过程中获得的公民个人信息，出售或者提供给他人的，依照前款的规定从重处罚。

"窃取或者以其他方法非法获取公民个人信息的，依照第一款的规定处罚。

"单位犯前三款罪的，对单位判处罚金，并对其直接负责的主管人员和其他直接责任人员，依照各该款的规定处罚。"

【条文说明】

本条是关于侵犯公民个人信息罪及其处罚的规定。

本条共分为四款。

第一款是关于违反规定向他人出售或者非法提供公民个人信息的犯罪及其处罚的规定。这是《刑法修正案（九）》新增加的规定，主要是为了惩治违背公民个人意愿，出售、非法提供其个人信息和倒卖公民个人信息行为。《刑法修正案（七）》增加的《刑法》第二百五十三条之一第一款规定了国家机关、金融等单位的工作人员违规出售、提供公民个人信息犯罪，属于特殊主体的犯罪，本款将犯罪主体扩大至**一般主体**，即任何年满十六周岁的人，违反国家有关规定，向他人出售或者非法提供公民个人信息的行为，不论来源如何，只要符合本款规定的，都可以定罪处罚予以惩治。本款规定犯罪的客体是公民对个人信息享有的权利，这里规定的"公民个人信息"，是指以电子或者其他方式记录的能够单独或者与其他信息结合识别特定自然人身份或者反映特定自然人活动情况的各种信息，包括姓名、身份证件号码、通信通讯联系方式、住址、帐号密码、财产状况、行踪轨迹等。① 本款规定犯罪的主观方面是**故意**，即违反国家有关规定，故意出售和非法提供公民个人信息。这里的"违反国家有关规定"是指违反了有关法律、行政法规、部门规章等国家层面涉及公民个人信息管理方面的规定，如《反洗钱法》第五条规定："对依法履行反洗钱职责或者义务获得的客户身份资料和交易信息，应当予以保密；非依法律规定，不得向任何单位和个人提供。反洗钱行政主管部门和其他依法负有反洗钱监督管理职责的部门、机构履行反洗钱职责获得的客户身份资料和交易信息，只能用于反洗钱行政调查。司法机关依照本法获得的客户身份资料和交易信息，只能用于反洗钱刑事诉讼。"此外，商业银行法、居民身

---

① 必须公开的个人资料不属于本罪的行为对象。譬如，随着政务公开的推进，国家机关工作人员依法公示的个人资料，如家庭住宅、电话号码、子女工作情况、家庭财产等，非属本罪之行为对象。参见黎宏：《刑法学各论》（第2版），法律出版社2016年版，第270页。

份证法、护照法、消费者权益保护法、旅游法、社会保险法、统计法等法律也都有关于公民个人信息保护的规定。本款规定犯罪的客观方面表现为向他人出售和非法提供公民个人信息,情节严重的行为。这里的"**出售**",是指将自己掌握的公民信息卖给他人,自己从中牟利的行为。"**非法提供**",是指违反国家有关规定,将自己掌握的公民信息提供给他人的行为,如现实生活中公民安装网络宽带,需将个人的身份证号提供给电信部门,电信部门只能以安装网络宽带的目的使用公民个人身份号码,如果电信部门的工作人员违反国家有关规定,将公民的身份证号提供给他人的,则属于非法提供。这里的"**他人**",包括单位和个人。根据本款规定,向他人出售和非法提供公民个人信息达到情节严重的程度,构成侵犯公民个人信息罪的条件,尚未达到情节严重的,可依据法律、法规有关规定予以行政处罚。"**情节严重**",一般是指大量出售公民个人信息的,多次出售公民个人信息的,出售公民个人信息获利数额较大的,以及公民个人信息被他人使用后,给公民造成的正常工作上的重大损失或者严重影响公民个人的正常生活等情况,具体情节的认定,应当由司法机关依法根据案件的具体情况认定。《最高人民法院、最高人民检察院关于办理侵犯公民个人信息刑事案件适用法律若干问题的解释》作了具体的规定。根据本款规定,对于情节严重构成犯罪的,处三年以下有期徒刑或者拘役,并处或者单处罚金;情节特别严重的,处三年以上七年以下有期徒刑,并处罚金。

第二款是关于对在履行职责或者提供服务过程中获得的公民个人信息,出售或者提供给他人,情节严重的从重处罚的规定。本款是2009年《刑法修正案(七)》增加的《刑法》第二百五十三条之一第一款的规定,《刑法修正案(九)》对本款作了修改:一是删去"国家机关或者金融、电信、交通、教育、医疗等单位的工作人员"和"将本单位在履行职责或者提供服务过程中获得的"中的"本单位",扩大了本罪主体的范围,即所有在履行职责或者提供服务过程中可以收集、获得公民个人信息的单位和个人,如果违反规定将公民个人信息出售或提供给他人,都可以适用本条规定追究刑事责任。二是将"违反国家规定"修改为"违反国家有关规定",扩大了构成犯罪的范围。与"国家规定"相比,"国家有关规定"的范围更宽,包括法律、行政法规、部门规章等国家层面的涉及公民个人信息保护的规定,有利于根据不同行业、领域的特点有针对性地保护公民个人信息。三是加重了对本款犯罪的处罚。构成本款犯罪"依照前款的规定从重处罚",情节严重的,处三年以下有期徒刑或者拘役,并处或者单处罚金;情节特别严重的,处三年以上七年以下有期徒刑,并处罚金。与原条文规定的刑罚相比,法定刑由最高可以判处三年有期徒刑,提高至最高可以判处七年有期徒刑。

实践中,政府行政管理以及金融、电信、交通、医疗、物业管理、宾馆住宿服务、快递等社会公共服务领域收集和储存了大量的公民个人信息。这些信息为提高行政管理和各项公共服务的质量和效率提供了便利。同时,一些组织或个人违反职业道德和保密义务,将公民个人的信息资料出售或泄露给他人,获取非法利益。这些侵害公民合法权益的现象时有发生,甚至个人信息被一些犯罪分子用于诈骗犯罪活动,对公民的人身、财产安全、个人隐私以及正常的工作、生活构成严重威胁。与普通向他人出售或者提供公民个人信息犯罪行为相比,出售或提供履职、提供服务过程中获得的公民个人信息的行为容易引发大范围的信息泄露,具有更大的社会危害性,而且违反了职业的操守,**应当从严打击**,因此,《刑法修正案(九)》规定对这种行为依照第一款的规定从重处罚。应当注意的是,**本款中的信息必须是单位在履行职责或者提供服务过程中获得的信息**,也就是说利用公权力或者在提供公共服务过程中依法获得的信息,如购买飞机票必须提供本人的身份证号码,在银行等金融机构办理金融业务时必须提供个人的身份证号码等情况。

第三款是关于非法获取公民个人信息的犯罪及其处罚的规定。本款是2009年《刑法修正案(七)》增加的《刑法》第二百五十三条第二款的规定,《刑法修正案(九)》将本款移作第三款,同时将"上述信息"修改为"公民个人信息",明确范围,避免产生歧义。根据本款规定,窃取或者以其他方法非法获取公民个人信息,应当依照第一款的规定处罚,情节严重的,处三年以下有期徒刑或者拘役,并处或者单处罚金;情节特别严重的,处三年以上七年以下有期徒刑,并处罚金。这里的"**窃取**",是指采用秘密的方法或不为人知的方法取得公民个人信息的行为,如在ATM机旁用望远镜偷看或用摄像机偷拍他人银行卡密码、卡号或身份证号或通过网络技术手段获得他人的个人信息等情况。"**以其他方法非法获取**",是指通过购买、欺骗等方式非法获取公民个人信息的行为。应当注意的是,本款规定的非法获取公民个人信息的行为,需达到情节严重的程度,才能构成侵犯公民个人信息的犯罪。情节严重是构成侵犯公民个人信息罪的必要条件。这里的"**情节严重**",一般是指非法获取公民个人信息的手段恶劣、获取了公民个人大量的信息、多次窃取或非法获取公民个人信息后又出售给他人牟利等情节。

第四款是关于**单位犯罪**的处罚规定。本款规定的犯罪主体是公司、企业、事业单位、机关、团体等单位。根据本款规定，单位有出售或者非法提供公民个人信息和非法获取公民个人信息的行为，构成犯罪的，对单位判处罚金，并对单位直接负责的主管人员和其他直接责任人员，分别依照前三款的规定处罚。本款对单位犯罪规定了**双重处罚原则**，即对单位判处罚金，罚金的具体数额，法律未作规定，可由司法机关根据犯罪情节决定。在对单位判处罚金的同时，对单位直接负责的主管人员和其他直接责任人员，分别按照前三款关于自然人的犯罪处罚。需要指出的是，由于第二款规定，依照第一款的规定从重处罚，所以对于直接负责的主管人员和其他直接责任人员犯本条第二款罪的，也应依照第一款的规定从重处罚。

实践中需要注意，除本条规定外，刑法和其他法律法规还有一些规定可能涉及侵犯公民个人信息的行为。如《刑法》第二百五十二条规定的侵犯通信自由罪，《刑法》第二百五十三条规定的私自开拆、隐匿、毁弃邮件、电报罪，《刑法》第一百七十七条之一规定的妨害信用卡管理罪，《刑法》第二百八十四条规定的非法使用窃听、窃照专用器材罪等。如果行为人为非法获取公民个人信息而采用了侵犯公民通信自由权利、通信秘密、非法使用窃听、窃照专用器材的手段或者在实施上述犯罪的过程中同时窃取、获取了公民个人信息的，则可能同时构成本条规定的犯罪和其他罪名，应当根据案件的具体情况从一重罪处罚或者是数罪并罚。

【**司法解释**】

《最高人民法院、最高人民检察院关于办理侵犯公民个人信息刑事案件适用法律若干问题的解释》(法释〔2017〕10号，自2017年6月1日起施行)

△(**公民个人信息**)刑法第二百五十三条之一规定的"公民个人信息"，是指以电子或者其他方式记录的能够单独或者与其他信息结合识别特定自然人身份或者反映特定自然人活动情况的各种信息，包括姓名、身份证件号码、通信通讯联系方式、住址、账号密码、财产状况、行踪轨迹等。(§1)

△(**违反国家有关规定**)违反法律、行政法规、部门规章有关公民个人信息保护的规定的，应当认定为刑法第二百五十三条之一规定的"违反国家有关规定"。(§2)

△(**提供公民个人信息**)向特定人提供公民个人信息，以及通过信息网络或者其他途径发布公民个人信息的，应当认定为刑法第二百五十三条之一规定的"提供公民个人信息"。

未经被收集者同意，将合法收集的公民个人信息向他人提供的，属于刑法第二百五十三条之一规定的"提供公民个人信息"，但是经过处理无法识别特定个人且不能复原的除外。(§3)

△(**以其他方法非法获取公民个人信息**)违反国家有关规定，通过购买、收受、交换等方式获取公民个人信息，或者在履行职责、提供服务过程中收集公民个人信息的，属于刑法第二百五十三条之一第三款规定的"以其他方法非法获取公民个人信息"。(§4)

△(**情节严重；情节特别严重**)非法获取、出售或者提供公民个人信息，具有下列情形之一的，应当认定为刑法第二百五十三条之一规定的"情节严重"：

(一)出售或者提供行踪轨迹信息，被他人用于犯罪的；

(二)知道或者应当知道他人利用公民个人信息实施犯罪，向其出售或者提供的；

(三)非法获取、出售或者提供行踪轨迹信息、通信内容、征信信息、财产信息五十条以上的；

(四)非法获取、出售或者提供住宿信息、通信记录、健康生理信息、交易信息等其他可能影响人身、财产安全的公民个人信息五百条以上的；

(五)非法获取、出售或者提供第三项、第四项规定以外的公民个人信息五千条以上的；

(六)数量未达第三项至第五项规定标准，但是按相应比例合计达到有关数量标准的；

(七)违法所得五千元以上的；

(八)将在履行职责或者提供服务过程中获得的公民个人信息出售或者提供给他人，数量或者数额达到第三项至第七项规定标准一半以上的；

(九)曾因侵犯公民个人信息受过刑事处罚或者二年内受过行政处罚，又非法获取、出售或者提供公民个人信息的；

(十)其他情节严重的情形。

实施前款规定的行为，具有下列情形之一的，应当认定为刑法第二百五十三条之一第一款规定的"情节特别严重"：

(一)造成被害人死亡、重伤、精神失常或者被绑架等严重后果的；

(二)造成重大经济损失或者恶劣社会影

响的;

（三）数量或者数额达到前款第三项至第八项规定标准十倍以上的;

（四）其他情节特别严重的情形。（§5）

△(**情节严重**)为合法经营活动而非法购买、收受本解释第五条第一款第三项、第四项规定以外的公民个人信息,具有下列情形之一的,应当认定为刑法第二百五十三条之一规定的"情节严重":

（一）利用非法购买、收受的公民个人信息获利五万元以上的;

（二）曾因侵犯公民个人信息受过刑事处罚或者二年内受过行政处罚,又非法购买、收受公民个人信息的;

（三）其他情节严重的情形。

实施前款规定的行为,将购买、收受的公民个人信息非法出售或者提供的,定罪量刑标准适用本解释第五条的规定。（§6）

△(**单位犯罪**)单位犯刑法第二百五十三条之一规定之罪的,依照本解释规定的相应自然人犯罪的定罪量刑标准,对直接负责的主管人员和其他直接责任人员定罪处罚,并对单位判处罚金。（§7）

△(**不起诉或者免予刑事处罚事由;从宽处罚**)实施侵犯公民个人信息犯罪,不属于"情节特别严重",行为人系初犯,全部退赃,并确有悔罪表现的,可以认定为情节轻微,不起诉或者免予刑事处罚;确有必要判处刑罚的,应当从宽处罚。（§10）

△(**公民个人信息条数之计算**)非法获取公民个人信息后又出售或者提供的,公民个人信息的条数不重复计算。

向不同单位或者个人分别出售、提供同一公民个人信息的,公民个人信息的条数累计计算。

对批量公民个人信息的条数,根据查获的数量直接认定,但是有证据证明信息不真实或者重复的除外。（§11）

△(**罚金数额**)对于侵犯公民个人信息犯罪,应当综合考虑犯罪的危害程度、犯罪的违法所得数额以及被告人的前科情况、认罪悔罪态度等,依法判处罚金。罚金数额一般在违法所得的一倍以上五倍以下。（§12）

【司法解释性文件】

《最高人民法院、最高人民检察院、公安部关于依法惩处侵害公民个人信息犯罪活动的通知》（公通字[2013]12号,2013年4月23日公布）

△(**侵害公民个人信息犯罪;公民个人信息;财产刑**)正确适用法律,实现法律效果与社会效果的有机统一。侵害公民个人信息犯罪是新型犯罪,各级公安机关、人民检察院、人民法院要从切实保护公民个人信息安全和维护社会和谐稳定的高度,借鉴以往的成功判例,综合考虑出售、非法提供或非法获取个人信息的次数、数量、手段和牟利数额、造成的损害后果等因素,依法加大打击力度,确保取得良好的法律效果和社会效果。出售、非法提供公民个人信息罪的犯罪主体,除国家机关或金融、电信、交通、医疗单位的工作人员之外,还包括在履行职责或者提供服务过程中获得公民个人信息的商业、房地产业等服务业中其他企事业单位的工作人员。公民个人信息包括公民的姓名、年龄、有效证件号码、婚姻状况、工作单位、学历、履历、家庭住址、电话号码等能够识别公民个人身份或者涉及公民个人隐私的信息、数据资料。对于在履行职责或者提供服务过程中,将获得的公民个人信息出售或者非法提供给他人,被他人用以实施犯罪,造成受害人人身伤害或者死亡,或者造成重大经济损失、恶劣社会影响的,或者出售、非法提供公民个人信息数量较大,或者违法所得数额较大的,均应当依以非法出售、非法提供公民个人信息罪追究刑事责任。对于窃取或者以购买等方法非法获取公民个人信息数量较大,或者违法所得数额较大,或者造成其他严重后果的,应当依法以非法获取公民个人信息罪追究刑事责任。对使用非法获取的个人信息,实施其他犯罪行为,构成数罪的,应当依法予以并罚。单位实施侵害公民个人信息犯罪的,应当追究直接负责的主管人员和其他直接责任人员的刑事责任。要依法加大对财产刑的适用力度,剥夺犯罪分子非法获利和再次犯罪的资本。（§2）

△(**管辖;指定管辖**)加强协作配合,确保执法司法及时高效。侵害公民个人信息犯罪网络覆盖面广,关系错综复杂。犯罪行为发生地、犯罪结果发生地、犯罪分子所在地等往往不在一地。同时,由于犯罪行为大多依托互联网、移动电子设备,通过即时通讯工具、电子邮件等多种方式实施,调查取证难度很大。各级公安机关、人民检察院、人民法院要在分工负责、依法高效履行职责的基础上,进一步加强沟通协调,通力配合,密切协作,保证立案、侦查、批捕、审查起诉、审判等各个环节顺利进行。对查获的侵害公民个人信息犯罪案件,公安机关要按照属地管辖原则,及时立案侦查,及时移送审查起诉。对于几个公安机关都有权管辖的案件,由最初受理的公安机关管辖。必要时,可以由主要犯罪地的公安机关管辖。对管辖不明确或者有争议的刑事案件,可以由公安机

关协商。协商不成的，由共同上级公安机关指定管辖。对于指定管辖的案件，需要逮捕犯罪嫌疑人的，由被指定管辖的公安机关提请同级人民检察院审查批准；需要提起公诉的，由该公安机关移送同级人民检察院审查决定；人民检察院对于审查起诉的案件，按照刑事诉讼法的管辖规定，认为应当由上级人民检察院或者同级其他人民检察院起诉的，应当将案件移交有管辖权的人民检察院；人民检察院认为需要依照刑事诉讼法的规定指定审判管辖的，应当协商同级人民法院办理指定管辖有关事宜。在办理侵害民个人信息犯罪案件的过程中，对于疑难、复杂案件，人民检察院可以适时派员会同公安机关共同就证据收集等方面进行研究和沟通协调。人民检察院对于公安机关提请批准逮捕、移送审查起诉的机关案件，符合批捕、起诉条件的，要依法尽快予以批捕、起诉；对于确需补充侦查的，要制作具体、详细的补充侦查提纲。人民法院要加强审判力量，准确定性，依法快审快结。（§3）

《最高人民法院、最高人民检察院、公安部关于办理电信网络诈骗等刑事案件适用法律若干问题的意见》（法发〔2016〕32号，2016年12月19日公布）

△（侵犯公民个人信息罪；数罪并罚；电信网络诈骗犯罪）违反国家有关规定，向他人出售或者提供公民个人信息，窃取或者以其他方法非法获取公民个人信息，符合刑法第二百五十三条之一规定的，以侵犯公民个人信息罪追究刑事责任。

使用非法获取的公民个人信息，实施电信网络诈骗犯罪行为，构成数罪的，应当依法予以并罚。（§3Ⅱ）

《检察机关办理侵犯公民个人信息案件指引》（高检发侦监字〔2018〕13号，2018年11月9日印发）

△（公民个人信息）根据《解释》的规定，公民个人信息是指以电子或者其他方式记录的能够单独或者与其他信息结合识别特定自然人身份或者反映特定自然人活动情况的各种信息，包括姓名、身份证件号码、通信通讯联系方式、住址、账号密码、财产状况、行踪轨迹等。经过处理无法识别特定自然人且不能复原的信息，虽然也可能反映自然人活动情况，但与特定自然人无直接关联，不属于公民个人信息的范畴。

对于企业工商登记等信息中所包含的手机、电话号码等信息，应当明确该号码的用途。对由公司购买、使用的手机、电话号码等信息，不属于个人信息的范畴，从而严格区分"手机、电话号码等由公司购买，归公司使用"与"公司经办人在工商登记等活动中登记个人电话、手机号码"两种不同情形。

△（违反国家有关规定）《中华人民共和国刑法修正案（九）》将原第二百五十三条之一的"违反国家规定"修改为"违反国家有关规定"，后者的范围明显更广。根据刑法第九十六条的规定，"国家规定"仅限于全国人大及其常委会制定的法律和决定，国务院制定的行政法规、规定的行政措施、发布的决定和命令。而"国家有关规定"还包括部门规章，这些规定散见于金融、电信、交通、教育、医疗、统计、邮政等领域的法律、行政法规或部门规章中。

△（非法获取；其他方法）在窃取或者以其他方法非法获取公民个人信息的行为中，需要着重把握"其他方法"的范围问题。"其他方法"，是指"窃取"以外，与窃取行为具有同等危害性的方法，其中，购买是最常见的非法获取手段。侵犯公民个人信息犯罪作为电信网络诈骗的上游犯罪，诈骗分子往往先通过网络向他人购买公民个人信息，而后自己直接用于诈骗或转发给其他人供用于诈骗，诈骗分子购买公民个人信息的行为属于非法获取行为，其同伙接收公民个人信息的行为明显也属于非法获取行为。同时，一些房产中介、物业管理公司、保险公司、担保公司的业务员往往同行通过QQ、微信群互相交换各自掌握的客户信息，这种交换行为也应属于非法获取行为。另外，行为人在履行职责、提供服务过程中，违反国家有关规定，未经他人同意收集公民个人信息，或者收集与提供的服务无关的公民个人信息的，也属于非法获取公民个人信息的行为。

△（情节严重；信息类型和数量；违法所得数额；信息用途；主体身份；主观恶性）关于"情节严重"的具体认定标准，根据《解释》第五条第一款的规定，主要涉及五个方面：

（1）信息类型和数量。①行踪轨迹信息、通信内容、征信信息、财产信息，此类信息与公民人身、财产安全直接相关，数量标准为五十条以上，且仅限于上述四类信息，不允许扩大范围。对于财产信息，既包括银行、第三方支付平台、证券期货等金融服务账户的身份认证信息（一组确认用户操作权限的数据，包括账号、口令、密码、数字证书等），也包括衣物、房产、车辆等财产状况信息。②住宿信息、通信记录、健康生理信息、交易信息等可能影响公民人身、财产安全的信息，数量标准为五百条以上，此类信息也与人身、财产安全直接相关，但重要程度要弱于行踪轨迹信息、通信内容、征信信息、财产信息。对"其他可能影响人身、财产安全的公民个人信息"的把握,应当确保所适用的公民个人信息涉及人身、财产安全,且与"住宿信息、通信记录、健康生理信息、交易信息"在重要程度上具有相当性。③除上述两类信息以外的其他公民个人信息,数量标准为五千条以上。

(2)违法所得数额。对于违法所得,可直接以犯罪嫌疑人出售公民个人信息的收入予以认定,不必扣减其购买信息的犯罪成本。同时,在审查认定违法所得数额过程中,应当以查获的银行交易记录、第三方支付平台交易记录、聊天记录、犯罪嫌疑人供述、证人证言综合予以认定,对于犯罪嫌疑人无法说明合法来源的用于专门实施侵犯公民个人信息犯罪的银行账户或第三方支付平台账户内资金收入,可综合全案证据认定为违法所得。

(3)信息用途。公民个人信息被他人用于违法犯罪活动的,不要求他人的行为必须构成犯罪,只要行为人明知他人非法获取公民个人信息用于违法犯罪活动即可。

(4)主体身份。如果行为人系将在履行职责或者提供服务过程中获得的公民个人信息出售或者提供给他人的,涉案信息数量、违法所得数额只要达到一般主体的一半,即可认为"情节严重"。

(5)主观恶性。曾因侵犯公民个人信息受刑事处罚或者二年内受过行政处罚,又非法获取、出售或者提供公民个人信息的,即可认为"情节严重"。

△(情节特别严重;信息数量、违法所得数额标准;信息用途引发的严重后果)关于"情节特别严重"的认定标准,根据《解释》,主要分为两类:一是信息数量、违法所得数额标准。二是信息用途引发的严重后果,其中造成人身伤亡、经济损失、恶劣社会影响等后果,需要审查认定侵犯公民个人信息的行为与严重后果间存在因果关系。

对于涉案公民个人信息数量的认定,根据《解释》第十一条,非法获取公民个人信息后又出售或者提供的,公民个人信息的条数不重复计算;向不同单位或者出售、提供同一公民个人信息的,公民个人信息的条数累计计算;对批量出售、提供公民个人信息的条数,根据查获的数量直接认定,但是有证据证明信息不真实或者重复的除外。在实践中,如犯罪嫌疑人多次获取同一条公民个人信息,一般认定为一条,不重复累计;但获取的该公民个人信息内容发生了变化的除外。

对于涉案公民个人信息的数量、社会危害性等因素的审查,应当结合刑法第二百五十三条和《解释》的规定进行综合审查。涉案公民个人信息数量极少,但造成被害人死亡等严重后果的,应审查犯罪嫌疑人行为与该后果之间的因果关系,符合条件的,可以认定为实施《解释》第五条第一款第十项"其他情节严重的情形"的行为,造成被害人死亡等严重后果,从而认定为"情节特别严重"。如涉案公民个人信息数量较多,但犯罪嫌疑人仅仅获取而未向他人出售或提供,则可以在认定相关犯罪事实的基础上,审查该行为是否符合《解释》第五条第一款第三、四、五、六、九项及第二款第三项的情形,符合条件的,可以分别认定为"情节严重""情节特别严重"。

此外,针对为合法经营活动而购买、收受公民个人信息的行为,在适用《解释》第六条的定罪量刑标准时须满足三个条件:一是为了合法经营活动,对此可以综合全案证据认定,但主要应由犯罪嫌疑人一方提供相关证据;二是限于普通公民个人信息,即不包括可能影响人身、财产安全的敏感信息;三是信息没有再流出扩散,即行为方式限于购买、收受。如果将购买、收受的公民个人信息非法出售或者提供的,定罪量刑标准应当适用《解释》第五条的规定。

△(关联犯罪)对于侵犯公民个人信息犯罪与电信网络诈骗犯罪相交织的案件,应严格按照《最高人民法院、最高人民检察院、公安部关于办理电信网络诈骗等刑事案件适用法律若干问题的意见》(法发〔2016〕32号)的规定进行审查认定,即通过认真审查非法获取、出售、提供公民个人信息的犯罪嫌疑人对电信网络诈骗犯罪的参与程度,结合能够证实其认知能力的学历文化、聊天记录、通话频率、获取固定报酬还是参与电信网络诈骗犯罪分成等证据,分析判断其是否属于诈骗共同犯罪,是否应该数罪并罚。

根据《解释》第八条的规定,设立用于实施出售、提供或者非法获取公民个人信息违法犯罪活动的网站、通讯群组,情节严重的,应当依照刑法第二百八十七条之一的规定,以非法利用信息网络罪定罪;同时构成侵犯公民个人信息罪的,应当认定为侵犯公民个人信息罪。

对于违反国家有关规定,采用技术手段非法侵入合法存储公民个人信息的单位数据库窃取公民个人信息的行为,也符合刑法第二百八十五条第二款非法获取计算机信息系统数据罪的客观特征,同时触犯侵犯公民个人信息罪和非法获取计算机信息系统数据罪的,应择一重罪论处。

此外,针对公安民警在履行职责过程中,违反国家有关规定,查询、提供公民个人信息的情形,应当认定为"违反国家有关规定,将在履行职责或者提供服务过程中以其他方法非法获取或提供公民个人信息"。但同时，应当审查犯罪嫌疑人除该行为之外有无其他行为侵害其他法益，从而对可能存在的其他犯罪予以准确认定。

《最高人民法院、最高人民检察院、公安部办理跨境赌博犯罪案件若干问题的意见》（公通字〔2020〕14号，2020年10月16日发布）

△（赌博犯罪共犯；非法经营罪、妨害信用卡管理罪；窃取、收买、非法提供信用卡信息罪；掩饰、隐瞒犯罪所得、犯罪收益罪；非法利用信息网络罪；帮助信息网络犯罪活动罪；侵犯公民个人信息罪）为赌博犯罪提供资金、信用卡、资金结算等服务，构成赌博犯罪共犯，同时构成非法经营罪、妨害信用卡管理罪、窃取、收买、非法提供信用卡信息罪、掩饰、隐瞒犯罪所得、犯罪收益罪等罪的，依照处罚较重的规定定罪处罚。

为网络赌博犯罪提供互联网接入、服务器托管、网络存储、通讯传输等技术支持，或者提供广告推广、支付结算等帮助，构成赌博犯罪共犯，同时构成非法利用信息网络罪、帮助信息网络犯罪活动罪等罪的，依照处罚较重的规定定罪处罚。

为实施赌博犯罪，非法获取公民个人信息，或者向实施赌博犯罪者出售、提供公民个人信息，构成赌博犯罪共犯，同时构成侵犯公民个人信息罪的，依照处罚较重的规定定罪处罚。（§4V）

《最高人民法院、最高人民检察院、公安部关于办理电信网络诈骗等刑事案件适用法律若干问题的意见（二）》（法发〔2021〕22号，2021年6月17日发布）

△（电信网络诈骗犯罪；侵犯公民个人信息罪；具有信息发布、即时通讯、支付结算等功能的互联网账号密码、个人生物识别信息；条数的认定）非法获取、出售、提供具有信息发布、即时通讯、支付结算等功能的互联网账号密码、个人生物识别信息，符合刑法第二百五十三条之一规定的，以侵犯公民个人信息罪追究刑事责任。

对批量前述互联网账号密码、个人生物识别信息的条数，根据查获的数量直接认定，但有证据证明信息不真实或者重复的除外。（§5）

△（调取异地公安机关依法制作、收集的证据材料）办案地公安机关可以通过公安机关信息化系统调取异地公安机关依法制作的刑事案件受案登记表、立案决定书、被害人陈述等证据材料。调取时不得少于两名侦查人员，并应记载调取的时间、使用的信息化系统名称等相关信息，调取人签名并加盖办案地公安机关印章。经审核证明真实的，可以作为证据使用。（§13）

△（境外证据材料；证据使用）通过国（区）际警务合作收集或者境外警方移交的境外证据材料，因国客观条件限制，境外警方未提供相关材料的发现、收集、保管、移交情况等材料的，公安机关应当对上述证据材料的来源、移交过程以及种类、数量、特征等作出书面说明，由两名以上侦查人员签名并加盖公安机关印章。经审核能够证明案件事实的，可以作为证据使用。（§14）

△（境外抓获并羁押；折抵刑期）对境外司法机关抓获并羁押的电信网络诈骗犯罪嫌疑人，在国内接受审判的，境外的羁押期限可以折抵刑期。（§15）

△（宽严相济刑事政策）办理电信网络诈骗犯罪案件，应当充分贯彻宽严相济刑事政策。在侦查、审查起诉、审判过程中，应当全面收集证据、准确甄别犯罪嫌疑人、被告人在共同犯罪中的层级地位及作用大小，结合其认罪态度和悔罪表现，区别对待，宽严并用，科学量刑，确保罚当其罪。

对于电信网络诈骗犯罪集团、犯罪团伙的组织者、策划者、指挥者和骨干分子，以及利用未成年人、在校学生、老年人、残疾人实施电信网络诈骗的，依法从严惩处。

对于电信网络诈骗犯罪集团、犯罪团伙中的从犯，特别是其中参与时间相对较短、诈骗数额相对较低或者从事辅助性工作并领取少量报酬，以及初犯、偶犯、未成年人、在校学生等，应当综合考虑其在共同犯罪中的地位作用、社会危害程度、主观恶性、人身危险性、认罪悔罪表现等情节，可以依法从轻、减轻处罚。犯罪情节轻微的，可以依法不起诉或者免于刑事处罚；情节显著轻微危害不大的，不以犯罪论处。（§16）

△（查扣涉案账户资金；优先返还）查扣的涉案账户内资金，应当优先返还被害人，如不足以全额返还的，应当按照比例返还。（§17）

《最高人民法院、最高人民检察院、公安部关于依法惩治网络暴力违法犯罪的指导意见》（法发〔2023〕14号，2023年9月20日发布）

△（组织"人肉搜索"；侵犯公民个人信息罪）依法惩治侵犯公民个人信息行为。组织"人肉搜索"，违法收集井向不特定多数人发布公民个人信息，情节严重，符合刑法第二百五十三条之一规定的，以侵犯公民个人信息罪定罪处罚；依照刑法和司法解释规定，同时构成其他犯罪的，依照处罚较重的规定定罪处罚。（§4）

△（网络暴力违法行为；行政处罚）依法惩治网络暴力违法行为。实施网络侮辱、诽谤等网络暴力行为，尚不构成犯罪，符合治安管理处罚法规定的，依法予以行政处罚。（§7）

△(从重处罚事由)依法严惩网络暴力违法犯罪。对网络暴力违法犯罪,应当体现从严惩治精神,让人民群众充分感受到公平正义。坚持严格执法司法,对于网络暴力违法犯罪,依法严肃追究,切实矫正"法不责众"的错误倾向。要重点打击恶意发起者、组织者,恶意推波助澜者以及屡教不改者。实施网络暴力违法犯罪,具有下列情形之一的,依法从重处罚:(1)针对未成年人、残疾人实施的;(2)组织"水军"、"打手"或者其他人员实施的;(3)编造"涉性"话题侵害他人人格尊严的;(4)利用"深度合成"等生成式人工智能技术发布违法信息的;(5)网络服务提供者发起、组织的。(§8)

△(民事维权)依法支持民事维权。针对他人实施网络暴力行为,侵犯他人名誉权、隐私权等人格权,受害人请求行为人承担民事责任的,人民法院依法予以支持。(§9)

【指导性案例】

最高人民检察院指导性案例第140号:柯某侵犯公民个人信息案(2021年2月21日发布)

△(侵犯公民个人信息;业主房源信息;身份识别;信息主体另行授权)业主房源信息是房产交易信息和身份识别信息的组合,包含姓名、通信通讯联系方式、住址、交易价格等内容,属于法律保护的公民个人信息。未经信息主体另行授权,非法获取、出售限定使用范围的业主房源信息,系侵犯公民个人信息的行为,情节严重、构成犯罪的,应依法追究刑事责任。检察机关办理案件时应当对涉案公民个人信息具体甄别,筛除模糊、无效及重复信息,准确认定侵犯公民个人信息数量。

最高人民法院指导性案例第192号:李开祥侵犯公民个人信息刑事附带民事公益诉讼案(2022年12月26日发布)

△(公民个人信息;人脸识别;人脸信息;侵犯公民个人信息罪)使用人脸识别技术处理的人脸信息以及基于人脸识别技术生成的人脸信息均具有高度的可识别性,能够单独或者与其他信息结合识别特定自然人身份或者反映特定自然人活动情况,属于刑法规定的公民个人信息。行为人未经公民本人同意,未具备获得法律、相关部门授权等个人信息保护法规定的处理个人信息的合法事由,利用软件程序等方式窃取或者以其他方法非法获取上述信息,情节严重的,应按照《最高人民法院、最高人民检察院关于办理侵犯公民个人信息刑事案件适用法律若干问题的解释》第五条第一款第四项等规定定罪处罚。

最高人民法院指导性案例第193号:闻巍等侵犯公民个人信息案(2022年12月26日发布)

△(居民身份证信息;其他可能影响人身、财产安全的公民个人信息;侵犯公民个人信息罪)居民身份证信息包含自然人姓名、人脸识别信息、身份号码、户籍地址等多种个人信息,属于《最高人民法院、最高人民检察院关于办理侵犯公民个人信息刑事案件适用法律若干问题的解释》第五条第一款第四项规定的"其他可能影响人身、财产安全的公民个人信息"。非法获取、出售或者提供居民身份证信息,情节严重的,依照刑法第二百五十三条之一第一款规定,构成侵犯公民个人信息罪。

最高人民法院指导性案例第194号:熊昌恒等侵犯公民个人信息案(2022年12月26日发布)

△(微信账号等社交媒体账号;违反国家有关规定,向他人出售或者提供公民个人信息)违反国家有关规定,购买已注册但未使用的微信账号等社交媒体账号,通过具有智能群发、添加好友、建立讨论群组等功能的营销软件,非法制作带有公民个人信息可用于社交活动的微信账号等社交媒体账号出售、提供给他人,情节严重的,属于刑法第二百五十三条之一第一款规定的"违反国家有关规定,向他人出售或者提供公民个人信息"行为,构成侵犯公民个人信息罪。

△(已公开的公民个人信息;合理处理;以其他方法非法获取公民个人信息)未经公民本人同意,或未具备有法律授权等个人信息保护法规定的理由,通过购买、收受、交换等方式获取在一定范围内已公开的公民个人信息进行非法利用,改变了公民公开个人信息的范围、目的和用途,不属于法律规定的合理处理,属于刑法第二百五十三条之一第三款规定的"以其他方法非法获取公民个人信息"行为,情节严重的,构成侵犯公民个人信息罪。

最高人民法院指导性案例第195号:罗文君、瞿小珍侵犯公民个人信息刑事附带民事公益诉讼案(2022年12月26日发布)

△(验证码;公民个人信息;侵犯公民个人信息罪)服务提供者专门发给特定手机号码的数字、字母等单独或者其组合构成的验证码具有独特性、隐秘性,能够单独或者与其他信息结合识别特定自然人身份或者反映特定自然人活动情况的,属于刑法规定的公民个人信息。行为人将提供服务过程中获得的验证码及对应手机号码出售给他人,情节严重的,依照侵犯公民个人信息罪定罪处罚

处罚。

最高人民检察院指导性案例第 202 号：康某某利用网络侵犯公民个人信息案（2024 年 2 月 22 日发布）

△（未成年人网络保护；异常电话卡；大数据监督模型；未成年人入网规范）检察机关办理涉未成年人电信网络犯罪案件，发现未成年人异常办卡情况，可以积极运用数字检察监督手段，通过构建大数据模型，推动未成年人涉电信网络犯罪早期预防。针对类案反映出的未成年人一人办多卡等问题，可以运用联席磋商、检察建议等方式，联动相关部门完善长效机制，规范未成年人入网用网，保障未成年人用网环境健康安全。

【参考案例】

No.4-253 之一—1　谢新冲出售公民个人信息案

手机定位属于刑法保护的公民个人信息，出售手机定位信息的，应以出售公民个人信息罪论处。

No.4-253 之一—2　王健侵犯公民个人信息案

行为人收集并出售、提供他人自愿在公开网站上发布的信息，不成立侵犯公民个人信息罪。

No.4-253 之一—3　周建平非法获取公民个人信息案

不具备特定身份的人非法购买公民通讯清单后又出售牟利的，不构成出售、非法提供公民个人信息罪，应以非法获取公民个人信息罪论处。①

No.4-253 之一—4　周娟等非法获取公民个人信息案

未经授权擅自获取公民个人信息的，应以非法获取公民个人信息罪论处。

No.4-253 之一—6　孙银东非法获取公民个人信息案

采用偷拍、偷录、跟踪等方式获取公民个人信息后出售的行为，构成非法获取公民个人信息罪。

No.4-253 之一—7　胡某等非法获取公民个人信息案

公民的个人行踪具有个人专属性，能够反映公民的个人特征，其内容关系到公民日常生活的基本安全性，属于公民个人信息的范围。未经授权或以违法、不正当的方式获取公民个人行踪情节严重的，成立非法获取公民个人信息罪。

第二百五十四条　【报复陷害罪】
国家机关工作人员滥用职权、假公济私，对控告人、申诉人、批评人、举报人实行报复陷害的，处二年以下有期徒刑或者拘役；情节严重的，处二年以上七年以下有期徒刑。

【条文说明】

本条是关于报复陷害罪及其处罚的规定。

根据我国宪法和有关法律的规定，控告权、申诉权、批评建议权以及举报权是公民的重要民主权利。我国《宪法》第四十一条规定："中华人民共和国公民对于任何国家机关和国家工作人员，有提出批评和建议的权利；对于任何国家机关和国家工作人员的违法失职行为，有向有关国家机关提出申诉、控告或者检举的权利，但是不得捏造或者歪曲事实进行诬告陷害。对于公民的申诉、控告或者检举，有关国家机关必须查清事实，负责处理。任何人不得压制和打击报复。"因此，对控告人、申诉人、批评人、举报人进行报复陷害，就是对公民民主权利的严重侵害，应当依法予以惩处。

依照本条规定，**报复陷害罪**，是指国家机关工作人员滥用职权、假公济私，对控告人、申诉人、批评人、举报人实行报复陷害的行为。报复陷害罪的犯罪主体是国家机关工作人员，非国家机关工作人员实施报复行为的，不构成本罪，应按其报复陷害的行为及后果等作其他处理。这里所规定的"**滥用职权**"，是指国家机关工作人员违背职责而行使职权；"**假公济私**"，是指国家机关工作人员以工作为名，为徇私情或者实现个人目的而利用职务上的便利；"**报复陷害**"，主要是指利用手中的权力，以种种借口进行政治上或者经济上的迫害，如降职、降级、调离岗位、经济处罚、开除公职以及捏造事实诬陷其经济、生活作风上有问题等。报复陷害的行为，必须采取滥用职权或者假公济私的方法。如果行为人进行报复陷害与滥用职权、假公济私没有联系，则不构成报复陷害罪。根

---

① 相同的学说见解认为，非法获取公民个人信息后，又出售或者提供给他人，视情节分别认定为情节严重或者情节特别严重，不必实行数罪并罚。参见张明楷：《刑法学》（第 6 版），法律出版社 2021 年版，第 1203 页。

据本条规定,报复陷害的对象只能是**控告人、申诉人、批评人和举报人**。① 这里所规定的"控告人",是指由于受到侵害而向司法机关或者其他机关、团体、单位告发他人违法犯罪或者违纪违章活动的人;"**申诉人**",是指对司法机关已经发生法律效力的判决、裁定或者决定不服,对国家行政机关处罚的决定不服或者对其他纪律处分的决定不服而提出申诉意见的人;"**批评人**",是指对他人包括国家机关的错误做法提出批评意见的人;"**举报人**",是指向司法机关检举、揭发犯罪嫌疑人的犯罪事实或犯罪嫌疑人线索的人。这里所说的"**情节严重**",主要是指多次或者对多人进行报复陷害的;报复陷害手段恶劣的;报复陷害造成严重后果的;等等。依照本条规定,国家机关工作人员滥用职权、假公济私,对控告人、申诉人、批评人、举报人实行报复陷害的,处二年以上七年以下有期徒刑;情节严重的,处二年以上七年以下有期徒刑。

实际执行中应当注意**诬告陷害罪**与报复陷害罪的区别:(1)犯罪对象不同,诬告陷害罪的对象是不特定的人;而报复陷害罪的对象是特定的,限于控告人、申诉人、批评人与举报人。(2)主体不同,诬告陷害罪是一般主体,只是规定国家机关工作人员犯罪要从重处罚;而报复陷害罪是特殊主体,限于国家机关工作人员。(3)行为表现不同,诬告陷害罪表现为捏造犯罪事实,作虚假告发,意图使他人受到刑事追究;报复陷害罪表现为滥用职权、假公济私,进行报复陷害。

实践中,如果国家机关工作人员采取捏造犯罪事实的方法诬告陷害他人,意图使他人受刑事追究的,无论其是否滥用职权、假公济私,都应以

诬告陷害罪论处,而不以报复陷害罪论处。

【司法解释】

《最高人民检察院关于渎职侵权犯罪案件立案标准的规定》(高检发释字〔2006〕2号,自2006年7月26日起施行)

△(报复陷害罪;立案标准)报复陷害案

报复陷害罪是指国家机关工作人员滥用职权、假公济私,对控告人、申诉人、批评人、举报人实行报复陷害的行为。

涉嫌下列情形之一的,应予立案:

1. 报复陷害,情节严重,导致控告人、申诉人、批评人、举报人或者其近亲属自杀、自残造成重伤、死亡,或者精神失常的;

2. 致使控告人、申诉人、批评人、举报人或者其近亲属的其他合法权利受到严重损害的;

3. 其他报复陷害应予追究刑事责任的情形。

【司法解释性文件】

《最高人民检察院关于印发〈人民检察院直接受理立案侦查的渎职侵权重特大案件标准(试行)〉的通知》(高检发〔2001〕13号,2001年8月24日公布)

△(报复陷害罪;重特大案件)报复陷害案

(一)重大案件

1. 致人精神失常的;

2. 致人其他合法权益受到损害,后果严重的。

(二)特大案件

1. 致人自杀死亡的;

2. 后果特别严重,影响特别恶劣的。(§39)

第二百五十五条 【打击报复会计、统计人员罪】
公司、企业、事业单位、机关、团体的领导人,对依法履行职责、抵制违反会计法、统计法行为的会计、统计人员实行打击报复,情节恶劣的,处三年以下有期徒刑或者拘役。

【条文说明】

本条是关于打击报复会计、统计人员罪及其处罚的规定。

打击报复会计、统计人员罪,是指公司、企业、事业单位、机关、团体的领导人,对依法履行职责、抵制违反会计法、统计法行为的会计、统计人员实行打击报复,情节恶劣的行为。打击报复会计、统

计人员罪的犯罪主体是特殊主体,即公司、企业、事业单位、机关、团体的领导人,上述人员以外的其他人对会计、统计人员实施报复行为的,不构成本罪,应按其报复的行为及后果等作其他处理。打击报复会计、统计人员罪的犯罪对象是**依法履行职责、抵制违反会计法、统计法行为的会计、统计人员**。根据我国会计法的有关规定,各单位根据会计业务

---

① 控告人、申诉人、批评人和举报人的身份是普通公民抑或国家机关工作人员,控告、申诉、批评和举报的行为是否直接指向实施打击保护的国家工作人员,在所不同。参见周光权:《刑法各论》(第4版),中国人民大学出版社2021年版,第88页。

的需要设置会计机构,或者在有关机构中设置会计人员并指定会计主管人员。会计机构、会计人员的主要职责是进行会计核算、会计监督等会计事务。这里所规定的**"违反会计法"**的行为,主要是指伪造、变造、隐匿、故意毁灭会计凭证、会计帐簿、会计报表和其他会计资料的;利用虚假的会计凭证、会计帐簿、会计报表和其他会计资料偷税或者损害国家利益、社会公众利益的;对不真实、不合法的原始凭证予以受理的;对违法的收支不提出书面意见或者不报告的等。① 根据我国统计法的有关规定,各级人民政府设立独立的统计机构或者统计员;各级人民政府的各部门、企业、事业单位根据统计任务的需要设立统计机构或者在有关机构中设置统计人员,并指定统计负责人。统计的基本职责是对国民经济和社会发展情况进行统计调查、统计分析,提供统计资料和统计咨询意见,实行统计监督。这里所规定的**"违反统计法"**的行为,主要是指虚报、瞒报统计资料;伪造、篡改统计资料;编造虚假数据;等等。② 为了保障会计人员、统计人员依法行使职权,法律规定,各地方、各部门、各单位的行政领导人领导会计机构、会计人员执行会计法,保障会计人员的职权不受侵犯,任何人不得对会计人员打击报复;统计机构和统计人员依照统计法的规定独立行使统计调查、统计报告、统计监督的职权,不受侵犯,统计人员有权要求有关单位和人员依照国家规定提供资料,检查统计资料的准确性,要求改

正不确实的统计资料,揭发和检举统计调查工作中违反国家法律和破坏国家计划的行为。对于违反会计法、统计法的行为,会计人员、统计人员有权利也有义务依法进行抵制。对会计人员、统计人员打击报复的行为是违法行为。这里所说的**"打击报复"**,主要是对依法履行职责,抵制违反会计法、统计法行为的会计、统计人员,通过调动其工作、撤换其职务、进行处罚以及其他方法进行打击报复的行为。根据本条规定,打击报复会计、统计人员的行为必须是情节恶劣的,才构成犯罪。根据本条规定,公司、企业、事业单位、机关、团体的领导人,对依法履行职责、抵制违反会计法、统计法行为的会计、统计人员实行打击报复,情节恶劣的,处三年以下有期徒刑或者拘役。

实际执行中应当注意:根据本条规定,打击报复会计、统计人员,必须是**"情节恶劣的"**,才构成犯罪。这里所说的**情节恶劣**,主要是指多次或者对多人进行打击报复的;打击报复手段恶劣的;打击报复造成严重后果的;打击报复影响恶劣的;等等。对于打击报复会计、统计人员,尚不构成犯罪的,《会计法》第四十六条规定,"尚不构成犯罪的,由其所在单位或者有关单位依法给予行政处分。对受打击报复的会计人员,应当恢复其名誉和原有职务、级别";《统计法》第三十七条规定,"由任免机关或者监察机关依法给予处分,并由县级以上人民政府统计机构予以通报"。

第二百五十六条 【破坏选举罪】

在选举各级人民代表大会代表和国家机关领导人员时,以暴力、威胁、欺骗、贿赂、伪造选举文件、虚报选举票数等手段破坏选举或者妨害选民和代表自由行使选举权和被选举权,情节严重的,处三年以下有期徒刑、拘役或者剥夺政治权利。

【条文说明】

本条是关于破坏选举罪及其处罚的规定。

破坏选举罪,是指在选举各级人民代表大会代表和国家机关领导人员时,以暴力、威胁、欺骗、贿赂、伪造选举文件、虚报选举票数等手段破坏选举或者妨害选民和代表自由行使选举权和被选举权,情节严重的行为。选举权与被选举权是我国宪法赋予公民的重要基本权利。宪法规定,全国人民代表大会和地方各级人民代表大会都由民主选举产生,国家行政机关、审判机关、检察机关都由人民代

表大会产生。选举各级人民代表大会代表和各级国家机关领导人员,是人民当家作主、参与管理国家事务的民主权利,受到国家法律的保护。对于破坏选举的行为,必须依法追究刑事责任。依照本条规定,构成破坏选举罪必须具备以下几个条件:

1. 破坏的选举活动必须是**选举各级人民代表大会代表和国家机关领导人员的选举活动**。这里所说的**"选举各级人民代表大会代表和国家机关领导人员"**,是指依照《全国人民代表大会和地方各级人民代表大会选举法》《全国人民代表大

---

① 相同的学说见解,参见赵秉志、李希慧主编:《刑法各论》(第3版),中国人民大学出版社2016年版,第224页。
② 相同的学说见解,参见赵秉志、李希慧主编:《刑法各论》(第3版),中国人民大学出版社2016年版,第224页。

会常务委员会关于县级以下人民代表大会代表直接选举的若干规定》《全国人民代表大会组织法》《地方各级人民代表大会和地方各级人民政府组织法》等有关法律,选举各级人民代表大会代表和国家机关领导人员的选举活动,包括选民登记、提出候选人、投票选举、补选、罢免等整个选举活动。

2. 破坏选举必须是**以暴力、威胁、欺骗、贿赂、伪造选举文件、虚报选举票数等手段进行的**。这里所说的"**暴力**",是指对选民、各级人民代表大会代表、候选人、选举工作人员等进行人身打击或者实行强制,如殴打、捆绑等,也包括以暴力故意捣乱选举场所,使选举工作无法进行等情况。"**威胁**",是指以杀害、伤害、毁坏财产、破坏名誉等手段进行要挟,迫使选民、各级人民代表大会代表、候选人、选举工作人员不能自由行使选举权和被选举权或者在选举工作中不能正常履行组织和管理的职责。"**欺骗**",是指捏造事实、颠倒是非,并加以散播、宣传,以虚假的事实扰乱正常的选举活动,影响选民、各级人民代表大会代表、候选人自由地行使选举权和被选举权。应当注意的是,这里所说的"欺骗",必须是编造严重不符合事实的情况,或者捏造对选举有重大影响的情况等。对于在选举活动中介绍候选人或者候选人在介绍自己情况时对一些不是很重要的事实有所夸大或者隐瞒,不致影响正常选举的行为,不能认定为以欺骗手段破坏选举。"**贿赂**",是指用金钱或者其他物质利益收买选民、各级人民代表大会代表、候选人、选举工作人员,使其违反自己的真实意愿参加选举或者在选举工作中进行舞弊活动。"**伪造选举文件**",是指采用伪造选民证、选票等选举文件的方法破坏选举。"**虚报选举票数**",是指违举工作人员对统计出来的选票数、赞成票数、反对票数等选举票数进行虚报、假报的行为,既包括多报,也包括少报。对于上述列举的破坏选举的手段,行为人具体采用哪种,不影响破坏选举罪的构成。只要行为人在选举各级人民代表大会代表和国家机关领导人员时采用了上述手段之一,破坏了选举或者妨害了选民和代表自由行使选举权和被选举权,情节严重的,就构成了本条所规定的犯罪。

3. 构成破坏选举罪必须是**足以造成破坏选举或者妨害选民和代表自由行使选举权和被选举权的后果的行为**。这里所说的"**破坏选举**",是指破坏选举工作的正常进行。"**妨害选民和代表自由行使选举权和被选举权**",是指非法阻止选民参加登记或者投票,或者迫使、诱骗选民违背自己的意志进行投票,以及使代表放弃自己的被选举权等。破坏选举的正常进行和妨害选民和代表自由行使选举权和被选举权,是破坏选举罪的两个主要的表现形式,造成其中一种后果的,就构成本罪。

4. 构成破坏选举罪必须是**情节严重的行为**。这里所说的"**情节严重**",主要是指破坏选举手段恶劣、后果严重或者造成恶劣影响的等。

依照本条规定,在选举各级人民代表大会代表和国家机关领导人员时,以暴力、威胁、欺骗、贿赂、伪造选举文件、虚报选举票数等手段破坏选举或者妨害选民和代表自由行使选举权和被选举权,情节严重的,处三年以下有期徒刑、拘役或者剥夺政治权利。

实际执行中应当注意,根据本条规定,破坏选举的行为,情节是否严重是区分罪与非罪的关键。对于破坏选举或者妨害选民和代表自由行使选举权和被选举权的行为,如果不属于情节严重情形的,则属**一般违法行为**,应当依照《全国人民代表大会和地方各级人民代表大会选举法》第五十八条的规定,给予必要的行政处分,或者依照《治安管理处罚法》第二十三条的规定,给予治安管理处罚。

【司法解释】

《最高人民检察院关于渎职侵权犯罪案件立案标准的规定》(高检发释字〔2006〕2号,自2006年7月26日起施行)

△(**破坏选举罪;立案标准**)国家机关工作人员利用职权实施的破坏选举案(第二百五十六条)

破坏选举罪是指在选举各级人民代表大会代表和国家机关领导人员时,以暴力、威胁、欺骗、贿赂、伪造选举文件、虚报选举票数或者编造选举结果等手段破坏选举或者妨害选民和代表自由行使选举权和被选举权,情节严重的行为。

国家机关工作人员利用职权破坏选举,涉嫌下列情形之一的,应予立案[①]:

1. 以暴力、威胁、欺骗、贿赂等手段,妨害选民、各级人民代表大会代表自由行使选举权和被选举权,致使选举无法正常进行,或者选举无效,或者选举结果不真实的;

2. 以暴力破坏选举场所或者选举设备,致使选举无法正常进行的;

3. 伪造选民证、选票等选举文件,虚报选举

---

① 我国学者指出,可以将国家机关工作人员犯本罪的立案标准,作为认定本罪中"情节严重"的参考。参见黎宏:《刑法学各论》(第2版),法律出版社2016年版,第273页。

第二百五十七条

票数,产生不真实的选举结果或者强行宣布合法选举无效、非法选举有效的;

4. 聚众冲击选举场所或者故意扰乱选举场所秩序,使选举工作无法进行的;

5. 其他情节严重的情形。(§2Ⅶ)

【司法解释性文件】

《最高人民检察院关于印发〈人民检察院直接受理立案侦查的渎职侵权重特大案件标准(试行)〉的通知》(高检发〔2001〕13号,2001年8月24日公布)

△(破坏选举罪;重特大案件)国家机关工作人员利用职权实施的破坏选举案

(一)重大案件

1. 导致乡镇选举无法进行或者选举无效的;

2. 实施破坏选举行为,取得县级领导职务或者人大代表资格的。

(二)特大案件

1. 导致县级以上选举无法进行或者选举无效的;

2. 实施破坏选举行为,取得市级以上领导职务或者人大代表资格的。(§40)

第二百五十七条 【暴力干涉婚姻自由罪】

以暴力干涉他人婚姻自由的,处二年以下有期徒刑或者拘役。
犯前款罪,致使被害人死亡的,处二年以上七年以下有期徒刑。
第一款罪,告诉的才处理。

【条文说明】

本条是关于暴力干涉婚姻自由罪及其处罚的规定。

本条共分为三款。

第一款是关于暴力干涉婚姻自由罪及其处罚的规定。婚姻自由,是我国公民享有的一项重要的权利,我国《宪法》第四十九条第四款规定,"禁止破坏婚姻自由"。我国《民法典》第一千零四十一条规定,"婚姻家庭受国家保护。实行婚姻自由、一夫一妻、男女平等的婚姻制度"。第一千零四十二条规定,"禁止包办、买卖婚姻和其他干涉婚姻自由的行为"。根据上述法律规定,我国公民有权按照本人的意愿,在不违背国家法律的前提下,自主地决定自己的婚姻问题,任何人都不得横加干涉和强制。婚姻自由包括结婚自由和离婚自由。① 结婚自由,就是结婚必须出于男女双方完全自愿,不许一方强迫另一方,也不许任何第三者加以干涉。离婚自由,就是夫妻因感情破裂等原因不能继续维持夫妻关系,男女双方或者任何一方可以向有权机关提出解除婚姻关系的请求。根据本条规定,暴力干涉婚姻自由罪,是指以暴力手段干涉他人行使婚姻自由权利的行为。这里所规定的"暴力",是指使用捆绑、吊打、禁闭、强抢等手段,使被干涉者不能行使婚姻自由的权利。②"暴力干涉"是构成暴力干涉婚姻自由罪的主要特征,没有使用暴力的,不构成本罪;如果行为人采取的暴力行为,不足以干涉被害人行使婚姻自由权利的,也不构成本罪。依照本款规定,以暴力干涉他人婚姻自由,未造成被害人死亡的,处二年以下有期徒刑或者拘役。

第二款是关于犯暴力干涉婚姻自由罪致使害人死亡的应如何处罚的规定。这里所说的"致使被害人死亡",主要是指行为人使用暴力干涉他人婚姻自由的犯罪行为致使被害人自杀身亡等。③ 对于以暴力干涉他人婚姻自由,致使被害人死亡的,依照本款规定,处二年以上七年以下有期徒刑。

第三款是关于暴力干涉他人婚姻自由未致使被害人死亡的,属于告诉才处理的犯罪的规

---

① 相同的学说见解,参见黎宏:《刑法学各论》(第2版),法律出版社2016年版,第273页。

② 我国学者指出,本罪仅规定暴力干涉他人婚姻自由的行为是犯罪,并没有规定以威胁干涉婚姻自由的行为也是犯罪。故而,按照立法者原意,不能认为以暴力相威胁干涉婚姻自由的行为也能构成本罪。参见赵秉志、李希慧主编:《刑法各论》(第3版),中国人民大学出版社2016年版,第227页。

③ 我国学者指出,"致使被害人死亡"是指在实施暴力干涉婚姻自由行为的过程中,过失导致被害人死亡,以及因暴力干涉婚姻自由而直接引起被害人自杀身亡。如果行为构成故意伤害(致死)罪,则不适用本款规定,直接按故意伤害(致死)罪论处。参见张明楷:《刑法学》(第6版),法律出版社2021年版,第1189页;黎宏:《刑法学各论》(第2版),法律出版社2016年版,第273页;周光权:《刑法各论》(第4版),中国人民大学出版社2021年版,第90页。

定。依照本款规定，对于犯暴力干涉婚姻自由罪的，在没有致使被害人死亡的情况下，只有被害人向司法机关提出控告的才处理，对于被害人不控告的，司法机关不能主动受理、追究行为人的刑事责任。但如果被害人受强制或者威吓而无法告诉的，人民检察院和被害人的近亲属也可以告诉。

实际执行中应当注意以下两个方面的问题：

1. 本条第二款规定的致使被害人死亡的干涉婚姻自由的行为，行为人必须使用了暴力，如果干涉人未使用暴力，而是由于被害人自己心胸狭窄而轻生自杀或因为其他原因自杀的，不应追究行为人的刑事责任。

2. 对行为人在暴力干涉婚姻自由过程中实施的故意伤害或杀害行为，应当按**故意伤害罪**或者**故意杀人罪**追究刑事责任。

【司法解释性文件】

《最高人民法院、最高人民检察院、公安部、司法部关于依法办理家庭暴力犯罪案件的意见》（法发〔2015〕4号，2015年3月2日公布）

△【暴力干涉婚姻自由罪】依法准确定罪处罚。对故意杀人、故意伤害、强奸、猥亵儿童、非法拘禁、侮辱、暴力干涉婚姻自由、虐待、遗弃等侵害公民人身权利的家庭暴力犯罪，应当根据犯罪的事实、犯罪的性质、情节和对社会的危害程度，严格依照刑法的有关规定判处。对于同一行为同时触犯多个罪名的，依照处罚较重的规定定罪处罚。（§16）

【参考案例】

No.4-257-1　肉孜暴力干涉婚姻自由案

违背妇女意志，采用暴力手段强迫与其结婚，暴力手段造成轻伤以上后果的，按照故意伤害罪和暴力干涉婚姻自由罪从一重罪处断；非法拘禁妇女的，按照非法拘禁罪和暴力干涉婚姻自由罪从一重罪处断；强行与妇女发生性关系的，不构成暴力干涉婚姻自由罪，应以强奸罪论处。

第二百五十八条　【重婚罪】
有配偶而重婚的，或者明知他人有配偶而与之结婚的，处二年以下有期徒刑或者拘役。

【条文说明】

本条是关于重婚罪及其处罚的规定。

根据本条规定，**重婚罪**是指有配偶而重婚，或者明知他人有配偶而与之结婚的行为。① 本条规定了两种重婚行为：一种是"**有配偶而重婚**"，所谓"**有配偶**"，是指行为人**已经结婚**，在婚姻关系存续期间又与他人结婚。另一种是"**明知他人有配偶而与之结婚**"，是指本人明知他人有配偶而仍然与之结婚。② 这里规定的"**明知**"是罪与非罪的重要界限，如果行为人是蒙受欺骗，不知道对方已有配偶而与之结婚的，则不构成重婚罪。本条所规定的"**结婚**"，既包括骗取合法手续登记结婚，又包括虽未登记结婚，但以夫妻名义共同生活。③ 只要是有配偶而又结婚，或者是明知他人有配偶而与之结婚的，无论是骗取合法手续登记结婚，还是未登记结婚，但以夫妻名义共同生活的，都构成重婚罪。依照本条规定，对犯重婚罪的，处二年以下有期徒刑或者拘役。

实际执行中应当注意划清重婚与通奸的界限。所谓**通奸**，一般指已婚男女与第三者暗中发生不正当两性关系的行为。通奸行为违反道德伦理，但不构成犯罪，对于通奸者可以根据情况给予批评教育，或者党纪、政纪处分。

---

① 我国学者指出，我国目前尚不承认同性婚姻，故而，行为人有一个异性婚姻，同时有事实上的同性婚姻，不宜以重婚罪论处；但是，如果行为人在承认同性婚姻的国家登记了同性婚姻，在国内同时存在异性婚姻，则应认定为重婚罪。参见张明楷：《刑法学》（第6版），法律出版社2021年版，第1209页。

② 我国学者指出，《刑法》第二百五十八条中的"有配偶"的人，应当是指已经依法登记结婚的人，不包括未经依法登记结婚而仅与他人具有事实婚姻关系之人。是以，仅有事实婚姻关系的人，又与其他无配偶的人再次或者多次建立事实婚姻关系，不构成重婚罪；依法登记结婚，也不构成重婚罪。参见黎宏：《刑法学各论》（第2版），法律出版社2016年版，第274页。重婚罪的成立以存在一个合法婚姻为前提，只有合法的婚姻关系遭到后来非法婚姻关系的破坏时，才有成立本罪的可能。参见周光权：《刑法各论》（第4版），中国人民大学出版社2021年版，第91页。

③ 类似的学说见解，参见张明楷：《刑法学》（第6版），法律出版社2021年版，第1208页。

第二百五十九条

【参考案例】

No.4-258-1　王艳重婚案
恶意申请宣告配偶死亡而离婚并与他人结婚的,应以重婚罪论处。

No.4-258-2　法兰克·巴沙勒·米伦等重婚案
外籍被告人在境外结婚后,又在境内与他人以夫妻名义同居的,应认定为重婚罪。

No.4-258-3　田某某重婚案
已婚者与他人建立事实婚姻关系,重婚行为的终了应当以一方作出解除事实婚姻关系的意思表示,且婚姻关系因该意思表示实质上得以解除为标准,追诉期限自重婚行为终了之日起计算。

No.4-258-4　夏国学重婚案
前婚的婚姻登记存在程序上的瑕疵,但被告人明知自己已登记结婚而又与他人结婚的,构成重婚。

第二百五十九条　【破坏军婚罪】
明知是现役军人的配偶而与之同居或者结婚的,处三年以下有期徒刑或者拘役。
利用职权、从属关系,以胁迫手段奸淫现役军人的妻子的,依照本法第二百三十六条的规定定罪处罚。

【条文说明】

本条是关于破坏军婚罪及其处罚的规定。
本条共分为两款。
第一款是关于破坏军婚罪及其处罚的规定。根据本款规定,**破坏军婚罪**,是指明知是现役军人的配偶而与之同居或者结婚的行为。本款所规定的"**明知**",是指破坏军婚罪是直接故意犯罪,行为人在确切知道对方是现役军人的配偶的情况下,仍然与之同居或者结婚的,才构成犯罪。如果行为人不知道对方是现役军人的配偶甚至受欺骗而与现役军人的配偶同居或者结婚的,不构成犯罪。"**现役军人**",是指中国人民解放军或者人民武装警察部队的现役军官、文职干部、士兵及具有军籍的学员等。在军事部门或者人民武装警察部队中工作,但没有取得军籍的人员,以及复员退伍军人、专业军人、残废军人等,都不属于现役军人。① "**现役军人的配偶**",是指依法与现役军人存续婚姻关系的妻子或者丈夫。② 依据本款规定,破坏军人婚姻的行为有两种方式:一种是与**现役军人的配偶同居**,这里所说的"同居",是指虽没有办理结婚登记手续,但以夫妻名义共同生活,或者在较长时间内共同生活。③ 另一种是与**现役军人的配偶结婚**。这里所说的"结婚",是指骗取合法手续登记结婚。对于破坏军人婚姻的犯罪,依照本条规定,明知是现役军人的配偶而与之同居或者结婚的,处三年以下有期徒刑或者拘役。

第二款是关于利用职权、从属关系,以胁迫手段奸淫现役军人的妻子的,依照本法关于强奸罪的规定定罪处罚的规定。构成本款规定的犯罪必须具备以下三个条件:(1)**必须利用职权、从属关系**,如司法工作人员利用其掌握的国家权力,企业领导利用其负责人事调动、工资分配的权力等。(2)**必须使用胁迫手段**。这里所说的"胁迫",是指犯罪分子对现役军人的妻子施以威胁、恫吓,迫使现役军人的妻子就范,不敢抗拒的手段。例如,以辞退、开除、经济处罚相威胁;以揭发

---

① 相同的学说见解,参见周光权:《刑法各论》(第4版),中国人民大学出版社2021年版,第92页;赵秉志、李希慧主编:《刑法各论》(第3版),中国人民大学出版社2016年版,第229页;高铭暄、马克昌主编:《刑法学》(第7版),北京大学出版社、高等教育出版社2016年版,第487页。

② 仅与现役军人有婚约关系的"未婚夫"与"未婚妻",非属"现役军人之配偶"。参见张明楷:《刑法学》(第6版),法律出版社2021年版,第1210页;黎宏:《刑法学各论》(第2版),法律出版社2016年版,第275页。另外,阴捷峰教授认为,现役军人的配偶,既可以包括与现役军人进行结婚登记的人,又可以包括虽未进行登记结婚,但确有事实婚姻关系的人。参见赵秉志、李希慧主编:《刑法各论》(第3版),中国人民大学出版社2016年版,第229—230页。

③ 我国学者指出,同居以两性关系为基础,同时还有经济上及其他生活方面的特殊关系,包括公开与秘密同居两种情况。并且,不能将同居理解为事实婚姻,也不能将同居理解为通奸。参见张明楷:《刑法学》(第6版),法律出版社2021年版,第1210页;黎宏:《刑法学各论》(第2版),法律出版社2016年版,第275页;周光权:《刑法各论》(第4版),中国人民大学出版社2016年版,第72页;赵秉志、李希慧主编:《刑法各论》(第3版),中国人民大学出版社2016年版,第230页;高铭暄、马克昌主编:《刑法学》(第7版),北京大学出版社、高等教育出版社2016年版,第487页。

现役军人的妻子的隐私相威胁;利用现役军人的妻子孤立无援的环境相胁迫等,使其同意与自己发生性关系。(3)奸淫的对象只能是现役军人的**妻子**。依照本款规定,利用职权、从属关系,以胁迫手段奸淫现役军人的妻子的,构成强奸罪,依照《刑法》第二百三十六条关于强奸罪的规定定罪处罚。①

实践中应当注意以下两个方面的问题:

1. 要注意划清破坏军婚罪与**重婚罪**的界限。二者的区别主要表现在:一是破坏军婚罪中与行为人相对的另一方必须是现役军人的配偶,重婚罪则无这一要求;二是破坏军婚罪的行为包括与现役军人的配偶结婚或者同居的行为,重婚罪的行为是有配偶而重婚或者明知他人有配偶而与之结婚。

2. **破坏军婚罪中的现役军人的配偶一般不构成本罪**,但如果现役军人的配偶隐瞒情况与他人结婚的,其有可能构成重婚罪。

【参考案例】

No.4-259-1 李某破坏军婚案

破坏军婚罪中认定"同居"的实质标准是是否对军人婚姻关系造成实质性破坏。明知他人是现役军人配偶而多次在宾馆开房发生性关系,且共同生育子女造成双方婚姻关系实质破裂的,应认定为同居,成立破坏军婚罪。

第二百六十条 【虐待罪】
虐待家庭成员,情节恶劣的,处二年以下有期徒刑、拘役或者管制。
犯前款罪,致使被害人重伤、死亡的,处二年以上七年以下有期徒刑。
第一款罪,告诉的才处理,但被害人没有能力告诉,或者因受到强制、威吓无法告诉的除外。

【立法沿革】

《中华人民共和国刑法》(1997年修订,自1997年10月1日起施行)

第二百六十条

虐待家庭成员,情节恶劣的,处二年以下有期徒刑、拘役或者管制。

犯前款罪,致使被害人重伤、死亡的,处二年以上七年以下有期徒刑。

第一款罪,告诉的才处理。

《中华人民共和国刑法修正案(九)》(自2015年11月1日起施行)

十八、将刑法第二百六十条第三款修改为:
"第一款罪,告诉的才处理,但被害人没有能力告诉,或者因受到强制、威吓无法告诉的除外。"

【条文说明】

本条是关于虐待罪及其处罚的规定。
本条共分为三款。
第一款是关于虐待罪及其处罚的规定。根据本款规定,虐待罪是指虐待家庭成员,情节恶劣的行为。本款规定的"**虐待**",是指折磨、摧残家庭成员身心健康的行为。虐待具有经常性和连续性的特点,行为人对共同生活的家庭成员在相当长的时间里,进行持续或连续的肉体摧残、精神折磨,致使被害人的身心遭受严重创伤,通常表现为打骂、冻饿、捆绑、强迫超体力劳动、限制自由、凌辱人格等行为。偶尔发生的打骂、冻饿等行为,不构成虐待罪。这里所说的"**家庭成员**",是指在同一家庭中共同生活的成员,如夫妻、父母、子女、兄弟、姐妹等。根据我国有关法律的规定,家庭成员关系主要有以下四种情形:一是**由婚姻关系形成的家庭成员关系**,如丈夫和妻子,夫妻关系是父母、子女关系产生的前提和基础;二是**由血缘关系形成的家庭成员关系**,包括由直系血亲关系而联系起来的父母、子女、孙子女、曾孙子女以及祖父母、曾祖父母、外祖父母等,也包括由旁系血亲而联系起来的兄、弟、姐、妹、叔、伯、姑、婶、舅等;三是**由收养关系而形成的家庭成员关系**,即养父母和养子女之间的关系;四是**由其他关系所产生的家庭成员**,现实生活中还存在区别于前三种情形而形成的非法定义务的扶养关系,如同居关系、对孤寡老人的自愿赡养关系等。非家庭成员间的虐

---

① 本款规定属于注意规定,因此,只有当行为符合《刑法》第二百三十六条规定的强奸罪的犯罪构成时,才能适用《刑法》第二百三十六条。参见张明楷:《刑法学》(第6版),法律出版社2021年版,第1210页。

待行为,不构成虐待罪。①

虐待罪通常是在家庭中处于强势的一方虐待弱势的一方,如家长虐待未成年的子女、丈夫虐待妻子、成年子女虐待没有独立生活能力的老人等,被虐待的家庭成员是否有独立生活能力不影响本罪的成立。家长出于管教动机而偶有一些打骂或者体罚行为的,不属于虐待行为。虐待家庭成员必须是情节恶劣的才能构成犯罪。这里所说的**情节恶劣**,具体是指虐待的动机卑鄙、手段凶狠的;虐待年老、年幼、病残的家庭成员的;长期虐待家庭成员屡教不改的;等等。依照本款规定,虐待家庭成员,情节恶劣的,处二年以下有期徒刑、拘役或者管制。对于虐待家庭成员,尚未达到情节恶劣程度的,根据《治安管理处罚法》第四十五条的规定,被虐待人要求处理的,处五日以下拘留或者警告。

第二款是关于犯虐待罪致使被害人重伤、死亡的应如何处罚的规定。这里所说的**致使被害人重伤、死亡**,是指由于被害人经常受到虐待,身体和精神受到严重的损害而导致死亡,或者不堪忍受而自杀造成死亡或重伤等情形。②依照本款规定,对于犯虐待罪,致使被害人重伤、死亡的,处二年以上七年以下有期徒刑。**虐待致使被害人重伤、死亡的案件不属于告诉才处理案件的范围**,对这类案件,即使被害人不提出控告,检察机关关也应提起公诉。

第三款是关于虐待家庭成员未致使被害人重伤、死亡的,属于告诉才处理的犯罪及例外情形的规定,即**一般情况下适用告诉才处理的规定,但在特殊情况下不适用**。本款包含两层意思:一是一般而言,对于犯虐待罪,在没有致使被害人重伤、死亡的情况下,只有被害人向司法机关提出控告的才处理,对于被害人不控告的,司法机关不能主动受理、追究行为人的刑事责任。这样规定主要是因为本条规定的虐待行为发生在家庭成员之间,法律将是否告诉的选择权赋予被害人,这样有利于保护家庭关系,切实维护被害人权益。二是如果被害人没有能力告诉,或者因受到强制、威吓无法告诉的,不适用告诉才处理的规定,而应作为公诉案件处理。被虐待人的亲属、朋友、邻居等任何人发现被害人被虐待,没有能力告诉或者因受到强制、威吓无法告诉的,都可以向公安机关报案。公安机关应当立案进行侦查,由检察机关依法向人民法院提起公诉。作为公诉案件处理的情形是《刑法修正案(九)》新增加的规定,在《刑法修正案(九)》起草过程中,有关方面提出,对于没有能力告诉或者因受到强制、威吓不敢告诉的被害人而言,即使其有告诉的愿望,但因个人的困境而无法行使权利,为了保护这部分社会弱势群体的权益,建议将这些情形规定为公诉案件。经认真研究和征求各方面的意见,在达成共识的基础上,立法机关对原条文作了修改。这里需要说明的是,本款和《刑法》第九十八条规定的"告诉才处理"的关系。《刑法》第九十八条规定的"本法所称告诉才处理,是指被害人告诉才处理。如果被害人因受强制、威吓无法告诉的,人民检察院和被害人的近亲属也可以告诉",是对告诉才处理犯罪规定的代为告诉的情形,与本款规定的告诉才处理的例外情形不同。根据本款规定,对于被害人没有能力告诉,或者受到强制、威吓无法告诉的情形,应按照公诉案件处理,由人民检察院提起公诉,而不属于《刑法》第九十八条规定的代为告诉的情形。本款规定的"被害人没有能力告诉"是指被害人因病重、年幼、智力缺陷、精神障碍等没有能力向人民法院告诉。

实际执行中应当注意以下两个方面的问题:

1. 关于虐待罪与**故意伤害罪、故意杀人罪**的异同。首先,犯罪的主观故意不同。虐待罪的行为人主观上不具有伤害或者杀害被害人的故意,而是出于追求被害人肉体和精神上的痛苦的目的;而故意伤害罪、故意杀人罪具有伤害、杀害的故意。在实践办理案件中,要可听信被告人的供述,还要结合行为人实施的暴力手段与方式、是否立即或者直接造成被害人伤亡后果等进行综合判断。其次,实施虐待过失导致被害人重伤或者死亡的,或者因虐待致使被害人自残、自杀导致重伤或者死亡的,是虐待的结果加重犯,属于本条第二款规定的"致使被害人重伤、死亡"的情形。但是,如果在虐待的过程中,行为超过了虐待的限度,明显具有伤害、杀人的恶意且实施了严重的暴力行为,直接将被害人殴打成重伤,甚至直接杀害被害人的,应该认定为故意伤害罪或者故意杀人罪。

2. 办理虐待犯罪案件,应当首先保护被害人的安全,通过对被害人进行紧急救治、临时安置,

---

① 相同的学说见解,参见黎宏:《刑法学各论》(第2版),法律出版社2016年版,第276页。另有学者指出,"共同生活的家庭成员"不限于基于法律上的婚姻家庭关系而共同生活在一起的家庭成员,也包括长年共同生活在一起,事实上已经成为家庭成员的人。参见周光权:《刑法各论》(第4版),中国人民大学出版社2021年版,第93页。

② 加害结果与虐待行为之间必须有因果关系,才能对行为人进行归责。参见周光权:《刑法各论》(第4版),中国人民大学出版社2021年版,第93页。

对施暴者采取刑事强制措施等,制止家庭暴力并防止再次发生,消除家庭暴力的现实侵害和潜在危险,同时对与案件有关的个人隐私,应当保密。其次是要注意尊重被害人的意愿,应当充分听取被害人意见。对法律规定可以调解、和解的案件,促使当事人在双方自愿的基础上进行调解、和解。

【司法解释】

《最高人民法院关于〈中华人民共和国刑法修正案(九)〉时间效力问题的解释》(法释〔2015〕19号,自2015年11月1日起施行)

△(时间效力)对于2015年10月31日以前实施的刑法第二百六十条第一款规定的虐待行为,被害人没有能力告诉,或者因受到强制、威吓无法告诉的,适用修正后刑法第二百六十条第三款的规定。(§5)

【司法解释性文件】

《最高人民法院、最高人民检察院、公安部、司法部关于依法办理家庭暴力犯罪案件的意见》(法发〔2015〕4号,2015年3月2日公布)

△(虐待罪;竞合)依法准确定罪处罚。对故意杀人、故意伤害、强奸、猥亵儿童、非法拘禁、侮辱、暴力干涉婚姻自由、虐待、遗弃等侵害公民人身权利的家庭暴力犯罪,应当根据犯罪的事实、犯罪的性质、情节和对社会的危害程度,严格依照刑法的有关规定处以。对于同一行为同时触犯多个罪名的,依照处罚较重的规定定罪处罚。(§16)

△(情节恶劣;虐待犯罪致人重伤、死亡;故意伤害、故意杀人犯罪致人重伤、死亡)依法惩处虐待犯罪。采取殴打、冻饿、强迫过度劳动、限制人身自由、恐吓、侮辱、谩骂等手段,对家庭成员的身体和精神进行摧残、折磨,是对家庭成员多发的虐待性质的家庭暴力。根据司法实践,具有虐待持续时间较长、次数较多;虐待手段残忍;虐待造成被害人轻微伤或者患较严重疾病;对未成年人、老年人、残疾人、孕妇、哺乳期妇女、重病患者实施较为严重的虐待行为等情形,属于刑法第二百六十条第一款规定的虐待"情节恶劣",应当依法以虐待罪定罪处罚。

准确区分虐待犯罪致人重伤、死亡与故意伤害、故意杀人犯罪致人重伤、死亡的界限,要根据被告人的主观故意、所实施的暴力手段与方式、是否立即或者直接造成被害人伤亡后果等进行综合判断。对于被告人主观上不具有侵害被害人健康或者剥夺被害人生命的故意,而是出于追求被害人肉体和精神上的痛苦,长期或者多次实施虐待行为,逐渐造成被害人身体损害、过失导致被害人

重伤或者死亡的;或者因虐待致使被害人不堪忍受而自残、自杀,导致重伤或者死亡的,属于刑法第二百六十条第二款规定的虐待"致使被害人重伤、死亡",应当以虐待罪定罪处罚。对于被告人虽然实施家庭暴力呈现出经常性、持续性、反复性特征,但其主观上具有希望或者放任被害人重伤或者死亡的故意,持凶器实施暴力,暴力手段残忍,暴力程度较强,直接或者立即造成被害人重伤或者死亡的,应当以故意伤害罪或者故意杀人罪定罪处罚。(§17)

△(宽严相济刑事政策)切实贯彻宽严相济刑事政策。对于实施家庭暴力构成犯罪的,应当根据罪刑法定、罪刑相适应原则,兼顾维护家庭稳定、尊重被害人意愿等因素综合考虑,宽严并用,区别对待。根据司法实践,对于实施家庭暴力手段残忍或者造成严重后果;出于恶意侵占财产等卑劣动机实施家庭暴力;因酗酒、吸毒、赌博等恶习而长期或者多次实施家庭暴力;曾因实施家庭暴力受到刑事处罚、行政处罚;或者具有其他恶劣情形的,可以酌情从重处罚。对于实施家庭暴力犯罪情节较轻,或者被告人真诚悔罪,获得被害人谅解,从轻处罚有利于被扶养人的,可以酌情从宽处罚;对于情节轻微不需要判处刑罚的,人民检察院可以不起诉,人民法院可以判处免予刑事处罚。

对于实施家庭暴力情节显著轻微危害不大不构成犯罪的,应当撤销案件、不起诉,或者宣告无罪。

人民法院、人民检察院、公安机关应当充分运用训诫,责令施暴人保证不再实施家庭暴力,或者向被害人赔礼道歉、赔偿损失等非刑罚处罚措施,加强对施暴人的教育与惩戒。(§18)

△(禁止令)充分运用禁止令措施。人民法院对实施家庭暴力构成犯罪被判处管制或者宣告缓刑的犯罪分子,为了确保被害人及其子女和特定亲属的人身安全,可以依照刑法第三十八条第二款、第七十二条第二款的规定,同时禁止犯罪分子再次实施家庭暴力,扰乱被害人的生活、工作、学习,进行酗酒、赌博等活动;经被害人申请且有必要的,禁止接近被害人及其未成年子女。(§21)

【指导性案例】

最高人民检察院指导性案例第44号:于某虐待案(2018年11月9日发布)

△(虐待罪;告诉能力;未成年人)被虐待的未成年人,因年幼无法行使告诉权利的,属于《刑法》第二百六十条第三款规定的"被害人没有能力告诉"的情形,应当按照公诉案件处理,由检察机关提起公诉,并可以依法提出适用禁止令的建议。

最高人民法院指导性案例第 225 号：陈某某、刘某某故意伤害、虐待案（2024 年 5 月 30 日发布）

△（故意伤害罪；虐待罪；未成年人；家庭成员）与父（母）的未婚同居者处于较为稳定的共同生活状态的未成年人，应当认定为刑法第二百六十条规定的"家庭成员"。

在经常性的虐待过程中，行为人对被害人实施严重暴力，主观上希望或者放任、客观上造成被害人轻伤以上后果的，应当认定为故意伤害罪；如果将该伤害行为独立评价后，其他虐待行为仍符合虐待罪构成要件的，应当以故意伤害罪与虐待罪数罪并罚。

【参考案例】

No. 4-260-1　蔡世祥故意伤害案

在经常性虐待过程中，明知会给被害人身体造成伤害，且客观上已经给被害人造成伤害后果的，应当认定为故意伤害罪；如果将该伤害行为分离出来独立评价，其他虐待行为能够满足虐待罪构成要件的，应当以虐待罪与故意伤害罪数罪并罚；如果将伤害行为分离后，其余虐待行为不构成虐待罪的，应以故意伤害罪一罪论处。

No. 4-260-2　李艳勤故意伤害案

对与其共同生活的非婚同居者的未成年子女长期实施冻饿、打骂等虐待行为的，成立虐待罪。

No. 4-260-3　朱朝春虐待案

夫妻离婚后仍然共同生活的，属于虐待罪意义上的家庭成员。

No. 4-260-4　蔡亚珊虐待案

家庭成员虐待儿童而无法确定造成重伤的具体伤害行为时，应将重伤认定为持续虐待的结果，以虐待罪的加重结果犯定罪处罚。

第二百六十条之一　【虐待被监护、看护人罪】

对未成年人、老年人、患病的人、残疾人等负有监护、看护职责的人虐待被监护、看护的人，情节恶劣的，处三年以下有期徒刑或者拘役。

单位犯前款罪的，对单位判处罚金，并对其直接负责的主管人员和其他直接责任人员，依照前款的规定处罚。

有第一款行为，同时构成其他犯罪的，依照处罚较重的规定定罪处罚。

【立法沿革】

《中华人民共和国刑法修正案（九）》（自 2015 年 11 月 1 日起施行）

十九、在刑法第二百六十条后增加一条，作为第二百六十条之一：

"对未成年人、老年人、患病的人、残疾人等负有监护、看护职责的人虐待被监护、看护的人，情节恶劣的，处三年以下有期徒刑或者拘役。

"单位犯前款罪的，对单位判处罚金，并对其直接负责的主管人员和其他直接责任人员，依照前款的规定处罚。

"有第一款行为，同时构成其他犯罪的，依照处罚较重的规定处罚。"

【条文说明】

本条是关于虐待被监护、看护人罪及其处罚的规定。

本条共分为三款。

第一款是关于虐待被监护、看护人罪及其罚的规定。根据本款规定，对未成年人、老年人、患病的人、残疾人等负有监护、看护职责的人虐待被监护、看护的人，如幼儿园、中小学校、养老机构、医院等机构的工作人员，对被监护、看护的人实施虐待行为，情节恶劣的，构成虐待被监护、看护人罪。虐待被监护、看护人罪的犯罪主体是**负有监护、看护职责的人**，如幼儿园的教师对在园幼儿、养老院的工作人员对在院老人、医生和护士对病人等负有监护、看护职责。这种监护、看护职责通常是基于合同、雇佣、服务等关系确定，也可以通过口头约定、志愿性的服务等形式确定，如邻居受托或自愿代人照顾老人、儿童。虐待被监护、看护人罪的主观方面表现为**故意**，即行为人故意对被害人进行肉体或精神上的折磨和摧残，故意实施虐待行为，不论出于何种动机，均不影响本罪的成立。虐待被监护、看护人罪侵犯的客体是**被监护、看护的人的人身权利和监护、看护职责**，未成年人、老年人、患病的人、残疾人等均是社会的弱势群体，行为人负有监护、看护职责，应尽职履责，做好照顾、服务工作，如果行为人对这些弱势群体实施虐待，会对他们的身心造成严重伤害。这里的"**未成年人**"，根据《未成年人保护法》的规定，是指未满十八周岁的公民；根据《老年人权益保障法》第二条的规定，"**老年人**"是指六十周岁以上的公民;"**患病的人**"是指因病而处于被监护、看护状态的人;根据《残疾人保障法》第二条的规定,"**残疾人**"是指在心理、生理、人体结构上,某种组织、功能丧失或者不正常,全部或者部分丧失以正常方式从事某种活动能力的人,包括视力残疾、听力残疾、言语残疾、肢体残疾、智力残疾、精神残疾、多重残疾和其他残疾的人。虐待被监护、看护人罪的客观方面主要表现为"**虐待**",即折磨、摧残被监护、看护人身心健康的行为。与《刑法》第二百六十条规定的虐待罪的客观表现相似,本条的虐待行为同样有经常性和连续性的特点,行为人对被监护、看护的人在相当长的时间里,进行持续或连续的肉体摧残、精神折磨,致使被害人的身心遭受严重创伤,通常表现为打骂、冻饿、捆绑、强迫超体力劳动、限制自由、凌辱人格行为等。偶尔发生的打骂、冻饿等行为,不构成犯罪。

根据本款规定,"**情节恶劣**"是构成虐待被监护、看护人罪的必要条件,也是区分罪与非罪的界限。这里所说的"**情节恶劣**",具体是指虐待的动机卑鄙、手段凶残,或者长期虐待被监护、看护人等等。行为人虽有虐待被监护、看护的人的行为,尚不够恶劣,对被监护、看护的人的身心健康也没有造成严重损害的,不构成虐待被监护、看护人罪。依照本款规定,虐待被监护、看护的人,情节恶劣的,处三年以下有期徒刑或者拘役。

第二款是关于单位犯罪的规定。对未成年人、老年人、患病的人、残疾人等负有监护、看护职责的单位虐待被监护、看护人的,也应当承担刑事责任。当前随着社会服务业的迅速发展,产生了众多的提供包括住宿、饮食在内的照顾、陪护业务的社会服务机构,如寄宿制幼儿园、养老院、社会福利机构等,实践中也存在单位虐待被监护、看护人的情况。与个人虐待被监护、看护的人的情况有所不同,单位实施虐待行为主要是出于经济利益,或者是疏于管理导致,如养老院盘剥在院老人的生活费用,降低伙食标准,致使老年人长期处于营养不良状态,或者是员工疏于管理,放任员工对未成年人、老年人、患病的人、残疾人等实施虐待行为。根据本款规定,单位虐待被监护、看护人罪的,对单位判处罚金,并对其直接负责的主管人员和其他直接责任人员,依照第一款的规定处罚。需要指出的是,单位犯罪也要求"情节恶劣"的条件。单位犯罪的"**情节恶劣**",是指虐待的动机卑鄙、手段凶残,遭受虐待的人数众多,或者长期虐待被监护、

看护的人等,对此可以由司法机关根据案件具体情况掌握或者由司法解释进一步明确标准。

第三款是关于犯**虐待被监护、看护人罪**,同时**构成其他犯罪,从一重定罪处罚**的规定。行为人实施虐待行为,倘若导致被害人重伤、死亡的后果,可能同时构成伤害、杀人等其他犯罪。在这种情形下,应当依照本款规定,按照处罚较重的罪名定罪处罚。

实际执行中应当注意,本条第三款规定的"同时构成其他犯罪"中的其他犯罪,应是与虐待行为直接相关的罪名,如过失致人重伤、过失致人死亡罪等。如果行为人明显具有伤害、杀人的恶意且实施了严重的暴力行为,直接将被害人殴打成重伤,甚至直接将被害人杀害的,应当根据情况适用故意伤害罪、故意杀人罪定罪处罚或者与虐待被监护、看护人罪实行数罪并罚。如果行为人在实施虐待行为的同时实施了盗窃、抢劫等其他与虐待行为性质不同的犯罪,应当与虐待被监护、看护人罪数罪并罚。①

【**司法解释**】

《最高人民法院关于审理走私、非法经营、非法使用兴奋剂刑事案件适用法律若干问题的解释》(法释〔2019〕16号,自2020年1月1日起施行)

△(**非法使用兴奋剂;情节恶劣;虐待被监护、看护人罪**)对未成年人、残疾人负有监护、看护职责的人组织未成年人、残疾人在体育运动中非法使用兴奋剂,具有下列情形之一的,应当认定为刑法第二百六十条之一规定的"情节恶劣",以虐待被监护、看护人罪定罪处罚:

(一)强迫未成年人、残疾人使用的;

(二)引诱、欺骗未成年人、残疾人长期使用的;

(三)其他严重损害未成年人、残疾人身心健康的情形。(§3)

△("**兴奋剂**""**兴奋剂目录所列物质**""**体育运动**""**国内、国际重大体育竞赛**"等专门性问题;**认定意见**)对于是否属于本解释规定的"兴奋剂""兴奋剂目录所列物质""体育运动""国内、国际重大体育竞赛"等专门性问题,应当依据《中华人民共和国体育法》《反兴奋剂条例》等法律法规,结合国务院体育主管部门出具的认定意见等证据材料作出认定。(§8)

---

① 行为人实施虐待行为,在此之外另行实施并不属于虐待之暴力内容的强奸、猥亵行为,应当以本罪和强奸罪、强制猥亵他人罪并罚。参见周光权:《刑法各论》(第4版),中国人民大学出版社2021年版,第94页。

第二百六十一条 【遗弃罪】
对于年老、年幼、患病或者其他没有独立生活能力的人，负有扶养义务而拒绝扶养，情节恶劣的，处五年以下有期徒刑、拘役或者管制。

【条文说明】

本条是关于遗弃罪及其处罚的规定。

根据本条规定，**遗弃罪**是指对于年老、年幼、患病或者其他没有独立生活能力的人，负有扶养义务而拒绝扶养，情节恶劣的行为。① 遗弃罪的犯罪对象，是**年老、年幼、患病或者其他没有独立生活能力的人**。② 这里所说的"没有独立生活能力"，是指不具备或者丧失劳动能力，无生活来源而需要他人在经济上予以供给、扶养，或者虽有经济收入，但生活不能自理而需要他人照顾等情况。遗弃罪的犯罪主体，是**对上述对象负有扶养义务的人**。这里所规定的"负有扶养义务"，是指行为人对于年老、年幼、患病或者其他没有独立生活能力的人，依法负有的对上述被扶养人在经济、生活等方面予以供给、照顾、帮助，以维护其正常生活的义务。扶养关系主要包括以下几个方面：夫妻间有相互扶养的义务；父母对子女有抚养教育的义务；子女对父母有赡养扶助的义务；养父母与养子女、继父母与继子女之间有相互扶养的义务；有负担能力的祖父母、外祖父母对于父母已经死亡的未成年的孙子女、外孙子女有抚养义务；有负担能力的孙子女、外孙子女，对于子女已经死亡的祖父母、外祖父母有赡养义务；有负担能力的兄姐对已经死亡或者父母无力抚养的未成年弟妹有抚养的义务；等等。③ 遗弃罪的犯罪主体是具有扶养义务的人，如果对没有独立生活能力的人不负有扶养义务，就不存在拒绝扶养的问题，也就不能构成本罪。本罪在客观方面表现为**具有扶养义务而拒绝扶养**。由于行为人不履行自己的法定义务，致使被扶养人得不到经济上的保障或者生活上的必要照顾和帮助，生命和健康受到较为严重的威胁和损害。④ 根据本条规定，遗弃行为必须情节恶劣才能构成犯罪。这是划清本罪与非罪的重要界限之一。关于这里所规定的"情节恶劣"如何理解的问题，《最高人民法院、最高人民检察院、公安部、司法部关于依法办理家庭暴力犯罪案件的意见》中列举了一些常见的情形：对被害人长期不予照顾、不提供生活来源；驱赶、逼迫被害人离家，致使被害人流离失所或者生存困难；遗弃患严重疾病或者生活不能自理的被害人；遗弃致使被害人身体严重损害或者造成其他严重后果等情形。依照本条规定，对犯遗弃罪的，处五年以下有期徒刑、拘役或者管制。

需要注意的是，有遗弃行为，但未达到"情节恶劣"程度的一般遗弃行为也是违法的。我国《治安管理处罚法》第四十五条规定，"遗弃没有独立生活能力的被扶养人的"，处五日以下拘留或者警告。对此，可以依照《治安管理处罚法》第四十五条的规定，给予治安处罚。

【司法解释性文件】

《最高人民法院、最高人民检察院、公安部、司法部关于依法办理家庭暴力犯罪案件的意见》（法发〔2015〕4号，2015年3月2日公布）

△（情节恶劣；遗弃罪；故意杀人罪）依法惩处遗弃犯罪。负有扶养义务且有扶养能力的人，拒绝扶养年幼、年老、患病或者其他没有独立生活能力的家庭成员，是危害严重的遗弃性质的家庭暴力。根据司法实践，具有对被害人长期不予照顾、不提供生活来源；驱赶、逼迫被害人离家，致使

---

① 我国学者指出，本罪的保护法益是生命、身体的安全。本罪属于抽象危险犯，而非具体危险犯。因为如果将其视作具体危险犯，则要求行为人对于死亡的具体危险有所认识，如此的话，会导致杀人故意与遗弃故意无法区别，会模糊故意杀人罪与本罪的界限。参见周光权：《刑法各论》（第4版），中国人民大学出版社2021年版，第29页。

② "年老""年幼"并无清晰的年龄界限，"患病"的种类与程度也无确定的程度，均需要联系"没有独立生活能力"加以理解与认定。参见张明楷：《刑法学》（第6版），法律出版社2021年版，第1130页。

③ 我国学者指出，扶养义务来源不限于亲属法的规定，而应按照刑法总论中所讨论的作为义务来源予以确定。例如孤儿院、养老院、精神病院、医院的管理人员，对所收留的孤儿、老人、精神病人及病人等，基于先前行为使他人生命、身体处于危险状态的，具有扶养义务等等。参见张明楷：《刑法学》（第6版），法律出版社2021年版，第1129页；黎宏：《刑法学各论》（第2版），法律出版社2016年版，第278页；周光权：《刑法各论》（第4版），中国人民大学出版社2021年版，第29页。

④ 我国学者指出，"拒绝扶养"应当包括以下行为：第一，将需要扶养的人从危险场所救出；第二，将需要扶养的人从一种危险场所转移到另一种更为危险的场所；第三，将需要扶养的人遗留在危险场所；第四，离开需要扶养的人，使应当受其扶养的人得不到扶养；第五，妨碍需要扶养的人接近扶养人；第六，不提供扶助。参见张明楷：《刑法学》（第6版），法律出版社2021年版，第1130页。

被害人流离失所或者生存困难;遗弃患严重疾病或者生活不能自理的被害人;遗弃致使被害人身体严重损害或者造成其他严重后果等情形,属于刑法第二百六十一条规定的遗弃"情节恶劣",应当依法以遗弃罪定罪处罚。

准确区分遗弃罪与故意杀人罪的界限,要根据被告人的主观故意、所实施行为的时间与地点、是否立即造成被害人死亡,以及被害人对被告人的依赖程度等进行综合判断①。对于只是为了逃避扶养义务,并不希望或者放任被害人死亡,将生活不能自理的被害人弃置在福利院、医院、派出所等单位或者广场、车站等行人较多的场所,希望被害人得到他人救助的,一般以遗弃罪定罪处罚。对于希望或者放任被害人死亡,不履行必要的扶养义务,致使被害人因缺乏生活照料而死亡,或者将生活不能自理的被害人带至荒山野岭等人迹罕至的场所抛弃,使被害人难以得到他人救助的,应当以故意杀人罪定罪处罚。(§17)

第二百六十二条 【拐骗儿童罪】
拐骗不满十四周岁的未成年人,脱离家庭或者监护人的,处五年以下有期徒刑或者拘役。

【条文说明】

本条是关于拐骗儿童罪及其处罚的规定。

儿童的身心发育未成熟,对周围事物缺乏判断能力和自我保护能力,因此应当加以特殊保护。拐骗儿童的行为,不仅给受害儿童的父母等监护人造成精神上的极大痛苦,而且使儿童失去父母等监护人的爱护和家庭温暖,严重损害儿童的身心健康,对此必须依法予以严惩。

根据本条规定,**拐骗儿童罪**是指拐骗不满十四周岁的未成年人,脱离家庭或者监护人的行为。这里所规定的"**拐骗**"是指用欺骗、利诱或者其他手段,将不满十四周岁的未成年人带走。② "**脱离家庭或者监护人**"是指使不满十四周岁的未成年人脱离家庭或者离开父母或者其他监护人,致使不满十四周岁的未成年人的父母或者监护人不能继续对该未成年人行使监护权。这里所规定的"**监护人**",是指未成年人的父母以及其他依法履行监护职责,保护被监护人的人身、财产以及其他合法权益的人。《民法典》第二十七条规定:"父母是未成年子女的监护人。未成年人的父母已经死亡或者没有监护能力的,由下列有监护能力的人按顺序担任监护人:(一)祖父母、外祖父母;(二)兄、姐;(三)其他愿意担任监护人的个人或者组织,但是须经未成年人住所地的居民委员会、村民委员会或者民政部门同意。"拐骗不满十四周岁的未成年人脱离家庭或者监护人的行为多种多样,既可以直接对不满十四周岁的未成年人本人进行,如利用物质好处进行引诱,骗得其好感后将其拐骗;也可以对其家长或者监护人进行,如假装为保姆,骗得家长信任后,寻机将不满十四周岁的未成年人带走。③依照本条规定,拐骗不满十四周岁的未成年人,脱离家庭或者监护人的,处五年以下有期徒刑或者拘役。

实际执行中应当注意与拐卖妇女、儿童罪和**绑架罪**的区别。拐骗不满十四周岁的未成年人脱离家庭或者监护人的行为的目的,往往是收养或是奴役等,如果是以出卖或勒索财物为目的而拐骗未成年人或者偷盗婴幼儿的,应依照《刑法》第二百四十条、第二百三十九条关于拐卖妇女、儿童罪或者绑架罪的规定定罪处罚。④

---

① 我国学者指出,故意杀人罪与遗弃罪的区别取决于两方面:之一,客观上针对生命的具体危险是否存在;之二,主观上杀害的意思是否存在。参见周光权:《刑法各论》(第4版),中国人民大学出版社2021年版,第31页。
② 联系《刑法》第二百四十条之拐卖儿童罪,"拐"并不限于欺骗、利诱等平和方法,而是包括暴力、胁迫等强制方法。参见张明楷:《刑法学》(第6版),法律出版社2021年版,第1192页;周光权:《刑法各论》(第4版),中国人民大学出版社2021年版,第95页。
③ 相同的学说见解,参见张明楷:《刑法学》(第6版),法律出版社2021年版,第1192页;黎宏:《刑法学各论》(第2版),法律出版社2016年版,第280页;周光权:《刑法各论》(第4版),中国人民大学出版社2021年版,第95页。
④ 相同的学说见解,参见黎宏:《刑法学各论》(第2版),法律出版社2016年版,第280页。

第二百六十二条之一　【组织残疾人、儿童乞讨罪】
以暴力、胁迫手段组织残疾人或者不满十四周岁的未成年人乞讨的,处三年以下有期徒刑或者拘役,并处罚金;情节严重的,处三年以上七年以下有期徒刑,并处罚金。

【立法沿革】

《中华人民共和国刑法修正案(六)》(自 2006 年 6 月 29 日起施行)

十七、在刑法第二百六十二条后增加一条,作为第二百六十二条之一:

"以暴力、胁迫手段组织残疾人或者不满十四周岁的未成年人乞讨的,处三年以下有期徒刑或者拘役,并处罚金;情节严重的,处三年以上七年以下有期徒刑,并处罚金。"

【条文说明】

本条是关于组织残疾人、儿童乞讨罪及其处罚的规定。

根据本条规定认定组织残疾人、儿童乞讨罪时,应当注意以下两个方面的问题:

1. 本罪的犯罪主体是**一般主体**。凡达到刑法规定的刑事责任年龄的自然人均可以构成本罪的犯罪主体。在司法实践中,对于父母、监护人或者近亲属因为生计所迫,带领残疾亲属或者成年子女乞讨满足基本生活需要的,甚至为了筹集子女、亲属的医药费、学费等乞讨的,不应按照犯罪处理。但是,对于有的监护人,并非生活所迫而是因贪图钱财,不顾未成年人健康成长的利益,利用未成年人乞讨牟利的,应当根据未成年人保护法等的规定,考虑其是否适宜继续作为监护人,必要时,可依法撤销其监护人资格。对此问题,《最高人民法院、最高人民检察院、公安部、民政部关于依法处理监护人侵害未成年人权益行为若干问题的意见》中也有明确规定,父母或者其他监护人胁迫、诱骗、利用未成年人乞讨,经公安机关和未成年人救助保护机构等部门三次以上批评教育拒不改正,严重影响未成年人正常生活和学习的,人民法院可以判决撤销其监护资格。

2. 本罪客观上表现为**以暴力、胁迫等手段组织残疾人或者不满十四周岁的未成年人乞讨的行为**。所谓"**暴力**",是指可以给被害人直接带来生理上的痛苦、肉体的侵袭及其强制力。比如,对被害人实施伤害、殴打、体罚等身体打击、折磨,使其产生生理上的痛苦、伤害而丧失反抗能力,或者因此造成心理恐惧不敢反抗,以身体强制等方法剥夺被害人行为自由使其不敢反抗、不能反抗的情形等。所谓"**胁迫**",是指行为人以当场实施暴力或其他有损身心健康的行为,以及及其他对被害人心理造成强迫的行为相要挟,实施精神强制,使其产生恐惧,不敢反抗的情况。这种胁迫,既可以针对被强迫人自身的生理伤害,如不顺从就冻、饿、体罚、殴打等,也可以是心理上的,如揭露隐私、公开侮辱使其丧失尊严等。胁迫的内容既可以针对被害人本人,也可以针对其亲属或者他人,只要足以对被害人造成心理上的强制,就可以构成胁迫。实践中,如果没有实施暴力、胁迫等强迫行为,不宜认定为组织残疾人、儿童乞讨罪。所谓"**组织**",是指纠集或者控制一定数量的残疾人或者不满十四周岁的未成年人,指令或者要求他们乞讨的行为。①

根据本条规定,以暴力或胁迫手段组织残疾人或者不满十四周岁的未成年人乞讨的,处三年以下有期徒刑或者拘役,并处罚金;情节严重的,处三年以上七年以下有期徒刑,并处罚金。这里所说的"**情节严重**",是指以暴力或者胁迫手段组织残疾人、未成年人乞讨,严重扰乱社会秩序或者造成其他恶劣影响的情形。比如,长期强迫他人乞讨,获利较大的;强迫乞讨导致残疾人、未成年人身体衰弱,得不到治疗,健康状况严重恶化的;被害人无法忍受折磨自杀、自我的;强迫残疾人、未成年人制造生理痛苦博取他人同情进行乞讨的;强迫被害人采用死缠硬要等方式野蛮乞讨的;强迫被害人采用可能造成伤亡(如在马路上拦车乞讨等)或有伤风化的方式乞讨的;组织乞讨人数较多,造成恶劣社会影响的;其他严重扰乱社会秩序或者影响恶劣的情形等。

需要注意的是,在适用本条的时候,应当注意掌握此罪与彼罪、一罪与数罪的界限,防止放纵或者量刑畸重的情况。比如,为了强迫而实施的暴力行为导致被害人伤亡的,应当根据刑法的规定,按照故意伤害罪或者故意杀人罪定罪处

---

① 被组织者不必达到三人以上。因为本罪不像妨害社会管理秩序的犯罪,只有达到一定人数才能产生妨害社会管理秩序的效果。参见张明楷:《刑法学》(第 6 版),法律出版社 2021 年版,第 1192 页;黎宏:《刑法学各论》(第 2 版),法律出版社 2016 年版,第 281 页。

罚。为了达到长期强迫残疾人、未成年人乞讨的目的而限制被害人人身自由的，应当根据刑法的规定，在组织残疾人、儿童乞讨罪和非法拘禁罪中择一重罪处罚。① 对于那些为了组织他人乞讨而绑架、拐骗残疾人或者未成年人，或者收买被拐骗儿童的，为了博取人们同情达到乞讨更多钱财的目的而故意造成被害人伤残的，奸淫被强迫的残疾人、未成年人的，应当根据刑法的相关规定定罪，与组织残疾人、儿童乞讨罪数罪并罚。②

【司法解释】

《最高人民法院关于审理拐卖妇女儿童犯罪案件具体应用法律若干问题的解释》（法释〔2016〕28号，自2017年1月1日起施行）

△（**收买被拐卖的妇女、儿童罪；数罪并罚**）收买被拐卖的妇女、儿童后又组织、强迫卖淫或者组织乞讨、进行违法治安管理活动等构成其他犯罪的，依照数罪并罚的规定处罚。（§6）

【参考案例】

No. 4-262之一-1 翟雪峰、魏翠英组织儿童乞讨案

组织儿童乞讨罪中的暴力、胁迫不以达到足以压制儿童反抗的程度为必要，只需要足以使儿童产生恐惧心理即可。

No. 4-262之一-2 翟雪峰、魏翠英组织儿童乞讨案

组织儿童乞讨罪中的组织不以被组织者达到三人为要件。

第二百六十二条之二　【组织未成年人进行违反治安管理活动罪】
组织未成年人进行盗窃、诈骗、抢夺、敲诈勒索等违反治安管理活动的，处三年以下有期徒刑或者拘役，并处罚金；情节严重的，处三年以上七年以下有期徒刑，并处罚金。

【立法沿革】

《中华人民共和国刑法修正案（七）》（自2009年2月28日起施行）

八、在刑法第二百六十二条之一后增加一条，作为第二百六十二条之二：

"组织未成年人进行盗窃、诈骗、抢夺、敲诈勒索等违反治安管理活动的，处三年以下有期徒刑或者拘役，并处罚金；情节严重的，处三年以上七年以下有期徒刑，并处罚金。"

【条文说明】

本条是关于组织未成年人进行违反治安管理活动罪及其处罚的规定。

根据本条规定，构成本罪必须具备以下两个条件：

1. 本罪的犯罪主体是**一般主体**。凡达到刑法规定的刑事责任年龄的自然人均可构成本罪的主体。组织未成年人进行违法活动的人，是本罪的主体。这里的"**组织**"，一般是指采取引诱、欺骗、威胁或者说服等办法，以包吃包住或发给一定的报酬等名义，纠集未成年人或将未成年人笼络、控制在自己手下，指令或要求未成年人实施盗窃、

诈骗、抢夺、敲诈勒索等违法行为。根据未成年人保护法的规定，本条所说的"**未成年人**"，是指未满十八周岁的公民，既包括普通的未成年人，也包括身心残疾的未成年人。

2. 组织者必须**实施了组织未成年人实施盗窃、诈骗、抢夺、敲诈勒索等违反治安管理的行为**。所谓"**盗窃**"，是指以非法占有为目的，秘密窃取公私财物的行为。所谓"**诈骗**"，是指以非法占有为目的，用虚构事实或者隐瞒真相的方法，骗取公私财物的行为。所谓"**抢夺**"，是指以非法占有为目的，公然夺取公私财物的行为。所谓"**敲诈勒索**"，是指以非法占有为目的，对公私财物的所有人、保管人使用威胁或要挟的方法，索取公私财物的行为。上述所说的盗窃、诈骗、抢夺、敲诈勒索行为，是未成年人实施的，违反治安管理，但不构成犯罪的行为。法律将组织未成年人实施上述四种违法行为规定为行为犯，即实施了组织未成年人进行盗窃、诈骗、抢夺、敲诈勒索等违反治安管理的行为，就构成犯罪，不需要其他情节和要件。未成年人是否实施了盗窃、诈骗、抢夺、敲诈勒索等违反治安管理活动的行为，并不影响本罪的成立。

根据本条规定，组织未成年人实施盗窃、诈

---

① 相同的学说见解，参见黎宏：《刑法学各论》（第2版），法律出版社2016年版，第281页。
② 相同的学说见解，参见黎宏：《刑法学各论》（第2版），法律出版社2016年版，第281页。

骗、抢夺、敲诈勒索等违反治安管理活动的,处三年以下有期徒刑或者拘役,并处罚金;情节严重的,处三年以上七年以下有期徒刑,并处罚金。

"**情节严重**"是指组织多人、残疾未成年人,多次组织未成年人进行违法活动,对未成年人采取暴力、威胁、虐待等手段,或者通过未成年人的违法行为获利数额较大等情节。如果未成年人在未实施盗窃、诈骗、抢夺、敲诈勒索等违反治安管理活动的行为前,其组织行为被告发的,也构成本罪,属于犯罪的预备,对于预备犯,应当按照《刑法》第二十二条的规定,可以比照既遂犯从轻、减轻处罚或者免除处罚。

对于未成年人实施的盗窃、诈骗、抢夺、敲诈勒索等违反治安管理的行为,应根据**《治安管理处罚法》**第四十九条的规定予以处罚,即处五日以上十日以下拘留,可以并处五百元以下罚款;情节较重的,处十日以上十五日以下拘留,可以并处一千元以下罚款。但是,根据《治安管理处罚法》第十二条的规定,已满十四周岁不满十八周岁的人违反治安管理的,应当从轻或者减轻处罚;不满十四周岁的人违反治安管理的,不予处罚,但是应当责令其监护人严加管教。《治安管理处罚法》第二十一条还规定,已满十四周岁不满十六周岁或者已满十六周岁不满十八周岁,初次违反治安管理的,依照治安管理处罚法的规定,应当给予拘留处罚的,不执行行政拘留处罚。上述这些规定,都是从爱护未成年人的角度从宽处理,给予未成年人知错改错和悔过自新的机会。

实践中应当注意区分盗窃、诈骗、抢夺、敲诈勒索**罪与违反治安管理的盗窃、诈骗、抢夺、敲诈勒索行为**。根据《刑法》第二百六十四条关于盗窃犯罪的规定、第二百六十六条关于诈骗犯罪的规定、第二百六十七条关于抢夺犯罪的规定和第二百七十四条关于敲诈勒索犯罪的规定,构成上述四种犯罪的必备条件是数额较大。由于这四种犯罪都属于财产型犯罪,所以法律规定以数额大小来区别罪与非罪的界限。盗窃罪是一种比较常见的犯罪,所以,法律同时规定"多次盗窃"的,也是构成犯罪的一个条件,也就是说,数额较大或多次盗窃,只要符合其中一个条件就可以构成盗窃罪。多次盗窃并不要求达到一定的数额,因为这种情况属于刑法理论中所说的惯犯或屡犯,从犯罪的恶性程度上讲是比较严重的。实践中不应将多次盗窃行为,作为违反治安管理的行为予以治安处罚,这样既放纵了罪犯,也不利于维护社会治安秩序。对于未成年人实施的盗窃、诈骗、抢夺、敲诈勒索等行为,构成犯罪的,对已满十六周岁的未成年人,应当分别依照刑法关于盗窃、诈骗、抢夺、敲诈勒索罪的有关规定从轻或者减轻处罚;对组织者应当分别以**盗窃罪、诈骗罪、抢夺罪、敲诈勒索罪**的共犯追究其刑事责任。①

【司法解释】

《最高人民法院关于审理拐卖妇女儿童犯罪案件具体应用法律若干问题的解释》(法释[2016]28号,自2017年1月1日起施行)

△(收买被拐卖的妇女、儿童罪;数罪并罚)收买被拐卖的妇女、儿童后又组织、强迫卖淫或者组织乞讨、进行违反治安管理活动等构成其他犯罪的,依照数罪并罚的规定处罚。(§6)

【指导性案例】

最高人民检察院指导性案例第173号:惩治组织未成年人进行违反治安管理活动犯罪综合司法保护案(2023年2月24日发布)

△(组织未成年人进行违反治安管理活动罪;有偿陪侍;情节严重;督促监护令;社会治理)对组织未成年人在KTV等娱乐场所进行有偿陪侍的,检察机关应当以组织未成年人进行违反治安管理活动罪进行追诉,并可以从被组织人数、持续时间,组织手段、陪侍情节、危害后果等方面综合认定本罪的"情节严重"。检察机关应当针对案件背后的家庭监护缺失、监护不力问题开展督促监护工作,综合评估监护履责中存在的具体问题,制发个性化督促监护令,并跟踪落实。检察机关应当坚持未成年人保护治罪与治理并重,针对个案发生的原因开展诉源治理。

---

① 我国学者指出,如果行为人组织未成年人进行盗窃、诈骗、抢夺、敲诈勒索等活动,未成年人的盗窃、诈骗、抢夺、敲诈勒索的财物数额较大或者巨大,组织者的行为就属于一行为同时触犯两个罪名的想象竞合犯。参见张明楷:《刑法学》(第6版),法律出版社2021年版,第1193页;黎宏:《刑法学各论》(第2版),法律出版社2016年版,第282页;周光权:《刑法各论》(第4版),中国人民大学出版社2021年版,第96页。

第五章 侵犯财产罪[①]

第二百六十三条 【抢劫罪】
以暴力、胁迫或者其他方法抢劫公私财物的,处三年以上十年以下有期徒刑,并处罚金;有下列情形之一的,处十年以上有期徒刑、无期徒刑或者死刑,并处罚金或者没收财产:
(一)入户抢劫的;
(二)在公共交通工具上抢劫的;
(三)抢劫银行或者其他金融机构的;
(四)多次抢劫或者抢劫数额巨大的;
(五)抢劫致人重伤、死亡的;
(六)冒充军警人员抢劫的;
(七)持枪抢劫的;
(八)抢劫军用物资或者抢险、救灾、救济物资的。

【条文说明】

本条是关于抢劫罪及其处罚的规定。

抢劫罪,是指以非法占有为目的,当场使用暴力、胁迫或者其他方法强行劫取公私财物[②]的行为。[③] 根据本条规定,构成抢劫罪的显著特征是"以暴力、胁迫或者其他方法抢劫公私财物"。所谓"**暴力**",是指犯罪人对财物的所有者、管理人员实施暴力侵袭或者其他强制力,包括捆绑、殴打、伤害直至杀害等使他人处于不能或者不敢反抗状态[④]当即抢走财物的方法。[⑤] 所谓"**胁迫**",是指当场使用暴力相威胁,对被害人实行精神强制[⑥],使其产生恐惧,不敢反抗,被迫当场交出财物或者不敢阻止而由行为人强行劫走财物。[⑦] 如果不是以

[①] 关于财产犯罪保护法益,学说上存在所有权说、混合说及占有说等众多说法。详细的讨论,参见黎宏:《刑法学各论》(第 2 版),法律出版社 2016 年版,第 284—288 页;周光权:《刑法各论》(第 3 版),中国人民大学出版社 2016 年版,第 98—102 页;张明楷:《刑法学》(第 6 版),法律出版社 2021 年版,第 1219—1228 页。

[②] 我国学者指出,不动产由于其不可移动的特性而不能成为以移动财物为必要的抢劫罪的对象。参见赵秉志、李希慧主编:《刑法各论》(第 3 版),中国人民大学出版社 2016 年版,第 239 页;黎宏:《刑法学各论》(第 2 版),法律出版社 2021 年版,第 295 页。另有学者指出,基于保护公私财产和人身自由,不宜将不动产一概排除在抢劫罪的对象之外。参见高铭暄、马克昌主编:《刑法学》(第 7 版),北京大学出版社、高等教育出版社 2016 年版,第 510 页。也有学者指出,所谓的抢劫不动产,实际上是强行占用他人不动产以获取财产上的利益。参见周光权:《刑法各论》(第 4 版),中国人民大学出版社 2021 年版,第 106 页。

[③] 我国学者指出,本罪的实行行为是复合行为,包括方法行为(即暴力、胁迫或者其他方法行为)及目的行为(即劫取公私财物的行为)。两者紧密结合,不可获取。参见高铭暄、马克昌主编:《刑法学》(第 7 版),北京大学出版社、高等教育出版社 2016 年版,第 493 页;黎宏:《刑法学各论》(第 2 版),法律出版社 2016 年版,第 295 页。

[④] 我国学者指出,被害者的反抗是否可能被压制,要结合犯罪者和被害人的人数、年龄、性别、受胁迫人的特性、行为的时间、场所以及附随状况、凶器的有无、使用方法等具体事项对暴力、胁迫的性质进行客观判断。参见周光权:《刑法各论》(第 4 版),中国人民大学出版社 2021 年版,第 119 页;黎宏:《刑法学各论》(第 2 版),法律出版社 2016 年版,第 295 页;张明楷:《刑法学》(第 6 版),法律出版社 2021 年版,第 1270 页。

[⑤] 暴力是否应以对人实施为限,学说上尚存争议,有肯定、否定说两种学说。肯定见解认为,即使是对物施加有形力,只要能够抑制被害人的意思、行动自由并能压制其反抗,就可以视为作为本罪手段的暴力。参见王作富主编:《刑法分则实务研究(中)》(第 5 版),中国方正出版社 2013 年版,第 902 页;黎宏:《刑法学各论》(第 2 版),法律出版社 2016 年版,第 118 页。否定见解认为,暴力应以对人实施为限,对物实施暴力但影响到被害人精神,论以胁迫型的抢劫为宜。参见陈兴良主编:《刑法各论精释》,人民法院出版社 2015 年版,第 311 页。

[⑥] 通说见解亦认为,只有达到"以当场实施暴力相威胁"的程度,才能构成胁迫。另有学者指出,一方面,由于抢劫罪是严重侵犯财产和人身权利的犯罪,对胁迫加害的种类、性质人为地加以限定,不利于周全地保护财产所有者、占有者的权利;另一方面,"当场"的要求,仅仅是表面要素,胁迫行为是否足以压制他人反抗,才是决定性要素。参见陈兴良主编:《刑法各论精释》,人民法院出版社 2015 年版,第 312 页;周光权:《刑法各论》(第 4 版),中国人民大学出版社 2021 年版,第 119 页。

[⑦] 关于"当场"强取财物,我国学者指出,当场乃指暴力、胁迫手段和财物取得之间具有时间上、场所上的紧密连接性,对"当场"的理解不能过于狭隘。参见周光权:《刑法各论》(第 4 版),中国人民大学出版社 2021 年版,第 119—120 页;黎宏:《刑法学各论》(第 2 版),法律出版社 2016 年版,第 296 页。

暴力相威胁，而是对被害人以将要揭露隐私、毁坏财产等相威胁，则构成敲诈勒索罪，而不是抢劫罪。① 所谓"**其他方法**"，是指对被害人采取暴力、胁迫以外的使被害人处于不知反抗或者不能反抗的状态的方法。例如，用酒精灌醉、用药物麻醉等方法使被害人处于暂时丧失知觉而不能反抗的状态，将财物当场掠走。在这里，必须是由于犯罪分子故意造成被害人处于不能反抗的状态，如果犯罪分子利用被害人睡熟或者醉酒不醒，趁机秘密取走数额较大的财物，则不构成本罪。行为人实施抢劫后，为灭口而故意杀人的，以抢劫罪和故意杀人罪定罪，实行数罪并罚。

构成本罪，必须具备以下两个条件：（1）行为人具有**非法占有公私财物的目的**，并且实施了非法占有或者意图非法占有的行为。（2）行为人对被害人**当场使用**暴力、胁迫或者其他方法。

暴力、胁迫或者其他方法，必须是犯罪分子当场使用，才能构成抢劫罪。如果犯罪分子没有使用暴力或者胁迫的方法就取得了财物，除《刑法》第二百六十七条规定的携带凶器抢夺的情形外，不能以抢劫罪论处。反之，如果犯罪分子事先只是准备盗窃或者抢夺，但在实施盗窃或者抢夺的过程中遭到反抗或者阻拦，于是当场使用暴力或者以暴力相威胁强取财物，其行为就由盗窃或者抢夺转化为抢劫了，应以抢劫罪定罪处罚。

为了有利于执法的统一，减少随意性，增加可操作性，本条具体列举了犯抢劫罪，应当判处十年以上有期徒刑、无期徒刑或者死刑的八种情形。

1. **入户抢劫的**。这里所说的"户"，是指公民私人住宅。入户抢劫，不仅严重侵犯公民的财产所有权，更为严重的是危及公民的人身安全。"入户抢劫"是指为实施抢劫行为而进入他人生活的与外界相对隔离的住所，包括封闭的院落、牧民的帐篷、渔民作为家庭生活场所的渔船、为生活租用的房屋等。② 对于入户盗窃，被发现而当场使用暴力或者以暴力相威胁的行为，应当认定为入户抢劫。认定"入户抢劫"，要注重审查行为人"入户"的目的，将"**入户抢劫**"与"**在户内抢劫**"区别开来。以侵害户内人员的人身、财产为目的，入户后实施抢劫，包括入户实施盗窃、诈骗等犯罪而转化为抢劫的，应当认定为"入户抢劫"。因访友办事等原因进户内人员允许入户后，临时起意实施抢劫，或者临时起意实施盗窃、诈骗等犯罪而转化为抢劫的，不应认定为"入户抢劫"。

2. **在公共交通工具上抢劫的**。"在公共交通工具上抢劫"，既包括在处于运营状态的公共交通工具对旅客及司售、乘务人员实施抢劫，也包括拦截运营途中的公共交通工具对旅客及司售、乘务人员实施抢劫，但不包括在未运营的公共交通工具上针对司售、乘务人员实施抢劫。以暴力、胁迫或者麻醉等手段对公共交通工具上的特定人员实施抢劫的，一般应认定为"在公共交通工具上抢劫"。③

3. **抢劫银行或者其他金融机构的**。"抢劫银行或者其他金融机构"，是指抢劫银行或者其他金融机构的经营资金、有价证券和客户的资金等。④ 抢劫正在使用中的银行或者其他金融机构的运钞车，视为"抢劫银行或者其他金融机构"。

4. **多次抢劫或者抢劫数额巨大的**。"多次抢劫"是指抢劫三次以上。⑤ 对于"抢劫数额巨大"的认定标准，根据《最高人民法院关于审理抢劫刑事案件适用法律若干问题的指导意见》的规定，参照各地确定的盗窃罪数额巨大的认定标准执行。抢劫数额以实际抢劫到的财物数额为依据。抢劫信用卡后使用、消费的，以行为人实际使用、消费的数额为抢劫数额。

5. **抢劫致人重伤、死亡的**。这里所说的"抢劫致人重伤、死亡"，是指为抢劫公私财物而实施的暴力行为或其他方法，导致被害人重伤或者死

---

① 类似的学说见解，参见张明楷：《刑法学》（第6版），法律出版社2021年版，第1269页。
② 我国学者指出，如果行为人将户主驱离住所，将其杀害，或者在将其骗出住所后，以其他具有暴力、胁迫性质的方法使之无法回到住所，为其堂而皇之地再次入户抢劫铺平道路，其行为性质与入户抢劫的典型表现无本质差别，应当视为"入户抢劫"。参见黎宏：《刑法学各论》（第2版），法律出版社2016年版，第302页。
③ 我国学者指出，之所以将"在公共交通工具上抢劫"作为加重处罚情节，是因为在此种封闭且有限的空间范围内实施暴力、胁迫行为，直接危害到其他不特定多数乘客的生命、财产安全。参见黎宏：《刑法学各论》（第2版），法律出版社2016年版，第302页。
④ 相同的学说见解，参见周光权：《刑法各论》（第4版），中国人民大学出版社2021年版，第125页。
⑤ 我国学者指出，如果行为人基于一个犯意实施犯罪，如在同一地点同时对在场的多人实施抢劫，或者基于同一犯意在同一地点实施连续抢劫犯罪，如在同一地点连续对途经此地的多人进行抢劫，均应认定为一次犯罪。参见周光权：《刑法各论》（第4版），中国人民大学出版社2021年版，第125页；高铭暄、马克昌主编：《刑法学》（第7版），北京大学出版社、高等教育出版社2016年版，第499页。

亡的情形。① 如行为人为劫取财物而故意杀人，或在劫取财物过程中，为制服被害人反抗而故意杀人的，一般以抢劫罪定罪处罚。但是行为人已经完成抢劫后，又为灭口或其他原因而故意杀人的，则应以抢劫罪和故意杀人罪定罪，实行数罪并罚。②

6. 冒充军警人员抢劫的。"军警"是指军人和警察。"军人"是指中国人民解放军、中国人民武装警察部队的现役军官（警官）、文职人员、士兵及具有军籍的学员。"警察"是指我国武装性质的国家治安行政力量，包括公安机关、国家安全机关、监狱的人民警察和人民法院、人民检察院的司法警察。根据《最高人民法院关于审理抢劫刑事案件适用法律若干问题的指导意见》的规定，在判断是否足以使他人误以为是军警人员时，"要注重对行为人是否穿着军警制服、携带枪支、是否出示军警证件等情节进行综合审查。对于行为人仅穿着类似军警的服装或仅以言语宣称系军警人员但未携带枪支、也未出示军警证件而实施抢劫的，要结合抢劫地点、时间、暴力或胁迫的具体情形，依照常人判断标准，确定是否认定为'冒充军警人员抢劫'。军警人员利用自身的真实身份实施抢劫的，不认定为'冒充军警人员抢劫'，应依法从重处罚"。③④

7. 持枪抢劫的。"持枪抢劫"是指行为人使用枪支或者向被害人显示持有、佩带的枪支进行抢劫的行为。"枪支"的概念和范围，适用《枪支管理法》的规定。⑤

8. 抢劫军用物资或者抢险、救灾、救济物资的。"军用物资"是指除枪支、弹药、爆炸物以外的其他军事用品。抢劫枪支、弹药、爆炸物，构成《刑法》危害公共安全罪中第一百二十七条第二款规定的抢劫枪支、弹药、爆炸物罪。"抢险、救灾、救济物资"是指抢险、救灾、救济用途已经明确的物资，包括正处于保管、运输或者使用当中的。⑥

根据本条规定，犯抢劫罪的，处三年以上十年以下有期徒刑，并处罚金；入户抢劫的，在公共交通工具上抢劫的，抢劫银行或者其他金融机构的，多次抢劫或者抢劫数额巨大的，抢劫致人重伤、死亡的，冒充军警人员抢劫的，持枪抢劫的，抢劫军用物资或者抢险、救灾、救济物资的，处十年以上有期徒刑、无期徒刑或者死刑，并处罚金或者没收财产。对于本条规定的八种法定加重情节的刑罚适用，应当根据抢劫情节严重程度、抢劫次数、数额、致人伤害后果等因素，结合行为人主观恶性及社会危害性，确定应当适用的刑罚。根据最高人民法院关于审理抢劫刑事案件适用法律若干问题的指导意见，"具有下列情形之一的，**可以判处无期徒刑以上刑罚**：（1）抢劫致三人以上重伤，或

---

① 抢劫致人死伤的对象并不限于财物占有者、所有者。只要其能够直接或间接地对抢劫及其关联行为有所妨碍，即属本项规定中的死伤对象。参见周光权：《刑法各论》（第4版），中国人民大学出版社2021年版，第126页。另外，抢劫犯及其同伙，在抢劫致人死伤的对象范围之内。参见黎宏：《刑法学各论》（第2版），法律出版社2016年版，第303页。

② 黄京平教授指出，此处的"抢劫致人死亡"，只是表明实施的犯罪行为与死亡的因果关系，并不能直接说明行为人对死亡的态度限于过失。因此，为了非法占有他人财物而当初杀死他人，应定抢劫一罪。参见高铭暄、马克昌主编：《刑法学》（第7版），北京大学出版社、高等教育出版社2016年版，第494页。类似的见解，参见张明楷：《刑法学》（第6版），法律出版社2021年版，第1293页。同时，刘志伟教授指出，如果认为"抢劫致人死亡"不包括故意杀人，并在此情形下，下对行为人以故意杀人罪和抢劫罪数罪并罚，会与认定数罪的原理相悖。主要原因在于，假若将因暴力的行使而故意造成被害人死亡行为的理解为剩下的取财行为的，剩下的取财行为构成抢劫罪。参见莫洪宪、李希慧主编：《刑法各论》，中国人民大学出版社2016年版，第240页。另有学者指出，《刑法》第二百六十三条中的"暴力"不应当包括"故意杀人"。以故意杀人手段抢劫，应当构成故意杀人罪和抢劫罪或者盗窃罪和侵占罪。理由是，虽然《刑法》第二百六十三条第（五）项（抢劫致人死亡）和第二百三十二条（故意杀人罪）的法定刑有轻重程度之别，但两者在使用顺序上有明显差别，此意味着和故意杀人类型的抢劫相比较，故意杀人罪属于重罪。否则，就可能出现杀人抢劫的法定刑反而比杀人的处罚还要低的情况。参见黎宏：《刑法学各论》（第2版），法律出版社2016年版，第304页。

③ 冒充军警人员抢劫的情形包括：第一，根本不具有军警身份的人冒充军警身份进行抢劫；第二，具有军人身份的人员冒充警察进行抢劫；第三，具有警察身份的人员冒充军人进行抢劫；第四，具有此种军警身份的人员冒充彼种军警人员进行抢劫。参见周光权：《刑法各论》（第4版），中国人民大学出版社2021年版，第126—127页。

④ 学说见解认为，冒充军警人员抢劫只是被害人相信行为人是军警人员这一点，即使被害人不相信或怀疑其身份，亦属于冒充军警人员抢劫。参见周光权：《刑法各论》（第4版），中国人民大学出版社2021年版，第127页。

⑤ 我国学者指出，持仿真度很高的假枪抢劫，不能视为持枪抢劫。因为仿真枪不是真枪，不具有杀伤力，不会造成被害人的伤亡。较持真枪抢劫而言，持仿真枪抢劫的社会危害性相对较小。参见周光权：《刑法各论》（第4版），中国人民大学出版社2021年版，第127页。

⑥ 我国学者指出，必须证实行为人明知是抢险、救灾、救济款物而实施抢劫。如果行为人对前开特定对象无认识的，抢劫行为完成后才发现是上述物资，只能论一般的抢劫罪或者数额巨大的加重型抢劫罪。参见周光权：《刑法各论》（第4版），中国人民大学出版社2021年版，第128页。

者致人重伤造成严重残疾的；(2)在抢劫过程中故意杀害他人，或者故意伤害他人，致人死亡；(3)具有除"抢劫致人重伤、死亡"外的两种以上加重处罚情节，或者抢劫次数特别多、抢劫数额特别巨大的"。判处无期徒刑以上刑罚的，一般应并处没收财产。

实践中需要注意以下两个方面的问题：

1. 在公共交通工具上抢劫的认定。随着科技进步和社会发展，共享出行方式越来越受欢迎，近几年"网约车抢劫案"较为频发，引起了公众对"网约车是否属于公共交通工具、是否适用抢劫罪加重情节"的探讨。

抢劫罪区别于其他侵犯财产罪的最大不同处是行为的暴力性，即对他人人身安全的危害较大。之所以将"在公共交通工具上抢劫"规定为抢劫罪的加重情节，适用更严重的刑罚，就是考虑到公共交通工具的"公共性"，更确切地说，是行为人在公共交通工具上实施抢劫，无论是针对特定人还是针对不特定多数人，其行为都为全部不特定多数人的人身、财产带来了现实危险，社会危险性大，且极易危害到公共安全。

司法实践中，司法机关对"公共交通工具"的认定一直较为明确。根据2000年11月28日实施的《最高人民法院关于审理抢劫案件具体应用法律若干问题的解释》第二条和2005年6月8日实施的《最高人民法院关于审理抢劫、抢夺刑事案件适用法律若干问题的意见》第二条的规定，在小型出租车上抢劫的，不属于在公共交通工具上抢劫。2016年1月6日发布实施的《最高人民法院关于审理抢劫刑事案件适用法律若干问题的指导意见》进一步明确"公共交通工具"不含小型出租车。而接送职工的单位班车、接送师生的校车等大、中型交通工具，则视为公共交通工具。

因此，无论是立法本意还是司法实践中，小型出租车或者以小轿车为载体的网约车都不适用本条规定的"在公共交通工具上抢劫"的加重情节，这是符合刑法罪刑相适应原则和司法实践需要的。

2. 抢劫罪的死刑适用。作为侵犯财产罪一章中唯一保留死刑的罪名(条文适用体现在本条和第二百六十九条规定的转化型抢劫罪)，正确适用死刑是十分重要的。根据我国目前**保留死刑，严格控制和慎重适用死刑**"的刑事政策，应当以最严格的标准和最审慎的态度，确保抢劫罪的死刑只适用于少数罪行极其严重的犯罪分子。

虽然根据刑法规定，抢劫罪的8种加重情节均可以适用死刑，但是在司法实践中一般还是造成重伤或者死亡等严重人身伤亡的，才有判处死刑的可能。即使因抢劫致人重伤或者死亡的，也要从行为人犯罪的动机、预谋、实行行为等方面分析其主观恶性的大小，从有无前科、认罪悔罪情况等方面判断其人身危险程度，并在审查行为人是否有法定从宽情节，且综合犯罪情节和造成的严重后果后，才能判处死刑。不能不加区别，仅以出现一名或数名被害人死亡的后果，一律判处死刑立即执行。

【司法解释】

《最高人民法院关于审理抢劫案件具体应用法律若干问题的解释》(法释〔2000〕35号，自2000年11月28日起施行)

△(入户抢劫；入户盗窃)刑法第二百六十三条第(一)项规定的"入户抢劫"，是指为实施抢劫行为而进入他人生活的与外界相对隔离的住所，包括封闭的院落、牧民的帐篷、渔民作为家庭生活场所的渔船、为生活租用的房屋等进行抢劫的行为。

对于入户盗窃，因被发现而当场使用暴力或者以暴力相威胁的行为，应当认定为入户抢劫。(§1)

△(在公共交通工具上抢劫)刑法第二百六十三条第(二)项规定的"在公共交通工具上抢劫"，既包括在从事旅客运输的各种公共汽车，大、中型出租车，火车，船只，飞机等正在运营中的机动公共交通工具上对旅客、司售、乘务人员实施的抢劫，也包括对运行途中的机动公共交通工具加以拦截后，对公共交通工具上的人员实施的抢劫。(§2)

△(抢劫银行或者其他金融机构；运钞车)刑法第二百六十三条第(三)项规定的"抢劫银行或者其他金融机构"，是指抢劫银行或者其他金融机构的经营资金、有价证券和客户的资金等。

抢劫正在使用中或者其他金融机构的运钞车的，视为"抢劫银行或者其他金融机构"。(§3)

△(抢劫数额巨大；盗窃罪数额巨大)刑法第二百六十三条第(四)项规定的"抢劫数额巨大"的认定标准，参照各地确定的盗窃罪数额巨大的认定标准执行。(§4)

△(持枪抢劫；枪支)刑法第二百六十三条第(七)项规定的"持枪抢劫"，是指行为人使用枪支或者向被害人显示持有、佩带的枪支进行抢劫的行为。"枪支"的概念和范围，适用《中华人民共和国枪支管理法》的规定。(§5)

《最高人民法院关于抢劫过程中故意杀人案件如何定罪问题的批复》(法释〔2001〕16号，自2001年5月26日起施行)

△(为劫取财物而预谋故意杀人；为制服被害人反抗而故意杀人；为灭口而故意杀人)行为人为

劫取财物而预谋故意杀人,或者在劫取财物过程中,为制服被害人反抗而故意杀人的,以抢劫罪定罪处罚。①

行为人实施抢劫后,为灭口而故意杀人的,以抢劫罪和故意杀人罪定罪,实行数罪并罚。②

《最高人民法院、最高人民检察院关于办理妨害预防、控制突发传染病疫情等灾害的刑事案件具体应用法律若干问题的解释》(法释〔2003〕8号,自2003年5月15日起施行)

△(预防、控制突发传染病疫情等灾害期间;抢走公私财物;首要分子;抢劫罪)在预防、控制突发传染病疫情等灾害期间,聚众"打砸抢",致人伤残、死亡的,依照刑法第二百八十九条、第二百三十四条、第二百三十二条的规定,以故意伤害罪或者故意杀人罪定罪,依法从重处罚。对毁坏或者抢走公私财物的首要分子,依照刑法第二百八十九条、第二百六十三条的规定,以抢劫罪定罪,依法从重处罚。(§9)

《最高人民法院、最高人民检察院关于办理与盗窃、抢劫、诈骗、抢夺机动车相关刑事案件具体应用法律若干问题的解释》(法释〔2007〕11号,自2007年5月11日起施行)

△(事前通谋;抢劫罪的共犯)实施本解释第一条、第二条、第三条第一款或者第三款规定③的行为,事前与盗窃、抢劫、诈骗、抢夺机动车的犯罪分子通谋的,以盗窃罪、抢劫罪、诈骗罪、抢夺罪的

---

① 林维教授指出,对批复未区分故意杀人的既遂和未遂问题,在结果加重犯的未遂犯情形,会造成法定刑的不协调。参见陈兴良主编:《刑法总论精释》(第3版),人民法院出版社2016年版,第436—437页。

② 我国学者指出,若行为人触犯盗窃等罪,当场为了灭口而杀人,由于隐匿证人、杀害证人都属于使证据不能显现的行为(通俗地讲,灭口的目的就是毁天罪证的目的),故其行为同时触犯了事后抢劫罪与故意杀人罪,属于想象竞合,从一重罪处断。由于抢劫致人死亡的法定刑重于故意杀人罪,故适用事后抢劫罪的法定刑予以处罚。参见张明楷:《刑法学》(第6版),法律出版社2021年版,第1284页。

相反,江溯教授则指出,行为人的主观目的已经不是简单地"为了窝藏赃物、抗拒抓捕或者毁灭罪证",在其盗窃行为被发现后,其主观犯意已经转化为故意杀人的目的。因此,对该行为定故意杀人罪,较为合适。参见陈兴良主编:《刑法各论精释》,人民法院出版社2015年版,第239—240页。

③ 《最高人民法院、最高人民检察院关于办理与盗窃、抢劫、诈骗、抢夺机动车相关刑事案件具体应用法律若干问题的解释》(法释〔2007〕11号,自2007年5月11日起施行)

第一条

Ⅰ 明知是盗窃、抢劫、诈骗、抢夺的机动车,实施下列行为之一的,依照刑法第三百一十二条的规定,以掩饰、隐瞒犯罪所得、犯罪所得收益罪定罪,处三年以下有期徒刑、拘役或者管制,并处或者单处罚金:

(一)买卖、介绍买卖、典当、拍卖、抵押或者用其抵债的;

(二)拆解、拼装或者组装的;

(三)修改发动机号、车辆识别代号的;

(四)更改车身颜色或者车辆外形的;

(五)提供或者出售机动车来历凭证、整车合格证、号牌以及有关机动车的其他证明和凭证的;

(六)提供或者出售伪造、变造的机动车来历凭证、整车合格证、号牌以及有关机动车的其他证明和凭证的。

Ⅱ 实施第一款规定的行为涉及盗窃、抢劫、诈骗、抢夺的机动车五辆以上或者价值总额达到五十万元以上的,属于刑法第三百一十二条规定的"情节严重",处三年以上七年以下有期徒刑,并处罚金。

第二条

Ⅰ 伪造、变造、买卖机动车行驶证、登记证书,累计三本以上的,依照刑法第二百八十条第一款的规定,以伪造、变造、买卖国家机关证件罪定罪,处三年以下有期徒刑、拘役、管制或者剥夺政治权利。

Ⅱ 伪造、变造、买卖机动车行驶证、登记证书,累计达到第一款规定数量标准五倍以上的,属于刑法第二百八十条第一款规定中的"情节严重",处三年以上十年以下有期徒刑。

第三条

Ⅰ 国家机关工作人员滥用职权,有下列情形之一,致使盗窃、抢劫、诈骗、抢夺的机动车被办理登记手续,数量达到三辆以上或者价值总额达到三十万元以上的,依照刑法第三百九十七条第一款的规定,以滥用职权罪定罪,处三年以下有期徒刑或者拘役:

(一)明知是登记手续不全或者不符合规定的机动车而办理登记手续的;

(二)指使他人为明知是登记手续不全或者不符合规定的机动车办理登记手续的;

(三)违规或者指使他人违规更改、调换车辆档案的;

(四)其他滥用职权的行为。

Ⅱ 国家机关工作人员严重不负责任,不履行或者不正确履行职责,致使盗窃、抢劫、诈骗、抢夺的机动车被办理登记手续,数量达到五辆以上或者价值总额达到五十万元以上的,依照刑法第三百九十七条第一款的规定,以玩忽职守罪定罪,处三年以下有期徒刑或者拘役。

Ⅲ 国家机关工作人员实施前两款规定的行为,致使盗窃、抢劫、诈骗、抢夺的机动车被办理登记手续,分别达到前两款规定数量、数额标准五倍以上的,或者是盗窃、抢劫、诈骗、抢夺的机动车而办理登记手续的,属于刑法第三百九十七条第一款规定的"情节特别严重",处三年以上七年以下有期徒刑。

Ⅳ 国家机关工作人员徇私舞弊,实施上述行为,构成犯罪的,依照刑法第三百九十七条第二款的规定定罪处罚。

共犯论处。(§4)

《最高人民检察院关于强迫借贷行为适用法律问题的批复》(高检发释字〔2014〕1号,自2014年4月17日起施行)

△(以借贷为名;抢劫罪)以暴力、胁迫手段强迫他人借贷,属于刑法第二百二十六条第二项规定的"强迫他人提供或者接受服务",情节严重的,以强迫交易罪追究刑事责任;同时构成故意伤害罪等其他犯罪的,依照处罚较重的规定定罪处罚。以非法占有为目的,以借贷为名采用暴力、胁迫手段获取他人财物,符合刑法第二百六十三条或者第二百七十四条规定的,以抢劫罪或者敲诈勒索罪追究刑事责任。

《最高人民法院关于审理掩饰、隐瞒犯罪所得、犯罪所得收益刑事案件适用法律若干问题的解释》(法释〔2015〕11号,自2015年6月1日起施行)

△(事前通谋;抢劫罪的共犯)事前与盗窃、抢劫、诈骗、抢夺犯罪分子通谋,掩饰、隐瞒犯罪所得及其产生的收益的,以盗窃、抢劫、诈骗、抢夺等犯罪的共犯论处。(§5)

△(对犯罪所得及其产生的收益实施抢劫)对犯罪所得及其产生的收益实施盗窃、抢劫、诈骗、抢夺等行为,构成犯罪的,分别以盗窃罪、抢劫罪、诈骗罪、抢夺罪等定罪处罚。(§6)

【司法解释性文件】

《最高人民法院研究室关于对非法占有强迫他人卖血所得款物案件如何定性问题的意见函》(1995年10月23日公布)[①]

△(强迫他人卖血后占有卖血所得款物;抢劫罪;从重处罚情节)被告人以非法占有为目的,强迫被害人卖血后占有卖血所得款物的行为,构成抢劫罪;其间实施的非法剥夺被害人人身自由的行为,应作为抢劫罪从重处罚的情节予以考虑。

《最高人民法院关于审理抢劫、抢夺刑事案件适用法律若干问题的意见》(法发〔2005〕8号,2005年6月8日公布)

△(入户抢劫)根据《抢劫解释》第一条规定,认定"入户抢劫"时,应当注意以下三个问题[②]:一是"户"的范围。"户"在这里是指住所,其特征表现为供他人家庭生活和与外界相对隔离两个方面,前者为功能特征,后者为场所特征。一般情况下,集体宿舍、旅店宾馆、临时搭建工棚等不应认定为"户",但在特定情况下,如果确实具有上述两个特征的,也可以认定为"户"。二是"入户"目的非法性。进入他人住所须以实施抢劫等犯罪为目的。抢劫行为虽然发生在户内,但行为人不以实施抢劫等犯罪为目的进入他人住所,而是在户内临时起意实施抢劫的,不属于"入户抢劫"。三是暴力或者暴力胁迫行为必须发生在户内。入户实施盗窃被发现,行为人为窝藏赃物、抗拒抓捕或者毁灭罪证而当场使用暴力或以暴力相威胁的,如果暴力或者暴力胁迫行为发生在户内,可以认定为"入户抢劫";如果发生在户外,不能认定为"入户抢劫"。(§1)

△(在公共交通工具上抢劫)公共交通工具承载的旅客具有不特定多数人的特点。根据《抢劫解释》第二条规定,"在公共交通工具上抢劫"主要是指在从事旅客运输的各种公共汽车、大、中型出租车、火车、船只、飞机等正在运营中的机动公共交通工具上对旅客、司售、乘务人员实施的抢劫。在未运营中的大、中型公共交通工具上针对司售、乘务人员抢劫的,或者在小型出租车上抢劫的,不属于"在公共交通工具上抢劫"。(§2)

△(多次抢劫;多次的认定)

刑法第二百六十三条第(四)项中的"多次抢劫"是指抢劫三次以上。

对于"多次"的认定,应以行为人实施的每一次抢劫行为均已构成犯罪为前提,综合考虑犯罪故意的产生、犯罪行为实施的时间、地点等因素,客观分析、认定。对于行为人基于一个犯意实施犯罪的,如在同一地点同时对在场的多人实施抢劫的;或基于同一犯意在同一地点实施连续抢劫犯罪的,如在同一地点连续地对途经此地的多人进行抢劫的;或在一次犯罪中对一栋居民楼房中的几户居民连续实施入户抢劫的,一般应认定为一次犯罪。(§3)

△(抢劫犯罪数额;抢劫信用卡;为抢劫其他

[①] 关于系争司法解释性文件的适用效力,可参见《最高人民法院关于认真学习宣传贯彻修订的〈中华人民共和国刑法〉的通知》(法发〔1997〕3号,1997年3月25日公布)第五条之规定。
[②] 此外,我国学者在入户方式上也作了进一步的限定。只有具备以下两种情形之一的,才能认定为入户:其一,违反被害人的意志,携带凶器入户;其二,违反被害人的意志,以暴力、胁迫方式入户(可细分为以对物暴力方式入户及以对人暴力或胁迫方式入户)。因而,单纯尾随被害人入户后抢劫,因为门未锁而乘机潜入户内后抢劫、利用偷配的钥匙或者所谓万能钥匙入户后抢劫、通过欺骗方式入户后抢劫,均不宜认定为入户抢劫。参见张明楷:《刑法学》(第6版),法律出版社2021年版,第1291页。

财物而劫取车辆;抢劫存折、机动车辆)抢劫信用卡后使用、消费的,其实际使用、消费的数额为抢劫数额①;抢劫信用卡后未实际使用、消费的,不计数额,根据情节轻重量刑。所抢信用卡数额巨大,但未实际使用、消费或者实际使用、消费的数额未达到巨大标准的,不适用"抢劫数额巨大"的法定刑。

为抢劫其他财物,劫取机动车辆当作犯罪工具或者逃跑工具使用的,被劫取机动车辆的价值计入抢劫数额;为实施抢劫以外的其他犯罪劫取机动车辆的,以抢劫罪和实施的其他犯罪实行数罪并罚。

抢劫存折、机动车辆的数额计算,参照执行《关于审理盗窃案件具体应用法律若干问题的解释②》的相关规定。(§6)

△(抢劫特定财物;违禁品;赃款赃物;家庭成员或近亲属财产)以毒品、假币、淫秽物品等违禁品为对象,实施抢劫的,以抢劫罪定罪;抢劫的违禁品数量作为量刑情节予以考虑。抢劫违禁品后又以违禁品实施其他犯罪的,应以抢劫罪与具体实施的其他犯罪实行数罪并罚。

抢劫赌资、犯罪所得的赃款赃物的,以抢劫罪定罪,但行为人仅以其所输赌资或所赢赌债为抢劫对象,一般不以抢劫罪定罪处罚。构成其他罪的,依照刑法的相关规定处罚。

为个人使用,以暴力、胁迫等手段取得家庭成员或近亲属财产的,一般不以抢劫罪定罪处罚,构成其他犯罪的,依照刑法的相关规定处罚;教唆或者伙同他人采取暴力、胁迫等手段劫取家庭成员或近亲属财产的,可以抢劫罪定罪处罚。(§7)

△(临时起意劫取他人财物;数罪并罚)行为人实施伤害、强奸等犯罪行为,在被害人未失去知觉,利用被害人不能反抗、不敢反抗的处境,临时起意劫取他人财物的,应以此前所实施的具体犯罪与抢劫罪实行数罪并罚③;在被害人失去知觉或者没有发觉的情形下,以及实施故意杀人犯罪行为之后,临时起意拿走他人财物的,应以此前所实施的具体犯罪与盗窃罪实行数罪并罚。④(§8)

△(以抓卖淫嫖娼、赌博等违法行为为名非法占有财物;冒充人民警察;冒充治安联防队员)行为人冒充正在执行公务的人民警察"抓赌"、"抓嫖",没收赌资或者罚款的行为,构成犯罪的,以招摇撞骗罪从重处罚;在实施上述行为中使用暴力或者暴力威胁的,以抢劫罪定罪处罚。行为人冒充治安联防队员"抓赌"、"抓嫖"、没收赌资或者罚款的行为,构成犯罪的,以敲诈勒索罪定罪处罚;在实施上述行为中使用暴力或暴力威胁的,以抢劫罪定罪处罚。(§9Ⅰ)

△(以暴力、胁迫手段索取超出正常交易价钱、费用的钱财;强迫交易罪;抢劫罪)从事正常商品买卖、交易或者劳动服务的人,以暴力、胁迫手段迫使他人交出与合理价钱、费用相差不大钱物,情节严重的,以强迫交易罪定罪处罚;以非法占有为目的,以买卖、交易、服务为幌子采用暴力、胁迫手段迫使他人交出与合理价钱、费用相差悬殊的钱物的,以抢劫罪定罪处罚。在具体认定时,既要考虑超出合理价钱、费用的绝对数额,还要考虑超出合理价钱、费用的比例,加以综合判断。(§9Ⅱ)

△(绑架罪;抢劫罪;非法占有他人财物的故意;当场性)绑架罪是侵害他人人身自由权利的犯罪,其与抢劫罪的区别在于:第一,主观方面不尽相同。抢劫罪中,行为人一般出于非法占有他人财物的故意实施抢劫行为,绑架罪中,行为人既可能出于勒索他人财物而实施绑架行为,也可能出于其他非经济目的实施绑架行为;第二,行为手段不尽相同。抢劫罪表现为行为人劫取财物一般应在同一时间、同一地点,具有"当场性";绑架罪表现为行为人以杀害、伤害等方式向被绑架人的亲属或其他人或单位发出威胁,索取赎金或提出其他非法要求,劫取财物一般不具有"当场性"。

---

① 我国学者指出,事后使用所抢的信用卡取得财物的行为,难以评价为抢劫罪中的"强取财物"。较为妥当的做法是,另外评价为盗窃罪或者信用卡诈骗罪。参见张明楷:《刑法学》(第5版),法律出版社2016年版,第807页。
② 系争解释已为《最高人民法院、最高人民检察院关于办理盗窃刑事案件适用法律若干问题的解释》(法释〔2013〕8号)废止。
③ 方鹏教授认为,此处的抢劫理应理解为一种助势抢劫,即行为人在实施其他人身暴力的过程中,临时起意劫夺财物。只有之前的人身暴力行为对之后的取财行为仍存在影响,并且行为人取财确实借助了此一暴力影响,才能将行为人的行为认定为抢劫。因此,本条规定的抢劫要求被害人在被抢财时仍在现场,且受到人身强制。参见陈兴良主编:《刑法各论精释》,人民法院出版社2015年版,第396页。
另有学者指出,如果将犯其他罪而实施的暴力、胁迫再作为抢劫罪的手段行为,属于对一个手段行为作了两次评价,扩大了抢劫罪的成立范围,有违刑法定原则,应将夺取财物行为认定为盗窃罪。参见周光权:《刑法各论》(第4版),中国人民大学出版社2021年版,第121页。
④ 我国学者指出,由于其他原因故意实施杀人行为并致人死亡后,产生非法占有财物的意图,进而占有财物,应认定为故意杀人罪和侵占罪。因为死人对财物不能占有。参见黎宏:《刑法学各论》(第2版),法律出版社2016年版,第297页。

绑架过程中又当场劫取被害人随身携带财物的,同时触犯绑架罪和抢劫罪两罪名,应择一重罪定罪处罚。① (§9Ⅲ)

△**(寻衅滋事罪;抢劫罪;非法占有他人财物的目的;暴力、胁迫等方式;未成年人)** 寻衅滋事罪是严重扰乱社会秩序的犯罪,行为人实施寻衅滋事的行为时,客观上也可能表现为强拿硬要公私财物的特征。这种强拿硬要的行为与抢劫罪的区别在于:前者行为人主观上还具有逞强好胜和通过强拿硬要来填补其精神空虚等目的,后者行为人一般只具有非法占有他人财物的目的;前者行为人主观上一般不以严重侵犯他人人身权利的方法强拿硬要财物,而后者行为人则以暴力、胁迫等方式作为劫取他人财物的手段。司法实践中,对于未成年人使用或威胁使用轻微暴力强抢少量财物的行为,一般不宜以抢劫罪定罪处罚。对于符合寻衅滋事罪特征的,可以寻衅滋事罪定罪处罚。(§9Ⅳ)

△**(为索取债务;故意伤害罪;抢劫罪)** 行为人为索取债务,使用暴力、暴力威胁等手段的,一般不以抢劫罪定罪处罚。② 构成故意伤害等其他犯罪的,依照刑法第二百三十四条等规定处罚。(§9Ⅴ)

△**(抢劫罪的既遂、未遂)** 抢劫罪侵犯的是复杂客体,既侵犯财产权利又侵犯人身权利,具备劫取财物或者造成他人轻伤以上后果两者之一的,均属抢劫既遂;既未劫取财物,又未造成他人人身伤害后果的,属抢劫未遂。据此,刑法第二百六十三条规定的八种处罚情节中除"抢劫致人重伤、死亡"这一结果加重情节之外,其余七种处罚情节同样存在既遂、未遂问题,其中属抢劫未遂的,应当根据刑法关于加重情节的法定刑规定,结合未遂犯的处理原则量刑。③ (§10)

△**(驾驶机动车、非机动车夺取他人财物;抢劫罪)** 对于驾驶机动车、非机动车(以下简称"驾驶车辆")夺取他人财物的,一般以抢夺罪从重处罚。但具有下列情形之一,应当以抢劫罪定罪处罚:

(1)驾驶车辆,逼挤、撞击或强行逼倒他人以排除他人反抗,乘机夺取财物的;

(2)驾驶车辆强抢财物时,因被害人不放手而采取强拉硬拽方法劫取财物的;

(3)行为人明知其驾驶车辆强行夺取他人财物的手段会造成他人伤亡的后果,仍然强行夺取并放任造成财物持有人轻伤以上后果的。(§11)

《最高人民法院关于印发〈关于审理抢劫刑事案件适用法律若干问题的指导意见〉的通知》(法发[2016]2号,2016年1月6日公布)

△**(宽严相济刑事政策;减刑、假释;证据裁判原则;死刑)** 坚持贯彻宽严相济刑事政策。对于多次结伙抢劫,针对农村留守妇女、儿童及老人等弱势群体实施抢劫,在抢劫中实施强奸等暴力犯罪的,要在法律规定的量刑幅度内从重判处。

对于罪行严重或者具有累犯情节的抢劫犯罪分子,减刑、假释时应当从严掌握,严格控制减刑的幅度和频度。对因家庭成员就医等特定原因初次实施抢劫,主观恶性和犯罪情节相对较轻的,要与多次抢劫以及为了挥霍、赌博、吸毒等实施抢劫的案件在量刑上有所区分。对于犯罪情节较轻,或者具有法定、酌定从轻、减轻处罚情节的,坚持依法从宽处理。

确保案件审判质量。审理抢劫刑事案件,要严格遵守证据裁判原则,确保事实清楚,证据确实、充分。特别是对因抢劫可能判处死刑的案件,更要切实贯彻执行刑事诉讼法及相关司法解释、司法文件,严格依法审查判断和运用证据,坚决防止冤错案件的发生。

对抢劫刑事案件适用死刑,应当坚持"保留死

---

① 我国学者指出,难以一概而论。现实案件中仍可能出现数罪并罚的情形,譬如行为人绑架被害人并向被害人亲属勒赎后,再次对被害人实施暴力,并劫取被害人身上的财物。参见张明楷:《刑法学》(第6版),法律出版社2021年版,第1285页。

② 黄京平教授认为,理由在于行为人不具备非法占有他人财物的目的,只是维护自己合法利益的方法不当。参见高铭暄、马克昌主编:《刑法学》(第7版),北京大学出版社、高等教育出版社2016年版,第496页。

③ 林维教授批评,某一犯罪侵犯了几种法益,并不意味着侵犯了其中任何一种法益,即告犯罪之既遂;立法者在配置抢劫罪的法定刑时,已经考虑到抢劫罪既侵犯了财产法益,又侵犯了人身法益的现实,故相较于其他财产犯罪,配备了更严厉的法定刑。因此,《刑法》第二百六十三条规定的八种处罚情节,均有适用未遂犯处罚原则的余地。参见陈兴良主编:《刑法各论精释》,人民法院出版社2015年版,第333页。

同时,刘志伟教授认为,结果加重犯和情节加重犯是决定对抢劫罪是否适用加重量刑幅度的问题,既遂和未遂的区分是影响对行为人在与其罪行相适应的量刑幅度内或罪刑单位内是否从轻或减轻处罚的问题,两者截然不同,不可混为一谈。参见赵秉志、李希慧主编:《刑法各论》(第3版),中国人民大学出版社2016年版,第242页。

此外,也有学者进一步指明,抢劫罪属于侵犯财产罪,应以行为人取得(控制)被害人财物作为既遂标准;造成轻伤但未取得财物的,依然属于抢劫未遂。抢劫致人重伤、死亡但未取得财物,属于结果加重犯的既遂,但基本犯依然未遂(未遂的结果加重犯),仍可以适用刑法总则中的未遂犯规定。参见张明楷:《刑法学》(第6版),法律出版社2021年版,第1286—1287页。

刑，严格控制和慎重适用死刑"的刑事政策，以最严格的标准和最审慎的态度，确保死刑只适用于极少数罪行极其严重的犯罪分子。对被判处死刑缓期二年执行的抢劫犯罪分子，根据犯罪情节等情况，可以同时决定对其限制减刑。

△（加重处罚情节；入户抢劫；在户内抢劫）认定"入户抢劫"，要注重审查行为人"入户"的目的，将"入户抢劫"与"在户内抢劫"区别开来。以侵害户内人员的人身、财产为目的，入户后实施抢劫，包括入户实施盗窃、诈骗等犯罪而转化为抢劫的，应当认定为"入户抢劫"。因访友办事等原因经户内人员允许入户后，临时起意实施抢劫，或者临时起意实施盗窃、诈骗等犯罪而转化为抢劫的，不应认定为"入户抢劫"。①

对于部分时间从事经营、部分时间用于生活起居的场所，行为人在非营业时间强行入内抢劫或者以购物等为名骗开房门入内抢劫的，应认定为"入户抢劫"。对于部分用于经营、部分用于生活且之间有明确隔离的场所，行为人进入生活场所实施抢劫的，应认定为"入户抢劫"；如场所之间没有明确隔离，在在营业时间入内实施抢劫的，不认定为"入户抢劫"，但在非营业时间入内实施抢劫的，应认定为"入户抢劫"。

△（加重处罚情节；公共交通工具；在公共交通工具上抢劫）"公共交通工具"，包括从事旅客运输的各种公共汽车，大、中型出租车，火车，地铁，轻轨，轮船，飞机等，不含小型出租车。对于虽不具有商业营运执照，但实际从事旅客运输的大、中型交通工具，可认定为"公共交通工具"。接送职工的单位班车、接送师生的校车等大、中型交通工具，视为"公共交通工具"。

"在公共交通工具上抢劫"，既包括在处于营运状态的公共交通工具上对旅客及司售、乘务人员实施抢劫，也包括拦截运营途中的公共交通工具对旅客及司售、乘务人员实施抢劫，但不包括在未运营的公共交通工具上针对司售、乘务人员实施抢劫。以暴力、胁迫或者麻醉等手段对公共交

通工具上的特定人员实施抢劫的，一般应认定为"在公共交通工具上抢劫"。

△（加重处罚情节；抢劫数额巨大；抢劫信用卡）认定"抢劫数额巨大"，参照各地认定盗窃罪数额巨大的标准执行。抢劫数额以实际抢劫到的财物数额为依据。对以数额巨大的财物为明确目标，由于意志以外的原因，未能抢到财物或实际抢得的财物数额不大的，应同时认定"抢劫数额巨大"和犯罪未遂的情节，根据刑法有关规定，结合未遂犯的处理原则量刑。②

根据《两抢意见》③第六条第一款规定，抢劫信用卡后使用、消费的，以行为人实际使用、消费的数额为抢劫数额。由于行为人意志以外的原因无法实际使用、消费的部分，虽不计入抢劫数额，但应作为量刑情节考虑。通过银行转账或者电子支付、手机银行等支付平台获取抢劫财物的，以行为人实际获取的财物为抢劫数额。

△（加重处罚情节；冒充军警人员抢劫）认定"冒充军警人员抢劫"，要注重对行为人是否穿着军警制服、携带枪支、是否出示军警证件等情节进行综合审查，判断是否足以使他人误以为是军警人员。对于行为人仅穿着类似军警的服装或仅以言语宣称系军警出身但未携带枪支、也未出示军警证件而实施抢劫的，要结合抢劫地点、时间、暴力或威胁的具体情形，依照常人判断标准，确定是否认定为"冒充军警人员抢劫"。

军警人员利用自身的真实身份实施抢劫的，不认定为"冒充军警人员抢劫"，应依法从重处罚。④

△（抢劫致人重伤、死亡；刑罚适用）根据刑法第二百六十三条的规定，具有"抢劫致人重伤、死亡"等八种法定加重处罚情节的，处十年以上有期徒刑、无期徒刑或者死刑，并处罚金或者没收财产。应当根据抢劫的次数及数额、抢劫对人身的损害、对社会治安的危害等情况，结合被告人的主观恶性及人身危险程度，并根据量刑规范化的有

---

① 我国学者指出，只有以抢劫的故意入户后实施抢劫，才能认定为入户抢劫。入户的违法性与抢劫的违法性并不是简单地相加，而是有机地结合。据此，可以将入户抢劫目的细分为三种类型：（1）入户的目的就是为了实施《刑法》第二百六十三条之抢劫罪；（2）入户时具有能盗窃就盗窃、不能盗窃就抢劫的目的；（3）入户时具有事后抢劫的目的。参见张明楷：《刑法学》（第6版），法律出版社2021年版，第1291页。

② 我国学者指出，"抢劫数额巨大"只是量刑规则，而不是加重构成要件。故而，对于上述情形只能适用普通抢劫的法定刑。参见张明楷：《刑法学》（第6版），法律出版社2021年版，第1293页。

③ 即《最高人民法院关于审理抢劫、抢夺刑事案件适用法律若干问题的意见》（法发〔2005〕8号，2005年6月8日公布）

④ 我国学者指出，真正的军警人员显示军警人员身份进行抢劫的，也应认定为"冒充军警人员抢劫"。一方面，军警人员显示其真实身份抢劫比冒充军警人员抢劫，更具有提升法定刑的理由；另一方面，刑法中另有条文使用了"假冒"一词。据此，冒充不等于假冒。冒充理应包括假冒与冒充，其实质是使被害人认知行为人为军警人员。至于军警人员身份真实与否，在所不论。参见张明楷：《刑法学》（第6版），法律出版社2021年版，第1294页。

关规定,确定具体的刑罚。判处无期徒刑以上刑罚的,一般应并处没收财产。

△(抢劫致人重伤、死亡;刑罚适用;无期徒刑)具有下列情形之一的,可以判处无期徒刑以上刑罚:

(1)抢劫致三人以上重伤,或者致人重伤造成严重残疾的;

(2)在抢劫过程中故意杀害他人,或者故意伤害他人,致人死亡的;

(3)具有除"抢劫致人重伤、死亡"外的两种以上加重处罚情节,或者抢劫次数特别多、抢劫数额特别巨大的。

△(实施抢劫并致人死亡;刑罚适用;死刑立即执行;自首、立功等法定从轻处罚情节)为劫取财物而预谋故意杀人,或者在劫取财物过程中为制服被害人反抗、抗拒抓捕而杀害被害人,且被告人无法定从宽处罚情节的,可依法判处死刑立即执行。对具有自首、立功等法定从轻处罚情节的,判处死刑立即执行应当慎重。对于采取故意杀人以外的方式实施抢劫并致人死亡的案件,要从犯罪的动机、预谋、实行行为等方面分析被告人主观恶性的大小,并从有无前科及平时表现、认罪悔罪情况等方面判断被告人的人身危险程度,不能不加区别,仅以出现被害人死亡的后果,一律判处死刑立即执行。

△(抢劫致人重伤;刑罚适用;死刑;死刑立即执行)抢劫致人重伤案件适用死刑,应当更加慎重、更加严格,除非具有采取极其残忍的手段造成被害人严重残疾等特别恶劣的情节或者造成特别严重后果的,一般不判处死刑立即执行。

△(其他七种加重处罚情节;刑罚适用;"情节特别恶劣、危害后果特别严重";死刑立即执行)具有刑法第二百六十三条规定的"抢劫致人重伤、死亡"以外其他七种加重处罚情节,且犯罪情节特别恶劣、危害后果特别严重的,可依法判处死刑立即执行。认定"情节特别恶劣、危害后果特别严重",应当从严掌握,适用死刑必须非常慎重、非常严格。

△(抢劫共同犯罪;区分主从犯;免除处罚事由)审理抢劫共同犯罪案件,应当充分考虑共同犯罪的情节及后果、共同犯罪人在抢劫中的作用以及被告人的主观恶性、人身危险性等情节,做到准确认定主犯,分清罪责,以责定刑。一案中有两名以上主犯的,要从犯罪提意、预谋、准备、行为实施、赃物处理等方面区分出罪责最大者和较大者;有两名以上从犯的,要在从犯中区分出罪责相对更轻者和较轻者。对从犯的处罚,要根据案件的具体事实、从犯的罪责,确定从轻还是

减轻处罚。对具有自首、立功或者未成年人且初次抢劫等情节的从犯,可以依法免除处罚。

△(共同抢劫致一人死亡;死刑立即执行;罪行最严重的主犯;未成年人)对于共同抢劫致一人死亡的案件,依法应当判处死刑的,除犯罪手段特别残忍、情节及后果特别严重、社会影响特别恶劣、严重危害社会治安的外,一般只对共同抢劫犯罪中作用最突出、罪行最严重的那名主犯判处死刑立即执行。罪行最严重的主犯如因系未成年人而不适用死刑,或者因具有自首、立功等法定从宽处罚情节而不判处死刑立即执行的,不能不加区别地对其他主犯判处死刑立即执行。

△(抢劫共同犯罪;同案犯在逃;死刑立即执行)在抢劫共同犯罪案件中,有同案犯在逃的,应当根据现有证据尽量分清在押犯与在逃犯的罪责,对在押犯应按其罪责处刑。罪责确实难以分清,或者不排除在押犯的罪责可能轻于在逃犯的,对在押犯适用刑罚应当留有余地,判处死刑立即执行要格外慎重。

△(抢劫罪;累犯;抢劫前科;一般不适用减轻处罚和缓刑;死刑立即执行)根据刑法第六十五条第一款的规定,对累犯应当从重处罚。抢劫犯罪被告人具有累犯情节的,适用刑罚时要综合考虑犯罪的情节和后果,所犯前后罪的性质、间隔时间及判刑轻重等情况,决定从重处罚的力度。对于前罪系抢劫等严重暴力犯罪的累犯,应当依法加大从重处罚的力度。对于虽不构成累犯,但具有抢劫犯罪前科的,一般不适用减轻处罚和缓刑。对于可能判处死刑的罪犯具有累犯情节的也应慎重,不能只要是累犯就一律判处死刑立即执行;被告人同时具有累犯和法定从宽处罚情节的,判处死刑立即执行应当综合考虑,从严掌握。

△(附带民事调解工作;民事赔偿情况;量刑)要妥善处理抢劫案件附带民事赔偿工作。审理抢劫刑事案件,一般情况下人民法院不主动开展附带民事调解工作。但是,对于犯罪情节不是特别恶劣或者被害方生活、医疗陷入困境,被告人与被害方自行达成民事赔偿和解协议的,民事赔偿情况可作为评价被告人悔罪态度的依据之一,在量刑上酌情予以考虑。

《最高人民法院、最高人民检察院、公安部、司法部关于办理"套路贷"刑事案件若干问题的意见》(法发〔2019〕11号,自2019年4月9日起施行)

△("套路贷";诈骗罪;敲诈勒索罪;非法拘禁罪;虚假诉讼罪;寻衅滋事罪;强迫交易罪;抢劫罪;绑架罪)实施"套路贷"过程中,未采用明显的暴力或者威胁手段,其行为特征从整体上表现为

以非法占有为目的,通过虚构事实、隐瞒真相骗取被害人财物的,一般以诈骗罪定罪处罚;对于在实施"套路贷"过程中多种手段并用,构成诈骗、敲诈勒索、非法拘禁、虚假诉讼、寻衅滋事、强迫交易、抢劫、绑架等多种犯罪的,应当根据具体案件事实,区分不同情况,依照刑法及有关司法解释的规定数罪并罚或者择一重处。(§ 4)

《最高人民法院、最高人民检察院关于常见犯罪的量刑指导意见(试行)》(法发〔2021〕21号,2021年6月6日发布)

△(抢劫罪;量刑)1. 构成抢劫罪的,根据下列情形在相应的幅度内确定量刑起点。

(1)抢劫一次的,在三年至六年有期徒刑幅度内确定量刑起点。

(2)有下列情形之一的,在十年至十三年有期徒刑幅度内确定量刑起点:入户抢劫的;在公共交通工具上抢劫的;抢劫银行或者其他金融机构的;抢劫三次或者抢劫数额达到数额巨大起点的;抢劫致一人重伤的;冒充军警人员抢劫的;持枪抢劫的;抢劫军用物资或者抢险、救灾、救济物资的。依法应当判处无期徒刑以上刑罚的除外。

2. 在量刑起点的基础上,根据抢劫情节严重程度、抢劫数额、次数、致人伤害后果等其他影响犯罪构成的犯罪事实增加刑罚量,确定基准刑。

3. 构成抢劫罪的,根据抢劫的数额、次数、手段、危害后果等犯罪情节,综合考虑被告人缴纳罚金的能力,决定罚金数额。

4. 构成抢劫罪的,综合考虑抢劫的起因、手段、危害后果等犯罪事实、量刑情节,以及被告人的主观恶性、人身危险性、认罪悔罪表现等因素,从严把握缓刑的适用。

《最高人民法院、最高人民检察院、公安部、司法部关于依法严厉打击传播艾滋病病毒等违法犯罪行为的指导意见》(公通字〔2019〕23号,2019年5月19日发布)

△(传播艾滋病病毒;抢劫罪)假冒或者利用艾滋病病毒感染者或者病人身份,以谎称含有或者含有艾滋病病毒的血液为工具,以暴力、胁迫或者其他方法抢劫公私财物的,依照刑法第二百六十三条的规定,以抢劫罪定罪处罚。

△(治安管理处罚或者其他行政处罚)实施本条第一项至第十一项规定的行为,不构成犯罪,依法不起诉或者免予刑事处罚的,依法予以治安管理处罚或者其他行政处罚。

《最高人民法院、最高人民检察院、公安部关于依法办理"碰瓷"违法犯罪案件的指导意见》(公通字〔2020〕12号,2020年9月22日印发)

△("碰瓷";抢劫罪)实施"碰瓷",当场使用暴力、胁迫或者其他方法,当场劫取他人财物,符合刑法第二百六十三条规定的,以抢劫罪定罪处罚。(§ 3)

《全国法院毒品案件审判工作会议纪要》(法〔2023〕108号,2023年6月26日发布)

△(盗窃、抢夺或者抢劫毒品)盗窃、抢夺或者抢劫毒品,构成盗窃罪、抢夺罪或者抢劫罪的,根据情节轻重依法量刑。盗窃、抢夺或者抢劫毒品后实施贩卖毒品等毒品犯罪的,依法数罪并罚。

【指导性案例】

最高人民检察院指导性案例第17号:陈邓昌抢劫、盗窃,付志强盗窃案(2014年9月10日发布)

△(入户盗窃;入户抢劫)对于入户盗窃,因被发现而当场使用暴力或者以暴力相威胁的行为,应当认定为"入户抢劫"。

△(遗漏罪行;补充起诉)在人民法院宣告判决前,人民检察院发现被告人有遗漏的罪行可以一并起诉和审理的,可以补充起诉。

△(重罪轻判;抗诉)人民检察院认为同级人民法院第一审判决重罪轻判,适用刑罚明显不当的,应当提出抗诉。

【公报案例】

杨保营等人抢劫、绑架、寻衅滋事案(《最高人民法院公报》2005年第2期)

△(非法拘禁被害人,并迫使被害人直接交出现金)根据《刑法》第二百六十三条的规定,被告人以殴打、捆绑、禁闭为手段非法拘禁被害人,并迫使被害人直接交出现金的行为,应按抢劫罪论处。

魏培明等人抢劫案(《最高人民法院公报》2005年第4期)

△(抢劫经营区域和生活区域没有明显隔离的商店;不构成入户抢劫)根据《刑法》第二百六十三条和《最高人民法院关于审理抢劫案件具体应用法律若干问题的解释》第一条第一款的规定,被告人以假借购物为由,进入他人经营和生活区域缺乏明显隔离的商店抢劫财物的行为,虽构成抢劫罪,但不构成入户抢劫的情节。

陈祥国绑架案(《最高人民法院公报》2007年第1期)

△(勒索财物型的绑架罪;索债型的非法拘禁罪;使用暴力、胁迫方法当场强行劫取财物)勒索财物型的绑架罪,是指行为人绑架他人作为人质,

以人质的安危来要挟被绑架人以外的第三人,向该第三人勒索财物的行为。行为人虽然控制了被害人的人身自由,但其目的不是以被害人为人质来要挟被害人以外的第三人并向第三人勒索财物,而是对被害人实施暴力、胁迫以直接劫取财物,其行为不构成绑架罪。

索债型的非法拘禁罪,是指行为人以索取债务(包括合法债务与非法债务)为目的,以拘留、禁闭或者其他方法故意非法剥夺他人人身自由的行为。如果不能证实行为人与被害人之间存在债权债务关系,则不构成索债型的非法拘禁罪。

行为人以暴力、胁迫的方法要求被害人交出自己的财产,由于被害人的财产不在身边,行为人不得不同意被害人通知其他人送来财产,也不得不与被害人一起等待财产的到来。这种行为不是以被害人为人质向被害人以外的第三人勒索财物,而是符合"使用暴力、胁迫方法当场强行劫取财物"的抢劫罪特征,应当按照《刑法》第二百六十三条的规定定罪处罚。

白雪云等抢劫案(《最高人民法院公报》2008年第5期)

△(暴力;对被害人的身体实施强制禁闭)根据《刑法》第二百六十三条的规定,抢劫罪是指以非法占有为目的,以暴力、胁迫或者其他方法,强行劫取公私财物的行为。这里所称的"暴力",是指犯罪人对被害人的身体实施打击或者强制,如杀伤、殴打、捆绑或禁闭等。

行为人出于非法占有的目的,以欺骗的方法将被害人诱至其承租的住房内,而后将被害人反锁在其事先改造过的房间内,致使被害人不能反抗,从而劫取被害人随身携带的财物的,属于对被害人的身体实施强制禁闭的暴力方法,强行劫取公私财物的行为,应按照《刑法》第二百六十三条的规定定罪处罚。

梁克财等抢劫案(《最高人民法院公报》2010年第6期)

△(为追回赌资而非法劫持受害人;抢劫罪)《最高人民法院关于对为索取法律不予保护的债务非法拘禁他人行为如何定罪问题的解释》规定,行为人为索取高利贷、赌债等法律不予保护的债务,非法扣押、拘禁他人的,依照《刑法》第二百三十八条的规定定罪处罚。据此,在上述规定情形下构成非法拘禁罪的前提条件,是实际存在高利贷、赌债等法律不予保护的债务。行为人仅是主观上怀疑受害人在赌局中对其设计骗局,为追回赌资而非法劫持受害人,逼迫受害人交出财物的,不属于上述司法解释规定的情形。

根据《刑法》第二百六十三条的规定,抢劫罪是指以非法占有为目的,对财物的所有人、保管人当场使用暴力、胁迫或其他方法,强行将公私财物抢走的行为。行为人当场使用暴力控制受害人,迫使受害人通过网上银行转账的形式将钱款转入行为人指定的账户,其行为为了迫使受害人当场交出财物,符合抢劫罪的犯罪构成,应依照《刑法》第二百六十三条的规定定罪处罚。

【参考案例】

No.4-232-62 王志峰等故意杀人、保险诈骗案

为获取实施保险诈骗所需费用而杀人取财的,属于抢劫罪与保险诈骗罪(预备)的想象竞合,应从一重罪处断,以抢劫罪论处。

No.4-232-65 李春林故意杀人案

为逃避债务而杀害债权人的,不属于抢劫罪,应以故意杀人罪论处。

No.4-232-66 李春林故意杀人案

故意杀人后临时起意非法占有被害人财物的,应以故意杀人罪和盗窃罪实行并罚。

No.4-232-68 计永欣故意杀人案

故意杀人后又窃取被害人财物的,应以故意杀人罪和盗窃罪实行并罚。

No.5-263-2 王建利等抢劫案

抢劫国家二级以上文物的,应当认定为抢劫数额巨大。

No.5-263-3 弓喜抢劫案

抢劫数额巨大应以实际抢得的财物数额认定。

No.5-263-5 吴大桥等抢劫案

以实施抢劫为目的,只要其入户实施了暴力行为,即使劫财行为发生在户外,也应认定为入户抢劫。

No.5-263-7 庄保金抢劫案

入室盗窃后为抗拒抓捕而当场使用暴力的,应当认定为入户抢劫。

No.5-263-8 张红军抢劫、盗窃案

入户盗窃数额较少财物,在户内为抗拒抓捕当场使用暴力的,认定为"入户抢劫"。

No.5-263-9 咸道云等抢劫案

为消灭债务而采用暴力、胁迫手段强行索回债权凭证的,应以抢劫罪论处。

No.5-263-10 周建平等抢劫、敲诈勒索案

将出租车为犯罪工具而不直接对出租车上的人员实施抢劫的,不能认定为在公共交通工具上抢劫。

No.5-263-11 周建平等抢劫、敲诈勒索案

劫持并控制被害人人身自由,抢走被害人随

身携带物品的,不构成绑架罪,应以抢劫罪论处。

No.5-263-12　黄斌等抢劫(预备)案
在抢劫过程中已经开始实施暴力、威胁等方法行为的,应认定为抢劫罪的着手。①

No.5-263-14　王佩林抢劫案
入户前即具有犯罪动机,入户后实施抢劫,不论入户是否合法,均应以入户抢劫论处。

No.5-263-15　秦红抢劫案
"入户抢劫"中的"入户"以侵害户内人员的人身、财产为目的。因访友等原因经户内人员允许入户后,临时起意实施盗窃,因被发现而当场使用暴力或者以暴力相威胁的,不认定为"入户抢劫"。

No.5-263-16　陈桂清抢劫案
未实际通过第三人对被绑架者安危的忧虑而索取财物的,不构成绑架罪,应以抢劫罪论处。

No.5-263-17　王忠强等抢劫案
利用暴力而非讹诈取得他人财物的,不构成敲诈勒索罪,应以抢劫罪论处。

No.5-263-18　李秀伯等抢劫案
劫持他人后,迫使其向亲友筹借钱款,其亲友对被劫持事实并不知情的,应以抢劫罪论处。

No.5-263-19　金海亮抢劫案
在抢劫过程中导致财物所有人以外的第三人死亡的,不能认定为抢劫致人死亡。

No.5-263-20　季政等抢劫案
是否构成在公共交通工具上抢劫,不以实际上是否对不特定多数人实施抢为标准,而以不特定多数人的人身权利和财产权利是否受到威胁为标准。

No.5-263-21　韦猛抢劫案
"入户抢劫"中的"户"应同时具备与外界相对隔离的场所特征与供他人家庭生活的功能特征。进入无人居住的待租房屋实施抢劫,不属于"入户抢劫"。

No.5-263-22　刘海等抢劫案
实施抢劫行为未抢得财物后,在逃跑过程中为抗拒被害人抓捕而将其杀死的,应以抢劫罪一罪论之。

No.5-263-23　张文光抢劫案
借条作为债权凭证,属于刑法上的财物。

No.5-263-24　张文光抢劫案
为毁灭债务,使用暴力手段当场劫取债权人借条的,应以抢劫罪论处。

No.5-263-25　张文光抢劫案
债务人以外的其他人抢劫借条的,不构成抢劫罪。

No.5-263-26　张文光抢劫案
在非营业期间,对既为商铺又为居所的处所进行抢劫的,应当认定为入户抢劫。

No.5-263-29　明安华抢劫案
财产共有人以共有财产为犯罪对象进行抢劫的,应以抢劫罪论处。

No.5-263-30　明安华抢劫案
进入共同生活的家庭成员的住所实施抢劫的,不应认定为入户抢劫。

No.5-263-32　扎西达娃等抢劫案
在劫取财物过程中,为制服被害人反抗而故意杀人的,应以抢劫罪论处。

No.5-263-36　曾贤勇抢劫案
随身携带具有严重危害性的器械进行抢夺的,应以抢劫罪论处。

No.5-263-37　曾贤勇抢劫案
在银行或者其他金融机构的营业大厅抢劫客户现金的,不能认定为抢劫金融机构。

No.5-263-43　杨保营等抢劫、绑架案
以索要财物为目的,实施暴力手段挟持被害人将其非法拘禁并向其索要财物的,不构成绑架罪,应以抢劫罪论处。

No.5-263-45　王团结等抢劫、敲诈勒索案
在抢劫未得逞而放走被害人后,又以其他手段威胁被害人要求其交付财物的,应以敲诈勒索罪论处,并与此前所实施的抢劫罪实行数罪并罚。

No.5-263-46　陆剑钢等抢劫案
进入他人作为赌博场所的住所劫取参赌人员财物的,不应认定为入户抢劫。

No.5-263-49　杨廷祥等抢劫案
在个体家庭旅馆内对旅馆主人实施抢劫的,因其住所具有开放性,不能认定为入户抢劫。

No.5-263-52　王跃军等抢劫、盗窃案
驾驶机动车辆抢取财物,造成被害人人身伤亡后果的,应以抢劫致人重伤、死亡论处。

No.5-263-53　姜继红等抢劫、盗窃案
基于同一犯意在同一地点连续对多人实施抢劫的,不应认定为多次抢劫。

No.5-263-54　祝日峰、祝某强抢劫案
"多次抢劫"中抢劫次数的计算以进入着手实行阶段的行为数为准,多次抢劫预备不属于"多次抢劫"。

No.5-263-55　魏建军抢劫、放火案
在抢劫过程中致人重伤,后为毁灭罪证致人死亡的,应以故意杀人罪论处。

---

① 相同的学说见解,参见周光权:《刑法各论》(第4版),中国人民大学出版社2021年版,第120页。

No.5-263-57　魏建军抢劫、放火案
抢劫过程中使用暴力致人昏迷，误认为被害人已死亡，为毁罪证又实施其他犯罪行为造成被害人死亡的，应以抢劫罪论处。

No.5-263-60　何木生抢劫案
当场使用暴力或以暴力相威胁，勒索他人财物的，应以抢劫罪论处。

No.5-263-61　何木生抢劫案
不是以非法侵入的方式到他人住所实施抢劫的，不能认定为入户抢劫。

No.5-263-62　粟君才等抢劫、非法持有枪支案
为抢劫而携带枪支，在抢劫中未使用枪支进行威胁或伤害的，不能认定为持枪抢劫。

No.5-263-63　沈传海等抢劫案
在抢劫犯罪中，夺取财物后逃跑过程中被害人旋即将财物夺回的，应认定为抢劫未遂。

No.5-263-64　沈传海等抢劫案
在抢劫罪中，事前并不知道所抢财物数额的，应以其实际所抢财物数额认定。

No.5-263-65　李斗等抢劫案
采用暴力手段挟持他人，限制他人人身自由并当场向被害人索要财物的，或从被害人处劫取钥匙后取财的，应以抢劫罪论处。

No.5-263-66　李斗等抢劫案
若抢劫所得信用卡内金额是依照行为人要求汇入的，无论是否实际使用、消费，均应按卡内总金额计算抢劫数额。

No.5-263-67　姚小林等抢劫案
抢劫犯罪中劫取信用卡的，以行为人实际获取的财物认定抢劫数额。对于行为人抢劫信用卡后，如系意志以外原因未能实际使用、消费的部分，虽不计入抢劫数额，但应作为量刑情节考虑。

No.5-263-68　徐军入户抢劫案
在抢劫案件中，对户的理解存在认识错误的，不影响对入户抢劫的认定。

No.5-263-69　张宜同抢劫案
暴力劫取现金后，向被害人出具借条的，不能视为民事借贷，具有非法占有目的的，应以抢劫罪论处。

No.5-263-70　盛伟抢劫案
逼迫被害人签订借据，后又当场实施暴力抢得财物，并挟持被害人去金融机构取款的，不构成敲诈勒索罪。

No.5-263-71　赵东波等故意杀人、抢劫案
预谋抢劫并杀人灭口，按预谋内容实施抢劫完毕后，又杀人灭口的，应以抢劫罪和故意杀人罪实行并罚。

No.5-263-72　罗登祥抢劫、故意杀人、脱逃案
在抢劫过程中使用暴力致人死亡的，或者直接以杀人为手段实施抢劫的，应以抢劫罪一罪论处。

No.5-263-73　罗登祥抢劫、故意杀人、脱逃案
抢劫行为实施完毕后，为灭口等目的又实施杀人行为的，应以抢劫罪和故意杀人罪实行并罚。

No.5-263-76　张君等抢劫、杀人案
抢劫行为实施完毕后为了灭口、抗拒抓捕、逃跑等又实施杀人行为的，应以抢劫罪和故意杀人罪实行并罚。

No.5-263-77　张君等抢劫、杀人案
为了劫财而先实施杀人行为的，或者在抢劫过程中为制服被害人或排除妨碍而实施杀人行为的，应以抢劫罪一罪论处。

No.5-263-78　张君等抢劫、杀人案
抢劫完毕后为逃跑而杀死司机劫取机动车辆作为逃跑工具的，不以故意杀人罪和抢劫罪并罚，应以抢劫罪一罪论处。

No.5-263-80　赖忠等故意伤害案
使用暴力手段抢回所输赌资的，不构成抢劫罪，暴力行为造成轻伤以上后果的，应以故意伤害罪论处。

No.5-263-81　包胜芹等故意伤害、抢劫案
教唆他人侵入自己的住宅抢劫家庭共有财产的，构成抢劫罪的教唆犯，并应认定为入户抢劫。

No.5-263-82　蒋志华故意伤害案
当场使用暴力夺取债务人或债务人亲友的财物，造成债务人或债务人亲友轻伤以上后果的，不构成抢劫罪，应以故意伤害罪论处。

No.5-263-83　韩维等抢劫案
共同租住的房屋，只要是供生活专用，与外界相对隔离，且承租人之间具有独立空间的，应认定为入户抢劫中的"户"。

No.5-263-84　侯吉辉等抢劫案
事先虽无抢劫通谋，但明知他人实施抢劫行为，在他人暴力行为结束后，参与取财的，应以抢劫罪的共犯论处。但对于暴力行为导致的死亡后果，不承担刑事责任。

No.5-263-85　王国全抢劫案
抢劫行为导致被害人自控、自救能力丧失或明显减弱，因而陷人无法自救的危险之中，最终出现死亡等加重结果的，应当认定为抢劫致人死亡。

No.5-263-86　郭建良抢劫案
抢劫过程中，抢劫对象因呼救而死亡的，抢劫与死亡结果之间存在刑法上的因果关系，成立抢劫致死。

No.5-263-87　张正权等抢劫案

为实施抢劫而购置工具,并携带工具至作案点潜伏,伺机作案的,应当认定为抢劫罪的预备行为。

No.5-263-88　张正权等抢劫案

同一行为既构成强奸罪的犯罪预备又构成抢劫罪的犯罪预备的,根据禁止重复评价原则,应择一重罪处断。

No.5-263-89　程晓平等抢劫案

没有直接实施抢劫行为的组织者,应当对共同抢劫中的伤亡结果承担刑事责任。

No.5-263-90　张慧等抢劫案

故意制造交通事故,并对被害人的人身使用暴力或暴力威胁取得财物的,不构成敲诈勒索罪,应以抢劫罪论处。

No.5-263-93　王志坚抢劫、强奸、盗窃案

进入工作场所或职工宿舍进行抢劫的,不能认定为入户抢劫。

No.5-263-94　王志坚抢劫、强奸、盗窃案

冒充保安进行抢劫的,不能认定为冒充军警进行抢劫。

No.5-263-96　王志国、肖建美抢劫案

"冒充军警人员抢劫"的行为应达到一般人能够相信其身份的程度,冒充行为没有达到使一般人误信的,不认定"冒充军警人员抢劫"。

No.5-263-97　杨辉等破坏电力设备案

在实施盗窃犯罪过程中,以暴力手段控制、殴打无抓捕意图的过往群众的,不构成抢劫罪。

No.5-263-99　丁金华等抢劫、绑架案

在抢劫过程中,当场抢取的财物未达到预定目标,又将被害人劫持到其他场所,继续向被害人的亲友勒索财物的,构成抢劫罪与绑架罪,应实行数罪并罚。

No.5-263-101　虞正策强奸、抢劫案

以强奸目的入户,在强奸过程中临时起意劫取财物的,不能认定为入户抢劫。

No.5-263-117　张红亮等抢劫、盗窃案

劫持被害人并要求被害人以勒索之外的名义联系家属汇款到指定账户的,应以抢劫罪论处。①

No.5-263-118　郭光伟、李涛抢劫案

在共同致一人死亡的案件中,各被告人都是主犯的,应全面考察犯意形成、犯罪实施、犯罪后各阶段的行为及案外因素等,确定各被告人在共同犯罪中的具体地位、作用及主观恶性、人身危险性。

No.5-263-119　夏洪生抢劫、破坏电力设备案

在抢劫罪中,只有当被害人的人身或财产法益面临急迫的危险时才能认定为抢劫。尚未采取任何暴力、胁迫手段,法益所面临危险的急迫性不明显的,应当认为仍处于抢劫行为的预备阶段;因担心被发现而自动放弃犯罪的,应当认定为抢劫预备阶段的中止。

No.5-263-120　夏洪生抢劫、破坏电力设备案

基于同一犯意支配下时间和空间具有同一性或连续性的抢劫行为,应认定为一次抢劫行为。

No.5-263-121　夏洪生抢劫、破坏电力设备案

为劫取财物而预谋故意杀人,或在劫取财物过程中,为制服被害人反抗而故意杀人的,应以抢劫罪一罪论处。

No.5-263-122　夏洪生抢劫、破坏电力设备案

作为犯罪工具而劫取但事后予以焚毁的机动车,计入抢劫数额。

No.5-263-124　刘兴明等抢劫、盗窃案

实施盗窃行为后,持枪抗拒抓捕的,应认定为持枪抢劫。

No.5-263-125　张校抢劫案

在行为引起被害人死亡结果发生的可能性较大时,医院救治行为中的失误不能中断该行为与被害人死亡结果之间的因果关系,也不影响对被告人的量刑。

No.5-263-132　孙启胜抢劫案

既未劫取财物,又未造成他人人身轻伤伤害后果的,应以抢劫未遂论处。

No.5-263-135　龚文彬等抢劫、贩卖毒品案

在诈骗过程中,尚未取得财物就被他人发现,为了继续非法占有财物而使用暴力或以暴力相威胁的,构成抢劫罪,而非转化型抢劫罪。

No.5-263-138　陈惠忠等抢劫案

在以各种名目诱骗被害人消费购物,通过抬高消费金额等手段谋取高额利润的过程中,若以非法占有为目的,当场实施暴力相威胁或直接实

---

① 付立庆教授认为,就绑架罪的既遂来说,通说认为本罪的勒索财物目的或者其他非法目的不需要现实实现而只要求其存在。换言之,此一要件是不需要现实化的主观的超过要素。因此,只要行为人主观上具有此目的,即便客观上被绑架者的近亲属或者其他相关人员完全没有这种忧虑,也不影响绑架罪的既遂认定。参见陈兴良主编:《刑法各论精释》,人民法院出版社2015年版,第166—167页。

施暴力而劫取财物的,应以抢劫罪论处。

No.5-263-139 蔡苏卫等抢劫案

以借钱为名使用暴力手段劫取财物使用后归还并支付利息的,属于抢劫既遂后的后续行为,仍应以抢劫罪论处。

No.5-263-140 郭学周故意伤害、抢夺案

实施故意伤害行为后,若并非利用被害人不能反抗或不敢反抗的处境,临时起意取走被害人逃离后遗留在现场的财物的,不构成抢劫罪,应以抢夺罪论处,并与故意伤害罪实行并罚。

No.5-263-143 刘飞抢劫案

借"碰瓷"行为获取钱财的行为应当根据具体案件中行为人获取钱财的方式准确认定。"碰瓷"行为后又使用暴力或实施暴力相威胁而索取财物的,应以抢劫罪论处。

No.5-263-147 张超抢劫案

行为人赌博完毕后返回现场抢走远远超出其所输赌资数额的财物的行为,成立抢劫罪。

No.5-263-148 刘某抢劫、强奸案

行为人未停止暴力侵害的情况下,被害人的介入行为不中断暴力侵害行为与人身伤害结果之间的因果关系。

No.5-263-149 刘某抢劫、强奸案

行为人实施多个暴力行为导致被害人人身伤害后果的,构成不同犯罪的,该伤害后果可在各犯罪构成中分别予以评价。

No.5-263-150 尹志刚、李龙云抢劫案

行为人提供钥匙给同伙让同伙抢劫共同居住者的,行为人与同伙均成立入户抢劫。

No.5-263-151 尹志刚、李龙云抢劫案

共同居住的情形下,财物处于共同居住人共同占有之下,无论该财物是否由行为人代为保管,行为人与同伙抢劫共同居住人财物的行为均成立抢劫罪。

No.5-263-152 徐伟抢劫案

被害人被过路车辆撞死,不中断抢劫行为与死亡结果之间的因果关系。

No.5-263-153 黄卫松抢劫案

卖淫女从事卖淫活动时其出租房不属于《刑法》第二百六十三条意义上的"户",行为人在出租房内实施抢劫行为不构成入户抢劫。

No.5-263-154 刘长庚抢劫案

行为人从户外追赶被害人进入户内实施抢劫,应认定为入户抢劫。

No.5-263-157 习海珠抢劫案

在拖欠被害人欠款的情况下,以暴力胁迫手段逼迫被害人写下收条的行为,构成抢劫罪既遂。

No.5-263-158 董某某、宋某某抢劫案

对于被判处管制或宣告缓刑的被告人,可以根据其犯罪的具体情况以及禁止事项与所犯罪行的关联程度,对其适用"禁止令"。

No.5-263-159 焦某某等人抢劫、盗窃、寻衅滋事案

为实施抢劫而偷开他人机动车,使用完毕后遗弃的行为,即使事后被公安机关追回并发还被害人,也应当以抢劫罪与盗窃罪数罪并罚。

第二百六十四条 【盗窃罪】

盗窃公私财物,数额较大的,或者多次盗窃、入户盗窃、携带凶器盗窃、扒窃的,处三年以下有期徒刑、拘役或者管制,并处或者单处罚金;数额巨大或者有其他严重情节的,处三年以上十年以下有期徒刑,并处罚金;数额特别巨大或者有其他特别严重情节的,处十年以上有期徒刑或者无期徒刑,并处罚金或者没收财产。

【立法沿革】

《中华人民共和国刑法》(1997年修订,自1997年10月1日起施行)

第二百六十四条

盗窃公私财物,数额较大或者多次盗窃的,处三年以下有期徒刑、拘役或者管制,并处或者单处罚金;数额巨大或者有其他严重情节的,处三年以上十年以下有期徒刑,并处罚金;数额特别巨大或者有其他特别严重情节的,处十年以上有期徒刑或者无期徒刑,并处罚金或者没收财产;有下列情形之一的,处无期徒刑或者死刑,并处没收财产:

(一)盗窃金融机构,数额特别巨大的;

(二)盗窃珍贵文物,情节严重的。

《中华人民共和国刑法修正案(八)》(自2011年5月1日起施行)

三十九、将刑法第二百六十四条修改为:

"盗窃公私财物,数额较大的,或者多次盗窃、入户盗窃、携带凶器盗窃、扒窃的,处三年以下有期徒刑、拘役或者管制,并处或者单处罚金;数额巨大或者有其他严重情节的,处三年以上十年以下有期徒刑，并处罚金；数额特别巨大或者有其他特别严重情节的，处十年以上有期徒刑或者无期徒刑，并处罚金或者没收财产。"

【条文说明】

本条是关于盗窃罪及其处罚的规定。

本条规定的"**盗窃**"，是指以非法占有为目的，秘密窃取公私财物①的行为。本罪的主体是一般犯罪主体。构成盗窃罪必须具备以下条件：

1. 行为人具有**非法占有公私财物的目的**。②
2. 行为人实施了**秘密窃取公私财物的行为**。"秘密窃取"是指采用不易被财物所有人、保管人或者其他人发现的方法，将公私财物占为己有的行为。③ 如溜门撬锁、挖洞跳墙、潜入他人室内、掏兜割包、利用网络技术窃取等。秘密窃取是盗窃罪的重要特征，也是区别其他侵犯财产罪的主要标志。盗窃的公私财物，既包括有形的货币币、金银首饰等财物，也包括电力、煤气、天然气等无形的财产。盗窃毒品等违禁品的，也应当按照盗窃罪处理，根据情节轻重量刑。

3. 盗窃的公私财物**数额较大的，或者多次盗窃、入户盗窃、携带凶器盗窃、扒窃的**。"数额较大"，是盗窃行为构成犯罪的基本要件。如果盗窃的财物数额较小，一般应当依照治安管理处罚法的规定予以处罚，不需要动用刑罚。但对于一些特定的盗窃行为，只要实施了该盗窃行为，即使达不到数额较大的条件，因该行为本身的社会危害性，本条也规定构成犯罪。

（1）**多次盗窃**。盗窃犯罪具有惯常性，且犯罪分子又具有一定的反侦查能力，一经抓获，往往只能认定现场查获的数额，而对其以往数额的交代也难以查证。将多次盗窃规定为犯罪正是针对盗窃犯罪的这一特点。根据2013年《最高人民法院、最高人民检察院关于办理盗窃刑事案件适用法律若干问题的解释》第三条的规定，对于二年内盗窃三次以上的，应当认定为"**多次盗窃**"，以盗窃罪定罪处罚。

（2）**入户盗窃**。入户盗窃不仅侵犯了公民的财产，还侵犯了公民的住宅，并对公民的人身安全形成严重威胁，应当予以严厉打击。这里所说的"**户**"，是指公民日常生活的住所，包括用于生活的与外界相对隔离的封闭的院落、牧民的帐篷、渔民生活的渔船等，不包括办公场所。根据《最高人民法院、最高人民检察院关于办理盗窃刑事案件适用法律若干问题的解释》，非法进入供他人家庭生活的与外界相对隔离的住所盗窃的，应当认定为"入户盗窃"。

（3）**携带凶器盗窃**。行为人携带凶器盗窃，往往有恃无恐，一旦被发现或者被抓捕时，则使用凶器进行反抗。这种行为以暴力为方式，不仅侵犯他人的财产，而且对他人的人身形成严重威胁，应当予以刑事处罚。"**凶器**"是指枪支、爆炸物、管制刀具等可用于实施暴力的器具。根据《最高人民法院、最高人民检察院关于办理盗窃刑事案件适用法律若干问题的解释》的规定，携带枪支、爆炸物、管制刀具等国家禁止个人携带的器械盗窃，或者为了实施违法犯罪携带其他足以危害他人人身安全的器械盗窃的，应当认定为"携带凶器盗窃"。需要明确的是，本条规定的构成盗窃罪的"携带凶器盗窃"，是指行为人携带凶器进行盗窃而未使用的情况，如果行为人在携带凶器盗窃时，为窝藏赃物、抗拒抓捕或者毁灭罪证而当场使用凶器施暴或者威胁的，根据《刑法》第二百六十九条的规定，应当以抢劫罪定罪处罚。

（4）**扒窃**。"**扒窃**"是指在公共场所或者公共

---

① 我国学者指出，盗窃罪的行为对象还包括财产性利益，必须是行为人的行为现实、具体地取得了该条文中所具体保护的财产性利益，而不是假定的、期待的、预期的、附条件地取得的。参见黎宏：《刑法学各论》（第2版），法律出版社2016年版，第320页；张明楷：《刑法学》（第6版），法律出版社2021年版，第1230页。

② 我国学者指出，非法占有目的，乃指排除权利人，将他人的财物作为自己的财物进行支配，并遵从财物的用途进行利用、处分的意思。非法占有目的由"排除意思"与"利用意思"构成，前者侧重于法的层面，后者着重于经济的层面，二者机能不同。参见张明楷：《刑法学》（第6版），法律出版社2021年版，第1248页。

③ 我国学者指出，秘密窃取乃指行为人自认为被害人没有发觉而取得财物的行为。参见赵秉志、李希慧主编：《刑法各论》（第3版），中国人民大学出版社2016年版，第246页；高铭暄、马克昌主编：《刑法学》（第7版），北京大学出版社、高等教育出版社2016年版，第500页；陈兴良主编：《刑法各论精释》，人民法院出版社2015年版，第231—232页。另有学者指出，窃取只要是以非暴力的手段，未经占有人同意或者违背占有人的意思，取走他人财物即可构成本罪。至于行为是否秘密，则在所不问。参见张明楷：《刑法学》（第6版），法律出版社2021年版，第1235页；黎宏：《刑法学各论》（第2版），法律出版社2016年版，第317页；周光权：《刑法各论》（第4版），中国人民大学出版社2021年版，第134页；黎宏：《刑法学各论》（第2版），法律出版社2016年版，第317—318页。对此，也有批评观点认为，窃取系出于和平的看法，与盗窃通常是秘密进行的说法一样，只是说明窃取的通常现象，而非窃取在法律上的定义。更何况，"和平"也是难以定义与操作的概念，最多还只能以排除强暴或胁迫作为和平的内容。

交通工具上窃取他人随身携带的财物。① 扒窃行为往往采取掏兜、割包等手法，严重侵犯公民财产和人身安全，扰乱公共场所秩序，且技术性强，多为屡抓屡放的惯犯②，应当予以严厉打击。《刑法修正案（八）》将入户盗窃、携带凶器盗窃和扒窃增加规定为犯罪，体现了刑法对人民群众人身财产安全的切实关注和严格保护，为打击盗窃犯罪提供了更有力的法律武器。

本条对盗窃罪量刑档次的划分采取了**数额加情节的标准**。根据本条规定，对盗窃公私财物，数额较大的，或者多次盗窃、入户盗窃、携带凶器盗窃、扒窃的，处三年以下有期徒刑、拘役或者管制，并处或者单处罚金；数额巨大或者有其他严重情节的，处三年以上十年以下有期徒刑，并处罚金；数额特别巨大或者有其他特别严重情节的，处十年以上有期徒刑或者无期徒刑，并处罚金或者没收财产。关于盗窃数额的具体认定，《最高人民法院、最高人民检察院关于办理盗窃刑事案件适用法律若干问题的解释》第一条第一款规定："盗窃公私财物价值一千元至三千元以上、三万元至十万元以上、三十万元至五十万元以上的，应当分别认定为刑法第二百六十四条规定的'**数额较大**'、'**数额巨大**'、'**数额特别巨大**'。"该解释第一条第二、三、四款同时规定："各省、自治区、直辖市高级人民法院、人民检察院可以根据本地区经济发展状况，并考虑社会治安状况，在前款规定的数额幅度内，确定本地区执行的具体数额标准，报最高人民法院、最高人民检察院批准。在跨地区运行的公共交通工具上盗窃，盗窃地点无法查证的，盗窃数额是否达到'数额较大'、'数额巨大'、'数额特别巨大'，应当根据受理案件所在地省、自治区、直辖市高级人民法院、人民检察院确定的有关数额标准认定。盗窃毒品等违禁品，应当按照盗窃罪处理的，根据情节轻重量刑。"关于盗窃文物的具体认定，《最高人民法院、最高人民检察院关于办理妨害文物管理等刑事案件适用法律若干问题的解释》第二条规定："盗窃一般文物、三级文物、二级以上文物的，应当分别认定为刑法第二百六十四条规定的'数额较大'、'数额巨大'、'数额特别巨大'。盗窃文物，无法确定文物等级，或者按照文物等级定罪量刑明显过轻或者过重的，按照盗窃的文物价值定罪量刑。"

关于"其他严重情节"和"其他特别严重情节"的具体认定，《最高人民法院、最高人民检察院关于办理盗窃刑事案件适用法律若干问题的解释》规定，盗窃公私财物，具有下列情形之一，或者入户盗窃、携带凶器盗窃，数额达到"数额巨大""数额特别巨大"百分之五十的，应当认定为《刑法》第二百六十四条规定的"**其他严重情节**"或者"**其他特别严重情节**"：①组织、控制未成年人盗窃的；②自然灾害、事故灾害、社会安全事件等突发事件期间，在事件发生地盗窃的；③盗窃残疾人、孤寡老人、丧失劳动能力人的财物的；④在医院盗窃病人或者其亲友财物的；⑤盗窃救灾、抢险、防汛、优抚、扶贫、移民、救济款物的；⑥因盗窃造成严重后果的。

实践中需要注意以下两个方面的问题：

1. 正确处理罪与非罪的问题。盗窃行为作为传统型违法犯罪活动，发生原因多样，不同行为之间的社会危害性差异较大。从社会治理的角度来讲，一般的小偷小摸或者情节轻微的偶犯、初犯，可不作犯罪处罚。《治安管理处罚法》第四十九条关于行为人盗窃最高可处十五日行政拘留、可以并处罚款的规定，为惩治盗窃行为提供了行政处罚路径。根据《最高人民法院、最高人民检察院关于办理盗窃刑事案件适用法律若干问题的解释》第七条的规定，盗窃公私财物数额较大，行为人认罪、悔罪、退赃、退赔，且具有下列情形之一，情节轻微的，**可以不起诉或者免予刑事处罚**；必要时，由有关部门予以行政处罚：①具有法定从宽处罚情节的；②没有参与分赃或者获赃较少且不是主犯的；③被害人谅解的；④其他情节轻微、危害不大的。此外，对于偷拿家庭成员或者近亲属的财物，获得谅解的，一般可以不认为是犯罪；需要追究刑事责任的，也应当酌情从宽。

2. 本罪与其他关联行为的定罪处罚。

偷开他人机动车的，按照下列规定处理：①偷开机动车，导致车辆丢失的，以盗窃罪定罪处罚。②为盗窃其他财物，偷开机动车作为犯罪工具使用后非法占有车辆，或者将车辆遗弃导致丢失的，被盗车辆的价值计入盗窃数额。③实施其他犯罪，偷开机动车作为犯罪工具使用后非法占有车辆，或者将车辆遗弃导致丢失的，以盗窃罪和其他犯罪数罪并罚；将车辆送回未造成丢失

---

① 我国学者指出，不能将"随身携带"的财物狭隘地理解为贴身携带。被害人置于身边且稍作努力就随手可得范围内的财物，实质上被害人可依其意思进行物理支配的财物，均属于随身携带。参见周光权：《刑法各论》（第4版），中国人民大学出版社2021年版，第137页。

② 扒窃不要求行为人具有惯常性，否则，即意味着在多次盗窃的基础上提出了更高的入罪标准，不符合增加扒窃规定的立法宗旨。参见张明楷：《刑法学》（第6版），法律出版社2021年版，第1246页。

的，按照其所实施的其他犯罪从重处罚。

盗窃公私财物并造成财物损毁的，按照下列规定处理：①采用破坏性手段盗窃公私财物，造成其他财物损毁的，以盗窃罪从重处罚；同时构成盗窃罪和其他犯罪的，择一重罪从重处罚。②实施盗窃犯罪后，为掩盖罪行或者报复等，故意毁坏其他财物构成犯罪的，以盗窃罪和构成的其他犯罪数罪并罚。③盗窃行为未构成犯罪，但损毁财物构成其他犯罪的，以其他犯罪定罪处罚。

【司法解释】

《最高人民法院关于审理扰乱电信市场管理秩序案件具体应用法律若干问题的解释》（法释〔2000〕12号，自2000年5月24日起施行）

△(将电信卡非法充值后使用;盗窃罪) 将电信卡非法充值后使用，造成电信资费损失数额较大的，依照刑法第二百六十四条的规定，以盗窃罪定罪处罚。（§7）

△(盗用他人公共信息网络上网账号、密码上网;盗窃罪) 盗用他人公共信息网络上网账号、密码上网，造成电信资费损失数额较大的，依照刑法第二百六十四条的规定，以盗窃罪定罪处罚。（§8）

《最高人民检察院关于单位有关人员组织实施盗窃行为如何适用法律问题的批复》（高检发释字〔2002〕5号，自2002年8月13日起施行）

△(为谋取单位利益组织实施盗窃;直接责任人员) 单位有关人员为谋取单位利益组织实施盗窃行为，情节严重的，应当依照刑法第二百六十四条的规定以盗窃罪追究直接责任人员的刑事责任。

《最高人民法院关于审理未成年人刑事案件具体应用法律若干问题的解释》（法释〔2006〕1号，自2006年1月23日起施行）

△(未成年人;"情节显著轻微危害不大";盗窃未遂或者中止;盗窃自己家庭或者亲属财物) 已满十六周岁不满十八周岁的人实施盗窃行为未超过三次，盗窃数额虽已达到"数额较大"标准，但案发后能如实供述全部盗窃事实并积极退赃，且具有下列情形之一的，可以认定为"情节显著轻微危害不大"，不认为是犯罪：

（一）系又聋又哑的人或者盲人；

（二）在共同盗窃中起次要或者辅助作用，或者被胁迫；

（三）具有其他轻微情节的。

已满十六周岁不满十八周岁的人盗窃未遂或者中止的，可不认为是犯罪。

已满十六周岁不满十八周岁的人盗窃自己家庭或者近亲属财物，或者盗窃其他亲属财物但其他亲属要求不予追究的，可不按犯罪处理。（§9）

《最高人民法院、最高人民检察院关于办理盗窃油气、破坏油气设备等刑事案件具体应用法律若干问题的解释》（法释〔2007〕3号，自2007年1月19日起施行）

△(盗窃油气或者正在使用的油气设备;盗窃未遂;盗窃罪的共犯) 盗窃油气或者正在使用的油气设备，构成犯罪，但未危害公共安全的，依照刑法第二百六十四条的规定，以盗窃罪定罪处罚。

盗窃油气，数额巨大但尚未运离现场的，以盗窃未遂定罪处罚。

为他人盗窃油气而偷开油气井、油气管道等油气设备阀门排放油气或者提供其他帮助的，以盗窃罪的共犯定罪处罚。（§3）

△(想象竞合犯;盗窃罪;破坏易燃易爆设备罪) 盗窃油气同时构成盗窃罪和破坏易燃易爆设备罪的，依照刑法处罚较重的规定定罪处罚。（§4）

△(掩饰、隐瞒犯罪所得、犯罪所得收益罪;事前通谋;盗窃罪的共犯) 明知是盗窃犯罪所得的油气或者油气设备，而予以窝藏、转移、收购、加工、代为销售或者以其他方法掩饰、隐瞒的，依照刑法第三百一十二条的规定定罪处罚。

实施前款规定的犯罪行为，事前通谋的，以盗窃罪的共犯定罪处罚。（§5）

《最高人民法院、最高人民检察院关于办理与盗窃、抢劫、诈骗、抢夺机动车相关刑事案件具体应用法律若干问题的解释》（法释〔2007〕11号，自2007年5月11日起施行）

△(事前通谋;盗窃罪的共犯) 实施本解释第

一条、第二条、第三条第一款或者第三款规定①的行为,事前与盗窃、抢劫、诈骗、抢夺机动车的犯罪分子通谋的,以盗窃罪、抢劫罪、诈骗罪、抢夺罪的共犯论处。(§4)

《最高人民法院关于审理破坏电力设备刑事案件具体应用法律若干问题的解释》(法释〔2007〕15号,自2007年8月21日起施行)

△(盗窃电力设备;想象竞合犯;**破坏电力设备罪**)盗窃电力设备,危害公共安全,但不构成盗窃罪的,以破坏电力设备罪定罪处罚;同时构成盗窃罪和破坏电力设备罪的,依照刑法处罚较重的规定定罪处罚。

盗窃电力设备,没有危及公共安全,但应当追究刑事责任的,可以根据案件的不同情况,按照盗窃等犯罪处理。(§3)

《最高人民法院、最高人民检察院关于办理盗窃刑事案件适用法律若干问题的解释》(法释〔2013〕8号,自2013年4月4日起施行)

△("数额较大";"数额巨大";"数额特别巨大";具体数额标准;盗窃地点无法查证;盗窃违禁品)盗窃公私财物价值一千元至三千元以上、三万元至十万元以上、三十万元至五十万元以上的,应当分别认定为刑法第二百六十四条规定的"数额较大"、"数额巨大"、"数额特别巨大"。

各省、自治区、直辖市高级人民法院、人民检察院可以根据本地区经济发展状况、考虑社会治安状况,在前款规定的数额幅度内,确定本地区执行的具体数额标准,报最高人民法院、最高人民检察院批准。

在跨地区运行的公共交通工具上盗窃,盗窃地点无法查证的,盗窃数额是否达到"数额较大"、"数额巨大"、"数额特别巨大",应当根据受理案件所在地省、自治区、直辖市高级人民法院、人民检察院确定的有关数额标准认定。

盗窃毒品等违禁品,应当按照盗窃罪处理的,根据情节轻重量刑。(§1)

△(数额标准降低事由;百分之五十)盗窃公私财物,具有下列情形之一的,"数额较大"的标准可以按照前条规定标准的百分之五十确定②:

---

① 《最高人民法院、最高人民检察院关于办理与盗窃、抢劫、诈骗、抢夺机动车相关刑事案件具体应用法律若干问题的解释》(法释〔2007〕11号,自2007年5月11日起施行)

第一条

Ⅰ明知是盗窃、抢劫、诈骗、抢夺的机动车,实施下列行为之一的,依照刑法第三百一十二条的规定,以掩饰、隐瞒犯罪所得、犯罪所得收益罪定罪,处三年以下有期徒刑、拘役或者管制,并处或者单处罚金:

(一)买卖、介绍买卖、典当、拍卖、抵押或者用其抵债的;
(二)拆解、拼装或者组装的;
(三)修改发动机号、车辆识别代号的;
(四)更改车身颜色或者车辆外形的;
(五)提供或者出售机动车来历凭证、整车合格证、号牌以及有关机动车的其他证明和凭证的;
(六)提供或者出售伪造、变造的机动车来历凭证、整车合格证、号牌以及有关机动车的其他证明和凭证的。

Ⅱ实施第一款规定的行为涉及盗窃、抢劫、诈骗、抢夺的机动车五辆以上或者价值总额达到五十万元以上的,属于刑法第三百一十二条规定的"情节严重",处三年以上七年以下有期徒刑,并处罚金。

第二条

Ⅰ伪造、变造、买卖机动车行驶证、登记证书,累计三本以上的,依照刑法第二百八十条第一款的规定,以伪造、变造、买卖国家机关证件罪定罪,处三年以下有期徒刑、拘役、管制或者剥夺政治权利。

Ⅱ伪造、变造、买卖机动车行驶证、登记证书,累计达到第一款规定数量标准五倍以上的,属于刑法第二百八十条第一款规定中的"情节严重",处三年以上十年以下有期徒刑。

第三条

Ⅰ国家机关工作人员滥用职权,有下列情形之一,致使盗窃、抢劫、诈骗、抢夺的机动车被办理登记手续,数量达到三辆以上或者价值总额达到三十万元以上的,依照刑法第三百九十七条第一款的规定,以滥用职权罪定罪,处三年以下有期徒刑或者拘役:

(一)明知是登记手续不全或者不符合规定的机动车而办理登记手续的;
(二)指使他人为明知是登记手续不全或者不符合规定的机动车办理登记手续的;
(三)违反或者指使他人违规更改、调换车辆档案的;
(四)其他滥用职权的行为。

Ⅱ国家机关工作人员疏于审查或者审查不严,致使盗窃、抢劫、诈骗、抢夺的机动车被办理登记手续,数量达到五辆以上或者价值总额达到五十万元以上的,依照刑法第三百九十七条第一款的规定,以玩忽职守罪定罪,处三年以上七年以下有期徒刑或者拘役。

Ⅲ国家机关工作人员实施前两款规定的行为,致使盗窃、抢劫、诈骗、抢夺的机动车被办理登记手续,分别达到前两款规定数量、数额标准五倍以上的,或者明知是盗窃、抢劫、诈骗、抢夺的机动车而办理登记手续的,属于刑法第三百九十七条第一款规定的"情节特别严重",处三年以上七年以下有期徒刑。

Ⅳ国家机关工作人员徇私舞弊,实施上述行为的,构成犯罪的,依照刑法第三百九十七条第二款的规定定罪处罚。

② 我国学者指出,本条第(一)、(二)项规定的内容只是表明行为人再犯可能性较大。直接将再犯可能性视作不法内容,此做法明显不当,会导致诸多不公平的现象。参见张明楷:《刑法学》(第6版),法律出版社2021年版,第1242页。

（一）曾因盗窃受过刑事处罚的①；
（二）一年内曾因盗窃受过行政处罚的；
（三）组织、控制未成年人盗窃的；
（四）自然灾害、事故灾害、社会安全事件等突发事件发生地盗窃的；
（五）盗窃残疾人、孤寡老人、丧失劳动能力人的财物的；
（六）在医院盗窃病人或者其亲友财物的；
（七）盗窃救灾、抢险、防汛、优抚、扶贫、移民、救济款物的；
（八）因盗窃造成严重后果的。（§2）

△("多次盗窃"；"入户盗窃"；"携带凶器盗窃"；"扒窃") 二年内盗窃三次以上的，应当认定为"多次盗窃"②。

非法进入供他人家庭生活，与外界相对隔离的住所盗窃的，应当认定为"入户盗窃"③。

携带枪支、爆炸物、管制刀具等国家禁止个人携带的器械盗窃，或者为了实施违法犯罪携带其他足以危害他人人身安全的器械盗窃的，应当认定为"携带凶器盗窃"④。

在公共场所或者公共交通工具上盗窃他人随身携带的财物的，应当认定为"扒窃"。（§3）

△(盗窃数额之认定) 盗窃的数额，按照下列方法认定：
（一）被盗财物有有效价格证明的，根据有效价格证明认定；无有效价格证明，或者根据价格证明认定盗窃数额明显不合理的，应当按照有关规定委托估价机构估价；

（二）盗窃外币的，按照盗窃时中国外汇交易中心或者中国人民银行授权机构公布的人民币对该货币的中间价折合成人民币计算；中国外汇交易中心或者中国人民银行授权机构未公布汇率中间价的外币，按照盗窃时境内银行对该货币的中间价折算成人民币，或者该货币在境内银行、国际外汇市场对美元汇率，与人民币对美元汇率中间价进行套算；

（三）盗窃电力、燃气、自来水等财物，盗窃数量能够查实的，按照查实的数量计算盗窃数额；盗窃数量无法查实的，以盗窃前六个月月均正常用量减去盗窃后计量仪表显示的月均用量推算盗窃数额；盗窃前正常使用不足六个月的，按照正常使用期间的月均用量减去盗窃后计量仪表显示的月均用量推算盗窃数额；
……
盗窃行为给失主造成的损失大于盗窃数额的，损失数额可以作为量刑情节考虑。（§4）

△(盗窃有价支付凭证、有价证券、有价票证；盗窃数额) 盗窃有价支付凭证、有价证券、有价票证的，按照下列方法认定盗窃数额：
（一）盗窃不记名、不挂失的有价支付凭证、有价证券、有价票证的，应当按面额和盗窃时应得的孳息、奖金或者奖品等可得收益一并计算盗窃数额；
（二）盗窃记名的有价支付凭证、有价证券、

---

① 此处的"盗窃"应作广义解释，乃指符合盗窃罪构成要件的行为。参见黎宏：《刑法学各论》（第2版），法律出版社2016年版，第319页。

② "多次盗窃"是否要求每次均构成犯罪，目前仍未有明确的法律规定或司法解释。学说上多倾向否定说，因为多次盗窃是作为盗窃罪成立的要素进行考量的（为了扩大该罪的处罚范围），而非法定刑升格或者加重处罚的量刑情节（为了限制该法定刑的适用），故而不应作出与抢劫罪相类似的处理（多次抢劫要求每一次的抢劫行为均已构成犯罪为前提）。参见张明楷：《刑法学》（第6版），法律出版社2021年版，第1242—1243页；陈兴良主编：《刑法各论精释》，人民法院出版社2015年版，第235—236页；黎宏：《刑法学各论》（第2版），法律出版社2016年版，第319页。

③ 我国学者指出，没有必要将"户"限定为"供他人家庭生活"的住所。倘若不具有家庭成员关系的人一起共同生活，其住所也应当认定为"户"。参见张明楷：《刑法学》（第6版），法律出版社2021年版，第1243页。

④ 我国学者指出，此司法解释会不当地缩小盗窃罪中凶器的范围。凶器，乃指在性质上或者用法上，足以杀伤他人的器物（分为"性质上的凶器"与"用法上的凶器"）。认定是否构成凶器，主要考量如下指标：（1）物品杀伤机能的高低；（2）物品供杀伤他人使用的概然性程度；（3）根据一般社会观念，该行为对被害人的生命、身体的危险感程度；（4）物品被携带的可能性大小。参见张明楷：《刑法学》（第6版），法律出版社2021年版，第1244—1245页。

江灏教授则认为，携带凶器盗窃中的"凶器"与"携带凶器抢夺"下的"凶器"，不必作相似性理解，且不要求行为人主观上具有使用凶器的意思。因为携带凶器对于盗窃罪而言，既不是法定刑升格的考量要素，亦非属加重处罚的量刑情节，而是构成盗窃罪的基本行为方式之一；而携带凶器抢夺可比拟抢劫罪的拟制，这使得携带凶器抢夺在刑法评价上直接发生改变，变成性质更加严重、法定刑升格的抢劫行为。参见陈兴良主编：《刑法各论精释》，人民法院出版社2015年版，第240—241页。

亦有学者从携带行为危险性的角度来区分两者。相较于携带凶器盗窃，携带凶器抢夺情形中的"凶器"，应该给予更多限制，凶器范围也更小。在携带凶器抢夺的情形下，携带行为仅对被害人具有现实的、紧迫的危险，因此对凶器危险性的要求不是很高。而在携带凶器盗窃的状况中，携带行为仅对被害人有相对抽象的、立法上设定的、并不紧迫的危险，因此对凶器危险性的要求不是很高。参见周光权：《刑法各论》（第4版），中国人民大学出版社2021年版，第136页。

有价票证,已经兑现的,按照兑现部分的财物价值计算盗窃数额;没有兑现,但失主无法通过挂失、补领、补办手续等方式避免损失的,按照给失主造成的实际损失计算盗窃数额。① (§5)

△(**其他严重情节;其他特别严重情节**)盗窃公私财物,具有本解释第二条第三项至第八项规定情形之一,或者入户盗窃、携带凶器盗窃,数额达到本解释第一条规定的"数额巨大"、"数额特别巨大"百分之五十的,可以分别认定为刑法第二百六十四条规定的"其他严重情节"或者"其他特别严重情节"。 (§6)

△(**不起诉或者免予刑事处罚事由**)盗窃公私财物数额较大,行为人认罪、悔罪、退赃、退赔,且具有下列情形之一,情节轻微的,可以不起诉或者免予刑事处罚;必要时,由有关部门予以行政处罚:

(一)具有法定从宽处罚情节的;
(二)没有参与分赃或者获赃较少且不是主犯的;
(三)被害人谅解的;
(四)其他情节轻微、危害不大的。 (§7)

△(**家庭成员或者近亲属的财物**)偷拿家庭成员或者近亲属的财物,获得谅解的,一般可不认为是犯罪;追究刑事责任的,应当酌情从宽。 (§8)

△(**盗窃国有馆藏文物;三件同级文物;盗窃民间收藏的文物**)盗窃国有馆藏一般文物、三级文物、二级以上文物的,应当分别认定为刑法第二百六十四条规定的"数额较大"、"数额巨大"、"数额特别巨大"。

盗窃多件不同等级国有馆藏文物的,三件同级文物可以视为一件高一级文物。

盗窃民间收藏的文物的,根据本解释第四条第一款第一项的规定认定盗窃数额。 (§9)

△(**偷开他人机动车;盗窃罪**)偷开他人机动车的,按照下列规定处理:

(一)偷开机动车,导致车辆丢失的,以盗窃罪定罪处罚;
(二)为盗窃其他财物,偷开机动车作为犯罪工具使用后非法占有车辆,或者将车辆遗弃导致丢失的,被盗车辆的价值计入盗窃数额;
(三)为实施其他犯罪,偷开机动车作为犯罪工具使用后非法占有车辆,或者将车辆遗弃导致丢失的,以盗窃罪和其他犯罪数罪并罚;将车辆送回未造成丢失的,按照其所实施的其他犯罪从重处罚。 (§10)

△(**盗窃公私财物并造成财物损毁;想象竞合犯;数罪并罚**)盗窃公私财物并造成财物损毁的,按照下列规定处理:

(一)采用破坏性手段盗窃公私财物,造成其他财物损毁的,以盗窃罪和其他犯罪中,择一重罪从重处罚;
(二)实施盗窃犯罪后,为掩盖罪行或者报复等,故意毁坏其他财物构成犯罪的,以盗窃罪和构成的其他犯罪数罪并罚;
(三)盗窃行为未构成犯罪,但损毁财物构成其他犯罪的,以其他犯罪定罪处罚。 (§11)

△(**盗窃未遂;盗窃既有既遂,又有未遂**)盗窃未遂,具有下列情形之一的,应当依法追究刑事责任②③:

(一)以数额巨大的财物为盗窃目标的;
(二)以珍贵文物为盗窃目标的;
(三)其他情节严重的情形。

盗窃既有既遂,又有未遂,分别达到不同量刑幅度的,依照处罚较重的规定处罚;达到同一量刑幅度的,以盗窃罪既遂处罚。④ (§12)

△(**单位组织、指使盗窃**)单位组织、指使盗窃,符合刑法第二百六十四条及本解释有关规定的,以盗窃罪追究组织者、指使者、直接实施者的刑事责任。 (§13)

---

① 有论者认为,对上述案件仅以盗窃罪论处,所采用的是综合判断的做法,没有分别判断相关犯罪的构成要件要素,没有仔细分析案件的具体细节(行为人盗窃存折后,并没有盗取被害人对银行享有的债权;行为人冒领存折所取得的现金,不是窃取的,而是骗取的),有违罪刑法定原则之嫌。更为详细的批评,参见张明楷:《刑法学》(第6版),法律出版社2021年版,第1252页。
② 盗窃未遂的情形包括:(1)完全未取得财物;(2)取得财物但价值极其低廉,与行为人追求的结果相去甚远。参见周光权:《刑法各论》(第4版),中国人民大学出版社2021年版,第139页;张明楷:《刑法学》(第6版),法律出版社2021年版,第1258页。
③ 我国学者指出,应按盗窃数额较大的量刑档次处罚,而非按照数额巨大的量刑档次处罚。理由在于,如果以盗窃数额巨大的量刑档次作为量刑基准,实际上就是将盗窃目标数额巨大既作为盗窃罪的定罪情节,又作为量刑情节,违反了禁止重复评价的刑法原则。参见黎宏:《刑法学各论》(第2版),法律出版社2016年版,第325页。
④ 我国学者指出,《刑法》第二百六十四条规定的法定刑升格条件,不是真实意义上的加重构成要件,而只是量刑规则。因此,不存在加重犯罪的未遂类型。如果行为人的多次盗窃行为中,既有既遂又有未遂,只能按既遂数额选择法定刑,未遂行为作为量刑情节考虑。参见张明楷:《刑法学》(第6版),法律出版社2021年版,第1259页。

△(罚金刑)因盗窃罪,依法判处罚金刑的,应当在一千元以上盗窃数额的二倍以下判处罚金;没有盗窃数额或者盗窃数额无法计算的,应当在一千元以上十万元以下判处罚金。(§14)

《最高人民法院关于审理掩饰、隐瞒犯罪所得、犯罪所得收益刑事案件适用法律若干问题的解释》(法释〔2015〕11号,自2015年6月1日起施行)

△(事前通谋;掩饰、隐瞒犯罪所得;犯罪所得收益;盗窃罪的共犯)事前与盗窃、抢劫、诈骗、抢夺等犯罪分子通谋,掩饰、隐瞒犯罪所得及其产生的收益的,以盗窃、抢劫、诈骗、抢夺等犯罪的共犯论处。(§5)

△(对犯罪所得及其产生的收益实施盗窃、盗窃罪)对犯罪所得及其产生的收益实施盗窃、抢劫、诈骗、抢夺等行为,构成犯罪的,分别以盗窃罪、抢劫罪、诈骗罪、抢夺罪等定罪处罚。(§6)

《最高人民法院、最高人民检察院关于办理妨害文物管理等刑事案件适用法律若干问题的解释》(法释〔2015〕23号,自2016年1月1日起施行)

△(盗窃文物;文物等级;文物价值)盗窃一般文物、三级文物、二级以上文物的,应当分别认定为刑法第二百六十四条规定的"数额较大""数额巨大""数额特别巨大"。

盗窃文物,无法确定文物等级,或者按照文物等级定罪量刑明显过轻或者过重的,按照盗窃的文物价值定罪量刑。(§2)

△(采用破坏性手段盗窃古文化遗址、古墓葬以外的不可移动文物)

采用破坏性手段盗窃古文化遗址、古墓葬以外的古建筑、石窟寺、石刻、壁画、近代现代重要史迹和代表性建筑等其他不可移动文物的,依照刑法第二百六十四条的规定,以盗窃罪追究刑事责任。(§8Ⅲ)

△(公司、企业、事业单位、机关、团体等单位盗窃文物;组织者、策划者、实施者)

公司、企业、事业单位、机关、团体等单位实施盗窃文物,故意损毁文物、名胜古迹,过失损毁文物,盗掘古文化遗址、古墓葬等行为的,依照本解释规定的相应定罪量刑标准,追究组织者、策划者、实施者的刑事责任。(§11Ⅱ)

△(盗窃不可移动文物整体;量刑情节)针对不可移动文物整体实施走私、盗窃、倒卖等行为的,根据所属不可移动文物的等级,依照本解释第一条、第二条、第六条的规定定罪量刑:

(一)尚未被确定为文物保护单位的不可移动文物,适用一般文物的定罪量刑标准;

(二)市、县级文物保护单位,适用三级文物的定罪量刑标准;

(三)全国重点文物保护单位、省级文物保护单位,适用二级以上文物的定罪量刑标准。

针对不可移动文物中的建筑构件、壁画、雕塑、石刻等实施走私、盗窃、倒卖等行为的,根据建筑构件、壁画、雕塑、石刻等文物本身的等级或者价值,依照本解释第一条、第二条、第六条的规定定罪量刑。建筑构件、壁画、雕塑、石刻等所属不可移动文物的等级,应当作为量刑情节予以考虑。(§12)

△(不同等级的文物;五件同级文物)案件涉及不同等级的文物的,按照高级别文物的量刑幅度量刑;有多件同级文物的,五件同级文物视为一件高一级文物,但是价值明显不相当的除外。(§13)

△(文物价值之认定;根据涉案文物的有效价格证明认定;根据销赃数额认定;结合鉴定意见、报告认定)依照文物价值定罪量刑的,根据涉案文物的有效价格证明认定文物价值;无有效价格证明,或者根据价格证明认定明显不合理的,根据销赃数额认定,或者结合本解释第十五条规定的鉴定意见、报告认定。(§14)

△(鉴定意见)在行为人实施有关行为前,文物行政部门已对涉案文物及其等级作出认定的,可以直接对有关案件事实作出认定。

对案件涉及的有关文物鉴定、价值认定等专门性问题难以确定的,由司法鉴定机构出具鉴定意见,或者由国务院文物行政部门指定的机构出具报告。其中,对于文物价值,也可以由有关价格认证机构作出价格认证并出具报告。(§15)

△(犯罪情节轻微;不起诉或者免予刑事处罚)实施本解释第一条、第二条、第六条至第九条规定的行为,虽已达到应当追究刑事责任的标准,但行为人系初犯,积极退回或者协助追回文物,未造成文物损毁,并确有悔罪表现的,可以认定为犯罪情节轻微,不起诉或者免予刑事处罚。(§16Ⅰ)

△(盗窃具有科学价值的古脊椎动物化石、古人类化石)走私、盗窃、损毁、倒卖、盗掘或者非法转让具有科学价值的古脊椎动物化石、古人类化石的,依照刑法和本解释的有关规定定罪量刑。(§17)

《最高人民法院关于审理破坏森林资源刑事案件适用法律若干问题的解释》(法释〔2023〕8号,自2023年8月15日起施行)

△(破坏森林资源;盗窃罪;综合考虑;不作为

犯罪处理)下列行为,符合刑法第二百六十四条规定的,以盗窃罪定罪处罚:(一)盗窃国家、集体或者他人所有并已经伐倒的树木的;(二)偷砍他人在自留地或者房前屋后种植的零星树木的。

非法实施采种、采脂、掘根、剥树皮等行为,符合刑法第二百六十四条规定的,以盗窃罪论处。在决定应否追究刑事责任和裁量刑罚时,应当综合考虑对涉案林木资源的损害程度以及行为人获利数额、行为动机、前科情况等情节;认为情节显著轻微危害不大的,不作为犯罪处理。(§11)

△(依法追缴或者责令退赔)针对国家、集体或者他人所有的国家重点保护植物和其他林木实施犯罪的违法所得及其收益,应当依法追缴或者责令退赔。(§14)

△(组织他人实施破坏森林资源犯罪;受雇佣为破坏森林资源犯罪提供劳务)组织他人实施本解释规定的破坏森林资源犯罪的,应当按照其组织实施的全部罪行处罚。

对于受雇佣为破坏森林资源犯罪提供劳务的人员,除参与利润分成或者领取高额固定工资的以外,一般不以犯罪论处,但曾因破坏森林资源受过处罚的除外。(§15)

△(未被追究刑事责任的行为人;行政处罚)对于实施本解释规定的相关行为未被追究刑事责任的行为人,依法应当给予行政处罚、政务处分或者其他处分的,移送有关主管机关处理。(§16)

△(涉案国家重点保护植物或者其他林木的价值;销赃数额)涉案国家重点保护植物或者其他林木的价值,销赃数额难以查证,或者根据销赃数额认定明显不合理的,根据市场价格认定。(§17)

△(认定意见;鉴定意见;报告)对于涉案农用地类型、面积,国家重点保护植物或者其他林木的种类、立木蓄积、株数、价值,以及涉案行为对森林资源的损害程度等问题,可以由林业主管部门、侦查机关依据现场勘验、检查笔录等出具认定意见;难以确定的,依据鉴定机构出具的鉴定意见或者下列机构出具的报告,结合其他证据作出认定:(一)价格认证机构出具的报告;(二)国务院林业主管部门指定的机构出具的报告;(三)地、市级以上人民政府林业主管部门出具的报告。(§18)

【司法解释性文件】

《最高人民法院、最高人民检察院、公安部关于铁路运输过程中盗窃罪数额认定标准问题的规定》(公发〔1999〕4号,1999年2月4日公布)

△(铁路运输过程中盗窃罪数额)根据《刑法》第二百六十四条的规定,结合铁路运输的治安状况和盗窃案件特点,现对铁路运输过程中盗窃罪数额认定标准规定如下:

一、个人盗窃公私财物"数额较大",以一千元为起点;

二、个人盗窃公私财物"数额巨大",以一万元为起点;

三、个人盗窃公私财物"数额特别巨大",以六万元为起点。

《最高人民检察院关于非法制作、出售、使用IC电话卡行为如何适用法律问题的答复》(〔2003〕高检研发第10号,2003年4月2日公布)

△(非法制作的IC电话卡;盗窃罪)……明知是非法制作的IC电话卡而使用或者购买并使用,造成电信资费损失数额较大的,应当依照刑法第二百六十四条的规定,以盗窃罪追究刑事责任。

《最高人民法院、最高人民检察院、公安部关于办理盗窃油气、破坏油气设备等刑事案件适用法律若干问题的意见》(法发〔2018〕18号,2018年9月28日公布)

△(盗窃油气;盗窃罪;未遂)着手实施盗窃油气行为,由于意志以外的原因未得逞,具有下列情形之一的,以盗窃罪(未遂)追究刑事责任:

(一)以数额巨大的油气为盗窃目标的;

(二)已将油气装入包装物或者运输工具,达到"数额较大"标准三倍以上的;

(三)携带盗油卡子、手摇钻、电钻、电焊枪等切割、打孔、撬砸、拆卸工具的;

(四)其他情节严重的情形。(§2)

△(盗窃油气;破坏油气设备;主犯;共同犯罪)在共同盗窃油气、破坏油气设备等犯罪中,实际控制、为主出资或者组织、策划、纠集、雇佣、指使他人参与犯罪的,应当依法认定为主犯;对于其他人员,在共同犯罪中起主要作用的,也应当依法认定为主犯。

在输油输气管道投入使用前擅自安装阀门,在管道投入使用后将该阀门提供给他人盗窃油气的,以盗窃罪、破坏易燃易爆设备罪等有关犯罪的共同犯罪论处。(§3)

△(内外勾结盗窃油气;共同犯罪;竞合)行为人与油气企业人员勾结共同盗窃油气,没有利用油气企业人员职务便利,仅仅是利用其易于接近油气设备、熟悉环境等方便条件的,以盗窃罪的共同犯罪论处。

实施上述行为,同时构成破坏易燃易爆设备罪的,依照处罚较重的规定定罪处罚。

△(专门性问题)对于油气的质量、标准等专门性问题,综合油气企业提供的证据材料、犯罪嫌

疑人、被告人及其辩护人所提辩解、辩护意见等认定；难以确定的，依据司法鉴定机构出具的鉴定意见或者国务院公安部门指定的机构出具的报告，结合其他证据认定。

油气企业提供的证据材料，应当有工作人员签名和企业公章。（§7）

《最高人民法院、最高人民检察院、公安部关于办理涉窨井盖相关刑事案件的指导意见》（高检发〔2020〕3号，2020年3月16日发布）

△(窨井盖;盗窃罪) 盗窃本意见第一条、第二条规定以外的其他场所的窨井盖，且不属于本意见第三条规定的情形，数额较大，或者多次盗窃的，依照刑法第二百六十四条的规定，以盗窃罪定罪处罚。（§4Ⅰ）

△(窨井盖) 本意见所称的"窨井盖"，包括城市、城乡结合部和乡村等地的窨井盖以及其他井盖。（§12）

《最高人民法院、最高人民检察院、公安部关于依法办理"碰瓷"违法犯罪案件的指导意见》（公通字〔2020〕12号，2020年9月22日印发）

△("碰瓷";盗窃罪) 实施"碰瓷"，采取转移注意力、趁人不备等方式，窃取、夺取他人财物，符合刑法第二百六十四条、第二百六十七条规定的，分别以盗窃罪、抢夺罪定罪处罚。（§4）

《最高人民法院、最高人民检察院关于常见犯罪的量刑指导意见（试行）》（法发〔2021〕21号，2021年6月6日发布）

△(盗窃罪;量刑)

1. 构成盗窃罪的，根据下列情形在相应的幅度内确定量刑起点：

（1）达到数额较大起点的，二年内三次盗窃的，入户盗窃的，携带凶器盗窃的，或者扒窃的，在一年以下有期徒刑、拘役幅度内确定量刑起点。

（2）达到数额巨大起点或者有其他严重情节的，在三年至四年有期徒刑幅度内确定量刑起点。

（3）达到数额特别巨大起点或者有其他特别严重情节的，在十年至十二年有期徒刑幅度内确定量刑起点。依法应当判处无期徒刑的除外。

2. 在量刑起点的基础上，根据盗窃数额、次数、手段等其他影响犯罪构成的犯罪事实增加刑罚量，确定基准刑。

多次盗窃，数额达到较大以上的，以盗窃数额确定量刑起点，盗窃次数可以作为调节基准刑的量刑情节；数额未达到较大的，以盗窃次数确定量刑起点，最多的次数作为增加刑罚量的事实。

3. 构成盗窃罪的，根据盗窃的数额、次数、手段、危害后果等犯罪情节，综合考虑被告人缴纳罚金的能力，在一千元以上盗窃数额二倍以下决定罚金数额；没有盗窃数额或者盗窃数额无法计算的，在一千元以上十万元以下判处罚金。

4. 构成盗窃罪的，综合考虑盗窃的起因、数额、次数、手段、退赃退赔等犯罪事实、量刑情节，以及被告人的主观恶性、人身危险性、认罪悔罪表现等因素，决定缓刑的适用。

《最高人民法院、最高人民检察院、公安部、国家文物局关于办理妨害文物管理等刑事案件若干问题的意见》（公通字〔2022〕18号，2022年8月16日发布）

△(盗窃古建筑等不可移动文物未遂;故意损毁文物罪、故意损毁名胜古迹罪) 采用破坏性手段盗窃古建筑、石窟寺、石刻、壁画、近现代重要史迹和代表性建筑等不可移动文物未遂，具有下列情形之一的，应当依法追究刑事责任：

1. 针对全国重点文物保护单位、省级文物保护单位中的建筑构件、壁画、雕塑、石刻等实施盗窃，损害文物本体历史、艺术、科学价值，情节严重的；

2. 以被确定为市、县级以上文物保护单位整体为盗窃目标的；

3. 造成市、县级以上文物保护单位的不可移动文物本体损毁的；

4. 针对不可移动文物中的建筑构件、壁画、雕塑、石刻等实施盗窃，所涉部分具有等同于三级以上文物历史、艺术、科学价值的；

5. 其他情节严重的情形。

实施前款规定的行为，同时构成刑法第三百二十四条第一款、第二款规定的故意损毁文物罪、故意损毁名胜古迹罪的，依照处罚较重的规定定罪处罚。

△(涉案文物的认定和鉴定评估) 对案件涉及的文物等级、类别、价值等专门性问题，如是否属于古文化遗址、古墓葬、古建筑、石窟寺、石刻、壁画、近现代重要史迹和代表性建筑等不可移动文物，是否具有历史、艺术、科学价值，是否属于各级文物保护单位，是否属于珍贵文物，以及有关行为对文物造成的损毁程度和对文物价值造成的影响等，案发前文物行政部门已作认定的，可以直接对有关案件事实作出认定；案发前未作认定的，可以结合国务院文物行政部门指定的机构出具的《涉案文物鉴定评估报告》作出认定，必要时，办案机关可以依法提请文物行政部门对有关问题作出认定。《涉案文物鉴定评估报告》应当依照《涉案文物鉴定评估管理办法》（文物博发〔2018〕4号）规定的程序和格式文本出具。

△(**文物犯罪案件管辖；并案处理**)文物犯罪案件一般由犯罪地的公安机关管辖，包括犯罪的预谋地、工具准备地、勘探地、盗掘地、盗窃地、途经地、交易地、倒卖信息发布地、出口(境)地、涉案不可移动文物的所在地、涉案文物的实际取得地、藏匿地、转移地、加工地、储存地、销售地等。多个公安机关都有权立案侦查的文物犯罪案件，由主要犯罪地公安机关立案侦查。

具有下列情形之一的，有关公安机关可以在其职责范围内并案处理：

(1)一人犯数罪的；

(2)共同犯罪的；

(3)共同犯罪的犯罪嫌疑人还实施其他犯罪；

(4)三人以上时分时合，交叉结伙作案的；

(5)多个犯罪嫌疑人实施的盗掘、盗窃、倒卖、掩饰、隐瞒、走私等犯罪存在直接关联，或者形成多层级犯罪链条，并案处理有利于查明案件事实的。

△(**主犯**)要着眼出资、勘探、盗掘、盗窃、倒卖、收赃、走私等整个文物犯罪网络开展打击，深挖幕后金主，斩断文物犯罪链条，对虽未具体参与实施有关犯罪实行行为，但作为幕后纠集、组织、指挥、筹划、出资、教唆者，在共同犯罪中起主要作用的，可以依法认定为主犯。

△(**酌情从重处罚**)对曾因文物违法犯罪而受过行政处罚或者被追究刑事责任、多次实施文物违法犯罪行为，以及国家工作人员实施本意见规定相关犯罪行为的，可以酌情从重处罚。

△(**自首、立功、认罪认罚从宽等制度**)正确运用自首、立功、认罪认罚从宽等制度，充分发挥刑罚的惩治和预防功能。对积极退回或协助追回文物，协助抓捕其他文物犯罪嫌疑人，以及提供重要线索，对侦破、查明其他重大文物犯罪案件起关键作用的，依法从宽处理。

△(**行刑衔接**)人民法院、人民检察院、公安机关应当加强与文物行政等部门的沟通协调，强化行刑衔接及时移交。对不构成犯罪的案件，依据有关规定及时移交。公安机关依法扣押的国家禁止经营的文物，经审查与案件无关的，应当交由文物行政等有关部门依法予以处理。文物行政等部门在查办案件中，发现涉嫌构成犯罪的案件，依据有关规定及时向公安机关移送。

《最高人民法院、最高人民检察院、公安部关于办理医保骗保刑事案件若干问题的指导意见》(法发〔2024〕6号，2024年2月28日发布)

△(**盗窃他人医疗保障凭证并盗刷；盗窃罪**)盗窃他人医疗保障凭证(社会保障卡等)，并盗刷个人医保账户资金，依照刑法第二百六十四条的规定，以盗窃罪定罪处罚。(§8Ⅱ)

△(**财产刑；经济制裁**)依法用足用好财产刑，加大罚金、没收财产力度，提高医保骗保犯罪成本，从经济上严厉制裁犯罪分子。要综合考虑犯罪数额、退赃退赔、认罪认罚等情节决定罚金数额。(§14)

△(**追缴等值财产或者混合财产中的等值部分**)对行为人实施医保骗保犯罪所得一切财物，应当依法追缴或者责令退赔。确有证据证明确存在依法应当追缴的财产，但无法查明去向，或者价值灭失，或者与其他合法财产混合且不可分割的，可以追缴等值财产或者混合财产中的等值部分。等值财产的追缴数额限于依法查明应当追缴违法所得数额，对已经追缴或者退赔的部分应予扣除。

对于证明前款各种情形的证据，应当及时调取。(§21)

《全国法院毒品案件审判工作会议纪要》(法〔2023〕108号，2023年6月26日发布)

△(**盗窃、抢夺或者抢劫毒品**)盗窃、抢夺或者抢劫毒品，构成盗窃罪、抢夺罪或者抢劫罪的，根据情节轻重依法量刑。盗窃、抢夺或者抢劫毒品后实施贩卖毒品等毒品犯罪的，依法数罪并罚。

【**指导性案例**】

最高人民法院指导性案例第27号：臧进泉等盗窃、诈骗案(2014年6月23日发布)

△(**诱骗他人点击虚假链接；盗窃罪**)行为人利用信息网络，诱骗他人点击虚假链接而实际通过预先植入的计算机程序窃取财物构成犯罪的，以盗窃罪定罪处罚；虚构可供交易的商品或者服务，欺骗他人点击付款链接而骗取财物构成犯罪的，以诈骗罪定罪处罚。

最高人民检察院指导性案例第17号：陈邓昌抢劫、盗窃，付志强盗窃案(2014年9月10日发布)

△(**入户盗窃；入户抢劫**)对于入户盗窃，因被发现而当场使用暴力或者以暴力相威胁的行为，应当认定为"入户抢劫"。

最高人民检察院指导性案例第37号：张四毛盗窃案(2017年10月12日发布)

△(**盗窃；网络域名；财产属性；域名价值**)网络域名具备法律意义上的财产属性，盗窃网络域名可以认定为盗窃行为。

最高人民检察院指导性案例第209号：朱某涉嫌盗窃不批捕复议复核案(2024年4月23日发布)

△(盗窃罪;多次盗窃;情节显著轻微;不批捕复议复核)行为人虽然"多次盗窃",但根据行为的客观危害、情节与行为人的主观恶性等综合考量,不具有严重社会危害性,不应受刑罚处罚的,属于情节显著轻微危害不大,不认为是犯罪,人民检察院应当依法作出不批捕决定。对复议复核案件,人民检察院应当开展实质审查,对复议案件,还应当另行指派检察官办理。

【公报案例】

余刚等四人盗窃案(《最高人民法院公报》2005年第8期)

△(利用病毒程序盗取他人网上银行存款;盗窃罪)根据《刑法》第二百六十四条的规定,被告人利用编写、传播病毒程序在网上截取他人的银行账号、密码,窃取或实际控制他人网上银行账户内存款的行为,构成盗窃罪。

韦国权盗窃案(《最高人民法院公报》2006年第4期)

△(机动车;遗忘物;盗窃罪)机动车为具有特殊属性的物,所有权人必须以所有权凭证来主张自己的所有权。在办理过户登记手续后,才发生所有权的转移。同时,机动车牌号登记制度也进一步增强了所有人或占有人对车辆的控制力。因此,即使机动车所有人或者占有人在离开车辆时忘记关闭车窗、车灯,将车钥匙忘记在车上,也不能认定其完全丧失对车辆的控制,并由此推定该机动车属于遗忘物。在此情形下,行为人出于非法占有的目的,以秘密窃取的方式取得该机动车辆的,应当以盗窃罪定罪处罚。

孟加、何立康网络盗窃案(《最高人民法院公报》2006年第11期)

△(通过网络实施的虚拟行为)行为人通过网络实施的虚拟行为如果对现实生活中所保护的客体造成危害构成犯罪的,应当受刑罚惩罚。

孟加、何立康网络盗窃案(《最高人民法院公报》2006年第11期)

△(秘密窃取网络环境中的虚拟财产;盗窃数额)秘密窃取网络环境中的虚拟财产构成盗窃罪的,应当按该虚拟财产在现实生活中对应的实际财产遭受损失的数额确定盗窃数额。虚拟财产在现实生活中对应的财产数额,可以通过该虚拟财产在现实生活中的实际交易价格来确定。①

孟加、何立康网络盗窃案(《最高人民法院公报》2006年第11期)

△(盗窃既遂)盗窃罪的犯罪对象是种类繁多的公私财物,盗窃公私财物的种类不同,认定盗窃既遂、未遂的方法就会不同。② 审判实践中,不存在唯一的具体案件盗窃未遂认定标准,应当根据《刑法》第二十三条规定的"着手实行犯罪"、犯罪"未得逞"、犯罪未得逞是"由于犯罪分子意志以外的原因"三个条件,结合盗窃财物种类等具体情况,认定盗窃犯罪行为是否未遂。行为人在网络中盗窃他人的虚拟财产,只要盗窃行为已实现了非法占有该虚拟财产在现实生活中所对应的被害人财产,理当认定为犯罪既遂。至于行为人是否对赃物作

---

① 我国学者指出,对于虚拟财产的数额,应按虚拟财产与法益主体的不同类型分别判断:(1)对于用户从网络服务商或者第三者购买的价格相对稳定、价值不因用户行为而产生变化的虚拟财产(如Q币、游戏币等),应按照网络服务商的官方价格计算财产价值(而非行为人的销赃数额);(2)对于用户从网络服务商或第三者购买的,经过加工后使之升级的虚拟财产(如游戏装备),可以按照市场等价物确定(不排除按官方价格认定);(3)对于网络服务商赠与而被行为人盗窃的虚拟财产,如果数额较大(可以按照官方价格认定)或者其他成立犯罪所必需的条件(如多次盗窃虚拟财产)的前提下,按情节量刑而不按数额量刑(综合考量行为的次数、持续的时间、非法获取虚拟财产的种类与数量、销赃数额等),但原则上应尽可能地避免使用情节特别严重的法定刑。参见张明楷:《刑法学》(第6版),法律出版社2021年版,第1255—1256页。

② 黄京平教授认为,盗窃罪是结果犯,应以给公私财物所有权造成直接损失结果为构成要件齐备的标准。以财物的所有人或持有人失去对被盗物的控制作为既遂的标准,符合盗窃罪既遂的本质特征。参见高铭暄、马克昌主编:《刑法学》(第7版),北京大学出版社、高等教育出版社2016年版,第502—503页。

另有学者主张控制说作为既遂的标准。对某种行为是否被科刑罚处罚,不能仅仅看该行为是否侵害了法益,还必须遵循罪刑法定原则的要求。盗窃罪,从其内部构成来看,是由破坏他人占有之后,建立新的占有而成立。并且,对控制的意义应作实质性的理解,即行为人在事实上能够控制该财物。实际控制的具体认定,应根据行为当时的事实,从一般社会观念进行判断。参见黎宏:《刑法学各论》(第2版),法律出版社2016年版,第324—325页;张明楷:《刑法学》(第6版),法律出版社2021年版,第1257—1258页。

刘志伟教授则坚持"失控加控制说"的标准。构成盗窃既遂的法定结果,既可以说是发生于行为人非法占有了他人财物的结果,也可以说是财物所有人或保管人对其财物失去了控制或者财物所有人或保管人的财产遭受了损失。参见赵秉志、李希慧主编:《刑法各论》(第3版),中国人民大学出版社2016年版,第248页。

亦有学者认为,盗窃罪既遂的认定以取得说为原则,在取得说不能适用时,可考虑采用失控说。至于具体案件中盗窃既遂与否,应当结合财物的性质、形状、他人占有财物的状态、盗窃行为的态样与社会生活的一般见解作个别考察:(1)对容量大、搬出较为困难的财物,一般以搬出时为既遂;(2)对形状较小、容易搬动的财物,接触财物并控制后即告既遂。参见周光权:《刑法各论》(第4版),中国人民大学出版社2021年版,第138页。

出最终处理,以及被害人事后是否追回该虚拟财产,均与行为人已完成的犯罪形态无关。

杨志成盗窃案(《最高人民法院公报》2008年第11期)

△(职务侵占罪;利用职务上的便利;盗窃罪)根据《刑法》第二百七十一条关于职务侵占罪的规定,所谓"利用职务上的便利",是指行为人在实施犯罪时,利用自身的职权,或者利用自身因执行职务而获取的主管、管理、经手本单位财物的便利条件。这里的"主管",是指行为人在一定范围内拥有调配、处置本单位财产的权力;所谓"管理",是指行为人对本单位财物直接负有保管、处理、使用的职责,亦即对本单位财产具有一定的处分权;所谓"经手",是指行为人虽然不负有主管或者管理本单位财物的职责,但因工作需要而在特定的时间、空间内实际控制本单位的财物。因此,利用职务侵占罪,就必然要求行为人在非法占有本单位财物时,以其本人职务范围内的权限、职责为基础,利用其对本单位财物具有一定的主管、管理或者经手的职责,在实际支配、控制、处置本单位财物时实施非法占有行为。如果行为人仅仅是在自身工作中易于接触他人主管、管理、经手的本单位财物,或者熟悉作案环境,而利用上述工作中形成的便利条件秘密窃取本单位的财物,则不属于"利用职务上的便利",应依照《刑法》第二百六十四条的规定,以盗窃罪定罪处罚。

崔勇、仇国宾、张志国盗窃案(《最高人民法院公报》2011年第9期)

△(通过挂失、补卡等手段将银行卡内租用人的存款取出并占为己有;盗窃罪)行为人将银行卡出租给他人使用,租用人更改银行卡密码后,因使用不慎,银行卡被ATM机吞掉。行为人出于非法占有的目的,利用租用人请求其帮助取卡之机,在租用人掌握密码并实际占有、控制银行卡内存款的情况下,通过挂失、补卡等手段将银行卡内租用人的存款取出并占为己有,其行为属于秘密窃取他人财物,应以盗窃罪定罪处罚。

【参考案例】

No. 5-263-123 夏洪生抢劫、破坏电力设备案

以破坏性手段盗窃正在使用的电力设备的,应以破坏电力设备罪与盗窃罪择一重罪处断。在

选择何者为重罪时,应当以可能判处的宣告刑进行比较。

No. 5-263-141 秦电志故意杀人、故意伤害、放火、抢劫、盗窃案

抢劫罪的成立要求暴力行为与取财之间应存在因果关系,杀死被害人后临时起意拿走被害人财物的,应以盗窃罪论处。

No. 5-264-4 沈某某盗窃案

对盗窃的财物存在重大认识错误,严重低估财物价值,不应按被盗窃物的实际价值定罪处罚,而应依行为人主观认知的财物价值认定。①

No. 5-264-8 薛佩军等盗窃案

盗窃毒品等违禁品的,应以情节轻重作为定罪量刑的主要依据,违禁品的种类、数量是判断情节轻重的主要依据。

No. 5-264-10 朱影盗窃案

以非法占有为目的,利用虚构事实的方法引诱他人取出财物,而后以调包的手段将财物秘密窃取的,应以盗窃罪论处。

No. 5-264-11 马俊等盗窃、隐瞒犯罪所得案

未与盗窃犯通谋,事后出资收购赃物的,不构成盗窃罪的共犯,应以隐瞒犯罪所得论处。

No. 5-264-12 钱炳良盗窃案

非法侵入他人股票账户,利用窃取的账号、密码与自己的股票账户进行交易非法牟利的,应以盗窃罪论处。

No. 5-264-13 钱炳良盗窃案

对于非法侵入他人股票账户,利用窃取的账号、密码与自己的股票账户进行交易非法牟利的,应将获利数额认定为盗窃数额。

No. 5-264-14 陈家鸣等盗窃、销赃案

事前与盗窃犯通谋,虽未参与盗窃,但事后参与销赃的,应以盗窃罪的共犯论处。

No. 5-264-16 康金东盗窃案

利用熟悉工作环境或工作条件的便利,采用侵占、窃取、骗取或其他手段,将单位财物非法据为己有,数额较大的,不构成职务侵占罪,应以盗窃罪论处。

No. 5-264-17 康金东盗窃案

以欺骗方式取得他人财物的保管权,而后秘密窃取代为保管的财物,数额较大的,应以盗窃罪论处。

---

① 我国学者指出,就普通盗窃而言,除要求行为人认识到自己所窃取的是他人占有的财物外,盗窃故意还要求行为人认识到自己窃取的财物数额较大。行为人将数额较大、巨大乃至特别巨大的财物误以为是价值微薄的财物而加以窃取,又不属于多次盗窃、入户盗窃、携带凶器盗窃、扒窃,不应认定为盗窃罪。参见张明楷:《刑法学》(第6版),法律出版社2021年版,第1247页。

No.5-264-20　高金有盗窃案

非国家工作人员与国家工作人员相勾结，利用国家工作人员提供的便利条件，窃取国家工作人员与其他国家工作人员共同保管的财物的，对非国家工作人员应以盗窃罪论处。

No.5-264-21　刘作友等人盗窃案

骗取持卡人的银行卡及其密码后，未经持卡人知晓而取款的，不构成诈骗罪，应以盗窃罪论处。

No.5-264-22　申宇盗窃案

在盗窃案件中，没有取得财物的完全控制，应以盗窃未遂论处。

No.5-264-23　程少杰盗窃、传授犯罪方法案

明确以数额特别巨大之财物作为目标，即使未能窃得财物或实际窃得的财物价值不大的，也应认定为"数额特别巨大"，但应认定成立盗窃未遂，适用未遂的相关规定。

No.5-264-25　黄磊等盗窃案

利用对环境熟悉的便利条件，窃取本单位财物的，不构成职务侵占罪，应以盗窃罪论处。

No.5-264-26　梁四海盗窃案

采取自认为隐蔽的方式使财物脱离所有人、保管人的有效控制，而置于本人的控制之下的，属于盗窃罪的秘密窃取方式之一，构成盗窃罪。

No.5-264-27　孙莹等盗窃案

骗用他人手机，乘机占为己有的，应以盗窃罪论处。

No.5-264-28　李志良等诈骗案

以欺骗手段令他人交出财物后，采取调包的方式将财物秘密窃取的，应以盗窃罪论处。

No.5-264-30　阮玉玲盗窃案

在公共场所拾取他人遗忘物，事后予以返还的，不构成犯罪。

No.5-264-31　杨光炎盗窃案

以勒索财物为目的，秘密窃取财物后，以所窃财物作为交换条件，向被害人索取钱财，符合盗窃罪和敲诈勒索罪构成特征的，应按照牵连犯的处理原则，从一重罪判断。

No.5-264-32　曾智峰等侵犯通信自由案

盗卖他人即时通讯软件用户号码，不构成盗窃罪，情节严重的，应以侵犯通信自由罪论处。

No.5-264-36　肖明明故意杀人案

在盗窃过程中被人发现，为灭口而杀害被害人的，应当以故意杀人罪论处；以数额巨大的财物或者国家珍贵文物等为盗窃对象的，应以盗窃罪和故意杀人罪实行并罚，不能以抢劫罪和故意杀人罪并罚。

No.5-264-38　王彬故意伤害案

盗取自己被公安机关依法查扣的机动车辆的，不构成盗窃罪[①]；为排除妨碍而实施暴力致人伤亡的，不构成转化型抢劫罪，应认定为故意杀人罪或者故意伤害罪。

No.5-264-40　孔庆涛盗窃案

窃取他人股票账户号码、密码后侵入该账户，利用该账户与自己或第三人的股票账户进行交易并从中牟利的，应以盗窃罪论处。

No.5-264-41　孔庆涛盗窃案

盗取他人股票账户号码、密码并利用该账户与第三人交易非法牟利的，其交易数额应以行为人在股票交易中获利的金额认定，被害单位被盗用的资金数额及其损失金额可作为量刑情节考虑。

No.5-264-42　郝景文等盗窃案

非法侵入银行计算机系统，将银行资金划入自己或他人账户，而后到储蓄所提取现金的，应以盗窃罪论处。

No.5-264-44　许霆盗窃案

利用自动取款机故障，取出超过账户余额的钱款而不如实扣账的，成立盗窃罪。

No.5-264-45　范军盗窃案

秘密窃取他人财物，事后留言表明自己身份并表示日后归还的，应以盗窃罪论处。

No.5-264-46　范军盗窃案

利用担任私营企业财务人员的工作便利，窃取企业财物的，不构成职务侵占罪，应以盗窃罪论处。

No.5-264-47　韦国权盗窃案

以非法占有为目的，私自开走他人忘记锁闭的机动车辆的，应以盗窃罪论处。

No.5-264-48　陈建伍盗窃案

邮政局工作人员利用其对邮局储蓄资金存放环境的熟悉以及其他邮局工作人员对其身份的信任，窃取邮政储蓄资金，数额较大的，不构成职务侵占罪，应以盗窃罪论处。

No.5-264-49　陈建伍盗窃案

盗窃邮政局金库内存放的邮政储蓄资金的，应认定为盗窃金融机构。

No.5-264-50　罗忠兰盗窃案

将消费者遗留在娱乐场所包厢内的财物，非

[①] 我国学者指出，本人财物在特殊情形下可以成为盗窃客体，但还需要看事后有无索赔行为。参见陈兴良：《判例刑法学》（教学版），中国人民大学出版社2012年版，第273—274页。另有学者指出，事后的索赔行为是新的诈骗行为，不能将新的诈骗行为及其非法占有目的作为前一盗窃罪的非法占有目的内容。否则，即意味着非法占有目的能够产生于盗窃既遂之后。参见张明楷：《刑法学》（第6版），法律出版社2021年版，第1251页。

法占为己有的,应以盗窃罪论处。

No.5-264-51　张泽容等盗窃案

盗窃他人定期存单并冒名从银行取款,数额较大的,应以盗窃罪论处。

No.5-264-52　赵某盗窃案

轮流值班管理公司服务台现金的收银员,在自己当值期间私配服务台现金抽屉的钥匙,在他人值班期间侵占服务台现金,不构成职务侵占罪,应以盗窃罪论处。

No.5-264-53　孟动等盗窃案

盗窃网络虚拟财产的,其数额认定应参照被害人的实际财产损失,而不能将销赃金额认定为盗窃数额。

No.5-264-57　林志飞盗窃案

虚构事实,欺骗他人使其拿走第三人财物的,不构成诈骗罪,应以盗窃罪论处。

No.5-264-59　杨聪慧等盗窃案

以敲诈钱财为目的,盗窃机动车号牌的,属于敲诈勒索罪与盗窃罪的牵连犯,应从一重罪判断;未能敲诈到钱财而将车牌随意丢弃的,应以盗窃罪论处。

No.5-264-60　程稚瀚盗窃案

非法侵入移动公司充值中心修改充值卡数据,并将充值卡明文密码出售的,属于将电信卡非法充值后使用,应以盗窃罪论处。

No.5-264-61　许赞良、汤焯杰盗窃案

电信公司内部免费宽带账号具有财产价值,非法获取并转卖的构成侵犯财产类犯罪。

No.5-264-62　许赞良、汤焯杰盗窃案

利用维修网络的工作便利获取电信宽带账号,没有利用职务上的便利,应认定为盗窃罪。

No.5-264-64　李春旺盗窃案

在地方指导性意见对入户盗窃和普通盗窃设置了不同量刑标准的情况下,入户盗窃信用卡后所取款项数额,应当计入入户盗窃的数额之中。

No.5-264-66　崔勇、仇国宾、张志国盗窃案

以非法占有为目的,通过挂失、补卡等手段将银行卡内租用人的存款取出并占为己有,符合转移占有和秘密窃取的基本特征的,应以盗窃罪论处。

No.5-264-68　孙伟勇盗窃案

将借用的他人之物用于质押,得款后又从质押权人处窃回的,应以盗窃罪论处。

No.5-264-69　何伟城等盗窃案

交通协管员为他人代办违章罚款业务收取他人财物后,盗用他人警号非法处理违章记录的行为,将收取的罚款据为己有的,侵犯了国家公共财产权,构成盗窃罪。

No.5-264-71　梁伟盗窃案

可以兑换成现金的网站积分属于盗窃罪的犯罪对象。行为人利用网站系统漏洞兑换积分并取现的行为构成盗窃罪。

No.5-264-72　王克辉、陈利等盗窃案

网吧管理员与黑客内外勾结向服务器计费系统植入木马程序修改计费数据窃取多余钱款的行为,虽然利用了职务便利,仍然应以盗窃罪定罪处罚。

No.5-264-73　张益、高华盗窃案

单位保安只拥有概括的保护本单位财产安全的义务或只处于占有辅助人地位时,其窃取本单位财物的行为,应成立盗窃罪,而非职务侵占罪。

No.5-264-76　邓玮铭盗窃案

利用第三方支付平台的网络系统故障无偿获取游戏点数,造成他人损失数额较大的行为,应以盗窃罪论处。

No.5-264-77　邓玮铭盗窃案

网络虚拟财产的价值可以参照网络运营商对互联网财产的定价方法计算。

No.5-264-80　陈某盗窃案

窃取密保卡数据非法充值,导致相应的服务资费损失,应认定成立盗窃罪。

No.5-264-81　陈某盗窃案

窃取密保卡信息并充值,盗窃行为既已达到既遂,数额应当以实际充值的数额计算。

No.5-264-82　汪李芳盗窃案

盗窃罪数额计算应当贯彻实事求是与存疑有利于被告人的原则,在被害单位存在返利的情况下,返利应当从盗窃罪数额中扣除。

No.5-264-83　廖承龙、张文清盗窃案

行为人帮助他人盗回自己公司经营的财物,应认定为盗窃罪的帮助犯。

No.5-264-84　饶继军等盗窃案

盗窃金砂加工成黄金后销赃的,盗窃数额应当以所盗金砂的价值计算。

No.5-264-85　李鹏盗窃案

对于智力处于边缘水平的行为人,应当结合其作案动机、作案后表现、社会适应能力、犯罪性质以及有无前科行为等方面综合判断其刑事责任能力。

No.5-264-87　关盛艺盗窃案

出于实现债权的目的,误将非债务人的财物作为债务人的予以盗窃的,不能否认非法占有的目的,成立盗窃罪。

No.5-264-88　熊海涛盗窃案

明知未成年人盗卖自己或他人家中财物而仍予以帮助并上门收购的,成立盗窃罪。

No.5-264-92　花荣盗窃案

入户盗窃行为中仍以是否实际取财为既遂标准，盗窃过程受到监视并不影响盗窃既遂的成立。

No.5-264-93　张万盗窃案

盗窃罪中数额巨大与减半认定情节并存时，应当根据数额巨大标准确定刑格，减半认定情节作为酌定情节加以考虑。

No.5-264-94　巫建福盗窃案

"入户盗窃"作为入罪标准，并非仅由犯罪对象的客观价值决定。利用"入户盗窃"的车钥匙盗窃"户"外摩托车的行为是盗窃的一行为。入户盗窃摩托车钥匙，其后利用车钥匙窃取"户"外摩托车的行为，属于"入户盗窃"。

No.5-264-98　蒲长才盗窃案

对于非数额型盗窃行为，即使有明确的盗窃数额，但如果盗窃数额较小（未达到数额犯入罪标准的），也应按照"没有盗窃数额或者盗窃数额无法计算"之规定，在1000元以上10万元以下判处罚金。

No.5-264-99　马贺飞盗窃案

轻罪案件应用好用足认罪认罚从宽制度，充分发挥刑罚的教育矫治功能。

No.5-264-100　张金福盗窃案

扒窃的对象"随身携带物品"需与失主身体紧密接触，针对被害人身边未与身体紧密接触的财物实施盗窃，仅成立普通盗窃。

No.5-266-20　臧进泉等盗窃、诈骗案

网络钓鱼案件中，区分盗窃与诈骗的关键在于被害人有无财产处分意识。被告人植入虚假链接骗取被害人货款的，构成诈骗罪；被告人植入与被害人处分意识不同的链接取得财物的，构成盗窃罪。

No.5-271-21　谌升炎侵占案

利用工作上的便利，将本单位工作场所内他人遗落的财物秘密占为己有的，应以盗窃罪论处。

第二百六十五条　【盗窃罪】

以牟利为目的，盗接他人通信线路、复制他人电信码号或者明知是盗接、复制的电信设备、设施而使用的，依照本法第二百六十四条的规定定罪处罚。

【条文说明】

本条是关于盗接他人通信线路、复制他人电信码号以及明知而使用行为的定罪处罚规定。

本条对盗用电信码号、非法并机的犯罪行为作了专门规定。这里所说的"**盗接**"，是指以牟利为目的，未经权利人的许可，采取秘密的方法连接他人的通信线路，无偿使用或者转给他人使用，从而给权利人造成较大损失的行为。"**复制他人电信码号**"主要是指以牟利为目的，取得他人的电信码号后，非法加以复制，无偿使用或者非法出租、出借、转让的行为。这里所说的"**电信码号**"是广义的，包括电话磁卡、长途电话帐号和移动通信码号，如移动电话的出厂号码、电话号码、用户密码。"**电信设备、设施**"主要是指交换机、电话机、通信线路等。盗窃罪的对象为公私财物，本条犯罪针对的对象实质上是一种财产性权益，将这种财产性利益规定为盗窃罪的犯罪对象，是立法上的一种突破。

构成本罪，必须符合以下三个条件：（1）行为人主观上必须以**牟利为目的**，这种牟利是广义的，包括出租、出卖获取利润等行为，也包括无偿使用节省支出等牟取非法经济利益的行为。对于不具有牟利目的的行为，不适用本条。例如，为获得他人通信秘密而盗接他人通信线路、复制他人电信码号；违反规定，个人自行并用移动电话等。（2）行为人必须具有**盗接他人通信线路、复制他人电信码号或者明知是盗接、盗窃复制的电信设备、设施而使用的行为之一**，才可能构成本罪，如果行为人不知道自己使用的通信设备是盗接或者盗窃复制的，不构成犯罪。（3）盗用他人长途电话帐号、移动电话码号造成的经济损失，**必须达到数额较大**，才能构成本罪。根据2013年《最高人民法院、最高人民检察院关于办理盗窃刑事案件适用法律若干问题的解释》第四条的规定，盗接他人通信线路、复制他人电信码号出售的，按照销赃数额认定盗窃数额；明知是盗接他人通信线路、复制他人电信码号的电信设备、设施而使用的，按照合法用户为其支付的费用认定盗窃数额；无法直接确认的，以合法用户的电信设备、设施被盗接、复制后的月缴费额减去被盗接、复制前六个月的月均电话费推算盗窃数额；合法用户使用电信设备、设施不足六个月的，按照实际使用的月均电话费推算盗窃数额。

根据本条规定，以牟利为目的盗接他人通信线路、复制他人电信码号或者明知是盗接、复制的电信设备、设施而使用的，处三年以下有期徒刑、拘役或者管制，并处或者单处罚金；数额巨大或者

有其他严重情节的,处三年以上十年以下有期徒刑,并处罚金;数额特别巨大或者有其他特别严重情节的,处十年以上有期徒刑或者无期徒刑,并处罚金或者没收财产。

【司法解释】

《最高人民法院、最高人民检察院关于办理盗窃刑事案件适用法律若干问题的解释》(法释〔2013〕8号,自2013年4月4日起施行)

△(盗窃数额之认定)盗窃的数额,按照下列方法认定:

......

(四)明知是盗接他人通信线路、复制他人电信码号的电信设备、设施而使用的,按照合法用户为其支付的费用认定盗窃数额;无法直接确认的,以合法用户的电信设备、设施被盗接、复制后的月缴费额减去被盗接、复制前六个月的月均电话费推算盗窃数额;合法用户使用电信设备、设施不足六个月的,按照实际使用的月均电话费推算盗窃数额;

(五)盗接他人通信线路、复制他人电信码号出售的,按照销赃数额认定盗窃数额。

盗窃行为给失主造成的损失大于盗窃数额的,损失数额可以作为量刑情节考虑。(§4)

【司法解释性文件】

《最高人民法院研究室关于盗用他人长话帐号如何定性问题的复函》①(1991年9月14日公布)

△(盗用他人长话帐号)你司8月16日函询我们对盗用他人长话帐号行为的定性意见。经研究,我们认为,这类案件一般来说符合盗窃罪的特征。但是,由于这类案件情况比较复杂,是否都追究刑事责任,还要具体案件具体分析。

第二百六十六条 【诈骗罪】

诈骗公私财物,数额较大的,处三年以下有期徒刑、拘役或者管制,并处或者单处罚金;数额巨大或者有其他严重情节的,处三年以上十年以下有期徒刑,并处罚金;数额特别巨大或者有其他特别严重情节的,处十年以上有期徒刑或者无期徒刑,并处罚金或者没收财产。本法另有规定的,依照规定。

【立法解释】

《全国人民代表大会常务委员会关于〈中华人民共和国刑法〉第二百六十六条的解释》(2014年4月24日第十二届全国人民代表大会常务委员会第八次会议通过)

△(社会保险金;其他社会保障待遇;诈骗罪)以欺诈、伪造证明材料或者其他手段骗取养老、医疗、工伤、失业、生育等社会保险金或者其他社会保障待遇的,属于刑法第二百六十六条规定的诈骗公私财物的行为。

【条文说明】

本条是关于诈骗罪及其处罚的规定。

诈骗,主要是指以非法占有为目的,用虚构事实或者隐瞒真相的方法,骗取公私财物的行为。诈骗罪具有以下特征:(1)行为人主观上是**出于故意**,并且具有非法占有公私财物的目的。(2)行为人实施了欺诈行为,包括虚构事实或者隐瞒真相②,并且这种欺诈行为使得被害人陷入错误认识,从而作出财产处置;至于诈骗的财物是归自己挥霍享用,还是转归第三人,不影响本罪的成立。(3)诈骗公私财物**数额较大**才能构成犯罪;诈骗罪不限于骗取实体财物,还包括骗取无形物与财产性利益。

根据本条规定,诈骗公私财物,数额较大的,处三年以下有期徒刑、拘役或者管制,并处或者单处罚金;数额巨大或者有其他严重情节的,处三年以上十年以下有期徒刑,并处罚金;数额特别巨大或者有其他特别严重情节的,处十年以上有期徒刑或者无期徒刑,并处罚金或者没收财产。在司法实践中,2011年4月8日起施行的《最高人民法院、最高人民检察院关于办理诈骗刑事案件具体应用法律若干问题的解释》第一条

---

① 关于系争司法解释性文件的适用效力,可参照《最高人民法院关于认真学习宣传贯彻修订的〈中华人民共和国刑法〉的通知》(法发〔1997〕3号,1997年3月25日公布)第五条之规定。

② 我国学者将诈骗手段概括为虚构事实及隐瞒真相两种。参见高铭暄、马克昌主编:《刑法学》(第7版),北京大学出版社、高等教育出版社2016年版,第504页;黎宏:《刑法学各论》(第2版),法律出版社2016年版,第319页;明明楷:《刑法学》(第6版),法律出版社2021年版,第1303页。

规定:"诈骗公私财物价值三千元至一万元以上、三万元至十万元以上、五十万元以上的,应当分别认定为刑法第二百六十六条规定的'**数额较大**'、'**数额巨大**'、'**数额特别巨大**'。各省、自治区、直辖市高级人民法院、人民检察院可以结合本地区经济社会发展状况,在前款规定的数额幅度内,共同研究确定本地区执行的具体数额标准,报最高人民法院、最高人民检察院备案。"同时,司法解释还规定了**诈骗罪的从重情节**,规定达到数额标准且具有下列情形之一的,可以酌情从严惩处:(1)通过发送短信、拨打电话或者利用互联网、广播电视、报纸杂志等发布虚假信息,对不特定多数人实施诈骗的;(2)诈骗救灾、抢险、防汛、优抚、扶贫、移民、救济、医疗款物的;(3)以赈灾募捐名义实施诈骗的;(4)诈骗残疾人、老年人或者丧失劳动能力人的财物的;(5)造成被害人自杀、精神失常或者其他严重后果的。

近年来,利用通讯工具、互联网等技术手段实施的电信网络诈骗犯罪活动持续高发,侵犯公民个人信息,扰乱无线电通讯管理秩序,掩饰、隐瞒犯罪所得,犯罪活动处于上游关联犯罪不断蔓延。此类犯罪严重侵害人民群众财产安全和其他合法权益,严重干扰电信网络秩序,严重破坏社会诚信,严重影响人民群众安全感和社会和谐稳定,社会危害性大,人民群众反映强烈。2016年12月20日实施的《最高人民法院、最高人民检察院、公安部关于办理电信网络诈骗等刑事案件适用法律若干问题的意见》对**电信网络诈骗**的认定、处罚标准以及关联犯罪的适用问题作了详细规定。根据该解释的规定,实施电信网络诈骗犯罪,达到相应数额标准,具有下列情形之一的属于其他严重情节:(1)造成被害人或其近亲属自杀、死亡或者精神失常等严重后果的;(2)冒充司法机关等国家机关工作人员实施诈骗的;(3)组织、指挥电信网络诈骗犯罪团伙的;(4)在境外实施电信网络诈骗的;(5)曾因电信网络诈骗犯罪受过刑事处罚或者二年内曾因电信网络诈骗受过行政处罚的;(6)诈骗残疾人、老年人、未成年人、在校学生、丧失劳动能力人的财物,或者诈骗重病患者及其亲属财物的;(7)诈骗救灾、抢险、防汛、优抚、扶贫、移民、救济、医疗等款物的;(8)以赈灾、募捐等社会公益、慈善名义实施诈骗的;(9)利用电话追呼系统等技术手段严重干扰公安机关或部门工作的;(10)利用"钓鱼网站"链接、"木马"程序链接、网络渗透等隐蔽技术手段实施诈骗的。该解释还规定,对实施电信网络诈骗犯罪的被告人,应当严格控制适用缓刑的范围和条件,并更加注重依法适用财产刑,加大经济上的惩罚力度,最大限度剥夺被告人再犯的能力。

本条所说的"**本法另有规定的**",是指刑法对某些特定的诈骗犯罪专门作了具体规定,如分则第三章第五节规定的金融诈骗罪、第二百零四条规定的骗取出口退税罪、第二百二十四条规定的合同诈骗罪等,对这些诈骗犯罪一般应当适用这些专门的规定,不适用本条规定。

需要特别说明的是,2014年4月24日通过的《全国人民代表大会常务委员会关于〈中华人民共和国刑法〉第二百六十六条的解释》对以欺诈、伪造证明材料或者其他手段骗取养老、医疗、工伤、失业、生育等社会保险金或者其他社会保障待遇的,明确适用本条规定。全国人大常委会作出这一法律解释的背景是:近年来,骗取养老、医疗、工伤、失业、生育等社会保险金或者其他社会保险待遇的情况时有发生,有的地方甚至出现有组织地骗取社会保险金或者其他社会保险待遇的行为。司法实践中对于这类违法犯罪行为如何适用法律认识不一致,有的按诈骗罪追究刑事责任,有的给予行政处分,有的在追回社会保险金或者待遇后不予处理。社会保险资金的安全,关系到全体人民福祉和社会的和谐稳定。《社会保险法》在"法律责任"一章中对以欺诈、伪造证明材料或者其他手段骗取社会保险金或其他社会保险待遇的,规定了行政处罚的内容,规定构成犯罪的,依法追究刑事责任。全国人大常委会经研究认为,上述行为,从性质上讲,与刑法规定的诈骗公私财物的行为是相同的,具有较大的社会危害性,对于构成犯罪的,应当依法追究刑事责任。为明确对骗取社会保险金或其他社会保险待遇行为的法律适用,2014年4月24日第十二届全国人大常委会第八次会议通过了关于本条的解释,即行为人**以欺诈、伪造证明材料或者其他手段骗取养老、医疗、工伤、失业、生育等社会保险金或者其他社会保险待遇的行为,属于《刑法》第二百六十六条规定的诈骗公私财物的行为**。

实践中需要注意以下几个方面的问题:

1. 要注意区分本罪与**普通债务纠纷**,尤其是民间借贷纠纷的界限。二者的根本区别在于后者不具有非法占有他人财物的目的,只是由于客观原因或者情况的变化,一时无法偿还。诈骗是以非法占有他人财物为目的,不是因为不能归还,而是根本不打算偿还。如果行为人并无非法占有公私财物的目的,即使借款时使用了一些欺骗方法,后期又一时无力偿还的,也不宜以诈骗罪处理。

2. 本罪与**招摇撞骗罪**的区别。虽然两者都使用了欺骗方法，后者也可能获得财产利益，但是招摇撞骗罪是以骗取各种非法利益为目的，冒充国家工作人员，进行招摇撞骗活动，是损害国家机关的威信、公共利益或者公民合法权益的行为，它所骗取的不仅包括财物，还包括工作、职务、地位、荣誉等，属于妨害社会管理秩序罪。当犯罪分子冒充国家工作人员骗取公私财物时，它就既侵犯了财产权利，又损害了国家机关的威信和正常活动，一般应当从一重罪处罚；如果骗取财物数额不大，却严重损害了国家机关的威信，应按招摇撞骗罪论处；反之，则定为诈骗罪。

3. 本罪与**盗窃罪**的区别。诈骗罪与盗窃罪都属于侵犯财产犯罪，但二者区别巨大，因而一般情况下区分两者之间的界限也较为容易。但是，随着互联网技术的发展和网络支付技术使用范围的日益扩大，传统侵犯财产犯罪行为随之有了新的表现形式，网络支付方式下财产案件的定性标准也愈发模糊，比如实践中出现的网络支付方式下**偷换商家二维码**案件，诈骗行为与盗窃行为有所交叉，容易对案件定性有所争议，需要对诈骗罪与盗窃罪的区别予以进一步辨析。就盗窃罪而言，秘密窃取是盗窃罪的本质特征，偷拿、暗取是其典型的手段特征，行为人和被害人之间缺乏信息沟通、交流。与此相对，诈骗罪的基本特征是被害人在行为人的欺骗之下陷入错误认识，进而行使对财物或财产性利益的支配或控制的变更权，导致财产损失。行为人欺骗行为（包括作为和不作为）和被害人之间的信息交互是诈骗罪的核心要素。基于此，前述"偷换商家二维码"案件，行为人采取秘密手段偷换了商家的收款码，导致顾客所付钱款在商家和顾客都不知情的状况下直接进入行为人账户的情形，缺乏诈骗罪所必需的有主观意识的财产处分行为，从构成要件上更符合盗窃罪的犯罪构成。

【司法解释】

《最高人民法院关于审理扰乱电信市场管理秩序案件具体应用法律若干问题的解释》（法释〔2000〕12号，自2000年5月24日起施行）

△（**以虚假、冒用的身份证件办理入网手续并使用移动电话；诈骗罪**）以虚假、冒用的身份证件办理入网手续并使用移动电话，造成电信资费损失数额较大的，依照刑法第二百六十六条的规定，以诈骗罪定罪处罚。（§9）

《最高人民法院、最高人民检察院关于办理妨害预防、控制突发传染病疫情等灾害的刑事案件具体应用法律若干问题的解释》（法释〔2003〕8号，自2003年5月15日起施行）

△（**假借研制、生产或者销售灾害用品的名义；诈骗罪**）在预防、控制突发传染病疫情等灾害期间，假借研制、生产或者销售用于预防、控制突发传染病疫情等灾害用品的名义，诈骗公私财物数额较大的，依照刑法有关诈骗罪的规定定罪，依法从重处罚。（§7）

《最高人民法院、最高人民检察院关于办理盗窃、抢劫、诈骗、抢夺机动车相关刑事案件具体应用法律若干问题的解释》（法释〔2007〕11号，自2007年5月11日起施行）

△（**事前共谋；诈骗罪的共犯**）实施本解释第一条、第二条、第三条第一款或者第三款规定①的行为，事前与盗窃、抢劫、诈骗、抢夺机动车的犯罪分子通谋的，以盗窃罪、抢劫罪、诈骗罪、抢夺罪的共犯论处。（§4）

《最高人民法院关于审理伪造货币等案件具体应用法律若干问题的解释（二）》（法释〔2010〕14号，自2010年11月3日起施行）

△（**停止流通的货币；诈骗罪**）以使用为目

---

① 《最高人民法院、最高人民检察院关于办理盗窃、抢劫、诈骗、抢夺机动车相关刑事案件具体应用法律若干问题的解释》（法释〔2007〕11号，自2007年5月11日起施行）
第一条
Ⅰ 明知是盗窃、抢劫、诈骗、抢夺的机动车，实施下列行为之一的，依照刑法第三百一十二条的规定，以掩饰、隐瞒犯罪所得、犯罪所得收益罪定罪，处三年以下有期徒刑、拘役或者管制，并处或者单处罚金：
（一）买卖、介绍买卖、典当、拍卖、抵押或者用其抵债的；
（二）拆解、拼装或者组装的；
（三）修改发动机号、车辆识别代号的；
（四）更改车身颜色或者车辆外形的；
（五）提供或者出售机动车来历凭证、整车合格证、号牌以及有关机动车的其他证明和凭证的；
（六）提供或者出售伪造、变造的机动车来历凭证、整车合格证、号牌以及有关机动车的其他证明和凭证的。
Ⅱ 实施第一款规定的行为涉及盗窃、抢劫、诈骗、抢夺的机动车五辆以上或者价值总额达到五十万元以上的，属于刑法第三百一十二条规定的"情节严重"，处三年以上七年以下有期徒刑，并处罚金。（转下页）

的,伪造停止流通的货币①,或者使用伪造的停止流通的货币的,依照刑法第二百六十六条的规定,以诈骗罪定罪处罚。(§5)

《最高人民法院、最高人民检察院关于办理诈骗刑事案件具体应用法律若干问题的解释》(法释〔2011〕7号,自2011年4月8日起施行)

△**("数额较大";"数额巨大";"数额特别巨大";具体数额标准)** 诈骗公私财物价值三千元至一万元以上、三万元至十万元以上、五十万元以上的,应当分别认定为刑法第二百六十六条规定的"数额较大"、"数额巨大"、"数额特别巨大"。

各省、自治区、直辖市高级人民法院、人民检察院可以结合本地区经济社会发展状况,在前款规定的数额幅度内,共同研究确定本地区执行的具体数额标准,报最高人民法院、最高人民检察院备案。(§1)

△**(酌情从严处罚事由;其他严重情节;其他特别严重情节)** 诈骗公私财物达到本解释第一条规定的数额标准,具有下列情形之一的,可以依照刑法第二百六十六条的规定酌情从严惩处:

(一)通过发送短信、拨打电话或者利用互联网、广播电视、报刊杂志等发布虚假信息,对不特定多数人实施诈骗的;

(二)诈骗救灾、抢险、防汛、优抚、扶贫、移民、救济、医疗款物的;

(三)以赈灾募捐名义实施诈骗的;

(四)诈骗残疾人、老年人或者丧失劳动能力人的财物的;

(五)造成被害人自杀、精神失常或者其他严重后果的。

诈骗数额接近本解释第一条规定的"数额巨大"、"数额特别巨大"的标准,并具有前款规定的情形之一或者属于诈骗集团首要分子的,应当分别认定为刑法第二百六十六条规定的"其他严重情节"、"其他特别严重情节"。(§2)

△**(不起诉或者免予刑事处罚事由)** 诈骗公私财物虽已达到本解释第一条规定的"数额较大"的标准,但具有下列情形之一,且行为人认罪、悔罪的,可以根据刑法第三十七条、刑事诉讼法第一百四十二条②的规定不起诉或者免予刑事处罚:

(一)具有法定从宽处罚情节的;

(二)一审宣判前全部退赃、退赔的;

(三)没有参与分赃或者获赃较少且不是主犯的;

(四)被害人谅解的;

(五)其他情节轻微、危害不大的。(§3)

△**(诈骗近亲属的财物;谅解;酌情从宽事由)** 诈骗近亲属的财物,近亲属谅解的,一般可不按犯罪处理。

诈骗近亲属的财物,确有追究刑事责任必要

(接上页)

第二条

Ⅰ 伪造、变造、买卖机动车行驶证、登记证书,累计三本以上的,依照刑法第二百八十条第一款的规定,以伪造、变造、买卖国家机关证件罪定罪,处三年以下有期徒刑、拘役、管制或者剥夺政治权利。

Ⅱ 伪造、变造、买卖机动车行驶证、登记证书,累计达到第一款规定数量标准五倍以上的,属于刑法第二百八十条第一款规定中的"情节严重",处三年以上十年以下有期徒刑。

第三条

Ⅰ 国家机关工作人员滥用职权,有下列情形之一,致使盗窃、抢劫、诈骗、抢夺的机动车被办理登记手续,数量达到三辆以上或者价值总额达到三十万元以上的,依照刑法第三百九十七条第一款的规定,以滥用职权罪定罪,处三年以下有期徒刑或者拘役:

(一)明知是登记手续不全或者不符合规定的机动车而办理登记手续的;

(二)指使他人为明知是登记手续不全或者不符合规定的机动车办理登记手续的;

(三)违规或者指使他人违规更改、调换车辆档案的;

(四)其他滥用职权的行为。

Ⅱ 国家机关工作人员疏于审查或者审查不严,致使盗窃、抢劫、诈骗、抢夺的机动车被办理登记手续,数量达到五辆以上或者价值总额达到五十万元以上的,依照刑法第三百九十七条第一款的规定,以玩忽职守罪定罪,处三年以下有期徒刑或者拘役。

Ⅲ 国家机关工作人员实施前两款规定的行为,致使盗窃、抢劫、诈骗、抢夺的机动车被办理登记手续,分别达到前两款规定数量、数额标准五倍以上,或者明知是盗窃、抢劫、诈骗、抢夺的机动车而办理登记手续的,属于刑法第三百九十七条第一款规定的"情节特别严重",处三年以上七年以下有期徒刑。

Ⅳ 国家机关工作人员徇私舞弊,实施上述行为,构成犯罪的,依照刑法第三百九十七条第二款的规定定罪处罚。

① 我国学者指出,以伪造为目的使造停止流通的货币的行为,并非诈骗罪的着手,而是诈骗的预备行为。参见张明楷:《刑法学》(第6版),法律出版社2021年版,第1328页。

② 2018年修正后的《刑事诉讼法》第一百七十七条。

的,具体处理也应酌情从宽。(§4)

△(诈骗未遂;其他严重情节;其他特别严重情节)诈骗未遂,以数额巨大的财物为诈骗目标的,或者具有其他严重情节的,应当定罪处罚。

利用发送短信、拨打电话、互联网等电信技术手段对不特定多数人实施诈骗,诈骗数额难以查证,但具有下列情形之一的,应当认定为刑法第二百六十六条规定的"其他严重情节",以诈骗罪(未遂)定罪处罚:

(一)发送诈骗信息五千条以上的;
(二)拨打诈骗电话五百人次以上的;
(三)诈骗手段恶劣、危害严重的。

实施前款规定行为,数量达到前款第(一)、(二)项规定标准十倍以上的,或者诈骗手段特别恶劣、危害特别严重的,应当认定为刑法第二百六十六条规定的"其他特别严重情节",以诈骗罪(未遂)定罪处罚。(§5)

△(诈骗既有既遂,又有未遂;量刑幅度)诈骗既有既遂,又有未遂,分别达到不同量刑幅度的,依照处罚较重的规定处罚;达到同一量刑幅度的,以诈骗罪既遂处罚。① (§6)

△(诈骗的共同犯罪)明知他人实施诈骗犯罪,为其提供信用卡、手机卡、通讯工具、通讯传输通道、网络技术支持、费用结算等帮助的,以共同犯罪论处。(§7)

△(想象竞合犯;诈骗罪;招摇撞骗罪)冒充国家机关工作人员进行诈骗,同时构成诈骗罪和招摇撞骗罪的,依照处罚较重的规定定罪处罚。(§8)

△(诈骗财物及其孳息之发还)案发后查封、扣押、冻结在案的诈骗财物及其孳息,权属明确的,应当发还被害人;权属不明确的,可按被骗款物占查封、扣押、冻结在案的财物及其孳息总额的比例发还被害人,但已获退赔的应予扣除。(§9)

△(追缴;他人善意取得)行为人已将诈骗财物用于清偿债务或者转让给他人,具有下列情形之一的,应当依法追缴:

(一)对方明知是诈骗财物而收取的;
(二)对方无偿取得诈骗财物的;
(三)对方以明显低于市场的价格取得诈骗财物的;
(四)对方取得诈骗财物系于非法债务或者违法犯罪活动的。

他人善意取得诈骗财物的,不予追缴。(§10)

《最高人民法院关于审理掩饰、隐瞒犯罪所得、犯罪所得收益刑事案件适用法律若干问题的解释》(法释〔2015〕11 号,自 2015 年 6 月 1 日起施行)

△(事前通谋;掩饰、隐瞒犯罪所得、犯罪所得收益;诈骗罪的共犯)事前与盗窃、抢劫、诈骗、抢夺等犯罪分子通谋,掩饰、隐瞒犯罪所得及其产生的收益的,以盗窃、抢劫、诈骗、抢夺等犯罪的共犯论处。(§5)

△(对犯罪所得及其产生的收益实施诈骗)对犯罪所得及其产生的收益实施盗窃、抢劫、诈骗、抢夺等行为,构成犯罪的,分别以盗窃罪、抢劫罪、诈骗罪、抢夺罪等定罪处罚。(§6)

《最高人民法院关于审理拐卖妇女儿童犯罪案件具体应用法律若干问题的解释》(法释〔2016〕28 号,自 2017 年 1 月 1 日起施行)

△(以介绍婚姻为名;诈骗罪)以介绍婚姻为名,与被介绍妇女串通骗取他人钱财,数额较大的,应当以诈骗罪追究刑事责任。(§3Ⅱ)

《最高人民法院、最高人民检察院关于办理危害食品安全刑事案件适用法律若干问题的解释》(法释〔2021〕24 号,自 2022 年 1 月 1 日起施行)

△(保健食品或者其他食品;虚假广告罪;诈骗罪;竞合)违反国家规定,利用广告对保健食品或者其他食品作虚假宣传,符合刑法第二百二十二条规定的,以虚假广告罪定罪处罚;以非法占有为目的,利用销售保健食品或者其他食品诈骗财物,符合刑法第二百六十六条规定的,以诈骗罪定罪处罚。同时构成生产、销售伪劣产品罪等其他犯罪的,依照处罚较重的规定定罪处罚。(§19)

△(禁止令;行政处罚)对实施本解释规定之犯罪的犯罪分子,应当依照刑法规定的条件,严格适用缓刑、免予刑事处罚。对于依法适用缓刑的,可以根据犯罪情况,同时宣告禁止令。

对于被不起诉或者免予刑事处罚的行为人,需要给予行政处罚、政务处分或者其他处分的,依法移送有关主管机关处理。(§22)

《最高人民法院、最高人民检察院关于办理危害药品安全刑事案件适用法律若干问题的解释》(高检发释字〔2022〕1 号,自 2022 年 3 月 6 日起施行)

---

① 我国学者指出,诈骗罪中的"数额巨大"与"数额特别巨大"以及"情节严重"与"情节特别严重",均非加重的构成要件,而是量刑规则。如果客观上未能达到数额巨大与情节严重,就不得适用数额巨大与情节严重的法定刑。换言之,只能按照既遂的数额选择法定刑,未遂事实则作为量刑情节。参见张明楷:《刑法学》(第 6 版),法律出版社 2021 年版,第 1329 页。

△(利用医保骗保;掩饰、隐瞒犯罪所得罪;诈骗罪)明知系利用医保骗保购买的药品而非法收购、销售,金额五万元以上的,应当依照刑法第三百一十二条的规定,以掩饰、隐瞒犯罪所得罪定罪处罚;指使、教唆、授意他人利用医保骗保购买药品,进而非法收购、销售,符合刑法第二百六十六条规定的,以诈骗罪定罪处罚。

对于利用医保骗保购买药品的行为人是否追究刑事责任,应当综合骗取医保基金的数额、手段、认罪悔罪态度等案件具体情节,依法妥当决定。利用医保骗保购买药品的行为人是否被追究刑事责任,不影响对非法收购、销售有关药品的行为认罪处罚。

对于第一款规定的主观明知,应当根据药品标志、收购渠道、价格、规模及药品追溯信息等综合认定。(§13)

【司法解释性文件】

《最高人民法院研究室关于申付强诈骗案如何认定诈骗数额问题的电话答复》①(1991年4月23日公布)

△(犯罪数额;扣除;最后实际诈骗所得数额)在具体认定诈骗犯罪数额时,应把案发前已被追回的被骗款加以扣除,按最后实际诈骗所得数额计算。但在处刑时,对于这种情况应当做为从重情节予以考虑。②

《最高人民检察院法律政策研究室关于通过伪造证据骗取法院民事裁判占有他人财物的行为如何适用法律问题的答复》(〔2002〕高检研发第18号,2002年10月24日公布)

△(通过伪造证据骗取法院民事裁判占有他人财物;诈骗罪)以非法占有为目的,通过伪造证据骗取法院民事裁判占有他人财物的行为所侵害的主要是人民法院正常的审判活动③,可以由人民法院依照民事诉讼法的有关规定作出处理,不宜以诈骗罪追究行为人的刑事责任。④ 如果行为人伪造证据时,实施了伪造公司、企业、事业单位、人民团体印章的行为,构成犯罪的,应当依照刑法第二百八十条第二款的规定,以伪造公司、企业、事业单位、人民团体印章罪追究刑事责任;如果行为人有指使他人作伪证行为,构成犯罪的应当依照刑法第三百零七条第一款的规定,以妨害作证罪追究刑事责任。⑤

《公安部关于对伪造学生证及贩卖、使用伪造学生证的行为如何处理问题的批复》(公刑〔2002〕1046号,2002年6月26日公布)

△(使用伪造的学生证购买半价火车票;诈骗罪)对使用伪造的学生证购买半价火车票,数额较大的,应当依照《中华人民共和国刑法》第266条的规定,以诈骗罪立案侦查;尚不够刑事处罚的,应当依照《中华人民共和国治安管理处罚条例》第23条第(一)项的规定以诈骗定性处罚。(§3)

《最高人民法院、最高人民检察院、公安部关于办理电信网络诈骗等刑事案件适用法律若干问题的意见》(法发〔2016〕32号,2016年12月19日公布)

△(电信网络诈骗;数额较大;数额巨大;数额特别巨大;数额累计计算)根据《最高人民法院、最高人民检察院关于办理诈骗刑事案件具体应用法律若干问题的解释》第一条的规定,利用电信网络技术手段实施诈骗,诈骗公私财物价值三千元以上、三万元以上、五十万元以上的,应当分别认定为刑法第二百六十六条规定的"数额较大""数额巨大""数额特别巨大"。

二年内多次实施电信网络诈骗未经处理,诈骗数额累计计算构成犯罪的,应当依法定罪处罚。(§2Ⅰ)

△(电信网络诈骗;酌情从重处罚事由)实施电信网络诈骗犯罪,达到相应数额标准,具有下列情形之一的,酌情从重处罚:

1. 造成被害人或其近亲属自杀、死亡或者精神失常等严重后果的;

---

① 关于系争司法解释性文件的适用效力,可参照《最高人民法院关于认真学习宣传贯彻修订的〈中华人民共和国刑法〉的通知》(法发〔1997〕3号,1997年3月25日公布)第五条之规定。
② 诈骗数额的计算,即财产损失的判断,存在个人财产损害说或整体财产损害说的争议。参见周光权:《刑法各论》(第4版),中国人民大学出版社2021年版,第144—145页;黎宏:《刑法学各论》(第2版),法律出版社2016年版,第330页。
③ 我国学者指出,民事审判的重要目的在于保护当事人的财产。参见张明楷:《刑法学》(第6版),法律出版社2021年版,第1316页。
④ 我国学者指出,此答复未能正确理解诈骗罪的构造,没有考虑到对被害人财产的保护问题。对大量的诉讼诈骗,都应以诈骗罪论处。参见周光权:《刑法各论》(第4版),中国人民大学出版社2021年版,第150页;张明楷:《刑法学》(第6版),法律出版社2021年版,第1316页。
⑤ 《刑法修正案(九)》通过生效之后,应当按照修订后的《刑法》第三百零七条之一的规定来处理此类案件。

2. 冒充司法机关等国家机关工作人员实施诈骗的；

3. 组织、指挥电信网络诈骗犯罪团伙的；

4. 在境外实施电信网络诈骗的；

5. 曾因电信网络诈骗犯罪受过刑事处罚或者二年内曾因电信网络诈骗受过行政处罚的；

6. 诈骗残疾人、老年人、未成年人、在校学生、丧失劳动能力人的财物，或者诈骗重病患者及其亲属财物的；

7. 诈骗救灾、抢险、防汛、优抚、扶贫、移民、救济、医疗等款物的；

8. 以赈灾、募捐等社会公益、慈善名义实施诈骗的；

9. 利用电话追呼系统等技术手段严重干扰公安机关等部门工作的；

10. 利用"钓鱼网站"链接、"木马"程序链接、网络渗透等隐蔽技术手段实施诈骗的。（§2Ⅱ）

△（电信网络诈骗；其他严重情节；其他特别严重情节）实施电信网络诈骗犯罪，诈骗数额接近"数额巨大""数额特别巨大"的标准，具有前述第（二）条规定的情形之一的，应当分别认定为刑法第二百六十六条规定的"其他严重情节""其他特别严重情节"。

上述规定的"接近"，一般应掌握在相应数额标准的百分之八十以上。（§2Ⅲ）

△（电信网络诈骗；其他特别严重情节；未遂；拨打诈骗电话；证据难以收集）实施电信网络诈骗犯罪，犯罪嫌疑人、被告人实际骗得财物的，以诈骗罪（既遂）定罪处罚。诈骗数额难以查证，但具有下列情形之一的，应当认定为刑法第二百六十六条规定的"其他严重情节"，以诈骗罪（未遂）定罪处罚：

1. 发送诈骗信息五千条以上的，或者拨打诈骗电话五百人次以上的；

2. 在互联网上发布诈骗信息，页面浏览量累计五千次以上的。

具有上述情形，数量达到相应标准十倍以上的，应当认定为刑法第二百六十六条规定的"其他特别严重情节"，以诈骗罪（未遂）定罪处罚。

上述"拨打诈骗电话"，包括拨出诈骗电话和接听被害人回拨电话。反复拨打、接听同一电话号码，以及反复向同一被害人发送诈骗信息的，拨打、接听电话次数、发送信息条数累计计算。

因犯罪嫌疑人、被告人故意隐匿、毁灭证据等原因，致拨打电话次数、发送信息条数的证据难以收集的，可以根据经查证属实的日拨打人次数、日发送信息条数，结合犯罪嫌疑人、被告人实施犯罪的时间、犯罪嫌疑人、被告人的供述等相关证据，综合予以认定。（§2Ⅳ）

△（电信网络诈骗；既有既遂，又有未遂；量刑幅度）电信网络诈骗既有既遂，又有未遂，分别达到不同量刑幅度的，依照处罚较重的规定处罚；达到同一量刑幅度的，以诈骗罪既遂处罚。（§2Ⅴ）

△（电信网络诈骗；量刑；就高选择；宣告刑）对实施电信网络诈骗犯罪的被告人裁量刑罚，在确定量刑起点、基准刑时，一般应就高选择。确定宣告刑时，应当综合全案事实情节，准确把握从重、从轻量刑情节的调节幅度，保证罪责刑相适应。（§2Ⅵ）

△（电信网络诈骗；缓刑）对实施电信网络诈骗犯罪的被告人，应当严格控制适用缓刑的范围，严格掌握适用缓刑的条件。（§2Ⅶ）

△（电信网络诈骗；财产刑）对实施电信网络诈骗犯罪的被告人，应当重法依法注重依法适用财产刑，加大经济上的惩罚力度，最大限度剥夺被告人再犯的能力。（§2Ⅷ）

△（电信网络诈骗；诈骗犯罪集团；首要分子；从犯；犯罪集团首要分子以外的主犯）三人以上为实施电信网络诈骗犯罪而组成的较为固定的犯罪组织，应依法认定为诈骗犯罪集团。对组织、领导犯罪集团的首要分子，按照集团所犯的全部罪行处罚。对犯罪集团中组织、指挥、策划者和骨干分子依法从严惩处。

对犯罪集团中起次要、辅助作用的从犯，特别是在规定期限内投案自首、积极协助抓获主犯、积极协助追赃的，依法从轻或减轻处罚。

对犯罪集团首要分子以外的主犯，应当按照其所参与的或者组织、指挥的全部犯罪处罚。全部犯罪包括能够查明其具体诈骗数额的事实和能够查明发送诈骗信息条数、拨打诈骗电话人次数、诈骗信息网页浏览次数的事实。（§4Ⅰ）

△（电信网络诈骗；共同犯罪；从犯；参与期间）多人共同实施电信网络诈骗，犯罪嫌疑人、被告人应对其参与期间该诈骗团伙实施的全部诈骗行为承担责任。在其所参与的犯罪环节中起主要作用的，可以认定为主犯；起次要作用的，可以认定为从犯。

上述规定的"参与期间"，从犯罪嫌疑人、被告人着手实施诈骗行为为开始起算。（§4Ⅱ）

△（电信网络诈骗；共同犯罪；明知他人实施电信网络诈骗犯罪）明知他人实施电信网络诈骗犯罪，具有下列情形之一的，以共同犯罪论处，但法律和司法解释另有规定的除外：

1. 提供信用卡、资金支付结算账户、手机卡、通讯工具的；

2. 非法获取、出售、提供公民个人信息的；

3. 制作、销售、提供"木马"程序和"钓鱼软件"等恶意程序的；

4. 提供"伪基站"设备或相关服务的；

5. 提供互联网接入、服务器托管、网络存储、通讯传输等技术支持，或者提供支付结算等帮助的；

6. 在提供改号软件、通话线路等技术服务时，发现主叫号码被修改为国内党政机关、司法机关、公共服务部门号码，或者境外用户改为境内号码，仍提供服务的；

7. 提供资金、场所、交通、生活保障等帮助的；

8. 帮助转移诈骗犯罪所得及其产生的收益，套现、取现的。

上述规定的"明知他人实施电信网络诈骗犯罪"，应当结合被告人的认知能力，既往经历，行为次数和手段，与他人关系，获利情况，是否曾因电信网络诈骗受过处罚，是否故意规避调查等主客观因素进行综合分析认定。（§4Ⅲ）

△（**电信网络诈骗；共同犯罪**）负责招募他人实施电信网络诈骗犯罪活动，或者制作、提供诈骗方案、术语清单、语音包、信息等的，以诈骗共同犯罪论处。（§4Ⅳ）

△（**电信网络诈骗；共同犯罪；同案犯在逃**）部分犯罪嫌疑人在逃，但不影响对已到案共同犯罪嫌疑人、被告人的犯罪事实认定的，可以依法先行追究已到案共同犯罪嫌疑人、被告人的刑事责任。（§4Ⅴ）

△（**电信网络诈骗；立案侦查；犯罪地；犯罪行为发生地；犯罪结果发生地**）电信网络诈骗犯罪案件一般由犯罪地公安机关立案侦查，如果由犯罪嫌疑人居住地公安机关立案侦查更为适宜的，可以由犯罪嫌疑人居住地公安机关立案侦查。犯罪地包括犯罪行为发生地和犯罪结果发生地。

"犯罪行为发生地"包括用于电信网络诈骗犯罪的网站服务器所在地，网站建立者、管理者所在地，被侵害的计算机信息系统或其管理者所在地，犯罪嫌疑人、被害人使用的计算机信息系统所在地，诈骗电话、短信息、电子邮件等的拨打地、发送地、到达地、接受地，以及诈骗行为持续发生的实施地、预备地、开始地、途经地、结束地。

"犯罪结果发生地"包括被害人被骗时所在地，以及诈骗所得财物的实际取得地、藏匿地、转移地、使用地、销售地等。（§5Ⅰ）

△（**电信网络诈骗；立案侦查；后续累计达到"数额较大"标准；最初发现地公安机关**）电信网络诈骗最初发现地公安机关侦办的案件，诈骗数额当时未达到"数额较大"标准，但后续累计达到"数额较大"标准，可由最初发现地公安机关立案侦查。（§5Ⅱ）

△（**电信网络诈骗；并案侦查**）具有下列情形之一的，有关公安机关可以在其职责范围内并案侦查：

1. 一人犯数罪的；

2. 共同犯罪的；

3. 共同犯罪的犯罪嫌疑人还实施其他犯罪的；

4. 多个犯罪嫌疑人实施的犯罪存在直接关联，并案处理有利于查明案件事实的。（§5Ⅲ）

△（**多层级链条、跨区域的电信网络诈骗；共同上级公安机关；指定立案侦查**）对因网络交易、技术支持、资金支付结算等关系形成多层级链条、跨区域的电信网络诈骗等犯罪案件，可由共同上级公安机关按照有利于查清犯罪事实、有利于诉讼的原则，指定有关公安机关立案侦查。（§5Ⅳ）

△（**电信网络诈骗；立案侦查**）多个公安机关都有权立案侦查的电信网络诈骗等犯罪案件，由最初受理的公安机关或者主要犯罪地公安机关立案侦查。有争议的，按照有利于查清犯罪事实、有利于诉讼的原则，协商解决。经协商无法达成一致的，由共同上级公安机关指定有关公安机关立案侦查。（§5Ⅴ）

△（**在境外实施的电信网络诈骗；指定立案侦查**）在境外实施的电信网络诈骗等犯罪案件，可由公安部按照有利于查清犯罪事实、有利于诉讼的原则，指定有关公安机关立案侦查。（§5Ⅵ）

△（**提请批准逮捕、移送审查起诉、提起公诉；通报同级人民检察院、人民法院**）公安机关立案、并案侦查，或因有争议，由共同上级公安机关指定立案侦查的案件，需要提请批准逮捕、移送审查起诉、提起公诉的，由该公安机关所在地的人民检察院、人民法院受理。

对重大疑难复杂案件和境外案件，公安机关应在指定立案侦查前，向同级人民检察院、人民法院通报。（§5Ⅶ）

△（**电信诈骗共同犯罪；在逃的犯罪嫌疑人归案；管辖**）已确定管辖的电信诈骗共同犯罪案件，在逃的犯罪嫌疑人归案后，一般由原管辖的公安机关、人民检察院、人民法院管辖。（§5Ⅷ）

△（**电信网络诈骗；被害人人数及诈骗资金数额等犯罪事实之认定**）办理电信网络诈骗案件，确因被害人人数众多等客观条件的限制，无法逐一收集被害人陈述的，可以结合已收集的被害人陈述，以及经查证属实的银行账户交易记录、第三方支付结算账户交易记录、通话记录、电子数据等证

据,综合认定被害人人数及诈骗资金数额等犯罪事实。(§6Ⅰ)

△(电信网络诈骗;技术侦查)公安机关采取技术侦查措施收集的案件证明材料,作为证据使用的,应当随案移送批准采取技术侦查措施的法律文书和所收集的证据材料,并对其来源等作出书面说明。(§6Ⅱ)

△(电信网络诈骗;请求境外取证;来自境外的证据材料;证据使用)依照国际条约、刑事司法协助、互助协议或平等互助原则,请求证据材料所在地司法机关收集,或通过国际警务合作机制、国际刑警组织启动合作取证程序收集的境外证据材料,经查证属实,可以作为定案的依据。公安机关应对其来源、提取人、提取时间或者提供人、提供时间以及保管移交的过程等作出说明。

对其他来自境外的证据材料,应当对其来源、提供人、提供时间以及提取人、提取时间进行审查。能够证明案件事实且符合刑事诉讼法规定的,可以作为证据使用。(§6Ⅲ)

△(电信网络诈骗;涉案赃款赃物之移送、移交)公安机关侦办电信网络诈骗案件的,应当随案移送涉案赃款赃物,并附清单。人民检察院提起公诉时,应一并移交受理案件的人民法院,同时就涉案赃款赃物的处理提出意见。(§7Ⅰ)

△(电信网络诈骗;涉案银行账户或者涉案第三方支付账户;追缴)涉案银行账户或者涉案第三方支付账户内的款项,对权属明确的被害人的合法财产,应当及时返还。确因客观原因无法查实全部被害人,但有证据证明该账户系用于电信网络诈骗犯罪,且被告人无法说明款项合法来源的,根据刑法第六十四条的规定,应认定为违法所得,予以追缴。(§7Ⅱ)

△(电信网络诈骗;追缴;他人善意取得)被告人已将诈骗财物用于清偿债务或者转让给他人,具有下列情形之一的,应当依法追缴:

1. 对方明知是诈骗财物而收取的;
2. 对方无偿取得诈骗财物的;
3. 对方以明显低于市场的价格取得诈骗财物的;
4. 对方取得诈骗财物系源于非法债务或者违法犯罪活动的。

他人善意取得诈骗财物的,不予追缴。(§7Ⅲ)

《最高人民法院关于依法妥善审理民间借贷案件的通知》(法〔2018〕215号,2018年8月1日公布)

△(民间借贷;诈骗罪;"套路贷")严格区分民间借贷行为与诈骗等犯罪行为。人民法院在审理民间借贷纠纷案件中,要切实提高对"套路贷"诈骗等犯罪行为的警觉,加强对民间借贷行为与诈骗等犯罪行为的甄别,发现涉嫌违法犯罪线索、材料的,应及时按照《最高人民法院关于在审理经济纠纷案件中涉及经济犯罪嫌疑若干问题的规定》和《最高人民法院关于审理民间借贷案件适用法律若干问题的规定》依法处理。民间借贷行为本身涉及违法犯罪的,应当裁定驳回起诉,并将涉嫌犯罪的线索、材料移送公安机关或检察机关,切实防范犯罪分子非法行为为合法化,利用民事审判堂而皇之侵占被害人财产。刑事判决认定出借人构成"套路贷"诈骗等犯罪的,人民法院对已按普通民间借贷纠纷作出的生效判决,应当及时通过审判监督程序予以纠正。

《最高人民法院、最高人民检察院、公安部、司法部关于办理黑恶势力犯罪案件若干问题的指导意见》(法发〔2018〕1号,2018年1月16日公布)

△(借借民间借贷之名;诈骗罪;强迫交易罪;敲诈勒索罪;抢劫罪;虚假诉讼罪;违法所得)对于以非法占有为目的,假借民间借贷之名,通过"虚增债务""签订虚假借款协议""制造资金走账流水""肆意认定违约""转单平账""虚假诉讼"等手段非法占有他人财产,或者使用暴力、威胁手段强立债权、强行索债的,应当根据案件具体事实,以诈骗、强迫交易、敲诈勒索、抢劫、虚假诉讼等罪名侦查、起诉、审判。对于非法占有的被害人实际所得借款以外的虚高"债务"和以"保证金""中介费""服务费"等各种名目扣除或收取的额外费用,均应计入违法所得。对于名义上为被害人所得、但在案证据能够证明实际上却为犯罪嫌疑人、被告人实施后续犯罪所使用的"借款",应予以没收。(§20)

《最高人民法院、最高人民检察院、公安部、司法部关于办理"套路贷"刑事案件若干问题的意见》(法发〔2019〕11号,2019年2月28日公布)

△("套路贷")"套路贷",是对以非法占有为目的,假借民间借贷之名,诱使或迫使被害人签订"借贷"或变相"借贷""抵押""担保"等相关协议,通过虚增借贷金额、恶意制造违约、肆意认定违约、毁匿还款证据等方式形成虚假债权债务,并借助诉讼、仲裁、公证或者采用暴力、威胁以及其他手段非法占有被害人财物的相关违法犯罪活动的概括性称谓。(§1)

△("套路贷";民事借贷关系;非法讨债)"套路贷"与平等主体之间基于意思自治而形成的民事借贷关系存在本质区别,民间借贷的出借人是为了到期按照协议约定的内容收回本金并获取利

息,不具有非法占有他人财物的目的,也不会在签订、履行借贷协议过程中实施增借贷金额、制造虚假给付痕迹、恶意制造违约、肆意认定违约、毁匿还款证据等行为。

司法实践中,应当注意非法讨债引发的案件与"套路贷"案件的区别,犯罪嫌疑人、被告人不具有非法占有目的,也未使用"套路"与借款人形成虚假债权债务,不应视为"套路贷"。因使用暴力、威胁以及其他手段强行索债构成犯罪的,应当根据具体案件事实定罪处罚。(§2)

△("套路贷"常见犯罪手法)实践中,"套路贷"的常见犯罪手法和步骤包括但不限于以下情形:

(1)制造民间借贷假象。犯罪嫌疑人、被告人往往以"小额贷款公司""投资公司""咨询公司""担保公司""网络借贷平台"等名义对外宣传,以低息、无抵押、无担保、快速放款等为诱饵吸引被害人借款,继而以"保证金""行规"等虚假理由诱使被害人基于错误认识签订金额虚高的"借贷"协议或相关协议,或以被害人先前借贷违约等理由,迫使对方签订金额虚高的"借贷"协议或相关协议。

(2)制造资金走账流水等虚假给付事实。犯罪嫌疑人、被告人按照虚高的"借贷"协议金额将资金转入被害人账户,制造已将全部借款交付被害人的银行走账流水痕迹,随后很快以各种理由将其中全部或者部分资金收回,被害人实际上并未得到或者完全得到"借贷"协议、银行流水上显示的钱款。

(3)故意制造违约或者肆意认定违约。犯罪嫌疑人、被告人往往会以设置违约陷阱、制造还款障碍等方式,故意造成被害人违约,或通过肆意认定违约,强行要求被害人偿还虚假债务。

(4)恶意垒高借款金额。当被害人无力偿还时,有的犯罪嫌疑人、被告人会安排其所属公司或者指定的关联公司、关联人员为被害人偿还"借款",继而与被害人签订金额更大的虚高"借贷"协议或相关协议,通过这种"转单平账""以贷还贷"的方式不断垒高"债务"。

(5)软硬兼施"索债"。在被害人未偿还虚高"借款"的情况下,犯罪嫌疑人、被告人借助诉讼、仲裁、公证或者采用暴力、威胁以及其他手段向索要人或者被害人的特定关系人索取"债务"。(§3)

△("套路贷";诈骗罪;敲诈勒索罪;非法拘禁罪;虚假诉讼罪;寻衅滋事罪;强迫交易罪;抢劫罪;绑架罪)实施"套路贷"过程中,未采用明显的暴力或者威胁手段,其行为特征从整体上表现为

以非法占有为目的,通过虚构事实、隐瞒真相骗取被害人财物的,一般以诈骗罪定罪处罚;对于在实施"套路贷"过程中多种手段并用,构成诈骗、敲诈勒索、非法拘禁、虚假诉讼、寻衅滋事、强迫交易、抢劫、绑架等多种犯罪的,应当根据具体案件事实,区分不同情况,依照刑法及有关司法解释的规定数罪并罚或者择一重处。(§4)

△(共同犯罪;"套路贷"犯罪)多人共同实施"套路贷"犯罪,犯罪嫌疑人、被告人在所参与的犯罪中起主要作用的,应当认定为主犯,对其参与或组织、指挥的全部犯罪承担刑事责任;起次要或辅助作用的,应当认定为从犯。

明知他人实施"套路贷"犯罪,具有以下情形之一的,以相关犯罪的共犯论处,但刑法和司法解释等另有规定的除外:

(1)组织发送"贷款"信息、广告,吸引、介绍被害人"借款"的;

(2)提供资金、场所、银行卡、账号、交通工具等帮助的;

(3)出售、提供、帮助获取公民个人信息的;

(4)协助制造走账记录等虚假给付事实的;

(5)协助办理公证的;

(6)协助以虚假事实提起诉讼或者仲裁的;

(7)协助套现、取现、办理动产或不动产过户等,转移犯罪所得及其产生的收益的;

(8)其他符合共同犯罪规定的情形。

上述规定中的"明知他人实施'套路贷'犯罪",应当结合行为人的认知能力、既往经历、行为次数和手段、与同案人、被害人的关系、获利情况、是否曾因"套路贷"受过处罚、是否故意规避查处等主客观因素综合分析认定。(§5)

△("套路贷"犯罪数额;未遂)在认定"套路贷"犯罪数额时,应当与民间借贷相区别,从整体上予以否定性评价,"虚高债务"和以"利息""保证金""中介费""服务费""违约金"等名目被犯罪嫌疑人、被告人非法占有的财物,均应计入犯罪数额。

犯罪嫌疑人、被告人实际给付被害人的本金数额,不计入犯罪数额。

已经着手实施"套路贷",但因意志以外原因未得逞的,可以根据相关罪名所涉及的刑法、司法解释规定,按照已着手非法占有的财物数额认定犯罪未遂。既有既遂,又有未遂,犯罪既遂部分与未遂部分分别对应不同法定刑幅度的,应当先决定对未遂部分是否减轻处罚,确定未遂部分对应的法定刑幅度,再与既遂部分对应的法定刑幅度进行比较,选择处罚较重的法定刑幅度,并酌情从重处罚;二者在同一量刑幅度的,以犯罪既遂的情

从重处罚。(§6)

△(**追缴或者责令退赔；没收**)犯罪嫌疑人、被告人实施"套路贷"违法所得的一切财物，应当予以追缴或者责令退赔；对被害人的合法财产，应当及时返还。有证据证明是犯罪嫌疑人、被告人为实施"套路贷"而交付给被害人的本金，赔偿被害人损失后如有剩余，应依法予以没收。

犯罪嫌疑人、被告人已将违法所得的财物用于清偿债务、转让或者设置其他权利负担，具有下列情形之一的，应当依法追缴：

(1)第三人明知是违法所得财物而接受的；

(2)第三人无偿取得或者以明显低于市场的价格取得违法所得财物的；

(3)第三人通过非法债务清偿或者违法犯罪活动取得违法所得财物的；

(4)其他应当依法追缴的情形。(§7)

△(**从重处罚情形**)以老年人、未成年人、在校学生、丧失劳动能力的人为对象实施"套路贷"，或者因实施"套路贷"造成被害人或其特定关系人自杀、死亡、精神失常、为偿还"债务"而实施犯罪活动的，除刑法、司法解释另有规定的外，应当酌情从重处罚。

在坚持依法从严惩处的同时，对于认罪认罚、积极退赃、真诚悔罪或者具有其他法定、酌定从轻处罚情节的被告人，可以依法从宽处罚。(§8)

△(**财产刑**)(**从业禁止**)对于"套路贷"犯罪分子，应当根据其所触犯的具体罪名，依法加大财产刑适用力度。符合刑法第三十七条之一规定的，可以依法禁止从事相关职业。(§9)

《最高人民法院、最高人民检察院、公安部关于依法办理"碰瓷"违法犯罪案件的指导意见》(公通字〔2020〕12号，2020年9月22日印发)

△("**碰瓷**"**;诈骗罪**)实施"碰瓷"，虚构事实、隐瞒真相，骗取赔偿，符合刑法第二百六十六条规定的，以诈骗罪定罪处罚；骗取保险金，符合刑法第一百九十八条规定的，以保险诈骗罪定罪处罚。(§1Ⅰ)

《最高人民法院、最高人民检察院、公安部办理跨境赌博犯罪案件若干问题的意见》(公通字〔2020〕14号，2020年10月16日发布)

△(**赌博;诈骗罪**)使用专门工具、设备或者其他手段诱使他人参赌，人为控制赌局输赢，构成犯罪的，依照刑法关于诈骗罪的规定定罪处罚。

网上开设赌场，人为控制赌局输赢，或者无法实现提现，构成犯罪的，依照刑法关于诈骗罪的规定定罪处罚。部分参赌者赢利、提现不影响诈骗犯罪的认定。(§4Ⅰ)

《最高人民法院、最高人民检察院、公安部、司法部关于依法惩治妨害新型冠状病毒感染肺炎疫情防控违法犯罪的意见》(法发〔2020〕7号，2020年2月6日发布)

△(**肺炎防控;诈骗罪;虚假广告罪;聚众哄抢罪**)依法严惩诈骗、聚众哄抢犯罪。在疫情防控期间，假借研制、生产或者销售用于疫情防控的物品的名义骗取公私财物，或者捏造事实骗取公众捐赠款物，数额较大的，依照刑法第二百六十六条的规定，以诈骗罪定罪处罚。

在疫情防控期间，违反国家规定，假借疫情防控的名义，利用广告对所推销的商品或者服务作虚假宣传，致使多人上当受骗，违法所得数额较大或者有其他严重情节的，依照刑法第二百二十二条的规定，以虚假广告罪定罪处罚。

在疫情防控期间，聚众哄抢公私财物特别是疫情防控和保障物资，数额较大或者有其他严重情节的，对首要分子和积极参加者，依照刑法第二百六十八条的规定，以聚众哄抢罪定罪处罚。(§2Ⅴ)

△(**治安管理处罚**)(**从重情节**)依法严惩妨害疫情防控的违法行为。实施上述(一)至(九)规定的行为，不构成犯罪的，由公安机关根据治安管理处罚法有关虚构事实扰乱公共秩序，扰乱单位秩序、公共场所秩序、寻衅滋事，拒不执行紧急状态下的决定、命令，阻碍执行职务，冲闯警戒带、警戒区，殴打他人，故意伤害，侮辱他人，诈骗，在铁路沿线非法挖掘坑穴、采石取沙，盗窃，损毁路面公共设施，损毁铁路设施设备，故意损毁财物、哄抢公私财物等规定，予以治安管理处罚，或者由有关部门予以其他行政处罚。

对于在疫情防控期间实施有关违法犯罪的，要作为从重情节予以考量，依法体现从严的政策要求，加大惩治震慑违法犯罪，维护法律权威，维护社会秩序，维护人民群众生命安全和身体健康。(§2Ⅹ)

《最高人民法院、最高人民检察院关于常见犯罪的量刑指导意见(试行)》(法发〔2021〕21号，2021年6月6日发布)

△(**诈骗罪;量刑**)

1. 构成诈骗罪的，根据下列情形在相应的幅度内确定量刑起点：

(1)达到数额较大起点的，在一年以下有期徒刑、拘役幅度内确定量刑起点。

(2)达到数额巨大起点或者有其他严重情节的，在三年至四年有期徒刑幅度内确定量刑起点。

(3)达到数额特别巨大起点或者有其他特别严重情节的，在十年至十二年有期徒刑幅度内确定罪刑起点。依法应当判处无期徒刑的除外。

2. 在量刑起点的基础上,根据诈骗数额等其他影响犯罪构成的犯罪事实增加刑罚量,确定基准刑。

3. 构成诈骗罪的,根据诈骗的数额、手段、危害后果等犯罪情节,综合考虑被告人缴纳罚金的能力,决定罚金数额。

4. 构成诈骗罪的,综合考虑诈骗的起因、手段、数额、危害后果、退赃退赔等犯罪事实、量刑情节,以及被告人的主观恶性、人身危险性、认罪悔罪表现等因素,决定缓刑的适用。对实施电信网络诈骗的,从严把握缓刑的适用。

《最高人民法院、最高人民检察院、公安部关于办理电信网络诈骗等刑事案件适用法律若干问题的意见(二)》(法发〔2021〕22号,2021年6月17日发布)

△(**电信网络诈骗犯罪;诈骗罪;其他严重情节**)有证据证实行为人参加境外诈骗犯罪集团或犯罪团伙,在境外针对境内居民实施电信网络诈骗犯罪行为,诈骗数额难以查证,但一年内出境赴境外诈骗犯罪窝点累计时间30日以上或多次出境赴境外诈骗犯罪窝点的,应当认定为刑法第二百六十六条规定的"**其他严重情节**",以诈骗罪依法追究刑事责任。有证据证明其出境从事正当活动的除外。(§3)

△(**实施诈骗的行为人尚未到案**)为他人实施电信网络诈骗犯罪提供技术支持、广告推广、支付结算等帮助,或者窝藏、转移、收购、代为销售的以其他方法掩饰、隐瞒电信网络诈骗犯罪所得及其产生的收益,诈骗犯罪行为人尚未到案,但有证据证明确已到案的上述犯罪嫌疑人、被告人的刑事责任。(§12)

△(**调取异地公安机关依法制作、收集的证据材料**)办案地公安机关可以通过公安机关信息化系统调取异地公安机关依法制作、收集的刑事案件受案登记表、立案决定书、被害人陈述等证据材料。调取时不得少于两名侦查人员,并应记载调取的时间、使用的信息化系统名称等相关信息,调取人签名并加盖办案地公安机关印章。经审核证明真实的,可以作为证据使用。(§13)

△(**境外证据材料;证据使用**)通过国(区)际警务合作收集或者境外警方移交的境外证据材料,确因客观条件限制,境外警方未提供相关证据的发现、收集、保管、移交情况等材料的,公安机关应当对上述证据材料的来源、移交过程以及种类、数量、特征等作出书面说明,由两名以上侦查人员签名并加盖公安机关印章。经审核能够证明案件

事实的,可以作为证据使用。(§14)

△(**境外抓获并羁押;折抵刑期**)对境外司法机关抓获并羁押的电信网络诈骗犯罪嫌疑人,在境内接受审判的,境外的羁押期限可以折抵刑期。(§15)

△(**宽严相济刑事政策**)办理电信网络诈骗犯罪案件,应当充分贯彻宽严相济刑事政策。在侦查、审查起诉、审判过程中,应当全面收集证据、准确甄别犯罪嫌疑人、被告人在共同犯罪中的层级地位及作用大小,结合其认罪态度和悔罪表现,区别对待,宽严并用,科学量刑,确保罚当其罪。

对于电信网络诈骗犯罪集团、犯罪团伙的组织者、策划者、指挥者和骨干分子,以及利用未成年人、在校学生、老年人、残疾人实施电信网络诈骗的,依法从严惩处。

对于电信网络诈骗犯罪集团、犯罪团伙中的从犯,特别是其中参与时间相对较短、诈骗数额相对较低或者从事辅助性工作并领取少量报酬的,以及初犯、偶犯、未成年人、在校学生等,应当综合考虑其在共同犯罪中的地位作用、社会危害程度、主观恶性、人身危险性、认罪悔罪表现等情节,可以依法从轻、减轻处罚。犯罪情节轻微的,可以依法不起诉或者免于刑事处罚;情节显著轻微危害不大的,不以犯罪论处。(§16)

△(**查扣涉案账户资金;优先返还**)查扣的涉案账户内资金,应当优先返还被害人,如不足以全额返还的,应当按照比例返还。(§17)

《最高人民法院、最高人民检察院、公安部关于依法惩治招摇撞骗等违法犯罪行为的指导意见》(公通字〔2021〕21号,2021年12月16日发布)

△(**诈骗罪;"其他严重情节";"其他特别严重情节"**)冒充党和国家领导人或者其他领导干部的亲属、身边工作人员,骗取公私财物,符合刑法第二百六十六条规定的,以诈骗罪定罪处罚;诈骗数额接近"数额巨大""数额特别巨大"的标准,并且严重损害国家机关、军队形象和威信或者诈骗手段恶劣,造成其他严重后果的,应当分别认定为刑法第二百六十六条规定的"其他严重情节""其他特别严重情节"。(§2)

△(**伪造党和国家领导人或者其他领导干部的题词等;诈骗罪**)伪造党和国家领导人或者其他领导干部的题词、书法、绘画或者合影照片、音频、视频等,骗取公私财物,符合刑法第二百六十六条规定的,以诈骗罪定罪处罚。(§3)

《最高人民法院、最高人民检察院、公安部、司法部关于依法严厉打击传播艾滋病病毒等违法犯罪行为的指导意见》(公通字〔2019〕23号,2019

年5月19日发布）

△（传播艾滋病病毒；诈骗罪）出售谎称含有艾滋病病毒的血液，骗取他人财物，数额较大的，依照刑法第二百六十六条的规定，以诈骗罪定罪处罚。

△（治安管理处罚或者其他行政处罚）实施本条第一项至第十一项规定的行为，不构成犯罪，依法不起诉或者免于刑事处罚的，依法予以治安管理处罚或者其他行政处罚。

《最高人民法院刑事审判第三庭、最高人民检察院第四检察厅、公安部刑事侦查局关于"断卡"行动中有关法律适用问题的会议纪要》（2022年3月22日公布）

△（帮助信息网络犯罪活动罪；掩饰、隐瞒犯罪所得、犯罪所得收益罪；诈骗罪）关于正确区分帮助信息网络犯罪活动罪、掩饰、隐瞒犯罪所得、犯罪所得收益罪与诈骗罪的界限。在办理涉"两卡"犯罪案件中，存在准确界定前述三个罪名之间界限的问题。应当根据行为人的主观明知内容和实施的具体犯罪行为，确定其行为性质。以信用卡为例：（1）明知他人实施电信网络诈骗犯罪，参加诈骗团伙或者与诈骗团伙之间形成较为稳定的配合关系，长期为他人提供信用卡或者转账取现的，可以诈骗罪论处。（2）行为人向他人出租、出售信用卡后，在明知是犯罪所得及其收益的情况下，又代为转账、套现、取现等，或者为配合他人转账、套现、取现而提供刷脸等验证服务的，可以掩饰、隐瞒犯罪所得、犯罪所得收益罪论处。（3）明知他人利用信息网络实施犯罪，仅向他人出租、出售信用卡，未实施其他行为，达到情节严重标准的，可以帮助信息网络犯罪活动罪论处。

在司法实践中，应当具体案情具体分析，结合主客观证据，重视行为人的辩解理由，确保准确定性。（§5）

△（跨境电信网络诈骗；诈骗数额难以查证）关于《意见（二）》第三条的理解适用。为严厉打击跨境电信网络诈骗团伙犯罪，该条规定，有证据证实行为人参加境外诈骗犯罪集团或犯罪团伙，在境外针对境内居民实施电信网络诈骗犯罪行为，诈骗数额难以查证，但一年内出境赴境外诈骗犯罪窝点累计时间30日以上或多次出境赴境外诈骗犯罪窝点的，以诈骗罪依法追究刑事责任。在司法适用时，要注意把握以下三个要求：（1）有证据证明行为人参加了境外电信网络诈骗犯罪集团或犯罪团伙，且在境外针对境内居民实施了具体的诈骗犯罪行为；（2）行为人一年内出境赴境外诈骗犯罪窝点累计30日以上，应当从行为人实际加入境外诈骗犯罪窝点的日期开始计算时间；（3）诈骗数额难以查证，是指基于客观困难，确实无法查清行为人实施诈骗的具体数额。在办案中，应当首先全力查证具体诈骗数额；在诈骗数额难以查清的情况下，根据《最高人民法院、最高人民检察院关于办理诈骗刑事案件具体应用法律若干问题的解释》和《最高人民法院、最高人民检察院、公安部关于办理电信网络诈骗等刑事案件适用法律若干问题的意见》的规定，还应当查证发送诈骗信息条数和拨打诈骗电话次数，如二者均无法查明，才适用该条规定。（§6）

△（重大电信网络诈骗及其关联犯罪案件的管辖；从严惩处和全面惩处；宽以济严）关于重大电信网络诈骗及其关联犯罪案件的管辖。对于涉案人数超过80人，以及在境外实施的电信网络诈骗及其关联犯罪案件，公安部根据工作需要指定异地管辖的，指定管辖前应当商最高人民检察院和最高人民法院。

各级人民法院、人民检察院、公安机关要充分认识到当前持续深入推进"断卡"行动的重要意义，始终坚持依法从严惩处和全面惩处的方针，坚决严惩跨境电信网络诈骗犯罪集团和人员、贩卖"两卡"团伙头目和骨干、职业"卡商"、行业"内鬼"等。同时，还应当注重宽以济严，对于初犯、偶犯、未成年人、在校学生，特别是其中被胁迫或蒙骗出售本人名下"两卡"，违法所得、涉案数额较少且认罪认罚的，以教育、挽救为主，落实"少捕慎诉慎押"的刑事司法政策，可以依法从宽处理，确保社会效果良好。

各省级人民法院、人民检察院、公安机关要尽快传达并转发本会议纪要，不断提高办案能力，依法准确办理涉"两卡"犯罪案件，确保"断卡"行动深入健康开展。在司法实践中如遇有重大疑难问题，应及时对口上报。（§9）

《最高人民法院关于为促进消费提供司法服务和保障的意见》（法发〔2022〕35号，2022年12月26日印发）

△（老年消费者权益保护；诈骗罪）加强老年消费者权益保护。通过夸大宣传、虚构商品或者服务的治疗、保健、养生等功能，向老年消费者销售质次价高的商品或者服务，构成欺诈，消费者请求生产经营者承担惩罚性赔偿责任的，人民法院应当依法支持。经营者诱导老年消费者购买不符合其需求或者明显超出其需求范围的保健食品等商品或者服务，致使合同显失公平，消费者请求撤销合同的，人民法院应当依法支持。经营者的行为构成诈骗罪的，依法追究刑事责任；同时构成生

产、销售伪劣产品罪等其他犯罪的，依照处罚较重的规定定罪处罚。通过营造良好法治环境，服务养老事业和养老产业协同发展，助力发展银发经济。（§15）

《最高人民法院、最高人民检察院、公安部关于办理医保骗保刑事案件若干问题的指导意见》（法发〔2024〕6号，2024年2月28日发布）

△（医保骗保刑事案件；医疗保障基金）本意见所指医保骗保刑事案件，是指采取欺骗手段，骗取医疗保障基金的犯罪案件。

医疗保障基金包括基本医疗保险（含生育保险）基金、医疗救助基金、职工大额医疗费用补助、公务员医疗补助、居民大病保险资金等。（§4）

△（定点医药机构；诈骗罪；追缴；定点医药机构的国家工作人员；贪污罪）定点医药机构（医疗机构、药品经营单位）以非法占有为目的，实施下列行为之一，骗取医疗保障基金支出的，对组织、策划、实施人员，依照刑法第二百六十六条的规定，以诈骗罪定罪处罚；同时构成其他犯罪的，依照处罚较重的规定定罪处罚：（1）诱导、协助他人冒名或者虚假就医、购药，提供虚假证明材料，或者串通他人虚开费用单据；（2）伪造、变造、隐匿、涂改、销毁医学文书、医学证明、会计凭证、电子信息、检测报告等有关资料；（3）虚构医药服务项目、虚开医疗服务费用；（4）分解住院、挂床住院；（5）重复收费、超标准收费、分解项目收费；（6）串换药品、医用耗材、诊疗项目和服务设施；（7）将不属于医疗保障基金支付范围的医药费用纳入医疗保障基金结算；（8）其他骗取医疗保障基金支出的行为。

定点医药机构通过实施前款规定行为骗取的医疗保障基金应当予以追缴。

定点医药机构的国家工作人员，利用职务便利，实施第一款规定的行为，骗取医疗保障基金，依照刑法第三百八十二条、第三百八十三条的规定，以贪污罪定罪处罚。（§5）

△（骗取医疗保障基金支出；诈骗罪；参保人员个人账户为他人支付由个人负担的医疗费用）行为人以非法占有为目的，实施下列行为之一，骗取医疗保障基金支出的，依照刑法第二百六十六条的规定，以诈骗罪定罪处罚；同时构成其他犯罪的，依照处罚较重的规定定罪处罚：（1）伪造、变造、隐匿、涂改、销毁医学文书、医学证明、会计凭证、电子信息、检测报告等有关资料；（2）使用他人医疗保障凭证冒名就医、购药；（3）虚构医药服务项目、虚开医疗服务费用；（4）重复享受医疗保障待遇；（5）利用享受医疗保障待遇的机会转卖药品、医用耗材等，接受返还现金、实物或者获得其他非法利益；（6）其他骗取医疗保障基金支出的行为。

参保人员个人账户按照有关规定为他人支付在定点医疗机构就医发生的由个人负担的医疗费用，以及在定点零售药店购买药品、医疗器械、医用耗材发生的由个人负担的费用，不属于前款第（2）项规定的冒名就医、购药。（§6）

△（购买他人医疗保障凭证并使用；买卖身份证件罪、使用虚假身份证件罪；诈骗罪）以骗取医疗保障基金为目的，购买他人医疗保障凭证（社会保障卡等）并使用，同时构成买卖身份证件罪、使用虚假身份证件罪、诈骗罪的，以处罚较重的规定定罪处罚。（§8Ⅰ）

△（非法收购、销售他人利用医保骗保购买的药品；掩饰、隐瞒犯罪所得罪；诈骗罪；主观明知）明知系利用医保骗保购买的药品而非法收购、销售的，依照刑法第三百一十二条和相关司法解释的规定，以掩饰、隐瞒犯罪所得罪定罪处罚；指使、教唆、授意他人利用医保骗保购买药品，进而非法收购、销售，依照刑法第二百六十六条的规定，以诈骗罪定罪处罚。

利用医保骗保购买药品的行为人是否被追究刑事责任，不影响对非法收购、销售有关药品的行为人定罪处罚。

对第一款规定的主观明知，应当根据药品标志、收购渠道、价格、规模及药品追溯信息等综合认定。具有下列情形之一的，可以认定行为人具有主观明知，但行为人能够说明药品合法来源或作出合理解释的除外：（1）药品价格明显异于市场价格的；（2）曾因实施非法收购、销售利用医保骗保购买的药品，受过刑事或行政处罚的；（3）以非法收购、销售基本医疗保险药品为业的；（4）长期或多次向不特定交易对象收购、销售基本医疗保险药品的；（5）利用互联网、邮寄等非接触式渠道多次收购、销售基本医疗保险药品的；（6）其他足以认定行为人主观明知的。（§9）

△（从重处罚事由）依法从严惩处医保骗保犯罪，重点打击幕后组织者、职业骗保人等，对其中具有退赃退赔、认罪认罚等从宽情节的，也要从严把握从宽幅度。

有下列情形之一的，可以从重处罚：（1）组织、指挥犯罪团伙骗取医疗保障基金的；（2）曾因医保骗保犯罪受过刑事追究的；（3）拒不退赃退赔或者转移财产的；（4）造成其他严重后果或恶劣社会影响的。（§10）

△（同步审查洗钱、侵犯公民个人信息等其他犯罪线索；全链条依法惩治）办理医保骗保刑事案

件,要同步审查洗钱、侵犯公民个人信息等其他犯罪线索,实现全链条依法惩治。要结合常态化开展扫黑除恶斗争,发现、识别医保骗保团伙中可能存在的黑恶势力,深挖医保骗保犯罪背后的腐败和"保护伞",并坚决依法严惩。(§11)

△(**对共同犯罪的区别对待、区别处理;从宽处罚;不作为犯罪处理**)对实施医保骗保的行为人是否追究刑事责任,应当综合骗取医疗保障基金的数额、手段、认罪悔罪、退赃退赔等案件具体情节,依法决定。

对于涉案人员众多的,要根据犯罪的事实、犯罪的性质、情节和对于社会的危害程度,以及在共同犯罪中的地位、作用、具体实施的行为区别对待、区别处理。对涉案不深的初犯、偶犯从轻处罚,对认罪认罚的医务人员、患者可以从宽处罚,其中,犯罪情节轻微的,可以依法不起诉或者免除处罚;情节显著轻微、危害不大的,不作为犯罪处理。(§12)

△(**缓刑;禁止在缓刑考验期限内从事与医疗保障基金有关的特定活动**)依法正确适用缓刑,要综合考虑犯罪情节、悔罪表现、再犯罪的危险以及宣告缓刑对所居住社区的影响,依法作出决定。对犯罪集团的首要分子、职业骗保人、曾因医保骗保犯罪受过刑事追究,毁灭、伪造、隐藏证据,拒不退赃退赔或者转移财产逃避责任的,一般不用缓刑。对宣告缓刑的犯罪分子,根据犯罪情况,可以同时禁止其在缓刑考验期限内从事与医疗保障基金有关的特定活动。(§13)

△(**财产刑;经济制裁**)依法用足用好财产刑,加大罚金、没收财产力度,提高医保骗保犯罪成本,从经济上严厉制裁犯罪分子。要综合考虑犯罪数额、退赃退赔、认罪认罚等情节决定罚金额。(§14)

△(**综合认定诈骗数额**)办理医保骗保刑事案件,确因证人人数众多等客观条件限制,无法逐一收集证人证言的,可以结合已收集的证人证言,以及经查证属实的银行账户交易记录、第三方支付结算凭证、账户交易记录、审计报告、医保信息系统数据、电子数据等证据,综合认定诈骗数额等犯罪事实。(§19)

△(**依法查封、扣押、冻结的涉案财产;审查甄别**)公安机关、人民检察院、人民法院对依法查封、扣押、冻结的涉案财产,应当全面收集、审查证明其来源、性质、用途、权属及价值大小等有关证据,根据查明的事实依法处理。经查明确实与案件无关的,应予返还。

公安机关、人民检察院应当对涉案财产审查甄别。在移送起诉、提起公诉时,应当对涉案财产提出处理意见。(§20)

△(**追缴等值财产或者混合财产中的等值部分**)对行为人实施医保骗保犯罪所得一切财物,应当依法追缴或者责令退赔。确有证据证明存在依法应当追缴的财产,但无法查明去向,或者价值灭失,或者与其他合法财产混合且不可分割的,可以追缴等值财产或者混合财产中的等值部分。等值财产的追缴数额限于依法查明应当追缴违法所得数额,对已经追缴或者退赔的部分应予扣除。

对于证明前款各种情形的证据,应当及时调取。(§21)

【**指导性案例**】

最高人民法院指导性案例第27号:臧进泉等盗窃、诈骗案(2014年6月23日发布)

△(**欺骗他人点击付款链接;诈骗罪**)行为人利用信息网络,诱骗他人点击虚假链接而实际通过预先植入的计算机程序窃取财物构成犯罪的,以盗窃罪定罪处罚;虚构可供交易的商品或者服务,欺骗他人点击付款链接而骗取财物构成犯罪的,以诈骗罪定罪处罚。

最高人民法院指导性案例第38号:董亮等四人诈骗案(2017年10月12日发布)

△(**诈骗;自我交易;打车软件;骗取补贴**)以非法占有为目的,采用自我交易方式,虚构提供服务事实,骗取互联网公司垫付费用及订单补贴,数额较大的行为,应认定为诈骗罪。

最高人民检察院指导性案例第67号:张凯闵等52人电信网络诈骗案(2020年3月28日发布)

△(**跨境电信网络诈骗;境外证据审查;犯罪集团**)跨境电信网络诈骗犯罪往往涉及大量的境外证据和庞杂的电子数据。对境外获取的证据应着重审查合法性,对电子数据应着重审查客观性。主要成员固定,其他人员有一定流动性的电信网络诈骗犯罪组织,可认定为犯罪集团。

最高人民检察院指导性案例第87号:李卫俊等"套路贷"虚假诉讼案(2020年12月14日发布)

△(**虚假诉讼;套路贷;刑民检察协同;类案监督;金融监管**)检察机关办理涉及"套路贷"案件时,应当查清是否存在通过虚假诉讼实现非法利益的情形。对虚假诉讼中涉及的民事判决、裁定、调解协议书等,应当依法开展监督。针对办案中发现的非法金融活动和监管漏洞,应当运用检察建议等方式,促进依法整治并及时堵塞行业监管漏洞。

最高人民检察院指导性案例第201号：姚某某等人网络诈骗案（2024年2月22日发布）

△（未成年人网络保护；网络诈骗；分类处理；分级干预；多部门协作；数字化预防）办理涉及众多未成年人的网络诈骗案件，应注重罪错未成年人分级干预，实现分类处理，精准帮教。依托侦查监督与协作配合机制，建议公安机关在全面收集证据、查清事实基础上，充分考量未成年人的涉案情节，综合判定其主观违法性认识，依法分类处理。在审查起诉时，结合社会调查、心理测评、风险评估等情况，对涉罪未成年人进行分类处理并开展精准帮教。针对未成年人涉网违法犯罪防治难题，推动多部门搭建数字平台，实现对未成年人涉网违法犯罪的精准预防。

【公报案例】

黄艺、袁小军等诈骗案（《最高人民法院公报》2007年第8期）

△（以欺诈手段控制赌局；诈骗罪）行为人出于非法占有他人财产的目的，采取虚构事实、隐瞒真相，设置圈套的方式使他人参加赌博，并以欺诈手段控制赌局的输赢结果，从而骗取他人财物，数额较大的，构成诈骗罪，应当依照《刑法》第二百六十六条的规定定罪处罚。

陈新金、余明觉等诈骗案（《最高人民法院公报》2012年第12期）

△（虚构"医院、专家、神药"；诈骗罪）出于非法占有他人财物的目的，以虚构"医院、专家、神药"，假冒病患、导医、医生、收费员、药品发放员等身份，骗取被害人财物的行为，应当依照《刑法》第二百六十六条的规定，以诈骗罪定罪处罚。

刘国义等诈骗案（《最高人民法院公报》2016年第2期）

△（虚拟现货交易平台；诈骗罪）行为人在明知自己控制的为虚拟现货交易平台，客户注入资金并未真正进入现货交易市场的情况下，通过虚构事实、隐瞒真相的方式骗取客户资金占为己有的，应认定为诈骗罪。

顾立、顾全飞诈骗案（《最高人民法院公报》2023年第7期）

△（通过非法手段满足计算机信息系统控制者的预设条件；诈骗罪）在计算机信息系统具有处分财产功能且正常运行的情况下，行为人通过非法手段满足计算机信息系统控制者的预设条件，如实施添加、删除数据等破坏计算机信息系统的行为，使控制者陷入错误认识并授予行为人通过计算机信息系统获取财物权限的，该行为构成诈骗罪。

【参考案例】

No.5-264-67 孙伟勇盗窃案
伪造证件将他人财物用作质押的行为，不构成诈骗罪。

No.5-266-2 杨永明等诈骗、行贿、盗窃案
彩票经销商采用操纵抽奖、找人冒领大奖等手段，非法占有巨额奖品、奖金的，应以诈骗罪论处。

No.5-266-3 李海波等诈骗案
利用赌局诱使他人参赌并通过虚构事实、隐瞒真相的方法骗取参赌方财物的，应以诈骗罪论处。

No.5-266-4 刘志刚诈骗案
以伪造的学历应聘并骗取钱财，数额巨大，应以诈骗罪论处。

No.5-266-5 仲越等诈骗案
故意制造虚假的保险事故，导致被害人基于错误认识而支付赔偿款的，不构成敲诈勒索罪，应以诈骗罪论处。

No.5-266-6 王成文抢夺案
以借用财物为名，骗取财物后乘人不备公然携财物逃跑的，不构成抢夺罪，应以诈骗罪论处。

No.5-266-7 王贺军合同诈骗案
以签订虚假合同为诱饵骗取他人钱财的，不构成合同诈骗罪。

No.5-266-8 刘国芳诈骗案
为获取回扣，以虚假身份证件办理入网手续并使用移动电话造成电信资费损失，数额较大的，应以诈骗罪论处。

No.5-266-9 刘国芳等诈骗案
诈骗罪的损失数额高于诈骗罪的所得数额，该差额可归因于诈骗行为的，诈骗数额应以损失数额认定。

No.5-266-10 李品华等诈骗案
故意制造交通事故，造成系被害人过错所致的假象，借机骗取被害人赔偿款，数额较大的，应以诈骗罪论处。

No.5-266-11 田亚平诈骗案
银行出纳员自制高额利率订单，对外虚构单位内部有高额利率存款的事实，吸存亲朋好友的现金并占为己有，数额较大的，应以诈骗罪论处。

No.5-266-12 章杨诈骗案
盖有付讫章的有价证券已丧失可兑付性的，不再认定为有价证券。

No.5-266-13 章杨诈骗案
窃取、伪造已付讫的有价证券的，应以诈骗罪论处。

No.5-266-14 殷宏伟诈骗案
以原始股为诱饵低买高卖骗取股民钱财的，不构成非法经营罪，应以诈骗罪论处。

No.5-266-15 金星等信用卡诈骗、盗窃罪
非法侵入银行信息管理系统，采用向作为金融机构管理设备的计算机输入虚假信息或以不正当指令的手段，直接向自己账户上划拨资金的，构成盗窃罪；向作为电子代理人的计算机输入虚假信息和不正当指令的，应以诈骗罪论处。

No.5-266-16 胡朕诈骗案
骗取财物行为虽与其工作存在一定的关联，但未利用职务上便利的，不构成职务侵占罪，应以诈骗罪论处。

No.5-266-17 王微等诈骗案
采用非法手段将他人手机号码过户并转让获取钱财的，应以诈骗罪论处。

No.5-266-18 詹群忠等诈骗罪
已经实施了诈骗行为，但未取出卡内他人所汇款项的，应以诈骗罪的未遂论处。

No.5-266-19 张航军等诈骗案
利用刷卡消费时差，在同伙异地刷卡消费后，谎称存款出错，要求银行办理存款冲正业务并将钱取走，给银行造成财产损失的，应以诈骗罪论处。

No.5-266-21 臧进泉等盗窃、诈骗案
行为人利用信息网络，诱骗他人点击虚假链接而实际通过预先植入的计算机程序窃取财物构成犯罪的，以盗窃罪定罪处罚；虚构可供交易的商品或者服务，欺骗他人点击付款链接而骗取财物构成犯罪的，以诈骗罪定罪处罚。

No.5-266-22 梁四昌诈骗案
虽然与被害人签订房屋购买合同，但对购买的房屋未作任何、明确的约定的，不能认为诈骗发生在合同签订履行过程中，不成立合同诈骗罪，仅成立诈骗罪。

No.5-266-23 赵军诈骗案
个体工商户的雇员不是职务侵占罪的主体，虚开借条骗取借款的行为应认定为诈骗罪。

No.5-266-24 杨涛诈骗案
单位职员利用职务身份获取被害人信任，使其相信交易对方是行为人所在单位，使被害人基于该错误认识处分涉案财产给行为人，行为人将涉案财产占有、使用，不属于利用职务之便，将单位财物据为己有，不成立职务侵占罪，应以诈骗罪论处。

No.5-266-25 俞辉诈骗案
签发空头支票作为债务抵押，并未通过交付票据直接获取对价的，不符合票据诈骗罪的构成

要件，应认定为诈骗罪。

No.5-266-26 李军、陈富海等28人诈骗案
以不合格酒或廉价酒冒充高档酒，利用酒托诱使被害人自愿处分财物的，构成诈骗罪。

No.5-266-27 黄某某、孙磊盗窃、诈骗案
在网络购物骗局中，区分盗窃与诈骗的关键在于行为人对于财物的实际取得是否基于被害人对于财物的自愿处分。

No.5-266-28 曹海平诈骗案
购买商品后谎称未带钱趁卖方不备而溜走的行为，成立诈骗。

No.5-266-29 王红柳、黄叶峰诈骗案
设置圈套控制赌博输赢获取钱财的行为，应成立诈骗罪。

No.5-266-30 史兴其诈骗案
使用自己准备的赌具控制赌博输赢获取他人钱财的，成立诈骗罪。

No.5-266-31 苗样诈骗案
受托代办家电下乡补贴的申领与垫付的经销商不属于受国家机关委托管理国有财产的人员，其编造虚假的销售垫付信息，骗取国家家电下乡补贴资金的行为，不成立贪污罪，应当以诈骗罪论处。

No.5-266-35 何上候等人诈骗案
诈骗犯罪团伙中，应以被告人参与期间团伙总体的犯罪数额作为其个人的犯罪数额。

No.5-266-36 伍华诈骗案
受托人擅自使用委托人证件，以委托人名义提取委托人在证券公司开设的股票账户下的款项，成立诈骗罪。

No.5-266-37 杨志诚、韦宁、何文剑诈骗案
伪造材料骗领不动产权登记成立诈骗罪，应以房产实际价值计算犯罪数额。

No.5-266-38 葛玉友等诈骗案
诈骗罪中的财产处分行为以被骗者具有处分意识为必要，被骗者对所交付财物的外观物理特征没有认识错误不影响处分行为的认定。采取欺骗手段使被害人对所交付财物的重量发生认识错误进而处分财物，构成诈骗罪。

No.5-266-39 丁晓君诈骗案
被告人以借用为名非法占有他人财物的行为，构成诈骗罪。

No.5-266-40 杨丽涛诈骗案
利用信息网络篡改发布虚假募捐信息，骗取他人财物的行为，同时成立破坏计算机信息系统罪与诈骗罪，应按照牵连犯的处罚原则从一重处断。

No.5-266-41 王先杰诈骗案

虚构注册公司欺骗他人将垫资款打入银行账户后,又借助法院强制执行冻结账户内垫款的行为,构成诈骗罪未遂。

No.5-266-42 肖群、张红梅、刘娜、胡美连、刘生媛、毛双萍诈骗案

犯罪分子在实施电话诈骗中,针对不特定对象拨打的电话号码,存在拨通后不信、拨错或没有拨通等情形,属于因意志以外的原因诈骗犯罪未能得逞情形,应认定为诈骗未遂。拨通后不信、拨错或没有拨通的电话,均应计入拨打次数予以量刑。

No.5-266-43 林在清等人诈骗案

事前无明确的犯罪意思联络,但明知并为诈骗犯罪分子提取赃款获利,应认定具有实施诈骗犯罪的共同故意和行为;取款行为是实现诈骗目的的重要组成部分,因此构成诈骗罪共犯。

No.5-266-44 王媛、李洁等贪污,诈骗,掩饰、隐瞒犯罪所得案

被告人因工作调动不再行使管理、监督国有财产的职权时,利用工作上的便利骗取单位公共财物的,构成诈骗罪。

No.5-266-45 徐波等人非法经营案

通过夸大盈利等方式诱导客户参与具有高度不确定性的期货交易,只要客户对期货的高风险性存在正确认识,即使最终导致亏损也不宜认定诈骗罪。

No.5-266-46 李政等诈骗案

违反国家规定买卖学历证书,收取他人钱财的行为,成立非法经营罪与诈骗罪,最终应以诈骗罪定罪处罚。

No.5-266-47 陈文辉、郑金锋等诈骗、侵犯公民个人信息案

对于刑法中因果关系的认定,应当从事实和法律两个方面加以考察,坚持行为事实与价值评判相统一;事实上的因果关系应从医学鉴定、自然科学等角度分析,而法律上的因果关系则要综合考虑危害行为所创设的危险、现实发生的结果、规范保护范围内的结果等因素进行考量,进而作出价值评价。

No.5-266-48 陈文辉、郑金锋等诈骗、侵犯公民个人信息案

共同犯罪具有"部分实行,全部负责"的原则,共同实施电信诈骗的行为人,应当对其参与期间共同犯罪人所拨打的电话次数和诈骗金额承担全部责任。

No.5-266-49 倪劲锋诈骗案

疫情防控期间,利用微信销售口罩实施撒网式诈骗犯罪的,应当依法从严惩处。

No.5-266-50 王郊诈骗案

行为人针对知悉其真实身份的特定人实施的诈骗犯罪,即使利用了电信、网络工具,若没有对其他不特定人产生影响,没有干扰正常的网络秩序,其情节严重程度、社会危害性并不比未使用电信网络联络的此类电信诈骗犯罪更大,则不宜认定为电信网络诈骗犯罪。

No.5-266-51 孙佳英、蒋志诈骗案

对情节严重的涉疫情诈骗未遂行为应当定罪处罚。对涉疫情诈骗犯罪应当坚持罪刑法定原则,体现宽严相济的刑事政策精神,真正做到严之有理、严之有据,而并非一味从严。

No.5-266-52 孙佳英、蒋志诈骗案

对于以数额巨大的财物为诈骗目标的,或者具有其他严重情节的诈骗未遂,首先应当考虑适用基本的量刑幅度;但仍应当根据《刑法》和司法解释规定并结合案件,对应当适用基本的量刑档次还是加重的量刑档次作出准确认定。

No.5-266-53 黄钰诈骗案

民事欺诈还是诈骗罪的区分,关键在于是否具有非法占有的目的。

No.5-266-54 陈寅岗等人非法拘禁、敲诈勒索、诈骗案

"套路贷"是对以非法占有为目的,假借民间借贷之名,诱使或迫使被害人签订"借贷"或变相"借贷""抵押""担保"等相关协议,通过虚增借贷金额、恶意制造违约、肆意认定违约、毁匿还款证据等方式形成虚假债权债务,并借助诉讼、仲裁、公证或者采用暴力、威胁以及其他手段非法占有被害人财物的相关违法犯罪活动的概括性称谓。"套路贷"在行为目的、侵害客体、法律后果方面区别于民间高利贷。

No.5-266-55 陈寅岗等人非法拘禁、敲诈勒索、诈骗案

行为人实施虚假诉讼行为,非法占有他人财产,同时成立虚假诉讼罪和诈骗罪,根据《刑法》第三百零七条之一的规定,应依照处罚较重的规定定罪从重处罚。

No.5-266-56 张凤江等14人诈骗案

难以准确判断犯罪数额时,总体采取就低认定的原则,但如果被告人未供述具体犯罪数额,而被害人所称的被骗金额合理,且在虚高的借条金额及走银行流水的合理范围内,则可以按照被害人陈述中的被骗数额予以认定。

No.5-266-57 张凤江等14人诈骗案

对于既遂,被害人经催讨或诉讼后,向被告人支付的钱款大于其借款本金的,既遂数额=被害人实际支付的钱款-借款本金;行为人与其他团

伙互相平账的,既遂数额＝平账钱款-借款本金。对于未遂,未遂数额＝虚高借条的数额(或诉讼数额)-借款本金数额。

No.5-266-58　朱港春、李俊乐诈骗案

"单方欺诈型"虚假诉讼行为构成诈骗罪。

No.5-266-59　朱港春、李俊乐诈骗案

"单方欺诈型"虚假诉讼行为发生在《刑法修正案(九)》施行之前,《刑法修正案(九)》施行之日尚未处理的,应当适用修正前《刑法》规定,以诈骗罪定罪处罚。

No.5-266-60　黄金章诈骗案

正确区分诈骗罪与民事欺诈应从欺骗内容、欺骗程度和欺骗结果三个方面进行考虑。

No.5-266-61　阚莹诈骗案

诈骗数额的认定应当考量被害人实际财产损失,行为人支付的财物若能有效弥补被害人损失的,可以从诈骗罪数额中扣除。

No.5-266-62　刘楚荣、刘汉杰、刘立辉诈骗案

虽具有国家工作人员身份,但未利用国家工作人员职务上便利,实施套取补偿款行为的,不成立贪污罪,应以诈骗罪定罪处罚。

No.5-266-63　徐文斌诈骗案

在间接正犯的场合,被利用者超出利用者的犯意范围实施的行为及所造成的结果,不应归属于间接正犯。

No.5-271-15　成俊彬诈骗案

以非法占有为目的,使用虚假身份证明应聘担任职务,利用职务之便,非法占有本单位财物的,应以诈骗罪论处。

No.6-1-294(1)-22　韩召海等人组织、领导、参加黑社会性质组织案

"套路贷"通常的表现形式:一是制造民间借贷假象;二是制造资金走账流水等虚假给付事实;三是故意制造违约或者肆意认定违约;四是恶意垒高借款金额;五是软硬兼施"索债"。对于未采用明显的暴力或者威胁手段,主要靠虚构事实、隐瞒真相实现非法占有目的,"骗"取被害人财物的"套路贷",一般以诈骗罪论处。在认定套路贷犯罪数额时,除行为人实际给付被害人的本金数额之外,以其他名目非法占有的财物,均应计入犯罪数额。

第二百六十七条　【抢夺罪】

抢夺公私财物,数额较大的,或者多次抢夺的,处三年以下有期徒刑、拘役或者管制,并处或者单处罚金;数额巨大或者有其他严重情节的,处三年以上十年以下有期徒刑,并处罚金;数额特别巨大或者有其他特别严重情节的,处十年以上有期徒刑或者无期徒刑,并处罚金或者没收财产。

携带凶器抢夺的,依照本法第二百六十三条的规定定罪处罚。

【立法沿革】

《中华人民共和国刑法》(1997年修订,自1997年10月1日起施行)

第二百六十七条

抢夺公私财物,数额较大的,处三年以下有期徒刑、拘役或者管制,并处或者单处罚金;数额巨大或者有其他严重情节的,处三年以上十年以下有期徒刑,并处罚金;数额特别巨大或者有其他特别严重情节的,处十年以上有期徒刑或者无期徒刑,并处罚金或者没收财产。

携带凶器抢夺的,依照本法第二百六十三条的规定定罪处罚。

《中华人民共和国刑法修正案(九)》(自2015年11月1日起施行)

二十、将刑法第二百六十七条第一款修改为:

"抢夺公私财物,数额较大的,或者多次抢夺的,处三年以下有期徒刑、拘役或者管制,并处或者单处罚金;数额巨大或者有其他严重情节的,处三年以上十年以下有期徒刑,并处罚金;数额特别巨大或者有其他特别严重情节的,处十年以上有期徒刑或者无期徒刑,并处罚金或者没收财产。"

【条文说明】

本条是关于抢夺罪及其处罚和携带凶器抢夺如何定罪处罚的规定。

本条共分为两款。

第一款是关于抢夺罪的规定。"**抢夺**"是指以非法占有为目的,公然夺取公私财物的行为。① 抢夺罪的主体是一般主体,具有以下特征:(1)行为人主观上具有非法占有公私财物的目的。(2)行为人客观上实施了夺取他人财物的行为,如趁本人不备夺取其财物等。② 抢夺罪以没有针对被害人人身使用暴力或者胁迫为前提,如果以针对人身使用暴力或者胁迫的方法夺取他人财物,应当以抢劫罪定罪处罚。③(3)抢夺公私财物数额较大的,或多次抢夺的,才构成犯罪,抢夺"**数额巨大**"、"**数额特别巨大**"或者有"**其他严重情节**""**其他特别严重情节**"的,要从重处罚。具体"**数额较大**""**数额巨大**""**数额特别巨大**"以及"**有其他严重情节**""**有其他特别严重情节**"的标准,有关司法解释进行了明确。2013年《最高人民法院、最高人民检察院关于办理抢夺刑事案件适用法律若干问题的解释》第一条规定:"抢夺公私财物价值一千元至三千元以上、三万元至八万元以上、二十万元至四十万元以上的,应当分别认定为刑法第二百六十七条规定的'**数额较大**''**数额巨大**''**数额特别巨大**'。各省、自治区、直辖市高级人民法院、人民检察院可以根据本地区经济社会发展、社会治安状况等,在前款规定的数额幅度内,确定本地区执行的具体数额标准,报最高人民法院、最高人民检察院批准。"该解释同时对本条"其他严重情形"和"其他特别严重情形"作出了认定。该解释第三条规定:"抢夺公私财物,具有下列情形之一的,应当认定为刑法第二百六十七条规定的'**其他严重情节**':(一)导致他人重伤的;(二)导致他人自杀的;(三)具有本解释第二条第三项至第十项规定的情形之一,数额达到本解释第一条规定的'数额巨大'百分之五十的。"第四条规定:"抢夺公私财物,具有下列情形之一的,应当认定为刑法第二百六十七条规定的'**其他特别严重情节**':(一)导致他人死亡的;(二)具有本解释第二条第三项至第十项规定的情形之一,数额达到本解释第一条规定的'数额特别巨大'百分之五十的。"第二条规定了**特殊情形下降低入罪门槛的规**

定:"抢夺公私财物,具有下列情形之一的,'数额较大'的标准按照前条规定标准的百分之五十确定:(一)曾因抢劫、抢夺或者聚众哄抢受过刑事处罚的;(二)一年内曾因抢夺或者哄抢受过行政处罚的;(三)一年内抢夺三次以上的;(四)驾驶机动车、非机动车抢夺的;(五)组织、控制未成年人抢夺的;(六)抢夺老年人、未成年人、孕妇、携带婴幼儿的人、残疾人、丧失劳动能力人的财物的;(七)在医院抢夺病人或者其亲友财物的;(八)抢夺救灾、抢险、防汛、优抚、扶贫、移民、救济款物的;(九)自然灾害、事故灾害、社会安全事件等突发事件期间,在事件发生地抢夺的;(十)导致他人轻伤或者精神失常等严重后果的。"

"**多次抢夺**"构成抢夺罪是《刑法修正案(九)》新增加的内容,具体如何认定可由司法机关根据案件具体情况掌握或者通过司法解释予以明确。

第一款对抢夺公私财物构成抢夺罪的规定了三档刑罚:**第一档刑罚**为数额较大的,或者多次抢夺的,处三年以下有期徒刑、拘役或者管制,并处或者单处罚金;**第二档刑罚**为数额巨大或者有其他严重情节的,处三年以上十年以下有期徒刑,并处罚金;**第三档刑罚**为数额特别巨大或者有其他特别严重情节的,处十年以上有期徒刑或者无期徒刑,并处罚金或者没收财产。其中"并处或者单处罚金"包括只判处罚金和既判处主刑又判处罚金两种情况,实践中由人民法院根据案件具体情况决定如何适用。

第二款是关于携带凶器进行抢夺按抢劫罪定罪处罚的规定。④ 行为人携带凶器进行抢夺的,意图在于抢夺不成时加以使用,具有抢劫的心理准备,这种行为以暴力做后盾,不仅侵犯了他人的财产,而且对被害人的人身具有严重威胁,危害程度较普通的抢夺行为大得多,具有抢劫罪的特征。为了更好地保护公民的人身权利、财产权利,本款规定,对携带凶器抢夺的,依照《刑法》第二百六十三条关于抢劫罪的规定定罪处罚。这里的

---

① 我国学者指出,尽管多数抢夺罪是公然实施的,但抢夺罪的成立不以公然实施为限。参见周光权:《刑法各论》(第4版),中国人民大学出版社2021年版,第128页;黎宏:《刑法学各论》(第2版),法律出版社2016年版,第305—306页。
② 我国学者指出,不能将乘人不备作为抢夺罪的客观要素,否则无法区分盗窃与抢夺行为。抢夺的具体方式包括两种类型:之一,乘人不备的抢夺;之二,创造他人不注意的机会然后夺取财物。参见周光权:《刑法各论》(第4版),中国人民大学出版社2021年版,第128页。
③ 我国学者指出,抢夺罪的成立需要达到一定程度的暴力,此种暴力是针对物实施,暴力手段的采用也不是为了压制被害人的反抗。参见周光权:《刑法各论》(第4版),中国人民大学出版社2021年版,第129页。黄京平教授则认为,抢夺罪是不采用暴力、胁迫等强迫方法而公然夺取财物。参见高铭暄、马克昌主编:《刑法学》(第7版),北京大学出版社、高等教育出版社2016年版,第507页。
④ 我国学者指出,本款规定为法律拟制,而非注意规定。只要行为人携带凶器抢夺,就以抢劫罪论处,不要求行为人使用暴力、胁迫或者其他方法。参见周光权:《刑法各论》(第4版),中国人民大学出版社2021年版,第130页。

"**携带凶器抢夺**",2005年6月8日发布的《最高人民法院关于审理抢劫、抢夺刑事案件适用法律若干问题的意见》进行了具体界定,是指行为人随身携带枪支、爆炸物、管制刀具等国家禁止个人携带的器械进行抢夺的行为。①②行为人随身携带国家禁止个人携带的器械以外的其他器械抢夺,但有证据证明该器械确实不是为了实施犯罪准备的,不以抢劫罪定罪。

需要注意的是,在司法实践中,要注意划清抢夺罪与**抢劫罪**的界限,二者的区别在于行为人在夺取财物的过程中是否对被害人采取暴力、胁迫或者其他强制方法。如果行为人随身携带凶器并在"抢夺"时将凶器有意加以显示,能为被害人察觉,会使被害人产生恐惧感或者精神强制,适用刑法关于抢劫罪的规定定罪处罚。此外,根据《最高人民法院、最高人民检察院关于办理抢夺刑事案件适用法律若干问题的解释》第六条的规定,驾驶机动车、非机动车夺取他人财物,具有下列情形之一的,应当以抢劫罪定罪处罚:(1)夺取他人财物时因被害人不放手而强行夺取的;(2)驾驶车辆逼挤、撞击或者强行逼倒他人夺取财物的;(3)明知会致人伤亡仍然强行夺取并放任造成财物持有人轻伤以上后果的。

【**司法解释**】

《最高人民法院关于审理抢劫案件具体应用法律若干问题的解释》(法释〔2000〕35号,自2000年11月28日起施行)

△(**携带凶器抢夺**)刑法第二百六十七条第二款规定的"携带凶器抢夺",是指行为人随身携带枪支、爆炸物、管制刀具等国家禁止个人携带的器械或者为了实施犯罪而携带其他器械进行抢夺的行为。(§6)

《最高人民法院、最高人民检察院关于办理与盗窃、抢劫、诈骗、抢夺机动车相关刑事案件具体应用法律若干问题的解释》(法释〔2007〕11号,自2007年5月11日起施行)

△(**事前共谋;抢夺罪的共犯**)实施本解释第一条、第二条、第三条第一款或者第三款规定③的行为,事前与盗窃、抢劫、诈骗、抢夺机动车的犯罪分子通谋的,以盗窃罪、抢劫罪、诈骗罪、抢夺罪的

---

① 我国学者指出,凶器可以区分"性质上的凶器"和"用法上的凶器"。其中,周光权教授认为,某一器具能否评价为凶器,应考虑如下要素:之一,根据一般社会观念,一般人在面对该器具时,是否会产生危险感觉;之二,该器具本身杀伤力的高低;之三,在司法认定上,该器具用于杀伤目的的可能性程度;之四,器具规模的必要性、相称性大小。参见周光权:《刑法各论》(第4版),中国人民大学出版社2021年版,第131页。另有学者指出,认定凶器中需要考虑下列两点:之一,是否为凶器,必须就在实施抢夺行为之前的阶段加以判断;之二,是否为凶器,必须结合一般人观念上的"凶器"来加以判断。参见黎宏:《刑法学各论》(第2版),法律出版社2016年版,第301页。

② 我国学者指出,此种凶器必须处于能够使用的状态。参见黎宏:《刑法学各论》(第2版),法律出版社2016年版,第300页;张明楷:《刑法学》(第6版),法律出版社2021年版,第1297页。亦有学者指出,"携带凶器抢夺"不要求行为人显示凶器(将凶器暴露在身体外部),也不要求行为人向被害人暗示自己携带凶器,更不要求行为人使用所携带的凶器。参见周光权:《刑法各论》(第4版),中国人民大学出版社2021年版,第132页。

③ 《最高人民法院、最高人民检察院关于办理与盗窃、抢劫、诈骗、抢夺机动车相关刑事案件具体应用法律若干问题的解释》(法释〔2007〕11号,自2007年5月11日起施行)
第一条
Ⅰ明知是盗窃、抢劫、诈骗、抢夺的机动车,实施下列行为之一的,依照刑法第三百一十二条的规定,以掩饰、隐瞒犯罪所得、犯罪所得收益罪定罪,处三年以下有期徒刑、拘役或者管制,并处或者单处罚金:
(一)买卖、介绍买卖、典当、拍卖、抵押或者用其抵债的;
(二)拆解、拼装或者组装的;
(三)修改发动机号、车辆识别代号的;
(四)更改车身颜色或者车辆外形的;
(五)提供或者出售机动车来历凭证、整车合格证、号牌以及有关机动车的其他证明和凭证的;
(六)提供或者出售伪造、变造的机动车来历凭证、整车合格证、号牌以及有关机动车的其他证明和凭证的。
Ⅱ实施第一款规定的行为涉及盗窃、抢劫、诈骗、抢夺机动车五辆以上或者价值总额达到五十万元以上的,属于刑法第三百一十二条规定的"情节严重",处三年以上七年以下有期徒刑,并处罚金。
第二条
Ⅰ伪造、变造、买卖机动车行驶证、登记证书,累计三本以上的,依照刑法第二百八十条第一款的规定,以伪造、变造、买卖国家机关证件罪定罪,处三年以下有期徒刑、拘役、管制或者剥夺政治权利。
Ⅱ伪造、变造、买卖机动车行驶证、登记证书,累计达到第一款规定数量标准五倍以上的,属于刑法第二百八十条第一款规定中的"情节严重",处三年以上十年以下有期徒刑。(转下页)

共犯论处。(§4)

《最高人民法院、最高人民检察院关于办理抢夺刑事案件适用法律若干问题的解释》(法释〔2013〕25号,自2013年11月18日起施行)

△(**抢夺;数额较大;数额巨大;数额特别巨大**)抢夺公私财物价值一千元至三千元以上、三万元至八万元以上、二十万元至四十万元以上的,应当分别认定为刑法第二百六十七条规定的"数额较大""数额巨大""数额特别巨大"。

各省、自治区、直辖市高级人民法院、人民检察院可以根据本地区经济发展状况,并考虑社会治安状况,在前款规定的数额幅度内,确定本地区执行的具体数额标准,报最高人民法院、最高人民检察院批准。(§1)

△(**降低数较大标准;百分之五十**)抢夺公私财物,具有下列情形之一的,"数额较大"的标准按照前条规定标准的百分之五十①确定:

(一)曾因抢劫、抢夺或者聚众哄抢受过刑事处罚的;

(二)一年内曾因抢夺或者哄抢受过行政处罚的;

(三)一年内抢夺三次以上的;

(四)驾驶机动车、非机动车抢夺的;

(五)组织、控制未成年人抢夺的;

(六)抢夺老年人、未成年人、孕妇、携带婴幼儿的人、残疾人、丧失劳动能力人的财物的;

(七)在医院抢夺病人或者其亲友财物的;

(八)抢夺救灾、抢险、防汛、优抚、扶贫、移民、救济款物的;

(九)自然灾害、事故灾害、社会安全事件等突发事件期间,在事件发生地抢夺的;

(十)导致他人轻伤或者精神失常等严重后果的。(§2)

△(**其他严重情节;致人重伤;致人自杀;降低数额巨大标准**)抢夺公私财物,具有下列情形之一的,应当认定为刑法第二百六十七条规定的"其他严重情节":

(一)导致他人重伤的;

(二)导致他人自杀的;

(三)具有本解释第二条第三项至第十项规定的情形之一,数额达到本解释第一条规定的"数额巨大"百分之五十的。(§3)

△(**其他特别严重情节;致人死亡;降低数额特别巨大标准**)抢夺公私财物,具有下列情形之一的,应当认定为刑法第二百六十七条规定的"其他特别严重情节":

(一)导致他人死亡的;

(二)具有本解释第二条第三项至第十项规定的情形之一,数额达到本解释第一条规定的"数额特别巨大"百分之五十的。(§4)

△(**犯罪情节轻微;不起诉或者免予刑事处罚**)抢夺公私财物数额较大,但未造成他人轻伤以上伤害,行为人系初犯,认罪、悔罪,退赃、退赔,且具有下列情形之一的,可以认定为犯罪情节轻微,不起诉或者免予刑事处罚;必要时,由有关部门依法予以行政处罚。

(一)具有法定从宽处罚情节的;

(二)没有参与分赃或者获赃较少,且不是主犯的;

(三)被害人谅解的;

(接上页)

第三条

Ⅰ国家机关工作人员滥用职权,有下列情形之一,致使盗窃、抢劫、诈骗、抢夺的机动车被办理登记手续,数量达到三辆以上或者价值总额达到三十万元以上的,依照刑法第三百九十七条第一款的规定,以滥用职权罪定罪,处三年以下有期徒刑或者拘役:

(一)明知是登记手续不全或者不符合规定的机动车而办理登记手续的;

(二)指使他人为明知是登记手续不全或者不符合规定的机动车办理登记手续的;

(三)违规或者指使他人违规更改、调换车辆档案的;

(四)其他滥用职权的行为。

Ⅱ国家机关工作人员疏于审查或者审查不严,致使盗窃、抢劫、诈骗、抢夺的机动车被办理登记手续,数量达到5辆以上或者价值总额达到五十万元以上的,依照刑法第三百九十七条第一款的规定,以玩忽职守罪定罪,处三年以下有期徒刑或者拘役。

Ⅲ国家机关工作人员实施前两款规定的行为,致使盗窃、抢劫、诈骗、抢夺的机动车被办理登记手续,分别达到前两款规定数量、数额标准五倍以上的,或者明知是盗窃、抢劫、诈骗、抢夺的机动车而办理登记手续的,属于刑法第三百九十七条第一款规定的"情节特别严重",处三年以上七年以下有期徒刑。

Ⅳ国家机关工作人员徇私舞弊,实施上述行为,构成犯罪的,依照刑法第三百九十七条第二款的规定定罪处罚。

① 我国学者指出,本条第(一)、(二)项所规定的内容只是表明行为人再犯可能性较大的要素,将其再犯可能性较大作为不法内容看待,明显不当。另外,多次抢夺构成犯罪,也不应当要求达到普通数额标准的百分之五十。参见张明楷:《刑法学》(第6版),法律出版社2021年版,第1296页。

(四)其他情节轻微、危害不大的。(§5)

△(驾驶车辆夺取他人财物;抢劫罪)驾驶机动车、非机动车夺取他人财物,具有下列情形之一的,应当以抢劫罪定罪处罚:

(一)夺取他人财物时因被害人不放手而强行夺取的;

(二)驾驶车辆逼挤、撞击或者强行逼倒他人夺取财物的;

(三)明知会致人伤亡仍然强行夺取并放任造成财物持有人轻伤以上后果的。(§6)

《最高人民法院关于审理掩饰、隐瞒犯罪所得、犯罪所得收益刑事案件适用法律若干问题的解释》(法释[2015]11号,自2015年6月1日起施行)

△(事前通谋;掩饰、隐瞒犯罪所得、犯罪所得收益;抢夺罪的共犯)事前与盗窃、抢劫、诈骗、抢夺等犯罪分子通谋,掩饰、隐瞒犯罪所得及其产生的收益的,以盗窃、抢劫、诈骗、抢夺等犯罪的共犯论处。(§5)

△(对犯罪所得及其产生的收益实施抢夺)对犯罪所得及其产生的收益实施盗窃、抢劫、诈骗、抢夺等行为,构成犯罪的,分别以盗窃罪、抢劫罪、诈骗罪、抢夺罪等定罪处罚。(§6)

【司法解释性文件】

《最高人民法院关于审理抢劫、抢夺刑事案件适用法律若干问题的意见》(法发[2005]8号,2005年6月8日公布)

△(携带凶器抢夺;管制器械;非管制器械;抢劫罪;转化型抢劫)"携带凶器抢夺",是指行为人随身携带枪支、爆炸物,管制刀具等国家禁止个人携带的器械进行抢夺或者为了实施犯罪而携带其他器械进行抢夺的行为。行为人随身携带国家禁止个人携带的器械以外的其他器械抢夺,但有证据证明该器械确实不是为了实施犯罪准备的,不以抢劫罪定罪;行为人将随身携带凶器有意加以显示,能为被害人察觉到的,直接适用刑法第二百六十三条的规定定罪处罚;行为人携带凶器抢夺后,在逃跑过程中为窝藏赃物、抗拒抓捕或者毁灭罪证而当场使用暴力,或以暴力相威胁的,适用刑法第二百六十七条第二款的规定定罪处罚。(§4)

△(驾驶机动车、非机动车夺取他人财物;抢夺罪)对于驾驶机动车、非机动车(以下简称"驾驶车辆")夺取他人财物的,一般以抢夺罪从重处罚。① 但具有下列情形之一,应当以抢劫罪定罪处罚②:

(1)驾驶车辆,逼挤、撞击或强行逼倒他人以排除他人反抗,乘机夺取财物的;

(2)驾驶车辆强抢财物时,因被害人不放手而采取强拉硬拽方法劫取财物的;

(3)行为人明知其驾驶车辆强行夺取他人财物的手段会造成他人伤亡的后果,仍然强行夺取并放任造成财物持有人轻伤以上后果的。(§11)

《最高人民法院、最高人民检察院、公安部关于依法办理"碰瓷"违法犯罪案件的指导意见》(公通字[2020]12号,2020年9月22日印发)

△("碰瓷";抢夺罪)实施"碰瓷",采取转移注意力、趁人不备方式,窃取、夺取他人财物,符合刑法第二百六十四条、第二百六十七条规定的,分别以盗窃罪、抢夺罪定罪处罚。(§4)

《最高人民法院、最高人民检察院关于常见犯罪的量刑指导意见(试行)》(法发[2021]21号,2021年6月6日发布)

△(抢夺罪;量刑)

1. 构成抢夺罪的,根据下列情形在相应的幅度内确定量刑起点:

(1)达到数额较大起点或者二年内三次抢夺的,在一年以下有期徒刑、拘役幅度内确定量刑起点。

(2)达到数额巨大起点或者有其他严重情节的,在三年至五年有期徒刑幅度内确定量刑起点。

(3)达到数额特别巨大起点或者有其他特别严重情节的,在十年至十二年有期徒刑幅度内确定量刑起点。依法应当判处无期徒刑的除外。

---

① 我国学者指出,主要原因在于:一方面,抢劫罪是直接对被害人人身实施暴力,抢夺罪是直接对被害人财物实施暴力。虽然实践中飞车抢夺经常造成被害人人身受到伤害的后果,但此仅仅是行为人过失造成的结果,不能由此否定行为人故意行为的侵犯对象只是被害人的财物;另一方面,抢夺罪的法定最高刑是无期徒刑,对于飞车抢夺以抢夺罪加重处罚,完全可以满足惩罚犯罪的需要。参见周光权:《刑法各论》(第4版),中国人民大学出版社2021年版,第133页。

② 方鹏教授认为,《最高人民法院关于审理抢劫、抢夺刑事案件适用法律若干问题的意见》中的"飞车抢夺"规定是注意性规定,而非法律拟制。三种飞车抢夺情形的共同之处在于,均是利用飞车作为对人身实施暴力的工具,从而获得财物,情形一中的排除他人反抗、情形二中的强拉硬拽、情形三中的造成他人伤亡的手段,均是如此。顺带一提的是,在情形二中,仍可能存在着犯行、犯意转化;而情形三所针对的是行为人只实施了夺取行为,但主观上对被害人死亡结果持有间接故意的情况。参见陈兴良主编:《刑法各论精释》,人民法院出版社2015年版,第388页。

2. 在量刑起点的基础上，根据抢夺数额、次数等其他影响犯罪构成的犯罪事实增加刑罚量，确定基准刑。

多次抢夺，数额达到较大以上的，以抢夺数额确定量刑起点，抢夺次数可以作为调节基准刑的量刑情节；数额未达到较大的，以抢夺次数确定量刑起点，超过三次的次数作为增加刑罚量的事实。

3. 构成抢夺罪的，根据抢夺的数额、次数、手段、危害后果等犯罪情节，综合考虑被告人缴纳罚金的能力，决定罚金数额。

4. 构成抢夺罪的，综合考虑抢夺的起因、数额、手段、次数、危害后果、退赃退赔等犯罪事实、量刑情节，以及被告人的主观恶性、人身危险性、认罪悔罪表现等因素，决定缓刑的适用。

《全国法院毒品案件审判工作会议纪要》（法〔2023〕108号，2023年6月26日发布）

△（盗窃、抢夺或者抢劫毒品）盗窃、抢夺或者抢劫毒品，构成盗窃罪、抢夺罪或者抢劫罪的，根据情节轻重依法量刑。盗窃、抢夺或者抢劫毒品后实施贩卖毒品等毒品犯罪的，依法数罪并罚。

【参考案例】

No.5-263-38　曾贤勇抢劫案
携带凶器抢夺当场被抓获的，应以抢劫未遂论处。

No.5-263-39　曾贤勇抢劫案
携带凶器在抢夺过程中未使用暴力，且系未遂的，不宜判处死刑。

No.5-267(1)-1　李丽波抢夺案
抢夺因质押而由第三人保管的本人财物，成立抢夺罪。

No.5-263-155　李培峰抢劫、抢夺案
在加油站加油之后为逃避支付油费，趁加油站工作人员不备驶离加油站，应认定为抢夺罪。

第二百六十八条　【聚众哄抢罪】

聚众哄抢公私财物，数额较大或者有其他严重情节的，对首要分子和积极参加的，处三年以下有期徒刑、拘役或者管制，并处罚金；数额巨大或者有其他特别严重情节的，处三年以上十年以下有期徒刑，并处罚金。

【条文说明】

本条是关于聚众哄抢罪及其处罚的规定。

聚众哄抢，主要是指聚集多人，公然夺取数额较大的公私财物的行为。聚众哄抢的行为不仅侵犯了国家、集体、公民个人的财产所有权，而且侵犯了社会正常的管理秩序。构成聚众哄抢罪，必须符合以下几个条件：（1）犯罪主体是**聚众哄抢的首要分子和其他积极参加的人**。这里的"首要分子"，是指在聚众哄抢中起组织、策划、指挥作用的人。"**积极参加的**"是指主动参与哄抢，在哄抢中起主要作用以及哄抢财物多的人。考虑到这类犯罪带有聚众性、盲目性，其中多数的参与者是在不明真相的情况下参加的，或者是由于某种原因追随他人进行的，对这些参与者可以通过行政处罚和思想教育解决，一般不作为犯罪对待。（2）行为人客观方面表现为**纠集多人，采取哄闹、滋扰或者其他手段**[①]**，公然夺取数额较大的公私财物**[②]。纠集多人是行为的主要特征。[③]（3）行为人主观方面是**出于故意，具有非法占有公私财物的目的**。

根据本条规定，聚众哄抢公私财物，数额较大或者有其他严重情节的，对首要分子和积极参加的，处三年以下有期徒刑、拘役或者管制，并处罚金；数额巨大或者有其他特别严重情节的，处三年以上十年以下有期徒刑，并处罚金。本条没有对

[①] 我国学者指出，本罪一般不针对人身使用暴力或只轻微使用暴力，此乃聚众哄抢罪和抢劫罪区分的关键。参见周光权：《刑法各论》（第4版），中国人民大学出版社2021年版，第133页。另有学者指出，聚众哄抢通常是因为某种偶然事件所致，与数人事先通谋主张寻找机会抢夺作案的情形明显有别。参见黎宏：《刑法学各论》（第2版），法律出版社2016年版，第308页。

[②] 本罪的行为对象是他人占有的财物，只限于动产以及不动产中可以拆分的部分。参见周光权：《刑法各论》（第4版），中国人民大学出版社2021年版，第133页。

[③] 我国学者指出，聚众哄抢是一种行为方式，并不要求存在所谓的"聚众"与"哄抢"两个行为。参见张明楷：《刑法学》（第6版），法律出版社2021年版，第1302页。

"数额较大""数额巨大"以及"严重情节"和"特别严重情节"作出具体规定,实践中,可以由司法机关依据各地的具体情况作出具体的规定。一般情况下,参与人数众多、哄抢重要物资、社会影响大、哄抢次数多、造成公私财产损失较大、造成人员重伤或死亡的,均属于本条规定的"其他严重情节""其他特别严重情节"需要考虑的因素。

【司法解释性文件】

《最高人民法院、最高人民检察院、公安部、司法部关于依法惩治妨害新型冠状病毒感染肺炎疫情防控违法犯罪的意见》(法发〔2020〕7号,2020年2月6日发布)

△(肺炎疫情防控;诈骗罪;虚假广告罪;聚众哄抢罪)依法严惩诈骗、聚众哄抢犯罪。在疫情防控期间,假借研制、生产或者销售用于疫情防控的物品的名义骗取公私财物,或者捏造事实骗取公众捐赠款物,数额较大的,依照刑法第二百六十六条的规定以诈骗罪定罪处罚。

在疫情防控期间,违反国家规定,假借疫情防控的名义,利用广告对所推销的商品或者服务作虚假宣传,致使多人上当受骗,违法所得数额较大或者有其他严重情节的,依照刑法第二百二十二条的规定,以虚假广告罪定罪处罚。 在疫情防控期间,聚众哄抢公私财物特别是疫情防控和保障物资,数额较大或者有其他严重情节的,对首要分子和积极参加者,依照刑法第二百六十八条的规定,以聚众哄抢罪定罪处罚。(§2Ⅴ)

△(治安管理处罚;从重情节)依法严惩妨害疫情防控的违法行为。实施上述(一)至(九)规定的行为,不构成犯罪的,由公安机关根据治安管理处罚法有关虚构事实扰乱公共秩序,扰乱单位秩序、公共场所秩序、寻衅滋事,拒不执行紧急状态下的决定、命令,阻碍执行职务,冲闯警戒带、警戒区,殴打他人,故意伤害,侮辱他人,诈骗,在铁路沿线非法挖掘坑穴、采石取砂,盗窃、损毁路面公共设施,损毁铁路设施设备,故意损毁财物、哄抢公私财物等规定,予以治安管理处罚,或者由有关部门予以其他行政处罚。

对于在疫情防控期间实施有关违法犯罪的,要作为从重情节予以考量,依法体现从严的政策要求,有力惩治震慑违法犯罪,维护法律权威,维护社会秩序,维护人民群众生命安全和身体健康。(§2Ⅹ)

第二百六十九条 【抢劫罪】
犯盗窃、诈骗、抢夺罪,为窝藏赃物、抗拒抓捕或者毁灭罪证而当场使用暴力或者以暴力相威胁的,依照本法第二百六十三条的规定定罪处罚。

【条文说明】

本条是关于转化的抢劫罪及其处罚的规定。

根据本条规定,犯盗窃、诈骗、抢夺罪后,因使用暴力或者以暴力相威胁转化为抢劫罪必须符合以下三个条件:

1. 转化为抢劫罪的前提条件是**行为人构成"盗窃、诈骗、抢夺罪"**。①② 2005年《最高人民法院关于审理抢劫、抢夺刑事案件适用法律若干问题的意见》对实践中转化抢劫的认定规定,行为人实施盗窃、诈骗、抢夺行为未达到"数额较大",为窝藏赃物、抗拒抓捕或者毁灭罪证当场使用暴力或者以暴力相威胁,情节较轻、危害不大的,一般不以犯罪论处,但具有下列情形之一的,可以抢劫罪定罪处罚:(1)盗窃、诈骗、抢夺接近"数额较大"标准的;(2)入户或在公共交通工具上盗窃、诈骗、抢夺后在户外或交通工具外实施上述行为的;(3)使用暴

---

① 我国学者指出,刑法虽然将准抢劫罪的前提条件表述为"犯盗窃、诈骗、抢夺罪",但并不是要求先行的犯罪必须符合相应犯罪的既遂条件。参见周光权:《刑法各论》(第4版),中国人民大学出版社2021年版,第122页;黎宏:《刑法学各论》(第2版),法律出版社2016年版,第299页。另有学者指出,只有当前行为能被评价为盗窃、诈骗、抢夺"罪"(不管这种"罪"是既遂还是未遂),才能进而成立事后抢劫。参见张明楷:《刑法学》(第6版),法律出版社2021年版,第1275页。

② 我国学者指出,"盗窃、诈骗、抢夺罪"不仅包括《刑法》分则第五章中规定的相关犯罪,也包括其他类似犯罪,如盗伐林木、以盗窃手段实施的破坏电力设备、以诈骗手段实施的信用卡诈骗。参见黎宏:《刑法学各论》(第2版),法律出版社2016年版,第299页。

另有学者指出,《刑法》第二百六十九条所规定的"犯盗窃、诈骗、抢夺罪"应当限定为犯第二百六十四条之盗窃罪、第二百六十六条之诈骗罪、第二百六十七条条之抢夺罪。但与此同时,凡是可以评价为盗窃、诈骗、抢夺罪的行为,都可能再成立事后抢劫罪。参见张明楷:《刑法学》(第6版),法律出版社2021年版,第1278页。

力致人轻微伤以上后果的;(4)使用凶器或以凶器相威胁的;(5)具有其他严重情节的。

2. 必须具有"**窝藏赃物、抗拒抓捕或者毁灭罪证**"的目的。所谓"**窝藏赃物**",是指转移、隐匿盗窃、诈骗、抢夺所得到的公私财物的行为。所谓"**抗拒抓捕**",是指犯罪分子抗拒司法机关依法对其采取的拘留、逮捕等强制措施,以在犯罪时或者犯罪后被及时发现,抗拒群众将其扭送到司法机关的行为。所谓"**毁灭罪证**",是指犯罪分子为逃避罪责,湮灭作案现场遗留的痕迹、物品以及销毁可以证明其罪行的各种证据。

3. 必须具有"**当场使用暴力或者以暴力相威胁**"的行为。这里所谓"**当场**",一般是指实施盗窃、诈骗、抢夺犯罪行为的作案现场。① 如果犯罪分子在逃离现场时被人发现,在受到追捕或者围堵的情况下使用暴力的,也应视为当场使用暴力。② 如果犯罪分子作案时没有被及时发现,而是在其他时间、地点被发现,在抓捕过程中行凶拒捕或者在事后为掩盖罪行杀人灭口的,不适用本条规定,应依其行为所触犯的罪名定罪。所谓"**使用暴力或者以暴力相威胁**",是指犯罪分子对他人故意实施撞击、殴打、伤害等危及人体健康和生命安全的行为或者以立即实施这些行为相威胁。对于以摆脱的方式逃脱抓捕,暴力强度较小,未造成轻伤以上后果的,可不认定为"使用暴力",不以抢劫罪论处。

此外,关于两人以上共同实施盗窃、诈骗、抢夺犯罪,其中部分行为人为窝藏赃物、抗拒抓捕或者毁灭罪证而当场使用暴力或者以暴力相威胁的,对于其余行为人是否以抢劫罪共犯论处,2016年《最高人民法院关于审理抢劫刑事案件适用法律若干问题的指导意见》第三条中提出,主要看**其对实施暴力或者以暴力相威胁的行为人是否形成共同犯意或提供帮助**。基于一定意思联络,对实施暴力或者以暴力相威胁的行为人提供帮助或实际成为帮凶的,可以抢劫罪共犯论处。根据本条规定,构成转化型抢劫罪的,处三年以上十年以

下有期徒刑,并处罚金;入户抢劫的,在公共交通工具上抢劫的,抢劫银行或者其他金融机构的,多次抢劫或者抢劫数额巨大的,抢劫致人重伤、死亡的,冒充军警人员抢劫的,持枪抢劫的,抢劫军用物资或者抢险、救灾、救济物资的,处十年以上有期徒刑、无期徒刑或者死刑,并处罚金或者没收财产。需要说明的是,行为人"**入户**"或者"**在公共交通工具上**"盗窃、诈骗、抢夺后,为了窝藏赃物、抗拒抓捕或者毁灭罪证,在户内或者公共交通工具上当场使用暴力或者以暴力相威胁,构成"**入户抢劫**"或者"**在公共交通工具上抢劫**",按照抢劫罪的加重情节处罚。

【 **司法解释** 】

《**最高人民法院关于审理未成年人刑事案件具体应用法律若干问题的解释**》(法释〔2006〕1号,自 2006 年 1 月 23 日起施行)

△(已满十四周岁不满十六周岁的人;故意伤害罪或者故意杀人罪;已满十六周岁不满十八周岁的人;转化型抢劫;情节轻微)已满十四周岁不满十六周岁的人盗窃、诈骗、抢夺他人财物,为窝藏赃物、抗拒抓捕或者毁灭罪证,当场使用暴力,故意伤害致人重伤或者死亡,或者故意杀人的,应当分别以故意伤害罪或者故意杀人罪定罪处罚。③

已满十六周岁不满十八周岁的人犯盗窃、诈骗、抢夺罪,为窝藏赃物、抗拒抓捕或者毁灭罪证而当场使用暴力或者以暴力相威胁的,应当依照刑法第二百六十九条的规定定罪处罚;情节轻微的,可不以抢劫罪定罪处罚。(§10)

【 **司法解释性文件** 】

《**最高人民检察院关于相对刑事责任年龄的人承担刑事责任范围有关问题的答复**》(〔2003〕高检研发第 13 号,2003 年 4 月 18 日公布)

△(相对刑事责任年龄;转化型抢劫;但书;情节显著轻微,危害不大)相对刑事责任年龄的人实

---

① 我国学者指出,当场是一个综合了时间与空间的概念。只有当暴力、胁迫与盗窃等行为具有时间与空间上的紧密性时,才能认定为"当场"。参见张明楷:《刑法学》(第 6 版),法律出版社 2021 年版,第 1281 页。

② 我国学者指出,当场包括实施盗窃、诈骗、抢夺行为的现场,以及从现场延伸的场所,需结合行为的场所、时间的间隔大小、对财产犯罪人道撇的可能性等作具体判断。参见周光权:《刑法各论》(第 4 版),中国人民大学出版社 2021 年版,第 122 页;黎宏:《刑法学各论》(第 2 版),法律出版社 2016 年版,第 300 页。

③ 系争解释与《最高人民检察院法律政策研究室关于相对刑事责任年龄的人承担刑事责任范围有关问题的答复》的结论(以抢劫罪论处)相互矛盾。对此,林维教授批评该司法解释将不法与罪责搞为一谈。立法者将几种典型的危险行为拟制为抢劫行为,是关于构成要件之不法内涵的拟制。《刑法》第十七条第二款是关于责任年龄的规定,其只是表明相对刑事责任年龄者应对抢劫行为本身负责,与不法内涵本身为何无涉。因此,相对刑事责任年龄者仍应抑制抢劫负责。参见陈兴良主编:《刑法各论精释》,人民法院出版社 2015 年版,第 308 页;张明楷:《刑法学》(第 6 版)法律出版社 2021 年版,第 1279—1281 页。

施了刑法第二百六十九条规定的行为的,应当依照刑法第二百六十三条的规定,以抢劫罪追究刑事责任。但对情节显著轻微,危害不大的,可根据刑法第十三条的规定,不予追究刑事责任。

《最高人民法院关于审理抢劫、抢夺刑事案件适用法律若干问题的意见》(法发〔2005〕8号,2005年6月8日公布)

△(**转化型抢劫**)行为人实施盗窃、诈骗、抢夺行为,未达到"数额较大",为窝藏赃物、抗拒抓捕或者毁灭罪证当场使用暴力或者以暴力相威胁,情节较轻、危害不大的,一般不以犯罪论处;但具有下列情节之一的,可依照刑法第二百六十九条的规定,以抢劫罪定罪处罚①:
（1）盗窃、诈骗、抢夺接近"数额较大"标准的;
（2）入户或在公共交通工具上盗窃、诈骗、抢夺后在户外或交通工具外实施上述行为的;
（3）使用暴力致人轻微伤以上后果的;
（4）使用凶器或以凶器相威胁的;
（5）具有其他严重情节的。(§5)

《最高人民法院关于审理抢劫刑事案件适用法律若干问题的指导意见》(法发〔2016〕2号,2016年1月6日公布)

△(**转化型抢劫;犯盗窃、诈骗、抢夺罪;当场;使用暴力;入户抢劫;在公共交通工具上抢劫;抢劫共犯**)根据刑法第二百六十九条的规定,"犯盗窃、诈骗、抢夺罪,为窝藏赃物、抗拒抓捕或者毁灭罪证而当场使用暴力或者以暴力相威胁的",依照抢劫罪定罪处罚。"犯盗窃、诈骗、抢夺罪",主要是指行为人已经着手实施盗窃、诈骗、抢夺行为,一般不考察盗窃、诈骗、抢夺行为是否既遂。但是所涉财物数额明显低于"数额较大"的标准,又不具有《两抢意见》②第五条所列五种情节之一的,不构成抢劫罪。"当场"是指在盗窃、诈骗、抢夺的现场以及行为人刚离开现场即被他人发现并抓捕的情形。

对于以摆脱的方式逃脱抓捕,暴力强度较小,未造成轻伤以上后果的,可不认定为"使用暴力",不以抢劫罪论处。

入户或者在公共交通工具上盗窃、诈骗、抢夺后,为了窝藏赃物、抗拒抓捕或者毁灭罪证,在户内或者公共交通工具上当场使用暴力或者以暴力相威胁的,构成"入户抢劫"或者"在公共交通工具上抢劫"。

两人以上共同实施盗窃、诈骗、抢夺犯罪,其中部分行为人为窝藏赃物、抗拒抓捕或者毁灭罪证而当场使用暴力或者以暴力相威胁的,对于其余行为人是否以抢劫罪共犯论处,主要看其对实施暴力或者以暴力相威胁的行为人是否形成共同犯意、提供帮助。基于一定意思联络,对实施暴力或者以暴力相威胁的行为人提供帮助或实际成为帮凶的,可以抢劫共犯论处。(§3)

【**参考案例**】

No.5-263-50 朱永友抢劫案
在盗窃过程中为防止被害人发觉,对被害人实施暴力行为的,应以抢劫罪论处。

No.5-263-98 杨辉等破坏电力设备案
在盗窃电力设备过程中,为抗拒抓捕而当场使用暴力或者以暴力相威胁的,构成转化型的抢劫罪。

No.5-263-102 姜金福抢劫案
不满十六周岁的人犯抢劫罪,为抗拒抓捕而当场实施暴力致人轻伤的,应负刑事责任,以抢劫罪论处。

No.5-263-103 王国清等抢劫、故意伤害、盗窃案
转化型抢劫的当场,是指犯罪现场以及行为人刚离开即被发觉而被追捕的过程。

No.5-263-104 王国清等抢劫、故意伤害、盗窃案
在盗窃、诈骗或抢夺公私财物过程中,单纯为挣脱抓捕而冲撞他人并未造成严重后果的,不能认定为使用暴力或者以暴力相威胁,不构成转化型抢劫罪。③

No.5-263-105 王国清等抢劫、故意伤害、盗窃案
盗窃罪转化为抢劫罪之后,盗窃财物的数额、对象和使用暴力的程度和后果,均视为抢劫罪的量刑情节。

---

① 系存规定值得商榷:之一,将"犯盗窃、诈骗、抢夺罪"的判断转换为"使用暴力或者以暴力相威胁"的判断,并不妥当。之二,对于"使用暴力或者以暴力相威胁"的判断,应当以压制被害人的反抗作为标准,而不能以所谓的情节是否严重作为标准。参见张明楷:《刑法学》(第6版),法律出版社2021年版,第1275页。
② 即《最高人民法院关于审理抢劫、抢夺刑事案件适用法律若干问题的意见》(法发〔2005〕8号,2005年6月8日公布)。
③ 相同的学说见解指出,转化型抢劫罪中当场实施的暴力、胁迫程度,必须和抢劫罪的暴力、胁迫相同,都应当达到足以压制被害人反抗的程度。参见周光权:《刑法各论》(第4版),中国人民大学出版社2021年版,第122页;张明楷:《刑法学》(第6版),法律出版社2021年版,第1282页。

No.5-263-108 尹林军、任文军盗窃案

转化型抢劫中暴力程度应当达到足以压制反抗的程度,盗窃后为抗拒抓捕实施暴力程度不明显的摆脱行为,不符合转化型抢劫的暴力行为特征,不成立抢劫罪。

No.5-263-109 李智豪抢劫案

在转化型抢劫中,"当场"是指盗窃、诈骗、抢夺罪的现场,在现场或者刚一离开现场就被人及时发觉而立即追捕的过程,也可视为现场的延伸。

No.5-263-110 张某某抢劫、李某某盗窃案

在盗窃共同犯罪中,部分共犯因为抗拒抓捕当场实施暴力而转化为抢劫罪的,其他共犯若未参与或未赞同的,不构成转化型抢劫罪。

No.5-263-111 翟光强等抢劫案

先行为人实施盗窃行为,为抗拒抓捕当场使用暴力,后行为人加入犯罪的情形下,先行为人与后行为人构成事前无通谋的共同犯罪,成立抢劫罪的共同犯罪,后行为人只对与自己的行为具有因果性的结果承担责任。

No.5-263-112 贺喜民抢劫案

在实施盗窃等犯罪行为以后,虽然已离开犯罪现场,但在相隔短暂的时空范围内该犯罪行为仍处于继续状态,以暴力或以暴力相威胁抗拒抓捕的,应以转化型抢劫罪论处。

No.5-263-113 穆文军抢劫案

在盗窃未遂的情况下,为抗拒抓捕而当场使用暴力或者以暴力相威胁的,应以抢劫罪论处。

No.5-263-114 穆文军抢劫案

在公共交通工具上盗窃,为抗拒抓捕而当场使用暴力,转化为抢劫罪的,应认定为在公共交通工具上抢劫。

No.5-263-115 谷贵成抢劫案

在转化型抢劫中,对于未抢得财物或未造成他人轻伤以上伤害后果的,应以转化型抢劫罪的未遂论处。

No.5-263-126 杨飞飞、徐某抢劫案

盗窃财物后为抗拒抓捕而当场使用暴力,既未劫取财物,也未造成他人轻伤以上后果的,应以转化型抢劫的未遂论处。)

No.5-263-133 孙啟胜抢劫案

两人以上共同故意实施盗窃、诈骗、抢夺行为,为窝藏赃物、抗拒抓捕或者毁灭罪证而共同当场使用暴力或以暴力相威胁的,应以转化型抢劫罪的共犯论处。

No.5-263-134 王艳峰抢劫案

信用卡诈骗罪是诈骗罪的特别法,可以成为转化型抢劫的前提犯罪。

No.5-263-146 王伟华抢劫案

已满十四周岁不满十六周岁的人盗窃、诈骗、抢夺他人财物,为窝藏赃物、抗拒抓捕或者毁灭罪证,当场使用暴力,不成立转化型抢劫。

No.5-264-34 程森园抢劫案

入室盗窃后,为抗拒抓捕在室外使用暴力的,应以抢劫罪论处,但不能认定为入户抢劫。

No.5-264-37 肖明明故意杀人案

入户盗窃被发现后为窝藏赃物、抗拒抓捕或者毁灭罪证而当场使用暴力或者以暴力相威胁的,应当认定为入户抢劫。

No.5-274-8 夏鹏飞等抢劫、敲诈勒索、盗窃案

暴力劫财行为开始发生在户外,但持续至户内的,仍应认定为入户抢劫。

第二百七十条 【侵占罪】

将代为保管的他人财物非法占为己有,数额较大,拒不退还的,处二年以下有期徒刑、拘役或者罚金;数额巨大或者有其他严重情节的,处二年以上五年以下有期徒刑,并处罚金。

将他人的遗忘物或者埋藏物非法占为己有,数额较大,拒不交出的,依照前款的规定处罚。

本条罪,告诉的才处理。

【条文说明】

本条是关于侵占罪及其处罚的规定。

本条共分为三款。

第一款是关于将代为保管的他人财物非法占为己有的犯罪的规定。构成本罪必须符合三个条件:(1)**行为人因代为保管他人财物而将他人财物合法占有**。这里所说的"保管",主要是指基于委托合同关系,或者是根据事实上的管理,以及因习惯或信任关系而拥有对他人财物的持有、管理的权利。这种保管必须是合

法的①，如果不是合法的保管，而是使用盗窃、抢夺、诈骗、敲诈勒索等手段占有他人财物，则构成别的犯罪。行为人合法占有他人的财物，是构成本罪的前提条件。②（2）**行为人主观上以非法占为己有为目的**。③如果行为人是本意图非法占为己有，而是由于对合同或者事实认识上的错误等而将其保管的他人财物占为己有，不能构成本罪。（3）行为人实施了**将他人财物非法占为己有，拒不退还**④的行为，且非法占有的财物数额达到较大以上。构成本罪必须同时具备以上三个条件。

第二款是将他人的遗忘物或者埋藏物非法占为己有的犯罪的规定。构成本罪也必须符合三个条件：（1）行为人主观上必须是**故意，且以非法占为己有为目的**。（2）行为人实施了**将他人的遗忘物或者埋藏物非法占为己有，数额较大，且拒不交出的行为**。这里所说的"遗忘物"，是指由于财产的所有人、占有人的疏忽，遗忘在某处的物品。在实践中，遗忘物和遗失物是有区别的，遗忘物一般是指被害人明确知道自己遗忘在某处的物品，而**遗失物**则是失主丢失的物品，对于拾得遗失物未交还失主的不得按本罪处理。⑤"**埋藏物**"是指所有权不明的埋藏于地下的物品。遗忘物的所有权属于遗忘该财物的公民个人或者单位。埋藏物的所有权，依法属于国家所有。（3）行为人所侵占的埋藏物或者他人的遗忘物**必须达到数额较大**，否则不能构成犯罪。至于具体数额多少才是"数额较大"，由司法机关根据案件具体情况确定。

根据第一款的规定，将代为保管的他人财物非法占为己有，数额较大，拒不退还的，以及将他人的遗忘物或者埋藏物非法占为己有，数额较大，处二年以下有期徒刑、拘役或者罚金；数额巨大或者有其他严重情节的，处二年以上五年以下有期徒刑，并处罚金。

第三款规定，构成本罪，必须经过告诉才能处理。考虑到在这种犯罪行为中，有些行为人往往是基于一时的贪欲，临时产生犯意；代为保管他人财物，当事人之间往往是邻居、同事，甚至是朋友关系；拾得他人遗忘物、埋藏物，与故意占有他人财物的性质也大不相同，如果事后能够协商解决，没有必要定罪处罚。因此，本条对侵占罪的构成条件予以严格的限制，并规定犯侵占罪属于告诉才处理。如果当事人本身没有告诉，不予以处理，即不告不理。

根据这一规定，本罪属自诉案件。如果被害人不向人民法院起诉，就不会对行为人追究刑事责任。在被害人向人民法院起诉后，根据《刑事诉讼法》第二百一十二条的规定，人民法院审理自诉案件，可以进行调解；自诉人在开庭宣告前，也可以同被告人自行和解或者撤回自诉。根据这一规定，只要在判决宣告前，被告人与自诉人达成了调解协议或者和解协议，将占有的财物返还给自诉人，则可结束诉讼程序，不追究被告人的刑事责任。对于自诉案件，通过调解结案，或者双方当事人和解，既有利于减少当事

---

① 不法委托的情形（如甲委托乙向丙行贿，但乙未交付该金钱且拒不退还）能否成立侵占罪？有论者认为，虽然不法委托物的委托人在民法上确实没有无法请求返还请求权的权利，但刑法对委托返还请求权的理解，未必要完全坚守民法的立场。在刑法上完全可以认为，对于不法委托物，在国家没有及时追缴，或者难以发现不法委托事项而不能追缴时，应当在事实上允许委托人向接受方提出返还请求。委托人事实上的返还请求，只是实现司法追缴的一个环节，故而，可以成立侵占罪。参见周光权：《刑法各论》（第4版），中国人民大学出版社2021年版，第159页。另有学者指出，一方面，因为甲毕竟没有财产返还请求权，不能认定乙侵占了甲的财物；另一方面，由于财物由乙占有，也不能认为该财产已经属于国家财产。认定行为人构成侵占罪的说法，有损法秩序的统一性。参见张明楷：《刑法学》（第6版），法律出版社2021年版，第1263页。

② 我国学者指出，在委托契约无效或者可撤销的情形中，基于此委托而取得的财产占有，仍然属于受他人委托保管财物。参见周光权：《刑法各论》（第4版），中国人民大学出版社2021年版，第157页。

③ 方鹏教授认为，侵占罪的"非法占有目的"与抢劫罪、盗窃罪、诈骗罪等攫取型财产犯罪中的"非法占有目的"有所不同。侵占罪中"非法占有目的"的内容不包括通过非法手段转移占有的意思，而只包括非法所有的意思。因此，侵占罪非法占有目的之为非法所有目的，侧重于利用意思。参见陈兴良主编：《刑法各论精释》，人民法院出版社2015年版，第543页。

④ 关于拒不退还的认定，我国学者指出，基于非占为己有的意图，在权利人要求返还时公开表示拒不返还；或者故意编造各种借口或制造各种骗局以达到不返还的目的，当属拒不退还、拒不交出（"公然型"）。另外，将自己视为财物的所有人，而对财物加以使用、收益或者处分，即使从未作出拒绝返还或者交出的表示，仍然属于拒不退还、拒不交出（"推定型"）。参见周光权：《刑法各论》（第4版），中国人民大学出版社2021年版，第156—157页。

⑤ 黄京平教授认为，遗忘物与遗失物之区分的标准是能否记起财物遗失地点以及遗失时间的长短。参见高铭暄、马克昌主编：《刑法学》（第7版），北京大学出版社、高等教育出版社2016年版，第510页。另有学者指出，两者之间无显著性区分。遗失物与遗忘物同为一物，遗失物与遗忘物的共同本质在于，都是财物所有人非出于本意而丧失对财物的控制。至于丧失控制时间的长短，能否同亿起财物遗失的时间、地点，均不是区分的要点。参见张明楷：《刑法学》（第6版），法律出版社2021年版，第1265页；陈兴良主编：《刑法各论精释》，人民法院出版社2015年版，第524—525页；周光权：《刑法各论》（第4版），中国人民大学出版社2021年版，第157—158页；黎宏：《刑法学各论》（第2版），法律出版社2016年版，第335页。

人的讼累,提高诉讼效率,节约诉讼资源,又能防止矛盾激化,解决实际问题。但不论调解或和解,都应遵循双方当事人自愿原则,不得强制。

【参考案例】

No.5-270-1 张建忠侵占案
雇员利用职务上的便利,将个体工商户的财物非法占为己有,数额较大的,应以侵占罪论处。

No.5-270-2 杨飞侵占案
对他人财物不存在事实上的占有关系,不属于侵占罪中代为保管的他人财物,不构成侵占罪。

No.5-270-3 沙国芳侵占案
账户名义人将账户内的他人资金占为己有的行为,成立侵占罪。

第二百七十一条 【职务侵占罪】
公司、企业或者其他单位的工作人员,利用职务上的便利,将本单位财物非法占为己有,数额较大的,处三年以下有期徒刑或者拘役,并处罚金;数额巨大的,处三年以上十年以下有期徒刑,并处罚金;数额特别巨大的,处十年以上有期徒刑或者无期徒刑,并处罚金。
国有公司、企业或者其他国有单位中从事公务的人员和国有公司、企业或者其他国有单位委派到非国有公司、企业以及其他单位从事公务的人员有前款行为的,依照本法第三百八十二条、第三百八十三条的规定定罪处罚。

【立法沿革】

《中华人民共和国刑法》(1997年修订,自1997年10月1日起施行)
第二百七十一条
公司、企业或者其他单位的人员,利用职务上的便利,将本单位财物非法占为己有,数额较大的,处五年以下有期徒刑或者拘役;数额巨大的,处五年以上有期徒刑,可以并处没收财产。
国有公司、企业或者其他国有单位中从事公务的人员和国有公司、企业或者其他国有单位委派到非国有公司、企业以及其他单位从事公务的人员有前款行为的,依照本法第三百八十二条、第三百八十三条的规定定罪处罚。

《中华人民共和国刑法修正案(十一)》(自2021年3月1日起施行)
二十九、将刑法第二百七十一条第一款修改为:
"公司、企业或者其他单位的工作人员,利用职务上的便利,将本单位财物非法占为己有,数额较大的,处三年以下有期徒刑或者拘役,并处罚金;数额巨大的,处三年以上十年以下有期徒刑,并处罚金;数额特别巨大的,处十年以上有期徒刑或者无期徒刑,并处罚金。"

【条文说明】

本条是关于职务侵占罪及其处罚的规定。
本条共分为两款。
第一款是关于公司、企业或者其他单位的工作人员利用职务便利侵占单位财物的规定。"**利用职务便利侵占**"是指公司、企业或者其他单位的工作人员利用职务上的便利,侵吞、窃取、骗取或者以其他手段非法占有本单位的财物的行为。这里所规定的"**公司**",是指依照公司法在中国境内设立的有限责任公司和股份有限公司。"**企业**"是指进行企业登记从事经营活动的非以公司形式组成的经济实体,如厂矿、商店、宾馆、饭店以及其他服务性企业等。① "**单位财物**",包括动产和不动产,不仅仅指单位所有的,还包括单位依法或者依约定而占有、管理、使用、运输中的财物。②
构成职务侵占罪必须符合以下四个条件。(1)主体是**公司、企业或者其他单位的工作人员**。③ (2)行为人必须利用职务上的便利。"**利用职务上的便利**",主要是指利用自己在职务上所具

---

① 单纯从事个人经营者或家庭经营的个体工商户,不属于此处的"公司、企业或者其他单位",其从业人员不具备本罪主体资格。参见周光权:《刑法各论》(第4版),中国人民大学出版社2021年版,第163页。
② 作为职务侵占罪行为对象的"本单位财物",既包括单位现存的财物,也包括确定的收益;既包括财物,也包括财产性利益。参见张明楷:《刑法学》(第6版),法律出版社2021年版,第1339页。
③ 我国学者指出,本罪的行为主体是双重意义上的复合身份犯,一方面是单位财产的占有者(真正身份犯),另一方面是特定业务的从事者(不真正身份犯)。参见周光权:《刑法各论》(第4版),中国人民大学出版社2021年版,第163页。

有的主管、管理或者经手本单位财物的便利条件①，如公司的经理在一定范围内调配、处置单位财产的权力，企业的会计有管理财务的职责，出纳有经手、管理钱财的职责等。应当注意的是，利用职务上的便利，不是指利用与其职责无关的，只因工作关系而熟悉作案环境、条件，或者凭工作人员身份便于出入某单位，较易接近作案目标或者对象等便利条件。例如公司会计利用管帐机会，作假帐骗取公司财物；出纳利用管钱机会侵吞公司钱款，均属于职务侵占行为。而如果公司会计利用与出纳一起工作的机会，趁出纳不在将其所保管的钱柜中的现金取走占为己有的，则因为没有利用其会计职务的便利而不能构成职务侵占罪。(3)**以非法占有为目的，实施了侵占行为**。一般是指采用侵吞、窃取、骗取等各种手段将本单位财物占为己有，既包括将合法已持有的单位财物非法加以处分、使用、变持有为所有等行为，又包括不占有单位财物但利用职务之便骗取、窃取、侵吞、私分单位财物的行为。(4)**达到数额较大的标准**。

第二款是关于国有公司、企业或者其他国有单位中从事公务的人员和国有公司、企业或者其他国有单位委派到非国有公司、企业以及其他单位②从事公务的人员利用职务便利侵占单位财物的，应当如何处理的规定。《刑法》第九十三条第二款规定，国有公司、企业、事业单位、人民团体中从事公务的人员和国家机关、国有公司、企业、事业单位委派到非国有公司、企业、事业单位、社会团体从事公务的人员，以及其他依照法律从事公务的人员，以国家工作人员论。本款规定的人员，属于《刑法》第九十三条第二款规定的"**以国家工作人员论**"的范围。根据本款规定，应当按照《刑法》第三百八十二条认定为**贪污罪**。《刑法》第三百八十三条规定：(一)贪污数额较大或者有其他较重情节的，处三年以下有期徒刑或者拘役，并处罚金；(二)贪污数额巨大或者有其他严重情节的，处三年以上十年以下有期徒刑，并处罚金或者没收财产；(三)贪污数额特别巨大或者有其他特别严重情节的，处十年以上有期徒刑或者无期徒刑，并处罚金或者没收财产；数额特别巨大，并使国家和人民利益遭受特别重大损失的，处无期徒刑或者死刑，并处没收财产。对多次贪污未经处理的，按照累计贪污数额处理。犯第一款罪，在提起公诉前如实供述自己罪行，真诚悔罪、积极退赃，避免、减少损害结果的发生，有第一项规定情形的，可以从轻、减轻或者免除处罚；有第二项、第三项规定情形的，可以从轻处罚。犯第一款罪，有第三项规定情形被判处死刑缓期执行的，人民法院根据犯罪情节等情况可以同时决定在其死刑缓期执行二年期满依法减为无期徒刑后，终身监禁，不得减刑、假释。"

需要注意的是，只有符合《刑法》第九十三条第二款规定的人员才能以贪污罪论处。对于其他身份的人员，根据《最高人民法院关于在国有资本控股、参股的股份有限公司中从事管理工作的人员利用职务便利非法占有本公司财物如何定罪问题的批复》，在国有资本控股、参股的股份有限公司中从事管理工作的人员，除受国家机关、国有公司、企业、事业单位委派从事公务的以外，不属于国家工作人员。对其利用职务上的便利，将本单位财物非法占为己有，数额较大的，应当依照《刑法》第二百七十一条第一款的规定，以职务侵占罪定罪处罚。根据《最高人民法院关于村民小组组长利用职务便利非法占有公共财物行为如何定性问题的批复》的规定，对村民小组长利用职务上的便利，将村民小组集体财产非法占为己有，数额较大的，应当依照《刑法》第二百七十一条第一款的规定，以职务侵占罪定罪处罚。

实践中需要注意以下两个方面的问题：

1. **关于贪污罪和职务侵占罪案件中的共同犯罪问题**。根据2000年《最高人民法院关于审理贪污、职务侵占案件如何认定共同犯罪几个问题的解释》的规定：(1)行为人与国家工作人员勾结，利用国家工作人员的职务便利，共同侵吞、窃取、骗取或者以其他手段非法占有公共财物的，以

---

① 我国学者指出，所谓"职务上的便利"乃指，行为人在公司、企业或者其他单位担任的职权，或者因执行职务而产生的经手、管理单位财物的便利。参见周光权：《刑法各论》(第4版)，中国人民大学出版社2021年版，第163页；高铭暄、马克昌主编：《刑法学》(第7版)，北京大学出版社、高等教育出版社2016年版，第511页；张明楷：《刑法学》(第6版)，法律出版社2021年版，第1338页。另有学者指出，利用职务上的便利，不仅指利用自己职务上形成的权力便利，还包括利用自己以事务务、持有单位财产的便利。参见黎宏：《刑法学各论》(第2版)，法律出版社2016年版，第337页。

② 我国学者指出，本款中的"非国有公司、企业以及其他单位"乃指国有单位以外其他任何经济形式的单位，法律并未附加其他限制条件。非国有公司、企业以及其他单位的工作人员利用职务之便非法占有该单位的财物，其行为构成贪污罪抑或职务侵占罪，关键不在于是否将财物认定为公共财产，也不在于该单位的财产中公共财产占多大的比例，而在于行为人是否属于受国有单位委派到该单位从事公务的国家工作人员，以及其非法占有的财物是否利用了其职务的便利，是否侵犯了其职务行为的廉洁性。因此，《刑法》第三百八十二条与第二百七十一条第二款的规定，实际上是两种不同类型的贪污。参见王作富主编：《刑法分则实务研究(下)》(第5版)，中国方正出版社2013年版，第1544页。

贪污罪共同论处;(2)行为人与公司、企业或者其他单位的人员勾结,利用公司、企业或者其他单位人员的职务便利,共同将该单位财物非法占为己有,数额较大的,以职务侵占罪共同论处;(3)公司、企业或者其他单位的人员与国家工作人员勾结,分别利用各自的职务便利,共同将本单位财物非法占为己有的,按照主犯的犯罪性质定罪。

2. 关于职务侵占罪与**侵占罪**的区别。职务侵占罪与侵占罪都以非法占有为目的,都侵犯了他人的财物所有权,二者最大的区别在于是否利用了职务之便。具体而言,二者存在以下四个方面的不同。(1)犯罪对象不同。职务侵占罪的犯罪对象是公司、企业或其他单位的财物。侵占罪的犯罪对象是"代为保管的他人财物"或"他人的遗忘物或埋藏物"。(2)客观行为表现不同。职务侵占罪在客观方面表现为行为人利用职务上的便利将本单位财物加以侵占,数额较大的行为。侵占罪在客观方面表现为行为人将代为保管的他人财物非法占为己有,数额较大,拒不退还或者将他人的遗忘物、埋藏物非法占为己有,数额较大,拒不交出的行为。进一步分析,职务侵占罪要求行为人必须利用了"职务上的便利"这一条件,而侵占罪的行为人则不要求这一点。另外,侵占罪的行为人只有在将代为保管的他人财物拒不退还或者将他人的遗忘物、埋藏物非法占为己有,拒不交出的情况下,才构成犯罪。如果行为人在财物的所有人及他人提起自诉之前,已经退还或交出他人的财物,则不构成犯罪。而职务侵占罪,只要行为人实施了侵占本单位财物的行为,并达到数额较大,就构成了犯罪,对于退赃退赔,只能作为量刑情节予以考虑。(3)犯罪主体不同。职务侵占罪的犯罪主体是公司、企业或其他单位的工作人员(但不包括公司、企业或其他单位中从事公务的国家工作人员);而侵占罪的犯罪主体则是一般主体。(4)侵占罪属于告诉才处理的犯罪,而职务侵占罪则无此规定。

【**司法解释**】

《最高人民法院关于村民小组组长利用职务便利非法占有公共财物行为如何定性问题的批复》(法释〔1999〕12号,自1999年7月3日起施行)

△(**村民小组组长;村民小组集体财产;职务侵占罪**)对村民小组组长利用职务上的便利,将村民小组集体财产非法占为己有,数额较大的行为,应当比照刑法第二百七十一条第一款的规定,以职务侵占罪定罪处罚。

《最高人民法院关于审理贪污、职务侵占案件如何认定共同犯罪几个问题的解释》(法释〔2000〕15号,自2000年7月8日起施行)

△(**勾结;职务侵占罪共犯**)行为人与公司、企业或者其他单位的人员勾结,利用公司、企业或者其他单位人员的职务便利,共同将该单位财物非法占为己有,数额较大的,以职务侵占罪共犯论处。① (§2)

△(**勾结;共同犯罪;主犯的犯罪性质**)公司、企业或者其他单位中,不具有国家工作人员身份的人与国家工作人员勾结,分别利用各自的职务便利,共同将本单位财物非法占为己有的,按照主犯的犯罪性质定罪。② (§3)

《最高人民法院关于在国有资本控股、参股的股份有限公司中从事管理工作的人员利用职务便利非法占有本公司财物如何定罪问题的批复》(法释〔2001〕17号,自2001年5月26日起施行)

△(**国有资本控股、参股的股份有限公司;从事管理工作的人员;职务侵占罪**)在国有资本控股、参股的股份有限公司中从事管理工作的人员,除受国家机关、国有公司、企业、事业单位委派从事公务的以外,不属于国家工作人员。对其利用职务上的便利,将本单位财物非法占为己有,数额较大的,应当依照刑法第二百七十一条第一款的规定,以职务侵占罪定罪处罚。

《最高人民法院、最高人民检察院关于办理妨害预防、控制突发传染病疫情等灾害的刑事案件具体应用法律若干问题的解释》(法释〔2003〕8号,自2003年5月15日起施行)

△(**用于预防、控制突发传染病疫情等灾害的款物;职务侵占罪**)贪污、侵占用于预防、控制突发传染病疫情等灾害的款物或者挪用归个人使用,

---

① 我国学者指出,业务上占有者和一般人(即无业务且未占有财物者)共同侵占单位财物,由于本罪是真正的身份犯,即使一般人实施了侵占行为,亦不欠缺本单位的实行行为性,并以其利用正犯,而只能成立教唆犯或者帮助犯。参见周光权:《刑法各论》(第4版),中国人民大学出版社2021年版,第163页。

② 刘志伟教授认为,如果共同犯罪的实施既利用了国家工作人员的职务便利,也利用了非国家工作人员的职务便利,应以贪污罪论处。从整个共同犯罪的性质来看,其间既包括贪污罪的性质,也包含职务侵占罪的性质。参见赵秉志、李希慧主编:《刑法各论》(第3版),中国人民大学出版社2016年版,第253页。

构成犯罪的，分别依照刑法第三百八十二条、第三百八十三条、第二百七十一条、第三百八十四条、第二百七十二条的规定，以贪污罪、职务侵占罪、挪用公款罪、挪用资金罪定罪，依法从重处罚。（§14Ⅰ）

《最高人民法院、最高人民检察院关于办理贪污贿赂刑事案件适用法律若干问题的解释》（法释〔2016〕9号，自2016年4月18日起施行）

△（职务侵占罪；数额较大；数额巨大）刑法第一百六十三条规定的非国家工作人员受贿罪、第二百七十一条规定的职务侵占罪中的"数额较大""数额巨大"的数额起点，按照本解释关于受贿罪、贪污罪相对应的数额标准规定的二倍、五倍执行。① （§11Ⅰ）

【司法解释性文件】

《全国法院维护农村稳定刑事审判工作座谈会纪要》（法〔1999〕217号，1999年10月27日公布）

△（村委会和村党支部成员；集体财产；职务侵占罪）关于村委会和村党支部成员利用职务便利侵占集体财产犯罪的定性问题

为了保证案件的及时审理，在没有司法解释规定之前，对于已起诉到法院的这类案件，原则上以职务侵占罪定罪处罚。

《公安部经侦局关于对非法占有他人股权是否构成职务侵占罪问题的工作意见》（2005年6月24日公布）

△（非法占有公司股东股权；职务侵占罪）对于公司股东之间或者被委托人利用职务便利，非法占有公司股东股权的行为，如果能够认定行为人主观上具有非法占有他人财物的目的，则可对其利用职务便利，非法占有公司管理中的股东股权的行为以职务侵占罪论处。②

《最高人民法院、最高人民检察院、公安部、司法部关于依法惩治妨害新型冠状病毒感染肺炎疫情防控违法犯罪的意见》（法发〔2020〕7号，2020年2月6日发布）

△（肺炎疫情防控；滥用职权罪或者玩忽职守罪；传染病防治失职罪；传染病菌种扩散罪；贪污罪；职务侵占罪；挪用公款罪；挪用资金罪；挪用特定款物罪）依法严惩疫情防控失职渎职、贪污挪用犯罪。在疫情防控工作中，负有组织、协调、指挥、灾害调查、控制、医疗救治、信息传递、交通运输、物资保障等职责的国家机关工作人员，滥用职权或者玩忽职守，致使公共财产、国家和人民利益遭受重大损失的，依照刑法第三百九十七条的规定，以滥用职权罪或者玩忽职守罪定罪处罚。

卫生行政部门的工作人员严重不负责任，不履行或者不认真履行防治监管职责，导致新型冠状病毒感染肺炎传播或者流行，情节严重的，依照刑法第四百零九条的规定，以传染病防治失职罪定罪处罚。

从事实验、保藏、携带、运输传染病菌种、毒种的人员，违反国务院卫生行政部门的有关规定，造成新型冠状病毒毒种扩散，后果严重的，依照刑法第三百三十一条的规定，以传染病菌种扩散罪定罪处罚。

国家工作人员，受委托管理国有财产的人员，公司、企业或者其他单位的人员，利用职务便利，侵吞、截留或者以其他手段非法占有用于防控新型冠状病毒感染肺炎的款物，或者挪用上述款物归个人使用，符合刑法第三百八十二条、第三百八十三条、第二百七十一条、第三百八十四条、第二百七十二条规定的，以贪污罪、职务侵占罪、挪用公款罪、挪用资金罪定罪处罚。挪用用于防控新型冠状病毒感染肺炎的救灾、优抚、救济等款物，符合刑法第二百七十三条规定的，对直接责任人员，以挪用特定款物罪定罪处罚。（§2Ⅶ）

△（治安管理处罚；从重情节）依法严惩妨害疫情防控的违法行为。实施上述（一）至（九）规定的行为，不构成犯罪的，由公安机关根据治安管理处罚法有关虚构事实扰乱公共秩序，扰乱单位秩序、公共场所秩序、寻衅滋事，拒不执行紧急状态下的决定、命令，阻碍执行职务，冲闯警戒带、警戒区，殴打他人，故意伤害，侮辱他人，在铁路沿线非法挖掘坑穴、采石取沙，盗窃、损毁路面公共设施，损毁铁路设施设备，故意损毁财物、哄抢公私财物等规定，予以治安管理处罚，或者由有关部门予以其他行政处罚。

对于在疫情防控期间实施有关违法犯罪的，要作为从重情节予以考量，依法体现从严的政策要求，有力惩治震慑违法犯罪，维护法律权威，维护社会秩序，维护人民群众生命安全和身体健康。（§2X）

---

① 即6万元为职务侵占"数额较大"的数额起点，100万元为职务侵占"数额巨大"的数额起点。参见张明楷：《刑法学》（第6版），法律出版社2021年版，第1339页。

② 我国学者指出，自然人股东持有的股份不是单位财物，而是个人财物，因此，不成立职务侵占罪，而只能视行为的具体表现认定为盗窃罪、诈骗罪或者侵占罪。参见张明楷：《刑法学》（第6版），法律出版社2021年版，第1339页。

《最高人民法院、最高人民检察院关于常见犯罪的量刑指导意见（试行）》（法发〔2021〕21号，2021年6月6日发布）

△（职务侵占罪；量刑）

1. 构成职务侵占罪的，根据下列情形在相应的幅度内确定量刑起点：

（1）达到数额较大起点的，在一年以下有期徒刑、拘役幅度内确定量刑起点。

（2）达到数额巨大起点的，在三年至四年有期徒刑幅度内确定量刑起点。

（3）达到数额特别巨大起点的，在十年至十一年有期徒刑幅度内确定量刑起点。依法应当判处无期徒刑的除外。

2. 在量刑起点的基础上，根据职务侵占数额等其他影响犯罪构成的犯罪事实增加刑罚量，确定基准刑。

3. 构成职务侵占罪的，根据职务侵占的数额、危害后果等犯罪情节，综合考虑被告人缴纳罚金的能力，决定罚金数额。

4. 构成职务侵占罪的，综合考虑职务侵占的数额、手段、危害后果、退赃退赔等犯罪事实、量刑情节，以及被告人的主观恶性、人身危险性、认罪悔罪表现等因素，决定缓刑的适用。

《最高人民检察院、公安部关于公安机关管辖的刑事案件立案追诉标准的规定（二）》（公通字〔2022〕12号，2022年4月6日公布）

△（职务侵占罪；立案追诉标准）公司、企业或者其他单位的人员，利用职务上的便利，将本单位财物非法占为己有，数额在三万元以上的，应予立案追诉。（§76）

【公报案例】

李江职务侵占案（《最高人民法院公报》2009年第8期）

△（利用职务上的便利；普通货物运输的承运人；职务侵占）根据《刑法》第二百七十一条的规定，职务侵占罪是指公司、企业或者其他单位的人员，利用职务上的便利，将本单位数额较大的财物非法占为己有的行为。所谓"利用职务上的便利"，是指行为人在实施犯罪时，利用自身的职权，或者利用自身因执行职务而获取的主管、管理、经手本单位财物的便利条件。

普通货物运输的承运人不仅负有将货物安全及时地送达目的地的职责，同时对该货物负有直接保管的义务。货运驾驶员在运输途中，利用其运输、保管货物的职务便利窃取货物的行为，构成职务侵占罪。

【参考案例】

No.5-271-2 张珍贵等职务侵占案

虽无经营、管理单位财产的权限，但在劳务活动中经手单位财物的，应当认定为具有职务侵占罪的职务便利。

No.5-271-3 贺豫松职务侵占案

临时聘用人员利用职务上的便利，窃取本单位财物数额较大的，应以职务侵占罪论处。

No.5-271-4 王一辉等职务侵占案

网络公司职员利用职务上的便利，通过修改数据生成网络虚拟财物并出售给其他玩家，获利数额较大的，应以职务侵占罪论处。

No.5-271-5 任祖翰等职务侵占案

混合所有制公司负责人利用关联交易行为与共同具有财产的近亲属开办公司并非法牟利的，不构成贪污罪或为亲友非法牟利罪，应以职务侵占罪论处。

No.5-271-6 虞秀强职务侵占案

公司职员利用代理公司业务的职务便利，将签订合同所得财物非法占为己有，数额较大的，应以职务侵占罪论处。

No.5-271-7 刘宏职务侵占案

单位职员的犯罪行为发生在其用工合同到期之后，但案发时该职员仍在实际行使对单位财物的管理职权，并利用职务便利侵占单位财物数额较大的，应以职务侵占罪论处。

No.5-271-8 刘宏职务侵占案

职员对财物不具有独立管理权，却单独利用共同管理权窃取本单位财物的，应当认定为具有职务侵占罪的利用职务便利。

No.5-271-9 王某职务侵占案

公司、企业或者其他单位人员未经单位授权，私自收取他人费用，并予以非法占有的，应以职务侵占罪论处。

No.5-271-10 林连枝职务侵占案

村民委员会等村基层自治组织人员在履行集体管理事务中，利用职务上的便利，将集体财产占为己有的，应以职务侵占罪论处。

No.5-271-11 朱文博公司人员受贿案

利用职务上的便利侵占本单位财产性利益的，不构成职务侵占罪。

No.5-271-12 李爽职务侵占案

利用职务上的便利侵吞公司财产的，即使该公司系家族企业，亦构成职务侵占罪。

No.5-271-13 何华兵职务侵占案

利用职务之便，采取非隐秘手段吞本单位财物的，应以职务侵占罪论处。

No.5-271-14 何华兵职务侵占案
未与单位办理任何财务交接手续,携款擅自离开单位去向不明,在司法机关发现后尽管辩称其打算归还单位资金,仍可认定为职务侵占罪。

No.5-271-16 吴定岳职务侵占案
以共同发起设立公司的方式进行投资的,后投资不成,投资人之一利用职务便利冒领其他投资人垫付的投资款拒不归还数额较大的,应以职务侵占罪论处。

No.5-271-17 赵卫明等盗窃案
利用易于接近作案目标的工作条件便利而非职务上的便利盗窃公私财物的,不构成职务侵占罪,应以盗窃罪论处。

No.5-271-18 于庆伟职务侵占案
经公司正式聘用并赋予其主管、管理或者经手单位财物权力的临时工,可以成为职务侵占罪的主体。

No.5-271-19 林通职务侵占案
没有经手单位财物的职权,但单位违规授权使行为人实际上具有经手财物的职权,其利用该实际职权,侵吞单位财产的,应以职务侵占罪论处。

No.5-271-20 石锡香等职务侵占案
国有事业单位改制为国有控股事业单位后,原来从事公务的人员,继续在原岗位从事公务,如与国有事业单位间不具有委派关系,其利用职务上的便利,将本单位财物非法占为己有,数额巨大的,不构成贪污罪,应以职务侵占罪论处。

No.5-271-22 钱银元贪污、职务侵占案
村基层组织人员以村集体的名义,处理村集体组织事务的,不属于从事公务,不应以国家工作人员论。利用职务的便利侵占相应财物的,应以职务侵占罪论处。

No.5-271-23 雒彬彬职务侵占案
网络虚拟财产的定价存在不确定性,对于以虚拟财产为对象的财产犯罪,在计算数额时,应以行为人在网上贩卖的价格认定为宜。

No.5-271-24 曹建亮等职务侵占案
在土地征用补偿费用补偿到位后,村干部将其非法侵吞的,不成立贪污罪,应认定为职务侵占罪。

No.5-271-25 詹承钰职务侵占案
职务侵占罪同时侵犯了本单位财物所有权与诚实信用信托关系双重客体,"职务"的范围不仅包括管理性事务、经常性持续性业务,也可以包括非管理性普通业务和临时授权性业务。通过对"行为人从事的事务与控制、支配本单位财物的地位"和"利用控制、支配本单位财物的地位与非法将本单位财物占为己有之间"两个因果关系的判定,界定"利用职务便利"的实质内涵。

No.5-271-26 韩枫职务侵占案
职务侵占罪中,对利用职务便利的认定应当根据职务便利对完成犯罪所起到的作用进行判断。

No.5-271-27 谭世豪职务侵占案
非国家工作人员利用本单位业务合作方的收费系统漏洞,截留本单位受托收取的业务合作方现金费用的行为,成立职务侵占罪。

No.5-271-28 赵玉生、张书安职务侵占案
村基层组织人员在发放村民小组集体土地征用补偿费过程中,将财产非法占为己有的,成立职务侵占罪。

No.5-271-29 王海英职务侵占案
股权属于股东个人财产而非公司财产,公司职员利用职务便利侵占股权的行为不构成职务侵占罪,但侵占股权后进一步侵占公司财产的,构成职务侵占罪。

第二百七十二条　【挪用资金罪】

公司、企业或者其他单位的工作人员，利用职务上的便利，挪用本单位资金归个人使用或者借贷给他人，数额较大、超过三个月未还的，或者虽未超过三个月，但数额较大、进行营利活动的，或者进行非法活动的，处三年以下有期徒刑或者拘役；挪用本单位资金数额巨大的，处三年以上七年以下有期徒刑；数额特别巨大的，处七年以上有期徒刑。

国有公司、企业或者其他国有单位中从事公务的人员和国有公司、企业或者其他国有单位委派到非国有公司、企业以及其他单位从事公务的人员有前款行为的，依照本法第三百八十四条的规定定罪处罚。

有第一款行为，在提起公诉前将挪用的资金退还的，可以从轻或者减轻处罚。其中，犯罪较轻的，可以减轻或者免除处罚。

【立法解释性文件】

《全国人民代表大会常务委员会法制工作委员会刑法室关于挪用资金罪有关问题的答复》（法工委刑发〔2004〕第28号，2004年9月8日）

△（归个人使用；借贷给他人）刑法第二百七十二条规定的挪用资金罪中的"归个人使用"与刑法第三百八十四条规定的挪用公款罪中的"归个人使用"的含义基本相同。97年修改刑法时，针对当时挪用资金中比较突出的情况，在规定"归个人使用时"的同时，进一步明确了"借贷给他人"属于挪用资金罪的一种表现形式。

【立法沿革】

《中华人民共和国刑法》（1997年修订，自1997年10月1日起施行）

第二百七十二条

公司、企业或者其他单位的工作人员，利用职务上的便利，挪用本单位资金归个人使用或者借贷给他人，数额较大、超过三个月未还的，或者虽未超过三个月，但数额较大、进行营利活动的，或者进行非法活动的，处三年以下有期徒刑或者拘役；挪用本单位资金数额巨大的，或者数额较大不退还的，处三年以上十年以下有期徒刑。

国有公司、企业或者其他国有单位中从事公务的人员和国有公司、企业或者其他国有单位委派到非国有公司、企业以及其他单位从事公务的人员有前款行为的，依照本法第三百八十四条的规定定罪处罚。

《中华人民共和国刑法修正案（十一）》（自2021年3月1日起施行）

三十、将刑法第二百七十二条修改为：

"公司、企业或者其他单位的工作人员，利用职务上的便利，挪用本单位资金归个人使用或者借贷给他人，数额较大、超过三个月未还的，或者虽未超过三个月，但数额较大、进行营利活动的，或者进行非法活动的，处三年以下有期徒刑或者拘役；挪用本单位资金数额巨大的，处三年以上七年以下有期徒刑；数额特别巨大的，处七年以上有期徒刑。

"国有公司、企业或者其他国有单位中从事公务的人员和国有公司、企业或者其他国有单位委派到非国有公司、企业以及其他单位从事公务的人员有前款行为的，依照本法第三百八十四条的规定定罪处罚。

"有第一款行为，在提起公诉前将挪用的资金退还的，可以从轻或者减轻处罚。其中，犯罪较轻的，可以减轻或者免除处罚。"

【条文说明】

本条是关于挪用资金罪及其处罚的规定。

本条共分为三款。

第一款是关于公司、企业或者其他单位的工作人员，利用职务上的便利，挪用本单位资金的规定。根据本款规定，构成挪用资金罪，必须符合以下几个条件：

1. 行为人必须是**公司、企业或者其他单位的工作人员**。国有公司、企业或者其他国有单位中从事公务的人员和国有公司、企业或者其他国有单位委派到非国有公司、企业以及其他单位的从事公务的人员不能构成本款规定的犯罪。对于上述人员挪用本单位资金的，应该按照第二款规定，即按照挪用公款罪定罪处罚。对于受国家机关、国有公司、企业、事业单位、人民团体委托，管理、经营国有财产的非国家工作人员，利用职务上的便利，挪用国有资金归个人使用的，根据2000年《最高人民法院关于对受委托管理、经营国有财产人员挪用国有资金如何定罪问题的批复》的规定，应当依照本条第一款的规定定罪处罚。

2. 行为人必须**利用职务上的便利**。"利用职务上的便利"，主要是指利用自己在职务上所具有的主管、管理或者经手本单位财物的便利条件。应当注意的是,利用与其职责无关,只因工作关系而熟悉作案环境、条件,或者凭工作人员身份便于出入某单位,较易接近作案目标或者对象等便利条件的,不属于利用职务上的便利。

3. 行为人实施了**挪用本单位资金的行为**。"挪用"是指利用职务上的便利,非法擅自动用单位资金归本人或他人使用,但准备日后退还。"**本单位资金**",包括本单位所有的资金,也包括因为经营管理的需要,由本单位实际控制使用中的资金。如对于本单位在经济往来中暂收、预收、暂存其他单位或个人的款项、物品,或者对方支付的货款、交付的货物等,如接收人已以单位名义履行接收手续的,所接收的财、物应视为该单位资产。

本款对挪用本单位资金行为规定了以下几种情况:

(1)**挪用本单位资金归个人使用或者借贷给他人,数额较大、超过三个月未还的**。适用此种情况的前提是挪用本单位资金既不是进行非法活动,也不是进行营利活动,而是进行其他活动,如用于个人消费、家庭支出等。这里所说的"归个人使用",根据 2010 年《最高人民检察院、公安部关于公安机关管辖的刑事案件立案追诉标准的规定(二)》第八十五条第二款的规定,包括以下几种情形:①将本单位资金供本人、亲友或者其他自然人使用;②以个人名义将本单位资金供其他单位使用;③个人决定以单位名义将本单位资金供其他单位使用,谋取个人利益。这里所说的"**借贷给他人**",是指挪用人以个人名义将本单位的资金借给其他自然人和单位。"**超过三个月未还的**"是指挪用资金的时间自挪用行为发生之日已经超过三个月并且未归还。这里不仅包括案发时尚未归还挪用款项并且时间已经超过三个月,还包括发案时已经归还,但旧还时已经超过三个月两种情况。至于挪用公款超过三个月但在案发时已经归还的,可以作为一种犯罪情节加以考量。

(2)**挪用本单位资金归个人使用或者借贷给他人,数额较大、进行营利活动的**。"**进行营利活动**"是指用所挪用的资金进行经营或者其他获取利润的行为[1],至于其是否实际获得利益不影响本罪的成立。[2]

(3)**挪用本单位资金归个人使用或者借贷给**他人,**进行非法活动的**。这里的"**非法活动**"是广义的,既包括一般的违法行为,如赌博、嫖娼,也包括犯罪行为,如走私、贩毒等。[3] 根据本款规定,挪用资金进行非法活动的,由于该行为本身就具有严重的社会危害性,所以刑法未对其在数额及挪用时间上明确加以限制。但这并不等于说只要挪用资金进行非法活动即构成犯罪,并可以完全不考虑数额。

根据本款规定,公司、企业或者其他单位的工作人员,利用职务上的便利,挪用本单位资金归个人使用或者借贷给他人,数额较大、超过三个月未还的,或者虽未超过三个月,但数额较大、进行营利活动的,或者进行非法活动的,处三年以下有期徒刑或者拘役;挪用本单位资金数额巨大的,处三年以上七年以下有期徒刑;数额特别巨大的,处七年以上有期徒刑。

第二款规定的是国有公司、企业或者其他国有单位中从事公务的人员和国有公司、企业或者其他国有单位委派到非国有公司、企业以及其他单位从事公务的人员挪用本单位资金的,依照《刑法》第三百八十四条的规定处罚,即依照关于**挪用公款罪**的规定定罪处罚。《刑法》第三百八十四条规定:"国家工作人员利用职务上的便利,挪用公款归个人使用,进行非法活动的,或者挪用公款数额较大、进行营利活动的,或者挪用公款数额较大、超过三个月未还的,是挪用公款罪,处五年以下有期徒刑或者拘役;情节严重的,处五年以上有期徒刑。挪用公款数额巨大不退还的,处十年以上有期徒刑或者无期徒刑。挪用用于救灾、抢险、防汛、优抚、扶贫、移民、救济款物归个人使用的,从重处罚。"

第三款是关于对挪用资金犯罪可以从宽处理的规定。对挪用资金犯罪从宽处理必须同时符合以下两个条件。一是**在提起公诉前**。"提起公诉"是人民检察院经全面审查,对事实清楚、证据确实充分的案件,依法应当对犯罪嫌疑人判处刑罚的,提交人民法院审判的诉讼活动。二是**行为人必须将挪用的资金退还**。这里的退还挪用资金,应当是退还全部的挪用资金。在同时具备以上前提的条件下,根据本款规定,可以从轻或者减轻处罚。其中,犯罪较轻的,可以减轻或者免除处罚。当然,实践中也存在行为人因为经济状况等

---

[1] 譬如,以挪用的资金作为资本,从事生产、经商、入股分红、存入银行或者借贷给他人收取利息。参见周光权:《刑法各论》(第 4 版),中国人民大学出版社 2021 年版,第 165 页。

[2] 相同的学说见解,参见周光权:《刑法各论》(第 4 版),中国人民大学出版社 2021 年版,第 165 页。

[3] 行为人挪用资金以后所实施的非法行为另外构成犯罪,应当将其与挪用资金罪数罪并罚。参见周光权:《刑法各论》(第 4 版),中国人民大学出版社 2021 年版,第 165 页。

原因，积极退赔部分赃款，确实无力退还全部赃款的情况，对于这种退还部分挪用资金的，也可以结合案件的具体情况，行为人退赔金额对于减少损害结果的实际效果等，依法予以从宽处理，以体现罪责刑相适应。本款关于退还挪用资金的，予以从宽处理的规定，是针对挪用资金犯罪所作的特别规定，是考虑到实践中追赃工作的实际情况和更有利于保护涉案企业财产权益的需要，也与实践中司法机关对量刑情节的考虑和刑法总则中的从宽精神是一致的。

实践中需要注意以下两个方面的问题：

1. **罪与非罪的界限**。挪用本单位的资金，并非一经挪用即构成犯罪，只有情节严重、危害较大的挪用行为才构成犯罪，并依法追究刑事责任。对情节轻微危害不大的挪用行为，可以作为一般违法和违反公司财经纪律的行为，通过民事途径解决。如《公司法》第一百四十八条规定，董事、高级管理人员不得挪用公司资金，违反规定的，所得收入应当归公司所有。第一百四十九条、第一百五十二条规定，董事、监事、高级管理人员执行公司职务时违反法律、行政法规或者公司章程的规定，给公司造成损失的，应当承担赔偿责任；损害股东利益的，股东可以向人民法院提起诉讼。

挪用本单位资金是否构成犯罪，主要应考虑以下两个方面，第一，**挪用资金的数额**。挪用资金的数额大小是衡量挪用资金行为社会危害程度的关键因素。按照本条规定，除行为人进行非法活动外，挪用本单位资金达到较大数额，是继续判断挪用行为是否构成犯罪的前提条件。至于挪用资金进行非法活动的情形，由于该行为本身就具有社会危害性，所以刑法未对其在数额及挪用时间上加以明确限制。但这并不等于说只要挪用资金进行非法活动即构成犯罪，而根本不考虑数额。如果行为人挪用资金数额较小或者只进行危害性小的非法活动，则显然不宜以犯罪论处。第二，**挪用资金的时间**。挪用本单位资金行为的社会危害性的重要体现之一，是挪用时间的长短。根据本条规定，挪用数额较大的资金从事非法活动、营利活动以外的其他活动的，挪用时间须超过三个月才构成犯罪。如果未满三个月就主动归还的，不构成犯罪。关于挪用资金进行非法活动或者营利活动的案件，刑法没有挪用时间的具体规定和限制，但挪用时间的长短对定罪也存在一定的影响。如果挪用时间较短，综合全案的情况，确属情节显著轻微危害不大的，也可以不认为是犯罪。

2. 挪用资金罪与**职务侵占罪**的区别。

首先，侵犯的对象不同。挪用资金罪侵犯的是公司、企业或者其他单位对资金的使用权，在实践中要判断该挪用行为是否使得单位对资金暂时失去了控制；职务侵占罪侵犯的是公司、企业或者其他单位对包含资金在内的全部财物的所有权。

其次，犯罪行为不同。挪用资金罪表现为公司、企业或者其他单位的工作人员，利用职务上的便利，挪用本单位资金归个人使用或者借贷给他人，数额较大、超过三个月未还的，或者虽未超过三个月，但数额较大、进行营利活动的，或者进行非法活动的行为；职位侵占罪表现为公司、企业或者其他单位的人员，利用职务上的便利，将本单位财物非法占为己有，数额较大的行为。虽然都是利用职务之便，但挪用资金罪的行为方式是挪用，即未经合法批准或许可而擅自挪用自己所管理、经管的本单位资金归个人使用或者借贷给他人；职务侵占罪的行为方式是侵占，即行为人利用职务上的便利，侵吞、窃取、骗取或者以其他手段非法占有本单位财物。职务侵占罪必须要求侵占本单位财物数额较大的，才能构成犯罪。

最后，二者最关键的区别在于主观目的不同。挪用资金罪行为人的目的在于非法取得本单位资金的使用权，但并不企图永久占有，而是准备用后归还；职务侵占罪行为人的目的在于非法取得本单位财物的所有权，而非暂时使用。

【司法解释】

《最高人民法院关于对受委托管理、经营国有财产人员挪用国有资金行为如何定罪问题的批复》（法释〔2000〕5号，自2000年2月24日起施行）

△（受委托管理、经营国有财产人员；非国家工作人员；挪用资金罪）对于受国家机关、国有公司、企业、事业单位、人民团体委托，管理、经营国有财产的非国家工作人员，利用职务上的便利，挪用国有资金归个人使用构成犯罪的，应当依照刑法第二百七十二条第一款的规定定罪处罚。[1]

《最高人民法院关于如何理解刑法第二百七十二条规定的"挪用本单位资金归个人使用或者借贷给他人"问题的批复》（法释〔2000〕22号，自2000年7月27日起施行）

△（挪用本单位资金归个人使用或者借贷给他人；挪用资金罪）公司、企业或者其他单位的非国家工作人员，利用职务上的便利，挪用本单位资

---

[1] 我国学者指出，受委托管理、经营国有财产人员可以成为贪污罪的行为主体，却无法成为挪用公款罪的行为主体，在立法理由上是难以理解的。参见王作富主编：《刑法分则实务研究（下）》（第5版），中国方正出版社2013年版，第1567页。

金归本人或者其他自然人使用,或者挪用人以个人名义将所挪用的资金借给其他自然人和单位,构成犯罪的,应当依照刑法第二百七十二条第一款的规定定罪处罚。

《最高人民法院、最高人民检察院关于办理妨害预防、控制突发传染病疫情等灾害的刑事案件具体应用法律若干问题的解释》(法释〔2003〕8号,自2003年5月15日起施行)

△(用于预防、控制突发传染病疫情等灾害的款物;挪用资金罪)贪污、侵占用于预防、控制突发传染病疫情等灾害的款物或者挪归个人使用,构成犯罪的,分别依照刑法第三百八十二条、第三百八十三条、第二百七十一条、第三百八十四条、第二百七十二条的规定,以贪污罪、侵占罪、挪用公款罪、挪用资金罪定罪,依法从重处罚。(§14Ⅰ)

《最高人民法院、最高人民检察院关于办理贪污贿赂刑事案件适用法律若干问题的解释》(法释〔2016〕9号,自2016年4月18日起施行)

△(挪用资金罪;数额较大;数额巨大;进行非法活动)刑法第二百七十二条规定的挪用本单位资金罪中的"数额较大""数额巨大"以及"进行非法活动"情形的数额起点,按照本解释关于挪用公款罪"数额较大""情节严重"以及"进行非法活动"的数额标准规定的二倍执行。① (§11Ⅱ)

【司法解释性文件】

《最高人民检察院关于挪用尚未注册成立公司资金的行为适用法律问题的批复》(高检发研字〔2000〕19号,2000年10月9日公布)

△(准备设立的公司;挪用资金罪)筹建公司的工作人员在公司登记注册前,利用职务上的便利,挪用准备设立的公司在银行开设的临时账户上的资金,归个人使用或者借贷给他人,数额较大、超过三个月未还的,或者虽未超过三个月,但数额较大、进行营利活动的,或者进行非法活动的,应当根据刑法第二百七十二条的规定,追究刑事责任。

《公安部关于村民小组组长以本组资金为他人担保贷款如何定性处理问题的批复》(公法〔2001〕83号,2001年4月26日公布)

△(村民小组组长;担保贷款;集体财产;挪用资金罪)村民小组组长利用职务上的便利,擅自将村民小组的集体财产为他人担保贷款,并以集体财产承担担保责任的,属于挪用本单位资金归个人使用的行为。构成犯罪的,应当依照刑法第二百七十二条第一款的规定,以挪用资金罪追究行为人的刑事责任。

《最高人民法院研究室关于挪用退休职工社会养老金行为如何适用法律问题的复函》(法研〔2004〕102号,2004年7月9日公布)

△(退休职工养老保险金;挪用资金罪)退休职工养老保险金不属于我国刑法中的救灾、抢险、防汛、优抚、扶贫、移民、救济等特定款物的任何一种。因此,对于挪用退休职工养老保险金的行为,构成犯罪时,不能以挪用特定款物罪追究刑事责任,而应当按照行为人身份的不同,分别以挪用资金罪或者挪用公款罪追究刑事责任。

《最高人民法院、最高人民检察院、公安部、司法部关于依法惩治妨害新型冠状病毒感染肺炎疫情防控违法犯罪的意见》(法发〔2020〕7号,2020年2月6日发布)

△(肺炎疫情防控;滥用职权罪或者玩忽职守罪;传染病防治失职罪;传染病毒种扩散罪;贪污罪;职务侵占罪;挪用公款罪;挪用资金罪;挪用特定款物罪)依法严惩疫情防控失职渎职、贪污挪用犯罪。在疫情防控工作中,负有组织、协调、指挥、灾害调查、控制、医疗救治、信息传递、交通运输、物资保障等职责的国家机关工作人员,滥用职权或者玩忽职守,致使公共财产、国家和人民利益遭受重大损失的,依照刑法第三百九十七条的规定,以滥用职权罪或者玩忽职守罪定罪处罚。

卫生行政部门的工作人员严重不负责任,不履行或者不认真履行防治监管职责,导致新型冠状病毒感染肺炎传播或者流行,情节严重的,依照刑法第四百零九条的规定,以传染病防治失职罪定罪处罚。

从事实验、保藏、携带、运输传染病菌种、毒种的人员,违反国务院卫生行政部门的有关规定,造成新型冠状病毒毒种扩散,后果严重的,依照刑法第三百三十一条的规定,以传染病毒种扩散罪定罪处罚。

国家工作人员,受委托管理国有财产的人员,公司、企业或者其他单位的人员,利用职务便利,侵吞、截留或者以其他手段非法占有用于防控新型冠状病毒感染肺炎的款物,或者挪用上述款物

---

① 10万元以上为挪用资金"数额较大",400万元以上为挪用资金"数额巨大",200万元以上为挪用资金"数额较大不退还";6万元以上为挪用资金进行非法活动的入罪数额标准,200万元以上为挪用资金进行非法活动"数额巨大",100万元以上为挪用资金进行非法活动"数额较大不退还"。

归个人使用，符合刑法第三百八十二条、第三百八十三条、第二百七十一条、第三百八十四条、第二百七十二条规定的，以贪污罪、职务侵占罪、挪用公款罪、挪用资金罪定罪处罚。挪用用于防控新型冠状病毒感染肺炎的救灾、优抚、救济等款物，符合刑法第二百七十三条规定的，对直接责任人员，以挪用特定款物罪定罪处罚。（§2Ⅶ）

△**（治安管理处罚；从重情节）**依法严惩妨害疫情防控的违法行为。实施上述（一）至（九）规定的行为，不构成犯罪的，由公安机关根据治安管理处罚法有关虚构事实扰乱公共秩序，扰乱单位秩序、公共场所秩序、寻衅滋事，拒不执行紧急状态下的决定、命令，阻碍执行职务，冲闯警戒带、警戒区，殴打他人，故意伤害，侮辱他人，诈骗，在铁路沿线非法挖掘坑穴、采石取沙，盗窃、损毁路面公共设施，损毁铁路设施设备，故意损毁财物，哄抢公私财物等规定，予以治安管理处罚，或者由有关部门予以其他行政处罚。

对于在疫情防控期间实施有关违法犯罪的，要作为从重情节予以考量，依法体现从严的政策要求，有力惩治震慑违法犯罪，维护法律权威，维护社会秩序，维护人民群众生命安全和身体健康。（§2Ⅹ）

《最高人民检察院关于充分发挥检察职能服务保障"六稳""六保"的意见》（高检发〔2020〕10号，2020年7月22日印发）

△**（挪用资金犯罪；不起诉；从严追诉）**依法保护企业正常生产经营活动。深刻认识"六稳""六保"最重要的是稳就业、保民生，最关键的是保企业，努力落实让企业"活下来""留得住""经营得好"的目标。一是加大力度惩治各类侵犯企业财产、损害企业利益的犯罪。依法严格起诉职务侵占、非国家工作人员受贿和挪用资金犯罪，根据犯罪数额和情节，综合考虑犯罪行为对民营企业经营发展、商业信誉、内部团结、外部环境的影响程度，精准提出量刑建议。对提起公诉前退还挪用资金或者具有其他情节轻微情形的，可以依法不起诉；对数额特别巨大拒不退还或者具有其他情节特别严重情形的，依法从严追诉……（§3）

《最高人民检察院、公安部关于公安机关管辖的刑事案件立案追诉标准的规定（二）》（公通字〔2022〕12号，2022年4月6日公布）

△**（挪用资金罪；立案追诉标准）**公司、企业或者其他单位的工作人员，利用职务上的便利，挪用本单位资金归个人使用或者借贷给他人，涉嫌下列情形之一的，应予立案追诉：

（一）挪用本单位资金数额在五万元以上，超过三个月未还的；

（二）挪用本单位资金数额在五万元以上，进行营利活动的；

（三）挪用本单位资金数额在三万元以上，进行非法活动的。

具有下列情形之一的，属于本条规定的"归个人使用"：

（一）将本单位资金供本人、亲友或者其他自然人使用的；

（二）以个人名义将本单位资金供其他单位使用的；

（三）个人决定以单位名义将本单位资金供其他单位使用，谋取个人利益的。（§77）

【**公报案例**】

刘国平挪用资金案（《最高人民法院公报》2004年第8期）

△**（企业经济性质不明；企业负责人移转企业资金至个人账户）**在无法查明企业经济性质的情况下，对企业负责人将企业资金转移到个人账户进行股票交易的行为，不应按《刑法》第二百七十二条第一款的规定认定为挪用资金罪。

刘必仲合同诈骗案（《最高人民法院公报》2006年第2期）

△**（福利彩票；以不交纳彩票投注金的方式擅自打印并获取彩票）**福利彩票是国家为筹集社会福利事业发展资金，特许中国福利彩票发行中心垄断发行的有价凭证。受彩票发行机构委托，在彩票投注站代销福利彩票的非国家工作人员，如果以不交纳彩票投注金的方式擅自打印并获取彩票，是侵犯彩票发行机构管理的社会公益性财产的行为。根据《刑法》第二百七十二条第一款的规定，对这种行为应当按挪用资金罪定罪处罚。

王江浩挪用资金案（《最高人民法院公报》2020年第5期）

△**（小区业主委员会；"其他单位"；挪用资金罪）**小区业主委员会向市场监督管理部门登记注册并取得组织机构代码证，符合同类职务犯罪司法解释所规定的"其他单位"的特征，属于作为被害单位的"其他单位"范畴的，业主委员会工作人员可以成为挪用资金罪的犯罪主体。业主委员会在银行开立基本存款账户，账户内资金属于全体业主共有，业主委员会基于自己的财产，业主委员会名下的银行账户内资金应视为"本单位资金"。业主委员会工作人员利用职务上的便利，挪用业主委员会资金归个人使用，用于营利活动或借贷给他人，数额较大，超过三个月未还的，应当依照《中华人民共和国刑法》第二百七十二条第

一款的规定,以挪用资金罪定罪处罚。

【参考案例】

No. 5-272-1 丁钦宇挪用资金案

村民委员会成员在实施协助政府执行公务以外的其他公共业务的过程中,利用职务上的便利,挪用本单位资金归个人使用或者借贷给他人构成犯罪的,应以挪用资金罪论处。

No. 5-272-2 刘必仲挪用资金案

彩票销售人员利用经营彩票投注站的职务便利,不交纳投注金而购买彩票,且事后无力偿付购买彩票款的,应以挪用资金罪论处。

No. 5-272-3 陈焕林等挪用资金、贪污案

村民委员会等基层自治组织人员挪用的款项无法区分是公款还是集体资金的,应以挪用资金罪论处。

No. 5-272-7 王忠良、王亚军挪用资金案

农村基层组织人员所从事的村民自治范围内的集体经济事务,不属于公务范畴,不应以国家工作人员论处。

No. 5-272-8 李毅挪用资金案

挪用资金罪中的"挪用资金超过3个月未还"是一种持续行为,不因"报案""立案""采取强制措施"等介入因素中断。只要该行为持续的时间超过3个月即构成本罪。

No. 5-272-9 王江浩挪用资金案

小区业主委员会系向市场监督管理部门登记注册并取得组织机构代码证的主体,属于挪用资金罪中"**其他单位**"的范畴。业委会成员挪用业委会银行账户资金的行为,成立挪用资金罪。

第二百七十三条 【挪用特定款物罪】

挪用用于救灾、抢险、防汛、优抚、扶贫、移民、救济款物,情节严重,致使国家和人民群众利益遭受重大损害的,对直接责任人员,处三年以下有期徒刑或者拘役;情节特别严重的,处三年以上七年以下有期徒刑。

【条文说明】

本条是关于挪用特定款物罪及其处罚的规定。

挪用特定款物罪,是指违反国家财经管理制度和民政事业制度,挪用国家和社会救灾、抢险、防汛、优抚、扶贫、移民、救济款物,情节严重,致使国家和人民群众利益遭受重大损害的行为。根据国家的有关规定,**救灾款**应重点用于灾情严重地区自力无法克服生活困难的灾民的分配和发放。**抢险、防汛款**用于购买抢险、防汛的物资、通讯器材、设备和其他有关开支。**优抚款**主要用于烈属、军属、残废军人等的抚恤、生活补助,以及疗养、安置等。**救济款**主要用于农村中由集体供给、补助后生活仍有困难的五保户、贫困户的生活救济;城镇居民中无依无靠、无生活来源的孤老、残、幼和无固定职业、无固定收入的贫困户的生活救济;无依无靠、无生活来源的散居归侨、外侨以及其他人员的生活困难救济等。为了救灾、抢险、防汛、优抚、扶贫、移民、救济等方面的需要,国家临时调拨、募捐或者用上述专款购置的食品、被服、药品、器材设备以及其他物资,也属于作为本罪对象的特定专用物资。特定款物不得挪作他用,也不得混用。

根据本条规定,构成挪用特定款物罪必须符合以下几个条件:

1. 犯罪主体只能是对挪用行为负有责任的**主管人员、直接实施挪用行为的人员**,一般是经手、掌管国家救灾、抢险、防汛、优抚、扶贫、移民、救济款物,包括国家工作人员、集体经济组织工作人员、事业单位工作人员、社会团体工作人员,以及受上述单位委托经手、管理特定款物的人员。

2. 客观表现为挪用**救灾、抢险、防汛、优抚、扶贫、移民、救济款物,情节严重,致使国家和人民群众的利益遭受重大损害**的行为。这里所说的"**挪用**",是指不经合法批准,擅自将自己经手、管理的救灾、抢险、防汛、优抚、扶贫、移民、救济款物调拨、使用到其他方面,例如将用于救灾、抢险、防汛、优抚、扶贫、移民、救济等事项的款物挪作修建楼堂馆所、从事商业经营、投资的行为等。"**情节严重**",主要是指挪用上述款物数额较大的;挪用行为给人民群众的生产和生活造成严重危害的;挪用特别重要紧急款物的;挪用手段特别恶劣,造成极坏影响等。

3. 行为人主观上必须是**故意**,过失不构成本罪。

4. **挪用款物的目的是用于单位的其他项目**,如果挪用上述特定款物归个人使用,构成犯罪的,应按挪用公款罪从重处罚。①

根据本条规定,挪用上述专用款物,情节严重,致使国家和人民群众利益遭受重大损害的,对直接责任人员,处三年以下有期徒刑或者拘役;情节特别严重的,处三年以上七年以下有期徒刑。构成本条规定的犯罪,需要同时满足"情节严重"和"重大损失"两个条件。根据《最高人民检察院、公安部关于公安机关管辖的刑事案件立案追诉标准的规定(二)》第八十六条的规定,挪用于救灾、抢险、防汛、优抚、扶贫、移民、救济款物,涉嫌下列情形之一的,应予立案追诉:(1)挪用特定款物数额在五千元以上的;(2)造成国家和人民群众直接经济损失数额在五万元以上的;(3)虽未达到上述数额标准,但多次挪用特定款物的,或者造成人民群众的生产、生活严重困难的;(4)严重损害国家声誉,或者造成恶劣社会影响的;(5)其他致使国家和人民群众利益遭受重大损害的情形。

【司法解释】

《最高人民检察院关于挪用失业保险基金和下岗职工基本生活保障资金的行为适用法律问题的批复》(高检发释字〔2003〕1号,自2003年1月30日起施行)

△(失业保险基金和下岗职工基本生活保障资金;挪用特定款物罪)挪用失业保险基金和下岗职工基本生活保障资金属于挪用救济款物。挪用失业保险基金和下岗职工基本生活保障资金,情节严重,致使国家和人民群众利益遭受严重损害的,对直接责任人员,应当依照刑法第二百七十三条的规定,以挪用特定款物罪追究刑事责任;国家工作人员利用职务上的便利,挪用失业保险基金和下岗职工基本生活保障资金归个人使用,构成犯罪的,应当依照刑法第三百八十四条的规定,以挪用公款罪追究刑事责任。

《最高人民法院、最高人民检察院关于办理妨害预防、控制突发传染病疫情等灾害的刑事案件具体应用法律若干问题的解释》(法释〔2003〕8号,自2003年5月15日起施行)

△(用于预防、控制突发传染病疫情等灾害的款物;挪用特定款物罪)挪用用于预防、控制突发传染病疫情等灾害的救灾、优抚、救济等款物,构成犯罪的,对直接责任人员,依照刑法第二百七十三条的规定,以挪用特定款物罪定罪处罚。(§14Ⅱ)

【司法解释性文件】

《最高人民法院研究室关于挪用民族贸易和民族用品生产贷款利息补贴行为如何定性问题的复函》(法研〔2003〕16号,2003年2月24日公布)

△(民族贸易和民族用品生产贷款的利息补贴)中国人民银行给予中国农业银行发放民族贸易和民族用品生产贷款的利息补贴,不属于刑法第二百七十三条规定的特定款物。

《最高人民法院研究室关于挪用退休职工社会养老金行为如何适用法律问题的复函》(法研〔2004〕102号,2004年7月9日发布)

△(退休职工养老保险金)退休职工养老保险金不属于我国刑法中的救灾、抢险、防汛、优抚、扶贫、移民、救济等特定款物的任何一种。因此,对于挪用退休职工养老保险金的行为,构成犯罪时,不能以挪用特定款物罪追究刑事责任,而应当按照行为人身份的不同,分别以挪用资金罪或者挪用公款罪追究刑事责任。

《最高人民法院、最高人民检察院、公安部、司法部关于依法惩治妨害新型冠状病毒感染肺炎疫情防控违法犯罪的意见》(法发〔2020〕7号,2020年2月6日发布)

△(肺炎疫情防控;滥用职权罪或者玩忽职守罪;传染病防治失职罪;传染病毒种扩散罪;贪污罪;职务侵占罪;挪用公款罪;挪用资金罪;挪用特定款物罪)依法严惩疫情防控失职渎职、贪污挪用犯罪。在疫情防控工作中,负有组织、协调、指挥、灾害调查、控制、医疗救治、信息传递、交通运输、物资保障等职责的国家机关工作人员,滥用职权或者玩忽职守,致使公共财产、国家和人民利益遭受重大损失的,依照刑法第三百九十七条的规定,以滥用职权罪或者玩忽职守罪定罪处罚。

卫生行政部门的工作人员严重不负责任,不履行或者不认真履行防治监管职责,导致新型冠状病毒感染肺炎传播或者流行,情节严重的,依照刑法第四百零九条的规定,以传染病防治失职罪定罪处罚。

从事实验、保藏、携带、运输传染病菌种、毒种的人员,违反国务院卫生行政部门的有关规定,造成新型冠状病毒毒种扩散,后果严重的,依照刑法第三百三十一条的规定,以传染病毒种扩散罪定罪处罚。

国家工作人员,受委托管理国有财产的人员,

---

① 相同的学说见解,参见赵秉志、李希慧主编:《刑法各论》(第3版),中国人民大学出版社2016年版,第256页。

公司、企业或者其他单位的人员,利用职务便利,侵吞、截留或者以其他手段非法占有用于防控新型冠状病毒感染肺炎的款物,或者挪用上述款物归个人使用的,符合刑法第三百八十二条、第三百八十三条、第二百七十一条、第三百八十四条、第二百七十二条规定的,以贪污罪、职务侵占罪、挪用公款罪、挪用资金罪定罪处罚。挪用用于防控新型冠状病毒感染肺炎的救灾、优抚、救济等款物,符合刑法第二百七十三条规定的,对直接责任人员,以挪用特定款物罪定罪处罚。(§2Ⅶ)

△(治安管理处罚;从重情节)依法严惩妨害疫情防控的违法行为。实施上述(一)至(九)规定的行为,不构成犯罪的,由公安机关根据治安管理处罚法有关规定,对虚构事实扰乱公共秩序、扰乱单位秩序、公共场所秩序、寻衅滋事、拒不执行紧急状态下的决定、命令、阻碍执行职务、冲闯警戒带、警戒区、殴打他人、故意伤害、侮辱他人、诈骗、在铁路沿线非法挖掘坑穴、采石取沙、盗窃、损毁路面公共设施、损毁铁路设施设备、故意损毁财物、哄抢公私财物等规定,予以治安管理处罚,或者由有关部门予以其他行政处罚。

对于在疫情防控期间实施有关违法犯罪的,要作为从重情节予以考虑,依法体现从严的政策要求,有力惩治震慑违法犯罪,维护法律权威,维护社会秩序,维护人民群众生命安全和身体健康。(§2Ⅹ)

第二百七十四条 【敲诈勒索罪】

敲诈勒索公私财物,数额较大或者多次敲诈勒索的,处三年以下有期徒刑、拘役或者管制,并处或者单处罚金;数额巨大或者有其他严重情节的,处三年以上十年以下有期徒刑,并处罚金;数额特别巨大或者有其他特别严重情节的,处十年以上有期徒刑,并处罚金。

【立法沿革】

《中华人民共和国刑法》(1997年修订,自1997年10月1日起施行)

第二百七十四条

敲诈勒索公私财物,数额较大的,处三年以下有期徒刑、拘役或者管制;数额巨大或者有其他严重情节的,处三年以上十年以下有期徒刑。

《中华人民共和国刑法修正案(八)》(自2011年5月1日起施行)

四十、将刑法第二百七十四条修改为:

"敲诈勒索公私财物,数额较大或者多次敲诈勒索的,处三年以下有期徒刑、拘役或者管制,并处或者单处罚金;数额巨大或者有其他严重情节的,处三年以上十年以下有期徒刑,并处罚金;数额特别巨大或者有其他特别严重情节的,处十年以上有期徒刑,并处罚金。"

【条文说明】

本条是关于敲诈勒索罪及其处罚的规定。

本条规定的"**敲诈勒索**",是指以非法占有为目的,对公私财物的所有人、保管人使用威胁或者要挟的方法,勒索公私财物的行为。敲诈勒索罪的主体是一般犯罪主体。构成敲诈勒索罪必须具备以下条件:

1. 行为人具有**非法占有他人财物的目的**。

2. 行为人实施了**以威胁或者要挟的方法勒索财物的行为**,这是敲诈勒索罪最主要的特点。[1] 威胁和要挟,是指通过对被害人及其关系密切的人精神上的强制,对其在心理上造成恐惧,产生压力。[2] 威胁或者要挟的方法多种多样,如以将要实施暴力;揭发隐私、违法犯罪活动;毁坏名誉相威胁等。其形式可以是口头的,也可以是书面的,

---

[1] 暴力能否成为敲诈勒索的手段,学说上尚未有定见。传统刑法理论认为,敲诈勒索罪仅限于威胁或要挟,不包括暴力。但另有论者认为,敲诈勒索的手段可以包括暴力。不过,学者之间对于暴力的界定方式不尽相同。其中,有论者主张,暴力仅限于非当场取得财物的场合;陈兴良教授则认为,关键在于所使用的暴力必须较为轻微,尚未达到使被害人不能反抗的程度。参见陈兴良主编:《刑法各论精释》,人民法院出版社2015年版,第571—573页。亦有论者认为,比较准确的说法应该是,敲诈勒索罪的成立,不要求暴力、胁迫手段达到足以压制他人反抗的程度;如果暴力、胁迫手段达到足以压制他人反抗的程度,则以抢劫罪论处。参见张明楷:《刑法学》(第6版),法律出版社2021年版,第1334—1335页。

[2] 黄京平教授认为,威胁和要挟的区别在于:前者可以用任何侵害他人的方法相恐吓;后者通常是指抓住他人的把柄,以揭露其隐私相恐吓。参见高铭暄、马克昌主编:《刑法学》(第7版),北京大学出版社、高等教育出版社2016年版,第516页。

还可以通过第三者转达;可以是明示,也可以是暗示。① 在取得他人财物的时间上,既可以迫使对方当场交出,也可以限期交出。② 总之,是通过对公私财物的所有人、保管人实施精神上的强制,使其产生恐惧、畏惧心理,不得已而交出财物。

3. 敲诈勒索的财物数额较大或者多次敲诈勒索。数额较大,是敲诈勒索行为构成犯罪的基本要件。如果敲诈勒索的财物数额较小,一般应当依照治安管理处罚法的规定予以处罚,不需要动用刑罚。**多次敲诈勒索**,是《刑法修正案(八)》增加规定的构成犯罪的条件。有的犯罪分子,特别是黑社会性质组织和恶势力团伙成员,凭借其组织或团伙的非法控制或影响,频繁实施敲诈勒索行为,欺压群众,扰乱社会治安,具有严重的社会危害性。对多次敲诈勒索的行为,即使敲诈勒索的财物数额没有达到较大的标准,也应当依法定罪处罚。

本条对敲诈勒索罪量刑档次的划分采取了**数额加情节的标准**。《刑法修正案(八)》对敲诈勒索罪的量刑作了两处修改。一是为适应打击实际中一些敲诈勒索财物数额特别巨大或者情节特别严重的犯罪的需要,增设了"十年以上有期徒刑,并处罚金"这一量刑档次。二是为在经济上打击敲诈勒索这一财产性犯罪,在每一量刑档次都增加规定了**财产刑**。根据《最高人民法院、最高人民检察院关于办理敲诈勒索刑事案件适用法律若干问题的解释》第一条的规定,敲诈勒索公私财物**"数额较大"**,以二千元至五千元为起点;**"数额巨大"**,以三万元至十万元为起点;**"数额特别巨大"**,以三十万元至五十万元为起点,各省、自治区、直辖市高级人民法院、人民检察院可以根据本地区经济发展状况和社会治安状况,在上述数额幅度内,共同研究确定本地区执行的具体数额标准,并报最高人民法院、最高人民检察院批准。根据该司法解释,敲诈勒索的犯罪分子是否**"有其他严重情节""有其他特别严重情节"**,应当考虑犯罪分子是否是累犯或者惯犯,是否是共同犯罪的首要分子或者黑社会性质组织、恶势力团伙的组织领导者,敲诈勒索手段是否恶劣,敲诈勒索对象是否系未成年人等弱势群体,是否有冒充国家工作人员进行敲诈勒索等情节,是否造成严重后果等。二年内敲诈勒索三次以上的,应当认定为《刑法》第二百七十四条规定的**"多次敲诈勒索"**。

根据本条规定,敲诈勒索公私财物,数额较大或者多次敲诈勒索的,处三年以下有期徒刑、拘役或者管制,并处或者单处罚金;数额巨大或者有其他严重情节的,处三年以上十年以下有期徒刑,并处罚金;数额特别巨大或者有其他特别严重情节的,处十年以上有期徒刑,并处罚金。

实践中需要注意以下两个方面的问题:

1. 区分敲诈勒索罪和**抢劫罪**的界限。抢劫罪与敲诈勒索罪均属侵犯财产罪,从犯罪客体来看,不仅侵犯了他人财物的所有权关系,有时还同时侵犯公民的人身权利。从主观方面来看,两者都具有非法占有公私财物的目的。客观方面也存在相似之处,例如可能都以当场使用威胁方式,恐吓被害人,迫使其立即交付财物。但是二者也存在许多重要的区别:(1)威胁的实施方式不同。抢劫罪的威胁,是当场直接向被害人发出的,具有直接的公开性;而敲诈勒索的威胁可以是面对被害人公开实行,也可以是利用书信、通讯设备通知或者通过第三人转告被害人的间接实施。(2)威胁的紧迫性不同。这是两者之间的重要区别。抢劫罪的威胁,都是直接侵犯人的生命健康的暴力威胁,如以杀害、伤害相威胁,对被害人产生了现实威胁,达到使被害人不能反抗的地步;敲诈勒索罪威胁的内容较广泛,可以针对人身实施暴力、伤害相威胁,也可以毁人名誉、毁其前途、设置困境等相威胁,例如采用揭发隐私、举报犯罪行为等相威胁,虽然使被害人产生恐惧感和压迫感,但是并没有达到使被害人不能反抗的地步,被害人在决定是否交付财物上尚有考虑、选择的余地。(3)威胁索取的利益性质不同。抢劫罪索取的利益之性质,一般只是财物;而敲诈勒索罪索取利益之性质,可以是财物,包括动产和不动产,也可以是其他财产性利益。(4)非法取得利益的时间不同。抢劫罪非法取得利益的时间只能是当场取得;敲诈勒索罪非法取得利益的时间,有时是当场,有时是特定时间以后。

2. 区分敲诈勒索罪与**绑架罪**的界限。敲诈勒索罪与绑架罪均以非法占有为目的,均有勒索财物的行为,均既侵犯公私财产所有权,又侵犯公民的人身权利,因此两罪存在相似之处。但敲诈勒索罪与绑架罪仍存在较大的区别,主要表现在:(1)犯罪客体不同。两者的犯罪客体均是复杂客体,但是敲诈勒索罪侵犯的主要客体是公私财产的所有权,因而该罪在刑法分则体系上被归属于侵犯财产罪的一种;而绑架罪侵犯的主要客体则

---

① 相同的学说见解,参见周光权:《刑法各论》(第4版),中国人民大学出版社2021年版,第151页。
② 相同的学说见解,参见周光权:《刑法各论》(第4版),中国人民大学出版社2021年版,第152页。

是公民的人身权利,虽然其也在某种程度上侵犯公私财产所有权,但其属于次要客体,因而在刑法分则体系上被归属于侵犯公民人身权利罪的一种。(2)犯罪行为特征不同。敲诈勒索罪是以要实施的侵害相威胁,勒索数额较大的公私财物或者财产性利益,而没有实施绑架行为;绑架罪则主要是通过绑架人质,以交换人质为条件,逼人质亲友交出财物。(3)行为暴力程度不同。敲诈勒索罪的威胁既可以是暴力侵害,也可以是非暴力侵害;绑架罪则是以杀害、伤害人质相威胁,而且因发出勒索口令时人质已在其绑架掌握之中,这种威胁内容随时都可能付诸实施,具有加害的现实性和紧迫性。

【司法解释】

《最高人民法院、最高人民检察院关于办理敲诈勒索刑事案件适用法律若干问题的解释》(法释〔2013〕10号,自2013年4月27日起施行)

△(**数额较大;数额巨大;数额特别巨大;具体数额标准**)敲诈勒索公私财物价值二千元至五千元以上、三万元至十万元以上、三十万元至五十万元以上的,应当分别认定为刑法第二百七十四条规定的"数额较大""数额巨大""数额特别巨大"。

各省、自治区、直辖市高级人民法院、人民检察院可以根据本地区经济发展状况和社会治安状况,在前款规定的数额幅度内,共同研究确定本地区执行的具体数额标准,报最高人民法院、最高人民检察院批准。(§1)

△(**降低数额较大标准;百分之五十**)敲诈勒索公私财物,具有下列情形之一的,"数额较大"的标准可以按照本解释第一条规定标准的百分之五十确定①:

(一)曾因敲诈勒索受过刑事处罚的;
(二)一年内曾因敲诈勒索受过行政处罚的;
(三)对未成年人、残疾人、老年人或者丧失劳动能力人敲诈勒索的;
(四)以将要实施放火、爆炸等危害公共安全犯罪或者故意杀人、绑架等严重侵犯公民人身权利犯罪相威胁敲诈勒索的;
(五)以黑恶势力名义敲诈勒索的;
(六)利用或者冒充国家机关工作人员、军人、新闻工作者等特殊身份敲诈勒索的;
(七)造成其他严重后果的。(§2)

△(**多次敲诈勒索**)二年内敲诈勒索三次以上的,应当认定为刑法第二百七十四条规定的"多次敲诈勒索"。(§3)

△(**其他严重情节;其他特别严重情节**)敲诈勒索公私财物,具有本解释第二条第三项至第七项规定的情形之一,数额达到本解释第一条规定的"数额巨大"、"数额特别巨大"百分之八十的,可以分别认定为刑法第二百七十四条规定的"其他严重情节"、"其他特别严重情节"。(§4)

△(**犯罪情节轻微;不起诉或者免予刑事处罚**)敲诈勒索数额较大,行为人认罪、悔罪、退赃、退赔,并具有下列情形之一的,可以认定为犯罪情节轻微,不起诉或者免予刑事处罚,由有关部门依法予以行政处罚:

(一)具有法定从宽处罚情节的;
(二)没有参与分赃或者获赃较少且不是主犯的;
(三)被害人谅解的;
(四)其他情节轻微、危害不大的。(§5)

△(**近亲属;谅解;酌情从宽处罚;被害人过错;情节显著轻微危害不大**)敲诈勒索近亲属的财物,获得谅解的,一般不认为是犯罪;认定为犯罪的,应当酌情从宽处理。

被害人对敲诈勒索的发生存在过错的,根据被害人过错程度和案件其他情况,可以对行为人酌情从宽处理;情节显著轻微危害不大的,不认为是犯罪。(§6)

△(**共同犯罪**)明知他人实施敲诈勒索犯罪,为其提供信用卡、手机卡、通讯工具、通讯传输通道、网络技术支持等帮助的,以共同犯罪论处。(§7)

△(**罚金刑**)对犯敲诈勒索罪的被告人,应当在二千元以上、敲诈勒索数额的二倍以下判处罚金;被告人没有获得财物的,应当在二千元以上十万元以下判处罚金。(§8)

《最高人民法院、最高人民检察院关于办理利用信息网络实施诽谤等刑事案件适用法律若干问题的解释》(法释〔2013〕21号,自2013年9月10日起施行)

△(**信息网络;敲诈勒索罪**)以在信息网络上发布、删除等方式处理网络信息为由,威胁、要挟他人,索取公私财物,数额较大,或者多次实施上述行为的,依照刑法第二百七十四条的规定,以敲诈勒索罪定罪处罚。(§6)

△(**帮助;共同犯罪**)明知他人利用信息网络实施诽谤、寻衅滋事、敲诈勒索、非法经营等犯罪,

---

① 我国学者指出,本条第(一)、(二)项的规定混淆了不法与特殊预防必要性,明显不当。参见张明楷:《刑法学》(第6版),法律出版社2021年版,第1331页。

为其提供资金、场所、技术支持等帮助的，以共同犯罪论处。（§8）

△（**想象竞合犯；损害商业信誉、商品声誉罪；煽动暴力抗拒法律实施罪；编造、故意传播虚假恐怖信息罪**）利用信息网络实施诽谤、寻衅滋事、敲诈勒索、非法经营犯罪，同时又构成刑法第二百二十一条规定的损害商业信誉、商品声誉罪，第二百七十八条规定的煽动暴力抗拒法律实施罪，第二百九十一条之一规定的编造、故意传播虚假恐怖信息罪等犯罪的，依照处罚较重的规定定罪处罚。（§9）

△（**信息网络**）本解释所称信息网络，包括以计算机、电视机、固定电话机、移动电话机等电子设备为终端的计算机互联网、广播电视网、固定通信网、移动通信网等信息网络，以及向公众开放的局域网络。（§10）

《最高人民检察院关于强迫借贷行为适用法律问题的批复》（高检发释字〔2014〕1号，2014年4月17日发布）

△（**强迫他人借贷；强迫他人提供或者接受服务**）以暴力、胁迫手段强迫他人借贷，属于刑法第二百二十六条第二项规定的"强迫他人提供或者接受服务"，情节严重的，以强迫交易罪追究刑事责任；同时构成故意伤害罪等其他犯罪的，依照处罚较重的规定定罪处罚。以非法占有为目的，以借贷为名采用暴力、胁迫手段获取他人财物，符合刑法第二百六十三条或者第二百七十四条规定的，以抢劫罪或者敲诈勒索罪追究刑事责任。

【司法解释性文件】

《最高人民法院关于审理抢劫、抢夺刑事案件适用法律若干问题的意见》（法发〔2005〕8号，2005年6月8日公布）

△（**以抓卖淫嫖娼、赌博等违法行为为名非法占有财物；人民警察**）行为人冒充正在执行公务的人民警察"抓赌""抓嫖"，没收赌资或者罚款的行为，构成犯罪的，以招摇撞骗罪从重处罚；在实施上述行为中使用暴力或者暴力威胁的，以抢劫罪定罪处罚。行为人冒充治安联防队员"抓赌"、"抓嫖"，没收赌资或者罚款的行为，构成犯罪的，以敲诈勒索罪定罪处罚；在实施上述行为中使用暴力或者暴力威胁的，以抢劫罪定罪处罚。（§9I）

《最高人民法院、最高人民检察院、公安部、司法部关于办理黑恶势力犯罪案件若干问题的指导意见》（法发〔2018〕1号，2018年1月16日公布）

△（**黑恶势力；寻衅滋事罪；强迫交易罪；敲诈勒索罪；"以黑恶势力名义敲诈勒索"；想象竞合；雇佣、指使；民间矛盾**）黑恶势力为谋取不法利益或形成非法影响，有组织地采用滋扰、纠缠、哄闹、聚众造势等手段侵犯人身权利、财产权利，破坏经济秩序、社会秩序，构成犯罪的，应当分别依照《刑法》相关规定处理：

（1）有组织地采用滋扰、纠缠、哄闹、聚众造势等手段扰乱正常的工作、生活秩序，使他人产生心理恐惧或者形成心理强制，分别属于《刑法》第二百九十三条第一款第（二）项规定的"恐吓"、《刑法》第二百二十六条规定的"威胁"，同时符合其他犯罪构成条件的，应分别以寻衅滋事罪、强迫交易罪定罪处罚。

《关于办理寻衅滋事刑事案件适用法律若干问题的解释》第二条至第四条中的"多次"一般应当理解为二年内实施寻衅滋事行为三次以上。二年内多次实施不同种类寻衅滋事行为的，应当追究刑事责任。

（2）以非法占有为目的强行索取公私财物，有组织地采用滋扰、纠缠、哄闹、聚众造势等手段扰乱正常的工作、生活秩序，同时符合《刑法》第二百七十四条规定的其他犯罪构成条件的，应当以敲诈勒索罪定罪处罚。同时由多人实施或者以统一着装、显露纹身、特殊标识以及其他明示或者暗示方式，足以使对方感知相关行为的有组织性的，应当认定为《关于办理敲诈勒索刑事案件适用法律若干问题的解释》第二条第（五）项规定的"以黑恶势力名义敲诈勒索"。

采用上述手段，同时又构成其他犯罪的，应依法按照处罚较重的规定定罪处罚。

雇佣、指使他人有组织地采用上述手段强迫交易、敲诈勒索，构成强迫交易罪、敲诈勒索罪的，对雇佣者、指使者，一般应当以共同犯罪中的主犯论处。为索承不受法律保护的债务或者因其他非法目的，雇佣、指使他人有组织地采用上述手段寻衅滋事，构成寻衅滋事罪的，对雇佣者、指使者，一般应当以共同犯罪中的主犯论处；为追讨合法债务或者因婚恋、家庭、邻里纠纷等民间矛盾而雇佣、指使，没有造成严重后果的，一般不作为犯罪处理，但经有关部门批评制止或者处理处罚后仍继续实施的除外。（§17）

△（**假借民间借贷之名；诈骗罪；强迫交易罪；敲诈勒索罪；抢劫罪；虚假诉讼罪；违法所得**）对于以非法占有为目的，假借民间借贷之名，通过"虚增债务""签订虚假借款协议""制造资金走账流水""肆意认定违约""转单平账""虚假诉讼"等手段非法占有他人财产，或者使用暴力、威胁手段设立债权、强行索债的，应当根据案件具体事实，

第二百七十四条

以诈骗、强迫交易、敲诈勒索、抢劫、虚假诉讼等罪名侦查、起诉、审判。对于非法占有的被害人实际所得借款以外的虚高"债务"和以"保证金""中介费""服务费"等各种名目扣除或收取的额外费用,均应计入违法所得。对于名义上为被害人所得、但在案证据能够证明实际上却为犯罪嫌疑人、被告人实施后续犯罪所使用的"借款",应予以没收。(§20)

《最高人民法院、最高人民检察院、公安部、司法部关于办理"套路贷"刑事案件若干问题的意见》(法发〔2019〕11号,2019年2月28日公布)

△("套路贷";诈骗罪;敲诈勒索罪;非法拘禁罪;虚假诉讼罪;寻衅滋事罪;强迫交易罪;抢劫罪;绑架罪)实施"套路贷"过程中,未采用明显的暴力或者威胁手段,其行为特征从整体上表现为以非法占有为目的,通过虚构事实、隐瞒真相骗取被害人财物的,一般以诈骗罪定罪处罚;对于在实施"套路贷"过程中多种手段并用,构成诈骗、敲诈勒索、非法拘禁、虚假诉讼、寻衅滋事、强迫交易、抢劫、绑架等多种犯罪的,应当根据具体案件事实,区分不同情况,依照刑法及有关司法解释的规定数罪并罚或者择一重处。(§4)

《最高人民法院、最高人民检察院、公安部、司法部关于办理实施"软暴力"的刑事案件若干问题的意见》(法发〔2019〕15号,2019年4月9日公布)

△(软暴力;敲诈勒索罪;"二年内敲诈勒索三次以上")以非法占有为目的,采用"软暴力"手段强行索取公私财物,同时符合《刑法》第二百七十四条规定的其他犯罪构成要件的,应当以敲诈勒索罪定罪处罚。
《关于办理敲诈勒索刑事案件适用法律若干问题的解释》第三条中"二年内敲诈勒索三次以上",包括已受行政处罚的行为。(§8)

△(想象竞合)采用"软暴力"手段,同时构成两种以上犯罪的,依法按照处罚较重的犯罪定罪处罚,法律另有规定的除外。(§9)

△(行政处罚;折抵刑期;抵扣罚金)根据本意见第五条、第八条规定,对已受行政处罚的行为追究刑事责任的,行为人先前所受的行政拘留处罚应当折抵刑期,罚款应当抵扣罚金。(§10)

△(雇佣、指使;主犯;强迫交易罪;敲诈勒索罪;非法侵入住宅罪;寻衅滋事罪;民间矛盾)雇佣、指使他人采用"软暴力"手段强迫交易、敲诈勒索,构成强迫交易罪、敲诈勒索罪的,对雇佣者、指使者,一般应当以共同犯罪中的主犯论处。

为强索不受法律保护的债务或者因其他非法目的,雇佣、指使他人采用"软暴力"手段非法剥夺他人人身自由构成非法拘禁罪,或者非法侵入他人住宅、寻衅滋事,构成非法侵入住宅罪、寻衅滋事罪的,对雇佣者、指使者,一般应当以共同犯罪中的主犯论处;因本人及近亲属合法债务、婚恋、家庭、邻里纠纷等民间矛盾而雇佣、指使,没有造成严重后果的,一般不作为犯罪处理,但经有关部门批评制止或者处理处罚后仍继续实施的除外。(§11)

《最高人民法院、最高人民检察院、公安部、司法部关于办理利用信息网络实施黑恶势力犯罪刑事案件若干问题的意见》(法发〔2019〕23号,2019年7月23日印发)

△(利用信息网络敲诈勒索)利用信息网络威胁、要挟他人,索取公私财物,数额较大,或者多次实施上述行为的,依照刑法第二百七十四条的规定,以敲诈勒索罪定罪处罚。(§6)

《最高人民法院、最高人民检察院、公安部关于依法办理"碰瓷"违法犯罪案件的指导意见》(公通字〔2020〕12号,2020年9月22日印发)

△("碰瓷";敲诈勒索罪)实施"碰瓷",具有下列行为之一,敲诈勒索他人财物,符合刑法第二百七十四条规定的,以敲诈勒索罪定罪处罚:

1. 实施撕扯、推搡等轻微暴力或者围困、阻拦、跟踪、贴靠、滋扰、纠缠、哄闹、聚众造势、扣留财物等软暴力行为的;
2. 故意制造交通事故,进而利用被害人违反道路通行规定或者其他违法违规行为相要挟的;
3. 以揭露现场掌握的当事人隐私相要挟的;
4. 扬言对被害人及其近亲属人身、财产实施侵害的。(§2)

《最高人民法院、最高人民检察院关于常见犯罪的量刑指导意见(试行)》(法发〔2021〕21号,2021年6月6日发布)

△(敲诈勒索罪;量刑)

1. 构成敲诈勒索罪的,根据下列情形在相应的幅度内确定量刑起点:

(1)达到数额较大起点的,或者二年内三次敲诈勒索的,在一年以下有期徒刑、拘役幅度内确定量刑起点。

(2)达到数额巨大起点或者有其他严重情节的,在三年至四年有期徒刑幅度内确定量刑起点。

(3)达到数额特别巨大起点或者有其他特别严重情节的,在十年至十二年有期徒刑幅度内确定量刑起点。

2. 在量刑起点的基础上,根据敲诈勒索数额、次数、犯罪情节严重程度等其他影响犯罪构成的犯罪事实增加刑罚量,确定基准刑。

多次敲诈勒索,数额达到较大以上的,以敲诈勒索数额确定量刑起点,敲诈勒索次数可以作为调节基准刑的量刑情节;数额未达到较大的,以敲诈勒索次数确定量刑起点,超过三次的次数作为增加刑罚量的事实。

3. 构成敲诈勒索罪的,根据敲诈勒索的数额、手段、次数、危害后果等犯罪情节,综合考虑被告人缴纳罚金的能力,在二千元以上敲诈勒索数额的二倍以下决定罚金数额;被告人没有获得财物的,在二千元以上十万元以下判处罚金。

4. 构成敲诈勒索罪的,综合考虑敲诈勒索的手段、数额、次数、危害后果、退赃退赔等犯罪事实、量刑情节,以及被告人的主观恶性、人身危险性、认罪悔罪表现等因素,决定缓刑的适用。

《最高人民法院、最高人民检察院、公安部、司法部关于依法严厉打击传播艾滋病病毒等违法犯罪行为的指导意见》(公通字〔2019〕23号,2019年5月19日发布)

△(传播艾滋病病毒;敲诈勒索罪)假冒或者利用艾滋病病毒感染者或者病人身份,以谎称含有或者含有艾滋病病毒的血液为工具,敲诈勒索公私财物数额较大或者多次敲诈勒索的,依照刑法第二百七十四条的规定,以敲诈勒索罪定罪处罚。

△(治安管理处罚或者其他行政处罚)实施本条第一项至第十一项规定的行为,不构成犯罪,依法不起诉或者免于刑事处罚的,依法予以治安管理处罚或者其他行政处罚。

【公报案例】

谢家海等敲诈勒索案(《最高人民法院公报》2009年第10期)

△(敲诈勒索罪;绑架罪)根据《刑法》第二百七十四条的规定,敲诈勒索罪是指以非法占有为目的,对被害人使用威胁或要挟的方法,强行索要公私财物的行为。本罪在客观方面表现为行为人采用威胁、要挟等方法,向公私财物的所有者、保管者强索公私财物的行为。所谓威胁、要挟等方法,是指对公私财物的所有者、保管者进行精神上的强制,造成心理上的恐惧,不敢抗拒,从而迫使其交出财物的方法。

根据《刑法》第二百三十九条的规定,绑架罪是指以勒索财物为目的或者以他人作为人质,使用暴力、胁迫、麻醉或其他方法劫持他人的行为。本罪在客观方面表现为以暴力、胁迫、麻醉或其他方法劫持他人的行为。

行为人以被害人预谋杀罪为由,对被害人加以控制,并以报警将被害人送交公安机关处理为要挟,向被害人及其亲属强索财物。在实施上述犯罪过程中,行为人虽然在一定程度上限制了被害人的人身自由,并且为控制被害人而采取了轻微暴力,但并未使用暴力、胁迫、麻醉或者其他方法劫持被害人,亦未将被害人藏匿,其行为不构成绑架罪,应以敲诈勒索罪定罪处罚。

【参考案例】

No. 4-232-41　陈宗发故意杀人、敲诈勒索案

将被害人杀死后,以被害人被绑架为名向被害人亲属勒索钱财的,不构成绑架罪和诈骗罪,应以敲诈勒索罪论处。

No. 5-263-44　王团结等抢劫、敲诈勒索案

在抢劫被害人后又挟持被害人前往其亲友处取钱,但不是以被害人被挟持的意思向被害人亲友进行勒索的,应以抢劫罪论处。

No. 5-274-1　林华明等敲诈勒索案

以实施暴力或毁坏财物、名誉为要挟,造成被害人精神上的恐惧,并被迫当场或事后交出财物的,应以敲诈勒索罪论处。

No. 5-274-2　张舒娟敲诈勒索案

利用被害人年幼将其哄骗到外地,但并未限制其人身自由,同时谎称其被绑架向家属勒索财物的,不构成绑架罪,应以敲诈勒索罪论处。①

No. 5-274-4　夏某理等敲诈勒索案

拆迁户以举报开发商违法行为为手段索取补偿款的,不宜认定为敲诈勒索罪。②

No. 5-274-5　孙吉勇敲诈勒索案

没有债权的事实基础,胁迫他人出具债务凭证的,应以敲诈勒索罪论处。

No. 5-274-6　梁成志等敲诈勒索案

设立赌博骗局,并向被骗的被害人胁迫索要赌债,迫使其交付财物的,应以敲诈勒索罪论处。

---

① 相同的学说见解,参见张明楷:《刑法学》(第6版),法律出版社2021年版,第1335页。
② 学说上关于权利行使(包括行为人自认为存在的权利)和敲诈勒索界限的讨论,参见周光权:《刑法各论》(第4版),中国人民大学出版社2021年版,第153—155页;黎宏:《刑法学各论》(第2版),法律出版社2016年版,第309—310页;张明楷:《刑法学》(第6版),法律出版社2021年版,第1333—1334页。

No.5-274-7 夏鹏飞等抢劫、敲诈勒索、盗窃案

在实施抢劫过程中又对被害人进行敲诈勒索的,分别构成抢劫罪和敲诈勒索罪,应当实行并罚。

No.5-274-9 彭文化敲诈勒索案

以利用领导职权损害被害人切身利益的手段进行要挟,迫使被害人交出财物的,应以敲诈勒索罪论处。

No.5-274-10 李书辉等敲诈勒索案

使用暴力没有对被害人造成伤害,而使其内心产生恐惧心理,以揭露隐私为手段的当场胁迫行为,应以敲诈勒索罪论处。

No.5-274-11 王明雨敲诈勒索案

以胁迫方式索取并未超出自己产权的财产的,不构成敲诈勒索罪。

No.5-274-14 陈曙光敲诈勒索案

为维护自身合法权益索取高额赔偿款的行为,其手段不属于敲诈勒索罪所要求的"威胁或要挟",不构成敲诈勒索罪。

No.5-274-15 徐改革等敲诈勒索案

因赌博发生的损失费可认为《最高人民法院关于对为索取法律不予保护的债务非法拘禁他人行为如何定罪问题的解释》中的"赌债"范围,使用非法拘禁手段索要此种损失费的,成立敲诈勒索罪。

No.5-274-18 廖举旺等敲诈勒索案

在农村征地纠纷中,行为人使用胁迫手段要求提高征地补偿费的行为,符合敲诈勒索的客观构成要件,但主观上缺少非法占有目的,不成立敲诈勒索罪。

No.5-274-19 刘康等人敲诈勒索案

"黑中介"是否能认定为恶势力,应当根据案件实际情况,从组织特征、行为方式、危害结果等方面进行判断。

No.5-274-20 刘康等人敲诈勒索案

"黑中介"通过所谓的市场交易掩饰非法占有的目的,采取暴力、胁迫手段,或让被害人给付额外的财产,或让被害人放弃对其不当得利的返还请求权,构成敲诈勒索罪。

No.5-274-21 周禄宝敲诈勒索案

区分利用信息网络实施敲诈勒索罪与利用网络维权的关键,在于行为人主观上是否具有非法占有目的。

No.5-274-22 吴强等人敲诈勒索、抢劫、贩卖毒品、故意伤害案

恶势力、恶势力犯罪集团、黑社会性质组织的关系是从"恶"到"黑"的演进,而普通犯罪团伙、普通犯罪集团则尚不具有前述"恶"与"黑"的演进关系,不宜通过"定恶"来增强否定性评价,提升惩治力度。

No.8-385-42 雷政富受贿案

以不雅视频相要挟,向他人提出借款要求且到期不还的行为,成立敲诈勒索。

第二百七十五条 【故意毁坏财物罪】

故意毁坏公私财物,数额较大或者有其他严重情节的,处三年以下有期徒刑、拘役或者罚金;数额巨大或者有其他特别严重情节的,处三年以上七年以下有期徒刑。

【条文说明】

本条是关于故意毁坏财物罪及其处罚的规定。

故意毁坏财物罪,是指故意毁灭或者损坏公私财物,数额较大或者有其他严重情节的行为。根据我国刑法规定,故意毁坏财物罪属于侵犯财产罪的一种,此类犯罪与其他侵犯财产犯罪不同的主要特点在于,一方面行为人使公私财物受到损失,另一方面行为人没有将财物占为己有或转归第三者所有的目的,即其本人或第三者并未得到任何物质上的利益,而是使某项财物价值或者使用价值完全丧失或部分丧失的行为。

根据本条规定,构成故意毁坏财物罪,必须符合下列条件:

1. 故意毁坏财物罪主观上必须是故意,犯罪目的只是毁坏公私财物,不具有非法占有的目的,这是本罪与其他侵犯财产罪的本质区别。过失毁坏公私财物的,不构成本罪。

2. 行为人客观上实施**故意毁坏公私财物数额较大或者有其他严重情节的行为**。所采用的方式主要是毁灭和损坏。其中**毁灭**是指使用各种方法故意使公私财物的价值和使用价值全部丧失。**损坏**是指将某项公私财物部分毁坏,使其

部分丧失价值和使用价值。① 如果用放火、爆炸等危险方法毁坏公私财物，而且足以危及公共安全的，则应以放火罪、爆炸罪等危害公共安全罪论处。同时，故意毁坏公私财物必须达到数额较大或者有其他严重情节的程度。如果情节轻微或者数额较小，不构成犯罪。**"其他严重情节"**，一般是指以下几种情况：毁灭重要财物或者物品，损失严重的；造成严重后果的；动机和手段特别恶劣的；等等。

3. 故意毁坏财物罪侵犯的客体是**公私财物所有权**，侵犯对象是**各种公私财物**。但是破坏某些特定的公私财物，侵犯了其他客体，则不能以故意毁坏财物罪论处，例如，故意毁坏使用中的交通设备、交通工具、电力煤气易燃易爆设备，危害公共安全的，以危害公共安全罪中的有关犯罪论处；故意毁坏机器设备、残害耕畜，破坏生产经营的，以破坏生产经营罪论处。根据《最高人民法院关于审理破坏公用电信设施刑事案件具体应用法律若干问题的解释》第三条第一款的规定，故意破坏正在使用的公用电信设施尚未危害公共安全，或者故意毁坏尚未投入使用的公用电信设施，造成财产损失，构成犯罪的，以故意毁坏财物罪定罪处罚。

根据本条规定，故意毁坏公私财物，数额较大或者有其他严重情节的，处三年以下有期徒刑、拘役或者罚金；数额巨大或者有其他特别严重情节的，处三年以上七年以下有期徒刑。《最高人民检察院、公安部关于公安机关管辖的刑事案件立案追诉标准的规定（一）》第三十三条规定，故意毁坏公私财物，涉嫌下列情形之一的，**应予立案追诉**：（1）造成公私财物损失五千元以上的；（2）毁坏公私财物三次以上的；（3）纠集三人以上公然毁坏公私财物的；（4）其他情节严重的情形。

实践中需要注意以下两个方面的问题：

1. 故意毁坏财物罪与**破坏生产经营罪**的区别。根据《刑法》第二百七十六条的规定，破坏生产经营罪是指由于泄愤报复或者其他个人目的，毁坏机器设备、残害耕畜或者以其他方法破坏生产经营的行为。二者的主要区别在于：

（1）侵犯的客体不同。破坏生产经营罪的犯罪客体是生产经营的正常进行，而故意毁坏财物罪所侵犯的客体是公私财产所有权。客体的不同使二罪的犯罪对象也有所不同。破坏生产经营罪所侵犯的对象与生产经营有直接联系，而故意毁坏公私财物罪所侵犯的对象一般与生产经营无直接关系。具体来说，破坏已经或正要投入生产的机器设备，必然使生产停顿，残害使役期间的耕畜，势必影响耕作，则以破坏生产经营罪论处，破坏不予使用的或保存中的生产工具或设备，不影响生产经营活动正常进行的，则一般构成故意毁坏财物罪。另外，一般来说，破坏生产经营罪所毁坏的主要是公共财物，而故意毁坏财物罪所毁坏的财物既有公共财物，也有公民个人所有的财物。

（2）犯罪行为的具体表现不同。破坏生产经营罪既可以由积极的作为构成，也可以由消极的不作为构成，而且破坏行为只要是以使生产无法正常进行或者使已经进行的生产归于失败即可，并不要求达到数额较大或者有其他严重情节的程度。而故意毁坏财物罪则只能由积极的作为构成，消极的不作为不能构成此罪，并且，故意毁坏公私财物的行为必须是数额较大或者有其他严重情节的才构成犯罪；如未达到数额较大或者情节较轻的，就不以犯罪论处。另外，从危害结果上看，破坏生产经营罪对生产经营所造成的实际损失往往大于被毁坏的机器设备或残害的耕畜等财物本身的价值，而故意毁坏财物罪所造成的损失只有被毁坏的财物本身的价值。

2. 故意毁坏财物罪与**寻衅滋事罪中的故意毁损公私财物行为**的区别。《刑法》第二百九十三条的寻衅滋事罪，主要表现形式为随意殴打他人，追逐、拦截、辱骂他人，强拿硬要或者任意损毁、占用公私财物，在公共场所起哄闹事，情节严重的行为。在寻衅滋事罪中，毁坏公私财物是常见后果之一，但寻衅滋事罪是一种性质恶劣、危害广泛、严重破坏公共秩序的犯罪，它与故意毁坏财物罪有着本质的不同。具体而言，二者的主要区别是：

（1）侵害的客体不同。故意毁坏财物罪侵害的客体只限于公私财物的所有权，而寻衅滋事罪侵害的客体是公共秩序。

（2）犯罪行为的具体表现不同。任意毁坏公私财物是寻衅滋事的行为表现之一，它不是对特定的个人或财产实施危害，而是对不特定公民的人身权利和公私财产进行危害，即其所毁损的公私财物是不特定的、任意的。而故意毁坏财物罪在客观方面则表现为故意毁坏特定对象（单位或者个人）的财物，而不是不分对象任意毁坏。

---

① 关于毁坏行为的认定，学说上尚未有定见。其中，"实体破坏说"重视对实物、实体的损坏；"功能妨害说"则认为，即使没有破坏实物，但对财物的正常功能发挥有所影响的，也是毁坏。参见周光权：《刑法各论》（第 4 版），中国人民大学出版社 2021 年版，第 167 页；黎宏：《刑法学各论》（第 2 版），法律出版社 2016 年版，第 342 页；张明楷：《刑法学》（第 6 版），法律出版社 2021 年版，第 1342—1343 页。

(3)虽然故意毁坏财物罪和寻衅滋事罪都是故意犯罪,但二者的犯罪目的不同。前者是以毁坏公私财物为目的,而后者则只是把毁坏公私财物作为手段之一,以达到寻求精神刺激、填补精神空虚、藐视国家法纪和社会公德、破坏公共秩序的目的。因此,故意毁坏公私财物的犯罪,通常要以被毁坏的公私财物达到一定的数额或具备一定的情节才构成犯罪,而寻衅滋事罪由于目的不同,不需要达到一定的数额,而只要具备情节恶劣,就构成犯罪。

【司法解释】

《最高人民法院关于审理破坏公用电信设施刑事案件具体应用法律若干问题的解释》(法释〔2004〕21号,自2005年1月11日起施行)

△(正在使用的公用电信设施;公共安全;故意毁坏财物罪;竞合;盗窃罪)故意破坏正在使用的公用电信设施尚未危害公共安全,或者故意毁坏尚未投入使用的公用电信设施,造成财物损失,构成犯罪的,依照刑法第二百七十五条规定,以故意毁坏财物罪定罪处罚。

盗窃公用电信设施价值数额不大,但是构成危害公共安全犯罪的,依照刑法第一百二十四条的规定定罪处罚;盗窃公用电信设施同时构成盗窃罪和破坏公用电信设施罪的,依照处罚较重的规定定罪处罚。(§3)

《最高人民法院关于审理破坏广播电视设施等刑事案件具体应用法律若干问题的解释》(法释〔2011〕13号,自2011年6月13日起施行)

△(破坏广播电视设施;公共安全;故意毁坏财物罪)破坏正在使用的广播电视设施未危及公共安全,或者破坏尚未投入使用的广播电视设施,造成财物损失数额较大或者有其他严重情节的,以故意毁坏财物罪定罪处罚。(§6)

《最高人民法院关于审理破坏森林资源刑事案件适用法律若干问题的解释》(法释〔2023〕8号,自2023年8月15日起施行)

△(开垦、采石、采砂、采土或者其他活动;故意毁坏财物罪)违反森林法的规定,进行开垦、采石、采砂、采土或者其他活动,造成国家、集体或者他人所有的林木毁坏,符合刑法第二百七十五条规定的,以故意毁坏财物罪定罪处罚。(§3Ⅱ)

△(认定意见;鉴定意见;报告)对于涉案农用地类型、面积,国家重点保护植物或者林木的种类、立木蓄积、株数、价值,以及涉案行为对森林资源的损害程度等问题,可以由林业主管部门、侦查机关依据现场勘验、检查笔录等出具认定意见;难以确定的,依据鉴定机构出具的鉴定意见或者下列机构出具的报告,结合其他证据作出认定:(一)价格认证机构出具的报告;(二)国务院林业主管部门指定的机构出具的报告;(三)地、市级以上人民政府林业主管部门出具的报告。(§18)

【司法解释性文件】

《最高人民检察院、公安部关于公安机关管辖的刑事案件立案追诉标准的规定(一)》(公通字〔2008〕36号,2008年6月25日公布)

△(故意毁坏财物;立案追诉标准)故意毁坏公私财物,涉嫌下列情形之一的,应予立案追诉:

(一)造成公私财物损失五千元以上的;

(二)毁坏公私财物三次以上的;

(三)纠集三人以上公然毁坏公私财物的;

(四)其他情节严重的情形。(§33)

《最高人民法院、最高人民检察院、公安部、司法部关于办理黑恶势力犯罪案件若干问题的指导意见》(法发〔2018〕1号,2018年1月16日公布)

△(民间借贷;擅自设立金融机构罪;非法吸收公众存款罪;骗取贷款罪;高利转贷罪;故意杀人罪;故意伤害罪;非法拘禁罪;故意毁坏财物罪;数罪并罚)在民间借贷活动中,如有擅自设立金融机构、非法吸收公众存款、骗取贷款、套取金融机构资金发放高利贷以及为强索债务而实施故意杀人、故意伤害、非法拘禁、故意毁坏财物等行为的,应当按照具体犯罪侦查、起诉、审判。依法符合数罪并罚条件的,应当并罚。(§19)

《最高人民法院、最高人民检察院、公安部关于依法办理"碰瓷"违法犯罪案件的指导意见》(公通字〔2020〕12号,2020年9月22日印发)

△("碰瓷";故意毁坏财物罪)实施"碰瓷",故意造成他人财物毁损,符合刑法第二百七十五条规定的,以故意毁坏财物罪定罪处罚。(§5)

《最高人民法院、最高人民检察院、公安部办理跨境赌博犯罪案件若干问题的意见》(公通字〔2020〕14号,2020年10月16日发布)

△(赌博犯罪;故意杀人罪;故意伤害罪;非法拘禁罪;故意毁坏财物罪;寻衅滋事罪)实施赌博犯罪,为强行索要赌债,实施故意杀人、故意伤害、非法拘禁、故意毁坏财物、寻衅滋事等行为,构成犯罪的,应当依法数罪并罚。(§4Ⅳ)

《最高人民法院、最高人民检察院、公安部关于办理涉窨井盖相关刑事案件的指导意见》(高检发〔2020〕3号,2020年3月16日发布)

△(**窨井盖;故意毁坏财物罪**)故意毁坏本意见第一条、第二条规定以外的其他场所的窨井盖,且不属于本意见第三条规定的情形,数额较大或者有其他严重情节的,依照刑法第二百七十五条的规定,以故意毁坏财物罪定罪处罚。(§4Ⅱ)

△(**窨井盖**)本意见所称的"窨井盖",包括城市、城乡结合部和乡村等地的窨井盖以及其他井盖。(§12)

【**公报案例**】

朱建勇故意毁坏财物案(《最高人民法院公报》2004年第4期)

△(**非法侵入他人股票交易账户,采用高进低出股票的手段,造成他人资金损失;故意毁坏财物罪**)被告人为泄私愤,侵入他人股票交易账户并修改密码,在他人股票交易账户内,采用高进低出股票的手段,造成他人资金损失数额巨大的行为,构成《刑法》第二百七十五条规定的故意毁坏财物罪。

李焕强故意毁坏财物案(《最高人民法院公报》2007年第4期)

△(**出于其他目的偷开机动车;故意毁坏财物罪**)根据《最高人民法院关于审理盗窃案件具体应用法律若干问题的解释》①第十二条第(四)项的规定,行为人不具有非法占有公私财物的目的,而是出于其他目的偷开机动车辆造成车辆损坏的,应当按照《刑法》第二百七十五条的规定,以故意毁坏财物罪定罪处罚。

李焕强故意毁坏财物案(《最高人民法院公报》2007年第4期)

△(**刑事附带民事诉讼**)行为人从停车场将他人的机动车偷开后造成车辆损坏,构成故意毁坏财物罪的,虽然开办停车场的单位与车主之间存在车辆保管合同关系,但该单位不属于依法负有刑事附带民事赔偿责任的主体,其与车主之间发生的合同纠纷同因犯罪行为引起的刑事附带民事赔偿责任关系不同的法律关系。车主以该单位为刑事附带民事诉讼被告,并主张该单位对犯罪人应负的刑事附带民事赔偿责任承担连带责任的,依法不予支持。

李焕强故意毁坏财物案(《最高人民法院公报》2007年第4期)

△(**刑事附带民事赔偿的范围;直接经济损失**)根据《最高人民法院关于刑事附带民事诉讼范围问题的规定》②第一条、第二条的规定,因人身权利受到犯罪侵犯而遭受物质损失或者财物被犯罪分子毁坏而遭受物质损失的,可以提起刑事附带民事诉讼。被害人因犯罪行为遭受的物质损失,是指被害人因犯罪行为已经遭受的实际损失和必然遭受的损失。据此,刑事附带民事赔偿的范围应当限定为被害人因犯罪行为遭受的直接经济损失。

【**参考案例**】

No.5-275-1 孙静故意毁坏公私财物案

为创造经营业绩而虚构产品供销需求,将单位产品占有后予以销毁的,不构成职务侵占罪,应以故意毁坏财物罪论处。

第二百七十六条 【**破坏生产经营罪**】
由于泄愤报复或者其他个人目的,毁坏机器设备、残害耕畜或者以其他方法破坏生产经营的,处三年以下有期徒刑、拘役或者管制;情节严重的,处三年以上七年以下有期徒刑。

【**条文说明**】

本条是关于破坏生产经营罪及其处罚的规定。

破坏生产经营罪是指由于泄愤报复或者其他个人目的,毁坏机器设备、残害耕畜或者以其他方法破坏生产经营③的行为。本罪侵害的是生产经营的正常活动秩序。根据本条规定,构成破坏生产经营罪,必须符合下列条件:

1. 行为人为**一般主体**,即达到刑事责任年龄且具有刑事责任能力的自然人。

2. 行为人必须具有**毁坏机器设备、残害耕畜或者以其他方法破坏生产经营的行为**。这里所说的"**其他方法**",是指除本条所列举的方法以外的其他任何方法。例如切断水源、颠倒生产程序、破

---

① 系争解释已被《最高人民法院、最高人民检察院关于办理盗窃刑事案件适用法律若干问题的解释》(法释〔2013〕8号)废止。
② 系争解释已被《最高人民法院关于废止部分司法解释和司法解释性质文件(第十一批)的决定》(法释〔2015〕2号)废止。
③ 生产经营活动既包括国有公司和集体所有制单位的生产经营活动,也包括个人经营户、私有经济、外资企业等非公有制经济单位的生产经营活动。参见周光权:《刑法各论》(第4版),中国人民大学出版社2021年版,第168页。

坏生产机械及设备以及破坏运输、储存工具等破坏生产经营的方法。① 至于其方式，则既可以表现为积极的作为，如砸碎、烧毁，又可以表现为消极的不作为，如明知有故障而不加排除。但不论方式如何，采用的手段怎样，破坏的对象都必须与生产经营活动直接相联系，破坏用于生产经营的生产工具、生产工艺、生产对象等。如果是毁坏闲置不用或在仓库备用的机器设备，或者已经收获并未用于加工生产的粮食、水果，残害已经丧失畜役力的待售肉食牲畜的行为，则由于它们与生产经营活动没有直接联系，因此不能构成本罪。

3. **行为人主观上是故意犯罪，并且具有泄愤报复或者其他个人目的**。这里所说的"**其他个人目的**"，主要是指为了打击竞争对手或者牟取其他不正当的利益等目的。②

根据本条规定，破坏生产经营的，处三年以下有期徒刑、拘役或者管制；情节严重的，处三年以上七年以下有期徒刑。根据《最高人民检察院、公安部关于公安机关管辖的刑事案件立案追诉标准的规定（一）》第三十四条的规定，由于泄愤报复或者其他个人目的，毁坏机器设备、残害耕畜或者以其他方法破坏生产经营，涉嫌下列情形之一的，**应予立案追诉**：（1）造成公私财物损失五千元以上的；（2）破坏生产经营三次以上的；（3）纠集三人以上公然破坏生产经营的；（4）其他破坏生产经营应予追究刑事责任的情形。本条所说的"情节严重"，一般是指手段特别恶劣，引起生产停顿、间接造成巨大经济损失的，或直接造成较大的经济损失、后果严重等情节。

需要注意的是，实际执行中应当注意区分破坏生产经营罪与破坏交通工具罪、破坏交通设施罪、破坏电力设备罪及破坏易燃易爆设备罪的界限。由于破坏上述特定对象往往会直接或者间接地使生产经营遭到破坏，因此对这种破坏行为的定性，需要从犯罪对象和犯罪行为上进行区分：凡破坏生产过程中的上述工具、设备，危害的主要是生产经营的，一般以破坏生产经营罪定罪处罚；凡破坏的是用于公共生活的上述工具、设备，危害的主要是公共安全的，分别按破坏交通工具罪、破坏交通设施罪、破坏电力设备罪和破坏易燃易爆设备罪定罪处罚。

【司法解释性文件】

《最高人民检察院、公安部关于公安机关管辖的刑事案件立案追诉标准的规定（一）》（公通字〔2008〕36号，2008年6月25日公布）

△【**破坏生产经营罪；立案追诉标准**】由于泄愤报复或者其他个人目的，毁坏机器设备、残害耕畜或者以其他方法破坏生产经营，涉嫌下列情形之一的，应予立案追诉：

（一）造成公私财物损失五千元以上的；

（二）破坏生产经营三次以上的；

（三）纠集三人以上公然破坏生产经营的；

（四）其他破坏生产经营应予追究刑事责任的情形。（§34）

【公报案例】

董志超、谢文浩破坏生产经营案（《最高人民法院公报》2018年第8期）

△（**反向炒信；破坏生产经营罪**）被告人主观上具有报复和从中获利的目的，客观上通过在网络交易平台恶意大量购买他人商品或服务，导致相关单位被网络交易平台认定为虚假交易进而被采取商品搜索降权的管控措施，造成相关单位遭受损失10万元以上，其行为应以破坏生产经营罪定罪处罚。

△（**网络交易平台的搜索排序；商业信誉；竞合**）网络交易平台的搜索排序属于互联网经济的运营方式，应认定为生产要素。在刑法解释上，可以比照实体经济的信誉、商誉予以解释。反向炒信既损害了对方的商业信誉，同时也破坏了生产经营，二者竞合的，应择一重处。

△（**损失的认定**）被害单位因被告人犯罪行为遭受的损失，可以综合案发时行业发展趋势、被害单位日常收入情况、案发时收入情况，依照有利于被告人的原则，综合予以认定和评估。

【参考案例】

No. 5-276-1 章国新破坏生产经营案

出于图财或其他个人目的，窃取彩票摇奖专用彩球改变其重量并投入使用的，应以破坏生产经营罪论处。

No. 5-276-2 刘俊破坏生产经营案

非国有公司工作人员以低于限价价格销售公司产品，造成重大损失，不构成破坏生产经营罪或故意毁坏财物罪。

No. 5-276-3 马昕炜破坏生产经营案

△公司职员出于泄愤报复的目的，利用职务权限删改计算机系统信息、关闭计算机通讯功能，成立破坏生产经营罪。

---

① 相同的学说见解，参见周光权：《刑法各论》（第4版），中国人民大学出版社2021年版，第168页。
② 相同的学说见解，参见周光权：《刑法各论》（第4版），中国人民大学出版社2021年版，第169页。

第二百七十六条之一 【拒不支付劳动报酬罪】

以转移财产、逃匿等方法逃避支付劳动者的劳动报酬或者有能力支付而不支付劳动者的劳动报酬，数额较大，经政府有关部门责令支付仍不支付的，处三年以下有期徒刑或者拘役，并处或者单处罚金；造成严重后果的，处三年以上七年以下有期徒刑，并处罚金。

单位犯前款罪的，对单位判处罚金，并对其直接负责的主管人员和其他直接责任人员，依照前款的规定处罚。

有前两款行为，尚未造成严重后果，在提起公诉前支付劳动者的劳动报酬，并依法承担相应赔偿责任的，可以减轻或者免除处罚。

【立法沿革】

《中华人民共和国刑法修正案（八）》（自2011年5月1日起施行）

四十一、在刑法第二百七十六条后增加一条，作为第二百七十六条之一：

"以转移财产、逃匿等方法逃避支付劳动者的劳动报酬或者有能力支付而不支付劳动者的劳动报酬，数额较大，经政府有关部门责令支付仍不支付的，处三年以下有期徒刑或者拘役，并处或者单处罚金；造成严重后果的，处三年以上七年以下有期徒刑，并处罚金。

"单位犯前款罪的，对单位判处罚金，并对其直接负责的主管人员和其他直接责任人员，依照前款的规定处罚。

"有前两款行为，尚未造成严重后果，在提起公诉前支付劳动者的劳动报酬，并依法承担相应赔偿责任的，可以减轻或者免除处罚。"

【条文说明】

本条是关于拒不支付劳动报酬罪及其处罚的规定。

本条共分为三款。

第一款是关于以转移财产、逃匿等手段，逃避支付或不支付劳动者的劳动报酬的犯罪及其处罚的规定。本款规定的逃避支付或者不支付劳动者报酬的犯罪是故意犯罪，主体是自然人。主观方面必须有**逃避支付或者不支付劳动者的劳动报酬的故意**。其侵犯的客体为双重客体，**既侵犯了劳动者的财产权，又扰乱了市场经济秩序**。客观方面，行为人实施了以转移财产或逃匿等手段，逃避支付劳动者的劳动报酬或者虽没有转移财产和逃匿等行为，但有能力支付而故意不支付劳动者的劳动报酬的行为。

本款所说的"**转移财产**"，是指行为人为逃避欠薪将所经营的收益转移到他处，以使行政机关、司法机关或被欠薪者无法查找到。"**逃匿**"是指行为人为逃避行政机关或司法机关的追究而逃离当地或躲藏起来。"**劳动报酬**"是指劳动者按照劳动法和劳动合同法的规定，通过自己的劳动而应得的报酬，其范围不限于工资。根据原劳动部《关于贯彻执行〈中华人民共和国劳动法〉若干问题的意见》的规定，工资是劳动者劳动报酬的主要组成部分。但劳动者的以下劳动报酬不属于工资的范围：（1）单位支付给劳动者个人的社会保险福利费用，如丧葬抚恤救济费、生活困难补助费、计划生育补贴等；（2）劳动保护方面的费用，如用人单位支付给劳动者的工作服、解毒剂、清凉饮料费用等；（3）按规定未列入工资总额的各种劳动报酬及其他劳动收入，如根据国家规定发放的创造发明奖、国家星火奖、自然科学奖、科学技术进步奖、合理化建议和技术改进奖、中华技能大奖等，以及稿费、讲课费、翻译费等。"**有能力支付**"是指经调查有事实证明企业或单位确有以资金支付劳动者工资的能力。① "**经政府有关部门责令支付仍不支付的**"，这里的"**政府有关部门**"，一般是指县级以上政府劳动行政部门。劳动法明确了劳动行政部门在劳动工作中的地位和职责，即国务院劳动行政部门主管全国的劳动工作，县级以上地方人民政府劳动行政部门主管本行政区域内的劳动工作。这里的"**责令支付仍不支付**"是指经政府劳动行政部门责令支付一次仍没有支付的情况。根据《劳动法》第九十一条的规定，用人单位违反劳动法的规定，政府劳动行政部门有对其的责令权，即用人单位具有克扣或者无故拖欠劳动者工资、拒不支付劳动者延长工作时间工资报酬、低于当地最低工资标准支付劳动者工资、解除

---

① 我国学者指出，本罪行为的实质是不履行支付劳动报酬的义务，属于不作为犯。故而，无论行为是以转移财产、逃匿等方法逃避支付劳动者的劳动报酬，或者不支付劳动者的劳动报酬，均以行为人有支付能力作为前提。参见张明楷：《刑法学》（第6版），法律出版社2021年版，第1346—1347页。

劳动合同后未依照劳动法规定给予劳动者经济补偿等侵害劳动者合法权益情形之一的,由劳动行政部门责令支付劳动者的工资报酬、经济补偿,并可以责令支付赔偿金。①

根据本款规定,"数额较大,经政府有关部门责令支付仍不支付"是构成拒不支付劳动报酬罪的必备条件,缺一不可。也就是说,行为人采取转移财产、逃匿等方法逃避支付劳动者的劳动报酬,或者有能力支付而不支付劳动者的劳动报酬,都必须达到数额较大且经政府有关部门责令支付仍不支付的,才能构成本罪。仅符合数额较大的条件或者经政府有关部门责令支付仍不支付的条件之一都不构成本罪。本条所称"**造成严重后果的**",一般是指以下几种情况:(1)由于不支付或没有及时支付劳动者报酬,以至于影响到劳动者家庭的生活或生存;(2)导致劳动者自伤、精神失常或实施犯罪行为,如偷盗、伤人等;(3)引发群体性事件等严重后果。

第二款是关于**单位犯罪**的处罚规定。本款所说的"**单位**",是指劳动合同法中规定的用人单位,包括具有合法经营资格的用人单位和不具备合法经营资格的用人单位以及劳务派遣单位。对于个人承包经营者犯罪的,应当以个人犯罪追究其刑事责任。

第三款是关于**减轻或者免除处罚**的规定。本款中的"**有前两款行为**",是指有第一款关于个人犯罪和第二款关于单位犯罪的规定。也就是说,本款规定的犯罪主体是个人或单位。"**尚未造成严重后果**",一般是指:(1)虽然没有支付或没有及时支付劳动者报酬,但没有影响到劳动者家庭的生活或生存;(2)没有造成劳动者自伤、精神失常或者实施犯罪行为等;(3)没有引发群体性事件等严重后果。"**在提起公诉前支付劳动者的劳动报酬**"是指在人民检察院提起公诉前,欠薪的单位或个人全额支付了劳动者报酬的情况。"**依法承担相应赔偿责任**"中的"**赔偿责任**",主要是指《劳动合同法》第八十五条规定的赔偿金和经济补偿责任:"用人单位有下列情形之一的,由劳动行政部门责令限期支付劳动报酬、加班费或者经济补偿;劳动报酬低于当地最低工资标准的,应当支付其差额部分;逾期不支付的,责令用人单位按应付金额百分之五十以上百分之一百以下的标准向劳动者加付赔偿金:(一)未按照劳动合同的约定或者国家规定及时足额支付劳动者劳动报酬

的;(二)低于当地最低工资标准支付劳动者工资的;(三)安排加班不支付加班费的;(四)解除或者终止劳动合同,未依照本法规定向劳动者支付经济补偿的。"关于经济补偿的标准,应当按照《劳动合同法》第四十七条的规定,即按劳动者在该单位工作的年限,每满一年支付一个月工资的标准向劳动者支付;六个月以上不满一年的,按一年计算;不满六个月的,向劳动者支付半个月工资的经济补偿。劳动者月工资高于用人单位所在的直辖市、设区的市级人民政府公布的本地区上年度职工月平均工资三倍的,向其支付经济补偿的标准按职工月平均工资三倍的数额支付,向其支付经济补偿的年限最高不超过十二年。这里的月工资是指劳动者在劳动合同解除或者终止前十二个月的平均工资。对于用人单位违反劳动合同法规定,解除或者终止劳动合同的,应当按照《劳动合同法》第四十七条规定的经济补偿标准的二倍向劳动者支付赔偿金。

根据本款规定,对逃避支付或不支付劳动者的劳动报酬的个人或单位,可以减轻或者免除处罚的必须同时具备以下三个条件,缺一不可:(1)在人民检察院提起公诉前全部支付了劳动者劳动报酬;(2)在人民检察院提起公诉前依法承担了相应的赔偿责任;(3)欠薪行为尚未造成严重后果。本款作这样的规定,其出发点是保护民生,促进社会和谐,最终目的是让欠薪者能够全额支付劳动者应得到的报酬,从真正意义上保障劳动者合法权益的实现。这里的"**减轻或者免除处罚**",是指个人或单位逃避支付或不支付劳动者的劳动报酬构成犯罪,但同时又具备上述三个条件的,可以依法予以减轻或者免除处罚。如果只具备以上三个条件中的一个或两个,仍应分别以前两款的规定,追究个人或单位的刑事责任。但法院可以作为犯罪的从轻情节予以考虑。

根据本条规定,拒不支付劳动报酬,数额较大,经政府有关部门责令支付仍不支付的,处三年以下有期徒刑或者拘役,并处或者单处罚金;造成严重后果的,处三年以上七年以下有期徒刑,并处罚金。单位犯第一款罪的,对单位判处罚金,并对其直接负责的主管人员和其他直接责任人员,依照第一款的规定处罚。根据《最高人民检察院、公安部关于公安机关管辖的刑事案件立案追诉标准的规定(一)的补充规定》第七条的规定,以转移

---

① 关于本罪的举证责任分配,我国学者指出,既然立法者将侵害劳动者权益的恶意欠薪行为纳入更为严厉的刑法保护体系,则在对劳动者保护的宗旨上应当与劳动法一脉相承。故而,应当免除劳动者的举证责任,由司法机关介入,证明劳资关系和不支付工资事实的存在。参见黎宏:《刑法学各论》(第2版),法律出版社2016年版,第344—345页。

财产、逃匿等方法逃避支付劳动者的劳动报酬或者有能力支付而不支付劳动者的劳动报酬,经政府有关部门责令支付仍不支付,涉嫌下列情形之一的,**应予立案追诉**:(1)拒不支付一名劳动者三个月以上的劳动报酬且数额在五千元至二万元以上的;(2)拒不支付十名以上劳动者的劳动报酬且数额累计在三万元至十万元以上的。同时,不支付劳动者的劳动报酬,尚未造成严重后果,在刑事立案前支付劳动者的劳动报酬,并依法承担相应赔偿责任的,可以不予立案追诉。

实践中需要注意以下几个方面的问题:

1. 正确区分刑事犯罪与**民事纠纷**的界限。既不能都以犯罪处理,造成打击面过宽,也不能都以民事纠纷处理,使犯罪分子得不到应有的惩罚。

2. 严格把握以下三个问题:一是正确区分恶意欠薪行为与**一般欠薪行为**。对于因用人单位在经营中遇到困难、资金周转不开或经营不善等原因而暂时无法支付劳动者劳动报酬,主观上并不具有故意或恶意的,不宜将其纳入刑法调整的范围,劳动者可以通过现行法律规定的救济途径去维护其合法权益;二是对有能力支付而不支付复杂情况的判定和实施;三是对于本条第三款规定的三个条件应严肃执法,当严则严,该宽则宽。

3. 刑法虽然规定了恶意欠薪罪,但并不影响劳动者按照劳动管理等法律,通过民事途径维护自己的合法权益。

【司法解释】

《最高人民法院关于审理拒不支付劳动报酬刑事案件适用法律若干问题的解释》(法释〔2013〕3号,自2013年1月23日起施行)

△(**劳动者的劳动报酬**)劳动者依照《中华人民共和国劳动法》和《中华人民共和国劳动合同法》等法律的规定应得的劳动报酬,包括工资、奖金、津贴、补贴、延长工作时间的工资报酬及特殊情况下支付的工资等,应当认定为刑法第二百七十六条之一第一款规定的"劳动者的劳动报酬"①。(§1)

△(**以转移财产、逃匿等方法逃避支付劳动者的劳动报酬**)以逃避支付劳动报酬为目的,具有下列情形之一的,应当认定为刑法第二百七十六条之一第一款规定的"以转移财产、逃匿等方法逃避支付劳动者的劳动报酬":

(一)隐匿财产、恶意清偿、虚构债务、虚假破产、虚假倒闭或者以其他方法转移、处分财产的;

(二)逃跑、藏匿的;

(三)隐匿、销毁或者篡改账目、职工名册、工资支付记录、考勤记录等与劳动报酬相关的材料的;

(四)以其他方法逃避支付劳动报酬的。(§2)

△(**数额较大;具体数额标准**)具有下列情形之一的,应当认定为刑法第二百七十六条之一第一款规定的"数额较大":

(一)拒不支付一名劳动者三个月以上的劳动报酬且数额在五千元至二万元以上的;

(二)拒不支付十名以上劳动者的劳动报酬且数额累计在三万元至十万元以上的。

各省、自治区、直辖市高级人民法院可以根据本地区经济社会发展状况,在前款规定的数额幅度内,研究确定本地区执行的具体数额标准,报最高人民法院备案。(§3)

△(**经政府有关部门责令支付仍不支付;经政府有关部门责令支付**)经人力资源社会保障部门或者政府其他有关部门依法以限期整改指令书、行政处理决定书等文书责令支付劳动者的劳动报酬后,在指定的期限内仍不支付的,应当认定为刑法第二百七十六条之一第一款规定的"经政府有关部门责令支付仍不支付",但有证据证明行为人有正当理由未知悉责令支付或者未及时支付劳动报酬的除外。

行为人逃匿,无法将责令支付文书送交其本人、同住成年家属或者所在单位负责收件的人的,如果有关部门已通过在行为人的住所地、生产经营场所等地张贴责令支付文书等方式责令支付,并采用拍照、录像等方式记录的,应当视为"经政府有关部门责令支付"。(§4)

△(**造成严重后果**)拒不支付劳动者的劳动报酬,符合本解释第三条的规定,并具有下列情形之一的,应当认定为刑法第二百七十六条之一第一款规定的"造成严重后果":

(一)造成劳动者或者其被赡养人、被扶养人、被抚养人的基本生活受到严重影响、重大疾病无法及时医治或者失学的;

(二)对要求支付劳动报酬的劳动者使用暴力或者进行暴力威胁的;

---

① "劳动报酬"中是否包含社会保险福利、劳动保护等方面的费用,尚存争议。我国学者指出,社会保险福利、劳动保护等属于行政法调整的范围,具有较强的行政政策性,其产生的主要依据并非《劳动法》或《劳动合同法》,并且社会保险福利在各地有不同的统筹标准和方式。如果现阶段将社会保险福利、劳动保护等费用纳入劳动报酬中予以保护,并不符合社会现实情况。参见黎宏:《刑法学各论》(第2版),法律出版社2016年版,第344页。

(三)造成其他严重后果的。(§5)

△(情节显著轻微危害不大;减轻或免除刑事处罚;酌情从宽处罚)拒不支付劳动者的劳动报酬,尚未造成严重后果,在刑事立案前支付劳动者的劳动报酬,并依法承担相应赔偿责任的,可以认定为情节显著轻微危害不大,不认为是犯罪;在提起公诉前支付劳动者的劳动报酬,并依法承担相应赔偿责任的,可以减轻或者免除刑事处罚;在一审宣判前支付劳动者的劳动报酬,并依法承担相应赔偿责任的,可以从轻处罚。

对于免除刑事处罚的,可以根据案件的不同情况,予以训诫、责令具结悔过或者赔礼道歉。

拒不支付劳动者的劳动报酬,造成严重后果,但在宣判前支付劳动者的劳动报酬,并依法承担相应赔偿责任的,可以酌情从宽处罚。(§6)

△(不具备用工主体资格的单位或者个人)不具备用工主体资格的单位或者个人,违法用工且拒不支付劳动者的劳动报酬,数额较大,经政府有关部门责令支付仍不支付的,应当依照刑法第二百七十六条之一的规定,以拒不支付劳动报酬罪追究刑事责任。(§7)

△(用人单位的实际控制人)用人单位的实际控制人实施拒不支付劳动报酬行为,构成犯罪的,应当依照刑法第二百七十六条之一的规定追究刑事责任。(§8)

△(单位犯罪)单位拒不支付劳动报酬,构成犯罪的,依照本解释规定的相应个人犯罪的定罪量刑标准,对直接负责的主管人员和其他直接责任人员定罪处罚,并对单位判处罚金。(§9)

【司法解释性文件】

《最高人民法院、最高人民检察院、人力资源和社会保障部、公安部关于加强涉嫌拒不支付劳动报酬犯罪案件查处衔接工作的通知》(人社部发〔2014〕100号,2014年12月23日公布)

△(以逃匿方法逃避支付劳动者的劳动报酬)行为人拖欠劳动者劳动报酬后,人力资源社会保障部门书面、电话、短信等ողա确认其收悉的方式,通知其在指定的时间内到指定的地点配合解决问题,但其在指定的时间内未到指定的地点配合解决问题或明确表示拒不支付劳动报酬的,视为刑法第二百七十六条之一第一款规定的"以逃匿方法逃避支付劳动者的劳动报酬"。但是,行为人有证据证明因自然灾害、突发重大疾病等非人力所能抗拒的原因造成其无法在指定的时间内到指定的地点配合解决问题的除外。(§1Ⅱ)

《最高人民检察院、公安部关于公安机关管辖的刑事案件立案追诉标准的规定(一)的补充规定》(公通字〔2017〕12号,2017年4月27日公布)

△(拒不支付劳动报酬罪;立案追诉标准)以转移财产、逃匿等方法逃避支付劳动者的劳动报酬或者有能力支付而不支付劳动者的劳动报酬,经政府有关部门责令支付仍不支付,涉嫌下列情形之一的,应予立案追诉:

(一)拒不支付一名劳动者三个月以上的劳动报酬且数额在五千元至二万元以上的;

(二)拒不支付十名以上劳动者的劳动报酬且数额累计在三万元至十万元以上的。

不支付劳动者的劳动报酬,尚未造成严重后果,在刑事立案前支付劳动者的劳动报酬,并依法承担相应赔偿责任的,可以不予立案追诉。(§7)

《最高人民检察院关于充分发挥检察职能服务保障"六稳""六保"的意见》(高检发〔2020〕10号,2020年7月22日印发)

△(企业因资金周转困难拖欠劳动报酬;恶意欠薪)依法保护企业正常生产经营活动。深刻认识"六稳""六保"最重要的是稳就业、保就业,关键在于保企业,努力落实让企业"活下来""留得住""经营得好"的目标……三是依法慎重处理拒不支付劳动报酬犯罪案件。充分考虑企业生产经营实际,注意把握企业因资金周转困难拖欠劳动报酬与恶意欠薪的界限,灵活采取检察建议、督促履行、协调追欠追赃垫付等形式,既有效维护劳动者权益,又保障企业生产经营。对恶意欠薪涉嫌犯罪,但在提起公诉前支付劳动报酬,并依法承担相应赔偿责任的,依法从宽处理,情节轻微不起诉。四是严格把握涉企业生产经营、创新创业的新类型案件的法律政策界限。对于企业创新产品与现有国家标准难以对应的,应当深入调查,进行实质性评估,加强请示报告,准确认定产品属性和质量,防止简单化"对号入座",以生产、销售伪劣产品定罪处罚。(§3)

【指导性案例】

最高人民法院指导性案例第28号:胡克金拒不支付劳动报酬案(2014年6月23日发布)

△(不具备用工主体资格的单位或者个人;拒不支付劳动报酬罪)不具备用工主体资格的单位或者个人(包工头),违法用工且拒不支付劳动者报酬,数额较大,经政府有关部门责令支付仍不支付的,应当以拒不支付劳动报酬罪追究刑事责任。

△(刑事立案前;垫付劳动报酬;拒不支付劳动报酬罪)不具备用工主体资格的单位或者个人(包工头)拒不支付劳动报酬,即使其他单位或者个人在刑事立案前为其垫付了劳动报酬的,也不影响追究该用工单位或者个人(包工头)拒不支付劳动报酬罪的刑事责任。

【参考案例】

No.5-276之一-1 胡克金拒不支付劳动报酬案

用工单位或个人不具备合法用工资格而违法招用民工进行施工,不影响拒不支付劳动报酬罪的成立。

第六章　妨害社会管理秩序罪

第一节　扰乱公共秩序罪

第二百七十七条　【妨害公务罪】【袭警罪】
以暴力、威胁方法阻碍国家机关工作人员依法执行职务的，处三年以下有期徒刑、拘役、管制或者罚金。
以暴力、威胁方法阻碍全国人民代表大会和地方各级人民代表大会代表依法执行代表职务的，依照前款的规定处罚。
在自然灾害和突发事件中，以暴力、威胁方法阻碍红十字会工作人员依法履行职责的，依照第一款的规定处罚。
故意阻碍国家安全机关、公安机关依法执行国家安全工作任务，未使用暴力、威胁方法，造成严重后果的，依照第一款的规定处罚。
暴力袭击正在依法执行职务的人民警察的，处三年以下有期徒刑、拘役或者管制；使用枪支、管制刀具，或者以驾驶机动车撞击等手段，严重危及其人身安全的，处三年以上七年以下有期徒刑。

【立法沿革】

《中华人民共和国刑法》(1997年修订，自1997年10月1日起施行)

第二百七十七条

以暴力、威胁方法阻碍国家机关工作人员依法执行职务的，处三年以下有期徒刑、拘役、管制或者罚金。

以暴力、威胁方法阻碍全国人民代表大会和地方各级人民代表大会代表依法执行代表职务的，依照前款的规定处罚。

在自然灾害和突发事件中，以暴力、威胁方法阻碍红十字会工作人员依法履行职责的，依照第一款的规定处罚。

故意阻碍国家安全机关、公安机关依法执行国家安全工作任务，未使用暴力、威胁方法，造成严重后果的，依照第一款的规定处罚。

《中华人民共和国刑法修正案(九)》(自2015年11月1日起施行)

二十一、在刑法第二百七十七条中增加一款作为第五款：

"暴力袭击正在依法执行职务的人民警察的，依照第一款的规定从重处罚。"

《中华人民共和国刑法修正案(十一)》(自2021年3月1日起施行)

三十一、将刑法第二百七十七条第五款修改为：

"暴力袭击正在依法执行职务的人民警察的，处三年以下有期徒刑、拘役或者管制；使用枪支、管制刀具，或者以驾驶机动车撞击等手段，严重危及其人身安全的，处三年以上七年以下有期徒刑。"

【条文说明】

本条是关于妨害公务罪、袭警罪及其处罚的规定。

本条共分为五款。

第一款是关于以暴力、威胁方法阻碍国家机关工作人员依法执行职务的，构成妨害公务罪及其处罚的规定。构成本款规定的犯罪应当具备以下两个条件：

1. **以暴力、威胁方法实施的行为。**这里的"**暴力**"，是指对国家机关工作人员的身体实行打击或者强制,如捆绑、殴打、伤害;①"**威胁**"是指以杀害、伤害、毁坏财产、损害名誉等相威胁。② 构成本罪,行为人必须是采取暴力、威胁的方法,如果行为人没有实施暴力、威胁的阻碍行为,只是吵闹、谩骂、不服管理等,不构成犯罪,可以依法予以治安处罚。③

2. **实施了阻碍国家机关工作人员依法执行职务的行为**。"**阻碍国家机关工作人员依法执行职务**"是指阻挠、妨碍国家机关工作人员依照法律规定执行自己的职务,致使依法执行职务的活动无法正常进行。④ 其中,"**国家机关工作人员**"是指中央及地方各级权力机关、党政机关⑤、司法机关和军事机关的工作人员;⑥"**依法执行职务**"是指国家机关工作人员依照法律、法规规定所进行的职务活动。如果阻碍的不是国家机关工作人员的活动,或者不是职务活动,或者不是依法进行的职务活动,都不构成本罪。⑦

根据本款规定,犯本罪的,处三年以下有期徒刑、拘役、管制或者罚金。

第二款是关于以暴力、威胁方法阻碍全国人大代表和地方各级人大代表依法执行代表职务的,构成妨害公务罪及其处罚的规定。⑨ 这里规

---

① 我国学者指出,本罪的暴力不以直接暴力为限。如果针对与国家机关工作人员执行职务具有密不可分关系的辅助者实施暴力,或是通过对物行使有形力,从而给国家机关工作人员的身体以武力影响(间接暴力),亦同。参见张明楷:《刑法学》(第6版),法律出版社2021年版,第1352页;黎宏:《刑法学各论》(第2版),法律出版社2016年版,第350页。

柏浪涛教授强调,即便是间接影响,也必须对国家机关工作人员本人造成一定精神性强制效果,并由此导致其无法执行职务。如果没有对国家机关工作人员本人造成一定的精神性强制,而是通过其他手段导致其无法执行职务,非属妨害公务罪的实行行为。参见陈兴良主编:《刑法各论精释》,人民法院出版社2015年版,第911—912页。

② 恶害内容既包括暴力性的内容(例如"如果不答应,就绑架你家小孩"),也包括非暴力性的内容("如果不答应,就将你的裸照曝光")。另外,实践中时而发生的案件是行为人以自残、自杀方式抗拒执法的情形。柏浪涛教授认为,对于自焚,需要考察场所。如果在公共场合,可能威胁公众安全的,无疑对执法人员会产生恐惧心理,应属以暴力相威胁;如果是不会威胁公众安全的单纯自杀、自焚,执法人员任何可能受到行政处分的心理机制不属于威胁中的被害人产生的恐惧心理。因为行为人的自杀威胁与执法人员的担忧之间存在行政决定的行政决定,两者之间不存在直接的因果关系。参见陈兴良主编:《刑法各论精释》,人民法院出版社2015年版,第912—913页。

③ 关于暴力、威胁的程度,理论上有抽象危险说、具体危险说及实害说。其中,柏浪涛教授采具体危险说,认为对暴力、威胁程度的判断应当考虑行为人的情状、执行职务的样态等,综合判断。只有这样才能使国家机关工作人员依法执行职务。如此,才能合理协调保护公务行为与保障公民权利之间的关系。参见陈兴良主编:《刑法各论精释》,人民法院出版社2015年版,第914页。

④ 妨害公务罪的保护对象仅及于当下正在执行的职务。因此,如果是职务强要行为,即行为人使用暴力、威胁方法强迫国家机关工作人员将来作出或者不作出某项决定(如行为人手持炸弹要求典狱长释放罪犯,否则将引爆炸弹),不构成妨害公务罪。参见陈兴良主编:《刑法各论精释》,人民法院出版社2015年版,第915页。

⑤ 将在党政机关(如中国共产党的各级机关、中国人民政治协商会议的各级机关)中从事公务的人员纳入国家机关工作人员的范围,是基于实质重要考量。参见张明楷:《刑法学》(第6版),法律出版社2021年版,第1350页;黎宏:《刑法学各论》(第2版),法律出版社2016年版,第349页;陈兴良主编:《刑法各论精释》,人民法院出版社2015年版,第916页。

⑥ 本罪的行为对象不包括外国公务员和在军事机关中从事公务的人员(阻碍军人执行职务罪)。参见张明楷:《刑法学》(第6版),法律出版社2021年版,第1350页;陈兴良主编:《刑法各论精释》,人民法院出版社2015年版,第916页。

⑦ 我国学者进一步指出,必须符合以下条件才能认定为"依法执行公务":第一,国家机关工作人员所实施的行为,属于该国家机关工作人员的抽象职务权限或一般职务权限;第二,国家机关工作人员具有实施该职务行为的具体职务权限;第三,国家机关工作人员的职务行为必须符合法律上的重要条件、方式与程序。

此外,关于职务行为合法性的判断标准,刑法理论上有主观说(根据该国家工作人员是否确信自己的行为合法)、客观说(法院通过对法律、法规进行解释,并作出客观判断)、折中说(社会一般人的见解)三种。学说上有论者在采取客观说的前提下,主张必须以裁判时为基准进行判断。因为妨害公务罪的职务行为合法与否,并不取决于国家机关内部应否追查,而是必须在包含被执行人在内的整体法秩序视野下,判断职务行为合法与否,否则就忽视了刑法的人权保障技能。并且,退一万步而言,即便采取行为时基准说而肯认警察的先行行为合法,被拘留人抗拒拘留行为本身欠缺妨害公务罪的故意与期待可能性。另有学者指出,职务行为是否合法,应当以实施职务行为当时的情况进行判断。参见张明楷:《刑法学》(第6版),法律出版社2021年版,第1350—1352页;周光权:《刑法各论》(第4版),中国人民大学出版社2021年版,第378—388页;黎宏:《刑法学各论》(第2版),法律出版社2016年版,第350—351页;陈兴良主编:《刑法各论精释》,人民法院出版社2015年版,第919—925页。

⑧ 我国学者指出,准备着手执行职务之时,以及与执行具有密切关系的待命状态,均在"依法执行职务"之际的射程范围之内。参见黎宏:《刑法学各论》(第2版),法律出版社2016年版,第351页;陈兴良主编:《刑法各论精释》,人民法院出版社2015年版,第926—927页。

⑨ 柏浪涛教授认为,《刑法》第二百七十七条第二款属于注意规定,并未改变原有的犯罪构成,只是重申对人大代表执行公务行为的保护。参见陈兴良主编:《刑法各论精释》,人民法院出版社2015年版,第931页。

定的"**阻碍**",必须是以暴力、威胁方法进行。其中规定的"**代表**",是指依照法律规定选举产生的全国人大代表和地方各级人大代表;"**代表职务**"是指宪法和法律赋予人大代表行使国家权力的职责和任务;"**依照前款的规定处罚**"是指犯本款规定之罪的,处三年以下有期徒刑、拘役、管制或者罚金。

第三款是关于在自然灾害和突发事件中,以暴力、威胁方法阻碍红十字会工作人员依法履行职责的,构成妨害公务罪及其处罚的规定。这里的阻碍方法,必须是暴力、威胁方法。其中规定的"**红十字会**",根据红十字会法的规定,是指中华人民共和国统一的红十字组织,是从事人道主义工作的社会救助团体;"**依法履行职责**",根据红十字会法的规定,红十字会有九项职责,这里主要是指在战争、武装冲突和自然灾害等突发事件中,履行对伤病人员和其他受害者进行紧急救援和人道救助等职责;"**依照第一款的规定处罚**"是指犯本款规定之罪的,处三年以下有期徒刑、拘役、管制或者罚金。

第四款是关于故意阻碍国家安全机关、公安机关依法执行国家安全工作任务的,构成妨害公务罪及其处罚的规定。根据本款规定,构成本罪应当具备以下条件:

1. **实施了故意阻碍的行为**。"故意阻碍"是指明知国家安全机关、公安机关正在依法执行国家安全工作任务而进行阻挠、妨害。

2. **行为人阻碍的是国家安全机关、公安机关依法执行国家安全工作任务**。如果阻碍的不是上述两个机关或者上述两个机关执行的不是国家安全工作任务,都不构成本款犯罪。

3. **本罪不要求以使用暴力、威胁方法为条件**。考虑到国家安全工作的重要性,对造成严重后果的,只要是实施故意阻碍行为,即使未使用暴力、威胁方法,也要追究刑事责任。①

4. **必须造成严重后果**。这里所说的"严重后果",主要是指致使国家安全机关、公安机关执行国家安全工作任务受到严重妨害,如严重妨害对危害国家安全犯罪案件的侦破,或者造成严重的政治影响。

犯本款规定之罪的,"**依照第一款的规定处罚**",即处三年以下有期徒刑、拘役、管制或者罚金。需要指出的是,只要以暴力、威胁方法阻碍国家安全机关、公安机关依法执行国家安全工作任务的,即构成妨害公务罪;对于以非暴力、威胁方式故意阻碍国家安全机关、公安机关依法执行国家安全工作任务,必须是造成严重后果的,才能构成妨害公务罪。

第五款是关于暴力袭击正在依法执行职务的人民警察的犯罪及其处罚的规定。根据本款规定,构成本款规定的犯罪应当具备以下条件:

1. **必须是实施了暴力袭击的行为**。这里所说的"暴力袭击"人民警察,根据《最高人民法院、最高人民检察院、公安部关于依法惩治袭警违法犯罪行为的指导意见》第一条的规定,对正在依法执行职务的民警实施下列行为的,属于"**暴力袭击正在依法执行职务的人民警察**":(1)实施撕咬、踢打、抱摔、投掷等,对民警人身进行攻击的行为;(2)实施打砸、毁坏、抢夺民警正在使用的警用车辆、警械等警用装备,对民警人身进行攻击的行为。

2. **暴力袭击的对象必须是正在依法执行职务的人民警察**,如果行为人袭击的对象不是人民警察而是其他国家机关工作人员,或者袭击的人民警察不是正在依法执行职务,都不构成本款规定的犯罪,对于袭击其他依法执行职务的国家机关工作人员,构成妨害公务罪的,依照第一款的规定处罚。

根据本款规定,对暴力袭击警察的犯罪规定了两档刑罚:**第一档刑罚**,处三年以下有期徒刑、拘役或者管制;**第二档刑罚**,对于使用枪支、管制刀具,或者以驾驶机动车撞击等手段,严重危及其人身安全的,处三年以上七年以下有期徒刑。这里所说的"**使用枪支、管制刀具,或者以驾驶机动车撞击等手段**"是指行为人袭击警察时使用了枪支、管制刀具,或者采用驾驶机动车撞击等手段进行。所谓"**严重危及其人身安全**",是指行为人使用枪支、管制刀具,或者以驾驶机动车撞击等手段,必须要达到严重危及警察人身安全的程度。但只是使用玩具枪甚至一些伤害能力很低的仿真枪,不可能危及警察的人身安全,则不能适用第二档刑罚。

实践中需要注意以下几个方面的问题:

1. 本条规定的是阻碍国家机关工作人员依法执行职务的犯罪行为,对于阻碍非国家机关工作人员执行职务的行为不构成本罪,对于阻碍依照法律、法规规定行使国家行政管理职权的组织

---

① 我国学者指出,本款中的"未使用暴力、威胁方法"不是真正的构成要件要素,而是表面要素。故而,如果行为人使用了暴力、威胁方法,故意阻碍国家安全机关、公安机关依法执行国家安全工作任务,造成严重后果,当然更应构成妨害公务罪。参见张明楷:《刑法学》(第6版),法律出版社2021年版,第1354页;陈兴良主编:《刑法各论精释》,人民法院出版社2015年版,第936—937页。

中从事公务的人员,或者阻碍在受国家机关委托代表国家机关行使职权的组织中从事公务的人员,或者虽未列入国家机关人员编制但在国家机关中从事公务的人员,在代表国家机关行使职权时的行为,是否构成本罪,不能一概而论,**一般情况下不能适用妨害公务罪**。妨害公务罪是针对特定对象所作的规定,如阻碍国家机关工作人员、人大代表、红十字会工作人员、执行国家安全工作任务的国家安全机关或公安机关人员等依法履行职务的行为。对于特殊情况下需要适用本条的,也应当从严把握,如2020年《最高人民法院、最高人民检察院、公安部、司法部关于依法惩治妨害新型冠状病毒感染肺炎疫情防控违法犯罪的意见》规定,以暴力、威胁方法阻碍国家机关工作人员(含在依照法律、法规规定行使国家有关疫情防控行政管理职权的组织中从事公务的人员,在受国家机关委托代表国家机关行使疫情防控职权的组织中从事公务的人员,虽未列入国家机关人员编制但在国家机关中从事疫情防控公务的人员)依法履行为防控疫情而采取的防疫、检疫、强制隔离、隔离治疗等措施的,依照《刑法》第二百七十七条第一款、第三款的规定,**以妨害公务罪定罪处罚**。

2. 行为人以暴力方法阻碍国家机关工作人员、人大代表、红十字会工作人员等依法执行职务,如果实施了故意伤害、故意杀人等行为的,**依照处罚较重的规定定罪处罚**。行为人阻碍非国家机关工作人员依法执行职务,如果实施了故意伤害、故意杀人等行为的,**应当依照故意伤害罪、故意杀人罪等定罪处罚**。

3. 行为人实施的阻碍国家机关工作人员依法执行职务的行为,有的情节较轻,尚不构成犯罪的,应当根据情况予以治安处罚。我国《治安管理处罚法》第五十条规定:"有下列行为之一的,处警告或者二百元以下罚款;情节严重的,处五日以上十日以下拘留,可以并处五百元以下罚款:……(二)阻碍国家机关工作人员依法执行职务的……阻碍人民警察依法执行职务的,从重处罚。"

4. 在适用本条第五款规定的暴力袭击警察的犯罪时需要注意以下六点:一是本款规定的警察既包括执行刑事追诉相关侦查职责的警察,也包括根据其他法律执行治安管理等职责的警察;既包括公安机关、国家安全机关、监狱的人民警察,也包括人民法院、人民检察院的司法警察。二是实践中对正在依法执行职务的民警虽未实施暴力袭击,但以实施暴力相威胁,或者采用其他方法阻碍人民警察执行职务的,则不构成暴力袭击警察的犯罪,符合《刑法》第二百七十七条第一款规定的,应当以妨害公务罪定罪处罚。三是行为人只是辱骂民警,或者实施袭警情节轻微,如抓挠、一般的肢体冲突等,尚不构成犯罪,但构成违反治安管理行为的,应当依法给予治安管理处罚。四是行为人暴力袭击正在执行职务的人民警察,造成人民警察重伤、死亡或者其他严重后果,构成故意伤害罪、故意杀人罪等犯罪的,依照处罚较重的规定定罪处罚。五是行为人如以暴力方法抗拒缉私的,根据《刑法》第一百五十七条的规定,以走私罪和本条规定的阻碍国家机关工作人员依法执行职务罪,依照数罪并罚的规定处罚。也就是说,如果行为人以暴力方法抗拒人民警察缉私的,应当依照走私罪和本条第五款规定的暴力袭击警察罪数罪并罚;如果行为人以暴力方法抗拒其他国家机关工作人员缉私的,应当依照走私罪和妨害公务罪数罪并罚。六是本款规定的核心在于通过维护警察执法权威进而维护法律的权威,这里的法律既包括作为执法依据的法律,也包括规范管理对象的实体与程序权利的法律。因此,在执行中要统筹考虑合理用警,规范执法与渎职追责,避免暴力执法、情绪执法,要注意公权力违法对法治权威的损害甚至更大。执法要有力度,也要有温度,要充分重视发挥包括警察在内的执法主体对于维护和促进社会和谐、化解社会矛盾方面的重要作用。

5. 犯本条规定的妨害公务罪,在国家机关工作人员执行职务过程中,致其重伤甚至造成死亡结果的,应当根据案件的具体情况按重罪处罚或者数罪并罚。

【司法解释】

《**最高人民检察院关于以暴力威胁方法阻碍事业编制人员依法执行行政执法职务是否可对侵害人以妨害公务罪论处的批复**》(高检发释字〔2000〕2号,2000年4月24日公布)

△(**事业编制人员;妨害公务罪**)对于以暴力、威胁方法阻碍国有事业单位人员依照法律、行政法规的规定执行行政执法职务的,或者以暴力、威胁方法阻碍国家机关中受委托从事行政执法活动的事业编制人员执行行政执法职务的,可以对侵害人以妨害公务罪追究刑事责任。

《**最高人民法院、最高人民检察院关于办理妨害预防、控制突发传染病疫情等灾害的刑事案件具体应用法律若干问题的解释**》(法释〔2003〕8号,自2003年5月15日起施行)

△(**防疫、检疫、强制隔离、隔离治疗等预防、控制措施;妨害公务罪**)以暴力、威胁方法阻碍国家机关工作人员、红十字会工作人员依法履行为

防治突发传染病疫情等灾害而采取的防疫、检疫、强制隔离、隔离治疗等预防、控制措施的,依照刑法第二百七十七条第一款、第三款的规定,以妨害公务罪定罪处罚。(§8)

《最高人民法院、最高人民检察院关于办理非法生产、销售烟草专卖品等刑事案件具体应用法律若干问题的解释》(法释〔2010〕7号,自2010年3月26日起施行)

△(烟草专卖执法人员;妨害公务罪)以暴力、威胁方法阻碍烟草专卖执法人员依法执行职务,构成犯罪的,以妨害公务罪追究刑事责任。(§8Ⅰ)

《最高人民法院关于审理破坏草原资源刑事案件应用法律若干问题的解释》(法释〔2012〕15号,自2012年11月22日起施行)

△(草原监督检查人员;妨害公务罪)以暴力、威胁方法阻碍草原监督检查人员依法执行职务,构成犯罪的,依照刑法第二百七十七条的规定,以妨害公务罪追究刑事责任。(§4Ⅰ)

《最高人民法院关于审理发生在我国管辖海域相关案件若干问题的规定(二)》(法释〔2016〕17号,自2016年8月2日起施行)

△(数罪并罚;妨碍公务罪;破坏海洋资源犯罪)有破坏海洋资源犯罪行为,又实施走私、妨害公务等犯罪的,依照数罪并罚的规定处理。(§8Ⅱ)

《最高人民法院关于审理拐卖妇女儿童犯罪案件具体应用法律若干问题的解释》(法释〔2016〕28号,自2017年1月1日起施行)

△(数罪并罚;妨碍公务罪;收买被拐卖的妇女、儿童罪)收买被拐卖的妇女、儿童,又以暴力、威胁方法阻碍国家机关工作人员解救被收买的妇女、儿童,或者聚众阻碍国家机关工作人员解救被收买的妇女、儿童,构成妨害公务罪、聚众阻碍解救被收买的妇女、儿童罪的,依照数罪并罚的规定处罚。(§7)

【司法解释性文件】

《最高人民法院、最高人民检察院、公安部、国家工商行政管理局关于依法查处盗窃、抢劫机动车案件的规定》(公通字〔1998〕31号,1998年5月8日公布)

△(依法查处盗窃、抢劫机动车案件;妨害公务罪)司法机关依法查处盗窃、抢劫机动车案件,任何单位和个人都应当予以协助。以暴力、威胁方法阻碍司法工作人员依法办案的,按照《刑法》第二百七十七条第一款的规定处罚。(§1)

《最高人民法院、最高人民检察院、公安部、国家烟草专卖局关于印发〈关于办理假冒伪劣烟草制品等刑事案件适用法律问题座谈会纪要〉的通知》(商检公〔2003〕4号,2003年12月23日公布)

△(烟草专卖执法人员;妨害公务罪)以暴力、威胁方法阻碍烟草专卖执法人员依法执行职务的,依照刑法第二百七十七条的规定,以妨害公务罪定罪处罚。(§8)

《最高人民法院、最高人民检察院、公安部关于依法严肃查处拒不执行判决裁定和暴力抗拒法院执行犯罪行为有关问题的通知》(法发〔2007〕29号,2007年8月30日公布)

△(暴力抗拒执行行为;妨害公务罪)对下列暴力抗拒执行的行为,依照刑法第二百七十七条的规定,以妨害公务罪论处[①]:

(一)聚众哄闹、冲击执行现场,围击、扣押、殴打执行人员,致使执行工作无法进行的;

(二)毁损、抢夺执行案件材料、执行公务车辆和其他执行器械、执行人员服装以及执行公务证件,造成严重后果的;

(三)其他以暴力、威胁方法妨害或者抗拒执行,致使执行工作无法进行的。(§2)

△(负有执行人民法院判决、裁定义务的单位;直接负责的主管人员和其他直接责任人员;妨害公务罪)负有执行人民法院判决、裁定义务的单位直接负责的主管人员和其他直接责任人员,为了本单位的利益实施本《通知》第一条[②]、第二条所列行为之一的,对该主管人员和其他直接责任人员,依照刑法第三百一十三条和第二百七十七条的规定,分别以拒不执行判决、裁定罪和妨害公

---

① 需要注意的是,系争规定与《最高人民法院关于审理拒不执行判决、裁定刑事案件适用法律若干问题的解释》第二条不一致,其将该通知第二条中的行为纳入"拒不执行判决、裁定罪"的范围之中。

② 《最高人民法院、最高人民检察院、公安部关于依法严肃查处拒不执行判决裁定和暴力抗拒法院执行犯罪行为有关问题的通知》(法发〔2007〕29号,2007年8月30日公布)

一、对下列拒不执行判决、裁定的行为,依照刑法第三百一十三条的规定,以拒不执行判决、裁定罪论处。

(一)被执行人隐藏、转移、故意毁损财产或者无偿转让财产,以明显不合理的低价转让财产,致使判决、裁定无法执行的;

(二)担保人或者被执行人隐藏、转移、故意毁损或者转让已向人民法院提供担保的财产,致使判决、裁定无法执行的;

(转下页)

务罪论处。（§3）

《最高人民法院、最高人民检察院、公安部、司法部关于依法惩治妨害新型冠状病毒感染肺炎疫情防控违法犯罪的意见》（法发〔2020〕7号，2020年2月6日发布）

△（肺炎疫情防控；以危险方法危害公共安全罪；妨害传染病防治罪；妨害公务罪）依法严惩抗拒疫情防控措施犯罪。故意传播新型冠状病毒感染肺炎病原体，具有下列情形之一，危害公共安全的，依照刑法第一百一十四条、第一百一十五条第一款的规定，以危险方法危害公共安全罪定罪处罚。

1. 已经确诊的新型冠状病毒感染肺炎病人、病原携带者，拒绝隔离治疗或者隔离期未满擅自脱离隔离治疗，并进入公共场所或者公共交通工具的；

2. 新型冠状病毒感染肺炎疑似病人拒绝隔离治疗或者隔离期未满擅自脱离隔离治疗，并进入公共场所或者公共交通工具，造成新型冠状病毒传播的。

其他拒绝执行卫生防疫机构依照传染病防治法提出的防控措施，引起新型冠状病毒传播或者有传播严重危险的，依照刑法第三百三十条的规定，以妨害传染病防治罪定罪处罚。

以暴力、威胁方法阻碍国家机关工作人员（含在依照法律、法规规定行使国家有关疫情防控行政管理职权的组织中从事公务的人员，在受国家机关委托代表国家机关行使疫情防控职权的组织中从事公务的人员，虽未列入国家机关人员编制但在国家机关中从事疫情防控公务的人员）依法履行为防控疫情而采取的防疫、检疫、强制隔离、隔离治疗等措施的，依照刑法第二百七十七条第一款、第三款的规定，以妨害公务罪定罪处罚。暴力袭击正在依法执行职务的人民警察的，以妨害公务罪定罪，从重处罚。（§2Ⅰ）

△（治安管理处罚；从重情节）依法严惩妨害疫情防控的违法行为。实施上述（一）至（九）规定的行为，不构成犯罪的，由公安机关根据治安管理处罚法有关虚构事实扰乱公共秩序、扰乱单位秩序、公共场所秩序、寻衅滋事、拒不执行紧急状态下的决定、命令，阻碍执行职务，冲闯警戒带、警戒区，殴打他人，故意伤害，侮辱他人，诈骗，在铁路沿线非法挖掘坑穴、采石取沙，盗窃、损毁路面公共设施，损毁铁路设施设备，故意损毁财物，哄抢公私财物等规定，予以治安管理处罚，或者由有关部门予以其他行政处罚。

对于在疫情防控期间实施有关违法犯罪的，要作为从重情节予以考量，依法体现从严的政策要求，有力惩治震慑违法犯罪，维护法律权威，维护社会秩序，维护人民群众生命安全和身体健康。（§2Ⅹ）

《最高人民法院、最高人民检察院关于常见犯罪的量刑指导意见（试行）》（法发〔2021〕21号，2021年6月6日发布）

△（妨害公务罪；量刑）

1. 构成妨害公务罪的，在二年以下有期徒刑、拘役幅度内确定量刑起点。

2. 在量刑起点的基础上，根据妨害公务造成的后果、犯罪情节严重程度等其他影响犯罪构成的犯罪事实增加刑罚量，确定基准刑。

3. 构成妨害公务罪，依法单处罚金的，根据妨害公务的手段、危害后果、造成的人身伤害以及财物毁损情况等犯罪情节，综合考虑被告人缴纳罚金的能力，决定罚金数额。

4. 构成妨害公务罪的，综合考虑妨害公务的手段、造成的人身伤害、财物的毁损及社会影响等犯罪事实、量刑情节，以及被告人的主观恶性、人身危险性、认罪悔罪表现等因素，决定缓刑的适用。

《最高人民法院、最高人民检察院、公安部、司法部关于办理醉酒危险驾驶刑事案件的意见》（高检发办字〔2023〕187号，2023年12月13日印发）

△（醉酒驾驶机动车；数罪并罚）醉酒驾驶机动车，以暴力、威胁方法阻碍公安机关依法检查，又构成妨害公务罪、袭警罪等其他犯罪的，依照数罪并罚的规定处罚。（§16Ⅱ）

【参考案例】

No.6-1-277-1 宋永强妨害公务案

驾车强行闯关逃避检查，并造成检查人员轻伤的，属于以暴力、威胁方法阻碍国家机关工作人

（接上页）
（三）协助执行义务人接到人民法院协助执行通知书后，拒不协助执行，致使判决、裁定无法执行的；
（四）被执行人、担保人、协助执行义务人与国家机关工作人员通谋，利用国家机关工作人员的职权妨害执行，致使判决、裁定无法执行的；
（五）其他有能力执行而拒不执行，情节严重的情形。

员依法执行职务,应以妨害公务罪论处。①

No.6-1-277-2 周洪宝妨害公务案

以放火的方式阻碍国家工作人员执行职务,行为并非针对不特定多数人,在行为当时特定的客观环境下该行为不可能形成引发危害公共安全的燃烧状态,且主观上并无危害公共安全的故意的,应以妨害公务罪论处。

No.6-1-277-3 陈岗妨害公务案

根据《关于依法惩治妨害新型冠状病毒感染肺炎疫情防控违法犯罪的意见》,根据疫情防控指挥部统一部署的从事疫情防控的人员,包括辅警、村(居)委会属于虽未列入国家机关人员编制但在国家机关中从事疫情防控公务的人员,属于妨害公务罪的行为对象。

No.6-1-277-4 黄潮尧妨害公务案

疫情防控期间,暴力抗拒疫情防控措施的,应当以妨害公务罪从严惩处。

No.6-1-277-5 谢益波、邵颖妨害公务案

妨害疫情防控犯罪的"从严惩处",应当从以下几个方面准确把握:(1)严格依照法律规定准确定性、保障诉权;(2)全面结合犯罪事实与防控需要从严惩处;(3)综合考虑人性化的关怀,确保宽严相济。

No.6-1-277-6 王福兵妨害公务案

在疫情防控期间,暴力袭击对其进行居家隔离劝导的民警,构成妨害公务罪,应当依法从重处罚。

第二百七十八条 【煽动暴力抗拒法律实施罪】

煽动群众暴力抗拒国家法律、行政法规实施的,处三年以下有期徒刑、拘役、管制或者剥夺政治权利;造成严重后果的,处三年以上七年以下有期徒刑。

【条文说明】

本条是关于煽动暴力抗拒法律实施罪及其处罚的规定。

构成本罪应当同时具备以下条件:一是**行为人实施了具体煽动行为**。这里所说的"煽动",是指故意以语言、文字、图形、音频、视频等方式公然诱惑、鼓动群众的行为。② 煽动的方式多种多样,既可以用张贴标语、分发传单、发送书信等书面形式,也可以采取劝说、发表演讲等口头形式,还可以通过广播、电视、录像、报刊、计算机网络、移动通讯等媒体传播的方式。二是**煽动的对象是群众**。这里所说的"群众",是指不特定的人群,对于群众的认定,应当具体情况具体分析,不能简单以人数多少进行衡量,需要从被煽动的对象和范围、煽动的方式和煽动的内容等方面综合判断。

三是煽动的内容应当是暴力抗拒国家法律、行政法规的实施。所谓"暴力抗拒国家法律、行政法规实施",是指以伤害、杀害执法人员等暴力方式,抗拒国家法律、行政法规的执行。这里的"抗拒",是指抵抗、公然对抗等;"国家法律"是指全国人民代表大会及其常务委员会通过的法律和法律性文件;"行政法规"是指国务院制定的行政法规。③④本条规定的犯罪,煽动的内容必须是试图使群众使用暴力手段来抗拒国家法律、行政法规的实施,如果不是鼓动群众使用暴力抗拒,不构成本罪。⑤

在处刑上,本条根据犯罪情节轻重,规定了两档刑罚:一是**构成犯罪的**,处三年以下有期徒刑、拘役、管制或者剥夺政治权利;二是造成严重后果的,

---

① 我国学者指出,妨害公务罪中的暴力包括致人轻伤。致人轻伤时仍以妨害公务罪论处,而不应以故意伤害罪论处,否则妨害公务罪便几乎丧失适用余地。参见陈兴良主编:《刑法各论精释》,人民法院出版社 2015 年版,第 945 页。
② 单纯描述某种事实的言论,即便可能引起他人的非法行动,也不能认定为"煽动"。参见张明楷:《刑法学》(第 6 版),法律出版社 2021 年版,第 1357 页。
③ 学说见解指出,法律、行政法规的内容必须具有合宪性。法治应当是良法之治,而不应当是恶法之治。因此,如果法律、行政法规的内容存在合宪性问题,煽动他人抗拒法律实施的行为,不应当作为犯罪处理。参见张明楷:《刑法学》(第 6 版),法律出版社 2021 年版,第 1356 页。
④ 学说上有论者将"国家法律、行政法规"的范围扩张到与国家法律、行政法规不相冲突的地方性法规。参见黎宏:《刑法学各论》(第 2 版),法律出版社 2016 年版,第 352 页。
⑤ 如果只是煽动群众单纯抵制法律、行政法规实施,不构成煽动暴力抗拒法律实施罪。另外,只有当不特定或者多数人因行为人的煽动而产生了实施被煽动行为的紧迫危险时,才能以煽动暴力抗拒法律实施罪论处。参见张明楷:《刑法学》(第 6 版),法律出版社 2021 年版,第 1356—1357 页。

处三年以上七年以下有期徒刑。所谓"造成严重后果",主要是指由于煽动行为,严重妨碍了法律、行政法规的实施;或者导致被煽动的群众在使用暴力抗拒国家法律实施过程中,造成人身伤亡或者财产损失;造成工作、生产、教学、科研活动不能正常进行;导致部分地区社会秩序混乱、社会动荡不安,煽动行为造成了十分恶劣的社会影响;等等。

实践中需要注意以下两个方面的问题:

1. 根据本条规定,行为人必须实施了煽动群众暴力抗拒国家法律、行政法规实施的行为才构成犯罪,如果行为人虽有煽动行为,但煽动的内容不是暴力抗拒国家法律、行政法规的实施,而是**以正当合法的方式表达对国家法律、行政法规的不同见解和看法**,不构成本条规定的犯罪。随着我国经济社会的发展,在社会转型过程中难免会出现社会矛盾,实践中要把群众对国家法律、行政法规有意见或者对执法机关的某些行为一时不满,在群众中讲一些不满或者过激的言语,以及鼓动群众提出正当诉求,与煽动群众暴力抗拒国家法律、行政法规实施的行为区分开,认定煽动暴力抗拒法律实施罪,需要根据行为人煽动的方式、内容等,可能导致被煽动者实施抗拒国家法律、行政法规的结果来确定,严格划分罪与非罪的界限。

2. 要注意区分煽动暴力抗拒法律实施罪与**教唆他人犯罪**的界限,两种犯罪行为的手段方式相同,但也存在不同。煽动暴力抗拒法律实施罪具有广泛的蛊惑性,且目的是通过怂恿、鼓动群众暴力抗拒国家法律、行政法规的实施,其犯罪的指向是对抗国家法律、行政法规的实施;而教唆他人犯罪一般就具体的犯罪行为进行唆使、怂恿、威胁、利诱,或者通过各种方式向他人灌输犯罪思想,促使他人实施犯罪行为,其犯罪的指向不是对抗国家法律、行政法规的实施。

【司法解释】

《最高人民法院、最高人民检察院关于办理非法生产、销售烟草专卖品等刑事案件具体应用法律若干问题的解释》(法释〔2010〕7号,自2010年3月26日起施行)

△(**抗拒烟草专卖法律实施**)煽动群众暴力抗拒烟草专卖法律实施,构成犯罪的,以煽动暴力抗拒法律实施罪追究刑事责任。(§8Ⅱ)

《最高人民法院关于审理破坏草原资源刑事案件应用法律若干问题的解释》(法释〔2012〕15号,自2012年11月22日起施行)

△(**抗拒草原法律、行政法规实施**)煽动群众暴力抗拒草原法律、行政法规实施,构成犯罪的,依照刑法第二百七十八条的规定,以煽动暴力抗拒法律实施罪追究刑事责任。(§4Ⅱ)

《最高人民法院、最高人民检察院关于办理利用信息网络实施诽谤等刑事案件适用法律若干问题的解释》(法释〔2013〕21号,自2013年9月10日起施行)

△(**利用信息网络实施诽谤等;想象竞合犯**)利用信息网络实施诽谤、寻衅滋事、敲诈勒索、非法经营犯罪,同时又构成刑法第二百二十一条规定的损害商业信誉、商品声誉罪,第二百七十八条规定的煽动暴力抗拒法律实施罪,第二百九十一条之一规定的编造、故意传播虚假恐怖信息罪等犯罪的,依照处罚较重的规定定罪处罚。(§9)

△(**信息网络**)本解释所称信息网络,包括以计算机、电视机、固定电话机、移动电话机等电子设备为终端的计算机互联网、广播电视网、固定通信网、移动通信网等信息网络,以及向公众开放的局域网络。(§10)

【司法解释性文件】

《最高人民法院、最高人民检察院、公安部、国家烟草专卖局关于办理假冒伪劣烟草制品等刑事案件适用法律问题座谈会纪要》(商检会〔2003〕4号,2003年12月23日公布)

△(**抗拒烟草专卖法律实施**)煽动群众暴力抗拒烟草专卖法律实施的,依照刑法第二百七十八条的规定,以煽动暴力抗拒法律实施罪定罪处罚。(§9)

第二百七十九条 【招摇撞骗罪】

冒充国家机关工作人员招摇撞骗的,处三年以下有期徒刑、拘役、管制或者剥夺政治权利;情节严重的,处三年以上十年以下有期徒刑。

冒充人民警察招摇撞骗的,依照前款的规定从重处罚。

【条文说明】

本条是关于招摇撞骗罪及其处罚的规定。

本条共分为两款。

第一款是关于冒充国家机关工作人员招摇撞骗的犯罪及其处罚的规定。根据本款规定,**招摇撞骗罪**,是指为牟取非法利益,假冒国家机关工作人员进行招摇撞骗活动,损害国家机关形象、威信和正常活动,扰乱社会公共秩序的行为。构成本罪应当具备以下条件:

1. **行为人实施了冒充国家机关工作人员的行为**。这里规定的"**冒充国家机关工作人员**",是指非国家机关工作人员假冒国家机关工作人员的身份、职位,或者某一国家机关工作人员冒用其他国家机关工作人员的身份、职位的行为。冒充的国家工作人员既可以是确有其人也可以是行为人杜撰、虚构的职务和人员。这里的"国家机关工作人员",是指国家机关中从事公务的人员。其中国家机关包括国家权力机关、行政机关、司法机关、军事机关,根据我国的政治生活实际情况,中国共产党的各级机关、政治协商会议各级机关也属于国家机关的范围。国家机关是依据宪法和法律设立的,依法承担一定的国家和社会公共事务的管理职责和权力的组织,国家机关工作人员也相应依据宪法和法律享有一定职权。本款规定的犯罪,行为人冒充的对象必须是国家机关工作人员,如果冒充的是非国家机关工作人员,如冒充高干子弟、企业家、教师等,不构成本罪。

2. **行为人实施了招摇撞骗的行为**。这里的"**招摇撞骗**",是指行为人为牟取非法利益①,以假冒的国家机关工作人员的身份到处炫耀,利用人们对国家机关工作人员的信任,骗取地位、荣誉、待遇以及玩弄女性等非法利益。如果行为人冒充国家机关工作人员不是为了获取非法利益;或者行为人只是出于满足虚荣心,仅仅实施了冒充国家机关工作人员的行为,但并未借此实施骗取非法利益的,则不构成本罪。

在刑罚设置上,根据情节轻重,本款对冒充国家机关工作人员招摇撞骗犯罪规定了两档刑罚:**构成犯罪的**,处三年以下有期徒刑、拘役、管制或者剥夺政治权利;**情节严重的**,处三年以上十年以下有期徒刑。所谓"情节严重的",主要是指多次冒充国家机关工作人员进行招摇撞骗的;或者造成恶劣影响,严重损害国家机关形象和威信的;或者造成被骗人精神失常、自杀等严重后果的;等等。

第二款是关于冒充人民警察招摇撞骗从重处罚的规定。本款所说的"**人民警察**",是指公安机关、国家安全机关、监狱、戒毒场所的人民警察和人民法院、人民检察院的司法警察。根据《人民警察法》第六条的规定,公安机关的人民警察依法履行下列职责:预防、制止和侦查违法犯罪活动;维护社会治安秩序,制止危害社会治安秩序的行为;维护交通安全和交通秩序,处理交通事故;组织、实施消防工作,实施消防监督;管理枪支弹药、管制刀具和易燃易爆、剧毒、放射性等危险物品;对法律、法规规定的特种行业进行管理;警卫国家规定的特定人员,守卫重要的场所和设施;管理集会、游行、示威活动;管理户政、国籍、入境出境事务和外国人在中国境内居留、旅行的有关事务;维护(边)境地区的治安秩序;对被判处拘役、剥夺政治权利的罪犯进行执行刑罚;监督管理计算机信息系统的安全保护工作;指导和监督国家机关、社会团体、企业事业组织和重点建设工程的治安保卫工作,指导治安保卫委员会等群众性组织的治安防范工作;法律、法规规定的其他职责。《监狱法》第五条规定,监狱的人民警察依法管理监狱、执行刑罚、对罪犯进行教育改造。《人民法院组织法》第五十条第一款规定,人民法院的司法警察负责法庭警戒、人员押解和看管等警务事项。《人民检察院组织法》第四十五条第一款规定,人民检察院的司法警察负责办案场所警戒、人员押解和看管等警务事项。为了便于人民警察依法履行职责,人民警察配备专用的警用标志、制式服装和警械,同时,刑事诉讼法、治安管理处罚法、人民警察法、反恐怖主义法、监狱法、枪支管理法等有关法律还赋予人民警察一定的职权,如有权盘问、检

---

① 我国学者指出,"招摇撞骗"是指以假冒的身份进行炫耀、欺骗,但不以骗取某种利益为要件。参见张明楷:《刑法学》(第6版),法律出版社2021年版,第1357页。

查、搜查、查封、扣押、冻结财物，采取监控等技术侦查措施，采取拘留、逮捕等措施，有权使用警械、枪支等。因此，冒充人民警察进行招摇撞骗的，既损害人民警察的尊严，破坏人民警察在群众中的形象，又损害国家司法机关的权威，严重危害社会管理秩序，应当从重惩处。

根据本款规定，**冒充人民警察招摇撞骗的，依照前款的规定从重处罚**，也就是说，冒充人民警察招摇撞骗的，在"三年以下有期徒刑、拘役、管制或者剥夺政治权利"这一档刑罚幅度内适用相对较重的刑种或者处以相对较长的刑期；对符合情节严重的，在"三年以上十年以下有期徒刑"这一档刑罚幅度内处以相对较长的刑期，体现从重处罚的立法精神。

实践中需要注意以下几个方面的问题：

1. 应当注意区分招摇撞骗罪与**诈骗罪**的界限。① 两罪主要有以下不同：一是侵犯的客体不同。诈骗罪侵犯的客体是公私合法财产权益，而招摇撞骗罪侵犯的客体是国家机关的威信和形象。二是行为手段不同。招摇撞骗罪的行为人使用的手段只限于冒充国家机关工作人员的身份和职权；而诈骗罪的手段并无此限制，可以是以任何虚构事实、隐瞒真相的方式、手段，骗取被害人的信任，获取财物。三是骗取的对象不同。诈骗罪骗取的对象只限于公私财物，并且要求骗取财物达到一定的数额；招摇撞骗罪骗取的对象主要不是财产，而是财产以外的其他利益，如地位、待遇、荣誉等，即使骗取一定数量的财产，也没有数额的限制，如果行为人冒充国家机关工作人员的目的是骗取财物，应当以诈骗罪处罚。此外，根据《最高人民法院、最高人民检察院关于办理诈骗刑事案件具体应用法律若干问题的解释》第八条的规定，冒充国家机关工作人员进行诈骗，同时构成诈骗罪和招摇撞骗罪的，依照处罚较重的规定定罪处罚。

2. 对于已经离休、退休、离职、辞职、被辞退、被开除等曾在国家机关从事公务活动的人员，如果不再享有依法履行公务的职权，这些人员冒充现职的国家机关工作人员进行招摇撞骗的，也应以招摇撞骗罪论处。

3. 实践中，有的地方根据社会治安形势发展和公安工作实际需要，由地方人民政府或者公安机关通过向社会力量购买服务的方式，招聘相关人员，为公安机关日常运转和警务活动提供辅助支持的警务辅助人员，也称为"**辅警**"。虽然根据有关规定，辅警承担协助警察开展工作的部分职责，但他们不属于人民警察，如果行为人冒充辅警实施招摇撞骗的犯罪，不属于冒充人民警察的犯罪，不能适用本条第二款关于冒充人民警察招摇撞骗从重处罚的规定。

【司法解释】

《最高人民法院、最高人民检察院关于办理诈骗刑事案件具体应用法律若干问题的解释》（法释〔2011〕7号，自2011年4月8日起施行）

△（**想象竞合犯；招摇撞骗罪；诈骗罪**）冒充国家机关工作人员进行诈骗，同时构成诈骗罪和招摇撞骗罪的，依照处罚较重的规定定罪处罚。（§8）

【司法解释性文件】

《最高人民法院关于审理抢劫、抢夺刑事案件适用法律若干问题的意见》（法发〔2005〕8号，2005年6月8日公布）

△（**以抓卖淫嫖娼、赌博等违法行为为名非法占有财物；招摇撞骗；人民警察**）行为人冒充正在执行公务的人民警察"抓赌"、"抓嫖"，没收赌资或者罚款的行为，构成犯罪的，以招摇撞骗罪从重处罚；在实施上述行为中使用暴力或者暴力威胁的，以抢劫罪定罪处罚。行为人冒充治安联防队员"抓赌"、"抓嫖"、没收赌资或者罚款的行为，构成犯罪的，以敲诈勒索罪定罪处罚；在实施上述行为中使用暴力或者暴力威胁的，以抢劫罪定罪处罚。（§9Ⅰ）

《最高人民法院、最高人民检察院、公安部关于办理电信网络诈骗等刑事案件适用法律若干问题的意见》（法发〔2016〕32号，2016年12月19日公布）

△（**电信诈骗；想象竞合犯；招摇撞骗；诈骗罪**）冒充国家机关工作人员实施电信网络诈骗犯罪，同时构成诈骗罪和招摇撞骗罪的，依照处罚较

---

① 传统学说见解认为，当行为人冒充国家机关工作人员实施诈骗犯罪时，属于招摇撞骗罪与诈骗罪的法条竞合。参见高铭暄、马克昌主编：《刑法学》（第7版），北京大学出版社、高等教育出版社2016年版，第527页；赵秉志、李希慧主编：《刑法各论》（第3版），中国人民大学出版社2016年版，第266页。

不过，前说法除了前后不一贯（一般情况下认定为招摇撞骗罪；骗取财物数额特别巨大或是有其他特别严重情节，则认定为诈骗罪）之外，还会造成明显的罪刑不均衡现象。因为并保留了招摇撞骗罪十年无期徒刑，而招摇撞骗罪的法定刑期为十年有期徒刑。因此，另有学者指出，行为人冒充国家机关工作人员骗取财物，属于择一关系的法条竞合，可以直接采用重法优于轻法的原则。参见陈兴良：《判例刑法学》（上卷），中国人民大学出版社2009年版，第510页。

重的规定定罪处罚。（§3 Ⅲ）

《最高人民法院、最高人民检察院、公安部关于依法惩治招摇撞骗等违法犯罪行为的指导意见》（公通字[2021]21号,2021年12月16日发布）

△（**招摇撞骗罪;情节严重**）冒充国家机关工作人员、军人,骗取财物、荣誉、地位、待遇、感情,符合刑法第二百七十九条、第三百七十二条规定的,分别以招摇撞骗罪、冒充军人招摇撞骗罪定罪处罚；严重损害国家机关、军队形象和威信,或者造成其他严重后果的,应当认定为刑法第二百七十九条、第三百七十二条规定的"情节严重"。（§1）

△（**招摇撞骗罪;竞合**）冒充国家机关工作人员或者军人招摇撞骗,同时构成非法吸收公众存款罪、集资诈骗罪、合同诈骗罪、组织、领导传销活动罪、诈骗罪的,依照处罚较重的规定定罪处罚。（§4）

△（**冒充国家机关工作人员**）对下列情形之一的,应当分别认定为刑法第二百七十九条、第三百七十二条规定的"冒充国家机关工作人员""冒充军人"：

1. 冒充国家机关中真实存在或者虚构的工作人员、军人的;
2. 冒充虚构的国家机关中的工作人员、军人,易让他人信以为真的;
3. 身为国家机关工作人员、军人冒充其他国家机关工作人员、军人的;
4. 以骗取非法利益为目的,制造假象,诱使他人误以为系国家机关工作人员、军人的。（§5）

△（**治安管理**）实施招摇撞骗,尚不构成犯罪、但构成违反治安管理行为的,依法给予治安管理处罚。（§6）

△（**失职渎职、行贿受贿;移送**）查办相关案件过程中,发现有关国家机关工作人员、军人存在失职渎职、行贿受贿等情况的,应当依法移送有关部门处理。（§7）

---【参考案例】---

No.6-1-279-1 李志远招摇撞骗、诈骗案
冒充国家机关工作人员骗取他人财物数额较大的,构成招摇撞骗罪与诈骗罪的法条竞合。

No.6-1-279-2 李志远招摇撞骗、诈骗案
当招摇撞骗罪与诈骗罪发生交叉竞合时,应当适用重法优于轻法原则。

No.6-1-279-3 李志远招摇撞骗、诈骗案
冒充国家机关工作人员骗取财物,又骗取其他非法利益的,是基于一个概括故意实施的连续性的行为,应以一罪论处。

第二百八十条　【**伪造、变造、买卖国家机关公文、证件、印章罪**】【**盗窃、抢夺、毁灭国家机关公文、证件、印章罪**】【**伪造公司、企业、事业单位、人民团体印章罪**】【**伪造、变造、买卖身份证件罪**】

伪造、变造、买卖或者盗窃、抢夺、毁灭国家机关的公文、证件、印章的,处三年以下有期徒刑、拘役、管制或者剥夺政治权利,并处罚金；情节严重的,处三年以上十年以下有期徒刑,并处罚金。

伪造公司、企业、事业单位、人民团体的印章的,处三年以下有期徒刑、拘役、管制或者剥夺政治权利,并处罚金。

伪造、变造、买卖居民身份证、护照、社会保障卡、驾驶证等依法可以用于证明身份的证件的,处三年以下有期徒刑、拘役、管制或者剥夺政治权利,并处罚金；情节严重的,处三年以上七年以下有期徒刑,并处罚金。

---【单行刑法】---

《全国人民代表大会常务委员会关于惩治骗购外汇、逃汇和非法买卖外汇犯罪的决定》（自1998年12月29日起施行）

二、买卖伪造、变造的海关签发的报关单、进口证明、外汇管理部门核准件等凭证和单据或者国家机关的其他公文、证件、印章的,依照刑法第二百八十条的规定定罪处罚。

---【立法沿革】---

《中华人民共和国刑法》（1997年修订,自1997年10月1日起施行）

第二百八十条

伪造、变造、买卖或者盗窃、抢夺、毁灭国家机关的公文、证件、印章的,处三年以下有期徒刑、拘役、管制或者剥夺政治权利；情节严重的,处三年以上十年以下有期徒刑。

伪造公司、企业、事业单位、人民团体的印章的,处三年以下有期徒刑、拘役、管制或者剥夺政治权利。

伪造、变造居民身份证的,处三年以下有期徒刑、拘役、管制或者剥夺政治权利;情节严重的,处三年以上七年以下有期徒刑。

《中华人民共和国刑法修正案(九)》(自2015年11月1日起施行)

二十二、将刑法第二百八十条修改为:

"伪造、变造、买卖或者盗窃、抢夺、毁灭国家机关的公文、证件、印章的,处三年以下有期徒刑、拘役、管制或者剥夺政治权利,并处罚金;情节严重的,处三年以上十年以下有期徒刑,并处罚金。

"伪造公司、企业、事业单位、人民团体的印章的,处三年以下有期徒刑、拘役、管制或者剥夺政治权利,并处罚金。

"伪造、变造、买卖居民身份证、护照、社会保障卡、驾驶证等依法可以用于证明身份的证件的,处三年以下有期徒刑、拘役、管制或者剥夺政治权利,并处罚金;情节严重的,处三年以上七年以下有期徒刑,并处罚金。"

【条文说明】

本条是关于伪造、变造、买卖国家机关公文、证件、印章罪,盗窃、抢夺、毁灭国家机关公文、证件、印章罪,伪造公司、企业、事业单位、人民团体印章罪,伪造、变造、买卖身份证件罪及其处罚的规定。

本条共分为三款。

第一款是关于伪造、变造、买卖国家机关公文、证件、印章罪,盗窃、抢夺、毁灭国家机关公文、证件、印章罪及其处罚的规定。构成本款规定的犯罪须具备以下条件:一是**行为人在主观上是出于故意**,至于行为人出于何种动机不影响本罪的成立。① 二是**行为人在客观上实施了伪造、变造、买卖或者盗窃、抢夺、毁灭国家机关公文、证件、印章的行为**。本款规定的"**伪造**",是指没有制作权的人,冒用名义,非法制作国家机关的公文、证件、印章的行为;②"**变造**",是指用涂改、擦消、拼接等方法,对真实的公文、证件、印章进行改制,变更其原来真实内容的行为;③"**买卖**",是指非法购买或者出售国家机关公文、证件、印章的行为;④"**盗窃**",是指秘密窃取国家机关公文、证件、印章的行为;"**抢夺**",是指趁保管或者经手人员不备,公然非法夺取国家机关公文、证件、印章的行为;"**毁灭**",是指以烧毁、撕烂、砸碎或者其他方法,故意损毁国家机关公文、证件、印章,使其完全毁灭或者失去效用的行为。⑤ 本款规定的以上几种妨害国家机关公文、证件、印章管理的犯罪行为,行为人可能只实施其中一种,也可能实施几种,行为人只要实施了上述行为之一就构成犯罪。本款规定的"国家机关",是指各级国家权力机关、党政机关、司法机关、军事机关。三是**本款规定的犯罪行为侵害的对象,是国家机关公文、证件、印章**。⑥ 这里的"**公文**",是指国家机关在其职权范围内,以其名义制作的用以指示工作、处理问题或者联系事务的各种书面文件,如决定、命令、议案、决议、指示、公告、通告、通知、通报、报告、请示、批复、信函、电文、会议纪要等等;"**证件**",是指国家机关制作颁发的用以证明身份、权利义务关系或者有关事实的凭证,主要包括工作证、结婚

---

① 虽然现行刑法并未规定,本罪之成立必须以行使为目的,但亦有学者认为,只有当行为人认识到所伪造的公文、证件、印章可能被人使用时,才宜认定为犯罪。参见张明楷:《刑法学》(第6版),法律出版社2021年版,第1360页。

② 我国学者指出,除了"有形伪造"(没有制作权限的人,冒用国家机关名义制作公文、证件)外,伪造行为还包括"无形伪造",即有制作权限的人,擅自以国家机关的名义制作与客观事实不相符合的公文。无论哪种形式的公文、证件、印章,只要足以使一般人信以为真时,即告本罪之既遂。本罪并不要求所伪造的公文、证件、印章与原本或原物没有任何区别。参见张明楷:《刑法学》(第6版),法律出版社2021年版,第1359页;黎宏:《刑法学各论》(第2版),法律出版社2016年版,第354页。

③ "伪造"与"变造"之间的区别,取决于公文、证件、印章的变动内容。如果改变公文、证件、印章的非本质内容,则属于变造行为。反之,则是伪造行为。参见张明楷:《刑法学》(第6版),法律出版社2021年版,第1360页。

④ 胜诉一方出卖胜诉的民事判决书,由于行为没有侵害民事判决本身的公共信用,行为人也没有损害国家机关公文的公共信用之故意,故而不构成买卖国家机关公文罪。参见张明楷:《刑法学》(第6版),法律出版社2021年版,第1362页。

⑤ 盗窃、抢夺、毁灭公文、证件的复印件或者变造的公文,不成立盗窃、抢夺、毁灭国家机关公文、证件、印章罪。如果盗窃、抢夺、毁灭行为对公文、证件的证明作用不生任何影响,也不会成立本罪。另外,由于刑法已经将居民身份证件从国家机关证件中独立出来,因此,盗窃、抢夺居民身份证件的行为,不会构成盗窃、抢夺国家机关证件罪,但可能成立盗窃罪。参见张明楷:《刑法学》(第6版),法律出版社2021年版,第1362、1364页。

⑥ 买卖外国政府的公文、证件、印章,不成立买卖国家机关公文、证件罪。参见张明楷:《刑法学》(第6版),法律出版社2021年版,第1361页;黎宏:《刑法学各论》(第2版),法律出版社2016年版,第355页。

证、户口簿、营业执照等证件、证书;①"印章",是指刻有国家机关组织名称的公章或者某种特殊用途的专用章。②

根据犯罪情节轻重,本款对妨害国家机关公文、证件、印章管理的犯罪规定了两档刑罚:**对实施该款行为的**,处三年以下有期徒刑、拘役、管制或者剥夺政治权利,并处罚金;**情节严重的**,处三年以上十年以下有期徒刑,并处罚金。这里的"情节严重",主要是指多次或者大量伪造、变造、买卖、盗窃、抢夺、毁灭国家机关公文、证件、印章的;妨害国家机关重要的公文、证件、印章的管理的;造成恶劣的政治影响、重大的经济损失等严重危害后果的;动机、目的恶劣的,如出于打击报复或者诬陷他人的目的;等等。

第二款是关于伪造公司、企业、事业单位、人民团体印章犯罪及其处罚的规定。公司、企业、事业单位、人民团体在经济活动、社会事务中需要通过某种文书确定一定的权利义务关系,并加盖单位的印章确认这些文书的法律效力,伪造上述单位的印章具有一定的社会危害性,会影响它们在社会活动中的信誉,因此,本款将这类行为规定为犯罪。构成本款规定的犯罪应当具备以下三个条件:一是**行为人在主观上是出于故意**,至于行为人出于何种动机不影响本罪的成立。二是**行为人实施了伪造公司、企业、事业单位、人民团体印章的行为**。这里所说的"公司",是指根据《公司法》第二条的规定,依照公司法在中国境内设立的有限责任公司和股份有限公司;"**企业**",是指以营利为目的,从事生产、流通、科技、服务等活动的社会经济组织;"**事业单位**",是指依照法律、行政法规或有关规定成立,从事教育、科技、文化、卫生等社会服务的组织,事业单位一般不以营利为目的;"**人民团体**",是指人民群众团体,包括工会、共青团、妇联、科协、侨联、台联、青联、工商联等单位。三是**本款规定的犯罪行为侵害的对象,是公司、企业、事业单位、人民团体的印章**。这里所说的"**印章**",是指刻有公司、企业、事业单位、人民团体组织名称的图章或者某种特殊用途的专用章。③

1997年修订刑法时,考虑到公司、企业、事业单位、人民团体的公文、证件较为复杂,对于伪造、变造、盗窃、抢夺、毁灭公司、企业、事业单位、人民团体的公文、证件以及变造、盗窃、抢夺、毁灭公司、企业、事业单位、人民团体的印章等行为不再作为犯罪处理。

根据本款规定,对犯伪造公司、企业、事业单位、人民团体印章罪的,处三年以下有期徒刑、拘役、管制或者剥夺政治权利,并处罚金。

第三款是关于伪造、变造、买卖居民身份证、护照、社会保障卡、驾驶证等依法可以用于证明身份的证件犯罪的规定。构成本款规定的犯罪须具备以下条件:一是**行为人在主观上是出于故意**,至于行为人出于何种动机不影响本罪的成立。二是**行为人在客观上实施了"伪造、变造、买卖"居民身份证、护照、社会保障卡、驾驶证等依法可以用于证明身份的证件的行为**。其中,"**伪造**"是指制作虚假的居民身份证等依法可以用于证明身份的证件的行为;"**变造**"是指对真的身份证件进行改制,变更其原有真实内容的行为;"**买卖**"是指为了某种目的,非法购买或者销售这些身份证件的行为。④三是**本款规定的犯罪行为侵害的对象,是居民身份证、护照、社会保障卡、驾驶证等依法可以用于证明身份的证件**。

"**居民身份证**",是具有中华人民共和国国籍并定居在中国境内的居民的有效证件,由公安机关依照居民身份证法制作、发放,因其信息直接来源于全国人口基本信息库,信息真实可靠,携带方便,运用最为广泛,是专门供公民在参与各项社会事务和社会活动时用于证明身份的证件。《居民身份证法》第十三条第一款规定,公民从事有关活动,需要证明身份的,有权使用居民身份证证明身

---

① 公文、证件原本的复印件是否属于公文、证件,学说上有肯定、否定两说。其中,采取肯定说的学者指出,因为伪造公文、证件只能是伪造应当由国家机关制作的公文、证件。至于是以复印形式伪造,还是以其他方式伪造,在所不论。并且,复印件本身也具有证明力。参见张明楷:《刑法学》(第6版),法律出版社2021年版,第1361页。

② 我国学者进一步补充,印章包括印形与印章,前者是指固定了国家机关名义等内容并可以通过一定方式表示在其他物体上的图章;后者则指印形加盖在纸张等物体上所呈现的图像。并且,所伪造的印章不需要存在与之对应的真实印章。没有制作权限的人擅自制作非真实的国家机关印章,如行为人伪造"中华人民共和国农业部"的印章并加以使用,由于系争行为侵犯了国家机关印章的公共信用,故有本罪之成立。参见张明楷:《刑法学》(第6版),法律出版社2021年版,第1359—1361页。

③ 由于我国刑法只有伪造公司、企业、事业单位、人民团体印章罪而没有伪造私文书罪,因此,必须注意印章与省略文书的区分。伪造、变造省略文书,不会成立本罪。参见张明楷:《刑法学》(第6版),法律出版社2021年版,第1362页。

④ 我国学者指出,本款中的"买卖",应当只是指单纯购买了伪造、变造的身份证件后,进行贩卖的行为,其主要特点是为了非法利益而在造假者和购买者之间充当媒介,而没有亲自参与伪造、变造身份证件的行为。参见黎宏:《刑法学各论》(第2版),法律出版社2016年版,第357页。

份，有关单位及其工作人员不得拒绝。

"护照"，是由公民国籍所在国发给公民的一种能在国外证明自己身份的证件，是公民出入本国国境口岸和到国外旅行、居留时的必备证件。这里的护照，既包括中国公民依法申领的由中国有关主管部门发放的护照，也包括外国人持有的相关国家主管部门发放的护照。我国护照法对护照作为身份证明文件有明确规定。《护照法》第二条第一款规定，中华人民共和国护照是中华人民共和国公民出入国境和在国外证明国籍和身份的证件。《出境入境管理法》第十四条规定，定居国外的中国公民在中国境内办理金融、教育、医疗、交通、电信、社会保险、财产登记等事务需要提供身份证明的，可以凭本人的护照证明其身份。

"社会保障卡"，是社会保障主管部门依照规定向社会保障对象发放的拥有多种功能的证件。根据我国《居民身份证法》第十四条的规定，除以居民身份证证明身份外，在特定情况下，可以使用符合国家规定的其他证明方式证明身份。《社会保险法》第五十八条第三款规定，国家建立全国统一的个人社会保障号码，个人社会保障号码为公民身份证号码。社会保障卡以公民身份证号码为统一的信息标识，公民持卡可以进行医疗保险个人帐户结算，领取社会保险金，享受其他社会保险待遇等。有关社会保障部门开展相关管理工作时，医院、养老金发放机构等组织为持卡公民办理结算、支付等业务时，都需要以社会保障卡为权利人进行身份识别的凭证；采用计算机技术管理的社会保障相关信息系统，往往也需要以社会保障卡为身份识别的工具。如按照人力资源和社会保障部、国家卫生与计划生育委员会制定的《工伤职工劳动能力鉴定管理办法》第八条的规定，申请劳动能力鉴定应当提交工伤职工的居民身份证或者社会保障卡等其他有效身份证明原件。因此，社会保障卡既是公民享受社会保障待遇的权利凭证，同时也具有社会保障权利人身份证明的属性。

"驾驶证"，是指机动车驾驶证。我国机动车驾驶证是道路交通管理部门依照道路交通安全法的规定发放的，用于证明持证人具有相应驾驶资格的凭证。驾驶证也是采用全国统一的公民身份证号码作为身份识别标识。在社会生活中，驾驶证除作为驾驶资格的证明外，在与交通管理有关的很多场合也被作为身份证明加以使用。比如，一些城市以摇号方式发放机动车号牌的，规定申请人要同时登记驾驶证和居民身份证号码；又如，在有交通违章时，车辆驾驶人凭行驶证和驾驶证去交通管理部门接受处理，这时的驾驶证也起证明车辆驾驶人身份的作用。因此，与社会保障卡类似，驾驶证也属于依法可以用于证明身份的证件。①

本款根据犯罪情节轻重，对伪造、变造、买卖居民身份证、护照、社会保障卡、驾驶证等依法可以用于证明身份的证件的犯罪规定了两档刑罚：**对实施该款行为的**，处三年以下有期徒刑、拘役、管制或者剥夺政治权利，并处罚金。**情节严重的**，处三年以上七年以下有期徒刑，并处罚金。这里的"情节严重"，司法实践中可以主要根据行为人伪造、变造、买卖的证件的数量、非法牟利的数额、给他人造成的经济损失等情节确定。

实践中需要注意以下两个方面的问题：

1. 在实际生活中，除居民身份证、护照、社会保障卡、驾驶证这四类证件外，还有一些被单位或者个人在一定范围、领域内使用，实际起到证明身份作用的证件，如各种会员卡、会员证、上岗证等，这些证件能否认定为本款规定的"依法可以用于证明身份的证件"，对此需要慎重研究。本款明确规定的依法可以用于证明身份的证件包括居民身份证、护照、社会保障卡、驾驶证这四类证件，其中护照、社会保障卡、驾驶证是《刑法修正案（九）》增加的。关于证件的范围，在《刑法修正案（九）》研究、审议过程中，是经广泛听取意见，在各方面达成共识的基础上确定的。居民身份证、护照可以说是专门用于证明身份的证件，社会保障卡、驾驶证则属于兼具证明身份功能的，在社会生活和相关管理活动中被广泛使用的，且其证明效力也为法律所认可的证件。

上述四类证件之所以被社会广泛认可，是因为它们有一些共同的属性：一是具有权威性，由国家有关主管部门依法统一制作发放。二是具有统一性，采用全国统一标准，具有唯一性的居民身份证号码为识别信息，并附有照片等重要身份识别信息，可识别性强。三是持证人的广泛性，发放数量大，具有较好的应用基础。目前居民身份证的实有持证人数已经超过十亿，社会保障卡的持有人数已经超过七亿，驾驶证的持有人数已经超过三亿。因此，对**"依法可以用于证明身份的证件"的范围，实践中应当严格按照法律规定的范围掌握**。如果在实践中，在权威性、统一性、广泛性

---

① 我国学者指出，虽然有身份证号但没有持证人照片的机动车驾驶证，不属于身份证件。参见张明楷：《刑法学》（第6版），法律出版社2021年版，第1363页。

等方面与法律明确列举的四类证件具有相当性，确属应当作为"依法可以用于证明身份的证件"，可通过法律解释等方式予以明确。需要强调的是，对证件的范围严格按照法律规定掌握，并非对伪造、变造、买卖这四类证件之外的其他证件的行为不能够依法处理。实际上多数行为可以根据本条第一款、第二款的规定，以伪造、变造、买卖国家机关公文、证件、印章罪，伪造公司、企业、事业单位、人民团体印章罪追究。还有一些情形，可以根据治安管理处罚法的规定处理。

2. 根据本条第三款的规定，**买卖居民身份证、护照、社会保障卡、驾驶证，既包括买卖真证，也包括买卖伪造、变造的证件**。实际上本条第一款关于买卖国家机关公文、证件、印章犯罪的规定也存在这一问题。为明确该问题，1998 年 12 月 29 日《全国人民代表大会常务委员会关于惩治骗购外汇，逃汇和非法买卖外汇犯罪的决定》第二条明确规定，买卖伪造、变造的海关签发的报关单、进口证明、外汇管理部门核准件等凭证和单据的，依照《刑法》第二百八十条的规定定罪处罚。即无论买卖真实的国家机关公文、证件、印章，还是买卖伪造、变造的国家机关公文、证件、印章，都属于刑法规定的买卖国家机关公文、证件、印章犯罪。这一规定的精神也同样适用于本条第三款。对于买卖伪造的国家机关证件的行为，应当如何定罪处理，《最高人民检察院法律政策研究室关于买卖伪造的国家机关证件行为是否构成犯罪问题的答复》明确规定，对于买卖伪造的国家机关证件的行为，依法应当追究刑事责任的，可适用《刑法》第二百八十条第一款的规定以买卖国家机关证件罪追究刑事责任。

【**司法解释**】

《**最高人民法院关于审理骗购外汇、非法买卖外汇刑事案件具体应用法律若干问题的解释**》(法释〔1998〕20 号，自 1998 年 9 月 1 日起施行)

△(**海关签发的报关单、进口证明、外汇管理机关的核准件等凭证；伪造、变造、买卖国家机关公文、证件罪**) 伪造、变造、买卖海关签发的报关单、进口证明、外汇管理机关的核准件等凭证或者购买伪造、变造的上述凭证的，按照刑法第二百八十条第一款的规定定罪处罚。(§2)

《**最高人民法院、最高人民检察院关于办理伪造、贩卖伪造的高等院校学历、学位证明刑事案件如何适用法律问题的解释**》(法释〔2001〕22 号，自 2001 年 7 月 5 日起施行)

△(**伪造高等院校印章；假学历、学位证明；伪造事业单位印章罪；明知；共犯**) 对于伪造高等院校印章制作学历、学位证明的行为，应当依照刑法第二百八十条第二款的规定，以伪造事业单位印章罪定罪处罚。

明知是伪造高等院校印章制作的学历、学位证明而贩卖的，以伪造事业单位印章罪的共犯论处。①

《**最高人民法院、最高人民检察院关于办理盗窃、抢劫、诈骗、抢夺机动车相关刑事案件具体应用法律若干问题的解释**》(法释〔2007〕11 号，自 2007 年 5 月 11 日起施行)

△(**机动车行驶证、登记证书；伪造、变造、买卖国家机关证件罪；情节严重**) 伪造、变造、买卖机动车行驶证、登记证书，累计三本以上的，依照刑法第二百八十条第一款的规定，以伪造、变造、买卖国家机关证件罪定罪，处三年以下有期徒刑、拘役、管制或者剥夺政治权利。

伪造、变造、买卖机动车行驶证、登记证书，累计达到第一款规定数量标准五倍以上的，属于刑法第二百八十条第一款规定中的"情节严重"，处三年以上十年以下有期徒刑。(§2)

《**最高人民法院、最高人民检察院关于办理妨害信用卡管理刑事案件具体应用法律若干问题的解释**》(法释〔2018〕19 号，自 2018 年 12 月 1 日起施行)

△(**资信证明材料；伪造、变造、买卖国家机关公文、证件、印章罪；伪造公司、企业、事业单位、人民团体印章罪**) 为信用卡申请人制作、提供虚假的财产状况、收入、职务等资信证明材料，涉及伪造、变造、买卖国家机关公文、证件、印章，或者涉及伪造公司、企业、事业单位、人民团体印章，应当追究刑事责任的，依照刑法第二百八十条的规定，分别以伪造、变造、买卖国家机关公文、证件、印章罪和伪造公司、企业、事业单位、人民团体印章罪定罪

---

① 此规定作出的背景是社会上假文凭泛滥成灾，但由于假文凭属于事业单位的公文，难以对造假行为进行处罚。参见黎宏：《刑法学各论》(第 2 版)，法律出版社 2016 年版，第 356 页。

另有学者指出，只有事前与伪造者通谋，才能认定为伪造事业单位印章罪的共犯。如果在伪造者伪造学历、学位证明后再予以贩卖，即便行为人明知是伪造的学历、学位证明，也无法以伪造事业单位印章罪的共犯论处。否则，将有悖于刑法总则中共同犯罪的规定。参见张明楷：《刑法学》(第 6 版)，法律出版社 2021 年版，第 1363 页。

处罚。(§4Ⅰ)

《最高人民法院关于审理破坏森林资源刑事案件适用法律若干问题的解释》(法释〔2023〕8号,自2023年8月15日起施行)

△**(伪造、变造、买卖国家机关批准的林业证件,伪造、变造、买卖国家机关公文、证件罪;买卖允许进出口证明书等经营许可证明;非法经营罪)** 伪造、变造、买卖采伐许可证,森林、林地、林木权属证书以及占用或者征用林地审核同意书等国家机关批准的林业证件、文件构成犯罪的,依照刑法第二百八十条第一款的规定,以伪造、变造、买卖国家机关公文、证件罪定罪处罚。

买卖允许进出口证明书等经营许可证明,同时构成刑法第二百二十五条、第二百八十条规定之罪的,依照处罚较重的规定定罪处罚。(§10)

【司法解释性文件】

《最高人民法院、最高人民检察院、公安部、国家工商行政管理局关于依法查处盗窃、抢劫机动车案件的规定》(公通字〔1998〕31号,1998年5月8日公布)

△**(机动车牌证;机动车入户、过户、验证的有关证明文件;伪造、变造、买卖国家机关公文、证件、印章罪)** 伪造、变造、买卖机动车牌证①及机动车入户、过户、验证的有关证明文件的,依照《刑法》第二百八十条第一款的规定处罚。(§7)

《最高人民检察院法律政策研究室关于买卖伪造的国家机关证件行为是否构成犯罪问题的答复》(〔1999〕高检研发第5号,1999年6月21日公布)

△**(伪造的国家机关证件;买卖国家机关证件罪)** 对于买卖伪造的国家机关证件的行为,依法应当追究刑事责任的,可适用刑法第二百八十条第一款的规定以买卖国家机关证件罪追究刑事责任。

《公安部关于盗窃空白因私护照有关问题的批复》(公境出〔2000〕881号,2000年5月16日公布)

△**(空白护照)** 李博日丰、万明亮等人所盗取的空白护照属于出入境证件。护照不同于一般的身份证件,它是公民国际旅行的身份证件和国籍证明。在我国,公民因私护照的设计、研制、印刷统一由公安部入境管理局负责。护照上设计了多项防伪措施,每本护照(包括空白护照)都有一统一编号,空白护照是签发护照的重要构成因素,对空白护照的发放、使用有严格的管理程序。空白护照丢失,与已签发的护照一样,也由公安部出入境管理局宣布作废。空白护照是作为出入境证件加以管理的。因此,空白护照既是国家机关的证件,也是出入境证件。(§1)

△**(情节严重;盗窃国家机关证件罪)** 李博日丰、万明亮等人所盗护照不同于一般商品,在认定其盗窃情节时,不能简单依照护照本身的研制、印刷费用计算盗窃数额,而应依照所盗护照的本数计算。一次盗窃2 000本护照,在建国以来是第一次,所造成的影响极其恶劣。应当认定为"情节严重",是一般的盗窃,而应按照刑法第280条规定处理。(§2)

《公安部关于对伪造学生证及贩卖、使用伪造学生证的行为如何处理问题的批复》(公刑〔2002〕1046号,2002年6月26日公布)

△**(伪造学生证;伪造事业单位印章罪)** 对伪造高等院校印章制作学生证的行为,应当依照《中华人民共和国刑法》第280条第2款的规定,以伪造事业单位印章罪立案侦查。(§1)

△**(贩卖伪造学生证;明知;共犯)** 对明知是伪造高等院校印章制作的学生证而贩卖的,应当以伪造事业单位印章罪的共犯立案侦查;对贩卖伪造的学生证,尚不够刑事处罚的,应当就其明知是伪造的学生证而购买的行为,依照《中华人民共和国治安管理处罚条例》第24条第(一)项的规定,以明知是赃物而购买处罚。(§2)

《最高人民检察院研究室关于买卖尚未加盖印章的空白〈边境证〉行为如何适用法律问题的答复》(〔2002〕高检研发第19号,2002年9月25日公布)

△**(尚未加盖印章的空白〈边境证〉)** 对买卖尚未加盖发证机关的行政印章或者通行专用章印鉴的空白《中华人民共和国边境管理区通行证》的行为,不宜以买卖国家机关证件罪追究刑事责任。国家机关工作人员实施上述行为,构成犯罪的,可以按滥用职权等相关犯罪依法追究刑事责任。

---

① 我国学者指出,不宜将机动车号牌认定为国家机关的证件,原因在于:从车牌的性质和作用来看,其目的是便于交通管理部门实施管理和社会公众监督,所起的作用主要是识别作用而非证明作用,应当归入标志范畴;从实定法规定来看,《刑法》第三百七十五条第二款之非法生产、买卖军用标志罪将武装部队的机动车号牌列为专用标志的一种(而非证件),普通居民的机动车号牌自然也没有理由成为国家机关证件。否则,会造成处罚上的失衡。参见黎宏:《刑法学各论》(第2版),法律出版社2016年版,第354页。

《最高人民检察院法律政策研究室关于通过伪造证据骗取法院民事裁判占有他人财物的行为如何适用法律问题的答复》（〔2002〕高检研发第18号，2002年10月24日公布）

△(伪造证据;伪造公司、企业、事业单位、人民团体印章罪;妨害作证罪) 以非法占有为目的，通过伪造证据骗取法院民事裁判占有他人财物的行为所侵害的主要是人民法院正常的审判活动可以由人民法院依照民事诉讼法的有关规定作出处理，不宜以诈骗罪追究行为人的刑事责任。如果行为人伪造证据时，实施了伪造公司、企业、事业单位、人民团体印章的行为，构成犯罪的，应当依照刑法第二百八十条第二款的规定，以伪造公司、企业、事业单位、人民团体印章罪追究刑事责任；如果行为人有指使他人作伪证行为，构成犯罪的，应当依照刑法第三百零七条第一款的规定，以妨害作证罪追究刑事责任。

《最高人民检察院研究室关于伪造、变造、买卖政府设立的临时性机构的公文、证件、印章行为如何适用法律问题的答复》（2003年6月3日公布）

△(临时性机构的公文、证件、印章;伪造、变造、买卖国家机关公文、证件、印章罪) 伪造、变造、买卖各级人民政府设立的行使行政管理权的临时性机构的公文、证件、印章行为，构成犯罪的，应当依照刑法第二百八十条第一款的规定，以伪造、变造、买卖国家机关公文、证件、印章罪追究刑事责任。

《最高人民法院研究室关于对行为人通过伪造国家机关公文、证件担任国家工作人员职务并利用职务上的便利侵占本单位的财物、收受贿赂、挪用本单位资金等行为如何适用法律问题的答复》（法研〔2004〕38号，2004年3月20日公布）

△(数罪并罚;伪造国家机关公文、证件罪;贪污罪、受贿罪、挪用公款罪) 行为人通过伪造国家机关公文、证件担任国家工作人员职务以后，又利用职务上的便利实施侵占本单位财务、收受贿赂、挪用本单位资金等行为，构成犯罪的，应当分别以伪造国家机关公文、证件罪和相应的贪污罪、受贿罪、挪用公款罪等追究刑事责任，实行数罪并罚。

《最高人民法院研究室〈关于伪造、变造、买卖民用机动车号牌行为能否以伪造、变造、买卖国家机关证件罪定罪处罚问题的请示〉的答复》（法研〔2009〕68号，2009年1月1日公布）

△(民用机动车号牌) 同意你院审委会讨论中的多数人意见，伪造、变造、买卖民用机动车号牌行为不能以伪造、变造、买卖国家机关证件罪罪处罚。你院所请示问题的关键在于能否将机动车号牌认定为国家机关证件，从当前我国刑法的规定看，不能将机动车号牌认定为国家机关证件。理由在于：

一、刑法第280条第1款规定了伪造、变造、买卖国家机关公文、证件、印章罪，第281条规定了非法生产、买卖警用装备罪，将警用车辆号牌归属于警察专用标志，属于警用装备的范围。从这一点分析，证件与车辆号牌不具有同一性。如果具有同一性，刑法第280条中的证件就包括了警用车辆号牌，也就没有必要在第281条中单独明确列举警用车辆号牌了。同样的道理适用于刑法第375条的规定（刑法第375条第1款规定了伪造、变造、买卖武装部队公文、证件、印章罪，盗窃、抢夺武装部队公文、证件、印章罪，第2款规定了非法生产、买卖军用标志罪，而军用标志包括武装部队车辆号牌）。刑法规定非法生产、买卖警用装备罪和非法生产、买卖军用标志罪，明确对警用车辆号牌和军用车辆号牌进行保护，目的在于维护警用、军用标志性物品的专用权，而不是将警用和军用车辆号牌作为国家机关证件来保护。如果将机动车号牌认定为证件，那么非法买卖警用机动车号牌的行为，是认定为非法买卖国家机关证件罪还是非法买卖警用装备罪？这会导致刑法适用的混乱。

二、从刑罚处罚上看，如果将机动车号牌认定为国家机关证件，那么非法买卖的机动车号牌如果分别属于人民警察车辆号牌、武装部队车辆号牌、普通机动车号牌，同样一个行为就会得到不同的处理结果：对于前两者，根据刑法第281条、第375条第2款的规定，情节严重的，分别构成非法买卖警用装备罪、非法买卖军用标志罪，法定刑为三年以下有期徒刑、拘役或者管制，并处或者单处罚金。对于非法买卖民用机动车号牌，根据刑法第280条第1款的规定，不论情节是否严重，均构成买卖国家机关证件罪，情节一般的，处三年以下有期徒刑、拘役、管制或者剥夺政治权利；情节严重的，处三年以上十年以下有期徒刑。可见，将机动车号牌认定为证件，将使对非法买卖普通机动车号牌的刑罚处罚重于对非法买卖人民警察、武装部队车辆号牌的刑罚处罚，这显失公平，也有悖立法本意。

《最高人民法院、最高人民检察院、公安部关于办理电信网络诈骗等刑事案件适用法律若干问题的意见(二)》（法发〔2021〕22号，2021年6月17日发布）

△(电信网络诈骗犯罪;办理手机卡、信用卡、

银行账户、非银行支付账户;伪造身份证件罪;竞合)在网上注册办理手机卡、信用卡、银行账户、非银行支付账户时,为通过网上认证,使用他人身份证件信息并替换他人身份证件相片,属于伪造身份证件行为,符合刑法第二百八十条第三款规定的,以伪造身份证件罪追究刑事责任。

实施上述两款行为,同时构成其他犯罪的,依照处罚较重的规定定罪处罚。法律和司法解释另有规定的除外。(§6Ⅰ、Ⅲ)

△(调取异地公安机关依法制作、收集的证据材料)办案地公安机关可以通过公安机关信息化系统调取异地公安机关依法制作、收集的刑事案件受案登记表、立案决定书、被害人陈述等证据材料。调取时不得少于两名侦查人员,并应记载调取的时间、使用的信息化系统名称等相关信息,调取人签名并加盖办案地公安机关印章。经审核证明真实的,可以作为证据使用。(§13)

△(境外证据材料;证据使用)通过国(区)际警务合作收集或者境外警方移交的境外证据材料,确因客观条件限制,境外警方未提供相关证据的发现、收集、保管、移交情况等材料的,公安机关应当对上述证据材料的来源、移交过程以及种类、数量、特征等作出书面说明,由两名以上侦查人员签名并加盖公安机关印章。经审核能够证明案件事实的,可以作为证据使用。(§14)

△(境外抓获并羁押;折抵刑期)对境外司法机关抓获并羁押的电信网络诈骗犯罪嫌疑人,在境内接受审判的,境外的羁押期限可以折抵刑期。(§15)

△(宽严相济刑事政策)办理电信网络诈骗犯罪案件,应当充分贯彻宽严相济刑事政策。在侦查、审查起诉、审判过程中,应当全面收集证据、准确甄别犯罪嫌疑人、被告人在共同犯罪中的层级地位及作用大小,结合其认罪态度和悔罪表现,区别对待,宽严并用,科学量刑,确保罚当其罪。

对于电信网络诈骗犯罪集团、犯罪团伙的组织者、策划者、指挥者和骨干分子,以及利用未成年人、在校学生、老年人、残疾人实施电信网络诈骗的,依法从严惩处。

对于电信网络诈骗犯罪集团、犯罪团伙中的从犯,特别是其中参与时间相对较短、诈骗数额相对较低或者从事辅助性工作并领取少量报酬,以及初犯、偶犯、未成年人、在校学生等,应当综合考虑其在共同犯罪中的地位作用、社会危害程度、主观恶性、人身危险性、认罪悔罪表现等情节,可以依法从轻、减轻处罚。犯罪情节轻微的,可以依法不起诉或者免予刑事处罚;情节显著轻微危害不大的,不以犯罪论处。(§16)

△(查扣涉案账户资金;优先返还)查扣的涉案账户内资金,应当优先返还被害人,如不足以全额返还的,应当按照比例返还。(§17)

《最高人民法院、最高人民检察院、公安部关于办理医保骗保刑事案件若干问题的指导意见》(法发〔2024〕6号,2024年2月28日发布)

△(购买他人医疗保障凭证并使用;买卖身份证件罪、使用虚假身份证件罪;诈骗罪)以骗取医疗保障基金为目的,购买他人医疗保障凭证(社会保障卡等)并使用,同时构成买卖身份证件罪、使用虚假身份证件罪、诈骗罪的,以处罚较重的规定定罪处罚。(§8Ⅰ)

△(财产刑;经济制裁)依法用足用好财产刑,加大罚金、没收财产力度,提高医保骗保犯罪成本,从经济上严厉制裁犯罪分子。要综合考虑犯罪数额、退赔退赃、认罪认罚等情节决定罚金数额。(§14)

△(追缴等值财产或者混合财产中的等值部分)对行为人实施医保骗保犯罪所得一切财物,应当依法追缴或者责令退赔。确有证据证明存在依法应当追缴的财产,但无法查明去向,或者价值灭失,或者与其他法律财产混合且不可分割的,可以追缴等值财产或者混合财产中的等值部分。等值财产的追缴数额限于依法查明应当追缴违法所得数额,对已经追缴或者退赔的部分应予扣除。

对于证明前款各种情形的证据,应当及时调取。(§21)

【公报案例】

胡祥祯诈骗案(《最高人民法院公报》2005年第2期)

△(诈骗罪;指使他人伪造企业印章;伪造公司印章罪)被告人借款后,私自改变借款用途,将借款用于其他商业活动,且为应付借款人的催讨,指使他人伪造与其合作开发工程项目的企业印章和收款收据的,因对借款不具有非法占有的目的,不构成诈骗罪。但其指使他人伪造企业印章的行为,根据《刑法》第二百八十条第二款的规定构成伪造公司印章罪。

【参考案例】

No.6-1-280(1)-1-1 张金波伪造国家机关公文案

伪造虚构的国家机关文件的,应以伪造国家机关公文罪论处。

No.6-1-280(1)-1-2 石红军伪造公司印章案

通过伪造公司印章的手段,为他人引存放贷获取报酬的,其行为同时构成伪造公司印章罪和诈骗罪的,按牵连犯的处理原则从一重罪处断;其行为不构成诈骗罪的,应以伪造公司印章罪论处。

第二百八十条之一 【使用虚假身份证件、盗用身份证件罪】

在依照国家规定应当提供身份证明的活动中,使用伪造、变造的或者盗用他人的居民身份证、护照、社会保障卡、驾驶证等依法可以用于证明身份的证件,情节严重的,处拘役或者管制,并处或者单处罚金。

有前款行为,同时构成其他犯罪的,依照处罚较重的规定定罪处罚。

【立法沿革】

《中华人民共和国刑法修正案(九)》(自2015年11月1日起施行)

二十三、在刑法第二百八十条后增加一条作为第二百八十条之一:

"在依照国家规定应当提供身份证明的活动中,使用伪造、变造的或者盗用他人的居民身份证、护照、社会保障卡、驾驶证等依法可以用于证明身份的证件,情节严重的,处拘役或者管制,并处或者单处罚金。"

【条文说明】

本条是关于使用虚假身份证件、盗用身份证件罪及其处刑的规定。

本条共分为两款。

第一款是关于使用伪造、变造的或者盗用他人的居民身份证、护照、社会保障卡、驾驶证等依法可以用于证明身份的证件的处刑规定。构成本款规定的犯罪须具备以下条件:

1. 行为人在主观上是故意,至于行为人出于何种动机不影响本罪的成立。包括两种情形:一种是行为人明知这些身份证件是伪造、变造的或者可能是伪造、变造的,仍然予以使用;另一种是行为人明知是他人的身份证件,仍然盗用他人名义予以使用。

2. 行为人客观上在依照国家规定应当提供身份证明的活动中,实施了使用伪造、变造的或者盗用他人的居民身份证、护照、社会保障卡、驾驶证等依法可以用于证明身份的证件的行为。

"依照国家规定应当提供身份证明"中的"国家规定",是指全国人民代表大会及其常务委员会制定的法律和决定,国务院制定的行政法规、规定的行政措施、发布的决定和命令。这里的"使用"是指出示、提供等,也就是行为人为了某种特定的目的而向查验的单位和人员出示、提供伪造、变造的身份证件的行为。实际生活中需要出示身份证件以证明身份的情况很多,相应的在这些活动中使用假身份证件的情形也很多,刑法之所以规定在"依照国家规定应当提供身份证明"的活动中使用伪造、变造、盗用的他人身份证件构成犯罪,主要是因为国家规定应当提供身份证明的活动都是比较重要的经济社会活动或者管理事项活动,在这些活动中使用虚假身份证件,会严重扰乱相关管理秩序,具有较为严重的社会危害性。如《居民身份证法》第十四条规定,公民在常住户口登记项目变更,兵役、婚姻、收养登记以及申请办理出境手续等事项中,应当出示居民身份证证明身份;依法未取得居民身份证的公民可以使用国家规定的其他证明方式证明身份。《出境入境管理法》第十一条规定,中国公民出入境,应当向出入境边防检查机关交验本人的护照或者其他旅行证件等出境入境证件。《反洗钱法》第十六条规定,金融机构在与客户建立业务关系或者为客户提供规定金额以上的现金汇款、现钞兑换、票据兑付等一次性金融服务时,应当要求客户出示真实有效的身份证件或者其他身份证明文件。《危险化学品安全管理条例》第三十九条规定,申请取得剧毒化学品购买许可证,申请人应当提交经办人的身份证明。《易制毒化学品管理条例》第十八条规定,经营单位销售第一类易制毒化学品时,应当查验购买许可证和经办人的身份证明。在上述这些活动中,如果使用伪造、变造的或者盗用他人的身份证件,情节严重,构成犯罪的,就应当依照本款规定追究刑事责任。需要补充说明的是,在正常经济社会活动中需要证明自己身份时,使用虚假身份证件或者盗用他人名义以冒充他人身份的行为,都是违法行为。对这些行为,即使按照本款上述规定不属于"依照国家规定应当提供身份证明"的活动,因而不构成本款规定的犯罪,也并不意味着对这些行为不依法作相应处理。从实际情况看,其中很多行为属于违反治安管理处罚法和相关证件管理或者行政管理事项的法律法规的行为,对这些行为应当区别不同情况,依照治安管理处罚法和居民身份证法、护照法等相关法律法规规定予以**治安管理处罚或者其他行政处罚**。

"**伪造、变造**",在对《刑法》第二百八十条的解释中已作说明,这里不再赘述。"**盗用**"是指盗用他人名义,使用他人的居民身份证、护照、社会保障卡、驾驶证等依法可以用于证明身份的证件的行为。盗用的一般是他人真实的身份证件,包括捡到他人的身份证件后冒用,购买他人的身份证件后冒用,也包括盗窃他人的身份证件后冒用等。实际生活中,还有一些是经过身份证件持有人本人同意或者与其申通,冒用证件的有关义从事相关经济社会活动的情况,这种行为因为不存在盗用本人名义的情况,因而不属于本款规定的"盗用"①,但对这些行为并非一律不作处理,具体要视冒用的情况而定,有的可以根据相关法律规定予以行政处理。如《居民身份证法》第十七条规定,冒用他人居民身份证的,由公安机关罚款或者拘留,并没收违法所得。《治安管理处罚法》第五十一条规定,冒充国家机关工作人员或者以其他虚假身份招摇撞骗的,处五日以上十日以下拘留,可以并处五百元以下罚款;情节较轻的,处五日以下拘留或者五百元以下罚款。此外,为实施违法犯罪行为而冒用他人名义的,还可能构成其他犯罪。在这种情况下,对其冒用身份证件的行为虽然不能依照本款处理,但其所实施的具体犯罪行为应当依照刑法相关规定处理,如与上游犯罪行为人串通,冒用其名义实施洗钱行为的,应当依照《刑法》第一百九十一条的规定追究其洗钱罪的刑事责任。

关于本款规定的犯罪行为的对象,**即居民身份证、护照、社会保障卡、驾驶证等依法可以用于证明身份的证件**,在对《刑法》第二百八十条的解释中已作说明,这里不再赘述。需要注意的是,关于依法可以用于证明身份的证件的范围,为防止出现打击面过大的情况,目前列明的是居民身份证、护照、社会保障卡、驾驶证这四类证件,实践中应当从严掌握。

3.**必须达到情节严重**。这是给该罪名设定了入罪门槛,只有情节严重的才能构成本罪,情节一般,危害不大的,不作为犯罪处理。具体可视情况依照相关法律法规的规定处理。这里的"**情节严重**",主要是指使用伪造、变造的或者盗用他人证件次数多、数量大;非法牟利数额大;严重扰乱相关事项的管理秩序;严重损害第三人的人身或者财产权益;使用伪造、变造身份证件从事违法犯罪活动;等等。

根据本款规定,构成本罪的,处拘役或者管制,并处或者单处罚金。

第二款是关于有使用伪造、变造的或者盗用他人的依法可以用于证明身份的证件的行为,同时又构成其他犯罪的,如何适用法律的规定。这里主要涉及**本条规定的犯罪与诈骗、非法经营、洗钱等犯罪的竞合问题**。从实践中的情况看,使用伪造、变造的或者盗用他人身份证件的行为,往往与诈骗、洗钱、非法经营等违法犯罪行为相联系,很多情况下,本款规定的行为往往是行为人实施相关犯罪的手段,行为人的行为同时符合本款规定的犯罪和相关犯罪。在这种情况下,根据本款规定,对行为人应当依照处罚较重的规定定罪处罚。例如,根据2014年4月24日《全国人民代表大会常务委员会关于〈中华人民共和国刑法〉第二百六十六条的解释》的规定,行为人以欺诈、伪造证明材料或者其他手段骗取养老、医疗、工伤、失业、生育等社会保险金或者其他社会保险待遇的行为,属于《刑法》第二百六十六条规定的诈骗公私财物的行为。该解释中明确列举的诈骗手段就包括使用伪造、变造的或者盗用他人的社会保障卡、居民身份证的行为。在这种情况下,如果行为人的行为构成本款规定的犯罪,又构成诈骗罪的,**应当择一重罪定罪处罚**。

需要注意的是,**借用他人身份证件**是否构成盗用身份证件的犯罪,实践中有不同认识。肯定的观点认为,本罪保护的客体是身份证件的公共信用,借用尽管取得持件人同意,但本质上仍然属于侵害身份证件的违法行为;否定的观点认为,身份证件是用于证明个人身份的证件类型,身份信息往往与持件人的声誉、财产等权益息息相关,借用行为由于事先取得持件人的同意,并未侵害持

---

① 相同的学说见解,参见周光权:《刑法各论》(第4版),中国人民大学出版社2021年版,第396页。另有学者指出,征得持有人同意或者与持有人串通而冒用持有人的身份证件,也不能排除为盗用之外。盗用不是相对于身份证件的持有人而是相对于验证身份的一方而言。并且,本罪的设立是为保护身份证件的公共信用,而不是为了保护持件人的利益。另外,在相对方明知的情形中,不会影响使用者的行为构成本罪,相对方也可能成立本罪的共犯,如甲利用伪造的身份证件申请开设银行账户,银行工作人员乙明知是伪造的身份证件而为其开设账户。参见张明楷:《刑法学》(第6版),法律出版社2021年版,第1364—1365页。

件人的个人身份信息安全,不属于盗用。

笔者认为,借用是否属于盗用不能一概而论,需要具体情况具体分析。行为人向持件人借用身份证件,如果明确说明借用的目的,且按照该目的的使用的,考虑到该借用行为经持件人同意,且没有违背持件人的意愿,一般不宜认定为"盗用",虽然该行为违反有关证件管理的规定,可以按照其他有关法律规定予以处理。如果行为人借用持件人身份证件,没有按照借用的目的进行使用,或者超过了借用目的范围进行使用,或者使用该身份证件从事违法犯罪活动的,则属于本条规定的"盗用"行为,构成犯罪的,应当依照本条的规定予以处理。

【司法解释性文件】

《**最高人民法院、最高人民检察院、公安部关于办理电信网络诈骗等刑事案件适用法律若干问题的意见(二)**》(法发〔2021〕22号,2021年6月17日发布)

△(**电信网络诈骗犯罪;办理手机卡、信用卡、银行账户、非银行支付账户;使用虚假身份证件、盗用身份证件罪;竞合**)使用伪造、变造的身份证件或者盗用他人身份证件办理手机卡、信用卡、银行账户、非银行支付账户,符合刑法第二百八十条之一第一款规定的,以使用虚假身份证件、盗用身份证件罪追究刑事责任。

实施上述两款行为,同时构成其他犯罪的,依照处罚较重的规定定罪处罚。法律和司法解释另有规定的除外。(§6Ⅱ、Ⅲ)

△(**调取异地公安机关依法制作、收集的证据材料**)办案地公安机关可以通过公安机关信息化系统调取异地公安机关依法制作、收集的刑事案件受案登记表、立案决定书、被害人陈述等证据材料。调取时不得少于两名侦查人员,并应记载调取的时间、使用的信息化系统名称等相关信息,调取人签名并加盖办案地公安机关印章。经审核证明真实的,可以作为证据使用。(§13)

△(**境外证据材料;证据使用**)通过国(区)际警务合作收集或者境外警方移交的境外证据材料,确因客观条件限制,境外警方未提供相关证据的发现、收集、保管、移交情况等材料的,公安机关应当对上述证据材料的来源、移交过程以及种类、数量、特征等作出书面说明,由两名以上侦查人员签名并加盖公安机关印章。经审核能够证明案件事实的,可以作为证据使用。(§14)

△(**境外抓获并羁押;折抵刑期**)对境外司法机关抓获并羁押的电信网络诈骗犯罪嫌疑人,在境内接受审判的,境外的羁押期限可以折抵刑期。(§15)

△(**宽严相济刑事政策**)办理电信网络诈骗犯罪案件,应当充分贯彻宽严相济刑事政策。在侦查、审查起诉、审判过程中,应当全面收集证据、准确甄别犯罪嫌疑人、被告人在共同犯罪中的层级地位及作用大小,结合其认罪态度和悔罪表现,区别对待,宽严并用,科学量刑,确保罚当其罪。

对于电信网络诈骗犯罪集团、犯罪团伙的组织者、策划者、指挥者和骨干分子,以及利用未成年人、在校学生、老年人、残疾人实施电信网络诈骗的,依法从严惩处。

对于电信网络诈骗犯罪集团、犯罪团伙中的从犯,特别是其中参与时间相对较短、诈骗数额相对较低或者从事辅助性工作并领取少量报酬,以及初犯、偶犯、未成年人、在校学生等,应当综合考虑其在共同犯罪中的地位作用、社会危害程度、主观恶性、人身危险性、认罪悔罪表现等情节,可以依法从轻、减轻处罚。犯罪情节轻微的,可以依法不起诉或者免予刑事处罚;情节显著轻微危害不大的,不以犯罪论处。(§16)

△(**查扣涉案账户资金;优先返还**)查扣的涉案账户内资金,应当优先返还被害人,如不足以全额返还的,应当按照比例返还。(§17)

《**最高人民法院、最高人民检察院、公安部关于办理医保骗保刑事案件若干问题的指导意见**》(法发〔2024〕6号,2024年2月28日发布)

△(**购买他人医疗保障凭证并使用;买卖身份证件罪、使用虚假身份证件罪;诈骗罪**)以骗取医疗保障基金为目的,购买他人医疗保障凭证(社会保障卡等)并使用,同时构成买卖身份证件罪、使用虚假身份证件罪、诈骗罪的,以处罚较重的规定定罪处罚。(§8Ⅰ)

第二百八十条之二　【冒名顶替罪】
盗用、冒用他人身份，顶替他人取得的高等学历教育入学资格、公务员录用资格、就业安置待遇的，处三年以下有期徒刑、拘役或者管制，并处罚金。
组织、指使他人实施前款行为的，依照前款的规定从重处罚。
国家工作人员有前两款行为，又构成其他犯罪的，依照数罪并罚的规定处罚。

【立法沿革】

《中华人民共和国刑法修正案(十一)》(自2021年3月1日起施行)
三十二、在刑法第二百八十条之一后增加一条，作为第二百八十条之二：
"盗用、冒用他人身份，顶替他人取得的高等学历教育入学资格、公务员录用资格、就业安置待遇的，处三年以下有期徒刑、拘役或者管制，并处罚金。
"组织、指使他人实施前款行为的，依照前款的规定从重处罚。
"国家工作人员有前两款行为，又构成其他犯罪的，依照数罪并罚的规定处罚。"

【条文说明】

本条是关于冒名顶替罪及其处罚的规定。
本条共分为三款。
第一款是关于个人实施冒名顶替行为构成犯罪及其处罚的规定。根据本款规定，盗用、冒用他人身份，顶替他人取得的高等学历教育入学资格、公务员录用资格、就业安置待遇的，追究刑事责任。本款有以下三层意思：

1. **"盗用、冒用他人身份"**。这里规定的"盗用、冒用他人身份"，是指監用用他人能够证明其身份的证件、证明文件、身份档案、材料信息以达到自己替代他人的社会或法律地位，行使他人相关权利的目的。这里的**"盗用、冒用"**包括采用非法手段获取用于证明他人身份的证件、证明文件、身份档案、材料信息后使用，如以伪造、变造、盗窃、骗取、收买或者胁迫他人的方式获取用于证明他人身份的证件、证明文件、身份档案、材料信息后使用；也包括以其他方式获取用于证明他人身份的证件、证明文件、身份档案、材料信息后使用，如捡到他人能够证明身份的身份证件、证明文件、身份档案、材料信息后以他人名义活动；受他人委托代为保管或因现责保管用于证明他人身份的证件、证明文件、身份档案、信息材料而未经同意使用；他人授权或同意使用，但是超出授权及同意使用的范围使用他人的能够证明他人身份的证件、证明文件、身份档案、信息材料；经与他人交易或者串通，使用他人的能够证明他人身份的证件、证明文件、身份档案、信息材料；取得用于证明他人身份的特定数据信息后以他人身份登录数据信息系统；等等。这里的**"他人身份"**是指通过证件、证明文件、身份档案、信息材料等方式予以核实和证实的他人的法律地位。根据实践中的情况，这些证件、证明文件、身份档案、信息材料等包括出生证明、身份证、户口簿、护照、军官证、学籍档案、录取通知书、数字证件等。盗用、冒用的一般是他人真实的身份。

2. **顶替他人取得的高等学历教育入学资格、公务员录用资格、就业安置待遇**"。关于"高等学历教育入学资格"，《高等教育法》第十五条第一款规定，高等教育包括学历教育和非学历教育。第十六条第一款规定，高等学历教育分为专科教育、本科教育和研究生教育。第十九条规定："高级中等教育毕业或者具有同等学力的，经考试合格，由实施相应学历教育的高等学校录取，取得专科生或者本科生入学资格。本科毕业或者具有同等学力的，经考试合格，由实施相应学历教育的高等学校或者经批准承担研究生教育任务的科学研究机构录取，取得硕士研究生入学资格。硕士研究生毕业或者具有同等学力的，经考试合格，由实施相应学历教育的高等学校或者经批准承担研究生教育任务的科学研究机构录取，取得博士研究生入学资格。允许特定学科和专业的本科毕业生直接取得博士研究生入学资格，具体办法由国务院教育行政部门规定。"因此这里的**高等学历教育入学资格**"是指经过考试合格等程序依法获取的高等学历教育(专科教育、本科教育和研究生教育)的入学资格。

"公务员录用资格"主要是根据公务员法规定的公务员录用程序取得的公务员录用资格。《公务员法》第一百零九条规定，在公务员录用、聘任等工作中，有隐瞒真实信息、弄虚作假、考试作弊、扰乱考试秩序等行为的，由公务员主管部门根据情节作出考试成绩无效、取消资格、限制报考等处理；情节严重的，依法追究法律责任。因此"公务员录用资格"是受法律保护的。

"就业安置待遇"是根据法律法规和相关政策规定由各级人民政府对特殊主体予以安排就

业、照顾就业等优待。如《退役军人保障法》第二十二条第四款规定的对退役军士以安排工作方式的安置;《英雄烈士保护法》第二十一条规定的对英雄烈士遗属按照国家规定享受的就业方面的优待,可能涉及的就业安置;以及国家或地方的相关政策规定的对饮用水水源地迁出原住民的就业安置待遇、受地震等自然灾害袭击地区的受灾群众的就业安置待遇等。特殊主体往往要经过严格的程序审核,才能实现落实工作的福利待遇。安置前必须核实身份,如果身份不符合,不能够获得就业安置待遇。此外,实践中,广泛存在提供就业信息、争取上岗机会、帮助岗前培训等一般性的就业服务。这些就业服务面向不特定主体,起到提供就业机会,提高就业成功率的辅助性作用,不能够确保落实工作,与就业安置待遇有性质上的差异。因此**不能将一般性的就业服务等同于这里的"就业安置待遇"**。

还需要注意,本条规定的"高等学历教育入学资格、公务员录用资格、就业安置待遇"是"他人取得的",即相关资格和待遇与他人的身份一一对应。行为人要实施"顶替"他人取得的资格和待遇,才能构成本罪。

3. **行为人实施冒名顶替行为的处罚**。行为人触犯本罪的,处三年以下有期徒刑、拘役或者管制,并处罚金。

第二款是关于组织、指使实施冒名顶替行为,予以从重处罚的规定。相关案例反映出冒名顶替犯罪往往具有较长的犯罪链条,涉及多个环节和多个主体。不少环节上的行为人客观上帮助和推动了冒名顶替行为,主要是受他人的组织和指使。特别是冒名顶替上大学等案件反映出,冒名顶替本人在实施顶替行为时多数还是学生,有的还是未成年人,实施冒名顶替行为是受家长、学校等其他行为人的安排和指使。因此,有必要对冒名顶替的"幕后"行为人加大处罚力度。本款规定,对组织、指使实施冒名顶替行为的,从重处罚。这里的"**组织、指使他人实施前款行为**",实践中主要是组织、指使他人帮助实现冒名顶替,如构造冒名顶替行为的共同犯罪,如伪造、变造、买卖国家机关公文、证件、印章及身份证件等行为。本款规定,组织、指使他人实施冒名顶替行为的,依照第一款的规定从重处罚。

第三款是关于国家工作人员实施冒名顶替行为如何处罚的规定。这里的"**国家工作人员**",根据《刑法》第九十三条的规定,是指国家机关中从事公务的人员,国有公司、企业、事业单位、人民团体中从事公务的人员和国家机关、国有公司、企业、事业单位委派到非国有公司、企业、事业单位、社会团体从事公务的人员,以及其他依照法律从事公务的人员,以国家工作人员论。实践中,国家工作人员可能使用其公职、公务带来的影响力实施冒名顶替犯罪,或者组织、指使他人实施冒名顶替犯罪。在公职、公务的影响下,冒名顶替犯罪更容易实施,也更难被发现,具有更加严重的社会危害性,需要予以严惩。

根据本条规定,国家工作人员实施冒名顶替犯罪或者组织、指使他人实施冒名顶替犯罪,同时构成其他犯罪的,**依照数罪并罚的规定处罚**。从相关案件可见,冒名顶替行为涉及的环节和行为较多,可能涉嫌多个罪名。如国家机关工作人员在招收公务员、学生工作中徇私舞弊的,可能构成《刑法》第四百一十八条规定的"招收公务员、学生徇私舞弊罪";存在行贿、受贿等腐败行为的,可能涉嫌《刑法》第一百六十三条规定的"非国家工作人员受贿罪"、第一百六十四条规定的"对非国家工作人员行贿罪"、第三百八十五条规定的"受贿罪"、第三百八十九条规定的"行贿罪"等;存在伪造学籍档案、公文、证件、印章等行为的,可能涉嫌《刑法》第二百八十条规定的"伪造、变造、买卖国家机关公文、证件、印章罪""伪造、变造、买卖身份证件罪";存在截留、隐匿他人录取通知书的,可能涉嫌《刑法》第二百五十二条规定的"侵犯通信自由罪"、第二百五十三条规定的"私自开拆、隐匿、毁弃邮件、电报罪";泄露考生相关信息、篡改考生电子数据信息等行为,可能涉嫌《刑法》第二百五十三条之一规定的"侵犯公民个人信息罪"、第二百八十五条规定的"非法侵入计算机信息系统罪""非法获取计算机信息系统数据罪"、第二百八十六条规定的"破坏计算机信息系统罪";等等。对此,本条明确,国家工作人员实施本条前两款行为的,又构成其他犯罪的,依照数罪并罚的规定处罚。

需要注意的是,从曝光出来的冒名顶替上大学案件来看,情况较为复杂。实践中,需要根据案件的具体情况,分类处理。大体分为以下几种情况:

一是顶替他人入学资格的。主要表现为受害人获得入学资格,但是被其他人通过截留录取通知、篡改学籍档案等方法,冒名顶替入学。受害人一方完全不知情。这些案件数量少,但性质极其恶劣。这种冒名顶替行为严重损害了受害人的受教育权,严重损害了教育公平的公信力,具有严重的社会危害性,各方对于这种行为应予以刑事处罚,均不持异议。

二是顶替他人放弃的入学资格的。因当事人主动放弃入学资格或者将该入学资格交易、赠送的,当事人的受教育权未受到直接侵害。有的观点认为,该种情形情况复杂,当事人自己知悉其入学资格被他人占用,不构成受害人,有时还因交易获利,对于该类无受害者的冒名顶替行为不宜入刑。也有观点认为,虽然获取入学资格的当事人未受侵害,但是顶替行为让没有参加考试或者考试成绩较低的人可以直接入学,损害了考试招录制度的公平和公信力,同时让因他人弃权而按照规则能够递补录取的人员丧失了机会,又侵害了特定对象的利益。这种顶替他人放弃的入学资格的行为,也具有一定的社会危害性,也应予以惩处。

三是冒名但未顶替的。据媒体报道,我国有些地方因教育政策原因,一度只允许高中应届生参加高考,因此出现一些冒用他人学籍,使用他人学籍身份参加高考,冒名者自己通过正常考试入学、升学,没有顶替他人的入学资格的情况。对于该类行为,冒用他人身份虽然违反了学籍管理制度,占用他人顶替他人的录取资格,也没有考试作弊、招录舞弊等情况,并未对特定或不特定对象的考试公平和招录公平产生影响。该类行为的社会危害性较低,通过行政处罚可以达到较好的社会效果,没有必要入刑。对此,各方面也不持异议。总体上,本罪的处罚重点应集中在冒用他人身份而顶替入学资格的行为,以切实维护考试招录制度的公平和公信力。

第二百八十一条 【非法生产、买卖警用装备罪】
非法生产、买卖人民警察制式服装、车辆号牌等专用标志、警械,情节严重的,处三年以下有期徒刑、拘役或者管制,并处或者单处罚金。
单位犯前款罪的,对单位判处罚金,并对其直接负责的主管人员和其他直接责任人员,依照前款的规定处罚。

【条文说明】

本条是关于非法生产、买卖警用装备罪及其处罚的规定。

本条共分为两款。

第一款是关于非法生产、买卖人民警察制式服装、车辆号牌等专用标志、警械的犯罪及其处罚规定。根据本款规定,构成本罪应当具备以下条件:

1. **行为侵犯的对象是人民警察制式服装、车辆号牌等专用标志、警械**。根据人民警察法等有关规定,人民警察制式服装、警用标志、警械由国务院公安部门统一监制;最高人民法院、最高人民检察院、国家安全部、司法部各自负责本系统警服生产计划,将公安部备案,在公安部指定生产厂的范围内,进行办理;人民警察的警服和警用标志,包括警服扣、专用色布以及帽徽、符号、领带、领带卡等,由公安部颁发生产许可证定点生产;警服和警用标志一律不得在市场上买卖;定点生产的工厂要严格按照公安部下达的指标生产,不准计划外私自加工生产、销售。这里规定的"**人民警察制式服装**",是指国家专门为人民警察制作的服装。人民警察制式服装是人民警察的重要标志,人民警察穿着警服是依法执行警务的需要,非人民警察一律不准穿着警服。"**专用标志**"是指为便于社会外界识别,用来表明人民警察身份或用于表明警察机关的场所、车辆等的外形标记,主要包括车辆号牌、臂章、警徽、警衔标志等。"**警械**"是指人民警察在从事执行逮捕、拘留、押解人犯以及值勤、巡逻,处理治安案件等警务时,依法使用的警用器具。根据《人民警察使用警械和武器条例》第三条的规定,警械包括警棍、催泪弹、高压水枪、特种防暴枪、手铐、脚镣、警绳等。

2. **行为人实施了非法生产、买卖人民警察制式服装、车辆号牌等专用标志、警械的行为**。这里规定的"**非法生产、买卖**",是指无生产、经营、使用权的单位或个人擅自生产、销售、购买人民警察制式服装、车辆号牌等专用标志、警械;或者虽有生产、经营权,但违反有关规定擅自进行生产、销售的行为。

3. **必须达到情节严重才构成本罪**。这里规定的"**情节严重**",主要是指多次非法生产、买卖人民警察制式服装、车辆号牌等专用标志、警械或者非法生产、买卖的数量较大、或者持续时间较长的;经有关部门责令停止生产、销售、购买,拒不听从的;影响恶劣的;造成其他严重后果的;等等。情节严重是构成本罪的条件,不具有严重情节的不构成本罪。《最高人民检察院、公安部关于公安机关管辖的刑事案件立案追诉标准的规定(一)》第三十五条规定:"非法生产、买卖人民警察制式服装、车辆号牌等专用标志、警械,涉嫌下列情形之一的,应予立案追诉:(一)成套制式服装三十套以上,或者非成套制式服装一百件以上的;

第二百八十二条

(二)手铐、脚镣、警用抓捕网、警用催泪喷射器、警灯、警报器单种或者合计十件以上的;(三)警棍五十根以上的;(四)警衔、警号、胸章、臂章、帽徽等警用标志单种或者合计一百件以上的;(五)警用号牌,省级以上公安机关专段民用车辆号牌一副以上,或者其他公安机关专段民用车辆号牌三副以上的;(六)非法经营数额五千元以上,或者非法获利一千元以上的;(七)被他人利用进行违法犯罪活动的;(八)其他情节严重的情形。"

根据本条规定,犯本条规定之罪的,处三年以下有期徒刑、拘役或者管制,并处或者单处罚金。

第二款是关于单位进行非法生产、买卖人民警察制式服装、车辆号牌等专用标志、警械的犯罪及其处罚的规定。

根据本款规定,单位犯本条罪的,对单位判处罚金,并对其直接负责的主管人员和其他直接责任人员,依照前款的规定处罚。对于单位犯罪的实行**双罚制**,即对单位判处罚金,同时对单位的直接负责的主管人员和其他直接责任人员,"**依照前款的规定处罚**",即处三年以下有期徒刑、拘役或者管制,并处或者单处罚金。

【司法解释性文件】

《最高人民检察院、公安部关于公安机关管辖的刑事案件立案追诉标准的规定(一)》(公通字〔2008〕36 号,2008 年 6 月 25 日公布)

△(非法生产、买卖警用装备罪]立案追诉标准)非法生产、买卖人民警察制式服装、车辆号牌等专用标志、警械,涉嫌下列情形之一的,应予立案追诉:

(一)成套制式服装三十套以上,或者非成套制式服装一百件以上的;

(二)手铐、脚镣、警用抓捕网、警用催泪喷射器、警灯、警报器单种或者合计十件以上的;

(三)警棍五十根以上的;

(四)警衔、警号、胸章、臂章、帽徽等警用标志单种或者合计一百件以上的;

(五)警用号牌,省级以上公安机关专段民用车辆号牌一副以上,或者其他公安机关专段民用车辆号牌三副以上的;

(六)非法经营数额五千元以上,或者非法获利一千元以上的;

(七)被他人利用进行违法犯罪活动的;

(八)其他情节严重的情形。(§35)

△(单位犯罪;立案追诉标准)本规定中的立案追诉标准,除法律、司法解释另有规定的以外,适用于相关的单位犯罪。(§100)

第二百八十二条 【非法获取国家秘密罪】【非法持有国家绝密、机密文件、资料、物品罪】

以窃取、刺探、收买方法,非法获取国家秘密的,处三年以下有期徒刑、拘役、管制或者剥夺政治权利;情节严重的,处三年以上七年以下有期徒刑。

非法持有属于国家绝密、机密的文件、资料或者其他物品,拒不说明来源与用途的,处三年以下有期徒刑、拘役或者管制。

【条文说明】

本条是关于非法获取国家秘密罪及非法持有国家绝密、机密文件、资料、物品罪及其处罚的规定。

本条共分为两款。

第一款是关于非法获取国家秘密罪及其处罚的规定。根据本款规定,**非法获取国家秘密罪**是指以窃取、刺探、收买方法,非法获取国家秘密的行为。构成本款规定的犯罪应当具备以下条件:

1. **行为人实施了非法获取国家秘密的行为**。这里的"**国家秘密**",在保守国家秘密法中已有明确规定,是指关系国家的安全和利益,依照法定程序确定,在一定时间内只限一定范围的人知悉的事项。《保守国家秘密法》第九条规定:"下列涉及国家安全和利益的事项,泄露后可能损害国家在政治、经济、国防、外交等领域的安全和利益的,应当确定为国家秘密:(一)国家事务重大决策中的秘密事项;(二)国防建设和武装力量活动中的秘密事项;(三)外交和外事活动中的秘密事项以及对外承担保密义务的秘密事项;(四)国民经济和社会发展中的秘密事项;(五)科学技术中的秘密事项;(六)维护国家安全活动和追查刑事犯罪中的秘密事项;(七)经国家保密行政管理部门确定的其他秘密事项。政党的秘密事项中符合前款规定的,属于国家秘密。"第十条规定,国家秘密的密级分为三级：绝密、机密、秘密。① 绝密级国家秘密是最重要的国家秘密，泄露会使国家安全和利益遭受特别严重的损害；机密级国家秘密是重要的国家秘密，泄露会使国家安全和利益遭受严重的损害；秘密级国家秘密是一般的国家秘密，泄露会使国家安全和利益遭受损害。第十一条规定，国家秘密及其密级的具体范围，由国家保密行政管理部门分别会同外交、公安、国家安全和其他中央有关机关规定；军事方面的国家秘密及其密级的具体范围，由中央军事委员会规定。国家秘密及其密级的具体范围的规定，应当在有关范围内公布，并根据情况变化及时调整。

根据本款规定，本罪的犯罪对象仅限于国家秘密，未列入国家秘密的情报，以及商业秘密、个人隐私等均不属于本罪的犯罪对象。

2. **行为人获取国家秘密的手段是采用窃取、刺探、收买等非法方法**。本款规定的"窃取"，是指行为人采取非法手段秘密取得国家秘密的行为，如盗窃国家秘密的文件、资料、物品原件，偷拍、偷照、窃听、窃录、电子侦听或者非法侵入网络系统窃取国家秘密文件、资料等；"刺探"，是指行为人通过各种途径和手段非法探知国家秘密的行为，如通过交友、闲聊等方式打听、套取国家秘密，以采访、参观、学习、考察等名目，搜集国家秘密，在军事禁区、国家保密单位附近观察、搜集信息等；"收买"是指行为人以给予金钱或者其他物质利益的方法非法得到国家秘密的行为，如用金钱、股票、文物、房产等拉拢保密人员获取国家秘密，或者用美色、帮助安排工作等勾引相关人员获取国家秘密。

根据本款规定，**对非法获取国家秘密的犯罪**，处三年以下有期徒刑、拘役、管制或者剥夺政治权利；**情节严重的**，处三年以上七年以下有期徒刑。是否情节严重，可以从行为人非法获取国家秘密的重要程度、犯罪手段、危害后果等方面衡量。这里所说的"情节严重的"，主要是指非法获取的绝密级、机密级国家秘密；国家秘密的内容涉及非常重大的事项；非法获取国家秘密已经造成或者有可能造成严重后果；多次非法获取国家秘密或者非法获取大量国家秘密；其他严重损害国家安全和利益等情形。

第二款是关于非法持有国家绝密、机密文件、资料、物品罪及其处罚的规定。根据本款规定②，构成本罪需要具备以下条件：

1. **行为人非法持有属于国家绝密、机密的文件、资料或者其他物品**。《反间谍法》第二十四条规定，任何个人和组织都不得非法持有属于国家秘密的文件、资料和其他物品。《反间谍法实施细则》第十七条规定，所称"非法持有属于国家秘密的文件、资料和其他物品"是指：（1）不应知悉某项国家秘密的人员携带、存放属于该项国家秘密的文件、资料和其他物品的；（2）可以知悉某项国家秘密的人员，未经办理手续，私自携带、留存属于该项国家秘密的文件、资料和其他物品的。根据上述规定，本款所说的"**非法持有属于国家绝密、机密的文件、资料或者其他物品**"，是指根据保守国家秘密法以及其他有关规定，不应知悉某项国家绝密、机密的人员持有属于该项国家绝密、机密的文件、资料的，或者可以知悉某项国家绝密、机密的人员，未经办理手续，私自持有属于该项国家绝密、机密的文件、资料和其他物品。具体表现为传递、携带、保存这些文件、资料和物品。**属于国家绝密、机密的"文件、资料"**，是指依照法定程序确定并且标明为绝密、机密两个密级的文件、资料，不包括秘密一级的文件、资料；**属于国家绝密、机密的"其他物品"**，是指依照有关法律被确定为国家绝密、机密的物品，如被确定为国家绝密或者机密的先进设备、高科技产品、军工产品等。

2. **行为人拒不说明来源与用途**。所谓"**拒不说明来源与用途**"，是指在有关机关责令说明其非法持有的属于国家绝密、机密的文件、资料和其他物品的来源和用途时，行为人拒不回答或者作虚假回答。

根据本款规定，对非法持有国家绝密、机密文件、资料或者其他物品拒不说明来源与用途的犯罪，处三年以下有期徒刑、拘役或者管制。

实践中需要注意以下几个方面的问题：

1. **非法获取国家秘密罪**与**为境外窃取、刺探、收买、非法提供国家秘密、情报罪**的区别。一是犯罪手段不同。非法获取国家秘密罪的犯罪手段仅限于窃取、刺探、收买；而为境外窃取、刺探、收买、非法提供国家秘密、情报罪的犯罪手段不限于窃取、刺探、收买。二是犯罪对象不同。

---

① 关于主观故意，只要行为人认识到自己非法获取的是或者可能是国家秘密，即为已足。本罪不要求行为人认识到国家秘密的密级，也不要求具有特定的目的。参见张明楷：《刑法学》（第6版），法律出版社2021年版，第1368页。

② 相较于非法获取国家秘密罪，非法持有绝密、机密文件、资料、物品罪是一个补漏性质的犯罪。如果能够查明行为人所持有的绝密、机密文件、资料或者其他物品是通过窃取、刺探、收买方法非法获取的，就应当以非法获取国家秘密罪论处。参见黎宏：《刑法学各论》（第2版），法律出版社2016年版，第359页。

非法获取国家秘密罪的犯罪对象仅限于国家秘密；而为境外窃取、刺探、收买、非法提供国家秘密、情报罪的犯罪对象不限于国家秘密，还包括情报。三是犯罪动机和目的不同。行为人非法获取国家秘密的动机和目的各种各样，有的出于贪财，有的出于好奇，有的出于对国家、社会的不满等，一般来说，只要行为人实施了窃取、刺探、收买国家秘密的行为，即可构成本条第一款规定的非法获取国家秘密罪，而不管其动机、目的如何。但司法实践中应当查明行为人非法获取国家秘密的动机和目的，如果行为人窃取、刺探、收买国家秘密是为了提供给境外的机构、组织、人员，则应当以为境外窃取、刺探、收买、非法提供国家秘密罪定罪处罚。①

2. 非法获取国家秘密罪与故意泄露国家秘密罪的区别。一是犯罪主体不同。非法获取国家秘密罪的主体是一般主体；而故意泄露国家秘密罪的主体是因工作或职务之便掌握、保管国家秘密的国家机关工作人员或者其他人员，这些人员利用职务之便，窃取国家秘密，非法提供给他人的，构成故意泄露国家秘密罪。二是犯罪手段不同。非法获取国家秘密罪的犯罪手段仅限于窃取、刺探、收买；而故意泄露国家秘密罪对犯罪手段没有限制。三是构成非法获取国家秘密罪没有情节严重的要求，故意泄露国家秘密罪必须达到情节严重才构成犯罪。

3. 实践中，在认定本条第二款规定的非法持有属于国家绝密、机密的文件、资料或者其他物品罪，行为人拒不说明国家绝密、机密的文件、资料或者其他物品的来源用途时，**司法机关应当认真调查其来源与用途**，行为人如果具有间谍身份，或者为境外机构、组织、人员非法提供国家秘密，或者以窃取、刺探、收买方法非法获取国家秘密等犯罪行为的，应当依各罪定罪处罚，从而防止由于行为人拒不说明来源与用途而放纵罪犯。同时，司法机关在处理此类犯罪时也应当慎重，需要认真听取行为人的说明和辩解，对于确实不知情的，不能以本罪论处。

【司法解释】

《最高人民法院、最高人民检察院关于办理组织考试作弊等刑事案件适用法律若干问题的解释》(法释〔2019〕13号，自 2019 年 9 月 4 日起施行)

△ (**窃取、刺探、收买方法；非法获取国家秘密罪；组织考试作弊罪；非法出售、提供试题、答案罪；数罪并罚**)以窃取、刺探、收买方法非法获取法律规定的国家考试的试题、答案，又组织考试作弊或者非法出售、提供试题、答案，分别符合刑法第二百八十二条和刑法第二百八十四条之一规定的，以非法获取国家秘密罪和组织考试作弊罪或者非法出售、提供试题、答案罪数罪并罚。(§9)

△ (**非法获取国家秘密罪；非法生产、销售窃听、窃照专用器材罪；非法使用窃听、窃照专用器材罪；非法利用信息网络罪；扰乱无线电通讯管理秩序罪**)在法律规定的国家考试以外的其他考试中，组织作弊，为他人组织作弊提供作弊器材或者其他帮助，或者非法出售、提供试题、答案，符合非法获取国家秘密罪、非法生产、销售窃听、窃照专用器材罪、非法使用窃听、窃照专用器材罪、非法利用信息网络罪、扰乱无线电通讯管理秩序罪等犯罪构成要件的，依法追究刑事责任。(§10)

△ (**非法利用信息网络罪；组织考试作弊罪；非法出售、提供试题、答案罪；非法获取国家秘密罪**)设立用于实施考试作弊的网站、通讯群组或者发布有关考试作弊的信息，情节严重的，应当依照刑法第二百八十七条之一的规定，以非法利用信息网络罪定罪处罚；同时构成组织考试作弊罪、非法出售、提供试题、答案罪、非法获取国家秘密罪等其他犯罪的，依照处罚较重的规定定罪处罚。(§11)

---

① 如果行为人在实施窃取、刺探、收买国家秘密时，没有非法提供给境外机构、组织、人员的故意，但在非法获取国家秘密之后，非法提供给境外机构、组织或人员，由于侵害的法益具有同一性，属于包括的一罪，应以为境外机构、组织、人员窃取、刺探国家秘密罪论处，不必实行数罪并罚。参见张明楷：《刑法学》(第6版)，法律出版社2021年版，第1368页；周光权：《刑法各论》(第4版)，中国人民大学出版社2021年版，第397页。

第二百八十三条 【非法生产、销售专用间谍器材、窃听、窃照专用器材罪】
非法生产、销售专用间谍器材或者窃听、窃照专用器材的,处三年以下有期徒刑、拘役或者管制,并处或者单处罚金;情节严重的,处三年以上七年以下有期徒刑,并处罚金。
单位犯前款罪的,对单位判处罚金,并对其直接负责的主管人员和其他直接责任人员,依照前款的规定处罚。

【立法沿革】

《中华人民共和国刑法》(1997年修订,自1997年10月1日起施行)
第二百八十三条
非法生产、销售窃听、窃照等专用间谍器材的,处三年以下有期徒刑、拘役或者管制。

《中华人民共和国刑法修正案(九)》(自2015年11月1日起施行)
二十四、将刑法第二百八十三条修改为:
"非法生产、销售专用间谍器材或者窃听、窃照专用器材的,处三年以下有期徒刑、拘役或者管制,并处或者单处罚金;情节严重的,处三年以上七年以下有期徒刑,并处罚金。
"单位犯前款罪的,对单位判处罚金,并对其直接负责的主管人员和其他直接责任人员,依照前款的规定处罚。"

【条文说明】

本条是关于非法生产、销售专用间谍器材、窃听、窃照专用器材罪及其处罚的规定。
本条共分为两款。
第一款是关于个人非法生产、销售专用间谍器材或者窃听、窃照专用器材犯罪及其处罚的规定。构成本款规定的犯罪需具备以下条件:
1. **行为人在主观上是故意**,即明知自己无权生产、销售专用间谍器材而生产、销售专用间谍器材的,或者违反规定生产、销售专用间谍器材的。至于行为人出于何种动机,不影响本罪的成立。
2. **行为人实施了非法生产、销售专用间谍器材或者窃听、窃照专用器材的行为**。这里的规定,**"非法生产、销售"**,是指未经有关主管部门批准、许可,擅自生产、销售专用间谍器材或者窃听、窃照专用器材,或者虽经有关主管部门批准、许可生产、销售,但在实际生产、销售过程中违反有关主管部门关于数量、规格、范围等的要求,非法生产、销售。《反间谍法》第二十五条规定,任何个人和组织都不得非法持有、使用间谍活动特殊需要的专用间谍器材。根据有关规定,专用间谍器材或者窃听、窃照专用器材的生产、销售应当由有关主管部门批准。因此,非法生产、销售的行为

违反了国家有关规定,扰乱了国家对专用器材的管理,专用器材流入社会,可能严重侵犯公民个人隐私,公司、企业的商业秘密,严重的可能危及国家安全和利益。

3. **本罪的犯罪对象是专用间谍器材或者窃听、窃照专用器材**。由于专用间谍器材或者窃听、窃照专用器材的特殊性,国家对这类专用专业器材的生产、销售、管理和使用都有严格的规定。专业器材的种类很多,这里规定的**"专用间谍器材"**是指专门用于实施间谍活动的工具。对于专用间谍器材的范围,1994年国务院颁布的《国家安全法实施细则》中已有明确规定。虽然1993年《国家安全法》已于2014年修改为《反间谍法》,但《反间谍法》的有关规定与1993年《国家安全法》的规定是一致的。2017年国务院颁布的《反间谍法实施细则》对专用间谍器材的定义也基本延续了1994年《国家安全法实施细则》的规定。根据《反间谍法实施细则》第十八条的规定,"专用间谍器材"是指进行间谍活动特殊需要的下列器材:(1)暗藏式窃听、窃照器材;(2)突发式收发报机、一次性密码本、密写工具;(3)用于获取情报的电子监听、截收器材;(4)其他专用间谍器材。此外,该条还规定,专用间谍器材的确认,由国务院国家安全主管部门负责。这里规定的**"窃听、窃照专用器材"**,是指具有窃听、窃照功能,并专门用于窃听、窃照的器材,如专用于窃听、窃照的窃听器、微型录音机、微型照相机等。所谓**"窃听"**,是指使用专用器材、设备,在当事人未察觉、不知晓或无法防范的情况下,偷听其谈话或者通话以及其他活动的行为;所谓**"窃照"**,是指使用专用器材、设备,对窃照对象的形象或者活动进行的秘密拍照摄录的活动。

根据犯罪情节轻重,本款对生产、销售专用间谍器材或者窃听、窃照专用器材犯罪规定了两档刑罚:第一,**对实施本款行为的**,处三年以下有期徒刑、拘役、管制,并处或者单处罚金。第二,**情节严重的**,处三年以上七年以下有期徒刑,并处罚金。这里的"情节严重",主要是指非法生产、销售的间谍专用器材以及窃听、窃照专用器材的数量较多;谋取的非法利益的数额较大;生产、销售的间谍专用器材以及窃听、窃照专用器材流入社

会的数量较多;因他人非法使用而对国家安全利益、社会公共利益、公民合法权益造成的实际损害较大等。

第二款是关于单位非法生产、销售专用间谍器材或者窃听、窃照专用器材的处罚规定。对单位犯本罪的,采取了**双罚制原则**,即对单位判处罚金,并对单位的直接负责的主管人员和其他直接责任人员,按照第一款对个人犯本罪的处刑规定处罚,即处三年以下有期徒刑、拘役或者管制,并处或者单处罚金;情节严重的,处三年以上七年以下有期徒刑,并处罚金。对于单位判处罚金的数额,法律未作具体规定,司法实践中可由司法机关根据案件的具体情况,本着罪责刑相适应的原则依法确定。

实际执行中需要注意的是:有些专用间谍器材或者窃听、窃照专用器材的本身就属于国家秘密,行为人非法生产、销售可能构成泄露国家秘密的犯罪,认定本罪与泄露国家秘密的犯罪需要根据行为人在主观方面、客观方面的不同表现予以判断。对于明知买方是境外的机构、组织、人员而故意为其生产、销售涉及国家秘密的专用器材,导致国家秘密的泄露,应以为境外机构、组织、人员非法提供国家秘密或情报罪论处;对于其他非法生产、销售专用间谍器材或者窃听、窃照专用器材而导致故意或过失泄露国家秘密的,应作为非法生产、销售专用间谍器材罪、窃听、窃照专用器材罪与泄露国家秘密罪的牵连犯,从一重罪处罚。

【司法解释】

《最高人民法院、最高人民检察院关于办理组织考试作弊等刑事案件适用法律若干问题的解释》(法释〔2019〕13号,自2019年9月4日起施行)

△(非法获取国家秘密罪;非法生产、销售窃听、窃照专用器材罪;非法使用窃听、窃照专用器材罪;非法利用信息网络罪;扰乱无线电通讯管理秩序罪)在法律规定的国家考试以外的其他考试中,组织作弊,为他人组织作弊提供作弊器材或者其他帮助,或者非法出售、提供试题、答案,符合非法获取国家秘密罪、非法生产、销售窃听、窃照专用器材罪、非法使用窃听、窃照专用器材罪、非法利用信息网络罪、扰乱无线电通讯管理秩序罪等犯罪构成要件的,依法追究刑事责任。(§10)

【司法解释性文件】

《最高人民法院、最高人民检察院、公安部、国家安全部关于依法办理非法生产销售使用"伪基站"设备案件的意见》(公通字〔2014〕13号,2014年3月14日公布)

△("伪基站"设备;非法生产、销售间谍专用器材罪)非法生产、销售"伪基站"设备,经鉴定为专用间谍器材的,依照《刑法》第二百八十三条的规定,以非法生产、销售间谍专用器材罪追究刑事责任;同时构成非法经营罪的,以非法经营罪追究刑事责任。

第二百八十四条 【非法使用窃听、窃照专用器材罪】
非法使用窃听、窃照专用器材,造成严重后果的,处二年以下有期徒刑、拘役或者管制。

【条文说明】

本条是关于非法使用窃听、窃照专用器材罪及其处刑的规定。

根据本条的规定,**非法使用窃听、窃照专用器材的犯罪**,是指非法使用窃听、窃照专用器材,造成严重后果的行为。构成本罪需要具备以下条件:一是**行为人必须实施了非法使用窃听、窃照专用器材的行为**。本条规定的"非法使用",是指违反国家规定使用窃听、窃照专用器材,包括无权使用的人使用以及有权使用的人违反规定使用。"窃听",是指使用专用器材、设备,在当事人未察觉,不知晓或者无法防范的情况下,偷听其谈话、通话以及其他活动的行为;"窃照",是指使用专用器材、设备,对窃照对象的形象或者活动进行秘密拍摄录录的活动。二是**本罪的犯罪对象是窃听、窃照专用器材**。这里的"窃听、窃照专用器材",是指具有窃听、窃照功能,并专门用于窃听、窃照活动的器材,如专用于窃听、窃照的窃听器、微型录音机、微型照相机等。三是**非法使用窃听、窃照专用器材,造成严重后果的才构成犯罪**。这里所说的"造成严重后果",是指由于非法使用窃听、窃照专用器材,窃听内容被广泛传播;造成他人自杀、精神失常;引起杀人、伤害等犯罪发生;造成被窃听、窃照单位商业秘密泄露;造成重大经济损失;严重损害国家利益等严重后果。

根据本条规定,构成本罪的,处二年以下有期徒刑、拘役或者管制。

实践中需要注意以下两个方面的问题：

1. 非法使用窃听、窃照专用器材罪与为**境外窃取、刺探、收买、非法提供国家秘密、情报罪**的界限。一是两罪的目的和手段不同。非法使用窃听、窃照专用器材罪，行为人的目的是偷听、偷录、偷拍、偷摄个人或单位的谈话、电话、日常生活、经营活动等个人隐私、商业秘密，采用的是非法使用的手段；为境外窃取、刺探、收买、非法提供国家秘密、情报罪，行为人的目的是为境外机构、组织、个人提供国家秘密、情报，采用的是窃取、刺探、收买、非法提供的手段。二是两罪对后果的要求不同。非法使用窃听、窃照专用器材罪必须造成严重后果才构成犯罪；构成为境外窃取、刺探、收买、非法提供国家秘密、情报罪并不要求造成严重后果，只要行为人实施了为境外机构、组织、个人窃取、刺探、收买、非法提供国家秘密、情报的行为就构成犯罪。

2. 行为人既实施了非法使用窃听、窃照专用器材的行为，又实施了非法获取国家秘密，或者为境外窃取、刺探、收买、非法提供国家秘密、情报的行为，或者组织考试作弊及非法出售、提供考试试题、答案的行为应当如何处理。

实践中需要具体情况具体分析。行为人虽然实施了非法使用窃听、窃照专用器材，但其目的是非法获取国家秘密，或者为境外机构、组织、个人提供国家秘密、情报的，这时行为人只有一个犯罪行为，非法使用窃听、窃照专用器材只是手段，一般应当按照非法获取国家秘密罪或为境外窃取、刺探、收买、非法提供国家秘密、情报罪定罪处罚。如果行为人以窃取、刺探、收买方法非法获取法律规定的国家考试的试题、答案，又组织考试作弊或者非法出售、提供试题、答案的，根据《最高人民法院、最高人民检察院关于办理组织考试作弊等刑事案件适用法律若干问题的解释》第九条的规定，符合《刑法》第二百八十二条和第二百八十四条之一规定的，以非法获取国家秘密罪和组织考试作弊罪或者非法出售、提供试题、答案罪数罪并罚。

【司法解释】

《最高人民法院、最高人民检察院关于办理组织考试作弊等刑事案件适用法律若干问题的解释》（法释〔2019〕13号，自2019年9月4日起施行）

△(**非法获取国家秘密罪；非法生产、销售窃听、窃照专用器材罪；非法使用窃听、窃照专用器材罪；非法利用信息网络罪；扰乱无线电通讯管理秩序罪**)在法律规定的国家考试以外的其他考试中，组织作弊，为他人组织作弊提供作弊器材或者其他帮助，向他人非法出售、提供试题、答案，符合非法获取国家秘密罪、非法生产、销售窃听、窃照专用器材罪、非法使用窃听、窃照专用器材罪、非法利用信息网络罪、扰乱无线电通讯管理秩序罪等犯罪构成要件的，依法追究刑事责任。(§10)

第二百八十四条之一 【组织考试作弊罪】【非法出售、提供试题、答案罪】【代替考试罪】

在法律规定的国家考试中，组织作弊的，处三年以下有期徒刑或者拘役，并处或者单处罚金；情节严重的，处三年以上七年以下有期徒刑，并处罚金。

为他人实施前款犯罪提供作弊器材或者其他帮助的，依照前款的规定处罚。

为实施考试作弊行为，向他人非法出售或者提供第一款规定的考试的试题、答案的，依照第一款的规定处罚。

代替他人或者让他人代替自己参加第一款规定的考试的，处拘役或者管制，并处或者单处罚金。

【立法沿革】

《中华人民共和国刑法修正案（九）》（自2015年11月1日起施行）

二十五、在刑法第二百八十四条后增加一条，作为第二百八十四条之一：

"在法律规定的国家考试中，组织作弊的，处三年以下有期徒刑或者拘役，并处或者单处罚金；情节严重的，处三年以上七年以下有期徒刑，并处罚金。

"为他人实施前款犯罪提供作弊器材或者其他帮助的，依照前款的规定处罚。

"为实施考试作弊行为，向他人非法出售或者提供第一款规定的考试的试题、答案的，依照第一款的规定处罚。

"代替他人或者让他人代替自己参加第一款

规定的考试的,处拘役或者管制,并处或者单处罚金。"

【条文说明】

本条是关于组织考试作弊罪,非法出售、提供试题、答案罪,代替考试罪及其处罚的规定。

本条共分为四款。

第一款是关于**组织考试作弊罪**及其处罚的规定。组织考试作弊罪是本条规定的重点内容。本款规定有以下方面问题需要注意:

1. 关于"**组织作弊**"的行为。根据本款规定,构成组织作弊的犯罪要求行为人客观上实施了"**组织作弊**"的行为。这里所说的"**组织**"**作弊**",即组织、指挥、策划进行考试作弊的行为,既包括构成犯罪集团的情况,也包括比较松散的犯罪团伙,还可以是个人组织他人进行作弊的情况;组织者可以是一个人,也可以是多人;可以有比较严密的组织结构,也可以是为了进行一次考试作弊行为临时纠集在一起;既包括组织一个考场内的考生作弊的简单形态,也包括组织大范围的考生集体作弊的复杂情形。①"**作弊**"是指在考试中弄虚作假的行为,具体作弊方式花样很多,需要结合考试的具体情况确定。对于考试作弊,在相关考试的规定中一般都有明确的认定规定,如《国家教育考试违规处理办法》第六条规定,国家教育考试中作弊包括:(1)携带与考试内容相关的材料或者存储有与考试内容相关资料的电子设备参加考试的;(2)抄袭或者协助他人抄袭试题答案或者与考试内容相关的答案的;(3)抢夺、窃取他人试卷、答卷或者胁迫他人为自己抄袭提供方便的;(4)携带具有发送或者接收信息功能的设备的;(5)由他人冒名代替参加考试的;(6)故意销毁试卷、答卷或者考试材料的;(7)在答卷上填与与本人身份不符的姓名、考号等信息的;(8)传、接物品或者交换试卷、答卷、草稿纸的;(9)其他以不正当手段获得或者试图获得试题答案、考试成绩的行为。《公务员录用考试违纪违规处理办法(试行)》对公务员考试中的作弊及处理也有明确规定。

本款之所以对"组织作弊"作出明确规定,主要是体现对有组织的团伙作弊行为的从严惩处。从司法实践中的情况看,一些案件中,考试作弊团伙化、产业化特征明显,"助考"团伙分工明确,有专门制售作弊器材的,有专门偷题的,有专门做题的,有专门负责广告的,有专门负责销售试题及答案的,涉及考试作弊的各个环节,形成制售作弊器材、考试前或考试中窃取试题内容、雇用枪手做答、传播答案等"一条龙"产业链。在作弊的手段上,也日益高科技化,有的犯罪团伙使用密拍设备窃取考题,使用远程通讯设备将答案传入考场,采用可以植入牙齿的耳机接收答案,等等。传统的有组织作弊主要是在考场内组织实施,而近年来高科技化的组织作弊,往往通过包括互联网、无线电技术手段在内的多种技术手段,将考场内外,考生、家长、枪手等各主体,试题、答案各要素紧密联系在一起,使得考试组织者防不胜防。此类行为严重扰乱了考试活动的正常进行,社会危害严重,应当作为打击的重点予以从严惩处。

2. **关于考试的范围**。根据本款规定,考试范围限定在"法律规定的国家考试",即在法律中明确规定的国家考试。② 2019年《最高人民法院、最高人民检察院关于办理组织考试作弊等刑事案件适用法律若干问题的解释》第一条规定,"'**法律规定的国家考试**',仅限于全国人民代表大会及其常务委员会制定的法律所规定的考试。根据有关法律规定,下列考试属于'法律规定的国家考试':(一)普通高等学校招生考试、研究生招生考试、高等教育自学考试、成人高等学校招生考试等国家教育考试;(二)中央和地方公务员录用考试;(三)国家统一法律职业资格考试、国家教师资格考试、注册会计师全国统一考试、会计专业技术资格考试、资产评估师资格考试、医师资格考试、执业药师职业资格考试、注册建筑师考试、建造师执业资格考试等专业技术资格考试;(四)其他依照法律由中央或者地方主管部门以及行业组织实施的考试。前款规定的考试涉及的特殊类型招生、特殊技能测试、面试等考试,属于'法律规定的国家考试'"。

从现有规定看,近二十部法律对"法律规定的国家考试"作了规定。如2018年修订的《公务员法》第三十条规定,公务员录用考试采取笔试和面试等方式进行,考试内容根据公务员应当具备的基本能力和不同职位类别、不同层级机关分别设置。2019年修订的《法官法》第十二条规定,初任法官应当通过国家统一法律职业资格考试取得法律职业资格。上述规定就是通常所说的公务员考试和法律职业资格考试,都属于本款规定的"法律

---

① 相同的学说见解,参见张明楷:《刑法学》(第6版),法律出版社2021年版,第1369页。

② 左坚卫教授将"法律规定的国家考试"细分为学历考试、资格考试、公务员考试及测试水平等级考试四种。参见赵秉志、李希慧主编:《刑法各论》(第3版),中国人民大学出版社2016年版,第271—272页。

规定的国家考试"。检察官法、律师法也分别对担任检察官、申请律师执业规定了要通过国家统一法律职业资格考试。此外，人民警察法、教师法、执业医师法、注册会计师法、道路交通安全法、海关法、动物防疫法、旅游法、证券投资基金法、统计法、公证法等也都对相应行业、部门的从业人员应当通过考试取得相应资格或入职条件作了规定。需要注意的是，对于教育类考试，目前社会上关注度高、影响大、涉及面广的高考、研究生入学考试等都是有相应法律依据的。2015年修正的《教育法》第二十一条规定："国家实行国家教育考试制度。国家教育考试由国务院教育行政部门确定种类，并由国家批准的实施教育考试的机构承办。"2018年修正的《高等教育法》第十九条规定，高级中等教育毕业或者具有同等学力者，经考试合格，由实施相应学历教育的高等学校录取，取得专科生或者本科生入学资格。本科毕业或者具有同等学力者，经考试合格，由实施相应学历教育的高等学校或者经批准承担研究生教育任务的科学研究机构录取，取得硕士研究生入学资格。硕士研究生毕业或者具有同等学力者，经考试合格，由实施相应学历教育的高等学校或者经批准承担研究生教育任务的科学研究机构录取，取得博士研究生入学资格。允许特定学科和专业的本科毕业生直接取得博士研究生入学资格，具体办法由国务院教育行政部门规定。第二十一条规定，国家实行高等教育自学考试制度，经考试合格的，发给相应的学历证书和其他学业证书。

对于"法律规定的国家考试"还需要注意的是，**这里的国家考试并不要求"统一由国家一级组织的考试"**。有些法律规定的考试，依照规定不是由国家一级统一组织，而是由地方根据法律规定组织实施，也属于"法律规定的国家考试"。[1]如根据《公务员法》的规定，公务员录用考试属于国家考试，但关于公务员录用考试的具体组织，该法第二十四条规定，中央机关及其直属机构公务员的录用，由中央公务员主管部门负责组织；地方各级机关公务员的录用，由省级公务员主管部门负责组织，必要时省级公务员主管部门可以授权设区的市级公务员主管部门组织。根据该规定，公务员录用考试，既包括国家统一组织的招录中央机关及其直属机构公务员的考试，也包括各省、市等地方组织的录用地方各级机关公务员的考试。再如高考既有全国统一考试，也有各省依照法律规定组织的考试。

根据本款规定，**对组织考试作弊的**，处三年以下有期徒刑或者拘役，并处或者单处罚金；**情节严重的**，处三年以上七年以下有期徒刑，并处罚金。这里所说的"情节严重的"，根据《最高人民法院、最高人民检察院关于办理组织考试作弊等刑事案件适用法律若干问题的解释》第二条的规定，在法律规定的国家考试中，组织作弊，具有下列情形之一的，应当认定**情节严重**：(1)在普通高等学校招生考试、研究生招生考试、公务员录用考试中组织考试作弊的；(2)导致考试推迟、取消或者启用备用试题的；(3)考试工作人员组织考试作弊的；(4)组织考生跨省、自治区、直辖市作弊的；(5)多次组织考试作弊的；(6)组织三十人次以上作弊的；(7)提供作弊器材五十件以上的；(8)违法所得三十万元以上的；(9)其他情节严重的情形。

第二款是关于**为他人实施组织考试作弊提供作弊器材或者其他帮助**如何处罚的规定。根据本款规定，为他人实施组织考试作弊提供作弊器材或者其他帮助的，依照第一款的规定处罚，即处三年以下有期徒刑或者拘役，并处或者单处罚金；情节严重的，处三年以上七年以下有期徒刑，并处罚金。通常情况下，本款规定的犯罪行为，实际上也是第一款规定的**组织考试作弊犯罪的帮助行为**。因此，对这些行为一般可以按照刑法总则关于共同犯罪的规定，以组织作弊罪的共犯处理，按其在共同犯罪中的地位、作用追究刑事责任。本款之所以对这种行为专门作出规定，主要是考虑到实践中提供作弊器材等帮助的行为，越来越具有独立性，已经成为有组织作弊中的重要环节，社会危害严重；同时，司法实践中，组织作弊犯罪各环节分工越来越细、独立性越来越强，有的案件中已经查明行为人明知他人组织作弊而且其提供作弊器材，但要进一步证明双方为共同组织作弊而实施犯意联络存在一定困难。因此，对这种组织作弊犯罪活动中具有典型性的行为，在法律中作出明确规定，严密刑事法网，有利于准确适用法律。[2]

本款规定的帮助行为主要分为两大类：一是

---

[1] 相同的学说见解，参见张明楷：《刑法学》(第6版)，法律出版社2021年版，第1369页。
[2] 我国学者指出，尽管帮助组织作弊行为是组织考试作弊罪的帮助犯，二者之间构成共同犯罪，但既然刑法将其和正犯行为(即组织行为)分别加以规定，同等对待，因此，二者之间不再存在共犯关系。参见黎宏：《刑法学各论》(第2版)，法律出版社2016年版，第361页。该学者指出，本款的另一意思是帮助犯的正犯化。如果乙为甲组织作弊提供了作弊器材，但甲并没有实施组织作弊行为，由于不存在任何法益侵害与危险，对乙的行为不能以本罪论处。参见张明楷：《刑法学》(第6版)，法律出版社2021年版，第1369—1370页。

提供作弊器材。互联网和无线考试作弊器材是高科技作弊的关键环节,通过互联网,试题和答案得以大面积传播;有了无线考试作弊器材,试题和答案才得以在考场内外顺利传递。从功能上看,作弊器材的作用就是将考场内的试题传出去或将答案发送给考生,相应的,相关器材包括密拍设备、发送和接收设备三大类。密拍设备日益小型化,伪装也更加先进,如纽扣式数码相机、眼镜式和手表式密拍设备,其发射天线通常采用背心、腰带、发卡等形式;发送设备包括各种大功率发射机,负责将答案传送到考场中,实践中有的发射距离可达数公里;接收设备包括语音和数据接收器,语音接收器包括米粒耳机、牙齿接收机、颅骨接收机等;数据接收器则出现了尺子、橡皮、眼镜、签字笔等多种伪装。这里规定的"提供"作弊器材包括为他人生产,向他人销售、出租、出借等多种方式。关于"作弊器材"如何认定,《最高人民法院、最高人民检察院关于办理组织考试作弊等刑事案件适用法律若干问题的解释》第三条规定,具有避开或者突破考场防范作弊的安全管理措施,获取、记录、传递、接收、存储考试试题、答案等功能的程序、工具,以及专门设计用于作弊的程序、工具,应当认定为**作弊器材**。对于是否属于"作弊器材"难以确定的,依照省级以上公安机关或者考试主管部门出具的报告,结合其他证据作出认定;涉及专用间谍器材、窃听、窃照专用器材、"伪基站"等器材的,依照相关规定作出认定。二是**提供其他帮助**。包括进行无线考试作弊器材的使用培训,窃取、出售考生信息,以及作弊网站的设立与维护等。

第三款是关于**非法出售、提供试题、答案罪**及其处罚的规定。根据本款规定,为实施考试作弊行为,向他人非法出售或者提供法律规定的国家考试的试题、答案的,依照第一款的规定处罚,即处三年以下有期徒刑或者拘役,并处或者单处罚金;情节严重的,处三年以上七年以下有期徒刑,并处罚金。关于"情节严重",根据《最高人民法院、最高人民检察院关于办理组织考试作弊等刑事案件适用法律若干问题的解释》第五条规定,为实施考试作弊行为,非法出售或者提供法律规定的国家考试的试题、答案,具有下列情形之一的,应当认定为"情节严重":(1)非法出售或者提供普通高等学校招生考试、研究生招生考试、公务员录用考试的试题、答案的;(2)导致考试推迟、取消或者启用备用试题的;(3)考试工作人员非法出售或者提供试题、答案的;(4)多次非法出售或者提供试题、答案的;(5)向三十人次以上非法出售或者提供试题、答案的;(6)违法所得三十万元以上的;(7)其他情节严重的情形。第六条规定,为实施考试作弊行为,向他人非法出售或者提供法律规定的国家考试的试题、答案,试题不完整或者答案与标准答案不完全一致的,不影响非法出售、提供试题、答案罪的认定。本款规定需要注意的是,行为人提供试题、答案的对象不限于组织作弊的团伙或个人①,也包括参加考试的人员及这一点不同于第二款规定的为组织考试作弊提供器材的犯罪。

第四款是关于**代替考试罪**及其处罚的规定。构成本罪应当具备以下条件:一是犯罪的主体,既包括应考者,也包括替考者,俗称"枪手"。二是行为人实施了代替他人或者让他人代替自己参加法律规定的国家考试的行为。本款规定的行为:第一,**行为人代替他人参加考试**。这里的"代替他人"参加考试,是指冒名顶替应当参加考试的人去参加考试,包括携带应考者的真实证件参加考试;携带伪造、变造的应考者的证件参加考试;替考者与应考者一同入场考试,但互填对方的考试信息等。第二,**行为人让他人代替自己参加考试**。这里所说的"让他人代替自己"参加考试,是指使他人冒名顶替自己参加考试。让他人代替自己参加考试的方式多种多样,如发布广告寻找替考者、委托他人寻找替考者、向替考者支付资金,等等。三是行为人代替他人或者让他人代替自己参加的考试必须是法律规定的国家考试。所谓"法律规定的国家考试"在本条第一款中已经详细论述,不再赘述。

根据本款规定,代替他人或者让他人代替自己参加法律规定的国家考试的,处拘役或者管制,并处或者单处罚金。

实践中需要注意以下两个方面的问题:

1. 本条第一款将组织考试作弊犯罪限于"法律规定的国家考试",并非意味着对这些考试范围之外的其他考试中作弊的行为都不予追究。司法实践中,对其他作弊行为还需要根据案件的具体情况,依照相关法律规定处理。对其中某些行为,可以依照《刑法》第二百五十三条之一侵犯公民个人信息罪,第二百八十条第一款伪造、变造、买

---

① 行为人向组织作弊的人员提供试题、答案,同时触犯了非法提供试题、答案罪(正犯行为)与组织考试作弊罪(帮助行为),属于包括的一罪,按照非法提供试题、答案罪论处,更为合适。参见张明楷:《刑法学》(第6版),法律出版社2021年版,第1370—1371页。

卖国家机关公文、证件、印章罪，第二百八十二条第一款非法获取国家秘密罪，第二百八十四条非法使用窃听、窃照专用器材罪，第二百八十八条扰乱无线电通讯管理秩序罪等规定追究刑事责任。对其中尚不构成犯罪的，可以依照治安管理处罚法的规定处理。

2. 对于代替考试，首先要根据《国家教育考试违规处理办法》《公务员考试录用违纪违规行为处理办法》等相关规定予以取消考试资格、禁考等处理。同时，考虑到实践中代替考试的情形较为复杂，所涉考试的类型各有不同，不区分情形一律定罪处罚过于严苛，根据宽严相济刑事政策的要求，《最高人民法院、最高人民检察院关于办理组织考试作弊等刑事案件适用法律若干问题的解释》第七条规定，对于行为人犯罪情节较轻，确有悔罪表现，综合考虑行为人替考情况以及考试类型等因素，认为符合缓刑适用条件的，可以宣告缓刑；犯罪情节轻微的，可以不起诉或者免于刑事处罚；情节显著轻微危害不大的，不以犯罪论处。

【司法解释】

《最高人民法院关于〈中华人民共和国刑法修正案（九）〉时间效力问题的解释》（法释〔2015〕19号，自2015年11月1日起施行）

△（时间效力；从旧兼从轻原则）对于2015年10月31日以前组织考试作弊，为他人组织考试作弊提供作弊器材或者其他帮助，以及非法向他人出售或者提供考试试题、答案，同时构成刑法应当以非法获取国家秘密罪、非法生产、销售间谍专用器材罪或者故意泄露国家秘密罪等追究刑事责任的，适用修正前刑法的有关规定。但是，根据修正后刑法第二百八十四条之一的规定处刑较轻的，适用修正后刑法的有关规定。（§6）

《最高人民法院、最高人民检察院关于办理组织考试作弊等刑事案件适用法律若干问题的解释》（法释〔2019〕13号，自2019年9月4日起施行）

△（**法律规定的国家考试**）刑法第二百八十四条之一规定的"法律规定的国家考试"，仅限于全国人民代表大会及其常务委员会制定的法律所规定的考试。

根据有关法律规定，下列考试属于"法律规定的国家考试"：

（一）普通高等学校招生考试、研究生招生考试、高等教育自学考试、成人高等学校招生考试、国家教育考试；

（二）中央和地方公务员录用考试；

（三）国家统一法律职业资格考试、国家教师资格考试、注册会计师全国统一考试、会计专业技术资格考试、资产评估师资格考试、医师资格考试、执业药师职业资格考试、注册建筑师考试、建造师执业资格考试等专业技术资格考试；

（四）其他依照法律由中央或者地方主管部门以及行业组织的国家考试。

前款规定的考试涉及的特殊类型招生、特殊技能测试、面试等考试，属于"法律规定的国家考试"。（§1）

△（**情节严重**）在法律规定的国家考试中，组织作弊，具有下列情形之一的，应当认定为刑法第二百八十四条之一第一款规定的"情节严重"：

（一）在普通高等学校招生考试、研究生招生考试、公务员录用考试中组织考试作弊的；

（二）导致考试推迟、取消或者启用备用试题的；

（三）考试工作人员组织考试作弊的；

（四）组织考生跨省、自治区、直辖市作弊的；

（五）多次组织考试作弊的；

（六）组织三十人次以上作弊的；

（七）提供作弊器材五十件以上的；

（八）违法所得三十万元以上的；

（九）其他情节严重的情形。（§2）

△（**作弊器材**）具有避开或者突破考场防范作弊的安全管理措施，获取、记录、传递、接收、存储考试试题、答案等功能的程序、工具，以及专门设计用于作弊的程序、工具，应当认定为刑法第二百八十四条之一第二款规定的"作弊器材"。

对于是否属于刑法第二百八十四条之一第二款规定的"作弊器材"难以确定的，依据省级以上公安机关或者考试主管部门出具的报告，结合其他证据作出认定；涉及专用间谍器材、窃听、窃照专用器材、"伪基站"等器材的，依照相关规定作出认定。（§3）

△（**考试开始之前被查获；组织考试作弊罪既遂**）组织考试作弊，在考试开始之前被查获，但已经非法获取考试试题、答案或者具有其他严重扰乱考试秩序情形的，应当认定为组织考试作弊罪既遂。（§4）

△（**情节严重**）为实施考试作弊行为，非法出售或者提供法律规定的国家考试的试题、答案，具有下列情形之一的，应当认定为刑法第二百八十四条之一第三款规定的"情节严重"：

（一）非法出售或者提供普通高等学校招生考试、研究生招生考试、公务员录用考试的试题、答案的；

（二）导致考试推迟、取消或者启用备用试

题的；

（三）考试工作人员非法出售或者提供试题、答案的；

（四）多次非法出售或者提供试题、答案的；

（五）向三十人次以上非法出售或者提供试题、答案的；

（六）违法所得三万元以上的；

（七）其他情节严重的情形。（§5）

△**（试题不完整；答案与标准答案不完全一致；非法出售、提供试题、答案罪）** 为实施考试作弊行为，向他人非法出售或者提供法律规定的国家考试的试题、答案，试题不完整或者答案与标准答案不完全一致的，不影响非法出售、提供试题、答案罪的认定。（§6）

△**（代替考试罪）** 代替他人或者让他人代替自己参加法律规定的国家考试的，应当依照刑法第二百八十四条之一第四款的规定，以代替考试罪定罪处罚。

对于行为人犯罪情节较轻，确有悔罪表现，综合考虑行为人替考情况以及考试类型等因素，认为应当缓刑适用条件的，可以宣告缓刑；犯罪情节轻微的，可以不起诉或者免予刑事处罚；情节显著轻微危害不大的，不以犯罪论处。（§7）

△**（单位）** 单位实施组织考试作弊、非法出售、提供试题、答案等行为的，依照本解释规定的相应定罪量刑标准，追究组织者、策划者、实施者的刑事责任。（§8）

△**（窃取、刺探、收买方法；非法获取国家秘密罪；组织考试作弊罪；非法出售、提供试题、答案罪；数罪并罚）** 以窃取、刺探、收买方法非法获取法律规定的国家考试的试题、答案，又组织考试作弊或者非法出售、提供试题、答案，分别符合刑法第二百八十二条和刑法第二百八十九条之一规定的，以非法获取国家秘密罪和组织考试作弊罪或者非法出售、提供试题、答案罪数罪并罚。（§9）

△**（非法获取国家秘密罪；非法生产、销售窃听、窃照专用器材罪；非法使用窃听、窃照专用器材罪；非法利用信息网络罪；扰乱无线电通讯管理秩序罪）** 在法律规定的国家考试以外的其他考试中，组织作弊，为他人组织作弊提供作弊器材或者其他帮助，或者非法出售、提供试题、答案，符合非法获取国家秘密罪、非法生产、销售窃听、窃照专用器材罪、非法使用窃听、窃照专用器材罪、非法利用信息网络罪、扰乱无线电通讯管理秩序罪等犯罪构成要件的，依法追究刑事责任。（§10）

△**（非法利用信息网络罪；组织考试作弊罪；非法出售、提供试题、答案罪；非法获取国家秘密罪）** 设立用于实施考试作弊的网站、通讯群组或者发布有关考试作弊的信息，情节严重的，应当依照刑法第二百八十七条之一的规定，以非法利用信息网络罪定罪处罚；同时构成组织考试作弊罪、非法出售、提供试题、答案罪、非法获取国家秘密罪等其他犯罪的，依照处罚较重的规定定罪处罚。（§11）

△**（职业禁止；禁止令）** 对于实施本解释规定的犯罪被判处刑罚的，可以根据犯罪情况和预防再犯罪的需要，依法宣告职业禁止；被判处管制、宣告缓刑的，可以根据犯罪情况，依法宣告禁止令。（§12）

△**（罚金）** 对于实施本解释规定的行为构成犯罪的，应当综合考虑犯罪的危害程度、违法所得数额以及被告人的前科情况、认罪悔罪态度等，依法判处罚金。（§13）

《最高人民法院关于审理走私、非法经营、非法使用兴奋剂刑事案件适用法律若干问题的解释》（法释〔2019〕16号，自2020年1月1日起施行）

△**（组织考生非法使用兴奋剂；组织考试作弊罪；提供兴奋剂）** 在普通高等学校招生、公务员录用等法律规定的国家考试涉及的体育、体能测试等体育运动中，组织考生非法使用兴奋剂的，应当依照刑法第二百八十四条之一的规定，以组织考试作弊罪定罪处罚。

明知他人实施前款犯罪而为其提供兴奋剂的，依照前款的规定定罪处罚。（§4）

△**（"兴奋剂""兴奋剂目录所列物质""体育运动""国内、国际重大体育竞赛"等专门性问题；认定意见）** 对于是否属于本解释规定的"兴奋剂""兴奋剂目录所列物质""体育运动""国内、国际重大体育竞赛"等专门性问题，应当依据《中华人民共和国体育法》《反兴奋剂条例》等法律法规，结合国务院体育主管部门出具的认定意见等证据材料作出认定。（§8）

【公报案例】

张志杰、陈钟鸣、包周鑫组织考试作弊案
（《最高人民法院公报》2018年第12期）

△**（组织考试作弊罪；法律规定的国家考试）** 组织考试作弊罪中的考试是指法律规定的国家考试，这里的"法律"应当限缩解释为全国人大及其常委会制定的法律。若某部法律中未对国家考试作出直接规定，但明确规定由相关国家机关制定有关制度，相关国家机关据此制定了行政法规或部门规章对国家考试作出规定，则该考试仍应认

定为法律规定的国家考试。在该考试中组织作弊的,应依法以组织考试作弊罪追究刑事责任。

【参考案例】

No.6-1-284之一(3)-1 王学军等非法获取国家秘密、非法出售、提供试题、答案案

《刑法》第二百八十四条之一非法出售、提供试题、答案罪中"法律规定的国家考试"范围包括法律作出隐含式原则性规定、行政法规和部门规章进行明确细化的考试。

No.6-1-284之一(3)-2 王学军等非法获取国家秘密、非法出售、提供试题、答案案

非法出售、提供的试题、答案即使与原题、标准答案有所出入,也不影响非法出售提供试题、答案罪的成立。

No.6-1-284之一(3)-3 王学军等非法获取国家秘密、非法出售、提供试题、答案案

非法获取属于国家秘密的试题、答案后又非法出售、提供的,同时成立非法获取国家秘密罪与非法出售、提供试题、答案罪,应实行数罪并罚。

第二百八十五条 【非法侵入计算机信息系统罪】【非法获取计算机信息系统数据、非法控制计算机信息系统罪】【提供侵入、非法控制计算机信息系统程序、工具罪】

违反国家规定,侵入国家事务、国防建设、尖端科学技术领域的计算机信息系统的,处三年以下有期徒刑或者拘役。

违反国家规定,侵入前款规定以外的计算机信息系统或者采用其他技术手段,获取该计算机信息系统中存储、处理或者传输的数据,或者对该计算机信息系统实施非法控制,情节严重的,处三年以下有期徒刑或者拘役,并处或者单处罚金;情节特别严重的,处三年以上七年以下有期徒刑,并处罚金。

提供专门用于侵入、非法控制计算机信息系统的程序、工具,或者明知他人实施侵入、非法控制计算机信息系统的违法犯罪行为而为其提供程序、工具,情节严重的,依照前款的规定处罚。

单位犯前三款罪的,对单位判处罚金,并对其直接负责的主管人员和其他直接责任人员,依照各该款的规定处罚。

【立法沿革】

《中华人民共和国刑法》(1997年修订,自1997年10月1日起施行)

第二百八十五条

违反国家规定,侵入国家事务、国防建设、尖端科学技术领域的计算机信息系统的,处三年以下有期徒刑或者拘役。

《中华人民共和国刑法修正案(七)》(自2009年2月28日起施行)

九、在刑法第二百八十五条中增加两款作为第二款、第三款:

"违反国家规定,侵入前款规定以外的计算机信息系统或者采用其他技术手段,获取该计算机信息系统中存储、处理或者传输的数据,或者对该计算机信息系统实施非法控制,情节严重的,处三年以下有期徒刑或者拘役,并处或者单处罚金;情节特别严重的,处三年以上七年以下有期徒刑,并处罚金。

"提供专门用于侵入、非法控制计算机信息系统的程序、工具,或者明知他人实施侵入、非法控制计算机信息系统的违法犯罪行为而为其提供程序、工具,情节严重的,依照前款的规定处罚。"

《中华人民共和国刑法修正案(九)》(自2015年11月1日起施行)

二十六、在刑法第二百八十五条中增加一款作为第四款:

"单位犯前三款罪的,对单位判处罚金,并对其直接负责的主管人员和其他直接责任人员,依照各该款的规定处罚。"

【条文说明】

本条是关于非法侵入计算机信息系统罪,非法获取计算机信息系统数据、非法控制计算机信息系统罪,提供侵入、非法控制计算机信息系统程序、工具罪及其处罚的规定。

本条共分为四款。

第一款是关于**非法侵入计算机信息系统罪**及其处罚的规定。构成本罪应当符合以下条件:

1. **必须是违反国家规定**。这里所说的"违反国家规定",是指违反国家关于保护计算机安全的法律和行政法规。如《计算机信息系统安全保护

条例》第四条规定,计算机信息系统的安全保护工作,重点维护国家事务、经济建设、国防建设、尖端科学技术等重要领域的计算机信息系统的安全。

2. 行为人实施了侵入国家事务、国防建设、尖端科学技术领域的计算机信息系统的行为。 所谓"**侵入**",是指未取得国家有关主管部门合法授权或批准,通过计算机终端访问国家重要计算机信息系统或者进行数据截收的行为。实践中,主要表现为行为人利用自己所掌握的计算机知识、技术,通过非法手段获取指令或者许可证明,冒充合法使用者进入国家重要计算机信息系统;采用计算机技术进行攻击,闯过或者避开安全防卫进入计算机信息系统;有的甚至将自己的计算机与国家重要计算机信息系统联网。这里的"侵入"是故意行为,即行为人明知自己的行为违反国家规定会产生非法侵入的危害结果,而希望这种结果发生;如果行为人过失进入国家重要的计算机信息系统的,不构成本罪。

3. 本罪的犯罪对象仅限于国家事务、国防建设、尖端科学技术领域的计算机信息系统。 这里所说的"计算机信息系统",根据《计算机信息系统安全保护条例》第二条的规定,是指由计算机及其相关的和配套的设备、设施(含网络)构成的,按照一定的应用目标和规则对信息进行采集、加工、存储、传输、检索等处理的人机系统。国家事务、国防建设、尖端科学技术领域的计算机信息系统,涉及国家秘密等事关国家安全等重要事项的信息的处理,应当予以特殊保护。因此,行为人不论其侵入的动机和目的如何,也不需要在侵入后又实施窃取信息、进行攻击等侵害行为,只要侵入国家事务、国防建设、尖端科学技术领域的计算机信息系统即构成犯罪。① 对于侵入国家事务、国防建设、尖端科学技术领域以外的其他计算机信息系统,不构成本罪。

根据本款规定,构成本罪的,处三年以下有期徒刑或者拘役。

第二款是关于**非法获取计算机信息系统数据、非法控制计算机信息系统罪**及其处罚的规定。根据本款规定,行为人构成本罪需要同时具备以下条件:

1. 行为人实施了非法获取他人计算机信息系统中存储、处理或者传输的数据的行为,或者实施了对他人计算机信息系统进行非法控制的行为。

一是**非法获取他人计算机信息系统中存储、处理或者传输的数据的行为**。"**获取**"包括从他人计算机信息系统中窃取,如直接侵入他人计算机信息系统,秘密复制他人存储的信息;也包括骗取,如设立假冒网站,在受骗用户登录时,要求用户输入帐号、密码等信息。计算机信息系统中"**存储**"的数据,是指在用户计算机信息系统的硬盘或其他存储介质中保存的信息,如用户计算机中存储的文件。计算机信息系统中"**处理**"的数据,是指他人计算机信息系统正在运算中的信息。计算机信息系统中"**传输**"的数据,是指他人计算机信息系统各设备、设施之间,或者与其他计算机信息系统之间正在交换、输送中的信息,如敲击键盘、移动鼠标向主机发出操作指令,就会在键盘、鼠标与计算机主机之间产生数据的传输。"存储""处理"和"传输"这三种形态,涵盖了计算机信息系统中所有的数据形态,不论行为人非法获取处于哪种形态的数据,均符合法律的规定。②

二是**对他人计算机信息系统实施非法控制**。"**非法控制**"是指通过各种技术手段,使他人计算机信息系统处于其掌控之中,能够接收其发出的指令,完成相应的操作活动。例如,通过给他人计算机信息系统植入"木马"程序对他人计算机信息系统加以控制,可以"指挥"被控制的计算机实施网络攻击等活动。"非法控制"包括对他人计算机信息系统实现完全控制,也包括只实现对他人计算机信息系统的部分控制,不论实际控制的程度如何,只要能够使他人计算机信息系统执行其发出的指令即可。非法控制他人计算机信息系统,只要求行为人采用侵入等技术手段对他人计算机信息系统进行了实际控制,行为人对他人计算机信息系统加以控制的,即可构成犯罪,并不要求一定实施进一步的侵害行为。这样规定是考虑到,非法控制他人计算机信息系统往往是为进一步实施其他违法犯罪行为做准备,具有很大的潜在危险性。有的案件中行为人非法控制数十万台甚至上百万台联网计算机,组建"僵尸网络"。如果行为人操纵这些被控制的计算机实施拒绝服务攻击等网络破坏活动,后果将非常严重。因此,对非法控制他人计算机信息系统的行为,情节严重的,有必要在其尚未实施进一步的侵害活动时,即

---

① 相同的学说见解,参见黎宏:《刑法学各论》(第2版),法律出版社2016年版,第362页。
② 已经脱离计算机信息系统的计算机数据,如光盘、U盘中的计算机数据不属于本罪的保护对象。参见黎宏:《刑法学各论》(第2版),法律出版社2016年版,第364页。

予以打击。

需要说明的是,本款是针对非法控制计算机信息系统行为作出的规定,如果行为人实施非法控制后,进一步实施其他危害行为,可能构成刑法规定的其他犯罪。例如,非法获取他人网上银行帐号、密码用于盗窃财物的,对电力、电信等计算机信息系统实施非法控制并从事危害公共安全的破坏活动的,这就需要司法机关根据案件的具体情况,选择适用相应的法律规定。

2. **行为人非法获取他人计算机信息系统中的数据或者对他人计算机信息系统加以非法控制,是基于"侵入"或者"其他技术手段"**。这里所说的"侵入",是指未经授权或者他人同意,通过技术手段进入计算机信息系统。例如,通过技术手段突破他人计算机信息系统安全防护设置,进入他人计算机信息系统;入侵他人网站并银行"木马程序",在用户访问该网站时,伺机侵入用户计算机信息系统;建立色情、免费软件下载等网站,吸引用户访问并在用户计算机信息系统中植入事先"挂"好的"木马"程序。不论行为人采用何种手法,其实质是违背他人意愿,进入他人计算机信息系统。违背他人意愿,包括行为人采用技术手段强行进入,如破坏他人计算机安全防护系统进入,也包括未征得他人同意或者授权擅自进入。"**其他技术手段**"是关于行为人可能采用的手段的兜底性规定,是针对实践中随着计算机技术的发展可能出现的各种手段作出的规定。刑法之所以将行为人非法获取他人计算机信息系统中的数据或者对他人计算机信息系统实施非法控制的手段限定为"侵入"或"其他技术手段",是因为本罪是针对互联网上各种危害计算机网络安全的犯罪作出的规定。至于采用网络技术手段以外的其他手段,如进入他人办公室直接实施秘密复制行为的,不属于本款规定的行为。

3. **行为人的行为达到"情节严重"的,才构成犯罪**。《最高人民法院、最高人民检察院关于办理危害计算机信息系统安全刑事案件应用法律若干问题的解释》第一条第一款规定:"非法获取计算机信息系统数据或者非法控制计算机信息系统,具有下列情形之一的,应当认定为刑法第二百八十五条第二款规定的'情节严重':(一)获取支付结算、证券交易、期货交易等网络金融服务的身份认证信息十组以上的;(二)获取第(一)项以外的身份认证信息五百组以上的;(三)非法控制计算机信息系统二十台以上的;(四)违法所得五千元以上或者造成经济损失一万元以上的;(五)其他情节严重的情形。"

构成本款规定的犯罪,处三年以下有期徒刑或者拘役,并处或者单处罚金;情节特别严重的,处三年以上七年以下有期徒刑,并处罚金。这里所说的"情节特别严重",根据《最高人民法院、最高人民检察院关于办理危害计算机信息系统安全刑事案件应用法律若干问题的解释》第一条第二款的规定:"实施前款规定行为,具有下列情形之一的,应当认定为刑法第二百八十五条第二款规定的'情节特别严重':(一)数量或者数额达到前款第(一)项至第(四)项规定标准五倍以上的;(二)其他情节特别严重的情形。"

第三款是关于**提供侵入、非法控制计算机信息系统程序、工具罪及其处罚**的规定。本款中的"提供"包括出售等有偿提供,也包括提供免费下载等行为;包括直接提供给他人,也包括在网上供他人下载等。根据本款规定,为他人提供实施侵入、非法控制计算机信息系统的程序、工具的行为包括两种情形:

1. **提供专用程序、工具**。这是指行为人所提供的程序、工具只能用于实施非法侵入、非法控制计算机信息系统的用途。例如,为他人提供专门用于窃取网上银行帐号的"网银木马"程序。由于所提供的程序、工具的用途本身足以表明该程序、工具的违法性,进而表明行为人主观上对其所提供程序将被用于非法侵入、控制他人计算机信息系统的情况是明知的,因此法律规定提供实施侵入、非法控制计算机信息系统专用程序、工具的,即可构成犯罪。根据《最高人民法院、最高人民检察院关于办理危害计算机信息系统安全刑事案件应用法律若干问题的解释》第二条的规定:"具有下列情形之一的程序、工具,应当认定为刑法第二百八十五条第三款规定的'专门用于侵入、非法控制计算机信息系统的程序、工具':(一)具有避开或者突破计算机信息系统安全保护措施,未经授权或者超越授权获取计算机信息系统数据的功能的;(二)具有避开或者突破计算机信息系统安全保护措施,未经授权或者超越授权对计算机信息系统实施控制的功能的;(三)其他专门设计用于侵入、非法控制计算机信息系统、非法获取计算机信息系统数据的程序、工具。"

2. **行为人明知他人实施侵入、非法控制计算机信息系统的违法犯罪行为而为其提供程序、工具**。这是指从行为人所提供的程序、工具本身的属性看,可以用于非法用途,也可以用于合法用途,即仅凭程序、工具本身的性质尚不能够完全确定行为人所实施行为的违法性。在这种情况下,行为人是否构成犯罪,需要考虑其主观方面对其行为的性质是否有明确的认识。明知而故犯的,应当依照本款的规定予以追究。对确实不知他人将其所提供的程序、工具用于实施非法侵入、非法控制计算机信息系统的违法犯罪行为的,不构成犯罪。根据本款规定,**行为人的行为"情节严重"的,才构成犯罪**。《最高人民法院、最高人民检察院关于办理危害计算机信息系统安全刑事案件应用法律若干问题的解释》第三条第一款规定:"提供侵入、非法控制计算机信息系统的程序、工具,具有下列情形之一的,应当认定为刑法第二百八十五条第三款规定的'**情节严重**':(一)提供能够用于非法获取支付结算、证券交易、期货交易等网络金融服务身份认证信息的专门性程序、工具五人次以上的;(二)提供第(一)项以外的专门用于侵入、非法控制计算机信息系统的程序、工具二十人次以上的;(三)明知他人实施非法获取支付结算、证券交易、期货交易等网络金融服务身份认证信息的违法犯罪行为而为其提供程序、工具五人次以上的;(四)明知他人实施第(三)项以外的侵入、非法控制计算机信息系统的违法犯罪行为而为其提供程序、工具二十人次以上的;(五)违法所得五千元以上或者造成经济损失一万元以上的;(六)其他情节严重的情形。"

根据本款规定,构成犯罪的,依据前款的规定处罚,即处三年以下有期徒刑或者拘役,并处或者单处罚金;情节特别严重的,处三年以上七年以下有期徒刑,并处罚金。这里所说的"情节特别严重",根据《最高人民法院、最高人民检察院关于办理危害计算机信息系统安全刑事案件应用法律若干问题的解释》第三条第二款的规定:"实施前款规定行为,具有下列情形之一的,应当认定为提供侵入、非法控制计算机信息系统的程序、工具'**情节特别严重**':(一)数量或者数额达到前款第(一)项至第(五)项规定标准五倍以上的;(二)其他情节特别严重的情形。"

第四款是关于单位犯罪的规定。单位实施前三款规定的行为,根据本款规定构成相应的单位犯罪,采取"**双罚制**",既要对单位判处罚金,又要追究单位直接负责的主管人员和其他直接责任人员的刑事责任。根据最高人民法院 2001 年印发供法院参照执行的《全国法院审理金融犯罪案件工作座谈会纪要》的规定,"**直接负责的主管人员**",是指在单位实施的犯罪中起决定、批准、授意、纵容、指挥等作用的人员,一般是单位的主管负责人,包括法定代表人。"**其他直接责任人员**",是指在单位犯罪中具体实施犯罪并起较大作用的人员,既可以是单位的经营管理人员,也可以是单位的职工,包括聘任、雇用的人员。对单位犯罪中的直接负责的主管人员和其他直接责任人员,应根据其在单位犯罪中的地位、作用及犯罪情节,分别处以相应的刑罚。主管人员与直接责任人员,在个案中,不是当然的主、从犯关系,有的案件中,主管人员与直接责任人员实施犯罪行为的主从关系不明显的,可以不分主、从犯;但具体案件可以分清主、从犯,且不分清主、从犯,在同一法定刑档次、幅度内量刑无法做到罪刑相适应的,应当分清主、从犯,依法处理。

需要注意的是,本条第一款的规定,体现了对国家事务、国防建设、尖端科学技术领域的计算机信息系统安全的特殊保护。需要说明的是,从法定刑的设置看,有本条第一款行为的,最高判处三年有期徒刑,有本条第二款行为的,即侵入国家事务、国防建设、尖端科学技术领域的计算机信息系统以外的其他普通计算机信息系统的,最高判处七年有期徒刑,似乎侵入需要加以特殊保护的国家事务、国防建设、尖端科学技术领域的计算机信息系统,其法定刑还不如侵入这些重要信息系统之外的其他普通计算机信息系统的法定刑高。实际上本条第一款规定的犯罪与第二款规定的犯罪在构成犯罪的条件上具有较大差别。侵入国家事务、国防建设、尖端科学技术领域的计算机信息系统犯罪,只要行为人实施了侵入行为,即可构成。而本条第二款规定的犯罪,不仅要有侵入行为,还要有侵入计算机信息系统后从事非法获取计算机信息系统中的信息,或者对计算机信息系统实施非法控制的行为,仅实施侵入行为不构成本罪。因此,从构成犯罪的条件看,侵入国家事务、国防建设、尖端科学技术领域的计算机信息系统犯罪的入罪门槛更低。另外,如果行为人侵入国家事务、国防建设、尖端科学技术领域的计算机信息系统后,从事非法获取这些计算机信息系统中存储、处理或者传输的信息的,还可能构成窃取、刺探国家秘密、间谍罪等严重犯罪,**应当依照处罚较重的相关犯罪追究刑事责任**①,而不再按照本条第一款的规定处罚,因此,其实际适用的刑罚远重于

---

① 左坚卫教授认为,应按数罪并罚处理。如果非法侵入国家事务、国防建设、尖端科学技术领域的计算机信息系统后窃取国家秘密的,应当以非法侵入计算机信息系统罪和非法获取国家秘密罪数罪并罚;如果是境外的机构、组织、人员窃取国家秘密的,应当以非法侵入计算机信息系统罪和为境外窃取国家秘密罪数罪并罚。参见赵秉志、李希慧主编:《刑法各论》(第3版),中国人民大学出版社 2016 年版,第 273 页。

本条第二款规定的刑罚。①

【司法解释】

《最高人民法院关于审理危害军事通信刑事案件具体应用法律若干问题的解释》(法释[2007]13号,自2007年6月29日起施行)

△(军事通信计算机信息系统;非法侵入计算机信息系统罪)违反国家规定,侵入国防建设、尖端科学技术领域的军事通信计算机信息系统,尚未对军事通信造成破坏的,依照刑法第二百八十五条的规定定罪处罚;对军事通信造成破坏,同时构成刑法第二百八十五条、第二百八十六条、第三百六十九条第一款规定的犯罪的,依照处罚较重的规定定罪处罚。(§6Ⅲ)

△(重要军事通信的具体范围、通信中断和严重障碍的标准)本解释所称"重要军事通信",是指军事首脑机关及重要指挥中心的通信,部队作战中的通信,等级战备通信,飞行航行训练、抢险救灾、军事演习或者处置突发性事件中的通信,以及执行试飞试航、武器装备科研试验或者远洋航行等重要军事任务中的通信。

本解释所称军事通信的具体范围、通信中断和严重障碍的标准,参照中国人民解放军通信主管部门的有关规定确定。(§7)

《最高人民法院、最高人民检察院关于办理危害计算机信息系统安全刑事案件应用法律若干问题的解释》(法释[2011]19号,自2011年9月1日起施行)

△(非法获取计算机信息系统数据、非法控制计算机信息系统罪;情节严重;情节特别严重;明知)非法获取计算机信息系统数据或者非法控制计算机信息系统,具有下列情形之一的,应当认定为刑法第二百八十五条第二款规定的"情节严重":

(一)获取支付结算、证券交易、期货交易等网络金融服务的身份认证信息十组以上的;

(二)获取第(一)项以外的身份认证信息五百组以上的;

(三)非法控制计算机信息系统二十台以上的;

(四)违法所得五千元以上或者造成经济损失一万元以上的;

(五)其他情节严重的情形。

实施前款规定行为,具有下列情形之一的,应当认定为刑法第二百八十五条第二款规定的"情节特别严重":

(一)数量或者数额达到前款第(一)项至第(四)项规定标准五倍以上的;

(二)其他情节特别严重的情形。

明知是他人非法控制的计算机信息系统,而对该计算机信息系统的控制权加以利用的,依照前两款的规定定罪处罚。(§1)

△(专门用于侵入、非法控制计算机信息系统的程序、工具)具有下列情形之一的程序、工具,应当认定为刑法第二百八十五条第三款规定的"专门用于侵入、非法控制计算机信息系统的程序、工具":

(一)具有避开或者突破计算机信息系统安全保护措施,未经授权或者超越授权获取计算机信息系统数据的功能的;

(二)具有避开或者突破计算机信息系统安全保护措施,未经授权或者超越授权对计算机信息系统实施控制的功能的;

(三)其他专门设计用于侵入、非法控制计算机信息系统、非法获取计算机信息系统数据的程序、工具。(§2)

△(提供侵入、非法控制计算机信息系统程序、工具罪;情节特别严重)提供侵入、非法控制计算机信息系统的程序、工具,具有下列情形之一的,应当认定为刑法第二百八十五条第三款规定的"情节严重":

(一)提供能够用于非法获取支付结算、证券交易、期货交易等网络金融服务身份认证信息的专门性程序、工具五人次以上的;

(二)提供第(一)项以外的专门用于侵入、非法控制计算机信息系统的程序、工具二十人次以上的;

(三)明知他人实施非法获取支付结算、证券交易、期货交易等网络金融服务身份认证信息的违法犯罪行为而为其提供程序、工具五人次以上的;

(四)明知他人实施第(三)项以外的侵入、非法控制计算机信息系统的违法犯罪行为而为其提供程序、工具二十人次以上的;

(五)违法所得五千元以上或者造成经济损

---

① 我国学者指出,为了避免《刑法》第二百八十五条第一款与第二款之间的不协调、不均衡,《刑法》第二百八十五条第二款中的"前款规定之外"并不是真正的构成要件要素,而只是表面要素或者非罪层要素。如果行为人侵入国防建设、尖端科学技术领域的计算机信息系统,获取该计算机信息系统中存储、处理或者传输的数据,或者对该计算机信息系统实施非法控制,情节特别严重,应认定为非法获取计算机信息系统数据、非法控制计算机信息系统罪。参见张明楷:《刑法学》(第6版),法律出版社2021年版,第1372页。

失一万元以上的；

（六）其他情节严重的情形。

实施前款规定行为，具有下列情形之一的，应当认定为提供侵入、非法控制计算机信息系统的程序、工具"情节特别严重"：

（一）数量或者数额达到前款第（一）项至第（五）项规定标准五倍以上的；

（二）其他情节特别严重的情形。（§3）

△(以单位名义或者单位形式)以单位名义或者单位形式实施危害计算机信息系统安全犯罪，达到本解释规定的定罪量刑标准的，应当依照刑法第二百八十五条、第二百八十六条的规定追究直接负责的主管人员和其他直接责任人员的刑事责任。（§8）

△(共同犯罪;情节特别严重)明知他人实施刑法第二百八十五条、第二百八十六条规定的行为，具有下列情形之一的，应当认定为共同犯罪，依照刑法第二百八十五条、第二百八十六条的规定处罚：

（一）为其提供用于破坏计算机信息系统功能、数据或者应用程序的程序、工具，违法所得五千元以上或者提供十人次以上的；

（二）为其提供互联网接入、服务器托管、网络存储空间、通讯传输通道、费用结算、交易服务、广告服务、技术培训、技术支持等帮助，违法所得五千元以上的；

（三）通过委托推广软件、投放广告等方式向其提供资金五千元以上的。

实施前款规定行为，数量或者数额达到前款规定标准五倍以上的，应当认定为刑法第二百八十五条、第二百八十六条规定的"情节特别严重"或者"后果特别严重"。（§9）

△(委托检验;省级以上负责计算机信息系统安全保护管理工作的部门)对于是否属于刑法第二百八十五条、第二百八十六条规定的"国家事务、国防建设、尖端科学技术领域的计算机信息系统"、"专门用于侵入、非法控制计算机信息系统的程序、工具"、"计算机病毒等破坏性程序"难以确定的，应当委托省级以上负责计算机信息系统安全保护管理工作的部门检验。司法机关根据检验结论，并结合案件具体情况认定。（§10）

△(计算机信息系统;计算机系统;身份认证信息;经济损失)本解释所称"计算机信息系统"和"计算机系统"，是指具备自动处理数据功能的系统，包括计算机、网络设备、通信设备、自动化控制设备等。

本解释所称"身份认证信息"，是指用于确认用户在计算机信息系统上操作权限的数据，包括账号、口令、密码、数字证书等。

本解释所称"经济损失"，包括危害计算机信息系统犯罪行为给用户直接造成的经济损失，以及用户为恢复数据、功能而支出的必要费用。（§11）

【指导性案例】

最高人民检察院指导性案例第36号：卫梦龙、龚旭、薛东东非法获取计算机信息系统数据案（2017年10月12日发布）

△(非法获取计算机信息系统数据;超出授权范围登录)侵入授权范围使用账号、密码登录计算机信息系统，属于侵入计算机信息系统的行为；侵入计算机信息系统后下载其储存的数据，可以认定为非法获取计算机信息系统数据。

最高人民检察院指导性案例第68号：叶源星、张剑秋提供侵入计算机信息系统程序、谭房妹非法获取计算机信息系统数据案（2020年3月28日发布）

△(专门用于侵入计算机信息系统的程序;检验或鉴定)对有证据证明用途单一，只能用于侵入计算机信息系统的程序，司法机关可依法认定为"专门用于侵入计算机信息系统的程序"；难以确定的，应当委托专门部门或司法鉴定机构作出检验或鉴定。

最高人民法院指导性案例第145号：张竣杰等非法控制计算机信息系统案（2020年12月29日发布）

△(采用其他技术手段;修改、增加数据;木马程序)通过植入木马程序的方式，非法获取网站服务器的控制权限，进而通过修改、增加计算机信息系统数据，向相关计算机信息系统上传网页链接代码的，应当认定为刑法第二百八十五条第二款"采用其他技术手段"非法控制计算机信息系统的行为。

△(非法控制计算机信息系统罪;破坏计算机信息系统罪)通过修改、增加计算机信息系统数据，对该计算机信息系统实施非法控制，但未造成系统功能实质性破坏或者不能正常运行的，不应认定为破坏计算机信息系统罪，符合刑法第二百八十五条第二款规定的，应当认定为非法控制计算机信息系统罪。

【参考案例】

No.6-1-285(2)-1 董勇、李文章非法获取计算机信息系统数据案

利用木马程序获取他人账号信息将账号内的

虚拟财产转移至自己账号出售牟利的行为,应当以非法获取计算机信息系统数据罪定罪处罚。

No.6-1-285(2)-2 岳曾伟等人非法获取计算机信息系统数据案

购买网络游戏账号及密码侵入他人游戏空间窃取游戏金币并出售的行为,构成非法获取计算机信息系统数据罪。

No.6-1-285(2)-3 吴冰非法获取计算机信息系统数据案

利用充值系统漏洞篡改系统数据非法获取游戏币,没有损害信息系统功能的,不成立破坏计算机信息系统罪,仅成立非法获取计算机信息系统罪。

No.6-1-285(2)-4 张竣杰等非法控制计算机信息系统案

应通过是否对计算机信息系统功能进行实质性破坏、是否造成信息系统不能正常运行以及是否对信息系统内有价值的数据进行增加或删改,来区分破坏计算机信息系统罪和非法控制计算机系统罪。

第二百八十六条 【破坏计算机信息系统罪】

违反国家规定,对计算机信息系统功能进行删除、修改、增加、干扰,造成计算机信息系统不能正常运行,后果严重的,处五年以下有期徒刑或者拘役;后果特别严重的,处五年以上有期徒刑。

违反国家规定,对计算机信息系统中存储、处理或者传输的数据和应用程序进行删除、修改、增加的操作,后果严重的,依照前款的规定处罚。

故意制作、传播计算机病毒等破坏性程序,影响计算机系统正常运行,后果严重的,依照第一款的规定处罚。

单位犯前三款罪的,对单位判处罚金,并对其直接负责的主管人员和其他直接责任人员,依照第一款的规定处罚。

【立法沿革】

《中华人民共和国刑法》(1997年修订,自1997年10月1日起施行)

第二百八十六条

违反国家规定,对计算机信息系统功能进行删除、修改、增加、干扰,造成计算机信息系统不能正常运行,后果严重的,处五年以下有期徒刑或者拘役;后果特别严重的,处五年以上有期徒刑。

违反国家规定,对计算机信息系统中存储、处理或者传输的数据和应用程序进行删除、修改、增加的操作,后果严重的,依照前款的规定处罚。

故意制作、传播计算机病毒等破坏性程序,影响计算机系统正常运行,后果严重的,依照第一款的规定处罚。

《中华人民共和国刑法修正案(九)》(自2015年11月1日起施行)

二十七、在刑法第二百八十六条中增加一款作为第四款:

"单位犯前三款罪的,对单位判处罚金,并对其直接负责的主管人员和其他直接责任人员,依照第一款的规定处罚。"

【条文说明】

本条是关于破坏计算机信息系统罪及其处罚的规定。

本条共分为四款。

第一款是关于破坏计算机信息系统功能的犯罪及其处罚的规定。根据本款规定,**破坏计算机信息系统功能犯罪**,是指违反国家规定,对计算机信息系统功能进行删除、修改、增加、干扰,造成计算机信息系统不能正常运行,后果严重的行为。构成本罪应当具备以下条件:

1. **必须是违反国家规定**。这里的"违反国家规定",是指违反国家关于保护计算机安全的有关规定,主要是指违反《计算机信息系统安全保护条例》的规定。

2. **行为人实施了对计算机信息系统功能进行删除、修改、增加、干扰的行为**。"**计算机信息系统功能**"是指在计算机中,按照一定的应用目标和规则对信息进行采集、加工、存储、传输、检索的功用和能力。"**删除**"是指将原有的计算机信息系统功能除去,使之不能正常运行。"**修改**"是指对原有的计算机信息系统功能进行改动,使之不能正常运行。"**增加**"是指在计算机信息系统中增加某种功能,致使原有的功能受到影响或者破坏,无法正常运行。"干扰"是指用删除、修改、增加以外的其他方法,破坏计算机信息系统功能,使其不能正常运行。

3. 必须造成计算机信息系统不能正常运行。所谓"不能正常运行",是指计算机信息系统失去功能,不能运行或者计算机信息系统功能不能按原来设计的要求运行。

4. 必须达到后果严重的程度。所谓"后果严重"是构成本罪的要件,没有造成严重后果的,不构成本罪。《最高人民法院、最高人民检察院关于办理危害计算机信息系统安全刑事案件应用法律若干问题的解释》第四条第一款规定:"破坏计算机信息系统功能、数据或者应用程序,具有下列情形之一,应当认定为刑法第二百八十六条第一款和第二款规定的'**后果严重**':(一)造成十台以上计算机信息系统的主要软件或者硬件不能正常运行的;(二)对二十台以上计算机信息系统中存储、处理或者传输的数据进行删除、修改、增加操作的;(三)违法所得五千元以上或者造成经济损失一万元以上的;(四)造成为一百台以上计算机信息系统提供域名解析、身份认证、计费等基础服务或者为一万以上用户提供服务的计算机信息系统不能正常运行累计一小时以上的;(五)造成其他严重后果的。"

本款根据犯罪后果轻重,规定了两档刑罚:一是"**后果严重的**",处五年以下有期徒刑或者拘役;二是"**后果特别严重的**",处五年以上有期徒刑。根据《最高人民法院、最高人民检察院关于办理危害计算机信息系统安全刑事案件应用法律若干问题的解释》第四条第二款的规定:"实施前款规定行为,具有下列情形之一,应当认定为破坏计算机信息系统'**后果特别严重**':(一)数量或者数额达到前款第(一)项至第(三)项规定标准五倍以上的;(二)造成为五百台以上计算机信息系统提供域名解析、身份认证、计费等基础服务或者为五万以上用户提供服务的计算机信息系统不能正常运行累计一小时以上的;(三)破坏国家机关或者金融、电信、交通、教育、医疗、能源等领域提供公共服务的计算机信息系统的功能、数据或者应用程序,致使生产、生活受到严重影响或者造成恶劣社会影响的;(四)造成其他特别严重后果的。"

第二款是关于**故意破坏计算机信息系统中存储、处理或者传输的数据和应用程序的犯罪及其处罚的规定**。根据本款规定,这一犯罪是指违反国家规定,对计算机信息系统中存储、处理或者传输的数据和应用程序进行删除、修改、增加的操作,后果严重的行为。这里的"**违反国家规定**",是指违反国家对计算机管理的有关规定,主要是违反《计算机信息系统安全保护条例》的规定;"**计算机信息系统中存储、处理或者传输的数据**",是指在计算机信息系统中实际处理的一切文字、符号、声音、图像等内容的有意义的组合;所谓计算机"**程序**",是指为了得到某种结果而可以由计算机等具有信息处理能力的装置执行的代码化指令序列,或者可被自动转换成代码化指令序列的符号化指令序列或者符号化语句序列;**计算机"应用程序"**,是指用户使用数据库的一种方式,是用户按数据库授予的子模式的逻辑结构,书写对数据进行操作和运算的程序;"**删除**"操作,是指将计算机信息系统中存储、处理或者传输的数据和应用程序的全部或者一部分删去;"**修改**"操作,是指对上述数据和应用程序进行改动;"**增加**"操作,是指在计算机信息系统中增加新的数据和应用程序。根据本款规定,**行为人的行为"后果严重的"才构成犯罪**,没有造成严重后果的不构成本罪。"**依照前款的规定处罚**"是指对本款规定的犯罪,处五年以下有期徒刑或者拘役;后果特别严重的,处五年以上有期徒刑。

第三款是关于**故意制作、传播破坏性程序的犯罪及其处罚的规定**。根据本款规定,这一犯罪是指故意制作、传播计算机病毒等破坏性程序,影响计算机系统正常运行,后果严重的行为。

"**计算机系统**"是指具备自动处理数据功能的计算机系统,包括计算机、网络设备、通信设备、自动化控制设备等。

故意"**制作**",是指通过计算机,编制、设计针对计算机信息系统的破坏性程序的行为;故意"**传播**",是指通过计算机信息系统(含网络),直接输入、输出破坏性程序,或者将已输入破坏性程序的软件加以派送、散发、销售的行为。

计算机"**破坏性程序**",是指隐藏在可执行程序中或数据文件中,在计算机内部运行的一种干扰程序,破坏性程序的典型是计算机病毒。

"**计算机病毒**",是指在计算机中编制的或者在计算机程序中插入的破坏计算机功能或者毁坏数据,影响计算机使用,并能自我复制的一组计算机指令或者程序代码。计算机病毒具有可传播性、可激发性和潜伏性,对于大、中、小、微型计算机和计算机网络具有巨大的危害和破坏性,是计算机犯罪者对计算机进行攻击的最严重的方法,可以破坏各种文件及数据,до使机器瘫痪,造成难以挽回的损失。计算机病毒同一般生物病毒一样,具有多样性和传染性,可以"**繁殖**"和传播,有些病毒传播很快,并且一旦侵入系统就会马上摧毁系统;另一些病毒则有较长的潜伏期,在潜伏一段时间以后才发作。根据《最高人民法院、最高人民检察院关于办理危害计算机信息系统安全刑事案件应用法律若干问题的解释》第五条的规定："具有下列情形之一的程序,应当认定为刑法第二百八十六条第三款规定的'**计算机病毒等破坏性程序**':(一)能够通过网络、存储介质、文件等媒介,将自身的部分、全部或者变种进行复制、传播,并破坏计算机系统功能、数据或者应用程序的;(二)能够在预先设定条件下自动触发,并破坏计算机系统功能、数据或者应用程序的;(三)其他专门设计用于破坏计算机系统功能、数据或者应用程序的程序。"

所谓"影响计算机系统正常运行",是指计算机病毒等破坏性程序发作后,导致原有的计算机信息系统和应用程序不能正常运行。"后果严重"是构成本罪的要件。根据《最高人民法院、最高人民检察院关于办理危害计算机信息系统安全刑事案件应用法律若干问题的解释》第六条第一款的规定:"故意制作、传播计算机病毒等破坏性程序,影响计算机系统正常运行,具有下列情形之一的,应当认定为刑法第二百八十六条第三款规定的'后果严重':(一)制作、提供、传输第五条第(一)项规定的程序,导致该程序通过网络、存储介质、文件等媒介传播的;(二)造成二十台以上计算机系统被植入第五条第(二)、(三)项规定的程序的;(三)提供计算机病毒等破坏性程序十人次以上的;(四)违法所得五千元以上或者造成经济损失一万元以上的;(五)造成其他严重后果的。"

根据本款规定,构成本条规定的犯罪,"**依照第一款的规定处罚**",即处五年以下有期徒刑或者拘役;后果特别严重的,处五年以上有期徒刑。这里的"后果特别严重",根据《最高人民法院、最高人民检察院关于办理危害计算机信息系统安全刑事案件应用法律若干问题的解释》第二款的规定:"实施前款规定行为,具有下列情形之一的,应当认定为破坏计算机信息系统'后果特别严重':(一)制作、提供、传输第五条第(一)项规定的程序,导致该程序通过网络、存储介质、文件等媒介传播,致使生产、生活受到严重影响或者造成恶劣社会影响的;(二)数量或者数额达到前款第(二)项至(四)项规定标准五倍以上的;(三)造成其他特别严重后果的。"

第四款是关于单位犯罪的规定。单位实施前三款规定的行为,根据本款规定构成单位犯罪,采取"**双罚制**",既要对单位判处罚金,又要对单位直接负责的主管人员和其他直接责任人员追究刑事责任,即后果严重的,处五年以下有期徒刑或者拘役;后果特别严重的,处五年以上有期徒刑。

需要注意的是,对于本条第三款规定的制作、传播计算机病毒等破坏性程序的犯罪,由于计算机病毒等破坏性程序是一种特殊的具有相当难度的计算机程序,**一般来说必须是人为故意制作的**,因此,制作计算机病毒等破坏性程序只能是故意,即使行为人设计的病毒是自动触发的,也属于故意行为,而不可能是出于过失或者意外事件的情况;而传播计算机病毒等破坏性程序,本条规定的主观方面是故意,也可能存在过失或者意外事件的情况,对于过失或意外导致计算机病毒等破坏性程序的传播则不构成本罪。

【**司法解释**】

《**最高人民法院关于审理危害军事通信刑事案件具体应用法律若干问题的解释**》(法释〔2007〕13号,自2007年6月29日起施行)

△(**军事通信计算机信息系统;破坏计算机信息系统罪**)违反国家规定,侵入国防建设、尖端科学技术领域的军事通信计算机信息系统,尚未对军事通信造成破坏的,依照刑法第二百八十五条的规定定罪处罚;对军事通信造成破坏,同时构成刑法第二百八十五条、第二百八十六条、第三百六十九条第一款规定的犯罪的,依照处罚较重的规定定罪处罚。(§6Ⅲ)

△(**重要军事通信;军事通信的具体范围、通信中断和严重障碍的标准**)本解释所称"重要军事通信",是指军事首脑机关及重要指挥中心的通信,部队作战中的通信,等级战备通信,飞行航行训练、抢险救灾、军事演习或者处置突发事件中的通信,以及执行试飞试航、武器装备科研试验或者远洋航行等重要军事任务中的通信。

本解释所称军事通信的具体范围、通信中断和严重障碍的标准,参照中国人民解放军通信主管部门的有关规定确定。(§7)

《**最高人民法院、最高人民检察院关于办理危害计算机信息系统安全刑事案件应用法律若干问题的解释**》(法释〔2011〕19号,自2011年9月1日起施行)

△(**后果严重;后果特别严重**)破坏计算机信息系统功能、数据或者应用程序,具有下列情形之一的,应当认定为刑法第二百八十六条第一款和第二款规定的"后果严重":

(一)造成十台以上计算机信息系统的主要软件或者硬件不能正常运行的;

(二)对二十台以上计算机信息系统中存储、处理或者传输的数据进行删除、修改、增加操作的；

（三）违法所得五千元以上或者造成经济损失一万元以上的；

（四）造成为一百台以上计算机信息系统提供域名解析、身份认证、计费等基础服务或者为一万以上用户提供服务的计算机信息系统不能正常运行累计一小时以上的；

（五）造成其他严重后果的。

实施前款规定行为，具有下列情形之一的，应当认定为破坏计算机信息系统"后果特别严重"：

（一）数量或者数额达到前款（一）项至（三）项规定标准五倍以上的；

（二）造成为五百台以上计算机信息系统提供域名解析、身份认证、计费等基础服务或者为五万以上用户提供服务的计算机信息系统不能正常运行累计一小时以上的；

（三）破坏国家机关或者金融、电信、交通、教育、医疗、能源等领域提供公共服务的计算机信息系统的功能、数据或者应用程序，致使生产、生活受到严重影响或者造成恶劣社会影响的；

（四）造成其他特别严重后果的。（§4）

△（**计算机病毒等破坏性程序**）具有下列情形之一的程序，应当认定为刑法第二百八十六条第三款规定的"计算机病毒等破坏性程序"：

（一）能够通过网络、存储介质、文件等媒介，将自身的部分、全部或者变种进行复制、传播，并破坏计算机系统功能、数据或者应用程序的；

（二）能够在预先设定条件下自动触发，并破坏计算机系统功能、数据或者应用程序的；

（三）其他专门设计用于破坏计算机系统功能、数据或者应用程序的程序。（§5）

△（**后果严重；后果特别严重**）故意制作、传播计算机病毒等破坏性程序，影响计算机系统正常运行，具有下列情形之一的，应当认定为刑法第二百八十六条第三款规定的"后果严重"：

（一）制作、提供、传输第五条（一）项规定的程序，导致该程序通过网络、存储介质、文件等媒介传播的；

（二）造成二十台以上计算机系统被植入第五条（二）、（三）项规定的程序的；

（三）提供计算机病毒等破坏性程序十人次以上的；

（四）违法所得五千元以上或者造成经济损失一万元以上的；

（五）造成其他严重后果的。

实施前款规定行为，具有下列情形之一的，应当认定为破坏计算机信息系统"后果特别严重"：

（一）制作、提供、传输第五条（一）项规定的程序，导致该程序通过网络、存储介质、文件等媒介传播，致使生产、生活受到严重影响或者造成恶劣社会影响的；

（二）数量或者数额达到前款第（二）项至第（四）项规定标准五倍以上的；

（三）造成其他特别严重后果的。（§6）

△（**以单位名义或者单位形式**）以单位名义或者单位形式实施危害计算机信息系统安全犯罪，达到本解释规定的定罪量刑标准的，应当依照刑法第二百八十五条、第二百八十六条的规定追究直接负责的主管人员和其他直接责任人员的刑事责任。（§8）

△（**共同犯罪；后果特别严重**）明知他人实施刑法第二百八十五条、第二百八十六条规定的行为，具有下列情形之一的，应当认定为共同犯罪，依照刑法第二百八十五条、第二百八十六条的规定处罚：

（一）为其提供用于破坏计算机信息系统功能、数据或者应用程序的程序、工具，违法所得五千元以上或者提供十人次以上的；

（二）为其提供互联网接入、服务器托管、网络存储空间、通讯传输通道、费用结算、交易服务、广告服务、技术培训、技术支持等帮助，违法所得五千元以上的；

（三）通过委托推广软件、投放广告等方式向其提供资金五千元以上的。

实施前款规定行为，数量或者数额达到前款规定标准五倍以上的，应当认定为刑法第二百八十五条、第二百八十六条规定的"情节特别严重"或者"后果特别严重"。（§9）

△（**委托检验；省级以上负责计算机信息系统安全保护管理工作的部门**）对于是否属于刑法第二百八十五条、第二百八十六条规定的"国家事务、国防建设、尖端科学技术领域的计算机信息系统"、"专门用于侵入、非法控制计算机信息系统的程序、工具"、"计算机病毒等破坏性程序"难以确定的，应当委托省级以上负责计算机信息系统安全保护管理工作的部门检验。司法机关根据检验结论，并结合案件具体情况认定。（§10）

△（**计算机信息系统；计算机系统；身份认证信息；经济损失**）本解释所称"计算机信息系统"和"计算机系统"，是指具备自动处理数据功能的系统，包括计算机、网络设备、通信设备、自动化控制设备等。

本解释所称"身份认证信息"，是指用于确认用户在计算机信息系统上操作权限的数据，包括账号、口令、密码、数字证书等。

本解释所称"经济损失"，包括危害计算机信息

系统犯罪行为给用户直接造成的经济损失,以及用户为恢复数据、功能而支出的必要费用。(§11)

《最高人民法院、最高人民检察院关于办理环境污染刑事案件适用法律若干问题的解释》(法释〔2023〕7号,自2023年8月15日起施行)

△(**环境质量监测系统;破坏计算机信息系统罪;竞合;从重处罚事由**)违反国家规定,针对环境质量监测系统实施下列行为,或者强令、指使、授意他人实施下列行为,后果严重的,应当依照刑法第二百八十六条的规定,以破坏计算机信息系统罪定罪处罚:(一)修改系统参数或者系统中存储、处理、传输的监测数据的;(二)干扰系统采样,致使监测数据因系统不能正常运行而严重失真的;(三)其他破坏环境质量监测系统的行为。

重点排污单位、实行排污许可重点管理的单位篡改、伪造自动监测数据或者干扰自动监测设施,排放化学需氧量、氨氮、二氧化硫、氮氧化物等污染物,同时构成污染环境罪和破坏计算机信息系统罪的,依照处罚较重的规定定罪处罚。

从事环境监测设施维护、运营的人员实施或者参与实施篡改、伪造自动监测数据、干扰自动监测设施、破坏环境质量监测系统等行为的,依法从重处罚。(§11)

△(**单位犯罪**)单位实施本解释规定的犯罪的,依照本解释规定的定罪量刑标准,对直接负责的主管人员和其他直接责任人员定罪处罚,并对单位判处罚金。(§13)

△(**监测数据;检测获取的数据;作为证据使用**)环境保护主管部门及其所属监测机构在行政执法过程中收集的监测数据,在刑事诉讼中可以作为证据使用。

公安机关单独或者会同环境保护主管部门,提取污染物样品进行检测获取的数据,在刑事诉讼中可以作为证据使用。(§14)

△(**环境污染专门性问题难以确定;鉴定意见;报告**)对案件所涉的环境污染专门性问题难以确定的,依据鉴定机构出具的鉴定意见,或者国务院环境保护主管部门、公安部门指定的机构出具的报告,结合其他证据作出认定。(§16)

【**司法解释性文件**】

《公安部关于对破坏未联网的微型计算机信息系统是否适用〈刑法〉第286条的请示的批复》(公复字〔1998〕7号,1998年11月25日公布)

△(**未联网的微型计算机信息系统;违反国家规定**)《刑法》第286条中的"违反国家规定"是指包括《中华人民共和国计算机信息系统安全保护条例》(以下简称《条例》)在内的有关行政法规、部门规章的规定。《条例》第5条第2款规定的"未联网的微型计算机的安全保护办法,另行规定",主要是考虑到未联入网络的单台微型计算机系统所处环境和使用情况比较复杂,且基本无安全功能,需针对这些特点另外制定相应的安全管理措施。然而,未联网的计算机信息系统也属计算机信息系统,《条例》第2、3、7条的安全保护原则、规定,对未联网的微型计算机系统完全适用。因此破坏未联网的微型计算机信息系统适用《刑法》第286条。

【**指导性案例**】

最高人民检察院指导性案例第33号:李丙龙破坏计算机信息系统案(2017年10月12日发布)

△(**破坏计算机信息系统;劫持域名**)以修改域名解析服务器指向的方式劫持域名,造成计算机信息系统不能正常运行,是破坏计算机信息系统的行为。

最高人民检察院指导性案例第35号:曾兴亮、王玉生破坏计算机信息系统案(2017年10月12日发布)

△(**破坏计算机信息系统;智能手机终端;远程锁定**)智能手机终端,应当认定为刑法保护的计算机信息系统。锁定智能手机导致不能使用的行为,可认定为破坏计算机信息系统。

最高人民检察院指导性案例第69号:姚晓杰等11人破坏计算机信息系统案(2020年4月8日发布)

△(**破坏计算机信息系统;网络攻击;引导取证;损失认定**)为有效打击网络攻击犯罪,检察机关应加强与公安机关的配合,及时介入侦查引导取证,结合案件特点提出明确具体的补充侦查意见。对被害互联网企业提供的证据和技术支持意见,应当结合其他证据进行审查认定,客观全面准确认定破坏计算机信息系统罪的危害后果。

最高人民法院指导性案例第102号:付宣豪、黄子超破坏计算机信息系统案(2018年12月25日发布)

△(**破坏计算机信息系统罪;DNS劫持**)通过修改路由器、浏览器设置、锁定主页或者弹出新窗口等技术手段,强制网络用户访问指定网站的"DNS劫持"行为,属于破坏计算机信息系统,后果严重的,构成破坏计算机信息系统罪。

△(**后果严重;后果特别严重**)对于"DNS劫持",应当根据造成不能正常运行的计算机信息系统数量、相关计算机信息系统不能正常运行的时

间，以及所造成的损失或者影响等，认定其是"后果严重"还是"后果特别严重"。

最高人民法院指导性案例第 103 号：徐强破坏计算机信息系统案（2018 年 12 月 25 日发布）

△(破坏计算机信息系统罪；机械远程监控系统)企业的机械远程监控系统属于计算机信息系统。违反国家规定，对企业的机械远程监控系统功能进行破坏，造成计算机信息系统不能正常运行，后果严重的，构成破坏计算机信息系统罪。

最高人民法院指导性案例第 104 号：李森、何利民、张锋勃等人破坏计算机信息系统案（2018 年 12 月 25 日发布）

△(破坏计算机信息系统罪；干扰环境质量监测采样；数据失真；后果严重)环境质量监测系统属于计算机信息系统。用棉纱等物品堵塞环境质量监测采样设备，干扰采样，致使监测数据严重失真的，构成破坏计算机信息系统罪。①

【公报案例】

马志松等破坏计算机信息系统案(《最高人民法院公报》2009 年第 2 期)

△(攻击劫持互联网运营商的公共域名服务器；植入木马病毒；破坏计算机信息系统罪) 根据《刑法》第二百八十六条的规定，违反国家规定，对计算机信息系统功能进行删除、修改、增加、干扰或者对计算机信息系统中存储、处理或者传输的数据和应用程序进行删除、修改、增加的操作或者故意制作、传播计算机病毒等破坏性程序，造成计算机信息系统不能正常运行，后果严重的，构成破坏计算机信息系统罪。

行为人违反国家规定，采用干扰的技术手段攻击劫持互联网运营商的公共域名服务器，在域名服务器中添加指令，在大量个人计算机信息系统中植入木马病毒，造成计算机信息系统不能正常运行，后果严重的，应以破坏计算机信息系统罪定罪处罚。

【参考案例】

No. 6-1-286-1　吕薛文破坏计算机信息系统案

破坏计算机信息系统的三种行为，在同时实施的情况下，每一种行为都必须具备后果严重这一要件，才能以实施上述三种行为而构成破坏计算机信息系统罪。

No. 6-1-286-2　吕薛文破坏计算机信息系统案

明知自己的行为会导致计算机信息系统不能正常运转的危害后果而放任其发生的，构成破坏计算机信息系统罪，动机不影响本罪的成立。

No. 6-1-286-3　童莉、蔡少英破坏计算机信息系统案

交通协管员非法侵入道路交通违法信息管理系统，清除车辆违章信息，成立破坏计算机信息系统罪。

No. 6-1-286-4　孙小虎破坏计算机信息系统案

《刑法》第二百八十六条破坏计算机信息系统罪中的经济损失，指的是犯罪行为所造成的直接经济损失。非法删除违章信息所对应的行政罚款损失尚未现实化，不应计入直接经济损失之中。

No. 6-1-286-5　李俊、王磊、张顺、雷磊破坏计算机信息系统案

利用计算机盗窃虚拟财产的行为，应按照破坏计算机信息系统罪定罪处罚，不应按盗窃罪处理。

No. 6-1-286-6　付宣豪、黄子超破坏计算机信息系统案

"DNS 劫持"行为通过修改域名解析，导致用户无法访问原 IP 地址对应的网站或者访问虚假网站，使得网络用户的计算机信息系统功能遭到破坏，造成计算机信息系统不能正常运行，构成破坏计算机信息系统罪。

No. 6-1-286-7　徐强破坏计算机信息系统案

GPS 信息服务系统属于刑法意义上的计算机信息系统，对该系统功能的破坏，造成系统无法正常运行的行为，构成破坏计算机信息系统罪。

No. 6-1-286-9　李森、何利民、张锋勃等人破坏计算机信息系统案

行为人的行为导致检测数据失真，影响了对环境空气质量的正确评估，属于对计算机信息系统功能的干扰，实施了破坏计算机信息系统的行为。

---

① 我国学者指出，通过改变环境监测设备外部物理取样的方式改变环境监测数据，并未进入计算机信息系统"干扰采样，致使监测数据严重失真"，不符合《刑法》第二百八十六条规定的破坏计算机信息系统罪的构成要件，否则就有违反罪刑法定原则的嫌疑。参见周光权主编：《如何解答刑法题》，北京大学出版社 2021 年版，第 413—418 页。

第二百八十六条之一 【拒不履行信息网络安全管理义务罪】

网络服务提供者不履行法律、行政法规规定的信息网络安全管理义务，经监管部门责令采取改正措施而拒不改正，有下列情形之一的，处三年以下有期徒刑、拘役或者管制，并处或者单处罚金：

（一）致使违法信息大量传播的；
（二）致使用户信息泄露，造成严重后果的；
（三）致使刑事案件证据灭失，情节严重的；
（四）有其他严重情节的。

单位犯前款罪的，对单位判处罚金，并对其直接负责的主管人员和其他直接责任人员，依照前款的规定处罚。

有前两款行为，同时构成其他犯罪的，依照处罚较重的规定定罪处罚。

【立法沿革】

《中华人民共和国刑法修正案（九）》（自2015年11月1日起施行）

二十八、在刑法第二百八十六条后增加一条，作为第二百八十六条之一：

"网络服务提供者不履行法律、行政法规规定的信息网络安全管理义务，经监管部门责令采取改正措施而拒不改正，有下列情形之一的，处三年以下有期徒刑、拘役或者管制，并处或者单处罚金：

"（一）致使违法信息大量传播的；
"（二）致使用户信息泄露，造成严重后果的；
"（三）致使刑事案件证据灭失，情节严重的；
"（四）有其他严重情节的。

"单位犯前款罪的，对单位判处罚金，并对其直接负责的主管人员和其他直接责任人员，依照前款的规定处罚。

"有前两款行为，同时构成其他犯罪的，依照处罚较重的规定定罪处罚。"

【条文说明】

本条是关于拒不履行信息网络安全管理义务罪及其处罚的规定。

本条共分为三款。

第一款是关于对网络服务提供者不履行法律、行政法规规定的安全管理义务如何定罪处罚的规定。根据本款规定，不履行网络安全管理义务犯罪具有以下特征：

1. 犯罪的主体是**网络服务提供者**，包括通过计算机互联网、广播电视网、固定通信网、移动通信网等信息网络，向公众提供网络服务的机构和个人。根据其提供的服务内容，可以分为互联网接入服务提供者和互联网内容服务提供者。其中，互联网接入服务提供者为终端用户提供专线、拨号上网或者其他接入互联网的服务，包括物理网络提供商和网络接口提供商；互联网内容服务提供者向用户提供新闻、信息、资料、音视频等内容服务，如新浪、搜狐、网易等国内知名互联网企业就是典型的互联网内容提供商。此外，按照服务对象和提供的信息的不同，还可以进一步分为网上媒体运营商、数据库运营商、信息咨询商和信息发布代理商等。《最高人民法院、最高人民检察院关于办理非法利用信息网络、帮助信息网络犯罪活动等刑事案件适用法律若干问题的解释》对如何认定网络服务提供者作了明确规定，即第一条规定："提供下列服务的单位和个人，应当认定为刑法第二百八十六条之一规定的'**网络服务提供者**'：（一）网络接入、域名注册解析等信息网络接入、计算、存储、传输服务；（二）信息发布、搜索引擎、即时通讯、网络支付、网络预约、网络购物、网络游戏、网络直播、网站建设、安全防护、广告推广、应用商店等信息网络应用服务；（三）利用信息网络提供的电子政务、通信、能源、交通、水利、金融、教育、医疗等公共服务。"

2. 犯罪客观方面，须具备下列条件：

第一，行为人**不履行法律、行政法规规定的信息网络安全管理义务**。根据本款规定，网络服务提供者不履行网络安全管理义务，是指不履行法律和行政法规规定的义务。司法实践中，在认定行为人是否有不履行相关安全管理义务的行为时，需要结合相关法律、行政法规关于安全管理义务的具体规定和要求认定。这方面的法律、行政法规主要有《网络安全法》《全国人民代表大会常务委员会关于加强网络信息保护的决定》《互联网信息服务管理办法》《计算机信息网络国际联网安全保护管理办法》《电信条例》等。根据这些法律、行政法规的规定，网络服务提供者应当按照网络安全等级保护制度的要求，履行安全保护义务，主要有：

一是制定内部安全管理制度和操作规程,确定网络安全负责人,落实网络安全保护责任。网络服务提供者应当建立相应的管理制度,包括网站安全保障制度、信息安全保密管理制度、用户信息安全管理制度等。如《关于加强网络信息保护的决定》要求网络服务提供者为用户办理网站接入服务,办理固定电话、移动电话等入网手续,或者为用户提供信息发布服务,应当在与用户签订协议或者确认提供服务时,要求用户提供真实身份信息;应当采取技术措施和其他必要措施,确保信息安全,防止在业务活动中收集的公民个人电子信息泄露、毁损、丢失;在发生或者可能发生信息泄露、毁损、丢失的情况时,应当立即采取补救措施。

二是采取防范计算机病毒和网络攻击、网络侵入等危害网络安全行为的技术措施。2016年《网络安全法》第二十五条规定,网络运营者应当制定网络安全事件应急预案,及时处置系统漏洞、计算机病毒、网络攻击、网络侵入等安全风险;在发生危害网络安全的事件时,立即启动应急预案,采取相应的补救措施,并按照规定向有关主管部门报告。《电信条例》《互联网信息服务管理办法》等规定,互联网信息服务提供者应当向上网用户提供良好的服务,并保证所提供的信息内容合法。任何单位和个人不得利用互联网制作、复制、查阅和传播违法信息,网络服务提供者发现上述信息,应当立即停止传输该信息,采取消除网络中含有上述内容的地址、目录或者关闭服务器等处置措施,同时保留有关原始记录,并向主管部门报告。

三是采取监测、记录网络运行状态、网络安全事件的技术措施,并按照规定留存相关的网络日志不少于六个月。如《互联网信息服务管理办法》要求从事新闻、出版以及电子公告等服务项目的互联网信息服务提供者,应当记录提供的信息内容及其发布时间、互联网地址或者域名;互联网接入服务提供者应当记录上网用户的上网时间、用户帐号、互联网地址或者域名、主叫电话号码等信息。互联网信息服务提供者和互联网接入服务提供者的记录备份应当保存六十日,并在国家有关机关依法查询时,予以提供。

四是采取数据分类、重要数据备份和加密等措施。

五是法律、行政法规规定的其他义务。

第二,行为人经监管部门责令采取改正措施而拒不改正。"监管部门"是指依据法律、行政法规的规定对网络服务提供者负有监督管理职责的各个部门。由于信息网络安全涉及面较广,相关监管部门也涉及各个领域。如《互联网信息服务管理办法》第十八条规定,国务院信息产业主管部门和省、自治区、直辖市电信管理机构,依法对互联网信息服务实施监督管理。新闻、出版、教育、卫生、药品监督管理、工商行政管理和公安、国家安全等有关主管部门,在各自职责范围内依法对互联网信息内容实施监督管理。《国务院关于授权国家互联网信息办公室负责互联网信息内容管理工作的通知》授权国家互联网信息办公室负责全国互联网信息内容管理工作,并负责监督管理执法。《计算机信息网络国际联网安全保护管理办法》规定,公安部计算机管理监察机构负责计算机信息网络国际联网的安全保护管理工作。

"责令采取改正措施"是指负有监督管理职责的部门,根据相关网络服务提供者在安全管理方面存在的问题,依法提出的改正错误,堵塞漏洞,加强防范等要求。即责令的主体,责令的方式和程序,都要有法律、行政法规的依据,符合依法行政的要求。至于监管部门"责令采取改正措施"的形式和内容,往往要视具体情况而定。有的是监管部门发现网络服务提供者安全防范措施不符合要求,要求其采取加强措施;有的是发现网络服务提供者没有严格执行相关安全管理制度,如对网上信息内容和网络日志信息记录备份不全或留存时间过短等;有的是在日常安全检查时发现网络上出现违法信息,要求网络服务提供者采取临时性补救措施,如监管部门发现传播违法信息的网址、目录或者服务器,通知网络服务提供者删除信息、关闭服务,防止信息进一步扩散;有的是依法采取相关处罚措施,如责令停业整顿或者暂时关闭网站;等等。

"拒不改正"是指明知而故意加以拒绝。实践中,认定网络服务提供者是否"拒不改正",应当考虑以下因素:网络服务提供者是否收到监管部门提出的责令采取改正措施的要求,相关责令整改要求是否明确、具体;网络服务提供者对监管部门提出的采取改正措施的要求,在主观上是否具有拖延或者拒绝执行的故意;网络服务提供者是否具有按照监管部门提出的要求,采取相应改正措施的能力。对于确实因为资源、技术等条件限制,没有或者一时难以达到监管部门要求的,不能认定为是本款规定的"拒不改正"。

根据《最高人民法院、最高人民检察院关于办理非法利用信息网络、帮助信息网络犯罪活动等刑事案件适用法律若干问题的解释》第二条的规定,"监管部门责令采取改正措施",是指网信、电信、公安等依照法律、行政法规的规定承担信息网络安全监管职责的部门,以责令整改通知书或者其他文书形式,责令网络服务提供者采取改正措施。认定"**经监管部门责令采取改正措施而拒不改正**",应当综合考虑监管部门责令改正是否具有法律、行政法规依据,改正措施及期限要求是否明确、合理,网络服务提供者是否具有按照要求采取改正措施的能力等因素进行判断。

第三,**必须导致特定危害后果的发生**。根据本款规定,网络服务提供者拒不采取改正措施,导致下列危害后果发生的,才能追究其刑事责任:①

一是**致使违法信息大量传播**。违法信息是指其内容违反相关法律法规规定的信息。如《电信条例》第五十六条规定,"违法信息"是指含有反对宪法所确定的基本原则;危害国家安全,泄露国家秘密,颠覆国家政权,破坏国家统一;损害国家荣誉和利益;煽动民族仇恨、民族歧视,破坏民族团结;破坏国家宗教政策,宣扬邪教和封建迷信;散布谣言,扰乱社会秩序,破坏社会稳定;散布淫秽、色情、赌博、暴力、凶杀、恐怖或者教唆犯罪;侮辱或者诽谤他人,侵害他人合法权益;含有法律、行政法规禁止的其他内容等的信息。违法信息大量传播,会对公民的人身权利、财产权利以及国家安全、社会稳定等带来重大损害,因此,网络服务提供者拒不采取改正措施,致使发生违法信息大量传播的危害后果的,应当依照本款规定追究刑事责任。

需要注意的是,造成违法信息大量传播本身就是其行为造成的危害后果,只要事实上造成了违法信息大量传播,即可构成本罪,而不是一定要发生具体的实害性的犯罪结果。认定违法信息大量传播,主要可根据违法信息的数量、被转载的次数、受众的人数以及传播的具体渠道等因素综合考量。《最高人民法院、最高人民检察院关于办理非法利用信息网络、帮助信息网络犯罪活动等刑事案件适用法律若干问题的解释》第三条规定:"拒不履行信息网络安全管理义务,具有下列情形之一的,应当认定为刑法第二百八十六条之一第一款第一项规定的'**致使违法信息大量传播**':(一)致使传播违法视频文件二百个以上的;(二)致使传播违法视频文件以外的其他违法信息二千个以上的;(三)致使传播违法信息,数量虽未达到第一项、第二项规定标准,但是按相应比例折算合计达到有关数量标准的;(四)致使向二千个以上用户账号传播违法信息的;(五)致使利用群组成员账号数累计三千以上的通讯群组或者关注人员账号数累计三万以上的社交网络传播违法信息的;(六)致使违法信息实际被点击数达到五万以上的;(七)其他致使违法信息大量传播的情形。"

二是**致使用户信息泄露,造成严重后果的**。这里的"用户信息"主要包括三类:一为用户的**基本情况信息**,如网络服务提供者在提供服务过程中收集的个人用户的姓名、出生日期、身份证号码、住址、电话号码等,以及企业用户商业信息等。这类信息通常涉及用户个人隐私,也是法律保护的重点。二为用户的**行为类信息**,如用户购买服务或者产品的记录;与企业的联系记录;用户的消费行为、偏好、生活方式等相关信息。例如,电子商务网站记录的用户购买的商品、交易的时间、频率等;移动通讯公司记录的用户的通话时间、时长、呼叫号码、状态、通话频率等。三为与用户行为相关的,**反映和影响用户行为和心理的相关信息**,包括用户的满意度、忠诚度、对产品或服务的偏好、竞争对手行为等。上述用户信息有的涉及公民个人隐私,有的属于企业商业秘密,根据相关法律、行政法规的规定,网络服务提供者应当对其收集或者保存的用户信息采取保护措施,防止信息的泄露。"造成严重后果"包括导致用户遭到人身伤害、名誉受到严重损害、受到较大经济损失、正常生活或者生产经营受到严重影响等。《最高人民法院、最高人民检察院关于办理非法利用信息网络、帮助信息网络犯罪活动等刑事案件适用法律若干问题的解释》第四条规定:"拒不履行信息网络安全管理义务,致使用户信息泄露,具有下列情形之一的,应当认定为刑法第二百八十六条之一第一款第二项规定的'**造成严重后果**':(一)致使泄露行踪轨迹信息、通信内容、征信信息、财产信息五百条以上的;(二)致使泄露住宿信息、通信记录、健康生理信息、交易信息等其他可能影响人身、财产安全的用户信息五千条以上的;(三)致使泄露第一项、第二项规定以外的用户信息五万条以上的;(四)数量虽未达到第一项至第三项规定标准,但是按相应比例折算合计达到有关数量标准的;(五)造成他人死亡、重伤、精神失常或者被绑架等严重后果的;(六)造成重大经济损失的;(七)严重扰乱社会秩序的;(八)造成其他严重后果的。"

三是**致使刑事案件证据灭失,情节严重的**。主要是指网络服务提供者未按照要求保存用户信息或者采取其他安全防护措施,导致相关刑事追诉活动因为重要证据灭失而遭受严重障碍。

---

① 我国学者指出,在合理改正期限之前已经形成的事实,不能作为本罪的情节。譬如,在收到责令通知之前,已经传播的违法信息,不能计入"违法信息大量传播"之内。参见张明楷:《刑法学》(第6版),法律出版社2021年版,第1037页。

这里的"情节严重",主要可以根据所涉及案件的重大程度、灭失的证据的重要性、证据灭失是否可补救、对刑事追诉活动的影响等因素综合考量。《最高人民法院、最高人民检察院关于办理非法利用信息网络、帮助信息网络犯罪活动等刑事案件适用法律若干问题的解释》第五条规定:"拒不履行信息网络安全管理义务,致使影响司罪量刑的刑事案件证据灭失,具有下列情形之一的,应当认定为刑法第二百八十六条之一第一款第三项规定的'**情节严重**':(一)造成危害国家安全犯罪、恐怖活动犯罪、黑社会性质组织犯罪、贪污贿赂犯罪案件的证据灭失的;(二)造成可能判处五年有期徒刑以上刑罚犯罪案件的证据灭失的;(三)多次造成刑事案件证据灭失的;(四)致使刑事诉讼程序受到严重影响的;(五)其他情节严重的情形。"

四是**有其他严重情节的**。这一规定是为了应对实践中可能出现的各种复杂情况所作的一项兜底规定。在司法实践中具体适用时,可以参考本款前三项规定的情形造成的社会危害程度,结合行为人拒不采取改正措施给公民合法权益、社会公共利益以及国家利益造成的危害后果的具体情况认定。《最高人民法院、最高人民检察院关于办理非法利用信息网络、帮助信息网络犯罪活动等刑事案件适用法律若干问题的解释》第六条规定:"拒不履行信息网络安全管理义务,具有下列情形之一的,应当认定为刑法第二百八十六条之一第一款第四项规定的'**有其他严重情节**':(一)对绝大多数用户日志未留存或者未落实真实身份信息认证义务的;(二)二年内经多次责令改正拒不改正的;(三)致使信息网络服务被主要用于违法犯罪的;(四)致使信息网络服务、网络设施被用于实施网络攻击,严重影响生产、生活的;(五)致使信息网络服务被用于实施危害国家安全犯罪、恐怖活动犯罪、黑社会性质组织犯罪、贪污贿赂犯罪或者其他重大犯罪的;(六)致使国家机关或者通信、能源、交通、水利、金融、教育、医疗等领域提供公共服务的信息网络受到破坏,严重影响生产、生活的;(七)其他严重违反信息网络安全管理义务的情形。"

对于本罪的刑罚,根据第一款的规定,网络服务提供者不履行安全管理义务,构成犯罪的,处三年以下有期徒刑、拘役或者管制,并处或者单处罚金。

第二款是关于单位不履行网络安全管理义务的处罚规定。实践中,网络服务提供者多数为互联网企业,现行法律、行政法规对互联网企业的安全管理义务都有明确具体的规定,只有互联网企业切实履行法律、行政法规赋予的安全管理义务,网络安全才能够真正落到实处,因此,本款对单位犯罪的处罚作了规定。根据本款规定,单位犯本罪的,实行**双罚制**,即对不履行网络安全管理义务的单位判处罚金,并对其直接负责的主管人员和其他直接责任人员,依照第一款的规定,处三年以下有期徒刑、拘役或者管制,并处或者单处罚金。

第三款是关于有前两款行为,同时构成其他犯罪的,如何定罪处罚的规定。本款是对网络服务提供者拒不履行安全管理义务犯罪的专门规定,实践中网络服务提供者拒不履行安全管理义务的行为,根据其具体情况还可能构成刑法规定的其他犯罪,如《刑法》第一百二十条之三规定的宣扬恐怖主义、极端主义、煽动实施恐怖活动的犯罪,第三百六十四条第一款规定的传播淫秽物品罪,第三百九十八条规定的故意或者过失泄露国家秘密罪,第三百零七条第二款规定的帮助毁灭、伪造证据罪,第三百一十一条规定的拒绝提供间谍犯罪、恐怖主义、极端主义犯罪证据罪等。根据本款规定,对网络服务提供者不履行网络安全管理义务,构成其他犯罪的,**依照处罚较重的规定定罪处罚**,即从一重罪定罪处罚。

【司法解释】

《最高人民法院、最高人民检察院关于办理侵犯公民个人信息刑事案件适用法律若干问题的解释》(法释〔2017〕10号,自2017年6月1日起施行)

△(**公民个人信息;拒不履行信息网络安全管理义务罪**)网络服务提供者拒不履行法律、行政法规规定的信息网络安全管理义务,经监管部门责令采取改正措施而拒不改正,致使用户的公民个人信息泄露,造成严重后果的,应当依照刑法第二百八十六条之一的规定,以拒不履行信息网络安全管理义务罪定罪处罚。(§9)

《最高人民法院、最高人民检察院关于办理非法利用信息网络、帮助信息网络犯罪活动等刑事案件适用法律若干问题的解释》(法释〔2019〕15号,自2019年11月1日起施行)

△(**网络服务提供者**)提供下列服务的单位和个人,应当认定为刑法第二百八十六条之一第一款规定的"网络服务提供者":

(一)网络接入、域名注册解析等信息网络接入、计算、存储、传输服务;

(二)信息发布、搜索引擎、即时通讯、网络支付、网络预约、网络购物、网络游戏、网络直播、网站建设、安全防护、广告推广、应用商店等信息网络应用服务；

（三）利用信息网络提供的电子政务、通信、能源、交通、水利、金融、教育、医疗等公共服务。（§1）

△（**监管部门责令采取改正措施；经监管部门责令采取改正措施而拒不改正**）刑法第二百八十六条之一第一款规定的"监管部门责令采取改正措施"，是指网信、电信、公安等依照法律、行政法规的规定承担信息网络安全监管职责的部门，以责令整改通知书或者其他文书形式，责令网络服务提供者采取改正措施。

认定"经监管部门责令采取改正措施而拒不改正"，应当综合考虑监管部门责令改正是否具有法律、行政法规依据，改正措施及期限要求是否明确、合理，网络服务提供者是否有按照要求采取改正措施的能力等因素进行判断。（§2）

△（**致使违法信息大量传播**）拒不履行信息网络安全管理义务，具有下列情形之一的，应当认定为刑法第二百八十六条之一第一款第一项规定的"致使违法信息大量传播"：

（一）致使传播违法视频文件二百个以上的；

（二）致使传播违法视频文件以外的其他违法信息二千个以上的；

（三）致使传播违法信息，数量虽未达到第一项、第二项规定标准，但是按相应比例折算合计达到有关数量标准的；

（四）致使向二千个以上用户账号传播违法信息的；

（五）致使利用群组成员账号数累计三千以上的通讯群组或者关注人员账号数累计三万以上的社交网络传播违法信息的；

（六）致使违法信息实际被点击数达到五万以上的；

（七）其他致使违法信息大量传播的情形。（§3）

△（**造成严重后果**）拒不履行信息网络安全管理义务，致使用户信息泄露，具有下列情形之一的，应当认定为刑法第二百八十六条之一第一款第二项规定的"造成严重后果"：

（一）致使泄露行踪轨迹信息、通信内容、征信信息、财产信息五百条以上的；

（二）致使泄露住宿信息、通信记录、健康生理信息、交易信息等其他可能影响人身、财产安全的用户信息五千条以上的；

（三）致使泄露第一项、第二项规定以外的用户信息五万条以上的；

（四）数量虽未达到第一项至第三项规定标准，但是按相应比例折算合计达到有关数量标准的；

（五）造成他人死亡、重伤、精神失常或者被绑架等严重后果的；

（六）造成重大经济损失的；

（七）严重扰乱社会秩序的；

（八）造成其他严重后果。（§4）

△（**情节严重**）拒不履行信息网络安全管理义务，致使影响定罪量刑的刑事案件证据灭失，具有下列情形之一的，应当认定为刑法第二百八十六条之一第一款第三项规定的"情节严重"：

（一）造成危害国家安全犯罪、恐怖活动犯罪、黑社会性质组织犯罪、贪污贿赂犯罪案件的证据灭失的；

（二）造成可能判处五年有期徒刑以上刑罚犯罪案件的证据灭失的；

（三）多次造成刑事案件证据灭失的；

（四）致使刑事诉讼程序受到严重影响的；

（五）其他情节严重的情形。（§5）

△（**有其他严重情节**）拒不履行信息网络安全管理义务，具有下列情形之一的，应当认定为刑法第二百八十六条之一第一款第四项规定的"有其他严重情节"：

（一）对绝大多数用户日志未留存或者未落实真实身份信息认证义务的；

（二）二年内经多次责令改正拒不改正的；

（三）致使信息网络服务被主要用于违法犯罪的；

（四）致使信息网络服务、网络设施被用于实施网络攻击，严重影响生产、生活的；

（五）致使信息网络服务被用于实施危害国家安全犯罪、恐怖活动犯罪、黑社会性质组织犯罪、贪污贿赂犯罪或者其他重大犯罪的；

（六）致使国家机关或者通信、能源、交通、水利、金融、教育、医疗等领域提供公共服务的信息网络受到破坏，严重影响生产、生活的；

（七）其他严重违反信息网络安全管理义务的情形。（§6）

△（**单位**）单位实施本解释规定的犯罪的，依照本解释规定的相应自然人犯罪的定罪量刑标准，对直接负责的主管人员和其他直接责任人员定罪处罚，并对单位判处罚金。（§14）

△（**不起诉或者免予刑事处罚；不以犯罪论处**）综合考虑社会危害程度、认罪悔罪态度等情节，认为犯罪情节轻微的，可以不起诉或者免予刑事处罚，情节显著轻微危害不大的，不以犯罪论处。（§15）

△（**多次；累计计算**）多次拒不履行信息网络安全管理义务、非法利用信息网络、帮助信息网络

犯罪活动构成犯罪，依法应当追诉的，或者二年内多次实施前述行为未经处理的，数量或者数额累计计算。（§16）

△（职业禁止；禁止令）对于实施本解释规定的犯罪被判处刑罚的，可以根据犯罪情况和预防再犯罪的需要，依法宣告职业禁止；被判处管制、宣告缓刑的，可以根据犯罪情况，依法宣告禁止令。（§17）

△（罚金）对于实施本解释规定的犯罪，应当综合考虑犯罪的危害程度、违法所得数额以及被告人的前科情况、认罪悔罪态度等，依法判处罚金。（§18）

【司法解释性文件】

《最高人民法院、最高人民检察院、公安部关于办理电信网络诈骗等刑事案件适用法律若干问题的意见》（法发〔2016〕32号，2016年12月19日公布）

△（诈骗信息；想象竞合犯；诈骗罪）网络服务提供者不履行法律、行政法规规定的信息网络安全管理义务，经监管部门责令采取改正措施而拒不改正，致使诈骗信息大量传播，或者用户信息泄露造成严重后果的，依照刑法第二百八十六条之一的规定，以拒不履行信息网络安全管理义务罪追究刑事责任。同时构成诈骗罪的，依照处罚较重的规定定罪处罚。（§3Ⅵ）

△（金融机构、网络服务提供者、电信业务经营者）金融机构、网络服务提供者、电信业务经营者等在经营活动中，违反国家有关规定，被电信网络诈骗犯罪分子利用，使他人遭受财产损失的，依法承担相应责任。构成犯罪的，依法追究刑事责任。（§3Ⅷ）

《最高人民法院、最高人民检察院、公安部、司法部关于依法惩治妨害新型冠状病毒感染肺炎疫情防控违法犯罪的意见》（法发〔2020〕7号，2020年2月6日发布）

△（肺炎疫情防控；编造、故意传播虚假信息罪；寻衅滋事罪；煽动分裂国家罪；煽动颠覆国家政权罪；拒不履行信息网络安全管理义务罪）依法严惩造谣传谣犯罪。编造虚假的疫情信息，在信息网络或者其他媒体上传播，或者明知是虚假疫情信息，故意在信息网络或者其他媒体上传播，严重扰乱社会秩序的，依照刑法第二百九十一条之一第二款的规定，以编造、故意传播虚假信息罪定罪处罚。

编造虚假信息，或者明知是编造的虚假信息，在信息网络上散布，或者组织、指使人员在信息网络上散布，起哄闹事，造成公共秩序严重混乱的，依照刑法第二百九十三条第一款第四项的规定，以寻衅滋事罪定罪处罚。

利用新型冠状病毒感染肺炎疫情，制造、传播谣言，煽动分裂国家、破坏国家统一，或者煽动颠覆国家政权、推翻社会主义制度的，依照刑法第一百零三条第二款、第一百零五条第二款的规定，以煽动分裂国家罪或者煽动颠覆国家政权罪定罪处罚。

网络服务提供者不履行法律、行政法规规定的信息网络安全管理义务，经监管部门责令采取改正措施而拒不改正，致使虚假疫情信息或者其他违法信息大量传播的，依照刑法第二百八十六条之一的规定，以拒不履行信息网络安全管理义务罪定罪处罚。

对虚假疫情信息案件，要依法、精准、恰当处置。对恶意编造虚假疫情信息，制造社会恐慌，挑ան社会情绪，抗击法典政党和政府，借机煽动颠覆国家政权、推翻社会主义制度的，要依法严惩。对于因轻信而传播虚假信息，危害不大的，不以犯罪论处。（§2Ⅵ）

△（治安管理处罚；从重情节）依法严惩妨害疫情防控的违法行为。实施上述（一）至（九）规定的行为，不构成犯罪的，由公安机关根据治安管理处罚法有关规定事实抗扰公共秩序，扰乱单位秩序、公共场所秩序、寻衅滋事，拒不执行紧急状态下的决定、命令，阻碍执行职务，冲闯警戒带、警戒区，殴打他人，故意伤害，侮辱他人，诈骗，在铁路沿线非法挖掘坑穴、采石取沙，盗窃、损毁路面公共设施，损毁铁路设施设备，故意损毁财物，哄抢公私财物等规定，予以治安管理处罚，或者由有关部门予以其他行政处罚。

对于在疫情防控期间实施有关违法犯罪的，要作为从重情节予以考量，依法体现从严的政策要求，有力惩治震慑违法犯罪，维护法律权威，维护社会秩序，维护人民群众生命安全和身体健康。（§2Ⅹ）

《最高人民法院、最高人民检察院、公安部关于依法惩治网络暴力违法犯罪的指导意见》（法发〔2023〕14号，2023年9月20日发布）

△（有关网络暴力违法犯罪的信息；拒不履行信息网络安全管理义务罪）依法惩治拒不履行信息网络安全管理义务行为。网络服务提供者对于所发现的有关网络暴力违法犯罪的信息不依法履行信息网络安全管理义务，经监管部门责令采取改正措施而拒不改正，致使违法信息大量传播或者有其他严重情节，符合刑法第二百八十六条之一规定的，以拒不履行信息网络安全管理义务罪定罪处罚；依照

刑法和司法解释规定,同时构成其他犯罪的,依照处罚较重的规定定罪处罚。(§6)

△(**网络暴力违法行为;行政处罚**)依法惩治网络暴力违法行为。实施网络侮辱、诽谤等网络暴力行为,尚不构成犯罪,符合治安管理处罚法等规定的,依法予以行政处罚。(§7)

△(**从重处罚事由**)依法严惩网络暴力违法犯罪。对网络暴力违法犯罪,应当体现从严惩治精神,让人民群众充分感受到公平正义。坚持严格执法司法,对于网络暴力违法犯罪,依法严肃追究,切实矫正"法不责众"的错误倾向。要重点打击恶意发起者、组织者、恶意推波助澜者以及屡教不改者。实施网络暴力违法犯罪,具有下列情形之一的,依法从重处罚:(1)针对未成年人、残疾人实施的;(2)组织"水军"、"打手"或者其他人员实施的;(3)编造"涉性"话题侵害他人人格尊严的;(4)利用"深度合成"等生成式人工智能技术发布违法信息的;(5)网络服务提供者发起、组织的。(§8)

△(**民事维权**)依法支持民事维权。针对他人实施网络暴力行为,侵犯他人名誉权、隐私权等人格权,受害人请求行为人承担民事责任的,人民法院依法予以支持。(§9)

第二百八十七条 【利用计算机实施相关犯罪的处罚规定】

利用计算机实施金融诈骗、盗窃、贪污、挪用公款、窃取国家秘密或者其他犯罪的,依照本法有关规定定罪处罚。

【条文说明】

本条是关于利用计算机实施犯罪的规定。

根据本条规定,本条规定的"**利用计算机实施金融诈骗、盗窃、贪污、挪用公款、窃取国家秘密或者其他犯罪**",是指犯罪分子以计算机为犯罪工具和手段,直接或者通过他人向计算机输入非法指令,进行金融诈骗、盗窃、贪污、挪用公款、窃取国家秘密等犯罪活动。这里规定的"**其他犯罪**",是指利用计算机实施的金融诈骗、盗窃、贪污、挪用公款、窃取国家秘密罪以外的犯罪,常见的有间谍、侮辱、诽谤、窃取商业秘密、侵占,挪用公司资金,非法吸收公众存款,电信诈骗,敲诈勒索,洗钱,传授犯罪方法,制作、传播淫秽物品,网络淫秽表演,网络赌博,非法出售、提供试题、答案,买卖公文、证件、印章、身份证件以及有关恐怖活动等犯罪。"**依照本法有关规定定罪处罚**",是指对于利用计算机实施金融诈骗、盗窃、贪污、挪用公款、窃取国家秘密或者其他犯罪的,应当依照本法有关金融诈骗犯罪、盗窃犯罪、贪污犯罪、挪用公款犯罪、非法获取国家秘密罪的规定以及其他犯罪的规定处罚。具体实施什么犯罪行为,就以该罪定罪处刑,如行为人利用计算机进行盗窃犯罪的,应当依照《刑法》第二百六十四条的规定,以盗窃罪定罪处刑。

【参考案例】

No.5-264-43 赵宏铃等盗窃案
非法侵入景点检售系统修改门票的行为,构成破坏计算机信息系统罪,由此窃取数额巨大的景点门票收益行为,又构成盗窃罪,根据《刑法》第二百八十七条之规定应当以盗窃罪定罪处罚。

第二百八十七条之一　【非法利用信息网络罪】

利用信息网络实施下列行为之一，情节严重的，处三年以下有期徒刑或者拘役，并处或者单处罚金：

（一）设立用于实施诈骗、传授犯罪方法、制作或者销售违禁物品、管制物品等违法犯罪活动的网站、通讯群组的；

（二）发布有关制作或者销售毒品、枪支、淫秽物品等违禁物品、管制物品或者其他违法犯罪信息的；

（三）为实施诈骗等违法犯罪活动发布信息的。

单位犯前款罪的，对单位判处罚金，并对其直接负责的主管人员和其他直接责任人员，依照第一款的规定处罚。

有前两款行为，同时构成其他犯罪的，依照处罚较重的规定定罪处罚。

【立法沿革】

《中华人民共和国刑法修正案（九）》（自2015年11月1日起施行）

二十九、在刑法第二百八十七条后增加二条，作为第二百八十七条之一……：

"第二百八十七条之一　利用信息网络实施下列行为之一，情节严重的，处三年以下有期徒刑或者拘役，并处或者单处罚金：

"（一）设立用于实施诈骗、传授犯罪方法、制作或者销售违禁物品、管制物品等违法犯罪活动的网站、通讯群组的；

"（二）发布有关制作或者销售毒品、枪支、淫秽物品等违禁物品、管制物品或者其他违法犯罪信息的；

"（三）为实施诈骗等违法犯罪活动发布信息的。

"单位犯前款罪的，对单位判处罚金，并对其直接负责的主管人员和其他直接责任人员，依照第一款的规定处罚。

"有前两款行为，同时构成其他犯罪的，依照处罚较重的规定定罪处罚。

"……"

【条文说明】

本条是关于非法利用信息网络罪及其处罚的规定。

本条共分为三款。

第一款是关于非法利用信息网络罪及其处罚的规定。根据本款规定，利用信息网络实施以下三类行为，且情节严重的，构成本款规定的犯罪：

1. 设立用于实施诈骗、传授犯罪方法、制作或者销售违禁物品、管制物品等违法犯罪活动的网站、通讯群组的行为。这里的"**网站**"是设立者或者维护者制作的用于展示特定内容的相关网页的集合，便于使用者在其上发布信息或者获取信息；"**通讯群组**"是网上具有相同需求的人群集合在一起进行交流的平台和工具，如QQ、微信等。网站和通讯群组为人们获取资讯、从事经济社会活动、相互通讯提供了极大便利，同时也成为一些违法犯罪人员纠集聚合、实施犯罪的工具和手段。根据《最高人民法院、最高人民检察院关于办理非法利用信息网络、帮助信息网络犯罪活动等刑事案件适用法律若干问题的解释》第八条的规定，以实施违法犯罪活动为目的而设立或者设立后主要用于实施违法犯罪活动的网站、通讯群组，应当认定为"**用于实施诈骗、传授犯罪方法、制作或者销售违禁物品、管制物品等违法犯罪活动的网站、通讯群组**"。第七条规定，"**违法犯罪**"包括犯罪行为和属于刑法分则规定的行为类型但尚未构成犯罪的违法行为。

2. 发布有关制作或者销售毒品、枪支、淫秽物品等违禁物品、管制物品或者其他违法犯罪信息的行为。本款第（一）项对设立网站、通讯群组用于违法犯罪活动作了规定，本项则是对发布相关违法犯罪信息的行为作了规定。这里的违法犯罪信息主要是指制作、销售毒品、枪支、淫秽物品等违禁物品、管制物品的信息，但不限于这些信息，即还包括"其他违法犯罪信息"。实践中比较常见的发布"**其他违法犯罪信息**"的行为，有发布招嫖、销售假证、假发票、赌博、传销的信息等。根据《最高人民法院、最高人民检察院关于办理非法利用信息网络、帮助信息网络犯罪活动等刑事案件适用法律若干问题的解释》第九条的规定，利用信息网络提供信息的链接、截屏、二维码、访问账号密码及其他指引访问服务的，应当认定为"**发布信息**"。《最高人民法院、最高人民检察院关于办理组织、强迫、引诱、容留、介绍卖淫刑事案件适用法律若干问题的解释》第八条第二款规定，利用信息网络发布招嫖违法信息，情节严重的，依照本罪定罪处罚。此外,需要说明的是,与第(一)项不同,本项规定的发布违法犯罪信息,其发布途径更为广泛,不仅包括在网站、通讯群组中发布违法犯罪信息,还包括通过广播、电视等其他信息网络发布信息。

3.为实施诈骗等违法犯罪活动发布信息。从行为方式上看,本款第(二)项、第(三)项都是发布信息,不同之处在于:第(二)项中行为人发布的信息本身具有明显的违法犯罪性质,如制作、销售毒品、淫秽物品等信息;第(三)项中行为人发布的信息,从表面上看往往不具有违法性,但行为人发布信息的目的是吸引他人关注,借以实施诈骗等违法犯罪活动,相关信息从其从事犯罪的幌子。如通过发布低价机票、旅游产品、保健品等商品信息,吸引他人购买,进而实施诈骗、传销等违法犯罪行为。这样规定,主要是针对网络诈骗犯罪跨地域、受害者众多、取证难等问题,将诈骗违法犯罪行为人为实施犯罪在网络上发布信息的行为单独作为犯罪加以明确规定,实际上是将刑法惩治犯罪的环节前移,便于司法机关有效打击网络诈骗等违法犯罪活动,及时切断犯罪链条,防止更为严重的危害后果发生。因此,司法实践中,办案部门在查办具体案件时应当依据掌握的线索,尽力查明行为人线下实际实施的各种犯罪行为。对经过深入细致查证,有足够证据证明行为人实施了诈骗等犯罪的,应当依照诈骗罪等定罪处罚。如果经过深入工作,因为证据等原因,确实难以按照诈骗罪等犯罪追究的,可以根据本条规定,针对其实际实施的为实施诈骗等犯罪而发布信息的行为,依法追究刑事责任。这样,才能做到罪责刑相适应,避免行为人因本条的规定而逃避诈骗等犯罪的追究。

根据本款规定,**实施以上行为"情节严重"的,构成犯罪**。关于"情节严重"的具体认定,可以结合行为人所发布信息的具体内容、数量、扩散范围、获取非法利益的数额、受害人的多少、造成的社会影响等因素综合考量。《最高人民法院、最高人民检察院关于办理非法利用信息网络、帮助信息网络犯罪活动等刑事案件适用法律若干问题的解释》第十条规定:"非法利用信息网络,具有下列情形之一的,应当认定为刑法第二百八十七条之一第一款规定的'情节严重':(一)假冒国家机关、金融机构名义,设立用于实施违法犯罪活动的网站的;(二)设立用于实施违法犯罪活动的网站,数量达到三个以上或者注册账号数累计达到二千以上的;(三)设立用于实施违法犯罪活动的通讯群组,数量达到五个以上或者群组成员账号数累计达到一千以上的;(四)发布有关违法犯罪的信息或者为实施违法犯罪活动发布信息,具有下列情形之一的:1.在网站上发布有关信息一百条以上的;2.向二千个以上用户账号发送有关信息的;3.向群组成员数累计达到三千以上的通讯群组发送有关信息的;4.利用关注人员账号数累计达到三万以上的社交网络传播有关信息的;(五)违法所得一万元以上的;(六)二年内曾因非法利用信息网络、帮助信息网络犯罪活动、危害计算机信息系统安全受到行政处罚,又非法利用信息网络的;(七)其他情节严重的情形。"

关于本罪的刑罚,根据本款规定,行为人构成犯罪的,处三年以下有期徒刑或者拘役,并处或者单处罚金。

第二款是关于单位犯罪的规定。根据本款规定,对单位犯第一款规定之罪的实行"**双罚制**",对单位判处罚金,并对其直接负责的主管人员和其他直接责任人员,依照第一款的规定,处三年以下有期徒刑或者拘役,并处或者单处罚金。

第三款是关于实施本条规定的行为,同时又构成其他犯罪的,如何定罪处罚的规定。本条规定的犯罪,是针对行为人为实施违法犯罪活动而设立网站、发布信息等行为所作的规定。只要行为人实施本条规定的行为,达到情节严重的程度,即构成犯罪,并不要求行为人实际上已实现了其具体的犯罪目的。如果行为人设立网站、发布信息,并且实际实施了相关的犯罪行为,则还可能构成相关犯罪,如设立销售毒品的网站,发布销售毒品的信息,并且实际销售了毒品,则还构成贩卖毒品罪。在这种情况下,其设立销售毒品网站的行为成为其实施贩毒活动的途径或手段,对于这种情况,根据本款规定,**应当按照一重罪论处的原则处理,即依照处罚较重的规定定罪处罚**。如《最高人民法院关于审理毒品犯罪案件适用法律若干问题的解释》第十四条第二款规定,实施《刑法》第二百八十七条之一、第二百八十七条之二规定的行为,同时构成贩卖毒品罪、非法买卖制毒物品罪、传授犯罪方法罪等犯罪的,依照处罚较重的规定定罪处罚。

本条第一款第(一)项规定了"设立用于实施诈骗、传授犯罪方法、制作或者销售违禁物品、管制物品等违法犯罪活动的网站、通讯群组"的犯罪行为,在实践中认定这类行为有以下两点需要注意:

一是行为人设立网站、通讯群组的目的是用于实施违法犯罪活动。如果行为人是出于发布合法信息,从事正常的社交或网络经营行为等目的设立网站、通讯群组,事后被他人用于从事违法犯罪行为的,**不属于本项规定的设立用于违**

法犯罪活动的网站、通讯群组。当然，如果行为人事后知道他人利用其设立的网站、通讯群组从事违法犯罪活动，而为其提供技术支持的，可以适用《刑法修正案（九）》增设的第二百八十七条之二关于帮助实施网络犯罪的规定追究刑事责任。此外，也不排除当事人设立网站或者通讯群组的初始目的是正当的，但在以后将这一网站或者通讯群组逐步演化为用以实施违法犯罪的信息平台的情况。这种情况，也属于本条第一款第（一）项规定的设立用于实施违法犯罪活动的网站、通讯群组。

二是行为人设立违法犯罪网站、通讯群组，主要是从事诈骗、传授犯罪方法、制作或者销售违禁物品、管制物品，**但并不限于法律明确列举的这几类违法犯罪活动**。司法实践中，如果行为人设立网站是为了实施其他违法犯罪行为的，也可以构成本罪，刑法列举的是比较常见、多发的几类违法犯罪活动。

为实施诈骗而设立网站和通讯群组，是实践中最为常见的一种犯罪情形。典型的如设立"钓鱼网站"，通过钓鱼网站窃取、记录用户网上银行帐号、密码等数据，进而用于诈骗、窃取用户网银资金；假冒网上购物、在线支付网站，欺骗用户用户直接将钱打入专门帐户；通过假冒产品和广告宣传获取用户信任，骗取用户财物；恶意团购网站或购物网站，假借"限时抢购""秒杀""团购"等噱头，骗取个人信息和银行帐号等。设立传授犯罪方法的网站和通讯群组，如利用网站或者网络通讯工具传授杀人技巧、制造毒品技术等犯罪方法，有的甚至建立通讯群组专门买卖人体器官、交流奸淫猥亵幼女的经验等。这些违法犯罪网站使得很多犯罪技巧可以轻易在网上学到，从而降低了犯罪门槛，增加了公安机关侦查办案的难度。设立用于制作或者销售违禁物品、管制物品的网站和通讯群组，也是网络违法犯罪的常见类型。近年来，各地司法机关陆续办理了多起通过互联网论坛、博客、公共通讯群组或者专门建立的网站发布制作、贩卖枪支弹药、毒品、迷幻剂、假币、爆炸物、管制刀具、窃听、窃照器材等违禁物品或者管制物品的案件。这些严重破坏了国家对相关物品的管制秩序，相关物品流入社会，成为不法分子从事违法犯罪活动的工具，对公民的人身财产安全、公共安全以及国家安全造成严重威胁。

此外，根据《最高人民法院、最高人民检察院关于办理侵犯公民个人信息刑事案件适用法律若干问题的解释》第八条的规定，设立用于实施非法获取、出售或者提供公民个人信息违法犯罪活动的网站、通讯群组，情节严重的，以非法利用信息网络罪定罪处罚。《最高人民法院关于审理毒品犯罪案件适用法律若干问题的解释》第十四条第一款规定，利用信息网络，设立用于实施传授制造毒品、非法生产制毒物品的方法，贩卖毒品，非法买卖制毒物品或者组织他人吸食、注射毒品等违法犯罪活动的网站、通讯群组，或者发布实施前述违法犯罪活动的信息，情节严重的，应当依照《刑法》第二百八十七条之一的规定，以非法利用信息网络罪定罪处罚。《最高人民法院、最高人民检察院关于办理组织考试作弊等刑事案件适用法律若干问题的解释》第十一条规定，设立用于考试作弊的网站、通讯群组或者发布有关考试作弊的信息的，应当依照《刑法》第二百八十七条之一的规定，以非法利用信息网络罪定罪处罚；同时构成组织考试作弊罪、非法出售、提供试题、答案罪、非法获取国家秘密罪等其他犯罪的，依照处罚较重的规定定罪处罚。

【司法解释】

《最高人民法院关于审理毒品犯罪案件适用法律若干问题的解释》（法释〔2016〕8号，自2016年4月11日起施行）

△（毒品犯罪；非法利用信息网络罪；想象竞合犯；贩卖毒品罪；传授犯罪方法罪）利用信息网络，设立用于实施传授制造毒品、非法生产制毒物品的方法，贩卖毒品，非法买卖制毒物品或者组织他人吸食、注射毒品等违法犯罪活动的网站、通讯群组，或者发布实施前述违法犯罪活动的信息，情节严重的，应当依照刑法第二百八十七条之一的规定，以非法利用信息网络罪定罪处罚。

实施刑法第二百八十七条之一、第二百八十七条之二规定的行为，同时构成贩卖毒品罪、非法买卖制毒物品罪、传授犯罪方法罪等犯罪的，依照处罚较重的规定定罪处罚。（§14）

《最高人民法院、最高人民检察院关于办理侵犯公民个人信息刑事案件适用法律若干问题的解释》（法释〔2017〕10号，自2017年6月1日起施行）

△（公民个人信息；想象竞合犯；侵犯公民个人信息罪）设立用于实施非法获取、出售或者提供公民个人信息违法犯罪活动的网站、通讯群组，情节严重的，应当依照刑法第二百八十七条之一的规定，以非法利用信息网络罪定罪处罚；同时构成侵犯公民个人信息罪的，依照侵犯公民个人信息罪定罪处罚。（§8）

《最高人民法院、最高人民检察院关于办理扰乱无线电通讯管理秩序等刑事案件适用法律若干问题的解释》（法释〔2017〕11号，自2017年7月1

日起施行)

△(**单位犯罪**)单位犯本解释规定之罪的,对单位判处罚金,并对直接负责的主管人员和其他直接责任人员,依照本解释规定的自然人犯罪的定罪量刑标准定罪处罚。(§5)

△(**想象竞合犯**)明知他人实施诈骗等犯罪,使用"黑广播""伪基站"等无线电设备为其发送信息或者提供其他帮助,同时构成其他犯罪的,按照处罚较重的规定定罪处罚。(§6Ⅱ)

《最高人民法院、最高人民检察院关于办理组织、强迫、引诱、容留、介绍卖淫刑事案件适用法律若干问题的解释》(法释〔2017〕13号,自2017年7月25日起施行)

△(**利用信息网络发布招嫖违法信息;竞合**)利用信息网络发布招嫖违法信息,情节严重的,依照刑法第二百八十七条之一的规定,以非法利用信息网络罪定罪处罚。同时构成介绍卖淫罪的,依照处罚较重的规定定罪处罚。(§8Ⅱ)

《最高人民法院、最高人民检察院关于办理组织考试作弊等刑事案件适用法律若干问题的解释》(法释〔2019〕13号,自2019年9月4日起施行)

△(**非法利用信息网络罪;组织考试作弊罪;非法出售、提供试题、答案罪;非法获取国家秘密罪**)设立用于实施考试作弊的网站、通讯群组或者发布有关考试作弊的信息,情节严重的,应当依照刑法第二百八十七条之一的规定,以非法利用信息网络罪定罪处罚,同时构成组织考试作弊罪、非法出售、提供试题、答案罪、非法获取国家秘密罪等其他犯罪的,依照处罚较重的规定定罪处罚。(§11)

《最高人民法院、最高人民检察院关于办理非法利用信息网络、帮助信息网络犯罪活动等刑事案件适用法律若干问题的解释》(法释〔2019〕15号,自2019年11月1日起施行)

△(**违法犯罪**)刑法第二百八十七条之一规定的"违法犯罪",包括犯罪行为和属于刑法分则规定的行为类型但尚未构成犯罪的违法行为。(§7)

△(**用于实施诈骗、传授犯罪方法、制作或者销售违禁物品、管制物品等违法犯罪活动的网站、通讯群组**)以实施违法犯罪活动为目的而设立或者设立后主要用于实施违法犯罪活动的网站、通讯群组,应当认定为刑法第二百八十七条之一第一款第一项规定的"用于实施诈骗、传授犯罪方法、制作或者销售违禁物品、管制物品等违法犯罪活动的网站、通讯群组"。(§8)

△(**发布信息**)利用信息网络提供信息的链接、截屏、二维码、访问账号密码及其他指引访问服务的,应当认定为刑法第二百八十七条之一款第二项、第三项规定的"发布信息"。(§9)

△(**情节严重**)非法利用信息网络,具有下列情形之一的,应当认定为刑法第二百八十七条之一第一款规定的"情节严重":

(一)假冒国家机关、金融机构名义,设立用于实施违法犯罪活动的网站的;

(二)设立用于实施违法犯罪活动的网站,数量达到三个以上或者注册账号数累计达到二千以上的;

(三)设立用于实施违法犯罪活动的通讯群组,数量达到五个以上或者群组成员账号数累计达到一千以上的;

(四)发布有关违法犯罪的信息或者为实施违法犯罪活动发布信息,具有下列情形之一的:

1. 在网站上发布有关信息一百条以上的;
2. 向二千个以上用户账号发送有关信息的;
3. 向群组成员数累计达到三千以上的通讯群组发送有关信息的;
4. 利用关注人员账号数累计达到三万以上的社交网络传播有关信息的;

(五)违法所得一万元以上的;

(六)二年内曾因非法利用信息网络、帮助信息网络犯罪活动、危害计算机信息系统安全受过行政处罚,又非法利用信息网络的;

(七)其他情节严重的情形。(§10)

△(**单位**)单位实施本解释规定的犯罪的,依照本解释规定的相应自然人犯罪的定罪量刑标准,对直接负责的主管人员和其他直接责任人员定罪处罚,并对单位判处罚金。(§14)

△(**不起诉或者免予刑事处罚;不以犯罪论处**)综合考虑社会危害程度、认罪悔罪态度等情节,认为犯罪情节轻微的,可以不起诉或者免予刑事处罚;情节显著轻微危害不大的,不以犯罪论处。(§15)

△(**多次;累计计算**)多次拒不履行信息网络安全管理义务、非法利用信息网络、帮助信息网络犯罪活动构成犯罪,依法应当追诉的,或者二年内多次实施前述行为未经处理的,数量或者数额累计计算。(§16)

△(**职业禁止;禁止令**)对于实施本解释规定的犯罪被判处刑罚的,可以根据犯罪情况和预防再犯罪的需要,依法宣告职业禁止;被判处管制、宣告缓刑的,可以根据犯罪情况,依法宣告禁止令。(§17)

△(**罚金**)对于实施本解释规定的犯罪的,应当综合考虑犯罪的危害程度、违法所得数额以及被告人的前科情况、认罪悔罪态度等,依法判处罚金。(§18)

【司法解释性文件】

《最高人民法院、最高人民检察院、公安部关于办理电信网络诈骗等刑事案件适用法律若干问题的意见》（法发〔2016〕32号，2016年12月19日公布）

△（想象竞合犯；诈骗罪）实施刑法第二百八十六条之一、第二百八十七条之二规定之行为，构成非法利用信息网络罪、帮助信息网络犯罪活动罪，同时构成诈骗罪的，依照处罚较重的规定定罪处罚。（§3Ⅶ）

△（金融机构、网络服务提供者、电信业务经营者）金融机构、网络服务提供者、电信业务经营者等在经营活动中，违反国家有关规定，被电信网络诈骗犯罪分子利用，使他人遭受财产损失的，依法承担相应责任。构成犯罪的，依法追究刑事责任。（§3Ⅷ）

《最高人民法院、最高人民检察院、公安部办理跨境赌博犯罪案件若干问题的意见》（公通字〔2020〕14号，2020年10月16日发布）

△（赌博犯罪共犯；非法经营罪、妨害信用卡管理罪；窃取、收买、非法提供信用卡信息罪；掩饰、隐瞒犯罪所得、犯罪收益罪；非法利用信息网络罪；帮助信息网络犯罪活动罪；侵犯公民个人信息罪）为赌博犯罪提供资金、信用卡、资金结算等服务，构成赌博犯罪共犯，同时构成非法经营罪、妨害信用卡管理罪、窃取、收买、非法提供信用卡信息罪、掩饰、隐瞒犯罪所得、犯罪收益罪等罪的，依照处罚较重的规定定罪处罚。

为网络赌博犯罪提供互联网接入、服务器托管、网络存储、通讯传输等技术支持，或者提供广告推广、支付结算等帮助，构成赌博犯罪共犯，同时构成非法利用信息网络罪、帮助信息网络犯罪活动罪等罪的，依照处罚较重的规定定罪处罚。

为实施赌博犯罪，非法获取公民个人信息，或者向实施赌博犯罪者出售、提供公民个人信息，构成赌博犯罪共犯，同时构成侵犯公民个人信息罪的，依照处罚较重的规定定罪处罚。（§4Ⅴ）

《最高人民法院、最高人民检察院、公安部、司法部关于依法严厉打击传播艾滋病病毒等违法犯罪行为的指导意见》（公通字〔2019〕23号，2019年5月19日发布）

△（传播艾滋病病毒；非法利用信息网络罪）设立网站、通讯群组，用于销售谎称含有或者含有艾滋病病毒的血液等违法犯罪活动，情节严重的，依照刑法第二百八十七条之一的规定，以非法利用信息网络罪定罪处罚。

△（治安管理处罚或者其他行政处罚）实施本条第一项至第十一项规定的行为，不构成犯罪，依法不起诉或者免于刑事处罚的，依法予以治安管理处罚或者其他行政处罚。

《最高人民法院、最高人民检察院、公安部关于依法惩治网络暴力违法犯罪的指导意见》（法发〔2023〕14号，2023年9月20日发布）

△（借网络暴力事件实施的恶意营销炒作；非法利用信息网络罪）依法惩治借网络暴力事件实施的恶意营销炒作行为。基于蹭炒热度、推广引流等目的，利用互联网用户公众账号等推送、传播有关网络暴力违法犯罪的信息，符合刑法第二百八十七条之一规定的，以非法利用信息网络罪定罪处罚；依照刑法和司法解释规定，同时构成其他犯罪的，依照处罚较重的规定定罪处罚。（§6）

△（网络暴力违法行为；行政处罚）依法惩治网络暴力违法行为。实施网络侮辱、诽谤等网络暴力行为，尚不构成犯罪，符合治安管理处罚法等规定的，依法予以行政处罚。（§7）

△（从重处罚事由）依法严惩网络暴力违法犯罪。司法办案中体现从严惩治精神，让人民群众充分感受到公平正义。坚持严格执法司法，对于网络暴力违法犯罪，依法严肃追究，切实矫正"法不责众"的错误倾向。要重点打击恶意发起者、组织者、恶意推波助澜者以及屡教不改者。实施网络暴力违法犯罪，具有下列情形之一的，依法从重处罚：（1）针对未成年人、残疾人实施的；（2）组织"水军"、"打手"或者其他人员实施的；（3）编造"涉性"话题侵害他人人格尊严的；（4）利用"深度合成"等生成式人工智能技术发布违法信息的；（5）网络服务提供者发起、组织的。（§8）

△（民事维权）民事支持民事维权。针对他人实施网络暴力行为，侵犯他人名誉权、隐私权等人格权，受害人请求行为人承担民事责任的，人民法院依法予以支持。（§9）

《全国法院毒品案件审判工作会议纪要》（法〔2023〕108号，2023年6月26日发布）

△（非法利用信息网络罪）利用信息网络，设立用于实施贩卖毒品、非法买卖制毒物品、引诱、教唆、欺骗他人吸毒或者传授制造毒品、非法生产制毒物品的方法等违法犯罪活动的网站、通讯群组，或者发布实施上述违法犯罪活动的信息，情节严重的，以非法利用信息网络罪定罪处罚。实施上述行为，同时构成贩卖毒品罪、非法买卖制毒物品罪、引诱、教唆、欺骗他人吸毒罪、传授犯罪方法罪等犯罪的，依照处罚较重的规定定罪处罚。利用信息网络，组织他人吸毒，构成引诱、教唆、欺骗他人吸毒罪等犯罪的，依法定罪处罚。

第二百八十七条之二 【帮助信息网络犯罪活动罪】

明知他人利用信息网络实施犯罪，为其犯罪提供互联网接入、服务器托管、网络存储、通讯传输等技术支持，或者提供广告推广、支付结算等帮助，情节严重的，处三年以下有期徒刑或者拘役，并处或者单处罚金。

单位犯前款罪的，对单位判处罚金，并对其直接负责的主管人员和其他直接责任人员，依照第一款的规定处罚。

有前两款行为，同时构成其他犯罪的，依照处罚较重的规定定罪处罚。

【立法沿革】

《中华人民共和国刑法修正案（九）》（自2015年11月1日起施行）

二十九、在刑法第二百八十七条后增加二条，作为……第二百八十七条之二：

"……

"第二百八十七条之二 明知他人利用信息网络实施犯罪，为其犯罪提供互联网接入、服务器托管、网络存储、通讯传输等技术支持，或者提供广告推广、支付结算等帮助，情节严重的，处三年以下有期徒刑或者拘役，并处或者单处罚金。

"单位犯前款罪的，对单位判处罚金，并对其直接负责的主管人员和其他直接责任人员，依照第一款的规定处罚。

"有前两款行为，同时构成其他犯罪的，依照处罚较重的规定定罪处罚。"

【条文说明】

本条是关于帮助信息网络犯罪活动罪及其处罚的规定。

本条共分为三款。

第一款是关于对为他人实施网络犯罪提供帮助如何定罪处罚的规定。根据本款规定，构成犯罪应当具备以下条件：

1. **行为人主观上明知他人利用网络实施犯罪**。如果行为人对他人利用自己所提供的产品、服务进行犯罪不知情的，则不能依据本款规定追究刑事责任。司法实践中，认定行为人主观上是否"明知"，可以结合其对他人所实际从事活动的认知情况，之间来往、联络的情况，收取费用的情况等证据，综合审查判断。如《最高人民法院、最高人民检察院、公安部关于办理网络赌博犯罪案件适用法律若干问题的意见》规定，行为人在收到行政主管机关书面等方式的告知后，仍然实施帮助行为的；为赌博网站提供互联网接入、服务器托管、网络存储空间、通讯传输通道、投放广告、软件开发、技术支持、资金支付结算等服务，收取服务费明显异常的；在执法人员调查时，通过销毁、修改数据、帐本等方式故意规避调查或者向犯罪嫌疑人通风报信的；有其他证据证明行为人明知的，即可认定行为人符合"明知"的主观条件。对于如何认定行为人"明知"，根据《最高人民法院、最高人民检察院关于办理非法利用信息网络、帮助信息网络犯罪活动等刑事案件适用法律若干问题的解释》第十一条的规定："为他人实施犯罪提供技术支持或者帮助，具有下列情形之一的，可以认定行为人明知他人利用信息网络实施犯罪，但是有相反证据的除外：（一）经监管部门告知后仍然实施有关行为的；（二）接到举报后不履行法定管理职责的；（三）交易价格或者方式明显异常的；（四）提供专门用于违法犯罪的程序、工具或者其他技术支持、帮助的；（五）频繁采用隐蔽上网、加密通信、销毁数据等措施或者使用虚假身份，逃避监管或者规避调查的；（六）为他人逃避监管或者规避调查提供技术支持、帮助的；（七）其他足以认定行为人明知的情形。"

2. **行为人实施了帮助他人利用信息网络实施犯罪的行为**。根据本款规定，帮助行为主要有以下几种具体形式：第一，**为他人实施网络犯罪提供互联网接入、服务器托管、网络存储、通讯传输等技术支持**。其中，"互联网接入"是指为他人提供访问互联网或者在互联网发布信息的通路。目前常用的互联网接入服务有电话线拨号接入、ADSL接入、光纤宽带接入、无线网络等方式。用户只有通过这些特定的通信线路连接到互联网服务提供商，享受其提供的互联网入网连接和信息服务，才能连接使用互联网或者建立服务器发布消息。这一规定主要针对互联网接入服务提供商，如果其明知他人利用其接入服务实施犯罪，仍继续让对方使用，情节严重的，构成本款规定的犯罪。"**服务器托管**"是指将服务器及相关设备托管到具有专门数据中心的机房。托管的服务器一般由客户通过远程方式自行维护，由机房负责提供稳定的电源、带宽、温湿度等物理环境。"**网络存储**"通常是指通过网络存储、管理数据的载体空间，如常用的百度网盘、QQ中转站等。"**通讯传输**"是指用户之间传输信息的通路。比如电信诈骗犯罪中犯罪分子常用的 VOIP 电话，这种技术能将语音信号经技术处理后通过互联网传输出去。另一种常用的通讯传输通道是 VPN（虚拟专用网络），该技术能在公用网络上建立专用网络，进行加密通讯。目前很多网络犯罪嫌疑人使用 VPN 技术隐藏其真实位置。此外，除上述明确列举的几种技术支持外，常见为他人实施网络犯罪提供技术支持的行为方式还有销售赌博网站代码，为病毒、木马程序提供免杀服务，为网络盗窃、QQ 视频诈骗制作专用木马程序，为设立钓鱼网站等提供技术支持等行为。第二，**为他人利用信息网络实施犯罪提供广告推广**。这里的广告推广包括两种情况：一种是为利用网络实施犯罪的人作广告，拉客户；另一种是为他人设立的犯罪网站拉广告客户，帮助该犯罪网站获得广告收入，以支持犯罪网站的运营。打击此类行为，有利于切断犯罪网站的收入来源。第三，**为他人利用信息网络实施犯罪提供支付结算帮助**。从实践的情况看，网络犯罪大多是为了直接或者间接获取经济利益。由于网络自身的特点，网络犯罪行为人要最终获得犯罪收益，往往需要借助第三方支付等各种网络支付结算服务提供者，以完成收款、转账、取现等活动。实践中甚至有一些人员，专门为网络诈骗集团提供收付款、转账、结算、现金提取服务等帮助。《刑法修正案（九）》增加对为他人利用信息网络实施犯罪提供"支付结算帮助"的规定，就是针对这种情况，这一规定有利于切断网络犯罪的资金流动。

3. **明知他人利用信息网络实施犯罪，而为其提供帮助，"情节严重"的，构成犯罪**。对情节严重的认定，主要可结合行为人所帮助的具体网络犯罪的性质、危害后果、其帮助行为在相关网络犯罪中起到的实际作用、帮助行为为非法获利的数额等情况综合考量。《最高人民法院、最高人民检察院关于办理非法利用信息网络、帮助信息网络犯罪活动等刑事案件适用法律若干问题的解释》第十二条规定："明知他人利用信息网络实施犯罪，为其犯罪提供帮助，具有下列情形之一的，应当认定为刑法第二百八十七条之二第一款规定的'**情节严重**'：（一）为三个以上对象提供帮助的；（二）支付结算金额二十万元以上的；（三）以投放广告

等方式提供资金五万元以上的；（四）违法所得一万元以上的；（五）二年内曾因非法利用信息网络、帮助信息网络犯罪活动、危害计算机信息系统安全受过行政处罚，又帮助信息网络犯罪活动的；（六）被帮助对象实施的犯罪造成严重后果的；（七）其他情节严重的情形。实施前款规定的行为，确因客观条件限制无法查证被帮助对象是否达到犯罪的程度，但相关数额总计达到前款第二项至第四项规定标准五倍以上，或者造成特别严重后果的，应当以帮助信息网络犯罪活动罪追究行为人的刑事责任。"

根据本款规定，构成本罪的，处三年以下有期徒刑或者拘役，并处或者单处罚金。

第二款是关于单位犯罪的规定。

从实践中的情况看，本罪很多是一些提供互联网服务的公司、企业，为了牟取非法利益而实施的，为此，本款对单位犯罪作了规定。根据本款规定，单位犯第一款规定之罪的，对单位判处罚金，并对其直接负责的主管人员和其他直接责任人员，依照第一款的规定处罚，即处以三年以下有期徒刑或者拘役，并处或者单处罚金。

第三款是关于实施本条规定的犯罪，同时构成其他犯罪的，如何定罪处罚的规定。

根据刑法的相关规定，行为人为他人实施网络犯罪提供帮助的行为，可能构成相关犯罪的共犯；同时，技术支持、广告推广或者支付结算等帮助行为，还可能构成《刑法》第二百八十五条规定的提供侵入、非法控制计算机信息系统程序、工具罪以及第一百九十一条规定的洗钱罪等其他犯罪。为此，本款对这种情况下如何适用法律作出规定。根据本款规定，有前两款行为，同时构成其他犯罪的，**依照处罚较重的规定定罪处罚**，即按照从一重罪论处的原则处理。①

需要注意的是，刑法分则规定的为网络犯罪提供技术类支持的罪名主要有三个：一是提供侵入、非法控制计算机信息系统程序、工具罪（第二百八十五条）；二是非法利用信息网络罪（第二百八十七条之一）；三是帮助信息网络犯罪活动罪（第二百八十七条之二）。三个罪名都是以行为人主观明知为构成要件，且都是以情节严重为罪与非罪的界限。不同之处在于，提供侵入、非法

---

① 我国学者指出，本款中的"同时构成其他犯罪"，是指法定刑高于本条第一款法定刑的犯罪，而不包括法定刑低于本条第一款的犯罪，否则会违反罪刑相适应原则。举例而言，甲明知乙利用网络广告对商品或服务作虚假宣传，却仍然为其提供广告推广且情节严重。尽管帮助信息网络犯罪活动罪的法定刑高于虚假广告罪的法定刑，但对于甲的行为，无法以帮助信息网络犯罪活动罪论处。因为即便甲的行为构成虚假广告罪（共同正犯），最多处二年以下有期徒刑。举重以明轻，若甲的行为仅属于帮助行为，更不可能适用《刑法》第二百八十七条之二第一款的规定，否则，就违反了罪刑相适应原则。参见张明楷：《刑法学》（第 6 版），法律出版社 2021 年版，第 1386 页。

控制计算机信息系统程序、工具罪的帮助行为表现为提供专门用于侵入、非法控制计算机信息系统的程序、工具,比如"抢票软件""秒杀软件"等非法的计算机应用程序或者工具。非法利用信息网络罪的帮助行为是开设用于实施违法犯罪活动的网站、通讯群组,或者帮助发布违法犯罪信息。帮助信息网络犯罪活动罪的帮助行为是更为广泛的技术支持和帮助。

【司法解释】

《最高人民法院关于审理毒品犯罪案件适用法律若干问题的解释》(法释〔2016〕8号,自2016年4月11日起施行)

△(想象竞合犯;贩卖毒品罪;非法买卖制毒物品罪;传授犯罪方法罪)实施刑法第二百八十七条之一、第二百八十七条之二规定的行为,同时构成贩卖毒品罪、非法买卖制毒物品罪、传授犯罪方法罪等犯罪的,依照处罚较重的规定定罪处罚。(§14Ⅱ)

《最高人民法院、最高人民检察院关于办理非法利用信息网络、帮助信息网络犯罪活动等刑事案件适用法律若干问题的解释》(法释〔2019〕15号,自2019年11月1日起施行)

△(行为人明知他人利用信息网络实施犯罪)为他人实施犯罪提供技术支持或者帮助,具有下列情形之一的,可以认定行为人明知他人利用信息网络实施犯罪,但是有相反证据的除外:

(一)经监管部门告知后仍然实施有关行为的;

(二)接到举报后不履行法定管理职责的;

(三)交易价格或者方式明显异常的;

(四)提供专门用于违法犯罪的程序、工具或者其他技术支持的;

(五)频繁采用隐蔽上网、加密通信、销毁数据等措施或者使用虚假身份,逃避监管或者规避调查的;

(六)为他人逃避监管或者规避调查提供技术支持、帮助的;

(七)其他足以认定行为人明知的情形。(§11)

△(情节严重;帮助信息网络犯罪活动罪)明知他人利用信息网络实施犯罪,为其犯罪提供帮助,具有下列情形之一的,应当认定为刑法第二百八十七条之二第一款规定的"情节严重":

(一)为三个以上对象提供帮助的;

(二)支付结算金额二十万元以上的;

(三)以投放广告等方式提供资金五万元以上的;

(四)违法所得一万元以上的;

(五)二年内曾因非法利用信息网络、帮助信息网络犯罪活动、危害计算机信息系统安全受过行政处罚,又帮助信息网络犯罪活动的;

(六)被帮助对象实施的犯罪造成严重后果的;

(七)其他情节严重的情形。

实施前款规定的行为,因国客观条件限制无法查证被帮助对象是否达到犯罪的程度,但相关数额总计达到前款第二项至第四项规定标准五倍以上,或者造成特别严重后果的,应当以帮助信息网络犯罪活动罪追究行为人的刑事责任。(§12)

△(被帮助对象实施的犯罪行为因故而未予追究刑事责任;帮助信息网络犯罪活动罪)被帮助对象实施的犯罪行为可以确认,但尚未到案、尚未依法裁判或者因未达到刑事责任年龄等原因依法未予追究刑事责任的,不影响帮助信息网络犯罪活动罪的认定。(§13)

△(单位)单位实施本解释规定的犯罪的,依照本解释规定的相应自然人犯罪的定罪量刑标准,对直接负责的主管人员和其他直接责任人员定罪处罚,并对单位判处罚金。(§14)

△(不起诉或者免予刑事处罚;不以犯罪论处)综合考虑社会危害程度、认罪悔罪态度等情节,认为犯罪情节轻微的,可以不起诉或者免予刑事处罚;情节显著轻微危害不大的,不以犯罪论处。(§15)

△(多次;累计计算)多次拒不履行信息网络安全管理义务、非法利用信息网络、帮助信息网络犯罪活动构成犯罪,依法应当追诉的,或者二年内多次实施前述行为未经处理的,数量或者数额累计计算。(§16)

△(职业禁止;禁止令)对于实施本解释规定的犯罪被判处刑罚的,可以根据犯罪情况和预防再犯罪的需要,依法宣告职业禁止;被判处管制、宣告缓刑的,可以根据犯罪情况,依法宣告禁止令。(§17)

△(罚金)对于实施本解释规定的犯罪的,应当综合考虑犯罪的危害程度、违法所得数额以及被告人的前科情况、认罪悔罪态度等,依法判处罚金。(§18)

【司法解释性文件】

《最高人民法院、最高人民检察院、公安部关于办理电信网络诈骗等刑事案件适用法律若干问题的意见》(法发〔2016〕32号,2016年12月19日公布)

△（**想象竞合犯；诈骗罪**）实施刑法第二百八十七条之一、第二百八十七条之二规定之行为，构成非法利用信息网络罪、帮助信息网络犯罪活动罪，同时构成诈骗罪的，依照处罚较重的规定定罪处罚。（§ 3 Ⅶ）

△（**金融机构、网络服务提供者、电信业务经营者**）金融机构、网络服务提供者、电信业务经营者等在经营活动中，违反国家有关规定，被电信网络诈骗犯罪分子利用，使他人遭受财产损失的，依法承担相应责任。构成犯罪的，依法追究刑事责任。（§ 3 Ⅷ）

《**最高人民法院、最高人民检察院、公安部办理跨境赌博犯罪案件若干问题的意见**》（公通字〔2020〕14 号，2020 年 10 月 16 日发布）

△（**赌博犯罪共犯；非法经营罪、妨害信用卡管理罪；窃取、收买、非法提供信用卡信息罪；掩饰、隐瞒犯罪所得、犯罪收益罪；非法利用信息网络罪；帮助信息网络犯罪活动罪；侵犯公民个人信息罪**）为赌博犯罪提供资金、信用卡、资金结算等服务，构成赌博犯罪共犯，同时构成非法经营罪、妨害信用卡管理罪、窃取、收买、非法提供信用卡信息罪、掩饰、隐瞒犯罪所得、犯罪收益罪等罪的，依照处罚较重的规定定罪处罚。

为网络赌博犯罪提供互联网接入、服务器托管、网络存储、通讯传输等技术支持，或者提供广告推广、支付结算等帮助，构成赌博犯罪共犯，同时构成非法利用信息网络罪、帮助信息网络犯罪活动罪等罪的，依照处罚较重的规定定罪处罚。

为实施赌博罪，非法获取公民个人信息，或者向实施赌博犯罪者出售、提供公民个人信息，构成赌博犯罪共犯，同时构成侵犯公民个人信息罪的，依照处罚较重的规定定罪处罚。（§ 4 Ⅴ）

《**最高人民法院、最高人民检察院、公安部关于办理电信网络诈骗等刑事案件适用法律若干问题的意见（二）**》（法发〔2021〕22 号，2021 年 6 月 17 日发布）

△（**电信网络诈骗罪；帮助行为**）为他人利用信息网络实施犯罪而实施下列行为，可以认定为刑法第二百八十七条之二规定的"帮助"行为：

（一）收购、出售、出租信用卡、银行账户、非银行支付账户、具有支付结算功能的互联网账号密码、网络支付接口、网上银行数字证书的；

（二）收购、出售、出租他人手机卡、流量卡、物联网卡的。（§ 7）

△（**综合认定；其他足以认定行为人明知的情形**）认定刑法第二百八十七条之二规定的行为人明知他人利用信息网络实施犯罪，应当根据行为人收购、出售、出租前述第七条规定的信用卡、银行账户、非银行支付账户，具有支付结算功能的互联网账号密码、网络支付接口、网上银行数字证书，或者他人手机卡、流量卡、物联网卡等的次数、张数、个数，并结合行为人的认知能力、既往经历、交易对象、与实施信息网络犯罪的行为人的关系、提供技术支持或者帮助的时间和方式、获利情况以及行为人的供述等主客观因素，予以综合认定。

收购、出售、出租单位银行结算账户、非银行支付机构单位支付账户，或者电信、银行、网络支付等行业从业人员利用履行职责或提供服务便利，非法开办并出售、出租他人手机卡、信用卡、银行账户、非银行支付账户等的，可以认定为最高人民法院、最高人民检察院关于办理非法利用信息网络、帮助信息网络犯罪活动等刑事案件适用法律若干问题的解释第十一条第（七）项规定的"其他足以认定行为人明知的情形"。但有相反证据的除外。（§ 8）

△（**其他情节严重的情形**）明知他人利用信息网络实施犯罪，为其犯罪提供下列帮助之一的，可以认定为《最高人民法院、最高人民检察院关于办理非法利用信息网络、帮助信息网络犯罪活动等刑事案件适用法律若干问题的解释》第十二条第一款第（七）项规定的"其他情节严重的情形"：

（一）收购、出售、出租信用卡、银行账户、非银行支付账户、具有支付结算功能的互联网账号密码、网络支付接口、网上银行数字证书 5 张（个）以上的；

（二）收购、出售、出租他人手机卡、流量卡、物联网卡 20 张以上的。（§ 9）

△（**经销商；电信网络诈骗犯罪；帮助信息网络犯罪活动罪**）电商平台预付卡、虚拟货币、手机充值卡、游戏点卡、游戏装备等经销商，在公安机关调查案件过程中，被明确告知其交易对象涉嫌电信网络诈骗犯罪，仍与其继续交易，符合刑法第二百八十七条之二规定的，以帮助信息网络犯罪活动罪追究刑事责任。同时构成其他犯罪的，依照处罚较重的规定定罪处罚。（§ 10）

△（**实施诈骗的行为人尚未到案**）为他人实施电信网络诈骗犯罪提供技术支持、广告推广、支付结算等帮助，或者窝藏、转移、收购、代为销售及以其他方法掩饰、隐瞒电信网络诈骗犯罪所得及其产生的收益，诈骗犯罪行为可以确认，但实施诈骗的行为人尚未到案，可以依法先行追究已到案的上述犯罪嫌疑人、被告人的刑事责任。（§ 12）

△（**调取异地公安机关依法制作、收集的证据材料**）办案地公安机关可以通过公安机关信息化系统调取异地公安机关依法制作、收集的刑事案

件受案登记表、立案决定书、被害人陈述等证据材料。调取时不得少于两名侦查人员，并应记载调取的时间、使用的信息化系统名称等相关信息，调取人签名并加盖办案地公安机关印章。经审核证明真实的，可以作为证据使用。（§13）

△(**境外证据材料**)通过国(区)际警务合作收集或者境外警方移交的境外证据材料，确因客观条件限制，境外警方未提供相关证据的发现、收集、保管、移交情况等材料的，公安机关应当对上述证据材料的来源、移交过程以及种类、数量、特征等作出书面说明，由两名以上侦查人员签名并加盖公安机关印章。经审核能够证明案件事实的，可以作为证据使用。（§14）

△(**境外抓获并羁押;折抵刑期**)对境外司法机关抓获并羁押的电信网络诈骗犯罪嫌疑人，在境内接受审判的，境外的羁押期限可以折抵刑期。（§15）

△(**宽严相济刑事政策**)办理电信网络诈骗犯罪案件，应当充分贯彻宽严相济刑事政策。在侦查、审查起诉、审判过程中，应当全面收集证据、准确甄别犯罪嫌疑人、被告人在共同犯罪中的层级地位及作用大小，结合其认罪态度和悔罪表现，区别对待，宽严并用，科学量刑，确保罚当其罪。

对于电信网络诈骗犯罪集团、犯罪团伙的组织者、策划者、指挥者和骨干分子，以及利用未成年人、在校学生、老年人、残疾人实施电信网络诈骗的，依法从严惩处。

对于电信网络诈骗犯罪集团、犯罪团伙中的从犯，特别是其中参与时间相对较短、诈骗数额相对较低或者从事辅助性工作并领取少量报酬，以及初犯、偶犯、未成年人、在校学生等，应当综合考虑其在共同犯罪中的地位作用、社会危害程度、主观恶性、人身危险性、认罪悔罪表现等情节，可以依法从轻、减轻处罚。犯罪情节轻微的，可以依法不起诉或者免于刑事处罚；情节显著轻微危害不大的，不以犯罪论处。（§16）

△(**查扣涉案账户资金;优先返还**)查扣的涉案账户内资金，应当优先返还被害人，如不足以全额返还的，应当按照比例返还。（§17）

《最高人民法院刑事审判第三庭、最高人民检察院第四检察厅、公安部刑事侦查局关于"断卡"行动中有关法律适用问题的会议纪要》(2022年3月22日公布)

△("**明知**"他人利用信息网络实施犯罪**;主客观相一致原则**)关于帮助信息网络犯罪活动罪中"明知他人利用信息网络实施犯罪"的理解适用。认定行为人是否"明知"他人利用信息网络实施犯罪，应当坚持主客观相一致原则，即要结合行为人的认知能力、既往经历、交易对象、与信息网络犯罪行为人的关系、提供技术支持或者帮助的时间和方式、获利情况、出租、出售"两卡"的次数、张数、个数，以及行为人的供述等主客观因素，同时注重听取行为人的辩解并根据其辩解合理与否，予以综合认定。司法办案中既要防止片面倚重行为人的供述认定明知，也要避免简单客观归罪，仅以行为人有出售"两卡"行为就直接认定明知。特别是对于交易双方存在亲友关系等信赖基础，一方否认偶尔向另一方出租、出售"两卡"的，要根据在案事实证据，审慎认定"明知"。

在办案过程中，可着重审查行为人是否具有以下特征及表现，综合全案证据，对其构成"明知"与否作出判断：（1）跨省或多人结伙批量办理、收购、贩卖"两卡"的；（2）出租、出售"两卡"后，收到公安机关、银行业金融机构、非银行支付机构、电信服务提供者等相关单位部门的口头或书面通知，告知其所出租、出售的"两卡"涉嫌诈骗、洗钱等违法犯罪，行为人未采取补救措施，反而继续出租、出售的；（3）出租、出售的"两卡"因涉嫌诈骗、洗钱等违法犯罪被冻结，又帮助解冻，或者注销旧卡、办理新卡，继续出租、出售的；（4）出租、出售的具有支付结算功能的网络账号因涉嫌诈骗、洗钱等违法犯罪被查封，又帮助解封，继续提供给他人使用的；（5）频繁使用隐蔽上网、加密通信、销毁数据等措施或者使用虚假身份，逃避监管或者规避调查的；（6）事先串通设计应对调查的话术口径的；（7）曾因非法交易"两卡"受过处罚或者信用惩戒、训诫谈话，又收购、出售、出租"两卡"的等。（§1）

△(**为三个以上对象提供帮助**)关于《最高人民法院、最高人民检察院关于办理非法利用信息网络、帮助信息网络犯罪活动等刑事案件适用法律若干问题的解释》(以下简称"《解释》")第十二条第一款第(一)项的理解适用。该项所规定的"为三个以上对象提供帮助"，应理解为分别为三个以上行为人或团伙组织提供帮助，且被帮助的行为人或团伙组织实施的行为均达到犯罪程度。为同一对象提供三次以上帮助的，不宜理解为"为三个以上对象提供帮助"。（§2）

△(**违法所得;收卡等"成本"费用无须专门扣除**)关于《解释》第十二条第一款第(四)项的理解适用。该项所规定"违法所得一万元"中的"违法所得"，应理解为行为人为他人实施信息网络犯罪提供帮助，由此所获得的所有违法款项或非法收入。行为人收卡等"成本"费用无须专门扣除。（§3）

△**(情节严重的认定；不宜认定为"支付结算"行为的情形)** 关于《关于深入推进"断卡"行动有关问题的会议纪要》(以下简称"《2020 年会议纪要》")中列举的符合《解释》第十二条规定的"情节严重"情形的理解适用。《2020 年会议纪要》第五条规定，出租、出售的信用卡被用于实施电信网络诈骗，达到犯罪程度，该信用卡内流水金额超过三十万元的，按照符合《解释》第十二条规定的"情节严重"处理。在适用时应当把握单向流入涉案信用卡中的资金超过三十万元，且其中至少三千元经查证系涉诈骗资金。行为人能够说明资金合法来源和性质的，应当予以扣除。以上述情形认定行为"情节严重"的，要注重审查行为人的主观明知程度、出租、出售信用卡的张数、次数、非法获利的数额以及造成的其他严重后果，综合考虑与《解释》第十二条第一款其他项适用的相当性。

行为人出租、出售的信用卡被用于接收电信网络诈骗资金，但行为人未实施代为转账、套现、取现等行为，或者未实施为配合他人转账、套现、取现而提供刷脸等验证服务的，不宜认定为《解释》第十二条第一款第(二)项规定的"支付结算"行为。(§4)

△**(收购、出售、出租信用卡"四件套"；帮助信息网络犯罪活动罪；妨害信用卡管理罪)** 关于收购、出售、出租信用卡"四件套"行为的处理。行为人收购、出售、出租信用卡"四件套"(一般包括信用卡、身份信息、U 盾、网银)，数量较大的，可能同时构成帮助信息网络犯罪活动罪、妨害信用卡管理罪等。"断卡"行动中破获的此类案件，行为人收购、出售、出租的信用卡"四件套"，主要流向电信网络诈骗犯罪团伙或人员手中，用于非法接收、转移诈骗资金，一般以帮助信息网络犯罪活动罪论处。对于涉案信用卡"四件套"数量巨大，同时符合妨害信用卡管理罪构成要件的，择一重罪论处。(§8)

△**(重大电信网络诈骗及其关联犯罪案件的管辖；从严惩处和全面惩处；宽以济严)** 关于重大电信网络诈骗及其关联犯罪案件的处理。对于涉案人数超过 80 人，以及在境外实施的电信网络诈骗及其关联犯罪案件，公安部根据工作需要指定异地管辖的，指定管辖前应当商最高人民检察院和最高人民法院。

各级人民法院、人民检察院、公安机关要充分认识到当前持续深入推进"断卡"行动的重要意义，始终坚持依法从严惩处和全面惩处的方针，坚决严惩跨境电信网络诈骗犯罪集团和人员，贩卖"两卡"团伙头目和骨干、职业"卡商"、行业"内鬼"等。同时，还应当注重宽以济严，对于初犯、偶犯、未成年人、在校学生，特别是其中被胁迫或蒙骗出售本人名下"两卡"，违法所得、涉案数额较少且认罪认罚的，以教育、挽救为主，落实"少捕慎诉慎押"的刑事司法政策，可以依法从宽处理，确保社会效果良好。

各省级人民法院、人民检察院、公安机关要尽快传达并转发本会议纪要，不断提高办案能力，依法准确办理涉"两卡"犯罪案件，确保"断卡"行动深入健康开展。在司法实践中如遇有重大疑难问题，应及时对口上报。(§9)

《最高人民法院刑事审判第三庭、最高人民检察院第四检察厅、公安部刑事侦查局关于深入推进"断卡"行动有关问题的会议纪要》(高检四厅[2020]12 号，2020 年 12 月 21 日公布)

△**(宽严相济刑事政策；打击与治理、惩治与预防、教育相结合)** 准确把握政策，依法精准打击。人民法院、人民检察院和公安机关要认真贯彻宽严相济刑事政策、坚持打击与治理、惩治与预防、教育相结合，重点打击专门从事非法收购、贩卖电话卡、信用卡(以下简称"两卡")活动的犯罪团伙以及与之内外勾结的电信、银行等行业从业人员。对于初犯、偶犯、未成年人、在校学生、老年人等，要以教育、挽救、惩戒、警示为主，善于综合运用行政处罚、信用惩戒和刑事方法手段。情节显著轻微危害不大的，不以犯罪论处；到案后主动认罪认罚，积极退赃退赔的，可以依法不起诉或者免予刑事处罚。(§3)

△**(明知他人利用信息网络实施犯罪)** 全面收集证据，综合审查判断主观故意。要高度重视犯罪嫌疑人主观故意方面证据的收集、审查和认定，依法准确适用帮助信息网络犯罪活动罪相关法律条款。要准确把握《最高人民法院、最高人民检察院关于办理非法利用信息网络、帮助信息网络犯罪活动等刑事案件适用法律若干问题的解释》(法释[2019]15 号，以下简称《解释》)第十一条之规定，实践中，对于多次出租、出售信用卡或者出售多张信用卡的，结合其认知能力、既往经历、生活环境、交易对象等情况，可以认定行为人明知他人利用信息网络实施犯罪。对于犯罪嫌疑人提出的主观明知方面的辩解，要高度重视、认真查证、综合认定。对于出租、出售信用卡达不到多次、多张的，认定构成犯罪要特别慎重。(§4)

△**(情节严重)** 坚持主客观相统一，准确认定犯罪情节。对于涉"两卡"案件，要全面收集主客观证据，加强对"两卡"交易细节、流向用途和造

成后果的查证。对于明知他人利用信息网络实施犯罪向三个以上的个人（团伙）出租、出售电话卡、信用卡，被帮助对象实施的诈骗行为均达到犯罪程度的；或者出租、出售的信用卡被用于实施电信网络诈骗，达到犯罪程度，该信用卡内流水金额超过三十万元的；或者利用被出租、出售的电话卡、信用卡实施的电信网络诈骗犯罪，造成被害人及其近亲属死亡、重伤、精神失常的，按照符合《解释》第十二条规定的"情节严重"处理。（§ 5）

△(惩防结合、综合治理)注重法治宣传，促进综合治理。坚持惩防结合、综合治理。加大对打击涉"两卡"违法犯罪行为的宣传力度，提高社会公众尤其是在校学生、农民工、老年人的法治意识和防范意识强化综合治理，就办案中发现的涉"两卡"管理等社会治理问题、及时向国务院联席办反映，共同推动问题解决。工作中发现的地方有益经验做法、适时介绍推广，为各地工作开展提供有益指引。（§ 6）

《最高人民法院、最高人民检察院、公安部关于办理信息网络犯罪案件适用刑事诉讼程序若干问题的意见》（法发〔2022〕23 号，2022 年 8 月 26 日发布）

△(**犯罪数额认定**)对于涉案人数特别众多的信息网络犯罪案件，确因客观条件限制无法收集证据逐一证明，逐人核实涉案账户的资金来源，但根据银行账户、非银行支付账户等交易记录和其他证据材料，足以认定有关账户主要用于接收、流转涉案资金的，可以按照该账户接收的资金数额认定犯罪数额，但犯罪嫌疑人、被告人能够作出合理说明的除外。案外人提出异议的，应当依法审查。（§ 21）

【**指导性案例**】

最高人民检察院指导性案例第 203 号：李某某帮助信息网络犯罪活动案（2024 年 2 月 22 日发布）

△(**未成年人网络保护；银行卡；主观明知；附条件不起诉；检察建议**)办理未成年人涉嫌使用本人银行卡帮助信息网络犯罪活动罪案件，应当结合涉案未成年人身心特点，重点审查是否明知他人利用信息网络实施上游犯罪并提供帮助。对于主观恶性不大、社会危害较小且自愿认罪认罚的未成年人，坚持以教育、挽救为主，符合附条件不起诉的，依法适用附条件不起诉。对于未成年人银行账户管理存在漏洞，有异常交易风险的，检察机关通过向金融监管机关、商业银行制发检察建议，强化账户源头管理，推动诉源治理。

第二百八十八条 【扰乱无线电通讯管理秩序罪】

违反国家规定，擅自设置、使用无线电台（站），或者擅自使用无线电频率，干扰无线电通讯秩序，情节严重的，处三年以下有期徒刑、拘役或者管制，并处或者单处罚金；情节特别严重的，处三年以上七年以下有期徒刑，并处罚金。

单位犯前款罪的，对单位判处罚金，并对其直接负责的主管人员和其他直接责任人员，依照前款的规定处罚。

【**立法沿革**】

《中华人民共和国刑法》（1997 年修订，自 1997 年 10 月 1 日起施行）

第二百八十八条

违反国家规定，擅自设置、使用无线电台（站），或者擅自占用频率，经责令停止使用后拒不停止使用，干扰无线电通讯正常进行，造成严重后果的，处三年以下有期徒刑、拘役或者管制，并处或者单处罚金。

单位犯前款罪的，对单位判处罚金，并对其直接负责的主管人员和其他直接责任人员，依照前款的规定处罚。

《中华人民共和国刑法修正案（九）》（自 2015 年 11 月 1 日起施行）

三十、将刑法第二百八十八条第一款修改为："违反国家规定，擅自设置、使用无线电台（站），或者擅自使用无线电频率，干扰无线电通讯秩序，情节严重的，处三年以下有期徒刑、拘役或者管制，并处或者单处罚金；情节特别严重的，处三年以上七年以下有期徒刑，并处罚金。"

【**条文说明**】

本条是关于扰乱无线电通讯管理秩序罪及其处罚的规定。

本条共分为两款。

第一款是关于扰乱无线电通讯管理秩序罪及其处罚的规定。构成本罪应当具备以下条件：

1. **必须违反国家规定**。这里的"违反国家规定"，是指违反法律、行政法规等有关无线电管理的规定。如军事设施保护法、民用航空法等法律中都有关于无线电管理的规定；有关无线电管理的行政法规比较多，如电信条例、无线电管理条例、无线电管制规定、民用机场管理条例等都有关于无线电管理的规定。

2. 行为人实施了擅自设置、使用无线电台（站）或者擅自使用无线电频率，干扰无线电通讯秩序的行为。这里规定了两种犯罪行为：

第一，擅自设置、使用无线电台（站）的行为。"擅自设置、使用无线电台（站）"，是指行为人违反国家有关无线电台（站）设置方面的管理规定，未经申请、未办理设置无线电台（站）的审批手续或者未领取电台执照而设置、使用无线电台（站）的行为。2016年修订的《无线电管理条例》第二十七条规定："设置、使用无线电台（站）应当向无线电管理机构申请取得无线电台执照，但设置、使用下列无线电台（站）的除外：（一）地面公众移动通信终端；（二）单收无线电台（站）；（三）国家无线电管理机构规定的微功率短距离无线电台（站）。"第二十八条规定："除本条例第二十九条规定的业余无线电台外，设置、使用无线电台（站），应当符合下列条件：（一）有可用的无线电频率；（二）所使用的无线电发射设备依法取得无线电发射设备型号核准证且符合国家规定的产品质量要求；（三）有熟悉无线电管理规定、具备相关业务技能的人员；（四）有明确具体的用途，且技术方案可行；（五）有能够保证无线电台（站）正常使用的电磁环境，拟设置的无线电台（站）对依法使用的其他无线电台（站）不会产生有害干扰。申请设置、使用空间无线电台，除应当符合前款规定的条件外，还应当有可利用的卫星无线电频率和卫星轨道资源。"第二十九条规定："申请设置、使用业余无线电台的，应当熟悉无线电管理规定，具有相应的操作技术能力，所使用的无线电发射设备应当符合国家标准和国家无线电管理的有关规定。"

第二，擅自使用无线电频率的行为。"擅自使用无线电频率"，主要是指违反国家有关无线电使用的管理规定，未经批准获得使用权而使用无线电频率的行为。根据《无线电管理条例》第六条的规定，任何单位或者个人不得擅自使用无线电频率，不得对依法开展的无线电业务造成有害干扰，不得利用无线电台（站）进行违法犯罪活动。第十三条第一款规定，国家无线电管理机构负责制定无线电频率划分规定，并向社会公布。第十四条规定："使用无线电频率应当取得许可，但下列频率除外：（一）业余无线电台、公众对讲机、制式无线电台使用的频率；（二）国际安全与遇险系统，用于航空、水上移动业务和无线电导航业务的国际固定频率；（三）国家无线电管理机构规定的微功率短距离无线电发射设备使用的频率。"行为人擅自使用无线电频率，包括行为人的无线电台（站）本身属于未经批准而设置的，也包括行为人的无线电台（站）虽经依法批准设立，但在使用过程中，违反国家有关无线电使用的管理规定，擅自改变主管部门为其指配的频率而非法使用其他频率的情形。《最高人民法院、最高人民检察院关于办理扰乱无线电通讯管理秩序等刑事案件适用法律若干问题的解释》第一条规定："具有下列情形之一的，应当认定为刑法第二百八十八条第一款规定的'**擅自设置、使用无线电台（站），或者擅自使用无线电频率，干扰无线电通讯秩序**'：（一）未经批准设置无线电广播电台（以下简称'黑广播'），非法使用广播电视专用频段的频率的；（二）未经批准设置通信基站（以下简称'伪基站'），强行向不特定用户发送信息，非法使用公众移动通信频率的；（三）未经批准使用卫星频率的；（四）非法设置、使用无线电干扰器的；（五）其他擅自设置、使用无线电台（站），或者擅自使用无线电频率，干扰无线电通讯秩序的情形。"

3. 必须达到情节严重的，才构成本罪。这里的"情节严重"，可主要根据行为人擅自设置、使用无线电台（站）、擅自使用无线电频率的行为，对无线电通讯秩序造成干扰的程度、范围、时间，被其干扰的无线电通讯活动的性质、领域、重要程度等因素综合判断。《最高人民法院、最高人民检察院关于办理扰乱无线电通讯管理秩序等刑事案件适用法律若干问题的解释》第二条规定："违反国家规定，擅自设置、使用无线电台（站），或者擅自使用无线电频率，干扰无线电通讯秩序，具有下列情形之一的，应当认定为刑法第二百八十八条第一款规定的'**情节严重**'：（一）影响航天器、航空器、铁路机车、船舶专用无线电导航、遇险救助和安全通信等涉及公共安全的无线电频率正常使用的；（二）自然灾害、事故灾难、公共卫生事件、社会安全事件等突发事件期间，在事件发生地使用'黑广播''伪基站'的；（三）举办国家或者省级重大活动期间，在活动场所及周边使用'黑广播''伪基站'的；（四）同时使用三个以上'黑广播''伪基站'的；（五）'黑广播'的实测发射功率五百瓦以上，或者覆盖范围十公里以上的；（六）使用'伪基站'发送诈骗、赌博、招嫖、木马病毒、钓鱼网站链接等违法犯罪信息，数量在五千条以上，或者销毁发送数量等记录的；（七）雇佣、指使未成年人、残疾人等特定人员使用'伪基站'的；（八）违法所得三万元以上的；（九）曾因扰乱无线电通讯管理秩序受过刑事处罚，或者二年内曾因扰乱无线电通讯管理秩序受过行政处罚，又实施刑法第二百八十八条规定的行为的；(十)其他情节严重的情形。"

根据本款规定，构成本罪的，处三年以下有期徒刑、拘役或者管制，并处或者单处罚金；情节特别严重的，处三年以上七年以下有期徒刑，并处罚金。根据《最高人民法院、最高人民检察院关于办理扰乱无线电通讯管理秩序等刑事案件适用法律若干问题的解释》第三条的规定："违反国家规定，擅自设置、使用无线电台（站），或者擅自使用无线电频率，干扰无线电通讯秩序，具有下列情形之一的，应当认定为刑法第二百八十八条第一款规定的'情节特别严重'：(一)影响航天器、航空器、铁路机车、船舶专用无线电导航、遇险救助和安全通信等涉及公共安全的无线电频率正常使用，危及公共安全的；(二)造成公共秩序混乱等严重后果的；(三)自然灾害、事故灾难、公共卫生事件和社会安全事件等突发事件期间，在事件发生地使用'黑广播''伪基站'，造成严重影响的；(四)对国家或者省级重大活动造成严重影响的；(五)同时使用十个以上'黑广播''伪基站'的；(六)'黑广播'的实测发射功率三千瓦以上的，或者覆盖范围二十公里以上的；(七)违法所得十五万元以上的；(八)其他情节特别严重的情形。"

第二款是关于对单位犯罪的处罚规定。根据本款规定，单位犯扰乱无线电通讯管理秩序犯罪的，对单位判处罚金，并对其直接负责的主管人员和其他直接责任人员，依照前款的规定处罚，即对单位直接负责的主管人员和其他直接责任人员，处三年以下有期徒刑、拘役或者管制，并处或者单处罚金；情节特别严重的，处三年以上七年以下有期徒刑，并处罚金。

需要注意的是，本条规定的是擅自设置、使用无线电通讯设备的犯罪，对于**非法生产、销售伪基站等无线电设备**，根据《最高人民法院、最高人民检察院关于办理扰乱无线电通讯管理秩序等刑事案件适用法律若干问题的解释》的规定，应以**非法经营罪**追究刑事责任。该解释第四条规定："非法生产、销售'黑广播''伪基站'无线电干扰器等无线电设备，具有下列情形之一的，应当依照刑法第二百二十五条规定的'情节严重'：(一)非法生产、销售无线电设备三套以上的；(二)非法经营数额五万元以上的；(三)其他情节严重的情形。实施前款规定的行为，数量或者数额达到前款第一项、第二项规定标准五倍以上的，或者具有其他情节特别严重的情形的，应当认定为刑法第二百二十五条规定的'情节特别严重'。在非法生产、销售无线电设备窝点查扣的零件，以组装完成的套数以及能够组装的套数认定；无法组装为成套设备的，每三套广播信号调制器（激励器）认定为一套'黑广播'设备，每三块主板认定为一套'伪基站'设备。"

【司法解释】

《最高人民法院关于审理扰乱电信市场管理秩序案件具体应用法律若干问题的解释》（法释〔2000〕12号，自2000年5月24日起施行）

△(**想象竞合犯；非法经营罪**)违反国家规定，擅自设置、使用无线电台（站），或者擅自占用频率，非法经营国际电信业务或者涉港澳台电信业务进行营利活动，同时构成非法经营罪和刑法第二百八十八条规定的扰乱无线电通讯管理秩序罪的，依照处罚较重的规定定罪处罚。（§5）

《最高人民法院关于审理危害军事通信刑事案件具体应用法律若干问题的解释》（法释〔2007〕13号，自2007年6月29日起施行）

△(**军事通信；想象竞合犯；破坏军事通信罪**)违反国家规定，擅自设置、使用无线电台、站，或者擅自占用频率，经责令停止使用后拒不停止使用，干扰无线电通讯正常进行，构成犯罪的，依照刑法第二百八十八条的规定定罪处罚；造成军事通信中断或者严重障碍，同时构成刑法第二百八十八条、第三百六十九条第一款规定的犯罪的，依照处罚较重的规定定罪处罚。（§6Ⅳ）

《最高人民法院、最高人民检察院关于办理扰乱无线电通讯管理秩序等刑事案件适用法律若干问题的解释》（法释〔2017〕11号，自2017年7月1日起施行）

△[**擅自设置、使用无线电台（站），或者擅自使用无线电频率，干扰无线电通讯秩序**]具有下列情形之一的，应当认定为刑法第二百八十八条第一款规定的"擅自设置、使用无线电台（站），或者擅自使用无线电频率，干扰无线电通讯秩序"：

（一）未经批准设置无线电广播电台（以下简称"黑广播"），非法使用广播电视专用频段的频率的；

（二）未经批准设置通信基站（以下简称"伪基站"），强行向不特定用户发送信息，非法使用公众移动通信频率的；

（三）未经批准使用卫星无线电频率的；

（四）非法设置、使用无线电干扰器的；

（五）其他擅自设置、使用无线电台（站），或者擅自使用无线电频率，干扰无线电通讯秩序的情形。（§1）

△(**情节严重**)违反国家规定，擅自设置、使用无线电台（站），或者擅自使用无线电频率，干扰无

线电通讯秩序,具有下列情形之一的,应当认定为刑法第二百八十八条第一款规定的"情节严重":

(一)影响航天器、航空器、铁路机车、船舶专用无线电导航、遇险救助和安全通信等涉及公共安全的无线电频率正常使用的;

(二)自然灾害、事故灾难、公共卫生事件、社会安全事件等突发事件期间,在事件发生地使用"黑广播""伪基站"的;

(三)举办国家或者省级重大活动期间,在活动场所及周边使用"黑广播""伪基站"的;

(四)同时使用三个以上"黑广播""伪基站"的;

(五)"黑广播"的实测发射功率五百瓦以上,或者覆盖范围十公里以上的;

(六)使用"伪基站"发送诈骗、赌博、招嫖、木马病毒、钓鱼网站链接等违法犯罪信息,数量在五千条以上,或者销毁发送数量等记录的;

(七)雇佣、指使未成年人、残疾人等特定人员使用"伪基站"的;

(八)违法所得三万元以上的;

(九)曾因扰乱无线电通讯管理秩序受到刑事处罚,或者二年内曾因扰乱无线电通讯管理秩序受过行政处罚,又实施刑法第二百八十八条规定的行为的;

(十)其他情节严重的情形。(§2)

△(**情节特别严重**)违反国家规定,擅自设置、使用无线电台(站),或者擅自使用无线电频率,干扰无线电通讯秩序,具有下列情形之一的,应当认定为刑法第二百八十八条第一款规定的"情节特别严重":

(一)影响航天器、航空器、铁路机车、船舶专用无线电导航、遇险救助和安全通信等涉及公共安全的无线电频率正常使用,危及公共安全的;

(二)造成公共秩序混乱等严重后果的;

(三)自然灾害、事故灾难、公共卫生事件和社会安全事件等突发事件期间,在事件发生地使用"黑广播""伪基站",造成严重影响的;

(四)对国家或者省级重大活动造成严重影响的;

(五)同时使用十个以上"黑广播""伪基站"的;

(六)"黑广播"的实测发射功率三千瓦以上,或者覆盖范围二十公里以上的;

(七)违法所得十五万元以上的;

(八)其他情节特别严重的情形。(§3)

△(**单位犯罪**)单位犯本解释规定之罪的,对单位判处罚金,并对直接负责的主管人员和其他直接责任人员,依照本解释规定的自然人犯罪的定罪量刑标准定罪处罚。(§5)

△(**想象竞合犯**)擅自设置、使用无线电台(站),或者擅自使用无线电频率,同时构成其他犯罪的,按照处罚较重的规定定罪处罚。

明知他人实施电信诈骗等犯罪,使用"黑广播""伪基站"等无线电设备为其发送信息或者提供其他帮助,同时构成其他犯罪的,按照处罚较重的规定定罪处罚。(§6)

△(**事先通谋;共同犯罪**)有查禁扰乱无线电管理秩序犯罪活动职责的国家机关工作人员,向犯罪分子通风报信、提供便利,帮助犯罪分子逃避处罚的,应当依照刑法第四百一十七条的规定,以帮助犯罪分子逃避处罚罪追究刑事责任;事先通谋的,以共同犯罪论处。(§7Ⅱ)

△(**情节轻微;不起诉或者免予刑事处罚事由;从宽处罚**)为合法经营目的,使用"黑广播""伪基站"或者实施其他扰乱无线电通讯管理秩序的行为,构成扰乱无线电通讯管理秩序罪,但不属于"情节特别严重",行为人系初犯,并确有悔罪表现的,可以认定为情节轻微,不起诉或者免予刑事处罚;确有必要判处刑罚的,应当从宽处罚。(§8)

△(**鉴定意见;移动终端用户受影响情况之认定**)对案件所涉的有关专门性问题难以确定的,依据司法鉴定机构出具的鉴定意见,或者下列机构出具的报告,结合其他证据作出认定:

(一)省级以上无线电管理机构、省级无线电管理机构依法设立的派出机构、地市级以上广播电视主管部门就是否系"伪基站""黑广播"出具的报告;

(二)省级以上广播电视主管部门及其指定的检测机构就"黑广播"功率、覆盖范围出具的报告;

(三)民航、航空、铁路、船舶等主管部门就是否干扰导航、通信等出具的报告。

对移动终端用户受影响的情况,可以依据相关通信运营商出具的证明,结合被告人供述、终端用户证言等证据作出认定。(§9)

【司法解释性文件】

《最高人民法院、最高人民检察院、公安部关于办理电信网络诈骗等刑事案件适用法律若干问题的意见》(法发[2016]32号,2016年12月19日公布)

△(**电信网络诈骗;"伪基站""黑广播";想象竞合犯;诈骗罪**)在实施电信网络诈骗活动中,非法使用"伪基站""黑广播",干扰无线电通讯秩序,符合刑法第二百八十八条规定的,以扰乱无线电通讯管理秩序罪追究刑事责任。同时构成诈骗罪的,依照处罚较重的规定定罪处罚。(§3Ⅰ)

第二百八十九条 【聚众"打砸抢"的处罚规定】
聚众"打砸抢",致人伤残、死亡的,依照本法第二百三十四条、第二百三十二条的规定定罪处罚。毁坏或者抢走公私财物的,除判令退赔外,对首要分子,依照本法第二百六十三条的规定定罪处罚。

【条文说明】

本条是关于聚众"打砸抢"的刑事责任的规定。

"**聚众'打砸抢'**",是指聚集多人肆意打人、毁坏或者抢走公私财物,严重危害社会秩序的行为。这里的"**聚众**",是指聚集多人进行"打砸抢"的行为。"**致人伤残、死亡的,依照本法第二百三十四条、第二百三十二条的规定定罪处罚**",是指聚众"打砸抢"造成他人轻伤、重伤的,依照《刑法》第二百三十四条关于故意伤害罪的规定定罪处罚;造成他人死亡的,依照《刑法》第二百三十二条关于故意杀人罪的规定定罪处罚。① "**毁坏或者抢走公私财物的,除判令退赔外,对首要分子,依照本法第二百六十三条的规定定罪处罚**",是指毁坏或者抢走公私财物,应当判令退还原物或者按价赔偿,对首要分子,依照《刑法》第二百六十三条关于抢劫罪的规定定罪处罚。

需要注意的是,实践中聚众"打砸抢"的情况一般比较复杂,要具体分析其引起的原因、危害后果及其他情节,对首要分子要予以严厉打击;对其他参加者,罪行严重的,也应依法追究刑事责任;对于虽然参与"打砸抢",但情节较轻的,可以进行批评教育,必要时给予治安处罚。对于聚众"打砸抢",毁坏、抢走公私财物的,只对首要分子依照抢劫罪的规定追究刑事责任。

【司法解释】

《最高人民法院、最高人民检察院关于办理妨害预防、控制突发传染病疫情等灾害的刑事案件具体应用法律若干问题的解释》(法释〔2003〕8号,自 2003 年 5 月 15 日起施行)

△(预防、控制突发传染病疫情等灾害;聚众"打砸抢";故意伤害罪;故意杀人罪;抢劫罪)在预防、控制突发传染病疫情等灾害期间,聚众"打砸抢",致人伤残、死亡的,依照刑法第二百八十九条、第二百三十四条、第二百三十二条的规定,以故意伤害罪或者故意杀人罪定罪,依法从重处罚。对毁坏或者抢走公私财物的首要分子,依照刑法第二百八十九条、第二百六十三条的规定,以抢劫罪定罪,依法从重处罚。(§9)

第二百九十条 【聚众扰乱社会秩序罪】【聚众冲击国家机关罪】【扰乱国家机关工作秩序罪】【组织、资助非法聚集罪】
聚众扰乱社会秩序,情节严重,致使工作、生产、营业和教学、科研、医疗无法进行,造成严重损失的,对首要分子,处三年以上七年以下有期徒刑;对其他积极参加的,处三年以下有期徒刑、拘役、管制或者剥夺政治权利。
聚众冲击国家机关,致使国家机关工作无法进行,造成严重损失的,对首要分子,处五年以上十年以下有期徒刑;对其他积极参加的,处五年以下有期徒刑、拘役、管制或者剥夺政治权利。
多次扰乱国家机关工作秩序,经行政处罚后仍不改正,造成严重后果的,处三年以下有期徒刑、拘役或者管制。
多次组织、资助他人非法聚集,扰乱社会秩序,情节严重的,依照前款的规定处罚。

【立法沿革】

《中华人民共和国刑法》(1997 年修订,自 1997 年 10 月 1 日起施行)
第二百九十条

聚众扰乱社会秩序,情节严重,致使工作、生产、营业和教学、科研无法进行,造成严重损失的,对首要分子,处三年以上七年以下有期徒刑;对其他积极参加的,处三年以下有期徒刑、拘役、管制或

---

① 我国学者指出,本款规定属于拟制规定而非注意规定。因此,不需要行为人对死亡或伤害具有故意。但根据责任主义原理,行为人至少对死亡或伤害必须有过失。参见张明楷:《刑法学》(第 6 版),法律出版社 2021 年版,第 1110 页。

者剥夺政治权利。

聚众冲击国家机关,致使国家机关工作无法进行,造成严重损失的,对首要分子,处五年以上十年以下有期徒刑;对其他积极参加的,处五年以下有期徒刑、拘役、管制或者剥夺政治权利。

《中华人民共和国刑法修正案(九)》(自2015年11月1日起施行)

三十一、将刑法第二百九十条第一款修改为:

"聚众扰乱社会秩序,情节严重,致使工作、生产、营业和教学、科研、医疗无法进行,造成严重损失的,对首要分子,处三年以上七年以下有期徒刑;对其他积极参加的,处三年以下有期徒刑、拘役、管制或者剥夺政治权利。"

增加二款作为第三款、第四款:

"多次扰乱国家机关工作秩序,经行政处罚后仍不改正,造成严重后果的,处三年以下有期徒刑、拘役或者管制。

多次组织、资助他人非法聚集,扰乱社会秩序,情节严重的,依照前款的规定处罚。"

【条文说明】

本条是关于聚众扰乱社会秩序罪、聚众冲击国家机关罪、扰乱国家机关工作秩序罪以及组织、资助非法聚集罪及其处罚的规定。

本条共分为四款。

第一款是关于聚众扰乱社会秩序罪及其处罚的规定。根据本款规定,**聚众扰乱社会秩序犯罪**,是指聚众扰乱社会秩序,情节严重,致使工作、生产、营业和教学、科研、医疗无法进行,造成严重损失的行为。构成本罪应当具备以下条件:

1. **行为人实施了聚众扰乱社会秩序的行为。** 这里的"**聚众扰乱社会秩序**",是指纠集多人扰乱机关、公司、企业、事业单位、人民团体、社会团体等有关社会组织的工作、生产、营业和教学、科研、医疗秩序,如聚众侵人、占领机关、单位、团体的工作场所以及封闭其出入通道;对工作人员进行纠缠、哄闹、辱骂、殴打;毁坏财物、设备;强行切断电源、水源等。①《刑法修正案(九)》在本条中增加了有关扰乱医疗场所秩序,致使医疗无法进行的规定。这一规定是根据草案审议中的意见增加的规定,主要是针对实践中频繁发生扰乱医疗场所秩序的情况。需要特别说明的是,《刑法修正案(九)》对本条的修改并不是增加新的犯罪情形,只是对刑法原有规定作进一步明确规定。这样规定,有利于增强法律的针对性,提高对扰乱医疗秩序犯罪的震慑力。单纯从法律适用来说,实践中所谓"医闹"等案件,是一种比较典型的聚众扰乱社会秩序的案件,对其中情节严重的,应当严格按照刑法的规定追究首要分子和积极参加者的刑事责任。对这一问题,司法机关和社会各方面的认识也是一致的,有关司法解释对具体法律适用问题也有明确规定,司法实践中也是这样处理的。如2014年4月22日《最高人民法院、最高人民检察院、公安部、司法部、国家卫生和计划生育委员会关于依法惩处涉医违法犯罪维护正常医疗秩序的意见》中明确、细化的规定,即对聚众实施的在医疗机构私设灵堂、摆放花圈、焚烧纸钱、悬挂横幅、堵塞大门或者以其他方式扰乱医疗秩序行为,造成严重损失或者扰乱其他公共秩序情节严重,以及在医疗机构的病房、抢救室、重症监护室等场所及医疗机构的公共开放区域违规停放尸体,情节严重,构成犯罪的,可以根据聚众扰乱社会秩序罪、聚众扰乱公共场所秩序、交通秩序罪、寻衅滋事罪等追究刑事责任。

2. 行为必须达到情节严重,致使工作、生产、营业和教学、科研、医疗无法进行,造成严重损失,这是构成本罪的必要条件之一。本款规定的"**情节严重**",一般表现为扰乱的时间长、次数多、纠集的人数多,扰乱重要的工作、生产、营业和教学、科研、医疗活动,造成的影响比较恶劣,等等。"**致使工作、生产、营业和教学、科研、医疗无法进行**",是指聚众扰乱机关、公司、企业、教学科研单位、医院等的行为,导致该单位正常的工作、生产、营业和教学、科研、医疗无法进行。"**造成严重损失**",主要是指使经济建设、教学、科研、医疗等受到严重的破坏和损失。需要注意的是,情节严重,致使机关、单位、团体的工作、生产、营业和教学、科研、医疗无法进行,造成严重损失,都是构成本罪的要件,缺一不可。对于一般违法行为,情节较轻,没有造成严重损失,危害不大的,不构成本罪,可以依照治安管理处罚法的规定处理。

3. **本罪的犯罪主体包括首要分子和其他积极参加的人。** 这里所谓"**首要分子**",主要是指在聚众犯罪中起组织、策划、指挥作用的犯罪分子,首要分子既可能只进行幕后策划而不亲自参与实施扰乱社会秩序的行为,也可能不但组织策划,还现场坐镇指挥,积极实施扰乱社会秩序的行为,实践中要注意正确认定,准确打击。"其他积极参加

---

① 我国学者指出,聚众行为本身具有公然性,表现为众人处于集合状态的形式。参见周光权:《刑法各论》(第4版),中国人民大学出版社2021年版,第414页。

的",是指在共同犯罪中,积极、主动参加的或者在共同犯罪中起重要作用的犯罪分子。

根据本款规定,犯本款规定之罪的,对首要分子处三年以上七年以下有期徒刑;对其他积极参加的,处三年以下有期徒刑、拘役、管制或者剥夺政治权利。

第二款是关于聚众冲击国家机关罪及其处罚的规定。根据本款规定,**聚众冲击国家机关的犯罪**,是指聚众冲击国家机关,致使国家机关工作无法进行,造成严重损失的行为。这里规定的"国家机关",是指管理国家某一方面事务的具体工作部门,包括各级国家权力机关、党政机关、司法机关和军事机关。① "聚众冲击国家机关",主要是指聚集多人强行包围、堵塞、冲入各级国家机关的行为。② "致使国家机关工作无法进行",是指国家机关及其工作人员行使管理职权、执行职务的活动时,因受到聚众冲击而被迫中断或者停止。"造成严重损失",是指造成的社会影响很恶劣,严重损害国家机关的权威;致使国家机关长时间无法行使管理职能,严重影响到工作秩序;给国家、集体和个人造成严重经济损失;等等。

根据本款规定,犯本款规定之罪的,对首要分子处五年以上十年以下有期徒刑;对其他积极参加的,处五年以下有期徒刑、拘役、管制或者剥夺政治权利。

第三款是关于**扰乱国家机关工作秩序罪**及其处罚的规定。构成本罪应当具备以下条件:一是**行为人多次实施扰乱国家机关工作秩序的行为**。这里所说的"多次",一般指三次以上。"扰乱国家机关工作秩序",不是以聚众的方式,而是以个人方式扰乱、冲击国家机关,破坏国家机关的正常工作秩序。二是**经行政处罚后仍不改正**。所谓"经行政处罚后仍不改正",是指行为人因扰乱国家机关秩序被行政处罚后,又实施扰乱国家秩序的行为。根据《治安管理处罚法》第二十三条第一款的规定,扰乱机关、团体、企业、事业单位秩序,致使工作、生产、营业、医疗、教学、科研不能正常进行,尚未造成严重损失的,由公安机关处警告或者二百元以下罚款;情节较重的,处五日以上十日以下拘留,可以并处五百元以下罚款。三是**必须造成严重后果**。"造成严重后果",是指扰乱行为导致国家机关正常工作秩序受到严重影响,无法正常开展工作;或者造成国家机关人员、财产损失等。需要注意的是,构成本罪需要同时具备多次扰乱国家机关工作秩序、经行政处罚后仍不改正、造成严重后果三个方面的要件。

根据本款规定,构成本罪的,处三年以下有期徒刑、拘役或者管制。

第四款是关于**组织、资助非法聚集**及其处罚的规定。构成本罪必须具备以下要件:一是**本罪的犯罪主体是组织、资助他人聚集的人员**。"组织"是指组织、策划、指挥、协调非法聚集活动的行为;"资助"是指筹集、提供活动经费、物资以及其他物质便利的行为。③ 二是**行为人多次实施组织、资助他人非法聚集,扰乱社会秩序的行为**。这里的"多次",一般指三次以上。"非法聚集"是指未经批准在公共场所集会、集结的行为。"扰乱社会秩序"是指造成社会秩序混乱,致使工作、生产、营业和教学、科研、医疗等活动受到严重干扰,甚至无法进行的情况。如致使机场、车站、码头、商场、影剧院、运动场馆等人员密集场所秩序混乱,或者大型客运交通工具正常运行的,致使国家机关、学校、医院、厂矿企业等单位的工作、生产、营业和教学、科研、医疗等活动中断等。三是**必须达到情节严重,这是罪与非罪的界限**。所谓"情节严重",主要是指组织、资助非法聚集的次数多,纠集的人数多、资助的金额多;非法聚集扰乱重要的工作、生产、营业和教学、科研、医疗活动,造成的影响比较恶劣等。

根据本款规定,对多次组织、资助他人非法聚集,扰乱社会秩序,情节严重的,处三年以下有期徒刑、拘役或者管制。

实践中需要注意以下两个方面的问题:

1. 本条第一款、第二款规定的聚众扰乱社会秩序罪、聚众冲击国家机关罪,是聚众实施的犯罪,重点惩治的应当是首要分子,本条对首要分子规定了较重的刑罚,同时考虑到其他积极参加的人员中有一些骨干分子,因此,本条对其他积极参加的人员也规定了刑罚,但实践中其他积极参加的情况较为复杂,应从行为人在扰乱社会秩序活

---

① 作为本罪对象的国家机关,只限于禁止一般人任意出入的国家机关。一般人可以任意出入的国家机关,不能成为本罪的对象。参见张明楷:《刑法学》(第6版),法律出版社2021年版,第1389页。

② 在国家机关周围静坐、示威的行为,以及单纯包围国家机关的行为,不成立本罪。参见张明楷:《刑法学》(第6版),法律出版社2021年版,第1389页。

③ 左坚卫教授指出,资助应当限定为物资资助,而不包括精神方面给予的鼓励、声援以及发表文章予以支持等。资助可以是事先提供,也可以是事后提供。参见赵秉志、李希慧主编:《刑法各论》(第3版),中国人民大学出版社2016年版,第281页。

动中的表现、地位和作用等方面判断。一般来说，包括在聚众扰乱活动中表现积极、主动；参与了大多数扰乱活动；在扰乱活动中直接造成严重损失的人。对于一般围观起哄的人，如果没有其他违法行为，或者有的虽然参与扰乱行为，但没有直接造成严重损失的人等不宜以犯罪论处。

2. 本条第三款规定的扰乱国家机关工作秩序罪是针对实践中一些个人，以各种极端方式冲击、扰乱国家机关工作秩序，且屡教不改，严重扰乱国家机关工作秩序的情况增加的规定。实践中要严格掌握对信访行为适用本罪的条件。申诉权是公民的基本权利，上访是公民行使申诉权利，表达利益诉求，寻求救济的一种方式，而回应和解决公民诉求本身就是国家机关工作的一部分，有的行为人由于合法权益受到侵害，通过正常程序无法得到解决，也有可能走上缠访、闹访之路。因此，司法机关在认定本罪时，需要严格把握罪与非罪的界限。缠访、闹访并非一个法律概念，对于在国家机关门口缠访、闹访的，不能不加区分一概入罪，要考虑到行为人是否属于正当维权，是否扰乱了国家机关工作秩序，是否给国家机关工作造成严重后果，**在适用本罪时需要慎重，避免使具有正当诉求的上访者、申诉者受到刑罚处罚**。对于相关国家工作人员失职、渎职行为引起的此类行为，也应依法追究相关人员的行政及刑事责任。要防止实践中有的人员为了达到对信访人适用本条规定的目的，违反法律精神，放宽行政处罚条件，对信访人予以行政处罚的情况。也要注意对于在信访场所的缠访等行为与扰乱国家机关工作秩序的界限，应严格掌握，避免申诉不畅甚至客观上纵容违法作为、不作为情况的发生。

【司法解释性文件】

《公安部关于公安机关处置信访活动中违法犯罪行为适用法律的指导意见》（公通字〔2013〕25号，2013年7月19日印发）

△（**聚众扰乱信访工作秩序**）聚众扰乱信访工作秩序，情节严重，符合《刑法》第二百九十条第一款规定的，对首要分子和其他积极参加者以聚众扰乱社会秩序罪追究刑事责任。（§1Ⅵ）

△（**在国家机关办公场所周围实施静坐等行为或者非法聚集**）在国家机关办公场所周围实施静坐，张贴、散发材料，呼喊口号，打横幅，穿着状衣，出示状纸，扬言自伤、自残、自杀等行为或者非法聚集，经有关国家机关工作人员劝阻、批评和教育无效的，依照《信访条例》第四十七条第二款规定，公安机关予以警告、训诫或者制止，收缴相关材料和横幅、状纸、状衣等物品；符合《治安管理处罚法》第二十三条第一款第一项、第二款规定的，以扰乱单位秩序、聚众扰乱单位秩序依法予以治安管理处罚；符合《刑法》第二百九十条第一款规定的，对非法聚集的首要分子和其他积极参加者以聚众扰乱社会秩序罪追究刑事责任；聚集多人围堵、冲击国家机关，扰乱国家机关正常秩序，符合《刑法》第二百九十条第二款规定的，对首要分子和其他积极参加者以聚众冲击国家机关罪追究刑事责任。（§4Ⅰ）

△（**在外国使领馆区、国际组织驻华机构所在地实施静坐等行为或者非法聚集**）在外国使领馆区、国际组织驻华机构所在地实施静坐，张贴、散发材料，呼喊口号，打横幅，穿着状衣、出示状纸等行为或者非法聚集的，应当立即制止，根据《人民警察法》第八条规定，迅速带离现场，并收缴相关材料和横幅、状纸、状衣等物品；符合《治安管理处罚法》第二十三条第一款第一项、第二款规定的，以扰乱公共场所秩序、聚众扰乱公共场所秩序依法予以治安管理处罚；符合《刑法》第二百九十条第一款规定的，对首要分子和其他积极参加者以聚众扰乱社会秩序罪追究刑事责任。（§4Ⅳ）

△（**实施跳河、自伤、自残、自杀行为**）实施跳河、跳楼、跳桥、攀爬建筑物、铁塔、烟囱、树木，或者其他自伤、自残、自杀行为，制造社会影响的，应当积极组织解救；符合《治安管理处罚法》第二十三条第一款第一项、第二项规定的，以扰乱单位秩序、扰乱公共场所秩序依法予以治安管理处罚；符合《刑法》第二百九十条第一款规定的，对首要分子和其他积极参加者以聚众扰乱社会秩序罪追究刑事责任；符合《刑法》第二百九十一条规定的，对首要分子以聚众扰乱公共场所秩序罪追究刑事责任。（§4Ⅵ）

《最高人民法院、最高人民检察院、公安部关于依法处理信访活动中违法犯罪行为的指导意见》（公通字〔2019〕7号，2019年2月28日发布）

△（**扰乱公共秩序**）在信访活动中或者以信访为名，实施下列行为的，依照刑法有关规定定罪处罚：

1. 在各级党委、人大、政协、行政、监察、审判、检察、军事机关，厂矿、商场等企业单位，学校、医院、报社、电视台、科研院所等事业单位，工会、妇联等社会团体单位，机场、车站、码头等重要交通场站，或者在上述场所周边的其他公共场所，聚众实施统一着装、佩戴统一标识、静坐滞留、张贴散发材料、喊口号、打横幅、穿状衣等行为，或者实施跳楼、服毒等自杀、自伤行为以及扬言实施自杀、自伤行为，情节严重，致使工作、生产、营业和教学、科研、医疗活动无法进行，造成严重损失的，依照刑法第二百九十条第一款的规定，对首要分子和其他积极参加者，以聚众扰乱社会秩序罪定罪处罚；

2. 在各级党委、人大、政协、行政、监察、检察、军事机关，聚众实施强行冲闯、围堵大门通道、围攻、辱骂工作人员，强占办公场所，投掷石块杂物等冲击国家机关行为，致使国家机关工作无法进行，造成严重损失的，依照刑法第二百九十条第二款的规定，对首要分子和其他积极参加者，以聚众冲击国家机关罪定罪处罚；

3. 聚众扰乱车站、码头、民用航空站、商场、公园、影剧院、展览会、运动场及周边公共场所及其他公共场所秩序，聚众堵塞交通或者破坏交通秩序，抗拒、阻碍国家治安管理工作人员依法执行职务，情节严重的，依照刑法第二百九十一条的规定，对首要分子，以聚众扰乱公共场所秩序、交通秩序罪定罪处罚；

4. 个人多次扰乱国家机关的工作秩序，经行政处罚后仍不改正，造成严重后果的，依照刑法第二百九十条第三款的规定，以扰乱国家机关工作秩序罪定罪处罚。

《最高人民法院、最高人民检察院、公安部、司法部、国家卫生和计划生育委员会关于依法惩处涉医违法犯罪维护正常医疗秩序的意见》（法发〔2014〕5号，2014年4月22日公布）

△（涉医违法犯罪；扰乱医疗秩序）对涉医违法犯罪行为，要依法严肃追究、坚决打击。公安机关要加大对暴力杀医、伤医、扰乱医疗秩序等违法犯罪活动的查处力度，接到报警后应当及时出警、快速处置，需要追究刑事责任的，及时立案侦查，全面、客观地收集、调取证据，确保侦查质量。人民检察院应当及时依法批捕、起诉，对于重大涉医犯罪案件要加强法律监督，必要时可以对收集证据、适用法律提出意见。人民法院应当加快审理进度，在全面查明案件事实的基础上依法准确定罪量刑，对于犯罪手段残忍、主观恶性深、人身危险性大的被告人或者社会影响恶劣的涉医犯罪行为，要依法从严惩处。

△（扰乱医疗秩序；聚众扰乱社会秩序罪）在医疗机构私设灵堂、摆放花圈、焚烧纸钱、悬挂横幅、堵塞大门或者以其他方式扰乱医疗秩序，尚未造成严重损失，经劝说、警告无效的，要依法驱散，对拒不服从的人员要依法带离现场，依照治安管理处罚法第二十三条的规定处罚；聚众实施的，对首要分子和其他积极参加者依法予以治安处罚；造成严重损失或者扰乱其他公共秩序情节严重，构成寻衅滋事罪、聚众扰乱社会秩序罪、聚众扰乱公共场所秩序、交通秩序罪的，依照刑法的有关规定定罪处罚。

在医疗机构的病房、抢救室、重症监护室等场所及医疗机构的公共开放区域违规停放尸体，影响医疗秩序，经劝说、警告无效的，依照治安管理处罚法第六十五条的规定处罚；严重扰乱医疗秩序或者其他公共秩序，构成犯罪的，依照前款的规定定罪处罚。

第二百九十一条 【聚众扰乱公共场所秩序、交通秩序罪】

聚众扰乱车站、码头、民用航空站、商场、公园、影剧院、展览会、运动场或者其他公共场所秩序，聚众堵塞交通或者破坏交通秩序，抗拒、阻碍国家治安管理工作人员依法执行职务，情节严重的，对首要分子，处五年以下有期徒刑、拘役或者管制。

【条文说明】

本条是关于聚众扰乱公共场所秩序、交通秩序罪及其处罚的规定。

根据本条规定，**聚众扰乱公共场所秩序、交通秩序罪**，是指聚众实施扰乱车站、码头、民用航空站、商场、公园、影剧院、展览会或者其他公共场所秩序，聚众堵塞交通或者破坏交通秩序，抗拒、阻碍国家治安管理工作人员依法执行职务，情节严重的行为。构成本罪必须具备以下条件：

1. **犯罪主体是首要分子**。本罪是聚众性犯罪，处罚的对象仅限于首要分子。"首要分子"，主要是指在聚众犯罪中起组织、策划、指挥作用的犯罪分子，对其他参加的，主要是进行批评教育，必要时给予治安处罚。根据《治安管理处罚法》第二十三条第一款的规定，扰乱车站、港口、码头、机场、商场、公园、展览馆或者其他公共场所秩序的，由公安机关处警告或者二百元以下罚款；情节较重的，处五日以上十日以下拘留，可以并处五百元以下罚款。

2. **行为人实施了聚众扰乱公共场所秩序、聚众堵塞交通或者破坏交通秩序的行为**。这里规定了两种犯罪行为：第一，聚众扰乱公共场所秩序的行为。这里规定的"聚众扰乱"公共场所秩序,是指纠集多人以各种方法对公共场所秩序进行干扰和捣乱,主要是故意在公共场所聚众起哄闹事。所谓"公共场所",是指具有公共性特点,对公众开放,供不特定的多数人随时出入、停留、使用的场所,包括车站、码头、民用航空站、商场、公园、影剧院、展览会、运动场所等。"其他公共场所",主要是指礼堂、公共食堂、游泳池、浴池、农村集市等。"公共场所秩序"是指为保证公众顺利地出入、使用公共场所以及在公共场所停留而规定的公共行为规则。第二,**聚众堵塞交通或者破坏交通秩序的行为**。所谓"聚众堵塞交通或者破坏交通秩序",是指纠集多人堵塞交通,使车辆、行人不能通过,或者故意违反交通规则,破坏正常的交通秩序,影响顺利通行和通行安全的行为。其中"交通秩序",是指交通工具与行人依照交通规则在交通线路上安全顺利通行的正常状态。

3. **行为人实施聚众行为,同时必须抗拒、阻碍国家治安管理工作人员依法执行职务**。本条规定的"抗拒、阻碍国家治安管理工作人员依法执行职务",是指抗拒、阻碍等执法警察、交通民警等执行治安管理职务的工作人员依法维护公共场所秩序或者交通秩序的行为。①

4. **必须达到情节严重,才构成本罪**。这里规定的"情节严重",主要是指聚众扰乱公共场所秩序或者聚众破坏交通秩序,人数多或者时间长;造成人员伤亡、建筑物损坏、公私财物受到重大损失等严重后果;影响或者行为手段恶劣;等等。

根据本条规定,犯本条规定之罪的,对首要分子处五年以下有期徒刑、拘役或者管制。

【司法解释性文件】

《最高人民法院、最高人民检察院、公安部、司法部、国家卫生和计划生育委员会关于依法惩处涉医违法犯罪维护正常医疗秩序的意见》(法发〔2014〕5号,2014年4月22日公布)

△(**涉医违法犯罪;扰乱医疗秩序**)对涉医违法犯罪行为,要依法严厉追究、坚决打击。公安机关要加大对暴力杀医、伤医、扰乱医疗秩序等违法犯罪活动的查处力度,接到报警后应当及时出警、快速处置,需要追究刑事责任的,及时立案侦查,全面、客观地收集、调取证据,确保侦查质量。人民检察院应当及时依法批捕、起诉,对于重大涉医犯罪案件要加强法律监督,必要时可以对收集证据、适用法律提出意见。人民法院应当加快审理进度,在全面查明案件事实的基础上依法准确定罪量刑,对于犯罪手段残忍、主观恶性深、人身危险性大的被告人或者社会影响恶劣的涉医犯罪行为,要依法从严惩处。

△(**扰乱医疗秩序;聚众扰乱公共场所秩序、交通秩序罪**)在医疗机构私设灵堂、摆放花圈、焚烧纸钱、悬挂横幅、堵塞大门或者以其他方式扰乱医疗秩序,尚未造成严重损失,经劝说、警告无效的,要依法驱散,对拒不服从的人员要依法带离现场,依照治安管理处罚法第二十三条的规定处罚;聚众实施的,对首要分子和其他积极参加者依法予以治安处罚;造成严重损失或者扰乱医疗秩序情节严重,构成寻衅滋事罪、聚众扰乱社会秩序罪、聚众扰乱公共场所秩序、交通秩序罪的,依照刑法的有关规定定罪处罚。

在医疗机构的病房、抢救室、重症监护室等场所及医疗机构的公共开放区域违规停放尸体,影响医疗机构,经劝说、警告无效的,依照治安管理处罚法第六十五条的规定处罚;严重扰乱医疗秩序或者其他公共秩序,构成犯罪的,依照前款的规定定罪处罚。

《公安部关于公安机关处置信访活动中违法犯罪行为适用法律的指导意见》(公通字〔2013〕25号,2013年7月19日印发)

△(**信访活动;聚众扰乱公共场所秩序罪**)在车站、码头、商场、公园、广场等公共场所张贴、散发材料,呼喊口号,打横幅,穿着状衣、出示状纸,或者非法聚集,以及在举办文化、体育等大型群众性活动或者国内、国际重大会议期间,在场馆周围、活动区域或者场内实施前述行为,经劝阻、批评和教育无效的,依据《信访条例》第四十七条第二款规定,公安机关予以警告、训诫或者制止此,收缴相关材料和横幅、状纸、状衣等物品;符合《治安管理处罚法》第二十三条第一款第二项、第二款或者第二十四条第一款第一项、第三项、第五项规定的,以扰乱公共场所秩序、聚众扰乱公共场所秩序或者强行进入大型活动场所内、在大型活动场所内展示侮辱性物品、向大型活动场所内投掷杂物依法予以治安管理处罚;聚众扰乱公共场所秩序,抗拒、阻碍国家治安管理工作人员依法执行职务,情节严重,符合《刑法》第二百九十一条规定的,对首要分子以聚众扰乱公共场所秩序罪追究刑事责任。(§4Ⅱ)

---

① 我国学者指出,"抗拒、阻碍国家治安管理人员依法执行职务"属于独立的第三种行为类型。参见张明楷:《刑法学》(第6版),法律出版社2021年版,第1390页。

△(信访活动;聚众扰乱交通秩序罪)在信访接待场所、其他国家机关门前或者交通通道上堵塞、阻断交通或者非法聚集,影响交通工具正常行驶,符合《治安管理处罚法》第二十三条第一款第四项、第二款规定的,以妨碍交通工具正常行驶、聚众妨碍交通工具正常行驶依法予以治安管理处罚;符合《刑法》第二百九十一条规定的,对首要分子以聚众扰乱交通秩序罪追究刑事责任。(§ 4 Ⅲ)

【参考案例】

No. 6-1-291-1 余胜利、尤庆波聚众扰乱交通秩序案

△聚众扰乱交通秩序罪的成立,要求行为人同时实施了"聚众堵塞交通或者破坏交通秩序"与"抗拒、阻碍国家治安管理工作人员依法执行职务"的行为,但并不要求后者必须达到情节严重的程度。

第二百九十一条之一　【投放虚假危险物质罪】【编造、故意传播虚假恐怖信息罪】【编造、故意传播虚假信息罪】

投放虚假的爆炸性、毒害性、放射性、传染病病原体等物质,或者编造爆炸威胁、生化威胁、放射威胁等恐怖信息,或者明知是编造的恐怖信息而故意传播,严重扰乱社会秩序的,处五年以下有期徒刑、拘役或者管制;造成严重后果的,处五年以上有期徒刑。

编造虚假的险情、疫情、灾情、警情,在信息网络或者其他媒体上传播,或者明知是上述虚假信息,故意在信息网络或者其他媒体上传播,严重扰乱社会秩序的,处三年以下有期徒刑、拘役或者管制;造成严重后果的,处三年以上七年以下有期徒刑。

【立法沿革】

《中华人民共和国刑法修正案(三)》(自2001年12月29日起施行)

八、刑法第二百九十一条后增加一条,作为第二百九十一条之一:

"投放虚假的爆炸性、毒害性、放射性、传染病病原体等物质,或者编造爆炸威胁、生化威胁、放射威胁等恐怖信息,或者明知是编造的恐怖信息而故意传播,严重扰乱社会秩序的,处五年以下有期徒刑、拘役或者管制;造成严重后果的,处五年以上有期徒刑。"

《中华人民共和国刑法修正案(九)》(自2015年11月1日起施行)

三十二、在刑法第二百九十一条之一中增加一款作为第二款:

"编造虚假的险情、疫情、灾情、警情,在信息网络或者其他媒体上传播,或者明知是上述虚假信息,故意在信息网络或者其他媒体上传播,严重扰乱社会秩序的,处三年以下有期徒刑、拘役或者管制;造成严重后果的,处三年以上七年以下有期徒刑。"

【条文说明】

本条是关于投放虚假危险物质罪,编造、故意传播虚假恐怖信息罪,编造、故意传播虚假信息罪及其处罚的规定。

本条共分为两款。

第一款是关于**投放虚假危险物质罪,编造、故意传播虚假恐怖信息罪**及其处罚的规定。根据本款规定,构成本罪应当同时具备以下两个方面的条件:

1. **行为人实施了投放虚假的爆炸性、毒害性、放射性、传染病病原体等物质,或者编造爆炸威胁、生化威胁、放射威胁等恐怖信息,或者明知是编造的恐怖信息而故意传播的行为。** 本款列举了三种犯罪行为。一是投放虚假的爆炸性、毒害性、放射性、传染病病原体等物质的行为。所谓"投放虚假的爆炸性、毒害性、放射性、传染病病原体等物质",是指以邮寄、放置、丢弃等方式将假的类似于爆炸性、毒害性、放射性、传染病病原体等物质的物品置于他人或者公众面前或者周围。二是编造爆炸威胁、生化威胁、放射威胁等恐怖信息的行为。所谓"编造爆炸威胁、生化威胁、放射威胁等恐怖信息",是指行为人编造假的要发生爆炸、生物化学物品泄漏、放射性物品泄漏以及使用生化、放射性武器等信息。① 三是**明知是编造的恐怖信息而故意**

---

① 关于恐怖信息的认定,我国学者罗列出三个条件,分别是:(1)可感性,即需要被足够多人知道;(2)可信性或者误导性,即需要使人相信它们是真的;(3)紧迫性,即其预报的"危险"往往一触即发,人们在极短的时间内根本来不及判断真假,对避免"灾难"的可能性严重缺乏信心,因而陷于高度恐惧之中。参见黎宏:《刑法学各论》(第2版),法律出版社2016年版,第374页。

传播的行为。所谓"明知是编造的恐怖信息而故意传播",是指明知该恐怖信息出于他人编造,是假的信息,而故意向他人传播的行为。关于"恐怖信息"的范围,2013年《最高人民法院关于审理编造、故意传播虚假恐怖信息刑事案件适用法律若干问题的解释》作了进一步的细化。根据该解释第六条的规定,虚假恐怖信息包括以发生爆炸威胁、生化威胁、放射威胁、劫持航空器威胁、重大灾情、重大疫情等严重威胁公共安全的事件为内容,可能引起社会恐慌或者公共安全危机的不真实信息。上述三种犯罪行为,只要实施其中一种即构成本罪。

2. **行为人的行为严重扰乱社会秩序**。"严重扰乱社会秩序",主要是指该行为造成社会恐慌,严重影响生产、工作和社会生活的正常进行。2013年《最高人民法院关于审理编造、故意传播虚假恐怖信息刑事案件适用法律若干问题的解释》第二条规定,编造、故意传播虚假恐怖信息,具有下列情形之一的,应当认定为"**严重扰乱社会秩序**":(1)致使机场、车站、码头、商场、影剧院、运动场馆等人员密集场所秩序混乱,或者采取紧急疏散措施的;(2)影响航空器、列车、船舶等大型客运交通工具正常运行的;(3)致使国家机关、学校、医院、工矿企业等单位的工作、生产、经营、教学、科研等活动中断的;(4)造成行政村或者社区居民生活秩序严重混乱的;(5)致使公安、武警、消防、卫生检疫等职能部门采取紧急应对措施的;(6)其他严重扰乱社会秩序的。

本款规定的犯罪为**故意犯罪**,行为人只要故意实施本款规定的行为,且严重扰乱社会秩序的,即构成本罪。在实践中,行为人实施本款规定行为的动机和目的是多方面的,有的是为了报复某个人,有的是对社会不满,有的甚至是搞恶作剧,无论动机如何,都不影响本罪的成立。

根据情节的轻重,本款规定了两档刑罚:**构成犯罪的**,判处五年以下有期徒刑、拘役或者管制;**造成严重后果的**,处五年以上有期徒刑。其中"造成严重后果",主要是指该行为给公民、集体、国家造成重大经济损失,造成重大社会影响或由于恐慌而造成人员伤亡等情况。2013年《最高人民法院关于审理编造、故意传播虚假恐怖信息刑事案件适用法律若干问题的解释》第四条规定:"编造、故意传播虚假恐怖信息,严重扰乱社会秩序,具有下列情形之一的,应当认定为刑法第二百九十一条之一的'**造成严重后果**',处五年以上有期徒刑:(一)造成3人以上轻伤或者1人以上重伤的;(二)造成直接经济损失50万元以上的;(三)造成县级以上区域范围居民生活秩序严重混乱的;(四)妨碍国家重大活动进行的;(五)造成其他严重后果的。"

第二款是关于**编造、故意传播虚假信息罪及其处罚**的规定。对本款规定需要注意以下几个方面的内容:一是**虚假信息的范围包括险情、疫情、灾情、警情**。"险情"包括突发可能造成重大人员伤亡或者财产损失的情况以及其他危险情况;"疫情"包括疫病尤其是传染性的发生、发展等情况;"灾情"包括火灾、水灾、地质灾害等灾害情况;"警情"包括有违法犯罪行为发生需要出警等情况。二是**行为方式上包括编造虚假信息后传播和明知是虚假信息故意传播两种情况**。所谓"编造"是指出于各种目的的故意虚构并不存在的险情、疫情、灾情、警情的情况。"传播"虚假信息,是对编造的虚假信息在信息网络上发布、转发、转帖,在其他媒体上登载、刊发等情况。① 三是**传播方式为在信息网络或者其他媒体发布或者传播**。关于信息网络,2013年《最高人民法院、最高人民检察院关于办理利用信息网络实施诽谤等刑事案件适用法律若干问题的解释》第十条有具体界定,包括以计算机、电视机、固定电话机、移动电话机等电子设备为终端的计算机互联网、广播电视网、固定通信网、移动通信网等信息网络,以及向公众开放的局域网络。其他媒体,是指除了信息网络之外的报纸等传统媒体。四是**本款规定的犯罪为故意犯罪**。对行为人确实无法辨别信息真伪,主观上认为是真实的信息而误传播的,不适用本罪。实践中,有的是出于吸引他人关注的动机而编造虚假信息,有的是为了恶意中伤、诽谤他人或者单位,还有的是出于经济目的而编造虚假信息。何种动机通常并不影响对本罪的定性。五是**构成本罪需要达到"严重扰乱社会秩序"的程度**。"严重扰乱社会秩序"是指造成社会秩序严重混乱,致使工作、生产、营业和教学、科研、医疗等活动受到严重干扰甚至无法进行的情况,如致使车站、码头等人员密集场所秩序严重混乱或采取紧急疏散措施,影响航空器、列车、船舶等大型客运交通工具正常运行,致使厂矿企业等单位的生产、经营活动中断,造成人民群众生活秩序严重混乱等。

---

① 我国学者指出,编造、故意传播虚假恐怖信息罪不是复数行为犯,而是单一行为犯,构成要件行为是传播、散布虚假恐怖信息。故而,传播是本罪构成要件行为的着手,编造是预备行为。参见周光权:《刑法各论》(第4版),中国人民大学出版社2021年版,第418页。

根据本款规定,**构成本罪的,处三年以下有期徒刑、拘役或者管制;造成严重后果的,处三年以上七年以下有期徒刑**。

需要注意的是,在实践中,对第二款规定的传播虚假的险情、疫情、灾情、警情的犯罪,应注意区分明知是虚构或者编造的信息而传播和因为误听、误信而传播的界限。有的情况下,信息真伪确实难以辨别,行为人主观上认为是真实的信息而传播;有的时候还存在被传播的信息开始被辟谣,事后被证实为真的情况。根据本款规定,只有故意编造并且将自己编造的相关信息在网络或其他媒体上传播的行为,以及明知道是他人编造的信息而故意在网络或其他媒体上传播的,才构成犯罪。确实不知相关信息为谣言而误传播的,不构成犯罪。

【司法解释】

《最高人民法院、最高人民检察院关于办理妨害预防、控制突发传染病疫情等灾害的刑事案件具体应用法律若干问题的解释》(法释〔2003〕8号,自2003年5月15日起施行)

△(与突发传染病疫情等灾害有关的恐怖信息)编造与突发传染病疫情等灾害有关的恐怖信息,或者明知是编造的此类恐怖信息而故意传播,严重扰乱社会秩序的,依照刑法第二百九十一条之一的规定,以编造、故意传播虚假恐怖信息罪定罪处罚。① (§10Ⅰ)

《最高人民法院、最高人民检察院关于办理利用信息网络实施诽谤等刑事案件适用法律若干问题的解释》(法释〔2013〕21号,自2013年9月10日起施行)

△(编造、故意传播虚假恐怖信息罪;想象竞合犯;利用信息网络;诽谤罪;寻衅滋事罪;敲诈勒索罪;非法经营犯罪)利用信息网络实施诽谤、寻衅滋事、敲诈勒索、非法经营犯罪,同时又构成刑法第二百二十一条规定的损害商业信誉、商品声誉罪,第二百七十八条规定的煽动暴力抗拒法律实施罪,第二百九十一条之一规定的编造、故意传播虚假恐怖信息罪等犯罪的,依照处罚较重的规定定罪处罚。(§9)

《最高人民法院关于审理编造、故意传播虚假恐怖信息刑事案件适用法律若干问题的解释》(法释〔2013〕24号,自2013年9月30日起施行)

△(**编造虚假恐怖信息罪;故意传播虚假恐怖信息罪**)编造恐怖信息,传播或者放任传播,严重扰乱社会秩序的,依照刑法第二百九十一条之一的规定,应认定为编造虚假恐怖信息罪。

明知是他人编造的虚假恐怖信息而传播,严重扰乱社会秩序的,依照刑法第二百九十一条之一的规定,应认定为故意传播虚假恐怖信息罪。(§1)

△(**严重扰乱社会秩序**)编造、故意传播虚假恐怖信息,具有下列情形之一的,应当认定为刑法第二百九十一条之一的"严重扰乱社会秩序":

(一)致使机场、车站、码头、商场、影剧院、运动场馆等人员密集场所秩序混乱,或者采取紧急疏散措施的;

(二)影响航空器、列车、船舶等大型客运交通工具正常运行的;

(三)致使国家机关、学校、医院、厂矿企业等单位的工作、生产、经营、教学、科研等活动中断的;

(四)造成行政村或者社区居民生活秩序严重混乱的;

(五)致使公安、武警、消防、卫生检疫等职能部门采取紧急应对措施的;

(六)其他严重扰乱社会秩序的。(§2)

△(**酌情从重处罚事由**)编造、故意传播虚假恐怖信息,严重扰乱社会秩序,具有下列情形之一的,应当依照刑法第二百九十一条之一的规定,在五年以下有期徒刑范围内酌情从重处罚:

(一)致使航班备降或返航;或者致使列车、船舶等大型客运交通工具中断运行的;

(二)多次编造、故意传播虚假恐怖信息的;

(三)造成直接经济损失20万元以上的;

(四)造成乡镇、街道区域范围居民生活秩序严重混乱的;

(五)具有其他酌情从重处罚情节的。(§3)

△(**造成严重后果**)编造、故意传播虚假恐怖信息,严重扰乱社会秩序,具有下列情形之一的,应当认定为刑法第二百九十一条之一的"造成严重后果",处五年以上有期徒刑:

(一)造成3人以上轻伤或者1人以上重伤的;

(二)造成直接经济损失50万元以上的;

(三)造成县级以上区域范围居民生活秩序

---

① 在《刑法修正案(九)》生效之前,以往的司法解释扩大《刑法》第二百九十一条之一第一款的"恐怖信息"的范围,将灾情、疫情等也列入恐怖信息当中。但自《刑法修正案(九)》在第二百九十一条之一增设第二款后,对于此类行为,应认定为第二款的编造、故意传播虚假信息罪,而非第一款的编造、故意传播虚假恐怖信息罪。否则,会导致法条之间的不协调。参见张明楷:《刑法学》(第6版),法律出版社2021年版,第1392—1393页。

严重混乱的;

(四)妨碍国家重大活动进行的;

(五)造成其他严重后果的。(§4)

△(想象竞合犯)编造、故意传播虚假恐怖信息,严重扰乱社会秩序,同时又构成其他犯罪的,择一重罪处断。(§5)

△(虚假恐怖信息)本解释所称的"虚假恐怖信息",是指以发生爆炸威胁、生化威胁、放射威胁、劫持航空器威胁、重大灾情、重大疫情等严重威胁公共安全的事件为内容,可能引起社会恐慌或者公共安全危机的不真实信息。(§6)

【司法解释性文件】

《最高人民检察院关于依法严厉打击编造、故意传播虚假信息威胁民航飞行安全犯罪活动的通知》(高检发侦监字〔2013〕5号,2013年5月31日公布)

△(民航飞行安全;编造、故意传播虚假恐怖信息罪;严重扰乱社会秩序)准备把握犯罪构成要件,确保从重打击。根据刑法第291条之一的有关规定,对编造虚假恐怖信息并向不特定对象散布,严重扰乱社会秩序的,即构成编造虚假恐怖信息罪。编造虚假恐怖信息以后向不特定对象散布,严重扰乱社会秩序的,构成编造、故意传播虚假恐怖信息罪。对于编造、故意传播虚假恐怖信息,引起公众恐慌,或者致使航班无法正常起降,破坏民航正常运输秩序的,应当认定为"严重扰乱社会秩序"。工作中,要准确把握犯罪构成要件,依法引导取证,加强法律监督,防止打击不力。(§2)

《公安部关于公安机关处置信访活动中违法犯罪行为适用法律的指导意见》(公通字〔2013〕25号,2013年7月19日印发)

△(投放虚假危险物质罪;编造、故意传播虚假恐怖信息罪)散布谣言,谎报险情、疫情、警情,投放虚假的爆炸性、毒害性、放射性、腐蚀性物质或者传染病病原体等危险物质,扬言实施放火、爆炸、投放危险物质,制造社会影响、扰乱公共秩序,符合《治安管理处罚法》第二十五条规定的,以虚构事实扰乱公共秩序、投放虚假危险物质扰乱公共秩序、扬言实施放火、爆炸、投放危险物质扰乱公共秩序依法予以治安管理处罚;符合《刑法》第二百九十一条之一规定的,以投放虚假危险物质罪、编造、故意传播虚假恐怖信息罪追究刑事责任。(§4 VIII)

《最高人民法院、最高人民检察院、公安部、司法部关于依法惩治妨害新型冠状病毒感染肺炎疫情防控违法犯罪的意见》(法发〔2020〕7号,2020年2月6日发布)

△(肺炎疫情防控;编造、故意传播虚假信息罪;寻衅滋事罪;煽动分裂国家罪;煽动颠覆国家政权罪;拒不履行信息网络安全管理义务罪)依法严惩造谣传谣犯罪。编造虚假的疫情信息,在信息网络或者其他媒体上传播,或者明知是虚假疫情信息,故意在信息网络或者其他媒体上传播,严重扰乱社会秩序的,依照刑法第二百九十一条之一第二款的规定,以编造、故意传播虚假信息罪定罪处罚。

编造虚假信息,或者明知是编造的虚假信息,在信息网络上散布,或者组织、指使人员在信息网络上散布,起哄闹事,造成公共秩序严重混乱的,依照刑法第二百九十三条第一款第四项的规定,以寻衅滋事罪定罪处罚。

利用新型冠状病毒感染肺炎疫情,制造、传播谣言,煽动分裂国家、破坏国家统一,或者煽动颠覆国家政权、推翻社会主义制度的,依照刑法第一百零三条第二款、第一百零五条第二款的规定,以煽动分裂国家罪或者煽动颠覆国家政权罪定罪处罚。

网络服务提供者不履行法律、行政法规规定的信息网络安全管理义务,经监管部门责令采取改正措施而拒不改正,致使虚假疫情信息或者其他违法信息大量传播的,依照刑法第二百八十六条之一的规定,以拒不履行信息网络安全管理义务罪定罪处罚。

对虚假疫情信息案件,要依法、精准、恰当处置。对恶意编造虚假疫情信息,制造社会恐慌,挑动社会对抗,扰乱公共秩序,特别是恶意攻击党和政府,借机煽动颠覆国家政权、推翻社会主义制度的,要依法严惩。对于因轻信而传播虚假信息,危害不大的,不以犯罪论处。(§2 VI)

△(治安管理处罚;从重情节)依法严惩妨害疫情防控的违法行为。实施上述(一)至(九)规定的行为,不构成犯罪的,由公安机关根据治安管理处罚法有关虚构事实扰乱公共秩序,扰乱单位秩序、公共场所秩序、寻衅滋事,拒不执行紧急状态下的决定、命令,阻碍执行职务,冲闯警戒带、警戒区,殴打他人,故意伤害,侮辱他人,诈骗,在铁路沿线非法挖掘坑穴、采石取沙,盗窃、损毁路面公共设施,损毁铁路设施设备,故意损毁财物,哄抢公私财物等规定,予以治安管理处罚,或者由有关部门予以其他行政处罚。

对于在疫情防控期间实施有关违法犯罪的,要作为从重情节予以考量,依法体现从严的政策要求,有力惩治震慑违法犯罪,维护法律权威,维

护社会秩序,维护人民群众生命安全和身体健康。(§2X)

【指导性案例】

最高人民检察院指导性案例第9号:李泽强编造、故意传播虚假恐怖信息案(2013年5月27日发布)

△(编造、故意传播虚假恐怖信息罪;选择性罪名;量刑情节)编造、故意传播虚假恐怖信息罪是选择性罪名。编造恐怖信息以后向特定对象散布,严重扰乱社会秩序的,构成编造虚假恐怖信息罪。编造恐怖信息以后向不特定对象散布,严重扰乱社会秩序的,构成编造、故意传播虚假恐怖信息罪。

对于实施数个编造、故意传播虚假恐怖信息行为的,不实行数罪并罚,但应当将其作为量刑情节予以考虑。

最高人民检察院指导性案例第10号:卫学臣编造虚假恐怖信息案(2013年5月27日发布)

△(严重扰乱社会秩序)关于编造虚假恐怖信息造成"严重扰乱社会秩序"的认定,应当结合行为对正常的工作、生产、生活、经营、教学、科研等秩序的影响程度、对公众造成的恐慌程度以及处置情况等因素进行综合分析判断。对于编造、故意传播虚假恐怖信息威胁民航安全,引起公众恐慌,或者致使航班无法正常起降的,应当认定为"严重扰乱社会秩序"。

最高人民检察院指导性案例第11号:袁才彦编造虚假恐怖信息案(2013年5月27日发布)

△(造成严重后果;竞合;敲诈勒索罪)对于编造虚假恐怖信息造成有关部门实施人员疏散,引起公众极度恐慌的,或者致使相关单位无法正常营业,造成重大经济损失的,应当认定为"造成严重后果"。

以编造虚假恐怖信息的方式,实施敲诈勒索等其他犯罪的,应当根据案件事实和证据情况,择一重罪处断。

【参考案例】

No.6-1-291之一(1)-2-1 袁才彦编造虚假恐怖信息案

以编造虚假恐怖信息的方式进行敲诈勒索的,属于想象竞合犯,应以一重罪处断。

No.6-1-291之一(1)-2-2 袁才彦编造虚假恐怖信息案

编造虚假恐怖信息,造成有关部门实施人员疏散的,应当认定为编造虚假恐怖信息造成严重后果。

No.6-1-291之一(1)-2-3 熊毅编造虚假恐怖信息案

编造虚假恐怖信息,严重扰乱社会秩序,但未造成人员伤亡,也未在公众中引起极度恐慌并造成重大经济损失的,不应认定为"造成严重后果"。

No.6-1-291之一(2)-1 刘星星编造、传播虚假信息案

编造、故意传播虚假信息罪是情节犯,编造、传播虚假信息行为必须达到严重扰乱社会秩序的程度才构成犯罪。

No.6-1-291之一(2)-2 刘星星编造、传播虚假信息案

相关职能部门采取紧急应对措施是严重扰乱社会秩序的形式标准之一;但职能部门采取紧急应对措施避免危害结果扩大,不能成为阻却犯罪成立的理由。

第二百九十一条之二 【高空抛物罪】

从建筑物或者其他高空抛掷物品,情节严重的,处一年以下有期徒刑、拘役或者管制,并处或者单处罚金。

有前款行为,同时构成其他犯罪的,依照处罚较重的规定定罪处罚。

【立法沿革】

《中华人民共和国刑法修正案(十一)》(自2021年3月1日起施行)

三十三、在刑法第二百九十一条之一后增加一条,作为第二百九十一条之二:

"从建筑物或者其他高空抛掷物品,情节严重的,处一年以下有期徒刑、拘役或者管制,并处或者单处罚金。

"有前款行为,同时构成其他犯罪的,依照处罚较重的规定定罪处罚。"

【条文说明】

本条是关于高空抛物罪及其处罚的规定。

本条共分为两款。

第一款是关于高空抛掷物品的犯罪及其处罚的规定。构成本罪应当具备以下特征：

1. **行为人实施了从建筑物或者其他高空抛掷物品的行为**。这里包含两层意思：一是**物品必须是从建筑物或者其他高空抛掷**，如果不是从建筑物或者其他高空抛掷的，不构成本罪。这里所说的"**建筑物**"，是指人工建筑而成的东西，既包括居住建筑、公共建筑，也包括构筑物。其中，"**居住建筑**"是指供人们居住使用的建筑；"**公共建筑**"是指供人们购物、办公、学习、医疗、娱乐、体育活动等使用的建筑，如商店、办公楼、影剧院、体育馆、医院等；"**构筑物**"是指不具备、不包含或不提供人类居住功能的人工建筑，如桥梁、堤坝、隧道、水塔、电塔、纪念碑、围墙、水泥杆等。"**其他高空**"是指距离地面有一定高度的空间，如飞机、热气球、脚手架、井架、施工电梯、吊装机械等。二是**行为人必须实施了抛掷物品的行为**。这里所说的"**抛掷物品**"，是指向外投、扔、丢弃物品的行为。如果行为人没有实施抛掷物品的行为，物品是由于刮风、下雨等原因，从建筑物或高空坠落的，即使该物品是行为人的，也不构成本罪，如果给受害人造成损害的，可以依照民法典的有关规定处理。《民法典》第一千二百五十四条规定："禁止从建筑物中抛掷物品。从建筑物中抛掷物品或者从建筑物上坠落的物品造成他人损害的，由侵权人依法承担侵权责任；经调查难以确定具体侵权人的，除能够证明自己不是侵权人的外，由可能加害的建筑物使用人给予补偿。可能加害的建筑物使用人补偿后，有权向侵权人追偿。物业服务企业等建筑物管理人应当采取必要的安全保障措施防止前款规定的情形的发生；未采取必要的安全保障措施的，应当依法承担未履行安全保障义务的侵权责任。发生本条第一款规定的情形的，公安等机关应当依法及时调查，查清责任人。"

2. **必须是情节严重的**。这是给该罪设定的入罪门槛，只有情节严重的才能构成本罪，情节一般，危害不大的，不宜作为犯罪，符合违反治安管理处罚法规定的，应当依法予以治安管理处罚；需要承担民事责任的，应当依照民法典的有关规定处理。这里所说的"**情节严重**"，主要是指多次实施高空抛掷物品行为，高空抛掷物品数量较大的，在人员密集场所实施的，造成一定损害等，具体可以视情节依照相关规定处理。

根据本款规定，构成犯罪的，处一年以下有期徒刑、拘役或者管制，并处或者单处罚金。

第二款是关于实施本条规定的犯罪同时构成其他犯罪如何处理的规定。行为人实施本条第一款规定的犯罪行为，也可能同时触犯刑法的其他规定，构成刑法规定的其他犯罪，如果与本条规定的犯罪行为出现了竞合的情形，**应当依照处罚较重的规定定罪处罚**。这里主要涉及如何处理好本条规定的犯罪与**故意伤害罪、故意杀人罪、以危险方法危害公共安全罪**等其他罪名的关系。如果行为人有第一款规定的高空抛掷物品的犯罪行为，造成人员伤亡、公私财产重大损失等，符合《刑法》第二百三十五条规定的过失致人重伤罪、第二百三十三条规定的过失致人死亡罪、第二百三十四条规定的故意伤害罪、第二百三十二条规定的故意杀人罪、第一百一十五条规定的以危险方法危害公共安全罪、第二百七十五条规定的故意毁坏财物罪的构成要件或者构成其他犯罪的，根据本款规定，采取从一重罪处罚的原则，即依照处罚较重的规定定罪处罚。对依照刑法有关规定定罪处罚的，对于行为人高空抛掷物品的情形，可以作为处罚的量刑情节予以考虑。

实际执行中应当注意以下两个方面的问题：

1. 把握好高空抛掷物品犯罪与**以危险方法危害公共安全罪**的界限。两罪存在较大不同：一是高空抛掷物品与以危险方法危害公共安全的行为性质不同。《刑法》第一百一十四条规定的以其他危险方法应当是与放火、决水、爆炸、投放危险物质性质相当的危害公共安全行为；而高空抛掷物品虽然存在危害公共安全的可能性，但一般情况下不具有现实的危险性，实践中大多数高空抛掷物品行为并未造成危害后果，有的虽然造成一定危害后果，但后果也不严重。二是两罪侵害的客体不同。高空抛掷物品行为侵害的是社会管理秩序，而以危险方法危害公共安全罪危害的是公共安全。三是两罪构成条件不同。高空抛掷物品一般不具有现实危险性，要求达到情节严重才构成犯罪；而以危险方法危害公共安全具有一定的现实危险性，不以情节严重或者造成严重后果作为构成要件。《刑法修正案（十一）》增加了高空抛掷物品犯罪，实践中对于高空抛掷物品的行为一般不宜再适用《刑法》第一百一十四条规定的以危险方法危害公共安全罪。对于个别情况下，行为人高空抛掷物品危及公共安全的行为，判处一年有期徒刑明显偏轻，符合《刑法》第一百一十四条规定的，可以按照以危险方法危害公共安全罪定罪处罚。

2. 根据《最高人民法院关于依法妥善审理高空抛物、坠物案件的意见》的要求，**准确认定高空抛物犯罪**，对于高空抛物行为，应当根据行为人的动机、抛物场所、抛掷物的情况以及造成的后果等因素，全面考量行为的社会危害程度，准确判断行为性质，正确适用罪名，准确裁量刑罚。

【参考案例】

No.6-1-291 之二-1　廖善香过失致人死亡案

增设高空抛物罪后,虽然不意味着高空抛物行为完全失去适用危害公共安全犯罪的空间,但除去极端的以高空抛物手段直接危害不特定多数人人身安全的行为外,一般的高空抛物行为不再作为危害公共安全犯罪处理,而作为扰乱公共秩序犯罪处理。

第二百九十二条　【聚众斗殴罪】
聚众斗殴的,对首要分子和其他积极参加的,处三年以下有期徒刑、拘役或者管制;有下列情形之一的,对首要分子和其他积极参加的,处三年以上十年以下有期徒刑:
(一)多次聚众斗殴的;
(二)聚众斗殴人数多,规模大,社会影响恶劣的;
(三)在公共场所或者交通要道聚众斗殴,造成社会秩序严重混乱的;
(四)持械聚众斗殴的。
聚众斗殴,致人重伤、死亡的,依照本法第二百三十四条、第二百三十二条的规定定罪处罚。

【条文说明】

本条是关于聚众斗殴罪及其处罚的规定。
本条共分为两款。
第一款是关于聚众斗殴罪及其处罚的规定。根据本款规定,构成本罪应当具备以下条件:
1. **本罪的犯罪主体是聚众斗殴的首要分子和其他积极参加的人员**。这里所说的"**首要分子**",是指在聚众斗殴犯罪活动中起组织、策划、指挥作用的人员;"**其他积极参加的**"人员,是指除首要分子外,其他积极参加斗殴活动的人员。实践中一些旁观者,或者一般参与者,且在斗殴中作用不大的从犯,或者被胁迫参加的人员等,不构成本罪的犯罪主体。
2. **行为人实施了聚众斗殴的行为**。这里的"**聚众斗殴**",是指纠集多人成帮结伙地打架斗殴。这里所说的"**聚众**"一般是指人数众多;"**斗殴**"主要是指采用暴力相互打斗,这种斗殴通常是不法团伙之间大规模地打群架,往往带有匕首、棍棒等凶器,极易造成一方或者双方人身伤亡,甚至造成周围无辜群众的伤亡或者财产损失。①②

本款根据犯罪情节轻重,规定了两档刑罚:**第一档刑罚**,构成犯罪的,对首要分子和其他积极参加的,处三年以下有期徒刑、拘役或者管制。**第二档刑罚**,有本款规定的四种情形之一的,对首要分子和其他积极参加的③,处三年以上十年以下有期徒刑。第二档刑罚规定了四种情形:一是**多次聚众斗殴的行为**。所谓"多次聚众斗殴",一般是指聚众斗殴三次或者三次以上的。二是**聚众斗殴人数多,规模大,社会影响恶劣的行为**。所谓"聚众斗殴人数多,规模大,社会影响恶劣",主要是指流氓团伙大规模打群架,在群众中造成很坏的影响。三是**在公共场所或者交通要道聚众斗殴,造成社会秩序严重混乱的行为**。所谓"在公共场所或者交通要道聚众斗殴,造成社会秩序严重混乱",是指在人群聚集的场所或者车辆、行人频繁通行的道路上聚众斗殴,造成公共场所秩序和交通秩序严重混乱,如在车站、码头、影剧院、学校、厂矿企业、居民小区等公共场所,或者在地铁、公

---

① 我国学者指出,聚众斗殴罪是复行为犯,构成要件行为包括纠集众人及结伙斗殴两个行为。参见王作富主编:《刑法分则实务研究(下)》(第5版),中国方正出版社2013年版,第1123—1127页。另有学者指出,聚众斗殴罪是单一行为犯。聚众是斗殴的方式,意味着多人聚集在一起斗殴,并不要求在斗殴之前具有聚众的行为。并且,如果说聚众斗殴罪是复行为犯,会导致难以说明其他积极参加者的行为也成立聚众斗殴罪。参见张明楷:《刑法学》(第6版),法律出版社2021年版,第1395页;陈兴良主编:《刑法各论精释》,人民法院出版社2015年版,第957—958页。
② 方鹏教授指出,尽管斗殴在词源本意上并不能包括伤害,但是,无论是采用法条竞合论还是想象竞合论(两者均是意图将斗殴行为和伤害行为区分开,只不过是想象竞合论进行得更加彻底),聚众斗殴致人轻伤的行为应当以聚众斗殴罪论处。参见陈兴良主编:《刑法各论精释》,人民法院出版社2015年版,第954—955页。
③ 聚众犯罪中的积极参加者,相当于主要的实行犯;至于次要的实行犯、次要的共谋犯、帮助犯,一般都不承担刑事责任。参见陈兴良主编:《刑法各论精释》,人民法院出版社2015年版,第969页。

共交通车辆上进行斗殴等。四是**持械聚众斗殴的行为**。所谓"持械聚众斗殴",主要是指参加聚众斗殴的人员使用棍棒、刀具以及各种枪支武器进行斗殴,这种斗殴不仅对受害人和周围群众的心理造成一种恐惧感,而且对社会公共秩序造成严重威胁。同时,对人身体可能造成的伤害和对社会公共安全造成的破坏,都会更加严重。这里所说的"持械",是指非法携带器械,器械既包括枪支等武器,也包括匕首、三棱刮刀、弹簧刀等足以致人伤亡的刀具,还包括斧头、锄头、棍棒等足以致人伤亡的器具。①

第二款是关于聚众斗殴致人重伤、死亡应当如何处理的规定。根据本款规定,聚众斗殴,致人重伤、死亡的,依照《刑法》第二百三十四条、第二百三十二条的规定定罪处罚。本款规定的"**致人重伤、死亡**",是指聚众斗殴,将参加聚众斗殴的人员或者周围群众打成重伤或者打死。② "**依照本法第二百三十四条、第二百三十二条的规定定罪处罚**",是指聚众斗殴致人重伤的,依照《刑法》第二百三十四条关于故意伤害罪的规定定罪处刑;致人死亡的,依照《刑法》第二百三十二条关于故意杀人罪的规定定罪处刑。

实际执行中应当注意以下两个方面的问题:

1. 聚众斗殴罪与**故意杀人罪、故意伤害罪**的区别。主要区别在于犯罪的动机不同。聚众斗殴罪中的杀人、伤害行为,虽然与故意杀人、故意伤害行为一样,侵犯了他人的身体健康,但聚众斗殴罪的行为人通常表现为流氓特性,其目的是"称王称霸",争抢势力范围,充英雄好汉,与对方一争高低等,其行凶杀人发生在聚众斗殴过程中。而故意杀人罪、故意伤害罪的杀人、伤害行为,行为人事先具有明确的杀人、伤害故意,即使是临时起意伤害对方,也往往因为双方发生纠纷或者由于宿仇旧恨等原因。

2. 行为人在聚众斗殴过程中即使没有杀人的故意,但客观上致人重伤、死亡的,也应认定为故意伤害罪、故意杀人罪。考虑到聚众斗殴的特殊性,有时在斗殴过程中无法查明造成被害人重伤、死亡的原因以及何人所为,在这种情况下,不宜将所有参与斗殴的人员都认定为故意杀人罪、故意伤害罪,应当具体分析聚众斗殴的社会影响以及造成的伤害后果等,通常情况下,对首要分子应当以故意杀人罪、故意伤害罪定罪处罚。③④

【司法解释性文件】

《最高人民法院研究室关于对参加聚众斗殴受重伤或者死亡的人及其家属提出的民事赔偿请求能否予以支持问题的答复》(法研〔2004〕179号,2004年11月11日公布)

△(明知;故意伤害罪或者故意杀人罪;民事赔偿;混合过错责任原则)根据《刑法》第二百九十二条第一款的规定,聚众斗殴的参加者,无论是否首要分子,均明知自己的行为有可能产生伤害他人以及自己被他人的行为伤害的后果,其仍然参加聚众斗殴的,应当自行承担相应的刑事和民

---

① 在斗殴过程中显示凶器,也应认定为使用凶器斗殴。参见张明楷:《刑法学》(第6版),法律出版社2021年版,第1396页。另外,有论者指出,对未持械的积极参加者,是否与持械斗殴的积极参加者使用同一量刑幅度,应区分情形讨论。如果是有预谋的持械斗殴,即使在斗殴过程中行为人未持械而其他人持械,如果在聚众斗殴的过程中,斗殴一方或者双方中的个人参加者"就地取材"或者突然拿出随身携带的器械并加以使用,该加重情节仅适用于该特定个人。参见周光权:《刑法各论》(第4版),中国人民大学出版社2021年版,第422页;陈兴良主编:《刑法各论精释》,人民法院出版社2015年版,第973页。

② 我国学者指出,在聚众斗殴过程中,由于现场混乱或打斗激烈,而错误导致双方人员重伤、死亡时,按照客观归责论被害人自我答责的法理,以及偶然防卫的处理思路,导致他人死伤者不应构成故意伤害或者故意杀人罪;如果不能查清下手导致他人死伤者为何,己方的首要分子不需要对死伤结果负责,但对方的首要分子可能构成故意杀人或者故意伤害罪。参见周光权:《刑法各论》(第4版),中国人民大学出版社2021年版,第422页。

③ 我国学者指出,本款规定属于法律拟制,而非提示性或者重申性的注意规定。行为人在斗殴过程中并没有杀人的故意,但客观上致人重伤、死亡的,应认定为故意伤害罪、故意杀人罪(根据责任主义原则,以行为人对重伤、死亡结果具有预见可能性为前提)。参见张明楷:《刑法学》(第6版),法律出版社2021年版,第1396页。另有学者指出,本款属于重申性的提示规定,而非创设性的法律拟制。只有符合故意伤害、故意杀人犯罪的主、客观构成要件的,才能认定为故意伤害罪、故意杀人罪。不能将致人重伤、死亡理解为纯粹的客观要素。参见陈兴良主编:《刑法各论精释》,人民法院出版社2015年版,第975页。

④ 我国学者指出,如能查清造成重伤、死亡结果的共同加害人,认定为故意伤害罪、故意杀人罪,首要分子一般也构成故意伤害罪、故意杀人罪;如不能查清共同加害人,则只认定首要分子构成故意伤害罪、故意杀人罪;如果首要分子已明确表示反对重伤、死亡结果,则应认定其对重伤、死亡仅有过失责任,其不能转化为故意伤害罪、故意杀人罪,仍只认定为聚众斗殴罪。参见陈兴良主编:《刑法各论精释》,人民法院出版社2015年版,第979页。

事责任。① 根据《刑法》第二百九十二条第二款的规定，对于参加聚众斗殴，造成他人重伤或者死亡的，行为性质发生变化，应认定为故意伤害罪或者故意杀人罪。聚众斗殴中受重伤或者死亡的人，既是故意伤害罪或者故意杀人罪的受害人，又是聚众斗殴犯罪的行为人。对于参加聚众斗殴受重伤或者死亡的人或其家属提出的民事赔偿请求，依法应予支持，并适用混合过错责任原则。

《最高人民检察院、公安部关于公安机关管辖的刑事案件立案追诉标准的规定（一）》（公通字〔2008〕36号，2008年6月25日公布）

△(**聚众斗殴罪；立案追诉标准**) 组织、策划、指挥或者积极参加聚众斗殴的，应予立案追诉。(§36)

《最高人民法院、最高人民检察院关于常见犯罪的量刑指导意见(试行)》（法发〔2021〕21号，2021年6月6日发布）

△(**聚众斗殴罪；量刑**)

1. 构成聚众斗殴罪的，根据下列情形在相应的幅度内确定量刑起点：

（1）犯罪情节一般的，在二年以下有期徒刑、拘役幅度内确定量刑起点。

（2）有下列情形之一的，在三年至五年有期徒刑幅度内确定量刑起点：聚众斗殴三次的；聚众斗殴人数多、规模大，社会影响恶劣的；在公共场所或者交通要道聚众斗殴，造成社会秩序严重混乱的；持械聚众斗殴的。

2. 在量刑起点的基础上，根据聚众斗殴人数、次数、手段严重程度等其他影响犯罪构成的犯罪事实增加刑罚量，确定基准刑。

3. 构成聚众斗殴罪的，综合考虑聚众斗殴的手段、危害后果等犯罪事实、量刑情节，以及被告人的主观恶性、人身危险性、认罪悔罪表现等因素，决定缓刑的适用。

【**指导性案例**】

最高人民检察院指导性案例第1号：施某某等17人聚众斗殴案（2010年12月31日发布）

△(**群体性事件；促进社会矛盾化解**) 检察机关办理群体性事件引发的犯罪案件，要从促进社会矛盾化解的角度，深入了解案件背后的各种复杂因素，依法慎重处理，积极参与调处矛盾纠纷，以促进社会和谐，实现法律效果与社会效果的有机统一。

【**参考案例**】

No.4-232-72 彭建华等故意杀人、聚众斗殴案

在聚众斗殴中，斗殴的一方为躲避另一方的追赶而逃跑，在逃跑过程中跳入池塘逃生而被投掷石块溺水死亡的，可以认定为聚众斗殴致人死亡，应以故意杀人罪或故意伤害罪论处。

No.4-232-73 彭建华等故意杀人、聚众斗殴案

聚众斗殴中一方到达斗殴地点后未实施斗殴行为，而致另一方斗殴打造成伤害的，该方人员不构成聚众斗殴罪的未遂。

No.6-1-292-1 倪以刚等聚众斗殴案

聚众斗殴罪不仅包括双方采用暴力方式进行殴斗，即使单方具有聚众斗殴故意的，亦应以聚众斗殴罪论处。

No.6-1-292-2 倪以刚等聚众斗殴案

在聚众斗殴中，数人共同对他人进行殴斗造成死亡或者伤害，难以区分致被害人死伤的直接责任人的，数人均应对死伤后果承担刑事责任。

No.6-1-292-3 任中顺等聚众斗殴案

在意图聚众斗殴的双方中，一方没有实际参与斗殴或者情节较轻的，不构成聚众斗殴罪；另一方造成对方成员和无辜群众人身伤害和财产损失，情节严重的，应以聚众斗殴罪论处。②

No.6-1-292-4 任中顺等聚众斗殴案

积极参加聚众斗殴，但并未起组织、策划、指挥作用的，应以犯论处。

No.6-1-292-5 李景亮聚众斗殴案

聚众斗殴致人死亡的，应结合犯罪动机、目的及犯罪行为等主客观要件确定属于构成故意杀人罪或者故意伤害罪，不能仅以犯罪结果确定案件性质。

No.6-1-292-6 莫洪德故意杀人案

聚众斗殴犯罪的转化应当根据具体行为和意志因素，对照故意杀人和故意伤害两个罪名的具

---

① 我国学者指出，尽管聚众斗殴罪是对合犯，但斗殴故意并不是对合双方的要求，而只是对行为人一方的要求。从主观故意的构成角度来看，只需行为人一方主观上认识到本方"聚众"、本方与对方"斗殴"即可。对方客观上有无实施斗殴行为、有无斗殴意图，并不影响行为人聚众斗殴故意的成立。参见陈兴良主编：《刑法各论精释》，人民法院出版社2015年版，第962—963页。

② 我国学者指出，构成本罪不要求斗殴双方均为三人以上，只要求单方人数达到三人以上即可。参见陈兴良主编：《刑法各论精释》，人民法院出版社2015年版，第959页。

No.6-1-292-7 莫洪德故意杀人案

在致人重伤或死亡的聚众斗殴犯罪中,未直接实施斗殴行为的首要分子,明知其他犯罪分子携带了足以致人重伤或死亡的器械仍然组织斗殴的,除明确有效避免伤亡后果外,应以故意伤害罪或故意杀人罪论处。

No.6-1-292-10 李天龙、高政聚众斗殴案

聚众斗殴过程中驾车撞击一方的行为应认定为持械聚众斗殴。

No.6-1-292-11 周方健等人聚众斗殴、寻衅滋事、开设赌场案

与一般的共同犯罪相比,恶势力犯罪的特征在于:(1)共同实施违法犯罪活动的人员具有一定的稳定性,能够形成"势力";(2)以暴力、威胁或者"软暴力"等手段;(3)在一定区域或者行业内多次实施违法犯罪活动,多次实施违法犯罪活动,为非作恶、欺压百姓;(4)具备向黑社会性质组织发展的过渡性特征。

第二百九十三条 【寻衅滋事罪】

有下列寻衅滋事行为之一,破坏社会秩序的,处五年以下有期徒刑、拘役或者管制:
(一)随意殴打他人,情节恶劣的;
(二)追逐、拦截、辱骂、恐吓他人,情节恶劣的;
(三)强拿硬要或者任意损毁、占用公私财物,情节严重的;
(四)在公共场所起哄闹事,造成公共场所秩序严重混乱的。

纠集他人多次实施前款行为,严重破坏社会秩序的,处五年以上十年以下有期徒刑,可以并处罚金。

【立法沿革】

《中华人民共和国刑法》(1997年修订,自1997年10月1日起施行)

第二百九十三条

有下列寻衅滋事行为之一,破坏社会秩序的,处五年以下有期徒刑、拘役或者管制:
(一)随意殴打他人,情节恶劣的;
(二)追逐、拦截、辱骂他人,情节恶劣的;
(三)强拿硬要或者任意损毁、占用公私财物,情节严重的;
(四)在公共场所起哄闹事,造成公共场所秩序严重混乱的。

《中华人民共和国刑法修正案(八)》(自2011年5月1日起施行)

四十二、将刑法第二百九十三条修改为:

"有下列寻衅滋事行为之一,破坏社会秩序的,处五年以下有期徒刑、拘役或者管制:
"(一)随意殴打他人,情节恶劣的;
"(二)追逐、拦截、辱骂、恐吓他人,情节恶劣的;
"(三)强拿硬要或者任意损毁、占用公私财物,情节严重的;
"(四)在公共场所起哄闹事,造成公共场所秩序严重混乱的。
"纠集他人多次实施前款行为,严重破坏社会秩序的,处五年以上十年以下有期徒刑,可以并处罚金。"

【条文说明】

本条是关于寻衅滋事罪及其处罚的规定。

本条共分为两款。

第一款是关于寻衅滋事罪及其处罚的规定。本款规定的"**寻衅滋事**",是指在公共场所无事生非,起哄捣乱,无理取闹,殴打伤害无辜,肆意挑衅,横行霸道,破坏社会秩序的行为。根据本款规定,寻衅滋事包括以下四种具体破坏社会秩序的行为:

1. 随意殴打他人,情节恶劣的。所谓"**随意殴打他人**",是指出于要威风、取乐等目的,无故、无理殴打相识或者素不相识的人。① 这里的"情节恶劣",是指随意殴打他人手段残忍或多次随意殴打他人等。2013年《最高人民法院、最高人民

---

① 关于"随意"的判断,可以参照"双重置换规则",即只有在把被害人置换为其他人时行为人仍会滋事、把行为人置换为其他人时其他人不会滋事并符合有关客观表现时,才能认定随意的存在。参见黎宏:《刑法学各论》(第2版),法律出版社2016年版,第379—380页;陈兴良主编:《刑法各论精释》,人民法院出版社2015年版,第992—993页。

检察院关于办理寻衅滋事刑事案件适用法律若干问题的解释》第二条规定:"随意殴打他人,破坏社会秩序,具有下列情形之一的,应当认定为刑法第二百九十三条第一款第一项规定的'**情节恶劣**':(一)致一人以上轻伤或者二人以上轻微伤的;(二)引起他人精神失常、自杀等严重后果的;(三)多次随意殴打他人的;(四)持凶器随意殴打他人的;(五)随意殴打精神病人、残疾人、流浪乞讨人员、老年人、孕妇、未成年人,造成恶劣社会影响的;(六)在公共场所随意殴打他人,造成公共场所秩序严重混乱的;(七)其他情节恶劣的情形。"

2. **追逐、拦截、辱骂、恐吓他人,情节恶劣的**。所谓"**追逐、拦截、辱骂、恐吓他人**",是指出于取乐、耍威风、寻求精神刺激等目的,无故、无理追赶、拦挡、侮辱、谩骂他人。"**恐吓**"是指以威胁的语言、行为吓唬他人,如使用统一标记、身着统一服装、摆阵势等方式威震他人,使他人恐慌或屈从。这里的"情节恶劣",主要是指经常追逐、拦截、辱骂、恐吓他人;造成恶劣影响或者激起民愤;造成其他后果;等等。《最高人民法院、最高人民检察院关于办理寻衅滋事刑事案件适用法律若干问题的解释》第三条规定:"追逐、拦截、辱骂、恐吓他人,破坏社会秩序,具有下列情形之一的,应当认定为刑法第二百九十三条第一款第二项规定的'**情节恶劣**':(一)多次追逐、拦截、辱骂、恐吓他人,造成恶劣社会影响的;(二)持凶器追逐、拦截、辱骂、恐吓他人的;(三)追逐、拦截、辱骂、恐吓精神病人、残疾人、流浪乞讨人员、老年人、孕妇、未成年人,造成恶劣社会影响的;(四)引起他人精神失常、自杀等严重后果的;(五)严重影响他人的工作、生活、生产、经营的;(六)其他情节恶劣的情形。"

3. **强拿硬要或者任意损毁、占用公私财物,情节严重的**。所谓"**强拿硬要或者任意损毁、占用公私财物**",是指以蛮不讲理的手段,强行拿走、强行索要市场、商店的商品以及他人的财物,或者随心所欲损坏、毁灭、占用公私财物。这里的"情节严重",是指强拿硬要或者任意损毁、占用公私财物数量大;造成恶劣影响;多次强拿硬要或者任意损毁、占用公私财物;公私财物受到严重损失;等等。《最高人民法院、最高人民检察院关于办理寻衅滋事刑事案件适用法律若干问题的解释》第四条规定:"强拿硬要或者任意损毁、占用公私财物,破坏社会秩序,具有下列情形之一的,应当认定为刑法第二百九十三条第一款第三项规定的'**情节严重**':(一)强拿硬要公私财物价值一千元以上,或者任意损毁、占用公私财物价值二千元以上的;(二)多次强拿硬要或者任意损毁、占用公私财物,造成恶劣社会影响的;(三)强拿硬要或者任意损毁、占用精神病人、残疾人、流浪乞讨人员、老年人、孕妇、未成年人的财物,造成恶劣社会影响的;(四)引起他人精神失常、自杀等严重后果的;(五)严重影响他人的工作、生活、生产、经营的;(六)其他情节严重的情形。"

4. **在公共场所起哄闹事,造成公共场所秩序严重混乱的**。所谓"**在公共场所起哄闹事**",是指出于取乐、寻求精神刺激等目的,在公共场所无事生非,制造事端,扰乱公共场所秩序。这里的"**公共场所**",是指具有公共性特点,对公众开放,供不特定的多数人随时出入、停留、使用的场所,包括车站、码头、民用航空站、商场、公园、影剧院、展览会、运动场所等;所谓"场所",应当是有具体的处所,不宜将网络公共空间解释为公共场所。对于一些公共场所中的私密空间也不宜视为公共场所。"**造成公共场所秩序严重混乱**",是指公共场所正常的秩序受到破坏,引起群众惊慌、逃离等混乱局面。根据《最高人民法院、最高人民检察院关于办理寻衅滋事刑事案件适用法律若干问题的解释》第五条的规定,在车站、码头、机场、医院、商场、公园、影剧院、展览会、运动场或者其他公共场所起哄闹事,应当根据公共场所的性质、公共活动的重要程度、公共场所的人数、起哄闹事的时间、公共场所受影响的范围与程度等因素,综合判断是否"造成公共场所秩序严重混乱"。

根据本条规定,行为人只要实施上述行为之一,即构成本罪。构成本罪的,处五年以下有期徒刑、拘役或者管制。

第二款是关于纠集他人多次实施寻衅滋事的犯罪及其处罚的规定。

本款规定主要是惩治以团伙或集团形式犯寻衅滋事罪的首要分子或主犯,也就是纠集者。这里的"**纠集**"是一个贬义词,是指共同犯罪中的首要分子或主犯,有目的地将他人联合、召集在一起。"**多次**"一般是指三次以上。"**严重破坏社会秩序**",不仅指造成公共场所秩序的混乱,而且也扰乱了所在地区的治安秩序,影响人民群众的正常生活和工作秩序。

为惩治以团伙或集团形式进行寻衅滋事犯罪,本款规定了严厉的刑罚,即纠集他人多次实施寻衅滋事行为,严重破坏社会秩序的,对团伙或集团犯罪的首要分子,处五年以上十年以下有期徒刑,可以并处罚金。

实际执行中应当注意以下问题:

1. **注意区分罪与非罪的界限**。对于寻衅滋事犯罪,其行为具有流氓特性,且必须具有情节恶劣、情节严重或者造成公共场所秩序严重混乱的情形才构成本罪,对于情节轻微、危害不大的寻衅滋事行为,不能按照犯罪处理,如行为人因婚恋、家庭、邻里、债务等纠纷,发生一般性的殴打、辱骂、恐吓他人或者损毁、占用他人财物等,情节并不严重也不恶劣,没有造成公共场所秩序严重混乱的,不能按照犯罪处理。

2. 本罪与**抢劫罪**的界限。寻衅滋事罪是严重扰乱社会秩序的犯罪,行为人实施寻衅滋事行为时,客观上也可能表现为强拿硬要公私财物的特征。这种强拿硬要的行为与抢劫罪的区别在于,前者行为人主观上具有逞强好胜、寻求刺激、发泄情绪等目的,后者行为人一般只具有非法占有他人财物的目的;前者行为人客观上一般不以严重侵犯他人人身权利的方法强拿硬要财物,属于流氓性质的强拿硬要,而后者行为人则以暴力、胁迫等方式作为强抢他人财物的手段。司法实践中,对于未成年人使用或者威胁使用轻微暴力强抢他人少量财物的行为,一般不宜以抢劫罪定罪处罚,其行为如果符合寻衅滋事罪特征的,可以寻衅滋事罪定罪处罚。

3. 本罪与**聚众扰乱社会秩序罪、聚众扰乱公共场所秩序、交通秩序罪**的界限。主要区别在于目的和动机不同,寻衅滋事是为了满足耍威风、取乐等不正常的精神刺激或不健康的心理需要;后两个罪是行为人用聚众闹事的方式,给有关机关、企事业单位、团体施压,以达到实现个人不合理要求。

【司法解释】

《最高人民法院、最高人民检察院关于办理妨害预防、控制突发传染病疫情等灾害的刑事案件具体应用法律若干问题的解释》(法释〔2003〕8号,自2003年5月15日起施行)

△(预防、控制突发传染病疫情等灾害;寻衅滋事罪)在预防、控制突发传染病疫情等灾害期间,强拿硬要或者任意损毁、占用公私财物情节严重,或者在公共场所起哄闹事,造成公共场所秩序严重混乱的,依照刑法第二百九十三条的规定,以寻衅滋事罪定罪,依法从重处罚。(§11)

《最高人民法院关于审理未成年人刑事案件具体应用法律若干问题的解释》(法释〔2006〕1号,自2006年1月23日起施行)

△(未成年人;寻衅滋事罪)已满十六周岁不满十八周岁的人出于以大欺小、以强凌弱或者寻求精神刺激,随意殴打其他未成年人、多次对其他未成年人强拿硬要或者任意损毁公私财物,扰乱学校及其他公共场所秩序,情节严重的,以寻衅滋事罪定罪处罚。(§8)

《最高人民法院、最高人民检察院关于办理寻衅滋事刑事案件适用法律若干问题的解释》(法释〔2013〕18号,自2013年7月22日起施行)

△(寻衅滋事)行为人为寻求刺激、发泄情绪、逞强耍横等[1],无事生非,实施刑法第二百九十三条规定的行为的,应当认定为"寻衅滋事"。

行为人因日常生活中的偶发矛盾纠纷,借故生非,实施刑法第二百九十三条规定的行为的,应当认定为"寻衅滋事",但矛盾系由被害人故意引发或者被害人对矛盾激化负有主要责任的除外。

行为人因婚恋、家庭、邻里、债务等纠纷,实施殴打、辱骂、恐吓他人或者损毁、占用他人财物等行为的,一般不认定为"寻衅滋事",但经有关部门批评制止或者处理处罚后,继续实施前列行为,破坏社会秩序的除外。(§1)

△(随意殴打他人;情节恶劣)随意殴打他人,破坏社会秩序,具有下列情形之一的,应当认定为刑法第二百九十三条第一款第一项规定的"情节恶劣":

(一)致一人以上轻伤或者二人以上轻微伤的[2];

(二)引起他人精神失常、自杀等严重后

---

[1] 通说认为,寻衅滋事罪的成立要求行为人出于寻求精神刺激、填补精神上空虚、发泄不良情绪等流氓动机。参见赵秉志、李希慧主编:《刑法各论》(第3版),中国人民大学出版社2016年版,第285页。否定论者认为,从历史脉络来看,"流氓动机"是旧刑法时代流氓罪中的观念,现行刑法没有流氓罪,解释者自然也不应有流氓罪的观念;从实际作用而言,"流氓动机"本身没有具体意义,根本不具有限定犯罪范围的意义。并且,即便行为没有流氓动机,但也可能严重侵犯寻衅滋事罪的保护法益;从替代性方案来看,不将流氓动机视作寻衅滋事罪的罪责要素,也完全可以从客观上判断某行为是否属于寻衅滋事行为,也不会因此而不当扩大寻衅滋事罪的保护范围,等等。参见张明楷:《刑法学》(第6版),法律出版社2021年版,第1402—1404页。亦有论者认为,流氓动机作为寻衅滋事罪的主观违法要素,对于本罪的构成要件而言,具有限缩功能;其对于正确认定寻衅滋事罪具有重要意义,而非没有意义。参见陈兴良主编:《刑法各论精释》,人民法院出版社2015年版,第991页。

[2] 我国学者指出,司法解释之所以在寻衅滋事罪中容纳轻伤结果,一方面是一种司法惯例,另一方面则是出于司法便利的考量。但是,此一作法本身伴随着副作用,使各种犯罪之间在内容上发生复杂的交错关系,导致罪名之间纠缠不清。参见陈兴良主编:《刑法各论精释》,人民法院出版社2015年版,第997页。

果的；

（三）多次随意殴打他人的；

（四）持凶器随意殴打他人的；

（五）随意殴打精神病人、残疾人、流浪乞讨人员、老年人、孕妇、未成年人，造成恶劣社会影响的；

（六）在公共场所随意殴打他人，造成公共场所秩序严重混乱的；

（七）其他情节恶劣的情形。（§2）

△（**追逐、拦截、辱骂、恐吓他人；情节恶劣**）追逐、拦截、辱骂、恐吓他人，破坏社会秩序，具有下列情形之一的，应当认定为刑法第二百九十三条第一款第二项规定的"情节恶劣"：

（一）多次追逐、拦截、辱骂、恐吓他人，造成恶劣社会影响的；

（二）持凶器追逐、拦截、辱骂、恐吓他人的；

（三）追逐、拦截、辱骂、恐吓精神病人、残疾人、流浪乞讨人员、老年人、孕妇、未成年人，造成恶劣社会影响的；

（四）引起他人精神失常、自杀等严重后果的；

（五）严重影响他人的工作、生活、生产、经营的；

（六）其他情节恶劣的情形。（§3）

△（**强拿硬要或者任意损毁、占用公私财物；情节严重**）强拿硬要或者任意损毁、占用公私财物，破坏社会秩序，具有下列情形之一的，应当认定为刑法第二百九十三条第一款第三项规定的"情节严重"：

（一）强拿硬要公私财物价值一千元以上，或者任意损毁、占用公私财物价值二千元以上的；

（二）多次强拿硬要或者任意损毁、占用公私财物，造成恶劣社会影响的；

（三）强拿硬要或者任意损毁、占用精神病人、残疾人、流浪乞讨人员、老年人、孕妇、未成年人的财物，造成恶劣社会影响的；

（四）引起他人精神失常、自杀等严重后果的；

（五）严重影响他人的工作、生活、生产、经营的；

（六）其他情节严重的情形。（§4）

△（**造成公共场所秩序严重混乱**）在车站、码头、机场、医院、商场、公园、影剧院、展览会、运动场或者其他公共场所起哄闹事，应当根据公共场所的性质、公共场所内人员的多少、起哄闹事的时间、公共场所受影响的范围与程度等因素，综合判断是否"造成公共场所秩序严重混乱"。（§5）

△（**纠集他人；三次以上**）纠集他人三次以上实施寻衅滋事犯罪，未经处理的，应当依照刑法第二百九十三条第二款的规定处罚。（§6）

△（**想象竞合犯**；**寻衅滋事罪；故意杀人罪；故意伤害罪；故意毁坏财物罪；敲诈勒索罪；抢夺罪；抢劫罪**）实施寻衅滋事行为，同时符合寻衅滋事罪和故意杀人罪、故意伤害罪、故意毁坏财物罪、敲诈勒索罪、抢夺罪、抢劫罪等罪的构成要件的，依照处罚较重的犯罪定罪处罚。（§7）

△（**从轻处罚；不起诉或者免予刑事处罚**）行为人认罪、悔罪，积极赔偿被害人损失或者取得被害人谅解的，可以从轻处罚；犯罪情节轻微的，可以不起诉或者免予刑事处罚。（§8）

《最高人民法院、最高人民检察院关于办理利用信息网络实施诽谤等刑事案件适用法律若干问题的解释》（法释〔2013〕21号，自2013年9月10日起施行）

△（**利用信息网络；寻衅滋事罪**）利用信息网络辱骂、恐吓他人，情节恶劣，破坏社会秩序的，依照刑法第二百九十三条第一款第（二）项的规定，以寻衅滋事罪定罪处罚。

编造虚假信息，或者明知是编造的虚假信息，在信息网络上散布，或者组织、指使人员在信息网络上散布，起哄闹事，造成公共秩序严重混乱的[1]，依照刑法第二百九十三条第一款第（四）项的规定，以寻衅滋事罪定罪处罚。[2]（§5）

△（**共同犯罪**）明知他人利用信息网络实施

---

[1] 我国学者指出，该司法解释将刑法明文规定的"造成公共场所秩序严重混乱"这一要件直接表述为"造成公共秩序严重混乱"的做法，值得商榷。一方面，此作法放弃了行为发生场所与结果发生场所同一性的要求；另一方面，"公共场所秩序"的范围明显窄于"公共秩序"，造成公共场所秩序严重混乱的行为，并不当然符合"造成公共场所秩序严重混乱"的构成要件。总而言之，将公共场所提升为公共空间，将公共场所秩序提升为公共秩序，已经属于典型的类推解释。参见张明楷：《刑法学》（第6版），法律出版社2021年版，第1401页；周光权：《刑法各论》（第4版），中国人民大学出版社2021年版，第424页。

[2] 自《刑法修正案（九）》增订编造、故意传播虚假信息罪（第二百九十一条之一第二款）后，编造、传播虚假的险情、疫情、灾情、警情的行为，会构成编造、传播虚假信息罪，而非寻衅滋事罪。但从法定刑的比较来看，编造、传播虚假信息罪的法定刑低于寻衅滋事罪。如果继续将编造、传播险情、疫情、灾情、警情之外的谣言的行为，认定为寻衅滋事罪，会导致罪刑相适应原则之违反。因此，我国学者指出，该款规定自《刑法修正案（九）》生效之后，应自动失效。参见张明楷：《刑法学》（第6版），法律出版社2021年版，第1401页。

诽谤、寻衅滋事、敲诈勒索、非法经营等犯罪,为其提供资金、场所、技术支持等帮助的,以共同犯罪论处。(§8)

△（想象竞合犯；损害商业信誉、商品声誉罪；煽动暴力抗拒法律实施罪；编造、故意传播虚假恐怖信息罪）利用信息网络实施诽谤、寻衅滋事、敲诈勒索、非法经营犯罪,同时又构成刑法第二百二十一条规定的损害商业信誉、商品声誉罪,第二百七十八条规定的煽动暴力抗拒法律实施罪,第二百九十一条之一规定的编造、故意传播虚假恐怖信息罪等犯罪的,依照处罚较重的规定定罪处罚。(§9)

△（信息网络）本解释所称信息网络,包括以计算机、电视机、固定电话机、移动电话机等电子设备为终端的计算机互联网、广播电视网、固定通信网、移动通信网等信息网络,以及向公众开放的局域网络。(§10)

[司法解释性文件]

《最高人民法院关于审理抢劫、抢夺刑事案件适用法律若干问题的意见》(法发〔2005〕8号,2005年6月8日公布)

△（寻衅滋事罪；抢劫罪；非法占有他人财物的目的；暴力、胁迫等方式；未成年人）寻衅滋事罪是严重扰乱社会秩序的犯罪,行为人实施寻衅滋事的行为时,客观上也可能表现为强拿硬要公私财物的特征。这种强拿硬要的行为与抢劫罪的区别在于：前者行为人主观上还具有逞强好胜和通过强拿硬要来填补其精神空虚等目的,后者行为人一般只具有非法占有他人财物的目的；前者行为人客观上一般不以严重侵犯他人人身权利的方法强拿硬要财物,而后者行为人则以暴力、胁迫等方式作为劫取他人财物的手段。司法实践中,对于未成年人使用或威胁他人使用轻微暴力强抢少量财物的行为,一般不宜以抢劫罪定罪处罚。其行为符合寻衅滋事罪特征的,可以寻衅滋事罪定罪处罚。

《公安部关于公安机关处置信访活动中违法犯罪行为适用法律的指导意见》(公通字〔2013〕25号,2013年7月19日印发)

△（任意损毁、占用信访接待场所、国家机关或者他人财物；寻衅滋事罪）任意损毁、占用信访接待场所、国家机关或者他人财物,符合《治安管理处罚法》第二十六条第三项规定的,以寻衅滋事依法予以治安管理处罚；符合《刑法》第二百九十三条规定的,以寻衅滋事罪追究刑事责任。(§4X)

《最高人民检察院、公安部关于公安机关管辖的刑事案件立案追诉标准的规定（一）的补充规定》(公通字〔2017〕12号,2017年4月27日公布)

△（寻衅滋事罪；立案追诉标准）将《立案追诉标准（一）》第37条修改为：[寻衅滋事案（刑法第293条）]随意殴打他人,破坏社会秩序,涉嫌下列情形之一的,应予立案追诉：

（一）致1人以上轻伤或者2人以上轻微伤的；

（二）引起他人精神失常、自杀等严重后果的；

（三）多次随意殴打他人的；

（四）持凶器随意殴打他人的；

（五）随意殴打精神病人、残疾人、流浪乞讨人员、老年人、孕妇、未成年人,造成恶劣社会影响的；

（六）在公共场所随意殴打他人,造成公共场所秩序严重混乱的；

（七）其他情节恶劣的情形。

追逐、拦截、辱骂、恐吓他人,破坏社会秩序,涉嫌下列情形之一的,应予立案追诉：

（一）多次追逐、拦截、辱骂、恐吓他人,造成恶劣社会影响的；

（二）持凶器追逐、拦截、辱骂、恐吓他人的；

（三）追逐、拦截、辱骂、恐吓精神病人、残疾人、流浪乞讨人员、老年人、孕妇、未成年人,造成恶劣社会影响的；

（四）引起他人精神失常、自杀等严重后果的；

（五）严重影响他人的工作、生活、生产、经营的；

（六）其他情节恶劣的情形。

强拿硬要或者任意损毁、占用公私财物,破坏社会秩序,涉嫌下列情形之一的,应予立案追诉：

（一）强拿硬要公私财物价值1千元以上,或者任意损毁、占用公私财物价值2千元以上的；

（二）多次强拿硬要或者任意损毁、占用公私财物,造成恶劣社会影响的；

（三）强拿硬要或者任意损毁、占用精神病人、残疾人、流浪乞讨人员、老年人、孕妇、未成年人的财物,造成恶劣社会影响的；

（四）引起他人精神失常、自杀等严重后果的；

（五）严重影响他人的工作、生活、生产、经营的；

（六）其他情节严重的情形。

在车站、码头、机场、医院、商场、公园、影剧院、展览会、运动场或者其他公共场所起哄闹事,应当根据公共场所的性质、公共活动的重要程度、公共场所的人数、起哄闹事的时间、公共场所受影响的范围与程度等因素，综合判断是否造成公共场所秩序严重混乱。(§8)

《最高人民法院、最高人民检察院、公安部、司法部、国家卫生和计划生育委员会等关于依法惩处涉医违法犯罪维护正常医疗秩序的意见》(法发〔2014〕5号，2014年4月22日公布)

△(涉医违法犯罪)对涉医违法犯罪行为，要依法严肃追究、坚决打击。公安机关要加大对暴力杀医、伤医、扰乱医疗秩序等违法犯罪活动的查处力度，接到报警后应当及时出警、快速处置，需要追究刑事责任的，自行立案侦查、全面、客观地收集、调取证据，确保侦查质量。人民检察院应当及时依法批捕、起诉，对于重大涉医犯罪案件要加强法律监督，必要时可以对收集证据、适用法律提出意见。人民法院应当加快审理进度，在全面查明案件事实的基础上依法准确定罪量刑，对于犯罪手段残忍、主观恶性深、人身危险性大的或者社会影响恶劣的涉医犯罪，要依法从严惩处。

△(随意殴打医务人员；任意损毁公私财物)在医疗机构内殴打医务人员或者故意伤害医务人员身体、故意损毁公私财物，尚未造成严重后果的，分别依照治安管理处罚法第四十三条、第四十九条的规定处罚；故意杀害医务人员，或者故意伤害医务人员造成轻伤以上严重后果，或者随意殴打医务人员情节恶劣、任意损毁公私财物情节严重，构成故意杀人罪、故意伤害罪、故意毁坏财物罪、寻衅滋事罪的，依照刑法的有关规定定罪处罚。

△(扰乱医疗秩序；寻衅滋事罪)在医疗机构私设灵堂、摆放花圈、焚烧纸钱、悬挂横幅、堵塞大门或者以其他方式扰乱医疗秩序，尚未造成严重损失，经劝说、警告无效的，要依法驱散，对拒不服从的人员要依法带离现场，依照治安管理处罚法第二十三条的规定处罚；聚众实施的，对首要分子和其他积极参加者依法予以治安处罚；造成严重损失或者扰乱其他公共秩序情节严重，构成寻衅滋事罪、聚众扰乱社会秩序罪、聚众扰乱公共场所秩序、交通秩序罪的，依照刑法的有关规定定罪处罚。

在医疗机构的病房、抢救室、重症监护室等场所及医疗机构的公共开放区域违规停放尸体，影响医疗秩序，经劝说、警告无效的，依照治安管理处罚法第六十五条的规定处罚；严重扰乱医疗秩序或者其他公共秩序，构成犯罪的，依照前款的规定定罪处罚。

△(公然侮辱、恐吓医务人员；寻衅滋事罪)公然侮辱、恐吓医务人员的，依照治安管理处罚法第四十二条的规定处罚；采取暴力或者其他方法公然侮辱、恐吓医务人员情节严重(恶劣)，构成侮辱罪、寻衅滋事罪的，依照刑法的有关规定定罪处罚。

△(以受他人委托处理医疗纠纷为名；寻衅滋事罪)对于故意扩大事态，教唆他人实施针对医疗机构或者医务人员的违法犯罪行为，或者以受他人委托处理医疗纠纷为名实施敲诈勒索、寻衅滋事等行为的，依照治安管理处罚法和刑法的有关规定从严惩处。

《最高人民法院、最高人民检察院、公安部、司法部关于办理黑恶势力犯罪案件若干问题的指导意见》(法发〔2018〕1号，2018年1月16日公布)

△(黑恶势力；寻衅滋事罪；强迫交易罪；敲诈勒索罪；"以黑恶势力名义敲诈勒索"；想象竞合；雇佣、指使；民间矛盾)黑恶势力为谋取不法利益或形成非法影响，有组织地采用滋扰、纠缠、哄闹、聚众造势等手段侵犯人身权利、财产权利，破坏经济秩序、社会秩序，构成犯罪的，应当分别依照《刑法》相关规定处理：

（1）有组织地采用滋扰、纠缠、哄闹、聚众造势等手段扰乱正常的工作、生活秩序，使他人产生心理恐惧或者形成心理强制，分别属于《刑法》第二九十三条第一款第(二)项规定的"恐吓"、《刑法》第二百二十六规定的"威胁"，同时符合其他犯罪构成条件的，应分别以寻衅滋事罪、强迫交易罪定罪处罚。

《关于办理寻衅滋事刑事案件适用法律若干问题的解释》第二条至第四条中的"多次"一般应当理解为二年内实施寻衅滋事为三次以上。二年内多次实施不同种类寻衅滋事行为的，应当追究刑事责任。

（2）以非法占有为目的强行索取公私财物，有组织地采用滋扰、纠缠、哄闹、聚众造势等手段扰乱正常的工作、生活秩序，同时符合《刑法》第二百七十四条规定的其他犯罪构成条件的，应以敲诈勒索罪定罪处罚。同时由多人实施或者以统一着装、显露文身、特殊标识以及其他明示或者暗示方式，足以使对方感知相关行为的有组织性的，应当认定为人《关于办理敲诈勒索刑事案件适用法律若干问题的解释》第二条第(五)项规定的"以黑恶势力名义敲诈勒索"。

采用上述手段，同时又构成其他犯罪的，应依法按照处罚较重的规定定罪处罚。

雇佣、指使他人有组织地采用上述手段强迫交易、敲诈勒索，构成强迫交易罪、敲诈勒索罪的，对雇佣者、指使者，一般应当以共同犯罪中的主犯论处。为强索不受法律保护的债务或者因其他非法目的，雇佣、指使他人有组织地采用这些手段寻衅滋事，构成寻衅滋事罪的，对雇佣者、指使者，一般应当以共同犯罪中的主犯论处；为追讨合法债务或者因婚恋、家庭、邻里纠纷等民间矛盾而雇佣、指使，没有造成严重后果的，一般不作为犯罪处理，但经有关部门批评制止或者处理处罚后仍继续实施的除外。（§17）

《最高人民法院、最高人民检察院、公安部关于依法处理信访活动中违法犯罪行为的指导意见》（公通字〔2019〕7号，2019年2月28日发布）

△（信访活动；寻衅滋事罪）在信访活动中或者以信访为名，为制造影响或者发泄不满，实施下列行为之一的，依照刑法第二百九十三条的规定，以寻衅滋事罪定罪处罚：

1. 在各级党委、人大、政协、行政、监察、审判、检察、军事机关，厂矿、商场等企业单位，学校、医院、报社、电视台、科研院所等事业单位，工会、妇联等社会团体单位，机场、车站、码头等重要交通场站，或者在上述场所周边的其他公共场所，实施自杀、自伤、扬幡、撒传单、拦车辆、统一着装、佩戴统一标识等行为，起哄闹事，造成公共场所秩序严重混乱的；

2. 追逐、拦截、辱骂、恐吓、随意殴打他人，情节恶劣的，或者强拿硬要、任意损毁、占用公私财物，情节严重的；

3. 编造虚假信息，或者明知是编造的虚假信息，在信息网络上散布，或者组织、指使人员在信息网络上散布，起哄闹事，造成公共秩序严重混乱的。

实施寻衅滋事行为，同时符合寻衅滋事罪、故意杀人罪、故意伤害罪、故意毁坏财物罪、敲诈勒索罪、抢夺罪、抢劫罪等犯罪的构成要件的，依照处罚较重的犯罪定罪处罚。

《最高人民法院、最高人民检察院、公安部、司法部关于办理"套路贷"刑事案件若干问题的意见》（法发〔2019〕11号，自2019年4月9日起施行）

△（"套路贷"；诈骗罪；敲诈勒索罪；非法拘禁罪；虚假诉讼罪；寻衅滋事罪；强迫交易罪；抢劫罪；绑架罪）实施"套路贷"过程中，未采用明显的暴力或者胁迫手段，其行为特征从整体上表现为以非法占有为目的，通过虚构事实、隐瞒真相骗取被害人财物的，一般以诈骗罪定罪处罚；对于在实施"套路贷"过程中多种手段并用，构成诈骗、敲诈勒索、非法拘禁、虚假诉讼、寻衅滋事、强迫交易、抢劫、绑架等多种犯罪的，应当根据具体案件事实，区分不同情况，依照刑法及有关司法解释的规定数罪并罚或者择一重处。（§4）

《最高人民法院、最高人民检察院、公安部、司法部关于办理实施"软暴力"的刑事案件若干问题的意见》（法发〔2019〕15号，自2019年4月9日起施行）

△（"软暴力"；强迫交易罪；寻衅滋事罪）采用"软暴力"手段，使他人产生心理恐惧或者形成心理强制，分别属于《刑法》第二百二十六条规定的"威胁"、《刑法》第二百九十三条第一款第（二）项规定的"恐吓"，同时符合其他犯罪构成要件的，应当分别以强迫交易罪、寻衅滋事罪定罪处罚。

《关于办理寻衅滋事刑事案件适用法律若干问题的解释》第二条至第四条中的"多次"一般应当理解为二年内实施寻衅滋事行为三次以上。三次以上寻衅滋事行为既包括同一类别的行为，也包括不同类别的行为；既包括未受行政处罚的行为，也包括已受行政处罚的行为。（§5）

△（想象竞合）采用"软暴力"手段，同时构成两种以上犯罪的，依法按照处罚较重的犯罪定罪处罚，法律另有规定的除外。（§9）

△（行政处罚；折抵刑期；抵扣罚金）根据本意见第五条、第八条规定，对已受行政处罚的行为追究刑事责任的，行为人先前所受的行政拘留处罚应当折抵刑期，罚款应当抵扣罚金。（§10）

△（强迫交易罪；主犯；强迫交易罪；敲诈勒索罪；非法侵入住宅罪；寻衅滋事罪；民间矛盾）雇佣、指使他人采用"软暴力"手段强迫交易、敲诈勒索，构成强迫交易罪、敲诈勒索罪的，对雇佣者、指使者，一般应当以共同犯罪中的主犯论处。

为强索不受法律保护的债务或者因其他非法目的，雇佣、指使他人采用"软暴力"手段非法剥夺他人人身自由构成非法拘禁罪的，或者非法侵入他人住宅、寻衅滋事，构成非法侵入住宅罪、寻衅滋事罪的，对雇佣者、指使者，一般应当以共同犯罪中的主犯论处；因本人及近亲属合法债务、婚恋、家庭、邻里纠纷等民间矛盾而雇佣、指使，没有造成严重后果的，一般不作为犯罪处理，但经有关部门批评制止或者处理处罚后仍继续实施的除外。（§11）

《最高人民法院、最高人民检察院、公安部办理跨境赌博犯罪案件若干问题的意见》（公通字〔2020〕14号，2020年10月16日发布）

△(赌博犯罪;故意杀人罪;故意伤害罪;非法拘禁罪;故意毁坏财物罪;寻衅滋事罪)实施赌博犯罪,为强行索要赌债,实施故意杀人、故意伤害、非法拘禁、故意毁坏财物、寻衅滋事等行为,构成犯罪的,应当依法数罪并罚。(§4Ⅳ)

《最高人民法院、最高人民检察院、公安部、司法部关于依法惩治妨害新型冠状病毒感染肺炎疫情防控违法犯罪的意见》(法发〔2020〕7号,2020年2月6日发布)

△(肺炎疫情防控;故意伤害罪;侮辱罪;寻衅滋事罪;非法拘禁罪)依法严惩暴力伤医犯罪。在疫情防控期间,故意伤害医务人员造成轻伤以上的严重后果,或者对医务人员实施撕扯防护装备、吐口水等行为,致使医务人员感染新型冠状病毒的,依照刑法第二百三十四条的规定,以故意伤害罪定罪处罚。

随意殴打医务人员,情节恶劣的,依照刑法第二九十三条的规定,以寻衅滋事罪定罪处罚。

采取暴力或者其他方法公然侮辱、恐吓医务人员,符合刑法第二百四十六条、第二百九十三条规定的,以侮辱罪或者寻衅滋事罪定罪处罚。

以不准离开工作场所等方式非法限制医务人员人身自由,符合刑法第二百三十八条规定的,以非法拘禁罪定罪处罚。(§2Ⅱ)

△(肺炎疫情防控;编造、故意传播虚假信息罪;寻衅滋事罪;煽动分裂国家罪;煽动颠覆国家政权罪;拒不履行信息网络安全管理义务罪)依法严惩造谣传谣犯罪。编造虚假的疫情信息,在信息网络或者其他媒体上传播,或者明知是虚假疫情信息,故意在信息网络或者其他媒体上传播,严重扰乱社会秩序的,依照刑法第二百九十一条之一第二款的规定,以编造、故意传播虚假信息罪定罪处罚。

编造虚假信息,或者明知是编造的虚假信息,在信息网络上散布,或者组织、指使人员在信息网络上散布,起哄闹事,造成公共秩序严重混乱的,依照刑法第二百九十三条第一款第四项的规定,以寻衅滋事罪定罪处罚。

利用新型冠状病毒感染肺炎疫情,制造、传播谣言,煽动分裂国家、破坏国家统一,或者煽动颠覆国家政权、推翻社会主义制度的,依照刑法第一百零三条第二款、第一百零五条第二款的规定,以煽动分裂国家罪或者煽动颠覆国家政权罪定罪处罚。

网络服务提供者不履行法律、行政法规规定的信息网络安全管理义务,经监管部门责令采取改正措施而拒不改正,致使虚假疫情信息或者其他违法信息大量传播的,依照刑法第二百八十六条之一的规定,以拒不履行信息网络安全管理义务罪定罪处罚。

对虚假疫情信息案件,要依法、精准、恰当处置。对恶意编造虚假疫情信息,制造社会恐慌,挑动社会情绪,扰乱公共秩序,特别是恶意攻击党和国家政策、借机煽动颠覆国家政权、推翻社会主义制度的,要依法严惩。对于因轻信而传播虚假信息,危害不大的,不以犯罪论处。(§2Ⅵ)

△(治安管理处罚;从重情形)依法严惩妨害疫情防控的违法行为。实施上述(一)至(九)规定的行为,不构成犯罪的,由公安机关根据治安管理处罚法有关虚构事实扰乱公共秩序,扰乱单位秩序、公共场所秩序、寻衅滋事,拒不执行紧急状态下的决定、命令,阻碍执行职务,冲闯警戒带、警戒区,殴打他人,故意伤害,侮辱他人,诈骗,在铁路沿线非法挖掘坑穴、采石取沙,盗窃、损毁路面公共设施,损毁铁路设施设备,故意损毁财物,哄抢公私财物等规定,予以治安管理处罚,或者由有关部门予以其他行政处罚。

对于在疫情防控期间实施有关违法犯罪的,要作为从重情节予以考量,依法体现从严的政策要求,有力惩治震慑违法犯罪,维护法律权威,维护社会秩序,维护人民群众生命安全和身体健康。(§2Ⅹ)

《最高人民法院、最高人民检察院关于常见犯罪的量刑指导意见(试行)》(法发〔2021〕21号,2021年6月6日发布)

△(寻衅滋事罪;量刑)

1. 构成寻衅滋事罪的,根据下列情形在相应的幅度内确定量刑起点:

(1)寻衅滋事一次的,在三年以下有期徒刑、拘役幅度内确定量刑起点。

(2)纠集他人三次寻衅滋事(每次都构成犯罪),严重破坏社会秩序的,在五年至七年有期徒刑幅度内确定量刑起点。

2. 在量刑起点的基础上,根据寻衅滋事次数、伤害后果、强拿硬要他人财物或任意损毁、占用公私财物数额等其他影响犯罪构成的犯罪事实增加刑罚量,确定基准刑。

3. 构成寻衅滋事罪,判处五年以上十年以下有期徒刑,并处罚金的,根据寻衅滋事的次数、危害后果、对社会秩序的破坏程度等犯罪情节,综合考虑被告人缴纳罚金的能力,决定罚金数额。

4. 构成寻衅滋事罪的,综合考虑寻衅滋事的具体行为、危害后果、对社会秩序的破坏程度等犯罪事实、量刑情节,以及被告人的主观恶性、人身危险性、认罪悔罪表现等因素,决定缓刑的适用。

《最高人民检察院、公安部关于依法妥善办理轻伤害案件的指导意见》（高检发办字〔2022〕167号，2022年12月22日印发）

△（轻伤害案件；寻衅滋事罪；故意伤害罪）准确区分寻衅滋事罪与故意伤害罪。对出现被害人轻伤后果的案件，人民检察院、公安机关要全面分析案件性质，查明案件发生起因、犯罪嫌疑人的动机、是否有涉黑涉恶或者其他严重情节等，依法准确定性，不能简单化办案，一概机械认定为故意伤害罪。犯罪嫌疑人无事生非、借故生非，随意殴打他人的，属于"寻衅滋事"，构成犯罪的，应当以寻衅滋事罪依法从严惩处。（§8）

《最高人民法院、最高人民检察院、公安部、司法部关于依法严厉打击传播艾滋病病毒等违法犯罪行为的指导意见》（公通字〔2019〕23号，2019年5月19日发布）

△（传播艾滋病病毒；寻衅滋事罪；明知）假冒或者利用艾滋病病毒感染者或者病人身份，以谎称含有或者含有艾滋病病毒的血液为工具，追逐、拦截、恐吓他人，情节恶劣，破坏社会秩序的，依照刑法第二百九十三条第一款第二项的规定，以寻衅滋事罪定罪处罚。

编造致人感染艾滋病病毒等虚假信息，或者明知是编造的虚假信息，在信息网络上散布，或者组织、指使人员在信息网络上散布，起哄闹事，造成公共秩序严重混乱的，依照刑法第二百九十三条第一款第四项的规定，以寻衅滋事罪定罪处罚。

对前款中"明知"的认定，应当结合行为人的主观认知、行为表现、案件的具体情节等综合分析，准确认定。查证属实、充分的证据证明主观明知的，不得以犯罪论处。

△（治安管理处罚或者其他行政处罚）实施本条第一项至第十一项规定的行为，不构成犯罪，依法不起诉或者免予刑事处罚的，依法予以治安管理处罚或者其他行政处罚。

【参考案例】

No.4-234-51 肖胜故意伤害案
因医疗纠纷而殴打他人的行为不符合寻衅滋事罪的构成要件。

No.6-1-293-1 李铁等寻衅滋事案
纠集多人随意殴打他人严重扰乱社会秩序的，应以寻衅滋事罪论处。

No.6-1-293-2 许军令等寻衅滋事案
出于报复泄愤心理，随意殴打他人，任意损毁财物，情节严重的，应以寻衅滋事罪论处。

No.6-1-293-3 许军令等寻衅滋事案
采取寻衅滋事手段，强行承包生意，属于寻衅滋事罪与强迫交易罪的想象竞合，应择一重罪处断。

No.6-1-293-4 亢红昌抢夺案
无故殴打他人后临时起意乘机夺取财物的，应以抢夺罪论处。

No.6-1-293-5 王新强寻衅滋事案
为逞强好胜非法插手他人婚姻纠纷，并以威胁手段索要他人财物，数额不大的，应以寻衅滋事罪论处。

No.6-1-293-6 李海彬寻衅滋事案
以言语威胁方式多次强行索取他人少量财物，在未索得财物时，并未进一步采取暴力行为，未严重侵犯他人人身权利的，不构成抢劫罪；符合寻衅滋事罪强拿硬要特征的，应以寻衅滋事罪论处。

No.6-1-293-7 朱伦军寻衅滋事案
多次抢夺他人经济价值较小的物品，以满足畸形的生理需要和心理需要，扰乱公共秩序的，应认定为寻衅滋事罪。

No.6-1-293-8 杨熙寻衅滋事、过失致人死亡案
出于耍威风、占便宜、取乐等动机，非法占有他人财物的，应以寻衅滋事罪论处；寻衅滋事过程中过失致人死亡的，应以过失致人死亡罪和寻衅滋事罪实行并罚。

No.6-1-293-9 阳双飞等故意杀人、寻衅滋事案
在寻衅滋事过程中，部分行为人超出共同故意实施行为的，应以故意杀人罪论处；其他行为人对此不承担刑事责任，仍应以寻衅滋事罪论处。

No.6-1-293-10 阳双飞等故意杀人、寻衅滋事案
在寻衅滋事过程中致人死亡的，符合故意杀人罪构成要件的，应以故意杀人罪论处。

No.6-1-293-12 杨安等故意伤害案
随意殴打他人致人轻伤的，不构成故意伤害罪，应以寻衅滋事罪论处；致人重伤或死亡的，一般应以故意伤害罪论处，有证据证明主观上存在杀人故意的，则应以故意杀人罪论处。

No.6-1-293-13 杨安等故意伤害案
二人以上共同寻衅滋事随意殴打他人致人重伤或死亡的，对直接致人重伤、死亡的行为人，应以故意伤害罪或者故意杀人罪论处；其他行为人基于在共同殴打过程中所形成的临时共同伤害、杀人故意而参与殴打的，应以故意伤害罪或者故意杀人罪论处；不存在以上共同故意的，应以寻衅滋事罪论处。

No.6-1-293-15 张加佳、张勇建、郑金田寻衅滋事案

△只有当被害人实施了法律上或道义上的不适当行为且达到一定程度，直接影响了犯罪行为的产生、发展与结果的，才属于刑法意义上的被害人过错。

No.6-1-293-17 秦志晖诽谤、寻衅滋事案

信息网络属于《刑法》第二百九十三条第一款第（四）项意义上的公共场所，编造虚假信息或明知是虚假信息而在信息网络上传播，对现实的社会公共秩序造成严重混乱的，应当认定为寻衅滋事罪。

No.6-1-293-18 李某甲等寻衅滋事案

未成年人之间多次使用轻微暴力索取少量财物的行为，应当认定为寻衅滋事。

No.6-1-293-19 黄民喜等寻衅滋事案

使用轻微暴力帮他人抢回赌资的行为，不成立抢劫罪，应认定为寻衅滋事罪。

No.6-1-293-21 林作明寻衅滋事案

根据罪责刑相适应原则，吸毒致幻后持刀拦乘汽车、恐吓驾驶人员的行为，不构成《刑法》第一百二十二条劫持汽车罪，可视情况认定为《刑法》第二百九十三条寻衅滋事罪。

No.6-1-293-22 谢庆茂寻衅滋事案

疫情防控期间拒不配合疫情防控人员工作，为发泄个人不满，任意毁损公私财物，造成他人财物损失的，应以寻衅滋事罪追究刑事责任。

No.6-1-293-23 卢方锁、周凯寻衅滋事案

疫情防控期间，为逞强耍横、显示威风、发泄情绪，随意殴打从事疫情防控工作的公务人员的，应以寻衅滋事罪追究刑事责任。

No.6-1-293-24 蔡恒寻衅滋事案

凌晨酒后驾车追撞他人机动车导致车损人伤的行为，同时成立危险驾驶罪、寻衅滋事罪、故意伤害罪与故意毁坏财物罪，成立想象竞合，以处罚较重的寻衅滋事罪定罪处罚。

No.6-1-293-25 戴颖、蒯军寻衅滋事案

以同吃、同住、同行等方式索要债务的，不成立非法拘禁罪，应以寻衅滋事罪定罪处罚。

第二百九十三条之一 【催收非法债务罪】
有下列情形之一，催收高利放贷等产生的非法债务，情节严重的，处三年以下有期徒刑、拘役或者管制，并处或者单处罚金：
（一）使用暴力、胁迫方法的；
（二）限制他人人身自由或者侵入他人住宅的；
（三）恐吓、跟踪、骚扰他人的。

【立法沿革】

《中华人民共和国刑法修正案（十一）》（自2021年3月1日起施行）

三十四、在刑法第二百九十三条后增加一条，作为第二百九十三条之一：

"有下列情形之一，催收高利放贷等产生的非法债务，情节严重的，处三年以下有期徒刑、拘役或者管制，并处或者单处罚金：

"（一）使用暴力、胁迫方法的；

"（二）限制他人人身自由或者侵入他人住宅的；

"（三）恐吓、跟踪、骚扰他人的。"

【条文说明】

本条是关于催收非法债务罪及其处罚的规定。

本条规定"催收高利放贷等产生的非法债务"有以下含义：一是**行为人实施了"催收"行为**，"催"是方式，"收"是目的。本条对催收高利放贷等产生的非法债务，情节严重的行为作了具体列举。行为人实施这些行为的目的是将高利放贷等产生的非法债务书面明确化、固定化、收完化。二是**行为人催收的是"高利放贷等产生的非法债务"**。《民法典》第六百八十条第一款规定，禁止高利放贷，借款的利率不得违反国家有关规定。对于违反国家规定的借款利率，实施高利放贷产生的债务，就属于本条规定的非法债务。这里的"产生"既包括因高利放贷等非法行为直接产生，也包括由非法债务产生、延伸的所谓孳息、利息等。这里的"等"，根据实践中的情况，包括赌债、毒债等违法行为产生的债务，以及其他违法犯罪行为产生的债务。本条规定，**催收高利放贷等产生的非法债务要"情节严重"才能构成本罪**，对于具有一定的社会危害性，但情节不算严重的，违反治安管理处罚法的，可根据治安管理

处罚法的有关规定予以行政处罚。"情节严重"的具体情况，可由司法机关通过司法解释的方式作进一步细化。

本条具体规定了三种情形。

1. **使用暴力、胁迫方法**。"暴力"是指以殴打、伤害他人身体的方法，使被害人不能抗拒。"胁迫"是指对被害人施以威胁、压迫，进行精神上的强制，迫使被害人就范，不敢抗拒，如威胁伤害被害人及其亲属；威胁要对被害人及其亲属施以暴力；威胁要对被害人及其亲属予以奸淫、猥亵；以披露被害人及其亲属的隐私相威胁；利用被害人危难或者孤立无援的境地迫使其服从；等等。行为人使用暴力、胁迫方法是为了催收高利放贷等产生的非法债务。如果是为了其他目的，则可能涉嫌其他犯罪，例如行为人当场使用暴力、胁迫抢劫公私财物，与催收非法债务没有关系的，则可以《刑法》第二百六十三条规定的抢劫罪定罪处罚；行为人对公私财物的所有人、保管人使用威胁或者要挟的方法，勒索公私财物，与催收非法债务没有关系的，则可以《刑法》第二百七十四条规定的敲诈勒索罪定罪处罚；等等。

2. **限制他人人身自由或者侵入他人住宅**。这里规定了两种行为，"限制他人人身自由"和"侵入他人住宅"。

第一，限制他人人身自由。在我国，对逮捕、拘留、拘传等限制他人人身自由的强制措施有严格的法律规定，必须由专门机关按照法律规定的程序进行。《宪法》第三十七条规定，中华人民共和国公民的人身自由不受侵犯。任何公民，非经人民检察院批准或者决定或者人民法院决定，并由公安机关执行，不受逮捕。禁止非法拘禁和以其他方法非法剥夺或者限制公民的人身自由，禁止非法搜查公民的身体。非法限制他人人身自由是一种严重剥夺公民身体自由的行为。任何单位和个人不依照法律规定或者不依照法律规定的程序限制他人人身自由都是非法的，应当予以惩处。限制他人人身自由的方式多种多样，如捆绑、关押、扣留身份证件不让随意外出或者与外界联系等。根据本条规定，为催收高利放贷等产生的非法债务而限制他人人身自由，还需要情节严重，才能构成本罪，如采取拘禁方式或者多次以恶劣手段进行限制人身自由等。如果实施非法限制他人人身自由的行为，只造成一般危害的，可以根据《治安管理处罚法》第四十条的规定，给予治安处罚；如果不是以催收非法债务为目的，实施拘禁他人或者以其他方法非法剥夺他人人身自由的，可以按照《刑法》第二百三十八条规定的**非法拘禁罪**定罪处罚。需要注意的是，根据《刑法》第二百三十八条第三款的规定，为索取债务非法扣押、拘禁他人的，依照非法拘禁罪的规定处罚。扣押、拘禁属于严重限制他人人身自由的行为，行为人为胁迫他人履行合法债务，而严重限制他人人身自由的，依照《刑法》第二百三十八条规定的非法拘禁罪定罪处罚。

第二，侵入他人住宅。《宪法》第三十九条规定，中华人民共和国公民的住宅不受侵犯。禁止非法侵入公民的住宅。住宅是公民生活的处所，非法侵入他人住宅，必然会使公民的正常生活受到干扰，严重侵犯公民的合法权益。侵入他人住宅表现为未经住宅内用户同意，非法强行闯人他人住宅，或者无正当理由进入他人住宅，经住宅用户要求其退出仍拒不退出的行为。如果实施侵入他人住宅的行为，只造成一般危害的，可以根据《治安管理处罚法》第四十条的规定，给予治安处罚。需要注意的是，《刑法》第二百四十五条规定了非法侵入住宅罪。如果行为人侵入他人住宅，具有严重危害性的，则可依法按照《刑法》第二百四十五条规定的非法侵入住宅罪定罪处罚。如果行为人侵入他人住宅的目的是催收非法债务，且具有多次、恶劣手段等严重情节的，则可依法按照本罪规定处罚。

3. **恐吓、跟踪、骚扰他人**。这里的"恐吓"有多种形式，如以邮寄恐吓物、子弹等威胁他人人身安全；故意携带、展示管制刀具、枪械；扬言传播疾病；利用信息网络发送恐吓信息；以统一标记、服装、阵势等方式威吓他人，使他人恐慌、屈服等。总体上，行为手段或者方式足以使他人产生心理恐惧或者形成心理强制，就属于这里的"恐吓"。这里的"跟踪"为对他人及其亲属实施尾随、守候、贴靠、盯梢等行为，使被害人在内心产生恐惧不安。这里的"骚扰"有多种形式，如以破坏生活设施、设置生活障碍、贴报喷字、拉挂横幅、燃放鞭炮、播放哀乐、摆放花圈、泼洒污物、断水断电、堵门阻工，以及通过摆场架势示威、聚众哄闹滋扰、拦路侮事、驱赶从业人员、派驻人员据守等方式直接或间接控制厂房、办公区、经营场所等，扰乱他人正常生活、工作、生产、经营秩序等。总体上，"骚扰"会对他人造成巨大的心理负担，形成心理强制，影响并限制他人的人身自由、危及人身财产安全，影响正常的生产生活。根据本条规定，以恐吓、跟踪、骚扰他人的方式催收高利放贷等产生的非法债务，且具有多次、恶劣手段等严重情节的，可以根据本罪定罪处罚。如果实施恐吓、跟踪、骚扰他人的行为，只造成一般危害的，可以根据《治安管理处罚法》第四十二条的规定，给予治安处罚。需要注意的是，《最高人民法院、最高人民检察院关于办理寻衅滋事刑事案件适用法律若干问题的解释》第三条对属于追逐、拦截、辱骂、恐吓他人，破坏社会秩序，构成寻衅滋事罪，情节恶劣的情形作了进一步细化，如持凶器追逐、拦截、辱骂、恐吓他人的；追逐、拦截、辱骂、恐吓精神病人、残疾人、流浪乞讨人员、老年人、孕妇、未成年人，造成恶劣社会影响等。如果行为人实施恐吓、跟踪、骚扰行为构成**寻衅滋事罪**，同时其行为目的是催收非法债务，且具有多次、手段恶劣等严重情节的，则应按照处罚较重的规定定罪处罚。

根据本条规定，催收非法债务情节严重的行为，处三年以下有期徒刑、拘役或者管制，并处或者单处罚金。

需要注意的是关于"**非法债务**"的认定。实践中，有的债务是受害人通过签订虚假的借款协议"自愿"对财产性利益予以让与、抵押、交付、承兑的，在形式上构成意思自治的合法行为；有的借助诉讼、仲裁、公证等手段确认"债务"，伪装成有法律背书，认可的"债务"；有的通过"保证金""中介费""服务费""违约金"等名目扣除或者收取额外费用。这些行为基本上是**以所谓的合法形式掩盖非法目的的**，其实质仍源于"高利放贷等"非法行为，在性质上应认定为由高利放贷等产生的"非法债务"。司法机关在办理案件时，需要结合相关证据，准确区分合法债务和非法债务。

第二百九十四条 【组织、领导、参加黑社会性质组织罪】【入境发展黑社会组织罪】【包庇、纵容黑社会性质组织罪】

组织、领导黑社会性质的组织的，处七年以上有期徒刑，并处没收财产；积极参加的，处三年以上七年以下有期徒刑，可以并处罚金或者没收财产；其他参加的，处三年以下有期徒刑、拘役、管制或者剥夺政治权利，可以并处罚金。

境外的黑社会组织的人员到中华人民共和国境内发展组织成员的，处三年以上十年以下有期徒刑。

国家机关工作人员包庇黑社会性质的组织，或者纵容黑社会性质的组织进行违法犯罪活动的，处五年以下有期徒刑；情节严重的，处五年以上有期徒刑。

犯前三款罪又有其他犯罪行为的，依照数罪并罚的规定处罚。

黑社会性质的组织应当同时具备以下特征：

（一）形成较稳定的犯罪组织，人数较多，有明确的组织者、领导者，骨干成员基本固定；

（二）有组织地通过违法犯罪活动或者其他手段获取经济利益，具有一定的经济实力，以支持该组织的活动；

（三）以暴力、威胁或者其他手段，有组织地多次进行违法犯罪活动，为非作恶，欺压、残害群众；

（四）通过实施违法犯罪活动，或者利用国家工作人员的包庇或者纵容，称霸一方，在一定区域或者行业内，形成非法控制或者重大影响，严重破坏经济、社会生活秩序。

【立法解释】

《全国人民代表大会常务委员会关于〈中华人民共和国刑法〉第二百九十四条第一款的解释》（2002年4月28日通过）

△【黑社会性质的组织】刑法第二百九十四条第一款规定的"黑社会性质的组织"应当同时具备以下特征：

（一）形成较稳定的犯罪组织，人数较多，有明确的组织者、领导者，骨干成员基本固定；

（二）有组织地通过违法犯罪活动或者其他手段获取经济利益，具有一定的经济实力，以支持该组织的活动；

（三）以暴力、威胁或者其他手段，有组织地多次进行违法犯罪活动，为非作恶，欺压、残害群众；

（四）通过实施违法犯罪活动，或者利用国家工作人员的包庇或者纵容，称霸一方，在一定区域或者行业内，形成非法控制或者重大影响，严重破坏经济、社会生活秩序。①

【立法沿革】

《中华人民共和国刑法》（1997年修订，自1997年10月1日起施行）

第二百九十四条

组织、领导和积极参加以暴力、威胁或者其他手段，有组织地进行违法犯罪活动，称霸一方，为非作恶，欺压、残害群众，严重破坏经济、社会生活秩序的黑社会性质的组织，处三年以上十年以下有期徒刑；其他参加的，处三年以下有期徒刑、拘役、管制或者剥夺政治权利。

境外的黑社会组织的人员到中华人民共和国境内发展组织成员的，处三年以上十年以下有期徒刑。

犯前两款罪又有其他犯罪行为的，依照数罪并罚的规定处罚。

国家机关工作人员包庇黑社会性质的组织，或者纵容黑社会性质的组织进行违法犯罪活动的，处三年以下有期徒刑、拘役或者剥夺政治权利；情节严重的，处三年以上十年以下有期徒刑。

《中华人民共和国刑法修正案（八）》（自2011年5月1日起施行）

四十三、将刑法第二百九十四条修改为：

"组织、领导黑社会性质的组织的，处七年以上有期徒刑，并处没收财产；积极参加的，处三年以上七年以下有期徒刑，可以并处罚金或者没收财产；其他参加的，处三年以下有期徒刑、拘役、管制或者剥夺政治权利，可以并处罚金。

"境外的黑社会组织的人员到中华人民共和国境内发展组织成员的，处三年以上十年以下有期徒刑。

"国家机关工作人员包庇黑社会性质的组织，或者纵容黑社会性质的组织进行违法犯罪活动的，处五年以下有期徒刑；情节严重的，处五年以上有期徒刑。

"犯前三款罪又有其他犯罪行为的，依照数罪并罚的规定处罚。

"黑社会性质的组织应当同时具备以下特征：

"（一）形成较稳定的犯罪组织，人数较多，有明确的组织者、领导者，骨干成员基本固定；

"（二）有组织地通过违法犯罪活动或者其他手段获取经济利益，具有一定的经济实力，以支持该组织的活动；

"（三）以暴力、威胁或者其他手段，有组织地多次进行违法犯罪活动，为非作恶，欺压、残害群众；

"（四）通过实施违法犯罪活动，或者利用国家工作人员的包庇或者纵容，称霸一方，在一定区域或者行业内，形成非法控制或者重大影响，严重破坏经济、社会生活秩序。"

【条文说明】

本条是关于组织、领导、参加黑社会性质组织罪，入境发展黑社会组织罪，包庇、纵容黑社会性质组织罪及其处罚的规定。

本条共分为五款。

第一款是关于**组织、领导、参加黑社会性质组织罪**及其处罚的规定。根据本款规定，组织、领导和参加黑社会性质的组织的犯罪，只要有组织、领导或者参加黑社会性质的组织的行为，就可以构成犯罪，不要求本人有其他犯罪行为。所谓"**组织**"黑社会性质的组织，是指倡导、发起、策划、建立黑社会性质的组织的行为。"**领导**"黑社会性质的组织，是指在黑社会性质的组织中处于领导地位，对该组织的发展、运行、行动进行策划、决策、指挥、协调、管理的行为。组织者、领导者既包括通过一定形式产生的有明确职务、称谓的组织者、领导者，也包括在该组织中被公认的事实上的组织者、领导者。"**积极参加**"黑社会性质的组织，是指积极、主动加入黑社会性质的组织的行为，包括多次积极参与该组织的违法犯罪活动，或者在违法犯罪活动中作用突出，或者在组织中起重要作用等。"**其他参加的**"，即指一般参加者，是指在黑社会性质的组织中，除组织、领导和积极参加者外，其他参加该组织的成员。实践中，对于一些只参加黑社会性质的组织，没有实施其他违法犯罪活动的，或者受蒙蔽、胁迫参加黑社会性质的组织的，情节轻微的，一般不应作为犯罪处理。

本款根据组织者、领导者、积极参加者和一般参加者在黑社会性质组织中所处的地位、所起的作用，分别规定了刑罚：对"**组织、领导黑社会性质的组织的**"，处七年以上有期徒刑，并处没收财产；对"**积极参加的**"，处三年以上七年以下有期徒刑，可以并处罚金或者没收财产；对"**其他参加**

---

① 换言之，黑社会性质组织是否有国家工作人员充当"保护伞"，即是否要求国家工作人员参与犯罪或者为犯罪活动提供非法保护，不影响黑社会性质组织的认定。参见黎宏：《刑法学各论》（第2版），法律出版社2016年版，第382页。该立法解释已经被《刑法修正案（八）》第四十三条全部吸收。

的",处三年以下有期徒刑、拘役、管制或者剥夺政治权利,可以并处罚金。

第二款是关于**入境发展黑社会组织罪**及其处罚的规定。构成本罪应当具备以下条件:一是**本罪的犯罪主体是特殊主体**,必须是境外的黑社会组织的人员。这里所谓"**境外的黑社会组织**",是指被境外国家和地区确定为黑社会的组织,既包括外国的黑社会组织,也包括我国台湾、香港、澳门地区的黑社会组织。二是实施了**到中华人民共和国境内发展组织成员的行为**。所谓"**到中华人民共和国境内发展组织成员**",是指境外黑社会组织通过引诱、拉拢、腐蚀、强迫、威胁、暴力、贿赂等手段,在我国境内将境内或者境外人员吸收为该黑社会组织成员的行为。①

根据本款规定,构成本罪的,处三年以上十年以下有期徒刑。

第三款是关于**包庇、纵容黑社会性质组织罪**及其处罚的规定。构成本罪应当具备以下条件:一是**本罪的犯罪主体是特殊主体**,即国家机关工作人员。这里规定的"**国家机关工作人员**",是指在国家各级党政机关、权力机关、司法机关和军事机关中执行一定职权的工作人员。② 二是**行为人实施了包庇黑社会性质的组织,或者纵容黑社会性质的组织进行违法犯罪活动的行为**。所谓"**包庇**",是指国家机关工作人员为使黑社会性质组织及其成员逃避查禁而通风报信,隐匿、毁灭、伪造证据,阻止他人作证、检举揭发,直接性作伪证,帮助逃匿,或者阻挠其他国家机关工作人员依法查禁等行为。"**纵容**"是指国家机关工作人员不依法履行职责,对黑社会性质的组织的违法犯罪活动不依法制止,反而予以放纵的行为。③ 根据《最高人民法院关于审理黑社会性质组织犯罪的案件具体应用法律若干问题的解释》第六条的规定,"**情节严重**"是指有下列情形之一的行为:(1)包庇、纵容黑社会性质组织跨境实施违法犯罪活动的;(2)包庇、纵容境外黑社会组织在境内实施违法犯罪活动的;(3)多次实施包庇、纵容行为的;(4)致使某一区域或者行业的经济、社会生活秩序遭受黑社会性质组织特别严重破坏的;(5)致使黑社会性质组织的组织者、领导者逃匿,或者致使对黑社会性质组织的查禁工作严重受阻的;(6)具有其他严重情节的。

根据本款规定,构成本罪的,处五年以下有期徒刑;情节严重的,处五年以上有期徒刑。

第四款是关于犯组织、领导、参加黑社会性质组织罪,入境发展黑社会组织罪,包庇、纵容黑社会性质组织罪,又有其他犯罪行为的,应当如何处罚的规定。根据本款规定,犯前三款罪又有其他犯罪行为的,**依照数罪并罚的规定处罚**。实践中,黑社会性质的组织往往实施多种违法犯罪行为,常常进行寻衅滋事、敲诈勒索、强迫交易、故意毁坏公私财物、故意杀人、故意伤害等犯罪。考虑到黑社会性质组织犯罪组织化程度较高,又与各种社会治安问题相互交织,破坏力成倍增加,严重威胁人民群众的生命、财产安全,而且还具有极强的向经济领域、政治领域渗透的能力,严重侵蚀维系社会和谐稳定的根基,对这类犯罪必须严厉予以惩处。本款规定,犯组织、领导、参加黑社会性质组织罪,入境发展黑社会组织罪或包庇、纵容黑社会性质组织罪,又有其他犯罪行为的,即依照《刑法》第六十九条有关数罪并罚的规定处罚。

第五款是关于**黑社会性质组织的特征**的规定。黑社会性质组织实施违法犯罪活动一般有计划、有安排、有分工,并通过一定的组织方式策划,因为它的社会危害性远远大于一般的犯罪集团,在惩治这类犯罪过程中,最关键的是要严格按照法律规定,准确把握黑社会性质组织特征,正确适用法律认定这种犯罪。因此,本款规定了黑社会性质的组织必须同时具备以下特征:

1. **组织特征**,即形成较稳定的犯罪组织,人数较多,有明确的组织者、领导者,骨干成员基本固定。这里所说的"**形成较稳定的犯罪组织**",主要是指组织形成后,在一定时期内持续存在。对于存在、发展时间明显过短,犯罪活动尚不突出的,或者一般的恶势力团伙,或者为了某一目的而形成的犯罪集团等都不属于黑社会性质的组织。

2. **经济特征**,即有组织地通过违法犯罪活动

---

① 所谓的"到中华人民共和国境内发展会员",并不要求境外的黑社会组织人员自身进入中华人民共和国境内,只是意味着行为人在中华人民共和国境内发展组织成员。因此,行为人虽未进入中华人民共和国境内,但通过网络、电话等手段在中华人民共和国境内发展组织成员,也应以本罪论处。参见张明楷:《刑法学》(第6版),法律出版社2021年版,第1407页;黎宏:《刑法学各论》(第2版),法律出版社2016年版,第385页。

② 本罪并不要求国家机关工作人员属于黑社会性质组织的成员。参见张明楷:《刑法学》(第6版),法律出版社2021年版,第1408页。

③ 纵容行为要求,行为人必须是对黑社会性质组织负有查处职责的国家机关工作人员。若国家机关工作人员不具有查处职责,即便与黑社会性质组织的组织者、领导者或其他成员来往,或者在黑社会性质组织控制的娱乐场所消费等,也不会构成本罪。参见张明楷:《刑法学》(第6版),法律出版社2021年版,第1408页。

或者其他手段获取经济利益,具有一定的经济实力,以支持该组织的活动。这里所说的"**有组织地通过违法犯罪活动或者其他手段获取经济利益**",主要是指有组织地通过违法犯罪活动或者其他不正当手段获取经济利益;由组织成员提供或者通过其他单位、组织、个人的资助获取经济利益等。"具有一定的经济实力",既包括通过上述方式获取一定数量的经济利益,也包括可以调动一定规模的经济资源用以支持该组织活动的能力。

3. 行为特征,即以暴力、威胁或者其他手段,有组织地多次进行违法犯罪活动,为非作恶,欺压、残害群众。使用暴力、威胁手段是黑社会性质组织实施违法犯罪活动的基本手段。对于一些暴力、威胁色彩虽不明显,但实际是以组织的势力、影响和能力为依托,以暴力威胁的现实可能性为基础,足以使他人产生恐惧、恐慌进而形成心理强制或者足以影响、限制人身自由、危及人身财产安全或者影响正常生产、工作、生活的手段,则属于"**其他手段**",具体包括谈判、协调、滋扰、纠缠、哄闹、聚众造势等。"有组织地多次进行违法犯罪活动,为非作恶,欺压、残害群众",主要是指为确立、维持、扩大组织的势力、影响、利益或者按照组织要求多次实施违法犯罪活动,侵犯不特定多数人的人身权利、民主权利、财产权利,破坏经济秩序、社会秩序。

4. 危害性特征,即通过实施违法犯罪活动,或者利用国家工作人员的包庇或者纵容,称霸一方,在一定区域或者行业内,形成非法控制或者重大影响,严重破坏经济、社会生活秩序。这里所说的"**实施违法犯罪活动**",主要是指组织者、领导者直接组织、策划、指挥、参与实施的违法犯罪活动;为该组织争夺势力范围打击竞争对手、形成强势地位、谋取经济利益、树立非法权威、扩大非法影响、寻求非法保护、增强犯罪能力等实施的违法犯罪活动;组织成员为逞强争霸、插手纠纷、报复他人、替人行凶、非法敛财而共同实施的违法犯罪活动等。"**在一定区域或者行业内,形成非法控制或者重大影响,严重破坏经济、社会生活秩序**",包括对一定行业的生产、经营实施垄断,或者对涉及一定行业的准入、经营、竞争等经济活动形成重要影响的;插手民间纠纷、经济纠纷,在相关区域或者行业内造成严重影响的;干扰、破坏他人正常生产、经营、生活,并在相关区域或者行业内造成严重影响的;利用组织的势力、影响,帮助组织成员或他人获取政治地位,或者在党政机关、基层组织中担任一定职务的;等等。根据本款规定,必须同时具备上述四个特征才属于黑社会性质组织,对于不具备黑社会性质组织特征的犯罪集团和恶势力犯罪团伙的犯罪,应当依照刑法的有关规定予以处罚,对主犯应当按其所参与的或者组织、指挥的全部犯罪处罚;对首要分子,按照集团所犯的全部罪行处罚。

实践中执行本条规定应注意以下两个方面的问题:

1. 目前司法实践中争议最大的问题之一就是**黑社会性质组织的组织者、领导者是否应对其本人未参与而由其组织成员所实施的犯罪承担刑事责任**。由于在黑社会性质组织所实施的多种犯罪中,涉及可以判处死刑的罪名只有故意杀人罪、故意伤害罪等少数几种,而在实施上述犯罪时,黑社会性质组织的领导者大多并不在场或并不出面,司法机关在认定其是否应对黑社会性质组织成员所犯故意杀人罪、故意伤害罪承担刑事责任时经常出现分歧,甚至出现了对首要分子判处无期徒刑以下刑罚,而对其他实施故意杀人罪的骨干成员判处死刑的现象。在适用本条规定时应当特别注意,关于其他犯罪行为,对黑社会性质组织的组织者、领导者,**应当按其所组织、领导的黑社会性质组织所犯的全部罪行处罚**;对于黑社会性质组织的参加者,**应当按照其所参与的犯罪处罚**。凡是黑社会性质组织成员是为了实现该组织称霸一方、威慑公众的目的,为了组织利益而实施的犯罪,即使首要分子对具体的犯罪行为事先并不明知,也要对其组织成员的全部罪行承担全部罪责。

2. 在认定黑社会性质组织时,需要注意:第一,目前,黑社会性质的犯罪组织出现了一个明显的变化,即组织者、领导者、骨干成员可能并不多,但他们控制着一批社会上的闲散人员,这些人员形成了一个市场,需要实施违法犯罪时,即通过这个市场雇用打手,形成"一呼即来,一哄而散"的活动方式。对以这种方式存在的组织,**只要其基本的组织者、领导者、骨干成员较为固定,就应认定其形成了"较稳定的犯罪组织"**。第二,实践中,有些黑社会性质组织的头目,在其具备了一定的实力后,往往通过各种手段将财产洗白,合法地进行一些经营活动,以此支撑该组织的活动,**这部分资产也应当算作该组织的"经济实力"**。第三,应正确把握"在一定区域或者行业内,形成非法控制或者重大影响",无论是合法行业还是非法行业,只要对其实行垄断或控制,严重影响了当地该行业的正常秩序,扰乱了当地百姓的正常生活秩序就应当予以认定。鉴于黑社会性质组织非法控制和影响的"**一定区域**"的大小具有相对性,不能"一刀切"地划定。"一定区域"是某一特定的空间范围,而应当根据具体案情,并结合黑社会性质组织对经济社会生活秩序的危害程度加以综合分析判断。第四,在认定黑社会性质组织时,应当严格按照本条第五款规定的四个特征,认真审查,分析黑社会性质组织的四个特征的内在联系,准确评价涉案犯罪造成的社会危害,不能随意扩大。对于主观上没有加入黑社会性质组织的意愿,受雇到黑社会性质组织开办的公司、企业、社团工作,未参与或者仅参与少量黑社会性质组织的违法犯罪活动的人员,或者因临时被纠集、雇佣或受蒙蔽为黑社会性质组织实施违法犯罪活动或者提供帮助、支持、服务的人员等,则不宜认定为黑社会性质组织人员。

【司法解释】

《最高人民法院关于审理黑社会性质组织犯罪的案件具体应用法律若干问题的解释》(法释〔2000〕42号,自2000年12月10日起施行)

△(发展组织成员)刑法第二百九十四条第二款规定的"发展组织成员",是指将境内、外人员吸收为该社会组织成员的行为。对黑社会组织成员进行内部调整等行为,可视为"发展组织成员"。

港、澳、台黑社会组织到内地发展组织成员的,适用刑法第二百九十四条第二款的规定定罪处罚。(§2)

△(数罪并罚;组织者、领导者;参加者;不作为犯罪处理)组织、领导、参加黑社会性质的组织又有其他犯罪行为的,根据刑法第二百九十四条第三款的规定,依照数罪并罚的规定处罚;对于黑社会性质组织的组织者、领导者,应当按照其所组织、领导的黑社会性质组织所犯的全部罪行处罚;对于黑社会性质组织的参加者,应当按照其所参与的犯罪处罚。

对于参加黑社会性质的组织,没有实施其他违法犯罪活动的,或者受蒙蔽、胁迫参加黑社会性质的组织,情节轻微的,可以不作为犯罪处理。(§3)

△(国家机关工作人员)国家机关工作人员组织、领导、参加黑社会性质组织的,从重处罚。(§4)

△(包庇;纵容)刑法第二百九十四条第四款规定的"包庇",是指国家机关工作人员为使黑社会性质组织及其成员逃避查禁,而通风报信,隐匿、毁灭、伪造证据,指使他人作证、检举揭发,指使他人作伪证,帮助逃匿,或者阻挠其他国家机关工作人员依法查禁等行为。

刑法第二百九十四条第四款规定的"纵容",是指国家机关工作人员不依法履行职责,放纵黑社会性质组织进行违法犯罪活动的行为。(§5)

△(情节严重)国家机关工作人员包庇、纵容黑社会性质的组织,有下列情形之一的,属于刑法第二百九十四条第四款规定的"情节严重":

(一)包庇、纵容黑社会性质组织跨境实施违法犯罪活动的;

(二)包庇、纵容境外黑社会组织在境内实施违法犯罪活动的;

(三)多次实施包庇、纵容行为的;

(四)致使某一区域或者行业的经济、社会生活秩序遭受黑社会性质组织严重破坏的;

(五)致使黑社会性质组织的组织者、领导者逃匿,或者致使对黑社会性质组织的查禁工作严重受阻的;

(六)具有其他严重情节的。(§6)

△(追缴、没收)对黑社会性质组织和组织、领导、参加黑社会性质组织的犯罪分子聚敛的财物及其收益,以及用于犯罪的工具等,应当依法追缴、没收。(§7)

【司法解释性文件】

《最高人民检察院关于认真贯彻执行全国人大常委会〈关于刑法第二百九十四条第一款的解释〉和〈关于刑法第三百八十四条第一款的解释〉的通知》(高检发研字〔2002〕11号,2002年5月13日公布)

△("保护伞")要正确适用法律,积极发挥检察职能作用。各级人民检察院在办理相关案件的过程中,要充分运用刑法和立法解释的有关规定,依法开展立案侦查和批捕、起诉工作,严格按照《解释》加强对黑社会性质组织和挪用公款犯罪的打击力度,积极发挥检察机关的职能作用。根据《解释》的规定,黑社会性质组织是否有国家工作人员充当"保护伞",即是否要有国家工作人员参与犯罪或者为犯罪活动提供非法保护,不影响黑社会性质组织的认定,对于同时具备《解释》规定的黑社会性质组织四个特征的案件,应依法予以严惩,以体现"打早打小"的立法精神。同时,对于确有"保护伞"的案件,也要坚决一查到底,绝不姑息。对于国家工作人员利用职务上的便利,实施《解释》规定的挪用公款"归个人使用"的三种情形之一的,无论使用公款的是个人还是单位以及单位的性质如何,均应认定为挪用公款归个人使用,构成犯罪的,应依法严肃查处。(§2)

《最高人民法院、最高人民检察院、公安部办理黑社会性质组织犯罪案件座谈会纪要》(法〔2009〕382号,2009年12月9日公布)

△(**黑社会性质组织之认定；组织特征；经济特征；行为特征；危害性特征**)关于黑社会性质组织的认定。黑社会性质组织必须同时具备《立法解释》中规定的"组织特征"、"经济特征"、"行为特征"和"危害性特征"。由于实践中许多黑社会性质组织并非这"四个特征"都很明显，因此，在具体认定时，应根据立法本意，认真审查、分析黑社会性质组织"四个特征"相互间的内在联系，准确评价涉案犯罪组织所造成的社会危害，确保不枉不纵。

1. 关于组织特征。黑社会性质组织不仅有明确的组织者、领导者，骨干成员基本固定，而且组织结构较为稳定，并有比较明确的层级和职责分工。

当前，一些黑社会性质组织为了增强隐蔽性，往往采取各种手段制造"人员频繁更替、组织结构松散"的假象。因此，在办案时，要特别注意审查组织者、领导者，以及对组织运行、活动起着突出作用的积极参加者等骨干成员是否基本固定、联系是否紧密，不要被其组织形式的表象所左右。

关于组织者、领导者、积极参加者和其他参加者的认定。组织者、领导者，是指黑社会性质组织的发起者、创建者，或者在组织中实际处于领导地位，对整个组织及其运行、活动起着决策、指挥、协调、管理作用的犯罪分子，既包括通过一定形式产生的有明确职务、称谓的组织者、领导者，也包括在黑社会性质组织中被公认的事实上的组织者、领导者；积极参加者，是指接受黑社会性质组织的领导和管理，多次积极参与黑社会性质组织的违法犯罪活动，或者积极参与较严重的黑社会性质组织的犯罪活动且作用突出，以及其他在组织中起重要作用的犯罪分子，如具体主管黑社会性质组织的财务、人员管理等事项的犯罪分子；其他参加者，是指除上述组织成员之外，其他接受黑社会性质组织的领导和管理的犯罪分子。根据《司法解释》第三条第二款的规定，对于参加黑社会性质的组织，没有实施其他违法犯罪活动的，或者受蒙蔽、胁迫参加黑社会性质的组织，情节轻微的，可以不作为犯罪处理。

关于黑社会性质组织成员的主观明知问题。在认定黑社会性质组织的成员时，并不要求其主观上认为自己参加的是黑社会性质组织，只要其知道或者应当知道该组织具有一定规模，且是以实施违法犯罪为主要活动的，即可认定。

对于黑社会性质组织存在时间、成员人数及组织纪律等问题的把握。黑社会性质组织一般在短时间内难以形成，而且成员人数较多，但鉴于普通犯罪集团、"恶势力"团伙向黑社会性质组织发展是一个渐进的过程，没有明显的性质转变的节点，故对黑社会性质组织存在时间、成员人数问题不宜作出"一刀切"的规定。对于那些已存在一定时间，且成员人数较多的犯罪组织，在定性时要根据其是否已具备一定的经济实力，是否已在一定区域或行业内形成非法控制或重大影响等情况综合分析判断。此外，在通常情况下，黑社会性质组织为了维护自身的安全和稳定，一般会有一些约定俗成的纪律、规约，有些甚至还有明确的规定。因此，具有一定的组织纪律、活动规约，也是认定黑社会性质组织特征时的重要参考依据。

2. 关于经济特征。一定的经济实力是黑社会性质组织坐大成势，称霸一方的基础。由于不同地区的经济发展水平、不同行业的利润空间均存在很大差异，加之黑社会性质组织存在、发展的时间也各有不同，因此，在办案时不能一般性地要求黑社会性质组织所具有的经济实力必须达到特定规模或特定数额。此外，黑社会性质组织的敛财方式也具有多样性。实践中，黑社会性质组织不仅会通过实施赌博、敲诈、贩毒等违法犯罪活动攫取经济利益，而且还往往会通过开办公司、企业等方式"以商养黑"、"以黑护商"。因此，无论其财产是通过非法手段聚敛，还是通过合法的方式获取，只要将其中部分或全部用于违法犯罪活动或者维系犯罪组织的生存、发展即可。

"用于违法犯罪活动或者维系犯罪组织的生存、发展"，一般是指购买作案工具、提供作案经费，为受伤、死亡的组织成员提供医疗费、丧葬费，为组织成员及其家属提供工资、奖励、福利、生活费用，为组织寻求非法保护以及其他与实施有组织的违法犯罪活动有关的费用支出等。

3. 关于行为特征。暴力性、胁迫性和有组织性是黑社会性质组织行为方式的主要特征，但有时也会采取一些"其他手段"。

根据司法实践经验，《立法解释》中规定的"其他手段"主要包括：以暴力、威胁为基础，在利用组织势力和影响已对他人形成心理强制或威慑的情况下，进行所谓的"谈判"、"协商"、"调解"；滋扰、哄闹、聚众等其他干扰、破坏正常经济、社会生活秩序的非暴力手段。

"黑社会性质组织实施的违法犯罪活动"主要包括以下情形：由组织者、领导者直接组织、策划、指挥、参与实施的违法犯罪活动；由组织成员以组织名义实施，并得到组织者、领导者认可或者默许的违法犯罪活动；多名组织成员为逞强争霸、插手纠纷、报复他人、替人行凶、非法敛财而共同实施，并得到组织者、领导者认可或者默许的违法犯罪活动；组织成员为组织争夺势力范围、排除竞争对手、确立强势地位、谋取经济利益、维护非法权威或者按照组织的纪律、惯例、共同遵守的约定而实施的违法犯罪活动;由黑社会性质组织实施的其他违法犯罪活动。

会议认为,在办案时还应准确理解《立法解释》中关于"多次进行违法犯罪活动"的规定。黑社会性质组织实施犯罪活动过程中,往往伴随着大量的违法活动,对此均应作为黑社会性质组织的违法犯罪事实予以认定。但如果仅实施了违法活动,而没有实施犯罪活动的,则不能认定为黑社会性质组织。此外,"多次进行违法犯罪活动"只是认定黑社会性质组织的必要条件之一,最终能否认定为黑社会性质组织,还要结合危害性特征来加以判断。即使有些案件中的违法犯罪活动已符合"多次"的标准,但根据其性质和严重程度,尚不足以形成非法控制或者重大影响的,也不能认定为黑社会性质组织。

4. 关于危害性特征。称霸一方,在一定区域或者行业内,形成非法控制或者重大影响,从而严重危害经济、社会生活秩序,是黑社会性质组织的本质特征,也是黑社会性质组织区别于一般犯罪集团的关键所在。

对于"一定区域"的理解和把握。区域的大小具有相对性,且黑社会性质组织非法控制和影响的对象并不是区域本身,而是在一定区域中生活的人,以及该区域内的经济、社会生活秩序。因此,不能简单地要求"一定区域"必须达到某一特定的空间范围,而应当根据具体案情,并结合黑社会性质组织对经济、社会生活秩序的危害程度加以综合分析判断。

对于"一定行业"的理解和把握。黑社会性质组织所控制和影响的行业,既包括合法行业,也包括黄、赌、毒等非法行业。这些行业一般涉及生产、流通、交换、消费等一个或多个市场环节。

通过实施违法犯罪活动,或者利用国家工作人员的包庇、纵容,称霸一方,并具有以下情形之一的,可以认定为"在一定区域或者行业内,形成非法控制或者重大影响,严重破坏经济、社会生活秩序":对在一定区域内生活或者在一定行业内从事生产、经营的群众形成心理强制、威慑,致使合法利益受损的群众不敢举报、控告的;对一定行业的生产、经营形成垄断,或者对涉及一定行业的准入、经营、竞争等经济活动形成重要影响的;插手民间纠纷、经济纠纷,在相关区域或者行业内造成严重影响的;干扰、破坏他人正常生产、经营、生活,并在相关区域或者行业内造成严重影响的;干扰、破坏公司、企业、事业单位及社会团体的正常生产、经营、工作秩序,在相关区域、行业内造成严重影响,或者致使其不能正常生产、经营、工作的;多次干扰、破坏国家机关、行业管理部门以及村委会、居委会等基层群众自治组织的工作秩序,或者致使上述单位、组织的职能不能正常行使的;利用组织的势力、影响,使组织成员获取政治地位,或者在党政机关、基层群众自治组织中担任一定职务的;其他形成非法控制或者重大影响,严重破坏经济、社会生活秩序的情形。

△(包庇、纵容黑社会性质组织罪;故意)关于包庇、纵容黑社会性质组织罪主观要件的认定。本罪主观方面要求必须是出于故意,过失不能构成本罪。会议认为,只要行为人知道或者应当知道是从事违法犯罪活动的组织,仍对该组织及其成员予以包庇,或者纵容其实施违法犯罪活动,即可认定本罪。至于行为人是否明知该组织系黑社会性质组织,不影响本罪的成立。

△(黑社会性质组织成员)关于黑社会性质组织成员的刑事责任。对黑社会性质组织的组织者、领导者,应根据法律规定和本纪要中关于"黑社会性质组织实施的违法犯罪活动"的规定,按照该组织所犯的全部罪行承担刑事责任。组织者、领导者在其具体犯罪中所承担的刑事责任,应当根据其在该起犯罪中的具体地位、作用来确定。对黑社会性质组织中的积极参加者和其他参加者,应按照其所参与的犯罪,根据其在具体犯罪中的地位和作用,依照罪责刑相适应的原则,确定应承担的刑事责任。

△(涉黑犯罪财物及其收益之认定和处置)关于涉黑犯罪财物及其收益的认定和处置。在办案时,要依法运用查封、扣押、冻结、追缴、没收等手段,彻底摧毁黑社会性质组织的经济基础,防止其死灰复燃。对于涉黑犯罪财物及其收益以及犯罪工具,均应按照刑法第六十四条和《司法解释》第七条的规定予以追缴、没收。黑社会性质组织及其成员通过犯罪活动聚敛的财物及其收益,是指在黑社会性质组织的形成、发展过程中,该组织及组织成员通过违法犯罪活动或其他不正当手段聚敛的全部财物、财产性权益及其孳息、收益。在办案工作中,应认真审查涉案财产的来源、性质,对被告人及其他单位、个人的合法财产应依法予以保护。

△(事实清楚;证据确实、充分)关于认定黑社会性质组织犯罪的证据要求。办理涉黑案件同样应当坚持案件"事实清楚,证据确实、充分"的法定证明标准。但应当注意的是,"事实清楚"是指能够对定罪量刑产生影响的事实必须清楚,而不是指整个案件的所有事实和情节都要一一查证属实;"证据确实、充分"是指能够据以定罪量刑

的证据确实、充分，而不是指案件中所涉全部问题的证据都要达到确实、充分的程度。对此，一定要准确理解和把握，不要纠缠那些不影响定罪量刑的枝节问题。比如，在可以认定某犯罪组织已将所获经济利益部分用于组织活动的情况下，即使此部分款项的具体数额难以全部查实，也不影响定案。

△（立功；量刑）关于黑社会性质组织成员的立功问题。积极参加者、其他参加者配合司法机关查办案件，有提供线索、帮助收集证据或者其他协助行为，并对侦破黑社会性质组织犯罪案件起到一定作用的，即使依法不能认定立功，一般也应酌情对其从轻处罚。组织者、领导者检举揭发与该黑社会性质组织及其违法犯罪活动有关联的其他犯罪线索，即使依法构成立功或者重大立功，在量刑时也应从严掌握。

△（"恶势力"团伙之认定和处理）关于对"恶势力"团伙的认定和处理。"恶势力"，是黑社会性质组织的雏形，有的最终发展成为了黑社会性质组织。因此，及时严惩"恶势力"团伙犯罪，是遏制黑社会性质组织滋生，防止违法犯罪活动造成更大社会危害的有效途径。

会议认为，"恶势力"是指经常纠集在一起，以暴力、威胁或其他手段，在一定区域或者行业内多次实施违法犯罪活动，为非作恶，扰乱经济、社会生活秩序，造成较为恶劣的社会影响，但尚未形成黑社会性质组织的犯罪团伙。"恶势力"一般为三人以上，纠集者、骨干成员相对固定，违法犯罪活动一般表现为敲诈勒索、强迫交易、欺行霸市、聚众斗殴、寻衅滋事、非法拘禁、故意伤害、抢劫、抢夺或者黄、赌、毒等。各级人民法院、人民检察院和公安机关在办案时应根据本纪要的精神，结合组织化程度的高低、经济实力的强弱、有无追求和实现对社会的非法控制等特征，对黑社会性质组织与"恶势力"团伙加以正确区分。同时，还要本着实事求是的态度，正确理解和把握"打早打小"方针。在准确查明"恶势力"团伙具体违法犯罪事实的基础上，构成什么罪，就按什么罪处理，并充分运用刑法总则关于共同犯罪的规定，依法惩处。对符合犯罪集团特征的，要按照犯罪集团处理，以切实加大对"恶势力"团伙依法惩处的力度。

《在审理故意杀人、伤害及黑社会性质组织犯罪案件中切实贯彻宽严相济刑事政策》（2010年4月14日公布）

△（宽严相济刑事政策；法律效果与社会效果的统一）在故意杀人、伤害及黑社会性质组织犯罪案件的审判中贯彻宽严相济刑事政策，要落实《意见》第1条规定：根据犯罪的具体情况，实行区别对待，做到该宽则宽，当严则严，宽严相济，罚当其罪。落实这个总体要求，要注意把握以下几点：

1. 正确把握宽与严的对象。故意杀人和故意伤害犯罪的发案率高，社会危害大，是各级法院刑事审判工作的重点。黑社会性质组织犯罪在我国自二十世纪八十年代末出现以来，长时间保持快速发展势头，严厉打击黑社会性质组织犯罪，是法院刑事审判在当前乃至今后相当长一段时期内的重要任务。因此，对这三类犯罪总体上应坚持从严惩处的方针。但是在具体案件的处理上，也要分别案件的性质、情节和行为人的主观恶性、人身危险性等情况，把握宽严的范围。在确定从宽与从严的对象时，还应当注意审时度势，对经济社会的发展和治安形势的变化作出准确判断，为构建社会主义和谐社会的目标服务。

2. 坚持严格依法办案。三类案件的审判中，无论是从宽还是从严，都必须严格依照法律规定进行，做到宽严有据，罚当其罪，不能为追求打击效果，突破法律界限。比如在黑社会性质组织犯罪的审理中，黑社会性质组织的认定必须符合法律和立法解释规定的标准，既不能降格处理，也不能拔高认定。

3. 注重法律效果与社会效果的统一。严格依法办案，确保良好法律效果的同时，还应当充分考虑案件的处理是否有利于赢得人民群众的支持和社会稳定，是否有利于瓦解犯罪，化解矛盾，是否有利于罪犯的教育改造和回归社会，是否有利于减少社会对抗，促进社会和谐，争取更好的社会效果。比如在刑罚执行过程中，对于故意杀人、伤害犯罪及黑社会性质组织犯罪的领导者、组织者和骨干成员就应当从严掌握减刑、假释的适用，其他主观恶性不深、人身危险性不大的罪犯则可以从宽把握。

△（黑社会性质组织之认定）黑社会性质组织犯罪由于其严重的社会危害性，在打击处理上不能等其坐大后进行，要坚持"严打"的方针，坚持"打早打小"的策略。但黑社会性质组织的认定，必须严格依照刑法和《全国人民代表大会常务委员会关于〈中华人民共和国刑法〉第二百九十四条第一款的解释》的规定，从组织特征、经济特征、行为特征和非法控制特征四个方面进行分析。认定黑社会性质组织犯罪四个特征必须同时具备。当然，实践中许多黑社会性质组织并不是四个特征都很明显，在具体认定时，应根据立法本意，认真审查、分析黑社会性质组织四个特征相互

间的内在联系,准确评价涉案犯罪组织所造成的社会危害。既要防止将已具备黑社会性质组织四个特征的案件"降格"处理,也不能因为强调严厉打击将不具备四个特征的犯罪团伙"拔高"认定为黑社会性质组织。在黑社会性质组织犯罪的审判中贯彻宽严相济刑事政策,要始终坚持严格依法办案,坚持法定标准,这是《意见》的基本要求。

△(黑社会性质组织的不同成员;区别对待;法定从重处罚事由;法定从轻、减轻处罚事由;不作为犯罪;检举、揭发者)《意见》第30条明确了黑社会性质组织中不同成员的处理原则;分别情况,区别对待。对于组织者、领导者应依法从严惩处,其承担责任的犯罪不限于自己组织、策划、指挥和实施的犯罪,而应对组织所犯的全部罪行承担责任。实践中,一些黑社会性质组织的组织者、领导者,只是以其直接实施的犯罪起诉、审判,实际上是轻纵了他们的罪行。要在区分组织犯罪和组织成员犯罪的基础上,合理划定组织者、领导者的责任范围,做到不枉不纵。同时,还要注意责任范围和责任程度的区别,不能简单认为组织者、领导者就是具体犯罪中责任最重的主犯。对于组织成员实施的黑社会性质组织犯罪,组织者、领导者只是事后知晓,甚至根本不知晓,其就只应负一般的责任,直接实施的成员无疑应负最重的责任。

对于积极参加者,应根据其在具体犯罪中的地位、作用,确定其应承担的刑事责任。确属黑社会性质组织骨干成员的,应依法从严处罚。对犯罪情节较轻的其他参加人员以及初犯、偶犯、未成年犯,则要依法从轻、减轻处罚。对于参加黑社会性质的组织,没有实施其他违法犯罪活动的,或者受蒙蔽、胁迫参加黑社会性质的组织,情节轻微的,则可以不作为犯罪处理。

此外,在处理黑社会性质组织成员间的检举、揭发问题上,既要考虑线索本身的价值,也要考虑检举、揭发者在黑社会性质组织犯罪中的地位、作用,防止出现全案量刑失衡的现象。组织者、领导者检举揭发与该黑社会性质组织及其违法犯罪活动有关联的其他犯罪线索,即使依法构成立功或者重大立功,在考虑是否从轻量刑时也应从严予以掌握。积极参加者、其他参加者配合司法机关查办案件,有提供线索、帮助收集证据或者其他协助行为,并对侦破黑社会性质组织犯罪案件起到一定作用的,即使依法不能认定立功,一般也应酌情对其从轻处罚。

《最高人民法院全国部分法院审理黑社会性质组织犯罪案件工作座谈会纪要》(法〔2015〕291号,2015年10月13日公布)

△(依法严惩方针)会议认为,受国内国际多种因素影响,我国黑社会性质组织犯罪活跃、多发的基本态势在短期内不会改变。此类犯罪组织化程度较高,又与各种社会治安问题相互交织,破坏成倍增加,严重威胁人民群众的生命、财产安全。而且,黑社会性质组织还具有极强的向经济领域、政治领域渗透的能力,严重侵蚀维系社会和谐稳定的根基。各级人民法院必须切实增强政治意识、大局意识、忧患意识和责任意识,进一步提高思想认识,充分发挥审判职能作用,继续深入推进打黑除恶专项斗争,在严格把握黑社会性质组织认定标准的基础上始终保持对于此类犯罪的严惩高压态势。对于黑社会性质组织犯罪分子要依法加大资格刑、财产刑的适用力度,有效运用刑法中关于禁止令的规定,严格把握减刑、假释适用条件,全方位、全过程地体现从严惩处的精神。

△(宽严相济刑事政策)审理黑社会性质组织犯罪案件应当认真贯彻落实宽严相济刑事政策。要依照法律规定,根据具体的犯罪事实、情节以及人身危险性、主观恶性、认罪悔罪态度等因素充分体现刑罚的个别化。同时要防止片面强调从宽或者从严,切实做到区别对待,宽严有据,罚当其罪。对于黑社会性质组织的组织者、领导者、骨干成员及其"保护伞",要依法从严惩处。根据所犯具体罪行的严重程度,依法应当判处重刑的要坚决判处重刑。确属罪行极其严重,依法应当判处死刑的,也必须坚决判处。对于不属于骨干成员的积极参加者以及一般参加者,确有自首、立功等法定情节的,要依法从轻、减轻或免除处罚;具有初犯、偶犯等酌定情节的,要依法酌情从宽处理。对于一般参加者,虽然参与实施了少量的违法犯罪活动,但系未成年人或是只起次要、辅助作用的,应当依法从宽处理。符合缓刑条件的,可以适用缓刑。

△("打早打小";"打准打实")"打早打小",是指各级政法机关必须依照法律规定对有可能发展成为黑社会性质组织的犯罪集团、"恶势力"团伙及早打击,绝不能允许其坐大成势,而不应被理解为对尚处于低级形态的犯罪组织可以不加区分地一律按照黑社会性质组织处理。"打准打实",就是要求审判时应当本着实事求是的态度,在准确查明事实的基础上,构成什么罪,就按什么罪判处刑罚。对于不符合黑社会性质组织认定标准的,应当根据案件事实依照刑法中的相关条款处理,从而把法律规定落到实处。由于黑社会性质组织的形成、发展一般都会经历一个从小到大、由"恶"到"黑"的渐进过程,因此,"打早打小"不仅是政法机关依法惩治黑恶势力犯罪的一贯方针,

而且是将黑社会性质组织及时消灭于雏形或萌芽状态，防止其社会危害进一步扩大的有效手段。而"打准打实"既是刑事审判维护公平正义的必然要求，也是确保打黑除恶工作实现预期目标的基本前提。只有打得准，才能有效摧毁黑社会性质组织；只有打得实，才能最大限度地体现惩治力度。"打早打小"和"打准打实"是分别从惩治策略、审判原则的角度对打黑除恶工作提出的要求，各级人民法院对于二者关系的理解不能简单化、片面化，要严格坚持依法办案原则，准确认定黑社会性质组织，既不能"降格"，也不能"拔高"，切实防止以"打早打小"替代"打准打实"。

△(惩处"保护伞")个别国家机关工作人员的包庇、纵容，不仅会对黑社会性质组织的滋生、蔓延起到推波助澜的作用，而且会使此类犯罪的社会危害进一步加大。各级人民法院应当充分认识"保护伞"的严重危害，将依法惩处"保护伞"作为深化打黑除恶工作的重点环节和深入开展反腐败斗争的重要内容，正确运用刑法的有关规定，有效加大对于"保护伞"的惩处力度。同时，各级人民法院还应当全面发挥职能作用，对于审判工作中发现的涉及"保护伞"的线索，应当及时转住有关部门查处，确保实现"除恶务尽"的目标。

△(独立行使审判职权；罪刑法定；疑罪从无；证据裁判原则；非法证据排除)《中华人民共和国刑法修正案(八)》的颁布实施以及刑事诉讼法的再次修正，不仅进一步完善了惩处黑恶势力犯罪的相关法律规定，同时也对办理黑社会性质组织犯罪案件提出了更为严格的要求。面对新的形势和任务，各级人民法院应当以审判为中心，进一步增强程序意识和权利保障意识，严格按照法定程序独立行使审判职权，并要坚持审判法定、疑罪从无、证据裁判原则，依法排除非法证据，通过充分发挥庭审功能和有效运用证据审查判断规则，切实把好事实、证据与法律适用关，以令人信服的裁判说理来实现审判工作法律效果与社会效果的有机统一。同时，还应当继续加强、完善与公安、检察等机关的配合协作，保证各项长效工作机制运行更为顺畅。

△(组织特征)黑社会性质组织存续时间的起点，可以根据涉案犯罪组织举行成立仪式或者进行类似活动的时间来认定。没有前述活动的，可以根据足以反映其初步形成核心利益或强势地位的重大事件发生时间进行审查判断。没有明显标志性事件的，也可以根据涉案犯罪组织为维护、扩大组织势力、实力、影响、经济基础或按照组织惯例、纪律、活动规约而首次实施有组织的犯罪活动的时间进行审查判断。存在、发展时间明显过短、犯罪活动尚不突出的，一般不应认定为黑社会性质组织。

黑社会性质组织应当具有一定规模，人数较多，组织成员一般在10人以上。其中，既包括已有充分证据证明但尚未归案的组织成员，也包括虽有参加黑社会性质组织的行为但因尚未达到刑事责任年龄或因其他法定情形而未被起诉，或者根据具体情节不作为犯罪处理的组织成员。

黑社会性质组织应有明确的组织者、领导者，骨干成员基本固定，并有比较明确的层级和职责分工，一般有三种类型的组织成员，即：组织者、领导者与积极参加者、一般参加者(也即"其他参加者")。骨干成员，是指直接听命于组织者、领导者，并多次指挥或积极参与实施有组织的违法犯罪活动或者其他长时间在犯罪组织中起重要作用的犯罪分子，属于积极参加者的一部分。

对于黑社会性质组织的组织纪律、活动规约，应当结合制定、形成相关纪律、规约的目的与意图来进行审查判断。凡是为了增强实施违法犯罪活动的组织性、隐蔽性而制定或者自发形成，并用以明确组织内部人员管理、职责分工、行为规范、利益分配、行动准则等事项的成文或不成文的规定、约定，均可认定为黑社会性质组织的组织纪律、活动规约。

对于参加黑社会性质组织，没有实施其他违法犯罪活动，或者受蒙蔽、威胁参加黑社会性质组织，情节轻微的，可不作为犯罪处理。对于参加黑社会性质组织后仅参与少量情节轻微的违法犯罪活动的，也可以不作为犯罪处理。

以下人员不属于黑社会性质组织的成员：1.主观上没有加入黑社会性质组织的意愿，受雇到黑社会性质组织开办的公司、企业、社团工作，未参与或者仅参与少量黑社会性质组织的违法犯罪活动的人员；2.因临时被纠集、雇佣或受蒙蔽为黑社会性质组织实施违法犯罪活动或者提供帮助、支持、服务的人员；3.为维护或扩大自身利益而临时雇佣、收买、利用黑社会性质组织实施违法犯罪活动的人员。上述人员构成其他犯罪的，按照具体犯罪处理。

对于被起诉的组织成员主要为未成年人的案件，定性时应当结合"四个特征"审慎把握。

△(经济特征)"一定的经济实力"，是指黑社会性质组织在形成、发展过程中获取的，足以支持组织运行、发展以及实施违法犯罪活动的经济利益。包括：1.有组织地通过违法犯罪活动或其他不正当手段聚敛的资产；2.有组织地通过合法的生产、经营活动获取的资产；3.组织成员以及其他单位、个人资助黑社会性质组织的资产。通过上述

方式获取的经济利益,即使是由部分组织成员个人掌控,也应计入黑社会性质组织的"经济实力"。

各高级人民法院可以根据本地区的实际情况,对黑社会性质组织所应具有的"经济实力"在20—50万元幅度内,自行划定一般掌握的最低数额标准。

是否将所获经济利益全部或部分用于违法犯罪活动或者维系犯罪组织的生存、发展,是认定经济特征的重要依据。无论获利后的分配与使用形式如何变化,只要在客观上能够起到豢养组织成员、维护组织稳定、壮大组织势力的作用即可认定。

△(**行为特征**)涉案犯罪组织仅触犯少量具体罪名的,是否应认定为黑社会性质组织要结合组织特征、经济特征和非法控制特征(危害性特征)综合判断,严格把握。

黑社会性质组织实施的违法犯罪活动包括非暴力性的违法犯罪活动,但暴力或以暴力相威胁始终是黑社会性质组织实施违法犯罪活动的基本手段,并随时可能付诸实施。因此,在黑社会性质组织所实施的违法犯罪活动中,一般应有一部分能够较明显地体现出暴力或以暴力相威胁的基本特征。否则,定性时应当特别慎重。

属于2009年《座谈会纪要》规定的五种情形之一的,一般应当认定为黑社会性质组织实施的违法犯罪活动,但确与维护和扩大组织势力、实力、影响、经济基础无任何关联,亦不是按照组织惯例、纪律、活动规约而实施,则应作为组织成员个人的违法犯罪活动处理。

组织者、领导者明知组织成员曾多次实施起因、性质类似的违法犯罪活动,但并未明确予以禁止的,如果该类行为对扩大组织影响起到一定作用,可以视为是按照组织惯例实施的违法犯罪活动。

△(**危害性特征**)黑社会性质组织所控制和影响的"一定区域",应当具备一定空间范围,并承载一定的社会功能。既包括一定数量的自然人共同居住、生活的区域,如乡镇、街道、较大的村庄等,也包括承载一定生产、经营或社会公共服务功能的区域,如矿山、工地、市场、车站、码头等。对此,应当结合一定地域范围内的人口数量、流量、经济规模等因素综合评判。如果涉案犯罪组织的控制和影响仅存在于一座酒店、一处娱乐会所等空间范围有限的场所或者人口数量、流量、经济规模较小的其他区域,则一般不能视为是对"一定区域"的控制和影响。

黑社会性质组织所控制和影响的"一定行业",是指在一定区域内存在的同类生产、经营活动。黑社会性质组织通过多次有组织地实施违法犯罪活动,对黄、赌、毒等非法行业形成非法控制或重大影响的,同样符合非法控制特征(危害性特征)的要求。

2009年《座谈会纪要》明确了可以认定为"在一定区域或者行业内,形成非法控制或者重大影响,严重破坏经济、社会生活秩序"的八种情形,适用时应当注意以下问题:第1种情形中的"致使合法利益受损的群众不敢举报、控告的",是指致使多名合法利益遭受犯罪或者严重违法活动侵害的群众不敢通过正当途径维护权益;第2种情形中的"形成垄断",是指可以操控、左右、决定与一定行业相关的准入、退出、经营、竞争等经济活动。"形成重要影响",是指对与一定行业相关的准入、退出、经营、竞争等经济活动具有较大的干预和影响能力,或者具有在该行业内占有较大市场份额、通过违法犯罪活动或以其他不正当手段在该行业内敛财数额巨大(最低数额标准由各高院根据本地情况在20—50万元的幅度内自行划定)、给该行业内从事生产、经营活动的其他单位、组织、个人造成直接经济损失100万元以上等情节之一;第3、4、5种情形中的"造成严重影响",是指具有致人重伤或致多人轻伤、通过违法犯罪活动或以其他不正当手段敛财数额巨大(数额标准同上)、造成直接经济损失100万元以上、多次引发群体性事件或引发大规模群体性事件等情节之一;第6种情形中的"多次干扰、破坏国家机关、行业管理部门以及村委会、居委会等基层群众自治组织的工作秩序",包括以拉拢、收买、威胁等手段多次得到国家机关工作人员包庇或纵容,或者多次对前述单位、组织中正常履行职务的工作人员进行打击、报复的情形;第7种情形中的"获取政治地位",是指当选各级人大代表、政协委员。"担任一定职务",是指在各级党政机关及其职能部门、基层群众自治组织中担任有组织、领导、监督、管理职权的职务。

根据实践经验,在黑社会性质组织犯罪案件中,2009年《座谈会纪要》规定的八种情形一般不会单独存在,往往是两种以上的情形同时并存、相互交织,从而严重破坏经济、社会生活秩序。审判时,应当充分认识这一特点,准确认定该特征。"四个特征"中其他构成要素均已具备,仅在成员人数、经济实力规模方面未达到本纪要提出的一般性要求,但已较为接近,且在非法控制特征(危害性特征)方面同时具有2009年《座谈会纪要》相关规定中的多种情形,其中至少有一种情形已明显超出认定标准的,也可以认定为黑社会性质组织。

第二百九十四条

△(已退出或者新接任的组织者、领导者)对于在黑社会性质组织形成、发展过程中已经退出的组织者、领导者,或者在加入黑社会性质组织之后逐步发展成为组织者、领导者的犯罪分子,应对其本人参与及其实际担任组织者、领导者期间该组织所犯的全部罪行承担刑事责任。

△(量刑情节)黑社会性质组织的成员虽不具有自首情节,但到案后能够如实供述自己罪行,并具有以下情形之一的,一般应当适用《刑法》第六十七条第三款的规定予以从轻处罚:1. 如实交代大部分尚未被掌握的同种犯罪事实;2. 如实交代尚未被掌握的较重的同种犯罪事实;3. 如实交代犯罪事实,并对收集定案证据、查明案件事实有重要作用的。

积极参加者、一般参加者配合司法机关查办案件,有提供线索、帮助收集证据或者其他协助行为,并在侦破黑社会性质组织犯罪案件、认定黑社会性质组织及其主要成员、追缴黑社会性质组织违法所得、查处"保护伞"等方面起到较大作用的,即使依法不能认定立功,一般也应酌情对其从轻处罚。组织者、领导者、骨干成员以及"保护伞"协助抓获同案中其他重要的组织成员,或者骨干成员能够检举揭发其他犯罪案件中罪行同样严重的犯罪分子,原则上依法应予从轻或者减轻处罚。组织者、领导者检举揭发与该黑社会性质组织及其违法犯罪活动有关联的其他犯罪线索,如果在是否认定立功的问题上存在事实、证据或法律适用方面的争议,应当严格把握。依法应认定为立功或者重大立功的,在决定是否从宽处罚、如何从宽处罚时,应当根据罪责刑相一致原则从严掌握。可能导致全案量刑明显失衡的,不予从宽处罚。

审理黑社会性质组织犯罪案件,应当通过判处和执行民事赔偿以及积极开展司法救助来最大限度地弥补被害人及其亲属的损失。被害人及其亲属确有特殊困难,需要接受被认定为黑社会性质组织成员的被告人赔偿并因此表示谅解的,量刑时应当特别慎重。不仅应当查明谅解是否确属真实意思表示以及赔偿款项与黑社会性质组织违法所得有无关联,而且在决定是否从宽处罚、如何从宽处罚时,也应当从严掌握。可能导致全案量刑明显失衡的,不予从宽处罚。

△(附加剥夺政治权利)对于黑社会性质组织的组织者、领导者,可以适用《刑法》第五十六条第一款的规定附加剥夺政治权利。对于因犯参加黑社会性质组织罪被判处5年以上有期徒刑的积极参加者,也可以适用该规定附加剥夺政治权利。

△(财产刑)对于黑社会性质组织的组织者、领导者,依法应当并处没收财产。黑社会性质组织敛财数额特别巨大,但因犯罪分子转移、隐匿、毁灭证据或者拒不交代涉案财产来源、性质,导致违法所得以及其他应当追缴的财产难以准确查清和追缴的,对于组织者、领导者以及为该组织转移、隐匿资产的积极参加者可以并处没收个人全部财产。对于确属骨干成员的积极参加者一般应当并处罚金或者没收财产。对于其他积极参加者和一般参加者,应当根据所参与实施违法犯罪活动的次数、性质、地位、作用、违法所得数额以及造成损失的数额等情节,依法决定财产刑的适用。

△(分案审理)为便宜诉讼,提高审判效率,防止因法庭审理过于拖延而损害当事人的合法权益,对于被告人数众多,合并审理难以保证庭审质量和庭审效率的黑社会性质组织犯罪案件,可分案进行审理。分案应当遵循有利于案件顺利审判、有利于查明案件事实、有利于公正定罪量刑的基本原则,确保有效质证、事实统一、准确定罪、均衡量刑。对于被作为组织者、领导者、积极参加者起诉的被告人,以及黑社会性质组织重大犯罪的共同作案人,分案审理影响庭审调查的,一般不宜分案审理。

△("事实清楚,证据确实、充分";证据运用)办理黑社会性质组织犯罪案件应当坚持"事实清楚,证据确实、充分"的法定证明标准。黑社会性质组织犯罪案件侦查取证难度大,"四个特征"往往难以通过实物证据来加以证明。审判时,应当严格依照刑事诉讼法及有关司法解释的规定对相关证据进行审查与认定。在确保被告人供述、证人证言、被害人陈述等言词证据取证合法、内容真实,且综合全案证据,已排除合理怀疑的情况下,同样可以认定案件事实。

△(法庭举证、质证)审理黑社会性质组织犯罪案件时,合议庭应当按照刑事诉讼法及有关司法解释的规定有效引导控辩双方举证、质证。不得因为案件事实复杂、证据繁多,而不当限制控辩双方就证据问题进行交叉询问、相互辩论的权利。庭审中,应当根据案件事实繁简,被告人认罪态度等采取适当的举证、质证方式,突出重点;对黑社会性质组织的"四个特征"应单独举证、质证。为减少重复举证、质证,提高审判效率,庭审中可以先就认定具体违法犯罪事实的证据进行举证、质证。对认定黑社会性质组织行为特征的证据进行举证、质证时,之前已经宣读、出示过的证据,可以在归纳、概括之后简要查询控辩双方意见。对于认定组织特征、经济特征、非法控制特征(危害性特征)的证据,举证、质证时一般不宜采取前述

方式。

△(**出庭证人、鉴定人、被害人之保护**)人民法院受理黑社会性质组织犯罪案件后,应当及时了解在侦查、审查起诉阶段有无对证人、鉴定人、被害人采取保护措施的情况,确保相关保护措施在审判阶段能够紧密衔接。开庭审理时,证人、鉴定人、被害人因出庭作证,本人或其近亲属的人身安全面临危险的,应当采取不暴露外貌、真实声音等出庭作证措施。必要时,可以进行物理隔离,以音频、视频传送的方式作证,并对声音、图像进行技术处理。有必要禁止特定人员接触证人、鉴定人、被害人及其近亲属的,或需要对证人、鉴定人、被害人及其近亲属的人身和住宅采取专门性保护措施的,应当及时与检察机关、公安机关协调,确保保护措施及时执行到位。依法决定不公开证人、鉴定人、被害人真实姓名、住址和工作单位等个人信息的,应当在开庭前核实其身份。证人、鉴定人签署的如实作证保证书应当列入审判副卷,不得对外公开。

△(**涉案财产之处置**)审理黑社会性质组织犯罪案件时,对于依法查封、冻结、扣押的涉案财产,应当全面审查证明财产来源、性质、用途、权属及价值大小的有关证据,调查财产的权属情况以及是否属于违法所得或者依法应当追缴的其他财物。属于下列情形的,依法应当予以追缴、没收: 1. 黑社会性质组织形成、发展过程中,该组织及其组织成员通过违法犯罪活动或其他不正当手段聚敛的财产及其孳息、收益,以及合法获取的财产中实际用于支持该组织存在、发展和实施违法犯罪活动的部分;2. 其他单位、个人为支持黑社会性质组织存在、发展以及实施违法犯罪活动而资助或提供的财产;3. 组织成员通过个人实施的违法犯罪活动所聚敛的财产及其孳息、收益,以及供个人犯罪所用的本人财物;4. 黑社会性质组织及其组织成员个人非法持有的违禁品;5. 依法应当追缴的其他涉案财物。

△(**发挥庭审功能**)黑社会性质组织犯罪案件开庭前,应当按照重大案件的审判要求做好从物质保障到人员配备等各方面的庭审准备,并制定详细的庭审预案和庭审提纲。同时,还要充分发挥庭前会议了解情况、听取意见的应有作用,提前了解控辩双方的主要意见,及时解决可能影响庭审顺利进行的程序性问题。对于庭前会议中出示的证据材料,控辩双方无异议的,庭审举证、质证时可以简化。庭审过程中,合议庭应当针对争议焦点和关键的事实、证据问题,有效引导控辩双方进行法庭调查与法庭辩论。庭审时,还应当全程录音录像,相关音视频资料应当存卷备查。

《**最高人民法院、最高人民检察院、公安部、司法部关于办理黑恶势力犯罪案件若干问题的指导意见**》(法发〔2018〕1号,2018年1月16日公布)

△(**黑社会性质组织**;"**组织特征**";"**经济特征**";"**行为特征**";"**危害性特征**")黑社会性质组织应同时具备《刑法》第二百九十四条第五款中规定的"组织特征""经济特征""行为特征"和"危害性特征"。由于实践中许多黑社会性质组织并非这"四个特征"都很明显,在具体认定时,应根据立法本意,认真审查、分析黑社会性质组织"四个特征"相互间的内在联系,准确评价涉案犯罪组织所造成的社会危害,做到不枉不纵。(§3)

△("**组织黑社会性质组织**";"**领导黑社会性质组织**";**黑社会性质组织的组织者、领导者**)发起、创建黑社会性质组织,或者对黑社会性质组织进行合并、分立、重组的行为,应当认定为"组织黑社会性质组织";实际对整个组织的发展、运行、活动进行决策、指挥、协调、管理的行为,应当认定为"领导黑社会性质组织"。黑社会性质组织的组织者、领导者,既包括通过一定形式产生的有明确职务、称谓的组织者、领导者,也包括在黑社会性质组织中被公认的事实上的组织者、领导者。(§4)

△("**参加黑社会性质组织**";"**积极参加黑社会性质组织**")知道或者应当知道是以实施违法犯罪为基本活动内容的组织,仍加入并接受其领导和管理的行为,应当认定为"参加黑社会性质组织"。没有加入黑社会性质组织的意愿,受雇到黑社会性质组织开办的公司、企业、社团工作,未参与黑社会性质组织违法犯罪活动的,不应认定为"参加黑社会性质组织"。

参加黑社会性质组织并具有以下情形之一的,一般应当认定为"积极参加黑社会性质组织":多次积极参与黑社会性质组织的违法犯罪活动,或者积极参与较严重的黑社会性质组织的犯罪活动且作用较突出,以及其他在组织中起重要作用的情形,如具体主管黑社会性质组织的财务、人员管理等事项。(§5)

△("**形成较稳定的犯罪组织**;**渐进历程**;**成立时间**;**黑社会性质组织成员**)组织形成后,在一定时期内持续存在,应当认定为"形成较稳定的犯罪组织"。

黑社会性质组织一般在短时间内难以形成,而且成员人数较多,但鉴于"恶势力"团伙和犯罪集团向黑社会性质组织发展是一个渐进的过程,没有明显的性质转变的节点,故对黑社会性质组织在存在时间、成员人数问题不宜作出"一刀切"的规定。

黑社会性质组织未举行成立仪式或者进行类

似活动的，成立时间可以按照足以反映其初步形成非法影响的标志性事件的发生时间认定。没有明显标志性事件的，可以按照本意见中关于黑社会性质组织违法犯罪活动认定范围的规定，将组织者、领导者与其他组织成员首次共同实施该组织犯罪活动的时间认定为该组织的形成时间。该组织者、领导者因未到案或者因死亡等法定情形未被起诉的，不影响认定。

黑社会性质组织成员既包括已有充分证据证明但尚未归案的组织成员，也包括虽有参加黑社会性质组织的行为但因尚未达到刑事责任年龄或因其他法定情形而未被起诉，或者根据具体情节不作为犯罪处理的组织成员。（§6）

△（"有组织地通过违法犯罪活动或者其他手段获取经济利益"）在组织的形成、发展过程中通过以下方式获取经济利益的，应当认定为"有组织地通过违法犯罪活动或者其他手段获取经济利益"：

（1）有组织地通过违法犯罪活动或其他不正当手段聚敛；

（2）有组织地以投资、控股、参股、合伙等方式通过合法的生产、经营活动获取；

（3）由组织成员提供或通过其他单位、组织、个人资助取得。（§7）

△（"具有一定的经济实力"；地域差异）通过上述方式获得一定数量的经济利益，应当认定为"具有一定的经济实力"，同时也包括调动一定规模的经济资源用以支持该组织活动的能力。通过上述方式获取的经济利益，即使是由部分组织成员个人掌控，也应计入黑社会性质组织的"经济实力"。组织成员主动将个人或者家庭资产中的一部分用于支持该组织活动，其个人或者家庭资产可全部计入"一定的经济实力"，但数额明显较小或者仅提供动产、不动产使用权的除外。

由于不同地区的经济发展水平、不同行业的利润空间均存在很大差异，加之黑社会性质组织存在、发展的时间也各有不同，在办案时不能一般性地要求黑社会性质组织所具有的经济实力必须达到特定规模或特定数额。（§8）

△（非暴力性的违法犯罪活动；"其他手段"）黑社会性质组织实施的违法犯罪活动包括非暴力性的违法犯罪活动，但暴力或以暴力相威胁始终是黑社会性质组织实施违法犯罪活动的基本手段，并随时可能付诸实施。暴力、威胁色彩虽不明显，但实际是以组织的势力、影响和犯罪能力为依托，以暴力、威胁的现实可能性为基础，足以使他人产生恐惧、恐慌进而形成心理强制或者足以影响、限制人身自由、危及人身财产安全或者影响正常生产、工作、生活的手段，属于《刑法》第二百九十四条第五款第（三）项中的"其他手段"，包括但不限于所谓的"谈判""协商""调解"以及滋扰、纠缠、哄闹、聚众造势等手段。（§9）

△（"有组织地多次进行违法犯罪活动，为非作恶，欺压、残害群众"；黑社会性质组织实施的违法犯罪活动）为确立、维护、扩大组织的势力、影响、利益或者按照纪律规约、组织惯例多次实施违法犯罪活动，侵犯不特定多人的人身权利、民主权利、财产权利，破坏经济秩序、社会秩序，应当认定为"有组织地多次进行违法犯罪活动，为非作恶，欺压、残害群众"。

符合以下情形之一的，应当认定为是黑社会性质组织实施的违法犯罪活动：

（1）为该组织争夺势力范围、打击竞争对手、形成强势地位、谋取经济利益、树立非法权威、扩大非法影响、寻求非法保护、增强犯罪能力等实施的；

（2）按照该组织的纪律规约、组织惯例实施的；

（3）组织者、领导者直接组织、策划、指挥、参与实施的；

（4）由组织成员以组织名义实施，并得到组织者、领导者认可或者默许的；

（5）多名组织成员为逞强争霸、插手纠纷、报复他人、替人行凶、非法敛财而共同实施，并得到组织者、领导者认可或者默许的；

（6）其他应当认定为黑社会性质组织实施的。（§10）

△（综合分析；"在一定区域或者行业内，形成非法控制或者重大影响，严重破坏经济、社会生活秩序"）鉴于黑社会性质组织非法控制和影响的"一定区域"的大小具有相对性，不能简单地要求"一定区域"必须达到某一特定的空间范围，而应当根据具体案情，并结合黑社会性质组织对经济、社会生活秩序的危害程度加以综合分析判断。

通过实施违法犯罪活动，或者利用国家工作人员的包庇或者不依法履行职责，放纵黑社会性质组织进行违法犯罪活动的行为，称霸一方，并具有下列情形之一的，可以认定为"在一定区域或者行业内，形成非法控制或者重大影响，严重破坏经济、社会生活秩序"：

（1）致使在一定区域内生活或者在一定行业内从事生产、经营的多名群众，合法利益遭受犯罪或严重违法活动侵害后，不敢通过正当途径举报、控告的；

（2）对一定行业的生产、经营形成垄断，或者对涉及一定行业的准入、经营、竞争等经济活动形

成有重要影响的;

(3)插手民间纠纷、经济纠纷,在相关区域或者行业内造成严重影响的;

(4)干扰、破坏他人正常生产、经营、生活,并在相关区域或者行业内造成严重影响的;

(5)干扰、破坏公司、企业、事业单位及社会团体的正常生产、经营、工作秩序,在相关区域、行业内造成严重影响,或者致使其不能正常生产、经营、工作的;

(6)多次干扰、破坏党和国家机关、行业管理部门以及村委会、居委会等基层群众自治组织的工作秩序,或者致使上述单位、组织的职能不能正常行使的;

(7)利用组织的势力、影响,帮助组织成员或他人获取政治地位,或者在党政机关、基层群众自治组织中担任一定职务的;

(8)其他形成非法控制或者重大影响,严重破坏经济、社会生活秩序的情形。(§11)

△(**附加剥夺政治权利;从业禁止;特别累犯;限制减刑;不得假释**)对于组织者、领导者和因犯罪参加黑社会性质组织罪被判处五年以上有期徒刑的积极参加者,可根据《刑法》第五十六条第一款的规定适用附加剥夺政治权利。对于符合《刑法》第三十七条之一规定的组织成员,应当依法禁止其从事相关职业。符合《刑法》第六十六条规定的组织成员,应当认定为累犯,依法从重处罚。

对于因有组织的暴力性犯罪被判处死刑缓期执行的黑社会性质组织犯罪分子,可以根据《刑法》第五十条第二款的规定同时决定对其限制减刑。对于因有组织的暴力性犯罪被判处十年以上有期徒刑、无期徒刑的黑社会性质组织犯罪分子,应当根据《刑法》第八十一条第二款规定,不得假释。(§12)

△(**没收个人财产;财产刑**)对于组织者、领导者一般应当并处没收个人全部财产。对于确属骨干成员或者为该组织转移、隐匿资产的积极参加者,可以并处没收个人全部财产。对于其他组织成员,应当根据所参与实施违法犯罪活动的次数、性质、地位、作用、违法所得数额以及造成损失的数额等情节,依法决定财产刑的适用。(§13)

△("**恶势力**")具有下列情形的,应当认定为"恶势力":经常纠集在一起,以暴力、威胁或者其他手段,在一定区域或者行业内多次实施违法犯罪活动,为非作恶,欺压百姓,扰乱经济、社会生活秩序,造成较为恶劣的社会影响,但尚未形成黑社会性质组织的违法犯罪组织。恶势力一般为三人以上,纠集者相对固定,违法犯罪活动主要为强迫交易、故意伤害、非法拘禁、敲诈勒索、故意毁坏财物、聚众斗殴、寻衅滋事等,同时还可能伴随实施开设赌场、组织卖淫、强迫卖淫、贩卖毒品、运输毒品、制造毒品、抢劫、抢夺、聚众扰乱社会秩序、聚众扰乱公共场所秩序、交通秩序以及聚众"打砸抢"等。

在相关法律文书中的犯罪事实认定部分,可使用"恶势力"等表述加以描述。(§14)

△(**恶势力犯罪集团**)恶势力犯罪集团是符合犯罪集团法定条件的恶势力犯罪组织,其特征表现为:有三名以上的组织成员,有明显的首要分子,重要成员较为固定,组织成员经常纠集在一起,共同故意实施三次以上恶势力惯常实施的犯罪活动或者其他犯罪活动。(§15)

△(**恶势力犯罪案件;总则;共同犯罪和犯罪集团**)公安机关、人民检察院、人民法院在办理恶势力犯罪案件时,应当依照上述规定,区别于普通刑事案件,充分运用《刑法》总则关于共同犯罪和犯罪集团的规定,依法从严惩处。(§16)

△(**黑恶势力;寻衅滋事罪;强迫交易罪;敲诈勒索罪;"以黑恶势力名义敲诈勒索";想象竞合;雇佣、指使;民间矛盾**)黑恶势力为谋取不法利益或形成非法影响,有组织地采用滋扰、纠缠、哄闹、聚众造势等手段侵犯人身权利、财产权利,破坏经济秩序、社会秩序,构成犯罪的,应当分别依照《刑法》相关规定处理:

(1)有组织地采用滋扰、纠缠、哄闹、聚众造势等手段扰乱正常的工作、生活秩序,使他人产生心理恐惧或者形成心理强制,分别属于《刑法》第二百九十三条第一款第(二)项规定的"恐吓"、《刑法》第二百二十六条规定的"威胁",同时符合其他犯罪构成条件的,应分别以寻衅滋事罪、强迫交易罪定罪处罚。

《关于办理寻衅滋事刑事案件适用法律若干问题的解释》第二条至第四条中的"多次"一般应当理解为二年内实施寻衅滋事行为三次以上。二年内多次实施不同种类寻衅滋事行为的,应当追究刑事责任。

(2)以非法占有为目的强行索取公私财物,有组织地采用滋扰、纠缠、哄闹、聚众造势等手段扰乱正常的工作、生活秩序,同时符合《刑法》第二百七十四条规定的其他犯罪构成条件的,应以敲诈勒索罪定罪处罚。同时由多人实施或者以统一着装、显露纹身、特殊标识以及其他明示或者暗示方式,足以使对方感知相关行为的有组织性的,应当认定为《关于办理敲诈勒索刑事案件适用法律若干问题的解释》第二条第(五)项规定的"以黑恶势力名义敲诈勒索"。

采用上述手段，同时又构成其他犯罪的，应当依法按照处罚较重的规定定罪处罚。

雇佣、指使他人有组织地采用上述手段强迫交易、敲诈勒索，构成强迫交易罪、敲诈勒索罪的，对雇佣者、指使者，一般应当以共同犯罪中的主犯论处。为强索不受法律保护的债务或者因其他非法目的，雇佣、指使他人有组织地采用上述手段寻衅滋事，构成寻衅滋事罪的，对雇佣者、指使者，一般应当以共同犯罪中的主犯论处；为追讨合法债务或者因婚恋、家庭、邻里纠纷等民间矛盾而雇佣、指使，没有造成严重后果的，一般不作为犯罪处理，但经有关部门批评制止或者处理处罚后仍继续实施的除外。（§17）

△（黑势力；非法拘禁罪）黑恶势力有组织地多次短时间非法拘禁他人的，应当认定为《刑法》第二百三十八条规定的"以其他方法非法剥夺他人人身自由"。非法拘禁他人三次以上、每次持续时间在四小时以上，或者非法拘禁他人累计时间在十二小时以上的，应以非法拘禁罪定罪处罚。（§18）

△（民间借贷；擅自设立金融机构罪；非法吸收公众存款罪；骗取贷款罪；高利转贷罪；故意杀人罪；故意伤害罪；非法拘禁罪；故意毁坏财物罪；数罪并罚）在民间借贷活动中，如有擅自设立金融机构、非法吸收公众存款、骗取贷款、套取金融机构资金发放高利贷以及为强索债务而实施故意杀人、故意伤害、非法拘禁、故意毁坏财物等行为的，应当按照具体犯罪侦查、起诉、审判。依法符合数罪并罚条件的，应当并罚。（§19）

△（假借民间借贷之名；诈骗罪；强迫交易罪；敲诈勒索罪；抢劫罪；虚假诉讼罪；违法所得）对于以非法占有为目的，假借民间借贷之名，通过"虚增债务""签订虚假债款协议""制造资金走账流水""肆意认定违约""转单平账""虚假诉讼"等手段非法占有他人财产，或者使用暴力、威胁手段强迫债权、强行索债的，应当根据案件具体事实，以诈骗、强迫交易、敲诈勒索、抢劫、虚假诉讼等罪名侦查、起诉、审判。对于非法占有的被害人实际所得借款以外的提高"债务"和以"保证金""中介费""服务费"等各种名目扣除或收取的额外费用，均应计入违法所得。对于名义上为被害人所得、但在案证据能够证明实际上却为犯罪嫌疑人、被害人实施后续犯罪所使用的"借款"，应予以没收。（§20）

△（讨债公司；"地下执法队"；组织、领导、参加黑社会性质组织罪）对采用讨债公司、"地下执法队"等各种形式有组织地进行上述活动，符合黑社会性质组织、犯罪集团认定标准的，应当按照组织、领导、参加黑社会性质组织罪或者犯罪集团侦查、起诉、审判。（§21）

△（包庇；共犯）《刑法》第二百九十四条第三款中规定的"包庇"行为，不要求相关国家机关工作人员利用职务便利。利用职务便利包庇黑社会性质组织的，酌情从重处罚。包庇、纵容黑社会性质组织，事先有通谋的，以具体犯罪的共犯论处。（§22）

△（"保护伞"；受贿罪；滥用职权罪；玩忽职守罪）公安机关、人民检察院、人民法院对办理黑恶势力犯罪案件中发现的涉嫌包庇、纵容黑社会性质组织犯罪，收受贿赂、渎职侵权等违法违纪线索，应当及时移送有关主管部门和其他相关部门，坚决依法严惩充当黑恶势力"保护伞"的职务犯罪。（§23）

△（农村"两委"等人员；"保护伞"；贪污罪；受贿罪）依法严惩农村"两委"等人员在涉农惠农补贴申领与发放，农村基础设施建设、征地拆迁补偿、救灾扶贫抚恤、生态环境保护等过程中，利用职权恃强凌弱、吃拿卡要、侵吞挪用国家专项资金的犯罪，以及放纵、包庇"村霸"和宗族恶势力，致使其坐大成恶；或者收受贿赂、徇私舞弊，为"村霸"和宗族恶势力充当"保护伞"的犯罪。（§24）

△（提供重要线索和证据；从轻、减轻或者免除处罚；证人保护）犯罪嫌疑人、被告人，积极配合侦查、起诉、审判工作，在查明黑社会性质组织的组织结构和组织者、领导者的地位作用，组织实施的重大犯罪事实，追缴、没收赃款赃物，打击"保护伞"等方面提供重要线索和证据，经查证属实的，可以根据案件具体情况，依法从轻、减轻或者免除处罚，并对其参照证人保护的有关规定采取保护措施。前述规定，对于确属组织者、领导者的犯罪嫌疑人、被告人应当严格掌握。（§35Ⅱ）

△（适用效力）本意见颁布实施后，最高人民法院、最高人民检察院、公安部、司法部联合公布或者单独制定的其他相关规范性文件，内容如与本意见中有关规定不一致的，应当按照本意见执行。（§36）

《最高人民法院、最高人民检察院、公安部、司法部关于办理恶势力刑事案件若干问题的意见》（法发〔2019〕10号，自2019年4月9日起施行）

△（恶势力）恶势力，是指经常纠集在一起，以暴力、威胁或者其他手段，在一定区域或者行业内多次实施违法犯罪活动，为非作恶，欺压百姓，扰乱经济、社会生活秩序，造成较为恶劣的社会影响，但尚未形成黑社会性质组织的违法犯罪组织。（§4）

△(**单纯为牟取不法经济利益;不应作为恶势力案件**)单纯为牟取不法经济利益而实施的"黄、赌、毒、盗、抢、骗"等违法犯罪活动,不具有为非作恶、欺压百姓特征的,或者因本人及近亲属的婚恋纠纷、家庭纠纷、邻里纠纷、劳动纠纷、合法债务纠纷而引发以及其他确属事出有因的违法犯罪活动,不应作为恶势力案件处理。(§5)

△(**恶势力;纠集者;恶势力的其他成员**)恶势力一般为3人以上,纠集者相对固定。纠集者,是指在恶势力实施的违法犯罪活动中起组织、策划、指挥作用的违法犯罪分子。成员较为固定且符合恶势力其他认定条件,但多次实施违法犯罪活动是由不同的成员组织、策划、指挥,也可以认定为恶势力,有前述行为的成员均可以认定为纠集者。

恶势力的其他成员,是指知道或应当知道与他人经常纠集在一起是为了共同实施违法犯罪,仍按照纠集者的组织、策划、指挥参与违法犯罪活动的违法犯罪分子,包括已有充分证据证明但尚未归案的人员,以及因法定情形不予追究法律责任,或者因参与实施恶势力违法犯罪活动已受到行政或刑事处罚的人员。仅因临时雇佣或被雇佣、利用或被利用以及受蒙蔽参与少量恶势力违法犯罪活动的,一般不应认定为恶势力成员。(§6)

△("**经常纠集在一起,以暴力、威胁或者其他手段,在一定区域或者行业内多次实施违法犯罪活动**")"经常纠集在一起,以暴力、威胁或者其他手段,在一定区域或者行业内多次实施违法犯罪活动",是指犯罪嫌疑人、被告人于2年之内,以暴力、威胁或者其他手段,在一定区域或者行业内多次实施违法犯罪活动,且包括纠集者在内,至少应有2名相同的成员多次参与实施违法犯罪活动。对于"纠集在一起"时间明显较短,实施违法犯罪活动刚刚达到"多次"标准,且尚不足以造成较为恶劣影响的,一般不应认定为恶势力。(§7)

△(**恶势力实施的违法犯罪活动**)恶势力实施的违法犯罪活动,主要为强迫交易、故意伤害、非法拘禁、敲诈勒索、故意毁坏财物、聚众斗殴、寻衅滋事等,也包括具有为非作恶、欺压百姓特征,主要以暴力、威胁为手段的其他违法犯罪活动。

恶势力还可能伴随实施开设赌场、组织卖淫、强迫卖淫、贩卖毒品、运输毒品、制造毒品、抢劫、抢夺、聚众扰乱社会秩序、聚众扰乱公共场所秩序、交通秩序以及聚众"打砸抢"等违法犯罪活动,但仅有前述伴随实施的违法犯罪活动,且不能认定具有为非作恶、欺压百姓特征的,一般不应认定为恶势力。(§8)

△("**多次实施违法犯罪活动**")办理恶势力刑事案件,"多次实施违法犯罪活动"至少应包括1次犯罪活动。对于反复实施强迫交易、非法拘禁、敲诈勒索、寻衅滋事等单一性质的违法行为,单次情节、数额尚不构成犯罪,但按照刑法或者有关司法解释、规范性文件的规定累加后应作为犯罪处理的,在认定是否属于"多次实施违法犯罪活动"时,可将已用于累加的违法行为计为1次犯罪活动,其他违法行为单独计算违法活动的次数。

已被处理或者已作为民间纠纷调处,后经查证确属恶势力违法犯罪活动的,均可以作为认定恶势力的事实依据,但不符合法定情形的,不得重新追究法律责任。(§9)

△("**扰乱经济、社会生活秩序,造成较为恶劣的社会影响**")认定"扰乱经济、社会生活秩序,造成较为恶劣的社会影响",应当结合侵害对象及其数量、违法犯罪次数、手段、规模、人身损害后果、经济损失数额、违法所得数额、引起社会秩序混乱的程度以及对人民群众安全感的影响程度等因素综合把握。(§10)

△(**恶势力犯罪集团**)恶势力犯罪集团,是指符合恶势力全部认定条件,同时又符合犯罪集团法定条件的犯罪组织。

恶势力犯罪集团的首要分子,是指在恶势力犯罪集团中起组织、策划、指挥作用的犯罪分子。恶势力犯罪集团的其他成员,是指知道或者应当知道是为共同实施犯罪而组成的较为固定的犯罪组织,仍接受首要分子领导、管理、指挥,并参与该组织犯罪活动的犯罪分子。

恶势力犯罪集团应当有组织地实施多次犯罪活动,同时还可能伴随实施违法活动。恶势力犯罪集团所实施的违法犯罪活动,参照《指导意见》①第十条第二款的规定认定。(§11)

△(**未成年人;老年人;残疾人**)全部成员或者首要分子、纠集者以及其他重要成员均为未成年人、老年人、残疾人的,认定恶势力、恶势力犯罪集团时应当特别慎重。(§12)

△(**宽严相济;缓刑、减刑、假释;从业禁止;从轻、减轻或免除处罚;认罪认罚**)对于恶势力的纠集者、恶势力犯罪集团的首要分子、重要成员以及恶势力、恶势力犯罪集团共同犯罪中罪责严重的主犯,要正确运用法律规定加大惩处力度,对依法

---

① 即《最高人民法院、最高人民检察院、公安部、司法部关于办理黑恶势力犯罪案件若干问题的指导意见》(法发〔2018〕1号,2018年1月16日公布)。

应当判处重刑或死刑的，坚决判处重刑或死刑。同时要严格掌握取保候审，严格掌握不起诉，严格掌握缓刑、减刑、假释，严格掌握保外就医适用条件，充分利用资格刑、财产刑等法律手段全方位从严惩处。对于符合刑法第三十七条之一规定的，可以依法禁止其从事相关职业。

对于恶势力、恶势力犯罪集团的其他成员，在共同犯罪中罪责相对较小、人身危险性、主观恶性相对不大的，具有自首、立功、坦白、初犯等法定或酌定从宽处罚情节的，可以依法从轻、减轻或免除处罚。认罪认罚或者仅参与实施少量的犯罪活动且只起次要、辅助作用，符合缓刑条件的，可以适用缓刑。（§13）

△（**立功**；**罪责刑相一致**；**从轻处罚**）恶势力犯罪集团的首要分子检举揭发与该犯罪集团及其违法犯罪活动有关联的其他犯罪线索，如果在认定立功的问题上存在事实、证据或法律适用方面的争议，应当严格把握。依法应认定为立功或者重大立功的，在决定是否从宽处罚、如何从宽处罚时，应当根据罪责刑相一致原则从严掌握。可能导致全案量刑明显失衡的，不予从宽处理。

恶势力犯罪集团的其他成员如果能够配合司法机关查办案件，有提供线索、帮助收集证据或者其他协助行为，并在侦破恶势力犯罪集团案件、查处"保护伞"等方面起到较大作用的，即使依法不能认定立功，一般也应酌情对其从轻处罚。（§14）

△（**量刑**）犯罪嫌疑人、被告人同时具有法定、酌定从严和法定、酌定从宽处罚情节的，量刑时要根据所犯具体罪行的严重程度，结合被告人在恶势力、恶势力犯罪集团中的地位、作用、主观恶性、人身危险性等因素整体把握。对于恶势力的纠集者、恶势力犯罪集团的首要分子、重要成员，量刑时要体现总体从严。对于在共同犯罪中罪责相对较小、人身危险性、主观恶性相对不大，且能够真诚认罪悔罪的其他成员，量刑时要体现总体从宽。（§15）

△（**认罪认罚**）恶势力刑事案件的犯罪嫌疑人、被告人自愿如实供述自己的罪行，承认指控的犯罪事实，愿意接受处罚的，可以依法从宽处理，并适用认罪认罚从宽制度。对于犯罪性质恶劣、犯罪手段残忍、社会危害严重的犯罪嫌疑人、被告人，虽然认罪认罚，但不足以从轻处罚的，不适用该制度。（§16）

《最高人民法院、最高人民检察院、公安部、司法部关于办理黑恶势力刑事案件中财产处置若干问题的意见》（高检发〔2019〕6号，自2019年4月9日起施行）

△（**查询、查封、扣押、冻结等措施**；**追缴、没收**；**依法返还**）公安机关、人民检察院、人民法院在办理黑恶势力犯罪案件时，在查明黑恶势力组织违法犯罪事实并对黑恶势力成员依法定罪量刑的同时，要全面调查黑恶势力组织及其成员的财产状况，依法对涉案财产采取查询、查封、扣押、冻结等措施，并根据查明的情况，依法作出处理。

前款所称处理既包括对涉案财产中犯罪分子违法所得、违禁品、供犯罪所用的本人财物以及其他等值财产等依法追缴、没收，也包括对被害人的合法财产等依法返还。（§1）

△（**依照法定条件和程序**；**及时审查**）对涉案财产采取措施，应当严格依照法定条件和程序进行。严禁在立案之前查封、扣押、冻结财物。凡查封、扣押、冻结的财物，都应当及时进行审查，防止因程序违法、工作瑕疵等影响案件审理以及涉案财产处置。（§2）

△（**保留必需的生活费用和物品**；**继续合理使用有关涉案财产**；**保值保管措施**）对涉案财产采取措施，应当为犯罪嫌疑人、被告人及其所扶养的亲属保留必需的生活费用和物品。

根据案件具体情况，在保证诉讼活动正常进行的同时，可以允许有关人员继续合理使用有关涉案财产，并采取必要的保值保管措施，以减少案件办理对正常办办公和合法生产经营的影响。（§3）

△（**没收**；**财产刑**）要彻底摧毁黑社会性质组织的经济基础，防止其死灰复燃。对于组织者、领导者一般应当并处没收个人全部财产。对于确属骨干成员或者为该组织转移、隐匿资产的积极参加者，可以并处没收个人全部财产。对于其他组织成员，应当根据所参与实施违法犯罪活动的次数、性质、地位、作用、违法所得数额以及造成损失的数额等情节，依法决定财产刑的适用。（§4）

△（**转变涉案财产性质**；**关联犯罪**）要深挖细查并依法打击黑恶势力组织进行的洗钱以及掩饰、隐瞒犯罪所得，犯罪所得收益等转变涉案财产性质的关联犯罪。（§5）

△（**采取查询、查封、扣押、冻结等措施**）公安机关侦查期间，要根据《公安机关办理刑事案件适用查封、冻结措施相关规定》（公通字〔2013〕30号）等有关规定，会同有关部门全面调查黑恶势力及其成员的财产状况，并可以根据诉讼需要，先行依法对下列财产采取查询、查封、扣押、冻结等措施：

（1）黑恶势力组织的财产；

（2）犯罪嫌疑人个人所有的财产；

（3）犯罪嫌疑人实际控制的财产；

(4)犯罪嫌疑人出资购买的财产;
(5)犯罪嫌疑人转移至他人名下的财产;
(6)犯罪嫌疑人涉嫌洗钱以及掩饰、隐瞒犯罪所得、犯罪所得收益等犯罪涉及的财产;
(7)其他与黑恶势力组织及其违法犯罪活动有关的财产。(§6)

△(**不动产;通知有关登记机关;禁止产权流转;提取有关产权证照**)查封、扣押、冻结已登记的不动产、特定动产及其他财产,应当通知有关登记机关,在查封、扣押、冻结期间禁止被查封、扣押、冻结的财产权属变更、抵押等手续。必要时可以提取有关产权证照。(§7)

△(**审查内容;证明涉案财产来源、性质、用途、权属及价值**)公安机关对于采取措施的涉案财产,应当全面收集证明其来源、性质、用途、权属及价值的有关证据,审查判断是否应当依法追缴、没收。

证明涉案财产来源、性质、用途、权属及价值的有关证据一般包括:

(1)犯罪嫌疑人、被告人关于财产来源、性质、用途、权属的供述;
(2)被害人、证人关于财产来源、性质、用途、权属、价值的陈述、证言;
(3)财产购买凭证、银行往来凭证、资金注入凭据、权属证明等书证;
(4)财产价格鉴定、评估意见;
(5)可以证明财产来源、性质、用途、权属、价值的其他证据。(§8)

△(**财产及其孳息、收益的数额;评估;估算**)公安机关对应当依法追缴、没收的财产中黑恶势力组织及其成员聚敛的财产及其孳息、收益的数额,可以委托专门机构评估;确实无法准确评估的,可以根据有关法律规定及查明的事实、证据合理估算。

人民检察院、人民法院对于公安机关委托评估、估算的数额有不同意见的,可以重新委托评估、估算。(§9)

△(**对涉案财产采取措施的机关;人民法院;人民检察院**)人民检察院、人民法院根据案件诉讼的需要,可以依法采取上述相关措施。(§10)

△(**涉案财产及清单随案移送;需要继续追缴尚未被足额查封、扣押的其他违法所得;涉案财产不宜随案移送**)公安机关、人民检察院应当加强在案财产审查甄别。在移送审查起诉、提起公诉时,一般应当对采取措施的涉案财产提出处理意见建议,并将采取措施的涉案财产及清单随案移送。

人民检察院经审查,除对随案移送的涉案财产提出处理意见外,还需要对继续追缴的尚未被足额查封、扣押的其他违法所得提出处理意见建议。

涉案财产不宜随案移送的,应当按照相关法律、司法解释的规定,提供相应的清单、照片、录像、封存手续、存放地点说明、鉴定、评估意见、变价处理凭证等材料。(§11)

△(**不宜查封、扣押、冻结的经营性财产;代管或者托管;不宜长期保存的物品、易贬值的物品、市场价格波动大的产品;出售、变现或者先行变卖、拍卖**)对于不宜查封、扣押、冻结的经营性财产,公安机关、人民检察院、人民法院可以申请当地政府指定有关部门或者委托有关机构代管或者托管。

对易损毁、灭失、变质等不宜长期保存的物品,易贬值的汽车、船艇等物品,或者市场价格波动大的债券、股票、基金等财产,有效期即将届满的汇票、本票、支票等,经权利人同意或者申请,并经县级以上公安机关、人民检察院或者人民法院主要负责人批准,可以依法出售、变现或者先行变卖、拍卖,所得价款由扣押、冻结机关保管,并及时告知当事人或者其近亲属。(§12)

△(**举证质证**)人民检察院在法庭审理时应当对证明黑恶势力犯罪涉案财产情况进行举证质证,对于既能证明其体个罪又能证明经济特征的涉案财产情况和关证据在具体个罪中出示后,在经济特征中可以简要说明,不再重复出示。(§13)

△(**判决书**)人民法院作出的判决,除应当对随案移送的涉案财产作出处理外,还应当在判决书中写明需要继续追缴尚未被足额查封、扣押的其他违法所得;对随案移送财产进行处理时,应当列明相关财产的具体名称、数量、金额、处置情况等。涉案财产或者有关当事人人数较多,不宜在判决书正文中详细列明的,可以概括叙述并另附清单。(§14)

△(**追缴、没收:**)涉案财产符合下列情形之一的,应当依法追缴、没收:

(1)黑恶势力组织及其成员通过违法犯罪活动或者其他不正当手段聚敛的财产及其孳息、收益;
(2)黑恶势力组织成员通过个人实施违法犯罪活动聚敛的财产及其孳息、收益;
(3)其他单位、组织、个人为支持该黑恶势力组织活动资助或者主动提供的财产;
(4)黑恶势力组织及其成员通过合法的生产、经营活动获取的财产或者组织成员个人、家庭合法财产中,实际用于支持该组织活动的部分;

(5) 黑恶势力组织成员非法持有的违禁品以及供犯罪所用的本人财物；

(6) 其他单位、组织、个人利用黑恶势力组织及其成员违法犯罪活动获取的财产及其孳息、收益；

(7) 其他应当追缴、没收的财产。（§15）

△（涉案财产已用于清偿债务或者转让、或者设置其他权利负担；追缴）应当追缴、没收的财产已用于清偿债务或者转让、或者设置其他权利负担，有下列情形之一的，应当依法追缴：

(1) 第三人明知是违法犯罪所得而接受的；

(2) 第三人无偿或者以明显低于市场的价格取得涉案财物；

(3) 第三人通过非法债务清偿或者违法犯罪活动取得涉案财物的；

(4) 第三人通过其他方式恶意取得涉案财物的。（§16）

△（返还）涉案财产符合下列情形之一的，应当依法返还：

(1) 有证据证明确属被害人合法财产；

(2) 有证据证明确与黑恶势力及其违法犯罪活动无关。（§17）

△（返还不损害其他利害关系人的利益、不影响案件正常办理）有关违法犯罪事实查证属实后，对于有证据证明权属明确且无争议的被害人、善意第三人的涉案合法财产及其孳息，凡返还不损害其他利害关系人的利益、不影响案件正常办理的，应当在登记、拍照或者录像后，依法及时返还。（§18）

△（追缴、没收其他等值财产）有证据证明依法应当追缴、没收的涉案财产无法找到、被他人善意取得、价值灭失或与其他合法财产混合且不可分割的，可以追缴、没收其他等值财产。

对于证明前款各种情形的证据，公安机关或者人民检察院应当及时调取。（§19）

△（"财产无法找到"）本意见第19条所称"财产无法找到"，是指有证据证明存在依法应当追缴、没收的财产，但无法查证财产去向、下落的。被害人有不同意见的，应当出示相关证据。（§20）

△（追缴、没收的其他等值财产的数额；对应）追缴、没收的其他等值财产的数额，应当与无法直接追缴、没收的具体财产的数额相对应。（§21）

△（孳息；收益）本意见所称孳息，包括天然孳息和法定孳息。

本意见所称收益，包括但不限于以下情形：

(1) 聚敛、获取的财产直接产生的收益，如使用聚敛、获取的财产购买彩票中奖所得收益等；

(2) 聚敛、获取的财产用于违法犯罪活动产生的收益，如使用聚敛、获取的财产赌博赢利所得收益、非法放贷所得收益、购买并贩卖毒品所得收益等；

(3) 聚敛、获取的财产投资、置业形成的财产及其收益；

(4) 聚敛、获取的财产和其他合法财产共同投资或者置业形成的财产中，与聚敛、获取的财产对应的份额及其收益；

(5) 应当认定为收益的其他情形。（§22）

《最高人民法院、最高人民检察院、公安部、司法部关于办理实施"软暴力"的刑事案件若干问题的意见》（公通字〔2019〕15号，自2019年4月9日起施行）

△（"软暴力"）"软暴力"是指行为人为谋取不法利益或形成非法影响，对他人或者在有关场所进行滋扰、纠缠、哄闹、聚众造势等，足以使他人产生恐惧、恐慌进而形成心理强制，或者足以影响、限制人身自由、危及人身财产安全，影响正常生活、工作、生产、经营的违法犯罪手段。（§1）

△（"软暴力"违法犯罪手段）"软暴力"违法犯罪手段通常的表现形式有：

（一）侵犯人身权利、民主权利、财产权利的手段，包括但不限于跟踪贴靠、扬言传播疾病、揭发隐私、恶意举报、诬告陷害、破坏、霸占财物等；

（二）扰乱正常生活、工作、生产、经营秩序的手段，包括但不限于非法侵入他人住宅、破坏生活设施、设置生活障碍、贴报喷字、拉挂横幅、燃放鞭炮、播放哀乐、摆放花圈、泼洒污物、断水断电、堵门闭工，以及通过驱赶从业人员、派驻人员据守等方式直接或间接地控制厂房、办公区、经营场所等；

（三）扰乱社会秩序的手段，包括但不限于摆场架势示威、聚众哄闹滋扰、拦路闹事等；

（四）其他符合本意见第一条规定的"软暴力"手段。

通过信息网络或者通讯工具实施，符合本意见第一条规定的违法犯罪手段，应当认定为"软暴力"。（§2）

△（"软暴力"；影响后果；"以黑恶势力名义实施"；多人实施；雇佣者、指使者或者纠集者）行为人实施"软暴力"，具有下列情形之一，可以认定为足以使他人产生恐惧、恐慌进而形成心理强制或者足以影响、限制人身自由、危及人身财产安全或者影响正常生活、工作、生产、经营：

（一）黑恶势力实施的；

（二）以黑恶势力名义实施的；

（三）曾因组织、领导、参加黑社会性质组织、恶势力犯罪集团、恶势力以及因强迫交易、非法拘禁、敲诈勒索、聚众斗殴、寻衅滋事等犯罪受过刑事处罚后又实施的；

（四）携带凶器实施的；

（五）有组织地实施的或者足以使他人认为暴力、威胁具有现实可能性的；

（六）其他足以使他人产生恐惧、恐慌进而形成心理强制或者足以影响、限制人身自由、危及人身财产安全或者影响正常生活、工作、生产、经营的情形。

由多人实施的，编造或明示暴力违法犯罪经历进行恐吓的，或以自报组织、头目名号、统一着装、显露纹身、特殊标识以及其他明示、暗示方式，足以使他人感知相关行为的有组织性的，应当认定为"以黑恶势力名义实施"。

由多人实施的，只要有部分行为人符合本条第一款第（一）项至第（四）项所列情形的，该项即成立。

虽然具体实施"软暴力"的行为人不符合本条第一款第（一）项、第（三）项所列情形，但雇佣者、指使者或者纠集者符合的，该项成立。（§3）

△（"软暴力"；"黑社会性质组织行为特征"；"恶势力"；其他手段）"软暴力"手段属于《刑法》第二百九十四条第五款第（三）项"黑社会性质组织行为特征"以及《指导意见》①第14条"恶势力"概念中的"其他手段"。（§4）

△（"软暴力"；强迫交易罪；寻衅滋事罪）采用"软暴力"手段，使他人产生心理恐惧或者形成心理强制，分别属于《刑法》第二百二十六条规定的"威胁"、《刑法》第二百九十三条第一款第（二）项规定的"恐吓"，同时符合其他犯罪构成要件的，应当分别以强迫交易罪、寻衅滋事罪定罪处罚。

《关于办理寻衅滋事刑事案件适用法律若干问题的解释》第二条至第四条中的"多次"一般应当理解为二年内实施寻衅滋事行为三次以上。三次以上寻衅滋事行为既包括同一类别的行为，也包括不同类别的行为；既包括未受行政处罚的行为，也包括已受行政处罚的行为。（§5）

△（"以其他方法非法剥夺他人人身自由"；非法拘禁罪）有组织地多次短时间非法拘禁他人的，应当认定为《刑法》第二百三十八条规定的"以其他方法非法剥夺他人人身自由"。非法拘禁他人三次以上、每次持续时间在四小时以上，或者非法拘禁他人累计时间在十二小时以上的，应当以非法拘禁罪定罪处罚。（§6）

△（"非法侵入他人住宅"；非法侵入住宅罪）以"软暴力"手段非法进入或者滞留他人住宅的，应当认定为《刑法》第二百四十五条规定的"非法侵入他人住宅"，同时符合其他犯罪构成要件的，应当以非法侵入住宅罪定罪处罚。（§7）

△（软暴力；敲诈勒索罪；"二年内敲诈勒索三次以上"）以非法占有为目的，采用"软暴力"手段强行索取公私财物，同时符合《刑法》第二百七十四条规定的其他犯罪构成要件的，应当以敲诈勒索罪定罪处罚。

《关于办理敲诈勒索刑事案件适用法律若干问题的解释》第三条中"二年内敲诈勒索三次以上"，包括已受行政处罚的行为。（§8）

△（想象竞合）采用"软暴力"手段，同时构成两种以上犯罪的，依法按照处罚较重的犯罪定罪处罚，法律另有规定的除外。（§9）

△（行政处罚；折抵刑期；抵扣罚金）根据本意见第五条、第八条规定，对已受行政处罚的行为追究刑事责任的，行为人先前所受的行政拘留处罚应当折抵刑期，罚款应当抵扣罚金。（§10）

△（雇佣、指使；主犯；强迫交易罪；敲诈勒索罪；非法侵入住宅罪；寻衅滋事罪；民间矛盾）雇佣、指使他人采用"软暴力"手段强迫交易、敲诈勒索，构成强迫交易罪、敲诈勒索罪的，对雇佣者、指使者，一般应当以共同犯罪中的主犯论处。

为强索不受法律保护的债务或者因其他非法目的，雇佣、指使他人采用"软暴力"手段非法剥夺他人人身自由构成非法拘禁罪，或者非法侵入他人住宅、寻衅滋事，构成非法侵入住宅罪、寻衅滋事罪的，对雇佣者、指使者，一般应当以共同犯罪中的主犯论处；因本人及近亲属合法债务、婚姻、家庭、邻里纠纷等民间矛盾而雇佣、指使，没有造成严重后果的，一般不作为犯罪处理，但经有关部门批评制止或者处理处罚后仍继续实施的除外。（§11）

《最高人民法院、最高人民检察院、公安部、司法部关于办理利用信息网络实施黑恶势力犯罪刑事案件若干问题的意见》（公通字〔2019〕28号，2019年7月23日印发）

△（恶势力、恶势力犯罪集团、黑社会性质组织）利用信息网络实施违法犯罪活动，符合刑法、《指导意见》以及最高人民法院、最高人民检察院、公安部、司法部《关于办理恶势力刑事案件若

---

① 即《最高人民法院、最高人民检察院、公安部、司法部关于办理黑恶势力犯罪案件若干问题的指导意见》（法发〔2018〕1号，2018年1月16日公布）。

干问题的意见〉》规定的恶势力、恶势力犯罪集团、黑社会性质组织特征和认定标准的，应当依法认定为恶势力、恶势力犯罪集团、黑社会性质组织。

认定利用信息网络实施违法犯罪活动的黑社会性质组织时，应当依照刑法第二百九十四条第五款规定的"四个特征"进行综合审查判断，分析"四个特征"相互间的内在联系，根据在网络空间和现实社会中实施违法犯罪活动对公民人身、财产、民主权利和经济、社会生活秩序所造成的危害，准确评价，依法予以认定。（§9）

△(黑恶势力组织特征)认定利用信息网络实施违法犯罪的黑恶势力组织特征，要从违法犯罪的起因、目的，以及组织、策划、指挥、参与人员是否相对固定，组织形成后是否持续进行犯罪活动、是否有明确的职责分工、行为规范、利益分配机制等方面综合判断。利用信息网络实施违法犯罪的黑恶势力组织成员之间一般通过即时通讯工具、通讯群组、电子邮件、网盘等信息网络方式联络，对部分组织成员而言通过信息网络方式联络实施黑恶势力违法犯罪活动，即使相互未见面、彼此不熟识，不影响对组织特征的认定。（§10）

△(黑社会性质组织经济特征)利用信息网络有组织地通过实施违法犯罪活动或者其他手段获取一定数量的经济利益，用于违法犯罪活动或者支持该组织生存、发展的，应当认定为符合刑法第二百九十四条第五款第二项规定的黑社会性质组织经济特征。（§11）

△(黑社会性质组织行为特征)通过线上线下相结合的方式，有组织地多次利用信息网络实施违法犯罪活动，侵犯不特定多人的人身权利、民主权利、财产权利，破坏经济秩序、社会秩序的，应当认定为符合刑法第二百九十四条第五款第三项规定的黑社会性质组织行为特征。单纯通过线上方式实施的违法犯罪活动，且不具有为非作恶、欺压残害群众特征的，一般不应作为黑社会性质组织行为特征的认定依据。（§12）

△("在一定区域或者行业内，形成非法控制或者重大影响")对利用信息网络实施黑恶势力犯罪非法控制和影响的"一定区域或者行业"，应当结合危害行为发生地或者危害行业的相对集中程度，以及犯罪嫌疑人、被告人在网络空间和现实社会中的控制和影响程度综合判断。虽然危害行为发生地、危害的行业比较分散，但涉案犯罪组织利用信息网络多次实施强迫交易、寻衅滋事、敲诈勒索等违法犯罪活动，在网络空间和现实社会造成重大影响，严重破坏经济、社会生活秩序的，应当认定为"在一定区域或者行业内，形成非法控制或者重大影响"。（§13）

《最高人民法院、最高人民检察院、公安部、司法部关于依法严惩利用未成年人实施黑恶势力犯罪的意见》（高检发〔2020〕4号，2020年3月23日印发）

△(利用未成年人实施黑恶势力犯罪)黑社会性质组织、恶势力犯罪集团、恶势力，实施下列行为之一的，应当认定为"利用未成年人实施黑恶势力犯罪"：

1. 胁迫、教唆未成年人参加黑社会性质组织、恶势力犯罪集团、恶势力，或者实施黑恶势力违法犯罪活动的；

2. 拉拢、引诱、欺骗未成年人参加黑社会性质组织、恶势力犯罪集团、恶势力，或者实施黑恶势力违法犯罪活动的；

3. 招募、吸收、介绍未成年人参加黑社会性质组织、恶势力犯罪集团、恶势力，或者实施黑恶势力违法犯罪活动的；

4. 雇用未成年人实施黑恶势力违法犯罪活动的；

5. 其他利用未成年人实施黑恶势力犯罪的情形。

黑社会性质组织、恶势力犯罪集团、恶势力，根据刑法和《最高人民法院、最高人民检察院、公安部、司法部关于办理黑恶势力犯罪案件若干问题的指导意见》《最高人民法院、最高人民检察院、公安部、司法部关于办理恶势力刑事案件若干问题的意见》等法律、司法解释性质文件的规定认定。

△(从重处罚事由)利用未成年人实施黑恶势力犯罪，具有下列情形之一的，应当从重处罚：

1. 组织、指挥未成年人实施故意杀人、故意伤害致人重伤或者死亡、强奸、绑架、抢劫等严重暴力犯罪的；

2. 向未成年人传授实施黑恶势力犯罪的方法、技能、经验的；

3. 利用未达到刑事责任年龄的未成年人实施黑恶势力犯罪的；

4. 为逃避法律追究，让未成年人自首、做虚假供述顶罪的；

5. 利用留守儿童、在校学生实施犯罪的；

6. 利用多人或者多次利用未成年人实施犯罪的；

7. 针对未成年人实施违法犯罪的；

8. 对未成年人负有监护、教育、照料等特殊职责的人员利用未成年人实施黑恶势力违法犯罪活动的；

9. 其他利用未成年人违法犯罪应当从重处

罚的情形。

△(**从重处罚**)黑社会性质组织、恶势力犯罪集团利用未成年人实施犯罪的,对犯罪集团首要分子,按照集团所犯的全部罪行,从重处罚。对犯罪集团的骨干成员,按照其组织、指挥的犯罪,从重处罚。

恶势力利用未成年人实施犯罪的,对起组织、策划、指挥作用的纠集者,恶势力共同犯罪中罪责严重的主犯,从重处罚。

黑社会性质组织、恶势力犯罪集团、恶势力成员直接利用未成年人实施黑恶势力犯罪的,从重处罚。

△(**胁迫、教唆、引诱等利用未成年人**)有胁迫、教唆、引诱等利用未成年人参加黑社会性质组织、恶势力犯罪集团、恶势力,或者实施黑恶势力犯罪的行为,虽然未成年人并没有加入黑社会性质组织、恶势力犯罪集团、恶势力,或者没有实际参与实施黑恶势力违法犯罪活动,对黑社会性质组织、恶势力犯罪集团、恶势力的首要分子、骨干成员、纠集者、主犯和直接利用的成员,即便有自首、立功、坦白等从轻减轻情节的,一般也不予从轻或者减轻处罚。

△(**偶尔参与黑恶势力犯罪活动的未成年人**)被黑社会性质组织、恶势力犯罪集团、恶势力利用,偶尔参与黑恶势力犯罪活动的未成年人,按其所实施的具体犯罪行为定性,一般不认定为黑恶势力犯罪组织成员。

【指导性案例】

最高人民检察院指导性案例第84号:林某彬等人组织、领导、参加黑社会性质组织案(2020年11月24日发布)

△(**认罪认罚;黑社会性质组织犯罪;宽严相济;追赃挽损**)认罪认罚从宽制度可以适用于所有刑事案件,没有适用罪名和可能判处刑罚的限定,涉黑涉恶犯罪案件依法可以适用该制度。认罪认罚从宽制度贯穿刑事诉讼全过程,适用于侦查、起诉、审判各个阶段。检察机关办理涉黑涉恶犯罪案件,要积极履行主导责任,发挥认罪认罚从宽制度在查明案件事实、提升指控效果、有效追赃挽损等方面的作用。

最高人民法院指导性案例第186号:龚品文等组织、领导、参加黑社会性质组织案(2022年11月29日发布)

△(**组织、领导、参加黑社会性质组织罪;行为特征;"软暴力"**)犯罪组织以其势力、影响和暴力手段的现实可能性为依托,有组织地长期采用多种"软暴力"手段实施大量违法犯罪行为,同时辅之以"硬暴力","软暴力"有向"硬暴力"转化的现实可能性,足以使群众产生恐惧、恐慌进而形成心理强制,并已造成严重危害后果,严重破坏经济、社会生活秩序的,应认定该犯罪组织具有黑社会性质组织的行为特征。

最高人民法院指导性案例第188号:史广振等组织、领导、参加黑社会性质组织案(2022年11月29日发布)

△(**组织、领导、参加黑社会性质组织罪;涉案财物权属;案外人**)在涉黑社会性质组织犯罪案件审理中,应当对查封、扣押、冻结财物及其孳息的权属进行调查,案外人对查封、扣押、冻结财物及其孳息提出权属异议的,人民法院应当听取其意见,确有必要的,人民法院可以通知其出庭,以查明相关财物权属。

【参考案例】

No.6-1-294(1)-1 陈金豹等组织、领导、参加黑社会性质组织案

参加黑社会性质组织,是指成为黑社会性质组织的成员,接受黑社会性质组织领导和管理。单纯参与黑社会性质组织所实施的犯罪行为,不构成参加黑社会性质组织罪。

No.6-1-294(1)-2 黄向华等组织、参加黑社会性质组织,陈国阳、张伟洲包庇黑社会性质组织案

知道或者应当知道其所包庇、纵容的是从事违法犯罪活动的组织,应以包庇、纵容黑社会性质组织罪论处。

No.6-1-294(1)-3 李军等参加黑社会性质组织案

参加黑社会性质组织罪不以明知其所参加的组织具有黑社会性质为要件,但以明知或应当知道其所参加的组织是一个主要从事违法犯罪活动、具有一定层次结构的犯罪组织为要件。

No.6-1-294(1)-4 李军等参加黑社会性质组织案

以下三种参加者,一般应认定为黑社会性质组织的积极参加者:(1)多次积极参与黑社会性质组织的违法犯罪活动、积极参与较严重的黑社会性质组织的犯罪活动,且作用突出及其他在黑社会性质组织中起重要作用的参加者;(2)与组织者、领导者关系密切,在组织中地位、作用突出的参加者;(3)所获报酬数额较大的参加者。

No.6-1-294(1)-5 区瑞狮等组织、领导、参加黑社会性质组织案

以下三种情形属于黑社会性质组织犯罪而非

成员个人犯罪:(1)由组织者、领导者直接组织、策划、指挥参与实施的犯罪;(2)基于组织意志实施的犯罪;(3)为了组织利益实施的犯罪。

No.6-1-294(1)-7　容乃胜等组织、领导、参加黑社会性质组织案

黑社会性质组织成员向政权机关渗透,取得某种政治身份,应当认为具备了黑社会性质组织犯罪寻求非法保护的特征。

No.6-1-294(1)-8　容乃胜等组织、领导、参加黑社会性质组织案

黑社会性质组织犯罪的组织行为是指为促使黑社会性质组织的形成而实施的行为;黑社会性质组织犯罪的领导行为,包括在黑社会性质组织形成以后而实施的行为。

No.6-1-294(1)-9　容乃胜等组织、领导、参加黑社会性质组织案

对于参加黑社会性质的组织而没有实施违法犯罪活动的,或者受蒙蔽、胁迫参加黑社会性质的组织,情节显著轻微的,依法不以犯罪论处。

No.6-1-294(1)-10　容乃胜等组织、领导、参加黑社会性质组织案

组织、领导、参加黑社会性质组织罪不以明知其所组织、领导或者参加的是黑社会性质的组织为构成条件。

No.6-1-294(1)-11　陈连东等人组织、领导、参加黑社会性质组织案

认定被告人是否为黑社会性质组织成员,应结合以下两方面进行判断:第一,是否参与实施黑社会性质组织的违法犯罪活动;第二,与涉案黑社会性质组织之间有无相对固定的从属关系。

No.6-1-294(1)-12　朱光辉等人组织、领导、参加黑社会性质组织案

黑社会性质组织中的"骨干成员",首先应满足积极参加者的认定条件;其次,必须直接听命于组织者、领导者;最后,"骨干成员"在黑社会性质组织中所起的作用应当大于一般的积极参加者。

No.6-1-294(1)-13　史锦钟等人组织、领导、参加黑社会性质组织案

黑社会性质组织的形成时间在缺乏成立仪式及类似活动时,以首次实施有组织犯罪活动的时间作为起点。

No.6-1-294(1)-14　汪振等人组织、领导、参加黑社会性质组织案

黑社会性质组织形成之后在相当长一段时间里没有实施违法犯罪活动,组织成员也有明显更替,但前后两个阶段在核心成员、非法影响等方面具有延续性,应认定该黑社会性质组织在"较长时期内持续存在"。

No.6-1-294(1)-15　焦海涛等人寻衅滋事案

涉案犯罪组织触犯的具体罪名明显偏少,不具有黑社会性质组织的非法控制特征,不构成黑社会性质组织,而属于专门从事某一两种犯罪的犯罪集团。

No.6-1-294(1)-16　符青友等人敲诈勒索、强迫交易、故意销毁会计账簿、对公司、企业人员行贿,行贿案

涉案犯罪组织行为方式的暴力性不明显,不宜认定为黑社会性质组织。

No.6-1-294(1)-17　刘汉等人组织、领导、参加黑社会性质组织案

黑社会性质组织的组织者、领导者对于并非由自己直接组织、策划、指挥、参与但与组织意志和组织利益有关的违法犯罪活动,仍应承担责任。

No.6-1-294(1)-18　刘汉等人组织、领导、参加黑社会性质组织案

黑社会性质组织的组织者、领导者对于并非由自己直接组织、策划、指挥、参与的那些可不承担最重的责任;对由其直接组织、策划、指挥、参与实施的犯罪,一般应承担最重的刑事责任。

No.6-1-294(1)-19　王云娜等人故意伤害、寻衅滋事、非法拘禁、敲诈勒索案

在判断黑社会性质组织的危害性特征(非法控制特征)时,除参照司法解释所列举的情况外,还应考察实施违法犯罪行为的次数与后果,以实质判断是否达到形成非法控制或重大影响的严重程度。

No.6-1-294(1)-20　吴亚贤等人组织、领导、参加黑社会性质组织案

黑社会性质组织的组织者、领导者因检举揭发而构成立功的,在决定是否从宽、如何从宽时,应重点考察其认罪态度与线索来源;如果线索是利用组织者、领导者的特殊地位而取得,且与该黑社会性质组织及其违法犯罪活动有关联的,则一般不应从宽处罚。

No.6-1-294(1)-21　韩召海等人组织、领导、参加黑社会性质组织案

认定是否为黑社会性质组织,应当从组织特征、经济特征、行为特征和危害特征着手。

No.6-1-294(1)-23　吴学占等人组织、领导、参加黑社会性质组织案

黑社会性质组织具有四个主要特征:(1)组织上,具有人数较多、层级分明、组织稳定的基础特征;(2)行为上,以暴力或软暴力手段,有组织地多次实施违法犯罪活动,形成对人民群众的欺压和残害的显性特征;(3)经济上,具有主观追求经济利益的突出特征；（4）危害性上，具有间接、抽象、不特定的侵害对象与后果的本质特征。

No.6-1-294(1)-24 吴学占等人组织、领导、参加黑社会性质组织案

黑社会性质组织认定标准应坚持依法、实质、稳定原则。

No.6-1-294(1)-25 谢培忠等人组织、领导、参加黑社会性质组织案

认定一个犯罪组织属于黑社会性质组织，指的是它最终必须完全具备组织特征、经济特征、行为特征、非法控制四个特征，但不能据此要求它在形成伊始就已然完全具备四个特征。

No.6-1-294(1)-26 谢培忠等人组织、领导、参加黑社会性质组织案

对于黑社会性质组织的形成时间，有成立仪式的以成立仪式为准，无成立仪式的以标志性事件为准，无标志性事件的以首次有组织犯罪为准。

No.6-1-294(1)-27 龚品文等人组织、领导、参加黑社会性质组织案

把握黑社会性质组织所实施的"软暴力"的强度应以相关行为是否足以对群众造成实质性的心理强制为根本落脚点，可以从足以达到与硬暴力同等程度的长期性、手段多样性、明显组织性、独立成罪且造成实害结果等方面综合考虑。"软暴力"与"硬暴力"不是泾渭分明、互相排斥的关系，而是互相包容，随时转化的关系。

No.6-1-294(1)-28 龚品文等人组织、领导、参加黑社会性质组织案

"占股分利"只是涉黑组织准公司化运营的一个幌子，其本质为纠合组织成员，形成共同利益，对保持组织正常运转起到重要作用，是黑社会性质组织一个重要的组织特征。

No.6-1-294(1)-29 方悦等人组织、领导、参加黑社会性质组织案

对于"合法公司"外衣下涉"套路贷"黑社会性质组织的认定，应重点从对组织成员的控制来把握"组织特征"，从公司存续的目的来把握"经济特征"，从违法犯罪的主要手段来把握"行为特征"，从公司的规模和影响力来把握"危害性特征"。

No.6-1-294(1)-30 黄图望等人组织、领导、参加黑社会性质组织案

与黑社会性质组织合作，借黑社会性质组织之力牟取非法利益的可以认定为黑社会性质组织成员，其主观上应有加入黑社会性质组织的明示或默示的意愿，但不要求行为人主观上认为自己参加的是黑社会性质组织。

No.6-1-294(1)-31 罗建升等人组织、领导、参加黑社会性质组织案

刑事案件中，对涉案财物的处置有五种方式：一是用于附带民事赔偿款的执行；二是作为违法所得进行追缴及追缴不能时责令退赔；三是用于没收财产刑和罚金刑的执行；四是作为供犯罪所用的财物即犯罪工具的没收；五是作为违禁品的没收。在涉黑恶刑事案件的财产处置时，人民法院应当把握从严处置原则、依法处置原则、平衡处置原则。除此之外，也应坚持"民事优先"原则，补偿性的刑法手段优于惩罚性的刑法手段，被害人人身损害赔偿优于财产权益补偿。

No.6-1-294(3)-1 刘学军、刘忠伟、吕斌包庇、纵容黑社会性质组织案

包庇、纵容黑社会性质组织罪是连续犯，犯罪行为跨越刑法修正施行日期的，应当适用修正后的刑法一并进行追诉。

No.6-1-294(3)-2 刘学军、刘忠伟、吕斌包庇、纵容黑社会性质组织案

包庇黑社会性质组织，或者纵容黑社会性质组织进行违法犯罪活动的行为人归案后如实供述相关黑社会性质组织的犯罪活动的，不能认定立功情节。

No.6-1-294(3)-3 张礼琦包庇、纵容黑社会性质组织案

连续犯的起止行为跨越《刑法》修订前后的，依照《最高人民检察院关于对跨越修订刑法施行日期的继续犯罪、连续犯罪以及其他同种数罪应如何具体适用刑法问题的批复》精神，应当按照修订后《刑法》的规定处罚；但是修订《刑法》所规定的构成要件和情节较为严格，或者法定刑较重的，在提起公诉时应当提出酌情从轻处理意见。

No.6-1-294(3)-4 张礼琦包庇、纵容黑社会性质组织案

本罪的犯罪故意不要求行为人明确认识到其包庇、纵容的对象是黑社会性质组织，只要行为人知道或者应当知道是从事违法犯罪活动的组织即可。本罪是行为犯，原则上只要行为人在客观上实施了包庇、纵容黑社会性质组织行为的，即构成本罪且属既遂。

第二百九十五条　【传授犯罪方法罪】
传授犯罪方法的，处五年以下有期徒刑、拘役或者管制；情节严重的，处五年以上十年以下有期徒刑；情节特别严重的，处十年以上有期徒刑或者无期徒刑。

【立法沿革】

《中华人民共和国刑法》（1997年修订，自1997年10月1日起施行）

第二百九十五条

传授犯罪方法的，处五年以下有期徒刑、拘役或者管制；情节严重的，处五年以上有期徒刑；情节特别严重的，处无期徒刑或者死刑。

《中华人民共和国刑法修正案（八）》（自2011年5月1日起施行）

四十四、将刑法第二百九十五条修改为：

"传授犯罪方法的，处五年以下有期徒刑、拘役或者管制；情节严重的，处五年以上十年以下有期徒刑；情节特别严重的，处十年以上有期徒刑或者无期徒刑。"

【条文说明】

本条是关于传授犯罪方法罪及其处罚的规定。

构成本罪必须符合以下条件：

1. 行为人传授的是犯罪方法。本条所说的"犯罪方法"，主要是指犯罪的经验与技能，包括手段、步骤、反侦查方法等。① 本条规定的"传授犯罪方法"，是指以语言、文字、动作、图像、视频或者其他方法，故意将实施某种犯罪的具体方法、技能、经验传授给他人的行为。实践中，行为人传授犯罪方法的形式是多种多样的，既有口头传授的，也有书面传授的；既有公开传授的，也有秘密传授的；既有当面直接传授的，也有间接转达传授的；既有用语言、动作、网络视频传授的，也有通过实际实施犯罪而传授的；既可以是传授一种犯罪方法，也可以是传授多种犯罪方法；等等。其中公开传授的，既可以是通过第三人转达或者通讯工具传授，也可以通过广播、电视等公共媒体或者自媒体进行传授。不论采取何种方式传授，均不影响本罪的成立。

2. 传授的对象既可以是特定的人，也可以是不特定的多数人。一般来说，传授犯罪方法，也就是将犯罪方法教授给他人，本条对教授的对象没有限制，既可以是特定对象，也可以是不特定的社会公众。

3. 在客观上只要求行为人实施了传授犯罪方法的行为，只要行为人故意向他人传授犯罪方法，即可构成本罪。无论行为人是否教唆被传授人实施犯罪，也无论被传授人是否实施了传授人所传授的犯罪方法，以及是否已经造成实际的危害结果，都不影响本罪的成立。②

鉴于传授犯罪方法罪的情况比较复杂，可能造成的社会危害也不一样，本条规定了三个刑罚档次。**第一档刑罚**，根据本条规定，传授犯罪方法罪是行为犯，只要实施了传授犯罪方法的行为，就构成犯罪。依照本条规定，应处五年以下有期徒刑、拘役或者管制。根据《刑法》第三十七条"对于犯罪情节轻微不需要判处刑罚的"除外。**第二档刑罚**，"情节严重的"，一般是指传授的内容是一些较为严重犯罪的方法的；可能对国家和公共安全、社会治安、公共财产和公民合法财产的安全，以及他人的人身权利、民主权利和其他合法权利等造成严重威胁的；传授的对象人数较多的；向未成年人传授犯罪方法的；被传授人实施了其所传授的犯罪方法，对社会造成危害的；其他严重情节。依照本条规定，情节严重的，处五年以上十年以下有期徒刑。**第三档刑罚**，"情节特别严重的"，主要是指所传授的方法已实际造成严重后果；传授的对象人数众多；向未成年人传授犯罪方法且人数较多；其他特别严重情节。依照本条规定，情节特别严重的，处十年以上有期徒刑或者无期徒刑。

实践中应当注意以下几个方面的问题：

1. 传授犯罪方法罪和教唆犯罪的区别。传授犯罪方法罪是一个独立的罪名，且单独规定了较重的刑罚。而教唆犯不是一个独立的罪名，是以被教唆人具体实施的犯罪行为来确定，其刑罚也是根据教唆犯在共同犯罪中所起的作用来决定。最主要的区别在于，传授犯罪方法是教给他人犯罪时应采取的具体方法、技术或经验，如教授他人用什么方

---

① 我国学者指出，本罪的"犯罪方法"应当具备两大特征，即：（1）必须是一般公众所不知晓的方法；（2）所传授的方法本身具有危险性，可能被他人用于犯罪，传授行为明显会增加社会风险。参见周光权：《刑法各论》（第4版），中国人民大学出版社2021年版，第435页。

② 相同的学说见解，参见张明楷：《刑法学》（第6版），法律出版社2021年版，第1408页。

法、什么工具,在什么时间、什么地点实施盗窃他人财物的行为。传授犯罪方法虽然会助长犯罪的发生,但他人是否实施犯罪,并不影响传授犯罪方法罪的成立,行为人对他人是否实施犯罪一般持放任态度。而教唆他人犯罪则是用语言、示意或旁敲侧击等笼统的方法,促使他人产生犯意。教唆犯罪一般是使无犯意者产生犯意,或者使犯意不坚定者决定犯罪。根据《刑法》第二十九条的规定,教唆他人犯罪的,应当按照他在共同犯罪中所起的作用处罚。对被教唆的人没有犯被教唆的罪,对于教唆犯,可以从轻或者减轻处罚。

2. 实践中,有些技能、方法只能用于违法犯罪,如教授扒窃技术;而有些技能、方法是中性的,既可以用于违法犯罪,也可以用于合法行为,如教授配钥匙、化学合成制剂、解剖等,一般情况下,对于教授这类技能、方法不能按照传授犯罪方法罪论处。但是,如果行为人为了**某种犯罪的目的**而教授、讲解这类技能、方法的,则构成传授犯罪方法罪。

3. 关于**网络传授犯罪方法的认定**。随着信息网络的飞速发展,行为人利用信息网络传授犯罪方法更为便利,如通过 QQ、微信等即时通讯工具,或者在 BBS、论坛、微博等公共交流平台上发帖,或者开设专门网站等方式传授犯罪方法,特别是利用信息网络向不特定多数人传授犯罪方法,其危害性更大。处理利用信息网络实施的犯罪,需要结合该犯罪的具体情况予以认定。如果有证据证明行为人在信息网络上实施了传授犯罪方法的行为,无论是针对特定的对象还是社会公众,也无论观看网络视频的人员是否实施了具体的犯罪行为,**都应当依照本条规定的传授犯罪方法罪定罪处罚**。对于无法证明行为人实施了传授犯罪方法的犯罪,但行为人如果以实施违法犯罪活动为目的而设立或者设立后主要用于实施违法犯罪活动的网站、通讯群组,则可以依照《刑法》第二百八十七条之一规定的**非法利用信息网络罪**定罪处罚。如果行为人既实施了传授犯罪方法的犯罪,又实施了非法利用信息网络的犯罪,应当按照处罚较重的规定定罪处罚。

【司法解释性文件】

《最高人民法院、最高人民检察院、公安部、司法部关于依法严厉打击传播艾滋病病毒等违法犯罪行为的指导意见》(公通字〔2019〕23 号,2019 年 5 月 19 日发布)

△(传播艾滋病病毒;传授犯罪方法罪)通过语言、文字、动作或者其他方式传授能够使人感染艾滋病病毒的具体方法的,依照刑法第二百九十五条的规定,以传授犯罪方法罪定罪处罚。

△(治安管理处罚或者其他行政处罚)实施本条第一项至第十一项规定的行为,不构成犯罪,依法不起诉或者免予刑事处罚的,依法予以治安管理处罚或者其他行政处罚。

《中央宣传部、中央网信办、最高人民法院、最高人民检察院、公安部、工业和信息化部、国家工商行政管理总局、国家邮政局、国家禁毒委办公室关于加强互联网禁毒工作的意见》(禁毒办通〔2015〕32 号,2015 年 4 月 14 日印发)

△(利用互联网发布、传播制造毒品等犯罪的方法、技术、工艺)严厉打击网络毒品犯罪。对涉毒违法犯罪线索进行落地侦查取证、深挖扩线和打击处理,深入搜集固定证据,查清组织策划人员,开展打击行动,集中力量侦破一批网络涉毒违法犯罪案件,抓捕一批为首分子和骨干人员,摧毁毒品违法犯罪团伙网络。集中打击整治一批为网络涉毒违法犯罪活动"输血供电"的互联网及寄递企业。对于利用互联网贩卖毒品,或者在境内非法买卖用于制造毒品的原料、配剂构成犯罪的,分别以贩卖毒品罪、非法买卖制毒物品罪定罪处罚;对于利用互联网发布、传播制造毒品等犯罪的方法、技术、工艺的,以传授犯罪方法罪定罪处罚,被传授者是否接受或者是否以此方法实施了制造毒品等犯罪不影响对本罪的认定;对于开设网站、利用网络通讯群组等形式组织他人共同吸毒,构成引诱、教唆、欺骗他人吸毒罪等犯罪的,依法定罪处罚。(§15)

【参考案例】

No.6-1-295-1 **李祥英传授犯罪方法案**

向他人传授犯罪方法,并胁迫他人实施犯罪行为的,构成传授犯罪方法罪与其所胁迫实施犯罪的教唆犯,且二行为之间具有手段行为与目的行为的关系,构成牵连犯,应当从一重罪处断。

No.6-1-295-2 **冯庆钊传授犯罪方法案**

炸药制造方法等技能方法,结合整体传授过程并根据社会通常观念予以判断,若具有明显的用于犯罪活动的倾向,应当属于犯罪方法范畴;传授此类方法,应以传授犯罪方法罪论处。

No.6-1-295-3 **冯庆钊传授犯罪方法案**

通过互联网向不特定多数人传授犯罪方法的,无论是否为他人所实际接收与使用,均应以传授犯罪方法罪论处。

No.6-1-295-4 **冯庆钊传授犯罪方法案**

无论是直接故意还是间接故意,均可构成传授犯罪方法罪。

第二百九十六条 【非法集会、游行、示威罪】

举行集会、游行、示威，未依照法律规定申请或者申请未获许可，或者未按照主管机关许可的起止时间、地点、路线进行，又拒不服从解散命令，严重破坏社会秩序的，对集会、游行、示威的负责人和直接责任人员，处五年以下有期徒刑、拘役、管制或者剥夺政治权利。

【条文说明】

本条是关于非法集会、游行、示威罪及其处罚的规定。

根据本条规定，非法举行集会、游行、示威的犯罪，是指举行集会、游行、示威，未依照法律规定申请或者申请未获许可，或者未按照主管机关许可的起止时间、地点、路线进行，又拒不服从解散命令，严重破坏社会秩序的行为。构成本罪应当符合以下条件：

1. **本罪的犯罪主体是特殊主体，即集会、游行、示威的负责人和直接责任人员。**这里规定的"**负责人**"，是指组织、领导非法集会、游行、示威并明确代表全体参加人利益的人。"**直接责任人员**"，是指在非法集会、游行、示威过程中具体实施了严重破坏社会秩序行为的人。对一般参加非法举行的集会、游行、示威的人员，不宜追究刑事责任，可以进行批评教育或者给予必要的行政处分。

2. **行为人实施了非法集会、游行、示威的行为。**这里规定的"集会"，是指聚众于公共场所，发表意见、表达意愿的活动；"游行"，是指在公共道路、露天公共场所列队行进、表达共同意愿的活动；"示威"，是指在公共场所或者公共道路上以集会、游行、静坐等方式，表达要求、抗议或者支持、声援等共同意愿的活动。本条规定了三种非法集会、游行、示威的行为：一是**未依照法律规定申请而举行集会、游行、示威**的行为。本条所说的"未依照法律规定申请"，是指行为人未依照集会游行示威法的规定进行申请。《集会游行示威法》第七条第一款规定："举行集会、游行、示威，必须依照本法规定向主管机关提出申请并获得许可。"二是**申请未获许可而举行集会、游行、示威的行为**。本条所说的"申请未获许可"，是指行为人申请集会、游行、示威没有得到许可。《集会游行示威法》第十二条规定："申请举行的集会、游行、示威，有下列情形之一的，不予许可：（一）反对宪法所确定的基本原则的；（二）危害国家统一、主权和领土完整的；（三）煽动民族分裂的；（四）有

充分根据认定申请举行的集会、游行、示威将直接危害公共安全或者严重破坏社会秩序的。"三是**未按照主管机关许可的起止时间、地点、路线进行集会、游行、示威的行为**。《集会游行示威法》第二十五条第一款规定，集会、游行、示威应当按照许可的目的、方式、标语、口号、起止时间、地点、路线及其他事项进行。需要注意的是，这里只限于未按照主管机关许可的起止时间、地点、路线，如果违反其他事项，如方式、标语、口号等，则不构成本罪。这里规定的"主管机关"，根据《集会游行示威法》第六条的规定，是指集会、游行、示威举行地的市、县公安局、城市公安分局；游行、示威路线经过两个以上区、县的，主管机关为所经过区、县的公安机关的共同上一级公安机关。

3. **行为人非法集会、游行、示威，又拒不服从解散命令的。**所谓"拒不服从解散命令"是指违反规定进行集会、游行、示威，主管机关依法发出解散命令，拒不服从命令。①《集会游行示威法》第二十七条第一、二款规定："举行集会、游行、示威，有下列情形之一的，人民警察应当予以制止：（一）未依照本法规定申请或者申请未获许可的；（二）未按照主管机关许可的目的、方式、标语、口号、起止时间、地点、路线进行的；（三）在进行中出现危害公共安全或者严重破坏社会秩序情况的。有前款所列情形之一，不听制止的，人民警察现场负责人有权命令解散……"

4. **必须造成严重破坏社会秩序的后果。**这里所说的"严重破坏社会秩序"，是指造成社会秩序、交通秩序混乱，致使生产、工作、生活和教学、科研无法正常进行，如致使国家机关、企业事业单位和社会团体的工作无法正常进行；造成交通瘫痪；造成恶劣的社会影响；等等。这是罪与非罪的界限，构成本罪，不仅是行为人违反规定举行集会、游行、示威，还要拒不服从解散命令，且行为还必须造成社会秩序严重破坏的后果，如果未发生严重破坏社会秩序的危害后果，则不构成本罪。

根据本条规定，对非法举行集会、游行、示威

---

① 发出命令的次数过少，命令传达的范围有限，命令和决定解散之间的时间间隔过短，集会、游行、示威者难以自由、任意地决定是否解散的，都不认为是拒不执行解散命令，不构成本罪。参见周光权：《刑法各论》（第4版），中国人民大学出版社2021年版，第437页。

的犯罪,对集会、游行、示威的负责人和直接责任人员,处五年以下有期徒刑、拘役、管制或者剥夺政治权利。

【司法解释性文件】

《最高人民检察院、公安部关于公安机关管辖的刑事案件立案追诉标准的规定(一)》(公通字〔2008〕36号,2008年6月25日公布)

△(**非法集会、游行、示威罪;立案追诉标准**)举行集会、游行、示威,未依照法律规定申请或者申请未获许可,或者未按照主管机关许可的起止时间、地点、路线进行,又拒不服从解散命令,严重破坏社会秩序的,应予立案追诉。(§38)

《公安部关于公安机关处置信访活动中违法犯罪行为适用法律的指导意见》(公通字〔2013〕25号,2013年7月19日印发)

△(**非法集会、游行、示威罪**)煽动、策划非法集会、游行、示威,不听劝阻,符合《治安管理处罚法》第五十五条规定的,以煽动、策划非法集会、游行、示威依法予以治安管理处罚;举行集会、游行、示威活动未经主管机关许可的目的、方式、标语、口号、起止时间、地点、路线进行,或者在进行中出现危害公共安全、破坏社会秩序情形的,根据《集会游行示威法》第二十七条规定予以制止、命令解散;不听制止、拒不解散的,依法强行驱散、强行带离现场或者立即予以拘留;符合《集会游行示威法》第二十八条规定的,对其负责人和直接责任人员依法予以警告或者拘留;拒不服从解散命令,符合《刑法》第二百九十六条规定的,对负责人和直接责任人员,以非法集会、游行、示威罪追究刑事责任。集会游行示威过程中实施其他违法犯罪行为的,依法追究法律责任。(§4 V)

第二百九十七条 【非法携带武器、管制刀具、爆炸物参加集会、游行、示威罪】
违反法律规定,携带武器、管制刀具或者爆炸物参加集会、游行、示威的,处三年以下有期徒刑、拘役、管制或者剥夺政治权利。

【条文说明】

本条是关于非法携带武器、管制刀具、爆炸物参加集会、游行、示威罪及其处罚的规定。

根据本条规定,**非法携带武器、管制刀具或者爆炸物参加集会、游行、示威犯罪**,是指违反法律规定,携带武器、管制刀具或者爆炸物参加集会、游行、示威的行为。构成本罪必须符合以下条件:

1. **行为人违反法律规定。**这里所说的"**违反法律规定**",主要是指违反集会游行示威法等有关法律法规的规定。

2. **行为人携带武器、管制刀具或者爆炸物参加集会、游行、示威。**"**武器**"是指直接可用于杀伤人的发火器械及弹药,主要是各种枪支、弹药等;"**管制刀具**"是指国家规定严限定特定人员配置,用于特定范围和特定用途,禁止民间私自生产、运输、贩卖、购买、持有的刀具,主要包括匕首、三棱刮刀、带有自锁装置的弹簧刀以及其他相类似的单刃、双刃、三棱尖刀等;"**爆炸物**"是指具有爆发力和破坏性,可以瞬间造成人畜伤亡、物品毁坏的危险物品。这里的"**携带**",既包括随身藏戴,也包括利用他人的身体、容器、运输工具夹带武器、管制刀具或者爆炸物。只要违反法律规定,带着这些禁止携带的武器、管制刀具或者爆炸物参加集会、游行、示威,无论行为人对这些物品是非法持有还是合法持有,均构成本罪。这里所说的"**集会、游行、示威**",既可以是合法举行的集会、游行、示威,也可以是非法举行的集会、游行、示威。

根据本条规定,对非法携带武器、管制刀具或者爆炸物参加集会、游行、示威的犯罪,处三年以下有期徒刑、拘役、管制或者剥夺政治权利。

需要注意的是,在实践中,应当注意区分非法携带武器参加集会、游行、示威罪与**非法持有、私藏枪支、弹药罪**的界限。非法持有、私藏枪支、弹药罪在客观上表现为没有合法依据,持有、私自藏匿枪支、弹药的行为;非法携带武器参加集会、游行、示威罪仅限于在集会、游行、示威活动中携带。对非法持有、私藏枪支、弹药同时又携带参加集会、游行、示威的,**应当依照本法关于数罪并罚的规定处罚。**

【司法解释性文件】

《最高人民检察院、公安部关于公安机关管辖的刑事案件立案追诉标准的规定(一)》(公通字〔2008〕36号,2008年6月25日公布)

△(**非法携带武器、管制刀具、爆炸物参加集会、游行、示威罪;立案追诉标准**)违反法律规定,携带武器、管制刀具或者爆炸物参加集会、游行、示威的,应予立案追诉。(§39)

第二百九十八条 【破坏集会、游行、示威罪】

扰乱、冲击或者以其他方法破坏依法举行的集会、游行、示威,造成公共秩序混乱的,处五年以下有期徒刑、拘役、管制或者剥夺政治权利。

【条文说明】

本条是关于破坏集会、游行、示威罪及其处罚的规定。

根据本条规定,**破坏依法举行的集会、游行、示威犯罪**,是指扰乱、冲击或者以其他方法破坏依法举行的集会、游行、示威,造成公共秩序混乱的行为。根据本条规定,构成本罪应当符合以下条件:

1. **行为人采用扰乱、冲击或者以其他方法破坏集会、游行、示威活动。**这里规定的"扰乱",主要是指针对集会、游行、示威队伍起哄、闹事,破坏其正常秩序;"冲击",主要是指冲入、冲散依法举行的集会、游行、示威队伍,使集会、游行、示威不能正常进行;"其他方法",是指扰乱、冲击方法以外的破坏依法举行的集会、游行、示威的方法,如堵塞集会、游行、示威队伍行进、停留的通道、场所等。

2. **行为人实施了破坏依法举行的集会、游行、示威的行为。**所谓"**破坏**",是指进行捣乱,致使依法举行的集会、游行、示威不能正常进行;"**依法举行的集会、游行、示威**",是指依照集会游行示威法规定提出申请并获得许可,按照主管机关许可的起止时间、地点、路线进行的集会、游行、示威。本罪破坏的必须是依法举行的集会、游行、示威,如果针对的不是依法举行的集会、游行、示威,不构成本罪。

3. **必须造成公共秩序混乱的后果。**本条规定的"**造成公共秩序混乱的**",主要是指造成集会、游行、示威行经地或举行地的场所秩序或交通秩序混乱。造成公共秩序混乱是构成本罪的要件,没有造成这一后果的,不构成本罪。

根据本条规定,对破坏依法举行的集会、游行、示威犯罪,处五年以下有期徒刑、拘役、管制或者剥夺政治权利。

【司法解释性文件】

《最高人民检察院、公安部关于公安机关管辖的刑事案件立案追诉标准的规定(一)》(公通字〔2008〕36号,2008年6月25日公布)

△(破坏集会、游行、示威罪;立案追诉标准)扰乱、冲击或者以其他方法破坏依法举行的集会、游行、示威,造成公共秩序严重混乱的,应予立案追诉。(§40)

第二百九十九条 【侮辱国旗、国徽、国歌罪】

在公共场合,故意以焚烧、毁损、涂划、玷污、践踏等方式侮辱中华人民共和国国旗、国徽的,处三年以下有期徒刑、拘役、管制或者剥夺政治权利。

在公共场合,故意篡改中华人民共和国国歌歌词、曲谱,以歪曲、贬损方式奏唱国歌,或者以其他方式侮辱国歌,情节严重的,依照前款的规定处罚。

【立法沿革】

《中华人民共和国刑法》(1997年修订,自1997年10月1日起施行)

第二百九十九条

在公众场合,故意以焚烧、毁损、涂划、玷污、践踏等方式侮辱中华人民共和国国旗、国徽的,处三年以下有期徒刑、拘役、管制或者剥夺政治权利。

《中华人民共和国刑法修正案(十)》(自2017年11月4日起施行)

为了惩治侮辱国歌的犯罪行为,切实维护国歌奏唱、使用的严肃性和国家尊严,在刑法第二百九十九条中增加一款作为第二款,将该条修改为:

"在公共场合,故意以焚烧、毁损、涂划、玷污、践踏等方式侮辱中华人民共和国国旗、国徽的,处三年以下有期徒刑、拘役、管制或者剥夺政治权利。

"在公共场合,故意篡改中华人民共和国国歌歌词、曲谱,以歪曲、贬损方式奏唱国歌,或者以其他方式侮辱国歌,情节严重的,依照前款的规定处罚。"

【条文说明】

本条是关于侮辱国旗、国徽、国歌罪及其处罚的规定。

本条共分为两款。

第一款是关于侮辱国旗、国徽罪及其处罚的规定。根据本款规定，**侮辱国旗、国徽罪**是指在公共场合，故意以焚烧、毁损、涂划、玷污、践踏等方式侮辱中华人民共和国国旗、国徽的行为。构成本罪应当符合以下条件：

1. **行为人是在公共场合实施侮辱国旗、国徽的行为。**这里所说的"公共场合"，包括悬挂国旗、国徽的公共场所或者国家机关所在地，以及其他人员聚集的场所。本罪行为必须发生在公共场合，如果发生在非公共场合，不构成本罪。①

2. **行为人故意实施侮辱国旗、国徽的行为。**所谓"故意"，是指犯罪行为人在主观上必须有侮辱国旗、国徽的故意，如果行为人由于过失造成国旗、国徽被焚烧等结果的，不构成犯罪。

3. **行为人采用的是焚烧、毁损、涂划、玷污、践踏等方式。**所谓"焚烧"，是指放火燃烧国旗、国徽的行为；"毁损"，是指撕毁、砸毁或者以其他破坏方法使国旗、国徽遭到毁坏、损坏的行为；"涂划"，是指用笔墨、颜料等在国旗、国徽上涂抹划画的行为；"玷污"，是指用粪便等污物玷污国旗、国徽的行为；"践踏"，是指将国旗、国徽放在脚下、车轮下等处进行踩踏、碾压的行为。侮辱国旗、国徽的具体行为不止上述五种，所以本条还规定了"**等方式**"，以包括复杂的实际情况，如实践中发生的将国旗倒插、倒放等。② 行为人只要实施了任何一种侮辱行为即可构成本罪。

4. **行为人侮辱的对象是中华人民共和国国旗、国徽。**行为人如果侮辱外国国旗、国徽或者国际组织、社团、企业的标志等，不构成本罪，视案件具体情况，构成其他犯罪的，可依照刑法其他有关规定追究刑事责任。作为本罪犯罪对象的国旗、国徽既可以是正在悬挂、使用中的，也可以是尚未使用，处于保存、贮藏、运输中的。

根据本款规定，构成本罪的，处三年以下有期徒刑、拘役、管制或者剥夺政治权利。

第二款是关于**侮辱国歌罪及其处罚**的规定。构成本罪应当符合以下条件：

1. **行为人必须是在公共场合实施侮辱国歌的行为。**根据本款规定，侮辱国歌犯罪行为要求发生在"公共场合"。这里使用"公共场合"，没有使用"公众场合"，是与《国歌法》第十五条的规定相衔接。"**在公共场合**"指当众、公开的情境。需要注意的是，不论是在现实的公共场合还是在互联网公共空间，通过公开传播的方式，当众公然侮辱国歌的行为，都构成对国家尊严、公共秩序的损害，可以构成本罪。

2. **行为人故意实施侮辱国歌的行为。**主观上要求故意为之，没有泄愤、侮辱等恶意只是唱错歌词、跑调走音的，不能认定为犯罪。

3. **在具体行为方式上，与《国歌法》第十五条的规定相一致，分为三种情况：一是故意篡改中华人民共和国国歌歌词、曲谱的。**国歌的歌词、曲谱法律都有明确规定。《国歌法》第六条规定，"奏唱国歌，应当按照本法附件所载国歌的歌词和曲谱"，因此不得篡改国歌的歌词和曲谱。具体行为可表现为：故意篡改《义勇军进行曲》的国歌名称，将国歌名称修改成其他形式名称的，也属于篡改国歌；将国歌歌词全部篡改或者部分篡改的，特别是将歌词篡改成一些讽刺性、侮辱性的语言；篡改国歌曲谱，改变部分曲调或者以其他曲调奏唱国歌歌词，如使用哀乐演唱国歌等。二是**以歪曲、贬损方式奏唱国歌。**除篡改国歌歌词、曲谱之外，在奏唱方式上歪曲、贬损国歌的，也是侮辱国歌罪的一种表现形式，如以轻佻、"恶搞"的方式奏唱国歌，在奏唱国歌时配以侮辱性的肢体语言、着装等。奏唱包括演奏和歌唱。三是**以其他方式侮辱国歌。**"其他方式"指除以上两种情形之外，其他各种侮辱国歌的行为，这是兜底性的规定。如在互联网上故意传播配以侮损国家形象、侮辱性的图片、影像、文字的国歌奏唱音视频的；公共场合奏唱国歌时，在场人员"嘘"国歌、做出不雅手势的行为等，都属于侮辱国歌的其他方式。

4. 根据本款规定，**构成本罪，需要达到"情节严重"的条件。**是否属于"情节严重"，需要结合行为人的主观恶性、侮辱行为的具体方式、什么样的场合、在场人数、传播范围、造成的社会后果、是否曾因侮辱国歌、国旗、国徽犯罪受过处罚等综合判断。

根据本款规定，犯侮辱国歌罪的，处三年以下有期徒刑、拘役、管制或者剥夺政治权利。

实际执行中应当注意以下两个方面的问题：

1. **本条第一款对侮辱国旗、国徽罪没有规定**

---

① 我国学者指出，网络空间也属于公众场合。参见张明楷：《刑法学》（第6版），法律出版社2021年版，第1410页。

② 我国学者指出，不是对国旗、国徽进行物理上的毁损，而是将他人已然焚毁、毁损、涂划、玷污、践踏过的国旗、国徽在公开场合加以展示的，也会构成本罪。参见周光权：《刑法各论》（第4版），中国人民大学出版社2021年版，第439页。

"情节严重"的犯罪门槛，与第二款的规定在构成要件的表述方式上有差异。这主要是考虑到：一方面，《国旗法》第二十三条、《国徽法》第十八条关于侮辱国旗、国徽的法律责任表述是，有侮辱行为的，追究刑事责任，对情节较轻的，予以行政处罚。即对情节一般的侮辱国旗、国徽行为就可追究刑事责任。《国歌法》第十五条对侮辱国歌行为的法律责任表述是，有侮辱行为的，予以行政处罚，构成犯罪的，依法追究刑事责任。两者在法律责任的规定形式上有所不同。因此，第一款规定与国旗法、国徽法的相关规定是相衔接的。另一方面，也是考虑到侮辱国旗、国徽罪的行为方式及其危害性与侮辱国歌不完全一样。采用焚烧、毁损、涂划、玷污、践踏等方式侮辱国旗、国徽的行为，已是性质严重的侮辱方式。而国歌的载体、奏唱和使用的方式、场合，以及与公众的联系紧密程度等，都与国旗、国徽有很大不同。侮辱国歌行为的情况也更为复杂，有些需要区别情况处理，对情节较微的可不作为犯罪处理，而予以行政处罚。但需要注意的是，虽然刑法对侮辱国旗、国徽罪没有规定"情节严重"的犯罪门槛，也不是说对所有侮辱国旗、国徽的行为，不分情节轻重都要追究刑事责任。实践中还是要根据案件的具体情况确定社会危害性是否达到犯罪的程度。对于符合《刑法》第十三条的规定，情节显著轻微危害不大的，不作为犯罪处理。

2. 侮辱国歌罪在适用中还应当注意：一是侮辱国歌是指侮辱中华人民共和国国歌。本条第二款在"故意篡改中华人民共和国国歌歌词、曲谱"这一行为方式的表述中使用了"中华人民共和国"这一限定语。这一限定同样适用于后两种行为方式，这属于语言文字学中的"承前省略"。也就是说，**侮辱外国国歌的，不构成本罪**，视案件具体情况，构成其他犯罪的，可依照刑法其他有关规定追究刑事责任。二是侮辱国歌犯罪行为的主体，既可以是中国人，也可以是外国人。三是在公共场合侮辱国歌，同时构成寻衅滋事罪，聚众扰乱社会秩序罪，聚众扰乱公共场所秩序、交通秩序罪等犯罪的，应当依照**处罚较重的规定定罪处罚**。

第二百九十九条之一 【侵害英雄烈士名誉、荣誉罪】

侮辱、诽谤或者以其他方式侵害英雄烈士的名誉、荣誉，损害社会公共利益，情节严重的，处三年以下有期徒刑、拘役、管制或者剥夺政治权利。

【立法沿革】

《中华人民共和国刑法修正案（十一）》（自2021年3月1日起施行）

三十五、在刑法第二百九十九条后增加一条，作为第二百九十九条之一：

"侮辱、诽谤或者以其他方式侵害英雄烈士的名誉、荣誉，损害社会公共利益，情节严重的，处三年以下有期徒刑、拘役、管制或者剥夺政治权利。"

【条文说明】

本条是关于侵害英雄烈士名誉、荣誉罪及其处罚的规定。

侮辱、诽谤或者以其他方式侵害英雄烈士的名誉、荣誉，损害社会公共利益，情节严重的，构成本罪。这里的"英雄烈士"，包括近代以来，为国家、为民族、为人民作出牺牲和贡献的英烈先驱和革命先行者，重点是中国共产党、人民军队和人民共和国历史上涌现出的无数英雄烈士。英雄烈士既包括个人也包括群体，既包括有名英烈也包括无名英烈。本条保护的英雄烈士与英雄烈士保护法的保护范围是一致的，都是已经牺牲、逝世的英雄烈士。据统计，从中国民主革命到现在，约有2000万名英烈，但是经评定确认的只有约196万名。由于战争、历史条件等原因，大多数英烈都未能留下姓名，现在也无从考证，但他们同样受法律保护，也应被尊崇和铭记。实际发生的侵害英雄烈士名誉、荣誉案件中涉及的英雄烈士，一般都是知名的英雄烈士，其身份是清楚的，如果确须对英雄烈士的身份进行认定，可以通过相关工作机制予以解决。①

关于烈士的具体评定标准,《烈士褒扬条例》第八条第一款规定:"公民牺牲符合下列情形之一的,评定为烈士:(一)在依法查处违法犯罪行为、执行国家安全工作任务、执行反恐怖任务和处置突发事件中牺牲的;(二)抢险救灾或者其他为了抢救、保护国家财产、集体财产、公民生命财产牺牲的;(三)在执行外交任务或者国家派遣的对外援助、维持国际和平任务中牺牲的;(四)在执行武器装备科研试验任务中牺牲的;(五)其他牺牲情节特别突出,堪为楷模的。"《军人抚恤优待条例》第八条第一款、第二款规定:"现役军人死亡,符合下列情形之一的,批准为烈士:(一)对敌作战死亡的,或者对敌作战负伤在医疗终结前因伤死亡的;(二)因执行任务遭敌人或者犯罪分子杀害,或者被俘、被捕后不屈遭敌人杀害或者被折磨致死的;(三)为抢救和保护国家财产、人民生命财产或者执行反恐怖任务和处置突发事件死亡的;(四)因执行军事演习、战备航行飞行、空降和导弹发射训练、试航试飞任务以及参加武器装备科研试验死亡的;(五)在执行外交任务或者国家派遣的对外援助、维持国际和平任务中牺牲的;(六)其他死难情节特别突出,堪为楷模的。现役军人在执行对敌作战、边海防执勤或者抢险救灾任务中失踪,经法定程序宣告死亡的,按照烈士对待。"

这里的**侮辱**主要是指通过语言、文字或者其他方式辱骂、贬低、嘲讽英雄烈士的行为。**诽谤**是指针对英雄烈士,捏造事实并进行散播,公然丑化、贬损英雄烈士,损害英雄烈士名誉的行为。实践中比较常见的是通过网络、文学作品等形式侮辱、诽谤英雄烈士的情况。"**以其他方式侵害英雄烈士的名誉、荣誉**"是指采用侮辱、诽谤以外的其他方式侵害英雄烈士的名誉、荣誉的行为,如most未采用侮辱、诽谤方式,但以"还原历史""探究细节"等名义否定、贬损、丑化英雄烈士;非法披露涉及英雄烈士隐私的信息或者图片,侵害英雄烈士隐私等。

"**损害社会公共利益**"是构成本罪的要件之一,也是侮辱、诽谤或者以其他方式侵害英雄烈士的名誉、荣誉时的危害后果。近代以来的无数英雄烈士和他们所获得的荣誉称号,在全党、全军和全国各族人民中已经赢得了普遍的公众认同,既是国家及公众对他们作为中华民族的优秀儿女在反抗侵略、保家卫国中作出巨大牺牲的褒奖,也是他们应当获得的个人荣誉。在抗日战争时期,广大英雄烈士的光辉事迹成为激励中华儿女反抗侵略、英勇抗敌的精神动力之一,成为人民军队誓死捍卫国家利益、保障国家安全的军魂来源之一;在和平年代,英雄烈士的精神,仍然为广大人民群众树立了不畏艰辛、不怕困难、为国为民、奋斗终身的精神指引。英雄烈士及其精神,是中华民族共同记忆的一部分,是中华民族精神的内核之一,也是社会主义核心价值观的重要内容。而**民族的共同记忆、民族精神乃至社会主义核心价值观**,无论是从我国的历史来看,还是从现行法律规定来看,都已经是社会公共利益的一部分。侮辱、诽谤或者以其他方式侵害英雄烈士的名誉、荣誉,会损害社会公共利益。

"**情节严重的**"是指侮辱、诽谤或者以其他方式侵害英雄烈士的名誉、荣誉,损害社会公共利益,造成严重的不良影响或者侵害行为持续时间长、范围广等情形。

关于本罪的刑罚,根据本条规定,侮辱、诽谤或者以其他方式侵害英雄烈士的名誉、荣誉,损害社会公共利益,情节严重的,处三年以下有期徒刑、拘役、管制或者剥夺政治权利。

实际执行中应当注意,**本条规定的"英雄烈士"都是已经牺牲、去世的**,如果行为人侮辱、诽谤或者以其他方式侵害健在的英雄模范人物的名誉、荣誉,应当依照本法关于侮辱罪、诽谤罪的规定追究行为人的刑事责任,不适用本条。对健在的英雄模范人物的褒奖、保护,适用国家勋章和国家荣誉称号法等相关法律法规。

【司法解释性文件】

《最高人民法院、最高人民检察院、公安部关于依法惩治侵害英雄烈士名誉、荣誉违法犯罪的意见》(公通字〔2022〕5号,2022年1月11日公布)

△(英雄烈士的概念和范围)根据英雄烈士保护法第二条的规定,刑法第二百九十九条之一规定的"英雄烈士",主要是指近代以来,为了争取民族独立和人民解放,实现国家富强和人民幸福,促进世界和平和人类进步而毕生奋斗、英勇献身的英雄烈士。

司法适用中,对英雄烈士的认定,应当重点注

---

① 通过对侵害英雄烈士名誉、荣誉罪的合宪性审查,基于罪刑法定原则和本罪的体系定位,本罪意义上的"英雄"应限于被省部级政府部门或军队相关部门门授予英雄称号的过世者,以及为中国人民的解放事业和新中国的建设事业做出巨大贡献,其功绩获得国民普遍承认的已过世的英雄人物。参见王锴:《刑法新增罪名的合宪性审查——以侵害英雄烈士名誉、荣誉罪为例》,载《比较法研究》2021年第4期,第83页。

意把握以下几点:

(一)英雄烈士的时代范围主要为"近代以来",重点是中国共产党、人民军队和中华人民共和国历史上的英雄烈士。英雄烈士既包括个人,也包括群体;既包括有名英雄烈士,也包括无名英雄烈士。

(二)对经依法评定为烈士的,应当认定为刑法第二百九十九条之一规定的"英雄烈士";已牺牲、去世,尚未评定为烈士,但其事迹和精神为我国社会普遍公认的英雄模范人物或者群体,可以认定为"英雄烈士"。

(三)英雄烈士是指已经牺牲、去世的英雄烈士。对侮辱、诽谤或以其他方式侵害健在的英雄模范人物或者群体名誉、荣誉,构成犯罪的,适用刑法有关侮辱、诽谤罪等规定追究刑事责任,符合适用公诉程序条件的,由公安机关依法立案侦查,人民检察院依法提起公诉。但是,被侵害英雄烈士群体中既有已经牺牲的烈士,也有健在的英雄模范人物的,可以统一适用侵害英雄烈士名誉、荣誉罪。(§1)

△(情节严重;入罪标准)根据刑法第二百九十九条之一的规定,侮辱、诽谤或者以其他方式侵害英雄烈士的名誉、荣誉,损害社会公共利益,情节严重的,构成侵害英雄烈士名誉、荣誉罪。

司法实践中,对侵害英雄烈士名誉、荣誉的行为是否达到"情节严重",应当结合行为方式、涉及英雄烈士的人数、相关信息的数量、传播方式、传播范围、传播持续时间、相关信息实际被点击、浏览、转发次数,引发的社会影响、危害后果以及行为人前科情况等综合判断。根据案件具体情况,必要时,可以参照适用《最高人民法院、最高人民检察院关于办理利用信息网络实施诽谤等刑事案件适用法律若干问题的解释》(法释〔2013〕21号)的规定。

侵害英雄烈士名誉、荣誉,达到入罪标准,但行为人认罪悔罪,综合考虑案件具体情节,认为犯罪情节轻微的,可以不起诉或者免予刑事处罚;情节显著轻微危害不大的,不以犯罪论处;构成违反治安管理行为的,由公安机关依法给予治安管理处罚。(§2)

△(依法惩治;宽严相济;规范办案)(一)坚决依法惩治。英雄烈士的事迹和精神是中华民族共同的历史记忆和宝贵的精神财富,英雄不容亵渎、先烈不容诋毁、历史不容歪曲。各级公安机关、人民检察院、人民法院要切实增强责任感和使命感,依法惩治侵害英雄烈士名誉、荣誉的违法犯罪活动,坚决维护中国特色社会主义制度,坚决维护社会公共利益。

(二)坚持宽严相济。对侵害英雄烈士名誉、荣誉的,要区分案件具体情况,落实宽严相济刑事政策,突出惩治重点,重在教育挽救,避免打击扩大化、简单化,确保实现政治效果、法律效果和社会效果的有机统一。对利用抹黑英雄烈士恶意攻击我国基本社会制度、损害社会公共利益,特别是与境外势力勾连实施恶意攻击,以及长期、多次实施侵害行为的,要依法予以严惩。对没有主观恶意,仅因模糊认识、好奇等原因而发帖、评论的,或者行为人系在校学生、未成年人的,要以教育转化为主,切实做到教育大多数,打击极少数。

(三)严格规范办案。公安机关要落实严格规范公正文明执法要求,依法全面、及时收集、固定证据,严格履行法定程序,依法保障嫌疑人合法权益。人民检察院对公安机关提请批准逮捕、移送审查起诉的案件,符合批捕、起诉条件的,依法予以批捕、起诉。对重大、疑难案件,公安机关可以商请人民检察院派员通过审查证据材料等方式,就案件定性、证据收集、法律适用等提出意见建议。人民法院要加强审判力量,制定庭审预案,依法审理。公安机关、人民检察院、人民法院要与退役军人事务部门和军队有关部门建立健全工作联系机制,妥善解决英雄烈士甄别、认定过程中的问题。(§3)

【指导性案例】

最高人民检察院指导性案例第136号:仇某侵害英雄烈士名誉、荣誉案(2021年2月21日发布)

△(英雄烈士;情节严重;刑事附带民事公益诉讼)侵害英雄烈士名誉、荣誉罪中的"英雄烈士",是指已经牺牲、逝世的英雄烈士。在同一案件中,行为人所侵害的群体中既有烈士,又有健在的英雄模范人物时,应当整体评价为侵害英雄烈士名誉、荣誉的行为,不宜区别适用侵害英雄烈士名誉、荣誉罪和侮辱罪、诽谤罪。《刑法修正案(十一)》实施后,以侮辱、诽谤或者其他方式侵害英雄烈士名誉、荣誉的行为,情节严重的,构成侵害英雄烈士名誉、荣誉罪。行为人利用信息网络侵害英雄烈士名誉、荣誉,引起广泛传播,造成恶劣社会影响的,应当认定为"情节严重"。英雄烈士没有近亲属或者近亲属不提起民事诉讼的,检察机关在提起公诉时,可以一并提起附带民事公益诉讼。

第三百条 【组织、利用会道门、邪教组织、利用迷信破坏法律实施罪】【组织、利用会道门、邪教组织、利用迷信致人重伤、死亡罪】

组织、利用会道门、邪教组织或者利用迷信破坏国家法律、行政法规实施的,处三年以上七年以下有期徒刑,并处罚金;情节特别严重的,处七年以上有期徒刑或者无期徒刑,并处罚金或者没收财产;情节较轻的,处三年以下有期徒刑、拘役、管制或者剥夺政治权利,并处或者单处罚金。

组织、利用会道门、邪教组织或者利用迷信蒙骗他人,致人重伤、死亡的,依照前款的规定处罚。

犯第一款罪又有奸淫妇女、诈骗财物等犯罪行为的,依照数罪并罚的规定处罚。

【立法沿革】

《中华人民共和国刑法》(1997 年修订,自 1997 年 10 月 1 日起施行)

第三百条

组织和利用会道门、邪教组织或者利用迷信破坏国家法律、行政法规实施的,处三年以上七年以下有期徒刑;情节特别严重的,处七年以上有期徒刑。

组织和利用会道门、邪教组织或者利用迷信蒙骗他人,致人死亡的,依照前款的规定处罚。

《中华人民共和国刑法修正案(九)》(自 2015 年 11 月 1 日起施行)

三十三、将刑法第三百条修改为:

组织、利用会道门、邪教组织或者利用迷信破坏国家法律、行政法规实施的,处三年以上七年以下有期徒刑,并处罚金;情节特别严重的,处七年以上有期徒刑或者无期徒刑,并处罚金或者没收财产;情节较轻的,处三年以下有期徒刑、拘役、管制或者剥夺政治权利,并处或者单处罚金。

组织、利用会道门、邪教组织或者利用迷信蒙骗他人,致人重伤、死亡的,依照前款的规定处罚。

"犯第一款罪又有奸淫妇女、诈骗财物等犯罪行为的,依照数罪并罚的规定处罚。"

【条文说明】

本条是关于组织、利用会道门、邪教组织、利用迷信破坏法律实施罪,组织、利用会道门、邪教组织、利用迷信致人重伤、死亡罪及其处罚的规定。

本条共分为三款。

第一款是关于**组织、利用会道门、邪教组织、利用迷信破坏法律实施罪及其处罚的规定**。构成本罪应当具备以下条件:

1. **行为人采用组织、利用会道门、邪教组织或者利用迷信的手段**。所谓"**组织、利用会道门、邪教组织**",是指建立或者借助会道门、邪教组织进行违法犯罪活动的行为。其中,"**会道门**"是封建迷信活动组织的总称,如我国历史上曾经出现的一贯道、九宫道、哥老会、先天道等组织。"**邪教组织**"是指冒用宗教、气功或者以其他名义建立,神化、鼓吹首要分子,利用制造、散布迷信邪说等手段蛊惑、蒙骗他人,发展、控制成员,危害社会的非法组织。与正常宗教组织相比较,因其无固定活动场所、经典和信仰,往往只是以一些异端邪说作为发展控制组织成员的工具、手段,实则进行破坏法律、违反道德的行为,故称之为邪教组织。1999 年 10 月通过的《全国人民代表大会常务委员会关于取缔邪教组织、防范和惩治邪教活动的决定》对于冒用宗教、气功等名义严重扰乱社会秩序的邪教组织和邪教活动,规定"必须依法取缔,坚决惩治","对组织和利用邪教组织破坏国家法律、行政法规实施,聚众闹事,扰乱社会秩序,以迷信邪说蒙骗他人,致人死亡,或者奸淫妇女、诈骗财物等犯罪活动,依法予以严惩"。同时,考虑到邪教组织的蒙骗性较大,为了争取教育广大群众,集中惩治一小撮犯罪分子,该决定规定:"坚持教育与惩治相结合,团结、教育绝大多数被蒙骗的群众,依法严惩极少数犯罪分子。在依法处理邪教组织的工作中,要把不明真相参与邪教活动的人同组织和利用邪教组织进行非法活动、蓄意破坏社会稳定的犯罪分子区别开来。对受蒙骗的群众不予追究。对于构成犯罪的组织者、策划者、指挥者和骨干分子,坚决依法追究刑事责任;对于自首或者有立功表现的,可以依法从轻、减轻或者免除处罚。"

所谓"**迷信**",是在生产力低下、文化落后、群众缺乏知识的情况下,作为科学的对立物出现的一种信奉鬼神的唯心主义的宿命论,其信仰、崇拜和活动形式带有浓厚的封建色彩。这里应注意的是,组织、利用会道门、邪教组织的活动,往往也带有迷信色彩的内容,但其更主要的特征是建立会道门、邪教组织或利用会道门、邪教组织进行活动。而本条规定的"**利用迷信**"是指通过会道门、邪教组织以外的其他利用迷信的活动。

2. **行为人实施了破坏国家法律、行政法规实施的行为**。这里的"**破坏国家法律、行政法规实施**"的行为有两种方式：一种是组织、利用会道门、邪教组织，蛊惑、煽动、欺骗群众破坏国家法律、行政法规的实施。另一种是利用迷信破坏国家法律、行政法规实施，主要是利用占卜、算命、看星象等形式，散布迷信谣言，制造混乱，煽动群众抗拒、破坏国家法律、行政法规的实施。依据2017年《最高人民法院、最高人民检察院关于办理组织、利用邪教组织破坏法律实施等刑事案件适用法律若干问题的解释》第二条的规定，**组织、利用邪教组织，破坏国家法律、行政法规实施**，具体包括以下情形：(1)建立邪教组织，或者邪教组织被取缔后又恢复，另行建立邪教组织；(2)聚众包围、冲击、强占、哄闹国家机关、企业事业单位或者公共场所、宗教活动场所，扰乱社会秩序；(3)非法举行集会、游行、示威，扰乱社会秩序；(4)使用暴力、胁迫或者以其他方法强迫他人加入或者阻止他人退出邪教组织；(5)组织、煽动、蒙骗成员或者他人不履行法定义务；(6)使用"伪基站""黑广播"等无线电台（站）或者无线电频率宣扬邪教；(7)曾因从事邪教活动被追究刑事责任或者二年内受过行政处罚，又从事邪教活动；(8)发展邪教组织成员五十人以上；(9)敛取钱财或者造成经济损失一百万元以上；(10)以货币为载体宣扬邪教，数量在五百张（枚）以上；(11)制作、传播邪教宣传品，包括传单、喷图、图片、标语、报纸、书籍、刊物，录音带、录像带等音像制品，标识、标志物，光盘、U盘、储存卡、移动硬盘等移动存储介质，横幅、条幅等达到一定数量；(12)利用通讯信息网络宣扬邪教，包括制作、传播宣扬邪教的电子图片、文章、电子书籍、刊物、音视频，电子文档、电子音视频，编发信息、拨打电话，利用聊天室、通讯群组、微信、微博等社交网络宣扬邪教，邪教信息实际被点击、浏览数等达到一定数量；(13)其他情节严重的情形。

本款根据情节轻重，规定了三档刑罚：**第一档刑罚**，犯本款规定之罪的，处三年以上七年以下有期徒刑，并处罚金。**第二档刑罚**，情节特别严重的，处七年以上有期徒刑或者无期徒刑，并处罚金或者没收财产。这里的"情节特别严重"的，根据2017年《最高人民法院、最高人民检察院关于办理组织、利用邪教组织破坏法律实施等刑事案件适用法律若干问题的解释》第三条的规定："组织、利用邪教组织，破坏国家法律、行政法规实施，具有下列情形之一的，应当认定为刑法第三百条第一款规定的'**情节特别严重**'，处七年以上有期徒刑或者无期徒刑，并处罚金或者没收财产：(一)实施本解释第二条第一项至第七项规定的行为，社会危害特别严重的；(二)实施本解释第二条第八项至第十二项规定的行为，数量或者数额达到第二条规定相应标准五倍以上的；(三)其他情节特别严重的情形。"**第三档刑罚**，情节较轻的，处三年以下有期徒刑、拘役、管制或者剥夺政治权利，并处或者单处罚金。这里所说的"情节较轻的"，根据《最高人民法院、最高人民检察院关于办理组织、利用邪教组织破坏法律实施等刑事案件适用法律若干问题的解释》第四条的规定："组织、利用邪教组织，破坏国家法律、行政法规实施，具有下列情形之一的，应当认定为刑法第三百条第一款规定的'**情节较轻**'，处三年以下有期徒刑、拘役、管制或者剥夺政治权利，并处或者单处罚金：(一)实施本解释第二条第一项至第七项规定的行为，社会危害较轻的；(二)实施本解释第二条第八项至第十二项规定的行为，数量或者数额达到相应标准五分之一以上的；(三)其他情节较轻的情形。"

第二款是关于**组织、利用会道门、邪教组织、利用迷信致人重伤、死亡罪及其处罚**的规定。根据本款规定，对组织、利用会道门、邪教组织或者利用迷信蒙骗他人，致人重伤、死亡的，应当依照前款即本条第一款的规定处罚。这里所说的"**组织、利用会道门、邪教组织或者利用迷信蒙骗他人**"，是指组织、利用会道门、邪教组织或者利用迷信，愚弄、欺骗他人，如散布"世界末日来临""死后可以升天"等。"**致人重伤、死亡**"，这里主要是指他人因受到会道门、邪教组织或者迷信的蒙骗，进行拒绝接受医疗救治、绝食、自杀、自焚等行为，造成重伤、死亡后果的。"**依照前款的规定处罚**"，是指对组织、利用会道门、邪教组织或者利用迷信蒙骗他人，致人重伤、死亡的犯罪，根据案件的具体情况，适用本条第一款的刑罚幅度处罚。本条第一款规定的刑罚幅度有三档，即构成犯罪的，处三年以上七年以下有期徒刑，并处罚金；情节特别严重的，处七年以上有期徒刑或者无期徒刑，并处罚金或者没收财产；情节较轻的，处三年以下有期徒刑、拘役、管制或者剥夺政治权利，并处或者单处罚金。根据《最高人民法院、最高人民检察院关于办理组织、利用邪教组织破坏法律实施等刑事案件适用法律若干问题的解释》第二、三、四款的规定："组织、利用邪教组织蒙骗他人，致一人以上死亡或者三人以上重伤的，处三年以上七年以下有期徒刑，并处罚金。组织、利用邪教组织蒙骗他人，具有下列情形之一的，处七年以上有期徒刑或者无期徒刑,并处罚金或者没收财产;(一)造成三人以上死亡的;(二)造成九人以上重伤的;(三)其他情节特别严重的情形。组织、利用邪教组织蒙骗他人,致人重伤的,处三年以下有期徒刑、拘役、管制或者剥夺政治权利,并处或者单处罚金。"

第三款是关于**犯组织、利用会道门、邪教组织或者利用迷信破坏法律实施罪,又有奸淫妇女、诈骗财物等犯罪行为的,如何适用法律**的规定。从实践中的情况看,组织、利用会道门、邪教组织或者利用迷信破坏国家法律实施犯罪中,往往又伴随各种骗财、骗色、强制猥亵他人、非法拘禁、聚众扰乱社会秩序等违法犯罪活动。根据本款规定,犯第一款罪又有奸淫妇女、诈骗财物等犯罪行为的,**依照数罪并罚的规定处罚**,即按照组织、利用会道门、邪教组织、利用迷信破坏法律实施罪和《刑法》第二百三十六条规定的强奸罪、第二百六十六条规定的诈骗罪以及其他相关犯罪的规定数罪并罚。

实际执行中应当注意以下两个方面的问题:

1. 本条第一款规定的是组织、利用会道门、邪教组织或者利用迷信破坏国家法律、行政法规实施,如果行为人是组织和利用邪教组织,组织、策划、实施、煽动分裂国家、破坏国家统一或者颠覆国家政权、推翻社会主义制度的,则应当分别按照《刑法》第一百零三条、第一百零五条、第一百一十三条的规定定罪处罚。

2. 实践中,有些人利用邪教组织成员对邪教的深信不疑,**直接组织、策划、煽动、教唆、帮助邪教组织人员自杀、自残的**,其性质就与本条第二款规定的有些人因愚昧无知、受蒙骗而自己进行绝食等自杀行为不同。对上述行为不应适用本条第二款的规定,而应当依照《刑法》第二百三十二条、第二百三十四条规定的**故意杀人罪、故意伤害罪**定罪处罚。

【司法解释】

《**最高人民法院、最高人民检察院关于办理组织、利用邪教组织破坏法律实施等刑事案件适用法律若干问题的解释**》(法释〔2017〕3号,自2017年2月1日起施行)

△("**邪教组织**")冒用宗教、气功或者其他名义建立,神化、鼓吹首要分子,利用制造、散布迷信邪说等手段蛊惑、蒙骗他人,发展、控制成员,危害社会的非法组织,应当认定为刑法第三百条规定的"邪教组织"。(§1)

△(**组织、利用邪教组织,破坏国家法律、行政法规实施**)组织、利用邪教组织,破坏国家法律、行政法规实施,具有下列情形之一的,应当依照刑法第三百条第一款的规定,处三年以上七年以下有期徒刑,并处罚金:

(一)建立邪教组织,或者邪教组织被取缔后又恢复、另行建立邪教组织的;

(二)聚众包围、冲击、强占、哄闹国家机关、企业事业单位或者公共场所、宗教活动场所,扰乱社会秩序的;

(三)非法举行集会、游行、示威,扰乱社会秩序的;

(四)使用暴力、胁迫或者其他方法强迫他人加入或者阻止他人退出邪教组织的;

(五)组织、煽动、蒙骗成员或者他人不履行法定义务的;

(六)使用"伪基站""黑广播"等无线电台(站)或者无线电频率宣扬邪教的;

(七)曾因从事邪教活动被追究刑事责任或者二年内受过行政处罚,又从事邪教活动的;

(八)发展邪教组织成员五十人以上的;

(九)敛取钱财或者造成经济损失一百万元以上的;

(十)以货币为载体宣扬邪教,数量在五百张(枚)以上的;

(十一)制作、传播邪教宣传品,达到下列数量标准之一的:

1. 传单、喷图、图片、标语、报纸一千份(张)以上的;

2. 书籍、刊物二百五十册以上的;

3. 录音带、录像带等音像制品二百五十盒(张)以上的;

4. 标识、标志物二百五十件以上的;

5. 光盘、U盘、储存卡、移动硬盘等移动存储介质一百个以上的;

6. 横幅、条幅五十条(个)以上的。

(十二)利用通讯信息网络宣扬邪教,具有下列情形之一的:

1. 制作、传播宣扬邪教的电子图片、文章二百张(篇)以上,电子书籍、刊物、音视频五十册(个)以上,或者电子文档五百万字符以上、电子音视频二百五十分钟以上的;

2. 编发信息、拨打电话一千条(次)以上的;

3. 利用在线人数累计达到一千以上的聊天室,或者利用群组成员、关注人员等账号数累计一千以上的通讯群组、微信、微博等社交网络宣扬邪教的;

4. 邪教信息实际被点击、浏览数达到五千次以上的。

(十三)其他情节严重的情形。(§2)

第三百条

△("情节特别严重")组织、利用邪教组织,破坏国家法律、行政法规实施,具有下列情形之一的,应当认定为刑法第三百条第一款规定的"情节特别严重",处七年以上有期徒刑或者无期徒刑,并处罚金或者没收财产:

(一)实施本解释第二条第一项至第七项规定的行为,社会危害特别严重的;

(二)实施本解释第二条第八项至第十二项规定的行为,数量或者数额达到第二条规定相应标准五倍以上的;

(三)其他情节特别严重的情形。(§3)

△("情节较轻")组织、利用邪教组织,破坏国家法律、行政法规实施,具有下列情形之一的,应当认定为刑法第三百条第一款规定的"情节较轻",处三年以下有期徒刑、拘役、管制或者剥夺政治权利,并处或者单处罚金:

(一)实施本解释第二条第一项至第七项规定的行为,社会危害较轻的;

(二)实施本解释第二条第八项至第十二项规定的行为,数量或者数额达到相应标准五分之一以上的;

(三)其他情节较轻的情形。(§5)

△(犯罪既遂;犯罪预备;犯罪未遂;量刑)为了传播而持有、携带,或者传播过程中被当场查获,邪教宣传品数量达到本解释第二条至第四条规定的有关标准的,按照下列情形分别处理:

(一)邪教宣传品是行为人制作的,以犯罪既遂处理;

(二)邪教宣传品不是行为人制作,尚未传播的,以犯罪预备处理;

(三)邪教宣传品不是行为人制作,传播过程中被查获的,以犯罪未遂处理;

(四)邪教宣传品不是行为人制作,部分已经传播出去的,以犯罪既遂处理,对于没有传播的部分,可以在量刑时酌情考虑。(§5)

△(数量或数额之计算、折算)多次制作、传播邪教宣传品或者利用通讯信息网络宣扬邪教,未经处理的,数量或者数额累计计算。

制作、传播邪教宣传品,或者利用通讯信息网络宣扬邪教,涉及不同种类或者形式的,可以根据本解释规定的不同数量标准的相应比例折算后累计计算。(§6)

△(组织、利用邪教组织"蒙骗他人,致人重伤、死亡";量刑)组织、利用邪教组织,制造、散布迷信邪说,蒙骗成员或者他人绝食、自虐等,或者蒙骗病人不接受正常治疗,致人重伤、死亡的,应当认定为刑法第三百条第二款规定的组织、利用邪教组织"蒙骗他人,致人重伤、死亡"。

第六章 妨害社会管理秩序罪

组织、利用邪教组织蒙骗他人,致一人以上死亡或者三人以上重伤的,处三年以上七年以下有期徒刑,并处罚金。

组织、利用邪教组织蒙骗他人,具有下列情形之一的,处七年以上有期徒刑或者无期徒刑,并处罚金或者没收财产:

(一)造成三人以上死亡的;

(二)造成九人以上重伤的;

(三)其他情节特别严重的情形。

组织、利用邪教组织蒙骗他人,致人重伤的,处三年以下有期徒刑、拘役、管制或者剥夺政治权利,并处或者单处罚金。(§7)

△(从重处罚事由)实施本解释第二条至第五条规定的行为,具有下列情形之一的,从重处罚:

(一)与境外机构、组织、人员勾结,从事邪教活动的;

(二)跨省、自治区、直辖市建立邪教组织机构、发展成员或者组织邪教活动的;

(三)在重要公共场所、监管场所或者国家重大节日、重大活动期间聚集滋事,公开进行邪教活动的;

(四)邪教组织被取缔后,或者被认定为邪教组织后,仍然聚集滋事、公开进行邪教活动的;

(五)国家工作人员从事邪教活动的;

(六)向未成年人宣扬邪教的;

(七)在学校或者其他教育培训机构宣扬邪教的。(§8)

△(不起诉或者免予刑事处罚事由;真诚悔罪;明确表示退出邪教组织、不再从事邪教活动)组织、利用邪教组织破坏国家法律、行政法规实施,符合本解释第四条规定情形,但行为人能够真诚悔罪,明确表示退出邪教组织、不再从事邪教活动的,可以不起诉或者免予刑事处罚。其中,行为人系受蒙骗、胁迫参加邪教组织的,可以不作为犯罪处理。

组织、利用邪教组织破坏国家法律、行政法规实施,行为人在一审判决前能够真诚悔罪,明确表示退出邪教组织、不再从事邪教活动的,分别依照下列规定处理:

(一)符合本解释第二条规定情形的,可以认定为刑法第三百条第一款规定的"情节较轻";

(二)符合本解释第三条规定情形的,可以不认定为刑法第三百条第一款规定的"情节特别严重",处三年以上七年以下有期徒刑,并处罚金。(§9)

△(煽动分裂国家罪;煽动颠覆国家政权罪;侮辱罪;诽谤罪;数罪并罚)组织、利用邪教组织破坏国家法律、行政法规实施过程中,又有煽动分裂国家、

煽动颠覆国家政权或者侮辱、诽谤他人等犯罪行为的,依照数罪并罚的规定定罪处罚。(§10)

△(共同犯罪)明知他人组织、利用邪教组织实施犯罪,而为其提供经费、场地、技术、工具、食宿、接送等便利条件或者帮助的,以共同犯罪论处。(§13)

△(附加剥夺政治权利)对于犯组织、利用邪教组织破坏法律实施罪、组织、利用邪教组织致人重伤、死亡罪,严重破坏社会秩序的犯罪分子,根据刑法第五十六条的规定,可以附加剥夺政治权利。(§14)

△(邪教宣传品之认定)对涉案物品是否属于邪教宣传品难以确定的,可以委托地市级以上公安机关出具认定意见。(§15)

【司法解释性文件】

《最高人民法院关于贯彻全国人大常委会〈关于取缔邪教组织、防范和惩治邪教活动的决定〉和"两院"司法解释的通知》(法发〔1999〕29号,1999年11月5日公布)

△(组织、利用邪教组织破坏法律实施罪;组织、利用邪教组织致人死亡罪;追缴、没收)依法审理组织和利用邪教组织犯罪案件,明确打击重点。各级人民法院要认真贯彻执行《决定》,按照《解释》的规定要求,严格依法办案,正确适用法律,坚决依法打击"法轮功"等邪教组织的犯罪活动。对于组织和利用邪教组织聚众围攻、冲击国家机关、企事业单位,扰乱国家机关、企事业单位的工作、生产、经营、教学和科研等秩序;非法举行集会、游行、示威,煽动、欺骗、组织其成员或者其他聚众围攻、冲击、强占、哄闹公共场所及宗教活动场所,扰乱社会秩序;出版、印刷、复制、发行宣扬邪教内容的出版物、印制邪教组织标识的,坚决依法按照刑法第三百条第一款的规定,以组织、利用邪教组织破坏法律实施罪定罪处罚。对于组织和利用邪教组织制造、散布迷信邪说,蒙骗其成员或者其他人实施绝食、自残、自虐等行为,或者阻止病人进行正常治疗,致人死亡的,坚决依照刑法第三百条第二款的规定,以组织、利用邪教组织致人死亡罪定罪处罚,对造成特别严重后果的,依法从重处罚。对于邪教组织以各种欺骗手段敛取钱财的,依照刑法第三百条第三款和第二百六十六条的规定,以诈骗罪定罪处罚。对于邪教组织和组织、利用邪教组织破坏法律实施罪的犯罪分子,各种手段非法聚敛的财物,用于犯罪的工具、宣传品的,应当依法追缴、没收。

第三百零一条　【聚众淫乱罪】【引诱未成年人聚众淫乱罪】
聚众进行淫乱活动的,对首要分子或者多次参加的,处五年以下有期徒刑、拘役或者管制。
引诱未成年人参加聚众淫乱活动的,依照前款的规定从重处罚。

【条文说明】

本条是关于聚众淫乱罪、引诱未成年人聚众淫乱罪及其处罚的规定。

本条共分为两款。

第一款是关于**聚众淫乱罪**及其处罚的规定。根据本款规定,构成本罪应当具备以下特征:

1. **聚众淫乱犯罪,在客观方面表现为聚众进行淫乱活动的行为**。这里所说的"**聚众**",是指在首要分子的组织、纠集下,多人聚集在一起进行淫乱活动。[①]在男女性别上,既可以是男性多人,也可以是女性多人,还可以是男女混杂多人。所谓"**淫乱活动**",主要是指违反道德规范的性交行为,即群宿群奸,但不限于男女性交行为,也包括手淫、口淫、鸡奸等刺激、兴奋、满足性欲的淫乱下流行为。[②]

2. **本条的犯罪主体仅限于首要分子和多次参加者**。这里的"**首要分子**",是指在聚众淫乱犯罪中起策划、组织、指挥、纠集作用的首要分子;"**多次参加的**",一般是指三次或者三次以上参加聚众淫乱的。对偶尔参加者,应当进行批评教育或者给予必要的治安处罚,不宜定罪处刑。根据《最高人民检察院、公安部关于公安机关管辖的刑事案件立案

[①] 不能认为三人以上聚集起来实施淫乱活动,一律应当本罪。三个以上的成年人,基于同意所秘密实施的性行为,因为没有侵害本罪所要保护的法益(即公众对性的感情,尤其是性行为非公开化的社会秩序),不属于刑法所规定的聚众淫乱行为。只有当三人以上以不特定或者多数人可能认识到的方式实施聚众淫乱的,方可以本罪论处。参见张明楷:《刑法学》(第6版),法律出版社2021年版,第1413页。

[②] 本罪中的"淫乱活动",仅限于身体淫乱活动。聚众观看淫秽物品、聚众讲述淫秽言论,数人在不同地点的网上裸聊,均不构成本罪。参见张明楷:《刑法学》(第6版),法律出版社2021年版,第1413—1414页。

追诉标准的规定(一)》第四十一条的规定,组织、策划、指挥三人以上进行淫乱活动或者参加聚众淫乱活动三次以上的,**应予立案追诉**。

根据本款规定,构成本罪的,处五年以下有期徒刑、拘役或者管制。

第二款是关于**引诱未成年人参加聚众淫乱活动的犯罪及其处罚的规定**。构成本罪应当具备以下特征:

1. 行为人引诱的对象是未成年人。这里所说的"**未成年人**",是指不满十八周岁的未成年男女。

2. 行为人实施了引诱未成年人参加聚众淫乱活动的行为。这里所说的"引诱",是指通过语言、观看录像、表演及做示范等手段,诱惑未成年的男女参加淫乱活动的行为。实践中,往往是通过传播淫秽物品、宣讲性体验、性感受甚至直接进行性表演等方法进行拉拢、腐蚀,引诱未成年男女参与淫乱活动。根据《最高人民检察院、公安部关于公安机关管辖的刑事案件立案追诉标准的规定(一)》第四十二条的规定,引诱未成年人参加聚众淫乱活动的,应予立案追诉。即不需具备"多次"的条件即可构成本罪。

根据本款规定,对引诱未成年人参加聚众淫乱活动的犯罪,依照前款的规定从重处罚,即在五年以下有期徒刑、拘役或者管制的量刑幅度内,判处较重的刑种或刑期。

实践中需要注意以下两个方面的问题:

1. **聚众淫乱往往是多人在一起进行乱交、滥交的行为**,如果行为人只是单个地并非聚众地与多人发生性行为的,则不构成本罪。

2. **聚众淫乱的参与者都是出于自愿**,并不存在受害者,如果行为人以暴力、胁迫或者其他方法强迫他人参加聚众淫乱活动的,则不构成本罪,应当根据其行为性质认定为强奸罪、强制猥亵罪等,或者实行数罪并罚。

【**司法解释性文件**】

《**最高人民检察院、公安部关于公安机关管辖的刑事案件立案追诉标准的规定(一)**》(公通字〔2008〕36号,自2008年6月25日起施行)

△(**聚众淫乱罪;立案追诉标准**)组织、策划、指挥三人以上进行淫乱活动或者参加聚众淫乱活动三次以上的,应予立案追诉。(§41)

△(**引诱未成年人聚众淫乱罪;立案追诉标准**)引诱未成年人参加聚众淫乱活动的,应予立案追诉。(§42)

第三百零二条 【**盗窃、侮辱、故意毁坏尸体、尸骨、骨灰罪**】
盗窃、侮辱、故意毁坏尸体、尸骨、骨灰的,处三年以下有期徒刑、拘役或者管制。

【**立法沿革**】

《**中华人民共和国刑法**》(1997年修订,自1997年10月1日起施行)

第三百零二条

盗窃、侮辱尸体的,处三年以下有期徒刑、拘役或者管制。

《**中华人民共和国刑法修正案(九)**》(自2015年11月1日起施行)

三十四、将刑法第三百零二条修改为:

"盗窃、侮辱、故意毁坏尸体、尸骨、骨灰的,处三年以下有期徒刑、拘役或者管制。"

【**条文说明**】

本条是关于盗窃、侮辱、故意毁坏尸体、尸骨、骨灰罪及其处罚的规定。

根据本条规定,构成本罪应当具备以下特征:

1. **犯罪对象是尸体、尸骨、骨灰**。"**尸体**"是指人死亡后遗留的躯体,尚未死亡的被害人的身体,不是尸体;"**尸骨**"是指人死后留下的遗骨;"**骨灰**"是指人的尸体焚烧后化成的灰。受传统观念的影响,各种传统的丧葬习俗依然延续至今,人们对死者的遗留物,特别是对人死后的尸体、尸骨、骨灰最大限度地予以保护。人死后的尸体、尸骨、骨灰虽然只是人们保存能够代表死者人体遗留物方式的不同选择,其中也蕴含着对死者的尊重,并且是死者的亲属寄托哀思和祭拜的对象,因此,无论是完整的尸身、还是尸骨或者尸身的局部,抑或骨灰,这三者在人们心中的地位是一样的,需要予以同等保护。

2. **行为人实施了盗窃、侮辱、故意毁坏尸体、尸骨、骨灰的行为**。这里的"**盗窃**",是指行为人秘密窃取尸体、尸骨、骨灰的行为,也就是采取他人所不知晓的方法将尸体、尸骨、骨灰置于行为人自己实际控制支配之下,如从墓地、停尸房或其他场所秘密窃取尸体、尸骨、骨灰等。"**侮辱**"主要是指直接对死者尸体、尸骨、骨灰进行奸淫、猥亵、鞭打、遗弃等凌辱行为。这里的侮辱行为应当是直接针对尸体、尸骨、骨灰实施的，如果只是以书面、文字或言词等侮辱贬损死者名誉的，不应适用本罪。"**故意毁坏**"主要是指对尸体、尸骨、骨灰予以物理上或者化学性的损伤或破坏，既包括对整个尸体、尸骨、骨灰的毁损或破坏，也包括对尸体、尸骨、骨灰一部分的损坏，如砸毁、肢解、割裂或非法解剖尸体，毁损死者的面容，抛撒骨灰等。

3. **行为人主观上应当是故意的**，即行为人不仅认识到其行为侵害的对象是尸体、尸骨、骨灰，而且具有窃取、侮辱、毁坏之故意，如果行为人由于过失而损坏或玷污尸体、尸骨、骨灰则不构成本罪。盗窃、侮辱、故意毁坏尸体、尸骨、骨灰的行为，其社会危害性的实质在于**行为人的行为损害了社会风气和道德良俗，贬损了死者的形象，侵害了死者亲属的情感，扰乱了社会公共秩序**。实践中，行为人实施上述行为，动机可能是多种多样的，有的是出于泄愤报复，有的则是为盗窃财物或者出卖尸体，有的盗走尸骨制成标本，有的出于变态心理以泄淫欲等，但这只是量刑的酌定情节，不影响本罪的构成。判断是否侮辱、故意毁坏尸体的犯罪，主要是看行为人主观上是否有侮辱、故意毁坏尸体的故意，如医务人员、司法工作人员因履行职责依法对尸体进行解剖，殡仪馆工作人员按照规定火化尸体等，主观上没有侮辱、故意毁坏尸体的故意，不能认为是侮辱、故意毁坏尸体。

根据本条规定，犯本罪的，处三年以下有期徒刑、拘役或者管制。

实践中应当注意的是，本罪是**选择性罪名**，只要实施盗窃、侮辱、故意毁坏行为之一的，即构成本罪。同时实施盗窃、侮辱、故意毁坏两种或两种以上行为，比如行为人窃取尸体之后进行奸尸的，或者盗窃骨灰后抛撒的，也只能定一罪，不能实行数罪并罚。

第三百零三条 【赌博罪】【开设赌场罪】【组织参与国（境）外赌博罪】

以营利为目的，聚众赌博或者以赌博为业的，处三年以下有期徒刑、拘役或者管制，并处罚金。

开设赌场的，处五年以下有期徒刑、拘役或者管制，并处罚金；情节严重的，处五年以上十年以下有期徒刑，并处罚金。

组织中华人民共和国公民参与国（境）外赌博，数额巨大或者有其他严重情节的，依照前款的规定处罚。

【立法沿革】

《中华人民共和国刑法》（1997年修订，自1997年10月1日起施行）

第三百零三条

以营利为目的，聚众赌博、开设赌场或者以赌博为业的，处三年以下有期徒刑、拘役或者管制，并处罚金。

《中华人民共和国刑法修正案（六）》（自2006年6月29日起施行）

十八、将刑法第三百零三条修改为：

"以营利为目的，聚众赌博或者以赌博为业的，处三年以下有期徒刑、拘役或者管制，并处罚金。

"开设赌场的，处三年以下有期徒刑、拘役或者管制，并处罚金；情节严重的，处三年以上十年以下有期徒刑，并处罚金。"

《中华人民共和国刑法修正案（十一）》（自2021年3月1日起施行）

三十六、将刑法第三百零三条修改为：

"以营利为目的，聚众赌博或者以赌博为业的，处三年以下有期徒刑、拘役或者管制，并处罚金。

"开设赌场的，处五年以下有期徒刑、拘役或者管制，并处罚金；情节严重的，处五年以上十年以下有期徒刑，并处罚金。

"组织中华人民共和国公民参与国（境）外赌博，数额巨大或者有其他严重情节的，依照前款的规定处罚。"

【条文说明】

本条是关于赌博罪、开设赌场罪、组织参与国（境）外赌博罪及其处罚的规定。

本条共分为三款。

第一款是关于赌博罪及其处罚的规定。本款规定的**赌博罪**是指以一定的赌资为本钱，意图通过赌博取得更多金钱或财物的行为。构成本罪应当符合以下条件：

1. **必须以营利为目的**。所谓"以营利为目的"是指参与赌博的人或者以赌博为业的人是以获取金钱、财物或者财产性利益为目的。① 这是构成本罪的主观要件,如果不以营利为目的,只是以娱乐消遣为目的,虽有赌博行为,但不能构成本罪。

2. 行为人实施了聚众赌博或者以赌博为业的行为。 本款规定的赌博犯罪共列举了两种行为。第一种是"**聚众赌博**"的行为。聚众赌博属于赌博中危害性严重的情形,所谓"聚众赌博"是指行为人组织、召集较多的人纠集在一起进行赌博的行为,而有的行为人通过聚众赌博,从中抽头渔利,俗称"赌头"。这里所说的"赌博",是指用有价值的东西做注码争输赢的行为。2005年《最高人民法院、最高人民检察院关于办理赌博刑事案件具体应用法律若干问题的解释》第一条规定:"以营利为目的,有下列情形之一的,属于刑法第三百零三条规定的'**聚众赌博**':(一)组织3人以上赌博,抽头渔利数额累计达到5000元以上的;(二)组织3人以上赌博,赌资数额累计达到5万元以上的;(三)组织3人以上赌博,参赌人数累计达到20人以上的;(四)组织中华人民共和国公民10人以上赴境外赌博,从中收取回扣、介绍费的。"本人是否参加赌博并不影响本罪的成立。第二种是"**以赌博为业**"的行为。所谓"以赌博为业",是指以赌博为常业,即以赌博所得为其生活或者挥霍的主要来源的行为。② 1985年《最高人民法院、最高人民检察院、公安部关于严格查禁赌博活动的通知》中规定:"对以营利为目的,聚众赌博,或者以赌博为业的人以及其他经济来源者,依照《刑法》第一百六十八条的规定处理。"同时,最高人民法院研究室对该通知的适用作了进一步答复,指出:"《通知》中指出的'以赌博为生活或主要经济来源者'既包括没有正式职业和其他正当收入而以赌博为生的人,也包括那些虽然有职业或其他收入而其经济收入的主要部分来自于赌博活动的人。""对于以营利为目的聚众赌博或者以赌博为生活或主要经济来源的……不论其输赢,均应依法处理。"2005年《最高人民法院、最高人民检察院、公安部关于开展集中打击赌博违法犯罪活动专项行动有关工作的通知》规定:"对以营利为目的动以赌博为业的,无论其是否实际营利,也应以赌博罪追究刑事责任。"

根据2005年《最高人民法院、最高人民检察院关于办理赌博刑事案件具体应用法律若干问题的解释》第四条的规定,明知他人实施赌博犯罪活动,而为其提供资金、计算机网络、通讯、费用结算等直接帮助的,以赌博罪的共犯论处。

根据本款规定,聚众赌博或者以赌博为业的,处三年以下有期徒刑、拘役或者管制,并处罚金。

第二款是关于开设赌场罪及其处罚的规定。所谓"**开设赌场**",是指开设专门用于进行赌博的场所。这种场所既可以由本人直接支配,也可以委托他人间接支配;行为人提供场所既可以是自己的住宅或者他人的住宅,也可以是旅馆、宾馆等提供的房间。实践中,常见的多是不法分子利用一些偏僻的场所、宾馆或地下室等不易被发现的地方,雇用一些看家护院的打手,配有专门用于进行赌博的设备。开设赌场的人是否直接参加赌博,以及开设赌场是否以营利为目的都不影响本罪的成立。

随着科技的发展,赌博的形式在发生变化,在网上进行网络赌博的情况也不断增多。实践中,网络赌博的形式多种多样,有的是面向公众的公开性网络赌博,这类赌博通过国外开设的合法赌博网站公开进行赌博,任何人都可自由登录网站进行网上赌博活动,赌资在网上即可在线支付。有的是面向特定群体的隐蔽性网络赌博,这类赌博,有的网站有固定网址,大都实行会员制,需要专用帐号和密码才能登录;有的采用动态网址,不断变换域名,参赌人员需要和各地赌博代理人联系才能获得网址,登录网站进行赌博。有的是在网络游戏中衍生出赌博活动,即变相的赌博类网络游戏,涉及网络游戏服务、虚拟货币、第三方交易平台等多个环节,赌资往往不直接与货币挂钩,隐蔽性极强。随着移动通讯的发展,不法分子利用移动通讯设计形式多样的赌博活动,吸引越来越多的人员参与。为依法惩治网络赌博犯罪活动,2005年《最高人民法院、最高人民检察院关于办理赌博刑事案件具体应用法律若干问题的解释》第二条规定,**以营利为目的,在计算机网络上建立赌博网站,或者为赌博网站担任代理,接受投注的**,属于"开设赌场"。2010年《最高人民法院、最高人民检察院、公安部关于办理网络赌博犯罪案件适用法律若干问题的意见》第一条第一款规定:"**利用互联网、移动通讯终端等传输赌博视频、数据,组织赌博活动**,具有下列情形之一的,属于刑法第三百零三条第二款规定的'开设赌场'行为:(一)建立赌博网站并接受投注的;(二)建立赌博网站并提供给他人组织赌博的;(三)为赌博

---

① 此处的"营利目的"主要有两种情形:一是通过在赌博活动中取胜,进而获取财物的目的;二是通过抽头渔利或者收取各种名义的手续费、入场费等获取财物的目的。参见张明楷:《刑法学》(第6版),法律出版社2021年版,第1415页。
② 相同的学说见解,参见黎宏:《刑法学各论》(第2版),法律出版社2016年版,第393页。

网站担任代理并接受投注的;(四)参与赌博网站利润分成的。"

近年来,利用游戏机赌博的也越来越多,实践中,有的是在合法的游戏机娱乐室内设置赌博机,有的对游戏机稍加改造就可进行类似"老虎机"式赌博。由于赌博游戏机在商铺、小卖部等地分散摆放,造成取证困难,赌徒无法一一找到,赌资也无法计算。为依法惩治利用具有赌博功能的电子游戏设施设备开设赌场的犯罪活动,2014年《最高人民法院、最高人民检察院、公安部关于办理利用赌博机开设赌场案件适用法律若干问题的意见》进一步明确了赌博机的认定、利用赌博机组织赌博的性质认定、利用赌博机开设赌场的定罪处罚标准以及赌资的认定标准。如该意见第二条第一款规定:"**设置赌博机组织赌博活动**,具有下列情形之一的,应当按照刑法第三百零三条第二款规定的开设赌场罪定罪处罚:(一)设置赌博机10台以上的;(二)设置赌博机2台以上,容留未成年人赌博的;(三)在中小学校附近设置赌博机2台以上的;(四)违法所得累计达到5000元以上的;(五)赌资数额累计达到5万元以上的;(六)参赌人数累计达到20人以上的……"

本款对开设赌场罪规定了两档刑罚,**第一档刑罚**,构成犯罪的,处五年以下有期徒刑、拘役或者管制,并处罚金。**第二档刑罚**,对情节严重的,处五年以上十年以下有期徒刑,并处罚金。所谓"情节严重",一般是指曾多次开设赌场或者开设的赌场规模较大、影响恶劣的等情况。2010年《最高人民法院、最高人民检察院、公安部关于办理网络赌博犯罪案件适用法律若干问题的意见》第一条中规定,利用互联网、移动通讯终端等传输赌博视频、数据,组织赌博活动,构成开设赌场犯罪,具有下列情形之一的,应当认定为"**情节严重**":(1)抽头渔利数额累计达到3万元以上的;(2)赌资数额累计达到30万元以上的;(3)参赌人数累计达到120人以上的;(4)建立赌博网站后通过提供给他人组织赌博,违法所得数额在3万元以上的;(5)参与赌博网站利润分成,违法所得数额在3万元以上的;(6)为赌博网站招募下线代理,由下级代理接受投注的;(7)招揽未成年人参与网络赌博;(8)其他情节严重的情形。

第三款是关于**组织参与国(境)外巨额赌博罪**及其处罚的规定。根据本款规定,构成本罪应当符合以下四个条件:

1. **本罪的犯罪主体是组织者**。这里所说的"组织"者,是指组织、召集中国公民参与国(境)外赌博的人员,既包括犯罪集团的情况,也包括比较松散的犯罪团伙,还可以是个人组织他人参与国(境)外赌博的情况;组织者可以是一个人,也可以是多人;可以有比较严密的组织结构,也可以是为了进行一次赌博行为临时纠集在一起。根据我国刑法总则关于管辖的规定,这里的组织行为可以是我国内地公民实施的组织行为,也可以是国(境)外人员在内地针对我国内地公民实施的组织行为。实践中,常见的组织者主要有国(境)外赌场经营人、实际控制人、投资人;国(境)外赌场管理人;受国(境)外赌场指派、雇佣的人;在国(境)外赌场包租赌厅、赌台的人。

2. **组织的对象必须是中华人民共和国公民**。这里所说的"中华人民共和国公民"仅限于中国大陆具有中华人民共和国国籍的人。如果组织的是国(境)外人员参与赌博的,则不构成本罪,如果构成其他犯罪的,按照刑法有关规定予以处罚。

3. **行为人实施了组织中华人民共和国公民参与国(境)外赌博的行为**。这里所说的"**组织中华人民共和国公民参与国(境)外赌博**",包括直接组织中国公民赴国(境)外赌博,或者以旅游、公务的名义组织中国公民赴国(境)外赌博,或者以提供赌博场所、提供赌资、设定赌博方式等组织中国公民赴国(境)外赌博,或者利用信息网络、通讯终端等传输赌博视频、数据,组织中国公民参与国(境)外赌博等。

4. **必须达到数额巨大或者有其他严重情节**,这是构成本罪的必要条件。所谓"**数额巨大**",主要是指赌资数额巨大,可能造成大量外汇流失的情形,具体数额应当通过相关司法解释予以明确。所谓赌资,主要是指赌博犯罪中用作赌注的款物、换取筹码的款物和通过赌博赢取的款物。"**有其他严重情节**"是指赌资虽未达到数额巨大,但接近数额巨大的条件,有其他严重情节的情况,如抽头渔利的数额较多,参赌人数较多,组织、胁迫、引诱、教唆、容留未成年人参与赌博,强迫他人赌博或者结算赌资等情形。

根据本款规定,**构成犯罪的,依照前款的规定处罚**,也就是按照开设赌场罪规定的刑罚予以处罚,即处五年以下有期徒刑、拘役或者管制,并处罚金;情节严重的,处五年以上十年以下有期徒刑,并处罚金。这里所说的"情节严重",并不是一般意义上的情节严重,而是要根据本罪入罪的条件,要比入罪条件更为严重的情节,主要是指组织中国公民前往国(境)外参与赌博,数额特别巨大或者有其他特别严重情节的情况。

实际执行中应当注意以下三个方面的问题:
1. **聚众赌博和开设赌场的区别**。在实践中,对于聚众赌博行为与开设赌场行为往往难以区分,两者都有组织参赌人员、提供赌博场所等特点,容易混淆。两罪的主要区分:一是聚众赌博必须以营利为目的,也就是行为人一般都是要抽头渔利,这是构成赌博罪的必要条件;而开设赌场行为,一般也是以营利为目的,但以营利为目的不是开设赌场的必要条件,即使行为人不以营利为目的的开设赌场也构成本罪。二是从犯罪场所的稳定和时间的长短来说,聚众赌博的场所随意性较大,一般时间也较短;而开设赌场是为了吸引更多的参赌人员,其场所也相对稳定,持续时间也较长。三是从赌博的规模和组织的严密性来说,聚众赌博一般规模较小,也没有很强的组织性;而开设赌场规模一般较大,其内部有严密的组织和明确的分工,有负责兑换筹码、记帐、收费、发牌和洗牌、安保等人员。

2. 要注意区分**聚众赌博、开设赌场与娱乐消遣性赌博的界限**。实践中,聚众赌博、开设赌场与一般的娱乐消遣性赌博有时难区分,导致有的地方将群众娱乐消遣性赌博活动也作为聚众赌博或者开设赌场追究刑事责任。聚众赌博必须以营利为目的;开设赌场一般也是以营利为目的,虽然有的不是以营利为目的,但也具有一定的稳定性,且持续一定时间,参与赌博的人数较多且赌资数额也较大,有一定的组织性,内部成员有分工等特点;娱乐消遣性赌博的组织者则不是以营利为目的,只是为了组织大家在一起娱乐消遣而提供场所和服务,虽然有的规模较大、人数较多、赌资总额较高,但每个参与人员一般出资较小,每次赌博输赢的数额也较小,大家在一起只是为了娱乐消遣,对于这种情况,不应视为聚众赌博或者开设赌场。2005年《最高人民法院、最高人民检察院关于办理赌博刑事案件具体应用法律若干问题的解释》第九条规定,不以营利为目的,进行带有少量财物输赢的娱乐活动,以及提供棋牌室等娱乐场所只收取正常的场所和服务费用的经营行为等,不以赌博论处。

3. 本条第三款规定了组织参与国(境)外巨额赌博的犯罪,实践中对于**招揽中国公民参与国(境)外赌博**是否构成本罪,存在不同认识。有的认为,招揽与组织性质相同,招揽也属于组织,招揽也构成本罪。笔者认为,不能一概而论,要注意与正常出国(境)旅游的组团活动的区别,如旅行社或者个人组织人员赴境外旅游,如果只是作为旅游项目招揽人员去赌场进行**娱乐性赌博**,不能视为组织参与国(境)外巨额赌博的犯罪;如果招揽人员去赌场赌博的数额较大、时间较长,或者旅游的主要目的就是去赌场赌博的等,则应当视为组织参与国(境)外巨额赌博的犯罪。

【司法解释】

《最高人民法院、最高人民检察院关于办理赌博刑事案件具体应用法律若干问题的解释》(法释[2005]3号,自2005年5月13日起施行)

△(**聚众赌博**)以营利为目的,有下列情形之一的,属于刑法第三百零三条规定的"聚众赌博":

(一)组织3人以上赌博,抽头渔利数额累计达到5000元以上的;

(二)组织3人以上赌博,赌资数额累计达到5万元以上的;

(三)组织3人以上赌博,参赌人数累计达到20人以上的;

(四)组织中华人民共和国公民10人以上赴境外赌博,从中收取回扣、介绍费的。(§1)

△(**赌博网站;开设赌场**)以营利为目的,在计算机网络上建立赌博网站,或者为赌博网站担任代理,接受投注的,属于刑法第三百零三条规定的"开设赌场"。(§2)

△(**中国公民在境外周边地区聚众赌博、开设赌场**)中华人民共和国公民在我国领域外周边地区聚众赌博、开设赌场,以吸引中华人民共和国公民为主要客源,构成赌博罪的,可以依照刑法规定追究刑事责任。(§3)

△(**赌博罪的共犯**)明知他人实施赌博犯罪活动,而为其提供资金、计算机网络、通讯、费用结算等直接帮助的,以赌博罪的共犯论处。(§4)

△(**从重处罚事由**)实施赌博犯罪,有下列情形之一的,依照刑法第三百零三条的规定从重处罚:

(一)具有国家工作人员身份的;

(二)组织国家工作人员赴境外赌博的;

(三)组织未成年人参与赌博,或者开设赌场吸引未成年人参与赌博的。(§5)

△(**赌资;追缴;没收**)赌博犯罪中用作赌注的款物、换取筹码的款物和通过赌博赢取的款物属于赌资。通过计算机网络实施赌博犯罪的,赌资数额可以按照在计算机网络上投注或者赢取的点数乘以每一点实际代表的金额认定。

赌资应当依法予以追缴;赌博用具、赌博违法所得以及赌博犯罪分子所有的专门用于赌博的资金、交通工具、通讯工具等,应当依法予以没收。(§8)

△(**娱乐活动;娱乐场所**)不以营利为目的,进行带有少量财物输赢的娱乐活动,以及提供棋牌室等娱乐场所只收取正常的场所和服务费用的经营行为等,不以赌博论处。(§9)

第六章 妨害社会管理秩序罪

【司法解释性文件】

《最高人民法院关于对设置圈套诱骗他人参赌又向索还钱财的受骗者施以暴力或暴力威胁的行为应如何定罪问题的批复》（法复〔1995〕8号，1995年11月6日公布）

△（**圈套型赌博**）行为人设置圈套诱骗他人参赌获取钱财，属赌博行为，构成犯罪的，应当以赌博罪定罪处罚。① 参赌者识破骗局要求退还所输钱财，设赌者又使用暴力或者以暴力相威胁，拒绝退还的，应以赌博罪从重处罚；致参赌者伤害或者死亡的，应以赌博罪和故意伤害罪或者故意杀人罪，依法实行数罪并罚。②

《公安部、中央社会治安综合治理委员会办公室、民政部等关于进一步加强和改进出租房屋管理工作有关问题的通知》（公通字〔2004〕83号，2004年11月12日印发）

△（**为他人进行赌博活动提供出租房屋**）为他人进行赌博活动提供出租房屋的，由公安部门依照《中华人民共和国治安管理处罚条例》第三十二条第（一）项的规定予以处理；构成犯罪的，依照《中华人民共和国刑法》第三百零三条的规定追究刑事责任。

《最高人民法院、最高人民检察院、公安部关于开展集中打击赌博违法犯罪活动专项行动有关工作的通知》（公通字〔2005〕2号，2005年1月10日公布）

△（**赌博罪；从重处罚；数罪并罚；经济制裁；立功；群众正常文娱活动**）各级公安机关、人民检察院、人民法院要充分认识此类违法犯罪活动的特点，充分发挥职能作用，依法打击进行赌博违法犯罪活动的不法分子。要通过专项行动打掉一批赌博团伙、窝点，铲除封堵一批赌博网站，查破一批赌博大案要案，严惩一批赌博违法犯罪分子。其中，重点查处赌博犯罪集团和网络赌博的组织者、六合彩和赌球赌马等赌博活动的组织者以及参与赌博犯罪活动的党政领导干部、国家公务员和企事业单位负责人。

在专项行动中，要按照刑法和有关司法解释的规定，严格依法办案，准确认定赌博犯罪行为，保证办案质量。对以营利为目的聚众赌博、开设赌场的，无论其是否参与赌博，均应以赌博罪追究刑事责任；对以营利为目的以赌博为业的，无论其是否实际营利，也应以赌博罪追究刑事责任。对通过在中国领域内设立办事处、代表处或者散发广告等形式，招揽、组织中国公民赴境外赌博，构成犯罪的，以赌博罪定罪处罚。对具有教唆他人赌博、组织未成年人聚众赌博或者开设赌场吸引未成年人参与赌博以及国家工作人员犯赌博罪等情形的，应当依法从严处理。对实施贪污、挪用公款、职务侵占、挪用单位资金、挪用特定款物、受贿等犯罪，并将犯罪所得的款物用于赌博的，分别依照刑法有关规定从重处罚；同时构成赌博罪的，应依照刑法规定实行数罪并罚。要充分运用没收财产、罚金等财产刑，以及追缴违法所得、没收用于赌博的本人财物和犯罪工具等措施，从经济上制裁犯罪分子，铲除赌博犯罪行为的经济基础。要坚持惩办与宽大相结合的刑事政策，区别对待，宽严相济，最大限度地分化瓦解犯罪分子。对主动投案自首或者有检举、揭发赌博违法犯罪活动等立功表现的，可依法从宽处理。

要严格区分赌博违法犯罪活动与群众正常文娱活动的界限，对不以营利为目的，进行带有少量财物输赢的娱乐活动，以及提供棋牌室等娱乐场所并只收取固定的场所和服务费用的经营行为等，不得以赌博论处。对参赌且赌资较大的，可由公安机关依法给予治安处罚；符合劳动教养条件的，依法给予劳动教养；违反党纪政纪的，由主管机关予以纪律处分。要严格依法办案，对构成犯罪的，决不姑息手软，严禁以罚代刑，降格处理；对不构成犯罪或者不应当给予行政处理的，不得打击、处理，不得以禁赌为名干扰群众的正常文娱活动。（§2）

《最高人民检察院、公安部关于公安机关管辖的刑事案件立案追诉标准的规定（一）》（公通字〔2008〕36号，2008年6月25日公布）

△（**赌博罪；立案追诉标准；赌资**）以营利为目的，聚众赌博，涉嫌下列情形之一的，应予立案追诉：

（一）组织三人以上赌博，抽头渔利数额累计五千元以上的；

（二）组织三人以上赌博，赌资数额累计五万元以上；

（三）组织三人以上赌博，参赌人数累计二十人以上的；

（四）组织中华人民共和国公民十人以上赴

---

① 我国学者指出，系争批复似乎将赌博诈骗归入赌博罪，存在疑问。参见张明楷：《刑法学》（第6版），法律出版社2021年版，第1317—1318页。

② 关于"圈套型赌博"与"赌博型诈骗"的区别，参见黎宏：《刑法学各论》（第2版），法律出版社2016年版，第393—394页。

境外赌博,从中收取回扣、介绍费的;

(五)其他聚众赌博应予追究刑事责任的情形。

以营利为目的,以赌博为业的,应予立案追诉。

赌博犯罪中用作赌注的款物、换取筹码的款物和通过赌博赢取的款物属于赌资。通过计算机网络实施赌博犯罪的,赌资数额可以按照在计算机网络上投注或者赢取的点数乘以每一点实际代表的金额认定。(§43)

△(**开设赌场罪;立案追诉**)开设赌场的,应予立案追诉。

在计算机网络上建立赌博网站,或者为赌博网站担任代理,接受投注的,属于本条规定的"开设赌场"。(§44)

《最高人民法院、最高人民检察院、公安部关于办理网络赌博犯罪案件适用法律若干问题的意见》(公通字〔2010〕40 号,2010 年 8 月 31 日公布)

△(**网上开设赌场;"情节严重"**)利用互联网、移动通讯终端等传输赌博视频、数据,组织赌博活动,具有下列情形之一的,属于刑法第三百零三条第二款规定的"开设赌场"行为:

(一)建立赌博网站并接受投注的;

(二)建立赌博网站并提供给他人组织赌博的;

(三)为赌博网站担任代理并接受投注的;

(四)参与赌博网站利润分成的。

实施前款规定的行为,具有下列情形之一的,应当认定为刑法第三百零三条第二款规定的"情节严重":

(一)抽头渔利数额累计达到 3 万元以上的;

(二)赌资数额累计达到 30 万元以上的;

(三)参赌人数累计达到 120 人以上的;

(四)建立赌博网站后通过提供给他人组织赌博,违法所得数额在 3 万元以上的;

(五)参与赌博网站利润分成,违法所得数额在 3 万元以上的;

(六)为赌博网站招募下级代理,由下级代理接受投注的;

(七)招揽未成年人参与网络赌博的;

(八)其他情节严重的情形。(§1)

△(**网上开设赌场;共同犯罪;"情节严重";"明知";犯罪嫌疑人尚未到案**)明知是赌博网站,而为其提供下列服务或者帮助的,属于开设赌场罪的共同犯罪,依照刑法第三百零三条第二款的规定处罚:

(一)为赌博网站提供互联网接入、服务器托管、网络存储空间、通讯传输通道、投放广告、发展会员、软件开发、技术支持等服务,收取服务费数额在 2 万元以上的;

(二)为赌博网站提供资金支付结算服务,收取服务费数额在 1 万元以上或者帮助收取赌资 20 万元以上的;

(三)为 10 个以上赌博网站投放与网址、赔率等信息有关的广告或者为赌博网站投放广告累计 100 条以上的。

实施前款规定的行为,数量或者数额达到前款规定标准 5 倍以上的,应当认定为刑法第三百零三条第二款规定的"情节严重"。

实施本条第一款规定的行为,具有下列情形之一的,应当认定行为人"明知",但是有证据证明确实不知道的除外:

(一)收到行政主管机关书面等方式的告知后,仍然实施上述行为的;

(二)为赌博网站提供互联网接入、服务器托管、网络存储空间、通讯传输通道、投放广告、软件开发、技术支持、资金支付结算等服务,收取服务费明显异常的;

(三)在执法人员调查时,通过销毁、修改数据、账本等方式故意规避调查或者向犯罪嫌疑人通风报信的;

(四)其他有证据证明行为人明知的。

如果有开设赌场的犯罪嫌疑人尚未到案,但是不影响对已到案共同犯罪嫌疑人、被告人的犯罪事实认定的,可以依法对已到案者定罪处罚。(§2)

△(**网络赌博犯罪;参赌人数、赌资数额和网站代理之认定**)赌博网站的会员账号数可以认定为参赌人数,如果查实一个账号多人使用或者多个账号一人使用的,应当按照实际使用的人数计算参赌人数。

赌资数额可以按照在网络上投注或者赢取的点数乘以每一点实际代表的金额认定。

对于将资金直接或间接兑换为虚拟货币、游戏道具等虚拟物品,并用其作为筹码投注的,赌资数额按照购买该虚拟物品所需资金数额或者实际支付资金数额认定。

对于开设赌场犯罪中用于接收、流转赌资的银行账户内的资金,犯罪嫌疑人、被告人不能说明合法来源的,可以认定为赌资。向该银行账户转入、转出资金的银行账户数量可以认定为参赌人数。如果查实一个账号多人使用或多个账户一人使用的,应当按照实际使用的人数计算参赌人数。

有证据证明犯罪嫌疑人在赌博网站上的账号设置有下级账号的,应当认定其为赌博网站的代理。(§3)

△(**网络赌博犯罪;管辖;"犯罪地"管辖权争**

议;**指定管辖**)网络赌博犯罪案件的地域管辖,应当坚持以犯罪地管辖为主、被告人居住地管辖为辅的原则。

"犯罪地"包括赌博网站服务器所在地、网络接入地,赌博网站建立者、管理者所在地,以及赌博网站代理人、参赌人实施网络赌博行为地等。

公安机关对侦办跨区域网络赌博犯罪案件的管辖权有争议的,应本着有利于查清犯罪事实、有利于诉讼的原则,认真协商解决。经协商无法达成一致的,报共同的上级公安机关指定管辖。对即将侦查终结的跨省(自治区、直辖市)重大网络赌博案件,必要时可由公安部商最高人民法院和最高人民检察院指定管辖。

为保证及时结案,避免超期羁押,人民检察院对于公安机关提请审查逮捕、移送审查起诉的案件,人民法院对于已进入审判程序的案件,犯罪嫌疑人、被告人及其辩护人提出管辖异议或者办案单位发现没有管辖权的,受案人民检察院、人民法院经审查可以依法报请上级人民检察院、人民法院指定管辖,不再自行移送有管辖权的人民检察院、人民法院。(§4)

△(**电子证据之收集与保全**)侦查机关对于能够证明赌博犯罪案件真实情况的网站页面、上网记录、电子邮件、电子合同、电子交易记录、电子账册等电子数据,应当作为刑事证据予以提取、复制、固定。

侦查人员应当对提取、复制、固定电子数据的过程制作相关文字说明,记录案由、对象、内容以及提取、复制、固定的时间、地点、方法,电子数据的规格、类别、文件格式等,并由提取、复制、固定电子数据的制作人、电子数据的持有人签名或者盖章,附所提取、复制、固定的电子数据一并随案移送。

对于电子数据存储在境外的计算机上的,或者侦查机关从网络赌博网站提取电子数据时犯罪嫌疑人未到案的,或者电子数据的持有人无法签字或者拒绝签字的,应当由能够证明提取、复制、固定过程的见证人签名或者盖章,记明有关情况。必要时,可对提取、复制、固定有关电子数据的过程拍照或者录像。(§5)

《最高人民法院、最高人民检察院、公安部关于办理利用赌博机开设赌场案件适用法律若干问题的意见》(公通字〔2014〕17号,2014年3月26日公布)

△(**利用赌博机组织赌博;"开设赌场"**)设置具有退币、退分、退钢珠等赌博功能的电子游戏设施设备,并以现金、有价证券等贵重款物作为奖品,或者以回购奖品方式给予他人现金、有价证券等贵重款物(以下简称设置赌博机)组织赌博活动的,应当认定为刑法第三百零三条第二款规定的"开设赌场"行为。(§1)

△(**赌博机;开设赌场罪;定罪处罚标准;情节严重;数量认定及计算**)设置赌博机组织赌博活动,具有下列情形之一的,应当按照刑法第三百零三条第二款规定的开设赌场罪定罪处罚:

(一)设置赌博机10台以上的;

(二)设置赌博机2台以上,容留未成年人赌博的;

(三)在中小学校附近设置赌博机2台以上的;

(四)违法所得累计达到5000元以上的;

(五)赌资数额累计达到5万元以上的;

(六)参赌人数累计达到20人以上的;

(七)因设置赌博机被行政处罚后,两年内再设置赌博机5台以上的;

(八)因赌博、开设赌场犯罪被刑事处罚后,五年内再设置赌博机5台以上的;

(九)其他应当追究刑事责任的情形。

设置赌博机组织赌博活动,具有下列情形之一的,应当认定为刑法第三百零三条第二款规定的"情节严重":

(一)数量或者数额达到第二条第一款第一项至第六项规定标准六倍以上的;

(二)因设置赌博机被行政处罚后,两年内再设置赌博机30台以上的;

(三)因赌博、开设赌场犯罪被刑事处罚后,五年内再设置赌博机30台以上的;

(四)其他情节严重的情形。

可同时供多人使用的赌博机,台数按照能够独立供一人进行赌博活动的操作基本单元的数量认定。

在两个以上地点设置赌博机,赌博机的数量、违法所得、赌资数额、参赌人数等均合并计算。(§2)

△(**赌博机;开设赌场罪;共犯**)明知他人利用赌博机开设赌场,具有下列情形之一的,以开设赌场罪的共犯论处:

(一)提供赌博机、资金、场地、技术支持、资金结算服务的;

(二)受雇参与赌场经营管理并分成的;

(三)为开设赌场者组织客源,收取回扣、手续费的;

(四)参与赌场管理并领取高额固定工资的;

(五)提供其他直接帮助的。(§3)

△(**赌资之认定**)本意见所称赌资包括:

(一)当场查获的用于赌博的款物;

(二)代币、有价证券、赌博积分等实际代表的金额;

(三)在赌博机上投注或赢取的点数实际代

表的金额。(§5)

△(赌博机之认定;证据固定)对于涉案的赌博机,公安机关应当采取拍照、摄像等方式及时固定证据,并予以认定。对于是否属于赌博机难以确定的,司法机关可以委托地市级以上公安机关出具检验报告。司法机关根据检验报告,并结合案件具体情况作出认定。必要时,人民法院可以依法通知检验人员出庭作出说明。(§6)

△(宽严相济刑事政策)办理利用赌博机开设赌场的案件,应当贯彻宽严相济刑事政策,重点打击赌场的出资者、经营者。对受雇佣为赌场从事接送参赌人员、望风看场、发牌坐庄、兑换筹码等活动的人员,除参与赌场利润分成或者领取高额固定工资的以外,一般不追究刑事责任,可由公安机关依法给予治安管理处罚。对设置游戏机,单次换取少量奖品的娱乐场所,不以违法犯罪论处。(§7)

△(国家机关工作人员渎职犯罪)负有查禁赌博活动职责的国家机关工作人员,徇私枉法,包庇、放纵开设赌场违法犯罪活动,或者为违法犯罪分子通风报信、提供便利、帮助犯罪分子逃避处罚的,依法追究刑事责任。

国家机关工作人员参与利用赌博机开设赌场犯罪的,从重处罚。(§8)

《最高人民法院、最高人民检察院、公安部办理跨境赌博犯罪案件若干问题的意见》(公通字〔2020〕14号,2020年10月16日发布)

△(跨境赌博犯罪;开设赌场)以营利为目的,有下列情形之一的,属于刑法第三百零三条第二款规定的"开设赌场":

1. 境外赌场经营人、实际控制人、投资人,组织、招揽中华人民共和国公民赴境外赌博的;
2. 境外赌场管理人员,组织、招揽中华人民共和国公民赴境外赌博的;
3. 受境外赌场指派、雇佣,组织、招揽中华人民共和国公民赴境外赌博,或者组织、招揽中华人民共和国公民赴境外赌博,从赌场获取费用、其他利益的;
4. 在境外赌场包租赌厅、赌台,组织、招揽中华人民共和国公民赴境外赌博的;
5. 其他在境外以提供赌博场所、提供赌资、设定赌博方式等,组织、招揽中华人民共和国公民赴境外赌博的。

在境外赌场通过开设账户、洗码等方式,为中华人民共和国公民赴境外赌博提供资金担保服务的,以"开设赌场"论处。(§2Ⅰ)

△(利用信息网络、通讯终端等传输赌博视频、数据;开设赌场)以营利为目的,利用信息网络、通讯终端等传输赌博视频、数据,组织中华人民共和国公民跨境赌博活动,有下列情形之一的,属于刑法第三百零三条第二款规定的"开设赌场":

1. 建立赌博网站、应用程序并接受投注的;
2. 建立赌博网站、应用程序并提供给他人组织赌博的;
3. 购买或者租用赌博网站、应用程序,组织他人赌博的;
4. 参与赌博网站、应用程序利润分成的;
5. 担任赌博网站、应用程序代理并接受投注的;
6. 其他利用信息网络、通讯终端等传输赌博视频、数据,组织跨境赌博活动的。(§2Ⅱ)

△(聚众赌博)组织、招揽中华人民共和国公民赴境外赌博,从参赌人员中获取费用或者其他利益的,属于刑法第三百零三条第一款规定的"聚众赌博"。(§2Ⅲ)

△(数量或者数额标准)跨境开设赌场犯罪定罪处罚的数量或者数额标准,参照适用《关于办理赌博刑事案件具体应用法律若干问题的解释》《关于办理赌博机开设赌场案件适用法律若干问题的意见》和《关于办理网络赌博犯罪案件适用法律若干问题的意见》的有关规定。(§2Ⅳ)

△(赌博犯罪集团)三人以上为实施开设赌场犯罪而组成的较为固定的犯罪组织,应当依法认定为赌博犯罪集团。对组织、领导犯罪集团的首要分子,按照集团所犯的全部罪行处罚。对犯罪集团中组织、指挥、策划者和骨干分子,应当依法从严惩处。(§3Ⅰ)

△(开设赌场罪的共犯)明知他人实施开设赌场犯罪,为其提供场地、技术支持、资金、资金结算等服务的,以开设赌场罪的共犯论处。

△(开设赌场罪的共犯)明知是赌博网站、应用程序,有下列情形之一的,以开设赌场罪的共犯论处:

1. 为赌博网站、应用程序提供软件开发、技术支持、互联网接入、服务器托管、网络存储空间、通讯传输通道、广告投放、会员发展、资金支付结算等服务的;
2. 为赌博网站、应用程序担任代理并发展玩家、会员、下线的。

为同一赌博网站、应用程序担任代理,既无上下级关系,又无犯意联络的,不构成共同犯罪。(§3Ⅲ)

△(一般工作人员;治安管理处罚)对受雇佣为赌场从事接送参赌人员、望风看场、发牌坐庄、兑换筹码、发送宣传广告等活动的人员及赌博网站、应用程序中与组织赌博活动无直接关联的一

般工作人员,除参与赌场、赌博网站、应用程序利润分成或者领取高额固定工资的外,可以不追究刑事责任,由公安机关依法给予治安管理处罚。(§3Ⅳ)

△(赌博;诈骗罪)使用专门工具、设备或者其他手段诱使他人参赌,人为控制赌局输赢,构成犯罪的,依照刑法关于诈骗罪的规定定罪处罚。

网上开设赌场,人为控制赌局输赢,或者无法实现提现,构成犯罪的,依照刑法关于诈骗犯罪的规定定罪处罚。部分参赌者赢利、提现不影响诈骗犯罪的认定。(§4Ⅰ)

△[开设赌场罪;受贿罪;数罪并罚]通过开设赌场或者为国家工作人员参与赌博提供资金的形式实施行贿、受贿行为,构成犯罪的,依照刑法关于贿赂犯罪的规定定罪处罚。同时构成赌博犯罪的,应当依法与贿赂犯罪数罪并罚。(§4Ⅱ)

△[跨境赌博犯罪;组织他人偷越国(边)境;运送他人偷越国(边)境、偷越国(边)境罪;数罪并罚]实施跨境赌博犯罪,同时构成组织他人偷越国(边)境、运送他人偷越国(边)境、偷越国(边)境罪等的,应当依法数罪并罚。(§4Ⅲ)

△[赌博犯罪;故意杀人罪;故意伤害罪;非法拘禁罪;故意毁坏财物罪;寻衅滋事罪]实施赌博犯罪,为强行索要赌债,实施故意杀人、故意伤害、非法拘禁、故意毁坏财物、寻衅滋事等行为,构成犯罪的,应当依法从重处罚。(§4Ⅳ)

△[赌博犯罪共犯;非法经营罪、妨害信用卡管理罪;窃取、收买、非法提供信用卡信息罪;掩饰、隐瞒犯罪所得、犯罪收益罪;非法利用信息网络罪;帮助信息网络犯罪活动罪;侵犯公民个人信息罪]为赌博犯罪提供资金、信用卡、资金结算等服务,构成赌博犯罪共犯,同时构成非法经营罪、妨害信用卡管理罪、窃取、非法提供信用卡信息罪、掩饰、隐瞒犯罪所得、犯罪收益等罪的,依照处罚较重的规定定罪处罚。

为网络赌博犯罪提供互联网接入、服务器托管、网络存储、通讯传输等技术支持,或者提供广告推广、支付结算等帮助,构成赌博犯罪共犯,同时构成非法利用信息网络罪、帮助信息网络犯罪活动罪等罪的,依照处罚较重的规定定罪处罚。

为实施赌博犯罪,非法获取公民个人信息,或者向实施赌博犯罪者出售、提供公民个人信息,构成赌博犯罪共犯的,同时构成侵犯公民个人信息罪的,依照处罚较重的规定定罪处罚。(§4Ⅴ)

△(跨境赌博犯罪赌资数额的认定及处理)赌博犯罪中用作赌注的款物、换取筹码的款物和通过赌博赢取的款物属于赌资。

通过网络实施开设赌场犯罪的,赌资数额可以依照开设赌场行为人在其实际控制账户内的投注金额,结合其他证据认定;如无法统计,可以按照查证属实的参赌人员实际参赌的资金额认定。

对于将资金直接或者间接兑换为虚拟货币、游戏道具等虚拟物品,并用其作为筹码投注的,赌资数额按照购买该虚拟物品所需资金数额或者实际支付资金数额认定。

对于开设赌场犯罪中主要用于接收、流转赌资的银行账户内的资金,犯罪嫌疑人、被告人不能说明合法来源的,可以认定为赌资。

公安机关、人民检察院已查封、扣押、冻结的赌资、赌博用具等涉案财物及孳息,应当制作清单。人民法院对随案移送的涉案财物,依法予以处理。赌资应当依法予以追缴。赌博违法所得、赌博用具以及赌博犯罪分子所有的专门用于赌博的财物等,应当依法予以追缴、没收。(§5)

△[跨境赌博犯罪案件;宽严相济刑事政策]人民法院、人民检察院、公安机关要深刻认识跨境赌博犯罪的严重社会危害性,正确贯彻宽严相济刑事政策,运用认罪认罚从宽制度,充分发挥刑罚的惩治和预防功能。对实施跨境赌博犯罪活动的被告人,应当在全面把握犯罪事实和量刑情节的基础上,依法从严惩处,并注重适用财产刑和追缴、没收等财产处置手段,最大限度剥夺被告人再犯的能力。

(一)实施跨境赌博犯罪,有下列情形之一的,酌情从重处罚:

1. 具有国家工作人员身份的;
2. 组织国家工作人员赴境外赌博的;
3. 组织、胁迫、引诱、教唆、容留未成年人参与赌博的;
4. 组织、招揽、雇佣未成年人参与实施跨境赌博的;
5. 采用限制人身自由等手段强迫他人赌博或者结算赌资,尚不构成其他犯罪的;
6. 因赌博活动致1人以上死亡、重伤或者3人以上轻伤,或者引发其他严重后果,尚不构成其他犯罪的;
7. 组织、招揽中华人民共和国公民赴境外多个国家、地区赌博的;
8. 因赌博、开设赌场曾被追究刑事责任或者二年内曾被行政处罚的。

(二)对于具有赌资数额大、共同犯罪的主犯、曾因赌博犯罪行为被追究刑事责任、悔罪表现不好等情形的犯罪嫌疑人、被告人,一般不适用不起诉、免予刑事处罚、缓刑。

(三)对实施赌博犯罪的被告人,应当加大财产刑的适用。对被告人并处罚金时,应当根据其在赌博犯罪中的地位作用、赌资、违法所得数额等情节决定罚金数额。

(四)犯罪嫌疑人、被告人提供重要证据,对侦破、查明重大跨境赌博犯罪案件起关键作用,经查证属实的,可以根据案件具体情况,依法从宽处理。(§8)

【指导性案例】

最高人民法院指导性案例第 105 号:洪小强、洪礼丞、洪清泉、李志荣开设赌场案(2018 年 12 月 25 日发布)

△(开设赌场罪;网络赌博;微信群)以营利为目的,通过邀请人员加入微信群的方式招揽赌客,根据竞猜游戏网站的开奖结果等方式进行赌博,设定赌博规则,利用微信群进行控制管理,在一段时间内持续组织网络赌博活动的,属于刑法第三百零三条第二款规定的"开设赌场"。

最高人民法院指导性案例第 106 号:谢检军、高垒、高尔樵、杨泽彬开设赌场案(2018 年 12 月 25 日发布)

△(开设赌场罪;网络赌博;微信群;微信群抢红包)以营利为目的,通过邀请人员加入微信群,利用微信群进行控制管理,以抢红包方式进行赌博,在一段时间内持续组织赌博活动的,属于刑法第三百零三条第二款规定的"开设赌场"。

最高人民法院指导性案例第 146 号:陈庆豪、陈淑娟、赵延海开设赌场案(2020 年 12 月 29 日发布)

△(开设赌场罪;"二元期权";赌博网站)以"二元期权"交易的名义,在法定期货交易场所之外利用互联网招揽"投资者",以未来某段时间外汇品种的价格走势为交易对象,按照"买涨""买跌"确定盈亏,买对涨跌方向的"投资者"得利,买错的本金归网站(庄家)所有,盈亏结果不与价格实际涨跌幅度挂钩的,本质是"押大小、赌输赢",是披着期权交易外衣的赌博行为。对相关网站应当认定为赌博网站。

【参考案例】

No.6-1-303(2)-2 陈亮等开设赌场、寻衅滋事案

为维护赌场利益而实施寻衅滋事行为的,开设赌场行为与寻衅滋事行为不存在吸收关系,构成犯罪的,应当实行并罚。

No.6-1-303(1)-1 陈建新等赌博案

1995 年《最高人民法院关于对设置圈套诱骗他人参赌又向索还钱财的受骗者施以暴力或暴力威胁的行为应如何定罪问题的批复》中的"诱骗"是诱惑、欺骗他人产生赌博意愿的手段行为,而不是赌博过程中的欺骗行为。

No.6-1-303(1)-2 陈建新等赌博案

参赌人识破骗局,索要所输财物,而诈骗人以暴力或暴力相威胁的,应以转化型抢劫罪论处。

No.6-1-303(1)-3 周帮权等赌博案

未经国家批准擅自发行、销售有固定格式的书面凭证形式的彩票,应以非法经营罪论处;没有采取书面凭证形式,虽与彩票相关、符合聚众赌博行为特征的,应以赌博罪论处。

No.6-1-303(1)-4 周帮权等赌博案

利用六合彩信息以购物下注赌输赢的,不属于非法发售彩票,应以赌博罪论处。

No.6-1-303(1)-6 叶国新赌博案

疫情防控关键时期,违反疫情防控有关进行公共聚集活动的相关规定,进行聚众赌博的,相比于正常时期的赌博行为,社会危害性更大,故应以赌博罪从严惩处。

No.6-1-303(2)-1 陈亮等开设赌场、寻衅滋事案

设立、承包、租赁赌场,建立赌博网站为赌博网站担任代理的,应当认定为开设赌场罪。

No.6-1-303(2)-4 陈宝林等赌博案

在开设赌场的犯罪活动中,不参与分红,仅领取报酬而实施帮助行为的人,应以开设赌场罪的共犯论处。①

No.6-1-303(2)-5 陈宝林等赌博案

在赌博网站充当地区代理人招引赌博客户或通过发展下级代理人招引赌博客户,接受投注的,或者充当赌博网站地区代理人的下级代理人,通过发展下级代理人招引赌博客户或同时招引赌博客户,接受投注的,应以开设赌场罪论处。

No.6-1-303(2)-6 萧俊伟开设赌场案

明知是赌博网站而提供资金结算便利,成立开设赌场罪的共犯,且应认定为从犯。

No.6-1-303(2)-7 方俊、王巧玲等开设赌

---

① 我国学者指出,赌场受雇服务人员都不是赌头、赌棍,虽然他们的行为对赌场的运转起了不可缺少的作用,但他们对所从事的服务工作之违法性、社会危害性有明确的认识,但没有证据证明他们参与了开办、设立赌场,或为赌博提供赌具,也没有证据证明他们有组织他人参加赌博的行为,更不能证明他们在赌场营利或抽头渔利。根据罪刑法定原则,在没有任何对赌博罪的客观行为作扩大化的立法或者司法解释的明确规定下,对此类人员不应适用赌博罪定罪处罚。参见黎宏:《刑法学各论》(第 2 版),法律出版社 2016 年版,第 396 页。

场案

以营利为目的抢微信红包的,属于赌博行为。行为人建立微信群供他人抢红包赌博的,构成开设赌场罪。

No.6-1-303(2)-8　夏永华等人开设赌场案

以营利为目的,发起邀请微信红包赌博且对赌博群施以严格控制的行为,符合开设赌场罪的犯罪构成。

No.6-1-303(2)-9　夏永华等人开设赌场案

涉案赌资按交易次数累计计算;为吸引他人参赌而自己投入的资金,也应认定为赌资。

No.6-1-303(2)-10　夏永华等人开设赌场案

在网络赌博和微信群赌博案件中,相比于因累计计算而数额巨大的赌资,抽头渔利数额和非法所得数额是更为重要的量刑情节。

No.6-1-303(2)-11　陈庆豪开设赌场案

二元期权的实质是创造风险供投资者进行投机,与"押大小、赌输赢"的赌博行为本质相同,实为网络平台与投资者之间的对赌,经营二元期权类交易网站的行为成立开设赌场罪。

No.6-1-303(2)-12　陈枝滨等人开设赌场案

网络抽奖式销售具有随机性和不确定性,符合刑法意义上的"赌博"。以营利为目的,在网络上提供较稳定的场所组织用户参与赌博,并对"场所"持续管理、运营、维护的行为,应认定为开设赌场罪。

No.6-1-303(2)-13　洪小强、洪礼沃、洪清泉、李志荣开设赌场案

以营利为目的,通过邀请人员加入微信群的方式招揽赌客,根据竞猜游戏网站的开奖结果等方式进行赌博,设定赌博规则,利用微信群进行控制管理,在一段时间内持续组织网络赌博活动的,属于开设赌场罪规定的"开设赌场"。

No.6-1-303(2)-14　谢检军、高垒、高尔樵、杨泽彬开设赌场案

以营利为目的,通过邀请人员加入微信群,利用微信群进行控制管理,以抢红包方式进行赌博,设定赌博规则,在一段时间内持续组织赌博活动的行为,构成开设赌场罪。

第三百零四条　【故意延误投递邮件罪】

邮政工作人员严重不负责任,故意延误投递邮件,致使公共财产、国家和人民利益遭受重大损失的,处二年以下有期徒刑或者拘役。

【条文说明】

本条是关于故意延误投递邮件罪及其处罚的规定。

根据本条规定,**故意延误投递邮件罪**,是指邮政工作人员严重不负责任,故意延误投递邮件,致使公共财产、国家和人民利益遭受重大损失的行为。构成本罪应当具备以下条件:

1. **本罪的犯罪主体是邮政工作人员**。这里所说的"邮政工作人员",是指邮政企业及其分支机构的营业员、投递员、押运员以及其他从事邮政工作的人员。本罪的主体是邮政工作人员,其他人员,如一般单位收发室人员故意延误邮件收发的,不构成本罪。

2. **行为人表现为严重不负责任**。所谓"**严重不负责任**",是指邮政工作人员违背国家法律赋予的职责和任务,情节严重的行为。根据2015年修正的《邮政法》第六条的规定,邮政企业应当加强服务质量管理,完善安全保障措施,为用户提供迅速、准确、安全、方便的服务。第二十条规定,邮政企业寄递邮件,应当符合国务院邮政管理部门规定的寄递时限和服务规范。

3. **行为人实施了故意延误投递邮件的行为**。这里规定的"**故意**",包括直接故意和间接故意,如果是过失或者不可抗力原因造成邮件延误投递的,不构成本罪;"**延误投递**",是指邮政工作人员故意拖延、耽误邮件的分发、递送,没有按照国务院邮政主管部门规定的时限投交邮件;"**邮件**",根据《邮政法》第八十四条的规定,是指邮政企业寄递的信件、包裹、汇款通知、报刊和其他印刷品等。其中"**信件**",是指信函、明信片。信函是指以套封形式按照名址递送给特定个人或者单位的缄封的信息载体,不包括书籍、报纸、期刊等;"**包裹**",是指按照封装上的名址递送给特定个人或单位的独立封装的物品。

4. **行为人的行为致使公共财产、国家和人民利益遭受重大损失**。这里所说的"**公共财产**",是指《刑法》第九十一条规定的各项财产,包括:国有财产;劳动群众集体所有的财产;用于扶贫和其他公益事业的社会捐助或者专项基金的财产;在国家机关、国有公司、企业、集体企业和人民团体管理、使用或者运输中的私人财产,以公共财产论。这里所说的"**国家和人民利益**",是指关系到国家的政治、经济、国防、外交、社会发展等方面的各项事业的利益,以及关系到人民的生命、健康、财产、名誉等各项权利和利益。本罪是结果犯,致使公共财产、国家和人民利益遭受重大损失的,才构成犯罪。

根据本条规定,对故意延误投递邮件的犯罪,处二年以下有期徒刑或者拘役。

实际执行中需要注意的是:根据2008年《最高人民检察院、公安部关于公安机关管辖的刑事案件立案追诉标准的规定(一)》第四十五条规定:"邮政工作人员严重不负责任,故意延误投递邮件,涉嫌下列情形之一的,**应予立案追诉**:(一)造成直接经济损失二万元以上的;(二)延误高校录取通知书或者其他重要邮件投递,致使他人失去高校录取资格或者造成其他无法挽回的重大损失的;(三)严重损害国家声誉或者造成其他恶劣社会影响的;(四)其他致使公共财产、国家和人

民利益遭受重大损失的情形。"

【**司法解释性文件**】

《最高人民检察院、公安部关于公安机关管辖的刑事案件立案追诉标准的规定(一)》(公通字〔2008〕36号,2008年6月25日公布)

△(故意延误投递邮件罪;立案追诉标准)邮政工作人员严重不负责任,故意延误投递邮件,涉嫌下列情形之一的,应予立案追诉:

(一)造成直接经济损失二万元以上的;

(二)延误高校录取通知书或者其他重要邮件投递,致使他人失去高校录取资格或者造成其他无法挽回的重大损失的;

(三)严重损害国家声誉或者造成其他恶劣社会影响的;

(四)其他致使公共财产、国家和人民利益遭受重大损失的情形。(§45)

第二节 妨害司法罪

第三百零五条 【伪证罪】
在刑事诉讼中,证人、鉴定人、记录人、翻译人对与案件有重要关系的情节,故意作虚假证明、鉴定、记录、翻译,意图陷害他人或者隐匿罪证的,处三年以下有期徒刑或者拘役;情节严重的,处三年以上七年以下有期徒刑。

【**条文说明**】

本条是关于伪证罪及其处罚的规定。

"**在刑事诉讼中**",是指刑事案件从侦查到审判的全过程,主要包括侦查、审查起诉、一审和二审活动,以及审判监督程序等刑事诉讼活动。①②本罪的主体为特定主体,包括四类人:证人、鉴定人、记录人、翻译人。"**证人**",是指知道案件全部或者部分真实情况,以自己的证言作为证据的

---

① 我国学者建议取消《刑法》第三百零五条"在刑事诉讼中"的条件限制。因为,如果伪证罪立法保护的是国家司法权的整体,那么,对其中任何一部分的侵害也都是对国家司法权整体的侵害。这就要求法律为其中的每一部分(包括刑事审判权、民事审判权和行政审判权等)都提供平等的保护。参见周少华:《伪证罪:一个规范的语境分析》,载《法学研究》2002年第3期,第114、116页;周少华、贾清波:《伪证罪主体问题探讨》,载《法学》2005年第6期,第45—46页。
② 我国学者将"在刑事诉讼中"扩大解释至"公安机关决定是否立案之时"。如果在诉讼前虚假告发,意图使他人受刑事追究,则成立诬告陷害罪。参见张明楷:《刑法学》(第5版),法律出版社2016年版,第1082页。

人。①② 《刑事诉讼法》第六十二条规定："凡是知道案件情况的人，都有作证的义务。生理上、精神上有缺陷或者年幼，不能辨别是非、不能正确表达的人，不能作证人。" **鉴定人**，是指在刑事诉讼中应有关部门、人员的指派或聘请对案件中的专门性问题进行科学鉴定和判断的具有专门知识的人员。《刑事诉讼法》第一百四十六条规定："为了查明案情，需要解决案件中某些专门性问题的时候，应当指派、聘请有专门知识的人进行鉴定。"③ **记录人**，是指在侦查、审查起诉、审判过程中，对案犯的供述、证人证言以及各个环节的诉讼活动进行记录的人。这种记录主要由侦查员、书记员担任。根据刑事诉讼法的规定，侦查、勘验、检查、搜查、法庭审判活动等都应当依照法定程序形成笔录。④ **翻译人**，是指受公安机关、检察机关或者人民法院的委托聘请，在刑事侦查、审查起诉、审判活动中担任外国语言文字、本国民族语言文字或者哑语等翻译工作的人。《刑事诉讼法》第九条第一款规定："各民族公民都有用本民族语言文字进行诉讼的权利。人民法院、人民检察院和公安机关对于不通晓当地通用的语言文字的诉讼参与人，应当为他们翻译。"第一百二十一条规定："讯问聋、哑的犯罪嫌疑人，应当有通晓聋、哑手势的人参加，并且将这种情况记明笔录。"上述四类人在刑事诉讼中负有特定的义务，是否能够如实提供证言、鉴定、记录、翻译，对案件处理的正确与否具有重要意义。**与案件有重要关系的情节**，是指对犯罪嫌疑人、被告人是否有罪、罪轻还是罪重具有重要证明作用的事实，也就是影响定罪量刑的情节。⑤ "**故意作虚假证明、鉴定、记录、翻译**"的规定具有两层含义：一是**明确指明本罪是故意犯罪**，也就是说，证人、鉴定人、记录人、翻译人所提供的与案件事实不符的情况是故意所为，由于过失行为，如未看清楚，判断错误而提供了不实的证言，因笔误造成记录错误等不构成犯罪。二是**所提供的证言、鉴定意见、笔录、翻译与案件事实不符**。如将张三的行为说成李四的行为，将不是精神病人的人鉴定为精神病人，在记录、翻译时将被告人、证人所讲的事实改变为虚假的等。⑥ "**意图陷害他人或者隐匿罪证**"，是指行为人的主观动机，也就是行为人故意作虚假证明、鉴定、记录、翻译的目的是陷害他人，从而使无罪的人受到刑事追究，使罪行较轻的人受到较重的处罚，或者将真实的罪证隐匿起来，以使犯罪人逃脱刑事追究。需指出的是，对于证人故意提供假证言包庇罪犯的，应按照刑法关于**包庇罪**的规定处理。

本条对伪证罪规定了两档刑罚，对犯本罪的，处三年以下有期徒刑或者拘役；对于情节严重的，

---

① 我国学者指出，此处的"证人"不包括被害人，参见刘树德、王志男：《伪证罪主体中证人范畴的解释》，载《法律适用（国家法官学院学报）》2001年第1期，第53页；王若思：《伪证罪的疑难问题研究——从128份刑事判决书说起》，载《新疆大学学报（哲学·人文社会科学版）》2018年第1期，第57页。相反的见解，参见周少华、贾清波：《伪证罪主体问题探讨》，载《法学》2005年第6期，第47页。在司法中，同案被告人原则上不能互为证人，但在特殊情况下或在一定条件下，可以成为证人。共犯在分离程序中受审时，已审结的共犯在后一程序中尽管可处于证人地位，但因共犯罪责关系的特殊性，不宜成为伪证罪的主体。参见闵春雷：《伪证罪若干问题研究》，载《国家检察官学院学报》2001年第2期，第29页。

② 关于犯罪嫌疑人、被告人教唆证人为自己作伪证，是否成立伪证罪的教唆犯，我国学者指出，由于犯罪嫌疑人、被告人自己作虚假供述的行为不成立犯罪，而教唆是比实行更轻的参与形式，故教唆他人为自己作伪证，不应以伪证罪的教唆犯论处（被教唆者作伪证，仍成立伪证罪）。参见张明楷：《刑法学》（第6版），法律出版社2021年版，第1412页；黎宏：《刑法学各论》（第2版），法律出版社2016年版，第398页。

③ 单位不能成为伪证罪中的鉴定人。参见吴占英：《伪证罪若干疑难问题探讨》，载《法学杂志》2006年第3期，第35页。相反的见解，参见江雁飞：《伪证罪若干问题研究》，载《法学杂志》2009年第11期，第122页。

④ 我国学者指出，记录人不应成为伪证罪的犯罪主体，因为记录行为是司法专职工作人员记载案件审理过程的一种活动。它是对案件审判全过程的客观记录，而不是形成证据材料的活动，此种行为显然不具有作证的意义。并且，虚假记录不是直接形成虚假证据的行为，而是一种毁灭、伪造证据的行为。参见周少华：《伪证罪：一个规范的语境分析》，载《法学研究》2002年第3期，第119页；周少华、贾清波：《伪证罪主体问题探讨》，载《法学》2005年第6期，第44页；闵春雷：《伪证罪主体研究》，载《国家检察官学院学报》2001年第2期，第30—31页。

⑤ 相同的学说见解，参见张明楷：《刑法学》（第5版），法律出版社2016年版，第1082页。另外，伪证罪与诬告陷害罪的一个重要区别在于，伪证罪是在与案件有重要关系的个别情节上提供伪证；而诬告陷害罪是捏造整个犯罪事实。参见黎宏：《刑法学各论》（第2版），法律出版社2016年版，第399页。

⑥ 关于证人作虚假证明中的"虚假"含义，刑法理论上有主观说、客观说、折中说三种见解。其中，主观说主张，证人应当原封不动地陈述自己的记忆与实际体验；客观说则以客观事实为标准；折中说认为，违反自己体验的陈述，在行为（伪证）时能评价为违反客观事实的，才成立伪证罪。

我国学者指出，尽管行为人违背了自己的内心记忆而进行陈述，与其内心状态不一致，但由于所述事实与客观事实一致，不可能产生误导司法实践正常进行的结果，故而不属于虚假证明。参见张明楷：《刑法学》（第6版），法律出版社2021年版，第1420页；黎宏：《刑法学各论》（第2版），法律出版社2016年版，第399页。

处三年以上七年以下有期徒刑。"**情节严重的**"，主要是指犯罪手段极为恶劣或者造成严重后果，如在重罪事实上作伪证的；与犯罪人恶意串通翻案作伪证的；在一个案件的侦查、审判中多次作伪证的或者对多人作伪证的；打击报复他人的；致使罪行重大的案犯逃脱法律制裁，使无辜的人受到刑事追究的；等等。

第三百零六条 【辩护人、诉讼代理人毁灭证据、伪造证据、妨害作证罪】

在刑事诉讼中，辩护人、诉讼代理人毁灭、伪造证据，帮助当事人毁灭、伪造证据，威胁、引诱证人违背事实改变证言或者作伪证的，处三年以下有期徒刑或者拘役；情节严重的，处三年以上七年以下有期徒刑。

辩护人、诉讼代理人提供、出示、引用的证人证言或者其他证据失实，不是有意伪造的，不属于伪造证据。

【**条文说明**】

本条是关于**辩护人、诉讼代理人毁灭证据、伪造证据、妨害作证罪**及其处罚的规定。

本条共分为两款。

第一款是关于辩护人、诉讼代理人毁灭、伪造证据，帮助当事人毁灭、伪造证据，威胁、引诱证人违背事实改变证言或者作伪证的犯罪及其处罚的规定。本款所规定的犯罪主体为**特殊主体**，只限于刑事案件的辩护人和诉讼代理人，行为发生在刑事诉讼活动中。"**辩护人**"，是指在刑事诉讼中，包括在侦查、审查起诉、审判阶段，犯罪嫌疑人、被告人委托的或者由法律援助机构指派的为犯罪嫌疑人、被告人提供法律帮助维护其合法权益的人。辩护人由以下三类人担任：律师；人民团体或者犯罪嫌疑人、被告人所在单位推荐的人；犯罪嫌疑人、被告人的监护人、亲友。辩护人的责任是根据事实和法律，提出犯罪嫌疑人、被告人无罪、罪轻或者减轻、免除其刑事责任的材料和意见，维护犯罪嫌疑人、被告人的诉讼权利和其他合法权益。2018年修正的《刑事诉讼法》增加了值班律师制度，该法第三十六条第一款规定："法律援助机构可以在人民法院、看守所等场所派驻值班律师。犯罪嫌疑人、被告人没有委托辩护人，法律援助机构没有指派律师为其提供辩护的，由值班律师为犯罪嫌疑人、被告人提供法律咨询、程序选择建议、申请变更强制措施、对案件处理提出意见等法律帮助。"值班律师在履行上述职责时可以成为本罪的主体。"**诉讼代理人**"，是指公诉案件的被害人及其法定代理人或者近亲属、自诉案件的自诉人及其法定代理人委托代为参加诉讼的人，以及附带民事诉讼的当事人及其法定代理人委托代为参加诉讼的人。[①] 担任诉讼代理人的人员范围与辩护人的范围相同。本款规定了犯罪的三个方面的行为：毁灭、伪造证据；帮助当事人毁灭、伪造证据；威胁、引诱证人违背事实改变证言或者作伪证。辩护人、诉讼代理人在刑事诉讼中有上述三种行为之一即可构成本罪。"**毁灭、伪造证据**"，是指辩护人、诉讼代理人自己将能够证明案件真实情况的书证、物证以及其他证据予以毁灭，使其不能再起到证明案件真实情况的作用；辩护人、诉讼代理人自己制造假的书证、物证等，以隐瞒案件的真实情况，使犯罪人免予刑事追究或者使无罪的人受到刑事追究。[②] "**帮助当事人毁灭、伪造证据**"，是指辩护人、诉讼代理人策划、指使当事人毁灭、伪造证据，或者与当事人共

[①] 我国学者指出，附带民事诉讼除了具有一定的依附性外，与一般民事诉讼并无其他的实质区别。但按照现行法的规定，附带民事诉讼的诉讼代理人实施毁灭证据、伪造证据、妨害作证，会构成相应的犯罪，而在一般民事诉讼中，诉讼代理人实施这些行为却不会构成犯罪，这明显是对相同行为采取了不同的法律评价。参见周少华：《伪证罪：一个规范的语境分析》，载《法学研究》2002年第3期，第115页。另有学者指出，在刑事附带民事诉讼中，如果辩护人、诉讼代理人只针对民事赔偿部分的有关事实，伪造、毁灭证据，若行为未涉及对被告人的定罪和量刑，原则上不成立本罪。参见周光权：《刑法各论》（第4版），中国人民大学出版社2021年版，第448页。

[②] 类似见解，参见张明楷：《刑法学》（第6版），法律出版社2021年版，第1422页。

谋毁灭、伪造证据,以及为当事人毁灭、伪造证据提供帮助等。① "当事人",是指被害人、自诉人、犯罪嫌疑人、被告人、附带民事诉讼的原告人和被告人。② "威胁、引诱证人违背事实改变证言或者作伪证"包括两种行为:一是以暴力、恐吓等手段威胁证人或者以金钱、物质利益等好处诱使证人改变过去按照事实提供的证言;二是以威胁、引诱的手段指使他人为案件作虚假证明。③④

根据犯罪的不同情节,本条规定了两档刑罚:犯本罪的,处三年以下有期徒刑或者拘役;情节严重的,处三年以上七年以下有期徒刑。"情节严重",主要是指犯罪手段极其恶劣,严重妨害了刑事诉讼的正常进行,以及造成犯罪人逃避法律制裁或者使无罪的人受到刑事追究等严重后果。

第二款是关于辩护人、诉讼代理人在刑事诉讼中,由于失误而提供、出示、引用了虚假证明,但不属于伪造证据的情况的规定。规定本款主要是为了划清罪与非罪的界限,保护辩护人、诉讼代理人的合法权利,保证辩护人、诉讼代理人依法履行职责,从而保证刑事诉讼的正常进行。根据本款规定,**辩护人、诉讼代理人向法庭提供、出示、引用的证人证言或者其他证据失实,不是有意伪造的,不属于伪造证据**,即不构成本条规定的犯罪。其中"**不是有意伪造**",是指辩护人、

诉讼代理人对证据不真实的情况并不知情,未参与伪造证据的,证据虚假的原因是证人或者提供证据的人造成的或者是由于辩护人、诉讼代理人工作上的失误造成的。

需要注意的是,在刑事诉讼中,辩护人、诉讼代理人毁灭、伪造证据,帮助当事人毁灭、伪造证据,威胁、引诱证人违背事实改变证言或者作伪证的,追究刑事责任。其中帮助当事人"伪造证据"如何理解,**对辩护人在刑事诉讼中教唆犯罪嫌疑人、被告人向司法机关作虚假供述的行为,是否构成本条规定的辩护人伪造证据罪**,实践中有不同意见。这一问题涉及本条规定的证据与刑事诉讼法规定的证据种类的关系,涉及如何理解《刑事诉讼法》第四十四条将隐匿、毁灭、伪造证据和串供并列规定,涉及律师辩护权行使界限和对刑事诉讼程序公正的影响,涉及刑事诉讼法规定的"辩护律师会见犯罪嫌疑人、被告人时不被监听"的权利保障。应当说,本条规定的辩护人、诉讼代理人帮助当事人毁灭、伪造证据,其中"伪造证据"一般是指帮助犯罪嫌疑人、被告人制作虚假的物证、书证等。将教唆犯罪嫌疑人、被告人向司法机关不如实供述的行为作为帮助当事人毁灭、伪造证据,需要结合行为方式等具体确定,应当慎重。

第三百零七条 【妨害作证罪】【帮助毁灭、伪造证据罪】
以暴力、威胁、贿买等方法阻止证人作证或者指使他人作伪证的,处三年以下有期徒刑或者拘役;情节严重的,处三年以上七年以下有期徒刑。
帮助当事人毁灭、伪造证据,情节严重的,处三年以下有期徒刑或者拘役。
司法工作人员犯前两款罪的,从重处罚。

---

① 我国学者指出,在当事人是被告人的场合,被告人教唆辩护人、诉讼代理人毁灭、伪造证据,由于缺乏期待可能性,不构成教唆罪;在当事人是被害人以及外之人的场合,如果教唆行为超越了社会期待,教唆者与辩护人、诉讼代理人应在毁灭、伪造证据的范围内成立共同犯罪。参见周光权:《刑法各论》(第4版),中国人民大学出版社2021年版,第448页。
② 我国学者指出,本罪中的"当事人",指犯罪嫌疑人和刑事被告人。参见黎宏:《刑法学各论》(第2版),法律出版社2016年版,第400页。
③ 我国学者指出,必须对"引诱"进行体系性的限制解释。由于司法工作人员的诱供行为只能以妨害作证罪(《刑法》第三百零七条)论处,而律师的诱供行为在社会危害性上轻于司法工作人员的类似行为,因此,《刑法》第三百零六条中的"引诱"应当与妨害作证罪中的行为方式具有等价性,其必须被理解为与"暴力、威胁、贿买"等行为具有相当性的手法。参见梁辉:《刑法第306条辨正》,载《政法论坛》2013年第3期,第147页;有的论者指出,此处的"引诱"必须是采取金钱、物质或者其他利益的方法诱使证人违背事实改变证言或者作伪证,也可能包括"诱导性询问"。参见陈兴良:《辩护人妨害作证罪之引诱行为的研究——从张light喜案切入》,载《政法论坛》2004年第5期,第157、163页;兰兰英、孙杰、何宽:《刑法第306条存与废:倾听法律职业人的声音》,载《河北法学》2011年第10期,第23—24页。
④ "证人"并不限于刑事诉讼法中所规定的狭义证人,还应包括被害人、鉴定人、翻译人。对于引诱犯罪嫌疑人、被告人违背事实改变供述的,不应以本罪论处。但是,如果犯罪嫌疑人、被告人是他人犯罪的证人时,引诱其违背事实改变证言,即可能成立本罪。参见张明楷:《刑法学》(第6版),法律出版社2021年版,第1422页。

第三百零七条

【条文说明】

本条是关于妨害作证罪，帮助毁灭、伪造证据罪及其处罚的规定。

本条共分为三款。

第一款是关于**妨害作证罪及其处罚**的规定。根据《民事诉讼法》第一百一十一条第一款的规定，诉讼参与人或者其他人有伪造、毁灭重要证据，妨碍人民法院审理案件的；以暴力、威胁、贿买方法阻止证人作证或者指使、贿买、胁迫他人作伪证等行为之一的，人民法院可以根据情节轻重予以罚款、拘留；构成犯罪的，依法追究刑事责任。《行政诉讼法》第五十九条第一款规定，诉讼参与人或者其他人有伪造、隐藏、毁灭证据或者提供虚假证明材料，妨碍人民法院审理案件的；指使、贿买、胁迫他人作伪证或者威胁、阻止证人作证等行为之一的，人民法院可以根据情节轻重，予以训诫、责令具结悔过或者处一万元以下的罚款、十五日以下的拘留；构成犯罪的，依法追究刑事责任。因此本款规定与民事诉讼法、行政诉讼法的相关规定是衔接的。本款规定的"**以暴力、威胁、贿买等方法阻止证人作证**"，是指采用暴力伤害，以暴力或者其他手段相威胁，用金钱、物质利益行贿以及其他方法①不让证人为案件提供证明。②"**指使他人作伪证**"，是指以暴力、威胁、贿买或者其他方法让他人为案件提供与事实不符的虚假证明。③这里的"证人""他人"不限于狭义的证人，还可包括被害人、鉴定人、翻译人。**本款规定未限于刑事诉讼**，也就是说，本款规定适用于刑事诉讼、民事诉讼、行政诉讼。④ 犯妨害作证罪的，处三年以下有期徒刑或者拘役；情节严重的，处三年以上七年以下有期徒刑。本款犯罪虽然没有明确规定犯罪门槛，但对于情节轻微的，根据民事诉讼法、行政诉讼法等法律的规定，人民法院可以根据情节轻重予以罚款、拘留。需要注意的是，如果是犯罪嫌疑人、被告人自己采取上述非法手段妨害证人依法履行作证义务的，是否应当成立本罪。本款并未将犯罪嫌疑人、被告人所实施的妨害作证行为排除在刑法规制的范围之外。由于证人证言在证据制度中有着重要作用，在一定程度上对被告人、犯罪嫌疑人的定罪量刑起着决定性的关键作用，被告人、犯罪嫌疑人为逃避法律制裁，往往会实施阻止证人作出对自己不利的证言，因而**不宜将罪犯本人排除在本罪之外**。

第二款是帮助毁灭、伪造证据罪及其处罚的规定。本款规定的"**帮助当事人毁灭、伪造证据**"，是指与当事人共谋，或者受当事人指使为当事人毁灭⑤、伪造证据⑥提供帮助的行为⑦，如为贪污犯罪的嫌疑人销毁单据等。⑧⑨本款规定的犯

---

① "其他方法"包括唆使、嘱托、请求、引诱等方法。就此而论，《刑法》第三百零七条第一款已将同法第三百零五条之伪证罪的教唆犯（部分）正犯化。参见张明楷：《刑法学》（第6版），法律出版社2021年版，第1424页。

② 我国学者指出，"证人"并不限于刑事诉讼法中所规定的狭义证人，还应包括被害人、鉴定人、翻译人。参见张明楷：《刑法学》（第6版），法律出版社2021年版，第1423页。

③ 我国学者指出，指使他人作伪证中的"他人"，同样不限于狭义的证人。指使狭义证人作伪证、指使被害人作虚假陈述、指使鉴定人作虚假鉴定、指使翻译人作虚假翻译，都成立妨害作证罪。参见张明楷：《刑法学》（第6版），法律出版社2021年版，第1424页。

④ 我国学者指出妨害作证罪不限于发生在刑事诉讼中。在民事、行政等诉讼中实施本罪行为，也应当构罪。参见起秉志、李希慧主编：《刑法各论》（第3版），中国人民大学出版社2016年版，第298页。另有学者指出，既然伪证罪仅限于刑事诉讼中，就没有理由认为妨害作证罪可以发生在其他诉讼领域。否则，会形成诸多不协调的局面。参见张明楷：《刑法学》（第6版），法律出版社2021年版，第1424—1425页。

⑤ 隐匿证据行为，是否属于毁灭证据？我国学者指出，只有轻微程度的藏匿，很容易就能被人发现的场合，由于该种程度的藏匿不会致使其作为证据的价值减少以致消灭，因此，可以不作为毁灭看待。参见黎宏：《刑法学各论》（第2版），法律出版社2016年版，第401页。

⑥ 行为人所毁灭、伪造的证据，应限于物证、书证、鉴定意见、勘验、检查笔录、视听资料与电子数据，物体化（转化为书面或者视听资料）的证人证言、被害人陈述、犯罪嫌疑人、被告人供述和辩解等。参见张明楷：《刑法学》（第6版），法律出版社2021年版，第1427页。

⑦ 我国学者指出，伪造证据包括隐匿证据以及变造证据行为。参见张明楷：《刑法学》（第6版），法律出版社2021年版，第1428页。

⑧ 我国学者指出，行为人所毁灭、伪造的证据，包括刑事诉讼与其他诉讼当事人的证据。反对论者，如张明楷教授认为，帮助毁灭、伪造证据罪仅限于帮助毁灭、伪造刑事诉讼证据。参见张明楷：《刑法学》（第6版），法律出版社2021年版，第1427页；黎宏：《刑法学各论》（第2版），法律出版社2016年版，第401页；周光权：《刑法各论》（第4版），中国人民大学出版社2021年版，第450页。

⑨ 我国学者指出，当行为人与他人均为案件当事人时，如果行为人所毁灭、伪造的证据在客观上仅对（或者主要对）其他当事人起作用，或者行为人主观上专门（或者主要）为了其他人而毁灭、伪造证据，由于存在期待可能性，应认定为毁灭、伪造其他当事人的证据。另外，如果当事人教唆他人为自己毁灭、伪造证据，无论从对司法活动的客观公正性的妨害来看，抑或自期待可能性的角度而言，不成立犯罪。参见张明楷：《刑法学》（第6版），法律出版社2021年版，第1427页。另有学者从不法的角度进行解释。一方面，"他人的犯罪证据"此一规定可以解读为不处罚本犯的动素；另一方面，按照共犯处罚根据的混合惹起说，处罚共犯是以其惹起了构成要件结果，不仅具有自身的不法（违法地惹起了构成要件结果），而且这种惹起还要以正犯实施了符合构成要件的违法行为作为前提。本犯教唆、请求他人毁灭"自己"的证据，只是在间接地毁灭关于"自己"的犯罪证据，行为并没有产生构成要件结果，因此也不是不法，对其进行处罚缺乏根据。参见周光权：《刑法各论》（第4版），中国人民大学出版社2021年版，第450页。

罪也不限于刑事诉讼中帮助当事人毁灭、伪造证据，包括在民事诉讼、行政诉讼中帮助当事人毁灭、伪造证据的情况。构成本罪需要情节严重。情节严重需要考虑诉讼活动的性质、是否使无罪的人受到追究或者有罪的人逃避追究、是否在其他诉讼活动中给当事人合法利益造成重大损害等。犯帮助毁灭、伪造证据罪的，处三年以下有期徒刑或者拘役。对于辩护人、诉讼代理人在刑事诉讼中帮助当事人毁灭、伪造证据的，应当适用《刑法》第三百零六条规定的辩护人、诉讼代理人毁灭、伪造证据罪，不适用本款规定的犯罪。需要说明的是，本罪的犯罪主体不包括犯罪嫌疑人、被告人本人。刑法没有将犯罪嫌疑人、被告人本人毁灭、伪造证据的行为规定为犯罪，规定的是帮助当事人毁灭、伪造证据，**犯罪主体显然是他人**。

第三款是关于**司法工作人员犯本条规定之罪从重处罚**的规定。"**司法工作人员**"，是指具有侦查、检察、审判、监管职责的人员。司法工作人员必须公正廉明，如果他们弄虚作假危害更大，而且会造成极其恶劣的影响，所以必须从重处罚。

【司法解释】▼

《最高人民法院、最高人民检察院关于办理虚假诉讼刑事案件适用法律若干问题的解释》（法释〔2018〕17号，自2018年10月1日起施行）

△（**篡改案件事实；骗取裁判文书**）采取伪造证据等手段篡改案件事实，骗取人民法院裁判文书，构成犯罪的，依照刑法第二百八十条、第三百零七条等规定追究刑事责任。（§7）

【司法解释性文件】▼

《最高人民检察院法律政策研究室关于通过伪造证据骗取法院民事裁判占有他人财物的行为如何适用法律问题的答复》（〔2002〕高检研发第18号，2002年10月24日公布）

△（**指使他人作伪证；骗取民事裁判占有他人财物；妨害作证罪**）以非法占有为目的，通过伪证据骗取法院民事裁判占有他人财物的行为所侵害的主要是人民法院正常的审判活动可以由人民法院依照民事诉讼法的有关规定作出处理，不宜以诈骗罪追究行为人的刑事责任。如果行为人伪造证据时，实施了伪造公司、企业、事业单位、人民团体印章的行为，构成犯罪的，应当依照刑法第二百八十条第二款的规定，以伪造公司、企业、事业单位、人民团体印章罪追究刑事责任；如果行为人有指使他人作伪证行为，构成犯罪的应当依照刑法第三百零七条第一款的规定，以妨害作证罪追究刑事责任。

【公报案例】▼

万才华妨害作证案（《最高人民法院公报》2012年第12期）

△（**虚假民事诉讼；妨害作证罪**）行为人为逃避债务，伙同他人提起虚假民事诉讼并指使他人作伪证，妨害人民法院正常司法活动的，应当依照《刑法》第三百零七条的规定，以妨害作证罪定罪处罚。

【参考案例】▼

No.6-2-307(1)-1　**李泳妨害作证案**

为达到通过诉讼非法占有他人财物的目的，指使他人作伪证的，属于诉讼欺诈，不构成诈骗罪，应以妨害作证罪论处。

第三百零七条之一　【**虚假诉讼罪**】

以捏造的事实提起民事诉讼，妨害司法秩序或者严重侵害他人合法权益的，处三年以下有期徒刑、拘役或者管制，并处或者单处罚金；情节严重的，处三年以上七年以下有期徒刑，并处罚金。

单位犯前款罪的，对单位判处罚金，并对其直接负责的主管人员和其他直接责任人员，依照前款的规定处罚。

有第一款行为，非法占有他人财产或者逃避合法债务，又构成其他犯罪的，依照处罚较重的规定定罪从重处罚。

司法工作人员利用职权，与他人共同实施前三款行为的，从重处罚；同时构成其他犯罪的，依照处罚较重的规定定罪从重处罚。

【立法沿革】▼

《中华人民共和国刑法修正案（九）》（自2015年11月1日起施行）

三十五、在刑法第三百零七条后增加一条，作为第三百零七条之一：

"以捏造的事实提起民事诉讼，妨害司法秩序或者严重侵害他人合法权益的，处三年以下有期徒刑、拘役或者管制，并处或者单处罚金；情节严重的，处三年以上七年以下有期徒刑，并处罚金。

"单位犯前款罪的,对单位判处罚金,并对其直接负责的主管人员和其他直接责任人员,依照前款的规定处罚。

"有第一款行为,非法占有他人财产或者逃避合法债务,又构成其他犯罪的,依照处罚较重的规定定罪从重处罚。

"司法工作人员利用职权,与他人共同实施前三款行为的,从重处罚;同时构成其他犯罪的,依照处罚较重的规定定罪从重处罚。"

【条文说明】

本条是关于虚假诉讼罪及其处罚的规定。本条共分为四款。

第一款是关于虚假诉讼罪及其处罚的规定。本罪的主体是**一般主体**,包括个人和单位。本罪侵犯的客体是国家司法秩序和他人的财产权等合法权益。本罪的主观方面是**故意**,行为人具有提起虚假的民事诉讼,欺骗国家司法机关,通过获得司法机关的裁判文书实现其非法目的的主观故意。《刑法修正案(九)(草案一审稿)》在本条中曾规定了"为谋取不正当利益"的主观条件。在草案审议和征求意见过程中,有的常委会组成人员和有关方面提出,增加规定虚假诉讼犯罪的目的是维护司法秩序,不论行为人的具体动机与目的如何,以捏造的事实提起虚假的民事诉讼的行为,就是严重妨害司法秩序的行为。如果再增加规定"为谋取不正当利益"的主观条件,不利于追诉和惩治虚假诉讼犯罪。根据上述意见,草案二审稿删除了"为谋取不正当利益"的规定。根据本款规定,构成虚假诉讼犯罪在客观方面必须具备以下条件:

1. 以捏造的事实提起民事诉讼。提起民事诉讼,是指依照民事诉讼法的规定向法院提起诉讼。在刑事自诉、行政诉讼等领域也可能存在行为人以捏造的事实向法院提起虚假诉讼的情况,对此可以依照诬告陷害罪等规定处罚,或者作为妨害诉讼活动处理,不适用本款规定。① "捏造的事实",是指凭空编造的不存在的事实和法律关系。如根本不存在的债权债务关系,从未发生过的商标侵权行为等。如果民事纠纷客观存在,行为人对具体数额、期限等事实作夸大、隐瞒或虚假陈述的,不属于这里的"捏造"。立法过程中反复研究使用了"捏造"一词,目的也是指凭空编造原本完全不存在的法律事实和法律关系,是对虚假诉讼罪范围的限制。"**以捏造的事实提起民事诉讼**",是指通过伪造书证、物证、恶意串通、指使证

人作假证言等手段,以凭空捏造的根本不存在的事实为基础,向法院提出诉讼请求,要求法院作出裁判。2018年《最高人民法院、最高人民检察院关于办理虚假诉讼刑事案件适用法律若干问题的解释》第一条规定:"采取伪造证据、虚假陈述等手段,实施下列行为之一,捏造民事法律关系,虚构民事纠纷,向人民法院提起民事诉讼的,应当认定为刑法第三百零七条之一第一款规定的'**以捏造的事实提起民事诉讼**':(一)与夫妻一方恶意串通,捏造夫妻共同债务的;(二)与他人恶意串通,捏造债权债务关系和以物抵债协议的;(三)与公司、企业的法定代表人、董事、监事、经理或者其他管理人员恶意串通,捏造公司、企业债务或者担保义务的;(四)捏造知识产权侵权关系或者不正当竞争关系的;(五)在破产案件审理过程中申报捏造的债权的;(六)与被执行人恶意串通,捏造债权或者对查封、扣押、冻结财产的优先权、担保物权的;(七)单方或者与他人恶意串通,捏造身份、合同、侵权、继承等民事法律关系的其他行为。隐瞒债务已经全部清偿的事实,向人民法院提起民事诉讼,要求他人履行债务的,以'以捏造的事实提起民事诉讼'论……"第七条规定:"采取伪造证据等手段篡改案件事实,编取人民法院裁判文书,构成犯罪的,依照刑法第二百八十条、第三百零七条等规定追究刑事责任。"另外,这里的"**提起民事诉讼**"包括向人民法院申请执行基于捏造的事实作出的仲裁裁决、公证债权文书,或者在民事执行过程中捏造的事实对执行标的提出异议、申请参与执行财产分配的情况。需要说明的是,立法过程中也有意见提出,将虚假仲裁行为规定为犯罪。考虑到当时民事虚假诉讼较为突出,通过人民法院进行虚假诉讼对司法公信力等危害性更大,对仲裁领域暂未规定。

2. 妨害司法秩序或者严重侵害他人合法权益,这是构成本罪的结果条件。本罪的客体是双重客体,既保护司法秩序,也保护他人合法权益。"**妨害司法秩序**",是指对国家司法机关进行审判活动、履行法定职责的正常秩序造成妨害,包括导致司法机关作出错误判决造成司法权威和司法公信力的损害,也包括提起虚假诉讼占用了司法资源,影响了司法机关的正常司法活动等。"**严重侵害合法权益**",是指虚假诉讼活动给被害人的财产权等合法权益造成严重损害。如司法机关执行错误判决或者因行为人提起诉讼采取保全措施

---

① 但如果其中附带民事诉讼的,不妨碍本罪之成立。参见张明楷:《刑法学》(第6版),法律出版社2021年版,第1432页。

造成被害人财产的严重损失，被害人一定数额的合法债权得不到及时清偿等。根据《最高人民法院、最高人民检察院关于办理虚假诉讼刑事案件适用法律若干问题的解释》第二条的规定："以捏造的事实提起民事诉讼，有下列情形之一的，应当认定为刑法第三百零七条之一第一款规定的'**妨害司法秩序或者严重侵害他人合法权益**'：（一）致使人民法院基于捏造的事实采取财产保全或者行为保全措施的；（二）致使人民法院开庭审理，干扰正常司法活动的；（三）致使人民法院基于捏造的事实作出裁判文书、制作财产分配方案，或者立案执行基于捏造的事实作出的仲裁裁决、公证债权文书的；（四）多次以捏造的事实提起民事诉讼的；（五）曾因以捏造的事实提起民事诉讼被采取民事诉讼强制措施或者受过刑事追究的；（六）其他妨害司法秩序或者严重侵害他人合法权益的情形。"只要虚假诉讼行为妨害司法秩序或者严重侵害他人合法权益，就可以构成本条规定的犯罪，**并不一定要求诉讼程序已经完结**，司法机关已经实际完成了裁判文书的制作、送达，裁判文书完全符合行为人的意愿等。

本款对虚假诉讼罪规定了两档刑罚。**第一档刑罚**是三年以下有期徒刑、拘役或者管制，并处或者单处罚金。**第二档刑罚**是对情节严重的，处三年以上七年以下有期徒刑，并处罚金。本款规定的"**情节严重**"，是指虚假诉讼对司法秩序造成严重妨害，或者对他人合法权益成特别重大损害。如虚假诉讼标的数额巨大，多次提起虚假诉讼，伪造证据的情节恶劣，损害善意当事人合法权益造成严重后果，具体标准可由司法机关根据实际情况作出的司法解释确定。根据《最高人民法院、最高人民检察院关于办理虚假诉讼刑事案件适用法律若干问题的解释》第三条规定："以捏造的事实提起民事诉讼，有下列情形之一的，应当认定为刑法第三百零七条之一第一款规定的'**情节严重**'：（一）有本解释第二条第一项情形，造成他人经济损失一百万元以上的；（二）有本解释第二条第二项至第四项情形之一，严重干扰正常司法活动或者严重损害司法公信力的；（三）致使义务人自动履行生效裁判文书确定的财产给付义务或者人民法院强制执行财产权益，数额达到一百万元以上的；（四）致使他人债权无法实现，数额达到一百万元以上的；（五）非法占有他人财产，数额达到十万元以上的；（六）致使他人因不执行人民法院基于捏造的事实作出的判决、裁定，被采取刑事拘留、逮捕措施或者受到刑事追究的；（七）其他情节严重的情形。"

第二款是关于单位犯虚假诉讼罪的处罚规定。本款对犯虚假诉讼犯罪的单位采取"**双罚制**"。既对单位判处罚金，又对其直接负责的主管人员和其他直接责任人员，依照第一款的规定处罚。

第三款是关于犯虚假诉讼犯罪同时构成其他犯罪时如何处理的规定。从实践中的情况看，以骗取财物为目的的虚假诉讼行为，在构成本条规定的犯罪的同时，往往还构成刑法规定的其他侵财类犯罪。针对这种同一行为构成刑法多个条文规定的犯罪的情况，有必要明确如何适用法律。本款对这一问题作了明确规定，即从一重罪从重处罚。本款的规定也有一个修改完善的过程。《刑法修正案（九）（草案）》曾经规定，有虚假诉讼行为，侵占他人财产或者逃避合法债务的，依照《刑法》第二百六十六条的规定从重处罚，即认定为诈骗罪并从重处罚。在草案审议过程中，有意见提出，这种情况通常会同时构成诈骗罪，但也有可能构成其他犯罪。如国家工作人员利用职务便利，与他人串通通过虚假诉讼侵占公共财产的，可能构成贪污罪；公司、企业或者其他单位的工作人员利用职务便利，与他人串通通过虚假诉讼侵占单位财产的，可能构成职务侵占罪，一律规定按诈骗罪处理不妥。为此，草案二审稿对有关规定作了修改，形成了本款规定。本款规定的适用范围是"有第一款行为，非法占有他人财产或者逃避合法债务，又构成其他犯罪的"，如果虚假诉讼的目的不是非法占有他人财产或者逃避合法债务，则不适用本款规定。对于本款规定的同一行为构成数个犯罪的情形，本款规定"**依照处罚较重的规定定罪从重处罚**"。首先，要比较本条规定的刑罚和刑法其他条文规定的刑罚，适用处刑较重的条文。本条和刑法有关诈骗罪、贪污罪、职务侵占罪等犯罪的条文，规定了多个量刑幅度，对此，在适用时要根据案件事实和各条的规定，确定适用于某一犯罪的具体量刑幅度，再进行比较，选择处刑较重的规定定罪。其次，还要根据确定适用的规定和量刑幅度从重处罚。这样规定体现了对虚假诉讼行为从严惩处的立法精神，也是考虑到如果仅规定从一重罪处罚，如同时构成诈骗罪的，仅依照诈骗罪处罚还不能体现本罪与一般诈骗罪的不同，本罪是通过非法利用人民法院公信力的方式实施诈骗，危害更大，所以比一般诈骗罪更应予以严厉处罚，所以规定了从一重罪，如诈骗罪，在此基础上又予以从重处罚，是一种双从重。

第四款是关于**司法工作人员利用职权实施虚假诉讼行为**如何处理的规定。从实践中的情况看，在有的虚假诉讼案件中，一些司法工作人员与当事人勾结，通过其职务行为或者影响力，为虚假诉讼目的的达成创造条件，有的甚至直接参与作出裁判。这类行为不仅损害他人的合法权益,而且严重损害了国家司法机关的公信力和司法权威,应当从严惩处。本款规定有两层意思:一是司法工作人员利用职权,与他人共同实施前三款规定的虚假诉讼行为的,从重处罚。二是司法工作人员利用职权,与他人共同实施前三款规定的虚假诉讼行为,同时构成其他犯罪的,依照处罚较重的规定定罪从重处罚。司法工作人员利用职权,与他人共同实施虚假诉讼行为,在构成本条规定的犯罪的同时,可能还构成民事枉法裁判、滥用职权等犯罪。本款规定,这种情况下应当依照处罚较重的规定定罪从重处罚。这样规定,同样体现了对司法工作人员执法犯法,参与虚假诉讼行为严厉惩处的精神。诉讼代理人、证人、鉴定人等诉讼参与人与他人通谋,代理提起虚假民事诉讼、故意作虚假证言或者出具虚假鉴定意见,三款同实施《刑法》第三百零七条之一规定的前三款行为的,依照共同犯罪的规定定罪处罚;同时构成妨害作证罪,帮助毁灭、伪造证据罪等犯罪的,依照处罚较重的规定定罪从重处罚。

实践中需要注意以下三个方面的问题:

1. 在执行本条规定的过程中要注意把握**罪与非罪的界限**。本条规定的是以凭空捏造的事实提起民事诉讼,妨害司法秩序或者严重侵害他人合法权益的犯罪。对于提起诉讼的基本事实是真实的,但在一些证据材料上弄虚作假,企图欺骗司法机关,获取有利于自己的裁判的行为,不适用本条规定。

2. 实践中还存在设置诉讼陷阱,滥用诉讼权利,故意拖延诉讼、扰乱审判秩序的恶意诉讼行为,这类行为与程序权利有关,属于**滥用诉权**的情形,不属于虚假诉讼犯罪。

3. 关于本条的**适用效力**。根据《最高人民法院关于〈中华人民共和国刑法修正案(九)〉时间效力问题的解释》第七条的规定,对于2015年10月31日以前以捏造的事实提起民事诉讼,妨害司法秩序或者严重侵害他人合法权益,根据修正前刑法应当以伪造公司、企业、事业单位、人民团体印章罪或者妨害作证罪等追究刑事责任的,适用修正前刑法的有关规定。但是,根据修正后刑法第三百零七条之一的规定处刑较轻的,适用修正后刑法的有关规定。实施第一款行为,非法占有他人财产或者逃避合法债务,根据修正前刑法应当以诈骗罪、职务侵占罪或者贪污罪等追究刑事责任的,适用修正前刑法的有关规定。

【司法解释】

《最高人民法院关于〈中华人民共和国刑法修正案(九)〉时间效力问题的解释》(法释〔2015〕19号,自2015年11月1日起施行)

△(**时间效力;从旧兼从轻原则**)对于2015年10月31日以前以捏造的事实提起民事诉讼,妨害司法秩序或者严重侵害他人合法权益,根据修正前刑法应当以伪造公司、企业、事业单位、人民团体印章罪或者妨害作证罪等追究刑事责任的,适用修正前刑法的有关规定。但是,根据修正后刑法第三百零七条之一的规定处刑较轻的,适用修正后刑法的有关规定。

实施第一款行为,非法占有他人财产或者逃避合法债务,根据修正前刑法应当以诈骗罪、职务侵占罪或者贪污罪等追究刑事责任的,适用修正前刑法的有关规定。(§7)

《最高人民法院关于审理民间借贷案件适用法律若干问题的规定》(法释〔2015〕18号,自2015年9月1日起施行,最高人民法院于2020年8月18日通过了修改决定①)

△(**虚假民间借贷诉讼;虚假诉讼罪**)经查明属于虚假民间借贷诉讼,原告申请撤诉的,人民法院不予准许,并应当依据《中华人民共和国民事诉讼法》第一百一十二条的规定,判决驳回其请求。

诉讼参与人或者其他人恶意制造、参与虚假诉讼,人民法院应当依据《中华人民共和国民事诉讼法》第一百一十一条、第一百一十二条和第一百一十三条之规定,依法予以罚款、拘留;构成犯罪的,应当移送有管辖权的司法机关追究刑事责任。

单位恶意制造、参与虚假诉讼的,人民法院应当对该单位进行罚款,并可以对其主要负责人或者直接责任人员予以罚款、拘留;构成犯罪的,应当移送有管辖权的司法机关追究刑事责任。(§20)

《最高人民法院、最高人民检察院关于办理虚假诉讼刑事案件适用法律若干问题的解释》(法释〔2018〕17号,自2018年10月1日起施行)

△(**以捏造的事实提起民事诉讼**)采取伪造证据、虚假陈述等手段,实施下列行为之一,捏造民事法律关系,虚构民事纠纷,向人民法院提起民事诉讼的,应当认定为刑法第三百零七条之一第一款规定的"以捏造的事实提起民事诉讼":

---

① 即《最高人民法院关于修改〈关于审理民间借贷案件适用法律若干问题的规定〉的决定》(法释〔2020〕6号,自2020年8月20日起施行)

（一）与夫妻一方恶意串通，捏造夫妻共同债务的；

（二）与他人恶意串通，捏造债权债务关系和以物抵债协议的；

（三）与公司、企业的法定代表人、董事、监事、经理或者其他管理人员恶意串通，捏造公司、企业债务或者担保义务的；

（四）捏造知识产权侵权关系或者不正当竞争关系的；

（五）在破产案件审理过程中申报捏造的债权的；

（六）与被执行人恶意串通，捏造债权或者对查封、扣押、冻结财产的优先权、担保物权的；

（七）单方或者与他人恶意串通，捏造身份、合同、侵权、继承等民事法律关系的其他方式。

隐瞒债务已经全部清偿的事实，向人民法院提起民事诉讼，要求他人履行债务的，以"以捏造的事实提起民事诉讼"论。

向人民法院申请执行基于捏造的事实作出的仲裁裁决、公证债权文书，或者在民事执行过程中以捏造的事实对执行标的提出异议、申请参与执行财产分配的，属于刑法第三百零七条之一第一款规定的"以捏造的事实提起民事诉讼"。（§1）

△（**妨害司法秩序或者严重侵害他人合法权益**）以捏造的事实提起民事诉讼，有下列情形之一的，应当认定为刑法第三百零七条之一第一款规定的"妨害司法秩序或者严重侵害他人合法权益"：

（一）致使人民法院基于捏造的事实采取财产保全或者行为保全措施的；

（二）致使人民法院开庭审理，干扰正常司法活动的；

（三）致使人民法院基于捏造的事实作出裁判文书、制作财产分配方案，或者立案执行基于捏造的事实作出的仲裁裁决、公证债权文书的；

（四）多次以捏造的事实提起民事诉讼的；

（五）曾因以捏造的事实提起民事诉讼被采取民事诉讼强制措施或者受到刑事追究的；

（六）其他妨害司法秩序或者严重侵害他人合法权益的情形。（§2）

△（**情节严重**）以捏造的事实提起民事诉讼，有下列情形之一的，应当认定为刑法第三百零七条之一第一款规定的"情节严重"：

（一）有本解释第二条第一项情形，造成他人经济损失一百万元以上的；

（二）有本解释第二条第二项至第四项情形之一，严重干扰正常司法活动或者严重损害司法公信力的；

（三）致使义务人自动履行生效裁判文书确定的财产给付义务或者人民法院强制执行财产权益，数额达到一百万元以上的；

（四）致使他人债权无法实现，数额达到一百万元以上的；

（五）非法占有他人财产，数额达到十万元以上的；

（六）致使他人因为不执行人民法院基于捏造的事实作出的判决、裁定，被采取刑事拘留、逮捕措施或者受到刑事追究的；

（七）其他情节严重的情形。（§3）

△（**竞合；诈骗罪；职务侵占罪；拒不执行判决、裁定罪；贪污罪**）实施刑法第三百零七条之一第一款行为，非法占有他人财产或者逃避合法债务，又构成诈骗罪，职务侵占罪，拒不执行判决、裁定罪，贪污罪等犯罪的，依照处罚较重的规定定罪从重处罚。

△（**竞合；司法工作人员；滥用职权罪；民事枉法裁判罪；执行判决、裁定滥用职权罪**）司法工作人员利用职权，与他人共同实施刑法第三百零七条之一前三款行为的，从重处罚；同时构成滥用职权罪、民事枉法裁判罪，执行判决、裁定滥用职权罪等犯罪的，依照处罚较重的规定定罪从重处罚。（§5）

△（**诉讼代理人、证人、鉴定人等诉讼参与人；共同犯罪；竞合；妨害作证罪；帮助毁灭、伪造证据罪**）诉讼代理人、证人、鉴定人等诉讼参与人与他人通谋，代理提起虚假民事诉讼、故意作虚假证言或者出具虚假鉴定意见，共同实施刑法第三百零七条之一前三款行为的，依照共同犯罪的规定定罪处罚；同时构成妨害作证罪，帮助毁灭、伪造证据罪等犯罪的，依照处罚较重的规定定罪从重处罚。（§6）

△（**单位实施**）单位实施刑法第三百零七条之一第一款行为的，依照本解释规定的定罪量刑标准，对其直接负责的主管人员和其他直接责任人员定罪处罚，并对单位判处罚金。（§8）

△（**犯罪情节轻微；从宽处罚；司法工作人员**）实施刑法第三百零七条之一第一款行为，未达到情节严重的标准，行为人系初犯，在民事诉讼过程中自愿具结悔过，接受人民法院处理决定，积极退赃、退赔的，可以认定为犯罪情节轻微，不起诉或者免予刑事处罚；确有必要判处刑罚的，可以从宽处罚。

司法工作人员利用职权，与他人共同实施刑法第三百零七条之一第一款行为的，对司法工作人员不适用本条第一款规定。（§9）

△（**虚假诉讼刑事案件；管辖**）虚假诉讼刑事案件由虚假民事诉讼案件的受理法院所在地或者

执行法院所在地人民法院管辖。有刑法第三百零七条之一第四款情形的,上级人民法院可以指定下级人民法院将案件移送其他人民法院审判。(§10)

△(**裁判文书**)本解释所称裁判文书,是指人民法院依照民事诉讼法、企业破产法等民事法律作出的判决、裁定、调解书、支付令等文书。(§11)

【司法解释性文件】

《最高人民法院、最高人民检察院、公安部、司法部关于办理黑恶势力犯罪案件若干问题的指导意见》(法发〔2018〕1号,2018年1月16日公布)

△(**假借民间借贷之名;诈骗罪;强迫交易罪;敲诈勒索罪;抢劫罪;虚假诉讼罪;违法所得**)对于以非法占有为目的,假借民间借贷之名,通过"虚增债务""签订虚假借款协议""制造资金走账流水""肆意认定违约""转单平账""虚假诉讼"等手段非法占有他人财产,或者使用暴力、威胁手段强立债权、强行索债的,应当根据案件具体事实,以诈骗、强迫交易、敲诈勒索、抢劫、虚假诉讼等罪名侦查、起诉、审判。对于非法占有的被害人实际所借款以外的被害人实际上却为犯罪嫌疑人、"债务"和以"保证金""中介费""服务费"等各种名目扣除或收取的额外费用,均应计入违法所得。对于名义上为被害人所得、但在案证据能够证明实际上却为犯罪嫌疑人、被告人实施后续犯罪所使用的"借款",应予以没收。(§20)

《最高人民法院、最高人民检察院、公安部、司法部关于办理"套路贷"刑事案件若干问题的意见》(法发〔2019〕11号,自2019年4月9日起施行)

△("**套路贷";诈骗罪;敲诈勒索罪;非法拘禁罪;虚假诉讼罪;寻衅滋事罪;强迫交易罪;抢劫罪;绑架罪**)实施"套路贷"过程中,未采用明显的暴力或者威胁手段,其行为特征从整体上表现为以非法占有为目的,通过虚构事实、隐瞒真相骗取被害人财物的,一般以诈骗罪定罪处罚;对于在实施"套路贷"过程中多种手段并用,构成诈骗、敲诈勒索、非法拘禁、虚假诉讼、寻衅滋事、强迫交易、抢劫、绑架等多种犯罪的,应当根据具体案件事实,区分不同情况,依照刑法及有关司法解释的规定数罪并罚或者择一重处。(§4)

《最高人民法院、最高人民检察院、公安部、司法部关于进一步加强虚假诉讼犯罪惩治工作的意见》(法发〔2021〕10号,2021年3月4日发布)

△(**虚假诉讼犯罪**)本意见所称虚假诉讼犯罪,是指行为人单独或者与他人恶意串通,采取伪造证据、虚假陈述等手段,捏造民事案件基本事实,虚构民事纠纷,向人民法院提起民事诉讼,妨害司法秩序或者严重侵害他人合法权益,依照刑法应当受刑罚处罚的行为。(§2)

△(**以捏造的事实提起民事诉讼**)实施《最高人民法院、最高人民检察院关于办理虚假诉讼刑事案件适用法律若干问题的解释》第一条第一款、第二款规定的捏造事实行为,并有下列情形之一的,应当认定为刑法第三百零七条之一第一款规定的"以捏造的事实提起民事诉讼":

(一)提出民事起诉的;

(二)向人民法院申请宣告失踪、宣告死亡,申请认定公民无民事行为能力、限制民事行为能力,申请认定财产无主,申请确认调解协议,申请实现担保物权,申请支付令,申请公示催告的;

(三)在民事诉讼过程中增加独立的诉讼请求,提出反诉,有独立请求权的第三人提出与本案有关的诉讼请求的;

(四)在破产案件审理过程中申报债权的;

(五)案外人申请民事再审的;

(六)向人民法院申请执行仲裁裁决、公证债权文书的;

(七)案外人在民事执行过程中对执行标的提出异议,债权人在民事执行过程中申请参与执行财产分配的;

(八)以其他手段捏造民事案件基本事实,虚构民事纠纷,提起民事诉讼的。(§4)

△(**虚假诉讼犯罪易发的民事案件类型**)对于下列虚假诉讼犯罪易发的民事案件类型,人民法院、人民检察院在履行职责过程中应当予以重点关注:

(一)民间借贷纠纷案件;

(二)涉及房屋限购、机动车配置指标调控的以物抵债案件;

(三)以离婚诉讼一方当事人为被告的财产纠纷案件;

(四)以已经资不抵债或者已经被作为被执行人的自然人、法人和非法人组织为被告的财产纠纷案件;

(五)以拆迁区划范围内的自然人为当事人的离婚、分家析产、继承、房屋买卖合同纠纷案件;

(六)公司分立、合并和企业破产纠纷案件;

(七)劳动争议案件;

(八)涉及驰名商标认定的案件;

(九)其他需要重点关注的民事案件。(§5)

△(**民事诉讼当事人;及时甄别和发现虚假诉讼犯罪**)民事诉讼当事人有下列情形之一的,人民法院、人民检察院在履行职责过程中应当依法严格审查,及时甄别和发现虚假诉讼犯罪:

(一)原告起诉依据的事实、理由不符合常理,存在伪造证据、虚假陈述可能的;

(二)原告诉请司法保护的诉讼标的额与其自身经济状况严重不符的;

(三)在可能影响案外人利益的案件中,当事人之间存在近亲属关系或者关联企业等共同利益关系的;

(四)当事人之间不存在实质性民事权益争议和实质性诉辩对抗的;

(五)一方当事人对于另一方当事人提出的对其不利的事实明确表示承认,且不符合常理的;

(六)认定案件事实的证据不足,但双方当事人主动迅速达成调解协议,请求人民法院制作调解书的;

(七)当事人自愿以价格明显不对等的财产抵付债务的;

(八)民事诉讼过程中存在其他异常情况的。(§6)

△**(民事诉讼代理人、证人、鉴定人等诉讼参与人;及时甄别和发现虚假诉讼犯罪)**民事诉讼代理人、证人、鉴定人等诉讼参与人有下列情形之一的,人民法院、人民检察院在履行职责过程中应当依法严格审查,及时甄别和发现虚假诉讼犯罪:

(一)诉讼代理人违规接受对方当事人或者案外人给付的财物或者其他利益,与对方当事人或者案外人恶意串通,侵害委托人合法权益的;

(二)故意提供虚假证据,指使、引诱他人伪造、变造证据、提供虚假证据或者隐匿、毁灭证据的;

(三)采取其他不正当手段干扰民事诉讼活动正常进行的。(§7)

《最高人民法院关于深入开展虚假诉讼整治工作的意见》(法〔2021〕281号,2021年11月10日发布)

△**(虚假诉讼;虚假诉讼行为人)**精准甄别查处,依法保护诉权。单独或者与他人恶意串通,采取伪造证据、虚假陈述等手段,捏造民事案件基本事实,虚构民事纠纷,向人民法院提起民事诉讼,损害国家利益、社会公共利益或者他人合法权益,妨害司法秩序的,构成虚假诉讼。向人民法院申请执行基于捏造的事实作出的仲裁裁决、调解书及公证债权文书,在民事执行过程中以捏造的事实对执行标的提出异议、申请参与执行财产分配的,也属于虚假诉讼。诉讼代理人、证人、鉴定人、公证人等与他人串通,共同实施虚假诉讼的,属于虚假诉讼行为人。在整治虚假诉讼的同时,应当依法保护当事人诉权。既要防止以保护当事人诉权为由,放松对虚假诉讼的甄别、查处,又要防止以整治虚假诉讼为由,当立案不立案,损害当事人诉权。(§2)

△**(防范虚假诉讼)**把准特征表现,做好靶向整治。各级人民法院要积极总结司法实践经验,准确把握虚假诉讼的特征表现,做到精准施治、靶向整治。对存在下列情形的案件,要高度警惕,严格审查,有效防范虚假诉讼:原告起诉依据的事实、理由不符合常理;诉讼标的额与原告经济状况严重不符;当事人之间存在亲属关系、关联关系等利害关系,诉讼结果可能涉及案外人利益;当事人之间不存在实质性民事权益争议,在诉讼中没有实质性对抗辩论;当事人的自认不符合常理;当事人身陷沉重债务负担却以明显不合理的低价转让财产、以明显不合理的高价受让财产或者放弃财产权利;认定案件事实的证据不足,当事人却主动迅速达成调解协议,请求人民法院制作调解书;当事人亲历案件事实却不能完整准确陈述案件事实或者陈述前后矛盾等。(§3)

△**(虚假诉讼犯罪;竞合;共同犯罪)**依法认定罪name,从严追究虚假诉讼刑事责任。虚假诉讼行为符合刑法和司法解释规定的定罪标准的,要依法认定为虚假诉讼罪等罪名,从严追究行为人的刑事责任。实施虚假诉讼犯罪,非法占有他人财产或者逃避合法债务,又构成诈骗罪、职务侵占罪、拒不执行判决、裁定罪、贪污罪等犯罪的,依照处罚较重的规定定罪从重处罚。对于多人结伙实施的虚假诉讼共同犯罪中throat责最突出的主犯、有虚假诉讼违法犯罪前科再次实施虚假诉讼犯罪的被告人,要充分体现从严,控制缓刑、免予刑事处罚的适用范围。(§17)

△**(法院工作人员;虚假诉讼罪;玩忽职守罪、执行判决、裁定失职罪;竞合)**加强队伍建设,提升整治能力。各级人民法院要及时组织法院干警学习掌握中央和地方各项经济社会政策;将甄别和查处虚假诉讼纳入法官培训范围;通过典型案例分析、审判业务交流、庭审观摩等多种形式,提高法官甄别和查处虚假诉讼的司法能力;严格落实司法责任制,对参与虚假诉讼的法院工作人员依规依纪严肃处理,建设忠诚干净担当的人民法院队伍。法院工作人员利用职权与他人共同实施虚假诉讼行为,构成虚假诉讼罪的,依法从重处罚,同时构成其他犯罪的,依照处罚较重的规定定罪并从重处罚。法院工作人员不正确履行职责,玩忽职守,或者使虚假诉讼案件进入诉讼程序,导致公共财产、国家和人民利益遭受重大损失,符合刑法规定的犯罪构成要件的,依照玩忽职守罪、执行判决、裁定失职罪等罪名定罪处罚。(§20)

《最高人民检察院、公安部关于公安机关管辖

的刑事案件立案追诉标准的规定(二)》(公通字〔2022〕12号,2022年4月6日公布)

△(虚假诉讼罪;立案追诉标准)单独或者与他人恶意串通,以捏造的事实提起民事诉讼,涉嫌下列情形之一的,应予立案追诉:

(一)致使人民法院基于捏造的事实采取财产保全或者行为保全措施的;

(二)致使人民法院开庭审理,干扰正常司法活动的;

(三)致使人民法院基于捏造的事实作出裁判文书、制作财产分配方案,或者立案执行基于捏造的事实作出的仲裁裁决、公证债权文书的;

(四)多次以捏造的事实提起民事诉讼的;

(五)因以捏造的事实提起民事诉讼被采取民事诉讼强制措施或者受过刑事追究的;

(六)其他妨害司法秩序或者严重侵害他人合法权益的情形。(§78)

【指导性案例】

最高人民检察院指导性案例第52号:广州乙置业公司等骗取支付令执行虚假诉讼监督案(2019年5月21日发布)

△(骗取支付令;侵吞国有资产;检察建议)当事人恶意串通、虚构债务,骗取法院支付令,并在执行过程中通谋达成和解协议,通过以物抵债的方式侵占国有资产,损害司法秩序,构成虚假诉讼。检察机关对此类案件应当依法进行监督,充分发挥法律监督职能,维护司法秩序,保护国有资产。

最高人民检察院指导性案例第53号:武汉乙投资公司等骗取调解书虚假诉讼监督案(2019年5月21日发布)

△(虚假调解;逃避债务;民事抗诉)伪造证据、虚构事实提起诉讼,骗取人民法院调解书,妨害司法秩序、损害司法权威,不仅可能损害他人合法权益,而且损害国家和社会公共利益的,构成虚假诉讼。检察机关办理此类虚假诉讼监督案件,应当以交易和诉讼中的异常现象出发,追踪利益流向,查明当事人之间的通谋行为,确认是否构成虚假诉讼,依法予以监督。

最高人民检察院指导性案例第54号:陕西甲实业公司等公证执行虚假诉讼监督案(2019年5月21日发布)

△(虚假公证;非讼执行监督;检察建议)当事人恶意串通、捏造事实,骗取公证文书并申请法院强制执行,侵害他人合法权益,损害司法秩序和司法权威,构成虚假诉讼。检察机关对此类虚假诉讼应当依法监督,规范非诉执行行为,维护司法

秩序和社会诚信。

最高人民检察院指导性案例第55号:福建王某兴等人劳动仲裁执行虚假诉讼监督案(2019年5月21日发布)

△(虚假劳动仲裁;仲裁执行监督;检察建议)为从行拨款项中优先受偿,当事人伪造证据将普通债权债务关系虚构为劳动争议申请劳动仲裁,获取仲裁裁决或调解书,据此向人民法院申请强制执行,构成虚假诉讼。检察机关对此类虚假诉讼行为应当依法进行监督。

最高人民检察院指导性案例第56号:江西熊某等交通事故保险理赔虚假诉讼监督案(2019年5月21日发布)

△(保险理赔;伪造证据;民事抗诉)假冒原告名义提起诉讼,采取伪造证据、虚假陈述等手段,取得法院生效裁判文书,非法获取保险理赔款,构成虚假诉讼。检察机关在履行职责过程中发现虚假诉讼案件线索,应当强化线索发现和调查核实的能力,查明违法事实,纠正错误裁判。

最高人民检察院指导性案例第87号:李卫俊等"套路贷"虚假诉讼案(2020年12月14日发布)

△(虚假诉讼;套路贷;刑民检察协同;类案监督;金融监管)检察机关办理涉及"套路贷"案件时,应当查清是否存在通过虚假诉讼行为实现非法利益的情形。对虚假诉讼中涉及的民事判决、裁定、调解协议书等,应当依法开展监督。针对办案中发现的非法金融活动和监管漏洞,应当运用检察建议等方式,促进依法整治并及时堵塞行业监管漏洞。

最高人民检察院指导性案例第192号:周某某与项某某、李某某著作权权属、侵权纠纷等系列虚假诉讼监督案(2023年7月27日发布)

△(知识产权保护;著作权纠纷;著作权登记;虚假诉讼;数字检察;综合履职)冒充作者身份,以его他人创作的作品骗取著作权登记,并以此为主要证据提起诉讼谋取不正当利益,损害他人合法权益,妨害司法秩序的,构成虚假诉讼。检察机关应积极推进数字检察,以大数据赋能创新法律监督模式,破解虚假诉讼监督瓶颈。对于知识产权领域虚假诉讼案件,检察机关应依职权启动监督程序,通过监督民事生效裁判、移送刑事案件线索、提出社会治理意见建议等方式促进综合治理。

最高人民检察院指导性案例第210号:杨某涉嫌虚假诉讼不批捕复议案(2024年4月23日发布)

△(**虚假诉讼;篡改证据;综合履职;不批捕复议**)认定虚假诉讼罪,应当把握行为人是否实施了捏造民事法律关系、虚构民事纠纷的行为。行为人虽然篡改部分证据,但当事人之间存在真实的民事法律关系、民事纠纷的,不认为是犯罪。人民检察院办理不批捕复议案件,应当加强与公安机关沟通,促进对复议决定的理解认同。对行为人的行为虽不构成犯罪,但妨害了司法秩序或者侵害了他人合法权益的,人民检察院应当提出检察建议,使行为人承担相应法律责任。

【参考案例】

No.6-2-307 之一—1 **胡群光妨害作证、王荣炎帮助伪造证据案**

债权债务关系存在但对数额进行部分篡改的,不成立虚假诉讼罪。

No.6-2-307 之一—2 **高云虚假诉讼案**

虚假诉讼罪的惩治重点,是行为人捏造事实行使虚假诉权的行为。对于普通共同诉讼中各原告行使各自诉权的行为,原则上应当分别进行评价,确定其中是否存在捏造民事法律关系、虚构民事纠纷的情形,如果答案是肯定的,则应认定该部分为《刑法》规定的虚假诉讼行为。

No.6-2-307 之一—3 **胡文新、黎维军虚假诉讼案**

以捏造的事实获得仲裁调解书并申请执行的,成立虚假诉讼罪。

No.6-2-307 之一—4 **嘉善双赢轴承厂诉单国强虚假诉讼案**

为了避免刑事自诉权被滥用,成为部分民事诉讼当事人用以恶意干扰民事诉讼进程的工具,对虚假诉讼犯罪案件的被害人行使自诉权的条件应当依法严格把握。

No.6-2-307 之一—5 **万春禄虚假诉讼案**

采用隐瞒真相方式捏造事实并提起民事诉讼的行为可以构成虚假诉讼罪。

No.6-2-307 之一—6 **万春禄虚假诉讼案**

虚假诉讼罪是结果犯,出现一定犯罪后果是判断犯罪既遂的标准。

No.6-2-307 之一—8 **张伟民虚假诉讼案**

虚假诉讼罪中,不应仅根据诉讼标的额与非法所得数额大小认定"情节严重"。

第三百零八条 【打击报复证人罪】

对证人进行打击报复的,处三年以下有期徒刑或者拘役;情节严重的,处三年以上七年以下有期徒刑。

【条文说明】

本条是关于打击报复证人罪及其处罚的规定。

本罪的客观方面表现为"**对证人进行打击报复**"。"**证人**"不仅包括刑事诉讼中的证人,也包括民事、行政诉讼中的证人。① "**打击报复**"包括多种方式:一是直接加害证人本人的人身,如对证人进行暴力伤害、当众侮辱或捏造事实诬谤,限制人身自由等;二是间接侵害证人,如通过加害证人的亲友、毁坏证人的财产、滋扰证人的生活安宁等方式,对证人进行打击报复;② 三是利用职权迫害证人,如降薪、降职、辞退、压制晋升、扣发工资或奖金、调离岗位等。

根据犯罪情节的不同,本条规定了两档刑罚:犯本罪的,处三年以下有期徒刑或者拘役;情节严重的,处三年以上七年以下有期徒刑。本条没有规定犯罪门槛,但对报复陷害的也不是一律都作为犯罪处理,也应区分情况,对情节显著轻微危害不大的,可以依照有关法律、法规,给予行政处罚或者处分等。"**情节严重**",主要是指行为人的犯罪手段极其恶劣,多次打击报复证人或者打击报复证人多人的,造成被害人精神失常,自杀等严重后果的。

需要指出的是,对证人进行打击报复的行为人如果有故意伤害、杀害证人或者其他犯罪行为的,其行为构成故意伤害罪、故意杀人罪等,应根据从一重罪处罚的原则,按照该行为触犯的刑罚较重的犯罪定罪处刑。另外,在适用过程中,应注

---

① 相同的学说见解,参见张明楷:《刑法学》(第6版),法律出版社2021年版,第1438页;周光权:《刑法各论》(第4版),中国人民大学出版社2021年版,第453页。

② 如果对证人亲属的打击报复行为,能够评价为对证人的打击报复时,也应以本罪论处。参见张明楷:《刑法学》(第6版),法律出版社2021年版,第1483页;黎宏:《刑法学各论》(第2版),法律出版社2016年版,第403—404页。

意本罪与《刑法》第二百五十四条规定的**报复陷害罪**、第三百零七条规定的**妨害作证罪**的区别。报复陷害的主体是特定主体，是国家机关工作人员，针对的对象是控告人、申诉人、批评人、举报人，侵害的是公民的人身权利、民主权利；打击报复证人罪的对象是证人，主体没有限定，从司法实践情况来看，大多为诉讼活动的一方当事人及其亲友，或者与案件的处理结果有利害关系的人，妨害的是证人作证的司法秩序。两罪只在行为手段上具有相似性，都是利用各种暴力、非暴力的手段损害他人合法利益。本罪与妨害作证罪的对象都是证人，区别主要是：一方面，行为表现形式不同，打击报复证人罪是行为人采取暴力、威胁等手段对证人实施打击报复，造成证人人身、精神上的伤害的行为；妨害作证罪在客观方面则表现为行为人以暴力、威胁、贿买等方法阻止证人作证或者指使他人作伪证的行为。另一方面，两罪行为实施的时间阶段不同，打击报复证人罪的行为一般发生在证人依法作证之后；妨害作证罪则发生在证人作证之前。

第三百零八条之一 【**泄露不应公开的案件信息罪**】【**披露、报道不应公开的案件信息罪**】

司法工作人员、辩护人、诉讼代理人或者其他诉讼参与人，泄露依法不公开审理的案件中不应当公开的信息，造成信息公开传播或者其他严重后果的，处三年以下有期徒刑、拘役或者管制，并处或者单处罚金。

有前款行为，泄露国家秘密的，依照本法第三百九十八条的规定定罪处罚。

公开披露、报道第一款规定的案件信息，情节严重的，依照第一款的规定处罚。

单位犯前款罪的，对单位判处罚金，并对其直接负责的主管人员和其他直接责任人员，依照第一款的规定处罚。

【立法沿革】

《中华人民共和国刑法修正案（九）》（自2015年11月1日起施行）

三十六、在刑法第三百零八条后增加一条，作为第三百零八条之一：

"司法工作人员、辩护人、诉讼代理人或者其他诉讼参与人，泄露依法不公开审理的案件中不应当公开的信息，造成信息公开传播或者其他严重后果的，处三年以下有期徒刑、拘役或者管制，并处或者单处罚金。

"有前款行为，泄露国家秘密的，依照本法第三百九十八条的规定定罪处罚。

"公开披露、报道第一款规定的案件信息，情节严重的，依照第一款的规定处罚。

"单位犯前款罪的，对单位判处罚金，并对其直接负责的主管人员和其他直接责任人员，依照第一款的规定处罚。"

【条文说明】

本条是关于泄露不应公开的案件信息罪，披露、报道不应公开的案件信息罪及其处罚的规定。

本条共分为四款。

第一款是关于**泄露不应公开的案件信息罪**及其处罚的规定。本罪的主体是**司法工作人员、辩护人、诉讼代理人或者其他诉讼参与人**，即参与不公开审理的案件的诉讼活动，知悉不应当公开的案件信息的人。"**司法工作人员**"，在刑事诉讼中，包括侦查人员、检察人员、审判人员和有监管职责的人员，在民事诉讼、行政诉讼中主要是指审判人员。"**辩护人**"，是指在刑事诉讼中接受犯罪嫌疑人、被告人的委托或者法律援助机构的指派，为犯罪嫌疑人、被告人提供法律帮助的人，包括律师，人民团体或者犯罪嫌疑人、被告人所在单位推荐的人及犯罪嫌疑人、被告人的监护人、亲友。"**诉讼代理人**"，是指接受刑事公诉案件被害人及其法定代理人或者近亲属、自诉案件自诉人及其法定代理人、刑事附带民事诉讼案件当事人及其法定代理人、民事诉讼案件当事人及其法定代理人、行政诉讼案件当事人及其法定代理人的委托，代为参加诉讼和提供法律帮助的人，包括律师，基层法律服务工作者，当事人的近亲属或者工作人员，当事人所在社区、单位以及有关社会团体推荐的公民等。"**其他诉讼参与人**"，是指除司法工作人员、辩护人、诉讼代理人之外其他参加诉讼的人员，包括证人、鉴定人、出庭的有专门知识的人、记录人、翻译人等。

根据本款规定，构成泄露不应公开的案件信息罪在客观方面必须具备以下条件：一是泄露依

法不公开审理的案件中不应当公开的信息。① 依法不公开审理的案件，是指依照刑事诉讼法、民事诉讼法、行政诉讼法、未成年人保护法等法律的规定，应当不公开审理或者经当事人提出申请，人民法院决定不公开审理的案件。不应当公开的信息，是指分析只有可能对国家安全和利益、当事人受法律保护的隐私权、商业秘密造成损害，以及对涉案未成年人的身心健康造成不利影响的信息。包括案件涉及的国家秘密、个人隐私、商业秘密本身，也包括其他与案件有关不宜为诉讼参与人以外人员知悉的信息。对于未成年人犯罪案件，未成年犯罪嫌疑人、被告人的姓名、住所、照片、图像、就读学校以及其他可能推断出该未成年人身份信息的资料，都属于不应当公开的信息。造成不应当知悉有关案件信息的人员知悉有关案件信息的，即属于泄露该信息的行为。② 二是**造成信息公开传播或者其他严重后果**，是构成本罪的结果条件。"**信息公开传播**"，是指信息在一定数量的公众中广泛传播。信息的公开传播使不公开审理制度所保护的法益的损害扩大，是严重的危害后果。"**其他严重后果**"，是指信息公开传播以外的其他严重的危害后果，如造成被害人不堪受辱而自杀、造成审判活动被干扰导致无法顺利进行等。

本款对泄露不应公开的案件信息罪规定了一档刑罚，即处三年以下有期徒刑、拘役或者管制，并处或者单处罚金。

第二款是关于**有泄露不公开审理的案件信息的行为，同时泄露国家秘密的**，如何处理的规定。《刑法》第三百九十八条规定了故意或者过失泄露国家秘密犯罪。行为人泄露不公开审理案件中的国家秘密的，同时构成本条和第三百九十八条的犯罪，需要明确如何处理。考虑到第三百九十八条是针对泄露国家秘密犯罪的专门规定，其规定的法定刑也较本条第一款规定的法定刑更重，对泄露不公开审理的案件中的国家秘密的行为依照《刑法》第三百九十八条的规定定罪处罚，更能体现对泄露国家秘密犯罪从严惩处的精神，因此没有规定从一重罪处罚，而是直接规定，有本条第一款规定的泄露不公开审理的案件信息的行为，泄露国家秘密的，**依照《刑法》第三百九十八条的规定罪处罚**。泄露国家秘密罪虽然规定在渎职罪一章，但其犯罪主体作了特别规定，包括国家机关工作人员和非国家机关工作人员。因此除了司法工作人员，其他诉讼参与人也可适用本款规定定罪处罚。

第三款是关于**披露、报道不应公开的案件信息罪及其处罚的规定**。有的个人和媒体、网站等单位，虽然不是泄露不公开审理的案件信息的行为人，但通过各种渠道获得不公开审理的案件信息后，公开披露、报道，甚至大肆炒作，有的造成严重后果，对司法秩序和有关当事人的合法权益造成严重损害。这种行为与泄露不公开审理的案件信息具有同样的社会危害性，应当追究刑事责任。"**公开披露**"是指通过各种途径向他人和公众发布有关案件信息。"**报道**"主要是指利用报刊、广播、电视、网站等媒体向公众公开传播有关案件信息。本款规定的"**情节严重**"，是公开披露、报道第一款规定的案件信息行为构成犯罪的条件，其具体含义可以参照第一款的规定，主要是造成信息大量公开传播、为公众所知悉、给司法秩序和当事人合法权益造成严重损害，以及其他与此类似的严重后果。根据本款规定，公开披露、报道第一款规定的案件信息，情节严重的，依照第一款的规定处罚，即处三年以下有期徒刑、拘役或者管制，并处或者单处罚金。

第四款是关于**单位犯披露、报道不应公开的案件信息罪的规定**。本款对犯披露、报道不应公开的案件信息罪的单位采取"**双罚制**"。既对单位判处罚金，又对其直接负责的主管人员和其他直接责任人员，依照第一款的规定处罚。

需要注意的是，在《刑法修正案（九）（草案）》审议和征求意见过程中，有的意见提出，本条规定可能会对辩护人、代理律师正常的执业活动以及新闻媒体对案件进行正常报道和舆论监督造成负面影响，建议对是否增加本条规定慎重考虑。经对这方面意见认真研究，考虑到本条规定是为了保障人民法院依法独立公正行使审判权，保护当事人的合法权益，本罪的主体包括司法工作人员在内的所有诉讼参与人，不是专门针对某个特定群体的，律师的正常执业活动中不会因本条规定受到不利影响。同时，法律对于不公开审理的案件范围规定是明确的，新闻媒体对于涉及这类案件

---

① 相反的，披露案件审理过程中司法工作人员、辩护人、诉讼代理人或者其他诉讼参与人的违法行为，都不成立犯罪。参见张明楷：《刑法学》（第6版），法律出版社2021年版，第1438页。

② 我国学者指出，除有关国家秘密外，不公开审理是为了保护被告人或者被害人的权利。由于本罪的司法秩序的具体内容是"依法不公开审理的案件信息"，实质是为了保护当事人的权利。故而，在不公开审理的案件审理终结后，行为人泄露不应公开的信息，即便没有破坏本案的司法秩序，依然成立本罪。反面而言，当事人的同意有可能阻却违法。参见张明楷：《刑法学》（第6版），法律出版社2021年版，第1439页。

的新闻线索,应当谨慎处理,避免触及法律红线。新闻媒体对案件的正常报道和舆论监督活动,也不会因为本条规定受到负面影响。

> 第三百零九条 【扰乱法庭秩序罪】
> 有下列扰乱法庭秩序情形之一的,处三年以下有期徒刑、拘役、管制或者罚金:
> (一)聚众哄闹、冲击法庭的;
> (二)殴打司法工作人员或者诉讼参与人的;
> (三)侮辱、诽谤、威胁司法工作人员或者诉讼参与人,不听法庭制止,严重扰乱法庭秩序的;
> (四)有毁坏法庭设施,抢夺、损毁诉讼文书、证据等扰乱法庭秩序行为,情节严重的。

【立法沿革】

《中华人民共和国刑法》(1997年修订,自1997年10月1日起施行)

第三百零九条

聚众哄闹、冲击法庭,或者殴打司法工作人员,严重扰乱法庭秩序的,处三年以下有期徒刑、拘役、管制或者罚金。

《中华人民共和国刑法修正案(九)》(自2015年11月1日起施行)

三十七、将刑法第三百零九条修改为:

"有下列扰乱法庭秩序情形之一的,处三年以下有期徒刑、拘役、管制或者罚金:

"(一)聚众哄闹、冲击法庭的;

"(二)殴打司法工作人员或者诉讼参与人的;

"(三)侮辱、诽谤、威胁司法工作人员或者诉讼参与人,不听法庭制止,严重扰乱法庭秩序的;

"(四)有毁坏法庭设施,抢夺、损毁诉讼文书、证据等扰乱法庭秩序行为,情节严重的。"

【条文说明】

本条是关于扰乱法庭秩序罪及其处罚的规定。

本罪的主体主要是**参加法庭审判活动的人员**,包括当事人、法定代理人、辩护人、诉讼代理人、证人、鉴定人和翻译人员等,也包括法庭上的旁听人员和非法进入法庭的人员。本罪的主观方面是**故意**。本罪行为的本质特征是扰乱法庭秩序,即破坏了作为审判活动场所的法庭的正常秩序,对审判活动的正常进行造成妨害。本条分四项规定了四种扰乱法庭秩序的行为:

第一项是聚众哄闹、冲击法庭。"聚众"一般是指纠集三人以上共同实施。聚众哄闹法庭,是指纠集众人在法庭上以喧哗、叫嚷、吹口哨等方式起哄撤乱,干扰诉讼活动正常进行。聚众冲击法庭,是指纠集众人,在未得到法庭许可的情况下进入法庭,甚至冲上审判台等,致使法庭秩序混乱。本条未规定聚众哄闹、冲击法庭的只对首要分子进行处罚,但在司法实践中,应当主要对首要分子和在犯罪中起主要作用的人员进行处罚,对于被裹挟参与了哄闹、冲击法庭行为,情节显著轻微的人员,可以不作为犯罪处理。

第二项是殴打司法工作人员或者诉讼参与人。本项在1997年刑法"殴打司法工作人员"规定的基础上,增加了殴打诉讼参与人的规定。对审判人员、公诉人、法警等司法工作人员,以及其他当事人、辩护人或者代理律师等诉讼参与人实施殴打行为的,都构成本条规定的犯罪。这一规定,在进一步强化对法庭秩序的维护的同时,也加强了对诉讼参与人人身权利的保护。

第三项是侮辱、诽谤、威胁司法工作人员或者诉讼参与人,不听法庭制止,严重扰乱法庭秩序。本项是《刑法修正案(九)》增加的规定,也是与2012年修正的《刑事诉讼法》第一百九十四条和《民事诉讼法》第一百一十条相衔接的规定。"侮辱"是指公然诋毁他人人格、破坏他人名誉的行为。"诽谤"是指故意捏造事实,损害他人人格和名誉的行为。"威胁"是指以作出对他人人身、名誉或者社会公共利益不利的行为进行胁迫的行为。[①] 根据本项规定,实施侮辱、诽

[①] 威胁并非泛指一般意义上告知对方不利的事实,而是与前述侮辱、诽谤性质大致相同的、针对司法人员或者诉讼参与人之人身权利的恐吓行为,即以对司法人员、诉讼参与人及其家属的人身施暴力侵害相威胁,才属于本罪的威胁。如果辩护人、诉讼代理人认为其在法庭上受到不公正待遇,其诉讼平等权利被侵害,进而告知法官"再不让我说话,我就退庭",非属本罪之威胁。参见周光权:《刑法各论》(第4版),中国人民大学出版社2021年版,第455页。

谤、威胁司法工作人员或者诉讼参与人的行为，且不听法庭制止，严重扰乱法庭秩序的，才构成本条规定的犯罪。侮辱、诽谤、威胁的对象不仅包括法官等司法工作人员，也包括辩护律师等其他诉讼参与人，因此本项的规定意在维护法庭的庄严秩序，并非一些意见提出的专门针对律师扰乱法庭秩序的规定。在构成犯罪的条件上也特意作了限定，要求先有法官制止，不听劝阻、警告的行为，且要求造成严重扰乱法庭秩序的后果。"**严重扰乱法庭秩序**"是指对法庭审判活动的正常进行造成严重妨害，致使审判活动难以进行或者无法进行。

第四项是**有毁坏法庭设施，抢夺、损毁诉讼文书、证据等扰乱法庭秩序的行为，情节严重的**。本项也是《刑法修正案（九）》增加的规定。法庭设施是公共财产，也是人民法院审判活动的重要物质保障，诉讼文书、证据则是诉讼活动中重要的文件材料。故意打砸、损坏法庭设施以发泄不满，抢夺、损毁诉讼文书、证据等行为，都是实践中常见的损害司法权威，妨害诉讼活动正常进行的扰乱法庭秩序的行为。为此，本项将有上述行为，情节严重的规定为犯罪。这里规定的"**情节严重**"，也是指对法庭秩序造成严重破坏。情节轻微的，可以依照刑事诉讼法、民事诉讼法、行政诉讼法等有关规定予以拘留、罚款、警告等处罚。

本条对扰乱法庭秩序的犯罪规定了一档刑罚，即处三年以下有期徒刑、拘役、管制或者罚金。这是1997年刑法的规定，《刑法修正案（九）》未作修改。

实践中需要注意以下几个方面的问题：

1. 本条规定有一个修改完善的过程。在《刑法修正案（九）（草案）》提请审议和公开征求意见过程中，有意见提出第（三）项"**侮辱、诽谤、威胁司法工作人员或者诉讼参与人**"的规定和第（四）项"**有其他严重扰乱法庭秩序行为**"的规定，罪与非罪的界限不清楚，在执行中容易导致扩大化而被滥用，有的人担心该规定可能成为对律师进行打击报复的工具，造成律师执业环境恶化，不利于维护当事人的合法权益和司法公正，建议不作规定。经研究认为，第（三）项的规定与刑事诉讼法、民事诉讼法的有关规定是一致的，属于衔接性规定。从实践中的情况看，辩护人、代理律师被殴打和侮辱、诽谤、威胁的情况也屡见不鲜，第（三）项的规定有利于维护法庭秩序，是对包括辩护人、代理律师在内的所有诉讼参与人的保护。第（四）项规定的"**其他严重扰乱法庭秩序行为**"，也是维护法庭秩序和司法权威的必要规范，同时，为进一步明确罪与非罪的界限，防止适用扩大化，将第（四）项修改为"有毁坏法庭设施，抢夺、损毁诉讼文书、证据等扰乱法庭秩序行为，情节严重的"，进一步明确和限制情形，形成了最终的修正案文本。

2. 关于本罪的追诉程序，根据刑事诉讼法关于案件管辖等规定，《刑法》第三百零九条规定的扰乱法庭秩序罪，由公安机关负责侦查，检察机关向人民法院提起公诉。在研究起草《刑法修正案（九）》的过程中，有意见提出，扰乱法庭秩序的犯罪是"**法官眼前的犯罪**"，应当参照有些国家追究藐视法庭罪的程序，由人民法院直接审理作出判决，不要和其他普通刑事犯罪案件一样，经过公安机关侦查、检察机关审查起诉的程序。经过认真研究，考虑到人民法院、人民检察院和公安机关办理刑事案件，分工负责，互相配合，互相制约，是宪法和刑事诉讼法规定的基本原则。扰乱法庭秩序的犯罪如果由人民法院直接审理、径行判决，在程序上制约不充分，不利于提高司法公信力。因此，**对本罪的追诉程序未作修改**。

3. 关于本条规定的适用场所。本条规定的是扰乱法庭秩序的犯罪，这类犯罪发生的地点应该**是在进行审判活动的法庭之内**。在《刑法修正案（九）》研究起草和审议修改过程中，也有的意见提出将本罪修改为"扰乱审判秩序罪"，将扰乱人民法院除开庭审理案件以外的审判工作秩序的行为纳入本条规定的犯罪。经研究认为，法庭是国家进行审判活动的庄严场所，刑法对法庭秩序给予特别严格的保护，对于保障司法机关依法独立公正行使审判权具有重要意义。本条规定还是应当集中惩治在庭审过程中扰乱司法秩序的行为。对于在庭审以外的人民法院履行职责的活动中扰乱秩序的行为，如聚众冲击人民法院，在参加以外的诉讼活动时殴打、侮辱、诽谤、威胁司法工作人员或者诉讼参与人等，可以根据刑法、治安管理处罚法关于聚众冲击国家机关、妨害公务、故意伤害等规定予以处罚。

第三百一十条 【窝藏、包庇罪】
明知是犯罪的人而为其提供隐藏处所、财物，帮助其逃匿或者作假证明包庇的，处三年以下有期徒刑、拘役或者管制；情节严重的，处三年以上十年以下有期徒刑。
犯前款罪，事前通谋的，以共同犯罪论处。

【条文说明】

本条是关于窝藏、包庇罪及其处罚的规定。
本条共分为两款。
第一款是关于窝藏、包庇犯罪及其处罚的规定。本条规定的犯罪是**故意犯罪**。"明知是犯罪的人"是本罪构成的主观要件。**"明知是犯罪的人"**，是指行为人已知道被包庇的人犯有罪行。[①]在实践中，这种明知往往是犯罪的人告知行为人自己犯有罪行，但也有犯罪人并未明讲自己干了什么，可是通过其言谈话语和向行为人提出的要求，行为人可明确断定其犯罪。所以，**这里的"明知"包括"应当知道"的含义**。在办案中，认定行为人是否明知窝藏、包庇的是犯罪的人，不能只凭犯罪嫌疑人、被告人的口供，而应根据行为人的行为和案件的情况，结合其口供综合予以认定。对于行为人确实不知对方为犯罪嫌疑人而为其提供财物的，不能认定为犯罪。如犯罪的人谎称丢了钱，借钱买车票等，不能认定行为人有帮助犯罪的人隐藏的主观故意。本款规定了帮助犯罪的人逃避法律追究的两种行为：一是**为犯罪的人提供隐藏处所、财物，帮助其逃匿**。这是指将自己的住处、管理的房屋提供给犯罪的人或者给予犯罪的人钱、物，包括食品、衣被等，帮助犯罪的人隐藏或者逃匿，逃避法律追究。[②][③]二是**作假证明包庇犯罪的人**。这是指向司法机关提供假的证明来帮助犯罪分子逃避法律追究，如作假证明表示犯罪的人不在犯罪现场等。[④] 上述两种犯罪行为，只要实施了行为之一，就构成本条规定的犯罪。《刑法》第三百六十二条规定，旅馆业、饮食服务业、文化娱乐业、出租汽车业等单位的人员，在公安机关查处卖淫、嫖娼活动时，为违法犯罪分子通风报信，情节严重的，依照本法第三百一十条的规定定罪处罚。这是法律作出的**提示性规定**，目的是进一步明确，严厉打击查处卖淫嫖娼活动中通风报信的行为，针对当时一些地方包庇这类违法犯罪情况严重所作出的规定。另外，《刑法》第三百四十九条还专门规定了包庇毒品犯罪分子罪，也是考虑到对毒品犯罪的严厉惩治和实践中的突出情况。还有，《刑法》第四百一十七条对国家机关工作人员查案中的包庇行为规定了专门犯罪，即**帮助犯罪分子逃避处罚罪**："有查禁犯罪活动职责的国家机关工作人员，向犯罪分子通风报信、提供便利，帮助犯罪分子逃避处罚的，处三年以下有期徒刑或者拘役；情节严重的，处三年以上十年以下有期徒刑。"

根据本款规定，犯窝藏、包庇罪，处三年以下有期徒刑、拘役或者管制；情节严重的，处三年以上十年以下有期徒刑。"**情节严重**"，是指帮助重大案犯逃匿或为其作假证明，使其逃避法律追究，帮助犯罪团伙、集团逃匿或者因其包庇行为造成严重后果等。

[①] 我国学者指出，本条中"犯罪的人"要从普通用语上加以理解。只要作为犯罪嫌疑人而被列为立案侦查对象，即属于"犯罪的人"。已被公安、司法机关依法作为犯罪嫌疑人、被告人而成为侦查、起诉对象的人，即使事后被法院认定无罪，也属于"犯罪的人"。参见张明楷：《刑法学》（第6版），法律出版社2021年版，第1440页。
也有学者指出，窝藏、包庇罪中的"犯罪的人"，只要是"实施了客观犯罪行为的人"即可，而不要求达到"实施了符合特定犯罪构成要件，需要追究其刑事责任的人"的程度。参见黎宏：《刑法学各论》（第2版），法律出版社2016年版，第408页。

[②] 帮助犯罪的人逃匿的方法行为，不限于为犯罪的人提供隐藏处所或者财物。向犯罪的人通报侦查或者追捕的动静，向犯罪的人提供伪装的用具或者其他便利，向犯罪的人提供他人的身份证明书，均属于帮助其逃匿的行为。此外，"帮助"也不是共犯意义上的帮助。即使犯罪的人没有打算逃匿，也没有逃匿行为，但行为人使犯罪的人昏迷后将其送至外地，或者劝诱、迫使犯罪的人逃匿，也属于"帮助其逃匿"参见张明楷：《刑法学》（第6版），法律出版社2021年版，第1440页。

[③] 罪犯逃匿之后，配偶随其潜逃生活的行为，是否构成窝藏罪。学说上未有定论。其中，我国学者指出，配偶等单纯陪同犯罪的人潜逃，并在外地共同生活，不应认定为"帮助其逃匿"参见张明楷：《刑法学》（第6版），法律出版社2021年版，第1441页。也有学者指出，如果配偶的行为客观上为犯罪人逃匿提供了隐藏处所、财物上的帮助，可以构成窝藏罪；但若仅仅是因为在一起而提供了心理、生理上的帮助，并没有提供其他物质上的帮助，不能构成窝藏罪中的"窝藏"。参见黎宏：《刑法学各论》（第2版），法律出版社2016年版，第407页。

[④] 包庇罪中的"作假证明包庇"，仅限于作使犯罪的人逃避或者减轻法律责任的假证明。单纯毁灭有罪、重罪证据的行为本身，不符合"作假证明包庇"的要件。参见张明楷：《刑法学》（第6版），法律出版社2021年版，第1443页。

第二款是关于事先与犯罪分子通谋，帮助犯罪分子逃匿或者包庇犯罪分子的处罚规定。"事前通谋"，是指行为人与犯罪的人在其犯罪前已共同策划好，实施犯罪后由行为人帮助逃匿或作假证明帮助其人逃避法律追究。根据本款规定，对于事前通谋犯本条规定之罪的，**以共犯论处**。如某人与他人合谋盗窃，事先商定如案发出其提供隐藏处所，而在犯罪后实施窝藏行为的，应以盗窃罪的共犯处理。

需要注意的是，包庇犯罪是一种传统犯罪罪名，打击的是**妨害国家追究犯罪和司法秩序**。在中国历史上一直注重对藏匿、包庇犯人的规定和处罚，但同时确有一个例外的现象，那就是对亲属之间相互隐瞒包庇的给予特别的宽容，不处罚或者从宽处罚，即"亲亲得相首匿""同居相隐不为罪""亲亲相隐不为罪"。现代社会，规定亲属之间不能构成窝藏、包庇犯罪的国家已经没有，也就是说，**犯罪的人的亲属可以成为窝藏、包庇罪的主体**已经成为包括我国在内的各国法律规定的共识，因此本罪主体未作限定。不过，考虑到亲属之间的窝藏、包庇行为毕竟不同于社会上一般人之间的窝藏、包庇行为，在处罚上应当考虑予以从轻处罚。对于亲属不配合司法机关调查、不讲真实情况，但没有实施积极的藏匿、包庇行为的，不应构成本罪。

【司法解释】

《最高人民法院、最高人民检察院关于办理窝藏、包庇刑事案件适用法律若干问题的解释》（法释〔2021〕16号，自2021年8月11日起施行）

△（**窝藏罪**）明知是犯罪的人，为帮助其逃匿，实施下列行为之一的，应当依照刑法第三百一十条第一款的规定，以窝藏罪定罪处罚：

（一）为犯罪的人提供房屋或者其他可以用于隐藏的处所的；

（二）为犯罪的人提供车辆、船只、航空器等交通工具，或者提供手机等通讯工具的；

（三）为犯罪的人提供金钱的；

（四）其他为犯罪的人提供隐藏处所、财物，帮助其逃匿的情形。

保证人在犯罪的人取保候审期间，协助其逃匿，或者明知犯罪的人的藏匿地点、联系方式，但拒绝向司法机关提供的，应当依照刑法第三百一十条第一款的规定，对保证人以窝藏罪定罪处罚。

虽然为犯罪的人提供隐藏处所、财物，但不是出于帮助犯罪的人逃匿的目的，不以窝藏罪定罪处罚；对未履行法定报告义务的行为人，依法移送有关主管机关给予行政处罚。（§1）

△（**包庇罪**）明知是犯罪的人，为帮助其逃避刑事追究，或者帮助其获得从宽处罚，实施下列行为之一的，应当依照刑法第三百一十条第一款的规定，以包庇罪定罪处罚：

（一）故意顶替犯罪的人欺骗司法机关的；

（二）故意向司法机关作虚假陈述或者提供虚假证明，以证明犯罪的人没有实施犯罪行为，或者犯罪的人所实施行为不构成犯罪的；

（三）故意向司法机关提供虚假证明，以证明犯罪的人具有法定从轻、减轻、免除处罚情节的；

（四）其他作假证明包庇的行为。（§2）

△（**作假证明包庇**）明知他人有间谍犯罪或者恐怖主义、极端主义犯罪行为，在司法机关向其调查有关情况、收集有关证据时，拒绝提供，情节严重的，依照刑法第三百一十一条的规定，以拒绝提供间谍犯罪、恐怖主义犯罪、极端主义犯罪证据罪定罪处罚；作假证明包庇的，依照刑法第三百一十条的规定，以包庇罪从重处罚。（§3）

△（**情节严重**）窝藏、包庇犯罪的人，具有下列情形之一的，应当认定为刑法第三百一十条第一款规定的"情节严重"：

（一）被窝藏、包庇的人可能被判处无期徒刑以上刑罚的；

（二）被窝藏、包庇的人犯危害国家安全犯罪、恐怖主义或者极端主义犯罪，或者系黑社会性质组织犯罪的组织者、领导者，且可能被判处十年有期徒刑以上刑罚的；

（三）被窝藏、包庇的人系犯罪集团的首要分子，且可能被判处十年有期徒刑以上刑罚的；

（四）被窝藏、包庇的人在被窝藏、包庇期间再次实施故意犯罪，且新罪可能被判处五年有期徒刑以上刑罚的；

（五）多次窝藏、包庇犯罪的人，或者窝藏、包庇多名犯罪的人的；

（六）其他情节严重的情形。

前款所称"可能被判处"刑罚，是指根据被窝藏、包庇的人所犯罪行，在不考虑自首、立功、认罪认罚等从宽处罚情节时应当依法判处的刑罚。（§4）

△（**明知**）认定刑法第三百一十条第一款规定的"明知"，应当根据案件的客观事实，结合行为人的认知能力，接触窝藏、包庇的犯罪人的情况，以及行为人和犯罪人的供述等主、客观因素进行认定。

行为人将犯罪的人所犯之罪误认为其他犯罪的，不影响刑法第三百一十条第一款规定的"明知"的认定。

行为人虽然实施了提供隐藏处所、财物等行

为,但现有证据不能证明行为人知道犯罪的人实施了犯罪行为的,不能认定为刑法第三百一十条第一款规定的"明知"。(§5)

△(被窝藏、包庇的人的行为构成犯罪)认定窝藏、包庇罪,以被窝藏、包庇的人的行为构成犯罪为前提。

被窝藏、包庇的人实施的犯罪事实清楚,证据确实、充分,但尚未到案、尚未依法裁判或者因不具有刑事责任能力依法未予追究刑事责任的,不影响窝藏、包庇罪的认定。但是,被窝藏、包庇的人归案后被宣告无罪的,应当依照法定程序宣告窝藏、包庇行为人无罪。(§6)

△(竞合)为帮助同一个犯罪的人逃避刑事处理,实施窝藏、包庇行为,又实施洗钱行为,或者掩饰、隐瞒犯罪所得及其收益行为,或者帮助毁灭证据行为,或者伪证行为的,依照处罚较重的犯罪定罪,并从重处罚,不实行数罪并罚。(§7)

△(共同犯罪人之间互相实施的窝藏、包庇行为)共同犯罪人之间互相实施的窝藏、包庇行为,不以窝藏、包庇罪定罪处罚,但对共同犯罪以外的犯罪人实施窝藏、包庇行为的,以所犯共同犯罪和窝藏、包庇罪并罚。(§8)

【司法解释性文件】

《最高人民法院、最高人民检察院、公安部、司法部关于敦促在逃犯罪人员投案自首的通告》(公法〔2011〕672号,2011年9月21日公布)

△(窝藏、包庇罪)在规定期限内拒不投案自首的,司法机关依法从严惩处。窝藏、包庇犯罪分子,帮助犯罪分子毁灭、伪造证据的,将依法追究刑事责任。(§5)

《公安部、中央社会治安综合治理委员会办公室、民政部等关于进一步加强和改进出租房屋管理工作有关问题的通知》(公通字〔2004〕83号,2004年11月12日发布)

△(明知是有犯罪行为的人而为其提供出租房屋)依法加强对出租房屋的管理。各部门要加大工作力度,规范房屋租赁活动。对房主违反出租房屋管理规定的行为,按照下列规定严肃查处:

......

(十三)明知是有犯罪行为的人而为其提供出租房屋,帮助其逃避或者为其作假证明的,由公安部门依照《中华人民共和国刑法》第三百一十条的规定追究刑事责任。

......(§3 XIII)

【参考案例】

No.4-236-16 谢茂强等强奸、奸淫幼女案
同案犯之间相互包庇的,不构成包庇罪。①

No.6-2-310-3 冉国成等故意杀人、包庇案
行为人出于包庇的故意,实施包庇行为和帮助毁灭证据行为的,是牵连犯,应以包庇罪一罪论处。

No.6-2-310-4 冉国成等故意杀人、包庇案
在共同窝藏、包庇犯罪案件中,按照各行为人在共同的犯罪中所起作用的大小,可分别认定为主犯或者从犯。

No.6-2-310-5 蔡勇等故意伤害、窝藏案
揭发他人的犯罪行为与其所实施的犯罪行为之间存在关联性或者因果关系的,不属于揭发他人犯罪行为,不成立立功。

No.6-2-310-6 张广现故意伤害、尹红丽被指控窝藏宣告无罪案
明知亲属是犯罪人而与之共同生活,没有妨害司法机关查获犯罪的,不构成窝藏罪。

第三百一十一条 【拒绝提供间谍犯罪、恐怖主义犯罪、极端主义犯罪证据罪】
明知他人有间谍犯罪或者恐怖主义、极端主义犯罪行为,在司法机关向其调查有关情况、收集有关证据时,拒绝提供,情节严重的,处三年以下有期徒刑、拘役或者管制。

【立法沿革】

《中华人民共和国刑法》(1997年修订,自1997年10月1日起施行)
第三百一十一条 明知他人有间谍犯罪行为,在国家安全机关向其调查有关情况、收集有关证据时,拒绝提供,情节严重的,处三年以下有期徒刑、拘役或者管制。

---

① 相同的学说见解,参见张明楷:《刑法学》(第6版),法律出版社2021年版,第1441页。

《中华人民共和国刑法修正案（九）》（自2015年11月1日起施行）

三十八、将刑法第三百一十一条修改为：

"明知他人有间谍犯罪或者恐怖主义、极端主义犯罪行为，在司法机关向其调查有关情况、收集有关证据时，拒绝提供，情节严重的，处三年以下有期徒刑、拘役或者管制。"

【条文说明】

本条是关于拒绝提供间谍犯罪、恐怖主义犯罪、极端主义犯罪证据罪及其处罚的规定。

根据本条规定，构成本罪需要符合以下条件：

1. 行为人必须明知他人有间谍犯罪或者恐怖主义、极端主义犯罪行为。"明知他人有间谍犯罪或者恐怖主义、极端主义犯罪行为"是构成本罪的主观要件。这里的"明知"，是指行为人主观上知道或者应当知道，既包括知道他人实施间谍犯罪或者恐怖主义、极端主义犯罪行为的全部情况，也包括知道部分情况。行为人的主观动机可能是多种多样的，有的是怕影响自己的名声，有的是怕将来遭到打击报复，有的是怕麻烦等，无论动机是什么，都不影响本罪的成立。这里的"他人"，是指实施间谍犯罪或者恐怖主义、极端主义犯罪行为的人。

间谍犯罪行为，主要是指《反间谍法》第三十八条规定的构成犯罪的间谍行为，包括：（1）间谍组织及其代理人实施或者指使、资助他人实施，或者境内外机构、组织、个人与其相勾结实施的危害中华人民共和国国家安全的活动的；（2）参加间谍组织或者接受间谍组织及其代理人的任务的；（3）间谍组织及其代理人以外的其他境外机构、组织、个人实施或者指使、资助他人实施，或者境内机构、组织、个人与其相勾结实施的窃取、刺探、收买或者非法提供国家秘密或者情报，或者策动、引诱、收买国家工作人员叛变的活动；（4）为敌人指示攻击目标的；（5）进行其他间谍活动的。从刑法罪名上看不限于《刑法》第一百一十条规定的间谍罪罪名，而是包括其他符合间谍行为特征的犯罪，如与境外勾结实施的其他有关危害国家安全的犯罪。[①] **恐怖主义犯罪行为**，主要是指通过暴力、破坏、恐吓等手段，制造社会恐慌、危害公共安全、侵犯人身财产等犯罪行为，包括组织、策划、实施放火、爆炸、杀人、绑架等造成或者意图造成人员伤亡、重大财产损失、公共设施损坏、社会秩序混乱等严重社会危害的活动的；组织、领导、参加恐怖活动组织的；为恐怖活动组织或者人员提供信息、资金、物资设备或者技术、场所等支持、协助、便利的；宣扬恐怖主义或者煽动实施恐怖活动的；等等。**极端主义犯罪行为**，主要是指以歪曲宗教教义或者其他方法煽动仇恨、煽动歧视、崇尚暴力等极端主义，构成犯罪的行为，包括宣扬极端主义或者利用极端主义煽动、胁迫群众破坏国家法律确立的婚姻、司法、教育、社会管理等制度的犯罪行为。

2. 行为人实施了在司法机关向其调查有关情况、收集有关证据时，拒绝提供的行为。 根据反间谍法的规定，国家安全机关是反间谍工作的主管机关。刑事诉讼法规定，对刑事案件的侦查、拘留、执行逮捕、预审，由公安机关负责。检察、批准逮捕、提起公诉，由人民检察院负责。审判由人民法院负责。根据上述规定，这里的"**司法机关**"，主要是指负有侦查、检察、审判职责的机关，即公安机关、人民检察院、人民法院。《刑事诉讼法》第四条规定，国家安全机关依照法律规定，办理危害国家安全的刑事案件，行使与公安机关相同的职权。因此，这里的司法机关也包括行使间谍犯罪案件侦查的国家安全机关。

"**调查有关情况**"，主要是指司法机关调查了解间谍犯罪或者恐怖主义、极端主义犯罪及其有关情况，不仅包括间谍犯罪或者恐怖主义、极端主义犯罪行为本身的情况，还包括参加犯罪活动的人、线索以及方法、手段、时间、地点等情况。这种调查既包括立案前的一般调查，也包括立案后的调查询问。"**收集有关证据**"，主要是指侦查人员根据刑事诉讼法所规定的侦查程序收集有关间谍犯罪或者恐怖主义、极端主义犯罪的证据材料，既包括能够证明间谍犯罪或者恐怖主义、极端主义犯罪真实情况的证人证言，也包括有关书证、物证，如犯罪活动的工具、密写信、活动方案、组织名单等，以及视听资料、电子数据等。"**拒绝提供**"，包括拒绝向司法机关讲述其了解的相关情况，拒绝向司法机关提交有关证据。

3. 构成本罪必须达到"情节严重"的程度，即拒绝提供间谍犯罪或者恐怖主义、极端主义犯罪有关情况、证据的行为，必须是情节严重的才能构成本罪。"**情节严重**"，包括行为人在司法机关要求提供证据时进行暴力抗拒的；或者行为人拒不

[①] 我国学者指出，此处的"间谍犯罪行为"，是指一般人眼中的间谍犯罪行为，而非专家眼中的间谍犯罪（即《刑法》第一百一十条所规定的间谍罪行为）。一般人眼中的间谍犯罪行为，只要达到具有境外间谍组织或者其成员的背景、从事危害我国国家安全活动的程度就够了，因此，其范围不能限定过窄。参见黎宏：《刑法学各论》（第2版），法律出版社2016年版，第411页。

提供证据手段恶劣的;或者由于行为人的不配合而延误对间谍犯罪、恐怖主义、极端主义犯罪案件的侦破,致使犯罪分子逃避法律追究或致使国家安全、利益遭受损害的;或者妨害了司法机关执行维护国家安全任务等情形。如果行为人虽然实施了拒绝提供证据的行为,但没有影响到司法机关的正常活动,没有危害国家安全,没有使犯罪分子逃避法律制裁等严重后果的,则不构成本罪。

根据本条规定,犯本罪的,处三年以下有期徒刑、拘役或者管制。

实践中需要注意以下两个方面的问题:

1. 本条规定的实际上是一种**不作为犯**,针对的是在面对司法机关调查时拒不配合、拒绝提供有关情况和证据的行为,因而在犯罪成立的前提上是严格限定情形的,只限定间谍犯罪和恐怖主义、极端主义犯罪这两类犯罪,这主要是考虑到这些犯罪严重危害了国家安全和社会公共安全,需要严厉惩治。对于其他犯罪拒绝提供证据、有关情况的,本条没有将之规定为犯罪。

2. 执行中应注意本条规定与一般意义上的"**知情不举**"是有区别的。知道他人有间谍行为,为了维护国家安全,应当主动向国家安全机关或其他司法机关报告,这是公民的义务,不报告应当依法承担有关法律责任,但不构成本罪,不应以单纯的不报告为由适用本条予以刑事处罚。

【司法解释】

《**最高人民法院、最高人民检察院关于办理窝藏、包庇刑事案件适用法律若干问题的解释**》(法释〔2021〕16号,自2021年8月11日起施行)

△(**拒绝提供间谍犯罪、恐怖主义犯罪、极端主义犯罪证据罪**)明知他人有间谍犯罪或者恐怖主义、极端主义犯罪行为,在司法机关向其调查有关情况、收集有关证据时,拒绝提供,情节严重的,依照刑法第三百一十一条的规定,以拒绝提供间谍犯罪、恐怖主义犯罪、极端主义犯罪证据罪定罪处罚;作假证明包庇的,依照刑法第三百一十条的规定,以包庇罪从重处罚。(§3)

第三百一十二条 【**掩饰、隐瞒犯罪所得、犯罪所得收益罪**】

明知是犯罪所得及其产生的收益而予以窝藏、转移、收购、代为销售或者以其他方法掩饰、隐瞒的,处三年以下有期徒刑、拘役或者管制,并处或者单处罚金;情节严重的,处三年以上七年以下有期徒刑,并处罚金。

单位犯前款罪的,对单位判处罚金,并对其直接负责的主管人员和其他直接责任人员,依照前款的规定处罚。

【立法解释】

《**全国人民代表大会常务委员会关于〈中华人民共和国刑法〉第三百四十一条、第三百一十二条的解释**》(2014年4月24日通过)

△(**非法狩猎的野生动物;明知是犯罪所得而收购的行为**)知道或者应当知道是国家重点保护的珍贵、濒危野生动物及其制品,为食用或者其他目的而非法购买的,属于刑法第三百四十一条第一款规定的非法收购国家重点保护的珍贵、濒危野生动物或其制品的行为。

知道或者应当知道是刑法第三百四十一条第二款规定的非法狩猎的野生动物而购买的,属于刑法第三百一十二条第一款规定的明知是犯罪所得而收购的行为。

【立法沿革】

《**中华人民共和国刑法**》(1997年修订,自1997年10月1日起施行)

第三百一十二条

明知是犯罪所得的赃物而予以窝藏、转移、收购、代为销售的,处三年以下有期徒刑、拘役或者管制,并处或者单处罚金。

《**中华人民共和国刑法修正案(六)**》(自2006年6月29日起施行)

十九、将刑法第三百一十二条修改为:

"明知是犯罪所得及其产生的收益而予以窝藏、转移、收购、代为销售或者以其他方法掩饰、隐瞒的,处三年以下有期徒刑、拘役或者管制,并处或者单处罚金;情节严重的,处三年以上七年以下有期徒刑,并处罚金。"

《**中华人民共和国刑法修正案(七)**》(自2009年2月28日起施行)

十、在刑法第三百一十二条中增加一款作为第二款:

"单位犯前款罪的,对单位判处罚金,并对其直接负责的主管人员和其他直接责任人员,依照

【条文说明】

本条是关于掩饰、隐瞒犯罪所得、犯罪所得收益及其处罚的规定。

本条共分为两款。

第一款是关于对犯罪所得及其产生的收益予以掩饰、隐瞒的犯罪及其处罚的规定。构成本款规定的犯罪需要具备以下条件：

1. **明知是犯罪所得及其产生的收益**。行为人是故意犯罪，即明知是犯罪所得及其产生的收益而故意予以掩饰、隐瞒的。明知不要求明确知道，包括推定为应当知道的情况。根据《最高人民法院关于审理洗钱等刑事案件具体应用法律若干问题的解释》第一条第一、二款规定，"明知"应当结合被告人的认知能力，接触他人犯罪所得及其收益的情况，犯罪所得及其收益的种类、数额，犯罪所得及其收益的转换、转移方式以及被告人的供述等主、客观因素进行认定。具有下列情形之一的，**可以认定被告人明知是犯罪所得及其收益**，但有证据证明确实不知道的除外：（1）知道他人从事犯罪活动，协助转换或者转移财物的；（2）没有正当理由，通过非法途径协助转换或者转移财物的；（3）没有正当理由，以明显低于市场的价格收购财物的；（4）没有正当理由，协助转换或者转移财物，收取明显高于市场的"手续费"的；（5）没有正当理由，协助他人将巨额现金散存于多个银行帐户或者在多个银行帐户之间频繁划转的；（6）协助近亲属或者其他关系密切的人转换或者转移与其职业或者财产状况明显不符的财物的；（7）其他可以认定行为人明知的情形。本条规定的"**犯罪所得及其产生的收益**"与《刑法》第一百九十一条规定的范围和含义是相同的。根据《最高人民法院关于审理掩饰、隐瞒犯罪所得、犯罪所得收益刑事案件适用法律若干问题的解释》的规定，通过犯罪直接得到的赃款、赃物，应当认定为《刑法》第三百一十二条规定的"**犯罪所得**"。上游犯罪的行为人对犯罪所得进行处理后得到的孳息、租金等，应当认定《刑法》第三百一十二条规定的"**犯罪所得产生的收益**"。

2. **行为人实施了窝藏、转移、收购、代为销售或者以其他方法掩饰、隐瞒犯罪所得及其收益的行为**。这里规定的"**窝藏**"是广义的，是指使用各种方法将犯罪所得及其收益隐藏起来，不让他人发现或者替犯罪分子保存而使司法机关无法获取以及违法的持有、使用，等等。"**转移**"，是指将犯罪所得及其收益转移到他处，使侦查机关不能查获。"**收购**"，是指以出卖为目的收买犯罪所得及其收益。"**代为销售**"，是指代替犯罪分子将犯罪所得及其收益卖出的行为。"**以其他方法掩饰、隐瞒**"，是指以窝藏、转移、收购、代为销售以外的各种方法掩饰、隐瞒犯罪所得及其收益，如居间介绍买卖，收受，持有，使用，加工，提供资金帐户，协助将财物转换为现金、金融票据、有价证券，协助将资金转移、汇往境外等。

3. **关于犯罪门槛**。本条没有明确规定构成犯罪的门槛。《最高人民法院关于审理掩饰、隐瞒犯罪所得、犯罪所得收益刑事案件适用法律若干问题的解释》第一条第一、二款规定："明知是犯罪所得及其产生的收益而予以窝藏、转移、收购、代为销售或者以其他方法掩饰、隐瞒，具有下列情形之一的，应当依照刑法第三百一十二条第一款的规定，**以掩饰、隐瞒犯罪所得、犯罪所得收益罪定罪处罚**：（一）掩饰、隐瞒犯罪所得及其产生的收益价值三千元至一万元以上的；（二）一年内曾因掩饰、隐瞒犯罪所得及其产生的收益行为受过行政处罚，又实施掩饰、隐瞒犯罪所得及其产生的收益行为的；（三）掩饰、隐瞒的犯罪所得系电力设备、交通设施、广播电视设施、公用电信设施、军事设施或者救灾、抢险、防汛、优抚、扶贫、移民、救济款物的；（四）掩饰、隐瞒行为致使上游犯罪无法及时查处，并造成公私财物损失无法挽回的；（五）实施其他掩饰、隐瞒犯罪所得及其产生的收益行为，妨害司法机关对上游犯罪进行追究的。各省、自治区、直辖市高级人民法院可以根据本地区经济社会发展状况，并考虑社会治安状况，在本条第一款第（一）项规定的数额幅度内，确定本地执行的具体数额标准，报最高人民法院备案。"另外，该解释第四条规定，掩饰、隐瞒犯罪所得及其产生的收益的数额，应当以实施掩饰、隐瞒行为时为准。收购或者代为销售赃物的价格高于其实际价值的，以收购或者代为销售的价格计算。多次实施掩饰、隐瞒犯罪所得及其产生的收益行为，未经行政处罚，依法应当追诉的，犯罪所得、犯罪所得收益的数额应当累计计算。

本款规定了**两档刑罚**：明知是犯罪所得及其产生的收益而予以窝藏、转移、收购、代为销售或者以其他方法掩饰、隐瞒的，处三年以下有期徒刑、拘役或者管制，并处或者单处罚金；情节严重的，处三年以上七年以下有期徒刑，并处罚金。《最高人民法院关于审理掩饰、隐瞒犯罪所得、犯罪所得收益刑事案件适用法律若干问题的解释》第三条第一款规定："掩饰、隐瞒犯罪所得及其产生的收益，具有下列情形之一的，应当认定为刑法第三百一十二条第一款规定的'**情节严重**'：（一）掩饰、隐瞒犯罪所得及其产生的收益价值总额达到十万元以上的;(二)掩饰、隐瞒犯罪所得及其产生的收益十次以上,或者三次以上且价值总额达到五万元以上的;(三)掩饰、隐瞒的犯罪所得系电力设备、交通设施、广播电视设施、公用电信设施、军事设施或者救灾、抢险、防汛、优抚、扶贫、移民、救济款物,价值总额达到五万元以上的;(四)掩饰、隐瞒行为致使上游犯罪无法及时查处,并造成公私财物重大损失无法挽回或其他严重后果的;(五)实施其他掩饰、隐瞒犯罪所得及其产生的收益行为,严重妨害司法机关对上游犯罪予以追究的。"

2014年4月24日,第十二届全国人大常委会第八次会议通过了《关于〈中华人民共和国刑法〉第三百四十一条、第三百一十二条的解释》,根据这一法律解释,知道或者应当知道是《刑法》第三百四十一条第二款规定的非法狩猎的野生动物而购买的,属于《刑法》第三百一十二条第一款规定的明知是犯罪所得而收购的行为,应当根据本条的规定定罪处罚。根据《最高人民法院关于审理掩饰、隐瞒犯罪所得、犯罪所得收益刑事案件适用法律若干问题的解释》的规定,明知是非法狩猎的野生动物而收购,数量达到五只以上的,以掩饰、隐瞒犯罪所得罪定罪处罚。

第二款是关于**单位犯罪**的规定。本款规定,单位犯前款罪的,对单位判处罚金,并对其直接负责的主管人员和其他直接责任人员,依照前款的规定处罚。

实践中需要注意以下几个方面的问题:

1. 关于本条的犯罪主体。《刑法修正案(十一)》对《刑法》第一百九十一条规定的洗钱罪的犯罪主体作了修改完善,修改后包括罪犯本人实施上游犯罪后,为了掩饰、隐瞒犯罪所得及其收益而进一步实施洗钱行为的犯罪,即自洗钱。本条在犯罪主体方面未作修改,表述上没有排除罪犯本人。但理论上一般认为实施上游犯罪后的洗钱行为被上游犯罪吸收,作为上游犯罪处理时的从重情节。即使本条规定的主体没有排除罪犯本人,在认定时也应当区分情况。一是**本条包括了传统的赃物犯罪,对这类赃物犯罪的"自窝赃"不**宜作为单独犯罪处理,例如实施了盗窃罪后的窝藏、使用、出售等行为,一般应当认定为盗窃罪的延伸行为、后续处理行为。二是**对本条中的洗钱犯罪**,其犯构成犯罪的前提应当是在实施上游犯罪之后,具有掩饰、隐瞒犯罪所得及其收益的目的,并且对财物进行了转换、转移等明显的清洗行为。换句话说,行为人必须实施了进一步的洗钱行为,而不是简单的占有、使用和一般的移动、出售等行为,只有在侵害了新的法益的情况下才可

能作为单独犯罪处理。当然,实践中窝赃罪和洗钱犯罪,以及是否具有进一步的清洗目的和行为,有时并不容易区分和判断,但也应当坚持这样的精神,妥善把握好本犯构成自洗钱犯罪的界限。在判断成立自洗钱犯罪的基础上,一般应当与上游犯罪数罪并罚,从一重罪处罚。

2. 犯罪团伙、**集团**在犯罪中分工负责掩饰、隐瞒犯罪所得及其收益的,应以该犯罪的共犯论处。

3. 行为人与犯罪分子**事前通谋**,事后对犯罪所得予以掩饰、隐瞒的,应按犯罪的共犯追究刑事责任。

4. 认定掩饰、隐瞒犯罪所得、犯罪所得收益罪,以上游犯罪事实成立为前提。上游犯罪尚未依法裁判,但查证属实的,不影响掩饰、隐瞒犯罪所得、犯罪所得收益罪的认定。上游犯罪事实经查证属实,但因行为人未达到刑事责任年龄、死亡等原因依法不予追究刑事责任的,也不影响掩饰、隐瞒犯罪所得、犯罪所得收益罪的认定。

5. 明知是犯罪所得及其产生的收益而予以掩饰、隐瞒,构成本条规定的犯罪,同时又构成《刑法》第一百九十一条或者第三百四十九条规定的犯罪的,依照处罚较重的规定定罪处罚。

【司法解释】

《最高人民法院、最高人民检察院关于办理盗窃油气、破坏油气设备等刑事案件具体应用法律若干问题的解释》(法释〔2007〕3号,自2007年1月19日起施行)

△(油气或者油气设备;掩饰、隐瞒犯罪所得、犯罪所得收益罪;盗窃罪的共犯)明知是盗窃罪所得的油气或者油气设备,而予以窝藏、转移、收购、加工、代为销售或者以其他方法掩饰、隐瞒的,依照刑法第三百一十二条的规定定罪处罚。

实施前款规定的犯罪行为,事前通谋的,以盗窃犯罪的共犯定罪处罚。

△(油气;油气设备)本解释所称的"油气",是指石油、天然气。其中,石油包括原油、成品油;天然气包括煤层气。

本解释所称"油气设备",是指用于石油、天然气生产、储存、运输等易燃易爆设备。(§8)

《最高人民法院、最高人民检察院关于办理与盗窃、抢劫、诈骗、抢夺机动车相关刑事案件具体应用法律若干问题的解释》(法释〔2007〕11号,自2007年5月11日起施行)

△(盗窃、抢劫、诈骗、抢夺的机动车;掩饰、隐瞒犯罪所得、犯罪所得收益罪;情节严重)明知是

盗窃、抢劫、诈骗、抢夺的机动车,实施下列行为之一的,依照刑法第三百一十二条的规定,以掩饰、隐瞒犯罪所得、犯罪所得收益罪定罪,处三年以下有期徒刑、拘役或者管制,并处或者单处罚金:

(一)买卖、介绍买卖、典当、拍卖、抵押或者用其抵债的;

(二)拆解、拼装或者组装的;

(三)修改发动机号、车辆识别代号的;

(四)更改车身颜色或者车辆外形的;

(五)提供或者出售机动车来历凭证、整车合格证、号牌以及有关机动车的其他证明和凭证的;

(六)提供或者出售伪造、变造的机动车来历凭证、整车合格证、号牌以及有关机动车的其他证明和凭证的。

实施第一款规定的行为涉及盗窃、抢劫、诈骗、抢夺的机动车五辆以上或者价值总额达到五十万元以上的,属于刑法第三百一十二条规定的"情节严重",处三年以上七年以下有期徒刑,并处罚金。(§1)

△(**事前通谋;盗窃罪、抢劫罪、诈骗罪、抢夺罪的共犯**)实施本解释第一条、第二条、第三条第一款或者第三款规定的行为,事前与盗窃、抢劫、诈骗、抢夺机动车的犯罪分子通谋的,以盗窃罪、抢劫罪、诈骗罪、抢夺罪的共犯论处。(§4)

△(**跨地区;一并立案侦查;管辖**)对跨地区实施的涉及同一机动车的盗窃、抢劫、诈骗、抢夺以及掩饰、隐瞒犯罪所得、犯罪所得收益行为,有关公安机关可以依照法律和有关规定一并立案侦查,需要提请批准逮捕、移送审查起诉、提起公诉的,由该公安机关所在地的同级人民检察院、人民法院受理。(§5)

△(**明知**)行为人实施本解释第一条、第三条第三款规定的行为,涉及的机动车有下列情形之一的,应当认定行为人主观上属于上述条款所称"明知":

(一)没有合法有效的来历凭证;

(二)发动机号、车辆识别代号有明显更改痕迹,没有合法证明的。(§6)

《最高人民法院关于审理洗钱等刑事案件具体应用法律若干问题的解释》(法释〔2009〕15号,自2009年11月11日起施行)

△(**明知之认定**)刑法第一百九十一条、第三百一十二条规定的"明知",应当结合被告人的认知能力,接触他人犯罪所得及其收益的情况,犯罪所得及其收益的种类、数额,犯罪所得及其收益的转换、转移方式以及被告人的供述等主、客观因素进行认定。

具有下列情形之一的,可以认定被告人明知系犯罪所得及其收益,但有证据证明确实不知道的除外:

(一)知道他人从事犯罪活动,协助转换或者转移财物的;

(二)没有正当理由,通过非法途径协助转换或者转移财物的;

(三)没有正当理由,以明显低于市场的价格收购财物的;

(四)没有正当理由,协助转换或者转移财物,收取明显高于市场的"手续费"的;

(五)没有正当理由,协助他人将巨额现金散存于多个银行账户或者在不同银行账户之间频繁划转的;

(六)协助近亲属或者其他关系密切的人转换或者转移与其职业或者财产状况明显不符的财物的;

(七)其他可以认定行为人明知的情形。(§1Ⅰ、Ⅱ)

△(**想象竞合犯;洗钱罪;窝藏、转移、隐瞒毒品、毒赃罪**)明知是犯罪所得及其产生的收益而予以掩饰、隐瞒,构成刑法第三百一十二条规定的犯罪,同时又构成刑法第一百九十一条或者第三百四十九条规定的犯罪的,依照处罚较重的规定定罪处罚。(§3)

△(**上游犯罪事实成立;上游犯罪**)刑法第一百九十一条、第三百一十二条、第三百四十九条规定的犯罪,应当以上游犯罪事实成立为认定前提。上游犯罪尚未依法裁判,但查证属实的,不影响刑法第一百九十一条、第三百一十二条、第三百四十九条规定的犯罪的审判。

上游犯罪事实可以确认,因行为人死亡等原因依法不予追究刑事责任的,不影响刑法第一百九十一条、第三百一十二条、第三百四十九条规定的犯罪的认定。

上游犯罪事实可以确认,依法以其他罪名定罪处罚的,不影响刑法第一百九十一条、第三百一十二条、第三百四十九条规定的犯罪的认定。

本条所称"上游犯罪",是指产生刑法第一百九十一条、第三百一十二条、第三百四十九条规定的犯罪所得及其收益的各种犯罪行为。(§4)

《最高人民法院、最高人民检察院关于办理危害计算机信息系统安全刑事案件应用法律若干问题的解释》(法释〔2011〕19号,自2011年9月1日起施行)

△(**计算机信息系统安全;计算机信息系统数据;计算机信息系统控制权;掩饰、隐瞒犯罪所得**

罪;情节严重;单位犯罪)明知是非法获取计算机信息系统数据犯罪所获取的数据、非法控制计算机信息系统犯罪所获取的计算机信息系统控制权,而予以转移、收购、代为销售或者以其他方法掩饰、隐瞒,违法所得五千元以上的,应当依照刑法第三百一十二条第一款的规定,以掩饰、隐瞒犯罪所得定罪处罚。

实施前款规定行为,违法所得五万元以上的,应当认定为刑法第三百一十二条第一款规定的"情节严重"。

单位实施第一款规定行为的,定罪量刑标准依照第一款、第二款的规定执行。(§7)

《最高人民法院关于审理掩饰、隐瞒犯罪所得、犯罪所得收益刑事案件适用法律若干问题的解释》(法释〔2015〕11 号,自 2015 年 6 月 1 日起施行)①

△(掩饰、隐瞒犯罪所得、犯罪所得收益罪;具体数额标准;计算机信息系统数据;计算机信息系统控制权;非法狩猎的野生动物)明知是犯罪所得及其产生的收益而予以窝藏、转移、收购、代为销售或者以其他方法掩饰、隐瞒,具有下列情形之一的,应当依照刑法第三百一十二条第一款的规定,以掩饰、隐瞒犯罪所得、犯罪所得收益罪定罪处罚:

(一)掩饰、隐瞒犯罪所得及其产生的收益价值三千元至一万元以上的;

(二)一年内曾三次掩饰、隐瞒犯罪所得及其产生的收益行为受过行政处罚,又实施掩饰、隐瞒犯罪所得及其产生的收益行为的;

(三)掩饰、隐瞒的犯罪所得系电力设备、交通设施、广播电视设施、公用电信设施、军事设施或者救灾、抢险、防汛、优抚、扶贫、移民、救济款物的;

(四)掩饰、隐瞒行为致使上游犯罪无法及时查处,并造成公私财物损失无法追缴的;

(五)实施其他掩饰、隐瞒犯罪所得及其产生的收益行为,妨害司法机关对上游犯罪进行追究的。

各省、自治区、直辖市高级人民法院可以根据本地区经济社会发展状况,并考虑社会治安状况,在本条第一款第(一)项规定的数额幅度内,确定本地执行的具体数额标准,报最高人民法院备案。

司法解释对掩饰、隐瞒涉及计算机信息系统数据、计算机信息系统控制权的犯罪所得及其产生的收益行为构成犯罪已有规定的,审理此类案件依照规定。

依照全国人民代表大会常务委员会《关于〈中华人民共和国刑法〉第三百四十一条、第三百一十二条的解释》,明知是非法狩猎的野生动物而收购,数量达到五十只以上的,以掩饰、隐瞒犯罪所得定罪处罚。(§1)

△(犯罪情节轻微;为自用而掩饰、隐瞒犯罪所得;酌情从宽事由)掩饰、隐瞒犯罪所得及其产生的收益行为符合本解释第一条的规定,认罪、悔罪并退赃、退赔,且具有下列情形之一的,可以认定为犯罪情节轻微,免予刑事处罚:

(一)具有法定从宽处罚情节的;

(二)为近亲属掩饰、隐瞒犯罪所得及其产生的收益,且系初犯、偶犯的;

(三)有其他情节轻微情形的。

行为人为自用而掩饰、隐瞒犯罪所得,财物价值刚达到本解释第一条第一款第(一)项规定的标准,认罪、悔罪并退赃、退赔的,一般可不认为是犯罪;依法追究刑事责任的,应当酌情从宽。(§2)

△(情节严重)掩饰、隐瞒犯罪所得及其产生的收益,具有下列情形之一的,应当认定为刑法第三百一十二条第一款规定的"情节严重":

(一)掩饰、隐瞒犯罪所得及其产生的收益价值总额达到十万元以上的②;

(二)掩饰、隐瞒犯罪所得及其产生的收益十次以上,或者三次以上且价值总额达到五万元以上的;

(三)掩饰、隐瞒的犯罪所得系电力设备、交通设施、广播电视设施、公用电信设施、军事设施或者救灾、抢险、防汛、优抚、扶贫、移民、救济款物,价值总额达到五万元以上的;

(四)掩饰、隐瞒行为致使上游犯罪无法及时查处,并造成公私财物重大损失无法挽回或其他

---

① 《最高人民法院关于修改〈关于审理掩饰、隐瞒犯罪所得、犯罪所得收益刑事案件适用法律若干问题的解释〉的决定》(法释〔2021〕8号,自2021年4月15日起施行)

自本决定实施之日起,《关于审理掩饰、隐瞒犯罪所得、犯罪所得收益刑事案件适用法律若干问题的解释》(法释〔2015〕11号)第一条第一款第(一)项、第二款和第二条第二款规定的掩饰、隐瞒犯罪所得、犯罪所得收益罪的数额标准不再适用。人民法院审理掩饰、隐瞒犯罪所得、犯罪所得收益刑事案件,应综合考虑上游犯罪的性质、掩饰、隐瞒犯罪所得及其收益的情节、后果及社会危害程度等,依法定罪处罚。

② 由于集资诈骗成立犯罪的数额标准是10万元以上的,因此,本规定会导致掩饰、隐瞒集资诈骗犯罪所得及其收益的行为,要么不成立犯罪,要么就属于情节严重。参见张明楷:《刑法学》(第6版),法律出版社2021年版,第1451页。

严重后果的;

(五)实施其他掩饰、隐瞒犯罪所得及其产生的收益行为,严重妨害司法机关对上游犯罪予以追究的。

司法解释对掩饰、隐瞒涉及机动车、计算机信息系统数据、计算机信息系统控制权的犯罪所得及其产生的收益行为认定"情节严重"已有规定的,审理此类案件依照该规定。(§3)

△(**数额之认定;累计计算**)掩饰、隐瞒犯罪所得及其产生的收益的数额,应当以实施掩饰、隐瞒行为时为准。收购或者代为销售赃物的价格高于其实际价值的,以收购或者代为销售的价格计算。

多次实施掩饰、隐瞒犯罪所得及其产生的收益行为,未经行政处罚,依法应当追诉的,犯罪所得、犯罪所得收益的数额应当累计计算。(§4)

△(**事前通谋**)事前与盗窃、抢劫、诈骗、抢夺等犯罪分子通谋,掩饰、隐瞒犯罪所得及其产生的收益的,以盗窃、抢劫、诈骗、抢夺等犯罪的共犯论处。(§5)

△(**想象竞合犯**)明知是犯罪所得及其产生的收益而予以掩饰、隐瞒,构成刑法第三百一十二条规定的犯罪,同时构成其他犯罪的,依照处罚较重的规定定罪处罚。(§7)

△(**上游犯罪事实成立**)认定掩饰、隐瞒犯罪所得、犯罪所得收益罪,以上游犯罪事实成立为前提。上游犯罪尚未依法裁判,但查证属实的,不影响掩饰、隐瞒犯罪所得、犯罪所得收益罪的认定。

上游犯罪事实经查证属实,但因行为人未达到刑事责任年龄等原因依法不予追究刑事责任的,不影响掩饰、隐瞒犯罪所得、犯罪所得收益罪的认定。(§8)

△(**盗用单位名义**)盗用单位名义实施掩饰、隐瞒犯罪所得及其产生的收益行为,违法所得由行为人私分的,依照刑法和司法解释有关自然人犯罪的规定定罪处罚。

△(**犯罪所得;犯罪所得产生的收益;其他方法**)通过犯罪直接得到的赃款、赃物,应当认定为刑法第三百一十二条规定的"犯罪所得"。上游犯罪的行为人对犯罪所得进行处理后得到的孳息、租金等,应当认定为刑法第三百一十二条规定的"犯罪所得产生的收益"。

明知是犯罪所得及其产生的收益而采取窝藏、转移、收购、代为销售以外的方法,如居间介绍买卖,收受,持有,使用,加工,提供资金账户,协助将财物转换为现金、金融票据、有价证券,协助将资金转移、汇往境外等,应当认定为刑法第三百一十二条规定的"其他方法"。(§10)

△(**选择性罪名**)掩饰、隐瞒犯罪所得、犯罪所得收益罪是选择性罪名,审理此类案件,应当根据具体犯罪行为及其指向的对象,确定适用的罪名。(§11)

《最高人民法院、最高人民检察院关于办理妨害文物管理等刑事案件适用法律若干问题的解释》(法释〔2015〕23号,自2016年1月1日起施行)

△(**三级以上文物;掩饰、隐瞒犯罪所得;事先通谋**)明知是盗窃文物、盗掘古文化遗址、古墓葬等犯罪所获取的三级以上文物,而予以窝藏、转移、收购、加工、代为销售或者以其他方法掩饰、隐瞒的,依照刑法第三百一十二条的规定,以掩饰、隐瞒犯罪所得罪追究刑事责任。

实施前款规定的行为,事先通谋的,以共同犯罪论处。(§9)

△(**犯罪情节轻微**)实施本解释第一条、第二条、第六条至第九条规定的行为,虽已达到应当追究刑事责任的标准,但行为人系初犯,积极退回或者协助追回文物,未造成文物损毁,并确有悔罪表现的,可以认定为犯罪情节轻微,不起诉或者免予刑事处罚。(§16Ⅰ)

《最高人民法院、最高人民检察院关于办理非法采矿、破坏性采矿刑事案件适用法律若干问题的解释》(法释〔2016〕25号,自2016年12月1日起施行)

△(**非法采矿、破坏性采矿;掩饰、隐瞒犯罪所得、犯罪所得收益罪;事前通谋**)明知是犯罪所得的矿产品及其产生的收益,而予以窝藏、转移、收购、代为销售或者以其他方法掩饰、隐瞒的,依照刑法第三百一十二条的规定,以掩饰、隐瞒犯罪所得、犯罪所得收益罪定罪处罚。

实施前款规定的犯罪行为,事前通谋的,以共同犯罪论处。(§7)

《最高人民法院、最高人民检察院关于办理危害药品安全刑事案件适用法律若干问题的解释》(高检发释字〔2022〕1号,自2022年3月6日起施行)

△(**利用医保骗保;掩饰、隐瞒犯罪所得罪;诈骗罪**)明知系利用医保骗保购买的药品而非法收购、销售,金额五万元以上的,应当依照刑法第三百一十二条的规定,以掩饰、隐瞒犯罪所得罪定罪处罚;指使、教唆、授意他人利用医保骗保购买药品,进而非法收购、销售,符合刑法第二百六十六条规定的,以诈骗罪定罪处罚。

对于利用医保骗保购买药品的行为人是否追究刑事责任,应当综合骗取医保基金的数额、手段、认罪悔罪态度等案件具体情节,依法妥当决定。利用医保骗保买药品的行为人是否被追究刑事责任,不影响对非法收购、销售有关药品的行为人定罪处罚。

对于第一款规定的主观明知,应当根据药品标志、收购渠道、价格、规模及药品追溯信息等综合认定。(§13)

《最高人民法院、最高人民检察院关于办理破坏野生动物资源刑事案件适用法律若干问题的解释》(法释〔2022〕12号,自2022年4月9日起施行)

△(**破坏野生动物资源刑事案件；掩饰、隐瞒犯罪所得罪**)明知是非法捕捞犯罪所得的水产品、非法狩猎犯罪所得的猎获物而收购、贩卖或者以其他方法掩饰、隐瞒,符合刑法第三百一十二条规定的,以掩饰、隐瞒犯罪所得罪定罪处罚。(§9)

【司法解释性文件】

《最高人民法院、最高人民检察院、公安部、国家工商行政管理局关于依法查处盗窃、抢劫机动车案件的规定》(公通字〔1998〕31号,1998年5月8日公布)

△(**盗窃、抢劫所得的机动车；掩饰、隐瞒犯罪所得罪**)明知是盗窃、抢劫所得机动车而予以窝藏、转移、收购或者代为销售的,依照《刑法》第三百一十二条的规定处罚。

对明知是盗窃、抢劫所得机动车而予以拆解、改装、拼装、典当、倒卖的,视为窝藏、转移、收购或代为销售,依照《刑法》第三百一十二条的规定处罚。(§2)

△(**车辆交易市场、机动车经营企业等；掩饰、隐瞒犯罪所得罪；单位犯罪**)国家指定的车辆交易市场、机动车经营企业(含典当、拍卖行)以及从事机动车修理、零部件销售企业的主管人员或者其他直接责任人员,明知是盗窃、抢劫的机动车而予以窝藏、转移、拆解、改装、拼装、收购或者代为销售的,依照《刑法》第三百一十二条的规定处罚。单位组织实施上述行为的,由工商行政管理机关予以处罚。① (§3)

△(**事先通谋**)本规定第二条和第三条中的行为人事先与盗窃、抢劫机动车辆的犯罪分子通谋的,分别以盗窃、抢劫犯罪的共犯论处。(§4)

△(**机动车交易；掩饰、隐瞒犯罪所得罪；介绍买卖；掩饰、隐瞒犯罪所得罪的共犯**)机动车交易必须在国家指定的交易市场或合法经营企业进行,其交易凭证经工商行政管理机关验证盖章后办理登记或过户手续,私下交易机动车辆属于违法行为,由工商行政管理机关依法处理。

明知是赃车而购买,以收购赃物罪定罪处罚。单位的主管人员或者其他直接责任人员明知是赃车购买的,以收购赃物罪②定罪处罚。③

明知是赃车而介绍买卖的,以收购、销售赃物罪的共犯论处。(§5)

△(**明知**)本规定所称的"明知",是指知道或者应当知道。有下列情形之一的,可视为应当知道,但有证据证明确属被蒙骗的除外:

(一)在非法的机动车交易场所和销售单位购买的;

(二)机动车证件手续不全或者明显违反规定的;

(三)机动车发动机号或者车架号有更改痕迹,没有合法证明的;

(四)以明显低于市场价格购买机动车的。(§17)

《最高人民法院、最高人民检察院、公安部、国家烟草专卖局关于印发〈关于办理假冒伪劣烟草制品等刑事案件适用法律问题座谈会纪要〉的通知》(检协会〔2003〕4号,2003年12月23日公布)

△(**非法制售的烟草制品；掩饰、隐瞒犯罪所得罪**)明知是非法制售的烟草制品而予以窝藏、转移的,依照刑法第三百一十二条的规定,以窝藏、转移赃物罪定罪处罚。(§7)

《公安部、中央社会治安综合治理委员会办公室、民政部等关于进一步加强和改进出租房屋管理工作有关问题的通知》(公通字〔2004〕83号,2004年11月12日发布)

△(**明知是赃物而窝藏**)依法加强对出租房屋的管理。各部门要加大工作力度,规范房屋租赁活动。对房主违反出租房屋管理规定的行为,按照下列规定严肃查处:

---

① 《刑法修正案(七)》针对掩饰、隐瞒犯罪所得罪、犯罪所得收益罪增订了单位犯罪。按照现行法的规定,会成立单位犯罪。

② 在《刑法修正案(六)》之前,根据《最高人民法院关于执行〈中华人民共和国刑法〉确定罪名的规定》,《刑法》第三百一十二条的罪名为"窝藏、转移、收购、销售赃物罪"。之后,《最高人民法院、最高人民检察院关于执行〈中华人民共和国刑法〉确定罪名的补充规定(三)》取消"窝藏、转移、收购、销售赃物罪",并将罪名更改为"掩饰、隐瞒犯罪所得、犯罪所得收益罪"。下文中的部分文件也存在类似问题,本文不再赘述。

③ 按照现行法的规定,此情形可以成立单位犯罪。

……

（六）明知是赃物而窝藏的，由公安部门依照《中华人民共和国治安管理处罚条例》第二十四条第（一）项的规定予以处罚；构成犯罪的，依照《中华人民共和国刑法》第三百一十二条的规定追究刑事责任。

……（§ 3 Ⅵ）

《最高人民法院、最高人民检察院、公安部关于办理电信网络诈骗等刑事案件适用法律若干问题的意见》（法发〔2016〕32号，2016年12月19日公布）

△（**电信网络诈骗罪；确实不知道；事前通谋；上游犯罪；想象竞合犯**）明知是电信网络诈骗犯罪所得及其产生的收益，以下列方式之一予以转账、套现、取现的，依照刑法第三百一十二条第一款的规定，以掩饰、隐瞒犯罪所得、犯罪所得收益罪追究刑事责任。但有证据证明确实不知道的除外：

1．通过使用销售点终端机具（POS机）刷卡套现等非法途径，协助转换或者转移财物的；

2．帮助他人将巨额现金散存于多个银行账户，或在不同银行账户之间频繁划转的；

3．多次使用或者使用多个非本人身份证明开设的信用卡、资金支付结算账户或者多次采用遮蔽摄像头、伪装等异常手段，帮助他人转账、套现、取现的；

4．为他人提供非本人身份证明开设的信用卡、资金支付结算账户后，又帮助他人转账、套现、取现的；

5．以明显异于市场的价格，通过手机充值、交易游戏点卡等方式套现的。

实施上述行为，事前通谋的，以共同犯罪论处。

实施上述行为，电信网络诈骗犯罪嫌疑人尚未到案或案件尚未依法裁判，但现有证据足以证明该犯罪行为确实存在的，不影响掩饰、隐瞒犯罪所得、犯罪所得收益罪的认定。

实施上述行为，同时构成其他犯罪的，依照处罚较重的规定定罪处罚。法律和司法解释另有规定的除外。（§ 3 Ⅴ）

《最高人民法院、最高人民检察院、公安部关于办理盗窃油气、破坏油气设备等刑事案件适用法律若干问题的意见》（法发〔2018〕18号，2018年9月28日公布）

△（**油气；掩饰、隐瞒犯罪所得罪；明知；事前通谋**）明知是犯罪所得的油气而予以窝藏、转移、收购、加工、代为销售或者以其他方式掩饰、隐瞒，符合刑法第三百一十二条规定的，以掩饰、隐瞒犯罪所得、犯罪所得收益罪追究刑事责任。

"明知"的认定，应当结合行为人的认知能力、所得报酬、运输工具、运输路线、收购价格、收购形式、加工方式、销售地点、仓储条件等因素综合考虑。

实施第一款规定的犯罪行为，事前通谋的，以盗窃罪、破坏易燃易爆设备罪等有关犯罪的共同犯罪论处。（§ 5）

《最高人民法院、最高人民检察院、公安部办理跨境赌博犯罪案件若干问题的意见》（公通字〔2020〕14号，2020年10月16日发布）

△（**赌博犯罪共犯；非法经营罪、妨害信用卡管理罪；窃取、收买、非法提供信用卡信息罪；掩饰、隐瞒犯罪所得、犯罪收益罪；非法利用信息网络罪；帮助信息网络犯罪活动罪；侵犯公民个人信息罪**）为赌博犯罪提供资金、信用卡、资金结算等服务，构成赌博犯罪共犯，同时构成非法经营罪、妨害信用卡管理罪、窃取、收买、非法提供信用卡信息罪、掩饰、隐瞒犯罪所得、犯罪收益罪等罪的，依照处罚较重的规定定罪处罚。

为网络赌博犯罪提供互联网接入、服务器托管、存储存储、通讯传输等技术支持，或者提供广告推广、支付结算等帮助，构成赌博犯罪共犯，同时构成非法利用信息网络罪、帮助信息网络犯罪活动罪等罪的，依照处罚较重的规定定罪处罚。

为实施赌博犯罪，非法获取公民个人信息，或者向实施赌博犯罪者出售、提供公民个人信息，构成赌博犯罪共犯，同时构成侵犯公民个人信息罪的，依照处罚较重的规定定罪处罚。（§ 4 Ⅴ）

《最高人民法院、最高人民检察院、公安部关于办理涉窨井盖相关刑事案件的指导意见》（高检发〔2020〕3号，2020年3月16日发布）

△（**窨井盖；掩饰、隐瞒犯罪所得、犯罪所得收益罪**）知道或者应当知道是盗窃所得的窨井盖及其产生的收益而予以窝藏、转移、收购、代为销售或者以其他方法掩饰、隐瞒的，依照刑法第三百一十二条和《最高人民法院关于审理掩饰、隐瞒犯罪所得、犯罪所得收益刑事案件适用法律若干问题的解释》的规定，以掩饰、隐瞒犯罪所得、犯罪所得收益罪定罪处罚。（§ 7）

△（**窨井盖**）本意见所称的"窨井盖"，包括城市、城乡结合部和乡村等地的窨井盖以及其他井盖。（§ 12）

《最高人民法院、最高人民检察院、公安部、司法部关于依法惩治妨害新型冠状病毒感染肺炎疫情防控违法犯罪的意见》（法发〔2020〕7号，2020年2月6日发布）

△（肺炎疫情防控）非法猎捕、杀害珍贵、濒危野生动物罪；非法收购、运输、出售珍贵、濒危野生动物、珍贵、濒危野生动物制品罪；非法狩猎罪；非法经营罪；掩饰、隐瞒犯罪所得罪 依法严惩破坏野生动物资源犯罪。非法猎捕、杀害国家重点保护的珍贵、濒危野生动物的，或者非法收购、运输、出售国家重点保护的珍贵、濒危野生动物及其制品的，依照刑法第三百四十一条第一款的规定，以非法猎捕、杀害珍贵、濒危野生动物罪或者非法收购、运输、出售珍贵、濒危野生动物、珍贵、濒危野生动物制品罪定罪处罚。

违反狩猎法规，在禁猎区、禁猎期或者使用禁用的工具、方法进行狩猎，破坏野生动物资源，情节严重的，依照刑法第三百四十一条第二款的规定，以非法狩猎罪定罪处罚。

违反国家规定，非法经营非国家重点保护野生动物及其制品（包括开办交易场所、进行网络销售、加工食品出售等），扰乱市场秩序，情节严重的，依照刑法第二百二十五条第四项的规定，以非法经营罪定罪处罚。

知道或者应当知道是国家重点保护的珍贵、濒危野生动物及其制品，为食用among 其他目的而非法购买，符合刑法第三百四十一条第一款规定的，以非法收购珍贵、濒危野生动物、珍贵、濒危野生动物制品罪定罪处罚。

知道或者应当知道是非法狩猎的野生动物而购买，符合刑法第三百一十二条规定的，以掩饰、隐瞒犯罪所得罪定罪处罚。

△（治安管理处罚；从重情节）依法严惩妨害疫情防控的违法行为。实施上述（一）至（九）规定的行为，不构成犯罪的，由公安机关根据治安管理处罚法有关虚构事实扰乱公共秩序，扰乱单位秩序、公共场所秩序、寻衅滋事，拒不执行紧急状态下的决定、命令，阻碍执行职务，冲闯警戒带、警戒区，殴打他人，故意伤害，侮辱他人，诈骗，在铁路沿线非法挖掘坑穴、采石取沙，盗窃、损毁路面公共设施，损毁铁路设施设备，故意损毁财物，哄抢公私财物等规定，予以治安管理处罚，或者由有关部门予以其他行政处罚。

对于在疫情防控期间实施有关违法犯罪的，要作为从重情节予以考量，依法体现从严的政策要求，有力惩治震慑违法犯罪，维护法律权威，维护社会秩序，维护人民群众生命安全和身体健康。（§2Ⅹ）

《最高人民法院、最高人民检察院关于常见犯罪的量刑指导意见（试行）》（法发〔2021〕21号，2021年6月6日发布）

△（掩饰、隐瞒犯罪所得、犯罪所得收益罪）量刑 1. 构成掩饰、隐瞒犯罪所得、犯罪所得收益罪的，根据下列情形在相应的幅度内确定量刑起点：

（1）犯罪情节一般的，在一年以下有期徒刑、拘役幅度内确定量刑起点。

（2）情节严重的，在三年至四年有期徒刑幅度内确定量刑起点。

2. 在量刑起点的基础上，根据犯罪数额等其他影响犯罪构成的犯罪事实增加刑罚量，确定基准刑。

3. 构成掩饰、隐瞒犯罪所得、犯罪所得收益罪的，根据掩饰、隐瞒犯罪所得及其收益的数额、犯罪对象、危害后果等犯罪情节，综合考虑被告人缴纳罚金的能力，决定罚金数额。

4. 构成掩饰、隐瞒犯罪所得、犯罪所得收益罪的，综合考虑掩饰、隐瞒犯罪所得及其收益的数额、危害后果、上游犯罪的危害程度等犯罪事实、量刑情节，以及被告人的主观恶性、人身危险性、认罪悔罪表现等因素，决定缓刑的适用。

《最高人民法院、最高人民检察院、公安部、农业农村部依法惩治长江流域非法捕捞等违法犯罪的意见》（公通字〔2020〕17号，2020年12月17日发布）

△（长江流域非法捕捞；掩饰、隐瞒犯罪所得罪）严惩非法渔获物交易犯罪。明知是在长江流域重点水域非法捕捞犯罪所得的水产品而收购、贩卖，价值一万元以上的，应当依照刑法第三百一十二条的规定，以掩饰、隐瞒犯罪所得罪定罪处罚。

△（单位犯罪）依法严惩危害水生生物资源的单位犯罪。水产品交易公司、餐饮公司等单位实施本意见规定的行为，构成单位犯罪的，依照本意见规定的定罪量刑标准，对直接负责的主管人员和其他直接责任人员定罪处罚，并对单位判处罚金。

△（渔获物的价值核算）准确认定相关专门性问题。对于长江流域重点水域禁捕范围（禁捕区域和时间），依照农业农村部关于长江流域重点水域禁捕范围和时间的有关通告确定。涉案渔获物系国家重点保护的珍贵、濒危水生野生动物的，动物及其制品的价值可以根据国务院野生动物保护主管部门综合考虑野生动物的生态、科学、社会价值制定的评估标准和方法核算。其他渔获物的价值，根据销赃数额认定；无销赃数额、销赃数额难以查证或者根据销赃数额认定明显偏低的，根据市场价格核算；仍无法认定的，由农业农村（渔政）部门认定或者由有关价格认证机构作出认证并出具报告。对于涉案的禁捕区域、禁捕时间、禁

用方法、禁用工具、渔获物品种以及对水生生物资源的危害程度等专门性问题，由农业农村（渔政）部门于二个工作日以内出具认定意见；难以确定的，由司法鉴定机构出具鉴定意见，或者由农业农村部指定的机构出具报告。

《最高人民法院、最高人民检察院、公安部关于办理电信网络诈骗等刑事案件适用法律若干问题的意见（二）》（法发〔2021〕22号，2021年6月17日发布）

△（**电信网络诈骗罪；掩饰、隐瞒犯罪所得、犯罪所得收益罪；共同犯罪**）明知是电信网络诈骗犯罪所得及其产生的收益，以下列方式之一予以转账、套现、取现，符合刑法第三百一十二条第一款规定的，以掩饰、隐瞒犯罪所得、犯罪所得收益罪追究刑事责任。但有证据证明确实不知道的除外。

（一）多次使用或者使用多个非本人身份证明开设的收款码、网络支付接口等，帮助他人转账、套现、取现的；

（二）以明显异于市场的价格，通过电商平台预付卡、虚拟货币、手机充值卡、游戏点卡、游戏装备等转换财物、套现的；

（三）协助转换或者转移财物，收取明显高于市场的"手续费"的。

实施上述行为，事前通谋的，以共同犯罪论处；同时构成其他犯罪的，依照处罚较重的规定定罪处罚。法律和司法解释另有规定的除外。（§11）

△（**实施诈骗的行为人尚未到案**）为他人实施电信网络诈骗犯罪提供技术支持、广告推广、支付结算等帮助，或者窝藏、转移、收购、代为销售及以其他方法掩饰、隐瞒电信网络诈骗犯罪所得及其产生的收益，诈骗犯罪行为尚可以依法先行追究已到案的上述犯罪嫌疑人、被告人的刑事责任。（§12）

△（**调取异地公安机关依法制作、收集的证据材料**）办案地公安机关可以通过公安机关信息化系统调取异地公安机关依法制作、收集的刑事案件受案登记表、立案决定书、被害人陈述等证据材料。调取时不得少于两名侦查人员，并应记载调取的时间、使用的信息化系统名称等相关信息，调取人签名并加盖办案地公安机关印章。经审核证明真实的，可以作为证据使用。（§13）

△（**境外证据材料；证据使用**）通过国（区）际警务合作收集或者境外警方移交的境外证据材料，确因客观条件限制，境外警方未提供相关证据的发现、收集、保管、移交情况等材料的，公安机关应当对上述证据材料的来源、移交过程以及种类、数量、特征等作出书面说明，由两名以上侦查人员签名并加盖公安机关印章。经审核能够证明案件事实的，可以作为证据使用。（§14）

△（**境外抓获并羁押；折抵刑期**）对境外司法机关抓获并羁押的电信网络诈骗犯罪嫌疑人，在境内接受审判的，境外的羁押期限可以折抵刑期。（§15）

△（**宽严相济刑事政策**）办理电信网络诈骗犯罪案件，应当充分贯彻宽严相济刑事政策。在侦查、审查起诉、审判过程中，应当全面收集证据、准确甄别犯罪嫌疑人、被告人在共同犯罪中的层级地位及作用情况，结合其认罪态度和悔罪表现，区别对待，宽严并用，科学量刑，确保罚当其罪。

对于电信网络诈骗犯罪集团、犯罪团伙的组织者、策划者、指挥者和骨干分子，以及利用未成年人、在校学生、老年人、残疾人实施电信网络诈骗的，依法从严惩处。

对于电信网络诈骗犯罪集团、犯罪团伙中的从犯，特别是其中参与时间相对较短、诈骗数额相对较低或者从事辅助性工作并领取少量报酬，以及初犯、偶犯、未成年人、在校学生等，应当综合考虑其在共同犯罪中的地位作用、社会危害程度、主观恶性、人身危险性、认罪悔罪表现等情节，可以依法从宽，宽严并用，科学量刑，确保罚当其罪。犯罪情节轻微的，可以依法不起诉或者免予刑事处罚；情节显著轻微危害不大的，不以犯罪论处。（§16）

△（**查扣涉案账户资金；优先返还**）查扣的涉案账户内资金，应当优先返还被害人，如不足以全额返还的，应当按照比例返还。（§17）

《最高人民法院、最高人民检察院、公安部、国家文物局关于办理妨害文物管理等刑事案件若干问题的意见》（公通字〔2022〕18号，2022年8月16日发布）

△（**文物犯罪所获取的文物；掩饰、隐瞒犯罪所得罪；明知**）明知是盗窃文物、盗掘古文化遗址、古墓葬等犯罪所获取的文物，而予以窝藏、转移、收购、加工、代为销售或者以其他方法掩饰、隐瞒的，符合《文物犯罪解释》第九条规定的，以刑法第三百一十二条规定的掩饰、隐瞒犯罪所得罪追究刑事责任。

对是否"明知"，应当结合行为人的认知能力、既往经历、行为次数和手段，与实施盗掘、盗窃、倒卖文物等犯罪行为人的关系，获利情况，是否故意规避调查，涉案文物外观形态、价格等主客观因素进行综合审查判断。具有下列情形之一，行为人不能做出合理解释的，可以认定其"明知"，但有相反证据的除外：

（1）采用黑话、暗语等方式进行联络交易的；

(2）通过伪装、隐匿文物等方式逃避检查，或者以暴力等方式抗拒检查的；

(3）曾因实施挖掘、盗窃、走私、倒卖文物等犯罪被追究刑事责任，或者二年内受过行政处罚的；

(4）有其他证据足以证明行为人应当知道的情形。

△（**涉案文物的认定和鉴定评估**）对案件涉及的文物等级、类别、价值等专门性问题，如是否属于古文化遗址、古墓葬、古建筑、石窟寺、石刻、壁画、近代现代重要史迹和代表性建筑等不可移动文物，是否具有历史、艺术、科学价值，是否属于各级文物保护单位，是否属于珍贵文物，以及有关行为对文物造成的损毁程度和对文物价值造成的影响等，案发前文物行政部门已作认定的，可以直接对有关案件事实作出认定；案发前未作认定的，可以结合国务院文物行政部门指定的机构出具的《涉案文物鉴定评估报告》作出认定，必要时，办案机关可以依法提请文物行政部门对有关问题作出说明。《涉案文物鉴定评估报告》应当依照《涉案文物鉴定评估管理办法》（文物博发〔2018〕4号）规定的程序和格式文本出具。

△（**文物犯罪案件管辖**）文物犯罪案件一般由犯罪地的公安机关管辖，包括文物犯罪的预谋地、工具准备地、勘探地、盗掘地、盗窃地、途经地、交易地、倒卖信息发布地、出口（境）地、涉案不可移动文物的所在地、涉案文物的实际取得地、藏匿地、转移地、加工地、储存地、销售地等。多个公安机关都有权立案侦查的文物犯罪案件，由主要犯罪地公安机关立案侦查。

具有下列情形之一的，有关公安机关可以在其职责范围内并案处理：

(1）一人犯数罪的；

(2）共同犯罪的；

(3）共同犯罪的犯罪嫌疑人还实施其他犯罪的；

(4）三人以上时分时合，交叉结伙作案的；

(5）多个犯罪嫌疑人实施的盗掘、盗窃、倒卖、掩饰、隐瞒、走私等犯罪存在直接关联，或者形成多层级犯罪链条，并案处理有利于查明案件事实的。

△（**主犯**）要着眼出资、勘探、盗掘、盗窃、倒卖、收赃、走私等整个文物犯罪网络开展打击，深挖幕后金主，斩断文物犯罪链条，对虽未具体参与实施有关犯罪实行行为，但作为幕后纠集、组织、指挥、筹划、出资、教唆者，在共同犯罪中起主要作用的，可以依法认定为主犯。

△（**酌情从重处罚**）对曾因文物违法犯罪而受过行政处罚或者被追究刑事责任，多次实施文物违法犯罪行为，以及国家工作人员实施本意见规定相关犯罪行为的，可以酌情从重处罚。

△（**自首、立功、认罪认罚从宽等制度**）正确运用自首、立功、认罪认罚从宽等制度，充分发挥刑罚的惩治和预防功能。对积极退回或协助追回文物，协助抓捕重大文物犯罪嫌疑人，或者提供重要线索，对侦破、查明其他重大文物犯罪案件起关键作用的，依法从宽处理。

△（**行刑衔接**）人民法院、人民检察院、公安机关应当加强与文物行政等部门的沟通协调，强化行刑衔接，对不构成犯罪的案件，依据有关规定及时移交。公安机关依法扣押的国家禁止经营的文物，经审查与案件无关的，应当交由文物行政等有关部门依法予以处理。文物行政等部门在查办案件中，发现涉嫌构成犯罪的案件，依据有关规定及时向公安机关移送。

《最高人民法院、最高人民检察院、中国海警局依法打击涉海砂违法犯罪座谈会纪要》（法发〔2023〕9号，2023年6月6日发布）

△（**过驳和运输海砂的船主或者船长**）具有下列情形之一的，对过驳和运输海砂的船主或者船长，依照刑法第三百一十二条的规定，以掩饰、隐瞒犯罪所得罪定罪处罚：

(1）未与非法采挖海砂犯罪分子事前通谋，指使或者驾驶运砂船前往相关海域，在非法采砂行为已经完成后，明知系非法采挖的海砂，仍直接从采砂船过驳和运输海砂的；

(2）与非法收购海砂犯罪分子事前通谋，指使或者驾驶运砂船前往指定海域过驳和运输海砂的；

(3）无证据证明非法采挖、运输、收购海砂犯罪分子之间存在事前通谋或者事中共同犯罪故意，但受其中一方雇佣后，指使或者驾驶运砂船前往指定海域，明知系非法采挖的海砂，仍从其他运砂船上过驳和运输海砂的。（§ 2 Ⅱ）

△（**主观故意；明知系非法采挖的海砂**）判断过驳和运输海砂的船主或者船长是否具有犯罪故意，应当依据其任职情况、职业经历、专业背景、培训经历、本人因同类行为受到行政处罚或者刑事责任追究情况等证据，结合其供述，进行综合分析判断。

实践中，具有下列情形之一，行为人不能作出合理解释的，一般可以认定其"明知系非法采挖的海砂"，但有相反证据的除外：

(1）故意关闭船舶自动识别系统，或者船舶上有多套船舶自动识别系统，或者故意毁弃船载卫星电话、船舶自动识别系统、定位系统数据及手

机存储数据的;

(2)故意绕行正常航线和码头、在隐蔽水域或者在明显不合理的隐蔽时间过驳和运输,或者使用暗号、暗语、信物等方式进行联络、接头的;

(3)使用"三无"船舶、虚假船名船舶或非法改装船舶,或者故意遮蔽船号,掩盖船体特征的;

(4)虚假记录船舶航海日志、轮机日志,或者进出港未申报、虚假申报的;

(5)套用相关许可证、拍卖手续、合同等合法文件资料,或者使用虚假、伪造文件资料的;

(6)无法出具合法有效海砂来源证明,或者拒不提供海砂真实来源证明的;

(7)以明显低于市场价格进行交易的;

(8)支付、收取或者约定的报酬明显不合理,或者使用控制的他人名下银行账户收付海砂交易款项的;

(9)逃避、抗拒执法检查,或者事前制定逃避检查预案的;

(10)其他足以认定的情形。(§3)

△(**掩饰、隐瞒犯罪所得罪的共同犯罪**)明知他人实施非法采挖、运输、收购海砂犯罪,仍为其提供资金、场地、工具、技术、单据、证明、手续等重要便利条件或者居间联络,对犯罪产生实质性帮助作用的,以非法采矿罪或者掩饰、隐瞒犯罪所得罪的共同犯罪论处。(§4)

△(**上游犯罪;上游行为未达入罪标准**)认定非法运输、收购、代为销售或者以其他方法掩饰、隐瞒非法采挖的海砂及其产生的收益构成掩饰、隐瞒犯罪所得罪,犯罪所得收益罪,以上游非法采矿犯罪事实成立为前提。上游犯罪尚未依法裁判,但查证属实的,不影响掩饰、隐瞒犯罪所得、犯罪所得收益罪的认定。上游非法采挖海砂未达到非法采矿罪"情节严重"标准的,对下游对应的掩饰、隐瞒行为可以依照海洋环境保护法、海域使用管理法、治安管理处罚法等法律法规给予行政处罚。(§5)

△(**一年内曾因实施此类行为受过行政处罚;掩饰、隐瞒犯罪所得、犯罪所得收益罪;数额累计计算**)明知是非法采挖的海砂及其产生的收益,而予以运输、收购、代为销售或者以其他方法掩饰、隐瞒,一年内曾因实施此类行为受过行政处罚,又实施此类行为的,应当依照刑法第三百一十二条的规定,以掩饰、隐瞒犯罪所得、犯罪所得收益罪定罪处罚。多次实施此类行为,未经行政处罚,依法应当追诉的,犯罪所得、犯罪所得收益的数额应当累计计算。(§6)

△(**量刑均衡**)以掩饰、隐瞒犯罪所得、犯罪所得收益罪定罪处罚的,应当注意与上游非法采矿犯罪保持量刑均衡。(§7)

△(**涉案海砂价值认定;成本支出不扣除**)对于涉案海砂价值,有销赃数额的,一般根据销赃数额认定;对于无销赃数额,销赃数额难以查证,或者根据销赃数额认定明显不合理的,根据海砂市场交易价格和数量认定。

非法采挖的海砂在不同环节销赃,非法采挖、运输、保管等过程中产生的成本支出,在销赃数额中不予扣除。(§10)

△(**海砂价值难以确定;报告**)海砂价值难以确定的,依据当地政府相关部门所属价格认证机构出具的报告认定,或者依据省级以上人民政府自然资源、水行政、海洋等主管部门出具的报告,结合其他证据作出认定。(§11)

△(**海砂价值的确定基准**)确定非法开采的海砂价值,一般应当以实施犯罪行为终了时当地海砂市场交易价格或者非法采挖期间当地海砂的平均市场价格为基准。犯罪行为存在明显时段连续性的,可以分别按照不同时段实施犯罪行为时当地海砂市场交易价格为基准。如当地县(市、区)无海砂市场交易价格,可参照周边地区海砂市场交易价格。(§12)

△(**涉案船舶;查封、扣押;保管**)对涉案船舶,海警机构应当依法及时查封、扣押,扣押后一般由海警机构自行保管,特殊情况下,也可以交由船主或者船长暂时保管。(§13)

△(**用于犯罪的专门工具**)具有下列情形之一的,一般可以认定为《非法采矿解释》第十二条第二款规定的"用于犯罪的专门工具",并依法予以没收:

(1)犯罪分子所有,并专门用于非法采挖海砂犯罪的工具;

(2)长期不作登记或者系"三无"船舶或者挂靠、登记在他人名下,但实为犯罪分子控制,并专门用于非法采挖海砂犯罪的工具;

(3)船舶、机具所有人明知犯罪分子专门用于非法采挖海砂违法犯罪而出租、出借船舶、机具,构成共同犯罪或者相关犯罪的。(§14)

△(**船舶所有人明知他人专门用于非法采挖海砂违法犯罪而出租、出借船舶**)具有下列情形之一的,一般可以认定为船舶所有人明知他人专门用于非法采挖海砂违法犯罪而出租、出借船舶,但是能够作出合理解释或者有相反证据的除外:

(1)未经有关部门批准,擅自将船舶改装为可用于采挖、运输海砂的船舶或者进行伪装的;

(2)同意或者默许犯罪分子将船舶改装为可用于采挖、运输海砂的船舶或者进行伪装的;

(3)曾因出租、出借船舶用于非法采挖、运输

海砂受过行政处罚,又将船舶出租、出借给同一违法犯罪分子的;

(4)拒不提供真实的实际使用人信息,或者提供虚假的实际使用人信息的;

(5)其他足以认定明知的情形。(§15)

△(通过虚假买卖合同、口头协议等方式转让船舶所有权;用于犯罪的专门工具)非法采挖、运输海砂犯罪分子为逃避专门用于犯罪的船舶被依法罚没,或者为逃避一年内曾因非法采挖、运输海砂受过行政处罚,又实施此类行为被追究刑事责任,而通过虚构买卖合同、口头协议等方式转让船舶所有权,但并未进行物权变动登记,也未实际支付船舶转让价款的,可以依法认定涉案船舶为"用于犯罪的专门工具"。(§16)

△(涉案船舶的价值与涉案金额过于悬殊、一般不予没收)涉案船舶的价值与涉案金额过于悬殊,且涉案船舶证件真实有效、权属明确、船证一致的,一般不予没收。实践中,应当综合行为的性质、情节、后果、社会危害程度及行为人认罪悔罪表现等因素,对涉案船舶依法处置。(§17)

△(船主构成共同犯罪或者相关利犯罪;供犯罪所用的本人财物)船主以非法运输海砂为业,明知是非法采挖海砂仍一年内多次实施非法运输海砂犯罪活动,构成共同犯罪或者相关利犯罪的,涉案船舶可以认定为《非法采矿解释》第十二条第二款规定的"供犯罪所用的本人财物",并依法予以没收。(§18)

△(海警机构;拍卖涉案海砂;没收涉案船舶上采运砂机具等设施设备)海警机构对查扣的涉案海砂,在固定证据和留存样本后,经县级以上海警机构主要负责人批准,可以依法先行拍卖,并对拍卖进行全流程监管。拍卖所得价款暂予保管,诉讼终结后依法处理。

对于涉案船舶上采运砂机具等设施设备,海警机构在侦查过程中应当及时查封、扣押,人民法院原则上应当依法判决没收,或者交由相关主管部门予以拆除。(§19)

△(管辖权;登录地;主动登陆地;被动登陆地)案件发生后,犯罪嫌疑人、被告人从海上返回陆地的登陆地的海警机构、人民检察院、人民法院可以依法行使管辖权。"登陆地"既包括犯罪嫌疑人、被告人自行或者通过其他途径"主动登陆地",也包括被海警机构等执法部门押解返回陆地的"被动登陆地"。海警机构应当按照就近登陆、便利侦查的原则选择登陆地。(§20)

△(人民法院、人民检察院、海警机构;分工负责,互相配合,互相制约)各级人民法院、人民检察院、海警机构办理涉海砂刑事案件和刑事附带民事公益诉讼案件,应当充分发挥职能作用,分工负责,互相配合,互相制约,有效形成打击合力。各级海警机构要加强串并研判,注重深挖彻查,依法全面收集、固定、完善相关证据,提升办案质量,依法提请批准逮捕,移送审查起诉。各级人民检察院要依法充分履行法律监督职责,高质效开展涉海砂刑事案件审查批准逮捕、审查起诉等工作。必要时,人民检察院可提前介入侦查,引导海警机构全面收集、固定刑事案件和刑事附带民事公益诉讼案件证据。各级人民法院在审理涉海砂刑事案件时,要切实发挥审判职能,贯彻宽严相济刑事政策,准确适用法律,确保罚当其罪。(§21)

△(建立健全日常联络、信息通报,案件会商、类案研判等制度机制)各级人民法院、人民检察院、海警机构应当建立健全日常联络、信息通报、案件会商、类案研判等制度机制,及时对涉海砂违法犯罪活动出现的新情况新问题进行研究,解决重大疑难复杂问题,提升案件办理效果。(§22)

△(惩防并举、预防为先、治理为本的综合性防控体系)各级人民法院、人民检察院、海警机构在办理涉海砂刑事案件时,应当结合工作职责,认真分析研判涉海砂违法犯罪规律、形成原因,运用制发司法建议、检察建议、开展检察公益诉讼、进行法治宣传、以案释法等方式,构建惩防并举、预防为先、治理为本的综合性防控体系;在注重打击犯罪的同时,积极推动涉海砂违法犯罪的源头治理、综合治理,斩断利益链条,铲除犯罪滋生土壤。(§23)

《最高人民法院刑事审判第三庭、最高人民检察院第四检察厅、公安部刑事侦查局关于"断卡"行动中有关法律适用问题的会议纪要》(2022年3月22日公布)

△(帮助信息网络犯罪活动罪;掩饰、隐瞒犯罪所得、犯罪所得收益罪;诈骗罪)关于正确区分帮助信息网络犯罪活动罪、掩饰、隐瞒犯罪所得、犯罪所得收益罪与诈骗罪的界限。在办理涉"两卡"犯罪案件中,存在准确界定前述三个罪名之间界限的问题。应当根据行为人的主观明知内容和实施的具体犯罪行为,确定其行为性质。以信用卡为例:(1)明知他人实施电信网络诈骗犯罪,参加诈骗团伙或者与诈骗团伙之间形成较为稳定的配合关系,长期为他人提供信用卡或者转账取现的,以诈骗罪论处。(2)行为人向他人出租、出售信用卡后,在明知是犯罪所得及其收益的情况下,又代为转账、套现、取现等,或者为配合他人转账、套现、取现而提供刷脸等验证服务的,可以掩饰、隐瞒犯罪所得、犯罪所得收益罪论处。(3)明

知他人利用信息网络实施犯罪,仅向他人出租、出售信用卡,未实施其他行为,达到情节严重标准的,可以帮助信息网络犯罪活动罪论处。

在司法实践中,应当具体案情具体分析,结合主客观证据,重视行为人的辩解理由,确保准确定性。(§5)

△(**重大电信网络诈骗及其关联犯罪案件的管辖;从严惩处和全面惩处的方针,宽以济严**)关于重大电信网络诈骗及其关联犯罪案件的管辖。对于涉案人数超过80人,以及在境外实施的电信网络诈骗及其关联犯罪案件,公安部根据工作需要指定异地管辖的,指定管辖前应当商最高人民检察院和最高人民法院。

各级人民法院、人民检察院、公安机关要充分认识到当前持续深入推进"断卡"行动的重要意义,始终坚持依法从严惩处和全面惩处的方针,坚决严惩跨境电信网络诈骗犯罪集团和人员、贩卖"两卡"团伙头目和骨干、职业"卡商"、行业"内鬼"等。同时,还应当注重宽以济严,对于初犯、偶犯、未成年人、在校学生,特别是其中被胁迫或蒙骗出售本人名下"两卡",违法所得、涉案数额较少且认罪认罚的,应当教、挽救为主,落实"少捕慎诉慎押"的刑事司法政策,可以依法从宽处理,确保社会效果良好。

各省级人民法院、人民检察院、公安机关要尽快传达并转发本会议纪要,不断提高办案能力,依法准确办理涉"两卡"犯罪案件,确保"断卡"行动深入健康开展。在司法实践中如遇有重大疑难问题,应及时对口上报。(§9)

《最高人民法院、最高人民检察院、公安部关于办理医保骗保刑事案件若干问题的指导意见》
(法发〔2024〕6号,2024年2月28日发布)

△(**非法收购、销售他人利用医保骗保购买的药品;掩饰、隐瞒犯罪所得罪;诈骗罪;主观明知**)明知系利用医保骗保购买的药品而非法收购、销售的,依照刑法第三百一十二条和相关司法解释的规定,以掩饰、隐瞒犯罪所得罪定罪处罚;指使、教唆、授意他人利用医保骗保购买药品,进而非法收购、销售,依照刑法第二百六十六条的规定,以诈骗罪定罪处罚。

利用医保骗保购买药品的行为人是否被追究刑事责任,不影响对非法收购、销售有关药品的行为人定罪处罚。

对第一款规定的主观明知,应当根据药品标志、收购渠道、价格、规模及药品追溯信息等综合认定。具有下列情形之一的,可以认定行为人具有主观明知,但行为人能够说明药品合法来源或作出合理解释的除外:(1)药品价格明显异于市场价格的;(2)曾因实施非法收购、销售利用医保骗保购买的药品,受过刑事或行政处罚的;(3)以非法收购、销售基本医疗保险药品为业的;(4)长期或多次向不特定交易对象收购、销售基本医疗保险药品的;(5)利用互联网、邮寄等非接触式渠道多次收购、销售基本医疗保险药品的;(6)其他足以认定行为人主观明知的。(§9)

△(**从重处罚事由**)依法从严惩处医保骗保犯罪,重点打击幕后组织者、职业骗保人等,对其中具有退赔退赃、认罪认罚等从宽情节的,也要从严把握从宽幅度。

具有下列情形之一的,可以从重处罚:(1)组织、指挥犯罪团伙骗取医疗保障基金的;(2)曾因医保骗保犯罪受过刑事追究的;(3)拒不退赃退赔或者转移财产的;(4)造成其他严重后果或恶劣社会影响的。(§10)

△(**对共同犯罪的区别对待、区别处理;从宽处理;不作为犯罪处理**)对实施医保骗保的行为人是否追究刑事责任,应当综合骗取医疗保障基金的数额、手段、认罪悔罪、退赃退赔等案件具体情节,依法决定。

对于涉案人员众多的,要根据犯罪的事实、犯罪的性质、情节和对于社会的危害程度,以及在共同犯罪中的地位、作用、具体实施的行为区别对待、区别处理。对涉案不深的初犯、偶犯从轻处理,对认罪认罚的医务人员、患者可以从宽处理。对犯罪情节轻微的,可以依法不起诉或者免除处罚;情节显著轻微、危害不大的,不作为犯罪处理。(§12)

△(**缓刑;禁止在缓刑考验期限内从事与医疗保障基金有关的特定活动**)依法正确适用缓刑,要综合考虑犯罪情节、悔罪表现、再犯罪的危险以及宣告缓刑对所居住社区的影响,依法作出决定。对犯罪集团的首要分子、职业骗保人、曾因医保骗保犯罪受过刑事追究,毁灭、伪造、隐藏证据,拒不退赃退赔或者转移财产逃避责任的,一般不适用缓刑。对宣告缓刑的犯罪分子,根据犯罪情况,可以同时禁止在缓刑考验期限内从事与医疗保障基金有关的特定活动。(§13)

△(**财产刑;经济制裁**)依法用足用好财产刑,加大罚金、没收财产力度,提高医保骗保犯罪成本,从经济上严厉制裁犯罪分子。要综合考虑犯罪数额、退赃退赔、认罪认罚等情节决定罚金数额。(§14)

△(**追缴等值财产或者混合财产中的等值部分**)对行为人实施医保骗保犯罪所得一切财物,应当依法追缴或者责令退赔。确有证据证明存在依法应当追缴的财产,但无法查明去向,或者价值灭

失,或者与其他合法财产混合且不可分割的,可以追缴等值财产或者混合财产中的等值部分。等值财产的追缴数额限于依法查明应当追缴违法所得数额,对已经追缴或者退赔的部分应予扣除。

对于证明前款各种情形的证据,应当及时调取。(§21)

【指导性案例】

最高人民检察院指导性案例第211号:王某掩饰、隐瞒犯罪所得不批捕复议复核案(2024年4月23日发布)

△(掩饰、隐瞒犯罪所得;明知;追诉标准;情节严重;不批捕复议复核)对掩饰、隐瞒犯罪所得、犯罪所得收益罪"明知"的认定,应当结合行为人的职业性质、认知能力、赃物形态、收购价格、所获收益等综合判断。人民检察院办理掩饰、隐瞒犯罪所得案件,应当根据案件具体事实、情节、后果及社会危害程度,结合上游犯罪的性质、上下游犯罪量刑均衡等综合判断,决定是否追诉、是否认定为"情节严重"。上级人民检察院办理不批复复核案件,发现下级人民检察院复议决定有错误的,应当依法予以纠正。

【参考案例】

No.6-2-312-1 徐大连等掩饰、隐瞒犯罪所得案

掩饰、隐瞒犯罪所得、犯罪所得收益罪属于单一式选择性罪名,行为方式不存在选择性,犯罪对象存在选择性。

No.6-2-312-2 徐大连等掩饰、隐瞒犯罪所得案

掩饰、隐瞒犯罪所得收益罪中的犯罪所得收益,是指对ành影响进行处理后得到的超过犯罪所得价值的利润。

No.6-2-312-3 贾庆显等掩饰、隐瞒犯罪所得收益案

掩饰、隐瞒犯罪所得收益罪不以本犯构成犯罪为前提,收购未满十四周岁的未成年人盗窃所得财物的,应以掩饰、隐瞒犯罪所得收益罪论处。

No.6-2-312-4 莫叶兵等盗窃、掩饰、隐瞒犯罪所得案

明知是犯罪所得的赃物,仍然提供运输服务帮助转移的,以掩饰、隐瞒犯罪所得罪论处,不成立共同犯罪。

No.6-2-312-5 韩亚泽掩饰、隐瞒犯罪所得案

上游犯罪尚未裁判但已经查证属实的,不影响对下游犯罪的认定。

No.6-2-312-6 钟超等盗窃,高卫掩饰、隐瞒犯罪所得案

《最高人民法院关于审理掩饰、隐瞒犯罪所得、犯罪所得收益刑事案件适用法律若干问题的解释》实施前所实施的掩饰、隐瞒犯罪所得、犯罪所得收益行为未达到《最高人民法院关于审理掩饰、隐瞒犯罪所得、犯罪所得收益刑事案件适用法律若干问题的解释》所规定的基本入罪标准的,不构成掩饰、隐瞒犯罪所得罪。

No.6-2-312-7 刘小会、于林掩饰、隐瞒犯罪所得案

掩饰、隐瞒犯罪所得系电力设备,未达到数额条件,仍构成掩饰、隐瞒犯罪所得罪。

No.6-2-312-8 雷某仁、黄某生、黄某评破坏交通设施,田某祥掩饰、隐瞒犯罪所得、犯罪所得收益案

掩饰、隐瞒犯罪所得对象为交通设施的,构成掩饰、隐瞒犯罪所得、犯罪所得收益罪,应从严惩处。

No.6-2-312-9 闻福生掩饰、隐瞒犯罪所得案

掩饰、隐瞒犯罪所得罪的成立,以行为人主观上明知是赃物为要件,在无法查明行为人主观上明知的情况下,不成立掩饰、隐瞒犯罪所得罪。

No.6-2-312-10 沈鹏、朱鑫波掩饰、隐瞒犯罪所得案

掩饰、隐瞒犯罪所得罪行较轻,且具有自首情节的,可以判处缓刑。

No.6-2-312-11 袁某某信用卡诈骗,张某某掩饰、隐瞒犯罪所得案

为近亲属掩饰、隐瞒犯罪所得,且系初犯、偶犯,有认罪悔过情节,并退赃退赔的,可免予刑事处罚。

No.6-2-312-12 张兴泉掩饰、隐瞒犯罪所得案

掩饰、隐瞒犯罪所得情节一般,行为人认罪、悔罪并且退赃、退赔,且具有《最高人民法院关于掩饰、隐瞒犯罪所得、犯罪所得收益刑事案件适用法律若干问题的解释》所规定的三种情形的,可以免予刑事处罚。

No.6-2-312-13 汤某掩饰、隐瞒犯罪所得案

明知是赃物而购买自用的行为,构成掩饰、隐瞒犯罪所得罪,但因情节较轻、主观恶性小,事后恢复措施到位的,可免予刑事处罚。

No.6-2-312-14 汤雨华、庄瑞军盗窃,朱端银掩饰、隐瞒犯罪所得案

掩饰、隐瞒犯罪所得、犯罪所得收益罪属于上游犯罪的事后帮助型,对本罪的量刑不仅要符合《刑法》第三百一十二条及相关司法解释的规定,同时要受到上游犯罪量刑情况的约束。

No.6-2-312-15 李林掩饰、隐瞒犯罪所得案

掩饰、隐瞒盗窃、抢劫、诈骗、抢夺所得的机动车,数量在5辆以上或价值总额达到50万元以上的,可以认定为掩饰、隐瞒犯罪所得情节严重的情形。

No.6-2-312-16 杜国军、杜锡军非法捕捞水产品,刘训山、严荣富掩饰、隐瞒犯罪所得案

掩饰、隐瞒犯罪所得罪的"情节严重"中,"掩饰、隐瞒犯罪所得及其产生的收益十次以上"的情形中,每一次掩饰、隐瞒的行为,必须是一个独立的行为。

No.6-2-312-17 孙善凯,刘军、朱康盗窃案

明知财物系上游犯罪所得,事先承诺收购,事后在上游犯罪现场收购赃物的,可以认定为上游犯罪的共犯。

No.6-2-312-18 陈某、欧阳某等掩饰、隐瞒犯罪所得案

收购他人非法获取的计算机信息系统数据并出售,属于《刑法》第三百一十二条所列举的收购行为,构成掩饰、隐瞒犯罪所得罪。

No.6-2-312-19 姜某掩饰、隐瞒犯罪所得案

明知系受贿所得现金而予以藏匿、转移,不涉及资金形式的转换或转移的,应以掩饰、隐瞒犯罪所得罪论处。

No.6-2-312-20 奥姆托绍等四人掩饰、隐瞒犯罪所得案

上游犯罪未经审判,不影响掩饰、隐瞒犯罪所得罪的认定。

No.6-2-312-21 谭细松掩饰、隐瞒犯罪所得案

上游犯罪嫌疑人尚未被抓获,但证据证实上游犯罪存在的,可以认定为上游犯罪查证属实。

No.6-2-312-22 唐某中、唐某波掩饰、隐瞒犯罪所得案

上游犯罪嫌疑人在逃,不影响掩饰、隐瞒犯罪所得罪的认定。

No.6-2-312-23 元某某掩饰、隐瞒犯罪所得案

上游犯罪查证属实,但依法不追究刑事责任的,不影响掩饰、隐瞒犯罪所得罪的成立。

No.6-2-312-24 郭锐、黄立新盗窃,掩饰、隐瞒犯罪所得案

与盗窃犯罪分子事前同谋的收赃行为,应认定为盗窃罪的共犯。

No.6-2-312-25 牡丹江再生资源开发有限责任公司第十七收购站及朱富良掩饰、隐瞒犯罪所得案

以单位名义为了单位的利益而实施掩饰、隐瞒犯罪所得行为,符合单位犯罪的要件。

No.6-2-312-26 陈飞、刘波掩饰、隐瞒犯罪所得案

修改赃车的发动机号、大架号,并介绍买卖的行为,构成掩饰、隐瞒犯罪所得罪。

No.6-2-312-27 侯某某掩饰、隐瞒犯罪所得案

将抓获盗窃分子的犯罪所得据为己有的行为,不构成掩饰、隐瞒犯罪所得罪。

No.6-2-312-28 谭某旗、谭某掩饰、隐瞒犯罪所得案

帮助运输假冒烟草的行为,不构成掩饰、隐瞒犯罪所得罪。

第三百一十三条 【拒不执行判决、裁定罪】

对人民法院的判决、裁定有能力执行而拒不执行,情节严重的,处三年以下有期徒刑、拘役或者罚金;情节特别严重的,处三年以上七年以下有期徒刑,并处罚金。

单位犯前款罪的,对单位判处罚金,并对其直接负责的主管人员和其他直接责任人员,依照前款的规定处罚。

【立法解释】

《全国人民代表大会常务委员会关于〈中华人民共和国刑法〉第三百一十三条的解释》(2002年8月29日通过)

△(人民法院的判决、裁定;有能力执行而不执行,情节严重;国家机关工作人员;共犯;受贿罪;滥用职权罪;想象竞合犯)刑法第三百一十三条规定的"人民法院的判决、裁定",是指人民法院依法作出的具有执行内容并已发生法律效力的判决、裁定。人民法院为依法执行支付令、生效的调解书、仲裁裁决、公证债权文书等所作的裁定属于该条规定的裁定。①

---

① 但是,人民法院的调解书不属于判决、裁定。参见张明楷:《刑法学》(第6版),法律出版社2021年版,第1452页。

第三百一十三条

下列情形属于刑法第三百一十三条规定的"有能力执行而拒不执行,情节严重"的情形:

(一)被执行人隐藏、转移、故意毁损财产或者无偿转让财产,以明显不合理的低价转让财产,致使判决、裁定无法执行的;

(二)担保人或者被执行人隐藏、转移、故意毁损或者转让已向人民法院提供担保的财产,致使判决、裁定无法执行的;

(三)协助执行义务人接到人民法院协助执行通知书后,拒不协助执行,致使判决、裁定无法执行的;

(四)被执行人、担保人、协助执行义务人与国家机关工作人员通谋,利用国家机关工作人员的职权妨害执行,致使判决、裁定无法执行的;

(五)其他有能力执行而拒不执行,情节严重的情形。

国家机关工作人员有上述第四项行为的,以拒不执行判决、裁定罪的共犯追究刑事责任。国家机关工作人员收受贿赂或者滥用职权,有上述第四项行为的,同时又构成刑法第三百八十五条、第三百九十七条规定之罪的,依照处罚较重的规定定罪处罚。

【立法沿革】

《中华人民共和国刑法》(1997年修订,自1997年10月1日起施行)

第三百一十三条

对人民法院的判决、裁定有能力执行而拒不执行,情节严重的,处三年以下有期徒刑、拘役或者罚金。

《中华人民共和国刑法修正案(九)》(自2015年11月1日起施行)

三十九、将刑法第三百一十三条修改为:

"对人民法院的判决、裁定有能力执行而拒不执行,情节严重的,处三年以下有期徒刑、拘役或者罚金;情节特别严重的,处三年以上七年以下有期徒刑,并处罚金。

"单位犯前款罪的,对单位判处罚金,并对其直接负责的主管人员和其他直接责任人员,依照前款的规定处罚。"

【条文说明】

本条是关于拒不执行判决、裁定罪及其处罚的规定。

本条共分为两款。

第一款是关于拒不执行判决、裁定罪及其处罚的规定。根据本款规定,**拒不执行判决、裁定**罪,是指对人民法院的判决、裁定有能力执行而拒不执行,情节严重的行为。实践中认定本罪,要注意从以下几个方面掌握:

1. **本罪拒不执行的对象是人民法院的判决、裁定**。根据全国人大常委会立法解释的规定,本条规定的"**人民法院的判决、裁定**",是指人民法院依法作作出的具有执行内容并已经发生法律效力的判决、裁定。人民法院为依法执行支付令、生效的调解书,仲裁裁决、公证债权文书所作的裁定属于本条规定的裁定。人民法院的判决是人民法院经过审理就案件的实体问题作出的决定;裁定是人民法院在诉讼或者判决执行过程中,对诉讼程序和部分实体问题所作的决定。对于人民法院的生效判决、裁定确定的执行内容,有关当事人应当按照要求及时履行。所谓生效判决、裁定,包括已经超过法定上诉、抗诉期限而没有上诉、抗诉的判决、裁定以及人民法院终审的判决、裁定。没有发生法律效力的判决、裁定,因为不具备依法执行的条件,自然不会出现拒不执行的问题。需要注意的是,虽然实践中作为本罪拒不执行对象的判决和裁定,主要是人民法院审理民事案件所作的判决和裁定,但从法律规定上讲,刑事案件、行政案件的判决和裁定也属于本条规定的"判决、裁定"。《刑法修正案(九)》还在《刑法》第三十七条之一中专门明确,违反人民法院作出的禁止从事相关职业的决定,情节严重的,依照《刑法》第三百一十三条的规定定罪处罚。

2. **要有能力执行**。所谓有能力执行,是指根据人民法院查实的证据证明负有执行义务的人民法院判决、裁定义务的人有可供执行的财产或者具有履行特定行为义务的能力。倘若没有能力执行,比如执行义务人没有可供执行的财产而无法履行判决、裁定确定的义务的,不能构成本罪。对于实践中经常发生的,行为人为逃避义务,采取隐瞒、转移、变卖、赠送、毁损自己财产等方式而造成无法执行的,仍属于有能力执行,构成犯罪的,应以本罪处罚。行为人包括被执行人、协助执行义务人、担保人等负有执行义务的人。

3. **要有拒不执行的行为**。所谓拒不执行,是指对人民法院生效判决、裁定所确定的义务采取各种手段拒绝执行。既可以采取积极的作为,如转移、变卖、损毁执行标的等,也可以是消极的不作为,如对人民法院的判决、裁定置之不理;既可以是公开拒绝执行,也可以是暗地里拒绝执行。不论其方式如何,只要有能力执行而拒不执行,情节严重的,即可构成本罪。

4. **必须达到情节严重的程度**。情节尚不严重的,不能以犯罪处罚。根据《全国人民代表大会常务委员会关于〈中华人民共和国刑法〉第三百一十三条的解释》的规定:"下列情形属于刑法第三百一十三条规定的'**有能力执行而拒不执行,情节严重**'的情形:(一)被执行人隐藏、转移、故意毁损财产或者无偿转让财产,以明显不合理的低价转让财产,致使判决、裁定无法执行的;(二)担保人或者被执行人隐藏、转移、故意毁损或者转让已向人民法院提供担保的财产,致使判决、裁定无法执行的;(三)协助执行义务人接到人民法院协助执行通知书后,拒不协助执行,致使判决、裁定无法执行的;(四)被执行人、担保人、协助执行义务人与国家机关工作人员通谋,利用国家机关工作人员的职权妨害执行,致使判决、裁定无法执行的;(五)其他有能力执行而拒不执行,情节严重的情形。"《最高人民法院关于审理拒不执行判决、裁定刑事案件适用法律若干问题的解释》对上述立法解释中"其他有能力执行而拒不执行,情节严重的情形"进一步作了明确,规定:"负有执行义务的人有能力执行而实施下列行为之一的,应当认定为全国人民代表大会常务委员会关于《刑法》第三百一十三条的解释中规定的'**其他有能力执行而拒不执行,情节严重的情形**':(一)具有拒绝报告或者虚假报告财产情况、违反人民法院限制高消费及有关消费令等拒不执行行为,经采取罚款或者拘留等强制措施后仍拒不执行的;(二)伪造、毁灭有关被执行人履行能力的重要证据,以暴力、贿赂、贿买方法阻止他人作证或者指使、贿买、胁迫他人作伪证,妨碍人民法院查明被执行人财产情况,致使判决、裁定无法执行的;(三)拒不交付法律文书指定交付的财物、票证或者拒不迁出房屋、退出土地,致使判决、裁定无法执行的;(四)与他人串通,通过虚假诉讼、虚假仲裁、虚假和解等方式妨害执行,致使判决、裁定无法执行的;(五)以暴力、威胁方法阻碍执行人员进入执行现场或者聚众哄闹、冲击执行现场,致使执行工作无法进行的;(六)对执行人员进行侮辱、围攻、扣押、殴打,致使执行工作无法进行的;(七)毁损、抢夺执行案件材料、执行公务车辆和其他执行器械、执行人员服装以及执行公务证件,致使执行工作无法进行的;(八)拒不执行法院判决、裁定,致使债权人遭受重大损失的。"

5.本罪是**特殊主体**,主要是指有义务执行人民法院判决、裁定的当事人。根据民事诉讼法和司法解释的有关规定,**对判决、裁定负有协助执行义务的个人和单位、担保人**等,也可以成为本罪的主体。

关于国家机关工作人员利用职权妨害执行,致使判决、裁定无法执行的情形,根据《全国人民代表大会常务委员会关于〈中华人民共和国刑法〉第三百一十三条的解释》的规定,**国家机关工作人员**有利用职权妨害执行,致使判决、裁定无法执行的行为的,以拒不执行判决、裁定罪的共犯追究刑事责任。国家机关工作人员收受贿赂或者滥用职权,有上述行为的,同时又构成《刑法》第三百八十五条、第三百九十七条规定之罪的,依照处罚较重的规定定罪处罚。

本款对拒不执行判决、裁定罪规定了**两档刑罚**,即情节严重的,处三年以下有期徒刑、拘役或者罚金;情节特别严重的,处三年以上七年以下有期徒刑,并处罚金。另外,根据《最高人民法院关于审理拒不执行判决、裁定刑事案件适用法律若干问题的解释》的规定,拒不执行判决、裁定刑事案件,一般由执行法院所在地人民法院管辖。量刑过程中,对拒不执行判决、裁定的被告人在一审宣告判决前,履行全部或部分执行义务的,**可以酌情从宽处罚**。拒不执行支付赡养费、扶养费、抚育费、抚恤金、医疗费用、劳动报酬等判决、裁定的,**可以酌情从重处罚**。

第二款是关于**单位犯罪**的规定。这里规定的"单位",包括公司、企业、事业单位、机关、团体。根据本款规定,单位对人民法院的判决、裁定有能力执行而拒不执行,情节严重,构成犯罪的,对单位判处罚金,并对单位直接负责的主管人员和其他直接责任人员,依照第一款的规定处罚。

需要注意的是,关于本罪能否**自诉**。首先可以肯定的是,本罪涉及的案件不是告诉才处理的案件,但是否属于刑事诉讼法规定的其他情形的自诉案件,存在不同认识。《刑事诉讼法》第二百一十条规定:"自诉案件包括下列案件:(一)告诉才处理的案件;(二)被害人有证据证明的轻微刑事案件;(三)被害人有证据证明对被告人侵犯自己人身、财产权利的行为应当依法追究刑事责任,而公安机关或者人民检察院不予追究被告人刑事责任的案件。"1998年《最高人民法院、最高人民检察院、公安部、国家安全部、司法部、全国人大常委会法制工作委员会关于刑事诉讼法实施中若干问题的规定》将拒不执行判决、裁定罪案件规定为公诉案件。2012年《最高人民法院、最高人民检察院、公安部、国家安全部、司法部、全国人大常委会法制工作委员会关于实施刑事诉讼法若干问题的规定》对拒不执行判决、裁定罪是否属于公诉案件未作明确。《最高人民法院关于审理拒不执行判决、裁定刑事案件适用法律若干问题的解释》第三条规定:"申请执行人有证据证明同时具有下列情形,人民法院认为符合刑事诉讼法第二百一十条第三项规定的,**以自诉案件立案审理**:

(一)负有执行义务的人拒不执行判决、裁定,侵犯了申请执行人的人身、财产权利,应当依法追究刑事责任的;(二)申请执行人曾经提出控告,而公安机关或者人民检察院对负有执行义务的人不予追究刑事责任的。"也就是说,可以提起自诉案件,同时自诉人在宣告判决前,可以同被告人自行和解或者撤回自诉,这也是考虑到解决人民法院判决、裁定执行难的情况所作的有针对性的规定。

【司法解释】

《最高人民法院关于审理拒不执行判决、裁定刑事案件适用法律若干问题的解释》[法释〔2015〕16号,自2015年7月20日起施行,该解释第三条、第四条已经被《最高人民法院关于修改〈最高人民法院关于人民法院扣押铁路运输货物若干问题的规定〉等十八件执行类司法解释的决定》(法释〔2020〕21号,自2021年1月1日起施行)修正]

△(**拒不执行判决、裁定罪**)被执行人、协助执行义务人、担保人等负有执行义务的人对人民法院的判决、裁定有能力执行而拒不执行,情节严重的,应当按照刑法第三百一十三条的规定,以拒不执行判决、裁定罪处罚。(§1)

△(**其他有能力执行而拒不执行;情节严重**)负有执行义务的人有能力执行而实施下列行为之一的,应当认定为全国人民代表大会常务委员会关于刑法第三百一十三条的解释中规定的"其他有能力执行而拒不执行,情节严重的":

(一)具有拒绝报告或者虚假报告财产情况、违反人民法院限制高消费及有关消费令等拒不执行行为,经采取罚款或者拘留等强制措施后仍拒不执行的;

(二)伪造、毁灭有关被执行人履行能力的重要证据,以暴力、威胁、贿买等方法阻止他人作证或者指使、贿买、胁迫他人作伪证,妨碍人民法院查明被执行人财产情况,致使判决、裁定无法执行的;

(三)拒不交付法律文书指定交付的财物、票证或者拒不迁出房屋、退出土地,致使判决、裁定无法执行的;

(四)与他人申通,通过虚假诉讼、虚假仲裁、虚假和解方式妨害执行,致使判决、裁定无法执行的;

(五)以暴力、威胁方法阻碍执行人员进入执行现场或者聚众哄闹、冲击执行现场,致使执行工作无法进行的;

(六)对执行人员进行侮辱、围攻、扣押、殴打,致使执行工作无法进行的;

(七)毁损、抢夺执行案件材料、执行公务车辆和其他执行器械、执行人员服装以及执行公务证件,致使执行工作无法进行的;

(八)拒不执行法院判决、裁定,致使债权人遭受重大损失的。(§2)

△(**自诉案件**)申请执行人有证据证明同时具有下列情形,人民法院认为符合刑事诉讼法第二百一十条第三项规定的,以自诉案件立案审理:

(一)负有执行义务的人拒不执行判决、裁定,侵犯了申请执行人的人身、财产权利,应当依法追究刑事责任的;

(二)申请执行人曾经提出控告,而公安机关或者人民检察院对负有执行义务的人不予追究刑事责任的。(§3)

△(**自诉案件;自行和解或者撤回自诉**)本解释第三条规定的自诉案件,依照刑事诉讼法第二百一十二条的规定,自诉人在宣告判决前,可以同被告人自行和解或者撤回自诉。(§4)

△(**管辖**)拒不执行判决、裁定刑事案件,一般由执行法院所在地人民法院管辖。(§5)

△(**酌情从宽处罚事由**)拒不执行判决、裁定的被告人在一审宣告判决前,履行全部或部分执行义务的,可以酌情从宽处罚。(§6)

△(**酌情从重处罚事由**)拒不执行支付赡养费、扶养费、抚育费、抚恤金、医疗费用、劳动报酬等判决、裁定的,可以酌情从重处罚。(§7)

《最高人民法院关于办理人身安全保护令案件适用法律若干问题的规定》(法释〔2022〕17号,自2022年8月1日起施行)

△(**违反人身安全保护令;拒不执行判决、裁定罪定罪**)被申请人违反人身安全保护令,符合《中华人民共和国刑法》第三百一十三条规定的,以拒不执行判决、裁定罪定罪处罚;同时构成其他犯罪的,依照刑法有关规定处理。(§12)

【司法解释性文件】

《最高人民法院研究室关于拒不执行人民法院调解书的行为是否构成拒不执行判决、裁定罪的答复》(法研〔2000〕117号,2000年12月14日公布)

△(**判决、裁定;调解书**)刑法第三百一十三条规定的"判决、裁定",不包括人民法院的调解书。对于行为人拒不执行人民法院调解书的行为,不能依照刑法第三百一十三条的规定定罪处罚。

《最高人民法院、最高人民检察院、公安部关于依法严肃查处拒不执行判决裁定和暴力抗拒法院执行犯罪行为有关问题的通知》(法发〔2007〕29号,2007年8月30日公布)

△(拒不执行判决、裁定罪)对下列拒不执行判决、裁定的行为,依照刑法第三百一十三条的规定,以拒不执行判决、裁定罪论处。

(一)被执行人隐藏、转移、故意毁损财产或者无偿转让财产、以明显不合理的低价转让财产,致使判决、裁定无法执行的;

(二)担保人或者被执行人隐藏、转移、故意毁损或者转让已向人民法院提供担保的财产,致使判决、裁定无法执行的;

(三)协助执行义务人接到人民法院协助执行通知书后,拒不协助执行,致使判决、裁定无法执行的;

(四)被执行人、担保人、协助执行义务人与国家机关工作人员共谋,利用国家机关工作人员的职权妨害执行,致使判决、裁定无法执行的;

(五)其他有能力执行而拒不执行,情节严重的情形。(§1)

△(单位直接负责的主管人员和其他直接责任人员)负有执行人民法院判决、裁定义务的单位直接负责的主管人员和其他直接责任人员,为了本单位的利益实施本《通知》第一条、第二条所列行为之一的,对该主管人员和其他直接责任人员,依照刑法第三百一十三条和第二百七十七条的规定,分别以拒不执行判决、裁定罪①和妨害公务罪论处。(§3)

△(国家机关工作人员;共犯;想象竞合犯;受贿罪;滥用职权罪)国家机关工作人员有本《通知》第一条第四项行为的,以拒不执行判决、裁定罪的共犯追究刑事责任。

国家机关工作人员收受贿赂或者滥用职权,有本《通知》第一条第四项行为的,同时又构成刑法第三百八十五条、第三百九十七条规定罪的,依照处罚较重的规定定罪处罚。(§4)

△(管辖)拒不执行判决、裁定案件由犯罪行为发生地的公安机关、人民检察院、人民法院管辖。如果由犯罪嫌疑人、被告人居住地的人民法院管辖更为适宜的,可以由犯罪嫌疑人、被告人居住地的公安机关、人民检察院、人民法院管辖。(§5)

△(公安机关;出警)以暴力、威胁方法妨害或者抗拒执行的,公安机关接到报警后,应当即出警,依法处置。(§6)

△(先行司法拘留;立案侦查)人民法院在执行判决、裁定过程中,对拒不执行判决、裁定情节严重的人,可以先行司法拘留;拒不执行判决、裁定的行为人涉嫌犯罪的,应当将案件依法移送有管辖权的公安机关立案侦查。(§7)

△(立案侦查;提起公诉;审判)人民法院、人民检察院和公安机关在办理拒不执行判决、裁定和妨害公务案件过程中,应当密切配合、加强协作。对于人民法院移送的涉嫌拒不执行判决、裁定和妨害公务罪的案件,公安机关应当及时立案侦查,检察机关应当及时提起公诉,人民法院应当及时审判。(§8Ⅰ)

【指导性案例】

最高人民法院指导性案例第71号:毛建文拒不执行判决、裁定案(2016年12月28日发布)

△(拒不执行判决、裁定罪;起算时间)有能力执行而拒不执行判决、裁定的时间从判决、裁定发生法律效力时起算。具有执行内容的判决、裁定发生法律效力后,负有执行义务的人有隐藏、转移、故意毁损财产等拒不执行行为,致使判决、裁定无法执行,情节严重的,应当以拒不执行判决、裁定罪定罪处罚。

最高人民检察院指导性案例第92号:上海甲建筑装饰有限公司、吕某拒不执行判决立案监督案(2020年12月22日发布)

△(拒不执行判决、调查核实;应当立案而不立案;监督立案)负有执行义务的单位和个人以更换企业名称、隐瞒到期收入等方式妨害执行,致使已经发生法律效力的判决、裁定无法执行,情节严重的,应当以拒不执行判决、裁定罪予以追诉。申请执行人认为公安机关对拒不执行判决、裁定的行为应当立案侦查而不立案侦查,向检察机关提出监督申请的,检察机关应当要求公安机关说明不立案的理由。经调查核实,认为公安机关不立案理由不能成立的,应当通知公安机关立案。对于通知立案的涉企业犯罪案件,应当依法适用认罪认罚从宽制度。

【参考案例】

No.6-2-313-1 朱荣南拒不执行判决、裁定案

行为人拒不执行判决、裁定的行为,应当根据其行为持续时间、行为方式、标的额、行为人主观罪过程度以及行为后果等方面,综合认定是否属于情节严重。

No.6-2-313-2 龙军某拒不执行判决案

"有能力执行"是成立拒不执行判决、裁定罪的必要条件,没有能力执行的,不构成本罪。"有

---

① 《刑法修正案(九)》针对本罪增订了单位犯罪。按照现行法的规定,会成立单位犯罪。

能力执行"的时间起算节点应为判决、裁定发生法律效力时;"有能力执行"不以行为人主观认识而以客观事实为准,不应受执行情况的影响;"有能力执行"包括有部分执行能力。

No.6-2-313-3　杨建荣、颜爱英、姜雪富拒不执行判决、裁定案

在民事判决确定前转移、隐匿财产的,只要转移、隐匿财产等行为状态持续至民事裁判生效后,情节严重的,即可构成拒不执行判决、裁定罪。

No.6-2-313-4　于国民拒不执行判决案

人民法院应对认罪认罚的真实性进行实质审查,被告人虽在审查起诉阶段签署认罪认罚具结书,但对主要指控事实多次辩解否定的,不符合适用认罪认罚的实质条件,不应适用认罪认罚从宽制度进行从宽处罚。

No.6-2-313-5　肖应文、李秋发拒不执行判决案

"致使判决、裁定无法执行"不仅指生效的判决、裁定确定的执行内容终局性、永久性无法执行,也包括被执行人拒不执行,情节严重,导致执行措施无法有效地开展的情形。

No.6-2-313-6　毛建文拒不执行判决、裁定案

拒不执行判决、裁定罪中规定的"有能力执行而拒不执行"的行为起算时间,应从相关民事判决发生法律效力时起算。

第三百一十四条　【非法处置查封、扣押、冻结的财产罪】

隐藏、转移、变卖、故意毁损已被司法机关查封、扣押、冻结的财产,情节严重的,处三年以下有期徒刑、拘役或者罚金。

【条文说明】

本条是关于非法处置查封、扣押、冻结的财产罪及其处罚的规定。

本条规定的犯罪对象是**已被司法机关查封、扣押、冻结的财产**。"**查封**",是指被司法机关签封,这种签封应载明查封日期、查封单位并盖章。物品一经司法机关查封,未经查封机关批准不得私自开封、使用,更不得变卖、转移。"**扣押**",是指司法机关因办案需要将与案件有关的物品暂时扣留。这种扣押,一般是将物品扣在司法机关,但一些大宗物品也可扣押在仓库等地。"**冻结**",主要是指冻结与案件相关的资金帐户。《刑事诉讼法》第一百四十四条第一款规定:"人民检察院、公安机关根据侦查犯罪的需要,可以依照规定查询、冻结犯罪嫌疑人的存款、汇款、债券、股票、基金份额等财产。有关单位和个人应当配合。"一旦冻结,不经依法解冻,该项资金不得私自使用,更不得转移。本条共规定了四种行为:一是**隐藏被司法机关查封、扣押的物品**。二是**转移已被查封、扣押、冻结的财产**。主要是指将已被查封、扣押的物品转移到他处,脱离司法机关的掌握,或者将已被冻结的资金私自取出或转移到其他帐户。三是**变卖已被司法机关查封、扣押的物品**,即将已被查封、扣押的物品以各种形式卖给他人。四是**故意毁损已被司法机关查封、扣押的物品**。这种"毁损"是指使用破坏性手段使物品失去原貌,失去原来具有的使用价值和价值。上述四种行为,不论发生在刑事诉讼或民事诉讼、行政诉讼中,只要具有上述行为之一,情节严重的就可构成本罪。"**情节严重**",主要是指隐藏、转移、变卖、故意毁损已被司法机关查封、扣押、冻结的财产,严重妨害了诉讼活动的正常进行或者使国家、集体、人民的利益遭受了重大损失。犯本罪的,处三年以下有期徒刑、拘役或者罚金。

适用本条时需要注意:第一,本条规定的隐藏、转移、变卖、故意毁损已被司法机关查封、扣押、冻结的财产的行为**不仅限于刑事诉讼**,也包括在民事诉讼、行政诉讼中的行为。第二,查封、扣押、冻结的财产是为保障刑事诉讼顺利进行而采取的措施,是一种程序性过程中的措施,不是具有结局性的财产处置措施。因此,根据民事诉讼法、行政诉讼法、刑事诉讼法等有关规定,对查封、扣押、冻结的财产应当依法处置,不得损害当事人的合法权益。如根据刑事诉讼法的相关规定,在侦查活动中,对与案件无关的财物、文件,不得查封、扣押。对查封、扣押的财物、文件,要妥善保管或者封存,不得使用、调换或者损毁。对查封、扣押的财物、文件、邮件、电报或者冻结的存款、汇款、债券、股票、基金份额等财产,经查明确实与案件无关的,应当在三日以内解除查封、扣押、冻结,予以退还。人民检察院决定不起诉的案件,应当同时对侦查中查封、扣押、冻结的财物解除查封、扣押、冻结。人民法院作出的判决,应当对查封、扣押、冻结的财物及其孳息作出处理。人民法院作出的判决生效以后,有关机关应当根据判决对查封、扣押、冻结的财物及其孳息进

行处理。对查封、扣押、冻结的赃款赃物及其孳息，除依法返还被害人的以外，一律上缴国库。

【参考案例】

No.5-264-39 何弦、汪顺太非法处置扣押的财产案

本人所有的财物在他人合法占有、控制期间，能够成为本人盗窃的对象，盗取自己被公安机关扣押的车辆的行为，因缺少非法占有目的而不成立盗窃罪，应以非法处置扣押的财产罪论处。

第三百一十五条 【破坏监管秩序罪】
依法被关押的罪犯，有下列破坏监管秩序行为之一，情节严重的，处三年以下有期徒刑：
（一）殴打监管人员的；
（二）组织其他被监管人破坏监管秩序的；
（三）聚众闹事，扰乱正常监管秩序的；
（四）殴打、体罚或者指使他人殴打、体罚其他被监管人的。

【条文说明】

本条是关于破坏监管秩序罪及其处罚的规定。

根据本条规定，**破坏监管秩序犯罪**，是指依法被关押的罪犯，有下列破坏监管秩序行为之一，情节严重的行为：殴打监管人员的；组织其他被监管人破坏监管秩序的；聚众闹事，扰乱正常监管秩序的；殴打、体罚或者指使他人殴打、体罚其他被监管人的。"**依法被关押的罪犯**"，是指依照法定程序，经人民法院判决有罪并被判处剥夺人身自由的刑罚，送到监狱或者其他执行场所执行刑罚的罪犯。① "**破坏监管秩序**"，是指以各种方式破坏对罪犯进行监管的工作正常进行。"**殴打监管人员**"，是指用拳脚、棍棒等对刑罚执行场所的人民警察及其他管理人员实施暴力打击、伤害的行为。1997年修订的刑法将殴打监管人员由人民警察扩大到其他监管人员。"**组织其他被监管人破坏监管秩序**"，是指公开或者暗中授意、策动、指使其他依法关押的罪犯违反监狱的纪律和管理秩序，不服从管理。"**聚众闹事，扰乱正常监管秩序**"，是指策动、纠集多名被监管人闹事，扰乱监狱的生产、生活等方面的正常秩序。"**殴打、体罚或者指使他人殴打、体罚其他被监管人**"，是指对其他被监管人②进行殴打及身体上的折磨，或者指使被监管人对其他被监管人进行殴打及身体上的折磨。实施以上破坏监管秩序的行为，可以在监狱等执行场所，也可以在外出劳动作业的场所或者在押解途中。以上破坏监管秩序的行为，情节严重的才构成犯罪。所谓"**情节严重**"，是指多次实施上述破坏监管秩序行为的；实施上述破坏监管秩序行为造成严重影响的；造成严重后果的；等等。根据本条规定，对破坏监管秩序犯罪，处三年以下有期徒刑。根据《刑事诉讼法》第三百零八条第三款的规定，对罪犯在监狱内犯罪的案件由监狱进行侦查。本罪案件由监狱负责侦查办理。

实践中需要注意以下两个方面的问题：

1. 实施本条第（四）项殴打、体罚或者指使他人殴打、体罚其他被监管人的行为，同时构成故意伤害、故意杀人等其他犯罪的，应当从一重罪处罚。这一做法也体现在监管人员对被监管人员实施殴打行为的犯罪中。《刑法》第二百四十八条作了明确规定："监狱、拘留所、看守所等监管机构的监管人员对被监管人进行殴打或者体罚虐待，情节严重的，处三年以下有期徒刑或者拘役；情节特别严重的，处三年以上十年以下有期徒刑。致人伤残、死亡的，依照本法第二百三十四条、第二百三十二条的规定定罪从重处罚。监管人员指使被监管人殴打或者体罚虐待其他被监管人的，依照前款的规定处罚。"

2. 关于本罪的主体，是否包括在**看守所羁押的犯罪嫌疑人、被告人**。本条规定的主体是"依法被关押的罪犯"，一种观点认为，这里的罪犯就是指依照法定程序，经人民法院判决有罪并被判处剥夺人身自由的刑罚，送到监狱或者其他执行

---

① 相对的，在押未决犯和行政拘留人员，因为还不能说是"罪犯"，所以即使具有严重破坏监管秩序的行为，也不构成本罪。参见黎宏：《刑法学各论》（第2版），法律出版社2016年版，第419页。
② "其他被监管人"，既包括已决犯，也包括未决犯。参见黎宏：《刑法学各论》（第2版），法律出版社2016年版，第419页。

第三百一十六条

场所执行刑罚的罪犯。另一种观点认为，对这里的罪犯不应当作狭义的理解，对于刑事诉讼程序中依法被关押的犯罪嫌疑人、被告人也应当认定为本条规定的"罪犯"，否则会形成处罚漏洞。首先可以肯定的是，本罪的主体不包括被执行行政拘留的人员。《刑法》第三百一十六条规定的脱逃罪的主体、劫夺被押解人员罪的对象明确规定为罪犯、被告人、犯罪嫌疑人。此外，《刑法》第四百条规定的私放在押人员罪、失职致使在押人员脱逃罪的对象明确规定包括"私放在押的犯罪嫌疑人、被告人或者罪犯""致使在押的犯罪嫌疑人、被告人或者罪犯脱逃"的情形，明确列举了犯罪嫌疑人、被告人。**本条没有列举犯罪嫌疑人、被告人，考虑的主要是惩治监狱等刑罚执行场所中发生的违反监规的严重行为，目的是保障监管工作秩序，更好地教育改造罪犯。**

第三百一十六条 【脱逃罪】【劫夺被押解人员罪】

依法被关押的罪犯、被告人、犯罪嫌疑人脱逃的，处五年以下有期徒刑或者拘役。

劫夺押解途中的罪犯、被告人、犯罪嫌疑人的，处三年以上七年以下有期徒刑；情节严重的，处七年以上有期徒刑。

【条文说明】

本条是关于脱逃罪、劫夺被押解人员罪及其处罚的规定。

本条共分为两款。

第一款是关于脱逃罪及其处罚的规定。根据本款规定，**脱逃罪**，是指依法被关押的罪犯、被告人、犯罪嫌疑人脱逃的行为。这里所说的"**依法被关押的罪犯**"，是指经过法定程序，被人民法院定罪并被关押的人；**依法被关押的"被告人"**，是指依照法定程序，被司法机关逮捕关押，正在接受人民法院审判的人；**依法被关押的"犯罪嫌疑人"**，是指依照法定程序，被司法机关拘留、逮捕，正在接受侦查、审查起诉的人。本款将依法被关押的被告人、犯罪嫌疑人也规定为本罪的主体，主要是为了维护看守所的秩序以及司法机关依法办案的权威性和严肃性。被非法关押的人脱逃的，不构成本罪。对被错判徒刑的在服刑期间的"脱逃"行为，不以脱逃罪论罪判刑。①②所谓"**脱逃**"，是指行为人逃离司法机关的监管场所的行为，主要是指从监狱、看守所等监管场所逃跑，也包括在押解途中逃跑。根据本款规定，犯脱逃罪的，处五年以下有期徒刑或者拘役。需要注意的是，对脱逃罪判处的刑罚应当与前罪没有执行的刑罚依照《刑法》第六十九条、第七十一条的规定予以并罚。根据2014年《最高人民法院、最高人民检察院、公安部、司法部关于监狱办理刑事案件有关问题的规定》的规定，在押犯脱逃后未实施其他犯罪的，由监狱立案侦查，公安机关抓获后通知原监狱押回，监狱所在地人民检察院审查起诉。罪犯脱逃期间又实施其他犯罪，在逮捕回监狱前发现的，由新罪犯罪地公安机关侦查新罪，并通知监狱；监狱对脱逃罪侦查终结后移送管辖新罪的公安机关，由公安机关一并移送当地人民检察院审查起诉，人民法院判决后，送当地监狱服刑，罪犯服刑的原监狱应当配合。

第二款是关于**劫夺被押解人员罪**及其处罚的规定。本罪在客观方面表现为行为人实施了劫夺押解途中的罪犯、被告人、犯罪嫌疑人的行为。这里的"**劫夺**"，是指以暴力、威胁等手段，将罪犯、被告人、犯罪嫌疑人从司法机关工作人员的押解控制中夺走的行为。劫夺行为，有的针对押解人

---

① 是否"依法"固然要考虑程序上的合法与实体上的合法，但这种合法不是事后判断的，而应当根据行为时的状况进行判断。但不容忽视的是，在行为人原本无罪，完全由于司法机关的错误导致其被关押的情况下，行为人脱逃的，应认为缺乏期待可能性（阻却责任的紧急避难），不以脱逃罪论处。参见张明楷：《刑法学》（第6版），法律出版社2021年版，第1456页；周光权：《刑法各论》（第4版），中国人民大学出版社2021年版，第468页。本书仅以最终结果是否被剥夺自由作为判断是否构成脱逃罪的唯一判断标准。只有在行为人被违反法定条件、法定期限、法定程序或者刑法明文规定而被关押的场合，才是"非法关押"，这种场合下的脱逃行为因为不符合平本罪的成立要件因而应认定为无罪。此外，由于黎宏：《刑法学各论》（第2版），法律出版社2016年版，第420页；周光权：《刑法各论》（第4版），中国人民大学出版社2021年版，第467页。

② 另有论者认为，关押的手续在程序上有一定的缺陷，例如，逮捕罪犯后没有在法定期限内通知其家属，也不影响关押的合法性。参见周光权：《刑法各论》（第4版），中国人民大学出版社2021年版，第467页。

员实施，有的针对押解的车辆、船只等实施。本罪的犯罪对象是**正在押解途中的罪犯、被告人、犯罪嫌疑人**，劫夺的对象不是正在押解途中的，不构成本罪。根据本款规定，犯劫夺被押解人员罪的，处三年以上七年以下有期徒刑；情节严重的，处七年以上有期徒刑。所谓"**情节严重**"，主要是指劫夺重刑犯或者重大案件的被告人、犯罪嫌疑人；多人进行劫夺或者劫夺多人的；持械劫夺的；社会影响恶劣的；造成严重后果的；等等。

【司法解释性文件】

《公安部关于对被判处拘役的罪犯在执行期间回家问题的批复》（公复字〔2001〕2号，2001年1月31日公布）

△（**被判处拘役的罪犯；在回家期间逃跑；脱逃罪**）《刑法》第四十三条第二款规定，"在执行期间，被判处拘役的犯罪分子每月可以回家一天至两天。"根据上述规定，是否准许被判处拘役的罪犯回家，应当根据其在服刑期间表现以及准许其回家是否会影响剩余刑期的继续执行等情况综合考虑，由负责执行的拘役所、看守所提出建议，报其所属的县级以上公安机关决定。被判处拘役的外国籍罪犯提出回家申请的，由地市级以上公安机关决定，并由决定机关将有关情况报上级公安机关备案。对于准许回家的，应当发给回家证明，告知其应当按时返回监管场所和不按时返回将要承担的法律责任，并将准许回家的决定送同级人民检察院。被判处拘役的罪犯在决定机关辖区内有固定住处的，可允许其回其回固定住处；没有固定住处的，可在决定机关为其指定的居所每月与其家人团聚一天至两天。拘役所、看守所根据被判处拘役的罪犯在服刑及回家期间表现，认为不宜继续准许其回家的，应当提出建议，报原决定机关决定。对于被判处拘役的罪犯在回家期间逃跑的，应当按照《刑法》第三百一十六条的规定以脱逃罪追究其刑事责任。

《最高人民法院、最高人民检察院、公安部、司法部关于监狱办理刑事案件有关问题的规定》（司发通〔2014〕80号，2014年8月11日公布）

△（**立案侦查；审查起诉；执行机关**）在押罪犯脱逃后未实施其他犯罪的，由监狱立案侦查，公安机关抓获后通知原监狱押回，监狱所在地人民检察院审查起诉。罪犯脱逃期间又实施其他犯罪，在捕抓监狱前发现的，由新罪犯罪地公安机关侦查新罪，并通知监狱；监狱对脱逃罪侦查终结后移送管辖新罪的公安机关，由公安机关一并移送当地人民检察院审查起诉，人民法院判决后，送当地监狱服刑，罪犯服刑的原监狱应当配合。（§4）

【参考案例】

No.6-2-316(1)-1 魏荣香等故意杀人、抢劫、脱逃、窝藏案

单独一人持械将被羁押人劫出的，不构成聚众持械劫狱罪，应以脱逃罪的共犯论处。

No.6-2-316(1)-2 魏荣香等故意杀人、抢劫、脱逃、窝藏案

将在押犯罪嫌疑人从看守所劫出，并提供钱财资助其逃匿的，构成脱逃罪与窝藏罪的牵连犯，应择一重罪从重处罚。

No.6-2-316(1)-4 张丽荣脱逃案

脱逃罪为状态犯而非持续犯，脱逃行为发生后，侦查机关在追诉时效内未立案侦查或采取强制措施的，追诉时效经过后，不应再追诉。1979年《刑法》第七十七条中"在人民法院、人民检察院、公安机关采取强制措施以后，逃避侦查或者审判的，不受追诉期限的限制"中的"采取强制措施"应理解为人民法院、人民检察院、公安机关采取的拘留、逮捕等法定刑事强制措施，而不包括因刑罚执行。

第三百一十七条 【组织越狱罪】【暴动越狱罪】【聚众持械劫狱罪】

组织越狱的首要分子和积极参加的，处五年以上有期徒刑；其他参加的，处五年以下有期徒刑或者拘役。

暴动越狱或者聚众持械劫狱的首要分子和积极参加的，处十年以上有期徒刑或者无期徒刑；情节特别严重的，处死刑；其他参加的，处三年以上十年以下有期徒刑。

【条文说明】

本条是关于组织越狱罪、暴动越狱罪、聚众持械劫狱罪及其处罚的规定。

本条共分为两款。

第一款是关于**组织越狱罪**及其处罚的规定。本罪在客观方面表现为有组织、有计划地从狱中

逃跑的行为。所谓"**组织越狱**",是指在首要分子的组织、策划、指挥下,在押人员进行周密准备,选择一定的方法、手段和时机,实施集体从监狱、看守所逃跑,逃避依法继续关押或者执行刑罚的行为。① 组织越狱的犯罪行为,是聚众实施的犯罪。行为人单独实施越狱犯罪的,依照《刑法》第三百一十六条第一款**脱逃罪**的规定定罪处刑。所谓"**首要分子**",是指组织越狱犯罪的组织、策划、指挥者。所谓"**积极参加的**",是指主动、积极参加有组织的越狱犯罪或者在犯罪中起重要作用的人。所谓"**其他参加的**",是指在有组织的越狱犯罪中,除首要分子和积极参加者以外的其他参加犯罪的人员。本款对有组织越狱犯罪,区分行为人在犯罪中的地位和作用大小,规定了不同的处刑;对首要分子和积极参加的,处五年以上有期徒刑;对其他参加的,处五年以下有期徒刑或者拘役。

第二款是关于**暴动越狱罪、聚众持械劫狱罪**及其处罚的规定。所谓"**暴动越狱**",是指监狱、看守所中的被关押人,使用暴力手段,聚众逃跑的行为。这里的暴力手段主要有殴打、杀害监管人员或警卫人员;用暴力捣毁、破坏监狱设施;抢劫、抢夺枪支弹药;暴力冲闯监门;等等。这种暴动越狱一般都是有组织、有计划的行为,其行为方式除施加暴力外,其他与组织越狱相同,是从组织越狱罪中分离出来的一种更为严重的犯罪。② 所谓"**聚众持械劫狱**",是指在首要分子的组织、策划、指挥下,使用棍棒、刀具、武器等③,实施暴力抢走中、刑场上的罪犯、被告人、犯罪嫌疑人的行为。本款对暴动越狱犯罪、聚众持械劫狱犯罪,区分行为人在实施犯罪中的地位、作用以及情节轻重,规定了不同的处刑;对首要分子和积极参加的,处十年以上有期徒刑或者无期徒刑;对情节特别严重的,处死刑;对其他参加的,处三年以上十年以下有期徒刑。"**情节特别严重**",是指暴动越狱或者聚众持械劫狱造成特别严重后果的;行为手段特别残忍的;政治和社会影响特别恶劣的;等等。

---

① 我国学者指出,组织越狱罪的实行行为是组织,没有实施组织行为仅仅参加越狱的人,只能成立脱逃罪,而不成立组织越狱罪。本罪的行为主体不限于依法被关押的罪犯、被告人、犯罪嫌疑人。狱外人也可能组织被关押的人越狱。参见张明楷:《刑法学》(第6版),法律出版社2021年版,第1457页。另有学者指出,组织越狱罪的主体是特殊主体,只有在押的罪犯、刑事被告人、犯罪嫌疑人才可能成为本罪的主体。参见赵秉志、李希慧主编:《刑法各论》(第3版),中国人民大学出版社2016年版,第308页;黎宏:《刑法学各论》(第2版),法律出版社2016年版,第421页;周光权:《刑法各论》(第4版),中国人民大学出版社2021年版,第468页。

② 并非任何三人以上以暴力方法脱逃,均构成暴动越狱罪。"暴力"不等于"暴动"。只有多人大规模的暴力,才能评价为暴动。单个人以暴力手段越狱,或者多人共同以暴力手段越狱,但缺乏起组织、策划、指挥作用的首要分子,不能以本罪论处,而应当以脱逃罪论处。参见张明楷:《刑法学》(第6版),法律出版社2021年版,第1458页;赵秉志、李希慧主编:《刑法各论》(第3版),中国人民大学出版社2016年版,第309页。

③ "**持械**",指对监管人员等使用凶器,而不是单纯地携带凶器。参见张明楷:《刑法学》(第6版),法律出版社2021年版,第1458页。

第三节 妨害国(边)境管理罪

第三百一十八条 【组织他人偷越国(边)境罪】
组织他人偷越国(边)境的,处二年以上七年以下有期徒刑,并处罚金;有下列情形之一的,处七年以上有期徒刑或者无期徒刑,并处罚金或者没收财产:
(一)组织他人偷越国(边)境集团的首要分子;
(二)多次组织他人偷越国(边)境或者组织他人偷越国(边)境人数众多的;
(三)造成被组织人重伤、死亡的;
(四)剥夺或者限制被组织人人身自由的;
(五)以暴力、威胁方法抗拒检查的;
(六)违法所得数额巨大的;
(七)有其他特别严重情节的。
犯前款罪,对被组织人有杀害、伤害、强奸、拐卖等犯罪行为,或者对检查人员有杀害、伤害等犯罪行为的,依照数罪并罚的规定处罚。

【条文说明】

本条是关于组织他人偷越国(边)境罪及其处罚的规定。

本条共分为两款。

第一款是关于组织他人偷越国(边)境罪及其处罚的规定。所谓"**组织他人偷越国(边)境**",是指未经办理有关出入国(边)境证件和手续,领导、策划、指挥他人偷越国(边)境或者在首要分子指挥下,实施拉拢、引诱、介绍他人偷越国(边)境等行为。① **国境**,是指我国与外国的国界;**边境**,是指我国大陆与香港、澳门、台湾地区的交界。本罪是故意犯罪,一般具有营利目的。本款规定的"**组织他人偷越国(边)境集团的首要分子**",是指策划、领导、指挥、组织他人偷越国(边)境集团的犯罪分子。"**多次组织他人偷越国(边)境或者组织他人偷越国(边)境人数众多的**",一般是指组织他人偷越国(边)境三次以上的,或者组织众多的人偷越国(边)境的,这里的"人数众多",是指组织他人偷越国(边)境人数在十人以上。"**造成被组织人重伤、死亡的**",是指在组织偷越国(边)境过程中,由于运输工具出现故障等原因导致伤亡事故或者导致被组织人自杀等,造成被组织人重伤、死亡后果的。"**剥夺或者限制被组织人人身自由的**",是指采取强制方法对被组织人的人身自由进行剥夺和限制的。在组织他人偷越国(边)境的过程中,行为人为防止被组织人逃跑,而采取种种措施加以防范,如对被组织人施以捆绑,将其关押在特定场所,给被组织人服用安眠药等使被组织人失去知觉,或不允许被组织人自由活动,外出或上厕所等均需报告,并派人随时随地监视,等等。"**以暴力、威胁方法抗拒检查的**",是指在组织他人偷越国(边)境犯罪活动过程中,遇到有关国家工作人员执行检查任务时,行为人采取暴力、威胁的方法,阻碍国家工作人员依法执行公务。如行为人对边防、海关等依法执行检查任务的人员实施殴打、阻挠干涉或者以杀害、伤害、损害名誉等相要挟,阻止执法人员依法进行检查的行为。"**违法所得数额巨大的**",是指以牟利为目的组织他人偷越国(边)境,获取巨大数额的利益的。"**有其他特别严重情节的**",是指除以上六种情形外,具有其他后果特别严重、手段特别残忍、影响特别恶劣等特别严重的情节。本款根据不同情节,规定了两档刑罚:一是对一般的组织他人偷越国(边)境犯罪,处二年以上七年以下有期徒刑,并处罚金;二是对具有本款规定的七种严重情形之一的,处七年以上有期徒刑或无期徒刑,并处罚金或者没收财产。

第二款是关于犯组织他人偷越国(边)境罪同时又有其他犯罪行为应当如何处罚的规定。根

---

① 我国学者指出,以组织他人偷越国(边)境为目的的拉拢、引诱、招募、煽动、串联、欺骗、培训等行为,无论是个体犯罪,还是共同犯罪,只要未进入领导、指挥、安排被组织者实施偷越国(边)境的行为阶段,充其量只能算是组织他人偷越国(边)境的预备行为。参见李永升、李江林:《组织他人偷越国(边)境罪"实行行为"及相关问题研究》,载《海南大学学报(人文社会科学版)》2015年第1期,第90页。

据本款规定,犯前款罪,对被组织人有杀害、伤害、强奸、拐卖等犯罪行为,或者对检查人员有杀害、伤害等犯罪行为的,按照组织他人偷越国(边)境罪、故意杀人罪、故意伤害罪、强奸罪、拐卖妇女、儿童罪等分别定罪量刑,然后再依照《刑法》第六十九条的规定实行数罪并罚。①

【司法解释】

《最高人民法院、最高人民检察院关于办理妨害国(边)境管理刑事案件应用法律若干问题的解释》(法释〔2012〕17号,自2012年12月20日起施行)

△[组织他人偷越国(边)境;人数众多;违法所得数额巨大;未遂犯]领导、策划、指挥他人偷越国(边)境或者在首要分子指挥下,实施拉拢、引诱、介绍他人偷越国(边)境等行为的,应当认定为刑法第三百一十八条规定的"组织他人偷越国(边)境"。②

组织他人偷越国(边)境人数在十人以上的,应当认定为刑法第三百一十八条第一款第(二)项规定的"人数众多";违法所得数额在二十万元以上的,应当认定为刑法第三百一十八条第一款第(六)项规定的"违法所得数额巨大"。

以组织他人偷越国(边)境为目的,招募、拉拢、引诱、介绍、培训偷越国(边)境人员,策划、安排偷越国(边)境行为,在他人偷越国(边)境之前或者偷越国(边)境过程中被查获的,应当以组织他人偷越国(边)境罪(未遂)论处;具有刑法第三百一十八条第一款规定的情形之一的,应当在相应的法定刑幅度基础上,结合未遂犯的处罚原则量刑。(§1)

△[偷越国(边)境]具有下列情形之一的,应当认定为刑法第六章第三节规定的"偷越国(边)境"行为:

(一)没有出入境证件出入国(边)境或者逃避接受边防检查的;

(二)使用伪造、变造、无效的出入境证件出入国(边)境的;

(三)使用他人出入境证件出入国(边)境的;

(四)使用以虚假的出入境事由、隐瞒真实身份、冒用他人身份证件等方式骗取的出入境证件出入国(边)境的;③

(五)采用其他方式非法出入国(边)境的。(§6)

△[以单位名义或者单位形式;组织他人偷越国(边)境]以单位名义或者单位形式组织他人偷越国(边)境、为他人提供伪造、变造的出入境证件或者运送他人偷越国(边)境的,应当依照刑法第三百一十八条、第三百二十条、第三百二十一条的规定追究直接负责的主管人员和其他直接责任人员的刑事责任。(§7)

△[竞合;骗取出境证件罪;提供伪造、变造的出入境证件罪;出售出入境证件罪;运送他人偷越国(边)境罪]实施组织他人偷越国(边)境犯罪,同时构成骗取出境证件罪、提供伪造、变造的出入境证件罪、出售出入境证件罪、运送他人偷越国(边)境罪的,依照处罚较重的规定定罪处罚。(§8)

△[跨地区实施的不同妨害国(边)境管理犯罪;并案处理]对跨地区实施的不同妨害国(边)境管理犯罪,符合并案处理要求,有关地方公安机关依照法律和相关规定一并立案侦查,需要提请批准逮捕、移送审查起诉、提起公诉的,由该公安机关所在地的同级人民检察院、人民法院依法受理。(§9)

《最高人民法院关于审理发生在我国管辖海域相关案件若干问题的规定(二)》(法释〔2016〕17号,自2016年8月2日起施行)

△[想象竞合犯;非法捕捞罪;非法猎捕、杀害珍贵、濒危野生动物罪;偷越国(边)境罪]实施破坏海洋资源犯罪行为,同时构成非法捕捞罪、非法猎捕、杀害珍贵、濒危野生动物罪、组织他人偷越国(边)境罪、偷越国(边)境罪等犯罪的,依照处罚较重的规定定罪处罚。(§8Ⅰ)

【司法解释性文件】

《最高人民法院、最高人民检察院、公安部办理跨境赌博犯罪案件若干问题的意见》(公通字〔2020〕14号,2020年10月16日发布)

---

① 我国学者指出,既然刑法已经将"剥夺被组织人人身自由"和"以暴力、威胁方法抗拒检查"两种犯罪行为规定为法定刑升格的条件,则不能再将前述两种行为认定为另一个独立的犯罪(非法拘禁罪与妨害公务罪)实行数罪并罚。只有当行为人对被组织人或检查人员实施了其他犯罪行为,才应实行数罪并罚。参见张明楷:《刑法学》(第6版),法律出版社2021年版,第1459页。

② 我国学者指出,司法解释对"组织"的解释是否过于宽泛,应否将本467"组织"限定为集团性、职业性的组织行为,值得进一步研究。参见张明楷:《刑法学》(第6版),法律出版社2021年版,第1458页。

③ 我国学者指出,使用以虚假的出入境事由骗取真实身份的出入境证件后出入国(边)境的,不应当认定为偷越国(边)境。详细内容参见《刑法》第三百二十二条偷越国(边)境罪注释内容。

△[跨境赌博犯罪；组织他人偷越国(边)境；运送他人偷越国(边)境、偷越国(边)境罪；数罪并罚]实施跨境赌博犯罪，同时构成组织他人偷越国(边)境、运送他人偷越国(边)境、偷越国(边)境罪等罪的，应当依法数罪并罚。(§4Ⅲ)

《最高人民法院、最高人民检察院、公安部、国家移民管理局关于依法惩治妨害国(边)境管理违法犯罪的意见》(法发[2022]18号，2022年6月30日印发)

△[组织他人偷越国(边)境]具有下列情形之一的，应当认定为刑法第三百一十八条规定的"组织他人偷越国(边)境"行为：

(1)组织他人通过虚构事实、隐瞒真相等方式掩盖非法出入境目的，骗取出入境边防检查机关核准出入境的；

(2)组织依法限定在我国边境地区停留、活动的人员，违反国(边)境管理法规，非法进入我国非出境地区的。

对于前述行为，在决定是否追究刑事责任以及如何裁量刑罚时，应当综合考虑组织者前科情况、行为手段、组织人数和次数、违法所得数额及被组织人员偷越国(边)境的目的等情节，依法妥当处理。(§2)

△[通谋；共同犯罪；组织他人偷越国(边)境罪；运送他人偷越国(边)境罪]事前与组织、运送他人偷越国(边)境的犯罪分子通谋，在偷越国(边)境人员出境前或者入境后，提供接received、容留、藏匿等帮助的，以组织他人偷越国(边)境罪或者运送他人偷越国(边)境罪的共同犯罪论处。(§3)

△[人数]《解释》[即《最高人民法院、最高人民检察院关于办理妨害国(边)境管理刑事案件应用法律若干问题的解释》——编者注]第一条第二款、第四条规定的"人数"，以实际组织、运送的人数计算；未到案人员经查证属实的，应当计算在内。(§5)

△[提供虚假证明、邀请函件以及面签培训等帮助；骗取出境证件罪的共同犯罪；组织他人偷越国(边)境罪]明知他人实施骗取出境证件犯罪，提供虚假证明、邀请函件以及面签培训等帮助的，以骗取出境证件罪的共同犯罪论处；符合刑法第三百一十八条规定的，以组织他人偷越国(边)境罪定罪处罚。(§6)

△[通谋；提供虚假证明、邀请函件以及面签培训等帮助；组织他人偷越国(边)境罪的共同犯罪]事前与组织他人偷越国(边)境的犯罪分子通谋，为其提供虚假证明、邀请函件以及面签培训等帮助，骗取入境签证等入境证件，为组织他人偷越国(边)境使用的，以组织他人偷越国(边)境罪的共同犯罪论处。(§7)

△[偷越国(边)境的次数]对于偷越国(边)境的次数，按照非法出境、入境的次数分别计算。但是，对于非法越境后及时返回，或者非法出境后又入境投案自首的，一般应计算为一次。(§8)

△[徒步带领偷越国(边)境；运送他人偷越国(边)境；组织他人偷越国(边)境罪]徒步带领他人通过隐蔽路线逃避边防检查偷越国(边)境的，属于运送他人偷越国(边)境。领导、策划、指挥他人徒步带领他人偷越国(边)境，并实施徒步带领行为的，以组织他人偷越国(边)境罪论处。

徒步带领偷越国(边)境的人数较少，行为人系初犯，确有悔罪表现，综合考虑行为动机、一贯表现、违法所得、实际作用等情节，认为对国(边)境管理秩序妨害程度明显较轻的，可以认定为犯罪情节轻微，依法不起诉或者免予刑事处罚；情节显著轻微危害不大的，不作为犯罪处理。(§11)

【参考案例】

No.6-3-318-2 凌文勇组织他人偷越边境、韦德其等运送他人偷越边境案

组织、运送他人偷越边境罪的既遂以被组织的偷渡者实际上被运送出入边境为必要。

No.6-3-318-1 农海兴组织他人偷越国境案

被组织人已经跨越国境但尚在偷越国境过程中被抓获的，组织者成立组织他人偷越国境罪的未遂。

第三百一十九条 【骗取出境证件罪】
以劳务输出、经贸往来或者其他名义,弄虚作假,骗取护照、签证等出境证件,为组织他人偷越国(边)境使用的,处三年以下有期徒刑,并处罚金;情节严重的,处三年以上十年以下有期徒刑,并处罚金。

单位犯前款罪的,对单位判处罚金,并对其直接负责的主管人员和其他直接责任人员,依照前款的规定处罚。

【条文说明】

本条是关于骗取出境证件罪及其处罚的规定。本条共分为两款。

第一款是关于骗取出境证件罪及其处罚的规定。根据本款规定,**骗取出境证件罪**,是指以劳务输出、经贸往来或者其他名义,弄虚作假,骗取护照、签证等出境证件,为组织他人偷越国(边)境使用的行为。这里规定的"**以劳务输出、经贸往来或者其他名义,弄虚作假,骗取护照、签证等出境证件**",是指本罪的犯罪对象是护照、签证等出境证件。本罪的行为方式是弄虚作假地以劳务输出、经贸往来或者其他名义向签发、管理机关骗取出境证件。①"**护照**",是指一个主权国家发给本国公民出入国境,在国外居留、旅行的合法身份证明和国籍证明;"**签证**",是指一个主权国家同意外国人进入或经过该国国境而签署的一种许可证明。"**为组织他人偷越国(边)境使用**"的目的,必须是准备自己或者提供给别人进行组织他人偷越国(边)境犯罪使用。② 如果骗取护照、签证等出境证件,是为了本人或者他人出国,不是为组织他人偷越国(边)境使用的,不构成本罪。③ 根据本款规定,犯骗取出境证件罪,处三年以下有期徒刑,并处罚金;情节严重的,处三年以上十年以下有期徒刑,并处罚金。所谓**情节严重**,根据《最高人民法院、最高人民检察院关于办理妨害国(边)境管理刑事案件应用法律若干问题的解释》的规定,主要指:骗取出境证件五份以上的;非法收取费用三十万元以上的;明知是国家规定的不准出境的人员而为其骗取出境证件的;其他情节严重的情形。

第二款是关于单位犯骗取出境证件罪的处罚规定。根据本款规定,**单位犯本罪的**,对单位判处罚金,并对其直接负责的主管人员和其他直接责任人员,依照前款的规定处罚。"**依照前款的规定处罚**",是指单位犯骗取出境证件罪,对其直接负责的主管人员和其他直接责任人员,处三年以下有期徒刑,并处罚金;情节严重的,处三年以上十年以下有期徒刑,并处罚金。

【司法解释】

《最高人民法院、最高人民检察院关于办理妨害国(边)境管理刑事案件应用法律若干问题的解释》(法释〔2012〕17号,自2012年12月20日起施行)

△**(弄虚作假;出境证件;情节严重)**为组织他人偷越国(边)境,编造出境事由、身份信息或者相关的境外关系证明的,应当认定为刑法第三百一十九条第一款规定的"弄虚作假"。

刑法第三百一十九条第一款规定的"出境证件",包括护照或者代替护照使用的国际旅行证件,中华人民共和国海员证,中华人民共和国出入境通行证,中华人民共和国旅行证,中国公民往来香港、澳门、台湾地区证件,边境地区出入境通行证,签证、签注,出国(境)证明、名单,以及其他出境时需要查验的资料。

具有下列情形之一的,应当认定为刑法第三百一十九条第一款规定的"情节严重":

(一)骗取出境证件五份以上的;

(二)非法收取费用三十万元以上的;

(三)明知是国家规定的不准出境的人员而为其骗取出境证件的;

---

① 不管行为人的真实目的为何,只要其提供的申请资料属实,出境事由符合申请条件,其取得的出境证件均属合法,就不宜以骗取出境证件论处。参见李永升、李江林:《组织他人偷越国(边)境罪"实行行为"及相关问题研究》,载《海南大学学报(人文社会科学版)》2015年第1期,第90页。

② 我国学者指出,"为组织他人偷越国(边)境使用"属于责任要素。若将其解释为客观构成要件要素,不仅会导致本条无存在的必要,也无法处理本罪与组织他人偷越国(边)境罪的关系。参见张明楷:《刑法学》(第6版),法律出版社2021年版,第1460页。

③ 骗取出境证件罪的成立,一方面以有现实的或者可能的组织者为前提,另一方面以现实的或可能的被组织者的行为具有偷越国(边)境的性质为前提。参见张明楷:《刑法学》(第6版),法律出版社2021年版,第1460页。

(四)其他情节严重的情形。(§2)

△[偷越国(边)境]具有下列情形之一的,应当认定为刑法第六章第三节规定的"偷越国(边)境"行为:

(一)没有出入境证件出入国(边)境或者逃避接受边防检查的;

(二)使用伪造、变造、无效的出入境证件出入国(边)境的;

(三)使用他人出入境证件出入国(边)境的;

(四)使用以虚假的出入境事由、隐瞒真实身份、冒用他人身份证件等方式骗取的出入境证件出入国(边)境的①;

(五)采用其他方式非法出入国(边)境的。(§6)

△[竞合;组织他人偷越国(边)境罪]实施组织他人偷越国(边)境犯罪,同时构成骗取出境证件罪、提供伪造、变造的出入境证件罪、出售出入境证件罪、运送他人偷越国(边)境罪的,依照处罚较重的规定定罪处罚。(§8)

△[跨地区实施的不同妨害国(边)境管理犯罪;并案处理]对跨地区实施的不同妨害国(边)境管理犯罪,符合并案处理要求,有关地方公安机关依照法律和相关规定一并立案侦查,需要提请批准逮捕、移送审查起诉、提起公诉的,由该公安机关所在地的同级人民检察院、人民法院依法受理。(§9)

【司法解释性文件】

《最高人民法院、最高人民检察院、公安部、国家移民管理局关于依法惩治妨害国(边)境管理违法犯罪的意见》(法发〔2022〕18号,2022年6月30日印发)

△[提供虚假证明、邀请函件以及面签培训等帮助;骗取出境证件罪的共同犯罪;组织他人偷越国(边)境罪]明知他人实施骗取出境证件犯罪,提供虚假证明、邀请函件以及面签培训等帮助的,以骗取出境证件罪的共同犯罪论处;符合刑法第三百一十八条规定的,以组织他人偷越国(边)境罪定罪处罚。(§6)

【参考案例】

No.6-3-319-1 孟卫东出售出入境证件案

不是为组织他人偷越国边境使用,以营利为目的骗取出境证件并出售的,不构成骗取出境证件罪,应以出售出入境证件罪论处。

No.6-3-319-2 杨维清等骗取出境证件案

在多人参与的违法犯罪活动中,对瞒骗同伙私自实施不法行为,若该不法行为没有超出原共同犯罪的构成要件,不应认定为实行行为过限。

第三百二十条 【提供伪造、变造的出入境证件罪】【出售出入境证件罪】

为他人提供伪造、变造的护照、签证等出入境证件,或者出售护照、签证等出入境证件的,处五年以下有期徒刑,并处罚金;情节严重的,处五年以上有期徒刑,并处罚金。

【条文说明】

本条是关于提供伪造、变造的出入境证件罪,出售出入境证件罪及其处罚的规定。

根据本条规定,为他人提供伪造、变造的出入境证件犯罪在客观上表现为实施为他人提供伪造、变造的出入境证件的行为。

本条规定的"**提供**",包括有偿提供和无偿提供,实践中一般是以牟利为目的的有偿提供。本罪的行为特征是提供假的出入境证件,只要行为人实施了为他人提供伪造、变造的护照、签证等出入境证件的行为,不论该证件的来源和造成的后果如何,均不影响本罪的成立。如果行为人只有伪造、变造护照、签证等出入境证件的行为,没有向他人提供的,应当以《刑法》第二百八十条第一款规定的伪造、变造国家机关证件罪定罪处罚。②

"**出入境证件**",是指我国国(边)境的出境、入境证件,主要是护照、签证,还有回乡证等。

所谓"**伪造**"是指非法制造虚假的出入境证件。所谓"**变造**",是指在真实的出入境证件上采用涂改、擦消、揭换、拼接等方法予以加工、改造。

本条规定的"**出售**",即出卖,是指以牟利为

---

① 我国学者指出,使用以虚假的出入境事由骗取真实身份的出入境证件后出入国(边)境的,不应当认定为偷越国(边)境,详细内容参见《刑法》第三百二十二条偷越国(边)境罪注释内容。

② 行为人伪造出入境证件后又提供给他人,属于牵连犯,应从一重罪处罚。参见张明楷:《刑法学》(第6版),法律出版社2021年版,第1461页;赵秉志、李希慧主编:《刑法各论》(第3版),中国人民大学出版社2016年版,第313页。

目的,向他人有偿提供出入境证件。① 实践中,出售出入境证件的行为主要表现为一些犯罪分子收集、购买后再转卖。本罪行为人出售的出入境证件必须是国家有权机关制发的真实的出入境证件。至于出售的出入境证件是否在有效期内,不影响本罪的成立。

根据本条规定,提供伪造、变造的出入境证件罪和出售出入境证件罪,处五年以下有期徒刑,并处罚金;情节严重的,处五年以上有期徒刑,并处罚金。关于"**情节严重**"的理解,根据《最高人民法院、最高人民检察院关于办理妨害国(边)境管理刑事案件应用法律若干问题的解释》的规定,主要指:(1)为他人提供伪造、变造的出入境证件或者出售出入境证件五份以上的;(2)非法收取费用三十万元以上的;(3)明知是国家规定的不准出入境的人员而为其提供伪造、变造的出入境证件或者向其出售出入境证件的;(4)其他情节严重的情形。

【司法解释】

《最高人民法院、最高人民检察院关于办理妨害国(边)境管理刑事案件应用法律若干问题的解释》(法释〔2012〕17号,自2012年12月20日起施行)

△(出入境证件;情节严重)刑法第三百二十条规定的"出入境证件",包括本解释第二条第二款所列的证件以及其他入境时需要查验的资料。

具有下列情形之一的,应当认定为刑法第三百二十条规定的"情节严重":

(一)为他人提供伪造、变造的出入境证件或者出售出入境证件五份以上的;

(二)非法收取费用三十万元以上的;

(三)明知是国家规定的不准出入境的人员而为其提供伪造、变造的出入境证件或者向其出售出入境证件的;

(四)其他情节严重的情形。(§3)

△(**以单位名义或者单位形式;为他人提供伪造、变造的出入境证件**)以单位名义或者单位形式组织他人偷越国(边)境、为他人提供伪造、变造的出入境证件或者运送他人偷越国(边)境的,应当依照刑法第三百一十八条、第三百二十条、第三百二十一条的规定追究直接负责的主管人员和其他直接责任人员的刑事责任。(§2)

△[**竞合;组织他人偷越国(边)境罪**]实施组织他人偷越国(边)境犯罪,同时构成骗取出境证件罪、提供伪造、变造的出入境证件罪、出售出入境证件罪、运送他人偷越国(边)境罪的,依照处罚较重的规定定罪处罚。(§8)

△[**跨地区实施的不同妨害国(边)境管理犯罪;并案处理**]对跨地区实施的不同妨害国(边)境管理犯罪,符合并案处理要求,有关地方公安机关依照法律和相关规定一并立案侦查,需要提请批准逮捕、移送审查起诉、提起公诉的,由该公安机关所在地的同级人民检察院、人民法院依法受理。(§9)

【司法解释性文件】

《公安部关于盗窃空白因私护照有关问题的批复》(公境出〔2000〕881号,2000年5月16日公布)

△(**盗窃的护照;出售出入境证件罪**)李博日韦、万明亮等人将盗窃的护照出售,其出售护照的行为也妨害国(边)境管理秩序,触犯刑法第320条,涉嫌构成出售出入境证件罪。(§3)

---

① 出售出入境证件的行为,可能同时犯买卖国家机关证件罪(《刑法》第二百八十条)。对此,应认定为想象竞合犯,从一重罪处罚。参见张明楷:《刑法学》(第6版),法律出版社2021年版,第1461页。另外,刘科教授认为,出售伪造、变造的出入境证件,应以提供伪造、变造的出入境证件罪论处。参见赵秉志、李希慧主编:《刑法各论》(第3版),中国人民大学出版社2016年版,第314页;黎宏:《刑法学各论》(第2版),法律出版社2016年版,第424页。

第三百二十一条 【运送他人偷越国（边）境罪】
运送他人偷越国（边）境的，处五年以下有期徒刑、拘役或者管制，并处罚金；有下列情形之一的，处五年以上十年以下有期徒刑，并处罚金：
（一）多次实施运送行为或者运送人数众多的；
（二）所使用的船只、车辆等交通工具不具备必要的安全条件，足以造成严重后果的；
（三）违法所得数额巨大的；
（四）有其他特别严重情节的。
在运送他人偷越国（边）境中造成被运送人重伤、死亡，或者以暴力、威胁方法抗拒检查的，处七年以上有期徒刑，并处罚金。
犯前两款罪，对被运送人有杀害、伤害、强奸、拐卖等犯罪行为，或者对检查人员有杀害、伤害等犯罪行为的，依照数罪并罚的规定处罚。

【条文说明】

本条是关于运送他人偷越国（边）境罪及其处罚的规定。
本条共分为三款。
第一款是关于运送他人偷越国（边）境罪及其处罚的规定。本款规定的"**运送**"，主要是指用车辆、船只等交通工具将偷越国（边）境的人非法运送出入我国国（边）境的行为。行为人没有利用交通工具，如亲自带领他人通过隐蔽的路线偷越国（边）境的，也应当认定为运送他人偷越国（边）境的行为。① 本罪是**故意犯罪**，行为人多具有营利的目的，但是否具有营利目的，不是构成本罪的必要要件。本款对运送他人偷越国（边）境罪，根据情节轻重规定了**两档处刑**：对运送他人偷越国（边）境犯罪，处五年以下有期徒刑、拘役或者管制，并处罚金；对有本款规定的四种严重情形之一的，处五年以上十年以下有期徒刑，并处罚金。四种严重情形包括：一是**多次实施运送行为或者运送人数众多的**。所谓"多次实施运送行为"，一般是指三次或者三次以上实施运送行为；"人数众多"，一般是指运送十人以上偷越国（边）境的。二是**所使用的船只、车辆等交通工具不具备必要的安全条件，足以造成严重后果的**。主要是指所使用的船只、车辆等交通工具不具备必要的安全条件②，足以造成船只沉没、车辆倾覆等事故的。三是**违法所得数额巨大的**。主要是指运送他人偷越国（边）境所得数额在二十万元以上的。四是有**其他特别严重情节的**。主要是指造成的国际影响十分恶劣等特别严重情节。

第二款是关于在运送他人偷越国（边）境中造成被运送人重伤、死亡，或者以暴力、威胁方法抗拒检查的犯罪及其处罚的规定。这里规定的"**造成被运送人重伤、死亡**"，是指在运送他人偷越国（边）境过程中，因交通工具不具备必要的安全条件等各种原因，发生重伤、死亡事故，或者导致被运送人自伤、自杀等重伤、死亡后果的。"**以暴力、威胁方法抗拒检查的**"，是指在运送他人偷越国（边）境过程中，行为人对边防、海关等依法执行检查任务的人员实施殴打、阻挠干涉或者以杀害、伤害、损害名誉等相要挟，阻止执法人员依法进行检查的行为。根据本款规定，有本款规定的犯罪行为的，处七年以上有期徒刑，并处罚金。

第三款是关于犯运送他人偷越国（边）境罪又有其他相关犯罪行为应当如何处罚的规定。根据本款规定，对被运送人有杀害、伤害、强奸、拐卖等犯罪行为，或者对检查人员有杀害、伤害等犯罪行为的，按照运送他人偷越国（边）境罪，故意杀人罪，故意伤害罪，强奸罪，拐卖妇女、儿童罪等分别定罪量刑，然后再依照《刑法》第六十九条的规定实行**数罪并罚**。

本条根据运送他人偷越国（边）境罪的不同

---

① 相同的学说见解，参见赵秉志、李希慧主编：《刑法各论》（第3版），中国人民大学出版社2016年版，第314页。另有学者指出，徒步带领他人偷越国（边）境的行为不属于运送。对于前开行为，可认定为偷越国（边）境罪的共犯。参见张明楷：《刑法学》（第6版），法律出版社2021年版，第1462页。

② "不具备必要的安全条件"主要有两类情形：一是交通工具运行状态较差，可能在运行中发生倾覆、毁坏的严重后果；二是交通工具上面的生活条件恶劣，可能因此导致疾病流行或者大范围的食物中毒等。参见张绍谦：《组织、运送他人偷越国（边）境犯罪问题探讨》，载《法学家》1995年第3期，第22—23页。

情节和社会危害程度的不同,将运送他人偷越国(边)境罪的法定刑规定为两个刑罚幅度,即基本构成的运送他人偷越国(边)境罪和加重构成的运送他人偷越国(边)境罪。加重构成的运送他人偷越国(边)境罪较为复杂,其中又可以分为结果加重犯和情节加重犯两种情形。

本条对基本构成的运送他人偷越国(边)境罪和加重构成的运送他人偷越国(边)境罪的法定刑均规定了**并处罚金**。这是因为,运送他人偷越国(边)境罪的行为人主观上大多具有营利的目的,对这种贪利性质犯罪的行为人处以自由刑并科处罚金刑,可有效发挥刑罚适用的一般预防功能。

【司法解释】

《**最高人民法院、最高人民检察院关于办理妨害国(边)境管理刑事案件应用法律若干问题的解释**》(法释〔2012〕17号,自2012年12月20日起施行)

△【**人数众多;违法所得数额巨大**】运送他人偷越国(边)境人数在十人以上的,应当认定为刑法第三百二十一条第一款第(一)项规定的"人数众多";违法所得数额在二十万元以上的,应当认定为刑法第三百二十一条第一款第(三)项规定的"违法所得数额巨大"。(§4)

△【**违法所得数额巨大**】具有下列情形之一的,应当认定为刑法第六章第三节规定的"偷越国(边)境"行为:

(一)没有出入境证件出入国(边)境或者逃避接受边防检查的;

(二)使用伪造、变造、无效的出入境证件出入国(边)境的;

(三)使用他人出入境证件出入国(边)境的;

(四)使用以虚假的出入境事由、隐瞒真实身份、冒用他人身份证件等方式骗取的出入境证件出入国(边)境的;

(五)采用其他方式非法出入国(边)境的。(§6)

△【**以单位名义或者单位形式;运送他人偷越国(边)境**】以单位名义或者单位形式组织他人偷越国(边)境、为他人提供伪造、变造的出入境证件或者运送他人偷越国(边)境的,应当依照刑法第三百一十八条、第三百二十条、第三百二十一条的规定追究直接负责的主管人员和其他直接责任人员的刑事责任。(§7)

△【**竞合;组织他人偷越国(边)境罪**】实施组织他人偷越国(边)境犯罪,同时构成骗取出境证件罪、提供伪造、变造的出入境证件罪、出售出入境证件罪、运送他人偷越国(边)境罪的,依照处罚较重的规定定罪处罚。(§8)

△【**跨地区实施的不同妨害国(边)境管理犯罪;并案处理**】对跨地区实施的不同妨害国(边)境管理犯罪,符合并案处理要求,有关地方公安机关依照法律和相关规定一并立案侦查,需要提请批准逮捕、移送审查起诉、提起公诉的,由该公安机关所在地的同级人民检察院、人民法院依法受理。(§9)

【司法解释性文件】

《**最高人民法院、最高人民检察院、公安部办理跨境赌博犯罪案件若干问题的意见**》(公通字〔2020〕14号,2020年10月16日发布)

△【**跨境赌博犯罪;组织他人偷越国(边)境;运送他人偷越国(边)境、偷越国(边)境罪;数罪并罚**】实施跨境赌博犯罪,同时构成组织他人偷越国(边)境、运送他人偷越国(边)境、偷越国(边)境罪等罪的,应当依法数罪并罚。(§4Ⅲ)

《**最高人民法院、最高人民检察院、公安部、国家移民管理局关于依法惩治妨害国(边)境管理违法犯罪的意见**》(法发〔2022〕18号,2022年6月30日印发)

△【**分段运送;运送他人偷越国(边)境**】明知是偷越国(边)境人员,分段运送其前往国(边)境的,应当认定为刑法第三百二十一条规定的"运送他人偷越国(边)境",以运送他人偷越国(边)境罪定罪处罚。但是,在决定是否追究刑事责任以及如何裁量刑罚时,应当充分考虑行为人在运送他人偷越国(边)境过程中所起作用等情节,依法妥当处理。(§4)

△【**人数**】《**解释**》[即《最高人民法院、最高人民检察院关于办理妨害国(边)境管理刑事案件应用法律若干问题的解释》——编者注]第一条第二款、第四条规定的"人数",以实际组织、运送的人数计算;未到案人员经查证属实的,应当计算在内。(§5)

第三百二十二条 【偷越国(边)境罪】

违反国(边)境管理法规,偷越国(边)境,情节严重的,处一年以下有期徒刑、拘役或者管制,并处罚金;为参加恐怖活动组织、接受恐怖活动培训或者实施恐怖活动,偷越国(边)境的,处一年以上三年以下有期徒刑,并处罚金。

【立法沿革】

《中华人民共和国刑法》(1997年修订,自1997年10月1日起施行)

第三百二十二条

违反国(边)境管理法规,偷越国(边)境,情节严重的,处一年以下有期徒刑、拘役或者管制,并处罚金。

《中华人民共和国刑法修正案(九)》(自2015年11月1日起施行)

四十、将刑法第三百二十二条修改为:

"违反国(边)境管理法规,偷越国(边)境,情节严重的,处一年以下有期徒刑、拘役或者管制,并处罚金;为参加恐怖活动组织、接受恐怖活动培训或者实施恐怖活动,偷越国(边)境的,处一年以上三年以下有期徒刑,并处罚金。"

【条文说明】

本条是关于偷越国(边)境罪及其处罚的规定。

1. 对于"违反国(边)境管理法规"的理解。"**违反国(边)境管理法规**"是指违反我国关于出入境管理的法律、法规规定。为了加强边和出入境管理,我国制定了《出境入境管理法》《中国公民因私事往来香港地区或者澳门地区的暂行管理办法》《出境入境边防检查条例》《外国人入境出境管理条例》等一系列法律、法规。同时,根据《出境入境管理法》第九十条的规定,同毗邻国家接壤的省、自治区,在经国务院批准后,可以根据中国与有关国家签订的边界管理协定制定地方性法规、地方政府规章,对两国边境接壤地区的居民往来作出规定。没有按照这些法律法规规定的条件、程序出入境,就会违反我国出入境管理的法律、法规。实施本罪的动机多种多样,不同的动机可能会影响其行为是否构成"情节严重",同时也是确定刑罚轻重的一个因素。如果行为人不知道是我国国(边)境,没有偷越国(边)境的意图而误出或者误入国(边)境的,不构成本罪。

2. 对于"情节严重"的理解。这里的"**情节严重**"是构成本罪的必要条件。对于偷越国(边)境的行为是否属于情节严重,应当根据行为人的犯罪动机、犯罪目的、客观手段、危害后果、偷越国(边)境的次数等因素予以全面分析,综合认定。对那些边民、渔民为探亲访友、赶集、过境作业等原因偶尔非法出入国(边)境,或者是为贪图省事而非法出入国(边)境,情节不严重的,以及因听信他人唆使,不知道偷越国(边)境是违法行为而偷越国(边)境等情况,一般不以犯罪论处。在国(边)境地区误出误入人的,更不应作为偷越国(边)境罪处理。因此,必须严格把握情节一般的偷越国(边)境的违法行为与情节严重的偷越国(边)境的犯罪行为间的界限,以便准确、有力地打击此类犯罪。至于偷越国(边)境的一般违法行为,可给予治安行政处罚或者批评教育,使其改正即可。根据《最高人民法院、最高人民检察院关于办理妨害国(边)境管理刑事案件应用法律若干问题的解释》第五条的规定:"偷越国(边)境,具有下列情形之一的,应当认定为刑法第三百二十二条规定的'**情节严重**':(一)在境外实施损害国家利益行为的;(二)偷越国(边)境三次以上或者三人以上结伙偷越国(边)境的;(三)拉拢、引诱他人一起偷越国(边)境的;(四)勾结境外组织、人员偷越国(边)境的;(五)因偷越国(边)境被行政处罚后一年内又偷越国(边)境的;(六)其他情节严重的情形。"其他情节严重的情形,可以根据犯罪的具体情况确定,比如伪造证件的、在出入境过程中殴打或者威胁边防执勤人员的。如果偷越国(边)境情节不严重的,不按照犯罪处理,应当依照出境入境管理法及其他相关的法律法规予以相应的处罚。根据本条规定,违反国(边)境管理法规,偷越国(边)境,情节严重的,处一年以下有期徒刑、拘役或者管制,并处罚金;为参加恐怖活动组织、接受恐怖活动培训或者实施恐怖活动,偷越国(边)境的,处一年以上三年以下有期徒刑,并处罚金。

《反恐怖主义法》第三条第二款规定:"本法所称恐怖活动,是指恐怖主义性质的下列行为:(一)组织、策划、准备实施、实施造成或者意图造成人员伤亡、重大财产损失、公共设施损坏、社会秩序混乱等严重社会危害的活动的;(二)宣扬恐怖主义,煽动实施恐怖活动,或者非法持有宣扬恐怖主义的物品,强制他人在公共场所穿戴宣扬恐怖主义的服饰、标志的;(三)组织、领导、参加恐怖活动组织的;(四)为恐怖活动组织、恐怖活动人员、实施恐怖活动或者恐怖活动培训提供信息、资金、物资、劳务、技术、场所等支持、协助、便利的;(五)其他恐怖活动。""**恐怖活动组织**",是指三人以上实施恐怖活动的犯罪组织。这里所说的"**接受恐怖活动培训**",是指到境外学习恐怖主义思想、主张,接受心理、体能、实战训练或者培训制造工具、武器、炸弹等方面的犯罪技能和方法等。根据本条规定,为参加恐怖活动组织、接受恐怖活动培训或者实施恐怖活动,偷越国(边)境的,本身就是"情节严重"的行为,且应当判处更为严厉的第二档刑罚。

【司法解释】

《**最高人民法院、最高人民检察院关于办理妨害国(边)境管理刑事案件应用法律若干问题的解释**》(法释〔2012〕17号,自2012年12月20日起施行)

△[**情节严重**]偷越国(边)境,具有下列情形之一的,应当认定为刑法第三百二十二条规定的"情节严重":

(一)在境外实施损害国家利益行为的;

(二)偷越国(边)境三次以上或者三人以上结伙偷越国(边)境的;

(三)拉拢、引诱他人一起偷越国(边)境的;

(四)勾结境外组织、人员偷越国(边)境的;

(五)因偷越国(边)境被行政处罚后一年内又偷越国(边)境的①;

(六)其他情节严重的情形。(§5)

△[**偷越国(边)境**]具有下列情形之一的,应当认定为刑法第六章第三节规定的"偷越国(边)境"行为:

(一)没有出入境证件出国(边)境或者逃避接受边防检查的;

(二)使用伪造、变造、无效的出入境证件出入国(边)境的;

(三)使用他人出入境证件出入国(边)境的;

(四)使用以虚假的出入境事由、隐瞒真实身份、冒用他人身份证件等方式骗取的出入境证件出入国(边)境的②;

(五)采用其他方式非法出入国(边)境的。(§6)

△[**跨地区实施的不同妨害国(边)境管理犯罪;并案处理**]对于跨地区实施的不同妨害国(边)境管理犯罪,符合并案处理要求,有关地方公安机关依照法律和相关规定一并立案侦查,需要提请批准逮捕、移送审查起诉、提起公诉的,由该公安机关所在地的同级人民检察院、人民法院依法受理。(§9)

《**最高人民法院关于审理发生在我国管辖海域相关案件若干问题的规定(二)**》(法释〔2016〕17号,自2016年8月2日起施行)

△[**非法进入我国领海;情节严重**]违反我国国(边)境管理法规,非法进入我国领海,具有下列情形之一的,应当认定为刑法第三百二十二条规定的"情节严重":

(一)经驱赶拒不离开的;

(二)被驱离后又非法进入我国领海的;

(三)因非法进入我国领海被行政处罚或者被刑事处罚后,一年内又非法进入我国领海的;

(四)非法进入我国领海从事捕捞水产品等活动,尚不构成非法捕捞水产品罪的;

(五)其他情节严重的情形。(§3)

△[**想象竞合犯;非法捕捞罪;非法猎捕、杀害珍贵、濒危野生动物罪;组织他人偷越国(边)境罪**]实施破坏海洋资源犯罪行为,同时构成非法捕捞罪、非法猎捕、杀害珍贵、濒危野生动物罪、组织他人偷越国(边)境罪、偷越国(边)境罪等犯罪的,依照处罚较重的规定定罪处罚。(§8Ⅰ)

【司法解释性文件】

《**最高人民法院、最高人民检察院、公安部、国家移民管理局关于依法惩治妨害国(边)境管理违法犯罪的意见**》(法发〔2022〕18号,2022年6月30日印发)

△[**偷越国(边)境的次数**]对于偷越国(边)境

---

① 我国学者指出,此规定将再犯可能性作为不法内容对待,值得商榷。参见张明楷:《刑法学》(第6版),法律出版社2021年版,第1463页。

② 我国学者指出,从形式面来说,《刑法》第三百一十九条规定之骗取出境证件罪同时要求,骗取出境证件的行为以及"为组织他人偷越国(边)境使用"。反面言之,使用骗取的出境证件,经贸往来或者其他名义,弃虚作假、蒙护骗、签证等出境证件出境的,并不等同于偷越国(边)境。就实质面而言,一方面,行为人通过一定程序取得出境证件后,即使是采用弄虚作假的手段取得的出境证件,也只有经过相应权威机构的确认,才能宣布为无效证件,有可能随着将骗取的签证视为无效证件;另一方面,对出境所要求的内容的事实认定,进行形式的判断即可,不必进行实质审查。因此,如果将使用以弄虚作假的手段所取得签证出入国(边)境的行为认定为偷越国(边)境,必然造成处罚面过广的局面,不符合宽严相济的刑事政策。参见张明楷:《刑法学》(第6版),法律出版社2021年版,第1460页;陈兴良:《判例刑法学》(上卷),中国人民大学出版社2009年版,第79—91页。

的次数,按照非法出境、入境的次数分别计算。但是,对于非法越境后及时返回,或者非法出境后又入境投案自首的,一般应当计算为一次。(§8)

△(结伙)偷越国(边)境人员相互配合,共同偷越国(边)境的,属于《解释》[即《最高人民法院、最高人民检察院关于办理妨害国(边)境管理刑事案件应用法律若干问题的解释》——编者注]第五条第二项规定的"结伙"。偷越国(边)境人员在组织者、运送者安排下偶然同行的,不属于"结伙"。

在认定偷越国(边)境"结伙"的人数时,不满十六周岁的人不计算在内。(§9)

△(其他情节严重的情形;数罪并罚)偷越国(边)境,具有下列情形之一的,属于《解释》[即《最高人民法院、最高人民检察院关于办理妨害国(边)境管理刑事案件应用法律若干问题的解释》——编者注]第五条第六项规定的"其他情节严重的情形":

(1)犯罪后为逃避刑事追究偷越国(边)境的;

(2)破坏边境物理隔离设施后,偷越国(边)境的;

(3)以实施电信网络诈骗、开设赌场等犯罪为目的,偷越国(边)境的;

(4)曾因妨害国(边)境管理犯罪被判处刑罚,刑罚执行完毕后二年内又偷越国(边)境的。

实施偷越国(边)境犯罪,又实施妨害公务、袭警、妨害传染病防治等行为,并符合有关犯罪构成的,应当数罪并罚。(§10)

△(多次实施运送行为)对于刑法第三百二十一条第一款规定的"多次实施运送行为",累计运送人数一般应当接近十人。(§12)

第三百二十三条 【破坏界碑、界桩罪】【破坏永久性测量标志罪】
故意破坏国家边境的界碑、界桩或者永久性测量标志的,处三年以下有期徒刑或者拘役。

【条文说明】

本条是关于破坏界碑、界桩罪及破坏永久性测量标志罪及其处罚的规定。

根据本条规定,破坏界碑、界桩罪和破坏永久性测量标志罪都是**故意犯罪**。如果行为人不知道是界碑、界桩或者永久性测量标志而将其破坏的,不能构成以上两种犯罪。所谓"**破坏**",是指将界碑、界桩或者永久性测量标志砸毁、拆除、挖掉、盗走、移动或者改变其原样等,从而使其失去原有的意义和作用的行为。①"**国家边境的界碑、界桩**",是指我国政府与邻国按条约规定或者历史上实际形成的管辖范围,在陆地接壤地区埋设的指示边境分界及走向的标志物。界碑和界桩没有实质的区别,只是形状不同。界碑、界桩涉及两国的领土范围问题,非经双方国家的一致同意,任何人不得擅自移动和破坏。"**永久性测量标志**",是指国家测绘单位在全国各地进行测绘工作所建设的地上、地下或者水上的各种测量标志物,包括各等级的三角点、基线点、导线点、军用控制点、重力点、天文点、水准点和卫星定位点的觇标和标石标志,以及用于地形测图、工程测量和形变测量的固定标志和海底大地点设施。永久性测量标志属于国家所有,是国家经济建设、国防建设和科学研究的基础设施。② 根据本条规定,对破坏界碑、界桩罪和破坏永久性测量标志罪,处三年以下有期徒刑或者拘役。

---

① 实施破坏界碑、界牌行为,同时触犯故意毁坏财物罪、盗窃罪,属于想象竞合,从一重罪处罚。参见张明楷:《刑法学》(第6版),法律出版社2021年版,第1463页。

② 我国学者指出,由于许多永久性测量标志,如水准点、地形点等,并不位于国家边境,却值得刑法保护(在旧刑法中也受到保护)。因此,破坏永久性测量标志罪虽然规定在"妨害国(边)境管理罪"一节,但并不属于妨害国(边)境管理的犯罪。永久性测量标志也不限于"国家边境的永久性测量标志"。参见张明楷:《刑法学》(第6版),法律出版社2021年版,第1463页。

第四节 妨害文物管理罪

第三百二十四条 【故意损毁文物罪】【故意损毁名胜古迹罪】【过失损毁文物罪】
故意损毁国家保护的珍贵文物或者被确定为全国重点文物保护单位、省级文物保护单位的文物的,处三年以下有期徒刑或者拘役,并处或者单处罚金;情节严重的,处三年以上十年以下有期徒刑,并处罚金。
故意损毁国家保护的名胜古迹,情节严重的,处五年以下有期徒刑或者拘役,并处或者单处罚金。
过失损毁国家保护的珍贵文物或者被确定为全国重点文物保护单位、省级文物保护单位的文物,造成严重后果的,处三年以下有期徒刑或者拘役。

【立法解释】

《全国人民代表大会常务委员会关于〈中华人民共和国刑法〉有关文物的规定适用于具有科学价值的古脊椎动物化石、古人类化石的解释》(2005年12月29日通过)

△(具有科学价值的古脊椎动物化石、古人类化石)刑法有关文物的规定,适用于具有科学价值的古脊椎动物化石、古人类化石。

【条文说明】

本条是关于故意损毁文物罪、故意损毁名胜古迹罪、过失损毁文物罪及其处罚的规定。

本条共分为三款。

第一款是关于故意损毁文物的犯罪及其处罚的规定。本条中的"**珍贵文物**"主要是指历史上各时代重要实物、艺术品、文献、手稿、图书资料、代表性实物等可移动文物。根据《文物保护法》和《文物藏品定级标准》的规定,文物分为一般文物和珍贵文物,珍贵文物主要包括:历史上各时代珍贵的艺术品、工艺美术品,历史上各时代重要的文献资料以及具有历史、艺术、科学价值的手稿和图书资料,反映历史上各时代、各民族社会制度、社会生产、社会生活的代表性实物,古代玉石器、瓷器、金银器、雕塑、书法绘画、古硯、钱币、家具、邮品、档案文书、名人遗物等。根据其历史、艺术、科学价值,珍贵文物被分为一级文物、二级文物、三级文物。

根据2005年《全国人民代表大会常务委员会关于〈中华人民共和国刑法〉有关文物的规定适用于具有科学价值的古脊椎动物化石、古人类化石的解释》的规定,刑法有关文物的规定,适用于**具有科学价值的古脊椎动物化石、古人类化石**。这主要是因为,当时一些地方出现了走私、盗窃、损毁、倒卖、非法转让具有科学价值的古脊椎动物化石、古人类化石的严重违法行为,司法机关对于这些行为是否应当适用刑法有关文物犯罪的规定,出现了不同认识,建议全国人大常委会作出解释,予以明确。经研究认为,《文物保护法》第二条第三款明确规定"具有科学价值的古脊椎动物化石和古人类化石同文物一样受国家保护",我国加入的有关国际公约中对于文物的定义,也是包括化石在内的。据此,全国人大常委会作出立法解释,明确走私、盗窃、损毁、倒卖、非法转让具有科学价值的古脊椎动物化石、古人类化石的行为适用刑法的有关规定。

"**文物保护单位**"是指人民政府按照法定程序确定的,具有历史、艺术、科学价值的古文化遗址、古墓葬、古建筑、石窟寺、石刻、壁画、近代现代重要史迹和代表性建筑等不可移动的文物。根据文物保护法的规定,文物保护单位分为全国重点文物保护单位、省级文物保护单位和市、县级文物保护单位,根据其级别分别由国务院、省级人民政府和市、县级人民政府核定公布。

"**故意损毁**"是指故意将国家保护的珍贵文物毁坏,将全国重点文物保护单位、省级文物保护单位的文物破坏的行为。"损毁"是指捣毁、打碎、砸烂、涂抹、拆散、烧毁、刻划、污损等,使文物部分破损或者完全毁灭,部分或者完全失去文物价值的破坏行为。

根据本款规定,对故意损毁国家保护的珍贵文物或被确定为全国重点文物保护单位、省级文物保护单位的文物的,处三年以下有期徒刑或者拘役,并处或者单处罚金;情节严重的,处三年以上十年以下有期徒刑,并处罚金。"**情节严重的**"主要是指损毁特别珍贵的文物或者有特别重要价值的文物保护单位的文物;损毁多件或者多次损毁国家保护的珍贵文物,使之无法补救、修复;多次损毁或者损毁多处全国重点文物保护单位、省级文物保护单位的文物，使之灭失，难以恢复原状，给国家文物财产造成不可弥补的损失的情形。损毁文物的情况比较复杂，主观动机和手段不同，破坏程度不同，造成的后果包括社会影响也不同，在具体案件中，应当根据刑法具体规定，按照罪责刑相适应的原则确定适当的刑罚。

第二款是关于故意损毁国家保护的名胜古迹的犯罪及其处罚的规定。本款中的"**名胜古迹**"是指可供人游览的著名的风景区以及虽未被人民政府核定公布为文物保护单位但具有一定历史意义的古建筑、雕塑、石刻等历史陈迹。根据 2015 年《最高人民法院、最高人民检察院关于办理妨害文物管理等刑事案件适用法律若干问题的解释》第四条的规定，风景名胜区的核心景区以及未被确定为全国重点文物保护单位、省级文物保护单位的古文化遗址、古墓葬、古建筑、石窟寺、石刻、壁画、近代现代重要史迹和代表性建筑等不可移动文物的本体，应当认定为"**国家保护的名胜古迹**"。若风景名胜区同时被确定为全国重点文物保护单位或者省级文物保护单位，或者风景名胜区内的物品、建筑、场所、遗址等被确定为文物保护的珍贵文物或被确定为全国重点文物保护单位、省级文物保护单位的文物的，其破坏风景名胜区或者风景名胜区内的文物的行为，则依照《刑法》第三百二十四条第一款定罪处罚。"**情节严重**"一般是指多次损毁名胜古迹；损毁多处名胜古迹；损毁重要名胜古迹；损毁名胜古迹造成严重不良社会影响；致使名胜古迹严重损毁或者灭失；等等。根据本款规定，对故意损毁国家保护的名胜古迹，情节严重的，处五年以下有期徒刑或者拘役，并处或者单处罚金。

第三款是关于过失损毁文物的犯罪及其处罚的规定。**过失损毁国家保护的珍贵文物或者被确定为全国重点文物保护单位、省级文物保护单位的文物**，主要是指因疏忽大意或者轻信能够避免，而致使珍贵文物或者全国重点文物保护单位、省级文物保护单位的文物遭到损毁。如在进行基建工程时，没有在施工前进行必要的调查和勘探，在施工中造成古文化遗址或古墓葬及珍贵文物的破坏等。过失损毁全国重点文物保护单位和省级文物保护单位或者国家保护的珍贵文物，只有造成严重后果才追究刑事责任。"**造成严重后果**"主要是指被损毁的珍贵文物数量较大；造成二级以上珍贵文物损毁；损毁非常重要的文物保护单位的文物，使其无法恢复原状，给国家文物财产造成无法弥补的严重损失；等等。根据本款规定，对过失损毁文物的行为，造成严重后果的，处三年以下有期徒刑或者拘役。

实际执行中应当注意以下两个方面的问题：

1. 构成本条规定的犯罪，行为人主观上要存在故意或者过失。如果行为人由于不可抗拒或者不能预见的原因而导致珍贵文物损毁的，不能认定为犯罪。故意或者过失也反映了行为人的主观恶性和犯罪的严重程度。实践中要考虑其主观方面，确定不同的罪名和刑罚。对于故意损毁国家保护的珍贵文物或者被确定为全国重点文物保护单位、省级文物保护单位的文物的，无论是否情节严重，是否造成了严重后果，都要依法追究刑事责任，对于情节严重的，刑法也规定了更重的刑罚。对于过失损毁国家保护的珍贵文物或者被确定为全国重点文物保护单位、省级文物保护单位的文物的，考虑到其比故意犯罪的主观恶性更轻，规定了较故意犯罪更轻的刑罚，对于造成严重后果的，才依法追究相应的法律责任。

2. 文物性质的认定，是进行定罪和确定刑罚的关键性因素。在根据本条判处有关犯罪时，应当根据文物的不同等级确定本法用的罪名和确定刑罚。一般来说，损毁国家保护的珍贵文物或者被确定为全国重点文物保护单位、省级文物保护单位的文物的，比起损毁一般文物的行为要严重得多；损毁不属于国家重点保护的珍贵文物或者被确定为全国重点文物保护单位、省级文物保护单位的文物的，如果该物品、建筑、场所、遗址等属于风景名胜的，则可以依法按照故意损毁名胜古迹的犯罪进行处理。关于判断被损毁的文物是否属于珍贵文物，根据《最高人民法院、最高人民检察院关于办理妨害文物管理等刑事案件适用法律若干问题的解释》第十五条的规定，在行为人实施有关行为前，文物行政部门已对涉案文物及其等级作出认定的，可以直接对有关案件事实作出认定。对案件涉及的有关文物鉴定、价值认定等专门性问题难以确定的，由司法鉴定机构出具鉴定意见，或者由国务院文物行政部门指定的机构出具报告。

【**司法解释**】

《最高人民法院、最高人民检察院关于办理妨害文物管理等刑事案件适用法律若干问题的解释》（法释〔2015〕23 号，自 2016 年 1 月 1 日起施行）

△（**故意损毁文物罪；被确定为全国重点文物保护单位、省级文物保护单位的文物；情节严重；酌情从重处罚事由**）全国重点文物保护单位、省级文物保护单位的本体，应当认定为刑法第三百二十四条第一款规定的"被确定为全国重点文物保护单位、省级文物保护单位的文物"。

故意损毁国家保护的珍贵文物或者被确定为全国重点文物保护单位、省级文物保护单位的文物,具有下列情形之一的,应当认定为刑法第三百二十四条第一款规定的"情节严重":

(一)造成五件以上三级文物损毁的;

(二)造成二级以上文物损毁的;

(三)致使全国重点文物保护单位、省级文物保护单位的本体严重损毁或者灭失的;

(四)多次损毁或者损毁多处全国重点文物保护单位、省级文物保护单位的本体的;

(五)其他情节严重的情形。

实施前款规定的行为,拒不执行国家行政主管部门作出的停止侵害文物的行政决定或者命令的,酌情从重处罚。(§3)

△(故意损毁名胜古迹罪;国家保护的名胜古迹;情节严重;酌情从重处罚事由;全国重点文物保护单位、省级文物保护单位的文物)风景名胜区的核心景区以及未被确定为全国重点文物保护单位、省级文物保护单位的古文化遗址、古墓葬、古建筑、石窟寺、石刻、壁画、近代现代重要史迹和代表性建筑等不可移动文物的本体,应当认定为刑法第三百二十四条第二款规定的"国家保护的名胜古迹"。

故意损毁国家保护的名胜古迹,具有下列情形之一的,应当认定为刑法第三百二十四条第二款规定的"情节严重":

(一)致使名胜古迹严重损毁或者灭失的;

(二)多次损毁或者损毁多处名胜古迹的;

(三)其他情节严重的情形。

实施前款规定的行为,拒不执行国家行政主管部门作出的停止侵害文物的行政决定或者命令的,酌情从重处罚。(§4)

故意损毁风景名胜区内被确定为全国重点文物保护单位、省级文物保护单位的文物的,依照刑法第三百二十四条第一款和本解释第三条的规定定罪量刑。(§4)

△(过失损毁文物罪;造成严重后果)过失损毁国家保护的珍贵文物或者被确定为全国重点文物保护单位、省级文物保护单位的文物,具有本解释第三条第二款第一项至第三项规定情形之一的,应当认定为刑法第三百二十四条第三款规定的"造成严重后果"。(§5)

△(公司、企业、事业单位、机关、团体;故意损毁文物、名胜古迹;过失损毁文物)公司、企业、事业单位、机关、团体等单位实施盗掘文物,故意损毁文物、名胜古迹,过失损毁文物,盗掘古文化遗址、古墓葬等行为的,依照本解释规定的相应定罪量刑标准,追究组织者、策划者、实施者的刑事责任。(§11 Ⅱ)

△(不同等级的文物;五件同级文物)案件涉及不同等级的文物的,按照高级别文物的量刑幅度量刑;有多件同级文物的,五件同级文物视为一件高一级文物,但是价值明显不相当的除外。(§13)

△(文物价值之认定;根据涉案文物的有效价格证明认定;根据销赃数额认定;结合鉴定意见、报告认定)依照文物价值定罪量刑的,根据涉案文物的有效价格证明认定文物价值;无有效价格证明,或者根据价格证明认定明显不合理的,根据销赃数额认定,或者结合本解释第十五条规定的鉴定意见、报告认定。(§14)

△(鉴定意见)在行为人实施有关行为前,文物行政部门已对涉案文物及其等级作出认定的,可以直接对有关案件事实作出认定。

对案件涉及的有关文物鉴定、价值认定等专门性问题难以确定的,由司法鉴定机构出具鉴定意见,或者由国务院文物行政部门指定的机构出具报告。其中,对于文物价值,也可以由有关价格认证机构作出价格认证并出具报告。(§15)

△(犯罪情节轻微;不起诉或者免予刑事处罚)实施本解释第三条至第五条规定的行为,虽已达到应当追究刑事责任的标准,但行为人系初犯,积极赔偿损失,并确有悔罪表现的,可以认定为犯罪情节轻微,不起诉或者免予刑事处罚。(§16 Ⅱ)

△(损毁具有科学价值的古脊椎动物化石、古人类化石)走私、盗窃、损毁、倒卖、盗掘或者非法转让具有科学价值的古脊椎动物化石、古人类化石的,依照刑法和本解释的有关规定定罪量刑。(§17)

【司法解释性文件】

《最高人民检察院、公安部关于公安机关管辖的刑事案件立案追诉标准的规定(一)》(公通字〔2008〕36号,2008年6月25日公布)

△(故意损毁文物罪;立案追诉标准)故意损毁国家保护的珍贵文物或者被确定为全国重点文物保护单位、省级文物保护单位的文物的,应予立案追诉。(§46)

△(故意损毁名胜古迹罪;立案追诉标准)故意损毁国家保护的名胜古迹,涉嫌下列情形之一的,应予立案追诉:

(一)造成国家保护的名胜古迹严重损毁的;

(二)损毁国家保护的名胜古迹三次以上或者三处以上,尚未造成严重毁损后果的;

(三)损毁手段特别恶劣的;

(四)其他情节严重的情形。(§47)

△(**过失损毁文物罪;立案追诉标准**)过失损毁国家保护的珍贵文物或者被确定为全国重点文物保护单位、省级文物保护单位的文物,涉嫌下列情形之一的,应予立案追诉:
(一)造成珍贵文物严重损毁的;
(二)造成被确定为全国重点文物保护单位、省级文物保护单位的文物严重损毁的;
(三)造成珍贵文物损毁三件以上的;
(四)其他造成严重后果的情形。(§48)

《**最高人民法院、最高人民检察院、公安部、国家文物局关于办理妨害文物管理等刑事案件若干问题的意见**》(公通字〔2022〕18号,2022年8月16日发布)

△(**盗掘古文化遗址、古墓葬未遂;故意损毁文物罪、故意损毁名胜古迹罪**)以盗掘为目的,在古文化遗址、古墓葬表层进行钻探、爆破、挖掘作业,因意志以外的原因,尚未损害古文化遗址、古墓葬的历史、艺术、科学价值的,属于盗掘古文化遗址、古墓葬未遂,应当区分情况分别处理:
(1)以被确定为全国重点文物保护单位、省级文物保护单位的古文化遗址、古墓葬为盗掘目标的,应当追究刑事责任;
(2)以被确定为市、县级文物保护单位的古文化遗址、古墓葬为盗掘目标的,对盗掘团伙的纠集者、积极参加者,应当追究刑事责任;
(3)以其他古文化遗址、古墓葬为盗掘目标的,对情节严重者,依法追究刑事责任。
实施前款规定的行为,同时构成刑法第三百二十四条第一款、第二款规定的故意损毁文物罪、故意损毁名胜古迹罪的,依照处罚较重的规定定罪处罚。

△(**盗窃古建筑等不可移动文物未遂;故意损毁文物罪、故意损毁名胜古迹罪**)采用破坏性手段盗窃古建筑、石窟寺、石刻、壁画、近现代重要史迹和代表性建筑等不可移动文物未遂,具有下列情形之一的,应当依法追究刑事责任:
1. 针对全国重点文物保护单位、省级文物保护单位中的建筑构件、壁画、雕塑、石刻等实施盗窃,损害文物本体历史、艺术、科学价值,情节严重的;
2. 以被确定为市、县级以上文物保护单位整体为盗窃目标的;
3. 造成市、县级以上文物保护单位的不可移动文物本体损毁的;
4. 针对不可移动文物中的建筑构件、壁画、雕塑、石刻等实施盗窃,所涉部分具有等同于三级以上文物历史、艺术、科学价值的;
5. 其他情节严重的情形。
实施前款规定的行为,同时构成刑法第三百二十四条第一款、第二款规定的故意损毁文物罪、故意损毁名胜古迹罪的,依照处罚较重的规定定罪处罚。

【**指导性案例**】

最高人民法院指导性案例第147号:张永明、毛伟明、张鹭故意损毁名胜古迹案(2020年12月29日发布)

△(**故意损毁名胜古迹罪;国家保护的名胜古迹;情节严重**)风景名胜区的核心景区属于刑法第三百二十四条第二款规定的"国家保护的名胜古迹"。对核心景区内的世界自然遗产实施打岩钉等破坏活动,严重破坏自然遗产的自然性、原始性、完整性和稳定性的,综合考虑有关地质遗迹的特点、损坏程度等,可以认定为故意损毁国家保护的名胜古迹"情节严重"。

△(**专家意见**)对刑事案件中的专门性问题需要鉴定,但没有鉴定机构的,可以指派、聘请有专门知识的人就案件的专门性问题出具报告,相关报告在刑事诉讼中可以作为证据使用。

第三百二十五条 【**非法向外国人出售、赠送珍贵文物罪**】
违反文物保护法规,将收藏的国家禁止出口的珍贵文物私自出售或者私自赠送给外国人的,处五年以下有期徒刑或者拘役,可以并处罚金。
单位犯前款罪的,对单位判处罚金,并对其直接负责的主管人员和其他直接责任人员,依照前款的规定处罚。

【**立法解释**】

《**全国人民代表大会常务委员会关于〈中华人民共和国刑法〉有关文物的规定适用于具有科学价值的古脊椎动物化石、古人类化石的解释**》(2005年12月29日通过)

△(**具有科学价值的古脊椎动物化石、古人类化石**)刑法有关文物的规定,适用于具有科学价值的古脊椎动物化石、古人类化石。

第三百二十五条

【条文说明】

本条是关于非法向外国人出售、赠送珍贵文物罪及其处罚的规定。

本条共分为两款。

第一款是关于非法向外国人出售、赠送珍贵文物的犯罪及其处罚的规定。这里的"**违反文物保护法规**",是指关于文物保护的法律法规以及国家有关主管部门制定的各种规定,如《文物保护法》《文物保护法实施条例》《文物进出境审核管理办法》等。这里的"**禁止出口的珍贵文物**",是指国家有关主管部门规定禁止出口的珍贵文物。为了严格保护具有重要价值的珍贵文物出口,《文物保护法》第六十一条第一款规定,文物出境,应当经过国务院文物行政部门指定的文物进出境审核机构审核。经审核允许出境的文物,由国务院文物行政部门发给文物出境许可证,从国务院文物行政部门指定的口岸出境。《文物进出境审核管理办法》第八条规定:"下列文物出境,应当经过审核:(一)1949年(含)以前的各类艺术品、工艺美术品;(二)1949年(含)以前的手稿、文献资料和图书资料;(三)1949年(含)以前的与民族社会制度、社会生产、社会生活有关的实物;(四)1949年以后的与重大事件或著名人物有关的代表性实物;(五)1949年以后的反映各民族生产活动、生活习俗、文化艺术和宗教信仰的代表性实物;(六)国家文物局公布限制出境的已故现代著名书画家、工艺美术家作品;(七)古猿化石、古人类化石,以及与人类活动有关的第四纪古脊椎动物化石。文物出境审核标准,由国家文物局定期修订并公布。"将国家禁止出口的珍贵文物私自出售或者私自赠送给外国人的,即可构成本罪。

"**私自出售或者私自赠送给外国人**",是指文物收藏者违反国家文物保护的有关规定,将收藏的禁止出口的珍贵文物私自出售或者私自赠送给不具有中国国籍的人,包括外国国籍人和无国籍人。这里的外国人,从防止国家禁止出口的珍贵文物流失境外的角度考虑,应当理解为单位或者个人。因为一旦将收藏的国家禁止出口的珍贵文物卖给或赠送给外国的单位或者个人,在很大程度上会使该珍贵文物流失到我国境外,这对我国来讲是文化财产的重大损失。因此,本条对将收藏的国家禁止出口的珍贵文物私自出售或者私自赠送给外国人的行为,规定了处五年以下有期徒刑或者拘役,可以并处罚金。这里规定了"**可以并处罚金**"的罚金刑,主要是考虑到犯此罪的行为人往往会因此获取一定的经济利益,这可以使行为人在经济方面受到惩罚。

第二款是关于单位对收藏的国家禁止出口的珍贵文物私自出售或者私自赠送给外国人的处罚的规定。"**单位犯前款罪**"是指国有的和非国有的博物馆、图书馆、纪念馆等单位,将收藏的国家禁止出口的珍贵文物,违反国家规定擅自卖给或赠送给外国人的行为。单位犯非法向外国人出售、赠送珍贵文物罪的,对单位判处罚金,并对其直接负责的主管人员和其他直接责任人员,依照第一款的规定处罚,即处五年以下有期徒刑或者拘役,可以并处罚金。

这里需要加以说明的是,之所以禁止单位和公民除收藏的珍贵文物私自出售或者私自赠送给外国人,是因为国家从根本上禁止这类珍贵文物出口。现在日益多起来的非国有、个人的博物馆、纪念馆对所收藏的珍贵文物拥有所有权,按照一般财产所有权的理论,文物所有者对自己拥有的文物是有出售和赠予他人的权利的,但是,珍贵文物不是一般性的财产,而是一个民族、一个国家的文化遗产,国家要予以特殊保护。同时根据联合国教育、科学及文化组织1970年在巴黎通过的**《关于禁止和防止非法进出口文化财产和非法转让其所有权的方法的公约》**规定(我国已于1989年加入该公约),珍贵文物属于文化财产。公约第六条规定,缔约国将"发放适当证件,出口国将在该证件中说明有关文化财产的出口已经过批准……除非附有上述出口证件,禁止文化财产从本国领土出口"。公约还对缔约国应当通过一切适当手段禁止和防止非法进出口文化财产和非法转让其所有权作了规定。该公约对我国具有约束力。

实际执行中应当注意以下两个方面的问题:

1. 在司法适用中,应当把握好本罪与**走私文物罪**的界限。《刑法》第一百五十一条规定了走私文物罪,根据司法解释的有关规定,走私国家禁止出口的一级、二级、三级珍贵文物的,走私文物的价值在五万元以上的,都应当依照走私文物罪予以惩罚。而依照本条规定,只有出售、赠送的是国家禁止出口的珍贵文物,才能构成本罪,出售、赠送的是国家禁止出口的一般文物的,不构成本罪。走私文物罪主要是违反了海关的管理法规,将禁止出口的文物运输、携带出境;而非法向外国人出售、赠送珍贵文物的犯罪则并不要求文物出境。此外,本罪只规定了一个量刑档次,即处五年以下有期徒刑或者拘役,可以并处罚金;而走私文物罪则规定了三个量刑档次,最高可以处十年以上有期徒刑或者无期徒刑,并处没收财产。

2. 在司法适用中,还应当处理好本罪与**非法出售、私赠文物藏品罪**的关系。《刑法》第三百二十七条针对国有博物馆、图书馆等单位将国家保护的文物藏品出售或者私自送给非国有单位或者个人的行为规定了刑事责任,这与本条在一定情况下会存在**法条竞合**。如当国有博物馆、图书馆等单位将收藏的国家禁止出口的珍贵文物非法出售者或者私赠给外国人时,就同时触犯了本罪和第三百二十七条规定的非法出售、私赠文物藏品罪两个罪名。此时,应当择一重罪予以处罚。

第三百二十六条 【倒卖文物罪】
以牟利为目的,倒卖国家禁止经营的文物,情节严重的,处五年以下有期徒刑或者拘役,并处罚金;情节特别严重的,处五年以上十年以下有期徒刑,并处罚金。
单位犯前款罪的,对单位判处罚金,并对其直接负责的主管人员和其他直接责任人员,依照前款的规定处罚。

【立法解释】

《全国人民代表大会常务委员会关于〈中华人民共和国刑法〉有关文物的规定适用于具有科学价值的古脊椎动物化石、古人类化石的解释》(2005年12月29日通过)

△(具有科学价值的古脊椎动物化石、古人类化石)刑法有关文物的规定,适用于具有科学价值的古脊椎动物化石、古人类化石。

【条文说明】

本条是关于倒卖文物罪及其处罚的规定。
本条共分为两款。
第一款是关于倒卖文物的犯罪及其处罚的规定。本罪侵犯了国家对文物的流通管制制度。"**倒卖国家禁止经营的文物**",是指经营国家不允许自由买卖或者拍卖的文物,从中牟取利益的行为。既包括无权从事文物商业经营的单位或者个人倒卖国家禁止经营的文物,也包括具有从事文物商业经营权的文物商店或者拍卖企业,倒卖国家禁止经营的文物。根据文物保护法的规定,文物商店应当由省、自治区、直辖市人民政府文物行政部门批准设立。依法设立的拍卖企业经营文物拍卖的,应当取得省、自治区、直辖市人民政府文物行政部门颁发的文物拍卖许可证。拍卖企业拍卖的文物,在拍卖前应当经省、自治区、直辖市人民政府文物行政部门审核,并报国务院文物行政部门备案。文物商店购买、销售文物,拍卖企业拍卖文物,应当按照国家有关规定作出记录,并报省、自治区、直辖市人民政府文物行政部门备案。

我国允许文物收藏单位以外的公民、法人和其他组织依法收藏文物,收藏的文物可以依法流通。民间可以通过接受赠予、从文物商店购买、拍卖购买、交换或者购买他人合法所有的文物等方式获得文物,但这些文物必须是依法可以流通的。"国家禁止经营的文物"包括哪些呢?《文物保护法》对可以流通的文物以及不能买卖的文物作了规定,该第五十条规定:"文物收藏单位以外的公民、法人和其他组织可以收藏通过下列方式取得的文物:(一)依法继承或者接受赠与;(二)从文物商店购买;(三)从经营文物拍卖的拍卖企业购买;(四)公民个人合法所有的文物相互交换或者依法转让;(五)国家规定的其他合法方式。文物收藏单位以外的公民、法人和其他组织收藏的前款文物可以依法流通。"第五十一条规定:"公民、法人和其他组织不得买卖下列文物:(一)国有文物,但是国家允许的除外;(二)非国有馆藏珍贵文物;(三)国有不可移动文物中的壁画、雕塑、建筑构件等,但是依法拆除的国有不可移动文物中的壁画、雕塑、建筑构件等不属于本法第二十条第四款规定的应由文物收藏单位收藏的除外;(四)来源不符合本法第五十条规定的文物。"《文物保护法》第五条规定:"中华人民共和国境内地下、内水和领海中遗存的一切文物,属于国家所有。古文化遗址、古墓葬、石窟寺属于国家所有。国家指定保护的纪念建筑物、古建筑、石刻、壁画、近代现代代表性建筑等不可移动文物,除国家另有规定的以外,属于国家所有。国有不可移动文物的所有权不因其所依附的土地所有权或者使用权的改变而改变。下列可移动文物,属于国家所有:(一)中国境内出土的文物,国家另有规定的除外;(二)国有文物收藏单位以及其他国家机关、部队和国有企业、事业组织等收藏、保管的文物;(三)国家征集、购买的文物;(四)公民、法人和其他组织捐赠给国家的文物;(五)法律规定属于国家所有的其他文物。属于国家所有的可移动文物的所有权不因其保管、收藏单位的终止或者变更而改变。国有文物所有权受法律保护,不容侵犯。"这些文物都是国家禁止经营的文物。

在认定"倒卖国家禁止经营的文物"时,根据2015年《最高人民法院、最高人民检察院关于办理

第三百二十六条

妨害文物管理等刑事案件适用法律若干问题的解释》的规定,出售或者为了出售而收购、运输、储存国家禁止买卖的文物,都应当认定为"**倒卖国家禁止经营的文物**",都应当依法追究刑事责任。

本款对倒卖文物罪规定了**两档刑罚**,即情节严重的,处五年以下有期徒刑或者拘役,并处罚金;情节特别严重的,处五年以上十年以下有期徒刑,并处罚金。"**情节严重的**",是指以牟利为目的,倒卖国家禁止经营的文物,交易数额大,造成珍贵文物流失或者获取非法利益数额较大等情形。"**情节特别严重的**",是指以牟利为目的,倒卖国家禁止经营的文物,造成国家特别珍贵的文物流失;造成大量珍贵的文物流失或者获取非法利益数额巨大等情形。

第二款是关于单位以牟利为目的,倒卖国家禁止经营的文物,予以刑事处罚的规定。根据本款规定,**单位犯该罪的**,对单位判处罚金,同时对单位直接负责的主管人员和其他直接责任人员,依照第一款的规定处罚,即情节严重的,处五年以下有期徒刑或者拘役,并处罚金;情节特别严重的,处五年以上十年以下有期徒刑,并处罚金。

实际执行中应当注意以下两个方面的问题:

1. 构成本罪,行为人主观上需要具有**牟利的目的**,若行为人主观上只是迫于生计而出售自己收藏的文物,或者只是将自己收藏的文物以其实际价值变现,本身并没有倒卖文物牟利的目的,则不构成本罪。这并不是说对其倒卖文物的违法行为不予处理,而是可以按照文物保护法等有关法律法规的规定处理。

2. 根据《全国人民代表大会常务委员会关于〈中华人民共和国刑法〉有关文物的规定适用于具有科学价值的古脊椎动物化石、古人类化石的解释》的规定,刑法有关文物的规定,适用于**具有科学价值的古脊椎动物化石、古人类化石**。以牟利为目的,非法倒卖具有科学价值的古脊椎动物化石、古人类化石的,无论古脊椎动物化石是否与人类活动相关,情节严重的,都应当依照本条规定追究刑事责任。

【司法解释】

《**最高人民法院、最高人民检察院关于办理妨害文物管理等刑事案件适用法律若干问题的解释**》(法释〔2015〕23号,自2016年1月1日起施行)

△(**国家禁止买卖的文物;情节严重;情节特别严重**)出售或者为出售而收购、运输、储存《中华人民共和国文物保护法》规定的"国家禁止买卖的文物"的,应当认定为刑法第三百二十六条规定的"倒卖国家禁止经营的文物"。①

倒卖国家禁止经营的文物,具有下列情形之一的,应当认定为刑法第三百二十六条规定的"情节严重":

(一)倒卖三级文物的;

(二)交易数额在五万元以上的;

(三)其他情节严重的情形。

实施前款规定的行为,具有下列情形之一的,应当认定为刑法第三百二十六条规定的"情节特别严重":

(一)倒卖二级以上文物的;

(二)倒卖三级文物五件以上的;

(三)交易数额在二十五万元以上的;

(四)其他情节特别严重的情形。(§6)

△(**单位犯罪**)单位实施走私文物、倒卖文物等行为,构成犯罪的,依照本解释规定的相应自然人犯罪的定罪量刑标准,对直接负责的主管人员和其他直接责任人员定罪处罚,并对单位判处罚金。(§11Ⅰ)

△(**倒卖不可移动文物整体;量刑情节**)针对不可移动文物整体实施走私、盗窃、倒卖等行为的,根据所属不可移动文物的等级,依照本解释第一条、第二条、第六条的规定定罪量刑:

(一)尚未被确定为文物保护单位的不可移动文物,适用一般文物的定罪量刑标准;

(二)市、县级文物保护单位,适用三级文物的定罪量刑标准;

(三)全国重点文物保护单位、省级文物保护单位,适用二级以上文物的定罪量刑标准。

针对不可移动文物中的建筑构件、壁画、雕塑、石刻等实施走私、盗窃、倒卖等行为的,根据建筑构件、壁画、雕塑、石刻等文物本身的等级或者价值,依照本解释第一条、第二条、第六条的规定定罪量刑。建筑构件、壁画、雕塑、石刻等所属不可移动文物的等级,应当作为量刑情节予以考虑。(§12)

△(**不同等级的文物;五件同级文物**)案件涉及不同等级的文物的,按照高级别文物的量刑幅度量刑;有多件同级文物的,五件同级文物视为一件高一级文物,但是价值明显不相当的除外。

---

① 我国学者指出,该规定值得商榷。因为按照司法解释的规定,将自己所有的文物出售给他人的行为,成立倒卖文物罪;为了出卖而收购、运输、储存的行为,同样成立本罪之既遂。但根据《文物保护法》第五十条和第五十一条的规定,对前一行为不应以犯罪论处;后一行为充其量只是倒卖行为的预备行为,而不应认定为实行行为,更不应认定为本罪之既遂。参见张明楷:《刑法学》(第6版),法律出版社2021年版,第1465页。

(§13)

△(**文物价值之认定;根据涉案文物的有效价格证明认定;根据销赃数额认定;结合鉴定意见、报告认定**)依照文物价值定罪量刑的,根据涉案文物的有效价格证明认定文物价值;无有效价格证明,或者根据价格证明认定明显不合理的,根据销赃数额认定,或者结合本解释第十五条规定的鉴定意见、报告认定。(§14)

△(**鉴定意见**)在行为人实施有关行为前,文物行政部门已对涉案文物及其等级作出认定的,可以直接对有关案件事实作出认定。

对案件涉及的有关文物鉴定、价值认定等专门性问题难以确定的,由司法鉴定机构出具鉴定意见,或者由国务院文物行政部门指定的机构出具报告。其中,对于文物价值,也可以由有关价格认证机构作出价格认证并出具报告。(§15)

△(**犯罪情节轻微;不起诉或者免予刑事处罚**)实施本解释第一条、第二条、第六条至第九条规定的行为,虽已达到应当追究刑事责任的标准,但行为人系初犯,积极退回或者协助追回文物,未造成文物损毁,并确有悔罪表现的,可以认定为犯罪情节轻微,不起诉或者免予刑事处罚。(§16Ⅰ)

△(**倒卖具有科学价值的古脊椎动物化石、古人类化石**)走私、盗窃、损毁、倒卖、盗掘或者非法转让具有科学价值的古脊椎动物化石、古人类化石的,依照刑法和本解释的有关规定定罪量刑。(§17)

【司法解释性文件】

《最高人民法院、最高人民检察院、公安部、国家文物局关于办理妨害文物管理等刑事案件若干问题的意见》(公通字〔2022〕18号,2022年8月16日发布)

△(**国家禁止买卖的文物;以牟利为目的**)出售或为出售而收购、运输、储存《中华人民共和国文物保护法》第五十一条规定的"国家禁止买卖的文物",可以结合行为人的从业经历、认知能力、违法犯罪记录、供述情况,交易的价格、次数、件数、场所,文物的来源、外观形态等综合审查判断,认定其行为系刑法第三百二十六条规定的"以牟利为目的",但文物来源符合《中华人民共和国文物保护法》第五十条规定的除外。

△(**涉案文物的认定和鉴定评估**)对案件涉及的文物等级、类别、价值等专门性问题,如是否属于古文化遗址、古墓葬、古建筑、石窟寺、石刻、壁画、近代现代重要史迹和代表性建筑等不可移动文物,是否具有历史、艺术、科学价值,是否属于各级文物保护单位,是否属于珍贵文物,以及有关行为对文物造成的损毁程度和对文物价值造成的影响等,案发前文物行政部门已作认定的,可以直接对有关案件事实作出认定;案发前未作认定的,可以结合国务院文物行政部门指定的机构出具的《涉案文物鉴定评估报告》作出认定,必要时,办案机关可以依法提请文物行政部门对有关问题作出说明。《涉案文物鉴定评估报告》应当依照《涉案文物鉴定评估管理办法》(文物博发〔2018〕4号)规定的程序和格式文本出具。

△(**文物犯罪案件管辖**)文物犯罪案件一般由犯罪地的公安机关管辖,包括文物犯罪的预谋地、工具准备地、勘探地、盗掘地、盗窃地、途经地、交易地、倒卖信息发布地、出口(境)地、涉案不可移动文物的所在地、涉案文物的实际取得地、藏匿地、转移地、加工地、储存地、销售地等。多个公安机关都有权立案侦查的文物犯罪案件,由主要犯罪地公安机关立案侦查。

具有下列情形之一的,有关公安机关可以在其职责范围内并案处理:

(1)一人犯数罪的;
(2)共同犯罪的;
(3)共同犯罪的犯罪嫌疑人还实施其他犯罪的;
(4)三人以上时分时合,交叉结伙作案的;
(5)多个犯罪嫌疑人实施的盗掘、盗窃、倒卖、掩饰、隐瞒、走私等犯罪存在直接关联,或者形成多层级犯罪链条,并案处理有利于查明案件事实的。

△(**主犯**)要着眼出资、勘探、盗掘、盗窃、倒卖、收赃、走私等整个文物犯罪网络开展打击,深挖幕后金主,斩断文物犯罪链条,对虽未具体参与实施有关犯罪实行行为,但作为幕后纠集、组织、指挥、筹划、出资、教唆者,在共同犯罪中起主要作用的,可以依法认定为主犯。

△(**酌情从重处罚**)对曾因文物违法犯罪而受过行政处罚或者被追究刑事责任、多次实施文物违法犯罪行为,以及国家工作人员实施本意见规定相关犯罪行为的,可以酌情从重处罚。

△(**自首、立功、认罪认罚从宽等制度**)正确运用自首、立功、认罪认罚从宽等制度,充分发挥刑罚的惩治和预防功能。对积极退回或协助追回文物,协助抓捕重大文物犯罪嫌疑人,以及提供重要线索,对侦破、查明其他重大文物犯罪案件起关键作用的,依法从宽处理。

△(**行刑衔接**)人民法院、人民检察院、公安机关应当加强与文物行政部门的沟通协调,强化行刑衔接,对不构成犯罪的案件,依据有关规定及时移交。公安机关依法扣押的国家禁止经营的文物,经审查与案件无关的,应当交由文物行政等有关部门依法予以处理。文物行政等部门在查办

案件中,发现涉嫌构成犯罪的案件,依据有关规定及时向公安机关移送。

【公报案例】

刘大力、曹振庆、赵殿永等盗掘古文化遗址、倒卖文物、转移赃物案(《最高人民法院公报》2009年第5期)

△(明知;倒卖文物罪;销赃罪)行为人明知文物系他人盗掘所得,为从中牟取非法利益而帮助他人积极联系买主,居中促成非法文物交易的,其行为不构成销赃罪,应以倒卖文物罪定罪处罚。

第三百二十七条 【非法出售、私赠文物藏品罪】

违反文物保护法规,国有博物馆、图书馆等单位将国家保护的文物藏品出售或者私自送给非国有单位或者个人的,对单位判处罚金,并对其直接负责的主管人员和其他直接责任人员,处三年以下有期徒刑或者拘役。

【立法解释】

《全国人民代表大会常务委员会关于〈中华人民共和国刑法〉有关文物的规定适用于具有科学价值的古脊椎动物化石、古人类化石的解释》(2005年12月29日通过)

△(具有科学价值的古脊椎动物化石、古人类化石)刑法有关文物的规定,适用于具有科学价值的古脊椎动物化石、古人类化石。

【条文说明】

本条是关于非法出售、私赠文物藏品罪及其处罚的规定。

本条规定的主体是国有博物馆、图书馆等单位,个人不是本罪的主体。本条所指"违反**文物保护法规**",是指违反《文物保护法》以及与文物保护有关的行政法规如《文物保护法实施条例》等,这些规定中确立了收藏单位及其工作人员工作中应当遵守的原则和规范,对馆藏文物的保管、调取、调拨、出借、交换等都作了规定。

"**国有博物馆、图书馆等单位**"是指国家所有的博物馆、图书馆、纪念馆和文物考古事业机构等单位。我国是一个历史悠久的文明古国,地上地下的文物都十分丰富,这是我国人民宝贵的财富,由国有博物馆、图书馆等单位对文物进行收藏管理,是保护文物,防止其毁坏和流失的重要措施。这些国有单位收藏的文物,都是国家经过长期工作,搜集、整理积累起来的,具有非常重要的价值。国有博物馆、图书馆等文物收藏单位责任重大,必须恪尽职守,切实保护好这些文物,否则,将会给国家和人民利益造成严重的危害。《文物保护法》规定,国有文物收藏单位以及其他国家机关、部队和国有企业、事业组织等收藏、保管的文物,属于国家所有。国有博物馆、图书馆等单位对自己保管的文物藏品,有保管、使用或者因使用获得收益的权利,但没有所有权,没有出售和私自馈赠的权利。对于国有博物馆、图书馆等单位收藏、保管的文物的使用,包括调拨、展览、出借、交换等,文物保护法作了严格规定。根据文物保护法的规定,国有文物收藏单位之间因举办展览、科学研究等需借用馆藏文物的,应当报主管的文物行政部门备案;借用馆藏一级文物的,应当同时报国务院文物行政部门备案。非国有文物收藏单位和其他单位举办展览需借用国有馆藏文物的,应当报主管的文物行政部门批准;借用国有馆藏一级文物的,应当经国务院文物行政部门批准。已经建立馆藏文物档案的国有文物收藏单位,经省、自治区、直辖市人民政府文物行政部门批准,并报国务院文物行政部门备案,其馆藏文物可以在国有文物收藏单位之间交换。国有文物收藏单位调拨、交换、出借文物所得的补偿费用,必须用于改善文物的收藏条件和收集新的文物,不得挪作他用;任何单位或者个人不得侵占。调拨、交换、借用的文物必须严格保管,不得丢失、损毁。《文物保护法》第四十四条还明确规定:"禁止国有文物收藏单位将馆藏文物赠与、出租或者出售给其他单位、个人。"非法将文物藏品出售或者私自送给非国有单位或者个人,**侵犯了国家对文物藏品的管理秩序,同时也侵犯了国家对文物藏品的所有权。**

"**文物藏品**"包括珍贵文物和一般文物。"**非国有单位**"指集体所有制的单位、私营企业、外商投资企业以及非国有的社会团体、事业组织等。这里的"**出售**"是指把文物藏品作为商品以一定的价格加以出卖的行为,"**私赠**"是指擅自将文物藏品无偿给予受赠人的行为。

根据本条规定,对于违反文物保护法律法规,将国有博物馆、图书馆等单位收藏的国家保护的文物藏品出售或者私自送给非国有单位或者个人的行为,对该国有博物馆、图书馆等单位判处罚金,并对该出售或私自馈赠行为负有直接责任的主管人员以及其他直接责任人员,处三年以下有期徒刑或者拘役。可见,本罪是**单位犯罪**,个人不能构成本罪。本罪实行的是"**双罚制**",对单位及直接负责的主管人员和其他直接责任人员应当分别处罚。此外,根据2015年《最高人民法院、最高人民检察院关于办理妨害文物管理等刑事案件适用法律若干问题的解释》第七条的规定,国有博物馆、图书馆以及其他国有单位,违反文物保护法规,将收藏或者管理的国家保护的文物藏品出售或者私自送给非国有单位或者个人的,依照本条追究刑事责任。

实际执行中需要注意的是:在司法适用中,应当注意处理好本罪与**非法向外国人出售、赠送珍贵文物罪**的关系。《刑法》第三百二十五条针对单位违反文物保护法规,将收藏的国家禁止出口的珍贵文物私自出售或者私自赠送给外国人的行为的刑事责任,与本条在一定情况下存在**法条竞合**。如当国有博物馆、图书馆等单位将收藏的国家禁止出口的珍贵文物非法出售或者私自赠给外国人时,就同时触犯了本罪和第三百二十五条规定的非法向外国人出售、赠送珍贵文物罪两个罪名。此时,应当择一重罪予以处罚。

【司法解释】

《**最高人民法院、最高人民检察院关于办理妨害文物管理等刑事案件适用法律若干问题的解释**》(法释〔2015〕23号,自2016年1月1日起施行)

△(**非法出售、私赠文物藏品罪**)国有博物馆、图书馆以及其他国有单位,违反文物保护法规,将收藏或者管理的国家保护的文物藏品出售或者私自送给非国有单位或者个人的,依照刑法第三百二十七条的规定,以非法出售、私赠文物藏品罪追究刑事责任。(§7)

△(**不同等级的文物;五件同级文物**)案件涉及不同等级的文物的,按照高级别文物的量刑幅度量刑;有多件同级文物的,五件同级文物视为一件高一级文物,但是价值明显不相当的除外。(§13)

△(**文物价值之认定;根据涉案文物的有效价格证明认定;根据销赃数额认定;结合鉴定意见、报告认定**)依照文物价值定罪量刑的,根据涉案文物的有效价格证明认定文物价值;无有效价格证明,或者根据价格证明认定明显不合理的,根据销赃数额认定,或者结合本解释第十五条规定的鉴定意见、报告认定。(§14)

△(**鉴定意见**)在行为人实施有关行为前,文物行政部门已对涉案文物及其等级作出认定的,可以直接对有关案件事实作出认定。

对案件涉及的有关文物鉴定、价值认定等专门性问题难以确定的,由司法鉴定机构出具鉴定意见,或者由国务院文物行政部门指定的机构出具报告。其中,对于文物价值,也可以由有关价格认证机构作出价格认证并出具报告。(§15)

△(**犯罪情节轻微;不起诉或者免予刑事处罚**)实施本解释第一条、第二条、第六条至第九条规定的行为,虽已达到应当追究刑事责任的标准,但行为人系初犯,积极退回或者协助追回文物,未造成文物损毁,并确有悔罪表现的,可以认定为犯罪情节轻微,不起诉或者免予刑事处罚。(§16Ⅰ)

△(**非法转让具有科学价值的古脊椎动物化石、古人类化石**)走私、盗窃、损毁、倒卖、盗掘或者非法转让具有科学价值的古脊椎动物化石、古人类化石的,依照刑法和本解释的有关规定定罪量刑。(§17)

第三百二十八条 【盗掘古文化遗址、古墓葬罪】【盗掘古人类化石、古脊椎动物化石罪】

盗掘具有历史、艺术、科学价值的古文化遗址、古墓葬的,处三年以上十年以下有期徒刑,并处罚金;情节较轻的,处三年以下有期徒刑、拘役或者管制,并处罚金;有下列情形之一的,处十年以上有期徒刑或者无期徒刑,并处罚金或者没收财产:

(一)盗掘确定为全国重点文物保护单位和省级文物保护单位的古文化遗址、古墓葬的;
(二)盗掘古文化遗址、古墓葬团伙的首要分子;
(三)多次盗掘古文化遗址、古墓葬的;
(四)盗掘古文化遗址、古墓葬,并盗窃珍贵文物或者造成珍贵文物严重破坏的。

盗掘国家保护的具有科学价值的古人类化石和古脊椎动物化石的,依照前款的规定处罚。

【立法解释】

《全国人民代表大会常务委员会关于〈中华人民共和国刑法〉有关文物的规定适用于具有科学价值的古脊椎动物化石、古人类化石的解释》(2005年12月29日通过)

△(具有科学价值的古脊椎动物化石、古人类化石)刑法有关文物的规定,适用于具有科学价值的古脊椎动物化石、古人类化石。

【立法沿革】

《中华人民共和国刑法》(1997年修订,自1997年10月1日起施行)

第三百二十八条

盗掘具有历史、艺术、科学价值的古文化遗址、古墓葬的,处三年以上十年以下有期徒刑,并处罚金;情节较轻的,处三年以下有期徒刑、拘役或者管制,并处罚金;有下列情形之一的,处十年以上有期徒刑、无期徒刑或者死刑,并处罚金或者没收财产:

(一)盗掘确定为全国重点文物保护单位和省级文物保护单位的古文化遗址、古墓葬的;
(二)盗掘古文化遗址、古墓葬集团的首要分子;
(三)多次盗掘古文化遗址、古墓葬的;
(四)盗掘古文化遗址、古墓葬,并盗窃珍贵文物或者造成珍贵文物严重破坏的。

盗掘国家保护的具有科学价值的古人类化石和古脊椎动物化石的,依照前款的规定处罚。

《中华人民共和国刑法修正案(八)》(自2011年5月1日起施行)

四十五、将刑法第三百二十八条第一款修改为:

"盗掘具有历史、艺术、科学价值的古文化遗址、古墓葬的,处三年以上十年以下有期徒刑,并处罚金;情节较轻的,处三年以下有期徒刑、拘役或者管制,并处罚金;有下列情形之一的,处十年以上有期徒刑或者无期徒刑,并处罚金或者没收财产:

"(一)盗掘确定为全国重点文物保护单位和省级文物保护单位的古文化遗址、古墓葬的;

"(二)盗掘古文化遗址、古墓葬集团的首要分子;

"(三)多次盗掘古文化遗址、古墓葬的;

"(四)盗掘古文化遗址、古墓葬,并盗窃珍贵文物或者造成珍贵文物严重破坏的。"

【条文说明】

本条是关于盗掘古文化遗址、古墓葬罪和盗掘古人类化石、古脊椎动物化石罪及其处罚的规定。

本条共分为两款。

第一款是关于盗掘古文化遗址、古墓葬的犯罪及其处罚的规定。"**盗掘**"是指以出卖或者非法占有为目的,私自秘密发掘古文化遗址和古墓葬的行为。[1][2] "**古文化遗址**"是指在人类历史发展

---

[1] 我国学者指出,盗掘既不是单纯的盗窃,也不是单纯的损毁,而是指未经国家文物主管部门批准,私自挖掘古文化遗址、古墓葬,可谓盗窃与损毁于一体,其法益侵害程度相当严重。盗掘行为不必具有秘密性,公开盗掘的,也成立本罪。参见张明楷:《刑法学》(第6版),法律出版社2021年版,第1466页;赵秉志、李希慧主编:《刑法各论》(第3版),中国人民大学出版社2016年版,第320页。另有学者进一步指出,本罪属于行为犯。只要行为人实施挖掘古文化、古墓葬的行为,不论是否挖到文物,都足以成立本罪。参见王作富主编:《刑法分则实务研究(下)》(第5版),中国方正出版社2013年版,第1332—1333页;高铭暄、马克昌主编:《刑法学》(第7版),北京大学出版社、高等教育出版社2016年版,第571页。

[2] 盗掘并不限于挖掘埋藏在地下的古文化遗址、古墓葬。打捞被水淹没的古文化遗址、古墓葬,掘出埋藏于其他物体中的古文化遗址、古墓葬,同样应认定为"盗掘"。参见张明楷:《刑法学》(第6版),法律出版社2021年版,第1466页。

中由古代人类创造并留下的表明其文化发展水平的地区,如周口店。"**古墓葬**"是指古代(一般指清代以前,包括清代)人类将逝者及其生前遗物按一定方式放置于特定场所并建造的固定设施。辛亥革命以后,与著名历史事件有关的名人墓葬、遗址和纪念地,也视同古墓葬、古文化遗址,受国家保护。

本款对盗掘古文化遗址、古墓葬的犯罪行为规定了**三档刑罚**。其中,对实施了盗掘具有历史、艺术、科学价值的古文化遗址、古墓葬行为的,处三年以上十年以下有期徒刑,并处罚金。对于情节较轻的,处三年以下有期徒刑、拘役或者管制,并处罚金。根据近年来打击盗掘古文化遗址、古墓葬犯罪的实际情况,本条具体规定了适用十年以上有期徒刑或者无期徒刑,并处罚金或者没收财产刑罚的四种情形:第一,**盗掘确定为全国重点文物保护单位和省级文物保护单位的古文化遗址、古墓葬的**。这里的"**全国重点文物保护单位**"有两种:一种是国务院文物行政部门在各级文物保护单位中直接指定并报国务院核定公布的单位;另一种是国务院文物行政部门在各级文物保护单位中选择出来的具有重大历史、艺术、科学价值并报国务院核定公布的单位。"**省级文物保护单位**"是指由省、自治区、直辖市人民政府核定并报国务院备案的文物保护单位。被确定为全国重点文物保护单位和省级文物保护单位的古文化遗址、古墓葬,在科学、历史、艺术等方面的价值是极高的。文物保护法规定,一切考古发掘工作,必须履行报批手续;从事考古发掘的单位,应当经国务院文物行政部门批准。地下埋藏的文物,任何单位或者个人都不得私自发掘。从事考古发掘的单位,为了科学研究进行考古发掘,应当提出发掘计划,报国务院文物行政部门批准;对全国重点文物保护单位的考古发掘计划,应当经国务院文物行政部门审核后报国务院批准。国务院文物行政部门在批准或者审核前,应当征求社会科学研究机构及其他科研机构和有关专家的意见。上述古文化遗址、古墓葬一旦被盗掘,对国家文化财产造成的损失根本无法弥补,不处以重刑不具有威慑力。第二,**盗掘古文化遗址、古墓葬集团的首要分子**。"首要分子"是指在盗掘古文化遗址、古墓葬的集团犯罪活动中起组织、策划、指挥作用的犯罪分子。近年来,盗掘古文化遗址、古墓葬犯罪活动越来越集团化、职业化、高智能和高技术化,而且盗掘往往与倒卖行为联合在一起,形成利益链条和犯罪网络。因此,严厉打击盗掘古文化遗址、古墓葬犯罪的首要分子很有必要。第三,**多次盗掘古文化遗址、古墓葬的**。"多次"一般是指三次以上。该项规定主要针对的是盗掘古文化遗址、古墓葬的惯犯。第四,**盗掘古文化遗址、古墓葬,并盗窃珍贵文物或者造成珍贵文物严重破坏的**。"**盗窃珍贵文物**"是指在盗掘中将珍贵文物据为己有的行为,这里将盗窃的文物限于"珍贵文物"。盗掘珍贵文物的一为本项情节。盗掘行为与珍贵文物破坏的情况关系紧密,而且盗掘古文化遗址、古墓葬的目的,往往就是为了盗窃珍贵文物。所以,本款将上述行为规定为盗掘古文化遗址、古墓葬罪处重刑的情节。

第二款是关于盗掘古人类化石、古脊椎动物化石罪及其处罚的规定。化石是过去生物的遗骸或遗留下来的印迹,是指保存在各地质时期岩层中生物的遗骸和遗迹。古人类化石和古脊椎动物化石对研究人类发展史和自然科学具有重要意义,文物保护法规定,对其应当适用文物保护的规定。根据《古人类化石和古脊椎动物化石保护管理办法》的规定,古人类化石和古脊椎动物化石分为珍贵化石和一般化石;珍贵化石分为三级,一、二、三级化石和一般化石的保护和管理,按照国家有关一、二、三级文物和一般文物保护管理的规定实施。"**依照前款的规定处罚**"是指盗掘国家保护的具有科学价值的古人类化石和古脊椎动物化石的,依照本条第一款规定的三档刑罚进行处罚。

【**司法解释**】

《最高人民法院、最高人民检察院关于办理妨害文物管理等刑事案件适用法律若干问题的解释》(法释〔2015〕23号,自2016年1月1日起施行)

△(**古文化遗址、古墓葬;既遂**)刑法第三百二十八条第一款规定的"古文化遗址、古墓葬"包括水下古文化遗址、古墓葬。"古文化遗址、古墓葬"不以公布为不可移动文物的古文化遗址、古墓葬为限。

实施盗掘行为,已损害古文化遗址、古墓葬的历史、艺术、科学价值的,应当认定为盗掘古文化遗址、古墓葬罪既遂。(§8Ⅰ、Ⅱ)

△(**公司、企业、事业单位、机关、团体等单位;盗掘古文化遗址、古墓葬**)公司、企业、事业单位、机关、团体等单位实施盗窃文物、故意损毁文物、名胜古迹、过失损毁文物、盗掘古文化遗址、古墓葬等行为的,依照本解释规定的相应定罪量刑标准,追究组织者、策划者、实施者的刑事责任。(§11Ⅱ)

△(**不同等级的文物;五件同级文物**)案件涉及不同等级的文物的,按照高级别文物的量刑幅度量刑;有多件同级文物的,五件同级文物视为

一件高一级文物,但是价值明显不相当的除外。(§13)

△(文物价值之认定;根据涉案文物的有效价格证明认定;根据销赃数额认定;结合鉴定意见、报告认定)依照文物价值定罪量刑的,根据涉案文物的有效价格证明认定文物价值;无有效价格证明,或者根据价格证明认定明显不合理的,根据销赃数额认定,或者结合本解释第十五条规定的鉴定意见、报告认定。(§14)

△(鉴定意见)在行为人实施有关行为前,文物行政部门已对涉案文物及其等级作出认定的,可以直接对有关案件事实作出认定。

对案件涉及的有关文物鉴定、价值认定等专门性问题难以确定的,由司法鉴定机构出具鉴定意见,或者由国务院文物行政部门指定的机构出具报告。其中,对于文物价值,也可以由有关价格认证机构作出价格认证并出具报告。(§15)

△(犯罪情节轻微;不起诉或者免予刑事处罚)实施本解释第一条、第二条、第六条至第九条规定的行为,虽已达到应当追究刑事责任的标准,但行为人系初犯,积极退回或者协助追回文物,未造成文物损毁,并确有悔罪表现的,可以认定为犯罪情节轻微,不起诉或者免予刑事处罚。(§16Ⅰ)

△(盗掘具有科学价值的古脊椎动物化石、古人类化石)走私、盗窃、损毁、倒卖、盗掘或者非法转让具有科学价值的古脊椎动物化石、古人类化石的,依照刑法和本解释的有关规定定罪量刑。(§17)

【司法解释性文件】

《最高人民法院、最高人民检察院、公安部、国家文物局关于办理妨害文物管理等刑事案件若干问题的意见》(公通字〔2022〕18号,2022年8月16日发布)

△(古建筑、石窟寺等不可移动文物;盗掘古文化遗址、古墓葬罪)针对古建筑、石窟寺等不可移动文物中包含的古文化遗址、古墓葬部分实施盗掘,符合刑法第三百二十八条规定的,以盗掘古文化遗址、古墓葬罪追究刑事责任。

盗掘对象是否属于古文化遗址、古墓葬,应当按照《文物犯罪解释》第八条、第十五条的规定作出认定。

△(盗掘古文化遗址、古墓葬未遂;故意损毁文物罪、故意损毁名胜古迹罪)以盗掘为目的,在古文化遗址、古墓葬表层进行钻探、爆破、挖掘等作业,因意志以外的原因,尚未损害古文化遗址、古墓葬的历史、艺术、科学价值的,属于盗掘古文化遗址、古墓葬未遂,应当区分情况分别处理:

(1)以被确定为全国重点文物保护单位、省级文物保护单位的古文化遗址、古墓葬为盗掘目标的,应当追究刑事责任;

(2)以被确定为市、县级文物保护单位的古文化遗址、古墓葬为盗掘目标的,对盗掘团伙的纠集者、积极参加者,应当追究刑事责任;

(3)以其他古文化遗址、古墓葬为盗掘目标的,对情节严重者,依法追究刑事责任。

实施前款规定的行为,同时构成刑法第三百二十四条第一款、第二款规定的故意损毁文物罪、故意损毁名胜古迹罪的,依照处罚较重的规定定罪处罚。

△(多次盗掘;一次盗掘)刑法第三百二十八条第一款第三项规定的"多次盗掘"是指盗掘三次以上。对于行为人基于同一或者概括犯意,在同一古文化遗址、古墓葬本体周边一定范围内实施连续盗掘,已损害古文化遗址、古墓葬的历史、艺术、科学价值的,一般应认定为一次盗掘。

△(涉案文物的认定和鉴定评估)对案件涉及的文物等级、类别、价值等专门性问题,如是否属于古文化遗址、古墓葬、古建筑、石窟寺、石刻、壁画、近现代重要史迹和代表性建筑等不可移动文物,是否具有历史、艺术、科学价值,是否属于各级文物保护单位,是否属于珍贵文物,以及有关行为对文物造成的损毁程度和对文物价值造成的影响等,案发前文物行政部门已作认定的,可以直接对有关案件事实作出认定;案发前未作认定的,可以结合国务院文物行政部门指定的机构出具的《涉案文物鉴定评估报告》作出认定,必要时,办案机关可以依法提请文物行政部门对有关问题作出说明。《涉案文物鉴定评估报告》应当依照《涉案文物鉴定评估管理办法》(文物博发〔2018〕4号)规定的程序和格式文本出具。

△(文物犯罪案件管辖;并案处理)文物犯罪案件一般由犯罪地的公安机关管辖,包括文物犯罪的预谋地、工具准备地、勘探地、盗掘地、盗窃地、途经地、交易地、倒卖信息发布地、出口(境)地、涉案不可移动文物的所在地、涉案文物的实际取得地、藏匿地、转移地、加工地、储存地、销售地。多个公安机关都有权立案侦查的文物犯罪案件,由主要犯罪地公安机关立案侦查。

具有下列情形之一的,有关公安机关可以在其职责范围内并案处理:

(1)一人犯数罪的;

(2)共同犯罪的;

(3)共同犯罪的犯罪嫌疑人还实施其他犯罪的;

(4)三人以上时分时合,交叉结伙作案的;

(5)多个犯罪嫌疑人实施的盗掘、盗窃、倒卖、掩饰、隐瞒、走私等犯罪存在直接关联,或者形成多层级犯罪链条,并案处理有利于查明案件事实的。

△(主犯)要着眼出资、勘探、盗掘、盗窃、倒卖、收赃、走私等整个文物犯罪网络开展打击,深挖幕后金主,斩断文物犯罪链条。对虽未具体参与实施有关犯罪实行行为,但作为幕后纠集、组织、指挥、筹划、出资、教唆者,在共同犯罪中起主要作用的,可以依法认定为主犯。

△(酌情从重处罚)对曾因文物违法犯罪而受过行政处罚或者被追究刑事责任、多次实施文物违法犯罪行为、以及国家工作人员实施本意见规定相关犯罪行为的,可以酌情从重处罚。

△(自首、立功、认罪认罚从宽等制度)正确运用自首、立功、认罪认罚从宽等制度,充分发挥刑judicial的惩治和预防功能。对积极退回或协助追回文物,协助抓捕重大文物犯罪嫌疑人,以及提供重要线索,对侦破、查明其他重大文物犯罪案件起关键作用的,依法从宽处理。

△(行刑衔接)人民法院、人民检察院、公安机关应当加强与文物行政等部门的沟通协调,强化行刑衔接,对于办理犯罪的案件,依据有关规定及时移交。公安机关依法扣押的国家禁止经营的文物,经审查与案件无关的,应当交由文物行政等有关部门依法予以处理。文物行政等部门在查办案件中,发现涉嫌构成犯罪的案件,依据有关规定及时向公安机关移送。

【参考案例】

No.6-4-328(1)-1 **李生跃盗掘古文化遗址案**

石窟寺、石刻、古建筑、地下城等不可移动文物,应当认定为古文化遗址。

No.6-4-328(1)-2 **李生跃盗掘古文化遗址案**

将不可移动文物的一部分从其整体中挖掘或者凿割下来的,应当认定为盗掘。

No.6-4-328(1)-3 **谢志喜、曾和平盗掘古文化遗址案**

盗掘全国重点文物保护单位的古文化遗址情节较轻,依法决定在法定刑以下判处刑罚的,可以适用缓刑。

No.6-4-328(1)-4 **韩涛、胡如俊盗掘古墓葬案**

盗掘古墓葬墓室以外墓道上的石像生,构成盗掘古墓葬罪。

No.6-4-328(1)-5 **王朋威、周楠盗掘古文化遗址案**

盗掘古文化遗址、古墓葬罪是行为犯,但仍可能存在未完成形态,可以成立中止。

第三百二十九条 【抢夺、窃取国有档案罪】【擅自出卖、转让国有档案罪】
抢夺、窃取国家所有的档案的,处五年以下有期徒刑或者拘役。
违反档案法的规定,擅自出卖、转让国家所有的档案,情节严重的,处三年以下有期徒刑或者拘役。
有前两款行为,同时又构成本法规定的其他犯罪的,依照处罚较重的规定定罪处罚。

【条文说明】

本条是关于抢夺、窃取国有档案罪以及擅自出卖、转让国有档案罪及其处罚的规定。①

本条共分为三款。

第一款是关于抢夺、窃取国有档案罪及其处罚的规定。"**档案**"是指过去和现在的机关、团体、企业事业单位和其他组织以及个人从事经济、政治、文化、社会、生态文明、军事、外事、科技等方面活动直接形成的对国家和社会具有保存价值的各种文字、图表、声像等不同形式的历史记录。②

---

① 相对的,如果行为人采用抢劫方式获取国有档案,不能以罪刑法定原则为由不予处理,也不能以抢夺国有档案罪进行处罚,而应直接论以抢劫罪。参见黎宏:《刑法学各论》(第2版),法律出版社2016年版,第431页。另有学者指出,抢劫有档案的行为,应认定为抢夺、窃取国有档案罪(抢劫行为符合抢夺、窃取的要件);如果所抢劫的档案属于财物,则是本罪与抢劫罪的想象竞合,从一重罪处断。参见张明楷:《刑法学》(第6版),法律出版社2021年版,第1467页;赵秉志、李希慧主编:《刑法各论》(第3版),中国人民大学出版社2016年版,第321页。

② 我国学者指出,档案的复印件也属于档案的范畴,是以本罪的犯罪对象包括国有档案的复制件。参见赵秉志、李希慧主编:《刑法各论》(第3版),中国人民大学出版社2016年版,第321页;黎宏:《刑法学各论》(第2版),法律出版社2016年版,第431页。

"国家所有的档案"是指具有重要保存价值,由国家具有所有权及处置权的档案。**"抢夺"国家所有的档案**,是指以非法占有为目的,公然夺取国家所有的档案。**"窃取"国家所有的档案**,是指以非法占有为目的,秘密取得国家所有的档案。本款规定对抢夺、窃取国家所有的档案的犯罪行为,处五年以下有期徒刑或者拘役。

第二款是关于擅自出卖、转让国有档案罪及其处罚的规定。《档案法》第二十三条第一、三款规定,禁止买卖属于国家所有的档案。档案复制件的交换、转让,按照国家有关规定办理。**"擅自出卖、转让国家所有的档案"**实际上是改变了档案的所有权,并且这也意味着国家所有的档案随时有可能被公布。国家所有的档案,是涉及国家和社会有重要保存价值的历史记录,不适当的公布会造成不良的后果。本款规定,对擅自出卖、转让国家所有的档案,情节严重的,处三年以下有期徒刑或者拘役。

第三款是关于有抢夺、窃取国家所有的档案,或者违反档案法的规定,擅自出卖、转让国家所有的档案的行为,同时又构成刑法规定的其他罪行如何处罚的规定。比如,抢夺、盗窃的属于文物或者国家秘密的情况。档案法对涉及国家秘密的档案的管理和利用作了规定,当行为人窃取国家所有的档案,以获得国家秘密,向境外提供的,会同时构成为境外窃取国家秘密罪和窃取国有档案罪,在这种情况下,**应当依照处罚较重的规定定罪处罚**。根据文物保护法的规定,文物包括历史上各时代重要的文献资料以及具有历史、艺术、科学价值的手稿和图书资料等,某些文献资料可能既是国有档案,又是文物。行为人向外国人出卖国有档案的,可能会同时构成非法向外国人出售珍贵文物罪和擅自出卖国有档案罪,在这种情况下,也应当依照处罚较重的规定定罪处罚。

实际执行中应当注意以下两个方面的问题:

1. 刑法虽然将关于档案的犯罪放在妨害文物管理罪一节,但并不是说档案都属于文物,**档案中只有一部分属于文物**,即历史上各时代重要的文献资料以及具有历史、艺术、科学价值的手稿和图书资料等才属于文物,具体应当由有关部门或者鉴定机构依据《文物藏品定级标准》予以认定。

2. **擅自出卖、转让国有档案罪没有规定单位犯罪**。根据2014年《全国人民代表大会常务委员会关于〈中华人民共和国刑法〉第三十条的解释》的规定,若档案馆等单位实施擅自出卖、转让国有档案行为的,由组织、策划、实施该行为的人依法承担刑事责任。

第五节 危害公共卫生罪

第三百三十条　【妨害传染病防治罪】
违反传染病防治法的规定，有下列情形之一，引起甲类传染病以及依法确定采取甲类传染病预防、控制措施的传染病传播或者有传播严重危险的，处三年以下有期徒刑或者拘役；后果特别严重的，处三年以上七年以下有期徒刑：
（一）供水单位供应的饮用水不符合国家规定的卫生标准的；
（二）拒绝按照疾病预防控制机构提出的卫生要求，对传染病病原体污染的污水、污物、场所和物品进行消毒处理的；
（三）准许或者纵容传染病病人、病原携带者和疑似传染病病人从事国务院卫生行政部门规定禁止从事的易使该传染病扩散的工作的；
（四）出售、运输疫区中被传染病病原体污染或者可能被传染病病原体污染的物品，未进行消毒处理的；
（五）拒绝执行县级以上人民政府、疾病预防控制机构依照传染病防治法提出的预防、控制措施的。
单位犯前款罪的，对单位判处罚金，并对其直接负责的主管人员和其他直接责任人员，依照前款的规定处罚。
甲类传染病的范围，依照《中华人民共和国传染病防治法》和国务院有关规定确定。

【立法沿革】

《中华人民共和国刑法》（1997年修订，自1997年10月1日起施行）

第三百三十条

违反传染病防治法的规定，有下列情形之一，引起甲类传染病传播或者有传播严重危险的，处三年以下有期徒刑或者拘役；后果特别严重的，处三年以上七年以下有期徒刑：

（一）供水单位供应的饮用水不符合国家规定的卫生标准的；

（二）拒绝按照卫生防疫机构提出的卫生要求，对传染病病原体污染的污水、污物、粪便进行消毒处理的；

（三）准许或者纵容传染病病人、病原携带者和疑似传染病病人从事国务院卫生行政部门禁止从事的易使该传染病扩散的工作的；

（四）拒绝执行卫生防疫机构依照传染病防治法提出的预防、控制措施的。

单位犯前款罪的，对单位判处罚金，并对其直接负责的主管人员和其他直接责任人员，依照前款的规定处罚。

甲类传染病的范围，依照《中华人民共和国传染病防治法》和国务院有关规定确定。

《中华人民共和国刑法修正案（十一）》（自2021年3月1日起施行）

三十七、将刑法第三百三十条第一款修改为：

"违反传染病防治法的规定，有下列情形之一，引起甲类传染病以及依法确定采取甲类传染病预防、控制措施的传染病传播或者有传播严重危险的，处三年以下有期徒刑或者拘役；后果特别严重的，处三年以上七年以下有期徒刑：

"（一）供水单位供应的饮用水不符合国家规定的卫生标准的；

"（二）拒绝按照疾病预防控制机构提出的卫生要求，对传染病病原体污染的污水、污物、场所和物品进行消毒处理的；

"（三）准许或者纵容传染病病人、病原携带者和疑似传染病病人从事国务院卫生行政部门规定禁止从事的易使该传染病扩散的工作的；

"（四）出售、运输疫区中被传染病病原体污染或者可能被传染病病原体污染的物品，未进行消毒处理的；

"（五）拒绝执行县级以上人民政府、疾病预防控制机构依照传染病防治法提出的预防、控制措施的。"

【条文说明】

本条是关于妨害传染病防治罪及其处罚的规定。

甲类传染病以及依法确定采取甲类传染病预

防、控制措施的传染病是对人类健康具有极大危害的疾病，具有传播快、防控难、危害大等特点，严重危害人民群众的身体健康。防止甲类传染病以及依法确定采取甲类传染病预防、控制措施的传染病传播，对于保护和改善人民生活环境和生态环境，维护社会管理秩序，具有重大意义。任何单位和个人都要严格按照传染病防治法的有关规定执行。对于违反传染病防治法的规定，引起甲类传染病以及依法确定采取甲类传染病预防、控制措施的传染病传播严重危险的应当判处刑罚。

本条共分为三款。

第一款是关于妨害传染病防治罪及其处罚的规定。本条中的"**传染病**"，是指由于致病性微生物，如细菌、病毒、螺旋体、寄生虫等侵入人体，发生使人体健康受到某种损害以致危及生命的疾病。传染病种类很多，可通过不同方式或直接或间接地传播，造成传染病在人群中扩散、发生或流行。"**甲类传染病**"，依据《传染病防治法》第三条第二款的规定，是指鼠疫、霍乱。世界卫生组织将鼠疫、霍乱和黄热病三种烈性传染病列为国际检疫传染病，一经发现，必须及时向世界卫生组织通报。我国境内没有黄热病，因此只将鼠疫、霍乱列为甲类传染病。"**依法确定采取甲类传染病预防、控制措施的传染病**"，根据《传染病防治法》第四条第一、二款的规定："对乙类传染病中传染性非典型肺炎、炭疽中的肺炭疽和人感染高致病性禽流感，采取本法所称甲类传染病的预防、控制措施。其他乙类传染病和突发原因不明的传染病需要采取本法所称甲类传染病的预防、控制措施的，由国务院卫生行政部门及时报经国务院批准后予以公布、实施。需要解除按照前款规定采取的甲类传染病预防、控制措施的，由国务院卫生行政部门报经国务院批准后予以公布。"2019年年底至2020年年初，新冠肺炎疫情暴发后，经国务院批准，将新型冠状病毒感染的肺炎纳入乙类传染病，并采取甲类传染病的预防、控制措施，对于拒绝执行卫生防疫机构依照传染病防治法的规定提出的防控措施，引起新型冠状病毒传播或者有传播严重危险的，可以依照妨害传染病防治罪定罪处罚。

根据本款规定，违反传染病防治法的规定，引起甲类传染病以及依法确定采取甲类传染病预防、控制措施的传染病传播或者有传播严重危险，有下列情形之一的，构成妨害传染病防治罪：①

1. **供水单位供应的饮用水不符合国家规定的卫生标准**。其中"**供水单位**"主要指城乡自来水厂和厂矿、企业、学校、部队等有自备水源的集中式供水单位。目前我国城乡的主要饮用水源是集中式。"**国家规定的卫生标准**"主要指《传染病防治法实施办法》和《生活饮用水卫生标准》（GB5749—2006）中规定的卫生标准。《传染病防治法实施办法》第九条第一款规定："集中式供水必须符合国家《生活饮用水卫生标准》。"该标准对饮用水的细菌学、化学、毒理学指标和感官性状指标等都作了具体规定，是必须执行的强制性卫生标准。为了防止污染城乡自来水厂的集中式供水，《传染病防治法实施办法》第九条第二款规定："各单位自备水源，未经城市建设部门和卫生行政部门批准，不得与城镇集中式供水系统连接。"

2. **拒绝按照疾病预防控制机构提出的卫生要求，对传染病病原体污染的污水、污物、场所和物品进行消毒处理**。本项中的"**疾病预防控制机构**"是政府举办的实施疾病预防控制与公共卫生技术管理和服务的公益事业单位。根据原卫生部的有关规定，国家和省级疾病预防控制机构以宏观管理、业务指导、科研培训和质量控制为主。参与国家和省级疾病预防控制和公共卫生相关法规、规章以及规划、方案和技术规范的制订；实施重大疾病预防策略与措施；提供国家和省级的公共卫生检测与信息服务；确定重大公共卫生问题，组织调查处理重大疫情、群体不明原因疾病和突发公共卫生事件；受国务院和省级卫生行政部门认定，开展健康相关产品检测与评价；开展疾病预防控制研究，解决重大技术问题；负责中、高级人员技术培训；承担对下级机构的业务考核。计划单列市、地市级疾病预防控制机构在上级疾病预防控制机构的指导下，承担较大公共卫生突发事件和救灾防病等问题的调查处理和技术支持；承担一定的科研工作；组织指导、考核疾病预防控制机构的工作，培训中、初级专业技术和管理人员；协助和配合上级开展相关工作。县级疾病预防控制机构在上级疾病预防控制机构的指

---

① 关于本罪的主观要件，学说上尚有争议。刑法理论一般认为本罪在主观上是过失。故意违反《传染病防治法》的规定，意图引起甲类传染病传播，或者放任甲类传染病传播结果的发生，应按以危险方法危害公共安全罪论处。参见王作富主编：《刑法分则实务研究（下）》（第5版），中国方正出版社2013年版，第1343页；赵秉志、李希慧主编：《刑法各论》（第3版），中国人民大学出版社2016年版，第323页。另有学者指出，将本罪确定为过失犯罪，缺乏法律明文规定。本罪属于故意犯罪，但宜将"造成甲类传染病传播"视为本罪的客观超过要素，即既不需要行为人明知该结果发生（但要求有认识的可能性），也不需要行为人希望或者放任其发生。参见张明楷：《刑法学》（第6版），法律出版社2021年版，第1468页。

导下，负责辖区疾病预防控制具体工作的管理与组织落实。负责疾病预防控制、监测检验、健康教育和健康促进、公共卫生从业人员体检和培训、卫生学评价等工作；承担传染病流行、中毒、污染等公共卫生突发事件和救灾防病等问题的调查处理；组织指导社区卫生服务和医院防保组织开展卫生防病工作，负责培训初级专业技术人员；协助和配合上级业务部门开展应用性科研和其他相关工作。

《传染病防治法》第二十七条规定："对被传染病病原体污染的污水、污物、场所和物品，有关单位和个人必须在疾病预防控制机构的指导下或者按照其提出的卫生要求，进行严格消毒处理；拒绝消毒处理的，由当地卫生行政部门或者疾病预防控制机构进行强制消毒处理。"对被传染病病原体污染的污水、污物、场所和物品按规定要求进行严格消毒处理，目的是切断传播途径以控制或者消灭传染病。"**消毒处理**"，是指对传染病病人的排污场所污染的以及因其他原因被传染病病原体所污染的环境、物品、空气、水源和可能被污染的物品、场所等要同时、全面、彻底地进行消毒，即用化学、物理、生物的方法杀灭或者消除环境中的致病性微生物，达到无害化。例如，对鼠疫疫区进行的雨淋喷雾消毒、灭蚤和杀鼠。甲类传染病中鼠疫耶尔森氏菌侵入人体的途径是多样的，被感染的病人，由于病变的部位不同、病菌向外界排出的途径也不同，其对外界环境的污染范围是广泛而严重的。因此，为消除鼠疫、霍乱病人的排泄物对外界环境的污染，病人家属、单位必须无条件地接受卫生防疫机构提出的卫生要求。这样做有利于保护病人及周围人群的健康，任何个人和单位不得拒绝。

3. **准许或者纵容传染病病人、病原携带者和疑似传染病病人从事国务院卫生行政部门规定禁止从事的易使传染病扩散的工作。**"**准许**"，指传染病病人、病原携带者和疑似传染病病人的所在单位领导人员或主管人员明知其人为传染病病人、病原携带者和疑似传染病病人，仍批准其从事易使传染病扩散的工作；或者明知上述传染病病人、病原携带者和疑似传染病病人违反规定从事易使传染病扩散的工作，而未采取调离其工作等措施，默许其继续从事易使传染病扩散的工作。但是，对于不知道该人为患病者或病原携带者和疑似传染病病人而同意其从事易使传染病扩散的工作的，不能构成本项规定的"准许"。"**纵容**"，是指传染病病人、病原携带者和疑似传染病病人所在单位的领导人员和主管人员，明知其违反规定从事易使传染病扩散的工作，不仅不采取措施，

而且为其提供方便条件，或听之任之放纵其继续从事这一工作。传染病病人、疑似传染病病人，是指根据国务院卫生行政部门发布的《〈中华人民共和国传染病防治法〉规定管理的传染病诊断标准（试行）》中规定的，符合传染病病人和疑似传染病病人诊断标准的人，如乙型肝炎患者。"**病原携带者**"，是指感染病原体无临床症状但能排出病原体的人。传染病病人、病原携带者和疑似传染病病人都能随时随地通过多种途径向外界环境排出和扩散该病的致病性微生物，而有可能感染接触过他的健康人，造成该种传染病的传播。因此，必须根据不同病种限制他们的活动，规定他们患病或携带病原期间，不得从事某些易使该种传染病扩散的工作。根据国务院卫生行政部门的有关规定，上述传染病人、病原携带者不得从事易使传染病扩散的工作，主要有以下几类：（1）饮用水的生产、管理、供应等工作；（2）饮食服务行业的经营、服务等工作；（3）托幼机构的保育、教育等工作；（4）食品行业的生产、加工、销售、运输及保管等工作；（5）美容、整容等工作；（6）其他与人群接触密切的工作。

4. **出售、运输疫区中被传染病病原体污染或者可能被传染病病原体污染的物品，未进行消毒处理。**这样规定，目的是防止传染病的进一步扩散。这里的"物品"必须同时符合以下条件：一是疫区中的物品，这里的"疫区"是指传染病在人群中暴发、流行，其病原体向周围播散时所能波及的地区。二是被传染病病原体污染或可能被传染病病原体污染。一般是指传染病病人或疑似传染病病人及病原携带者直接使用过或接触过的旧衣物和生活用品，也可能是染疫动物的皮毛，这些都极易传播传染病。三是没有进行消毒处理，即对于上述被传染病病原体污染或者可能被污染的物品，没有采用化学、物理的方法去杀灭或者消除病原微生物。只有出售、运输符合上述条件的物品，才能符合本项规定。对此，《传染病防治法》也有相关规定，该法第四十七条规定："疫区中被传染病病原体污染或者可能被传染病病原体污染的物品，经消毒可以使用的，应当在当地疾病预防控制机构的指导下，进行消毒处理后，方可使用、出售和运输。"刑法本项的规定也与传染病防治法的上述规定相衔接。

5. **拒绝执行县级以上人民政府、疾病预防控制机构依照传染病防治法提出的预防、控制措施。**这里的"**预防、控制措施**"，是指县级以上人民政府、疾病预防控制机构根据预防传染的需要采取的措施。主要包括：（1）对甲类传染病以及依法确定采取甲类传染病预防、控制措施的传染病病

人和病原携带者,予以隔离治疗或对严重发病区采取隔离措施;(2)对疑似甲类传染病以及依法确定采取甲类传染病预防、控制措施的传染病病人,在明确诊断前,在指定场所进行医学观察;(3)对传染病人禁止从事与人群接触密切的工作;(4)对易感染人畜共患传染病的野生动物,未经当地或者接收地的政府畜牧兽医部门检疫,禁止出售或者运输;(5)对从事传染病预防、医疗、科研、教学的人员预先接种有关接触的传染病疫苗;(6)执行职务时穿防护服装;(7)对传染病人、病原携带者、疑似传染病病人污染的场所、物品和密切接触的人员,实施必要的卫生处理和预防措施等。在新冠肺炎疫情期间,如果行为人拒绝执行县级以上人民政府、疾病预防控制机构依法提出的隔离观察等防控措施,即可以认定为符合本项规定。

依照本款规定,违反传染病防治法的规定,实施本款规定的五项行为之一,引起甲类传染病以及依法确定采取甲类传染病预防、控制措施的传染病传播或者有传播严重危险的,处三年以下有期徒刑或者拘役;后果特别严重的,处三年以上七年以下有期徒刑。"**后果特别严重的**"主要指造成众多的人感染甲类传染病以及依法确定采取甲类传染病预防、控制措施的传染病,多人死亡等特别严重后果的。

第二款是对单位违反传染病防治法的规定引起甲类传染病传播或者有传播严重危险的犯罪及其处罚的规定。"**单位犯前款罪的**",是指单位违反传染病防治法的规定,有本条第一款所列的五项行为之一,引起甲类传染病以及依法确定采取甲类传染病预防、控制措施的传染病传播或者有传播严重危险的犯罪行为。单位犯前款罪的,对单位判处罚金,并对单位直接负责的主管人员和其他直接责任人员,依照第一款规定处刑,即处三年以下有期徒刑或者拘役;后果特别严重的,处三年以上七年以下有期徒刑。

第三款是关于甲类传染病的范围如何确定的规定。依照本款规定,**甲类传染病的范围,依照传染病防治法和国务院有关规定确定**。

实际适用中应当注意本罪与其他犯罪的界限。传播包括新型冠状病毒感染肺炎病原体在内的突发传染病病原体既有可能构成**以危险方法危害公共安全罪**,也有可能构成妨害传染病防治罪。参照相关司法解释的规定,故意传播包括新型冠状病毒感染肺炎病原体在内的突发传染病病原体,危害公共安全的,应当依照《刑法》第一百一十四条、第一百一十五条第一款的规定,以以危险方法危害公共安全罪定罪处罚。如已经确诊的新型冠状病毒感染肺炎病人、病原携带者,拒绝隔离治疗或者隔离期未满擅自脱离隔离治疗,并进入公共场所或者公共交通工具的;新型冠状病毒感染肺炎疑似病人拒绝隔离治疗或者隔离期未满擅自脱离隔离治疗,并进入公共场所或者公共交通工具,造成新型冠状病毒传播的。对于其他拒绝执行卫生防疫机构依照传染病防治法提出的防控措施,引起新型冠状病毒传播或者有传播严重危险的,依照本条规定,以妨害传染病防治罪定罪处罚。

【司法解释性文件】

《最高人民检察院、公安部关于公安机关管辖的刑事案件立案追诉标准的规定(一)》(公通字〔2008〕36号,2008年6月25日公布)

△(妨害传染病防治罪;立案追诉标准;甲类传染病;按甲类管理的传染病)违反传染病防治法的规定,引起甲类或者按照甲类管理的传染病传播或者有传播严重危险,涉嫌下列情形之一的,应予立案追诉:

(一)供水单位供应的饮用水不符合国家规定的卫生标准的;

(二)拒绝按照疾病预防控制机构提出的卫生要求,对传染病病原体污染的污水、污物、粪便进行消毒处理的;

(三)准许或者纵容传染病病人、病原携带者和疑似传染病病人从事国务院卫生行政部门规定禁止从事的易传该传染病扩散的工作的;

(四)拒绝执行疾病预防控制机构依照传染病防治法提出的预防、控制措施的。

本条和本款规定第五十条规定的"**甲类传染病**",是指鼠疫、霍乱;"**按甲类管理的传染病**",是指乙类传染病中传染性非典型肺炎、炭疽中的肺炭疽、人感染高致病性禽流感以及国务院卫生行政部门根据需要报经国务院批准公布实施的其他需要按甲类管理的乙类传染病和突发原因不明的传染病。(§49)

△(单位犯罪;立案追诉标准)本规定中的立案追诉标准,除法律、司法解释另有规定的以外,适用于相关的单位犯罪。(§100)

《最高人民法院、最高人民检察院、公安部、司法部关于依法惩治妨害新型冠状病毒感染肺炎疫情防控违法犯罪的意见》(法发〔2020〕7号,2020年2月6日发布)

△(肺炎疫情防控;以危险方法危害公共安全罪;妨害传染病防治罪;妨害公务罪)依法严惩抗拒疫情防控措施犯罪。故意传播新型冠状病毒感染肺炎病原体,具有下列情形之一,危害公共安全

的,依照刑法第一百一十四条、第一百一十五条第一款的规定,以危险方法危害公共安全罪定罪处罚:

1. 已经确诊的新型冠状病毒感染肺炎病人、病原携带者,拒绝隔离治疗或者隔离期未满擅自脱离隔离治疗,并进入公共场所或者公共交通工具的;

2. 新型冠状病毒感染肺炎疑似病人拒绝隔离治疗或者隔离期未满擅自脱离隔离治疗,并进入公共场所或者公共交通工具,造成新型冠状病毒传播的。

其他拒绝执行卫生防疫机构依照传染病防治法提出的防控措施,引起新型冠状病毒传播或者有传播严重危险的,依照刑法第三百三十条的规定,以妨害传染病防治罪定罪处罚。

以暴力、威胁方法阻碍国家机关工作人员(含在依照法律、法规规定行使国家有关疫情防控行政管理职权的组织中从事公务的人员,在受国家机关委托代表国家机关行使疫情防控职权的组织中从事公务的人员,虽未列入国家机关人员编制但在国家机关中从事疫情防控公务的人员)依法履行为防控疫情而采取的防疫、检疫、强制隔离、隔离治疗等措施的,依照刑法第二百七十七条第一款、第三款的规定,以妨害公务罪定罪处罚。暴力袭击正在依法执行职务的人民警察的,以妨害公务罪定罪,从重处罚。(§2Ⅰ)

△(**治安管理处罚;从重情节**)依法严惩妨害疫情防控的违法行为。实施上述(一)至(九)规定的行为,不构成犯罪的,由公安机关根据治安管理处罚法有关虚构事实扰乱公共秩序,扰乱单位秩序,公共场所秩序、寻衅滋事,拒不执行紧急状态下的决定、命令,阻碍执行职务,冲闯警戒带、警戒区,殴打他人,故意伤害,侮辱他人,诈骗,在铁路沿线非法挖掘坑穴、采石取沙,盗窃、损毁路面公共设施,损毁铁路设施设备,故意损毁财物,哄抢公私财物等规定,予以治安管理处罚,或者由有关部门予以其他行政处罚。

对于在疫情防控期间实施有关违法犯罪的,要作为从重情节予以考量,依法体现从严的政策要求,有力惩治震慑违法犯罪,维护法律权威,维护社会秩序,维护人民群众生命安全和身体健康。(§2Ⅹ)

【参考案例】

No.6-5-330-1 张勇智妨害传染病防治案

行为人拒绝执行卫生防疫机构依照《传染病防治法》提出的防控措施,引起新型冠状病毒传播的严重危险,应当依照妨害传染病防治罪定罪处罚。

第三百三十一条 【传染病菌种、毒种扩散罪】
从事实验、保藏、携带、运输传染病菌种、毒种的人员,违反国务院卫生行政部门的有关规定,造成传染病菌种、毒种扩散,后果严重的,处三年以下有期徒刑或者拘役;后果特别严重的,处三年以上七年以下有期徒刑。

【条文说明】

本条是关于传染病菌种、毒种扩散罪及其处罚的规定。

本条规定的犯罪主体是"从事实验、保藏、携带、运输传染病菌种、毒种的人员"。"**从事实验、保藏、携带、运输传染病菌种、毒种的人员**",是指因工作需要而接触传染病菌种、毒种,从而负有特定义务的人员。其中,"**传染病菌种、毒种**"主要至三类:一类包括鼠疫耶尔森氏菌、霍乱弧菌;天花病毒、艾滋病病毒。二类包括布氏菌、炭疽菌、麻风杆菌;肝炎病毒、狂犬病毒、出血热病毒、登革热病毒;斑疹伤寒立克次体。三类包括脑膜炎双球菌、链球菌、淋病双球菌、结核杆菌、百日咳嗜血杆菌、白喉棒状杆菌、沙门氏菌、志贺氏菌、破伤风梭状杆菌;钩端螺旋体、梅毒螺旋体;乙型脑炎病毒、脊髓灰质炎病毒、流感病毒、流行性腮腺炎病毒、麻疹病毒、风疹病毒。所谓"**违反国务院卫生行政部门的有关规定**",主要是指违反国务院卫生行政部门关于传染病菌种、毒种的保藏、携带、运输的具体规定。

国务院卫生行政部门有关规定主要包括以下四个方面的内容:一是菌种、毒种的保藏由国务院卫生行政部门指定的单位负责。二是一、二类菌种、毒种的供应由国务院卫生行政部门指定的保藏管理单位供应。三类菌种、毒种由设有专业实验室的单位或者国务院卫生行政部门指定的保藏管理单位供应。三是使用一类菌种、毒种的单位,必须经国务院卫生行政部门批准;使用二类菌种、毒种的单位,必须经省级政府卫生行政部门批准;

使用三类菌种、毒种的单位，应当经县级政府卫生行政部门批准。四是一、二类菌种、毒种，应派专人向供应单位领取，不得邮寄；三类菌种、毒种的邮寄必须持有邮寄单位的证明，并按菌种、毒种邮寄与包装的有关规定办理。此外，对菌种、毒种的引进、使用、供应和审075，必须严格按照国务院卫生行政部门的规定进行。

"**造成传染病菌种、毒种扩散**"是指行为人由于违反国务院卫生行政部门的有关规定，致使传染病菌种、毒种传播，使他人受到传染。"**后果严重**"主要是指传染病菌种、毒种传播面积较大，使多人受到传染，或者造成被传染病人因病死亡等。根据本条规定，从事实验、保藏、携带、运输传染病菌种、毒种的人员，违反有关规定，只有在造成传染病菌种、毒种扩散，后果严重的情况下才予以刑事处罚，即处三年以下有期徒刑或者拘役；对于后果特别严重的，本条规定了较重的刑罚，即处三年以上七年以下有期徒刑。"**后果特别严重**"是指引起传染病大面积传播或者长时间传播；造成人员死亡或多人残疾；引起民众极度恐慌造成社会秩序严重混乱；致使国家对于传染病防治的正常活动受到特别严重干扰；等等。

实际执行中应当注意以下问题：

1. 需要把握好本罪与**危险物品肇事罪**的界限。本罪与危险物品肇事罪针对的客观行为有区别，本罪针对的是造成传染病菌种、毒种扩散的行为；危险物品肇事罪针对的是因违反爆炸性、易燃性、放射性、毒害性、腐蚀性物品的管理规定，发生重大事故，造成严重后果的行为。

2. 本罪是**过失犯罪**，若故意散布传染病菌种、毒种，危害公共安全的，应当根据**以危险方法危害公共安全罪**的规定，依法追究刑事责任。

3. 本罪规定的是**特殊主体**，构成本罪限于从事实验、保藏、携带、运输传染病菌种、毒种的人员；而危险物品肇事罪没有对主体范围作出特别的限制。

【司法解释性文件】

《最高人民检察院、公安部关于公安机关管辖的刑事案件立案追诉标准的规定（一）》（公函字〔2008〕36号，2008年6月25日公布）

△（传染病菌种、毒种扩散罪）立案追诉标准）从事实验、保藏、携带、运输传染病菌种、毒种的人员，违反国务院卫生行政部门的有关规定，造成传染病菌种、毒种扩散，涉嫌下列情形之一的，应予立案追诉：

（一）导致甲类和按甲类管理的传染病传播的；
（二）导致乙类、丙类传染病流行、暴发的；
（三）造成人员重伤或者死亡的；
（四）严重影响正常的生产、生活秩序的；
（五）其他造成严重后果的情形。（§50）

《最高人民法院、最高人民检察院、公安部、司法部关于依法惩治妨害新型冠状病毒感染肺炎疫情防控违法犯罪的意见》（法发〔2020〕7号，2020年2月6日发布）

△（肺炎疫情防控；滥用职权罪或者玩忽职守罪；传染病防治失职罪；传染病毒种扩散罪；贪污罪；职务侵占罪；挪用公款罪；挪用资金罪；挪用特定款物罪）依法严惩疫情防控失职渎职、贪污挪用犯罪。在疫情防控工作中，负有组织、协调、指挥、灾害调查、控制、医疗救治、信息传递、交通运输、物资保障等职责的国家机关工作人员，滥用职权或者玩忽职守，致使公共财产、国家和人民利益遭受重大损失的，依照刑法第三百九十七条的规定，以滥用职权罪或者玩忽职守罪定罪处罚。

卫生行政部门的工作人员严重不负责任，不履行或者不认真履行防治监管职责，导致新型冠状病毒感染肺炎传播或者流行，情节严重的，依照刑法第四百零九条的规定，以传染病防治失职罪定罪处罚。

从事实验、保藏、携带、运输传染病菌种、毒种的人员，违反国务院卫生行政部门的有关规定，造成新型冠状病毒毒种扩散，后果严重的，依照刑法第三百三十一条的规定，以传染病毒种扩散罪定罪处罚。

国家工作人员，受委托管理国有财产的人员，公司、企业或者其他单位的人员，利用职务便利，侵吞、截留或者其他手段非法占有用于防控新型冠状病毒感染肺炎的救灾物、或者挪用上述款物归个人使用，符合刑法第三百八十二条、第三百八十三条、第二百七十一条、第三百八十四条、第二百七十二条规定的，以贪污罪、职务侵占罪、挪用公款罪、挪用资金罪定罪处罚。挪用用于防控新型冠状病毒感染肺炎的救灾、优抚、救济等款物，符合刑法第二百七十三条规定的，对直接责任人员，以挪用特定款物罪定罪处罚。（§2Ⅶ）

△（治安管理处罚；从重情节）依法严惩妨害疫情防控的违法行为。实施上述（一）至（九）规定的行为，不构成犯罪的，由公安机关根据治安管理处罚法有关规定予以扰乱公共秩序，扰乱单位秩序、公共场所秩序、寻衅滋事，拒不执行紧急状态下的决定、命令，阻碍执行职务，冲闯警戒带、警戒区，殴打他人，故意伤害，侮辱他人，诈骗，在铁路沿线非法挖掘坑穴、采石取沙，盗窃、损毁路面

公共设施，损毁铁路设施设备，故意损毁财物，哄抢公私财物等规定，予以治安管理处罚，或者由有关部门予以其他行政处罚。

对于在疫情防控期间实施有关违法犯罪的，要作为从重情节予以考量，依法体现从严的政策要求，有力惩治震慑违法犯罪，维护法律权威，维护社会秩序，维护人民群众生命安全和身体健康。（§2X）

第三百三十二条 【妨害国境卫生检疫罪】

违反国境卫生检疫规定，引起检疫传染病传播或者有传播严重危险的，处三年以下有期徒刑或者拘役，并处或者单处罚金。

单位犯前款罪的，对单位判处罚金，并对其直接负责的主管人员和其他直接责任人员，依照前款的规定处罚。

【条文说明】

本条是关于妨害国境卫生检疫罪及其处罚的规定。

本条共分为两款。

第一款是关于妨害国境卫生检疫罪及其处罚的规定。本款所指"**国境卫生检疫规定**"，是指《国境卫生检疫法》中关于检疫的规定，主要包括以下几个方面：一是入境的交通工具和人员，必须在最先到达的国境口岸的指定地点接受检疫。出境的交通工具和人员，必须在最后离开的国境口岸接受检疫。二是对来自疫区的、被检疫传染病污染的或者可能成为检疫传染病传播媒介的行李、货物、邮包等物品，应当进行卫生检查，实施消毒、除鼠、除虫或者其他卫生处理。三是对人境、出境的尸体、骸骨，其托运人或者代理人必须向国境卫生检疫机关申报，经卫生检查合格后，方准运进或者运出。2018年政府机构改革后，国家出人境检验检疫管理职责划人海关总署，这里规定的"卫生检疫机关"即各国境口岸海关。根据《国境卫生检疫法》第三条第二款的规定，"**检疫传染病**"，是指鼠疫、霍乱、黄热病以及国务院确定和公布的其他传染病。上述传染病一旦传播开来，不但将给人民群众带来深重的灾难，还将给社会经济发展造成极大的损失。例如中断运输、贸易，封锁疫区，隔离和治疗患者都将消耗大量的社会资金并延缓经济发展。因此，对于违反国境卫生检疫规定，引起检疫传染病传播，或者有引起检疫传染病传播严重危险的，本款规定，处三年以下有期徒刑或者拘役，并处或者单处罚金。

2020年《最高人民法院、最高人民检察院、公安部、司法部、海关总署关于进一步加强国境卫生检疫工作依法惩治妨害国境卫生检疫违法犯罪的意见》第二款中规定："……实施下列行为之一的，属于**妨害国境卫生检疫行为**：1. 检疫传染病染疫人或者染疫嫌疑人拒绝执行海关依照国境卫生检疫法等法律法规提出的健康申报、体温监测、医学巡查、流行病学调查、医学排查、采样等卫生检疫措施，或者隔离、留验、就地诊验、转诊等卫生处理措施的；2. 检疫传染病染疫人或者染疫嫌疑人采取不如实填报健康申明卡等方式隐瞒疫情，或者伪造、涂改检疫单、证等方式伪造情节的；3. 知道或者应当知道实施审批管理的微生物、人体组织、生物制品、血液及其制品等特殊物品可能造成检疫传染病传播，未经审批仍逃避检疫，携运、寄递出入境的；4. 出入境交通工具上发现有检疫传染病染疫人或者染疫嫌疑人，交通工具负责人拒绝接受卫生检疫或者拒不接受卫生处理的；5. 来自检疫传染病流行国家、地区的出入境交通工具上出现非意外伤亡且死因不明的人员，交通工具负责人故意隐瞒情况的；6. 其他拒绝执行海关依照国境卫生检疫法等法律法规提出的检疫措施的。实施上述行为，引起鼠疫、霍乱、黄热病以及新冠肺炎等国务院确定和公布的其他检疫传染病传播或者有传播严重危险的，依照刑法第三百三十二条的规定，以妨害国境卫生检疫罪定罪处罚。

第二款是关于单位犯罪的规定。这里的单位，是指人出境应当接受检疫的单位。"**单位犯前款罪的**"，是指人出境单位，违反国境卫生检疫规定，有逃避检疫等违反国境卫生检疫规定的行为，引起检疫传染病传播或者有传播严重危险的情形。本款对单位犯妨害国境卫生检疫罪的，对单位判处罚金，并对单位直接负责的主管人员和其他直接责任人员，处三年以下有期徒刑或者拘役，并处或者单处罚金。

实际执行中应当注意以下问题：

1. 对于尚不构成本罪的一些妨害国境卫生检疫的一般违法行为，国境卫生检疫法及其实施细则规定了**行政处罚**。《国境卫生检疫法》第二十条第一款规定："对违反本法规定，有下列行为之一的单位或者个人,国境卫生检疫机关可以根据情节轻重,给予警告或者罚款:(一)逃避检疫,向国境卫生检疫机关隐瞒真实情况的;(二)人境的人员未经国境卫生检疫机关许可的,擅自上下交通工具,或者装卸行李、货物、邮包等物品,不听劝阻的。"《国境卫生检疫法实施细则》第一百零九条明确了应当受到行政处罚的十一种具体行为。对于这些行为,尚不构成犯罪的,应当由海关依法给予警告或者罚款。

2. 经过卫生检疫的人境人员也应当遵守国内各地在疫情期间的防控措施,人境后违反相关规定,构成犯罪的,也要依照刑法的有关规定定罪处罚。根据《最高人民法院、最高人民检察院、公安部、司法部关于依法惩治妨害新型冠状病毒感染肺炎疫情防控违法犯罪的意见》的规定,已经确诊的新型冠状病毒感染肺炎病人、病原携带者,拒绝隔离治疗或者隔离期未满擅自脱离隔离治疗,并进入公共场所或者公共交通工具的,以及新型冠状病毒感染肺炎疑似病人拒绝隔离治疗或者隔离期未满擅自脱离隔离治疗,并进入公共场所或者公共交通工具,造成新型冠状病毒传播的,按照**以危险方法危害公共安全罪**定罪处罚。其他拒绝执行卫生防疫机构依照传染病防治法提出的防控措施,引起新型冠状病毒传播或者有传播严重危险的,依照《刑法》第三百三十条的规定,以**妨害传染病防治罪**定罪处罚。

【司法解释性文件】

《最高人民检察院、公安部关于公安机关管辖的刑事案件立案追诉标准的规定(一)》(公通字〔2008〕36号,2008年6月25日公布)

△(妨害国境卫生检疫罪;立案追诉标准;检疫传染病)违反国境卫生检疫规定,引起检疫传染病传播或者有传播严重危险的,应予立案追诉。

本条规定的"检疫传染病",是指鼠疫、霍乱、黄热病以及国务院确定和公布的其他传染病。(§51)

△(单位犯罪;立案追诉标准)本规定中的立案追诉标准,除法律、司法解释另有规定的以外,适用于相关的单位犯罪。(§100)

《最高人民法院、最高人民检察院、公安部、司法部、海关总署关于进一步加强国境卫生检疫工作依法惩治妨害国境卫生检疫违法犯罪的意见》(署法发〔2020〕50号,2020年3月13日发布)

△(妨害国境卫生检疫行为)依法惩治妨害国境卫生检疫犯罪。根据刑法第三百三十二条规定,违反国境卫生检疫规定,实施下列行为之一的,属于妨害国境卫生检疫行为:

1. 检疫传染病染疫人或者染疫嫌疑人拒绝执行海关依照国境卫生检疫法等法律法规提出的健康申报、体温监测、医学巡查、流行病学调查、医学排查、采样等卫生检疫措施,或者隔离、留验、就地诊验、转诊等卫生处理措施的;

2. 检疫传染病染疫人或者染疫嫌疑人采取不如实填报健康申明卡等方式隐瞒疫情,或者伪造、涂改检疫单、证等方式伪造情节的;

3. 知道或者应当知道实施审批管理的微生物、人体组织、生物制品、血液及其制品等特殊物品可能造成检疫传染病传播,未经审批仍逃避检疫,携运、寄递出入境的;

4. 出入境交通工具上发现有检疫传染病染疫人或者染疫嫌疑人,交通工具负责人拒绝接受卫生检疫或者拒不接受卫生处理的;

5. 来自检疫传染病流行国家、地区的出入境交通工具上出现非意外伤害死亡且死因不明的人员,交通工具负责人故意隐瞒情况的;

6. 其他拒绝执行海关依照国境卫生检疫法等法律法规提出的检疫措施的。

实施上述行为,引起鼠疫、霍乱、黄热病以及新冠肺炎等国务院确定和公布的其他检疫传染病传播或者有传播严重危险的,依照刑法第三百三十二条的规定,以妨害国境卫生检疫罪定罪处罚。

对于单位实施妨害国境卫生检疫行为,引起鼠疫、霍乱、黄热病以及新冠肺炎等国务院确定和公布的其他检疫传染病传播或者有传播严重危险的,应当对单位判处罚金,并对其直接负责的主管人员和其他直接责任人员定罪处罚。

第三百三十三条　【非法组织卖血罪】【强迫卖血罪】
非法组织他人出卖血液的,处五年以下有期徒刑,并处罚金;以暴力、威胁方法强迫他人出卖血液的,处五年以上十年以下有期徒刑,并处罚金。
有前款行为,对他人造成伤害的,依照本法第二百三十四条的规定定罪处罚。

【条文说明】

本条是关于非法组织卖血罪、强迫卖血罪及其处罚的规定。

本条共分为两款。

第一款是关于非法组织卖血罪、强迫卖血罪及其处罚的规定。[①]"**非法组织他人出卖血液**"指的是"血头""血霸"以牟取非法利益,未经卫生行政主管部门批准或者委托,擅自组织他人向血站、红十字会或者其他采集血液的医疗机构提供血液。《最高人民检察院、公安部关于公安机关管辖的刑事案件立案追诉标准的规定(一)》第五十二条规定:"非法组织他人出卖血液,涉嫌下列情形之一的,应予立案追诉:(一)组织卖血三人次以上的;(二)组织卖血非法获利二千元以上的;(三)组织未成年人卖血的;(四)被组织卖血的人的血液含有艾滋病病毒、乙型肝炎病毒、丙型肝炎病毒、梅毒螺旋体等病原微生物的;(五)其他非法组织卖血应予追究刑事责任的情形。"本款规定对从事非法组织他人出卖血液的"血头""血霸",处五年以下有期徒刑,并处罚金。

"**以暴力、威胁方法强迫他人出卖血液**",是指"血头""血霸"以牟取非法利益为目的,用限制人身自由、殴打等暴力方法,强迫不愿提供血液的人,向血站,红十字会或其他采集血液的医疗机构提供血液。由于该种行为除扰乱国家采供血秩序外,还侵害了他人人身权利,因此在处刑上,比非法组织他人出卖血液的行为要重,即处五年以上十年以下有期徒刑,并处罚金。

第二款是关于非法组织他人或者以暴力、威胁方法强迫他人出卖血液,给他人造成伤害如何处罚的规定。"**有前款行为,对他人造成伤害的**",是指非法组织他人或者以暴力、威胁方法强迫他人出卖血液,对供血者造成伤害[②],主要包括三种情况:第一,组织患有疾病或者有其他原因不宜输血的人输血,造成被采血人健康受到严重损害的;第二,由于长期过度供血,使供血者身体健康受到严重损害的;第三,为了抽取他人血液,使用暴力手段致人身体伤害的情况。有上述情况之一的,本款规定,依照《刑法》第二百三十四条关于**故意伤害罪**的规定定罪处罚。

【司法解释性文件】

《**最高人民检察院、公安部关于公安机关管辖的刑事案件立案追诉标准的规定(一)**》(公通字〔2008〕36号,2008年6月25日公布)

△**(非法组织卖血罪:立案追诉标准)** 非法组织他人出卖血液,涉嫌下列情形之一的,应予立案追诉:

(一)组织卖血三人次以上的;

(二)组织卖血非法获利二千元以上的;

(三)组织未成年人卖血的;

(四)被组织卖血的人的血液含有艾滋病病毒、乙型肝炎病毒、丙型肝炎病毒、梅毒螺旋体等病原微生物的;

(五)其他非法组织卖血应予追究刑事责任的情形。(§52)

△**(强迫卖血罪:立案追诉标准)** 以暴力、威胁方法强迫他人出卖血液的,应予立案追诉。(§53)

[①] 非法组织卖血罪与强迫卖血罪中的"对他人造成伤害"中的"他人",仅限于卖血者本人,而不包括输入血液者。若强迫卖血后供应不符合国家标准的血液,导致输入血液者身体受到伤害,成立非法供应血液罪的结果加重犯。参见张明楷:《刑法学》(第6版),法律出版社2021年版,第1470页。

[②] 我国学者指出,此处的"伤害"应限于重伤。虽然非法组织卖血、造成他人轻伤,仍应认定为本罪;但若造成重伤,则应认定为故意伤害罪,并适用重伤害的法定刑。另外,由于强迫卖血罪的法定刑是"五年以上十年以下有期徒刑,并处罚金",高于故意伤害致人重伤的法定刑(三年以上十年以下有期徒刑)。为了维护罪刑之间的协调,若行为人强迫他人卖血造成重伤,应当以故意伤害罪论处,同时所判处的刑罚不能低于强迫卖血罪的法定最低刑,即不能低于五年有期徒刑。另外,刑法没有对故意伤害罪规定罚金刑,但对强迫卖血罪规定了罚金刑,还应适用《刑法》第三百三十三条第一款规定的罚金刑。参见张明楷:《刑法学》(第6版),法律出版社2021年版,第1470—1471页;黎宏:《刑法学各论》(第2版),法律出版社2016年版,第435页;陈兴良主编:《刑法各论精释》,人民法院出版社2015年版,第111—112页。

第三百三十四条　【非法采集、供应血液、制作、供应血液制品罪】【采集、供应血液、制作、供应血液制品事故罪】

非法采集、供应血液或者制作、供应血液制品，不符合国家规定的标准，足以危害人体健康的，处五年以下有期徒刑或者拘役，并处罚金；对人体健康造成严重危害的，处五年以上十年以下有期徒刑，并处罚金；造成特别严重后果的，处十年以上有期徒刑或者无期徒刑，并处罚金或者没收财产。

经国家主管部门批准采集、供应血液或者制作、供应血液制品的部门，不依照规定进行检测或者违背其他操作规定，造成危害他人身体健康后果的，对单位判处罚金，并对其直接负责的主管人员和其他直接责任人员，处五年以下有期徒刑或者拘役。

【条文说明】

本条是关于非法采集、供应血液、制作、供应血液制品罪，采集、供应血液、制作、供应血液制品事故罪及其处罚的规定。

本条共分为两款。

第一款是关于非法采集、供应血液、制作、供应血液制品罪及其处罚的规定。"**非法采集、供应血液或者制作、供应血液制品**"是指未经国家主管部门批准或者超过批准的业务范围，采集、供应血液或者制作、供应血液制品。为了保证血液纯净，保证安全使用，国家卫生部门规定，只有经卫生部门特别批准的血站等单位才有采集供应血液、制作供应血液制品的资格，未经批准或者超过批准范围的均属非法。一些不法分子为牟取利益，擅自采血、供血，其卫生条件不合格，测验手段不完备，往往造成血液不洁，传染病交叉感染，本款就是针对这种行为而作出的专门规定。

"**血液制品**"是指人血（胎盘）球蛋白、白蛋白、丙种球蛋白、浓缩Ⅷ因子、纤维蛋白原等各种人血浆蛋白制品。"**不符合国家规定的标准**"，包括两种情形：一是指非法采集、供应的血液不符合《献血者健康检查要求》，如供血者的血液化验结果显示艾滋病病毒抗体（HIV 抗体）为阳性等；二是指非法制作、供应的血液制品，不符合卫生部《中国生物制品规程》的各项要求。

根据本款规定，非法采集、供应血液或者制作、供应血液制品，足以危害人体健康的，处五年以下有期徒刑或者拘役，并处罚金；对人体健康造成严重危害的，处五年以上十年以下有期徒刑，并处罚金；造成特别严重后果的，处十年以上有期徒刑或者无期徒刑，并处罚金或者没收财产。本条区分不同的情形和危害规定了刑罚。一是对于危险犯，对于造成一定危险的行为，也就是"足以危害人体健康"的，即认定为犯罪并予以刑事处罚。"**足以危害人体健康**"是指非法采集、供应的血液或者制作、供应的血液制品不符合国家规定的质量标准，或者在采供血液、制供血液制品的过程中违反国家规定的操作规程，致使血液或者血液制品一旦被使用，就可能让使用者感染疾病。二是对于造成了实际危害后果的，也就是对人体健康造成严重危害的，规定予以刑事处罚。"**对人体健康造成严重危害**"是指不符合国家规定的卫生标准的血液、血液制品，在医疗应用中让使用者感染严重疾病的情形，如因为输血而感染乙型肝炎病毒或感染艾滋病病毒等。"**造成特别严重后果**"，是指造成他人死亡；致使多人感染严重的血源性传染病；或者由于血源流动大，没有记录等原因，无法查清感染人数和感染区域，但是却存在传播血源性传染病的重大危险等。《最高人民法院、最高人民检察院关于办理非法采供血液等刑事案件具体应用法律若干问题的解释》第二条、第三条、第四条对"足以危害人体健康""对人体健康造成严重危害""造成特别严重后果"的认定问题进行了具体规定。

第二款是采集、供应血液、制作、供应血液制品事故罪及其处罚的规定。经国家主管部门批准采集、供应血液或者制作、供应血液制品的部门，在采供血液或者制供血液制品进行血源检测，如果不依照规定进行检测或者违背其他操作规定，造成危害他人身体健康后果的，要追究刑事责任。这里的"部门"主要是指经国家主管部门批准的采供血机构和血液制品生产经营单位，具体包括血液中心、中心血站、中心血库、脐带血造血干细胞库和国家卫生行政主管部门根据医学发展需要批准、设置的其他类型血库、单采血浆站。《最高人民法院、最高人民检察院关于办理非法采供血液等刑事案件具体应用法律若干问题的解释》第五条、第六条对"不依照规定进行检测或者违背其他操作规定""造成危害他人身体健康后果"的认定作了规定。这里需要说明的是，**本款规定的犯罪主体是单位**，采用的是"**双罚制**"，构成本罪的，对单位判处罚金，并对直接负责的主管人员和其他直接责任人员，处五年以下有期徒刑或者拘役。

【司法解释】

《最高人民法院、最高人民检察院关于办理非法采供血液等刑事案件具体应用法律若干问题的解释》(法释〔2008〕12号，自2008年9月23日起施行)

△(**非法采集、供应血液或者制作、供应血液制品**)对未经国家主管部门批准或者超过批准的业务范围，采集、供应血液或者制作、供应血液制品的，应认定为刑法第三百三十四条第一款规定的"非法采集、供应血液或者制作、供应血液制品"。(§1)

△(**不符合国家规定的标准，足以危害人体健康**)对非法采集、供应血液或者制作、供应血液制品，具有下列情形之一的，应认定为刑法第三百三十四条第一款规定的"不符合国家规定的标准，足以危害人体健康"，处五年以下有期徒刑或者拘役，并处罚金：

（一）采集、供应的血液含有艾滋病病毒、乙型肝炎病毒、丙型肝炎病毒、梅毒螺旋体等病原微生物的；

（二）制作、供应的血液制品含有艾滋病病毒、乙型肝炎病毒、丙型肝炎病毒、梅毒螺旋体等病原微生物，或者将含有上述病原微生物的血液用于制作血液制品的；

（三）使用不符合国家规定的药品、诊断试剂、卫生器材，或者重复使用一次性采血器材采集血液，造成传染病传播危险的；

（四）违反规定对献血者、供血浆者超量、频繁采集血液、血浆，足以危害人体健康的；

（五）其他不符合国家有关采集、供应血液或者制作、供应血液制品的规定标准，足以危害人体健康的。(§2)

△(**对人体健康造成严重危害**)对非法采集、供应血液或者制作、供应血液制品，具有下列情形之一的，应认定为刑法第三百三十四条第一款规定的"对人体健康造成严重危害"，处五年以上十年以下有期徒刑，并处罚金：

（一）造成献血者、供血浆者、受血者感染乙型肝炎病毒、丙型肝炎病毒、梅毒螺旋体或者其他经血液传播的病原微生物的；

（二）造成献血者、供血浆者、受血者重度贫血、造成功能障碍或者其他器官组织损伤导致功能障碍等身体严重危害的；

（三）对人体健康造成其他严重危害的。(§3)

△(**造成特别严重后果**)对非法采集、供应血液或者制作、供应血液制品，具有下列情形之一的，应认定为刑法第三百三十四条第一款规定的"造成特别严重后果"，处十年以上有期徒刑或者无期徒刑，并处罚金或者没收财产：

（一）因血液传播疾病导致人员死亡或者感染艾滋病病毒的；

（二）造成五人以上感染乙型肝炎病毒、丙型肝炎病毒、梅毒螺旋体或者其他经血液传播的病原微生物的；

（三）造成五人以上重度贫血、造血功能障碍或者其他器官组织损伤导致功能障碍等身体严重危害的；

（四）造成其他特别严重后果的。(§4)

△(**不依照规定进行检测或者违背其他操作规定**)对经国家主管部门批准采集、供应血液或者制作、供应血液制品的部门，具有下列情形之一的，应认定为刑法第三百三十四条第二款规定的"不依照规定进行检测或者违背其他操作规定"：

（一）血站未用两个企业生产的试剂对艾滋病病毒抗体、乙型肝炎病毒表面抗原、丙型肝炎病毒抗体、梅毒抗体进行两次检测的；

（二）单采血浆站不依照规定对艾滋病病毒抗体、乙型肝炎病毒表面抗原、丙型肝炎病毒抗体、梅毒抗体进行检测的；

（三）血液制品生产企业在投料生产前未用主管部门批准和检定合格的试剂进行复检的；

（四）血站、单采血浆站和血液制品生产企业使用的诊断试剂没有生产单位名称、生产批准文号或者经检定不合格的；

（五）采供血机构在采集检验标本、采集血液和成分血分离时，使用没有生产单位名称、生产批准文号或者超过有效期的一次性注射器等采血器材的；

（六）不依照国家规定的标准和要求包装、储存、运输血液、原料血浆的；

（七）对国家规定检测项目结果呈阳性的血液未及时按照规定予以清除的；

（八）不具备相应资格的医务人员进行采血、检验操作的；

（九）对献血者、供血浆者超量、频繁采集血液、血浆的；

（十）采供血机构采集血液、血浆前，未对献血者或供血浆者进行身份识别，采集冒名顶替者、健康检查不合格者血液、血浆的；

（十一）血站擅自采集原料血浆，单采血浆站擅自采集临床用血或者向医疗机构供应原料血浆的；

（十二）重复使用一次性采血器材的；

（十三）其他不依照规定进行检测或者违背操作规定的。(§5)

△(**造成危害他人身体健康后果**)对经国家

主管部门批准采集、供应血液或者制作、供应血液制品的部门，不依照规定进行检测或者违背其他操作规定，具有下列情形之一的，应认定为刑法第三百三十四条第二款规定的"造成危害他人身体健康后果"，对单位判处罚金，并对其直接负责的主管人员和其他直接责任人员，处五年以下有期徒刑或者拘役：

（一）造成献血者、供血浆者、受血者感染艾滋病病毒、乙型肝炎病毒、丙型肝炎病毒、梅毒螺旋体或者其他经血液传播的病原微生物的；

（二）造成献血者、供血浆者、受血者重度贫血、造成功能障碍或者其他器官组织损伤导致功能障碍等身体严重危害的；

（三）造成其他危害他人身体健康后果的。（§6）

△（经国家主管部门批准采集、供应血液或者制作、供应血液制品的部门）经国家主管部门批准的采供血机构和血液制品生产经营单位，应认定为刑法第三百三十四条第二款规定的"经国家主管部门批准采集、供应血液或者制作、供应血液制品的部门"。（§7）

△（血液；血液制品；采供血机构）本解释所称"血液"，是指全血、成分血和特殊血液成分。

本解释所称"血液制品"，是指各种人血浆蛋白制品。

本解释所称"采供血机构"，包括血液中心、中心血站、中心血库、脐带血造血干细胞库和国家卫生行政主管部门根据医学发展需要批准、设置的其他类型血库、单采血浆站。（§8）

【司法解释性文件】

《最高人民检察院、公安部关于公安机关管辖的刑事案件立案追诉标准的规定（一）》（公通字〔2008〕36号，2008年6月25日公布）

△（非法采集、供应血液、制作、供应血液制品罪；立案追诉标准；非法采集、供应血液、制作、供应血液制品；血液；血液制品）非法采集、供应血液或者制作、供应血液制品，涉嫌下列情形之一的，应予立案追诉：

（一）采集、供应的血液含有艾滋病病毒、乙型肝炎病毒、丙型肝炎病毒、梅毒螺旋体等病原微生物的；

（二）制作、供应的血液制品含有艾滋病病毒、乙型肝炎病毒、丙型肝炎病毒、梅毒螺旋体等病原微生物，或者将含有上述病原微生物的血液用于制作血液制品的；

（三）使用不符合国家规定的药品、诊断试剂、卫生器材，或者重复使用一次性采血器材采集血液，造成传染病传播危险的；

（四）违反规定对献血者、供血浆者超量、频繁采集血液、血浆，足以危害人体健康的；

（五）其他符合国家有关采集、供应血液或者制作、供应血液制品的规定，足以危害人体健康或者对人体健康造成严重危害的情形。

未经国家主管部门批准或者超过批准的业务范围，采集、供应血液或者制作、供应血液制品的，属于本条规定的"非法采集、供应血液、制作、供应血液制品"。

本条和本规定第五十二条、第五十三条、第五十五条规定的"血液"，是指全血、成分血和特殊血液成分。

本条和本规定第五十五条规定的"血液制品"，是指各种人血浆蛋白制品。（§54）

△（采集、供应血液、制作、供应血液制品事故罪；立案追诉标准；经国家主管部门批准采集、供应血液或者制作、供应血液制品的部门；不依照规定进行检测或者违背其他操作规定）经国家主管部门批准采集、供应血液或者制作、供应血液制品的部门，不依照规定进行检测或者违背其他操作规定，涉嫌下列情形之一的，应予立案追诉：

（一）造成献血者、供血浆者、受血者感染艾滋病病毒、乙型肝炎病毒、丙型肝炎病毒、梅毒螺旋体或者其他经血液传播的病原微生物的；

（二）造成献血者、供血浆者、受血者重度贫血、造血功能障碍或者其他器官组织损伤导致功能障碍等身体严重危害的；

（三）其他造成危害他人身体健康后果的情形。

经国家主管部门批准的采供血机构和血液制品生产经营单位，属于本条规定的"经国家主管部门批准采集、供应血液或者制作、供应血液制品的部门"。采供血机构包括血液中心、中心血站、脐带血造血干细胞库和国家卫生行政主管部门根据医学发展需要批准、设置的其他类型血库、单采血浆站。

具有下列情形之一的，属于本条规定的"不依照规定进行检测或者违背其他操作规定"：

（一）血站未用两个企业生产的试剂对艾滋病病毒抗体、乙型肝炎病毒表面抗原、丙型肝炎病毒抗体、梅毒抗体进行两次检测的；

（二）单采血浆站不依照规定对艾滋病病毒抗体、乙型肝炎病毒表面抗原、丙型肝炎病毒抗体、梅毒抗体进行检测的；

（三）血液制品生产企业在投料生产前未用主管部门批准和检定合格的试剂进行复检的；

（四）血站、单采血浆站和血液制品生产企业使用的诊断试剂没有生产单位名称、生产批准文号或者经检定不合格的；

（五）采供血机构在采集检验样本、采集血液和成分血分离时，使用没有生产单位名称、生产批准文号或者超过有效期的一次性注射器或者采血器材的；

（六）不依照国家规定的标准和要求包装、储存、运输血液、原料血浆的；

（七）对国家规定检测项目结果呈阳性的血液未及时按照规定予以清除的；

（八）不具备相应资格的医务人员进行采血、检验操作的；

（九）对献血者、供血浆者超量、频繁采集血液、血浆的；

（十）采供血机构采集血液、血浆前，未对献血者或者供血浆者进行身份识别，采集冒名顶替者、健康检查不合格者血液、血浆的；

（十一）血站擅自采集原料血浆，单采血浆站擅自采集临床用血或者向医疗机构供应原料血浆的；

（十二）重复使用一次性采血器材的；

（十三）其他不依照规定进行检测或者违背操作规定的。（§55）

《最高人民法院、最高人民检察院、公安部、司法部关于依法严厉打击传播艾滋病病毒等违法犯罪行为的指导意见》（公通字〔2019〕23号，2019年5月19日发布）

△（传播艾滋病病毒）非法采集、供应血液罪）非法采集、供应血液，含有艾滋病病毒的，依照刑法第三百三十四条第一款的规定，以非法采集、供应血液罪定罪处罚。

△（治安管理处罚或者其他行政处罚）实施本条第一项至第十一项规定的行为，不构成犯罪，依法不起诉或者免予刑事处罚的，依法予以治安管理处罚或者其他行政处罚。

第三百三十四条之一　【非法采集人类遗传资源、走私人类遗传资源材料罪】
违反国家有关规定，非法采集我国人类遗传资源或者非法运送、邮寄、携带我国人类遗传资源材料出境，危害公众健康或者社会公共利益，情节严重的，处三年以下有期徒刑、拘役或者管制，并处或者单处罚金；情节特别严重的，处三年以上七年以下有期徒刑，并处罚金。

【立法沿革】

《中华人民共和国刑法修正案（十一）》（自2021年3月1日起施行）

三十八，在刑法第三百三十四条后增加一条，作为第三百三十四条之一：

"违反国家有关规定，非法采集我国人类遗传资源或者非法运送、邮寄、携带我国人类遗传资源材料出境，危害公众健康或者社会公共利益，情节严重的，处三年以下有期徒刑、拘役或者管制，并处或者单处罚金；情节特别严重的，处三年以上七年以下有期徒刑，并处罚金。"

【条文说明】

本条是关于非法采集人类遗传资源、走私人类遗传资源材料罪及其处罚的规定。

根据本条规定，违反国家有关规定，非法采集我国人类遗传资源或者非法运送、邮寄、携带我国人类遗传资源材料出境，危害公众健康或者社会公共利益，情节严重的，追究刑事责任。这里的**违反国家有关规定**除《刑法》第九十六条规定的"违反国家规定"的情形外，还包括主管部门制定的部门规章中的实体及程序规定。具体来说，除全国人民代表大会及其常务委员会制定的法律和决定，国务院制定的行政法规、规定的行政措施、发布的决定和命令外，还包括相关主管部门制定的条例、办法、指导意见等部门规章，与本条相关的国家有关规定主要是《生物安全法》《人类遗传资源管理条例》《人类遗传资源管理暂行办法》《科学技术部重要遗传家系和特定地区人类遗传资源申报登记办法（暂行）》等。这里的**人类遗传资源**，根据《生物安全法》第八十五条、《人类遗传资源管理条例》第二条的规定，包括人类遗传资源材料和人类遗传资源信息。**人类遗传资源材料**是指含有人体基因组、基因等遗传物质的器官、组织、细胞等遗传材料。**人类遗传资源信息**是指利用人类遗传资源材料产生的数据等信息资料。需要注意的是，1998年科学技术部、原卫生部联合制定的《人类遗传资源管理暂行办法》曾对"人类遗传资源"作出界定，其第二条规定："本办法所称人类遗传资源是指含有人体基因组、基因及其产物的器官、组织、细胞、血液、制备物、重组脱氧核糖核酸（DNA）构建体等遗传材料相关的信息资料。"由于该办法制定的时间较早，随着科技水平发展，人类遗传资源的概念也在不断完善，相比《人类遗传资源管理暂行办法》关于人类遗传资源的定义，《生物安全法》和《人类遗传资源管理条例》对人类遗传资源的定义更概括和全面。

本条规定的犯罪包括两个方面的行为：

1. 非法采集人类遗传资源的行为。根据本条规定，是指违反国家有关规定，非法采集我国人类遗传资源的行为。对于"采集"程序、目的等需要满足的条件及采集我国人类遗传资源履行告知义务等有相关规定。《人类遗传资源管理条例》第十一条明确规定："采集我国重要遗传家系、特定地区人类遗传资源或者采集国务院科学技术行政部门规定种类、数量的人类遗传资源的，应当符合下列条件，并经国务院科学技术行政部门批准：（一）具有法人资格；（二）采集目的明确、合法；（三）采集方案合理；（四）通过伦理审查；（五）具有负责人类遗传资源管理的部门和管理制度；（六）具有与采集活动相适应的场所、设施、设备和人员。"采集我国人类遗传资源**履行告知义务**是重要的一个环节，体现了采集程序正当及对被采集人权益的保障。《人类遗传资源管理条例》第十二条规定："采集我国人类遗传资源，应当事先告知人类遗传资源提供者采集目的、采集用途，对健康可能产生的影响、个人隐私保护措施及其享有的自愿参与和随时无条件退出的权利，征得人类遗传资源提供者书面同意。在告知人类遗传资源提供者前款规定的信息时，必须全面、完整、真实、准确，不得隐瞒、误导、欺骗。"

我国拥有丰富的人类遗传资源，特别是《人类遗传资源管理条例》第十一条对采集"我国重要遗传家系、特定地区人类遗传资源"作出规定，也是进一步加强对我国特有资源的保护。对此，《科学技术部重要遗传家系和特定地区人类遗传资源申报登记办法（暂行）》对我国重要遗传家系、特定地区人类遗传资源的范围、采集上述人类遗传资源的程序和登记方式等作出明确规定。该办法第二条第一款规定："本办法所称重要遗传家系是指患有遗传性疾病或者具有遗传性特殊体质或生理特征的有血缘关系的群体，患病家系或具有遗传性特殊体质或生理特征成员五人以上，涉及三代。"第三条至第五条对采集重要遗传家系和特定地区人类遗传资源的申报登记方式和程序等作出规定。根据《人类遗传资源管理条例》第三条第二款的规定，为临床诊疗、采供血服务、查处违法犯罪、兴奋剂检测和殡葬等活动需要，采集、保藏器官、组织、细胞等人体物质及开展相关活动，依照相关法律、行政法规规定执行。

2. 走私人类遗传资源材料出境的行为。根据本条规定，是指违反国家有关规定，非法运送、邮寄、携带我国人类遗传资源材料出境的行为。

在行为方式上主要包括运送、邮寄、携带出境。运送和邮寄与携带行为的主要区别在于，携带通常是行为人亲自携带，可以放置于衣服、背包甚至藏置体内等；运送和邮寄主要是借助交通工具或者其他载体。运送和邮寄的区分在于，邮寄是通过第三方邮局或者快递公司等方式。运送、邮寄、携带行为，都要求出境，在境内实施上述行为如果符合行政处罚的条件，进行行政处罚即可。

根据本条规定，非法采集我国人类遗传资源或者非法运送、邮寄、携带我国人类遗传资源材料出境的行为要"危害公众健康或者社会公共利益"，"情节严重"的才构成犯罪，追究刑事责任。需要注意的是，与传统的人身、财产犯罪不同，非法采集人类遗传资源及运送、邮寄、携带人类遗传资源材料出境的行为后果通常短期内很难立即显现，实践中对于"危害公众健康或者社会公共利益"的理解和判断还要结合其具体情形进行，对于本罪而言，实施了非法采集人类遗传资源或者运送、邮寄、携带人类遗传资源材料出境的行为如果达到一定的次数即具备危害性。"**危害公众健康或者社会公共利益**"主要是指在采集过程中因采集方法、采集的设备或者程序等因素造成被采集人感染疾病、组织器官造成伤害、部分功能丧失或者造成我国特定地区或者种系的遗传资源遭到严重破坏等。

对于"**情节严重**"及"**情节特别严重**"的判断，可以从行为方式上判断，也可以从造成危害结果的角度考量，如非法采集人类遗传资源及运送、邮寄、携带人类遗传资源材料的样本数量、采集地区、采集的方式、采集目的和用途、采集的年龄段等。例如，是否造成被采集人身体伤害、感染疾病或身体功能异常，是否为境外非法组织或基于非法目的获取我国人类遗传资源信息而研制某些生物制剂等。具体的判断标准，可以在总结司法实践经验的基础上通过相关司法解释予以明确。对于尚不构成犯罪的，应当根据生物安全法等相关规定予以行政处罚。《生物安全法》第八十条规定："违反本法规定，境外组织、个人及其设立或者实际控制的机构在我国境内采集、保藏我国人类遗传资源，或者向境外提供我国人类遗传资源的，由国务院科学技术主管部门责令停止违法行为，没收违法所得和违法采集、保藏的人类遗传资源，并处一百万元以上一千万元以下的罚款；违法所得在一百万元以上的，并处违法所得五倍以上二十倍以下的罚款。"《人类遗传资源管理条例》第三十六条、第三十八条对本条规定的非法采集人类遗传资源，以及将我国人类遗传资源材料非法运送、邮寄、携带出境的行为，规定了相应的行政处罚。

关于刑罚，本条根据情节的严重程度不同规定了**两档刑罚**：情节严重的，处三年以下有期徒刑、拘役或者管制，并处或者单处罚金；情节特别严重的，处三年以上七年以下有期徒刑，并处罚金。

实际执行中应当注意以下两个方面的问题：

1. 对**境外组织、个人及其设立或者实际控制的机构**，获取和利用我国人类遗传资源和生物资源分别作了不同的规定。《生物安全法》第五十六条和第五十八条规定，境外组织、个人及其设立或者实际控制的机构不得在我国境内采集、保藏我国人类遗传资源，不得向境外提供我国人类遗传资源。境外组织、个人及其设立或者实际控制的机构经依法取得批准，可以获取和利用我国生物资源。

2. 本条规定的保护对象是"我国人类遗传资源"和"我国人类遗传资源材料"，对**在我国境内采集非我国种族的遗传资源**，刑法对此并没有作出限定，不宜根据本条规定追究刑事责任。如果采集的程序、目的、方式等违反国家有关规定，符合行政处罚条件的，进行行政处罚即可。

第三百三十五条 【医疗事故罪】

医务人员由于严重不负责任，造成就诊人死亡或者严重损害就诊人身体健康的，处三年以下有期徒刑或者拘役。

【条文说明】

本条是关于医疗事故罪及其处罚的规定。

根据本条规定，构成本罪应当符合以下条件：

1. **本罪的主体是特殊主体**，只能是**医务人员**。这里的"**医务人员**"，主要是指在医疗机构中从事对病人救治、护理工作的医生和护士。

2. 行为人**严重不负责任**。所谓"**严重不负责任**"，是指医务人员在对就诊人进行医疗、护理或身体健康检查过程中，在履行职责的范围内，对于应当可以防止出现的危害结果由于其严重疏于职守而发生，如对就诊人的生命和健康采取漠不关心的态度，不及时救治；严重违反明确的操作规程；等等。《最高人民检察院、公安部关于公安机关管辖的刑事案件立案追诉标准的规定（一）》第五十六条第二款规定："具有下列情形之一的，属于本条规定的'严重不负责任'：（一）擅离职守的；（二）无正当理由拒绝对危急就诊人实行必要的医疗救治的；（三）未经批准擅自开展试验性医疗的；（四）严重违反查对、复核制度的；（五）使用未经批准使用的药品、消毒药剂、医疗器械的；（六）严重违反国家法律法规及有明确规定的诊疗技术规范、常规的；（七）其他严重不负责任的情形。""严重不负责任"是构成本罪的必要条件之一，这一必要条件本罪限定于责任事故的范畴。对于不是由于严重不负责任，而是由于其他原因造成医疗事故的不构成本罪。

3. **造成就诊人死亡或者严重损害就诊人身体健康的后果**。这里的"**就诊人**"是指到医疗机构治疗疾患、进行身体健康检查或者为计划生育而进行医疗的人。"**严重损害就诊人身体健康**"，主要是指造成就诊人严重残疾、重伤，感染艾滋病、病毒性肝炎等难以治愈的疾病或者其他严重损害就诊人身体健康的后果。构成本罪，必须要有就诊人死亡或者严重损害就诊人身体健康的后果，医务人员的行为与上述后果之间需存在因果关系，这是罪与非罪的界限。如果行为人严重不负责任，但没有导致就诊人死亡或者严重损害就诊人身体健康的后果，则不构成本罪。

实际执行中应当注意以下两个方面的问题：

1. 本条规定的医疗事故罪是**过失犯罪**，即医务人员应当预见自己的行为，可能导致就诊人死亡或者严重损害就诊人身体健康的严重后果，因疏忽大意而没有预见，或者已经预见但轻信可以避免，以致发生了上述后果。在判断行为人主观方面是否存在过失，过失行为在责任医疗事故损害后果中的责任程度，以及是否属于"严重不负责任"时，需要根据《最高人民检察院、公安部关于公安机关管辖的刑事案件立案追诉标准的规定（一）》规定的情形进行判断。对于没有明确列举的其他情形，需要综合考虑医务人员的级别、职称、岗位、所处的具体工作环境、承担的具体工作任务等因素进行判断，不能仅因为与医务人员客观的技术水平问题就追究其刑事责任。

2. 对于不构成本罪的医疗事故，应当依照《执业医师法》和《医疗事故处理条例》的有关规定，追究相关医疗机构和责任人员的行政责任，并依法给予就诊方民事赔偿。此外，我国《民法典》第一百八十七条规定，民事主体因同一行为应当承担民事责任、行政责任和刑事责任的，承担行政责任或者刑事责任不影响承担民事责任。根据本条规定追究医务人员刑事责任的，**不影响相关医**

疗机构和医务人员民事责任的承担。

【司法解释性文件】

《最高人民检察院、公安部关于公安机关管辖的刑事案件立案追诉标准的规定(一)》(公通字〔2008〕36号,2008年6月25日公布)

△(医疗事故罪;立案追诉标准;严重不负责任;严重损害就诊人身体健康)医务人员由于严重不负责任,造成就诊人死亡或者严重损害就诊人身体健康的,应予立案追诉。

具有下列情形之一的,属于本条规定的"严重不负责任":

(一)擅离职守的;

(二)无正当理由拒绝对危急就诊人实行必要的医疗救治的;

(三)未经批准擅自开展试验性医疗的;

(四)严重违反查对、复核制度的;

(五)使用未经批准使用的药品、消毒药剂、医疗器械的;

(六)严重违反国家法律法规及有明确规定的诊疗技术规范、常规的;

(七)其他严重不负责任的情形。

本条规定的"严重损害就诊人身体健康",是指造成就诊人严重残疾、重伤、感染艾滋病、病毒性肝炎等难以治愈的疾病或者其他严重损害就诊人身体健康的后果。(§56)

【参考案例】

No.6-5-335-2 孟广超医疗事故案

具有执业资格的医生在诊疗过程中,出于医治患者的目的,使用民间验方、偏方,但由于严重不负责任致人死亡或严重损害身体健康的,应以医疗事故罪论处。

No.6-5-335-3 梁娟医疗事故案

医务人员在医院安排下从事超出其职责的医疗行为的,不构成非法行医罪。该医疗行为违反相关职业规范且与医疗事故的发生有法律因果关系,医务人员主观上存有重大业务过失的,应当以医疗事故罪定罪。

第三百三十六条 【非法行医罪】【非法进行节育手术罪】

未取得医生执业资格的人非法行医,情节严重的,处三年以下有期徒刑、拘役或者管制,并处或者单处罚金;严重损害就诊人身体健康的,处三年以上十年以下有期徒刑,并处罚金;造成就诊人死亡的,处十年以上有期徒刑,并处罚金。

未取得医生执业资格的人擅自为他人进行节育复通手术、假节育手术、终止妊娠手术或者摘取宫内节育器,情节严重的,处三年以下有期徒刑、拘役或者管制,并处或者单处罚金;严重损害就诊人身体健康的,处三年以上十年以下有期徒刑,并处罚金;造成就诊人死亡的,处十年以上有期徒刑,并处罚金。

【条文说明】

本条是关于非法行医罪和非法进行节育手术罪及其处罚的规定。

本条共分为两款。

第一款是关于非法行医罪及其处罚的规定。《执业医师法》第十四条第二款规定,未经医师注册取得执业证书,不得从事医师执业活动。"**未取得医生执业资格的人非法行医**",是指未取得医生执业资格的人从事医疗工作,包括未取得或者以非法手段取得医师资格从事医疗活动的;被依法吊销医师执业证书期间从事医疗活动的;未取得乡村医生执业证书,从事乡村医疗活动的;等等。① 根据《最高人民法院关于审理非法行医刑事案件具体应用法律若干问题的解释》第二条的规定:"具有下列情形之一的,应认定为刑法第三百三十六条第一款规定的'**情节严重**':(一)造成就诊人轻度残疾、器官组织损伤导致一般功能障碍的;(二)造成甲类传染病传播、流行或者有传播、流行危险的;(三)使用假药、劣药或不符合国家规定标准的卫生材料、医疗器械,足以严重危害

---

① 非法行医罪属于职业犯。行医就是从事医师执业活动,而医师执业活动是将医疗、预防、保健作为一种业务实施的,故行医必然是一种业务行为,性质上要求具有反复、继续实施性,但并不要求行为人将行医作为唯一职业,也不要求具有不同断性。收取报酬只是认定是否属于业务行为的根据之一,并非唯一根据。参见张明楷:《刑法学》(第6版),法律出版社2021年版,第1476页。

人体健康的;(四)非法行医被卫生行政部门行政处罚两次以后,再次非法行医的;(五)其他情节严重的情形。"根据本款规定,未取得医生执业资格的人非法行医,情节严重,处三年以下有期徒刑、拘役或者管制,并处或者单处罚金;严重损害就诊人身体健康的,处三年以上十年以下有期徒刑,并处罚金;造成就诊人死亡的,处十年以上有期徒刑,并处罚金。

第二款是关于非法进行节育手术罪及其处罚的规定。"**擅自为他人进行节育复通手术**"是指没有医生执业资格的人,为他人进行输卵(精)管复通手术的行为。① "**假节育手术**"或者"**摘取宫内节育器**"是指为他人进行假结扎输卵(精)管手术或者替育龄妇女摘取为计划生育放置的避孕环等宫内节育器的行为。"**终止妊娠手术**"是指私自为孕妇进行手术,使母体内正发育的胚胎停止发育的行为,如进行流产或引产手术。"**情节严重的**"主要是指没有医师资格的人,多次私自为他人做节育复通手术、假育手术、终止妊娠手术或者摘取宫内节育器,破坏计划生育或者损害就诊人身体健康的。"**严重损害就诊人身体健康的**"是指没有医师资格的人,进行上述手术时,给就诊人造成身体器官的损害或者严重损害身体健康的其他情况,如使就诊人丧失生育能力、大出血、子宫破裂,等等。本款对于未取得医生执业资格的人私自为他人进行上述手术的犯罪行为规定了**三档刑罚**:情节严重的,处三年以下有期徒刑、拘役或者管制,并处或者单处罚金;严重损害就诊人身体健康的,处三年以上十年以下有期徒刑,并处罚金;造成就诊人死亡的,处十年以上有期徒刑,并处罚金。

实际执行中应当注意以下几个方面的问题:

1. 关于非法行医罪的认定。判断是否构成非法行医,一是要看行为人是否具有医生执业资格,二是要看行为人是否具有非法行医的行为。其中,根据《最高人民法院关于审理非法行医刑事案件具体应用法律若干问题的解释》第一条的规定,"未取得医生执业资格"包括未取得或者以非法手段取得医师执业证书;被依法吊销医师执业证书;未取得乡村医生执业证书,从事乡村医疗活动;家庭接生员实施家庭接生以外的医疗行为。

关于"医疗活动"和"医疗行为"的界定,根据《最高人民法院关于审理非法行医刑事案件具体应用法律若干问题的解释》第六条的规定,参照《医疗机构管理条例实施细则》中的"诊疗活动""医疗美容"认定。根据《医疗机构管理条例实施细则》的规定,**诊疗活动**是指通过各种检查,使用药物、器械及手术等方法,对疾病作出判断和消除疾病、缓解病情、减轻病痛、改善功能、延长生命、帮助患者恢复健康的活动。**医疗美容**是指使用药物以及手术、物理和其他损伤性或者侵入性手段进行的美容。

2. 关于**对非医学需要的胎儿性别鉴定行为**是否需要追究刑事责任。人口与计划生育法明确规定,非医学需要的胎儿性别鉴定行为,属于违法行为。近年来,也有意见提出,非医学需要的胎儿性别鉴定和选择性别的人工终止妊娠行为是导致我国出生人口性别比失衡的主要原因之一,这将会严重影响我国的人口结构和社会稳定,建议在刑法中增加相应的犯罪。对于该问题,《刑法修正案(六)(草案)》曾将"为他人进行非医学需要的胎儿性别鉴定,导致选择性别、人工终止妊娠后果,情节严重的"行为规定为犯罪,后来在常委会审议过程中,各方意见分歧很大,没有将该内容列入刑法修正案表决稿。考虑到我国人口形势和生育政策等出现了一些新的情况和变化,特别是在"二孩"政策实施后,对该问题还需要综合相关情况作进一步的评估分析。解决出生人口性别失衡问题是一项社会系统工程,既涉及党和国家的政策和法律,也涉及各级政府等部门对政策和法律的执行和贯彻,还涉及公民观念意识的改变和千家万户的切身利益等,情况比较复杂,需要运用各种手段综合治理。

3. 关于**乡村医生的非法行医**。我国的乡村医生分为两种:一种是根据《执业医师法》取得了执业医师或者执业助理医师资格的;另一种是不具备条件的地区,根据《乡村医生从业管理条例》的规定,由具有中等医学专业学历的人员,或者经培训达到中等医学专业水平的其他人员申请执业注册后,进入村医疗卫生机构执业,主要从事预防、保健和一般医疗服务。《乡村医生从业管理条例》对乡村医生的执业范围、基本用药目录等有规定。未经注册在村医疗卫生机构从事医疗活动,或者以不正当手段取得乡村医生执业证书的,在村医疗卫生机构从事医疗活动,情节严重,构成犯罪的,需依法追究刑事责任。

---

① 我国学者指出,现行法规定值得商榷,因为非法进行节育手术罪的目的在于保护我国的计划生育政策。只要行为对我国的计划生育政策造成危害,达到犯罪程度,就应当追究其刑事责任,而不应以行为人是否具有医生职业资格作为有罪、无罪的区别标准。参见黎宏:《刑法学各论》(第2版),法律出版社2016年版,第440页。

【司法解释】

《最高人民法院、最高人民检察院关于办理妨害预防、控制突发传染病疫情等灾害的刑事案件具体应用法律若干问题的解释》(法释〔2003〕8号,自 2003 年 5 月 15 日起施行)

△(**突发传染病疫情；非法行医罪**)未取得医师执业资格非法行医,具有造成突发传染病病人、病原携带者、疑似突发传染病人贻误诊治或者造成交叉感染等严重情节的,依照刑法第三百三十六条第一款的规定,以非法行医罪定罪,依法从重处罚。(§12)

△(**自首、立功等悔罪表现**)人民法院、人民检察院办理有关妨害预防、控制突发传染病疫情等灾害的刑事案件,对于有自首、立功等悔罪表现的,依法从轻、减轻、免除处罚或者依法作出不起诉决定。(§17)

《最高人民法院关于审理非法行医刑事案件具体应用法律若干问题的解释》〔法释〔2008〕5号,自 2008 年 5 月 9 日起施行,该解释已经被《最高人民法院关于审理非法行医刑事案件具体应用法律若干问题的解释〉的决定》(法释〔2016〕27 号,自 2016 年 12 月 20 日起施行)修改〕

△(**未取得医生执业资格的人；非法行医**)具有下列情形之一的,应认定为刑法第三百三十六条第一款规定的"未取得医生执业资格的人非法行医":

(一)未取得或者以非法手段取得医师资格从事医疗活动的;

(二)被依法吊销医师执业证书期间从事医疗活动的;

(三)未取得乡村医生执业证书,从事乡村医疗活动的;

(四)家庭接生员实施家庭接生以外的医疗行为的。(§1)

△(**情节严重**)具有下列情形之一的,应认定为刑法第三百三十六条第一款规定的"情节严重":

(一)造成就诊人轻度残疾、器官组织损伤导致一般功能障碍的;

(二)造成甲类传染病传播、流行或者有传播、流行危险的;

(三)使用假药、劣药或不符合国家规定的卫生材料、医疗器械,足以严重危害人体健康的;

(四)非法行医被卫生行政部门行政处罚两次以后,再次非法行医的;

(五)其他情节严重的情形。(§2)

△(**情节严重**)具有下列情形之一的,应认定为刑法第三百三十六条第一款规定的"严重损害就诊人身体健康":

(一)造成就诊人中度以上残疾、器官组织损伤导致严重功能障碍的;

(二)造成三名以上就诊人轻度残疾、器官组织损伤导致一般功能障碍的。(§3)

△(**造成就诊人死亡；情节严重**)非法行医行为系造成就诊人死亡的直接、主要原因的,应认定为刑法第三百三十六条第一款规定的"造成就诊人死亡"。

非法行医行为并非造成就诊人死亡的直接、主要原因的,可不认定为刑法第三百三十六条第一款规定的"造成就诊人死亡"。但是,根据案件情况,可以认定为刑法第三百三十六条第一款规定的"情节严重"。(§4)

△(**想象竞合犯；生产、销售假药罪；生产、销售劣药罪；诈骗罪**)实施非法行医犯罪,同时构成生产、销售假药罪,生产、销售劣药罪,诈骗罪等其他犯罪的,依照刑法处罚较重的规定定罪处罚。①(§5)

△(**医疗活动；医疗行为；轻度残疾、器官组织损伤导致一般功能障碍；中度以上残疾、器官组织损伤导致严重功能障碍**)本解释所称"医疗活动""医疗行为",参照《医疗机构管理条例实施细则》中的"诊疗活动""医疗美容"认定。

本解释所称"轻度残疾、器官组织损伤导致一般功能障碍""中度以上残疾、器官组织损伤导致严重功能障碍",参照《医疗事故分级标准(试行)》认定。(§6)

【司法解释性文件】

《卫生部关于对非法行医罪犯罪条件征询意见函的复函》(2001 年 8 月 8 日公布)

△(**非法行医罪；医师；医生执业资格的人**)1998 年 6 月 26 日第九届全国人民代表大会常务委员会第三次会议通过《执业医师法》,根据该法规定,医师是取得执业医师资格,经注册在医疗、预防、保健机构中执业的医学专业人员。医师分为执业医师和执业助理医师,《刑法》中的"医生

---

① 但是,如果行为人不仅将假药、劣药出售给医者,而且将假药、劣药出售给不特定的他人,则应将非法行医罪和生产、销售假药罪或者生产、销售劣药罪,实行数罪并罚。参见张明楷：《刑法学》(第6版),法律出版社 2021 年版,第 1477 页。

执业资格的人"应当是按照《执业医师法》的规定,取得执业医师资格并经卫生行政部门注册的医学专业人员。(§1)

△(《执业医师法》颁布前医师资格之认定)《执业医师法》第四十三条规定:"本法颁布之日前按照国家有关规定取得医学专业技术职称和医学专业技术职务的人员,由所在机构报请县级以上人民政府卫生行政部门认定,取得相应的医师资格。"

卫生部、人事部下发了《具有医学专业技术职务任职资格人员认定医师资格及执业注册办法》。目前各级卫生行政部门正在对《执业医师法》颁布之前,按照国家有关规定已取得医学专业技术职务任职资格的人员认定医师资格,并为仍在医疗、预防、保健机构执业的医师办理执业注册。(§2)

△(未被批准行医的场所)具有医生执业资格的人在"未被批准行医的场所"行医属非法行医。① 其中,"未被批准行医的场所"是指没有卫生行政部门核发的《医疗机构执业许可证》的场所。但是,下列情况不属于非法行医:

(一)随急救车出诊或随采血车出车采血的;

(二)对病人实施现场急救的;

(三)经医疗、预防、保健机构批准的家庭病床、卫生支农、出诊、承担政府交办的任务和卫生行政部门批准的义诊等。(§3)

△(乡村医生;家庭接生员)《执业医师法》规定,不具备《执业医师法》规定的执业医师资格或者执业助理医师资格的乡村医生,由国务院另行制定管理办法。经过卫生行政部门审核的乡村医生应当在注册的村卫生室执业。除第三条所列情况外,其他凡超出其申请执业地点的,应视为非法行医。

根据《母婴保健法》的规定"不能住院分娩的孕妇应当经过培训合格的接生人员实行消毒接生","从事家庭接生的人员,必须经过县级以上地方人民政府卫生行政部门的考核,并取得相应的合格证书"。取得合法资格的家庭接生人员为不能住院分娩的孕妇接生,不属于非法行医。(§4)

《最高人民检察院、公安部关于公安机关管辖的刑事案件立案追诉标准的规定(一)》(公通字[2008]36号,2008年6月25日公布)

△(非法行医罪;立案追诉标准)未取得医生执业资格的人非法行医;轻度残疾、器官组织损伤导致一般功能障碍;中度以上残疾、器官组织损伤导致严重功能障碍)未取得医生执业资格的人非法行医,涉嫌下列情形之一的,应予立案追诉:

(一)造成就诊人轻度残疾、器官组织损伤导致一般功能障碍,或者中度以上残疾、器官组织损伤导致严重功能障碍,或者死亡的;

(二)造成甲类传染病传播、流行或者有传播、流行危险的;

(三)使用假药、劣药或不符合国家规定标准的卫生材料、医疗器械,足以严重危害人体健康的;

(四)非法行医被卫生行政部门行政处罚两次以后,再次非法行医的;

(五)其他情节严重的情形。

具有下列情形之一的,属于本条规定的"未取得医生执业资格的人非法行医":

(一)未取得或者以非法手段取得医师资格从事医疗活动的;

(二)个人未取得《医疗机构执业许可证》开办医疗机构的;

(三)被依法吊销医师执业证书期间从事医疗活动的;

(四)未取得乡村医生执业证书,从事乡村医疗活动的;

(五)家庭接生员实施家庭接生以外的医疗活动的。

本条规定的"轻度残疾、器官组织损伤导致一般功能障碍"、"中度以上残疾、器官组织损伤导致严重功能障碍",参照卫生部《医疗事故分级标准(试行)》认定。(§57)

△(非法进行节育手术罪;立案追诉标准)未取得医生执业资格的人擅自为他人进行节育复通手术、假节育手术、终止妊娠手术或者摘取宫内节育器,涉嫌下列情形之一的,应予立案追诉:

(一)造成就诊人轻伤、重伤、死亡或者感染艾滋病、病毒性肝炎等难以治愈的疾病的;

(二)非法进行节育复通手术、假节育手术、终止妊娠手术或者摘取宫内节育器五人次以上的;

(三)致使他人超计划生育的;

(四)非法进行选择性别的终止妊娠手术的;

(五)非法获利累计五千元以上的;

(六)其他情节严重的情形。(§58)

---

① 非法行医罪所要保护的法益是公共卫生以及医疗管理秩序。行医并不是只要求具备医学知识与技能,还要求必要的设备与条件,否则也会危害到公共卫生。参见张明楷:《刑法学》(第6版),法律出版社2021年版,第1475页。

【参考案例】

No.6-5-336(1)-1　熊忠喜非法行医案

具有中医士资格的人不能认定为具有刑法意义上的取得医生执业资格的人，在行医过程中致人死亡的，应以非法行医罪论处。

No.6-5-336(1)-2　贺淑华非法行医案

产妇在分娩过程中因并发症死亡，非法行医行为与产妇的死亡之间存在因果关系，应以非法行医罪论处。

No.6-5-336(1)-3　王之兰过失致人死亡案

未取得医师执业资格的乡村医生行医致人死亡的，不构成非法行医罪或者医疗事故罪，应以过失致人死亡罪论处。

No.6-5-336(1)-4　周某某非法行医案

未取得医生执业资格，无论患者是否知道这一事实，其同意诊疗或求医的，不影响非法行医罪的成立。

No.6-5-336(1)-5　侯春英非法行医案

未取得医师资格的医学专业毕业生，独立从事临床工作造成患者损害的，即使获得诊所负责人的默许，也应以非法行医罪定罪处罚。

No.6-5-336(1)-6　周兆钧非法行医案

已经取得执业医师资格的人未向卫生行政部门注册，未取得医师执业证书或者医疗机构执业许可证行医的，不构成非法行医罪。[①]

No.6-5-336(1)-7　胡万林等非法行医案

行为人不具有医生执业资格，欺骗病人参与保健培训班实施医疗活动，致人死亡的，构成非法行医罪。

No.6-5-336(2)-1　徐如涵非法进行节育手术案

《最高人民法院关于审理非法行医刑事案件具体应用法律若干问题的解释》对于非法行医罪中严重损害就诊人身体健康的认定标准同样适用于非法进行节育手术罪，不应将致人重伤简单等同于严重损害就诊人身体健康。

第三百三十六条之一　【非法植入基因编辑、克隆胚胎罪】

将基因编辑、克隆的人类胚胎植入人体或者动物体内，或者将基因编辑、克隆的动物胚胎植入人体内，情节严重的，处三年以下有期徒刑或者拘役，并处罚金；情节特别严重的，处三年以上七年以下有期徒刑，并处罚金。

【立法沿革】

《中华人民共和国刑法修正案（十一）》（自2021年3月1日起施行）

三十九、在刑法第三百三十六条后增加一条，作为第三百三十六条之一：

"将基因编辑、克隆的人类胚胎植入人体或者动物体内，或者将基因编辑、克隆的动物胚胎植入人体内，情节严重的，处三年以下有期徒刑或者拘役，并处罚金；情节特别严重的，处三年以上七年以下有期徒刑，并处罚金。"

【条文说明】

本条是关于非法植入基因编辑、克隆胚胎罪[②]及其处罚的规定。

根据本条规定，将基因编辑、克隆的人类胚胎植入人体或者动物体内，或者将基因编辑、克隆的动物胚胎植入人体内，情节严重的，追究刑事责任。

1. **基因编辑**是指改变细胞或生物体的DNA，包括插入、删除或修改基因或基因序列，以实现基因的沉默、增强或其他改变其特征的技术。克隆技术是为了制造一个与某一个体遗传上相同的复制品或后代而使用的技术。将基因编辑、克隆的人类胚胎植入人体或者动物体内是被禁止的。科研实验中将经过基因编辑或者克隆的动物胚胎植入动物体内的情形不属于前述被禁止的情形。

2. 根据本条规定，**只有将基因编辑或者克隆的胚胎植入体内才构成犯罪**，出于试验或者研究

[①] 我国学者指出，未取得执业医师资格者，以及虽取得执业医师资格但尚未取得执业医师证书者，均能成为非法行医罪的行为主体。就法条表述而言，"医生执业资格"显然不等于"医师资格"或"执业医师资格"，而是"医师资格"与"执业资格"的统一。只有同时具备医师资格和取得执业证书，才属于取得了"医生执业资格"。参见张明楷：《刑法学》（第6版），法律出版社2021年版，第1475页。

[②] 对本罪罪名的批评，参见刘艳红：《化解积极刑法观正当性危机的有效立法——〈刑法修正案（十一）〉生物安全犯罪立法总置评》，载《政治与法律》2021年第7期，第25页。

在体外进行的基因编辑或者克隆并不属于刑法的规制范围。"**植入**"即将体外培养的受精卵或者胚胎移植到子宫内的过程,置于是否着床或植入是否成功不影响"植入"行为的完成。

3. 关于刑罚。有非法基因编辑和克隆行为情节严重的,处三年以下有期徒刑或者拘役,并处罚金;情节特别严重的,处三年以上七年以下有期徒刑,并处罚金。

"**情节严重**"的理解。本条表述采用的是"行为+情节"的立法模式,"情节严重"是本罪的入罪门槛,同时"情节严重""情节特别严重"也是科处两档刑罚的条件。本罪规定"情节严重"是对基因编辑行为入罪的严格限缩。

根据相关规定,可以对关于人体胚胎的基因编辑进行基础研究,但仍应遵守十四天原则,即自细胞受精或者核移植开始计算,在体外培养的期限最长为十四天,对于虽然超过十四天但能及时(如胚盘的三胚层尚未建立或分化)销毁,未造成严重后果或恶劣影响的,通过职业禁止或相关行政处罚进行处理即可。对于"情节严重""情节特别严重"的认定标准可以参考《生物技术研究开发安全管理办法》中对于生物技术研究开发活动的潜在风险程度,高风险等级、较高风险等级的标准。对于"**情节严重**""**情节特别严重**"的考量因素主要有:

一是**行为对象的人数**。对生殖细胞的基因编辑是可以将被改变的生物性状代代遗传的,受基因编辑高概率脱靶风险的影响,基因编辑对于正常基因的破坏也将会遗传给后代,这些被改变的基因将会产生怎样的影响短期内可能难以估量,代代相传将会使被改变基因的人数成几何倍数增长。因此,对于人体胚胎基因编辑犯罪而言,对象的人数是行为危害后果的基数,也是衡量行为后果和危害性的很重要因素。

二是**被基因编辑的婴儿是否实际出生**。人体胚胎基因编辑行为最直接的危害后果体现为被基因编辑的婴儿的出生,由此带来的是最直接的现实危险。

三是**是否严重损害或影响身体健康**。这里的身体健康既包括基因编辑的婴儿,也包括被植入的人的健康情况。同正常胚胎一样,基因编辑的人类胚胎无法脱离母体环境独立发育,胚胎被植入人体后,可能会对母体造成身体伤害,特别是植入母体为非卵细胞来源的母体时可能产生影响。而基因编辑婴儿则是最直接的行为对象,受脱靶风险的影响,在敲入或敲除基因的过程中将有表达功能的正常基因破坏,会让胚胎表现出异于正常的性状。这里对于基因编辑婴儿身体健康的影响与传统的人身伤残损害不完全相同,除了肉眼可见的身体损伤外,还可能是某种功能的缺失或异常。

四是**违反人类伦理道德**。如将基因编辑的人类胚胎植入动物体内,在动物体内发育至分娩出生,将基因编辑的动物胚胎植入人体并经分娩出生,将分别来自动物和人类生殖细胞的杂合体经过基因编辑植入人或动物体内并经分娩出生。

五是**基因编辑的目的是比对实验、数据分析或进行会损害或削弱身体机能的试验**。生殖系基因编辑目前大多是建立在动物模型基础上,如基因编辑的目的是通过敲除等方式删除某些基因,比对某些基因缺失的影响,通过基因编辑探索基因的表达功能,通过人体生殖系基因编辑获取数据分析等。

六是**产生恶劣社会影响、负面国际影响或使用其他手段的**。如社会关注度高、影响恶劣,或在国际上造成恶劣影响,对我国科研领域造成负面影响的;或采用隐瞒、欺骗、暴力等手段,将基因编辑的胚胎植入第三人体内的。

第三百三十七条 【妨害动植物防疫、检疫罪】
违反有关动植物防疫、检疫的国家规定,引起重大动植物疫情的,或者有引起重大动植物疫情危险,情节严重的,处三年以下有期徒刑或者拘役,并处或者单处罚金。
单位犯前款罪的,对单位判处罚金,并对其直接负责的主管人员和其他直接责任人员,依照前款的规定处罚。

【立法沿革】

《中华人民共和国刑法》(1997年修订,自1997年10月1日起施行)
第三百三十七条
违反进出境动植物检疫法的规定,逃避动植物检疫,引起重大动植物疫情的,处三年以下有期徒刑或者拘役,并处或者单处罚金。
单位犯前款罪的,对单位判处罚金,并对其直接负责的主管人员和其他直接责任人员,依照前款的规定处罚。

《中华人民共和国刑法修正案(七)》(自2009年2月28日起施行)

十一、将刑法第三百三十七条第一款修改为：

"违反有关动植物防疫、检疫的国家规定，引起重大动植物疫情的，或者有引起重大动植物疫情危险，情节严重的，处三年以下有期徒刑或者拘役，并处或者单处罚金。"

【条文说明】

本条是关于妨害动植物防疫、检疫罪及其处罚的规定。

本条共分为两款。

第一款是关于妨害动植物防疫、检疫罪及其处罚的规定。本条中的"**违反有关动植物防疫、检疫的国家规定**"是指违反《动物防疫法》《进出境动植物检疫法》《植物检疫条例》《进出境动植物检疫法实施条例》等规定。在行为方式上包括违反动植物防疫、检疫的有关规定的情形，比逃避动植物防疫、检疫的行为的范围要宽。违反动物防疫有关国家规定的行为可分为两类：一类是**违反有关动物防疫管理规定的行为**，如违反规定引起染疫动物、产品、排泄物、污染物；未按照规定采集、保存、使用、运输动物病微生物，导致动物病微生物遗失、扩散的等。另一类是**违反有关动物检疫管理规定的行为**，如违反规定逃避检疫；违反规定藏匿、转移、盗掘被依法隔离、封存、处理的染疫动物及其产品等。违反有关国家规定的行为包括违反规定调运、隔离试种或者生产应施检疫的植物、植物产品的，或者擅自改变植物、植物产品的规定用途等情形。原条文中规定的逃避进出境动植物检疫的行为被吸收在本条规定中，其主要是指采取虽违反有关动植物检疫的有关规定进行检疫，如采取隐瞒、欺骗等方法逃避动植物检疫或者避开检疫口岸进出境的情形。

"**重大动植物疫情**"指动物传染病在某一地区暴发、流行，在短期内突发众多患同一传染病的动物，造成某一种类动物大量死亡甚至灭绝，或者植物病、虫、有害生物的迅速蔓延，使粮食、瓜果、蔬菜严重减产，或者有害植物大面积入侵，使当地植物种群退化、消失，造成生态环境恶化，进而造成巨大经济损失或者环境资源的破坏。如英国的疯牛病，使政府不得不大量扑杀病牛，经济损失惨重。另外，如松材线虫病，作为一种毁灭性病害，此病害在我国以及英、美国、美国、加拿大等国均有发生。病原线虫侵入树体后会导致树木蒸腾作用降低，失水、木质变轻，树脂分泌急速减少而停止，最终导致病树整株枯死。松材线虫病具有致死速度快，防治难的特点，其传播主要通过媒介昆虫和人为携带患病木材及其制品完成。松树一旦染病，很难治愈，最终会导致林木的大面积毁坏，对森林资源和生态环境造成严重破坏。

本条规定中的"**引起重大动植物疫情危险**"是指虽然尚未引起重大动植物疫情的发生，但存在引起此类疫情的紧迫的或者现实的危险的情形，这种情形需要司法机关在办案过程中加以具体判断，不能将违反有关规定的情况一律认定为具有引起重大动植物疫情的危险。2017年《最高人民检察院、公安部关于公安机关管辖的刑事案件立案追诉标准的规定（一）的补充规定》第九条对应予立案追诉的"引起重大动植物疫情危险"的具体情形作了规定，包括：（1）非法处置禁区内易感动物或者产品，货值金额五万元以上的；（2）非法处置因动物防疫、检疫需要被依法处理的动物或者其产品，货值金额两万元以上的；（3）非法调运、生产、经营感染重大动植物检疫性有害生物的林木种子、苗木等繁殖材料或者森林植物产品的；（4）输入《进出境动植物检疫法》规定的禁止进境物逃避检疫，或者对特许进境的禁止进境物未有效控制与管控，导致其逃逸、扩散的；（5）进境动植物及其产品检出有引起重大动植物疫情危险的动物疫病或者植物有害生物后，非法处置导致进境动植物及其产品流失的；（6）一年内携带或者寄递《禁止携带、邮寄进境的动植物及其产品名录》所列物品进境逃避检疫两次以上，或者窃取、抢夺、损毁、抛弃动植物检疫机关截留的《禁止携带、邮寄进境的动植物及其产品名录》所列物品的；（7）其他情节严重的情形。此后，2019年《最高人民检察院、公安部、海关总署关于办理进境携带和寄递等动植物检疫监管领域刑事案件适用立案追诉标准若干问题的通知》对上述第六种情形中的"逃避检疫"和"截留"的含义进行了明确，并明确了第七项"**其他情节严重的情形**"包括以下两种情形：一是在国家行政主管部门公告（通告）采取紧急预防措施期间，携带或寄递公告（通告）所列禁止进境的动植物及其产品进境，逃避检疫；二是携带《禁止携带、邮寄进境的动植物及其产品名录》所列物品进境，拒绝接受海关人员现场执法，且所携物品检出有引起重大动植物疫情危险的动物疫病或者植物有害生物的。根据规定，本条规定的是**危险犯**，有引起重大动植物疫情危险，情节严重的，就构成本罪，犯本罪的，处三年以下有期徒刑或者拘役，并处或者单处罚金。

第二款是关于**单位犯本条之罪如何处罚**的规定。根据本款规定，除对单位判处罚金外，还要对该单位直接负责的主管人员和其他直接责任人员，处三年以下有期徒刑或者拘役，并处或者单处罚金。

【司法解释】

《最高人民法院、最高人民检察院关于办理危害食品安全刑事案件适用法律若干问题的解释》(法释〔2021〕24号,自2022年1月1日起施行)

△(竞合;生产、销售不符合安全标准的食品罪;生产、销售有毒、有害食品罪;生产、销售伪劣产品罪;妨害动植物防疫、检疫罪等)生产、销售不符合食品安全标准的食品,有毒、有害食品,符合刑法第一百四十三条、第一百四十四条规定的,以生产、销售不符合安全标准的食品罪或者生产、销售有毒、有害食品罪定罪处罚。同时构成其他犯罪的,依照处罚较重的规定定罪处罚。

生产、销售不符合食品安全标准的食品,无证据证明足以造成严重食物中毒事故或者其他严重食源性疾病,不构成生产、销售不符合安全标准的食品罪,但构成生产、销售伪劣产品罪,妨害动植物防疫、检疫罪等其他犯罪的,依照该其他犯罪定罪处罚。(§13)

【司法解释性文件】

《最高人民检察院、公安部关于公安机关管辖的刑事案件立案追诉标准的规定(一)的补充规定》(公通字〔2017〕12号,2017年4月27日公布)

△(妨害动植物防疫、检疫罪;立案追诉标准;重大动植物疫情)将《立案追诉标准(一)》第59条修改为:[妨害动植物防疫、检疫案(刑法第337条)]违反有关动植物防疫、检疫的国家规定,引起重大动植物疫情的,应予立案追诉。

违反有关动植物防疫、检疫的国家规定,有引起重大动植物疫情危险,涉嫌下列情形之一的,应予立案追诉:

(一)非法处置疫区内易感动物或者其产品,货值金额五万元以上的;

(二)非法处置因动植物防疫、检疫需要被依法处理的动植物或者其产品,货值金额二万元以上的;

(三)非法调运、生产、经营感染重大植物检疫性有害生物的林木种子、苗木等繁殖材料或者森林植物产品的;

(四)输入《中华人民共和国进出境动植物检疫法》规定的禁止进境物逃避检疫,或者对特许进境的禁止进境物未有效控制与处置,导致其逃逸、扩散的;

(五)进境动植物及其产品检出有引起重大动植物疫情危险的动物疫病或者植物有害生物后,非法处置导致进境动植物及其产品流失的;

(六)一年内携带或者寄递《中华人民共和国禁止携带、邮寄进境的动植物及其产品名录》所列物品进境逃避检疫两次以上,或者窃取、抢夺、损毁、抛洒动植物检疫机关截留的《中华人民共和国禁止携带、邮寄进境的动植物及其产品名录》所列物品的;

(七)其他情节严重的情形。

本条规定的"重大动植物疫情",按照国家行政主管部门的有关规定认定。(§9)

第六节 破坏环境资源保护罪

第三百三十八条 【污染环境罪】
违反国家规定,排放、倾倒或者处置有放射性的废物、含传染病病原体的废物、有毒物质或者其他有害物质,严重污染环境的,处三年以下有期徒刑或者拘役,并处或者单处罚金;情节严重的,处三年以上七年以下有期徒刑,并处罚金;有下列情形之一的,处七年以上有期徒刑,并处罚金:
（一）在饮用水水源保护区、自然保护地核心保护区等依法确定的重点保护区域排放、倾倒、处置有放射性的废物、含传染病病原体的废物、有毒物质,情节特别严重的;
（二）向国家确定的重要江河、湖泊水域排放、倾倒、处置有放射性的废物、含传染病病原体的废物、有毒物质,情节特别严重的;
（三）致使大量永久基本农田基本功能丧失或者遭受永久性破坏的;
（四）致使多人重伤、严重疾病,或者致人严重残疾、死亡的。
有前款行为,同时构成其他犯罪的,依照处罚较重的规定定罪处罚。

【立法沿革】

《中华人民共和国刑法》(1997年修订,自1997年10月1日起施行)

第三百三十八条

违反国家规定,向土地、水体、大气排放、倾倒或者处置有放射性的废物、含传染病病原体的废物、有毒物质或者其他危险废物,造成重大环境污染事故,致使公私财产遭受重大损失或者人身伤亡的严重后果的,处三年以下有期徒刑或者拘役,并处或者单处罚金;后果特别严重的,处三年以上七年以下有期徒刑,并处罚金。

《中华人民共和国刑法修正案（八）》(自2011年5月1日起施行)

四十六、将刑法第三百三十八条修改为:

"违反国家规定,排放、倾倒或者处置有放射性的废物、含传染病病原体的废物、有毒物质或者其他有害物质,严重污染环境的,处三年以下有期徒刑或者拘役,并处或者单处罚金;后果特别严重的,处三年以上七年以下有期徒刑,并处罚金。"

《中华人民共和国刑法修正案（十一）》(自2021年3月1日起施行)

四十、将刑法第三百三十八条修改为:

"违反国家规定,排放、倾倒或者处置有放射性的废物、含传染病病原体的废物、有毒物质或者其他有害物质,严重污染环境的,处三年以下有期徒刑或者拘役,并处或者单处罚金;情节严重的,处三年以上七年以下有期徒刑,并处罚金;有下列情形之一的,处七年以上有期徒刑,并处罚金:

"（一）在饮用水水源保护区、自然保护地核心保护区等依法确定的重点保护区域排放、倾倒、处置有放射性的废物、含传染病病原体的废物、有毒物质,情节特别严重的;

"（二）向国家确定的重要江河、湖泊水域排放、倾倒、处置有放射性的废物、含传染病病原体的废物、有毒物质,情节特别严重的;

"（三）致使大量永久基本农田基本功能丧失或者遭受永久性破坏的;

"（四）致使多人重伤、严重疾病,或者致人严重残疾、死亡的。

"有前款行为,同时构成其他犯罪的,依照处罚较重的规定定罪处罚。"

【条文说明】

本条是关于污染环境罪及其处罚的规定。
本条共分为两款。
第一款是关于污染环境罪的构成条件及其处罚的规定。

1. 污染环境罪的犯罪构成。根据本条规定,违反国家规定,排放、倾倒或者处置有放射性的废物、含传染病病原体的废物、有毒物质或者其他有害物质,严重污染环境的构成本罪。

首先,行为人实施了违反国家规定,排放、倾倒或者处置有放射性的废物、含传染病病原体的废物、有毒物质或者其他有害物质的行为。本条中"违反国家规定"主要是指违反国家关于环境保护的法律和行政法规的规定。"排放"是指将本条所说的危险废物向水体、土地、大气等排入行为，包括泵出、溢出、泄出、喷出和倒出等行为。"倾倒"是指通过船舶、航空器、平台或者其他运载工具，向水体、土地、滩涂、森林、草原以及大气等处放射性废物、含传染病病原体的废物、有毒物质或者其他有害物质的行为。"处置"包括以焚烧、填埋等方式处理废物的活动，也包括向江河湖泊等水体处置危险废物或者其他有害物质的情况，不限于对固体废物的处置。这里需要说明一点，《刑法修正案（八）》虽然删去了原来条文中规定的排放、倾倒、处置行为的对象"土地、水体、大气"，实际上，排放、倾倒、处置行为的对象，通常情况下仍然是土地、水体、大气。土地包括耕地、林地、草地、荒地、山岭、滩涂、河滩地及其他陆地。水体是指中华人民共和国领域内的江河、湖泊、运河、渠道、水库等地表水体以及地下水体，还包括内海、领海以及中华人民共和国管辖的一切其他海域。大气是指包围地球的空气层总体。特别需要指出的是，本条所指的排放、倾倒、处置行为本身都是法律允许的行为。因为水体、土地、大气是全人类的财富，是人类赖以生存的物质基础，每一个人都有合理利用的权利。为了保证人类对环境的永续利用，必须对人类的行为有所限制，即向环境中排放、倾倒、处置有害物质要符合国家规定的标准。如果超过国家规定的标准向环境中排放、倾倒、处置有害物质，就有可能污染环境，进而造成环境污染事故。所以本条用"违反国家规定"限定了排放、倾倒、处置行为。本条中放射性废物、含传染病病原体的废物、有毒物质，都可以称为有害物质。有害物质包括以废气、废渣、废水、污水等多种形态存在的危险废物。"放射性的废物"是指放射性核素含量超过国家规定限值的固体、液体和气体废弃物。"含传染病病原体的废物"主要是指被传染病病原体污染的污水、污物以及物品等。严格限制违反国家规定，排放、倾倒或者处置对被传染病病原体污染的污水、污物、场所和物品，目的是切断传播途径以控制或者消灭传染病。《传染病防治法》第二十七条规定，对被传染病病原体污染的污水、污物、场所和物品，有关单位和个人必须在疾病预防控制机构的指导下或者按照其提出的卫生要求，进行严格消毒处理；拒绝消毒处理的，由当地卫生行政部门或者疾病预防控制机构进行强制消毒处理。"有毒物质"主要是指对人体有毒害，可能对人体健康和环境造成严重危害的固体、泥状及液体物质。根据2016年《最高人民法院、最高人民检察院关于办理环境污染刑事案件适用法律若干问题的解释》第十五条的规定，下列物质应当认定为《刑法》第三百三十八条规定的"有毒物质"：（1）危险废物，是指列入国家危险废物名录，或者根据国家规定的危险废物鉴别标准和鉴别方法认定的，具有危险特性的废物；（2）《关于持久性有机污染物的斯德哥尔摩公约》附件所列物质；（3）含重金属的污染物；（4）其他具有毒性，可能污染环境的物质。"其他有害物质"包括其他列入国家危险废物名录或者根据国家规定的危险废物鉴别标准和鉴别方法认定的具有危险特性的废物。目前，我国尚未颁布国家危险废物名录，实践中主要参考《控制危险废物越境转移及其处置巴塞尔公约》所列的危险废物名录。同时，"其他有害物质"也包括除上述危险废物以外的其他有严重污染环境可能的普通污染物，需要指出的是，这里的有害物质是相对于具体环境而言的，在特定的环境中，通常认为不属于有害物质的物品也有可能会污染环境，成为有害物质，如将大量的牛奶倒入养殖水域等，超出环境承载量的，这里的牛奶就属于"其他有害物质"。

其次，排放的废物、有毒、有害物质，严重污染了环境。这里的"环境"，根据2014年修订的《环境保护法》第二条规定，"是指影响人类生存和发展的各种天然的和经过人工改造的自然因素的总体，包括大气、水、海洋、土地、矿藏、森林、草原、湿地、野生生物、自然遗迹、人文遗迹、自然保护区、风景名胜区、城市和乡村等"。"严重污染环境"既包括发生了造成财产损失或者人身伤亡的环境事故，也包括虽然还未造成环境污染事故，但是已使环境受到严重污染或者破坏的情形。

2. 对污染环境罪的处罚。

（1）**第一档刑罚**。根据本条规定，严重污染环境的，处三年以下有期徒刑或者拘役，并处或者单处罚金。"严重污染环境"是指非法排放、倾倒、处置有害物质，或者非法排放、倾倒、处置的物质本身具有较大危害性，或者长期、大量非法排放、倾倒、处置有害物质，对于不同的环境保护对象会有不同标准，严重污染环境的具体标准可以由司法解释等具体确定。2016年《最高人民法院、最高人民检察院关于办理环境污染刑事案件适用法律若干问题的解释》第一条规定："实施刑法第三百三十八条规定的行为，具有下列情形之一的，应当认定为'**严重污染环境**'：（一）在饮用水水源一级保护区、自然保护区核心区排放、倾倒、处置有放射性的废物、含传染病病原体的废物、有毒物质的；（二）非法排放、倾倒、处置危险废物三吨以上的；（三）排放、倾倒、处置含铅、汞、镉、铬、砷、铊、锑的污染物，超过国家或者地方污染物排放标准三倍以上的；（四）排放、倾倒、处置含镍、铜、锌、银、钒、锰、钴的污染物，超过国家或者地方污染物排放标准十倍以上的;(五)通过暗管、渗井、渗坑、裂隙、溶洞、灌注等逃避监管的方式排放、倾倒、处置有放射性的废物、含传染病病原体的废物,有毒物质的;(六)二年内曾因违反国家规定,排放、倾倒、处置有放射性的废物、含染病病原体的废物、有毒物质受过两次以上行政处罚,又实施前列行为的;(七)重点排污单位篡改、伪造自动监测数据或者干扰自动监测设施,排放化学需氧量、氨氮、二氧化硫、氮氧化物等污染物的;(八)违法减少防治污染设施运行支出一百万元以上的;(九)违法所得或者致使公私财产损失三十万元以上的;(十)造成生态环境严重损害的;(十一)致使乡镇以上集中式饮用水水源取水中断十二小时以上的;(十二)致使基本农田、防护林地、特种用途林地五亩以上,其他农用地十亩以上,其他土地二十亩以上基本功能丧失或者遭受永久性破坏的;(十三)致使森林或者其他林木死亡五立方米以上,或者幼树死亡二千五百株以上的;(十四)致使疏散、转移群众五千人以上的;(十五)致使三人以上中毒的;(十六)致使三人以上轻伤、轻度残疾或者器官组织损伤导致一般功能障碍的;(十七)致使一人以上重伤、中度残疾或者器官组织损伤导致严重功能障碍的;(十八)其他严重污染环境的情形。"

(2)第二档刑罚。情节严重的,处三年以上七年以下有期徒刑,并处罚金。2020年《刑法修正案(十一)》将之前规定的"后果特别严重的"修改为"情节严重的",是对本条的重大修改,进一步降低了犯罪构成的门槛,将虽未造成重大环境污染后果,但长期违反国家规定,超标排放、倾倒、处置有害物质,严重污染环境的行为规定为犯罪。这里的"**情节严重**",是指在"严重污染环境"的基础上,情节更为严重的污染环境行为,既包括造成严重后果,也包括虽然尚未造成严重后果或者严重后果不易查证,但非法排放、倾倒、处置有害物质时间长、数量大等严重情节。

(3)第三档刑罚。有下列情形之一的,处七年以上有期徒刑,并处罚金:

第一,在饮用水水源保护区、自然保护地核心保护区等依法确定的重点保护区域排放、倾倒、处置有放射性的废物、含传染病病原体的废物、有毒物质,情节特别严重的。"饮用水水源保护区",根据《水法》第三十三条的规定,国家建立饮用水水源保护区制度,省、自治区、直辖市人民政府应当划定饮用水水源保护区,并采取措施,防止水源枯竭和水体污染,保证城乡居民饮用水安全。"自然保护地",根据《土壤污染防治法》第三十一条的规定,各级人民政府应当加强对国家公园等自然保护地的保护,维护其生态功能。自然保护地核心保护区的范围应当依照国家有关规定具体确定。

第二,向国家确定的重要江河、湖泊水域排放、倾倒、处置有放射性的废物、含传染病病原体的废物、有毒物质,情节特别严重的。这里的"国家确定的重要江河、湖泊",是指根据国家有关规定确定的具有重要生态价值、社会经济价值等的重要江河、湖泊。《水污染防治法》第十三条规定,国务院环境保护主管部门会同国务院水行政主管部门和有关省、自治区、直辖市人民政府,可以根据国家确定的重要江河、湖泊流域水体的使用功能以及有关地区的经济、技术条件,确定该重要江河、湖泊流域的省界水体适用的水环境质量标准,报国务院批准后施行。

第三,致使大量永久基本农田基本功能丧失或者遭受永久性破坏的。永久基本农田事关十八亿亩耕地总量控制目标,事关十四亿人的饭碗问题,必须实行严格保护。《土地管理法》第三十三条规定:"国家实行永久基本农田保护制度。下列耕地应当根据土地利用总体规划划为永久基本农田,实行严格保护:(一)经国务院农业农村主管部门或者县级以上地方人民政府批准确定的粮、棉、油、糖等重要农产品生产基地内的耕地;(二)有良好的水利与水土保持设施的耕地,正在实施改造计划以及可以改造的中、低产田和已建成的高标准农田;(三)蔬菜生产基地;(四)农业科研、教学试验田;(五)国务院规定应当划为永久基本农田的其他耕地。各省、自治区、直辖市划定的永久基本农田一般应当占本行政区域内耕地的百分之八十以上,具体比例由国务院根据各省、自治区、直辖市耕地实际情况规定。"《土壤污染防治法》第五十条规定:"县级以上地方人民政府应依法将符合条件的优先保护类耕地划为永久基本农田,实行严格保护。在永久基本农田集中区域,不得新建可能造成土壤污染的建设项目;已经建成的,应当限期关闭拆除。"

第四,致使多人重伤、严重疾病,或者致人严重残疾、死亡的。主要是指因污染环境犯罪行为,导致多人重伤、严重疾病或者致人严重残疾、死亡的后果。这里的"重伤",根据《刑法》第九十五条的规定,"是指有下列情形之一的伤害:(一)使人肢体残废或者毁人容貌的;(二)使人丧失听觉、视觉或者其他器官机能的;(三)其他对于人身健康有重大伤害的"。此外,关于"重伤"的概念和范围,2013年8月30日最高人民法院、最高人民检察院、公安部、国家安全部、司法部发布的《人体损伤程度鉴定标准》对人体损伤程度鉴定的原则、方法、内容和等级划分作了详细的规定,将重伤分为重伤一级和重伤二级,分别针对不同情况,制定了具体的认定标准。

第二款是关于有污染环境行为,同时又构成其他犯罪的,应当依照处罚较重的规定定罪处罚的规定。行为人实施污染环境行为,有可能同时构成以危险方法危害公共安全罪、投放危险物质罪等罪名,对此,**应当依照处罚较重的规定定罪处罚**。

实际执行中应当注意污染环境犯罪案件中的司法鉴定与行政认定问题。污染环境犯罪案件中多涉及专门性问题,如污染物的种类、数量、造成的损失数额计算等。**司法实践中应当将司法鉴定与行政认定统筹运用**,单纯依靠司法鉴定,既不可能,也没有必要。根据相关司法解释的规定,环境保护主管部门及其所属监测机构在行政执法过程中收集的监测数据,在刑事诉讼中可以作为证据使用。公安机关单独或者会同环境保护主管部门,提取污染物样品进行检测获取的数据,在刑事诉讼中可以作为证据使用。对国家危险废物名录所列的废物,可以依据涉案物质的来源、产生过程、被告人供述、证人证言以及经批准或者备案的环境影响评价文件等证据,结合环境保护主管部门、公安机关等出具的书面意见作出认定。对于危险废物的数量,可以综合被告人供述、涉案企业的生产工艺、物耗、能耗情况,以及经批准或者备案的环境影响评价文件等证据作出认定。对案件所涉的环境污染专门性问题难以确定的,依据司法鉴定机构出具的鉴定意见,或者国务院环境保护主管部门、公安部门指定的机构出具的报告,结合其他证据作出认定。

【司法解释】

《最高人民法院、最高人民检察院关于办理环境污染刑事案件适用法律若干问题的解释》
(法释〔2023〕7号,自2023年8月15日起施行)

△(**严重污染环境**)实施刑法第三百三十八条规定的行为,具有下列情形之一的,应当认定为"严重污染环境":(一)在饮用水水源保护区、自然保护地核心保护区等依法确定的重点保护区域排放、倾倒、处置有放射性的废物、含传染病病原体的废物、有毒物质的;(二)非法排放、倾倒、处置危险废物三吨以上的;(三)排放、倾倒、处置含铅、汞、镉、铬、砷、铊、锑的污染物,超过国家或者地方污染物排放标准三倍以上的;(四)排放、倾倒、处置含镍、铜、锌、银、钒、钴的污染物,超过国家或者地方污染物排放标准十倍以上的;(五)通过暗管、渗井、渗坑、裂隙、溶洞、灌注、非紧急情况下开启大气应急排放通道等逃避监管的方式排放、倾倒、处置有放射性的废物、含传染病病原体的废物、有毒物质的;(六)二年内曾因在重污染天气预警期间,违反国家规定,超标排放二氧化硫、氮氧化物等实行排放总量控制的大气污染物受过二次以上行政处罚,又实施此类行为的;(七)重点排污单位、实行排污许可重点管理的单位篡改、伪造自动监测数据或者干扰自动监测设施,排放化学需氧量、氨氮、二氧化硫、氮氧化物等污染物的;(八)二年内曾因违反国家规定,排放、倾倒、处置有放射性的废物、含传染病病原体的废物、有毒物质受过二次以上行政处罚,又实施此类行为的;(九)违法所得或者致使公私财产损失三十万元以上的;(十)致使乡镇集中式饮用水水源取水中断十二小时以上的;(十一)其他严重污染环境的情形。(§1)

△(**情节严重**)实施刑法第三百三十八条规定的行为,具有下列情形之一的,应当认定为"情节严重":(一)在饮用水水源保护区、自然保护地核心保护区等依法确定的重点保护区域排放、倾倒、处置有放射性的废物、含传染病病原体的废物、有毒物质,造成相关区域的生态功能退化或者野生生物资源严重破坏的;(二)向国家确定的重要江河、湖泊水域排放、倾倒、处置有放射性的废物、含传染病病原体的废物、有毒物质,造成相关水域的生态功能退化或者水生生物资源严重破坏的;(三)非法排放、倾倒、处置危险废物一百吨以上的;(四)违法所得或者致使公私财产损失一千万元以上的;(五)致使县级城区集中式饮用水水源取水中断十二小时以上的;(六)致使永久基本农田、公益林地十亩以上,其他农用地二十亩以上,其他土地五十亩以上基本功能丧失或者遭受永久性破坏的;(七)致使森林或者其他林木死亡五十立方米以上,或者幼树死亡二千五百株以上的;(八)致使疏散、转移群众五千人以上的;(九)致使三十人以上中毒的;(十)致使一人以上重伤、严重疾病或者三人以上轻伤的;(十一)其他情节严重的情形。(§2)

△(**加重处罚情形;七年以上有期徒刑**)实施刑法第三百三十八条规定的行为,具有下列情形之一的,应当处七年以上有期徒刑,并处罚金:(一)在饮用水水源保护区、自然保护地核心保护区等依法确定的重点保护区域排放、倾倒、处置有放射性的废物、含传染病病原体的废物、有毒物质,1.致使设区的市级城区集中式饮用水水源取水中断十二小时以上的;2.造成自然保护地主要保护的生态系统严重退化,或者主要保护的自然景观损毁的;3.造成国

第三百三十八条

家重点保护的野生动植物资源或者国家重点保护物种栖息地、生长环境严重破坏的;4.其他情节特别严重的情形。(二)向国家确定的重要江河、湖泊水域排放、倾倒、处置有放射性的废物、含传染病病原体的废物、有毒物质,具有下列情形之一的:1.造成国家确定的重要江河、湖泊水域生态系统严重退化的;2.造成国家重点保护的野生动植物资源严重破坏的;3.其他情节特别严重的情形。(三)致使永久基本农田五十亩以上基本功能丧失或者遭受永久性破坏的;(四)致使三人以上重伤、严重疾病,或者一人以上严重残疾、死亡的。(§3)

△(**从重处罚事由**)实施刑法第三百三十八条、第三百三十九条规定的犯罪行为,具有下列情形之一的,应当从重处罚:(一)阻挠环境监督检查或者突发环境事件调查,尚不构成妨害公务等犯罪的;(二)在医院、学校、居民区等人口集中地区及其附近,违反国家规定排放、倾倒、处置有放射性的废物、含传染病病原体的废物、有毒物质或者其他有害物质的;(三)在突发环境事件处置期间或者被责令限期整改期间,违反国家规定排放、倾倒、处置有放射性的废物、含传染病病原体的废物、有毒物质或者其他有害物质的;(四)具有危险废物经营许可证的企业违反国家规定排放、倾倒、处置有放射性的废物、含传染病病原体的废物、有毒物质或者其他有害物质的;(五)实行排污许可重点管理的企业事业单位未依法取得排污许可证,从事生产经营者未依法取得排污许可证,从事生产经营未依法取得排污许可证,违反规定排放、倾倒、处置有放射性的废物、含传染病病原体的废物、有毒物质或者其他有害物质的。(§5)

△(**从宽处罚;不起诉或者免予刑事处罚;不作为犯罪处理**)实施刑法第三百三十八条规定的行为,行为人认罪认罚,积极修复生态环境,有效合理整改的,可以从宽处罚;犯罪情节轻微的,可以不起诉或者免予刑事处罚;情节显著轻微危害不大的,不作为犯罪处理。(§6)

△(**无证从事收集、贮存、利用、处置危险废物经营活动;想象竞合犯;非法经营罪;生产、销售伪劣产品等其他犯罪**)无危险废物经营许可证从事收集、贮存、利用、处置危险废物经营活动,严重污染环境的,按照污染环境罪定罪处罚;同时构成非法经营罪的,依照处罚较重的规定定罪处罚。

实施前款规定的行为,不具有超标排放污染物、非法倾倒污染物或者其他违法造成环境污染的情形的,不以非法经营罪等罪论处,情节显著轻微危害不大,不以非法经营罪等罪论处,情节显著轻微危害不大,不认为是犯罪;构成生产、销售伪劣产品等其他犯罪的,以其他犯罪论处。(§7)

△(**共同犯罪**)明知他人无危险废物经营许可证,向其提供或者委托其收集、贮存、利用、处置危险废物,严重污染环境的,以共同犯罪论处。(§8)

△(**竞合;污染环境罪;非法处置进口的固体废物罪;投放危险物质罪**)违反国家规定,排放、倾倒、处置含有毒害性、放射性、传染病病原体等物质的污染物,同时构成污染环境罪、非法处置进口的固体废物罪、投放危险物质罪等犯罪的,依照处罚较重的规定定罪处罚。(§9)

△(**篡改、伪造自动监测数据、干扰自动监测设施;破坏计算机信息系统罪;竞合;从重处罚事由**)重点排污单位、实行排污许可重点管理的单位篡改、伪造自动监测数据或者干扰自动监测设施,排放化学需氧量、氨氮、二氧化硫、氮氧化物等污染物,同时构成污染环境罪和破坏计算机信息系统罪的,依照处罚较重的规定定罪处罚。

从事环境监测设施维护、运营的人员实施或者参与实施篡改、伪造自动监测数据、干扰自动监测设施、破坏环境质量监测系统等行为的,依法从重处罚。(§11 II、III)

△(**需要行政处罚、政务处分或者其他处分;依法移送**)对于实施本解释规定的相关行为被不起诉或者免予刑事处罚的行为人,需要给予行政处罚、政务处分或者其他处分的,依法移送有关主管机关处理。有关主管机关应当将处理结果及时通知人民检察院、人民法院。(§12)

△(**单位犯罪**)单位实施本解释规定的犯罪的,依照本解释规定的定罪量刑标准,对直接负责的主管人员和其他直接责任人员定罪处罚,并对单位判处罚金。(§13)

△(**监测数据;检测获取的数据;作为证据使用**)环境保护主管部门及其所属监测机构在行政执法过程中收集的监测数据,在刑事诉讼中可以作为证据使用。

公安机关单独或者会同环境保护主管部门,提取污染物样品进行检测获取的数据,在刑事诉讼中可以作为证据使用。(§14)

△(**国家危险废物名录所列的废物;危险废物的数量;认定**)对国家危险废物名录所列的废物,可以依据涉案物质的来源、产生过程、被告人供述、证人证言以及经批准或者备案的环境影响评价文件、排污许可证、排污登记表等证据,结合环境保护主管部门、公安机关等出具的书面意见作出认定。

对于危险废物的数量,依据案件事实,综合被告人供述,涉案企业的生产工艺、物耗、能耗情况,以及经批准或者备案的环境影响评价文件等证据作出认定。(§15)

△**(环境污染专门性问题难以确定;鉴定意见;报告)** 对案件所涉的环境污染专门性问题难以确定的,依据鉴定机构出具的鉴定意见,或者国务院环境保护主管部门、公安部门指定的机构出具的报告,结合其他证据作出认定。(§16)

△**(有毒物质)** 下列物质应当认定为刑法第三百三十八条规定的"有毒物质":(一)危险废物,是指列入国家危险废物名录,或者根据国家规定的危险废物鉴别标准和鉴别方法认定的,具有危险特性的固体废物;(二)《关于持久性有机污染物的斯德哥尔摩公约》附件所列物质;(三)重金属含量超过国家或者地方污染物排放标准的污染物;(四)其他具有毒性,可能污染环境的物质。(§17)

△**(非法处置危险废物)** 无危险废物经营许可证,以营利为目的,从危险废物中提取物质作为原材料或者燃料,并具有超标排放污染物、非法倾倒污染物或者其他违法造成环境污染的情形的行为,应当认定为"非法处置危险废物"。(§18)

△**(二年内;重点排污单位;违法所得;公私财产损失;无危险废物经营许可证)** 本解释所称"二年内",以第一次违法行为受到行政处罚的生效之日与又实施相应行为之日的时间间隔计算确定。

本解释所称"重点排污单位",是指设区的市级以上人民政府环境保护主管部门依法确定的应当安装、使用污染物排放自动监测设备的重点监控企业及其他单位。

本解释所称"违法所得",是指实施刑法第二百二十九条、第三百三十八条、第三百三十九条规定的行为所得和可得的全部违法收入。

本解释所称"公私财产损失",包括实施刑法第三百三十八条、第三百三十九条规定的行为直接造成财产损毁、减少的实际价值,为防止污染扩大、消除污染而采取必要合理措施所产生的费用,以及处置突发环境事件的应急监测费用。

本解释所称"无危险废物经营许可证",是指未取得危险废物经营许可证,或者超出危险废物经营许可证的经营范围。(§19)

【司法解释性文件】

《最高人民检察院、公安部关于公安机关管辖的刑事案件立案追诉标准的规定(一)的补充规定》(公通字〔2017〕12号,2017年4月27日公布)

△**(污染环境罪;立案追诉标准;有毒物质;非法处置危险废物;重点排污单位;公私财产损失;生态环境损害;无危险废物经营许可证)** 违反国家规定,排放、倾倒或者处置有放射性的废物、含传染病病原体的废物、有毒物质或者其他有害物质,涉嫌下列情形之一的,应予立案追诉:

(一)在饮用水水源一级保护区、自然保护区核心区排放、倾倒、处置有放射性的废物、含传染病病原体的废物、有毒物质的;

(二)非法排放、倾倒、处置危险废物三吨以上的;

(三)排放、倾倒、处置含铅、汞、镉、铬、砷、铊、锑的污染物,超过国家或者地方污染物排放标准三倍以上的;

(四)排放、倾倒、处置含镍、铜、锌、银、钒、锰、钴的污染物,超过国家或者地方污染物排放标准十倍以上的;

(五)通过暗管、渗井、渗坑、裂隙、溶洞、灌注等逃避监管的方式排放、倾倒、处置有放射性的废物、含传染病病原体的废物、有毒物质的;

(六)二年内曾因违反国家规定,排放、倾倒、处置有放射性的废物、含传染病病原体的废物、有毒物质受过两次以上行政处罚,又实施前列行为的;

(七)重点排污单位篡改、伪造自动监测数据或者干扰自动监测设施,排放化学需氧量、氨氮、二氧化硫、氮氧化物等污染物的;

(八)违法减少防治污染设施运行支出一百万元以上的;

(九)违法所得或者致使公私财产损失三十万元以上的;

(十)造成生态环境严重损害的;

(十一)致使乡镇以上集中式饮用水水源取水中断十二小时以上的;

(十二)致使基本农田、防护林地、特种用途林地五亩以上,其他农用地十亩以上,其他土地二十亩以上基本功能丧失或者遭受永久性破坏的;

(十三)致使森林或者其他林木死亡五十立方米以上,或者幼树死亡二千五百株以上的;

(十四)致使疏散、转移群众五千人以上的;

(十五)致使三十人以上中毒的;

(十六)致使三人以上轻伤、轻度残疾或者器官组织损伤导致一般功能障碍的;

(十七)致使一人以上重伤、中度残疾或者器官组织损伤导致严重功能障碍的;

(十八)其他严重污染环境的情形。

本条规定的"有毒物质",包括列入国家危险废物名录或者根据国家规定的危险废物鉴别标准和鉴别方法认定的具有危险特性的废物,《关于持久性有机污染物的斯德哥尔摩公约》附件所列物质,含重金属的污染物,以及其他具有毒性可能污染环境的物质。

本条规定的"非法处置危险废物",包括无危险废物经营许可证,以营利为目的,从危险废物中提取物质作为原材料或者燃料,并具有超标排放污染物、非法倾倒污染物或者其他违法造成环境污染情形的行为。

本条规定的"重点排污单位",是指设区的市级以上人民政府环境保护主管部门依法确定的应当安装、使用污染物排放自动监测设备的重点监控企业及其他单位。

本条规定的"公私财产损失",包括直接造成财产损毁、减少的实际价值,为防止污染扩大、消除污染而采取必要合理措施所产生的费用,以及处置突发环境事件的应急监测费用。

本条规定的"生态环境损害",包括生态环境修复费用,生态环境修复期间服务功能的损失和生态环境功能永久性损害造成的损失,以及其他必要合理费用。

本条规定的"无危险废物经营许可证",是指未取得危险废物经营许可证,或者超出危险废物经营许可证的经营范围。(§10)

《最高人民法院、最高人民检察院、公安部、司法部、生态环境部关于办理环境污染刑事案件有关问题座谈会纪要》(高检会〔2019〕3号,2019年2月20日公布)

△(单位犯罪)会议针对一些地方存在追究自然人犯罪多,追究单位犯罪少,单位犯罪认定难的情况和问题进行了讨论。会议认为,办理环境污染犯罪案件,认定单位犯罪时,应当依法合理把握追究刑事责任的范围,贯彻宽严相济刑事政策,重点打击出资者、经营者和主要获利者,既要防止不当缩小追究刑事责任的人员范围,又要防止打击面过大。

为了单位利益,实施环境污染行为,并具有下列情形之一的,应当认定为单位犯罪:(1)经单位决策机构按照决策程序决定的;(2)经单位实际控制人、主要负责人或者授权的分管负责人决定、同意的;(3)单位实际控制人、主要负责人或者授权的分管负责人得知单位成员个人实施环境污染犯罪行为,并未加以制止或者及时采取措施,而是予以追认、纵容或者默许的;(4)借用单位营业执照、合同书、公章、印鉴等对外开展活动,并调用单位车辆、船舶、生产设备、原辅材料等实施环境污染犯罪行为的。

单位犯罪中的"直接负责的主管人员",一般是指对单位犯罪起决定、批准、组织、策划、指挥、授意、纵容等作用的主管人员,包括单位实际控制人、主要负责人或者授权的分管负责人、高级管理人员等;"其他直接责任人员",一般是指在直接负责的主管人员的指挥、授意下积极参与实施单位犯罪或者对具体实施单位犯罪起较大作用的人员。

对于应当认定为单位犯罪的环境污染犯罪案件,公安机关未作为单位犯罪移送审查起诉的,人民检察院应当退回公安机关补充侦查。对于应当认定为单位犯罪的环境污染犯罪案件,人民检察院只作为自然人犯罪起诉的,人民法院应当建议人民检察院对犯罪单位补充起诉。

△(犯罪未遂)会议针对当前办理环境污染犯罪案件中,能否认定污染环境罪(未遂)的问题进行了讨论。会议认为,当前环境执法工作形势比较严峻,一些行为人拒不配合执法检查、接受检查时弄虚作假,故意逃避法律追究的情形时有发生,因此对于行为人已经着手实施非法排放、倾倒、处置有毒有害污染物的行为,由于有关部门查处或者其他意志以外的原因未得逞的情形,可以污染环境罪(未遂)追究刑事责任。

△(主观过错)会议针对当前办理环境污染犯罪案件中,如何准确认定犯罪嫌疑人、被告人主观过错的问题进行了讨论。会议认为,判断犯罪嫌疑人、被告人是否具有环境污染犯罪的故意,应当依据犯罪嫌疑人、被告人的任职情况、职业经历、专业背景、培训经历、本人因同类行为受到行政处罚或者刑事追究情况以及污染物种类、污染方式、资金流向等证据,结合其供述,进行综合分析判断。

实践中,具有下列情形之一,犯罪嫌疑人、被告人不能作出合理解释的,可以认定其故意实施环境污染犯罪,但有证据证明确系不知情的除外:(1)企业没有依法通过环境影响评价,或者未依法取得排污许可证,排放污染物,或者已经通过环境影响评价并且防治污染设施验收合格后,擅自更改工艺流程、原辅材料,导致产生新的污染物质的;(2)不使用验收合格的防治污染设施或者不按规范要求使用的;(3)防治污染设施发生故障,发现后不及时排除,继续生产放任污染物排放的;(4)生态环境部门责令限制生产、停产整治或者予以行政处罚后,继续生产放任污染物排放的;(5)将危险废物委托第三方处置,没有尽到查验经营许可的义务,或者委托处置费用明显低于市场价格或者处置成本的;(6)通过暗管、渗井、渗坑、裂隙、溶洞、灌注等逃避监管的方式排放污染物的;(7)通过篡改、伪造监测数据的方式排放污染物的;(8)其他足以认定的情形。

△(生态损害标准)会议针对如何适用《环境

解释》①第一条、第三条规定的"造成生态环境严重损害的""造成生态环境特别严重损害的"定ield量刑标准进行了讨论。会议指出,生态环境损害赔偿制度是生态文明制度体系的重要组成部分。党中央、国务院高度重视生态环境损害赔偿工作,党的十八届三中全会明确提出对造成生态环境损害的责任者严格实行赔偿制度。2015年,中央办公厅、国务院办公厅印发《生态环境损害赔偿制度改革试点方案》(中办发〔2015〕57号),在吉林等7个省市部署开展改革试点,取得明显成效。2017年,中央办公厅、国务院办公厅印发《生态环境损害赔偿制度改革方案》(中办发〔2017〕68号),在全国范围内试行生态环境损害赔偿制度。

会议指出,《环境解释》将造成生态环境损害规定为污染环境罪的定罪量刑标准之一,是为了与生态环境损害赔偿制度实现有机衔接配套,考虑到该制度尚在试行过程中,《环境解释》作了较原则的规定。司法实践中,一些省市结合本地区工作实际制定了具体标准。会议认为,在生态环境损害赔偿制度试行阶段,全国各省(自治区、直辖市)可以结合本地实际情况,因地制宜,因时制宜,根据案件具体情况确定认定"造成生态环境严重损害"和"造成生态环境特别严重损害"的标准。

△(非法经营罪;污染环境罪)会议针对如何把握非法经营罪与污染环境罪的关系以及如何具体适用非法经营罪的问题进行了讨论。会议强调,要高度重视非法经营危险废物案件的办理,坚持全链条、全环节、全流程对非法排放、倾倒、处置、经营危险废物的产业链进行刑事打击,查清犯罪网络,深挖犯罪源头,斩断利益链条,不断挤压和铲除此类犯罪滋生蔓延的空间。

会议认为,准确理解和适用《环境解释》第六条的规定应当注意把握两个原则:一要坚持实质判断原则,对行为人非法经营危险废物的社会危害性作实质性判断。比如,一些单位或者个人虽未依法取得危险废物经营许可证,但其收集、贮存、利用、处置危险废物经营活动,没有超标排放污染物、非法倾倒污染物或者其他违法造成环境污染情形的,则不宜以非法经营罪论处。二要坚持综合判断原则,对行为人非法经营危险废物行为根据其在犯罪链条中的地位、作用综合判断其社会危害性。比如,有证据证明单位或者个人的无证经营危险废物行为属于危险废物非法经营产业链的一部分,并且已经形成了分工负责、利益均沾、相对固定的犯罪链条,如果行为人或者与其联系紧密的上游或者下游环节具有排放、倾倒、处置危险废物违法造成环境污染的情形,且交易价格明显异常的,对行为人可以根据案件具体情况在污染环境罪和非法经营罪中,择一重罪处断。

△(投放危险物质罪;污染环境罪)会议强调,目前我国一些地方环境违法犯罪活动高发多发,刑事处罚威慑力不强的问题仍然突出,现阶段在办理环境污染犯罪案件时必须坚决贯彻落实中央领导同志关于重典治理污染的指示精神,把刑法和《环境解释》的规定用足用好,形成对环境污染违法犯罪的强大震慑。

会议认为,司法实践中对环境污染行为适用投放危险物质罪追究刑事责任时,应当重点审查判断行为人的主观恶性、污染行为恶劣程度、污染物的毒害性危险性、污染持续时间、污染结果是否可逆、是否对公共安全造成现实、具体、明确的危险或者危害等各方面因素。对于行为人明知其排放、倾倒、处置的污染物含有毒害性、放射性、传染病病原体等危险物质,仍实施环境污染行为放任其危害公共安全,造成重大人员伤亡、重大公私财产损失等严重后果,以污染环境罪处断明显不足以罚当其罪的,可以按投放危险物质罪定罪量刑。实践中,此类情形主要是向饮用水水源保护区,饮用水供水单位取水口和出水口,南水北调水库、干渠、涵洞等配套工程,重要渔业水体以及自然保护区核心区等特殊保护区域,排放、倾倒、处置毒害性极强的污染物,危害公共安全并造成严重后果的情形。

△(涉大气污染环境犯罪;"其他严重污染环境的情形")会议针对涉大气污染环境犯罪的打击处理问题进行了讨论。会议强调,打赢蓝天保卫战是打好污染防治攻坚战的重中之重。各级人民法院、人民检察院、公安机关、生态环境部门要认真分析研究全国人大常委会大气污染防治法执法检查发现的问题和提出的建议,不断加大对涉大气污染环境犯罪的打击力度,毫不动摇地以法律武器治理污染,用法治力量保卫蓝天,推动解决人民群众关注的突出大气环境问题。

会议认为,司法实践中打击涉大气污染环境犯罪,要抓住关键问题,紧盯薄弱环节,突出打击重点。对重污染天气预警期间,违反国家规定,超标排放二氧化硫、氮氧化物,受过行政处罚后又实施上述行为或者具有其他严重情节的,可以适用《环境解释》第一条第十八项规定的"其他严重污

---

① 即《最高人民法院、最高人民检察院关于办理环境污染刑事案件适用法律若干问题的解释》(已失效)

染环境的情形"追究刑事责任。

△(**非法排放、倾倒、处置行为**)会议针对如何准确认定环境污染犯罪中非法排放、倾倒、处置行为进行了讨论。会议认为,司法实践中认定非法排放、倾倒、处置行为时,应当根据《固体废物污染环境防治法》和《环境解释》的有关规定精神,从其行为方式是否违反国家规定或者行业操作规范、污染物是否与外环境接触、是否造成环境污染的危险或者危害等方面进行综合分析判断。对名为运输、贮存、利用,实为排放、倾倒、处置的行为应当认定为非法排放、倾倒、处置行为,可以依法追究刑事责任。比如,未采取相应防范措施将没有利用价值的危险废物长期贮存、搁置,放任危险废物或者其有毒有害成分大量扬散、流失、泄漏、挥发,污染环境的。

△(**有害物质**)会议针对如何准确认定刑法第三百三十八条规定的"其他有害物质"的问题进行了讨论。会议认为,办理非法排放、倾倒、处置其他有害物质的案件,应当坚持主客观相一致原则,从行为人的主观恶性、污染行为恶劣程度、有害物质危险性毒害性等方面进行综合分析判断,准确认定其行为的社会危害性。实践中,常见的有害物质主要有:工业危险废物以外的其他工业固体废物、受控消耗臭氧层物质和有害水污染物;在利用和处置过程中必然产生有毒有害物质的其他物质;国务院生态环境保护主管部门会同国务院卫生主管部门公布的有毒有害污染物名录中的有关物质等。

△(**从重处罚情形**)会议强调,要坚决贯彻党中央推动长江经济带发展的重大决策,为长江经济带共抓大保护、不搞大开发提供有力的司法保障。实践中,对于发生在长江经济带十一省(直辖市)的下列环境污染犯罪行为,可以从重处罚:(1)跨省(直辖市)排放、倾倒、处置有放射性的废物、含传染病病原体的废物、有毒物质或其他有害物质的;(2)向国家确定的重要江河、湖泊或其他跨省(直辖市)江河、湖泊排放、倾倒、处置有放射性的废物、含传染病病原体的废物、有毒物质或者其他有害物质的。

△(**不起诉、缓刑、免予刑事处罚**)会议针对当前办理环境污染犯罪案件中如何严格适用不起诉、缓刑、免予刑事处罚的问题进行了讨论。会议强调,环境污染犯罪案件的刑罚适用直接关系加强生态环境保护打好污染防治攻坚战的实际效果。各级人民法院、人民检察院要深刻认识环境污染犯罪的严重社会危害性,正确贯彻宽严相济刑事政策,充分发挥刑罚的惩治和预防功能。要在全面把握犯罪事实和量刑情节的基础上严格依照刑法和刑事诉讼法规定的条件适用不起诉、缓刑、免予刑事处罚,既要考虑从宽情节,又要考虑从严情节;既要做到刑罚与犯罪相当,又要做到刑罚执行方式与犯罪相当,切实避免不起诉、缓刑、免予刑事处罚不当适用造成的消极影响。

会议认为,具有下列情形之一的,一般不适用不起诉、缓刑或者免予刑事处罚:(1)不如实供述罪行的;(2)属于共同犯罪中情节严重的主犯的;(3)犯有数个环境污染犯罪依法实行并罚或者以一罪处理的;(4)曾因环境污染违法犯罪行为受过行政处罚或者刑事处罚的;(5)其他不宜适用不起诉、缓刑、免予刑事处罚的情形。

会议要求,人民法院审理环境污染犯罪案件拟适用缓刑或者免予刑事处罚的,应当分析案发前后的社会影响和反映,注意听取控辩双方提出的意见。对于情节恶劣、社会反映强烈的环境污染犯罪,不得适用缓刑、免予刑事处罚。人民法院对判处缓刑的被告人,一般应当同时宣告禁止令,禁止其在缓刑考验期内从事与排污或者处置危险废物有关的经营活动。生态环境部门根据禁止令,对上述人员担任实际控制人、主要负责人或者高级管理人员的单位,依法不得发放排污许可证或者危险废物经营许可证。

△(**管辖;跨区域环境污染犯罪案件**)会议针对环境污染犯罪案件的管辖问题进行了讨论。会议认为,实践中一些环境污染犯罪案件属于典型的跨区域刑事案件,容易存在管辖不明或者有争议的情况,各级人民法院、人民检察院、公安机关要加强沟通协调,共同研究解决。

会议提出,跨区域环境污染犯罪案件由犯罪地的公安机关管辖。如果由犯罪嫌疑人居住地的公安机关管辖更为适宜的,可以由犯罪嫌疑人居住地的公安机关管辖。犯罪地包括环境污染行为发生地和结果发生地。"环境污染行为发生地"包括污染行为的实施地以及预备地、开始地、途经地、结束地以及排放、倾倒污染物的车船停靠地、始发地、途经地、到达地等地点;环境污染行为有连续、持续或者继续状态的,相关地方都属于环境污染行为发生地。"环境污染结果发生地"包括污染物排放地、倾倒地、堆放地、污染发生地等。

多个公安机关都有权立案侦查的,由最初受理的或者主要犯罪地的公安机关立案侦查,管辖有争议的,按照有利于查清犯罪事实、有利于诉讼的原则,由共同的上级公安机关协调确定的公安

△(**危险废物**)会议针对危险废物如何认定以及是否需要鉴定的问题进行了讨论。会议认为,根据《环境解释》的规定精神,对于列入《国家危险废物名录》的,如果来源和相应特征明确,司法人员根据自身专业技术知识和工作经验认定难度不大的,司法机关可以依据名录直接认定。对于来源和相应特征不明确的,由生态环境部门、公安机关等出具书面意见,司法机关可以依据涉案物质的来源、产生过程、被告人供述、证人证言以及经批准或者备案的环境影响评价文件等证据,结合上述书面意见作出是否属于危险废物的认定。对于需要生态环境部门、公安机关等出具书面认定意见的,区分下列情况分别处理:(1)对已确认固体废物产生单位,且产废单位环评文件中明确为危险废物的,根据产废单位建设项目环评文件和审批、验收意见、案件笔录等材料,可对照《国家危险废物名录》等出具认定意见。(2)对已确认固体废物产生单位,但产废单位环评文件中未明确为危险废物的,应进一步分析废物产生工艺,对照判断其是否列入《国家危险废物名录》。列入名录的可以直接出具认定意见;未列入名录的,应根据原辅材料、产生工艺等进一步分析其是否具有危险特性,不可能具有危险特性的,不属于危险废物;可能具有危险特性的,抽取典型样品进行检测,并根据典型样品检测指标浓度,对照《危险废物鉴别标准》(GB5085.1-7)出具认定意见。(3)对固体废物产生单位无法确定的,应抽取典型样品进行检测,根据典型样品检测指标浓度,对照《危险废物鉴别标准》(GB5085.1-7)出具认定意见。对确需进一步委托有相关资质的检测鉴定机构进行检测鉴定的,生态环境部门或者公安机关按照有关规定开展检测鉴定工作。

△(**鉴定**)会议指出,针对当前办理环境污染犯罪案件中存在的司法鉴定有关问题,司法部将会同生态环境部,加快准入一批诉讼急需、社会关注的环境损害司法鉴定机构,加快对环境损害司法鉴定相关技术规范和标准的制定、修改和认定工作,规范鉴定程序,指导各地司法行政机关会同价格主管部门制定出台环境损害司法鉴定收费标准,加强与办案机关的沟通衔接,更好地满足办案机关需求。

会议要求,司法部应当根据《关于严格准入严格监管提高司法鉴定质量和公信力的意见》(司发〔2017〕11号)的要求,会同生态环境部加强对环境损害司法鉴定机构的事中事后监管,加强司法鉴定社会信用体系建设,建立黑名单制度,完善退出机制,及时向社会公开违法违规的环境损害司法鉴定机构和鉴定人行政处罚、行业惩戒等监管信息,对弄虚作假造成环境损害鉴定评估结论严重失实或者违规收取高额费用、情节严重的,依法撤销登记。鼓励有关单位或者个人向司法部、生态环境部举报环境损害司法鉴定机构的违法违规行为。

会议认为,根据《环境解释》的规定精神,对涉及案件定罪量刑的核心或者关键专门性问题难以确定的,由司法鉴定机构出具鉴定意见。实践中,这类核心或者关键专门性问题主要是案件具体适用的定罪量刑标准涉及的专门性问题,比如公私财产损失数额、超月排放标准倍数、污染物性质判断等。对案件的其他非核心或者关键专门性问题,或者可鉴定也可不鉴定的专门性问题,一般不委托鉴定。比如,适用《环境解释》第一条第二项"非法排放、倾倒、处置危险废物三吨以上"的规定对当事人追究刑事责任的,除可能适用公私财产损失第二档定罪量刑标准的以外,则不应再对公私财产损失数额或者超过排放标准倍数进行鉴定。涉及案件定罪量刑的核心或者关键专门性问题难以鉴定或者鉴定费用明显过高的,司法机关可以结合案件其他证据,并参考生态环境部门意见、专家意见等作出认定。

△(**检测数据的证据资格**)会议针对实践中地方生态环境部门及其所属监测机构委托第三方监测机构出具报告的证据资格问题进行了讨论。会议认为,地方生态环境部门及其所属监测机构委托第三方监测机构出具的监测报告,地方生态环境部门及其所属监测机构在行政执法过程中予以采用的,其实质属于《环境解释》第十二条规定的"环境保护主管部门及其所属监测机构在行政执法过程中收集的监测数据",在刑事诉讼中可以作为证据使用。

【**指导性案例**】

最高人民法院指导性案例第215号:昆明闽某纸业有限责任公司等污染环境刑事附带民事公益诉讼案(2023年10月20日发布)

△(**环境污染;单位犯罪;环境侵权债务;公司法人人格否认;股东连带责任**)公司股东滥用公司法人独立地位、股东有限责任,导致公司不能履行其应当承担的生态环境损害修复、赔偿义务,国家规定的机关或者法律规定的组织请求股东对此依照《中华人民共和国公司法》第二十条的规定承

担连带责任的,人民法院依法应当予以支持。

【公报案例】

石景龙污染环境案(《最高人民法院公报》2023年第9期)

△(企业合规整改合格;酌定从宽处罚情节)

污染环境犯罪中,符合企业合规改革适用案件范围和条件并完成有效合规整改的涉案企业和个人,以企业合规整改合格为由请求从宽处罚的,人民法院经审理认定涉案企业合规整改有效的,可以将合规整改合格作为酌定从宽处罚情节。

【参考案例】

No.6-6-338-1 程凤莲污染环境案

对于未经审批超标排放污水的行为,可先行审查排污行为是否符合超标排放的入罪标准,再认定所排放的污染物类型。

No.6-6-338-2 宁夏明盛染化有限公司、廉兴中污染环境案

自然人或者单位违反国家规定,排放、倾倒或者处置有放射性的废物、含传染病病原体的废物、有毒物质或者其他有害物质,严重污染环境的行为,应构成污染环境罪,该罪主体既可以是单位,也可以是自然人,对于基于单位利益实施污染环境的行为,应采取双罚制的原则,同时处罚单位和直接责任人员。

No.6-6-338-3 宝勋精密螺丝(浙江)有限公司等污染环境暨附带民事公益诉讼案

自然人或者单位违反国家规定,排放、倾倒或者处置有放射性的废物、含传染病病原体的废物、有毒物质或者其他有害物质,严重污染环境的行为,应构成污染环境罪,非法排放、倾倒、处置危险废物一百吨以上的,应属"情节严重";主观上不要求行为人对发生重大环境污染事故有认识,只要行为人认识到其行为会使环境受到严重污染或破坏即可;明知他人无危险废物经营许可证,向其提供或者委托其收集、贮存、利用、处置危险废物,严重污染环境的,以共同犯罪论处。

No.6-6-338-4 董传桥、张锁等十九人污染环境案

二人以上分别实施污染环境的行为造成危害后果的,与结果之间均存在因果关系。

No.6-6-338-5 樊爱东、王圣华等污染环境案

在认定行为人对于污染行为所导致的危害结果主观上是故意还是过失时,不应以危害结果的严重程度反推行为人的主观状态。

No.6-6-338-6 梁连平污染环境案

焚烧工业垃圾,向大气排放苯并[a]芘、氯化氢、二噁英等气体污染物,严重污染周边空气,属《最高人民法院、最高人民检察院关于办理环境污染刑事案件适用法律若干问题的解释》第一条第(十四)项规定的"其他严重污染环境的情形",成立污染环境罪。

No.6-6-338-7 王文峰、马正勇污染环境案

行为人擅自向河流倾倒煤焦油分离液,严重污染环境的,成立污染环境罪。

No.6-6-338-9 宋友生、李伯庆等污染环境案

污染环境罪中,环境评估报告中通过虚拟治理方法估算的污染修复费用属于为消除污染而采取必要合理措施而产生的费用。

第三百三十九条 【非法处置进口的固体废物罪】【擅自进口固体废物罪】

违反国家规定,将境外的固体废物进境倾倒、堆放、处置的,处五年以下有期徒刑或者拘役,并处罚金;造成重大环境污染事故,致使公私财产遭受重大损失或者严重危害人体健康的,处五年以上十年以下有期徒刑,并处罚金;后果特别严重的,处十年以上有期徒刑,并处罚金。

未经国务院有关主管部门许可,擅自进口固体废物用作原料,造成重大环境污染事故,致使公私财产遭受重大损失或者严重危害人体健康的,处五年以下有期徒刑或者拘役,并处罚金;后果特别严重的,处五年以上十年以下有期徒刑,并处罚金。

以原料利用为名,进口不能用作原料的固体废物、液态废物和气态废物的,依照本法第一百五十二条第二款、第三款的规定定罪处罚。

【立法沿革】

《中华人民共和国刑法》(1997年修订,自1997年10月1日起施行)

第三百三十九条

违反国家规定,将境外的固体废物进境倾倒、堆放、处置的,处五年以下有期徒刑或者拘役,并处罚金;造成重大环境污染事故,致使公私财产遭受重大损失或者严重危害人体健康的,处五年以上十年以下有期徒刑,并处罚金;后果特别严重的,处十年以上有期徒刑,并处罚金。

未经国务院有关主管部门许可,擅自进口固体废物用作原料,造成重大环境污染事故,致使公私财产遭受重大损失或者严重危害人体健康的,处五年以下有期徒刑或者拘役,并处罚金;后果特别严重的,处五年以上十年以下有期徒刑,并处罚金。

以原料利用为名,进口不能用作原料的固体废物,依照本法第一百五十五条的规定定罪处罚。

《中华人民共和国刑法修正案(四)》(自2002年12月28日起施行)

五、将刑法第三百三十九条第三款修改为:

"以原料利用为名,进口不能用作原料的固体废物、液态废物和气态废物的,依照本法第一百五十二条第二款、第三款的规定定罪处罚。"

【条文说明】

本条是关于非法处置进口的固体废物罪、擅自进口固体废物罪及其处罚的规定。

本条共分为三款。

第一款是关于违反国家规定,将中国境外的固体废物进境倾倒、堆放、处置行为及其处罚的规定。[①] "**固体废物**"是指在生产、生活和其他活动中产生的丧失原有利用价值或者虽未丧失利用价值但被抛弃或者放弃的固态、半固态和置于容器中的气态的物品、物质以及法律、行政法规规定纳入固体废物管理的物品、物质。这类废物的治理,往往需要较高的技术并耗费大量的资金,在一些发达国家处理这些废物的花费会比在落后国家的成本高,因此,有的发达国家将本国的有毒有害废物和垃圾转移到国外处置。为了保护人类健康,限制发达国家转移污染和保护发展中国家免受污染转移之害,1989年《控制危险废物越境转移及其处置巴塞尔公约》全体代表在瑞士巴塞尔通过了该公约。我国政府于1990年签署了该公约。按照公约的规定,任何国家皆享有禁止公约所指危险废物自外国进入其领土或者在其领土内处置的主权权利。我国《固体废物污染环境防治法》第二十三条明确规定,禁止中国境外的固体废物进境倾倒、堆放、处置,表达了我国政府在这个问题上的明确态度。

本款中的"**倾倒**"是指通过船舶、航空器、平台或者其他运载工具,向水体处置废弃物或者其他有害物质的行为。"**堆放**"是指向土地直接弃置固体废物的行为。"**处置**"是指以焚烧、填埋等方式处理固体废物的活动。根据2016年《最高人民法院、最高人民检察院关于办理环境污染刑事案件适用法律若干问题的解释》第二款的规定,"**公私财产遭受重大损失或者严重危害人体健康**"是指,实施《刑法》第三百三十九条规定的行为,"致使公私财产损失三十万元以上,或者具有本解释第一条第十项至第十七项规定情形之一的",应当认定为"致使公私财产遭受重大损失或者严重危害人体健康"。该解释第一条第(十)项

[①] 我国学者指出,由于《刑法》第一百五十二条第二款规定了走私废物罪(逃避海关监管将境外固体废物、液态废物和气态废物运输进境,情节严重的),因此必须对本罪的客观行为作限定解释,即将并非走私进境的限制进口和自动许可出口的固体废物违规倾倒、堆放、处置。参见黎宏:《刑法学各论》(第2版),法律出版社2016年版,第444页。

至第(十七)项规定情形包括:造成生态环境严重损害的;致使乡镇以上集中式饮用水水源取水中断十二小时以上的;致使基本农田、防护林地、特种用途林地五亩以上,其他农用地十亩以上,其他土地二十亩以上基本功能丧失或者遭受永久性破坏的;致使森林或者其他林木死亡五十立方米以上,或者幼树死亡二千五百株以上的;致使疏散、转移群众五千人以上的;致使三十人以上中毒的;致使三人以上轻伤、轻度残疾或者器官组织损伤导致一般功能障碍的;致使一人以上重伤、中度残疾或者器官组织损伤导致严重功能障碍的。根据上述解释第三款的规定,"具有下列情形之一的,应当认定为'**后果特别严重**':(一)致使县级以上城区集中式饮用水水源取水中断十二小时以上的;(二)非法排放、倾倒、处置危险废物一百吨以上的;(三)致使基本农田、防护林地、特种用途林地十亩以上,其他农用地三十亩以上,其他土地六十亩以上基本功能丧失或者遭受永久性破坏的;(四)致使森林或者其他林木死亡一百五十立方米以上,或者幼树死亡七千五百株以上的;(五)致使公私财产损失一百万元以上的;(六)造成生态环境特别严重损害的;(七)致使疏散、转移群众一万五千人以上的;(八)致使一百人以上中毒的;(九)致使十人以上轻伤、轻度残疾或者器官组织损伤导致一般功能障碍的;(十)致使三人以上重伤、中度残疾或者器官组织损伤导致严重功能障碍的;(十一)致使一人以上重伤、中度残疾或者器官组织损伤导致严重功能障碍的,并致使五人以上轻伤、轻度残疾或者器官组织损伤导致一般功能障碍的;(十二)致使一人以上死亡或者重度残疾的;(十三)其他后果特别严重的情形"。上述规定也适用于本条第二款。

第二款是关于未经国务院有关主管部门许可,擅自进口固体废物用作原料的犯罪行为及其处罚的规定。"**未经国务院有关主管部门许可,擅自进口固体废物用作原料**",是指没有经过国务院环境保护行政主管部门和国务院对外经济贸易主管部门审查许可,私自进口《国家限制进口的可用作原料的废物目录》上列入的固体废物用作原料。需要注意的是,我国《固体废物污染环境防治法》第二十四条规定:"国家逐步实现固体废物零进口,由国务院生态环境主管部门会同国务院商务、发展改革、海关等主管部门组织实施。"

第三款是关于以原料利用为名,进口不能用作原料的固体废物、液态废物和气态废物的犯罪行为及其处罚的规定。本款所说的"**固体废物**",是指国家禁止进口的不能用作原料的固体废物。本款所说的"**液态废物**",是指区别于固体废物的液体形态的废物,是有一定的体积但没有一定的形状,可以流动的物质。"**气态废物**",是指放置在容器中的气体形态的废物。根据本款的规定,以原料利用为名,进口不能用作原料的固体废物、液态废物和气态废物的,依照《刑法》第一百五十二条第二款、第三款走私废物罪的有关规定定罪处罚,即情节严重的,处五年以下有期徒刑,或者单处罚金,情节特别严重的,处五年以上有期徒刑,并处罚金。单位有上述行为的,对单位判处罚金,并对直接负责的主管人员和其他责任人员,依照以上规定处罚。2014年《最高人民法院、最高人民检察院关于办理走私刑事案件适用法律若干问题的解释》第十四条对"情节严重""情节特别严重"的认定标准作了规定。

实际执行中应当注意本条第二款规定的擅自进口固体废物用作原料的入罪门槛问题。根据规定,擅自进口固体废物用作原料的,需造成重大环境污染事故,致使公私财产遭受重大损失或者严重危害人体健康的,才能作为犯罪处理。关于"致使公私财产遭受重大损失或者严重危害人体健康"的标准,依照2016年《最高人民法院、最高人民检察院关于办理环境污染刑事案件适用法律若干问题的解释》第二条的规定予以确定。

【司法解释】

《**最高人民法院、最高人民检察院关于办理环境污染刑事案件适用法律若干问题的解释**》(法释〔2023〕7号,自2023年8月15日起施行)

△〔致使公私财产遭受重大损失或者严重危害人体健康〕实施刑法第三百三十九条第一款规定的行为,具有下列情形之一的,应当认定为"致使公私财产遭受重大损失或者严重危害人体健康":(一)致使公私财产损失一百万元以上的;(二)具有本解释第二条第五项至第十项规定情形之一的;(三)其他致使公私财产遭受重大损失或者严重危害人体健康的情形。(§4)

△〔从重处罚事由〕实施刑法第三百三十八条、第三百三十九条规定的犯罪行为,具有下列情形之一的,应当从重处罚:(一)阻挠环境监督检查或者突发环境事件调查,尚不构成妨害公务等犯罪的;(二)在医院、学校、居民区等人口集中地区及其附近,违反国家规定排放、倾倒、处置有放射性的废物、含传染病病原体的废物、有毒物质或者其他有害物质的;(三)在突发环境事件处置期间或者被责令限期整改期间,违反国家规定排放、倾倒、处置有放射性的废物、含传染病病原体的废物、有毒物质或者其他有害物质的;(四)具有危

险废物经营许可证的企业违反国家规定排放、倾倒、处置有放射性的废物、含传染病病原体的废物、有毒物质或者其他有害物质的;(五)实行排污许可重点管理的企业事业单位和其他生产经营者未依法取得排污许可证,排放、倾倒、处置有放射性的废物、含传染病病原体的废物、有毒物质或者其他有害物质的。(§5)

△(竞合;污染环境罪;非法处置进口的固体废物罪;投放危险物质罪)违反国家规定,排放、倾倒、处置含有毒害性、放射性、传染病病原体等物质的污染物,同时构成污染环境罪、非法处置进口的固体废物罪、投放危险物质罪等犯罪的,依照处罚较重的规定定罪处罚。(§9)

△(单位犯罪)单位实施本解释规定的犯罪的,依照本解释规定的定罪量刑标准,对直接负责的主管人员和其他直接责任人员定罪处罚,并对单位判处罚金。(§13)

△(监测数据;检测获取的数据;作为证据使用)环境保护主管部门及其所属监测机构在行政执法过程中收集的监测数据,在刑事诉讼中可以作为证据使用。

公安机关单独或者会同环境保护主管部门,提取污染物样品进行检测获取的数据,在刑事诉讼中可以作为证据使用。(§14)

△(国家危险物名录所列的废物;危险废物的数量;认定)对国家危险废物名录所列的废物,可以依据涉案物质的来源、产生过程、被告人供述、证人证言以及批准或者备案的环境影响评价文件、排污许可证、排污登记表等证据,结合环境保护主管部门、公安机关等出具的书面意见作出认定。

对于危险废物的数量,依据案件事实,综合被告人供述,涉案企业的生产工艺、物耗、能耗情况,以及经批准或者备案的环境影响评价文件等证据作出认定。(§15)

△(环境污染专门性问题难以确定;鉴定意见;报告)对案件所涉的环境污染专门性问题难以确定的,依据鉴定机构出具的鉴定意见,或者国务院环境保护主管部门、公安部门指定的机构出具的报告,结合其他证据作出认定。(§16)

△(非法处置危险废物)无危险废物经营许可证,以营利为目的,从危险废物中提取物质作为原材料或者燃料,并具有超标排放污染物、非法倾倒污染物或者其他违法造成环境污染的情形的行为,应当认定为"非法处置危险废物"。(§18)

△(二年内;重点排污单位;违法所得;公私财产损失;无危险废物经营许可证)本解释所称"二年内",以第一次违法行为受到行政处罚的生效之日与又实施相应行为之日的时间间隔计算确定。

本解释所称"重点排污单位",是指设区的市级以上人民政府环境保护主管部门依法确定的应当安装、使用污染物排放自动监测设备的重点监控企业及其他单位。

本解释所称"违法所得",是指实施刑法第二百二十九条、第三百三十八条、第三百三十九条规定的行为所得和可得的全部违法收入。

本解释所称"公私财产损失",包括实施刑法第三百三十八条、第三百三十九条规定的行为直接造成财产损毁、减少的实际价值,为防止污染扩大、消除污染而采取必要合理措施所产生的费用,以及处置突发环境事件的应急监测费用。

本解释所称"无危险废物经营许可证",是指未取得危险废物经营许可证,或者超出危险废物经营许可证的经营范围。(§19)

【司法解释性文件】

《最高人民检察院、公安部关于公安机关管辖的刑事案件立案追诉标准的规定(一)》(公通字〔2008〕36号,2008年6月25日公布)

△(非法处置进口的固体废物罪;立案追诉标准)违反国家规定,将境外的固体废物进境倾倒、堆放、处置的,应予立案追诉。(§61)

△(擅自进口固体废物罪;立案追诉标准)未经国务院有关主管部门许可,擅自进口固体废物用作原料,造成重大环境污染事故,涉嫌下列情形之一的,应予立案追诉:

(一)致使公私财产损失三十万元以上的;

(二)致使基本农田、防护林地、特种用途林地五亩以上,其他农用地十亩以上,其他土地二十亩以上基本功能丧失或者遭受永久性破坏的;

(三)致使森林或者其他林木死亡五十立方米以上,或者幼树死亡二千五百株以上的;

(四)致使一人以上死亡、三人以上重伤、十人以上轻伤,或者一人以上重伤并且五人以上轻伤的;

(五)致使传染病发生、流行或者人员中毒达到《国家突发公共卫生事件应急预案》中突发公共卫生事件分级Ⅲ级以上情形,严重危害人体健康的;

(六)其他致使公私财产遭受重大损失或者严重危害人体健康的情形。(§62)

第三百四十条　【非法捕捞水产品罪】
违反保护水产资源法规,在禁渔区、禁渔期或者使用禁用的工具、方法捕捞水产品,情节严重的,处三年以下有期徒刑、拘役、管制或者罚金。

【条文说明】

本条是关于非法捕捞水产品罪及其处罚的规定。

根据本条规定,违反保护水产资源法规,在禁渔区、禁渔期或者使用禁用的工具、方法捕捞水产品,情节严重的,处三年以下有期徒刑、拘役、管制或者罚金。这里的"**违反保护水产资源法规**"是指违反渔业法以及其他保护水产资源的法律、法规。"**禁渔区**"是指对某些重要鱼、虾、贝类产卵场,越冬场,幼体索饵场,洄游通道及生长繁殖场所等,划定禁止全部作业或者限制作业的一定区域。"**禁渔期**"是指对某些鱼类幼鱼出现的不同盛期,规定禁止作业或者限制作业的一定期限。"**禁用的工具**"是指禁止使用的捕捞工具,即超过国家按照不同的捕捞对象分别规定的最小网眼尺寸的网具和其他禁止使用的渔具,最小网眼尺寸就是容许捕捞各种鱼、虾类所使用的渔具网眼的最低限制,有利于释放未成熟的鱼、虾的幼体。"**禁用的方法**"是指禁止使用的捕捞方法,也就是严重损害水产资源正常繁殖和生长的方法,如炸鱼、毒鱼、电鱼等。

这里的"**情节严重**"主要指非法捕捞水产品数量较大的;非法捕捞水产品,屡教不改的;使用禁用的工具、方法捕捞水产品,造成水产资源重大损失的;等等。2016年《最高人民法院关于审理发生在我国管辖海域相关案件若干问题的规定(二)》第四条对"情节严重"的认定标准作了详细规定,具体包括在海洋水域,在禁渔区、禁渔期或者使用禁用的工具、方法捕捞水产品,具有下列情形之一的:"(一)非法捕捞水产品一万公斤以上或者价值十万元以上的;(二)非法捕捞有重要经济价值的水生动物苗种、怀卵亲体二千公斤以上或者价值二万元以上的;(三)在水产种质资源保护区内捕捞水产品二千公斤以上或者价值二万元以上的;(四)在禁渔区内使用禁用的工具或者方法捕捞的;(五)在禁渔期内使用禁用的工具或者方法捕捞的;(六)在公海使用禁用渔具从事捕捞作业,造成严重影响的;(七)其他情节严重的情形。"此外,2008年《最高人民检察院、公安部关于公安机关管辖的刑事案件立案追诉标准的规定(一)》第六十三条对应当立案追诉的六种情形作了规定。根据本条规定,符合这些情节严重情形,构成犯罪的,依法应当判处三年以下有期徒刑、拘役、管制或者罚金。

实际执行中应当注意以下两个方面的问题:
1. 这里的"**违反保护水产资源法规**"是指违反《渔业法》《野生动物保护法》等法律以及《水产资源繁殖保护条例》等行政法规中关于保护水产资源的规定。如我国《渔业法》第三十条规定,禁止捕捞有重要经济价值的水生动物苗种。因繁殖或者其他特殊需要,捕捞有重要经济价值的苗种或者禁捕的怀卵亲体的,必须经国务院渔业行政主管部门或者省、自治区、直辖市人民政府渔业行政主管部门批准,在指定的区域和时间内,按照限额捕捞。"第三十七条规定,因科学研究、驯养繁殖、展览或者其他特殊情况,需要捕捞国家重点保护的水生野生动物的,依照《野生动物保护法》的规定执行。此外,《水产资源繁殖保护条例》对采捕原则、禁渔区、禁渔期以及渔具、渔法的管理等都有明确的规定。

2. 对于违反保护水产资源法规,在禁渔区、禁渔期或者使用禁用的工具、方法捕捞水产品,尚不构成犯罪的行为,应当依照有关法律法规的规定追究其行政责任。如我国《渔业法》第三十八条第一款规定,"使用炸鱼、毒鱼、电鱼等破坏渔业资源方法进行捕捞的,违反关于禁渔区、禁渔期的规定进行捕捞的,或者使用禁用的渔具、捕捞方法和小于最小网目尺寸的网具进行捕捞或者渔获物中幼鱼超过规定比例的,没收渔获物和违法所得,处五万元以下的罚款;情节严重的,没收渔具,吊销捕捞许可证;情节特别严重的,可以没收渔船;构成犯罪的,依法追究刑事责任。"第四十一条规定:"未依法取得捕捞许可证擅自进行捕捞的,没收渔获物和违法所得,并处十万元以下的罚款;情节严重的,并可以没收渔具和渔船。"

【司法解释】

《最高人民法院关于审理发生在我国管辖海域相关案件若干问题的规定(二)》(法释〔2016〕

17号,自2016年8月2日起施行)

△(**情节严重**)违反保护水产资源法规,在海洋水域,在禁渔区、禁渔期或者使用禁用的工具、方法捕捞水产品,具有下列情形之一的,应当认定为刑法第三百四十条规定的"情节严重":

(一)非法捕捞水产品一万公斤以上或者价值十万元以上的;

(二)非法捕捞有重要经济价值的水生动物苗种、怀卵亲体二千公斤以上或者价值二万元以上的;

(三)在水产种质资源保护区内捕捞水产品二千公斤以上或者价值二万元以上的;

(四)在禁渔区内使用禁用的工具或者方法捕捞的;

(五)在禁渔期内使用禁用的工具或者方法捕捞的;

(六)在公海使用禁用渔具从事捕捞作业,造成严重影响的;

(七)其他情节严重的情形。(§4)

《最高人民法院、最高人民检察院关于办理破坏野生动物资源刑事案件适用法律若干问题的解释》(法释〔2022〕12号,自2022年4月9日起施行)

△(**情节严重**;**非法捕捞水产品罪**;**从重处罚**;**不起诉或者免予刑事处罚**;**不作为犯罪处理**)在内陆水域,违反保护水产资源法规,在禁渔区、禁渔期或者使用禁用的工具、方法捕捞水产品,具有下列情形之一的,应当认定为刑法第三百四十条规定的"情节严重",以非法捕捞水产品罪定罪处罚:

(一)非法捕捞水产品五百公斤以上或者价值一万元以上的;

(二)非法捕捞有重要经济价值的水生动物苗种、怀卵亲体或者在水产种质资源保护区内捕捞水产品五十公斤以上或者价值一千元以上的;

(三)在禁渔区使用电鱼、毒鱼、炸鱼等严重破坏渔业资源的禁用方法或者禁用工具捕捞的;

(四)在禁渔期使用电鱼、毒鱼、炸鱼等严重破坏渔业资源的禁用方法或者禁用工具捕捞的;

(五)其他情节严重的情形。

实施前款规定的行为,具有下列情形之一的,从重处罚:

(一)暴力抗拒、阻碍国家机关工作人员依法履行职务,尚未构成妨害公务罪、袭警罪的;

(二)二年内曾因破坏野生动物资源受过行政处罚的;

(三)对水生生物资源或者水域生态造成严重损害的;

(四)纠集多条船只非法捕捞的;

(五)以非法捕捞为业的。

实施第一款规定的行为,根据渔获物的数量、价值和捕捞方法、工具等,认为对水生生物资源危害明显较轻的,综合考虑行为人自愿接受行政处罚、积极修复生态环境等情节,可以认定为犯罪情节轻微,不起诉或者免予刑事处罚;情节显著轻微危害不大的,不作为犯罪处理。(§3)

△(**数量、数额累计计算**)二次以上实施本解释规定的行为构成犯罪,依法应当追诉的,或者二年内实施本解释规定的行为未经处理的,数量、数额累计计算。(§12)

△(**人工繁育动物**;**罪责刑相适应**;**一般不作为犯罪处理**)实施本解释规定的相关行为,在认定是否构成犯罪以及裁量刑罚时,应当考虑涉案动物是否系人工繁育、物种的濒危程度、野外存活状况、人工繁育情况、是否列入人工繁育国家重点保护野生动物名录,行为手段、对野生动物资源的损害程度,以及对野生动物及其制品的认知程度等情节,综合评估社会危害性,准确认定是否构成犯罪,妥当裁量刑罚,确保罪责刑相适应;根据本解释的规定定罪量刑明显过重的,可以根据案件的事实、情节和社会危害程度,依法作出妥当处理。

涉案动物系人工繁育,具有下列情形之一的,对所涉案件一般不作为犯罪处理;需要追究刑事责任的,应当依法从宽处理:

(一)列入人工繁育国家重点保护野生动物名录的;

(二)人工繁育技术成熟、已成规模,作为宠物买卖、运输的。(§13)

△(**涉案动物及其制品的价值**;**核算**)对于涉案动物及其制品的价值,应当根据下列方法确定:

(一)对于国家禁止进出口的珍贵动物及其制品、国家重点保护的珍贵、濒危野生动物及其制品的价值,根据国务院野生动物保护主管部门制定的评估标准和方法核算;

(二)对于有重要生态、科学、社会价值的陆生野生动物、地方重点保护野生动物、其他野生动物及其制品的价值,根据销赃数额认定;无销赃数额、销赃数额难以查证或者根据销赃数额认定明显偏低的,根据市场价格核算,必要时,也可以参照相关评估标准和方法核算。(§15)

△(**涉案动物及其制品的价值**;**鉴定**)根据本解释第十五条规定难以确定涉案动物及其制品价值的,依据司法鉴定机构出具的鉴定意见,或者下列机构出具的报告,结合其他证据作出认定:

(一)价格认证机构出具的报告;

(二)国务院野生动物保护主管部门、国家濒危物种进出口管理机构或者海关总署等指定的机构出具的报告;

（三）地、市级以上人民政府野生动物保护主管部门、国家濒危物种进出口管理机构的派出机构或者直属海关等出具的报告。（§16）

△（**涉案动物的种属类别等专门性问题；认定意见**）对于涉案动物的种属类别、是否系人工繁育，非法捕捞、狩猎的工具、方法，以及对野生动物资源的损害程度等专门性问题，可以由野生动物保护主管部门、侦查机关依据现场勘验、检查笔录等出具认定意见；难以确定的，依据司法鉴定机构出具的鉴定意见。本解释第十六条所列机构出具的报告，被告人及其辩护人提供的证据材料，结合其他证据材料综合审查，依法作出认定。（§17）

△（**单位犯罪**）餐饮公司、渔业公司等单位实施破坏野生动物资源犯罪的，依照本解释规定的相应自然人犯罪的定罪量刑标准，对直接负责的主管人员和其他直接责任人员定罪处罚，并对单位判处罚金。（§18）

△（**珊瑚、砗磲或者其他珍贵、濒危水生野生动物**）在海洋水域，非法捕捞水产品，非法采捕珊瑚、砗磲或者其他珍贵、濒危水生野生动物，或者非法收购、运输、出售珊瑚、砗磲或者其他珍贵、濒危水生野生动物及其制品的，定罪量刑标准适用《最高人民法院关于审理发生在我国管辖海域相关案件若干问题的规定（二）》（法释〔2016〕17号）的相关规定。（§19）

【司法解释性文件】

《最高人民检察院、公安部关于公安机关管辖的刑事案件立案追诉标准的规定（一）》（公通字〔2008〕36号，2008年6月25日公布）

△（**非法捕捞水产品罪；立案追诉标准**）违反保护水产资源法规，在禁渔区、禁渔期或者使用禁用的工具、方法非法捕捞水产品，涉嫌下列情形之一的，应予立案追诉：

（一）在内陆水域非法捕捞水产品五百公斤以上或者价值五千元以上的，或者在海洋水域非法捕捞水产品二千公斤以上或者价值二万元以上的；

（二）非法捕捞有重要经济价值的水生动物苗种、怀卵亲体或者在水产种质资源保护区内捕捞水产品，在内陆水域五十公斤以上或者价值五百元以上，或者在海洋水域二百公斤以上或者价值二千元以上的；

（三）在禁渔区内使用禁用的工具或者禁用的方法捕捞的；

（四）在禁渔期内使用禁用的工具或者禁用的方法捕捞的；

（五）在公海使用禁用渔具从事捕捞作业，造成严重影响的；

（六）其他情节严重的情形。（§63）

《最高人民法院、最高人民检察院、公安部、农业农村部依法惩治长江流域非法捕捞等违法犯罪的意见》（公通字〔2020〕17号，2020年12月17日发布）

△（**长江流域非法捕捞；非法捕捞水产品罪**）依法严惩非法捕捞犯罪。违反保护水产资源法规，在长江流域重点水域非法捕捞水产品，具有下列情形之一的，依照刑法第三百四十条的规定，以非法捕捞水产品罪定罪处罚：

1. 非法捕捞水产品五百公斤以上或者一万元以上的；

2. 非法捕捞具有重要经济价值的水生动物苗种、怀卵亲体或者在水产种质资源保护区内捕捞水产品五十公斤以上或者一千元以上的；

3. 在禁捕区域使用电鱼、毒鱼、炸鱼等严重破坏渔业资源的禁用方法捕捞的；

4. 在禁捕区域使用农业农村部规定的禁用工具捕捞的；

5. 其他情节严重的情形。

△（**单位犯罪**）依法严惩危害水生生物资源的单位犯罪。水产品交易公司、餐饮公司等单位实施本意见规定的行为，构成单位犯罪的，依照本意见规定的定罪量刑标准，对直接负责的主管人员和其他直接责任人员定罪处罚，并对单位判处罚金。

△（**宽严相济刑事政策**）贯彻落实宽严相济刑事政策。多次实施本意见规定的行为构成犯罪，依法应当追诉的，或者二年内二次以上实施本意见规定的行为未经处理的，数量数额累计计算。

△（**从重处罚**）实施本意见规定的犯罪，具有下列情形之一的，从重处罚：（1）暴力抗拒、阻碍国家机关工作人员依法履行职务，尚未构成妨害公务罪的；（2）二年内曾因实施本意见规定的行为受过处罚的；（3）对长江生物资源或水域生态造成严重损害的；（4）具有造成重大社会影响等恶劣情节的。具有上述情形的，一般不适用不起诉、缓刑、免于刑事处罚。

△（**犯罪情节轻微**）非法捕捞水产品，根据渔获物的数量、价值和捕捞方法、工具等情节，认为对水生生物资源危害明显较轻的，可以认定为犯罪情节轻微，依法不起诉或者免于刑事处罚，但是曾因破坏水产资源受过处罚的除外。

△（**渔获物的价值核算**）准确认定相关专门性问题。对于长江流域重点水域禁捕范围（禁捕区域和时间），依据农业农村部关于长江流域重点水域禁捕范围和时间的有关通告确定。涉案渔获物系国家重点保护的珍贵、濒危水生野生动物的，动物及其制品的价值可以根据国务院野生动物保

护主管部门综合考虑野生动物的生态、科学、社会价值制定的评估标准和方法核算。其他渔获物的价值,根据销赃数额认定;无销赃数额、销赃数额难以查证或者根据销赃数额认定明显偏低的,根据市场价格核算;仍无法认定的,由农业农村(渔政)部门认定或者由有关价格认证机构作出认证并出具报告。对于涉案的禁捕区域、禁捕时间、禁用方法、禁用工具、渔获物品种以及对水生生物资源的危害程度等专门性问题,由农业农村(渔政)部门于二个工作日内出具认定意见;难以确定的,由司法鉴定机构出具鉴定意见,或者由农业农村部指定的机构出具报告。

《最高人民法院、最高人民检察院、公安部、司法部关于依法惩治非法野生动物交易犯罪的指导意见》(公通字〔2020〕19号,2020年12月18日发布)

△(**非法捕捞水产品罪**)违反保护水产资源法规,在禁渔区、禁渔期或者使用禁用的工具、方法捕捞水产品,情节严重,依照刑法第三百四十条规定的,以非法捕捞水产品罪定罪处罚。(§1Ⅲ)

△(**数量、数额累计计算**)二次以上实施本意见第一条至第三条规定的行为构成犯罪,依法应当追诉的,或者二年内二次以上实施本意见第一条至第三条规定的行为未经处理的,数量、数额累计计算。(§4)

△(**共同犯罪**)明知他人实施非法野生动物交易行为,有下列情形之一的,以共同犯罪论处:

(一)提供贷款、资金、账号、车辆、设备、技术、许可证件的;

(二)提供生产、经营场所或者运输、仓储、保管、快递、邮寄、网络信息交互等便利条件或者其他服务的;

(三)提供广告宣传等帮助行为的。(§5)

△(**涉案野生动物及其制品价值;核算**)对涉案野生动物及其制品价值,可以根据国务院野生动物保护主管部门制定的价值评估标准和方法核算。其中野生动物制品,根据实际情况予以核算,但核算总额不能超过该种野生动物的整体价值。具有特殊利用价值或者导致动物死亡的主要部分,核算方法不明确的,其价值标准最高可以按照该种动物整体价值标准的80%予以折算,其他部分价值标准最高可以按整体价值标准的20%予以折算,但是按照上述方法予以折算的价值明显不当的,应当根据实际情况妥当予以核算。核算价值低于实际交易价格的,以实际交易价格认定。

根据前款规定难以确定涉案野生动物及其制品价值的,依照下列机构出具的报告,结合其他证据作出认定:

(一)价格认证机构出具的报告;

(二)国务院野生动物保护主管部门、国家濒危物种进出口管理机构、海关总署等指定的机构出具的报告;

(三)地、市级以上人民政府野生动物保护主管部门、国家濒危物种进出口管理机构的派出机构、直属海关等出具的报告。(§6)

△(**认定意见;鉴定意见;报告**)对野生动物及其制品种属类别,非法捕捞、狩猎的工具、方法,以及对野生动物资源的损害程度、食用涉案野生动物对人体健康的危害程度等专门性问题,可以由野生动物保护主管部门、侦查机关或者有专门知识的人依据现场勘验、检查笔录等出具认定意见。难以确定的,依据司法鉴定机构出具的鉴定意见,或者本意见第六条第二款所列机构出具的报告,结合其他证据作出认定。(§7)

△(**证据使用;不易保管的涉案野生动物及其制品;移交处置**)办理非法野生动物交易案件中,行政执法部门依法收集的物证、书证、视听资料、电子数据等证据材料,在刑事诉讼中可以作为证据使用。

对不易保管的涉案野生动物及其制品,在做好拍摄、提取检material或者制作足以反映原物形态特征或者内容的照片、录像等取证工作后,可以移交野生动物保护主管部门及其指定的机构依法处置。对存在或者可能存在疫病的野生动物及其制品,应立即通知野生动物保护主管部门依法处置。(§8)

△(**综合评估;罪责刑相适应**)实施本意见规定的行为,在认定是否构成犯罪以及裁量刑罚时,应当考虑涉案动物是否系人工繁育、物种的濒危程度,实际存活状况、人工繁育情况、是否列入国务院野生动物保护主管部门制定的人工繁育国家重点保护野生动物名录,以及行为手段、对野生动物资源的损害程度、食用涉案野生动物对人体健康的危害程度等情节,综合评估社会危害性,确保罪责刑相适应。相关定罪量刑标准明显不适宜的,可以根据案件的事实、情节和社会危害程度,依法作出妥当处理。(§9)

【**指导性案例**】

最高人民法院指导性案例第213号:黄某辉、陈某等8人非法捕捞水产品刑事附带民事公益诉讼案(2023年10月20日发布)

△(**生态环境修复;从轻处罚**)破坏环境资源刑事案件中,附带民事公益诉讼被告具有认罪认罚、主动修复受损生态环境等情节的,可以依法从轻处罚。

△(增殖放流)人民法院判决生态环境侵权人采取增殖放流方式恢复水生生物资源、修复水域生态环境的,应当遵循自然规律,遵守水生生物增殖放流管理规定,根据专业修复意见合理确定放流水域、物种、规格、种群结构、时间、方式等,并可以由渔业行政主管部门协助监督执行。

【参考案例】

No.6-6-340-1 耿志全非法捕捞水产品案

在尚未出台用以认定非法捕捞水产品罪中的"情节严重"的司法解释之前,应当从非法捕捞水产品的数量、行为的时间、地点、工具、方法以及行为次数等方面认定情节严重。

第三百四十一条 【危害珍贵、濒危野生动物罪】【非法狩猎罪】【非法捕猎、收购、运输、出售陆生野生动物罪】

非法猎捕、杀害国家重点保护的珍贵、濒危野生动物的,或者非法收购、运输、出售国家重点保护的珍贵、濒危野生动物及其制品的,处五年以下有期徒刑或者拘役,并处罚金;情节严重的,处五年以上十年以下有期徒刑,并处罚金;情节特别严重的,处十年以上有期徒刑,并处罚金或者没收财产。

违反狩猎法规,在禁猎区、禁猎期或者使用禁用的工具、方法进行狩猎,破坏野生动物资源,情节严重的,处三年以下有期徒刑、拘役、管制或者罚金。

违反野生动物保护管理法规,以食用为目的非法猎捕、收购、运输、出售第一款规定以外的在野外环境自然生长繁殖的陆生野生动物,情节严重的,依照前款的规定处罚。

【立法解释】

《全国人民代表大会常务委员会关于〈中华人民共和国刑法〉第三百四十一条、第三百一十二条的解释》(2014年4月24日通过)

△(非法收购国家重点保护的珍贵、濒危野生动物及其制品)知道或者应当知道是国家重点保护的珍贵、濒危野生动物及其制品,为食用或者其他目的而非法购买的,属于刑法第三百四十一条第一款规定的非法收购国家重点保护的珍贵、濒危野生动物及其制品的行为。

【立法沿革】

《中华人民共和国刑法》(1997年修订,自1997年10月1日起施行)

第三百四十一条

非法猎捕、杀害国家重点保护的珍贵、濒危野生动物的,或者非法收购、运输、出售国家重点保护的珍贵、濒危野生动物及其制品的,处五年以下有期徒刑或者拘役,并处罚金;情节严重的,处五年以上十年以下有期徒刑,并处罚金;情节特别严重的,处十年以上有期徒刑,并处罚金或者没收财产。

违反狩猎法规,在禁猎区、禁猎期或者使用禁用的工具、方法进行狩猎,破坏野生动物资源,情节严重的,处三年以下有期徒刑、拘役、管制或者罚金。

《中华人民共和国刑法修正案(十一)》(自2021年3月1日起施行)

四十一、在刑法第三百四十一条中增加一款作为第三款:

"违反野生动物保护管理法规,以食用为目的非法猎捕、收购、运输、出售第一款规定以外的在野外环境自然生长繁殖的陆生野生动物,情节严重的,依照前款的规定处罚。"

【条文说明】

本条是关于危害珍贵、濒危野生动物罪,非法狩猎罪,非法猎捕、收购、运输、出售陆生野生动物罪及其处罚的规定。

本条共分为三款。

第一款是关于非法猎捕、杀害珍贵、濒危野生动物犯罪,非法收购、运输、出售珍贵、濒危野生动物、珍贵、濒危野生动物制品犯罪及其处罚的规定。本款中"珍贵、濒危野生动物",包括列入《国家重点保护野生动物名录》的国家一、二级保护野生动物,列入《濒危野生动植物种国际贸易公约》附录一、附录二的野生动物以及驯养繁殖的上述物种。① "**珍贵**"**野生动物**是指具有较高的科学研究、经济利用或观赏价值的野生动物,如隼、秃鹫、猕猴、黄羊、马鹿等。"**濒危**"**野生动物**,是指除珍贵和稀有之外,种群数量处于急剧下降的趋势,面临灭绝的危险的野生动物,如白鳍豚等。另外,凡属于中国特产动物的,都可列为珍贵、濒危野生动物,如大熊猫,既是珍贵的,又是濒危的,又属于中国特产动物。珍贵、濒危的野生动物,都是被列为国家重点保护的野生动物。国家重点保护的野生动物范围实行目录管理。野生动物保护法中规定的地方重点保护野生动物不属于本款对象。**珍贵、濒危野生动物"制品"**,是指珍贵、濒危野生动物的肉、皮、毛、骨制成品。野生动物保护法等规定,除了科学研究、人工繁育、公众展示展演等少数特殊情形外,严厉禁止猎捕、杀害、出售、购买、利用、生产、经营使用国家重点保护的野生动物。与此衔接,刑法对针对珍贵、濒危野生动物的犯罪行为各个环节都作了相应规定。"**非法猎捕、杀害**"是指除因科学研究、驯养繁殖、展览或者其他特殊情况的需要,经过依法批准猎捕以外,对野生动物捕捉或者杀死的行为。"**非法收购、运输、出售国家重点保护的珍贵、濒危野生动物及其制品**",是指违反法律规定,对珍贵、濒危野生动物进行收购、运输、出售的行为。同时,《全国人民代表大会常务委员会关于〈中华人民共和国刑法〉第三百四十一条、第三百一十二条的解释》还明确规定,知道或者应当知道是国家重点保护的珍贵、濒危野生动物及其制品,为食用或者其他目的而非法购买的,属于《刑法》第三百四十一条第一款规定的非法收购国家重点保护的珍贵、濒危野生动物及其制品的行为。非法"**运输**"国家重点保护的珍贵、濒危野生动物及其制品,是指违反野生动物保护法的有关规定,利用飞机、火车、汽车、轮船等交通工具,通过邮寄、利用他人或者随身携带等方式,将国家重点保护的珍贵、濒危野生动物及其制品,从这一地点运往另一地点的行为。运输犯罪的情形一般是指对非法猎捕、杀害、购买的野生动物进行运输,或者以非法出售为目的的运输罪,这类非法运输行为直接破坏了珍贵、濒危野生动物资源,社会危害严重,应当依法严厉惩处。另外,需要注意的是,2016 年 7 月,全国人大常委会对《野生动物保护法》作了修订。修订前的《野生动物保护法》第二十三条规定:"运输、携带国家重点保护野生动物或者其产品出县境的,必须

经省、自治区、直辖市政府野生动物行政主管部门或者其授权的单位批准。"2016 年修订后的《野生动物保护法》第三十三条对运输野生动物的条件作了修改,规定:"运输、携带、寄递国家重点保护野生动物及其制品、本法第二十八条第二款规定的野生动物及其制品出县境的,应当持有或者附有本法第二十一条、第二十五条、第二十七条或者第二十八条规定的许可证、批准文件的副本或者专用标识,以及检疫证明。运输非国家重点保护野生动物出县境的,应当持有狩猎、进出口等合法来源证明,以及检疫证明。"第四十八条对行政处罚责任作了规定,即运输野生动物应当持有有关合法来源的证明文件和检疫证明,无须再另行向野生动物行政主管部门专门就运输申请批准。因此,实践中不能将马戏团为进行异地表演而未经批准运输珍贵、濒危野生动物的行为认定为本罪。

根据《最高人民法院关于审理破坏野生动物资源刑事案件具体应用法律若干问题的解释》的规定,"**情节严重**"是指非法猎捕、杀害、收购、运输、出售珍贵、濒危野生动物达到一定的数量标准,或者非法收购、运输、出售珍贵、濒危野生动物制品价值在十万元以上或非法获利五万元以上等情况。"**情节特别严重**"是指非法猎捕、杀害、收购、运输、出售珍贵、濒危野生动物数量特别大的;犯罪集团的首要分子;严重影响对野生动物的科研、养殖等工作顺利进行的;以武装掩护方法实施犯罪的;使用特种车、军用车等交通工具实施犯罪的;造成其他重大损失的;非法收购、运输、出售珍贵、濒危野生动物制品价值在二十万元以上或非法获利十万元以上的;或者从有其他特别严重情节的。关于价值的计算,依照国家野生动物主管部门的规定核定;核定价值低于实际交易价格的,以实际交易价格认定。

第二款是关于非法狩猎犯罪及其处罚的规定。本款中,"**违反狩猎法规**"是指违反国家有关狩猎规范的法律、法规。"**禁猎区**"是指国家划定一定的范围,禁止在其中进行狩猎活动的地区,一般是属于某些珍贵动物的主要栖息、繁殖的地区。此外,城镇、工矿区、革命圣地、名胜古迹地区、风景区,也是禁猎区。"**禁猎期**"是指国家规定禁止狩猎的期限,主要是为了保护野生动物资源,根据野生动物繁殖的季节,规定禁止猎捕的期限。"**禁用的工具、方法**"是指会破坏野生动物资源,危害

---

① 我国学者指出,非法收购、运输、出售已经驯养繁殖成功的珍贵、濒危野生动物、珍贵、濒危野生动物制品的行为,在没有办理相关手续的情况下,最多只是构成未经许可经营法律、行政法规规定的限制的物品的非法经营行为,而不能构成本罪。参见黎宏:《刑法学各论》(第 2 版),法律出版社 2016 年版,第 449 页。

人畜安全的工具、方法，如地弓、地枪，以及用毒药、炸药、火攻、烟熏、电击等方法。本款并不是绝对禁止猎捕野生动物，而是将猎捕野生动物的行为，限定在一定范围内。"情节严重"主要是指非法狩猎野生动物二十只以上的；违反狩猎法规，在禁猎区或者禁猎期使用禁用的工具、方法狩猎的；或者具有其他严重情节的。同时，为打击非法狩猎行为，《全国人民代表大会常务委员会关于〈中华人民共和国刑法〉第三百四十一条、第三百一十二条的解释》还明确规定，知道或者应当知道是《刑法》第三百四十一条第二款规定的非法狩猎的野生动物而购买的，属于《刑法》第三百一十二条第一款规定的明知是犯罪所得而收购的行为。根据《最高人民法院关于审理掩饰、隐瞒犯罪所得、犯罪所得收益刑事案件适用法律若干问题的解释》第一条的规定，依照《全国人民代表大会常务委员会关于〈中华人民共和国刑法〉第三百四十一条、第三百一十二条的解释》，明知是非法狩猎的野生动物而收购，数量达到五十只以上的，以**掩饰、隐瞒犯罪所得**罪定罪处罚。

第三款是关于以食用为目的非法猎捕、收购、运输、出售陆生野生动物犯罪及其处罚的规定。本款规定的目的既是保护野生动物资源，更是维护公共卫生安全。

1. 关于"**以食用为目的**"。立法过程中有意见提出，删去"以食用为目的"的限定，以其他用途如药用、观赏用等非食用性利用为目的，而非法猎捕、交易等行为也应纳入刑事制裁。考虑到与全国人大常委会上述涉及野生动物的决定以及正在修改的野生动物保护法衔接，本款罪主要是从禁止食用野生动物、防范野生动物疫情传播风险角度作出的规定，以及妥当把握刑事处罚范围，限定为"以食用为目的"。对于出于驯养、观赏、皮毛利用等目的的非法猎捕、收购、出售、运输其他野生动物的，可给予行政处罚，或者构成非法狩猎罪等其他犯罪的，依法追究刑事责任。需要注意的是，实践中构成犯罪不要求查证已经"食用"，对于在集市、餐馆等经营场所查到野生动物，行为人不能说明正当理由和合理用途的，即可认定为具有"以食用为目的"；对于猎捕、出售大雁等主要用作食用目的的野生动物的，可认定具有"以食用为目的"，将来司法实践中也可对如何认定"以食用为目的"作出进一步解释。

2. "**第一款规定以外的在野外环境自然生长繁殖的陆生野生动物**"，即珍贵、濒危野生动物以外的其他野生动物，这里有两个限定性表述：一是要求"在野外环境自然生长繁殖"的陆生野生动物，即真正的纯陆生野生动物，不包括驯养繁殖的

情况；二是陆生野生动物，不包括水生野生动物。另外，从本款规定的重要目的是防范公共卫生风险这一点考虑，这里的陆生野生动物主要是指陆生脊椎野生动物，是对人类具有动物疫病传播风险的动物。一般不宜认定为本款规定的野生动物。《全国人民代表大会常务委员会关于全面禁止非法野生动物交易、革除滥食野生动物陋习、切实保障人民群众生命健康安全的决定》第三条规定："列入畜禽遗传资源目录的动物，属于家畜家禽，适用《中华人民共和国畜牧法》的规定。国务院畜牧兽医行政主管部门依法制定并公布畜禽遗传资源目录。"对可食用野生动物实行"白名单"制度。2020年5月29日，国家畜禽遗传资源委员会办公室公布《国家畜禽遗传资源品种名录》，对此前目录作了修改，首次明确家禽家畜种类三十三种，除了传统畜禽十七种以外，还包括十六种特殊畜禽，如梅花鹿、马鹿、雉鸡、鸸鹋、绿头鸭、鸵鸟等。食用和为食用而猎捕、交易上述白名单目录中的特殊畜禽的，即使属于野外环境自然生长繁殖的，也不构成本款规定的犯罪。

3. 实施"**非法猎捕、收购、运输、出售**"行为，且情节严重。"情节严重"要考量非法获利数额、涉及野生动物数量，以及是否具有传染动物疫病的重要风险等。犯本款罪的，依照前款非法狩猎罪的刑罚处罚，即处三年以下有期徒刑、拘役、管制或者罚金。

需要注意以下几个方面的问题：

1. 本条第一款规定了非法猎捕、杀害珍贵、濒危野生动物犯罪。在办理这类案件时如果涉案动物系**人工繁育的**，在认定是否构成犯罪以及如何裁量刑罚时，应当考虑涉案动物的濒危程度、野外存活状况、人工繁育情况、是否列入人工繁育国家重点保护动物名录、行为手段、对野生动物资源的损害程度等情节，综合评估社会危害性，保证罪责刑相适应，如实践中出售自己繁育的珍贵濒危乌龟或者鹦鹉等的，应当依法作出妥当处理。对于涉案动物是否系人工繁育，应当综合被告人及其辩护人提供的证据材料和其他材料依法审查认定。

2. 本条第三款规定了非法猎捕、收购、运输、出售其他陆生野生动物犯罪。本条惩治的重点是**以食用为目的而进行的规模化、手段恶劣的猎捕行为，以及针对野生动物的市场化、经营化、组织化的运输、交易行为**，且章罪门槛上要求情节严重。对公民为自己食用而猎捕、购买一般的野生动物，或者对于个人在日常劳作生活中捕捉到少量野生动物并食用的，比如个人捕捉到的野兔、野

猪、麻雀并食用的,不宜以本款罪论处。

3. 关于增加的第三款非法猎捕、收购、运输、出售其他陆生野生动物的犯罪与本条第二款非法狩猎犯罪,以及 2014 年《全国人民代表大会常务委员会关于〈中华人民共和国刑法〉第三百四十一条、第三百一十二条的解释》之间的关系。(1)关于非法狩猎犯罪与本条第三款罪。非法狩猎罪的对象是"野生动物",此前实践中把握的一般是"有重要生态、科学、社会价值的野生动物",行为手段是在禁猎区、禁猎期或者使用禁用的工具、方法进行狩猎,构成非法狩猎犯罪要求上述特定的"四禁",范围和情形是有条件的,同时对主观目的没有限制。第三款非法猎捕、收购、运输、出售其他陆生野生动物犯罪是针对防范公共卫生风险,从禁止食用野生动物的角度作出的规定,但没有直接对食用规定为犯罪,而是打击以食用目的的猎捕、交易、运输行为。两罪行为方式都有"猎捕"或者"狩猎",非法狩猎行为后也继续有运输、出售行为,但如上所述,两罪的行为目的、构成犯罪的条件等是不一样的。构成非法狩猎罪的,如果又以食用为目的,则可能同时构成本条第三款罪,两罪存在想象竞合的交叉,法定刑相同,这种情况按照非法狩猎犯罪处罚更为合适。(2)关于本条第三款罪与法律解释适用的关系。《全国人民代表大会常务委员会关于〈中华人民共和国刑法〉第三百四十一条、第三百一十二条的解释》包括两个方面的内容:一是规定为食用或者其他目的而非法购买本条第一款规定的国家重点保护的珍贵、濒危野生动物的,属于本条第一款规定的非法收购行为。增加第三款罪的对象为本条第一款规定以外的野生动物,因此对法律解释上述规定的适用没有影响。二是《全国人民代表大会常务委员会关于〈中华人民共和国刑法〉第三百四十一条、第三百一十二条的解释》规定,知道或者应当知道是本条第二款规定的非法狩猎的野生动物而购买的,属于《刑法》第三百一十二条第一款规定的明知是犯罪所得而收购的行为,即构成掩饰、隐瞒犯罪所得、犯罪所得收益罪。与本条第三款罪可能存在一些重合,从一重罪处理。知道或者应当知道是非法狩猎的野生动物而购买的,且属于"以食用为目的"的购买,同时构成掩饰、隐瞒犯罪所得罪和本条第三款非法收购陆生野生动物犯罪,根据案件具体情况,依照《刑法》第三百一十二条和本条及有关司法解释定罪量刑的规定,确定从一重罪处罚。掩饰、隐瞒犯罪所得罪有两档刑罚,最高为七年有期徒刑,因此,以食用为目的购买、经营、运输非法狩猎的野生动物可以判处比本条第三款刑罚更重的刑罚。

【司法解释】

《最高人民法院关于审理发生在我国管辖海域相关案件若干问题的规定(一)》(法释〔2016〕16 号,自 2016 年 8 月 2 日起施行)

△(管辖海域)中国公民或者外国人在我国管辖海域实施非法猎捕、杀害珍贵濒危野生动物或者非法捕捞水产品等犯罪的,依照我国刑法追究刑事责任。(§3)

《最高人民法院关于审理发生在我国管辖海域相关案件若干问题的规定(二)》(法释〔2016〕17 号,自 2016 年 8 月 2 日起施行)

△(珊瑚、砗磲或者其他珍贵、濒危水生野生动物;情节严重;情节特别严重)非法采捕珊瑚、砗磲或者其他珍贵、濒危水生野生动物,具有下列情形之一的,应当认定为刑法第三百四十一条第一款规定的"情节严重":

(一)价值在五十万元以上的;
(二)非法获利二十万元以上的;
(三)造成海域生态环境严重破坏的;
(四)造成严重国际影响的;
(五)其他情节严重的情形。

实施前款规定的行为,具有下列情形之一的,应当认定为刑法第三百四十一条第一款规定的"情节特别严重":

(一)价值或者非法获利达到本条第一款规定标准五倍以上的;
(二)价值或者非法获利达到本条第一款规定的标准,造成海域生态环境严重破坏的;
(三)造成海域生态环境特别严重破坏的;
(四)造成特别严重国际影响的;
(五)其他情节特别严重的情形。(§5)

△(珊瑚、砗磲或者其他珍贵、濒危水生野生动物及其制品;情节严重;情节特别严重)非法收购、运输、出售珊瑚、砗磲或者其他珍贵、濒危水生野生动物及其制品,具有下列情形之一的,应当认定为刑法第三百四十一条第一款规定的"情节严重":

(一)价值在五十万元以上的;
(二)非法获利在二十万元以上的;
(三)具有其他严重情节的。

非法收购、运输、出售珊瑚、砗磲或者其他珍贵、濒危水生野生动物及其制品,具有下列情形之一的,应当认定为刑法第三百四十一条第一款规定的"情节特别严重":

(一)价值在二百五十万元以上的;

(二)非法获利在一百万元以上的；

(三)具有其他特别严重情节的。(§6)

△(涉案珍贵、濒危水生野生动物；种属确定；价值认定；珊瑚、砗磲)对案件涉及的珍贵、濒危水生野生动物的种属难以确定的，由司法鉴定机构出具鉴定意见，或者由国务院渔业行政主管部门指定的机构出具报告。

珍贵、濒危水生野生动物或者其制品的价值，依照国务院渔业行政主管部门的规定核定。核定价值低于实际交易价格的，以实际交易价格认定。

本解释所称珊瑚、砗磲，是指列入《国家重点保护野生动物名录》中国家一、二级保护的，以及列入《濒危野生动植物种国际贸易公约》附录一、附录二中的珊瑚、砗磲的所有种，包括活体和死体。(§7)

△[想象竞合犯；非法捕捞罪；非法猎捕、杀害珍贵、濒危野生动物罪；组织他人偷越国(边)境罪；偷越国(边)境罪；数罪并罚；妨害公务罪]实施破坏海洋资源犯罪行为，同时构成非法捕捞罪、非法猎捕、杀害珍贵、濒危野生动物罪、组织他人偷越国(边)境罪、偷越国(边)境罪等犯罪的，依照处罚较重的规定定罪处罚。

有破坏海洋资源犯罪行为，又实施走私、妨害公务等犯罪的，依照数罪并罚的规定处理。(§8)

《最高人民法院、最高人民检察院关于办理破坏野生动物资源刑事案件适用法律若干问题的解释》(法释[2022]12号，自2022年4月9日起施行)

△(国家重点保护的珍贵、濒危野生动物)刑法第三百四十一条第一款规定的"国家重点保护的珍贵、濒危野生动物"包括：

(一)列入《国家重点保护野生动物名录》的野生动物；

(二)经国务院野生动物保护主管部门核准按照国家重点保护的野生动物管理的野生动物。(§4)

△(收购；运输；出售)刑法第三百四十一条第一款规定的"收购"包括以营利、自用等为目的的购买行为；"运输"包括采用携带、邮寄、利用他人、使用交通工具等方法进行运送的行为；"出售"包括出卖和以营利为目的的加工利用行为。

刑法第三百四十一条第三款规定的"收购""运输""出售"，是指以食用为目的，实施前款规定的相应行为。(§5)

△(危害珍贵、濒危野生动物罪；情节严重；情节特别严重；从重处罚；不起诉或者免予刑事处罚；不作为犯罪处理)非法猎捕、杀害国家重点保护的珍贵、濒危野生动物，或者非法收购、运输、出售国家重点保护的珍贵、濒危野生动物及其制品，价值二万元以上不满二十万元的，应当依照刑法第三百四十一条第一款的规定，以危害珍贵、濒危野生动物罪处五年以下有期徒刑或者拘役，并处罚金；价值二十万元以上不满二百万元的，应当认定为"情节严重"，处五年以上十年以下有期徒刑，并处罚金；价值二百万元以上的，应当认定为"情节特别严重"，处十年以上有期徒刑，并处罚金或者没收财产。

实施前款规定的行为，具有下列情形之一的，从重处罚：

(一)属于犯罪集团的首要分子的；

(二)为逃避监管，使用特种交通工具实施的；

(三)严重影响野生动物科研工作的；

(四)二年内曾因破坏野生动物资源受过行政处罚的。

实施第一款规定的行为，不具有第二款规定的情形，且未造成动物死亡或者动物、动物制品无法追回，行为人全部退赃退赔，确有悔罪表现的，按照下列规定处理：

(一)珍贵、濒危野生动物及其制品价值二百万元以上的，可以认定为"情节严重"，处五年以上十年以下有期徒刑，并处罚金；

(二)珍贵、濒危野生动物及其制品价值二十万元以上不满二百万元的，可以处五年以下有期徒刑或者拘役，并处罚金；

(三)珍贵、濒危野生动物及其制品价值二万元以上不满二十万元的，可以认定为犯罪情节轻微，不起诉或者免予刑事处罚；情节显著轻微危害不大的，不作为犯罪处理。(§6)

△(情节严重；非法狩猎罪；从重处罚；不起诉或者免予刑事处罚；不作为犯罪处理)违反狩猎法规，在禁猎区、禁猎期或者使用禁用的工具、方法进行狩猎，破坏野生动物资源，具有下列情形之一的，应当认定为刑法第三百四十一条第二款规定的"情节严重"，以非法狩猎罪定罪处罚：

(一)非法猎捕野生动物价值一万元以上的；

(二)在禁猎区使用禁用的工具或者方法狩猎的；

(三)在禁猎期使用禁用的工具或者方法狩猎的；

(四)其他情节严重的情形。

实施前款规定的行为，具有下列情形之一的，从重处罚：

(一)暴力抗拒、阻碍国家机关工作人员依法

履行职务,尚未构成妨害公务罪、袭警罪的;

(二)对野生动物资源或者栖息地生态造成严重损害的;

(三)二年内曾因破坏野生动物资源受过行政处罚的。

实施第一款规定的行为,根据猎获物的数量、价值和狩猎方法、工具等,认为对野生动物资源危害明显较轻的,综合考虑猎捕的动机、目的、行为人自愿接受行政处罚、积极修复生态环境等情节,可以认定为犯罪情节轻微,不起诉或者免予刑事处罚;情节显著轻微危害不大的,不作为犯罪处理。(§ 7)

△(**情节严重;非法猎捕、收购、运输、出售陆生野生动物罪;非法狩猎罪**)违反野生动物保护管理法规,以食用为目的,非法猎捕、收购、运输、出售刑法第三百四十一条第一款规定以外的在野外环境自然生长繁殖的陆生野生动物,具有下列情形之一的,应当认定为刑法第三百四十一条第三款规定的"情节严重",以非法猎捕、收购、运输、出售陆生野生动物罪定罪处罚:

(一)非法猎捕、收购、运输、出售有重要生态、科学、社会价值的陆生野生动物或者地方重点保护陆生野生动物价值一万元以上的;

(二)非法猎捕、收购、运输、出售第一项规定以外的其他陆生野生动物价值五万元以上的;

(三)其他情节严重的情形。

实施前款规定的行为,同时构成非法狩猎罪的,应当依照刑法第三百四十一条第三款的规定,以非法猎捕陆生野生动物罪定罪处罚。(§ 8)

△(**以食用为目的**)对于"以食用为目的",应当综合涉案动物及其制品的特征、被查获的地点、加工、包装情况,以及可以证明来源、用途的标识、证明等证据作出认定。

实施本解释规定的相关行为,具有下列情形之一的,可以认定为"以食用为目的":

(一)将相关野生动物及其制品在餐饮单位、饮食摊点、超市等场所作为食品销售或者运往上述场所的;

(二)通过包装、说明书、广告等介绍相关野生动物及其制品的食用价值或者方法的;

(三)其他足以认定以食用为目的的情形。(§ 11)

△(**数量、数额累计计算**)二次以上实施本解释规定的行为构成犯罪,依法应当追诉的,或者二年内实施本解释规定的行为未经处理的,数量、数额累计计算。(§ 12)

△(**人工繁育动物;罪责刑相适应;一般不作为犯罪处理**)实施本解释规定的相关行为,在认定是否构成犯罪以及裁量刑罚时,应当考虑涉案动物是否系人工繁育、物种的濒危程度、野外存活状况、人工繁育情况、是否列入人工繁育国家重点保护野生动物名录,行为手段、对野生动物资源的损害程度,以及对野生动物及其制品的认知程度等情节,综合评估社会危害性,准确认定是否构成犯罪,妥当裁量刑罚,确保罪责刑相适应;根据本解释的规定定罪量刑明显过重的,可以根据案件的事实、情节和社会危害程度,依法作出妥当处理。

涉案动物系人工繁育,具有下列情形之一的,对所涉案件一般不作为犯罪处理;需要追究刑事责任的,应当依法从宽处理:

(一)列入人工繁育国家重点保护野生动物名录的;

(二)人工繁育技术成熟、已成规模,作为宠物买卖、运输的。(§ 13)

△(**涉案动物及其制品的价值;核算**)对于涉案动物及其制品的价值,应当根据下列方法确定:

(一)对于国家禁止进出口的珍贵动物及其制品、国家重点保护的珍贵、濒危野生动物及其制品的价值,根据野生动物保护主管部门制定的评估标准和方法核算;

(二)对于有重要生态、科学、社会价值的陆生野生动物、地方重点保护野生动物、其他野生动物及其制品的价值,根据销赃数额认定;无销赃数额、销赃数额难以查证或者根据销赃数额认定明显偏低的,根据市场价格核算,必要时,也可以参照相关评估标准和方法核算。(§ 15)

△(**涉案动物及其制品的价值;鉴定**)根据本解释第十五条规定难以确定涉案动物及其制品价值的,依据司法鉴定机构出具的鉴定意见,或者下列机构出具的报告,结合其他证据作出认定:

(一)价格认证机构出具的报告;

(二)国务院野生动物保护主管部门、国家濒危物种进出口管理机构或者海关总署等指定的机构出具的报告;

(三)地、市级以上人民政府野生动物保护主管部门、侦查机关依据现场勘验、检查笔录等出具认定意见;难以确定的,依据司法鉴定机构出具的鉴定意见、本解释第十六条所列机构出具的报告,被告人及其辩护人提供的证据材

料,结合其他证据材料综合审查,依法作出认定。(§17)

△(**单位犯罪**)餐饮公司、渔业公司等单位实施破坏野生动物资源犯罪的,依照本解释规定的相应自然人犯罪的定罪量刑标准,对直接负责的主管人员和其他直接责任人员定罪处罚,并对单位判处罚金。(§18)

△(**珊瑚、砗磲或者其他珍贵、濒危水生野生动物**)在海洋水域,非法捕捞水产品,非法采捕珊瑚、砗磲或者其他珍贵、濒危水生野生动物,或者非法收购、运输、出售珊瑚、砗磲或者其他珍贵、濒危水生野生动物及其制品的,定罪量刑标准适用《最高人民法院关于审理发生在我国管辖海域相关案件若干问题的规定(二)》(法释〔2016〕17号)的相关规定。(§19)

【司法解释性文件】

《国家林业局、公安部关于森林和陆生野生动物刑事案件管辖及立案标准》(林安字〔2001〕156号,2001年5月9日公布)

△(**非法猎捕、杀害国家重点保护珍贵、濒危陆生野生动物罪;重大案件;特别重大案件**)凡非法猎捕、杀害国家重点保护的珍贵、濒危陆生野生动物的应当立案,重大案件、特别重大案件的立案标准详见附表。

△(**非法收购、运输、出售珍贵、濒危陆生野生动物、珍贵、濒危陆生野生动物制品罪;立案标准;重大案件;特别重大案件**)非法收购、运输、出售国家重点保护的珍贵、濒危陆生野生动物的应当立案,重大案件、特别重大案件的立案标准见附表。

非法收购、运输、出售国家重点保护的珍贵、濒危陆生野生动物制品的,应当立案;制品价值在10万元以上或者非法获利5万元以上的,为重大案件;制品价值在20万元以上或非法获利10万元以上的,为特别重大案件。

△(**非法狩猎罪;立案标准;重大案件;特别重大案件**)违反狩猎法规,在禁猎区、禁猎期或者使用禁用的工具、方法狩猎,具有下列情形之一的,应予立案:

1. 非法狩猎陆生野生动物20只以上的;
2. 在禁猎区或者禁猎期使用禁用的工具、方法狩猎的;
3. 具有其他严重破坏野生动物资源情节的。

违反狩猎法规,在禁猎区、禁猎期或者使用禁用的工具、方法狩猎,非法狩猎陆生野生动物50只以上的,为重大案件;非法狩猎陆生野生动物100只以上或者具有其他恶劣情节的,为特别重大案件。

《最高人民检察院、公安部关于公安机关管辖的刑事案件立案追诉标准的规定(一)》(公通字〔2008〕36号,2008年6月25日公布)

△(**非法猎捕、杀害珍贵、濒危野生动物罪;立案追诉标准;珍贵、濒危野生动物**)非法猎捕、杀害国家重点保护的珍贵、濒危野生动物的,应予立案追诉。

本条和本规定第六十五条规定的"珍贵、濒危野生动物",包括列入《国家重点保护野生动物名录》的国家一、二级保护野生动物、列入《濒危野生动植物种国际贸易公约》附录一、附录二的野生动物以及驯养繁殖的上述物种。(§64)

△(**非法收购、运输、出售珍贵、濒危野生动物、珍贵、濒危野生动物制品罪;立案追诉标准;收购;运输;出售**)非法收购、运输、出售国家重点保护的珍贵、濒危野生动物及其制品的,应予立案追诉。

本条规定的"收购",包括以营利、自用等为目的的购买行为;"运输",包括采用携带、邮寄、利用他人、使用交通工具等方法进行运送的行为;"出售",包括出卖和以营利为目的的加工利用行为。(§65)

△(**非法狩猎罪;立案追诉标准**)违反狩猎法规,在禁猎区、禁猎期或者使用禁用的工具、方法进行狩猎,破坏野生动物资源,涉嫌下列情形之一的,应予立案追诉:

(一)非法狩猎野生动物二十只以上的;
(二)在禁猎区内使用禁用的工具或者禁用的方法狩猎的;
(三)在禁猎期内使用禁用的工具或者禁用的方法狩猎的;
(四)其他情节严重的情形。(§66)

《最高人民法院、最高人民检察院、国家林业局、公安部、海关总署关于破坏野生动物资源刑事案件中涉及的CITES附录Ⅰ和附录Ⅱ所列陆生野生动物制品价值核定问题的通知》(林濒发〔2012〕239号,2012年9月17日公布)

△(**CITES附录Ⅰ和附录Ⅱ所列陆生野生动物制品之价值核定**)我国是《濒危野生动植物种国际贸易公约》(CITES)缔约国,非原产我国的CITES附录Ⅰ和附录Ⅱ所列陆生野生动物已依法被分别核准为国家一级、二级保护野生动物。近年来,各地严格按照CITES和我国野生动物保护法律法规的规定,查获了大量非法收购、运输、出售和走私CITES附录Ⅰ、附录Ⅱ所列陆生野生动物及其制品案件。为确保依法办理上述案件,依据《陆生野生动物保护实施条例》第二十四条、

《最高人民法院关于审理走私刑事案件具体应用法律若干问题的解释》（法释〔2000〕30号）第四条，以及《最高人民法院关于审理破坏野生动物资源刑事案件具体应用法律若干问题的解释》（法释〔2000〕37号）第十条和第十一条的有关规定，结合《林业部关于在野生动物案件中如何确定国家重点保护野生动物及其产品价值标准的通知》（林策通字〔1996〕8号），现将破坏野生动物资源案件中涉及的CITES附录Ⅰ和附录Ⅱ所列陆生野生动物制品的价值标准规定如下：

一、CITES附录Ⅰ、附录Ⅱ所列陆生野生动物制品的价值，参照与其同属的国家重点保护陆生野生动物的同类制品价值标准核定；没有与其同属的国家重点保护陆生野生动物的，参照与其同科的国家重点保护陆生野生动物的同类制品价值标准核定；没有与其同科的国家重点保护陆生野生动物的，参照与其同目的国家重点保护陆生野生动物的同类制品价值标准核定；没有与其同目的国家重点保护陆生野生动物的，参照与其同纲或者同门的国家重点保护陆生野生动物的同类制品价值标准核定。

二、同属、同科、同目、同纲或者同门中，如果存在多种不同保护级别的国家重点保护陆生野生动物的，应当参照该分类单元中相同保护级别的国家重点保护陆生野生动物的同类制品价值标准核定；如果存在多种相同保护级别的国家重点保护陆生野生动物的，应当参照该分类单元中价值标准最低的国家重点保护陆生野生动物的同类制品价值标准核定；如果CITES附录Ⅰ和附录Ⅱ所列陆生野生动物所处分类单元有多种国家重点保护陆生野生动物，但保护级别不同的，应当参照该分类单元中价值标准最低的国家重点保护陆生野生动物的同类制品价值标准核定；如果仅有一种国家重点保护陆生野生动物的，应当参照该国家重点保护陆生野生动物的同类制品价值标准核定。

三、同一案件中缴获的同一动物个体的不同部分的价值总和，不得超过该种动物个体的价值。

四、核定价值低于非法贸易实际交易价格的，以非法贸易实际交易价格认定。

五、犀牛角、象牙等野生动物制品的价值，继续依照国家林业局关于发布破坏野生动物资源刑事案件中涉及走私的象牙及其制品价值标准的通知》（林濒发〔2001〕234号），以及《国家林业局关于发布破坏野生动物资源刑事案件中涉及犀牛角价值标准的通知》（林护发〔2002〕130号）的规定核定。

人民法院、人民检察院、公安、海关等办案单位可以依据上述价值标准，核定破坏野生动物资源刑事案件中涉及的CITES附录Ⅰ和附录Ⅱ所列陆生野生动物制品的价值。核定有困难的，县级以上林业主管部门、国家濒危物种进出口管理机构或其指定的鉴定单位应该协助。

《最高人民法院研究室关于收购、运输、出售部分人工驯养繁殖技术成熟的野生动物适用法律问题的复函》（法研〔2016〕23号，2016年3月2日公布）

△(真正意义上的野生动物；人工驯养繁殖)

我院《关于被告人郑喜和非法收购珍贵、濒危野生动物、珍贵、濒危野生动物制品罪请示一案的批复》（〔2011〕刑他字第86号，以下简称《批复》）是根据我院《关于发布商业性经营利用驯养繁殖技术成熟的梅花鹿等54种陆生野生动物名单的通知》（林护发〔2003〕121号，以下简称《通知》）的精神作出的。虽然《通知》于2012年被废止，但从实践看，《批复》的内容仍符合当前野生动物保护与资源利用实际，即：由于驯养繁殖技术的成熟，对有珍贵、濒危野生动物的驯养繁殖、商业利用在某些地区已成规模，有关野生动物的数量极大增加，收购、运输、出售这些人工驯养繁殖的野生动物实际上已无社会危害性。

来函建议对我院2000年《关于审理破坏野生动物资源刑事案件具体应用法律若干问题的解释》进行修改，提高收购、运输、出售有关人工驯养繁殖的野生动物的定罪量刑标准。此一思路虽能将一些行为出罪，但不能完全解决问题。如将运输人工驯养繁殖梅花鹿行为的入罪标准规定为20只以上后，还会有相当数量的案件符合定罪乃至判处重刑的条件。按此思路修订解释，对相关案件作出判决后，恐仍难保障案件处理的法律与社会效果。

鉴此，我室认为，彻底解决当前困境的办法，或者是尽快启动国家重点保护野生动物名录的修订工作，将一些实际已不再处于濒危状态的动物从名录中予以调整出去，同时将有的已处于濒危状态的动物增列进来；或者是在修订后司法解释中明确，对某些经人工驯养繁殖、数量已大大增多的野生动物，附表所列的定罪量刑数量标准，仅适用于真正意义上的野生动物，而不包括驯养繁殖的。

【公报案例】

张爱民、李楠等非法猎捕、收购、运输、出售珍贵、濒危野生动物案（《最高人民法院公报》2018年第2期）

△(非法猎捕或者非法收购、运输、出售国家

重点保护的野生动物)对野生动物的乱捕滥猎、非法交易破坏生物链的完整性和生物多样性,进而破坏整个生态环境,需要加大对野生动物的刑事司法保护。行为人只要实施了非法猎捕或者非法收购、运输、出售国家重点保护的野生动物的行为,即构成犯罪。

【参考案例】

No.6-6-341(1)-1 严叶成、周健伟等非法收购、运输、出售珍贵、濒危野生动物、珍贵、濒危野生动物制品案

非法收购、运输珍贵、濒危野生动物,在该动物病死后擅自出售动物肉体的,应以非法收购、运输、出售珍贵、濒危野生动物、珍贵、濒危野生动物制品罪论处。

No.6-6-341(1)-2 严叶成、周健伟等非法收购、运输、出售珍贵、濒危野生动物、珍贵、濒危野生动物制品案

骗领珍贵、濒危野生动物运输证明后,实施运输珍贵、濒危野生动物行为的,应以非法运输珍贵、濒危野生动物罪论处。

No.6-6-341(1)-3 达瓦加甫非法出售珍贵、濒危野生动物制品案

收购珍贵、濒危野生动物制品时不属于犯罪行为,但在出售时依法应追究刑事责任的,应以非法出售珍贵、濒危野生动物制品罪论处。

No.6-6-341(1)-4 徐峰非法收购、出售珍贵、濒危野生动物案

行为人非法收购、出售的是列入《濒危野生动植物种国际贸易公约》附录一、二的野生动物,但没有与其同属或同科的国家一、二级保护动物的,因缺少认定为情节严重或情节特别严重的参照标准,只能认定为一般情节,应在五年以下有期徒刑量刑。

No.6-6-341(1)-5 郑锴非法运输、出售珍贵、濒危野生动物制品案

在走私珍贵动物、珍贵动物制品罪的数额标准已大幅度提高的情况下,虽非法运输、出售珍贵、濒危野生动物制品罪的数额标准未修改,但根据罪责刑相适应的原则,也可以考虑在法定刑以下量刑。

No.6-6-341(1)-6 解景芳非法出售珍贵、濒危野生动物案

出售人工繁育的濒危野生动物,构成非法出售珍贵、濒危野生动物,但在量刑时应综合考量涉案动物的濒危程度、野外种群状况、人工繁育情况、用途、行为手段和对野生动物资源的损害程度等情节,综合评估社会危害性,依法作出妥当处理,确保罪责刑相适应。

No.6-6-341(1)-7 刘纯军非法收购珍贵、濒危野生动物案

未经加工的珍贵、濒危野生动物死体也属于珍贵、濒危野生动物。

第三百四十二条 【非法占用农用地罪】

违反土地管理法规,非法占用耕地、林地等农用地,改变被占用土地用途,数量较大,造成耕地、林地等农用地大量毁坏的,处五年以下有期徒刑或者拘役,并处或者单处罚金。

【立法解释】

《全国人民代表大会常务委员会关于〈中华人民共和国刑法〉第二百二十八条、第三百四十二条、第四百一十条的解释》[2001年8月31日通过,解释已经被《全国人民代表大会常务委员会关于修改部分法律的决定》(2009年8月27日通过)修改]

△(**违反土地管理法规**)刑法第二百二十八条、第三百四十二条、第四百一十条规定的"违反土地管理法规",是指违反土地管理法、森林法、草原法等法律以及有关行政法规中关于土地管理的规定。

【立法沿革】

《中华人民共和国刑法》(1997年修订,自1997年10月1日起施行)

第三百四十二条

违反土地管理法规,非法占用耕地改作他用,数量较大,造成耕地大量毁坏的,处五年以下有期徒刑或者拘役,并处或者单处罚金。

《中华人民共和国刑法修正案(二)》(自2001年8月31日起施行)

为了惩治毁林开垦和乱占滥用林地的犯罪,切实保护森林资源,将刑法第三百四十二条修改为:

"违反土地管理法规,非法占用耕地、林地等

农用地,改变被占用土地用途,数量较大,造成耕地、林地等农用地大量毁坏的,处五年以下有期徒刑或者拘役,并处或者单处罚金。"

【条文说明】

本条是关于非法占用农用地罪及其处罚的规定。

构成本罪必须具备以下几个条件:

1. **行为人必须违反土地管理法规**。根据《全国人民代表大会常务委员会关于〈中华人民共和国刑法〉第二百二十八条、第三百四十二条、第四百一十条的解释》的规定,"**违反土地管理法规**"是指违反土地管理法、森林法、草原法等法律以及有关行政法规中关于土地管理的规定。

2. **行为人实施了非法占用耕地、林地等农用地,改变被占用土地用途的行为**。根据我国《土地管理法》第四条的规定,土地按用途分为农用地、建设用地和未利用地。"**农用地**"是指直接用于农业生产的土地,包括耕地、林地、草地、农田水利用地、养殖水面等。其中,根据《土地利用现状分类》,"**耕地**"是指种植农作物的土地,包括熟地、新开发、复垦、整理地,休闲地(含轮歇地、轮作地);以种植农作物(含蔬菜)为主,间有零星果树、桑树或者其他树木的土地;临时种植药材、草皮、花卉、苗木等的耕地,以及其他临时改变用途的耕地。根据我国《森林法实施条例》第二条的规定,"**林地**"包括郁闭度 0.2 以上的乔木林地以及竹林地、灌木林地、疏林地、采伐迹地、火烧迹地、未成林造林地、苗圃地和县级以上人民政府规划的宜林地。

"**非法占用耕地、林地等农用地**"是指违反土地利用总体规划或计划,未经批准擅自将耕地改为建设用地或者作其他用途,或者擅自占用林地进行建设或者开垦林地进行种植、养殖以及实施采石、采沙等活动。"**改变被占用土地用途**"是指未经依法办理农用地转用批准手续,土地征收、征用、占用审批手续,非法占用耕地、林地、草地等农用地,在被占用的农用地上从事建设、采矿、养殖等活动,改变土地利用总体规划规定的农用地的原用途。如占用耕地建设度假村,开垦林地、草地种植庄稼,占用林地挖塘养虾等。

3. **必须达到数量较大,并且造成耕地、林地等农用地大量毁坏的后果,才构成犯罪**。有关司法解释分别对非法占用耕地,造成耕地、林地、草原毁坏,构成犯罪的入罪标准作了明确规定。

根据 2000 年《最高人民法院关于审理破坏土地资源刑事案件具体应用法律若干问题的解释》第三条的规定,非法占用耕地"**数量较大**",是指非法占用基本农田五亩以上或者非法占用基本农田以外的耕地十亩以上。非法占用耕地"**造成耕地大量毁坏**",是指行为人非法占用耕地建窑、建坟、建房、挖沙、采石、采矿、取土、堆放固体废弃物或者进行其他非农业建设,造成基本农田五亩以上或者基本农田以外的耕地十亩以上种植条件严重毁坏或者严重污染。

2012 年《最高人民法院关于审理破坏草原资源刑事案件应用法律若干问题的解释》第二条规定:"非法占用草原,改变被占用草原用途,数量在二十亩以上的,或者曾因非法占用草原受过行政处罚,在三年内又非法占用草原,改变被占用草原用途,数量在十亩以上的,应当认定为刑法第三百四十二条规定的'**数量较大**'。非法占用草原,改变被占用草原用途,数量较大,具有下列情形之一的,应当认定为刑法第三百四十二条规定的'**造成耕地、林地等农用地大量毁坏**':(一)开垦草原种植粮食作物、经济作物、林木的;(二)在草原上建窑、建房、修路、挖砂、采石、采矿、取土、剥取草皮的;(三)在草原上堆放或者排放废弃物,造成草原的原有植被严重毁坏或者严重污染的;(四)违反草原保护、建设、利用规划种植牧草和饲料作物,造成草原沙化或者水土严重流失的;(五)其他造成草原严重毁坏的情形。"

根据本条规定,违反土地管理法规,非法占用耕地、林地等农用地,改变被占用土地用途,数量较大,造成耕地、林地等农用地大量毁坏的,处五年以下有期徒刑或者拘役,并处或者单处罚金。

实际执行中应当注意以下两个方面的问题:

1. **关于未经处理的非法占用农用地行为的处理**。对于多次实施非法占用农用地的行为,依法应当追诉且未经处理的,**应当按照累计的数量、数额计算**。对此,2000 年《最高人民法院关于审理破坏土地资源刑事案件具体应用法律若干问题的解释》第九条、2005 年《最高人民法院关于审理破坏林地资源刑事案件具体应用法律若干问题的解释》第七条和 2012 年《最高人民法院关于审理破坏草原资源刑事案件应用法律若干问题的解释》第六条都作了明确规定。

2. **关于单位构成本罪的入罪标准**。构成本条规定的非法占用农用地罪的主体包括个人,也包括单位。根据《刑法》第三百四十六条的规定,单位犯非本节规定之罪的,对单位判处罚金,并对其直接负责的主管人员和直接责任人员,依照本节各该条的规定处罚。关于单位犯本罪的入罪标准,根据前面提到的三个司法解释的规定,**依照个人犯罪的定罪量刑标准执行**。

【司法解释】

《最高人民法院关于审理破坏土地资源刑事案件具体应用法律若干问题的解释》（法释〔2000〕14号,自2000年6月22日起施行）

△**(破坏土地资源;数量较大;造成耕地大量毁坏)** 违反土地管理法规,非法占用耕地并改作他用,数量较大,造成耕地大量毁坏的,依照刑法第三百四十二条的规定,以非法占用耕地罪定罪处罚:

(一)非法占用耕地"数量较大",是指非法占用基本农田五亩以上或者非法占用基本农田以外的耕地十亩以上。

(二)非法占用耕地"造成耕地大量毁坏",是指行为人非法占用耕地建窑、建坟、建房、挖沙、采石、采矿、取土、堆放固体废弃物或者进行其他非农业建设,造成基本农田五亩以上或者基本农田以外的耕地十亩以上种植条件严重毁坏或者严重污染。(§3)

△**(累计计算数量、数额)** 多次实施本解释规定的行为依法应当追诉的,或者一年内多次实施本解释规定的行为未经处理的,按照累计的数量、数额处罚。(§9)

《最高人民法院关于审理破坏草原资源刑事案件应用法律若干问题的解释》（法释〔2012〕15号,自2012年11月22日起施行）

△**(破坏草原资源)** 违反草原法等土地管理法规,非法占用草原,改变被占用草原用途,数量较大,造成草原大量毁坏的,依照刑法第三百四十二条的规定,以非法占用农用地罪定罪处罚。(§1)

△**(数量较大;造成耕地、林地等农用地大量毁坏)** 非法占用草原,改变被占用草原用途,数量在二十亩以上的,或者曾因非法占用草原受过行政处罚,在三年内又非法占用草原,改变被占用草原用途,数量在十亩以上的,应当认定为刑法第三百四十二条规定的"数量较大"。

非法占用草原,改变被占用草原用途,数量较大,具有下列情形之一的,应当认定为刑法第三百四十二条规定的"造成耕地、林地等农用地大量毁坏":

(一)开垦草原种植粮食作物、经济作物、林木的;

(二)在草原上建窑、建房、修路、挖砂、采矿、取土、剥取草皮的;

(三)在草原上堆放或者排放废弃物,造成草原的原有植被严重毁坏或者严重污染的;

(四)违反草原保护、建设、利用规划种植牧草和饲料作物,造成草原沙化或者水土严重流失的;

(五)其他造成草原严重毁坏的情形。(§2)

△**(累计计算数量、数额)** 多次实施破坏草原资源的违法犯罪行为,未经处理,应当依法追究刑事责任的,按照累计的数量、数额定罪处罚。(§6)

△**(草原)** 本解释所称"草原",是指天然草原和人工草地,天然草原包括草地、草山和草坡,人工草地包括改良草地和退耕还草地,不包括城镇草地。(§7)

《最高人民法院关于审理破坏森林资源刑事案件适用法律若干问题的解释》（法释〔2023〕8号,自2023年8月15日起施行）

△**(毁坏;数量较大、造成耕地、林地等农用地大量毁坏)** 违反土地管理法规,非法占用林地,改变被占用林地用途,具有下列情形之一的,应当认定为刑法第三百四十二条规定的造成林地"毁坏":

(一)在林地上实施建窑、建坟、建房、修路、硬化等工程建设的;

(二)在林地上实施采石、采砂、采土、采矿等活动的;

(三)在林地上排放污染物、堆放废弃物或者进行非林业生产、建设,造成林地被严重污染或者原有植被、林业生产条件被严重破坏的。

实施前款规定的行为,具有下列情形之一的,应当认定为刑法第三百四十二条规定的"数量较大,造成耕地、林地等农用地大量毁坏":

(一)非法占用并毁坏公益林地五亩以上的;

(二)非法占用并毁坏商品林地十亩以上的;

(三)非法占用并毁坏的公益林地、商品林地数量虽未分别达到第一项、第二项规定标准,但按相应比例折算合计达到有关标准的;

(四)二年内曾因非法占用农用地受过二次以上行政处罚,又非法占用林地,数量达到第一项至第三项规定标准一半以上的。(§1)

△**(数量、数额累计计算)** 多次实施本解释规定的行为,未经处理,且依法应当追诉的,数量、数额累计计算。

△**(破坏森林资源;从重处罚事由;免予刑事处罚;不作为犯罪处理)** 实施破坏森林资源犯罪,具有下列情形之一的,从重处罚:

(一)造成林地或者其他农用地基本功能丧失或者遭受永久性破坏的;

(二)非法占用自然保护地核心保护区内的林地或者其他农用地的;

(三)非法采伐国家公园、国家级自然保护区内的林木的;

(四)暴力抗拒、阻碍国家机关工作人员依法执行职务,尚不构成妨害公务罪、袭警罪的;

（五）经行政主管部门责令停止违法行为后，继续实施相关行为的。

实施本解释规定的破坏森林资源行为，行为人系初犯，认罪认罚，积极通过补种树木、恢复植被和林业生产条件等方式修复生态环境，综合考虑涉案林地的类型、数量、生态区位或者涉案植物的种类、数量、价值，以及行为人获利数额、行为手段等因素，认为犯罪情节轻微的，可以免于刑事处罚；认为情节显著轻微危害不大的，不作为犯罪处理。（§12）

△（**单位犯罪**）单位犯刑法第三百四十二条、第三百四十四条、第三百四十五条规定之罪的，依照本解释规定的相应自然人犯罪的定罪量刑标准，对直接负责的主管人员和其他直接责任人员定罪处罚，并对单位判处罚金。（§13）

△（**依法追缴或者责令退赔**）针对国家、集体或者他人所有的国家重点保护植物和其他林木实施犯罪的违法所得及其收益，应当依法追缴或者责令退赔。（§14）

△（**组织他人实施破坏森林资源犯罪；受雇佣为破坏森林资源犯罪提供劳务**）组织他人实施本解释规定的破坏森林资源犯罪的，应当按照其组织实施的全部罪行处罚。

对于受雇佣为破坏森林资源犯罪提供劳务的人员，除参与利润分成或者领取高额固定工资的以外，一般不以犯罪论处，但曾因破坏森林资源受过处罚的除外。（§15）

△（**未被追究刑事责任的行为人；行政处罚**）对于实施本解释规定的相关行为未被依法追究刑事责任的行为人，依法应当给予行政处罚、政务处分或者其他处分的，移送有关主管机关处理。（§16）

△（**认定意见；鉴定意见；报告**）对于涉案农用地类型、面积，国家重点保护植物或者其他林木的种类、立木蓄积、株数、价值，以及涉案行为对森林资源的损害程度等问题，可以由林业主管部门、侦查机关依据现场勘验、检查笔录等出具认定意见；难以确定的，依据鉴定机构出具的鉴定意见或者下列机构出具的报告，结合其他证据作出认定：

（一）价格认证机构出具的报告；
（二）国务院林业主管部门指定的机构出具的报告；
（三）地、市级以上人民政府林业主管部门出具的报告。（§18）

【司法解释性文件】

《**最高人民检察院、公安部关于公安机关管辖的刑事案件立案追诉标准的规定（一）**》（公通字〔2008〕36号，2008年6月25日公布）

△（**非法占用农用地罪；立案追诉标准；造成耕地大量毁坏；造成林地大量毁坏**）违反土地管理法规，非法占用耕地、林地等农用地，改变被占用土地用途，造成耕地、林地等农用地大量毁坏，涉嫌下列情形之一的，应予立案追诉：

（一）非法占用基本农田五亩以上或者基本农田以外的耕地十亩以上的；
（二）非法占用防护林地或者特种用途林地数量单种或者合计五亩以上的；
（三）非法占用其他林地十亩以上的；
（四）非法占用本款第（二）项、第（三）项规定的林地，其中一项数量达到相应规定的数量标准的百分之五十以上，且两项数量合计达到该项规定的数量标准的；
（五）非法占用其他农用地数量较大的情形。

违反土地管理法规，非法占用耕地建窑、建坟、建房、挖沙、采石、采矿、取土、堆放固体废弃物或者进行其他非农业建设，造成耕地种植条件严重毁坏或者严重污染，被毁坏耕地数量达到以上规定的，属于本条规定的"造成耕地大量毁坏"。

违反土地管理法规，非法占用林地，改变被占用林地用途，在非法占用的林地上实施建窑、建坟、建房、挖沙、采石、采矿、取土、种植农作物、堆放或者排放废弃物等行为或者进行其他非林业生产、建设，造成林地的原有植被或者林业种植条件严重毁坏或者严重污染，被毁坏林地数量达到以上规定的，属于本条规定的"造成林地大量毁坏"。（§67）

《**最高人民法院关于个人违法建房出售行为如何适用法律问题的答复**》（法〔2010〕395号，2010年11月1日公布）

△（**个人在农村宅基地、责任田上违法建房出售**）一、你院请示的在农村宅基地、责任田上违法建房出售如何处理的问题，涉及面广，法律、政策性强。据了解，有关部门正在研究制定政策意见和处理办法，在相关文件出台前，不宜以犯罪追究有关人员的刑事责任。

二、从来函反映的情况看，此类案件在你省部分地区发案较多。案件处理更应当十分慎重。要积极争取在党委统一领导下，有效协调有关方面，切实做好案件处理的善后工作，确保法律效果与社会效果的有机统一。

三、办理案件中，发现负有监管职责的国家机关工作人员有渎职、受贿等涉嫌违法犯罪的，要依法移交相关部门处理；发现有关部门在履行监管职责方面存在问题的，要结合案件处理，提出司法建议，促进完善社会管理。

【指导性案例】

最高人民检察院指导性案例第60号：刘强非法占用农用地案（2019年12月20日发布）

△（非法占用农用地罪；永久基本农田；"大棚房"；非农建设改造）行为人违反土地管理法规，在耕地上建设"大棚房""生态园""休闲农庄"等，非法占用耕地数量较大，造成耕地等农用地大量毁坏的，应当以非法占用农用地罪追究实际建设者、经营者的刑事责任。

【参考案例】

No.6-6-342-1　廖渭良等非法占用农用地、非法转让土地使用权案

非法占用园地，擅自改变土地用途，数量较大的，应以非法占用农用地罪论处。

No.6-6-342-3　赵石山、王海杰、杨建波非法占用农用地案

擅自以村委会名义将村山坡林地承包给村民作为墓地使用，成立非法占用农用地罪。

No.6-6-342-4　赵石山、王海杰、杨建波非法占用农用地案

单位犯罪应当体现单位意志，以村委会名义实施，且违法所得归全体村民或村集体所有；否则仍应当以自然人犯罪分别追究个人的刑事责任。

第三百四十二条之一　【破坏自然保护地罪】

违反自然保护地管理法规，在国家公园、国家级自然保护区进行开垦、开发活动或者修建建筑物，造成严重后果或者有其他恶劣情节的，处五年以下有期徒刑或者拘役，并处或者单处罚金。

有前款行为，同时构成其他犯罪的，依照处罚较重的规定定罪处罚。

【立法沿革】

《中华人民共和国刑法修正案（十一）》（自2021年3月1日起施行）

四十二、在刑法第三百四十二条后增加一条，作为第三百四十二条之一：

"违反自然保护地管理法规，在国家公园、国家级自然保护区进行开垦、开发活动或者修建建筑物，造成严重后果或者有其他恶劣情节的，处五年以下有期徒刑或者拘役，并处或者单处罚金。

"有前款行为，同时构成其他犯罪的，依照处罚较重的规定定罪处罚。"

【条文说明】

本条是关于破坏自然保护地罪及其处罚的规定。

本条共分为两款。

第一款是关于破坏自然保护地犯罪及其处罚的规定。

1. "**违反自然保护地管理法规**"是指违反有关自然保护地的管理、保护的法律、行政法规等，包括自然保护区条例，以及将来拟制定的自然保护地立法等。关于自然保护地，现行法律中规定得不多，2018年制定的《土壤污染防治法》第三十一条规定，"各级人民政府应当加强对国家公园等自然保护地的保护，维护其生态功能"。主要是有关中央改革文件对此作了规定，刑法与此作了衔接。根据中共中央办公厅、国务院办公厅《关于建立以国家公园为主体的自然保护地体系的指导意见》的规定，自然保护地按照生态价值和保护强度高低分为三类：国家公园、自然保护区和自然公园（包括森林公园、地质公园、海洋公园、湿地公园等各类自然公园）。逐步形成以国家公园为主体、自然保护区为基础、各类自然公园为补充的自然保护地分类系统。

2. "**国家公园**"是我国自然保护地最重要类型之一，属于全国主体功能区规划中的禁止开发区域，纳入全国生态保护红线区域管控范围，实行最严格的保护。改革目标是到2020年，完成国家公园体制试点，设立一批国家公园，分级统一的管理体制基本建立，国家公园总体布局初步形成。到2030年，国家公园体制更加健全，分级统一的管理体制更加完善，保护管理效能明显提高。首批十个国家公园体制试点包括三江源国家公园、东北虎豹国家公园、大熊猫国家公园、祁连山国家公园、北京长城国家公园、湖北神农架国家公园、福建武夷山国家公园、浙江钱江源国家公园、湖南南山国家公园、云南香格里拉普达措国家公园等。

3. 关于"**国家级自然保护区**"。根据自然保护区条例的规定，自然保护区是指对有代表性的自然生态系统、珍稀濒危野生动植物物种的天然集中分布区、有特殊意义的自然遗迹等保护对象所在的陆地、陆地水体或者海域，依法划出一定面积予以特殊保护和管理的区域，自然保护区分为国家级自然保护区和地方级自然保护区。在国内

外有典型意义、在科学上有重大国际影响或者有特殊科学研究价值的自然保护区,列为国家级自然保护区。截至2018年5月31日,我国目前共计四百七十四个国家级自然保护区。需要说明的是,未来国家级自然保护区将重新整合,部分将整合设立国家公园。

本款规定的犯罪行为是"**在国家公园、国家级自然保护区进行开垦、开发活动或者修建建筑物**"。《关于建立以国家公园为主体的自然保护地体系的指导意见》规定,"国家公园和自然保护区实行分区管控,原则上核心保护区内禁止人为活动,一般控制区内限制人为活动。自然公园原则上按一般控制区管理,限制人为活动"。《自然保护区条例》第二十六条规定:"禁止在自然保护区内进行砍伐、放牧、狩猎、捕捞、采药、开垦、烧荒、开矿、采石、挖沙等活动;但是,法律、行政法规另有规定的除外。"第二十七条第一款规定:"禁止任何人进入自然保护区的核心区。因科学研究的需要,必须进入核心区从事科学研究观测、调查活动的,应当事先向自然保护区管理机构提交申请和活动计划,并经自然保护区管理机构批准;其中,进入国家级自然保护区核心区的,应当经省、自治区、直辖市人民政府有关自然保护区行政主管部门批准。"第二十八条第一款规定:"禁止在自然保护区的缓冲区开展旅游和生产经营活动。因教学科研的目的,需要进入自然保护区的缓冲区从事非破坏性的科学研究、教学实习和标本采集活动的,应当事先向自然保护区管理机构提交申请和活动计划,经自然保护区管理机构批准。"第三十二条第一款规定:"在自然保护区的核心区和缓冲区内,不得建设任何生产设施。在自然保护区的实验区内,不得建设污染环境、破坏资源或者景观的生产设施;建设其他项目,其污染物排放不得超过国家和地方规定的污染物排放标准。在自然保护区的实验区内已经建成的设施,其污染物排放超过国家和地方规定的排放标准的,应当限期治理;造成损害的,必须采取补救措施。"因此,对国家公园、国家级自然保护区是核心保护区是严格禁止从事非法开垦、开发或者修建建筑物活动的,因历史遗留问题或者原住民因必要生产、生活需要而进行的活动除外。"**开垦**"是指对林地、农地等土地的开荒、种植、砍伐、放牧等活动;"**开发**"是指经济工程项目建设,如水电项目、矿山项目、挖沙等;"**修建建筑物**"包括开发房产项目等。构成犯罪要求"造成严重后果或者有其他恶劣情节",包括从行为手段、对生态环境的破坏程度、是否在核心保护区、非法开垦或开发的规模等情节进行综合判断。对于出于生产、生活

需要,非法开发建设一些设施,未对生态环境造成严重破坏后果的,不作为犯罪处理。犯本罪的,处五年以下有期徒刑或者拘役,并处或者单处罚金。

第二款是关于从一重罪处罚的规定。"有前款行为,同时构成其他犯罪的,**依照处罚较重的规定定罪处罚**。"适用本罪需要处理好与《刑法》第三百四十二条**非法占用农用地罪**、第三百四十三条**非法采矿罪**等的关系。在国家公园、国家级自然保护区内非法开垦的,如果同时属于非法占用耕地、林地等农用地,改变被占用土地用途的,还可能构成非法占用农用地罪;在国家公园、国家级自然保护区内非法开发,例如进行开采矿山活动,还可能构成非法采矿罪。对上述情况应当适用本款从一重罪处罚的规定。

需要注意的是,构成本罪要求"违反自然保护地管理法规",并非对国家公园、国家级自然保护区内的一切活动予以禁止和惩治,对于经过批准的合法开发建设活动不能适用本条,如经过批准的修建道路行为。特别是要注意处理好历史遗留问题即原住民为生产生活需要进行的必要活动。根据《关于建立以国家公园为主体的自然保护地体系的指导意见》的规定:"分类有序解决历史遗留问题。对自然保护地进行科学评估,将保护价值低的建制城镇、村屯或人口密集区域、社区民生设施等调整出自然保护地范围。结合精准扶贫、生态扶贫,核心保护区内原住民应实施有序搬迁,对暂时不能搬迁的,可以设立过渡期,允许开展必要的、基本的生产活动,但不能再扩大发展。依法清理整治探矿采矿、水电开发、工业建设等项目,通过分类处置方式有序退出;根据历史沿革与保护需要,依法依规对自然保护地内的耕地实施退田还林还草还湖还湿。"对因历史原因或者因后来被划为国家公园、国家级自然保护区域而仍在国家公园、国家级自然保护区内居住生活的,对其必要的开发建设行为不得作为本罪处理。

第三百四十三条 【非法采矿罪】【破坏性采矿罪】

违反矿产资源法的规定,未取得采矿许可证擅自采矿,擅自进入国家规划矿区、对国民经济具有重要价值的矿区和他人矿区范围采矿,或者擅自开采国家规定实行保护性开采的特定矿种,情节严重的,处三年以下有期徒刑、拘役或者管制,并处或者单处罚金;情节特别严重的,处三年以上七年以下有期徒刑,并处罚金。

违反矿产资源法的规定,采取破坏性的开采方法开采矿产资源,造成矿产资源严重破坏的,处五年以下有期徒刑或者拘役,并处罚金。

【立法沿革】

《中华人民共和国刑法》(1997年修订,自1997年10月1日起施行)

第三百四十三条

违反矿产资源法的规定,未取得采矿许可证擅自采矿的,擅自进入国家规划矿区、对国民经济具有重要价值的矿区和他人矿区范围采矿的,擅自开采国家规定实行保护性开采的特定矿种,经责令停止开采后拒不停止开采,造成矿产资源破坏的,处三年以下有期徒刑、拘役或者管制,并处或者单处罚金;造成矿产资源严重破坏的,处三年以上七年以下有期徒刑,并处罚金。

违反矿产资源法的规定,采取破坏性的开采方法开采矿产资源,造成矿产资源严重破坏的,处五年以下有期徒刑或者拘役,并处罚金。

《中华人民共和国刑法修正案(八)》(自2011年5月1日起施行)

四十七、将刑法第三百四十三条第一款修改为:

"违反矿产资源法的规定,未取得采矿许可证擅自采矿的,擅自进入国家规划矿区、对国民经济具有重要价值的矿区和他人矿区范围采矿,或者擅自开采国家规定实行保护性开采的特定矿种,情节严重的,处三年以下有期徒刑、拘役或者管制,并处或者单处罚金;情节特别严重的,处三年以上七年以下有期徒刑,并处罚金。"

【条文说明】

本条是关于非法采矿罪和破坏性采矿罪及其处罚的规定。

本条共分为两款。

第一款是关于非法采矿罪及其处罚的规定。"未取得采矿许可证擅自采矿",是指未取得国务院、省、自治区、直辖市人民政府、国务院授权的有关主管部门颁发的采矿许可证而开采矿产资源的行为。采矿许可证是法律规定由国家行政机关颁发的一种特许许可证。没有采矿许可证无权开采矿产资源。根据2016年《最高人民法院、最高人民检察院关于办理非法采矿、破坏性采矿刑事案件适用法律若干问题的解释》第二条的规定:"具有下列情形之一的,应当认定为刑法第三百四十三条第一款规定的'未取得采矿许可证':(一)无许可证的;(二)许可证被注销、吊销、撤销的;(三)超越许可证规定的矿区范围或者开采范围的;(四)超出许可证规定的矿种的(共生、伴生矿种除外);(五)其他未取得许可证的情形。""**国家规划矿区**",是指在一定时期内,根据国民经济建设长期的需要和资源分布情况,经国务院或者国务院有关主管部门依法定程序审查、批准,确定列入国家矿产开发长期或中期规划的矿区以及作为老矿区后备资源基地的矿区。"**对国民经济具有重要价值的矿区**",是指经济价值重大或者经济效益很高,对国家经济建设的全局性、战略性有重要影响的矿区。"**国家规定实行保护性开采的特定矿种**",是指黄金、钨、锡、锑、离子型稀土矿产。其中,钨、锡、锑、离子型稀土是我国的优质矿产,在世界上有举足轻重的地位。但是,近年来对这些矿产资源乱采滥挖的现象很严重,因此,根据矿产资源法的规定,国务院决定将钨、锡、锑、离子型稀土列为国家实行保护性开采的特定矿种,以加强保护。

本款对违反矿产资源法,构成非法采矿罪的行为规定了五种情况:(1)未取得采矿许可证擅自采矿的;(2)擅自进入国家规划矿区采矿的;(3)擅自在对国民经济具有重要价值的矿区采矿的;(4)擅自在他人矿区范围采矿的;(5)擅自开采国家规定实行保护性开采的特定矿种的。有上述任何一种行为,情节严重的,即构成本条规定的非法采矿罪。2016年《最高人民法院、最高人民检察院关于办理非法采矿、破坏性采矿刑事案件适用法律若干问题的解释》第三条第一款规定:"实施非法采矿行为,具有下列情形之一的,应当认定为刑法第三百四十三条第一款规定的'**情节严重**':(一)开采的矿产品价值或者造成矿产资源破坏的价值在十万元至三十万元以上的;(二)在国家规划矿区、对国民经济具有重要价值的矿区采矿,开采国家规定实行保护性开吴的特定矿种,或者在禁采区、禁采期内采矿,开采的矿产品价值或者造成矿产资源破坏的价值在五万元至十五万元以上的;(三)二年内曾因非法采矿受过两次以上行政处罚,又实施非法采矿行为的;(四)造成生态环境严重损害的;(五)其他情节严重的情形"。

根据本款的规定,实施非法采矿行为,情节严重,构成犯罪的,处三年以下有期徒刑、拘役或者管制,并处或者单处罚金;情节特别严重的,处三年以上七年以下有期徒刑,并处罚金。上述"情节特别严重",根据上述司法解释第三条第二款的规定:"具有下列情形之一的,应当认定为刑法第三百四十三条第一款规定的'情节特别严重':(一)数额达到前款第一项、第二项规定标准五倍以上的;(二)造成生态环境特别严重损害的;(三)其他情节特别严重的情形。"

第二款是关于破坏性采矿罪及其处罚的规定。"采取破坏性的开采方法开采矿产资源",是指行为人违反地质矿产主管部门审查批准的矿产资源开发利用方案开采矿产资源,并造成矿产资源严重破坏的行为。根据2016年《最高人民法院、最高人民检察院关于办理非法采矿、破坏性采矿刑事案件适用法律若干问题的解释》第六条的规定,造成矿产资源破坏的价值在五十万元至一百万元以上,或者造成国家规划矿区、对国民经济具有重要价值的矿区和国家规定实行保护性开采的特定矿种资源破坏的价值在二十五万元至五十万元以上的,应当认定为《刑法》第三百四十三条第二款规定的"造成矿产资源严重破坏"。

实际执行中应当注意以下两个方面的问题:
1. 关于非法采砂行为的处理。根据2016年《最高人民法院、最高人民检察院关于办理非法采矿、破坏性采矿刑事案件适用法律若干问题的解释》第四条的规定,在河道管理范围内采砂,依据相关规定应当办理河道采砂许可证,未取得河道采砂许可证,或者依据相关规定应当办理河道采砂许可证和采矿许可证,既未取得河道采砂许可证,又未取得采矿许可证,符合《刑法》第三百四十三条第一款和该司法解释规定的"情节严重"的情形,或者虽不具有这些情形,但严重影响河势稳定,危害防洪安全的,应当认定为《刑法》第三百四十三条第一款规定的"情节严重",依法追究刑事责任。

根据2016年《最高人民法院、最高人民检察院关于办理非法采矿、破坏性采矿刑事案件适用法律若干问题的解释》第五条的规定,未取得海砂开采海域使用权证,且未取得采矿许可证,采挖海砂,符合《刑法》第三百四十三条第一款和该司法解释规定的"情节严重"的情形,或者虽不具有这些情形,但造成海岸线严重破坏的,应当认定为《刑法》第三百四十三条第一款规定的"情节严重"。

2. 对非法开采或者破坏性开采石油、天然气资源行为的处理。根据《矿产资源法》第十六条的规定,开采石油、天然气、放射性矿产等特定矿种的,可以由国务院授权的有关主管部门审批,并颁发采矿许可证。根据2007年公布的《最高人民法院、最高人民检察院关于办理盗窃油气、破坏油气设备等刑事案件具体应用法律若干问题的解释》第六条的规定,违反矿产资源法的规定,非法开采或者破坏性开采石油、天然气资源的,依照《刑法》第三百四十三条以及《最高人民法院关于审理非法采矿、破坏性采矿刑事案件具体应用法律若干问题的解释》的规定追究刑事责任。

【司法解释】

《最高人民法院、最高人民检察院关于办理盗窃油气、破坏油气设备等刑事案件具体应用法律若干问题的解释》(法释〔2007〕3号,自2007年1月19日起施行)

△(非法开采或者破坏性开采石油、天然气资源)违反矿产资源法的规定,非法开采或者破坏性开采石油、天然气资源的,依照刑法第三百四十三条以及《最高人民法院关于审理非法采矿、破坏性采矿刑事案件具体应用法律若干问题的解释》的规定追究刑事责任。(§6)

《最高人民法院、最高人民检察院关于办理非法采矿、破坏性采矿刑事案件适用法律若干问题的解释》(法释〔2016〕25号,自2016年12月1日起施行)

△(违反矿产资源法的规定)违反《中华人民共和国矿产资源法》《中华人民共和国水法》等法律,行政法规有关矿产资源开发、利用、保护和管理的规定的,应当认定为刑法第三百四十三条规定的"违反矿产资源法的规定"。(§1)

△(未取得采矿许可证)具有下列情形之一的,应当认定为刑法第三百四十三条第一款规定的"未取得采矿许可证":

(一)无许可证的;
(二)许可证被注销、吊销、撤销的;
(三)超越许可证规定的矿区范围或者开采范围的;
(四)超出许可证规定的矿种的(共生、伴生矿种除外);

(五)其他未取得许可证的情形。(§2)

△(**情节严重;情节特别严重**)实施非法采矿行为,具有下列情形之一的,应当认定为刑法第三百四十三条第一款规定的"情节严重":

(一)开采的矿产品价值或者造成矿产资源破坏的价值在十万元至三十万元以上的;

(二)在国家规划矿区、对国民经济具有重要价值的矿区采矿,开采国家规定实行保护性开采的特定矿种,或者在禁采区、禁采期内采矿,开采的矿产品价值或者造成矿产资源破坏的价值在五万元至十五万元以上的;

(三)二年内曾因非法采矿受过两次以上行政处罚,又实施非法采矿行为的;

(四)造成生态环境严重损害的;

(五)其他情节严重的情形。

实施非法采矿行为,具有下列情形之一的,应当认定为刑法第三百四十三条第一款规定的"情节特别严重":

(一)数额达到前款第一项、第二项规定标准五倍以上的;

(二)造成生态环境特别严重损害的;

(三)其他情节特别严重的情形。(§3)

△(**在河道管理范围内采砂;情节严重**)在河道管理范围内采砂,具有下列情形之一,符合刑法第三百四十三条第一款和本解释第二条、第三条规定的,以非法采矿罪定罪处罚:

(一)依据相关规定应当办理河道采砂许可证,未取得河道采砂许可证的;

(二)依据相关规定应当办理河道采砂许可证和采矿许可证,既未取得河道采砂许可证,又未取得采矿许可证的。

实施前款规定行为,虽不具有本解释第三条第一款规定的情形,但严重影响河势稳定,危害防洪安全的,应当认定为刑法第三百四十三条第一款规定的"情节严重"。(§4)

△(**非法采挖海砂;情节严重**)未取得海砂开采海域使用权证,且未取得采矿许可证,采挖海砂,符合刑法第三百四十三条第一款和本解释第二条、第三条规定的,以非法采矿罪定罪处罚。

实施前款规定行为,虽不具有本解释第三条第一款规定的情形,但造成海岸线严重破坏的,应当认定为刑法第三百四十三条第一款规定的"情节严重"。(§5)

△(**造成矿产资源严重破坏**)造成矿产资源破坏的价值在五十万元至一百万元以上,或者造成国家规划矿区、对国民经济具有重要价值的矿区和国家规定实行保护性开采的特定矿种资源破坏的价值在二十五万元至五十万元以上的,应当认定为刑法第三百四十三条第二款规定的"造成矿产资源严重破坏"。(§6)

△(**事前通谋;共同犯罪**)明知是犯罪所得的矿产品及其产生的收益,而予以窝藏、转移、收购、代为销售或者以其他方法掩饰、隐瞒的,依照刑法第三百一十二条的规定,以掩饰、隐瞒犯罪所得、犯罪所得收益罪定罪处罚。

实施前款规定的犯罪行为,事前通谋的,以共同犯罪论处。(§7)

△(**累计计算价值数额**)多次非法采矿、破坏性采矿构成犯罪,依法应当追诉的,或者二年内多次非法采矿、破坏性采矿未经处理的,价值数额累计计算。(§8)

△(**犯罪情节轻微;不起诉或者免予刑事处罚事由**)实施非法采矿犯罪,不属于"情节特别严重",或者实施破坏性采矿犯罪,行为人系初犯,全部退赃退赔,积极修复环境,并确有悔改表现的,可以认定为犯罪情节轻微,不起诉或者免予刑事处罚。(§10)

△(**受雇佣为非法采矿、破坏性采矿犯罪提供劳务的人员**)对受雇佣为非法采矿、破坏性采矿犯罪提供劳务的人员,除参与利润分成或者领取高额固定工资的以外,一般不以犯罪论处,但曾因非法采矿、破坏性采矿受过处罚的除外。(§11)

△(**追缴或者责令退赔;没收**)对非法采矿、破坏性采矿犯罪的违法所得及其收益,应当依法追缴或者责令退赔。

对用于非法采矿、破坏性采矿犯罪的专门工具和供犯罪所用的本人财物,应当依法没收。(§12)

△(**矿产品价值之认定**)非法开采的矿产品价值,根据销赃数额认定;无销赃数额,销赃数额难以查证,或者根据销赃数额认定明显不合理的,根据矿产品价格和数量认定。

矿产品价格难以确定的,依据下列机构出具的报告,结合其他证据作出认定:

(一)价格认证机构出具的报告;

(二)省级以上人民政府国土资源、水行政、海洋等主管部门出具的报告;

(三)国务院水行政主管部门在国家确定的重要江河、湖泊设立的流域管理机构出具的报告。(§13)

△(**鉴定意见**)对案件所涉的有关专门性问题难以确定的,依据下列机构出具的鉴定意见或者报告,结合其他证据作出认定:

(一)司法鉴定机构就生态环境损害出具的鉴定意见;

(二)省级以上人民政府国土资源主管部门就造成矿产资源破坏的价值、是否属于破坏性开采方法出具的报告；

（三）省级以上人民政府水行政主管部门或者国务院水行政主管部门在国家确定的重要江河、湖泊设立的流域管理机构就是否危害防洪安全出具的报告；

（四）省级以上人民政府海洋主管部门就是否造成海岸线严重破坏出具的报告。（§14）

△（**具体数额标准**）各省、自治区、直辖市高级人民法院、人民检察院，可以根据本地区实际情况，在本解释第三条、第六条规定的数额幅度内，确定本地区执行的具体数额标准，报最高人民法院、最高人民检察院备案。（§15）

【**司法解释性文件**】

《**最高人民检察院、公安部关于公安机关管辖的刑事案件立案追诉标准的规定（一）的补充规定**》（公通字〔2017〕12号，2017年4月27日公布）

△（**非法采矿罪；立案追诉标准；采砂；采挖海砂；未取得采矿许可证；矿产品价值之确定与认定**）违反矿产资源法的规定，未取得采矿许可证擅自采矿，或者擅自进入国家规划矿区、对国民经济具有重要价值的矿区和他人矿区范围采矿，或者擅自开采国家规定实行保护性开采的特定矿种，涉嫌下列情形之一的，应予立案追诉：

（一）开采的矿产品价值或者造成矿产资源破坏的价值在十万元至三十万元以上的；

（二）在国家规划矿区、对国民经济具有重要价值的矿区采矿，开采国家规定实行保护性开采的特定矿种，或者在禁采区、禁采期内采矿，开采的矿产品价值或者造成矿产资源破坏的价值在五万元至十五万元以上的；

（三）二年内曾因非法采矿受过两次以上行政处罚，又实施非法采矿行为的；

（四）造成生态环境严重损害的；

（五）其他情节严重的情形。

在河道管理范围内采砂，依据相关规定应办理河道采砂许可证而未取得河道采砂许可证，或者应当办理河道采砂许可证和采矿许可证，既未取得河道采砂许可证又未取得采矿许可证，具有本条第一款规定的情形之一，或者严重影响河势稳定危害防洪安全的，应予立案追诉。

采挖海砂，未取得海砂开采海域使用权证且未取得采矿许可证，具有本条第一款规定的情形之一，或者造成海岸线严重破坏的，应予立案追诉。

具有下列情形之一的，属于本条规定的"未取得采矿许可证"：

（一）无许可证的；

（二）许可证被注销、吊销、撤销的；

（三）超越许可证规定的矿区范围或者开采范围的；

（四）超出许可证规定的矿种的（共生、伴生矿种除外）；

（五）其他未取得许可证的情形。

多次非法采矿构成犯罪，依法应当追诉的，或者二年内多次非法采矿未经处理的，价值数额累计计算。

非法开采的矿产品价值，根据销赃数额认定；无销赃数额，销赃数额难以查证，或者根据销赃数额认定明显不合理的，根据矿产品价格和数量认定。

矿产品价值难以确定的，依据价格认证机构，省级以上人民政府国土资源、水行政、海洋等主管部门，或者国务院水行政主管部门在国家确定的重要江河、湖泊设立的流域管理机构出具的报告，结合其他证据作出认定。（§11）

《**最高人民检察院、公安部关于公安机关管辖的刑事案件立案追诉标准的规定（一）**》（公通字〔2008〕36号，2008年6月25日公布）

△（**破坏性采矿罪；立案追诉标准；采取破坏性的开采方法开采矿产资源；价值数额**）违反矿产资源法的规定，采取破坏性的开采方法开采矿产资源，造成矿产资源严重破坏，价值在三十万元至五十万元以上的，应予立案追诉。

本条规定的"采取破坏性的开采方法开采矿产资源"，是指行为人违反地质矿产主管部门审查批准的矿产资源开发利用方案开采矿产资源，并造成矿产资源严重破坏的行为。

破坏性的开采方法以及造成矿产资源严重破坏的价值数额，由省级以上地质矿产主管部门出具鉴定结论，经查证属实后予以认定。（§69）

《**最高人民法院印发〈关于进一步加强危害生产安全刑事案件审判工作的意见〉的通知**》（法发〔2011〕20号，2011年12月30日公布）

△（**数罪并罚；危害生产安全犯罪；破坏环境资源保护犯罪**）违反安全生产管理规定，非法采矿、破坏性采矿或排放、倾倒、处置有害物质严重污染环境，造成重大伤亡事故或者其他严重后果，同时构成危害生产安全犯罪[①]和破坏环境资源保护犯罪的，依照数罪并罚的规定处罚。

---

① 危害生产安全犯罪主要指《刑法》第一百三十四条之重大责任事故罪、强令违章冒险作业罪和第一百三十五条之重大劳动安全事故罪。参见张明楷：《刑法学》（第6版），法律出版社2021年版，第1497页；黎宏：《刑法学各论》（第2版），法律出版社2016年版，第454页。

《最高人民法院关于充分发挥环境资源审判职能作用 依法惩处盗采矿产资源犯罪的意见》（法发〔2022〕19号，2022年7月1日发布）

△（从严惩处）严格依照刑法第三百四十三条及《最高人民法院、最高人民检察院关于办理非法采矿、破坏性采矿刑事案件适用法律若干问题的解释》（以下简称《解释》）的规定，对盗采矿产资源行为定罪量刑。对犯罪分子主观恶性深、人身危险性大，犯罪情节恶劣、后果严重的，坚决依法从严惩处。（§5）

△（未取得采矿许可证；综合考量）正确理解和适用《解释》第二条、第四条第一款、第五条第一款规定，准确把握盗采矿产资源行为入罪的前提条件。对是否构成"未取得采矿许可证"情形，要在综合考量案件具体事实、情节的基础上依法认定。（§6）

△（同时构成两种以上"情节严重"或者"情节特别严重"情形；在河道管理范围、海域实施盗采砂石）正确理解和适用《解释》第三条、第四条第二款、第五条第二款规定，对实施盗采矿产资源行为同时构成两种以上"情节严重"或者"情节特别严重"情形的，综合考虑各情节，精准量刑。对在河道管理范围、海域实施盗采砂石行为的，要充分关注和考虑其危害堤防安全、航道畅通、通航安全或者造成岸线破坏等因素。（§7）

△（积极修复生态环境、赔偿损失）充分关注和考虑实施盗采矿产资源行为对生态环境的影响，加强生态环境保护力度。对具有破坏生态环境情节但非依据生态环境损害严重程度确定法定刑幅度的，要酌情从重处罚。盗采行为人积极修复生态环境、赔偿损失的，可以依法从轻或者减轻处罚；符合《解释》第十条规定的，可以免予刑事处罚。（§8）

△（矿产品价值认定）正确理解和适用《解释》第十三条规定，准确把握矿产品价值认定规则。为获取非法利益而对矿产品进行加工、保管、运输的，其成本支出一般不从销赃数额中扣除。销赃数额与评估、鉴定的矿产品价值不一致的，要结合案件的具体事实、情节作出合理认定。

△（罚金刑；生态环境损害赔偿金、修复费用）依法用足用好罚金刑，提高盗采矿产资源犯罪成本，要综合考虑矿产品价值或者造成矿产资源破坏的价值、生态环境损害程度、社会影响等情节决定罚金数额。法律、行政法规对同类盗采矿产资源行为的行政罚款标准有规定的，决定罚金数额时可以参照行政罚款标准。盗采行为人就同一事实已经支付了生态环境损害赔偿金、修复费用的，决定罚金数额时可予酌情考虑，但不能直接抵扣。（§10）

△（缓刑适用）准确理解和把握刑法第七十二条规定，依法正确适用缓刑。对盗采矿产资源犯罪分子具有"涉黑""涉恶"或者属于"沙霸""矿霸"，曾因非法采矿或者破坏性采矿受过刑事处罚，与国家工作人员相互勾结实施犯罪的或者以行贿等非法手段逃避监管，毁灭、伪造、隐藏证据或者转移财产逃避责任，或者数罪并罚等情形的，要从严把握缓刑适用。依法宣告缓刑的，可以根据犯罪情况，同时禁止犯罪分子在缓刑考验期限内从事与开采矿产资源有关的特定活动。（§11）

△（共同犯罪）准确理解和把握法律关于共同犯罪的规定，对明知他人盗采矿产资源，而为其提供重要资金、工具、技术、单据、证明、手续等便利条件或者居间联络，结合全案证据可以认定为形成通谋的，以共同犯罪论处。（§12）

△（涉案财物处置）正确理解和适用《解释》第十二条规定，加强涉案财物处置力度。对盗采矿产资源犯罪的违法所得及其收益，用于盗采矿产资源犯罪的专门工具和供犯罪所用的本人财物，坚决依法追缴、责令退赔或者没收。对在盗采、运输、销赃等环节使用的机械设备、车辆、船舶等大型工具，要结合考虑案件的具体事实、情节及工具的属性、权属等因素，依法妥善认定是否用于盗采矿产资源犯罪的专门工具。（§13）

△（生态环境保护附带民事公益诉讼）依法妥善审理国家规定的机关或者法律规定的组织提起的生态环境保护附带民事公益诉讼，综合考虑盗采行为人的刑事责任与民事责任。既要依法立案追责，又要关注盗采行为人的担责能力，保证裁判的有效执行。鼓励根据不同环境要素的修复需求，依法适用劳务代偿、补种复绿、替代修复等多种修复责任承担方式，以及代履行、公益信托等执行方式。支持各方依法达成调解协议，鼓励盗采行为人主动、及时承担民事责任。（§14）

《最高人民法院、最高人民检察院、中国海警局关于印发〈依法打击涉海砂违法犯罪座谈会纪要〉的通知》（法发〔2023〕9号，2023年6月6日印发）

△（非法采挖海砂）未取得海砂开采海域使用权证，且未取得采矿许可证，在中华人民共和国内水、领海采挖海砂，符合刑法第三百四十三条第一款和《非法采矿解释》第二条、第三条规定的，以非法采矿罪定罪处罚。

对于在中华人民共和国毗连区、专属经济区、大陆架以及中华人民共和国管辖的其他海域实施前款规定的行为，适用我国刑法追究刑事责任的

案件,参照前款规定定罪处罚。(§1)

△(**过驳和运输海砂的船主或者船长**)具有下列情形之一的,对过驳和运输海砂的船主或者船长,依照刑法第三百四十三条第一款的规定,以非法采矿罪定罪处罚:

(1)与非法采挖海砂犯罪分子事前通谋,指使或者驾驶运砂船前往指定海域直接从采砂船过驳和运输海砂的;

(2)未与非法采挖海砂犯罪分子事前通谋,但受其雇佣,指使或者驾驶运砂船前往指定海域,在非法采砂行为仍在进行时,明知系非法采挖的海砂,仍直接从采砂船过驳和运输海砂的;

(3)未与非法采挖海砂犯罪分子事前通谋,也未受其雇佣,在非法采砂行为仍在进行时,明知系非法采挖的海砂,临时与非法采挖海砂犯罪分子约定时间、地点,直接从采砂船过驳和运输海砂的。(§2Ⅰ)

△(**主观故意;明知系非法采挖的海砂**)判断过驳和运输海砂的船主或者船长是否具有犯罪故意,应当依据其任职情况、职业经历、专业背景、培训经历、本人因同类行为受到行政处罚以及刑事责任追究情况等证据,结合其供述,进行综合分析判断。

实践中,具有下列情形之一,行为人不能作出合理解释的,一般可以认定其"明知系非法采挖的海砂",但有相反证据的除外:

(1)故意关闭船舶自动识别系统,或者船舶上有多套船舶自动识别系统,或者故意毁弃船载卫星电话、船舶自动识别系统、定位系统数据及手机存储数据的;

(2)故意绕行正常航线和码头、在隐蔽水域或者在明显不合理的隐蔽时间过驳和运输,或者使用暗号、暗语、信物等方式进行联络、接头的;

(3)使用"三无"船舶、虚假船名船舶或非法改装船舶,或者故意遮蔽船号,掩盖船体特征的;

(4)虚假记录船舶航海日志、轮机日志,或者进出港未申报、虚假申报的;

(5)套用相关许可证、拍卖手续、合同等合法文件资料,或者使用虚假、伪造文件资料的;

(6)无法出具合法有效海砂来源证明,或者拒不提供海砂真实来源证明的;

(7)以明显低于市场价格进行交易的;

(8)支付、收取或者约定的报酬明显不合理,或者使用控制的他人名下银行账户收付海砂交易款项的;

(9)逃避、抗拒执法检查,或者事前制定逃避检查预案的;

(10)其他足以认定的情形。(§3)

△(**非法采矿罪的共同犯罪**)明知他人实施非法采挖、运输、收购海砂犯罪,仍为其提供资金、场地、工具、技术、单据、证明、手续等重要便利条件或者居间联络,对犯罪产生实质性帮助作用的,以非法采矿罪或者掩饰、隐瞒犯罪所得罪的共同犯罪论处。(§4)

△(**受雇佣提供劳务的人员;高额固定工资**)《非法采矿解释》第十一条规定,对受雇佣提供劳务的人员,除参与利润分成或者领取高额固定工资的以外,一般不以犯罪论处,但曾因非法采矿、破坏性采矿受过处罚的除外。对于该条中"高额固定工资"的理解,不宜停留在对"高额"的字面理解层面,应当结合其在整个犯罪活动中的职责分工、参与程度等因素进行综合判断。

实践中,要注意结合本地区经济社会发展水平、从事采矿行业提供劳务人员的平均工资水平审查认定。一般情况下,领取或者约定领取上一年度本省(自治区、直辖市)同种类采矿、运输等行业提供劳务人员平均工资二倍以上固定财产性收益的,包括工资、奖金、补贴、物质奖励等,可以认定为"高额固定工资"。(§5)

△(**不适用"一般不以犯罪论处"的情形**)具有下列情形之一的,一般不适用《非法采矿解释》第十一条"一般不以犯罪论处"的规定:

(1)明知他人实施非法采挖、运输、收购海砂犯罪,仍多次为其提供开采、装卸、运输、销售等实质性帮助或者重要技术支持,情节较重的;

(2)在相关犯罪活动中,承担一定发起、策划、操纵、管理、协调职责的;

(3)多次逃避检查,或者采取通风报信等方式为非法采挖海砂犯罪活动逃避监管者或者为犯罪分子逃避处罚提供帮助的。(§9)

△(**涉案海砂价值认定;成本支出不扣除**)对于涉案海砂价值,有销赃数额的,一般根据销赃数额认定;对于无销赃数额,销赃数额难以查证,或者根据销赃数额认定明显不合理的,根据海砂市场交易价格和数量认定。

非法采挖的海砂在不同环节销赃,非法采挖、运输、保管等过程中产生的成本支出,在销赃数额中不予扣除。(§10)

△(**海砂价值难以确定;报告**)海砂价值难以确定的,依据当地政府相关部门所属价格认证机构出具的报告认定,或者依据省级以上人民政府自然资源、水行政、海洋等主管部门出具的报告,结合其他证据作出认定。(§11)

△(**海砂价值的确定基准**)确定非法开采的海砂价值,一般应当以实施犯罪行为终了时当地海砂市场交易价格或者非法采挖期间当地海砂的

平均市场价格为基准。犯罪行为存在明显时段连续性的,可以分别按照不同时段实施犯罪行为时当地海砂市场交易价格为基准。如当地县(市、区)无海砂市场交易价格,可参照周边地区海砂市场交易价格。(§ 12)

△(**涉案船舶;查封、扣押;保管**)对涉案船舶,海警机构应当依法及时查封、扣押,扣押后一般由海警机构自行保管,特殊情况下,也可以交由船主或者船长暂时保管。(§ 13)

△(**用于犯罪的专门工具**)具有下列情形之一的,一般可以认定为《非法采矿解释》第十二条第二款规定的"用于犯罪的专门工具",并依法予以没收:

(1)犯罪分子所有,并专门用于非法采挖海砂犯罪的工具;

(2)长期不作登记或者系"三无"船舶或者挂靠、登记在他人名下,但实为犯罪分子控制,并专门用于非法采挖海砂犯罪的工具;

(3)船舶、机具所有人明知犯罪分子专门用于非法采挖海砂违法犯罪而出租、出借船舶、机具,构成共同犯罪或者相关犯罪的。(§ 14)

△(**船舶所有人明知他人专门用于非法采挖海砂违法犯罪而出租、出借船舶**)具有下列情形之一的,一般可以认定为船舶所有人明知他人专门用于非法采挖海砂违法犯罪而出租、出借船舶,但是能够作出合理解释或者有相反证据的除外:

(1)未经有关部门批准,擅自将船舶改装为可用于采挖、运输海砂的船舶或者进行伪装的;

(2)同意或者默许犯罪分子将船舶改装为可用于采挖、运输海砂的船舶或者进行伪装的;

(3)曾因出租、出借船舶用于非法采挖、运输海砂受过行政处罚,又将船舶出租、出借给同一违法犯罪分子的;

(4)拒不提供真实的实际使用人信息,或者提供虚假的实际使用人信息的;

(5)其他足以认定明知的情形。(§ 15)

△(**通过虚构买卖合同、口头协议等方式转让船舶所有权;用于犯罪的专门工具**)非法采挖、运输海砂犯罪分子为逃避专门用于犯罪的船舶被依法罚没,或者为逃避一年内曾因非法采挖、运输海砂受过行政处罚,又实施此类行为被追究刑事责任,而通过虚构买卖合同、口头协议等方式转让船舶所有权,但并未进行物权变动登记,也未实际支付船舶转让价款的,可以依法认定涉案船舶为"用于犯罪的专门工具"。(§ 16)

△(**涉案船舶的价值与涉案金额过于悬殊;一般不予没收**)涉案船舶的价值与涉案金额过于悬殊,且涉案船舶证件真实有效、权属明确、船证

一致的,一般不予没收。实践中,应当综合行为的性质、情节、后果、社会危害程度及行为人认罪悔罪表现等因素,对涉案船舶依法处置。(§ 17)

△(**船主构成共同犯罪或者相关犯罪;供犯罪所用的本人财物**)船主以非法运输海砂为业,明知是非法采挖海砂仍一年内多次实施非法运输海砂犯罪活动,构成共同犯罪或者相关犯罪的,涉案船舶可以认定为《非法采矿解释》第十二条第二款规定的"供犯罪所用的本人财物",并依法予以没收。(§ 18)

△(**海警机构;拍卖涉案海砂;没收涉案船舶上采运砂机具等设施设备**)海警机构对查扣的涉案海砂,在固定证据和留存样本后,经县级以上海警机构主要负责人批准,可以依法先行拍卖,并对拍卖进行全流程监管。拍卖所得价款暂予保管,诉讼终结后依法处理。

对于涉案船舶上采运砂机具等设施设备,海警机构在侦查过程中应当及时查封、扣押,人民法院原则上应当依法判决没收,或者交由相关主管部门予以拆除。(§ 19)

△(**人民法院、人民检察院、海警机构;分工负责,互相配合,互相制约**)各级人民法院、人民检察院、海警机构办理涉海砂刑事案件和刑事附带民事公益诉讼案件,应当充分发挥职能作用,分工负责,互相配合,互相制约,有效形成打击合力。各级海警机构要加强串并研判,注重深挖彻查,依法全面收集、固定、完善相关证据,提升办案质量,依法提请批准逮捕、移送审查起诉。各级人民检察院要依法充分履行法律监督职责,高质效开展涉海砂刑事案件审查批准逮捕、审查起诉等工作。必要时,人民检察院可提前介入侦查,引导海警机构全面收集、固定刑事案件和刑事附带民事公益诉讼案件证据。各级人民法院在审理涉海砂刑事案件时,要切实发挥审判职能,贯彻宽严相济刑事政策,准确适用法律,确保罚当其罪。(§ 21)

△(**建立健全日常联络、信息通报、案件会商、类案研判等制度机制**)各级人民法院、人民检察院、海警机构应当建立健全日常联络、信息通报、案件会商、类案研判等制度机制,及时对涉海砂违法犯罪活动出现的新情况新问题进行研究,解决重大疑难复杂问题,提升案件办理效果。(§ 22)

△(**惩防并举、预防为先、治理为本的综合性防控体系**)各级人民法院、人民检察院、海警机构在办理涉海砂刑事案件时,应当结合工作职责,认真分析研判涉海砂违法犯罪规律,形成原因,统筹运用制发司法建议、检察建议、开展检察公益诉讼、进行法治宣传、以案释法等方式,构建惩防并举、预防为先、治理为本的综合性防控体系;在注

重打击犯罪的同时,积极推动涉海砂违法犯罪的诉源治理、综合治理,斩断利益链条,铲除犯罪滋生土壤。(§23)

最高人民法院指导性案例第212号:刘某桂非法采矿刑事附带民事公益诉讼案(2023年10月20日发布)

△(**跨行政区划集中管辖**)跨行政区划的非法采砂刑事案件,可以由非法开采行为实施地、矿产品运输始发地、途经地、目的地等与犯罪行为相关的人民法院管辖。

△(**采售一体的非法采砂共同犯罪;管辖**)对于采售一体的非法采砂共同犯罪,应当按照有利于查明犯罪事实、便于生态环境修复的原则,确定管辖法院。该共同犯罪中一人犯罪或一环节犯罪属于管辖法院审理的,则该采售一体非法采砂刑事案件均可由该法院审理。

△(**生态环境损害赔偿**)非法采砂造成流域生态环境损害,检察机关在刑事案件中提起附带民事公益诉讼,请求被告人承担生态环境修复责任、赔偿损失和有关费用的,人民法院依法予以支持。

【**公报案例**】

张少山等32人非法采矿、马朝玉掩饰、隐瞒犯罪所得刑事附带民事公益诉讼案(《最高人民法院公报》2023年第6期)

△(**采砂者与购砂者事前通谋;共同犯罪;非法采砂犯罪造成的生态环境损害;具有破坏生态环境的故意**)在非法采砂犯罪中,采砂者与购砂者事前通谋,通过采运一体的方式非法采砂,形成产销利益链条,应当认定购砂者与采砂者构成非法采砂的共同犯罪。

在认定非法采砂犯罪造成的生态环境损害时应当根据采砂量、鱼类资源直接损失量、底栖生物损害数、生态系统服务价值量等量化指标,综合予以认定。

对具有非法采砂犯罪前科、非法采砂犯罪取保候审期间再次实施非法采砂犯罪的被告人,应当认定其具有破坏生态环境的故意,公诉机关要求其承担惩罚性赔偿责任的,人民法院应予支持。

第三百四十四条 【**危害国家重点保护植物罪**】
违反国家规定,非法采伐、毁坏珍贵树木或者国家重点保护的其他植物的,或者非法收购、运输、加工、出售珍贵树木或者国家重点保护的其他植物及其制品的,处三年以下有期徒刑、拘役或者管制,并处罚金;情节严重的,处三年以上七年以下有期徒刑,并处罚金。

【**立法沿革**】

《**中华人民共和国刑法**》(1997年修订,自1997年10月1日起施行)

第三百四十四条

违反森林法的规定,非法采伐、毁坏珍贵树木的,处三年以下有期徒刑、拘役或者管制,并处罚金;情节严重的,处三年以上七年以下有期徒刑,并处罚金。

《**中华人民共和国刑法修正案(四)**》(自2002年12月28日起施行)

六、将刑法第三百四十四条修改为:

"违反国家规定,非法采伐、毁坏珍贵树木或者国家重点保护的其他植物的,或者非法收购、运输、加工、出售珍贵树木或者国家重点保护的其他植物及其制品的,处三年以下有期徒刑、拘役或者管制,并处罚金;情节严重的,处三年以上七年以下有期徒刑,并处罚金。"

【**条文说明**】

本条是关于危害国家重点保护植物罪及其处罚的规定。

本条有两层含义:

1. 明确了犯罪行为所侵害的对象是珍贵树木和国家重点保护的其他植物及其制品。① 本条中的"**珍贵树木**"是指由省级以上林业主管部门或者其他部门确定的具有重大历史纪念意义、科学研究价值或者年代久远的古树名木,国家禁止、限制出口的珍贵树木以及列入国家重点保护野生植物名录的树种,也就是具有较高的科学研究、经济利用和观赏价值的树木。根据《国家珍贵树种名录》和《国家重点保护野生植物名录》的规定,国家一级珍贵树木,主要有银杉、巨柏、银杏、水

---

① 我国学者指出,已经枯死、病死的树木与其他植物,不是非法采伐、毁坏国家重点保护植物罪的保护对象。参见张明楷:《刑法学》(第6版),法律出版社2021年版,第1498页。

松、南方红豆杉、天目铁木、水杉、香果树等。国家二级珍贵树木，主要有岷江柏木、秦岭冷杉、大别山五针松、红松、黄杉、红豆树、山槐、厚朴、水青树、香木莲等。"**国家重点保护的其他植物**"是指除珍贵树木以外的其他国家重点保护的植物，主要是国务院颁布的《**国家重点保护野生植物名录**》中所规定的植物。根据名录规定，国家一级保护的其他植物，包括光叶蕨、玉龙蕨、长喙毛茛泽泻、滕枫木、瑶山苣苔、单座苣苔、华山新麦草、莼菜、独叶草、异形玉叶金花等。国家二级保护的其他植物，包括冬虫夏草、松茸、云南肉豆蔻、桫椤、七指蕨、沙芦草、四川狼尾草、驼峰藤、雪白睡莲等。

2. 明确了犯罪的行为特征，即行为人具有非法采伐、毁坏珍贵树木或者国家重点保护的其他植物的，或者非法收购、运输、加工、出售珍贵树木或者国家重点保护的其他植物及其制品的犯罪行为。我国《**森林法**》第二条规定："在中华人民共和国领域内从事森林、林木的保护、培育、利用和森林、林木、林地的经营管理活动，适用本法。"第三十一条规定："国家在不同自然地带的典型森林生态地区、珍贵动物和植物生长繁殖的地区、天然热带雨林区和具有特殊保护价值的其他天然林区，建立以国家公园为主体的自然保护地体系，加强保护管理。国家支持生态脆弱地区森林资源的保护修复。县级以上人民政府应当采取措施对具有特殊价值的野生植物资源予以保护。"本条所说的"**非法采伐珍贵树木或者国家重点保护的其他植物**"是指违反森林法及有关法规的规定，未经有关主管部门批准而采伐珍贵树木或者国家重点保护的其他植物的行为。"**毁坏珍贵树木或者国家重点保护的其他植物**"是指采用剥皮、砍枝、取脂等方式使珍贵树木或者国家重点保护的其他植物死亡或者影响其正常生长，致使珍贵树木的价值或者使用价值部分丧失或者全部丧失的行为。"**非法收购、运输、加工、出售珍贵树木或者国家重点保护的其他植物及其制品**"是指违反森林法及有关法规的规定，对珍贵树木或者国家重点保护的其他植物及其制品进行收购、运输、加工、出售的行为。①

本条规定了**两档刑罚**，违反国家规定，非法采伐、毁坏珍贵树木或者国家重点保护的其他植物，或者非法收购、运输、加工、出售珍贵树木或者国家重点保护的其他植物及其制品的行为，处三年以下有期徒刑、拘役或者管制，并处罚金；情节严重的，处三年以上七年以下有期徒刑，并处罚金。根据 2000 年《最高人民法院关于审理破坏森林资源刑事案件具体应用法律若干问题的解释》的规定，"**情节严重**"，主要包括以下几种情形："（一）非法采伐珍贵树木二株以上或者毁坏珍贵树木致使珍贵树木死亡三株以上的；（二）非法采伐珍贵树木二立方米以上的；（三）为首组织、策划、指挥非法采伐或者毁坏珍贵树木的；（四）其他情节严重的情形"。

实际执行中应当注意以下两个方面的问题：

1. 关于人工培育的植物是否属于本条规定的"珍贵树木或者国家重点保护的其他植物"。根据 2020 年 3 月《**最高人民法院、最高人民检察院关于适用〈中华人民共和国刑法〉第三百四十四条有关问题的批复**》的规定，古树名木以及列入《国家重点保护野生植物名录》的植物，属于本条规定的"**珍贵树木或者国家重点保护的其他植物**"。其中，"野生植物"限于原生地天然生长的植物。**人工培育的植物，除古树名木外，不属于本条规定的"珍贵树木或者国家重点保护的其他植物"**。非法采伐、毁坏或者非法收购、运输人工培育的植物（古树名木除外），构成盗伐林木罪、滥伐林木罪、非法收购、运输盗伐、滥伐的林木罪等犯罪的，依照相关规定追究刑事责任。

2. 关于非法移栽珍贵树木或者国家重点保护的其他植物行为的处理。非法移栽与采伐行为具有相当的危害性，非法移栽使珍贵树木处于损毁、灭失的危险中，且破坏了原生地的自然生态和景观，破坏了生长地点的物种多样性，侵害了国家对重点保护植物的管理制度。根据《最高人民法院、最高人民检察院关于适用〈中华人民共和国刑法〉第三百四十四条有关问题的批复》的规定，对于上述行为，依法应当追究刑事责任的，应当依照本条的规定，以**非法采伐国家重点保护植物罪**②定罪处罚。同时，鉴于移栽在社会危害程度上与砍伐有一定差异，对非法移栽珍贵树木或者国家重点保护的其他植物的行为，在认定是否构成犯罪以及裁量刑罚时，应当考虑植物的珍贵程度、移栽目的、移栽手段、移栽数量、对生态环境的损害程度等情节，综合评估社会危害性，确保罪责刑相适应。

---

① 在珍贵树木、植物自然死亡后，收购、运输、加工、出售该树木、植物及其制品，不构成非法收购、运输、加工、出售国家重点保护植物、国家重点保护植物制品罪。参见张明楷：《刑法学》(第 6 版)，法律出版社 2021 年版，第 1498 页。

② 该罪名已经变更为"危害国家重点保护植物罪"。

【司法解释】

《最高人民法院、最高人民检察院关于适用〈中华人民共和国刑法〉第三百四十四条有关问题的批复》（法释〔2020〕2号，自2020年3月21日起施行）

△（珍贵树木或者国家重点保护的其他植物）古树名木以及列入《国家重点保护野生植物名录》的野生植物，属于刑法第三百四十四条规定的"珍贵树木或者国家重点保护的其他植物"。（§1）

△（珍贵树木或者国家重点保护的其他植物；人工培育的植物；古树名木；盗伐林木罪；滥伐林木罪；非法收购、运输盗伐、滥伐的林木罪）根据《中华人民共和国野生植物保护条例》的规定，野生植物限于原生地天然生长的植物。人工培育的植物，除古树名木外，不属于刑法第三百四十四条规定的"珍贵树木或者国家重点保护的其他植物"。非法采伐、毁坏或者非法收购、运输人工培育的植物（古树名木除外），构成盗伐林木罪、滥伐林木罪、非法收购、运输盗伐、滥伐的林木罪等犯罪的，依照相关规定追究刑事责任。（§2）

△（非法移栽珍贵树木或者国家重点保护的其他植物；非法采伐国家重点保护植物罪；罪责刑相适应）对于非法移栽珍贵树木或者国家重点保护的其他植物，依法应当追究刑事责任的，依照刑法第三百四十四条的规定，以非法采伐国家重点保护植物罪定罪处罚。

鉴于移栽在社会危害程度上与砍伐存在一定差异，对非法移栽珍贵树木或者国家重点保护的其他植物的行为，在认定是否构成犯罪以及裁量刑罚时，应当考虑植物的珍贵程度、移栽目的、移栽手段、移栽数量、对生态环境的损害程度等情节，综合评估社会危害性，确保罪责刑相适应。（§3）

△（适用效力）本批复自2020年3月21日起施行，之前发布的司法解释与本批复不一致的，以本批复为准。（§4）

《最高人民法院关于审理破坏森林资源刑事案件适用法律若干问题的解释》（法释〔2023〕8号，自2023年8月15日起施行）

△（危害国家重点保护植物罪；情节严重；涉案树木未列入《国家重点保护野生植物名录》）违反国家规定，非法采伐、毁坏列入《国家重点保护野生植物名录》的野生植物，或者非法收购、运输、加工、出售明知是非法采伐、毁坏的上述植物及其制品，具有下列情形之一的，应当依照刑法第三百四十四条的规定，以危害国家重点保护植物罪定罪处罚：（一）危害国家一级保护野生植物一株以上或者立木蓄积一立方米以上的；（二）危害国家二级保护野生植物二株以上或者立木蓄积二立方米以上的；（三）危害国家重点保护野生植物，数量虽未分别达到第一项、第二项规定标准，但按相应比例折算合计达到有关标准的；（四）涉案国家重点保护野生植物及其制品价值二万元以上的。

实施前款规定的行为，具有下列情形之一的，应当认定为刑法第三百四十四条规定的"情节严重"：（一）危害国家一级保护野生植物五株以上或者立木蓄积五立方米以上的；（二）危害国家二级保护野生植物十株以上或者立木蓄积十立方米以上的；（三）危害国家重点保护野生植物，数量虽未分别达到第一项、第二项规定标准，但按相应比例折算合计达到有关标准的；（四）涉案国家重点保护野生植物及其制品价值二十万元以上的；（五）其他情节严重的情形。

违反国家规定，非法采伐、毁坏古树名木，或者非法收购、运输、加工、出售明知是非法采伐、毁坏的古树名木及其制品，涉案树木未列入《国家重点保护野生植物名录》的，根据涉案树木的树种、树龄以及历史、文化价值等因素，综合评估社会危害性，依法定罪处罚。（§2）

△（数量、数额累计计算）多次实施本解释规定的行为，未经处理，且依法应当追诉的，数量、数额累计计算。（§9）

△（破坏森林资源；从重处罚事由；免予刑事处罚；不作为犯罪处理）实施破坏森林资源犯罪，具有下列情形之一的，从重处罚：（一）造成林地或者其他农用地基本功能丧失或者遭受永久性破坏的；（二）非法占用自然保护地核心保护区内的林地或者其他农用地的；（三）非法采伐国家公园、国家级自然保护区内的林木的；（四）暴力抗拒、阻碍国家机关工作人员依法执行职务，尚不构成妨害公务罪、袭警罪的；（五）经行政主管部门责令停止违法行为后，继续实施相关行为的。

实施本解释规定的破坏森林资源行为，行为人系初犯，认罪认罚，积极通过补种树木、恢复植被和林业生产条件等方式修复生态环境，综合考虑涉案林地的类型、数量、生态区位或者涉案植物的种类、数量、价值，以及行为人获利数额、行为手段等因素，认为犯罪情节轻微的，可以免予刑事处罚；认为情节显著轻微危害不大的，不作为犯罪处理。（§12）

△（单位犯罪）单位犯刑法第三百四十二条、第三百四十四条、第三百四十五条规定之罪的，依照本解释规定的相应自然人犯罪的定罪量刑标准，对直接负责的主管人员和其他直接责任人员定罪处罚，并对单位判处罚金。（§13）

△(依法追缴或者责令退赔)针对国家、集体或者他人所有的国家重点保护植物和其他林木实施罪的违法所得及其收益,应当依法追缴或者责令退赔。(§14)

△(组织他人实施破坏森林资源犯罪;受雇佣为破坏森林资源犯罪提供劳务)组织他人实施本解释规定的破坏森林资源犯罪的,应当按照其组织实施的全部罪行处罚。

对于受雇佣为破坏森林资源犯罪提供劳务的人员,除参与利润分成或者领取高额固定工资的以外,一般不以犯罪论处,但曾因破坏森林资源受过处罚的除外。(§15)

△(未被追究刑事责任的行为人;行政处罚)对于实施本解释规定的相关行为未被追究刑事责任的行为人,依法应当给予行政处罚、政务处分或者其他处分的,移送有关主管机关处理。(§16)

△(涉案国家重点保护植物或者其他林木的价值;销赃数额)涉案国家重点保护植物或者其他林木的价值,可以根据销赃数额认定;无销赃数额,销赃数额难以查证,或者根据销赃数额认定明显不合理的,根据市场价格认定。(§17)

△(认定意见;鉴定意见)对于涉案农用地类型、面积,国家重点保护植物或者其他林木的种类、立木蓄积、株数、价值,以及涉案行为对森林资源的损害程度等问题,可以由林业主管部门、侦查机关依据现场勘验、检查笔录等出具认定意见;难以ების鉴定机构出具的鉴定意见,或者下列机构出具的报告,结合其他证据作出认定:(一)价格认证机构出具的报告;(二)国务院林业主管部门指定的机构出具的报告;(三)地、市级以上人民政府林业主管部门出具的报告。(§18)

△(立木蓄积)本解释所称"立木蓄积"的计算方法为:原木材积除以该树种的出材率。(§19Ⅰ)

【司法解释性文件】

《国家林业局、公安部关于森林和陆生野生动物刑事案件管辖及立案标准》(林安字〔2001〕156号,2001年5月9日公布)

△(非法采伐、毁坏珍贵树木;立案标准;重大案件;特别重大案件)非法采伐、毁坏珍贵树木的应当立案;采伐珍贵树木2株、2立方米以上或者毁坏珍贵树木致死3株以上的,为重大案件;采伐珍贵树木10株、10立方米以上或者毁坏珍贵树木致死15株以上的,为特别重大案件。

《最高人民检察院、公安部关于公安机关管辖的刑事案件立案追诉标准的规定(一)》(公通字〔2008〕36号,2008年6月25日公布)

△(非法采伐、毁坏国家重点保护植物罪;立案追诉标准;珍贵树木或者国家重点保护的其他植物)违反国家规定,非法采伐、毁坏珍贵树木或者国家重点保护的其他植物的,应予立案追诉。

本条和本规定第七十一条规定的"珍贵树木或者国家重点保护的其他植物",包括由省级以上林业主管部门或者其他部门确定的具有重大历史纪念意义、科学研究价值或者年代久远的古树名木,国家禁止、限制出口的珍贵树木以及列入《国家重点保护野生植物名录》的树木或者其他植物。(§70)

△(非法收购、运输、加工、出售国家重点保护植物、国家重点保护植物制品罪;立案追诉标准)违反国家规定,非法收购、运输、加工、出售珍贵树木或者国家重点保护的其他植物及其制品的,应予立案追诉。(§71)

《最高人民法院关于进一步加强涉种子刑事审判工作的指导意见》(法〔2022〕66号,2022年3月2日公布)

△(破坏种质资源犯罪;危害国家重点保护植物罪)保护种质资源,依法严惩破坏种质资源犯罪。非法采集或者非法收购国家重点保护天然种质资源,符合刑法第三百四十四条规定的,以危害国家重点保护植物罪定罪处罚。

在种质资源库、种质资源保护区或者种质资源保护地实施上述行为的,应当酌情从重处罚。(§5)

【公报案例】

胡仁国非法采伐国家重点保护植物案(《最高人民法院公报》2023年第4期)

△(非法采伐国家重点保护植物;主观故意认定)未办理林木采伐许可证,非法移植国家重点保护植物的行为,属于刑法第三百四十四条规定的"非法采伐国家重点保护植物"。认定被告人是否具有非法采伐国家重点保护植物的主观故意,可结合野生植物是否具有可普通识别的外观特征、被告人是否具有林木行业工作经验、自然保护区是否设置特殊的林木保护设施等因素予以确定。

【参考案例】

No.6-6-344-1 钟文福等非法采伐国家重点保护植物案

采伐人工种植的列入《国家重点保护野生植物名录》树种,不构成危害国家重点保护植物罪。

第三百四十四条之一 【非法引进、释放、丢弃外来入侵物种罪】

违反国家规定,非法引进、释放或者丢弃外来入侵物种,情节严重的,处三年以下有期徒刑或者拘役,并处或者单处罚金。

【立法沿革】

《中华人民共和国刑法修正案(十一)》(自2021年3月1日起施行)

四十三、在刑法第三百四十四条后增加一条,作为第三百四十四条之一:

"违反国家规定,非法引进、释放或者丢弃外来入侵物种,情节严重的,处三年以下有期徒刑或者拘役,并处或者单处罚金。"

【条文说明】

本条是关于非法引进、释放、丢弃外来入侵物种罪及其处罚的规定。

根据本条规定,"违反国家规定,非法引进、释放或者丢弃外来入侵物种,情节严重的",追究刑事责任。

1. "**违反国家规定**"是指违反全国人民代表大会及其常务委员会制定的法律和决定,国务院制定的行政法规、规定的行政措施、发布的决定和命令中有关外来物种安全和制度的规定。有关部门规章对国家规定有关条款作出进一步细化明确规定的,根据情况,违反该具体规定的也可认定为"违反国家规定"。我国涉及外来物种管理的法律主要有国境卫生检疫法、进出境动植物检疫法、动物防疫法、野生动物保护法等法律,对防范外来物种入侵作了原则性规定。2003年国务院办公厅转发《质检总局关于加强防范外来有害生物传入工作的意见》,对外来有害生物入侵的防范、调查、预警和应对机制作了规定,并要求及时调整禁止进境动物、植物危险性有害生物名录和禁止进境物名录。2005年原国家林业局制定《引进陆生野生动物外来物种种类及数量审批管理办法》,规定了引进陆生野生动物外来物种种类及数量审批许可制度。《野生动物保护法》第三十七条规定:"从境外引进野生动物物种的,应当经国务院野生动物保护主管部门批准。从境外引进列入本法第三十五条第一款名录的野生动物,还应当依法取得允许进出口证明书。海关依法实施进境检疫,凭进口批准文件或者允许进出口证明书以及检疫证明按照规定办理通关手续。从境外引进野生动物物种的,应当采取安全可靠的防范措施,防止其进入野外环境,避免对生态系统造成危害。确需将其放归野外的,按照国家有关规定执行。"2020年通过的《生物安全法》及其有关配套规定对外来入侵物种的防范和管理以及名录等作了进一步细化和全面的规定。引进、处置外来物种应当依照包括上述法律法规在内的"国家规定"确定的条件、程序和要求进行。

2. 关于"**外来入侵物种**",根据有关法律规定实行名录制管理。据有关方面调查,我国目前共有二百八十多种外来入侵物种,其中陆生植物一百七十种,其余为微生物、无脊椎动物、两栖爬行类、鱼类、哺乳类等。原产地来自美洲的占一半以上,说明美洲生物较为适应我国环境。外来入侵物种中,39.6%属于有意引进的,49.3%属于无意引进造成的,经自然扩散而进入中国境内的仅占3.1%。外来入侵物种中25%是有意引进造成的,主要用于养殖、观赏、生物防治,如大瓶螺、獭狸等,因野生放养或者弃养后,在野外形成自然种群,对本地生物系统造成危害,也有外来入侵动物是随着树木接穗、苗木或者盆景而传入的,如美国白蛾等。76.3%的外来入侵物种是无意引进造成的,是在贸易流通等环节,由于检查不严格,随产品混入我国,随后发展成为野生动物,如松材线虫等。2003年原国家环境保护总局发布了《中国第一批外来入侵物种名单》,包括紫茎泽兰、空心莲子草、飞机草、凤眼莲等植物,以及蔗扁蛾、美国白蛾、非洲大蜗牛、牛蛙等动物。《生物安全法》第六十条第一款规定:"国家加强对外来物种入侵的防范和应对,保护生物多样性。国务院农业农村主管部门会同国务院其他有关部门制定外来入侵物种名录和管理办法。"下一步,有关方面还将制定统一的、明确的外来入侵物种目录及其管理办法。

3. 本罪行为是**非法引进、释放、丢弃外来入侵物种**。引进外来入侵物种应当依照有关法律法规的规定,实行行政审批许可,处置外来入侵物种要按照国家有关规定进行。任何单位和个人未经批准,不得擅自引进、释放或者丢弃外来物种。《生物安全法》第八十一条规定,非法引进外来物种的,由县级以上人民政府有关部门根据职责分工,没收引进的外来物种,并处五万元以上二十五万元以下的罚款;非法释放或者丢弃外来物种的,由县级以上人民政府有关部门根据职责分工,责令限期捕回、找回释放或者丢弃的外来物种,处一万元以上五万元以下罚款。除了上述行政责任外,构成犯罪的依法追究刑事责任。本条中的"**引进**"主要是指从国外非法携带、运输、邮寄、走私进境等行为。"**释放**""**丢弃**"是非法处置外来入侵物种的行为,包括经过批准引进的物种,在进行实验研究等之后予以非法野外放养或者随意丢弃的情况。犯本罪的,处三年以下有期徒刑或者拘役,并处或者单处罚金。

适用本条规定时应当注意:一是构成犯罪要求行为人认识到行为的严重社会危害性,对生态环境的严重破坏性,是故意犯罪。行为人要知道或者应当知道引进、释放或者丢弃的是外来入侵物种。办案过程中也要注意调查取证工作,不能因行为人辩驳说不知道该物种为入侵物种就不作处理。二是外来入侵物种实行**目录制管理**,应当严格按照目录认定外来入侵物种,而不能将一切外来物种都认定为本罪的对象。本条在立法过程中也有意见提出,将"外来入侵物种"修改为"外来物种",考虑两者的范围是不一样的,刑事处罚应当惩治危害性严重的行为,因此规定为外来入侵物种。实践中也不能因为属于目录中的外来入侵物种就认定犯罪,也要考虑行为人的主观故意和目的,具体的行为方式和情节,外来入侵物种是否已经在国内较大规模生存,是否可能造成严重损害生态环境后果等主客观方面的因素综合判断,确保罪责刑相适应。

第三百四十五条 【盗伐林木罪】【滥伐林木罪】【非法收购、运输盗伐、滥伐的林木罪】

盗伐森林或者其他林木,数量较大的,处三年以下有期徒刑、拘役或者管制,并处或者单处罚金;数量巨大的,处三年以上七年以下有期徒刑,并处罚金;数量特别巨大的,处七年以上有期徒刑,并处罚金。

违反森林法的规定,滥伐森林或者其他林木,数量较大的,处三年以下有期徒刑、拘役或者管制,并处或者单处罚金;数量巨大的,处三年以上七年以下有期徒刑,并处罚金。

非法收购、运输明知是盗伐、滥伐的林木,情节严重的,处三年以下有期徒刑、拘役或者管制,并处或者单处罚金;情节特别严重的,处三年以上七年以下有期徒刑,并处罚金。

盗伐、滥伐国家级自然保护区内的森林或者其他林木的,从重处罚。

【立法沿革】

《中华人民共和国刑法》(1997年修订,自1997年10月1日起施行)

第三百四十五条

盗伐森林或者其他林木,数量较大的,处三年以下有期徒刑、拘役或者管制,并处或者单处罚金;数量巨大的,处三年以上七年以下有期徒刑,并处罚金;数量特别巨大的,处七年以上有期徒刑,并处罚金。

违反森林法的规定,滥伐森林或者其他林木,数量较大的,处三年以下有期徒刑、拘役或者管制,并处或者单处罚金;数量巨大的,处三年以上七年以下有期徒刑,并处罚金。

以牟利为目的,在林区非法收购明知是盗伐、滥伐的林木,情节严重的,处三年以下有期徒刑、拘役或者管制,并处或者单处罚金;情节特别严重的,处三年以上七年以下有期徒刑,并处罚金。

盗伐、滥伐国家级自然保护区内的森林或者其他林木的,从重处罚。

《中华人民共和国刑法修正案(四)》(自2002年12月28日起施行)

七、将刑法第三百四十五条修改为:

"盗伐森林或者其他林木,数量较大的,处三年以下有期徒刑、拘役或者管制,并处或者单处罚金;数量巨大的,处三年以上七年以下有期徒刑,并处罚金;数量特别巨大的,处七年以上有期徒刑,并处罚金。

"违反森林法的规定,滥伐森林或者其他林木,数量较大的,处三年以下有期徒刑、拘役或者管制,并处或者单处罚金;数量巨大的,处三年以上七年以下有期徒刑,并处罚金。

"非法收购、运输明知是盗伐、滥伐的林木,情节严重的,处三年以下有期徒刑、拘役或者管制,并处或者单处罚金;情节特别严重的,处三年以上七年以下有期徒刑,并处罚金。

"盗伐、滥伐国家级自然保护区内的森林或者其他林木的,从重处罚。"

【条文说明】

本条是关于盗伐林木罪,滥伐林木罪,非法收购、运输盗伐、滥伐的林木罪及其处罚的规定。

本条共分为四款。

第一款是关于盗伐林木罪及其处罚的规定。

"**盗伐森林或者其他林木**"是指以非法占有为目的,具有下列情形之一的行为:(1)擅自砍伐国家、集体、他人所有或者他人承包经营管理的森林或者其他林木的;(2)擅自砍伐本单位或者本人承包经营管理的森林或者其他林木的;(3)在林木采伐许可证规定的地点以外采伐国家、集体、他人所有或者他人承包经营管理的森林或者其他林木的。"**森林**"是指具有一定面积的林木的总体,包括树林和竹林,具体可分为五类:防护林、用材林、经济林、薪炭林、特种用途林。"**其他林木**"是指其他的树木和竹子。根据2000年《最高人民法院关于审理破坏森林资源刑事案件具体应用法律若干问题的解释》第四条的规定,"**数量较大**",以二至五立方米或者幼树一百至二百株为起点;"**数量巨大**",以二十至五十立方米或者幼树一千至二千株为起点;"**数量特别巨大**",以一百至二百立方米或者幼树五千至一万株为起点。

第二款是关于滥伐林木罪及其处罚的规定。森林采伐方式和采伐量是否得当,直接关系到合理利用森林资源和森林再生产问题。要确保森林资源永续利用,必须有计划地采伐利用,以保证森林的消耗量不超过其生长量。因此,为了防止滥伐林木的情况,森林法规定了限额采伐的原则和核发采伐许可证制度。根据《森林法》第五十六条的规定,采伐林地上的林木应当申请采伐许可证,按许可证的规定进行采伐;农村居民采伐自留地和房前屋后个人所有的零星林木,不需要申请采伐许可证。非林地上的农田防护林、防风固沙林、护路林、护岸护堤林和城镇林木等的更新采伐,由有关主管部门按照有关规定管理。采挖移植林木按照采伐林木管理。具体办法由国务院林业主管部门制定。禁止伪造、变造、买卖、租借采伐许可证。"**滥伐森林或者其他林木**"是指违反森林法及其他保护森林的法规规定,具有下列情形之一的行为:(1)未经林业行政主管部门及法律规定的其他主管部门批准并核发林木采伐许可证,或者虽持有林木采伐许可证,但违反林木采伐许可证规定的时间、数量、树种或者方式,任意采伐本单位所有的森林或者其他林木的;(2)超过林木采伐许可证规定的数量采伐他人所有的森林或者其他林木的;(3)林木权属争议一方在林木权属确权之前,擅自砍伐森林或者其他林木,数量较大的。按照《最高人民法院关于审理破坏森林资源刑事案件具体应用法律若干问题的解释》第六条的规定,滥伐林木"**数量较大**",以十至二十立方米或者幼树五百至一千株为起点;滥伐林木"**数量巨大**",以五十至一百立方米或者幼树二千五百至五千株为起点。

第三款是关于非法收购、运输盗伐、滥伐的林木罪及其处罚的规定。

本款中的"**非法收购、运输明知是盗伐、滥伐的林木**",是指根据有关规定,无证收购、无证运输明知是盗伐、滥伐的林木的行为。其中"**明知**"是指知道或者应当知道。具有下列情形之一的,可以视为应当知道,但是有证据证明确属被蒙骗的除外:(1)在非法的木材交易场所或者销售单位收购木材的;(2)收购以明显低于市场价格出售的木材的;(3)收购违反规定出售的木材的。按照司法解释,非法收购盗伐、滥伐的林木"**情节严重**",主要包括以下几种情形:(1)非法收购盗伐、滥伐的林木二十立方米以上或者幼树一千株以上的;(2)非法收购盗伐、滥伐的珍贵树木二立方米以上或者五株以上的;(3)其他情节严重的情形。非法收购盗伐、滥伐的林木"**情节特别严重**",主要包括以下几种情形:(1)非法收购盗伐、滥伐的林木一百立方米以上或者幼树五十株以上的;(2)非法收购盗伐、滥伐的珍贵树木五立方米以上或者十株以上的;(3)其他情节特别严重的情形。

第四款是关于盗伐、滥伐国家级自然保护区内的森林或者其他林木的犯罪及其处罚的规定。"**国家级自然保护区**",是指在国内外有典型意义,在科学上有重大国际影响或者有特殊科学研究价值的,由国家主管机关确认的自然保护区。根据本款规定,盗伐、滥伐国家级自然保护区内的森林或者其他林木的,**依照本条第一款、第二款的规定,从重处罚**。

实际执行中应当注意以下几个方面的问题:

1. 关于在林木采伐许可证规定的地点之外采伐本单位或者本人所有的森林或者其他林木的行为应当如何处理。根据2004年《最高人民法院关于林木采伐许可证规定的地点以外采伐本单位或者本人所有的森林或者其他林木的行为如何适用法律问题的批复》的规定,对于上述行为,除农村居民采伐自留地和房前屋后个人所有的零星林木以外,属于前述司法解释"未经林业行政主管部门及法律规定的其他主管部门批准并核发林木采伐许可证"规定的情形,数量较大的,**应当依照本条第二款滥伐林木罪追究刑事责任**。

2. 对于偷砍他人自留地和房前屋后种植的零星林木,以及将国家、集体、他人所有并已经伐倒的树木窃为己有的行为,数额较大,根据2000年《最高人民法院关于审理破坏森林资源刑事案件具体应用法律若干问题的解释》第九条的规定,应当依照《刑法》第二百六十四条的规定,**以盗窃罪定罪处罚**。

3. 关于单位构成本罪的入刑标准。**构成本条规定的犯罪的主体包括个人，也包括单位。**根据《刑法》第三百四十六条的规定，单位犯本节规定之罪的，对单位判处罚金，并对其直接负责的主管人员和其他直接责任人员，依照本节该条的规定处罚。关于单位犯本罪的入罪标准，根据最高人民法院关于审理破坏森林资源刑事案件具体应用法律若干问题的解释》第十六条规定："单位犯刑法第三百四十四条、三百四十五条规定之罪，定罪量刑标准按照本解释的规定执行。"

【司法解释】

《最高人民法院、最高人民检察院关于适用〈中华人民共和国刑法〉第三百四十四条有关问题的批复》（法释〔2020〕2号，自2020年3月21日起施行）

△（**珍贵树木或者国家重点保护的其他植物；人工培育的植物；古树名木；盗伐林木罪；滥伐林木罪；非法收购、运输盗伐、滥伐的林木罪**）根据《中华人民共和国野生植物保护条例》的规定，野生植物限于原生地天然生长的植物。人工培育的植物，除古树名木外，不属于刑法第三百四十四条规定的"珍贵树木或者国家重点保护的其他植物"。非法采伐、毁坏或者非法收购、运输人工培育的植物（古树名木除外），构成盗伐林木罪、滥伐林木罪、非法收购、运输盗伐、滥伐的林木罪等犯罪的，依照相关规定追究刑事责任。（§2）

△（**适用效力**）本批复自2020年3月21日起施行，之前发布的司法解释与本批复不一致的，以本批复为准。（§4）

《最高人民法院关于审理破坏森林资源刑事案件适用法律若干问题的解释》（法释〔2023〕8号，自2023年8月15日起施行）

△（**盗伐森林或者其他林木罪；故意毁坏财物罪**）以非法占有为目的，具有下列情形之一的，应当认定为刑法第三百四十五条第一款规定的"盗伐森林或者其他林木"：（一）未取得采伐许可证，擅自采伐国家、集体或者他人所有的林木的；（二）违反森林法第五十六条第三款的规定，擅自采伐国家、集体或者他人所有的林木的；（三）在采伐许可证规定的地点以外采伐国家、集体或者他人所有的林木的。

不以非法占有为目的，违反森林法的规定，进行开垦、采石、采砂、采土或者其他活动，造成国家、集体或者他人所有的林木毁坏，符合刑法第二百七十五条规定的，以故意毁坏财物罪定罪处罚。（§3）

△（**数量较大；数量巨大；数量特别巨大；不作为犯罪处理**）盗伐森林或者其他林木，涉案林木具有下列情形之一的，应当认定为刑法第三百四十五条第一款规定的"数量较大"：（一）立木蓄积五立方米以上的；（二）幼树二百株以上的；（三）数量虽未分别达到第一项、第二项规定标准，但按相应比例折算合计达到有关标准的；（四）价值二万元以上的。

实施前款规定的行为，达到第一项至第四项规定标准十倍、五十倍以上的，应当分别认定为刑法第三百四十五条第一款规定的"数量巨大"、"数量特别巨大"。

实施盗伐林木的行为，所涉林木系风倒、火烧、水毁或者林业有害生物等自然原因死亡或者严重毁损的，在决定应否追究刑事责任和裁量刑罚时，应当从严把握；情节显著轻微危害不大的，不作为犯罪处理。（§4）

△（**滥伐森林或者其他林木**）盗伐森林或者其他林木，涉案林木具有下列情形之一的，应当认定为刑法第三百四十五条第一款有下列情形之一的，应当认定为刑法第三百四十五条第二款规定的"滥伐森林或者其他林木"：（一）未取得采伐许可证，或者违反采伐许可证规定的时间、地点、数量、树种、方式，任意采伐本单位或者本人所有的林木的；（二）违反森林法第五十六条第三款的规定，任意采伐本单位或者本人所有的林木的；（三）在采伐许可证规定的地点，超过规定的数量采伐国家、集体或者本人所有的林木的。

林木权属存在争议，一方未取得采伐许可证擅自砍伐的，以滥伐林木论处。（§5）

△（**数量较大；数量巨大；不以犯罪论处；从宽处理**）滥伐森林或者其他林木，涉案林木具有下列情形之一的，应当认定为刑法第三百四十五条第二款规定的"数量较大"：（一）立木蓄积二十立方米以上的；（二）幼树一千株以上的；（三）数量虽未分别达到第一项、第二项规定标准，但按相应比例折算合计达到有关标准的；（四）价值五万元以上的。

实施前款规定的行为，达到第一项至第四项规定标准五倍以上的，应当认定为刑法第三百四十五条第二款规定的"数量巨大"。

实施滥伐林木的行为，所涉林木系风倒、火烧、水毁或者林业有害生物等自然原因死亡或者严重毁损的，一般不以犯罪论处；确有必要追究刑事责任的，应当从宽处理。（§6）

△（**明知是盗伐、滥伐的林木**）认定刑法第三百四十五条第三款规定的"明知是盗伐、滥伐的林木"，应当根据涉案林木的销售价格、来源以及收

购、运输行为违反有关规定等情节,结合行为人的职业要求、经历经验、前科情况等作出综合判断。

具有下列情形之一的,可以认定行为人明知是盗伐、滥伐的林木,但有相反证据或者能够作出合理解释的除外:(一)收购明显低于市场价格出售的林木的;(二)木材经营加工企业伪造、涂改产品或者原料出入库台账的;(三)交易方式明显不符合正常习惯的;(四)逃避、抗拒执法检查的;(五)其他足以认定行为人明知的情形。(§7)

△(情节严重;情节特别严重)非法收购、运输明知是盗伐、滥伐的林木,具有下列情形之一的,应当认定为刑法第三百四十五条第三款规定的"情节严重":(一)涉案林木立木蓄积二十立方米以上的;(二)涉案幼树一千株以上的;(三)涉案林木数量虽未分别达到第一项、第二项规定标准,但按规定比例折算合计达到有关标准的;(四)涉案林木价值五万元以上的;(五)其他情节严重的情形。

实施前款规定的行为,达到第一项至第四项规定标准五倍以上或者具有其他特别严重情节的,应当认定为刑法第三百四十五条第三款规定的"情节特别严重"。(§8)

△(数量、数额累计计算)多次实施本解释规定的行为,未经处理,且依法应当追诉的,数量、数额累计计算。(§9)

△(破坏森林资源;从重处罚事由;免予刑事处罚;不作为犯罪处理)实施破坏森林资源犯罪,具有下列情形之一的,从重处罚:(一)造成林地或者其他农用地基本功能丧失或者遭受永久性破坏的;(二)非法占用自然保护地核心保护区内的林地或者其他农用地的;(三)非法采伐国家公园、国家级自然保护区内的林木的;(四)暴力抗拒、阻碍国家机关工作人员依法执行职务,尚不构成妨害公务罪、袭警罪的;(五)经行政主管部门责令停止违法行为后,继续实施相关行为的。

实施本解释规定的破坏森林资源行为,行为人系初犯,认罪认罚,积极通过补种树木、恢复植被和林业生产条件等方式修复生态环境,综合考虑涉案林地的类型、数量、生态区位或者植物的种类、数量、价值,以及行为人获利数额、行为手段等因素,认为犯罪情节轻微的,可以免予刑事处罚;认为情节显著轻微危害不大的,不作为犯罪处理。(§12)

△(单位犯罪)单位犯刑法第三百四十二条、第三百四十四条、第三百四十五条规定之罪的,依照本解释规定的相应自然人犯罪的定罪量刑标准,对直接负责的主管人员和其他直接责任人员定罪处罚,并对单位判处罚金。(§13)

△(依法追缴或者责令退赔)针对国家、集体或者他人所有的国家重点保护植物和其他林木实施犯罪的违法所得及其收益,应当依法追缴或者责令退赔。(§14)

△(组织他人实施破坏森林资源犯罪;受雇佣为破坏森林资源犯罪提供劳务)组织他人实施本解释规定的破坏森林资源犯罪的,应当按照其组织实施的全部罪行处罚。

对于受雇佣为破坏森林资源犯罪提供劳务的人员,除参与利润分成或者领取高额固定工资的以外,一般不以犯罪论处,但曾因破坏森林资源受过处罚的除外。(§15)

△(未被追究刑事责任的行为人;行政处罚)对于实施本解释规定的相关行为未被追究刑事责任的行为人,依法应当给予行政处罚、政务处分或者其他处分的,移送有关主管机关处理。(§16)

△(涉案国家重点保护植物或者其他林木的价值;销赃数额)涉案国家重点保护植物或者其他林木的价值,可以根据销赃数额认定;无销赃数额,销赃数额难以查证,或者根据销赃数额认定明显不合理的,根据市场价格认定。(§17)

△(认定意见;鉴定意见;报告)对于涉案农用地类型、面积,国家重点保护植物或者其他林木的种类、立木蓄积、株数、价值,以及涉案行为对森林资源的损害程度等问题,可以由林业主管部门、侦查机关依据现场勘验、检查笔录等出具认定意见;难以确定的,依据鉴定机构出具的鉴定意见或者下列机构出具的报告,结合其他证据作出认定:(一)价格认证机构出具的报告;(二)国务院林业主管部门指定的机构出具的报告;(三)地、市级以上人民政府林业主管部门出具的报告。(§18)

△(立木蓄积;幼树;误差额)本解释所称"立木蓄积"的计算方法为:原木材积除以该树种的出材率。

本解释所称"幼树",是指胸径五厘米以下的树木。

滥伐林木的数量,应当在伐区调查设计允许的误差额以上计算。(§19)

【司法解释性文件】

《国家林业局、公安部关于森林和陆生野生动物刑事案件管辖及立案标准》[林安字〔2001〕156号,2001年5月9日公布]

△(盗伐林木罪;立案标准;重大案件;特别重大案件)盗伐森林或者其他林木,立案起点为2立方米至5立方米或者幼树100至200株;盗伐林木20立方米至50立方米或者幼树1000株至

2000株,为重大案件立案起点;盗伐林木100立方米至200立方米或者幼树5000株至10000株,为特别重大案件立案起点。

△(滥伐林木罪;立案标准;重大案件;特别重大案件)滥伐森林或者其他林木,立案起点为10立方米至20立方米或者幼树500至1000株;滥伐林木50立方米以上或者幼树2500株以上,为重大案件;滥伐林木100立方米以上或者幼树5000株以上,为特别重大案件。

△(非法收购盗伐、滥伐的林木罪;立案标准;重大案件;特别重大案件)以牟利为目的,在林区非法收购明知是盗伐、滥伐的林木在20立方米或者幼树1000株以上的,以及非法收购盗伐、滥伐的珍贵树木2立方米以上或者5株以上的应当立案;非法收购林木100立方米或者幼树5000株以上的,以及非法收购盗伐、滥伐的珍贵树木5立方米以上或者10株以上的为重大案件;非法收购林木200立方米或者幼树1000株以上的,以及非法收购盗伐、滥伐的珍贵树木10立方米以上或者20株以上的为特别重大案件。

《最高人民检察院、公安部关于公安机关管辖的刑事案件立案追诉标准的规定(一)》(公通字〔2008〕36号,2008年6月25日公布)

△(盗伐林木罪;立案追诉标准;林木数量之计算;幼树)盗伐森林或者其他林木,涉嫌下列情形之一的,应立案追诉:

(一)盗伐二至五立方米以上的;

(二)盗伐幼树一百至二百株以上的。

以非法占有为目的,具有下列情形之一的,属于本条规定的"盗伐森林或者其他林木":

(一)擅自砍伐国家、集体、他人所有或者他人承包经营管理的森林或者其他林木的;

(二)擅自砍伐本单位或者本人承包经营管理的森林或者其他林木的;

(三)在林木采伐许可证规定的地点以外采伐国家、集体、他人所有或者他人承包经营管理的森林或者其他林木的。

本条和本规定第七十三条、第七十四条规定的林木数量以立木蓄积计算,计算方法为:原木材积除以该树种的出材率;"幼树",是指胸径五厘米以下的树木。(§72)

△(滥伐林木罪;立案追诉标准;采伐本单位或者本人所有的森林或者其他林木;林木权属争议;林木之计算)违反森林法的规定,滥伐森林或者其他林木,涉嫌下列情形之一的,应予立案追诉:

(一)滥伐十至二十立方米以上的;

(二)滥伐幼树五百至一千株以上的。

违反森林法的规定,具有下列情形之一的,属于本条规定的"滥伐森林或者其他林木":

(一)未经林业行政主管部门及法律规定的其他主管部门批准并核发林木采伐许可证,或者虽持有林木采伐许可证,但违反林木采伐许可证规定的时间、数量、树种或者方式,任意采伐本单位所有或者本人所有的森林或者其他林木的;

(二)超过林木采伐许可证规定的数量采伐他人所有的森林或者其他林木的。

违反森林法的规定,在林木采伐许可证规定的地点以外,采伐本单位或者本人所有的森林或者其他林木的,除农村居民采伐自留地和房前屋后个人所有的零星林木以外,属于本条第二款第(一)项"未经林业行政主管部门及法律规定的其他主管部门批准并核发林木采伐许可证"规定的情形。

林木权属争议一方在林木权属确权之前,擅自砍伐森林或者其他林木的,属于本条规定的"滥伐森林或者其他林木"。

滥伐林木的数量,应在伐区调查设计允许的误差额以上计算。(§73)

△(非法收购、运输盗伐、滥伐的林木罪;立案追诉标准;明知)明知是非法收购、运输明知是盗伐、滥伐的林木,涉嫌下列情形之一的,应立案追诉:

(一)非法收购、运输盗伐、滥伐的林木二十立方米以上或者幼树一千株以上的;

(二)其他情节严重的情形。

本条规定的"非法收购"的"明知",是指知道或者应当知道。具有下列情形之一的,可以视为应当知道,但是有证据证明确属被蒙骗的除外:

(一)在非法的木材交易场所或者销售单位收购木材的;

(二)收购以明显低于市场价格出售的木材的;

(三)收购违反规定出售的木材的。(§74)

【参考案例】

No.6-6-345(2)-1 张彦峰等人滥伐林木案

未经许可采伐自己所有的林木,达到追诉标准的,应当认定为滥伐林木罪。

No.6-6-345(1)-1 李波盗伐林木案

行道树属于盗伐林木罪中的"其他林木",但盗挖林木的行为不符合盗伐林木罪的行为方式,不成立盗伐林木罪,应以盗窃罪定罪处罚。

第三百四十六条 【单位犯本节之罪的处罚规定】
单位犯本节第三百三十八条至第三百四十五条规定之罪的,对单位判处罚金,并对其直接负责的主管人员和其他直接责任人员,依照本节各该条的规定处罚。

【条文说明】

本条是关于单位犯本节规定之罪如何处罚的规定。

根据本条规定,本节规定的犯罪,犯罪主体除自然人外还包括单位。"**单位犯本节第三百三十八条至第三百四十五条规定之罪**"是指单位犯本法分则第六章第六节破坏环境资源保护罪中规定的任何一罪的情形。依照本条规定,对单位犯本节规定之罪的,实行"**双罚制**",对犯罪的单位判处罚金,同时对单位直接负责的主管人员和其他对犯罪负有直接责任的人员,依照上述各该罪规定的处罚标准处罚。

实际执行中应当注意关于单位犯本节规定的破坏环境资源保护罪的入罪标准,应当依照各罪名有关司法解释的规定予以确定。

【司法解释】

《**最高人民法院关于审理破坏土地资源刑事案件具体应用法律若干问题的解释**》(法释〔2000〕14号,自2000年6月22日起施行)

△(**单位犯罪**)单位犯非法转让、倒卖土地使用权罪、非法占有耕地罪的定罪量刑标准,依照本解释第一条、第二条、第三条的规定执行。(§8)

《**最高人民法院关于审理破坏草原资源刑事案件应用法律若干问题的解释**》(法释〔2012〕15号,自2012年11月22日起施行)

△(**单位犯罪**)单位犯实施刑法第三百四十二条规定的行为,对单位判处罚金,并对其直接负责的主管人员和其他直接责任人员,依照本解释规定的定罪量刑标准定罪处罚。(§5)

《**最高人民法院、最高人民检察院关于办理非法采矿、破坏性采矿刑事案件适用法律若干问题的解释**》(法释〔2016〕25号,自2016年12月1日起施行)

△(**单位犯罪**)单位犯刑法第三百四十三条规定之罪的,依照本解释规定的相应自然人犯罪的定罪量刑标准,对直接负责的主管人员和其他直接责任人员定罪处罚,并对单位判处罚金。(§9)

第七节 走私、贩卖、运输、制造毒品罪

第三百四十七条 【走私、贩卖、运输、制造毒品罪】
走私、贩卖、运输、制造毒品,无论数量多少,都应当追究刑事责任,予以刑事处罚。
走私、贩卖、运输、制造毒品,有下列情形之一的,处十五年有期徒刑、无期徒刑或者死刑,并处没收财产:
　(一)走私、贩卖、运输、制造鸦片一千克以上、海洛因或者甲基苯丙胺五十克以上或者其他毒品数量大的;
　(二)走私、贩卖、运输、制造毒品集团的首要分子;
　(三)武装掩护走私、贩卖、运输、制造毒品的;
　(四)以暴力抗拒检查、拘留、逮捕,情节严重的;
　(五)参与有组织的国际贩毒活动的。
走私、贩卖、运输、制造鸦片二百克以上不满一千克、海洛因或者甲基苯丙胺十克以上不满五十克或其他毒品数量较大的,处七年以上有期徒刑,并处罚金。
走私、贩卖、运输、制造鸦片不满二百克、海洛因或者甲基苯丙胺不满十克或者其他少量毒品的,处三年以下有期徒刑、拘役或者管制,并处罚金;情节严重的,处三年以上七年以下有期徒刑,并处罚金。
单位犯第二款、第三款、第四款罪的,对单位判处罚金,并对其直接负责的主管人员和其他直接责任人员,依照各该款的规定处罚。
利用、教唆未成年人走私、贩卖、运输、制造毒品,或者向未成年人出售毒品的,从重处罚。
对多次走私、贩卖、运输、制造毒品,未经处理的,毒品数量累计计算。

【条文说明】

本条是关于走私、贩卖、运输、制造毒品罪及其处罚的规定。

本条共分为七款。

第一款是关于走私、贩卖、运输、制造毒品,不论数量多少,都应予以刑事处罚的规定。只要有走私、贩卖、运输、制造毒品行为的,不论走私、贩卖、运输、制造毒品数量多少,一律构成犯罪,予以刑事处罚。根据该款的规定,对于走私、贩卖、运输、制造毒品数量较小的,不能适用《刑法》第十三条"情节显著轻微危害不大的,不认为是犯罪"而不追究刑事责任,这体现了我国从严打击毒品犯罪的决心和力度。

第二款是对走私、贩卖、运输、制造毒品情节严重的如何处罚的规定。其中,"走私"毒品是指携带、运输、邮寄毒品非法进出国、边境的行为。[①][②]"贩卖"毒品是指非法销售毒品,包括批发和零售;以贩卖为目的收买毒品的,也属于贩卖毒品。"运输"毒品是指利用飞机、火车、汽车、轮船等交通工具或者采用随身携带的方法,将毒品从

---

① 我国学者指出,输入毒品的危害性程度重于输出毒品。因为相较于输出毒品,输入毒品会直接危害到我国公民的健康。从国外立法例来看,许多国家都是将输入毒品与输出毒品分别规定为独立的犯罪,或者将输出毒品的行为纳入运输毒品、持有毒品罪中,而输入毒品的法定刑明显重于输出毒品、运输毒品与持有毒品的法定刑。譬如,《日本刑法典》第一百三十六条(输入鸦片烟等)明确规定:"输入、制造、贩卖鸦片烟或以贩卖之目的而持有者,处六月以上七年以下惩役。"故而,我国刑法虽然没有分别规定输入毒品与输出毒品的法定刑,但司法机关关在量刑时,仍应注意区别对待。参见张明楷:《刑法学》(第6版),法律出版社2021年版,第1507页;陈子平编译:《日本刑法典》,元照出版有限公司2016年版,第93页;[日]西田典之:《日本刑法各论》(第6版),王昭武、刘明祥译,法律出版社2013年版,第338页。

② 我国学者指出,走私毒品罪之构成,必须具备两个构成要件要素,即违反毒品管理法规和海关法规,以及逃避海关监管,两者缺一不可。其中,如果行为人携带毒品但未采取措施逃避海关监管,其行为只构成运输毒品罪或者非法持有毒品罪;如果行为只违反海关法规而没有违反毒品管理法规,只构成普通走私罪而不构成本罪。参见周光权:《刑法各论》(第4版),中国人民大学出版社2021年版,第506页。

这一地点运往另一地点的行为。① 贩毒者运输毒品的,应按照贩卖毒品定罪;贩毒集团或者共同犯罪中分工负责运输毒品的,应按照集团犯罪、共同犯罪的罪名定罪。"制造"毒品是指非法从毒品原植物中提炼毒品或者利用化学分解、合成等方法制成毒品的行为。"贩卖""运输""制造"这三种行为既有联系又有差别,不需同时具备而只需具备其中之一,即可构成本罪。为医疗、科研、教学需要,依照国家法律、法规生产、制造、运输、销售麻醉药品、精神药品,不适用本条规定。

根据我国打击毒品犯罪的实际情况,并参照国际公约的规定,本款具体规定了适用十五年有期徒刑、无期徒刑、死刑的五种情节。

一是第(一)项规定的"**走私、贩卖、运输、制造鸦片一千克以上、海洛因或者甲基苯丙胺五十克以上或者其他毒品数量大的**"。毒品数量的多少,是毒品犯罪中的主要情节之一。关于鸦片和海洛因的不同数量标准,是根据鸦片可制成海洛因的实际比例规定。鸦片与海洛因的比例,从理论上讲,十克鸦片可以制成一克海洛因,但由于制造毒品者的技术、设备等条件的限制,实际上是约二十克鸦片才能提炼一克海洛因。本条根据这种实际情况,按照20:1的原则确定了鸦片和海洛因的不同数量。甲基苯丙胺是一种精神药品,属兴奋剂类,因其固体形状为结晶体,酷似冰糖,俗称"冰毒"。在1997年刑法修订时,"冰毒"是新兴毒品,在东南亚一带贩卖"冰毒"的犯罪已经较为严重,我国也出现了走私、贩卖"冰毒"的犯罪,为防止这种犯罪蔓延,根据"冰毒"的危害,本条按照海洛因规定了其处刑的数量标准。这样规定,并不是说两者的毒性相等,海洛因是麻醉药品,甲基苯丙胺是精神药品,两者很难简单类比,本条是从其对社会综合危害程度考虑作出的规定,表示了我国对"冰毒"犯罪严厉打击的态度。

"**其他毒品**"是指鸦片、海洛因、甲基苯丙胺以外的毒品,如吗啡、黄皮等。因情况很复杂,本条只作了"数量大的"规定。根据2016年《最高人民法院关于审理毒品犯罪案件适用法律若干问题的解释》的规定,以下情形应认定为本款第一项所指**其他毒品数量大**":"(一)可卡因五十克以上;(二)3,4—亚甲二氧基甲基苯丙胺(MDMA)等苯丙胺类毒品(甲基苯丙胺除外)、吗啡一百克以上;(三)芬太尼一百二十五克以上;(四)甲卡西酮二百克以上;(五)二氢埃托啡十毫克以上;(六)哌替啶(度冷丁)二百五十克以上;(七)氯胺酮五百克以上;(八)美沙酮一千克以上;(九)曲马多、γ—羟丁酸二千克以上;(十)大麻油五千克、大麻脂十千克、大麻叶及大麻烟一百五十千克以上;(十一)可待因、丁丙诺啡五千克以上;(十二)三唑仑、安眠酮五十千克以上;(十三)阿普唑仑、恰特草一百千克以上;(十四)咖啡因、罂粟壳二百千克以上;(十五)巴比妥、苯巴比妥、安钠咖、尼美西泮二百五十千克以上;(十六)氯氮卓、艾司唑仑、地西泮、溴西泮五百千克以上;(十七)上述毒品以外的其他毒品数量大的。"

二是第(二)项至第(五)项规定了四种即使毒品数量虽未达到第(一)项所规定的标准,也应判处十五年有期徒刑、无期徒刑或者死刑的情形。其中,"**走私、贩卖、运输、制造毒品集团的首要分子**"是指在集团性毒品犯罪中起组织、策划、指挥作用的犯罪分子。"**武装掩护走私、贩卖、运输、制造毒品的**"是指罪犯在走私、贩卖、运输、制造毒品过程中,自己携带枪支、弹药、爆炸物或者雇佣武装人员进行押运、掩护、警戒等,随时准备与国家执法机关和执法人员进行武力对抗的行为。"**以暴力抗拒检查、拘留、逮捕,情节严重的**"是指在执法部门查缉毒品犯罪时,毒品犯罪分子实施暴力抗拒对其身体、物品、住所等进行检查,或者抗拒对依法予以拘留、逮捕,情节严重的。其中"情节严重"是指以暴力抗拒检查、拘留、逮捕,造成执法人员死亡、重伤、多人轻伤或者具有其他严重情节的,或者有预谋、有组织地进行暴力抗拒等。"**参与有组织的国际贩毒活动的**"主要是指参与国际贩毒集团的犯罪活动。"有组织的国际贩毒活动"是指有计划、有分工、有指挥地进行跨国贩毒的活动,其走私、贩卖活动涉及多个国家或者境外地区。

根据本款规定,凡是属于上述五种情形,如没有法定减轻处罚情节,都应处以十五年有期徒刑、无期徒刑或者死刑,并处没收财产。

第三款是对走私、贩卖、运输、制造毒品数量较大的刑事处罚的规定。"鸦片二百克以上""海洛因或者甲基苯丙胺十克以上"都包括本数在内;鸦片"不满一千克"、海洛因或者甲基苯丙胺"不

---

① 我国学者指出,运输距离的长短、数量多少、运输者是否实际获得利益,对犯罪成立不生影响。在有些情况下,虽然毒品所在地在最终结局上未发生变化,但行为曾使毒品所在地发生变化,也是运输毒品。参见张明楷:《刑法学》(第6版),法律出版社2021年版,第1508页;赵秉志、李希慧主编:《刑法各论》(第3版),中国人民大学出版社2016年版,第345页;黎宏:《刑法学各论》(第2版),法律出版社2016年版,第458页;周光权:《刑法各论》(第4版),中国人民大学出版社2021年版,第506页。

满五十克"都不包括本数在内。对于达到鸦片一千克、海洛因或者甲基苯丙胺五十克的，应依照本条第二款的规定处罚。根据本款规定，凡是走私、贩卖、运输、制造鸦片二百克以上不满一千克、海洛因或者甲基苯丙胺十克以上不满五十克或者其他毒品数量较大的，如果没有法定减轻处罚情节，就应判处七年以上有期徒刑，并处罚金。根据2016年《最高人民法院关于审理毒品犯罪案件适用法律若干问题的解释》的规定，以下情形应当认定为本款中"**其他毒品数量较大**"："（一）可卡因十克以上不满五十克的；（二）3,4—亚甲二氧基甲基苯丙胺（MDMA）等苯丙胺类毒品（甲基苯丙胺除外）、吗啡二十克以上不满一百克；（三）芬太尼二十五克以上不满一百二十五克；（四）甲卡西酮四十克以上不满二百克；（五）二氢埃托啡二毫克以上不满十毫克；（六）哌替啶（度冷丁）五十克以上不满二百五十克；（七）氯胺酮一百克以上不满五百克；（八）美沙酮二百克以上不满一千克；（九）曲马多、γ—羟丁酸四百克以上不满二千克；（十）大麻油一千克以上不满五千克、大麻脂二千克以上不满五千克、大麻叶及大麻烟三十千克以上不满一百五十千克；（十一）可待因、丁丙诺啡一千克以上不满五千克；（十二）三唑仑、安眠酮十克以上不满五十千克；（十三）阿普唑仑、恰特草二十千克以上不满一百千克；（十四）咖啡因、罂粟壳四十千克以上不满二百千克；（十五）巴比妥、苯巴比妥、安钠咖、尼美西泮五十千克以上不满二百五十千克；（十六）氯氮卓、艾司唑仑、地西泮、溴西泮一百千克以上不满五百千克；（十七）上述毒品以外的其他毒品数量较大的。"

第四款是对走私、贩卖、运输、制造少量毒品予以刑事处罚的规定。鸦片"不满二百克"，海洛因或者甲基苯丙胺"不满十克"都不包括本数在内。根据2007年《最高人民法院、最高人民检察院、公安部办理毒品犯罪案件适用法律若干问题的意见》的规定，以下情形应当认定为本款规定的"**其他少量毒品**"：（1）二亚甲基双氧安非他明（MDMA）等苯丙胺类毒品（甲基苯丙胺除外）不满二十克的；（2）氯胺酮、美沙酮不满二百克的；（3）三唑仑、安眠酮不满十千克的；（4）氯氮卓、艾司唑仑、地西泮、溴西泮不满一百千克的；（5）上述毒品以外的其他少量毒品的。根据2016年《最高人民法院关于审理毒品犯罪案件适用法律若干问题的解释》的规定，《刑法》第三百四十七条第四款规定的"**情节严重**"主要包括："（一）向多人贩卖毒品或者多次走私、贩卖、运输、制造毒品的；（二）在戒毒场所、监管场所贩卖毒品的；（三）向在校学生贩卖毒品的；（四）组织、利用残疾人、严重疾病患者、怀孕或者正在哺乳自己婴儿的妇女走私、贩卖、运输、制造毒品的；（五）国家工作人员走私、贩卖、运输、制造毒品的；（六）其他情节严重的情形。"

第五款是关于单位犯第二款、第三款、第四款如何处罚的规定。**单位犯本条第二款、第三款、第四款规定之罪的**，对单位判处罚金，对单位直接负责的主管人员和其他直接责任人员，依照本条第二款、第三款、第四款的规定处罚。

第六款是关于利用、教唆未成年人走私、贩卖、运输、制造毒品或者向未成年人出售毒品的，从重处罚的规定。① "**利用**"是指毒品犯罪分子采取雇佣、收买、胁迫、诱骗和其他方法使未成年人参与进行走私、贩卖、运输、制造毒品犯罪活动的行为。如让儿童携带毒品进出国、边境，或者把毒品从一地运往另一地，而犯罪分子在幕后操纵、指挥、策划等。"**教唆**"是指毒品犯罪分子指使、引诱未成年人进行毒品犯罪的行为。"**未成年人**"是指未满十八周岁的人。对于教唆未成年人犯罪的，如果是教唆走私毒品，就是走私毒品犯罪，如果是教唆贩卖毒品，就是贩卖毒品罪，即使教唆分子本人没有亲自参加被教唆人所进行的走私、贩毒活动，也应依照本条的规定处罚。

第七款是关于多次走私、贩卖、运输、制造毒品，未经处理的，毒品数量累计计算的规定。"**多次走私、贩卖、运输、制造毒品，未经处理的**"，其中"**多次**"是指两次以上，包括本数在内。"**未经处理**"是指未经刑事处罚，根据本条第一款规定，走私、贩卖、运输、制造毒品，无论数量多少，都应当追究刑事责任，予以刑事处罚。"**累计计算**"是指将犯罪分子每次未经处理的走私、贩卖、运输、制造毒品的数量相加。毒品犯罪中毒品数量的大小，直接关系到刑罚的轻重。犯罪分子为了逃避惩罚，往往采取多种对策。小额多次走私、贩卖、运输毒品是他们经常采用的手段之一。这样规定，可以防止犯罪分子钻法律空子，有利于更加严厉地打击毒品惯犯。需要特别注意的是，对已经处理过的毒品犯罪，应视为已经结案，不应再将已经处理案件中的毒品数量与未经处理案件中的毒

---

① 关于本款规定与《刑法》第二十九条第一款后段之间的关系，我国学者指出，本款规定只是对《刑法》第二十九条的重申，而非首在《刑法》第二十九条从重处罚的基础上，再根据本款规定从重处罚。参见张明楷：《刑法学》（第6版），法律出版社2021年版，第1517页。

品数量累计相加。

实际执行中应当注意以下几个方面的问题：

1. 关于本罪的主体范围。根据我国《刑法》第十七条的规定，**已满十四周岁不满十六周岁的人，犯贩卖毒品罪的，应当负刑事责任。**1979 年刑法关于已满十四岁不满十六岁的人负刑事责任的范围是"犯杀人、重伤、抢劫、放火、惯窃罪或者其他严重破坏社会秩序罪"，1997 年刑法修改为"犯故意杀人、故意伤害致人重伤或者死亡、强奸、抢劫、贩卖毒品、放火、爆炸、投毒罪"，把"严重破坏社会秩序"进行了分解。长期以来，我国就走私、贩卖、运输、制造毒品罪属于严重破坏社会秩序罪是有共识的，鉴于毒品犯罪的危害性，根据未成年人实施毒品犯罪的特点，1997 年刑法将贩卖毒品纳入了已满十四岁不满十六周岁的未成年人应当负刑事责任的范围。已满十四周岁不满十六周岁的人实施贩卖毒品行为的，应当负相应的刑事责任，根据《刑法》第十七条的规定从轻或者减轻处罚。

2. 关于居间行为的定性问题。在司法实践中，购买毒品和销售毒品行为人之间往往存在居间介绍人，起着牵线搭桥的作用，有的从中会得到一定的好处。对该行为定性时，应当结合行为人的目的和行为进行综合判断。居间人为了帮助销售毒品的人卖出毒品而牵线搭桥的，应当构成**贩卖毒品罪**；居间人只是出于亲友等情谊，或不忍心、同情吸毒者瘾发作，而代为购买时，若居间人代为购买的毒品已达到法定数量，居间者和委托人都构成**非法持有毒品罪**，二者成立共犯，如未达到法定数量，则属于**一般的违法行为**，由公安机关依法予以治安管理处罚。

3. 关于非法贩卖国家管制的麻醉药品和精神药品的适用。《刑法》第三百五十七条对毒品中毒品的定义作了规定，即鸦片、海洛因、甲基苯丙胺(冰毒)、吗啡、大麻、可卡因以及国家规定管制的其他能够使人形成瘾癖的麻醉药品和精神药品。需要注意的是，应当把毒品和医疗上使用的药品区别开来，有些药用麻醉品如阿片、吗啡、杜冷丁等，对于治疗某些疾病是不可缺少的，不能把它们当作本条规定的毒品。

4. 关于本罪的量刑问题。**毒品数量是毒品犯罪案件量刑的重要依据，但不是唯一的依据。**在司法实践中，还应当综合犯罪情节、危害后果、行为人的主观恶性、人身危险性等各种因素，予以区别对待。此外，对于五种可以判处死刑的情形，根据党的十八届三中全会决定"**逐步减少适用死刑罪名**"的精神，判处死刑应当特别慎重，一般只对罪行极其严重、人身危险性极大、主观恶性极深的罪犯判处死刑。

在《刑法修正案(八)》之后的刑法修改的过程中，一直有一种意见建议废除运输毒品罪的死刑，认为运输毒品的行为仅仅是毒品犯罪的中间环节，其危害性不如走私、贩卖、制造毒品犯罪。实践中，较多发生的是贫困边民、下岗工人、无业人员等为了赚取少量运费而受雇从事毒品的运输，相对于幕后指使者，这些犯罪分子的行为具有从属性、辅助性的特点，行为人在犯罪链条中所起的作用较小，主观恶性也相对较小，更应当判处死刑的是毒品犯罪的幕后指使者，大毒枭。但也有意见认为，当前毒品犯罪的形势仍旧严峻，取消运输毒品罪的死刑，不利于对毒品犯罪的严厉打击，可以在保留死刑的同时，在司法适用中综合各种因素予以把握。鉴于目前各方面对运输毒品罪取消死刑尚未取得共识，刑法暂时未作修改，但司法实践中应当从严把握，**对于运输毒品犯罪的行为人**，根据其行为的性质、严重程度，确定应当适用的具体刑罚，并根据刑法规定精神，**严格限制死刑的适用**。

5. 走私、贩卖、运输、制造两种以上毒品时如何处理。根据《全国法院毒品案件审判工作会议纪要》的规定，走私、贩卖、运输、制造、非法持有毒品，司法解释明确规定了定罪量刑数量标准的毒品，按照相关标准依法定罪量刑。对于刑法、司法解释未规定定罪量刑数量标准的毒品，参考已有折算标准，综合考虑其毒害性、滥用情况、受管制程度、纯度及犯罪形势、交易价格等因素，依法定罪量刑。

6. 关于毒品犯罪的侦查。我国刑事诉讼法针对毒品案件规定了特殊的侦查措施，根据《刑事诉讼法》第一百五十条的规定，公安机关在立案后，对于重大毒品犯罪案件，根据侦查犯罪的需要，经过严格的批准手续，可以采取**技术侦查措施**。《刑事诉讼法》第一百五十三条规定，对涉及给付毒品等违禁品或者财物的犯罪活动，公安机关根据侦查犯罪的需要，可以依照规定实施**控制下交付**。这些侦查措施对侦破毒品案件起到积极作用。但应当注意的是，刑事诉讼法也明确要求侦查机关采取技术侦查措施要符合法律规定。比如，技术侦查措施要在立案后实施，要经过严格的批准手续，不得诱使他人犯罪，不得采取可能危害公共安全或者发生重大人身危险的行为，根据法律规定使用证据等。实践中，毒品犯罪的侦查要特别注意遵守法律规定，以免影响证据采集、使用，影响对犯罪的打击。

【司法解释】

《最高人民法院关于审理毒品犯罪案件适用法律若干问题的解释》(法释〔2016〕8 号，自 2016

第三百四十七条

年4月11日起施行)

△(**其他毒品数量大**)走私、贩卖、运输、制造、非法持有下列毒品,应当认定为刑法第三百四十七条第二款第一项、第三百四十八条规定的"其他毒品数量大":

(一)可卡因五十克以上;

(二)3,4-亚甲二氧基甲基苯丙胺(MDMA)等苯丙胺类毒品(甲基苯丙胺除外)、吗啡一百克以上;

(三)芬太尼一百二十五克以上;

(四)甲卡西酮二百克以上;

(五)二氢埃托啡十毫克以上;

(六)哌替啶(度冷丁)二百五十克以上;

(七)氯胺酮五百克以上;

(八)美沙酮一千克以上;

(九)曲马多、γ-羟丁酸二千克以上;

(十)大麻油五千克、大麻脂十千克、大麻叶及大麻烟一百五十千克以上;

(十一)可待因、丁丙诺啡五千克以上;

(十二)三唑仑、安眠酮五十千克以上;

(十三)阿普唑仑、恰特草一百千克以上;

(十四)咖啡因、罂粟壳二百千克以上;

(十五)巴比妥、苯巴比妥、安钠咖、尼美西泮二百五十千克以上;

(十六)氯氮卓、艾司唑仑、地西泮、溴西泮五百千克以上;

(十七)上述毒品以外的其他毒品数量大的。

国家定点生产企业按照标准规格生产的麻醉药品或者精神药品被用于毒品犯罪的,根据药品中毒品成分的含量认定涉案毒品数量。(§1)

△(**其他毒品数量较大**)走私、贩卖、运输、制造、非法持有下列毒品,应当认定为刑法第三百四十七条第三款、第三百四十八条规定的"其他毒品数量较大":

(一)可卡因十克以上不满五十克;

(二)3,4-亚甲二氧基甲基苯丙胺(MDMA)等苯丙胺类毒品(甲基苯丙胺除外)、吗啡二十克以上不满一百克;

(三)芬太尼二十五克以上不满一百二十五克;

(四)甲卡西酮四十克以上不满二百克;

(五)二氢埃托啡二毫克以上不满十毫克;

(六)哌替啶(度冷丁)五十克以上不满二百五十克;

(七)氯胺酮一百克以上不满五百克;

(八)美沙酮二百克以上不满一千克;

(九)曲马多、γ-羟丁酸四百克以上不满二千克;

第六章 妨害社会管理秩序罪

(十)大麻油一千克以上不满五千克、大麻脂二千克以上不满十千克、大麻叶及大麻烟三十千克以上不满一百五十千克;

(十一)可待因、丁丙诺啡一千克以上不满五千克;

(十二)三唑仑、安眠酮十千克以上不满五十千克;

(十三)阿普唑仑、恰特草二十千克以上不满一百千克;

(十四)咖啡因、罂粟壳四十千克以上不满二百千克;

(十五)巴比妥、苯巴比妥、安钠咖、尼美西泮五十千克以上不满二百五十千克;

(十六)氯氮卓、艾司唑仑、地西泮、溴西泮一百千克以上不满五百千克;

(十七)上述毒品以外的其他毒品数量较大的。(§2)

△(**武装掩护走私、贩卖、运输、制造毒品;以暴力抗拒检查、拘留、逮捕;情节严重**)在实施走私、贩卖、运输、制造毒品犯罪的过程中,携带枪支、弹药或者爆炸物用于掩护的,应当认定为刑法第三百四十七条第二款第三项规定的"武装掩护走私、贩卖、运输、制造毒品"。枪支、弹药、爆炸物种类的认定,依照相关司法解释的规定执行。

在实施走私、贩卖、运输、制造毒品犯罪的过程中,以暴力抗拒检查、拘留、逮捕,造成执法人员死亡、重伤,多人轻伤或者具有其他严重情节的,应当认定为刑法第三百四十七条第二款第四项规定的"以暴力抗拒检查、拘留、逮捕,情节严重"。(§3)

△(**情节严重**)走私、贩卖、运输、制造毒品,具有下列情形之一的,应当认定为刑法第三百四十七条第四款规定的"情节严重":

(一)向多人贩卖毒品或者多次走私、贩卖、运输、制造毒品的;

(二)在戒毒场所、监管场所贩卖毒品的;

(三)向在校学生贩卖毒品的;

(四)组织、利用残疾人、严重疾病患者、怀孕或者正在哺乳自己婴儿的妇女走私、贩卖、运输、制造毒品的;

(五)国家工作人员走私、贩卖、运输、制造毒品的;

(六)其他情节严重的情形。(§4)

△(**想象竞合犯;非法利用信息网络罪;帮助信息网络犯罪活动罪**)实施刑法第二百八十七条之一、第二百八十七条之二规定的行为,同时构成贩卖毒品罪、非法买卖制毒物品罪、传授犯罪方法罪等犯罪的,依照处罚较重的规定定罪处罚。

(§14Ⅱ)

《最高人民法院关于审理走私、非法使用兴奋剂刑事案件适用法律若干问题的解释》(法释〔2019〕16号,自2020年1月1日起施行)

△(**走私兴奋剂目录所列物质行为;走私国家禁止进出口的货物、物品罪;走私普通货物、物品罪**)运动员、运动员辅助人员走私兴奋剂目录所列物质,或者其他人员从事体育竞赛中非法使用为目的走私兴奋剂目录所列物质,涉案物质属于国家禁止进出口的货物、物品,具有下列情形之一的,应当依照刑法第一百五十一条第三款的规定,以走私国家禁止进出口的货物、物品罪定罪处罚:

(一)一年内曾因走私被给予二次以上行政处罚后又走私的;

(二)用于或者准备用于未成年人运动员、残疾人运动员的;

(三)用于或者准备用于国内、国际重大体育竞赛的;

(四)其他造成严重恶劣社会影响的情形。

实施前款规定的行为,涉案物质不属于国家禁止进出口的货物、物品,但偷逃应缴税额一万元以上或者一年内曾因走私被给予二次以上行政处罚后又走私的,应当依照刑法第一百五十三条的规定,以走私普通货物、物品罪定罪处罚。

对于本条第一款、第二款规定以外的走私兴奋剂目录所列物质行为,适用《最高人民法院、最高人民检察院关于办理走私刑事案件适用法律若干问题的解释》(法释〔2014〕10号)规定的定罪量刑标准。(§1)

△(**未经许可经营兴奋剂目录所列物质;非法经营罪**)违反国家规定,未经许可经营兴奋剂目录所列物质,涉案物质属于法律、行政法规规定的限制买卖的物品,扰乱市场秩序,情节严重的,应当依照刑法第二百二十五条的规定,以非法经营罪定罪处罚。(§2)

△(**生产、销售含有兴奋剂目录所列物质的食品;生产、销售不符合安全标准的食品罪;生产、销售有毒、有害食品罪**)生产、销售含有兴奋剂目录所列物质的食品,符合刑法第一百四十三条、第一百四十四条规定的,以生产、销售不符合安全标准的食品罪、生产、销售有毒、有害食品罪定罪处罚。(§5)

△(**兴奋剂;毒品、制毒物品**)实施本解释规定的行为,涉案物质属于毒品、制毒物品等,构成有关犯罪的,依照相应犯罪定罪处罚。(§7)

△("**兴奋剂**""**兴奋剂目录所列物质**""**体育运动**""**国内、国际重大体育竞赛**"等专门性问题;认定意见)对于是否属于本解释规定的"兴奋剂""兴奋剂目录所列物质""体育运动""国内、国际重大体育竞赛"等专门性问题,应当依据《中华人民共和国体育法》《反兴奋剂条例》等法律法规,结合国务院体育主管部门出具的认定意见等证据材料»以认定。(§8)

【**司法解释性文件**】

《公安部禁毒局关于非法制造贩卖安钠咖立案问题的答复》(公禁毒〔2002〕434号,2002年11月5日公布)

△(**安钠咖**)安钠咖属于《刑法》规定的毒品。根据《刑法》第三百四十七条第一款的规定,贩卖、制造毒品,无论数量多少,都应当追究刑事责任,予以刑事处罚。因此,对于非法制造、贩卖安钠咖的,不论查获的数量多少,公安机关都应当按照非法制造、贩卖毒品罪立案侦查。

《最高人民法院、最高人民检察院、公安部关于印发〈办理毒品犯罪案件适用法律若干问题的意见〉的通知》(公通字〔2007〕84号,2007年12月18日公布)

△(**毒品犯罪案件之管辖;犯罪地;被害人居住地;怀孕、哺乳期妇女;跨区域毒品犯罪案件;指定管辖**)根据刑事诉讼法的规定,毒品犯罪案件的地域管辖,应当坚持以犯罪地管辖为主、被告人居住地管辖为辅的原则。

"犯罪地"包括犯罪预谋地,毒资筹集地,交易进行地,毒品生产地,毒资、毒赃和毒品的藏匿地、转移地,走私或者贩卖毒品的目的地以及犯罪嫌疑人被抓获地等。

"被告人居住地"包括被告人常住地、户籍地及其临时居住地。

对怀孕、哺乳期妇女走私、贩卖、运输毒品案件,查获地公安机关认为移交其居住地管辖更有利于采取强制措施和查清犯罪事实的,可以报请共同的上级公安机关批准,移送犯罪嫌疑人居住地公安机关办理,查获地公安机关应继续配合。

公安机关对侦办跨区域毒品犯罪案件的管辖权有争议的,应本着有利于查清犯罪事实,有利于诉讼,有利于保障案件侦查安全的原则,认真协商解决。经协商无法达成一致的,报共同的上级公安机关指定管辖。对即将侦查终结的跨省(自治区、直辖市)重大毒品案件,必要时可由公安部商最高人民法院和最高人民检察院指定管辖。

为保证及时结案,避免超期羁押,人民检察院对于公安机关移送审查起诉的案件,人民法院对于已进入审判程序的案件,被告人及其辩护人提出管辖异议或者办案单位发现没有管辖权的,受案人民检察院、人民法院经审可以依法报请上级人民检察院、人民法院指定管辖,不再自行移送有管辖权的人民检察院、人民法院。

△(**主观明知之认定;应当知道**)走私、贩卖、运输、非法持有毒品主观故意中的"明知",是指行为人知道或者应当知道所实施的行为是走私、贩卖、运输、非法持有毒品行为。具有下列情形之一,并且犯罪嫌疑人、被告人不能做出合理解释的,可以认定其"应当知道",但有证据证明确属被蒙骗的除外:

(一)执法人员在口岸、机场、车站、港口和其他检查站检查时,要求行为人申报为他人携带的物品和其他疑似毒品物,并告知其法律责任,而行为人未如实申报,在其所携带的物品内查获毒品的;

(二)以伪报、藏匿、伪装等蒙蔽手段逃避海关、边防等检查,在其携带、运输、邮寄的物品中查获毒品的;

(三)执法人员检查时,有逃跑、丢弃携带物品或逃避、抗拒检查等行为,在其携带或丢弃的物品中查获毒品的;

(四)体内藏匿毒品的;

(五)为获取不同寻常的高额或不等值的报酬而携带、运输毒品的;

(六)采用高度隐蔽的方式携带、运输毒品的;

(七)采用高度隐蔽的方式交接毒品,明显违背合法物品惯常交接方式的;

(八)其他有证据足以证明行为人应当知道的。

△(**氯胺酮等毒品;其他毒品数量大**)走私、贩卖、运输、制造、非法持有下列毒品,应当认定为刑法第三百四十七条第二款第(一)项、第三百四十八条规定的"其他毒品数量大":

1. 二亚甲基双氧安非他明(MDMA)等苯丙胺类毒品(甲基苯丙胺除外)100克以上;

2. 氯胺酮、美沙酮1千克以上;

3. 三唑仑、安眠酮50千克以上;

4. 氯氮卓、艾司唑仑、地西泮、溴西泮500千克以上;

5. 上述毒品以外的其他毒品数量大的。

△(**氯胺酮等毒品;其他毒品数量较大**)走私、贩卖、运输、制造、非法持有下列毒品,应当认定为刑法第三百四十七条第三款、第三百四十八条规定的"其他毒品数量较大":

1. 二亚甲基双氧安非他明(MDMA)等苯丙胺类毒品(甲基苯丙胺除外)20克以上不满100克的;

2. 氯胺酮、美沙酮200克以上不满1千克的;

3. 三唑仑、安眠酮10千克以上不满50千克的;

4. 氯氮卓、艾司唑仑、地西泮、溴西泮100千克以上不满500千克的;

5. 上述毒品以外的其他毒品数量较大的。

△(**氯胺酮等毒品;其他少量毒品**)走私、贩卖、运输、制造下列毒品,应当认定为刑法第三百四十七条第四款规定的"其他少量毒品":

1. 二亚甲基双氧安非他明(MDMA)等苯丙胺类毒品(甲基苯丙胺除外)不满20克的;

2. 氯胺酮、美沙酮不满200克的;

3. 三唑仑、安眠酮不满10千克的;

4. 氯氮卓、艾司唑仑、地西泮、溴西泮不满100千克的;

5. 上述毒品以外的其他少量毒品的。

△(**氯胺酮等毒品;毒品品种;毒品品名之认定**)上述毒品品种包括其盐和制剂。毒品鉴定结论中毒品品名的认定应当以国家食品药品监督管理局、公安部、卫生部最新发布的《麻醉药品品种目录》、《精神药品品种目录》为依据。

△(**死刑;鉴定结论**)可能判处死刑的毒品犯罪案件,毒品鉴定结论中应有含量鉴定的结论。

《公安部关于在成品药中非法添加阿普唑仑和曲马多进行销售能否认定为制造贩卖毒品有关问题的批复》(公复字[2009]1号,2009年3月19日公布)

△(**阿普唑仑和曲马多**)阿普唑仑和曲马多为国家管制的二类精神药品。根据《中华人民共和国刑法》第三百五十五条的规定,如果行为人具有生产、管理、使用阿普唑仑和曲马多的资质,却将其掺加在其他药品中,违反国家规定向吸食、注射毒品的人提供的,构成非法提供精神药品罪;向走私、贩卖毒品的犯罪分子或以牟利为目的向吸食、注射毒品的人提供的,构成走私、贩卖毒品罪。根据《中华人民共和国刑法》第三百四十七条的规定,如果行为人没有生产、管理、使用阿普唑仑和曲马多的资质,而将其掺加在其他药品中予以贩卖,构成贩卖、制造毒品罪。(§1)

△(**为治疗、戒毒依法合理使用**)在办案中应当注意区别为治疗、戒毒依法合理使用的行为与上述犯罪行为的界限。只有违反国家规定,明知是走私、贩卖毒品的人员而向其提供阿普唑仑和曲马多,或者明知是吸毒人员而向其贩卖或超出规定的次数、数量向其提供阿普唑仑和曲马多的,

才可以认定为犯罪。（§2）

《最高人民法院、最高人民检察院、公安部关于办理制毒物品犯罪案件适用法律若干问题的意见》（公通字〔2009〕33号，2009年6月23日公布）

△(**制造毒品的预备行为**)为了制造毒品或者走私、非法买卖制毒物品犯罪而采用生产、加工、提炼等方法非法制造易制毒化学品的，根据刑法第二十二条的规定，按照其制造易制毒化学品的不同目的，分别以制造毒品、走私制毒物品、非法买卖制毒物品的预备行为论处。①

《最高人民法院研究室关于被告人对不同种毒品实施同一犯罪行为是否按比例折算成一种毒品予以累加后量刑的答复》（法研〔2009〕146号，2009年8月17日公布）

△(**不同种毒品；按比例折算后累加；数罪并罚**)根据《全国部分法院审理毒品犯罪案件工作座谈会纪要》的规定，对被告人一人走私、贩卖、运输、制造两种以上毒品的，不实行数罪并罚，量刑时可综合考虑毒品的种类、数量及危害，依法处理。故同意你院处理意见。

《最高人民法院研究室关于贩卖、运输经过取汁的罂粟壳废渣是否构成贩卖、运输毒品罪的答复》（法研〔2010〕168号，2010年9月27日公布）

△(**贩卖、运输经过取汁的罂粟壳废渣**)最高人民法院研究室认为，根据你院提供的情况，对本案被告人不宜以贩卖、运输毒品罪处断。主要考虑：（1）被告人贩卖、运输的是经过取汁的罂粟壳废渣，吗啡含量只有0.01%，含量极低，从技术和成本看，基本不可能用于提取吗啡；（2）国家对经过取汁的罂粟壳并无明文规定予以管制，实践中有关药厂也未按照管制药品对其进行相应处理；（3）无证据证明被告人购买、加工经过取汁的罂粟壳废渣是为了将其当作毒品出售，具有贩卖、运输的故意。故从查明行为人有将罂粟壳废渣作为制售毒品原料予以利用的故意，可建议由公安机关予以治安处罚。

《最高人民检察院、公安部关于公安机关管辖的刑事案件立案追诉标准的规定（三）》（公通字〔2012〕26号，2012年5月16日公布）

△(**走私、贩卖、运输、制造毒品罪；立案追诉标准；"走私"；"贩卖"；**居间介绍、代购代卖毒品；**"运输"；"制造"；**非法制造易制毒化学品；预备犯；**"明知"；选择性罪名**)走私、贩卖、运输、制造毒品，无论数量多少，都应予立案追诉。

本条规定的"走私"是指明知是毒品而非法将其运输、携带、寄递进出国(边)境的行为。直接向走私人非法收购走私进口的毒品，或者在内海、领海、界河、界湖运输、收购、贩卖毒品的，以走私毒品罪立案追诉。

本条规定的"贩卖"是指明知是毒品而非法销售或者以贩卖为目的而非法收买的行为。

有证据证明行为人以牟利为目的，为他人代购仅用于吸食、注射的毒品，对代购者以贩卖毒品罪立案追诉。不以牟利为目的，为他人代购仅用于吸食、注射的毒品，毒品数量达到本规定第二条规定的数量标准的，对托购者和代购者以非法持有毒品罪立案追诉。明知他人实施毒品犯罪而为其居间介绍、代购代卖的，无论是否牟利，都应以相关毒品犯罪的共犯立案追诉。

本条规定的"运输"是指明知是毒品而采用携带、寄递、托运、利用他人或者使用交通工具等方法非法运送毒品的行为。

本条规定的"制造"是指非法利用毒品原植物直接提炼或者用化学方法加工、配制毒品，或者以改变毒品成分和效用为目的，用混合等物理方法加工、配制毒品的行为。为了便于隐蔽运输、销售、使用、欺骗购买者，或者为了增重，对毒品掺杂使假，添加或者去除其他非毒品物质，不属于制造毒品的行为。

为了制造毒品而采用生产、加工、提炼等方法非法制造易制毒化学品的，以制造毒品罪（预备）立案追诉。购进制造毒品的设备和原材料，开始着手制造毒品，尚未制造出毒品或者半成品的，以制造毒品罪（未遂）立案追诉。明知他人制造毒品而为其生产、加工、提炼、提供醋酸酐、乙醚、三氯甲烷等制毒物品的，以制造毒品罪的共犯立案追诉。

走私、贩卖、运输毒品主观故意中的"明知"，是指行为人知道或者应当知道所实施的是走私、贩卖、运输毒品行为。具有下列情形之一，结合行为人的供述和其他证据综合审查判断，可以认定其"应当知道"，但有证据证明确属被蒙骗的除外：

（一）执法人员在口岸、机场、车站、港口、邮

---

① 需要注意的是，在《刑法修正案（九）》颁布之前，《刑法》第三百五十条仅处罚走私与买卖制毒物品行为。之后，《刑法修正案（九）》增订了生产、运输行为。因此，为了制造毒品或者走私、非法买卖制毒物品犯罪而采用生产、加工、提炼等方法非法制造易制毒化学品，应论以非法生产制毒物品罪的既遂犯。参见张明楷：《刑法学》（第6版），法律出版社2021年版，第1522页。

局和其他检查站点检查时,要求行为人申报携带、运输、寄递的物品和其他疑似毒品物,并告知其法律责任,而行为人未如实申报,在其携带、运输、寄递的物品中查获毒品的;

(二)以伪报、藏匿、伪装等蒙蔽手段逃避海关、边防等检查,在其携带、运输、寄递的物品中查获毒品的;

(三)执法人员检查时,有逃跑、丢弃携带物品或者逃避、抗拒检查等行为,在其携带、藏匿或者丢弃的物品中查获毒品的;

(四)体内或者贴身隐秘处藏匿毒品的;

(五)为获取不同寻常的高额或者不等值的报酬为他人携带、运输、寄递、收取物品,从中查获毒品的;

(六)采用高度隐蔽的方式携带、运输物品,从中查获毒品的;

(七)采用高度隐蔽的方式交接物品,明显违背合法物品惯常交接方式,从中查获毒品的;

(八)行程路线故意绕开检查站点,在其携带、运输的物品中查获毒品的;

(九)以虚假身份、地址或者其他虚假方式办理托运、寄递手续,在托运、寄递的物品中查获毒品的;

(十)有其他证据足以证明行为人应当知道的。

制造毒品主观故意中的"明知",是指行为人知道或者应当知道所实施的是制造毒品行为。有下列情形之一,涉及行为人的供述和其他证据综合审查判断,可以认定其"应当知道",但有证据证明确属被蒙骗的除外:

(一)购置了专门用于制造毒品的设备、工具、制毒物品或者配制方案的;

(二)为获取不同寻常的高额或者不等值的报酬为他人制造物品,经检验是毒品的;

(三)在偏远、隐蔽场所制造,或者采取对制造设备进行伪装等方式制造物品,经检验是毒品的;

(四)制造人员在执法人员检查时,有逃跑、抗拒检查等行为,在现场查获制造出的物品,经检验是毒品的;

(五)有其他证据足以证明行为人应当知道的。

走私、贩卖、运输、制造毒品罪是选择性罪名,对同一宗毒品实施了两种以上犯罪行为的,并有相应确凿证据的,应当按照所实施的犯罪行为的性质并列适用罪名,毒品数量不重复计算。对同一宗毒品可能实施了两种以上犯罪行为,但相应证据只能认定其中一种或者几种行为,认定其他行为的证据不够确实充分的,只按照依法能够认定的行为的性质适用罪名。对不同宗毒品分别实施了不同种犯罪行为的,应对不同行为并列适用罪名,累计计算毒品数量。(§1)

△(毒品)本规定中的毒品是指鸦片、海洛因、甲基苯丙胺(冰毒)、吗啡、大麻、可卡因以及国家规定管制的其他能够使人形成瘾癖的麻醉药品和精神药品。具体品种以国家食品药品监督管理局、公安部、卫生部发布的《麻醉药品品种目录》、《精神药品品种目录》为依据。(§13Ⅰ)

△(未明确立案追诉标准的毒品;折算)本规定中未明确立案追诉标准的毒品,有条件折算为海洛因的,参照有关麻醉药品和精神药品折算标准进行折算。(§14)

△(立案追诉标准)本规定中的立案追诉标准,除法律、司法解释另有规定的以外,适用于相关的单位犯罪。(§15)

《最高人民法院、最高人民检察院、公安部关于办理走私、非法买卖麻黄碱类复方制剂等刑事案件适用法律若干问题的意见》(法发〔2012〕12号,2012年6月18日公布)

△(走私、非法买卖麻黄碱类复方制剂;制造毒品罪;非法经营罪;走私普通货物、物品罪)以加工、提炼制毒物品制造毒品为目的,购买麻黄碱类复方制剂,或者运输、携带、寄递麻黄碱类复方制剂进出境的,依照刑法第三百四十七条的规定,以制造毒品罪定罪处罚。

……

非法买卖麻黄碱类复方制剂或者运输、携带、寄递麻黄碱类复方制剂进出境,没有证据证明系用于制造毒品或者走私、非法买卖制毒物品,或者未达到走私制毒物品、非法买卖制毒物品的定罪数量标准,构成非法经营罪、走私普通货物、物品罪等其他犯罪的,依法定罪处罚。

实施第一款、第二款规定的行为,同时构成其他犯罪的,依照处罚较重的规定定罪处罚。(§1Ⅰ、Ⅳ、Ⅴ)

△(利用麻黄碱类复方制剂加工、提炼制毒物品;制造毒品罪)以制造毒品为目的,利用麻黄碱类复方制剂加工、提炼制毒物品的,依照刑法第三百四十七条的规定,以制造毒品罪定罪处罚。(§2Ⅰ)

△(制造毒品罪的共犯)明知他人利用麻黄碱类制毒物品制造毒品,向其提供麻黄碱类复方制剂,为其利用麻黄碱类复方制剂加工、提炼制毒物品,或者为其获取、利用麻黄碱类复方制剂提供其他帮助的,以制造毒品罪的共犯论处。(§3Ⅰ)

△**(犯罪预备、未遂)** 实施本意见规定的行为,符合犯罪预备或者未遂情形的,依照法律规定处罚。(§4)

△**(主观目的与明知之认定)** 对于本意见规定的犯罪嫌疑人、被告人的主观目的与明知,应当根据物证、书证、证人证言以及犯罪嫌疑人、被告人供述和辩解等在案证据,结合犯罪嫌疑人、被告人的行为表现,重点考虑以下因素综合予以认定:

1. 购买、销售麻碱类复方制剂的价格是否明显高于市场交易价格;

2. 是否采用虚假信息、隐蔽手段运输、寄递、存储麻碱类复方制剂;

3. 是否采用伪标、伪装、藏匿或者绕行进出境等手段逃避海关、边防等检查;

4. 提供相关帮助行为获得的报酬是否合理;

5. 此前是否实施过同类违法犯罪行为;

6. 其他相关因素。(§5)

△**(可以制成的毒品数量;量刑情节)** 实施本意见规定的行为,以制造毒品罪定罪处罚的,应当将涉案麻碱类复方制剂所含的麻碱类物质可以制成的毒品数量作为量刑情节考虑。

多次实施本意见规定的行为未经处理的,涉案制毒物品的数量累计计算。(§6Ⅱ、Ⅲ)

△**(制造毒品罪;定罪量刑的数量标准)** 实施本意见规定的行为,以制造毒品罪定罪处罚的,无论涉案麻碱类复方制剂所含的麻碱类物质数量多少,都应当依究刑事责任。(§7Ⅱ)

△**(麻碱类复方制剂)** 本意见所称麻碱类复方制剂是指含有《易制毒化学品管理条例》(国务院令第445号)品种目录所列的麻碱(麻黄素)、伪麻碱(伪麻黄素)、消旋麻碱(消旋麻黄素)、去甲麻碱(去甲麻黄素)、甲基麻碱(甲基麻黄素)及其盐类,或者麻黄浸膏、麻黄浸膏粉等麻碱类物质的药品复方制剂。(§8)

《最高人民法院、最高人民检察院、公安部、农业部、国家食品药品监督管理总局关于进一步加强麻黄草管理严厉打击非法买卖麻黄草等违法犯罪活动的通知》(公通字〔2013〕16号,2013年5月21日公布)

△**(麻黄草采集、收购许可证制度)** 麻黄草的采集、收购实行严格的许可证制度,未经许可,任何单位和个人不得采集、收购麻黄草,麻黄草收购单位只能将麻黄草销售给药品生产企业。农牧主管部门要从严核发麻黄草采集证,统筹确定各地麻黄草采挖量,禁止任何单位和个人无证采挖麻黄草;严格监督采挖单位和个人凭采集证销售麻黄草;严格控制麻黄草采挖量,严禁无证或超量采挖麻黄草。食品药品监管部门要督促相关药品生产企业严格按照《药品生产质量管理规范(2010年修订)》规定,建立和完善药品质量管理体系,特别是建立麻黄草收购、产品加工和销售台账,并保存2年备查。(§1)

△**(麻黄草采挖、买卖和运输之监督检查)** 农牧主管部门要认真调查麻黄草资源的分布和储量,加强对麻黄草资源的监管;要严肃查处非法采挖麻黄草和伪造、倒卖、转让采集证行为,上述行为一经发现,一律按最高限处罚。食品药品监管部门要加强对药品生产、经营企业的监督检查,对违反《药品管理法》及相关规定生产、经营麻黄草及其制品的,要依法处理。公安机关要会同农牧主管部门,加强对麻黄草运输活动的检查,在重点公路、出入省通道要部署力量进行查缉,对没有采集证或者收购证以及不能说明合法用途运输麻黄草的,一律依法扣押审查。(§2)

△**(非法采挖、买卖麻黄草;制造毒品罪共犯;定罪量刑的数量标准)** 各地人民法院、人民检察院、公安机关要依法查处非法采挖、买卖麻黄草等犯罪行为,区别情形予以处罚:

(一)以制造毒品为目的,采挖、收购麻黄草的,依照刑法第三百四十七条的规定,以制造毒品罪定罪处罚。①

……

(三)明知他人制造毒品或者走私、非法买卖制毒物品,向其提供麻黄草或者提供运输、储存麻黄草等帮助的,分别以制造毒品罪、走私制毒物品罪、非法买卖制毒物品罪的共犯论处。

……

(五)实施以上行为,以制造毒品罪、走私制毒物品罪、非法买卖制毒物品罪定罪处罚的,涉案制毒物品的数量按照三百千克麻黄草折合一千克麻黄碱计算;以制造毒品罪定罪处罚的,无论涉案麻黄草数量多少,均应追究刑事责任。(§3)

《最高人民法院、最高人民检察院关于常见犯罪的量刑指导意见(试行)》(法发〔2021〕21号,2021年6月6日发布)

△**(走私、贩卖、运输、制造毒品罪;量刑)**

1. 构成走私、贩卖、运输、制造毒品罪的,根据下列情形在相应的幅度内确定量刑起点:

---

① 我国学者指出,此行为只能以制造毒品罪的预备犯进行惩治。参见张明楷:《刑法学》(第6版),法律出版社2021年版,第1509页。

（1）走私、贩卖、运输、制造鸦片一千克、海洛因、甲基苯丙胺五十克或者其它毒品数量达到数量大起点的，量刑起点为十五年有期徒刑。依法应当判处无期徒刑以上刑罚的除外。

（2）走私、贩卖、运输、制造鸦片二百克、海洛因、甲基苯丙胺十克或者其它毒品数量达到数量较大起点的，在七年至八年有期徒刑幅度内确定量刑起点。

（3）走私、贩卖、运输、制造鸦片不满二百克，海洛因、甲基苯丙胺不满十克或者其他少量毒品的，可以在三年以下有期徒刑、拘役幅度内确定量刑起点；情节严重的，在三年至四年有期徒刑幅度内确定量刑起点。

2. 在量刑起点的基础上，根据毒品犯罪次数、人次、毒品数量等其他影响犯罪构成的犯罪事实增加刑罚量，确定基准刑。

3. 有下列情节之一的，增加基准刑的10%—30%：

（1）利用、教唆未成年人走私、贩卖、运输、制造毒品的；

（2）向未成年人出售毒品的；

（3）毒品再犯。

4. 有下列情节之一的，可以减少基准刑的30%以下：

（1）受雇运输毒品的；

（2）毒品含量明显偏低的；

（3）存在数量引诱情形的。

5. 构成走私、贩卖、运输、制造毒品罪的，根据走私、贩卖、运输、制造毒品的种类、数量、危害后果等犯罪情节，综合考虑被告人缴纳罚金的能力，决定罚金数额。

6. 构成走私、贩卖、运输、制造毒品罪的，综合考虑走私、贩卖、运输、制造毒品的种类、数量、危害后果等犯罪事实、量刑情节，以及被告人的主观恶性、人身危险性、认罪悔罪表现等因素，从严把握缓刑的适用。

《全国法院毒品案件审判工作会议纪要》（法〔2023〕108号，2023年6月26日发布）

△（**选择性罪名；罪名顺序确定**）刑法第三百四十七条规定的走私、贩卖、运输、制造毒品罪是选择性罪名，确定罪名时不以行为实施的先后、毒品数量或者危害大小排列，一律按照刑法条文规定的顺序表述。对同一宗毒品实施了不同种犯罪行为且有确凿证据证明的，应当按照犯罪行为的性质并列确定罪名，毒品数量不重复计算，不实行数罪并罚。对同一宗毒品可能实施了不同种犯罪行为，但根据证据只能认定其中一种或者几种行为，认定其他行为的证据不属确实、充分的，则按照依法能够认定的行为性质定罪。对不同宗毒品分别实施了不同种犯罪行为的，应对不同行为并列确定罪名，累计毒品数量，不实行数罪并罚。

△（**选择性罪名不准确或顺序不当；增加或者变更罪名**）检察机关起诉指控或者原审法院判决确定的选择性罪名不准确或顺序不当的，审理法院可以减少部分罪名或者改动罪名顺序；检察机关指控了相关犯罪事实，但未适用相应选择性罪名的，在充分听取控辩双方意见的基础上，可以根据审理认定的事实，增加或者变更为相应选择性罪名，但上诉案件不得加重刑罚或者对刑罚执行产生不利于被告人的影响。

△（**从贩毒人员住所、车辆等处查获的毒品**）对于从贩毒人员住所、车辆等处查获的毒品，一般应认定为其贩卖的毒品。确有证据证明查获的毒品并非贩毒人员用于贩卖，其行为另构成非法持有毒品罪、窝藏毒品罪等其他犯罪的，依法定罪处罚。

△（**用毒品支付劳务报酬、偿还债务或者换取其他财产性利益**）用毒品支付劳务报酬、偿还债务或者换取其他财产性利益的，以贩卖毒品罪定罪处罚。用毒品向他人换取毒品用于贩卖的，以贩卖毒品罪定罪处罚；双方以吸食为目的互换毒品，构成非法持有毒品罪等其他犯罪的，依法定罪处罚。

△（**吸毒者因运输毒品被查获；运输毒品罪**）吸毒者因购买、存储毒品被查获，没有证据证明其有实施贩卖毒品等其他犯罪的故意，毒品数量达到刑法第三百四十八条规定的最低数量标准的，以非法持有毒品罪定罪处罚。吸毒者因运输毒品被查获，没有证据证明其有实施贩卖毒品等其他犯罪的故意，毒品数量达到上述最低数量标准的，一般以运输毒品罪定罪处罚。

△（**制造毒品**）制造毒品，除传统、典型的非法利用毒品原植物直接提炼和用化学方法加工、配制毒品的行为以外，还包括以改变毒品的成分和效用为目的用物理方法加工、配制毒品的行为。为欺骗购毒者或者逃避查缉等，对毒品掺杂使假，通过物理方法使毒品溶解、混合、吸附于某种物质，或者以自用为目的对少量毒品添加其他物质、改变形态的，不认定为制造毒品。

△（**代购毒品**）明知他人实施毒品犯罪而为其代购毒品，未从中牟利的，以相关毒品犯罪的共犯论处。

代购者加价或者变相加价从中牟利的，以贩卖毒品罪定罪处罚。代购者收取、私自截留部分购毒款、毒品，或者通过在交通、食宿等开销外收取"介绍费""劳务费"等方式从中牟利的，属于变相加价。代购者从托购者事先联系的贩毒者处，为托购者购买仅用于吸食的毒品,并收取、私自截留少量毒品供自己吸食的,一般不以贩卖毒品罪论处。

没有证据证明代购者明知他人实施毒品犯罪而为其代购毒品,代购者亦未从中牟利,代购毒品数量达到刑法第三百四十八条规定的最低数量标准,代购者因购买、存储毒品被查获的,以非法持有毒品罪定罪处罚;因运输毒品被查获的,一般以运输毒品罪定罪处罚。

对于辩称系代购毒品者,应当全面审查其所辩称的托购者、贩毒者身份、购毒目的、毒品价格及其实际获利等情况,综合判断其行为是否属于代购,并按照前述规定处理。向购毒者收取毒资并提供毒品,但购毒者无明确的托购意思表示,又没有其他证据证明存在代购行为的,一般以贩卖毒品罪定罪处罚。

△(**涉麻醉药品、精神药品行为**)走私、贩卖、运输、制造国家规定管制的、没有医疗等合法用途的麻醉药品、精神药品的,一般以走私、贩卖、运输、制造毒品罪定罪处罚。

确有证据证明出于治疗疾病等相关目的,违反药品管理法规,未取得药品相关批准证明文件,生产国家规定管制的麻醉药品、精神药品,进口在境外也未合法上市的国家规定管制的麻醉药品、精神药品,以及上述未经批准生产、进口的国家规定管制的麻醉药品、精神药品而予以销售,构成妨害药品管理罪的,依法定罪处罚。

明知是走私、贩卖毒品的犯罪分子或者吸毒人员,而向其贩卖国家规定管制的、具有医疗等合法用途的麻醉药品、精神药品的,依法定罪处罚。依法从事生产、运输、管理、使用国家规定管制的麻醉药品、精神药品的人员,实施刑法第三百五十五条规定的行为的,区分不同情形,分别以非法提供麻醉药品、精神药品罪或者贩卖毒品罪定罪处罚。

确有证据证明出于治疗疾病等相关目的,违反有关药品管理的国家规定,未经许可经营国家规定管制的、具有医疗等合法用途的麻醉药品、精神药品的,不以毒品犯罪论处;情节严重,构成其他犯罪的,依法处理。实施带有自救、互助性质的上述行为,一般可不为犯罪处理;确须追究刑事责任的,应依法充分体现从宽。

因治疗疾病需要,在自用、合理数量范围内携带、寄递国家规定管制的、具有医疗等合法用途的麻醉药品、精神药品进出境的,不构成犯罪。

明知他人利用麻醉药品、精神药品实施抢劫、强奸等犯罪仍向其贩卖,同时构成贩卖毒品罪和抢劫罪、强奸等犯罪的,依照处罚较重的规定定罪处罚。案件存在其他情形,符合数罪并罚条件的,依法定罪处罚。

△(**毒品数量、含量**)走私、贩卖、运输、制造、非法持有刑法、司法解释明确规定了定罪量刑数量标准的毒品的,按照相关标准依法定罪量刑。对于刑法、司法解释未规定定罪量刑数量标准的毒品,参考已有折算标准,综合考虑其毒害性、滥用情况、受管制程度、纯度及犯罪形势、交易价格等因素,依法定罪量刑。涉案毒品既无定罪量刑数量标准,亦无折算标准的,应当委托有关专业机构确定涉案毒品的致瘾癖性、毒害性、纯度等,综合考虑其滥用情况、受管制程度及犯罪形势、交易价格等因素,依法定罪量刑。

走私、贩卖、运输、制造、非法持有两种以上毒品,刑法、司法解释明确规定了定罪量刑数量标准的,可以根据现有定罪量刑数量标准,将不同种类的毒品分别折算为海洛因的数量,以折算后累加的毒品总量作为定罪量刑的根据,但在裁判文书中,应当客观表述涉案毒品的种类和数量,不表述折算的毒品数量;刑法、司法解释未规定定罪量刑数量标准的,参照前述规定,综合考虑相关因素,依法定罪量刑。

根据现有证据能够认定被告人实施了毒品犯罪,但未查获毒品实物的,应当根据在案证据依法认定毒品数量。有确实、充分的证据证实毒品交易金额和单价的,可以据此认定毒品数量。认定毒品的,不应单纯根据制毒原料制成毒品率估算毒品数量。无法根据现有证据认定涉案毒品具体数量的,可以在事实部分客观表述毒品交易的金额、次数或者制毒原料的数量等,表明其实施毒品犯罪的情节、危害。对于未查获毒品实物的甲基苯丙胺片剂(俗称"麻古"等,下同)、MDMA 片剂(俗称"摇头丸")等混合型毒品,可以根据在案证据证明的毒品粒数,参考相关案件中查获的同类毒品的一般重量计算毒品数量;在裁判文书中,则只客观表述根据在案证据认定的毒品粒数。

对于有吸毒情节的贩毒人员,一般应当按照其购买的毒品数量认定其贩毒数量,量刑时酌情考虑其吸食毒品的情节;购买的毒品数量无法查明的,按照能够证明的贩卖数量及查获的毒品数量认定其贩毒数量;确有证据证明其购买的部分毒品并非用于贩卖的,不计入其贩毒数量。

除司法解释另有规定或者为了逃避查缉等临时改变毒品常规形态的情形外,一般均应将查证属实的毒品数量认定为毒品犯罪的数量,并据此确定适用的法定刑幅度。涉案毒品纯度显著低于同类毒品的正常纯度的,量刑时可酌情考虑。

毒品成品、半成品的数量应当全部认定为制造毒品的数量,废液、废料不计入制造毒品的数量。制毒废液、废料的认定,可以根据其残存毒品成分的含量、外观形态、存放的容器和位置,结合被告人对制毒过程、查获毒品疑似物性质的供述和辩解等证据进行分析判断,必要时可以听取专业机构意见。

对于查获的相关毒品,未根据《最高人民法院、最高人民检察院、公安部办理毒品犯罪案件毒品提取、扣押、称量、取样和送检程序若干问题的规定》第三十三条进行鉴定的,应当要求公安机关委托鉴定机构进行含量鉴定。

对于含有两种以上毒品成分的混合型毒品,应当根据相关成分和含量鉴定,确定其所含不同毒品的成分及比例,并根据主要毒品成分和具体形态认定毒品种类、确定名称。混合型毒品中含有海洛因或者甲基苯丙胺(冰毒,下同)成分的,一般以海洛因或者甲基苯丙胺分别认定毒品种类;不含海洛因、甲基苯丙胺成分,或者海洛因、甲基苯丙胺含量极低的,可以根据混合型毒品中其他定罪量刑数量标准较低且含量较高的毒品成分认定毒品种类,并在量刑时综合考虑其他毒品的成分、含量和全案毒品数量。

△(**毒品共同犯罪;主、从犯**)对于毒品共同犯罪,根据现有证据能够区分主从犯的,应当依法认定,不能因为涉案毒品数量巨大,就不加区分一律将在案被告人认定为主犯,或者实际上都按主犯处罚。部分涉案人员未到案,根据现有证据能够认定案共同犯罪的,或者能够认定在案被告人系共同犯罪中的主犯的,应当依法认定。确有证据证明在案被告人起次要或者辅助作用的,不能因为部分共同犯罪人未到案而不认定为从犯,甚至认定为主犯或者实际上按主犯处罚。

区分毒品共同犯罪中的主犯和从犯,应当从犯意提起、具体分工、出资或者占有毒品的比例、约定或者实际分得赃的多少及共犯之间的相互关系等方面,准确认定共同犯罪人的地位和作用。为主出资者、毒品所有者或起意、策划、纠集、组织、指使、雇用他人参与犯罪等起主要作用的,是主犯;起次要或者辅助作用的,是从犯。受指使、雇用实施毒品犯罪的,应当根据其在共同犯罪中具体发挥的作用准确认定为主犯或者从犯。对于在共同犯罪中起次要或者辅助作用的被告人,不能因其有累犯、毒品再犯等从重处罚情节,而认定为主犯或者实际上按主犯处罚。

应当准确认定共同犯罪人的涉案毒品数量,并非对所有共同犯罪人均按照涉案毒品的总数量认定处罚。对毒品犯罪集团的首要分子,应当按照集团毒品犯罪的总数量认定处罚。对于一般共同犯罪的主犯,应当按照其所参与的或者组织、指挥的毒品犯罪的数量认定处罚。对从犯,应当按照其所参与的毒品犯罪的数量认定处罚。

毒品共同犯罪中有多个主犯的,应当在全面考察各主犯实际发挥作用的差别、具体犯罪情节、危害后果的差异及主观恶性、人身危险性不同的基础上,对其中罪行更为严重者依法判处更重的刑罚。

对于从犯的处罚,不同的毒品案件不能简单类比。本案从犯的涉案毒品数量可能大于他案主犯,但对本案从犯的处罚并非必然重于他案主犯。依法认定为从犯的,无论主犯是否到案,也无论其涉案毒品数量是否大于他案主犯,均应依法从轻、减轻或者免除处罚。

△(**居间介绍买卖毒品**)对于居间介绍买卖毒品行为,应当准确认定,并与居中倒卖毒品行为相区别。居间介绍者在毒品交易中处于中间人地位,发挥介绍联络作用,通常与交易一方构成共同犯罪,但不以牟利为要件。受购毒者或者贩毒者委托,为其提供交易信息、介绍交易对象、居中协调交易数量、价格,或者提供其他帮助,促成毒品交易的,属于居间介绍买卖毒品。居中倒卖者则属于毒品交易主体,与前后环节的交易对象是上下家关系,直接与上家、下家联系,自主决定交易毒品的数量、价格并赚取差价。

受贩毒者委托,为其居间介绍贩卖毒品的,与贩毒者构成贩卖毒品共同犯罪。明知购毒者以贩卖为目的购买毒品,受委托为其介绍联络贩卖的,与购毒者构成贩卖毒品共同犯罪。受以吸食为目的的购毒者委托,为其提供购毒信息或者介绍认识贩毒者,毒品数量达到刑法第三百四十八条规定的最低数量标准的,一般与购毒者构成非法持有毒品共同犯罪;同时与贩毒者共谋,联络促成双方交易的,与贩毒者构成贩卖毒品共同犯罪。

居间介绍者实施帮助行为,对促成毒品交易起次要或者辅助作用,一般应当认定为从犯。以居间介绍者的身份介入毒品交易,但在交易中实际已超出居间介绍者的地位,对交易的发起和达成起重要作用的,可以认定为主犯。

△(**运输毒品共同犯罪**)二人以上同行运输毒品的,应当从是否明知他人带有毒品、有无共同运输毒品的犯意联络、有无实施配合、掩护他人运输毒品的行为等方面,综合审查认定是否构成共同犯罪。

受雇于同一雇主同行运输毒品,但受雇者之间没有共同犯罪故意,或者虽然明知他人受雇运输毒品,但各自的运输行为相对独立,既未实施配合、掩护他人运输毒品的行为,又分别按照各自运输的毒品数量获取报酬的,不认定为共同犯罪,受雇者对各自运输的毒品承担刑事责任。受雇于同一雇主分段运输同一宗毒品,但受雇者之间没有共谋的,也不认定为共同犯罪。雇用他人运输毒品的雇主,以及其他对受雇者起到一定组织、指挥作用的人员,与各受雇者分别构成运输毒品共同犯罪,对运输的全部毒品承担刑事责任。

△(**从严惩处毒品犯罪;死刑适用**)要毫不动摇地坚持依法从严惩处毒品犯罪的方针,突出打击重点,依法严惩走私、制造和大宗贩卖毒品等源头性犯罪,依法严惩毒品犯罪集团首要分子、职业毒犯、累犯、毒品再犯等犯罪分子,依法严惩具有武装掩护毒品犯罪、以暴力抗拒查缉情节严重、参与有组织的国际贩毒活动等严重情节的犯罪分子,对其中罪行极其严重、依法应当判处死刑的,坚决依法判处,充分发挥死刑对于预防和惩治毒品犯罪的重要作用。同时,应当全面、准确地贯彻宽严相济刑事政策,体现区别对待,做到罚当其罪,综合考虑毒品数量、犯罪性质、情节、危害后果及被告人的主观恶性、人身危险性等因素,严格审慎地决定死刑适用,确保死刑只适用于极少数罪行极其严重的犯罪分子。

△(**毒品数量;死刑**)毒品数量是量刑的重要情节,但不是唯一情节。在对被告人决定死刑适用时,应当坚持"毒品数量十其他情节"的标准,不能仅因涉案毒品数量远超过实际掌握的死刑适用数量标准,就不加区分地判处一案多名被告人死刑,还应充分考虑不同被告人的不同犯罪情节。

毒品数量接近实际掌握的死刑适用数量标准,具有累犯、毒品再犯、利用、教唆未成年人走私、贩卖、运输、制造毒品,或者向未成年人出售毒品等法定从重处罚情节的,可以判处被告人死刑。

毒品数量刚超过实际掌握的死刑适用数量标准,具有多次走私、贩卖、运输、制造毒品,向多人贩卖毒品,在戒毒、监管场所贩卖毒品,向在校学生贩卖毒品,组织、利用残疾人等特定人员实施毒品犯罪,或者国家工作人员利用职务便利实施毒品犯罪等情节的,可以判处被告人死刑。

毒品数量达到实际掌握的死刑适用数量标准,具有下列情形之一的,可以不判处被告人死刑:(1)被告人自首或者立功的;(2)已查明的毒品数量未达到实际掌握的死刑适用数量标准,被告人到案后坦白司法机关尚未掌握的其他毒品犯罪,累计数量达到实际掌握的死刑适用数量标准的;(3)经鉴定,毒品纯度明显低于同类毒品正常纯度,掺杂掺假后数量达到实际掌握的死刑适用数量标准,或者有证据表明毒品纯度明显偏低但因客观原因无法鉴定的;(4)原本意图实施的毒品犯罪数量未达到实际掌握的死刑适用数量标准,确系或者不排除因受隐匿身份人员引诱,毒品数量达到实际掌握的死刑适用数量标准的;(5)其他不是必须判处死刑的。

毒品数量达到实际掌握的死刑适用数量标准,同时具有法定、酌定从严和从宽处罚情节的,应当在全面考察犯罪的事实、性质、情节和对社会危害程度的基础上,结合被告人的主观恶性、人身危险性等因素,审慎决定是否适用死刑。

审理毒品死刑案件,应当严格贯彻证据裁判原则,始终坚持证据审查判断认定的最高标准和最严要求,确保办案质量。全案未查获毒品的,一般不judge处被告人死刑。主要犯罪事实中未查获毒品的,判处被告人死刑应当特别慎重。

△(**毒品共同犯罪案件的死刑适用**)毒品共同犯罪案件的死刑适用,应当与涉案毒品数量、犯罪情节、社会危害性及被告人的主观恶性、人身危险性相适应。

涉案毒品数量超过实际掌握的死刑适用数量标准,但未达到数量巨大,依法应当判处死刑的,要进一步区分主犯间的罪责大小,一般只对其中罪责最大的一名主犯判处死刑。涉案毒品数量达到巨大以上,两名以上主犯的罪责均很突出,或者罪责稍小的主犯也有法定从重处罚情节,判处二人以上死刑符合罪刑相适应原则,并利于实现全案量刑平衡的,可以依法判处。涉案毒品数量刚超过实际掌握的死刑适用数量标准,共同犯罪人地位和作用相当或者责任大小难以区分,且均不具有法定从重处罚情节的,可以不判处被告人死刑。

对于部分共同犯罪人未到案的毒品案件,在案被告人罪行最为严重,或者在案被告人与未到案共同犯罪人均属罪行极其严重,即使共同犯罪人到案也不影响对在案被告人适用死刑的,可以依法判处在案被告人死刑。在案被告人的罪行不足以判处死刑,或者根据已查明的事实全案只宜判处未到案共同犯罪人死刑的,不能因为共同犯罪人未到案而对在案被告人适用死刑。在案被告人与未到案共同犯罪人的罪责大小难以准确认定,进而影响准确适用死刑的,不应对在案被告人判处死刑。

△(**毒品上下家犯罪的死刑适用**)对于贩卖毒品的上下家,应当结合其贩毒数量、次数及对象范围,犯罪的主动性,对促成交易所发挥的作用,犯罪后果等因素,综合考虑其主观恶性和人身危险性,决定是否适用死刑。

对于买卖同宗毒品的上下家,涉案毒品数量超过实际掌握的死刑适用数量标准,但未达到数量巨大的,一般不同时判处死刑;上家持毒待售或者已掌握毒品来源,主动联络销售毒品,积极促成毒品交易的,可以考虑判处上家死刑;下家积极筹资,主动向上家约购毒品,对促成毒品交易起更大作用的,可以考虑判处下家死刑。涉案毒品数量达到巨大以上的,也应综合考量上述因素决定死刑适用,同时判处上下家死刑符合罪刑相适应原则,并有利于实现全案罪刑平衡的,可以依法判处。

多名共同犯罪人、上下家针对同宗或者部分同宗毒品实施犯罪的,综合运用前述毒品共同犯罪、上下家犯罪的死刑适用原则予以处理。

△(运输毒品犯罪的死刑适用)对于运输毒品犯罪,应当准确把握打击重点。依法严惩运输毒品犯罪集团首要分子,组织、指使、雇用他人运输毒品的主犯或者职业毒犯、毒品再犯,以及具有武装掩护运输毒品、以暴力抗拒查缉情节严重、以运输毒品为业、多次运输毒品等严重情节的被告人,对其中依法应当判处死刑的,坚决依法判处。

对于涉嫌为实施走私、贩卖、制造毒品犯罪而运输毒品,由于认定走私、贩卖、制造毒品犯罪的证据不充分而认定为运输毒品犯罪的被告人,在决定死刑适用时,应当与单纯受指使、雇用为他人运输毒品的情形有所区别。

对于受人指使、雇用运输毒品的被告人,应当充分考虑其在毒品犯罪链条中所处的地位和实际发挥的作用,体现区别对待,不能单纯根据涉案毒品数量大小或者所获报酬多少决定死刑适用。要综合考虑其运输毒品的次数和距离、犯罪的主动性和独立性、在共同犯罪中的地位和作用、社会危害大小、获利方式、主观恶性、人身危险性,结合毒品数量等因素,慎重适用死刑。对于确属受人指使、雇用运输毒品的被告人,具有不排除系初次运输毒品;被雇用者严密指挥或同行人员监视,从属性、辅助性明显;与雇主同行运输毒品,处于被支配地位;或者确因急迫生活困难而运输毒品等情形之一的,即使毒品数量超过实际掌握的死刑适用数量标准,也可以不判处死刑。对于不能排除受人指使、雇用运输毒品的被告人,符合上述条件的,也可以考虑不判处死刑。

多人受雇同行或者分段运输毒品的,在决定死刑适用时,除各被告人运输毒品的数量外,还应当综合考虑其具体犯罪情节、参与犯罪程度、与雇用者的关系及其主观恶性、人身危险性等因素,同时判处二人死刑应当特别慎重。

△(制造毒品犯罪的死刑适用)制造毒品是源头性犯罪,应当充分体现从严惩处的政策要求。已经制出粗制毒品或者半成品的,以制造毒品罪的既遂论处。应当综合考虑被告人制造毒品的种类、次数、规模,有无制出毒品成品,被查获时所处的制毒阶段,制出的毒品成品、半成品或者粗制毒品的数量、性状、含量及造成的危害后果等因素,决定死刑适用。

已制出的毒品成品数量达到实际掌握的死刑适用数量标准,又无法定、酌定从宽处罚情节的,可以判处被告人死刑。没有证据证明被告人曾制出毒品成品,仅查获毒品半成品,或者现有证据表明由于制毒原料、方法等问题实际无法制出毒品成品的,不得判处被告人死刑。已制出的毒品成品数量未达到实际掌握的死刑适用数量标准,或者仅制出粗制毒品的,判处被告人死刑应当慎重。

△(非传统毒品犯罪的死刑适用)甲基苯丙胺片剂中的甲基苯丙胺含量相对较低,危害性亦有所不同,其死刑适用数量标准可以按照甲基苯丙胺的2倍左右掌握。

综合考虑致瘾癖性、毒害性、滥用范围和犯罪形势等因素,氯胺酮(俗称"K粉",下同)的死刑适用数量标准可以按照海洛因的10倍以上掌握。走私、贩卖、制造氯胺酮,数量超过上述标准,且犯罪情节严重、社会危害性大,或者具有法定从重处罚情节的,可以判处死刑。

涉案毒品为刑法、司法解释未规定定罪量刑数量标准的新类型毒品的,一般不判处被告人死刑。对于刑法、司法解释规定了定罪量刑数量标准的新类型毒品,实施走私、制造或者大宗贩卖等源头性犯罪,毒品数量远超过实际掌握的死刑适用数量标准,被告人系犯罪集团首要分子,其他罪责更为突出的主犯,或者具有法定从重处罚情节,不判处死刑难以体现罚当其罪的,可以判处死刑。

△(死缓限制减刑的适用)对于实施毒品犯罪论罪应当判处死刑的,因案件的具体情况而被判处死缓的累犯,具有武装掩护毒品犯罪,以暴力抗拒查缉情节严重,或者曾因暴力犯罪被判处十年有期徒刑以上刑罚等情形之一的,为实现罚当其罪、确保量刑平衡,可以决定限制减刑。

△(主观明知认定)被告人到案后否认明知是毒品的,应当综合运用在案证据加以证明,必要时可要求检察机关补充提供相关证据。综合被告人供述,相关证人证言,从涉毒场所、物品上提取的痕迹、生物检材,从被告人体内或者贴身隐秘处查获的毒品,从被告人体表、随身物品上提取的毒品残留物,以及调取的物流寄递单据、资金交易记录、通信记录、行程轨迹信息等证据,足以证明被告人明知是毒品的,可以依法认定。

被告人到案后否认明知是毒品,又缺乏其他证据证明其明知的,可以根据其实施毒品犯罪的方式、过程及毒品被查获时的情形,结合其年龄、文化程度、生活状况、职业背景、是否有毒品违法犯罪经历及与共同犯罪人之间的关系等情况,综合分析判断。运用此方法认定明知的,应当认真审查被告人的辩解是否有事实依据、对异常行为的解释是否合理、是否存在被蒙骗的可能等,防止认定错误,在决定对被告人是否适用死刑时更要特别慎重。

具有下列情形之一,被告人不能作出合理解释的,可以认定其明知走私、贩卖、运输、非法持有的是毒品,但有证据证明其确实不知情或者确系蒙骗的除外:(1)执法人员在口岸、机场、车站、港口、邮局、快递站点等场所检查时,要求申报为他人运输、携带、寄递的物品和其他毒品疑似物,并告知法律责任,但被告人未如实申报,在其运输、携带、寄递的物品中查获毒品的;(2)以伪报、藏匿、伪装等蒙蔽手段逃避海关、边防等检查,或者行程路线故意绕开检查站点,在其运输、携带、寄递的物品中查获毒品的;(3)在执法人员检查时有逃跑、藏匿、丢弃、试图销毁其携带的物品、弃车逃离或者其他逃避、抗拒检查行为,在其携带的物品或者遗弃的车辆中查获毒品的;(4)采用高度隐蔽方式运输、携带、交接物品,明显违背合法物品的惯常运输、携带、交接方式,从中查获毒品的;(5)以虚假的身份、地址或者物品名称办理托运、寄递手续,从托运、寄递的物品中查获毒品的;(6)采用隐匿真实身份、支付不等值报酬等不合理方式,指使、雇用他人运输、携带、寄递物品或者代为接收物流寄递的物品,从中查获毒品的;(7)为获取不同寻常的高额、不等值报酬,为他人运输、携带、寄递物品或者接收物流寄递的物品,从中查获毒品的;(8)其他可以认定被告人明知的情形。

△(隐匿身份人员实施侦查案件的处理)对有证据证明被告人正在准备或者已经着手实施毒品犯罪,隐匿身份人员采取贴靠、接洽手段破获案件,不存在犯罪引诱的,应当依法处理。

隐匿身份人员在侦查活动中违反刑事诉讼法等相关规定,诱使本无犯意的人实施毒品犯罪的,属于"犯意引诱"。隐匿身份人员向被引诱人提供毒品或者毒资、购毒渠道的,其所提供的毒品、毒资、被引诱人从其提供的渠道购买的毒品及其证实被引诱人实施毒品犯罪的证据材料,不得作为认定被引诱人有罪的证据。排除上述证据后,在案证据达不到认定被引诱人有罪的证明标准的,应当依法作出证据不足、指控的犯罪不能成立的无罪判决。

隐匿身份人员诱使他人超出其原本意图实施的毒品犯罪数量,实施了更大数量的毒品犯罪的,属于"数量引诱"。对于因受"数量引诱"实施毒品犯罪的被告人,一般应当从轻处罚。特别是对于因受"数量引诱"而实施了对应更高量刑幅度或刑种的毒品犯罪的被告人,量刑时更应充分体现从宽。

被引诱人又诱使本无犯意的其他人实施毒品犯罪,或者诱使其他人超出原本意图实施了更大数量的毒品犯罪的,属于"间接引诱"。对于受"间接引诱"实施毒品犯罪的被告人,参照前述关于"犯意引诱"或者"数量引诱"的规定处理。

存在或者不排除存在其他不规范使用隐匿身份人员实施侦查的情形,影响定罪量刑的,应当作出有利于被告人的处理。

△(自首、立功)毒品犯罪中的自首情节具有较高司法价值,对于自首的被告人,一般应当依法从宽处罚。对于积极响应司法机关发布的敦促涉毒在逃人员投案自首通告,在通告期限内自行或者经亲属劝说、陪同投案,并如实供述犯罪事实的被告人,从宽处罚的幅度应当更大;有的虽不构成自首,量刑时也应充分考虑其自动投案情节,尽可能地兑现政策。

认定立功情节,应当充分考虑毒品犯罪线索发现、案件侦破及抓捕工作的特殊性。按照公安机关安排,经现场或即时视频通讯方式指认、辨认其他犯罪嫌疑人(包括同案犯),或者通过打电话、发信息、即时通讯等方式将其他犯罪嫌疑人(包括同案犯)约至指定地点,公安机关据此抓获该人员的;以及通过打电话、发信息、即时通讯等方式稳控其他犯罪嫌疑人(包括同案犯),对抓获该人员起到实质性协助作用的,可以认定为协助公安机关抓捕其他犯罪嫌疑人(包括同案犯)。具有到案后规劝其他犯罪嫌疑人(包括同案犯)投案、提供线索协助公安机关查获大量案外毒品等情形之一的,可以认定为其他有利于国家和社会的突出表现。

被告人提供毒品共同犯罪人、上下家的姓名、住址、体貌特征等基本情况,或者提供犯罪前、犯罪中使用、掌握的上述人员的联络方式、藏匿地址,公安机关据此抓获该人员的,虽不认定有立功表现,但量刑时可酌情考虑。

对于具有立功情节的被告人,是否从宽处罚及从宽处罚的幅度,应当根据犯罪性质、具体情节、危害后果、毒品数量及其主观恶性、人身危险性,结合立功的类型、价值大小等因素综合考量,以功是否足以抵罪为标准。对于部分被告人具有立功情节的案件,要注意共同犯罪人及上下家之间的量刑平衡。犯罪集团首要分子、罪责相对较大的主犯检举揭发其他罪行相对较轻的犯罪分子,或者协助抓获从犯、罪责相对较小的主犯构成立功的,量刑时应当从严掌握,如果该人罪行极其严重,只有一般立功表现,功不足以抵罪的,可不予从宽处罚;如果其检举揭发的是其他案件中罪行同样严重的犯罪分子,或者协助抓获的是其他首要分子、罪责相对较大的主犯,功足以抵罪的,可以从轻或者减轻处罚。对于从犯、罪责相对较小的主犯立功,特别是协助抓获首要分子、罪责相对较大的主犯的,应当充分体现政策,依法从轻、减轻或者免除处罚。

△**(特定人员参与毒品犯罪)** 对于毒品犯罪分子为逃避打击,组织、利用残疾人、严重疾病患者、怀孕或者正在哺乳自己婴儿的妇女等特定人员实施毒品犯罪的案件,要做到区别对待,依法准确惩处。对于利用、教唆上述特定人员实施毒品犯罪的组织者、指挥者和教唆者,应当依法从严惩处,该判处重刑直至死刑的,坚决依法判处。对于被利用、被诱骗参与毒品犯罪的特定人员,可以从宽处罚。

对于利用自身特殊状况积极实施毒品犯罪的,以及曾在取保候审、监视居住或者暂予监外执行期间又实施毒品犯罪的特定人员,应当从严把握上述强制措施和暂予监外执行的适用条件。

△**(涉案财物处理、财产刑适用)** 应当更加注重从经济上制裁毒品犯罪,切实加大制裁力度,依法追缴被告人的违法所得及其收益,充分发挥财产刑的作用。不能因为被告人没有财产,或者其财产难以查清、难以分割或者难以执行,就不判处财产刑或者判处与主刑不相匹配的财产刑。对于未能照相关规定,全面收集证明被告人财产状况的证据并随案移送财产清单和相关证据材料的,应当要求有关机关收集并移送。

应当更加注重审查证明涉案财物及其孳息的来源、性质、用途和权属情况的证据,并在裁判文书中写明对涉案财物及其孳息的具体处理情况。对查封、扣押、冻结的财物及其孳息,经查确属毒品犯罪的违法所得及其收益、供毒品犯罪所用的本人财物或者依法应当追缴的其他涉案财物的,应当判决没收上缴国库,但法律另有规定的除外。对于被告人将依法应当追缴的毒品犯罪涉案财物用于投资、置业,因此形成的财产及其收益的,或者将依法应当追缴的毒品犯罪涉案财物与其他合法财产共同用于投资、置业,因此形成的财产中与涉案财物对应的份额及其收益,均应予以追缴。

审理黑社会性质组织、恶势力组织实施的毒品犯罪案件的,依法应当追缴、没收的涉案财产无法找到、灭失或者与其他合法财产混合且不可分割的,可以判决追缴、没收其他等值财产或者混合财产中的等值部分。有证据证明被告人在毒品犯罪期间获得的财产高度可能属于黑社会性质组织犯罪的违法所得及其孳息、收益,被告人不能说明财产合法来源的,应当判决追缴、没收。

重大毒品犯罪案件的犯罪嫌疑人、被告人逃匿,在通缉一年后不能到案,或者犯罪嫌疑人、被告人死亡,依照刑法规定应当追缴其违法所得及其他涉案财产的,适用刑事诉讼法有关犯罪嫌疑人、被告人逃匿、死亡案件违法所得没收程序审理。经审理认为申请没收的财产高度可能属于违法所得及其他涉案财产的,应当裁定没收。

判处罚金刑,应当结合毒品犯罪的性质、情节、危害后果及被告人的获利情况、经济状况等因素,合理确定罚金数额。对于决定并处没收财产的毒品犯罪,判处被告人有期徒刑的,应当按照上述确定罚金数额的原则,确定没收个人部分财产的数额;判处无期徒刑的,可以并处没收个人全部财产;判处死缓或者死刑的,应当并处没收个人全部财产。

△**(缓刑适用及减刑、假释)** 应当从严掌握毒品犯罪被告人的缓刑适用条件。对于毒品再犯,一般不适用缓刑。对于不能排除有多次贩毒嫌疑的零包贩毒被告人,因认定构成贩卖毒品等犯罪的证据不足而认定为非法持有毒品罪的被告人,以及引诱、教唆、欺骗、强迫他人吸毒的被告人,应当严格控制缓刑适用。

对于具有犯罪集团首要分子、累犯、毒品再犯等情节的毒品罪犯,应当从严掌握减刑条件,适当延长减刑起始时间、间隔时间,严格控制减刑幅度。应当严格审查毒品罪犯履行生效裁判中财产性判项的能力,对于确有履行能力而不履行或者不全部履行相关财产性判项的,一般不认定其确有悔改表现。对于刑法未禁止假释的上述毒品罪犯,应当严格控制假释适用。

△**(管辖)** 毒品犯罪的犯罪地,包括犯罪预谋地,毒资筹集地,交易进行地,毒品制造地,毒品和毒资、毒赃的藏匿地、转移地,走私或者贩运毒品的途经地、目的地等。主要利用计算机网络实施的毒品犯罪,犯罪地还包括用于实施犯罪行为的网络服务使用的服务器所在地,网络服务提供者所在地,犯罪过程中被告人、被害人使用的信息网络系统所在地等。

对于毒品案件中一人犯数罪、上下家犯罪、共同犯罪及共同犯罪的被告人实施其他犯罪的,一般应当并案审理。对于上下家犯罪的被告人实施的其他犯罪,以及他人实施的包庇毒品犯罪分子、窝藏毒品、为毒品犯罪洗钱等关联犯罪,并案审理有利于查明案件事实的,可以并案审理。对于分案起诉的毒品共同犯罪或者关联犯罪案件,合并审理更有利于查明案件事实、保障诉讼权利、准确定罪量刑的,可以并案审理。

因客观原因造成毒品共同犯罪或者密切关联的上下家犯罪分案审理且无法并案的,应当及时了解关联案件的审理进展和处理结果,充分保障被告人的质证权等诉讼权利,并注重量刑平衡。

【**指导性案例**】

最高人民检察院指导性案例第150号:王某贩卖、制造毒品案(2022年6月21日发布)
△**(贩卖、制造毒品罪;国家管制化学品;麻醉**

药品、精神药品;毒品含量;涉毒资产查处)行为人利用未列入国家管制的化学品为原料,生产、销售含有国家管制的麻醉药品、精神药品成分的食品,明知该成分毒品属性的,应当认定为贩卖、制造毒品罪。检察机关办理新型毒品犯罪案件,应当审查毒品含量,依法准确适用刑罚。对于毒品犯罪所得的财物及其孳息、收益和供犯罪所用的本人财物,应当依法予以追缴、没收。

最高人民检察院指导性案例第 151 号:马某某走私、贩卖毒品案(2022 年 6 月 21 日发布)

△(走私、贩卖毒品罪;麻醉药品、精神药品;主观明知;非法用途;贩卖毒品既遂)行为人明知系国家管制的麻醉药品、精神药品,出于非法用途走私、贩卖的,应当以走私、贩卖毒品罪追究刑事责任。行为人出于非法用途,以贩卖为目的非法购买国家管制的麻醉药品、精神药品的,应当认定为贩卖毒品罪既遂。检察机关应当综合评价新型毒品犯罪的社会危害性,依法提出量刑建议。

最高人民检察院指导性案例第 153 号:何某贩卖、制造毒品案(2022 年 6 月 21 日发布)

△(贩卖、制造毒品罪;麻醉药品、精神药品;未管制原生植物侦查实验)行为人利用原生植物为原料,通过提炼等方法制成含有国家管制的麻醉药品、精神药品的物质,并予以贩卖的,应当认定为贩卖、制造毒品罪。办理新型毒品犯罪案件,检察机关应当依法引导侦查机关开展侦查实验,查明案件事实。

【参考案例】

No. 6-7-347-1 徐根志等贩卖毒品案

亚甲二氧basic甲基苯丙胺(摇头丸)和氯胺酮(K 粉)虽未明列在《刑法》第三百五十七条规定的六种毒品之中,但属于国家规定管制的其他能够使人形成瘾癖的麻醉药品和精神药品,应当认定为毒品。

No. 6-7-347-2 周宇等贩卖、转移毒品案

将毒品带入约定的交易地点的,不论交易行为是否完成,均应以贩卖毒品罪的既遂论处。

No. 6-7-347-3 唐立新、蔡立兵贩卖毒品案

贩卖毒品罪以"进入实质交易环节"为既遂

标准。买方未支付毒资并实际控制毒品,但已与卖方商议好价格,并进行毒品的查验和称重,实质交易已形成,贩卖毒品所造成的客观危险亦无法变更,应认定其行为既遂。

No. 6-7-347-4 黄树清等贩卖毒品案

新型毒品(盐酸丁丙诺啡舌下片等)的认定应该以规格含量计算其毒品的数量,并以此作为确定其数量大或者数量较大的标准。

No. 6-7-347-5 塔奴杰·安马列运输毒品案

明知是毒品而起运,即使运输的距离不长、尚未达到目的地,也应以认定为运输毒品罪既遂。①

No. 6-7-347-6 周义波运输毒品案

在毒品犯罪中,以人体运输毒品的犯罪分子在以 X 光等设备透视检查前自动承认其罪行的,应当认定为自首。

No. 6-7-347-7 唐友珍运输毒品案

毒品犯罪案件不以毒品数量作为判处死刑的唯一标准。

No. 6-7-347-8 金铁万等贩卖毒品案

对于有立功表现的毒品犯罪分子,不宜判处死刑立即执行。

No. 6-7-347-9 马俊海运输毒品案

在受人雇用运输毒品过程中才意识到是毒品的,其主观恶性不是特别大,不宜判处死刑立即执行。

No. 6-7-347-10 胡斌、张筠筠等故意杀人、运输毒品(未遂)案

误认尸块为毒品予以运输的,应以运输毒品罪(未遂)论处。

No. 6-7-347-11 郑大昌走私毒品案

吸食毒品者携带较大数量毒品出境的,应以走私毒品罪论处。

No. 6-7-347-12 郑大昌走私毒品案

吸食毒品者实施毒品犯罪,其中的部分毒品用于个人吸食的,应在量刑时予以考虑,酌情从轻处罚。

No. 6-7-347-14 姚明跃等贩卖毒品案

对具有吸毒情节的贩毒分子,已经被吸食的毒品,不应计入贩卖毒品数量。

No. 6-7-347-15 苏永清贩卖毒品案

为贩卖毒品向公安特情人员购买毒品的,应以贩卖毒品罪论处。

---

① 我国学者指出,运输毒品行为使毒品离开原处或者转移了存放处,即告本罪之既遂(需要注意此说与开始搬运说之间的区别)。参见张明楷:《刑法学》(第 6 版),法律出版社 2021 年版,第 1514 页;王作富主编:《刑法分则实务研究(下)》(第 5 版),中国方正出版社 2013 年版,第 1444 页。也有学者指出,以行为人是否进入正式的运输状态作为运输毒品罪的既遂标准。参见赵秉志、李希慧主编:《刑法各论》(第 3 版),中国人民大学出版社 2016 年版,第 348 页。

另有学者指出,主张运输毒品罪以毒品到达目的地作为既遂标准。参见黎宏:《刑法学各论》(第 2 版),法律出版社 2016 年版,第 463—464 页;周光权:《刑法各论》(第 4 版),中国人民大学出版社 2021 年版,第 507 页。

No. 6-7-347-17　马盛坚等贩卖毒品案

贩卖毒品的居间介绍人为以贩卖毒品为目的的购买者介绍卖毒者，帮助其购买毒品的，应以贩卖毒品罪的共犯论处。

No. 6-7-347-18　马盛坚等贩卖毒品案

贩卖毒品的居间介绍人为卖毒者介绍买毒人，促成毒品交易的，应以贩卖毒品罪的共犯论处。

No. 6-7-347-19　陈维有、庄凯思贩卖毒品案

居间介绍买卖毒品与居中倒卖毒品的行为从交易地位与作用、共同犯罪形式以及是否牟利等方面进行区分。

No. 6-7-347-20　陈维有、庄凯思贩卖毒品案

居间介绍者通常与买卖双方中更具有共同的犯罪故意和共同的犯罪行为的一方构成共同犯罪，再根据其作用认定主从犯；居中倒卖者具有独立的主体地位。

No. 6-7-347-21　陈维有、庄凯思贩卖毒品案

在量刑时，特情介入情节引诱犯罪时，应当从轻处罚，不判处死刑立即执行；采取特情贴靠、接洽而破获的案件，不属于犯罪引诱。

No. 6-7-347-22　齐先贺贩卖、运输毒品案

毒品代购有广义和狭义之分，狭义的毒品代购，是指行为人受吸毒者委托无偿为吸毒者代为购买仅用于吸食的毒品；广义的毒品代购，既包括狭义的毒品代购，也包括明知他人实施毒品犯罪而为其代购毒品以及介绍毒品买卖等情形。不符合毒品代购的条件，从毒品上游卖家购入之后，再加价贩卖给下家的行为，应单独认定为贩卖毒品罪。

No. 6-7-347-23　孙奇志等贩卖毒品案

办理贩卖毒品案件，应准确区分居间介绍买卖者与居中倒卖者，对居中倒卖毒品者的处罚一般要重于居间介绍者。

No. 6-7-347-27　李惠元贩卖毒品案

贩卖毒品大量掺假，毒品的含量较低的，在量刑时可以酌情从轻处罚；掺假后毒品数量达到判处死刑标准的，可不判处死刑立即执行。

No. 6-7-347-29　张玉梅等贩卖毒品案

在毒品犯罪中，对于毒品有大量掺假的，在量刑时应酌情考虑；判处死刑的，可不判处死刑立即执行。

No. 6-7-347-38　王某贩卖毒品案

在毒品犯罪中，对毒品是以非常规的形式存在的，应当对其中的毒品含量和成分进行鉴定；对毒品含量过低的在量刑时应予以适当考虑，不能简单地以重量认定数量。

No. 6-7-347-39　王某贩卖毒品案

在毒品犯罪中，涉及多种毒品犯罪的，如果行为尚未达到极其严重的情节，一般不应判处死刑。

No. 6-7-347-40　刘守红贩卖、制造毒品案

毒品成品、半成品的数量应当全部认定为制造毒品的数量，对于无法再加工出成品、半成品的废液、废料则不应计入制造毒品的数量。

No. 6-7-347-41　朱海斌等制造、贩卖毒品案

基于制造毒品的故意着手实行制造毒品的行为，因意志以外的原因未能制造出毒品的，应以构成制造毒品罪（未遂）论处。①

No. 6-7-347-42　许实义贩卖、运输毒品案

采用隐蔽方式运输毒品，对毒品来源及行为方式不能作出合理解释的，认定其明知是毒品，应以走私、贩卖、运输、制造毒品罪论处。

No. 6-7-347-43　彭佳升贩卖、运输毒品案

分别走私、贩卖、运输不同宗毒品的，属于同种罪行，不分别定罪量刑。

No. 6-7-347-44　彭佳升贩卖、运输毒品案

因实施选择性罪名中规定的一类行为而归案后，又供述其实施的该选择性罪名中规定的其他行为的，不成立自首。

No. 6-7-347-45　傅伟光走私毒品案

拒不承认主观上明知走私的是毒品时，但根据案件的具体情况，只要能够推定应当知道其携带、运输、走私的物品可能是毒品，即可认定行为人主观上具有明知。

No. 6-7-347-46　傅伟光走私毒品案

毒品的含量不得折算毒品数量，但含量较低，在量刑时可以酌情从轻处罚。

No. 6-7-347-47　包占龙贩卖毒品案

购毒者在侦查人员控制下，以非真实交易意思，明显超出其往常交易数额向贩毒者示意购买毒品，属于数量引诱的毒品犯罪案件；特情介入是影响毒品犯罪量刑的重要因素，对因数量引诱实施毒品犯罪的，应当依法从轻处罚，一般不应判处死刑立即执行。

No. 6-7-347-49　古丽波斯坦·巴吐尔汗贩卖毒品案

对于被告人主动交代了实际贩毒数量且达到了当地实际掌握的死刑数量标准的死刑再犯，不

---

①　我国学者指出，制造毒品罪以毒品之实际制成作为标准，已经制造出粗制毒品或者半成品，亦应以制造毒品罪的既遂论处。参见周光权：《刑法各论》（第4版），中国人民大学出版社2021年版，第507页。

应一律判处死刑立即执行。

No.6-7-347-50　姬刚运输毒品案

运输毒品罪中,毒品起运,犯罪即告既遂。

No.6-7-347-51　张天武、涂祥、杜义顺贩卖、运输毒品案

行为人虽然怀疑物品内装有毒品,仍然将其转交的,不能认定其具有贩卖毒品的共同故意,应以运输毒品罪定罪处罚。

No.6-7-347-52　蒋泵源贩卖毒品案

明知他人贩卖毒品而代为保管甲基苯丙胺的行为,应以贩卖毒品罪的共犯论处。

No.6-7-347-53　章远贩卖毒品、容留他人吸毒案

明知债务人系贩毒分子而唆使其贩卖毒品以偿还债务,应当以贩卖毒品罪的教唆犯定罪处罚。

No.6-7-347-54　王平运输毒品案

运输毒品,拒不供认毒品来源,不能证明系受人指使、雇佣参与运输毒品的,应予严惩。

No.6-7-347-55　凌万春、刘光普贩卖、制造毒品案

在毒品中添加非毒品物质的行为,不构成制造毒品罪。

No.6-7-347-58　易大元运输毒品案

走私、贩卖、运输、制造毒品过程中,以暴力抗拒检查、拘捕,造成执法人员重伤、死亡,属于情节严重,应以走私、贩卖、运输、制造毒品罪的加重处罚情节处理。

No.6-7-347-60　邱绿清等走私、运输毒品案

单纯受雇走私、运输毒品的行为人,尽管毒品数量较大且有累犯情节,可不适用死刑立即执行。

No.6-7-347-63　阿力日呷等贩卖、运输毒品案

行为人组织临时贩卖运输毒品,但对共同犯罪控制力较小、本人实际贩卖数量较少,可不判处死刑立即执行。

No.6-7-347-64　张成建等贩卖毒品案

对于买卖同宗毒品的上下家,毒品数量刚超过实际掌握的死刑数量标准的,一般不同时判处死刑。应结合其贩卖数量、次数及对象范围,犯罪的主动性,对促成交易所发挥的作用,犯罪行为的危害后果等因素,综合考虑其主观恶性和人身危险性等因素,慎重适用死刑。

No.6-7-347-65　刘继芳贩卖毒品案

不以牟利为目的为吸食者代购毒品的,不构成贩卖毒品罪。

No.6-7-347-66　刘继芳贩卖毒品案

毒品犯罪中,特情引诱不影响定罪,但量刑时应从宽处罚。

No.6-7-347-67　叶布比初、跑次此尔走私、贩卖、运输毒品案

毒品犯罪中地位、作用突出的嫌疑人在逃的,被告人虽为主犯也应当慎用死刑。

No.6-7-347-68　陈恒武、李祥光贩卖、运输毒品案

共同犯罪中能分清主从犯的,不能因为涉案的毒品数量特别巨大,就不分主从犯而一律将被告人认定为主犯或者实际上都按主犯处罚,一律判处更重刑甚至死刑。对于部分共同犯罪人未到案的案件,在案被告人与未到案共同犯罪人均属罪行极其严重,即使共同犯罪人到案也不影响对在案被告人适用死刑的,可以依法判处在案被告人死刑。

No.6-7-347-69　高洪雷等贩卖、运输毒品,介绍淫秽案

在毒品共同犯罪中作用相对较大的主犯因具有法定从宽情节而未判处死刑的,对其他罪责相对较小的主犯不应"升格"判处死刑。

No.6-7-347-70　常茂、吴江运输毒品案

对于涉案毒品数量刚超过实际掌握的死刑数量标准,依法应当适用死刑的,一般只对其中罪责最大的一名主犯适用死刑。

No.6-7-347-71　常茂、吴江运输毒品案

涉案毒品数量达到巨大以上,罪责稍次的主犯具有法定、重大酌定从轻处罚情节,判处二人以上死刑符合罪刑相适应原则,并有利于全案量刑平衡的,可以依法判处二人以上死刑。

No.6-7-347-74　张应宣运输毒品案

运输毒品罪的成立不以主观上具有走私、贩卖、制造目的为要件,只要运输毒品达到一定数量,即可构成运输毒品罪。

No.6-7-347-75　易卜拉欣·阿卜杜西默德·阿布多什走私毒品案

非法携带恰特草入境我国,构成走私毒品罪。

No.6-7-347-76　林清泉制造毒品案

制造毒品案件中,含甲基苯丙胺的液态毒品与含甲基苯丙胺的晶体状毒品在毒品性质、毒品含量及社会危害性上均有区别,应慎用死刑。

No.6-7-347-77　陈春莲贩卖毒品案

先前被羁押行为与最终定罪行为系同一行为,或者虽然不是同一行为,但二者之间存在密切关联时,先行羁押期限才可以折抵刑期。

No.6-7-348-3　陶玉广等非法持有毒品案

帮助吸食毒品的人员介绍毒品来源的居间者,即使从该居间行为中获得一些毒品用于自己吸食,也不构成贩卖毒品罪的共犯。

第三百四十八条 【非法持有毒品罪】

非法持有鸦片一千克以上、海洛因或者甲基苯丙胺五十克以上或者其他毒品数量大的,处七年以上有期徒刑或者无期徒刑,并处罚金;非法持有鸦片二百克以上不满一千克、海洛因或者甲基苯丙胺十克以上不满五十克或者其他毒品数量较大的,处三年以下有期徒刑、拘役或者管制,并处罚金;情节严重的,处三年以上七年以下有期徒刑,并处罚金。

【条文说明】

本条是关于非法持有毒品罪及其处罚的规定。

"非法持有毒品"是指除依照国家有关规定生产、管理、运输、使用麻醉药品、精神药品以外而持有毒品。① 本条规定与本法第三百四十七条的规定是有所区别的。考虑到一些非法持有毒品者,虽然具有走私、贩卖、运输、制造毒品的可能性,但并未掌握相关证据,同时还存在为他人窝藏毒品等其他的可能性。因此,本条没有规定死刑,处刑的毒品数量标准也相对高一些。

本条对非法持有毒品罪规定了三档刑罚,根据2016年《最高人民法院关于审理毒品犯罪案件适用法律若干问题的解释》的规定,其中**"其他毒品数量大""其他毒品数量较大"**的认定情形与本法第三百四十七条相同,详见第三百四十七条条文解读,此处不再赘述。"情节严重的"一般是指多次被查获持有毒品的情形。根据上述司法解释的规定,非法持有毒品达到本条或者该解释第二条规定的"数量较大"标准,且具有下列情形之一的,应当认定为《刑法》第三百四十八条规定的**"情节严重"**:"(一)在戒毒场所、监管场所非法持有毒品的;(二)利用、教唆未成年人非法持有毒品的;(三)国家工作人员非法持有毒品的;(四)其他情节严重的情形"。

在主观方面,构成本罪要求行为人**明知是毒品而非法持有**。司法实践中,存在行为人否认自己知道走私、运输、持有的系毒品的情况。毒品犯罪案件中,判断行为人对涉案毒品是否明知,不能仅凭犯罪嫌疑人、被告人的供述,而应当依据行为人实施毒品犯罪行为的过程、方式、毒品被查获时的情形等证据,结合行为人的年龄、阅历、行为表现等情况,进行综合分析判断。2007年《最高人民法院、最高人民检察院、公安部办理毒品犯罪案件适用法律若干问题的意见》规定:"走私、贩卖、运输、非法持有毒品的主观故意中的'明知',是指行为人知道或者应当知道所实施的行为是走私、贩卖、运输、非法持有毒品行为。具有下列情形之一,并且犯罪嫌疑人、被告人不能做出合理解释的,可以认定其'应当知道',但有证据证明确属被蒙骗的除外:(一)执法人员在口岸、机场、车站、港口和其他检查站检查时,要求行为人申报为他人携带的物品和其他疑似毒品物,并告知其法律责任,而行为人未如实申报,在其所携带的物品内查获毒品的;(二)以伪报、藏匿、伪装等蒙蔽手段逃避海关、边防等检查,在其携带、运输、邮寄的物品中查获毒品的;(三)执法人员检查时,有逃跑、丢弃携带物品或逃避、抗拒检查等行为,在其携带或丢弃的物品中查获毒品的;(四)体内藏匿毒品的;(五)为获取不同寻常的高额或不等值的报酬而携带、运输毒品的;(六)采用高度隐蔽的方式携带、运输毒品的;(七)采用高度隐蔽的方式交接毒品,明显违背合法物品惯常交接方式的;(八)其他有证据足以证明行为人应当知道的。"

实际执行中应当注意以下两个方面的问题:

1. 关于非法持有毒品罪与**走私、贩卖、运输、制造毒品罪,窝藏、转移、隐瞒毒品罪**的界限。非法持有是指行为人将毒品置于自己的控制之下的行为,比如在自己的住所藏有毒品或者在身上携带毒品等。持有是一种状态,其目的可以是走私、贩卖、运输毒品,或者在制造行为完成后持有毒品等。因此,走私、贩卖、运输、制造毒品一般都是以持有毒品为前提的,也就是说一般都会包含对毒品的非法持有。对于走私、贩卖、运输、制造毒品过程中非法持有毒品的,应当按照走私、贩卖、运输、制造毒品罪予以定罪处罚。在司法实践中,对于被查获的非法持有毒品者,首先应当尽力调查犯罪事实,查明持有毒品的目的。若行为人非法持有毒品是以走私、贩卖、运输、制造毒品或者窝藏、转移、隐瞒毒品为目的的,则构成走私、贩卖、

---

① 关于持有,我国学者指出,毒品的存在方式和状态并不影响持有的成立;持有可以是共同持有,也可以是单独持有;持有毒品必须不以进行其他犯罪为目的或者作为其他犯罪的延续;持有行为必须具有一定的时间段。参见黎宏:《刑法学各论》(第2版),法律出版社2016年版,第468页;张明楷:《刑法学》(第6版),法律出版社2021年版,第1519页;赵秉志、李希慧主编:《刑法各论》(第3版),中国人民大学出版社2016年版,第350页。

运输、制造毒品罪或者窝藏、转移、隐瞒毒品罪。即使确实难以查实走私、贩卖、运输、制造毒品的犯罪行为,为了惩治犯罪分子,也应当适用非法持有毒品罪对犯罪分子进行定罪处罚。

2. **构成持有毒品犯罪要求行为人持有的毒品达到一定数量**,这个数量是罪与非罪的界限。但持有的毒品没有达到该数量的,仍然是违法行为,需要受到行政处罚。根据禁毒法和治安管理处罚法的规定,非法持有毒品,尚不构成犯罪的,依法应当给予治安管理处罚,可以处十日以上十五日以下拘留,可以并处二千元以下罚款,情节较轻的,处五日以下拘留或者五百元以下罚款。

【司法解释】

《最高人民法院关于审理毒品犯罪案件适用法律若干问题的解释》(法释〔2016〕8号,自2016年4月11日起施行)

△(**其他毒品数量大**)走私、贩卖、运输、制造、非法持有下列毒品,应当认定为刑法第三百四十七条第二款第一项、第三百四十八条规定的"其他毒品数量大":

(一)可卡因五十克以上;

(二)3,4-亚甲二氧基甲基苯丙胺(MDMA)等苯丙胺类毒品(甲基苯丙胺除外)、吗啡一百克以上;

(三)芬太尼一百二十五克以上;

(四)甲卡西酮二百克以上;

(五)二氢埃托啡十毫克以上;

(六)哌替啶(度冷丁)二百五十克以上;

(七)氯胺酮五百克以上;

(八)美沙酮一千克以上;

(九)曲马多、γ-羟丁酸二千克以上;

(十)大麻油一千克、大麻脂十千克、大麻叶及大麻烟一百五十千克以上;

(十一)可待因、丁丙诺啡五千克以上;

(十二)三唑仑、安眠酮五十千克以上;

(十三)阿普唑仑、恰特草一百千克以上;

(十四)咖啡因、罂粟壳四百千克以上;

(十五)巴比妥、苯巴比妥、安钠咖、尼美西泮二百五十千克以上;

(十六)氯氮䓬、艾司唑仑、地西泮、溴西泮五百千克以上;

(十七)上述毒品以外的其他毒品数量大的。

国家定点生产企业按照标准规格生产的麻醉药品或者精神药品被用于毒品犯罪的,根据药品中毒品成分的含量认定涉案毒品数量。(§1)

△(**其他毒品数量较大**)走私、贩卖、运输、制造、非法持有下列毒品,应当认定为刑法第三百四

十七条第三款、第三百四十八条规定的"其他毒品数量较大":

(一)可卡因十克以上不满五十克;

(二)3,4-亚甲二氧基甲基苯丙胺(MDMA)等苯丙胺类毒品(甲基苯丙胺除外)、吗啡二十克以上不满一百克;

(三)芬太尼二十五克以上不满一百二十五克;

(四)甲卡西酮四十克以上不满二百克;

(五)二氢埃托啡二毫克以上不满十毫克;

(六)哌替啶(度冷丁)五十克以上不满二百五十克;

(七)氯胺酮一百克以上不满五百克;

(八)美沙酮二百克以上不满一千克;

(九)曲马多、γ-羟丁酸四百克以上不满二千克;

(十)大麻油二百克以上不满一千克、大麻脂二千克以上不满十千克、大麻叶及大麻烟三十千克以上不满一百五十千克;

(十一)可待因、丁丙诺啡一千克以上不满五千克;

(十二)三唑仑、安眠酮十千克以上不满五十千克;

(十三)阿普唑仑、恰特草二十千克以上不满一百千克;

(十四)咖啡因、罂粟壳四十千克以上不满二百千克;

(十五)巴比妥、苯巴比妥、安钠咖、尼美西泮五十千克以上不满二百五十千克;

(十六)氯氮䓬、艾司唑仑、地西泮、溴西泮一百千克以上不满五百千克;

(十七)上述毒品以外的其他毒品数量较大的。(§2)

△(**情节严重**)非法持有毒品达到刑法第三百四十八条或者本解释第二条规定的"数量较大"标准,且具有下列情形之一的,应当认定为刑法第三百四十八条规定的"情节严重":

(一)在戒毒场所、监管场所非法持有毒品的;

(二)利用、教唆未成年人非法持有毒品的;

(三)国家工作人员非法持有毒品的;

(四)其他情节严重的情形。(§5)

【司法解释性文件】

《最高人民法院、最高人民检察院、公安部关于印发〈办理毒品犯罪案件适用法律若干问题的意见〉的通知》(公通字〔2007〕84号,2007年12月18日公布)

△(**主观明知之认定**)走私、贩卖、运输、非法持有毒品主观故意中的"明知",是指行为人知道或者应当知道所实施的行为是走私、贩卖、运输、非法持有毒品行为。具有下列情形之一,并且犯罪嫌疑人、被告人不能做出合理解释的,可以认定其"应当知道",但有证据证明确属被蒙骗的除外:

(一)执法人员在口岸、机场、车站、港口及其他检查站检查时,要求行为人申报为他人携带的物品和其他疑似毒品物,并告知其法律责任,而行为人未如实申报,在其所携带的物品内查获毒品的;

(二)以伪报、藏匿、伪装等蒙蔽手段逃避海关、边防等检查,在其携带、运输、邮寄的物品中查获毒品的;

(三)执法人员检查时,有逃跑、丢弃携带物品或逃避、抗拒检查等行为,在其携带或丢弃的物品中查获毒品的;

(四)体内藏匿毒品的;

(五)为获取不同寻常的高额或不等值的报酬而携带、运输毒品的;

(六)采用高度隐蔽的方式携带、运输毒品的;

(七)采用高度隐蔽的方式交接毒品,明显违背合法物品惯常交接方式的;

(八)其他有证据足以证明行为人应当知道的。

△(**氯胺酮等毒品;其他毒品数量大**)走私、贩卖、运输、制造、非法持有下列毒品,应当认定为刑法第三百四十七条第二款第(一)项、第三百四十八条规定的"其他毒品数量大":

1. 二亚甲基双氧安非他明(MDMA)等苯丙胺类毒品(甲基苯丙胺除外)100千克以上;

2. 氯胺酮、美沙酮1千克以上;

3. 三唑仑、安眠酮50千克以上;

4. 氯氮卓、艾司唑仑、地西泮、溴西泮500千克以上;

5. 上述毒品以外的其他毒品数量大的。

△(**氯胺酮等毒品;其他毒品数量较大**)走私、贩卖、运输、制造、非法持有下列毒品,应当认定为刑法第三百四十七条第三款、第三百四十八条规定的"其他毒品数量较大":

1. 二亚甲基双氧安非他明(MDMA)等苯丙胺类毒品(甲基苯丙胺除外)20克以上不满100克的;

2. 氯胺酮、美沙酮200克以上不满1千克的;

3. 三唑仑、安眠酮10克以上不满50克的;

4. 氯氮卓、艾司唑仑、地西泮、溴西泮100千克以上不满500千克的;

5. 上述毒品以外的其他毒品数量较大的。

△(**氯胺酮等毒品;毒品品种;毒品品名之认定**)上述毒品品种中包括其盐和制剂。毒品鉴定结论中毒品品名的认定应当以国家食品药品监督管理局、公安部、卫生部最新发布的《麻醉药品品种目录》《精神药品品种目录》为依据。

《最高人民检察院、公安部关于公安机关管辖的刑事案件立案追诉标准的规定(三)》(公通字〔2012〕26号,2012年5月16日公布)

△(**非法持有毒品罪;立案追诉标准;折算;"非法持有";"明知"**)明知是毒品而非法持有,涉嫌下列情形之一的,应予立案追诉:

(一)鸦片二百克以上、海洛因或可卡因或者甲基苯丙胺十克以上;

(二)二亚甲基双氧安非他明(MDMA)等苯丙胺类毒品(甲基苯丙胺除外)、吗啡二十克以上;

(三)度冷丁(杜冷丁)五十克以上(针剂100mg/支规格的五百支以上,50mg/支规格的一千支以上;片剂25mg/片规格的二千片以上,50mg/片规格的一千片以上);

(四)盐酸二氢埃托啡二毫克以上(针剂或者片剂20mg/支、片规格的一百支、片以上);

(五)氯胺酮、美沙酮二百克以上;

(六)三唑仑、安眠酮十克以上;

(七)咖啡因五十千克以上;

(八)氯氮卓、艾司唑仑、地西泮、溴西泮一百千克以上;

(九)大麻油一千克以上,大麻脂二千克以上,大麻叶及大麻烟三十千克以上;

(十)罂粟壳五十千克以上;

(十一)上述毒品以外的其他毒品数量较大的。

非法持有两种以上毒品,每种毒品均没有达到本条第一款规定的数量标准,但按前款规定的立案追诉数量比例折算成海洛因后累计相加达到十克以上的,应予立案追诉。

本条规定的"非法持有",是指违反国家法律和国家主管部门的规定,占有、携带、藏有或者以其他方式持有毒品。

非法持有毒品主观故意中的"明知",依照本规定第一条第八款的有关规定予以认定。(§2)

《最高人民法院、最高人民检察院关于常见犯罪的量刑指导意见(试行)》(法发〔2021〕21号,2021年6月6日发布)

△(**非法持有毒品罪;量刑**)

1. 构成非法持有毒品罪的,根据下列情形在相应的幅度内确定量刑起点:

(1)非法持有鸦片一千克以上、海洛因或者甲基苯丙胺五十克以上或者其他毒品数量大的,在七年至九年有期徒刑幅度内确定量刑起点。依法应当判处无期徒刑的除外。

(2)非法持有毒品情节严重的,在三年至四年有期徒刑幅度内确定量刑起点。

(3)非法持有鸦片二百克、海洛因或者甲基苯丙胺十克或者其他毒品数量较大的,在一年以下有期徒刑、拘役幅度内确定量刑起点。

2. 在量刑起点的基础上,根据毒品数量等其他影响犯罪构成的犯罪事实增加刑罚量,确定基准刑。

3. 构成非法持有毒品罪的,根据非法持有毒品的种类、数量等犯罪情节,综合考虑被告人缴纳罚金的能力,决定罚金数额。

4. 构成非法持有毒品罪的,综合考虑非法持有毒品的种类、数量等犯罪事实、量刑情节,以及被告人主观恶性、人身危险性、认罪悔罪表现等因素,从严把握缓刑的适用。

《全国法院毒品案件审判工作会议纪要》(法〔2023〕108号,2023年6月26日发布)

△(**双方以吸食为目的互换毒品**)双方以吸食为目的互换毒品,构成非法持有毒品罪等其他犯罪的,依法定罪处罚。

△(**吸毒者因购买、存储毒品被查获;非法持有毒品罪**)吸毒者因购买、存储毒品被查获,没有证据证明其有实施贩卖毒品等其他犯罪的故意,毒品数量达到刑法第三百四十八条规定的最低数量标准的,以非法持有毒品罪定罪处罚。吸毒者因运输毒品被查获,没有证据证明其有实施贩卖毒品等其他犯罪的故意,毒品数量达到上述最低数量标准的,一般以运输毒品罪定罪处罚。

△(**购毒者接收贩毒者通过物流寄递方式交付的毒品;代收者**)购毒者接收贩毒者通过物流寄递方式交付的毒品,没有证据证明其有实施贩卖毒品等其他犯罪的故意,毒品数量达到刑法第三百四十八条规定的最低数量标准的,一般以非法持有毒品罪定罪处罚。代收者明知物流寄递的是毒品而代购毒者接收,没有证据证明其有与购毒者有实施贩卖毒品等其他犯罪的共同故意,毒品数量达到上述最低数量标准的,对代收者一般以非法持有毒品罪定罪处罚。

△(**毒品数量、含量**)走私、贩卖、运输、制造、非法持有刑法、司法解释明确规定了定罪量刑数量标准的毒品的,按照相关标准依法定罪量刑。对于刑法、司法解释未规定定罪量刑数量标准的毒品,参考已有折算标准,综合考虑其毒害性、滥用情况、受管制程度、纯度及犯罪形势、交易价格等因素,依法定罪量刑。涉案毒品既无定罪量刑数量标准,亦无折算标准的,应当委托有关专业机构确定涉案毒品的致瘾癖性、毒害性、纯度等,综合考虑其滥用情况、受管制程度及犯罪形势、交易价格等因素,依法定罪量刑。

走私、贩卖、运输、制造、非法持有两种以上毒品,刑法、司法解释明确规定了定罪量刑数量标准的,可以根据现有定罪量刑数量标准,将不同种类的毒品分别折算为海洛因的数量,以折算后累加的毒品总量作为定罪量刑的根据,但在裁判文书中,应当客观表述涉案毒品的种类和数量,不表述折算的毒品数量;刑法、司法解释未规定定罪量刑数量标准的,参照前述规定,综合考虑相关因素,依法定罪量刑。

根据现有证据能够认定被告人实施了毒品犯罪,但未查获毒品实物的,应当根据在案证据依法认定毒品数量。有确实、充分的证据证实毒品交易金额和单价的,可以据此认定毒品数量。制造毒品的,不应单纯根据制毒原料制成毒品率估算毒品数量。无法根据现有证据认定涉案毒品具体数量的,可以在事实部分客观表述毒品交易的金额、次数或者制毒原料的数量等,表明其实施毒品犯罪的情节、危害。对于未查获实物的甲基苯丙胺片剂(俗称"麻古"等,下同)、MDMA片剂(俗称"摇头丸")等混合型毒品,可以根据在案证据证明的毒品粒数,参考相关案件中查获的同类毒品的一般重量计算毒品数量;在裁判文书中,则只客观表述根据在案证据认定的毒品粒数。

对于有吸毒情节的贩毒人员,一般应当按照其购买的毒品数量认定其贩毒数量,量刑时酌情考虑其吸食毒品的情节;购买的毒品数量无法查明的,按照能够证明的贩卖数量及查获的毒品数量认定其贩毒数量,确有证据证明其购买的部分毒品并非用于贩卖的,不计入其贩毒数量。

除司法解释另有规定或者为了逃避查缉等临时改变毒品常规形态的情形外,一般均应将查证属实的毒品数量认定为毒品犯罪的数量,并据此确定适用的法定刑幅度。涉案毒品纯度明显低于同类毒品的正常纯度的,量刑时可酌情考虑。

毒品成品、半成品的数量应当全部认定为制造毒品的数量,废液、废料不计入制造毒品的数量。制造废液、废料的认定,可以根据其残存毒品成分的含量、外观形态、存放的容器和位置,结合被告人对制毒过程、查获毒品疑似物性质的供述和辩解等证据进行分析判断,必要时可以听取专业机构意见。

对于查获的相关毒品,未根据《最高人民法院、最高人民检察院、公安部办理毒品犯罪案件毒品提取、扣押、称量、取样和送检程序若干问题的规定》第三十三条进行鉴定的,应当要求公安机关委托鉴定机构进行含量鉴定。

△【居间介绍买卖毒品】受贩毒者委托,为其居间介绍贩卖毒品的,与贩毒者构成贩卖毒品共同犯罪。明知购毒者以贩卖为目的办理购买毒品,受委托为其介绍联络贩毒者的,与贩毒者构成贩卖毒品共同犯罪。受以吸食为目的的购毒者委托,为其提供购毒信息或者介绍认识贩毒者,毒品数量达到刑法第三百四十八条规定的最低数量标准的,一般与购毒者构成非法持有毒品共同犯罪;同时与贩毒者、购毒者共谋,联络促成双方交易的,与贩毒者构成贩卖毒品共同犯罪。

居间介绍者实施帮助行为,对促成毒品交易起次要或者辅助作用,一般应当认定为从犯。以居间介绍者的身份介入毒品交易,但在交易中实际已超出居间介绍者的地位,对交易的发起和达成起重要作用的,可以认定为主犯。

△【主观明知认定】被告人到案后否认明知是毒品的,应当综合运用在案证据加以证明,必要时可要求检察机关补充提供相关证据。综合被告人供述,相关证人证言,从涉毒场所、被告人身上提取的痕迹、生物检材,从被告人体内或者贴身隐秘处查获的毒品,从被告人体表、随身物品上提取的毒品残留物,以及调取的物流寄递单据、资金交易记录、通信记录、行程轨迹信息等证据,足以证明被告人明知是毒品的,可以依法认定。

被告人到案后否认明知是毒品,又缺乏其他证据证明其明知的,可以根据其实施毒品犯罪的方式、过程及毒品被查获时的情形,结合其年龄、文化程度、生活状况、职业背景、是否有毒品违法犯罪经历及与共同犯罪人之间的关系等情况,综合分析判断。运用此方法认定明知时,应当认真审查被告人的辩解是否有事实依据、对异常行为的解释是否合理、是否存在被蒙骗的可能等,防止认定错误,在决定对被告人是否适用死刑时更要特别慎重。

具有下列情形之一,被告人不能作出合理解释的,可以认定其明知走私、贩卖、运输、非法持有的是毒品,但有证据证明其确实不知情或者确系被蒙骗的除外:(1)执法人员在口岸、机场、车站、港口、邮局、快递站点等场所检查时,要求申报为他人运输、携带、寄递的物品和其他毒品疑似物,并告知法律责任,但被告人未如实申报,在其运输、携带、寄递的物品中查获毒品的;(2)以伪报、藏匿、伪装等蒙蔽手段逃避海关、边防等检查,或者行程路线故意绕开检查站点,在其运输、携带、寄递的物品中查获毒品的;(3)在执法人员检查时有逃跑、藏匿、丢弃、试图销毁其携带的物品、弃车逃离或者其他逃避、抗拒检查行为,在其携带的物品或者遗弃的车辆中查获毒品的;(4)采用高度隐蔽方式运输、携带、交接物品,明显违背合法物品的惯常运输、携带、交接方式,从中查获毒品的;(5)以虚假的身份、地址或者物品名称办理托运、寄递手续,从托运、寄递的物品中查获毒品的;(6)采用隐匿真实身份、支付不等值报酬等不合理方式,指使、雇用他人运输、携带、寄递物品或者代为接收物流寄递的物品,从中查获毒品的;(7)为获取不同寻常的高额、不等值报酬,为他人运输、携带、寄递物品或者接收物流寄递的物品,从中查获毒品的;(8)其他可以认定被告人明知的情形。

【参考案例】

No. 6-7-347-16 马盛坚等贩卖毒品案

贩卖毒品的居间介绍人为吸毒者介绍贩毒者,帮助吸毒者购买毒品的,应以非法持有毒品罪论处。

No. 6-7-347-28 宋国华贩卖毒品案

购买毒品数量巨大,有证据表明行为人系吸毒者的,应以非法持有毒品罪论处。

No. 6-7-348-1 佟波非法持有毒品案

在购买、运输、存储毒品过程中被抓获,供述自吸且没有证据证明实施了其他毒品犯罪的,一般不应定罪处罚;查获毒品数量大的,应以非法持有毒品罪论处。

No. 6-7-348-2 张敏贩卖毒品案

以贩卖毒品为目的而非法持有毒品的,应以贩卖毒品罪论处。

No. 6-7-348-4 高某贩卖毒品、宋某非法持有毒品案

以贩养吸的情形,行为人用于个人吸食的毒品数量不应计入其所贩卖的毒品数量之中。

No. 6-7-348-5 高某贩卖毒品、宋某某非法持有毒品案

不以牟利为目的为他人代购用于吸食的毒品,且在同城内运送的,应以非法持有毒品罪论处。

No. 6-7-348-6 赛黎华、王翼龙贩卖毒品,赛黎华非法持有毒品案

"持有"是一种支配状态,不要求物理上的握有。确有证据证明查获的毒品并非贩毒人员用于贩卖的,不应计入贩卖的数量,而应计入持有数量。

第三百四十九条 【包庇毒品犯罪分子罪】【窝藏、转移、隐瞒毒品、毒赃罪】
包庇走私、贩卖、运输、制造毒品的犯罪分子的，为犯罪分子窝藏、转移、隐瞒毒品或者犯罪所得的财物的，处三年以下有期徒刑、拘役或者管制；情节严重的，处三年以上十年以下有期徒刑。
缉毒人员或者其他国家机关工作人员掩护、包庇走私、贩卖、运输、制造毒品的犯罪分子的，依照前款的规定从重处罚。
犯前两款罪，事先通谋的，以走私、贩卖、运输、制造毒品罪的共犯论处。

【条文说明】

本条是关于包庇毒品犯罪分子罪，窝藏、转移、隐瞒毒品、毒赃罪及其处罚的规定。

本条共分为三款。

第一款是关于包庇毒品犯罪分子罪及其处罚的规定。"**包庇走私、贩卖、运输、制造毒品的犯罪分子**"，是指采取窝藏犯罪分子或者作假证明等方法，帮助犯罪分子逃避法律追究的行为。① 为犯罪分子"**窝藏**"毒品或者犯罪所得的财物，是指将犯罪分子的毒品或者进行毒品犯罪得到的财物隐藏在自己的住所或者其他隐蔽的场所，以逃避司法机关追查的行为。为犯罪分子"**转移**"毒品或者犯罪所得的财物，是指将犯罪分子的毒品或者进行毒品犯罪所得的财物从一地转移到另一地，以抗拒司法机关对毒品或者进行毒品犯罪所得的财物追缴的行为。② "**隐瞒毒品或者犯罪所得的财物**"是指当司法机关追查毒品和赃物，向其询问时，故意不讲毒品、犯罪所得的财物隐藏的行为。根据 2016 年《最高人民法院关于审理毒品犯罪案件适用法律若干问题的解释》第六条的规定，包庇走私、贩卖、运输、制造毒品的犯罪分子，具有下列情形之一的，应当认定为本条第一款规定的"**情节严重**"：(1) 被包庇的犯罪分子依法应当判处十五年有期徒刑以上刑罚的；(2) 包庇多名或者多次包庇走私、贩卖、运输、制造毒品的犯罪分子的；(3) 严重妨害司法机关对被包庇的犯罪分子实施的毒品犯罪进行追究的；(4) 其他情节严重的情形。为走私、贩卖、运输、制造毒品的犯罪分子窝藏、转移、隐瞒毒品或者毒品犯罪所得的财物，具有下列情形之一的，应当认定为本条第一款规定的"**情节严重**"：(1) 为犯罪分子窝藏、转移、隐瞒毒品达到《刑法》第三百四十七条第二款第一项或者本解释第一条第一款规定的"数量大"标准的；(2) 为犯罪分子窝藏、转移、隐瞒毒品犯罪所得的财物价值达到五万元以上的；(3) 为多人或者多次为他人窝藏、转移、隐瞒毒品或者毒品犯罪所得的财物的；(4) 严重妨害司法机关对该犯罪分子实施的毒品犯罪进行追究的；(5) 其他情节严重的情形。

第二款是关于缉毒人员或者其他国家机关工作人员掩护、包庇走私、贩卖、运输、制造毒品的犯罪分子的刑事处罚的规定。"**缉毒人员**"指因公负责查处毒品犯罪的国家工作人员。"**掩护**"走私、贩卖、运输、制造毒品逃避法律追究，指缉毒人员或者其他国家机关工作人员采取警戒、牵制、压制等手段，帮助进行走私、贩卖、运输、制造毒品的犯罪分子的犯罪活动。缉毒人员或国家机关工作人员，因具有特殊的身份，其掩护、包庇行为，对社会造成的危害更大，应当从重处罚。

第三款是对犯本条前两款罪，事先与犯罪分子通谋的，以走私、贩卖、运输、制造毒品罪的共犯论处的规定。其中，"**事先通谋**"是指在犯罪分子进行毒品犯罪活动之前，与犯罪分子共同策划、商议并事后包庇犯罪分子或为其窝藏、转移、隐瞒毒品及犯罪所得的财物的行为。"事先通谋"表明行为人与犯罪分子有共同的犯罪故意，属于刑法中的共犯，应当以走私、贩卖、运输、制造毒品罪的共同犯罪论处，依照本法第三百四十七条的规定处罚。

实际执行中应当注意以下两个方面的问题：

1. 关于本罪的适用。如果是一般犯罪中的包庇、窝藏、转移、隐瞒赃物行为，应当适用《刑法》第三百一十条、第三百一十二条的规定；如果是涉毒犯罪中包庇、窝藏、转移、隐瞒毒赃的，则可能同时触犯第三百一十二条、第一百九十一

---

① 我国学者指出，虽然《刑法》对窝藏毒品犯罪分子未作专门的规定，但是，广义上的包庇行为包括窝藏行为，实践中包庇毒品犯罪分子的行为与窝藏行为往往相互交错，所以，**窝藏毒品犯罪分子，也应以包庇毒品犯罪分子罪论处**。参见周光权：《刑法各论》(第 4 版)，中国人民大学出版社 2021 年版，第 512 页。

② 移转一般是对毒品进行短距离移位。若移转超过一定范围或者将毒品按流动方向移转，则构成运输毒品罪。参见周光权：《刑法各论》(第 4 版)，中国人民大学出版社 2021 年版，第 513 页。

条和本条的规定，需要择一重罪予以定罪处罚。根据本条规定，一般来说，本条比第三百一十二条规定的处罚更重，具体案件是适用第一百九十一条还是三百一十二条的规定，需要根据案件事实的具体情况进行判断。

2. 关于单位犯罪。本条未规定单位犯罪，但《刑法》第一百九十一条针对毒品犯罪所得的洗钱罪和第三百一十二条掩饰、隐瞒犯罪所得、犯罪所得收益罪都规定了单位犯罪。当为犯罪分子窝藏、转移、隐瞒毒品或者犯罪所得的赃物的，可以依照《刑法》第一百九十一条或者第三百一十二条的规定定罪处罚。

【司法解释】

《最高人民法院关于审理洗钱等刑事案件具体应用法律若干问题的解释》（法释〔2009〕15号，自2009年11月11日起施行）

△（**法条竞合**；**掩饰、隐瞒犯罪所得、犯罪所得收益罪**）明知是犯罪所得及其产生的收益而予以掩饰、隐瞒，构成刑法第三百一十二条规定的犯罪，同时又构成刑法第一百九十一条或者第三百四十九条规定的犯罪的，依照处罚较重的规定定罪处罚。（§3）

△（**上游犯罪**）刑法第一百九十一条、第三百一十二条、第三百四十九条规定的犯罪，应当以上游犯罪事实成立为认定前提。上游犯罪尚未依法裁判，但查证属实的，不影响刑法第一百九十一条、第三百一十二条、第三百四十九条规定的犯罪的审判。

上游犯罪事实可以确认，因行为人死亡等原因依法不予追究刑事责任的，不影响刑法第一百九十一条、第三百一十二条、第三百四十九条规定的犯罪的认定。

上游犯罪事实可以确认，依法以其他罪名定罪处罚的，不影响刑法第一百九十一条、第三百一十二条、第三百四十九条规定的犯罪的认定。

本条所称"上游犯罪"，是指产生刑法第一百九十一条、第三百一十二条、第三百四十九条规定的犯罪所得及其收益的各种犯罪行为。（§4）

《最高人民法院关于审理毒品犯罪案件适用法律若干问题的解释》（法释〔2016〕8号，自2016年4月11日起施行）

△（**情节严重**；**近亲属**；**犯罪情节轻微**；**免予刑事处罚事由**）包庇走私、贩卖、运输、制造毒品的犯罪分子，具有下列情形之一的，应当认定为刑法第三百四十九条第一款规定的"情节严重"：

（一）被包庇的犯罪分子依法应当判处十五年有期徒刑以上刑罚的；

（二）包庇多名或者多次包庇走私、贩卖、运输、制造毒品的犯罪分子的；

（三）严重妨害司法机关对被包庇的犯罪分子实施的毒品犯罪进行追究的；

（四）其他情节严重的情形。

为走私、贩卖、运输、制造毒品的犯罪分子窝藏、转移、隐瞒毒品或者毒品犯罪所得的财物，具有下列情形之一的，应当认定为刑法第三百四十九条第一款规定的"情节严重"：

（一）为犯罪分子窝藏、转移、隐瞒毒品达到刑法第三百四十七条第二款第一项或者本解释第一条第一款规定的"数量大"标准的；

（二）为犯罪分子窝藏、转移、隐瞒毒品所得的财物价值达到五万元以上的；

（三）为多人或者多次为他人窝藏、转移、隐瞒毒品或者毒品犯罪所得的财物的；

（四）严重妨害司法机关对该犯罪分子实施的毒品犯罪进行追究的；

（五）其他情节严重的情形。

包庇走私、贩卖、运输、制造毒品的近亲属，或者为其窝藏、转移、隐瞒毒品或者毒品犯罪所得的财物，不具有本条前两款规定的"情节严重"情形，归案后认罪、悔罪、积极退赃，且系初犯、偶犯，犯罪情节轻微不需要判处刑罚的，可以免予刑事处罚。（§6）

【司法解释性文件】

《最高人民检察院、公安部关于公安机关管辖的刑事案件立案追诉标准的规定（三）》（公通字〔2012〕26号，2012年5月16日公布）

△（**包庇毒品犯罪分子罪**；**立案追诉标准**；**事先通谋**；**共犯**）包庇走私、贩卖、运输、制造毒品的犯罪分子，涉嫌下列情形之一的，应予立案追诉：

（一）作虚假证明，帮助掩盖罪行的；

（二）帮助隐藏、转移或者毁灭证据的；

（三）帮助取得虚假身份或者身份证件的；

（四）以其他方式包庇犯罪分子的。

实施前款规定的行为，事先通谋的，以走私、贩卖、运输、制造毒品罪的共犯立案追诉。（§3）

△（**窝藏、转移、隐瞒毒品、毒赃罪**；**立案追诉标准**；**事先通谋**；**共犯**）为走私、贩卖、运输、制造毒品的犯罪分子窝藏、转移、隐瞒毒品或者犯罪所得

的财物的,应予立案追诉。①

实施前款规定的行为,事先通谋的,以走私、贩卖、运输、制造毒品罪的共犯立案追诉。(§4)

【参考案例】

No.6-7-347-30　梁国雄等贩卖毒品案

受雇佣帮助他人转移毒品的,不构成毒品犯罪共犯的,应以转移毒品罪论处。

No.6-7-349-2-1　智李梅等贩卖、窝藏、转移毒品案

曾参与贩卖毒品,后又单方面帮助他人窝藏、转移毒品的,不构成贩卖毒品罪,应以窝藏、转移毒品罪论处。

第三百五十条【非法生产、买卖、运输制毒物品、走私制毒物品罪】

违反国家规定,非法生产、买卖、运输醋酸酐、乙醚、三氯甲烷或者其他用于制造毒品的原料、配剂,或者携带上述物品进出境,情节较重的,处三年以下有期徒刑、拘役或者管制,并处罚金;情节严重的,处三年以上七年以下有期徒刑,并处罚金;情节特别严重的,处七年以上有期徒刑,并处罚金或者没收财产。

明知他人制造毒品而为其生产、买卖、运输前款规定的物品的,以制造毒品罪的共犯论处。

单位犯前两款罪的,对单位判处罚金,并对其直接负责的主管人员和其他直接责任人员,依照前两款的规定处罚。

【立法沿革】

《中华人民共和国刑法》(1997年修订,自1997年10月1日起施行)

第三百五十条

违反国家规定,非法运输、携带醋酸酐、乙醚、三氯甲烷或者其他用于制造毒品的原料或者配剂进出境的,或者违反国家规定,在境内非法买卖上述物品的,处三年以下有期徒刑、拘役或者管制,并处罚金;数量大的,处三年以上十年以下有期徒刑,并处罚金。

明知他人制造毒品而为其提供前款规定的物品的,以制造毒品罪的共犯论处。

单位犯前两款罪的,对单位判处罚金,并对其直接负责的主管人员和其他直接责任人员,依照前两款的规定处罚。

《中华人民共和国刑法修正案(九)》(自2015年11月1日起施行)

四十一、将刑法第三百五十条第一款、第二款修改为:

"违反国家规定,非法生产、买卖、运输醋酸酐、乙醚、三氯甲烷或者其他用于制造毒品的原料、配剂,或者携带上述物品进出境,情节较重的,处三年以下有期徒刑、拘役或者管制,并处罚金;情节严重的,处三年以上七年以下有期徒刑,并处罚金;情节特别严重的,处七年以上有期徒刑,并处罚金或者没收财产。

"明知他人制造毒品而为其生产、买卖、运输前款规定的物品的,以制造毒品罪的共犯论处。"

【条文说明】

本条是关于非法生产、买卖、运输制毒物品、走私制毒物品罪及其处罚的规定。

本条共分为三款。

第一款是关于违反国家规定,非法生产、买卖、运输醋酸酐、乙醚、三氯甲烷或者其他用于制造毒品的原料、配剂,或者携带上述物品进出境的犯罪及其处罚的规定。"用于制造毒品的原料、配剂",是指提炼、分解毒品使用的原材料及辅助性配料。本条列举了醋酸酐、乙醚、三氯甲烷等制毒物品。醋酸酐是乙酰化试剂,是制造海洛因的关键化学品,乙醚、三氯甲烷是溶剂,广泛使用于海洛因、冰毒、氯胺酮等各种毒品制造过程中。这几

---

① 我国学者指出,由于窝藏、转移、隐瞒毒品、毒赃罪与包庇毒品犯罪分子罪的立法表述明显不同,其并未将明知对象限定为走私、贩卖、运输、制造毒品的犯罪分子。因此,包庇盗窃、抢夺毒品犯罪者,不构成包庇毒品犯罪分子罪;明知是抢劫、盗窃、诈骗所得的毒品而加以窝藏、移转、隐瞒,构成窝藏、转移、隐瞒毒品、毒赃罪。参见周光权:《刑法各论》(第4版),中国人民大学出版社2021年版,第514页。

另有学者指出,既然《刑法》第三百四十九条第一款将毒品犯罪分子限定为"走私、贩卖、运输、制造"毒品的犯罪分子,即便"为毒品分子窝藏、转移、隐瞒毒品或者犯罪所得的财物"并未写明犯罪分子的具体范围,从本条的逻辑结构来看,也应当是指"走私、贩卖、运输、制造"毒品的犯罪分子。参见黎宏:《刑法学各论》(第2版),法律出版社2016年版,第470页。

种物品,既是医药和工农业生产原料,又是制造毒品必不可少的配剂。《联合国禁止非法贩运麻醉药品和精神药物公约》中列举了几种可用于制造毒品的化学物品,醋酸酐、乙醚都被明确规定在其中。该公约还规定,明知用于制造毒品而为其生产、销售上述物品的行为是犯罪行为。1988年《卫生部、对外经济贸易部、公安部、海关总署关于对三种特殊化学品实行出口准许证管理的通知》规定,对醋酸酐、乙醚、三氯甲烷三种化学品实行出口准许证制度。当前在司法实践中,制毒物品犯罪涉及的主要是麻黄碱(冰毒前体)、羟亚胺(氯胺酮前体)、邻酮(羟亚胺前体)等,这三种物质属于制造毒品的原料。

根据有关司法解释,**制毒物品的具体品种范围**按照国家关于易制毒化学品管理的规定确定。根据《易制毒化学品管理条例》的规定,易制毒化学品分为三类:第一类是可以用于制毒的主要原料,包括1-苯基-2-丙酮等;第二类是可以用于制毒的化学配剂,包括苯乙酸等;第三类也是可以用于制毒的化学配剂,包括甲苯等。易制毒化学品的分类和品种需要调整的,由国务院公安部门会同国务院有关主管部门提出方案,报国务院批准。省、自治区、直辖市人民政府认为有必要在本行政区域内调整分类或者增加该条例规定以外的品种的,应当向国务院公安部门提出,由国务院公安部门会同国务院有关主管部门提出方案,报国务院批准。

"**违反国家规定,非法生产、买卖、运输醋酸酐、乙醚、三氯甲烷或者其他用于制造毒品的原料、配剂,或者携带上述物品进出境**",是指除了依照国家规定,经过法定审批手续的以外,非法生产、买卖、运输以及携带这些物品进出境的行为。国家对易制毒化学品的生产、经营、购买、运输和进口、出口实行分类管理和许可制度。《禁毒法》第二十一条第二款、第三款规定:"国家对易制毒化学品的生产、经营、购买、运输实行许可制度。禁止非法生产、买卖、运输、储存、提供、持有、使用麻醉药品、精神药品和易制毒化学品。"第二十二条规定,国家对易制毒化学品的进口、出口实行许可制度。国务院有关部门应当按照规定的职责,对进口、出口易制毒化学品依法进行管理。禁止走私易制毒化学品。根据禁毒法和国务院有关规定,生产、买卖、运输、进出口易制毒化学品的,应当履行相关手续。这里所规定的"生产",包括制造、加工、提炼等不同环节。《刑法修正案(九)》在对本条作出修改时,在入罪条件中增加了"情节较重"的规定,目的是划清罪与非罪的界限。

本款对违反国家规定,非法生产、买卖、运输醋酸酐、乙醚、三氯甲烷或者其他用于制造毒品的原料、配剂,或者携带上述物品进出境的犯罪规定了**三档刑罚**,即情节较重的,处三年以下有期徒刑、拘役或者管制,并处罚金;情节严重的,处三年以上七年以下有期徒刑,并处罚金;情节特别严重的,处七年以上有期徒刑,并处罚金或者没收财产。本条在七年以上有期徒刑的量刑档次中规定可以并处没收财产,是为了严厉惩治涉毒犯罪,对于犯罪分子非法获得的财产应当认定为违法所得,予以追缴,并可以根据其行为适用没收财产刑,摧毁其再次犯罪的物质基础,有效惩治和预防这类犯罪。

2016年《最高人民法院关于审理毒品犯罪案件适用法律若干问题的解释》对"情节较重""情节严重""情节特别严重"作了具体规定:

"**情节较重**"主要包括两种情况:第一种是达到一定数量标准的:(1)麻黄碱(麻黄素)、伪麻黄碱(伪麻黄素)、消旋麻黄碱(消旋麻黄素)一千克以上不满五千克;(2)1-苯基-2-丙酮、1-苯基-2-溴-1-丙酮、3,4-亚甲基二氧苯基-2-丙酮、羟亚胺二千克以上不满十千克;(3)3-氧-2-苯基丁腈、邻氯苯基环戊酮、去甲麻黄碱(去甲麻黄素)、甲基麻黄碱(甲基麻黄素)四千克以上不满二十千克;(4)醋酸酐十千克以上不满五十千克;(5)麻黄浸膏、麻黄浸膏粉、胡椒醛、黄樟素、黄樟油、异黄樟素、麦角酸、麦角胺、麦角新碱、苯乙酸二十千克以上不满一百千克;(6)N-乙酰邻氨基苯酸、邻氨基苯甲酸、三氯甲烷、乙醚、哌啶五十千克以上不满二百五十千克;(7)甲苯、丙酮、甲基乙基酮、高锰酸钾、硫酸、盐酸一百千克以上不满五百千克;(8)其他制毒物品数量相当的。第二种是达到第一类规定的数量标准最低值的百分之五十,且具有下列情形之一的,应当认定为本条第一款规定的"情节较重":(1)曾因非法生产、买卖、运输制毒物品、走私制毒物品受过刑事处罚的;(2)二年内曾因非法生产、买卖、运输制毒物品、走私制毒物品受过行政处罚的;(3)一次组织五人以上或者多次非法生产、买卖、运输制毒物品、走私制毒物品的,或者在多个地点非法生产制毒物品的;(4)利用、教唆未成年人非法生产、买卖、运输制毒物品、走私制毒物品的;(5)国家工作人员非法生产、买卖、运输制毒物品、走私制毒物品的;(6)严重影响群众正常生产、生活秩序的;(7)其他情节较重的情形。

"**情节严重**"是指具有下列情形之一的:(1)制毒物品数量在该解释第七条第一款规定的最高数量标准以上,不满最高数量标准五倍的;(2)达到该解释第七条第一款规定的数量标准,且具有该解释第七条第二款第(三)项至第(六)项规定的情形之一的;(3)其他情节严重的情形。

"情节特别严重"是指具有下列情形之一的:(1)制毒物品数量在该解释第七条第一款规定的最高数量标准五倍以上的;(2)达到前款第(一)项规定的数量标准,且具有该解释第七条第二款第(三)项至第(六)项规定的情形之一的;(3)其他情节特别严重的情形。

第二款是对明知他人制造毒品而为其生产、买卖、运输制造毒品所需原料或者配剂的,以制造毒品罪的共犯论处的规定。本款是关于构成制造毒品罪共犯的规定,对于有证据证明行为人明知他人实施制造毒品犯罪,而为其生产、运输、买卖制毒物品的,其行为是整个制造毒品犯罪过程中的一个环节,应当依照刑法总则有关共同犯罪的规定,适用《刑法》第三百四十七条的规定定罪处罚,而不能以违反国家规定,非法生产、买卖、运输制毒物品的犯罪定罪处罚,避免重罪轻罚。这里的**明知**,是指行为人知道他人所需要的原料及配剂是用于制造毒品,但仍然为其生产、买卖、运输这种物品的,对运输贩卖毒品,这些明知他人制造毒品的,也应当以制造毒品罪的共犯处理。

第三款是对单位犯罪刑事责任的规定。"单位犯前两款罪的",是指单位违反国家规定,非法生产、买卖、运输、携带制毒物品进出境的;明知他人制造毒品而为其生产、买卖、运输制毒物品的行为。单位犯两款罪的,对单位实行双罚制。"**直接负责的主管人员和其他直接责任人员**",是指对违反国家规定,非法生产、买卖、运输、携带制毒物品进出境,或者明知他人制造毒品而为其生产、买卖、运输制毒物品的犯罪行为负有直接责任的领导人员和其他主管人员。"**依照前两款的规定处罚**",是指单位实施前两款的行为,构成犯罪的,对其直接负责的主管人员和其他直接责任人员,依照前两款关于违反国家规定,非法生产、买卖、运输、携带制毒物品进出境犯罪和关于制造毒品罪的规定定罪处罚。

实际执行中应当注意以下两个方面的问题:

1. 在司法实践中,要注意划清罪与非罪的界限。《刑法修正案(九)》在本罪入罪条件中增加了"情节较重"的规定,目的就是为了把握住罪与非罪的界限,并不是出现了生产、买卖、运输制毒物品的行为,就要追究刑事责任。实践中,有些易制毒化学品一般同时具有正常的生产、生活、医药等用途,对于为生产、生活需要,在生产、运输等过程中违有关规定的,如具有生产药用麻黄素资质的合法企业,未按照要求履行批准手续,或者超过批准数量、品种要求而生产的,个人未办理许可证明或者备案证明而购买高锰酸钾等易制毒化学品的等,在追究责任的过程中,需要划清罪与非罪的界限。2016年《最高人民法院关于审理毒品犯罪案件适用法律若干问题的解释》第七条第三款规定:"易制毒化学品生产、经营、购买、运输单位或者个人未办理许可证明或者备案证明而生产、销售、购买、运输易制毒化学品,确实用于合法生产、生活需要的,不以制毒物品犯罪论处。"

2. 关于本罪与走私、贩卖、运输、制造毒品罪的区分。实践中,有些制毒原料本身就是毒品,如提炼海洛因的鸦片、黄皮、吗啡,如果走私生产、买卖、运输、携带出入境的是这些本身属于毒品的原料,则应当以走私、贩卖、运输、制造毒品罪定罪处罚。

【司法解释】

《最高人民法院关于审理毒品犯罪案件适用法律若干问题的解释》(法释〔2016〕8号,自2016年4月11日起施行)

△**(情节较重;确实用于合法生产、生活需要)**违反国家规定,非法生产、买卖、运输制毒物品、走私制毒物品,达到下列数量标准的,应当认定为刑法第三百五十条第一款规定的"情节较重":

(一)麻黄碱(麻黄素)、伪麻黄碱(伪麻黄素)、消旋麻黄碱(消旋麻黄素)一千克以上不满五千克;

(二)1-苯基-2-丙酮、1-苯基-2-溴-1-丙酮、3,4-亚甲基二氧苯基-2-丙酮、羟亚胺二千克以上不满十千克;

(三)3-氧-2-苯基丁腈、邻氯苯基环戊酮、去甲麻黄碱(去甲麻黄素)、甲基麻黄碱(甲基麻黄素)四千克以上不满二十千克;

(四)醋酸酐十千克以上不满五十千克;

(五)麻黄浸膏、麻黄浸膏粉、胡椒醛、黄樟素、黄樟油、异黄樟素、麦角素、麦角胺、麦角新碱、苯乙酸二十千克以上不满一百千克;

(六)N-乙酰邻氨基苯酸、邻氨基苯甲酸、三氯甲烷、乙醚、哌啶五十千克以上不满二百五十千克;

(七)甲苯、丙酮、甲乙基酮、高锰酸钾、硫酸、盐酸一百千克以上不满五百千克;

(八)其他制毒物品数量相当的。

违反国家规定,非法生产、买卖、运输制毒物品、走私制毒物品,达到前款规定的数量标准最低值的百分之五十,且具有下列情形之一的,应当认定为刑法第三百五十条第一款规定的"情节较重":

(一)曾因非法生产、买卖、运输制毒物品、走私制毒物品受过刑事处罚的;

(二)二年内曾因非法生产、买卖、运输制毒物品、走私制毒物品受过行政处罚的;

(三)一次组织五人以上或者多次非法生产、买卖、运输制毒物品、走私制毒物品,或者在多个地点非法生产制毒物品的;

(四)利用、教唆未成年人非法生产、买卖、运输制毒物品、走私制毒物品的;

(五)国家工作人员非法生产、买卖、运输制毒物品、走私制毒物品的;

(六)严重影响群众正常生产、生活秩序的;

(七)其他情节较重的情形。

易制毒化学品生产、经营、购买、运输单位或者个人未办理许可证明或者备案证明,生产、销售、购买、运输易制毒化学品,确实用于合法生产、生活需要的,不以制毒物品犯罪论处。(§7)

△(情节严重;情节特别严重)违反国家规定,非法生产、买卖、运输制毒物品、走私制毒物品,具有下列情形之一的,应当认定为刑法第三百五十条第一款规定的"情节严重":

(一)制毒物品数量在本解释第七条第一款规定的最高数量标准以上,不满最高数量标准五倍的;

(二)达到本解释第七条第一款规定的数量标准,且具有本解释第七条第二款第三项至第六项规定的情形之一的;

(三)其他情节严重的情形。

违反国家规定,非法生产、买卖、运输制毒物品、走私制毒物品,具有下列情形之一的,应当认定为刑法第三百五十条第一款规定的"情节特别严重":

(一)制毒物品数量在本解释第七条第一款规定的最高数量标准五倍以上的;

(二)达到前款第一项规定的数量标准,且具有本解释第七条第二款第三项至第六项规定的情形之一的;

(三)其他情节特别严重的情形。(§8)

【司法解释性文件】

《最高人民法院、最高人民检察院、公安部关于办理制毒物品犯罪案件适用法律若干问题的意见》(公通字〔2009〕33号,2009年6月23日公布)

△(制毒物品)本意见中的"制毒物品",是指刑法第三百五十条第一款规定的醋酸酐、乙醚、三氯甲烷或者其他用于制造毒品的原料或者配剂,具体品种范围按照国家关于易制毒化学品管理的规定确定。

△(非法买卖制毒物品行为)违反国家规定,实施下列行为之一的,认定为刑法第三百五十条规定的非法买卖制毒物品行为:

1. 未经许可或者备案,擅自购买、销售易制毒化学品的;

2. 超出许可证明或者备案证明的品种、数量范围购买、销售易制毒化学品的;

3. 使用他人的或者伪造、变造、失效的许可证明或者备案证明购买、销售易制毒化学品的;

4. 经营单位违反规定,向无购买许可证明、备案证明的单位、个人销售易制毒化学品的,或者明知购买者使用他人的或者伪造、变造、失效的购买许可证明、备案证明,向其销售易制毒化学品的;

5. 以其他方式非法买卖易制毒化学品的。

△(确实用于合法生产、生活需要)易制毒化学品生产、经营、使用单位或者个人未办理许可证明或者备案证明,购买、销售易制毒化学品,如果有证据证明确实用于合法生产、生活需要,依法能够办理且是未及时办理许可证明或者备案证明,且未造成严重社会危害的,可不以非法买卖制毒物品罪论处。

△(走私制毒物品、非法买卖制毒物品的预备行为)为了制造毒品或者走私、非法买卖制毒物品犯罪而采用生产、加工、提炼等方法非法制造易制毒化学品的,根据刑法第二十二条的规定,按照其制造易制毒化学品的不同目的,分别以制造毒品、走私制毒物品、非法买卖制毒物品的预备行为论处。①

△(走私或者非法买卖制毒物品罪的共犯)明知他人实施走私或者非法买卖制毒物品犯罪,而为其运输、储存、代理进出口或者以其他方式提供便利的,以走私或者非法买卖制毒物品罪的共犯论处。

△(想象竞合犯)走私、非法买卖制毒物品行为同时构成其他犯罪的,依照处罚较重的规定定罪处罚。

△(主观明知之认定)对于走私或者非法买卖制毒物品行为,有下列情形之一,且查获了易制毒化学品,结合犯罪嫌疑人、被告人的供述和其他证据,经综合审查判断,可以认定其"明知"是制

---

① 需要注意的是,在《刑法修正案(九)》颁布之前,《刑法》第三百五十条仅处罚走私与买卖制毒物品行为。之后,《刑法修正案(九)》增订了生产、运输行为。因此,为了制造毒品或者走私、非法买卖制毒物品罪而采用生产、加工、提炼等方法非法制造易制毒化学品,应论以非法生产制毒物品罪的既遂犯。参见张明楷:《刑法学》(第6版),法律出版社2021年版,第1522页。

毒物品而走私或者非法买卖，但有证据证明确属被蒙骗的除外：

1. 改变产品形状、包装或者使用虚假标签、商标等产品标志的；
2. 以藏匿、夹带或者其他隐蔽方式运输、携带易制毒化学品逃避检查的；
3. 抗拒检查或者在检查时丢弃货物逃跑的；
4. 以伪报、藏匿、伪装等蒙蔽手段逃避海关、边防等检查的；
5. 选择不设海关或者边防检查站的路段绕行出入境的；
6. 以虚假身份、地址办理托运、邮寄手续的；
7. 以其他方法隐瞒真相，逃避对易制毒化学品依法监管的。

△(**制毒物品犯罪定罪量刑的数量标准**)违反国家规定，非法运输、携带制毒物品进出境或者在境内非法买卖毒物品达到下列数量标准的，依照刑法第三百五十条第一款的规定，处三年以下有期徒刑、拘役或者管制，并处罚金：

1. 1-苯基-2-丙酮五千克以上不满五十千克；
2. 3,4-亚甲基二氧苯基-2-丙酮、去甲麻黄素(去甲麻黄碱)、甲基麻黄素(甲基麻黄碱)、羟亚胺及其盐类十千克以上不满一百千克；
3. 胡椒醛、黄樟素、黄樟油、异黄樟素、麦角酸、麦角胺、麦角新碱、苯乙酸二十千克以上不满二百千克；
4. N-乙酰邻氨基苯酸、邻氨基苯甲酸、哌啶一百五十千克以上不满一千五百千克；
5. 甲苯、丙酮、甲基乙基酮、高锰酸钾、硫酸、盐酸四百千克以上不满四千千克；
6. 其他用于制造毒品的原料或者配剂相当数量的。

违反国家规定，非法买卖或者走私制毒物品，达到或者超过前款所列最高数量标准的，认定为刑法第三百五十条第一款规定的"数量大的"，处三年以上十年以下有期徒刑，并处罚金。

《**最高人民法院、最高人民检察院、公安部关于办理走私、非法买卖麻黄碱类复方制剂等刑事案件适用法律若干问题的意见**》(法发〔2012〕12号，2012年6月18日印发)

△(**走私、非法买卖麻黄碱类复方制剂；非法买卖制毒物品罪、走私制毒物品罪**)以加工、提炼制毒物品为目的，购买麻黄碱类复方制剂，或者运输、携带、寄递麻黄碱类复方制剂进出境的，依照刑法第三百五十条第一款、第三款的规定，分别以非法买卖制毒物品罪、走私制毒物品罪定罪处罚。

将麻黄碱类复方制剂拆除包装、改变形态后进行走私或者非法买卖，或者明知是已拆除包装、改变形态的麻黄碱类复方制剂而进行走私或者非法买卖的，依照刑法第三百五十条第一款、第三款的规定，分别以走私制毒物品罪、非法买卖制毒物品罪定罪处罚。(§1Ⅱ、Ⅲ)

△(**利用麻黄碱类复方制剂加工、提炼制毒物品；非法买卖制毒物品罪、走私制毒物品罪**)以走私或者非法买卖为目的，利用麻黄碱类复方制剂加工、提炼制毒物品的，依照刑法第三百五十条第一款、第三款的规定，分别以走私制毒物品罪、非法买卖制毒物品罪定罪处罚。(§2Ⅰ)

△(**共同犯罪**)明知他人走私或者非法买卖麻黄碱类制毒物品，向其提供麻黄碱类复方制剂，为其利用麻黄碱类复方制剂加工、提炼制毒物品，或者为其获取、利用麻黄碱类复方制剂提供其他帮助的，分别以走私制毒物品罪、非法买卖制毒物品罪的共犯论处。(§3Ⅱ)

△(**涉案制毒物品的数量**)实施本意见规定的行为，以走私制毒物品罪、非法买卖制毒物品罪定罪处罚的，应当以涉案麻黄碱类复方制剂中麻黄碱类物质的含量作为涉案制毒物品的数量。(§6Ⅰ)

△(**累计计算**)多次实施本意见规定的行为未经处理的，涉案制毒物品的数量累计计算。(§6Ⅲ)

《**最高人民检察院、公安部关于公安机关管辖的刑事案件立案追诉标准的规定(三)**》(公通字〔2012〕26号，2012年5月16日公布)

△(**走私制毒物品罪；立案追诉标准；折算；预备犯；明知；共犯**)违反国家规定，非法运输、携带制毒物品进出国(边)境，涉嫌下列情形之一的，应予立案追诉：

(一)1-苯基-2-丙酮五千克以上；

(二)麻黄碱、伪麻黄碱及其盐类和单方制剂五千克以上，麻黄浸膏、麻黄浸膏粉一百千克以上；

(三)3,4-亚甲基二氧苯基-2-丙酮、去甲麻黄素(去甲麻黄碱)、甲基麻黄素(甲基麻黄碱)、羟亚胺及其盐类十千克以上；

(四)胡椒醛、黄樟素、黄樟油、异黄樟素、麦角酸、麦角胺、麦角新碱、苯乙酸二十千克以上；

(五)N-乙酰邻氨基苯酸、邻氨基苯甲酸、哌啶一百五十千克以上；

(六)醋酸酐、三氯甲烷二百千克以上；

(七)乙醚、甲苯、丙酮、甲基乙基酮、高锰酸钾、硫酸、盐酸四百千克以上；

(八)其他用于制造毒品的原料或者配剂相当数量的。

非法运输、携带两种以上制毒物品进出国(边)境,每种制毒物品均没有达到本条第一款规定的数量标准,但按前款规定的立案追诉数量比例折算成一种制毒物品后累计相加达到上述数量标准的,应予立案追诉。

为了走私制毒物品而采用生产、加工、提炼等方法非法制造易制毒化学品的,以走私制毒物品罪(预备)立案追诉。

实施走私制毒物品行为,有下列情形之一,且查获了易制毒化学品,结合行为人的供述和其他证据综合审查判断,可以认定其"明知"是制毒物品而走私或者非法买卖,但有证据证明确属被蒙骗的除外:

(一)改变产品形状、包装或者使用虚假标签、商标等产品标志的;

(二)藏匿、夹带、伪装或者其他隐蔽方式运输、携带易制毒化学品逃避检查的;

(三)抗拒检查或者在检查时丢弃货物逃跑的;

(四)以伪报、藏匿、伪装等蒙蔽手段逃避海关、边防等检查的;

(五)选择不设海关或者边防检查站的路段绕行出入境的;

(六)以虚假身份、地址或者其他虚假方式办理托运、寄递手续的;

(七)以其他方法隐瞒真相,逃避对易制化学品依法监管的。

明知他人实施走私制毒物品犯罪,而为其运输、储存、代理进出口或者以其他方式提供便利的,以走私制毒物品罪的共犯立案追诉。(§5)

△(非法买卖制毒物品罪;立案追诉标准;非法买卖制毒物品行为;预备犯;明知;共犯)违反国家规定,在境内非法买卖制毒物品,数量达到本规定第五条第一款规定情形之一的,应予立案追诉。

非法买卖两种以上制毒物品,每种制毒物品均没有达到本条第一款规定的数量标准,但按前款规定的立案追诉数量比例折算成一种制毒物品后累计相加达到上述数量标准的,应予立案追诉。

违反国家规定,实施下列行为之一的,认定为本条规定的非法买卖制毒物品行为:

(一)未经许可或者备案,擅自购买、销售易制毒化学品的;

(二)超出许可证明或者备案证明的品种、数量范围购买、销售易制毒化学品的;

(三)使用他人的或者伪造、变造、失效的许可证明或者备案证明购买、销售易制毒化学品的;

(四)经营单位违反规定,向无购买许可证明、备案证明的单位、个人销售易制毒化学品的,或者明知购买者使用他人的或者伪造、变造、失效的许可证明或者备案证明,向其销售易制毒化学品的;

(五)以其他方式非法买卖易制毒化学品的。

易制毒化学品生产、经营、使用单位或者个人未办理许可证明或者备案证明,购买、销售易制毒化学品,如果有证据证明确实用于合法生产、生活需要,依法能够办理只是未及时办理许可证明或者备案证明,且未造成严重社会危害的,可不以非法买卖制毒物品罪立案追诉。

为了非法买卖制毒物品而采用生产、加工、提炼等方法非法制造易制毒化学品的,以非法买卖制毒物品罪(预备)立案追诉。

非法买卖制毒物品主观故意中的"明知",依照本规定第五条第四款的有关规定予以认定。

明知他人实施非法买卖制毒物品犯罪,而为其运输、储存、代理进出口或者以其他方式提供便利的,以非法买卖制毒物品罪的共犯立案追诉。(§6)

△(制毒物品)本规定中的"制毒物品"是指刑法第三百五十条第一款规定的醋酸酐、乙醚、三氯甲烷或者其他用于制造毒品的原料或者配剂,具体品种范围按照国家关于易制毒化学品管理的规定确定。(§13Ⅱ)

《最高人民法院、最高人民检察院、公安部关于办理走私、非法买卖麻黄碱类复方制剂等刑事案件适用法律若干问题的意见》(法发〔2012〕12号,2012年6月18日公布)

△(走私、非法买卖麻黄碱类复方制剂;非法买卖制毒物品罪;走私制毒物品罪;非法经营罪;走私普通货物、物品罪)……以加工、提炼制毒物品为目的,购买麻黄碱类复方制剂,或者运输、携带、寄递麻黄碱类复方制剂进出境的,依照刑法第三百五十条第一款、第三款的规定,分别以非法买卖制毒物品罪、走私制毒物品罪定罪处罚。

将麻黄碱类复方制剂拆除包装、改变形态后进行走私或者非法买卖,或者明知是已拆除包装、改变形态的麻黄碱类复方制剂而进行走私或者非法买卖的,依照刑法第三百五十条第一款、第三款的规定,分别以走私制毒物品罪、非法买卖制毒物品罪定罪处罚。

非法买卖麻黄碱类复方制剂或者运输、携带、寄递麻黄碱类复方制剂进出境,没有证据证明系用于制造毒品或者走私、非法买卖制毒物品,或者未达到走私制毒物品罪、非法买卖制毒物品罪的定罪数量标准,构成非法经营罪、走私普通货物、物品罪等其他犯罪的,依法定罪处罚。

实施第一款、第二款规定的行为,同时构成其他犯罪的,依照处罚较重的规定定罪处罚。(§1)

△(利用麻黄碱类复方制剂加工、提炼制毒物品;走私制毒物品罪;非法买卖制毒物品罪)

以走私或者非法买卖为目的,利用麻黄碱类复方制剂加工、提炼制毒物品的,依照刑法第三百五十条第一款、第三款的规定,分别以走私制毒物品罪、非法买卖制毒物品罪定罪处罚。(§2Ⅱ)

△(走私制毒物品罪、非法买卖制毒物品罪的共犯)明知他人走私或者非法买卖麻黄碱类制毒物品,向其提供麻黄碱类复方制剂,为其利用麻黄碱类复方制剂加工、提炼制毒物品,或者为其获取、利用麻黄碱类复方制剂提供其他帮助的,分别以走私制毒物品罪、非法买卖制毒物品罪的共犯论处。(§3Ⅱ)

△(犯罪预备、未遂)实施本意见规定的行为,符合犯罪预备或者未遂情形的,依照法律规定处罚。(§4)

△(主观目的与明知之认定)

对于本意见规定的犯罪嫌疑人、被告人的主观目的与明知,应当根据物证、书证、证人证言以及犯罪嫌疑人、被告人供述和辩解等在案证据,结合犯罪嫌疑人、被告人的行为表现,重点考虑以下因素综合予以认定:

1. 购买、销售麻黄碱类复方制剂的价格是否明显高于市场交易价格;

2. 是否采用虚假信息、隐蔽手段运输、寄递、存储麻黄碱类复方制剂;

3. 是否采用伪装、伪装、藏匿或者绕行进出境等手段逃避海关、边防等检查;

4. 提供相关帮助行为获得的报酬是否合理;

5. 此前是否实施过同类违法犯罪行为;

6. 其他相关因素。(§5)

△(制毒物品数量之认定)实施本意见规定的行为,以走私制毒物品罪、非法买卖制毒物品罪定罪处罚的,应当以涉案麻黄碱类复方制剂中麻黄碱类物质的含量作为涉案制毒物品的数量。

……

多次实施本意见规定的行为未经处理的,涉案制毒物品的数量累计计算。(§6)

△(走私制毒物品罪、非法买卖制毒物品罪;定罪量刑的数量标准;数量大)本意见规定的行为,以走私制毒物品罪、非法买卖制毒物品罪定罪处罚的,涉案麻黄碱类复方制剂所含的麻黄碱类物质应当达到以下数量标准:麻黄碱、伪麻黄碱、消旋麻黄碱及其盐类五千克以上不满五十千克;去甲麻黄碱、甲基麻黄碱及其盐类十千克以上不满一百千克;麻黄浸膏、麻黄浸膏粉一百千克以上不满一千千克。达到上述数量标准上限的,认定为刑法第三百五十条第一款规定的"数量大"。(§7Ⅰ)

△(麻黄碱类复方制剂之范围)本意见所称麻黄碱类复方制剂是指含有《易制毒化学品管理条例》(国务院令第445号)品种目录所列的麻黄碱(麻黄素)、伪麻黄碱(伪麻黄素)、消旋麻黄碱(消旋麻黄素)、去甲麻黄碱(去甲麻黄素)、甲基麻黄碱(甲基麻黄素)及其盐类,或者麻黄浸膏、麻黄浸膏粉等麻黄碱类物质的药品复方制剂。(§8)

【公报案例】

谢杰威、梁雁玲走私制毒物品案(《最高人民法院公报》2007年第9期)

△(制毒物品之判断)判断某种物品是否为制毒物品,应当依据国家相关法律、行政法规的规定。即使该物品可以用于制造毒品,亦不能将其认定为制毒物品。

谢杰威、梁雁玲走私制毒物品案(《最高人民法院公报》2007年第9期)

△(走私制毒物品的犯罪故意)根据《刑法》第三百五十条的规定,构成走私制毒物品罪必须要求行为人具有明知是制毒物品而走私的犯罪故意。如果行为人确实不知道所走私的物品是制毒物品,且走私目的系用于正当生产经营,则即使该物品可以用于制毒,亦不能认定行为人具有走私制毒物品的犯罪故意。

【参考案例】

No.6-7-350-1 吕书阳等走私制毒物品、职务侵占案

利用职务之便,擅自以非国有单位名义走私制毒物品并侵吞货物的,可按自然人犯罪处理,构成走私制毒物品罪和职务侵占罪。

No.6-7-350-2 王小情、杨平先等非法买卖制毒物品案

以非法贩卖为目的,提炼制造制毒物品的行为,应认定为非法买卖制毒物品罪。

No.6-7-350-3 王小情、杨平先等非法买卖制毒物品案

向他人贩卖制毒物品,没有证据证实行为人明知他人用于制造毒品的,不应认定为制造毒品罪的共犯。

No.6-7-350-4 解群英等非法买卖制毒物品、张海明等非法经营案

将麻黄碱类复方制剂拆解成粉末进行买卖的，应当认定为非法买卖制毒物品罪，以涉案麻黄碱复方制剂中所含有的麻黄碱类物质的数量，认定制毒物品数量。

No.6-7-350-5 解群英等非法买卖制毒物品、张海明等非法经营案

非法买卖麻黄碱类复方制剂，没有证据证明系用于非法买卖制毒物品的，不应认定为非法买卖制毒物品罪。

第三百五十一条 【非法种植毒品原植物罪】

非法种植罂粟、大麻等毒品原植物的，一律强制铲除。有下列情形之一的，处五年以下有期徒刑、拘役或者管制，并处罚金：

（一）种植罂粟五百株以上不满三千株或者其他毒品原植物数量较大的；

（二）经公安机关处理后又种植的；

（三）抗拒铲除的。

非法种植罂粟三千株以上或者其他毒品原植物数量大的，处五年以上有期徒刑，并处罚金或者没收财产。

非法种植罂粟或者其他毒品原植物，在收获前自动铲除的，可以免除处罚。

【条文说明】

本条是关于非法种植毒品原植物罪及其处罚的规定。

本条共分为三款。

第一款是对构成非法种植毒品原植物罪的具体情节和处罚的规定。本款所规定的这些情节是非法种植毒品原植物罪与非罪的界限。根据本款规定，有下列情节之一的，即构成非法种植毒品罪：

1. 种植罂粟五百株以上不满三千株或者其他毒品原植物数量较大的。根据这一规定，该罪的起刑数量标准是种植罂粟五百株。值得注意的是，这里只规定了种植罂粟的量刑数量标准，而对于其他毒品原植物量刑标准只规定了"数量较大"。这样规定是由于在我国境内出现的非法种植的毒品原植物的情况中，主要是罂粟；另外，由于其他毒品原植物的情况各不相同，相当复杂，也难以在法律中都规定具体数量。根据2016年《最高人民法院关于审理毒品犯罪案件适用法律若干问题的解释》第九条的规定，具有下列情形之一的，应当认定为**数量较大**：（1）非法种植大麻五千株以上不满三万株的；（2）非法种植罂粟二百平方米以上不满一千二百平方米、大麻二千平方米以上不满一万二千平方米，尚未出苗的；（3）非法种植其他毒品原植物数量较大的。

2. "经公安机关处理后又种植的"是指过去曾因为种植罂粟等毒品原植物被公安机关给予治安管理处罚或者强制铲除过，也包括被依法追究过刑事责任①，又再次种植毒品原植物的。在这种情况下，只要再次种植的，无论种植毒品原植物多少，都构成犯罪。

3. "抗拒铲除的"是指非法种植毒品原植物的行为人，在公安机关或者政府有关部门依法强制铲除这些毒品原植物时，使用暴力、威胁、设置障碍等方法拒不铲除的。②

第二款是对**非法种植毒品原植物数量大的处罚规定**。根据本款规定，非法种植罂粟三千株以上或者其他毒品原植物数量大的，处五年以上有期徒刑，最高刑期为十五年有期徒刑，并处罚金或者没收财产。

第三款是对**在收获前自动铲除非法种植毒品原植物的可以免除处罚的规定**。"**收获**"是指收获毒品，例如对罂粟进行割浆等。"**自动铲除**"是指非法种植毒品原植物的人主动进行铲除，而不

---

① 我国学者指出，已经受到刑罚处罚，只是判断行为人再犯罪可能性大小的资料，而不可能成为新犯罪的不法根据。因此，行为人被依法追究刑事责任后再次种植，只有再次种植的行为完全符合本罪的犯罪构成，才能以本罪论处，并同时判断是否成立累犯。参见张明楷：《刑法学》（第6版），法律出版社2021年版，第1523页。

② 抗拒对象不以国家机关为限，还应包括基层组织（如村民委员会、居民委员会）。参见张明楷：《刑法学》（第6版），法律出版社2021年版，第1523页。

是在执法人员的强制下铲除。"**可以免除处罚**"是指对自动铲除非法种植的毒品原植物的人，一般可免除处罚。这主要是考虑到行为还没有造成实质的社会危害，这也是鼓励行为人迷途知返，及时中止违法犯罪行为。但对于非法种植毒品原植物情节很严重，确需处罚的，也可酌情给予适当的处罚。需要特别强调的是，如果行为人在铲除后利用被铲除的毒品原植物制造毒品的，则不能适用本款的规定。

实际执行中应当注意非法种植的罂粟、大麻等毒品原植物的处理。根据本条规定，非法种植罂粟、大麻等毒品原植物的，**一律强制铲除**。实践中，无论行为人种植的数量多少，无论行为构成行政违法还是犯罪，非法种植的毒品原植物，都应当予以铲除。该内容在《禁毒法》第十九条中也有体现,《禁毒法》第十九条第二款规定："地方各级人民政府发现非法种植毒品原植物的，应当立即采取措施予以制止、铲除。村民委员会、居民委员会发现非法种植毒品原植物的，应当及时予以制止、铲除，并向当地公安机关报告。"

【**司法解释**】

《**最高人民法院关于审理毒品犯罪案件适用法律若干问题的解释**》（法释〔2016〕8号，自2016年4月11日起施行）

△(**数量较大**；**数量大**)非法种植毒品原植物，具有下列情形之一的，应当认定为刑法第三百五十一条第一款第一项规定的"数量较大"：

（一）非法种植大麻五千株以上不满三万株的；

（二）非法种植罂粟二百平方米以上不满一千二百平方米、大麻五千平方米以上不满一万二千平方米，尚未出苗的①；

（三）非法种植其他毒品原植物数量较大的。

非法种植毒品原植物，达到前款规定的最高数量标准的，应当认定为刑法第三百五十一条第二款规定的"数量大"。（§9）

【**司法解释性文件**】

《**最高人民检察院、公安部关于公安机关管辖的刑事案件立案追诉标准的规定（三）**》（公通字〔2012〕26号，2012年5月16日公布）

△(**非法种植毒品原植物罪**；**立案追诉标准**；**种植**；**在收获前自动铲除**)非法种植罂粟、大麻等毒品原植物，涉嫌下列情形之一的，应予立案追诉：

（一）非法种植罂粟五百株以上的；

（二）非法种植大麻五千株以上的；

（三）非法种植其他毒品原植物数量较大的；

（四）非法种植罂粟二百平方米以上、大麻二千平方米以上或者其他毒品原植物面积较大，尚未出苗的；

（五）经公安机关处理后又种植的；

（六）抗拒铲除的。

本条所规定的"种植"，是指播种、育苗、移栽、插苗、施肥、灌溉、割取津液或者收取种子等行为。非法种植毒品原植物的株数一般应以实际查获的数量为准。因种植面积较大，难以逐株清点数目的，可以抽样测算每平方米平均株数后按实际种植面积测算出种植总株数。

非法种植罂粟或者其他毒品原植物，在收获前自动铲除的，可以不予立案追诉。（§7）

《**最高人民法院、最高人民检察院、公安部关于印发〈办理毒品犯罪案件毒品提取、扣押、称量、取样和送检程序若干问题的规定〉的通知**》（公禁毒〔2016〕511号，2016年5月24日印发）

△(**鉴定**)对毒品原植物及其种子、幼苗，应当委托具备相应资质的鉴定机构进行鉴定。当地没有具备相应资质的鉴定机构的，可以委托侦办案件的公安机关所在地的县级以上农牧、林业行政主管部门，或者设立农林相关专业的普通高等学校、科研院所出具检验报告。（§34）

《**全国法院毒品案件审判工作会议纪要**》（法〔2023〕108号，2023年6月26日发布）

△(**不以提炼毒品或者非法买卖为目的**；**非法种植毒品原植物罪**)不以提炼毒品或者非法买卖为目的，种植罂粟、大麻等毒品原植物，构成非法种植毒品原植物罪的，可以酌情从宽处罚；犯罪情节轻微不需要判处刑罚的，可以免予刑事处罚。

---

① 我国学者指出，种植面积大但还没有形成毒品原植物，不应论以本罪。退万步而言，行为人在种植之前的行为，肯定符合《刑法》第三百五十二条之非法买卖、运输、携带、持有毒品原植物种子、幼苗罪。并且即使可以认定为非法种植毒品原植物罪，也只能认定为未遂犯或者预备犯。参见张明楷：《刑法学》（第6版），法律出版社2021年版，第1523页。

第三百五十二条 【非法买卖、运输、携带、持有毒品原植物种子、幼苗罪】
非法买卖、运输、携带、持有未经灭活的罂粟等毒品原植物种子或者幼苗,数量较大的,处三年以下有期徒刑、拘役或者管制,并处或者单处罚金。

【条文说明】

本条是关于非法买卖、运输、携带、持有毒品原植物种子、幼苗罪及其处罚的规定。

本条中,**非法"买卖"**是指非法购买或者出售未经灭活的毒品原植物种子或者幼苗的行为。**非法"运输"**是指非法运输未经灭活的罂粟等毒品原植物种子或者幼苗的行为,包括国内运输和在国境、边境非法输入输出。**非法"携带、持有"**是指违反国家规定,随身携带、私藏未经灭活的罂粟等毒品原植物种子或者幼苗的行为。**"未经灭活的罂粟等毒品原植物种子"**,是指没有经过烘烤、放射线照射等处理手段,还能继续繁殖、发芽的罂粟等毒品原植物种子。根据本条规定,只要具有本条规定的非法买卖、运输、携带、持有未经灭活的罂粟等毒品原植物种子或者幼苗,数量较大的行为的,无论其目的为何①,即构成犯罪,这一规定与《联合国禁止非法贩运麻醉药品和精神药物公约》中对毒品原植物种子进行严格管制的精神是完全一致的。根据《最高人民法院关于审理毒品犯罪案件适用法律若干问题的解释》的规定,**数量较大**是指:(1)罂粟种子五十克以上、罂粟幼苗五千株以上的;(2)大麻种子五十千克以上、大麻幼苗五万株以上的;(3)其他毒品原植物种子或者幼苗数量较大的。

实际执行中应当注意以下两个方面的问题:

1. 关于本罪的认定。对于持有未经灭活的罂粟等毒品原植物种子或者幼苗的行为,需要结合行为人持有的目的予以认定。如果行为人持有这些种子或者幼苗是为了自己栽培、种植的,对于其播种和栽培幼苗的行为,应当以**非法种植毒品原植物罪**论处;如果行为人持有的目的不是为了进一步种植,而是为了出售或者提供给他人,则应当依照本罪予以定罪处罚。"买卖""运输""携带""持有"这四种行为既有联系又有区别,不需同时具备而只需具备其中之一,即可构成本罪。

2. 关于本罪的处罚。根据本法第三百五十六条的规定,因走私、贩卖、运输、制造、非法持有毒品罪被判过刑,又犯本条规定之罪的,应当从**重处罚**。

【司法解释】

《最高人民法院关于审理毒品犯罪案件适用法律若干问题的解释》(法释〔2016〕8号,自2016年4月11日起施行)

△(**数量较大**)非法买卖、运输、携带、持有未经灭活的毒品原植物种子或者幼苗,具有下列情形之一的,应当认定为刑法第三百五十二条规定的"数量较大":

(一)罂粟种子五十克以上、罂粟幼苗五千株以上的;

(二)大麻种子五十千克以上、大麻幼苗五万株以上的;

(三)其他毒品原植物种子或者幼苗数量较大的。(§10)

【司法解释性文件】

《最高人民检察院、公安部关于公安机关管辖的刑事案件立案追诉标准的规定(三)》(公通字〔2012〕26号,2012年5月16日公布)

△(**非法买卖、运输、携带、持有毒品原植物种子、幼苗罪;立案追诉标准**)非法买卖、运输、携带、持有未经灭活的罂粟等毒品原植物种子或者幼苗,涉嫌下列情形之一的,应予立案追诉:

(一)罂粟种子五十克以上、罂粟幼苗五千株以上;

(二)大麻种子五十千克以上、大麻幼苗五万株以上;

(三)其他毒品原植物种子、幼苗数量较大的。(§8)

---

① 我国学者指出,为了非法种植毒品原植物而非法买卖、运输、携带、持有毒品原植物种子,应按照非法种植毒品原植物罪处理。参见周光权:《刑法各论》(第4版),中国人民大学出版社2021年版,第516页。

第三百五十三条 【引诱、教唆、欺骗他人吸毒罪】【强迫他人吸毒罪】

引诱、教唆、欺骗他人吸食、注射毒品的,处三年以下有期徒刑、拘役或者管制,并处罚金;情节严重的,处三年以上七年以下有期徒刑,并处罚金。

强迫他人吸食、注射毒品的,处三年以上十年以下有期徒刑,并处罚金。

引诱、教唆、欺骗或者强迫未成年人吸食、注射毒品的,从重处罚。

【条文说明】

本条是关于引诱、教唆、欺骗他人吸毒罪,强迫他人吸毒罪及其处罚的规定。

本条共分为三款。

第一款是对引诱、教唆、欺骗他人吸食、注射毒品的行为定罪处罚的规定。"**引诱、教唆他人吸食、注射毒品的**"是指通过向他人宣传吸毒后的体验,示范吸毒方法,或者对他人进行蛊惑,从而促使他人吸食、注射毒品的行为。"**欺骗他人吸食、注射毒品的**"是指在他人不知情的情况下,给他人吸食、注射毒品的行为。例如行为人暗中在香烟中掺入毒品,或者在药品中掺入毒品,供他人吸食、饮用,使其不知不觉地染上毒瘾,从而达到行为人的某些个人目的。① 被引诱、教唆、欺骗者是否因此形成毒瘾,不是构成犯罪的必要条件,但应该作为处刑的情节来考虑。有引诱、教唆、欺骗他人吸食、注射毒品的行为的,即构成本条规定的犯罪,依法应当处三年以下有期徒刑、拘役或者管制,并处罚金。

这里的"**情节严重**",主要是指引诱、教唆、欺骗多人吸食、注射毒品以及致使他人吸毒成瘾,造成严重后果的等。根据《最高人民法院关于审理毒品犯罪案件适用法律若干问题的解释》的规定,具有下列情形之一的,应当认定为"**情节严重**":(1)引诱、教唆、欺骗多人或者多次引诱、教唆、欺骗他人吸食、注射毒品的;(2)对他人身体健康造成严重危害的;(3)导致他人实施故意杀人、故意伤害、交通肇事等犯罪行为的;(4)国家工作人员引诱、教唆、欺骗他人吸食、注射毒品的;(5)其他情节严重的情形。根据本条规定,情节严重的,应当处三年以上七年以下有期徒刑,并处罚金。

第二款是对强迫他人吸食、注射毒品的行为定罪处罚的规定。"**强迫**他人吸食、注射毒品",是指违背他人的意愿,以暴力、胁迫或者其他手段,迫使他人吸食、注射毒品的行为。② 强迫他人吸食、注射毒品的行为,比引诱、教唆、欺骗他人注射毒品的行为危害性更大,因此本条规定了更重的刑罚,为三年以上十年以下有期徒刑,并处罚金。

第三款是对引诱、教唆、欺骗或者强迫未成年人吸食、注射毒品的行为从重处罚的规定。这里的"**未成年人**"是指不满十八周岁的人。未成年人也正处于人生观、价值观、世界观形成的关键时期,不能认识或者不能正确认识毒品的危害性,比成年人更容易被引诱、教唆或者欺骗而吸食毒品,并且未成年人正处在成长发育时期,吸食、注射毒品对他们的心身健康将带来极大的危害,给他们正常的学习生活带来极大的负面影响,影响其成长成才,这些在将来也可能会成为社会的不稳定因素。因此,本款规定,引诱、教唆、欺骗或者强迫未成年人吸食、注射毒品的,从重处罚。

【司法解释】

《**最高人民法院关于审理毒品犯罪案件适用法律若干问题的解释**》(法释〔2016〕8号,自2016年4月11日起施行)

△(**情节严重**)引诱、教唆、欺骗他人吸食、注射毒品,具有下列情形之一的,应当认定为刑法第三百五十三条第一款规定的"**情节严重**":

(一)引诱、教唆、欺骗多人或者多次引诱、教唆、欺骗他人吸食、注射毒品的;

(二)对他人身体健康造成严重危害的;

(三)导致他人实施故意杀人、故意伤害、交通肇事等犯罪行为的;

(四)国家工作人员引诱、教唆、欺骗他人吸食、注射毒品的;

(五)其他情节严重的情形。(§11)

《**最高人民法院关于审理走私、非法经营、非法使用兴奋剂刑事案件适用法律若干问题的解释**》(法释〔2019〕16号,自2020年1月1日起施行)

△(**非法使用兴奋剂;情节恶劣;虐待被监护、看护人罪**)对未成年人、残疾人负有监护、看护职

---

① 我国学者指出,被引诱、教唆、欺骗者应当是从来没有吸食、注射过毒品之人,或者虽然吸食、注射过毒品但已经彻底戒除之人。参见周光权:《刑法各论》(第4版),中国人民大学出版社2021年版,第517页。

② 医务人员向处于发病期间的精神病患者强制使用精神药品,是合法的业务行为,不属于强迫吸毒行为。参见周光权:《刑法各论》(第4版),中国人民大学出版社2021年版,第517页。

责的人组织未成年人、残疾人在体育运动中非法使用兴奋剂,具有下列情形之一的,应当认定为刑法第二百六十条之一规定的"情节恶劣",以虐待被监护、看护人罪定罪处罚:
(一)强迫未成年人、残疾人使用的;
(二)引诱、欺骗未成年人、残疾人长期使用的;
(三)其他严重损害未成年人、残疾人身心健康的情形。(§ 3)
△(**兴奋剂;毒品、制毒物品**)实施本解释规定的行为,涉案物质属于毒品、制毒物品等,构成有关犯罪的,依照相应犯罪定罪处罚。(§ 7)
△(**"兴奋剂""兴奋剂目录所列物质""体育运动""国内、国际重大体育竞赛"等专门性问题;认定意见**)对于是否属于本解释规定的"兴奋剂""兴奋剂目录所列物质""体育运动""国内、国际重大体育竞赛"等专门性问题,应当依据《中华人民共和国体育法》《反兴奋剂条例》等法律法规,结合国务院体育主管部门出具的认定意见等证据材料作出认定。(§ 8)

【司法解释性文件】

《最高人民检察院、公安部关于公安机关管辖的刑事案件立案追诉标准的规定(三)》(公通字〔2012〕26 号,2012 年 5 月 16 日公布)
△(**引诱、教唆、欺骗他人吸毒罪;立案追诉标准**)引诱、教唆、欺骗他人吸食、注射毒品的,应予立案追诉。(§ 9)
△(**强迫他人吸毒罪;立案追诉标准**)违背他人意志,以暴力、胁迫或者其他强制手段,迫使他人吸食、注射毒品的,应予立案追诉。(§ 10)

【指导性案例】

最高人民检察院指导性案例第 152 号:郭某某欺骗他人吸毒案(2022 年 6 月 21 日发布)
△(**欺骗他人吸毒罪;麻醉药品、精神药品;情节严重;自行补充侦查;客观性证据审查**)行为人明知系国家管制的麻醉药品、精神药品而向他人的饮料、食物中投放,欺骗他人吸食的,应当以欺骗他人吸毒罪追究刑事责任。对于有证据证明行为人为实施强奸、抢劫等犯罪而欺骗他人吸食麻醉药品、精神药品的,应当按照处罚较重的罪名追究刑事责任。检察机关应当加强自行补充侦查,强化电子数据等客观性证据审查,准确认定犯罪事实。

第三百五十四条 【容留他人吸毒罪】
容留他人吸食、注射毒品的,处三年以下有期徒刑、拘役或者管制,并处罚金。

【条文说明】

本条是关于容留他人吸毒罪及其处罚的规定。

本条中规定的"**容留他人吸食、注射毒品**"是指提供场所,供他人吸食、注射毒品的行为。这里的"场所",可以是自己的住所,也可以是其经营的场所,如酒吧等。① 其重点打击的应是以牟利为目的,为他人吸毒提供处所和集中为多人提供吸毒场所的行为。根据 2016 年《最高人民法院关于审理毒品犯罪案件适用法律若干问题的解释》的规定,具有下列情形之一的,应当以**容留他人吸毒罪**定罪处罚:(1)一次容留多人吸食、注射毒品的;(2)二年内多次容留他人吸食、注射毒品的;(3)二年内曾因容留他人吸食、注射毒品受过行政处罚的;(4)容留未成年人吸食、注射毒品的;(5)以牟利为目的容留他人吸食、注射毒品的;(6)容留他人吸食、注射毒品造成严重后果的;(7)其他应当追究刑事责任的情形。执行中,需要注意掌握好罪与非罪的界限,对于不知某人是吸毒人,而为其提供旅馆等场所住宿,吸毒人在其场所吸毒的,不应按犯罪处理。

实际执行中应当注意,对于容留他人吸毒的行为,尚不构成犯罪的,也应当给予**行政处罚**。根据《禁毒法》第六十一条的规定,应当由公安机关处十日以上十五日以下拘留,可以并处三千元以下罚款,情节较轻的,处五日以下拘留或者五百元以下罚款。

---

① 本罪之"场所",并不要求完全封闭(只要相对于外界隔离,一般人难以发现吸毒行为即可);也不要求是专门用于吸毒的场所;亦不要求行为人有绝对支配权、控制权(其多少有一些管理权即可)。参见周光权:《刑法各论》(第 4 版),中国人民大学出版社 2021 年版,第 518 页。

【司法解释】

《最高人民法院关于审理毒品犯罪案件适用法律若干问题的解释》（法释〔2016〕8号，自2016年4月11日起施行）

△（**容留他人吸食毒品罪；数罪并罚；贩卖毒品罪；近亲属；酌情从宽处理**）容留他人吸食、注射毒品，具有下列情形之一的，应当依照刑法第三百五十四条的规定，以容留他人吸毒罪定罪处罚：

（一）一次容留多人吸食、注射毒品的；

（二）二年内多次容留他人吸食、注射毒品的；

（三）二年内曾因容留他人吸食、注射毒品受过行政处罚的；

（四）容留未成年人吸食、注射毒品的；

（五）以牟利为目的容留他人吸食、注射毒品的；

（六）容留他人吸食、注射毒品造成严重后果的；

（七）其他应当追究刑事责任的情形。

向他人贩卖毒品后又容留其吸食、注射毒品，或者容留他人吸食、注射毒品并向其贩卖毒品，符合前款规定的容留他人吸毒罪的定罪条件的，以贩卖毒品罪和容留他人吸毒罪数罪并罚。

容留近亲属吸食、注射毒品，情节显著轻微危害不大的，不作为犯罪处理；需要追究刑事责任的，可以酌情从宽处罚。（§12）

【司法解释性文件】

《最高人民检察院、公安部关于公安机关管辖的刑事案件立案追诉标准的规定（三）》（公通字〔2012〕26号，2012年5月16日公布）

△（**容留他人吸毒罪；立案追诉标准**）提供场所，容留他人吸食、注射毒品，涉嫌下列情形之一的，应予立案追诉：

（一）容留他人吸食、注射毒品两次以上的；

（二）一次容留三人以上吸食、注射毒品的；

（三）因容留他人吸食、注射毒品被行政处罚，又容留他人吸食、注射毒品的；

（四）容留未成年人吸食、注射毒品的；

（五）以牟利为目的容留他人吸食、注射毒品的；

（六）容留他人吸食、注射毒品造成严重后果或者其他情节严重的。（§11）

《最高人民法院、最高人民检察院关于常见犯罪的量刑指导意见（试行）》（法发〔2021〕21号，2021年6月6日发布）

△（**容留他人吸毒罪；量刑**）

1. 构成容留他人吸毒罪的，在一年以下有期徒刑、拘役幅度内确定量刑起点。

2. 在量刑起点的基础上，根据容留他人吸毒的人数、次数等其他影响犯罪构成的犯罪事实增加刑罚量，确定基准刑。

3. 构成容留他人吸毒罪的，根据容留他人吸毒的人数、次数、违法所得数额、危害后果等犯罪情节，综合考虑被告人缴纳罚金的能力，决定罚金数额。

4. 构成容留他人吸毒罪的，综合考虑容留他人吸毒的人数、次数、危害后果等犯罪事实、量刑情节，以及被告人主观恶性、人身危险性、认罪悔罪表现等因素，决定缓刑的适用。

【参考案例】

No.6-7-354-1　聂凯凯容留他人吸毒案

旅店经营者发现他人在房间内吸毒而不予制止的，构成容留他人吸毒罪。

No.6-7-354-3　孙德柱贩卖毒品、容留他人吸毒案

容留他人吸毒，并提供毒品，又收取毒品费用的行为分别构成容留他人吸毒罪和贩卖毒品罪，应依法予以并罚。

第三百五十五条 【非法提供麻醉药品、精神药品罪】
依法从事生产、运输、管理、使用国家管制的麻醉药品、精神药品的人员，违反国家规定，向吸食、注射毒品的人提供国家规定管制的能够使人形成瘾癖的麻醉药品、精神药品的，处三年以下有期徒刑或者拘役，并处罚金；情节严重的，处三年以上七年以下有期徒刑，并处罚金。 向走私、贩卖毒品的犯罪分子或者以牟利为目的，向吸食、注射毒品的人提供国家规定管制的能够使人形成瘾癖的麻醉药品、精神药品的，依照本法第三百四十七条的规定定罪处罚。

单位犯前款罪的，对单位判处罚金，并对其直接负责的主管人员和其他直接责任人员，依照前款的规定处罚。

【条文说明】

本条是关于非法提供麻醉药品、精神药品罪及其处罚的规定。

本条共分为两款。

第一款是关于依法从事生产、运输、管理、使用国家管制的麻醉药品、精神药品的人员，违反国家规定，向吸毒、走私、贩卖毒品的人提供国家管制的麻醉药品、精神药品的行为如何追究刑事责任的规定。"**依法从事生产、运输、管理、使用国家管制的麻醉药品、精神药品的人员**"是指对国家管制的麻醉药品和精神药品有合法生产、运输、管理、使用权的人员。本款规定的犯罪主体是个人。其中"**生产**"是指依照国家卫生行政主管部门的指定，种植用于加工提炼麻醉药品原植物、制造或者试制麻醉药品、精神药品的成品、半成品和制剂。"**运输**"是指将国家管制的麻醉药品和精神药品通过陆路、水路或者空中，由一地运往另一地，包括进出口。"**管理**"是指对国家管制的麻醉药品和精神药品存放的保管以及批发、调拨、供应等。"**使用**"是指有关人员依照国家有关规定将国家管制的麻醉药品和精神药品用于医疗、教学、科研的行为。如医生为癌症病人开具吗啡、杜冷丁药方等。"**违反国家规定，向吸食、注射毒品的人提供国家规定管制的能够使人形成瘾癖的麻醉药品、精神药品**"是指上述人员明知某种药品属于麻醉药品或精神药品而违反国家有关规定，将该药品提供给吸食、注射毒品者①的行为。② 根据《刑法》第九十六条的规定，这里的"**违反国家规定**"指的是违反国家管制麻醉药品、精神药品的有关法律、行政法规，以及国务院规定的行政措施、发布的决定和命令，包括禁毒法、药品管理法、麻醉药品和精神药品管理条例等等，不包括部门规章。

"**向走私、贩卖毒品的犯罪分子或者以牟利为目的，向吸食、注射毒品的人提供国家规定管制的能够使人形成瘾癖的麻醉药品、精神药品的**"是指行为人明知某药品属于国家管制的麻醉药品、精神药品而向走私、贩卖毒品的人提供该药品的行为和以获取金钱财物为目的，向吸毒者提供该药品的行为。这种行为与贩毒行为的主观故意和危害后果完全一致。因此，本款规定对这种行为依照《刑法》第三百四十七条的规定处罚。

需要特别注意的是，对于以牟利为目的，违反国家规定，虽向他人提供国家管制的麻醉药品和精神药品，但用于医疗、教学、科研的，不适用本款规定，而应依照其他有关法律追究责任。

第二款是对单位违反国家规定，非法向他人提供国家规定管制的麻醉药品、精神药品的行为进行处罚的规定。"**单位犯前款罪的**"是指依法从事生产、运输、管理、使用国家管制的麻醉药品和精神药品的单位，违反国家规定，犯本条第一款规定之罪的。"**直接负责的主管人员**"是指对本单位非法提供国家管制的麻醉药品和精神药品负有直接责任的单位领导人员。"**其他直接责任人员**"是指其他直接参与单位非法提供国家管制的麻醉药品、精神药品犯罪活动的人员，可能是一人，也可能是多人。

【司法解释】

《最高人民法院关于审理毒品犯罪案件适用法律若干问题的解释》（法释〔2016〕8号，自2016年4月11日起施行）

△〔非法提供麻醉药品、精神药品行为；情节严重〕依法从事生产、运输、管理、使用国家管制的麻醉药品、精神药品的人员，违反国家规定，向吸

---

① 如果接受者虽然吸毒成瘾，但由于具有医疗上的正当理由而不得不使用，向其提供麻醉物品、精神药品的行为，不构成本罪。参见王作富主编：《刑法分则实务研究（下）》（第5版），中国方正出版社2013年版，第1478页。

② 刘利教授指出，提供应限定为本人无偿提供，因此，应包括对使用者而言是有偿使用，但对行为人而言是无偿提供的情况。参见赵秉志、李希慧主编：《刑法各论》（第3版），中国人民大学出版社2016年版，第357页。

食、注射毒品的人提供国家规定管制的能够使人形成瘾癖的麻醉药品、精神药品,具有下列情形之一的,应当依照刑法第三百五十五条第一款的规定,以非法提供麻醉药品、精神药品罪定罪处罚:

(一)非法提供麻醉药品、精神药品达到刑法第三百四十七条第三款或者本解释第二条①规定的"数量较大"标准最低值的百分之五十,不满"数量较大"标准的;

(二)二年内曾因非法提供麻醉药品、精神药品受过行政处罚的;

(三)向多人或者多次非法提供麻醉药品、精神药品的;

(四)向吸食、注射毒品的未成年人非法提供麻醉药品、精神药品的;

(五)非法提供麻醉药品、精神药品造成严重后果的;

(六)其他应当追究刑事责任的情形。

具有下列情形之一的,应当认定为刑法第三百五十五条第一款规定的"情节严重":

(一)非法提供麻醉药品、精神药品达到刑法第三百四十七条第三款或者本解释第二条规定的"数量较大"标准的;

(二)非法提供麻醉药品、精神药品达到前款第一项规定的数量标准,且具有前款第三项至第五项规定的情形之一的;

(三)其他情节严重的情形。(§13)

《**最高人民法院关于审理走私、非法经营、非法使用兴奋剂刑事案件适用法律若干问题的解释**》(法释〔2019〕16号,自2020年1月1日起施行)

△(**组织考生非法使用兴奋剂;组织考试作弊罪;提供兴奋剂**)在普通高等学校招生、公务员录用等法律规定的国家考试涉及的体育、体能测试等体育运动中,组织考生非法使用兴奋剂的,应当依照刑法第二百八十四条之一的规定,以组织考试作弊罪定罪处罚。

明知他人实施前款犯罪而为其提供兴奋剂的,依照前款的规定定罪处罚。(§4)

△(**兴奋剂;毒品、制毒物品**)实施本解释规定的行为,涉案物质属于毒品、制毒物品等,构成有关犯罪的,依照相应犯罪定罪处罚。(§7)

△(**"兴奋剂""兴奋剂目录所列物质""体育运动""国内、国际重大体育竞赛"等专门性问题;认定意见**)对于是否属于本解释规定的"兴奋剂""兴奋剂目录所列物质""体育运动""国内、国际重大体育竞赛"等专门性问题,应当依据《中华人民共和国体育法》《反兴奋剂条例》等法律法规,结合国务院体育主管部门出具的认定意见等证据材料作出认定。(§8)

【**司法解释性文件**】

《**最高人民检察院法律政策研究室关于安定注射液是否属于刑法第三百五十五条规定的精神药品问题的答复**》(〔2002〕高检研发第23号,2002年10月24日公布)

△(**安定注射液;"能够使人形成瘾癖"的精神药品**)根据《精神药品管理办法》等国家有关规

---

① 《最高人民法院关于审理毒品犯罪案件适用法律若干问题的解释》(法释〔2016〕8号,自2016年4月11日起施行)第二条
走私、贩卖、运输、制造、非法持有下列毒品,应当认定为刑法第三百四十七条第三款、第三百四十八条规定的"其他毒品数量较大":
(一)可卡因十克以上不满五十克;
(二)3,4-亚甲二氧基甲基苯丙胺(MDMA)等苯丙胺类毒品(甲基苯丙胺除外)、吗啡二十克以上不满一百克;
(三)芬太尼二十五克以上不满一百二十五克;
(四)甲卡西酮四十克以上不满二百克;
(五)二氢埃托啡二毫克以上不满十毫克;
(六)哌替啶(度冷丁)五十克以上不满二百五十克;
(七)氯胺酮一百克以上不满五百克;
(八)美沙酮二百克以上不满一千克;
(九)曲马多、γ-羟丁酸四百克以上不满二千克;
(十)大麻油一千克以上不满五千克、大麻脂二千克以上不满十千克、大麻叶及大麻烟三十千克以上不满一百五十千克;
(十一)可待因、丁丙诺啡一千克以上不满五千克;
(十二)三唑仑、安眠酮十千克以上不满五十千克;
(十三)阿普唑仑、恰特草二十千克以上不满一百千克;
(十四)咖啡因、罂粟壳五十千克以上不满二百千克;
(十五)巴比妥、苯巴比妥、安钠咖、尼美西泮五十千克以上不满二百五十千克;
(十六)氯氮卓、艾司唑仑、地西泮、溴西泮一百千克以上不满五百千克;
(十七)上述毒品以外的其他毒品数量较大的。

定,"能够使人形成瘾癖"的精神药品,是指使用后能使人的中枢神经系统兴奋或者抑制连续使用能使人产生依赖性的药品。安定注射液属于刑法第三百五十五条第一款规定的"国家规定管制的能够使人形成瘾癖的"精神药品。鉴于安定注射液属于《精神药品管理办法》规定的第二类精神药品,医疗实践中使用较多,在处理此类案件时,应当慎重掌握罪与非罪的界限。对于明知他人是吸毒人员而多次向其出售安定注射液,或者贩卖安定注射液数量较大的,可以依法追究行为人的刑事责任。

《公安部关于在成品药中非法添加阿普唑仑和曲马多进行销售能否认定为制造贩卖毒品有关问题的批复》(公复字〔2009〕1号,2009年3月19日公布)

△〔阿普唑仑和曲马多;非法提供精神药品罪〕阿普唑仑和曲马多为国家管制的二类精神药品。根据《中华人民共和国刑法》第三百五十五条的规定,如果行为人具有生产、管理、使用阿普唑仑和曲马多的资质,却将其掺加在其他药品中,违反国家规定向吸食、注射毒品的人员提供的,构成非法提供精神药品罪;向走私、贩卖毒品的犯罪分子或以牟利为目的向吸食、注射毒品的人员提供的,构成走私、贩卖毒品罪。根据《中华人民共和国刑法》第三百四十七条的规定,如果行为人没有生产、管理、使用阿普唑仑和曲马多的资质,而将其掺加在其他药品中予以贩卖,构成贩卖、制造毒品罪。(§1)

△(为治疗、戒毒依法合理使用)在办案中应当注意区别为治疗、戒毒依法合理使用的行为与上述犯罪行为的界限。只有违反国家规定,明知是走私、贩卖毒品的人员而向其提供阿普唑仑和曲马多,或者明知是吸毒人员而向其贩卖或超出规定的次数、数量向其提供阿普唑仑和曲马多的,才可以认定为犯罪。(§2)

《最高人民检察院、公安部关于公安机关管辖的刑事案件立案追诉标准的规定(三)》(公通字〔2012〕26号,2012年5月16日公布)

△(非法提供麻醉药品、精神药品罪;立案追诉标准)依法从事生产、运输、管理、使用国家管制的麻醉药品、精神药品的个人或者单位,违反国家规定,向吸食、注射毒品的人员提供国家规定管制的能够使人形成瘾癖的麻醉药品、精神药品,涉嫌下列情形之一的,应予立案追诉:

(一)非法提供鸦片二十克以上、吗啡二克以上、度冷丁(杜冷丁)五克以上(针剂100mg/支规格的五十支以上,50mg/支规格的一百支以上);片剂25mg/片规格的二百片以上,50mg/片规格的一百片以上)、盐酸二氢埃托啡零点二毫克以上(针剂或者片剂20mg/支,片剂规格的十支、片以上)、氨胺酮、美沙酮二十克以上、三唑仑、安眠酮一千克以上、咖啡因五千克以上、氯氮卓、艾司唑仑、地西泮、溴西泮十千克以上,以及其他麻醉药品和精神药品数量较大的;

(二)虽未达到上述数量标准,但非法提供麻醉药品、精神药品两次以上,数量累计达到前项规定的数量标准百分之八十以上的;

(三)因非法提供麻醉药品、精神药品被行政处罚,又非法提供麻醉药品、精神药品的;

(四)向吸食、注射毒品的未成年人提供麻醉药品、精神药品的;

(五)造成严重后果或者其他情节严重的。

依法从事生产、运输、管理、使用国家管制的麻醉药品、精神药品的人员或者单位,违反国家规定,向走私、贩卖毒品的犯罪分子提供国家规定管制的能够使人形成瘾癖的麻醉药品、精神药品,或者以牟利为目的,向吸食、注射毒品的人员提供国家规定管制的能够使人形成瘾癖的麻醉药品、精神药品的,以走私、贩卖毒品罪立案追诉。(§12)

第三百五十五条之一 【妨害兴奋剂管理罪】

引诱、教唆、欺骗运动员使用兴奋剂参加国内、国际重大体育竞赛,或者明知运动员参加上述竞赛而向其提供兴奋剂,情节严重的,处三年以下有期徒刑或者拘役,并处罚金。

组织、强迫运动员使用兴奋剂参加国内、国际重大体育竞赛的,依照前款的规定从重处罚。

【立法沿革】

《中华人民共和国刑法修正案(十一)》(自2021年3月1日起施行)

四十、在刑法第三百五十五条后增加一条,作为第三百五十五条之一:

"引诱、教唆、欺骗运动员使用兴奋剂参加国内、国际重大体育竞赛,或者明知运动员参加上述竞赛而向其提供兴奋剂,情节严重的,处三年以下有期徒刑或者拘役,并处罚金。

"组织、强迫运动员使用兴奋剂参加国内、国际重大体育竞赛的,依照前款的规定从重处罚。"

【条文说明】

本条是关于妨害兴奋剂管理罪的规定。

本条共分为两款。

第一款是关于引诱、教唆、欺骗运动员使用兴奋剂和向运动员提供兴奋剂的犯罪的规定。本款犯罪的主体是**一般主体**,常见的是组织运动员参加竞赛的体育社会团体、运动员管理单位或者教练员、队医等运动员辅助人员。本款规定了两种犯罪行为:一是**引诱、教唆、欺骗运动员使用兴奋剂参加国内、国际重大体育竞赛,情节严重的**。这里规定的"**引诱**",是指以提高比赛成绩、物质奖励等条件诱使运动员使用兴奋剂。"**教唆**",是指唆使运动员使用兴奋剂。"**欺骗**"是指使用欺诈手段使运动员在不知情的情况下使用兴奋剂,如谎称是服用正常药品等。"**运动员**",根据国家体育总局《反兴奋剂规则》的规定,是在全国性体育社会团体及其会员单位注册的运动员、参加国际或国家级比赛的运动员、参加全国性体育社会团体及其会员单位举办或授权举办的比赛的运动员、参加其他政府资助的比赛的运动员、不专门从事体育训练和比赛的普通体育运动参加者(即大众运动员)、体育社会团体及其会员单位管理的其他运动员、其他所有反兴奋剂中心依照《世界反兴奋剂条例》的有关规定行使管辖权的运动员。"**兴奋剂**"是指兴奋剂目录所列的禁用物质等,具体包括蛋白同化制剂、肽类激素、有关麻醉药品和刺激剂等。兴奋剂目录由国务院体育主管部门会同国务院食品药品监督管理部门、国务院卫生主管部门、国务院商务主管部门和海关总署制定、调整并公布。国务院体育主管部门负责制定兴奋剂检测规则和兴奋剂检测计划并组织实施。"**国内、国际重大体育竞赛**"是指《体育法》第二十六条规定的重大体育竞赛,如奥运会、亚运会、单项世界锦标赛等,具体范围由国务院体育主管部门确定。根据本款规定,引诱、教唆、欺骗运动员使用兴奋剂参加国内、国际重大体育竞赛的,构成本款规定的犯罪。如果不是在国内、国际重大体育竞赛中,而是在低级别比赛中使用兴奋剂,不构成本条规定的犯罪,可依照其他法律法规的规定予以处罚。二是**明知运动员参加国内、国际重大体育竞赛而向其提供兴奋剂,情节严重的**。这是帮助运动员在重大体育竞赛中使用兴奋剂的行为。本款规定的"**明知**",是指知道或应当知道运动员参加国内、国际重大体育竞赛。"**向其提供**",包括向运动员本人提供,也包括通过运动员的教练员、队医等辅助人员向运动员提供。"**情节严重**",是指引诱、教唆、欺骗运动员使用兴奋剂或者提供兴奋剂的数量较大、涉及人数较多,给国家荣誉和形象造成不良影响,对运动员健康造成不良影响等,具体可由司法机关制定司法解释确定。根据本款规定,对上述两种犯罪行为,处三年以下有期徒刑或者拘役,并处罚金。

第二款是关于组织、强迫运动员使用兴奋剂的犯罪的规定。这里规定的"**组织**",是指利用管理、指导运动员的机会等,使多名运动员有组织地使用兴奋剂。"**强迫**",是指迫使运动员违背本人意愿使用兴奋剂。根据本款规定,组织、强迫运动员使用兴奋剂参加国内、国际重大体育竞赛的行为,即可构成犯罪,**没有规定"情节严重的"条件**,这是因为组织、强迫使用兴奋剂的行为,比第一款规定的引诱、教唆、欺骗运动员使用兴奋剂和提供兴奋剂的行为社会危害性更大。根据本款规定,对上述犯罪行为,依照本条第一款的规定从重处罚,即在"三年以下有期徒刑或者拘役,并处罚金"的量刑幅度内从重处罚。

实际执行中应当注意以下几个方面的问题:

1. 本条将引诱、教唆、欺骗运动员使用兴奋剂和向运动员提供兴奋剂的行为,组织、强迫运动员使用兴奋剂的行为规定为犯罪,**对于运动员本人使用兴奋剂的行为未规定为犯罪**,是考虑到在重大体育竞赛涉兴奋剂违法违规案件中,引诱、教唆、欺骗使用兴奋剂和提供兴奋剂,组织、强迫使用兴奋剂的行为具有更大的社会危害性。运动员本人往往是被裹挟、被动地使用兴奋剂,可以不作为犯罪处理。但运动员本人使用兴奋剂的行为仍然是违法行为,应当依照有关法律法规和体育组织的规定予以处罚。运动员本人参与本条规定的犯罪行为的,应当依法追究刑事责任。

2. 与兴奋剂相关的有关犯罪行为的处理。《最高人民法院关于审理走私、非法经营、非法使用兴奋剂刑事案件适用法律若干问题的解释》对与兴奋剂相关的犯罪行为的法律适用作了规定:(1)运动员、运动员辅助人员走私兴奋剂目录所列物质,或者其他人员以在体育竞赛中非法使用为目的走私兴奋剂目录所列物质,涉案物质属于国家禁止进出口的货物、物品,具有特定情形的,应当依照《刑法》第一百五十一条第三款的规定,以**走私国家禁止进出口的货物、物品罪**定罪处罚。(2)对未成年人、残疾人负有监护、看护职责的人组织未成年人、残疾人在体育运动中非法使用兴奋剂,具有特定情形的,应当认定为《刑法》第二百六十条之一规定的"情节恶劣",以**虐待被监护、看护人罪**定罪处罚。(3)实施有关兴奋剂犯罪行为,涉案物质属于毒品、制毒物品等,构成**涉及毒品、制毒物品有**

关犯罪的，依照相应犯罪定罪处罚。

3. 本条为治理兴奋剂违法犯罪行为提供了强有力的法律依据。但兴奋剂的治理是系统工程，不能仅依靠刑事手段进行打击。要充分发挥司法机关、体育主管部门、体育协会等各方面的作用，综合运用多种手段，对运动员、教练员加强教育管理，树立正确的竞赛观、荣誉观，从源头上减少兴奋剂违法违规现象。

第三百五十六条 【再犯本节之罪的从重处罚规定】
因走私、贩卖、运输、制造、非法持有毒品罪被判过刑，又犯本节规定之罪的，从重处罚。

【条文说明】

本条是关于因走私、贩卖、运输、制造、非法持有毒品罪被判过刑，又犯本节规定之罪的如何处罚的规定。

"因走私、贩卖、运输、制造、非法持有毒品罪被判过刑" 是指因犯本节规定的走私、贩卖、运输、制造、非法持有毒品罪中的任何一种罪，被判处任何一种刑罚的情况。**"又犯本节规定之罪的"** 是指再犯本节规定的任何一种罪。**"从重处罚"** 是指在法定量刑幅度内处以较重的刑罚。与《刑法》第六十五条规定的一般累犯相比，毒品再犯没有对前后罪的时间间隔作出要求，这是为了从严惩治毒品犯罪和防止行为人再次实施毒品犯罪而作出的特别规定。

实际执行中应注意以下两个方面的问题：

1. 关于累犯和毒品再犯的认定和处罚。根据本条的规定，认定毒品再犯时，先犯的罪限定为走私、贩卖、运输、制造、非法持有毒品五种犯罪，而再犯的罪则取消了上述限制，只要再犯本节规定的任何一种罪，都应从重处罚。行为人再犯的罪名不一定与其被判过刑的罪名一样，但只要符合本条规定的犯罪种类，就应从重处罚。此外，根据毒品再犯与累犯的有关规定，行为人很有可能同时构成毒品再犯和累犯。根据《全国法院毒品案件审判工作会议纪要》的规定，累犯、毒品再犯是法定从重处罚情节，即使本次毒品犯罪情节较轻，也要体现从严惩处的精神。尤其对于曾因严重暴力犯罪被判刑的累犯、刑罚执行完毕后短期内又实施毒品犯罪的再犯，以及在缓刑、假释或者暂予监外执行期间又实施毒品犯罪的再犯，应当严格依法从重处罚。

2. 关于未成年人是否适用毒品再犯。2011年通过的《刑法修正案（八）》根据对犯罪未成年人从宽处罚的精神，取消了未成年人构成一般累犯的规定，但保留了未成年人可成立毒品再犯的规定。累犯和毒品再犯是两种性质不同的制度，法律后果也有所不同，累犯不得缓刑、假释，对判处死缓的累犯可以限制减刑，而毒品再犯并未规定上述法律后果。毒品再犯是针对毒品犯罪形势严峻，毒品犯罪屡禁不止的情况作出的从严惩处的特别规定，并没有排除未成年人毒品犯罪构成毒品再犯的情况。司法实践中，应当依法执行，未成年人成立毒品再犯的，需综合考虑未成年人的年龄等因素后，在刑法规定的幅度内予以处罚。

【司法解释性文件】

《最高人民法院关于贯彻宽严相济刑事政策的若干意见》（法发〔2010〕9号，2010年2月8日发布）

△（宽严相济刑事政策；从严惩处；累犯；毒品再犯）要依法从严惩处累犯和毒品再犯。凡是依法构成累犯和毒品再犯的，即使犯罪情节较轻，也要体现从严惩处的精神。尤其是对于前罪为暴力犯罪或被判处重刑的累犯，更要依法从严惩处。

《全国法院毒品案件审判工作会议纪要》（法〔2023〕108号，2023年6月26日发布）

△（累犯、毒品再犯）根据刑法规定，因走私、贩卖、运输、制造、非法持有毒品罪被判过刑的被告人，无论是在刑罚执行完毕或者赦免后，还是在缓刑、假释、暂予监外执行期间或者缓刑考验期满后，又犯刑法分则第六章第七节规定之罪的，均应认定为毒品再犯。对于上述在前罪缓刑、假释或者暂予监外执行期间又犯罪的被告人，应当对其所犯新的毒品犯罪依法从重处罚后，再与前罪依法并罚。

累犯、毒品再犯是法定从重处罚情节，即使本次毒品犯罪情节较轻，也要体现从严惩处的精神。尤其对于曾因严重暴力犯罪被判刑的累犯、刑罚执行完毕后短期内又实施毒品犯罪的再犯，以及在缓刑、假释或者暂予监外执行期间又实施毒品犯罪的再犯，应当严格依法从重处罚。

对于同时构成累犯和毒品再犯的被告人，在

裁判文书中应当同时引用刑法关于累犯和毒品再犯的条款。对于因同一毒品犯罪前科同时构成累犯和毒品再犯的,量刑时不得重复从重处罚。对于因不同犯罪前科分别构成累犯和毒品再犯的,从重处罚幅度一般应大于上述情形。对于因不同现行犯罪分别构成累犯和毒品再犯的,应当对其所犯各罪分别予以从重处罚。

【参考案例】

No.6-7-347-47 李靖贩卖、运输毒品案

因毒品犯罪被判处的刑罚尚未执行完毕又犯贩卖、运输毒品罪的,不应认定为毒品犯罪的再犯。

No.6-7-347-59 李光耀等贩卖、运输毒品案

毒品再犯是独立于累犯制度的特殊规定,不适用《刑法》第六十五条第一款的规定,前次犯罪未满十八周岁的未成年人再次犯毒品犯罪,可以成立毒品再犯。

No.6-7-347-72 姚某贩卖毒品案

未满十八周岁的未成年人因毒品犯罪被判处五年以下有期徒刑,犯罪记录根据 2012 年修正的《刑事诉讼法》第二百七十五条的规定予以封存的,成年后再犯毒品犯罪,不能认定为毒品再犯,从重处罚。

第三百五十七条 【毒品的定义及其数量计算】

本法所称的毒品,是指鸦片、海洛因、甲基苯丙胺(冰毒)、吗啡、大麻、可卡因以及国家规定管制的其他能够使人形成瘾癖的麻醉药品和精神药品。

毒品的数量以查证属实的走私、贩卖、运输、制造、非法持有毒品的数量计算,不以纯度折算。

【条文说明】

本条是关于本法中毒品定义和毒品数量不以纯度折算的规定。

本条共分为两款。

第一款是关于**毒品定义**的规定。本条关于毒品的定义与《禁毒法》第二条规定的毒品的定义是一致的,是指鸦片、海洛因、甲基苯丙胺(冰毒)、吗啡、大麻、可卡因以及国家规定管制的其他能够使人形成瘾癖的麻醉药品和精神药品。鸦片、海洛因、吗啡同属罂粟类毒品。罂粟是一种草本植物,结有蒴果,用刀子划破后,有白色的汁流出,这就是人们通常所说的生鸦片。生鸦片经过第一次处理后可生产出可吸收片。海洛因和吗啡是鸦片的精制品。吗啡是一种极易溶于水的粉末,是一种抑制呼吸的药物,剂量过大会使人呼吸停止以致死亡。海洛因是通过回流加热吗啡提取出来的半生物碱混合物,是一种既轻又细的粉末。用量过度,会引起昏迷、体温降低、心跳缓慢,并导致人呼吸困难而死亡。大麻又叫印度大麻,是一种无花瓣双子叶植物,是当今世界使用最多、范围最广的麻醉品。它的主要成分是四氢大麻酚。经常或者过量吸食大麻,会对人体的许多器官造成危害,破坏其功能。可卡因是从古柯属的小灌木树的叶(古柯叶)中提取出来的,又称古柯碱,是一种粉末状的白色晶体,具有强烈的麻醉作用。大剂量的可卡因会导致人的中枢神经的传感源受阻,严重的会造成极度疼挛和心力衰竭,从而导致死亡。甲基苯丙胺,又称去氧麻黄碱、去氧麻黄素,因其固体形状为结晶体,酷似冰糖,故又被俗称为"冰",甲基苯丙胺是一种精神药品,是苯丙胺类即安非他明类兴奋剂中药性非常强的一种兴奋剂。服用兴奋神经中枢的作用,会使吸食、注射者变得兴奋、易激动和焦躁不安,会出现暴力倾向。长期服用会严重损害健康,甚至造成死亡。

"**国家规定管制的其他能够使人形成瘾癖的麻醉药品和精神药品**"是指除前面列举的几种毒品外,其他国家规定管制的麻醉药品和精神药品。关于麻醉药品和精神药品的范围,根据《麻醉药品和精神药品管理条例》第三条的规定,麻醉药品和精神药品是指列入麻醉药品目录、精神药品目录的药品和其他物质,目录由国务院药品监督管理部门会同国务院公安部门、国务院卫生主管部门制定、调整并公布。这些麻醉药品、精神药品的种类、范围是由国务院或者国务院主管部门规定的,必须依照国家规定生产、经营、使用、储存、运输,并只限于医疗、科研、教学。"麻醉药品"是指连续使用后易产生依赖性、易形成瘾癖的药品,如鸦片、海洛因、吗啡、可卡因、杜冷丁等。"精神药品"是指直接作用于中枢神经系统,使之兴奋或抑制,连续使用能使人体产生依赖性的药品。如甲基苯丙胺(去氧麻黄碱)、安钠咖、安眠酮等。这两类物品具有双重性,使用得当,可以舒缓病痛、治疗疾病;使用不当或滥用,则会使人产生药物依赖性，损害身体健康。因此，国家通过颁布法规，对这类药品的生产、经营、使用、储存、运输以及原植物的种植，都作了严格的规定。违反有关规定，为非医疗、教学、科研目的而制造、运输、贩卖、走私、使用麻醉药品和精神药品时，这类物品属于毒品，反之则属于药品。

第二款是关于毒品数量以实际数量计算，不以提纯计算的规定。"**毒品的数量以查证属实的走私、贩卖、运输、制造、非法持有毒品的数量计算**"是指被查获的走私、贩卖、运输、制造、非法持有的毒品数量，以被查获的毒品的实际数量计算。"**不以纯度折算**"是指对查获的掺入非毒品成分的毒品不作提纯计算，以被查获的毒品的实际数量计算。这样规定体现了从严打击毒品犯罪的一贯宗旨。①

实际执行中应当注意以下两个方面的问题：

1. 关于麻醉药品和精神药品的范围。根据有关规定，2005年原国家食品药品监督管理局、公安部和原卫生部公布了《麻醉药品品种目录》《精神药品品种目录》，并进行过调整。在此之外，2015年，原国家食品药品监督管理总局、公安部和原国家卫生计生委、国家禁毒办共同印发了《非药用类麻醉药品和精神药品列管办法》及其附表《非药用类麻醉药品和精神药品管制品种增补目录》。2017年，公安部、原国家食品药品监督管理总局和原国家卫生计生委决定将卡芬太尼、呋喃芬太尼、丙烯酰芬太尼、戊酰芬太尼四种物质列入增补目录。2019年，公安部、国家卫生健康委、国家药监局决定将芬太尼物质列入增补目录。据此，芬太尼类物质被整列列管，纳入了刑法规定的毒品的范围，与芬太尼物质有关的行为可以适用毒品犯罪的有关规定追究刑事责任。

2. 关于能够使人形成瘾癖的精神药品的认定。实践中，对一些案件所涉及的精神药品，是否属于本条规定的"毒品"的范畴，存在不同的认识。如贩卖、走私、运输或非法持有大量的国家管制的精神药品，如安定注射液、盐酸二氢埃托啡、咪哒唑仑、艾司唑仑等。这些药品虽然属于国家规定管制的精神药品，但有些专家认为，经过临床试验，这类药品虽列入国家规定管制的精神药品的二类药品条目，但其对人体产生的依赖性程度，较之一类药品条目所列药品低得多，不宜对其按

照毒品予以处罚。对这一问题应当这样认识，根据《麻醉药品和精神药品管理条例》的规定，国家将"使人形成瘾癖的麻醉药品和精神药品"按照其使人形成依赖性的瘾癖程度划分为一类和二类。一类药品和二类药品，只是致人瘾癖的程度不同，都对人体有伤害，都会带来严重的社会危害，两类药品条目所列的麻醉药品和精神药品都属于本条规定的"毒品"的范畴。对于贩卖、走私、运输或非法持有大量的这类精神药品的行为，需要依法予以打击，但司法实践中，具体量刑时可以作为一个因素予以考虑。

【司法解释】

《最高人民检察院关于〈非药用类麻醉药品和精神药品管制品种增补目录〉能否作为认定毒品依据的批复》（高检发释字〔2019〕2号，2019年4月29日发布）

△（《非药用类麻醉药品和精神药品管制品种增补目录》；毒品）根据《中华人民共和国刑法》第三百五十七条和《中华人民共和国禁毒法》第二条的规定，毒品是指鸦片、海洛因、甲基苯丙胺（冰毒）、吗啡、大麻、可卡因以及国家规定管制的其他能够使人形成瘾癖的麻醉药品和精神药品。

2015年10月1日起施行的公安部、国家食品药品监督管理总局、国家卫生和计划生育委员会、国家禁毒委员会办公室《非药用类麻醉药品和精神药品列管办法》及其附表《非药用类麻醉药品和精神药品管制品种增补目录》，是根据国务院《麻醉药品和精神药品管理条例》第三条第二款授权制定的，《非药用类麻醉药品和精神药品管制品种增补目录》可以作为认定毒品的依据。

【司法解释性文件】

《公安部关于认定海洛因有关问题的批复》（公禁毒〔2002〕236号，2002年6月28日公布）

△（海洛因；单乙酰吗啡；单乙酰吗啡和单乙酰可待因）海洛因是以"二乙酰吗啡"或"盐酸二乙酰吗啡"为主要成分的化学合成的精制鸦片类毒品，"单乙酰吗啡"和"单乙酰可待因"是只有在化学合成海洛因过程中才会衍生的化学物质，属于同一种类的精制鸦片类毒品。海洛因在运输、贮存过程中，因湿度、光照等因素的影响，会出现

---

① 刑法之所以如此规定，主要理由在于：一方面，犯罪分子不是以毒品的含量作为单位交易的，且所有毒品均必须掺入添加剂方可吸食，如果强调对毒品纯度折算后再确定毒品的数量，就忽视了毒品犯罪的危害性和毒品犯罪分子的人身危险性；另一方面，司法机关缴获的毒品几乎全是已经转手，纯度较低。在这种情形下，再对毒品纯度进行折算，人为改变毒品数量，并以此为根据进行定罪量刑，有悖罪刑相适应原则。参见周光权：《刑法各论》（第4版），中国人民大学出版社2021年版，第507页。

"二乙酰吗啡"自然降解为"单乙酰吗啡"的现象,即"二乙酰吗啡"含量呈下降趋势,"单乙酰吗啡"含量呈上升趋势,甚至出现只检出"单乙酰吗啡"成分而未检出"二乙酰吗啡"成分的检验结果。因此,不论是否检出"二乙酰吗啡"成分,只要检出"单乙酰吗啡"或"单乙酰吗啡和单乙酰可待因"的,根据化验部门出具的检验报告,均应当认定送检样品为海洛因。

△(海洛因;单乙酰吗啡)根据海洛因的毒理作用,海洛因进入吸毒者的体内代谢后,很快由"二乙酰吗啡"转化为"单乙酰吗啡",然后再代谢为吗啡。在海洛因滥用者或中毒者的尿液或其他检材检验中,只能检出少量"单乙酰吗啡"及吗啡成分,无法检出"二乙酰吗啡"成分。因此,在尿液及其他检材中,只要检验出"单乙酰吗啡",即证明涉嫌人员服用了海洛因。

《最高人民法院、最高人民检察院、公安部关于规范毒品名称表述若干问题的意见》(法〔2014〕224号,2014年8月20日公布)

△(毒品名称之规范表述)为进一步规范毒品犯罪案件办理工作,现对毒品犯罪案件起诉意见书、起诉书、刑事判决书、刑事裁定书中的毒品名称表述问题提出如下规范意见。

一、规范毒品名称表述的基本原则

(一)毒品名称表述应当以毒品的化学名称为依据,并与刑法、司法解释及相关规范性文件中的毒品名称保持一致。刑法、司法解释等没有规定的,可以参照《麻醉药品品种目录》《精神药品品种目录》中的毒品名称进行表述。

(二)对于含有二种以上毒品成分的混合型毒品,应当根据其主要毒品成分和具体形态认定毒品种类、确定名称。混合型毒品中含有海洛因、甲基苯丙胺的,一般应当以海洛因、甲基苯丙胺确定其毒品种类;不含海洛因、甲基苯丙胺,或者海洛因、甲基苯丙胺的含量极低的,可以根据其中定罪量刑数量标准较低且所占比例较大的毒品成分确定其毒品种类。混合型毒品成分复杂的,可以用括号注明其中所含的一至二种其他毒品成分。

(三)为体现与犯罪嫌疑人、被告人供述的对应性,对于犯罪嫌疑人、被告人供述的毒品常见俗称,可以在文书中第一次表述该类毒品时用括号注明。

二、几类毒品的名称表述

(一)含甲基苯丙胺成分的毒品

1. 对于含甲基苯丙胺成分的晶体状毒品,应当统一表述为甲基苯丙胺(冰毒),在下文中再次出现时可以直接表述为甲基苯丙胺。

2. 对于以甲基苯丙胺为主要毒品成分的片剂状毒品,应当统一表述为甲基苯丙胺片剂。如果犯罪嫌疑人、被告人供述为"麻古""麻果"或者其他俗称的,可以在文书中第一次表述该类毒品时用括号注明,如表述为甲基苯丙胺片剂(俗称"麻古")等。

3. 对于含甲基苯丙胺成分的液体、固液混合物、粉末等,应当根据其毒品成分和具体形态进行表述,如表述为含甲基苯丙胺成分的液体、含甲基苯丙胺成分的粉末等。

(二)含氯胺酮成分的毒品

1. 对于含氯胺酮成分的粉末状毒品,应当统一表述为氯胺酮。如果犯罪嫌疑人、被告人供述为"K粉"等俗称的,可以在文书中第一次表述该类毒品时用括号注明,如表述为氯胺酮(俗称"K粉")等。

2. 对于以氯胺酮为主要毒品成分的片剂状毒品,应当统一表述为氯胺酮片剂。

3. 对于含氯胺酮成分的液体、固液混合物等,应当根据其毒品成分和具体形态进行表述,如表述为含氯胺酮成分的液体、含氯胺酮成分的固液混合物等。

(三)含MDMA等成分的毒品

对于以MDMA、MDA、MDEA等致幻性苯丙胺类兴奋剂为主要毒品成分的丸状、片剂状毒品,应当根据其主要毒品成分的中文化学名称和具体形态进行表述,并在文书中第一次表述该类毒品时用括号注明下文中使用的英文缩写名称,如表述为3,4-亚甲二氧基甲基苯丙胺片剂(以下简称MDMA片剂)、3,4-亚甲二氧基苯丙胺片剂(以下简称MDA片剂)、3,4-亚甲二氧基乙基苯丙胺片剂(以下简称MDEA片剂)等。如果犯罪嫌疑人、被告人供述为"摇头丸"等俗称的,可以在文书中第一次表述该类毒品时用括号注明,如表述为3,4-亚甲二氧基甲基苯丙胺片剂(以下简称MDMA片剂,俗称"摇头丸")等。

(四)"神仙水"类毒品

对于俗称"神仙水"的液体状毒品,应当根据其主要毒品成分和具体形态进行表述。毒品成分复杂的,可以用括号注明其中所含的一至二种其他毒品成分,如表述为含氯胺酮(咖啡因、地西泮等)成分的液体等。如果犯罪嫌疑人、被告人供述为"神仙水"等俗称的,可以在文书中第一次表述该类毒品时用括号注明,如表述为含氯胺酮(咖啡因、地西泮等)成分的液体(俗称"神仙水")等。

(五)大麻类毒品

对于含四氢大麻酚、大麻二酚、大麻酚等天然大麻素类成分的毒品,应当根据其外形特征分别表述为大麻叶、大麻脂、大麻油或者大麻烟等。

第八节 组织、强迫、引诱、容留、介绍卖淫罪

第三百五十八条 【组织卖淫罪】【强迫卖淫罪】【协助组织卖淫罪】
组织、强迫他人卖淫的,处五年以上十年以下有期徒刑,并处罚金;情节严重的,处十年以上有期徒刑或者无期徒刑,并处罚金或者没收财产。
组织、强迫未成年人卖淫的,依照前款的规定从重处罚。
犯前两款罪,并有杀害、伤害、强奸、绑架等犯罪行为的,依照数罪并罚的规定处罚。
为组织卖淫的人招募、运送人员或者有其他协助组织他人卖淫行为的,处五年以下有期徒刑,并处罚金;情节严重的,处五年以上十年以下有期徒刑,并处罚金。

【立法沿革】

《中华人民共和国刑法》(1997年修订,自1997年10月1日起施行)
第三百五十八条
组织他人卖淫或者强迫他人卖淫的,处五年以上十年以下有期徒刑,并处罚金;有下列情形之一的,处十年以上有期徒刑或者无期徒刑,并处罚金或者没收财产:
(一)组织他人卖淫,情节严重的;
(二)强迫不满十四周岁的幼女卖淫的;
(三)强迫多人卖淫或者多次强迫他人卖淫的;
(四)强奸后迫使卖淫的;
(五)造成被强迫卖淫的人重伤、死亡或者其他严重后果的。
有前款所列情形之一,情节特别严重的,处无期徒刑或者死刑,并处没收财产。
协助组织他人卖淫的,处五年以下有期徒刑,并处罚金;情节严重的,处五年以上十年以下有期徒刑,并处罚金。

《中华人民共和国刑法修正案(八)》(自2011年5月1日起施行)
四十八、将刑法第三百五十八条第三款修改为:
"为组织卖淫的人招募、运送人员或者有其他协助组织他人卖淫行为的,处五年以下有期徒刑,并处罚金;情节严重的,处五年以上十年以下有期徒刑,并处罚金。"

《中华人民共和国刑法修正案(九)》(自2015年11月1日起施行)
四十二、将刑法第三百五十八条修改为:
"组织、强迫他人卖淫的,处五年以上十年以下有期徒刑,并处罚金;情节严重的,处十年以上有期徒刑或者无期徒刑,并处罚金或者没收财产。
"组织、强迫未成年人卖淫的,依照前款的规定从重处罚。
"犯前两款罪,并有杀害、伤害、强奸、绑架等犯罪行为的,依照数罪并罚的规定处罚。
"为组织卖淫的人招募、运送人员或者有其他协助组织他人卖淫行为的,处五年以下有期徒刑,并处罚金;情节严重的,处五年以上十年以下有期徒刑,并处罚金。"

【条文说明】

本条是关于组织卖淫罪、强迫卖淫罪和协助组织卖淫罪及其处罚的规定。
本条共分为四款。
第一款是关于组织、强迫他人卖淫的犯罪及其处罚的规定。"**组织他人卖淫**",主要是指通过纠集、控制一些卖淫的人员进行卖淫,或者以雇佣、招募、容留等手段,组织、诱骗他人卖淫,从中牟利的行为。组织他人卖淫的犯罪分子,实际上类似于旧社会开妓院的老鸨。组织他人卖淫罪,主要具有以下几个特征:第一,**本罪的犯罪主体必须是卖淫活动的组织者**,也就是那些开设卖淫场所的老鸨或者以其他方式组织他人卖淫的人,可以是几个人,也可以是一个人,关键要看其在卖淫活动中是否是组织者的作用。这里所说的组织者,有的是犯罪集团的首要分子,有的是临时纠合在一起进行组织卖淫活动的不法分子,有的是纠集、控制几个卖淫人员从事卖淫活动的个人。第二,**行为人必须实施了组织卖淫的行为**,至于其本人是否参与卖淫、嫖娼,并不影响本罪的构成。这里所说的"组织",通常表现为以

下两种形式①：一是行为人设置卖淫场所，或者以发廊、旅店、饭店、按摩房、出租屋等为名设置变相卖淫场所，招募一些卖淫人员在此进行卖淫活动。二是行为人自己没有开设固定的场所，但组织、操纵他所控制的卖淫人员有组织地进行卖淫活动。例如，一些按摩院、发廊、酒店的老板，公然唆使服务员同顾客到店外进行卖淫、嫖娼活动，从中收取钱财；或者以提供服务为名，向顾客提供各种名义的陪伴女郎，实际上是提供卖淫妇女进行卖淫活动。犯罪分子也会利用新技术的发展组织卖淫活动，当前通过手机短信、网络、微信等新手段组织卖淫也成为组织卖淫的一种新的犯罪形式。无论是以上哪种形式，行为人均构成组织他人卖淫罪。第三，**组织他人卖淫罪是故意犯罪**，行为人组织他人卖淫的行为必须是出于故意。② 第四，**组织的对象必须是多人**，而不是一个人，如果是一个人则不能构成组织他人卖淫罪。本条中所规定的"他人"，既包括妇女，也包括男性。

根据2017年《最高人民法院、最高人民检察院关于办理组织、强迫、引诱、容留、介绍卖淫刑事案件适用法律若干问题的解释》第一条的规定，以招募、雇佣、纠集等手段，管理或者控制他人卖淫，卖淫人数在三人以上的，应当认定为《刑法》第三百五十八条规定的**组织他人卖淫**，组织者是否设置固定的卖淫场所、组织卖淫者人数多少、规模大小，不影响组织卖淫行为的认定。第二条规定，组织他人卖淫，具有下列情形之一的，应当认定为《刑法》第三百五十八条第一款规定的"**情节严重**"：(1)卖淫人员累计达十人以上的；(2)卖淫人员中未成年人、孕妇、智障人员、患有严重性病的人累计达五人以上的；(3)组织境外人员在境内卖淫或者组织境内人员出境卖淫的；(4)非法获利人民币一百万元以上的；(5)造成被强迫卖淫的人自残、自杀或者其他严重后果的；(6)其他情节严重的情形。第三条规定，在组织卖淫犯罪活动中，对被组织卖淫的人有引诱、容留、介绍卖淫行为的，依照处罚较重的规定定罪处罚。但是，对被组织卖淫的人以外的其他人有引诱、容留、介绍卖淫行为的，应当分别定罪，实行数罪并罚。

"**强迫他人卖淫**"，主要是指行为人采取暴力、威胁或者其他手段，违背他人意志，迫使他人卖淫的行为。③ 这里所说的"**强迫**"，既包括直接使用暴力手段或者以暴力相威胁，也包括使用其他非暴力的逼迫手段，如以揭发他人隐私或者以可能使他人的某种利害关系遭受损失相威胁，或者通过使用某种手段和方法，形成精神上的强制，使他人违背自己的意愿从事卖淫活动。无论行为人采取哪一种强迫手段，都构成强迫他人卖淫罪。这里所规定的"**他人**"，既包括妇女，也包括男性。强迫的对象，既可以是没有卖淫习性的人，也可以是由于某种原因不愿继续卖淫的有卖淫恶习的人。根据本款规定，组织、强迫他人卖淫的，处五年以上十年以下有期徒刑，并处罚金；情节严重的，处十年以上有期徒刑或者无期徒刑，并处罚金或者没收财产。

《最高人民法院、最高人民检察院关于办理组织、强迫、引诱、容留、介绍卖淫刑事案件适用法律若干问题的解释》第六条规定："强迫他人卖淫，具有下列情形之一的，应当认定为刑法第三百五十八条第一款规定的'**情节严重**'：(一)卖淫人员累计达五人以上的；(二)卖淫人员中未成年人、孕妇、智障人员、患有严重性病的人累计达五人以上的；(三)强迫不满十四周岁的幼女卖淫的；(四)造成被强迫卖淫的人自残、自杀或者其他严重后果的；(五)其他情节严重的情形。行为人既有组织卖淫犯罪行为，又有强迫卖淫犯罪行为，且具有下列情形之一的，以组织、**强迫卖淫'情节严重**'处：(一)组织卖淫、强迫卖淫行为中具有本解释第二条、本条前款规定的'情节严重'情形之一的；(二)卖淫人员累计达到本解释第二条第一、二项规定的组织卖淫'情节严重'人数标准的；(三)非法获利数额相加达到本解释第二条第四项规定的组织卖淫'情节严重'数额标准的。"

---

① 我国学者将本罪的"组织行为"定义为：以招募、雇佣、强迫、引诱、容留等手段，控制多人从事卖淫活动。参见黎宏：《刑法学各论》（第2版），法律出版社2016年版，第478页；周光权：《刑法论》（第4版），中国人民大学出版社2021年版，第521页；张明楷：《刑法学》（第6版），法律出版社2021年版，第1527页；王作富主编：《刑法分则实务研究（下）》（第5版），中国方正出版社2013年版，第1483—1484页。
② 虽然卖淫以营利为目的，但组织卖淫者通常也以营利为目的，但刑法并未规定本罪必须以营利为目的。参见高铭暄、马克昌主编：《刑法学》（第7版），北京大学出版社、高等教育出版社2016年版，第600页；张明楷：《刑法学》（第6版），法律出版社2021年版，第1528页；赵秉志、李希慧主编：《刑法各论》（第3版），中国人民大学出版社2016年版，第358页；王作富主编：《刑法分则实务研究（下）》（第5版），中国方正出版社2013年版，第1485—1486页。
③ 我国学者指出，本罪为行为犯，只要行为人出于迫使被害人卖淫的目的而对被害人实施了暴力、胁迫或者其他威胁手段，即告本罪之既遂。本罪并不要求被害人答应卖淫或者实际从事了卖淫活动。参见黎宏：《刑法学各论》（第2版），法律出版社2016年版，第479页；王作富主编：《刑法分则实务研究（下）》（第5版），中国方正出版社2013年版，第1482页。

第二款是关于组织、强迫未成年人卖淫从重处罚的规定。"**未成年人**",是指不满十八周岁的人。未成年人正处在成长发育时期,强迫其从事卖淫活动,对其生理发育和身心健康无疑是极大的摧残,而且未成年人也缺少必要的自我保护意识和自我控制能力,特别容易受到侵害。因此,法律上必须给予特殊保护。根据本款规定,**组织、强迫未成年人卖淫的,从重处罚**。

第三款是关于犯组织卖淫罪、强迫卖淫罪又有其他相关犯罪行为应当如何处罚的规定。根据本款规定,犯前两款罪,**并有杀害、伤害、强奸、绑架等犯罪行为的,依照数罪并罚的规定处罚**。也就是说,如果组织、强迫他人卖淫的犯罪分子,同时又对被组织、强迫卖淫的人员实施了杀害、伤害、强奸、绑架等犯罪行为,应当分别按照组织卖淫罪、强迫卖淫罪、故意杀人罪、故意伤害罪、强奸罪、绑架罪等分别定罪判刑,然后再依照《刑法》总则第六十九条的规定实行数罪并罚。虽然组织卖淫罪和强迫卖淫罪的死刑取消了,但由于故意杀人罪、故意伤害罪、强奸罪、绑架罪等都规定了死刑,组织卖淫罪、强迫卖淫罪的过程中有上述行为的,符合法定情形的,**依法仍然能被判处死刑**。

第四款是关于协助组织他人卖淫的犯罪及其处罚的规定。"**协助组织他人卖淫**",是指组织卖淫的人招募、运送人员或者有其他协助行为的。①这里所规定的"**招募**",是指协助组织卖淫者招雇、招聘、募集人员;"**运送**",是指为组织卖淫者通过提供交通工具接送、输送所招募的人员的行为。为组织卖淫者招募、运送人员,在有的情况下,招募、运送者可能只拿到几百元、上千元的所谓"人头费""介绍费",但正是这些招募、运送行为,为卖淫场所输送了大量的卖淫人员,使这种非法活动得以发展延续。"**其他协助组织他人卖淫行为**",是指在组织他人卖淫的活动中,起协助、帮助作用的其他行为,如为"老鸨"充当保镖、打手,为组织卖淫活动看门望哨或者管帐等。协助组织他人卖淫和活动,也是组织他人卖淫活动的一个环节,但其行为的性质,所起的作用与组织卖淫者具有很大的不同。本款对为组织卖淫的人招募、运送人员或者有其他协助组织他人卖淫行为的犯罪行为单独规定了刑罚,在定罪时,这种犯罪应作为一个独立的罪名予以认定。根据这一款的规定,协助组织他人卖淫的,即处五年以下有期徒刑,并处罚金;情节严重的,处五年以上十年以下有期徒刑,并处罚金。

《最高人民法院、最高人民检察院关于办理组织、强迫、引诱、容留、介绍卖淫刑事案件适用法律若干问题的解释》进一步明确,明知他人实施组织卖淫犯罪活动而为其招募、运送人员或者充当保镖、打手、管帐人等,依照《刑法》第三百五十八条第四款的规定,**以协助组织卖淫罪定罪处罚**,不数罪并罚。但无上述协助组织卖淫行为的,**不认定为协助组织卖淫罪**。②协助组织他人卖淫,具有下列情形之一的,应认定为《刑法》第三百五十八条第四款规定的"**情节严重**":(1)招募、运送卖淫人员累计达十人以上的;(2)招募、运送的卖淫人员中未成年人、孕妇、智障人员、患有严重性病的人累计达五人以上的;(3)协助组织境外人员在境内卖淫或者协助组织境内人员出境卖淫的;(4)非法获利人民币五十万元以上的;(5)造成被招募、运送或者被组织卖淫的人自残、自杀或者其他严重后果的;(6)其他情节严重的情形。

实际执行中应当注意以下几个方面的问题:

1. **关于卖淫的含义和范围问题**。卖淫违法犯罪是一种有伤风化、违背社会主义道德、危害社会的正常价值观念存在强烈的冲突。随着时代和社会观念的变化,人们对卖淫的具体含义和范围也会产生一定的变化,卖淫行为的形式越来越多样。实践中,传统的卖淫行

---

① 协助组织行为的目的是,避免他人干涉、抗拒他人检查、防止嫖客闹事,以最终维护卖淫组织利益。不是在组织卖淫过程中,而是在强迫他人卖淫时充当打手,不能认定为协助组织卖淫罪,而应认定为强迫卖淫罪的共犯。参见周光权:《刑法各论》(第4版),中国人民大学出版社2021年版,第522页。

② 我国学者指出,协助行为本质上是组织卖淫罪的一种帮助行为。但由于刑法已将此种"帮助"行为作为独立的犯罪加以规定,因而其不再是一般共同犯罪中的帮助行为,而成为一个独立的罪名。参见高铭暄、马克昌主编:《刑法学》(第7版),北京大学出版社、高等教育出版社2021年版,第602页;赵秉志、李希慧主编:《刑法各论》(第3版),中国人民大学出版社2016年版,第359页;阮齐林:《中国刑法各罪论》,中国政法大学出版社2016年版,第453页;王作富主编:《刑法》(第6版),中国人民大学出版社2016年版,第498页;黎宏:《刑法学各论》(第2版),法律出版社2016年版,第480页。也有学者指出,本罪是否属于帮助犯的正犯化,似乎不可一概而论,需要独立判断招募、运送等行为是否值得科处刑罚。为他人卖淫场所实施的招募、运送人员的行为是否成立协助组织卖淫罪,一方面取决于正犯是否实施了组织卖淫的行为;另一方面在正犯没有实施组织卖淫行为时,取决于协助行为本身是否严重侵害了社会管理秩序。参见张明楷:《刑法学》(第6版),法律出版社2021年版,第1530—1531页。

为是指女性为男性提供性交服务并收取财物的行为。但是随着社会的发展变迁，男性也存在为了获取物质利益而与不特定的女性发生性关系的现象。甚至出现一些向同性卖淫的情况。除了传统性交行为外，卖淫也可能采取其他形式。卖淫的本质是用钱买性，对于卖淫行为的认定，应当结合大众的普遍理解以及公民的犯罪心理预期进行认定，并遵循罪刑法定原则。至于性行为采取什么方式，不影响对卖淫的认定。

2. 关于强迫卖淫罪与强奸罪的区分。组织卖淫犯罪行为中，有的卖淫人员是自愿的，但强迫卖淫行为一定违背了他人的真实意愿。实践中，要注意区分强迫卖淫罪与强奸罪。

强迫卖淫行为应当是强迫被害人向他人卖淫，目的一般是为了营利、报复、泄愤等，采取暴力、威胁或者其他手段是为了扫除他人卖淫的意志障碍，对其进行精神强制，使其屈服，使不愿卖淫的人不得不"同意"卖淫，不敢不卖淫，被害人的意志是不自主的。强奸罪是以暴力、胁迫或者其他手段强奸妇女的行为，行为目的是满足自己的性欲望，被害妇女的性行为客观上明显表现为不愿意。暴力、胁迫等行为的目的是直接针对妇女的反抗，为强行发生性行为扫清障碍。

实践中，行为人若明知第三人有强奸被害人的意愿，仍为其提供协助，强迫被害人向第三人卖淫，应当对行为人和第三人以强奸罪的共同犯罪追究刑事责任。

3. 关于对卖淫嫖娼人员的处理。刑法对一般的卖淫嫖娼人员，没有规定处罚。但对于这部分人员，根据《治安管理处罚法》第六十六条的规定，处十日以上十五日以下拘留，可以并处五千元以下罚款；情节较轻的，处五日以下拘留或者五百元以下罚款。值得一提的是，之前，根据《全国人民代表大会常务委员会关于严禁卖淫嫖娼的决定》第四条的规定，对卖淫、嫖娼的，可以由公安机关会同有关部门强制集中进行法律、道德教育和生产劳动，使之改掉恶习。《卖淫嫖娼人员收容教育办法》规定，对卖淫、嫖娼人员，可以由公安机关决定收容教育。这一办法将决定规定的强制集中教育和生产劳动作为收容教育的一部分。但根据2019年《全国人民代表大会常务委员会关于废止有关收容教育法律规定和制度的决定》的规定，《全国人民代表大会常务委员会关于严禁卖淫嫖娼的决定》第四条第二款、第四款的规定以及据此实行的收容教育制度于2019年12月29日被废止。废止收容教育制度后，收容教育不再实施，但卖淫、嫖娼行为仍然是治安管理处罚法明确规定的违法行为，应当依法给予**治安处罚**。

【司法解释】

《最高人民法院关于审理拐卖妇女儿童犯罪案件具体应用法律若干问题的解释》（法释〔2016〕28号，自2017年1月1日起施行）

△(**数罪并罚；收买被拐卖的妇女、儿童罪**)收买被拐卖的妇女、儿童后又组织、强迫卖淫或者组织乞讨、进行违反治安管理活动等构成其他犯罪的，依照数罪并罚的规定处罚。(§6)

《最高人民法院、最高人民检察院关于办理组织、强迫、引诱、容留、介绍卖淫刑事案件适用法律若干问题的解释》（法释〔2017〕13号，自2017年7月25日起施行）

△(**组织他人卖淫**)以招募、雇佣、纠集等手段，管理或者控制他人卖淫的，卖淫人员在三人以上的，应当认定为刑法第三百五十八条规定的"组织他人卖淫"。

组织卖淫者是否设置固定的卖淫场所、组织卖淫者人数多少、规模大小，不影响组织卖淫行为的认定。(§1)

△(**组织他人卖淫；情节严重**)组织他人卖淫，具有下列情形之一的，应当认定为刑法第三百五十八条第一款规定的"情节严重"：

（一）卖淫人员累计达十人以上的；

（二）卖淫人员中未成年人、孕妇、智障人员、患有严重性病的人累计达五人以上的；

（三）组织境外人员在境内卖淫或者组织境内人员出境卖淫的；

（四）非法获利人民币一百万元以上的；

（五）造成被组织卖淫的人自残、自杀或者其他严重后果的；

（六）其他情节严重的情形。(§2)

△(**引诱、容留、介绍卖淫行为；从一重罪处罚；数罪并罚**)在组织卖淫犯罪活动中，对被组织卖淫的人有引诱、容留、介绍卖淫行为的，依照处罚较重的规定定罪处罚。但是，对被组织卖淫的人以外的其他人有引诱、容留、介绍卖淫行为的，应当分别定罪，实行数罪并罚。(§3)

△(**协助组织卖淫罪；从事一般服务性、劳务性工作**)明知他人实施组织卖淫犯罪活动而为其招募、运送人员或者充当保镖、打手、管账人等的，依照刑法第三百五十八条第四款的规定，以协助组织卖淫罪定罪处罚，不以组织卖淫罪的从犯论处。

在具有营业执照的会所、洗浴中心等经营场所担任保洁员、收银员、保安员等，从事一般服务性、劳务性工作，仅领取正常薪酬，且无前款所列协助组织卖淫行为的，不认定为协助组织卖淫罪。(§4)

△(协助组织卖淫;情节严重)协助组织他人卖淫,具有下列情形之一的,应当认定为刑法第三百五十八条第四款规定的"情节严重":
(一)招募、运送卖淫人员累计达十人以上的;
(二)招募、运送的卖淫人员中未成年人、孕妇、智障人员、患有严重性病的人累计达五人以上的;
(三)协助组织境外人员在境内卖淫或者协助组织境内人员出境卖淫的;
(四)非法获利人民币五十万元以上的;
(五)造成被招募、运送或者被组织卖淫的人自残、自杀或者其他严重后果的;
(六)其他情节严重的情形。(§5)

△(强迫卖淫;情节严重)强迫他人卖淫,具有下列情形之一的,应当认定为刑法第三百五十八条第一款规定的"情节严重":
(一)卖淫人员累计达五人以上的;
(二)卖淫人员中未成年人、孕妇、智障人员、患有严重性病的人累计达三人以上的;
(三)强迫不满十四周岁的幼女卖淫的;
(四)造成被强迫卖淫的人自残、自杀或者其他严重后果的;
(五)其他情节严重的情形。

行为人既有组织卖淫犯罪行为,又有强迫卖淫犯罪行为,且具有下列情形之一的,以组织、强迫卖淫"情节严重"论处:
(一)组织卖淫、强迫卖淫行为中具有本解释第二条、本条前款规定的"情节严重"情形之一的;
(二)卖淫人员累计达到本解释第二条第一、二项规定的组织卖淫"情节严重"人数标准的;
(三)非法获利数额相加达到本解释第二条第四项规定的组织卖淫"情节严重"数额标准的。(§6)

△(数罪并罚;共同犯罪;未成年人;从重处罚)根据刑法第三百五十八条第三款的规定,犯组织、强迫卖淫罪,并有杀害、伤害、强奸、绑架等犯罪行为的,依照数罪并罚的规定处罚。协助组织卖淫罪行为人参与实施上述行为的,以共同犯罪论处。

根据刑法第三百五十八条第二款的规定,组织、强迫未成年人卖淫的,应当从重处罚。(§7)

△(组织、强迫他人卖淫的次数;酌定量刑情节)组织、强迫、引诱、容留、介绍他人卖淫的次数,作为酌定情节在量刑时考虑。(§10)

△(罚金;没收财产)犯组织、强迫、引诱、容留、介绍卖淫罪的,应依法判处犯罪所得二倍以上的罚金。共同犯罪的,对各共同犯罪人合计判处的罚金应当在犯罪所得的二倍以上。

对犯组织、强迫卖淫罪被判处无期徒刑的,应当并处没收财产。(§13)

【司法解释性文件】

《公安部关于以钱财为媒介尚未发生性行为或发生性行为尚未给付钱财如何定性问题的批复》(公复字[2003]5号,2003年9月24日公布)

△(卖淫嫖娼;尚未给付金钱、财物;从轻处罚)卖淫嫖娼是指不特定的异性之间或同性之间以金钱、财物为媒介发生性关系的行为。行为主体之间主观上已经就卖淫嫖娼达成一致,已经谈好价格或者已经给付金钱、财物,并且已经着手实施,但由于其本人主观意志以外的原因,尚未发生性关系;或者已经发生性关系,但尚未给付金钱、财物的,都可以按卖淫嫖娼行为依法处理。对前一种行为,应当从轻处罚。

《最高人民检察院、公安部关于公安机关管辖的刑事案件立案追诉标准的规定(一)》(公通字[2008]36号,2008年6月25日公布)

△(组织卖淫罪;立案追诉标准)以招募、雇佣、强迫、引诱、容留等手段,组织他人卖淫的,应予立案追诉。(§75)

△(强迫卖淫罪;立案追诉标准)以暴力、胁迫等手段强迫他人卖淫的,应予立案追诉。(§76)

《最高人民检察院、公安部关于公安机关管辖的刑事案件立案追诉标准的规定(一)的补充规定》(公通字[2017]12号,2017年4月27日公布)

△(协助组织卖淫罪;立案追诉标准)在组织卖淫的犯罪活动中,帮助招募、运送、培训人员三人以上,或者充当保镖、打手、管账人等,起帮助作用的,应予立案追诉。(§12)

【指导性案例】

最高人民检察院指导性案例第212号:茅某组织卖淫不起诉复议复核案(2024年4月23日发布)

△(组织卖淫;容留卖淫;实质审查;上级复核纠正;不起诉复议复核)涉案场所内既有正规消费项目,又存在卖淫活动时,场所经营者辩称不知场所内有卖淫活动的,应全面审查在案证据,运用逻辑规则、经验法则分析判断其是否具有主观明知。场所经营者明知他人租赁其场所后以招募、雇佣等手段管理或者控制他人卖淫,仍为其提供场所,并管理、约定嫖资分配比例,管理卖淫场所和人员的,应当认定为组织卖淫罪。人民检察院办理不起诉复核案件,经审查认为下级人民检察院作出

的不起诉决定确有错误的，应当依法指令下级人民检察院纠正，或者撤销、变更下级人民检察院作出的不起诉决定。

【参考案例】

No.6-8-358(1)(2)-1-1 李宁组织卖淫案

组织男性从事同性性交易活动的，应以组织卖淫罪论处。

No.6-8-358(1)(2)-1-2 高洪霞、郑海本等组织卖淫、协助组织卖淫案

采用招募、纠集等手段，控制多人卖淫的，应以组织卖淫罪论处。

No.6-8-358(1)(2)-1-3 王志明组织卖淫案

以营利为目的，采用招募、容留等方法，控制他人从事同性卖淫活动的，应以组织卖淫罪论处。

No.6-8-358(1)(2)-1-4 王剑平等组织卖淫、耿劲松等协助组织卖淫案

对于组织卖淫罪中的情节严重和情节特别严重，应当综合考虑行为人组织卖淫的手段、后果，在共同犯罪中的地位、作用，有无强迫、强奸行为，有无对被组织卖淫者造成严重后果等情节，同时结合组织卖淫的规模、人次对行为人作出罪责刑相适应的认定。

No.6-8-358(1)(2)-1-5 胡宗友、李仲达组织卖淫案

卖淫女在实施卖淫违法行为时因嫖资纠纷被嫖客杀害的，应认定为组织卖淫罪中的"情节严重"。

No.6-8-358(1)(2)-1-6 丁宝骏、何红等组织卖淫案

组织卖淫或者协助组织卖淫犯罪中，采取非法限制卖淫人员人身自由等强迫行为的，应认定为组织卖淫罪或者协助组织卖淫罪，其中限制人身自由等手段可作为量刑情节考虑。

No.6-8-358(1)(2)-1-7 蔡轶等组织卖淫、协助组织卖淫案

在组织卖淫活动中，直接安排、调度卖淫活动的行为，应当以组织卖淫罪定罪处罚。

No.6-8-358(1)(2)-1-8 蔡轶等组织卖淫、协助组织卖淫案

行为人对卖淫活动形成了有效的管理与控制的，应当以组织卖淫罪论处。

No.6-8-358(1)(2)-1-9 郑小明等组织卖淫、协助组织卖淫案

行为人对卖淫人员加以安排调度，与卖淫人员形成管理与被管理的关系，成立组织卖淫罪。

No.6-8-358(1)(2)-1-10 张桂方、冯晓明组织卖淫案

区分组织卖淫罪和引诱、容留、介绍卖淫罪的关键是行为人是否对卖淫者具有管理、控制等组织行为。如果行为人只是实施了容留、介绍甚至引诱卖淫的行为，没有对卖淫活动进行组织的，就不能以组织卖淫罪处罚。

No.6-8-358(1)(2)-1-11 于维、彭玉蓉组织卖淫案

组织卖淫中有引诱、介绍卖淫行为的，根据包容竞合理论，重罪包容轻罪，以组织卖淫罪定罪。

No.6-8-358(1)(2)-1-12 周兰英组织卖淫案

组织卖淫与容留卖淫的最大区别在于行为人对卖淫人员是否实施了管理、控制行为，若行为人对卖淫人员的卖淫活动进行管理和控制，卖淫人员在三人以上，则构成组织卖淫罪。

No.6-8-358(1)(2)-1-13 张海峰组织卖淫、李志强协助组织卖淫、饶有才容留卖淫案

奸淫幼女后，将幼女送至组织卖淫行为人处进行卖淫活动的，应当以强奸罪和协助组织卖淫罪数罪并罚。对协助组织未成年人卖淫的，可以酌情从重处罚。

No.6-8-358(1)(2)-1-14 张海峰组织卖淫、李志强协助组织卖淫、饶有才容留卖淫案

将自己承包的营业场所提供给他人卖淫的行为，因没有管理或者控制卖淫活动且卖淫人员不到三人的，应当以容留卖淫罪定罪处罚。

No.6-8-358(1)(2)-1-15 王辉、文兴洲等组织卖淫、协助组织卖淫案

在卖淫团伙中，在组织卖淫活动中发挥核心作用、具有核心地位以及处于或接近该团伙核心层的行为人，可以认定为组织卖淫者；属于隶属核心人物又不接近核心层的行为人，应当被认定为协助组织卖淫者。

No.6-8-358(1)(2)-1-16 席登松等组织卖淫、刘斌斌等协助组织卖淫案

投资者只要明知实际经营者、管理控制者所进行的是组织卖淫活动，即使没有实际直接参与经营，没有直接对卖淫活动进行管理控制，其投资行为也应认定为组织卖淫行为。

No.6-8-358(1)(2)-1-17 席登松等组织卖淫、刘斌斌等协助组织卖淫案

投资者构成组织卖淫罪的，应当根据其出资比例以及参与经营程度认定主从犯。

No.6-8-358(1)(2)-1-18 方斌等组织卖淫案

主要投资人在整个组织卖淫共同犯罪过程中起到了组织、策划、指挥等主要作用，具有绝对的支配权和领导地位,其他参与组织卖淫犯罪的人员都受其指挥、服从其领导。应该对组织卖淫活动承担全部责任。

No.6-8-358(1)(2)-1-19 方斌等组织卖淫案

区分组织卖淫罪和协助组织卖淫罪的关键在于是否实施了管理、控制卖淫活动的组织行为。

No.6-8-358(1)(2)-1-20 杨恩星等组织卖淫案

协助组织卖淫罪与组织卖淫罪的从犯的本质区别在于行为不同,而非作用大小。

No.6-8-358(1)(2)-1-21 何鹏燕介绍卖淫案

组织卖淫罪的成立条件,"卖淫人员在三人以上"是指在指控的犯罪期间,管理、控制卖淫人员不是累计达到三人以上,而是在同一时间段内管理、控制的卖淫人员达到三人以上。

No.6-8-358(1)(2)-1-22 胡杨等协助组织卖淫案

既非出资人,也非主要获利人,但受雇对卖淫违法犯罪活动进行日常管理,应认定为组织卖淫罪的共犯。

No.6-8-358(1)(2)-1-23 胡杨等协助组织卖淫案

组织卖淫罪和协助组织卖淫罪均可能存在主从犯的区分,不能简单地将组织卖淫罪的从犯认定为协助组织卖淫罪的正犯。

No.6-8-358(1)(2)-2-1 唐金均强迫卖淫案

以收受或约定报酬而与不特定的人进行性交或实施其他器官接触的淫乱行为的,应当认定为卖淫。①

No.6-8-358(1)(2)-2-2 蒋德亮、胡春梅强迫卖淫案

连续三次使用强迫或要挟手段迫使一名妇女卖淫的行为,主观上没有控制三人以上卖淫的故意,不构成组织卖淫罪,应认定为强迫卖淫罪。

No.6-8-358(1)(2)-2-3 刘革辛、陈华林、孔新喜强迫卖淫案

强迫卖淫中的强迫既包括直接使用暴力手段或者以暴力相威胁,也包括使用其他非暴力的逼迫手段,如揭发他人隐私或者以可能使他人某种利害关系遭受损失相威胁,或者通过使用某种手段和方法,对他人形成精神上的强制。

No.6-8-358(1)(2)-2-4 王道军强迫卖淫案

强迫卖淫的次数不属于"情节严重"的考量因素,但在量刑时可以考虑。

第三百五十九条 【引诱、容留、介绍卖淫罪】【引诱幼女卖淫罪】
引诱、容留、介绍他人卖淫的,处五年以下有期徒刑、拘役或者管制,并处罚金;情节严重的,处五年以上有期徒刑,并处罚金。
引诱不满十四周岁的幼女卖淫的,处五年以上有期徒刑,并处罚金。

【条文说明】

本条是关于引诱、容留、介绍卖淫罪,引诱幼女卖淫罪及其处罚的规定。

本条共分为两款。

第一款是关于引诱、容留、介绍他人卖淫的犯罪及其处罚的规定。"引诱"他人卖淫,是指行为人为了达到某种目的,以金钱诱惑或通过宣扬腐朽生活方式等手段,诱使没有卖淫习性的人从事卖淫活动的行为。②"容留"他人卖淫,是指行为人故意为他人从事卖淫、嫖娼活动提供场所的行为。这里规定的"容留"既包括在自己所有的、管理的、使用的、经营的固定或者临时租借的场所容

---

① 关于卖淫的范围,学说上未有定论。其中,有学者指出,卖淫是指以营利或满足性欲为目的,与不特定的异性发生性交或者从事其他淫乱活动(如口交、鸡奸、手淫等)的行为。参见周光权:《刑法各论》(第4版),中国人民大学出版社2021年版,第521页;黎宏:《刑法学各论》(第2版),法律出版社2016年版,第478页。
另有学者指出,卖淫是指以营利为目的,满足不特定对方(不限于异性)的性欲的行为,包括与不特定的对方性交和实施类似性交的行为(如口交、肛交等)。组织女性向女性、男性向男性实施口交、肛交等类似性交行为,也成立本罪。但是,组织他人单纯为异性手淫、组织女性用乳房摩擦男性生殖器,组织女性ához特定人"包养",不应认定为组织卖淫罪。参见张明楷:《刑法学》(第6版),法律出版社2021年版,第1528页;阮齐林:《中国刑法各罪论》,中国政法大学出版社2016年版,第453页。

② 如果卖淫者原本在此地卖淫,行为人引诱其在彼地卖淫,不应定为引诱他人卖淫。参见张明楷:《刑法学》(第6版),法律出版社2021年版,第1535页。

留卖淫、嫖娼人员从事卖淫、嫖娼活动，也包括在流动场所，如运输工具中容留他人卖淫、嫖娼。"**介绍**"他人卖淫，是指为卖淫人员与嫖客寻找对象，并在他们中间牵线搭桥的行为，即人们通常所说的"拉皮条"。① 另外，应当注意的是，本条规定的引诱、容留、介绍他人卖淫的犯罪规定，是一个罪名的选择性规定，只要实施了这三种行为中的一种行为，即可构成犯罪。在认定罪名的时候，根据其行为来确定罪名。既引诱又容留并介绍卖淫的，定引诱、容留、介绍卖淫罪；行为人实施了引诱、容留、介绍行为的其中一种的，则可以分别定引诱卖淫罪、容留卖淫罪、介绍卖淫罪；实施其中两种行为的，定引诱、容留卖淫罪，引诱、介绍卖淫罪，容留、介绍卖淫罪。有两种或三种行为的，也是一个罪名，一般不实行数罪并罚。

2017年《最高人民法院、最高人民检察院关于办理组织、强迫、引诱、容留、介绍卖淫刑事案件适用法律若干问题的解释》第八条第一至三款规定："引诱、容留、介绍他人卖淫，具有下列情形之一的，**应当依照刑法第三百五十九条第一款的规定定罪处罚**：（一）引诱他人卖淫的；（二）容留、介绍二人以上卖淫的；（三）容留、介绍未成年人、孕妇、智障人员、患有严重性病的人卖淫的；（四）一年内曾因引诱、容留、介绍卖淫行为被行政处罚，又实施容留、介绍卖淫行为的；（五）非法获利人民币一万元以上的；利用信息网络发布招嫖违法信息，情节严重，依照刑法第二百八十七条之一的规定，以非法利用信息网络罪定罪处罚。同时构成介绍卖淫罪的，依照处罚较重的规定定罪处罚。引诱、容留、介绍他人卖淫是否以营利为目的，不影响犯罪的成立。"第九条规定："引诱、容留、介绍他人卖淫，具有下列情形之一的，应当认定为刑法第三百五十九条第一款规定的'**情节严重**'：（一）引诱五人以上或者引诱、容留、介绍十人以上卖淫的；（二）引诱三人以上的未成年人、孕妇、智障人员、患有严重性病的人卖淫，或者引诱、容留、介绍五人以上该类人员卖淫的；（三）非法获利人民币五万元以上的；（四）其他情节严重情形。"

第二款是对引诱不满十四周岁的幼女卖淫的处罚规定。不满十四周岁的幼女，正处在心理和生理上的发育时期，且缺少必要的自我保护意识和自我控制的能力，特别容易受到侵害，是法律重点保护的对象，因此本条规定了比引诱妇女卖淫罪更重的刑罚。另外，实践中还发现，有的引诱幼女卖淫的犯罪分子未直接引诱幼女卖淫，也未与引诱幼女卖淫的犯罪分子事前通谋，而是他人将幼女带到容留妇女卖淫的窝点，交给容留妇女卖淫的犯罪分子，由容留妇女卖淫的犯罪分子将幼女接收下来容留其卖淫。对于这种情况应当以**容留他人卖淫罪**定罪处罚。②

实际执行中应当注意以下几个方面的问题：

1. 引诱、容留、介绍卖淫行为，没有达到本罪入罪门槛，不构成犯罪的，应当依法给予**治安管理处罚**。《治安管理处罚法》第六十七条规定："引诱、容留、介绍他人卖淫的，处十日以上十五日以下拘留，可以并处五千元以下罚款；情节较轻的，处五日以下拘留或者五百元以下罚款。"

2. 实践中存在行为人既引诱、容留、介绍成年人卖淫，又引诱未成年人卖淫的情况。这种情况，行为人分别触犯了本条第一款、第二款的规定，实际上实施了两个不同的犯罪，应当依照引诱卖淫罪和引诱幼女卖淫罪分别定罪并进行**数罪并罚**。

3. 实践中可能存在组织卖淫活动并有引诱、容留、介绍卖淫行为的定罪问题。一种情况是对被组织卖淫的人有引诱、容留、介绍卖淫行为的，可以依照处罚较重的规定定罪处罚。一般情况下，**组织卖淫罪的处罚重于引诱、容留、介绍卖淫罪**。但引诱的对象是不满十四周岁的幼女时，则**引诱幼女卖淫罪所处的刑罚重于组织卖淫罪的刑罚**。根据《刑法》第三百五十八条的规定，组织卖淫行为未达到情节严重的情况时，其法定刑为五年以上十年以下有期徒刑，并处罚金，而本条第二款规定的引诱幼女卖淫罪的法定刑为五年以上有期徒刑，并处罚金。此时，引诱幼女卖淫罪的刑罚要重于组织卖淫罪，应依照引诱幼女卖淫罪定罪处罚，并可以根据犯罪情节判处十年以上有期徒刑。如果组织卖淫犯罪达到情节严重时，应当以组织卖淫罪定罪处罚。如果是对组织卖淫者以外

---

① 单纯向意欲嫖娼者介绍卖淫场所，而与卖淫者没有任何联络，可谓是"介绍他人嫖娼"，不能认定为介绍卖淫。介绍女子被他人"包养"，不成立介绍卖淫罪。参见张明楷：《刑法学》（第6版），法律出版社2021年版，第1535页。对此，有学者认为，刑法不处罚介绍嫖娼者的理由在于介绍嫖娼者一般与卖淫者没有联络，他们主要是与嫖客接触，没有营利目的，将嫖客引至可以嫖娼之处。单纯的介绍嫖娼行为一般多是偶发的，介绍嫖娼者往往不具有营利性、固定性和经常性的特点，社会危害性也因此较之介绍卖淫行为小。参见黎宏：《刑法学各论》（第2版），法律出版社2016年版，第481页。

② 如果只是容留、介绍幼女卖淫，则不成立引诱幼女卖淫罪，仅成立容留、介绍卖淫罪。参见阮齐林：《中国刑法各罪论》，中国政法大学出版社2016年版，第455页；曲新久主编：《刑法学》（第5版），中国政法大学出版社2016年版，第576页。

的其他人实施引诱、容留、介绍卖淫行为的,则应当分别定罪,实行数罪并罚。

【司法解释】

《最高人民法院、最高人民检察院关于办理组织、强迫、引诱、容留、介绍卖淫刑事案件适用法律若干问题的解释》(法释〔2017〕13号,自2017年7月25日起施行)

△(引诱、容留、介绍他人卖淫罪;非法利用信息网络罪;想象竞合犯;营利目的;引诱幼女卖淫罪;数罪并罚)引诱、容留、介绍他人卖淫,具有下列情形之一的,应当依照刑法第三百五十九条第一款的规定定罪处罚:

(一)引诱他人卖淫的;
(二)引诱、介绍二人以上卖淫的;
(三)容留、介绍未成年人、孕妇、智障人员、患有严重性病的人卖淫的;
(四)一年内曾因引诱、容留、介绍卖淫行为被行政处罚,又实施容留、介绍卖淫行为的;
(五)非法获利人民币一万元以上的。

利用信息网络发布招嫖违法信息,情节严重的,依照刑法第二百八十七条之一的规定,以非法利用信息网络罪定罪处罚。同时构成介绍卖淫罪的,依照处罚较重的规定定罪处罚。

引诱、容留、介绍他人卖淫是否以营利为目的,不影响犯罪的成立。

引诱不满十四周岁的幼女卖淫的,依照刑法第三百五十九条第二款的规定,以引诱幼女卖淫罪定罪处罚。

被引诱卖淫的人员中既有不满十四周岁的幼女,又有其他人员的,分别以引诱幼女卖淫罪和引诱卖淫罪定罪,实行并罚。(§8)

△(引诱、容留、介绍卖淫;情节严重)引诱、容留、介绍他人卖淫,具有下列情形之一的,应当认定为刑法第三百五十九条第一款规定的"情节严重":

(一)引诱五人以上或者引诱、容留、介绍十人以上卖淫的;
(二)引诱三人以上的未成年人、孕妇、智障人员、患有严重性病的人卖淫,或者引诱、容留、介绍五人以上该类人员卖淫的;
(三)非法获利人民币五万元以上的;
(四)其他情节严重的情形。(§9)

△(引诱、容留、介绍卖淫的次数;酌情量刑情节)组织、强迫、引诱、容留、介绍他人卖淫的次数,作为酌定情节在量刑时考虑。(§10)

△(罚金)犯组织、强迫、引诱、容留、介绍卖淫罪的,应当依法判处犯罪所得二倍以上的罚金。

共同犯罪的,对各共同犯罪人合计判处的罚金应当在犯罪所得的二倍以上。(§13Ⅰ)

【司法解释性文件】

《最高人民检察院、公安部关于公安机关管辖的刑事案件立案追诉标准的规定(一)》(公通字〔2008〕36号,2008年6月25日公布)

△(引诱、容留、介绍卖淫罪;立案追诉标准)引诱、容留、介绍他人卖淫,涉嫌下列情形之一的,应予立案追诉:

(一)引诱、容留、介绍二人次以上卖淫的;
(二)引诱、容留、介绍已满十四周岁未满十八周岁的未成年人卖淫的;
(三)被引诱、容留、介绍卖淫的人患有艾滋病或者患有梅毒、淋病等严重性病的;
(四)其他引诱、容留、介绍卖淫应予追究刑事责任的情形。(§78)

△(引诱幼女卖淫罪;立案追诉标准)引诱不满十四周岁的幼女卖淫的,应予立案追诉。(§79)

《最高人民法院、最高人民检察院关于常见犯罪的量刑指导意见(试行)》(法发〔2021〕21号,2021年6月6日发布)

△(引诱、容留、介绍卖淫罪;量刑)

1. 构成引诱、容留、介绍卖淫罪的,根据下列情形在相应的幅度内确定量刑起点。
(1)情节一般的,在二年以下有期徒刑、拘役幅度内确定量刑起点。
(2)情节严重的,在五年至七年有期徒刑幅度内确定量刑起点。

2. 在基准刑起点的基础上,根据引诱、容留、介绍卖淫的人数等其他影响犯罪构成的犯罪事实增加刑罚量,确定基准刑。

3. 旅馆业、饮食服务业、文化娱乐业、出租汽车业等单位的主要负责人,利用本单位的条件,引诱、容留、介绍他人卖淫的,增加基准刑的10%~20%。

4. 构成引诱、容留、介绍卖淫罪的,根据引诱、容留、介绍卖淫的人数、次数、违法所得数额、危害后果等犯罪情节,综合考虑被告人缴纳罚金的能力,决定罚金数额。

5. 构成引诱、容留、介绍卖淫罪的,综合考虑引诱、容留、介绍卖淫的人数、次数、危害后果等犯罪事实、量刑情节,以及被告人主观恶性、人身危险性、认罪悔罪表现等因素,决定缓刑的适用。

【参考案例】

No.6-8-359(1)-1 林庆介绍卖淫案

通过电脑,利用互联网发布卖淫信息的,应以介绍卖淫罪论处。

No. 6-8-359(1)-2　林庆介绍卖淫案
在互联网上发布卖淫信息,并为互联网访问者所知悉的,应以介绍卖淫罪既遂论处。

No. 6-8-359(1)-3　林庆介绍卖淫案
通过互联网向社会公众发布卖淫信息,多人通过该卖淫信息而前往嫖娼的,具有严重的社会危害性,应认定为介绍卖淫罪情节严重。

No. 6-8-359(1)-4　阎吉粤介绍卖淫案
线上介绍他人卖淫嫖娼致他人线下达成卖淫嫖娼交易,并未对卖淫嫖娼活动实施管理或者控制的,不成立组织卖淫罪,而应构成介绍卖淫罪与非法利用信息网络罪竞合。

No. 6-8-359(1)-5　杨某、米某容留卖淫案
明知他人在出租房屋内从事卖淫活动仍出租房屋的,应以容留卖淫罪论处。

No. 6-8-359(1)-6　鲍荣连、李月仙、应夫昌容留卖淫案
明知卖淫女在其经营的浴场内卖淫而予以容留,从嫖资中提成但缺少对卖淫女的组织控制的,应认定为容留卖淫而非组织卖淫。

No. 6-8-359(1)-7　阳怀容留卖淫案
容留卖淫是行为犯,卖淫嫖娼的行为是否完成不影响本罪既遂的成立。卖淫女与嫖客已就卖淫嫖娼达成合意,双方基于该故意就嫖资进行了商议,该行为应认定为卖淫嫖娼。

No. 6-8-359(1)-8　徐某引诱、容留、介绍卖淫案
容留卖淫三次以上,并不当然认定为情节严重,而应当综合考察容留的人数以及其他情节进行认定。

No. 6-8-359(1)-9　聂姣莲介绍卖淫案
介绍卖淫二人次以上,应认定为介绍卖淫罪,但手段普通未造成严重后果的,不宜认定为"情节严重"。

No. 6-8-359(1)-10　郭某某介绍卖淫案
介绍智障人员卖淫一般是按照介绍卖淫罪定罪处罚,但在符合特定条件时,应当以强奸罪定罪处罚。

No. 6-8-359(1)-11　袁七虎容留、介绍卖淫案
容留、介绍他人卖淫"情节严重",应当从卖淫人数、时间长度、社会影响等方面综合考虑,如果卖淫次数已经查实,在法定刑幅度范围内应当作为量刑的情节予以考虑。

No. 6-8-359(1)-12　王怀珍容留卖淫案
一年内曾因容留卖淫行为被行政处罚又实施容留卖淫行为的,成立容留卖淫罪。

No. 6-8-359(1)-13　吴春兰、鲁长学容留卖淫案
在刑罚评价上,主动认罪优于被动认罪,早认罪优于晚认罪,彻底认罪优于不彻底认罪,稳定认罪优于不稳定认罪。

第三百六十条　【传播性病罪】
明知自己患有梅毒、淋病等严重性病卖淫、嫖娼的,处五年以下有期徒刑、拘役或者管制,并处罚金。

【立法沿革】

《中华人民共和国刑法》(1997年修订,自1997年10月1日起施行)
第三百六十条
明知自己患有梅毒、淋病等严重性病卖淫、嫖娼的,处五年以下有期徒刑、拘役或者管制,并处罚金。
嫖宿不满十四周岁的幼女的,处五年以上有期徒刑,并处罚金。

《中华人民共和国刑法修正案(九)》(自2015年11月1日起施行)
四十三、删去刑法第三百六十条第二款。

【条文说明】

本条是关于传播性病罪及其处罚的规定。

本条规定包含三层意思:
1. 行为人必须是患有梅毒、淋病等严重性病的。这里所称的"性病",亦称为"性传染疾病",过去被称为"花柳病",主要通过性接触、性行为传播的疾病,包括艾滋病、梅毒、淋病、软下疳、性病性淋巴肉芽肿、生殖道沙眼衣原体感染、尖锐湿疣、生殖器疱疹、腹股沟肉芽肿、生殖器念珠菌病、阴道毛滴虫病、细菌性阴道病、阴虱病等。"严重性病",主要是指对人体健康危害较重或者传染性较强,发病率较高的性病。本条列举了梅毒、淋病两种严重性病,至于其他严重性病,未作明确规定。在司法实践中,司法机关应在传染病防治法中规定的和国家卫生健康委规定实行性病监测的性病范围内,依照其危害、特点与梅毒、淋病相当的原则从严掌握,不能将普通性病都作为严重性病,防止扩大打击面。

2. 行为人主观上必须是"明知",即行为人清楚地知道自己患有严重性病,从事卖淫、嫖娼活动会造成性病被传播的后果,希望并积极促使性病传播的后果,或者放任这种危害后果的发生。如果行为人不明知自己患有严重性病,即便实施了卖淫、嫖娼行为,也不构成犯罪。"明知"在这里是划分罪与非罪的主要界限。根据2017年《最高人民法院、最高人民检察院关于办理组织、强迫、引诱、容留、介绍卖淫刑事案件适用法律若干问题的解释》的规定,具有下列情形之一的,应当认定为《刑法》第三百六十条规定的"明知":(1)有证据证明曾到医院或者其他医疗机构就医或者检查,被诊断为患有严重性病的;(2)根据本人的知识和经验,能够知道自己患有严重性病的;(3)通过其他方法能够证明行为人是"明知"的。如行为人的朋友曾告诉过行为人其病症极有可能是严重性病,行为人也不质疑过自己是患上性病的,或行为人曾告诉过别人自己患有严重性病的,等等。

3. 行为人实施了卖淫、嫖娼的行为。① 这里的卖淫、嫖娼行为不限于性交方式,包括肛交、口交或者其他与性接触有关的行为。② 关于卖淫的含义和范围问题,在第三百五十八条组织、强迫卖淫罪中已有详细说明。

值得注意的是,传播性病行为是否实际造成他人患上严重性病的后果,不影响本罪的成立。同时,明知自己患有艾滋病或者感染艾滋病病毒而卖淫、嫖娼的,应当依照本条规定,**以传播性病罪定罪,从重处罚**。根据《最高人民法院、最高人民检察院关于办理组织、强迫、引诱、容留、介绍卖淫刑事案件适用法律若干问题的解释》的规定,具有下列情形之一,致使他人感染艾滋病病毒的,认定为《刑法》第九十五条第(三)项"其他对于人身健康有重大伤害"所指的"重伤",依照《刑法》第二百三十四条第二款的规定,**以故意伤害罪定罪处罚**:(1)明知已感染艾滋病病毒而卖淫、嫖娼的;(2)明知自己感染艾滋病病毒,故意不采取防范措施而与他人发生性关系的。

根据本条规定,犯本罪的,处五年以下有期徒刑、拘役或者管制,并处罚金。

值得一提的是,关于对卖淫、嫖娼人员的性病检查和治疗问题,之前,根据《全国人民代表大会常务委员会关于严禁卖淫嫖娼的决定》第四条第四款的规定,对卖淫、嫖娼的,一律强制进行性病检查。对患有性病的,进行强制治疗。《卖淫嫖娼人员收容教育办法》规定,对卖淫、嫖娼人员,可以由公安机关决定收容教育,这一办法将决定规定的强制性病检查和治疗作为收容教育的一部分内容。但根据2019年《全国人民代表大会常务委员会关于废止有关收容教育法律规定和制度的决定》的规定,《全国人民代表大会常务委员会关于严禁卖淫嫖娼的决定》第四条第二款、第四款的规定以及据此实行的收容教育制度于2019年12月29日被废止。

【司法解释】

《最高人民法院、最高人民检察院关于办理组织、强迫、引诱、容留、介绍卖淫刑事案件适用法律若干问题的解释》(法释〔2017〕13号,自2017年7月25日起施行)

△**(明知;抽象危险犯;严重性病)** 具有下列情形之一的,应当认定为刑法第三百六十条规定的"明知":

(一)有证据证明曾到医院或者其他医疗机构就医或者检查,被诊断为患有严重性病的;

(二)根据本人的知识和经验,能够知道自己患有严重性病的;

(三)通过其他方法能够证明行为人是"明知"的。

传播性病行为是否实际造成他人患上严重性病的后果,不影响本罪的成立。③

刑法第三百六十条规定所称的"严重性病",包括梅毒、淋病等。其他性病是否认定为"严重性病",应当根据《中华人民共和国传染病防治法》《性病防治管理办法》的规定,在国家卫生与计划生育委员会规定实行性病监测的性病范围内,依照其危害、特点与梅毒、淋病相当的原则,从严掌握。(§11)

---

① 谢望原教授指出,如果双方不是以金钱或者其他物质利益为交易条件而发生性行为,即使行为人明知自己患有梅毒、淋病等严重性病而与他人有性接触,也不构成本罪。参见王作富主编:《刑法》(第6版),中国人民大学出版社2016年版,第499页。

② 我国学者指出,性交以外的类似性交的行为,同样容易传染性病。因此,其他类似性交的卖淫、嫖娼行为,与以性交为内容的卖淫、嫖娼行为,具有相同的法益侵害性。参见张明楷:《刑法学》(第6版),法律出版社2021年版,第1537页。

③ 本罪属于抽象危险犯,并不要求实际上引起了性病传染,即并不要求发生将性病传染于他人的结果,也不要求具有引起性病传播的具体危险。参见张明楷:《刑法学》(第6版),法律出版社2021年版,第1537页;黎宏:《刑法学各论》(第2版),法律出版社2016年版,第482页。

△(艾滋病;艾滋病病毒;传播性病罪;从重处罚事由)明知自己患有艾滋病或者感染艾滋病病毒而卖淫、嫖娼的,依照刑法第三百六十条的规定,以传播性病罪定罪,从重处罚。(§12Ⅰ)

【司法解释性文件】

《最高人民检察院、公安部关于公安机关管辖的刑事案件立案追诉标准的规定(一)》(公通字〔2008〕36号,2008年6月25日公布)

△(传播性病罪;立案追诉标准;明知)明知自己患有梅毒、淋病等严重性病卖淫、嫖娼的,应予立案追诉。

具有下列情形之一的,可以认定为本条规定的"明知":

(一)有证据证明曾到医疗机构就医,被诊断为患有严重性病的;

(二)根据本人的知识和经验,能够知道自己患有严重性病的;

(三)通过其他方法能够证明是"明知"的。(§80)

《最高人民法院、最高人民检察院、公安部、司法部关于依法严厉打击传播艾滋病病毒等违法犯罪行为的指导意见》(公通字〔2019〕23号,2019年5月19日发布)

△(传播艾滋病病毒;传播性病罪;竞合)明知自己感染艾滋病病毒或者患有艾滋病而卖淫、嫖娼,未致人感染艾滋病病毒的,依照刑法第三百六十条的规定,以传播性病罪定罪,并从重处罚。

明知他人感染艾滋病病毒或者患有艾滋病,介绍其卖淫,同时构成介绍卖淫罪、故意伤害罪的,依照处罚较重的规定定罪处罚。

△(治安管理处罚或者其他行政处罚)实施本条第一项至第十一项规定的行为,不构成犯罪,依法不起诉或者免予刑事处罚的,依法予以治安管理处罚或者其他行政处罚。

【参考案例】

No.6-8-360-1 王某传播性病案

明知自己感染艾滋病病毒而卖淫的行为,构成传播性病罪。

第三百六十一条 【特定单位的人员组织、强迫、引诱、容留、介绍他人卖淫的处罚规定】

旅馆业、饮食服务业、文化娱乐业、出租汽车业等单位的人员,利用本单位的条件,组织、强迫、引诱、容留、介绍他人卖淫的,依照本法第三百五十八条、第三百五十九条的规定定罪处罚。

前款所列单位的主要负责人,犯前款罪的,从重处罚。

【条文说明】

本条是关于对公共服务娱乐业从业人员组织、强迫、引诱、容留、介绍他人卖淫的处罚的规定。

本条共分为两款。

第一款是关于旅馆业、饮食服务业、文化娱乐业、出租汽车业等单位的人员,利用本单位的条件,组织、强迫、引诱、容留、介绍他人卖淫的处罚规定。本款所说的"**旅馆业**"是指接待旅客住宿的旅馆、饭店、宾馆、招待所、客货栈、车马店、浴池等。根据《旅馆业治安管理办法》的规定,旅馆业包括国营、集体经营、个体经营的,合伙经营的,外商投资经营的;既包括专营的,也包括兼营的;既包括常年经营的,也包括季节性经营的。"**饮食服务业**"包括"饮食业"和"服务业"两个行业。"饮食业"包括餐厅、饭馆、酒吧、咖啡厅等。"服务业"是指利用一定的设备、工具,提供劳动或物品,为社会生活服务的行业,包括发廊、按摩院、美容院、浴池等。"**文化娱乐业**"是指提供场所、设备、服务,以供群众娱乐的行业。如歌厅、舞厅、音乐茶座、夜总会、影剧院等。"**出租汽车业**"是指出租汽车服务的行业。"旅馆业、饮食服务业、文化娱乐业、出租汽车业等单位的人员"是指这些单位的所有职工。"**利用本单位的条件**"是指利用本单位的一切设备、设施,如汽车等交通工具,房屋等建筑设施,房内各项设施以及电话等通信设施,也包括利用单位提供的其他工作条件而形成的便利。对这些单位的人员,利用本单位的条件,从事组织、强迫、引诱、容留、介绍他人卖淫的,根据本条规定,分别依照刑法关于组织他人卖淫、强迫他人卖淫罪或者引诱、容留、介绍他人卖淫罪的规定定罪处罚。

第二款是关于第一款规定的单位的主要负责人,利用本单位的条件,组织、强迫、引诱、容留、介绍他人卖淫的从重处罚规定。本款所说的"**主要负责人**"是指经理、副经理等负责人。作为单位的主要负责人,有义务自觉遵守国家法律规定,应当合法经营。如果对发生在本单位的卖淫、嫖娼活动,不但不采取措施制止,协助有关部门查禁,反而利用本单位的条件,实施组织卖淫等犯罪活动,这种行为不仅直接破坏社会管理秩序,妨害社会治安,而且还严重影响单位的声誉,破坏单位的正常经营管理活动,甚至使自己主管的单位成为藏污纳垢的色情场所,影响十分恶劣,必须严厉打击。为此,本款将这些单位的主要负责人,利用本单位的条件,组织、强迫、引诱、容留、介绍他人卖淫的,作为**法定从重处罚情节**。

第三百六十二条 【特定单位的人员为违法犯罪分子通风报信的处罚规定】

旅馆业、饮食服务业、文化娱乐业、出租汽车业等单位的人员,在公安机关查处卖淫、嫖娼活动时,为违法犯罪分子通风报信,情节严重的,依照本法第三百一十条的规定定罪处罚。

【条文说明】

本条是关于对公共服务娱乐业从业人员为违法犯罪分子通风报信的处罚规定。

本条规定的旅馆业、饮食服务业、文化娱乐业、出租汽车业等单位的人员,指的是这些单位的全体工作人员,包括这些单位的负责人和职工。"**为违法犯罪分子通风报信**"是指在公安机关依法查处卖淫、嫖娼活动时,将行动地点、时间、对象等情况以及其他有关的消息告知组织、强迫、引诱、容留、介绍他人卖淫以及卖淫、嫖娼的违法犯罪分子。这里所说的"**在公安机关依法查处卖淫、嫖娼活动时**"是指在公安机关依法查处的全过程中的任何阶段,既包括查处卖淫、嫖娼活动的部署阶段,也包括实施阶段。无论在哪个阶段向违法犯罪分子通风报信,以使他们及时隐藏、逃避查处的行为都应按本条的规定处罚,而不能理解为仅仅是在具体实施查处的时刻。另外,"通风报信"包括各种传递消息的方法和手段,如打电话、发送短信息、传呼信号和事先规定的各种联系暗号等。根据本条规定,对在公安机关查处卖淫、嫖娼活动时,为违法犯罪分子通风报信,情节严重的,依照《刑法》第三百一十条的规定定罪处罚,即依照包庇罪的规定定罪处罚。

"情节严重"是划分罪与非罪的一个重要界限,主要是指严重干扰对卖淫嫖娼活动的惩处或者具有其他恶劣情节的情形。根据2017年《最高人民法院、最高人民检察院关于办理组织、强迫、引诱、容留、介绍卖淫刑事案件适用法律若干问题的解释》的规定,具有下列情形之一的,应当认定为《刑法》第三百六十二条规定的"**情节严重**":(1)向组织、强迫卖淫犯罪集团通风报信的;(2)二年内通风报信三次以上的;(3)一年内因通风报信被行政处罚,又实施通风报信行为的;(4)致使犯罪集团的首要分子或者其他共同犯罪的主犯未能及时归案的;(5)造成卖淫嫖娼人员逃跑,致使公安机关查处犯罪行为因取证困难而撤销刑事案件的;(6)非法获利人民币一万元以上的;(7)其他情节严重的情形。

实际执行中应注意以下几个方面的问题:

1. 本条是**按照窝藏、包庇罪定罪处理的一种特殊规定**。构成本罪不需要具备《刑法》第三百一十条规定的窝藏、包庇罪的构成要件。与窝藏、包庇罪的规定相比较,本条规定的构成要件有以下两点不同:一是窝藏、包庇罪规定了窝藏犯罪分子和作假证明包庇的行为,本条规定的是为违法犯罪分子通风报信的行为。二是扩大了窝藏、包庇对象的范围。窝藏、包庇罪的对象仅限于犯罪分子,本条规定的是违法犯罪分子。违法人员包括不构成犯罪的卖淫、嫖娼人员和引诱、容留、介绍他人卖淫,情节显著轻微,不构成犯罪的人员。也就是说构成本罪不以卖淫嫖娼活动构成犯罪为前提条件,卖淫嫖娼活动仅构成违法不影响本罪的成立。窝藏、包庇罪是选择性罪名,根据《最高人民法院、最高人民检察院关于办理组织、强迫、引诱、容留、介绍卖淫刑事案件适用法律若干问题的解释》的有关规定,对本条规定的行为,情节严重的,以包庇罪定罪处罚。

2. 对于在犯罪分子实施本节规定的犯罪之前或者过程中,与其通谋,进行通风报信的,应当以共同犯罪论处。司法实践中要避免将事前通谋的通风报信行为,作为包庇罪进行处罚。

3. 对于尚不构成犯罪的通风报信行为,应当依法给予**治安处罚**。我国《治安管理处罚法》第七十四条规定,旅馆业、饮食服务业、文化娱乐业、出租汽车业等单位的人员,在公安机关查处吸毒、赌博、卖淫、嫖娼活动时,为违法犯罪行为人通风报信的,处十日以上十五日以下拘留。

【司法解释】

《最高人民法院、最高人民检察院关于办理组织、强迫、引诱、容留、介绍卖淫刑事案件适用法律若干问题的解释》(法释〔2017〕13号,自2017年7月25日起施行)

△(包庇罪;共同犯罪;情节严重)根据刑法第三百六十二条、第三百一十条的规定,旅馆业、饮食服务业、文化娱乐业、出租汽车业等单位的人员,在公安机关查处卖淫、嫖娼活动时,为违法犯罪分子通风报信,情节严重的,以包庇罪定罪处罚。事前与犯罪分子通谋的,以共同犯罪论处。

具有下列情形之一的,应当认定为刑法第三百六十二条规定的"情节严重":

(一)向组织、强迫卖淫犯罪集团通风报信的;

(二)二年内通风报信三次以上的;

(三)一年内因通风报信被行政处罚,又实施通风报信行为的;

(四)致使犯罪集团的首要分子或者其他共同犯罪的主犯未能及时归案的;

(五)造成卖淫嫖娼人员逃跑,致使公安机关查处犯罪行为因取证困难而撤销刑事案件的;

(六)非法获利人民币一万元以上的;

(七)其他情节严重的情形。(§14)

第九节 制作、贩卖、传播淫秽物品罪

第三百六十三条 【制作、复制、出版、贩卖、传播淫秽物品牟利罪】【为他人提供书号出版淫秽书刊罪】

以牟利为目的,制作、复制、出版、贩卖、传播淫秽物品的,处三年以下有期徒刑、拘役或者管制,并处罚金;情节严重的,处三年以上十年以下有期徒刑,并处罚金;情节特别严重的,处十年以上有期徒刑或者无期徒刑,并处罚金或者没收财产。

为他人提供书号,出版淫秽书刊的,处三年以下有期徒刑、拘役或者管制,并处或者单处罚金;明知他人用于出版淫秽书刊而提供书号的,依照前款的规定处罚。

【条文说明】

本条是关于制作、复制、出版、贩卖、传播淫秽物品牟利罪和为他人提供书号出版淫秽书刊罪及其处罚的规定。

本条共分为两款。

第一款是关于以牟利为目的,制作、复制、出版、贩卖、传播淫秽物品的犯罪及其处罚的规定。构成本罪应当具备以下条件:

1. 主观上必须是故意的,并且以牟利为目的。所谓"**以牟利为目的**"是指行为人实施制作、复制、出版、贩卖、传播淫秽物品的行为,必须出于牟取利益的目的①,包括谋取一定的货币和财物,也包括谋取其他物质利益,包括因此减少的货币支出或者财物的减损,如服务等。如果行为人是出于教学、医学、科研、文学、艺术等正当目的,合理使用有关性行为、性体验、性技巧的书刊、图片、影视作品、音视频软件、医学或教学器具等,即使获取一定的利益,也不能构成本罪。

2. 行为人实施了制作、复制、出版、贩卖、传播的行为。这里所说的"**制作**"是指生产、录制、编写、译著、绘画、印刷、刻印、摄制、洗印等行为。"**复制**"是指通过翻印、翻拍、复印、复写、复录、抄写、拓印、临摹等方式对已有的淫秽物品进行伪造或者重复制作的行为。②"**出版**"是指编辑、印刷出版、发行淫秽物品的行为。"**贩卖**"是指销售淫秽物品的行为,包括发行、批发、零售、倒

---

① 牟利不仅仅表现为通过贩卖淫秽物品谋取非法利益。在互联网上刊载淫秽电子信息以吸引网民、增加访问量,赚取广告收入的行为,也应认定为"牟利"。参见王作富主编:《刑法分则实务研究(下)》(第5版),中国方正出版社2013年版,第1510—1511页。

② 从网络上下载淫秽物品后存入电脑的行为,不属于复制。参见张明楷:《刑法学》(第6版),法律出版社2021年版,第1541页。

卖等。① "**传播**"是指通过播放、出租、出借、承运、邮寄等方式致使淫秽物品流传的行为。② 行为人只要以牟利为目的,实施了"制作、复制、出版、贩卖、传播"这五种行为之一的,即构成本罪。

3. **制作、复制、出版、贩卖、传播的对象是淫秽物品**。这里所说的"**淫秽物品**",根据本法第三百六十七条的规定,是指具体描绘性行为或者露骨宣扬色情的海淫性的书刊、影片、录像带、录音带、图片及其他淫秽物品;有关人体生理、医学知识的科学著作不是淫秽物品;包含有色情内容的有艺术价值的文学、艺术作品不视为淫秽物品。

随着互联网应用的普及,**利用互联网从事有关淫秽物品违法犯罪活动的情况变得比较突出**。对此,也应当按照刑法和有关法律的规定予以打击。2000年《全国人民代表大会常务委员会关于维护互联网安全的决定》第三条规定,在互联网上建立淫秽网站、网页,提供淫秽站点链接服务,或者传播淫秽书刊、影片、音像、图片,构成犯罪的,依照刑法有关规定追究刑事责任。为此,《最高人民法院、最高人民检察院、公安部关于依法开展打击淫秽网站专项行动有关工作的通知》进一步明确,要严格按照《刑法》《全国人民代表大会常务委员会关于维护互联网安全的决定》和有关司法解释的规定,对于利用互联网从事有关淫秽物品的犯罪活动的,应当根据其具体实施的行为,分别以制作、复制、出版、贩卖、传播淫秽物品牟利罪,传播淫秽物品罪以及刑法规定的其他有关罪名,依法追究刑事责任。2010年《最高人民法院、最高人民检察院关于办理利用互联网、移动通讯终端、声讯台制作、复制、出版、贩卖、传播淫秽电子信息刑事案件具体应用法律若干问题的解释(二)》明确规定,利用互联网、移动通讯终端、声讯台制作、复制、出版、贩卖、传播淫秽电子信息的犯罪适用《刑法》第三百六十三条、第三百六十四条、第三百六十七条的有关规定定罪处罚。2017年《最高人民法院、最高人民检察院关于利用网络云盘制作、复制、出版、贩卖、传播淫秽电子信息牟利行为定罪量刑问题的批复》进一步明确,对于以牟利为目的,利用网络云盘制作、复制、贩卖、传播淫秽电子信息的行为,是否应当追究刑事责任,适用刑法和相关司法解释的有关规定。

本款根据制作、复制、出版、贩卖、传播淫秽物品的不同情节规定了**三个不同档次的刑罚**,犯本罪的,处三年以下有期徒刑、拘役或者管制,并处罚金;情节严重的,处三年以上十年以下有期徒刑,并处罚金;情节特别严重的,处十年以上有期徒刑或者无期徒刑,并处罚金或者没收财产。区别"一般情节""情节严重""情节特别严重"主要应当根据行为人制作、复制、出版、贩卖、传播淫秽物品的数量、次数,造成的影响以及在犯罪中所起的作用而定。《最高人民法院关于审理非法出版物刑事案件具体应用法律若干问题的解释》对构成制作、复制、出版、贩卖、传播淫秽物品牟利罪、为他人提供书号、刊号出版淫秽书刊罪的"情节严重""情节特别严重"的情况,作了具体的解释,内容如下:

1. 以牟利为目的,实施《刑法》第三百六十三条第一款规定的行为,具有下列情形之一的,**以制作、复制、出版、贩卖、传播淫秽物品牟利罪定罪处罚**:(1)制作、复制、出版淫秽影碟、软件、录像带五十至一百张(盒)以上,淫秽音碟、录音带一百至二百张(盒)以上,淫秽扑克、书刊、画册一百至二百副(册)以上,淫秽照片、画片五百至一千张以上的;(2)贩卖淫秽影碟、软件、录像带一百至二百张(盒)以上,淫秽音碟、录音带二百至四百张(盒)以上,淫秽扑克、书刊、画册二百至四百副(册)以上,淫秽照片、画片一千至二千张以上的;(3)向他人传播淫秽物品达二百至五百人次以上,或者组织播放淫秽影、像达十至二十场以上的;(4)制作、复制、出版、贩卖、传播淫秽物品,获利五千元至一万元以上的。根据本款规定,有上述行为之一的,处三年以下有期徒刑、拘役或者管制,并处罚金。

2. 以牟利为目的,实施《刑法》第三百六十三条第一款规定的行为,具有下列情形之一的,应当认定为制作、复制、出版、贩卖、传播淫秽物品牟利罪"**情节严重**":(1)制作、复制、出版淫秽影碟、软件、录像带二百五十至五百张(盒)以上,淫秽音碟、录音带五百至一千张(盒)以上,淫秽扑克、书刊、画册五百至一千副(册)以上,淫秽照片、画片二千五百至五千张以上的;(2)贩卖淫秽影碟、软

---

① 我国学者指出,尽管贩卖淫秽物品行为和购买淫秽物品行为之间有对合关系,但是,刑法仅处罚贩卖者。单纯购买淫秽物品、接受传播的人,刑法没有专门作出处罚规定,原则上不成立贩卖淫秽物品罪的教唆犯或者帮助犯。参见周光权:《刑法各论》(第4版),中国人民大学出版社2021年版,第526页。

② 谢望原教授认为,传播对象的数量多少决定犯罪性质,而传播对象是否特定(譬如在基于血缘、亲缘关系的熟识人群之间进行传播),不影响行为之定性。参见谢望原、赫兴旺主编:《刑法分论》(第3版),中国人民大学出版社2016年版,第452页。

件、录像带五百至一千张(盒)以上,淫秽音碟、录音带一千至二千张(盒)以上,淫秽扑克、书刊、画册一千至二千副(册)以上,淫秽照片、画片五千至一万张以上的;(3)向他人传播淫秽物品达一千至二千人次以上的;(4)组织播放淫秽影像五十至一百场次以上的;(4)制作、复制、出版、贩卖、传播淫秽物品,获利三万元至五万元以上的。根据本款规定,有上述行为之一的,处三年以上十年以下有期徒刑,并处罚金。

3. 以牟利为目的,实施《刑法》第三百六十三条第一款规定的行为,其数量(数额)达到前款规定的数量(数额)五倍以上的,应当认定为制作、复制、出版、贩卖、传播淫秽物品牟利罪"**情节特别严重**"。根据本款规定,对有上述行为之一的,处十年以上有期徒刑或者无期徒刑,并处罚金或者没收财产。

此外,《最高人民法院、最高人民检察院关于利用网络云盘制作、复制、贩卖、传播淫秽电子信息牟利行为定罪量刑问题的批复》规定,对于以牟利为目的,**利用网络云盘**制作、复制、贩卖、传播淫秽电子信息的行为,在追究刑事责任时,鉴于网络云盘的特点,不应单纯考虑制作、复制、贩卖、传播淫秽电子信息的数量,还应充分考虑传播范围、违法所得、行为人一贯表现以及淫秽电子信息、传播对象是否涉及未成年人等情节,综合评估社会危害性,恰当裁量刑罚,确保罪责刑相适应。

第二款是关于为他人提供书号出版淫秽书刊的犯罪及其处罚的规定。

根据实际情况,本款规定了以下两种犯罪行为:

1. **为他人提供书号,出版淫秽书刊的**。这里所说的"为他人提供书号"是指违反国家关于书号管理的各种规定,向单位和个人提供书号的行为。"**提供**"既包括有偿提供,如出卖书号,也包括无偿提供。"**书号**"是国家为了对图书出版进行管理而设置的,从某种意义上讲,相当于图书出版的许可证,没有书号,就不能出版图书。依照国家的有关规定,书号只能由出版机构自己使用,只有在协作出版的情况下,才允许出版机构将书号提供给协作的有关单位。根据《出版管理条例》第二十一条的规定,出版单位不得向任何单位或者个人出售或者以其他形式转让本单位的名称、书号、刊号或者版号、版面,并不得出租本单位的名称、刊号。因此,这里所说的"书号"包括书号、刊号、版号等。"**出版淫秽书刊**"是指违反国家规定,非法向他人提供书号,造成了淫秽书刊出版的后果。① 本罪主要有以下特征:(1)本罪的犯罪主体,可以是个人,也可以是单位。(2)行为人必须是违反国家关于出版方面的规定,实施了向他人(包括个人和单位)提供书号的行为。(3)这一行为,必须造成淫秽书刊出版的后果。(4)行为人在提供书号时,并不明知该书号将被用于出版淫秽书刊,即主观上对造成淫秽书刊出版的后果不具有直接故意,性质上与直接制作、出版淫秽书刊存在不同,因此在刑罚设置上,也与故意出版淫秽书刊的行为进行了区别,规定为独立的罪名和刑罚。

2. **明知他人用于出版淫秽书刊而提供书号的**。这里所说的"明知"是指行为人明知其所提供的书号将被用于出版淫秽书刊,而仍然违反规定向他人提供的行为。也就是说,行为人同淫秽书刊出版人对出版淫秽书刊具有共同的故意。根据刑法关于共犯的规定,这种行为实际上就是出版淫秽书刊的共犯行为。因此,本款规定,明知他人用于出版淫秽书刊而提供书号的,依照出版淫秽书刊罪的规定处罚,而不能按为他人提供书号出版淫秽书刊罪处罚。需要注意的是,本条第一款虽然规定了以牟利为目的,但本款规定的明知他人用于出版淫秽书刊而提供书号的,并不需要以牟利为目的,只要是明知他人用于出版淫秽书刊而实施提供书号的行为,就应当依照《刑法》第三百六十三条第一款的规定,以**出版淫秽物品牟利罪**定罪处罚。

实践中需要注意的是:

1. 根据本条第一款的规定,制作、复制、出版、贩卖、传播淫秽物品要求行为人主观上存有利的目的,对不是以牟利为目的的,如制作、复制淫秽音像制品供自己观看的,可以予以批评教育或者治安处罚,不作为犯罪处理。但是,如果有传播淫秽物品的行为,则要视情节而定,对情节严重的,应当依照《刑法》第三百六十四条的规定,以传播淫秽物品罪定罪处罚。

2. 根据本条第二款规定,行为人实施了向他人提供书号,出版淫秽书刊的行为,他人应当是将淫秽书刊印刷成书,并发行到社会上,如果他人并没有利用其提供的书号出版淫秽书刊,或者在出

---

① 虽然为他人提供了书号,但他人没有用所提供的书号出版淫秽书刊,或者是用其他书号出版淫秽书刊,提供书号者不构成犯罪。虽然为他人提供了书号,他人也已经在用所提供的书号编辑、印刷书刊,准备发行,但未能进入流通、发行领域,提供书号者也不构成本罪。参见赵秉志、李希慧主编:《刑法各论》(第3版),中国人民大学出版社2016年版,第363页;周光权:《刑法各论》(第4版),中国人民大学出版社2021年版,第527页。

版过程中因某种原因而停止,未将书刊发行到社会上,或者是从其他地方得到的书号出版的淫秽书刊,一般情况下对行为人不能以本罪追究刑事责任。

3. 网络服务提供者是否构成传播淫秽物品牟利罪。互联网信息技术的飞速发展极大地丰富了人们的文化生活,但网络淫秽色情行业也"大行其道",不断变换着传播的方式和传染渠道,毒害人们的思想,破坏社会风气,诱发性犯罪或其他犯罪。实践中,一些网络服务提供者不履行法律、行政法规规定的信息网络安全管理义务,导致淫秽音像制作、音视频软件等在网络上大量传播,危害网络的健康发展。如何确定网络服务提供者的责任,需要根据具体的案件情况,如果网络服务提供者与淫秽物品的制作者、传播者串通,故意在网络上传播淫秽的书刊、音像制品、音视频软件等,则属于**制作、复制、出版、贩卖、传播淫秽物品牟利罪的共犯**,应当依照该罪定罪处罚;如果网络服务提供者只是明知是淫秽色情内容而放任行为人在其服务平台上传播,且经监管部门责令采取改正措施而拒不改正的,如未采取删除、阻断等措施的,则应当依照《刑法》第二百八十六条之一**拒不履行信息网络安全管理义务罪**定罪处罚。

【司法解释】

《最高人民法院关于审理非法出版物刑事案件具体应用法律若干问题的解释》(法释〔1998〕30号,自1998年12月23日起施行)

△(制作、复制、出版、贩卖、传播淫秽物品牟利罪;情节严重;情节特别严重)以牟利为目的,实施刑法第三百六十三条第一款规定的行为,具有下列情形之一的,以制作、复制、出版、贩卖、传播淫秽物品牟利罪定罪处罚:

(一)制作、复制、出版淫秽影碟、软件、录像带五十至一百张(盒)以上,淫秽音碟、录音带一百至二百张(盒)以上,淫秽扑克、书刊、画册一百至二百副(册)以上,淫秽照片、画片五百至一千张以上的;

(二)贩卖淫秽影碟、软件、录像带一百至二百张(盒)以上,淫秽音碟、录音带二百至四百张(盒)以上,淫秽扑克、书刊、画册二百至四百副(册)以上,淫秽照片、画片一千至二千张以上的;

(三)向他人传播淫秽物品二百至五百人次以上,或者组织播放淫秽影、像达十至二十场次以上的;

(四)制作、复制、出版、贩卖、传播淫秽物品,获利五千至一万元以上的。

以牟利为目的,实施刑法第三百六十三条第一款规定的行为,具有下列情形之一的,应当认定为制作、复制、出版、贩卖、传播淫秽物品牟利罪"情节严重":

(一)制作、复制、出版淫秽影碟、软件、录像带二百五十至五百张(盒)以上,淫秽音碟、录音带五百至一千张(盒)以上,淫秽扑克、书刊、画册五百至一千副(册)以上,淫秽照片、画片二千五百至五千张以上的;

(二)贩卖淫秽影碟、软件、录像带五百至一千张(盒)以上,淫秽音碟、录音带一千至二千张(盒)以上,淫秽扑克、书刊、画册一千至二千副(册)以上,淫秽照片、画片五千至一万张以上的;

(三)向他人传播淫秽物品达一千至二千人次以上,或者组织播放淫秽影、像达五十至一百场次以上的;

(四)制作、复制、出版、贩卖、传播淫秽物品,获利三万至五万元以上的。

以牟利为目的,实施刑法第三百六十三条第一款规定的行为,其数量(数额)达到前款规定的数量(数额)五倍以上的,应当认定为制作、复制、出版、贩卖、传播淫秽物品牟利罪"情节特别严重"。(§8)

△(为他人提供书号、刊号出版淫秽书刊罪;为他人提供版号;出版淫秽物品牟利罪)为他人提供书号、刊号,出版淫秽书刊的,依照刑法第三百六十三条第二款的规定,以为他人提供书号出版淫秽书刊罪定罪处罚。

为他人提供版号,出版淫秽音像制品的,依照前款规定定罪处罚。

明知他人用于出版淫秽书刊而提供书号、刊号的,依照刑法第三百六十三条第一款的规定,以出版淫秽物品牟利罪定罪处罚。(§9)

△(出版单位;事前通谋;共犯)出版单位与他人事前通谋,向其出售、出租或者以其他形式转让该出版单位的名称、书号、刊号、版号,他人实施本解释第二条、第四条、第八条、第九条、第十条、第十一条规定的行为,构成犯罪的,对该出版单位应当以共犯论处。(§16)

△(经营数额;违法所得数额;单价数额之认定)本解释所称"经营数额",是指以非法出版物的定价数额乘以行为人经营的非法出版物数量所得的数额。

本解释所称"违法所得数额",是指获利数额。

非法出版物没有定价或者以境外货币定价的,其单价数额应当按照行为人实际出售的价格认定。(§17)

△(**具体数量、数额标准**)各省、自治区、直辖市高级人民法院可以根据本地的情况和社会治安状况,在本解释第八条、第十条、第十二条、第十三条规定的有关数额、数量标准的幅度内,确定本地执行的具体标准,并报最高人民法院备案。(§18)

《**最高人民法院、最高人民检察院关于办理利用互联网、移动通讯终端、声讯台制作、复制、出版、贩卖、传播淫秽电子信息刑事案件具体应用法律若干问题的解释**》(法释〔2004〕11号,自2004年9月6日起施行)

△(**利用互联网、移动通讯终端;利用聊天室、论坛、即时通信软件、电子邮件等方式**)以牟利为目的,利用互联网、移动通讯终端制作、复制、出版、贩卖、传播淫秽电子信息,具有下列情形之一的,依照刑法第三百六十三条第一款的规定,以制作、复制、出版、贩卖、传播淫秽物品牟利罪定罪处罚:

(一)制作、复制、出版、贩卖、传播淫秽电影、表演、动画等视频文件二十个以上的;

(二)制作、复制、出版、贩卖、传播淫秽音频文件一百个以上的;

(三)制作、复制、出版、贩卖、传播淫秽电子刊物、图片、文章、短信息等二百件以上的;

(四)制作、复制、出版、贩卖、传播的淫秽电子信息,实际被点击数达到一万次以上的;

(五)以会员制方式出版、贩卖、传播淫秽电子信息,注册会员达二百人以上的;

(六)利用淫秽电子信息收取广告费、会员注册费或者其他费用,违法所得一万元以上的;

(七)数量或者数额虽未达到第(一)项至第(六)项规定标准,但分别达到其中两项以上标准一半以上的;

(八)造成严重后果的。

利用聊天室、论坛、即时通信软件、电子邮件等方式,实施第一款规定行为的,依照刑法第三百六十三条第一款的规定,以制作、复制、出版、贩卖、传播淫秽物品牟利罪定罪处罚。(§1)

△(**情节严重;情节特别严重**)实施第一条规定的行为,数量或者数额达到第一条第一款第(一)项至第(六)项规定标准五倍以上的,应当认定为刑法第三百六十三条第一款规定的"情节严重";达到规定标准二十五倍以上的,应当认定为"情节特别严重"。(§2)

△(**通过声讯台传播淫秽语音信息;传播淫秽物品牟利罪**)以牟利为目的,通过声讯台传播淫秽语音信息,具有下列情形之一的,依照刑法第三百六十三条第一款的规定,对直接负责的主管人员和其他直接责任人员以传播淫秽物品牟利罪定罪处罚:

(一)向一百人次以上传播的;

(二)违法所得一万元以上的;

(三)造成严重后果的。

实施前款规定行为,数量或者数额达到前款第(一)项至第(二)项规定标准五倍以上的,应当认定为刑法第三百六十三条第一款规定的"情节严重";达到规定标准二十五倍以上的,应当认定为"情节特别严重"。(§5)

△(**从重处罚事由**)实施本解释前五条规定的犯罪,具有下列情形之一的,依照刑法第三百六十三条第一款、第三百六十四条第一款的规定从重处罚:

(一)制作、复制、出版、贩卖、传播具体描绘不满十八周岁未成年人性行为的淫秽电子信息的;

(二)明知是具体描绘不满十八周岁的未成年人性行为的淫秽电子信息而在自己所有、管理或者使用的网站或者网页上提供直接链接的;

(三)向不满十八周岁的未成年人贩卖、传播淫秽电子信息和语音信息的;

(四)通过使用破坏性程序、恶意代码修改用户计算机设置等方法,强制用户访问、下载淫秽电子信息的。(§6)

△(**共同犯罪**)明知他人实施制作、复制、出版、贩卖、传播淫秽电子信息犯罪,为其提供互联网接入、服务器托管、网络存储空间、通讯传输通道、费用结算等帮助的,对直接负责的主管人员和其他直接责任人员,以共同犯罪论处。(§7)

△(**利用互联网、移动通讯终端、声讯台贩卖、传播以实物为载体的淫秽物品;非法出版物**)利用互联网、移动通讯终端、声讯台贩卖、传播淫秽书刊、影片、录像带、录音带等以实物为载体的淫秽物品的,依照《最高人民法院关于审理非法出版物刑事案件具体应用法律若干问题的解释》的有关规定定罪处罚。(§8)

《**最高人民法院、最高人民检察院关于办理利用互联网、移动通讯终端、声讯台制作、复制、出版、贩卖、传播淫秽电子信息刑事案件具体应用法律若干问题的解释(二)**》(法释〔2010〕3号,自2010年2月4日起施行)

△(**利用互联网、移动通讯终端;淫秽电子信息;内容含有不满十四周岁未成年人的淫秽电子信息;情节严重;情节特别严重**)以牟利为目的,利用互联网、移动通讯终端制作、复制、出版、贩卖、传播淫秽电子信息的,依照《最高人民法院、最高

人民检察院关于办理利用互联网、移动通讯终端、声讯台制作、复制、出版、贩卖、传播淫秽电子信息刑事案件具体应用法律若干问题的解释》第一条、第二条的规定定罪处罚。

以牟利为目的,利用互联网、移动通讯终端制作、复制、出版、贩卖、传播内容含有不满十四周岁未成年人的淫秽电子信息,具有下列情形之一的,依照刑法第三百六十三条第一款的规定,以制作、复制、出版、贩卖、传播淫秽物品牟利罪定罪处罚:

(一)制作、复制、出版、贩卖、传播淫秽电影、表演、动画等视频文件十个以上的;

(二)制作、复制、出版、贩卖、传播淫秽音频文件五十个以上的;

(三)制作、复制、出版、贩卖、传播淫秽电子刊物、图片、文章等一百件以上的;

(四)制作、复制、出版、贩卖、传播的淫秽电子信息,实际被点击数达到五千次以上的;

(五)以会员制方式出版、贩卖、传播淫秽电子信息,注册会员达一百人以上的;

(六)利用淫秽电子信息收ську广告费、会员注册费或者其他费用,违法所得五千元以上的;

(七)数量或者数额虽未达到第(一)项至第(六)项规定标准,但分别达到其中两项以上标准一半以上的;

(八)造成严重后果的。

实施第二款规定的行为,数量或者数额达到第二款第(一)项至第(七)项规定标准五倍以上的,应当认定为刑法第三百六十三条第一款规定的"情节严重";达到规定标准二十五倍以上的,应当认定为"情节特别严重"。(§1)

△(网站建立者、直接负责的管理者;传播淫秽物品牟利罪;情节严重;情节特别严重)以牟利为目的,网站建立者、直接负责的管理者明知他人制作、复制、出版、贩卖、传播的是淫秽电子信息,允许或者放任他人在自己所有、管理的网站或者网页上发布,具有下列情形之一的,依照刑法第三百六十三条第一款的规定,以传播淫秽物品牟利罪定罪处罚:

(一)数量或者数额达到第一条第二款第(一)项至第(六)项规定标准五倍以上的;

(二)数量或者数额分别达到第一条第二款第(一)项至第(六)项两项以上标准二倍以上的;

(三)造成严重后果的。

实施前款规定的行为,数量或者数额达到第一条第二款第(一)项至第(七)项规定标准二十五倍以上的,应当认定为刑法第三百六十三条第一款规定的"情节严重";达到规定标准一百倍以上的,应当认定为"情节特别严重"。① (§4)

△(电信业务经营者、互联网信息服务提供者;传播淫秽物品牟利罪;情节严重;情节特别严重)电信业务经营者、互联网信息服务提供者明知是淫秽网站,为其提供互联网接入、服务器托管、网络存储空间、通讯传输通道、代收费等服务,并收取服务费,具有下列情形之一的,对直接负责的主管人员和其他直接责任人员,依照刑法第三百六十三条第一款的规定,以传播淫秽物品牟利罪定罪处罚②:

(一)为五个以上淫秽网站提供上述服务的;

(二)为淫秽网站提供互联网接入、服务器托管、网络存储空间、通讯传输通道等服务,收取服务费数额在二万元以上的;

(三)为淫秽网站提供代收费服务,收取服务费数额在五万元以上的;

(四)造成严重后果的。

实施前款规定的行为,数量或者数额达到前款第(一)项至第(三)项规定标准五倍以上的,应当认定为刑法第三百六十三条第一款规定的"情节严重";达到规定标准二十五倍以上的,应当认定为"情节特别严重"。(§6)

△(共同犯罪;直接或者间接提供资金;提供费用结算服务;情节严重;情节特别严重)明知是淫秽网站,以牟利为目的,通过投放广告等方式向其直接或者间接提供资金,或者提供费用结算服务,具有下列情形之一的,对直接负责的主管人员和其他直接责任人员,依照刑法第三百六十三条第一款的规定,以制作、复制、出版、贩卖、传播淫秽物品牟利罪的共同犯罪定罪处罚:

(一)向十个以上淫秽网站投放广告或者以其他方式提供资金的;

---

① 我国学者指出,本规定中的"情节严重""情节特别严重"采用了与《最高人民法院、最高人民检察院关于办理利用互联网、移动通讯终端、声讯台制作、复制、出版、贩卖、传播淫秽电子信息刑事案件具体应用法律若干问题的解释》倍数相同的认定标准,值得商榷。因为现代网络进入"云时代",一个网络云盘可以存储数以千计的淫秽影片,直接在网上售卖云盘账号密码即可,价格仅数元、数十元。因此,在定罪量刑时应当主要依据贩卖淫秽物品牟利的金额,而不能依据视频数量。参见阮齐林:《中国刑法各罪论》,中国政法大学出版社2016年版,第459页。

② 此规定的适用前提是实行犯与共犯均构成犯罪,并承担刑事责任、在刑事诉讼程序上均受到处理。参见黎宏:《刑法学各论》(第2版),法律出版社2016年版,第369页。

(二)向淫秽网站投放广告二十条以上的;

(三)向十个以上淫秽网站提供费用结算服务的;

(四)以投放广告或者其他方式向淫秽网站提供资金数额在五万元以上的;

(五)为淫秽网站提供费用结算服务,收取服务费数额在二万元以上的;

(六)造成严重后果的。

实施前款规定的行为,数量或者数额达到前款第(一)项至第(五)项规定标准五倍以上的,应当认定为刑法第三百六十三条第一款规定的"情节严重";达到规定标准二十五倍以上的,应当认定为"情节特别严重"。(§7)

△(**明知**)实施第四条至第七条规定的行为,具有下列情形之一的,应当认定行为人"明知",但是有证据证明确实不知道的除外:

(一)行政主管机关书面告知后仍然实施上述行为的;

(二)接到举报后不履行法定管理职责的;

(三)为淫秽网站提供互联网接入、服务器托管、网络存储空间、通讯传输通道、代收费、费用结算等服务,收取服务费明显高于市场价格的;

(四)向淫秽网站投放广告,广告点击率明显异常的;

(五)其他能够认定行为人明知的情形。(§8)

△(**累计计算数量或者数额**)一年内多次实施制作、复制、出版、贩卖、传播淫秽电子信息行为未经处理,数量或者数额累计计算构成犯罪的,应当依法定罪处罚。(§9)

△(**罚金数额;没收财产**)对于以牟利为目的,实施制作、复制、出版、贩卖、传播淫秽电子信息犯罪的,人民法院应当综合考虑犯罪的违法所得、社会危害性等情节,依法判处罚金或者没收财产。罚金数额一般在违法所得的一倍以上五倍以下。(§11)

△(**网站;淫秽网站**)《最高人民法院、最高人民检察院关于办理利用互联网、移动通讯终端、声讯台制作、复制、出版、贩卖、传播淫秽电子信息刑事案件具体应用法律若干问题的解释》和本解释所称网站,是指可以通过互联网域名、IP地址等方式访问的内容提供站点。

以制作、复制、出版、贩卖、传播淫秽电子信息为目的建立或者建立后主要从事制作、复制、出版、贩卖、传播淫秽电子信息活动的网站,为淫秽网站。① (§12)

《最高人民法院、最高人民检察院关于利用网络云盘制作、复制、贩卖、传播淫秽电子信息牟利行为定罪量刑问题的批复》(法释〔2017〕19号,自2017年12月1日起施行)

△(**网络云盘;淫秽电子信息**)对于以牟利为目的,利用网络云盘制作、复制、贩卖、传播淫秽电子信息的行为,是否应当追究刑事责任,适用刑法和《最高人民法院、最高人民检察院关于办理利用互联网、移动通讯终端、声讯台制作、复制、出版、贩卖、传播淫秽电子信息刑事案件具体应用法律若干问题的解释》(法释〔2004〕11号)、《最高人民法院、最高人民检察院关于办理利用互联网、移动通讯终端、声讯台制作、复制、出版、贩卖、传播淫秽电子信息刑事案件具体应用法律若干问题的解释(二)》(法释〔2010〕3号)的有关规定。(§1)

△(**罪责刑相适应;传播范围、违法所得等情节;综合评估**)对于以牟利为目的,利用网络云盘制作、复制、贩卖、传播淫秽电子信息的行为,在追究刑事责任时,鉴于该行为的特点,不应单纯考虑制作、复制、贩卖、传播淫秽电子信息的数量,还应充分考虑传播范围、违法所得、行为人一贯表现以及淫秽电子信息、传播对象是否涉及未成年人等情节,综合评估社会危害性,恰当裁量刑罚,确保罪责刑相适应。(§2)

【**司法解释性文件**】

《最高人民法院、最高人民检察院、公安部关于依法开展打击淫秽色情网站专项行动有关工作的通知》(公通字〔2004〕53号,2004年7月16日公布)

△(**打击淫秽色情网站;没收犯罪工具、追缴违法所得;没收财产、罚金等财产刑**)在专项行动中,要严格按照《刑法》、全国人民代表大会常务委员会《关于维护互联网安全的决定》和有关司法解释的规定,严格依法办案,正确把握罪与非罪的界限,保证办案质量。对于利用互联网从事犯罪活动的,应当根据其具体实施的行为,分别以制作、复制、出版、贩卖、传播淫秽物品牟利罪、传播

---

① 我国学者指出,链接淫秽网站与单个淫秽网站相比具有更大的社会危害性。从传播淫秽物品牟利罪的社会危害性着眼,对于此类链接淫秽网站,应当分别计算网站的数量。实践中,广告投放者为了更好地达成促销产品的目的,也通常在多个链接淫秽网站上同时投放广告。因此,对于投放广告的链接淫秽网站的数量,也应当分别予以计算。参见黎宏:《刑法学各论》(第2版),法律出版社2016年版,第485页。

第三百六十三条

淫秽物品罪、组织播放淫秽音像制品罪及刑法规定的其他有关罪名,依法追究刑事责任。对于违反国家规定,擅自设立互联网上网服务营业场所,或者擅自从事互联网上网服务经营活动的,情节严重,构成犯罪的,以非法经营罪追究刑事责任。对于建立淫秽网站、网页,提供涉及未成年人淫秽信息、利用青少年教育网络从事淫秽色情活动以及顶风作案、罪行严重的犯罪分子,要坚决依法从重打击,严禁以罚代刑。要充分运用没收犯罪工具、追缴违法所得等措施,以及没收财产、罚金等财产刑,加大对犯罪分子的经济制裁力度,坚决铲除淫秽色情网站的生存基础,彻底剥夺犯罪分子非法获利和再次犯罪的资本。

《最高人民检察院、公安部关于公安机关管辖的刑事案件立案追诉标准的规定(一)》(公通字〔2008〕36号,2008年6月25日公布)

△(制作、复制、出版、贩卖、传播淫秽物品牟利罪;利用互联网、移动通信终端;立案追诉标准;利用聊天室、论坛、即时通信软件、电子邮件等方式;通过声讯台传播淫秽语音信息;明知他人用于出版淫秽书刊而提供书号、刊号)以牟利为目的,制作、复制、出版、贩卖、传播淫秽物品,涉嫌下列情形之一的,应予立案追诉:

(一)制作、复制、出版淫秽影碟、软件、录像带五十至一百张(盒)以上,淫秽音碟、录音带一百至二百张(盒)以上,淫秽扑克、书刊、画册一百至二百副(册)以上,淫秽照片、画片五百至一千张以上的;

(二)贩卖淫秽影碟、软件、录像带一百至二百张(盒)以上,淫秽音碟、录音带二百至四百张(盒)以上,淫秽扑克、书刊、画册二百至四百副(册)以上,淫秽照片、画片一千至二千张以上的;

(三)向他人传播淫秽物品达二百至五百人次以上,或者组织播放淫秽影、像达十至二十场次以上的;

(四)制作、复制、出版、贩卖、传播淫秽物品,获利五千至一万元以上的。

以牟利为目的,利用互联网、移动通信终端制作、复制、出版、贩卖、传播淫秽电子信息,涉嫌下列情形之一的,应予立案追诉:

(一)制作、复制、出版、贩卖、传播淫秽电影、表演、动画等视频文件二十个以上的;

(二)制作、复制、出版、贩卖、传播淫秽音频文件一百个以上的;

(三)制作、复制、出版、贩卖、传播淫秽电子刊物、图片、文章、短信息等二百件以上的;

(四)制作、复制、出版、贩卖、传播的淫秽电子信息,实际被点击数达到一万次以上的;

(五)以会员制方式出版、贩卖、传播淫秽电子信息,注册会员达二百人以上的;

(六)利用淫秽电子信息收取广告费、会员注册费或者其他费用,违法所得一万元以上的;

(七)数量或者数额虽未达到本款第(一)项至第(六)项规定标准,但分别达到其中两项以上标准的百分之五十以上的;

(八)造成严重后果的。

利用聊天室、论坛、即时通信软件、电子邮件等方式,实施本条第二款规定行为的,应予立案追诉。

以牟利为目的,通过声讯台传播淫秽语音信息,涉嫌下列情形之一的,应予立案追诉:

(一)向一百人次以上传播的;

(二)违法所得一万元以上的;

(三)造成严重后果的。

明知他人用于出版淫秽书刊而提供书号、刊号的,应予立案追诉。(§82)

△(为他人提供书号出版淫秽书刊罪;立案追诉标准)为他人提供书号、刊号出版淫秽书刊,或者为他人提供книга号出版淫秽音像制品的,应予立案追诉。(§83)

【**指导性案例**】

最高人民检察院指导性案例第139号:钱某制作、贩卖、传播淫秽物品牟利案(2021年2月21日发布)

△(制作、贩卖、传播淫秽物品牟利;私密空间行为;偷拍;淫秽物品)自然人在私密空间的日常生活属于民法典保护的隐私。行为人以牟利为目的,偷拍他人性行为并制作成视频文件,以贩卖、传播方式予以公开,不仅侵犯他人隐私,而且偷拍视频公开后具有描绘性行为、宣扬色情的客观属性,符合刑法关于"淫秽物品"的规定,构成犯罪的,应当以制作、贩卖、传播淫秽物品牟利罪追究刑事责任。以牟利为目的提供互联网链接,使他人可以通过偷拍设备实时观看或者下载视频,属于该罪的"贩卖、传播"行为。检察机关办理涉及偷拍他人隐私的刑事案件时,应当根据犯罪的主客观方面依法适用不同罪名追究刑事责任。

【**参考案例**】

No.6-9-363(1)-1 武景明等贩卖淫秽物品牟利、非法经营案

贩卖淫秽物品又销售非法出版物的,应当以贩卖淫秽物品牟利罪和非法经营罪实行并罚。

No.6-9-363(1)-3 何肃黄等传播淫秽物品牟利案

在互联网上刊载淫秽图片、小说、电影的,应以传播淫秽物品罪论处。

No.6-9-363(1)-4 何肃黄等传播淫秽物品牟利案

以赚取广告收入为目的,在互联网上刊载淫秽物品的,应以传播淫秽物品牟利罪论处。

No.6-9-363(1)-5 方惠茹传播淫秽物品牟利案

通过网络视频聊天进行裸聊,具有淫秽物品的本质属性即淫秽性,以牟利为目的的与多人进行网络视频裸聊的行为,应以传播淫秽物品牟利罪论处。

No.6-9-363(1)-6 唐小明制作、贩卖淫秽物品牟利案

编写添加淫秽色情内容的手机网站建站程序并贩卖的,属于制作、贩卖淫秽物品,应以制作、贩卖淫秽物品牟利罪论处。

No.6-9-363(1)-7 陈乔华复制、贩卖淫秽物品牟利案

以牟利为目的复制淫秽物品,应以复制、贩卖淫秽物品牟利罪论处。

No.6-9-363(1)-8 陈乔华复制、贩卖淫秽物品牟利案

通过手机存储卡复制淫秽物品的,其犯罪数量标准应适用《最高人民法院关于审理非法出版物刑事案件具体应用法律若干问题的解释》;存储于被告人电脑内的淫秽物品,推定为属于准备供他人复制淫秽物品的一部分,应计入复制、贩卖淫秽物品牟利罪的犯罪数量。

No.6-9-363(1)-9 李志雷贩卖淫秽物品牟利案

指向淫秽电子信息的链接应按照淫秽物品处理,以牟利为目的通过互联网贩卖淫秽视频链接的,应以贩卖淫秽物品牟利罪论处。

No.6-9-363(1)-10 李志雷贩卖淫秽物品牟利案

贩卖淫秽视频链接的数量,应以其贩卖的压缩文件数计算。

No.6-9-363(1)-11 梁世勋贩卖淫秽物品牟利案

贩卖含有淫秽视频的网络云盘,应当按照网络云盘中实际存储的淫秽视频文件数量认定淫秽物品的数量。

No.6-9-363(1)-12 梁世勋贩卖淫秽物品牟利案

贩卖含有淫秽电子信息的网络云盘类案件不能简单地套用《解释(一)》《解释(二)》①关于贩卖淫秽电子信息数量的量刑标准,而应当充分考虑案件的各种情节,综合评估社会危害性,恰当量刑。

No.6-9-363(1)-13 魏大巍、咸本厚传播淫秽物品牟利案

以牟利为目的向淫秽网站投放广告,应以传播淫秽物品牟利罪论处。

No.6-9-363(1)-14 魏大巍、咸本厚传播淫秽物品牟利案

在淫秽网站投放广告构成传播淫秽物品牟利罪的,投放广告的淫秽网站数量应单独计算。

No.6-9-363(1)-15 张方耀传播淫秽物品牟利案

通过互联网、移动通讯终端实施的淫秽电子信息犯罪,构成制作、复制、出版、贩卖、传播淫秽物品牟利罪,并根据其具体行为方式确定具体罪名。

No.6-9-363(1)-16 罗刚等传播淫秽物品牟利案

淫秽电子信息相关犯罪应当以实际点击数作为定罪量刑的标准。

No.6-9-363(1)-17 陈锦鹏等传播淫秽物品牟利案

以牟利为目的,设立淫秽网站制作、复制、出版、贩卖、传播淫秽电子信息的,应以传播淫秽物品牟利罪论处。

No.6-9-363(1)-18 陈锦鹏等传播淫秽物品牟利案

明知是淫秽网站而为其提供服务器接入的,属于传播淫秽信息的帮助行为,应以传播淫秽物品牟利罪的共犯论处。

No.6-9-363(1)-19 陈锦鹏等传播淫秽物品牟利案

明知是淫秽网站而租用广告位及为淫秽网站提供资金的,应以传播淫秽物品牟利罪的共犯论处。

No.6-9-363(1)-20 周菊清传播淫秽物品案

传播淫秽物品牟利罪中的牟利应与传播淫

---

① 《最高人民法院、最高人民检察院关于办理利用互联网、移动通讯终端、声讯台制作、复制、出版、贩卖、传播淫秽电子信息刑事案件具体应用法律若干问题的解释》[简称《解释(一)》];《最高人民法院、最高人民检察院关于办理利用互联网、移动通讯终端、声讯台制作、复制、出版、贩卖、传播淫秽电子信息刑事案件具体应用法律若干问题的解释(二)》[简称《解释(二)》]

物品之间存在直接的、必然的因果关系，利用淫秽物品招揽顾客促销合法产品的，不宜认定具有牟利目的。

No.6-9-363（1）-21　北京掌中时尚科技有限公司等传播淫秽物品牟利案

淫秽电子信息属于淫秽物品，以牟利为目的传播淫秽电子信息的，应以传播淫秽物品牟利罪论处。

No.6-9-363（1）-22　陈继明等传播淫秽物品牟利案

明知他人以牟利为目的创建淫秽网站、传播淫秽物品，仍申请成为网站管理人员，对淫秽网站进行管理、编辑和维护的行为，应当以传播淫秽物品牟利罪的帮助犯定罪处罚。

No.6-9-363（1）-23　深圳市快播科技有限公司、王欣等人传播淫秽物品牟利案

提供网络视频缓存服务，在缓存服务器上存储淫秽视频，使公众可以观看并随时得到下载，构成传播淫秽物品的行为，成立传播淫秽物品牟利罪。

No.6-9-363（1）-24　深圳市快播科技有限公司、王欣等人传播淫秽物品牟利案

对于淫秽物品的传播，网络服务提供者不适用"避风港"规则。

No.6-9-363（1）-25　张正亮贩卖淫秽物品牟利案

行为人以牟利为目的，低价购入淫秽物品，但尚未取得货物即被抓获的，构成贩卖淫秽物品牟利罪未遂。

第三百六十四条　【传播淫秽物品罪】【组织播放淫秽音像制品罪】

传播淫秽的书刊、影片、音像、图片或者其他淫秽物品，情节严重的，处二年以下有期徒刑、拘役或者管制。

组织播放淫秽的电影、录像等音像制品的，处三年以下有期徒刑、拘役或者管制，并处罚金；情节严重的，处三年以上十年以下有期徒刑，并处罚金。

制作、复制淫秽的电影、录像等音像制品组织播放的，依照第二款的规定从重处罚。

向不满十八周岁的未成年人传播淫秽物品的，从重处罚。

【条文说明】

本条是关于传播淫秽物品罪、组织播放淫秽音像制品罪及其处罚的规定。

本条共分为四款。

第一款是关于传播淫秽物品罪的规定。根据本款规定，构成本罪应当具备以下条件：

1.**行为人实施了传播淫秽物品的行为。**这里所说的"**传播**"是指在公共场所或者公众之中进行传播，主要是指通过播放、发表、传阅、出借、出租、展示、赠送、讲解、邮寄以及利用互联网等方式散布、流传淫秽物品的行为。传播是在一定范围内进行的，被传播的内容往往从一点向多点放射性扩散，由一人或少数人知悉转而为更大范围的人群知悉，这种传播行为可以是在公共场合公开进行，也可以是在私下进行，如果只是私下里自己观看，则不属于传播。①

2.**行为人传播的是淫秽物品**，即传播淫秽的图书、报纸、刊物、画册、图片、影片、录像带、录音带、激光唱盘、激光视盘、载有淫秽内容的文化娱乐品等淫秽物品。传播的内容既可以是淫秽物品中的淫秽内容，也可以是包含有淫秽内容的淫秽物品这个载体。

3.**必须达到"情节严重"才构成本罪**，"情节严重"是区分罪与非罪的界限。这里所说的"情节严重"，主要是指多次、经常性地在社会上传播淫秽物品行为；所传播的淫秽物品数量较大；或者虽然传播淫秽物品数量不大，次数不多，但被传播对象人数众多等。邮寄以及利用互联网等方式、造成的后果严重等。根据《最高人民法院关于审理非法出版物刑事案件具体应用法律若干问题的解释》第十条规定，向他人传播淫秽的书刊、影片、音像、图片等出版物达三百至六百人次以上或者造成恶劣社会影响的，属于"**情节严重**"。《最高人民法院、最高人民检察院关于办理利用互联网、移动通讯终端、声讯台制作、复制、出版、贩卖、传播淫秽电子信息刑事案件具体应用法律若干问题的解释（二）》第三条规定："利用互联

---

① 我国学者指出，为了传播而运输、携带淫秽物品的行为，同样构成传播淫秽物品罪。参见王作富主编：《刑法分则实务研究（下）》（第5版），中国方正出版社2013年版，第1527页。另有学者指出，这些行为充其量只是传播淫秽物品罪的预备行为，不宜以犯罪论处。参见张明楷：《刑法学》（第6版），法律出版社2021年版，第1543页。

网建立主要用于传播淫秽电子信息的群组,成员达三十人以上或者造成严重后果的,对建立者、管理者和主要传播者,依照刑法第三百六十四条第一款的规定,以传播淫秽物品罪定罪处罚。"

根据本款规定,传播淫秽的书刊、影片、音像、图片或者其他淫秽物品,情节严重的,处二年以下有期徒刑、拘役或者管制。

第二款是关于组织播放淫秽音像制品罪的规定。根据本款规定,构成本罪应当具备以下条件:

1. 本罪规定的是组织犯,主要是惩治"组织播放"者,**构成本罪的主体一般仅限于那些组织、策划、指挥播放和亲自操作播放的人员**,对于向个别人播放或者仅参与观看等行为,则不构成本罪,不能按本款规定处罚,这是区分罪与非罪的界限。

2. **行为人实施了组织播放淫秽的电影、录像等音像制品的行为。**这里所说的"组织播放",是指召集多人或者在互联网上播放淫秽电影、录像等音像制品的行为。播放淫秽音像制品,实质上也是一种传播淫秽物品的方式,鉴于这种行为在传播淫秽物品的各项活动中比较突出,且危害也比较严重,为了明确这种行为的法律责任,以利于打击这种犯罪活动,本款将这种行为规定为一个独立的罪名。这里所说的"音像制品",除了淫秽的电影、录像外,还包括淫秽的幻灯片、录音带、激光唱片、激光视盘、网络音视频等。

本款对组织播放的音像制品的犯罪行为,根据不同情节,分别规定了**两个处罚档次**:犯本罪的,处三年以下有期徒刑、拘役或者管制,并处罚金。根据《最高人民法院关于审理非法出版物刑事案件具体应用法律若干问题的解释》第十条第二款的规定,组织播放淫秽的电影、录像等音像制品达十五至三十人次以上或者造成恶劣社会影响的,依照本条第二款的规定,以组织播放音像制品罪定罪处罚。对情节严重的,处三年以上十年以下有期徒刑,并处罚金。

第三款是关于对制作、复制淫秽的音像制品,又组织播放的从重处罚的规定。

根据本款规定,行为人既实施了制作、复制淫秽的电影、录像等音像制品的行为,又实施了组织播放淫秽的电影、录像等音像制品的行为,**应当按照组织播放音像制品罪的规定从重处罚**。"从重"是指根据行为人所犯的罪行的具体情节在本条第二款规定的相应的量刑幅度内判处较重的刑罚。

第四款是关于向不满十八周岁的未成年人传播淫秽物品从重处罚的规定。

未成年人是需要在法律上进行特殊保护的群体,由于未成年人的认识能力受到年龄的限制,对淫秽物品的性质和危害性往往缺乏正确的认识,向未成年人传播淫秽物品,会导致未成年人形成错误的世界观、人生观,甚至诱发未成年人实施违法犯罪行为,社会危害更为严重。因此,对引诱、教唆未成年人犯罪以及对未成年人实施犯罪行为的,必须予以严厉打击,这是立法和司法实践中一贯坚持的。因此,本款规定,**向不满十八周岁的未成年人传播淫秽物品的,从重处罚**。这与国际上的做法也是衔接的。

实际执行中应当注意以下两个方面的问题:

1. **如何区分传播淫秽物品罪与传播淫秽物品牟利罪**。这两个罪的行为人都实施了传播淫秽物品的行为,但两罪还是存在区别的:一是主观目的不同。行为人传播淫秽物品不是以牟利为目的的,则构成传播淫秽物品罪。如果行为人"以牟利为目的"实施传播淫秽物品的行为,则构成传播淫秽物品牟利罪,依照本法第三百六十三条的规定定罪处罚。二是情节要求不同。只有"情节严重的"传播淫秽物品的行为,才能构成传播淫秽物品罪;而本法第三百六十三条规定的传播淫秽物品牟利罪,并未要求达到情节严重,情节严重只是第二档刑罚的条件。

2. **如何区分组织播放淫秽音像制品罪与传播淫秽物品罪**。组织播放淫秽音像制品实质上也是传播淫秽物品的一种形式,只是因为其具有更严重的社会危害性,所以单独规定为犯罪。两者之间的主要区别:一是传播的内容不同。组织播放淫秽音像制品罪是直接播放淫秽的内容;而传播淫秽物品罪既可以是传播淫秽的内容也可以是传播含有淫秽内容的载体。二是客观方面表现不同。组织播放淫秽音像制品罪必须有召集多人观看、收听的行为;而传播淫秽物品罪并没有这一要求,如果行为人在公开的场合自己观看,没有组织他人,导致他人围观,也有可能构成传播淫秽物品罪。三是情节要求不同。传播淫秽物品罪必须要达到"情节严重的"条件才构成犯罪;而组织播放淫秽音像制品罪没有这一限制,情节严重只是作为第二档刑罚的条件。

【司法解释】

《最高人民法院关于审理非法出版物刑事案件具体应用法律若干问题的解释》(法释〔1998〕30号,自1998年12月23日起施行)

△(情节严重;传播淫秽物品罪;组织播放淫秽音像制品罪)向他人传播淫秽的书刊、影片、音像、图片等出版物达三百至六百人次以上或者造成恶劣社会影响的,属于"情节严重",依照刑法

第三百六十四条第一款的规定，以传播淫秽物品罪定罪处罚。

组织播放淫秽的电影、录像等音像制品达十五至三十场次以上或者造成恶劣社会影响的，依照刑法第三百六十四条第二款的规定，以组织播放淫秽音像制品罪定罪处罚。（§10）

△**（事前通谋；共犯）**出版单位与他人事前通谋，向其出售、出租或者以其他形式转让该出版单位的名称、书号、刊号、版号，他人实施本解释第二条、第四条、第八条、第九条、第十条、第十一条规定的行为，构成犯罪的，对该出版单位应当以共犯论处。（§16）

△**（具体数额、数量标准）**各省、自治区、直辖市高级人民法院可以根据本地的情况和社会治安状况，在本解释第八条、第十条、第十二条、第十三条规定的有关数额、数量标准的幅度内，确定本地执行的具体标准，并报最高人民法院备案。（§18）

《最高人民法院、最高人民检察院关于办理利用互联网、移动通讯终端、声讯台制作、复制、出版、贩卖、传播淫秽电子信息刑事案件具体应用法律若干问题的解释》（法释〔2004〕11号，自2004年9月6日起施行）

△**（利用互联网或者移动通讯终端；传播淫秽电子信息；利用聊天室、论坛、即时通信软件、电子邮件等方式）**不以牟利为目的，利用互联网或者移动通讯终端传播淫秽电子信息，具有下列情形之一的，依照刑法第三百六十四条第一款的规定，以传播淫秽物品罪定罪处罚：

（一）数量达到第一条第一款第（一）项至第（五）项规定标准①二倍以上的；

（二）数量分别达到第一条第一款第（一）项至第（五）项两项以上标准的；

（三）造成严重后果的。

利用聊天室、论坛、即时通信软件、电子邮件等方式，实施第一款规定行为的，依照刑法第三百六十四条第一款的规定，以传播淫秽物品罪定罪处罚。（§3）

△**（从重处罚事由）**实施本解释前五条规定的犯罪，具有下列情形之一的，依照刑法第三百六十三条第一款、第三百六十四条第一款的规定从重处罚：

（一）制作、复制、出版、贩卖、传播具体描绘不满十八周岁未成年人性行为的淫秽电子信息的；

（二）明知是具体描绘不满十八周岁的未成年人性行为的淫秽电子信息而在自己所有、管理或者使用的网站或者网页上提供直接链接的；

（三）向不满十八周岁的未成年人贩卖、传播淫秽电子信息和语音信息的；

（四）通过使用破坏性程序、恶意代码修改用户计算机设置等方法，强制用户访问、下载淫秽电子信息的。（§6）

《最高人民法院、最高人民检察院关于办理利用互联网、移动通讯终端、声讯台制作、复制、出版、贩卖、传播淫秽电子信息刑事案件具体应用法律若干问题的解释（二）》（法释〔2010〕3号，自2010年2月4日起施行）

△**（利用互联网、移动通讯终端；传播淫秽电子信息；内容含有不满十四周岁未成年人的淫秽电子信息）**利用互联网、移动通讯终端传播淫秽电子信息的，依照《最高人民法院、最高人民检察院关于办理利用互联网、移动通讯终端、声讯台制作、复制、出版、贩卖、传播淫秽电子信息刑事案件具体应用法律若干问题的解释》第三条的规定定

---

① 《最高人民法院、最高人民检察院关于办理利用互联网、移动通讯终端、声讯台制作、复制、出版、贩卖、传播淫秽电子信息刑事案件具体应用法律若干问题的解释》（法释〔2004〕11号，自2004年9月6日起施行）

第一条

Ⅰ以牟利为目的，利用互联网、移动通讯终端制作、复制、出版、贩卖、传播淫秽电子信息，具有下列情形之一的，依照刑法第三百六十三条第一款的规定，以制作、复制、出版、贩卖、传播淫秽物品牟利罪定罪处罚：

（一）制作、复制、出版、贩卖、传播淫秽电影、表演、动画等视频文件二十个以上的；

（二）制作、复制、出版、贩卖、传播淫秽音频文件一百个以上的；

（三）制作、复制、出版、贩卖、传播淫秽电子刊物、图片、文章、短信息等二百件以上的；

（四）制作、复制、出版、贩卖、传播的淫秽电子信息，实际被点击数达到一万次以上的；

（五）以会员制方式出版、贩卖、传播淫秽电子信息，注册会员达二百人以上的；

（六）利用淫秽电子信息收取广告费、会员注册费或者其他费用，违法所得一万元以上的；

（七）数量或者数额虽未达到第（一）项至第（六）项规定标准，但分别达到其中两项以上标准一半以上的；

（八）造成严重后果的。

Ⅱ利用聊天室、论坛、即时通信软件、电子邮件等方式，实施第一款规定行为的，依照刑法第三百六十三条第一款的规定，以制作、复制、出版、贩卖、传播淫秽物品牟利罪定罪处罚。

罪处罚。

利用互联网、移动通讯终端传播内容含有不满十四周岁未成年人的淫秽电子信息,具有下列情形之一的,依照刑法第三百六十四条第一款的规定,以传播淫秽物品罪定罪处罚:

(一)数量达到第一条第二款第(一)项至第(五)项规定标准①二倍以上的;

(二)数量分别达到第一条第二款第(一)项至第(五)项两项以上标准的;

(三)造成严重后果的。(§2)

△(**主要用于传播淫秽电子信息的群组;建立者;管理者;主要传播者**)利用互联网建立主要用于传播淫秽电子信息的群组,成员达三十人以上或者造成严重后果的,对建立者、管理者和主要传播者,依照刑法第三百六十四条第一款的规定,以传播淫秽物品罪定罪处罚。②(§3)

△(**网站建立者、直接负责的管理者**)网站建立者、直接负责的管理者明知他人制作、复制、出版、贩卖、传播的是淫秽电子信息,允许或者放任他人在自己所有、管理的网站或者网页上发布,具有下列情形之一的,依照刑法第三百六十四条第一款的规定,以传播淫秽物品罪定罪处罚:

(一)数量达到第一条第二款第(一)项至第(五)项规定标准十倍以上的;

(二)数量分别达到第一条第二款第(一)项至第(五)项两项以上标准五倍以上的;

(三)造成严重后果的。(§5)

△(**明知**)实施第四条至第七条规定的行为,具有下列情形之一的,应当认定行为人"明知",但是有证据证明确实不知道的除外:

(一)行政主管机关书面告知后仍然实施上述行为的;

(二)接到举报后不履行法定管理职责的;

(三)为淫秽网站提供互联网接入、服务器托管、网络存储空间、通讯传输通道、代收费、费用结算等服务,收取服务费明显高于市场价格的;

(四)向淫秽网站投放广告,广告点击率明显异常的;

(五)其他能够认定行为人明知的情形。(§8)

△(**累计计算数量或者数额**)一年内多次实施制作、复制、出版、贩卖、传播淫秽电子信息行为未经处理,数量或者数额累计计算构成犯罪的,应当依法定罪处罚。(§9)

△(**罚金数额;没收财产**)对于以牟利为目的,实施制作、复制、出版、贩卖、传播淫秽电子信息犯罪的,人民法院应当综合考虑犯罪的违法所得、社会危害性等情节,依法判处罚金或者没收财产。罚金数额一般在违法所得的一倍以上五倍以下。(§11)

△(**网站;淫秽网站**)《最高人民法院、最高人民检察院关于办理利用互联网、移动通讯终端、声讯台制作、复制、出版、贩卖、传播淫秽电子信息刑事案件具体应用法律若干问题的解释》和本解释所称网站,是指可以通过互联网域名、IP地址等方式访问的内容提供站点。

以制作、复制、出版、贩卖、传播淫秽电子信息为目的建立或者建立后主要从事制作、复制、出

---

① 《最高人民法院、最高人民检察院关于办理利用互联网、移动通讯终端、声讯台制作、复制、出版、贩卖、传播淫秽电子信息刑事案件具体应用法律若干问题的解释(二)》(法释〔2010〕3号,自2010年2月4日起施行)
第一条
Ⅰ以牟利为目的,利用互联网、移动通讯终端制作、复制、出版、贩卖、传播淫秽电子信息的,依照《最高人民法院、最高人民检察院关于办理利用互联网、移动通讯终端、声讯台制作、复制、出版、贩卖、传播淫秽电子信息刑事案件具体应用法律若干问题的解释》第一条、第二条的规定定罪处罚。
Ⅱ以牟利为目的,利用互联网、移动通讯终端制作、复制、出版、贩卖、传播内容含有不满十四周岁未成年人的淫秽电子信息,具有下列情形之一的,依照刑法第三百六十三条第一款的规定,以制作、复制、出版、贩卖、传播淫秽物品牟利罪定罪处罚:
(一)制作、复制、出版、贩卖、传播淫秽电影、表演、动画等视频文件十个以上的;
(二)制作、复制、出版、贩卖、传播淫秽音频文件五个以上的;
(三)制作、复制、出版、贩卖、传播淫秽电子刊物、图片、文章等一百件以上的;
(四)制作、复制、出版、贩卖、传播的淫秽电子信息,实际被点击数达到五千次以上的;
(五)以会员制方式出版、贩卖、传播淫秽电子信息,注册会员达一百人以上的;
……
Ⅲ实施第二款规定的行为,数量或者数额达到第二款第(一)项至第(七)项规定标准五倍以上的,应当认定为刑法第三百六十三条第一款规定的"情节严重";达到标准二十五倍以上的,应当认定为"情节特别严重"。
② 我国学者指出,本规定之所以不以传播淫秽电子信息的数量、点击量作为定罪量刑的标准,是要考虑到群组有人员的封闭性和受众的特定性,在线聊天和传播淫秽电子信息时,如果不屏蔽信息,受众都可以接收。如果以传播电子信息的数量计算,从传播者的角度考虑是放纵,从受众的角度考虑又过于严苛。参见阮齐林:《中国刑法各罪论》,中国政法大学出版社2016年版,第459—460页。

第三百六十四条

版、贩卖、传播淫秽电子信息活动的网站,为淫秽网站。(§12)

【司法解释性文件】

《公安部关于携带、藏匿淫秽VCD是否属于传播淫秽物品问题的批复》(公复字〔1998〕6号,1998年11月9日公布)

△(携带、藏匿淫秽VCD;传播淫秽物品)1990年7月6日最高人民法院、最高人民检察院《关于办理淫秽物品刑事案件具体应用法律的规定》,已于1994年8月29日被废止,不再执行。对于携带、藏匿淫秽VCD的行为,不能简单地视为"传播",而应注意广泛搜集证据,根据主客观相统一的原则,来判断是否构成"传播"行为。如果行为人主观上没有"传播"故意,只是为了自己观看,不能认定为"传播淫秽物品",但应当没收淫秽VCD,并对当事人进行必要的法制教育。此外,还应注意扩大线索,挖掘来源,及时查获有关违法犯罪活动。

《最高人民检察院、公安部关于公安机关管辖的刑事案件立案追诉标准的规定(一)》(公通字〔2008〕36号,2008年6月25日公布)

△(传播淫秽物品罪;立案追诉标准;利用互联网、移动通讯终端;利用互联网、移动通讯终端;传播淫秽电子信息)传播淫秽的书刊、影片、音像、图片或者其他淫秽物品,涉嫌下列情形之一的,应予立案追诉:

(一)向他人传播三百至六百人次以上的;

(二)造成恶劣社会影响的。

不以牟利为目的,利用互联网、移动通讯终端传播淫秽电子信息,涉嫌下列情形之一的,应予立案追诉:

(一)数量达到本规定第八十二条第二款第(一)项至第(五)项规定标准①二倍以上的;

(二)数量分别达到本规定第八十二条第二款第(一)项至第(五)项两项以上标准的;

(三)造成严重后果的。

利用聊天室、论坛、即时通信软件、电子邮件等方式,实施本条第二款规定行为的,应予立案追诉。(§84)

△(组织播放淫秽音像制品罪;立案追诉标准)组织播放淫秽的电影、录像等音像制品,涉嫌下列情形之一的,应予立案追诉:

(一)组织播放十五至三十场次以上的;

(二)造成恶劣社会影响的。(§85)

【参考案例】

No.6-9-364(1)-1 胡鹏等传播淫秽物品案

主要用于传播淫秽电子信息的群组,是指传播淫秽电子信息这一主题具备长期性和居于主导地位的网络群组;作为定罪量刑标准的群组成员数,应以网络显示的成员数为准;群组的创建者、管理者应当对整个群的讨论内容和刊载信息负责,主要传播者只要上传了淫秽电子信息,无论案发时是否仍是群组成员,均应依法予以定罪处罚。

No.6-9-364(1)-2 冷继超传播淫秽物品案

网站版主明知是淫秽信息,而允许或放任该淫秽信息传播,涉及的淫秽电子信息数量达到司法解释规定的数量标准,应以传播淫秽物品罪论处;淫秽电子信息数量应以参与管理的版块、担任版主期间所涉及的数量为限。

No.6-9-364(1)-4 宋文传播淫秽物品、敲诈勒索案

将自己与他人的性行为视频上传至个人博客,使不特定多数人得以浏览,属于传播淫秽物品,应以传播淫秽物品罪论处。

---

① 《最高人民检察院、公安部关于公安机关管辖的刑事案件立案追诉标准的规定(一)》(公通字〔2008〕36号,2008年6月25日公布)
第八十二条
Ⅱ以牟利为目的,利用互联网、移动通讯终端制作、复制、出版、贩卖、传播淫秽电子信息,涉嫌下列情形之一的,应予立案追诉:
(一)制作、复制、出版、贩卖、传播淫秽电影、表演、动画等视频文件二十个以上的;
(二)制作、复制、出版、贩卖、传播淫秽音频文件一百个以上的;
(三)制作、复制、出版、贩卖、传播淫秽电子刊物、图片、文章、短信息等二百件以上的;
(四)制作、复制、出版、贩卖、传播的淫秽电子信息,实际被点击数达到一万次以上的;
(五)以会员制方式出版、贩卖、传播淫秽电子信息,注册会员达二百人以上的;
(六)利用淫秽电子信息收取广告费、会员注册费或者其他费用,违法所得一万元以上的;
(七)数量或者数额虽未达到本款第(一)项至第(六)项规定标准,但分别达到其中两项以上标准的百分之五十以上的;
(八)造成严重后果的。

第三百六十五条 【组织淫秽表演罪】
组织进行淫秽表演的,处三年以下有期徒刑、拘役或者管制,并处罚金;情节严重的,处三年以上十年以下有期徒刑,并处罚金。

【条文说明】

本条是关于组织淫秽表演罪及其处罚的规定。

根据本条规定,构成组织淫秽表演罪,必须具备以下条件:

1. **犯罪主体是淫秽表演的组织者**,有些可能是专门从事淫秽表演的组织者,类似"穴头";有些是酒吧的老板,为招揽生意而组织淫秽表演。表演者不构成本罪,对表演者应采取教育和行政措施使其认识错误,以后从事正当劳动,对于构成违反治安管理的行为,依照治安管理处罚法的规定处罚。对于既是组织者又是表演者的,应按照组织者处理。对于明知他人组织淫秽表演,仍为其提供场所或者其他便利条件的,按照组织淫秽表演罪的共犯处理,应根据其在犯罪中的作用处罚。对于为组织淫秽表演活动卖票或者进行其他服务性活动的,应根据实际情况,区别对待,对于犯罪团伙、集团的成员应当按共犯处理,对于犯罪分子属于情节轻微的,一般可不按照犯罪处理。

2. **行为人实施了组织淫秽表演的行为**。① 行为人所雇用的演员的多少以及观众的多少,一般并不影响本罪的构成,而应作为犯罪的情节考虑。实践中,这些淫秽表演大多是以牟利为目的,但也有个别情况不是以牟利为目的。不论是否以牟利为目的,均不影响本罪的构成。这里所说的"**淫秽表演**",是指关于性行为或者露骨宣扬色情的诲淫性的表演,如进行性交表演、手淫口淫表演、脱衣舞表演等。"**组织进行淫秽表演**",是指组织他人进行淫秽性的表演,既可以是公开进行的,也可以是在隐蔽情况下针对部分人进行的。其中"**组织**"是指策划执行过程,纠集、招募、雇用表演者,寻找、租用表演场地,招揽观众等组织演出的行为。组织的表现形式是多样的,是指在组织淫秽表演过程中起到纠集、组织、指挥、协调等作用,有的在组织淫秽表演过程中的各个环节都发挥组织作用,也有的只是在其中某一个或几个环节发挥作用,有的组织行为是独立进行的,有的组织行为则是受到总的组织者的指示。对于各种不同的情形,应当根据其具体作用作出不同认定,有的可以认定为"组织"的主犯,有的则可以认定为组织的帮助犯或从犯。《最高人民检察院、公安部关于公安机关管辖的刑事案件立案追诉标准的规定(一)》第八十六条规定:"以策划、招募、强迫、雇用、引诱、提供场地、提供资金等手段,组织进行淫秽表演,涉嫌下列情形之一的,**应予立案追诉**:(一)组织表演者进行裸体表演的;(二)组织表演者利用性器官进行诲淫性表演的;(三)组织表演者半裸体或者变相裸体表演并通过语言、动作具体描绘性行为的;(四)其他组织进行淫秽表演应予追究刑事责任的情形。"

根据本条规定,组织进行淫秽表演的,处三年以下有期徒刑、拘役或者管制,并处罚金;情节严重的,处三年以上十年以下有期徒刑,并处罚金。"**情节严重**"是指多次组织淫秽表演、造成非常恶劣影响,以暴力、胁迫的方式迫使他人进行淫秽表演以及犯罪集团的首要分子等。

实际执行中应当注意以下两个方面的问题:

1. 在聚众进行淫乱活动中,也经常出现由数人作性交表演,其他人观看的情况,这种表演属于聚众进行淫乱的一部分,对于这种行为,应按照本法第三百零一条**聚众淫乱罪**的规定来处理。对受雇从事淫秽表演的人员,观看淫秽表演者,可以视情节予以治安管理处罚或者批评教育。②

2. 关于**淫秽色情网络直播行为**如何定性的问题。随着科技的发展与普及,人们获取信息、传播信息的途径不断增多,社交方式在网络环境下也多种多样。网络直播是在互联网、移动通讯不断普及下产生的一种新兴社交方式,在我国得到迅速发展,由于网络直播可以获得观众的财物打赏或者其

---

① 陈家林教授将本条解释为"组织他人进行淫秽表演的行为"。参见高铭暄、马克昌主编:《刑法学》(第7版),北京大学出版社、高等教育出版社2016年版,第607页。另有学者指出,由于《刑法》第三百六十五条未规定"组织他人进行淫秽表演",故而,组织者本人是否直接进行淫秽表演,不影响本罪的成立。另外,虽然通常情形是组织"他人"进行淫秽表演,但也不排除组织人与动物一起进行淫秽表演,或者组织动物进行淫秽表演。如果在解释本条时加上"他人"二字,会导致人为地限缩本罪的处罚范围。参见张明楷:《刑法学》(第6版),法律出版社2021年版,第1544页。

② 组织卖淫过程中,为吸引嫖客,促成卖淫活动的进行,而组织淫秽表演的,只构成组织卖淫罪;聚众淫乱过程中,组织参与者进行淫秽表演的,只构成聚众淫乱罪,而不数罪并罚。参见周光权:《刑法各论》(第4版),中国人民大学出版社2021年版,第528页。

他礼物,产生巨大利益,一些不法分子利用直播进行色情表演,有的直播裸体、洗澡等行为,有的进行性行为。对于利用网络直播软件和直播平台进行淫秽色情直播的行为如何定罪,实践中存在不同认识,有的认为属于制作、传播淫秽物品的犯罪,有的认为属于组织淫秽表演的犯罪。网络直播行为不能一概而论,要根据案件的具体情况,分别以制作、传播淫秽物品牟利罪,传播淫秽物品罪,组织播放淫秽音像制品罪,组织淫秽表演罪定罪处罚。

【司法解释】

《最高人民法院 最高人民检察院关于办理强奸、猥亵未成年人刑事案件适用法律若干问题的解释》(法释〔2023〕3号,自2023年6月1日起施行)

△(胁迫、诱骗未成年人暴露身体隐私部位或者实施淫秽行为;强制猥亵罪、猥亵儿童罪;竞合)胁迫、诱骗未成年人通过网络视频聊天或者发送视频、照片等方式,暴露身体隐私部位或者实施淫秽行为,符合刑法第二百三十七条规定的,以强制猥亵罪或者猥亵儿童罪定罪处罚。

胁迫、诱骗未成年人通过网络直播方式实施前款行为,同时符合刑法第二百三十七条、第三百六十五条的规定,构成强制猥亵罪、猥亵儿童罪、组织淫秽表演罪的,依照处罚较重的规定定罪处罚。(§9)

【司法解释性文件】

《最高人民检察院、公安部关于公安机关管辖的刑事案件立案追诉标准的规定(一)》(公通字〔2008〕36号,2008年6月25日公布)

△(组织淫秽表演罪;立案追诉标准)以策划、招募、强迫、雇用、引诱、提供场地、提供资金等手段,组织进行淫秽表演,涉嫌下列情形之一的,应予立案追诉:

(一)组织表演者进行裸体表演的;

(二)组织表演者利用性器官进行诲淫性表演的;

(三)组织表演者半裸体或者变相裸体表演并通过语言、动作具体描绘性行为的;

(四)其他组织进行淫秽表演应予追究刑事责任的情形。(§86)

【参考案例】

No.6-9-365-1 重庆访问科技有限公司等单位及郑立等人组织淫秽表演案

通过网络视频组织淫秽表演的,应以组织淫秽表演罪论处。①

No.6-9-365-2 董志尧组织淫秽表演案

招募模特和摄影者要求模特暴露生殖器、摆出淫秽姿势供摄影者拍摄的,构成组织淫秽表演罪。

No.6-9-365-3 董志尧组织淫秽表演案

一对一的表演活动中,由于受众具有不特定性与多数性,符合组织淫秽表演罪的公开性特征,不影响组织淫秽表演罪的认定。

第三百六十六条 【单位犯本节之罪的处罚规定】
单位犯本节第三百六十三条、第三百六十四条、第三百六十五条规定之罪的,对单位判处罚金,并对其直接负责的主管人员和其他直接责任人员,依照各该条的规定处罚。

【条文说明】

本条是对单位实施有关淫秽物品犯罪如何处罚的规定。

根据本条规定,单位有本法第三百六十三条、第三百六十四条、第三百六十五条所规定的犯罪行为的,除对单位判处罚金外,对其直接负责的主管人员和其他直接责任人员,还应分别依照各该条的有关规定予以刑事处罚。这里所说的"**直接负责的主管人员**",是指单位对犯罪活动负直接责任的主要领导人。"直接责任人员"是指具体实施犯罪活动的行为人,即直接参与本单位制作、复制、出版、贩卖、传播淫秽物品,为他人出版书刊提供书号,传播淫秽的图片、书刊、影片、音像或者其他淫秽物品,组织播放淫秽的电影、录像或者其他音像制品,组织淫秽表演等行为的。

实践中需要注意的是,对单位犯罪进行追究,在认定直接责任人员或者直接负责的主管人员时,应当把握两点:一是行为人在主观上必须对单位所从事的犯罪活动是明知的,具体表现为有批

---

① 相同的学说见解,参见王作富主编:《刑法分则实务研究(下)》(第5版),中国方正出版社2013年版,第1536—1538页。

准、默许、纵容本单位实施或者直接参与实施本条规定的违法犯罪活动的行为。二是单位从事本条规定的违法犯罪行为所获得的具体利益归于单位。上述两个条件同时具备才能构成本条规定的单位犯罪。

【司法解释】

《最高人民法院 最高人民检察院关于办理利用互联网、移动通讯终端、声讯台制作、复制、出版、贩卖、传播淫秽电子信息刑事案件具体应用法律若干问题的解释(二)》(法释〔2010〕3号,自2010年2月4日起施行)

△(单位犯罪)单位实施制作、复制、出版、贩卖、传播淫秽电子信息犯罪的,依照《中华人民共和国刑法》、《最高人民法院、最高人民检察院关于办理利用互联网、移动通讯终端、声讯台制作、复制、出版、贩卖、传播淫秽电子信息刑事案件具体应用法律若干问题的解释》和本解释规定的相应个人犯罪的定罪量刑标准,对直接负责的主管人员和其他直接责任人员定罪处罚,并对单位判处罚金。(§10)

第三百六十七条 【淫秽物品的定义】
本法所称淫秽物品,是指具体描绘性行为或者露骨宣扬色情的诲淫性的书刊、影片、录像带、录音带、图片及其他淫秽物品。
有关人体生理、医学知识的科学著作不是淫秽物品。
包含有色情内容的有艺术价值的文学、艺术作品不视为淫秽物品。

【条文说明】

本条是关于淫秽物品定义的规定。
本条共分为三款。
第一款是关于淫秽物品概念的规定。根据本款规定,**第一,淫秽物品具有具体描绘性行为或者露骨宣扬色情的诲淫性的特征**。这里所说的"**具体描绘性行为**",是指较详尽、具体地描写性行为的过程及其心理感受;淫亵性地描述或者专授性技巧;具体描写通奸、淫乱、卖淫、乱伦、强奸的过程细节;描写未成年人的性行为、同性恋的性行为或者其他变态行为及与性变态有关的暴力、虐待、侮辱行为和令普通人不能容忍的对性行为等的淫亵描写。"**露骨宣扬色情**"是指公然地、不加掩饰地宣扬色情淫荡形象;着力表现人体生殖器官等。"**诲淫性**"是指挑动人们的性欲,足以导致普通人腐化堕落的具有刺激、挑逗性的文字和画面等。**第二,淫秽物品的具体表现形式,包括淫秽的书刊、影片、录像带、录音带、图片及其他淫秽物品**。根据《最高人民法院、最高人民检察院关于办理利用互联网、移动通讯终端、声讯台制作、复制、出版、贩卖、传播淫秽电子信息刑事案件具体应用法律若干问题的解释》的规定,"**其他淫秽物品**"包括具体描绘性行为或者露骨宣扬色情的诲淫性的视频文件、音频文件、电子刊物、图片、文章、短信息等互联网、移动通讯终端电子信息和声讯台语音信息。[①]

第二款是关于有关人体生理、医学知识的科学著作不是淫秽物品的规定。根据本款规定,有关人体生理、医学知识的科学著作不是淫秽物品。这里所说的"**有关人体生理、医学知识的科学著作**",是指有关人体的解剖生理知识、生育知识、疾病防治和其他有关性知识、性道德、性社会等自然科学和社会科学作品。这类作品不是淫秽物品。根据《最高人民法院、最高人民检察院关于办理利用互联网、移动通讯终端、声讯台制作、复制、出版、贩卖、传播淫秽电子信息刑事案件具体应用法律若干问题的解释》第九条的规定,有关人体生理、医学知识的电子信息和声讯台语音信息不是淫秽物品。

---

① 关于淫秽物品范围的认定,按照相对的淫秽物品概念,在判断作品的淫秽性时,不仅要判断作品自身的淫秽性,还要联系作品的特点、广告方法、销售方法、读者对象等进行相对判断。相对的,比较衡量说则是认为,需要将作品的艺术性、科学性与淫秽性进行衡量。
对此,我国学者指出,相对的淫秽物品概念否认了淫秽物品的客观性;比较衡量说虽有可取之处,但仅从淫秽性描写在作品中所占的比重认定是否为淫秽物品,具有一定的片面性。比较正确的做法应是,客观地从作品的整体性、淫秽描写与作品的关联性方面来判断是否属于淫秽物品。参见张明楷:《刑法学》(第6版),法律出版社2021年版,第1539—1540页;黎宏:《刑法学各论》(第2版),法律出版社2016年版,第484页。

第三款是关于有色情内容的有艺术价值的文学、艺术作品不视为淫秽物品的规定。根据本款规定,包含有色情内容的有艺术价值的文学、艺术作品不视为淫秽物品。所谓"**有艺术价值**",是指在现实生活中以及文化艺术发展的历史长河中具有较高文学、艺术价值,同时也包含有对性行为、色情等内容的描绘的文学、艺术作品。根据《最高人民法院、最高人民检察院关于办理利用互联网、移动通讯终端、声讯台制作、复制、出版、贩卖、传播淫秽电子信息刑事案件具体应用法律若干问题的解释》第九条的规定,包含色情内容的有艺术价值的电子文学、艺术作品不视为淫秽物品。上述具有艺术价值的文学、艺术作品,在一定范围内传播对社会没有危害性的,但应当注意的是,对这类作品本身虽不视为淫秽物品,然而对这类作品的复制、贩卖、传播仍应加以必要的管理和限制,不能任其广泛、随意传播。

需要注意的是,本条规定的淫秽物品的本质特征是指该书刊、影片、录像带、录音带、图片等淫秽物品具有**海淫性**。判断一个作品是否是淫秽物品,**需要从作品的整体性、淫秽描写与作品的关联性**等方面进行综合判断,一般来说,淫秽作品应当是整体具有海淫性,也就是该作品从其基本内容、基本格调来看是淫秽的,是以描绘性行为或者露骨宣扬色情为主的。

【**司法解释**】

《**最高人民法院、最高人民检察院关于办理利用互联网、移动通讯终端、声讯台制作、复制、出版、贩卖、传播淫秽电子信息刑事案件具体应用法律若干问题的解释**》(法释〔2004〕11 号,自 2004 年 9 月 6 日起施行)

△(其他淫秽物品;有关人体生理、医学知识的电子信息和声讯台语音信息;包含色情内容的有艺术价值的电子文学、艺术作品)刑法第三百六十七条第一款规定的"**其他淫秽物品**",包括具体描绘性行为或者露骨宣扬色情的海淫性的视频文件、音频文件、电子刊物、图片、文章、短信息等互联网、移动通讯终端电子信息和声讯台语音信息。

有关人体生理、医学知识的电子信息和声讯台语音信息不是淫秽物品。包含色情内容的有艺术价值的电子文学、艺术作品不视为淫秽物品。(§9)

【**指导性案例**】

最高人民检察院指导性案例第 139 号:钱某制作、贩卖、传播淫秽物品牟利案(2021 年 2 月 21 日发布)

△(制作、贩卖、传播淫秽物品牟利;私密空间行为;偷拍;淫秽物品)自然人在私密空间的日常生活属于民法典保护的隐私。行为人以牟利为目的,偷拍他人性行为并制作成视频文件,以贩卖、传播方式予以公开,不仅侵犯他人隐私,而且该偷拍视频公开后具有描绘性行为、宣扬色情的客观属性,符合刑法关于"淫秽物品"的规定,构成犯罪的,应当以制作、贩卖、传播淫秽物品牟利罪追究刑事责任。以牟利为目的提供互联网链接,使他人可以通过偷拍设备实时观看或者下载视频文件的,属于该罪的"贩卖、传播"行为。检察机关办理涉及偷拍他人隐私的刑事案件时,应当根据犯罪的主客观方面依法适用不同罪名追究刑事责任。

【**参考案例**】

No.6-9-364(1)-3 宋文传播淫秽物品、敲诈勒索案

自己与他人的性行为视频,若进入公共视野或以此为目的,则属于淫秽物品。

第七章 危害国防利益罪

第三百六十八条 【阻碍军人执行职务罪】【阻碍军事行动罪】
以暴力、威胁方法阻碍军人依法执行职务的,处三年以下有期徒刑、拘役、管制或者罚金。
故意阻碍武装部队军事行动,造成严重后果的,处五年以下有期徒刑或者拘役。

【条文说明】

本条是关于阻碍军人执行职务罪、阻碍军事行动罪及其处罚的规定。

本条共分为两款。

第一款是关于**阻碍军人执行职务罪**的规定。构成本罪须具备以下条件:

1. 行为人主观上是**故意犯罪**,即故意阻碍军人依法执行职务。行为人的动机或者目的可以是多种多样的,有的是认为军人执行职务触犯了其个人利益,有的是对军人个人有私仇宿怨,有的是出于与军事行动对抗的动机或者目的等。具体动机或者目的不影响阻碍军人执行职务罪的成立,但可以作为量刑情节予以考虑。

2. 行为人在客观上实施了**阻碍军人执行职务的行为**①,且这种阻碍是以暴力、威胁的方法实施的。"**暴力**",是指对依法执行职务的军人人身施以殴打、伤害、捆绑等行为。② "**威胁**",是指以杀害、伤害、毁坏名誉、毁坏财物等方式对依法执行职务的军人进行要挟、恐吓的行为。根据本款的规定,采取暴力、威胁方法是构成本罪的必要条件。阻碍军人执行职务罪是行为犯,只要行为人客观上实施了以暴力、威胁方法阻碍军人执行职务的行为,就足以构成本罪,不需要实际对军人执行职务产生严重妨害的后果。

3. 阻碍的对象必须是**军人**。③ 这里规定的"军人"是指现役军人,其具体范围应当按照《刑法》第四百五十条的规定理解。

4. 受到阻碍的必须是**军人依法执行职务的行为**。国防法等法律规定了我国武装力量的任务,**军人"依法"执行职务**是指军人依照国防法等法律规定的职责和部队的命令执行有关职务。这里需强调两点:一是对于军人违反法律规定,滥用、擅用、超越职权及其他违法行为进行抵制的,不是本条所说的阻碍军人执行职务。二是构成本条规定的犯罪,阻碍的必须是军人执行职务的行为。如果是对军人执行职务以外的行为进行阻碍的,不构成本款规定的犯罪。

根据本款规定,对以暴力、威胁方法阻碍军人依法执行职务的,处三年以下有期徒刑、拘役、管制或者罚金。有本款规定的阻碍军人执行职务的行为,造成军人伤害、死亡的,应当按照处罚较重的犯罪规定定罪处罚。

第二款是关于**阻碍军事行动罪**的规定。构成本款规定的犯罪,须具备以下几个条件:

1. 行为人在主观上有**犯罪的故意**,即有阻碍武装部队军事行动的故意。如果是出于过失,尽管在客观上也阻碍了武装部队的军事行动,也不构成本罪。

2. 行为人在客观上实施了**阻碍的行为**。这里并未规定阻碍所必需的手段,无论行为人是以暴力、威胁手段阻碍,还是采取其他非暴力的手段设置各种障碍,制造各种困难等方式均构成这里规定的"阻碍"。④

3. 阻碍的对象必须是**武装部队的整体**,而不是武装部队中的某个人。这里规定的"**武装部

---

① 我国学者指出,此种阻碍行为不仅表现为使军人停止依法执行职务,还表现为使军人被迫改变依法应当从事的公务内容。参见周光权:《刑法各论》(第4版),中国人民大学出版社2021年版,第624页。
② 我国学者指出,本罪的"暴力"以造成轻伤程度者为限。参见黎宏:《刑法学各论》(第2版),法律出版社2016年版,第491页。
③ 本罪不要求直接对军人的身体实施暴力或者威胁。只要能够阻碍军人执行职务,即使是对其辅助人员或者所携带的物品实施,也能构成本罪。参见黎宏:《刑法学各论》(第2版),法律出版社2016年版,第491页。
④ 相同的学说见解,参见张明楷:《刑法学》(第5版),法律出版社2016年版,第1173页。

队",根据《国防法》第二十二条的规定,包括中国人民解放军现役部队和预备役部队、中国人民武装警察部队、民兵。

4. 受到阻碍的必须是**武装部队的军事行动**,如不是军事行动,则不构成本罪。"军事行动"包括作战、军事演习等行动,也包括抢险救灾等非战争军事行动。①

5. 阻碍武装部队军事行动的行为**必须造成严重后果**,才构成本罪。这里规定的"严重后果",是指造成贻误战机,作战部署作出重大调整,或造成灾害扩大、人员伤亡等严重后果。

根据本款规定,对故意阻碍武装部队军事行动,造成严重后果的,处五年以下有期徒刑或者拘役。

适用本条规定,实践中应当注意以下两个方面的问题:

1. 本条第一款规定**阻碍军人执行职务罪**与第二款规定的**阻碍军事行动罪**的区分。这两种犯罪的区别主要有:一是犯罪对象不同。阻碍军人执行职务罪的犯罪对象是依法执行职务的军人,是武装部队中执行某项任务的少数人。阻碍军事行动罪的犯罪对象是武装部队整体。二是客观方面不同。阻碍军人执行职务罪以采用暴力、威胁方法为构成要件,阻碍军事行动罪没有限定特定的犯罪手段。阻碍军人执行职务罪不要求危害后果,阻碍军事行动罪要求造成严重后果。

2. 本条第一款规定的**阻碍军人执行职务罪**与《刑法》第四百二十六条规定的**阻碍执行军事职务罪**的区别。《刑法》第四百二十六条规定了阻碍执行军事职务罪,即"以暴力、威胁方法,阻碍指挥人员或者值班、值勤人员执行职务的,处五年以下有期徒刑或者拘役;情节严重的,处五年以上十年以下有期徒刑;情节特别严重的,处十年以上有期徒刑或者无期徒刑。战时从重处罚"。这两种犯罪的区别主要有:一是主体不同,阻碍军人执行职务罪的主体是一般主体,阻碍执行军事职务罪的主体限于现役军人。二是阻碍的对象不同。阻碍军人执行职务罪阻碍的对象可能是所有依法执行职务的军人,阻碍执行军事职务罪阻碍的对象是指挥人员或者值班、值勤人员,只是军人的一部分。三是处刑不同,阻碍执行军事职务罪作为军人违反职责罪,最高可能判处无期徒刑,比阻碍军人执行职务罪的处刑重得多。

第三百六十九条 【破坏武器装备、军事设施、军事通信罪】【过失损坏武器装备、军事设施、军事通信罪】

破坏武器装备、军事设施、军事通信的,处三年以下有期徒刑、拘役或者管制;破坏重要武器装备、军事设施、军事通信的,处三年以上十年以下有期徒刑;情节特别严重的,处十年以上有期徒刑、无期徒刑或者死刑。

过失犯前款罪,造成严重后果的,处三年以下有期徒刑或者拘役;造成特别严重后果的,处三年以上七年以下有期徒刑。

战时犯前两款罪的,从重处罚。

【立法沿革】

《中华人民共和国刑法》(1997 年修订,自 1997 年 10 月 1 日起施行)

第三百六十九条

破坏武器装备、军事设施、军事通信的,处三年以下有期徒刑、拘役或者管制;破坏重要武器装备、军事设施、军事通信的,处三年以上十年以下有期徒刑;情节特别严重的,处十年以上有期徒刑、无期徒刑或者死刑。战时从重处罚。

《中华人民共和国刑法修正案(五)》(自 2005 年 2 月 28 日起施行)

三、在刑法第三百六十九条中增加一款作为第二款,将该条修改为:

"破坏武器装备、军事设施、军事通信的,处三年以下有期徒刑、拘役或者管制;破坏重要武器装备、军事设施、军事通信的,处三年以上十年以下

---

① 军事行动包括作战、构筑军事设施、军事演习、训练及其他军事行动,以及为实施上述行动而进行的准备活动。参见周光权:《刑法各论》(第 4 版),中国人民大学出版社 2021 年版,第 616 页。另外,黄京教授认为,对正在执行救助自然灾害任务的部队进行阻碍的,同样构成本罪。参见赵秉志、李希慧主编:《刑法各论》(第 3 版),中国人民大学出版社 2016 年版,第 370 页。

有期徒刑；情节特别严重的，处十年以上有期徒刑、无期徒刑或者死刑。

"过失犯前款罪，造成严重后果的，处三年以下有期徒刑或者拘役；造成特别严重后果的，处三年以上七年以下有期徒刑。

"战时犯前两款罪的，从重处罚。"

【条文说明】

本条是关于破坏武器装备、军事设施、军事通信罪和过失损坏武器装备、军事设施、军事通信罪及其处罚的规定。

本条共分为三款。

第一款是关于**破坏武器装备、军事设施、军事通信罪**及其处罚的规定。构成本款规定的犯罪必须具备以下几个条件：

1. 实施破坏武器装备、军事设施、军事通信的犯罪行为人，在主观上必须是出于**故意**。也就是说，实施破坏行为的动机和目的是明确的。

2. 行为人客观上已经实施了**破坏武器装备、军事设施、军事通信的行为**。武器装备、军事设施是否完好无损，军事通信是否畅通无阻，直接关系到国家的国防安全和利益。因此，对采取任何手段破坏武器装备、军事设施、军事通信的行为都应追究刑事责任。这里的"破坏"，包括以各种手段和方法对武器装备、军事设施、军事通信设备设施本身进行的破坏，也包括对其正常功能和作用的损坏。①

3. 破坏的对象必须是**武器装备、军事设施、军事通信**。"**武器装备**"，是指部队用于实施和保障作战行动的武器、武器系统和军事技术器材的统称。备用的武器装备重要零件、部件，应视为武器装备。"**军事设施**"，根据《军事设施保护法》第二条的规定，是指国家直接用于军事目的的下列建筑、场地和设备：指挥机关、地面和地下的指挥工程、作战工程；军用机场、港口、码头；营区、训练场、试验场；军用洞库、仓库；军用通信、侦察、导航、观测台站，测量、导航、助航标志；军用公路、铁路专用线、军用通信、输电线路、军用输油、输水管道；边防、海防管控设施；国务院和中央军事委员会规定的其他军事设施。"**军事通信**"，是指军事通信设备、通信枢纽等。

4. 只要实施了破坏武器装备、军事设施、军事通信的行为，就构成本款规定的犯罪，**并不要求破坏行为造成一定的后果**。

本款对破坏武器装备、军事设施、军事通信的犯罪行为规定了**三个处罚档次**：对一般的破坏行为，处三年以下有期徒刑、拘役或者管制；对损坏重要武器装备、军事设施、军事通信的犯罪行为，处三年以上十年以下有期徒刑。根据有关规定，这里所说的**重要武器装备**，是指战略导弹及其他导弹武器系统、飞机、直升机、作战舰艇、登陆舰和一吨位以上辅助船、坦克、装甲车辆、较大毫米以上口径的地面火炮、岸炮、雷达、声呐、指挥仪、较大功率的电台和电子对抗设备、舟桥、较大功率的工程机械、汽车、陆军船舶等。**重要军事设施**，是指指挥中心、大型作战工程、各类通信、导航、观测枢纽、导弹基地、机场、港口、大型仓库、重要管线等。**重要军事通信**，是指军事首脑机关及重要指挥中心的通信，部队作战中的通信，等级战备通信，飞行航行训练、抢险救灾、军事演习或者处置突发性事件中的通信，以及执行试飞试航、武器装备科研试验或者远洋航行等重要军事任务中的通信。根据《最高人民法院关于审理危害军事通信刑事案件具体应用法律若干问题的解释》第二条的规定，实施破坏军事通信的行为，具有下列情形之一的，属于本款规定的"情节特别严重"，以破坏军事通信罪定罪，处十年以上有期徒刑、无期徒刑或者死刑：（1）造成重要军事通信中断或者严重障碍，严重影响部队完成作战任务或者致使部队ในิก战中遭受损失的；（2）造成部队执行抢险救灾、军事演习或者处置突发性事件等任务中的通信中断或者严重障碍，并因此贻误部队行动，致使死亡三人以上、重伤十人以上或者财产损失一百万元以上的；（3）破坏重要军事通信三次以上的；（4）其他情节特别严重的情形。② 实践中，建设、施工单位直接负责的主管人员、施工管理人员，明知是军事通信线路、设备而指使、强令、纵容他人予以损毁的，或者不听管护人员劝阻，指使、强令、纵容他人违章作业，造成军事通信线路、设备损毁的，以破坏军事通信罪定罪处罚。

第二款是关于过失损坏武器装备、军事设施、军事通信罪及其处罚的规定。本款是《刑法修正

---

① 我国学者指出，破坏行为包括了使武器装备、军事设施、军事通信的效用丧失或者减少的一切行为，不限于物理上的毁损。参见张明楷：《刑法学》（第6版），法律出版社2021年版，第1546页；黎宏：《刑法学各论》（第2版），法律出版社2016年版，第492页。

② 我国学者指出，适用"情节特别严重"的法定刑，必须以行为"**破坏重要武器装备、军事设施、军事通信**"为前提。换言之，破坏非重要武器装备、军事设施、军事通信的，只能适用"三年以下有期徒刑、拘役或者管制"的法定刑。参见张明楷：《刑法学》（第6版），法律出版社2021年版，第1547页。

第三百六十九条

案(五)》新增加的内容。

这里规定的"过失"犯罪,既包括过失损坏武器装备、军事设施、军事通信的犯罪行为,也包括过失损坏重要的武器装备、军事设施、军事通信的犯罪行为。对于过失犯罪,必须造成严重后果的,才构成犯罪。这里的"严重后果",是指由于过失行为致使大量武器装备、军事设施遭到损坏或重要军事通信遭到损坏。根据《最高人民法院关于审理危害军事通信刑事案件具体应用法律若干问题的解释》第四条的规定,过失损坏军事通信,具有下列情形之一的,属于本款规定的"造成特别严重后果",以过失损坏军事通信罪定罪,处三年以上七年以下有期徒刑:(1)造成重要军事通信中断或者严重障碍,严重影响部队完成作战任务或致使部队在作战中遭受损失的;(2)造成部队执行抢险救灾、军事演习或者处置突发性事件等任务的通信中断或者严重障碍,并因此贻误部队行动,致使死亡三人以上、重伤十人以上或者财产损失一百万元以上的;(3)其他后果特别严重的情形。实践中,建设、施工单位直接负责的主管人员、施工管理人员,忽视军事通信线路、设备保护标志,指使、纵容他人违章作业,致使军事通信线路、设备损毁,构成犯罪的,以过失损坏军事通信罪定罪处罚。

根据本款规定,过失损坏武器装备、军事设施、军事通信和过失损坏重要武器装备、军事设施、军事通信,造成严重后果的,处三年以下有期徒刑或者拘役。造成特别严重后果的,处三年以上七年以下有期徒刑。

第三款是关于战时破坏武器装备、军事设施、军事通信和过失损坏武器装备、军事设施、军事通信的犯罪从重处罚的规定。这里的"战时",根据《刑法》第四百五十一条第一款的规定,是指国家宣布进入战争状态、部队领受作战任务或者遭敌突然袭击时。这里规定的从重处罚,是指根据不同的犯罪情节,分别在第一款、第二款规定的不同的处罚档次内判处较重处罚。

需要注意的是,实践中存在因盗窃行为破坏武器装备、军事设施、军事通信的情形,如盗割军事通信电缆的,这些行为同时构成盗窃罪和本条规定的破坏武器装备、军事设施、军事通信罪的,应当依照处罚较重的规定定罪处罚。

【司法解释】

《最高人民法院关于审理危害军事通信刑事案件具体应用法律若干问题的解释》(法释〔2007〕13号,自2007年6月29日起施行)

△(军事通信线路、设备;军事通信计算机信息系统;破坏军事通信罪)故意实施损毁军事通信线路、设备,破坏军事通信计算机信息系统,干扰、侵占军事通信电磁频谱等行为的,依照刑法第三百六十九条第一款的规定,以破坏军事通信罪定罪,处三年以下有期徒刑、拘役或者管制;破坏重要军事通信的,处三年以上十年以下有期徒刑。(§1)

△(情节特别严重)实施破坏军事通信行为,具有下列情形之一的,属于刑法第三百六十九条第一款规定的"情节特别严重",以破坏军事通信罪定罪,处十年以上有期徒刑、无期徒刑或者死刑:

(一)造成重要军事通信中断或者严重障碍,严重影响部队完成作战任务或者致使部队在作战中遭受损失的;

(二)造成部队执行抢险救灾、军事演习或者处置突发性事件等任务的通信中断或者严重障碍,并因此贻误部队行动,致使死亡3人以上、重伤10人以上或者财产损失100万元以上的;

(三)破坏重要军事通信三次以上的;

(四)其他情节特别严重的情形。(§2)

△(造成严重后果)过失损坏军事通信,造成重要军事通信中断或者严重障碍的,属于刑法第三百六十九条第二款规定的"造成严重后果",以过失损坏军事通信罪定罪,处三年以下有期徒刑或者拘役。(§3)

△(造成特别严重后果)过失损坏军事通信,具有下列情形之一的,属于刑法第三百六十九条第二款规定的"造成特别严重后果",以过失损坏军事通信罪定罪,处三年以上七年以下有期徒刑:

(一)造成重要军事通信中断或者严重障碍,严重影响部队完成作战任务或者致使部队在作战中遭受损失的;

(二)造成部队执行抢险救灾、军事演习或者处置突发性事件等任务的通信中断或者严重障碍,并因此贻误部队行动,致使死亡3人以上、重伤10人以上或者财产损失100万元以上的;

(三)其他后果特别严重的情形。(§4)

△(建设、施工单位直接负责的主管人员、施工管理人员;破坏军事通信罪;过失损坏军事通信罪)建设、施工单位直接负责的主管人员、施工管理人员,明知是军事通信线路、设备而指使、强令、纵容他人予以损毁的,或者不听管护人员劝阻,指使、强令、纵容他人违章作业,造成军事通信线路、设备损毁的,以破坏军事通信罪定罪处罚。

建设、施工单位直接负责的主管人员、施工管理人员,忽视军事通信线路、设备保护标志,指使、

纵容他人违章作业,致使军事通信线路、设备损毁,构成犯罪的,以失损坏军事通信罪定罪处罚。(§5)

△(竞合;破坏、过失损坏军事通信;盗窃军事通信线路、设备;侵入国防建设、尖端科学技术领域的军事通信计算机信息系统;擅自设置、使用无线电台、站;擅自占用频率)破坏、过失损坏军事通信,并造成公用电信设施损毁,危害公共安全,同时构成刑法第一百二十四条和第三百六十九条规定的犯罪的,依照处罚较重的规定定罪处罚。

盗窃军事通信线路、设备,不构成盗窃罪,但破坏军事通信的,依照刑法第三百六十九条第一款的规定定罪处罚;同时构成刑法第一百二十四条、第二百六十四条和第三百六十九条第一款规定的犯罪的,依照处罚较重的规定定罪处罚。

违反国家规定,侵入国防建设、尖端科学技术领域的军事通信计算机信息系统,尚未对军事通信造成破坏的,依照刑法第二百八十五条的规定定罪处罚;对军事通信造成破坏,同时构成刑法第二百八十五条、第二百八十六条、第三百六十九条第一款规定的犯罪的,依照处罚较重的规定定罪处罚。

违反国家规定,擅自设置、使用无线电台、站,或者擅自占用频率,经责令停止使用后拒不停止使用,干扰无线电通讯正常进行,构成犯罪的,依照刑法第二百八十八条的规定定罪处罚;造成军事通信中断或者严重障碍,同时构成刑法第二百八十八条、第三百六十九条第一款规定的犯罪的,依照处罚较重的规定定罪处罚。(§6)

△(重要军事通信;军事通信的具体范围、通信中断和严重障碍的标准)本解释所称"重要军事通信",是指军事首脑机关及重要指挥中心的通信,部队作战中的通信,等级战备通信,飞行航行训练、抢险救灾、军事演习或者处置突发性事件中的通信,以及执行试飞试航、武器装备科研试验或者远洋航行等重要军事任务中的通信。

本解释所称军事通信的具体范围、通信中断和严重障碍的标准,参照中国人民解放军通信主管部门的有关规定确定。(§7)

《最高人民法院、最高人民检察院、公安部、商务部、国家市场监督管理总局、中央军委后勤保障部、中央军委装备发展部、中央军委训练管理部、中央军委国防动员部关于军地共同加强部队训练场未爆弹药安全风险防控的意见》(军训〔2022〕181号,2022年10月22日发布)

△(破坏训练场围墙、围网等周界防护设施)打击违法犯罪。非法进入训练场、不听制止的,破坏训练场围墙、围网等周界防护设施的,依照军事设施保护法的有关规定处罚,符合刑法第三百六十九条第一款、第三百七十一条规定的,分别以破坏军事设施罪、聚众冲击军事禁区罪、聚众扰乱军事管理区秩序罪定罪处罚。挖捡、非法买卖未爆弹药,符合刑法第一百二十七条第一款、第一百二十五条第一款规定的,分别以盗窃弹药、爆炸物罪和非法买卖弹药、爆炸物罪定罪处罚。非法买卖未爆弹药拆解的炮弹引信、火炸药,符合刑法第一百二十五条第一款规定的,以非法买卖弹药、爆炸物罪定罪处罚。非法进入训练场挖捡炮弹残片,符合刑法第二百六十四条规定的,以盗窃罪定罪处罚。因敲击、拆解未爆弹药等行为引发爆炸,符合刑法第一百一十五条第二款、第二百三十三条、第二百三十五条规定的,分别以过失爆炸罪、过失致人死亡罪、过失致人重伤罪定罪处罚。明知是非法拆解的未爆弹药或者非法挖捡的炮弹残片及其所产生的收益而窝藏、转移、代为销售或者以其他方法掩饰、隐瞒,符合刑法第三百一十二条规定的,以掩饰、隐瞒犯罪所得、犯罪所得收益罪定罪处罚。有非法挖捡实卖行为,经教育后确有悔改表现,上交未爆弹药、炮弹残片或者销售炮弹残片违法所得的,可以依法从宽处罚;情节显著轻微危害不大不构成犯罪,构成违反治安管理行为的,依法给予治安管理处罚。(§13)

第三百七十条 【故意提供不合格武器装备、军事设施罪】【过失提供不合格武器装备、军事设施罪】
明知是不合格的武器装备、军事设施而提供给武装部队的，处五年以下有期徒刑或者拘役；情节严重的，处五年以上十年以下有期徒刑；情节特别严重的，处十年以上有期徒刑、无期徒刑或者死刑。
过失犯前款罪，造成严重后果的，处三年以下有期徒刑或者拘役；造成特别严重后果的，处三年以上七年以下有期徒刑。
单位犯第一款罪的，对单位判处罚金，并对其直接负责的主管人员和其他直接责任人员，依照第一款的规定处罚。

【条文说明】

本条是关于故意提供不合格武器装备、军事设施罪和过失提供不合格武器装备、军事设施罪及其处罚的规定。

本条共分为三款。

第一款是关于**故意提供不合格武器装备、军事设施罪**的规定。一般情况下，武器装备、军事设施均为国家指定的单位生产、建造。本款规定的犯罪主体，一般是在这些军工企业、事业单位中负责武器装备、军事设施的设计、生产、检验、质量验收、销售等人员。如果他们由于徇私舞弊、谋取私利或者其他原因，失于职责，将明知是不合格的武器装备、军事设施放任过关，并最终提供给武装部队的①，就应当依照本款的规定承担相应的刑事责任。

构成本款规定的犯罪，须具备以下几个条件：

1. 行为人主观上必须是**故意**，即明知武器装备、军事设施是不合格的产品，仍向武装部队提供。这是区分罪与非罪的界限。

2. 提供的必须是**武器装备、军事设施**，而不是一般的军用物资。如果提供给部队的武器装备、军事设施以外的军用物资，如军用食品出现质量问题的，不适用本款规定。构成其他犯罪的，按照其他犯罪的规定处罚。"**军事设施**"，根据《军事设施保护法》第二条的规定，是指国家直接用于军事目的的下列建筑、场地和设备：指挥机关、地面和地下的指挥工程、作战工程；军用机场、港口、码头；营区、训练场、试验场；军用洞库、仓库；军用通信、侦察、导航、观测台站、测量、导航、助航标志；军用公路、铁路专用线、军用通信、输电线路，军用输油、输水管道；边防、海防管控设施；国务院和中央军事委员会规定的其他军事设施。

"提供"指交付部队使用。②

3. 提供给部队的武器装备、军事设施是不合格的。"不合格"，是指不符合规定的质量标准。

本款对明知是不合格的武器装备、军事设施而提供给部队的犯罪规定了**三个处罚档次**：对构成本款规定犯罪的，处五年以下有期徒刑或者拘役；情节严重的，处五年以上十年以下有期徒刑；情节特别严重的，处十年以上有期徒刑、无期徒刑或者死刑。"**情节严重**"，是指造成人员重伤、死亡的；造成较大经济损失的；严重影响部队完成任务的等。"**情节特别严重**"，是指造成多人重伤、死亡的；严重影响部队完成重要任务的；造成重大经济损失或者其他特别严重后果的等。

第二款是关于**过失提供不合格武器装备、军事设施罪**的规定。构成本款规定的犯罪，须具备以下条件：

1. 行为人主观上是**出于过失**。故意实施的，按照本条第一款的规定定罪处罚。

2. 行为人客观上必须有第一款规定的犯罪行为，即**将不合格的武器装备、军事设施提供给武装部队**。

3. **行为人的行为必须造成严重后果**，才构成犯罪，这是区分罪与非罪的重要界限。

本款对过失犯前款罪，规定了**两个处罚档次**：对造成严重后果的，处三年以下有期徒刑或者拘役；造成特别严重后果的，处三年以上七年以下有期徒刑。这里规定的"严重后果"包括人员伤亡、经济受到损失以及影响部队任务完成的后果等。《最高人民检察院、公安部关于公安机关管辖的刑事案件立案追诉标准的规定（一）》第八十七、八

---

① 武装部队包括解放军部队、武装警察部队、预备役部队、民兵组织。参见周光权：《刑法各论》（第4版），中国人民大学出版社2021年版，第620页。

② 我国学者指出，对"提供"应作广义的理解，不仅包括将不合格的武器装备、军事设施交给使用单位此一最后环节，还包括在武器装备或者军事设施的科研、勘察、设计、建造、生产、销售、修理、验收等各个环节中故意提供不合格的武器装备或者军事设施。参见赵秉志、李希慧主编：《刑法各论》（第3版），中国人民大学出版社2016年版，第372页。

十八条对本条前两款规定的犯罪的具体立案追诉标准作了规定。

第三款是关于**单位故意提供不合格武器装备、军事设施犯罪**的规定。这里应注意的是，单位只有在明知武器装备、军事设施是不合格的，仍向武装部队提供的情况下，才构成本罪。本条没有对单位的过失犯罪作出规定。根据本款规定，对单位犯故意提供不合格武器装备、军事设施罪的，采取**双罚制**的原则，对单位判处罚金，对其直接负责的主管人员和其他直接责任人员依照第一款的规定处罚，即处五年以下有期徒刑或者拘役；情节严重的，处五年以上十年以下有期徒刑；情节特别严重的，处十年以上有期徒刑、无期徒刑或者死刑。

需要注意的是，实践中应当注意本条规定的故意提供不合格武器装备、军事设施罪与《刑法》第一百四十条规定的**生产、销售伪劣产品罪**的区分。生产、销售武器装备、军事设施的企业事业单位生产、销售不合格的武器装备、军事设施，可能也构成生产、销售伪劣产品罪，这属于**法条竞合**的情形。根据特别法优于一般法的原则，对于这种行为，应当依照本条的规定定罪处罚。

【司法解释性文件】

《最高人民检察院、公安部关于公安机关管辖的刑事案件立案追诉标准的规定(一)》(公通字[2008]36号，2008年6月25日公布)

△(故意提供不合格武器装备、军事设施罪；立案追诉标准)明知是不合格的武器装备、军事设施而提供给武装部队，涉嫌下列情形之一的，应予立案追诉：

（一）造成人员轻伤以上的；

（二）造成直接经济损失十万元以上的；

（三）提供不合格的枪支三支以上、子弹一百发以上、雷管五百枚以上、炸药五千克以上或者其他重要武器装备、军事设施的；

（四）影响作战、演习、抢险救灾等重大任务完成的；

（五）发生在战时的；

（六）其他故意提供不合格武器装备、军事设施应予追究刑事责任的情形。(§87)

△(过失提供不合格武器装备、军事设施罪；立案追诉标准)过失提供不合格武器装备、军事设施给武装部队，涉嫌下列情形之一的，应予立案追诉：

（一）造成死亡一人或者重伤三人以上的；

（二）造成直接经济损失三十万元以上的；

（三）严重影响作战、演习、抢险救灾等重大任务完成的；

（四）其他造成严重后果的情形。(§88)

第三百七十一条 【聚众冲击军事禁区罪】【聚众扰乱军事管理区秩序罪】

聚众冲击军事禁区，严重扰乱军事禁区秩序的，对首要分子，处五年以上十年以下有期徒刑；对其他积极参加的，处五年以下有期徒刑、拘役、管制或者剥夺政治权利。

聚众扰乱军事管理区秩序，情节严重，致使军事管理区工作无法进行，造成严重损失的，对首要分子，处三年以上七年以下有期徒刑；对其他积极参加的，处三年以下有期徒刑、拘役、管制或者剥夺政治权利。

【条文说明】

本条是关于聚众冲击军事禁区罪和聚众扰乱军事管理区秩序罪及其处罚的规定。

本条共分为两款。

第一款是关于**聚众冲击军事禁区罪**及其处罚的规定。根据军事设施保护法的有关规定，国家根据军事设施的性质、作用、安全保密的需要和使用效能的要求，划定军事禁区、军事管理区。"**军事禁区**"，是指设有重要军事设施或者军事设施具有重大危险因素，需要国家采取特殊措施加以重点保护，依照法定程序和标准划定的军事区域。军事禁区由国家和中央军事委员会确定，或者由军区根据国务院和中央军事委员会的规定确定。陆地和水域的军事禁区的范围，由军区和省、自治区、直辖市人民政府共同划定，或者由军区和省、自治区、直辖市人民政府、国务院有关部门共同划定。空中军事禁区和特别重要的陆地、水域军事禁区的范围，由国务院和中央军事委员会划定。"**聚众冲击**"，是指纠集多人强行进入军事禁区，占据办公地点、毁坏财物等暴力性的干扰活动。构成本款规定的犯罪，行为人的行为必须是严重扰乱了军事禁区的秩序。"**军事禁区的秩序**"包括军事禁区中武装部队作战、演习、训练、生产、教学、生活、科研等各方面的活动和秩序。所谓"**严重扰乱**"，是指行为人的行为，致使军事禁区的各项工作无法正常进行，或者具有其他严重情形的。《最高人民检察院、公安部关于公安机关管辖的刑事案件立案追诉标准的规定（一）》第八十九条对构成本款规定的犯罪的具体立案标准作了规定。

构成本款规定的犯罪，**对首要分子**，处五年以上十年以下有期徒刑；**对其他积极参加的**，处五年以下有期徒刑、拘役、管制或者剥夺政治权利。考虑到军事禁区关系到国家重大国防军事利益，是国家采取特殊措施加以重点保护的军事区域，本款对聚众冲击军事禁区犯罪规定的刑罚是比较严厉的。

第二款是关于**聚众扰乱军事管理区秩序罪**及其处罚的规定。根据军事设施保护法的有关规定，"**军事管理区**"，是指设有较重要军事设施或者军事设施具有较大危险因素，需要国家采取特殊措施加以保护，依照法定程序和标准划定的军事区域。军事管理区由国务院和中央军事委员会确定，或者由军区根据国务院和中央军事委员会的规定确定。陆地和水域的军事管理区的范围，由军区和省、自治区、直辖市人民政府共同划定，或者由军区和省、自治区、直辖市人民政府、军务院有关部门共同划定。这里规定的"**扰乱**"，包括各种对军事管理区秩序进行暴力和非暴力的干扰、破坏活动①，如纠集多人在军事管理区进行故意喧闹、辱骂、纠缠，冲砸军事管理区的各种设施，等等。这些行为，如果情节严重，致使军事管理区的工作无法进行，并且造成严重损失的，即构成犯罪。这三个条件必须同时具备，是区分罪与非罪的界限。"情节严重"，主要是指行为人多次实施扰乱行为，经军事管理区工作人员制止仍不停止其扰乱活动的，或者采取暴力扰乱军事管理区秩序的等情况。"造成严重损失"不仅包括给财产造成损失，也包括造成人员伤亡的损失。《最高人民检察院、公安部关于公安机关管辖的刑事案件立案追诉标准的规定（一）》第九十条对构成本款规定的犯罪的具体立案标准作了规定。

构成本款规定的犯罪，**对首要分子**，处三年以上七年以下有期徒刑；**对其他积极参加的**，处三年以下有期徒刑、拘役、管制或者剥夺政治权利。

实践中执行本条规定时应当注意以下几个方面的问题：

1. 准确界定犯罪行为。本条两款规定的聚众冲击军事禁区罪和聚众扰乱军事管理区秩序罪，都是严重侵犯有关军事区域管理秩序的犯罪，在构成要件上，分别要求达到"严重扰乱军事禁区秩序"和"情节严重，致使军事管理区工作无法进行，造成严重损失"的程度。对于一些群众因为军地关系中因涉及自身利益问题聚集在军事区域表达诉求，有一些过激行为，但尚未达到本条规定的构成犯罪的条件的，应当从化解矛盾、做好群众工作的角度妥善处理，**不能过度依赖刑事手段进行打击**。需要予以行政处罚的，可以依照军事设施保护法、治安管理处罚法的规定处罚。

2. 准确界定涉案人员在聚众违法犯罪中的作用。本条两款规定的犯罪都是聚众型犯罪，**追究刑事责任的是聚众犯罪中的首要分子和其他积极参加者**，对于一般参加者不作为犯罪处理。这就要求司法机关准确界定涉案人员在聚众违法犯罪中的作用，对于依法应当追究刑事责任的严格依法处理。对于首要分子和其他积极参加以外的违法活动参加者，特别是受裹挟、蒙蔽参与违法活动的，严格掌握法律和政策的界限，注意控制刑事打击面。需要予以行政处罚的，可以依照《军事设施保护法》《治安管理处罚法》的规定处罚。

3. 区分本条规定的犯罪与《刑法》第二百九十条规定的聚众扰乱社会秩序罪、聚众冲击国家机关罪。《刑法》第二百九十条第一款规定了聚众扰乱社会秩序罪，是指聚众扰乱社会秩序，致使工作、生产、营业和教学、科研、医疗无法进行，造成严重损失的犯罪行为。本条是针对军事区域秩序的保护，将聚众冲击军事禁区和聚众扰乱军事管理区秩序的犯罪行为专门作出规定。对于当事人的行为同时构成聚众扰乱社会秩序罪和本条规定的犯罪的，根据特别法优于一般法的原则，应当依照本条的规定定罪处罚。同时，《刑法》第二百九十条第二款规定了聚众冲击国家机关罪，是指聚众冲击国家机关，致使国家机关工作无法进行，造成严重损失的犯罪行为。军事机关也是我国国家机关的组成部分，但对于聚众冲击军事机关的行为，构成本条规定的犯罪的，应当首先适用本条的规定追究刑事责任。

【**司法解释性文件**】

《**最高人民检察院、公安部关于公安机关管辖的刑事案件立案追诉标准的规定（一）**》（公通字〔2008〕36号，2008年6月25日公布）

△**（聚众冲击军事禁区罪；立案追诉标准）**组织、策划、指挥聚众冲击军事禁区或者积极参加聚众冲击军事禁区，严重扰乱军事禁区秩序，涉嫌下列情形之一的，应予立案追诉：

（一）冲击三次以上或者一次冲击持续时间

---

① 相同的学说见解，参见周光权：《刑法各论》（第4版），中国人民大学出版社2021年版，第621页。

较长的;

(二)持械或者采取暴力手段冲击的;

(三)冲击重要军事禁区的;

(四)发生在战时的;

(五)其他严重扰乱军事禁区秩序应予追究刑事责任的情形。(§89)

△〔聚众扰乱军事管理区秩序罪;立案追诉标准〕组织、策划、指挥聚众扰乱军事管理区秩序或者积极参加聚众扰乱军事管理区秩序,致使军事管理区工作无法进行,造成严重损失,涉嫌下列情形之一的,应予立案追诉:

(一)造成人员轻伤以上的;

(二)扰乱三次以上或者一次扰乱持续时间较长的;

(三)造成直接经济损失五万元以上的;

(四)持械或者采取暴力手段的;

(五)扰乱重要军事管理区的;

(六)发生在战时的;

(七)其他聚众扰乱军事管理区秩序应予追究刑事责任的情形。(§90)

第三百七十二条 【冒充军人招摇撞骗罪】
冒充军人招摇撞骗的,处三年以下有期徒刑、拘役、管制或者剥夺政治权利;情节严重的,处三年以上十年以下有期徒刑。

【条文说明】

本条是关于冒充军人招摇撞骗罪及其处罚的规定。

构成本条规定的犯罪,须具备以下条件:

1. 行为人冒充的对象是**军人**。冒充军人身份是构成本罪的重要条件,也是与《刑法》第二百七十九条规定的冒充国家机关工作人员招摇撞骗罪的重要区别。这里规定的"**军人**"指具有中国人民解放军军籍的现役军人及中国人民武装警察部队的现役武警,具体可根据《刑法》第四百五十条的规定掌握。具体行为方式上,可以是通过穿着、佩戴军人专用的服装、标志,使用伪造、变造或者冒用的军人证件,驾驶挂有伪造、盗窃或者非法获取的武装部队车辆号牌的车辆,以及自称是军人等方式冒充军人。①

2. 行为人在客观上实施了**招摇撞骗**的行为。"**招摇撞骗**",是指假借军人名义到处炫耀,利用人民群众对人民军队的信任、爱戴进行欺骗活动,以谋取非法利益②的行为。③ 例如,冒充军队干部以招兵为名,向希望参军的青年或其亲属骗取财物;冒充军人骗取他人"爱情";冒充军人骗取得到有关方面给予军人的优先待遇等。从实践中的情况来看,冒充军人招摇撞骗的行为往往具有多次、多样的特点,即多次多处行骗,骗取的利益也比较多样,包括财产性利益和非财产性利益。如果行为人只是由于军人在人民群众中的形象好、威信高而冒充军人以满足自己的虚荣心,并没有假借军人身份进行招摇撞骗的活动,不构成本罪,可以对其进行批评教育或给予纪律处分等。

根据本条规定,对冒充军人招摇撞骗的,处三年以下有期徒刑、拘役、管制或者剥夺政治权利;情节严重的,处三年以上十年以下有期徒刑。**本条规定的刑罚与《刑法》第二百七十九条规定的招摇撞骗罪的刑罚是一致的。将冒充军人招摇撞骗的行为在《刑法》分则危害国防利益罪一章单独规定,主要是体现对这种犯罪行为惩治的针对性和明确性。**

---

① 我国学者指出,假冒军人身份主要有四种情形:一是非军人冒充军人;二是级别较低的军人冒充级别较高的军人(不排除相反情形);三是一般部门的军人冒充要害部门的军人(不排除相反情形);四是此类军人冒充彼类军人(如陆军人员冒充空军人员)。参见张明楷:《刑法学》(第6版),法律出版社2021年版,第1548页;黎宏:《刑法学各论》(第2版),法律出版社2016年版,第495页。

② 非法利益既包括金钱、财物等物质利益,也包括荣誉待遇、异性的性爱等非物质利益。参见黎宏:《刑法学各论》(第2版),法律出版社2016年版,第495页。

③ 我国学者指出,如果行为人仅有冒充军人的行为,但未骗取利益,不构成本罪。参见黎宏:《刑法学各论》(第2版),法律出版社2016年版,第495页。另有学者指出,本罪不以骗取财物为要件。参见张明楷:《刑法学》(第6版),法律出版社2021年版,第1548页。陈兴良教授则认为,骗取的利益,主要是人身利益、政治地位、社会地位以及各种社会活动的机会等,也可包括一定的经济利益。是否实际取得这些利益,不影响本罪的成立。参见赵秉志、李希慧主编:《刑法各论》(第3版),中国人民大学出版社2016年版,第375页。

实践中需要注意的是，本条规定的冒充军人招摇撞骗罪与《刑法》第二百六十六条规定的**诈骗罪**的区分。《刑法》第二百六十六条规定了诈骗罪，即诈骗公私财物，数额较大的犯罪行为。冒充军人招摇撞骗罪与诈骗罪的主要区别有以下几个方面：一是侵犯的法益不同。冒充军人招摇撞骗罪不仅侵犯了有关个人、组织的财产等合法权益，还侵犯了人民军队的声誉和形象，诈骗罪侵犯的是公私财物的所有权。二是行为手段不同。冒充军人招摇撞骗罪的手段是冒充军人行骗，诈骗罪的行为手段多样。三是行为人通过犯罪获取的非法利益不同。冒充军人招摇撞骗罪获取的非法利益比较多样，可以是财产性利益，也可以是非财产性利益。诈骗罪获取的非法利益是财物。如果行为人冒充军人身份骗取他人财物，数额较大，可能同时触犯冒充军人招摇撞骗罪和诈骗罪。这时应当依照处罚较重的犯罪定罪处罚。对于诈骗财物数额特别巨大或者有其他特别严重情节的，根据《刑法》第二百六十六条的规定可以判处十年以上有期徒刑或者无期徒刑，重于本条规定的刑罚，这种情况下应当依照诈骗罪的犯罪定罪处罚。

另外，根据《最高人民法院、最高人民检察院关于办理妨害武装部队制式服装、车辆号牌管理秩序等刑事案件具体应用法律若干问题的解释》第六条的规定，实施《刑法》第三百七十五条规定的伪造、变造、买卖、盗窃、抢夺武装部队公文、证件、印章，非法生产、买卖武装部队制式服装，伪造、盗窃、买卖、非法提供、非法使用武装部队专用标志的犯罪行为，同时又构成冒充军人招摇撞骗等犯罪的，依照处罚较重的规定定罪处罚。

【司法解释】

《最高人民法院、最高人民检察院关于办理妨害武装部队制式服装、车辆号牌管理秩序等刑事案件具体应用法律若干问题的解释》（法释〔2011〕16号，自2011年8月1日起施行）

△（竞合）实施刑法第三百七十五条规定的犯罪行为，同时又构成逃税、诈骗、冒充军人招摇撞骗等犯罪的，依照处罚较重的规定定罪处罚。（§6）

【司法解释性文件】

《最高人民法院、最高人民检察院、公安部关于依法惩治招摇撞骗等违法犯罪行为的指导意见》（公通字〔2021〕21号，2021年12月16日发布）

△（**冒充军人招摇撞骗罪；情节严重**）冒充国家机关工作人员、军人，骗取财物、荣誉、地位、待遇、感情等，符合刑法第二百七十九条、第三百七十二条规定的，分别以招摇撞骗罪、冒充军人招摇撞骗罪定罪处罚；严重损害国家机关、军队形象和威信，或者造成其他严重后果的，应当认定为刑法第二百七十九条、第三百七十二条规定的"情节严重"。（§1）

△（**冒充军人招摇撞骗罪；竞合**）冒充国家机关工作人员或者军人招摇撞骗，同时构成非法吸收公众存款罪、集资诈骗罪、合同诈骗罪、组织、领导传销活动罪、诈骗罪的，依照处罚较重的规定定罪处罚。（§4）

△（**冒充军人**）对下列情形之一的，应当分别认定为刑法第二百七十九条、第三百七十二条规定的"冒充国家机关工作人员""冒充军人"：

1. 冒充国家机关中真实存在或者虚构的工作人员、军人的；
2. 冒充虚构的国家机关中的工作人员、军人，易让他人信以为真的；
3. 身为国家机关工作人员、军人冒充其他国家机关工作人员、军人的；
4. 以获取非法利益为目的，制造假象，诱使他人误以为系国家机关工作人员、军人的。（§5）

△（**失职渎职，行贿受贿；移送**）查办相关案件过程中，发现有关国家机关工作人员、军人存在失职渎职、行贿受贿等情况的，应当依法移送有关部门处理。（§7）

【参考案例】

No. 7-372-1 谭飞等人冒充军人招摇撞骗、抢劫案

在冒充军人骗取他人财物的过程中，使用暴力特征不明显的威胁手段的，应以冒充军人招摇撞骗罪论处。

No. 7-372-2 谭飞等人冒充军人招摇撞骗、抢劫案

△在冒充军人骗取他人财物的过程中，使用暴力特征明显的威胁手段或暴力手段的，应以抢劫罪论处。

第三百七十三条　【煽动军人逃离部队罪】【雇用逃离部队军人罪】

煽动军人逃离部队或者明知是逃离部队的军人而雇用，情节严重的，处三年以下有期徒刑、拘役或者管制。

【条文说明】

本条是关于煽动军人逃离部队罪和雇用逃离部队军人罪及其处罚的规定。

本条规定了两种犯罪行为：

1. **煽动军人逃离部队罪**。构成煽动军人逃离部队罪须具备以下条件：

一是行为人主观上是**出于故意**，即有明确的要使军人脱离所在部队，不履行服兵役义务的目的。实践中行为人煽动军人逃离部队的动机存在多种情况，有的是希望在部队服役的亲人回到自己身边，有的是希望军人到自己的企业工作或者从事其他工作，也有的是出于破坏武装部队战斗力和国家兵役制度的政治目的而煽动军人逃离部队。

二是行为人客观上实施了**煽动军人逃离部队的行为**。"煽动"，是指通过宣传、鼓动行为，使在部队服役的现役军人逃离部队。煽动的方法多种多样，如发表演说、发送、邮寄纸质和电子形式的宣传材料，散发标语传单等。只要行为人实施了煽动军人逃离部队的行为，就可以构成本条规定的犯罪。**至于军人是否产生了逃离部队的意图，是否实施了逃离部队的行为，不影响犯罪的构成**，可以作为量刑时考虑的情节。这里还应当注意将煽动行为与军人家属、亲友因确有困难，向服役的军人表达希望其早日转业回家的愿望等情况区别开来，这种情形不能按犯罪处理。[①]

三是**行为人的行为必须是情节严重的**，才构成犯罪，这是区分罪与非罪的界限。"**情节严重**"，是指多次实施煽动行为、煽动多名军人或者军队的高级干部离开部队等情况。根据《最高人民检察院、公安部关于公安机关管辖的刑事案件立案追诉标准的规定（一）》第九十一条的规定，煽动军人逃离部队，涉嫌下列情形之一的，应予立案追诉：煽动三人以上逃离部队的；煽动指挥人员、值班执勤人员或者其他负有重要职责人员逃离部队的；影响重要军事任务完成的；发生在战时的；其他情节严重的情形。

2. **雇用逃离部队军人罪**。构成雇用逃离部队军人罪须具备以下条件：

一是行为人主观上必须是**明知**，即明知其所雇用的是逃离部队的军人。这种明知，可以是行为人明确承认，也可以通过客观情形推定。

二是行为人在客观上实施了**明知是逃离部队的军人而雇用的行为**。这里规定的"**雇用**"，是指通过付给报酬让逃离部队的军人为其提供劳务。雇用的形式可以是多样的，不限于签订劳动合同的正式用工。只要形成了事实上的雇用关系，都可以构成本条规定的犯罪。

三是**行为人的行为必须是情节严重的**，才构成犯罪，这是罪与非罪的界限。"**情节严重**"，是指雇用多名或多次雇用逃离部队的军人等情况。根据《最高人民检察院、公安部关于公安机关管辖的刑事案件立案追诉标准的规定（一）》第九十二条的规定，明知是逃离部队的军人而雇用，涉嫌下列情形之一的，应予立案追诉：雇用一人六个月以上的；雇用三人以上的；明知是逃离部队的指挥人员、值班执勤人员或者其他负有重要职责人员而雇用的；阻碍部队将被雇用军人带回的；其他情节严重的情形。

根据本条规定，对煽动军人逃离部队或者明知是逃离部队的军人而雇用，情节严重的，处三年以下有期徒刑、拘役或者管制。

需要注意的是，实践中适用煽动军人逃离部队罪和雇用逃离部队军人罪，应当注意这两种犯罪与**逃离部队罪的共同犯罪的区分**。《刑法》第四百三十五条规定的逃离部队罪的主体是现役军人。煽动军人逃离部队的行为，实际上是教唆军人实施逃离部队罪。但刑法已经将这种煽动行为单独规定为煽动军人逃离部队罪，就不再以逃离部队罪的共同犯罪定罪处罚。同时，对于行为人事先与准备逃离部队的军人通谋，军人逃离部队后对其予以雇用的行为，应当以逃离部队罪的共犯定罪处罚。

[①] 我国学者指出，煽动和教唆并非等同概念，区分关键在于对象是否特定。如果行为人唆使特定的军人逃离部队，应以《刑法》第四百三十五条逃离部队罪的教唆犯论处。参见张明楷：《刑法学》（第6版），法律出版社2021年版，第1549页；周光权：《刑法各论》（第4版），中国人民大学出版社2021年版，第624页。另有论者指出，煽动必须公开进行，且针对不特定或者多数人实施，否则就只能以逃离部队罪的教唆犯论处。参见黎宏：《刑法学各论》（第2版），法律出版社2016年版，第495页。

【司法解释性文件】

《最高人民检察院、公安部关于公安机关管辖的刑事案件立案追诉标准的规定（一）》（公通字〔2008〕36号，2008年6月25日公布）

△（煽动军人逃离部队罪；立案追诉标准）煽动军人逃离部队，涉嫌下列情形之一的，应予立案追诉：

（一）煽动三人以上逃离部队的；

（二）煽动指挥人员、值班执勤人员或者其他负有重要职责人员逃离部队的；

（三）影响重要军事任务完成的；

（四）发生在战时的；

（五）其他情节严重的情形。（§91）

△（雇用逃离部队军人罪；立案追诉标准）明知是逃离部队的军人而雇用，涉嫌下列情形之一的，应予立案追诉：

（一）雇用一人六个月以上的；

（二）雇用三人以上的；

（三）明知是逃离部队的指挥人员、值班执勤人员或者其他负有重要职责人员而雇用的；

（四）阻碍部队将被雇用军人带回的；

（五）其他情节严重的情形。（§92）

第三百七十四条 【接送不合格兵员罪】

在征兵工作中徇私舞弊，接送不合格兵员，情节严重的，处三年以下有期徒刑或者拘役；造成特别严重后果的，处三年以上七年以下有期徒刑。

【条文说明】

本条是关于接送不合格兵员罪及其处罚的规定。

构成本条规定的接送不合格兵员犯罪，须具备以下条件：

1. 犯罪主体是特殊主体，即**负责接送新兵的工作人员**，包括军队中负责征兵工作的人员，也包括地方负责征召、审查和向部队输送兵员工作的人员，以及在征兵工作中承担相关职责的医务人员等。

2. 行为人主观上是**故意犯罪**，即行为人明知兵员的政治条件、年龄条件、身体条件或者其他条件不符合征兵要求，仍然故意将不合格的兵员接送到部队。行为人的动机可能是多样的，如收受钱财、照顾亲友等。

3. 行为人客观上具有**在征兵工作中徇私舞弊，接送不合格兵员的行为**。这里的"征兵"，是指国家依照《国防法》《兵役法》《征兵工作条例》等规定，征集中国人民解放军和中国人民武装警察部队现役的兵员。"**徇私舞弊**"，主要是指徇私情，如照顾老同学、老同事、老部下、老上级或亲属朋友的面子，或是收受贿赂而徇私等。"**接送**"，按照部队和地方征兵工作人员的职责，包括"接"和"送"两种情形。"接"是指部队有关人员将新兵接收到部队。"送"是指地方有关部门工作人员将兵员送至部队。"接送"的具体环节包括兵役登记、体格检查、政治审查、审定新兵、交接新兵等。"**不合格兵员**"是指不符合法律法规规定的新兵征集条件的兵员。①《兵役法》《征兵工作条例》等法律、法规中，对兵员的各方面条件规定了明确的要求，主要有以下几个方面：一是年龄条件。根据《征兵工作条例》第三条第一、二、三款的规定："每年12月31日以前年满18岁的男性公民，应当被征集服现役。当年未被征集的，在22岁以前，仍可以被征集服现役。根据军队需要，可以按前款规定征集女性公民服现役。根据军队需要和本人自愿的原则，可以征集当年12月31日以前年满17岁未满18岁的男女公民服现役。"二是文化程度条件。根据有关规定，目前征兵对象以高中毕业以上文化程度的青年为主。三是身体条件。2003年国防部发布的《应征公民体格检查标准》对应征入伍的身体条件作了详细规定，具体包括外科、内科、耳鼻咽喉科、眼科、口腔科、妇科、辅助检查等多方面的标准。四是政治条件。根据《兵役法》和《征兵工作条例》的规定，依照法律被剥夺政治权利的人，不征集。被羁押正在受侦查、起诉、审判的或者被判处徒刑、拘役、管制正在服刑的公民，不征集。除这些不得征集的情形以外，军队和地方有关部门还应当根据有关规定，对应征人员的政治条件进行严格审查，切实保证新兵政治可靠，防止把不符合政治条件的人征入部队。

---

① 我国学者指出，不合格兵员包括身体、政治表现、年龄、文化程度不合格等。参见周光权：《刑法各论》（第4版），中国人民大学出版社2021年版，第625页。

4. 行为人的行为，**情节严重的**，才构成犯罪，这是区分罪与非罪的重要界限。**情节严重**包括被送到部队的不合格的人员到部队后不接受部队教育，又进行违法犯罪活动，造成恶劣影响等情况。根据《最高人民检察院、公安部关于公安机关管辖的刑事案件立案追诉标准的规定（一）》第九十三条的规定，在征兵工作中徇私舞弊，接送不合格兵员，涉嫌下列情形之一的，应予立案追诉：接送不合格特种条件兵员一名以上或者普通兵员三名以上的；发生在战时的；造成严重后果的；其他情节严重的情形。

根据本条规定，对在征兵工作中徇私舞弊，接送不合格兵员，情节严重的，处三年以下有期徒刑或者拘役；造成特别严重后果的，处三年以上七年以下有期徒刑。"**造成特别严重后果**"主要是指被送到部队的不合格兵员，不接受部队教育，进行违法犯罪活动造成严重后果；多次接送不合格兵员；或接送不合格兵员多人等情况。

需要注意的是，实践中犯本条规定的接送不合格兵员罪的军队、地方工作人员，往往同时存在收受贿赂的情形。根据《最高人民法院、最高人民检察院关于办理渎职刑事案件适用法律若干问题的解释（一）》第三条的规定，国家机关工作人员犯本条规定的接送不合格兵员罪并收受贿赂，同时构成受贿罪的，应当以接送不合格兵员罪和受贿罪数罪并罚。

【司法解释性文件】

《最高人民检察院、公安部关于公安机关管辖的刑事案件立案追诉标准的规定（一）》（公通字〔2008〕36号，2008年6月25日公布）

△（接送不合格兵员罪；立案追诉标准）在征兵工作中徇私舞弊，接送不合格兵员，涉嫌下列情形之一的，应予立案追诉：

（一）接送不合格特种条件兵员一名以上或者普通兵员三名以上的；

（二）发生在战时的；

（三）造成严重后果的；

（四）其他情节严重的情形。（§93）

第三百七十五条　【伪造、变造、买卖武装部队公文、证件、印章罪】【盗窃、抢夺武装部队公文、证件、印章罪】【非法生产、买卖武装部队制式服装罪】【伪造、盗窃、买卖、非法提供、非法使用武装部队专用标志罪】

伪造、变造、买卖或者盗窃、抢夺武装部队公文、证件、印章的，处三年以下有期徒刑、拘役、管制或者剥夺政治权利；情节严重的，处三年以上十年以下有期徒刑。

非法生产、买卖武装部队制式服装，情节严重的，处三年以下有期徒刑、拘役或者管制，并处或者单处罚金。

伪造、盗窃、买卖或者非法提供、使用武装部队车辆号牌等专用标志，情节严重的，处三年以下有期徒刑、拘役或者管制，并处或者单处罚金；情节特别严重的，处三年以上七年以下有期徒刑，并处罚金。

单位犯第二款、第三款罪的，对单位判处罚金，并对其直接负责的主管人员和其他直接责任人员，依照各该款的规定处罚。

【立法沿革】

《中华人民共和国刑法》（1997年修订，自1997年10月1日起施行）

第三百七十五条

伪造、变造、买卖或者盗窃、抢夺武装部队公文、证件、印章的，处三年以下有期徒刑、拘役、管制或者剥夺政治权利；情节严重的，处三年以上十年以下有期徒刑。

非法生产、买卖武装部队制式服装、车辆号牌等专用标志，情节严重的，处三年以下有期徒刑、拘役或者管制，并处或者单处罚金。

单位犯第二款罪的，对单位判处罚金，并对其直接负责的主管人员和其他直接责任人员，依照该款的规定处罚。

《中华人民共和国刑法修正案（七）》（自2009年2月28日起施行）

十二、将刑法第三百七十五条第二款修改为：

"非法生产、买卖武装部队制式服装，情节严重的，处三年以下有期徒刑、拘役或者管制，并处或者单处罚金。"

增加一款作为第三款：

"伪造、盗窃、买卖或者非法提供、使用武装部

第三百七十五条

队车辆号牌等专用标志,情节严重的,处三年以下有期徒刑、拘役或者管制,并处或者单处罚金;情节特别严重的,处三年以上七年以下有期徒刑,并处罚金。"

原第三款作为第四款,修改为:

"单位犯第二款、第三款罪的,对单位判处罚金,并对其直接负责的主管人员和其他直接责任人员,依照各款的规定处罚。"

【条文说明】

本条是关于伪造、变造、买卖武装部队公文、证件、印章罪,盗窃、抢夺武装部队公文、证件、印章罪,非法生产、买卖武装部队制式服装罪,伪造、盗窃、买卖、非法提供、非法使用武装部队专用标志罪及其处罚的规定。

本条共分为四款。

第一款是关于**伪造、变造、买卖武装部队公文、证件、印章罪和盗窃、抢夺武装部队公文、证件、印章罪及其处罚的规定**。① 构成本款规定的犯罪须具备以下条件:

1. 行为人在主观上是**出于故意**,至于行为人出于何种动机不影响本罪成立。

2. 行为人客观上实施了**"伪造、变造、买卖"**或者**"盗窃、抢夺"**的行为。

3. 犯罪对象是**武装部队的公文、证件、印章**,而不是一般国家机关的公文、证件、印章。"**武装部队**",是指中国人民解放军和中国人民武装警察部队。"**公文**",是指武装部队在执行公务活动中或履行日常工作职责的活动中所形成或发布的文件、公函、通告、命令等公务文件。"**证件**",是指武装部队成员的身份证件、通行证件以及一些特别证件。"**印章**",是指武装部队用于各种公务性文件、公函、命令、通告等文件中能够代表部队的印章。

《最高人民法院、最高人民检察院关于办理妨害武装部队制式服装、车辆号牌管理秩序等刑事案件具体应用法律若干问题的解释》第一条对构成本款规定的犯罪的**定罪量刑标准**作了规定。根据该解释第一条的规定,伪造、变造、买卖或者盗窃、抢夺武装部队公文、证件、印章,具有下列情形之一的,应当依照本款的规定,以伪造、变造、买卖武装部队公文、证件、印章罪或者盗窃、抢夺武装部队公文、证件、印章罪定罪处罚:(1)伪造、变造、买卖或者盗窃、抢夺武装部队公文一件以上的;(2)伪造、变造、买卖或者盗窃、抢夺武装部队军官证、士兵证、车辆行驶证、车辆驾驶证或者其他证件二本以上的;(3)伪造、变造、买卖或者盗窃、抢夺武装部队机关印章、车辆牌证印章或者其他印章一枚以上的。数量达到上述规定标准五倍或者造成严重后果的,应当认定为本款规定的"**情节严重**"。

行为人只要实施了上述行为之一,就构成犯罪。实践中,这一犯罪往往与其他犯罪相联系,成为犯罪分子进行其他犯罪的一种手段,在这种情况下,原则上应按从一重罪处罚的原则定罪处罚。根据本款的规定,对伪造、变造、买卖或者盗窃、抢夺武装部队公文、证件、印章的,处三年以下有期徒刑、拘役、管制或者剥夺政治权利;情节严重的,处三年以上十年以下有期徒刑。

第二款是关于**非法生产、买卖武装部队制式服装罪及其处罚的规定**。武装部队制式服装是用以证明武装部队人员身份的专用服装。武装部队制式服装不是一般商品,不得自由买卖,任何非法生产、买卖的行为都会危害国防安全和利益,必须予以惩处。构成本款规定的犯罪,须同时具备以下条件:

1. 行为人主观上**出于故意**。

2. 行为人客观上实施了**非法生产、买卖武装部队制式服装的行为**。武装部队制式服装由国家指定的厂家生产,任何厂家、个人非经指定不得从事生产、制造活动。"非法生产"包括无权制造的单位私自制造,也包括有权制造的单位不按规定擅自超量制造。②

3. 犯罪对象必须是**武装部队的制式服装**。"制式服装",是指中国人民解放军和中国人民武装警察部队的服装。

4. **行为人实施上述行为,必须达到情节严重的程度**,才构成犯罪。根据《最高人民法院、最高人民检察院关于办理妨害武装部队制式服装、车辆号牌管理秩序等刑事案件具体应用法律若干问题的解释》第二条的相关规定,非法生产、买卖武装部队现行装备的制式服装,具有下列情形之一的,应当认定为本款规定的"**情节严重**",以非法生产、买卖武装部队制式服装罪定罪处罚:(1)非法生产、买卖成套制式服装三十套以上,或者非成套制式服装一百件以上的;(2)非法生产、买卖帽

---

① 需要注意的是,本款规定与《刑法》第二百八十条是法条竞合的关系。另外,由于本款未规定毁灭行为,故而,行为人毁灭武装部队公文、证件、印章,应适用《刑法》第二百八十条,其行为构成毁灭国家机关公文、证件、印章罪。参见张明楷:《刑法学》(第6版),法律出版社2021年版,第1550页。

② 相同的学说见解,参见张明楷:《刑法学》(第6版),法律出版社2021年版,第1550页。

徽、领花、臂章等标志服饰合计一百件(副)以上的;(3)非法经营数额二万元以上的;(4)违法所得数额五千元以上的;(5)具有其他严重情节的。

根据本款的规定,对非法生产、买卖武装部队制式服装,情节严重的,处三年以下有期徒刑、拘役或者管制,并处或者单处罚金。

第三款是关于**伪造、盗窃、买卖、非法提供、非法使用武装部队车辆号牌等专用标志罪**及处罚的规定。武装部队车辆号牌等专用标志是为便于社会外界识别,表明武装部队身份,用于执行部队公务的场所、车辆等的外形标记,包括军车号牌、军衔标志、军徽、臂章以及特种部队人员或某些部队执行特别任务时专用的特别标志等。伪造、盗窃、买卖或者非法提供、使用武装部队车辆号牌等专用标志的行为,破坏了军队的正常管理秩序,干扰了部队正常的军事训练,败坏军队的形象,危害国防利益,必须严惩。构成本款犯罪应具备以下条件:

1. 行为人主观上出于故意。

2. 行为人在客观上实施了**伪造、盗窃、买卖或者非法提供、使用武装部队车辆号牌等专用标志的行为**。应当明确的是,这里所说的"买卖或者非法提供、使用武装部队车辆号牌等专用标志",既包括买卖或者非法提供、使用真的专用标志,也包括买卖或者非法提供、使用伪造、变造等假的专用标志。①

3. **行为人的行为必须达到情节严重的程度**。根据《最高人民法院、最高人民检察院关于办理妨害武装部队制式服装、车辆号牌管理秩序等刑事案件具体应用法律若干问题的解释》第三条的相关规定,伪造、盗窃、买卖或者非法提供、使用武装部队车辆号牌等专用标志,具有下列情形之一的,应当认定为本款规定的"**情节严重**",以伪造、盗窃、买卖、非法提供、使用武装部队车辆号牌等专用标志罪定罪处罚:(1)伪造、盗窃、买卖或者非法提供、使用武装部队军以上领导机关车辆号牌一副以上或者其他车辆号牌三副以上的;(2)非法提供、使用军以上领导机关车辆号牌之外的其他车辆号牌累计六个月以上的;(3)伪造、盗窃、买卖或者非法提供、使用军徽、军旗、军种符号或者其他军用标志合计一百件(副)以上的;(4)造成严重后果或者恶劣影响的。实施上述规定的行为,具有下列情形之一的,应当认定为本款规定的"**情节特别严重**":(1)数量达到前款第(1)、(3)项规定标准五倍以上的;(2)非法提供、使用军以上领导机关车辆号牌累计六个月以上或者其他车辆号牌累计一年以上的;(3)造成特别严重后果或者特别恶劣影响的。

根据本款的规定,对伪造、盗窃、买卖或者非法提供、使用武装部队车辆号牌等专用标志,情节严重的,处三年以下有期徒刑、拘役或者管制,并处或者单处罚金;情节特别严重的,处三年以上七年以下有期徒刑,并处罚金。

第四款是关于**单位犯罪**的规定。根据本款规定,单位可以成为本条第二款规定的非法生产、买卖武装部队制式服装的犯罪的主体,也可以成为第三款规定的伪造、盗窃、买卖或者非法提供、使用武装部队车辆号牌等专用标志的犯罪的主体。根据本款规定,单位构成本条第二款、第三款犯罪的,除对单位判处罚金外,对其直接负责的主管人员和其他直接责任人员,依照各该款的规定处罚。

需要注意的是,本条第一款规定了伪造、变造、买卖或者盗窃、抢夺武装部队公文、证件、印章的犯罪,共涉及五种犯罪行为,三类犯罪对象。根据《最高人民法院关于执行〈中华人民共和国刑法〉确定罪名的规定》,该款规定的犯罪分为伪造、变造、买卖武装部队公文、证件、印章罪和盗窃、抢夺武装部队公文、证件、印章罪两个选择性罪名。实践中对于行为人有该款规定的多种犯罪行为的,**如果是一个选择性罪名内的多种犯罪行为的**,如既伪造武装部队证件的,按一罪处理;**涉及不同罪名的**,如既伪造武装部队公文,又盗窃武装部队印章的,按照数罪并罚的规定处理。

【**司法解释**】

《最高人民法院、最高人民检察院关于办理妨害武装部队制式服装、车辆号牌管理秩序等刑事案件具体应用法律若干问题的解释》(法释〔2011〕16 号,自 2011 年 8 月 1 日起施行)

△(**伪造、变造、买卖武装部队公文、证件、印章罪;盗窃、抢夺武装部队公文、证件、印章罪;情节严重**)伪造、变造、买卖或者盗窃、抢夺武装部队公文、证件、印章,具有下列情形之一的,应当依照刑法第三百七十五条第一款的规定,以伪造、变造、买卖武装部队公文、证件、印章罪或者盗窃、抢夺武装部队公文、证件、印章罪定罪处罚:

(一)伪造、变造、买卖或者盗窃、抢夺武装部队公文一件以上的;

(二)伪造、变造、买卖或者盗窃、抢夺武装部队军官证、士兵证、车辆行驶证、车辆驾驶证或者其他证件二本以上的;

---

① 相同的学说见解,参见张明楷:《刑法学》(第6版),法律出版社2021年版,第1551页。

第三百七十五条

(三)伪造、变造、买卖或者盗窃、抢夺武装部队机关印章、车辆牌证印章或者其他印章一枚以上的。

实施前款规定的行为,数量达到第(一)至(三)项规定标准五倍以上或者造成严重后果的,应当认定为刑法第三百七十五条第一款规定的"情节严重"。(§1)

△(非法生产、买卖武装部队制式服装罪;情节严重)非法生产、买卖武装部队现行装备的制式服装,具有下列情形之一的,应当认定为刑法第三百七十五条第二款规定的"情节严重",以非法生产、买卖武装部队制式服装罪定罪处罚:

(一)非法生产、买卖成套制式服装三十套以上,或者非成套制式服装一百件以上的;

(二)非法生产、买卖帽徽、领花、臂章等标志服饰合计一百件(副)以上的;

(三)非法经营数额二万元以上的;

(四)违法所得数额五千元以上的;

(五)具有其他严重情节的。(§2)

△(伪造、盗窃、买卖、非法提供、非法使用武装部队专用标志罪;情节严重;情节特别严重)伪造、盗窃、买卖或者非法提供、使用武装部队车辆号牌等专用标志,具有下列情形之一的,应当认定为刑法第三百七十五条第三款规定的"情节严重",以伪造、盗窃、买卖、非法提供、非法使用武装部队专用标志罪定罪处罚:

(一)伪造、盗窃、买卖或者非法提供、使用武装部队军以上领导机关车辆号牌一副以上或者其他车辆号牌三副以上的;

(二)非法提供、使用军以上领导机关车辆号牌之外的其他车辆号牌累计六个月以上的;

(三)伪造、盗窃、买卖或者非法提供、使用军徽、军旗、军种符号或者其他军用标志合计一百件(副)以上的;

(四)造成严重后果或者恶劣影响的。

实施前款规定的行为,具有下列情形之一的,应当认定为刑法第三百七十五条第三款规定的"情节特别严重":

(一)数量达到前款第(一)、(三)项规定五倍以上的;

(二)非法提供、使用军以上领导机关车辆号牌累计六个月以上或者其他车辆号牌累计一年以上的;

(三)造成特别严重后果或者特别恶劣影响的。(§3)

△(伪造、变造的武装部队公文、证件、印章;仿制的现行装备的武装部队制式服装;伪造、变造

第七章 危害国防利益罪

的武装部队车辆号牌等专用标志)买卖、盗窃、抢夺伪造、变造的武装部队公文、证件、印章的,买卖仿制的现行装备的武装部队制式服装情节严重的,盗窃、买卖、提供、使用伪造、变造的武装部队车辆号牌等专用标志情节严重的,应当追究刑事责任。定罪量刑标准适用本解释第一至第三条的规定。(§4)

△(明知;共犯)明知他人实施刑法第三百七十五条规定的犯罪行为,而为其生产、提供专用材料或者提供资金、账号、技术、生产经营场所等帮助的,以共犯论处。(§5)

△(竞合)实施刑法第三百七十五条规定的犯罪行为,同时又构成逃税、诈骗、冒充军人招摇撞骗等犯罪的,依照处罚较重的规定定罪处罚。(§6)

△(单位犯罪)单位实施刑法第三百七十五条第二款、第三款规定的犯罪行为,对单位判处罚金,并对其直接负责的主管人员和其他直接责任人员,分别依照本解释的有关规定处罚。(§7)

【司法解释性文件】

《最高人民检察院、公安部关于公安机关管辖的刑事案件立案追诉标准的规定(一)的补充规定》(公通字[2017]12号,2017年4月27日公布)

△(非法生产、买卖武装部队制式服装罪;立案追诉标准)将《立案追诉标准(一)》第九十四条修改为:[非法生产、买卖武装部队制式服装案(刑法第三百七十五条第二款)]非法生产、买卖武装部队制式服装,涉嫌下列情形之一的,应予立案追诉:

(一)非法生产、买卖成套制式服装30套以上,或者非成套制式服装100件以上的;

(二)非法生产、买卖帽徽、领花、臂章等标志服饰合计100件(副)以上的;

(三)非法经营数额2万元以上的;

(四)违法所得数额5千元以上的;

(五)其他情节严重的情形。

买卖仿制的现行装备的武装部队制式服装,情节严重的,应予立案追诉。(§14)

△(伪造、盗窃、买卖、非法提供、非法使用武装部队专用标志罪;立案追诉标准)在《立案追诉标准(一)》第九十四条后增加一条,作为第九十四条之一:[伪造、盗窃、买卖、非法提供、非法使用武装部队专用标志案(刑法第三百七十五条第三款)]伪造、盗窃、买卖或者非法提供、使用武装部队车辆号牌等专用标志,涉嫌下列情形之一的,应予立案追诉:

(一)伪造、盗窃、买卖或者非法提供、使用武装部队军以上领导机关车辆号牌1副以上或者其

他车辆号牌 3 副以上的；

（二）非法提供、使用军以上领导机关车辆号牌之外的其他车辆号牌累计 6 个月以上的；

（三）伪造、盗窃、买卖或者非法提供、使用军徽、军旗、军种符号或者其他军用标志合计 100 件（副）以上的；

（四）造成严重后果或者恶劣影响的。

盗窃、买卖、提供、使用伪造、变造的武装部队车辆号牌等专用标志，情节严重的，应予立案追诉。（§15）

第三百七十六条　【战时拒绝、逃避征召、军事训练罪】【战时拒绝、逃避服役罪】
预备役人员战时拒绝、逃避征召或者军事训练，情节严重的，处三年以下有期徒刑或者拘役。
公民战时拒绝、逃避服役，情节严重的，处二年以下有期徒刑或者拘役。

【条文说明】

本条是关于战时拒绝、逃避征召、军事训练罪和战时拒绝、逃避服役罪及其处罚的规定。

本条共分为两款。

第一款是关于**战时拒绝、逃避征召、军事训练罪**及其处罚的规定。构成本款规定的犯罪，须具备以下条件：

1. **本款规定的犯罪行为发生在战时**，这是构成本罪的前提条件。预备役人员在平时拒绝、逃避征召或者军事训练的行为，可以依照《兵役法》《预备役军官法》等规定予以处罚，但不构成犯罪。战时的含义，应当根据《刑法》第四百五十一条的规定理解，即国家宣布进入战争状态、部队受领作战任务或者遭敌突然袭击时。部队执行戒严任务或者处置突发性暴力事件时，以战时论。

2. 犯罪主体是**预备役人员**。预备役人员的含义，应当根据《兵役法》第五条的规定掌握，即经过登记，预编到现役部队、编入预备役部队、编入民兵组织服预备役的或者以其他形式服预备役的人员，分为预备役士兵和预备役军官。

3. 预备役人员实施了**拒绝、逃避征召或者军事训练的行为**。"拒绝"是指不接受。"逃避"是指有意躲避。"征召"是指兵役机关依法向预备役人员发出通知，要其按规定的时间地点报到，准备转服现役。① 根据兵役法的规定，预备役人员在接到应召通知后，必须准时到指定地点报到。预备役人员明确地向有关人员表示拒绝征召或者军事训练，以及虽未明确拒绝，但以消极躲避的方式不响应征召或者军事训练的，都可以构成本款规定的犯罪。

4. 行为人的行为必须是情节严重的，才构成犯罪。"情节严重"，主要是指无故拒绝、逃避，经多次教育仍不改正的或其他严重情节。《最高人民检察院、公安部关于公安机关管辖的刑事案件立案追诉标准的规定（一）》第九十五条规定："预备役人员战时拒绝、逃避征召或者军事训练，涉嫌下列情形之一的，**应予立案追诉**：（一）无正当理由经教育仍拒绝、逃避征召或者军事训练的；（二）以暴力、威胁、欺骗等手段，或者采取自伤、自残等方式拒绝、逃避征召或者军事训练的；（三）联络、煽动他人共同拒绝、逃避征召或者军事训练的；（四）其他情节严重的情形。"对于有些预备役人员因生病或家中确有实际困难不能或者不能及时应召或参加军事训练的，不能定罪处刑。

根据本款规定，对预备役人员战时拒绝、逃避征召或者军事训练，情节严重的，处三年以下有期徒刑或者拘役。

第二款是关于**战时拒绝、逃避服役罪**及其处罚的规定。构成本罪须同时具备以下条件：

1. **本款规定的犯罪行为发生在战时**，这是构成本罪的前提条件。公民平时拒绝、逃避服役的行为，可以依照兵役法等规定予以处罚，但不构成犯罪。

2. 犯罪主体是**一般公民**。根据《兵役法》第三条的规定，中华人民共和国公民，不分民族、种族、职业、家庭出身、宗教信仰和教育程度，都有义务依法服兵役。年满十八岁的公民，按照兵役机关的安排，进行兵役登记。

3. 行为人实施了**拒绝、逃避服役的行为**。在兵役登记、体格检查、政治审查、审定新兵、交接新兵等征兵工作各环节拒绝、逃避服役的行为，都可

---

① 我国学者指出，拒绝与逃避没有本质区别，都表现为不接受征召和不参加军事训练。参见张明楷：《刑法学》（第 6 版），法律出版社 2021 年版，第 1551 页。

能构成本款规定的犯罪。①

4. 行为人的行为必须情节严重的，才构成犯罪。《最高人民检察院、公安部关于公安机关管辖的刑事案件立案追诉标准的规定（一）》第九十六条规定："公民战时拒绝、逃避服役，涉嫌下列情形之一的，**应予立案追诉**：（一）无正当理由经教育仍拒绝、逃避服役的；（二）以暴力、威胁、欺骗等手段，或者采取自伤、自残等方式拒绝、逃避服役的；（三）联络、煽动他人共同拒绝、逃避服役的；（四）其他情节严重的情形。"

根据本款规定，对公民战时拒绝、逃避服役，情节严重的，处二年以下有期徒刑或者拘役。考虑到一般公民和预备役人员的身份、义务等方面的不同，本款规定的刑罚与第一款规定的预备役人员战时拒绝、逃避征召、军事训练罪作了轻重区别。

【**司法解释性文件**】

《**最高人民检察院、公安部关于公安机关管辖的刑事案件立案追诉标准的规定（一）**》（公通字〔2008〕36 号，2008 年 6 月 25 日公布）

△（**战时拒绝、逃避征召、军事训练罪**）**立案追诉标准**）预备役人员战时拒绝、逃避征召或者军事训练，涉嫌下列情形之一的，应予立案追诉：

（一）无正当理由经教育仍拒绝、逃避征召或者军事训练的；

（二）以暴力、威胁、欺骗等手段，或者采取自伤、自残等方式拒绝、逃避征召或者军事训练的；

（三）联络、煽动他人共同拒绝、逃避征召或者军事训练的；

（四）其他情节严重的情形。（§95）

△（**战时拒绝、逃避服役罪**）**立案追诉标准**）公民战时拒绝、逃避服役，涉嫌下列情形之一的，应予立案追诉：

（一）无正当理由经教育仍拒绝、逃避服役的；

（二）以暴力、威胁、欺骗等手段，或者采取自伤、自残等方式拒绝、逃避服役的；

（三）联络、煽动他人共同拒绝、逃避服役的；

（四）其他情节严重的情形。（§96）

第三百七十七条　【战时故意提供虚假敌情罪】
战时故意向武装部队提供虚假敌情，造成严重后果的，处三年以上十年以下有期徒刑；造成特别严重后果的，处十年以上有期徒刑或者无期徒刑。

【**条文说明**】

本条是关于战时故意提供虚假敌情罪及其处罚的规定。

构成本条规定的战时故意提供虚假敌情罪须具备以下条件：②

1. **本条规定的犯罪必须是发生在战时**，这是构成本罪的前提条件。平时故意向武装部队提供虚假情况的，可以依照有关规定予以处罚，但不构成犯罪。战时的含义，应当根据《刑法》第四百五十一条的规定理解。

2. 行为人主观上是**故意犯罪**，即故意向武装部队谎报敌情，使我方据此作出错误的判断和决定。过失向武装部队提供虚假敌情的，如道听途说未核实准确，因为缺乏军事专业知识而产生误解，或者被敌方散布的虚假情况迷惑而向我方武装力量提供虚假敌情的，不构成本条规定的犯罪。

3. 行为人实施了**向武装部队提供虚假敌情的行为**。"**虚假**"包括无中生有，凭空编造根本不存在的情况，也包括歪曲、颠倒已存在的事实情况。③ "**敌情**"主要是敌方的有关情报，包括与敌方军事行动直接相关的兵力部署、作战计划等，也包括与敌方有关的后勤保障、经济信息、政局情况等。"**提供**"的方式包括主动向武装部队报告，也包括在武装部队人员询问时提供；包括口头提供，也包括书面提供。

4. **行为人战时向武装部队提供虚假敌情的行为造成严重后果的，才构成犯罪**，这是区分罪与非罪的界限。"**造成严重后果**"，主要是指贻误了战机，使我方作出错误的军事行动决定；造成人员

---

① 服役包括服现役及预备役。参见周光权：《刑法各论》（第4版），中国人民大学出版社2021年版，第616页。

② 我国学者指出，本罪的行为主体是特殊主体，即现役军人以外的普通公民。如果现役军人战时提供虚假敌情，应按谎报军情罪处理。参见黎宏：《刑法学各论》（第2版），法律出版社2016年版，第499页；赵秉志、李希慧主编：《刑法各论》（第3版），中国人民大学出版社2016年版，第383页。

③ 我国学者指出，是否"虚假"，不是以行为人的认识为标准，而是以客观事实为标准。参见张明楷：《刑法学》（第6版），法律出版社2021年版，第1552页。

伤亡、武器装备、军用物资损失等重大损失等情况,具体可由司法机关根据实际情况掌握。

根据本条规定,对战时故意向武装部队提供虚假敌情,造成严重后果的,处三年以上十年以下有期徒刑;造成特别严重后果的,处十年以上有期徒刑或者无期徒刑。这里规定的"造成特别严重后果",主要是指致使战斗、战役失利,造成重大人员伤亡和武器装备、军用物资损失,影响重大军事任务完成等特别严重后果,具体可由司法机关根据实际情况掌握。

实践中需要注意的是,本条规定的犯罪与《刑法》第四百二十二条规定的**隐瞒、谎报军情罪**的区分。根据《刑法》第四百二十二条的规定,故意隐瞒、谎报军情,对作战造成危害的,处三年以上十年以下有期徒刑;致使战斗、战役遭受重大损失的,处十年以上有期徒刑、无期徒刑或者死刑。本条规定的战时故意提供虚假敌情罪与隐瞒、谎报军情罪的区别主要有:一是犯罪主体不同,本罪的主体是一般主体,一般是军人以外的人员。隐瞒、谎报军情罪是军人违反职责罪的一种,犯罪主体限于军人。这是两罪最主要的区别。二是客观表现形式不同。本罪只能由积极的行为构成,即向武装部队提供了虚假的敌情。隐瞒、谎报军情罪的行为方式既包括积极的谎报军情,也包括消极的隐瞒军情。三是涉及的情报信息范围不同。本罪涉及的是"敌情",即作战敌方的有关情况。隐瞒、谎报军情罪涉及的是"军情",不仅包括敌方的军情,也包括我方的有关情况、战场环境的情况等与军事行动有关的情报信息。四是入罪和适用第二档刑罚的标准不同。本罪构成犯罪的条件是"造成严重后果",适用第二档刑罚的条件是"造成特别严重后果"。隐瞒、谎报军情罪构成犯罪的条件是"对作战造成危害",适用第二档刑罚的条件是"致使战斗、战役造成重大损失"。总体来看,作为军人违反职责罪,隐瞒、谎报军情罪的入罪和适用第二档刑罚的门槛比本罪要低。

第三百七十八条 【战时造谣扰乱军心罪】
战时造谣惑众,扰乱军心的,处三年以下有期徒刑、拘役或者管制;情节严重的,处三年以上十年以下有期徒刑。

【条文说明】

本条是关于战时造谣扰乱军心罪及其处罚的规定。

构成本条规定的战时造谣扰乱军心罪须具备以下条件:

1. 犯罪主体是**非军人**,即除军人以外的其他任何人。这是与《刑法》分则军人违反职责罪一章中规定的战时造谣惑众、动摇军心犯罪的主要区别。

2. **本条规定的行为,战时才构成犯罪**。平时造谣惑众,扰乱军心的,可以依照有关规定予以处罚,但不构成犯罪。战时的含义,应当根据《刑法》第四百五十一条的规定理解。

3. 行为人实施了**造谣惑众**的行为。"造谣惑众",是指行为人制造谣言,或以虚构的情况在部队中进行传播。造谣惑众的行为,既包括行为人捏造事实,在部队中传播,也包括行为人将听说的谣言在部队中传播。① 谣言的具体内容可以是凭空捏造的信息,也可以是颠倒歪曲的信息;可以是夸大敌方军队数量、实力,武器的杀伤力,也可以是我方友邻部队失利、军需物资供应困难、后勤保障中断,或者夸大、渲染战争残酷,制造恐怖气氛等方面的信息。

4. **行为人制造散布的谣言足以扰乱军心或造成了扰乱军心的后果**。② "扰乱军心",是指行为人通过传播虚假事实谣言,在部队中散布怯战、厌战或恐怖情绪,造成军心不稳,斗志涣散,削弱战斗力。如果行为人散布的谣言不足以造成扰乱军心的后果,如基于迷信散布一些荒诞的谣言,也不宜认定为本罪。

5. **犯罪对象必须是多数人**。本条规定的"惑众"是指将谣言向武装部队中的众人宣扬、散布。如果只是向很小范围内的特定人传播谣言,没有造成谣言广泛传播的,不应当认定为"惑众"。造谣惑众的具体形式可以是口头散布、书面散布、通

---

① 我国学者指出,造谣惑众行为不以针对不特定军人实施为必要。虽然是向个别军人传谣,但只要足以使不特定人得知造谣内容,进而扰乱军心,同样属于造谣惑众行为。参见张明楷:《刑法学》(第 6 版),法律出版社 2021 年版,第 1552 页。

② 相同的学说见解,参见高铭暄、马克昌主编:《刑法学》(第 7 版),北京大学出版社、高等教育出版社 2016 年版,第 617 页。

过信息网络、短信、即时通讯工具等散布谣言等。

根据本条规定，战时造谣惑众，扰乱军心的，处三年以下有期徒刑、拘役或者管制；情节严重的，处三年以上十年以下有期徒刑。这里规定的"**情节严重**"，包括散布大量谣言惑众，谣言传播的范围大、人数多，组织、指使他人造谣惑众，扰乱军心，在作战的紧要关头造谣惑众，扰乱军心，勾结敌人造谣惑众，造成部队混乱、战斗、战役失利等严重后果等，具体可由司法机关根据案件情况掌握。

实践中应当注意区分本条规定的犯罪与其他有关犯罪的区别：

1. 本条规定的犯罪与《刑法》第四百三十三条规定的**战时造谣惑众罪**的区别。《刑法》第四百三十三条规定："战时造谣惑众，动摇军心的，处三年以下有期徒刑；情节严重的，处三年以上十年以下有期徒刑；情节特别严重的，处十年以上有期徒刑或者无期徒刑。"本条规定的战时造谣扰乱军心罪与该罪的主要区别是犯罪主体不同，本罪的犯罪主体是军人以外的人员，战时造谣惑众罪是军人违反职责罪的一种，其犯罪主体是军人。在刑罚配置上，战时造谣惑众罪的刑罚也比本条的规定重。

2. 本条规定的犯罪与《刑法》第三百七十七条规定的**战时故意提供虚假敌情罪**的区别。这两种犯罪的区别主要有：一是犯罪的客观方面不尽相同。本罪客观方面的特征是造谣惑众、散布谣言的对象是不特定的人，谣言的内容也可以多样，不限于与敌方有关的情况。战时故意提供虚假敌情罪客观方面的特征是向武装部队提供虚假敌情，不一定有散布谣言的行为，提供的信息内容是与敌方有关的情报信息。二是构成犯罪的条件不同，构成本罪要求谣言足以扰乱军心或扰乱了军心，不一定要求造成严重后果，构成战时故意提供虚假敌情罪要求造成严重后果。

第三百七十九条　【战时窝藏逃离部队军人罪】

战时明知是逃离部队的军人而为其提供隐蔽处所、财物，情节严重的，处三年以下有期徒刑或者拘役。

【条文说明】

本条是关于战时窝藏逃离部队军人罪及其处罚的规定。

构成本条规定的战时窝藏逃离部队军人罪须具备以下条件：

1. **本条规定的行为，战时才构成犯罪**，这是构成本罪的前提条件。平时窝藏逃离部队军人的，可以依照有关规定予以处罚，但不构成犯罪。战时的含义，应当根据《刑法》第四百五十一条的规定理解。

2. 行为人在主观上必须是**明知**，即明知是逃离部队的军人而故意为其提供有关便利条件。具体来讲，要求行为人明知其窝藏的人是军人，而且是逃离部队的军人。如果行为人不知道是逃离部队的军人的，不能构成本罪。明知的认定，可以是行为人承认，也可以通过客观情形推定。行为人窝藏逃离部队的军人的动机可能是为了帮助亲友，也可能是为了妨碍部队的军事行动，具体动机不影响构成犯罪。

3. 行为人实施了**为逃离部队的军人提供隐蔽处所、财物的行为**。"提供隐蔽处所"，是指为逃离部队的军人提供住处或者场所，将其隐蔽起来，以逃避部队和地方有关部门的查找。包括提供自己所有或者控制的场所，也包括利用他人所有或者管理的场所。为逃离部队的**军人提供"财物"**，是指为其提供物质帮助，以使其进一步逃跑或隐藏，具体可以包括提供资金、食物、生活用品、交通工具等财物。

4. **行为人的行为，情节严重的，才构成犯罪**，这是区分罪与非罪的界限。"情节严重的"，主要是指行为人在部队或有关部门，组织进行查找时，故意编造虚假情况进行隐瞒，或者多次提供财物帮助多名逃离部队的军人潜逃等。《最高人民检察院、公安部关于公安机关管辖的刑事案件立案追诉标准的规定（一）》第九十七条规定："战时明知是逃离部队的军人而为其提供隐蔽处所、财物，涉嫌下列情形之一的，**应予立案追诉**：（一）窝藏三人次以上的；（二）明知是指挥人员、值班执勤人员或者其他负有重要职责人员而窝藏的；（三）有关部门查找时拒不交出的；（四）其他情节严重的情形。"

根据本条规定，对战时明知是逃离部队的军人而为其提供隐蔽处所、财物，情节严重的，处三年以下有期徒刑或者拘役。

实践中执行本条规定应当注意以下两个方面的问题：

1. 本条规定的犯罪与**逃离部队罪的共同犯**

罪的区分。《刑法》第四百三十五条规定了逃离部队罪，即违反兵役法规，逃离部队，情节严重的犯罪。该罪的犯罪主体是军人。对于战时行为人与逃离部队的军人事先通谋，在其逃离部队后为其提供隐蔽处所、财物的，应当以逃离部队罪的共同犯罪定罪处罚。

2. 本条规定的犯罪与雇用逃离部队军人罪的区分。《刑法》第三百七十三条规定了雇用逃离部队军人罪。本罪与该罪的区别主要有：一是构成犯罪的时间要求不同。本罪只能在战时构成，雇用逃离部队军人罪战时、平时都可以构成。二是行为方式不同。本罪的行为方式是为逃离部队的军人提供隐蔽处所、财物帮助其隐藏，雇用逃离部队军人罪的行为方式是雇用逃离部队的军人为其劳动。本罪的行为方式范围更大，在战时的入罪门槛相对较低。

【司法解释性文件】

《最高人民检察院、公安部关于公安机关管辖的刑事案件立案追诉标准的规定（一）》（公通字〔2008〕36号，2008年6月25日公布）

△（战时窝藏逃离部队军人罪；立案追诉标准）战时明知是逃离部队的军人而为其提供隐蔽处所、财物，涉嫌下列情形之一的，应予立案追诉：

（一）窝藏三人次以上的；

（二）明知是指挥人员、值班执勤人员或者其他负有重要职责人员而窝藏的；

（三）有关部门查找时拒不交出的；

（四）其他情节严重的情形。（§97）

第三百八十条 【战时拒绝、故意延误军事订货罪】
战时拒绝或者故意延误军事订货，情节严重的，对单位判处罚金，并对其直接负责的主管人员和其他直接责任人员，处五年以下有期徒刑或者拘役；造成严重后果的，处五年以上有期徒刑。

【条文说明】

本条是关于战时拒绝、故意延误军事订货罪及其处罚的规定。

构成本条规定的战时拒绝、故意延误军事订货罪，应具备以下条件：

1. **本条规定的行为，战时才构成犯罪**，这是构成本罪的前提条件。平时拒绝、故意延误军事订货的，可以依照有关规定予以处罚，但不构成犯罪。战时的含义，应当根据《刑法》第四百五十一条的规定理解。

2. 犯罪主体是**与军事单位签订军事订货合同的当事人，且当事人是单位**。自然人不能单独成为本条规定的犯罪的主体，这是考虑到我国能够承担军事订货任务、研制、生产武器装备、军用物资的，都是企业、事业单位。

3. 行为人在主观上必须是**出于故意**，即明知是国家的军事订货而拒绝或延误。如果虽然拒绝或延误了订货，但行为人不知道订货的性质是军事订货的，不构成本条规定的犯罪。如果行为人不是出于故意，而是客观上由于不可抗力、意外事件等原因或一些特殊的实际困难，没有完成军事订货或延误军事订货，也不构成本条规定的犯罪。行为人实施本罪的动机可能是多样的，有的是因为军事订货利润不高，从经济利益考虑拒绝或者延误，有的具有妨害军事行动的动机。具体动机不影响犯罪的构成。

4. 行为人实施了**拒绝、延误军事订货的行为**。具体包括两种犯罪行为。一是**拒绝军事订货**。"拒绝"，是指拒不履行规定的供货义务，即在国家或者军队有关部门向其提出军事订货任务时明确表示不接受。拒绝的具体形式可以包括口头和书面的形式，也可以包括采用暴力、威胁的方式抗拒。二是**故意延误军事订货**。"延误"，是指在规定的时间以后供货。"军事订货"是指国家和军队有关部门向有关企业、事业单位提出的研制、生产武器装备和其他军用物资的订货任务。

5. **行为人的行为必须是情节严重的，才构成犯罪**。所谓"情节严重"，主要是指拒绝手段恶劣的；或者由于急需的武器装备、后勤给养供应不及时，使我方陷入不利境地，严重影响战斗任务的顺利完成等。《最高人民检察院、公安部关于公安机关管辖的刑事案件立案追诉标准的规定（一）》第九十八条规定："战时拒绝或者故意延误军事订货，涉嫌下列情形之一的，应予立案追诉：（一）拒绝或者故意延误军事订货三次以上的；（二）联络、煽动他人共同拒绝或者故意延误军事订货的；（三）拒绝或者故意延误重要军事订货，影响重要军事任务完成的；（四）其他情节严重的情形。"

第三百八十一条

根据本条规定,对战时拒绝或者故意延误军事订货,情节严重的单位实行"**双罚制**",对单位判处罚金,并对其直接负责的主管人员和其他直接责任人员处五年以下有期徒刑或者拘役;造成严重后果的,处五年以上有期徒刑。"**造成严重后果**",主要是指使战斗、战役遭受重大损失,造成不必要的人员伤亡等严重后果。

实践中需要注意的是,本条规定的犯罪与**阻碍军事行动罪**的区分。《刑法》第三百六十八条第二款规定了阻碍军事行动罪,即"故意阻碍武装部队军事行动,造成严重后果的,处五年以下有期徒刑或者拘役"。本罪与该罪的区别主要有:一是构成犯罪的时间要求不同。本罪只能在战时构成,阻碍军事行动罪战时、平时都可以构成。二是犯罪主体不同。本罪的主体是接受军事订货的单位,阻碍军事行动罪的主体是个人。三是行为方式不同。本罪的行为方式是拒绝或者故意延误军事订货,阻碍军事行动罪的行为方式是多样的。

对于战时接受军事订货的单位以拒绝、故意延误军事订货的方式阻碍军事行动的,应当依照处罚较重的犯罪的规定定罪处罚。

【**司法解释性文件**】

《最高人民检察院、公安部关于公安机关管辖的刑事案件立案追诉标准的规定(一)》(公通字〔2008〕36号,2008年6月25日公布)

△(**战时拒绝、故意延误军事订货罪;立案追诉标准**)战时拒绝或者故意延误军事订货,涉嫌下列情形之一的,应予立案追诉:

(一)拒绝或者故意延误军事订货三次以上的;

(二)联络、煽动他人共同拒绝或者故意延误军事订货的;

(三)拒绝或者故意延误重要军事订货,影响重要军事任务完成的;

(四)其他情节严重的情形。(§98)

第三百八十一条 【战时拒绝军事征收、征用罪】

战时拒绝军事征收、征用,情节严重的,处三年以下有期徒刑或者拘役。

【**立法沿革**】

《中华人民共和国刑法》(1997年修订,自1997年10月1日起施行)

第三百八十一条

战时拒绝军事征用,情节严重的,处三年以下有期徒刑或者拘役。

《全国人民代表大会常务委员会关于修改部分法律的决定》(自2009年8月27日起施行)

二、对下列法律和法律解释中关于"征用"的规定作出修改

(一)将下列法律和法律解释中的"征用"修改为"征收、征用"

6.《中华人民共和国森林法》第十八条

7.《中华人民共和国军事设施保护法》第十二条

8.《中华人民共和国国防法》第四十八条

9.《中华人民共和国归侨侨眷权益保护法》第十三条

10.《中华人民共和国农村土地承包法》第十六条、第五十九条

11.《中华人民共和国草原法》第三十八条、第三十九条、第六十三条

12.《中华人民共和国刑法》第三百八十一条、第四百一十条

13. 全国人民代表大会常务委员会关于《中华人民共和国刑法》第九十三条第二款的解释

14. 全国人民代表大会常务委员会关于《中华人民共和国刑法》第二百二十八条、第三百四十二条、第四百一十条的解释

【**条文说明**】

本条是关于战时拒绝军事征收、征用罪及其处罚的规定。

根据《国防法》第五十二条的规定,国家在依照宪法规定宣布战争状态时,采取各种措施集中一切人力、物力、财力,以抵抗侵略,保卫祖国。在国家发布动员令后,一切国家机关、武装力量、各党派、各社会团体、各企业事业单位和公民,都必须完成规定的动员任务,这是每一个公民和组织应尽的义务。对于拒绝履行这一义务,情节严重的,根据本条规定,应追究其刑事责任。

构成本条规定的战时拒绝军事征收、征用罪,须具备以下条件:

1. **本条规定的行为,战时才构成犯罪**。这是构成本罪的前提条件。平时拒绝军事征收、征用罪的,可以依照有关规定予以处罚,但不构成犯罪。战时的含义,应当根据《刑法》第四百五十一

条的规定理解。

2. 行为人在主观上**出于故意**。即行为人明知是军事征收、征用仍然拒绝的。如果行为人不明知征收、征用的性质,如认为是地方政府出于开发目的征收、征用土地而拒绝的,不构成本条规定的犯罪。行为人实施本罪的动机可能是多样的,有的是不愿意放弃自己的财产,认为国家给予的补偿太低,有的具有妨害军事行动的动机。具体动机不影响犯罪的构成。

3. 行为人在客观上实施了**拒绝军事征收、征用的行为**。"拒绝"是指行为人故意不履行义务,在国家或者军队有关部门向其提出军事征收、征用任务时明确表示不接受,不将被征收、征用的物资交付武装部队或者有关部门。拒绝的具体形式可以是口头和书面的形式,也可以是采用暴力、威胁的方式抗拒。具体可以分为拒绝军事征收和拒绝军事征用两种情形。"**军事征收**"是为军事需要将非国有的物资收归国有。"**军事征用**"是为军事需要将非国有物资由国家临时使用。《国防动员法》第十章对国家决定实施国防动员后对民用资源征用与补偿的具体制度作了规定。①

4. 行为人的行为必须是情节严重的,才构成犯罪。所谓"**情节严重**",主要是指:造成严重后果;影响了部队完成任务;经反复教育、动员仍不交付等情况。《最高人民检察院、公安部关于公安机关管辖的刑事案件立案追诉标准的规定(一)》第九十九条规定:"战时拒绝军事征用,涉嫌下列情形之一的,**应予立案追诉**:(一)无正当理由拒绝军事征用三次以上的;(二)采取暴力、威胁、欺骗等手段拒绝军事征用的;(三)联络、煽动他人共同拒绝军事征用的;(四)拒绝重要军事征用,影响重要军事任务完成的;(五)其他情节严重的情形。"

根据本条规定,对战时拒绝军事征收、征用,情节严重的,处三年以下有期徒刑或者拘役。

实践中需要注意的是,本条规定的犯罪与**阻碍军事行动罪**的区分。《刑法》第三百六十八条第二款规定了阻碍军事行动罪,即"故意阻碍武装部队军事行动,造成严重后果的,处五年以下有期徒刑或者拘役"。本罪与该罪的区别主要有:一是构成犯罪的时间要求不同。本罪只能在战时构成,阻碍军事行动罪战时、平时都可以构成。二是行为方式不同。本罪的行为方式是拒绝军事征收、征用,阻碍军事行动罪的行为方式是多样的。

【司法解释性文件】

《最高人民检察院、公安部关于公安机关管辖的刑事案件立案追诉标准的规定(一)的补充规定》(公通字〔2017〕12号,2017年4月27日公布)

△(战时拒绝军事征收、征用罪;立案追诉标准)将《立案追诉标准(一)》第99条修改为:[战时拒绝军事征收、征用案(刑)法第381条]战时拒绝军事征收、征用,涉嫌下列情形之一的,应予立案追诉:

(一)无正当理由拒绝军事征收、征用3次以上的;

(二)采取暴力、威胁、欺骗等手段拒绝军事征收、征用的;

(三)联络、煽动他人共同拒绝军事征收、征用的;

(四)拒绝重要军事征收、征用,影响重要军事任务完成的;

(五)其他情节严重的情形。(§16)

---

① 征收与征用的区别在于:征收意味着所有权性质的改变;征用并不改变所有权性质。参见张明楷:《刑法学》(第6版),法律出版社2021年版,第1553页。

第八章 贪污贿赂罪

第三百八十二条 【贪污罪】
国家工作人员利用职务上的便利，侵吞、窃取、骗取或者以其他手段非法占有公共财物的，是贪污罪。
受国家机关、国有公司、企业、事业单位、人民团体委托管理、经营国有财产的人员，利用职务上的便利，侵吞、窃取、骗取或者以其他手段非法占有国有财物的，以贪污论。
与前两款所列人员勾结，伙同贪污的，以共犯论处。

【立法解释】

《全国人民代表大会常务委员会关于〈中华人民共和国刑法〉第九十三条第二款的解释》[2000年4月29日通过，解释已经被《全国人民代表大会常务委员会关于修改部分法律的决定》(2009年8月27日通过)修改]

△(其他依照法律从事公务的人员;村民委员会等村基层组织人员)村民委员会等村基层组织人员①协助人民政府从事下列行政管理工作，属于刑法第九十三条第二款规定的"其他依照法律从事公务的人员"：
（一）救灾、抢险、防汛、优抚、扶贫、移民、救济款物的管理；
（二）社会捐助公益事业款物的管理；
（三）国有土地的经营和管理；
（四）土地征收、征用补偿费用的管理；
（五）代征、代缴税款；
（六）有关计划生育、户籍、征兵工作；
（七）协助人民政府从事的其他行政管理工作。

村民委员会等村基层组织人员从事前款规定的公务，利用职务上的便利，非法占有公共财物、挪用公款、索取他人财物或者非法收受他人财物，构成犯罪的，适用刑法第三百八十二条和第三百八十三条贪污罪、第三百八十四条挪用公款罪、第三百八十五条和第三百八十六条受贿罪的规定。②

【条文说明】

本条是关于贪污罪定义的规定。
本条共分为三款。
第一款是关于贪污罪概念的规定。根据这一规定，构成贪污罪，必须具备以下条件：
1. 贪污罪的主体是**国家工作人员**，即本法第九十三条规定的"国家机关中从事公务的人员"以及"国有公司、企业、事业单位、人民团体中从事公务的人员和国家机关、国有公司、企业、事业单位委派到非国有公司、企业、事业单位、社会团体从事公务的人员，以及其他依照法律从事公务的人员，以国家工作人员论"。我国国家工

---

① 村党支部成员在协助人民政府履行本解释所规定的七种行政管理工作时，是否属于"其他依照法律从事公务的人员"？对此，周光权教授指出，一方面，本解释采用的是例示法(存在解释的空间)；另一方面，在我国农村的各种公共管理活动中，村党支部实际上起着领导和决策的作用，乡镇人民政府不仅通过村民委员会而且主要通过村党支部落实国家的各种路线、方针、政策，组织实施与村民利益及社会发展相关的各种公共事务管理活动。参见陈兴良主编：《刑法各论精释》，人民法院出版社2015年版，第1018页。

② 至于村民小组长在协助人民政府从事行政管理工作时，利用职务之便实施了侵吞公共财物的行为，是否属于"其他依照法律从事公务的人员"？周光权教授指出，不能根据按照《最高人民法院关于村民小组组长利用职务便利非法占有公共财物行为如何定性问题的批复》认定，村民小组长也不能成为贪污罪的主体。村委会有下设机构和人员，具体承担自治责任，但协助人民政府从事部分行政管理工作时，村委会可能将部分工作直接交给村民小组等下设组织来具体完成，如救济款的发放、计划生育管理等。由于这些行政事务与村委会集体日常管理的自治事务不同，村民小组长被赋予这些职能时，和村委会、居民委员会成员一样，可以成为贪污罪的主体。参见陈兴良主编：《刑法各论精释》，人民法院出版社2015年版，第1016页。

作人员可以分为以下四类:(1)**国家机关中从事公务的人员**,是指在国家机关中行使国家赋予该国家机关职权的人员,以及在国家机关中履行管理职责的人员。根据我国《宪法》和有关法律法规的规定,国家机关包括:国家的权力机关,即各级人民代表大会及其常务委员会,以及各级人民代表大会及其常务委员会下设的工作机构、办事机构;国家的监察机关,即国家监察委员会以及各级监察委员会;国家的行政机关,即中央的地方的各级政府及其下属机构,办事机构;国家的审判机关,即各级人民法院及其派出的审判机构;国家的检察机关,即各级人民检察院及其派出的检察机构;军队,即中国人民解放军和中国人民武装警察部队系列的各部门、各机构;中国共产党的各级机关及其派出机构;中国人民政治协商会议的各级机关及其派出机构。(2)**国有公司、企业、事业单位、人民团体中从事公务的人员**,是指在上述单位中从事经营、管理职责或者履行经管单位财务等职责的人员。国有公司、企业是指国家所有的公司、企业以及直接隶属于国家机关、行使一定行政管理职能的企业、事业单位,如烟草公司等。国家参股、合资、合作的公司、企业,不应认为是刑法意义上的国有公司、企业。国有的事业单位、人民团体,是指国家出资兴办的事业单位和人民团体,如公立大学、医院以及妇联、共青团等。(3)**国家机关、国有公司、企业、事业单位委派到非国有公司、企业、事业单位、社会团体从事公务的人员**。非国有的公司、企业、事业单位、社会团体是指国有公司、企业、事业单位、社会团体以外的各种公司、企业、事业单位以及各种依法设立的学会、协会、基金会等社会团体,也包括上述单位参与国有资产投资形成的企业等。委派人员不仅包括国有公司、企业、事业单位委派到委派去的经营、管理人员,也包括没有国有资产投资,但为了加强对非国有单位人员指导、监督而委派的人员。委派人员不一定具备国家机关工作人员的身份,但只要接受了委派,代表委派单位行使经营管理、督导等职权者就以国家工作人员论。这些人员包括国有单位从现有人员中派出的,或者从外单位调入的,或者从社会上聘用后委派到非国有单位从事上述公务的人员。对于上述三类人员,刑法部分犯罪明确要求按照国家工作人员的罪名处理。如我国《刑法》第一百六十三条第三款规定:"国有公司、企业或者其他国有单位中从事公务的人员和国有公司、企业或者其他国有单位委派到非国有公司、企业以及其他单位从事公务的人员有前两款行为的,依照本法第三百八十五条、第三百八十六条的规定定罪处罚。"《刑法》第一百八十三条第二款规定,国有保险公司工作人员和国有保险公司委派到非国有保险公司从事公务的人员,有利用职务上的便利索取他人财物或者非法收受他人财物,为他人谋取利益的行为,按照刑法关于受贿罪的规定定罪处罚。《刑法》第一百八十四条第二款规定,国有金融机构工作人员和国有金融机构委派到非国有金融机构从事公务的人员,有利用职务上的便利索取他人财物或者非法收受他人财物,为他人谋取利益的行为,或者违反国家规定,收受各种名义的回扣、手续费,给个人所有的,按照受贿罪的规定定罪处罚。(4)**其他依照法律从事公务的人员**。这类人员是指依照宪法、法律、法规被选举、被任命从事公务的人员,包括:各民主党派的专职工作人员;人民陪审员;由法律法规授权行使行政管理职能的组织的人员;由行政机关委托行使行政管理的组织的工作人员等,以及农村的村民委员会、城镇的居民委员会等基层群众组织中协助人民政府从事特定的行政管理工作的人员等。2000年4月29日通过的《全国人民代表大会常务委员会关于〈中华人民共和国刑法〉第九十三条第二款的解释》规定:"村民委员会等村基层组织人员协助人民政府从事下列行政管理工作,属于刑法第九十三条第二款规定的'其他依照法律从事公务的人员':(一)救灾、抢险、防汛、优抚、扶贫、移民、救济款物的管理;(二)社会捐助公益事业款物的管理;(三)国有土地的经营和管理;(四)土地征用补偿费用的管理;(五)代征、代缴税款;(六)有关计划生育、户籍、征兵工作;(七)协助人民政府从事的其他行政管理工作。村民委员会等村基层组织人员从事前款规定的公务,利用职务上的便利,非法占有公共财物、挪用公款、索取他人财物或者非法收受他人财物,构成犯罪的,适用刑法第三百八十二条和第三百八十三条贪污罪、第三百八十四条挪用公款罪、第三百八十五条和第三百八十六条受贿罪的规定。"也就是说,村民委员会等村基层组织的人员在协助人民政府进行有关管理工作时,属于《刑法》第九十三条第二款规定的"其他依照法律从事公务的人员",可以成为贪污罪和受贿罪的犯罪主体。

2. 贪污罪侵犯的对象是**公共财物**。① 我国《刑法》第九十一条对公共财产的范围作了规定，主要包括：（1）**国有财产**，即国家所有的资财和物品。国家所有，具有特定的含义，即中华人民共和国所有的财物、资源。（2）**劳动群众集体所有的财产**，即属于集体所有制的资财和物品，如集体所有土地等。（3）**用于扶贫和其他公益事业的社会捐助或者专项基金的财产**。这些财产，既包括国家下拨的扶贫和其他公司公益事业的专项基金、公益机构的事业费、国家拨付的专项研究基金，也包括由社会捐助、赞助的财物，也包括国外捐助的资金、实物、联合国的专项基金、援助资金和物资等。（4）**在国家机关、国有公司、企业、集体企业和人民团体管理、使用或者运输中的私人财产**。对于该财产的性质，要根据所管理、使用或者运输该私人财产的单位的性质来确定以何种财产论，如果是由国家机关、国有公司、企业来管理、使用或运输，则认定为国有财产；如果是集体企业管理、使用或运输，则认定为集体财产；如果是扶贫、救济等公益团体管理、使用、运输的私人财产，应认定为公益事业财产。

3. 贪污罪在行为上主要表现为**利用职务上的便利，侵吞、窃取、骗取或者以其他手段非法占有公共财物的行为**。这里所说的"利用职务上的便利"，是指利用自己职务范围内的权力和地位所形成的主管、管理、经手公共财物的便利条件。② "**侵吞**"，是指利用职务上的便利，将自己主管、管理、经手的公共财物非法占为己有的行为。侵吞的手段多种多样，比如：收入不入帐、据为己有；涂改帐目、单据，缩小收入，加大支出；多报消耗，加大报废物资数量；伪造支取凭证套现；等等。"**窃取**"，是指利用职务上的便利，用秘密获取的方法，将自己主管、管理、经手的公共财物占为己有的行为，即通常所说的"监守自盗"。③ "**骗取**"，是指行为人利用职务上的便利，使用欺骗的方法，非法占有公共财物的行为，如伪造、涂改单据，虚报冒领，用虚假票据、单据报帐等。所谓"**其他手段**"，是指侵吞、窃取、骗取以外的利用职务上的便利非法占有公共财物的手段，如银行系统内外勾结将公款私存，套取利息私分；利用彩票、福利抽奖作弊贪污等。④

第二款是关于受国家机关、国有公司、企业、事业单位、人民团体委托管理、经营国有财产的人员⑤，利用职务上的便利，侵吞、窃取、骗取或者以其他手段非法占有国有财物的，以贪污论的规定。⑥ 这里规定的"**国有财产**"，与第一款规定的"公共财物"是有区别的。前者只限定于国家所

---

① 我国学者指出，贪污罪的对象，并非一定限定于"公共财产"。因为按照《刑法》第二百七十一条第二款的规定，国家工作人员在非国有公司、企业、事业单位中从事公务，利用职务上的便利非法占有本单位财产的，也构成贪污罪。因此，以非国有控股、参股公司的财产也能成为本罪的对象。此外，无论是债权，还是国有事业单位管理、使用或者运输中的私人财产，抑或是不动产，均能成为贪污罪的行为对象。参见黎宏：《刑法学各论》（第2版），法律出版社2016年版，第507—508页；陈兴良主编：《刑法各论精释》，人民法院出版社2015年版，第1030—1040页。
② 贪污罪与受贿罪在"利用职务上的便利"的内涵，存在一个显著区别，即"凭借自职务的间接影响之便利"（所谓的间接影响）无法涵摄到"利用职务上的便利"中。参见王作富主编：《刑法分则实务研究（下）》（第5版），中国方正出版社2013年版，第1548页。
③ 关于"侵吞"与"窃取"的区分，我国学者指出，两者的区别并不在于行为的秘密或公开。侵吞，乃指行为人因职务关系合法持有公共财物，应当上交而不上交，或者应当下发而不下发，非法转归己有或者第三人所有；窃取仅指担负保管公共财物职责的工作人员，利用保管公共财物之便，将公共财物非法据为己有（所谓的"监守自盗"）。参见王作富主编：《刑法分则实务研究（下）》（第5版），中国方正出版社2013年版，第1549—1550页；周光权：《刑法各论》（第4版），中国人民大学出版社2021年版，第535页；赵秉志、李希慧主编：《刑法各论》（第3版），中国人民大学出版社2016年版，第389页。
另有学者指出，只有当行为人与他人共同占有公共财物时，行为人利用职务上的便利窃取该财物，才属于贪污罪中的"窃取"。参见张明楷：《刑法学》（第6版），法律出版社2021年版，第1558页；黎宏：《刑法学各论》（第2版），法律出版社2016年版，第509页；陈兴良主编：《刑法各论精释》，人民法院出版社2015年版，第1029页。
④ 譬如，挪用公款后携款潜逃，以贪污罪论处。参见王作富主编：《刑法分则实务研究（下）》（第5版），中国方正出版社2013年版，第1550页。
⑤ 我国学者指出，受国家机关、国有公司、企业、事业单位委托管理、经营国有财产的人员，无法涵摄到《刑法》第九十三条第二款中的"其他依照法律从事公务的人员"。由于立法者在《刑法》第三百八十四条挪用公款罪中无类似规定，故而，前述委托人员无法成立挪用公款罪的主体。参见王作富主编：《刑法分则实务研究（下）》（第5版），中国方正出版社2013年版，第1566—1567页；黎宏：《刑法学各论》（第2版），法律出版社2016年版，第514页。
⑥ 系争规定究竟是注意规定，抑或属于法律拟制，在挪用国家财产的认定上，有所出入。若是前者，由于受国家机关、国有单位、企业、事业单位、人民团体委托管理、经营国有财产的人员原本就属于国家工作人员，故而应以挪用公款罪论处；若是后者，前述人员原本就不属于国家工作人员，只能认定为挪用资金罪。司法解释采取后一立场。参见张明楷：《刑法学》（第6版），法律出版社2021年版，第1555页。

有(或全民所有)的财产,后者还包括集体所有的财产、用于社会公益事业的财产。侵吞、窃取、骗取或者以其他手段非法占有国有财物的行为,同第一款规定的行为内容是一致的,不再赘述。

第三款是对与前两款所列人员勾结、伙同贪污的,以共犯论处的规定。① 这里所说的"**伙同贪污**",是指伙同国家工作人员进行贪污,其犯罪性质是贪污罪,对伙同者应以贪污罪的共犯论处。②

实践中需要注意以下几个方面的问题:

1. 关于**贪污罪犯罪主体**的认定。国家工作人员主要是指在国家机关中从事公务的人员,包括履行组织、领导、监督、管理职责的人员,以及经手、管理公共财物的人员等,一般工人、勤杂人员,如果未涉及上述职责,则不属于从事公务的人员。另外,根据《刑法》第九十三条的规定,国有公司、企业、事业单位、人民团体中从事公务的人员,和国家机关、国有企业、事业单位委派到非国有公司、企业、事业单位、社会团体从事公务的人员,以及其他依照法律从事公务的人员,以国家工作人员论。因此,对于受上述委派到非国有单位的人员等,应结合案件的具体情况,根据相关人员的任职条件、程序、实际承担的职责等情况,综合认定对其是否按照国家工作人员进行处理。

2. 关于**国家出资企业主体**的认定。国家出资企业包括国家出资的国有独资公司、国有独资企业,以及国有资本控股公司、国有资本参股公司。对国家出资企业的认定,应遵循"谁投资,谁拥有产权"的原则进行界定。企业注册登记中的资金来源与实际出资不符的,应根据实际出资情况确定企业的性质;企业实际出资情况不清楚的,可以综合工商注册、分配形式、经营管理等因素确定企业的性质。

对于经国家机关、国有公司、企业、事业单位提名、推荐、任命、批准等,在国家控股、参股公司及其分支机构中从事公务的人员,在履行上述职责时,应当以国家工作人员论处。经国家出资企业中负有管理、监督国有资产职责的组织批准或者研究决定,代表其在国有控股、参股公司及其分支机构中从事组织、领导、监督、经营、管理工作的人员,应当以国家工作人员论处。国家出资企业中的国家工作人员,在国家出资企业中持有个人股份或者同时接受非国有股东委托的,不影响以国家工作人员身份进行论处。

3. 关于**国家工作人员和非国家工作人员勾结共同非法占有单位财物行为**的认定。按照《最高人民法院关于审理贪污、职务侵占案件如何认定共同犯罪几个问题的解释》的规定,行为人与国家工作人员勾结,利用国家工作人员的职务便利,共同侵吞、窃取、骗取或者以其他手段非法占有公共财物的,以贪污罪共犯论处。行为人与公司、企业或者其他单位的人员勾结,利用公司、企业或者其他单位人员的职务便利,共同将该单位财物非法占为己有,数额较大的,以职务侵占罪共犯论处。公司、企业或者其他单位中,不具有国家工作人员身份的人与国家工作人员勾结,分别利用各自的职务便利,共同将本单位财物非法占为己有的,按照主犯的犯罪性质定罪。

4. 贪污罪与**获取合法报酬、不当得利**之间的界限。对于一些在国家研究、学习机构工作的科研人员,在国有公司、企业工作的工程技术人员,在法律政策允许的范围内,承担某些工作和提供咨询服务而获得的报酬行为,在实践中应正确把握与贪污罪之间的界限,应当从主体是否为科研或者工程技术人员,经费是否用于科研用途、是否利用了职务便利实施了侵吞、窃取或者骗取科研经费等行为进行认定,以更好地保护科研创新。

5. **贪污罪既遂与未遂**的认定。贪污罪是一种以非法占有为目的的财产性犯罪,与盗窃、诈骗、抢夺等侵犯财产罪一样,应当以行为人是否实际控制财物作为区分贪污罪既遂与未遂的标准,对于行为人利用职务便利,实施了虚假平帐等贪污行为,但公共财物尚未转移的,或者尚未被行为人控制就被查获的,应当认定为贪污未遂。

【司法解释】

《**最高人民法院关于审理挪用公款案件具体应用法律若干问题的解释**》(法释〔1998〕9号,自1998年5月9日起施行)

---

① 我国学者指出,系争规定考虑了身份犯(共犯)的法理,即有身份的人和无身份的人共同犯罪,其是否实施了某种实行行为、是否存在行为的支配性并不重要,关键要考虑有身份者是否履行其义务,参见周光权:《刑法各论》(第4版),中国人民大学出版社2021年版,第541页。另有不同见解指出,由于共犯对正犯的罪名并不具有从属性,故而,不排除在少数情形下,一般公民的行为同时构成贪污罪共犯与盗窃罪、诈骗罪的共犯。参见张明楷:《刑法学》(第6版),法律出版社2021年版,第1556页。

② 周光权教授指出,本款规定属于注意规定,而非法律拟制。否则,对于一般主体参与以特殊身份为要件的犯罪,只要没有此种拟制规定,就不得认定为共犯。参见陈兴良主编:《刑法各论精释》,人民法院出版社2015年版,第1057页。

△(携带挪用的公款潜逃;贪污罪)携带挪用的公款潜逃的,依照刑法第三百八十二条、第三百八十三条的规定定罪处罚。① (§6)

《最高人民检察院关于人民检察院直接受理立案侦查案件立案标准的规定(试行)》(高检发释字〔1999〕2号,自1999年9月16日起施行)

△(贪污罪;利用职务上的便利;受委托管理、经营国有财产;应当交公而不交公)贪污罪是指国家工作人员利用职务上的便利,侵吞、窃取、骗取或者以其他手段非法占有公共财物的行为。

"利用职务上的便利"是指利用职务上主管、管理、经手公共财物的权力及方便条件。

受国家机关、国有公司、企业、事业单位、人民团体委托管理、经营国有财产的人员,利用职务上的便利,侵吞、窃取、骗取或者以其他手段非法占有国有财物的,以贪污罪追究其刑事责任。

"受委托管理、经营国有财产"是指因承包、租赁、聘用等而管理、经营国有财产。

《最高人民法院关于审理贪污、职务侵占案件如何认定共同犯罪几个问题的解释》(法释〔2000〕15号,自2000年7月8日起施行)

△(贪污罪共犯)行为人与国家工作人员勾结,利用国家工作人员的职务便利,共同侵吞、窃取、骗取或者以其他手段非法占有公共财物的,以贪污罪共犯论处。(§1)

△(分别利用各自的职务便利;按照主犯的犯罪性质)公司、企业或者其他单位中,不具有国家工作人员身份的人与国家工作人员勾结,分别利用各自的职务便利,共同将本单位财物非法占为己有的,按照主犯的犯罪性质定罪。② (§3)

《最高人民法院、最高人民检察院关于办理妨害预防、控制突发传染病疫情等灾害的刑事案件具体应用法律若干问题的解释》(法释〔2003〕8号,自2003年5月15日起施行)

△(贪污、侵占用于预防、控制突发传染病疫情等灾害的款物;贪污罪)贪污、侵占用于预防、控制突发传染病疫情等灾害的款物或者挪用归个人使用,构成犯罪的,分别依照刑法第三百八十二条、第三百八十三条、第二百七十一条、第三百十四条、第二百七十二条的规定,以贪污罪、侵占罪、挪用公款罪、挪用资金罪定罪,依法从重处罚。(§14Ⅰ)

《最高人民法院关于如何认定国有控股、参股股份有限公司中的国有公司、企业人员的解释》(法释〔2005〕10号,自2005年8月11日起施行)

△(国有公司、企业人员)国有公司、企业委派到国有控股、参股公司从事公务的人员,以国有公司、企业人员论。

《最高人民法院关于技术调查官参与知识产权案件诉讼活动的若干规定》(法释〔2019〕2号,自2019年5月1日起施行)

△(技术调查官;知识产权案件诉讼活动;贪污受贿;故意出具虚假、误导或者重大遗漏的不实技术调查意见)技术调查官违反与审判工作有关的法律及相关规定,贪污受贿、徇私舞弊,故意出具虚假、误导或者重大遗漏的不实技术调查意见的,应当追究法律责任;构成犯罪的,依法追究刑事责任。(§13)

【**司法解释性文件**】

《全国法院审理经济犯罪案件工作座谈会纪要》(法发〔2003〕167号,2003年11月13日公布)

△(国家机关工作人员;视为国家机关工作人员)刑法中所称的国家机关工作人员,是指在各级国家权力机关、行政机关、司法机关和军事机关中从事公务的人员。

根据有关立法解释的规定,在依照法律、法规规定行使国家行政管理职权的组织中从事公务的人员,在受国家机关委托代表国家行使职权的组织中从事公务的人员,或者虽未列入国家机关人员编制但在国家机关中从事公务的人员,视为国家机关工作人员。在乡(镇)以上中国共产党机关、人民政协机关中从事公务的人员,司法实践中也应当视为国家机关工作人员。

△(委派)所谓委派,即委任、派遣,其形式多

---

① 我国学者指出,贪污罪与挪用公款罪的一个重要区别在于,贪污罪中行为人的目的是永久性地占有公款,自始至终持有不归还所贪污公款的想法;而行为人挪用公款的目的则在于暂时地占有公款,用后即还,参见王作富主编:《刑法分则实务研究(下)》(第5版),中国方正出版社2013年版,第1609页。

② 我国学者指出,公司、企业或者其他单位的人员与国家工作人员相勾结,共同将本单位财物非法占为己有时,只要利用了国家工作人员的职务之便,所占有的财物为此次共同贪污的特征,应以贪污罪的共犯论处。参见张明楷:《刑法学》(第6版),法律出版社2021年版,第1563页;王作富主编:《刑法分则实务研究(下)》(第5版),中国方正出版社2013年版,第1585页。

种多样,如任命、指派、提名、批准等。① 不论被派的人身份如何,只要是接受国家机关、国有公司、企业、事业单位委派,代表国家机关、国有公司、企业、事业单位在非国有公司、企业、事业单位、社会团体从事组织、领导、监督、管理等工作,都可以认定为国家机关、国有公司、企业、事业单位委派到非国有公司、企业、事业单位、社会团体从事公务的人员。② 如国家机关、国有公司、企业、事业单位委派在国有控股或者参股的股份有限公司从事组织、领导、监督、管理等工作的人员,应当以国家工作人员论。③ 国有公司、企业改制为股份有限公司后,原国有公司、企业的工作人员和股份有限公司新任命的人员中,除代表国有投资主体行使监督、管理职权的人外,不以国家工作人员论。

△(**其他依照法律从事公务的人员**)刑法第九十三条第二款规定的"其他依照法律从事公务的人员"应当具有两个特征:一是在特定条件下行使国家管理职能;二是依照法律规定从事公务。具体包括:

(1)依法履行职责的各级人民代表大会代表;

(2)依法履行审判职责的人民陪审员;

(3)协助乡镇人民政府、街道办事处从事行政管理工作的村民委员会、居民委员会等农村和城市基层组织人员;

(4)其他由法律授权从事公务的人员。

△(**从事公务**)从事公务,是指代表国家机关、国有公司、企业、事业单位、人民团体等履行组织、领导、监督、管理等职责。公务主要表现为与职权相联系的公共事务以及监督、管理国有财产的职务活动。如国家机关工作人员依法履行职责,国有公司的董事、经理、监事、会计、出纳人员等管理、监督国有财产等活动,属于从事公务。那些不具备职权内容的劳务活动、技术服务工作,如售货员、售票员等所从事的工作,一般不认为是公务。④

△(**贪污罪既遂与未遂;是否实际控制财物**)贪污罪是一种以非法占有为目的的财产性职务犯罪⑤,与盗窃、诈骗、抢夺等侵犯财产罪一样,应当以行为人是否实际控制财物作为区分贪污罪既遂与未遂的标准。⑥ 对于行为人利用职务上的便利,实施了虚假平账等贪污行为,但公共财物尚未实际转移,或者尚未被行为人控制就被查获的,应当认定为贪污未遂;行为人控制公共财物后,是否将财物据为己有,不影响贪污既遂的认定。

△(**受委托管理、经营国有财产;受委托型国**

---

① 我国学者指出,只要是属于国有单位提名或推荐,代表国有单位从事管理的人员,不论其在被委派的企业是通过何种方式产生的(譬如行为人系由非国有公司、企业董事会选举或任命),都不能改变其被委派的性质。另外,需要注意所谓的"二次委派",即在一些特殊行业的非公有制经济单位中,其高层的管理决策层(比如董事会)往往由党政主管部门委派、批准并进行统一管理,但具体的执行人员(比如经济人员)则由该管理决策层自行任命。后者不属于《刑法》第九十三条第二款的委派,此种委派的工作人员也不属于国家工作人员。参见王作富主编:《刑法分则实务研究(下)》(第5版),中国方正出版社2013年版,第1564页;黎宏:《刑法学各论》(第2版),人民大学出版社2016年版,第505页;陈兴良主编:《刑法各论精释》,人民法院出版社2015年版,第1014、1063、1120页。

② 至于人民团体委派到非国有单位从事公务的人员能否成为贪污罪的主体,学说上尚有争论。学者周光权教授认为,人民团体毕竟不属于国家机关、国有公司、企业、事业单位,将其中从事公务的人员视为国家工作人员是基于我国政治生活现实考量的结果,带有一定的拟制性,而且其委派人员到其他单位从事公务的现象也很少,所以没有将其列为委派主体。既然刑法条文的规定如此明确,自然不应将人民团体委派到非国有单位的人员视为国家工作人员,否则即属于类推解释,违反罪刑法定原则。参见陈兴良主编:《刑法各论精释》,人民法院出版社2015年版,第1010页。

③ 周光权教授指出,委派的本质是单位对内部人员的委任、派遣,被委派的人员在性质上属于委派单位内部的人员,其原来是否具有国家工作人员身份,是否属于委派单位临时从社会上聘用来的,在所不问。参见陈兴良主编:《刑法各论精释》,人民法院出版社2015年版,第1010页。

④ 我国学者指出,公务仅指对公共事务进行管理的、带有行政性质的事务。从事公务,一般指在国家机关、国有公司、企业、事业单位、人民团体或者其他受国有单位委派在非国有单位从事具有组织、领导、监督、指挥、管理性质的活动,即在国家事务中组织、领导、协调等具有管理性的活动,其本质特征是管理性、职长性。一种活动不具有管理性,就不是公务而是劳务,参见周光权:《刑法各论》(第4版)《刑法各论》2021年版,第538页;陈兴良主编:《刑法各论精释》,人民法院出版社2015年版,第1007—1008页;黎宏:《刑法学各论》(第2版),法律出版社2016年版,第503、508页。

⑤ 我国学者指出,本罪之成立以非法占有目的为要件,故而本罪只能是直接故意,不可能是间接故意,参见王作富主编:《刑法分则实务研究(下)》(第5版),中国方正出版社2013年版,第1577页。

⑥ 我国学者指出,无论是贪污罪、盗窃罪还是诈骗罪,行为人的目的是非法占有公私财物,但是,犯罪既遂与否,不在于财物是否转移到行为人手中,或者行为人是否对财物进行处置,而在于争议财物是否脱离了财物所有者的控制,参见王作富主编:《刑法分则实务研究(下)》(第5版),中国方正出版社2013年版,第1583页。

家工作人员)刑法第三百八十二条第二款规定的"受委托管理、经营国有财产",是指因承包①、租赁、临时聘用②等管理、经营国有财产。③

△(国家工作人员与非国家工作人员勾结共同非法占有单位财物;尽量区分主从犯;难以区分主从犯)对于国家工作人员与他人勾结,共同非法占有单位财物的行为,应当按照《最高人民法院关于审理贪污、职务侵占案件如何认定共同犯罪几个问题的解释》的规定定罪处罚。对于在公司、企业或者其他单位中,非国家工作人员与国家工作人员勾结,分别利用各自的职务便利,共同将本单位财物非法占有的,应当尽量区分主从犯,按照主犯的犯罪性质定罪。司法实践中,如果根据案件的实际情况。各共同犯罪人在共同犯罪中的地位、作用相当,难以区分主从犯的,可以贪污罪定罪处罚。

△(贪污罪;非法占有公款的目的;主客观相一致)挪用公款罪与贪污罪的主要区别在于行为人主观上是否具有非法占有公款的目的。挪用公款是否转化为贪污,应当按照主客观相一致的原则,具体判断和认定行为人主观上是否具有非法占有公款的目的。在司法实践中,具有以下情形之一的,可以认定行为人具有非法占有公款的目的:

1. 根据《最高人民法院关于审理挪用公款案件具体应用法律若干问题的解释》第六条的规定,行为人"携带挪用的公款潜逃的",对其携带挪用的公款部分,以贪污罪定罪处罚。

2. 行为人挪用公款后采取虚假发票平帐、销毁有关帐目等手段,使所挪用的公款已难以在单位财务帐目上反映出来,且没有归还行为的,应当以贪污罪定罪处罚。

3. 行为人截取单位收入不入帐,非法占有,使所占有的公款难以在单位财务帐目上反映出来,且没有归还行为的,应当以贪污罪定罪处罚。

4. 有证据证明行为人有能力归还所挪用的公款而拒不归还,并隐瞒挪用的公款去向的,应当以贪污罪定罪处罚。

《最高人民法院研究室关于对行为人通过伪造国家机关公文、证件担任国家工作人员职务并利用职务上的便利侵占本单位财物、收受贿赂、挪用本单位资金等行为如何适用法律问题的答复》(法研〔2004〕38 号,2004 年 3 月 30 日公布)

△(伪造国家机关公文、证件罪;数罪并罚)行为人通过伪造国家机关公文、证件担任国家工作人员职务后,又利用职务上的便利实施侵占本单位财物、收受贿赂、挪用本单位资金等行为,构成犯罪的,应当分别以伪造国家机关公文、证件罪和职务侵占罪、受贿罪、挪用公款罪等追究刑事责任,实行数罪并罚。

《最高人民法院、最高人民检察院关于办理国家出资企业中职务犯罪案件具体应用法律若干问题的意见》(法发〔2010〕49 号,2010 年 11 月 26 日公布)

△(国家出资企业改制;隐匿公司、企业财产;贪污数额;犯罪既遂;贪污罪的共犯)国家工作人员或者受国家机关、国有公司、企业、事业单位、人民团体委托管理、经营国有财产的人员利用职务上的便利,在国家出资企业改制过程中故意通过低估资产、隐匿债权、虚设债务、虚构产权交易等方式隐匿公司、企业财产,转为本人持有股份的改制后公司、企业所有,应当依法追究刑

---

① 关于承包中贪污问题的详细讨论,参见王作富主编:《刑法分则实务研究(下)》(第 5 版),中国方正出版社 2013 年版,第 1568—1570 页。

② 和《最高人民检察院关于人民检察院直接受理立案侦查案件立案标准的规定(试行)》相比,最高人民法院纪要关于"受委托管理、经营国有财产"的规定,着重强调"临时聘用"。对此,我国学者指出,长期受聘用的人员可以直接视作国家工作人员,而临时聘用人员由于尚未与国有单位形成固定的劳动关系,难以直接认定为国家工作人员,但因其与国有单位存在委托关系,故而可以视作受委托型的国家工作人员。实际上,聘用的关键是针对刑事的方式而言,而非指向受托管理的内容。虽然是临时聘用,但受委托管理的活动必须是具有一定的稳定性和反复持续性的业务(公务)。参见周光权:《刑法各论》(第 4 版),中国人民大学出版社 2021 年版,第 539 页;陈兴良主编:《刑法各论精释》,人民法院出版社 2015 年版,第 1021—1022 页。

③ 需要注意的是,受委托管理、经营国有财产的人员与基于劳务承揽合同关系而经手国有财产的人员之间有着严格区分。《刑法》第三百二十八条第二款中的委托,是带有授权性的委托,被委托人与委托单位之间存在行政上的隶属关系或者监督关系。受委托人管理、经营国有财产,在客观上与国家工作人员公务性的管理、经营活动基本相同。参见王作富主编:《刑法分则实务研究(下)》(第 5 版),中国方正出版社 2013 年版,第 1567—1568 页。

也有学者指出,受委托型的国家工作人员中的委托关系必须具有一定的稳定性。因为从事公务应具有一定的稳定性和反复持续性,如此才能具有身份特征,才可能侵害到贪污罪所保护的职务廉洁性。参见陈兴良主编:《刑法各论精释》,人民法院出版社 2015 年版,第 1019—1020 页。

事责任的,依照刑法第三百八十二条、第三百八十三条的规定,以贪污罪定罪处罚。贪污数额一般应当以所隐匿财产全额计算;改制后公司、企业仍有国有股份的,按股份比例扣除归于国有的部分。

所隐匿财产在改制过程中已为行为人实际控制,或者国家出资企业改制已经完成的,以犯罪既遂处理。

第一款规定以外的人员实施该款行为的,依照刑法第二百七十一条的规定,以职务侵占罪定罪处罚;第一款规定以外的人员与第一款规定的人员共同实施该款行为的,以贪污罪的共犯论处。(§1Ⅰ、Ⅱ、Ⅲ)

△(国家出资企业改制;隐匿公司、企业财产;改制前公司、企业的管理人员或者少数职工持股)国有公司、企业违反国家规定,在改制过程中隐匿公司、企业财产,转为职工集体持股的改制后公司、企业所有的,对其直接负责的主管人员和其他直接责任人员,依照刑法第三百九十六条第一款的规定,以私分国有资产罪定罪处罚。

改制后的公司、企业中只有改制前公司、企业的管理人员或者少数职工持股,改制前公司、企业的多数职工未持股的,依照本意见第一条的规定,以贪污罪定罪处罚。(§2)

△(企业改制;低价折股或者低价出售国有资产;特定关系人;贪污罪;贪污数额之计算)国家出资企业中的国家工作人员在企业改制以或者国有资产处置过程中徇私舞弊,将国有资产低价折股或者低价出售给特定关系人持有股份或者本人实际控制的公司、企业,致使国家利益遭受重大损失的,依照刑法第三百八十二条、第三百八十三条的规定,以贪污罪定罪处罚。贪污数额以国有资产的损失数额计算。(§4Ⅲ)

△(改制前后主体身份发生变化;数罪并罚)国家工作人员在国家出资企业改制前利用职务上的便利实施犯罪,在其不再具有国家工作人员身份后又实施同种行为,依法构成不同犯罪的,应当分别定罪,实行数罪并罚。

国家工作人员利用职务上的便利,在国家出资企业改制过程中隐匿公司、企业财产,在其不再具有国家工作人员身份后将所隐匿财产据为己有的,依照刑法第三百八十二条、第三百八十三条的规定,以贪污罪定罪处罚。(§5Ⅰ、Ⅱ)

△(国家出资企业;国家工作人员之认定)经国家机关、国有公司、企业、事业单位提名、推荐、任命、批准等,在国有控股、参股公司及其分支机构中从事公务的人员,应当认定为国家工作人员。具体的任命机构和程序,不影响国家工作人员的认定。

经国家出资企业中负有管理、监督国有资产职责的组织批准或者研究决定,代表其在国有控股、参股公司及其分支机构中从事组织、领导、监督、经营、管理工作的人员,应当认定为国家工作人员。①

国家出资企业中的国家工作人员,在国家出资企业中持有个人股份或者同时接受非国有股东委托的,不影响其国家工作人员身份的认定。(§6)

△(国家出资企业;"谁投资、谁拥有产权"原则)本意见所称"国家出资企业",包括国家出资的国有独资公司、国有独资企业,以及国有资本控股公司、国有资本参股公司。

是否属于国家出资企业不清楚的,应遵循"谁投资、谁拥有产权"的原则进行界定。企业注册登记中的资金来源与实际出资不符的,应根据实际

---

① 对"负有管理、监督国有资产职责的组织"的理解,学说上有两种对立的观点:之一,该组织不仅包括国家出资企业的领导部门和"党政联席会议",还包括公司股东会、董事会、监事会,以及公司人事部门;之二,该组织仅包括国家出资企业的党委领导部门或者"党政联席会议"。实务中,一般采用第二种观点。参见周光权:《刑法各论》(第4版),中国人民大学出版社2021年版,第540页。

另有学者指出,由于董事会、监事会对整个国有出资企业的资产负有管理、监督的职责,而不是仅对国有资产负有管理、监督的职责,因此,将国有出资企业中的董事会、监事会排除在负有管理、监督国有资产职责的组织范围之外,是合理的。除了国家资产监督管理机构对国家出资企业的国有资产负有专门的监督职责,党委在我国也被认为是代表国家在国家出资企业中行使管理、监督的职责,这是我国目前的国家出资企业实际情况所决定的。参见陈兴良主编:《刑法各论精释》,人民法院出版社2015年版,第1132—1133页。

亦有论者认为,国有资本控股、参股公司内部的党委,不可能负有管理、监督国有资产的职责,党政联席会不是"组织",只是党的组织与行政组织联合举行的会议;国有单位出资后,资产属于公司所有,国有单位不再享有公司财产,只是持有公司股份。出资者只作为股东享有权利,不享有公司财产,也不享有国有资产的管辖权。在国有控股、参股公司及其分支机构中,不可能存在代表国有单位从事组织、领导、监督、经营、管理工作的人员。因此,系争规定适用于国有资本控股公司、国有资本参股公司,明显不当扩大了国家工作人员的范围。参见张明楷:《刑法学》(第6版),法律出版社2021年版,第1556页。

出资情况确定企业的性质。① 企业实际出资情况不清楚的，可以综合工商注册、分配形式、经营管理等因素确定企业的性质。（§7）

△（宽严相济刑事政策）办理国家出资企业中的职务犯罪时，要综合考虑历史条件、企业发展、职工就业、社会稳定等因素，注意具体情况具体分析，严格把握犯罪与一般违规行为的区分界限。对于主观恶意明显、社会危害严重、群众反映强烈的严重犯罪，要坚决依法从严惩处；对于特定历史条件下，为了顺利完成企业改制而实施的违反国家政策法律规定的行为，行为人无主观恶意或者主观恶意不明显，情节较轻，危害不大的，可以不作为犯罪处理。

对于国家出资企业中的职务犯罪，要加大经济上的惩罚力度，充分重视财产刑的适用和执行，最大限度地挽回国家和人民利益遭受的损失。不能退赃的，在决定刑罚时，应当作为重要情节予以考虑。（§8）

《最高人民法院、最高人民检察院、公安部、司法部关于办理黑恶势力犯罪案件若干问题的指导意见》（法发〔2018〕1号，2018年1月16日公布）

△（农村"两委"等人员；"保护伞"；受贿罪）依法严惩农村"两委"等人员在涉农惠农补贴申领与发放、农村基础设施建设、征地拆迁补偿、救灾扶贫优抚、生态环境保护等过程中，利用职权恃强凌弱、吃拿卡要、侵吞挪用国家专项资金的犯罪，以及纵容、包庇"村霸"和宗族恶势力，致使其坐大成患；或者收受贿赂、徇私舞弊，为"村霸"和宗族恶势力充当"保护伞"的犯罪。（§24）

《最高人民法院、最高人民检察院、公安部、司法部关于依法惩治妨害新型冠状病毒感染肺炎疫情防控违法犯罪的意见》（法发〔2020〕7号，2020年2月6日发布）

△（肺炎疫情防控；滥用职权罪或者玩忽职守罪；传染病防治失职罪；传染病毒种扩散罪；贪污罪；职务侵占罪；挪用公款罪；挪用资金罪；挪用特定款物罪）依法严惩疫情防控失职渎职、贪污挪用犯罪。在疫情防控工作中，负有组织、协调、指挥、灾害调查、控制、医疗救治、信息传递、交通运输、物资保障等职责的国家机关工作人员，滥用职权或者玩忽职守，致使公共财产、国家和人民利益遭受重大损失的，依照刑法第三百九十七条的规定，以滥用职权罪或者玩忽职守罪定罪处罚。

卫生行政部门的工作人员严重不负责任，不履行或者不认真履行防治监管职责，导致新型冠状病毒感染肺炎传播或者流行，情节严重的，依照刑法第四百零九条的规定，以传染病防治失职罪定罪处罚。

从事实验、保藏、携带、运输传染病菌种、毒种的人员，违反国务院卫生行政部门的有关规定，造成新型冠状病毒毒种扩散，后果严重的，依照刑法第三百三十一条的规定，以传染病毒种扩散罪定罪处罚。

国家工作人员，受委托管理国有财产的人员，公司、企业或者其他单位人员，利用职务便利，侵吞、截留或者以其他手段非法占有用于防控新型冠状病毒感染肺炎的款物，或者挪用上述款物归个人使用，符合刑法第三百八十二条、第三百八十三条、第二百七十一条、第三百八十四条、第二百七十二条规定的，以贪污罪、职务侵占罪、挪用公款罪、挪用资金罪定罪处罚。挪用于防控新型冠状病毒感染肺炎的救灾、优抚、救济等款物，符合刑法第二百七十三条规定的，对直接责任人员，以挪用特定款物罪定罪处罚。（§2Ⅶ）

△（治安管理处罚；从重情节）依法严惩妨害疫情防控的违法行为。实施上述（一）至（九）规定的行为，不构成犯罪的，由公安机关根据治安管理处罚法有关虚构事实扰乱公共秩序、扰乱单位秩序、公共场所秩序、寻衅滋事，拒不执行紧急状态下的决定、命令，阻碍执行职务，冲闯警戒带、警戒区，殴打他人，故意伤害，侮辱他人，诈骗，在铁路沿线非法挖掘坑穴、采石取沙，盗窃、损毁路面公共设施，损毁铁路设施设备，故意损毁财物，哄抢公私财物等规定，予以治安管理处罚，或者由有关部门予以其他行政处罚。

对于在疫情防控期间实施有关违法犯罪的，要作为从重情节予以考量，依法体现从严的政策要求，有力惩治震慑违法犯罪，维护法律权威，维护社会秩序，维护人民群众生命安全和身体健康。（§2Ⅹ）

《最高人民法院、最高人民检察院、公安部关于办理医保骗保刑事案件若干问题的指导意见》（法发〔2024〕6号，2024年2月28日发布）

△（定点医药机构；诈骗罪；追缴；定点医药机构的国家工作人员；贪污罪）定点医药机构（医疗机构、药品经营单位）以非法占有为目的，实施下列行为之一，骗取医疗保障基金支出的，对组织、策划、实施人员，依照刑法第二百六十六条的规定，以诈骗罪定罪处罚；同时构成其他犯罪的，依

---
① 相同见解，参见王作富主编：《刑法分则实务研究（下）》（第5版），中国方正出版社2013年版，第1569页。

照处罚较重的规定定罪处罚:(1)诱导、协助他人冒名或者虚假就医、购药,提供虚假证明材料,或者串通他人虚开费用单据;(2)伪造、变造、隐匿、涂改、销毁医学文书、医学证明、会计凭证、电子信息、检测报告等有关资料;(3)虚构医药服务项目、虚开医药服务费用;(4)分解住院、挂床住院;(5)重复收费、超标准收费、分解项目收费;(6)串换药品、医用耗材、诊疗项目和服务设施;(7)将不属于医疗保障基金支付范围的医药费用纳入医疗保障基金结算;(8)其他骗取医疗保障基金支出的行为。

定点医药机构通过实施前款规定行为骗取的医疗保障基金应当予以追缴。

定点医药机构的国家工作人员,利用职务便利,实施第一款规定的行为,骗取医疗保障基金,依照刑法第三百八十二条、第三百八十三条的规定,以贪污罪定罪处罚。(§5)

△(**医疗保障行政部门及经办机构工作人员;贪污罪**)医疗保障行政部门及经办机构工作人员利用职务便利,骗取医疗保障基金支出的,依照刑法第三百八十二条、第三百八十三条的规定,以贪污罪定罪处罚。(§7)

△(**从重处罚事由**)依法从严惩处医保骗保犯罪,重点打击幕后组织者、职业骗保人等,对其中具有退赃退赔、认罪认罚等从宽情节的,也要从严把握从宽幅度。

具有下列情形之一的,可以从重处罚:(1)组织、指挥犯罪团伙骗取医疗保障基金的;(2)曾因医保骗保犯罪受过刑事追究的;(3)拒不退赃退赔或者转移财产的;(4)造成其他严重后果或恶劣社会影响的。(§10)

△(**同步审查洗钱、侵犯公民个人信息等其他犯罪线索;全链条依法惩治**)办理医保骗保刑事案件,要同步审查洗钱、侵犯公民个人信息等其他犯罪线索,实现全链条依法惩治。要结合常态化开展扫黑除恶斗争,发现、识别医保骗保团伙中可能存在的黑恶势力,深挖医保骗保犯罪背后的腐败和"保护伞",并坚决依法严惩。(§11)

△(**财产刑;经济制裁**)依法用足用好财产刑,加大罚金、没收财产力度,提高医保骗保犯罪成本,从经济上严厉制裁犯罪分子。要综合考虑犯罪数额、退赃退赔、认罪认罚等情节决定罚金数额。(§14)

△(**追缴等值财产或者混合财产中的等值部分**)对行为人实施医保骗保犯罪所得一切财物,应当依法追缴或者责令退赔。确有证据证明存在依法应当追缴的财产,但无法查明去向,或者价值灭失,或者与其他合法财产混合且不可分割的,可以追缴等值财产或者混合财产中的等值部分。等值财产的追缴数额限于依法查得应当追缴违法所得数额,对已经追缴或者退赔的部分应予扣除。

对于证明前款各种情形的证据,应当及时调取。(§21)

【指导性案例】

最高人民法院指导性案例第11号:杨延虎等贪污案(2012年9月18日发布)

△(**利用职务上的便利**)贪污罪中的"利用职务上的便利",是指利用职务上主管、管理、经手公共财物的权力及方便条件,既包括利用本人职务上主管、管理公共财物的职务便利,也包括利用职务上有隶属关系的其他国家工作人员的职务便利。

△(**土地使用权;公共财物**)土地使用权具有财产性利益,属于《刑法》第三百八十二条第一款规定中的"公共财物",可以成为贪污的对象。

最高人民检察院指导性案例第187号:沈某某、郑某某贪污案(2023年7月31日发布)

△(**贪污罪;期货交易;交易异常点;贪污数额认定**)对于国家工作人员利用职务便利,在期货交易场中通过增设相互交易环节侵吞公款的行为,可以依法认定为贪污罪。审查时重点围绕交易行为的异常性、行为人获利与职务便利之间的关联性进行分析论证。对于贪污犯罪数额,可以结合案件具体情况,根据行为人实际获利数额予以认定。庭审中,检察机关采取多媒体示证方式,综合运用动态流程模拟图、思维导图等全面展示证据,揭示犯罪行为和结果,增强庭审指控效果。

【公报案例】

陈新贪污、挪用公款案(《最高人民法院公报》2004年第1期)

△(**国有银行工作人员;携款潜逃**)国有银行工作人员,利用职务便利挪用公款,携带公司银行账户凭证和全部炒股手续潜逃,将其中的公款置于自己控制之下,有能力归还而拒不归还,主观上具有非法占有的故意,其行为构成贪污罪。

王一兵贪污案(《最高人民法院公报》2004年第5期)

△(**国有企业改制;公共财产移转**)在企业改制过程中,国有企业工作人员利用受委派在国有、集体联营企业中从事公务的职务便利,将国有、集体联营企业的公共财产转移至自己及亲属控股的个人股份制企业并非法占有,应认定构成贪污罪。

严先贪污案(《最高人民法院公报》2004年第12期)

第三百八十二条

△(受国家机关委派从事公务的人员)根据《刑法》第三百八十二条第一款的规定,国家机关工作人员受委派在集体所有制企业任职后,又经所在企业职工代表大会选举继续任职,并由企业上级行政主管部门批复同意的,仍应以国家工作人员论。其利用职务便利,采取指使他人做假账、通过转账划款、提取现金等手段侵吞公款的行为,构成贪污罪。

尚荣多等人贪污案(《最高人民法院公报》2004年第12期)

△(截留侵吞国有事业单位违法收取的不合理费用)国有事业单位工作人员利用职务便利,截留并侵吞本单位违法收取的不合理费用,应根据《刑法》第三百八十二条的规定,以贪污罪论处。

束兆龙贪污案(《最高人民法院公报》2005年第7期)

△(国有事业单位改制;隐瞒国有资产;贪污数额)根据《刑法》第三百八十二条第一款的规定,被告人在国有事业单位改制中,利用职务便利隐瞒国有资产,并将其转移到改制后自己占有投资份额的公司的,构成贪污罪,但贪污数额应按照被告人在改制后的公司中所占投资份额的比例认定。

【参考案例】

No.5-271-1 张珍贵等职务侵占案
国有单位基于劳务合同所聘用人员,是国有公司对内部工作人员的工作安排,不属于受委托管理、经营国有财产的人员。

No.8-382-1 阎怀民等贪污、受贿案
国家工作人员利用职务上的便利,以本单位名义向有关单位索要财物并占为己有的,应以贪污罪论处。

No.8-382-2 朱洪岩贪污案
租赁经营国有企业的人员盗卖国有资产的,应以贪污罪论处。

No.8-382-3 宾四春等贪污案
村民委员会等村基层组织成员在协助人民政府从事行政管理工作时,以国家工作人员论。

No.8-382-4 宾四春等贪污案
村党支部成员在协助人民政府从事行政管理工作时,以国家工作人员论。

No.8-382-5 宾四春等贪污案
村民委员会等基层自治组织成员利用职务上的便利非法占有的财物,既包括国有财产也包括村集体财产,应以贪污罪和职务侵占罪分别定罪处罚。

No.8-382-6 宾四春等贪污案
在区分村民委员会等基层自治组织成员是利用协助人民政府从事行政管理工作还是村公共事务管理工作的职务便利时有疑问时,应当认定为利用管理村公共事务的职务便利。

No.8-382-7 尚荣多等贪污案
在学校招生工作中,由学校决定,以学校名义收取的点招费,属于公共财产;对此予以贪污的,应以贪污罪论处。

No.8-382-8 吴常文贪污案
无论纵向科研经费还是横向科研经费均属于公共财产,课题负责人用职务上的便利,违反国家、省及学校关于科研、教育等经费的管理规定,通过虚增支出、虚开发票,从科研项目、教育经费中套取科研经费,成立贪污罪。

No.8-382-9 杨代芳贪污、受贿案
国家工作人员利用所管理的国家建设专项奖金为少数人购买房屋的,应以贪污罪论处。

No.8-382-10 高建华等贪污案
集体决定将公款用于单位个人购买私房的,属于共同贪污,应以贪污罪论处。

No.8-382-11 高建华等贪污案
使用公款以个人名义购买房屋构成贪污罪的,犯罪对象是公款。

No.8-382-12 高建华等贪污案
国家工作人员利用职务上的便利,私自截留公款,以单位名义买房,由个人非法占有的,应以贪污罪论处。

No.8-382-13 黄明惠贪污案
受国家机关行政委托,以国家机关名义代为行使公权力,属于《刑法》第九十三条第二款规定的其他依照法律从事公务的人员;其利用职务便利侵吞公款的,应以贪污罪论处。

No.8-382-14 王志勤贪污、受贿罪
检举、揭发他人犯罪是否构成重大立功表现,应当以其所检举揭发的他人具体犯罪行为在实际上是否可能被判处无期徒刑以上刑罚为标准,而非所揭发的犯罪在量刑幅度中有无期徒刑这一刑种。

No.8-382-15 郭如鉴等贪污、挪用公款案
国家工作人员贪污公共财物所产生孳息的,应以贪污罪论处。

No.8-382-17 徐华等贪污案
在国有企业改制中,隐瞒资产的真实情况造成巨额国有资产损失的,应以贪污罪论处。

No.8-382-20 李平贪污、挪用公款案
因贪污、挪用公款而遭受的财产损失,不能通过附带民事诉讼途径解决。

No.8-382-21　于继红贪污案
国家工作人员利用职务上的便利,采用欺骗手段,非法侵占公有房屋的,应以贪污罪定罪处罚。

No.8-382-22　于继红贪污案
贪污不动产的,虽未办理私有产权证,也应认定为贪污罪既遂。

No.8-382-23　肖元华贪污、挪用公款案
定额承包者占有或支配本人上缴定额利润后的赢利部分,不构成贪污罪。

No.8-382-24　胡滋玮贪污案
利用职务便利,采取虚构事实或者隐瞒真相等手段,将国有公司经营利润截留,用于非国有公司经营的,应以贪污罪论处。

No.8-382-25　胡启能贪污案
经国家机关同意,事业单位任命的人员,属于国家工作人员。

No.8-382-26　胡启能贪污案
收受的各种名义的回扣、手续费,实际上属于本单位的额外支出或者应得利益的,应以贪污罪论处。

No.8-382-27　杨光明贪污案
将贪污所得财物以高于原有价格销售的,贪污数额应以销赃数额计算。

No.8-382-28　石镜寰贪污案
国有事业单位工作人员利用职务便利侵吞本单位管理、使用或运输的私人财产的,可以认定为侵吞本单位的财物,构成贪污罪论处。

No.8-382-29　廖常伦贪污、受贿案
协助人民政府从事行政管理的农村村民小组组长及其他工作人员,应当认定为其他依照法律从事公务的人员。

No.8-382-30　王妙兴贪污、受贿、职务侵占案
主观上有非法占有国有资产的目的和使公共财产遭受损失的直接故意,客观上隐匿国有资产并已经实际控制和掌握固有资产的,应以贪污罪论处;犯罪数额应以其实际非法控制的数额计算。

No.8-382-31　柳志勇贪污案
金融机构工作人员实施的职务侵占(贪污)、挪用资金(挪用公款)与吸收客户资金不入账罪之间是递进关系的法条竞合。金融机构工作人员以单位名义高息吸收存款后不入账并挪作他用的,成立挪用公款或挪用资金罪;挪用之后不再归还的,则应认定为贪污罪或职务侵占罪。

No.8-382-32　翟新胤、孙彬臣贪污案
共同贪污犯罪案件中,应以犯罪总额确定各共犯的刑事责任,并在量刑时考虑共犯的地位、作用以及分赃数额等因素。

No.8-382-33　王玉文贪污社保基金案
贪污罪的犯罪对象不限于本单位的公共财物,利用职务便利包括利用主管、管理、经手特定公共财物的权力和方便条件。行为人利用职务便利虚构事实、隐瞒真相,骗取社保基金的行为成立贪污罪。

No.8-382-34　李成兴贪污案
社会保险基金在性质上属于公共财物,社保工作人员利用职务便利,虚增企业参保人数骗取保险费的行为,构成贪污罪。

No.8-382-36　陈强等贪污、受贿案
国家工作人员成立第三方公司套取单位公款,将其中部分公款用于支付原单位业务回扣的,该部分公款不计入贪污罪数额之中。

No.8-382-37　祝贵财等贪污案
国有公司的经理、董事增设中间环节获取购销差价的行为中,如果所增设的中间环节客观上并不存在,或客观上虽然存在但缺少实际的经营能力或并不承担相应的经营风险,且获取的购销差价并不合理的,属于非法截留国有资产,构成贪污罪。

No.8-382-38　赵明贪污、挪用公款案
行为人实施了虚列支出平帐掩盖挪用公款事实的行为,不宜直接推定其主观上具有非法占有目的,从而成立贪污罪。

No.8-382-39　杨延虎等贪污案
贪污罪中的利用职务便利包括利用职务上有隶属关系的其他国家工作人员的职务便利。

No.8-382-40　杨延虎等贪污案
土地使用权属于《刑法》第三百八十二条第一款规定中的公共财物,可以成为贪污罪的对象。

No.8-382-41　周爱武、周晓贪污案
国家工作人员虚报人数申领养老助残服务券,并将虚增部分据为己有的,不属于贪污特定款物的行为。

No.8-382-42　周爱武、周晓贪污案
在根据从旧兼从轻原则决定刑法适用时,法定刑轻重的比较主要在于主刑的轻重,而非刑种的多少。在适用新法量刑时,应加判处罚金刑。

No.8-382-43　王雪龙挪用公款、贪污案
由国家工作人员个人实际控制、为其个人套现、消费、截留公共款项所设立的公司,不属于本单位的小金库。

No.8-382-44　王雪龙挪用公款、贪污案
赃款赃物用于单位公务支出的,不应从贪污数额中扣除。

No.8-382-45　刘宝春贪污案
在自收自支的事业单位中,利用职务便利,超出核定范围违规发放奖金的,侵犯了国家的公共

第三百八十三条

财产所有权,应成立贪污罪。

No.8-382-46 刘宝春贪污案

私分国有资产罪是单位犯罪,要求"以单位名义"私分国有资产,行为人利用职务便利未经正常决策程序,个人决定违规发放奖金的,不成立私分国有资产罪。

No.8-382-47 李华波违法所得没收、贪污案

犯罪嫌疑人、被告人虽于2013年1月1日前逃匿或死亡,但其在逃匿、死亡前因实施贪污贿赂犯罪、恐怖活动犯罪等重大犯罪案件而获得的违法所得及收益的不法状态依然存在,并持续至2013年1月1日之后,应适用修订后的《刑事诉讼法》。

第三百八十三条 【贪污罪的处罚】

对犯贪污罪的,根据情节轻重,分别依照下列规定处罚:

(一)贪污数额较大或者有其他较重情节的,处三年以下有期徒刑或者拘役,并处罚金。

(二)贪污数额巨大或者有其他严重情节的,处三年以上十年以下有期徒刑,并处罚金或者没收财产。

(三)贪污数额特别巨大或者有其他特别严重情节的,处十年以上有期徒刑或者无期徒刑,并处罚金或者没收财产;数额特别巨大,并使国家和人民利益遭受特别重大损失的,处无期徒刑或者死刑,并处没收财产。

对多次贪污未经处理的,按照累计贪污数额处罚。

犯第一款罪,在提起公诉前如实供述自己罪行、真诚悔罪、积极退赃,避免、减少损害结果的发生,有第一项规定情形的,可以从轻、减轻或者免除处罚;有第二项、第三项规定情形的,可以从轻处罚。

犯第一款罪,有第三项规定情形被判处死刑缓期执行的,人民法院根据犯罪情节等情况可以同时决定在其死刑缓期执行二年期满依法减为无期徒刑后,终身监禁,不得减刑、假释。

【立法沿革】

《中华人民共和国刑法》(1997年修订,自1997年10月1日起施行)

第三百八十三条

对犯贪污罪的,根据情节轻重,分别依照下列规定处罚:

(一)个人贪污数额在十万元以上的,处十年以上有期徒刑或者无期徒刑,可以并处没收财产;情节特别严重的,处死刑,并处没收财产。

(二)个人贪污数额在五万元以上不满十万元的,处五年以上有期徒刑,可以并处没收财产;情节特别严重的,处无期徒刑,并处没收财产。

(三)个人贪污数额在五千元以上不满五万元的,处一年以上七年以下有期徒刑;情节严重的,处七年以上十年以下有期徒刑。个人贪污数额在五千元以上不满一万元,犯罪后有悔改表现、积极退赃的,可以减轻处罚或者免予刑事处罚,由其所在单位或者上级主管机关给予行政处分。

(四)个人贪污数额不满五千元,情节较重的,处二年以下有期徒刑或者拘役;情节较轻的,由其所在单位或者上级主管机关酌情给予行政处分。

对多次贪污未经处理的,按照累计贪污数额处罚。

《中华人民共和国刑法修正案(九)》(自2015年11月1日起施行)

四十四、将刑法第三百八十三条修改为:

"对犯贪污罪的,根据情节轻重,分别依照下列规定处罚:

"(一)贪污数额较大或者有其他较重情节的,处三年以下有期徒刑或者拘役,并处罚金。

"(二)贪污数额巨大或者有其他严重情节的,处三年以上十年以下有期徒刑,并处罚金或者没收财产。

"(三)贪污数额特别巨大或者有其他特别严重情节的,处十年以上有期徒刑或者无期徒刑,并处罚金或者没收财产;数额特别巨大,并使国家和人民利益遭受特别重大损失的,处无期徒刑或者死刑,并处没收财产。

"对多次贪污未经处理的,按照累计贪污数额处罚。

"犯第一款罪,在提起公诉前如实供述自己罪行、真诚悔罪、积极退赃,避免、减少损害结果的发生,有第一项规定情形的,可以从轻、减轻或者免除处罚;有第二项、第三项规定情形的,可以从轻处罚。

"犯第一款罪,有第三项规定情形被判处死刑缓期执行的,人民法院根据犯罪情节等情况可以同时决定在其死刑缓期执行二年期满依法减为无期徒刑后,终身监禁,不得减刑、假释。"

【条文说明】

本条是关于贪污罪如何处罚的规定。

本条共分为四款。

第一款规定了**贪污罪的具体量刑标准**,将数额和情节综合作为定罪量刑标准,其中规定了**三个量刑档次**,即贪污数额较大或者有其他较重情节,贪污数额巨大或者有其他严重情节,贪污数额特别巨大或者有其他特别严重情节。根据本款规定,行为人贪污数额较大应定贪污罪,追究其相应的刑事责任;行为人贪污数额虽没有达到较大的标准,但有其他较重情节也应定罪判刑。《最高人民法院、最高人民检察院关于办理贪污贿赂刑事案件适用法律若干问题的解释》对数额较大、数额巨大、数额特别巨大及情节严重作出进一步规定。贪污数额在三万元以上不满二十万元的,为"**数额较大**",贪污数额在二十万元以上不满三百万元的,为"**数额巨大**",贪污数额在三百万元以上的,为"**数额特别巨大**"。贪污数额达到上述标准,可按照《刑法》第三百八十三条第一款进行处罚。贪污数额在一万元以上不满三万元的,有下列情形之一的,可以认定为"**其他较重情节**",依法判处三年以下有期徒刑或者拘役,并处罚金:(1)贪污救灾、抢险、防汛、优抚、扶贫、移民、救济、防疫、社会捐助等特定款物的。2017年《最高人民检察院关于认定贪污养老、医疗等社会保险基金能否适用《最高人民法院、最高人民检察院关于办理贪污贿赂刑事案件适用法律若干问题的解释》第一条第二款第一项规定的"特定款物"的批复》明确规定,养老、医疗、工伤、失业、生育等社会保险基金可以认定为特定款物;(2)曾因贪污、受贿、挪用公款受过党纪、行政处分的;(3)曾因故意犯罪受过刑事追究的;(4)赃款赃物用于非法活动的;(5)拒不交待赃款赃物去向或者拒不配合追缴工作,致使无法追缴

的;(6)造成恶劣影响或者其他严重后果的。贪污数额在十万元以上不满二十万元,具有上述情形之一的,应当认定为"**其他严重情节**",依法判处三年以上十年以下有期徒刑,并处罚金或者没收财产。贪污数额在一百五十万元以上不满三百万元,具有上述情形之一的,应当认定为"**其他特别严重情节**",依法判处十年以上有期徒刑、无期徒刑或者死刑,并处罚金或者没收财产。

考虑到贪污受贿犯罪是一种以非法占有为目的的财产性职务犯罪,行为人利用职务上的便利实施犯罪,侵犯了职务廉洁性;同时,与盗窃、诈骗等侵犯财产罪一样,具有贪利性,为不使行为人在经济上得利,本款对贪污受贿犯罪量刑相对较轻的档次中增加规定了罚金刑,贪污贿赂罪犯在依法被判处自由刑的同时,还要同时被判处**财产刑**。2016年4月18日起施行的《最高人民法院、最高人民检察院关于办理贪污贿赂刑事案件适用法律若干问题的解释》第十九条规定:"对贪污罪、受贿罪判处三年以下有期徒刑或者拘役的,应当并处十万元以上五十万元以下的罚金;判处三年以上十年以下有期徒刑的,应当并处二十万元以上犯罪数额二倍以下的罚金或者没收财产;判处十年以上有期徒刑或者无期徒刑的,应当并处五十万元以上犯罪数额二倍以下的罚金或者没收财产。对刑法规定并处罚金的其他贪污贿赂犯罪,应当在十万元以上犯罪数额二倍以下判处罚金。"

第二款是对**多次贪污未经处理的如何计算贪污数额**的规定。多次贪污未经处理,是指两次以上的贪污行为,以前既没有受过刑事处理,也没有受过行政处理,追究其刑事责任时,应当累计计算贪污数额。①

第三款是关于**对贪污犯罪可以从宽处理**的规定。对贪污犯罪从宽处理必须同时符合以下条件:一是**在提起公诉前**。"提起公诉"是人民检察院对公安机关、监察机关移送起诉认为应当起诉的案件,经全面审查,对事实清楚,证据确实充分,依法应当判处刑罚的,提交人民法院审判的诉讼活动。二是**行为人必须如实供述自己罪行、真诚悔罪、积极退赃**。②如实供述自己罪行,是指犯罪分子对于自己所犯的罪行,无论司法机关是否掌

---

① 我国学者指出,在计算贪污数额时,应依照《刑法》有关追诉期限的规定(第八十七条)执行,在追诉期限内的贪污数额应累计计算,已过追诉期限的贪污数额不予计算。参见起秉志、李希慧主编:《刑法各论》(第3版),中国人民大学出版社2016年版,第393页;黎宏:《刑法学各论》(第2版),法律出版社2016年版,第512页;陈兴良主编:《刑法各论精释》,人民法院出版社2015年版,第1058—1059页。

② 对于"积极退赃",我国学者指出,应区分两种情形进行讨论:一是通常只能没收,不能退回给行贿人。在此情形下,行为人秘密地将财物退还给行贿人,不能减轻或免除处罚;二是对方勒索而交付财物又没有谋取不正当利益。由于对方实际上是被害人,故应当将财物退回被害人。参见张明楷:《刑法学》(第6版),法律出版社2021年版,第1611页。

握,都要如实地、全部地、无保留地向司法机关供述。需要指出的是,"如实供述自己罪行、真诚悔罪、积极退赃"是并列条件,要求全部具备。实践中,有些犯罪分子虽然如实供述了自己的罪行,但没有积极退赃的表现,有的甚至将所贪污受贿的财产转移,企图出狱后自己和家人仍继续享用这些财产,这种行为表明其不具有真诚悔罪的表现,不符合从宽处理的条件。三是**避免、减少损害结果的发生**。犯罪分子真诚悔罪、积极退赃的表现,必须要达到避免或者减少损害结果发生的实际效果。在同时具备以上前提的条件下,本款根据贪污受贿的不同情形,规定可以从宽处罚。根据本款的规定,对贪污数额较大或者有其他较重情节的,可以从轻、减轻或者免除处罚;对贪污数额巨大或者有其他严重情节以及对贪污数额特别巨大或者有其他特别严重情节的,可以从轻处罚。这是针对贪污受贿犯罪所作的特别规定。

第四款是关于**终身监禁,不得减刑、假释的规定**。① 特别需要明确的是,这里规定的"终身监禁"不是独立的刑种,它是对罪当判处死刑的贪污受贿犯罪分子的不执行死刑的刑罚执行措施。② 从这个意义上讲,也可以说是**对死刑的一种替代性措施**。因此,与无期徒刑不同,无期徒刑是刑法总则规定的一个独立刑种。同时,在执行中,对被判处无期徒刑的罪犯,根据该罪犯接受教育改造、悔罪表现等情况,满足一定条件的可以减刑、假释。根据本款规定,"终身监禁"只适用于贪污数额特别巨大,并使国家和人民利益遭受特别重大损失,被判处死刑缓期执行的犯罪分子,特别是其中本应当判处死刑的,根据慎用死刑的刑事政策,结合案件的具体情况,对其判处死刑缓期二年执行的犯罪分子。本款规定只是明确了可以适用"终身监禁"的人员的范围,并不是所有贪污受贿犯罪被判处死刑缓期执行的

都要"终身监禁"。是否"终身监禁",应由人民法院根据其所实施犯罪的具体情节等情况综合考虑。这里规定的"同时",是指被判处死刑缓期执行的同时,不是在死刑缓期执行二年期满以后减刑的"同时"。根据《刑事诉讼法》第二百六十五条的规定,可以暂予监外执行的对象是被判处无期徒刑、有期徒刑和拘役的罪犯,因此,终身监禁的罪犯,不得减刑、假释,也不得暂予监外执行。《最高人民法院、最高人民检察院关于办理贪污贿赂刑事案件适用法律若干问题的解释》第四条规定,贪污数额特别巨大,犯罪情节特别严重、社会影响特别恶劣、给国家和人民利益造成特别重大损失的,可以判处死刑。有上述情形但具有自首、立功,如实供述自己罪行、真诚悔罪、积极退赃、避免、减少损害结果发生等情节的,不是必须立即执行的,可以判处死刑缓期二年执行,同时裁判决定在其死刑缓期执行二年期满依法减为无期徒刑后,终身监禁,不得减刑、假释。2017年1月1日起实施的《最高人民法院关于办理减刑、假释案件具体应用法律的规定》第十五条规定:"对被判处终身监禁的罪犯,在死刑缓期执行期满依法减为无期徒刑的裁定中,应当明确终身监禁,不得再减刑或者假释。"

需要强调的是,关于《刑法修正案(九)》的时间效力问题。2015年11月1日起实施的《最高人民法院关于〈中华人民共和国刑法修正案(九)〉时间效力问题的解释》第八条规定:"对于2015年10月31日以前实施贪污、受贿行为,罪行极其严重,根据修正前刑法判处死刑缓期执行不能体现罪刑相适应原则,而根据修正后刑法判处死刑缓期执行同时决定在其死刑缓期执行二年期满依法减为无期徒刑后,终身监禁,不得减刑、假释可以罚当其罪的,适用修正后刑法第三百八十三条第四款的规定。根据修正前刑法判处死刑缓期执行

---

① 学说上关于终身监禁不得减刑、假释,存在肯定、否定两种观点。肯定论者主张,从死刑改革的角度而言,该制度对于弥补死缓制度适用期缺陷,严格限制贪污受贿犯罪死刑立即执行的司法适用,具有重要意义,参见赵秉志、商浩文:《论死刑改革视野下的终身监禁制度》,载《华东政法大学学报》2017年第1期,第131—133;陈兴良主编:《刑法各论精释》,人民法院出版社2015年版,第1058页。

否定论者认为,终身监禁的创设性修订完全背离了无期徒刑保留论的基本立场,突出违反了作为刑法基本原则的罪刑法定原则、罪责刑相适应原则,经不起刑罚人道主义的正当性拷问,因而理论上应当反思"完全堵塞"犯罪人回归之路的终身监禁的合法性问题,立法上应删除在宣告死刑缓期执行改为无期徒刑之际即事先"预判"终身监禁的新规定,保留无期徒刑"准许假释"等补救措施的既有规定,参见魏东:《刑法总则的修改与检讨——以〈刑法修正案(九)〉为重点》,载《华东政法大学学报》2016年第2期,第11—16页。

另有学者指出,因为贪污、受贿而被判处终身监禁的犯罪分子在无期徒刑的执行之间,只要"有重大立功表现",则其应当与其在死刑执行之间一样,被特殊对待,即享有《刑法》第七十八条所规定的"应当减刑"的优遇。参见黎宏:《刑法学各论》(第2版),法律出版社2016年版,第513页。

② 针对贪污犯罪的终身监禁,尽管在结局上是一种可能终身剥夺犯罪分子人身自由的自由刑,但其本质上是死刑。参见黎宏:《刑法学各论》(第2版),法律出版社2016年版,第512页。

足以罚当其罪的，不适用修正后刑法第三百八十三条第四款的规定。"

实践中应注意以下三个方面的问题：

1. 关于**定罪量刑具体数额**。1997年刑法规定为打击贪污受贿犯罪提供了具体明确的数额标准，满足了司法机关执法的实际需要，有利于法制的统一，避免了法律适用上的随意性。但是，这种明确规定数额标准的法定刑设定方式在具体适用上也暴露了一些问题。从司法实践的情况看，规定具体数额标准的法定刑，便于执行，且对防止司法擅断具有积极意义，但这类犯罪情况复杂，情节差别很大，单纯考虑数额，难以全面反映具体个罪的社会危害性。贪污受贿犯罪的社会危害性不仅仅体现为数额的大小，其社会危害性，除取决于贪污受贿数额大小以外，还表现在国家工作人员滥用权力的情况或者给国家利益造成重大损失等情节。在有些案件中，虽然行为人个人贪污受贿数额不大，但给国家和人民利益造成的损害、恶劣的社会影响等其他情节的危害远远大于其贪污受贿数额的危害。同时，数额规定得过于具体，有时难以根据具体案件的不同情况做到罪责刑相适应，在一定程度上影响了惩治和预防贪污受贿犯罪的法律效果、社会效果和政治效果。司法实践中较为突出的体现是贪污受贿数额在十万元以上的犯罪，由于1997年《刑法》第三百八十三条明确规定个人贪污数额在十万元以上的即处十年以上有期徒刑或无期徒刑，对于犯罪数额为一二十万元的案件和一二百万元甚至更多的案件，往往只能判处刑期相近的十年以上有期徒刑，造成量刑不平衡，甚至失衡，无法做到罪责刑相适应，很容易在社会上造成贪污受贿数额大的犯罪分子占便宜的印象，违反了刑法罪责刑相适应的原则，严重影响了惩治贪污贿赂犯罪的法律效果、社会效果和政治效果。1997年修订刑法至今，我国的经济社会生活发生了巨大变化，近年来，一些人大代表、政协委员、专家学者不断建议对贪污受贿犯罪的法定刑设置作出调整，取消贪污受贿犯罪定罪量刑的具体数额标准，社会各方面变得上广泛关注。为解决司法实践中存在的上述问题，《刑法修正案（九）》将贪污受贿犯罪单一依据具体数额进行定罪量刑，修改为数额加情节进行定罪量刑，即原则规定数额较大或者情节较重、数额巨大或者情节严重、数额特别巨大或者情节特别严重三种情况，相应规定了三档刑罚，并对数额特别巨大，使国家和人民利益遭受特别重大损失的，保留适用死刑。2016年4月18日起施行的《最高人民法院、最高人民检察院关于办理贪污贿赂刑事案件适用法律若干问题的解释》对具体数额、情节标准予以明确规定，指导司法实践。

2. 关于**进一步明确、严格对贪污受贿犯罪从轻、减轻、免除处罚的条件**。1997年《刑法》第三百八十三条第一款第三项规定，个人贪污数额在五千元以上不满一万元的，犯罪后有悔改表现、积极退赃的，可以减轻处罚或者免予刑事处罚，由其所在单位或者上级主管机关给予行政处分。在《刑法修正案（九）》草案起草和审议过程中，有意见认为，给予行政处分的内容不是刑法调整的范围，将行政处分写入刑法，不利于对贪污受贿犯罪的打击，建议删除。同时，也有意见建议对贪污受贿犯罪从宽处罚的条件作了更为严格的限定，并单独作出规定，以体现从严惩处的精神。考虑到本次修正案对贪污受贿犯罪定罪量刑标准作了调整，根据反腐斗争的实际需要，本条对贪污受贿犯罪从宽处罚的条件作了更为严格的限制，并单独规定一款，对犯贪污受贿，如实供述自己罪行、真诚悔罪、积极退赃，避免、减少损害结果发生的，可以从宽处罚。这一规定体现了**宽严相济的刑事政策**，有利于教育、改造贪污受贿犯罪分子，集中惩处罪行严重的贪污受贿犯罪。

3. 关于**终身监禁**。《刑法修正案（九）》在本条中增加规定，对犯贪污、受贿罪，被判处死刑缓期执行的，人民法院根据犯罪情节等情况可以同时决定在其死刑缓期执行二年满依法减为无期徒刑后，终身监禁，不得减刑、假释。这一规定，是按照党的十八届三中全会对加强反腐败工作，完善惩治腐败法律规定，加大惩处腐败犯罪力度的要求和精神作出的。随着反腐斗争的深入，特别是一些大案要案的查处，需要对刑法的相关规定作进一步完善，为严厉惩治提供法律支持。为体现我国对罪犯实行惩治与改造相结合，给罪犯改造出路的刑罚执行政策，刑法规定了对判处无期徒刑、死刑缓期执行的罪犯，满足一定条件的，可以予以减刑、假释。是否减刑、假释需要根据罪犯接受教育改造、悔罪表现等情况确定。司法实践中对判处无期徒刑、死刑缓期执行的罪犯，绝大部分都适用了减刑，个别的还适用了假释，很少有终身关押的情况。但是，在执行中也出现一些问题，如一些司法机关对减刑条件把握过宽，减刑频率过快、次数过多，假释条件掌握过于宽松，致使一些因严重犯罪被判处死刑缓期执行或者无期徒刑的罪犯实际执行刑期过短，存在被判处无期徒刑、死刑缓期执行的罪犯实际执行刑期较短，与被判处死刑立即执行的犯罪分子相比，法律后果相差太大的情况。特别是贪污受贿这类犯罪，有的犯罪分子利用金钱和过去拥有的权力、影响、社会关系网，通过减刑、保外就医等途径，实际在狱内服刑期较短,严重妨碍了司法公正,社会反映强烈,在一定程度上影响了惩治这类犯罪的法律效果、社会效果和政治效果。针对上述司法实践中出现的问题,2011年《刑法修正案(八)》对无期徒刑、死刑缓期执行的执行刑期作了调整。一是将死刑缓期执行减为有期徒刑的刑期提高为"二十五年"。二是规定对死刑缓期执行的限制减刑制度。对一些因严重犯罪、累犯被判处死刑缓期执行的犯罪分子,人民法院可以决定对其限制减刑,对死缓期满后依法减为无期徒刑的,实际服刑最低不能少于二十五年,依法减为二十五年有期徒刑的,实际服刑最低不能少于二十年。三是将无期徒刑罪犯减刑、假释后实际执行的最低刑期从十年提高到十三年。2012年《最高人民法院关于办理减刑、假释案件具体应用法律若干问题的规定》,2014年《最高人民法院关于减刑、假释案件审理程序的规定》,对减刑、假释案件的适用条件、减刑幅度、减刑间隔以及审理程序等方面进一步作了严格规范。《刑法修正案(九)》在此基础上,对贪污受贿数额特别巨大、情节特别严重被判处死刑缓期执行的犯罪分子作了进一步严格规定。对贪污受贿数额特别巨大、情节特别严重的犯罪分子,特别是其中本应当判处死刑的,根据慎用死刑的刑事政策,结合案件的具体情况,对其判处死刑缓期二年执行依法减为无期徒刑后,采取终身监禁的措施,不得减刑、假释。在立法上保留死刑的同时,司法实践中严格控制和慎重适用死刑,有利于体现罪责刑相适应的刑法原则,维护司法公正,符合宽严相济的刑事政策。2017年1月1日实施了《最高人民法院关于办理减刑、假释案件具体应用法律的规定》,确保依法公正办理减刑、假释案件。

事实上,我国刑法规定的无期徒刑的本意即有终身监禁的含义,与国外规定的终身监禁大体相当。考虑反腐斗争的实际需要,解决司法实践中存在的问题,加大惩治腐败的力度,《刑法修正案(九)》对一些重特大贪污受贿犯罪分子,罪行特别严重,又没有判处死刑立即执行的,在判处死刑缓期执行二年期满依法减为无期徒刑后,明确予以终身监禁,不得减刑、假释。

【司法解释】

《最高人民法院关于〈中华人民共和国刑法修正案(九)〉时间效力问题的解释》(法释〔2015〕19号,自2015年11月1日起施行)

△(时间效力;终身监禁不得减刑、假释)对于2015年10月31日以前实施贪污、受贿行为,罪行极其严重,根据修正前刑法判处死刑缓期执行不能体现罪刑相适应原则,而根据修正后刑法判处死刑缓期执行同时依法在其死刑缓期执行二年期满依法减为无期徒刑后,终身监禁,不得减刑、假释也可罚当其罪的,适用修正后刑法第三百八十三条第四款的规定。根据修正前刑法判处死刑缓期执行足以罚当其罪的,不适用修正后刑法第三百八十三条第四款的规定。(§8)

《最高人民法院、最高人民检察院关于办理贪污贿赂刑事案件适用法律若干问题的解释》(法释〔2016〕9号,自2016年4月18日起施行)

△(数额较大;其他较重情形;贪污贿赂)贪污或者受贿数额在三万元以上不满二十万元的,应当认定为刑法第三百八十三条第一款规定的"数额较大",依法判处三年以下有期徒刑或者拘役,并处罚金。

贪污数额在一万元以上不满三万元,具有下列情形之一的,应当认定为刑法第三百八十三条第一款规定的"其他较重情节",依法判处三年以下有期徒刑或者拘役,并处罚金①:

(一)贪污救灾、抢险、防汛、优抚、扶贫、移民、救济、防疫、社会捐助等特定款物②的;

(二)曾因贪污、受贿、挪用公款受过党纪、行政处分的;

(三)曾因故意犯罪受过刑事追究的;

(四)赃款赃物用于非法活动的;

(五)拒不交待赃款赃物去向或者拒不配合追缴工作,致使无法追缴的;

---

① 我国学者指出,本款第(二)项至第(五)项之规定,均非属提高贪污受贿行为不法程度的情节,不应作为"情节较重"的情形。无论行为人曾因贪污受到党纪、政纪处分后再贪污,抑或将赃款赃物用于非法活动,还是拒不交代赃款赃物去向,都不是表明贪污受贿情节的事实(即不属于有责的不法事实),而只是表明行为人特殊预防必要性大小的情节,只能在确定责任刑之后对预防刑的确定起作用。参见张明楷:《刑法学》(第6版),法律出版社2021年版,第1564页。

② 《最高人民检察院关于贪污养老、医疗等社会保险基金能否适用〈最高人民法院、最高人民检察院关于办理贪污贿赂刑事案件适用法律若干问题的解释〉第一条第二款第(一)项规定的批复》(高检发释字〔2017〕1号,自2017年8月7日起施行):

养老、医疗、工伤、失业、生育等社会保险基金可以认定为《最高人民法院、最高人民检察院关于办理贪污贿赂刑事案件适用法律若干问题的解释》第一条第二款第一项规定的"特定款物"。

根据刑法和有关司法解释规定,贪污罪和挪用公款罪中的"特定款物"的范围有所不同,实践中应注意区分,依法适用。

(六)造成恶劣影响或者其他严重后果的。

受贿数额在一万元以上不满三万元,具有前款第二项至第六项规定的情形之一,或者具有下列情形之一,应当认定为刑法第三百八十三条第一款规定的"其他较重情节",依法判处三年以下有期徒刑或者拘役,并处罚金:

(一)多次索贿的;

(二)为他人谋取不正当利益,致使公共财产、国家和人民利益遭受损失的;

(三)为他人谋取职务提拔、调整的。(§1)

△(数额巨大;其他严重情节;贪污贿赂)贪污或者受贿数额在二十万元以上不满三百万元的,应当认定为刑法第三百八十三条第一款规定的"数额巨大",依法判处三年以上十年以下有期徒刑,并处罚金或者没收财产。

贪污数额在十万元以上不满二十万元,具有本解释第一条第二款规定的情形之一的,应当认定为刑法第三百八十三条第一款规定的"其他严重情节",依法判处三年以上十年以下有期徒刑,并处罚金或者没收财产。

受贿数额在十万元以上不满二十万元,具有本解释第一条第二款规定的情形之一的,应当认定为刑法第三百八十三条第一款规定的"其他严重情节",依法判处三年以上十年以下有期徒刑,并处罚金或者没收财产。(§2)

△(数额特别巨大;其他特别严重情节;贪污贿赂)贪污或者受贿数额在三百万元以上的,应当认定为刑法第三百八十三条第一款规定的"数额特别巨大",依法判处十年以上有期徒刑、无期徒刑或者死刑,并处罚金或者没收财产。

贪污数额在一百五十万元以上不满三百万元,具有本解释第一条第二款规定的情形之一的,应当认定为刑法第三百八十三条第一款规定的"其他特别严重情节",依法判处十年以上有期徒刑、无期徒刑或者死刑,并处罚金或者没收财产。

受贿数额在一百五十万元以上不满三百万元,具有本解释第一条第三款规定的情形之一的,应当认定为刑法第三百八十三条第一款规定的"其他特别严重情节",依法判处十年以上有期徒刑、无期徒刑或者死刑,并处罚金或者没收财产。(§3)

△(死刑;死刑缓期二年执行;终身监禁不得减刑、假释)贪污、受贿数额特别巨大,犯罪情节特别严重、社会影响特别恶劣、给国家和人民利益造成特别重大损失的,可以判处死刑。

符合前款规定的情形,但具有自首、立功,如实供述自己罪行、真诚悔罪、积极退赃,或者避免、减少损害结果的发生等情节,不是必须立即执行的,可以判处死刑缓期二年执行。

符合第一款规定情形的,根据犯罪情节等情况可以判处死刑缓期二年执行,同时裁判决定在其死刑缓期执行二年期满依法减为无期徒刑后,终身监禁,不得减刑、假释。(§4)

△(赃款赃物;用于单位公务支出或者社会捐赠;量刑)国家工作人员出于贪污、受贿的故意,非法占有公共财物,收受他人财物之后,将赃款赃物用于单位公务支出或者社会捐赠的,不影响贪污罪、受贿罪的认定,但量刑时可以酌情考虑。(§16I)

△(追缴或者责令退赔)贪污贿赂犯罪分子违法所得的一切财物,应当依照刑法第六十四条的规定予以追缴或者责令退赔,对被害人的合法财产应当及时返还。对尚未追缴到案或者尚未足额退赔的违法所得,应当继续追缴或者责令退赔。(§18)

△(罚金刑)对贪污罪、受贿罪判处三年以下有期徒刑或者拘役的,应当并处十万元以上五十万元以下的罚金;判处三年以上十年以下有期徒刑的,应当并处二十万元以上犯罪数额二倍以下的罚金或者没收财产;判处十年以上有期徒刑或者无期徒刑的,应当并处五十万元以上犯罪数额二倍以下的罚金或者没收财产。(§19I)

《最高人民检察院关于贪污养老、医疗等社会保险基金能否适用〈最高人民法院最高人民检察院关于办理贪污贿赂刑事案件适用法律若干问题的解释〉第一条第二款第一项规定的批复》(高检发释字〔2017〕1号,自2017年8月7日起施行)

△(社会保险基金;特定款物)养老、医疗、工伤、失业、生育等社会保险基金可以认定为《最高人民法院、最高人民检察院关于办理贪污贿赂刑事案件适用法律若干问题的解释》第一条第二款第一项规定的"特定款物"。

根据刑法和有关司法解释规定,贪污罪和挪用公款罪中的"特定款物"的范围有所不同,实践中应注意区分,依法适用。

【司法解释性文件】

《全国法院审理经济犯罪案件工作座谈会纪要》(法发〔2003〕167号,2003年11月13日公布)

△(共同贪污犯罪;个人贪污数额之认定)刑法第三百八十三条第一款规定的"个人贪污数额",在共同贪污犯罪案件中应理解为个人所参与或者组织、指挥共同贪污的数额,不能只按个人实际分得的赃款数额来认定。对共同贪污罪中的从犯,应当按照其所参与的共同贪污的数额确定量刑幅度,并依照刑法第二十七条第二款的规定,从轻、减轻处罚或者免除处罚。

【参考案例】

No.8-385-76 白恩培受贿、巨额财产来源不明案

对《刑法修正案(九)》之前实施的犯罪适用终身监禁不违反从旧兼从轻原则。

No.8-385-77 白恩培受贿、巨额财产来源不明案

终身监禁制度的立法原意一是为了限制死刑立即执行的适用,二是为了限制贪污受贿犯罪分子逃避刑期而对刑罚执行阶段可能出现的不公正现象作出预先应对,以保障罪责刑相适应原则的实现。(1)决定适用终身监禁的对象,应当是依照新、旧刑法均可能判处死刑立即执行的犯罪分子;(2)对被告人决定终身监禁,应当综合考虑案件的量刑因素。

第三百八十四条 【挪用公款罪】
国家工作人员利用职务上的便利,挪用公款归个人使用,进行非法活动的,或者挪用公款数额较大、进行营利活动的,或者挪用公款数额较大、超过三个月未还的,是挪用公款罪,处五年以下有期徒刑或者拘役;情节严重的,处五年以上有期徒刑。挪用公款数额巨大不退还的,处十年以上有期徒刑或者无期徒刑。
挪用用于救灾、抢险、防汛、优抚、扶贫、移民、救济款物归个人使用的,从重处罚。

【立法解释】

《全国人民代表大会常务委员会关于〈中华人民共和国刑法〉第九十三条第二款的解释》[2000年4月29日通过,解释已经被《全国人民代表大会常务委员会关于修改部分法律的决定》(2009年8月27日通过)修改]

△(其他依照法律从事公务的人员;村民委员会等村基层组织人员)村民委员会等村基层组织人员协助人民政府从事下列行政管理工作,属于刑法第九十三条第二款规定的"其他依照法律从事公务的人员":

(一)救灾、抢险、防汛、优抚、扶贫、移民、救济款物的管理;
(二)社会捐助公益事业款物的管理;
(三)国有土地的经营和管理;
(四)土地征收、征用补偿费用的管理;
(五)代征、代缴税款;
(六)有关计划生育、户籍、征兵工作;
(七)协助人民政府从事的其他行政管理工作。

村民委员会等村基层组织人员从事前款规定的公务,利用职务上的便利,非法占有公共财物、挪用公款、索取他人财物或者非法收受他人财物,构成犯罪的,适用刑法第三百八十二条和第三百八十三条贪污罪、第三百八十四条挪用公款罪、第三百八十五条和第三百八十六条受贿罪的规定。

《全国人民代表大会常务委员会关于〈中华人民共和国刑法〉第三百八十四条第一款的解释》(2002年4月28日通过)

△(归个人使用)有下列情形之一的,属于挪用公款"归个人使用":①
(一)将公款供本人、亲友或者其他自然人使用的;
(二)以个人名义将公款供其他单位使用的;
(三)个人决定以单位名义将公款供其他单位使用,谋取个人利益的。

【条文说明】

本条是关于挪用公款罪及其处罚的规定。

---

① 我国学者指出,从本条所规定的三种类型来看,使公款脱离单位至少必须达到准备使用,也能够使用的程度,否则,"挪用"公款就成为"挪动"公款,此一做法明显有扩大本罪处罚范围的嫌疑。故而,所谓的挪用,乃指未经合法批准程序或者违反财经纪律,私自使公款脱离单位占有,并加以使用的行为。参见黎宏:《刑法学各论》(第2版),法律出版社2016年版,第515页。
另有学者指出,只要行为人利用主管、经管或者经手公款的职务之便,将本单位的公款擅自转移到自己的实际控制之下(包括转到行为人指定的他人账户之下),使单位完全脱离对系争公款的控制,对单位财产权利危害的结果已经产生。如果挪用公款的数额和时间等要件均符合立案标准的,就应认定为挪用公款罪既遂论处。至于是否实际使用,以及使用时间长短,只是量刑时加以考量的情节。参见王作富主编:《刑法分则实务研究(下)》(第5版),中国方正出版社2013年版,第1603页;陈兴良主编:《刑法各论精释》,人民法院出版社2015年版,第1079页。

本条共分为两款。

第一款是关于挪用公款罪的概念及其处罚的规定。根据本款规定，构成挪用公款罪必须具备以下几个条件：

1. 犯罪主体只能是**国家工作人员**。另外，根据2000年4月29日第九届全国人大常务委员会第十五次会议通过的《全国人民代表大会常务委员会关于〈中华人民共和国刑法〉第九十三条第二款的解释》的规定，村民委员会等村基层组织人员在协助人民政府从事行政管理工作中，利用职务上挪用公款构成犯罪的，适用《刑法》第三百八十四条挪用公款罪的规定，也可以成为挪用公款罪的主体。

2. 在客观方面是利用职务上的便利①，实施以下三种行为之一的：②

（1）**挪用公款归个人使用，进行非法活动的**。这里所说的"挪用公款归个人使用"，包括挪用者本人使用或者给其他人使用。为私利以个人名义将挪用的公款给其他单位使用的，应视为挪用公款归个人使用。"进行非法活动"，是指进行违法犯罪活动，如赌博、走私。

（2）**挪用公款归个人使用数额较大，进行营利活动的**。这里所说的"进行营利活动"，是指进行经商办企业、投资股市、放贷等经营性活动。

（3）**挪用公款数额较大的，归个人使用，超过三个月未还的**。这种挪用主要是指用于个人生活，如挪用公款盖私房、买车或者进行挥霍。这里所说的"未还"，是指案发前（被司法机关、主管部门或者有关单位发现前）未还。如果挪用公款数额较大，超过三个月后在案发前已全部归还本息的，不作为犯罪处理。③ 自2016年4月18日起施行的《最高人民法院、最高人民检察院关于办理贪污贿赂刑事案件适用法律若干问题的解释》第六条规定，挪用公款归个人使用，进行营利活动或者超过三个月未还，数额在五万元以上的，应当认定为"**数额较大**"；数额在五百万元以上的，应当认定为"**数额巨大**"；具有下列情形之一的，应当认定为"**情节严重**"：①挪用公款数额在二百万元以上的；②挪用救灾、抢险、防汛、优抚、扶贫、移民、救济特定款物，数额在一百万元以上不满二百万元的；③挪用公款不退还，数额在一百万元以上不满二百万元的；④其他严重的情节。

3. 挪用公款罪在主观方面具有**挪用的故意**，即准备以后归还，不打算永久占有。这是挪用公款罪与贪污罪的根本区别。④ 另外，2002年4月28日第九届全国人大常务委员会第二十七次会议通过的《全国人民代表大会常务委员会关于〈中华人民共和国刑法〉第三百八十四条第一款的解释》对于挪用公款"归个人使用"的问题作了专门解释：有下列情形之一的，属于挪用公款"**归个人使用**"：①将公款供本人、亲友或者其他自然人使用的；②以个人名义将公款供其他单位使用的；③个人决定以单位名义将公款供其他单位使用，谋取个人利益的。根据本款规定，对挪用公款罪，处五年以下有期徒刑或者拘役；情节严重的，处五年以上有期徒刑。挪用公款数额巨大不退还的，处十年以上有期徒刑、无期徒刑。这里所说的"**不退还**"，是指主观上想还而还不了的。如果在主观上就想非法占有挪用款，即构成贪污罪，应当按照贪污罪定罪处罚。

第二款是对挪用救灾、抢险、防汛、优抚、扶贫、移民、救济款物归个人使用的从重处罚的规定。本款所规定的"**从重处罚**"，是指根据挪用特定款物行为的情节，分别适用第一款规定的量刑

---

① 除了挪用公款罪之外，《刑法》第二百七十二条挪用资金罪、第三百八十二条贪污罪及第三百八十五条受贿罪，均选择使用"利用职务上的便利"此一用语。对此，王政勋教授认为，相较于挪用资金罪，挪用公款罪中行为人所利用的"职务上的便利"是一种公权力，而挪用资金罪中行为人利用的权力并不具有公共管理的性质。而受贿罪相比，挪用公款罪中行为人所利用的是对公款和特定款物的主管、管理、经手的权力，而不是对人、对事的处理权、决定权；尽管挪用公款罪的"利用职务上的便利"和贪污罪最为相近，都是主管、管理、经手公共财产的权力，但挪用公款罪的行为人所利用的职权范围稍微窄些，权力的对象只能指向公款和特定款物，而不包括一般公物。参见陈兴良主编：《刑法各论精释》，人民法院出版社2015年版，第1078页。

② 我国学者指出，挪用后的三种实际使用公款的方式，并不是并列关系，而是包容关系。另外，挪用公款的用途应当以行为人后来的实际用途为准判断其性质，而不应以其挪用时的意图为准。参见陈兴良主编：《刑法各论精释》，人民法院出版社2015年版，第1080、1093页。

③ 我国学者指出，如果挪用公款数额较大，超过三个月但在案发前已经全部归还本息，可以酌情从宽处理。参见赵秉志、李希慧主编：《刑法各论》（第3版），中国人民大学出版社2016年版，第394页；王作富主编：《刑法分则实务研究（下）》（第5版），中国方正出版社2013年版，第1602—1603页；黎宏：《刑法学各论》（第2版），法律出版社2016年版，第517页。

④ 阮齐林教授指出，司法实务在判断行为人是否具有非法占有的目的时，主要看该笔公款在财务账目上是否"平账"。如果行为人占用公款但没有"平账"或"毁账"，系争公款在单位财务账目上仍有反映（挂账），一般认定为挪用公款罪。参见赵秉志、李希慧主编：《刑法各论》（第3版），中国人民大学出版社2016年版，第395—396页。

幅度,在各量刑幅度内处较重刑罚。

【司法解释】

《最高人民检察院关于挪用国库券如何定性问题的批复》(高检发释字〔1997〕5号,1997年10月13日公布)

△(**挪用国库券**)国家工作人员利用职务上的便利,挪用公有或本单位的国库券的行为以挪用公款论;符合刑法第384条、第272条第2款规定的情形构成犯罪的,按挪用公款罪追究刑事责任。

《最高人民法院关于审理挪用公款案件具体应用法律若干问题的解释》(法释〔1998〕9号,自1998年5月9日起施行)

△(**挪用公款归个人使用**)刑法第三百八十四条规定的"挪用公款归个人使用",包括挪用者本人使用或者给他人使用。

挪用公款给私有公司、私有企业使用的,属于挪用公款归个人使用。(§1)

△(**挪用公款;归个人使用;营利活动;非法活动**)对挪用公款罪,应区分三种不同情况予以认定:

(一)挪用公款归个人使用,数额较大、超过三个月未还的,构成挪用公款罪。

挪用正在生息或者需要支付利息的公款归个人使用,数额较大,超过三个月但在案发前全部归还本金的,可以从轻处罚或者免除处罚。给国家、集体造成的利息损失应予追缴。挪用公款数额巨大,超过三个月,案发前全部归还的,可以酌情从轻处罚。

(二)挪用公款数额较大,归个人进行营利活动的,构成挪用公款罪,不受挪用时间和是否归还的限制。在案发前部分或者全部归还本息的,可以从轻处罚;情节轻微的,可以免除处罚。

挪用公款存入银行、用于集资、购买股票、国债等,属于挪用公款进行营利活动①。所获取的利息、收益等违法所得,应当追缴,但不计入挪用公款的数额。

(三)挪用公款归个人使用,进行赌博、走私等非法活动的,构成挪用公款罪,不受"数额较大"和挪用时间的限制。

挪用公款给他人使用,不知道使用人用公款进行营利活动或者用于非法活动,数额较大、超过三个月未还的,构成挪用公款罪;明知使用人用于营利活动或者非法活动的,应当认定为挪用人挪用公款进行营利活动或者非法活动。(§2)

△(**救灾、抢险、防汛、优抚、扶贫、移民、救济款物;参照适用**)挪用救灾、抢险、防汛、优抚、扶贫、移民、救济款物归个人使用的数额标准,参照挪用公款归个人使用进行非法活动的数额标准。(§3 Ⅳ)

△(**挪用公款数额之认定**)多次挪用公款不还,挪用公款数额累计计算;多次挪用公款,并以后次挪用的公款归还前次挪用的公款的,挪用公款数额以案发时未还的实际数额认定。②(§4)

△(**挪用公款数额巨大不退还**)"挪用公款数额巨大不退还的",是指挪用公款数额巨大,因客观原因在一审宣判前不能退还的。(§5)

△(**携带挪用的公款潜逃;贪污罪**)携带挪用的公款潜逃的,依照刑法第三百八十二条、第三百八十三条的规定定罪处罚。(§6)

△(**受贿罪;数罪并罚**)因挪用公款索取、收受贿赂构成犯罪的,依照数罪并罚的规定处罚。

挪用公款进行非法活动构成其他犯罪的,依照数罪并罚的规定处罚。③(§7)

---

① 我国学者指出,法律上规定的"营利活动"不能简单地理解为"经营活动"。凡是生产、经营、兴办企业、入股分红等能获取各种经济利益的行为,均属于营利活动。因此,将公款存入银行取息的行为,显属以获取经济利益为目的的营利性活动以本罪,参见王作富主编:《刑法分则实务研究(下)》(第5版),中国方正出版社2013年版,第1601页;黎宏:《刑法学各论》(第2版),法律出版社2016年版,第517页;陈兴良主编:《刑法各论精释》,人民法院出版社2015年版,第1090页。
另有学者指出,挪用公款存入银行、不宜认定为"挪用公款进行营利活动",而应认定为"挪用公款归个人使用(进行其他活动)",主要理由在于:《刑法》第三百八十四条所规定的三种类型实际上是按照挪用公款可能导致单位丧失公款的危险程度排列的。挪用于非法活动类型,单位丧失公款的危险程度最高,用于营利活动类型次之,用于个人活动类型最低。相对的,成立挪用公款罪的条件则依次提高(譬如,是否有挪用数额、时间上的限制)。因此,营利活动应当是具有一定风险的营利活动,而非泛指任何营利活动。参见张明楷:《刑法学》(第6版),法律出版社2021年版,第1567页。
② 我国学者指出,最高人民法院的上述解释作为犯罪标准,将反复挪用行为作为量刑情节,比较稳妥。参见黎宏:《刑法学各论》(第2版),法律出版社2016年版,第516页。
③ 值得注意的是,此处需要事先判断行为人是否实施了数个行为。举例而言,甲明知乙想使用公款用于贩卖毒品,而仍将公款用给乙,需要先判断甲是否实施了两个行为。如果甲将公款直接交付给乙,就只有一个行为,只能认定为想象竞合,从一重罪处罚;如果甲将公款转入自己或第三者的账户,再转入乙的账户,则能认定为两个行为,并按照数罪并罚处理。参见张明楷:《刑法学》(第6版),法律出版社2021年版,第1571页;陈兴良主编:《刑法各论精释》,人民法院出版社2015年版,第1107—1111页。

△(共谋;挪用公款罪的共犯)挪用公款给他人使用,使用人与挪用人共谋,指使或者参与策划取得挪用款的,以挪用公款罪的共犯定罪处罚。① (§8)

《最高人民检察院关于国家工作人员挪用非特定公物能否定罪的请示的批复》(高检发释字〔2000〕1号,自2000年3月15日起施行)

△(挪用非特定公物归个人使用)刑法第384条规定的挪用公款罪中未包括挪用非特定公物归个人使用的行为,对该行为不以挪用公款罪论处。如构成其他犯罪,依照刑法的相关规定定罪处罚。②

《最高人民检察院关于挪用失业保险基金和下岗职工基本生活保障资金的行为适用法律问题的批复》(高检发释字〔2003〕1号,自2003年1月30日起施行)

△(挪用失业保险基金和下岗职工基本生活保障资金)挪用失业保险基金和下岗职工基本生活保障资金属于挪用救济款物。挪用失业保险基金和下岗职工基本生活保障资金,使国家和人民群众利益遭受重大损害的,对直接责任人员,应当依照刑法第二百七十三条的规定,以挪用特定款物罪追究刑事责任;国家工作人员利用职务上的便利,挪用失业保险基金和下岗职工基本生活保障资金归个人使用,构成犯罪的,应当依照刑法第三百八十四条的规定,以挪用公款罪追究刑事责任。

《最高人民法院、最高人民检察院关于办理妨害预防、控制突发传染病疫情等灾害的刑事案件具体应用法律若干问题的解释》(法释〔2003〕8号,自2003年5月15日起施行)

△(用于预防、控制突发传染病疫情等灾害的款物;挪用归个人使用;挪用公款罪)贪污、侵占用于预防、控制突发传染病疫情等灾害的款物或者挪用归个人使用,构成犯罪的,分别依照刑法第三百八十二条、第三百八十三条、第二百七十一条、第三百八十四条、第二百七十二条的规定,以贪污罪、职务侵占罪、挪用公款罪、挪用资金罪罪,依法从重处罚。(§14Ⅰ)

《最高人民法院关于挪用公款犯罪如何计算追诉期限问题的批复》(法释〔2003〕16号,自2003年10月10日起施行)

△(追诉期限之计算)根据刑法第八十九条、第三百八十四条的规定,挪用公款归个人使用,进行非法活动的,或者挪用公款数额较大、进行营利活动的,犯罪的追诉期限从挪用行为实施完毕之日起计算;挪用公款数额较大、超过三个月未还的,犯罪的追诉期限从挪用公款罪成立之日起计算。挪用公款行为有连续状态的,犯罪的追诉期限应当从最后一次挪用行为实施完毕之日或者犯罪成立之日起计算。

《最高人民法院、最高人民检察院关于办理贪污贿赂刑事案件适用法律若干问题的解释》(法释〔2016〕9号,自2016年4月18日起施行)

△(挪用公款归个人使用;非法活动;数额巨大;情节严重)挪用公款归个人使用,进行非法活动,数额在三万元以上的,应当依照刑法第三百八十四条的规定以挪用公款罪追究刑事责任;数额在五百万元以上的,应当认定为刑法第三百八十四条第一款规定的"数额巨大"。具有下列情形之一的,应当认定为刑法第三百八十四条第一款规定的"情节严重":

(一)挪用公款数额在一百万元以上的;

(二)挪用救灾、抢险、防汛、优抚、扶贫、移民、救济特定款物,数额在五十万元以上不满一百万元的;

(三)挪用公款不退还,数额在五十万元以上不满一百万元的;

(四)其他严重的情节。(§5)

△(挪用公款归个人使用;营利活动;超过三个月未还;数额较大;数额巨大;情节严重)挪用公款归个人使用,进行营利活动或者超过三个月未还,数额在五万元以上的,应当认定为刑法第三百八十四条第一款规定的"数额较大";数额在五百万元以上的,应当认定为刑法第三百八十四条第一款规定的"数额巨大"。具有下列情形之一的,应当认定为刑法第三百八十四条第一款规定的"情节严重":

---

① 王政勋教授认为,当挪用人将公款挪用给单位使用,且构成挪用公款罪时,如果使用单位的行为超出了单纯的使用行为,虽然不能对使用单位以单位犯罪论定其挪用公款罪共犯的时候,应当对使用单位的直接责任人员,应以挪用公款罪的共犯论处。参见陈兴良主编:《刑法各论精释》,人民法院出版社2015年版,第1107页。

② 我国学者指出,挪用一般公物不构成本罪,是指行为人直接利用其参公物的使用价值。如果行为人的目的不是直接利用公物的使用价值或我用它以满足个人的需要,而是将公物作为商品,使其进入流通领域,实现其交换价值,使公物转换成货币由个人使用,理应视作挪用公款。因为该货款应归单位所有,属于公款被其占用,参见王作富主编:《刑法分则实务研究(下)》(第5版),中国方正出版社2013年版,第1596页;陈兴良主编:《刑法各论精释》,人民法院出版社2015年版,第1074—1078页。

（一）挪用公款数额在二百万元以上的；
（二）挪用救灾、抢险、防汛、优抚、扶贫、移民、救济特定款物，数额在一百万元以上不满二百万元的；
（三）挪用公款不退还，数额在一百万元以上不满二百万元的；
（四）其他严重的情节。（§6）

△（追缴或者责令退赔）贪污贿赂犯罪分子违法所得的一切财物，应当依照刑法第六十四条的规定予以追缴或者责令退赔，对被害人的合法财产应当及时返还。对尚未追缴到案或者尚未足额退赔的违法所得，应当继续追缴或者责令退赔。（§18）

【司法解释性文件】

《最高人民检察院关于认真贯彻执行全国人大常委会〈关于刑法第二百九十四条第一款的解释〉和〈关于刑法第三百八十四条第一款的解释〉的通知》（高检发研字〔2002〕11号，2002年5月13日公布）

△（挪用公款归个人使用）同时，对于确有"保护伞"的案件，也要坚决一查到底，绝不姑息。对于国家工作人员利用职务上的便利，实施《解释》规定的挪用公款"归个人使用"的三种情形之一的，无论使用公款的是个人还是单位以及单位的性质如何，均应认定为挪用公款归个人使用，构成犯罪的，应依法严肃查处。

《全国法院审理经济犯罪案件工作座谈会纪要》（法发〔2003〕167号，2003年11月13日公布）

△（单位决定将公款给个人使用；不以挪用公款罪论处）经单位领导集体研究决定将公款给个人使用，或者单位负责人为了单位的利益，决定将公款给个人使用的，不以挪用公款罪定罪处罚。上述行为致使单位遭受重大损失，构成其他犯罪的，依照刑法的有关规定对责任人员定罪处罚。①

△（挪用公款供其他单位使用；谋取个人利益）根据全国人大常委会《关于〈中华人民共和国刑法〉第三百八十四条第一款的解释》的规定，"以个人名义将公款供其他单位使用的"、"个人决定以单位名义将公款供其他单位使用，谋取个人利益的"，属于挪用公款"归个人使用"。在司法实践中，对于将公款供其他单位使用的，认定是否属于"以个人名义"，不能只看形式，要从实质上把握。对于行为人逃避财务监管，或者与使用人约定以个人名义进行，或者借款、还款都以个人名义进行，将公款供其他单位使用的，应认定为"以个人名义"。"个人决定"既包括行为人在职权范围内决定，也包括超越职权范围决定。"谋取个人利益"，既包括行为人与使用人事先约定谋取个人利益实际尚未获取的情况，也包括虽未事先约定但实际已获取了个人利益的情况。其中的"个人利益"，既包括不正当利益，也包括正当利益；既包括财产性利益，也包括非财产性利益，但这种非财产性利益应当是具体的实际利益，如升学、就业等。

△（国有单位领导；指令下级单位将公款归个人使用；挪用公款罪）国有单位领导利用职务上的便利指令具有法人资格的下级单位将公款供个人使用的，属于挪用公款行为，构成犯罪的，应以挪用公款罪定罪处罚。②

△（挪用有价证券、金融凭证用于质押；挪用公款数额）挪用金融凭证、有价证券用于质押，使公款处于风险之中，与挪用公款为他人提供担保没有实质的区别，符合刑法关于挪用公款罪规定的，以挪用公款罪定罪处罚，挪用公款数额以实际或者可能承担的风险数额认定。

△（挪用公款；归还个人欠款；非法活动或者营利活动）挪用公款归还个人欠款的，应当根据产生欠款的原因，分别认定属于挪用公款的何种情形。归还个人进行非法活动或者进行营利活动产生的欠款，应当认定为挪用公款进行非法活动或者进行营利活动。

△（挪用公款；用于注册公司、企业；营利活动）申报注册资本是为进行生产经营活动作准备，

---

① 我国学者指出，挪用公款罪只能由自然人构成，不存在单位犯罪的问题。挪用公款罪的保护法益是公款的占有、使用、收益的权利和国家工作人员职务行为的廉洁性，经过决策程序将公款借给个人使用，是单位自主处分、使用其公款的一种方式，并未侵害公款的使用权。对于"集体"即单位行为，应当根据职务犯罪的特点和具体情况进行具体分析，符合共同犯罪条件的，以挪用公款罪的共犯论处；反之，则不应以挪用公款罪定罪；至于为逃避法律制裁，以单位决定作为幌子，实则为个人挪用的情形，只能以挪用公款罪的单独犯罪来追究行为人的刑事责任。参见王作富主编：《刑法分则实务研究（下）》（第5版），中国方正出版社2013年版，第1608页；陈兴良主编：《刑法各论精释》，人民法院出版社2015年版，第1068—1069页。
② 王政勋教授指出，在此情形之下，因单位不能成立挪用公款罪，所以被指令的下级单位不构成犯罪，也不能以挪用公款罪追究下级单位中参与该行为的相关人员的刑事责任；如果下级单位的行为致使单位遭受重大损失，且下级单位相关工作人员尚未丧失意志自由，可能构成《刑法》第三百九十七条玩忽职守罪、第一百六十八条国有公司、企业、事业单位人员失职罪等。参见陈兴良主编：《刑法各论精释》，人民法院出版社2015年版，第1105页。

属于成立公司、企业进行营利活动的组成部分。因此,挪用公款归个人用于公司、企业注册资本验资证明的,应当认定为挪用公款进行营利活动。

△(挪用公款;尚未投入实际使用;酌情从轻处罚)挪用公款后尚未投入实际使用的,只要同时具备"数额较大"和"超过三个月未还"的构成要件,应当认定为挪用公款罪,但可以酌情从轻处罚。

△(贪污罪;非法占有公款的目的;主客观相一致)挪用公款罪与贪污罪的主要区别在于行为人主观上是否具有非法占有公款的目的。挪用公款是否转化为贪污,应当按照主客观相一致的原则,具体判断和认定行为人主观上是否具有非法占有公款的目的。在司法实践中,具有以下情形之一的,可以认定行为人具有非法占有公款的目的:

1. 根据《最高人民法院关于审理挪用公款案件具体应用法律若干问题的解释》第六条的规定,行为人"携带挪用的公款潜逃的","对其携带挪用的公款部分,以贪污罪定罪处罚。

2. 行为人挪用公款后采取虚假发票平帐、销毁有关帐目等手段,使所挪用的公款已难以在单位财务帐目上反映出来,且没有归还行为的,应当以贪污罪定罪处罚。

3. 行为人截取单位收入不入帐,非法占有,使所占有的公款难以在单位财务帐目上反映出来,且没有归还行为的,应当以贪污罪定罪处罚。

4. 有证据证明行为人有能力归还所挪用的公款而拒不归还,并隐瞒挪用的公款去向的,应当以贪污罪定罪处罚。①

《最高人民法院研究室关于挪用退休职工社会养老金行为如何适用法律问题的复函》(法研〔2004〕102号,2004年7月9日公布)

△(退休职工养老保险金;挪用公款罪)退休职工养老保险金不属于我国刑法中的救灾、抢险、防汛、优抚、扶贫、移民、救济等特定款物的任何一种。因此,对于挪用退休职工养老保险金的行为,构成犯罪时,不能以挪用特定款物罪追究刑事责任,而应当按照行为人身份的不同,分别以挪用资金罪或者挪用公款罪追究刑事责任。

《最高人民法院、最高人民检察院关于办理国家出资企业中职务犯罪案件具体应用法律若干问题的意见》(法发〔2010〕49号,2010年11月26日公布)

△(国家出资企业工作人员;使用改制公司、企业的资金;担保个人贷款;量刑;购买改制公司、企业股份)国家出资企业的工作人员在公司、企业改制过程中为购买公司、企业股份,利用职务上的便利,将公司、企业的资金或者金融凭证、有价证券等用于个人贷款担保的,依照刑法第二百七十二条或者第三百八十四条的规定,以挪用资金罪或者挪用公款罪定罪处罚。

行为人在改制前的国家出资企业持有股份的,不影响挪用数额的认定,但量刑时应当酌情考虑。

经有关主管部门批准或者按照有关政策规定,国家出资企业的工作人员为购买改制公司、企业股份实施前款行为的,可以视具体情况不作为犯罪处理。(§3)

△(国家出资企业;国家工作人员)经国家机关、国有公司、企业、事业单位提名、推荐、任命、批准等,在国有控股、参股公司及其他分支机构中从事公务的人员,应当认定为国家工作人员。具体的任命机构和程序,不影响国家工作人员的认定。

经国家出资企业中负有管理、监督国有资产职责的组织批准或者研究决定,代表其在国有控股、参股公司及其分支机构中从事组织、领导、监督、经营、管理工作的人员,应当认定为国家工作人员。

国家出资企业中的国家工作人员,在国家出资企业中持有个人股份或者同时接受非国有股东委托的,不影响其国家工作人员身份的认定。(§6)

△(宽严相济刑事政策)办理国家出资企业中的职务犯罪案件时,要综合考虑历史条件、企业发展、职工就业、社会稳定等因素,注意具体情况具体分析,严格把握犯罪与一般违规行为的区分界限。对于主观恶意明显、社会危害严重、群众反映强烈的严重犯罪,要坚决依法从严惩处;对于特定历史条件下、为了顺利完成企业改制而实施的违反国家政策法律规定的行为,行为人无主观恶意或者主观恶意不明显,情节较轻,危害不大的,可以不作为犯罪处理。

对于国家出资企业中的职务犯罪,要加大经济上的惩罚力度,充分重视财产刑的适用和执行,最大限度地挽回国家和人民利益遭受的损失。不能退赃的,在决定刑罚时,应当作为重要情节予以考虑。(§8)

---

① 王政勋教授指出,如果行为人在挪用公款后产生了非法占有目的,其行为转化为贪污罪;如果只是客观上造成被挪用的公款无法归还,行为人并不具有非法占有目的,仍应以挪用公款罪定罪量刑。参见陈兴良主编:《刑法各论精释》,人民法院出版社2015年版,第1095页。

《最高人民法院、最高人民检察院、公安部、司法部关于依法惩治妨害新型冠状病毒感染肺炎疫情防控违法犯罪的意见》（法发〔2020〕7号，2020年2月6日发布）

△（肺炎疫情防控；滥用职权罪或者玩忽职守罪；传染病防治失职罪；传染病毒种扩散罪；贪污罪；职务侵占罪；挪用公款罪；挪用资金罪；挪用特定款物罪）依法严惩疫情防控失职渎职、贪污挪用犯罪。在疫情防控工作中，负有组织、协调、指挥、灾情调查、控制、医疗救治、信息传递、交通运输、物资保障等职责的国家机关工作人员，滥用职权或者玩忽职守，致使公共财产、国家和人民利益遭受重大损失的，依照刑法第三百九十七条的规定，以滥用职权罪或者玩忽职守罪定罪处罚。

卫生行政部门的工作人员严重不负责任，不履行或者不认真履行防治监管职责，导致新型冠状病毒感染肺炎传播或者流行，情节严重的，依照刑法第四百零九条的规定，以传染病防治失职罪定罪处罚。

从事实验、保藏、携带、运输传染病菌种、毒种的人员，违反国务院卫生行政部门的有关规定，造成新型冠状病毒毒种扩散，后果严重的，依照刑法第三百三十一条的规定，以传染病毒种扩散罪定罪处罚。

国家工作人员，受委托管理国有财产的人员，公司、企业或者其他单位的人员，利用职务便利，侵吞、截留或者以其他手段非法占有用于防控新型冠状病毒感染肺炎的款物，或者挪用上述款物归个人使用，符合刑法第三百八十二条、第三百八十三条、第二百七十一条、第三百八十四条、第二百七十二条规定的，以贪污、职务侵占罪、挪用公款罪、挪用资金罪定罪处罚。挪用用于防控新型冠状病毒感染肺炎的救灾、优抚、救济等款物，符合刑法第二百七十三条规定的，对直接责任人员，以挪用特定款物罪定罪处罚。（§2Ⅶ）

△（治安管理处罚；从重情节）依法严惩妨害疫情防控的违法行为。实施上述（一）至（九）规定的行为，不构成犯罪的，由公安机关根据治安管理处罚法有关虚构事实扰乱公共秩序，扰乱单位秩序、公共场所秩序、寻衅滋事，拒不执行紧急状态下的决定、命令，强制执行聚众、冲闯警戒带、警戒区，殴打他人，故意伤害，侮辱他人，诈骗，在铁路沿线非法挖掘坑穴、采石取沙，盗窃、损毁路面公共设施，损毁铁路设施设备，故意损毁财物，哄抢公私财物等规定，予以治安管理处罚，或者由有关部门予以其他行政处罚。

对于在疫情防控期间实施有关违法犯罪的，要作为从重情节予以考量，依法体现从严的政策要求，有力惩治震慑违法犯罪，维护法律权威，维护社会秩序，维护人民群众生命安全和身体健康。（§2Ⅹ）

【指导性案例】

最高人民检察院指导性案例第189号：李某等人挪用公款案（2023年7月31日发布）

△（挪用公款罪；归个人使用；追缴违法所得）办理金融领域挪用公款犯罪案件，应从实质上把握"归个人使用"等要件。对于为个人从事营利活动而违规使用单位公款，给公款安全造成风险，如果公款形式上归单位使用，但是实质上为个人使用的，可以认定挪用公款"归个人使用"。他人因行为人挪用公款犯罪直接获利，虽不构成犯罪或未被追究刑事责任，但主观上对利益违法性有认知的，对他人的直接获利应认定为违法所得，检察机关可以向监察机关提出建议，依法予以追缴或者责令退赔。

【公报案例】

罗进学挪用公款案（《最高人民法院公报》2005年第5期）

△（集体决定；公款划拨至名为个体实为集体的其他企业使用）国有企业工作人员因单位经营的需要，根据集体决定的意见，将公款划拨至名为个体实为集体的其他企业使用，没有从中谋取私人利益的，其行为不构成挪用公款罪。

罗进学挪用公款案（《最高人民法院公报》2005年第5期）

△（营业执照；企业性质之认定）工商行政管理机关核发的营业执照标明的企业性质，与企业的实际情况不一致时，应当根据企业的成立过程、资金来源、利润分配、管理经营方式等情况，如实认定企业性质。

【参考案例】

No.5-272-5 马宪有挪用资金案

金融机构工作人员利用职务便利，挪用已经记人金融机构法定存款账户的客户资金归个人使用的，或者所收客户资金全不入账，但给客户开具银行存单，使客户误以为款项已存入银行，该款项被行为人以个人名义借贷给他人的，不构成用账外客户资金非法拆借、发放贷款罪，该工作人员属于国家工作人员的，构成挪用公款罪；属于非国家工作人员的，构成挪用资金罪。

No.5-272-6 白晓伟挪用资金案

国有企业改制以后，原国有企业从事管理工

No.8-382-15　郭如鳌等贪污、挪用公款案
国家工作人员利用职务上的便利挪用国债的,应以挪用公款罪论处。

No.8-384-1　刘国林等挪用公款案
挪用公款归个人用于公司、企业注册资本验资证明的,应当认定为挪用公款进行营利活动。

No.8-384-2　陈义文挪用公款案
携带公款外出并使用,但主观上并无非法占有公款目的的,不构成挪用公款罪。

No.8-384-3　胡永强等挪用公款、诈骗罪案
数罪并罚后,决定合并执行有期徒刑在三年以下,符合刑法关于缓刑适用条件的,可以宣告缓刑。

No.8-384-4　王铮贪污、挪用公款案
已办理退休手续,仍然实际从事公务活动的人员,应当认定为国家工作人员。①

No.8-384-5　张威同挪用公款案
个人决定,以单位名义将公款借给其他单位使用,未谋取个人利益的,不构成挪用公款罪。

No.8-384-6　冯安华等挪用公款案
多次挪用公款,应以案发时未还的实际数额认定。

No.8-384-7　罗进学挪用公款案
挪用公款给本单位下属集体企业使用的,不构成挪用公款罪。

No.8-384-10　王正言挪用公款案
挪用公物予以变现,所得款项归个人使用的,应以挪用公款罪论处。

No.8-384-11　刘某挪用公款案
国有公司长期聘用的管理人员属于刑法规定的国有公司中从事公务的人员,其利用职务便利挪用本单位资金归个人使用,构成犯罪的,应以挪用公款罪论处。

No.8-384-12　鞠胤文等挪用公款、受贿案
因挪用公款索取、收受贿赂构成犯罪的,或者为挪用公款而行贿构成犯罪的,均应依照数罪并罚的规定处罚。

No.8-384-13　陈超龙挪用公款案
以假贷款合同等形式掩盖挪用公款行为的,应以挪用公款罪论处。

No.8-384-14　马平华挪用公款案
在国有企业改制过程中,原国有企业中国家工作人员的身份不变。

No.8-384-15　彭国军贪污、挪用公款案
挪用公款后,没有掩饰、隐匿、在有关账目上做假,只是其负责的款项发生了短款现象的,应以挪用公款罪论处。

No.8-384-16　彭国军贪污、挪用公款案
不是主动、自觉归还公款,而是出于其他目的归还公款的,不能认定为挪用公款罪中的归还。

No.8-384-17　彭国军贪污、挪用公款案
携带挪用的公款潜逃的,对其已挪用未携带的部分不以贪污罪论处。

No.8-385-6　万国英受贿、挪用公款案
利用职务上的便利,借用下属单位公款进行营利活动的,应以挪用公款罪论处。

No.8-384-20　郑年胜挪用公款案
国家工作人员与非国家工作人员分别利用各自的职务便利,共同挪用国有企业与非国有企业共同设立的银行共管账户内的资金,应根据主犯的犯罪性质认定成立挪用公款罪或挪用资金罪。

No.8-384-21　姚太文贪污、受贿案
以单位名义将公款借给其他单位使用,难以证明行为时具有谋取个人利益的目的,不成立挪用公款罪。

No.8-396(1)-9　佟茂华、牛玉杰私分国有资产,佟茂华挪用公款、受贿案
经单位集体研究决定,使用单位定期银行存单质押,贷款供他人使用的行为,不构成挪用公款罪。

---

① 相同的学说见解,参见陈兴良主编:《刑法各论精释》,人民法院出版社2015年版,第1066页。

第三百八十五条 【受贿罪】
国家工作人员利用职务上的便利,索取他人财物的,或者非法收受他人财物,为他人谋取利益的,是受贿罪。
国家工作人员在经济往来中,违反国家规定,收受各种名义的回扣、手续费,归个人所有的,以受贿论处。

【立法解释】

《全国人民代表大会常务委员会关于〈中华人民共和国刑法〉第九十三条第二款的解释》
[2000年4月29日通过,解释已经被《全国人民代表大会常务委员会关于修改部分法律的决定》(2009年8月27日通过)修改]

△(**其他依照法律从事公务的人员;村民委员会等村基层组织人员**)村民委员会等村基层组织人员协助人民政府从事下列行政管理工作,属于刑法第九十三条第二款规定的"其他依照法律从事公务的人员":
(一)救灾、抢险、防汛、优抚、扶贫、移民、救济款物的管理;
(二)社会捐助公益事业款物的管理;
(三)国有土地的经营和管理;
(四)土地征收、征用补偿费用的管理;
(五)代征、代缴税款;
(六)有关计划生育、户籍、征兵工作;
(七)协助人民政府从事的其他行政管理工作。
村民委员会等村基层组织人员从事前款规定的公务,利用职务上的便利,非法占有公共财物、挪用公款、索取他人财物或者非法收受他人财物,构成犯罪的,适用刑法第三百八十二条和第三百八十三条贪污罪、第三百八十四条挪用公款罪、第三百八十五条和第三百八十六条受贿罪的规定。

【条文说明】

本条是关于受贿罪定义的规定。
本条共分为两款。
第一款规定了受贿罪的概念。根据这一规定,构成受贿罪必须具备以下几个条件:
1. 受贿罪的主体是**国家工作人员**。根据2000年4月29日通过的《全国人民代表大会常务委员会关于〈中华人民共和国刑法〉第九十三条第二款的解释》的规定,村民委员会等村基层组织人员在协助人民政府从事行政管理工作时,属于《刑法》第九十三条第二款规定的"**其他依照法律从事公务的人员**"。也就是说,如果上述人员利用职务上的便利,索取他人财物或者非法收受他人财物,构成犯罪的,适用《刑法》第三百八十五条和第三百八十六条受贿罪的规定,也可以成为受贿罪的主体。

2. 受贿罪在客观方面表现为**利用职务上的便利,索取他人财物,或者非法收受他人财物,为他人谋取利益**。这里所说的"**利用职务上的便利**",是指利用本人职务范围内的权力,即自己职务上主管、负责或者承办某种公共事务的职权所造成的便利条件,既包括利用本人职务上主管、负责、承办某项公共事务的职权,也包括利用职务上有隶属、制约关系的其他国家工作人员的职权。担任单位领导职务的国家工作人员通过不属自己主管的下级部门的国家工作人员的职务为他人谋取利益的,也应当认定为"利用职务上的便利条件"。"**索取他人财物**",是指行为人在职务活动中主动向他人索要财物。索贿是严重的受贿行为,比一般受贿具有更大的主观恶性和社会危害性,因此对索取他人财物的,法律没有规定要以"为他人谋取利益"为条件,不论是否为他人谋取利益,均可构成受贿罪。[1] "**非法收受他人财物**",是指行贿人向受贿人主动给予财物时,受贿人非法收受他人财物的行为。"**为他人谋取利益**",是指受贿人利用职权为行贿人办事,即进行"权钱交易"。至于为他人谋取的利益是否正当,为他人谋取的利益是否实现,不影

---

[1] 相同的学说见解,参见黎宏:《刑法学各论》(第2版),法律出版社2016年版,第528页。另外,关于主动索贿与被动收受,我国学者指出,如果财物提供者的行为仅仅是为了配合司法机关查处腐败案件,其属于设置圈套,由于财物提供者没有真正的行贿意思,故不存在行贿人。即使国家工作人员已经接受系争财物,也不构成本罪。但是,如果国家工作人员向他人索取财物,要求接受者因不堪其扰进而检举揭发,并在司法机关的安排下交付财物,应对受贿人按照犯罪未遂处理。参见周光权:《刑法各论》(第4版),中国人民大学出版社2021年版,第556页。

响受贿罪的成立。[1] 为他人谋取利益包括承诺、实施和实现三个阶段，只要具有其中一个阶段的行为，如国家工作人员收受他人财物时，根据他人提供的具体请托事项，承诺为他人谋取利益的，就具备了为他人谋取利益的要件。明知他人有具体请托事项而收受其财物的，视为承诺为他人谋取利益。2016年4月18日施行的《最高人民法院、最高人民检察院关于办理贪污贿赂刑事案件适用法律若干问题的解释》第十三条第一款规定，具有下列情形之一的，应当认定为"**为他人谋取利益**"：(1) 实际或者承诺为他人谋取利益的；(2) 明知他人有具体请托事项的；(3) 履职时未被请托，但事后基于该履职事由收受他人财物的。第十三条第二款规定，国家工作人员索取、收受具有上下级关系的下属或者具有行政管理关系的被管理人员的财物价值三万元以上，可能影响职权行使的，视为承诺为他人谋取利益。

需要注意的是，2016年《最高人民法院、最高人民检察院关于办理贪污贿赂刑事案件适用法律若干问题的解释》第十二条规定，贿赂犯罪中的"**财物**"，包括货币、物品和财产性利益。财产性利益包括可以折算为货币的物质利益如房屋装修、债务免除等，以及需要支付货币的其他利益如会员服务、旅游等。后者的犯罪数额，以实际支付或者应当支付的数额计算。

第二款是对国家工作人员在经济往来中，违反国家规定收受各种名义的回扣、手续费，归个人所有，以受贿论处的规定。[2] 这里所说的"**违反国家规定**"，是指违反全国人大及其常委会制定的法律，国务院制定的行政法规和行政措施、发布的决定和命令。例如，《反不正当竞争法》规定，严禁在帐外暗中给对方或者收受对方的回扣。所谓**帐外暗中**，是指未在依法设立的财务帐目上按照财务会计制度如实记载。在帐外暗中给予对方回扣的，以行贿论；在帐外暗中收受回扣的，以受贿论。"**手续费**"，是指在经济活动中，除回扣以外，违反国家规定支付给对方的各种名义的钱或物，如佣金、信息费、顾问费、劳务费、辛苦费、好处费。

根据本款规定，收受回扣或者各种名义的手续费归个人所有的，应以受贿罪论处。

实践中需要注意的是，关于特定情形能否认定为受贿行为的问题。对于以借钱为名索取或者非法收受股票、索取或者非法收受股票、期货干股、以开办公司等合作投资名义收受贿赂、委托请托人投资证券、期货或者其他委托理财的名义收受贿赂、赌博形式以及收受财物后退还或者上交、挂名形式领取报酬、在职为请托人谋利，离职后收受财物，应当结合《最高人民法院、最高人民检察院关于办理受贿刑事案件适用法律若干问题的意见》，正确予以认定。

1. 关于以交易形式收受贿赂问题。国家工作人员利用职务上的便利为请托人谋取利益，以下列交易形式收受请托人财物的，以受贿论处：(1) 以明显低于市场的价格向请托人购买房屋、汽车等物品的；(2) 以明显高于市场的价格向请托人出售房屋、汽车等物品的；(3) 以其他交易形式非法收受请托人财物的。如果根据商品经营者事先设定的各种优惠交易条件，以优惠价格购买商品的，不属于受贿。

2. 关于收受干股问题。国家工作人员利用职务上的便利为请托人谋取利益，收受请托人提供的干股的，以受贿论处。进行了股权转让登记，或者相关证据证明股份发生了实际转让的，受贿数额按转让行为时股份价值计算，所分红利按受贿孳息处理。股份未实际转让，以股份分红名义获取利益的，实际获利数额应认定为受贿数额。

3. 关于以开办公司等合作投资名义收受贿赂问题。国家工作人员利用职务上的便利为请托人谋取利益，由请托人出资，"合作"开办公司或者进行其他"合作"投资的，以受贿论处。受贿数额为请托人给国家工作人员的出资额。国家工作人员利用职务上的便利为请托人谋取利益，以合作开办公司或者其他合作投资的名义获取"利润"，没有实际出资和参与管理、经营的，以受贿论处。

4. 关于以委托请托人投资证券、期货或者其他委托理财的名义收受贿赂问题。国家工作人员

---

[1] 另一个相关的争议问题是虚假承诺，即国家工作人员具有为他人谋取利益的职权和条件，在请托人有求于己的时候，并不打算为他人谋取利益，却又承诺为他人谋取，其行为是否成立本罪。对此，我国学者指出，由于行为人根本不打算利用职务之便为他人谋取利益，没有也不可能侵害国家工作人员的职务公正性，因此，只能以诈骗罪论处，参见王作富主编：《刑法分则实务研究（下）》（第5版），中国方正出版社2013年版，第1667页。亦有学者指出，此情形仍会构成受贿罪，因为行为人主观上不打算为对方谋取利益，但其之所以取得财物，是利用职务上便利的结果，客观上也损害了国家机关的声誉和职务行为的公正性，符合受贿罪的特征，参见黎宏：《刑法学各论》（第2版），法律出版社2016年版，第529页。

[2] 需要注意的是，并非所有收受回扣款的行为，均构成受贿罪。譬如，行为人利用职务之便，在事先得到对方答应给其回扣的情况下，才用单位公款付给对方某项赞助费，对方在收到赞助款后，依约送给行为人回扣。由于此回扣并非对方财产，而是行为人所管理的公共财物中的一部分。因此，行为人收受回扣的行为，应论以贪污罪而非受贿罪。参见周光权：《刑法各论》（第4版），中国人民大学出版社2021年版，第559页。

利用职务上的便利为请托人谋取利益，以委托请托人投资证券、期货或者其他委托理财的名义，未实际出资而获取"收益"，或者虽然实际出资，但获取"收益"明显高于出资应得收益的，以受贿论处。受贿数额，前一情形，以"收益"额计算；后一情形，以"收益"额与出资应得收益额的差额计算。

5. 关于以赌博形式收受贿赂的认定问题。 根据《最高人民法院、最高人民检察院关于办理赌博刑事案件具体应用法律若干问题的解释》第七条的规定，国家工作人员利用职务上的便利为请托人谋取利益，通过赌博方式收受请托人财物的，构成受贿。实践中应注意区分赌博与赌博活动、娱乐活动的界限。具体认定时，主要应当结合以下因素进行判断：(1)赌博的背景、场合、时间、次数；(2)赌资来源；(3)其他赌博参与者有无事先通谋；(4)输赢钱物的具体情况和金额大小。

6. 关于特定关系人"挂名"领取薪酬问题。 国家工作人员利用职务上的便利为请托人谋取利益，要求或者接受请托人以给特定关系人安排工作为名，使特定关系人不实际工作却获取所谓薪酬的，以受贿论处。

7. 关于由特定关系人收受贿赂问题。 国家工作人员利用职务上的便利为请托人谋取利益，授意请托人以《最高人民法院、最高人民检察院关于办理受贿刑事案件适用法律若干问题的意见》所列形式，将有关财物给予特定关系人的，以受贿论处。

特定关系人与国家工作人员通谋，共同实施前款行为的，对特定关系人以受贿罪的共犯论处。特定关系人以外的其他人与国家工作人员通谋，由国家工作人员利用职务上的便利为请托人谋取利益，收受请托人财物后双方共同占有的，以受贿罪的共犯论处。

8. 关于收受贿赂物品未办理权属变更问题。 国家工作人员利用职务上的便利为请托人谋取利益，收受请托人房屋、汽车等物品，未变更权属登记或者借用他人名义办理权属变更登记的，不影响受贿的认定。认定以房屋、汽车等物品为对象的受贿，应注意与借用的区分。具体认定时，除双方交代或者书面协议之外，主要应当结合以下因素进行判断：(1)有无借用的合理事由；(2)是否实际使用；(3)借用时间的长短；(4)有无归还的条件；(5)有无归还的意思表示及行为。

9. 关于在职时为请托人谋利，离职后收受财物问题。 国家工作人员利用职务上的便利为请托人谋取利益之前或者之后，约定在其离职后收受请托人财物，并在离职后收受的，以受贿论处。国家工作人员利用职务上的便利为请托人谋取利益，离职前后连续收受请托人财物的，离职前后收受部分均应计入受贿数额。

【司法解释】

《最高人民检察院关于人民检察院直接受理立案侦查案件立案标准的规定(试行)》（高检发释字〔1999〕2号，自1999年9月16日起施行）

△《受贿罪；立案标准；利用职务上的便利；为他人谋取利益；回扣、手续费；通过其他国家工作人员职务上的行为》受贿罪是指国家工作人员利用职务上的便利，索取他人财物的，或者非法收受他人财物，为他人谋取利益的行为。

"利用职务上的便利"，是指利用本人职务范围内的权力，即自己职务上主管、负责或者承办某项公共事务的职权及其所形成的便利条件。

索取他人财物的，不论是否"为他人谋取利益"，均可构成受贿罪。非法收受他人财物的，必须同时具备"为他人谋取利益"的条件，才能构成受贿罪。但是为他人谋取的利益是否正当，为他人谋取的利益是否实现，不影响受贿罪的认定。①

国家工作人员在经济往来中，违反国家规定，收受各种名义的回扣、手续费，归个人所有的，以受贿罪追究刑事责任。

国有公司、企业中从事公务的人员和国有公司、企业委派到非国有公司、企业从事公务的人员利用职务上的便利，索取他人财物或者非法收受他人财物，为他人谋取利益的，或者在经济往来中，违反国家规定，收受各种名义的回扣、手续费，归个人所有的，以受贿罪追究刑事责任。

国有金融机构工作人员和国有金融机构委派到非国有金融机构从事公务的人员在金融业务活动中索取他人财物或者非法收受他人财物，为他人谋取利益的，或者违反国家规定，收受各种名义的回扣、手续费归个人所有的，以受贿罪追究刑事责任。

国家工作人员利用本人职权或者地位形成的便利条件，通过其他国家工作人员职务上的行为，为请托人谋取不正当利益，索取请托人财物或者收受请托人财物的，以受贿罪追究刑事责任。

---

① 我国学者指出，如此规定的原因在于，在索取财物的情形下，财物与职务行为之间的对价关系非常明确；但是，在他人主动向国家工作人员交付财物的情形下，争争财物与国家工作人员的职务行为之间是否具有对价关系，便不明了。参见张明楷：《刑法学》（第6版），法律出版社2021年版，第1591—1592页。

《最高人民法院关于国家工作人员利用职务上的便利为他人谋取利益离退休后收受财物行为如何处理问题的批复》(法释〔2000〕21号,自2000年7月21日起施行)

△(**事先约定;离退休后收受财物**)国家工作人员利用职务上的便利为请托人谋取利益,并与请托人事先约定,在其离退休后收受请托人财物,构成犯罪的,以受贿罪定罪处罚。①

《最高人民法院、最高人民检察院关于办理赌博刑事案件具体应用法律若干问题的解释》(法释〔2005〕3号,自2005年5月13日起施行)

△(**赌博;贿赂犯罪**)通过赌博或者为国家工作人员赌博提供资金的形式实施行贿、受贿行为,构成犯罪的,依照刑法关于贿赂犯罪的规定定罪处罚。(§7)

《最高人民法院、最高人民检察院关于办理贪污贿赂刑事案件适用法律若干问题的解释》(法释〔2016〕9号,自2016年4月18日起施行)

△(**财物;财产性利益**)贿赂犯罪中的"财物",包括货币、物品和财产性利益。② 财产性利益包括可以折算为货币的物质利益如房屋装修、债务免除等,以及需要支付货币的其他利益如会员服务、旅游等。后者的犯罪数额,以实际支付或者应当支付的数额计算。(§12)

△(**为他人谋取利益;承诺为他人谋取利益**)具有下列情形之一的,应当认定为"为他人谋取利益",构成犯罪的,应当依照刑法关于受贿犯罪的规定定罪处罚③:

(一)实际或者承诺为他人谋取利益的;
(二)明知他人有具体请托事项的;
(三)履职时未被请托,但事后基于该履职事由收受他人财物的。

国家工作人员索取、收受具有上下级关系的下属或者具有行政管理关系的被管理人员的财物价值三万元以上,可能影响职权行使的,视为承诺为他人谋取利益。(§13)

△(**受贿数额之认定**)对多次受贿未经处理的,累计计算受贿数额。

国家工作人员利用职务上的便利为请托人谋取利益前后多次收受请托人财物,受请托之前收受的财物数额在一万元以上的,应当一并计入受贿数额。(§15)

△(**赃款赃物;用于单位公务支出或者社会捐赠;量刑;受贿故意**)国家工作人员出于贪污、受贿的故意,非法占有公共财物、收受他人财物之后,将赃款赃物用于单位公务支出或者社会捐赠的,不影响贪污罪、受贿罪的认定,但量刑时可以酌情考虑。

特定关系人索取、收受他人财物,国家工作人员知道后未退还或者上交的,应当认定国家工作人员具有受贿故意。(§16)

---

① 另有学者指出,该批复内容值得商榷。即使国家工作人员与请托人之间没有约定,只要能够认定其所收受的财物就是其先前为请托人所谋取的利益的对价,就能认定系争财物为贿赂。故而,有无事先约定,不应成为决定是否是贿赂的因素。参见黎宏:《刑法学各论》(第2版),法律出版社2016年版,第526页。

② 现行法并未将非财产性利益规定为贿赂。我国学者指出,非财产性利益,如提升职务、迁移户口、升学就业、提供女色等,不属于财物。参见赵秉志、李希慧主编:《刑法各论》(第3版),中国人民大学出版社2016年版,第402页;周光权:《刑法各论》(第4版),中国人民大学出版社2021年版,第554页;陈兴良主编:《刑法各论精释》,人民法院出版社2015年版,第1152页。

亦有学者指出,不能一概而论。以性贿赂为例,如果国家工作人员在色情场所嫖宿或者接受其他服务,由请托人支付费用,或者请托人支付费用雇请卖淫者为国家工作人员提供服务,由于国家工作人员实际上收受了财产性利益,故应以受贿罪论处;但是,如果请托人直接为国家工作人员提供服务,则不能认定国家工作人员的行为构成受贿罪。参见张明楷:《刑法学》(第6版),法律出版社2021年版,第1590页;黎宏:《刑法学各论》(第2版),法律出版社2016年版,第526页。

③ 关于"为他人谋取利益"的定位,学说存在不同见解,包括旧客观要件说、主观要素说、新客观要件说。其中,旧客观要件说认为,为他人谋取利益,乃指客观上有为他人谋取利益的行为,而不要求实际上使他人取得了利益。主观要素说则主张,为他人谋取利益不是客观构成要素,而是主观要素。此处的"为他人谋取利益"可以视为目的的实现行为。为他人谋取利益,并非指实施为他人谋取利益的行为,更不是指行贿人已经实际获取了利益。毋宁说,只要收受财物的国家工作人员主观上具有为他人谋取利益的意图,即为已足。此说主要代表人物是陈兴良教授。新客观要件说则认为,为他人谋取利益仍属受贿罪的客观构成要素,其内容的最低要求是许诺为他人谋取利益,具体包括以下四种情形:已经为他人谋取利益或者正在为他人谋取利益、明示或者暗示许诺为他人谋取利益、许诺(虽无)为他人谋取利益。此说现代表人物是张明楷教授。另外,亦有论者主张,为他人谋取利益不应当成为受贿罪的成立条件。参见张明楷:《刑法学》(第6版),法律出版社2021年版,第1592页;陈兴良:《口授刑法学》,中国人民大学出版社2007年版,第725—726页;陈兴良(转下页)(接上页)主编:《刑法各论精释》,人民法院出版社2015年版,第1152—1171页;黎宏:《刑法学各论》(第2版),法律出版社2016年版,第528—529页;李洁:《为他人谋取利益不应当成为受贿罪的成立条件》,载《当代法学》2010年第1期;周光权:《刑法各论》(第4版),中国人民大学出版社2021年版,第556页。

△(渎职犯罪;数罪并罚)国家工作人员利用职务上的便利,收受他人财物,为他人谋取利益,同时构成受贿罪和刑法分则第三章第三节、第九章规定的渎职犯罪的,除刑法另有规定外,以受贿罪和渎职犯罪数罪并罚。① (§17)

《最高人民法院关于技术调查官参与知识产权案件诉讼活动的若干规定》(法释〔2019〕2号,自2019年5月1日起施行)

△(技术调查官;知识产权案件诉讼活动;贪污受贿;故意出具虚假、误导或者重大遗漏的不实技术调查意见)技术调查官违反与审判工作有关的法律及相关规定,贪污受贿、徇私舞弊,故意出具虚假、误导或者重大遗漏的不实技术调查意见的,应当追究法律责任;构成犯罪的,依法追究刑事责任。(§13)

【司法解释性文件】

《最高人民法院、最高人民检察院、公安部、国家工商行政管理局关于依法查处盗窃、抢劫机动车案件的规定》(公通字〔1998〕31号,1998年5月8日公布)

△(赃车入户、过户、验证;受贿罪)公安、工商行政管理人员利用职务上的便利,索取或者非法收受他人财物,为赃车入户、过户、验证构成犯罪的,依照《刑法》第三百八十五条、第三百八十六条的规定处罚。(§8)

《最高人民法院、最高人民检察院、海关总署关于办理走私刑事案件适用法律若干问题的意见》(法〔2002〕139号,2002年7月8日公布)

△(放纵走私罪;数罪并罚)海关工作人员收受贿赂又放纵走私的,应以受贿罪和放纵走私罪数罪并罚。

《最高人民检察院关于佛教协会工作人员能否构成受贿罪或者公司、企业人员受贿罪主体问题的答复》(〔2003〕高检研发第2号,2003年1月13日公布)

△(佛教协会工作人员;受贿罪)佛教协会属于社会团体,其工作人员除符合刑法第九十三条第二款的规定属于受委托从事公务的人员外,既不属于国家工作人员,也不属于公司、企业人员。根据刑法的规定,对非受委托从事公务的佛教协会的工作人员利用职务之便收受他人财物,为他人谋取利益的行为,不能按受贿罪或者公司、企业人员受贿罪追究刑事责任。②

《最高人民检察院法律政策研究室关于集体性质的乡镇卫生院院长利用职务之便收受他人财物的行为如何适用法律问题的答复》(〔2003〕高检研发第9号,2003年4月2日发布)

△(乡镇政府或者主管行政机关任命的乡镇卫生院院长;其他依照法律从事公务的人员;受贿罪)经过乡镇政府或者主管行政机关任命的乡镇卫生院院长,在依法从事本区域卫生工作的管理与业务技术指导,承担医疗预防保健服务工作等公务活动时,属于刑法第九十三条第二款规定的其他依照法律从事公务的人员。对其利用职务上的便利,索取他人财物的,或者非法收受他人财物的,应当依照刑法第三百八十五条、第三百八十六条的规定,以受贿罪追究刑事责任。

《全国法院审理经济犯罪案件工作座谈会纪要》(法发〔2003〕167号,2003年11月13日公布)

△(利用职务上的便利)刑法第三百八十五条第一款规定的"利用职务上的便利",既包括利用本人职务上主管、负责、承办某项公共事务的职权,也包括利用职务上有隶属、制约关系的其他国家工作人员的职权。担任单位领导职务的国家工作人员通过不属自己主管的下级部门的国家工作人员的职务为他人谋取利益的,应当认定为"利用职务上的便利"为他人谋取利益。

△(为他人谋取利益)为他人谋取利益包括承诺、实施和实现三个阶段的行为。只要具有其中一个阶段的行为,如国家工作人员收受他人财物时,根据他人提出的具体请托事项,承诺为他人谋取利益的,就具备了为他人谋取利益的要件。明知他人有具体请托事项而收受其财物的,视为承诺为他人谋取利益。

△(离职国家工作人员;收受财物;受贿罪)参照《最高人民法院关于国家工作人员利用职务

---

① 陈兴良教授指出,无论是索取财物还是收受财物构成的受贿罪,事实上都具有为他人谋取利益的目的。在谋利行为触犯其他罪名的情况下,就有可能与其他犯罪产生牵连关系。一般而言,对于所牵连的其他犯罪,并不要求具有为他人谋取利益的目的。是以,对于受贿型滥用职权案件,还是应当承认其存在牵连关系,除了法律、司法解释有明文规定外,应当按照从一重罪处断原则处理。参见陈兴良主编:《刑法各论精释》,人民法院出版社2015年版,第1207—1208页。

② 系争答复发布于《刑法修正案(六)》之前。《刑法修正案(六)》第八条将《刑法》第一百六十三条规定的行为主体扩大到"其他单位的工作人员"。因此,对非受委托从事公务的佛教协会的工作人员利用职务之便收受他人财物,为他人谋取利益的行为,目前完全可以按照《刑法》第一百六十三条规定的非国家工作人员受贿罪论处。参见车浩:《车浩的刑法题》,北京大学出版社2016年版,第26页。

上的便利为他人谋取利益离退休后收受财物行为如何处理问题的批复》规定的精神,国家工作人员利用职务上的便利为请托人谋取利益,并与请托人事先约定,在其离职后收受请托人财物,构成犯罪的,以受贿罪定罪处罚。

△(共同受贿犯罪)根据刑法关于共同犯罪的规定,非国家工作人员与国家工作人员勾结,伙同受贿的,应当以受贿罪的共犯追究刑事责任。非国家工作人员是否构成受贿罪共犯,取决于双方有无共同受贿的故意和行为。国家工作人员的近亲属向国家工作人员代为转达请托事项,收受请托人财物并告知该国家工作人员,或者国家工作人员明知其近亲属收受了他人财物,仍按照近亲属的要求利用职权为他人谋取利益的,对该国家工作人员应认定为受贿罪,其近亲属以受贿罪共犯论处。近亲属以外的其他人与国家工作人员通谋,由国家工作人员利用职务上的便利为请托人谋取利益,收受请托人财物后双方共同占有的,构成受贿罪共犯。国家工作人员利用职务上的便利为他人谋取利益,并指定他人将财物送给其他人,构成犯罪的,应以受贿罪定罪处罚。

△(以借款为名;受贿罪)国家工作人员利用职务上的便利,以借为名向他人索取财物,或者非法收受财物为他人谋取利益的,应当认定为受贿。具体认定时,不能仅仅看是否有书面借款手续,应当根据以下因素综合判定:(1)有无正当、合理的借款事由;(2)款项的去向;(3)双方平时关系如何,有无经济往来;(4)出借方是否知道国家工作人员利用职务上的便利为其谋取利益;(5)借款后是否有归还的意思表示及行为;(6)是否有归还的能力;(7)未归还的原因;等等。

△(股票受贿案件)在办理涉及股票的受贿案件时,应当注意:(1)国家工作人员利用职务上的便利,索取或非法收受股票,没有支付股本金,为他人谋取利益,构成受贿罪的,其受贿数额按照收受股票时的实际价格计算。(2)行为人支付股本金而购买较有可能升值的股票,由于不是无偿收受请托人财物,不以受贿罪论处。(3)股票已上市且已升值,行为人仅支付股本金,其"购买"股票时的实际价格与股本金的差额部分应认定为受贿。

《最高人民法院研究室关于对行为人通过伪造国家机关公文、证件担任国家工作人员职务并利用职务上的便利侵占本单位财物、收受贿赂、挪用本单位资金等行为如何适用法律问题的答复》(法研〔2004〕38号,2004年3月20日公布)

△(伪造国家机关公文、证件罪;数罪并罚)行为人通过伪造国家机关公文、证件担任国家工作人员职务后,又利用职务上的便利实施侵占本单位财物、收受贿赂、挪用本单位资金等行为,构成犯罪的,应当分别以伪造国家机关公文、证件罪和相应的贪污罪、受贿罪、挪用公款罪等追究刑事责任,实行数罪并罚。

《最高人民法院、最高人民检察院关于办理受贿刑事案件适用法律若干问题的意见》(法发〔2007〕22号,2007年7月8日公布)

△(交易型受贿;受贿数额;市场价格;优惠购物)国家工作人员利用职务上的便利为请托人谋取利益,以下列交易形式收受请托人财物的,以受贿论处:

(1)以明显低于市场的价格向请托人购买房屋、汽车等物品的;

(2)以明显高于市场的价格向请托人出售房屋、汽车等物品的;

(3)以其他交易形式非法收受请托人财物的。

受贿数额按照交易时当地市场价格与实际支付价格的差额计算。

前款所列市场价格包括商品经营者事先设定的不针对特定人的最低优惠价格。根据商品经营者事先设定的各种优惠交易条件,以优惠价格购买商品的,不属于受贿。①

△(干股型受贿)干股是指未出资而获得的股份。② 国家工作人员利用职务上的便利为请托人谋取利益,收受请托人提供的干股的,以受贿论处。进行了股权转让登记,或者相关证据证明股份发生了实际转让的,受贿数额按转让行为时股份价值计算,所分红利按受贿孳息处理。股份未实际转让,以股份分红名义获取利益的,实际获利数额应当认定为受贿数额。③

---

① 我国学者指出,"优惠购物不算受贿"应当同时符合两个基本条件:一是优惠交易条件必须是经营者事先设定的;二是这些优惠条件必须是针对不特定人的,即面向社会公众的。参见王作富主编:《刑法分则实务研究(下)》(第5版),中国方正出版社2013年版,第1642页。

② 如果行为人实际支付了部分股金,但该股金明显低于股份价值的,这一情形不属于干股型受贿,而属于交易型受贿。参见王作富主编:《刑法分则实务研究(下)》(第5版),中国方正出版社2013年版,第1645页。

③ 关于干股型受贿数额的具体认定,参见王作富主编:《刑法分则实务研究(下)》(第5版),中国方正出版社2013年版,第1644—1645页。

△(**合作投资型受贿;收受投资款;收受投资利润**)国家工作人员利用职务上的便利为请托人谋取利益,由请托人出资,"合作"开办公司或者进行其他"合作"投资的,以受贿论处。受贿数额为请托人给国家工作人员的出资额。

国家工作人员利用职务上的便利为请托人谋取利益,以合作开办公司或者其他合作投资的名义获取"利润",没有实际出资和参与管理、经营的,以受贿论处。

△(**委托理财型受贿**)国家工作人员利用职务上的便利为请托人谋取利益,以委托请托人投资证券、期货或者其他委托理财的名义,未实际出资而获取"收益",或者虽然实际出资,但获取"收益"明显高于出资应得收益的,以受贿论处。受贿数额,前一情形,以"收益"额计算;后一情形,以"收益"额与出资应得收益额的差额计算。

△(**赌博型受贿;赌博活动、娱乐活动**)根据《最高人民法院、最高人民检察院关于办理赌博刑事案件具体应用法律若干问题的解释》第七条规定,国家工作人员利用职务上的便利为请托人谋取利益,通过赌博方式收受请托人财物的,构成受贿。

实践中应注意区分赌赂与赌博活动、娱乐活动的界限。具体认定时,主要应当结合以下因素进行判断:
(1)赌博的背景、场合、时间、次数;
(2)赌资来源;
(3)其他赌博参与者有无事先通谋;
(4)输赢钱物的具体情况和金额大小。

△(**干薪型受贿;关系人"挂名"领取薪酬**)国家工作人员利用职务上的便利为请托人谋取利益,要求或者接受请托人以给特定关系人安排工作为名,使特定关系人不实际工作却获取所谓薪酬的,以受贿论处。①

△(**特定关系人收受赌赂;特定关系人以外的其他人;通谋;受贿罪的共犯**)国家工作人员利用职务上的便利为请托人谋取利益,授意请托人以本意见所列形式,将有关财物给予特定关系人的,以受贿论处。

特定关系人与国家工作人员通谋,共同实施前款行为的,对特定关系人以受贿罪的共犯论处。特定关系人以外的其他人与国家工作人员通谋,由国家工作人员利用职务上的便利为请托人谋取利益,收受请托人财物后双方共同占有的,以受贿罪的共犯论处。②

△(**权属登记未变更型受贿;借用**)国家工作人员利用职务上的便利为请托人谋取利益,收受请托人房屋、汽车等物品,未变更权属登记或者借用他人名义办理权属变更登记的,不影响受贿的认定。③

认定以房屋、汽车等物品为对象的受贿,应注意与借用的区分。具体认定时,除双方交代或者书面协议之外,主要应当结合以下因素进行判断:(1)有无借用的合理事由;(2)是否实际使用;(3)借用时间的长短;(4)有无归还的条件;(5)有无归还的意思表示及行为。

△(**收受财物后退还或者上交;为掩饰犯罪而退还或者上交**)国家工作人员收受请托人财物后④及时退还或者上交的⑤,不是受贿。⑥

---

① 我国学者指出,"挂名"领取薪酬的情形不限于特定关系人类型。国家工作人员利用职务便利,为他人谋取利益,从而收取有关"挂名"薪酬,也应论以本罪。参见王作富主编:《刑法分则实务研究(下)》(第5版),中国方正出版社2013年版,第1651页。

② 我国学者指出,第三者并不限于特定关系人。国家工作人员利用职务上的便利,授意请托人向第三者提供财物,构成受贿罪。特定关系人以外的其他人与国家工作人员通谋,由国家工作人员利用职务上的便利为请托人谋取利益,收受请托人财物后由其他人单独占有的,也应以受贿罪的共犯论处。参见张明楷:《刑法学》(第6版),法律出版社2021年版,第1601页。

③ 陈兴良教授指出,收受房屋、汽车等物品而未办理权属变更登记的,应当认定为受贿罪的未遂。因为房屋、汽车等物品的权属是否登记在收受者的名下,对其权利行使存在较大影响,在性质上不同于权属已经登记在收受者名下的情形。参见陈兴良主编:《刑法各论精释》,人民法院出版社2015年版,第1199页。

④ 相对的,如果行为人索取贿赂后退还或者上交财物,其行为仍然构成受贿罪。参见张明楷:《刑法学》(第6版),法律出版社2021年版,第1602页。

⑤ 我国学者指出,此处的"及时"并不是一个单纯的时间概念。参见张明楷:《刑法学》(第6版),法律出版社2016年版,第1218页。

⑥ 我国学者指出,系争规定的适用前提是尽管国家工作人员客观上收受财物,但在主观上欠缺受贿故意。至于国家工作人员是否具有受贿故意,不能仅凭退还或者上交的时间作出判断,国家工作人员在何种状态下客观地接受请托人的财物,也是重要的判断资料。另外,需要注意的是,不构成受贿罪的退还行为,只意味着不构成受贿罪,其仍可能成立帮助隐灭证据罪。参见张明楷:《刑法学》(第6版),法律出版社2016年版,第1604—1605页;王作富主编:《刑法分则实务研究(下)》(第5版),中国方正出版社2013年版,第1659页;黎宏:《刑法学各论》(第2版),法律出版社2016年版,第531页。另有学者指出,收受财物后及时退还或上交,就是客观处罚条件。参见周光权:《刑法总论》(第4版),中国人民大学出版社2021年版,第276页。

国家工作人员受贿后,因自身或者与其受贿有关联的人、事被查处,为掩饰犯罪而退还或者上交的,不影响认定受贿罪。

△(**离职后收受财物**)国家工作人员利用职务上的便利为请托人谋取利益之前或者之后,约定在其离职后收受请托人财物,并在离职后收受的,以受贿论处。①

国家工作人员利用职务上的便利为请托人谋取利益,离职前后连续收受请托人财物的,离职前后收受部分均应计入受贿数额。

△(**特定关系人**)本意见所称"特定关系人",是指与国家工作人员有近亲属、情妇(夫)以及其他共同利益关系的人。

△(**宽严相济刑事政策**)依照本意见办理受贿刑事案件,要根据刑法关于受贿罪的有关规定和受贿罪权钱交易的本质特征,准确区分罪与非罪、此罪与彼罪的界限,惩处少数,教育多数。在从严惩处受贿犯罪的同时,对于具有自首、立功等情节的,依法从轻、减轻或者免除处罚。

《最高人民法院、最高人民检察院关于办理商业贿赂刑事案件适用法律若干问题的意见》
(法发〔2008〕33号,2008年11月20日公布)

△(**医疗机构国家工作人员;采购活动;受贿罪**)医疗机构中的国家工作人员,在药品、医疗器械、医用卫生材料等医药产品采购活动中,利用职务上的便利,索取销售方财物,或者非法收受销售方财物,为销售方谋取利益,构成犯罪的,依照刑法第三百八十五条的规定,以受贿罪定罪处罚。

△(**教育机构国家工作人员;采购活动;受贿罪**)学校及其他教育机构中的国家工作人员,在教材、教具、校服或者其他物品的采购等活动中,利用职务上的便利,索取销售方财物,或者非法收受销售方财物,为销售方谋取利益,构成犯罪的,依照刑法第三百八十五条的规定,以受贿罪定罪处罚。

△(**招标、采购国家工作人员;招标、政府采购等事项;受贿罪**)依法组建的评标委员会、竞争性谈判采购中谈判小组、询价采购中询价小组的组成人员,在招标、政府采购等事项的评标或者采购活动中,索取他人财物或者非法收受他人财物,为他人谋取利益,数额较大的,依照刑法第一百六十三条的规定,以非国家工作人员受贿罪定罪处罚。

依法组建的评标委员会、竞争性谈判采购中谈判小组、询价采购中询价小组中国家机关或者其他国有单位的代表有前款行为的,依照刑法第三百八十五条的规定,以受贿罪定罪处罚。

△(**商业贿赂;财物;财产性利益**)商业贿赂中的财物,既包括金钱和实物,也包括可以用金钱计算数额的财产性利益,如提供房屋装修、含有金额的会员卡、代币卡(券)、旅游费用等。具体数额以实际支付的资费为准。

△(**收受银行卡;受贿数额**)收受银行卡的,不论受贿人是否实际取出或者消费,卡内的存款数额一般应全额认定为受贿数额。使用银行卡透支的,如果由给予银行卡的一方承担还款责任,透支数额也应当认定为受贿数额。②

△(**贿赂;馈赠**)办理商业贿赂犯罪案件,要注意区分贿赂与馈赠的界限。主要应当结合以下因素全面分析、综合判断:(1)发生财物往来的背景,双方是否存在亲友关系及历史上交往的情形和程度;(2)往来财物的价值;(3)财物往来的缘由、时机和方式,提供财物方对于接受方有无职务上的请托;(4)接受方是否利用职务上的便利为提供方谋取利益。

△(**非国家工作人员与国家工作人员通谋**)非国家工作人员与国家工作人员通谋,共同收受他人财物,构成共同犯罪的,根据双方利用职务便利的具体情形分别定罪追究刑事责任:

(1)利用国家工作人员的职务便利为他人谋取利益的,以受贿罪追究刑事责任。

(2)利用非国家工作人员的职务便利为他人谋取利益的,以非国家工作人员受贿罪追究刑事责任。

(3)分别利用各自的职务便利为他人谋取利益的,按照主犯的犯罪性质追究刑事责任,不能分清主从犯的,可以受贿罪追究刑事责任。③

---

① 陈兴良教授指出,如果没有事先约定,在职时利用职务上的便利为请托人谋取利益,而离职后收受原请托人财物或者向请托人索取财物的,一般不宜以受贿罪论处。参见陈兴良主编:《刑法各论精释》,人民法院出版社2015年版,第1142页。
② 即便行贿者以本人名义办理银行卡,只要本罪之判断不产生任何的影响。参见周光权,《刑法各论》(第4版),中国人民大学出版社2021年版,第557页;陈兴良主编:《刑法各论精释》,人民法院出版社2015年版,第1196—1197页。
③ 我国学者指出,在非国家工作人员与国家工作人员分别利用各自的职务便利为他人谋取利益时,通谋行为意味着双方均同时触犯了受贿罪与非国家工作人员受贿罪。换言之,国家工作人员既是受贿罪的正犯,又是非国家工作人员受贿罪的共犯;非国家工作人员既是非国家工作人员受贿罪的正犯,也是受贿罪的共犯。由于只有一个行为,故而,对双方都必须从一重罪处断。同样地,所谓"不能分清主从犯"的情形,也是一个行为同时触犯两个罪名,应从一重罪论处。参见张明楷:《刑法学》(第6版),法律出版社2021年版,第1589页。

《最高人民法院、最高人民检察院关于办理国家出资企业中职务犯罪案件具体应用法律若干问题的意见》(法发〔2010〕49号,2010年11月26日公布)

△(国家出资企业;渎职犯罪;想象竞合犯)国家出资企业中的国家工作人员在公司、企业改制或者国有资产处置过程中严重不负责任或者滥用职权,致使国家利益遭受重大损失的,依照刑法第一百六十八条的规定,以国有公司、企业人员失职罪或者国有公司、企业人员滥用职权罪定罪处罚。

国家出资企业中的国家工作人员在公司、企业改制或者国有资产处置过程中徇私舞弊,将国有资产低价折股或者低价出售给其本人未持有股份的公司、企业或者其他个人,致使国家利益遭受重大损失的,依照刑法第一百六十九条的规定,以徇私舞弊低价折股、出售国有资产罪定罪处罚。

国家出资企业中的国家工作人员因实施第一款、第二款行为收受贿赂,同时又构成刑法第三百八十五条规定之罪的,依照处罚较重的规定定罪处罚。(§4Ⅰ、Ⅱ、Ⅳ)

△(国家出资企业;改制前后主体身份发生变化;事先约定)国家工作人员在国家出资企业改制前利用职务上的便利实施犯罪,在其不再具有国家工作人员身份后又实施同种行为,依法构成不同犯罪的,应当分别定罪,实行数罪并罚。

国家工作人员在国家出资企业改制过程中利用职务上的便利为请托人谋取利益,事先约定在其不再具有国家工作人员身份后收受请托人财物,或者在身份变化前后连续收受请托人财物的,依照刑法第三百八十五条、第三百八十六条的规定,以受贿罪定罪处罚。(§5Ⅰ、Ⅲ)

△(国家出资企业;国家工作人员)经国家机关、国有公司、企业、事业单位提名、推荐、任命、批准等,在国有控股、参股公司及其他分支机构中从事公务的人员,应当认定为国家工作人员。具体的任命机构和程序,不影响国家工作人员的认定。

经国家出资企业中负有管理、监督国有资产职责的组织批准或者研究决定,代表其在国有控股、参股公司及其分支机构中从事组织、领导、监督、经营、管理工作的人员,应当认定为国家工作人员。①

国家出资企业中的国家工作人员,在国家出资企业中持有个人股份或者同时接受非国有股东委托的,不影响其国家工作人员身份的认定。(§6)

△(国家出资企业;"谁投资、谁拥有产权"原则)本意见所称"国家出资企业",包括国家出资的国有独资公司、国有独资企业,以及国有资本控股公司、国有资本参股公司。

是否属于国家出资企业不清楚的,应遵循"谁投资、谁拥有产权"的原则进行界定。企业注册登记中的资金来源与实际出资不符的,应根据实际出资情况确定企业的性质。企业实际出资情况不清楚的,可以综合工商注册、分配形式、经营管理等因素确定企业的性质。(§7)

△(宽严相济刑事政策)办理国家出资企业中的职务犯罪案件时,要综合考虑历史条件、企业发展、职工就业、社会稳定等因素,注意具体情况具体分析,严格把握犯罪与一般违规行为的区分界限。对于主观恶意明显、社会危害严重、群众反映强烈的严重犯罪,要坚决依法从严惩处;对于特定历史条件下、为了顺利完成企业改制而实施的违反国家政策法律规定的行为,行为人无主观恶意或者主观恶意不明显,情节较轻,危害不大的,可以不作为犯罪处理。

对于国家出资企业中的职务犯罪,要加大经济上的惩罚力度,充分重视财产刑的适用和执行,最大限度地挽回国家和人民利益遭受的损失。不能退赃的,在决定刑罚时,应当作为重要情节予以考虑。(§8)

《最高人民法院、最高人民检察院、公安部、司法部关于办理黑恶势力犯罪案件若干问题的指导意见》(法发〔2018〕1号,2018年1月16日公布)

△("保护伞";受贿罪;滥用职权罪;玩忽职守罪)公安机关、人民检察院、人民法院对办理黑恶势力犯罪案件中发现的涉嫌包庇、纵容黑社会性质组织犯罪、收受贿赂、渎职侵权等违法违纪线索,应当及时移送有关主管部门和其他相关部门,坚决依法严惩充当黑恶势力"保护伞"的职务犯罪。

△(农村"两委"等人员;"保护伞";贪污罪;受贿罪)依法严惩农村"两委"等人员在涉农惠农补贴申领与发放、农村基础设施建设、征地拆迁补偿、救灾扶贫优抚、生态环境保护等过程中,利用职权恃强凌弱、吃拿卡要、侵吞挪用国家专项资金的犯罪,以及放纵、包庇"村霸"和宗族恶

---

① 陈兴良教授指出,本意见在相当程度上扩张了国家出资企业中国家工作人员的范围,并建议区分两种不同的情形进行差别化处理,即国有公司上市以后,单独从事经营、管理活动的情形,以及国有出资企业的国有方与非国有方共同进行经营、管理的国有出资企业。参见陈兴良主编:《刑法各论精释》,人民法院出版社2015年版,第1132页。

势力,致使其坐大成患;或者收受贿赂、徇私舞弊,为"村霸"和宗族恶势力充当"保护伞"的犯罪。(§24)

《最高人民法院、最高人民检察院、公安部关于办理涉窨井盖相关刑事案件的指导意见》(高检发〔2020〕3号,2020年3月16日发布)

△(与窨井盖相关利益;受贿罪;渎职犯罪;数罪并罚)国家机关工作人员利用职务上的便利,收受他人财物,为他人谋取与窨井盖相关利益,同时构成受贿罪和刑法分则第九章规定的渎职犯罪的,除刑法另有规定外,以受贿罪和渎职犯罪数罪并罚。(§11)

△(窨井盖)本意见所称的"窨井盖",包括城市、城乡结合部和乡村等地的窨井盖以及其他井盖。(§12)

《最高人民法院、最高人民检察院、公安部办理跨境赌博犯罪案件若干问题的意见》(公通字〔2020〕14号,2020年10月16日发布)

△(开设赌场罪;受贿罪;数罪并罚)通过开设赌场或者为国家工作人员参与赌博提供资金的形式实施行贿、受贿行为,构成犯罪的,依照刑法关于贿赂犯罪的规定定罪处罚。同时构成赌博罪的,应当依法与贿赂犯罪数罪并罚。(§4Ⅱ)

【指导性案例】

最高人民法院指导性案例第3号:潘玉梅、陈宁受贿案(2011年12月20日发布)

△("合办"公司;未实际出资和参与经营管理)国家工作人员利用职务上的便利为请托人谋取利益,并与请托人以"合办"公司的名义获取"利润",没有实际出资和参与经营管理的,以受贿论处。

△(为他人谋取利益)国家工作人员明知他人有请托事项而收受其财物,视为承诺"为他人谋取利益",是否已实际为他人谋取利益或谋取到利益,不影响受贿的认定。

△(交易型受贿;受贿数额)国家工作人员利用职务上的便利为请托人谋取利益,以明显低于市场的价格向请托人购买房屋等物品的,以受贿论处,受贿数额按照交易时当地市场价格与实际支付价格的差额计算。

△(以掩饰犯罪;事后退还)国家工作人员收受财物后,因与其受贿有关联的人、事被查处,为掩饰犯罪而退还的,不影响认定受贿罪。

最高人民检察院指导性案例第8号:杨某玩忽职守、徇私枉法、受贿案(2012年11月15日发布)

△(渎职犯罪;受贿;数罪并罚)一是渎职犯罪因果关系的认定。如果负有监管职责的国家机关工作人员没有认真履行其监管职责,从而未能有效防止危害结果发生,那么,这些对危害结果具有"原因力"的渎职行为,应认定与危害结果之间具有刑法意义上的因果关系。二是渎职犯罪同时受贿的处罚原则。对于国家机关工作人员实施渎职犯罪时收受贿赂,同时构成受贿罪的,除《刑法》第三百九十九条有特别规定的外,以渎职犯罪和受贿罪数罪并罚。

最高人民检察院指导性案例第15号:胡林贵等人生产、销售有毒、有害食品,行贿;骆梅等人销售伪劣产品;朱伟全等人生产、销售伪劣产品;黎达文等人受贿、食品监管渎职案(2014年2月20日发布)

△(食品监管渎职罪;受贿罪;数罪并罚)负有食品安全监督管理职责的国家机关工作人员,滥用职权,向生产、销售有毒、有害食品的犯罪分子通风报信,帮助逃避处罚的,应当认定为食品监管渎职罪。在渎职过程中受贿的,应当以食品监管渎职罪和受贿罪实行数罪并罚。

最高人民检察院指导性案例第16号:赛跃、韩成武受贿、食品监管渎职案(2014年2月20日发布)

△(食品监管渎职罪;受贿罪;数罪并罚)负有食品安全监督管理职责的国家机关工作人员,滥用职权或玩忽职守,导致发生重大食品安全事故或者造成其他严重后果的,应当认定为食品监管渎职罪。在渎职过程中受贿的,应当以食品监管渎职罪和受贿罪实行数罪并罚。

最高人民检察院指导性案例第75号:金某某受贿案(2020年7月16日发布)

△(职务犯罪;认罪认罚;确定刑量刑建议)对于犯罪嫌疑人自愿认罪认罚的职务犯罪案件,应当依法适用认罪认罚从宽制度办理。在适用认罪认罚从宽制度办理职务犯罪案件过程中,检察机关应切实履行主导责任,与监察机关、审判机关互相配合、互相制约,充分保障犯罪嫌疑人、被告人的程序选择权。要坚持罪刑法定和罪责刑相适应原则,对符合有关规定条件的,一般应当就主刑、附加刑、是否适用缓刑等提出确定刑量刑建议。

最高人民检察院指导性案例第76号:张某受贿、郭某行贿、职务侵占、诈骗案(2020年7月16日发布)

△(受贿罪;改变提前介入意见;案件管辖;追诉漏罪)检察机关提前介入应认真审查案件事实

和证据,准确把握案件定性,依法提出提前介入意见。检察机关在审查起诉阶段仍应严格审查,提出审查起诉意见。审查起诉意见改变提前介入意见的,应及时与监察机关沟通。对于在审查起诉阶段发现漏罪,如该罪属于公安机关管辖,但犯罪事实清楚,证据确实充分,符合追加条件的,检察机关在征得相关机关同意后,可以直接追加起诉。

最高人民检察院指导性案例第 188 号:桑某受贿、国有公司人员滥用职权、利用未公开信息交易案(2023 年 7 月 31 日发布)

△(受贿罪;国有公司人员滥用职权罪;利用未公开信息交易罪;股权收益权;损失认定)检察机关在办理投融资领域受贿犯罪案件时,要准确认定利益输送行为的性质,着重审查投融资的背景、投融资方式、融资需求的真实性、行为人是否需要承担风险、风险与所获收益是否相符等证据。客观认定行为造成公共财产损失的范围,对于国有公司应得而未获得的预期收益,可以认定为损失数额。在办理利用未公开信息交易犯罪案件时,对于内幕信息、未公开信息的范围、趋同性交易盈利数额等关键要件的认定,要调取证券监督管理部门、证券交易所等专业机构出具的认定意见,综合全案证据审查判断。

【公报案例】

程绍志受贿案(《最高人民法院公报》2004 年第 1 期)

△(收受银行卡并改动密码;收贿行为实施终了)国家工作人员,利用职务上的便利,为他人谋取利益,收受他人的银行卡并改动密码,至案发时虽未实际支取卡中存款,但主观上明显具有非法占有的故意,应视为收受钱款的行为已经实施终了,构成了受贿罪。

王怀忠受贿、巨额财产来源不明案(《最高人民法院公报》2004 年第 3 期)

△(受贿犯罪情节特别恶劣)被告人受贿数额特别巨大,并具有多次索贿的法定从重处罚情节,且为逃避法律制裁,在有关部门查处其涉嫌经济犯罪期间,仍继续向他人索贿,将索取的巨额贿赂用于企图阻止有关部门对其经济犯罪问题的查处,受贿犯罪情节特别恶劣,社会危害性极大,罪行极其严重。

刘爱东贪污、受贿案(《最高人民法院公报》2004 年第 9 期)

△(收贿但尚未为他人谋取实际利益)根据《刑法》第三百八十五条第一款的规定,国家工作人员明知他人有具体请托事项,仍利用职务之便收受其财物的,虽尚未为他人谋取实际利益,其行为亦构成受贿罪。

丁利康受贿案(《最高人民法院公报》2014 年第 9 期)

△(国有医疗机构;医保信息;国有事业单位中从事公务的人员)国有医疗机构中,从事医疗数据统计、传输、维护等信息管理工作的事业编制人员,其统计、传输、维护的信息和数据系国有医疗机构对医疗业务进行管理、监督、决策的重要依据,属于医保信息,工作内容具有公务性质,该人员系国有事业单位中从事公务的人员,应以国家工作人员论。该类人员利用从事信息管理的职务便利,非法收受医药营销人员财物,向其提供本医疗机构药品使用情况统计数据等信息,为相关药品生产、销售企业以不正当手段销售药品提供便利的行为,应当依照《刑法》第三百八十五条第一款的规定,以受贿罪定罪处罚。

【参考案例】

No. 8-385-1 王效金受贿案

国家工作人员口头承诺收受他人财物,并就收受财物作出具体安排,进而为他人谋取利益的,应以受贿罪论处。

No. 8-385-2 王效金受贿案

国家工作人员口头承诺收受钱款,虽然该款项在案发时尚未到账,但在事实上对该款项或其中部分款项具有支配权,应当认定为受贿罪既遂。①

No. 8-385-3 于纪豹受贿案

以投资的名义收取高额回报但不承担任何风

---

① 学说上关于受贿罪的既遂标准存在争议。传统观点认为,受贿罪以取得财物(取得说)为既遂。参见赵秉志、李希慧主编:《刑法各论》(第 3 版),中国人民大学出版社 2016 年版,第 405 页;王作富主编:《刑法分则实务研究(下)》(第 5 版),中国方正出版社 2013 年版,第 1667 页;黎宏:《刑法学各论》(第 2 版),法律出版社 2016 年版,第 532 页;周光权:《刑法各论》(第 4 版),中国人民大学出版社 2021 年版,第 556 页。

另有不同见解指出,收受贿赂类型犯罪以接受贿赂为既遂标准,具有合理性。但是,在索取贿赂类案件中,应当以实施索要行为作为受贿既遂标准。因为在索要贿赂的情形下,即使行为人没有现实取得贿赂,但其索要行为已经侵犯了职务行为的不可收买性。因此,收受银行卡、或者收受房屋等)会引起争议。参见张明楷:《刑法学》(第 6 版),法律出版社 2021 年版,第 1607—1608 页;陈兴良主编:《刑法各论精释》,人民法院出版社 2015 年版,第 1195 页。

No. 8-385-4 曹军受贿案
依照公司法规定产生的国有单位投资委派的公司负责人，应当认定为受国有单位委派从事公务的人员。

No. 8-385-5 万国英受贿、挪用公款案
区分亲友间经济往来是正当馈赠还是受贿，应当从双方关系、经济往来的价款和事由等方面予以判断。

No. 8-385-8 姜杰受贿案
以慰问金名义逢年过节收受下级单位财物，且具有为他人谋取利益的意图的，应以受贿罪论处。

No. 8-385-9 陈晓受贿案
国家工作人员利用职务上的便利为他人谋取利益，在为他人谋取利益之时或者之前并未收受财物，在为他人谋取利益之后收受对方财物，没有充分证据证明行为人在利用职务便利为他人谋取利益时就意在以后收受对方的财物，但事后收受对方财物时，却明知对方送的财物是因为自己的职务行为的，认定为事后受贿，应以受贿罪论处。①

No. 8-385-10 艾文礼受贿案
受贿案件中，受贿数额不是影响定罪量刑的唯一因素，应重视数额以外的其他情节。

No. 8-385-11 李葳受贿案
经国家机关党委决定任命的集体所有制企业经营管理人员，应当认定为国家机关委派到非国有企业中从事公务的人员。

No. 8-385-12 李葳受贿案
利用职务便利，要求有关单位为其或其亲属提供低价住房的，属于索贿，应以受贿罪论处。

No. 8-385-13 李葳受贿案
利用职务便利索要低价房构成受贿罪的，支付少量购房款以掩盖受贿犯罪行为，受贿数额为房屋当时的实际价值与实际支付价款的差额。

No. 8-385-14 胡发群受贿、巨额财产来源不明案
国家工作人员假借投资合伙经营，实际上并未参与经营，利用职务便利受他人支付高额投资回报的，应以受贿罪论处。

No. 8-385-15 张帆受贿案
利用职务便利为自己与他人的合作项目谋利，从中获取超出其出资比例的分红的，应认定为受贿罪。

No. 8-385-16 方俊受贿案
国有事业单位聘用的合同制管理人员，从事公务的，应当认定为国家工作人员。

No. 8-385-17 方俊受贿案
区分国家工作人员受贿与收取合理报酬的界限：(1)国家工作人员是利用职务便利为他人谋利而收受财物，还是利用个人技术换取报酬；(2)是否确实提供了有关服务；(3)接受的财物是否与提供的服务等值。

No. 8-385-18 马平等受贿案
多次收受他人财物，最后接受具体请托为请托人谋利的，以受贿罪论处；受贿金额为多次收受的财物的累计数额。②

No. 8-385-19 王海峰受贿、伪造证据案
受国有公司委派担任非国有公司诉讼代理人期间收受他人财物的，应以受贿罪论处。

No. 8-385-20 王海峰受贿、伪造证据案
非法收受他人财物，为他人谋取非法利益行为又构成其他犯罪的，应以受贿罪和其他犯罪实行并罚。

No. 8-385-21 钱政德受贿案
国家机关设立的非常设性工作机构，应当认定为刑法意义上的国家机关。

---

① 类似的学说见解认为，事前有约定的事后受贿与事前没有约定的事后受财只是形式不同，没有实质区别。参见张明楷：《刑法学》(第6版)，法律出版社2021年版，第1596页；王作富主编：《刑法分则实务研究(下)》(第5版)，中国方正出版社2013年版，第1657页。

亦有学者指出，如果行为人利用职务之便为他人谋取利益，约定将来收取贿赂，尚未兑现或者到了约定兑现的时候没有实际兑现，从理论上讲可以认定是受贿未遂。就实际情况而言，对于这种期约受贿的行为，根据我国目前的法律规定和司法实践，无论从实体上讲还是从证据上讲，恐怕都难以定罪，暂勿论作犯罪既遂处理。参见赵秉志、李希慧主编：《刑法各论》(第3版)，中国人民大学出版社2016年版，第401—402页。

另外，陈兴良教授指出，事后受财的行为是否构成犯罪，关键问题在于如何认识"为他人谋取利益"此一要件。张明楷教授是以受贿故意的论证来取代"为他人谋取利益"的认定，但其无法圆满地解决在事后受财的情况下，是否存在为他人谋取利益的问题。据此，为他人谋取利益是一种主观违法要素。单纯的事后受财不能构成受贿罪。但是，如果在办事与受财之间存在时间上的交叉，则这些存在时间上交叉的受财行为就不是事后受财。因为，在第一次事后受财之后，行为人对于受财已经存在心理预期，再为他人谋取利益的行为应当可以认定，因而其行为应以受贿罪论处。参见陈兴良主编：《刑法各论精释》，人民法院出版社2015年版，第1152—1171页。

② 关于长期"感情投资"的相同学说见解，参见周光权：《刑法各论》(第4版)，中国人民大学出版社2021年版，第558页。

No.8-385-22 钱政德受贿案
在国家机关中从事公务的非正式在编人员，应当认定为国家工作人员。

No.8-385-23 王小石受贿案
为请托人谋取不正当利益是一种许诺，该许诺既可以采取明示方式，也可以采取暗示方式。

No.8-385-24 王小石受贿案
国家工作人员索取或者收受的财物与其职务行为相关，即可认定为具备利用职务上便利的要件。

No.8-385-25 黄立军受贿案
收受具有金融支付凭证功能的银行借记卡，达到受贿罪数额标准的，应以受贿罪论处。

No.8-385-27 许成华受贿、挪用资金案
村民委员会等基层自治组织人员在协助人民政府从事行政管理工作时，属于国家工作人员，其利用职务便利索取他人财物的，或者非法收受他人财物，为他人谋取利益的，应以受贿罪论处；在从事村民自治范围内的其他管理工作时，属于非国家工作人员，其挪用集体资金归个人使用符合挪用资金罪标准的，应以挪用资金罪论处。

No.8-385-28 周小华受贿案
国家工作人员利用职务便利，为特定关系人以外的人谋取利益，双方没有事前通谋，行为人也未获得利益的，不构成受贿罪。

No.8-385-29 周小华受贿案
国家工作人员利用职务便利要求给特定关系人安排工作，但特定关系人实际付出相应劳动的，不属于挂名薪酬的情形，不构成受贿罪。

No.8-385-30 蒋勇等受贿案
国家工作人员与特定关系人共谋，国家工作人员利用自己或下属的职务行为，为请托人谋取利益，特定关系人直接接受请托事项并收受财物的，国家工作人员与特定关系人应以受贿罪的共犯论处。

No.8-385-31 蒋勇等受贿案
国家工作人员和特定关系人共谋，特定关系人和请托人合作投资，国家工作人员利用职务便利为该投资项目谋取利益，以较少投资获取高额利润的，国家工作人员与特定关系人应以受贿罪的共犯论处。

No.8-385-32 李万等受贿案
国有媒体的记者利用采访报道等舆论监督的时机索要财物的，属于利用职务上的便利获取非法利益，应以受贿罪论处。

No.8-385-33 黄长斌受贿案
国有企业中的国家工作人员，无论其是否与企业解除劳动关系，只要仍然继续从事监督管理国有资产等公务的，仍属于从事公务的国家工作人员，其利用职务便利收受财物的，应以受贿罪定罪处罚。

No.8-385-36 杨光亮受贿案
受贿人收取行贿人的借据后，并未实现对贿赂款项的实际控制，后因案发未实际获得贿赂款项的，应认定为受贿罪未遂。

No.8-385-37 杨海受贿案
房产交易型受贿行为中，受贿的数额应当以商品房买卖合同成立时间为交易时间进行计算。真正反映市场交易价格的是开发商针对不特定人给予优惠折扣后的实际成交价格。判断是否"明显低于市场价格"，应从受贿罪权钱交易的本质出发，通过查证房产开发商内部的销售记录，结合特定地区、特定时期的经济发展水平、房产市场的交易易规则及差额占涉案房屋价值总额的比例等多方面进行综合判断。

No.8-385-38 陈建飞受贿案
国家工作人员利用该职务便利，向职权管理对象放贷收受巨额利息，其行为构成受贿，同期银行存贷款利息是否从受贿数额中扣除取决于借款人同期是否有真实的资金需求。

No.8-385-39 吕辉受贿案
社区医疗服务中心网管员在事业单位从事公务应认定为国家工作人员，其收受财物的行为成立受贿罪。

No.8-385-40 周龙苗等受贿案
国家工作人员为他人谋取利益，指定他人将财物交给非特定关系人的情形中，国家工作人员与非特定关系人成立共同受贿。

No.8-385-41 刚然、吴静竹受贿、伪造国家机关证件案
基于共同的意思联络，以各自的行为共同促成为行贿人谋取利益收受财物的，应成立受贿罪的共同犯罪，而非介绍贿赂罪。

No.8-385-43 雷政富受贿案
利用职务便利为他人谋取利益，授意他人向第三人借款，还款义务被免除的，成立受贿罪。

No.8-385-44 章国钧受贿案
国家出资企业中，受党委委派对国有资产进行管理监督，属于从事公务，应认定为国家工作人员。

No.8-385-45 胡伟富受贿案
国家工作人员以优惠价格购买商品房的行为中，经营者预先设定的不针对特定人的优惠价格属于商品房的正常市场价格，不应计入受贿罪数额。

No.8-385-46 卫建峰受贿案
受国有公司委派在国有控股公司代表国有股

东行使管理职权的,属于国家工作人员。

No.8-385-47 凌吉敏受贿案
以明显高于市场的价格将房屋出租给请托人的,属于采取交易形式变相收受贿赂,实际收取的租金与市场租金的差额计入受贿数额。

No.8-385-48 刘凯受贿案
受贿后主动供述所收受物的使用情况的,不属于对受贿事实的如实供述范围,可构成自首、立功。主动供述使用受贿款向他人行贿的,构成行贿罪自首,不再认定为立功。

No.8-385-50 吴仕宝受贿案
以明显低于市场的价格获取承包经营权,属于国家工作人员利用职权,以交易的方式受贿,应认定为受贿犯罪,受贿数额为市场承包价与实际支付价格的差额。

No.8-385-51 吴仕宝受贿案
索贿型受贿不限于勒索财物的行为,但是应当能够反映出行贿人是出于压力、无奈、不情愿才交付财物。

No.8-385-52 寿永年受贿案
在以明显低于市场价购买房屋的方式成立受贿犯罪时,应区分新房和二手房,分别确定房屋交易的市场价,在判断购房价是否明显低于市场价时,应兼顾差价绝对值与折扣率的高低。

No.8-385-56 罗菲受贿案
特定关系人明知国家工作人员为请托人谋取利益的情况下,事先征得国家工作人员同意或事后告知国家工作人员收受请托人提供的财物的,构成受贿罪的共犯。

No.8-385-57 孙昆明受贿案
对于以打欠条、收受干股、合作投资、委托理财等形式将行贿受贿关系伪装成合法债权债务关系的,应当根据受贿事实,以核销以及行为人为请托单位谋取利益等事实,可以认定行为人与请托单位之间存在权钱交易,构成受贿罪。

No.8-385-58 李群受贿案
接受请托单位房屋装修未付款,请托单位虽未明确免除其装修款,但基于行为人的偿还能力、拖欠时间、请托单位将该笔装修款予以核销以及行为人为请托单位谋取利益等事实,可以认定行为人与请托单位之间存在权钱交易,构成受贿罪。

No.8-385-59 沈财根受贿案
以借贷为名实施受贿行为,若存在实际的借款关系但收取了高额利息的,应以超过同期从他人处借款的最高年利率18%的部分来认定受贿数额。

No.8-385-60 朱渭平受贿案
国家工作人员在知道特定关系人收受请托人财物后虽有退还的意思,但发现特定关系人未退还而予以默认的,应认为具有受贿故意。

No.8-385-61 朱渭平受贿案
国家工作人员收受请托人所赠房产,而后请托人又将房产用于抵押贷款的,应认定为受贿既遂。

No.8-385-63 吴六徕受贿案
以欺骗方式令行贿人主动交付财物的,构成索贿。

No.8-385-64 王银成受贿案
并未进行犯意沟通,欠缺意思联络的,不能认定构成贪污罪的共犯。

No.8-385-65 王银成受贿案
认定索贿不仅从形式上判断是否由受贿方主动提出,而应当从实质上判断提出索取要求是否违背对方的意愿,使对方产生被迫感。

No.8-385-66 王银成受贿案
刑法意义上的"占有"不仅包含占为自己直接所有或者使用,也包含经自己支配、处分后指向他人的物权改变。受贿犯罪中,只要受贿人接受行贿人给予的财物,不论是自己直接接受还是通过特定的他人接受,作为公还是为私,只要是经其支配、处分,即已构成"占有",至于受贿人将财物放在何处都只是犯罪后财物的去向问题,不影响对受贿犯罪的认定。

No.8-385-67 丁利康受贿案
社会卫生服务中心的信息管理员负责管理、监控用药数据等医保信息,属于依法从事公务的国家工作人员。其利用职务便利私自为医药销售代表提供相关用药数据收受钱款,为医药代表谋取利益的行为,成立受贿罪。

No.8-385-68 毋保良受贿案
国家工作人员基于受贿故意收受他人财物后,赃款用于公务性支出的,不影响受贿的认定。

No.8-385-69 毋保良受贿案
请托人此前无具体请托事项而多次给予少量财物的,随后又因具体请托事项而给予数额较大财物的,此前收受的财物应计入数额。

No.8-385-70 毋保良受贿案
索取、收受具有上下级关系的下属或具有行政管理关系的被管理人员价值较大的财物,可能影响其职权行使的,应认定为承诺为他人谋取利益。

No.8-385-72 耿三有受贿案
行为人兼有从轻与从重情节的,应在分别评判的基础上综合考虑量刑幅度。

No.8-385-73 王甲受贿案
国家工作人员收受情人提供的款项,应当综

合全案证据进行判断,双方有共同生活基础无法证明收受财物与谋利之间存在对应关系的,不应认定为受贿罪。

No.8-385-75 李志刚滥用职权、受贿案

被告人收受财物,为请托人谋取利益时存在渎职行为,在受贿行为与渎职行为均构成犯罪的情况下,除刑法另有规定外,应当数罪并罚。

No.8-385-78 王建受贿案

判断认罪认罚的关键在于被告人、犯罪嫌疑人真诚悔罪,应重点考察其悔罪态度和悔罪表现,确无能力退赃退赔的,仍可认定具有"认罚情节"。

第三百八十六条 【受贿罪的处罚】

对犯受贿罪的,根据受贿所得数额及情节,依照本法第三百八十三条的规定处罚。索贿的从重处罚。

【条文说明】

本条是关于对受贿罪如何进行处罚的规定。

根据本款规定,对犯受贿罪的,根据《刑法》第三百八十三条规定的贪污罪的量刑标准也进行处罚,即对个人受贿的处罚也分为**四个量刑档次**,根据受贿数额及其情节分别按照有关档次进行处罚。根据本条规定,对索贿的,应当从重处罚。

根据2016年《最高人民法院、最高人民检察院关于办理贪污贿赂刑事案件适用法律若干问题的解释》的规定,受贿数额在三万元以上不满二十万元的,应当认定为"**数额较大**",依法判处三年以下有期徒刑或者拘役,并处罚金。受贿数额在一万元以上不满三万元,具有下列情形之一的,应当认定为"**其他较重情节**",依法判处三年以下有期徒刑或者拘役,并处罚金:(1)曾因贪污、受贿、挪用公款受过党纪、行政处分的;(2)曾因故意犯罪受过刑事追究的;(3)赃款赃物用于非法活动的;(4)拒不交代赃款赃物去向或者拒不配合追缴工作,致使无法追缴的;(5)造成恶劣影响或者其他严重后果的;(6)多次索贿的;(7)为他人谋取不正当利益,致使公共财产、国家和人民利益遭受损失的;(8)为他人谋取职务提拔、调整的。受贿数额在二十万元以上不满三百万元的,应当认定为"**数额巨大**",依法判处三年以上十年以下有期徒刑,并处罚金或者没收财产;受贿数额在十万元以上不满二十万元,具有下列情形之一的,应当认定为"**其他严重情节**",依法判处三年以上十年以下有期徒刑,并处罚金或者没收财产:(1)多次索贿的;(2)为他人谋取不正当利益,致使公共财产、国家和人民利益遭受损失的;(3)为他人谋取职务提拔、调整的。受贿数额在三百万元以上的,应当认定为"**数额特别巨大**",依法判处十年以上有期徒刑、无期徒刑或者死刑,并处罚金或者没收财产;受贿数额在一百五十万元以上不满三百万元,具有下列情形之一的,应当认定为"**其他特别严重情节**",依法判处十年以上有期徒刑、无期徒刑或者死刑,并处罚金或者没收财产:(1)多次索贿的;(2)为他人谋取不正当利益,致使公共财产、国家和人民利益遭受损失的;(3)为他人谋取职务提拔、调整的。

第三百八十七条 【单位受贿罪】

国家机关、国有公司、企业、事业单位、人民团体,索取、非法收受他人财物,为他人谋取利益,情节严重的,对单位判处罚金,并对其直接负责的主管人员和其他直接责任人员,处三年以下有期徒刑或者拘役;情节特别严重的,处三年以上十年以下有期徒刑。

前款所列单位,在经济往来中,在帐外暗中收受各种名义的回扣、手续费的,以受贿论,依照前款的规定处罚。

【立法沿革】

《中华人民共和国刑法》(1997年修订,自1997年10月1日起施行)

第三百八十七条

国家机关、国有公司、企业、事业单位、人民团体,索取、非法收受他人财物,为他人谋取利益,情节严重的,对单位判处罚金,并对其直接负责的主管人员和其他直接责任人员,处五年以下有期徒刑或者拘役。

前款所列单位,在经济往来中,在帐外暗中收受各种名义的回扣、手续费的,以受贿论,依照前款的规定处罚。

《中华人民共和国刑法修正案(十二)》(自2024年3月1日起施行)

四、将刑法第三百八十七条第一款修改为:
"国家机关、国有公司、企业、事业单位、人民团体,索取、非法收受他人财物,为他人谋取利益,情节严重的,对单位判处罚金,并对其直接负责的主管人员和其他直接责任人员,处三年以下有期徒刑或者拘役;情节特别严重的,处三年以上十年以下有期徒刑。"

【条文说明】

本条是关于单位受贿罪及其处罚的规定。
本条共分两款。

第一款是关于单位受贿罪及其处罚的规定。根据本款规定,单位受贿罪的犯罪主体是**国家机关、国有公司、企业、事业单位、人民团体**。除此以外,其他单位包括集体经济组织、中外合资企业、中外合作企业、外商独资企业和私营企业,都不能成为单位受贿罪的主体。这里的"**人民团体**",主要是指工会、共青团、妇联、工商联、台联等特定群团组织。一种主体特殊的受贿犯罪,有时单位受贿罪与受贿罪难以区分。在实践中,要根据是否属于单位决策、是否体现单位意志,犯罪利益归属等因素综合判断。如果单位直接负责的主管人员和其他直接责任人员借用单位名义索取、收受他人财物后私分、中饱私囊的,则不适用本条规定,而应根据对个人犯受贿罪的处刑规定追究刑事责任。

本罪在行为上主要表现为**上述单位索取、非法收受他人财物,为他人谋取利益,情节严重的行为**,如国有商业银行利用发放贷款的职务便利,向申请贷款的单位或个人索要"好处费"。这里说的非法收受他人的"**财物**",包括货币、物品和财产性利益。财产性利益包括可以折算为货币的物质利益如房屋装修、债务免除等,以及需要支付货币的其他利益如会员服务、工会福利等。这里所说的"为**他人谋取利益**",既包括谋取非法利益,又包括谋取正当利益。至于是否为他人谋取到利益,不影响本罪的构成。

根据本款规定,单位犯受贿罪的,对单位判处罚金,并对其直接负责的主管人员和其他直接责任人员,处3年以下有期徒刑或者拘役;情节特别严重的,处3年以上10年以下有期徒刑。

第二款是关于国家机关、国有公司、企业、事业单位、人民团体在经济往来中,在帐外暗中收受各种名义的回扣、手续费,以受贿论处的规定。这里所说的"**手续费**",是指在经济往来中,除回扣外,违反规定收受的各种未入帐的钱或物,如佣金、信息费、顾问费、劳务费、车辆等。"**在帐外暗中**"收受回扣、手续费的行为,主要是指违反法律和单位规定,未在依法设立的帐务帐目上按照财务会计制度如实记载收受的回扣、手续费的行为。既包括直接收受贿赂,又包括通过虚构交易、合作开办公司、收受干股等方式收受贿赂。

【司法解释】

《最高人民检察院关于人民检察院直接受理立案侦查案件立案标准的规定(试行)》(高检发释字〔1999〕2号,自1999年9月16日起施行)

△(**单位受贿罪;立案标准**)单位受贿罪是指国家机关、国有公司、企业、事业单位、人民团体,索取、非法收受他人财物,为他人谋取利益,情节严重的行为。

索取他人财物或者非法收受他人财物,必须同时具备为他人谋取利益的条件,且是情节严重的行为,才能构成单位受贿罪。

国家机关、国有公司,企业、事业单位、人民团体,在经济往来中,在账外暗中收受各种名义的回扣、手续费的,以单位受贿罪追究刑事责任。

涉嫌下列情形之一的,应予立案:
1. 单位受贿数额在10万元以上的;
2. 单位受贿数额不满10万元,但具有下列情形之一的:
(1)故意刁难、要挟有关单位、个人,造成恶劣影响的;
(2)强行索取财物的;
(3)致使国家或者社会利益遭受重大损失的。

《最高人民法院、最高人民检察院关于办理贪污贿赂刑事案件适用法律若干问题的解释》(法释〔2016〕9号,自2016年4月18日起施行)

△(**追缴或者责令退赔**)贪污贿赂犯罪分子违法所得的一切财物,应当依照刑法第六十四条的规定予以追缴或者责令退赔,对被害人的合法财产应当及时返还。对尚未追缴到案或者尚未足额退赔的违法所得,应当继续追缴或者责令退赔。(§18)

【司法解释性文件】

《最高人民检察院研究室关于国有单位的内设机构能否构成单位受贿罪主体问题的答复》(〔2006〕高检研发8号,2006年9月12日公布)

△(国有单位的内设机构;单位受贿罪主体)国有单位的内设机构利用其行使职权的便利,索取、非法收受他人财物并归该内设机构所有或者支配,为他人谋取利益,情节严重的,依照刑法第三百八十七条的规定以单位受贿罪追究刑事责任。

上述内设机构在经济往来中,在账外暗中收受各种名义的回扣、手续费的,以受贿论。

【参考案例】

No.8-391-1 昆明展煜科技有限公司等对单位行贿案

在单位犯罪中,单位直接负责的主管人员和其他直接责任人员的自首行为,既应视为个人自首,也应视为单位自首。

第三百八十八条 【斡旋受贿的处罚】

国家工作人员利用本人职权或者地位形成的便利条件,通过其他国家工作人员职务上的行为,为请托人谋取不正当利益,索取请托人财物或者收受请托人财物的,以受贿论处。

【条文说明】

本条是关于斡旋受贿犯罪及其处罚的规定。

根据本条规定,**斡旋受贿行为**,是指国家工作人员利用本人职权或者地位形成的便利条件,通过其他国家工作人员职务上的行为,为请托人谋取不正当利益,索取请托人财物或者收受请托人财物的行为。例如,利用上下级之间的隶属关系,利用部门、单位之间的工作关系①,让其他国家工作人员为请托人办事。② 这里所说的"**谋取不正当利益**",是指根据法律及有关政策规定不应该得到的利益。根据本条规定,如果为请托人谋取的是正当的利益,不构成本条规定的犯罪。③ 根据本条规定,对斡旋受贿行为以受贿论处,即依照《刑法》第三百八十六条的规定进行处罚。

实践中应当注意以下几个方面的问题:

1. **关于利用本人职权或者地位形成的便利条件,并不要求行为人利用其职权或者地位,只要是利用其国家工作人员的立场实施斡旋受贿行为就符合条件。** 行为人与其被利用的其他国家工作人员之间在职务上虽然没有隶属、制约关系,但是行为人利用了本人职权或者地位产生的影响和一定的工作联系,如单位内不同国家工作人员之间,上下级单位没有隶属、制约关系的国家机关工作人员之间,工作关系认识的不同单位的国家工作人员之间,都符合利用本人职权或者地位形成的便利条件。对于国家工作人员利用本人职务上主管、负责、承办某项公共事务的职权,或者利用职务上有隶属、制约关系的其他国家工作人员的职权索取贿赂的,可以直接适用《刑法》第三百八十五条受贿罪的规定。

2. **关于接收请托。** 与普通受贿要求谋取利益不同,本条规定要求行为人有为请托人谋取不正当利益的意图。只要行为人认识到其受托事项不正当就可以,不要求已经为请托人谋取了不正当利益,也不要求其他国家工作人员知道行为人有索取请托人财物或者有收受请托人财物的行为。

3. **关于索取财物或者收受请托人的财物。**这种财物是行为人使其他国家工作人员为请托人谋取不正当利益的报酬。对于事先索贿,或者事后索取、收受财物的行为,也成立斡旋受贿犯罪。

【司法解释性文件】

《全国法院审理经济犯罪案件工作座谈会纪要》(法发〔2003〕167号,2003年11月13日公布)

---

① 我国学者指出,间接受贿与普通受贿的区别在于,行为人没有实施职务上的作为和不作为,并且其职权或地位对请托人没有直接的制约关系。参见王作富主编:《刑法分则实务研究(下)》(第5版),中国方正出版社2013年版,第1634—1635页。另有学者指出,国家工作人员利用本人职务上主管、负责、承办某项公共事务的职权,或者利用职务上有隶属、制约关系的其他国家工作人员的职权索取、收受贿赂者,应直接适用《刑法》第三百八十五条。担任单位领导职务的国家工作人员通过不属于自己主管的下级部门的国家工作人员的职务为他人谋取利益者,亦是如此。参见张明楷:《刑法学》(第6版),法律出版社2021年版,第1598页;陈兴良主编:《刑法各论精释》,人民法院出版社2015年版,第1173页。

② 其他国家工作人员是否许诺、答应行为人的请求,是否为请托人谋取了不正当利益,对于本罪的成立,不生任何的影响。因为斡旋受贿罪是以斡旋行为为对价,而非以其他国家工作人员职务行为为对价。参见张明楷:《刑法学》(第6版),法律出版社2021年版,第1598页。

③ 我国学者指出,只要行为人认识到请托人的事项不正当,即为已足。至于行为人是否已经为请托人谋取了不正当利益,其他国家工作人员是否认识到行为人索取、收受贿赂,在所不论。参见张明楷:《刑法学》(第6版),法律出版社2021年版,第1598页。

△(利用职权或地位形成的便利条件)刑法第三百八十八条规定的"利用本人职权或者地位形成的便利条件",是指行为人与被其利用的国家工作人员之间在职务上虽然没有隶属、制约关系,但是行为人利用了本人职权或者地位产生的影响和一定的工作联系,如单位内不同部门的国家工作人员之间、上下级单位没有职务上隶属、制约关系的国家工作人员之间、有工作联系的不同单位的国家工作人员之间等。

【参考案例】

No.8-385-35 陆某受贿案

国家工作人员通过其他国家工作人员的职务行为,为请托人谋取不正当利益,索取或收受财物的,属于利用本人职权或地位形成的便利条件受贿;尽管其与被利用的国家工作人员存在不正当的男女关系,不构成利用影响力受贿罪,应以受贿罪论处。

第三百八十八条之一 【利用影响力受贿罪】

国家工作人员的近亲属或者其他与该国家工作人员关系密切的人,通过该国家工作人员职务上的行为,或者利用该国家工作人员职权或者地位形成的便利条件,通过其他国家工作人员职务上的行为,为请托人谋取不正当利益,索取请托人财物或者收受请托人财物,数额较大或者有其他较重情节的,处三年以下有期徒刑或者拘役,并处罚金;数额巨大或者有其他严重情节的,处三年以上七年以下有期徒刑,并处罚金;数额特别巨大或者有其他特别严重情节的,处七年以上有期徒刑,并处罚金或者没收财产。

离职的国家工作人员或者其近亲属以及其他与其关系密切的人,利用该离职的国家工作人员原职权或者地位形成的便利条件实施前款行为的,依照前款的规定定罪处罚。

【立法沿革】

《中华人民共和国刑法修正案(七)》(自2009年2月28日起施行)

十三、在刑法第三百八十八条后增加一条,作为第三百八十八条之一:

"国家工作人员的近亲属或者其他与该国家工作人员关系密切的人,通过该国家工作人员职务上的行为,或者利用该国家工作人员职权或者地位形成的便利条件,通过其他国家工作人员职务上的行为,为请托人谋取不正当利益,索取请托人财物或者收受请托人财物,数额较大或者有其他较重情节的,处三年以下有期徒刑或者拘役,并处罚金;数额巨大或者有其他严重情节的,处三年以上七年以下有期徒刑,并处罚金;数额特别巨大或者有其他特别严重情节的,处七年以上有期徒刑,并处罚金或者没收财产。

"离职的国家工作人员或者其近亲属以及其他与其关系密切的人,利用该离职的国家工作人员原职权或者地位形成的便利条件实施前款行为的,依照前款的规定定罪处罚。"

【条文说明】

本条是关于利用影响力受贿罪及其处罚的规定。

本条共分为两款。

第一款是关于**国家工作人员的近亲属或者其他与该国家工作人员关系密切的人,利用影响力进行受贿犯罪及其处罚**的规定。本罪的犯罪主体包括:**与国家工作人员有着某种特定关系的非国家工作人员**,包括国家工作人员的近亲属或者其他与该国家工作人员关系密切的人。之所以将这两种人的斡旋受贿行为规定为犯罪,主要是考虑到他们与国家工作人员有着血缘、亲属关系,有的虽不存在亲属关系,但彼此是同学、战友、老部下、老上级或是有着某种共同的利益关系[1],或是过从甚密,具有足够的影响力,他们斡旋受贿的行为影响了国家工作人员职务的廉洁性,应当受到刑罚处罚。至于关系密切的人具体指哪些人,应当由司法机关根据案件的具体情况确定,也可以由司法机关依法作出司法解释。这里规定的**近亲属**,主要是指夫、妻、父、母、子、女、同胞兄弟姐妹、

---

[1] 我国学者进一步指出,共同利益不仅包括物质利益,还包括其他方面的利益,例如,情人关系、恋人关系、前妻前夫关系、密切的上下级关系(如国家工作人员的秘书、司机等)、密切的姻亲或血亲关系等。另外,"与国家工作人员关系密切的人"不等同于"与国家工作人员关系好的人",如基于偶然原因掌握国家工作人员隐私的人,同样属于"与国家工作人员关系密切之人"。参见张明楷:《刑法学》(第6版),法律出版社2021年版,第1615页。

祖父母、外祖父母、孙子女、外孙子女。① 这里所说的"**谋取不正当利益**",根据2012年《最高人民法院、最高人民检察院关于办理行贿刑事案件具体应用法律若干问题的解释》第十二条的规定,是指行贿人谋取的利益违反法律、法规、规章、政策规定,或者要求国家工作人员违反法律、法规、规章、政策、行业规范的规定,为自己提供帮助或者方便条件。违背公平、公正原则,在经济、组织人事管理等活动中,谋取竞争优势的,应当认为"谋取不正当利益"。

根据本款的规定,数额较大或者有其他较重情节的,处三年以下有期徒刑或者拘役,并处罚金;数额巨大或者有其他严重情节的,处三年以上七年以下有期徒刑,并处罚金;数额特别巨大或者有其他特别严重情节的,处七年以上有期徒刑,并处罚金或者没收财产。2016年《最高人民法院、最高人民检察院关于办理贪污贿赂刑事案件适用法律若干问题的解释》第十条规定,利用影响力受贿罪的定罪量刑适用标准,参照该解释关于受贿罪的规定执行。应当说明的是,受贿罪与贪污罪不同,受贿的数额可能不大,但给国家和人民的利益造成的损失可能是巨大的,因此,对受贿罪的量刑,除了要考虑数额之外,还要考虑其他情节。

第二款是关于**离职**的国家工作人员或其近亲属以及其他与其关系密切的人,利用影响力进行犯罪及其处罚的规定。"离职",是指曾经是国家工作人员,但目前的状态是已离开了国家工作人员岗位,包括离休、退休、辞职、辞退等。②

构成本款规定的犯罪,应依照本条第一款的规定定罪处罚,即数额较大或者有其他较重情节的,处三年以下有期徒刑或者拘役,并处罚金;数额巨大或者有其他严重情节的,处三年以上七年以下有期徒刑,并处罚金;数额特别巨大或者有其他特别严重情节的,处七年以上有期徒刑,并处罚金或者没收财产。

【司法解释】

《最高人民法院、最高人民检察院关于办理贪污贿赂刑事案件适用法律若干问题的解释》(法释〔2016〕9号,自2016年4月18日起施行)

△(**定罪量刑适用标准**)刑法第三百八十八条之一规定的利用影响力受贿罪的定罪量刑适用标准,参照本解释关于受贿罪的规定执行。(§10Ⅰ)

△(**追缴或者责令退赔**)贪污贿赂犯罪分子违法所得的一切财物,应当依照刑法第六十四条的规定予以追缴或者责令退赔,对被害人的合法财产应当及时返还。对尚未追缴到案或者尚未足额退赔的违法所得,应当继续追缴或者责令退赔。(§18)

△(**罚金刑**)对刑法规定并处罚金的其他贪污贿赂犯罪,应当在十万元以上犯罪数额二倍以下判处罚金。(§19Ⅱ)

【参考案例】

No.8-388之一-1 王岩利用影响力受贿案

具有职务隶属关系的上下级国家工作人员之间,如果下级认为行为人与其上级有某种密切关系,行为人所托之事能否办妥直接影响到上级对自己的评价,则可以认为,行为人与该上级国家工作人员之间关系密切,且行为人利用了与上级国家工作人员具有特定关系的影响力。

No.8-388之一-2 郑伟雄利用影响力受贿案

与国家工作人员关系密切的人,收受钱财后通过国家工作人员为请托人谋取不正当利益的,成立利用影响力受贿罪。

---

① "近亲属"概念在《刑事诉讼法》及民法中的规定有别。其中,《刑事诉讼法》第一零六条规定:"本法下列用语的含义是:……(六)'近亲属'是指夫、妻、父、母、子、女、同胞兄弟姊妹。"相对的,按照《民法典》第一千零四十五条第二款的规定,近亲属包括了配偶、父母、子女、兄弟姊妹、祖父母、外祖父母、孙子女、外孙子女,显然范围更广。

对此,学说上多认为,"近亲属"概念采用民法意义上的近亲属范围,这有多种理由在于:一方面,"近亲属"范围不宜过于严格限制;另一方面,刑事诉讼法与民法的着重点不同,前者侧重于程序权利义务的形式,后者则着眼于近亲属与本人日常生活中的实体关系。参见黎宏:《刑法学各论》(第2版),法律出版社2016年版,第536页;王作富主编:《刑法分则实务研究(下)》(第5版),中国方正出版社2013年版,第1685—1686页。

② 我国学者指出,如果转任的国家工作人员利用自己原职务或地位形成的便利,通过其他国家工作人员的职务行为,为请托人谋取不正当利益,因而索取或收受请托人财物的,应当按照离职人员实施利用影响力受贿行为论处。参见王作富主编:《刑法分则实务研究(下)》(第5版),中国方正出版社2013年版,第1691页。

第三百八十九条 【行贿罪】
为谋取不正当利益,给予国家工作人员以财物的,是行贿罪。
在经济往来中,违反国家规定,给予国家工作人员以财物,数额较大的,或者违反国家规定,给予国家工作人员以各种名义的回扣、手续费的,以行贿论处。
因被勒索给予国家工作人员以财物,没有获得不正当利益的,不是行贿。

【条文说明】

本条是关于行贿罪定义的规定。
本条共分为三款。
第一款是关于什么是行贿罪的规定。这里所规定的"**谋取不正当利益**",既包括谋取的利益是违反法律、法规及政策规定的,也包括违反有关规章制度的情况,根据 2012 年《最高人民法院、最高人民检察院关于办理行贿刑事案件具体应用法律若干问题的解释》的规定,是指行贿人谋取的利益违反法律、法规、规章、政策规定,或者要求国家工作人员违反法律、法规、规章、政策、行业规范的规定,为自己提供帮助或者方便条件。违背公平、公正原则,在经济、组织人事管理等活动中,谋取竞争优势的,应当认定为"谋取不正当利益"。如果行为人谋取的利益是正当的,迫于某种压力和屈于惯例而不得已而为之的,则不构成本条所说的行贿罪。

第二款是关于在经济往来中违反国家规定,给予国家工作人员以财物或者回扣、手续费,以行贿论处的规定。② 这里所规定的"**违反国家规定**",是指违反全国人大及其常委会制定的法律和决定,国务院制定的行政法规和行政措施、发布的决定和命令。"**给予国家工作人员以各种名义的回扣、手续费的**",是指违反国家规定,在帐外暗中给予回扣、手续费的行为。根据本款规定,对上述行为应以行贿论处,即应当按照行贿罪追究行为人的刑事责任。

第三款是关于因被勒索给予国家工作人员以财物,但并没有获得不正当利益的,不构成行贿的规定。这里所规定的"**被勒索**",是指被索要或者被敲诈勒索。"**没有获得不正当利益**",是指行为人虽有给予国家工作人员以财物的行为,但最后没有获得不正当利益,包括其获取的是合法利益,也包括根本未获得任何利益。

关于行贿罪和受贿罪需要注意的是,在通常情况下,受贿方与行贿方的行为均成立犯罪,但有些情形下,没有行贿罪同样存在受贿罪;没有受贿罪,行贿罪也仍然可以成立。例如,因被勒索而给予财物,而没有获得不正当利益的,不是行贿,但受贿方可以认定为受贿罪;一方行贿而另一方予以拒绝未受贿,则只能认定为一方行贿;一方行贿数额未达到定罪条件,而收受贿赂方面因收受多人贿赂而构成犯罪;一方为了谋取正当利益而给予国家工作人员以财物的,不是行贿,但国家工作人员接受财物的行为成立受贿罪。在实践中应注意把握行贿罪在具备给付财物的行为外,还必须主观上具备谋取不正当利益的目的,行贿数额达到定罪标准。

【司法解释】

《最高人民法院、最高人民检察院关于办理赌博刑事案件具体应用法律若干问题的解释》(法释〔2005〕3号,自2005年5月13日起施行)

△(**赌博;贿赂犯罪**)通过赌博或者为国家工作人员赌博提供资金的形式实施行贿、受贿行为,构成犯罪的,依照刑法关于贿赂犯罪的规定定罪处罚。(§7)

《最高人民法院、最高人民检察院关于办理行贿刑事案件具体应用法律若干问题的解释》(法释〔2012〕22号,自2013年1月1日起施行)

△(**谋取不正当利益**)行贿犯罪中的"谋取不正当利益",是指行贿人谋取的利益违反法律、法规、规章、政策规定,或者要求国家工作人员违反法律、法规、规章、政策、行业规范的规定,为自己提供帮助或者方便条件。

违背公平、公正原则,在经济、组织人事等活动中,谋取竞争优势的,应当认定为"谋取不正当利益"。(§12)

---

① 我国学者指出,谋取任何性质、任何形式的不正当利益,都属于"谋取不正当利益"。譬如,行贿人虽然符合晋级、晋升条件,但为了使自己优于他人晋级、晋升,而给予有关国家工作人员以财物,应认定为行贿。参见张明楷:《刑法学》(第6版),法律出版社 2021 年版,第 1616 页。

② 我国学者指出,本款规定系注意规定,而非法律拟制。参见张明楷:《刑法学》(第6版),法律出版社 2021 年版,第 1618 页。

第三百八十九条

《最高人民法院、最高人民检察院关于办理危害生产安全刑事案件适用法律若干问题的解释（二）》（法释〔2022〕19号，自2022年12月19日起施行）

△(**危险作业罪;数罪并罚**)因存在重大事故隐患被依法责令停产停业、停止施工、停止使用有关设备、设施、场所或者立即采取排除危险的整改措施，有下列情形之一的，属于刑法第一百三十四条之一第二项规定的"拒不执行"：

(一)无正当理由故意不执行各级人民政府或者负有安全生产监督管理职责的部门依法作出的上述行政决定、命令的；

(二)虚构重大事故隐患已经排除的事实，规避、干扰执行各级人民政府或者负有安全生产监督管理职责的部门依法作出的上述行政决定、命令的；

(三)以行贿等不正当手段，规避、干扰执行各级人民政府或者负有安全生产监督管理职责的部门依法作出的上述行政决定、命令的。

有前款第三项行为，同时构成刑法第三百八十九条行贿罪、第三百九十三条单位行贿罪等罪的，依照数罪并罚的规定处罚。(§3Ⅰ,Ⅱ)

【司法解释性文件】

《最高人民法院、最高人民检察院关于在办理受贿犯罪大要案的同时要严肃查处严重行贿犯罪分子的通知》（高检会〔1999〕1号，1999年3月4日公布）

△(**谋取不正当利益**)对于为谋取不正当利益而行贿，构成行贿罪、向单位行贿罪、单位行贿罪的，必须依法追究刑事责任。"谋取不正当利益"是指谋取违反法律、法规、国家政策和国务院各部门规章规定的利益，以及要求国家工作人员或者有关单位提供违反法律、法规、国家政策和国务院各部门规章规定的帮助或者方便条件。(§2)

△(**严重行贿犯罪**)当前要特别注意依法严肃惩处下列严重行贿犯罪行为：

1. 行贿数额巨大、多次行贿或者向多人行贿的；

2. 向党政干部和司法工作人员行贿的；

3. 为进行走私、偷税①、骗税、骗汇、逃汇、非法买卖外汇等违法犯罪活动，向海关、工商、税务、外汇管理等行政执法机关工作人员行贿的；

4. 为非法办理金融、证券业务，向银行等金融机构、证券管理机构工作人员行贿，致使国家利益遭受重大损失的；

5. 为非法获取工程、项目的开发、承包、经营权，向有关主管部门及其主管领导行贿，致使公共财产、国家和人民利益遭受重大损失的；

6. 为制售假冒伪劣产品，向有关国家机关、国有单位及国家工作人员行贿，造成严重后果的；

7. 其他情节严重的行贿犯罪行为。(§3)

《最高人民法院、最高人民检察院关于办理商业贿赂刑事案件适用法律若干问题的意见》（法发〔2008〕33号,2008年11月20日公布）

△(**商业贿赂;财物;财产性利益**)商业贿赂中的财物，既包括金钱和实物，也包括可以用金钱计算数额的财产性利益，如提供房屋装修、含有金额的会员卡、代币卡(券)、旅游费用等。具体数额以实际支付的资费为准。(§7)

△(**谋取不正当利益**)在行贿犯罪中，"谋取不正当利益"，是指行贿人谋取违反法律、法规、规章或者政策规定的利益，或者要求对方违反法律、法规、规章、政策、行业规范的规定提供帮助或者方便条件。

在招标投标、政府采购等商业活动中，违背公平原则，给予相关人员财物以谋取竞争优势的，属于"谋取不正当利益"。②(§9)

△(**贿赂;馈赠**)办理商业贿赂犯罪案件，要注意区分贿赂与馈赠的界限。主要应当结合以下因素全面分析、综合判断：(1)发生财物往来的背景，如双方是否存在亲友关系及历史交往的情形和程度；(2)往来财物的价值；(3)财物往来的缘由、时机和方式，提供财物对于接受方有无职务上的请托；(4)接受方是否利用职务上的便利为提供方谋取利益。(§10)

【指导性案例】

最高人民检察院指导性案例第15号:胡林贵等人生产、销售有毒、有害食品,行贿;骆梅等人销售伪劣产品;朱伟全等人生产、销售伪劣产品;黎达文等人受贿,食品监管渎职案（2014年2月20日发布）

---

① 《刑法修正案(七)》已将偷税罪改为逃税罪。

② 行贿人是否谋取不正当利益，从根本上而言，取决于所取得的利益是否符合法律、法规、规章、政策、行业规范的规定和公平原则，违反上述有关规定和原则取得的利益就是不正当利益。不过，决不可把通过行贿手段取得的利益一概视为不正当利益，否则，在贿赂案件中就没有必要也不可能区分正当利益与不正当利益。参见王作富主编：《刑法分则实务研究（下）》（第5版），中国方正出版社2013年版，第1696页。

△(**生产、销售有毒、有害食品罪;行贿罪;数罪并罚**)实施生产、销售有毒、有害食品犯罪,为逃避查处向负有食品安全监管职责的国家工作人员行贿的,应当以生产、销售有毒、有害食品罪和行贿罪实行数罪并罚。①

【参考案例】

No.8-389-1 袁珏行贿案

以不正当手段谋取合法利益,属于行贿罪中的"谋取不正当利益"。

第三百九十条 【行贿罪的处罚规定】

对犯行贿罪的,处三年以下有期徒刑或者拘役,并处罚金;因行贿谋取不正当利益,情节严重的,或者使国家利益遭受重大损失的,处三年以上十年以下有期徒刑,并处罚金;情节特别严重的,或者使国家利益遭受特别重大损失的,处十年以上有期徒刑或者无期徒刑,并处罚金或者没收财产。

有下列情形之一的,从重处罚:

(一)多次行贿或者向多人行贿的;
(二)国家工作人员行贿的;
(三)在国家重点工程、重大项目中行贿的;
(四)为谋取职务、职级晋升、调整行贿的;
(五)对监察、行政执法、司法工作人员行贿的;
(六)在生态环境、财政金融、安全生产、食品药品、防灾救灾、社会保障、教育、医疗等领域行贿,实施违法犯罪活动的;
(七)将违法所得用于行贿的。

行贿人在被追诉前主动交待行贿行为的,可以从轻或者减轻处罚。其中,犯罪较轻的,对调查突破、侦破重大案件起关键作用的,或者有重大立功表现的,可以减轻或者免除处罚。

【立法沿革】

《中华人民共和国刑法》(1997年修订,自1997年10月1日起施行)

第三百九十条

对犯行贿罪的,处五年以下有期徒刑或者拘役;因行贿谋取不正当利益,情节严重的,或者使国家利益遭受重大损失的,处五年以上十年以下有期徒刑;情节特别严重的,处十年以上有期徒刑或者无期徒刑,可以并处没收财产。

行贿人在被追诉前主动交待行贿行为的,可以减轻处罚或者免除处罚。

《中华人民共和国刑法修正案(九)》(自2015年11月1日起施行)

四十五、将刑法第三百九十条修改为:

"对犯行贿罪的,处五年以下有期徒刑或者拘役,并处罚金;因行贿谋取不正当利益,情节严重的,或者使国家利益遭受重大损失的,处五年以上十年以下有期徒刑,并处罚金;情节特别严重的,或者使国家利益遭受特别重大损失的,处十年以上有期徒刑或者无期徒刑,并处罚金或者没收财产。

"行贿人在被追诉前主动交待行贿行为的,可以从轻或者减轻处罚。其中,犯罪较轻的,对侦破重大案件起关键作用的,或者有重大立功表现的,可以减轻或者免除处罚。"

《中华人民共和国刑法修正案(十二)》(自2024年3月1日起施行)

五、将刑法第三百九十条修改为:

"对犯行贿罪的,处三年以下有期徒刑或者拘役,并处罚金;因行贿谋取不正当利益,情节严重的,或者使国家利益遭受重大损失的,处三年以上十年以下有期徒刑,并处罚金;情节特别严重的,或者使国家利益遭受特别重大损失的,处十年以上有期徒刑或者无期徒刑,并处罚金或者没收财产。

---

① 我国学者指出,就未经行政许可而构成犯罪的行政犯而言,行贿人通过行贿取得许可后从事相应行为,不得另外认定构成行贿罪。譬如,甲通过行贿获得了专营、专卖物品的经营权,之后进行专营、专卖物品之经营活动,只成立行贿罪,不另成立非法经营罪。但是,如果行为人通过行贿获得药品经营许可后,销售假药、劣药,应按照行贿罪与销售假药、劣药罪实行数罪并罚。参见张明楷:《刑法学》(第6版),法律出版社2021年版,第1620页。

"有下列情形之一的,从重处罚:
"(一)多次行贿或者向多人行贿的;
"(二)国家工作人员行贿的;
"(三)在国家重点工程、重大项目中行贿的;
"(四)为谋取职务、职级晋升、调整行贿的;
"(五)对监察、行政执法、司法工作人员行贿的;
"(六)在生态环境、财政金融、安全生产、食品药品、防灾救灾、社会保障、教育、医疗等领域行贿,实施违法犯罪活动的;
"(七)将违法所得用于行贿的。
"行贿人在被追诉前主动交待行贿行为的,可以从轻或者减轻处罚。其中,犯罪较轻的,对调查突破、侦破重大案件起关键作用的,或者有重大立功表现的,可以减轻或者免除处罚。"

【条文说明】

本条是关于对行贿罪如何进行处罚的规定。
本条共分三款。

第一款规定了行贿罪的具体量刑标准,分三**个量刑档次**:(1)对犯一般行贿罪的,处三年以下有期徒刑或者拘役,并处罚金;(2)因行贿谋取不正当利益,情节严重的,或者使国家利益遭受重大损失的,处三年以上十年以下有期徒刑,并处罚金;(3)情节特别严重的,或者使国家利益遭受特别重大损失的,处十年以上有期徒刑或者无期徒刑,并处罚金或者没收财产。关于"谋取不正当利益",2012年《最高人民法院、最高人民检察院关于办理行贿刑事案件具体应用法律若干问题的解释》规定,"**谋取不正当利益**",是指行贿人谋取的利益违反法律、法规、规章、政策规定,或者要求国家工作人员违反法律、法规、规章、政策、行业规范的规定,为自己提供帮助或者便利条件。同时规定,违背公平公正原则,在经济组织人事管理等活动中,谋取竞争优势的,应当认定为"**谋取不正当利益**"。2016年《最高人民法院、最高人民检察院关于办理贪污贿赂刑事案件适用法律若干问题的解释》对行贿数额、情节严重、国家利益遭受损失等予以明确规定。关于**行贿数额**,第七条第一款规定,为谋取不正当利益,向国家工作人员行贿,数额在三万元以上的,应当以行贿罪追究刑事责任;第七条第二款规定,行贿数额在一万元以上不满三万元,具有下列情形之一的,应当依照《刑法》第三百九十条的规定以行贿罪追究刑事责任:(1)向三人以上行贿的;(2)将违法所得用于行贿的;(3)通过行贿谋取职务提拔、调整的;(4)向负有食品、药品、安全生产、环境保护等监督管理职责的国家工作人员行贿,实施非法活动的;(5)向司法工作人员行贿,影响司法公正的;(6)造成经济损失数额在五十万元以上不满一百万元的。关于"**情节严重**",第八条规定,具有下列情形之一的,应当认定为"情节严重":(1)行贿数额在一百万元以上不满五百万元的;(2)行贿数额在五十万元以上不满一百万元,并具有该解释第七条第二款第一项至第五项规定的情形之一的;(3)其他严重的情节。第九条规定,具有下列情形之一的,应当认定为"**情节特别严重**":(1)行贿数额在五百万元以上的;(2)行贿数额在二百五十万元以上不满五百万元,并具有该解释第七条第二款第一项至第五项规定的情形之一的;(3)其他特别严重的情节。关于"**使国家利益遭受特别重大损失**",造成经济损失数额在一百万元以上不满五百万元的,应当认定为"使国家利益遭受重大损失";造成经济损失数额在五百万元以上的,应当认定为"**使国家利益遭受特别重大损失**"。

第二款是关于从重处罚情形的规定。本款规定了七种从重处罚的情形。(1)**多次行贿或者向多人行贿的**。该类行贿人往往将行贿作为谋取不正当利益的主要手段,对政治生态、法治环境、营商环境和市场规则等破坏较大,如果不予以依严查处,就会让行贿成为常态,形成劣币驱逐良币的"负面激励"效应。"多次""多人"一般是指"三次(含三次)以上""三人(含三人)以上"。对于这里的"多次",实践中要结合行为人的主观目的、对象等进行具体认定,避免单纯形式化的理解。比如基于同一请托事项对同一对象多次行贿的,不宜认定为多次行贿。(2)**国家工作人员行贿的**。国家工作人员,是指国家机关中从事公务的人员。国有公司、企业、事业单位、人民团体中从事公务的人员和国家机关、国有公司、企业、事业单位委派到非国有公司、企业、事业单位、社会团体从事公务的人员,以及其他依照法律从事公务的人员,以国家工作人员论。国家工作人员理应在遵纪守法方面发挥模范带头作用,对这类知法犯法的人员严惩查处,体现了对国家工作人员犯罪从严惩处的立法精神。(3)**在国家重点工程、重大项目中行贿的**。该类行贿行为不仅扰乱正常市场经济秩序,直接造成国家巨额经济损失,而且危害国家经济安全,影响国家工作大局,应当坚决予以查处。国家重点工程、重大项目的范围,实践中可参照国家有关部门公布或发布的国家重点工程、重大项目来认定。(4)**为谋取职务、职级晋升、调整行贿的**。通过贿赂买官的行为严重违反党的组织纪律,严重败坏政治生态,危害十分严重。此次刑法修改对吏治腐败这一现象高度关注,将为谋取职务、职级晋升、调整行贿明确规定为从重处罚情形。职务调整包括职务的平级调整，离职、退休等调整一般不宜认定为这里的职务调整。(5)**对监察、行政执法、司法工作人员行贿的**。监察工作人员依法对所有行使公权力的公职人员进行监察，调查职务违法和职务犯罪，开展廉政建设和反腐败工作，履行监督、调查、处置职责；行政执法工作人员依法履行行政许可、行政处罚、行政强制等职责；司法工作人员依法履行侦查、检察、审判、监管职责。对上述人员行贿，往往会影响案件的公正办理，损害他人的合法权益，影响法治政府、法治社会建设和群众对法律的信仰，具有更大的社会危害性，应当从重处罚。(6)**在生态环境、财政金融、安全生产、食品药品、防灾救灾、社会保障、教育、医疗等领域行贿，实施违法犯罪活动的**。该类行贿行为扰乱了相关领域的正常秩序，严重影响人民群众的获得感幸福感安全感，必须加大查处力度，推动解决一些行业的顽瘴痼疾。在这些领域通过行贿而实施新的违法犯罪行为，如向执法人员行贿以确保其污染环境的行为不受查处，说明行为人主观恶性大，具有更严重的危害性，还可能造成其他严重后果，理应从严惩处。这里的"实施违法犯罪活动"应作客观化理解，只有客观上实施了违法犯罪活动才适用该项规定。(7)**将违法所得用于行贿的**。主要是指行为人将通过实施其他违法犯罪活动获取的财物用于行贿的情况，这种情形比使用合法财产行贿的社会危害性更大。

第三款是对行贿人主动交待行贿行为从宽处理的特别规定。为了分化瓦解贿赂犯罪分子，严厉惩治受贿等犯罪，本款对行贿人主动交待行贿行为从宽处理的条件作了特别规定。由于贿赂犯罪隐蔽性很强，取证难度较大，行贿人主动交待行贿行为，实际上对受贿人的揭发检举，属于立功表现。根据本款规定，**只要行贿人有主动交待行贿行为的，就可以从轻或者减轻处罚**。这一规定与《刑法》第六十八条关于犯罪分子有揭发他人犯罪行为，查证属实的，或者提供重要线索，从而得以侦破其他案件等立功表现的，可以从轻或者减轻处罚的规定基本一致。"**被追诉前**"，是指对行贿人的行贿行为刑事立案前。根据本款规定，可以对行贿人减轻或者免除处罚的首要条件是行贿人在被追诉前主动交待行贿行为，在此前提下，**符合以下三个条件之一的，即可以对行贿人减轻或者免除处罚**：一是**犯罪情节较轻的**。如犯罪数额较少，行贿行为没有造成严重后果，偶犯，初犯等。二是**对调查突破、侦获重大案件起关键作用的**。实践中，揭发检举他人的犯罪行为或者提供重要线索，使其案件得以

破获的才算立功。但行贿犯罪有自己的特点，行贿人主动交待行贿，实际与立功的作用相近，所以本款明确，只要是行贿人主动交待行贿行为，并且对调查突破、侦破重大案件起关键作用的，就可以对行贿人减轻或者免除处罚。三是**有重大立功表现的**。这里所说的"重大立功表现"，是指《刑法》第七十八条所列的重大立功表现之一，即阻止他人重大犯罪活动的；检举监狱内外重大犯罪活动，经查证属实的；有发明创造或者重大技术革新的；在日常生产、生活中舍己救人的；在抗御自然灾害或者排除重大事故中，有突出表现的；对国家和社会有其他重大贡献的。2016年《最高人民法院、最高人民检察院关于办理贪污贿赂刑事案件适用法律若干问题的解释》第十四条规定，根据行贿罪的事实、情节，可能被判处三年有期徒刑以下刑罚的，可以认定为"**犯罪较轻**"。根据犯罪的事实、情节，已经或者可能被判处十年有期徒刑以上刑罚的，或者案件在本省、自治区、直辖市或者全国范围内有较大影响的，可以认定为"**重大案件**"。具有下列情形之一的，可以认定为"**对侦破重大案件起关键作用**"：(1)主动交待办案机关未掌握的重大案件线索的；(2)主动交待的犯罪线索不属于重大案件的线索，但该线索对于重大案件侦破有重要作用的；(3)主动交待行贿事实，对于重大案件的证据收集有重要作用的；(4)主动交待行贿事实，对于重大案件的追逃、追赃有重要作用的。

【司法解释】

《**最高人民法院、最高人民检察院关于办理行贿刑事案件具体应用法律若干问题的解释**》(法释〔2012〕22号，自2013年1月1日起施行)

△(**多次行贿；累计计算**)多次行贿未经处理的，按照累计行贿数额处罚。(§5)

△(**谋取不正当利益的行为；数罪并罚**)行贿人谋取不正当利益的行为构成犯罪的，应当与行贿犯罪实行数罪并罚。(§6)

△(**主动交待行贿行为；减轻或者免除处罚事由**)因行贿人在被追诉前主动交待行贿行为而破获相关受贿案件的，对行贿人不适用刑法第六十八条关于立功的规定，依照刑法第三百九十条第二款的规定，可以减轻或者免除处罚。(§7Ⅰ)

△(**如实供述自己罪行；从宽处罚；减轻处罚**)行贿人被追诉后如实供述自己罪行的，依照刑法第六十七条第三款的规定，可以从轻处罚；因其如实供述自己罪行，避免特别严重后果发生的，可以减轻处罚。(§8)

△(**揭发受贿人与其行贿无关的其他犯罪行为；**

立功)行贿人揭发受贿人与其行贿无关的其他犯罪行为,查证属实的,依照刑法第六十八条关于立功的规定,可以从轻、减轻或者免除处罚。(§9)

△(**缓刑和免予刑事处罚**)实施行贿犯罪,具有下列情形之一的,一般不适用缓刑和免予刑事处罚:

(一)向三人以上行贿的;
(二)因行贿受过行政处罚或者刑事处罚的;
(三)为实施违法犯罪活动而行贿的;
(四)造成严重危害后果的;
(五)其他不适用缓刑和免予刑事处罚的情形。

具有刑法第三百九十条第二款规定的情形的,不受前款规定的限制。(§10)

△(**不正当财产性利益;经营资格、资质或者职务晋升等其他不正当利益**)行贿犯罪取得的不正当财产性利益应当依照刑法第六十四条的规定予以追缴、责令退赔或者返还被害人。

因行贿犯罪取得财产性利益以外的经营资格、资质或者职务晋升等其他不正当利益,建议有关部门按照相关规定予以处理。(§11)

△(**被追诉前**)刑法第三百九十条第二款规定的"被追诉前",是指检察机关对行贿人的行贿行为刑事立案前。(§13)

《最高人民法院、最高人民检察院关于办理贪污贿赂刑事案件适用法律若干问题的解释》
(法释〔2016〕9号,自2016年4月18日起施行)

△(**行贿罪;行贿数额**)为谋取不正当利益,向国家工作人员行贿,数额在三万元以上的,应当依照刑法第三百九十条的规定以行贿罪追究刑事责任。

行贿数额在一万元以上不满三万元,具有下列情形之一的,应当依照刑法第三百九十条的规定以行贿罪追究刑事责任:

(一)向三人以上行贿的;
(二)将违法所得用于行贿的;
(三)通过行贿谋取职务提拔、调整的;
(四)向负有食品、药品、安全生产、环境保护等监督管理职责的国家工作人员行贿,实施非法活动的;
(五)向司法工作人员行贿,影响司法公正的;
(六)造成经济损失数额在五十万元以上不满一百万元的。(§7)

△(**情节严重;使国家利益遭受重大损失**)犯行贿罪,具有下列情形之一的,应当认定为刑法第三百九十条第一款规定的"情节严重"①:

(一)行贿数额在一百万元以上不满五百万元的;
(二)行贿数额在五十万元以上不满一百万元,并具有本解释第七条第二款第一项至第五项规定的情形之一的;
(三)其他严重的情节。

为谋取不正当利益,向国家工作人员行贿,造成经济损失数额在一百万元以上不满五百万元的,应当认定为刑法第三百九十条第一款规定的"使国家利益遭受重大损失"。(§8)

△(**情节特别严重;使国家利益遭受特别重大损失**)犯行贿罪,具有下列情形之一的,应当认定为刑法第三百九十条第一款规定的"情节特别严重":

(一)行贿数额在五百万元以上的;
(二)行贿数额在二百五十万元以上不满五百万元,并具有本解释第七条第二款第一项至第五项规定的情形之一的;
(三)其他特别严重的情节。

为谋取不正当利益,向国家工作人员行贿,造成经济损失数额在五百万元以上的,应当认定为刑法第三百九十条第一款规定的"使国家利益遭受特别重大损失"。(§9)

△(**犯罪较轻;重大案件;对侦破重大案件起关键作用**)根据行贿犯罪的事实、情节,可能被判处三年有期徒刑以下刑罚的,可以认定为刑法第三百九十条第二款规定的"犯罪较轻"。

根据犯罪的事实、情节,已经或者可能被判处十年有期徒刑以上刑罚的,或者案件在本省、自治区、直辖市或者全国范围内有较大影响的,可以认定为刑法第三百九十条第二款规定的"重大案件"。

具有下列情形之一的,可以认定为刑法第三百九十条第二款规定的"对侦破重大案件起关键作用":

(一)主动交待办案机关未掌握的重大案件线索的;
(二)主动交待的犯罪线索不属于重大案件的线索,但该线索对于重大案件侦破有重要作用的;
(三)主动交待行贿事实,对于重大案件的证

---

① 我国学者指出,"情节严重"乃指"因行贿谋取不正当利益"的情节严重,而不是任何情节严重。法条将"情节严重"与"使国家利益遭受重大损失""情节特别严重"与"使国家利益遭受特别重大损失"分别作为选择性要素,也能说明此点。因此,不能根据行贿数额,只能根据谋取不正当利益的情节是否严重或者特别严重,以及使国家利益受损失的程度来决定法定刑的选择。参见张明楷:《刑法学》(第6版),法律出版社2021年版,第1622页。

据收集有重要作用的;

（四）主动交待行贿事实,对于重大案件的追逃、追赃有重要作用的。（§14）

△（追缴或者责令退赔）贪污贿赂犯罪分子违法所得的一切财物,应当依照刑法第六十四条的规定予以追缴或者责令退赔。对被害人的合法财产应当及时返还。对尚未追缴到案或者尚未足额退赔的违法所得,应当继续追缴或者责令退赔。（§18）

△（罚金刑）对刑法规定并处罚金的其他贪污贿赂犯罪,应当在十万元以上犯罪数额二倍以下判处罚金。（§19Ⅱ）

【司法解释性文件】

《最高人民法院、最高人民检察院关于在办理受贿犯罪大要案的同时要严肃查处严重行贿罪分子的通知》（高检会〔1999〕1号,1999年3月4日公布）

△（法定减轻或者免除处罚事由;酌情从轻处罚事由）在查处严重行贿、介绍贿赂犯罪案件中,既要坚持从严惩处的方针,又要注意体现政策。行贿人、介绍贿赂人具有刑法第三百九十条第二款、第三百九十二条第二款规定的在被追诉前主动交代行贿、介绍贿赂犯罪情节的,依法分别可以减轻或者免除处罚;行贿人、介绍贿赂人在被追诉后如实交待行贿、介绍贿赂行为的,也可以酌情从轻处罚。（§4）

【参考案例】

No.8-389-2 袁珏行贿案

《刑法》第三百九十条第二款规定的"被追诉前"是指司法机关立案侦查之前。

No.8-393-1 成都主导科技有限责任公司、王黎单位行贿案

检察机关已经掌握行贿线索,被告人在接受调查时主动交代的,虽发生在立案之前也不属于《刑法》第三百九十条第二款中的"在被追诉前主动交待行贿行为"。

第三百九十条之一 【对有影响力的人行贿罪】

为谋取不正当利益,向国家工作人员的近亲属或者其他与该国家工作人员关系密切的人,或者向离职的国家工作人员或者其近亲属以及其他与其关系密切的人行贿的,处三年以下有期徒刑或者拘役,并处罚金;情节严重的,或者使国家利益遭受重大损失的,处三年以上七年以下有期徒刑,并处罚金;情节特别严重的,或者使国家利益遭受特别重大损失的,处七年以上十年以下有期徒刑,并处罚金。

单位犯前款罪的,对单位判处罚金,并对其直接负责的主管人员和其他直接责任人员,处三年以下有期徒刑或者拘役,并处罚金。

【立法沿革】

《中华人民共和国刑法修正案（九）》（自2015年11月1日起施行）

四十六、在刑法第三百九十条后增加一条,作为第三百九十条之一:

"为谋取不正当利益,向国家工作人员的近亲属或者其他与国家工作人员关系密切的人,或者向离职的国家工作人员或者其近亲属以及其他与其关系密切的人行贿的,处三年以下有期徒刑或者拘役,并处罚金;情节严重的,或者使国家利益遭受重大损失的,处三年以上七年以下有期徒刑,并处罚金;情节特别严重的,或者使国家利益遭受特别重大损失的,处七年以上十年以下有期徒刑,并处罚金。

"单位犯前款罪的,对单位判处罚金,并对其直接负责的主管人员和其他直接责任人员,处三年以下有期徒刑或者拘役,并处罚金。"

【条文说明】

本条是关于对有影响力的人行贿罪及其处罚的规定。

本条共分为两款。

第一款是关于向国家工作人员的近亲属及其关系密切的人行贿罪及其处罚的规定。本款规定的行贿犯罪主体是**一般主体**,行贿的对象有五类:第一类是国家工作人员的近亲属;第二类是与该国家工作人员关系密切的人;第三类是离职的国家工作人员;第四类是离职的国家工作人员的近亲属;第五类是其他与离职的国家工作人员关系密切的人。将向这五类人行贿增加规定为犯罪,主要考虑到他们与国家工作人员有着血缘关系、亲属关系,虽然有的不是亲属关系,但彼此是同学、战友、老部下、老上级或是有着某种

共同的利益关系,或是过从甚密,具有足够的影响力。所以,向上述人员行贿的行为应当受到刑事处罚。这里所说的"**近亲属**"主要是指夫、妻、父、母、子、女、同胞兄弟姐妹、祖父母、外祖父母、孙子女、外孙子女。这里所说的"**谋取不正当利益**"是指根据法律及有关政策规定不应得到的利益。这里所说的"**离职的国家工作人员**"是指曾经是国家工作人员但目前的状态是已离开国家工作人员岗位的人,包括离休、退休、辞职、辞退等情况。至于"**关系密切的人**"具体指哪些人,可由司法机关根据案件的具体情况确定,也可由司法机关依法作出司法解释。本款规定的犯罪是**行为犯**,根据本款规定,为谋取不正当利益,向上述人员行贿的,处三年以下有期徒刑或者拘役,并处罚金。对于情节严重的或者使国家利益遭受重大损失的,处三年以上七年以下有期徒刑,并处罚金。对于情节特别严重的或者使国家利益遭受特别重大损失的,处七年以上十年以下有期徒刑,并处罚金。对于本款规定的"**情节严重的或者使国家利益遭受重大损失的**"和"**情节特别严重的或者使国家利益遭受特别重大损失的**",是两个条件,具备其中之一分别适用第二档和第三档刑罚。2016年《最高人民法院、最高人民检察院关于办理贪污贿赂刑事案件适用法律若干问题的解释》第十条第二款规定,向国家工作人员的近亲属及其关系密切的人行贿罪的定罪量刑适用标准,参照该解释关于受贿罪的规定执行。

第二款是关于单位向第一款所规定的人员行贿的犯罪及其处罚的规定。本款规定的"**单位**"包括任何形式的单位。根据本款规定,单位犯前款罪的,对单位判处罚金,并对其直接负责的主管人员和其他直接责任人员,处三年以下有期徒刑或者拘役,并处罚金。2016年《最高人民法院、最高人民检察院关于办理贪污贿赂刑事案件适用法律若干问题的解释》第十条第三款规定,单位对有影响力的人行贿数额在二十万元以上的,应当对有影响力的人行贿罪追究刑事责任。需要注意的是,《刑法修正案(九)》已对《刑法》第三百九十条规定的行贿犯罪作了修改。在对行贿犯罪给予严厉惩处的同时,对行贿人在被追诉前主动交代行贿行为的,规定可以从轻或者减轻处罚。其中,犯罪较轻的,对侦破重大案件起关键作用的,或者有重大立功表现的,可以减轻或者免除处罚。这一规定是对一般行贿犯罪的规定,因此,**也应考虑适用《刑法》第三百九十条第二款的从宽处罚的规定精神**,以体现我国宽严相济的刑事政策。

【司法解释】

《最高人民法院、最高人民检察院关于办理贪污贿赂刑事案件适用法律若干问题的解释》(法释〔2016〕9号,自2016年4月18日起施行)

△(**定罪量刑适用标准;单位对有影响力的人行贿;行贿数额**)刑法第三百九十条之一规定的对有影响力的人行贿罪的定罪量刑适用标准,参照本解释关于行贿罪的规定执行。

单位对有影响力的人行贿数额在二十万元以上的,应当依照刑法第三百九十条之一的规定对有影响力的人行贿罪追究刑事责任。(§10Ⅱ、Ⅲ)

△(**追缴或者责令退赔**)贪污贿赂犯罪分子违法所得的一切财物,应当依照刑法第六十四条的规定予以追缴或者责令退赔,对被害人的合法财产应当及时返还。对尚未追缴到案或者尚未足额退赔的违法所得,应当继续追缴或者责令退赔。(§18)

△(**罚金刑**)对刑法规定并处罚金的其他贪污贿赂犯罪,应当在十万元以上犯罪数额二倍以下判处罚金。(§19Ⅱ)

【司法解释性文件】

《最高人民法院、最高人民检察院关于办理商业贿赂刑事案件适用法律若干问题的意见》(法发〔2008〕33号,2008年11月20日公布)

△(**商业贿赂;财物;财产性利益**)商业贿赂中的财物,既包括金钱和实物,也包括可以用金钱计算数额的财产性利益,如提供房屋装修、含有金额的会员卡、代币卡(券)、旅游费用等。具体数额以实际支付的资费为准。(§7)

△(**谋取不正当利益**)在行贿犯罪中,"谋取不正当利益",是指行贿人谋取违反法律、法规、规章或者政策规定的利益,或者要求对方违反法律、法规、规章、政策、行业规范的规定提供帮助或者方便条件。

在招标投标、政府采购等商业活动中,违背公平原则,给予相关人员财物以谋取竞争优势的,属于"谋取不正当利益"。(§9)

△(**贿赂;馈赠**)办理商业贿赂犯罪案件,要注意区分贿赂与馈赠的界限。主要应当结合以下因素全面分析、综合判断:(1)发生财物往来的背景,如双方是否存在亲友关系及历史上交往的情形和程度;(2)往来财物的价值;(3)财物来往的缘由、时机和方式,提供财物方对于接受方有无职务上的请托;(4)接受方是否利用职务上的便利为提供方谋取利益。(§10)

第三百九十一条 【对单位行贿罪】

为谋取不正当利益,给予国家机关、国有公司、企业、事业单位、人民团体以财物的,或者在经济往来中,违反国家规定,给予各种名义的回扣、手续费的,处三年以下有期徒刑或者拘役,并处罚金;情节严重的,处三年以上七年以下有期徒刑,并处罚金。

单位犯前款罪的,对单位判处罚金,并对其直接负责的主管人员和其他直接责任人员,依照前款的规定处罚。

【立法沿革】

《中华人民共和国刑法》(1997年修订,自1997年10月1日起施行)

第三百九十一条

为谋取不正当利益,给予国家机关、国有公司、企业、事业单位、人民团体以财物的,或者在经济往来中,违反国家规定,给予各种名义的回扣、手续费的,处三年以下有期徒刑或者拘役。

单位犯前款罪的,对单位判处罚金,并对其直接负责的主管人员和其他直接责任人员,依照前款的规定处罚。

《中华人民共和国刑法修正案(九)》(自2015年11月1日起施行)

四十七、将刑法第三百九十一条第一款修改为:

"为谋取不正当利益,给予国家机关、国有公司、企业、事业单位、人民团体以财物的,或者在经济往来中,违反国家规定,给予各种名义的回扣、手续费的,处三年以下有期徒刑或者拘役,并处罚金。"

《中华人民共和国刑法修正案(十二)》(自2024年3月1日起施行)

六、将刑法第三百九十一条第一款修改为:

"为谋取不正当利益,给予国家机关、国有公司、企业、事业单位、人民团体以财物的,或者在经济往来中,违反国家规定,给予各种名义的回扣、手续费的,处三年以下有期徒刑或者拘役,并处罚金;情节严重的,处三年以上七年以下有期徒刑,并处罚金。"

【条文说明】

本条是关于对单位行贿罪及其处罚的规定。
本条共分两款。

第一款是关于**个人向单位行贿或给予回扣、手续费及其处罚**的规定。根据本款规定,行贿的对象仅限于**国家机关、国有公司、企业、事业单位、人民团体**。构成本罪,包括**两种情形**:一是为谋取不正当利益,给予国家机关、国有公司、企业、事业单位、人民团体以财物的;二是在经济往来中,违反国家规定,给予各种名义的回扣、手续费的。本罪规定了**两档刑罚**。对构成本罪的,处三年以下有期徒刑或者拘役,并处罚金;情节严重的,处三年以上七年以下有期徒刑,并处罚金。本款原来没有情节严重的规定,《刑法修正案(十二)》增加一档情节严重的处罚规定,情节严重的,处三年以上七年以下有期徒刑,并处罚金,提高了个人对单位行贿罪的法定刑。

第二款是关于单位向单位行贿或给予回扣、手续费及其处罚的规定。这里规定的单位包括任何所有制形式的单位。依照本款的规定,单位向国家机关、国有公司、企业、事业单位、人民团体行贿的,对单位判处罚金,并对其直接负责的主管人员和其他直接责任人员,依照前款的规定处罚。本款虽然在《刑法修正案(十二)》中未明确修改,但《刑法修正案(十二)》修改了本条第一款,增加了情节严重的,处三年以上七年以下有期徒刑,并处罚金的规定,按照第二款"**依照前款的规定处罚**"的表述,第二款也适用和第一款同样的刑罚。也就是说,对单位犯罪的个人犯罪情节严重的,同样适用三年以上七年以下有期徒刑,并处罚金,也提高了单位对单位行贿罪的法定刑。

【司法解释】

《最高人民检察院关于人民检察院直接受理立案侦查案件立案标准的规定(试行)》(高检发释字〔1999〕2号,自1999年9月16日起施行)

△(对单位行贿罪;立案标准)对单位行贿罪是指为谋取不正当利益,给予国家机关、国有公司、企业、事业单位、人民团体以财物,或者在经济往来中,违反国家规定,给予上述单位各种名义的回扣、手续费的行为。

涉嫌下列情形之一的,应予立案:

1. 个人行贿数额在10万元以上、单位行贿数额在20万元以上的;

2. 个人行贿数额不满10万元,单位行贿数额在10万元以上不满20万元,但具有下列情形之一的:

(1)为谋取非法利益而行贿的;

(2) 向3个以上单位行贿的；
(3) 向党政机关、司法机关、行政执法机关行贿的；
(4) 致使国家或者社会利益遭受重大损失的。

《最高人民法院、最高人民检察院关于办理贪污贿赂刑事案件适用法律若干问题的解释》(法释〔2016〕9号，自2016年4月18日起施行)

△(**追缴或者责令退赔**)贪污贿赂犯罪分子违法所得的一切财物，应当依照刑法第六十四条的规定予以追缴或者责令退赔，对被害人的合法财产应当及时返还。对尚未追缴到案或者尚未足额退赔的违法所得，应当继续追缴或者责令退赔。(§18)

△(**罚金刑**)对刑法规定并处罚金的其他贪污贿赂犯罪，应当在十万元以上犯罪数额二倍以下判处罚金。(§19Ⅱ)

【司法解释性文件】

《最高人民法院、最高人民检察院关于办理商业贿赂刑事案件适用法律若干问题的意见》(法发〔2008〕33号，2008年11月20日公布)

△(**商业贿赂；财物；财产性利益**)商业贿赂中的财物，既包括金钱和实物，也包括可以用金钱计算数额的财产性利益，如提供房屋装修、含有金额的会员卡、代币卡(券)、旅游费用等。具体数额以实际支付的资费为准。(§7)

△(**谋取不正当利益**)在行贿犯罪中，"谋取不正当利益"，是指行贿人谋取违反法律、法规、规章或者政策规定的利益，或者要求对方违反法律、法规、规章、政策、行业规范的规定提供帮助或者方便条件。

在招标投标、政府采购等商业活动中，违背公平原则，给予相关人员财物以谋取竞争优势的，属于"谋取不正当利益"。(§9)

△(**贿赂；馈赠**)办理商业贿赂犯罪案件，要注意区分贿赂与馈赠的界限。主要应当结合以下因素全面分析，综合判断：
(1) 发生财物往来的背景，如双方是否存在亲友关系及历史上交往的情形和程度；
(2) 往来财物的价值；
(3) 财物往来的缘由、时机和方式，提供财物方对于接受方有无职务上的请托；
(4) 接受方是否利用职务上的便利为提供方谋取利益。(§10)

《最高人民检察院关于行贿罪立案标准的规定》(2000年12月22日公布)

△(**对单位行贿罪；立案标准**)对单位行贿罪是指为谋取不正当利益，给予国家机关、国有公司、企业、事业单位、人民团体以财物，或者在经济往来中，违反国家规定，给予上述单位各种名义的回扣、手续费的行为。

涉嫌下列情形之一的，应予立案：
1. 个人行贿数额在十万元以上、单位行贿数额在二十万元以上的；
2. 个人行贿数额不满十万元、单位行贿数额在十万元以上不满二十万元，但具有下列情形之一的：
(1) 为谋取非法利益而行贿的；
(2) 向三个以上单位行贿的；
(3) 向党政机关、司法机关、行政执法机关行贿的；
(4) 致使国家或者社会利益遭受重大损失的。

第三百九十二条 【介绍贿赂罪】

向国家工作人员介绍贿赂，情节严重的，处三年以下有期徒刑或者拘役，并处罚金。

介绍贿赂人在被追诉前主动交待介绍贿赂行为的，可以减轻处罚或者免除处罚。

【立法沿革】

《中华人民共和国刑法》(1997年修订，自1997年10月1日起施行)

第三百九十二条

向国家工作人员介绍贿赂，情节严重的，处三年以下有期徒刑或者拘役。

介绍贿赂人在被追诉前主动交待介绍贿赂行为的，可以减轻处罚或者免除处罚。

《中华人民共和国刑法修正案(九)》(自2015年11月1日起施行)

四十八、将刑法第三百九十二条第一款修改为：

"向国家工作人员介绍贿赂，情节严重的，处三年以下有期徒刑或者拘役，并处罚金。"

【条文说明】

本条是关于介绍贿赂罪及其处罚的规定。
本条共分为两款。

第一款是关于介绍贿赂罪及其处罚的规定。介绍贿赂罪是指在行贿人和受贿人之间进行联系、沟通，促使贿赂得以实现的犯罪行为。首先，行贿人主观上应当具有向国家工作人员介绍贿赂的故意。如果行为人主观上没有介绍贿赂的故意，即不知请托人有给付国家工作人员财物的意图，而从中帮忙联系的，即使请托人事实上暗中给予了国家工作人员财物的，该介绍人也不构成介绍贿赂罪。其次，行为人在客观上具有**介绍行贿人与受贿人沟通关系、促使行贿实现的行为**。构成介绍贿赂罪，必须达到"情节严重"的条件，根据本条规定，构成犯罪的，处三年以下有期徒刑或者拘役，并处罚金。根据1999年9月16日施行的《最高人民检察院关于人民检察院直接受理立案侦查案件立案标准的规定（试行）》的规定，介绍个人向国家工作人员行贿，数额在二万元以上的；介绍单位向国家工作人员行贿，数额在二十万元以上的；介绍贿赂数额不满上述标准，但有为使行贿人获得非法利益而介绍贿赂的；三次以上或者为三人以上介绍贿赂的；向党政领导、司法工作人员、行政执法人员介绍贿赂的，致使国家或者社会利益遭受重大损失的，**人民检察院应当立案**。

第二款是对介绍贿赂人在**被追诉前主动交待介绍贿赂行为，可以减轻或者免除处罚**的规定。介绍贿赂人在被追诉前主动交代介绍贿赂犯罪行为，实际上是检举、揭发了行贿、受贿双方的犯罪行为，对于司法机关收集证据，查明贿赂犯罪事实，惩处贿赂犯罪将起到很重要的作用，因此本款规定，介绍贿赂人在被追诉前主动交待介绍贿赂行为的，可以减轻处罚或者免除处罚。这里所说的**"被追诉前"**，根据2012年《最高人民法院、最高人民检察院关于办理行贿刑事案件具体应用法律若干问题的解释》的规定，是指对行贿人的行贿行为刑事立案前。本款对介绍贿赂罪的从宽处罚规定比《刑法》第三百九十条第二款关于行贿罪的从宽处罚规定还要宽，也就是说，介绍贿赂人在被追诉前主动交待介绍贿赂行为的，就可以依法减轻或者免除处罚，**不需要受其他犯罪较轻等情节的限制**。由于介绍贿赂是介于受贿和行贿二者之间的行为，属于牵线搭桥的人，其社会危害性较之直接行贿人轻，所以，法律对介绍贿赂犯罪的处罚比行贿犯罪的处罚轻。① 这一规定有利于固定贿赂犯罪的证据链和查处贿赂犯罪，也给介绍贿赂人一个从宽处罚和改过自新的机会。

【司法解释】

《最高人民检察院关于人民检察院直接受理立案侦查案件立案标准的规定（试行）》（高检发释字〔1999〕2号，自1999年9月16日起施行）

△（介绍贿赂罪；立案标准）介绍贿赂罪是指向国家工作人员介绍贿赂，情节严重的行为。

"介绍贿赂"是指在行贿人与受贿人之间沟通关系、撮合条件，使贿赂行为得以实现的行为。

涉嫌下列情形之一的，应予立案：

1. 介绍个人向国家工作人员行贿，数额在2万元以上的；介绍单位向国家工作人员行贿，数额在20万元以上的；

2. 介绍贿赂数额不满上述标准，但具有下列情形之一的：

（1）为使行贿人获得非法利益而介绍贿赂的；

（2）3次以上或者为3人以上介绍贿赂的；

（3）向党政领导、司法工作人员、行政执法人员介绍贿赂的；

（4）致使国家或者社会利益遭受重大损失的。

《最高人民法院、最高人民检察院关于办理贪污贿赂刑事案件适用法律若干问题的解释》（法释〔2016〕9号，自2016年4月18日起施行）

△（追缴或者责令退赔）贪污贿赂犯罪分子违法所得的一切财物，应当依照刑法第六十四条的规定予以追缴或者责令退赔，对被害人的合法财产应当及时返还。对尚未追缴到案或者尚未足额退赔的违法所得，应当继续追缴或者责令退赔。（§18）

△（罚金刑）对刑法规定并处罚金的其他贪污贿赂犯罪，应当在十万元以上犯罪数额二倍以下判处罚金。（§19Ⅱ）

---

① 我国学者指出，介绍贿赂罪的适用空间极为有限，仅限于那些情节特别轻的介绍贿赂，如定行贿或受贿罪差异很小的行为。对于情节严重、参与程度较深、介绍贿赂金额较大、受贿人为行贿人谋取重大非法利益的案件，应当认定行为人同时构成介绍贿赂罪和受贿罪的共犯，按照想象竞合犯处理。参见周光权：《刑法各论》（第4版），中国人民大学出版社2021年版，第569页。

第三百九十三条　【单位行贿罪】
单位为谋取不正当利益而行贿，或者违反国家规定，给予国家工作人员以回扣、手续费，情节严重的，对单位判处罚金，并对其直接负责的主管人员和其他直接责任人员，处三年以下有期徒刑或者拘役，并处罚金；情节特别严重的，处三年以上十年以下有期徒刑，并处罚金。因行贿取得的违法所得归个人所有的，依照本法第三百八十九条、第三百九十条的规定定罪处罚。

【立法沿革】

《中华人民共和国刑法》（1997年修订，自1997年10月1日起施行）

第三百九十三条

单位为谋取不正当利益而行贿，或者违反国家规定，给予国家工作人员以回扣、手续费，情节严重的，对单位判处罚金，并对其直接负责的主管人员和其他直接责任人员，处五年以下有期徒刑或者拘役。因行贿取得的违法所得归个人所有的，依照本法第三百八十九条、第三百九十条的规定定罪处罚。

《中华人民共和国刑法修正案（九）》（自2015年11月1日起施行）

四十九、将刑法第三百九十三条修改为：

"单位为谋取不正当利益而行贿，或者违反国家规定，给予国家工作人员以回扣、手续费，情节严重的，对单位判处罚金，并对其直接负责的主管人员和其他直接责任人员，处五年以下有期徒刑或者拘役，并处罚金。因行贿取得的违法所得归个人所有的，依照本法第三百八十九条、第三百九十条的规定定罪处罚。"

《中华人民共和国刑法修正案（十二）》（自2024年3月1日起施行）

七、将刑法第三百九十三条修改为：

"单位为谋取不正当利益而行贿，或者违反国家规定，给予国家工作人员以回扣、手续费，情节严重的，对单位判处罚金，并对其直接负责的主管人员和其他直接责任人员，处三年以下有期徒刑或者拘役，并处罚金；情节特别严重的，处三年以上十年以下有期徒刑，并处罚金。因行贿取得的违法所得归个人所有的，依照本法第三百八十九条、第三百九十条的规定定罪处罚。"

【条文说明】

本条是关于单位行贿罪及其处罚的规定。

本条有两层意思。

第一层意思是关于犯单位行贿罪的应该如何处罚。根据本条的规定，这一犯罪的主体是单位，具体包括公司、企业、事业单位、机关、团体。在行为上主要表现为单位为谋取不正当利益而行贿，或者违反国家规定，给予国家工作人员以回扣、手续费情节严重的行为。这里所说的"违反国家规定"给予回扣、手续费，是指故意违反国家有关主管机关的禁止性规定或规章制度在帐外暗中给予回扣、手续费。"情节严重"主要是指行贿或者给予"回扣""手续费"多次、多人或数额较大，或者给国家利益造成严重损失等。

考虑到单位行贿的直接责任人员是为单位利益或者受单位指使，实施了行贿行为，获得的不正当利益也未归其本人所有，因此，对其规定了相对于自然人行贿较轻的刑罚。本条规定的"情节严重"是构成本罪的必要条件，根据本条规定，单位犯行贿罪的，情节严重的，对单位判处罚金，并对其直接负责的主管人员和其他直接责任人员，处三年以下有期徒刑或者拘役，并处罚金；情节特别严重的，处三年以上十年以下有期徒刑，并处罚金。1999年《最高人民检察院关于人民检察院直接受理立案侦查案件立案标准的规定（试行）》规定，单位行贿数额在二十万以上的，单位为谋取不正当利益而行贿，数额在十万元以上不满二十万元，但是具有为谋取非法利益而行贿，向三人以上行贿的，向党政领导、司法工作人员、行政执法人员行贿的，致使国家或者社会利益遭受重大损失的，人民检察院应当立案侦查。《刑法修正案（十二）》施行后，相关的立案追诉标准和定罪量刑标准需要根据实践情况和立法精神适时予以完善。

第二层意思是如果单位行贿的直接负责的主管人员和其他直接责任人员将单位行贿而获得的违法所得归个人所有的，即以单位名义行贿，实际上得到的不正当利益个人中饱私囊的，实质上就是个人行贿行为，根据本条规定，应对直接负责的主管人员和其他直接责任人员依照《刑法》第三百八十九条、第三百九十条有关行贿罪的规定定罪处罚。对直接负责的主管人员和其他直接责任人员不是按单位犯罪处罚，而是按个人行贿罪处罚，即最高法定刑可处无期徒刑。

【司法解释】

《最高人民检察院关于人民检察院直接受理立案侦查案件立案标准的规定(试行)》(高检发释字〔1999〕2号,自1999年9月16日起施行)

△(单位行贿罪;立案标准;违法所得归个人所有)单位行贿罪是指公司、企业、事业单位、机关、团体为谋取不正当利益而行贿,或者违反国家规定,给予国家工作人员以回扣、手续费,情节严重的行为。

涉嫌下列情形之一的,应予以立案:

1. 单位行贿数额在20万元以上的;
2. 单位为谋取不正当利益而行贿,数额在10万元以上不满20万元,具有下列情形之一的:
  (1)为谋取非法利益而行贿的;
  (2)向3人以上行贿的;
  (3)向党政领导、司法工作人员、行政执法人员行贿的;
  (4)致使国家或者社会利益遭受重大损失的。
因行贿而得的违法所得归个人所有的,依照本规定关于个人行贿的规定立案,追究其刑事责任。

《最高人民法院、最高人民检察院关于办理贪污贿赂刑事案件适用法律若干问题的解释》(法释〔2016〕9号,自2016年4月18日起施行)

△(追缴或者责令退赔)贪污贿赂犯罪分子违法所得的一切财物,应当依照刑法第六十四条的规定予以追缴或者责令退赔,对被害人的合法财产应当及时返还。对尚未追缴到案或者尚未足额退赔的违法所得,应当继续追缴或者责令退赔。(§18)

△(罚金刑)对刑法规定并处罚金的其他贪污贿赂犯罪,应当在十万元以上犯罪数额二倍以下并处罚金。(§19Ⅱ)

《最高人民法院、最高人民检察院关于办理危害生产安全刑事案件适用法律若干问题的解释(二)》(法释〔2022〕19号,自2022年12月19日起施行)

△(危险作业罪;数罪并罚)因存在重大事故隐患被依法责令停产停业、停止施工、停止使用中有关设备、设施、场所或者立即采取排除危险的整改措施,有下列情形之一的,属于刑法第一百三十四条之一第二项规定的"拒不执行":

(一)无正当理由故意不执行各级人民政府或者负有安全生产监督管理职责的部门依法作出的上述行政决定、命令的;

(二)虚构重大事故隐患已经排除的事实,规避、干扰执行各级人民政府或者负有安全生产监督管理职责的部门依法作出的上述行政决定、命令的;

(三)以行贿等不正当手段,规避、干扰执行各级人民政府或者负有安全生产监督管理职责的部门依法作出的上述行政决定、命令的。

有前款第三项行为,同时构成刑法第三百八十九条行贿罪、第三百九十三条单位行贿罪等犯罪的,依照数罪并罚的规定处罚。(§3Ⅰ,Ⅱ)

【司法解释性文件】

《最高人民法院、最高人民检察院关于办理商业贿赂刑事案件适用法律若干问题的意见》(法发〔2008〕33号,2008年11月20日公布)

△(商业贿赂;财物;财产性利益)商业贿赂中的财物,既包括金钱和实物,也包括可以用金钱计算数额的财产性利益,如提供房屋装修、含有金额的会员卡、代币卡(券)、旅游费用等。具体数额以实际支付的资费为准。(§7)

△(谋取不正当利益)在行贿犯罪中,"谋取不正当利益",是指行贿人谋取违反法律、法规、规章或者政策规定的利益,或者要求对方违反法律、法规、规章、政策、行业规范的规定提供帮助或者方便条件。

在招标投标、政府采购等商业活动中,违背公平原则,给予相关人员财物以谋取竞争优势的,属于"谋取不正当利益"。(§9)

△(贿赂;馈赠)办理商业贿赂犯罪案件,要注意区分贿赂与馈赠的界限。主要应当结合以下因素全面分析、综合判断:(1)发生财物往来的背景,如双方是否存在亲友关系及历史上交往的情形和程度;(2)往来财物的价值;(3)财物往来的缘由、时机和方式,提供财物方对于接受方有无职务上的请托;(4)接受方是否利用职务上的便利为提供方谋取利益。(§10)

第三百九十四条 【贪污罪】
国家工作人员在国内公务活动或者对外交往中接受礼物，依照国家规定应当交公而不交公，数额较大的，依照本法第三百八十二条、第三百八十三条的规定定罪处罚。

【条文说明】

本条是关于国家工作人员在公务活动或者对外交往中收受礼物应当交公而不交公，按贪污罪定罪处罚的规定。

根据本条规定，国家工作人员在国内公务活动或者对外交往中接受礼物，依照国家规定应当交公而不交公，数额较大的，依照本法关于贪污罪的规定定罪处罚。这里所说的"**国内公务活动**"，主要是指在国内参加的各种与本人工作有关的公务活动。"礼物"，包括各种作为赠礼的物品、礼金、礼券等。"**依照国家有关规定应当交公而不交公**"，是指违反国家有法律、行政法规、政策文件中关于国家工作人员在国内外公务活动中接受礼物应当交公的规定。[①] 例如，国务院 1988 年发布的《国家行政机关及其工作人员在公务活动中不得赠送和接受礼品的规定》、国务院 1980 年发布的《国务院关于在对外活动中不赠礼、不受礼的决定》。**构成本罪，必须达到数额较大**。数额不大的，属于违反党纪政纪的行为，可由其所在单位或者上级主管部门以纪处分。有关"数额较大"的标准，应由司法机关根据实际情况作出司法解释。对构成本条规定的犯罪行为的，应当按照《刑法》第三百八十二条、第三百八十三条规定的贪污罪定罪处罚。

【司法解释】

《**最高人民检察院关于人民检察院直接受理立案侦查案件立案标准的规定（试行）**》（高检发释字〔1999〕2 号，自 1999 年 9 月 16 日起施行）

△（贪污罪；应当交公而不交公）国家工作人员在国内公务活动或者对外交往中接受礼物，依照国家规定应当交公而不交公，数额较大的，以贪污罪追究刑事责任。

《**最高人民法院、最高人民检察院关于办理贪污贿赂刑事案件适用法律若干问题的解释**》（法释〔2016〕9 号，自 2016 年 4 月 18 日起施行）

△（追缴或者责令退赔）贪污贿赂犯罪分子违法所得的一切财物，应当依照刑法第六十四条的规定予以追缴或者责令退赔，对被害人的合法财产应当及时返还。对尚未追缴到案或者尚未足额退赔的违法所得，应当继续追缴或者责令退赔。（§18）

△（罚金刑）对贪污罪、受贿罪判处三年以下有期徒刑或者拘役的，应当并处十万元以上五十万元以下的罚金；判处三年以上十年以下有期徒刑的，应当并处二十万元以上犯罪数额二倍以下的罚金或者没收财产；判处十年以上有期徒刑或者无期徒刑的，应当并处五十万元以上犯罪数额二倍以下的罚金或者没收财产。（§19Ⅰ）

第三百九十五条 【巨额财产来源不明罪】【隐瞒境外存款罪】
国家工作人员的财产、支出明显超过合法收入，差额巨大的，可以责令该国家工作人员说明来源，不能说明来源的，差额部分以非法所得论，处五年以下有期徒刑或者拘役；差额特别巨大的，处五年以上十年以下有期徒刑。财产的差额部分予以追缴。
国家工作人员在境外的存款，应当依照国家规定申报。数额较大、隐瞒不报的，处二年以下有期徒刑或者拘役；情节较轻的，由其所在单位或者上级主管机关酌情给予行政处分。

【立法沿革】

《**中华人民共和国刑法**》（1997 年修订，自 1997 年 10 月 1 日起施行）

第三百九十五条

国家工作人员的财产或者支出明显超过合法收入，差额巨大的，可以责令说明来源。本人不能说明其来源是合法的，差额部分以非法所得论，处五年以下有期徒刑或者拘役，财产的差额部分予

[①] 我国学者指出，本条是有关不作为形式贪污的特殊规定。需要注意的是，并非仅仅违反了收受礼品应当上交的规定，即已构成贪污罪。毋宁说，此处的"不交公"，乃经催促上交而不上交，或者采用其他积极手段隐瞒接受了礼品的事实，或者隐瞒所接受的礼品数额大小的行为。参见黎宏：《刑法学各论》（第 2 版），法律出版社 2016 年版，第 509 页。

以追缴。

国家工作人员在境外的存款，应当依照国家规定申报。数额较大、隐瞒不报的，处二年以下有期徒刑或者拘役；情节较轻的，由其所在单位或者上级主管机关酌情给予行政处分。

《中华人民共和国刑法修正案（七）》（自2009年2月28日起施行）

十四、将刑法第三百九十五条第一款修改为："国家工作人员的财产、支出明显超过合法收入，差额巨大的，可以责令该国家工作人员说明来源，不能说明来源的，差额部分以非法所得论，处五年以下有期徒刑或者拘役；差额特别巨大的，处五年以上十年以下有期徒刑。财产的差额部分予以追缴。"

【条文说明】

本条是关于巨额财产来源不明罪和隐瞒境外存款罪及其处罚的规定。

本条共分为两款。

第一款是关于**巨额财产来源不明罪及其处罚**的规定。巨额财产来源不明，是指国家工作人员的财产、支出明显超过合法收入，差额巨大，本人不能说明其来源的行为。这里所说的"**国家工作人员的财产**"，是指国家工作人员私人所有的房屋、车辆、存款、现金、股票、生活用品等。"**支出**"，是指各种消费以及其他开支。"**超过合法收入**"，是指国家工作人员的财产、支出数额，明显超过其工资、奖金、津贴以及其他依照国家规定取得的报酬的数额。

这里应说明的是，1997年刑法规定"国家工作人员的财产或者支出明显超过合法收入"，实践中，有的部门提出，这一规定是指财产和支出两项总和明显超过合法收入，还是指其中一项明显超过合法收入，不清楚。《刑法修正案（七）》对此予以明确，表述为"财产、支出明显超过合法收入"，**不仅包括财产和支出两项总和明显超过其合法收入，也包括财产或者支出其中一项明显超过合法收入的情况**。"差额巨大""差额特别巨大"的具体数额标准，有待司法机关根据实际情况作出司法解释。本条所规定的"**不能说明其来源的**"，是指行为人不能说明其支出明显超过合法收入、差额巨大的财产是如何获得的。① 这里既包括本人拒不向调查的司法机关说明，也包括"说明"的内容经调查证明是虚假的情况。②

根据本款规定，构成本罪的，处五年以下有期徒刑或者拘役，差额特别巨大的，处五年以上十年以下有期徒刑，并追缴其财产的差额部分。

本款在实际执行中应当注意，在清查、核实行为人的财产来源时，司法机关应当尽量查清其财产是通过何种非法方式取得的，如果能够查清其财产是以贪污、受贿或者其他犯罪方法取得的，应当按照贪污、受贿或者其他犯罪追究刑事责任。只有在确实无法查清其巨额财产非法来源，本人又不能说明的情况下，才应按巨额财产来源不明罪进行追究。③

第二款是关于**隐瞒境外存款罪**的规定。国家工作人员按照规定申报境外存款，也是国家工作人员财产申报制度的要求，是国家工作人员的义务。境外存款数额较大，隐瞒不报的，是一种严重的不履行义务的行为。隐瞒境外存款罪是指国家工作人员隐瞒在境外的存款④，不按照国家规定

---

① 学说上对于"不能说明来源"的解释，有论者采用区分处理的取径。如果行为人说明巨额财产系来源于一般违法行为，按照一般违法行为的证明标准查证属实，不能认定为巨额财产来源不明罪，只能按照一般违法行为进行处理。在此情形下，对**不能说明来源**作平义解释即可；相对的，如果行为人说明了巨额财产系来源于犯罪行为（行为人也完全履行了说明义务），但按照犯罪的证明标准不能查证犯罪来源不明事实。于此情形下，对"不能说明来源"应限制解释为"不能说明合法来源"。参见张明楷：《刑法学》（第6版），法律出版社2021年版，第1579页。

② 本罪中的"说明"不等于刑事诉讼中的证明，故而不要求行为人的说明达到刑事诉讼的证明程度。行为人说明后，司法机关不查证，不得对行为人认本罪论处。参见张明楷：《刑法学》（第6版），法律出版社2021年版，第1578页。

③ 学说上基本肯认此一见解。比较有争议的问题是，如果以本罪定罪量刑后，又查清巨额财产真实来源，如何处理。我国学者指出，因为巨额财产来源不明罪的处理只要求当时被告人不能说明来源，并符合其他条件就能量刑，故而，不能因为后来又查清来源之被告人就因此出来源就据此否定原判决的正确性。参见王作富主编：《刑法分则实务研究（下）》（第5版），中国方正出版社2013年版，第1716页；周光权：《刑法各论》（第4版），中国人民大学出版社2021年版，第549页。但亦有学者持反对见解，主张应通过审判监督程序撤销原判，并根据所查清的事实重新定罪量刑。主要理由在于，一方面，巨额财产来源不明罪与其他国家工作人员财产审判制度的保障法，而是贪污、受贿犯罪的兜底性职务。另一方面，本罪的保护法益和贪污、贿赂等犯罪之间没有本质上的不同；另一方面，如果不进行改判的话，不仅会引起同一数额被当作两个犯罪处理的重复评价问题，还会引发重复处罚的结果。参见黎宏：《刑法学各论》（第2版），法律出版社2016年版，第520—521页。

④ 至于国家工作人员存入中资银行在境外开设的分支机构，是否属于境外存款？我国学者指出，刑法中的"境外"，应是一个"地域"概念而非"资本"概念，应当以地域位置划分是否属于境外，而不能按照金融机构的国籍来划分是否属于境外。参见王作富主编：《刑法分则实务研究（下）》（第5版），中国方正出版社2013年版，第1718页。

申报,并且数额较大的行为。①

根据本款的规定,对犯隐瞒境外存款罪的,处二年以下有期徒刑或者拘役;情节较轻的,由其所在单位或者上级主管机关酌情给予行政处分。

【司法解释】

《最高人民检察院关于人民检察院直接受理立案侦查案件立案标准的规定(试行)》(高检发释字〔1999〕2号,自1999年9月16日起施行)

△(巨额财产来源不明罪;立案标准)巨额财产来源不明罪是指国家工作人员的财产或者支出明显超出合法收入,差额巨大,而本人又不能说明其来源是合法的行为。

涉嫌巨额财产来源不明,数额在30万元以上的,应予立案。

△(隐瞒境外存款罪;立案标准)隐瞒境外存款罪是指国家工作人员违反国家规定,故意隐瞒不报在境外的存款,数额较大的行为。

涉嫌隐瞒境外存款,折合人民币数额在30万元以上的,应予立案。

【司法解释性文件】

《全国法院审理经济犯罪案件工作座谈会纪要》(法发〔2003〕167号,2003年11月13日公布)

△(不能说明)刑法第三百九十五条第一款规定的"不能说明",包括以下情况:

(1)行为人拒不说明财产来源;
(2)行为人无法说明财产的具体来源;
(3)行为人所说的财产来源经司法机关查证并不属实;
(4)行为人所说的财产来源因线索不具体等原因,司法机关无法查实,但能排除存在来源合法的可能性和合理性的。

△(非法所得)刑法第三百九十五条规定的"非法所得",一般是指行为人的全部财产与能够认定的所有支出的总和减去能够证实的有真实来源的所得。在具体计算时,应注意以下问题:

(1)应把国家工作人员个人财产和与其共同生活的家庭成员的财产、支出等一并计算,而且一并减去他们所有的合法收入以及确属与其共同生活的家庭成员个人的非法收入。

(2)行为人所有的财产包括房产、家具、生活用品、学习用品及股票、债券、存款等动产和不动产;行为人的支出包括合法支出和不合法的支出,包括日常生活、工作、学习费用、罚款及向他人行贿的财物等;行为人的合法收入包括工资、奖金、稿酬、继承等法律和政策允许的各种收入。

(3)为了便于计算犯罪数额,对于行为人的财产和合法收入,一般可以从行为人有比较确定的收入和财产时开始计算。

第三百九十六条　【私分国有资产罪】【私分罚没财物罪】

国家机关、国有公司、企业、事业单位、人民团体,违反国家规定,以单位名义将国有资产集体私分给个人,数额较大的,对其直接负责的主管人员和其他直接责任人员,处三年以下有期徒刑或者拘役,并处或者单处罚金;数额巨大的,处三年以上七年以下有期徒刑,并处罚金。

司法机关、行政执法机关违反国家规定,将应当上缴国家的罚没财物,以单位名义集体私分给个人的,依照前款的规定处罚。

【条文说明】

本条是关于私分国有资产罪、私分罚没财物罪及其处罚的规定。

本条共分为两款。

第一款规定,构成私分国有资产罪应当具备以下几个条件:(1)犯罪主体是**国家机关、国有公司、企业、事业单位、人民团体**。(2)本罪在客观方面表现为,**违反国家规定,以单位名义将国有资产集体私分给个人**。这里所说的"**违反国家规定**",是指违反国家有关管理、使用、保护国有资产方面的法律、行政法规的规定。"**国有资产**",是指国家依法取得和认可的,或者国家以各种形式对企业投资和投资收益、国家向行政事业单位拨款等形成的资产。"**以单位名义将国有资产集体私分给个人**"是指由单位负责人决定,或者单位决策机构集体讨论决定,分给单位所有职工。如果不是分给所有职工,而是几个负责人暗中私分,则不应以本条定罪处罚,而应以贪污罪追究私分者

---

① 本罪与逃汇罪的区别,主要是结合"用于存款的外汇所有权归属"及"有无单位意志"两方面进行判断。参见王作富主编:《刑法分则实务研究(下)》(第5版),中国方正出版社2013年版,第1721页。

的刑事责任。① （3）**集体私分国有资产必须达到数额较大，才能构成犯罪**。法律对"数额较大"没有具体规定，应当由司法机关根据实际情况作出司法解释。根据1999年《最高人民检察院关于人民检察院直接受理立案侦查案件立案标准的规定（试行）》的规定，涉嫌私分国有资产，累计数额在十万元以上的，应予立案；涉嫌私分罚没财物，累计数额在十万元以上，**应予立案**。

第二款是关于私分罚没财物罪的规定，即司法机关、行政执法机关违反国家规定，将应当上缴国家的罚没财物，以单位名义集体私分给个人的，依照前款的规定处罚。这里所说的"**司法机关**"，是指人民法院、人民检察院、公安机关。"**行政执法机关**"，主要是指依照行政处罚法的规定，对公民和单位有行政处罚权的政府机关，如市场监管、税务、海关、生态环境、交通运输等政府有关行政部门。"**罚没财物**"，包括人民法院对犯罪分子判处的罚金、没收的财产；行政执行机关对违法行为给予的罚款；司法机关、行政执法机关在执法中没收违法犯罪人用于违法犯罪行为的金钱、物品及各种违法所得。

根据本条规定，单位犯私分国有资产罪的，对单位直接负责的主管人员和其他直接责任人员，处三年以下有期徒刑或者拘役，并处或者单处罚金；数额巨大的，处三年以上七年以下有期徒刑，并处罚金。

需要注意的是，私分国有资产罪和私分罚没款物罪均为单位犯罪，前罪的主体是国家机关、国有公司、企业、事业单位、人民团体；后罪的主体是司法机关和行政执法机关。对于国有企业、公司违反国家规定，在改制过程中隐匿公司、企业财产，转为企业职工集体持股的改制后公司、企业所有的，对其直接负责的主管人员和其他直接责任人员，依照私分国有资产罪定罪处罚。改制后的公司、企业中只有改制前公司、企业的管理人员或者少数职工持股，改制前公司、企业的多数职工未持股的，则应当依照贪污罪定罪处罚。

【司法解释】

《最高人民检察院关于人民检察院直接受理立案侦查案件立案标准的规定（试行）》（高检发释字〔1999〕2号，自1999年9月16日起施行）

△（**私分国有资产罪；立案标准**）私分国有资产罪是指国家机关、国有公司、企业、事业单位、人民团体，违反国家规定，以单位名义将国有资产集体私分给个人，数额较大的行为。

涉嫌私分国有资产，累计数额在10万元以上的，应予立案。

△（**私分罚没财物罪；立案标准**）私分罚没财物罪是指司法机关、行政执法机关违反国家规定，将应当上缴国家的罚没财物，以单位名义集体私分给个人的行为。

涉嫌私分罚没财物，累计数额在10万元以上，应予立案。

《**最高人民法院、最高人民检察院关于办理贪污贿赂刑事案件适用法律若干问题的解释**》（法释〔2016〕9号，自2016年4月18日起施行）

△（**追缴或者责令退赔**）贪污贿赂犯罪分子违法所得的一切财物，应当依照刑法第六十四条的规定予以追缴或者责令退赔，对被害人的合法财产应当及时返还。对尚未追缴到案或者尚未足额退赔的违法所得，应当继续追缴或者责令退赔。（§18）

△（**罚金刑**）对刑法规定并处罚金的其他贪污贿赂犯罪，应当在十万元以上犯罪数额二倍以下判处罚金。（§19Ⅱ）

【司法解释性文件】

《**最高人民法院、最高人民检察院关于办理国家出资企业中职务犯罪案件具体应用法律若干问题的意见**》（法发〔2010〕49号，2010年11月26日公布）

△（**国家出资企业改制；隐匿公司、企业财产；转为职工集体持股的改制后公司、企业所有**）国有公司、企业违反国家规定，在改制过程中隐匿公司、企业财产，转为职工集体持股的改制后公司、企业所有的，对其直接负责的主管人员和其他直接责任人员，依照刑法第三百九十六条第一款的规定，以私分国有资产罪定罪处罚。

改制后的公司、企业中只有改制前公司、企业的管理人员或者少数职工持股，改制前公司、企业的多数职工未持股的，依照本意见第一条的规定，以贪污罪定罪处罚。（§2）

△（**宽严相济刑事政策**）办理国家出资企业中的职务犯罪案件时，要综合考虑历史条件、企业发展、职工就业、社会稳定等因素，注意具体情况

---

① 我国学者指出，私分国有资产罪与贪污罪的法定刑相差较大。造成两罪法定刑差异的原因，并不是贪污罪与私分国有资产罪在不法程度上有所差异，而在于责任层面的非难可能性。只有当行为人出于相对公平的利他动机，并且对国有资产进行相对公平的私分时，才能认定为私分国有资产罪。参见张明楷：《刑法学》（第6版），法律出版社2021年版，第1576页。

具体分析,严格把握犯罪与一般违规行为的区分界限。对于主观恶意明显、社会危害严重、群众反映强烈的严重犯罪,要坚决依法从严惩处;对于特定历史条件下、为了顺利完成企业改制而实施的违反国家政策法律规定的行为,行为人无主观恶意或者主观恶意不明显,情节较轻,危害不大的,可以不作为犯罪处理。

对于国家出资企业中的职务犯罪,要加大经济上的惩罚力度,充分重视财产刑的适用和执行,最大限度地挽回国家和人民利益遭受的损失。不能退朧的,在决定刑罚时,应当作为重要情节予以考虑。(§8)

【参考案例】

No.8-396(1)-1 张经良等人私分国有资产案

国有事业单位的内设部门,应当认定为刑法规定的单位。

No.8-396(1)-2 张经良等人私分国有资产案

国有单位内设机构在对外开展业务中,截留公款并按照一定比例将公款私分给全体人员或者绝大多数成员的,应以私分国有资产罪论处。

No.8-396(1)-3 李祖清等被控贪污案

国家工作人员采用抬高收费标准、搭车收费、截留应缴奖金等手段设立小金库,并以年终福利名义进行私分的,以私分国有资产罪论处。

No.8-396(1)-4 李祖清等被控贪污案

行政事业单位违反行政法规,滥用职权而乱收费、乱摊派、乱罚款所得的款项,应当认定为国有资产;对此予以私分的,应以私分国有资产罪论处。①

No.8-396(1)-5 张金康等私分国有资产案

区分私分国有资产行为与超标准、越范围发放奖金、福利等一般财经违纪行为的标准是:依照《刑法》关于私分国有资产罪的规定,结合是否违反国家规定和数额是否较大两个方面的要件来加以把握。

No.8-396(1)-6 徐国桢等私分国有资产案

私分国有资产罪仅能由国家机关、国有公司、企业、事业单位、人民团体等单位构成,自然人可以构成私分国有资产罪的共犯,但应当从轻或减轻处罚。

No.8-396(1)-7 工商银行神木支行、童某等国有公司人员滥用职权案

私分国有资产罪的"国有公司、企业"仅限于国有独资公司、企业,国有控股、参股公司、企业不属于私分国有资产罪中的"国有公司、企业"。

No.8-396(1)-8 佟茂华、牛玉杰私分国有资产,佟茂华挪用公款、受贿案

在企业改制期间隐匿国有资产,转为国家参股、众多经营管理人员和职工持股的改制后企业的行为,应当以私分国有资产罪论处。

No.8-396(1)-11 林财私分国有资产案

国有企业改制过程中隐匿公司财产,转为其个人和部分职工持股的改制后公司所有的行为,应当综合考虑国企改制的特殊背景及个别企业的特殊性,不能以经营层控股、经营者持大股就简单地否定企业为职工集体持股。

No.8-396(1)-12 林财私分国有资产案

行政划拨的出租车营运牌照等无形资产亦属于国有资产范围。

---

① 我国学者指出,司法机关、行政机关在对公民、法人进行没收、罚款时,虽然存在法律上的根据,但在程序上存在瑕疵或者严重违法,衍争制定为私分罚没财物的犯罪对象。司法机关、行政机关既不制作处罚决定书,也不开具收据或者出具的是非法定部门制发的罚没单据,以单位名义,巧立名目乱收乱罚所得的"罚没财物",亦是如此。参见王作富主编:《刑法分则实务研究(下)》(第5版),中国方正出版社2013年版,第1721页。

此外,亦有学者指出,按照相关法律,罚没财物必须上缴国库,不允许司法机关、行政机关据为己有,因此,罚没财物实际上也是属于国家的。私分罚没财物的行为实际上也是私分国有资产的行为。但既然刑法将私分罚没财物的行为单独规定出来,按照特殊法优于普通法的原则,对私分罚没财物的行为应当按照私分国有资产罪处理。参见黎宏:《刑法学各论》(第2版),法律出版社2016年版,第522页;周光权:《刑法各论》(第4版),中国人民大学出版社2021年版,第551页。

第九章 渎职罪

第三百九十七条 【滥用职权罪】【玩忽职守罪】
国家机关工作人员滥用职权或者玩忽职守，致使公共财产、国家和人民利益遭受重大损失的，处三年以下有期徒刑或者拘役；情节特别严重的，处三年以上七年以下有期徒刑。本法另有规定的，依照规定。
国家机关工作人员徇私舞弊，犯前款罪的，处五年以下有期徒刑或者拘役；情节特别严重的，处五年以上十年以下有期徒刑。本法另有规定的，依照规定。

【单行刑法】

《全国人民代表大会常务委员会关于惩治骗购外汇、逃汇和非法买卖外汇犯罪的决定》(1998年12月29日通过)

△（骗购外汇、逃汇）海关、外汇管理部门的工作人员严重不负责任，造成大量外汇被骗购或者逃汇，致使国家利益遭受重大损失的，依照刑法第三百九十七条的规定定罪处罚。

【立法解释】

《全国人民代表大会常务委员会关于〈中华人民共和国刑法〉第九章渎职罪主体适用问题的解释》(2002年12月28日通过)

△（渎职罪主体）在依照法律、法规规定行使国家行政管理职权的组织中从事公务的人员，或者在受国家机关委托代表国家机关行使职权的组织中从事公务的人员，或者虽未列入国家机关人员编制但在国家机关中从事公务的人员，在代表国家机关行使职权时，有渎职行为，构成犯罪的，依照刑法关于渎职罪的规定追究刑事责任。[①]

【条文说明】

本条是关于滥用职权罪、玩忽职守罪及其处罚的规定。

本条共分为两款。

第一款是关于滥用职权罪和玩忽职守罪及其处罚的规定。

本条规定的"**滥用职权罪**"，是指国家机关工作人员超越职权，违法决定、处理其无权决定、处理的事项，或者违反规定处理公务，致使公共财产、国家和人民利益遭受重大损失的犯罪。"**玩忽职守罪**"，是指国家机关工作人员严重不负责任，不履行或者不认真履行其职责，致使公共财产、国家和人民利益遭受重大损失的犯罪。滥用职权行为和玩忽职守行为是渎职犯罪中最典型的两种行为，两种行为的构成要件，除客观方面不一样以外，其他均相同，在实践中正确认定和区分这两种犯罪具有重要意义。

滥用职权罪和玩忽职守罪具有以下共同特征：

1. 滥用职权罪和玩忽职守罪侵犯的客体均是国家机关的正常管理活动。虽然滥用职权和玩忽职守行为往往还同时侵犯了公民权利或者社会秩序，但两罪所侵犯的主要客体还是国家机关的正常管理活动。因为滥用职权罪和玩忽职守罪从其引起的后果看可能侵犯了公民的人身权利，引起人身伤亡，或者致使公共财产、国家和人民财产遭受重大损失，但这些都属于这两种罪的社会危害性的客观表现，其本质仍然属于侵犯了国家机关的正常管理活动。

2. 两罪的犯罪主体均为**国家机关工作人员**。这里所称"国家机关工作人员"，是指在国家机关中从事公务的人员。"国家机关"，是指国家权力机关、行政机关、监察机关、司法机关、军事机关。2002年12月28日第九届全国人大常委会第三十一次会议通过了《全国人民代表大会常务委员会关于〈中华人民共和国刑法〉第九章渎职罪主体适用问题的解释》，根据该解释的规定，下列人员

[①] 行为人是否属于国家机关工作人员，并非取决于固定身份，而是所从事活动的内容及其根据。参见张明楷：《刑法学》(第6版)，法律出版社2021年版，第1629页。

在代表国家机关行使职权时,有渎职行为构成犯罪的,也依照刑法关于渎职罪的规定追究刑事责任:(1)在依照法律、法规规定行使国家行政管理职权的组织中从事公务的人员;(2)在受国家机关委托代表国家机关行使职权的组织中从事公务的人员;(3)虽未列入国家机关人员编制但在国家机关中从事公务的人员。

3. 滥用职权和玩忽职守的行为只有"**致使公共财产、国家和人民利益遭受重大损失**"的,才能构成犯罪。是否造成"重大损失"是区分罪与非罪的重要标准,未造成重大损失的,属于一般工作过失的渎职行为,可以由有关部门给予批评教育或者处分。

滥用职权罪与玩忽职守罪在客观方面有明显的不同:滥用职权罪客观方面表现为违反或者超越法律规定的权限和程序而使用手中的职权,致使公共财产、国家和人民利益遭受重大损失的行为。滥用职权的行为,必须是行为人手中有"权",并且滥用权力与危害结果有直接的因果关系,如果行为人手中并无此权力,或者虽然有权但行使权力与危害结果之间没有直接的因果关系,则不能构成本罪,而应当按照其他规定处理。玩忽职守罪客观方面表现为不履行、不正确履行或者放弃履行职责,致使公共财产、国家和人民利益遭受重大损失的行为。玩忽职守的行为,必须是违反国家的工作纪律和规章制度的行为,通常表现是工作马虎草率,极端不负责任;或是放弃职守,对自己应当负责的工作撒手不管,等等。①

根据本款规定,国家机关工作人员犯滥用职权罪和玩忽职守罪的,处三年以下有期徒刑或者拘役;情节特别严重的,处三年以上七年以下有期徒刑。根据《最高人民法院、最高人民检察院关于办理渎职刑事案件适用法律若干问题的解释(一)》第一条的规定,国家机关工作人员滥用职权或者玩忽职守,具有下列情形之一的,应当认定为本条规定的"**致使公共财产、国家和人民利益遭受重大损失**":(1)造成死亡一人以上,或者重伤三人以上,或者轻伤九人以上,或者重伤二人、轻伤三人以上,或者重伤一人、轻伤六人以上的;(2)造成经济损失三十万元以上的;(3)造成恶劣社会影响的;(4)其他致使公共财产、国家和人民利益遭受重大损失的情形。具有下列情形之一的,应当认定为本条规定的"**情节特别严重**":(1)造成伤亡达到前款第(1)项规定人数三倍以上的;(2)造成经济损失一百五十万元以上的;(3)造成前款规定的损失后果,不报、迟报、谎报或者授意、指使、强令他人不报、迟报、谎报事故情况,致使损失后果持续、扩大或者抢救工作延误的;(4)造成特别恶劣社会影响的;(5)其他特别严重的情节。

本款还规定,"**本法另有规定的,依照规定**",这是指除本条的一般规定外,刑法规定的其他犯罪中也有滥用职权和玩忽职守的情况,对于本法另有特别规定的,适用特别规定,而不按本条定罪处罚。② 例如,本法第四百三条关于国家有关主管部门的国家机关工作人员,对不符合法律规定条件的公司设立、登记申请或者股票、债券发行、上市申请,予以批准或者登记的滥用职权的规定;第四百条第二款关于司法工作人员由于玩忽职守的行为,致使在押的犯罪嫌疑人、被告人或者罪犯脱逃的规定,等等。

第二款是关于**国家机关工作人员徇私舞弊,犯第一款罪如何处罚**的规定。国家机关工作人员担负着管理国家事务的职责,必须秉公执法,任何徇私舞弊的行为都应当予以惩处。这里的"**徇私舞弊**",是指为个人私利或者亲友私情的行为。由于这种行为是从个人利益出发,置国家利益于不顾,所以主观恶性要比第一款的规定严重,本款规定了较重的处罚,即对行为人处五年以下有期徒刑或者拘役;情节特别严重的,处五年以上十年以下有期徒刑。另外,本款同时也规定了"本法另有规定的,依照规定",对此理解也应与第一款的理解相同。

另外,1998年,针对当时骗购外汇,非法截留、转移和买卖外汇活动十分猖獗的情况,为了有力打击骗汇、逃汇、非法买卖外汇的违法犯罪行为,保持人民币汇率的稳定,有效防范金融风险,《全国人民代表大会常务委员会关于惩治骗购外汇、逃汇和非法买卖外汇犯罪的决定》对刑法加以

---

① 我国学者指出,玩忽职守罪是过失犯罪,滥用职权罪是与之对应的故意犯罪。故意与过失是位阶关系,而不是对立关系。换言之,可以将故意评价为过失,但不能将过失评价为故意。参见张明楷:《刑法学》(第6版),法律出版社2021年版,第1644页。

② 另外,如果行为按照特别法条不能构成犯罪,是否因此排斥普通法条的适用,学说上尚未存在定见。对此,否定论者认为,当一个行为不符合特别法条规定的构成要件事实要素时,一方面不能继续用特别法条的用语归纳案件事实,另一方面要判断该行为是否符合普通法条规定的构成要件。故而,《刑法》第三百九十七条中的"另有规定"并不是关于不构成犯罪的规定,而是另有的关于罪状与法定刑的规定;"依照规定"则不包含"依照规定不定罪处理"的意思。参见张明楷:《刑法学》(第6版),法律出版社2021年版,第1364页。

补充并作出立法解释性的规定。该决定第六条规定，海关、外汇管理部门的工作人员严重不负责任，造成大量外汇被骗购或者逃汇，致使国家利益遭受重大损失的，依照本条的规定定罪处罚。

实践中执行本条规定应当注意以下两个方面的问题：

1. 在主客观两方面准确把握构成犯罪的条件。在主观方面，滥用职权罪的行为人在主观上明知自己违反或者超越了法定权限，玩忽职守罪的行为人在主观上存在疏忽大意或者过于自信的过失。如果主观上没有过错，只是由于业务水平低下，工作能力不高造成失误的，不构成本条规定的犯罪。在客观方面，构成滥用职权罪和玩忽职守罪都要求致使公共财产、国家和人民利益遭受重大损失。如果没有造成重大损失，即使行为人主观上有过错，也不构成本条规定的犯罪。

2. 准确把握本条规定与其他渎职罪规定的关系。本条是《刑法》分则第九章"渎职罪"中关于国家机关工作人员滥用职权、玩忽职守罪的一般性规定。本章其他关于特定国家机关工作人员滥用职权、玩忽职守的专门规定，与本条是**一般规定与特别规定的关系**。其他条款已经作了专门规定的，应当适用该特别规定；对国家机关工作人员滥用职权、玩忽职守的行为，刑法没有专门规定为特别犯罪的，应当依照本条的规定追究。

【司法解释】

《最高人民检察院关于人民检察院直接受理立案侦查案件立案标准的规定（试行）》（高检发释字〔1999〕2号，自1999年9月16日起施行）

△（滥用职权罪：立案标准）滥用职权罪是指国家机关工作人员超越职权，违法决定、处理其无权决定、处理的事项，或者违反规定处理公务，致使公共财产、国家和人民利益遭受重大损失的行为。

涉嫌下列情形之一的，应予立案：

1. 造成死亡1人以上，或者重伤2人以上，或者轻伤5人以上的；
2. 造成直接经济损失20万元以上的；
3. 造成有关公司、企业等单位停产、严重亏损、破产的；
4. 严重损害国家声誉，或者造成恶劣社会影响的；
5. 其他致使公共财产、国家和人民利益遭受重大损失的情形；
6. 徇私舞弊，具有上述情形之一的。

△（玩忽职守罪：立案标准）玩忽职守罪是指国家机关工作人员严重不负责任，不履行或者不认真履行职责，致使公共财产、国家和人民利益遭受重大损失的行为。

涉嫌下列情形之一的，应予立案：

1. 造成死亡1人以上，或者重伤3人以上，或者轻伤10人以上的；
2. 造成直接经济损失30万元以上的，或者直接经济损失不满30万元，但间接经济损失超过100万元的；
3. 徇私舞弊，造成直接经济损失20万元以上的；
4. 造成有关公司、企业等单位停产、严重亏损、破产的；
5. 严重损害国家声誉，或者造成恶劣社会影响的；
6. 海关、外汇管理部门的工作人员严重不负责任，造成巨额外汇被骗或者逃汇的；
7. 其他致使公共财产、国家和人民利益遭受重大损失的情形；
8. 徇私舞弊，具有上述情形之一的。

《最高人民检察院关于企业事业单位的公安机构在机构改革过程中其工作人员能否构成渎职侵权犯罪主体问题的批复》（高检发释字〔2002〕3号，自2002年5月16日起施行）

△（企业事业单位的公安机构；尚未列入公安机关建制）企业事业单位的公安机构在机构改革过程中虽尚未列入公安机关建制，其工作人员在行使侦查职责时，实施渎职侵权行为的，可以成为渎职侵权犯罪的主体。

《最高人民法院、最高人民检察院关于办理妨害预防、控制突发传染病疫情等灾害的刑事案件具体应用法律若干问题的解释》（法释〔2003〕8号，自2003年5月15日起施行）

△（预防、控制突发传染病疫情等灾害；滥用职权罪；玩忽职守罪）在预防、控制突发传染病疫情等灾害的工作中，负有组织、协调、指挥、灾害调查、控制、医疗救治、信息传递、交通运输、物资保障等职责的国家机关工作人员，滥用职权或者玩忽职守，致使公共财产、国家和人民利益遭受重大损失的，依照刑法第三百九十七条的规定，以滥用职权罪或者玩忽职守罪定罪处罚。（§15）

△（自首、立功等悔罪表现）人民法院、人民检察院办理有关妨害预防、控制突发传染病疫情等灾害的刑事案件，对于有自首、立功等悔罪表现的，依法从轻、减轻、免除处罚或者依法作出不起诉决定。（§17）

《最高人民法院、最高人民检察院关于办理非法制造、买卖、运输、储存毒鼠强等禁用剧毒化学

品刑事案件具体应用法律若干问题的解释》(法释〔2003〕14号,自2003年10月1日起施行)

△(毒鼠强等禁用剧毒化学品;查处职责;滥用职权罪;玩忽职守罪)对非法制造、买卖、运输、储存毒鼠强等禁用剧毒化学品行为负有查处职责的国家机关工作人员,滥用职权或者玩忽职守,致使公共财产、国家和人民利益遭受重大损失的,依照刑法第三百九十七条的规定,以滥用职权罪或者玩忽职守罪追究刑事责任。(§4)

《最高人民检察院关于渎职侵权犯罪案件立案标准的规定》(高检发释字〔2006〕2号,自2006年7月26日起施行)

△(滥用职权罪;立案标准)滥用职权罪是指国家机关工作人员超越职权,违法决定、处理其无权决定、处理的事项,或者违反规定处理公务,致使公共财产、国家和人民利益遭受重大损失的行为。

涉嫌下列情形之一的,应予立案:

1. 造成死亡1人以上,或者重伤2人以上,或者重伤1人、轻伤3人以上,或者轻伤5人以上的;

2. 导致10人以上严重中毒的;

3. 造成个人财产直接经济损失10万元以上,或者直接经济损失不满10万元,但间接经济损失50万元以上的;

4. 造成公共财产或者法人、其他组织财产直接经济损失20万元以上,或者直接经济损失不满20万元,但间接经济损失100万元以上的;

5. 虽未达到3、4两项数额标准,但3、4两项合计直接经济损失20万元以上,或者合计直接经济损失不满20万元,但合计间接经济损失100万元以上的;

6. 造成公司、企业等单位停业、停产6个月以上,或者破产的;

7. 弄虚作假,不报、缓报、谎报或者授意、指使、强令他人不报、缓报、谎报情况,导致重特大事故危害结果继续、扩大,或者致使抢救、调查、处理工作延误的;

8. 严重损害国家声誉,或者造成恶劣社会影响的;

9. 其他致使公共财产、国家和人民利益遭受重大损失的情形。

国家机关工作人员滥用职权,符合刑法第九章所规定的特殊渎职罪构成要件的,按照该特殊规定追究刑事责任;主体不符合刑法第九章所规定的特殊渎职罪的主体要件,但滥用职权涉嫌前款第1项至第9项规定情形之一的,按照刑法第397条的规定以滥用职权罪追究刑事责任。

△(玩忽职守罪;立案标准)玩忽职守罪是指国家机关工作人员严重不负责任,不履行或者不认真履行职责,致使公共财产、国家和人民利益遭受重大损失的行为。

涉嫌下列情形之一的,应予立案:

1. 造成死亡1人以上,或者重伤3人以上,或者重伤2人、轻伤4人以上,或者重伤1人、轻伤7人以上,或者轻伤10人以上的;

2. 导致20人以上严重中毒的;

3. 造成个人财产直接经济损失15万元以上,或者直接经济损失不满15万元,但间接经济损失75万元以上的;

4. 造成公共财产或者法人、其他组织财产直接经济损失30万元以上,或者直接经济损失不满30万元,但间接经济损失150万元以上的;

5. 虽未达到3、4两项数额标准,但3、4两项合计直接经济损失30万元以上,或者合计直接经济损失不满30万元,但合计间接经济损失150万元以上的;

6. 造成公司、企业等单位停业、停产1年以上,或者破产的;

7. 海关、外汇管理部门的工作人员严重不负责任,造成100万美元以上外汇被骗购或者逃汇1000万美元以上的;

8. 严重损害国家声誉,或者造成恶劣社会影响的;

9. 其他致使公共财产、国家和人民利益遭受重大损失的情形。

国家机关工作人员玩忽职守,符合刑法第九章所规定的特殊渎职罪构成要件的,按照该特殊规定追究刑事责任;主体不符合刑法第九章所规定的特殊渎职罪的主体要件,但玩忽职守涉嫌前款第1项至第9项规定情形之一的,按照刑法第397条的规定以玩忽职守罪追究刑事责任。

《最高人民法院、最高人民检察院关于办理盗窃油气、破坏油气设备等刑事案件具体应用法律若干问题的解释》(法释〔2007〕3号,自2007年1月19日起施行)

△(盗窃油气、破坏油气设备;滥用职权罪;玩忽职守罪)国家机关工作人员滥用职权或者玩忽职守,实施下列行为之一,致使公共财产、国家和人民利益遭受重大损失的,依照刑法第三百九十七条的规定,以滥用职权罪或者玩忽职守罪定罪处罚:

(一)超越职权范围,批准发放石油、天然气勘查、开采、加工、经营等许可证的;

（二）违反国家规定，给不符合法定条件的单位、个人发放石油、天然气勘查、开采、加工、经营等许可证的；

（三）违反《石油天然气管道保护条例》等国家规定，在油气设备安全保护范围内批准建设项目的；

（四）对发现或者经举报查实的未经依法批准、许可擅自从事石油、天然气勘查、开采、加工、经营等违法活动不予查封、取缔的。（§7）

《最高人民法院、最高人民检察院关于办理与盗窃、抢劫、诈骗、抢夺机动车相关刑事案件具体应用法律若干问题的解释》（法释〔2007〕11号，自2007年5月11日起施行）

△**(盗窃、抢劫、诈骗、抢夺的机动车；办理登记手续；情节特别严重；滥用职权罪；玩忽职守罪)** 国家机关工作人员滥用职权，有下列情形之一，致使盗窃、抢劫、诈骗、抢夺的机动车被办理登记手续，数量达到三辆以上或者价值总额达到三十万元以上的，依照刑法第三百九十七条第一款的规定，以滥用职权罪定罪，处三年以下有期徒刑或者拘役：

（一）明知是登记手续不全或者不符合规定的机动车而办理登记手续的；

（二）指使他人为明知是登记手续不全或不符合规定的机动车办理登记手续的；

（三）违规或者指使他人违规更改、调换车辆档案的；

（四）其他滥用职权的行为。

国家机关工作人员疏于审查或者审查不严，致使盗窃、抢劫、诈骗、抢夺的机动车被办理登记手续，数量达到五辆以上或者价值总额达到五十万元以上的，依照刑法第三百九十七条第一款的规定，以玩忽职守罪定罪，处三年以下有期徒刑或者拘役。

国家机关工作人员实施前两款规定的行为，致使盗窃、抢劫、诈骗、抢夺的机动车被办理登记手续，分别达到前两款规定数量、数额标准五倍以上的，或者明知是盗窃、抢劫、诈骗、抢夺的机动车而办理登记手续的，属于刑法第三百九十七条第一款规定的"情节特别严重"，处三年以上七年以下有期徒刑。

国家机关工作人员徇私舞弊，实施上述行为，构成犯罪的，依照刑法第三百九十七条第二款的规定定罪处罚。（§3）

△**(事前通谋；盗窃罪、抢劫罪、诈骗罪、抢夺罪的共犯)** 实施本解释第一条、第二条、第三条第一款或者第三款规定的行为，事前与盗窃、抢劫、诈骗、抢夺机动车的犯罪分子通谋的，以盗窃罪、抢劫罪、诈骗罪、抢夺罪的共犯论处。（§4）

△**(明知)** 行为人实施本解释第一条、第三条第三款规定的行为，涉及的机动车有下列情形之一的，应当认定行为人主观上属于上述条款所称"明知"：

（一）没有合法有效的来历凭证；

（二）发动机号、车辆识别代号有明显更改痕迹，没有合法证明的。（§6）

《最高人民检察院关于对林业主管部门工作人员在发放林木采伐许可证之外滥用职权玩忽职守致使森林遭受严重破坏的行为适用法律问题的批复》（高检发释字〔2007〕1号，自2007年5月16日起施行）

△**(林业主管部门工作人员；致使森林遭受严重破坏)** 林业主管部门工作人员违法发放林木采伐许可证，致使森林遭受严重破坏的，依照刑法第四百零七条的规定，以违法发放林木采伐许可证罪追究刑事责任；以其他方式滥用职权或者玩忽职守，致使森林遭受严重破坏的，依照刑法第三百九十七条的规定，以滥用职权罪或者玩忽职守罪追究刑事责任，立案标准依照《最高人民检察院关于渎职侵权犯罪案件立案标准的规定》第一部分渎职犯罪案件第十八条第三款的规定执行。

《最高人民法院、最高人民检察院关于办理渎职刑事案件适用法律若干问题的解释(一)》（法释〔2012〕18号，自2013年1月9日起施行）

△**(致使公共财产、国家和人民利益遭受重大损失)** 国家机关工作人员滥用职权或者玩忽职守，具有下列情形之一的，应当认定为刑法第三百九十七条规定的"致使公共财产、国家和人民利益遭受重大损失"：

（一）造成死亡1人以上，或者重伤3人以上，或者轻伤9人以上，或者重伤2人、轻伤3人以上，或者重伤1人、轻伤6人以上的；

（二）造成经济损失30万元以上的；

（三）造成恶劣社会影响的；

（四）其他致使公共财产、国家和人民利益遭受重大损失的情形。

具有下列情形之一的，应当认定为刑法第三百九十七条规定的"情节特别严重"：

（一）造成伤亡达到前款第（一）项规定人数3倍以上的；

（二）造成经济损失150万元以上的；

（三）造成前款规定的损失后果，不报、迟报、谎报或者授意、指使、强令他人不报、迟报、谎报事

故情况,致使损失后果持续、扩大或者抢救工作延误的;

(四)造成特别恶劣社会影响的;

(五)其他特别严重的情形。(§1)

△(竞合)国家机关工作人员实施滥用职权或者玩忽职守犯罪行为,触犯刑法分则第九章第三百九十八条至第四百一十九条规定的,依照该规定定罪处罚。

国家机关工作人员滥用职权或者玩忽职守,因不具备徇私舞弊等情形,不符合刑法分则第九章第三百九十八条至第四百一十九条的规定,但依法构成第三百九十七条规定的犯罪的,以滥用职权罪或者玩忽职守罪定罪处罚。(§2)

△(受贿罪;数罪并罚)国家机关工作人员实施渎职犯罪并收受贿赂,同时构成受贿罪的,除刑法另有规定外,以渎职犯罪和受贿罪数罪并罚。(§3)

△(与他人共谋;想象竞合犯;数罪并罚)国家机关工作人员与他人共谋,利用其职务行为帮助他人实施其他犯罪行为,同时构成渎职犯罪和共谋实施的其他犯罪共犯的,依照处罚较重的规定定罪处罚。

国家机关工作人员与他人共谋,既利用其职务行为帮助他人实施其他犯罪,又以非职务行为与他人共同实施该其他犯罪行为,同时构成渎职犯罪和共谋实施的其他犯罪的,依照数罪并罚的规定定罪处罚。(§4Ⅱ、Ⅲ)

△(指使、授意、强令其他国家机关工作人员;以"集体研究"形式实施渎职犯罪)国家机关负责人员违法决定,或者指使、授意、强令其他国家机关工作人员违法履行职务或者不履行职务,构成刑法分则第九章规定的渎职犯罪的,应当依法追究刑事责任。

以"集体研究"形式实施的渎职犯罪,应当依照刑法分则第九章的规定追究国家机关负有责任的人员的刑事责任。对于具体执行人员,应当在综合认定其行为性质、是否提出反对意见、危害结果大小等情节的基础上决定是否追究刑事责任和应当判处的刑罚。(§5)

△(追诉期限之计算;危害结果)以危害结果为条件的渎职犯罪的追诉期限,从危害结果发生之日起计算①;有数个危害结果的,从最后一个危害结果发生之日起计算。(§6)

△(依法或者受委托行使国家行政管理职权的公司、企业、事业单位)依法或者受委托行使国家行政管理职权的公司、企业、事业单位的工作人员,在行使行政管理职权时滥用职权或者玩忽职守,构成犯罪的,应当依照《全国人民代表大会常务委员会关于〈中华人民共和国刑法〉第九章渎职罪主体适用问题的解释》的规定,适用渎职罪的规定追究刑事责任。(§7)

△(经济损失";无法实现的债权部分;酌定从轻处罚情节)本解释规定的"经济损失",是指渎职犯罪或者与渎职犯罪相关联的犯罪立案时已经实际造成的财产损失,包括为挽回该职犯罪所造成损失而支付的各种开支、费用等。立案后至提起公诉前持续发生的经济损失,应一并计入渎职罪造成的经济损失。

债务人经法定程序被宣告破产,债务人潜逃、去向不明,或者因行为人的责任超过诉讼时效等,致使债权已经无法实现的,无法实现的债权部分应当认定为渎职犯罪的经济损失。

渎职犯罪或者与渎职犯罪相关联的犯罪立案后,犯罪分子及其亲友自行挽回的经济损失,司法机关或者犯罪分子所在单位及其上级主管部门挽回的经济损失,或者因客观原因减少的经济损失,不予扣减,但可以作为酌定从轻处罚的情节。(§8)

《最高人民法院、最高人民检察院关于办理危害生产安全刑事案件适用法律若干问题的解释》(法释〔2015〕22号,自2015年12月16日起施行)

△(安全监督管理职责;依法或者受委托行使安全监督管理职责的公司、企业、事业单位)国家机关工作人员在履行安全监督管理职责时滥用职权、玩忽职守,致使公共财产、国家和人民利益遭受重大损失的,或者徇私舞弊,对发现的刑事案件依法应当移交司法机关追究刑事责任而不移交,情节严重的,分别依照刑法第三百九十七条、第四百零二条的规定,以滥用职权罪、玩忽职守罪或者徇私舞弊不移交刑事案件罪定罪处罚。

公司、企业、事业单位的工作人员在依法或者受委托行使安全监督管理职责时滥用职权或者玩忽职守,构成犯罪的,应当依照《全国人民代表大会常务委员会关于〈中华人民共和国刑法〉第九章渎职罪主体适用问题的解释》的规定,适用渎职罪的规定追究刑事责任。(§15)

△(缓刑;从业禁止)对于实施危害生产安全犯罪适用缓刑的犯罪分子,可以根据犯罪情况,禁止其在缓刑考验期限内从事与安全生产相关联的

---

① 需要注意的是,由于应当被制止的违法状态得不到制止,玩忽职守罪的"危害结果"得以长期延续。因此,玩忽职守罪的追诉期限,应当从玩忽职守行为终了之日起计算。参见黎宏:《刑法学各论》(第2版),法律出版社2016年版,第551页。

特定活动;对于被判处刑罚的犯罪分子,可以根据犯罪情况和预防再犯罪的需要,禁止其自刑罚执行完毕之日或者假释之日起三年至五年内从事与安全生产相关的职业。(§16)

《最高人民法院、最高人民检察院关于办理扰乱无线电通讯管理秩序等刑事案件适用法律若干问题的解释》(法释〔2017〕11号,自2017年7月1日起施行)

△(无线电监督管理职责;滥用职权罪;玩忽职守罪)负有无线电监督管理职责的国家机关工作人员滥用职权或者玩忽职守,致使公共财产、国家和人民利益遭受重大损失的,应当依照刑法第三百九十七条的规定,以滥用职权罪或者玩忽职守罪追究刑事责任。(§7Ⅰ)

《最高人民法院关于技术调查官参与知识产权案件诉讼活动的若干规定》(法释〔2019〕2号,自2019年5月1日起施行)

△(技术调查官;知识产权案件诉讼活动;贪污受贿;故意出具虚假、误导或者重大遗漏的不实技术调查意见)技术调查官违反与审判工作有关的法律及相关规定,贪污受贿、徇私舞弊,故意出具虚假、误导或者重大遗漏的不实技术调查意见的,应当追究法律责任;构成犯罪的,依法追究刑事责任。(§13)

《最高人民法院关于审理走私、非法经营、非法使用兴奋剂刑事案件适用法律若干问题的解释》(法释〔2019〕16号,自2020年1月1日起施行)

△(反兴奋剂管理职权;滥用职权罪;玩忽职守罪)国家机关工作人员在行使反兴奋剂管理职权时滥用职权或者玩忽职守,造成严重兴奋剂违规事件,严重损害国家声誉或者造成恶劣社会影响,符合刑法第三百九十七条规定的,以滥用职权罪、玩忽职守罪定罪处罚。

依法或者受委托行使反兴奋剂管理职权的单位的工作人员,在行使反兴奋剂管理职权时滥用职权或者玩忽职守的,依照前款规定定罪处罚。(§6)

△("兴奋剂""兴奋剂目录所列物质""体育运动""国内、国际重大体育竞赛"等专门性问题;认定意见)对于是否属于本解释规定的"兴奋剂""兴奋剂目录所列物质""体育运动""国内、国际重大体育竞赛"等专门性问题,应当依据《中华人民共和国体育法》《反兴奋剂条例》等法律法规,结合国务院体育主管部门出具的认定意见等证据材料作出认定。(§8)

《最高人民法院、最高人民检察院关于办理破坏野生动物资源刑事案件适用法律若干问题的解释》(法释〔2022〕12号,自2022年4月9日起施行)

△(野生动物保护和进出口监督管理职责;滥用职权罪或者玩忽职守罪;帮助犯罪分子逃避处罚罪)负有野生动物保护和进出口监督管理职责的国家机关工作人员,滥用职权或者玩忽职守,致使公共财产、国家和人民利益遭受重大损失的,应当依照刑法第三百九十七条的规定,以滥用职权罪或者玩忽职守罪追究刑事责任。

负有查禁破坏野生生物资源犯罪活动职责的国家机关工作人员,向犯罪分子通风报信、提供便利,帮助犯罪分子逃避处罚的,应当依照刑法第四百一十七条的规定,以帮助犯罪分子逃避处罚罪追究刑事责任。(§10)

【司法解释性文件】

《最高人民法院、最高人民检察院、公安部、国家工商行政管理局关于依法查处盗窃、抢劫机动车案件的规定》(公通字〔1998〕31号,1998年5月8日公布)

△(赃车入户、过户、验证)公安、工商行政管理人员或者其他国家机关工作人员滥用职权或者玩忽职守、徇私舞弊,致使赃车入户、过户、验证的,给予行政处分;致使公共财产、国家和人民利益遭受重大损失的,依照《刑法》第三百九十七条的规定处罚。(§9)

《最高人民检察院关于镇财政所所长是否适用国家机关工作人员的批复》(高检发研字〔2000〕9号,2000年5月4日公布)

△(镇财政所;国家机关工作人员)对于属行政执法事业单位的镇财政所中按国家机关在编干部管理的工作人员,在履行政府行政公务活动中,滥用职权或玩忽职守构成犯罪的,应以国家机关工作人员论。

《最高人民检察院关于合同制民警能否成为玩忽职守罪主体问题的批复》(高检发研字〔2000〕20号,2000年10月9日公布)

△(合同制民警;其他依法从事公务的人员)根据刑法第九十三条第二款的规定,合同制民警在依法执行公务期间,属其他依照法律从事公务的人员,应以国家机关工作人员论。对合同制民警在依法执行公务活动中的玩忽职守行为,符合刑法第三百九十七条规定的玩忽职守罪构成条件的,依法以玩忽职守罪追究刑事责任。

《最高人民检察院关于属工人编制的乡(镇)工商所所长能否依照刑法第397条的规定追究刑

事责任问题的批复》(高检发研字[2000]23号,2000年10月31日公布)

△[工人编制的乡(镇)工商所所长] 根据刑法第93条第2款的规定,经人事部门任命,但为工人编制的乡(镇)工商所所长,依法履行工商行政管理职责时,属其他依照法律从事公务的人员,应以国家机关工作人员论。如果玩忽职守,致使公共财产、国家和人民利益遭受重大损失,可适用刑法第397条的规定,以玩忽职守罪追究刑事责任。

《最高人民检察院关于印发〈人民检察院直接受理立案侦查的渎职侵权罪重特大案件标准(试行)〉的通知》(高检发[2001]13号,2001年8月24日公布)

△(滥用职权罪;重特大案件标准)
(一)重大案件
1. 致人死亡二人以上,或者重伤五人以上,或者轻伤十人以上;
2. 造成直接经济损失五十万元以上的。
(二)特大案件
1. 致人死亡五人以上,或者重伤十人以上,或者轻伤二十人以上的;
2. 造成直接经济损失一百万元以上的。(§1)
△(玩忽职守罪;重特大案件标准)
(一)重大案件
1. 致人死亡三人以上,或者重伤十人以上,或者轻伤十五人以上;
2. 造成直接经济损失一百万元以上的。
(二)特大案件
1. 致人死亡七人以上,或者重伤十五人以上,或者轻伤三十人以上的;
2. 造成直接经济损失二百万元以上的。(§2)

《最高人民检察院研究室关于买卖尚未加盖印章的空白〈边境证〉行为如何适用法律问题的答复》([2002]高检研发第19号,2002年9月25日公布)

△(买卖尚未加盖印章的空白〈边境证〉) 对买卖尚未加盖发证机关的行政印章或者通行专用章印鉴的空白《中华人民共和国边境管理区通行证》的行为,不宜以买卖国家机关证件罪追究刑事责任。国家机关工作人员实施上述行为,构成犯罪的,可以按照滥用职权等相关犯罪依法追究刑事责任。

《最高人民检察院关于对海事局工作人员如何使用法律问题的答复》([2003]高检研发第1号,2003年1月13日公布)

△(海事局及其分支机构工作人员) 根据国办发[1999]90号、中编办函[2000]184号等文件的规定,海事局负责行使国家水上安全监督和防止船舶污染及海上设施检验、航海保障的管理职权,是国家执法监督机构。海事局及其分支机构工作人员在从事公务活动中,滥用职权或者玩忽职守,致使公共财产、国家和人民利益遭受重大损失的,应当依照刑法第三百九十七条的规定,以滥用职权罪或者玩忽职守罪追究刑事责任。

《最高人民法院、最高人民检察院、公安部关于严格执行刑事诉讼法,切实纠防超期羁押的通知》(法[2003]163号,2003年11月12日公布)

△(超期羁押) 严格执行超期羁押责任追究制度。超期羁押侵犯犯罪嫌疑人、被告人的合法权益,损害司法公正,对此必须严肃查处,绝不姑息。本通知发布以后,凡违反刑事诉讼法和本通知的规定,造成犯罪嫌疑人、被告人超期羁押的,对于直接负责的主管人员和其他直接责任人员,由其所在单位或者上级主管机关依照有关规定予以行政或者纪律处分;造成犯罪嫌疑人、被告人超期羁押,情节严重的,对于直接负责的主管人员和其他直接责任人员,依照刑法第三百九十七条的规定,以玩忽职守罪或者滥用职权罪追究刑事责任。

《全国法院审理经济犯罪案件工作座谈会纪要》(法发[2003]167号,2003年11月13日公布)

△(公共财产的重大损失) 根据刑法规定,玩忽职守、滥用职权等渎职犯罪是以致使公共财产、国家和人民利益遭受重大损失为构成要件的。其中,公共财产的重大损失,通常是指渎职行为已经造成的重大经济损失。在司法实践中,有以下情形之一的,虽然公共财产作为债权存在,但已无法实现债权的,可以认定为行为人的渎职行为造成了经济损失:
(1)债务人已经法定程序被宣告破产;
(2)债务人潜逃,去向不明;
(3)因行为人责任,致使超过诉讼时效;
(4)有证据证明债权无法实现的其他情况。

△(玩忽职守罪;追诉时效) 玩忽职守行为造成的重大损失当时没有发生,而是玩忽职守行为之后一定时间发生的,应从危害结果发生之日起计算玩忽职守罪的追诉期限。

△(国有公司、企业人员;渎职犯罪) 对于1999年12月24日《中华人民共和国刑法修正案》实施以前发生的国有公司、企业人员渎职行为(不包括徇私舞弊行为),尚未处理或者正在处理的,不能按照刑法修正案追究刑事责任。

△(徇私)徇私舞弊型渎职犯罪的"徇私"应理解为徇个人私情、私利。① 国家机关工作人员为了本单位的利益,实施滥用职权、玩忽职守行为,构成犯罪的,依照刑法第三百九十七条第一款的规定定罪处罚。

《最高人民法院研究室关于对滥用职权致使公共财产、国家和人民利益遭受重大损失如何认定问题的答复》(法研〔2004〕136号,2004年11月22日公布)

△(重大损失之计算时点;侦查机关立案之时;量刑情节) 人民法院在审判过程中,对于行为人滥用职权,致使公共财产、国家和人民利益遭受的损失计算至侦查机关立案之时。立案以后,判决宣告以前追回的损失,作为量刑情节予以考虑。

《最高人民法院、最高人民检察院、公安部、司法部关于办理黑恶势力犯罪案件若干问题的指导意见》(法发〔2018〕1号,2018年1月16日公布)

△("保护伞";受贿罪;滥用职权罪;玩忽职守罪) 公安机关、人民检察院、人民法院对办理黑恶势力犯罪案件中发现的涉嫌包庇、纵容黑社会性质组织犯罪、收受贿赂、渎职侵权等违法违纪线索,应当及时移送有关主管部门和其他相关部门,坚决依法严惩充当黑恶势力"保护伞"的职务犯罪。(§23)

《最高人民法院、最高人民检察院、公安部关于办理非法集资刑事案件若干问题的意见》(高检会〔2019〕2号,2019年1月30日公布)

△(非法集资;滥用职权;玩忽职守) 国家工作人员具有下列行为之一,构成犯罪的,应当依法追究刑事责任:

(一)明知单位和个人所申请机构或者业务涉嫌非法集资,仍为其办理行政许可或者注册手续的;

(二)明知所主管、监管的单位有涉嫌非法集资行为,未依法及时处理或者移送处置非法集资职能部门的;

(三)查处非法集资过程中滥用职权、玩忽职守、徇私舞弊的;

(四)徇私舞弊不向司法机关移交非法集资刑事案件的;

(五)其他通过职务行为或者利用职务影响,支持、帮助、纵容非法集资的。(§12)

《最高人民法院、最高人民检察院、公安部、司法部关于依法惩治妨害新型冠状病毒感染肺炎疫情防控违法犯罪的意见》(法发〔2020〕7号,2020年2月6日发布)

△(肺炎疫情防控;滥用职权罪或者玩忽职守罪;传染病防治失职罪;传染病毒种扩散罪;贪污罪;职务侵占罪;挪用公款罪;挪用资金罪;挪用特定款物罪)依法严惩疫情防控失职渎职、贪污挪用犯罪。在疫情防控工作中,负有组织、协调、指挥、灾害调查、控制、医疗救治、信息传递、交通运输、物资保障等职责的国家机关工作人员,滥用职权或者玩忽职守,致使公共财产、国家和人民利益遭受重大损失的,依照刑法第三百九十七条的规定,以滥用职权罪或者玩忽职守罪定罪处罚。

卫生行政部门的工作人员严重不负责任,不履行或者不认真履行防治监管职责,导致新型冠状病毒感染肺炎传播或者流行,情节严重的,依照刑法第四百零九条的规定,以传染病防治失职罪定罪处罚。

从事实验、保藏、携带、运输传染病菌种、毒种的人员,违反国务院卫生行政部门的有关规定,造成新型冠状病毒种扩散,后果严重的,依照刑法第三百三十一条的规定,以传染病毒种扩散罪定罪处罚。

国家工作人员,受委托管理国有财产的人员,公司、企业或者其他单位的人员,利用职务便利,侵吞、截留或者以其他手段非法占有用于防控新型冠状病毒感染肺炎的款物,或者挪用上述款物归个人使用,符合刑法第三百八十二条、第三百八十三条、第二百七十一条、第三百八十四条、第二百七十二条规定的,以贪污罪、职务侵占罪、挪用公款罪、挪用资金罪定罪处罚。挪用于防控新型冠状病毒感染肺炎的救灾、优抚、救济等款物,符合刑法第二百七十三条规定的,对直接责任人员,以挪用特定款物罪定罪处罚。(§2Ⅶ)

△(治安管理处罚;从重情节)依法严惩妨害疫情防控的违法行为。实施上述(一)至(九)规定的行为,不构成犯罪的,由公安机关根据治安管理处罚法有关规定从重处罚。对以虚构事实扰乱公共秩序,扰乱单位秩序、公共场所秩序、寻衅滋事,拒不执行紧急状态下的决定、命令,阻碍执行职务,冲闯警戒带、警戒区,殴打他人,故意伤害,侮辱他人,诈骗,在铁路沿线非法挖掘坑穴、采石取沙,盗窃、损毁路面

---

① 我国学者指出,徇私属于犯罪动机,其不仅包括个人之私,也包括徇单位、集体之私。立法者之所以将徇私作为犯罪构成要件要素,是为了将国家机关工作人员因为法律素质、政策水平、技术能力不高而出现差错的情形排除在渎职罪之外。参见张明楷:《刑法学》(第6版),法律出版社2021年版,第1633页。

公共设施,损毁铁路设施设备,故意损毁财物,哄抢公私财物等规定,予以治安管理处罚,或者由有关部门予以其他行政处罚。

对于在疫情防控期间实施有关违法犯罪的,要作为从重情节予以考量,依法体现从严的政策要求,有力惩治慑违法犯罪,维护法律权威,维护社会秩序,维护人民群众生命安全和身体健康。(§2X)

《最高人民法院、最高人民检察院、公安部、农业农村部依法惩治长江流域非法捕捞等违法犯罪的意见》(公通字[2020]17号,2020年12月17日发布)

△(长江流域非法捕捞;滥用职权罪;玩忽职守罪)依法严惩危害水生生物资源的渎职犯罪。对长江流域重点水域水生生物资源保护负有监督管理、行政执法职责的国家机关工作人员,滥用职权或者玩忽职守,致使公共财产、国家和人民利益遭受重大损失的,应当依照刑法第三百九十七条的规定,以滥用职权罪或者玩忽职守罪定罪处罚。

《最高人民法院、最高人民检察院、公安部关于办理涉窨井盖相关刑事案件的指导意见》(高检发[2020]3号,2020年3月16日发布)

△(窨井盖;玩忽职守罪;滥用职权罪)在窨井盖采购、施工、验收、使用、检查过程中负有决定、管理、监督等职责的国家机关工作人员玩忽职守或者滥用职权,致使公共财产、国家和人民利益遭受重大损失的,依照刑法第三百九十七条的规定,分别以玩忽职守罪、滥用职权罪定罪处罚。(§8)

△(窨井盖行政管理;玩忽职守罪;滥用职权罪)在依照法律、法规规定行使窨井盖行政管理职权的公司、企业、事业单位中从事公务的人员以及在受国家机关委托代表国家机关行使窨井盖行政管理职权的组织中从事公务的人员,玩忽职守或者滥用职权,致使公共财产、国家和人民利益遭受重大损失的,依照刑法第三百九十七条和《全国人民代表大会常务委员会关于〈中华人民共和国刑法〉第九章渎职罪主体适用问题的解释》的规定,分别以玩忽职守罪、滥用职权罪定罪处罚。(§9)

△(窨井盖)本意见所称的"窨井盖",包括城市、城乡结合部和乡村等地的窨井盖以及其他井盖。(§12)

《最高人民法院关于深入开展虚假诉讼整治工作的意见》(法[2021]281号,2021年11月10日发布)

△(法院工作人员;虚假诉讼罪;玩忽职守罪;执行判决、裁定失职罪;竞合)加强队伍建设,提升整治能力。各级人民法院要及时组织法院干警学习掌握中央和地方各项经济社会政策;将甄别和查处虚假诉讼纳入法官培训范围;通过典型案例分析、审判业务交流、庭审观摩等多种形式,提高法官甄别和查处虚假诉讼的司法能力;严格落实司法责任制,对参与虚假诉讼的法院工作人员依规依纪严肃处理,建设忠诚干净担当的人民法院队伍。法院工作人员利用职权与他人共同实施虚假诉讼行为,构成虚假诉讼犯罪的,依法从重处罚,同时构成其他犯罪的,依照处罚较重的规定定罪并从重处罚。法院工作人员不正确履行职责,玩忽职守,致使虚假诉讼案件进入诉讼程序,导致公共财产、国家和人民利益遭受重大损失的,符合刑法规定的犯罪构成要件的,依照玩忽职守罪、执行判决、裁定失职罪等罪名定罪处罚。(§20)

【指导性案例】

最高人民检察院指导性案例第5号:陈某、林某、李甲滥用职权案(2012年11月15日发布)

△(村民委员会、居民委员会等基层组织人员;协助人民政府从事行政管理工作;渎职罪)随着我国城镇建设和社会主义新农村建设逐步深入推进,村民委员会、居民委员会等基层组织协助人民政府管理社会发挥越来越重要的作用。实践中,对村民委员会、居民委员会等基层组织人员协助人民政府从事行政管理工作时,滥用职权、玩忽职守构成犯罪的,应当依照刑法关于渎职罪的规定追究刑事责任。

最高人民检察院指导性案例第6号:罗甲、罗乙、朱某、罗丙滥用职权案(2012年11月15日发布)

△(造成恶劣社会影响的;致使公共财产、国家和人民利益遭受重大损失)根据刑法规定,滥用职权罪是指国家机关工作人员滥用职权,"致使公共财产、国家和人民利益遭受重大损失"的行为。实践中,对滥用职权"造成恶劣社会影响的",应当依法认定为"致使公共财产、国家和人民利益遭受重大损失"。

最高人民检察院指导性案例第8号:杨某玩忽职守、徇私枉法、受贿案(2012年11月15日发布)

△(渎职罪;因果关系;受贿罪;数罪并罚)一是渎职犯罪因果关系的认定。如果负有监管职责的国家机关工作人员没有认真履行其监管职责,从而未能有效防止危害结果发生,那么,这些对危害结果具有"原因力"的渎职行为,应认定与危害结果之间具有刑法意义上的因果关系。二是

渎职犯罪同时受贿的处罚原则。对于国家机关工作人员实施渎职犯罪并收受贿赂,同时构成受贿罪的,除《刑法》第三百九十九条有特别规定的外,以渎职犯罪和受贿罪数罪并罚。

【参考案例】

No. 4-238-11 李建增超期羁押他人非法拘禁案
国家司法工作人员在执行公务时,不正确履行工作职责,致使被害人被超期羁押,情节严重的,不构成非法拘禁罪,应以滥用职权罪论处。

No. 9-397-1-1 邹兴儿滥用职权案
国家机关工作人员为他人违法偷盖印章提供便利条件的,应以滥用职权罪论处。

No. 9-397-1-2 余振宝滥用职权案
国家机关工作人员以单位名义擅自将本单位资金提供给其他单位使用,不论行为人是否从中谋取个人利益,只要给公共财产、国家和人民利益造成重大损失的,应以滥用职权罪论处。

No. 9-397-1-3 余振宝滥用职权案
滥用职权行为造成的财产损失,不得以单位公款产生的收益填补。

No. 9-397-1-4 翁余生滥用职权案
滥用职权的行为与公共财产、国家和人民利益遭到重大损失之间不存在因果关系的,不构成滥用职权罪。

No. 9-397-1-5 黄德林滥用职权案
故意不履行其法定监督管理职责,导致国家财产损失的,应以滥用职权罪论处。

No. 9-397-1-6 黄德林滥用职权、受贿罪
实施滥用职权等渎职行为同时又收受贿赂的,除刑法有特别规定外,应当认定构成滥用职权罪与受贿罪,实行并罚。

No. 9-397-1-7 卢高春滥用职权案
放弃履行行政机关委托的行政管理职权,导致行政机关无法行使行政处罚权,与行政处罚款流失之间存在因果关系,成立滥用职权罪。

No. 9-397-2-2 林世元等受贿、玩忽职守案
玩忽职守行为发生在刑法修订之前,危害结果发生在刑法修订实施以后的,应适用结果发生时的法律。

第三百九十八条 【故意泄露国家秘密罪】【过失泄露国家秘密罪】

国家机关工作人员违反保守国家秘密法的规定,故意或者过失泄露国家秘密,情节严重的,处三年以下有期徒刑或者拘役;情节特别严重的,处三年以上七年以下有期徒刑。

非国家机关工作人员犯前款罪的,依照前款的规定酌情处罚。

【条文说明】

本条是关于故意泄露国家秘密罪、过失泄露国家秘密罪及其处罚的规定。

本条共分为两款。

第一款是关于国家机关工作人员泄露国家秘密犯罪的规定。本款规定的"**泄露国家秘密罪**",是指国家机关工作人员违反《**保守国家秘密法**》的规定,故意或者过失泄露国家秘密,情节严重的行为。本款所称"**国家秘密**",根据《保守国家秘密法》第二条的规定,是指"关系国家安全和利益,依照法定的程序确定的,在一定的时间内只限于一定范围的人员知悉的事项"。根据《保守国家秘密法》第九条的规定,国家秘密主要包括:(1)国家事务重大决策中的秘密事项;(2)国防建设和武装力量活动中的秘密事项;(3)外交和外事活动中的秘密事项;(4)国民经济和社会发展中的秘密事项;(5)科学技术中的秘密事项;(6)维护国家安全活动和追查刑事犯罪中的秘密事项;(7)经国家保密行政管理部门确定的其他秘密事项。另外,政党的国家秘密事项符合国家秘密性质的,属于国家秘密。保守国家秘密法将国家秘密的密级分为"绝密""机密"和"秘密"三级。"**绝密**"是最重要的国家秘密,泄露会使国家的安全和利益遭受特别严重的损害;"**机密**"是重要的国家秘密,泄露会使国家的安全和利益遭受严重的损害;"**秘密**"是一般的国家秘密,泄露会使国家的安全和利益遭受损害。

根据本款规定,**构成本罪的行为人必须具有违反保守国家秘密法的规定泄露国家秘密,且情节严重的行为**。保守国家秘密法对国家秘密的保密制度和接触国家秘密的国家工作人员人员的保密义务作了具体规定。如《保守国家秘密法》第二十四条规定:"机关、单位应当加强对涉密信息系统的管理,任何组织和个人不得有下列行为:(一)将涉密计算机、涉密存储设备接入互联网及其他公共信息网络;(二)在未采取防护措施的情

况下,在涉密信息系统与互联网及其他公共信息网络之间进行信息交换;(三)使用非涉密计算机、非涉密存储设备存储、处理国家秘密信息;(四)擅自卸载、修改涉密信息系统的安全技术程序、管理程序;(五)将未经安全技术处理的退出使用的涉密计算机、涉密存储设备赠送、出售、丢弃或者改作其他用途。"第二十五条规定:"机关、单位应当加强对国家秘密载体的管理,任何组织和个人不得有下列行为:(一)非法获取、持有国家秘密载体;(二)买卖、转送或者私自销毁国家秘密载体;(三)通过普通邮政、快递等无保密措施的渠道传递国家秘密载体;(四)邮寄、托运国家秘密载体出境;(五)未经有关主管部门批准,携带、传递国家秘密载体出境。"第二十六条规定:"禁止非法复制、记录、存储国家秘密。禁止在互联网及其他公共信息网络或者未采取保密措施的有线和无线通信中传递国家秘密。禁止在私人交往和通信中涉及国家秘密。"行为人故意或者过失违反了保守国家秘密法这些规定中的保密义务,泄露国家秘密,应当依法追究法律责任。

泄露国家秘密是指为人把自己掌管的或者知悉的国家秘密让不应知悉者知悉的行为。泄露的方式是多种多样的;可以是口头泄露,也可以是书面泄露;可以是用交给实物的方法泄露,也可以是用发送电子信息等方法泄露。泄露的方式不同,不影响泄露国家秘密罪的成立。根据本款规定,故意和过失行为均可以构成犯罪。"**故意泄露国家秘密**",是指行为人违反保守国家秘密法,故意使国家秘密被不应知悉者知悉,或者故意使国家秘密超出了限定的接触范围,情节严重的行为。"**过失泄露国家秘密**",是指行为人违反保守国家秘密法,过失使国家秘密被不应知悉者知悉或者超出了限定知悉的范围,情节严重的行为。

根据本款规定,泄露国家秘密还必须"**情节严重**",才构成犯罪。根据《最高人民检察院关于渎职侵权犯罪案件立案标准的规定》的规定,故意泄露国家秘密,"涉嫌下列情形之一的,**应予立案**":1.泄露绝密级国家秘密1项(件)以上的;2.泄露机密级国家秘密2项(件)以上的;3.泄露秘密级国家秘密3项(件)以上的;4.向境外机构、组织、人员泄露国家秘密,造成或者可能造成危害社会稳定、经济发展、国防安全或者其他严重危害后果的;5.通过口头、书面或者网络等方式向公众发布、传播国家秘密的;6.利用职权指使或者强迫他人违反国家保守秘密法的规定泄露国家秘密的;7.以牟取私利为目的泄露国家秘密的;8.其他情节严重的情形"。过失泄露国家秘密,"涉嫌下列情形之一的,**应予立案**":1.泄露绝密级国家秘密1项(件)以上的;2.泄露机密级国家秘密3项(件)以上的;3.泄露秘密级国家秘密4项(件)以上的;4.违反保密规定,将涉及国家秘密的计算机或者计算机信息系统与互联网相连接,泄露国家秘密的;5.泄露国家秘密或者遗失国家秘密载体,隐瞒不报、不如实提供有关情况或者不采取补救措施的;6.其他情节严重的情形"。

根据本款的规定,国家机关工作人员泄露国家秘密的,处三年以下有期徒刑或者拘役;情节特别严重的,处三年以上七年以下有期徒刑。

第二款是关于非国家机关工作人员泄露国家秘密罪的规定。根据本款的规定,非国家机关工作人员犯泄露国家秘密罪的,依照第一款的规定酌情处罚。① 此处"**酌情处罚**"是指在第一款规定的量刑幅度内,根据具体情节予以适当处罚。

实践中执行本条规定应当注意本条规定的犯罪与刑法规定的其他涉及国家秘密犯罪的关系。《刑法》中涉及国家秘密的犯罪除本条外,还有第一百一十一条规定的**为境外窃取、刺探、收买、非法提供国家秘密、情报罪**,第二百八十二条规定的**非法获取国家秘密罪**等。如果行为人以危害国家安全为目的,为境外的机构、组织、人员窃取、刺探、收买、非法提供国家秘密或者情报的,应当依照《刑法》第一百一十一条的规定定罪处罚,而不应适用本条规定。如果非国家机关工作人员以窃取、刺探、收买方法,非法获取国家秘密后又泄露的,则应当依照《刑法》第二百八十二条第一款的规定定罪处罚。如果非法获取后向境外的机构、组织、个人泄露的,应当依照《刑法》第一百一十一条的规定定罪处罚。

【司法解释】

《最高人民法院关于审理为境外窃取、刺探、收买、非法提供国家秘密、情报案件具体应用法律若干问题的解释》(法释〔2001〕4号,自2001年1月22日起施行)

△(**通过互联网发布国家秘密**)通过互联网将国家秘密或者情报非法发送给境外的机构、组织、个

---

① 我国学者指出,此处的"非国家机关工作人员"应作限定解释,并非所有的自然人都可以成为泄露国家秘密罪的主体。毋宁说,此处的行为主体是具有一定职责,可以接触或者知悉国家秘密的非国家机关工作人员,属于特殊主体。参见黎宏:《刑法学各论》(第2版),法律出版社2016年版,第552页。

人的,依照刑法第一百一十一条的规定定罪处罚;将国家秘密通过互联网予以发布,情节严重的,依照刑法第三百九十八条的规定定罪处罚。(§6)

《最高人民检察院关于渎职侵权犯罪案件立案标准的规定》(高检发释字〔2006〕2号,自2006年7月26日起施行)

△(**故意泄露国家秘密罪;立案标准**)故意泄露国家秘密罪是指国家机关工作人员或者非国家机关工作人员违反保守国家秘密法,故意使国家秘密被不应知悉者知悉,或者故意使国家秘密超出了限定的接触范围,情节严重的行为。

涉嫌下列情形之一的,应予立案:
1. 泄露绝密级国家秘密1项(件)以上的;
2. 泄露机密级国家秘密2项(件)以上的;
3. 泄露秘密级国家秘密3项(件)以上的;
4. 向非境外机构、组织、人员泄露国家秘密,造成或者可能造成危害社会稳定、经济发展、国防安全或者其他严重危害后果的;
5. 通过口头、书面或者网络等方式向公众散布、传播国家秘密的;
6. 利用职权指使或者强迫他人违反国家保守秘密法的规定泄露国家秘密的;
7. 以牟取私利为目的泄露国家秘密的;
8. 其他情节严重的情形。

△(**过失泄露国家秘密罪;立案标准**)过失泄露国家秘密罪是指国家机关工作人员或者非国家机关工作人员违反保守国家秘密法,过失泄露国家秘密,或者遗失国家秘密载体,致使国家秘密被不应知悉者知悉或者超出了限定的接触范围,情节严重的行为。

涉嫌下列情形之一的,应予立案:
1. 泄露绝密级国家秘密1项(件)以上的;
2. 泄露机密级国家秘密3项(件)以上的;
3. 泄露秘密级国家秘密4项(件)以上的;
4. 违反保密规定,将涉及国家秘密的计算机或者计算机信息系统与互联网相连接,泄露国家秘密的;
5. 泄露国家秘密或者遗失国家秘密载体,隐瞒不报、不如实提供有关情况或者不采取补救措施的;
6. 其他情节严重的情形。

《最高人民法院、最高人民检察院关于办理渎职刑事案件适用法律若干问题的解释(一)》(法释〔2012〕18号,自2013年1月9日起施行)

△(**法条竞合**)国家机关工作人员实施滥用职权或者玩忽职守犯罪行为,触犯刑法分则第九章第三百九十八条至第四百一十九条规定的,依照该规定定罪处罚。

国家机关工作人员滥用职权或者玩忽职守,因不具备徇私舞弊等情形,不符合刑法分则第九章第三百九十八条至第四百一十九条的规定,但依法构成第三百九十七条规定的犯罪的,以滥用职权罪或者玩忽职守罪定罪处罚。(§2)

△(**受贿罪;数罪并罚**)国家机关工作人员实施渎职犯罪并收受贿赂,同时构成受贿罪的,除刑法另有规定外,以渎职犯罪和受贿罪数罪并罚。(§3)

△(**与他人共谋;想象竞合犯;数罪并罚**)国家机关工作人员与他人共谋,利用其职务行为帮助他人实施其他犯罪行为,同时构成渎职犯罪和共谋实施的其他犯罪共犯的,依照处罚较重的规定定罪处罚。

国家机关工作人员与他人共谋,既利用其职务行为帮助他人实施其他犯罪,又以非职务行为与他人共同实施该其他犯罪行为,同时构成渎职犯罪和其他犯罪的共犯的,依照数罪并罚的规定定罪处罚。(§4Ⅱ、Ⅲ)

△(**指使、授意、强令其他国家机关工作人员;以"集体研究"形式实施渎职犯罪**)国家机关负责人员违法决定,或者指使、授意、强令其他国家机关工作人员违法履行职务或者不履行职务,构成刑法分则第九章规定的渎职犯罪的,应当依法追究刑事责任。

以"集体研究"形式实施的渎职犯罪,应当依照刑法分则第九章的规定追究国家机关决策负有责任的人员的刑事责任。对于具体执行人员,应当在综合认定其行为性质、是否提出反对意见、危害结果大小等情节的基础上决定是否追究刑事责任和应当判处的刑罚。(§5)

△(**依法或者受委托行使国家行政管理职权的公司、企业、事业单位**)依法或者受委托行使国家行政管理职权的公司、企业、事业单位的工作人员,在行使行政管理职权时滥用职权或者玩忽职守,构成犯罪的,应当依照《全国人民代表大会常务委员会关于〈中华人民共和国刑法〉第九章渎职罪主体适用问题的解释》的规定,适用渎职罪的规定追究刑事责任。(§7)

【**司法解释性文件**】

《最高人民检察院关于印发〈人民检察院直接受理立案侦查的渎职侵权重特大案件标准(试行)〉的通知》(高检发〔2001〕13号,2001年8月24日公布)

△(**故意泄露国家秘密罪;重特大案件**)
(一)重大案件
1. 故意泄露绝密级国家秘密一项以上,或者泄露机密级国家秘密三项以上，或者泄露秘密级国家秘密五项以上的；

2. 故意泄露国家秘密造成直接经济损失五十万元以上的；

3. 故意泄露国家秘密对国家安全构成严重危害的；

4. 故意泄露国家秘密对社会秩序造成严重危害的。

（二）特大案件

1. 故意泄露绝密级国家秘密二项以上，或者泄露机密级国家秘密五项以上，或者泄露秘密级国家秘密七项以上的；

2. 故意泄露国家秘密造成直接经济损失一百万元以上的；

3. 故意泄露国家秘密对国家安全构成特别严重危害的；

4. 故意泄露国家秘密对社会秩序造成特别严重危害的。（§3）

△〔过失泄露国家秘密罪；重特大案件〕

（一）重大案件

1. 过失泄露绝密级国家秘密一项以上，或者泄露机密级国家秘密五项以上，或者泄露秘密级国家秘密七项以上并造成严重危害后果的；

2. 过失泄露国家秘密造成直接经济损失一百万元以上的；

3. 过失泄露国家秘密对国家安全构成严重危害的；

4. 过失泄露国家秘密对社会秩序造成严重危害的。

（二）特大案件

1. 过失泄露绝密级国家秘密二项以上，或者泄露机密级国家秘密七项以上，或者泄露秘密级国家秘密十项以上的；

2. 过失泄露国家秘密造成直接经济损失二百万元以上的；

3. 过失泄露国家秘密对国家安全构成特别严重危害的；

4. 过失泄露国家秘密对社会秩序造成特别严重危害的。（§4）

【公报案例】

于萍故意泄露国家秘密案（《最高人民法院公报》2004年第2期）

△〔辩护律师；通过合法手续获取的案卷材料；审判阶段〕律师在担任刑事被告人的辩护人期间，将通过合法程序获得的案件证据材料给当事人的亲属查阅，不构成故意泄露国家秘密罪。

第三百九十九条 【徇私枉法罪】【民事、行政枉法裁判罪】【执行判决、裁定失职罪】【执行判决、裁定滥用职权罪】

司法工作人员徇私枉法、徇情枉法，对明知是无罪的人而使他受追诉、对明知是有罪的人故意包庇不使他受追诉，或者在刑事审判活动中故意违背事实和法律作枉法裁判的，处五年以下有期徒刑或者拘役；情节严重的，处五年以上十年以下有期徒刑；情节特别严重的，处十年以上有期徒刑。

在民事、行政审判活动中故意违背事实和法律作枉法裁判，情节严重的，处五年以下有期徒刑或者拘役；情节特别严重的，处五年以上十年以下有期徒刑。

在执行判决、裁定活动中，严重不负责任或者滥用职权，不依法采取诉讼保全措施、不履行法定执行职责，或者违法采取诉讼保全措施、强制执行措施，致使当事人或者其他人的利益遭受重大损失的，处五年以下有期徒刑或者拘役；致使当事人或者其他人的利益遭受特别重大损失的，处五年以上十年以下有期徒刑。

司法工作人员收受贿赂，有前三款行为的，同时又构成本法第三百八十五条规定之罪的，依照处罚较重的规定定罪处罚。

【立法沿革】

《中华人民共和国刑法》（1997年修订，自1997年10月1日起施行）

第三百九十九条

司法工作人员徇私枉法、徇情枉法，对明知是无罪的人而使他受追诉、对明知是有罪的人而故意包庇不使他受追诉，或者在刑事审判活动中故意违背事实和法律作枉法裁判的，处五年以下有期徒刑或者拘役；情节严重的，处五年以上十年以下有期徒刑；情节特别严重的，处十年以上有期徒刑。

在民事、行政审判活动中故意违背事实和法律作枉法裁判,情节严重的,处五年以下有期徒刑或者拘役;情节特别严重的,处五年以上十年以下有期徒刑。

司法工作人员贪赃枉法,有前两款行为的,同时又构成本法第三百八十五条规定之罪的,依照处罚较重的规定定罪处罚。

《中华人民共和国刑法修正案(四)》(自2002年12月28日起施行)

八、将刑法第三百九十九条修改为:

"司法工作人员徇私枉法、徇情枉法,对明知是无罪的人而使他受追诉、对明知是有罪的人而故意包庇不使他受追诉,或者在刑事审判活动中故意违背事实和法律作枉法裁判的,处五年以下有期徒刑或者拘役;情节严重的,处五年以上十年以下有期徒刑;情节特别严重的,处十年以上有期徒刑。

"在民事、行政审判活动中故意违背事实和法律作枉法裁判,情节严重的,处五年以下有期徒刑或者拘役;情节特别严重的,处五年以上十年以下有期徒刑。

"在执行判决、裁定活动中,严重不负责任或者滥用职权,不依法采取诉讼保全措施、不履行法定执行职责,或者违法采取诉讼保全措施、强制执行措施,致使当事人或者其他人的利益遭受重大损失的,处五年以下有期徒刑或者拘役;致使当事人或者其他人的利益遭受特别重大损失的,处五年以上十年以下有期徒刑。

"司法工作人员收受贿赂,有前三款行为的,同时又构成本法第三百八十五条规定之罪的,依照处罚较重的规定定罪处罚。"

【条文说明】

本条是关于徇私枉法罪,民事、行政枉法裁判罪,执行判决、裁定失职罪,执行判决、裁定滥用职权罪及其处罚的规定。

本条共分为四款。

第一款是关于**徇私枉法罪及其处罚**的规定。根据本款规定,本罪主体为**特殊主体**,只能是司法工作人员。①根据《刑法》第九十四条的规定,"**司法工作人员**",是指"有侦查、检察、审判、监管职责的工作人员"。本罪主观方面为**直接故意**,要求必须"**明知**",过失行为不能构成本罪。在办案过程中,司法工作人员由于政策观念不强,工作不深入、不细致,调查研究不够,以至于造成工作上的错误,如错捕、错判的案件,不能认定为本条规定的犯罪,如确实需要追究刑事责任的,应当依照玩忽职守罪、滥用职权罪定罪处罚。本罪客观行为表现为在刑事诉讼活动中"**徇私枉法、徇情枉法**",具体而言,有三种行为方式:(1)"**对明知是无罪的人而使他受追诉**",是指在刑事诉讼过程中,司法工作人员在明知他人没有犯罪的情况下,却因徇私情不该立案的立案,不该起诉的起诉,不该审判的审判。②(2)"**对明知是有罪的人而故意包庇使他不受追诉**",是指在刑事诉讼中,司法工作人员明知他人犯有罪行,却由于徇私情而不予追诉。③(3)"**在刑事审判活动中故意违背事实和法律作枉法裁判**",是指司法工作人员利用掌握刑事审判的便利条件,故意歪曲案情真相,作出违背事实和违反法律的判决、裁定,包括在刑事案件中明知是无罪而故意判有罪,明知是有罪而故意判无罪,也包括故意轻罪重判、重罪轻判等。这种行为具体表现为搜集制造假的证据材料,篡改、销毁足以证明事实真相的证据材料,曲解或者滥用法律条文,违反诉讼程序等。④

根据《最高人民检察院关于渎职侵权犯罪案件立案标准的规定》的规定,徇私枉法罪,"**涉嫌下列情形之一的,应予立案**:1.对明知是没有犯罪事实的人,采取伪造、隐匿、毁灭证据或者其他隐瞒事实、违反法律的手段,以追究刑事责任为目的立案、侦查、起诉、审判的;2.对明知是有犯罪事实需要追究刑事

---

① 我国学者指出,只有负有刑事追诉职责的司法工作人员,即具体承办案件和指示、指挥承办案件的司法工作人员,才能成为本罪的正犯。参见张明楷:《刑法学》(第6版),法律出版社2021年版,第1649页。

② 此处的"追诉",既不要求具备法律形式,也不要求程序上合法。只要在事实上及实质上属于追诉即可。并且,其不予追诉的全过程,也不要求采取法定的强制措施。参见张明楷:《刑法学》(第6版),法律出版社2021年版,第1649页;周光权:《刑法各论》(第4版),中国人民大学出版社2021年版,第593页。

③ "有罪的人"并非指经过人民法院判决有罪的人,只要客观上实施了犯罪行为的人。至于有罪的人是否实际归案,不影响"有罪的人"的认定。另外,故意包庇不使其受追诉的犯罪事实,则可以是全部犯罪事实,也可以是部分犯罪事实或情节。参见张明楷:《刑法学》(第6版),法律出版社2021年版,第1649页;黎宏:《刑法学各论》(第2版),法律出版社2016年版,第554—555页。

④ 我国学者指出,检察、起诉人员利用伪造、隐匿、毁灭证据等方法,导致无过错的法官重罪轻判或者轻罪重判,应认定为利用缺乏故意的行为(法官无犯罪故意的审判行为)的间接正犯。参见张明楷:《刑法学》(第6版),法律出版社2021年版,第1650—1651页。

责任的人，采取伪造、隐匿、毁灭证据或者其他隐瞒事实、违反法律的手段，故意包庇使其不受立案、侦查、起诉、审判的；3. 采取伪造、隐匿、毁灭证据或者其他隐瞒事实、违反法律的手段，故意使罪重的人受较轻的追诉，或者使罪轻的人受较重的追诉的；4. 在立案时，采取伪造、隐匿、毁灭证据或者其他隐瞒事实、违反法律的手段，应当采取强制措施而不采取强制措施，或者虽然采取强制措施，但中断侦查或者超过法定期限不采取任何措施，实际放任不管，以及违法撤销、变更强制措施，致使犯罪嫌疑人、被告人实际脱离司法机关侦控的；5. 在刑事审判活动中故意违背事实和法律，作出枉法判决、裁定，即有罪判无罪、无罪判有罪，或者重罪轻判、轻罪重判的；6. 其他徇私枉法应予追究刑事责任的情形"。根据本款规定，司法工作人员徇私枉法的，处五年以下有期徒刑或者拘役；情节严重的，处五年以上十年以下有期徒刑；情节特别严重的，处十年以上有期徒刑。

第二款是关于**民事、行政枉法裁判罪**的规定。本款针对在民事、行政审判活动中存在的司法工作人员故意枉法裁判，情节严重的行为作了规定。"**民事、行政审判活动**"，是指依照民事诉讼法、行政诉讼法，审理民事、行政案件的诉讼活动。①"**枉法裁判**"，是指故意作出不符合事实或者违反法律规定的裁定、判决，如该胜诉的判败诉，该败诉的判胜诉等。② 本款规定只有"情节严重"的才能构成犯罪。根据《最高人民检察院关于渎职侵权犯罪案件立案标准的规定》的规定，民事、行政枉法裁判，"涉嫌下列情形之一的，**应予立案**：1. 枉法裁判，致使当事人或者其近亲属自杀、自残造成重伤、死亡，或者精神失常的；2. 枉法裁判，造成个人财产直接经济损失 10 万元以上，或者直接经济损失不满 10 万元，但间接经济损失 50 万元以上的；3. 枉法裁判，造成法人或者其他组织财产直接经济损失 20 万元以上，或者直接经济损失不满 20 万元，但间接经济损失 100 万元以上的；4. 伪造、变造有关材料、证据，制造假案枉法裁判的；5. 串通当事人制造伪证，毁灭证据或者篡改庭审笔录而枉法裁判的；6. 徇私情、私利，明知是伪造、变造的证据予以采信，或者故意对应当采信的证据不予采信，或者故意违反法定程序，或者故意错误适用法律而枉法裁判的；7. 其他情节严重的情形"。根据本款规定，枉法裁判情节严重的，处五年以下有期徒刑或者拘役；情节特别严重的，处五年以上十年以下有期徒刑。

第三款是关于**执行判决、裁定失职罪和执行判决、裁定滥用职权罪及其处罚**的规定。本款是《刑法修正案（四）》新增加的内容。根据本款规定，在执行判决、裁定的活动中③，严重不负责任或者滥用职权的行为具体表现为：**不依法采取诉讼保全措施、不履行法定执行职责、违法采取诉讼保全、强制执行措施**。包括对应当采取诉讼保全措施的不采取或不及时采取，对不应当采取诉讼保全措施的违法采取诉讼保全措施；对能够执行的案件不予执行或故意拖延执行，对不应当采取强制执行措施的案件违法采取强制执行措施。这里的"**执行判决、裁定活动**"，是指人民法院的执行活动。根据本款规定，行为人的上述行为致使当事人或者其他人的利益遭受重大损失即构成犯罪，处五年以下有期徒刑或者拘役；致使当事人或者其他人的利益遭受特别重大损失的，处五年以上十年以下有期徒刑。"**当事人**"包括申请执行人、被执行人等。"**其他人**"主要是指与执行有利害关系的案外人。根据《最高人民检察院关于渎职侵权犯罪案件立案标准的规定》的规定，执行判决、裁定失职，"涉嫌下列情形之一的，**应予立案**：1. 致使当事人或者其近亲属自杀、自残造成重伤、死亡，或者精神失常的；2. 造成个人财产直接经济损失 15 万元以上，或者直接经济损失不满 15 万元，但间接经济损失 75 万元以上的；3. 造成法人或者其他组织财产直接经济损失 30 万元以上，或者直接经济损失不满 30 万元，但间接经济损失 150 万元以上的；4. 造成公司、企业等单位停业、停产 1 年以上，或者破产的；5. 其他致使当事人或者其他人的利益遭受重大损失的情形"。执行判决、裁定滥用职权，"涉嫌下列情形之一的，**应予立案**：1. 致使当事人或者其近亲属自杀、自残造成重伤、死亡，或者精神失常的；2. 造成个人财产直接经济损失 10 万元以上，或者直接经济损失不满 10

---

① 我国学者指出，调解和判决、裁定一样，是民事诉讼中的一项重要的诉讼活动。审判人员枉法调解，情节严重的，可以构成本罪。参见黎宏：《刑法学各论》（第 2 版），法律出版社 2016 年版，第 556 页。另有学者指出，民事审判包括经济审判，不包含枉法调解。但是，为执行或者不执行生效的调解书所作的枉法裁判，属于本罪的枉法裁判。参见张明楷：《刑法学》（第 6 版），法律出版社 2021 年版，第 1652 页。

② 枉法裁判的标准，刑法理论上有主观说、客观说、职务义务说之争。学者张明楷教授主张客观说，参见张明楷：《刑法学》（第 6 版），法律出版社 2021 年版，第 1652 页。

③ "判决、裁定"，不仅包括民事、行政方面的判决、裁定，还包括部分刑事判决与裁定。参见张明楷：《刑法学》（第 6 版），法律出版社 2021 年版，第 1653 页。

万元,但间接经济损失50万元以上的;3.造成法人或者其他组织财产直接经济损失20万元以上,或者直接经济损失不满20万元,但间接经济损失100万元以上的;4.造成公司、企业等单位停业、停产6个月以上,或者破产的;5.其他致使当事人或者其他人的利益遭受重大损失的情形。

第四款是关于**司法工作人员收受贿赂,犯前三款罪,按照重罪处罚**的规定。依照本款规定,对司法工作人员收受贿赂,有前三款行为,同时其受贿行为又构成受贿罪的,应当根据受贿的数额和情节确定应处刑的档次,如果按受贿罪判处的刑期高于按本罪判处的刑期,则应当按照受贿罪的规定处罚,反之,则应当按照本罪处罚。①

实践中执行本条规定应当注意以下两个方面的问题:

1. 在**刑事附带民事诉讼**中枉法裁判行为的定性问题。司法工作人员在审理刑事附带民事诉讼案件中,如果仅就附带民事案件部分作枉法裁判构成犯罪的,应适用本条第二款的规定;如果就刑事部分和民事部分都作了枉法裁判的,应从一重罪处罚。

2. 本条第二款规定的民事、行政枉法裁判罪**与虚假诉讼罪**的关系。《刑法》第三百零七条之一规定了虚假诉讼罪。实践中存在司法工作人员与当事人串通,参与虚假诉讼活动的情况,可能同时构成虚假诉讼罪和本条第二款规定的民事、行政枉法裁判罪。对于这种情况,根据《刑法》第三百零七条之一第四款的规定,应当依照处罚较重的规定定罪从重处罚。

【司法解释】

《最高人民检察院关于渎职侵权犯罪案件立案标准的规定》(高检发释字[2006]2号,自2006年7月26日起施行)

△(**徇私枉法罪;立案标准**) 徇私枉法罪是指司法工作人员徇私枉法、徇情枉法,对明知是无罪的人而使他受追诉,对明知是有罪的人而故意包庇不使他受追诉,或者在刑事审判活动中故意违背事实和法律作枉法裁判的行为。

涉嫌下列情形之一的,应予立案:

1. 对明知是没有犯罪事实或者其他依法不应当追究刑事责任的人,采取伪造、隐匿、毁灭证据或者其他隐瞒事实、违反法律的手段,以追究刑事责任为目的立案、侦查、起诉、审判的;

2. 对明知是有犯罪事实需要追究刑事责任的人,采取伪造、隐匿、毁灭证据或者其他隐瞒事实、违反法律的手段,故意包庇使其不受立案、侦查、起诉、审判的;

3. 采取伪造、隐匿、毁灭证据或者其他隐瞒事实、违反法律的手段,故意使重罪的人受较轻的追诉,或者使罪轻的人受较重的追诉的;

4. 在立案后,采取伪造、隐匿、毁灭证据或者其他隐瞒事实、违反法律的手段,应当采取强制措施而不采取强制措施,或者虽然采取强制措施,但中断信查的过程时限不采取任何措施,实际放任不管,以及违法撤销、变更强制措施,致使犯罪嫌疑人、被告人实际脱离司法机关侦控的;

5. 在刑事审判活动中故意违背事实和法律,作出枉法判决、裁定,即有罪判无罪、无罪判有罪,或者重罪轻判、轻罪重判的;

6. 其他徇私枉法应予追究刑事责任的情形。

△(**民事、行政枉法裁判罪;立案标准**) 民事、行政枉法裁判罪是指司法工作人员在民事、行政审判活动中,故意违背事实和法律作枉法裁判,情节严重的。

涉嫌下列情形之一的,应予立案:

1. 枉法裁判,致使当事人或者其近亲属自杀、自残造成重伤、死亡,或者精神失常的;

2. 枉法裁判,造成个人财产直接经济损失10万元以上,或者直接经济损失不满10万元,但间接经济损失50万元以上的;

3. 枉法裁判,造成法人或者其他组织财产直接经济损失20万元以上,或者直接经济损失不满20万元,但间接经济损失100万元以上的;

4. 伪造、变造有关材料、证据,制造假案枉法裁判的;

5. 串通当事人制造伪证,毁灭证据或者篡改庭审笔录而枉法裁判的;

6. 徇私情、私利,明知是伪造、变造的证据予以采信,或者故意对应当采信的证据不予采信,或者故意违反法定程序,或者故意错误适用法律而枉法裁判的;

7. 其他情节严重的情形。

△(**执行判决、裁定失职罪;立案标准**) 执行判决、裁定失职罪是指司法工作人员在执行判决、

---

① 以一罪论处的原因在于,收受贿赂成为司法工作人员徇私枉法、违法裁判的重大诱因。但本款规定属于特别规定、例外规定,只限于法律明文规定的场合,即不能类比适用于其他情形。因此,本款规定不适用于下列两种情形:之一,行为人徇私枉法后,收受他人财物;之二,行为人主动索贿后,徇私枉法。参见张明楷:《刑法学》(第6版),法律出版社2021年版,第1651—1652页。

裁定活动中,严重不负责任,不依法采取诉讼保全措施、不履行法定执行职责,或者违法采取保全措施、强制执行措施,致使当事人或者其他人的利益遭受重大损失的行为。

涉嫌下列情形之一的,应予立案:

1. 致使当事人或者其近亲属自杀、自残造成重伤、死亡,或者精神失常的;
2. 造成个人财产直接经济损失 15 万元以上,或者直接经济损失不满 15 万元,但间接经济损失 75 万元以上的;
3. 造成法人或者其他组织财产直接经济损失 30 万元以上,或者直接经济损失不满 30 万元,但间接经济损失 150 万元以上的;
4. 造成公司、企业等单位停业、停产 1 年以上,或者破产的;
5. 其他致使当事人或者其他人的利益遭受重大损失的情形。

△(执行判决、裁定滥用职权罪;立案标准) 执行判决、裁定滥用职权罪是指司法工作人员在执行判决、裁定活动中,滥用职权,不依法采取诉讼保全措施、不履行法定执行职责,或者违法采取保全措施、强制执行措施,致使当事人或者其他人的利益遭受重大损失的行为。

涉嫌下列情形之一的,应予立案:

1. 致使当事人或者其近亲属自杀、自残造成重伤、死亡,或者精神失常的;
2. 造成个人财产直接经济损失 10 万元以上,或者直接经济损失不满 10 万元,但间接经济损失 50 万元以上的;
3. 造成法人或者其他组织财产直接经济损失 20 万元以上,或者直接经济损失不满 20 万元,但间接经济损失 100 万元以上的;
4. 造成公司、企业等单位停业、停产 6 个月以上,或者破产的;
5. 其他致使当事人或者其他人的利益遭受重大损失的情形。

《最高人民法院、最高人民检察院关于办理渎职刑事案件适用法律若干问题的解释(一)》(法释〔2012〕18 号,自 2013 年 1 月 9 日起施行)

△(法条竞合) 国家机关工作人员实施滥用职权或者玩忽职守犯罪行为,触犯刑法分则第九章第三百九十八条至第四百一十九条规定的,依照该规定定罪处罚。

国家机关工作人员滥用职权或者玩忽职守,因不具备徇私舞弊等情形,不符合刑法分则第九章第三百九十八条至第四百一十九条的规定,但依法构成第三百九十七条规定的犯罪的,以滥用职权罪或者玩忽职守罪定罪处罚。(§2)

△(放纵他人犯罪;帮助他人逃避刑事处罚;与他人共谋;想象竞合犯;数罪并罚) 国家机关工作人员实施渎职行为,放纵他人犯罪或者帮助他人逃避刑事处罚,构成犯罪的,依照渎职罪的规定定罪处罚。

国家机关工作人员与他人共谋,利用其职务行为帮助他人实施其他犯罪行为,同时构成渎职犯罪和共谋实施的其他犯罪共犯的,依照处罚较重的规定定罪处罚。

国家机关工作人员与他人共谋,既利用其职务行为帮助他人实施其他犯罪,又以非职务行为与他人共同实施该其他犯罪的,同时构成渎职犯罪和其他犯罪的共犯的,依照数罪并罚的规定定罪处罚。(§4)

△(追诉期限之计算;危害结果) 以危害结果为条件的渎职犯罪的追诉期限,从危害结果发生之日起计算;有数个危害结果的,从最后一个危害结果发生之日起计算。(§6)

△(依法或者受委托行使国家行政管理职权的公司、企业、事业单位) 依法或者受委托行使国家行政管理职权的公司、企业、事业单位的工作人员,在行使行政管理职权时滥用职权或者玩忽职守,构成犯罪的,应当依照《全国人民代表大会常务委员会关于〈中华人民共和国刑法〉第九章渎职罪主体适用问题的解释》的规定,适用渎职罪的规定追究刑事责任。(§7)

【司法解释性文件】

《最高人民检察院关于印发〈人民检察院直接受理立案侦查的渎职侵权重特大案件标准(试行)〉的通知》(高检发〔2001〕13 号,2001 年 8 月 24 日公布)

△(枉法追诉、裁判罪;重特大案件)
(一)重大案件
1. 对依法可能判处三年以上七年以下有期徒刑的犯罪分子,故意包庇不使其受追诉的;
2. 致使无辜的人被判处三年以上七年以下有期徒刑的。
(二)特大案件
1. 对依法可能判处七年以上有期徒刑、无期徒刑、死刑的犯罪分子,故意包庇不使其受追诉的;
2. 致使无辜的人被判处七年以上有期徒刑、无期徒刑、死刑的。(§5)

△(民事、行政枉法裁判罪;重特大案件)
(一)重大案件
1. 枉法裁判,致使公民的财产损失十万元以

上、法人或者其他组织财产损失五十万元以上的;

2. 枉法裁判,引起当事人及其亲属精神失常或者重伤的。

(二)特大案件

1. 枉法裁判,致使公民的财产损失五十万元以上、法人或者其他组织财产损失一百万元以上的;

2. 引起当事人及其亲属自杀死亡的。(§6)

《最高人民检察院关于认真贯彻执行〈中华人民共和国刑法修正案(四)〉和〈全国人民代表大会常务委员会关于〈中华人民共和国刑法〉第九章渎职罪主体适用问题的解释〉的通知》(高检发研字〔2003〕1号,2003年1月14日公布)

△(适用效力)要准确把握《刑法修正案(四)》和《解释》的时间效力,正确适用法律。《刑法修正案(四)》是对《刑法》有关条文的修改和补充,实践中办理相关案件时,应当依照《刑法》第十二条规定的原则正确适用法律。对于1997年修订刑法施行以后,《刑法修正案(四)》施行以前发生的枉法执行判决、裁定犯罪行为,应当依照《刑法》第三百九十七条的规定追究刑事责任。根据《立法法》第四十七条的规定,法律解释的时间效力与它所解释的法律的时间效力相同。对于在1997年修订刑法施行以后、《解释》施行以前发生的行为,在《解释》施行以后尚未处理或者正在处理的案件,应当依照《解释》的规定办理。对于在《解释》施行前已经办结的案件,不再变动。

《最高人民检察院法律政策研究室关于非司法工作人员是否可以构成徇私枉法罪共犯问题的答复》(〔2003〕高检研发第11号,2003年4月16日公布)

△(非司法工作人员;勾结;徇私枉法罪的共犯)非司法工作人员与司法工作人员勾结,共同实施徇私枉法行为,构成犯罪的,应当以徇私枉法罪的共犯追究刑事责任。

《最高人民法院关于深入开展虚假诉讼整治工作的意见》(法〔2021〕281号,2021年11月10日发布)

△(法院工作人员;虚假诉讼罪;玩忽职守罪、执行判决、裁定失职罪;竞合)加强队伍建设,提升整治能力。各级人民法院要及时组织法院干警学习掌握中央和地方各项经济社会政策;将甄别和查处虚假诉讼纳入法官培训范围,通过典型案例分析、审判业务交流、庭审观摩等多种形式,提高法官甄别和查处虚假诉讼的司法能力;严格落实司法责任制,对参与虚假诉讼的法院工作人员依规依纪严肃处理,建设忠诚干净担当的人民法院

队伍。法院工作人员利用职权与他人共同实施虚假诉讼行为,构成虚假诉讼罪的,依法从重处罚,同时构成其他犯罪的,依照处罚较重的规定定罪并从重处罚。法院工作人员不正确履行职责,玩忽职守,致使虚假诉讼案件进入诉讼程序,导致公共财产、国家和人民利益遭受重大损失,符合刑法规定的犯罪构成要件的,依照玩忽职守罪、执行判决、裁定失职罪等罪名定罪处罚。(§20)

【指导性案例】

最高人民检察院指导性案例第8号:杨某玩忽职守、徇私枉法、受贿案(2012年11月15日发布)

△(渎职犯罪;因果关系;徇私枉法罪;受贿罪;竞合)一是渎职犯罪因果关系的认定。如果负有监管职责的国家机关工作人员没有认真履行其监管职责,从而未能有效防止危害结果发生,那么,这些对危害结果具有"原因力"的渎职行为,应认定与危害结果之间具有刑法意义上的因果关系。二是渎职犯罪同时受贿的处罚原则。对于国家机关工作人员实施渎职犯罪并收受贿赂,同时构成受贿罪的,除《刑法》第三百九十九条有特别规定的外,以渎职犯罪和受贿罪数罪并罚。

【参考案例】

No.9-399(1)-1 安军文等徇私枉法案

司法工作人员包庇盗窃并收受赃款的,不构成包庇罪,而是同时构成受贿罪和徇私枉法罪,应依照处罚较重的规定定罪量刑;与他人共谋,由他人在其所执勤的区域盗窃并分赃的,不构成徇私枉法罪,应以盗窃罪的共犯论处。

第三百九十九条之一 【枉法仲裁罪】

依法承担仲裁职责的人员，在仲裁活动中故意违背事实和法律作枉法裁决，情节严重的，处三年以下有期徒刑或者拘役；情节特别严重的，处三年以上七年以下有期徒刑。

【立法沿革】

《中华人民共和国刑法修正案（六）》（自2006年6月29日起施行）

二十、在刑法第三百九十九条后增加一条，作为第三百九十九条之一：

"依法承担仲裁职责的人员，在仲裁活动中故意违背事实和法律作枉法裁决，情节严重的，处三年以下有期徒刑或者拘役；情节特别严重的，处三年以上七年以下有期徒刑。"

【条文说明】

本条是关于枉法仲裁罪及其处罚的规定。

根据本条规定，本罪主体为特殊主体，即**"依法承担仲裁职责的人员"**。实践中，依法承担仲裁职责的人员主要是仲裁委员会的仲裁员。《仲裁法》第十三条第一、二款规定了担任仲裁员的条件。具备法定条件的人员经仲裁委员会聘任并登记注册，即可承担仲裁职责，如其有枉法仲裁行为的，构成本罪主体。同时，除了《仲裁法》规定的民商事仲裁制度以外，我国一些其他法律、行政法规还规定了一些其他领域的仲裁制度。如《劳动法》《劳动争议调解仲裁法》规定了劳动争议仲裁制度；《农村土地承包经营纠纷调解仲裁法》规定了农村土地承包经营纠纷仲裁制度；《公务员法》规定了人事争议仲裁制度；《体育法》《反兴奋剂条例》规定了体育仲裁制度等。根据法律、行政法规的规定，在由政府行政主管部门代表参加组成的仲裁机构中对法律、行政法规规定的特殊争议承担仲裁职责的人员，也属于本条规定的"依法承担仲裁职责的人员"。

本罪在客观方面表现为，**在仲裁活动中，故意违背事实和法律作枉法裁决，情节严重的行为。**该行为以下三点特征：第一，必须发生在仲裁活动中。这也是本罪与徇私枉法罪，民事、行政枉法裁判罪的重要区别。第二，违背事实和法律作枉法裁决。这是指仲裁员背离案件的客观事实，故意歪曲法律、法规和相关司法解释的原意，作出仲裁裁决。因为专业水平不够，对法律规定理解偏差等造成错误裁决的，不构成本条规定的犯罪。第三，必须达到情节严重程度，包括收受贿赂枉法裁决，给仲裁当事人造成重大财产损失或者造成其他严重后果等情形，具体可由司法机关根据案件情况掌握。

根据本条的规定，枉法仲裁情节严重的，处三年以下有期徒刑或者拘役；情节特别严重的，处三年以上七年以下有期徒刑。

需要注意的是，根据《仲裁法》的有关规定，仲裁裁决作出后，当事人可以向人民法院申请执行，不服仲裁裁决的当事人也可以向人民法院申请撤销仲裁裁决。人民法院在仲裁裁决执行程序或者审理撤销仲裁裁决案件中发现承担仲裁职责的人员涉嫌枉法仲裁犯罪线索的，应当依照有关规定向负责调查本罪的监察机关移送。

【司法解释】

《最高人民法院、最高人民检察院关于办理渎职刑事案件适用法律若干问题的解释（一）》（法释〔2012〕18号，自2013年1月9日起施行）

△（**法条竞合**）国家机关工作人员实施滥用职权或者玩忽职守犯罪行为，触犯刑法分则第九章第三百九十八条至第四百一十九条规定的，依照该规定定罪处罚。

国家机关工作人员滥用职权或者玩忽职守，因不具备徇私舞弊等情形，不符合刑法分则第九章第三百九十八条至第四百一十九条的规定，但依法构成第三百九十七条规定的犯罪的，以滥用职权罪或者玩忽职守罪定罪处罚。（§2）

△（**受贿罪；数罪并罚**）国家机关工作人员实施渎职犯罪又收受贿赂，同时构成受贿罪的，除刑法另有规定外，以渎职犯罪和受贿罪数罪并罚。（§3）

△（**与他人共谋；想象竞合犯；数罪并罚**）国家机关工作人员与他人共谋，利用其职务行为帮助他人实施其他犯罪行为，同时构成渎职犯罪和共谋实施的其他犯罪共犯的，依照处罚较重的规定定罪处罚。

国家机关工作人员与他人共谋，既利用其职务行为帮助他人实施其他犯罪，又以非职务行为与他人共同实施该其他犯罪行为，同时构成渎职犯罪和其他犯罪的共犯的，依照数罪并罚的规定定罪处罚。（§4Ⅱ、Ⅲ）

△（**指使、授意、强令其他国家机关工作人员；以"集体研究"形式实施渎职犯罪**）国家机关负责人员违法决定，或者指使、授意、强令其他国家机关工作人员违法履行职务或者不履行职务，构成

刑法分则第九章规定的渎职犯罪的，应当依法追究刑事责任。

以"集体研究"形式实施的渎职犯罪，应当依照刑法分则第九章的规定追究国家机关负有责任的人员的刑事责任。对于具体执行人员，应当在综合认定其行为性质，是否提出反对意见，危害结果大小等情节的基础上决定是否追究刑事责任和应当判处的刑罚。（§5）

△（依法或者受委托行使国家行政管理职权的公司、企业、事业单位）依法或者受委托行使国家行政管理职权的公司、企业、事业单位的工作人员，在行使行政管理职权时滥用职权或者玩忽职守，构成犯罪的，应当依照《全国人民代表大会常务委员会关于〈中华人民共和国刑法〉第九章渎职罪主体适用问题的解释》的规定，适用渎职罪的规定追究刑事责任。（§7）

【参考案例】

No.9-399之一—1 曾德明枉法仲裁案
劳动争议仲裁员是枉法仲裁罪的适格主体，在劳动争议仲裁过程中，仲裁员枉法调解的行为构成枉法仲裁罪。

第四百条 【私放在押人员罪】【失职致使在押人员脱逃罪】

司法工作人员私放在押的犯罪嫌疑人、被告人或者罪犯的，处五年以下有期徒刑或者拘役；情节严重的，处五年以上十年以下有期徒刑；情节特别严重的，处十年以上有期徒刑。

司法工作人员由于严重不负责任，致使在押的犯罪嫌疑人、被告人或者罪犯脱逃，造成严重后果的，处三年以下有期徒刑或者拘役；造成特别严重后果的，处三年以上十年以下有期徒刑。

【条文说明】

本条是关于私放在押人员罪、失职致使在押人员脱逃罪及其处罚的规定。

本条共分为两款。

第一款是关于私放在押人员罪的规定。这里规定的"**私放在押的犯罪嫌疑人、被告人或者罪犯**"，是指司法工作人员利用职务上的便利，私自非法将被监管或押解的犯罪嫌疑人、被告人或者罪犯放走的行为。①

根据本款规定，构成私放在押人员罪主观上必须是**故意**。这种犯罪的动机是各种各样的，有的是为了贪图钱财而私放，有的是为了徇私情而私放，有的是为了包庇犯罪同伙而私放。如果由于疏忽大意、严重不负责任使犯罪嫌疑人、被告人或者罪犯脱逃，造成严重后果的，则不构成本罪，而应当按照本条第二款的规定处理。构成本罪在客观方面必须是**实施了私放犯罪嫌疑人、被告人或者罪犯的行为**。这里的"私放"，是指擅自、非法将在押人员释放使其逃出监管机关的监控范围。监控范围可以是看守所等固定场所，也可以是押解途中、监仓场所以外的劳动作业场所等临时性场所。本条规定的在押人员，包括在押的犯罪嫌疑人、被告人或者罪犯，不包括被采取行政拘留、司法拘留、强制隔离戒毒等其他限制人身自由的处罚或者措施的人员。私放的行为主要表现为：司法工作人员利用职务之便，如利用看守、押解、关押在押人员等职务、职责的便利条件，私自将犯罪嫌疑人、被告人或者罪犯放走或者授意、指使他人放走；伪造、变造或者涂改有关法律文件，将犯罪嫌疑人、被告人或者罪犯放走；为犯罪嫌疑人、被告人或者罪犯提供便利条件、帮助，使其脱逃等情形。根据《最高人民检察院关于渎职侵权犯罪案件立案标准的规定》第一部分第九条的规定，私放在押人员，"涉嫌下列情形之一的，**应予立案**：1. 私自将在押的犯罪嫌疑人、被告人、罪犯放走，或者授意、指使、强迫他人将在押的犯罪嫌疑人、被告人、罪犯放走的；2. 伪造、变造有关法律文书、证明材料，以使在押的犯罪嫌疑人、被告人、罪犯逃跑或者被释放的；3. 为在押的犯罪嫌疑人、被告人、罪犯，故意向其通风报信、提供条件，致使该在押的犯罪嫌疑人、被告人、罪犯脱逃的；4. 其他私放在押的犯罪嫌疑人、被告人、罪犯应予追究刑事责任的情形"。

根据本款的规定，对司法工作人员私放在押的犯罪嫌疑人、被告人或者罪犯的，处五年以下有期徒刑或者拘役；情节严重的，处五年以上十年以下有期徒刑；情节特别严重的，处十年以上有期徒刑。

---

① 司法工作人员虽然帮助在押人员脱逃，但没有利用职务之便，以脱逃罪的共犯论处。参见张明楷：《刑法学》（第6版），法律出版社2021年版，第1654页。

第二款是关于失职致使在押人员脱逃罪及其处罚的规定。根据本款规定，构成本罪的主观方面主要是**过失**，即司法工作人员因为疏忽大意而没有预见，或者已经预见而轻信能够避免，以致发生了在押人员脱逃的后果。构成本罪的主观方面有时也存在**间接故意**，即司法工作人员明知自己严重不负责任的行为会发生被监管或押解人员脱逃的危害社会的结果，并且有意识地放任这种结果的发生；行为人虽然不希望结果的发生，但又不设法防止，采取听之任之、漠不关心的态度，以致发生了这种结果。本罪的客观方面必须是**司法工作人员严重不负责任，致使犯罪嫌疑人、被告人或者罪犯脱逃，造成了严重后果**。是否"造成严重后果"是区分罪与非罪的界限，对造成一般后果的，可以采取批评教育或者党政纪律、政务处分的措施处理。所谓"**严重不负责任**"，是指司法工作人员违反职责要求，不履行或不正确履行职责义务，情节恶劣的行为。具体表现为工作上的官僚主义，马马虎虎、敷衍了事等。"**脱逃**"是指被拘留、逮捕的犯罪嫌疑人、被告人或者正在服刑的罪犯逃离羁押、监管场所的行为。根据《最高人民检察院关于渎职侵权犯罪案件立案标准的规定》第一部分第十条的规定，失职致使在押人员脱逃，"涉嫌下列情形之一的，应予立案：1.致使依法可能判处或者已经判处10年以上有期徒刑、无期徒刑、死刑的犯罪嫌疑人、被告人、罪犯脱逃的；2.致使犯罪嫌疑人、被告人、罪犯脱逃3人次以上的；3.犯罪嫌疑人、被告人、罪犯脱逃以后，打击报复报案人、控告人、举报人、被害人、证人和司法工作人员等，或者继续犯罪的；4.其他致使在押的犯罪嫌疑人、被告人、罪犯脱逃，造成严重后果的情形"。

根据本款的规定，司法工作人员严重不负责任，致使在押的犯罪嫌疑人、被告人或者罪犯脱逃，造成严重后果的，处三年以下有期徒刑或者拘役；造成特别严重后果的，处三年以上十年以下有期徒刑。这里"**造成特别严重后果**"，是指造成多人脱逃或者多次造成犯罪嫌疑人、被告人或者罪犯脱逃以及脱逃的犯罪嫌疑人、被告人或者罪犯继续危害社会，使国家和人民利益遭受重大损失等情形。

需要注意的是，本条规定的犯罪主体是司法工作人员。根据《刑法》第九十四条的规定，**司法工作人员**"是指有侦查、检察、审判、监管职责的工作人员"。刑法的这一规定的实质，是看行为人是否具有履行以上职责的义务。实践中由于受到编制等因素的影响，有的司法机关、监管场所存在使用未列入司法工作人员编制的辅助人员从事监管工作，履行监管职责的情况，对于这些人员，当其受委托履行监管职责时，实施了本条规定的行为的，应构成本条规定的犯罪。

【**司法解释**】

《**最高人民检察院关于工人等非监管机关在编监管人员私放在押人员行为和失职致使在押人员脱逃行为适用法律问题的解释**》(高检发释字〔2001〕2号，自2001年3月2日起施行)

△(工人等非监管机关在编监管人员；私放在押人员)工人等非监管机关在编监管人员在被监管机关聘用受委托履行监管职责的过程中私放在押人员的，应当依照刑法第四百条第一款的规定，以私放在押人员罪追究刑事责任；由于严重不负责任，致使在押人员脱逃，造成严重后果的，应当依照刑法第四百条第二款的规定，以失职致使在押人员脱逃罪追究刑事责任。

《**最高人民检察院关于渎职侵权犯罪案件立案标准的规定**》(高检发释字〔2006〕2号，自2006年7月26日起施行)

△(**私放在押人员罪；立案标准**)私放在押人员罪是指司法工作人员私放在押(包括在羁押场所和押解途中)的犯罪嫌疑人、被告人或者罪犯的行为。

涉嫌下列情形之一的，应予立案：

1. 私自将在押的犯罪嫌疑人、被告人、罪犯放走，或者授意、指使、强迫他人将在押的犯罪嫌疑人、被告人、罪犯放走的；

2. 伪造、变造有关法律文书、证明材料，以使在押的犯罪嫌疑人、被告人、罪犯逃跑或者被释放的；

3. 为私放在押的犯罪嫌疑人、被告人、罪犯，故意向其通风报信、提供条件，致使该在押的犯罪嫌疑人、被告人、罪犯脱逃的；

4. 其他私放在押的犯罪嫌疑人、被告人、罪犯应予追究刑事责任的情形。

△(**失职致使在押人员脱逃罪；立案标准**)失职致使在押人员脱逃罪是指司法工作人员由于严重不负责任，不履行或者不认真履行职责，致使在押(包括在羁押场所和押解途中)的犯罪嫌疑人、被告人、罪犯脱逃，造成严重后果的行为。

涉嫌下列情形之一的，应予立案：

1. 致使依法可能判处或者已经判处10年以上有期徒刑、无期徒刑、死刑的犯罪嫌疑人、被告人、罪犯脱逃的；

2. 致使犯罪嫌疑人、被告人、罪犯脱逃3人次以上的；

3. 犯罪嫌疑人、被告人、罪犯脱逃以后，打击报复报案人、控告人、举报人、被害人、证人和司法工作人员等，或者继续犯罪的；

4. 其他致使在押的犯罪嫌疑人、被告人、罪犯脱逃，造成严重后果的情形。

《最高人民法院、最高人民检察院关于办理渎职刑事案件适用法律若干问题的解释（一）》（法释〔2012〕18号，自2013年1月9日起施行）

△**（法条竞合）**国家机关工作人员实施滥用职权或者玩忽职守犯罪行为，触犯刑法分则第九章第三百九十八条至第四百一十九条规定的，依照该规定定罪处罚。

国家机关工作人员滥用职权或者玩忽职守，因不具备徇私舞弊等情形，不符合刑法分则第九章第三百九十八条至第四百一十九条的规定，但依法构成第三百九十七条规定的犯罪的，以滥用职权罪或者玩忽职守罪定罪处罚。（§2）

△**（受贿罪；数罪并罚）**国家机关工作人员实施渎职犯罪并收受贿赂，同时构成受贿罪的，除刑法另有规定外，以渎职犯罪和受贿罪数罪并罚。（§3）

△**（放纵他人犯罪；帮助他人逃避刑事处罚；与他人共谋；想象竞合犯；数罪并罚）**国家机关工作人员实施渎职行为，放纵他人犯罪或者帮助他人逃避刑事处罚，构成渎职罪的，依渎职罪的规定定罪处罚。

国家机关工作人员与他人共谋，利用其职务行为帮助他人实施其他犯罪行为，同时构成渎职犯罪和共谋实施的其他犯罪共犯的，依照处罚较重的规定定罪处罚。

国家机关工作人员与他人共谋，既利用其职务行为帮助他人实施其他犯罪，又以非职务行为与他人共同实施该其他犯罪行为，同时构成渎职犯罪和其他犯罪的共犯的，依照数罪并罚的规定定罪处罚。（§4）

△**（指使、授意、强令其他国家机关工作人员；以"集体研究"形式实施渎职犯罪）**国家机关负责人员违法决定，或者指使、授意、强令其他国家机关工作人员违法履行职务或者不履行职务，构成刑法分则第九章规定的渎职犯罪的，应当依法追究刑事责任。

以"集体研究"形式实施的渎职犯罪，应当依照刑法分则第九章的规定追究负有责任的人员的刑事责任。对于具体执行人员，应当在综合认定其行为性质、是否提出反对意见、危害结果大小等情节的基础上决定是否追究刑事责任和应当判处的刑罚。（§5）

△**（依法或者受委托行使国家行政管理职权的公司、企业、事业单位）**依法或者受委托行使国家行政管理职权的公司、企业、事业单位的工作人员，在行使行政管理职权时滥用职权或者玩忽职守，构成犯罪的，应当依照《全国人民代表大会常务委员会关于〈中华人民共和国刑法〉第九章渎职罪主体适用问题的解释》的规定，适用渎职罪的规定追究刑事责任。（§7）

【司法解释性文件】

《最高人民检察院关于印发〈人民检察院直接受理立案侦查的渎职侵权重特大案件标准（试行）〉的通知》（高检发〔2001〕13号，2001年8月24日公布）

△**（私放在押人员罪；重大案件）**
（一）重大案件
1. 私放三人以上的；
2. 私放可能判处有期徒刑十年以上或者余刑在五年以上的重大刑事犯罪分子的；
3. 在押人员被私放后又实施重大犯罪的。
（二）特大案件
1. 私放五人以上的；
2. 私放可能判处无期徒刑以上的重大刑事犯罪分子的；
3. 在押人员被私放后又犯罪致人死亡的。（§7）

△**（失职致使在押人员脱逃罪；重特大案件）**
（一）重大案件
1. 致使脱逃五人以上的；
2. 致使可能判处无期徒刑或者死刑缓期二年执行的重大刑事犯罪分子脱逃的；
3. 在押人员脱逃后实施重大犯罪致人死亡的。
（二）特大案件
1. 致使脱逃十人以上的；
2. 致使可能判处死刑的重大刑事犯罪分子脱逃的；
3. 在押人员脱逃后实施重大犯罪致人死亡二人以上的。（§8）

【参考案例】

No.9-400(1)-1 吴鹏辉等私放在押人员案

被私放的在押人员脱管时间长短、是否按时返回监管场所，均不影响私放在押人员罪的成立。

第四百零一条　【徇私舞弊减刑、假释、暂予监外执行罪】
司法工作人员徇私舞弊，对不符合减刑、假释、暂予监外执行条件的罪犯，予以减刑、假释或者暂予监外执行的，处三年以下有期徒刑或者拘役；情节严重的，处三年以上七年以下有期徒刑。

【条文说明】

本条是关于徇私舞弊减刑、假释、暂予监外执行罪及其处刑的规定。

本条规定的**徇私舞弊减刑、假释、暂予监外执行罪**，是指司法工作人员利用职权，为徇私情，对不符合减刑、假释或者暂予监外执行条件的罪犯，予以减刑、假释或者暂予监外执行的行为。构成本罪须具备以下条件：

1. 行为人在主观上必须是**故意**，即司法工作人员在徇私情或者其他谋取私利等动机的驱动下实施的行为。过失不能构成本罪。因为业务水平不高，对法律的理解错误等造成工作失误，造成错误适用减刑、假释、暂予监外执行的，也不构成本条规定的犯罪。

2. 在客观方面，司法工作人员必须实施了**对不符合减刑、假释、暂予监外执行条件的罪犯，予以减刑、假释或者暂予监外执行情节严重的行为**。关于减刑、假释、暂予监外执行的条件、程序，刑法、刑事诉讼法等都作了明确规定，行为人在司法工作中违反了这些规定。具体分为三种情况：

一是对**不符合减刑条件的罪犯予以减刑**。根据《刑法》第七十八条的规定，被判处管制、拘役、有期徒刑、无期徒刑的犯罪分子，在执行期间，如果认真遵守监规，接受教育改造，确有悔改表现的，或者有立功表现的，可以减刑；确有特定重大立功表现之一的，应当减刑。根据《刑法》第五十条的规定，死刑缓期执行的罪犯，"在死刑缓期执行期间，如果没有故意犯罪，二年期满后，减为无期徒刑；确有重大立功表现，二年期满后，减为二十五年有期徒刑"。关于减刑的程序，根据刑法、刑事诉讼法、监狱法的有关规定，对于犯罪分子的减刑，由执行机关向中级以上人民法院提出减刑建议书。人民法院应当组成合议庭进行审理，对确有悔改或者立功事实的，裁定予以减刑。执行机关应当并将减刑建议书副本抄送人民检察院。人民检察院可以向人民法院提出书面意见。人民检察院认为人民法院减刑的裁定不当，应当在收到裁定书副本后二十日以内，向人民法院提出书面纠正意见。人民法院应当在收到纠正意见后一个月以内重新组成合议庭进行审理，作出最终裁定。

二是对**不符合假释条件的罪犯予以假释**。《刑法》第八十一条第一款规定："被判处有期徒刑的犯罪分子，执行原判刑期二分之一以上，被判处无期徒刑的犯罪分子，实际执行十三年以上，如果认真遵守监规，接受教育改造，确有悔改表现，没有再犯罪的危险的，可以假释。如果有特殊情况，经最高人民法院核准，可以不受上述执行刑期的限制。"该条第二款同时规定："对累犯及因故意杀人、强奸、抢劫、绑架、放火、爆炸、投放危险物质或者有组织的暴力性犯罪被判处十年以上有期徒刑、无期徒刑的犯罪分子，不得假释。"关于假释的程序，根据刑法、刑事诉讼法、监狱法的有关规定，假释的提请、决定和监督程序与减刑相似。

三是对**不符合暂予监外执行条件的罪犯予以暂予监外执行**。根据《刑事诉讼法》第二百六十五条的规定，对于被判处有期徒刑或者拘役的罪犯，如果患有严重疾病需要保外就医，或者怀孕、正在哺乳自己婴儿，或者生活不能自理，适用暂予监外执行不致危害社会的，或者被判处无期徒刑的罪犯怀孕、正在哺乳自己婴儿的，可以暂予监外执行。对其不在监管场所执行刑罚，而是暂时放在社会上实行社区矫正。关于暂予监外执行程序，根据刑事诉讼法、监狱法的有关规定，在交付执行前，暂予监外执行由交付执行的人民法院决定。在交付执行后，暂予监外执行由监狱或者看守所提出书面意见，报省级以上监狱管理机关或者设区的市一级以上公安机关批准。人民检察院认为对罪犯适用暂予监外执行不当的，应当自接到通知之日起一个月内将书面意见递交批准暂予监外执行的机关，批准暂予监外执行的机关接到人民检察院的书面意见后，应当立即对该决定进行重新核查。

3. 本罪的犯罪主体为特殊主体，即**司法工作人员**。实践中，一般是指刑罚执行机关、审判机关中有权决定减刑、假释、暂予监外执行的司法工作人员。

根据《最高人民检察院关于渎职侵权犯罪案件立案标准的规定》第一部分第十一条的规定，徇私舞弊减刑、假释、暂予监外执行，"涉嫌下列情形之一的，**应予立案**：1. 刑罚执行机关的工作人员对不符合减刑、假释、暂予监外执行条件的罪犯，捏造事实，伪造材料，违法报请减刑、假释、暂予监外执行的；2. 审判人员对不符合减刑、假释、暂予监外执行条件的罪犯，徇私舞弊，违法裁定减刑、假释或者违法决定暂予监外执行的；3. 监狱管理机关、公安机关的工作人员对不符合暂予监外执行条件的罪犯，徇私舞弊，违法批准暂予监外执行的；4. 不具有报请、裁定、决定或者批准减刑、假释、暂予监外执行权的司法工作人员利用职务上的便利，伪造有关材料，导致不符合减刑、假释、暂予监外执行条件的罪犯被减刑、假释、暂予监外执行的；5. 其他徇私舞弊减刑、假释、暂予监外执行应于追究刑事责任的情形"。

根据本条的规定，对司法工作人员犯本罪的，处三年以下有期徒刑或者拘役；情节严重的，处三年以上七年以下有期徒刑。

实践中执行本条规定应当注意以下两个方面的问题：

1. 本罪与**徇私枉法罪**的关系。审判人员徇私舞弊减刑、假释、暂予监外执行的行为，严格上来讲也属于《刑法》第三百九十九条第一款中规定的在刑事审判活动中故意违背事实和法律作枉法裁判的行为，构成该条规定的徇私枉法罪。但刑法已经将这种行为规定为单独的犯罪，就应当认定为本条规定的徇私舞弊减刑、假释、暂予监外执行罪，不再认定为徇私枉法罪。

2. 司法工作人员收受贿赂，又实施本条规定的犯罪如何处理。实践中存在司法工作人员受人请托，收受贿赂后实施徇私舞弊减刑、假释、暂予监外执行的情况。根据《最高人民法院、最高人民检察院关于办理贪污贿赂刑事案件适用法律若干问题的解释》第十七条的规定，对这种情形，应当**以受贿罪和本条规定的徇私舞弊减刑、假释、暂予监外执行罪数罪并罚**。

【司法解释】

《最高人民检察院关于渎职侵权犯罪案件立案标准的规定》（高检发释字[2006]2号，自2006年7月26日起施行）

△(**徇私舞弊减刑、假释、暂予监外执行罪；立案标准**) 徇私舞弊减刑、假释、暂予监外执行罪是指司法工作人员徇私舞弊，对不符合减刑、假释、暂予监外执行条件的罪犯予以减刑、假释、暂予监外执行的行为。

涉嫌下列情形之一的，应予立案：

1. 刑罚执行机关的工作人员对不符合减刑、假释、暂予监外执行条件的罪犯，捏造事实，伪造材料，违法报请减刑、假释、暂予监外执行的；

2. 审判人员对不符合减刑、假释、暂予监外执行条件的罪犯，徇私舞弊，违法裁定减刑、假释或者违法决定暂予监外执行的；

3. 监狱管理机关、公安机关的工作人员对不符合暂予监外执行条件的罪犯，徇私舞弊，违法批准暂予监外执行的；

4. 不具有报请、裁定、决定或者批准减刑、假释、暂予监外执行权的司法工作人员利用职务上的便利，伪造有关材料，导致不符合减刑、假释、暂予监外执行条件的罪犯被减刑、假释、暂予监外执行的；

5. 其他徇私舞弊减刑、假释、暂予监外执行应于追究刑事责任的情形。

《最高人民法院、最高人民检察院关于办理渎职刑事案件适用法律若干问题的解释（一）》（法释[2012]18号，自2013年1月9日起施行）

△(**法条竞合**) 国家机关工作人员实施滥用职权或者玩忽职守犯罪行为，触犯刑法分则第九章第三百九十八条至第四百一十九条规定的，依照该规定定罪处罚。

国家机关工作人员滥用职权或者玩忽职守，因不具备徇私舞弊等情形，不符合刑法分则第九章第三百九十八条至第四百一十九条的规定，但依法构成第三百九十七条规定的犯罪的，以滥用职权罪或者玩忽职守罪定罪处罚。（§2）

△(**受贿罪；数罪并罚**) 国家机关工作人员实施渎职犯罪并收受贿赂，同时构成受贿罪的，除刑法另有规定外，以渎职犯罪和受贿罪数罪并罚。（§3）

△(**放纵他人犯罪；帮助他人逃避刑事处罚；与他人共谋；想象竞合犯；数罪并罚**) 国家机关工作人员实施渎职行为，放纵他人犯罪或者帮助他人逃避刑事处罚，构成犯罪的，依照渎职罪的规定定罪处罚。

国家机关工作人员与他人共谋，利用其职务行为帮助他人实施其他犯罪行为，同时构成渎职犯罪和共谋实施的其他犯罪共犯的，依照处罚较重的规定定罪处罚。

国家机关工作人员与他人共谋，既利用职务行为帮助他人实施其他犯罪，又以非职务行为与他人共同实施该其他犯罪行为，同时构成渎职犯罪和其他犯罪的共犯的，依照数罪并罚的规定定罪处罚。（§4）

△(**指使、授意、强令其他国家机关工作人员以"集体研究"形式实施渎职罪**) 国家机关负责人员违法决定，或者指使、授意、强令其他国家机关工作人员违法履行职务或者不履行职务，构成

第四百零二条

刑法分则第九章规定的渎职犯罪的,应当依法追究刑事责任。

以"集体研究"形式实施的渎职犯罪,应当依照刑法分则第九章的规定追究国家机关负有责任的人员的刑事责任。对于具体执行人员,应当在综合认定其行为性质、是否提出反对意见、危害结果大小等情节的基础上决定是否追究刑事责任和应当判处的刑罚。(§5)

△(依法或者受委托行使国家行政管理职权的公司、企业、事业单位)依法或者受委托行使国家行政管理职权的公司、企业、事业单位的工作人员,在行使行政管理职权时滥用职权或者玩忽职守,构成犯罪的,应当依照《全国人民代表大会常务委员会关于〈中华人民共和国刑法〉第九章渎职罪主体适用问题的解释》的规定,适用渎职罪的规定追究刑事责任。(§7)

【司法解释性文件】

《最高人民检察院关于印发〈人民检察院直接受理立案侦查的渎职侵权重特大案件标准(试行)〉的通知》(高检发〔2001〕13号,2001年8月24日公布)

△(徇私舞弊减刑、假释、暂予监外执行罪;重特大案件)

(一)重大案件

1. 办理三次以上或者一次办理三人以上的;
2. 为重大刑事犯罪分子办理减刑、假释、暂予监外执行的。

(二)特大案件

1. 办理五次以上或者一次办理五人以上的;
2. 为特别重大刑事犯罪分子办理减刑、假释、暂予监外执行的。(§9)

《人民检察院办理减刑、假释案件规定》(高检发监字〔2014〕8号,2014年8月1日公布)

△(涉嫌违法;纠正违法意见;纪律处分;刑事责任)人民检察院收到控告、举报或者发现司法工作人员在办理减刑、假释案件中涉嫌违法的,应当依法进行调查,并根据情况,向有关单位提出纠正违法意见,建议更换办案人,或者建议予以纪律处分;构成犯罪的,依法追究刑事责任。(§23)

【指导性案例】

最高人民检察院指导性案例第72号:罪犯王某某暂予监外执行监督案(2020年2月28日发布)

△(暂予监外执行监督;徇私舞弊;技术性证据的审查)人民检察院对违法暂予监外执行进行法律监督时,应当注意发现和查办背后的相关司法工作人员职务犯罪。对司法鉴定意见、病情诊断意见的审查,应当注重对其及所依据的原始资料进行重点审查。发现不符合暂予监外执行条件的罪犯通过非法手段暂予监外执行的,应当依法监督纠正。办理暂予监外执行案件时,应当加强对鉴定意见等技术性证据的联合审查。

第四百零二条 【徇私舞弊不移交刑事案件罪】

行政执法人员徇私舞弊,对依法应当移交司法机关追究刑事责任的不移交,情节严重的,处三年以下有期徒刑或者拘役;造成严重后果的,处三年以上七年以下有期徒刑。

【条文说明】

本条是关于徇私舞弊不移交刑事案件罪及其处罚的规定。

本条规定的**徇私舞弊不移交刑事案件罪**,是指行政执法人员对依法应当移交司法机关追究刑事责任的案件不移交,情节严重的行为。根据本条规定,构成本罪应具备以下条件:

1. 本罪的主体为**特殊主体**,即行政执法人员。"行政执法人员",是指在具有行政执法权的行政机关中从事公务的人员,如税务、市场监督管理、环境保护、金融监管、应急管理等机关的工作人员。对于依照法律法规授权,具有管理公共事务职能,在法定授权范围内实施行政处罚的组织的执法人员实施本条规定的行为的,也可以构成本罪。①

2. 构成本罪在主观上必须是**故意**,即行政执

---

① 我国学者指出,纪检、监察机关工作人员不能成为本罪的行为主体,因为行政执法体现的是行政主体与行政相对人之间的外部行政管理关系。但是,对于纪检、监察人员徇私舞弊不移交刑事案件,可以考虑使用滥用职权罪进行定罪处罚。参见黎宏:《刑法学各论》(第2版),法律出版社2016年版,第562—563页。

法人员明知对应当移交司法机关追究刑事责任的案件不移交的行为会产生危害社会的后果，但仍徇私舞弊不移交。这种犯罪有的是为徇亲友私情，有的是为了得到某种利益，比如，为徇单位私利而以行政处罚代替刑罚，或者出于地方保护主义对犯罪人网开一面等。如果行政执法人员不是出于徇私的动机，而是由于没有认真了解情况，存在对事实认识上的偏差，或者由于业务水平不高，对法律法规的理解偏差造成工作上的失误，致使没有移交应当移交的刑事案件的，则不构成本罪。

3. 在客观方面，行政执法人员实施了**依法应当将案件移交司法机关追究刑事责任的不移交，情节严重的行为**。其中，"**依法应当移交司法机关追究刑事责任的不移交**"，是指明知他人的行为已经构成犯罪，应当交由司法机关依法追究其刑事责任，但是行为人不移交司法机关，而故意使犯罪人逃避法律追究的行为。本条规定的"**司法机关**"，主要是指对刑事案件负有侦查职责的机关，包括公安机关、检察机关、国家安全机关、海警机关等。行政处罚法和一些具体的行政法律法规都对行政机关移送涉嫌犯罪的案件作了规定。《最高人民检察院、公安部关于公安机关管辖的刑事案件立案追诉标准的规定（一）》和《最高人民检察院、公安部关于公安机关管辖的刑事案件立案追诉标准的规定（二）》中都明确了刑法规定的有关犯罪的具体立案追诉标准，也就是行政执法机关向司法机关移送案件的具体标准。国务院于2001年还专门制定了《行政执法机关移送涉嫌犯罪案件的规定》，明确规定行政执法机关在依法查处违法行为过程中，发现违法事实涉嫌构成犯罪的，必须向公安机关移送，并对移送的时间、有关证据的保存、移送所应附的材料等都作了具体规定。行政执法人员违反这些规定，对应当移交司法机关的案件不移交，就可能构成本条规定的犯罪。

行政执法人员徇私舞弊不移交刑事案件的行为并非都构成犯罪，**只有"情节严重"的才能构成**，这是区分罪与非罪的主要标准。根据《最高人民检察院关于渎职侵权犯罪案件立案标准的规定》第一部分第十二条的规定，徇私舞弊不移交刑事案件，"涉嫌下列情形之一的，**应予立案**：1. 对依法可能判处3年以上有期徒刑、无期徒刑、死刑的犯罪案件不移交的；2. 不移交刑事案件涉及3人次以上的；3. 司法机关提出意见后，无正当理由仍然不予移交的；4. 以罚代刑，放纵犯罪嫌疑人，致使犯罪嫌疑人继续进行违法犯罪活动的；5. 行政执法部门主管领导阻止移交的；6. 隐瞒、毁灭证据，伪造材料，改变刑事案件性质的；7. 直接负责的主管人员和其他直接责任人员为牟取本单位私利而不移交刑事案件，情节严重的；8. 其他情节严重的情形"。

根据本条规定，行政执法人员犯徇私舞弊不移交刑事案件罪的，处三年以下有期徒刑或者拘役；造成严重后果的，处三年以上七年以下有期徒刑。其中，"**造成严重后果**"，是指造成罪行严重的犯罪分子逃避法律追究，或者由于不移交的行为使国家利益遭受特别重大损失等。

实践中执行本条规定应当注意以下两个方面的问题：

1. 公安机关工作人员犯罪的处理。考虑到公安机关既行使行政执法权，又行使刑事侦查权，公安机关的工作人员属于《刑法》第三百九十九条规定的"司法工作人员"。公安机关的工作人员行使行政执法权时，如果徇私舞弊，对明知是构成犯罪应当立案进行刑事侦查的案件不提刑事立案的，属于对明知是有罪的人而故意包庇不使他受追诉，应当以《刑法》第三百九十九条第一款规定的**徇私枉法罪**追究其刑事责任。

2. 行政执法人员收受贿赂，又实施本条规定的犯罪如何处理。行政执法人员受人请托，收受贿赂后实施徇私舞弊不移交刑事案件的行为的，根据《最高人民法院、最高人民检察院关于办理贪污贿赂刑事案件适用法律若干问题的解释》第十七条的规定，**应当以受贿罪和本条规定的徇私舞弊不移交刑事案件罪数罪并罚**。

【司法解释】

《最高人民检察院关于渎职侵权犯罪案件立案标准的规定》（高检发释字〔2006〕2号，自2006年7月26日起施行）

△（徇私舞弊不移交刑事案件罪；立案标准）

徇私舞弊不移交刑事案件罪是指工商行政管理、税务、监察等行政执法人员，徇私舞弊，对依法应当移交司法机关追究刑事责任的案件不移交，情节严重的行为。

涉嫌下列情形之一的，应予立案：

1. 对依法可能判处3年以上有期徒刑、无期徒刑、死刑的犯罪案件不移交的；

2. 不移交刑事案件涉及3人次以上的；

3. 司法机关提出意见后，无正当理由仍然不予移交的；

4. 以罚代刑，放纵犯罪嫌疑人，致使犯罪嫌疑人继续进行违法犯罪活动的；

5. 行政执法部门主管领导阻止移交的；

6. 隐瞒、毁灭证据，伪造材料，改变刑事案件性质的；

7. 直接负责的主管人员和其他直接责任人员为牟取本单位私利而不移交刑事案件，情节严重的；

8. 其他情节严重的情形。

《最高人民法院、最高人民检察院关于办理渎职刑事案件适用法律若干问题的解释（一）》（法释〔2012〕18号，自2013年1月9日起施行）

△（法条竞合）国家机关工作人员实施滥用职权或者玩忽职守犯罪行为，触犯刑法分则第九章第三百九十八条至第四百一十九条规定的，依照该规定定罪处罚。

国家机关工作人员滥用职权或者玩忽职守，不符合刑法分则第九章第三百九十八条至第四百一十九条的规定，但依法构成第三百九十七条规定的犯罪的，以滥用职权罪或者玩忽职守罪定罪处罚。（§2）

△（受贿罪；数罪并罚）国家机关工作人员实施渎职犯罪并收受贿赂，同时构成受贿罪的，除刑法另有规定外，以渎职犯罪和受贿犯罪数罪并罚。（§3）

△（放纵他人犯罪；帮助他人逃避刑事处罚；与他人共谋；想象竞合犯；数罪并罚）国家机关工作人员实施渎职行为，放纵他人犯罪或者帮助他人逃避刑事处罚，构成犯罪的，依照渎职罪的规定定罪处罚。

国家机关工作人员与他人共谋，利用其职务行为帮助他人实施其他犯罪行为，同时构成渎职犯罪和共谋实施的其他犯罪共犯的，依照处罚较重的规定定罪处罚。

国家机关工作人员与他人共谋，既利用其职务行为帮助他人实施其他犯罪，又以非职务行为与他人共同实施该其他犯罪行为，同时构成渎职犯罪和其他犯罪的共犯的，依照数罪并罚的规定定罪处罚。（§4）

△（指使、授意、强令其他国家机关工作人员；以"集体研究"形式实施渎职犯罪）国家机关负有责任的领导人员指使、授意、强令其他国家机关工作人员违法履行职务或者不履行职务，构成刑法分则第九章规定的渎职犯罪的，应当依法追究刑事责任。

以"集体研究"形式实施的渎职犯罪，应当依照刑法分则第九章的规定追究国家机关负有责任的人员的刑事责任。对于具体执行人员，应当在综合认定其行为性质、是否提出反对意见、危害结果大小等情节的基础上决定是否追究刑事责任和应当判处的刑罚。（§5）

△（依法或者受委托行使国家行政管理职权的公司、企业、事业单位）依法或者受委托行使国家行政管理职权的公司、企业、事业单位的工作人员，在行使行政管理职权时滥用职权或者玩忽职守，构成犯罪的，应当依照《全国人民代表大会常务委员会关于〈中华人民共和国刑法〉第九章渎职罪主体适用问题的解释》的规定，适用渎职罪的规定追究刑事责任。（§7）

《最高人民法院、最高人民检察院关于办理危害食品安全刑事案件适用法律若干问题的解释》（法释〔2021〕24号，自2022年1月1日起施行）

△（危害食品安全；竞合；共谋）负有食品安全监督管理职责的国家机关工作人员，滥用职权或者玩忽职守，构成食品监管渎职罪，同时构成徇私舞弊不移交刑事案件罪、商检徇私舞弊罪、动植物检疫徇私舞弊罪、放纵制售伪劣商品犯罪行为罪等其他渎职犯罪的，依照处罚较重的规定定罪处罚。

负有食品安全监督管理职责的国家机关工作人员滥用职权或者玩忽职守，不构成食品监管渎职罪，但构成前款规定的其他渎职犯罪的，依照该其他犯罪定罪处罚。

负有食品安全监督管理职责的国家机关工作人员与他人共谋，利用其职务行为帮助他人实施危害食品安全犯罪行为，同时构成渎职犯罪和危害食品安全犯罪共犯的，依照处罚较重的规定从重处罚。（§20）

△（禁止令；行政处罚）对实施本解释规定之犯罪的犯罪分子，应当依照刑法规定的条件，严格适用缓刑、免予刑事处罚。对于依法适用缓刑的，可以根据具体情况，同时宣告禁止令。

对于被不起诉或者免予刑事处罚的行为人，需要给予行政处罚、政务处分或者其他处分的，依法移送有关主管机关处理。（§22）

【司法解释性文件】

《最高人民检察院关于印发〈人民检察院直接受理立案侦查的渎职侵权重特大案件标准（试行）〉的通知》（高检发〔2001〕13号，2001年8月24日公布）

△（徇私舞弊不移交刑事案件罪；重特大案件）

（一）重大案件

1. 对犯罪嫌疑人依法可能判处五年以上十年以下有期徒刑的重大刑事案件不移交的；

2. 五次以上不移交犯罪案件，或者一次不移交犯罪案件涉及五名以上犯罪嫌疑人的；

3. 以罚代刑,放纵犯罪嫌疑人,致使犯罪嫌疑人继续进行刑事犯罪的。

(二)特大案件

1. 对犯罪嫌疑人依法可能判处十年以上有期徒刑、无期徒刑、死刑的特别重大刑事案件不移交的;

2. 七次以上不移交犯罪案件,或者一次不移交犯罪案件涉及七名以上犯罪嫌疑人的;

3. 以罚代刑,放纵犯罪嫌疑人,致使犯罪嫌疑人继续进行严重刑事犯罪的。(§10)

《最高人民法院、最高人民检察院、公安部关于办理非法集资刑事案件若干问题的意见》(高检会〔2019〕2号,2019年1月30日公布)

△(非法集资;滥用职权;玩忽职守)国家工作人员具有下列行为之一,构成犯罪的,应当依法追究刑事责任:

(一)明知单位和个人所申请机构或者业务涉嫌非法集资,仍为其办理行政许可或者注册手续的;

(二)明知所主管、监管的单位有涉嫌非法集资行为,未依法及时处理或者移送处置非法集资职能部门的;

(三)查处非法集资过程中滥用职权、玩忽职守、徇私舞弊的;

(四)徇私舞弊不向司法机关移交非法集资刑事案件的;

(五)其他通过职务行为或者利用职务影响,支持、帮助、纵容非法集资的。(§12)

【指导性案例】

最高人民检察院指导性案例第7号:胡某、郑某徇私舞弊不移交刑事案件案(2012年11月15日发布)

△(诉讼监督;徇私舞弊不移交刑事案件罪)诉讼监督,是人民检察院依法履行法律监督的重要内容。实践中,检察机关和办案人员应当坚持办案与监督并重,建立健全行政执法与刑事司法有效衔接的工作机制,善于在办案中发现各种职务犯罪线索;对于行政执法人员徇私舞弊,不移送有关刑事案件构成犯罪的,应当依法追究刑事责任。

第四百零三条 【滥用管理公司、证券职权罪】

国家有关主管部门的国家机关工作人员,徇私舞弊,滥用职权,对不符合法律规定条件的公司设立、登记申请或者股票、债券发行、上市申请,予以批准或者登记,致使公共财产、国家和人民利益遭受重大损失的,处五年以下有期徒刑或者拘役。

上级部门强令登记机关及其工作人员实施前款行为的,对其直接负责的主管人员,依照前款的规定处罚。

【条文说明】

本条是关于滥用管理公司、证券职权罪及其处罚的规定。

本条共分为两款。

第一款是关于滥用管理公司、证券职权罪及其处罚的规定。本罪有以下特征:

1. 构成本罪的主体必须是**国家有关主管部门的国家机关工作人员**。这里规定的"**国家有关主管部门**",是指根据公司法、证券法和有关法规规定负责对公司设立、申请或者股票、公司债券发行、上市申请的条件是否符合法律规定的条件予以审核、批准或者登记的国家机关,如负责公司设立登记工作的市场监督管理机关,负责证券发行注册的国务院证券监督管理机构等。

2. 行为人必须实施了**对不符合法律规定条件的公司设立、登记申请或者股票、债券发行、上市申请,予以批准或登记,致使公共财产、国家和人民利益遭受重大损失的行为**。对公司设立、股票、债券发行、上市的条件,《公司法》《证券法》等法律法规作了规定。需要说明的是,2019年12月,第十三届全国人大常委会第十五次会议修订了《证券法》,将股票发行核准制改为注册制。《证券法》第二十一条第一款前半段规定:"国务院证券监督管理机构或者国务院授权的部门依照法定条件负责证券发行申请的注册。"国务院证券监督管理机构或者国务院授权的部门工作人员在股票发行注册工作中徇私舞弊,滥用职权的,仍然构成本条规定的犯罪。

3. 行为人构成本罪主观上只能是**故意**,犯罪行为方式表现为徇私情,对公司设立、登记申请或者股票、债券发行、上市申请不严格依照法律进行审查或者根本不作审查而予以批准,明知申请人不符合条件,为了牟取私利予以批准。行为人的行为必须是"**致使公共财产、国家和人民利益遭受**

重大损失的",才能构成犯罪,这是区分罪与非罪的界限,如果行为人的行为没有造成重大损失,则不能追究刑事责任,而应依照《公司法》《证券法》的规定,对其给予处分。《最高人民检察院关于渎职侵权犯罪案件立案标准的规定》第一部分第十三条对本罪的具体立案标准作作了规定。

根据本款规定,构成本罪的,处五年以下有期徒刑或者拘役。

第二款是关于上级部门强令登记机关及其工作人员实施第一款行为的,对其直接负责的主管人员依照本条第一款的规定处罚的规定。这里规定的"上级部门"是广义的,既包括登记机关即市场监督管理机关、证券监督管理部门内部具有上下级领导关系的人员,也包括上级市场监督管理机关、证券监督管理部门中负有领导责任的人员;既包括上级部门的负责人,也包括上级部门工作的具体人员。"强令",是指行为人明知其命令违反法律,而强迫下级机关及其工作人员执行其命令的行为。

根据本款规定,实施本款规定行为的,依照本条第一款的规定处罚,即对直接负责的主管人员,处五年以下有期徒刑或者拘役。

实践中执行本条规定应当注意,有关主管部门工作人员与实施虚报注册资本、虚假出资、欺诈发行股票、债券的行为人通谋,在履职过程中徇私舞弊、滥用职权,实施本条规定的行为的,应当以**虚报注册资本、虚假出资、欺诈发行股票、债券等犯罪的共犯定罪处罚**。

【司法解释】

《最高人民检察院关于渎职侵权犯罪案件立案标准的规定》(高检发释字〔2006〕2号,自2006年7月26日起施行)

△(滥用管理公司、证券职权罪)立案标准)

滥用管理公司、证券职权罪是指工商行政管理、证券管理等国家有关主管部门的工作人员徇私舞弊、滥用职权,对不符合法律规定条件的公司设立、登记申请或者股票、债券发行、上市申请予以批准或者登记,致使公共财产、国家和人民利益遭受重大损失的行为,以及上级部门、当地政府强令登记机关及其工作人员实施上述行为的行为。

涉嫌下列情形之一的,应予立案:

1. 造成直接经济损失50万元以上的;

2. 工商管理部门的工作人员对不符合法律规定条件的公司设立、登记申请,违法予以批准、登记,严重扰乱市场秩序的;

3. 金融证券监管机构工作人员对不符合法律规定条件的股票、债券发行、上市申请,违法予以批准,严重损害公众利益,或者严重扰乱金融秩序的;

4. 工商行政管理部门、金融证券监管机构的工作人员对不符合法律规定条件的公司设立、登记申请或者股票、债券发行、上市申请违法予以批准或者登记,致使犯罪行为得逞的;

5. 上级部门、当地政府直接负责的主管人员强令登记机关及其工作人员,对不符合法律规定条件的公司设立、登记申请或者股票、债券发行、上市申请予以批准或者登记,致使公共财产、国家或者人民利益遭受重大损失的;

6. 其他致使公共财产、国家和人民利益遭受重大损失的情形。

《最高人民法院、最高人民检察院关于办理渎职刑事案件适用法律若干问题的解释(一)》(法释〔2012〕18号,自2013年1月9日起施行)

△(法条竞合)国家机关工作人员实施滥用职权或者玩忽职守犯罪行为,触犯刑法分则第九章第三百九十八条至第四百一十九条规定的,依照该规定定罪处罚。

国家机关工作人员滥用职权或者玩忽职守,因不具备徇私舞弊等情形,不符合刑法分则第九章第三百九十八条至第四百一十九条的规定,但依法构成第三百九十七条规定的犯罪的,以滥用职权罪或者玩忽职守罪定罪处罚。(§2)

△(受贿罪;数罪并罚)国家机关工作人员实施渎职犯罪并收受贿赂,同时构成受贿罪的,除刑法另有规定外,以渎职犯罪和受贿罪数罪并罚。(§3)

△(与他人共谋;想象竞合犯;数罪并罚)国家机关工作人员与他人共谋,利用其职务行为帮助他人实施其他犯罪行为,同时构成渎职犯罪和共谋实施的其他犯罪共犯的,依照处罚较重的规定定罪处罚。

国家机关工作人员与他人共谋,既利用其职务行为帮助他人实施其他犯罪,又以非职务行为与他人共同实施该其他犯罪行为,同时构成渎职犯罪和其他犯罪的共犯的,依照数罪并罚的规定定罪处罚。(§4Ⅱ、Ⅲ)

△(指使、授意、强令其他国家机关工作人员;以"集体研究"形式实施渎职犯罪)国家机关负责人员违法决定,或者指使、授意、强令其他国家机关工作人员违法履行职务或者不履行职务,构成刑法分则第九章规定的渎职犯罪的,应当依法追究刑事责任。

以"集体研究"形式实施的渎职犯罪,应当依照刑法分则第九章的规定追究国家机关负有责任的人员的刑事责任。对于具体执行人员,应当在

综合认定其行为性质、是否提出反对意见、危害结果大小等情节的基础上决定是否追究刑事责任和应当判处的刑罚。(§5)

△(**追诉期限之计算;危害结果**)以危害结果为条件的渎职犯罪的追诉期限,从危害结果发生之日计算;有数个危害结果的,从最后一个危害结果发生之日起计算。(§6)

△(**依法或者受委托行使国家行政管理职权的公司、企业、事业单位**)依法或者受委托行使国家行政管理职权的公司、企业、事业单位的工作人员,在行使行政管理职权时滥用职权或者玩忽职守,构成犯罪的,应当依照《全国人民代表大会常务委员会关于〈中华人民共和国刑法〉第九章渎职罪主体适用问题的解释》的规定,适用渎职罪的规定追究刑事责任。(§7)

△(**经济损失;无法实现的债权部分;酌定从轻处罚情节**)本解释规定的"经济损失",是指渎职犯罪或者与渎职犯罪相关联的犯罪立案时已经实际造成的财产损失,包括为挽回渎职犯罪所造成损失而支付的各种开支、费用等。立案后至提起公诉前持续发生的经济损失,应一并计入渎职犯罪造成的经济损失。

债务人经法定程序被宣告破产,债务人潜逃、去向不明,或者因行为人的责任超过诉讼时效等,致使债权已经无法实现的,无法实现的债权部分应当认定为渎职犯罪的经济损失。

渎职犯罪或者与渎职犯罪相关联的犯罪立案后,犯罪分子及其亲友自行挽回的经济损失,司法机关或者犯罪分子所在单位及其上级主管部门挽回的经济损失,或者因客观原因减少的经济损失,不予扣减,但可以作为酌定从轻处罚的情节。(§8)

【**司法解释性文件**】

《最高人民检察院关于印发〈人民检察院直接受理立案侦查的渎职侵权重特大案件标准(试行)〉的通知》(高检发[2001]13号,2001年8月24日公布)

△(**滥用管理公司、证券职权罪;重特大案件**)
(一) 重大案件
1. 造成直接经济损失五十万元以上的;
2. 因违法批准或者登记致使发生刑事犯罪的。
(二) 特大案件
1. 造成直接经济损失一百万元以上的;
2. 因违法批准或者登记致使发生重大刑事犯罪的。(§11)

第四百零四条 【徇私舞弊不征、少征税款罪】
税务机关的工作人员徇私舞弊,不征或者少征应征税款,致使国家税收遭受重大损失的,处五年以下有期徒刑或者拘役;造成特别重大损失的,处五年以上有期徒刑。

【**条文说明**】

本条是关于徇私舞弊不征、少征税款罪及其处罚的规定。

本条规定的**徇私舞弊不征、少征税款罪**,是指税务机关工作人员利用职权,为徇私情,不征或者少征应当征收的税款,致使国家税收流失,遭受重大损失的行为。本罪具有以下特征:

1. 主体必须是**税务机关的工作人员**。这里规定的"**税务机关**"是指各级税务局、税务分局和税务所。非税务机关人员不能构成本罪。我国的税务机关在2018年以前分为国家税务机关和地方税务机关,根据2018年3月十三届全国人大一次会议批准的国务院机构改革方案,改革国税地税征管体制。将省级和省级以下国税地税机构合并,具体承担所辖区域内各项税收、非税收入征管等职责。国税地税机构合并后,实行以国家税务总局为主与省(区、市)人民政府双重领导的管理体制。《税收征收管理法》第九条第二款、第三款规定:"税务机关、税务人员必须秉公执法,忠于职守,清正廉洁,礼貌待人,文明服务,尊重和保护纳税人、扣缴义务人的权利,依法接受监督。税务人员不得索贿受贿、徇私舞弊、玩忽职守,不征或者少征应征税款;不得滥用职权多征税款或者故意刁难纳税人和扣缴义务人。"税务机关工作人员徇私舞弊不征、少征税款的行为违反了上述法定义务。

2. 主观方面必须是**故意**。也就是说,税务机关的工作人员明知自己不征或少征应征税款,会给国家税收造成重大损失,而为了徇私情、私利,不征或少征税款。

3. 客观方面实施了**不征或少征应征税款,并使国家税收遭受重大损失的行为**。"应征税款",是指税务机关根据法律、行政法规规定的税种、税率,应当向纳税人征收的税款。近年来,根据税收法定原则,全国人大及其常委会先后制定或修改了《个人所得税法》《企业所得税法》《车船税法》《车辆购置税法》《耕地占用税法》《船舶吨税法》《环境保护税法》等多部税收法律。对尚未制定法律的一些税种，国务院制定的《增值税暂行条例》《消费税暂行条例》等行政法规作了规定。税务机关工作人员应当根据这些法律、行政法规关于税种、税率等的规定，依法确定应向纳税人征收的税款并及时征收。行为人的行为具体表现为擅自决定税收的停征、减征或者免征，即为徇私情对应当征收税款的不征收、少征收；或者对纳税人欠缴税款的，本应通知银行或其他金融机构从纳税人存款中扣缴而不通知；对应当查封、扣押、拍卖价值与欠税人应纳税款相当的物品而不查封、扣押或拍卖等。

另外，税务机关的工作人员实施的前述行为，必须是使国家税收遭受重大损失的才能构成犯罪，这是区分罪与非罪的界限，如果不征或少征应征税款，数额较小，没有使国家的税收遭受重大损失，就不能按本罪处理，而应当追究行为人的行政责任。根据《最高人民检察院关于渎职侵权犯罪案件立案标准的规定》第一部分第十四条的规定，徇私舞弊不征、少征应征税款，"涉嫌下列情形之一的，应予立案：1.徇私舞弊不征、少征应征税款，致使国家税收损失累计达10万元以上的；2.上级主管部门工作人员指使税务机关工作人员徇私舞弊不征、少征应征税款，致使国家税收损失累计达10万元以上的；3.徇私舞弊不征、少征应征税款不满10万元，但具有索取或者收受贿赂或者其他恶劣情节的；4.其他致使国家税收遭受重大损失的情形"。

根据本条规定，税务机关的工作人员犯本罪的，处五年以下有期徒刑或者拘役；造成特别重大损失的，处五年以上有期徒刑。"**造成特别重大损失**"，是指造成税收流失数额特别巨大的，后果特别严重的情形等。

实践中执行本条规定应当注意以下两个方面的问题：

税务机关工作人员在征税工作中严重不负责任，计算税款有误，没有征收或者少征应征税款，致使国家税收遭受重大损失，但没有徇私舞弊情节的，不构成本条规定的犯罪。构成《刑法》第三百九十七条规定的**玩忽职守罪**的，按照该条规定追究其刑事责任。

2. 税务机关工作人员与纳税人相勾结，帮助纳税人逃税，如为其出主意，然后不征或少征其应缴的税款，应按逃税罪的共犯追究其刑事责任。①

【司法解读】

《最高人民检察院关于渎职侵权犯罪案件立案标准的规定》（高检发释字〔2006〕2号，自2006年7月26日起施行）

△（**徇私舞弊不征、少征税款罪**；**立案标准**）徇私舞弊不征、少征税款罪是指税务机关工作人员徇私舞弊，不征、少征应征税款，致使国家税收遭受重大损失的行为。

涉嫌下列情形之一的，应予立案：

1. 徇私舞弊不征、少征应征税款，致使国家税收损失累计达10万元以上的；

2. 上级主管部门工作人员指使税务机关工作人员徇私舞弊不征、少征应征税款，致使国家税收损失累计达10万元以上的；

3. 徇私舞弊不征、少征应征税款不满10万元，但具有索取或者收受贿赂或者其他恶劣情节的；

4. 其他致使国家税收遭受重大损失的情形。

《最高人民法院、最高人民检察院关于办理渎职刑事案件适用法律若干问题的解释（一）》（法释〔2012〕18号，自2013年1月9日起施行）

△（**法条竞合**）国家机关工作人员实施滥用职权或者玩忽职守犯罪行为，触犯刑法分则第九章第三百九十八条至第四百一十九条规定的，依照规定定罪处罚。

国家机关工作人员滥用职权或者玩忽职守，因不具备徇私舞弊等情形，不符合刑法分则第九章第三百九十八条至第四百一十九条的规定，但依法构成第三百九十七条规定的犯罪的，以滥用职权罪或者玩忽职守罪定罪处罚。（§2）

△（**受贿罪；数罪并罚**）国家机关工作人员实施渎职犯罪并收受贿赂，同时构成受贿罪的，除刑法另有规定外，以渎职犯罪和受贿罪数罪并罚。（§3）

△（**与他人共谋；想象竞合犯；数罪并罚**）国家机关工作人员与他人共谋，利用其职务行为帮助他人实施其他犯罪行为，同时构成渎职犯罪和共谋实施的其他犯罪共犯的，依照处罚较重的规

---

① 我国学者指出，由于本罪的法定最高刑第一档为五年有期徒刑、第二档为十五年有期徒刑，高于逃税罪、抗税罪、逃避追缴欠税罪相应的法定最高刑（第一档为三年有期徒刑、第二档为七年有期徒刑）。故而，对前开勾结行为，应认定为逃税等罪的共犯与本罪的想象竞合，从一重罪（本罪）论处。参见张明楷：《刑法学》（第6版），法律出版社2021年版，第1658页；黎宏：《刑法学各论》（第2版），法律出版社2016年版，第566页。

定罪处罚。

国家机关工作人员与他人共谋,既利用其职务行为帮助他人实施其他犯罪,又以非职务行为与他人共同实施该其他犯罪行为,同时构成渎职犯罪和其他犯罪的共犯的,依照数罪并罚的规定定罪处罚。(§ 4Ⅱ、Ⅲ)

△(指使、授意、强令其他国家机关工作人员;以"集体研究"形式实施渎职犯罪)国家机关负责人员违法决定,或者指使、授意、强令其他国家机关工作人员违法履行职务或者不履行职务,构成刑法分则第九章规定的渎职犯罪的,应当依法追究刑事责任。

以"集体研究"形式实施的渎职犯罪,应当依照刑法分则第九章的规定追究国家机关负有责任的人员的刑事责任。对于具体执行人员,应当在综合认定其行为性质、是否提出反对意见、危害结果大小等情节的基础上决定是否追究刑事责任和应当判处的刑罚。(§ 5)

△(追诉期限之计算;危害结果)以危害结果为条件的渎职犯罪的追诉期限,从危害结果发生之日起计算;有数个危害结果的,从最后一个危害结果发生之日起计算。(§ 6)

△(依法或者受委托行使国家行政管理职权的公司、企业、事业单位)依法或者受委托行使国家行政管理职权的公司、企业、事业单位的工作人员,在行使行政管理职权时滥用职权或者玩忽职守,构成犯罪的,应当参照《全国人民代表大会常务委员会关于〈中华人民共和国刑法〉第九章渎职罪主体适用问题的解释》的规定,适用渎职罪的规定追究刑事责任。(§ 7)

△(经济损失;无法实现的债权部分;酌定从轻处罚情节)本解释规定的"经济损失",是指渎职犯罪或者与渎职犯罪相关联的犯罪立案时已经实际造成的财产损失,包括为挽回渎职犯罪所造成损失而支付的各种开支、费用等。立案后至提起公诉前持续发生的经济损失,应当一并计入渎职犯罪造成的经济损失。

债权人经法定程序被宣告破产,债务人潜逃、去向不明,或者因行为人的责任超过诉讼时效等,致使债权已经无法实现的,无法实现的债权部分应当认定为渎职犯罪的经济损失。

渎职犯罪或者与渎职犯罪相关联的犯罪立案后,犯罪分子及其亲友自行挽回的经济损失,司法机关或者犯罪分子所在单位及其上级主管部门挽回的经济损失,或者因客观原因减少的经济损失,不予扣减,但可以作为酌定从轻处罚的情节。(§ 8)

【司法解释性文件】

《最高人民检察院关于印发〈人民检察院直接受理立案侦查的渎职侵权重特大案件标准(试行)〉的通知》(高检发〔2001〕13号,2001年8月24日公布)

△(徇私舞弊不征、少征税款罪;重特大案件)
(一)重大案件
造成国家税收损失累计达三十万元以上的。
(二)特大案件
造成国家税收损失累计达五十万元以上的。(§ 12)

第四百零五条 【徇私舞弊发售发票、抵扣税款、出口退税罪】【违法提供出口退税证罪】
税务机关的工作人员违反法律、行政法规的规定,在办理发售发票、抵扣税款、出口退税工作中,徇私舞弊,致使国家利益遭受重大损失的,处五年以下有期徒刑或者拘役;致使国家利益遭受特别重大损失的,处五年以上有期徒刑。

其他国家机关工作人员违反国家规定,在提供出口货物报关单、出口收汇核销单等出口退税凭证的工作中,徇私舞弊,致使国家利益遭受重大损失的,依照前款的规定处罚。

【条文说明】

本条是关于徇私舞弊发售发票、抵扣税款、出口退税罪和违法提供出口退税证罪及其处罚的规定。

本条共分为两款。

第一款是关于徇私舞弊发售发票、抵扣税款、出口退税罪及其处罚的规定。该罪主要是指税务机关工作人员违反法律、行政法规的规定,在发售发票、抵扣税款、出口退税的具体工作中,为徇私情、弄虚作假、徇私舞弊,致使国家利益遭受重大损失的行为。

根据本款规定,构成本罪的行为人主观上必须是**故意**,即税务机关工作人员明知自己在发售发票、抵扣税款以及出口退税工作中徇私舞弊的行为会产生危害后果,而故意实施。这种犯罪的动机是各种各样的,有的是为徇亲友私情,有的是为了得到某种利益而亵渎国家赋予的职责等。过失行为不能构成本罪。

本罪的客观方面是实施了**徇私舞弊**的行为，即税务机关的工作人员违反法律、行政法规的规定，在发售发票、抵扣税款、出口退税工作中徇私舞弊，对« 不符合条件的人仍为其发售发票、抵扣税款、办理出口退税，并致使国家利益遭受重大损失的行为。"**发票**"，是指在购销商品、提供或者接受服务以及从事其他经营活动中，开具、收取的收付款凭证。"**发售发票**"，是指税务机关根据已依法办理税务登记的单位或个人提出的领购发票申请，向其发售发票的活动。"**抵扣税款**"，是指税务机关对购货方在购进商品时已由供货方收取的增值税款抵扣掉，只征收购货方作为生产者、经营者在销售其产品或商品环节增值部分的税款。"**出口退税**"，是指税务机关依法在出口环节向出口商品的生产者或经营者单位退还该商品在生产环节、流通环节已征收的增值税和消费税。

税务机关工作人员在发售发票、抵扣税款、出口退税工作中的徇私舞弊主要是：对不应发售发票的，予以发售；对不应抵扣或者应少抵扣税款的，擅自抵扣或者多抵扣；利用职权为自己或帮助他人骗取出口退税款；等等。

实践中，应当把税务机关工作人员在发售发票、抵扣税款或出口退税等工作中出现的失误与主观上故意徇私舞弊的行为区别开来。应当注意的是，是否"**致使国家利益遭受重大损失**"是区分罪与非罪的界限，只有造成"**重大损失**"的，才构成犯罪。根据《最高人民检察院关于渎职侵权犯罪案件立案标准的规定》第一部分第十五条的规定，徇私舞弊发售发票、抵扣税款、出口退税，"**涉嫌下列情形之一的，应予立案**：1. 徇私舞弊，致使国家税收损失累计达 10 万元以上的；2. 徇私舞弊，致使国家税收损失累计不满 10 万元，但具有增值税专用发票 25 份以上或者其他发票 50 份以上或者增值税专用发票与其他发票合计 50 份以上，或具有索取、收受贿赂或者其他恶劣情节的；3. 其他致使国家利益遭受重大损失的情形"。

根据本款的规定，税务机关的工作人员犯本款之罪的，处五年以下有期徒刑或者拘役；致使国家利益遭受特别重大损失的，处五年以上有期徒刑。"**特别重大损失**"，是指抵扣的税款、出口退税数额特别巨大、使国家税款流失的数额特别巨大等情况。

第二款是关于其他国家机关工作人员违反国家规定，在提供出口货物报关单、出口收汇核销单等出口退税凭证的工作中，徇私舞弊，致使国家利益遭受重大损失的犯罪及其处罚的规定。本款所称的"**其他国家机关工作人员**"，是指除税务机关工作人员以外，负有对进出口货物检验、出具进出口货物证明的其他国家机关工作人员，如海关工作人员、外汇管理部门工作人员。按照 1997 年修订刑法时出口退税制度的规定，企业申请出口退税除必须提供购进出口货物的增值税专用发票、出口货物销售明细帐外，还必须提供盖有海关验讫章的《出口货物报关单（出口退税联）》和外汇管理部门开具的出口货物收汇单，以备税务机关核对。"**违反国家规定，在提供出口货物报关单、出口收汇核销单等出口退税凭证工作中，徇私舞弊**"，是指海关、外汇管理部门等工作人员，为徇私情私利，违反出口退税制度，对明知没有货物出口或者以少报多、以劣报优的，仍违背事实，弄虚作假，在报关单上加盖海关验讫章或者出具出口收汇核销单。2012 年 6 月，国家外汇管理局、海关总署、国家税务总局联合发布了《关于货物贸易外汇管理制度改革的公告》，自 2012 年 8 月 1 日起在全国实施货物贸易外汇管理制度改革，相应调整出口报关流程，取消出口收汇核销单，企业不再办理出口收汇核销手续。外汇管理部门对企业的贸易外汇管理由现场逐笔核销改变为非现场总量核查。

根据本款规定，构成本罪必须是**致使国家利益遭受重大损失的**，这主要是指退税数额巨大，使国家税款遭受重大损失等情形。根据《最高人民检察院关于渎职侵权犯罪案件立案标准的规定》第一部分第十六条的规定，违法提供出口退税凭证，"涉嫌下列情形之一的，**应予立案**：1. 徇私舞弊，致使国家税收损失累计达 10 万元以上的；2. 徇私舞弊，致使国家税收损失累计不满 10 万元，但具有索取、收受贿赂或者其他恶劣情节的；3. 其他致使国家利益遭受重大损失的情形"。根据本款规定，构成本款规定之罪的，依照前款的规定处罚，即处五年以下有期徒刑或者拘役；致使国家利益遭受特别重大损失的，处五年以上有期徒刑。

实践中执行本条规定应当注意以下几个方面的问题：

1. 本条第一款规定的徇私舞弊发售发票、抵扣税款、出口退税罪是**选择性罪名**，行为人实施了徇私舞弊发售发票、抵扣税款、出口退税中的一种具体犯罪行为的，可按其犯罪行为确定罪名；行为人实施了其中两种或者三种犯罪行为的，也按一罪处理，不实行数罪并罚。

2. 本罪与**徇私舞弊不征、少征税款罪**的区分。《刑法》第四百零四条规定了徇私舞弊不征、少征税款罪，本罪与该罪都是税务机关工作人员在税收工作中的渎职犯罪，主要区别在于徇私舞弊不征、少征税款罪发生在征收税款的工作中，是直接不征、少征了应征税款，而本罪则是发生在与征税、退税相关的发售发票、抵扣税款、出口退税罪等环节，造成了国家税款损失。

3. 本条规定的两种犯罪都要求行为人具有徇私舞弊情节，如果行为人没有徇私舞弊，但在有关工作中严重不负责任，致使国家利益遭受重大损失的，可以依照《刑法》第三百九十七条规定的**玩忽职守罪**追究刑事责任。

【司法解释】

《最高人民检察院关于渎职侵权犯罪案件立案标准的规定》（高检发释字〔2006〕2号，自2006年7月26起施行）

△(徇私舞弊发售发票、抵扣税款、出口退税罪；立案标准)徇私舞弊发售发票、抵扣税款、出口退税罪是指税务机关工作人员违反法律、行政法规的规定，在办理发售发票、抵扣税款、出口退税工作中徇私舞弊，致使国家利益遭受重大损失的行为。

涉嫌下列情形之一的，应予立案：
1. 徇私舞弊，致使国家税收损失累计达10万元以上的；
2. 徇私舞弊，致使国家税收损失累计不满10万元，但发售增值税专用发票25份以上或者其他发票50份以上或者增值税专用发票与其他发票合计50份以上，或者具有索取、收受贿赂或者其他恶劣情节的；
3. 其他致使国家利益遭受重大损失的情形。

△(违法提供出口退税凭证罪；立案标准)违法提供出口退税凭证罪是指海关、外汇管理等国家机关工作人员违反国家规定，在提供出口货物报关单、出口收汇核销单等出口退税凭证的工作中徇私舞弊，致使国家利益遭受重大损失的行为。

涉嫌下列情形之一的，应予立案：
1. 徇私舞弊，致使国家税收损失累计达10万元以上的；
2. 徇私舞弊，致使国家税收损失累计不满10万元，但具有索取、收受贿赂或者其他恶劣情节的；
3. 其他致使国家利益遭受重大损失的情形。

《最高人民法院、最高人民检察院关于办理渎职刑事案件适用法律若干问题的解释（一）》（法释〔2012〕18号，自2013年1月9日起施行）

△(法条竞合)国家机关工作人员实施滥用职权或者玩忽职守犯罪行为，触犯刑法分则第九章第三百九十八条至第四百一十九条规定的，依

照该规定定罪处罚。

国家机关工作人员滥用职权或者玩忽职守，因不具备徇私舞弊等情形，不符合刑法分则第九章第三百九十八条至第四百一十九条的规定，但依法构成第三百九十七条规定的犯罪的，以滥用职权罪或者玩忽职守罪定罪处罚。（§2）

△(受贿罪；数罪并罚)国家机关工作人员实施渎职犯罪并收受贿赂，同时构成受贿罪的，除刑法另有规定外，以渎职犯罪和受贿罪数罪并罚。（§3）

△(与他人共谋；想象竞合犯；数罪并罚)国家机关工作人员与他人共谋，利用其职务上的便利，实施渎职犯罪，同时又帮助他人实施其他犯罪行为，同时构成渎职犯罪和共谋实施的其他犯罪共犯的，依照处罚较重的规定定罪处罚。

国家机关工作人员与他人共谋，既利用其职务行为帮助他人实施其他犯罪，又以非职务行为与他人共同实施该其他犯罪行为，同时构成渎职犯罪和其他犯罪的共犯的，依照数罪并罚的规定定罪处罚。（§4Ⅱ、Ⅲ）

△(指使、授意、强令其他国家机关工作人员；以"集体研究"形式实施渎职犯罪)国家机关负责人员违法决定，或者指使、授意、强令其他国家机关工作人员违法履行职务或者不履行职务，构成刑法分则第九章规定的渎职犯罪的，应当依法追究刑事责任。

以"集体研究"形式实施的渎职犯罪，应当依照刑法分则第九章的规定追究国家机关负有责任的人员的刑事责任。对于具体执行人员，应当在综合认定其行为性质、是否提出反对意见、危害结果大小等情节的基础上决定是否追究刑事责任和应当判处的刑罚。（§5）

△(追诉期限之计算；危害结果)以危害结果为条件的渎职犯罪的追诉期限，从危害结果发生之日起计算；有数个危害结果的，从最后一个危害结果发生之日起计算。（§6）

△(依法或者受委托行使国家行政管理职权的公司、企业、事业单位)依法或者受委托行使国家行政管理职权的公司、企业、事业单位的工作人员，在行使行政管理职权时滥用职权或者玩忽职守，构成犯罪的，应当依照《全国人民代表大会常务委员会关于〈中华人民共和国刑法〉第九章渎职罪主体适用问题的解释》的规定，适用渎职罪的规定追究刑事责任。（§7）

△(经济损失；无法实现的债权部分；酌定从轻处罚情节)本解释规定的"经济损失"，是指渎职犯罪或者与渎职犯罪相关联的犯罪立案时已经实际造成的财产损失，包括为挽回渎职犯罪所造

成损失而支付的各种开支、费用等。立案后至提起公诉前持续发生的经济损失，应一并计入渎职犯罪造成的经济损失。

债务人经法定程序被宣告破产，债务人潜逃、去向不明，或者因行为人的责任超过诉讼时效等，致使债权已经无法实现的债权部分应当认定为渎职犯罪的经济损失。

渎职犯罪或者与渎职犯罪相关联的犯罪立案后，犯罪分子及其亲友自行挽回的经济损失，司法机关或者犯罪分子所在单位及其上级主管部门挽回的经济损失，或者因客观原因减少的经济损失，不予扣减，但可以作为酌定从轻处罚的情节。
（§8）

【司法解释性文件】

《最高人民检察院关于印发〈人民检察院直接受理立案侦查的渎职侵权重大案件标准（试行）〉的通知》（高检发〔2001〕13号，2001年8月24日公布）

△（徇私舞弊发售发票、抵扣税款、出口退税罪；重特大案件）
（一）重大案件
造成国家税收损失累计达三十万元以上的。
（二）特大案件
造成国家税收损失累计达五十万元以上的。
（§13）

△（违法提供出口退税凭证罪；重特大案件）
（一）重大案件
造成国家税收损失累计达三十万元以上的。
（二）特大案件
造成国家税收损失累计达五十万元以上的。
（§14）

《最高人民法院研究室关于违反经行政法规授权制定的规范一般纳税人资格的文件应否认定为"违反法律、行政法规的规定"问题的答复》（法研〔2012〕59号，2012年5月3日公布）

△（违反法律、行政法规的规定）国家税务总局《关于加强新办商贸企业增值税征收管理有关问题的紧急通知》（国税发明电〔2004〕37号）和《关于加强新办商贸企业增值税征收管理有关问题的补充通知》（国税发明电〔2004〕62号），是根据1993年制定的《中华人民共和国增值税暂行条例》的规定对一般纳税人资格认定的细化，且2008年修订的《中华人民共和国增值税暂行条例》第十三条明确规定："小规模纳税人以外的纳税人应当向主管税务机关申请资格认定。具体认定办法由国务院主管部门制定。"因此，违反上述两个通知关于一般纳税人资格的认定标准及相关规定，授予不合格单位一般纳税人资格的，相应违反了《中华人民共和国增值税暂行条例》的有关规定，应当认定为刑法第四百零五条第一款规定的"违反法律、行政法规的规定"。

第四百零六条 【国家机关工作人员签订、履行合同失职被骗罪】

国家机关工作人员在签订、履行合同过程中，因严重不负责任被诈骗，致使国家利益遭受重大损失的，处三年以下有期徒刑或者拘役；致使国家利益遭受特别重大损失的，处三年以上七年以下有期徒刑。

【条文说明】

本条是关于国家机关工作人员签订、履行合同失职被骗罪及其处罚的规定。

根据本条规定，国家机关工作人员签订、履行合同失职被骗罪具有以下几个方面的特征：

1. 犯罪主体是**国家机关工作人员**，具体是各国家机关中负责签订、履行合同的工作人员。

2. 行为人在客观方面实施了**由于严重不负责任而在签订、履行合同过程中被诈骗的行为**。主要表现包括：未向主管单位或有关单位了解对方当事人的合同主体资格、资信情况、履约能力和资源等情况，因而盲目同无资金或无货源的另一方签订购销合同而被诈骗；对供方销售的以次充好不符合质量要求、质次价高的货物，应检查而未检查，擅自同意发货，不坚持按合同验收等，致使被诈骗；对合同对方提供的不符合合同要求的服务疏于监督检查，造成质量问题；被诈骗后，对方次货物的处理，不及时采取措施，延误索赔期，擅自决定不索赔，造成重大经济损失等。司法实践中，还应当区分由于市场行情剧变、受个人本身水平限制以及出现不可抗力等情况的原因，使国家机关工作人员在签订、履行合同过程中，致使国家利益遭受重大损失与本罪的界限，如果出现上述情况，应当具体情况具体分析，不能简单地以本罪论处。

行为人实施上述行为，必须是"**致使国家利益遭受重大损失的**"才能构成本罪。根据《最高人民检察院关于渎职侵权犯罪案件立案标准的规定》第一部分第十七条的规定，国家机关工作人员签订、履行合同失职被骗，"涉嫌下列情形之一的，**应予立案**：1. 造成直接经济损失 30 万元以上，或者直接经济损失不满 30 万元，其他致使国家利益遭受重大损失的情形"。行为人主观上主要是**过失**，即行为人应当预见自己的行为可能发生被诈骗的危害结果，由于主观上马马虎虎、疏忽大意没有预见，或者已经预见而轻信能够避免，严重不负责任，但也有部分是由**间接故意**构成，即行为人明知自己不负责任签订、履行合同的行为会造成被诈骗的危害后果，而放任这种结果的发生。

根据本条规定，国家机关工作人员犯本条之罪的，处三年以下有期徒刑或者拘役；致使国家利益遭受特别重大损失的，处三年以上七年以下有期徒刑。

实践中执行本条规定应当注意以下两个方面的问题：

1. 本条规定的犯罪与签订、履行合同失职被骗罪的区别。《刑法》第一百六十七条规定了签订、履行合同失职被骗罪，即"国有公司、企业、事业单位直接负责的主管人员，在签订、履行合同过程中，因严重不负责任被诈骗，致使国家利益遭受重大损失的，处三年以下有期徒刑或者拘役；致使国家利益遭受特别重大的损失的，处三年以上七年以下有期徒刑"。本罪与签订、履行合同失职被骗罪在客观方面都表现为在签订、履行合同过程中，因严重不负责任被诈骗，致使国家利益遭受重大损失。主要区别是犯罪主体不同，本罪属于渎职犯罪，主体是国家机关工作人员。签订、履行合同失职被骗罪是妨害对公司、企业的管理秩序罪，主体是国有公司、企业、事业单位直接负责的主管人员。

2. 本罪的特征是**失职被骗**。如果国家机关工作人员与合同对方通谋，甚至收受贿赂，在签订、履行合同过程中徇私舞弊，损害国家利益的，不应当认定为本罪，而是应依照受贿罪、滥用职权罪的规定定罪处罚。

【司法解释】

《最高人民检察院关于渎职侵权犯罪案件立案标准的规定》（高检发释字〔2006〕2号，自2006年7月26日起施行）

△（**国家机关工作人员签订、履行合同被骗罪；立案标准**）国家机关工作人员签订、履行合同失职被骗罪是指国家机关工作人员在签订、履行合同过程中，因严重不负责任，不履行或者不认真履行职责被诈骗，致使国家利益遭受重大损失的行为。

涉嫌下列情形之一的，应予立案：

1. 造成直接经济损失 30 万元以上，或者直接经济损失不满 30 万元，但间接经济损失 150 万元以上的；

2. 其他致使国家利益遭受重大损失的情形。

《最高人民法院、最高人民检察院关于办理渎职刑事案件适用法律若干问题的解释（一）》（法释〔2012〕18号，自2013年1月9日起施行）

△（**法条竞合**）国家机关工作人员实施滥用职权或者玩忽职守犯罪行为，触犯刑法分则第九章第三百九十八条至第四百一十九条规定的，依照规定定罪处罚。

国家机关工作人员滥用职权或者玩忽职守，因不具备徇私舞弊等情形，不符合刑法分则第九章第三百九十八条至第四百一十九条的规定，但依法构成第三百九十七条规定的犯罪的，以滥用职权罪或玩忽职守罪定罪处罚。（§2）

△（**受贿罪；数罪并罚**）国家机关工作人员实施渎职犯罪并收受贿赂，同时构成受贿罪的，除刑法另有规定外，以渎职犯罪和受贿罪数罪并罚。（§3）

△（**与他人共谋；想象竞合犯；数罪并罚**）国家机关工作人员与他人共谋，利用其职务行为为帮助他人实施其他犯罪行为，同时构成渎职犯罪和共谋实施的其他犯罪共犯的，依照处罚较重的规定定罪处罚。

国家机关工作人员与他人共谋，既利用其职务行为帮助他人实施其他犯罪，又以非职务行为与他人共同实施该其他犯罪行为，同时构成渎职犯罪和其他犯罪的共犯的，按照数罪并罚的规定定罪处罚。（§4Ⅱ、Ⅲ）

△（**指使、授意、强令其他国家机关工作人员；以"集体研究"形式实施渎职犯罪**）国家机关负责人员违法决定，或者指使、授意、强令其他国家机关工作人员违法履行职务或者不履行职务，构成刑法分则第九章规定的渎职犯罪的，应当依法追究刑事责任。

以"**集体研究**"形式实施的渎职犯罪，应当依照刑法分则第九章的规定追究国家机关负有责任的人员的刑事责任。对于具体执行人员，应当在综合考虑其行为性质、是否提出反对意见、危害结果大小等情节的基础上决定是否追究刑事责任和应当判处的刑罚。（§5）

△（**追诉期限之计算；危害结果**）以危害结果为条件的渎职犯罪的追诉期限，从危害结果发生

之日起计算;有数个危害结果的,从最后一个危害结果发生之日起计算。(§6)

△(依法或者受委托行使国家行政管理职权的公司、企业、事业单位)依法或者受委托行使国家行政管理职权的公司、企业、事业单位的工作人员,在行使行政管理职权时滥用职权或者玩忽职守,构成犯罪的,应当依照《全国人民代表大会常务委员会关于〈中华人民共和国刑法〉第九章渎职罪主体适用问题的解释》的规定,适用渎职罪的规定追究刑事责任。(§7)

△(经济损失;无法实现的债权部分;酌定从轻处罚情节)本解释规定的"经济损失",是指渎职犯罪或者与渎职犯罪相关联的犯罪立案时已实际造成的财产损失,包括为挽回渎职犯罪所造成损失而支付的各种开支、费用等。立案后至提起公诉前持续发生的经济损失,应一并计入渎职犯罪造成的经济损失。

债务人经法定程序被宣告破产、债务人潜逃、去向不明,或者因行为人的责任超过诉讼时效等;致使债权已经无法实现的,无法实现的债权部分应当认定为渎职犯罪的经济损失。

渎职犯罪或者与渎职犯罪相关联的犯罪立案后,犯罪分子及其亲友自行挽回的经济损失,司法机关或者犯罪分子所在单位及其上级主管部门挽回的经济损失,或者因客观原因减少的经济损失,不予扣减,但可以作为酌定从轻处罚的情节。(§8)

【司法解释性文件】

《最高人民检察院关于印发〈人民检察院直接受理立案侦查的渎职侵权重特大案件标准(试行)〉的通知》(高检发[2001]13号,2001年8月24日公布)

△(国家机关工作人员签订、履行合同失职被骗罪;重特大案件)
(一)重大案件
造成直接经济损失一百万元以上的。
(二)特大案件
造成直接经济损失二百万元以上的。(§15)

【参考案例】

No.9-406-1 王琦筠等国家机关工作人员签订、履行合同失职被骗案

国家机关工作人员签订、履行合同失职被骗罪是玩忽职守类犯罪中的特别规定。玩忽职守类犯罪罪名竞合时,应遵循特别法优于普通法的原则。

No.9-406-2 王琦筠等国家机关工作人员签订、履行合同失职被骗案

国家机关工作人员虽未在合同上签字署名,但接受委派,在负责签订、履行合同的调查、核实、商谈等工作过程中,严重不负责任被骗的,依法构成国家机关工作人员签订、履行合同失职被骗罪。

第四百零七条 【违法发放林木采伐许可证罪】
林业主管部门的工作人员违反森林法的规定,超过批准的年采伐限额发放林木采伐许可证或者违反规定滥发林木采伐许可证,情节严重,致使森林遭受严重破坏的,处三年以下有期徒刑或者拘役。

【条文说明】

本条是关于违法发放林木采伐许可证罪及其处罚的规定。

根据本条规定,构成本罪的主体是**林业主管部门的工作人员**。"**林业主管部门**",是指县级以上地方人民政府中主管本地区林业工作的机构以及国务院的林业主管部门。根据2018年3月十三届全国人大一次会议批准的国务院机构改革方案,组建国家林业和草原局。将国家林业局的职责,农业部的草原监督管理职责,以及国土资源部、住房和城乡建设部、水利部、农业部、国家海洋局等部门的自然保护区、风景名胜区、自然遗产、地质公园等管理职责整合,组建国家林业和草原局,由自然资源部管理。目前国务院和地方各级人民政府的林业主管部门是各级林业和草原部门。"**超过批准的年采伐限额发放林木采伐许可证**",是指林业主管部门的工作人员利用职权,对符合采伐许可证发放条件的申请人,在年度木材生产计划之外,擅自发放给林木采伐申请人采伐许可证的行为。"**违反规定滥发林木采伐许可证**",是指林业主管部门的工作人员违反森林法以及有关行政法规的规定,利用掌握发放林木采伐许可证的权力,超越自己的权限发放采伐许可证或者对采伐许可证申请的内容不符合法律规定的要求仍然予以批准并发给采伐许可证的行为。

构成本罪必须具备"情节严重"和"致使森林遭受严重破坏"的要件。根据《最高人民法院关于

审理破坏森林资源刑事案件具体应用法律若干问题的解释》第十二条的规定,具有下列情形之一的,属于"**情节严重,致使森林遭受严重破坏**":(1)发放林木采伐许可证允许采伐数量累计超过批准的年采伐限额,导致林木被超额采伐的;(2)滥发林木采伐许可证,导致林木被滥伐二十立方米以上的;(3)滥发林木采伐许可证,导致珍贵树木被滥伐的;(4)批准采伐国家禁止采伐的林木,情节恶劣的;(5)其他情节严重的情形。

根据本条规定,林业主管部门的工作人员犯本条规定之罪的,处3年以下有期徒刑或者拘役。

实践中执行本条规定应当注意,林业主管部门的工作人员收受贿赂,又实施本条规定的犯罪如何处理。林业主管部门的工作人员受人请托,收受贿赂后实施违法发放林木采伐许可证行为的,根据《最高人民法院、最高人民检察院关于办理贪污贿赂刑事案件适用法律若干问题的解释》第十七条的规定,应当以受贿罪和本条规定的违法发放林木采伐许可证罪数罪并罚。

【司法解释】

《**最高人民检察院关于渎职侵权犯罪案件立案标准的规定**》(高检发释字〔2006〕2号,自2006年7月26日起施行)

△(**违法发放林木采伐许可证罪;立案标准**)违法发放林木采伐许可证罪是指林业主管部门的工作人员违反森林法的规定,超过批准的年采伐额发放林木采伐许可证或者违法发放林木采伐许可证,情节严重,致使森林遭受严重破坏的行为。

涉嫌下列情形之一的,应予立案:

1. 发放林木采伐许可证允许采伐数量累计超过批准的年采伐限额,导致林木被超额采伐10立方米以上的;

2. 滥发林木采伐许可证,导致林木被滥伐20立方米以上,或者导致幼树被滥伐1000株以上的;

3. 滥发林木采伐许可证,导致防护林、特种用途林被滥伐5立方米以上,或者幼树被滥伐200株以上的;

4. 滥发林木采伐许可证,导致珍贵树木或者国家重点保护的其他树木被滥伐的;

5. 滥发林木采伐许可证,导致国家禁止采伐的林木被采伐的;

6. 其他情节严重,致使森林遭受严重破坏的情形。

林业主管部门工作人员之外的国家机关工作人员,违反森林法的规定,滥用职权或者玩忽职守,致使林木被滥伐40立方米以上或者幼树被滥伐2000株以上,或者致使防护林、特种用途林被滥伐10立方米以上或者幼树被滥伐400株以上,或者致使珍贵树木被采伐、毁坏4立方米或者4株以上,或者致使国家重点保护的其他植物被采伐、毁坏后果严重的,或者致使国家严禁采伐的林木被伐、毁坏情节恶劣的,按照刑法第397条的规定以滥用职权罪或者玩忽职守罪追究刑事责任。

《**最高人民检察院关于对林业主管部门工作人员在发放林木采伐许可证之外滥用职权、玩忽职守致使森林遭受严重破坏的行为适用法律问题的批复**》(高检发释字〔2007〕1号,自2007年5月16日起施行)

△(**林业主管部门工作人员;致使森林遭受严重破坏**)林业主管部门工作人员违法发放林木采伐许可证,致使森林遭受严重破坏的,依照刑法第四百零七条的规定,以违法发放林木采伐许可证罪追究刑事责任;以其他方式滥用职权或者玩忽职守,致使森林遭受严重破坏的,依照刑法第三百九十七条的规定,以滥用职权罪或者玩忽职守罪追究刑事责任;立案标准依照《最高人民检察院关于渎职侵权犯罪案件立案标准的规定》第一部分渎职犯罪案件第十八条第三款的规定执行。

《**最高人民法院、最高人民检察院关于办理渎职刑事案件适用法律若干问题的解释(一)**》(法释〔2012〕18号,自2013年1月9日起施行)

△(**法条竞合**)国家机关工作人员实施滥用职权或者玩忽职守犯罪行为,触犯刑法分则第九章第三百九十八条至第四百一十九条规定的,依照该规定定罪处罚。

国家机关工作人员滥用职权或者玩忽职守,因不具备徇私舞弊等情形,不符合刑法分则第九章第三百九十八条至第四百一十九条的规定,但依法构成第三百九十七条规定的犯罪的,以滥用职权罪或者玩忽职守罪定罪处罚。(§2)

△(**受贿罪;数罪并罚**)国家机关工作人员实施渎职犯罪并收受贿赂,同时构成渎职罪的,除刑法另有规定外,以渎职犯罪和受贿罪数罪并罚。(§3)

△(**与他人共谋;想象竞合犯;数罪并罚**)国家机关工作人员与他人共谋,利用其职务行为帮助他人实施其他犯罪行为,同时构成渎职犯罪和共谋实施的其他犯罪共犯的,依照处罚较重的规定定罪处罚。

国家机关工作人员与他人共谋,既利用其职务行为帮助他人实施其他犯罪,又以非职务行为与他人共同实施该其他犯罪行为,同时构成渎职

犯罪和其他犯罪的共犯的，依照数罪并罚的规定定罪处罚。（§4Ⅱ、Ⅲ）

△（指使、授意、强令其他国家机关工作人员；以"集体研究"形式实施渎职犯罪）国家机关负责人员违法决定，或者指使、授意、强令其他国家机关工作人员违法履行职务或者不履行职务，构成刑法分则第九章规定的渎职犯罪的，应当依法追究刑事责任。

以"集体研究"形式实施的渎职犯罪，应当依照刑法分则第九章的规定追究国家机关负有责任的人员的刑事责任。对于具体执行人员，应当在综合认定其行为性质、是否提出反对意见、危害结果大小等情节的基础上决定是否追究刑事责任和应当判处的刑罚。（§5）

△（追诉期限之计算；危害结果）以危害结果为条件的渎职犯罪的追诉期限，从危害结果发生之日起计算；有数个危害结果的，从最后一个危害结果发生之日起计算。（§6）

【司法解释性文件】

《最高人民检察院关于印发〈人民检察院直接受理立案侦查的渎职侵权重特大案件标准（试行）〉的通知》（高检发〔2001〕13号，2001年8月24日公布）

△（违法发放林木采伐许可证罪；重特大案件）

（一）重大案件

1. 发放林木采伐许可证允许采伐数量累计超过批准的年采伐限额，导致林木被采伐数量在二十立方米以上的；

2. 滥发林木采伐许可证，导致林木被滥伐四十立方米以上的；

3. 滥发林木采伐许可证，导致珍贵树木被滥伐二株或者二立方米以上的；

4. 批准采伐国家禁止采伐的林木，情节特别恶劣的。

（二）特大案件

1. 发放林木采伐许可证允许采伐数量累计超过批准的年采伐限额，导致林木被采伐数量超过三十立方米的；

2. 滥发林木采伐许可证，导致林木被滥伐六十立方米以上的；

3. 滥发林木采伐许可证，导致珍贵树木被滥伐五株或者五立方米以上的；

4. 批准采伐国家禁止采伐的林木，造成严重后果的。（§16）

【参考案例】

No.9-407-1　李明违法发放林木采伐许可证案

在核发林木采伐许可证的过程中，虽存在不符合法律规定的行为，但仍在法定权限范围内履行职权，没有违反关于发放对象的范围和发放限额的规定，且与森林遭受严重破坏后果之间不具有刑法上的因果关系的，不构成违法发放林木采伐许可证罪。

第四百零八条　【环境监管失职罪】

负有环境保护监督管理职责的国家机关工作人员严重不负责任，导致发生重大环境污染事故，致使公私财产遭受重大损失或者造成人身伤亡的严重后果的，处三年以下有期徒刑或者拘役。

【条文说明】

本条是关于环境监管失职罪及其处罚的规定。

根据本条规定，构成本罪的主体是**对环境保护负有监督管理职责的国家机关工作人员**，主要包括在国务院环境保护行政主管部门、县级以上地方人民政府环境保护行政主管部门从事环境保护监督管理工作的人员，也包括在国家自然资源、港务监督、渔政渔港监督、军队环境保护部门和各级公安、交通运输等管理部门中，依照有关法律的规定对环境污染防治实施监督管理的人员。根据2018年3月十三届全国人大一次会议批准的国务院机构改革方案，将环境保护部的职责，国家发展和改革委员会的应对气候变化和减排职责，国土资源部的监督防止地下水污染职责，水利部的编制水功能区划、排污口设置管理、流域水环境保护职责，农业部的监督指导农业面源污染治理职责，国家海洋局的海洋环境保护职责，国务院南水北调工程建设委员会办公室的南水北调工程项目区环境保护职责整合，组建生态环境部，作为国务院组成部门。目前国务院和地方各级人民政府的环境保护部门是各级生态环境部门。另外，在县级以上人民政府的自然资源、林业和草原、农业农村、水利行政主管部门中，依照有关法律的规定对资源的保护实施监督管理的人员,也可以构成本罪的主体。

根据本条规定,构成本罪必须是上述人员严重不负责任,不认真履行监督管理职责,以致发生重大环境污染事故,致使公私财产遭受重大损失或者造成人身伤亡的严重后果。"**重大环境污染事故**",是指造成大气、水源、海洋、土地等环境质量标准严重不符合国家规定标准,造成公私财产重大损失或人身伤亡的严重事件。其中"污染"是指在生产建设或者其他活动中产生的足以危害人体健康的废气、废水、废渣、粉尘、恶臭气体、放射性物质以及噪声、振动、电磁波辐射等。根据本条规定对造成环境污染事故的,必须是"致使公私财产遭受重大损失或者造成人身伤亡的严重后果"才构成犯罪。即使没有造成严重后果,可以由有关部门予以行政处分。应当注意的是,只要具备"使公私财产遭受重大损失"或者"造成人身伤亡"其中任何一个条件即构成本罪。根据《最高人民法院、最高人民检察院关于办理环境污染刑事案件适用法律若干问题的解释》第二条的规定,致使公私财产损失三十万元以上,具有下列情形之一的,应当认定为"**致使公私财产遭受重大损失或者造成人身伤亡的严重后果**":(1)造成生态环境严重损害的;(2)致使乡镇以上集中式饮用水水源取水中断十二小时以上的;(3)致使基本农田、防护林地、特种用途林地五亩以上,其他土地十亩以上的基本功能丧失或者遭受永久性破坏的;(4)致使森林或者其他林木死亡五十立方米以上,或者幼树死亡二千五百株以上的;(5)致使疏散、转移群众五千人以上的;(6)致使三十人以上中毒的;(7)致使三人以上轻伤、轻度残疾或者器官组织损伤导致一般功能障碍的;(8)致使一人以上重伤、中度残疾或者器官组织损伤导致严重功能障碍的。根据本条规定,构成本罪的,对行为人处三年以下有期徒刑或者拘役。

实践中执行本条规定应当注意,环保监督管理人员收受贿赂,又实施本条规定的犯罪加以处理。环保监督管理人员受人请托,收受贿赂后实施本条规定的失职行为,根据《最高人民法院、最高人民检察院关于办理贪污贿赂刑事案件适用法律若干问题的解释》第十七条的规定,应当以**受贿罪和本条规定的环境监管失职罪数罪并罚**。

【司法解释】

《最高人民检察院关于渎职侵权犯罪案件立案标准的规定》(高检发释字〔2006〕2号,自2006年7月26日起施行)

△(**环境监管失职罪;立案标准**)环境监管失职罪是指负有环境保护监督管理职责的国家机关工作人员严重不负责任,不履行或者不认真履行环境保护监管职责导致发生重大环境污染事故,致使公私财产遭受重大损失或者造成人身伤亡的严重后果的行为。

涉嫌下列情形之一的,应予立案:

1. 造成死亡1人以上,或者重伤3人以上,或者重伤2人、轻伤4人以上,或者重伤1人、轻伤7人以上,或者轻伤10人以上的;

2. 导致30人以上严重中毒的;

3. 造成个人财产直接经济损失15万元以上,或者直接经济损失不满15万元,但间接经济损失75万元以上的;

4. 造成公共财产、法人或者其他组织财产直接经济损失30万元以上,或者直接经济损失不满30万元,但间接经济损失150万元以上的;

5. 虽未达到3、4两项数额标准,但3、4两项合计直接经济损失30万元以上,或者合计直接经济损失不满30万元,但合计间接经济损失150万元以上的;

6. 造成基本农田或者防护林地、特种用途林地10亩以上,或者基本农田以外的耕地50亩以上,或者其他土地70亩以上被严重毁坏的;

7. 造成生活饮用水地表水源和地下水源严重污染的;

8. 其他致使公私财产遭受重大损失或者造成人身伤亡严重后果的情形。

《**最高人民法院、最高人民检察院关于办理渎职刑事案件适用法律若干问题的解释(一)**》(法释〔2012〕18号,自2013年1月9日起施行)

△(**法条竞合**)国家机关工作人员实施滥用职权或者玩忽职守犯罪行为,触犯刑法分则第九章第三百九十八条至第四百一十九条规定的,依照该规定定罪处罚。

国家机关工作人员滥用职权或者玩忽职守,因不具备徇私舞弊等情形,不符合刑法分则第九章第三百九十八条至第四百一十九条的规定,但依法构成第三百九十七条规定的犯罪的,以滥用职权罪或者玩忽职守罪定罪处罚。(§2)

△(**受贿罪;数罪并罚**)国家机关工作人员实施渎职犯罪并收受贿赂,同时构成受贿罪的,除刑法另有规定外,以渎职犯罪和受贿罪数罪并罚。(§3)

△(**与他人共谋;想象竞合犯;数罪并罚**)国家机关工作人员与他人共谋,利用其职务行为帮助他人实施其他犯罪行为,同时构成渎职犯罪和

共谋实施的其他犯罪共犯的,依照处罚较重的规定定罪处罚。

国家机关工作人员与他人共谋,既利用其职务行为帮助他人实施其他犯罪,又以非职务行为与他人共同实施该其他犯罪行为,同时构成渎职犯罪和其他犯罪的共犯的,依照数罪并罚的规定定罪处罚。(§4Ⅱ、Ⅲ)

△(指使、授意、强令其他国家机关工作人员;以"集体研究"形式实施渎职犯罪)国家机关负责人员违法决定,或者指使、授意、强令其他国家机关工作人员违法履行职务或者不履行职务,构成刑法分则第九章规定的渎职犯罪的,应当依法追究刑事责任。

以"集体研究"形式实施的渎职犯罪,应当依照刑法分则第九章的规定追究国家机关负有责任的人员的刑事责任。对于具体执行人员,应当在综合认定其行为性质、是否提出反对意见、危害结果大小等情节的基础上决定是否追究刑事责任和应当判处的刑罚。(§5)

△(追诉期限之计算;危害结果)以危害结果为条件的渎职犯罪的追诉期限,从危害结果发生之日起计算;有数个危害结果的,从最后一个危害结果发生之日起计算。(§6)

△(依法或者受委托行使国家行政管理职权的公司、企业、事业单位)依法或者受委托行使国家行政管理职权的公司、企业、事业单位的工作人员,在行使行政管理职权时滥用职权或者玩忽职守,构成犯罪的,应当依照《全国人民代表大会常务委员会关于〈中华人民共和国刑法〉第九章渎职罪主体适用问题的解释》的规定,适用渎职罪的规定追究刑事责任。(§7)

△(经济损失;无法实现的债权部分;酌定从轻处罚情节)本解释规定的"经济损失",是指渎职犯罪或者与渎职犯罪相关联的犯罪立案时已经实际造成的财产损失,包括为挽回渎职犯罪所造成损失而支付的各种开支、费用等。立案后至提起公诉前持续发生的经济损失,应一并计入渎职犯罪造成的经济损失。

债务人经法定程序被宣告破产,债务人潜逃、去向不明,或者因行为人的责任超过诉讼时效等,致使债权已经无法实现的,无法实现的债权部分应当认定为渎职犯罪的经济损失。

渎职犯罪或者与渎职犯罪相关联的犯罪立案后,犯罪分子及其亲友自行挽回的经济损失,司法机关或者犯罪分子所在单位及其上级主管部门挽回的经济损失,或者因客观原因减少的经济损失,不予扣减,但可以作为酌定从轻处罚的情节。(§8)

【司法解释性文件】

《最高人民检察院关于印发〈人民检察院直接受理立案侦查的渎职侵权重特大案件标准(试行)〉的通知》(高检发〔2001〕13号,2001年8月24日公布)

△(环境监管失职罪;重特大标准)
(一)重大案件
1. 造成直接经济损失一百万元以上的;
2. 致人死亡二人以上或者重伤五人以上的;
3. 致使一定区域生态环境受到严重危害的。
(二)特大案件
1. 造成直接经济损失三百万元以上的;
2. 致人死亡五人以上或者重伤十人以上的;
3. 致使一定区域生态环境受到严重破坏的。
(§17)

【指导性案例】

最高人民检察院指导性案例第4号:崔某环境监管失职案(2012年11月15日发布)

△(国有公司、企业和事业单位;实际行使国家行政管理职权;渎职罪主体;环境监管失职罪)实践中,一些国有公司、企业和事业单位经合法授权从事具体的管理市场经济和社会生活的工作,拥有一定管理公共事务和社会事务的职权,这些实际行使国家行政管理职权的公司、企业和事业单位工作人员,符合渎职罪主体要求;对其实施渎职行为构成犯罪的,应当依照《刑法》关于渎职罪的规定追究刑事责任。

第四百零八条之一 【食品药品监管渎职罪】
负有食品药品安全监督管理职责的国家机关工作人员，滥用职权或者玩忽职守，有下列情形之一，造成严重后果或者有其他严重情节的，处五年以下有期徒刑或者拘役；造成特别严重后果或者有其他特别严重情节的，处五年以上十年以下有期徒刑：
（一）瞒报、谎报食品安全事故、药品安全事件的；
（二）对发现的严重食品药品安全违法行为未按规定查处的；
（三）在药品和特殊食品审批审评过程中，对不符合条件的申请准予许可的；
（四）依法应当移交司法机关追究刑事责任不移交的；
（五）有其他滥用职权或者玩忽职守行为的。
徇私舞弊犯前款罪的，从重处罚。

【立法沿革】

《中华人民共和国刑法修正案（八）》（自 2011 年 5 月 1 日起施行）

四十九、在刑法第四百零八条后增加一条，作为第四百零八条之一：

"负有食品安全监督管理职责的国家机关工作人员，滥用职权或者玩忽职守，导致发生重大食品安全事故或者造成其他严重后果的，处五年以下有期徒刑或者拘役；造成特别严重后果的，处五年以上十年以下有期徒刑。

"徇私舞弊犯前款罪的，从重处罚。"

《中华人民共和国刑法修正案（十一）》（自 2021 年 3 月 1 日起施行）

四十五、将刑法第四百零八条之一第一款修改为：

"负有食品药品安全监督管理职责的国家机关工作人员，滥用职权或者玩忽职守，有下列情形之一，造成严重后果或者有其他严重情节的，处五年以下有期徒刑或者拘役；造成特别严重后果或者有其他特别严重情节的，处五年以上十年以下有期徒刑：

"（一）瞒报、谎报食品安全事故、药品安全事件的；

"（二）对发现的严重食品药品安全违法行为未按规定查处的；

"（三）在药品和特殊食品审批审评过程中，对不符合条件的申请准予许可的；

"（四）依法应当移交司法机关追究刑事责任不移交的；

"（五）有其他滥用职权或者玩忽职守行为的。"

【条文说明】

本条是关于食品药品监管渎职罪及其处罚的规定。

本条共分为两款。

第一款是关于食品药品监管渎职的犯罪及其处罚的规定。根据本条规定，构成本罪的主体是**负有食品药品安全监督管理职责的国家机关工作人员**。根据 2018 年 3 月十三届全国人大一次会议批准的国务院机构改革方案，将国家工商行政管理总局的职责，国家质量监督检验检疫总局的职责，国家食品药品监督管理总局的职责，国家发展和改革委员会的价格监督检查与反垄断执法职责，商务部的经营者集中反垄断执法以及国务院反垄断委员会办公室等职责整合，组建国家市场监督管理总局，作为国务院直属机构。同时，组建国家药品监督管理局，由国家市场监督管理总局管理。目前，负责食品药品安全监督管理职责的主要是各级市场监管、药品监管部门的工作人员。构成本罪，上述人员必须有滥用职权或者玩忽职守的行为。① 这里所规定的"**滥用职权**"，是指国家机关工作人员超越职权，违法决定、处理其无权决定、处理的事项，或者违反规定处理公务的行为。"**玩忽职守**"，是指国家机关工作人员严重不负责任，不履行或者不认真履行其职责的行为。构成本罪，还必须因为滥用职权或者玩忽职守，造成严重后果或者有其他严重情节。"**造成严重后果**"，包括导致发生重大食品安全事故、重大药品安全事件、疫苗安全事件等，以及其他严重后果。"**有其他严重情节**"是指虽未造成严重后果，但滥用职权、玩忽职守的情节严重，如滥用职权、玩忽

---

① 我国学者指出，本罪包括了两种类型，即故意的滥用职权行为及过失的玩忽职守行为，但《最高人民法院、最高人民检察院关于执行〈中华人民共和国刑法〉确定罪名的补充规定（五）》却将这两个类型的行为确定为同一个罪名，值得商榷。参见张明楷：《刑法学》（第 6 版），法律出版社 2021 年版，第 1660 页。

职守的时间长、次数多、涉及面广、社会影响恶劣等。具体情形可由司法机关根据实际情况制定司法解释确定。为了细化食品药品监管渎职的情形，增强可操作性和适用性，《刑法修正案（十一）》在本款分五项增加规定了五种具体的食品药品监管渎职行为：

第（一）项是关于**瞒报、谎报食品安全事故、药品安全事件**的规定。这里规定的"瞒报"是指隐瞒事实不报。"谎报"是指不真实的报告，如对事故、事件的危害后果避重就轻地报告等。"食品安全事故"，根据《食品安全法》第一百五十条的规定，是指"食源性疾病、食品污染等源于食品，对人体健康有危害或者可能有危害的事故"。"药品安全事件"，是指在药品研发、生产、经营、使用中发生的，对人体健康造成或者可能造成危害的事件。

第（二）项是关于**对发现的严重食品药品安全违法行为未按规定查处**的规定。这里规定的"严重食品药品安全违法行为"是指严重违反食品安全法、药品管理法、疫苗管理法及其配套规定的行为。对于这些重大违法行为，有关国家机关工作人员已经发现，但不按照法律法规规定的权限和程序查处的，就可能构成本条规定的犯罪。《食品安全法》第一百四十二条至第一百四十四条、《药品管理法》第一百四十九条规定了有关国家机关工作人员不按规定查处违法行为的行政责任。本项规定是与之衔接的。

第（三）项是关于**在药品和特殊食品审批审评过程中，对不符合条件的申请准予许可**的规定。这里规定的"药品"，根据《药品管理法》第二条第二款的规定，是指"用于预防、治疗、诊断人的疾病，有目的地调节人的生理机能并规定有适应症或者功能主治、用法和用量的物质，包括中药、化学药和生物制品等"。"特殊食品"，根据《食品安全法》第七十四条的规定，包括保健食品、特殊医学用途配方食品和婴幼儿配方食品等。根据《药品管理法》和《食品安全法》的规定，药品和特殊食品在研制、生产、经营、使用等环节，需要依法向监管部门申请审批审评，监管部门的工作人员应当依照有关法律规定和技术标准进行审批审评。有关国家机关工作人员对明知不符合条件的药品和特殊食品审批审评申请准予许可的，对食品药品安全造成危害，可能构成本条规定的犯罪。

第（四）项是关于**依法应当移交司法机关追究刑事责任不移交**的规定。《刑法》分则第三章第一节规定了一系列食品药品领域的犯罪行为及其处罚。实践中这些犯罪行为往往是由食品药品监管部门在行政执法中发现，再移交公安机关侦查的。食品药品监管机关的工作人员对于行政执法中发现的犯罪线索，应当依法及时移交司法机关追究刑事责任。如果不移交或者降格处理以罚代刑的，可能构成本条规定的犯罪。需要注意把握本项规定的犯罪行为与本条第（二）项规定的犯罪行为的区分。第（二）项规定的行为主要是在行政管理执法中不尽职，该项规定是为了促使有关国家机关工作人员积极查处有关食品药品行政违法行为，防止造成更严重的后果和危害。本项规定的行为则是对已经构成犯罪的案件不依法移交。

第（五）项是关于**有其他滥用职权或者玩忽职守行为**的规定。这里规定的"其他滥用职权或者玩忽职守行为"，是指本款第（一）项至第（四）项规定的行为以外的对食品药品安全造成危害，应当追究刑事责任的滥用职权、玩忽职守行为。具体情形可由司法机关根据实际情况制定司法解释确定。

根据本款规定，构成本条规定的犯罪的，对行为人处五年以下有期徒刑或者拘役；造成特别严重后果或者有其他特别严重情节的，处五年以上十年以下有期徒刑。

第二款是关于徇私舞弊犯第一款罪如何处罚的规定。这里所规定的**徇私舞弊**，是指为个人私利或者亲友私情的行为。由于这种行为是从个人利益出发，置国家利益于不顾，主观恶性更比一款规定的行为严重，因此本款规定，徇私舞弊犯第一款罪的，在第一款规定的法定量刑幅度内从重处罚。

实践中执行本条规定应当注意本条第一款第（四）项规定的犯罪行为与《刑法》第四百零二条规定的**徇私舞弊不移交刑事案件罪**的区分。构成徇私舞弊不移交刑事案件罪要求行政执法人员有徇私舞弊情节，本条第一款第（四）项没有规定徇私舞弊情节。同时，本条规定的刑罚比第四百零二条规定更重。本条规定是对食品药品监督管理工作人员不移交刑事案件的行为规定了更严格严厉的处罚。

【司法解释】

《最高人民法院、最高人民检察院关于办理渎职刑事案件适用法律若干问题的解释（一）》（法释〔2012〕18号，自2013年1月9日起施行）

△（法条竞合）国家机关工作人员实施滥用职权或者玩忽职守犯罪行为，触犯刑法分则第九章第三百九十八条至第四百一十九条规定的，依照该规定定罪处罚。

国家机关工作人员滥用职权或者玩忽职守,因不具备徇私舞弊等情形,不符合刑法分则第九章第三百九十八条至第四百一十九条的规定,但依法构成第三百九十七条规定的犯罪的,以滥用职权罪或者玩忽职守罪定罪处罚。(§2)

△(受贿罪;数罪并罚)国家机关工作人员实施渎职犯罪并收受贿赂,同时构成受贿罪的,除刑法另有规定外,以渎职犯罪和受贿罪数罪并罚。(§3)

△(与他人共谋;想象竞合犯;数罪并罚)国家机关工作人员与他人共谋,利用其职务行为帮助他人实施其他犯罪行为,同时构成渎职犯罪和共谋实施的其他犯罪共犯的,依照处罚较重的规定定罪处罚。

国家机关工作人员与他人共谋,既利用其职务行为帮助他人实施其他犯罪,又以非职务行为与他人共同实施该其他犯罪行为,同时构成渎职犯罪和其他犯罪的共犯的,依照数罪并罚的规定定罪处罚。(§4Ⅱ、Ⅲ)

△(指使、授意、强令其他国家机关工作人员;以"集体研究"形式实施渎职犯罪)国家机关负责人员违法决定,或者指使、授意、强令其他国家机关工作人员违法履行职务或者不履行职务,构成刑法分则第九章规定的渎职犯罪的,应当依法追究刑事责任。

以"集体研究"形式实施的渎职犯罪,应当依照刑法分则第九章的规定追究国家机关负有责任的人员的刑事责任。对于具体执行人员,应当在综合认定其行为性质、是否提出反对意见、危害结果大小等情节的基础上决定是否追究刑事责任和应当判处的刑罚。(§5)

△(追诉期限之计算;危害结果)以危害结果为条件的渎职犯罪的追诉期限,从危害结果发生之日起计算;有数个危害结果的,从最后一个危害结果发生之日起计算。(§6)

△(依法或者受委托行使国家行政管理职权的公司、企业、事业单位)依法或者受委托行使国家行政管理职权的公司、企业、事业单位的工作人员,在行使行政管理职权时滥用职权或者玩忽职守,构成犯罪的,应当依照《全国人民代表大会常务委员会关于〈中华人民共和国刑法〉第九章渎职罪主体适用问题的解释》的规定,适用渎职罪的规定追究刑事责任。(§7)

△(致使不符合安全标准的食品、有毒有害食品、假药、劣药等流入社会)负有监督管理职责的国家机关工作人员滥用职权或者玩忽职守,致使不符合安全标准的食品、有毒有害食品、假药、劣药等流入社会,对人民群众生命、健康造成严重危害后果

的,依照渎职罪的规定从严惩处。(§9)

《最高人民法院、最高人民检察院关于办理危害食品安全刑事案件适用法律若干问题的解释》(法释[2021]24号,自2022年1月1日起施行)

△(危害食品安全;竞合;共谋)负有食品安全监督管理职责的国家机关工作人员,滥用职权或者玩忽职守,构成食品监管渎职罪,同时构成徇私舞弊不移交刑事案件罪、商检徇私舞弊罪、动植物检疫徇私舞弊罪、放纵制售伪劣商品犯罪行为罪等其他渎职犯罪的,依照处罚较重的规定定罪处罚。

负有食品安全监督管理职责的国家机关工作人员滥用职权或者玩忽职守,不构成食品监管渎职罪,但构成前款规定的其他渎职犯罪的,依照该其他犯罪定罪处罚。

负有食品安全监督管理职责的国家机关工作人员与他人共谋,利用其职务行为帮助他人实施危害食品安全犯罪行为,同时构成渎职犯罪和危害食品安全犯罪共犯的,依照处罚较重的规定定罪从重处罚。(§20)

△(禁止令;行政处罚)对实施本解释规定之犯罪的犯罪分子,应当依照刑法规定的条件,严格适用缓刑、免予刑事处罚。对于依法适用缓刑的,可以根据案情情况,同时宣告禁止令。

对于被不起诉或者免于刑事处罚的行为人,需要给予行政处罚、政务处分或者其他处分的,依法移送有关主管机关处理。(§22)

《最高人民法院、最高人民检察院关于办理危害药品安全刑事案件适用法律若干问题的解释》(高检发释字[2022]1号,自2022年3月6日起施行)

△(药品安全监督管理职责;药品监管渎职罪;商检徇私舞弊罪、商检失职罪等;共谋)负有药品安全监督管理职责的国家机关工作人员,滥用职权或者玩忽职守,构成药品监管渎职罪,同时构成商检徇私舞弊罪、商检失职罪等其他渎职犯罪的,依照处罚较重的规定定罪处罚。

负有药品安全监督管理职责的国家机关工作人员滥用职权或者玩忽职守,不构成药品监管渎职罪,但构成前款规定的其他渎职犯罪的,依照该其他犯罪定罪处罚。

负有药品安全监督管理职责的国家机关工作人员与他人共谋,利用其职务便利帮助他人实施危害药品安全犯罪行为,同时构成渎职犯罪和危害药品安全犯罪共犯的,依照处罚较重的规定定罪从重处罚。(§14)

【指导性案例】

最高人民检察院指导性案例第15号：胡林贵等人生产、销售有毒、有害食品，行贿；骆梅等人销售伪劣产品；朱伟全等人生产、销售伪劣产品；黎达文等人受贿、食品监管渎职案（2014年2月20日发布）

△（**食品监管渎职罪；受贿罪；数罪并罚**）负有食品安全监督管理职责的国家机关工作人员，滥用职权，向生产、销售有毒、有害食品的犯罪分子通风报信，帮助逃避处罚的，应当认定为食品监管渎职罪；在渎职过程中受贿的，应当以食品监管渎职罪和受贿罪实行数罪并罚。

最高人民检察院指导性案例第16号：赛跃、韩成武受贿、食品监管渎职案（2014年2月20日发布）

△（**食品监管渎职罪；受贿罪；数罪并罚**）负有食品安全监督管理职责的国家机关工作人员，滥用职权或玩忽职守，导致发生重大食品安全事故或者造成其他严重后果的，应当认定为食品监管渎职罪。在渎职过程中受贿的，应当以食品监管渎职罪和受贿罪实行数罪并罚。

【参考案例】

No.9-408之一——1 任尚太等三人食品监管渎职案

负有食品安全监督管理职责的国家工作人员，没有认真履行安全监督管理职责，未对食品进行抽检造成重大食品安全事故，构成食品安全监管渎职罪。

第四百零九条 【传染病防治失职罪】

从事传染病防治的政府卫生行政部门的工作人员严重不负责任，导致传染病传播或者流行，情节严重的，处三年以下有期徒刑或者拘役。

【条文说明】

本条是关于传染病防治失职罪及其处罚的规定。

根据本条规定，构成本罪的主体为**从事传染病防治的政府卫生行政部门的工作人员**，即在各级政府卫生行政部门中对传染病的防治工作负有统一监督管理职责的人员。根据2018年3月十三届全国人大一次会议批准的国务院机构改革方案，将国家卫生和计划生育委员会、国务院深化医药卫生体制改革领导小组办公室、全国老龄工作委员会办公室的职责，工业和信息化部的牵头《烟草控制框架公约》履约工作职责，国家安全生产监督管理总局的职业安全健康监督管理职责整合，组建国家卫生健康委员会，作为国务院组成部门。目前国务院和地方各级人民政府的卫生行政部门是各级卫生健康部门。根据2004年和2013年两次修改后的传染病防治法的规定，各级政府卫生行政部门对传染病防治工作行使下列监督管理职权：对下级人民政府卫生行政部门履行本法规定的传染病防治职责进行监督检查；对疾病预防控制机构、医疗机构的传染病防治工作进行监督检查；对采供血机构的采供血活动进行监督检查；对用于传染病防治的消毒产品及其生产单位进行监督检查，并对饮用水供水单位从事生产或者供应活动以及涉及饮用水卫生安全的产品进行监督检查；对传染病菌种、毒种和传染病检测样本的采集、保藏、携带、运输、使用进行监督检查；对公共场所和有关单位的卫生条件和传染病预防、控制措施进行监督检查。省级以上人民政府卫生行政部门负责组织对传染病防治重大事项的处理。

根据本条规定，从事传染病防治的政府卫生行政部门的工作人员如果不履行或者不认真履行应尽职责，导致传染病传播或者流行，情节严重的即构成本罪。"**传染病传播或者流行**"，是指在一定范围内出现传染病防治法中规定的甲类、乙类或丙类传染病疫情的发生，其中，甲类、乙类、丙类传染病是指《传染病防治法》第三条规定的传染病种类。此外，构成本罪还必须具备"情节严重"这一要件。所谓"**情节严重**"，是指卫生行政部门的工作人员严重不负责，不履行或不认真履行职责，情节恶劣，以及对出现的疫情进行隐瞒、压制、虚报或者对出现的疫情不及时通报、公布和处理，以致造成严重后果的情形。根据《最高人民法院、最高人民检察院关于办理妨害预防、控制突发传染病疫情等灾害的刑事案件具体应用法律若干问题的解释》第十六条的规定，在国家对突发传染病疫情等灾害采取预防、控制措施后，具有下列情形之一的，属于本条规定的"情节严重"：对发生突发传染病疫情等灾害的地区或者突发传染病人、病原携带者、疑似突发传染病人，未按照预防、控制突发传染病疫情等灾害工作规范的要求做好防疫、检疫、隔离、防护、救治等工作,或者采取的预防、控制措施不当,造成传染范围扩大或者疫情、灾情加重的;隐瞒、缓报、谎报或者授意、指使、强令他人隐瞒、缓报、谎报疫情、灾情,造成传染范围扩大或者疫情、灾情加重的;拒不执行突发传染病疫情等灾害应急处理指挥机构的决定、命令,造成传染范围扩大或者疫情、灾情加重的;具有其他严重情节的。

2020 年 2 月,为了保障新型冠状病毒肺炎疫情防控工作顺利开展,最高人民法院、最高人民检察院、公安部、司法部联合发布了《关于依法惩治妨害新型冠状病毒感染肺炎疫情防控违法犯罪的意见》。根据该意见第二部分第七条中的规定,卫生行政部门的工作人员严重不负责任,不履行或者不认真履行防治监督职责,导致新型冠状病毒感染肺炎传播或者流行,情节严重的,依照本条的规定,以**传染病防治失职罪**定罪处罚。

根据本条规定,构成本罪的,对行为人处三年以下有期徒刑或者拘役。

【司法解释】

《**最高人民法院、最高人民检察院关于办理妨害预防、控制突发传染病疫情等灾害的刑事案件具体应用法律若干问题的解释**》(法释〔2003〕8号,自 2003 年 5 月 15 日起施行)

△(预防、控制突发传染病疫情等灾害;传染病防治失职罪;"情节严重")在预防、控制突发传染病疫情等灾害期间,从事传染病防治的政府卫生行政部门的工作人员,或者在受政府卫生行政部门委托代表政府卫生行政部门行使职权的组织中从事公务的人员,或者虽未列入政府卫生行政部门人员编制但在政府卫生行政部门从事公务的人员,在代表政府卫生行政部门行使职权时,严重不负责任,导致传染病传播或者流行,情节严重的,依照刑法第四百零九条的规定,以传染病防治失职罪定罪处罚。

在国家对突发传染病疫情等灾害采取预防、控制措施后,具有下列情形之一的,属于刑法第四百零九条规定的"情节严重":

(一)对发生突发传染病疫情等灾害的地区或者突发传染病病人、病原携带者、疑似突发传染病病人,未按照预防、控制突发传染病疫情等灾害工作规范的要求做好防疫、检疫、隔离、防护、救治等工作,或者采取的预防、控制措施不当,造成传染范围扩大或者疫情、灾情加重的;

(二)隐瞒、缓报、谎报或者授意、指使、强令他人隐瞒、缓报、谎报疫情、灾情,造成传染范围扩大或者疫情、灾情加重的;

(三)拒不执行突发传染病疫情等灾害应急处理指挥机构的决定、命令,造成传染范围扩大或者疫情、灾情加重的;

(四)具有其他严重情节的。(§ 16)

△(自首、立功等悔罪表现)人民法院、人民检察院办理有关妨害预防、控制突发传染病疫情等灾害的刑事案件,对于有自首、立功等悔罪表现的,依法从轻、减轻、免除处罚或者依法作出不起诉决定。(§ 17)

△(突发传染病疫情等灾害)本解释所称"突发传染病疫情等灾害",是指突然发生,造成或者可能造成社会公众健康严重损害的重大传染病疫情、群体性不明原因疾病以及其他严重影响公众健康的灾害。(§ 18)

《**最高人民检察院关于渎职侵权犯罪案件立案标准的规定**》(高检发释字〔2006〕2 号,自 2006 年 7 月 26 日起施行)

△(传染病防治失职罪;立案标准)传染病防治失职罪是指从事传染病防治的政府卫生行政部门的工作人员严重不负责任,不履行或者不认真履行传染病防治监管职责,导致传染病传播或者流行,情节严重的行为。

涉嫌下列情形之一的,应予立案:

1. 导致甲类传染病传播的;
2. 导致乙类、丙类传染病流行的;
3. 因传染病传播或者流行,造成人员重伤或者死亡的;
4. 因传染病传播或者流行,严重影响正常的生产、生活秩序的;
5. 在国家对突发传染病疫情等灾害采取预防、控制措施后,对发生突发传染病疫情等灾害的地区或者突发传染病病人、病原携带者、疑似突发传染病病人,未按照预防、控制突发传染病疫情等灾害工作规范的要求做好防疫、检疫、隔离、防护、救治等工作,或者采取的预防、控制措施不当,造成传染范围扩大或者疫情、灾情加重的;
6. 在国家对突发传染病疫情等灾害采取预防、控制措施后,隐瞒、缓报、谎报或者授意、指使、强令他人隐瞒、缓报、谎报疫情、灾情,造成传染范围扩大或者疫情、灾情加重的;
7. 在国家对突发传染病疫情等灾害采取预防、控制措施后,拒不执行突发传染病疫情等灾害应急处理指挥机构的决定、命令,造成传染范围扩大或者疫情、灾情加重的;
8. 其他情节严重的情形。

《**最高人民法院、最高人民检察院关于办理渎职刑事案件适用法律若干问题的解释(一)**》(法

释〔2012〕18号,自2013年1月9日起施行)

△(**法条竞合**)国家机关工作人员实施滥用职权或者玩忽职守犯罪行为,触犯刑法分则第九章第三百九十八条至第四百一十九条规定的,依照该规定定罪处罚。

国家机关工作人员滥用职权或者玩忽职守,因不具备徇私舞弊等情形,不符合刑法分则第九章第三百九十八条至第四百一十九条的规定,但依法构成第三百九十七条规定的犯罪的,以滥用职权罪或者玩忽职守罪定罪处罚。(§2)

△(**受贿罪;数罪并罚**)国家机关工作人员实施渎职犯罪并收受贿赂,同时构成受贿罪的,除刑法另有规定外,以渎职犯罪和受贿罪数罪并罚。(§3)

△(**与他人共谋;想象竞合犯;数罪并罚**)国家机关工作人员与他人共谋,利用其职务行为帮助他人实施其他犯罪行为,同时构成渎职犯罪和共谋实施的其他犯罪共犯的,依照处罚较重的规定定罪处罚。

国家机关工作人员与他人共谋,既利用其职务行为帮助他人实施其他犯罪,又与他人共同实施该其他犯罪行为,同时构成渎职犯罪和其他犯罪的共犯的,依照数罪并罚的规定定罪处罚。(§4Ⅱ、Ⅲ)

△(**指使、授意、强令其他国家机关工作人员;以"集体研究"形式实施渎职犯罪**)国家机关负责人员违法决定,或者指使、授意、强令其他国家机关工作人员违法履行职务或者不履行职务,构成刑法分则第九章规定的渎职犯罪的,应当依法追究刑事责任。

以"集体研究"形式实施的渎职犯罪,应依照刑法分则第九章的规定追究国家机关负有责任的人员的刑事责任。对于具体执行人,应当在综合认定其行为性质、是否提出反对意见、危害结果大小等情节的基础上决定是否追究刑事责任和应当判处的刑罚。(§5)

△(**追诉期限之计算;危害结果**)以危害结果为构成的渎职犯罪的追诉期限,从危害结果发生之日起计算;有数个危害结果的,从最后一个危害结果发生之日起计算。(§6)

△(**依法或者受委托行使国家行政管理职权的公司、企业、事业单位**)依法或者受委托行使国家行政管理职权的公司、企业、事业单位的工作人员,在行使行政管理职权时滥用职权或者玩忽职守,构成犯罪的,应当依照《全国人民代表大会常务委员会关于〈中华人民共和国刑法〉第九章渎职罪主体适用问题的解释》的规定,适用渎职罪的规定追究刑事责任。(§7)

【**司法解释性文件**】

《**最高人民检察院关于印发〈人民检察院直接受理立案侦查的渎职侵权重特大案件标准(试行)〉的通知**》(高检发〔2001〕13号,2001年8月24日公布)

△(**传染病防治失职罪;重特大案件**)
(一)重大案件
1. 导致乙类、丙类传染病流行的;
2. 致人死亡二人以上或者残疾五人以上的。
(二)特大案件
1. 导致甲类传染病传播的;
2. 致人死亡五人以上或者残疾十人以上的。(§18)

《**最高人民法院、最高人民检察院、公安部、司法部关于依法惩治妨害新型冠状病毒感染肺炎疫情防控违法犯罪的意见**》(法发〔2020〕7号,2020年2月6日发布)

△(**肺炎疫情防控;滥用职权罪或者玩忽职守罪;传染病防治失职罪;传染病毒种扩散罪;贪污罪;职务侵占罪;挪用公款罪;挪用资金罪;挪用特定款物罪**)依法严惩疫情防控失职渎职、贪污挪用犯罪。在疫情防控工作中,负有组织、协调、指挥、灾害调查、控制、医疗救治、信息传递、交通运输、物资保障等职责的国家机关工作人员,滥用职权或者玩忽职守,致使公共财产、国家和人民利益遭受重大损失的,依照刑法第三百九十七条的规定,以滥用职权罪或者玩忽职守罪定罪处罚。

卫生行政部门的工作人员严重不负责任,不履行或者不认真履行防治监管职责,导致新型冠状病毒感染肺炎传播或者流行,情节严重的,依照刑法第四百零九条的规定,以传染病防治失职罪定罪处罚。

从事实验、保藏、携带、运输传染病菌种、毒种的人员,违反国务院卫生行政部门的有关规定,造成新型冠状病毒毒种扩散,后果严重的,依照刑法第三百三十一条的规定,以传染病毒种扩散罪定罪处罚。

国家工作人员,受委托管理国有财产的人员,公司、企业或者其他单位的人员,利用职务便利,侵吞、截留或者以其他手段非法占有用于防控新型冠状病毒感染肺炎的款物,或者挪用上述款物归个人使用的,符合刑法第三百八十二条、第三百八十三条、第二百七十一条、第二百七十二条、第三百八十四条、第二百七十二条规定的,以贪污罪、职务侵占罪、挪用公款罪、挪用资金罪定罪处罚。挪用用于防控新型冠状病毒感染肺炎的救灾、优抚、救济等款物,符合刑法第二百七十三条规定的,对直接责任人

员,以挪用特定款物罪定罪处罚。(§2Ⅶ)

△(治安管理处罚;从重情节)依法严惩妨害疫情防控的违法行为。实施上述(一)至(九)规定的行为,不构成犯罪的,由公安机关根据治安管理处罚法有关虚构事实扰乱公共秩序,扰乱单位秩序、公共场所秩序、寻衅滋事,拒不执行紧急状态下的决定、命令,阻碍执行职务,冲闯警戒带、警戒区,殴打他人,故意伤害,侮辱他人,诈骗,在铁路沿线非法挖掘坑穴,采石取沙,盗窃、损毁路面公共设施,损毁铁路设施设备,故意损毁财物,哄抢公私财物等规定,予以治安管理处罚,或者由有关部门予以其他行政处罚。

对于在疫情防控期间实施有关违法犯罪的,要作为从重情节予以考量,依法体现从严的政策要求,有力惩治震慑违法犯罪,维护法律权威,维护社会秩序,维护人民群众生命安全和身体健康。(§2Ⅹ)

【参考案例】

No.9-409-1 黎善文传染病防治失职案
  传染病防治失职罪与一般工作失误的区别在于:一是主观动机和客观行为表现不同;二是追责的前提条件不同;三是政策界限不同。

No.9-409-2 黎善文传染病防治失职案
  认定"隐瞒疫情"可以从行为人在疫情发生后履职行为表现、履职行为对疫情发展所起的作用、上级疾控部门对疫情的调查分析等方面综合考虑。集体研究不能成为行为人失职行为的免责理由。

第四百一十条 【非法批准征收、征用、占用土地罪】【非法低价出让国有土地使用权罪】
  国家机关工作人员徇私舞弊,违反土地管理法规,滥用职权,非法批准征收、征用、占用土地,或者非法低价出让国有土地使用权,情节严重的,处三年以下有期徒刑或者拘役;致使国家或者集体利益遭受特别重大损失的,处三年以上七年以下有期徒刑。

【立法沿革】

《中华人民共和国刑法》(1997年修订,自1997年10月1日起施行)
  第四百一十条
  国家机关工作人员徇私舞弊,违反土地管理法规,滥用职权,非法批准征用、占用土地,或者非法低价出让国有土地使用权,情节严重的,处三年以下有期徒刑或者拘役;致使国家或者集体利益遭受特别重大损失的,处三年以上七年以下有期徒刑。

《全国人民代表大会常务委员会关于修改部分法律的决定》(自2009年8月27日起施行)
  二、对下列法律和法律解释中关于"征用"的规定作出修改
  (一)将下列法律和法律解释中的"征用"修改为"征收、征用"
  6.《中华人民共和国森林法》第十八条
  7.《中华人民共和国军事设施保护法》第十二条
  8.《中华人民共和国国防法》第四十八条
  9.《中华人民共和国归侨侨眷权益保护法》第十三条
  10.《中华人民共和国农村土地承包法》第十六条、第五十九条
  11.《中华人民共和国草原法》第三十八条、第三十九条、第六十三条
  12.《中华人民共和国刑法》第三百八十一条、第四百一十条
  13.全国人民代表大会常务委员会关于《中华人民共和国刑法》第九十三条第二款的解释
  14.全国人民代表大会常务委员会关于《中华人民共和国刑法》第二百二十八条、第三百四十二条、第四百一十条的解释

【立法解释】

《全国人民代表大会常务委员会关于〈中华人民共和国刑法〉第二百二十八条、第三百四十二条、第四百一十条的解释》[2001年8月31日通过,解释已经被《全国人民代表大会常务委员会关于修改部分法律的决定》(2009年8月27日通过)修改]
  △(违反土地管理法规;非法批准征收、征用、占用土地)刑法第二百二十八条、第三百四十二条、第四百一十条规定的"违反土地管理法规",是指违反土地管理法、森林法、草原法等法律以及有关行政法规中关于土地管理的规定。
  刑法第四百一十条规定的"非法批准征收、征用、占用土地",是指非法批准征收、征用、占用耕地、林地等农用地以及其他土地。

第四百一十条

第九章 渎职罪

【条文说明】

本条是关于非法批准征收、征用、占用土地罪和非法低价出让国有土地使用权罪及其处罚的规定。

根据本条规定，构成本条规定的犯罪，必须是国家机关工作人员为徇私情，实施了违反土地管理法规，滥用职权，非法批准征收、征用、占用土地，或者非法低价出让国有土地使用权，且情节严重的行为。根据《全国人民代表大会常务委员会关于〈中华人民共和国刑法〉第二百二十八条、第三百四十二条、第四百一十条的解释》的规定，本条规定的"违反土地管理法规"是指"违反土地管理法、森林法、草原法等法律以及有关行政法规中关于土地管理的规定"。"非法批准征收、征用、占用土地"，是指"非法批准征收、征用、占用耕地、林地等农用地以及其他土地"。"征收、征用土地"，是指国家为进行经济、文化、国防建设以及兴办社会公共事业的需要，而征收集体所有的土地。

《土地管理法》规定，国有土地的使用权可以依法转让，应当依照国务院的有关规定进行。根据本条规定，如果非法低价出让国有土地使用权，情节严重的，即构成犯罪。"非法低价出让国有土地使用权"，是指将属于国有的土地使用权以低于其本身的价值非法转让给他人使用的行为。

构成本条规定的犯罪必须是"情节严重"的行为，不构成本罪的行为，可以依法给予处分。根据2000年6月19日发布的《最高人民法院关于审理破坏土地资源刑事案件具体应用法律若干问题的解释》的规定，**非法批准征用、占用土地，情节严重**，是指非法批准征用、占用基本农田十亩以上的；非法批准征用、占用基本农田以外的耕地三十亩以上的；非法批准征用、占用其他土地五十亩以上的；虽未达到上述数量标准，但非法批准征用、占用土地造成直接损失三十万元以上的；造成耕地大量毁坏等恶劣情节的。非法出让国有土地使用权，情节严重，是指出让国有土地使用权面积在三十亩以上，并且出让价额低于国家规定的最低价额标准的百分之六十的；造成国有土地资产流失价额在三十万元以上的。2005年12月26日发布的《最高人民法院关于审理破坏林地资源刑事案件具体应用法律若干问题的解释》对非法批准征用、占用林地，非法低价出让国有林地使用权犯罪定罪量刑的具体标准作了规定。2012年11月2日发布的《最高人民法院关于审理破坏草原资源刑事案件应用法律若干问题的解释》对国家机关工作人员徇私舞弊，违反草原法等土地管理法规，非法批准征收、征用、占用草原犯罪的具体定罪量刑标准作了规定。

根据本条规定，对构成本罪的行为人，处三年以下有期徒刑或者拘役；致使国家或者集体利益遭受特别重大损失的，处三年以上七年以下有期徒刑。"致使国家或者集体利益遭受特别重大损失"的具体标准，有关司法解释作了规定。

实践中执行本条规定应当注意，国家机关工作人员收受贿赂，又实施本条规定的犯罪如何处理。国家机关工作人员受人请托，收受贿赂后实施非法批准征收、征用、占用土地或者非法低价出让国有土地使用权罪行为的，根据《最高人民法院、最高人民检察院关于办理贪污贿赂刑事案件适用法律若干问题的解释》第十七条的规定，应当以受贿罪和本条规定的犯罪数罪并罚。

【司法解释】

《最高人民法院关于审理破坏土地资源刑事案件具体应用法律若干问题的解释》（法释〔2000〕14号，自2000年6月22日起施行）

△（情节严重；非法批准征用、占用土地罪）国家机关工作人员徇私舞弊，违反土地管理法规，滥用职权，非法批准征用、占用土地，具有下列情形之一的，属于非法批准征用、占用土地"情节严重"，依照刑法第四百一十条的规定，以非法批准征用、占用土地罪定罪处罚：

（一）非法批准征用、占用基本农田十亩以上的；

（二）非法批准征用、占用基本农田以外的耕地三十亩以上的；

（三）非法批准征用、占用其他土地五十亩以上的；

（四）虽未达到上述数量标准，但非法批准征用、占用土地造成直接经济损失三十万元以上；造成耕地大量毁坏等恶劣情节的。（§4）

△（致使国家或者集体利益遭受特别重大损失；非法批准征用、占用土地罪）实施第四条规定的行为，具有下列情形之一的，属于非法批准征用、占用土地"致使国家或者集体利益遭受特别重大损失"：

（一）非法批准征用、占用基本农田二十亩以上的；

（二）非法批准征用、占用基本农田以外的耕地六十亩以上的；

（三）非法批准征用、占用其他土地一百亩以上的；

（四）非法批准征用、占用土地，造成基本农田五亩以上、其他耕地十亩以上严重毁坏的；

(五)非法批准征用、占用土地造成直接经济损失五十万元以上等恶劣情节的。(§5)

△(情节严重;非法低价出让国有土地使用权罪)国家机关工作人员徇私舞弊,违反土地管理法规,非法低价出让国有土地使用权,具有下列情形之一的,属于"情节严重",依照刑法第四百一十条的规定,以非法低价出让国有土地使用权罪定罪处罚:

(一)出让国有土地使用权面积在三十亩以上,并且出让价额低于国家规定的最低价额标准的百分之六十的;

(二)造成国有土地资产流失价额在三十万元以上的。(§6)

△(致使国家和集体利益遭受特别重大损失;非法低价出让国有土地使用权罪)实施第六条规定的行为,具有下列情形之一的,属于非法低价出让国有土地使用权,"致使国家和集体利益遭受特别重大损失":

(一)非法低价出让国有土地使用权面积在六十亩以上,并且出让价额低于国家规定的最低价额标准的百分之四十的;

(二)造成国有土地资产流失价额在五十万元以上的。(§7)

△(累计计算数量、数额)多次实施本解释规定的行为未依法应当追诉的,或者一年内多次实施本解释规定的行为未经处理的,按照累计的数量、数额处罚。(§9)

《最高人民检察院关于渎职侵权犯罪案件立案标准的规定》(高检发释字〔2006〕2号,自2006年7月26日起施行)

△(非法批准征用、占用土地罪;立案标准)非法批准征用、占用土地罪是指国家机关工作人员徇私舞弊,违反土地管理法、森林法、草原法等法律以及有关行政法规中关于土地管理的规定,滥用职权,非法批准征用、占用耕地、林地等农用地,其他土地,情节严重的行为。

涉嫌下列情形之一的,应予立案:

1. 非法批准征用、占用基本农田10亩以上的;

2. 非法批准征用、占用基本农田以外的耕地30亩以上的;

3. 非法批准征用、占用其他土地50亩以上的;

4. 虽未达到上述数量标准,但造成有关单位、个人直接经济损失30万元以上,或者造成耕地大量毁坏或者植被遭到严重破坏的;

5. 非法批准征用、占用土地,影响群众生产、生活,引起纠纷,造成恶劣影响或者其他严重后果的;

6. 非法批准征用、占用防护林地、特种用途林地分别或者合计10亩以上的;

7. 非法批准征用、占用其他林地20亩以上的;

8. 非法批准征用、占用林地造成直接经济损失30万元以上,或者造成防护林地、特种用途林地分别或者合计5亩以上或者其他林地10亩以上毁坏的;

9. 其他情节严重的情形。

△(非法低价出让国有土地使用权罪;立案标准)非法低价出让国有土地使用权罪是指国家机关工作人员徇私舞弊,违反土地管理法、森林法、草原法等法律以及有关行政法规中关于土地管理的规定,滥用职权,非法低价出让国有土地使用权,情节严重的行为。

涉嫌下列情形之一的,应予立案:

1. 非法低价出让国有土地30亩以上,并且出让价额低于国家规定的最低价标准的百分之六十的;

2. 造成国有土地资产流失价额30万元以上的;

3. 非法低价出让国有土地使用权,影响群众生产、生活,引起纠纷,造成恶劣影响或者其他严重后果的;

4. 非法低价出让林地合计30亩以上,并且出让价额低于国家规定的最低价额标准的百分之六十的;

5. 造成国有资产流失30万元以上的;

6. 其他情节严重的情形。

《最高人民法院关于审理破坏草原资源刑事案件应用法律若干问题的解释》(法释〔2012〕15号,自2012年11月22日起施行)

△(情节严重;致使国家或者集体利益遭受特别重大损失;草原)国家机关工作人员徇私舞弊,违反草原法等土地管理法规,具有下列情形之一的,应当认定为刑法第四百一十条规定的"情节严重":

(一)非法批准征收、征用、占用草原四十亩以上的;

(二)非法批准征收、征用、占用草原,造成二十亩以上草原被毁坏的;

(三)非法批准征收、征用、占用草原,造成直接经济损失三十万元以上,或者具有其他恶劣情节的。

具有下列情形之一,应当认定为刑法第四百

一十条规定的"致使国家或者集体利益遭受特别重大损失";

（一）非法批准征收、征用、占用草原八十亩以上的;

（二）非法批准征收、征用、占用草原,造成四十亩以上草原被毁坏的;

（三）非法批准征收、征用、占用草原,造成直接经济损失六十万元以上,或者具有其他特别恶劣情节的。(§3)

《最高人民法院、最高人民检察院关于办理渎职刑事案件适用法律若干问题的解释（一）》(法释〔2012〕18号,自2013年1月9日起施行)

△**(法条竞合)** 国家机关工作人员实施滥用职权或者玩忽职守犯罪行为,触犯刑法分则第九章第三百九十八条至第四百一十九条规定的,依照该规定定罪处罚。

国家机关工作人员滥用职权或者玩忽职守,因不具备徇私舞弊等情形,不符合刑法分则第九章第三百九十八条至第四百一十九条的规定,但依法构成第三百九十七条规定的犯罪的,以滥用职权罪或者玩忽职守罪定罪处罚。(§2)

△**(受贿罪；数罪并罚)** 国家机关工作人员实施渎职犯罪并收受贿赂,同时构成受贿罪的,除刑法另有规定外,以渎职犯罪和受贿罪数罪并罚。(§3)

△**(与他人共谋；想象竞合；数罪并罚)** 国家机关工作人员与他人共谋,利用其职务行为帮助他人实施其他犯罪行为,同时构成渎职犯罪和共犯实施的其他犯罪共犯的,依照处罚较重的规定定罪处罚。

国家机关工作人员与他人共谋,既利用其职务行为帮助他人实施其他犯罪,又以其职务行为与他人共同实施该其他犯罪行为,同时构成渎职犯罪和其他犯罪的共犯的,依照数罪并罚的规定定罪处罚。(§4Ⅱ、Ⅲ)

△**(指使、授意、强令其他国家机关工作人员；以"集体研究"形式实施渎职犯罪)** 国家机关负责人员违法决定,或者指使、授意、强令其他国家机关工作人员违法履行职务或者不履行职务,构成刑法分则第九章规定的渎职犯罪的,应当依法追究刑事责任。

以"集体研究"形式实施的渎职犯罪,应当依照刑法分则第九章的规定追究国家机关负有责任的人员的刑事责任。对于具体执行人员,应当在综合认定其行为性质、是否提出反对意见、危害结果大小等情节的基础上决定是否追究刑事责任和应当判处的刑罚。(§5)

△**(追诉期限之计算；危害结果)** 以危害结果为条件的渎职犯罪的追诉期限,从危害结果发生之日起计算;有数个危害结果的,从最后一个危害结果发生之日起计算。(§6)

△**(依法或者受委托行使国家行政管理职权的公司、企业、事业单位)** 依法或者受委托行使国家行政管理职权的公司、企业、事业单位的工作人员,在行使行政管理职权时滥用职权或者玩忽职守,构成犯罪的,应当依照《全国人民代表大会常务委员会关于〈中华人民共和国刑法〉第九章渎职罪主体适用问题的解释》的规定,适用渎职罪的规定追究刑事责任。(§7)

【**司法解释性文件**】

《最高人民检察院关于印发〈人民检察院直接受理立案侦查的渎职侵权重特大案件标准（试行）〉的通知》(高检发〔2001〕13号,2001年8月24日公布)

△**(非法批准征用、占用土地罪；重特大案件)**

（一）重大案件

1. 非法批准征用、占用基本农田二十亩以上的;

2. 非法批准征用、占用基本农田以外的耕地六十亩以上的;

3. 非法批准征用、占用其他土地一百亩以上的;

4. 非法批准征用、占用土地,造成基本农田五亩以上,其中耕地十亩以上严重毁坏的;

5. 非法批准征用、占用土地造成直接经济损失五十万元以上的。

（二）特大案件

1. 非法批准征用、占用基本农田三十亩以上的;

2. 非法批准征用、占用基本农田以外的耕地九十亩以上的;

3. 非法批准征用、占用其他土地一百五十亩以上的;

4. 非法批准征用、占用土地,造成基本农田十亩以上,其他耕地二十亩以上严重毁坏的;

5. 非法批准征用、占用土地造成直接经济损失一百万元以上的。(§19)

△**(非法低价出让国有土地使用权罪；重特大案件)**

（一）重大案件

1. 出让国有土地使用权面积在六十亩以上,并且出让价额低于国家规定的最低价额标准的百分之六十的;

2. 造成国有土地资产流失价额在五十万元以上的。

(二) 特大案件

1. 出让国有土地使用权面积在九十亩以上,并且出让价额低于国家规定的最低价额标准的百分之四十;

2. 造成国有土地资产流失价额在一百万元以上的。(§20)

第四百一十一条 【放纵走私罪】

海关工作人员徇私舞弊,放纵走私,情节严重的,处五年以下有期徒刑或者拘役;情节特别严重的,处五年以上有期徒刑。

【条文说明】

本条是关于放纵走私罪及其处罚的规定。

根据本条规定,构成本罪的主体为海关工作人员。这里的"**海关工作人员**",是指在我国海关机构中从事公务的人员。"**海关机构**"主要是指国务院设立的海关总署以及在对外开放的口岸和海关监管业务集中的地点,设立的依法独立行使职权的海关机构。我国目前主要在以下地点设立海关机构:(1) 开放对外贸易的港口;(2) 边境火车站、汽车站和主要国际联运火车站;(3) 边境地区的陆路和江河上准许货物和人员进出的地点;(4) 国际航空站;(5) 国际邮件互换局(站);(6) 其他对外开放口岸和海关监管业务比较集中的地点;(7) 国务院特许或者其他需要设立海关的地点。海关机构按层级分为海关总署,直接由海关总署领导,负责管理一定区域范围内的海关业务的直属海关;由直属海关领导,负责办理具体海关业务的隶属海关。海关总署、直属海关和隶属海关的工作人员,都属于本条规定的"海关工作人员"。

在海关机构中从事公务的工作人员,如果实施了徇私舞弊、放纵走私,情节严重的行为即构成本罪。"**徇私舞弊、放纵走私**",是指海关工作人员为袒护亲友或其他私情私利,违背法律,对明知是走私行为①而予以放纵,使之不受查究的行为。② 既包括明知是走私货物而私自放行,也包括应当没收走私货物、物品、违法所得而不予没收,应当予以罚款的不予罚款;既包括放纵走私犯罪分子,也包括放纵不构成犯罪的走私行为人。"情节"是否"严重"是区分罪与非罪的界限,"**情节严重**",是指多次实施徇私舞弊、放纵走私的行为或者由于徇私舞弊、放纵走私的行为,致使公共财产、国家和人民的利益遭受重大损失的情形。根据《最高人民检察院关于渎职侵权犯罪案件立案标准的规定》第一部分第二十三条的规定,放纵走私,"涉嫌下列情形之一的,应予立案":1. 放纵走私犯罪的;2. 因放纵走私致使国家应收税额损失累计达 10 万元以上的;3. 放纵走私行为 3 起次以上的;4. 放纵走私行为,具有索取或者收受贿赂情节的;5. 其他情节严重的情形"。

根据本条规定,海关工作人员犯本罪的,处五年以下有期徒刑或者拘役;情节特别严重的,处五年以上有期徒刑。

实践中在执行本条规定应当注意以下几个方面的问题:

1. 根据《最高人民法院、最高人民检察院、海关总署关于办理走私刑事案件适用法律若干问题的意见》第十六条的规定,"放纵走私行为,一般是消极的不作为。如果海关工作人员与走私分子通谋,在放纵走私过程中以积极的行为配合走私分子逃避海关监管或者在放纵走私之后分得赃款的,应以**共同走私犯罪**追究刑事责任"。

2. 海关工作人员收受贿赂又放纵走私的,根据《最高人民法院、最高人民检察院、海关总署关于办理走私刑事案件适用法律若干问题的意见》第十六条和《最高人民法院、最高人民检察院关于办理贪污贿赂刑事案件适用法律若干问题的解释》第十七条的规定,应当以受贿罪和本条规定的**放纵走私罪数罪并罚**。

3. 海关工作人员在工作中严重不负责任,疏于职守,造成发生走私违法犯罪,但没有徇私舞弊、放纵走私情节的,不构成本条规定的犯罪。构成《刑法》第三百九十七条规定的**玩忽职守罪**的,按照该条规定追究其刑事责任。

---

① 所放纵的行为构成走私罪或者一般的走私行为,对本罪的成立,不生任何影响。参见张明楷:《刑法学》(第 6 版),法律出版社 2021 年版,第 1661 页。

② 学说见解指出,"舞弊"与"放纵"走私是同位语,只要能够认定"放纵",就不需要另外的舞弊行为。参见张明楷:《刑法学》(第 6 版),法律出版社 2021 年版,第 1661 页。

第四百一十一条

【司法解释】

《最高人民检察院关于渎职侵权犯罪案件立案标准的规定》(高检发释字〔2006〕2号,自2006年7月26日起施行)

△(放纵走私罪;立案标准)放纵走私罪是指海关工作人员徇私舞弊,放纵走私,情节严重的行为。

涉嫌下列情形之一的,应予立案:

1. 放纵走私犯罪的;
2. 因放纵走私致使国家应收税额损失累计达10万元以上的;
3. 放纵走私行为3起次以上的;
4. 放纵走私行为,具有索取或者收受贿赂情节的;
5. 其他情节严重的情形。

《最高人民法院、最高人民检察院关于办理渎职刑事案件适用法律若干问题的解释(一)》(法释〔2012〕18号,自2013年1月9日起施行)

△(法条竞合)国家机关工作人员实施滥用职权或者玩忽职守犯罪行为,触犯刑法分则第九章第三百九十八条至第四百一十九条规定的,依照该规定定罪处罚。

国家机关工作人员滥用职权或者玩忽职守,因不具备徇私舞弊等情形,不符合刑法分则第九章第三百九十八条至第四百一十九条的规定,但依法构成第三百九十七条规定的犯罪的,以滥用职权罪或者玩忽职守罪定罪处罚。(§2)

△(受贿罪;数罪并罚)国家机关工作人员实施渎职犯罪并收受贿赂,同时构成受贿罪的,除刑法另有规定外,以渎职犯罪和受贿罪数罪并罚。(§3)

△(与他人共谋;想象竞合犯;数罪并罚)国家机关工作人员与他人共谋,利用其职务行为帮助他人实施其他犯罪行为,同时构成渎职犯罪和共谋实施的其他犯罪共犯的,依照处罚较重的规定定罪处罚。

国家机关工作人员与他人共谋,既利用其职务行为帮助他人实施其他犯罪,又以非职务行为与他人共同实施该其他犯罪的,同时构成渎职犯罪和其他犯罪的共犯的,依照数罪并罚的规定定罪处罚。(§4Ⅱ、Ⅲ)

△(指使、授意、强令其他国家机关工作人员;以"集体研究"形式实施渎职犯罪)国家机关负责人员违法决定,或者指使、授意、强令其他国家机关工作人员违法履行职务或者不履行职务,构成刑法分则第九章规定的渎职犯罪的,应当依法追究刑事责任。

以"集体研究"形式实施的渎职犯罪,应当依照刑法分则第九章的规定追究国家机关负有责任的人员的刑事责任。对于具体执行人员,应当在综合认定其行为性质、是否提出反对意见、危害结果大小等情节的基础上决定是否追究刑事责任和应当判处的刑罚。(§5)

△(依法或者受委托行使国家行政管理职权的公司、企业、事业单位)依法或者受委托行使国家行政管理职权的公司、企业、事业单位的工作人员,在行使行政管理职权时滥用职权或者玩忽职守,构成犯罪的,应当依照《全国人民代表大会常务委员会关于〈中华人民共和国刑法〉第九章渎职罪主体适用问题的解释》的规定,适用渎职罪的规定追究刑事责任。(§7)

【司法解释性文件】

《最高人民检察院关于印发〈人民检察院直接受理立案侦查的渎职侵权重特大案件标准(试行)〉的通知》(高检发〔2001〕13号,2001年8月24日公布)

△(放纵走私罪;重特大案件)

(一)重大案件

造成国家税收损失累计达三十万元以上的。

(二)特大案件

造成国家税收损失累计达五十万元以上的。(§21)

《最高人民法院、最高人民检察院、海关总署关于办理走私刑事案件适用法律若干问题的意见》(法〔2002〕139号,2002年7月8日公布)

△(消极的不作为;通谋;同走私罪;受贿罪;数罪并罚)依照刑法第四百一十一条的规定,负有特定监管义务的海关工作人员徇私舞弊,利用职权,放任、纵容走私犯罪行为,情节严重的,构成放纵走私罪。放纵走私行为,一般是消极的不作为。如果海关工作人员与走私分子通谋,在放纵走私过程中以积极的行为配合走私分子逃避海关监管或者在放纵走私之后分得赃款的,应以共同走私犯罪追究刑事责任。①

海关工作人员收受贿赂又放纵走私的,应以受贿罪和放纵走私罪数罪并罚。(§16)

---

① 我国学者指出,此种情形属于走私罪的共犯与放纵走私罪的想象竞合,应当从一重罪处罚。参见张明楷:《刑法学》(第6版),法律出版社2021年版,第1662页。

第四百一十二条 【商检徇私舞弊罪】【商检失职罪】
国家商检部门、商检机构的工作人员徇私舞弊，伪造检验结果的，处五年以下有期徒刑或者拘役；造成严重后果的，处五年以上十年以下有期徒刑。
前款所列人员严重不负责任，对应当检验的物品不检验，或者延误检验出证、错误出证，致使国家利益遭受重大损失的，处三年以下有期徒刑或者拘役。

【条文说明】

本条是关于商检徇私舞弊罪、商检失职罪及其处罚的规定。

本条共分为两款。

第一款是关于国家商检部门、商检机构的工作人员徇私舞弊，伪造检验结果的犯罪及其处罚的规定。根据本款规定，构成本罪的主体为国家商检部门、商检机构的工作人员。"**国家商检部门、商检机构的工作人员**"，是指在国务院设立的进出口商品检验部门从事进出口商品检验工作的人员以及在国家商检部门设在各地的进出口商品检验机构管理所辖地区的进出口商品检验工作的人员。2018年以前，我国的进出口商品检验是由质检部门负责的，根据2018年3月17日十三届全国人大一次会议批准的国务院机构改革方案，将国家质量监督检验检疫总局的出入境检验检疫管理职责和队伍划入海关总署。2019年国务院修改后的《进出口商品检验法实施条例》第二款规定："海关总署主管全国进出口商品检验工作。海关总署设在省、自治区、直辖市以及进出口商品的口岸、集散地的出入境检验检疫机构及其分支机构（以下简称出入境检验检疫机构），管理所负责地区的进出口商品检验工作。"目前，负责进出口商品检验的是海关部门。

根据本款规定，商检工作人员如果在工作中为徇亲友私情或者牟取其他私利，实施了对报检的进出口商品伪与事实不符的检验结果的行为，即构成本罪。"**伪造检验结果**"，是指对明知是不合格的商品故意出具检验合格证明；对明知是合格的商品故意出具不合格的检验证明；或者实际上未对商品进行检验，即出具合格或者不合格的检验证明。《最高人民检察院关于渎职侵权犯罪案件立案标准的规定》第一部分第二十四条对商检徇私舞弊罪的具体立案标准作了规定。

根据本款规定，对构成本款规定之罪的行为人，处五年以下有期徒刑或者拘役；造成严重后果的，处五年以上十年以下有期徒刑。"**造成严重后果**"，是指因伪造检验结果，致使不合格或残损短缺的进出口商品进出口，造成国家利益遭受严重损失或致使外方向我方索赔，造成严重损失的情形。

第二款是关于商检工作人员由于严重不负责任，对应当检验的物品不检验，或者延误检验出证、错误出证，致使国家利益遭受重大损失的犯罪及其处罚的规定。

这里规定的"**严重不负责任**"，是指不履行或者不认真履行应尽职责，情节恶劣的情形。"**应当检验的物品**"，是指列入国家商检部门根据对外贸易发展的需要，制定、调整并公布的必须实施检验的进出口商品目录的进出口商品和其他法律、行政法规规定须经商检机构检验的进出口商品。"**延误检验出证**"，是指国家商检部门、商检机构的工作人员由于严重不负责任，在对外贸易合同约定的索赔期限内没有检验完毕。"**错误出证**"，是指国家商检部门、商检机构的工作人员由于严重不负责任，出具了与被检验商品的客观情况不相符合的检验证明文件。

本款区别于第一款规定的犯罪，主要在于构成本款之罪的行为人主观方面主要是**过失**，而第一款是故意，所以本款规定，必须是"**致使国家利益遭受重大损失**"的才构成犯罪。《最高人民检察院关于渎职侵权犯罪案件立案标准的规定》第一部分第二十五条对商检失职罪的具体立案标准作了规定。

由于主观恶性的不同，本款规定的处刑也轻于第一款，即构成本款规定之罪的，对行为人处三年以下有期徒刑或者拘役。

实践中执行本条规定应当注意，商检人员收受贿赂，又实施本条第一款规定的犯罪如何处理。商检人员受人请托，收受贿赂后实施商检徇私舞弊的行为的，根据《最高人民法院、最高人民检察院关于办理贪污贿赂刑事案件适用法律若干问题的解释》第十七条的规定，应当以受贿罪和本条第一款规定的商检徇私舞弊罪数罪并罚。

【司法解释】

《最高人民检察院关于渎职侵权犯罪案件立案标准的规定》（高检发释字〔2006〕2号，自2006年7月26日起施行）

△（商检徇私舞弊罪；立案标准）商检徇私舞弊罪是指出入境检验检疫机关、检验检疫机构工

作人员徇私舞弊,伪造检验结果的行为。

涉嫌下列情形之一的,应予立案:

1. 采取伪造、变造的手段对报检的商品的单证、印章、标志、封identification、质量认证标志等作虚假的证明或者出具不真实的证明结论的;

2. 将送检的合格商品检验为不合格,或者将不合格商品检验为合格的;

3. 对明知是不合格的商品,不检验而出具合格检验结果的;

4. 其他伪造检验结果应予追究刑事责任的情形。

△(商检失职罪;立案标准)商检失职罪是指出入境检验检疫机关、检验检疫机构工作人员严重不负责任,对应当检验的物品不检验,或者延误检验出证、错误出证,致使国家利益遭受重大损失的行为。

涉嫌下列情形之一的,应予立案:

1. 致使不合格的食品、药品、医疗器械等商品出入境,严重危害生命健康的;

2. 造成个人财产直接经济损失15万元以上,或者直接经济损失不满15万元,但间接经济损失75万元以上的;

3. 造成公共财产、法人或者其他组织财产直接经济损失30万元以上,或者直接经济损失不满30万元,但间接经济损失150万元以上的;

4. 未经检验,出具合格检验结果,致使国家禁止进口的固体废物、液态废物和气态废物等进入境内的;

5. 不检验或者延误检验出证、错误出证,引起国际经济贸易纠纷,严重影响国家对外经贸关系,或者严重损害国家声誉的;

6. 其他致使国家利益遭受重大损失的情形。

《最高人民法院、最高人民检察院关于办理渎职刑事案件适用法律若干问题的解释(一)》(法释〔2012〕18号,自2013年1月9日起施行)

△(**法条竞合**)国家机关工作人员实施滥用职权或者玩忽职守犯罪行为,触犯刑法分则第九章第三百九十八条至第四百一十九条规定的,依照该规定定罪处罚。

国家机关工作人员滥用职权或者玩忽职守,因不具备徇私舞弊等情形,不符合刑法分则第九章第三百九十八条至第四百一十九条的规定,但依法构成第三百九十七条规定的犯罪的,以滥用职权罪或者玩忽职守罪定罪处罚。(§2)

△(**受贿罪;数罪并罚**)国家机关工作人员实施渎职犯罪并收受贿赂,同时构成受贿罪的,除刑法另有规定外,以渎职犯罪和受贿罪数罪并罚。(§3)

△(**与他人共谋;想象竞合犯;数罪并罚**)国家机关工作人员与他人共谋,利用其职务行为帮助他人实施其他犯罪行为,同时构成渎职犯罪和共谋实施的其他犯罪共犯的,依照处罚较重的规定定罪处罚。

国家机关工作人员与他人共谋,既利用其职务行为帮助他人实施其他犯罪,又以非职务行为与他人共同实施该其他犯罪行为,同时构成渎职犯罪和其他犯罪的共犯的,依照数罪并罚的规定定罪处罚。(§4Ⅱ、Ⅲ)

△(**指使、授意、强令其他国家机关工作人员;以"集体研究"形式实施渎职犯罪**)国家机关负责人员违法决定,或者指使、授意、强令其他国家机关工作人员违法履行职务或者不履行职务,构成刑法分则第九章规定的渎职犯罪的,应当依法追究刑事责任。

以"集体研究"形式实施的渎职犯罪,应当依照刑法分则第九章的规定追究国家机关负有责任的人员的刑事责任。对于具体执行人员,应当在综合认定其行为性质、是否提出反对意见、危害结果大小等情节的基础上决定是否追究刑事责任和应当判处的刑罚。(§5)

△(**依法或者受委托行使国家行政管理职权的公司、企业、事业单位**)依法或者受委托行使国家行政管理职权的公司、企业、事业单位的工作人员,在行使行政管理职权时滥用职权或者玩忽职守,构成犯罪的,应当依照《全国人民代表大会常务委员会关于〈中华人民共和国刑法〉第九章渎职罪主体适用问题的解释》的规定,适用渎职罪的规定追究刑事责任。(§7)

《最高人民法院、最高人民检察院关于办理危害食品安全刑事案件适用法律若干问题的解释》(法释〔2021〕24号,自2022年1月1日起施行)

△(**危害食品安全;竞合;共谋**)负有食品安全监督管理职责的国家机关工作人员,滥用职权或者玩忽职守,构成食品监管渎职罪,同时构成商检徇私舞弊罪、商检失职罪、动植物检疫徇私舞弊罪、放纵制售伪劣商品犯罪行为罪等其他渎职犯罪的,依照处罚较重的规定定罪处罚。

负有食品安全监督管理职责的国家机关工作人员滥用职权或者玩忽职守,不构成食品监管渎职罪,但构成前款规定的其他渎职犯罪的,依照该其他犯罪定罪处罚。

负有食品安全监督管理职责的国家机关工作人员与他人共谋,利用其职务行为帮助他人实施

危害食品安全犯罪行为,同时构成渎职犯罪和危害食品安全犯罪共犯的,依照处罚较重的规定定罪从重处罚。(§20)

△(禁止令;行政处罚)对实施本解释规定之犯罪的犯罪分子,应当依照刑法规定的条件,严格适用缓刑、免于刑事处罚。对于依法适用缓刑的,可以根据犯罪情况,同时宜告禁止令。

对于被不起诉或者免于刑事处罚的行为人,需要给予行政处罚、政务处分或者其他处分的,依法移送有关主管机关处理。(§22)

《最高人民法院、最高人民检察院关于办理危害药品安全刑事案件适用法律若干问题的解释》(高检发释字〔2022〕1号,自2022年3月6日起施行)

△(药品安全监管渎职罪;药品监管渎职罪;商检徇私舞弊罪、商检失职罪等;共谋)负有药品安全监督管理职责的国家机关工作人员,滥用职权或者玩忽职守,构成药品监管渎职罪,同时构成商检徇私舞弊罪、商检失职罪等其他渎职犯罪的,依照处罚较重的规定定罪处罚。

负有药品安全监督管理职责的国家机关工作人员滥用职权或者玩忽职守,不构成药品监管渎职罪,但构成前款规定的其他渎职犯罪的,依照该其他犯罪定罪处罚。

负有药品安全监督管理职责的国家机关工作人员与他人共谋,利用其职务便利帮助他人实施危害药品安全犯罪行为,同时构成渎职犯罪和危害药品安全犯罪共犯的,依照处罚较重的规定定罪从重处罚。(§14)

【司法解释性文件】

《最高人民检察院关于印发〈人民检察院直接受理立案侦查的渎职侵权重特大案件标准(试行)〉的通知》(高检发〔2001〕13号,2001年8月24日公布)

△(商检徇私舞弊罪;重特大案件)

(一)重大案件

1.造成直接经济损失五十万元以上的;

2.徇私舞弊,三次以上伪造检验结果的。

(二)特大案件

1.造成直接经济损失一百万元以上的;

2.徇私舞弊,五次以上伪造检验结果的。(§22)

△(商检失职罪;重特大案件)

(一)重大案件

1.造成直接经济损失一百万元以上的;

2.五次以上不检验或者延误检验出让、错误出证的。

(二)特大案件

1.造成直接经济损失三百万元以上的;

2.七次以上不检验或者延误检验出证、错误出证的。(§23)

第四百一十三条 【动植物检疫徇私舞弊罪】【动植物检疫失职罪】

动植物检疫机关的检疫人员徇私舞弊,伪造检疫结果的,处五年以下有期徒刑或者拘役;造成严重后果的,处五年以上十年以下有期徒刑。

前款所列人员严重不负责任,对应当检疫的检疫物不检疫,或者延误检疫出证、错误出证,致使国家利益遭受重大损失的,处三年以下有期徒刑或者拘役。

【条文说明】

本条是关于动植物检疫徇私舞弊罪、动植物检疫失职罪及其处罚的规定。

本条共分为两款。

第一款是关于动植物检疫徇私舞弊罪及其处罚的规定。**动植物检疫徇私舞弊罪**,是指动植物检疫机关的检疫人员,为徇私情,伪造检疫结果的犯罪。本款的犯罪主体为动植物检疫机关的检疫人员。"**动植物检疫机关的检疫人员**",是指在国务院设立的动植物检疫机关,从事进出境动植物检疫工作的人员以及国家动植物检疫机关在对外开放的口岸和进出境动植物检疫业务集中的地点设立的口岸动植物检疫机关,具体实施进出境动植物检疫工作的人员。改革开放以来,我国的进出境动植物检疫体制经历了多次改革。2018年以前,我国的进出境动植物检疫工作是由质检部门负责的,根据2018年3月17日十三届全国人大一次会议批准的国务院机构改革方案,将国家质量监督检验检疫总局的出入境检验检疫管理职责和队伍划入海关总署。目前,负责进出境动植物检疫的是海关部门。

根据本款规定,动植物检疫人员如果在工作中徇私舞弊,对报检的动植物、动植物产品和其他检疫物,实施了伪造与事实不符的检疫结果的

第四百一十三条

行为，即构成本罪。"**伪造检疫结果**"，是指明知进出境的动植物、动植物制品和其他检疫对象不合格，仍弄虚作假出具签发检疫合格的单证；明知进出境的动植物、动植物制品和其他检疫对象检疫合格，仍出具、签发检疫不合格的单证；或者实际上未对检疫物进行检疫，即出具合格或者不合格的单证。《最高人民检察院关于渎职侵权犯罪案件立案标准的规定》第一部分第二十六条对动植物检疫徇私舞弊罪的具体立案标准作了规定。

根据本款规定，对构成本款之罪的行为人，处五年以下有期徒刑或者拘役；造成严重后果的，处五年以上十年以下有期徒刑。"**造成严重后果**"，是指因伪造检疫结果的行为，致使带有传染病、寄生虫病和植物危险性病、虫、杂草以及其他有害生物传入、传出国境，造成重大疫情或者遭受重大损失的情形。

第二款是关于**动植物检疫失职罪**及其处罚的规定。本款中所称的"**应当检疫的检疫物**"，是指国家动植物检疫机关职权范围内应当检疫的物品，主要包括：进出境的动物、动物产品、植物种子、种苗及其他繁殖材料、装载动植物、动植物制品和其他检疫物的装载容器、包装物，以及来自动植物疫区的运输工具等。"**延误检疫出证**"，是指对报检的动植物、动植物产品或其他检疫物没有在规定的时间内签发检疫单证，耽误了检疫结论的出示；"**错误出证**"，是指出具的检疫单证与被检疫物品的客观情况不相符合，将不合格的动植物检疫为合格，或将合格的检疫物检疫为不合格。

本款区别于第一款规定的犯罪主要在于构成本款之罪的行为人主观上主要是**过失**，而第一款是故意，所以构成本款之罪还必须致使国家利益遭受重大损失。《最高人民检察院关于渎职侵权犯罪案件立案标准的规定》第一部分第二十七条对动植物检疫失职罪的具体立案标准作了规定。

根据主观恶性的不同，本款规定的处刑要轻于第一款，即构成本款之罪的，处三年以下有期徒刑或者拘役。

实践中执行本条规定应当注意，动植物检疫人员收受贿赂，又实施本条第一款规定的犯罪如何处理。动植物检疫人员受人请托，收受贿赂后实施动植物检疫徇私舞弊的行为的，根据《最高人民法院、最高人民检察院关于办理贪污贿赂刑事案件适用法律若干问题的解释》第十七条的规定，应当以受贿罪和本条第一款规定的**动植物检疫徇私舞弊罪数罪并罚**。

【司法解释】

《**最高人民检察院关于渎职侵权犯罪案件立案标准的规定**》(高检发释字〔2006〕2 号，自 2006 年 7 月 26 日起施行)

△(**动植物检疫徇私舞弊罪；立案标准**)动植物检疫徇私舞弊罪是指出入境检验检疫机关、检验检疫机构工作人员徇私舞弊，伪造检疫结果的行为。

涉嫌下列情形之一的，应予立案：

1. 采取伪造、变造的手段对检疫的单证、印章、标志、封识等作虚假的证明或者出具不真实的结论的；

2. 将送检的合格动植物检疫为不合格，或者将不合格动植物检疫为合格的；

3. 对明知是不合格的动植物，不检疫而出具合格检疫结果的；

4. 其他伪造检疫结果应予追究刑事责任的情形。

△(**动植物检疫失职罪；立案标准**)动植物检疫失职罪是指出入境检验检疫机关、检验检疫机构工作人员严重不负责任，对应当检疫的检疫物不检疫，或者延误检疫出证、错误出证，致使国家利益遭受重大损失的行为。

涉嫌下列情形之一的，应予立案：

1. 导致疫情发生，造成人员重伤或者死亡的；

2. 导致重大疫情发生、传播或者流行的；

3. 造成个人财产直接经济损失 15 万元以上，或者直接经济损失不满 15 万元，但间接经济损失 75 万元以上的；

4. 造成公共财产或者法人、其他组织财产直接经济损失 30 万元以上，或者直接经济损失不满 30 万元，但间接经济损失 150 万元以上的；

5. 不检疫或者延误检疫出证、错误出证，引起国际经济贸易纠纷，严重影响国家对外经贸关系，或者严重损害国家声誉的；

6. 其他致使国家利益遭受重大损失的情形。

《**最高人民法院、最高人民检察院关于办理渎职刑事案件适用法律若干问题的解释（一）**》(法释〔2012〕18 号，自 2013 年 1 月 9 日起施行)

△(**法条竞合**)国家机关工作人员实施滥用职权或者玩忽职守犯罪行为，触犯刑法分则第九章第三百九十八条至第四百一十九条规定的，依照该规定定罪处罚。

国家机关工作人员滥用职权或者玩忽职守，因不具备徇私舞弊等情形，不符合刑法分则第九章第三百九十八条至第四百一十九条的规定，但

依法构成第三百九十七条规定的犯罪的，以滥用职权罪或者玩忽职守罪定罪处罚。（§2）

△（受贿罪；数罪并罚）国家机关工作人员实施渎职犯罪并收受贿赂，同时构成受贿罪的，除刑法另有规定外，以渎职犯罪和受贿罪数罪并罚。（§3）

△（与他人共谋；想象竞合犯；数罪并罚）国家机关工作人员与他人共谋，利用其职务行为帮助他人实施其他犯罪行为，同时构成渎职犯罪和共谋实施的其他犯罪共犯的，依照处罚较重的规定定罪处罚。

国家机关工作人员与他人共谋，既利用其职务行为帮助他人实施其他犯罪，又以非职务行为与他人共同实施该其他犯罪行为，同时构成渎职犯罪和其他犯罪的共犯的，依照数罪并罚的规定定罪处罚。（§4Ⅱ、Ⅲ）

△（指使、授意、强令其他国家机关工作人员；以"集体研究"形式实施渎职犯罪）依法负有责任人员违法决定，或者指使、授意、强令其他国家机关工作人员违法履行职务或者不履行职务，构成刑法分则第九章规定的渎职犯罪的，应当依法追究刑事责任。

以"集体研究"形式实施的渎职犯罪，应当依照刑法分则第九章的规定追究国家机关负有责任的人员的刑事责任。对于具体执行人员，应当在综合认定其行为性质、是否提出反对意见、危害结果大小等情节的基础上决定是否追究刑事责任和应当判处的刑罚。（§5）

△（依法或者受委托行使国家行政管理职权的公司、企业、事业单位）依法或者受委托行使国家行政管理职权的公司、企业、事业单位的工作人员，在行使行政管理职权时滥用职权或者玩忽职守，构成犯罪的，应当依照《全国人民代表大会常务委员会关于〈中华人民共和国刑法〉第九章渎职罪主体适用问题的解释》的规定，适用渎职罪的规定追究刑事责任。（§7）

《最高人民法院、最高人民检察院关于办理危害食品安全刑事案件适用法律若干问题的解释》（法释〔2021〕24号，自2022年1月1日起施行）

△（危害食品安全；竞合；共谋）负有食品安全监督管理职责的国家机关工作人员，滥用职权或者玩忽职守，构成食品监管渎职罪，同时构成徇私舞弊不移交刑事案件罪、商检徇私舞弊罪、动植物检疫徇私舞弊罪、放纵制售伪劣商品犯罪行为罪等其他渎职犯罪的，依照处罚较重的规定定罪处罚。

负有食品安全监督管理职责的国家机关工作人员滥用职权或者玩忽职守，不构成食品监管渎职罪，但构成前款规定的其他渎职犯罪的，依照该其他犯罪定罪处罚。

负有食品安全监督管理职责的国家机关工作人员与他人共谋，利用其职务行为帮助他人实施危害食品安全犯罪行为，同时构成渎职犯罪和危害食品安全犯罪共犯的，依照处罚较重的规定定罪从重处罚。（§20）

△（禁止令；行政处罚）对实施本解释规定之犯罪的犯罪分子，应当依照刑法规定的条件，严格适用缓刑、免予刑事处罚。对于依法适用缓刑的，可以根据犯罪情况，同时宣告禁止令。

对于被不起诉或者免予刑事处罚的行为人，需要给予行政处罚、政务处分或者其他处分的，依法移送有关主管机关处理。（§22）

【司法解释性文件】

《最高人民检察院关于印发〈人民检察院直接受理立案侦查的渎职侵权重特大案件标准（试行）〉的通知》（高检发〔2001〕13号，2001年8月24日公布）

△（动植物检疫徇私舞弊罪；重特大案件）

（一）重大案件

1. 徇私舞弊，三次以上伪造检疫结果的；

2. 造成直接经济损失五十万元以上的。

（二）特大案件

1. 徇私舞弊，五次以上伪造检疫结果的；

2. 造成直接经济损失一百万元以上的。（§24）

△（动植物检疫失职罪；重特大案件）

（一）重大案件

1. 造成直接经济损失一百万元以上的；

2. 导致疫情发生，造成人员死亡二人以上的；

3. 五次以上不检疫，或者延误检疫出让、错误出证，严重影响国家对外经贸关系和国家声誉的。

（二）特大案件

1. 造成直接经济损失三百万元以上的；

2. 导致疫情发生，造成人员死亡五人以上的；

3. 七次以上不检疫，或者延误检疫出证、错误出证，严重影响国家对外经贸关系和国家声誉的。（§25）

第四百一十四条 【放纵制售伪劣商品犯罪行为罪】

对生产、销售伪劣商品犯罪行为负有追究责任的国家机关工作人员，徇私舞弊，不履行法律规定的追究职责，情节严重的，处五年以下有期徒刑或者拘役。

【条文说明】

本条是关于放纵制售伪劣商品犯罪行为罪及其处罚的规定。

本条规定的"负有追究责任的国家机关工作人员"，是指负有查禁生产、销售伪劣商品职责的国家机关工作人员，如市场监督管理人员、司法工作人员等。2018年以前，我国的产品质量监督工作主要是由质检部门负责。根据2018年3月17日十三届全国人大一次会议批准的国务院机构改革方案，将国家工商行政管理总局的职责、国家质量监督检验检疫总局的职责、国家食品药品监督管理总局的职责，国家发展和改革委员会的价格监督检查与反垄断执法职责，商务部的经营者集中反垄断执法以及国务院反垄断委员会办公室等单位职责整合，组建国家市场监督管理总局，作为国务院直属机构。2018年修正的《产品质量法》第八条第一款规定，"国务院市场监督管理部门主管全国产品质量监督工作"。目前，负责产品质量监督的主要是市场监督管理部门。

构成本罪的主观方面必须是故意，因工作失误或粗心大意没有检查出伪劣商品的，不能适用本条规定。根据本条规定，构成本罪必须具备实施了对有生产、销售伪劣商品犯罪行为的公司、企业、事业单位或者个人，为徇私情而故意不履行法律规定的追究职责的行为。"**不履行法律规定的追究职责**"，是指对法律赋予的应当对有生产、销售伪劣商品犯罪行为的公司、企业、事业单位或者个人进行追究和处罚的职责不予履行。根据本条规定，行为人只有具备"情节严重的"，才能构成犯罪。根据2001年4月9日发布的《最高人民法院、最高人民检察院关于办理生产、销售伪劣商品刑事案件具体应用法律若干问题的解释》第八条的规定，"**情节严重**"是指放纵生产、销售假药或有毒、有害食品犯罪行为的；放纵依法可能判处二年有期徒刑以上刑罚的生产、销售伪劣商品犯罪行为的；对三个以上有生产、销售伪劣商品犯罪行为的单位或个人不履行追究职责的；致使国家和人民利益遭受重大损失或造成恶劣影响等情形。

根据本条规定，对犯本罪的行为人，处五年以下有期徒刑或者拘役。

实践中执行本条规定应当注意，司法工作人员在侦查、检察、审判工作中放纵生产、销售伪劣商品犯罪行为，同时构成本条规定的犯罪和本法第三百九十九条第一款规定的徇私枉法罪的，应当依照处罚较重的犯罪的规定追究刑事责任。

【司法解释】

《**最高人民法院、最高人民检察院关于办理生产、销售伪劣商品刑事案件具体应用法律若干问题的解释**》（法释〔2001〕10号，自2001年4月10日起施行）

△（情节严重）国家机关工作人员徇私舞弊，对生产、销售伪劣商品犯罪不履行法律规定的查处职责，具有下列情形之一的，属于刑法第四百一十四条规定的"情节严重"：

（一）放纵生产、销售假药或者有毒、有害食品犯罪行为的；

（二）放纵依法可能判处二年有期徒刑以上刑罚的生产、销售伪劣商品犯罪行为的；

（三）对三个以上有生产、销售伪劣商品犯罪行为的单位或者个人不履行追究职责的；

（四）致使国家和人民利益遭受重大损失或者造成恶劣影响的。（§8）

《**最高人民检察院关于渎职侵权犯罪案件立案标准的规定**》（高检发释字〔2006〕2号，自2006年7月26日起施行）

△（放纵制售伪劣商品犯罪行为罪）立案标准）放纵制售伪劣商品犯罪行为罪是指对生产、销售伪劣商品犯罪行为负有追究责任的国家机关工作人员徇私舞弊，不履行法律规定的追究职责，情节严重的行为。

涉嫌下列情形之一的，应予立案：

1. 放纵生产、销售假药或者有毒、有害食品犯罪行为的；

2. 放纵生产、销售伪劣农药、兽药、化肥、种子犯罪行为的；

3. 放纵依法可能判处3年有期徒刑以上刑罚的生产、销售伪劣商品犯罪行为的；

4. 对生产、销售伪劣商品犯罪行为不履行追究职责，致使生产、销售伪劣商品犯罪行为得以继续的；

5. 3次以上不履行追究职责，或者对3个以上有生产、销售伪劣商品犯罪行为的单位或者个人不履行追究职责的；

6. 其他情节严重的情形。

《最高人民法院、最高人民检察院关于办理渎职刑事案件适用法律若干问题的解释(一)》(法释〔2012〕18号,自2013年1月9日起施行)

△(**法条竞合**)国家机关工作人员实施滥用职权或者玩忽职守犯罪行为,触犯刑法分则第九章第三百九十八条至第四百一十九条规定的,依照该规定定罪处罚。

国家机关工作人员滥用职权或者玩忽职守,因不具备徇私舞弊等情形,不符合刑法分则第九章第三百九十八条至第四百一十九条的规定,但依法构成第三百九十七条规定的犯罪的,以滥用职权罪或者玩忽职守罪定罪处罚。(§2)

△(**受贿罪;数罪并罚**)国家机关工作人员实施渎职犯罪并收受贿赂,同时构成受贿罪的,除刑法另有规定外,以渎职犯罪和受贿罪数罪并罚。(§3)

△(**与他人共谋;想象竞合犯;数罪并罚**)国家机关工作人员与他人共谋,利用其职务行为帮助他人实施其他犯罪行为,同时构成渎职犯罪和共谋实施的其他犯罪共犯的,依照处罚较重的规定定罪处罚。

国家机关工作人员与他人共谋,既利用其职务行为帮助他人实施其他犯罪,又以非职务行为与他人共同实施该其他犯罪的,依照数罪并罚定罪处罚。(§4Ⅱ、Ⅲ)

△(**指使、授意、强令其他国家机关工作人员;以"集体研究"形式实施渎职犯罪**)国家机关负责人员违法决定,或者指使、授意、强令其他国家机关工作人员违法履行职务或者不履行职务,构成刑法分则第九章规定的渎职犯罪的,应当依法追究刑事责任。

以"集体研究"形式实施的渎职犯罪,应当按照刑法分则第九章的规定追究国家机关负有责任的人员的刑事责任。对于具体执行人员,应当在综合认定其行为性质、是否提出反对意见、造成结果大小等情节的基础上决定是否追究刑事责任和应当判处的刑罚。(§5)

△(**依法或者受委托行使国家行政管理职权的公司、企业、事业单位**)依法或者受委托行使国家行政管理职权的公司、企业、事业单位的工作人员,在行使行政管理职权时滥用职权或者玩忽职守,构成犯罪的,应当依照《全国人民代表大会常务委员会关于〈中华人民共和国刑法〉第九章渎职罪主体适用问题的解释》的规定,适用渎职罪的规定追究刑事责任。(§7)

《最高人民法院、最高人民检察院关于办理危害食品安全刑事案件适用法律若干问题的解释》(法释〔2021〕24号,自2022年1月1日起施行)

△(**危害食品安全;竞合;共谋**)负有食品安全监督管理职责的国家机关工作人员,滥用职权或者玩忽职守,构成食品监管渎职罪,同时构成徇私舞弊不移交刑事案件罪、商检徇私舞弊罪、动植物检疫徇私舞弊罪、放纵制售伪劣商品犯罪行为罪等其他渎职犯罪的,依照处罚较重的规定定罪处罚。

负有食品安全监督管理职责的国家机关工作人员滥用职权或者玩忽职守,不构成食品监管渎职罪,但构成前款规定的其他渎职犯罪的,依照该其他犯罪定罪处罚。

负有食品安全监督管理职责的国家机关工作人员与他人共谋,利用其职务行为帮助他人实施危害食品安全犯罪行为,同时构成渎职犯罪和危害食品安全犯罪共犯的,依照处罚较重的规定定罪从重处罚。(§20)

△(**禁止令;行政处罚**)对实施本解释规定之罪的犯罪分子,应当依照刑法规定的条件,严格适用缓刑、免予刑事处罚。对于依法适用缓刑的,可以根据犯罪情况,同时宣告禁止令。

对于被不起诉或者免予刑事处罚的行为人,需要给予行政处罚、政务处分或者其他处分的,依法移送有关主管机关处理。(§22)

【司法解释性文件】

《最高人民检察院关于印发〈人民检察院直接受理立案侦查的渎职侵权重特大案件标准(试行)〉的通知》(高检发〔2001〕13号,2001年8月24日公布)

△(**放纵制售伪劣商品犯罪行为罪;重特大案件**)

(一)重大案件

1. 放纵生产、销售假药或者有毒、有害食品犯罪行为,情节恶劣或者后果严重的;

2. 放纵依法可能判处五年以上十年以下有期徒刑刑თ的生产、销售伪劣商品犯罪行为的;

3. 五次以上或者对五个以上有生产、销售伪劣商品犯罪行为的单位或者个人不履行追究职责的。

(二)特大案件

1. 放纵生产、销售假药或者有毒、有害食品犯罪行为,造成人员死亡的;

2. 放纵依法可能判处十年以上刑罚的生产、销售伪劣商品犯罪行为的;

3. 七次以上或者对七个以上有生产、销售伪劣商品犯罪行为的单位或者个人不履行追究职责的。(§26)

第四百一十五条 【办理偷越国（边）境人员出入境证件罪】【放行偷越国（边）境人员罪】

负责办理护照、签证以及其他出入境证件的国家机关工作人员，对明知是企图偷越国（边）境的人员，予以办理出入境证件的，或者边防、海关等国家机关工作人员，对明知是偷越国（边）境的人员，予以放行的，处三年以下有期徒刑或者拘役；情节严重的，处三年以上七年以下有期徒刑。

【条文说明】

本条是关于办理偷越国（边）境人员出入境证件罪、放行偷越国（边）境人员罪及其处罚的规定。

构成本条规定之罪的主体为**负责办理护照、签证以及其他出入境证件的国家机关工作人员和边防、海关等国家机关工作人员**。其中，"**护照**"，是指一国主管机关发给本国公民出国履行公务、旅行或者在外居留，用以证明其国籍和身份的证件，分为外交护照、公务护照和普通护照。"**签证**"，是指一国国内或驻国外主管机关对本国或本国公民所持的护照或其他旅行证件上签证、盖印，表示准其出入本国国境或者过境的手续。"**其他出入境证件**"，是指除护照签证以外的其他用于出境、入境和过境的证件，包括边防证、海员证、过境证等。**负责办理上述证件的国家机关工作人员**，主要是指在外交部或者外交部委托的地方外事部门、中华人民共和国驻外使馆、领馆和外交部委托的其他驻外机构，公安部出入境管理机构或者公安部授权的地方公安机关从事办理护照、签证以及其他出入境证件工作的人员。"**边防、海关等国家机关工作人员**"，是指在边防、海关等机构从事公务的国家机关工作人员。本条所称"**边防**"即边防机构，是为保卫国家主权、领土完整和安全，防御侵犯和防止人员非法偷越国（边）境，在边境地区为采取防卫措施而设立的机构。根据2018年3月17日十三届全国人大一次会议批准的国务院机构改革方案，将公安部的出入境管理、边防检查职责整合，建立健全签证管理协调机制，组建国家移民管理局，加挂中华人民共和国出入境管理局牌子，由公安部管理。目前履行边防职责的是移民管理部门。"**海关**"，是指根据国家规定，对进出国境的货物、邮递物品、旅客行李、货币、金银、证券和运输工具等进行监督检查、征收关税及其税费并执行查禁走私任务的国家行政管理机关。

根据本条规定，上述人员如果明知是企图偷越国（边）境的人员，而予以办理出入境证件或者予以放行，即构成犯罪。"**偷越国（边）境**"，是指

非经有关主管机关批准，通过不正当手段出入或者穿越国（边）境的行为。"**办理出入境证件**"，是指有关主管机关依照出入境管理规定，经审查合格后，为申请出入境者提供可以放行的有效证件。"**予以放行**"，是指边防、海关等国家机关工作人员经查验申请出入境者的有关有效证件后，准许其出入通过国（边）境的行为。根据本条规定，构成本条规定之罪的人员，主观上必须是**故意**，即明知是企图偷越国（边）境的人员而予以办理出入境证件或明知是采取持伪造、变造的护照、偷渡等手段偷越国（边）境的人员，而故意予以放行。如果行为人不是故意实施上述行为，只是由于疏忽大意或其他非主观原因，则不能构成本罪。

根据本条规定，对构成本条规定之罪的行为人，处三年以下有期徒刑或者拘役；情节严重的，处三年以上七年以下有期徒刑。这里"**情节严重**"，是指多次实施本条规定的犯罪行为，情节恶劣或者造成严重后果的情形。

实践中执行本条规定应当注意，有关部门的工作人员收受贿赂，又实施本条规定的犯罪如何处理。有关部门的工作人员受人请托，收受贿赂后实施办理偷越国（边）境人员出入境证件或者放行偷越国（边）境人员的行为的，根据《最高人民法院、最高人民检察院关于办理贪污贿赂刑事案件适用法律若干问题的解释》第十七条的规定，应当以受贿罪和本条规定的办理偷越国（边）境人员出入境证件罪或者放行偷越国（边）境人员罪数罪并罚。

【司法解释】

《最高人民检察院关于渎职侵权犯罪案件立案标准的规定》（高检发释字〔2006〕2号，自2006年7月26日起施行）

△[办理偷越国（边）境人员出入境证件罪；立案标准] 办理偷越国（边）境人员出入境证件罪是指负责办理护照、签证以及其他出入境证件的国家机关工作人员，对明知是企图偷越国（边）境的人员，予以办理出入境证件的行为。

负责办理护照、签证以及其他出入境证件的

国家机关工作人员涉嫌在办理护照、签证以及其他出入境证件的过程中，对明知是企图偷越国(边)境的人员而予以办理出入境证件的，应予立案。

△[放行偷越国(边)境人员罪;立案标准]放行偷越国(边)境人员罪是指边防、海关等国家机关工作人员，对明知是偷越国(边)境的人员予以放行的行为。

边防、海关等国家机关工作人员涉嫌在履行职务过程中，对明知是偷越国(边)境的人员而予以放行的，应予立案。

《最高人民法院、最高人民检察院关于办理渎职刑事案件适用法律若干问题的解释(一)》（法释〔2012〕18号，自2013年1月9日起施行）

△(法条竞合)国家机关工作人员实施滥用职权或者玩忽职守犯罪行为，触犯刑法分则第九章第三百九十八条至第四百一十九条规定的，依照该规定定罪处罚。

国家机关工作人员滥用职权或者玩忽职守，因不具备徇私舞弊等情形，不符合刑法分则第九章第三百九十八条至第四百一十九条的规定，但依法构成第三百九十七条规定的犯罪的，以滥用职权罪或者玩忽职守罪定罪处罚。(§2)

△(受贿罪;数罪并罚)国家机关工作人员实施渎职犯罪并收受贿赂，同时构成受贿罪的，除刑法另有规定外，以渎职犯罪和受贿罪数罪并罚。(§3)

△(与他人共谋;想象竞合犯;数罪并罚)国家机关工作人员与他人共谋，利用其职务行为帮助他人实施其他犯罪行为，同时构成渎职犯罪和共谋实施的其他犯罪共犯的，依照处罚较重的规定定罪处罚。

国家机关工作人员与他人共谋，既利用其职务行为帮助他人实施其他犯罪，又以非职务行为与他人共同实施该其他犯罪行为，同时构成渎职犯罪和其他犯罪共犯的，依照数罪并罚的规定定罪处罚。(§4Ⅱ、Ⅲ)

△(指使、授意、强令其他国家机关工作人员;以"集体研究"形式实施渎职犯罪)国家机关负责人违法决定，或者指使、授意、强令其他国家机关工作人员违法履行职务或者不履行职务，构成刑法分则第九章规定的渎职犯罪的，应当依法追究刑事责任。

以"集体研究"形式实施的渎职犯罪，应当依照刑法分则第九章的规定追究国家机关负有责任的人员的刑事责任。对于具体执行人员，应当综合认定其行为性质、是否提出反对意见、危害结果大小等情节的基础上决定是否追究刑事责任和应当判处的刑罚。(§5)

△(依法或者受委托行使国家行政管理职权的公司、企业、事业单位)依法或者受委托行使国家行政管理职权的公司、企业、事业单位的工作人员，在行使行政管理职权时滥用职权或者玩忽职守，构成犯罪的，应当依照《全国人民代表大会常务委员会关于〈中华人民共和国刑法〉第九章渎职罪主体适用问题的解释》的规定，适用渎职罪的规定追究刑事责任。(§7)

【司法解释性文件】

《最高人民检察院关于印发〈人民检察院直接受理立案侦查的渎职侵权重特大案件标准(试行)〉的通知》(高检发〔2001〕13号，2001年8月24日公布)

△[办理偷越国(边)境人员出入境证件罪;重特大案件]

(一)重大案件
1. 违法办理三人以上的;
2. 违法办理三次以上的;
3. 违法为刑事犯罪分子办证的。
(二)特大案件
1. 违法办理五人以上的;
2. 违法办理五次以上的;
3. 违法为严重刑事犯罪分子办证的。(§27)

△[放行偷越国(边)境人员罪;重特大案件]
(一)重大案件
1. 违法放行三人以上的;
2. 违法放行三次以上的;
3. 违法放行刑事犯罪分子的。
(二)特大案件
1. 违法放行五人以上的;
2. 违法放行五次以上的;
3. 违法放行严重刑事犯罪分子的。(§28)

【参考案例】

No.9-415-2-1　张东升放行偷越国(边)境人员案

负责入境检查的工作人员利用职务上的便利，为他人假造入境记录而使其得以顺利出境的，应以放行偷越国(边)境人员罪论处。

No.9-415-2-2　张东升放行偷越国(边)境人员案

负责入境检查的工作人员利用职务上的便利，实施了为他人假造入境记录的行为，但他人未实际出境的，应以放行偷越国(边)境人员罪的未遂论处。

第四百一十六条 【不解救被拐卖、绑架妇女、儿童罪】【阻碍解救被拐卖、绑架妇女、儿童罪】
对被拐卖、绑架的妇女、儿童负有解救职责的国家机关工作人员，接到被拐卖、绑架的妇女、儿童及其家属的解救要求或者接到其他人的举报，而对被拐卖、绑架的妇女、儿童不进行解救，造成严重后果的，处五年以下有期徒刑或者拘役。
负有解救职责的国家机关工作人员利用职务阻碍解救的，处二年以上七年以下有期徒刑；情节较轻的，处二年以下有期徒刑或者拘役。

【条文说明】

本条是关于不解救被拐卖、绑架妇女、儿童罪和阻碍解救被拐卖、绑架妇女、儿童罪及其处罚的规定。

本条共分为两款。

第一款是关于对被拐卖、绑架的妇女、儿童负有解救职责的国家机关工作人员接到被拐卖、绑架的妇女、儿童及其家属的解救要求或者接到其他人的举报，而对被拐卖、绑架的妇女、儿童不进行解救，造成严重后果的犯罪及其处罚的规定。①

"**负有解救职责的国家机关工作人员**"，是指各级政府中主管打击拐卖、绑架妇女、儿童及解救被拐卖、绑架的妇女、儿童的工作人员，公安机关工作人员以及其他负有会同公安机关解救被拐卖、绑架的妇女、儿童职责的工作人员。"解救要求""举报"，既可以是口头的，也可以是书面的。"**不进行解救**"，是指对被害人及其家属或者其他人的解救要求和举报置之不理，不采取任何解救措施，或者推诿、拖延解救工作。"**严重后果**"，主要是指负有解救职责的国家机关工作人员对被拐卖、绑架的妇女、儿童不进行解救，因而造成被害人及其家属重伤、死亡或者引起其他恶性案件发生的情形。根据《最高人民检察院关于渎职侵权犯罪案件立案标准的规定》第一部分第三十一条的规定，不解救被拐卖、绑架妇女、儿童，"涉嫌下列情形之一的，**应予立案**：1.导致被拐卖、绑架的妇女、儿童或者其家属重伤、死亡或者精神失常的；2.导致被拐卖、绑架的妇女、儿童被转移、隐匿、转卖，不能及时进行解救的；3.对被拐卖、绑架的妇女、儿童不进行解救3人次以上的；4.对被拐卖、绑架的妇女、儿童不进行解救，造成恶劣社会影响的；5.其他造成严重后果的情形"。

根据本款规定，对犯本款之罪的行为人，处五年以下有期徒刑或者拘役。

第二款是关于阻碍解救被拐卖、绑架的妇女、儿童犯罪的规定。本款规定的是负有解救职责的国家机关工作人员，利用职务阻碍解救被拐卖、绑架的妇女、儿童的犯罪。"**利用职务阻碍解救**"，是指负有解救职责的国家机关工作人员，利用职务给解救工作设置障碍，或者利用自己的身份、权力，阻止和干扰解救工作的进行。这种行为严重地破坏了解救工作的正常进行，破坏了国家机关在人民群众心目中的形象，社会危害性较大。根据本款规定，具有"利用职务阻碍解救"行为的，无论是否造成严重后果，都构成犯罪，都要依法追究刑事责任。根据《最高人民检察院关于渎职侵权犯罪案件立案标准的规定》第一部分第三十二条的规定，阻碍解救被拐卖、绑架妇女、儿童，"涉嫌下列情形之一的，**应予立案**：1.利用职权，禁止、阻止或者妨碍有关部门、人员解救被拐卖、绑架的妇女、儿童的；2.利用职务上的便利，向拐卖、绑架者或者收买者通风报信，妨碍解救工作正常进行的；3.其他利用职务阻碍解救被拐卖、绑架的妇女、儿童应予追究刑事责任的情形"。

根据本款规定，对犯本款之罪的行为人，处二年以上七年以下有期徒刑。对情节较轻的，处二年以下有期徒刑或者拘役。

实践中执行本条规定应当注意本条第二款规定的阻碍解救被拐卖、绑架妇女、儿童罪与《刑法》第二百四十二条规定的**聚众阻碍国家机关工作人员解救被收买的妇女、儿童犯罪**的区别。本

---

① 我国学者指出，本条中的"绑架"，从立法沿革及被害人仅限于妇女、儿童来看，应指《刑法》第二百四十条第一款第（五）项（即拐卖妇女、儿童中的一种情形），而非《刑法》第二百三十九条（绑架罪）。但是，如果负有解救职责的国家机关工作人员，不解救《刑法》第二百三十九条的被害人，则应视行为性质与责任形式，以其他犯罪（如滥用职权罪、玩忽职守罪）论处。另外，本条中的"被拐卖的妇女、儿童"不仅包括被拐卖但还没有出卖的妇女、儿童，还包括拐卖后被他人出卖的妇女、儿童。参见张明楷：《刑法学》（第6版），法律出版社2021年版，第1664页。

条第二款和第二百四十二条规定的犯罪都存在阻碍解救被拐卖的妇女、儿童的行为,主要区别在于本条第二款规定的犯罪属于渎职罪,主体是负有解救职责的国家机关工作人员,行为人是利用职务阻碍解救。第二百四十二条规定的犯罪属于侵犯公民人身权利罪,主体是一般主体,阻碍解救的手段是暴力、威胁方法或者聚众。

【司法解释】

《最高人民检察院关于渎职侵权犯罪案件立案标准的规定》(高检发释字〔2006〕2号,自2006年7月26日起施行)

△(不解救被拐卖、绑架妇女、儿童罪;立案标准)不解救被拐卖、绑架妇女、儿童罪是指对被拐卖、绑架的妇女、儿童负有解救职责的公安、司法等国家机关工作人员接到被拐卖、绑架的妇女、儿童及其家属的解救要求或者接到其他人的举报,而对被拐卖、绑架的妇女、儿童不进行解救,造成严重后果的行为。

涉嫌下列情形之一的,应予立案:

1. 导致被拐卖、绑架的妇女、儿童或者其家属重伤、死亡或者精神失常的;

2. 导致被拐卖、绑架的妇女、儿童被转移、隐匿、转卖,不能及时进行解救的;

3. 对被拐卖、绑架的妇女、儿童不进行解救3人次以上的;

4. 对被拐卖、绑架的妇女、儿童不进行解救,造成恶劣社会影响的;

5. 其他造成严重后果的情形。

△(阻碍解救被拐卖、绑架妇女、儿童罪;立案标准)阻碍解救被拐卖、绑架妇女、儿童罪是指对被拐卖、绑架的妇女、儿童负有解救职责的公安、司法等国家机关工作人员利用职务阻碍解救被拐卖、绑架的妇女、儿童的行为。

涉嫌下列情形之一的,应予立案:

1. 利用职权,禁止、阻止或者妨碍有关部门、人员解救被拐卖、绑架的妇女、儿童的;

2. 利用职务上的便利,向拐卖、绑架者或者收买者通风报信,妨碍解救工作正常进行的;

3. 其他利用职务阻碍解救被拐卖、绑架的妇女、儿童应予追究刑事责任的情形。

《最高人民法院、最高人民检察院关于办理渎职刑事案件适用法律若干问题的解释(一)》(法释〔2012〕18号,自2013年1月9日起施行)

△(法条竞合)国家机关工作人员实施滥用职权或者玩忽职守犯罪行为,触犯刑法分则第九章第三百九十八条至第四百一十九条规定的,依照该规定定罪处罚。

国家机关工作人员滥用职权或者玩忽职守,因不具备徇私舞弊等情形,不符合刑法分则第九章第三百九十八条至第四百一十九条的规定,但依法构成第三百九十七条规定的犯罪的,以滥用职权罪或者玩忽职守罪定罪处罚。(§2)

△(受贿罪;数罪并罚)国家机关工作人员实施渎职犯罪并收受贿赂,同时构成受贿罪的,除刑法另有规定外,以渎职犯罪和受贿罪数罪并罚。(§3)

△(与他人共谋;想象竞合犯;数罪并罚)国家机关工作人员与他人共谋,利用其职务行为帮助他人实施其他犯罪行为,同时构成渎职犯罪和共谋实施的其他犯罪共犯的,依照处罚较重的规定定罪处罚。

国家机关工作人员与他人共谋,既利用其职务行为帮助他人实施其他犯罪,又以非职务行为与他人共同实施该其他犯罪行为,同时构成渎职犯罪和其他犯罪的共犯的,依照数罪并罚的规定定罪处罚。(§4Ⅱ、Ⅲ)

△(指使、授意、强令其他国家机关工作人员;以"集体研究"形式实施渎职犯罪)国家机关负责人员违法决定,或者指使、授意、强令其他国家机关工作人员违法履行职务或者不履行职务,构成刑法分则第九章规定的渎职犯罪的,应当依法追究刑事责任。

以"集体研究"形式实施的渎职犯罪,应当依照刑法分则第九章的规定追究国家机关负有责任的人员的刑事责任。对于具体执行人员,应当在综合认定其行为性质、是否提出反对意见、危害结果大小等情节的基础上决定是否追究刑事责任和应当判处的刑罚。(§5)

△(追诉期限之计算;危害结果)以危害结果为条件的渎职犯罪的追诉期限,从危害结果发生之日起计算;有数个危害结果的,从最后一个危害结果发生之日起计算。(§6)

△(依法或者受委托行使国家行政管理职权的公司、企业、事业单位)依法或者受委托行使国家行政管理职权的公司、企业、事业单位的工作人员,在行使行政管理职权时滥用职权或者玩忽职守,构成犯罪的,应当依照《全国人民代表大会常务委员会关于〈中华人民共和国刑法〉第九章渎职罪主体适用问题的解释》的规定,适用渎职罪的规定追究刑事责任。(§7)

【司法解释性文件】

《最高人民检察院关于印发〈人民检察院直接受理立案侦查的渎职侵权重特大案件标准(试

行)》的通知》(高检发〔2001〕13号,2001年8月24日公布)

△(不解救被拐卖、绑架妇女、儿童罪;重特大案件)

(一)重大案件

1. 五次或者对五名以上被拐卖、绑架的妇女、儿童不进行解救的;

2. 因不解救致人死亡的。

(二)特大案件

1. 七次或者对七名以上被拐卖、绑架的妇女、儿童不进行解救的;

2. 因不解救致人死亡三人以上的。(§29)

△(阻碍解救被拐卖、绑架妇女、儿童罪;重特大案件)

(一)重大案件

1. 三次或者对三名以上被拐卖、绑架的妇女、儿童阻碍解救的;

2. 阻碍解救致人死亡的。

(二)特大案件

1. 五次或者对五名以上被拐卖、绑架的妇女、儿童阻碍解救的;

2. 阻碍解救致人死亡二人以上的。(§30)

第四百一十七条 【帮助犯罪分子逃避处罚罪】
有查禁犯罪活动职责的国家机关工作人员,向犯罪分子通风报信、提供便利,帮助犯罪分子逃避处罚的,处三年以下有期徒刑或者拘役;情节严重的,处三年以上十年以下有期徒刑。

【条文说明】

本条是关于帮助犯罪分子逃避处罚罪及其处罚的规定。

本条规定中"**有查禁犯罪活动职责的国家机关工作人员**",是指对犯罪活动负有查禁职责的国家机关工作人员,主要是指有查禁犯罪活动职责的公安机关、国家安全机关、检察机关、审判机关中的工作人员。① 海关、税务、市场监管、生态环境等行政执法机关的人员,因为其负责查禁的行政违法行为情节严重的即可能构成犯罪,也可以成为本条规定的犯罪的主体。"**通风报信**",是指向犯罪分子有意泄露或者直接告知犯罪分子有关部门查禁活动的部署、措施、时间、地点等情况的行为;"**提供便利**",是指为犯罪分子提供隐藏处所、交通工具、通讯设备或其他便利条件,协助其逃避法律追究的行为。这里规定的通风报信、提供便利的行为是一种**故意行为**,即行为人在主观上必须具有使犯罪分子逃避处罚的目的,故意向犯罪分子通风报信、提供便利的,才能适用本条的规定。如果行为人是无意中泄露有关情况,或者是在不知情的情况下,为犯罪分子提供了便利,则不能适用本条的规定。

根据《最高人民检察院关于渎职侵权犯罪案件立案标准的规定》第一部分第三十三条的规定,有本条规定的行为,"涉嫌下列情形之一的,应**予立案**:(1)向犯罪分子泄漏有关部门查禁活动的部署、人员、措施、时间、地点等情况的;(2)向犯罪分子提供钱物、交通工具、通讯设备、隐藏处所等便利条件的;(3)向犯罪分子泄漏案情的;(4)帮助、示意犯罪分子隐匿、毁灭、伪造证据,或者串供、翻供的;(5)其他帮助犯罪分子逃避处罚应予追究刑事责任的情形"。

为杜绝在查禁犯罪活动中国家机关工作人员徇私枉法的犯罪活动,本条规定,上述国家机关工作人员为犯罪分子通风报信、提供便利的,处三年以下有期徒刑或者拘役;情节严重的,处三年以上十年以下有期徒刑。"**情节严重**",主要是指由于行为人通风报信、提供便利的行为,使众多的犯罪分子没有受到应有的处罚,或者使罪行较重的犯罪分子逃避刑事追诉,以及造成其他严重后果的等情形。

实践中执行本条规定应当注意以下几个方面的问题:

1. 有查禁犯罪活动职责的国家机关工作人员,事前与犯罪分子共谋,向犯罪分子通风报信、提供便利,帮助犯罪分子逃避处罚的,应当以**其帮助的犯罪分子所犯罪的共同犯罪论处**。

2. 本条规定的犯罪与《刑法》第三百一十条规定的**窝藏、包庇罪**的区别。本条规定的犯罪属于渎职罪,主体是有查禁犯罪活动职责的国家机关工作人员,犯罪行为是利用职务便利帮助犯罪分子逃避处罚。窝藏、包庇罪属于妨害司法罪,

---

① 我国学者指出,本罪的行为主体,并非指一般地、抽象地具备查禁职责的人员,而是就具体犯罪具有查禁职责的人员,但又不要求其对该犯罪具有刑事追诉权限。参见张明楷:《刑法学》(第6版),法律出版社2021年版,第1665页。

主体是一般主体,犯罪行为主要是为犯罪分子提供隐藏处所、财物,帮助其逃匿或者作假证明包庇。

3. 本条规定的犯罪与《刑法》第三百九十九条第一款规定的**徇私枉法罪**的区别。本条规定的犯罪是帮助犯罪分子逃避处罚,即通过通风报信、提供便利,使犯罪分子不被追究刑事责任。徇私枉法罪的犯罪行为是对已经进入刑事诉讼程序的犯罪嫌疑人、被告人,明知其有罪而故意包庇不使其受追诉。

【司法解释】

《最高人民检察院关于渎职侵权犯罪案件立案标准的规定》(高检发释字〔2006〕2号,自2006年7月26日起施行)

△(**帮助犯罪分子逃避处罚罪**;**立案标准**)帮助犯罪分子逃避处罚罪是指有查禁犯罪活动职责的司法及公安、国家安全、海关、税务等国家机关工作人员,向犯罪分子通风报信、提供便利,帮助犯罪分子逃避处罚的行为。

涉嫌下列情形之一的,应予立案①:

1. 向犯罪分子泄漏有关部门查禁犯罪活动的部署、人员、措施、时间、地点等情况的;
2. 向犯罪分子提供钱物、交通工具、通讯设备、隐藏处所等便利条件的;
3. 向犯罪分子泄漏案情的;
4. 帮助、示意犯罪分子隐匿、毁灭、伪造证据,或者串供、翻供的;
5. 其他帮助犯罪分子逃避处罚应予追究刑事责任的情形。

《最高人民法院、最高人民检察院关于办理渎职刑事案件适用法律若干问题的解释(一)》(法释〔2012〕18号,自2013年1月9日起施行)

△(**法条竞合**)国家机关工作人员实施滥用职权或者玩忽职守罪行为,触犯刑法分则第九章第三百九十八条至第四百一十九条规定的,依照该规定定罪处罚。

国家机关工作人员滥用职权或者玩忽职守,因不具备徇私舞弊等情形,不符合刑法分则第九章第三百九十八条至第四百一十九条的规定,但依法构成第三百九十七条规定的犯罪的,以滥用职权罪或者玩忽职守罪定罪处罚。(§2)

△(**受贿罪;数罪并罚**)国家机关工作人员实施渎职犯罪并收受贿赂,同时构成受贿罪的,除刑法另有规定外,以渎职犯罪和受贿罪数罪并罚。(§3)

△(**放纵他人犯罪;帮助他人逃避刑事处罚;与他人共谋;想象竞合犯;数罪并罚**)国家机关工作人员实施渎职行为,放纵他人犯罪或者帮助他人逃避刑事处罚,构成犯罪的,依照渎职罪的规定定罪处罚。

国家机关工作人员与他人共谋,利用其职务行为帮助他人实施其他犯罪行为,同时构成渎职犯罪和共谋实施的其他犯罪共犯的,依照处罚较重的规定定罪处罚。

国家机关工作人员与他人共谋,既利用其职务行为帮助他人实施其他犯罪,又以非职务行为与他人共同实施该其他犯罪行为,同时构成渎职犯罪和其他犯罪的共犯的,依照数罪并罚的规定定罪处罚。(§4)

△(**指使、授意、强令其他国家机关工作人员;以"集体研究"形式实施渎职犯罪**)国家机关负责人员违法决定,或者指使、授意、强令其他国家机关工作人员违法履行职务或者不履行职务,构成刑法分则第九章规定的渎职犯罪的,应当依法追究刑事责任。

以"集体研究"形式实施的渎职犯罪,应当依照刑法分则第九章的规定追究国家机关负责任的人员的刑事责任。对于具体执行人员,应当在综合认定其行为性质、是否提出反对意见、危害结果大小等情节的基础上决定是否追究刑事责任和应当判处的刑罚。(§5)

△(**依法或者受委托行使国家行政管理职权的公司、企业、事业单位**)依法或者委托行使国家行政管理职权的公司、企业、事业单位的工作人员,在行使行政管理职权时滥用职权或者玩忽职守,构成犯罪的,应当依照《全国人民代表大会常务委员会关于〈中华人民共和国刑法〉第九章渎职罪主体适用问题的解释》的规定,适用渎职罪的规定追究刑事责任。(§7)

《最高人民法院、最高人民检察院关于办理扰乱无线电通讯管理秩序等刑事案件适用法律若干问题的解释》(法释〔2017〕11号,自2017年7月1日起施行)

△(**查禁扰乱无线电管理秩序犯罪活动职责;帮助犯罪分子逃避处罚罪**)有查禁扰乱无线电管理秩序犯罪活动职责的国家机关工作人员,向犯罪分子通风报信、提供便利,帮助犯罪分子逃避处

---

① 我国学者指出,其中的第二种、第四种情形及其他没有利用职务便利的行为,不能认定为本罪,只能认定为妨害司法的犯罪。参见张明楷:《刑法学》(第6版),法律出版社2021年版,第1666页。

罚的,应当依照刑法第四百一十七条的规定,以帮助犯罪分子逃避处罚罪追究刑事责任;事先通谋的,以共同犯罪论处。(§7Ⅱ)

《最高人民法院、最高人民检察院关于办理破坏野生动物资源刑事案件适用法律若干问题的解释》(法释〔2022〕12号,自2022年4月9日起施行)

△(野生动物保护和进出口监督管理职责;滥用职权罪或者玩忽职守罪;帮助犯罪分子逃避处罚罪)负有野生动物保护和进出口监督管理职责的国家机关工作人员,滥用职权或者玩忽职守,致使公共财产、国家和人民利益遭受重大损失的,应当依照刑法第三百九十七条的规定,以滥用职权罪或者玩忽职守罪追究刑事责任。

负有查禁破坏野生动物资源犯罪活动职责的国家机关工作人员,向犯罪分子通风报信、提供便利,帮助犯罪分子逃避处罚的,应当依照刑法第四百一十七条的规定,以帮助犯罪分子逃避处罚罪追究刑事责任。(§10)

【司法解释性文件】

《最高人民法院、最高人民检察院、公安部、国家工商行政管理局关于依法查处盗窃、抢劫机动车案件的规定》(公通字〔1998〕31号,1998年5月8日公布)

△(盗窃、抢劫的机动车辆;公安人员;机动车牌证)公安人员对盗窃、抢劫的机动车辆,非法提供机动车牌证或者为其取得机动车牌证提供便利,帮助犯罪分子逃避处罚的,依照《刑法》第四百一十七条规定处罚。(§10)

《最高人民检察院关于印发〈人民检察院直接受理立案侦查的渎职侵权重特大案件标准(试行)〉的通知》(高检发〔2001〕13号,2001年8月24日公布)

△(帮助犯罪分子逃避处罚罪;重特大案件)

(一)重大案件

1. 三次或者使三名以上犯罪分子逃避处罚的;

2. 帮助重大刑事犯罪分子逃避处罚的。

(二)特大案件

1. 五次或者使五名以上犯罪分子逃避处罚的;

2. 帮助二名以上重大刑事犯罪分子逃避处罚的。(§31)

《最高人民法院、最高人民检察院、公安部、农业农村部依法惩治长江流域非法捕捞等违法犯罪的意见》(公通字〔2020〕17号,2020年12月17日发布)

△(长江流域非法捕捞;帮助犯罪分子逃避处罚罪)负有查禁破坏水生生物资源犯罪活动职责的国家机关工作人员,向犯罪分子通风报信、提供便利,帮助犯罪分子逃避处罚的,应当依照刑法第四百一十七条的规定,以帮助犯罪分子逃避处罚罪定罪处罚。

【公报案例】

黄春海帮助犯罪分子逃避处罚、销售假冒注册商标的商品案(《最高人民法院公报》2009年第6期)

△(渎职罪主体;烟草专卖局)根据《全国人民代表大会常务委员会关于〈中华人民共和国刑法〉第九章渎职罪主体适用问题的解释》的规定,在依照法律、法规规定行使国家行政管理职权的组织中从事公务的人员,或者在受国家机关委托代表国家机关行使职权的组织中从事公务的人员,或者虽未列入国家机关人员编制但在国家机关中从事公务的人员,在代表国家机关行使职权时,有渎职行为,构成犯罪的,依照《刑法》关于渎职罪的规定追究刑事责任。烟草专卖局系接受有关国家行政机关的委托,代表有关国家机关依法行使烟草专卖市场稽查和查处违反烟草专卖行为等行政执法权的组织。因此,烟草专卖局的工作人员在代表国家机关行使职权时,有渎职行为,构成犯罪的,应当依照《刑法》关于渎职罪的规定追究刑事责任。

黄春海帮助犯罪分子逃避处罚、销售假冒注册商标的商品案(《最高人民法院公报》2009年第6期)

△(查禁犯罪活动职责;烟草专卖市场稽查和查处)根据《刑法》第四百一十七条的规定,帮助犯罪分子逃避处罚罪是指有查禁犯罪活动职责的国家机关工作人员,向犯罪分子通风报信、提供便利,帮助犯罪分子逃避处罚的行为。该条规定的"查禁犯罪活动职责",不仅是指司法机关依法负有的刑事侦查、检察、审判、刑罚执行等职责,也包括法律赋予相关行政机关的查禁犯罪活动的职责。烟草专卖局接受有关行政机关的委托,代表有关国家行政机关依法行使烟草专卖市场稽查和查处违反烟草专卖行为等行政执法权。根据1998年国家烟草专卖局《烟草专卖行政处罚程序规定》第三十九条的规定,发现违反烟草专卖规定的违法行为构成犯罪时,相关工作人员应当依法将案件移送司法机关处理。据此,烟草专卖局及其工作人员具有查禁违反烟草专卖的犯罪活动的职责。烟草专卖局稽查队的工作人员在履职过程

中,通风报信,多次将突击检查假烟销售行动的部署安排透露给销售假烟的犯罪分子,致使犯罪分子逃避刑事处罚的,构成帮助犯罪分子逃避处罚罪。

【参考案例】

No.9-417-1 孔凡志帮助犯罪分子逃避处罚案

看守所民警为所看管的犯罪嫌疑人串供提供便利,传递信息,帮助犯罪嫌疑人逃避法律处罚的,应以帮助犯罪分子逃避处罚罪论处。

No.9-417-2 孔凡志帮助犯罪分子逃避处罚案

帮助犯罪分子逃避处罚罪所指的犯罪分子,是指触犯刑法而应当受到刑罚处罚的人,包括犯罪嫌疑人、被告人和正在服刑的罪犯。①

No.9-417-3 潘楠博帮助犯罪分子逃避处罚案

△国家司法工作人员向违反《治安管理处罚法》的违法人员通风报信、提供便利,帮助违法人员逃避处罚的,不构成帮助犯罪分子逃避处罚罪。②

第四百一十八条 【招收公务员、学生徇私舞弊罪】
国家机关工作人员在招收公务员、学生工作中徇私舞弊,情节严重的,处三年以下有期徒刑或者拘役。

【条文说明】

本条是关于招收公务员、学生徇私舞弊罪及其处罚的规定。

本条所称的"**招收公务员、学生徇私舞弊罪**",是指负有招收公务员、学生工作职责的国家机关工作人员,在上述工作中,为徇私情,进行非法录用、徇私舞弊的犯罪。构成本罪的主体为具有招收公务员、学生工作职责的国家机关工作人员,包括国家机关负有招收公务员工作职责的主管人员以及有关负责具体招收工作的组织人事部门的工作人员,教育部门主管和负责招生工作的领导人员以及其他具体工作人员等。本条规定的"**招收公务员**",包括中央机关及其直属机构招收公务员,也包括地方各级机关招收公务员。本条规定的"**招收学生**",一般是指高等学校招生,也可以包括高中、中专等学校招生。根据《公务员法》《教育法》以及国务院关于招生工作的有关规定,公务员、学生录用工作必须坚持公开、平等、择优录用的原则,特别是在录用公务员工作中,更应当严格审查、严格把关,按照国家规定的录用程序进行,任何徇私舞弊的行为,都应受到法律的惩处。本条规定的"**徇私舞弊**",是指在招收公务员、学生工作中,利用职权,弄虚作假,为亲友徇私情,将不合格或不应招收的人员予以招收、录用,或者将不应当予以招收、录用的不予招收、录用。根据本条规定,构成本罪的,必须具备"情节严重"这一要件。这里的"**情节严重**",主要是指在招收工作中多次徇私舞弊、屡教不改的或者在群众中造成极坏影响,给所在部门的声誉带来严重损害的等情形。根据《最高人民检察院关于渎职侵权犯罪案件立案标准的规定》第一部分第三十四条的规定,招收公务员、学生徇私舞弊,"涉嫌下列情形之一的,应予立案:1.徇私舞弊,利用职务便利,伪造、变造人事、户口档案、考试成绩或者其他影响招收工作的有关资料,或者明知是伪造、变造的上述材料而予以认可的;2.徇私舞弊,利用职务便利,帮助5名以上考生作弊的;3.徇私舞弊招收不合格的公务员、学生3人次以上的;4.因徇私舞弊招收不合格的公务员、学生,导致被排挤的合格人员或者其近亲属自杀、自残造成重伤、死亡,或者精神失常的;5.因徇私舞弊招收公务员、学生,导致该项招收工作重新进行的;6.其他情节严重的情形"。

根据本条规定,对犯本条之罪的行为人,处三年以下有期徒刑或者拘役。

实践中执行本条规定应当注意本条规定的犯罪与冒名顶替犯罪的关系。《刑法修正案(十一)》

---

① 我国学者指出,本罪中的"犯罪分子"不限于已经被人民法院判处刑罚的犯罪分子,也包括有证据证明确实实施了犯罪行为的人。参见黎宏:《刑法学各论》(第2版),法律出版社2016年版,第577页;张明楷:《刑法学》(第6版),法律出版社2021年版,第1665页;周光权:《刑法各论》(第4版),中国人民大学出版社2021年版,第584页。
② 我国学者指出,本罪中的"逃避处罚",应当是指刑事处罚,而不包括行政处罚。参见黎宏:《刑法学各论》(第2版),法律出版社2016年版,第577页。

增加了盗用、冒用他人身份,顶替他人取得的高等学历教育入学资格、公务员录用资格、就业安置待遇的犯罪。负责招收公务员、学生的国家工作人员与冒名顶替他人的人员相勾结,利用职权为其冒名顶替行为提供帮助和便利的,可能同时构成本条规定的招收公务员、学生徇私舞弊罪和冒名顶替罪。对于这种情形,根据《刑法》第二百八十条之二第三款的规定,应当依照数罪并罚的规定处罚。

【司法解释】

《最高人民检察院关于渎职侵权犯罪案件立案标准的规定》(高检发释字[2006]2号,自2006年7月26日起施行)

△(招收公务员、学生徇私舞弊罪;立案标准)招收公务员、学生徇私舞弊罪是指国家机关工作人员在招收公务员、省级以上教育行政部门组织招收的学生工作中徇私舞弊,情节严重的行为。

涉嫌下列情形之一的,应予立案:

1. 徇私舞弊,利用职务便利,伪造、变造人事、户口档案、考试成绩或者其他影响招收工作的有关资料,或者明知是伪造、变造的上述材料而予以认可的;

2. 徇私舞弊,利用职务便利,帮助5名以上考生作弊的;

3. 徇私舞弊招收不合格的公务员、学生3人次以上的;

4. 因徇私舞弊招收不合格的公务员、学生,导致被排挤的合格人员或者其近亲属自杀、自残造成重伤、死亡,或者精神失常的;

5. 因徇私舞弊招收公务员、学生,导致该项招收工作重新进行的;

6. 其他情节严重的情形。

《最高人民法院、最高人民检察院关于办理渎职刑事案件适用法律若干问题的解释(一)》(法释[2012]18号,自2013年1月9日起施行)

△(法条竞合)国家机关工作人员实施滥用职权或者玩忽职守犯罪行为,触犯刑法分则第九章第三百九十八条至第四百一十九条规定的,依照该规定定罪处罚。

国家机关工作人员滥用职权或者玩忽职守,因不具备徇私舞弊等情形,不符合刑法分则第九章第三百九十八条至第四百一十九条的规定,但依法构成第三百九十七条规定的犯罪的,以滥用职权罪或者玩忽职守罪定罪处罚。(§2)

△(受贿罪;数罪并罚)国家机关工作人员实施渎职犯罪并收受贿赂,同时构成受贿罪的,除刑法另有规定外,以渎职犯罪和受贿罪数罪并罚。(§3)

△(与他人共谋;想象竞合犯;数罪并罚)国家机关工作人员与他人共谋,利用其职务行为帮助他人实施其他犯罪行为,同时构成渎职犯罪和共谋实施的其他犯罪共犯的,依照处罚较重的规定定罪处罚。

国家机关工作人员与他人共谋,既利用其职务行为帮助他人实施其他犯罪,又以非职务行为与他人共同实施该其他犯罪行为,同时构成渎职犯罪和其他犯罪的共犯的,依照数罪并罚的规定定罪处罚。(§4Ⅱ、Ⅲ)

△(指使、授意、强令其他国家机关工作人员;以"集体研究"形式实施渎职犯罪)国家机关负责人员违法决定,或者指使、授意、强令其他国家机关工作人员违法履行职务或者不履行职务,构成刑法分则第九章规定的渎职犯罪的,应当依法追究刑事责任。

以"集体研究"形式实施的渎职犯罪,应当依照刑法分则第九章的规定追究国家机关负有责任的人员的刑事责任。对于具体执行人员,应当在综合认定其行为性质、是否提出反对意见、危害结果大小等情节的基础上决定是否追究刑事责任和应当判处的刑罚。(§5)

△(依法或者受委托行使国家行政管理职权的公司、企业、事业单位)依法或者受委托行使国家行政管理职权的公司、企业、事业单位的工作人员,在行使行政管理职权时滥用职权或者玩忽职守,构成犯罪的,应当依照《全国人民代表大会常务委员会关于〈中华人民共和国刑法〉第九章渎职罪主体适用问题的解释》的规定,适用渎职罪的规定追究刑事责任。(§7)

【司法解释性文件】

《最高人民检察院关于印发〈人民检察院直接受理立案侦查的渎职侵权重特大案件标准(试行)〉的通知》(高检发[2001]13号,2001年8月24日公布)

△(招收公务员、学生徇私舞弊罪;重特大案件)

(一)重大案件

1. 五次以上招收不合格公务员、学生或者一次招收五名以上不合格公务员、学生的;

2. 造成县区范围内招收公务员、学生工作重新进行的;

3. 因招收不合格公务员、学生,导致被排挤的合格人员或者其亲属精神失常的。

(二)特大案件

1. 七次以上招收不合格公务员、学生或者一次招收七名以上不合格公务员、学生的；

2. 造成地市范围内招收公务员、学生工作重新进行的；

3. 因招收不合格公务员、学生，导致被排挤的合格人员或者其亲属自杀的。(§32)

【参考案例】

No.9-418-1 徐建利、张建军招收学生徇私舞弊案

户籍管理工作是招生工作的一部分，公安人员属于特指的国家机关中负责招收学生工作的工作人员，符合招收学生徇私舞弊罪的主体要件。

第四百一十九条 【失职造成珍贵文物损毁、流失罪】
国家机关工作人员严重不负责任，造成珍贵文物损毁或者流失，后果严重的，处三年以下有期徒刑或者拘役。

【立法解释】

《全国人民代表大会常务委员会关于〈中华人民共和国刑法〉有关文物的规定适用于具有科学价值的古脊椎动物化石、古人类化石的解释》(2005年12月29日通过)

△(具有科学价值的古脊椎动物化石、古人类化石)刑法有关文物的规定，适用于具有科学价值的古脊椎动物化石、古人类化石。

【条文说明】

本条是关于失职造成珍贵文物损毁、流失罪及其处罚的规定。

根据本条规定，国家机关工作人员因严重不负责任，造成珍贵文物损毁或者流失，后果严重的，即构成本罪。本条规定的犯罪的主体，是**负有文物保护职责的国家机关工作人员**，包括文物行政部门和其他部门的工作人员。"**严重不负责任**"，是指对自己经手管理、运输、使用的珍贵文物，不认真管理和保管，或者对可能造成珍贵文物损毁或者流失的隐患，不采取措施，情节恶劣的行为。根据《文物保护法》第二条、第三条的规定，本条规定的"**文物**"主要包括：具有历史、艺术、科学价值的古文化遗址、古墓葬、古建筑、石窟寺和石刻、壁画；与重大历史事件、革命运动或者著名人物有关的以及具有重要纪念意义、教育意义或者史料价值的近代现代重要史迹、实物、代表性建筑；历史上各时代珍贵的艺术品、工艺美术品；历史上各时代重要的文献资料以及具有历史、艺术、科学价值的手稿和图书资料等；反映历史上各时代、各民族社会制度、社会生产、社会生活的代表性实物。珍贵文物是指在中华人民共和国境内，具有重要历史、艺术、科学价值的文物，珍贵文物分为一级文物、二级文物、三级文物。另外，根据

《全国人民代表大会常务委员会关于〈中华人民共和国刑法〉有关文物的规定适用于具有科学价值的古脊椎动物化石、古人类化石的解释》的规定，刑法有关文物的规定，适用于具有科学价值的古脊椎动物化石、古人类化石。因此，本条规定也适用于国家机关工作人员严重不负责任，造成具有科学价值的古脊椎动物化石和古人类化石损毁或者流失，后果严重的犯罪行为。本条所称"**损毁**"，是指在考古发掘或者管理、保护过程中，造成珍贵文物破坏、损坏，或者毁灭，无法恢复原貌的行为；"**流失**"，是指造成珍贵文物丢失、流传到国外等情形。

根据本条规定，**构成本条规定的犯罪应当具备"后果严重"这一要件**，如果只是造成文物很小的破损，或者失而复得没有造成大的损坏，则不能按照本罪处理。《最高人民法院、最高人民检察院关于办理妨害文物管理等刑事案件适用法律若干问题的解释》第十条规定："国家机关工作人员严重不负责任，造成珍贵文物损毁或者流失，具有下列情形之一的，应当认定为刑法第四百一十九条规定的'后果严重'：(一)导致二级以上文物或者五件以上三级文物损毁或者流失的；(二)导致全国重点文物保护单位、省级文物保护单位的本体严重损毁或者灭失的；(三)其他后果严重的情形。"

根据本条规定，构成本条规定之罪的，处三年以下有期徒刑或者拘役。

实践中执行本条规定应当注意本条规定的犯罪与《刑法》第三百二十四条第三款规定的**过失损毁文物罪**的区别。本条规定的犯罪和过失损毁文物罪都可能有因过失造成文物损毁的行为，主要区别在于本条规定的犯罪是渎职罪，主体是负有文物保护职责的国家机关工作人员，其过失行为发生在履行职责过程中。过失损毁文物罪属于

妨害文物管理罪,主体是一般主体,其过失行为与国家工作人员履行文物保护职责无关。

【司法解释】

《最高人民检察院关于渎职侵权犯罪案件立案标准的规定》(高检发释字[2006]2号,自2006年7月26日起施行)

△(**失职造成珍贵文物损毁、流失罪;立案标准**)失职造成珍贵文物损毁、流失罪是指文物行政部门、公安机关、工商行政管理部门、海关、城乡建设规划部门等国家机关工作人员严重不负责任,造成珍贵文物损毁或者流失,后果严重的行为。

涉嫌下列情形之一的,应予立案:

1. 导致国家一、二、三级珍贵文物损毁或者流失的;

2. 导致全国重点文物保护单位或者省、自治区、直辖市省文物保护单位损毁的;

3. 其他后果严重的情形。

《最高人民法院、最高人民检察院关于办理渎职刑事案件适用法律若干问题的解释(一)》(法释[2012]18号,自2013年1月9日起施行)

△(**法条竞合**)国家机关工作人员实施滥用职权或者玩忽职守犯罪行为,触犯刑法分则第九章第三百九十八条至第四百一十九条规定的,依照规定定罪处罚。

国家机关工作人员滥用职权或者玩忽职守,因不具备徇私舞弊等情形,不符合刑法分则第九章第三百九十八条至第四百一十九条的规定,但依法构成第三百九十七条规定的犯罪的,以滥用职权罪或者玩忽职守罪定罪处罚。(§2)

△(**受贿罪;数罪并罚**)国家机关工作人员实施渎职犯罪并收受贿赂,同时构成受贿罪的,除刑法另有规定外,以渎职犯罪和受贿罪数罪并罚。(§3)

△(**与他人共谋;想象竞合犯;数罪并罚**)国家机关工作人员与他人共谋,利用其职务行为帮助他人实施其他犯罪的,同时构成渎职犯罪和共谋实施的其他犯罪共犯的,依照处罚较重的规定定罪处罚。

国家机关工作人员与他人共谋,既利用其职务行为帮助他人实施其他犯罪,又以非职务行为与他人共同实施该其他犯罪行为,同时构成渎职犯罪和其他犯罪的,依照数罪并罚的规定定罪处罚。(§4Ⅱ、Ⅲ)

△(**指使、授意、强令其他国家机关人员;以"集体研究"形式实施渎职犯罪**)国家机关负责人员违法决定,或者指使、授意、强令其他国家机关工作人员违法履行职务或者不履行职务,构成刑法分则第九章规定的渎职犯罪的,应当依法追究刑事责任。

以"**集体研究**"形式实施的渎职犯罪,应当依照刑法分则第九章的规定追究国家机关负有责任的人员的渎职责任。对于具体执行人员,应在综合认定其行为性质、是否提出反对意见、危害结果大小等情节的基础上决定是否追究刑事责任和应当判处的刑罚。(§5)

△(**追诉期限之计算;危害结果**)以危害结果为条件的渎职犯罪的追诉期限,从危害结果发生之日起计算;有数个危害结果的,从最后一个危害结果发生之日起计算。(§6)

△(**依法或者受委托行使国家行政管理职权的公司、企业、事业单位**)依法或者受委托行使国家行政管理职权的公司、企业、事业单位的工作人员,在行使行政管理职权时滥用职权或者玩忽职守,构成犯罪的,应当依照《全国人民代表大会常务委员会关于〈中华人民共和国刑法〉第九章渎职罪主体适用问题的解释》的规定,适用渎职罪的规定追究刑事责任。(§7)

《最高人民法院、最高人民检察院关于办理妨害文物管理等刑事案件适用法律若干问题的解释》(法释[2015]23号,自2016年1月1日起施行)

△(**后果严重**)国家机关工作人员严重不负责任,造成珍贵文物损毁或者流失,具有下列情形之一的,应当认定为刑法第四百一十九条规定的"后果严重":

(一)导致二级以上文物或者五件以上三级文物损毁或者流失的;

(二)导致全国重点文物保护单位、省级文物保护单位的本体严重损毁或者灭失的;

(三)其他后果严重的情形。(§10)

△(**不同等级的文物;五件同级文物**)案件涉及不同等级的文物的,按照高级别文物的量刑幅度量刑;有多件同级文物的,五件同级文物视为一件高一级文物,但是价值明显不相当的除外。(§13)

△(**文物价值之认定;根据涉案文物的有效价格证明认定;根据销赃数额认定;结合鉴定意见、报告认定**)依照文物价值定罪量刑的,根据涉案文物的有效价格证明认定文物价值;无有效价格证明,或者根据价格证明认定明显不合理的,根据销赃数额认定,或者结合本解释第十五条规定的鉴定意见、报告认定。(§14)

△(**鉴定意见**)在行为人实施有关行为前,文物行政部门已对涉案文物及其等级作出认定的,

可以直接对有关案件事实作出认定。

对案件涉及的有关文物鉴定、价值认定等专门性问题难以确定的,由司法鉴定机构出具鉴定意见,或者由国务院文物行政部门指定的机构出具报告。其中,对于文物价值,也可以由有关价格认证机构作出价格认证并出具报告。(§15)

【司法解释性文件】

《最高人民检察院关于印发〈人民检察院直接受理立案侦查的渎职侵权重特大案件标准(试行)〉的通知》(高检发〔2001〕13号,2001年8月24日公布)

△(失职造成珍贵文物损毁、流失罪;重特大案件)

(一)重大案件

1. 导致国家一级文物损毁或者流失一件以上的;

2. 导致国家二级文物损毁或者流失三件以上的;

3. 导致国家三级文物损毁或者流失五件以上的;

4. 导致省级文物保护单位严重损毁的。

(二)特大案件

1. 导致国家一级文物损毁或者流失三件以上的;

2. 导致国家二级文物损毁或者流失五件以上的;

3. 导致国家三级文物损毁或者流失十件以上的;

4. 导致全国重点文物保护单位严重损毁的。(§33)

第十章 军人违反职责罪

第四百二十条 【军人违反职责罪的概念】
军人违反职责,危害国家军事利益,依照法律应当受刑罚处罚的行为,是军人违反职责罪。

【条文说明】

本条是关于军人违反职责罪概念的规定。

根据本条规定,构成军人违反职责罪应当具备以下条件:

1. **构成军人违反职责罪的主体主要是军人。** 根据《刑法》第四百五十条的规定,军人违反职责罪适用于"中国人民解放军的现役军官、文职干部、士兵及具有军籍的学员和中国人民武装警察部队的现役警官、文职干部、士兵及具有军籍的学员以及文职人员、执行军事任务的预备役人员和其他人员"。

2. **行为人实施了违反军人职责的行为。** 这里规定的"军人职责",是指我国宪法、法律、行政法规以及各种军事法规、规章中规定的军人职责。2013年2月26日发布的《最高人民检察院、解放军总政治部军人违反职责罪案件立案标准的规定》第三十四条明确规定:"本规定中的'违反职责',是指违反国家法律、法规、军事法规、军事规章所规定的军人职责,包括军人的共同职责,士兵、军官和首长的一般职责,各类主管人员和其他从事专门工作的军人的专业职责等。"例如,《宪法》第二十九条第一款明确规定,中华人民共和国武装力量的任务是巩固国防,抵抗侵略,保卫祖国,保卫人民的和平劳动,参加国家建设事业,努力为人民服务。《兵役法》第七条第一款规定,现役军人必须遵守军队的条令和条例,忠于职守,随时为保卫祖国而战斗。中国人民解放军的有关条例和各类专门军事法规、规章中对于军人的一般职责,各级指挥人员、主管人员、值班值勤人员及其他专门人员的具体职责等都作了明确的规定。这是所有军人都应当严格遵守和履行的。任何违反军人职责的行为,都要按照军纪处理,情节严重,构成军人违反职责罪的,要依法追究刑事责任。

3. **行为人违反军人职责的行为危害了国家军事利益。** 军人违反职责行为必须对国家的军事利益造成了危害,如果没有危害国家军事利益的,也不能构成军人违反职责罪。这里规定的"**国家军事利益**",主要是指国家在国防建设、武装力量建设以及军事行动等方面的利益。军人违反职责的犯罪对国家军事利益的危害可以表现在许多方面,如危害部队的作战行动,破坏武器装备、军事设施,泄露军事机密等。军人违反职责犯罪对国家军事利益的危害可能是直接的,如直接危害了作战行动,导致作战失败;也有可能是间接危害了国家的军事利益,使军队战斗人员减少,从而削弱战斗力;在军事行动区残害、掠夺无辜居民,影响军民关系,破坏我军形象等。军人违反职责罪对国家军事利益的危害既包括对国家军事利益已经造成危害后果的情况,也包括可能危害国家军事利益的情况。

4. **依照法律应当受刑罚处罚的行为。** 军人违反职责危害国家军事利益的行为表现多样,其危害程度也各有不同。法律对于军人违反职责危害国家军事利益构成犯罪的行为作了具体规定,也规定了不同的标准,有的只要实施了规定的行为就构成犯罪,有的要求行为造成了一定的危害后果才构成犯罪。只有依照刑法或者其他法律的规定,应当受到刑罚处罚的行为,才能构成犯罪。这也是区分军人违反职责罪与一般的违反军队纪律行为的界限。

【司法解释性文件】

《军人违反职责罪案件立案标准的规定》(政检〔2013〕1号,2013年2月26日公布)

△(违反职责)本规定中的"违反职责",是指违反国家法律、法规、军事法规、军事规章所规定的军人职责,包括军人的共同职责,士兵、军官和首长的一般职责,各类主管人员和其他从事专门工作的军人的专业职责等。(§34)

第四百二十一条 【战时违抗命令罪】

战时违抗命令,对作战造成危害的,处三年以上十年以下有期徒刑;致使战斗、战役遭受重大损失的,处十年以上有期徒刑、无期徒刑或者死刑。

【条文说明】

本条是关于战时违抗命令罪及其处罚的规定。

构成本罪应当同时具备下列条件:

1. 行为人具有在战时违抗命令的行为。服从命令是军人的天职,军人只有服从命令,听从指挥,才能保证统一行动,保证战斗的胜利。尤其是在战时,违抗命令的行为,往往给作战造成危害。因此本条规定,在战时违抗命令是构成本罪的重要条件。这里规定的"战时",在《刑法》第四百五十一条有具体规定,即"国家宣布进入战争状态、部队受领作战任务或者遭敌突然袭击时。部队执行戒严任务或者处置突发性暴力事件时,以战时论"。2013年2月26日发布的《最高人民检察院、解放军总政治部军人违反职责罪案件立案标准的规定》第三十三条对"战时"也作了相应解释。在《惩治军人违反职责罪暂行条例》第十七条中,对于这一犯罪的时间要件,规定的是"在战斗中"。在1997年刑法修订过程中,考虑到军队及军事行动的特点,普遍感到将此罪限制在"在战斗中"这一时间条件内,限制过严,不利于惩治违抗命令的犯罪,故在将该罪纳入1997年刑法时,对于构成本罪的时间条件,最终没有规定为"在战斗中",而是修改为"战时"。这里规定的"违抗命令",是指故意违背上级的命令,不按命令的具体要求,错误地执行或者拒不执行命令的行为。

2. 这种行为对作战造成了实际的危害。例如,由于行为人违抗命令的行为,扰乱了作战的部署,给敌人以可乘之机,造成战斗失利,影响了作战顺利进行或作战中重大任务的完成或者给部队造成了较大损失等情况。如果行为人违抗命令的行为没有对作战造成危害,则不能构成本罪,可以根据情况按照其他规定或者违反军纪处理。《惩治军人违反职责罪暂行条例》第十七条中规定的构成本罪要"对作战造成危害"。1997年修订刑法时,立法机关曾考虑删除原写法中"对作战造成危害"的规定,以降低定罪量刑的标准。最终考虑到如果删除这一要件,此罪就由原先的结果犯修改为行为犯,致使成立犯罪的门槛过低,与其严重的法定刑的设置不相适应,立法机关最终仍然保留了《惩治军人违反职责罪暂行条例》中关于该罪"对作战造成危害"的时间要件,由此形成了本条规定。

3. 行为人在主观上是故意。过失不能构成本罪,如果行为人主观上不是故意违抗,而是由于没有及时接到命令或者由于对命令发生误解而没有正确执行命令的,不能构成本罪。

4. 本条规定中"**致使战斗、战役遭受重大损失**",是指造成我军人员严重伤亡、物质严重损失,甚至整个战斗、战役失利等严重后果的。

【司法解释性文件】

《军人违反职责罪案件立案标准的规定》(政检〔2013〕1号,2013年2月26日公布)

△(**战时违抗命令罪;立案标准**)战时违抗命令罪是指战时违抗命令,对作战造成危害的行为。

违抗命令,是指主观上出于故意,客观上违背、抗拒首长、上级职权范围内的命令,包括拒绝接受命令、拒不执行命令,或者不按照命令的具体要求行动等。

战时涉嫌下列情形之一的,应予立案:

(一)扰乱作战部署或者贻误战机的;

(二)造成作战任务不能完成或者迟缓完成的;

(三)造成我方人员死亡一人以上,或者重伤二人以上,或者轻伤三人以上的;

(四)造成武器装备、军事设施、军用物资损毁,直接影响作战任务完成的;

(五)对作战造成其他危害的。(§1)

△(**以上;不满**)本规定所称"以上",包括本数;有关犯罪数额"不满",是指已达到该数额百分之八十以上。(§35)

△(**武器装备**)本规定中的"武器装备",是实施和保障军事行动的武器、武器系统和军事技术器材的统称。(§37)

△(**军用物资**)本规定中的"军用物资",是除武器装备以外专供武装力量使用的各种物资的统称,包括装备器材、军需物资、医疗物资、油料物资、营房物资等。(§38)

△(**财物价值和损失之确定;估价**)本规定中财物价值和损失的确定,由部队驻地人民法院、人民检察院和公安机关指定的价格事务机构进行估价。武器装备、军事设施、军用物资的价值和损失,由部队军以上单位的主管部门确定;有条件的也可以由部队驻地人民法院、人民检察院和公安机关指定的价格事务机构进行估价。(§39)

第四百二十二条 【隐瞒、谎报军情罪】【拒传、假传军令罪】
故意隐瞒、谎报军情或者拒传、假传军令，对作战造成危害的，处三年以上十年以下有期徒刑；致使战斗、战役遭受重大损失的，处十年以上有期徒刑、无期徒刑或者死刑。

【条文说明】

本条是关于隐瞒、谎报军情罪和拒传、假传军令罪及其处罚的规定。

构成本条规定的犯罪应当同时具备下列条件：

1. 行为人实施了故意隐瞒军情、故意谎报军情、拒传军令或者假传军令的行为。这里规定的"**军情**"，是指与军事行动有关的我军、友军和敌军的情报，如敌军的位置和数量，敌军的作战动向，敌军火力点的分布情况等。"**隐瞒军情**"，是指行为人对军情加以掩盖，应该向上级报告而不报告的行为。"**谎报军情**"，是指行为人故意报告虚构的、不真实的军情。这里规定的"**拒传军令**"，是指负有传递军令职责的军人，拒不传达军事命令、指示的行为，如拒不传达军队调动的命令等。"**假传军令**"，是指故意传达篡改的军事命令或者故意传达内容虚假的编造的军事命令的行为，如假传进攻命令，编造撤换指挥人员命令。"**军令**"，是指与部队军事活动有关的命令，包括口头的、书面的、利用网络信息等各种方式发布的命令。故意隐瞒、谎报军情或者拒传、假传军令的行为，都可能影响作战的正确决策，对军事行动和作战极为不利，其危害性很大。

2. 这种行为对作战造成了实际危害。① 这里规定的"对作战造成危害"与《刑法》第四百二十一条的"对作战造成危害"的含义是一致的。同时，行为人故意隐瞒、谎报军情或假传军令的行为，还可能造成决策上的失误，这也是对作战造成了危害的一种情形。②

3. 行为人在主观上是故意。如果行为人没有故意隐瞒、谎报军情而是由于认识错误而错报了军情，或者不是故意拒传、假传军令而是误传了军令或是由于不可抗拒的原因无法传达军令的，不能构成本条之罪。

本条规定，故意隐瞒、谎报军情或者拒传、假传军令，对作战造成危害的，处三年以上十年以下有期徒刑；致使战斗、战役遭受重大损失的，处十年以上有期徒刑、无期徒刑或者死刑。这里规定的"**致使战斗、战役遭受重大损失**"的含义与第四百二十一条"致使战斗、战役遭受重大损失"的含义是一致的。

需要注意的是，假传的军令既可以是无中生有凭空编造的，也可以是篡改真实的军令；既可以是行为人自己编造或者篡改的，也可以是行为人明知是别人编造或者篡改后自己仍然予以传递的。

拒传军令和假传军令的行为结合在一起实施时，作为选择性罪名，不进行数罪并罚，只定一个拒传、假传军令罪。

【司法解释性文件】

《军人违反职责罪案件立案标准的规定》（政检〔2013〕1号，2013年2月26日公布）

△〖隐瞒、谎报军情罪；立案标准〗隐瞒、谎报军情罪是指故意隐瞒、谎报军情，对作战造成危害的行为。

涉嫌下列情形之一的，应予立案：

（一）造成首长、上级决策失误的；

（二）造成作战任务不能完成或者迟缓完成的；

（三）造成我方人员死亡一人以上，或者重伤二人以上，或者轻伤三人以上的；

（四）造成武器装备、军事设施、军用物资损毁，直接影响作战任务完成的；

（五）对作战造成其他危害的。（§2）

△〖拒传、假传军令罪；立案标准〗拒传军令罪是指负有传递军令职责的军人，明知是军令而故意拒绝传递或者拖延传递，对作战造成危害的行为。

假传军令罪是指故意伪造、篡改军令，或者明知是伪造、篡改的军令而予以传达或者发布，对作战造成危害的行为。

涉嫌下列情形之一的，应予立案：

（一）造成首长、上级决策失误的；

---

① 我国学者指出，本罪不要求发生此种危害结果。只要足以对作战造成危害，即为已足。参见黎宏：《刑法学各论》（第2版），法律出版社2016年版，第581、582页。

② 我国学者指出，虽然刑法条文未明文要求"战时"，但从"对作战造成危害"用语来看，应认为行为必须发生在战时。参见张明楷：《刑法学》（第6版），法律出版社2021年版，第1668页。

(二)造成作战任务不能完成或者迟缓完成的;
(三)造成我方人员死亡一人以上,或者重伤二人以上,或者轻伤三人以上的;
(四)造成武器装备、军事设施、军用物资损毁,直接影响作战任务完成的;
(五)对作战造成其他危害的。(§3)
△(**以上;不满**)本规定所称"以上",包括本数;有关犯罪数额"不满",是指已达到该数额百分之八十以上。(§35)
△(**武器装备**)本规定中的"武器装备",是实施和保障军事行动的武器、武器系统和军事技术器材的统称。(§37)
△(**军用物资**)本规定中的"军用物资",是除武器装备以外专供武装力量使用的各种物资的统称,包括装备器材、军需物资、医疗物资、油料物资、营房物资等。(§38)
△(**财物价值和损失之确定;估价**)本规定中财物价值和损失的确定,由部队驻地人民法院、人民检察院和公安机关指定的价格事务机构进行估价。武器装备、军事设施、军用物资的价值和损失,由部队军以上单位的主管部门确定;有条件的,也可以由部队驻地人民法院、人民检察院和公安机关指定的价格事务机构进行估价。(§39)

第四百二十三条 【投降罪】

在战场上贪生怕死,自动放下武器投降敌人的,处三年以上十年以下有期徒刑;情节严重的,处十年以上有期徒刑或者无期徒刑。
投降后为敌人效劳的,处十年以上有期徒刑、无期徒刑或者死刑。

【条文说明】

本条是关于投降罪及其处罚的规定。
本条共分为两款。
第一款是关于投降敌人的犯罪及其处罚的规定。构成本罪应当具备以下条件:
1. 具有在战场上自动放下武器投降敌人的行为。这里规定的"**自动放下武器投降敌人**",是指在战场上因贪生怕死、畏惧战斗,能抵抗而放弃抵抗,自行放下武器投降敌人的行为。[①] 军人的职责是保卫国家和人民,在战场上为了履行自己的职责,应当英勇战斗,不怕牺牲。贪生怕死是可耻的,自动放下武器投降敌人,更是违背了军人的根本职责,其危害性极大,是国法和军纪所不容。将这种行为规定为犯罪,加强战场纪律,教育军人认真履行职责,提高我军的战斗力是很有必要的。应注意的是,"投降"是向敌对一方表示屈服的行为。要将自动放下武器投降敌人与被俘区分开来。对不是由于贪生怕死放下武器投降的,不应当追究刑事责任。
2. 行为人在主观上是出于贪生怕死。如果行为人投降敌人是出于推翻人民民主专政的政权和社会主义制度的目的,则构成危害国家安全的犯罪。
本款所说的"**情节严重**",主要是指率部队投降的、策动他人投降的以及胁迫他人投降的情况。
第二款是关于对投降敌人后为敌人效劳的如何处罚的规定。"**投降后为敌人效劳**"的表现形式可能有许多种,如向敌人提供军事秘密,为敌人进行煽动、动摇我军战斗意志,甚至为敌人作战。投降后为敌人效劳,更是背叛祖国和人民的犯罪行为,其性质更为严重,因此本款对此作了单独规定,并加重了处罚。
需要注意的是,正确区分投降敌人和**被敌俘虏**的界限。被敌俘虏是指在战场上被敌人俘获,它和投降敌人是两种性质截然不同的行为。但如果不对战场上错综复杂的情况进行客观分析,也可能混淆了这两种行为。这两种行为的主要区别是:(1)行为人是主动还是被动。投降敌人虽然也是迫于敌人的武装压力,但在形式上是主动的,而被敌俘虏则完全是被迫的;(2)有无条件进行抵抗。投降敌人是有条件进行抵抗而不抵抗,自动放下武器,而被敌俘虏则是不具备使用武器进行抵抗的条件。如因弹药耗尽、武器毁损、严重伤病、极度疲惫等原因,无法使用武器进行抵抗而被敌抓获的;遭到敌人突然袭击,措手不及未能使用武器进行抵抗而被敌人抓获的;非武装人员无法摆脱敌人的追捕而被敌人抓获的

[①] 成立"自动放下武器"的一个重要前提是,行为人当时能够使用武器杀伤敌人而选择不使用武器。参见周光权:《刑法各论》(第4版),中国人民大学出版社2021年版,第629页。

第四百二十四条

等。这些都属于被敌俘虏,而不应认定为投降敌人。即使被俘虏后叛变,积极为敌人效劳的,也不应以投降罪论处,而应适用《刑法》第一百零八条所规定的投敌叛变罪定罪处罚。

投降行为是否完成,并不以敌人是否接受投降为准,只要行为人向敌人明确表达了投降的意思,就是完成了投降的行为。

【司法解释性文件】

《军人违反职责罪案件立案标准的规定》(政检〔2013〕1号,2013年2月26日公布)

△(投降罪;立案标准)投降罪是指在战场上贪生怕死,自动放下武器投降敌人的行为。

凡涉嫌投降敌人的,应予立案。(§4)

第四百二十四条 【战时临阵脱逃罪】

战时临阵脱逃的,处三年以下有期徒刑;情节严重的,处三年以上十年以下有期徒刑;致使战斗、战役遭受重大损失的,处十年以上有期徒刑、无期徒刑或者死刑。

【条文说明】

本条是关于战时临阵脱逃罪及其处罚的规定。

构成本罪需要具备以下条件:

1. **必须具有临阵脱逃的行为**。这里规定的"临阵脱逃",是指在战场上或者在临战或战斗状态下,擅自脱离岗位逃避战斗的行为。① 军人的职责是保卫国家和人民的安全和利益,为了履行这一职责必须要坚守自己的岗位,尤其是在战斗中更是不能擅离职守,宁可牺牲自己,也要顾全大局。临阵脱逃的行为,主要是由于行为人畏惧战斗、贪生怕死而逃避战斗。不论是逃避一时还是完全脱离,都是违反了军人职责的,都有可能给军事行动造成重大的危害。尤其是现代战争,涉及各兵种、各部门的协同作战,行为人逃离任何一个岗位都可能给战斗和战役造成无法估量的损失。因此对于这种行为,必须追究刑事责任,予以必要的惩罚。以严肃纪律,保证军队的战斗力。

2. **这种脱逃行为必须发生在战时**。这里所称的"战时",在《刑法》第四百五十一条中有明确的规定,这里不再赘述。

3. 本条规定三档刑罚,对于在战时临阵脱逃的,处三年以下有期徒刑;情节严重的,处三年以上十年以下有期徒刑;致使战斗、战役遭受重大损失的,处十年以上有期徒刑、无期徒刑或者死刑。

4. 对"**情节严重**"的理解,一般是指率部队临阵脱逃的,指挥人员或者负有重要职责的人员临阵脱逃的,策动他人临阵脱逃的,在关键时刻临阵

脱逃的,造成较为严重的后果等情况。如果行为人临阵脱逃的行为给战斗、战役造成了重大的损失,如导致了重大的人员伤亡或者武器装备的重大损失,甚至导致整个战斗、战役的失败的,按照本条的规定处十年以上有期徒刑、无期徒刑或者死刑。

实践中需要注意以下两个方面的问题:

1. 对面临的**作战任务**应作广义的理解。从作战任务的内容上看,既包括直接实施作战行动的任务,如进攻敌方阵地,坚守我方阵地,与敌机、敌舰交战,遭敌突然袭击被迫应战等;也包括保障作战行动的任务,如运输弹药,抢救伤员,抢修战损的武器装备等。

2. 应当注意的是,如果指挥人员和值班、值勤人员在战时不是由于畏惧战斗临阵脱逃,而是由于其他原因擅自离开自己的岗位的,不构成本罪,而应按照《刑法》第四百二十五条关于**擅离、玩忽军事职守罪**的规定追究刑事责任。

【司法解释性文件】

《军人违反职责罪案件立案标准的规定》(政检〔2013〕1号,2013年2月26日公布)

△(战时临阵脱逃罪;立案标准)战时临阵脱逃罪是指在战斗中或者在接受作战任务后,逃离战斗岗位的行为。

凡战时涉嫌临阵脱逃的,应予立案。(§5)

---

① 本罪不要求行为人逃离部队。只要行为人逃避参加战斗,即可构成本罪。参见黎宏:《刑法学各论》(第2版),法律出版社2016年版,第582页。

第四百二十五条 【擅离、玩忽军事职守罪】
指挥人员和值班、值勤人员擅离职守或者玩忽职守，造成严重后果的，处三年以下有期徒刑或者拘役；造成特别严重后果的，处三年以上七年以下有期徒刑。
战时犯前款罪的，处五年以上有期徒刑。

【条文说明】
　　本条是关于擅离、玩忽军事职守罪及其处罚的规定。
　　本条共分为两款。
　　第一款是关于指挥人员和值班、值勤人员擅离职守或者玩忽职守的犯罪的规定。构成本款规定之罪必须具备以下条件：
　　1. **主体必须是指挥人员和值班、值勤人员。** 本罪规定了特殊的主体，是考虑到这几类人员负有重要的和特殊的职责，他们擅离职守或者玩忽职守的行为，不仅违反了他们所负有的职责，而且往往造成严重的后果。"指挥人员"，是指对部队或部属负有组织、领导、管理职责的人。专业主管人员在其业务管理范围内，也应属于指挥人员。对部队或部属的作战、训练及其他各项工作和日常生活负有组织、领导、管理职责的军人，如班长、排长、连长、指导员、营长、教导员、团长、政委、舰长、飞行大队长等。这些人员与被其领导、管理的人员之间，都有行政上的隶属关系。这种隶属关系不仅限于军官和士兵之间的，而且也包括上级军官与下级军官之间的，甚至还包括士兵与士兵之间的。如部队中的班长虽然也是士兵，但他有权指挥本班的其他士兵，所以属于本罪的犯罪主体之一。军队中的专业主管人员虽然和其他军人没有行政隶属关系，不具有全部的指挥职责，但由于其主管某一方面的业务，具有特殊的职责和相应的管理职权，因而在其主管的业务范围内，具有一定的指挥职权，应视其为指挥人员。"值勤人员"，是指军队各单位、各部门为保持指挥或者职责不间断而设立的，定期轮流负责处理本单位、本部门特定事务的人员。"值勤人员"，是指在担任警卫、巡逻、观察、纠察、押运等勤务工作的人员。
　　2. 行为人必须实施了擅离职守或者玩忽职守的行为。这里规定的"擅离职守"，是指指挥人员或者值班、值勤人员未经批准，擅自离开自己正在履行职责的指挥岗位或者值班、值勤岗位。"玩忽职守"，是指指挥人员或者值班、值勤人员严重不负责任，不履行自己的职责或者不认真履行自己职责的行为。
　　3. 行为人擅离职守或者玩忽职守的行为必须造成了严重的后果。这里规定的"严重后果"，是指由于行为人擅离职守或者玩忽职守的行为，造成了重大的人员伤亡、物质损失或者严重影响军事行动等后果，如造成武器装备、军事设施、军事物资毁损、丢失、被盗；造成部队重大任务迟缓完成或不能完成等。这是区分罪与非罪的主要界限。

　　根据本款的规定，对于指挥人员和值班、值勤人员擅离职守或者玩忽职守，造成严重后果的，处三年以下有期徒刑或者拘役；造成特别严重后果的，处三年以上七年以下有期徒刑。1981年《惩治军人违反职责罪暂行条例》即规定了本罪，但法定刑为"处七年以下有期徒刑或者拘役"；战时"处五年以上有期徒刑"。1997年修订刑法时，为了便于操作，体现罪责刑相适应，将非战时犯本罪的法定刑分为两档。对战时犯本罪的，仍为"五年以上有期徒刑"，以体现战时从重的精神。

　　第二款是关于战时犯本条第一款罪如何处罚的规定。《刑法》第四百五十一条对"战时"的含义有明确规定。指挥人员和值班、值勤人员在战时的擅离职守或者玩忽职守行为，其危害性要比平时大得多，因而根据罪刑相适应原则，本款也规定了较重的刑罚。根据本款规定，**指挥人员和值班、值勤人员在战时擅离职守或者玩忽职守的，处五年以上有期徒刑。**

　　实践中需要注意的是，指挥人员和值班、值勤人员战时擅离职守的犯罪与军人战时临阵脱逃的犯罪是不同的。前者的主体是特定的，即指挥人员和值班、值勤人员，后者的主体则是一般军人；前者的行为是擅离职守行为，后者的行为是贪生怕死，畏惧战斗，临阵脱逃行为；前者要求造成了严重的后果，后者则不要求造成后果即可构成犯罪。如果指挥人员和值班、值勤人员在战时不是由于畏惧战斗临阵脱逃，而是由于其他原因擅自离开自己的岗位的，不构成本罪，而应按照《刑法》第四百二十五条关于擅离、玩忽军事职守罪的规定追究刑事责任。

【司法解释性文件】
　　《军人违反职责罪案件立案标准的规定》（政检〔2013〕1号，2013年2月26日公布）

△（擅离、玩忽军事职守罪；指挥人员；值班人员；值勤人员；立案标准）擅离、玩忽军事职守罪是指指挥人员和值班、值勤人员擅自离开正在履行职责的岗位，或者在履行职责的岗位上，严重不负责任，不履行或者不正确履行职责，造成严重后果的行为。

指挥人员，是指对部队或者部属负有组织、领导、管理职责的人员。专业主管人员在其业务管理范围内，视为指挥人员。

值班人员，是指军队各单位、各部门为保持指挥或者履行职责不间断而设立的、负责处理本单位、本部门特定事务的人员。

值勤人员，是指正在担任警卫、巡逻、观察、纠察、押运等勤务，或者作战勤务工作的人员。

涉嫌下列情形之一的，应予立案：

（一）造成重大任务不能完成或者迟缓完成的；

（二）造成死亡一人以上，或者重伤三人以上，或者重伤二人、轻伤四人以上，或者重伤一人、轻伤七人以上，或者轻伤十人以上的；

（三）造成枪支、手榴弹、爆炸装置或者子弹十发，雷管三十枚、导火索或者导爆索三十米、炸药一千克以上丢失、被盗，或者不满规定数量，但后果严重的，或者造成其他重要武器装备、器材丢失、被盗的；

（四）造成武器装备、军事设施、军用物资或者其他财产损毁，直接经济损失三十万元以上，或者直接经济损失、间接经济损失合计一百五十万元以上的；

（五）造成其他严重后果的。（§6）

△（以上；不满）本规定所称"以上"，包括本数；有关犯罪数额"不满"，是指已达到该数额百分之八十以上。（§35）

△（直接经济损失；间接经济损失）本规定中的"直接经济损失"，是指与行为有直接因果关系而造成的财产损毁、减少的实际价值；"间接经济损失"，是指由直接经济损失引起和牵连的其他损失，包括失去在正常情况下可能获得的利益和为恢复正常管理活动或者为挽回已经造成的损失所支付的各种费用等。（§36）

△（武器装备）本规定中的"武器装备"，是实施和保障军事行动的武器、武器系统和军事技术器材的统称。（§37）

△（军用物资）本规定中的"军用物资"，是除武器装备以外专供武装力量使用的各种物资的统称，包括装备器材、军需物资、医疗物资、油料物资、营房物资等。（§38）

△（财物价值和损失之确定；估价）本规定中财物价值和损失的确定，由部队驻地人民法院、人民检察院和公安机关指定的价格事务机构进行估价。武器装备、军事设施、军用物资的价值和损失，由部队军以上单位的主管部门确定；有条件的，也可以由部队驻地人民法院、人民检察院和公安机关指定的价格事务机构进行估价。（§39）

第四百二十六条 【阻碍执行军事职务罪】

以暴力、威胁方法，阻碍指挥人员或者值班、值勤人员执行职务的，处五年以下有期徒刑或者拘役；情节严重的，处五年以上十年以下有期徒刑；情节特别严重的，处十年以上有期徒刑或者无期徒刑。战时从重处罚。

【立法沿革】

《中华人民共和国刑法》（1997年修订，自1997年10月1日起施行）

第四百二十六条

以暴力、威胁方法，阻碍指挥人员或者值班、值勤人员执行职务的，处五年以下有期徒刑或者拘役；情节严重的，处五年以上有期徒刑；致人重伤、死亡的，或者有其他特别严重情节的，处无期徒刑或者死刑。战时从重处罚。

《中华人民共和国刑法修正案（九）》（自2015年11月1日起施行）

五十、将刑法第四百二十六条修改为：

"以暴力、威胁方法，阻碍指挥人员或者值班、值勤人员执行职务的，处五年以下有期徒刑或者拘役；情节严重的，处五年以上十年以下有期徒刑；情节特别严重的，处十年以上有期徒刑或者无期徒刑。战时从重处罚。"

【条文说明】

本条是关于阻碍执行军事职务罪及其处罚的规定。

构成本条规定的犯罪应当具备以下条件：

1. 行为人实施了阻碍指挥人员或者值班、值勤人员执行职务的行为。本条中规定的"阻碍执行职务"，是指行为人故意以暴力或者威胁的方法阻挠、妨碍指挥人员或者值班、值勤人员依法执行职务的行为。"执行职务"应是指挥、值班、执勤人员正在履行特定职责。指挥人员和值班、值勤人员一般都负有重要、专门的职责，保证他们能正常执行职务，对于国防建设、国防安全都是非常重要的。阻碍指挥人员或者值班、值勤人员执行职务，不仅侵害了他们的人身权利，更重要的是使他们无法正常执行职务，对国家的国防利益和军事利益造成危害。

2. 必须是以暴力或者威胁的方法阻碍执行职务。这里规定的"暴力"，是指对指挥人员或者值班、值勤人员实施殴打、捆绑等严重人身侵害行为。这里规定的"威胁"，是指以将要对指挥人员或者值班、值勤人员的人身、财产等切身利益造成危害的方法，影响、迫使指挥人员或者值班、值勤人员形成精神方面的强制，使其不能也不敢正常执行职务。

根据本条的规定，对于以暴力、威胁方法阻碍指挥人员或者值班、值勤人员执行职务的，处五年以下有期徒刑或者拘役；情节严重的，处五年以上十年以下有期徒刑；情节特别严重的，处十年以上有期徒刑或者无期徒刑。这里规定的"情节严重"，是指使用武器阻碍指挥人员或者值班、值勤人员执行职务的，纠集多人阻碍执行职务的以及阻碍执行职务的行为给军事利益造成重大损失的情况。这里规定的"情节特别严重"，是指阻碍执行职务造成军事利益重大损失的以及聚众使用武器暴力阻碍执行职务的情况。

本条规定对战时犯本罪的，从重处罚。在战时，阻碍指挥人员或者值班、值勤人员执行职务的行为其危害性比平时相对要大，对军事利益造成的危害也相对较大，必须从重处罚。

实践中需要注意的是，如有暴力阻碍执行军事职务，情节特别恶劣，确需判处死刑的，还可以根据案件情况，依照**故意杀人罪**、**故意伤害罪**的规定判处。

【司法解释性文件】

《军人违反职责罪案件立案标准的规定》(政检〔2013〕1号,2013年2月26日公布)

△(阻碍执行军事职务罪;立案标准)阻碍执行军事职务罪是指以暴力、威胁方法，阻碍指挥人员或者值班、值勤人员执行职务的行为。

凡涉嫌阻碍执行军事职务的，应予立案。(§7)

第四百二十七条　【指使部属违反职责罪】

滥用职权，指使部属进行违反职责的活动，造成严重后果的，处五年以下有期徒刑或者拘役；情节特别严重的，处五年以上十年以下有期徒刑。

【条文说明】

本条是关于指使部属违反职责罪及其处罚的规定。

构成本条规定之罪应当具备下列条件：

1. 本罪的主体是**特殊主体**，一般是负有一定职责的部队的各级指挥人员。

2. 必须具有滥用职权，指使部属进行违反职责的活动的行为。这里规定的"**滥用职权，指使部属进行违反职责的活动**"，是指行为人不正当运用职权，超越职权，指使下级实施违反军人职责或者特定岗位职责的行为。部队的各级指挥人员，对于所属部队的作战、训练、行政管理、思想政治工作、后勤和技术保障工作等负有完全的责任。他们应当教育部属遵守国家的法律、行政法规，执行军队的条令、条例和各项规章制度，认真履行军人应尽的职责。部队的各级指挥人员具有相应的职权，其责任也是重大的，他们应当正确地履行自己的职权，任何滥用职权，指使部属进行违反职责的活动的行为，都会破坏部队的管理秩序，危害部队的团结统一和战斗力，必须给予处罚。

3. 滥用职权的行为必须造成了严重的后果。滥用职权的行为表现为不正当运用职权，指使部属进行各种违反职责的活动，其危害性和后果也是各不相同的，因而对其处罚也不一样。滥用职权的行为是否造成了严重的后果，是区分罪与非罪的重要标准。造成了严重后果的，应当依法追究刑事责任；没有造成严重后果的，应当按照军纪处理。这里规定的"**严重后果**"，是指造成了恶劣影响，影响部队任务完成以及造成人员伤亡或者重大物质损失的情况。

根据本条的规定，滥用职权，指使部属进行违反职责的活动，造成严重后果的，处五年以下有期徒刑或者拘役；情节特别严重的，处五年以上十年以下有期徒刑。这里规定的"**情节特别严重**"，是指滥用职权手段特别恶劣的，影响特别恶劣的，造成人员重大伤亡的以及严重妨害重要军事任务的完成的情况。

需要注意的是，正确处理指使部属违反职责罪与《刑法》第三百九十七条滥用职权罪的法条竞合问题。刑法对指使部属违反职责罪和第三百九十七条滥用职权罪的规定存在部分的法条竞合关系，即国家机关工作人员犯滥用职权罪的规定可以包括一部分指使部属违反职责罪。对这种情况，根据刑法理论对法条竞合问题的处理原则，即特别法优先于普通法、法律的特别规定优先于一般规定适用，当军队的各级首长和指挥人员滥用职权，指使部属进行违反职责的活动，造成严重后果时，应优先适用本章的规定，以指使部属违反职责罪论处。

【司法解释性文件】

《军人违反职责罪案件立案标准的规定》（政检〔2013〕1号，2013年2月26日公布）

△（**指使部属违反职责罪；立案标准**）指使部属违反职责罪是指指挥人员滥用职权，指使部属进行违反职责的活动，造成严重后果的行为。

涉嫌下列情形之一的，应予立案：

（一）造成重大任务不能完成或者迟缓完成的；

（二）造成死亡一人以上，或者重伤二人以上，或者重伤一人、轻伤三人以上，或者轻伤五人以上的；

（三）造成武器装备、军事设施、军用物资或者其他财产损毁，直接经济损失二十万元以上，或者直接经济损失、间接经济损失合计一百万元以上的；

（四）造成其他严重后果的。（§8）

△（**以上；不满**）本规定所称"以上"，包括本数；有关犯罪数额"不满"，是指已达到该数额百分之八十以上。（§35）

△（**直接经济损失；间接经济损失**）本规定中的"直接经济损失"，是指与行为有直接因果关系而造成的财产损毁、减少的实际价值；"间接经济损失"，是指由直接经济损失引起和牵连的其他损失，包括失去在正常情况下可能获得的利益和为恢复正常管理活动或者为挽回已经造成的损失所支付的各种费用等。（§36）

△（**武器装备**）本规定中的"武器装备"，是实施和保障军事行动的武器、武器系统和军事技术器材的统称。（§37）

△（**军用物资**）本规定中的"军用物资"，是除武器装备以外专供武力量使用的各种物资的统称，包括装备器材、军需物资、医疗物资、油料物资、营房物资等。（§38）

△（**财物价值和损失之确定；估价**）本规定中部队财物价值和损失的确定，由部队驻地人民法院、人民检察院和公安机关指定的价格事务机构进行估价。武器装备、军事设施、军用物资的价值和损失，由部队军以上单位的主管部门确定；有条件的，也可以由部队驻地人民法院、人民检察院和公安机关指定的价格事务机构进行估价。（§39）

第四百二十八条 【违令作战消极罪】

指挥人员违抗命令，临阵畏缩，作战消极，造成严重后果的，处五年以下有期徒刑；致使战斗、战役遭受重大损失或者有其他特别严重情节的，处五年以上有期徒刑。

【条文说明】

本条是关于违令作战消极罪及其处罚的规定。

军人的天职是坚决服从命令，完成上级交给的作战任务，不得违抗命令，临阵畏缩，消极作战。对于严重违反有关军令和条例的行为，直接影响到部队的作战部署和战斗士气，甚至造成战斗、战役失利。

构成本条规定之罪应当具备下列条件：

1. **本条的主体是特殊主体，为军队的指挥人员。** 一般的作战人员不能构成作战消极的犯罪。

2. **行为人实施了违抗命令，临阵畏缩，作战消极的行为。** 这里规定的"临阵畏缩、作战消极"，是指指挥人员在作战中不尽全力，不求进取，畏惧害怕而消极避战、怠战的行为。这种行为必须是违背了上级的命令，如果指挥人员是遵照上级有关命令而没有采取积极的行动，不是作战消极。在作战中，勇敢战斗，不怕牺牲是压倒敌人，完成战斗目的的重要因素，各级指挥人员应当服从命令，英勇战斗，坚决完成任务。借口保存自己而不积极、不坚决消灭敌人，会贻误战机，影响作战的胜利。对这种行为必须给予处罚，情节严重的，要追究指挥人员的刑事责任。

3. **指挥人员消极作战的行为造成了严重后果。** 指挥人员消极作战的行为表现是多样的，有的表现为不积极进攻，有的表现为不坚决防御，有的表现为贻误战机等，其行为对作战的危害也不一样，对于造成了严重后果的，应当依法追究刑事责任。这里规定的**严重后果**，是指由于指挥人员消极作战的行为而造成贻误战机，没有完成作战任务的，以及妨害了协同作战等情况。

需要注意的是，本罪与《刑法》第四百二十四条规定的**临阵脱逃罪**是不同的：第一，两罪的主体是不同的，本罪的主体只能是指挥人员，一般作战人员不能构成，而临阵脱逃罪的主体是军人；第二，两罪的行为是不同的，本罪是消极作战的行为，而临阵脱逃则是临阵逃离自己岗位的行为；第三，本罪要求作战消极的行为必须是造成了严重后果才构成犯罪，而临阵脱逃罪则是只要行为人具有临阵脱逃的行为即可构成。

根据本条的规定，对于违抗命令，临阵畏缩，作战消极，造成严重后果的指挥人员，处五年以下有期徒刑；致使战斗、战役遭受重大损失或者有其他特别严重情节的，处五年以上有期徒刑。这里规定的**致使战斗、战役遭受重大损失**，是指由于指挥人员的消极作战行为而导致我军人员重大伤亡、武器装备等严重物质损失，甚至战斗、战役失利等情况。

【司法解释性文件】

《军人违反职责罪案件立案标准的规定》（政检〔2013〕1号，2013年2月26日公布）

△**（违令作战消极罪；立案标准）**违令作战消极罪是指指挥人员违抗命令，临阵畏缩，作战消极，造成严重后果的行为。

违抗命令，临阵畏缩，作战消极，是指在作战中故意违背、抗拒执行首长、上级的命令，面临战斗任务而畏难怕险，怯战怯战，行动消极。

涉嫌下列情形之一的，应予立案：

（一）扰乱作战部署或者贻误战机的；

（二）造成作战任务不能完成或者迟缓完成的；

（三）造成我方人员死亡一人以上，或者重伤二人以上，或者轻伤三人以上的；

（四）造成武器装备、军事设施、军用物资或者其他财产损毁，直接经济损失二十万元以上，或者直接经济损失、间接经济损失合计一百万元以上的；

（五）造成其他严重后果的。（§9）

△**（以上；不满）**本规定所称"以上"，包括本数；有关犯罪数额"不满"，是指已达到该数额百分之八十以上。（§35）

△**（直接经济损失；间接经济损失）**本规定中的"直接经济损失"，是指与行为有直接因果关系而造成的财产损毁、减少的实际价值；"间接经济损失"，是指由经济损失引起和牵连的其他损失，包括失去在正常情况下可能获得的利益和为恢复正常管理活动或者为挽回已经造成的损失所支付的各种费用等。（§36）

△**（武器装备）**本规定中的"武器装备"，是实施和保障军事行动的武器、武器系统和军事技术器材的统称。（§37）

△**（军用物资）**本规定中的"军用物资"，是指武器装备以外专供武装力量使用的各种物资的统称，包括装备器材、军需物资、医疗物资、油料物资、营房物资等。（§38）

△**（财物价值和损失之确定；估价）**本规定中财物价值和损失的确定，由部队驻地人民法院、人民检察院和公安机关指定的价格事务机构进行估价。武器装备、军事设施、军用物资的价值和损失，由部队军以上单位的主管部门确定；有条件的，也可以由部队驻地人民法院、人民检察院和公安机关指定的价格事务机构进行估价。（§39）

第四百二十九条　【拒不救援友邻部队罪】

在战场上明知友邻部队处境危急请求救援，能救援而不救援，致使友邻部队遭受重大损失的，对指挥人员，处五年以下有期徒刑。

【条文说明】

本条是关于拒不救援友邻部队罪及其处罚的规定。

人民军队的性质决定了所有部队和人员是一个统一的整体，各部队的利益在根本上是一致的，都是为了保卫国家领土和主权，在战场上都是为了消灭敌人，争取战斗的胜利。各部队在战场上必须团结、协作、相互配合、相互支援，争取胜利。不允许为了保存实力或者其他本位利益的考虑，明知友邻部队处境危急或者接到友邻部队的救援请求而见危不救。**这不仅会使友邻部队遭受损失，而且会影响整个战斗、战役的全局，严重危害军事利益。**我军纪律条令明确规定，见死不救的，给予军纪处分；情节严重，构成犯罪的，依法追究

第四百二十九条

刑事责任。

1. **本条的主体是特殊主体**,为在战场上对友邻部队见危不救的指挥人员。一般的作战人员不能构成拒不救援友邻部队罪的犯罪。

2. 行为人必须具有明知友邻部队处境危急请求救援,能救援而不救援的行为。这里规定的"**处境危急**",是指友邻部队受到敌人的围困、追击或者阵地将被攻陷等处于危难之中迫切需要救援的紧急情形。这里规定的"**能救援而不救援**",是指根据当时其所处的环境、作战能力和所担负的作战任务,有条件对处境危急的友邻部队进行救援而不予救援的行为。"**友邻部队**"是指由于驻地、配置地域或者执行任务而相邻的部队。既包括有隶属关系的部队,也包括没有隶属关系的部队。①我军各部队的利益是一致的,都是为了保卫国家领土和主权,在战场上都是为了消灭敌人,争取战斗的胜利,因而在战场上必须团结协作,相互配合,相互支援。在战场上明知友邻部队处境危急或者接到友邻部队的救援请求,为了保存自己或者出于某种本单位的利益,见危而不救援的,不但会给友邻部队造成重大的损失,而且影响战斗、战役的胜利,严重危害军事利益,对这种见危不救的行为必须依法惩处。如果对于友邻部队处境危急不知情的,不能构成本罪。

3. 这一行为发生在战场上。

4. 行为必须使友邻部队遭受了重大的损失。这里规定的"**重大损失**",是指由于见危不救的行为,致使友邻部队遭受重大的人员伤亡、物资损失、阵地失陷、舰船被击沉、飞行器被击落、进攻严重受挫等情况。

【司法解释性文件】

《军人违反职责罪案件立案标准的规定》(政检〔2013〕1号,2013年2月26日公布)

△(**拒不救援友邻部队罪**;立案标准)拒不救援友邻部队罪是指指挥人员在战场上,明知友邻部队面临被敌人包围、追击或者阵地将被攻陷等危急情况请求救援,能救援而不救援,致使友邻部队遭受重大损失的行为。

能救援而不救援,是指根据当时自己部队(分队)所处的环境、作战能力及所担负的任务,有条件组织救援却没有组织救援。

涉嫌下列情形之一的,应予立案:

(一)造成战斗失利的;

(二)造成阵地失陷的;

(三)造成突围严重受挫的;

(四)造成我方人员死亡三人以上,或者重伤十人以上,或者轻伤十五人以上的;

(五)造成武器装备、军事设施、军用物资损毁,直接经济损失一百万元以上的;

(六)造成其他重大损失的。(§10)

△(**以上;不满**)本规定所称"以上",包括本数;有关犯罪数额"不满",是指已达到该数额百分之八十以上。(§35)

△(**直接经济损失;间接经济损失**)本规定中的"直接经济损失",是指与行为有直接因果关系而造成的财产损毁、减少的实际价值;"间接经济损失",是指由直接经济损失引起和牵连的其他损失,包括失去在正常情况下可能获得的利益和为恢复正常管理活动或者为挽回已经造成的损失所支付的各种费用等。(§36)

△(**武器装备**)本规定中的"武器装备",是实施和保障军事行动的武器、武器系统和军事技术器材的统称。(§37)

△(**军用物资**)本规定中的"军用物资",是除武器装备以外专供武装力量使用的各种物资的统称,包括装备器材、军需物资、医疗物资、油料物资、营房物资等。(§38)

△(**财物价值和损失之确定;估价**)本规定中财物价值和损失的确定,由部队驻地人民法院、人民检察院和公安机关指定的价格事务机构进行估价。武器装备、军事设施、军用物资的价值和损失,由部队军以上单位的主管部门确定;有条件的,也可以由部队驻地人民法院、人民检察院和公安机关指定的价格事务机构进行估价。(§39)

---

① 我国学者指出,友邻部队仅包括没有隶属关系的部队(分队)。参见张明楷:《刑法学》(第6版),法律出版社2021年版,第1670页;黎宏:《刑法学各论》(第2版),法律出版社2016年版,第583页。

第四百三十条 【军人叛逃罪】

在履行公务期间,擅离岗位,叛逃境外或者在境外叛逃,危害国家军事利益的,处五年以下有期徒刑或者拘役;情节严重的,处五年以上有期徒刑。

驾驶航空器、舰船叛逃的,或者有其他特别严重情节的,处十年以上有期徒刑、无期徒刑或者死刑。

【条文说明】

本条是关于军人叛逃罪及其处罚的规定。

保卫祖国是军人的神圣职责,叛逃行为不仅违背了军人的职责,同时对国防安全和国家利益也造成了危害,因而对这种行为必须依法追究刑事责任。

航空器、舰船是军人的重要武器装备,驾驶航空器、舰船叛逃,给国家的军事利益造成重大危害,因而对这种行为规定了比一般叛逃行为更为严厉的处罚。《惩治军人违反职责罪暂行条例》规定了偷越国(边)境外逃犯罪,1997 年修订刑法时,根据打击犯罪的需要,对本条作了规定。

本条共分为两款。

第一款是关于**军人叛逃罪**的规定。构成本罪应当具备下列条件:

1. **行为人必须具有叛逃境外或者在境外叛逃的行为**。这里规定的"**叛逃**",是指以反对社会主义制度、危害祖国和人民利益为目的逃往境外的行为,既包括从境内逃往境外,也包括合法出境而在境外叛逃。叛逃有两种基本形式,一种是**叛逃境外**,即行为人原先在境内,现从境内叛逃到了境外。行为人出境的方法既包括通过合法手续出境,也包括采取偷渡等非法手段出境。叛逃至外国驻华使馆、领馆的,应以叛逃境外论。另一种是**在境外叛逃**,即行为人因履行公务出境后,擅自离队或者与派出单位和有关部门脱离关系,并滞留境外不归而叛逃。如果行为人是因私合法出境后,与派出单位和有关部门脱离关系,并滞留境外不归的,属于出走,不应认定在境外叛逃,但如果在境外有投敌叛变的行为,则可以投敌叛变罪论处。这里所称的"**境外**",是指在中华人民共和国国境、边境以外的国家和地区,包括外国驻华使、领馆。保卫祖国是军人神圣的职责,叛逃的行为不仅违背了军人的这一职责,同时对国防安全和国家的利益也造成了危害,因而对这种行为必须依法追究刑事责任。

2. **行为人的叛逃行为必须危害了国家的军事利益**。这也是区分罪与非罪,本罪与其他犯罪的重要特征。如果行为人前往境外不归或者滞留境外不归,没有危害国家的军事利益,不能构成本罪。

3. **行为人的叛逃行为是发生在履行公务期间的**。这也是区分罪与非罪的一个重要界限。如果行为人不是在履行公务期间叛逃的,不能构成本罪。

根据本条规定,对于叛逃境外或者在境外叛逃的,处五年以下有期徒刑或者拘役;情节严重的,处五年以上有期徒刑。这里规定的"**情节严重**",是指策动他人叛逃的,指挥人员或者负有重要职责的人员叛逃的,携带军事秘密叛逃的或者叛逃后公开发表叛国言论,申请政治避难或进行其他危害国防安全活动等情况。

第二款是关于**驾驶航空器、舰船叛逃的,或者有其他特别严重情节的,如何处罚**的规定。航空器、舰船是军队的重要武器装备,驾驶航空器、舰船叛逃的,往往给国家的军事利益造成重大的危害,对于这种行为必须予以严惩。因而本款对于这种行为规定了比一般叛逃行为更为严厉的处罚。本款规定,对于驾驶航空器、舰船叛逃的,或者有其他特别严重情节的,处十年以上有期徒刑、无期徒刑或者死刑。这里规定的"**情节特别严重**",是指胁迫他人叛逃的,携带重要武器装备叛逃的,携带大量或者重要的军事机密叛逃的以及叛逃后进行严重危害国家国防利益的活动的情况。

【司法解释性文件】

《军人违反职责罪案件立案标准的规定》(政检〔2013〕1 号,2013 年 2 月 26 日公布)

△(**军人叛逃罪;立案标准**)军人叛逃罪是指军人在履行公务期间,擅离岗位,叛逃境外或者在境外叛逃,危害国家军事利益的行为。

涉嫌下列情形之一的,应予立案:

(一)因反对国家政权和社会主义制度而出逃的;

(二)掌握、携带军事秘密出境后滞留不归的;

(三)申请政治避难的;

(四)公开发表叛国言论的;

(五)投靠境外反动机构或者组织的;

(六)出逃至交战对方区域的;

(七)进行其他危害国家军事利益活动的。

(§11)

第四百三十一条 【非法获取军事秘密罪】【为境外窃取、刺探、收买、非法提供军事秘密罪】

以窃取、刺探、收买方法，非法获取军事秘密的，处五年以下有期徒刑；情节严重的，处五年以上十年以下有期徒刑；情节特别严重的，处十年以上有期徒刑。

为境外的机构、组织、人员窃取、刺探、收买、非法提供军事秘密的，处五年以上十年以下有期徒刑；情节严重的，处十年以上有期徒刑、无期徒刑或者死刑。

【立法沿革】

《中华人民共和国刑法》（1997年修订，自1997年10月1日起施行）

第四百三十一条

以窃取、刺探、收买方法，非法获取军事秘密的，处五年以下有期徒刑；情节严重的，处五年以上十年以下有期徒刑；情节特别严重的，处十年以上有期徒刑。

为境外的机构、组织、人员窃取、刺探、收买、非法提供军事秘密的，处十年以上有期徒刑、无期徒刑或者死刑。

《中华人民共和国刑法修正案（十一）》（自2021年3月1日起施行）

四十六、将刑法第四百三十一条第二款修改为：

"为境外的机构、组织、人员窃取、刺探、收买、非法提供军事秘密的，处五年以上十年以下有期徒刑；情节严重的，处十年以上有期徒刑、无期徒刑或者死刑。"

【条文说明】

本条是关于非法获取军事秘密罪和为境外窃取、刺探、收买、非法提供军事秘密罪及其处罚的规定。

本条共分为两款。

本款规定的**军事秘密**，是指在一定时间内只限于一定范围的人员知悉，不能对外公开并直接关系到国防安全和军事利益的事项。例如，国防和战斗力量建设规划及其实施情况；军事部署、作战和其他重要军事行动的计划及其实施情况；战备演习、军事训练计划及其实施情况；军事情报及其来源，通信、电子对抗和其他特种技术的手段、能力，机要密码及有关资料；武装力量的组织编制，部队的任务、实力、素质、状态等基本情况；部队及特殊单位的番号；武器装备的研制、生产、配备情况和补充、维修能力，特种军事装备的战斗技术性能；军事学术、国防科学技术研究的重要项目、成果及其应用；军事物资的筹措、生产、供应和储备等情况。对于军事秘密的范围和等级，有关法律、法规、条例中有具体的规定。

第一款是关于非法获取军事秘密的犯罪及其处罚的规定。根据本款的规定，只要行为人具有非法获取军事秘密的行为，不论是采取秘密窃取，还是刺探、收买方式获取军事秘密的，都可构成本罪。本款规定，对于以窃取、刺探、收买的方法非法获取军事秘密的，处五年以下有期徒刑；情节严重的，处五年以上十年以下有期徒刑；情节特别严重的，处十年以上有期徒刑。这里规定的"**情节特别严重**"，主要是指非法获取了大量的军事秘密的、非法获取了重要的军事秘密的、非法获取军事秘密的手段特别恶劣的等情况。

第二款是关于**为境外的机构、组织、人员窃取、刺探、收买、非法提供军事秘密的犯罪及其处罚**的规定。这里规定的"**非法提供**"，是指军事秘密的持有人，将自己知悉、管理、持有的军事秘密以各种方法，通过各种渠道等军事秘密提供给境外的机构、组织、个人的行为。军事秘密一旦为境外的机构、组织、个人所掌握，对国家的国防安全和军事利益都有很大的危害，因而本款对为境外机构、组织、人员窃取、刺探、收买、非法提供军事秘密的犯罪行为规定了比非法获取军事秘密更为严厉的刑罚。

窃取是指秘密窃取，**刺探**是指暗中打听、观察、探知等，**收买**是指以财物交换，这是几种最常见的非法手段。其他一些非法手段，如骗取、敲诈等，从广义上看也属于窃取行为。本罪是单一罪名，所以不能以非法获取军事秘密的具体手段来定罪，如"窃取军事秘密罪""刺探军事秘密罪"和"收买军事秘密罪"。"**非法获取**"是这些具体手段的共同特征，即行为人没有知悉军事秘密的正当理由和合法依据，却采取积极的行为了解军事秘密的内容。

军事秘密是国家秘密中的重要组成部分。在当前西方敌对势力加紧对我国进行颠覆、渗透活动，国际政治、经济、科技、军事竞争日趋激烈的形势下，境外势力每时每刻都企图获取我国军事秘密。加强对军事秘密的保护，严防军事秘密被境外的机构、组织、人员知悉，不仅是确保军事秘密安全的需要，而且事关国防安全。军事秘密一旦被境外的机构、组织、人员知悉，除军事秘密的安全将直接受到威胁外，还将对国防安全造成严重危害。

《保守国家秘密法》第二十一条规定:"国家秘密载体的制作、收发、传递、使用、复制、保存、维修和销毁,应当符合国家保密规定。绝密级国家秘密载体应当在符合国家保密标准的设施、设备中保存,并指定专人管理;未经原定密机关、单位或者上级机关批准,不得复印和摘抄;收发、传递和外出携带,应当指定人员负责,并采取必要的安全措施。"因此,凡违反上述规定,事先未经依法批准而擅自将军事秘密提供给境外的机构、组织、人员的,均属非法提供。

需要注意的是,为境外窃取、刺探、收买、非法提供军事秘密罪在罪与非罪的界限上容易混淆的问题是如何区分**合法提供和非法提供**。对此可从实体上和程序上两个方面来区别。从实体上看,合法提供是行为人履行职责的活动,而非法提供是行为人违背职责的行为。从程序上看,合法提供经过了严格的组织审批手续和法定程序,而非法提供完全是个人擅自所为。

【司法解释性文件】

《军人违反职责罪案件立案标准的规定》(政检〔2013〕1 号,2013 年 2 月 26 日公布)

△(非法获取军事秘密罪)立案标准 非法获取军事秘密是指违反国家和军队的保密规定,采取窃取、刺探、收买方法,非法获取军事秘密的行为。

军事秘密,是关系国防安全和军事利益,依照规定的权限和程序确定,在一定时间内只限一定范围的人员知悉的事项。内容包括:

(一)国防和武装力量建设规划及其实施情况;

(二)军事部署,作战、训练以及处置突发事件等军事行动中需要控制知悉范围的事项;

(三)军事情报及其来源,军事通信、信息对抗以及其他特种业务的手段、能力、密码以及有关资料;

(四)武装力量的组织编制,部队的任务、实力、状态等情况中需要控制知悉范围的事项,特殊单位以及师级以下部队的番号;

(五)国防动员计划及其实施情况;

(六)武器装备的研制、生产、配备情况和补充、维修能力,特种军事装备的战术技术性能;

(七)军事学术和国防科学技术研究的重要项目、成果及其应用情况中需要控制知悉范围的事项;

(八)军队政治工作中不宜公开的事项;

(九)国防费分配和使用的具体事项,军事物资的筹措、生产、供应和储备等情况中需要控制知悉范围的事项;

(十)军事设施及其保护情况中不宜公开的事项;

(十一)对外军事交流与合作中不宜公开的事项;

(十二)其他需要保密的事项。

凡涉嫌非法获取军事秘密的,应予立案。(§12)

△(为境外窃取、刺探、收买、非法提供军事秘密罪)立案标准 为境外窃取、刺探、收买、非法提供军事秘密是指违反国家和军队的保密规定,为境外的机构、组织、人员窃取、刺探、收买、非法提供军事秘密的行为。

凡涉嫌为境外窃取、刺探、收买、非法提供军事秘密的,应予立案。(§13)

第四百三十二条 【故意泄露军事秘密罪】【过失泄露军事秘密罪】

违反保守国家秘密法规,故意或者过失泄露军事秘密,情节严重的,处五年以下有期徒刑或者拘役;情节特别严重的,处五年以上十年以下有期徒刑。

战时犯前款罪的,处五年以上十年以下有期徒刑;情节特别严重的,处十年以上有期徒刑或者无期徒刑。

【条文说明】

本条是关于故意泄露军事秘密罪和过失泄露军事秘密罪及其处罚的规定。

本条共分为两款。

第一款是关于**故意泄露军事秘密罪和过失泄露军事秘密罪及其处罚**的规定。构成本罪应当具备下列条件:①

1. **行为人实施了泄露军事秘密的行为**。泄露包括以口头或者书面等各种形式,使不应知悉的人知悉。这种行为可以表现为作为,即行为人

---

① 本罪的行为主体是合法掌握一定军事秘密的军职人员。参见赵秉志、李希慧主编:《刑法各论》(第 3 版),中国人民大学出版社 2016 年版,第 451 页。

通过口头告知或者书信提供等主动行为泄露，也可以表现为不作为，即行为人没有按照有关保守军事秘密的规定，采取必要的防范措施，以致泄露了军事秘密的行为。行为人泄露军事秘密包括故意泄露和过失泄露两种情况。

3. 行为人必须实施了**违反保守国家秘密法律法规的行为**。保守国家秘密，特别是国家军事秘密，关系到国防的安全、战斗的胜败和国家与人民的重大利益。除刑法和其他有关法律作了规定外，国家还颁布了一系列的保守国家军事秘密的法规，每个军人都应严格遵守这些规定，保守国家军事秘密。如果行为人的行为没有违反保守国家军事秘密法规的，当然不能构成本罪。

3. 行为人的泄密行为必须是"**情节严重**"的才能构成。这里规定的"情节严重"，主要是指行为人泄露大量军事秘密的，泄露重要军事秘密的，泄露的军事秘密对国家军事利益造成重大危害的以及泄密手段极为恶劣的情况。

根据本款的规定，行为人必须同时具备以上条件，才构成泄露军事秘密罪和过失泄露军事秘密罪。对于违反保守国家秘密法规，故意或者过失泄露军事秘密的，处五年以下有期徒刑或者拘役；情节特别严重的，处五年以上十年以下有期徒刑。

第二款是关于**战时泄露军事秘密的犯罪及其处罚**的规定。战时泄露军事秘密，对于国家军事利益和国防安全具有严重的危害，因此本款对于战时犯有泄露军事秘密罪行的，规定了较重的刑罚。应当注意的是，战时构成泄露军事秘密罪，也要符合前款规定的条件。根据本款的规定，对于战时犯有泄露军事秘密罪的，处五年以上十年以下有期徒刑；情节特别严重的，处十年以上有期徒刑或者无期徒刑。这里规定的"**情节特别严重**"，主要是指泄露了大量军事秘密的，泄露核心军事秘密以及造成战斗、战役遭受重大损失等严重后果的情况。

【司法解释性文件】

《**军人违反职责罪案件立案标准的规定**》（政检〔2013〕1号，2013年2月26日公布）

△（**故意泄露军事秘密罪；立案标准**）故意泄露军事秘密罪是指违反国家和军队的保密规定，故意使军事秘密被不应知悉者知悉或者超出了限定的接触范围，情节严重的行为。

涉嫌下列情形之一的，应予立案：

（一）泄露绝密级或者机密级军事秘密一项（件）以上的；

（二）泄露秘密级军事秘密三项（件）以上的；

（三）向公众散布、传播军事秘密的；

（四）泄露军事秘密造成严重危害后果的；

（五）利用职权指使或者强迫他人泄露军事秘密的；

（六）负有特殊保密义务的人员泄密的；

（七）以牟取私利为目的泄露军事秘密的；

（八）执行重大任务时泄密的；

（九）有其他情节严重行为的。（§14）

△（**过失泄露军事秘密罪；立案标准**）过失泄露军事秘密罪是指违反国家和军队的保密规定，过失泄露军事秘密，致使军事秘密被不应知悉者知悉或者超出了限定的接触范围，情节严重的行为。

涉嫌下列情形之一的，应予立案：

（一）泄露绝密级军事秘密一项（件）的；

（二）泄露机密级军事秘密三项（件）以上的；

（三）泄露秘密级军事秘密四项（件）以上的；

（四）负有特殊保密义务的人员泄密的；

（五）泄露军事秘密或者遗失军事秘密载体，不按照规定报告，或者不如实提供有关情况，或者未及时采取补救措施的；

（六）有其他情节严重行为的。（§15）

△（**以上；不满**）本规定所称"以上"，包括本数；有关犯罪数额"不满"，是指已达到该数额百分之八十以上。（§35）

第四百三十三条 【**战时造谣惑众罪**】

战时造谣惑众，动摇军心的，处三年以下有期徒刑；情节严重的，处三年以上十年以下有期徒刑；情节特别严重的，处十年以上有期徒刑或者无期徒刑。

【立法沿革】

《**中华人民共和国刑法**》（1997年修订，自1997年10月1日起施行）

第四百三十三条

战时造谣惑众，动摇军心的，处三年以下有期徒刑；情节严重的，处三年以上十年以下有期徒刑。

勾结敌人造谣惑众，动摇军心的，处十年以上有期徒刑或者无期徒刑；情节特别严重的，可以判处死刑。

《中华人民共和国刑法修正案(九)》(自2015年11月1日起施行)

五十一、将刑法第四百三十三条修改为：

"战时造谣惑众,动摇军心的,处三年以下有期徒刑;情节严重的,处三年以上十年以下有期徒刑;情节特别严重的,处十年以上有期徒刑或者无期徒刑。"

【条文说明】

本条是关于战时造谣惑众罪及其处罚的规定。构成本条规定的犯罪应当具备下列条件：①

1. **行为人实施了造谣惑众、动摇军心的行为。** 这里规定的"**造谣惑众**",是指在战时,行为人捏造事实,制造谎言,并在部队中散布谣言以迷惑他人的行为。这里规定的"**动摇军心**",是指行为人通过造谣惑众,造成部队情绪恐慌、士气不振、军心涣散、思想不稳定的行为。散布谣言的方式,可以是在公开场合散布,也可以是在私下向多人传播；可以口头散布,也可以通过文字、图像、计算机网络或其他途径散布。

2. **这种行为必须发生在战时**。何时为"战时",《刑法》第四百五十一条已有规定。战时造谣惑众、动摇军心的行为,在客观上起着帮助敌人,削弱我军战斗力的作用,影响部队的作战,严重危害军事利益,必须依法惩处。

3. **行为人造谣惑众的行为足以动摇军心或者已造成军心动摇**。对于在部队中发牢骚、讲怪话,甚至也散布了谎言,但没有动摇军心,也不足以动摇军心的,不能构成本罪,应当加以批评制止。

根据本条规定,战时造谣惑众,动摇军心的,处三年以下有期徒刑;情节严重的,处三年以上十年以下有期徒刑;情节特别严重的,处十年以上有期徒刑或者无期徒刑。这里规定的"**情节严重**",主要是指谣言煽动性大,对作战或者军事行动造成危害的以及在紧急关头或者危急时刻造谣惑众的情况。这里规定的"**情节特别严重**",主要是指造谣惑众造成部队军心涣散,部队怯战、厌战或者引起其他严重后果等情况。

需要注意的是,造谣惑众、动摇军心是指行为人自己编造虚假的情况,在部队中散布,煽动怯战、厌战或者恐怖情绪,蛊惑官兵,造成部队情绪恐慌,士气不振,军心涣散。如果是行为人将道听途说的内容不负责任地又向他人散布,不能认定为造谣。**行为人所散布的内容必须是虚假的**,而且是与作战有直接关系的,如夸大敌人的兵力和装备优势,虚构敌方的战绩和对我方不利的战况等。如果行为人所散布的内容确属实情,即使对我军不利,也不宜认定为造谣。

【司法解释性文件】

《军人违反职责罪案件立案标准的规定》(政检〔2013〕1号,2013年2月26日公布)

△(**战时造谣惑众罪；立案标准**)战时造谣惑众罪是指在战时造谣惑众,动摇军心的行为。

造谣惑众,动摇军心,是指故意编造、散布谣言,煽动怯战、厌战或者恐怖情绪,蛊惑官兵,造成或者足以造成部队情绪恐慌、士气不振、军心涣散的行为。

凡战时涉嫌造谣惑众,动摇军心的,应予立案。(§16)

第四百三十四条　【战时自伤罪】
战时自伤身体,逃避军事义务的,处三年以下有期徒刑；情节严重的,处三年以上七年以下有期徒刑。

【条文说明】

本条是关于战时自伤罪及其处罚的规定。构成本条规定之罪应当具备下列条件：

1. **行为人具有故意自伤身体的行为**。这里规定的"**自伤**",是指行为人自己故意伤害身体或者授意他人伤害自己身体的行为。行为人对于自身的伤害必须具有直接的故意,如果行为人是在战斗中或者是在军事行动中,由于过失自伤身体的,不能构成犯罪。但如果行为人为逃避军事义务,有意加重已有的伤害,则应构成本罪。至于自伤的程度和后果,是利用枪击还是其他的方法造成自伤,造成的是重伤还是轻伤,不影响

---

① 我国学者指出,本罪的行为主体是军职人员,但不限于参加作战的军职人员。参见张明楷：《刑法学》(第6版),法律出版社2021年版,第1670页。

本罪的构成。①

2. 行为人自伤身体是出于逃避军事义务的目的。 这里规定的"军事义务"是一个广义的概念，包括军人根据职责所需要履行的各种军事义务，如巡逻任务、值班、值勤任务、作战任务等。军人自伤身体不是为了逃避军事义务，而是为了骗取某种荣誉或掩盖自己过失的，不能构成本罪。

3. 行为人自伤身体的行为必须是在战时。 作为军人应当随时准备参战，履行保卫祖国的神圣职责，为了逃避军事义务在战时自伤身体的行为，是一种畏惧战斗、贪生怕死的可耻行为，不仅会影响部队的士气、削弱部队的战斗力，而且对于国家的军事利益也有危害。行为人不是在战时自伤身体的，不能构成本罪。何时为战时，《刑法》第四百五十一条已有详细论述。

行为人的行为必须同时具备以上条件的，才能构成本罪。根据本条规定，对于战时自伤身体，逃避军事义务的，处三年以下有期徒刑；情节严重的，处三年以上七年以下有期徒刑。这里规定的"**情节严重**"，是指负有重要职责的人员战时自伤身体的，在紧要关头或危急时刻自伤身体的以及战时自伤身体对军事利益造成严重危害后果的情况。

需要注意的是，自伤身体是指行为人自己有意识地伤害自己的身体，包括直接造成伤害和在已有的伤害基础上加重伤情。行为人因为造成的疾病虽然也对身体有一定的损害，但不属于本条所规定的自伤行为。对自伤的部位、方法和伤害的程度，应从广义上理解，不论是伤害哪一部位，是造成轻伤还是重伤，是利用枪击、刀砍还是其他方法，是行为人自己伤害自己的身体，还是利用他人的故意或者迫使行为伤害自己的身体，均属于自伤身体的行为。但从司法实践看，行为人自伤身体，与正常的作战受伤往往存在一些不同的表现，比如，往往选择手足和四肢等非要害部位实施自伤，而且一般是持枪伤害，并谎称是枪支走火致伤，所造成的伤害一般都不严重，不会危及生命安全。因此，判断行为人是否存在自伤行为，要综合各方面的情况和证据作出认定。

【**司法解释性文件**】

《**军人违反职责罪案件立案标准的规定**》（政检〔2013〕1号，2013年2月26日公布）

△（**战时自伤罪；立案标准**）战时自伤罪是指在战时为了逃避军事义务，故意伤害自己身体的行为。

逃避军事义务，是指逃避临战准备、作战行动、战场勤务和其他作战保障任务等与作战有关的义务。

凡战时涉嫌自伤致使不能履行军事义务的，应予立案。（§17）

第四百三十五条　【**逃离部队罪**】
违反兵役法规，逃离部队，情节严重的，处三年以下有期徒刑或者拘役。
战时犯前款罪的，处三年以上七年以下有期徒刑。

【**条文说明**】

本条是关于逃离部队罪及其处罚的规定。
本条共分为两款。
第一款是关于**逃离部队罪及其处罚**的规定。根据本款规定，逃离部队罪是指军人违反兵役法规，逃离部队，情节严重的行为。构成本款规定之罪应当具备下列条件：②

1. 行为人具有违反兵役法规，逃离部队的行为。 这里规定的"**违反兵役法规**"，是指行为人违反兵役法等法律、法规关于公民履行服兵役义务的规定。"**逃离部队**"，是指行为人未经过批准，为了逃避履行兵役义务而擅自离开部队的行为。根据我国《宪法》第五十五条的规定，保卫祖国，抵抗侵略是中华人民共和国每一个公民的神圣职责。依法服兵役是公民的光荣义务。违反兵役法规，逃离部队，情节严重的，要依法追究刑事责任。应当注意的是，行为人主观上要具有逃避服兵役的目的，客观上要具有违反兵役法规，逃离部队的行为，才能构成本罪。如果行为

---

① 我国学者指出，自伤不以造成轻伤为前提，但必须达到足以逃避军事义务的程度。参见张明楷：《刑法学》（第6版），法律出版社2021年版，第1670页；黎宏：《刑法学各论》（第2版），法律出版社2016年版，第584页。
② 我国学者指出，本罪的行为主体为现役军人，即依法应征入伍并已经到部队服役，尚未被批准退役、退休、离休的人员。参见赵秉志、李希慧主编：《刑法各论》（第3版），中国人民大学出版社2016年版，第448页。

人是由于迷失了方向而脱离了部队,受伤掉队,或者因其他无法克服的原因而没有按期归队的,都不能认为是逃离部队,更不构成犯罪。

2. **行为人逃离部队的行为必须是达到情节严重的程度**。这也是区分罪与非罪的一个重要标准。这里规定的"**情节严重**",主要是指多次逃离部队、屡教不改的以及组织他人一同逃离部队的情况。实践中,对于行为人确系家庭有困难,或其他特殊原因,确derzeit本人处理而擅自离开部队的,应当说服教育,可以给予必要的纪律处分,而不能一律按犯罪处理。

根据本款的规定,对于违反兵役法规,逃离部队,情节严重的,处三年以下有期徒刑或者拘役。

第二款是关于**战时犯有逃离部队罪的处罚规定**。战时逃离部队的行为相对于平时逃离部队的危害要大,因而本款规定了较之和平时期逃离部队犯罪更重的刑罚,即对于战时犯有逃离部队罪的,处三年以上七年以下有期徒刑。应当注意的是,战时逃离部队罪与**战时临阵脱逃罪**是不同的,战时临阵脱逃罪是行为人在战场上、战斗中或者是在临战状态下,由于畏惧战斗等原因逃离岗位的行为,不论其是否已逃离了部队,只要是为了逃避战斗而逃离了战场和岗位,就构成临阵脱逃罪,应当按照《刑法》第四百二十四条的规定定罪处罚。同时,还应注意区分逃离部队罪与军人叛逃罪。这两种犯罪都有离队不归的行为,其主要区别是:前者以逃避服兵役为目的,后者则是以背叛祖国为目的,危害国家军事利益。叛逃必定是逃离部队,因此,应根据重罪吸收轻罪的原则,以军人叛逃罪追究其刑事责任,不再数罪并罚。

【司法解释】

《最高人民法院、最高人民检察院关于对军人非战时逃离部队的行为能否定罪处罚问题的批复》(法释〔2000〕39号,自2000年12月8日起施行)

△(非战时逃离部队)军人违反兵役法规,在非战时逃离部队,情节严重的,应当依照刑法第四百三十五条第一款的规定定罪处罚。

【司法解释性文件】

《军人违反职责罪案件立案标准的规定》(政检〔2013〕1号,2013年2月26日公布)

△(逃离部队罪;立案标准)逃离部队罪是指违反兵役法规,逃离部队,情节严重的行为。

违反兵役法规,是指违反国防法、兵役法和军队条令条例以及其他有关兵役方面的法律规定。

逃离部队,是指擅自离开部队或者经批准外出逾期拒不归队。

涉嫌下列情形之一的,应予立案:

(一)逃离部队持续时间达三个月以上或者三次以上或者累计时间达六个月以上的;

(二)担负重要职责的人员逃离部队的;

(三)策动三人以上或者胁迫他人逃离部队的;

(四)在执行重大任务期间逃离部队的;

(五)携带武器装备逃离部队的;

(六)有其他情节严重行为的。(§18)

△(以上;不满)本规定所称"以上",包括本数;有关犯罪数额"不满",是指已达到该数额百分之八十以上。(§35)

△(武器装备)本规定中的"武器装备",是实施和保障军事行动的武器、武器系统和军事技术器材的统称。(§37)

第四百三十六条 【武器装备肇事罪】
违反武器装备使用规定,情节严重,因而发生责任事故,致人重伤、死亡或者造成其他严重后果的,处三年以下有期徒刑或者拘役;后果特别严重的,处三年以上七年以下有期徒刑。

【条文说明】

本条是关于武器装备肇事罪及其处罚的规定。

构成本条规定之罪应当具备下列条件:

1. **必须具有违反武器装备使用规定的行为并且"情节严重"**。这里规定的"**武器装备**",主要是指部队用于实施和保障作战行动的武器、武器系统和军事技术器材的统称,如枪、炮、战车、飞机、通信系统。备用的武器装备的重要零件、部件,应视为武器装备。武器装备是军人保卫国家、消灭敌人的工具,军人要爱护武器装备,并严格按照武器装备的使用规定和操作规定执行。违反武器装备使用规定的行为,不仅有可能损害武器装备,也有可能造成其他严重的后果。这里规定的"**情节严重**",是指违反武器装备使用规定的行为本身情节严重的,如严重违反了武器装备使用程序,或者在使用中严重不负责任。例如,行为人没有使用武器装备的任务,却违反规定擅自动用装备而发生事故的;经常使用武器开玩笑,不听劝阻而发生事故的;故意违反武器装备使用规定的。

2. **违反武器装备使用规定的行为必须造成了责任事故,导致人员重伤、死亡或者其他严重后果**。这里规定的"**责任事故**",是指由于行为人违反武器装备使用规定而造成的事故,行为人在主观上是有责任的。如果是由于自然原因造成的事故,或者是由于武器装备本身存在的技术方面的原因而造成的事故,行为人在使用时没有过错的,不是责任事故,也不能追究行为人的刑事责任。这里规定的"**其他严重后果**",是指由于行为人违反武器装备的使用规定而造成的,除致人重伤、死亡以外的其他严重后果,如造成了主要武器装备的毁损,造成了大量武器装备的毁损或者造成了火灾、爆炸、污染,危害了军事行动的情况。如果行为人违反武器装备使用规定的行为,没有造成严重后果,只是一般的责任事故,则不构成本罪。

必须同时具备以上条件,才能构成本罪。根据本条规定,对于违反武器装备的使用规定,情节严重,因而发生责任事故,致人重伤、死亡或者造成其他严重后果的,处三年以下有期徒刑或者拘役;后果特别严重的,处三年以上七年以下有期徒刑。这里规定的"**后果特别严重**",是指造成多人重伤、死亡的,造成了重大的火灾、核污染或者使公私财产遭受特别重大损失的以及严重危害军事行动或者军事研究的情况。

【司法解释性文件】

《**军人违反职责罪案件立案标准的规定**》(政检〔2013〕1号,2013年2月26日公布)

△(**武器装备肇事罪;立案标准**)武器装备肇事罪是指违反武器装备使用规定,情节严重,因而发生责任事故,致人重伤、死亡或者造成其他严重

后果的行为。

情节严重,是指故意违反武器装备使用规定,或者在使用过程中严重不负责任。

涉嫌下列情形之一的,应予立案:

(一)影响重大任务完成的;

(二)造成死亡一人以上,或者重伤二人以上,或者轻伤三人以上的;

(三)造成武器装备、军事设施、军用物资或者其他财产损毁,直接经济损失三十万元以上,或者直接经济损失、间接经济损失合计一百五十万元以上的;

(四)严重损害国家和军队声誉,造成恶劣影响的;

(五)造成其他严重后果的。(§19)

△(**以上;不满**)本规定所称"以上",包括本数;有关犯罪数额"不满",是指已达到该数额百分之八十以上。(§35)

△(**直接经济损失;间接经济损失**)本规定中的"直接经济损失",是指与行为有直接因果关系而造成的财产损毁、减少的实际价值;"间接经济损失",是指由直接经济损失引起和牵连的其他损失,包括失去在正常情况下可能获得的利益和为恢复正常管理活动或者为挽回已经造成的损失所支付的各种费用等。(§36)

△(**武器装备**)本规定中的"武器装备",是实施和保障军事行动的武器、武器系统和军事技术器材的统称。(§37)

△(**军用物资**)本规定中的"军用物资",是除武器装备以外专供武装力量使用的各种物资的统称,包括装备器材、军需物资、医疗物资、油料物资、营房物资等。(§38)

△(**财物价值和损失之确定;估价**)本规定中财物价值和损失的确定,由部队驻地人民法院、人民检察院和公安机关指定的价格事务机构进行估价。武器装备、军事设施、军用物资的价值和损失,由部队军以上单位的主管部门确定;有条件的,也可以由部队驻地人民法院、人民检察院和公安机关指定的价格事务机构进行估价。(§39)

第四百三十七条 【**擅自改变武器装备编配用途罪**】

违反武器装备管理规定,擅自改变武器装备的编配用途,造成严重后果的,处三年以下有期徒刑或者拘役;造成特别严重后果的,处三年以上七年以下有期徒刑。

【条文说明】

本条是关于擅自改变武器装备编配用途罪及其处罚的规定。

构成本条规定之罪应当具备下列条件:

1. 行为人必须具有违反武器装备管理规定，擅自改变武器装备编配用途的行为。这里规定的"**武器装备管理规定**"，是指有关法规中关于武器装备的性能、动用权限、使用范围、编配用途等规定。这里规定的"**擅自改变武器装备的编配用途**"，是指行为人违反武器装备的管理规定，未经批准而自行将编配的武器装备改作其他用途的行为。部队配备武器装备是为了保卫国家和人民的利益，各种武器装备都有其专门的编配用途，应当按照有关法规的规定，正确使用武器装备的编配用途，正确使用武器装备。擅自改变武器装备的编配用途，不仅会损坏武器装备，而且会造成武器装备管理失控，严重影响其正常使用，甚至造成其他严重后果，危害国家军事利益，如擅自将军用飞机、舰船用于商业活动的。对于造成严重后果的要依法追究刑事责任。如果行为人的行为没有违反武器装备的管理规定，或者是按照规定经过上级机关批准，将武器装备用于非军事用途的，如将飞机、舰船用于抢险救灾，不是擅自改变武器装备的编配用途，当然也不能追究刑事责任。

2. 行为人擅自改变武器装备编配用途的行为必须造成了严重后果的。这里规定的"**严重后果**"，是指行为人擅自改变武器装备的编配用途造成了主要武器装备的毁损，或者大量武器装备的毁损的，用来进行违法犯罪活动的，造成了人员伤亡或者公私财产重大损失的以及严重影响军事行动的情况。这种行为是否造成了严重的后果，是区分罪与非罪的重要标准。如果行为人擅自改变武器装备编配用途的行为没有造成严重后果的，不构成本罪，应当按照军纪处理。

构成本罪，必须同时具备上述条件。根据本条规定，对于违反武器装备管理规定，擅自改变武器装备的编配用途，造成严重后果的，处三年以下有期徒刑或者拘役；造成特别严重后果的，处三年以上七年以下有期徒刑。这里规定的"**特别严重后果**"，是指造成大量主要武器损毁的以及造成多人伤亡后果的情况。

需要注意的是，擅自改变武器装备的编配用途，使用武器装备去实施其他犯罪的，如使用装备枪支杀人，动用舰艇、军用飞机走私等，如果没有造成上述严重后果的，**一般应将其擅自改变武器装备编配用途的行为作为实施其他犯罪的一个情节从重处罚**。但是在使用武器装备实施其他犯罪过程中，造成重要武器装备严重毁损，人员重伤、死亡及其他严重责任事故的，或者影响部队完成重要任务等严重后果的，则应实行数罪并罚。

【司法解释性文件】

《军人违反职责罪案件立案标准的规定》（政检〔2013〕1号，2013年2月26日公布）

△（**擅自改变武器装备编配用途罪；立案标准**）擅自改变武器装备编配用途罪是指违反武器装备管理规定，未经有权机关批准，擅自将编配的武器装备改作其他用途，造成严重后果的行为。

涉嫌下列情形之一的，应予立案：

（一）造成重大任务不能完成或者迟误完成的；

（二）造成死亡一人以上，或者重伤三人以上，或者重伤二人、轻伤四人以上，或者重伤一人、轻伤七人以上，或者轻伤十人以上的；

（三）造成武器装备、军事设施、军用物资或者其他财产损毁，直接经济损失三十万元以上，或者直接经济损失、间接经济损失合计一百五十万元以上的；

（四）造成其他严重后果的。（§20）

△（**以上；不满**）本规定所称"以上"，包括本数；有关犯罪数额"不满"，是指已上达到该数额百分之八十以上。（§35）

△（**直接经济损失；间接经济损失**）本规定中的"直接经济损失"，是指与行为有直接因果关系而造成的财产损毁、减少的实际价值；"间接经济损失"，是指由直接经济损失引起和牵连的其他损失，包括失去在正常情况下可能获得的利益和为恢复正常管理活动或者为挽回已经造成的损失所支付的各种费用等。（§36）

△（**武器装备**）本规定中的"武器装备"，是实施和保障军事行动的武器、武器系统和军事技术器材的统称。（§37）

△（**军用物资**）本规定中的"军用物资"，是除武器装备以外专供武装力量使用的各种物资的统称，包括装备器材、军需物资、医疗物资、油料物资、营房物资等。（§38）

△（**财物价值和损失之确定；估价**）本规定中财物价值和损失的确定，由部队驻地人民法院、人民检察院和公安机关指定的价格事务机构进行估价。武器装备、军事设施、军用物资的价值和损失，由部队军以上单位的主管部门确定；有条件的，也可以由部队驻地人民法院、人民检察院和公安机关指定的价格事务机构进行估价。（§39）

第四百三十八条 【盗窃、抢夺武器装备、军用物资罪】
盗窃、抢夺武器装备或者军用物资的,处五年以下有期徒刑或者拘役;情节严重的,处五年以上十年以下有期徒刑;情节特别严重的,处十年以上有期徒刑、无期徒刑或者死刑。
盗窃、抢夺枪支、弹药、爆炸物的,依照本法第一百二十七条的规定处罚。

【条文说明】

本条是关于盗窃、抢夺武器装备、军用物资罪及其处罚的规定。

本条共分为两款。

第一款是关于盗窃、抢夺武器装备、军用物资罪的处罚规定。构成本款规定的盗窃、抢夺武器装备、军用物资罪应当具备以下条件:

1. 行为人必须实施了秘密窃取或者抢夺武器装备或者军用物资的行为。这里规定的"**武器装备**"的概念与《刑法》第四百三十六条规定的概念基本是一致的,但由于本条第二款对盗窃、抢夺枪支、弹药、爆炸物的刑罚适用专门作了规定,因此本款的"武器装备"不包括"枪支、弹药、爆炸物"。这里规定的"**军用物资**",根据 2013 年 2 月 26 日最高人民检察院、解放军总政治部印发的《军人违反职责罪案件立案标准的规定》第三十八条的规定,"本规定中的'军用物资',是除武器装备以外,专供武装力量使用的各种物资的统称,包括装备器材、军需物资、医疗物资、油料物资、营房物资等",如军用被服、粮秣、药品、油料、建筑材料。军人盗窃、抢夺武器装备或者军用物资的行为,违反了军人的职责,不仅是侵犯了国家的财产权,更重要的是危害了国家的军事利益,因而对这种行为本条作了单独处罚规定,而没有按照一般盗窃、抢夺罪处罚。

2. 行为人具有非法占有的目的。不论行为人非法占有武器装备或者军用物资是出于经济原因,还是为了报复他人等其他原因,都不影响本罪的构成。

根据本款规定,盗窃、抢夺武器装备或者军用物资的,处五年以下有期徒刑或者拘役;情节严重的,处五年以上十年以下有期徒刑;情节特别严重的,处十年以上有期徒刑、无期徒刑或者死刑。这里规定的"**情节严重**",是指盗窃、抢夺主要武器装备的,盗窃、抢夺大量武器装备或者军用物资的以及多次盗窃或者抢夺武器装备、军用物资的情况。这里规定的"**情节特别严重**",是指盗窃、抢夺大量主要武器装备的;盗窃、抢夺武器装备或者军用物资,数量特别巨大的;战时盗窃、抢夺武器装备或者军用物资,严重危害军事利益的情况。

第二款是关于**盗窃、抢夺枪支、弹药、爆炸物罪如何处罚**的规定。枪支、弹药和爆炸物是实践中使用比较普遍的武器装备。在实际生活中,盗窃、抢夺枪支、弹药、爆炸物的情况时有发生,针对这种情况,刑法在危害公共安全罪一章的第一百二十七条对这种犯罪作了规定,并规定了比较重的刑罚。本款明确规定,对于军人盗窃、抢夺枪支、弹药、爆炸物的,应当适用《刑法》第一百二十七条的规定处罚。①

实践中需要注意以下几个方面的问题:

1. 在司法实践中,发生过盗窃、抢夺军马、军驼、军犬、军鸽的案件。鉴于这些**军用动物**是用于实施和保障作战行动的,其作用相当于武器装备,所以应视为武器装备。军用物资是指除武器装备以外,供武装部队使用和消费的被服、粮秣、油料、建材、药品、装材等物资。这些武器装备和军用物资可以是部队正在使用的,也可以是储存备用的,**但不包括已确定退役报废的武器装备、军用物资**,因为退役报废的武器装备、军用物资已不能形成部队的战斗力。**正在生产过程中,尚未交付部队的产品和物资**,不能视为部队的武器装备、军用物资。盗窃、抢夺武器装备、军用物资不受部队隶属关系的限制,即一个部队的人盗窃、抢夺另一个部队的武器装备、军用物资,现役军人盗窃、抢夺预备役部队的武器装备、军用物资,均属盗窃、抢夺部队的武器装备、军用物资。

2. 在司法实践中,**如何区分武器装备和军用物资的界限**,是一个经常遇到的问题,关系到准确认定罪名。武器装备和军用物资的共同点在于都是供武装部队使用的,共同构成武装部队战斗力的物质基础。其区别主要在自然属性方面,如武器都是具有杀伤性的,除弹药以外,其他武器装备往往都可以重复使用。武器装备一般都是具有特定功能的机械,器具、装置、设备等,操作武器装备往往需要掌握特定的技能等;而军用物资一般不具有杀伤性,多是消耗性的物品、材料和原料等。

3. 在司法实践中,对军人携带配发给个人使用的武器装备逃离部队的,过去一般是作为逃离

---

① 相同的学说见解,参见张明楷:《刑法学》(第 6 版),法律出版社 2021 年版,第 1676 页。

部队行为的一个严重情节,只足逃离部队罪。这样定罪忽略了军人携带武器装备特别是枪支、弹药、爆炸物逃离部队的严重危害性。配发给军人个人使用的武器装备,所有权属于部队,个人无权据为己有。军人携带配发给个人使用的武器装备逃离部队,不仅逃避服兵役,而且将部队的武器装备带走,侵害了部队对武器装备的所有权,是一种特殊方式的盗窃行为。从盗窃武器装备罪和逃离部队罪的法定刑看,前者可以判处死刑,后者平时最高只能判处三年有期徒刑,两者相差悬殊,对军人携带配发给个人使用的武器装备逃离部队的行为只定逃离部队罪,显然是重罪轻判。**因此对军人携带配发给个人使用的武器装备逃离部队的,除了根据其逃离部队的情节决定是否构成逃离部队罪,还应依照《刑法》第四百三十八条定盗窃武器装备罪。**

【司法解释性文件】

《军人违反职责罪案件立案标准的规定》(政检[2013]1号,2013年2月26日公布)

△(**盗窃、抢夺武器装备、军用物资罪**;**立案标准**)盗窃武器装备罪是指以非法占有为目的,秘密窃取武器装备的行为。

抢夺武器装备罪是指以非法占有为目的,乘人不备,公然夺取武器装备的行为。

凡涉嫌盗窃、抢夺武器装备的,应予立案。

盗窃军用物资罪是指以非法占有为目的,秘密窃取军用物资的行为。

抢夺军用物资罪是指以非法占有为目的,乘人不备,公然夺取军用物资的行为。

凡涉嫌盗窃军用物资价值二千元以上,或者不满规定数额,但后果严重的,应予立案。(§21)

△(**以上;不满**)本规定所称"以上",包括本数;有关犯罪数额"不满",是指已达到该数额百分之八十以上。(§35)

△(**武器装备**)本规定中的"武器装备",是实施和保障军事行动的武器、武器系统和军事技术器材的统称。(§37)

△(**军用物资**)本规定中的"军用物资",是除武器装备以外专供武装力量使用的各种物资的统称,包括装备器材、军需物资、医疗物资、油料物资、营房物资等。(§38)

△(**财物价值和损失之确定;估价**)本规定中财物价值和损失的确定,由部队驻地人民法院、人民检察院和公安机关指定的价格事务机构进行估价。武器装备、军事设施、军用物资的价值和损失,由部队军以上单位的主管部门确定;有条件的,也可以由部队驻地人民法院、人民检察院和公安机关指定的价格事务机构进行估价。(§39)

第四百三十九条 【非法出卖、转让武器装备罪】

非法出卖、转让军队武器装备的,处三年以上十年以下有期徒刑;出卖、转让大量武器装备或者有其他特别严重情节的,处十年以上有期徒刑、无期徒刑或者死刑。

【条文说明】

本条是关于非法出卖、转让武器装备罪及其处罚的规定。

根据本条规定,行为人只要具有非法出卖或者转让军队武器装备行为的,就构成本罪。**非法出卖**,是指行为人未经有权机关的批准而擅自将武器装备卖给他人的行为。**非法转让**,是指行为人未经有权机关的批准而擅自将武器装备赠送他人或者以武器装备换取其他物品的行为。非法出卖、转让武器装备的行为,不仅违反了武器装备管理制度,而且会危害国家的军事利益和公共安全,其社会危害性很大,必须依法追究刑事责任。

根据本条规定,对于非法出卖、转让军队武器装备的,处三年以上十年以下有期徒刑;出卖、转让大量武器装备或者有其他特别严重情节的,处十年以上有期徒刑、无期徒刑或者死刑。这里规定的**特别严重情节**,是指非法出卖、转让武器装备进行犯罪活动的,非法出卖、转让给境外的机构、组织、人员的以及非法出卖、转让武器装备造成严重后果的情况。

应当注意的是,**非法出卖、转让武器装备的行为人应当是合法管理或者使用这些武器装备的人员**,如果行为人将盗窃或者抢夺的武器装备出卖、转让的,应当按照《刑法》第四百三十八条规定的盗窃、抢夺武器装备罪与非法买卖枪支、弹药、爆炸物罪数罪并罚。《刑法》第一百二十五条规定了非法买卖枪支、弹药、爆炸物的犯罪,如果是军人出卖武器装备的,应适用本条。

实践中需要注意的是,根据有关武器装备管理法规的规定,部队的武器装备由于使用、储存年久,性能下降,型号技术落后,或者因其他原因不宜继续装备部队的，可以作退役或者报废处理。退役、报废的武器装备根据不同情况，分别作储存备用、教学、训练、装备民兵、拆件留用、拨作非军事使用或作为废旧物资等处置。未经批准，严禁任何单位或者个人擅自馈赠、出售、交换武器装备。非法出卖、转让武器装备是指未经有关机关的批准，擅自将武器装备出售给他人、送给他人或者与他人交换其他物品。根据武器装备管理法规的规定，武器装备依其质量状况，分为新品、堪用品、待修品和废品四个等级。非法出卖、转让的武器装备应是部队在编的、正在使用的以及储存备用的武器装备，从武器装备的等级看，不包括已确定退役报废的武器装备，因为退役报废的武器装备已不能直接形成部队的战斗力。

【司法解释性文件】

《军人违反职责罪案件立案标准的规定》（政检[2013]1号，2013年2月26日公布）

△(非法出卖、转让武器装备罪；立案标准) 非法出卖、转让武器装备罪是指非法出卖、转让武器装备的行为。

出卖、转让，是指违反武器装备管理规定，未经有权机关批准，擅自用武器装备换取金钱、财物或其他利益，或者将武器装备馈赠他人的行为。

涉嫌下列情形之一的，应予立案：

（一）非法出卖、转让枪支、手榴弹、爆炸装置的；

（二）非法出卖、转让子弹十发、雷管三十枚、导火索或者导爆索三十米、炸药一千克以上，或者不满规定数量，但后果严重的；

（三）非法出卖、转让武器装备零部件或者维修器材、设备，致使武器装备报废或者直接经济损失三十万元以上的；

（四）非法出卖、转让其他重要武器装备的。（§22）

△(以上；不满) 本规定所称"以上"，包括本数；有关犯罪数额"不满"，是指已达到该数额百分之八十以上。（§35）

△(直接经济损失；间接经济损失) 本规定中的"直接经济损失"，是指与行为有直接因果关系而造成的财产损毁、减少的实际价值；"间接经济损失"，是指由直接经济损失引起和牵连的其他损失，包括失去在正常情况下可能获得的利益和为恢复正常管理活动或者为挽回已经造成的损失所支付的各种费用等。（§36）

△(武器装备) 本规定中的"武器装备"，是实施和保障军事行动的武器、武器系统和军事技术器材的统称。（§37）

△(财物价值和损失之确定；估价) 本规定中财物价值和损失的确定，由部队驻地人民法院、人民检察院和公安机关指定的价格事务机构进行估价。武器装备、军事设施、军用物资的价值和损失，由部队军以上单位的主管部门确定；有条件的，也可以由部队驻地人民法院、人民检察院和公安机关指定的价格事务机构进行估价。（§39）

第四百四十条 【遗弃武器装备罪】

违抗命令，遗弃武器装备的，处五年以下有期徒刑或者拘役；遗弃重要或者大量武器装备的，或者有其他严重情节的，处五年以上有期徒刑。

【条文说明】

本条是关于遗弃武器装备罪及其处罚的规定。构成本条规定之罪应当具备下列条件：

1. **行为人具有遗弃武器装备的行为。**这里规定的"**遗弃武器装备**"，是指行为人故意抛弃武器装备的行为。[①] 武器装备是军人保卫国家和人民利益所必不可少的，必须加以妥善保管。随意遗弃武器装备，不仅会削弱我军的战斗力，而且可能被敌人所利用，严重危害军事利益。

2. **行为人的遗弃行为是故意实施的。**如果行为人是由于疏忽大意而遗失了武器装备的，不能构成本罪。对遗失武器装备情节严重的，可以依照《刑法》第四百四十一条关于遗失武器装备罪的规定处罚。

3. **行为人遗弃武器装备的行为是违抗命令的。**战场情况复杂，在战场上有时根据作战的需

[①] 我国学者指出，遗弃主要包括两种情形：一是抛弃现有的能够发挥作用的武器装备；二是对于置于不安全场所的武器装备，本应妥善处理却不妥善管理。参见张明楷：《刑法学》（第6版），法律出版社2021年版，第1677页；黎宏：《刑法学各论》（第2版），法律出版社2016年版，第592页；周光权：《刑法各论》（第4版），中国人民大学出版社2021年版，第639页。

要,按照上级命令遗弃一些武器装备的行为,不构成犯罪,不能按照本条的规定处罚。

根据本条规定,对于违抗命令,遗弃武器装备的,处五年以下有期徒刑或者拘役;遗弃重要或者大量武器装备的,或者有其他严重情节的,处五年以上有期徒刑。

实践中,违抗命令,遗弃武器装备与**战时违抗命令**虽然都具有违抗命令的情节,但战时违抗命令罪只限于战时,且要对作战造成危害;而遗弃武器装备罪中,遗弃武器装备才是构成本罪需要追究刑事责任的依据,违抗命令只是个条件,如果行为人是根据上级的命令,决定遗弃武器装备的,不能构成犯罪。

在具体案件中,如果行为人所采取的遗弃武器装备的方法必然造成武器装备毁坏或者灭失的结果,如飞行员无重大危险而弃机跳伞,或者故意将武器装备投入深海等,则应属于**破坏武器装备**的行为。

【司法解释性文件】

《军人违反职责罪案件立案标准的规定》(政检〔2013〕1号,2013年2月26日公布)

△(**遗弃武器装备罪;立案标准**)遗弃武器装备罪是指负有保管、使用武器装备义务的军人,违抗命令,故意遗弃武器装备的行为。

涉嫌下列情形之一的,应予立案:

(一)遗弃枪支、手榴弹、爆炸装置的;

(二)遗弃子弹十发、雷管三十枚、导火索或者导爆索三十米、炸药一千克以上,或者不满规定数量,但后果严重的;

(三)遗弃武器装备零部件或者维修器材、设备,致使武器装备报废或者直接经济损失三十万元以上的;

(四)遗弃其他重要武器装备的。(§23)

△(**以上;不满**)本规定所称"以上",包括本数;有关犯罪数额"不满",是指已达到该数额百分之八十以上。(§35)

△(**直接经济损失;间接经济损失**)本规定中的"直接经济损失",是指与行为有直接因果关系而造成的财产损毁、减少的实际价值;"间接经济损失",是指由直接经济损失引起和牵连的其他损失,包括失去在正常情况下可能获得的利益和为恢复正常管理活动或者为挽回已经造成的损失所支付的各种费用等。(§36)

△(**武器装备**)本规定中的"武器装备",是实施和保障军事行动的武器、武器系统和军事技术器材的统称。(§37)

△(**财物价值和损失之确定;估价**)本规定中财物价值和损失的确定,由部队驻地人民法院、人民检察院和公安机关指定的价格事务机构进行估价。武器装备、军事设施、军用物资的价值和损失,由部队军以上单位的主管部门确定;有条件的,也可以由部队驻地人民法院、人民检察院和公安机关指定的价格事务机构进行估价。(§39)

第四百四十一条 【遗失武器装备罪】
遗失武器装备,不及时报告或者有其他严重情节的,处三年以下有期徒刑或者拘役。

【条文说明】

本条是关于遗失武器装备罪及其处罚的规定。构成本条规定之罪应当具备下列条件:

1. **行为人具有遗失武器装备的行为**。武器装备的理解,应根据2013年2月26日最高人民检察院、解放军总政治部印发的《军人违反职责罪案件立案标准的规定》第三十七条的规定,"**武器装备**"是指实施和保障军事行动的武器、武器系统和军事技术器材的统称。这里规定的"**遗失**",是指在武器装备的操作使用、维护保养、运送等过程中,行为人因疏忽大意而造成武器装备丢失的行为。对武器装备不注意保管而遗失武器装备的行为,不仅会削弱我军的战斗力,而且会影响公共安全,危害我军的军事利益。

2. **行为人对武器装备的丢失,在主观上是有过失的**。即行为人是因主观上疏忽大意或者轻信不会丢失而没有很好保管武器装备,以致武器装备丢失。如果行为人在主观上是故意丢弃武器装备的,不构成本罪,应按照遗弃武器装备罪的规定处理。如果行为人在武器装备的操作使用、维护保养中受到了责任,但因为不可抗拒或者不可克服的原因丢失了武器装备的,不是遗失武器装备,也不构成犯罪。

3. **行为人遗失武器装备必须是没有及时报告或者有其他严重情节的,才构成犯罪**。这里规定的"**其他严重情节**",是指遗失重要武器装备的、遗失武器装备严重影响部队任务完成的、造成了严重的后果的以及编造虚假情况欺骗组织的情况。行为人遗失武器装备是否有严重的情节,是划分罪与非罪,犯罪与违纪的一个重要标准。如果行为人遗失武器装备后及时报告,也没有其他严重情节的,可按照军纪处理。

根据本条规定,对于遗失武器装备,不及时报告或者有其他严重情节的,处三年以下有期徒刑或者拘役。

【司法解释性文件】

《军人违反职责罪案件立案标准的规定》(政检[2013]1号,2013年2月26日公布)

△(遗失武器装备罪;立案标准)遗失武器装备罪是指遗失武器装备,不及时报告或者有其他严重情节的行为。

其他严重情节,是指遗失武器装备严重影响重大任务完成的;给人民群众生命财产安全造成严重危害的;遗失的武器装备被敌人或者境外的机构、组织和人员或者国内恐怖组织和人员利用,造成严重后果或者恶劣影响的;遗失的武器装备数量多、价值高的;战时遗失的,等等。

凡涉嫌遗失武器装备不及时报告或者有其他严重情节的,应予立案。(§24)

△(武器装备)本规定中的"武器装备",是实施和保障军事行动的武器、器械系统和军事技术器材的统称。(§37)

△(财物价值和损失之确定;估价)本规定中财物价值和损失的确定,由部队驻地人民法院、人民检察院和公安机关指定的价格事务机构进行估价。军事设施、军用物资的价值和损失,由部队军以上单位的主管部门确定;有条件的,也可以由部队驻地人民法院、人民检察院和公安机关指定的价格事务机构进行估价。(§39)

第四百四十二条 【擅自出卖、转让军队房地产罪】

违反规定,擅自出卖、转让军队房地产,情节严重的,对直接责任人员,处三年以下有期徒刑或者拘役;情节特别严重的,处三年以上十年以下有期徒刑。

【条文说明】

本条是关于擅自出卖、转让军队房地产罪及其处罚的规定。

构成本条规定之罪应当具备下列条件:

1. 行为人具有违反规定,擅自出卖、转让军队房地产的行为。这里规定的"违反规定",是指行为人违反《中国人民解放军内务条令》《中国人民解放军房地产管理条例》等有关军队房地产管理和使用的规定。"擅自出卖、转让军队房地产",是指行为人未经有权机关的批准,违反规定,自行将军队所有的或者由军队管理、使用的土地、房屋及其附属物等出卖、转让的行为。军队房地产是国防资产的重要组成部分,不得擅自变卖、转让。擅自变卖、转让军队房地产的行为,不仅侵害了国防资产的所有权,而且影响军队正常的管理、训练和生产、生活,危害国家军事利益。行为人不论是出于经济目的,还是其他原因擅自出卖、转让军队房地产的,都要给予处罚,情节严重的,要依法追究刑事责任。

2. 擅自出卖、转让军队房地产的行为必须是情节严重的,才构成犯罪。这里规定的"情节严重",主要是指擅自出卖、转让军队房地产数量大的,出卖、转让重要房地产的,出卖、转让给境外的机构、组织、人员的,因出卖、转让军队房地产造成严重后果的,比如给军队造成严重经济损失,严重影响部队正常训练、工作和生活,对国家军事利益造成严重危害的,事后弄虚作假欺骗上级的以及出卖、转让军事禁区房地产的等情况。是否达到情节严重的程度,是划分罪与非罪的重要界限。《刑法》第二百二十八条规定了非法转让、倒卖土地使用权的犯罪,第四百一十条规定了非法低价出让国有土地使用权的犯罪,军人擅自出卖、转让军队房地产的,适用本条规定。

根据本条规定,对于违反规定,擅自出卖、转让军队房地产,情节严重的,对直接责任人员,处三年以下有期徒刑或者拘役;情节特别严重的,处三年以上十年以下有期徒刑。这里规定的"情节特别严重",是指擅自出卖、转让军队房地产数量巨大的,造成巨大经济损失的以及给国家军事利益造成特别严重损害的情况。

【司法解释性文件】

《军人违反职责罪案件立案标准的规定》(政检[2013]1号,2013年2月26日公布)

△(擅自出卖、转让军队房地产罪;立案标准)擅自出卖、转让军队房地产罪是指违反军队房地产管理和使用规定,未经有权机关批准,擅自出卖、转让军队房地产,情节严重的行为。

军队房地产,是指依法由军队使用管理的土

地及其他上地下用于营房保障的建筑物、构筑物、附属设施设备，以及其他附着物。

涉嫌下列情形之一的，应予立案：

（一）擅自出卖、转让军队房地产价值三十万元以上的；

（二）擅自出卖、转让军队房地产给境外的机构、组织、人员的；

（三）擅自出卖、转让军队房地产严重影响部队正常战备、训练、工作、生活和完成军事任务的；

（四）擅自出卖、转让军队房地产给军事设施安全造成严重危害的；

（五）有其他情节严重行为的。（§25）

△（以上；不满）本规定所称"以上"，包括本数；有关犯罪数额"不满"，是指已达到该数额百分之八十以上。（§35）

△（财物价值和损失之确定；估价）本规定中财物价值和损失的确定，由部队驻地人民法院、人民检察院和公安机关指定的价格事务机构进行估价。武器装备、军事设施、军用物资的价值和损失，由部队军以上单位的主管部门确定；有条件的，也可以由部队驻地人民法院、人民检察院和公安机关指定的价格事务机构进行估价。（§39）

第四百四十三条 【虐待部属罪】

滥用职权，虐待部属，情节恶劣，致人重伤或者造成其他严重后果的，处五年以下有期徒刑或者拘役；致人死亡的，处五年以上有期徒刑。

【条文说明】

本条是关于虐待部属罪及其处罚的规定。

1. **行为人虐待的对象是自己的部属**。尊重干部、爱护士兵是我军的优良传统。虐待、打骂、体罚士兵是军阀作风，是我们坚决反对的。虐待部属违反了我军的宗旨，破坏了官兵关系和军队内部的团结，同时也侵害了部属的人身权利。对于滥用职权，虐待部属，情节恶劣，致人重伤或造成其他严重后果的，应当追究其刑事责任。根据本条的规定，行为人必须是在军队中有一定职权的领导或者担负一定职责的人员。这里规定的"**部属**"，是指与行为人存在一定隶属关系的下级军人。如果没有利用职权，对没有隶属关系的其他军人进行殴打等行为的，不构成本罪，致人伤亡的，可依照本法关于伤害罪、杀人罪的有关规定处罚。

2. **行为人实施了滥用职权，虐待部属，情节恶劣的行为**。这里规定的"**滥用职权**"，是指行为人超越自己的权限或者不正确利用职权，对部属进行虐待的行为。① 这里规定的"**虐待部属，情节恶劣**"，是指行为人对部属进行身心上的严重摧残，虐待行为一般表现为采取不人道的生活待遇，打骂、体罚、折磨及施以体肉刑，对部属体罚、殴打、冻饿、施以酷刑的，强迫从事危险性和侮辱性的工作等方法，摧残、折磨部属。虐待部属的行为，既可以发生在战时，也可以发生在非战时，所以本罪没有限定为战时犯罪，**情节恶劣**包括虐待部属人数众多的、手段方式较为残忍等。在我国军队中，官兵在人身权利上是一致的、平等的，绝不允许任何人对部属进行虐待，这不仅会损害官兵的关系，而且会削弱部队的战斗力。即使部属有错误的行为，也要以批评教育为主，以思想政治工作为主，对于严重的错误，可以按照军纪和法律处理，管理教育方法不能简单生硬，甚至进行体罚虐待。

3. **行为人的虐待行为造成了部属重伤或者其他严重后果**。这是构成本罪的必要条件。这里规定的"**其他严重后果**"，是指行为人虐待部属的行为引发重大暴力事件的，导致部属逃离部队，造成部属不堪忍受虐待而自杀的，在部队、社会造成极坏影响的等情况。如果行为人的虐待行为没有造成严重后果的，可按照军纪处理；造成了严重后果的，要依法追究刑事责任。

根据本条规定，对于滥用职权，虐待部属，情节恶劣，致人重伤或者造成其他严重后果的，处五年以下有期徒刑或者拘役；致人死亡的，处五年以上有期徒刑。

【司法解释性文件】

《军人违反职责罪案件立案标准的规定》（政检〔2013〕1号，2013年2月26日公布）

△（**虐待部属罪；立案标准**）虐待部属罪是指

---

① 只有处于一定的领导岗位，才有可能发生对部属滥用职权，进行虐待的问题。因此，本罪的行为主体是处于领导岗位的军职人员，包括班长和各级军官。参见黎宏：《刑法学各论》（第2版），法律出版社2016年版，第593页。

滥用职权,虐待部属,情节恶劣,致人重伤、死亡或者造成其他严重后果的行为。

虐待部属,是指采取殴打、体罚、冻饿或者有损身心健康的手段,折磨、摧残部属的行为。

情节恶劣,是指虐待手段残酷的;虐待三人以上的;虐待部属三次以上的;虐待伤病残部属的;等等。

其他严重后果,是指部属不堪忍受虐待而自杀、自残造成重伤或者精神失常的;诱发其他案件、事故的;导致部属一人逃离部队三次以上,或者二人以上逃离部队的;造成恶劣影响的,等等。

凡涉嫌虐待部属,情节恶劣,致人重伤、死亡或者造成其他严重后果的,应予立案。(§26)

△(以上;不满)本规定所称"以上",包括本数;有关犯罪数额"不满",是指已达到该数额百分之八十以上。(§35)

第四百四十四条 【遗弃伤病军人罪】
在战场上故意遗弃伤病军人,情节恶劣的,对直接责任人员,处五年以下有期徒刑。

【条文说明】

本条是关于遗弃伤病军人罪及其处罚的规定。

构成本条规定之罪应当具备下列条件:

1. **行为人具有在战场上故意遗弃伤病军人,情节恶劣的行为。**这里规定的"故意遗弃",是指行为人明知有伤病军人而不予抢救,弃置不顾的行为。遗弃行为必须是发生在战场上,遗弃的对象应是我军因伤病需要给予救护的人员。"**情节恶劣**",主要是指行为人故意遗弃伤病军人,造成伤病军人死亡、被敌人杀害等严重后果以及遗弃多名伤病军人等。在战场上对有伤病的军人,其他军人都有抢救与保护的责任,这也是我军的光荣传统。在战场上对伤病的战友遗弃不顾,会削弱我军的战斗力,影响部队的士气,破坏部队团结。当然,战场上的情况是非常复杂的,有的情况要根据当时的条件和环境,无法对伤病军人进行抢救,对这种情况不能追究刑事责任。因而本条只规定对于情节恶劣的遗弃行为,追究刑事责任。

2. **本罪的主体是故意遗弃伤病军人的直接责任人员。**这里规定的"**直接责任人员**",是指对遗弃的伤病军人有条件救护而故意予救护的人员,将自己负责救护的伤病军人遗弃的人员以及对故意遗弃伤病军人负有直接责任的指挥人员等。

根据本条规定,对于在战场上故意遗弃伤病军人,情节恶劣的,对直接责任人员,处五年以下有期徒刑。

【司法解释性文件】

《军人违反职责罪案件立案标准的规定》(政检〔2013〕1号,2013年2月26日公布)

(遗弃伤病军人罪;立案标准)遗弃伤病军人罪是指在战场上故意遗弃我方伤病军人,情节恶劣的行为。

涉嫌下列情形之一的,应予立案:

(一)为挟嫌报复而遗弃伤病军人;

(二)遗弃伤病军人三人以上的;

(三)导致伤病军人死亡、失踪、被俘的;

(四)有其他恶劣情节的。(§27)

△(以上;不满)本规定所称"以上",包括本数;有关犯罪数额"不满",是指已达到该数额百分之八十以上。(§35)

第四百四十五条 【战时拒不救治伤病军人罪】
战时在救护治疗职位上,有条件救治而拒不救治危重伤病军人的,处五年以下有期徒刑或者拘役;造成伤病军人重残、死亡或者有其他严重情节的,处五年以上十年以下有期徒刑。

【条文说明】

本条是关于战时拒不救治伤病军人罪及其处罚的规定。

构成本条规定之罪应当具备下列条件:

1. **行为人有条件救治危重伤病军人而拒不救治的。**这里规定的"**有条件救治而拒不救治**",是指行为人有医疗条件、技术条件救护、治疗危重伤病军人而以种种理由拒绝救治的。"**危重伤病军人**",是指伤势、病情严重、危险的军人。如果行为人确实没有条件救治伤病军人的,不是拒不救治,不能构成犯罪。对于有一般伤病的军人拒不救治的,一般不会造成严重的后果,因而不构成犯罪,情节恶劣的,应进行教育批评,也可给予必要的处分。

2. **犯罪主体是在救护治疗职位上,负有救护治疗职责的人员**。这里规定的"**在救护治疗职位上**",是指正在当班的医务人员或者临时执行救护治疗任务的人员。

3. **本罪在战时才能构成**。在战时,拒不救治危重伤病军人的行为,对部队的士气、战斗力都会有恶劣影响,其危害也比和平时期严重,必须依法追究刑事责任。

根据本条的规定,对于战时在救护治疗职位上,有条件救治而拒不救治危重伤病军人的,处五年以下有期徒刑或者拘役;造成伤病军人重残、死亡或者其他严重情节的,处五年以上十年以下有期徒刑。这里规定的"**重残**",是指按规定造成二等以上残疾的。"**严重情节**",是指为报复而拒不救治的,阻止他人救治的,造成恶劣影响、引起严重事件的情况。

【**司法解释性文件**】

《军人违反职责罪案件立案标准的规定》(政检[2013]1号,2013年2月26日公布)

△(战时拒不救治伤病军人罪;立案标准)
战时拒不救治伤病军人罪是指战时在救护治疗职位上,有条件救治而拒不救治危重伤病军人的行为。

有条件救治而拒不救治,是指根据伤病军人的伤情或者病情,结合救护人员的技术水平、医疗单位的医疗条件及当时的客观环境等因素,能够给予救治而拒绝抢救、治疗。

凡战时涉嫌拒不救治伤病军人的,应予立案。

(§28)

第四百四十六条 【**战时残害居民、掠夺居民财物罪**】

战时在军事行动地区,残害无辜居民或者掠夺无辜居民财物的,处五年以下有期徒刑;情节严重的,处五年以上十年以下有期徒刑;情节特别严重的,处十年以上有期徒刑、无期徒刑或者死刑。

【**条文说明**】

本条是关于战时残害居民、掠夺居民财物罪及其处罚的规定。

构成本条规定之罪应当具备下列条件:

1. **行为人必须实施了残害无辜居民或者掠夺无辜居民财物的行为**。这里规定的"**无辜居民**",是指在战区居住的对我军无敌对行动的居民,包括我方管辖的居民、敌方管辖的居民和属第三方管辖的居民。这里规定的"**残害**",是指对无辜居民实施伤害、杀害、奸淫等侵犯人身权利的行为。这里规定的"**掠夺**",是指行为人用暴力或者以暴力相威胁,抢劫无辜居民财物的行为。① 军人的职责是保卫国家、消灭敌人,残害和掠夺无辜居民的行为不仅违反了军人的职责,而且败坏了我军的声誉,应当依法予以严惩。

2. **行为人必须是战时在军事行动地区实施上述行为的,才构成本罪**。军事行动地区即我军作战的区域。② 战时在军事行动地区残害和掠夺无辜居民的行为,不仅是侵害了居民的人身权利和财产权利,更重要的是违背我军宗旨,破坏我军声誉,违反了有关国际公约的规定,危害了我军的军事利益,因而本条对这种犯罪作了单独的处罚规定,而没有依照本法伤害、抢劫等犯罪的规定处罚。如果行为人平时在非军事行动区残害无辜居民和掠夺无辜居民财产的,应按照本法有关侵犯公民人身权利和财产权利的犯罪的规定处罚。

根据本条规定,对于战时在军事行动地区,残害无辜居民或者掠夺无辜居民财物的,处五年以下有期徒刑;情节严重的,处五年以上十年以下有期徒刑;情节特别严重的,处十年以上有期徒刑、无期徒刑或者死刑。这里规定的"**情节严重**",是指多次实施犯罪行为的,残害、掠夺无辜居民多人的,结伙实施犯罪行为的,犯罪手段恶劣的以及造成恶劣影响的情况。"**情节特别严重**",是指残害

---

① 需要注意的是,此处的"残害""掠夺"不是一种具体犯罪行为的表现,而是一个集合的犯罪行为概念。参见黎宏:《刑法学各论》(第2版),法律出版社2016年版,第594页。

② 我国学者指出,军事行动地区既包括我军作战地区,也包括我军宣布的戒严地区。另外,由于受到"战时"的限制,军事行动地区不包括我军平时训练、演习的地区。参见黎宏:《刑法学各论》(第2版),法律出版社2016年版,第594页。

第四百四十七条

掠夺人数众多的,掠夺财物数量特别巨大的以及手段特别残忍的情况。

由于残害不是一种具体的犯罪行为表现,而是一系列违法犯罪行为的集中表现,因此,军人在特定的时间、特定的地点,实施的本条规定的犯罪,只适用本条规定,不再适用刑法对其他有关犯罪的规定。行为人在战时实施了残害居民、掠夺居民财物行为的,原则上都应以本罪追究刑事责任。但是战场上的情况错综复杂,残害居民、掠夺居民财物的行为是否都要追究刑事责任,还要根据《刑法》第十三条的规定来全面衡量。对其中情节显著轻微、危害不大的,如偶尔殴打群众、强拿群众少量财物的等,可以不按战时残害居民、掠夺居民财物罪论处的,应当依法予以军纪处分。

本条共规定了三档量刑幅度,根据不同的情况和情节作出不同区分,分别是对一般情节、情节严重和情节特别严重的规定。

【司法解释性文件】

《军人违反职责罪案件立案标准的规定》(政检〔2013〕1号,2013年2月26日公布)

△(战时残害居民、掠夺居民财物罪;立案标准)战时残害居民罪是指战时在军事行动地区残害无辜居民的行为。

无辜居民,是指对我军无敌对行动的平民。

战时涉嫌下列情形之一的,应予立案:

(一)故意造成无辜居民死亡、重伤或者轻伤三人以上的;

(二)强奸无辜居民的;

(三)故意损毁无辜居民财物价值五千元以上,或者不满规定数额,但手段恶劣、后果严重的。

战时掠夺居民财物罪是指战时在军事行动地区抢劫、抢夺无辜居民财物的行为。

战时涉嫌下列情形之一的,应予立案:

(一)抢劫无辜居民财物的;

(二)抢夺无辜居民财物价值二千元以上,或者不满规定数额,但手段恶劣、后果严重的。(§29)

△(以上;不满)本规定所称"以上",包括本数;有关犯罪数额"不满",是指已达到该数额百分之八十以上。(§35)

△(财物价值和损失之确定;估价)本规定中财物价值和损失的确定,由部队驻地人民法院、人民检察院和公安机关指定的价格事务机构进行估价。武器装备、军事设施、军用物资的价值和损失,由部队军以上单位的主管部门确定;有条件的,也可以由部队驻地人民法院、人民检察院和公安机关指定的价格事务机构进行估价。(§39)

第四百四十七条 【私放俘虏罪】

私放俘虏的,处五年以下有期徒刑;私放重要俘虏、私放俘虏多人或者有其他严重情节的,处五年以上有期徒刑。

【条文说明】

本条是关于私放俘虏罪及其处罚的规定。

根据本条规定,行为人只要具有私放俘虏的行为就可构成犯罪。本条所规定的"私放俘虏",是指行为人违反战场纪律,未经批准而擅自将俘虏放走的行为。这种行为既可以是公开进行的,也可以是暗中进行的。私放俘虏的行为,既可以发生在战时,也可以发生在战后。俘虏是在作战中被我方俘获的敌方武装人员及其他为敌方武装部队服务的人员。私放俘虏的行为,严重违反了军队的战场纪律,不利于消灭敌人和获取敌方的情况,还有可能暴露我军的情况,危害我军的作战行动和军事利益,因而这种行为只要一经实施,就要追究行为人的刑事责任。如果出于特殊的需要,根据上级的批准而释放俘虏的,不是私放俘虏,当然不构成本罪。

根据本条规定,对于私放俘虏的,处五年以下有期徒刑;私放重要俘虏、私放俘虏多人或者有其他严重情节的,处五年以上有期徒刑。这里规定的"重要俘虏",是指敌军的中高级军官、掌握重要情况的人员以及为了解敌情而专门抓获的俘虏等。"其他严重情节",是指除私放重要俘虏和私放俘虏多人以外的其他严重情况,如因私放俘虏而严重影响作战任务完成的,暴露我军军事秘密,危害我军军事利益的以及因收受财物、贪图女色而私放俘虏的情况。

【司法解释性文件】

《军人违反职责罪案件立案标准的规定》(政检〔2013〕1号,2013年2月26日公布)

△(私放俘虏罪;立案标准)私放俘虏罪是指擅自将俘虏放走的行为。

凡涉嫌私放俘虏的,应予立案。(§30)

第四百四十八条 【虐待俘虏罪】
虐待俘虏,情节恶劣的,处三年以下有期徒刑。

【条文说明】

本条是关于虐待俘虏罪及其处罚的规定。构成本条规定之罪应当具备以下条件:

1. **行为人对俘虏实施了虐待行为**。这里规定的"**虐待俘虏**",是指违背人道主义,违反关于战俘待遇的《日内瓦公约》和我军的俘虏政策,对被我军俘获后不再反抗的敌方人员,进行肉体上的摧残,或者生活上不给予人道待遇的行为。对于被我方俘虏后,继续进行反抗,甚至行凶逃跑的敌方人员所采取的必要措施,不能认定为虐待俘虏的行为。

2. **必须是情节恶劣的虐待行为才构成本罪**。这里规定的"**情节恶劣**",是指虐待手段特别残酷的,虐待伤病俘虏的,虐待俘虏造成重伤、死亡等严重后果的情况。

根据本条规定,对于虐待俘虏,情节恶劣的,处三年以下有期徒刑。

【司法解释性文件】

《军人违反职责罪案件立案标准的规定》(政检〔2013〕1号,2013年2月26日公布)

△(**虐待俘虏罪;立案标准**)虐待俘虏罪是指虐待俘虏,情节恶劣的行为。

涉嫌下列情形之一的,应予立案:
(一)指挥人员虐待俘虏的;
(二)虐待俘虏三人以上,或者虐待俘虏三次以上的;
(三)虐待俘虏手段特别残忍的;
(四)虐待伤病俘虏的;
(五)导致俘虏自杀、逃跑等严重后果的;
(六)造成恶劣影响的;
(七)有其他恶劣情节的。(§31)

△(**以上;不满**)本规定所称"以上",包括本数;有关犯罪数额"不满",是指已达到该数额百分之八十以上。(§35)

第四百四十九条 【战时缓刑】
在战时,对被判处三年以下有期徒刑没有现实危险宣告缓刑的犯罪军人,允许其戴罪立功,确有立功表现时,可以撤销原判刑罚,不以犯罪论处。

【条文说明】

本条是关于战时缓刑的具体规定。

本条中规定的**没有现实危险的犯罪军人**,是指虽然有犯罪行为,但其不会对军事行动、军事利益以及我军人员构成危害的军人。"**宣告缓刑**",是指在判刑后,暂不执行,允许其留在战斗岗位或者其他岗位上继续履行军人职责。"**确有立功表现时,可以撤销原判刑罚**",是指犯罪军人在缓刑期间,确有杀敌立功或者其他突出表现的,可以由原审法院作出撤销原判的决定。

战时对犯罪军人的缓刑与对**一般犯罪的缓刑**不同。本法规定对于被宣告缓刑的一般犯罪分子,如果在缓刑考验期内没有再犯新罪或者没有严重违反法律,行政法规或者国务院、公安部门有关缓刑的监督管理规定的,原判刑罚就不再执行。而本条规定,对于战时被宣告缓刑的犯罪军人,如果确有立功表现的,可以撤销原判刑罚,并且不以犯罪论处。就是说,这个军人不再被认为曾经犯罪。这样规定,主要是考虑到战争这种特殊环境下最能考验人、教育人,给犯罪者在战争中以戴罪立功的机会,有利于对他们进行教育改造,而且会保存有生力量,让没有现实危险的犯罪军人,特别是有一定经验和专业技术的军人,继续留在部队战斗,加强部队的战斗力。实践证明,这一政策对于教育改造犯罪军人发挥了很好的作用,具有非常积极的意义。

第四百五十条 【本章适用的主体范围】

本章适用于中国人民解放军的现役军官、文职干部、士兵及具有军籍的学员和中国人民武装警察部队的现役警官、文职干部、士兵及具有军籍的学员以及文职人员、执行军事任务的预备役人员和其他人员。

【立法沿革】

《中华人民共和国刑法》（1997年修订，自1997年10月1日起施行）

第四百五十条

本章适用于中国人民解放军的现役军官、文职干部、士兵及具有军籍的学员和中国人民武装警察部队的现役警官、文职干部、士兵及具有军籍的学员以及执行军事任务的预备役人员和其他人员。

《中华人民共和国刑法修正案（十一）》（自2021年3月1日起施行）

四十七、将刑法第四百五十条修改为：

"本章适用于中国人民解放军的现役军官、文职干部、士兵及具有军籍的学员和中国人民武装警察部队的现役警官、文职干部、士兵及具有军籍的学员以及文职人员、执行军事任务的预备役人员和其他人员。"

【条文说明】

本条是关于本章适用的主体范围的规定。

根据本条规定，下列人员犯有本章规定之罪的，适用本章的规定处罚：

1. **中国人民解放军现役军官、文职干部、士兵及具有军籍的学员。**

2. **中国人民武装警察部队的现役警官、文职干部、士兵及具有军籍的学员。** 由于中国人民武装警察部队也是我国国家武装力量的组成部分，实行义务兵与志愿兵相结合的兵役制度，执行中国人民解放军的条令、条例。他们担负一定的军人职责，因而对于违反职责的犯罪，也适用本章的规定。

3. **执行军事任务的预备役人员和其他人员。** 由于执行军事任务的预备役人员和其他人员，也担负着与军人相同的保卫国家、人民利益的职责，因而本条规定，对于执行军事任务的预备役人员和其他人员违反职责的犯罪，适用本章的规定。

需要注意的是，关于文职人员的规定，既适用于中国人民解放军，也同时适用于**中国人民武装警察**。根据《中国人民解放军文职人员条例》第七十五条的规定，中国人民武装警察部队文职人员，适用本条例。

第四百五十一条 【战时的含义】

本章所称战时，是指国家宣布进入战争状态、部队受领作战任务或者遭敌突然袭击时。部队执行戒严任务或者处置突发性暴力事件时，以战时论。

【条文说明】

本条是关于"战时"的含义的规定。

本条共分为两款。

第一款是关于战时概念的规定。根据本款规定，**战时**是指下列情况：（1）国家宣布进入战争状态的。根据《宪法》第六十七条的规定，全国人民代表大会决定战争问题。在国家遭受武装侵犯或者必须履行国际间共同防止侵略的条约的情况下，全国人大常委会有权宣布进入战争状态。（2）部队受领作战任务的。（3）部队遭敌突然袭击时。

第二款是关于**对于部队执行戒严任务或者处置突发性暴力事件时，以战时论**的规定。部队执行戒严任务或者执行处置突发性暴力事件，是在非战争的和平时期。这里的"**戒严任务**"是指根据《戒严法》第二条的规定，在发生严重危及国家的统一、安全或者社会公共安全的动乱、暴乱或者严重骚乱，不采取非常措施不足以维护社会秩序、保护人民的生命、财产安全的紧急状态时，国家可以决定实施戒严。戒严任务由人民警察、人民武装警察执行；必要时，国务院可以向中央军事委员会提出，由中央军事委员会决定派出中国人民解放军协助执行戒严任务。这里的"**突发性暴力事件**"，是指突然发生的，如恐怖事件、重大的打砸抢事件等，已经造成或者可能造成严重社会危害，危及人民生命和财产安全的，需要采取应急处置措施予以应对的事件。根据本条规定，对于部队执行戒严任务或者处置突发性暴力事件时,构成本章规定的军职罪的,以战时论。本章的有些条款作了战时从重处罚的规定。

【司法解释性文件】

《军人违反职责罪案件立案标准的规定》(政检〔2013〕1号,2013年2月26日公布)

△(战时)本规定所称"战时",是指国家宣布进入战争状态、部队受领作战任务或者遭敌突然袭击时。部队执行戒严任务或者处置突发性暴力事件时,以战时论。(§33)

附 则

第四百五十二条 【本法的施行日期、相关法律的废止与保留】
本法自1997年10月1日起施行。
列于本法附件一的全国人民代表大会常务委员会制定的条例、补充规定和决定,已纳入本法或者已不适用,自本法施行之日起,予以废止。
列于本法附件二的全国人民代表大会常务委员会制定的补充规定和决定予以保留。其中,有关行政处罚和行政措施的规定继续有效;有关刑事责任的规定已纳入本法,自本法施行之日起,适用本法规定。

附件一:
全国人民代表大会常务委员会制定的下列条例、补充规定和决定,已纳入本法或者已不适用,自本法施行之日起,予以废止:
1. 中华人民共和国惩治军人违反职责罪暂行条例
2. 关于严惩严重破坏经济的罪犯的决定
3. 关于严惩严重危害社会治安的犯罪分子的决定
4. 关于惩治走私罪的补充规定
5. 关于惩治贪污罪贿赂罪的补充规定
6. 关于惩治泄露国家秘密犯罪的补充规定
7. 关于惩治捕杀国家重点保护的珍贵、濒危野生动物犯罪的补充规定
8. 关于惩治侮辱中华人民共和国国旗国徽罪的决定
9. 关于惩治盗掘古文化遗址古墓葬犯罪的补充规定
10. 关于惩治劫持航空器犯罪分子的决定
11. 关于惩治假冒注册商标犯罪的补充规定
12. 关于惩治生产、销售伪劣商品犯罪的决定
13. 关于惩治侵犯著作权的犯罪的决定
14. 关于惩治违反公司法的犯罪的决定
15. 关于处理逃跑或者重新犯罪的劳改犯和劳教人员的决定

附件二:
全国人民代表大会常务委员会制定的下列补充规定和决定予以保留,其中,有关行政处罚和行政措施的规定继续有效;有关刑事责任的规定已纳入本法,自本法施行之日起,适用本法规定:
1. 关于禁毒的决定
2. 关于惩治私自、制作、贩卖、传播淫秽物品的犯罪分子的决定
3. 关于严禁卖淫嫖娼的决定
4. 关于严惩拐卖、绑架妇女、儿童的犯罪分子的决定
5. 关于惩治偷税、抗税犯罪的补充规定
6. 关于严惩组织、运送他人偷越国(边)境犯罪的补充规定
7. 关于惩治破坏金融秩序犯罪的决定
8. 关于惩治虚开、伪造和非法出售增值税专用发票犯罪的决定

【条文说明】

本条是关于本法生效日期和本法施行前全国人大常委会制定的条例、关于刑法的补充规定和决定在本法施行后的效力的规定。

本条共分为三款。

第一款是关于**刑法生效日期**的规定。根据本款规定,刑法自1997年10月1日起施行。对于生效以后发生的行为,应当依照刑法的规定追究刑事责任。对于生效以前发生的行为,应当依照《刑法》第十二条关于刑法溯及力的规定进行处理。

第二款是关于**列于刑法附件一中的,刑法施行前全国人大常委会制定的条例、关于刑法的补充规定和决定在刑法施行后的效力**的规定。1997年修订刑法时,一个重要的考虑就是要制定一部统一的、比较完备的刑法,将1979年刑法实施十七年来由全国人大常委会作出的有关刑法的条例、补充规定和决定研究修改入刑法时。列于本法附件一的十五个条例、补充规定和决定的内容基本上都是有关刑事责任方面的规定,这些内容中需要继续适用的都经过研究修改后纳入刑

法,其中关于处理逃跑或者重新犯罪的劳改犯和劳教人员的决定经过研究后认为应当不再适用。因此,依照本款规定,列于刑法附件一的全国人大常委会制定的条例、补充规定和决定,已纳入刑法或者已不适用,自刑法施行之日起,予以废止,不再有效。

第三款是关于列于刑法附件二的刑法施行前全国人大常委会制定的关于刑法的补充规定和决定在本法施行后的效力的规定。列于刑法附件二的八个补充规定和决定,不仅规定了有关刑事责任的内容,还对一些违法行为规定了行政处罚及行政措施。其中有关刑事责任的内容,经过研究修改后纳入了刑法,刑法生效后,应当依照刑法的规定执行;但有关行政处罚及行政措施的规定在行政执法活动中仍然起着十分重要的作用,应当继续适用。因此,依照本款规定,列于刑法附件二的全国人大常委会制定的补充规定和决定予以保留。其中,有关行政处罚和行政措施的规定继续有效,执法机关仍然要适用这些规定处理违法行为;有关刑事责任的规定已纳入刑法,自刑法施行之日起,不再有效,对于相关的犯罪行为,应当依照刑法的有关规定追究刑事责任。

实践中需要注意以下两个方面的问题:

1. 根据1997年3月25日最高人民法院《认真学习贯彻修订的〈中华人民共和国刑法〉的通知》的规定,修订的刑法实施后,对已明令废止的全国人大常委会有关决定和补充规定,最高人民法院原作出的有关司法解释不再适用。**但是如果修订的刑法有关条文实质内容没有变化的,人民法院在刑事审判工作中,在没有新的司法解释前,可参照执行。其他与修订的刑法规定相抵触的司法解释,不再适用。**

2. 附件二中"全国人民代表大会常务委员会制定的下列补充规定和决定予以保留,其中,有关行政处罚和行政措施的规定继续有效"的规定,**已经有了相当的变化,具体包括:**

(1)《关于禁毒的决定》已被2007年《禁毒法》第七十一条明文废止。

(2)《关于严禁卖淫嫖娼的决定》第四条第二款、第四款已被2019年12月《全国人民代表大会常务委员会关于废止有关收容教育法律规定和制度的决定》明文废止。

(3)《关于惩治偷税、抗税犯罪的补充规定》与《关于严惩组织、运送他人偷越国(边)境犯罪的补充规定》已被2009年6月《全国人民代表大会常务委员会关于废止部分法律的决定》明文废止。其中,《关于惩治偷税、抗税犯罪的补充规定》中有关行政处罚和行政措施的规定已纳入2015年修正的《税收征收管理法》,《关于严惩组织、运送他人偷越国(边)境犯罪的补充规定》中有关行政处罚的规定已纳入2012年修正的《治安管理处罚法》。

(4)《关于惩治走私、制作、贩卖、传播淫秽物品的犯罪分子的决定》《关于严惩拐卖、绑架妇女、儿童的犯罪分子的决定》与《关于严禁卖淫嫖娼的决定》,其中有关行政处罚和行政措施的规定已被2009年8月27日《全国人民代表大会常务委员会关于修改部分法律的决定》修改,原文中的"治安管理处罚条例"均被修改为"治安管理处罚法"。

(5)《关于惩治破坏金融秩序犯罪的决定》与《关于惩治虚开、伪造和非法出售增值税专用发票犯罪的决定》中有关行政处罚和行政措施的规定,继续有效。

案例索引

【最高人民法院指导性案例】

第 3 号　潘玉梅、陈宁受贿案　1341
第 4 号　王志才故意杀人案　723
第 11 号　杨延虎等贪污案　1315
第 12 号　李飞故意杀人案　724
第 13 号　王召成等非法买卖、储存危险物质案　0291
第 14 号　董某某、宋某某抢劫案　0085
第 27 号　臧进泉等盗窃、诈骗案　0868
第 28 号　胡克金拒不支付劳动报酬案　0910
第 32 号　张某某、金某危险驾驶案　0320
第 38 号　董亮等四人诈骗案　0868
第 61 号　马乐利用未公开信息交易案　0529
第 62 号　王新明合同诈骗案　0046
第 70 号　北京阳光一佰生物技术开发有限公司、习文有等生产、销售有毒、有害食品案　0388
第 71 号　毛建文拒不执行判决、裁定案　1099
第 87 号　郭明升、郭明锋、孙淑标假冒注册商标案　0631

第 93 号　于欢故意伤害案　0039
第 97 号　王力军非法经营再审改判无罪案　0699
第 102 号　付宜豪、黄子超破坏计算机信息系统案　0957
第 103 号　徐强破坏计算机信息系统案　0958
第 104 号　李森、何利民、张锋勃等人破坏计算机信息系统案　0958
第 105 号　洪小强、洪礼沃、洪清泉、李志荣开设赌场案　1056
第 106 号　谢检军、高垒、高尔樵、杨泽彬开设赌场案　1056
第 144 号　张那木拉正当防卫案　0040
第 145 号　张竣杰等非法控制计算机信息系统案　0952
第 146 号　陈庆豪、陈淑娟、赵延海开设赌场案　1056
第 147 号　张永明、毛伟明、张鹭故意损毁名胜古迹案　1119

第186号	龚品文等组织、领导、参加黑社会性质组织案 1029		刑事附带民事公益诉讼案 0805
第187号	吴强等敲诈勒索、抢劫、故意伤害案 0054	第212号	刘某桂非法采矿刑事附带民事公益诉讼案 1193
第188号	史广振等组织、领导、参加黑社会性质组织案 1029	第213号	黄某辉、陈某等8人非法捕捞水产品刑事附带民事公益诉讼案 1171
第192号	李开祥侵犯公民个人信息刑事附带民事公益诉讼案 0805	第215号	昆明闽某纸业有限责任公司等污染环境刑事附带民事公益诉讼案 1163
第193号	闻巍等侵犯公民个人信息案 0805	第225号	江某某正当防卫案 0040
第194号	熊昌恒等侵犯公民个人信息案 0805	第225号	陈某某、刘某某故意伤害、虐待案 0736,0816
第195号	罗文君、瞿小珍侵犯公民个人信息		

【最高人民检察院指导性案例】

第1号	施某某等17人聚众斗殴案 0995	第14号	孙建亮等人生产、销售有毒、有害食品案 0387
第2号	忻元龙绑架案 0762	第15号	胡林贵等人生产、销售有毒、有害食品,行贿;骆梅、刘康素销售伪劣产品;朱伟全、曾伟中生产、销售伪劣产品;黎达文等人受贿,食品监管渎职案 0387
第4号	崔某环境监管失职案 1410		
第5号	陈某、林某、李甲滥用职权案 1378		
第6号	罗甲、罗乙、朱某、罗丙滥用职权案 1378		
第7号	胡某、郑某徇私舞弊不移交刑事案件案 1397	第16号	赛跃、韩成武受贿、食品监管渎职案 1341,1414
第8号	杨某玩忽职守、徇私枉法、受贿案 1341,1378,1387	第17号	陈邓昌抢劫、盗窃,付志强盗窃案 0833,0848
第9号	李泽强编造、故意传播虚假恐怖信息案 0991	第18号	郭明先参加黑社会性质组织、故意杀人、故意伤害案 0095
第10号	卫学臣编造虚假恐怖信息案 0991	第19号	张某、沈某某等七人抢劫案 0051,0129
第11号	袁才彦编造虚假恐怖信息案 0991	第20号	马世龙(抢劫)核准追诉案 0201
第12号	柳立国等人生产、销售有毒、有害食品,生产、销售伪劣产品案 0362,0387	第21号	丁国山等(故意伤害)核准追诉案 0201
第13号	徐孝伦等人生产、销售有害食品案 0387	第22号	杨菊云(故意杀人)不核准追诉案 0201

第 23 号	蔡金星、陈国辉等(抢劫)不核准追诉案　0201	第 64 号	杨卫国等人非法吸收公众存款案　0505
第 24 号	马乐利用未公开信息交易案　0529	第 65 号	王鹏等人利用未公开信息交易案　0529
第 33 号	李丙龙破坏计算机信息系统案　0957	第 66 号	博元投资股份有限公司、余蒂妮等人违规披露、不披露重要信息案　0445
第 35 号	曾兴亮、王玉生破坏计算机信息系统案　0957	第 67 号	张凯闵等 52 人电信网络诈骗案　0054,0868
第 36 号	卫梦龙、龚旭、薛东东非法获取计算机信息系统数据案　0952	第 68 号	叶源星、张剑秋提供侵入计算机信息系统程序、谭房妹非法获取计算机信息系统数据案　0952
第 37 号	张四毛盗窃案　0848		
第 39 号	朱炜明操纵证券市场案　0541	第 69 号	姚晓杰等 11 人破坏计算机信息系统案　0957
第 40 号	周辉集资诈骗案　0571		
第 41 号	叶经生等组织、领导传销活动案　0678	第 70 号	宣告缓刑罪犯蔡某等 12 人减刑监督案　0177
第 42 号	齐某强奸、猥亵儿童案　0746,0753	第 71 号	罪犯康某假释监督案　0189
第 43 号	骆某猥亵儿童案　0753	第 72 号	罪犯王某某暂予监外执行监督案　1394
第 44 号	于某虐待案　0815		
第 45 号	陈某正当防卫案　0039	第 73 号	浙江省某县图书馆及赵某、徐某某单位受贿、私分国有资产、贪污案　0062
第 46 号	朱凤山故意伤害(防卫过当)案　0039		
第 47 号	于海明正当防卫案　0039	第 74 号	李华波贪污案　0125
第 48 号	侯雨秋正当防卫案　0039	第 75 号	金某某受贿案　1341
第 52 号	广州乙置业公司等骗取支付令执行虚假诉讼监督案　1070	第 76 号	张某受贿,郭某行贿、职务侵占、诈骗案　1341
第 53 号	武汉乙投资公司等骗取调解书虚假诉讼监督案　1070	第 81 号	无锡 F 警用器材公司虚开增值税专用发票案　0611
第 54 号	陕西甲实业公司等公证执行虚假诉讼监督案　1070	第 84 号	林某彬等人组织、领导、参加黑社会性质组织案　1029
第 55 号	福建王某兴等人劳动仲裁执行虚假诉讼监督案　1070	第 85 号	刘远鹏涉嫌生产、销售"伪劣产品"(不起诉)案　0362
第 56 号	江西熊某等交通事故保险理赔虚假诉讼监督案　1070	第 87 号	李卫俊等"套路贷"虚假诉讼案　0868,1070
第 60 号	刘强非法占用农用地案　1184		
第 62 号	南京百分百公司等生产、销售伪劣农药案　0395	第 90 号	许某某、包某某串通投标立案监督案　0669

第 91 号	温某某合同诈骗立案监督案 0673
第 92 号	上海甲建筑装饰有限公司、吕某拒不执行判决立案监督案 1099
第 93 号	丁某某、林某某等人假冒注册商标立案监督案 0631
第 94 号	余某某等人重大劳动安全事故重大责任事故案 0331,0338
第 96 号	黄某某等人重大责任事故、谎报安全事故案 0354
第 97 号	夏某某等人重大责任事故案 0311,0231
第 100 号	陈力等八人侵犯著作权案 0651
第 101 号	姚常龙等五人假冒注册商标案 0631
第 102 号	金义盈侵犯商业秘密案 0660
第 127 号	白静贪污违法所得没收案 0126
第 128 号	彭旭峰受贿、贾斯语受贿、洗钱违法所得没收案 0126
第 129 号	黄艳兰贪污违法所得没收案 0126
第 136 号	仇某侵害英雄烈士名誉、荣誉案 1040
第 137 号	郎某、何某诽谤案 0788
第 138 号	岳某侮辱案 0788
第 139 号	钱某制作、贩卖、传播淫秽物品牟利案 1272,1282
第 140 号	柯某侵犯公民个人信息案 0805
第 150 号	王某贩卖、制造毒品案 1220
第 151 号	马某某走私、贩卖毒品案 1221
第 152 号	郭某某欺骗他人吸毒案 1242
第 153 号	何某贩卖、制造毒品案 1221
第 172 号	阻断性侵犯罪未成年被害人感染艾滋病风险综合司法保护案 0746
第 173 号	惩治组织未成年人进行违反治安管理活动犯罪综合司法保护案 0822
第 175 号	张业强等人非法集资案 0505
第 176 号	郭四记、徐维伦等人伪造货币案 0477
第 177 号	孙旭东非法经营案 0699
第 178 号	王某等人故意伤害等犯罪二审抗诉案 0096
第 187 号	沈某某、郑某某贪污案 1315
第 188 号	桑某受贿、国有公司人员滥用职权、利用未公开信息交易案 0467, 0529,1342
第 189 号	李某等人挪用公款案 0126,1330
第 190 号	宋某某违规出具金融票证、违法发放贷款、非国家工作人员受贿案 0213,0553
第 192 号	周某某与项某某、李某某著作权权属、侵权纠纷等系列虚假诉讼监督案 1070
第 193 号	梁永平、王正航等十五人侵犯著作权案 0651
第 194 号	上海某公司、许林、陶伟侵犯著作权案 0651
第 195 号	罪犯向某假释监督案 0189
第 196 号	罪犯杨某某假释监督案 0189
第 197 号	罪犯刘某某假释监督案 0189
第 198 号	罪犯邹某某假释监督案 0189
第 199 号	罪犯唐某假释监督案 0189
第 200 号	隋某某利用网络猥亵儿童,强奸,敲诈勒索制作、贩卖、传播淫秽物品牟利案 0747,0753
第 201 号	姚某某等人网络诈骗案 0869
第 202 号	康某某利用网络侵犯公民个人信息案 0806
第 203 号	李某某帮助信息网络犯罪活动案 0977

第 209 号　朱某涉嫌盗窃不批捕复议复核
　　　　　案　0848
第 210 号　杨某涉嫌虚假诉讼不批捕复议
　　　　　案　1070
第 211 号　王某掩饰、隐瞒犯罪所得不批捕复
　　　　　议复核案　1094
第 212 号　茅某组织卖淫不起诉复议复核
　　　　　案　1256

【最高人民法院公报案例】

2004 年第 1 期　陈新贪污、挪用公款案　1315
2004 年第 1 期　程绍志受贿案　1342
2004 年第 2 期　于萍故意泄露国家秘密案　1382
2004 年第 3 期　王怀忠受贿、巨额财产来源不
　　　　　　　　明案　1342
2004 年第 4 期　朱建勇故意毁坏财物案　0905
2004 年第 5 期　王一兵贪污案　1315
2004 年第 6 期　陈恩等人损害商品声誉案　0665
2004 年第 8 期　刘国平挪用资金案　0893
2004 年第 9 期　刘爱东贪污、受贿案　1342
2004 年第 10 期　汪照洗钱案　0561
2004 年第 11 期　王某艳故意伤害案　0040
2004 年第 12 期　尚荣多等人贪污案　1316
2004 年第 12 期　严先贪污案　1315
2004 年第 12 期　张美华伪造居民身份证案　0020
2005 年第 1 期　高知先、乔永杰过失致人死亡
　　　　　　　　案　0348
2005 年第 2 期　胡祥祯诈骗案　0929
2005 年第 2 期　杨保营等人抢劫、绑架、寻衅
　　　　　　　　滋事案　0833
2005 年第 3 期　周德隆等人侵犯商业秘密
　　　　　　　　案　0660
2005 年第 4 期　魏培明等人抢劫案　0833
2005 年第 5 期　查从余、黄保根非法买卖爆炸
　　　　　　　　物案　0291

2005 年第 5 期　歹进学挪用公款案　1330
2005 年第 6 期　路国平故意杀人案　0724
2005 年第 7 期　陈文兵故意伤害案　0737
2005 年第 7 期　束兆龙贪污案　1316
2005 年第 8 期　王海生故意伤害案　0737
2005 年第 8 期　余刚等四人盗窃案　0849
2005 年第 9 期　顾然地等人非法经营案　0654
2006 年第 2 期　刘必仲合同诈骗案　0893
2006 年第 4 期　韦国权盗窃案　0849
2006 年第 4 期　朱波伟、雷秀平抢劫案　0706
2006 年第 8 期　康兆永、王刚危险物品肇事
　　　　　　　　案　0344
2006 年第 11 期　孟动、何立康网络盗窃案　0849
2006 年第 12 期　裴国良侵犯商业秘密案　0660
2007 年第 1 期　陈祥国绑架案　0833
2007 年第 1 期　杨逸章故意伤害案　0121
2007 年第 4 期　李焕强故意毁坏财物案　0905
2007 年第 7 期　彭崧故意杀人案　0033
2007 年第 8 期　黄艺、袁小军等诈骗案　0869
2007 年第 9 期　谢杰威、梁雁玲走私制毒物品
　　　　　　　　案　1237
2008 年第 5 期　白雪云等抢劫案　0834
2008 年第 6 期　渭南市尤湖塔园有限责任公
　　　　　　　　司、惠庆祥、陈创、冯振达非法
　　　　　　　　吸收公众存款，惠庆祥挪用资

	金案 0506	2012年第1期	鞠文明、徐路路、华轶侵犯著作权案 0651
2008年第8期	李彬、袁南京、胡海珍、东辉、燕玉峰、刘钰、刘少荣、刘超绑架案 0051	2012年第2期	董杰、陈珠非法经营案 0699
2008年第11期	杨志成盗窃案 0850	2012年第10期	许春茂利用未公开信息交易案 0529
2009年第1期	宁波利百代投资咨询有限公司、陈宗纬、王文泽、郑淳中非法经营案 0699	2012年第12期	陈新金、余明觉等诈骗案 0869
		2012年第12期	万才华妨害作证案 1063
2009年第1期	王桂平以危险方法危害公共安全、销售伪劣产品、虚报注册资本案 0251	2013年第1期	刘宝春、陈巧玲内幕交易案 0529
		2014年第5期	应志敏、陆毅走私废物、走私普通货物案 0418
2009年第2期	马志松等破坏计算机信息系统案 0958	2014年第9期	丁利康受贿案 1342
2009年第5期	刘大力、曹振庆、赵殿永等盗掘古文化遗址、倒卖文物、转移赃物案 1124	2016年第2期	刘国义等诈骗案 0869
		2016年第8期	李某某盗窃案 0160
		2017年第6期	龚德田交通肇事案 0312
2009年第6期	黄春海帮助犯罪分子逃避处罚、销售假冒注册商标的商品案 1436	2018年第1期	韩某某盗窃案 0031
		2018年第2期	张爱民、李楠等非法猎捕、收购、运输、出售珍贵、濒危野生动物案 1179
2009年第8期	李江职务侵占案 0887		
2009年第10期	谢家海等敲诈勒索案 0901		
2009年第10期	许官成、许冠卿、马茹梅集资诈骗案 0571	2018年第8期	董志超、谢文浩破坏生产经营案 0906
2010年第6期	梁克财等抢劫案 0834		
2010年第9期	成都共软网络科技有限公司、孙显忠、张天平、洪磊、梁煒勇侵犯著作权案 0651	2018年第12期	张志杰、陈钟鸣、包周鑫组织考试作弊案 0946
		2020年第5期	王江浩挪用资金案 0893
		2022年第11期	卞飞非法经营案 0699
2010年第9期	上海安基生物科技股份有限公司、郑戈擅自发行股票案 0519	2023年第4期	胡仁国非法采伐国家重点保护植物案 1196
2010年第12期	申东兰生产、销售假药、赵玉侠等销售假药案 0368	2023年第6期	张少山等32人非法采矿、马朝玉掩饰、隐瞒犯罪所得刑事附带民事公益诉讼案 1193
2011年第5期	郝卫东盗窃案 0070		
2011年第9期	崔勇、仇国宾、张志国盗窃	2023年第7期	顾立、顾全飞诈骗案 0869
		2023年第9期	石景龙污染环境案 1164

【参考案例】

No.1-103(1)-1	伊力哈木·土赫提分裂国家案 0228	No.2-114、115(1)-4-3	方金青惠投毒案 0109
No.1-105(1)-1	黄金秋颠覆国家政权案 0231	No.2-114、115(1)-4-4	陈美娟投放危险物质案 0252
No.1-105(1)-2	周世锋颠覆国家政权案 0231	No.2-114、115(1)-4-5	陈美娟投放危险物质案 0252
No.1-110-1	黄宇间谍案 0236	No.2-114、115(1)-5-10	黎景全以危险方法危害公共安全案 0252
No.1-111-1	林旭亮为境外刺探国家秘密案 0239	No.2-114、115(1)-5-11	任寒青以危险方法危害公共安全案 0252
No.2-114、115(1)-1-1	王新生等放火案 0246	No.2-114、115(1)-5-12	黄世华以危险方法危害公共安全案 0252
No.2-114、115(1)-1-2	王新生等放火案 0252	No.2-114、115(1)-5-13	黄世华以危险方法危害公共安全案 0252
No.2-114、115(1)-1-3	杨某某、杜某某放火案 0252	No.2-114、115(1)-5-14	孙福成以危险方法危害公共安全案 0252
No.2-114、115(1)-1-4	落牙、刚组、达瓦桑布放火案 0252	No.2-114、115(1)-5-14	叶丹以危险方法危害公共安全案 0033
No.2-114、115(1)-1-5	陈俊伟放火案 0246	No.2-114、115(1)-5-15	叶丹以危险方法危害公共安全案 0033
No.2-114、115(1)-3-1	于光平爆炸案 0252		
No.2-114、115(1)-3-2	于光平爆炸案 0246	No.2-114、115(1)-5-17	郑小教以危险方法危害公共安全案 0247
No.2-114、115(1)-3-3	胡国东爆炸案 0246		
No.2-114、115(1)-3-4	靳如超、王玉顺、郝凤琴、胡晓洪爆炸,故意杀人,非法制造、买卖爆炸物案 0246	No.2-114、115(1)-5-18	支玖龙以危险方法危害公共安全案 0247
No.2-114、115(1)-3-5	靳如超、王玉顺、郝凤琴、胡晓洪爆炸,故意杀人,非法制造、买卖爆炸物案 0291	No.2-114、115(1)-5-19	支玖龙以危险方法危害公共安全案 0247
		No.2-114、115(1)-5-1	康兆永等危险物品肇事案 0246
No.2-114、115(1)-4-1	古计明等投放危险物质案 0096	No.2-114、115(1)-5-2	康兆永等危险物品肇事案 0344
No.2-114、115(1)-4-2	方金青惠投毒案 0246	No.2-114、115(1)-5-3	李跃等人以危险方法危

No. 2-114、115(1)-5-4	李跃等人以危险方法危害公共安全案 0246
No. 2-114、115(1)-5-5	李跃等人以危险方法危害公共安全案 0246
No. 2-114、115(1)-5-6	袁鸣晓等以危险方法危害公共安全案 0246
No. 2-114、115(1)-5-7	孙伟铭以危险方法危害公共安全案 0252
No. 2-114、115(1)-5-8	金复生以危险方法危害公共安全、故意杀人案 0252
No. 2-114、115(1)-5-9	田军祥等以危险方法危害公共安全、妨害公务案 0252
No. 2-115(2)-5-1	许小渠过失以危险方法危害公共安全案 0252
No. 2-117、119(1)-2-1	王仁兴破坏交通设施案 0255
No. 2-117、119(1)-2-2	陈勇破坏交通设施案 0255
No. 2-118、119(1)-3-1	侯飞、谢延海等破坏电力设备、盗窃案 0129
No. 2-118、119(1)-3-2	冯留民破坏电力设备、盗窃案 0257
No. 2-118、119(1)-3-3	冯留民破坏电力设备、盗窃案 0257
No. 2-120-1	玉山江·吾许尔等组织、领导、参加恐怖组织,以危险方法危害公共安全案 0051
No. 2-120-2	依斯坎达尔·艾海提等组织、领导、参加恐怖组织,故意杀人案 0262
No. 2-120-3	依斯坎达尔·艾海提等组织、领导、参加恐怖组织,故意杀人案 0262
No. 2-122-1	陈志故意杀人、劫持汽车案 0279
No. 2-124(1)-1	李雄剑等扰乱无线电通讯管理秩序案 0285
No. 2-125(1)-1	朱香海等非法买卖枪支、贪污案 0063
No. 2-125(1)-3	吴芝桥非法制造、买卖枪支、弹药案 0096
No. 2-125(1)-4	税启忠非法制造爆炸物案 0291
No. 2-125(1)-5	税启忠非法制造爆炸物案 0291
No. 2-125(1)-6	王挺等走私武器、弹药,非法买卖枪支、弹药,非法持有枪支、弹药案 0291
No. 2-125(1)-7	张玉良、方俊强非法买卖枪支案 0291
No. 2-125(1)-8	张玉良、方俊强非法买卖枪支案 0291
No. 2-125(2)-1	王召成等非法买卖、储存危险物质案 0291
No. 2-125(2)-2	王召成等非法买卖、储存危险物质案 0291
No. 2-125(2)-3	王召成等非法买卖、储存危险物质案 0292
No. 2-125(2)-4	王召成等非法买卖、储存危险物质案 0292
No. 2-125(2)-5	于学伟等非法储存危险物质、非法经营、危险物品肇事、单

	位行贿案 0292		No.2-133-24	李启铭交通肇事案 0313
No.2-125(2)-6	于学伟等非法储存危险物质、非法经营、危险物品肇事、单位行贿案 0292		No.2-133-25	杜军交通肇事案 0313
			No.2-133-26	陆华故意杀人案 0724
			No.2-133-27	张超泽交通肇事案 0313
No.2-128(1)-1	姜方平非法持有枪支、故意伤害案 0300		No.2-133-28	汪庆樟交通肇事案 0313
			No.2-133-29	王爱华、陈玉华交通肇事案 0313
No.2-128(1)-2	姜方平非法持有枪支、故意伤害案 0040			
			No.2-133-2	钱竹平交通肇事案 0312
No.2-128(1)-3	姜方平非法持有枪支、故意伤害案 0138		No.2-133-30	李彬交通肇事案 0313
			No.2-133-31	黄文鑫交通肇事案 0313
No.2-128(1)-4	姜方平非法持有枪支、故意伤害案 0138		No.2-133-32	胡伦霞交通肇事案 0313
			No.2-133-33	黄来珠交通肇事案 0313
No.2-128(1)-5	郭继东私藏枪支、弹药案 0300		No.2-133-3	钱竹平交通肇事案 0312
			No.2-133-4	孙贤玉交通肇事案 0312
No.2-128(1)-7	谭永艮非法持有枪支案 0300		No.2-133-5	梁应金等交通肇事案 0312
No.2-128(1)-8	包云、刘阳明非法持有枪支案 0300		No.2-133-6	赵双江故意杀人、赵文齐交通肇事案 0312
No.2-133-10	李金宝交通肇事案 0312			
No.2-133-11	宋良虎等故意杀人案 0312		No.2-133-7	赵双江故意杀人、赵文齐交通肇事案 0312
No.2-133-12	宋良虎等故意杀人案 0312			
No.2-133-13	宋良虎等故意杀人案 0312		No.2-133-8	冯广山交通肇事案 0312
No.2-133-14	李心德交通肇事案 0312		No.2-133-9	李金宝交通肇事案 0312
No.2-133-15	俞耀交通肇事案 0312		No.2-133之一-10	郑帮巧危险驾案 0321
No.2-133-16	谭继伟交通肇事案 0312		No.2-133之一-11	于岗危险驾驶、妨害公务案 0321
No.2-133-17	谭继伟交通肇事案 0312			
No.2-133-18	王友彬交通肇事案 0312		No.2-133之一-13	张纪伟、金鑫危险驾驶案 0321
No.2-133-19	陶明华交通肇事案 0312			
No.2-133-1	陈全安交通肇事案 0312		No.2-133之一-14	张纪伟、金鑫危险驾驶案 0321
No.2-133-20	张宪国交通肇事案 0312			
No.2-133-21	刘本露交通肇事案 0313		No.2-133之一-15	彭建伟危险驾驶案 0321
No.2-133-22	龚某交通肇事案 0313		No.2-133之一-16	徐光明危险驾驶案 0321
No.2-133-23	马国旺交通肇事案 0313		No.2-133之一-17	杨某危险驾驶案 0321
			No.2-133之一-18	包武伟危险驾驶案 0167

No.2-133之一-19	高晓松危险驾驶案 0321	No.3-1-140-6	朱海林、周汝胜、谢从军非法经营案 0362
No.2-133之一-1	杨飞、高永贵危险驾驶案 0320	No.3-1-140-7	朱海林、周汝胜、谢从军非法经营案 0700
No.2-133之一-2	谢忠德危险驾驶案 0320	No.3-1-140-8	福喜公司生产、销售伪劣产品案 0362
No.2-133之一-3	廖开田危险驾驶案 0320	No.3-1-140-9	方永胜销售伪劣产品案 0362
No.2-133之一-4	林某危险驾驶案 0320		
No.2-133之一-5	唐浩彬危险驾驶案 0070	No.3-1-141-1	熊漓斌等生产、销售假药案 0368
No.2-133之一-6	吴晓明危险驾驶案 0070	No.3-1-141-2	王明等销售假药案 0368
No.2-133之一-7	魏海涛危险驾驶案 0160	No.3-1-141-3	王明等销售假药案 0368
No.2-133之一-8	罗代智危险驾驶案 0321	No.3-1-142之一-1	上海赛诺克医药科技有限公司、张奇能等妨害药品管理案 0376
No.2-133之一-9	黄建忠危险驾驶案 0141		
No.2-134(1)-1	李卫东过失致人死亡案 0313		
No.2-136-1	朱平书等危险物品肇事案 0344	No.3-1-142之一-2	上海赛诺克医药科技有限公司、张奇能等妨害药品管理案 0376
No.2-139-1	王华伟消防责任事故案 0351		
No.3-1-140-10	方永胜销售伪劣产品案 0362	No.3-1-143-1	田井伟、谭亚琼生产、销售不符合安全标准的食品案 0381
No.3-1-140-11	王丽莉、陈鹏销售伪劣产品案 0362		
No.3-1-140-12	徐云、桑林华等非法经营案 0362	No.3-1-144-11	柳立国等生产有毒、有害食品,生产、销售伪劣产品案 0388
No.3-1-140-1	韩俊杰等生产伪劣产品案 0362		
No.3-1-140-2	韩俊杰等生产伪劣产品案 0362	No.3-1-144-12	张联新、郑荷芹生产、销售有毒、有害食品,李阿明、何金友生产有毒、有害食品,王一超等销售有毒、有害食品案 0388
No.3-1-140-3	陈建明等销售伪劣产品案 0362		
No.3-1-140-4	王洪成生产、销售伪劣产品案 0362		
No.3-1-140-5	官松志、张寒林、张海芬销售伪劣产品案 0362	No.3-1-144-13	张联新、郑荷芹生产、销售有毒、有害食品,李阿明、何金友生产有毒、有害食品,王一超等销售有毒、有

	害食品案 0388		的物品案 0412
No. 3-1-144-14	邓文均、符纯宣生产、销售有毒、有害食品案 0388	No. 3-2-151(3)-2	青岛龙鑫泰国际货运有限公司等走私国家禁止进出口的货物案 0149
No. 3-1-144-1	林烈群、何华平等销售有害食品案 0388	No. 3-2-152(2)-1	程瑞洁走私废物案 0418
No. 3-1-144-2	俞亚春生产、销售有毒、有害食品案 0388	No. 3-2-152(2)-2	应志敏、陆毅走私废物、走私普通货物案 0418
No. 3-1-144-3	俞亚春生产、销售有毒、有害食品案 0388	No. 3-2-152(2)-3	佛山市格利华经贸有限公司、王炽东、李伟雄走私废物案 0418
No. 3-1-144-4	王岳超等生产销售有毒、有害食品案 0388	No. 3-2-153、154-10	舟山市某远洋渔业有限公司、李某某走私普通货物案 0426
No. 3-1-144-5	王岳超等生产销售有毒、有害食品案 0388	No. 3-2-153、154-11	吕丽玲走私普通物品案 0427
No. 3-1-144-6	王岳超等生产销售有毒、有害食品案 0388	No. 3-2-153、154-12	吕丽玲走私普通物品案 0427
No. 3-1-144-8	杨涛销售有毒、有害食品案 0388	No. 3-2-153、154-1	商江精密机械有限公司、陈光楠走私普通货物案 0051
No. 3-1-146-1	刘泽均等生产、销售不符合安全标准的产品案 0393	No. 3-2-153、154-2	林春华等走私普通货物案 0063
No. 3-1-147-1	李云平销售伪劣种子案 0395	No. 3-2-153、154-3	陈德福走私普通货物案 0138
No. 3-2-151(1)-1	戴永光走私弹药、非法持有枪支案 0412	No. 3-2-153、154-4	宋世璋走私普通货物案 0426
No. 3-2-151(1)-2	戴永光走私弹药、非法持有枪支案 0412	No. 3-2-153、154-5	上海华源伊龙实业发展公司等走私普通货物案 0426
No. 3-2-151(2)-1	蘘口义则走私文物案 0412	No. 3-2-153、154-6	王红梅等走私普通货物、虚开增值税专用发票案 0063
No. 3-2-151(2)-3-1	岑张耀等走私珍贵动物、马忠明非法收购珍贵野生动物、赵应明等非法运输珍贵野生动物案 0412		
No. 3-2-151(3)-1	朱丽清走私国家禁止出口	No. 3-2-153、154-7	王红梅等走私普通货物、

	虚开增值税专用发票案 0426
No.3-2-153、154-8	叶春业走私普通货物案 0426
No.3-2-153、154-9	佳鑫投资有限公司、刘光明等走私普通货物案 0426
No.3-3-158-1	周云华虚报注册资本案 0063
No.3-3-158-2	薛玉泉虚报注册资本案 0436
No.3-3-158-3	卜毅冰虚报注册资本案 0436
No.3-3-158-4	眉山市天姿娇服饰有限公司、张建清等虚报注册资本案 0436
No.3-3-158-5	顾雏军等虚报注册资本、违规披露、不披露重要信息、挪用资金再审案 0436
No.3-3-158-6	顾雏军等虚报注册资本、违规披露、不披露重要信息、挪用资金再审案 0445
No.3-3-159-1	孙凤娟等虚报注册资本案 0438
No.3-3-160-1	江苏北极皓天科技有限公司、杨佳业欺诈发行债券案 0441
No.3-3-160-2	江苏北极皓天科技有限公司、杨佳业欺诈发行债券案 0441
No.3-3-160-3	丹东欣泰电气股份有限公司及温德乙、刘明胜欺诈发行股票、违规披露重要信息 0073
No.3-3-160-4	丹东欣泰电气股份有限公司及温德乙、刘明胜欺诈发行股票、违规披露重要信息案 0441
No.3-3-161-1	于在青违规不披露重要信息案 0445
No.3-3-161-2	于在青违规不披露重要信息案 0472
No.3-3-162-1	沈卫国等挪用资金、妨害清算案 0063
No.3-3-162-2	沈卫国等挪用资金、妨害清算案 0447
No.3-3-162之一-1	兰永宁故意销毁会计凭证、会计账簿,贪污、受贿案 0448
No.3-3-162之一-2	林垦、金敏隐匿会计凭证、会计账簿、财务会计报告,非法持有枪支、弹药案 0448
No.3-3-163(1)-10	周根强、朱江华非国家工作人员受贿罪案 0455
No.3-3-163(1)-11	尹乐、李文颐非国家工作人员受贿案 0167
No.3-3-163(1)-1	杨志华企业人员受贿案 0454
No.3-3-163(1)-2	韩中举、商光秀、韩雪萍、高原非国家工作人员受贿案 0454
No.3-3-163(1)-3	杨孝理受贿、非国家工作人员受贿案 0455
No.3-3-163(1)-4	陈凯旋受贿案 0455

No. 3-3-163(1)-5	宋涛非国家工作人员受贿案 0455	No. 3-4-175之一-4	钢浓公司、武建钢骗取贷款、诈骗案 0494
No. 3-3-163(1)-6	高世银非国家工作人员受贿案 0455	No. 3-4-176-10	毛肖东等非法吸收公众存款案 0506
No. 3-3-163(1)-7	王海洋非国家工作人员受贿、挪用资金案 0455	No. 3-4-176-1	中富证券有限责任公司及彭军等人非法吸收公众存款案 0506
No. 3-3-163(1)-8	朱建军受贿、挪用公款案 0455	No. 3-4-176-2	中富证券有限责任公司及彭军等人非法吸收公众存款案 0506
No. 3-3-163(1)-9	朱建军受贿、挪用公款案 0455	No. 3-4-176-3	惠庆祥等非法吸收公众款案 0506
No. 3-3-164-1	张建军、刘祥伟对非国家工作人员行贿案 0458	No. 3-4-176-4	惠庆祥等非法吸收公众存款案 0506
No. 3-3-165-1	杨文康非法经营同类营业案 0460	No. 3-4-176-5	田亚平诈骗案 0506
No. 3-3-165-2	吴小军非法经营同类营业、对非国家工作人员行贿案 0460	No. 3-4-176-6	高远非法吸收公众款案 0506
No. 3-3-165-3	吴小军非法经营同类营业、对非国家工作人员行贿案 0460	No. 3-4-176-7	云南荷尔思商贸有限责任公司、张安均等非法吸收公众存款案 0506
No. 3-3-165-4	吴小军非法经营同类营业、对非国家工作人员行贿案 0460	No. 3-4-176-8	韩学梅、刘孝明、李鸿雁非法吸收公众存款案 0506
No. 3-3-167-1	高原信用证诈骗,梁汉钊签订、履行合同失职被骗案 0464	No. 3-4-176-9	毛肖东等非法吸收公众存款案 0506
No. 3-4-170-1	杨吉茂伪造货币案 0477	No. 3-4-177-1	王昌和变造金融票证案 0579
No. 3-4-171(1)-2	张顺发持有、使用假币案 0484	No. 3-4-177之一-(2)-1	邵鑫窃取、收买、非法提供信用卡信息案 0514
No. 3-4-175-1	姚凯高利转贷案 0491		
No. 3-4-175-2	姚凯高利转贷案 0491		
No. 3-4-175之一-1	徐云骗取贷款案 0494	No. 3-4-177之一(1)-1	张炯等妨害信用卡管理案 0017
No. 3-4-175之一-2	江树昌骗取贷款案 0494		
No. 3-4-175之一-3	陈恒国骗取贷款案 0494		

No.3-4-177之一(1)-2	张炯等妨害信用卡管理案 0017		交易,刘乃华泄露内幕信息案 0530
No.3-4-180(1)-10	王文芳泄露内幕信息、徐双全内幕交易案 0530	No.3-4-180(1)-8	赵丽梅等内幕交易案 0530
		No.3-4-180(1)-9	赵丽梅等内幕交易案 0530
No.3-4-180(1)-11	王文芳泄露内幕信息、徐双全内幕交易案 0530	No.3-4-180(4)-1	李旭利利用未公开信息交易案 0530
No.3-4-180(1)-12	杨治山内幕交易案 0141	No.3-4-180(4)-2	李旭利利用未公开信息交易案 0530
No.3-4-180(1)-13	杨治山内幕交易案 0141	No.3-4-180(4)-3	李旭利利用未公开信息交易案 0530
No.3-4-180(1)-14	刘春宝、陈巧玲内幕交易案 0530	No.3-4-180(4)-4	马乐利用非公开信息交易案 0530
No.3-4-180(1)-15	冯方明内幕交易案 0530	No.3-4-180(4)-5	马乐利用非公开信息交易案 0530
No.3-4-180(1)-1	李启红等内幕交易、泄露内幕信息案 0529	No.3-4-182-1	赵喆操纵证券交易价格案 0541
		No.3-4-182-2	汪建中操纵证券市场案 0541
No.3-4-180(1)-2	李启红等内幕交易、泄露内幕信息案 0530	No.3-4-185之一(1)-1	兴证期货大连营业部背信运用受托财产案 0547
No.3-4-180(1)-3	李启红等内幕交易、泄露内幕信息案 0561	No.3-4-186-1	刘顺新等违法发放贷款案 0549
No.3-4-180(1)-4	肖时庆受贿、内幕交易案 0530	No.3-4-191-1	潘儒民等洗钱案 0561
No.3-4-180(1)-5	肖时庆受贿、内幕交易案 0530	No.3-4-191-2	汪照洗钱案 0561
		No.3-5-192-1	河南省三星实业公司集资诈骗案 0063
No.3-4-180(1)-6	杜兰库、刘乃华内幕交易,刘乃华泄露内幕信息案 0530	No.3-5-192-2	李传柱等集资诈骗、非法吸收公众存款案 0571
No.3-4-180(1)-7	杜兰库、刘乃华内幕		

No. 3-5-192-3	安徽钰诚控股集团、钰诚国际控股集团有限公司和丁宁、丁甸等集资诈骗、非法吸收公众存款、走私贵重金属、非法持有枪支、偷越国境案 0571	No. 3-5-194(1)-6	张平票据诈骗案 0579
		No. 3-5-194(1)-7	颜强票据诈骗案 0579
		No. 3-5-194(2)-1	刘岗等金融凭证诈骗案 0051
		No. 3-5-194(2)-2	李路军等金融凭证诈骗案 0579
No. 3-5-192-4	安徽钰诚控股集团、钰诚国际控股集团有限公司和丁宁、丁甸等集资诈骗、非法吸收公众存款、走私贵重金属、非法持有枪支、偷越国境案 0571	No. 3-5-194(2)-3	张北海等人金融凭证诈骗案 0579
		No. 3-5-194(2)-4	朱成芳等金融凭证诈骗、贷款诈骗案 0579
		No. 3-5-194(2)-5	曹娅莎金融凭证诈骗案 0579
No. 3-5-192-5	安徽钰诚控股集团、钰诚国际控股集团有限公司和丁宁、丁甸等集资诈骗、非法吸收公众存款、走私贵重金属、非法持有枪支、偷越国境案 0571	No. 3-5-196(1)-10	房毅信用卡诈骗案 0589
		No. 3-5-196(1)-11	梁保权、梁博艺信用卡诈骗案 0589
		No. 3-5-196(1)-12	陈南权、郑国翠等信用卡诈骗案 0589
		No. 3-5-196(1)-13	陈华增、梁锦仔、林冬明盗窃案 0589
No. 3-5-193-1	张福顺贷款诈骗案 0575	No. 3-5-196(1)-1	纪礼明等信用卡诈骗案 0589
No. 3-5-193-2	吴晓丽贷款诈骗案 0575		
No. 3-5-193-3	马汝方等贷款诈骗、违法发放贷款、挪用资金案 0575	No. 3-5-196(1)-2	纪礼明等信用卡诈骗案 0589
No. 3-5-193-4	孙联强贷款诈骗案 0575	No. 3-5-196(1)-3	纪礼明等信用卡诈骗案 0054
No. 3-5-193-5	陈玉泉等贷款诈骗案 0575	No. 3-5-196(1)-4	潘安信用卡诈骗案 0589
No. 3-5-194(1)-1	王世清票据诈骗、刘耀挪用资金案 0579	No. 3-5-196(1)-5	郑正山等信用卡诈骗案 0589
No. 3-5-194(1)-2	李兰香票据诈骗案 0579	No. 3-5-196(1)-6	周德福信用卡诈骗案 0589
No. 3-5-194(1)-3	周大伟票据诈骗案 0509		
No. 3-5-194(1)-4	季某票据诈骗、合同诈骗案 0579	No. 3-5-196(1)-7	鲁刘典信用卡诈骗案 0589
No. 3-5-194(1)-5	姚建林票据诈骗案 0579		

No. 3-5-196(1)-8	陈自渝信用卡诈骗案 0589		票案 0601
No. 3-5-196(1)-9	王立军等信用卡诈骗案 0589	No. 3-6-205-6	霍海龙等虚开用于抵扣税款发票案 0146
No. 3-5-198-1	曾劲青等保险诈骗、故意伤害案 0595	No. 3-6-205-7	上海新客派信息技术有限公司、王志强虚开增值税专用发票案 0063
No. 3-5-198-2	曾劲青等保险诈骗、故意伤害案 0595	No. 3-6-205-8	金民、袁丽等人逃税案 0611
No. 3-5-198-3	曾劲青等保险诈骗、故意伤害案 0737	No. 3-6-205-9	孟庆弘虚开增值税专用发票案 0611
No. 3-5-198-4	徐开雷保险诈骗案 0595	No. 3-6-206-1	曾珠玉等伪造增值税专用发票案 0615
No. 3-5-198-5	江彬、余志灵、陈浩保险诈骗、诈骗案 0146	No. 3-6-206-2	曾珠玉等伪造增值税专用发票案 0615
No. 3-6-201-2	樟树市大京九加油城、黄春发等偷税案 0601	No. 3-6-207-1	邓冬蓉非法出售增值税专用发票案 0616
No. 3-6-201-3	石敬伟偷税、贪污案 0146,0601	No. 3-6-209(2)-1	管怀霞、高松祥出售非法制造的发票案 0621
No. 3-6-204-1	杨康林等骗取出口退税案 0607	No. 3-7-213-1	王文海、李军假冒注册商标案 0631
No. 3-6-205-10	王小禹、鞠井田虚开增值税专用发票案 0618	No. 3-7-213-2	郭明升、郭明锋、孙淑标假冒注册商标案 0631
No. 3-6-205-11	王小禹、鞠井田虚开增值税专用发票案 0612	No. 3-7-213-3	郭明升、郭明锋、孙淑标假冒注册商标案 0632
No. 3-6-205-1	张贞练虚开增值税专用发票案 0063	No. 3-7-214-1	朱某销售假冒注册商标的商品案 0636
No. 3-6-205-2	吴彩森等虚开增值税专用发票案 0611	No. 3-7-214-2	刘锐销售假冒注册商标的商品案 0636
No. 3-6-205-3	吴彩森等虚开增值税专用发票案 0063	No. 3-7-214-3	戴恩辉销售假冒注册商标的商品案 0636
No. 3-6-205-4	苏州市安派精密电子有限公司、庞美兴、罗正华虚开增值税专用发票案 0624	No. 3-7-214-4	陈侠武销售假冒注册商标的商品案 0636
No. 3-6-205-5	芦才兴虚开抵扣税款发	No. 3-7-214-5	白升余销售假冒注册商标

	的商品案 0636	No.3-7-217-9	张俊雄侵犯著作权案 0652
No.3-7-214-6	白升余销售假冒注册商标的商品案 0636	No.3-7-219-10	项军等侵犯商业秘密案 0661
No.3-7-215-1	姚伟林等非法制造注册商标识案 0138	No.3-7-219-11	伍迪兵等五人侵犯商业秘密、侵犯著作权案 0661
No.3-7-215-2	张盛、邹丽假冒注册商标,王渭宝销售非法制造的注册商标标识案 0640	No.3-7-219-12	伍迪兵等五人侵犯商业秘密、侵犯著作权案 0661
No.3-7-217-10	余刚等侵犯著作权案 0652	No.3-7-219-13	伍迪兵等五人侵犯商业秘密、侵犯著作权案 0661
No.3-7-217-11	余刚等侵犯著作权案 0652	No.3-7-219-14	伊特克斯公司、郭书周等侵犯商业秘密案 0661
No.3-7-217-12	余刚等侵犯著作权案 0652	No.3-7-219-1	黄志伟等侵犯商业秘密案 0660
No.3-7-217-13	山东华盛建筑设计研究院等侵犯著作权案 0652	No.3-7-219-2	昌达公司侵犯商业秘密案 0661
No.3-7-217-14	李寿斌、项人达等侵犯著作权案 0652	No.3-7-219-3	李宁侵犯商业秘密案 0661
No.3-7-217-1	孟祥国等侵犯著作权案 0652	No.3-7-219-4	杨俊杰等侵犯商业秘密案 0661
No.3-7-217-2	王安涛侵犯著作权案 0652	No.3-7-219-5	杨俊杰等侵犯商业秘密案 0661
No.3-7-217-3	谭慧渊等侵犯著作权案 0017	No.3-7-219-6	杨俊杰等侵犯商业秘密案 0661
No.3-7-217-4	闫少东等侵犯著作权案 0652	No.3-7-219-7	杨俊杰等侵犯商业秘密案 0661
No.3-7-217-5	徐楚风等侵犯著作权案 0652	No.3-7-219-8	张同洲侵犯商业秘密案 0661
No.3-7-217-6	徐楚风等侵犯著作权案 0652	No.3-7-219-9	张同洲侵犯商业秘密案 0661
No.3-7-217-7	舒亚眉等侵犯著作权案 0652	No.3-8-221-1	王宗达损害商业信誉、商品声誉案 0665
No.3-7-217-8	张杰侵犯著作权案 0652	No.3-8-223-1	黄正田、许敬杰等串通

编号	案件名称
	投标案 0669
No.3-8-224-10	马汝方等贷款诈骗、违法发放贷款、挪用资金案 0673
No.3-8-224-11	宗爽合同诈骗案 0673
No.3-8-224-12	曹戈合同诈骗案 0673
No.3-8-224-13	刘恺基合同诈骗案 0673
No.3-8-224-14	刘恺基合同诈骗案 0064
No.3-8-224-15	杨永承合同诈骗案 0673
No.3-8-224-16	董满礼合同诈骗案 0673
No.3-8-224-17	马中正合同诈骗案 0673
No.3-8-224-18	张海岩等合同诈骗案 0673
No.3-8-224-19	张海岩等合同诈骗案 0673
No.3-8-224-1	谭某合同诈骗案 0673
No.3-8-224-20	吴某合同诈骗案 0673
No.3-8-224-21	吴某合同诈骗案 0674
No.3-8-224-22	郭松飞合同诈骗案 0674
No.3-8-224-23	郭松飞合同诈骗案 0674
No.3-8-224-24	周有文、陈巧芳合同诈骗案 0674
No.3-8-224-25	王立强合同诈骗案 0674
No.3-8-224-26	王新明合同诈骗案 0674
No.3-8-224-27	陈景雷等合同诈骗案 0674
No.3-8-224-28	吴剑、张加路、刘凯诈骗案 0674
No.3-8-224-29	王喆合同诈骗案 0674
No.3-8-224-2	俞辉合同诈骗案 0673
No.3-8-224-30	高淑华、孙里海合同诈骗案 0674
No.3-8-224-31	武志远、李立柱等合同诈骗案 0674
No.3-8-224-32	于典等合同诈骗案 0674
No.3-8-224-3	程庆合同诈骗案 0673
No.3-8-224-4	秦文虚报注册资本、合同诈骗案 0673
No.3-8-224-5	黄志奋合同诈骗案 0673
No.3-8-224-6	宋德明合同诈骗案 0673
No.3-8-224-7	林拥荣合同诈骗案 0673
No.3-8-224-8	陈忠厚等虚报注册资本、合同诈骗案 0063
No.3-8-224-9	余飞英等合同诈骗、伪造公司印章案 0063
No.3-8-224之一-1	危甫才组织、领导传销活动案 0678
No.3-8-224之一-2	危甫才组织、领导传销活动案 0678
No.3-8-224之一-3	曹顺等人组织、领导传销案 0678
No.3-8-224之一-4	王艳组织、领导传销活动案 0678
No.3-8-225-10	薛洽煌非法经营联邦止咳露案 0700
No.3-8-225-11	梁俊涛非法经营案 0700
No.3-8-225-12	梁俊涛非法经营案 0700
No.3-8-225-13	马智中、王现平非法经营案 0700
No.3-8-225-14	马智中、王现平非法经营案 0700
No.3-8-225-15	刘溪、聂明湛、原维达非法经营案 0700
No.3-8-225-16	刘溪、聂明湛、原维达非法经营案 0700
No.3-8-225-17	辛格·普利亚克、张海峰

	等非法经营案 0700	No.3-8-225-35	吴名强、黄桂荣等非法经营案 0701
No.3-8-225-18	陈保贵等非法占用农用地案 0700	No.3-8-225-36	李彦生、胡文龙非法经营案 0701
No.3-8-225-19	李德茂等四人非法经营案 0700	No.3-8-225-37	何伟光等非法经营案 0701
No.3-8-225-1	谢万兴非法经营案 0700		
No.3-8-225-20	张建刚等非法经营案 0700	No.3-8-225-38	欧敏、关树锦非法经营案 0701
No.3-8-225-21	宋宇花非法经营案 0007	No.3-8-225-39	王海旺非法经营案 0701
No.3-8-225-22	张军、张小琴非法经营案 0490	No.3-8-225-3	高秋生等非法经营案 0700
No.3-8-225-23	张军、张小琴非法经营案 0701	No.3-8-225-40	王海旺非法经营案 0122
No.3-8-225-24	朱胜虎等非法经营案 0701	No.3-8-225-41	曾海涵非法经营案 0701
		No.3-8-225-42	曾海涵非法经营案 0701
No.3-8-225-25	于润龙非法经营案 0701	No.3-8-225-43	曾海涵非法经营案 0701
No.3-8-225-26	张虹飚等非法经营案 0701	No.3-8-225-44	王力军非法经营案 0701
		No.3-8-225-45	王力军非法经营案 0701
No.3-8-225-27	张虹飚等非法经营案 0701	No.3-8-225-46	王力军非法经营案 0701
		No.3-8-225-47	易某某非法经营案 0292
No.3-8-225-28	张虹飚等非法经营案 0701	No.3-8-225-48	易某某非法经营案 0702
		No.3-8-225-49	周长兵非法经营宣告无罪案 0702
No.3-8-225-29	张虹飚等非法经营案 0701	No.3-8-225-4	李柏庭非法经营案 0700
No.3-8-225-2	胡廷蛟等生产、销售伪劣产品案 0700	No.3-8-225-50	董如彬、侯鹏非法经营、寻衅滋事案 0702
No.3-8-225-30	王后平非法经营案 0701	No.3-8-225-52	满鑫、孙保锋非法经营案 0702
No.3-8-225-31	曾国坚等非法经营案 0701	No.3-8-225-53	上海万晖特工贸有限公司、谢世全非法经营案 0702
No.3-8-225-32	钟小云非法经营案 0701		
No.3-8-225-33	翁士喜非法经营案 0701	No.3-8-225-5	李柏庭非法经营案 0700
No.3-8-225-34	王丹、沈玮婷非法经营、虚报注册资本案 0701	No.3-8-225-6	高国华非法经营案 0700
		No.3-8-225-7	郭金元等非法经营案 0700

No.3-8-225-8	谈文明等非法经营案 0700	No.4-232-104	连恩青故意杀人案 0033
No.3-8-225-9	陈宗纬等非法经营案 0700	No.4-232-105	喻春等故意杀人案 0141
No.3-8-226-1	郑小平等抢劫案 0706	No.4-232-106	冯维达、周峰故意杀人案 0141
No.3-8-226-2	宋东亮等强迫交易、故意伤害案 0706	No.4-232-107	许涛故意杀人案 0141
No.3-8-226-3	宋东亮等强迫交易、故意伤害案 0706	No.4-232-108	乐燕故意杀人案 0725
No.3-8-227(1)-1	王珂伪造、倒卖伪造的有价票证、蔡明喜倒卖伪造的有价票证案 0708	No.4-232-109	万道龙等故意杀人案 0725
		No.4-232-10	孙习军等故意杀人案 0724
		No.4-232-110	黄志坚故意杀人案 0725
		No.4-232-111	尹宝书故意杀人案 0725
		No.4-232-112	张静故意杀人案 0725
No.3-8-227(1)-2	董佳等伪造有价票证、职务侵占案 0708	No.4-232-113	王志才故意杀人案 0101
		No.4-232-114	李飞故意杀人案 0101
No.3-8-227(1)-3	董佳等伪造有价票证、职务侵占案 0708	No.4-232-115	刘天赐故意杀人案 0725
		No.4-232-116	吴某某、郑某某故意杀人案 0725
No.3-8-227(1)-4	赵志刚伪造有价票证案 0708	No.4-232-117	洪斌故意杀人案 0725
		No.4-232-118	袁明祥、王汉恩故意杀人案 0204
No.3-8-227(2)-1	刘建场等倒卖车票案 0708	No.4-232-119	袁明祥、王汉恩故意杀人案 052
No.3-8-228-1	王志芳非法转让土地使用权案 0710	No.4-232-11	孙习军等故意杀人案 0096
No.3-8-228-2	青岛瑞驰投资有限公司、栾钢先非法转让土地使用权案 0710	No.4-232-120	张志明故意杀人案 0022
		No.4-232-121	陈锦国故意杀人案 0726
		No.4-232-122	刘云芳、王进东、薛红军、刘秀芹故意杀人案 0726
No.3-8-229(1)(2)-1	董博等提供虚假财会报告案 0064		
No.4-232-100	李国仁故意杀人案 0141	No.4-232-123	阿不来提·赛买提等故意杀人案 0726
No.4-232-101	孟庆宝故意杀人案 0141	No.4-232-124	糯康犯罪集团故意杀人、运输毒品、劫持船只、绑架案 0009
No.4-232-102	李中海故意杀人案 0725	No.4-232-126	王英生故意杀人案 0726
		No.4-232-127	张帆、张立冬、吕迎春等故意杀

	人、利用邪教组织破坏法律实施案 0726	No. 4-232-37	周文友故意杀人案 0139
		No. 4-232-38	周文友故意杀人案 0724
No. 4-232-128	沈超故意杀人、抢劫案 0220	No. 4-232-3	龚世义等人故意杀人、包庇案 0724
No. 4-232-12	孙习军等故意杀人案 0096		
No. 4-232-13	蔡超故意杀人案 0724	No. 4-232-40	官其明故意杀人案 0724
No. 4-232-14	王建辉等故意杀人、抢劫案 0724	No. 4-232-41	陈宗发故意杀人、敲诈勒索案 0901
No. 4-232-15	彭柏松故意杀人案 0033	No. 4-232-44	王征宇故意杀人案 0724
No. 4-232-17	闫新华故意杀人、盗窃案 0096	No. 4-232-45	王勇故意杀人案 0139
		No. 4-232-46	宋有福等故意杀人案 0725
No. 4-232-18	张志信故意杀人案 0724	No. 4-232-47	宋有福等故意杀人案 0725
No. 4-232-19	胡时散等故意杀人案 0031	No. 4-232-48	叶永朝故意杀人案 040
No. 4-232-1	吴金艳故意杀人案 0040	No. 4-232-49	张杰故意杀人案 0139
No. 4-232-20	王斌余故意杀人案 0119	No. 4-232-4	龚世义等人故意杀人、包庇案 0724
No. 4-232-21	潘永华等故意杀人案 0057		
No. 4-232-22	叶得利、孙鹏辉故意杀人,孙鹏辉窝藏案 0724	No. 4-232-50	张杰故意杀人案 0725
		No. 4-232-51	曹成金故意杀人案 0725
No. 4-232-23	张俊杰故意杀人案 0138	No. 4-232-52	梁小红故意杀人案 0725
No. 4-232-24	颜克于等故意杀人案 0724	No. 4-232-53	梁小红故意杀人案 0139
No. 4-232-24	张俊杰故意杀人案 0096	No. 4-232-54	王洪斌故意杀人案 0725
No. 4-232-25	胡方权故意杀人、非法拘禁案 0724	No. 4-232-55	王洪斌故意杀人案 0139
		No. 4-232-56	阎留普等故意杀人案 0725
No. 4-232-26	赵迎锋故意杀人案 0139	No. 4-232-56	张怡懿故意杀人案 0033
No. 4-232-27	赵春昌故意杀人案 0139	No. 4-232-57	杨政锋故意杀人案 0725
No. 4-232-29	颜克于等故意杀人案 0724	No. 4-232-58	刘加奎故意杀人案 0096
No. 4-232-2	吴金艳故意杀人案 0040	No. 4-232-59	张义洋故意杀人案 0139
No. 4-232-30	陈君宏故意杀人案 0724	No. 4-232-5	王金良故意杀人、非法拘禁案 0138
No. 4-232-31	吴江故意杀人案 0724		
No. 4-232-32	刘兵故意杀人案 0139	No. 4-232-60	张怡懿故意杀人案 0098
No. 4-232-33	彭崧故意杀人案 0724	No. 4-232-61	张怡懿故意杀人案 0096
No. 4-232-34	陈卫国等故意杀人案 0051	No. 4-232-62	王志峰等故意杀人、保险诈骗案 0834
No. 4-232-35	于爱银等故意杀人案 0055		
No. 4-232-36	周文友故意杀人案 0040		

No. 4-232-63	王志峰等故意杀人、保险诈骗案 0725	No. 4-232-85	周元军故意杀人案 0139
No. 4-232-64	王志峰等故意杀人、保险诈骗案 0595	No. 4-232-86	李吉林故意杀人案 0139
		No. 4-232-87	杨彦玲故意杀人案 0146
No. 4-232-65	阿古敦故意杀人案 0033	No. 4-232-88	张杰、曲建宇等故意杀人案 0146
No. 4-232-65	李春林故意杀人案 0834	No. 4-232-89	刘祖枝故意杀人案 0725
No. 4-232-66	李春林故意杀人案 0834	No. 4-232-8	李超故意杀人案 0022
No. 4-232-68	计永欣故意杀人案 0834	No. 4-232-90	刘祖枝故意杀人案 0725
No. 4-232-69	计永欣故意杀人案 0139	No. 4-232-91	张春亭故意杀人、盗窃案 0139
No. 4-232-6	夏锡仁故意杀人案 0724		
No. 4-232-71	蒋勇等过失致人死亡案 0051	No. 4-232-92	汪某故意杀人、敲诈勒索案 0139
No. 4-232-72	彭建华等故意杀人、聚众斗殴案 0995	No. 4-232-93	张士禄故意杀人案 0725
No. 4-232-73	彭建华等故意杀人、聚众斗殴案 0995	No. 4-232-94	刘兴华故意杀人案 0725
		No. 4-232-95	杜成军故意杀人案 0033
No. 4-232-74	李官容抢劫、故意杀人案 0047	No. 4-232-95	何建达故意杀人、抢劫案 0047
No. 4-232-75	侯卫春故意杀人案 0096	No. 4-232-96	张某故意杀人案 0725
No. 4-232-76	张东生故意杀人案 0139	No. 4-232-97	邓明建故意杀人案 0725
No. 4-232-77	焦祥根、焦祥林故意杀人案 0057	No. 4-232-98	赵新正故意杀人案 0141
		No. 4-232-99	胡金亭故意杀人案 0098
No. 4-232-78	龙世成、吴正跃故意杀人、抢劫案 0096	No. 4-232-9	李超故意杀人案 0138
		No. 4-233-10	季忠兵过失致人死亡案 0727
No. 4-232-79	白云江、谭蓓蓓故意杀人、抢劫、强奸案 0096	No. 4-233-11	肖某过失致人死亡案 0727
		No. 4-233-12	张润博过失致人死亡案 0727
No. 4-232-7	钟长注故意杀人案 0040	No. 4-233-2	曲龙民等过失致人死亡案 0023
No. 4-232-80	姚国英故意杀人案 0725		
No. 4-232-81	覃玉顺强奸、故意杀人案 0096	No. 4-233-3	刘旭过失致人死亡案 0024
		No. 4-233-4	李满英过失致人死亡案 0313
No. 4-232-82	吕志明故意杀人、强奸、放火案 0139	No. 4-233-5	李满英过失致人死亡案 0139
		No. 4-233-6	穆志祥过失致人死亡案 0024
No. 4-232-83	袁翌琳故意杀人案 0139	No. 4-233-7	王长友过失致人死亡案 0040
No. 4-232-84	王宪梓故意杀人案 0139		

No. 4-233-8	王刚强等过失致人死亡案 0727		No. 4-234-37	李小平等人故意伤害案 0737
No. 4-233-9	杨春过失致人死亡案 0727		No. 4-234-38	杜益忠故意伤害案 0096
No. 4-234-10	陈智勇故意伤害案 0737		No. 4-234-39	刘传林故意伤害案 0737
No. 4-234-11	王俊超等故意伤害案 0737		No. 4-234-3	余正希故意伤害案 0119
No. 4-234-12	武荣庆故意伤害案 0139		No. 4-234-40	宋会冬故意伤害案 0122
No. 4-234-13	曾劲青等保险诈骗、故意伤害案 0737		No. 4-234-41	熊华君故意伤害案 0140
			No. 4-234-43	刘世伟故意伤害致人死亡案 0018
No. 4-234-14	黄德波故意伤害案 0040		No. 4-234-44	巫仰生等故意伤害案 0737
No. 4-234-15	陈晓燕等故意伤害案 0737		No. 4-234-45	陈黎明故意伤害案 0101
No. 4-234-16	韩善达等故意伤害案 0737		No. 4-234-45	王建秋、赫喜贵等人故意伤害、聚众斗殴、寻衅滋事案 0737
No. 4-234-17	杨某某故意伤害案 0737			
No. 4-234-18	王兴佰等故意伤害案 0057		No. 4-234-46	赵纯玉、郭文亮故意伤害案 0057
No. 4-234-19	王兴佰等故意伤害案 0052			
No. 4-234-1	李尚琴等故意伤害案 0119		No. 4-234-48	高某某故意伤害案 0737
No. 4-234-20	陈国策故意伤害案 0139		No. 4-234-4	黄中权故意伤害案 0040
No. 4-234-21	洪志宁故意伤害案 0737		No. 4-234-5	黄中权故意伤害案 0040
No. 4-234-22	范尚秀故意伤害案 0040		No. 4-234-50	李某故意伤害案 0738
No. 4-234-23	乌斯曼江等故意伤害案 0140		No. 4-234-51	肖胜故意伤害案 1004
No. 4-234-24	赵泉华故意伤害案 0041		No. 4-234-52	曾某故意伤害案 0738
No. 4-234-25	赵泉华故意伤害案 0041		No. 4-234-53	李虎、李善东等故意伤害案 0146
No. 4-234-26	夏侯青辉等故意伤害案 0017			
No. 4-234-27	李小龙等故意伤害案 0041		No. 4-234-54	李英俊故意伤害案 0041
No. 4-234-28	吴学友故意伤害案 0057		No. 4-234-55	孟令廷故意杀人、故意伤害案 0141
No. 4-234-29	吴学友故意伤害案 0057			
No. 4-234-2	李尚琴等故意伤害案 0119		No. 4-234-56	张保泉故意伤害案 0022
No. 4-234-30	黄土保等故意伤害案 0057		No. 4-234-57	孙道嵩、吕轶飞故意伤害案 0738
No. 4-234-31	胡咏平故意伤害案 0041			
No. 4-234-32	胡咏平故意伤害案 0041		No. 4-234-58	陈炳廷故意伤害案 0041
No. 4-234-33	江某故意伤害案 0140		No. 4-234-59	王大龙故意伤害案 0041
No. 4-234-34	苏良才故意伤害案 0041		No. 4-234-60	于欢故意伤害案 0041
No. 4-234-35	张建国故意伤害案 0041		No. 4-234-61	石龙回故意伤害案 0041
No. 4-234-36	李小平等人故意伤害案 0122		No. 4-234-62	周天武故意伤害案 0738

No. 4-234-63	曹显深、杨永旭、张剑等故意伤害案 0146	No. 4-236-24	林跃明强奸案 0748
No. 4-234-64	张那木拉故意伤害案 0041	No. 4-236-25	林加龙强奸案 0096
No. 4-234-65	张那木拉故意伤害案 0041	No. 4-236-26	刘正波、刘海平强奸案 0052
No. 4-234-66	张那木拉故意伤害案 0041	No. 4-236-27	刘正波、刘海平强奸案 0049
No. 4-234-6	毕素东故意伤害案 0139	No. 4-236-28	冯绍龙等强奸案 0146
No. 4-234-7	赵金明等故意伤害案 0737	No. 4-236-29	孙金亭强奸案 0748
No. 4-234-8	李明故意伤害案 0040	No. 4-236-2	谭荣财等强奸、抢劫、盗窃案 0747
No. 4-234-9	李明故意伤害案 0040		
No. 4-234之一-1	郑伟等组织出卖人体器官案 0740	No. 4-236-30	玄某、刘某等强奸案 0748
No. 4-234之一-2	王海涛等组织出卖人体器官案 0740	No. 4-236-31	吴玉滨强奸、猥亵儿童案 0748
No. 4-236-10	曹占宝强奸案 0747	No. 4-236-32	李振国故意杀人、强奸案 0748
No. 4-236-11	李尧强奸案 0747		
No. 4-236-12	丁立军强奸、抢劫、盗窃案 0190	No. 4-236-33	李振国故意杀人、强奸案 0748
No. 4-236-13	丁立军强奸、抢劫、盗窃案 0190	No. 4-236-34	张甲、张乙强奸案 0748
		No. 4-236-35	张甲、张乙强奸案 0748
No. 4-236-14	谢茂强等强奸、奸淫幼女案 0747	No. 4-236-36	苑建民、李佳等绑架、强奸案 0748
No. 4-236-15	谢茂强等强奸、奸淫幼女案 0146	No. 4-236-37	韦凤强奸、故意杀人案 0726
No. 4-236-16	谢茂强等强奸、奸淫幼女案 1078	No. 4-236-38	卓智成等强奸案 0748
		No. 4-236-39	谈朝贵强奸案 0748
No. 4-236-17	王卫明强奸案 0747	No. 4-236-3	谭荣财等强奸、抢劫、盗窃案 0043
No. 4-236-18	白俊峰强奸案 0747		
No. 4-236-19	许哲虎强奸案 0747	No. 4-236-40	刘某强奸案 0748
No. 4-236-1	韩自华强奸案 0747	No. 4-236-42	李明明强奸案 0748
No. 4-236-20	盛柯强奸案 0747	No. 4-236-43	淡某甲强奸、猥亵儿童案 0748
No. 4-236-21	张某等强奸案 0747		
No. 4-236-22	张某等强奸案 0747	No. 4-236-44	孟某等强奸案 0748
No. 4-236-23	周建军强奸案 0748	No. 4-236-45	刘某某强奸案 0748

No. 4-236-4	何荣华强奸、盗窃案 0140		索、故意伤害、非法拘禁案 0758
No. 4-236-5	滕开林等强奸案 0747		
No. 4-236-6	滕开林等强奸案 0747	No. 4-238-2	孟铁保等赌博、绑架、敲诈勒索、故意伤害、非法拘禁案 0758
No. 4-236-7	唐胜海等强奸案 0747		
No. 4-236-8	唐胜海等强奸案 0747		
No. 4-236-9	曹占宝强奸案 0747	No. 4-238-3	颜通市等绑架案 0758
No. 4-237-1	何斌勇强制猥亵妇女案 0161	No. 4-238-4	章浩等绑架案 0758
		No. 4-238-5	章浩等绑架案 0762
No. 4-237-2	杜周兵强奸、强制猥亵妇女、猥亵儿童案 0141	No. 4-238-6	胡经杰等非法拘禁案 0758
		No. 4-238-7	雷小飞等非法拘禁案 0758
No. 4-237-3	王晓鹏强制猥亵妇女、猥亵儿童案 0753	No. 4-238-8	雷小飞等非法拘禁案 0758
		No. 4-238-9	章正平非法拘禁案 0758
No. 4-237-4	王晓鹏强制猥亵妇女、猥亵儿童罪 0753	No. 4-239-10	孙家洪、濮剑鸣等绑架、抢劫、故意杀人案 0762
No. 4-237-5	吴茂东猥亵儿童案 0753	No. 4-239-11	孙家洪、濮剑鸣等绑架、抢劫、故意杀人案 0762
No. 4-237-6	于书祥猥亵儿童案 0753		
No. 4-237-7	区润生强制侮辱案 0753	No. 4-239-1	杨锋等抢劫、绑架案 0762
No. 4-238-10	李宁等过失致人死亡案 0727	No. 4-239-2	杨锋等抢劫、绑架案 0762
		No. 4-239-3	蔡克峰绑架案 0762
No. 4-238-11	李建增超期羁押他人非法拘禁案 01379	No. 4-239-4	李城、杨琴绑架案 0762
		No. 4-239-5	杨占娟等绑架案 0762
No. 4-238-12	田磊等绑架案 0758	No. 4-239-6	杨占娟等绑架案 0146
No. 4-238-13	徐振涛等非法拘禁案 0758	No. 4-239-7	张浪明等绑架案 0762
No. 4-238-14	宋某胜等故意伤害、故意毁坏财物案 0758	No. 4-239-8	张卫华绑架案 0762
		No. 4-239-9	张兴等绑架案 0762
No. 4-238-15	宋某胜等故意伤害、故意毁坏财物案 0758	No. 4-240-1	吕锦城、黄高生故意杀人、拐卖儿童案 0769
No. 4-238-16	贾斌非法拘禁案 0758	No. 4-240-2	吕锦城、黄高生故意杀人、拐卖儿童案 0769
No. 4-238-17	罗灵伟、蒋鼎非法拘禁案 0758		
		No. 4-240-3	武亚军、关情倩拐卖儿童案 0769
No. 4-238-18	郑师武非法拘禁案 033		
No. 4-238-19	郑师武非法拘禁案 0762	No. 4-240-4	武亚军、关情倩拐卖儿童案 0769
No. 4-238-1	孟铁保等赌博、绑架、敲诈勒		

No.4-240-5	刘友祝拐卖妇女案 0770	No.4-257-1	肉孜暴力干涉婚姻自由案 0811
No.4-240-6	王献光、刘永贵拐卖儿童案 0770	No.4-258-1	王艳重婚案 0812
No.4-240-7	王献光、刘永贵拐卖儿童案 0770	No.4-258-2	法兰克·巴沙勒·米伦等重婚案 0812
No.4-240-8	孙如珍、卢康涛拐卖儿童案 0770	No.4-258-3	田某某重婚案 0812
		No.4-258-4	夏国学重婚案 0812
No.4-241(1)-1	龚绍吴收买被拐卖的妇女、儿童,强迫卖淫案 0773	No.4-259-1	李某破坏军婚案 0813
No.4-244-1	朱斌等强迫劳动案 0777	No.4-260-1	蔡世祥故意伤害案 0816
		No.4-260-2	李艳勤故意伤害案 0816
No.4-245-2-1	顾振军非法侵入住宅案 0782	No.4-260-3	朱朝春虐待案 0816
No.4-245-2-2	罗付兴盗窃、非法侵入住宅案 0782	No.4-260-4	蔡亚珊虐待案 0816
		No.4-262之一-1	翟雪峰、魏翠英组织儿童乞讨案 0821
No.4-246-1-1	笪开福侮辱案 0788	No.4-262之一-2	翟雪峰、魏翠英组织儿童乞讨案 0821
No.4-246-1-2	周彩萍等侮辱案 0788		
No.4-246-1-3	周彩萍等侮辱案 0788	No.5-263-100	丁金华等抢劫、绑架案 0762
No.4-246-1-4	周彩萍等侮辱案 0788		
No.4-246-1-5	蔡晓青侮辱案 0788	No.5-263-101	虞正策强奸、抢劫案 0837
No.4-246-2-1	秦志晖(网名"秦火火")诽谤、寻衅滋事案 0788	No.5-263-102	姜金福抢劫案 0880
		No.5-263-103	王国清等抢劫、故意伤害、盗窃案 0880
No.4-253之一-1	谢新冲出售公民个人信息案 0806	No.5-263-104	王国清等抢劫、故意伤害、盗窃案 0880
No.4-253之一-2	王健侵犯公民个人信息案 0806	No.5-263-105	王国清等抢劫、故意伤害、盗窃案 0880
No.4-253之一-3	周建平非法获取公民个人信息案 0806	No.5-263-106	王国清等抢劫、故意伤害、盗窃案 0140
No.4-253之一-4	周娟等非法获取公民个人信息案 0806	No.5-263-107	王国清等抢劫、故意伤害、盗窃案 0052
No.4-253之一-6	孙银东非法获取公民个人信息案 0806	No.5-263-108	尹林军、任文军盗窃案 0880
No.4-253之一-7	胡某等非法获取公民个人信息案 0806	No.5-263-109	李智豪抢劫案 0881

No. 5-263-10	周建平等抢劫、敲诈勒索案 0834
No. 5-263-110	张某某抢劫、李某某盗窃案 0881
No. 5-263-111	翟光强等抢劫案 0881
No. 5-263-112	贺喜民抢劫案 0881
No. 5-263-113	穆文军抢劫案 0881
No. 5-263-114	穆文军抢劫案 0881
No. 5-263-115	谷贵成抢劫案 0881
No. 5-263-116	张红亮等抢劫、盗窃案 0096
No. 5-263-117	张红亮等抢劫、盗窃案 0837
No. 5-263-118	郭光伟、李涛抢劫案 0837
No. 5-263-119	夏洪生抢劫、破坏电力设备案 0837
No. 5-263-11	周建平等抢劫、敲诈勒索案 0834
No. 5-263-120	夏洪生抢劫、破坏电力设备案 0837
No. 5-263-121	夏洪生抢劫、破坏电力设备案 0837
No. 5-263-122	夏洪生抢劫、破坏电力设备案 0837
No. 5-263-123	夏洪生抢劫、破坏电力设备案 0850
No. 5-263-124	刘兴明等抢劫、盗窃案 0837
No. 5-263-125	张校抢劫案 0837
No. 5-263-126	杨飞飞、徐某抢劫案 0881
No. 5-263-127	张某等抢劫、盗窃案 0140
No. 5-263-128	刘长华抢劫案 0140
No. 5-263-129	胡国栋抢劫案 0146
No. 5-263-12	黄斌等抢劫(预备)案 0835
No. 5-263-130	刘伟等抢劫案 0146
No. 5-263-131	张才文等抢劫、盗窃案 0146
No. 5-263-132	孙敌胜抢劫案 0837
No. 5-263-133	孙敌胜抢劫案 0881
No. 5-263-134	王艳峰抢劫案 0881
No. 5-263-135	龚文彬等抢劫、贩卖毒品案 0837
No. 5-263-136	韩江维等抢劫、强奸案 0049
No. 5-263-137	宋江平、平建卫抢劫、盗窃案 0101
No. 5-263-138	陈惠忠等抢劫案 0837
No. 5-263-139	蔡苏平等抢劫案 0838
No. 5-263-13	黄斌等抢劫(预备)案 0045
No. 5-263-140	郭学周故意伤害、抢夺案 0838
No. 5-263-141	秦电志故意杀人、故意伤害、放火、抢劫、盗窃案 0850
No. 5-263-142	刘飞抢劫案 0247
No. 5-263-143	刘飞抢劫案 0838
No. 5-263-144	徐凤抢劫案 0141
No. 5-263-145	徐凤抢劫案 0141
No. 5-263-146	王伟华抢劫案 0881
No. 5-263-147	张超抢劫案 0838
No. 5-263-148	刘某抢劫、强奸案 0838
No. 5-263-149	刘某抢劫、强奸案 0838
No. 5-263-14	王佩林抢劫案 0835
No. 5-263-150	尹志刚、李龙云抢劫案 0838
No. 5-263-151	尹志刚、李龙云抢劫案 0838
No. 5-263-152	徐伟抢劫案 0838
No. 5-263-153	黄卫松抢劫案 0838
No. 5-263-154	刘长庚抢劫案 0838
No. 5-263-155	李培峰抢劫、抢夺案 0877
No. 5-263-156	刘星抢劫案 0049
No. 5-263-157	习海珠抢劫案 0838
No. 5-263-158	董某某、宋某某抢劫案 0838

No. 5-263-159	焦某某等人抢劫、盗窃、寻衅滋事案 0838	No. 5-263-41	杜祖斌等抢劫案 0140
No. 5-263-15	秦红抢劫案 0835	No. 5-263-42	杜祖斌等抢劫案 0140
No. 5-263-160	钟某抢劫案 0129	No. 5-263-43	杨保营等抢劫、绑架案 0835
No. 5-263-16	陈桂清抢劫案 0835	No. 5-263-44	王团结等抢劫、敲诈勒索案 0901
No. 5-263-17	王忠强等抢劫案 0835	No. 5-263-45	王团结等抢劫、敲诈勒索案 0835
No. 5-263-18	李秀伯等抢劫案 0835		
No. 5-263-19	金海亮抢劫案 0835	No. 5-263-46	陆剑钢等抢劫案 0835
No. 5-263-1	吴灵玉等抢劫、盗窃、窝藏案 0146	No. 5-263-47	刘群等抢劫、诈骗案 0140
		No. 5-263-48	刘群等抢劫、诈骗案 0101
No. 5-263-20	李政等抢劫案 0835	No. 5-263-49	杨廷祥等抢劫案 0835
No. 5-263-21	韦猛抢劫案 0835	No. 5-263-4	李春伟等抢劫案 0070
No. 5-263-22	刘海等抢劫案 0835	No. 5-263-50	朱永友抢劫案 0880
No. 5-263-23	张文光抢劫案 0835	No. 5-263-51	朱永友抢劫案 0052
No. 5-263-24	张文光抢劫案 0835	No. 5-263-52	王跃军抢劫、盗窃案 0835
No. 5-263-25	张文光抢劫案 0835	No. 5-263-53	姜继红抢劫、盗窃案 0835
No. 5-263-26	张文光抢劫案 0835	No. 5-263-54	祝日峰、祝某强抢劫案 0835
No. 5-263-27	金军抢劫案 0120	No. 5-263-55	陆骅等抢劫案 0146
No. 5-263-28	张玉红等抢劫案 0049	No. 5-263-55	魏建军抢劫、放火案 0835
No. 5-263-29	明安华抢劫案 0835	No. 5-263-57	魏建军抢劫、放火案 0835
No. 5-263-2	王建利等抢劫案 0834	No. 5-263-58	范昌平抢劫、盗窃案 0101
No. 5-263-30	明安华抢劫案 0835	No. 5-263-59	范昌平抢劫、盗窃案 0101
No. 5-263-31	明安华抢劫案 0140	No. 5-263-5	吴大桥等抢劫案 0834
No. 5-263-32	扎西达娃等抢劫案 0031,0835	No. 5-263-60	何木生抢劫案 0836
		No. 5-263-61	何木生抢劫案 0836
No. 5-263-34	郭玉林等抢劫案 0052	No. 5-263-62	粟君才等抢劫、非法持有枪支案 0836
No. 5-263-35	郭玉林等抢劫案 0140		
No. 5-263-36	曾贤勇抢劫案 0835	No. 5-263-63	沈传海等抢劫案 0836
No. 5-263-37	曾贤勇抢劫案 0835	No. 5-263-64	沈传海等抢劫案 0836
No. 5-263-38	曾贤勇抢劫案 0877	No. 5-263-65	李斗等抢劫案 0836
No. 5-263-39	曾贤勇抢劫案 0877	No. 5-263-66	李斗等抢劫案 0836
No. 5-263-3	弓喜抢劫案 0834	No. 5-263-67	姚小林等抢劫案 0836
No. 5-263-40	苗振经抢劫案 0149	No. 5-263-68	徐军入户抢劫案 0836

No. 5-263-69	张宜同抢劫案 0836			窃案 0837
No. 5-263-6	庄保金抢劫案 0140		No. 5-263-94	王志坚抢劫、强奸、盗窃案 0837
No. 5-263-70	盛伟抢劫案 0836			
No. 5-263-71	张君等抢劫、杀人案 0054		No. 5-263-95	王志坚抢劫、强奸、盗窃案 096
No. 5-263-71	赵东波等故意杀人、抢劫案 0836			
			No. 5-263-96	王志国、肖建美抢劫案 0837
No. 5-263-72	罗登祥抢劫、故意杀人、脱逃案 0836		No. 5-263-97	杨辉等破坏电力设备案 0837
			No. 5-263-98	杨辉等破坏电力设备案 0880
No. 5-263-72	张君等抢劫、杀人案 0054		No. 5-263-99	丁金华等抢劫、绑架案 0837
No. 5-263-73	罗登祥抢劫、故意杀人、脱逃案 0836		No. 5-263-9	戚道云等抢劫案 0834
			No. 5-264-100	张金福盗窃案 0853
No. 5-263-76	张君等抢劫、杀人案 0836		No. 5-264-10	朱影盗窃案 0850
No. 5-263-77	张君等抢劫、杀人案 0836		No. 5-264-11	马俊等盗窃、隐瞒犯罪所得案 0850
No. 5-263-78	张君等抢劫、杀人案 0836			
No. 5-263-79	张君等抢劫、杀人案 0296		No. 5-264-12	钱炳良盗窃案 0850
No. 5-263-7	庄保金抢劫案 0834		No. 5-264-13	钱炳良盗窃案 0850
No. 5-263-80	赖忠等故意伤害案 0836		No. 5-264-14	陈家鸣等盗窃、销赃案 0850
No. 5-263-81	包胜芹等故意伤害、抢劫案 0836		No. 5-264-15	翟高生、杨永涛等盗窃、抢劫案 0052
No. 5-263-82	蒋志华故意伤害案 0836		No. 5-264-16	康金东盗窃案 0850
No. 5-263-83	韩维等抢劫案 0836		No. 5-264-17	康金东盗窃案 0850
No. 5-263-84	侯吉辉等抢劫案 0836		No. 5-264-18	买买提盗窃案 0130
No. 5-263-85	王国全抢劫案 0836		No. 5-264-19	买买提盗窃案 0154
No. 5-263-86	郭建良抢劫案 0836		No. 5-264-1	董保卫等盗窃、收购赃物案 0140
No. 5-263-87	张正权等抢劫案 0837			
No. 5-263-88	张正权等抢劫案 0837		No. 5-264-20	高金有盗窃案 0850
No. 5-263-89	程晓平等抢劫案 0837		No. 5-264-21	刘作友等人盗窃案 0851
No. 5-263-8	张红军抢劫、盗窃案 0834		No. 5-264-22	申宇盗窃案 0851
No. 5-263-90	张慧等抢劫案 0837		No. 5-264-23	程少杰盗窃、传授犯罪方法案 0851
No. 5-263-91	周应才等抢劫、掩饰、隐瞒犯罪所得案 0146			
			No. 5-264-25	黄磊等盗窃案 0851
No. 5-263-92	张令等抢劫、盗窃案 0146		No. 5-264-26	梁四海盗窃案 0851
No. 5-263-93	王志坚抢劫、强奸、盗		No. 5-264-27	孙莹等盗窃案 0851

No. 5-264-28	李志良等诈骗案 0851	No. 5-264-55	焦军盗窃案 0154
No. 5-264-29	李晓勇等盗窃案 0052	No. 5-264-56	王斌盗窃案 0110
No. 5-264-2	董保卫等盗窃、收购赃物案 0140	No. 5-264-57	林志飞盗窃案 0852
		No. 5-264-58	王廷明破坏交通设施案 0255
No. 5-264-30	阮玉玲盗窃案 0851	No. 5-264-59	杨聪慧等盗窃案 0852
No. 5-264-31	杨光炎盗窃案 0851	No. 5-264-5	南昌洙等盗窃案 0206
No. 5-264-32	曾智峰等侵犯通信自由案 0851	No. 5-264-60	程稚瀚盗窃案 0852
		No. 5-264-61	许赞良、汤焯杰盗窃案 0852
No. 5-264-33	秋立新盗窃案 0154	No. 5-264-62	许赞良、汤焯杰盗窃案 0852
No. 5-264-34	程森园抢劫案 0881	No. 5-264-63	代海业盗窃案 0161
No. 5-264-35	程森园抢劫案 0119	No. 5-264-64	李春旺盗窃案 0852
No. 5-264-36	肖明明故意杀人案 0851	No. 5-264-65	郝卫东盗窃案 0070
No. 5-264-37	肖明明故意杀人案 0881	No. 5-264-66	崔勇、仇国宾、张志国盗窃案 0852
No. 5-264-38	王彬故意伤害案 0851		
No. 5-264-39	何弦、汪顺太非法处置扣押的财产案 1101	No. 5-264-67	孙伟勇盗窃案 0869
		No. 5-264-68	孙伟勇盗窃案 0852
No. 5-264-3	王春明盗窃案 0140	No. 5-264-69	何伟城等盗窃案 0852
No. 5-264-40	孔庆涛盗窃案 0851	No. 5-264-6	南昌洙等盗窃案 0130
No. 5-264-41	孔庆涛盗窃案 0851	No. 5-264-70	王吕奇盗窃案 0130
No. 5-264-42	郝景文等盗窃案 0851	No. 5-264-71	梁伟盗窃案 0852
No. 5-264-43	赵宏铃等盗窃案 0965	No. 5-264-72	王克辉、陈利等盗窃案 0852
No. 5-264-44	许霆盗窃案 0851	No. 5-264-73	张益、高华盗窃案 0852
No. 5-264-45	范军盗窃案 0851	No. 5-264-74	谢友仁、潘锋盗窃案 0130
No. 5-264-46	范军盗窃案 0851	No. 5-264-75	王冬岳盗窃案 0141
No. 5-264-47	韦国权盗窃案 0851	No. 5-264-76	邓玮铭盗窃案 0852
No. 5-264-48	陈建伍盗窃案 0851	No. 5-264-77	邓玮铭盗窃案 0852
No. 5-264-49	陈建伍盗窃案 0851	No. 5-264-78	尚娟盗窃案 0141
No. 5-264-4	沈某某盗窃案 0850	No. 5-264-79	潘平盗窃案 0141
No. 5-264-50	罗忠兰盗窃案 0851	No. 5-264-7	薛佩军等盗窃案 0140
No. 5-264-51	张泽容等盗窃案 0852	No. 5-264-80	陈某盗窃案 0852
No. 5-264-52	赵某盗窃案 0852	No. 5-264-81	陈某盗窃案 0852
No. 5-264-53	孟动等盗窃案 0852	No. 5-264-82	汪李芳盗窃案 0852
No. 5-264-54	周建龙盗窃案 0140	No. 5-264-83	廖承龙、张文清盗窃案 0852

No. 5-264-84	饶继军等盗窃案 0852	No. 5-266-20	臧进泉等盗窃、诈骗案 0853
No. 5-264-85	李鹏盗窃案 0852	No. 5-266-21	臧进泉等盗窃、诈骗案 0870
No. 5-264-86	朱林森等盗窃案 0198	No. 5-266-22	梁四昌诈骗案 0870
No. 5-264-87	关盛艺盗窃案 0852	No. 5-266-23	赵军诈骗案 0870
No. 5-264-88	熊海涛盗窃案 0852	No. 5-266-24	杨涛诈骗案 0870
No. 5-264-89	沈青鼠、王威盗窃案 0152	No. 5-266-25	俞辉诈骗案 0870
No. 5-264-8	薛佩军等盗窃案 0850	No. 5-266-26	李军、陈富海等28人诈骗案 0870
No. 5-264-90	王雲盗窃案 0152		
No. 5-264-91	岳德分盗窃案 0152	No. 5-266-27	黄某某、孙磊盗窃、诈骗案 0870
No. 5-264-92	花荣盗窃案 0852		
No. 5-264-93	张万盗窃案 0853	No. 5-266-28	曹海平诈骗案 0870
No. 5-264-94	巫建福盗窃案 0853	No. 5-266-29	王红柳、黄叶峰诈骗案 0870
No. 5-264-95	郗菲菲、李超、蒋超超、林恺盗窃案 0126	No. 5-266-2	杨永明等诈骗、行贿、盗窃案 0869
No. 5-264-96	郗菲菲、李超、蒋超超、林恺盗窃案 0126	No. 5-266-30	史兴其诈骗案 0870
		No. 5-266-31	苗辉诈骗案 0870
No. 5-264-97	郗菲菲、李超、蒋超超、林恺盗窃案 0126	No. 5-266-32	杨金凤、赵琪等诈骗案 0141
		No. 5-266-33	刘哲骏等诈骗案 0146
No. 5-264-98	蒲长才盗窃案 0853	No. 5-266-34	朱韩英、郭东云诈骗案 0152
No. 5-264-99	马贺飞盗窃案 0853	No. 5-266-35	何上候等人诈骗案 0870
No. 5-264-9	吴孔成盗窃案 0154	No. 5-266-36	伍华诈骗案 0870
No. 5-266-10	李品华等诈骗案 0869	No. 5-266-37	杨志诚、韦宁、何文剑诈骗案 0870
No. 5-266-11	田亚平诈骗案 0869		
No. 5-266-12	章杨诈骗案 0869	No. 5-266-38	葛玉友等诈骗案 0870
No. 5-266-13	章杨诈骗案 0869	No. 5-266-39	丁晓君诈骗案 0870
No. 5-266-14	殷宏伟诈骗案 0869	No. 5-266-3	李海波等诈骗案 0869
No. 5-266-15	金星等信用卡诈骗、盗窃罪 0870	No. 5-266-40	杨丽涛诈骗案 0870
		No. 5-266-41	王先杰诈骗案 0870
No. 5-266-16	胡朕诈骗案 0870	No. 5-266-42	肖群、张红梅、刘娜、胡美连、刘生媛、毛双萍诈骗案 0871
No. 5-266-17	王微等诈骗案 0870		
No. 5-266-18	詹群忠等诈骗罪 0870	No. 5-266-43	林在清等人诈骗案 0871
No. 5-266-19	张航军等诈骗案 0870	No. 5-266-44	王媛、李洁等贪污,诈骗,掩饰、隐瞒犯罪所得案 0871
No. 5-266-1	余永贵诈骗案 0120		

No. 5-266-45	徐波等人非法经营案 0871	No. 5-270-3	沙国芳侵占案 0883
No. 5-266-46	李政等诈骗案 0871	No. 5-271-10	林连枝职务侵占案 0887
No. 5-266-47	陈文辉、郑金锋等诈骗、侵犯公民个人信息案 0871	No. 5-271-11	朱文博公司人员受贿案 0887
		No. 5-271-12	李爽职务侵占案 0887
No. 5-266-48	陈文辉、郑金锋等诈骗、侵犯公民个人信息案 0871	No. 5-271-13	何华兵职务侵占案 0887
		No. 5-271-14	何华军职务侵占案 0887
No. 5-266-49	倪劲锋诈骗案 0871	No. 5-271-15	成俊彬诈骗案 0872
No. 5-266-4	刘志刚诈骗案 0869	No. 5-271-16	吴定岳职务侵占案 0888
No. 5-266-50	王郊诈骗案 0871	No. 5-271-17	赵卫明等盗窃案 0888
No. 5-266-51	孙佳英、蒋志诈骗案 0871	No. 5-271-18	于庆伟职务侵占案 0888
No. 5-266-52	孙佳英、蒋志诈骗案 0871	No. 5-271-19	林通职务侵占案 0888
No. 5-266-53	黄钰诈骗案 0871	No. 5-271-1	张珍贵等职务侵占案 01316
No. 5-266-54	陈寅岗等人非法拘禁、敲诈勒索、诈骗案 0871	No. 5-271-20	石锡香等职务侵占案 0888
		No. 5-271-21	谌升炎侵占案 0853
No. 5-266-55	陈寅岗等人非法拘禁、敲诈勒索、诈骗案 0871	No. 5-271-22	钱银元贪污、职务侵占案 0888
No. 5-266-56	张凤江等14人诈骗案 0871	No. 5-271-23	雒彬彬职务侵占案 0888
No. 5-266-57	张凤江等14人诈骗案 0871	No. 5-271-24	曹建亮等职务侵占案 0888
No. 5-266-58	朱港春、李俊乐诈骗案 0872	No. 5-271-25	詹承钰职务侵占案 0888
No. 5-266-59	朱港春、李俊乐诈骗案 0872	No. 5-271-26	韩枫职务侵占案 0888
No. 5-266-5	仲越等诈骗案 0869	No. 5-271-27	谭世豪职务侵占案 0888
No. 5-266-60	黄金章诈骗案 0872	No. 5-271-28	赵玉生、张书安职务侵占案 0888
No. 5-266-61	阚莹诈骗案 0872		
No. 5-266-62	刘楚荣、刘汉杰、刘立辉诈骗案 0872	No. 5-271-29	王海英职务侵占案 0888
		No. 5-271-2	张珍贵等职务侵占案 0887
No. 5-266-63	徐文斌诈骗案 0872	No. 5-271-3	贺豫松职务侵占案 0887
No. 5-266-6	王成文抢夺案 0869	No. 5-271-4	王一辉职务侵占案 0887
No. 5-266-7	王贺军合同诈骗案 0869	No. 5-271-5	任祖翰等职务侵占案 0887
No. 5-266-8	刘国芳等诈骗案 0869	No. 5-271-6	虞秀强职务侵占案 0887
No. 5-266-9	刘国芳等诈骗案 0869	No. 5-271-7	刘宏职务侵占案 0887
No. 5-267(1)-1	李丽波抢夺案 0877	No. 5-271-8	刘宏职务侵占案 0887
No. 5-270-1	张建忠侵占案 0883	No. 5-271-9	王某职务侵占案 0887
No. 5-270-2	杨飞侵占案 0883	No. 5-272-1	丁钦宇挪用资金案 0894

No. 5-272-2	刘必仲挪用资金案 0894	No. 5-274-20	刘康等人敲诈勒索案 0902
No. 5-272-3	陈焕林等挪用资金、贪污案 0894	No. 5-274-21	周禄宝敲诈勒索案 0902
No. 5-272-4	沈某挪用资金案 0017	No. 5-274-22	吴强等人敲诈勒索、抢劫、贩卖毒品、故意伤害案 0902
No. 5-272-5	马宪有挪用资金案 1330		
No. 5-272-6	白晓伟挪用资金案 1330		
No. 5-272-7	王忠良、王亚军挪用资金案 0894	No. 5-275-1	孙静故意毁坏公私财物案 0905
No. 5-272-8	李毅挪用资金案 0894	No. 5-275-2	董军立故意毁坏财物案 0167
No. 5-272-9	王江浩挪用资金案 0894		
No. 5-274-1	林华明敲诈勒索案 0901	No. 5-276-1	章国新破坏生产经营案 0906
No. 5-274-2	张舒娟敲诈勒索案 0901	No. 5-276-2	刘俊破坏生产经营案 0906
No. 5-274-3	苏同强等敲诈勒索案 0034		
No. 5-274-4	夏某理等敲诈勒索案 0901	No. 5-276-3	马昕炜破坏生产经营案 0906
No. 5-274-5	孙吉勇敲诈勒索案 0901		
No. 5-274-6	梁成志等敲诈勒索案 0901		
No. 5-274-7	夏鹏飞等抢劫、敲诈勒索、盗窃案 0901	No. 5-276之一-1	胡克金拒不支付劳动报酬案 0911
No. 5-274-8	夏鹏飞等抢劫、敲诈勒索、盗窃案 0881	No. 6-1-277-1	宋永强妨害公务案 0917
		No. 6-1-277-2	周洪宝妨害公务案 0918
No. 5-274-9	彭文化敲诈勒索案 0902	No. 6-1-277-3	陈岗妨害公务案 0918
No. 5-274-10	李书辉等敲诈勒索案 0902	No. 6-1-277-4	黄潮尧妨害公务案 0918
No. 5-274-11	王明雨敲诈勒索案 0902	No. 6-1-277-5	谢益波、邵颖妨害公务案 0918
No. 5-274-12	蒋文正爆炸、敲诈勒索案 0140		
No. 5-274-13	王奕发、刘演平敲诈勒索案 0146	No. 6-1-277-6	王福兵妨害公务案 0918
		No. 6-1-279-1	李志远招摇撞骗、诈骗案 0922
No. 5-274-14	陈曙光敲诈勒索案 0902	No. 6-1-279-2	李志远招摇撞骗、诈骗案 0922
No. 5-274-15	徐改革等敲诈勒索案 0902		
No. 5-274-16	陈卫吉敲诈勒索案 0017	No. 6-1-279-3	李志远招摇撞骗、诈骗案 0922
No. 5-274-17	田友兵敲诈勒索案 0154		
No. 5-274-18	廖举旺等敲诈勒索案 0902	No. 6-1-280(1)-1-1	张金波伪造国家机关公文案 0929
No. 5-274-19	刘康等人敲诈勒索案 0902		

No.6-1-280(1)-1-2	石红军伪造公司印章案 0929	No.6-1-286-6	付宜豪、黄子超破坏计算机信息系统案 0958
No.6-1-284之一(3)-1	王学军等非法获取国家秘密、非法出售、提供试题、答案案 0947	No.6-1-286-7	徐强破坏计算机信息系统案 0958
No.6-1-284之一(3)-2	王学军等非法获取国家秘密、非法出售、提供试题、答案案 0947	No.6-1-286-9	李森、何利民、张锋勃等人破坏计算机信息系统案 0958
No.6-1-284之一(3)-3	王学军等非法获取国家秘密、非法出售、提供试题、答案案 0947	No.6-1-290(1)-1	陈先贵聚众扰乱社会秩序案 0010
No.6-1-285(2)-1	董勇、李文章非法获取计算机信息系统数据案 0952	No.6-1-290(1)-2	陈先贵聚众扰乱社会秩序案 0010
No.6-1-285(2)-2	岳曾伟等人非法获取计算机信息系统数据案 0953	No.6-1-290(1)-3	陈先贵聚众扰乱社会秩序案 0010
No.6-1-285(2)-3	吴冰非法获取计算机信息系统数据案 0953	No.6-1-291-1	余胜利、尤庆波聚众扰乱交通秩序案 0987
No.6-1-285(2)-4	张竣杰等非法控制计算机信息系统案 0953	No.6-1-291之二-1	廖善香过失致人死亡案 0993
No.6-1-286-1	吕薛文破坏计算机信息系统案 0958	No.6-1-291之一(1)-2-1	袁才彦编造虚假恐怖信息案 0991
No.6-1-286-2	吕薛文破坏计算机信息系统案 0958	No.6-1-291之一(1)-2-2	袁才彦编造虚假恐怖信息案 0991
No.6-1-286-3	童莉、蔡少英破坏计算机信息系统案 0958	No.6-1-291之一(1)-2-3	熊毅编造虚假恐怖信息案 0991
No.6-1-286-4	孙小虎破坏计算机信息系统案 0958	No.6-1-291之一(2)-1	刘星星编造、传播虚假信息案 0991
No.6-1-286-5	李俊、王磊、张顺、雷磊破坏计算机信息系统案 0958	No.6-1-291之一(2)-2	刘星星编造、传播虚假信息案 0991
		No.6-1-292-10	李天龙、高政聚众斗殴案 0996
		No.6-1-292-11	周方健等人聚众斗殴、寻衅滋事、开设

	赌场案 0996	No.6-1-293-21	林作明寻衅滋事案 1005
No.6-1-292-1	倪以刚等聚众斗殴案 0995	No.6-1-293-22	谢庆茂寻衅滋事案 1005
No.6-1-292-2	倪以刚等聚众斗殴案 0995	No.6-1-293-23	卢方锁、周凯寻衅滋事案 1005
No.6-1-292-3	任中顺等聚众斗殴案 0995	No.6-1-293-24	蔡恒寻衅滋事案 1005
No.6-1-292-4	任中顺等聚众斗殴案 0995	No.6-1-293-25	戴颖、蒯军寻衅滋事案 1005
No.6-1-292-5	李景亮聚众斗殴案 0995	No.6-1-293-2	许军令等寻衅滋事案 1004
No.6-1-292-6	莫洪德故意杀人案 0995	No.6-1-293-3	许军令等寻衅滋事案 1004
No.6-1-292-7	莫洪德故意杀人案 0996	No.6-1-293-4	亢红昌抢夺案 1004
No.6-1-292-8	莫洪德故意杀人案 0096	No.6-1-293-5	王新强寻衅滋事案 1004
No.6-1-292-9	密文涛等聚众斗殴案 0140	No.6-1-293-6	李海彬寻衅滋事案 1004
		No.6-1-293-7	朱伦军寻衅滋事案 1004
No.6-1-293-10	阳双飞等故意杀人、寻衅滋事案 1004	No.6-1-293-8	杨熙寻衅滋事、过失致人死亡案 1004
No.6-1-293-11	阳双飞等故意杀人、寻衅滋事案 0096	No.6-1-293-9	阳双飞等故意杀人、寻衅滋事案 1004
No.6-1-293-12	杨安等故意伤害案 1004	No.6-1-294(1)-10	容乃胜等组织、领导、参加黑社会性质组织案 1030
No.6-1-293-13	杨安等故意伤害案 1004		
No.6-1-293-14	杨安等故意伤害案 0140	No.6-1-294(1)-11	陈垚东等人组织、领导、参加黑社会性质组织案 1030
No.6-1-293-15	张加佳、张勇建、郑金田寻衅滋事案 1004		
No.6-1-293-16	梁锦辉寻衅滋事案 0041	No.6-1-294(1)-12	朱光辉等人组织、领导、参加黑社会性质组织案 1030
No.6-1-293-17	秦志晖诽谤、寻衅滋事案 1005		
No.6-1-293-18	李某甲等寻衅滋事案 1005	No.6-1-294(1)-13	史锦钟等人组织、领导、参加黑社会性质组织案 1030
No.6-1-293-19	黄民喜等寻衅滋事案 1005		
No.6-1-293-1	李铁等寻衅滋事案 1004	No.6-1-294(1)-14	汪振等人组织、领导、参加黑社会性质组织案 1030
No.6-1-293-20	林作明寻衅滋事案 0033		

No.6-1-294(1)-15	焦海涛等人寻衅滋事案 1030
No.6-1-294(1)-16	符青友等人敲诈勒索、强迫交易、故意销毁会计账簿，对公司、企业人员行贿，行贿案 1030
No.6-1-294(1)-17	刘汉等人组织、领导、参加黑社会性质组织案 1030
No.6-1-294(1)-18	刘汉等人组织、领导、参加黑社会性质组织案 1030
No.6-1-294(1)-19	王云娜等人故意伤害、寻衅滋事、非法拘禁、敲诈勒索案 1030
No.6-1-294(1)-1	陈金豹等组织、领导、参加黑社会性质组织案 1029
No.6-1-294(1)-20	吴亚贤等人组织、领导、参加黑社会性质组织案 1030
No.6-1-294(1)-21	韩召海等人组织、领导、参加黑社会性质组织案 1030
No.6-1-294(1)-22	韩召海等人组织、领导、参加黑社会性质组织案 0872
No.6-1-294(1)-23	吴学占等人组织、领导、参加黑社会性质组织案 1030
No.6-1-294(1)-24	吴学占等人组织、领导、参加黑社会性质组织案 1031
No.6-1-294(1)-25	谢培忠等人组织、领导、参加黑社会性质组织案 1031
No.6-1-294(1)-26	谢培忠等人组织、领导、参加黑社会性质组织案 1031
No.6-1-294(1)-27	龚品文等人组织、领导、参加黑社会性质组织案 1031
No.6-1-294(1)-28	龚品文等人组织、领导、参加黑社会性质组织案 1031
No.6-1-294(1)-29	方悦等人组织、领导、参加黑社会性质组织案 1031
No.6-1-294(1)-2	黄向华等组织、参加黑社会性质组织，陈国阳、张伟洲包庇黑社会性质组织案 1029
No.6-1-294(1)-30	黄图望等人组织、领导、参加黑社会性质组织案 1031
No.6-1-294(1)-31	罗建升等人组织、领导、参加黑社会性质组织案 1031
No.6-1-294(1)-3	李军等参加黑社会性质组织案 1029
No.6-1-294(1)-4	李军等参加黑社会性质组织案 1029
No.6-1-294(1)-5	区瑞狮等组织、领导、参加黑社会性质组织案 1029
No.6-1-294(1)-6	王江等组织、领导、参加黑社会性质组织案 0017
No.6-1-294(1)-7	容乃胜等组织、领导、参加黑社会性质组织案 1030
No.6-1-294(1)-8	容乃胜等人组织、领导、参加黑社会性质组织案 1030

编号	案件名称
No.6-1-294(1)-9	容乃胜等组织、领导、参加黑社会性质组织案 1030
No.6-1-294(3)-1	刘学军、刘忠伟、吕斌包庇、纵容黑社会性质组织案 1031
No.6-1-294(3)-2	刘学军、刘忠伟、吕斌包庇、纵容黑社会性质组织案 1031
No.6-1-294(3)-3	张礼琦包庇、纵容黑社会性质组织案 1031
No.6-1-294(3)-4	张礼琦包庇、纵容黑社会性质组织案 1031
No.6-1-295-1	李祥英传授犯罪方法案 1033
No.6-1-295-2	冯庆钊传授犯罪方法案 1033
No.6-1-295-3	冯庆钊传授犯罪方法案 1033
No.6-1-295-4	冯庆钊传授犯罪方法案 1033
No.6-1-303(1)-1	陈建新等赌博案 1056
No.6-1-303(1)-2	陈建新等赌博案 1056
No.6-1-303(1)-3	周帮权等赌博案 1056
No.6-1-303(1)-4	周帮权等赌博案 1056
No.6-1-303(1)-5	刘林等人赌博案 0154
No.6-1-303(1)-6	叶国新赌博案 1056
No.6-1-303(2)-10	夏永华等人开设赌场案 1057
No.6-1-303(2)-11	陈庆豪开设赌场案 1057
No.6-1-303(2)-12	陈枝滨等人开设赌场案 1057
No.6-1-303(2)-13	洪小强、洪礼沃、洪清泉、李志荣开设赌场案 1057
No.6-1-303(2)-14	谢检军、高垒、高尔樵、杨泽彬开设赌场案 1057
No.6-1-303(2)-1	陈亮等开设赌场、寻衅滋事案 1056
No.6-1-303(2)-2	陈亮等开设赌场、寻衅滋事案 1056
No.6-1-303(2)-3	严庭杰非法经营、卢海棠赌博、伪造国家机关证件案 0146
No.6-1-303(2)-4	陈宝林等赌博案 1056
No.6-1-303(2)-5	陈宝林等赌博案 1056
No.6-1-303(2)-6	萧俊伟开设赌场案 1056
No.6-1-303(2)-7	方俊、王巧玲等开设赌场案 1056
No.6-1-303(2)-8	夏永华等人开设赌场案 1057
No.6-1-303(2)-9	夏永华等人开设赌场案 1057
No.6-2-307(1)-1	李泳妨害作证案 1063
No.6-2-307之一-1	胡群光妨害作证、王荣炎帮助伪造证据案 1071
No.6-2-307之一-2	高云虚假诉讼案 1071
No.6-2-307之一-3	胡文新、黎维军虚假诉讼案 1071
No.6-2-307之一-4	嘉善双赢轴承厂诉单国强虚假诉讼案 1071
No.6-2-307之一-5	万春禄虚假诉讼案 1071
No.6-2-307之一-6	万春禄虚假诉讼案 1071
No.6-2-307之一-7	张崇光、张崇荣虚假诉讼案 0017
No.6-2-307之一-8	张伟民虚假诉讼案 1071
No.6-2-310-1	冉国成等故意杀人、包庇案 0052

No.6-2-310-2	冉国成等故意杀人、包庇案 0052	No.6-2-312-20	奥姆托绍等四人掩饰、隐瞒犯罪所得案 1095
No.6-2-310-3	冉国成等故意杀人、包庇案 1078	No.6-2-312-21	谭细松掩饰、隐瞒犯罪所得案 1095
No.6-2-310-4	冉国成等故意杀人、包庇案 1078	No.6-2-312-22	唐某中、唐某波掩饰、隐瞒犯罪所得案 1095
No.6-2-310-5	蔡勇等故意伤害、窝藏案 1078	No.6-2-312-23	元某某掩饰、隐瞒犯罪所得案 1095
No.6-2-310-6	张广现故意伤害、尹红丽被指控窝藏宣告无罪案 1078	No.6-2-312-24	郭锐、黄立新盗窃,掩饰、隐瞒犯罪所得案 1095
No.6-2-312-10	沈鹏、朱鑫波掩饰、隐瞒犯罪所得案 1094	No.6-2-312-25	牡丹江再生资源开发有限责任公司第十七收购站及朱富良掩饰、隐瞒犯罪所得案 1095
No.6-2-312-11	袁某某信用卡诈骗,张某某掩饰、隐瞒犯罪所得案 1094		
No.6-2-312-12	张兴泉掩饰、隐瞒犯罪所得案 1094	No.6-2-312-26	陈飞、刘波掩饰、隐瞒犯罪所得案 1095
No.6-2-312-13	汤某掩饰、隐瞒犯罪所得案 1094	No.6-2-312-27	侯某某掩饰、隐瞒犯罪所得案 1095
No.6-2-312-14	汤雨华、庄瑞军盗窃,朱端银掩饰、隐瞒犯罪所得案 1094	No.6-2-312-28	谭某旗、谭某掩饰、隐瞒犯罪所得案 1095
No.6-2-312-15	李林掩饰、隐瞒犯罪所得案 1095	No.6-2-312-2	徐大连等掩饰、隐瞒犯罪所得案 1094
No.6-2-312-16	杜国军、杜锡军非法捕捞水产品,刘训山、严荣富掩饰、隐瞒犯罪所得案 1095	No.6-2-312-3	贾庆显等掩饰、隐瞒犯罪所得收益案 1094
		No.6-2-312-4	莫叶兵等盗窃、掩饰、隐瞒犯罪所得案 1094
No.6-2-312-17	孙善凯、刘军、朱康盗窃案 1095	No.6-2-312-5	韩亚泽掩饰、隐瞒犯罪所得案 1094
No.6-2-312-18	陈某、欧阳某等掩饰、隐瞒犯罪所得案 1095	No.6-2-312-6	钟超等盗窃,高卫掩饰、隐瞒犯罪所得案 1094
No.6-2-312-19	姜某掩饰、隐瞒犯罪所得案 1095	No.6-2-312-7	刘小会、于林掩饰、隐瞒犯罪所得案 1094
No.6-2-312-1	徐大连等掩饰、隐瞒犯罪所得案 1094	No.6-2-312-8	雷某仁、黄某生、黄某评破坏

	交通设施,田某祥掩饰、隐瞒犯罪所得、犯罪所得收益案 1094
No.6-2-312-9	闻福生掩饰、隐瞒犯罪所得案 1094
No.6-2-313-1	朱荣南拒不执行判决、裁定案 1099
No.6-2-313-2	龙某某拒不执行判决案 1099
No.6-2-313-3	杨建荣、颜爱英、姜雪富拒不执行判决、裁定案 1100
No.6-2-313-4	于国民拒不执行判决案 1100
No.6-2-313-5	肖应文、李秋发拒不执行判决案 1100
No.6-2-313-6	毛建文拒不执行判决、裁定案 1100
No.6-2-316(1)-1	魏荣香等故意杀人、抢劫、脱逃、窝藏案 1103
No.6-2-316(1)-2	魏荣香等故意杀人、抢劫、脱逃、窝藏案 1103
No.6-2-316(1)-3	魏荣香等故意杀人、抢劫、脱逃、窝藏案 0140
No.6-2-316(1)-4	张丽荣脱逃案 1103
No.6-2-316(1)-5	张丽荣脱逃案 0101
No.6-3-318-1	农海兴组织他人偷越国境案 1107
No.6-3-318-2	凌文勇组织他人偷越边境、韦德其等运送他人偷越边境案 1107
No.6-3-319-1	孟卫东出售出入境证件案 1109
No.6-3-319-2	杨维清等骗取出境证件案 1109
No.6-4-328(1)-1	李生跃盗掘古文化遗址案 1129
No.6-4-328(1)-2	李生跃盗掘古文化遗址案 1129
No.6-4-328(1)-3	谢志喜、曾和平盗掘古文化遗址案 1129
No.6-4-328(1)-4	韩涛、胡如俊盗掘古墓葬案 1129
No.6-4-328(1)-5	王朋威、周楠盗掘古文化遗址案 1129
No.6-5-330-1	张勇智妨害传染病防治案 1135
No.6-5-335-1	孟广超医疗事故案 0368
No.6-5-335-2	孟广超医疗事故案 1146
No.6-5-335-3	梁娟医疗事故案 1146
No.6-5-336(1)-1	熊忠喜非法行医案 1150
No.6-5-336(1)-2	贺淑华非法行医案 1150
No.6-5-336(1)-3	王之兰过失致人死亡案 1150
No.6-5-336(1)-4	周某某非法行医案 1150
No.6-5-336(1)-5	侯春英非法行医案 1150
No.6-5-336(1)-6	周兆钧非法行医案 1150
No.6-5-336(1)-7	胡万林等非法行医案 1150
No.6-5-336(2)-1	徐如涵非法进行节育手术案 1150
No.6-5-336(2)-2	陈菊玲非法进行节育手术案 0152
No.6-5-336(2)-3	陈菊玲非法进行节育手术案 0152
No.6-5-336(2)-4	陈菊玲非法进行节育手术案 0152

No.6-6-338-1	程凤莲污染环境案 1164		濒危野生动物制品案 1180
No.6-6-338-2	宁夏明盛染化有限公司、廉兴中污染环境案 1164	No.6-6-341(1)-6	解景芳非法出售珍贵、濒危野生动物案 1180
No.6-6-338-3	宝勋精密螺丝(浙江)有限公司等污染环境暨附带民事公益诉讼案 1164	No.6-6-341(1)-7	刘纯军非法收购珍贵、濒危野生动物案 1180
No.6-6-338-4	董传桥、张锁等十九人污染环境案 1164	No.6-6-341(1)-8	刘纯军非法收购珍贵、濒危野生动物案 0022
No.6-6-338-5	樊爱东、王圣华等污染环境案 1164	No.6-6-342-1	廖渭良等非法占用农用地、非法转让土地使用权案 1184
No.6-6-338-6	梁连平污染环境案 1164		
No.6-6-338-7	王文峰、马正勇污染环境案 1164	No.6-6-342-3	赵石山、王海杰、杨建波非法占用农用地案 1184
No.6-6-338-8	台州市黄岩恒光金属加工有限公司、周正友污染环境案 0142	No.6-6-342-4	赵石山、王海杰、杨建波非法占用农用地案 1184
		No.6-6-344-1	钟文福等非法采伐国家重点保护植物案 1196
No.6-6-338-9	宋友生、李伯庆等污染环境案 1164	No.6-6-345(1)-1	李波盗伐林木案 1202
No.6-6-340-1	耿志全非法捕捞水产品案 1172	No.6-6-345(2)-1	张彦峰等人滥伐林木案 1202
No.6-6-341(1)-1	严叶成、周健伟等非法收购、运输、出售珍贵、濒危野生动物、珍贵、濒危野生动物制品案 1180	No.6-7-347-1	徐根志等贩卖毒品案 1221
		No.6-7-347-10	胡斌、张筠筠等故意杀人、运输毒品(未遂)案 1221
No.6-6-341(1)-2	严叶成、周健伟等非法收购、运输、出售珍贵、濒危野生动物、珍贵、濒危野生动物制品案 1180	No.6-7-347-11	杨永保等走私毒品案 140
		No.6-7-347-12	郑大昌走私毒品案 1221
		No.6-7-347-13	郑大昌走私毒品案 1221
No.6-6-341(1)-3	达瓦加甫非法出售珍贵、濒危野生动物制品案 1180	No.6-7-347-14	姚明跃等贩卖毒品案 1221
		No.6-7-347-15	苏永清贩卖毒品案 1221
No.6-6-341(1)-4	徐峰非法收购、出售珍贵、濒危野生动物案 1180	No.6-7-347-16	马盛坚等贩卖毒品案 1228
No.6-6-341(1)-5	郑锴非法运输、出售珍贵、		

No.6-7-347-17	马盛坚等贩卖毒品案 1221	No.6-7-347-40	刘守红贩卖、制造毒品案 1222
No.6-7-347-18	马盛坚等贩卖毒品案 1222	No.6-7-347-41	朱海斌等制造、贩卖毒品案 1222
No.6-7-347-19	陈维有、庄凯思贩卖毒品案 1222	No.6-7-347-42	许实义贩卖、运输毒品案 1222
No.6-7-347-20	陈维有、庄凯思贩卖毒品案 1222	No.6-7-347-43	彭佳升贩卖、运输毒品案 1222
No.6-7-347-21	陈维有、庄凯思贩卖毒品案 1222	No.6-7-347-44	彭佳升贩卖、运输毒品案 1222
No.6-7-347-22	齐先贺贩卖、运输毒品案 1222	No.6-7-347-45	傅伟光走私毒品案 1222
No.6-7-347-23	孙奇志等贩卖毒品案 1222	No.6-7-347-46	傅伟光走私毒品案 1222
No.6-7-347-24	梁延兵等贩卖、运输毒品案 0146	No.6-7-347-47	包占龙贩卖毒品案 1222
No.6-7-347-25	韩雅利贩卖毒品、韩镇平窝藏毒品案 0098	No.6-7-347-47	李靖贩卖、运输毒品案 1249
No.6-7-347-26	陈佳嵘等贩卖、运输毒品案 0146	No.6-7-347-48	魏光强等走私运输毒品案 0147
No.6-7-347-27	李惠元贩卖毒品案 1222	No.6-7-347-49	古丽波斯坦·巴吐尔汗贩卖毒品案 1222
No.6-7-347-28	宋国华贩卖毒品案 1228	No.6-7-347-4	黄树清等贩卖毒品案 1221
No.6-7-347-29	张玉梅等贩卖毒品案 1222	No.6-7-347-50	姬刚运输毒品案 1223
No.6-7-347-2	周常等贩卖、转移毒品案 1221	No.6-7-347-51	张天武、涂祥、杜义顺贩卖、运输毒品案 1223
No.6-7-347-30	梁国雄等贩卖毒品案 1231	No.6-7-347-52	蒋泵源贩卖毒品案 1223
No.6-7-347-31	梁国雄等贩卖毒品案 0140	No.6-7-347-53	章远贩卖毒品、容留他人吸毒案 1223
No.6-7-347-32	梁国雄等贩卖毒品案 0147	No.6-7-347-54	王平运输毒品案 1223
No.6-7-347-33	梁国雄等贩卖毒品案 0147	No.6-7-347-55	凌万春、刘光普贩卖、制造毒品案 1223
No.6-7-347-35	宋光军运输毒品案 0097		
No.6-7-347-36	练永伟等贩卖毒品案 0097	No.6-7-347-56	胡俊波走私、贩卖、运输毒品,走私武器、弹药案 0147
No.6-7-347-37	田嫣等贩卖毒品案 0147		
No.6-7-347-38	王某贩卖毒品案 1222	No.6-7-347-57	胡俊波走私、贩卖、运输毒品,走私武器、弹药案 0147
No.6-7-347-39	王某贩卖毒品案 1222		
No.6-7-347-3	唐立新、蔡立兵贩卖毒品案 1221		

No. 6-7-347-58	易大元运输毒品案 1223	No. 6-7-347-8	金铁万等贩卖毒品案 1221
No. 6-7-347-59	李光耀等贩卖、运输毒品案 1249	No. 6-7-347-9	马俊海运输毒品案 1221
		No. 6-7-348-1	佟波非法持有毒品案 1228
No. 6-7-347-5	塔奴杰·安马列运输毒品案 1221	No. 6-7-348-2	张敏贩卖毒品案 1228
No. 6-7-347-60	邱绿清等走私、运输毒品案 1223	No. 6-7-348-3	陶玉广等非法持有毒品案 1223
No. 6-7-347-61	康文清贩卖毒品案 0142	No. 6-7-348-4	高某贩卖毒品、宋某非法持有毒品案 1228
No. 6-7-347-62	康文清贩卖毒品案 0147	No. 6-7-348-5	高某贩卖毒品、宋某某非法持有毒品案 1228
No. 6-7-347-63	阿力日呷等贩卖、运输毒品案 1223	No. 6-7-348-6	赛黎华、王翼龙贩卖毒品,赛黎华非法持有毒品案 1228
No. 6-7-347-64	张成建等贩卖毒品案 1223		
No. 6-7-347-65	刘继芳贩卖毒品案 1223	No. 6-7-348-7	赛黎华、王翼龙贩卖毒品,赛黎华非法持有毒品案 0142
No. 6-7-347-66	刘继芳贩卖毒品案 1223		
No. 6-7-347-67	叶布比初、跑次此尔走私、贩卖、运输毒品案 1223	No. 6-7-348-8	杨文博非法持有毒品案 0142
No. 6-7-347-68	陈恒武、李祥光贩卖、运输毒品案 1223	No. 6-7-348-9	周某非法持有毒品案 0142
		No. 6-7-349-2-1	智李梅等贩卖、窝藏、转移毒品案 1231
No. 6-7-347-69	高洪雷等贩卖、运输毒品,介绍卖淫案 1223	No. 6-7-350-1	吕书阳等走私制毒物品、职务侵占案 1237
No. 6-7-347-6	周义波运输毒品案 1221		
No. 6-7-347-70	常茂、吴江运输毒品案 1223	No. 6-7-350-2	王小情、杨平先等非法买卖制毒物品案 1237
No. 6-7-347-71	常茂、吴江运输毒品案 1223	No. 6-7-350-3	王小情、杨平先等非法买卖制毒物品案 1237
No. 6-7-347-72	姚某贩卖毒品案 1249	No. 6-7-350-4	解群英等非法买卖制毒物品、张海明等非法经营案 1237
No. 6-7-347-73	周崇敏贩卖毒品案 130		
No. 6-7-347-74	张应宣运输毒品案 1223		
No. 6-7-347-75	易卜拉欣·阿卜杜西默德·阿布多什走私毒品案 1223	No. 6-7-350-5	解群英等非法买卖制毒物品、张海明等非法经营案 1238
No. 6-7-347-76	林清泉制造毒品案 1223		
No. 6-7-347-77	陈春莲贩卖毒品案 1223	No. 6-7-354-1	聂凯凯容留他人吸毒案 1243
No. 6-7-347-7	唐友珍运输毒品案 1221		

No.6-7-354-2	沙学民容留他人吸毒案 0154		案 1257
No.6-7-354-3	孙德柱贩卖毒品、容留他人吸毒案 1243	No.6-8-358(1)(2)-1-20	杨恩星等组织卖淫案 1258
		No.6-8-358(1)(2)-1-21	何鹏燕介绍卖淫案 1258
No.6-8-358(1)(2)-1-10	张桂方、冯晓明组织卖淫案 1257	No.6-8-358(1)(2)-1-22	胡杨等协助组织卖淫案 1258
No.6-8-358(1)(2)-1-11	于维、彭玉蓉组织卖淫案 1257	No.6-8-358(1)(2)-1-23	胡杨等协助组织卖淫案 1258
No.6-8-358(1)(2)-1-12	周兰英组织卖淫案 1257	No.6-8-358(1)(2)-1-2	高洪霞、郑海本等组织卖淫、协助组织卖淫案 1257
No.6-8-358(1)(2)-1-13	张海峰组织卖淫、李志强协助组织卖淫、饶有才容留卖淫案 1257	No.6-8-358(1)(2)-1-3	王志明组织卖淫案 1257
No.6-8-358(1)(2)-1-14	张海峰组织卖淫、李志强协助组织卖淫、饶有才容留卖淫案 1257	No.6-8-358(1)(2)-1-4	王剑平等组织卖淫,耿劲松等协助组织卖淫案 1257
		No.6-8-358(1)(2)-1-5	胡宗友、李仲达组织卖淫案 1257
No.6-8-358(1)(2)-1-15	王辉、文兴洲等组织卖淫、协助组织卖淫案 1257	No.6-8-358(1)(2)-1-6	丁宝骏、何红等组织卖淫案 1257
No.6-8-358(1)(2)-1-16	席登松等组织卖淫、刘斌斌等协助组织卖淫案 1257	No.6-8-358(1)(2)-1-7	蔡轶等组织卖淫、协助组织卖淫案 1257
No.6-8-358(1)(2)-1-17	席登松等组织卖淫、刘斌斌等协助组织卖淫案 1257	No.6-8-358(1)(2)-1-8	蔡轶等组织卖淫、协助组织卖淫案 1257
		No.6-8-358(1)(2)-1-9	郑小明等组织卖淫、协助组织卖淫案 1257
No.6-8-358(1)(2)-1-18	方斌等组织卖淫案 1257		
No.6-8-358(1)(2)-1-19	方斌等组织卖淫案 1258	No.6-8-358(1)(2)-2-1	唐发均强迫卖淫案 1258
No.6-8-358(1)(2)-1-1	李宁组织卖淫	No.6-8-358(1)(2)-2-2	蒋德亮、胡春梅强

			迫卖淫案 1258
No.6-8-358(1)(2)-2-3	刘革辛、陈华林、孔新喜强迫卖淫案 1258	No.6-8-360-1	王某传播性病案 1263
		No.6-9-363(1)-10	李志雷贩卖淫秽物品牟利案 1273
No.6-8-358(1)(2)-2-4	王道军强迫卖淫案 1258	No.6-9-363(1)-11	梁世勋贩卖淫秽物品牟利案 1273
No.6-8-359(1)-10	郭某某介绍卖淫案 1261	No.6-9-363(1)-12	梁世勋卖淫秽物品牟利案 1273
No.6-8-359(1)-11	袁七虎容留、介绍卖淫案 1261	No.6-9-363(1)-13	魏大巍、戚本厚传播淫秽物品牟利案 1273
No.6-8-359(1)-12	王怀珍容留卖淫案 1261	No.6-9-363(1)-14	魏大巍、戚本厚传播淫秽物品牟利案 1273
No.6-8-359(1)-13	吴春兰、鲁长学容留卖淫案 1261	No.6-9-363(1)-15	张方耀传播淫秽物品牟利案 1273
No.6-8-359(1)-1	林庆介绍卖淫案 1260	No.6-9-363(1)-16	罗刚等传播淫秽物品牟利案 1273
No.6-8-359(1)-2	林庆介绍卖淫案 1261	No.6-9-363(1)-17	陈锦鹏等传播淫秽物品牟利案 1273
No.6-8-359(1)-3	林庆介绍卖淫案 1261	No.6-9-363(1)-18	陈锦鹏等传播淫秽物品牟利案 1273
No.6-8-359(1)-4	阎吉粤介绍卖淫案 1261	No.6-9-363(1)-19	陈锦鹏等传播淫秽物品牟利案 1273
No.6-8-359(1)-5	杨某、米某容留卖淫案 1261	No.6-9-363(1)-1	武景明等贩卖淫秽物品牟利、非法经营案 1272
No.6-8-359(1)-6	鲍荣连、李月仙、应夫昌容留卖淫案 1261	No.6-9-363(1)-20	周菊清传播淫秽物品案 1273
No.6-8-359(1)-7	阳怀容留卖淫案 1261	No.6-9-363(1)-21	北京掌中时尚科技有限公司等传播淫秽物品牟利案 1274
No.6-8-359(1)-8	徐某引诱、容留、介绍卖淫案 1261	No.6-9-363(1)-22	陈继明等传播淫秽物品牟利案 1274
No.6-8-359(1)-9	聂姣莲介绍卖淫案 1261	No.6-9-363(1)-23	深圳市快播科技有限公司、王欣等人传播淫秽物品牟利案 1274

No.6-9-363(1)-24	深圳市快播科技有限公司、王欣等人传播淫秽物品牟利案 1274		演案 1280
		No.6-9-365-3	董志尧组织淫秽表演案 1280
No.6-9-363(1)-25	张正亮贩卖淫秽物品牟利案 1274	No.7-372-1	谭飞等人冒充军人招摇撞骗、抢劫案 1292
No.6-9-363(1)-2	武景明等贩卖淫秽物品牟利、非法经营案 0702	No.7-372-2	谭飞等人冒充军人招摇撞骗、抢劫案 1292
No.6-9-363(1)-3	何肃黄等传播淫秽物品牟利案 1272	No.8-382-10	高建华等贪污案 1316
No.6-9-363(1)-4	何肃黄等传播淫秽物品牟利案 1273	No.8-382-11	高建华等贪污案 1316
		No.8-382-12	高建华等贪污案 1316
No.6-9-363(1)-5	方惠茹传播淫秽物品牟利案 1273	No.8-382-13	黄明惠贪污案 1316
		No.8-382-14	王志勤贪污、受贿罪 1316
No.6-9-363(1)-6	唐小明制作、贩卖淫秽物品牟利案 1273	No.8-382-15	郭如鳌等贪污、挪用公款案 1316
No.6-9-363(1)-7	陈乔华复制、贩卖淫秽物品牟利案 1273	No.8-382-15	郭如鳌等贪污、挪用公款案 1331
No.6-9-363(1)-8	陈乔华复制、贩卖淫秽物品牟利案 1273	No.8-382-17	徐华等贪污案 1316
		No.8-382-18	李平贪污、挪用公款案 0140
No.6-9-363(1)-9	李志雷贩卖淫秽物品牟利案 1273	No.8-382-19	李平贪污、挪用公款案 0147
No.6-9-364(1)-1	胡鹏等传播淫秽物品案 1278	No.8-382-1	阎怀民等贪污、受贿案 1316
No.6-9-364(1)-2	冷继超传播淫秽物品案 1278	No.8-382-20	李平贪污、挪用公款案 1316
No.6-9-364(1)-3	宋文传播淫秽物品、敲诈勒索案 1282	No.8-382-21	于继红贪污案 1316
		No.8-382-22	于继红贪污案 1317
No.6-9-364(1)-4	宋文传播淫秽物品、敲诈勒索案 1278	No.8-382-23	肖元华贪污、挪用公款案 1317
No.6-9-365-1	重庆访问科技有限公司等单位及郑立等人组织淫秽表演案 1280	No.8-382-24	胡滋玮贪污案 1317
		No.8-382-25	胡启能贪污案 1317
		No.8-382-26	胡启能贪污案 1317
No.6-9-365-2	董志尧组织淫秽表	No.8-382-27	杨光明贪污案 1317

No. 8-382-28	石镜寰贪污案 1317	No. 8-382-5	宾四春等贪污案 1316
No. 8-382-29	廖常伦贪污、受贿案 1317	No. 8-382-6	宾四春等贪污案 1316
No. 8-382-2	朱洪岩贪污案 1316	No. 8-382-7	尚荣多等贪污案 1316
No. 8-382-30	王妙兴贪污、受贿、职务侵占案 1317	No. 8-382-8	吴常文贪污案 1316
		No. 8-382-9	杨代芳贪污、受贿案 1316
No. 8-382-31	柳志勇贪污案 1317	No. 8-384-10	王正言挪用公款案 1331
No. 8-382-32	翟新胤、孙彬臣贪污案 1317	No. 8-384-11	刘某挪用公款案 1331
No. 8-382-33	王玉文贪污社保基金案 1317	No. 8-384-12	鞠胤文等挪用公款、受贿案 1331
No. 8-382-34	李成兴贪污案 1317		
No. 8-382-35	刘某贪污案 122	No. 8-384-13	陈超龙挪用公款案 1331
No. 8-382-36	陈强等贪污、受贿案 1317	No. 8-384-14	马平华挪用公款案 1331
No. 8-382-37	祝贵财等贪污案 1317	No. 8-384-15	彭国军贪污、挪用公款案 1331
No. 8-382-38	赵明贪污、挪用公款案 1317		
No. 8-382-39	杨延虎等贪污案 1317	No. 8-384-16	彭国军贪污、挪用公款案 1331
No. 8-382-3	宾四春等贪污案 1316		
No. 8-382-40	杨延虎等贪污案 1317	No. 8-384-17	彭国军贪污、挪用公款案 1331
No. 8-382-41	周爱武、周晓贪污案 1317		
No. 8-382-42	周爱武、周晓贪污案 1317	No. 8-384-18	刘某、姚某挪用公款案 0141
No. 8-382-43	王雪龙挪用公款、贪污案 1317	No. 8-384-19	刘某、姚某挪用公款案 0141
		No. 8-384-1	刘国林等挪用公款案 1331
No. 8-382-44	王雪龙挪用公款、贪污案 1317	No. 8-384-20	郑年胜挪用公款案 1331
		No. 8-384-21	姚太文贪污、受贿案 1331
No. 8-382-45	刘宝春贪污案 1317	No. 8-384-2	陈义文挪用公款案 1331
No. 8-382-46	刘宝春贪污案 1318	No. 8-384-3	胡永强等挪用公款、诈骗罪案 1331
No. 8-382-47	李华波违法所得没收、贪污案 1318		
		No. 8-384-4	王铮贪污、挪用公款案 1331
No. 8-382-48	李华波违法所得没收、贪污案 0142	No. 8-384-5	张威同挪用公款案 1331
		No. 8-384-6	冯安华等挪用公款案 1331
No. 8-382-4	宾四春等贪污案 1316	No. 8-384-7	罗进学挪用公款案 1331
No. 8-382-50	许超凡贪污、挪用公款案 0094	No. 8-384-8	吴江、李晓光挪用公款案 0141
No. 8-382-51	黄艳兰贪污违法所得没收案 0126	No. 8-384-9	吴江、李晓光挪用公款案 0147

No. 8-385-10	艾文礼受贿案 1343	No. 8-385-37	杨海受贿案 1344
No. 8-385-11	李葳受贿案 1343	No. 8-385-38	陈建飞受贿案 1344
No. 8-385-12	李葳受贿案 1343	No. 8-385-39	吕辉受贿案 1344
No. 8-385-13	李葳受贿案 1343	No. 8-385-3	于纪豹受贿案 1342
No. 8-385-14	胡发群受贿、巨额财产来源不明案 1343	No. 8-385-40	周龙苗等受贿案 1344
No. 8-385-15	张帆受贿案 1343	No. 8-385-41	刚然、吴静竹受贿、伪造国家机关证件案 1344
No. 8-385-16	方俊受贿案 1343	No. 8-385-42	雷政富受贿案 0902
No. 8-385-17	方俊受贿案 1343	No. 8-385-43	雷政富受贿案 1344
No. 8-385-18	马平等受贿案 1343	No. 8-385-44	章国钧受贿案 1344
No. 8-385-19	王海峰受贿、伪造证据案 1343	No. 8-385-45	胡伟富受贿案 1344
No. 8-385-1	王效金受贿案 1342	No. 8-385-46	卫建峰受贿案 1344
No. 8-385-20	王海峰受贿、伪造证据案 1343	No. 8-385-47	凌吉敏受贿案 1345
		No. 8-385-48	刘凯受贿案 1345
No. 8-385-21	钱政德受贿案 1343	No. 8-385-49	杨德林滥用职权、受贿案 126
No. 8-385-22	钱政德受贿案 1343	No. 8-385-4	曹军受贿案 1343
No. 8-385-23	王小石受贿案 1344	No. 8-385-50	吴仕宝受贿案 1345
No. 8-385-24	王小石受贿案 1344	No. 8-385-51	吴仕宝受贿案 1345
No. 8-385-25	黄立军受贿案 1344	No. 8-385-52	寿永年受贿案 1345
No. 8-385-26	黄立军受贿案 0147	No. 8-385-56	罗菲受贿案 1345
No. 8-385-27	许成华受贿、挪用资金案 1344	No. 8-385-57	孙昆明受贿案 1345
No. 8-385-28	周小华受贿案 1344	No. 8-385-58	李群受贿案 1345
No. 8-385-29	周小华受贿案 1344	No. 8-385-59	沈财根受贿案 1345
No. 8-385-2	王效金受贿案 1342	No. 8-385-5	万国英受贿、挪用公款案 1343
No. 8-385-30	蒋勇等受贿案 1344	No. 8-385-60	朱渭平受贿案 1345
No. 8-385-31	蒋勇等受贿案 1344	No. 8-385-61	朱渭平受贿案 1345
No. 8-385-32	李万等受贿案 1344	No. 8-385-62	李明辉受贿案 0017
No. 8-385-33	黄长斌受贿案 1344	No. 8-385-63	吴六徕受贿案 1345
No. 8-385-34	沈同贵受贿案 0147	No. 8-385-64	王银成受贿案 1345
No. 8-385-35	陆某受贿案 1349	No. 8-385-65	王银成受贿案 1345
No. 8-385-36	杨光亮受贿案 1344	No. 8-385-66	王银成受贿案 1345

No. 8-385-67	丁利康受贿案 1345	No. 8-396(1)-11	林财私分国有资产案 1368
No. 8-385-68	毋保良受贿案 1345	No. 8-396(1)-12	林财私分国有资产案 1368
No. 8-385-69	毋保良受贿案 1345	No. 8-396(1)-1	张经良等人私分国有资产案 1368
No. 8-385-6	万国英受贿、挪用公款案 1331	No. 8-396(1)-2	张经良等人私分国有资产案 1368
No. 8-385-70	毋保良受贿案 1345	No. 8-396(1)-3	李祖清等被控贪污案 1368
No. 8-385-71	耿三有受贿案 0017	No. 8-396(1)-4	李祖清等被控贪污案 1368
No. 8-385-72	耿三有受贿案 1345	No. 8-396(1)-5	张金康等私分国有资产案 1368
No. 8-385-73	王甲受贿案 1345		
No. 8-385-74	林少钦受贿案 0202	No. 8-396(1)-6	徐国桢等私分国有资产案 1368
No. 8-385-75	李志刚滥用职权、受贿案 1346	No. 8-396(1)-7	工商银行神木支行、童某等国有公司人员滥用职权案 1368
No. 8-385-76	白恩培受贿、巨额财产来源不明案 1324		
No. 8-385-77	白恩培受贿、巨额财产来源不明案 1324	No. 8-396(1)-8	佟茂华、牛玉杰私分国有资产,佟茂华挪用公款、受贿案 1368
No. 8-385-78	王建受贿案 1346		
No. 8-385-79	巴连孝受贿案 0126	No. 8-396(1)-9	佟茂华、牛玉杰私分国有资产,佟茂华挪用公款、受贿案 1331
No. 8-385-7	姜杰受贿案 0300		
No. 8-385-80	吴为兵受贿违法所得没收案 0126		
No. 8-385-8	姜杰受贿案 1343	No. 9-397-1-1	邹兴儿滥用职权案 1379
No. 8-385-9	陈晓受贿案 1343	No. 9-397-1-2	余振宝滥用职权案 1379
No. 8-388之一-1	王岩利用影响力受贿案 1350	No. 9-397-1-3	余振宝滥用职权案 1379
		No. 9-397-1-4	翁余生滥用职权案 1379
No. 8-388之一-2	郑伟雄利用影响力受贿案 1350	No. 9-397-1-5	黄德林滥用职权、受贿罪 1379
No. 8-389-1	袁珏行贿案 1353		
No. 8-389-2	袁珏行贿案 1357	No. 9-397-1-6	黄德林滥用职权、受贿罪 1379
No. 8-391-1	昆明展煜科技有限公司等对单位行贿案 1348	No. 9-397-1-7	卢高春滥用职权案 1379
No. 8-393-1	成都主导科技有限责任公司、王黎单位行贿案 1357	No. 9-397-2-1	林世元等受贿、玩忽职守案 149

No.9-397-2-2	林世元等受贿、玩忽职守案 1379	No.9-409-1	黎善文传染病防治失职案 1417
No.9-399(1)-1	安军文等徇私枉法案 1387	No.9-409-2	黎善文传染病防治失职案 1417
No.9-399之一-1	曾德明枉法仲裁案 1389	No.9-415-2-1	张东升放行偷越国(边)境人员案 1431
No.9-400(1)-1	吴鹏辉等私放在押人员案 1391	No.9-415-2-2	张东升放行偷越国(边)境人员案 1431
No.9-406-1	王琦筠等国家机关工作人员签订、履行合同失职被骗案 1406	No.9-417-1	孔凡志帮助犯罪分子逃避处罚案 1437
No.9-406-2	王琦筠等国家机关工作人员签订、履行合同失职被骗案 1406	No.9-417-2	孔凡志帮助犯罪分子逃避处罚案 1437
No.9-407-1	李明违法发放林木采伐许可证案 1408	No.9-417-3	潘楠博帮助犯罪分子逃避处罚案 1437
No.9-408之一-1	任尚太等三人食品监管渎职案 1414	No.9-418-1	徐建利、张建军招收学生徇私舞弊案 1439

主题词索引

A

安全生产设施 0159,0329,0330,0335-0338

B

扒窃 0204,0621,0838-0840,0843,0847,0850,0853,1033

帮助犯罪分子逃避处罚罪 0980,1076,1375

帮助毁灭、伪造证据罪 0962,1061-1063,1066,1067

帮助恐怖活动罪 0263-0265,0561

帮助信息网络犯罪活动罪 0804,0866,0970-0977,1055,1087,1092,1093,1208

绑架他人作为人质 0758-0760,0762,0833

绑架罪 0756-0762,0764,0765,0819,0829,0830,0832-0835,0837,0863,0897,0898,0900,0901,1002,1068,1254

包庇毒品犯罪分子罪 1076,1229-1231

包庇、纵容黑社会性质组织罪 0130,0179,0191,1007-1009,1013,1029,1031

包庇罪 1059,1076-1078,1080,1264,1265,1387

保函 0214,0492-0494,0551-0553,0573

保护管辖原则 0009,0010

保税货物 0406,0416,0421,0422,0426-0428

保险单据 0497,0508

保险事故 0541,0592-0595,0869

保险事故的鉴定人、证明人、财产评估人 0592,0594

保险诈骗罪 0541,0592-0595,0725,0834,0864

报复陷害罪 0776,806,807,1072

暴动越狱罪、聚众持械劫狱罪 1103,1104

暴力干涉婚姻自由罪 0208,0217,0810,0811

暴力取证罪 0789-0791

暴力危及飞行安全罪 0279,0280

暴力袭击正在依法执行职务的人民警察 0245,0251,0912,0914,0917,1135

爆炸罪 0010,0241,0242,0244,0246-0249,0392,0903

背叛国家罪 0225,0233,0240

背信损害上市公司利益罪 0469,0472

背信运用受托财产罪 0058,0545-0547,0550

被害人过错 0115,0116,0119,0120,0869,0898,1005

被胁迫参加犯罪 0055,0103,0185

本票 0125,0507-0509,0552,0559,0575-0578,1025

编造并传播证券、期货交易虚假信息罪

0531-0533

编造、故意传播虚假恐怖信息罪　0786,0899,
0919,0987-0991,1000

编造、故意传播虚假信息罪　0227,0228,0231,
0964,0987-0991,0999,1003

变通或者补充规定　0207,0208

"变造"的信用证　0580

变造货币罪　0482,0484-0486

辩护人　0034,0039,0067,0075,0076,0118,0158,
0160,0256,0259,0375,0408,0587,0847,1053,
1060,1061,1063,1072-1075,1170,1174,1177,
1210,1382

辩护人、诉讼代理人毁灭证据、伪造证据、妨害作
证罪　1060

病原携带者　0245,0250,0917,1131,1133-1135,
1138,1148

剥夺政治权利的刑期计算、效力与执行　0109

剥夺政治权利期限　0107,0109

剥夺政治权利适用对象　0108

不报　0084,0159,0301,0330,0341,0343,0351-
0354,0808,1080,1364-1366,1370,1372,1373,
1380,1381

不报、谎报安全事故罪　0159,0330,0341,0343,
0351,0353,0354

不采取措施　0306,0328,0335,0337,0340,0342,
0346-0348,0350,0352,0353,1133,1264

不法侵害　0034-0041,0735

不符合国家规定　0159,0329,0330,0335-0338,
1131,1132,1134,1140-1142,1146,1148,1149

不符合国家规定的标准　1140,1141

不符合食品安全标准的食品　0358,0376-0381,
0385,1153

不及时报告　0300,0301,0346-0348

不可抗拒　023,024,0105,1117

不申报　0174,0187,0598-0601,0604

不是必须立即执行　0094,0095,0156,0278,
1320,1323

不适用缓刑　0156-0160,0162,0319,0330,0506,
0626,0628,0629,0634,0639,0642,0648,0744,
0750,0753,0868,1093,1220,1356

不适用死刑的对象　0097

不受追诉时效限制　0202

不需要判处刑罚　0019,0030,0039,0069,0070,
0121,0159,0160,0218,0290,0296,0316,0334,
0404,0598,0735,0736,0815,1032,1230,1239

不应有的损害　0042

不阻碍对其进行解救　0114,0119,0770,0771

不阻碍其返回原居住地　0114,0119,0770-0772

C

参加恐怖活动组织又实施恐怖活动　0260

操纵证券、期货市场罪　0533-0535,0537,0540

掺杂、掺假　0355,0356,0360,0425

超过必要限度　0034-0042,0057,0070,
0114,0119

超过共同故意认识范围　0050

超过三个月未还　0205,0544,0889-0893,
1324-1327

超强度体力劳动　0777-0779

撤销缓刑　0076-0078,0082-0084,0086,0093,
0094,0158,0161,0164-0167,0195,0197,0198

撤销假释　0077,0078,0082-0084,0093,0190,
0195-0198,0220

惩罚与教育相结合的原则　0066

持枪抢劫　0823,0825,0826,0833,0836,
0837,0879

持有、使用假币罪　0480,0481,0483,0484

持有伪造的发票罪　0622,0623

出版歧视、侮辱少数民族作品罪　0794

出版淫秽物品牟利罪　1267,1268

出口退税、抵扣税款的其他发票　0607-0611,0618-0623

出售、购买、运输假币罪　0477,0481

传播性病罪　1261-1263

传播淫秽物品罪　0962,1265-1267,1271,1273-1278,1280

传染病防治失职罪　0886,0892,0895,1136,1314,1330,1377

传染病菌种、毒种扩散罪　1135,1136

传授犯罪方法罪　0967,0968,0970,0973,1032,1033,1208

串通投标罪　0458

从旧兼从轻原则　0012,0013,0017,0018,0205,0945,1066,1317,1324

从事对外贸易经营活动的公司、企业　0050,0462,0463,0555,0556

从事实验、保藏、携带、运输传染病菌种、毒种的人员　0886,0892,0895,1135,1136,1314,1330,1377

从业禁止　0071-0073,0306,0328,0337,0340,0343,0346,0348,0351,0353,0528,0541,0744,0750,0753,0864,1021,1023,1374

催收非法债务罪　0756,1005

错告、检举失实　0775

错拘错捕　0755

D

打击报复会计、统计人员罪　0807

打击报复证人罪　1071,1072

大型群众性活动　0986

大型群众性活动重大安全事故罪　0338,0340

代开发票　0609

代替考试罪　0198,0942,0944,0946

代为销售　0291,0506,0841,0865,0974,1080-1082,1084-1087,1089,1091,1188,1287

贷款诈骗罪　0493,0572-0575,0579

担保贷款　0490,0547-0549,0892

单罚制　0063,0336,0443,0444,0450

单位的分支机构或者内设机构、部门　0058-0061,0597

单位受贿罪　0453,0458,1346-1348

单位行贿罪　0333,0334,0453,0458,1352,1362,1363

单位在履行职责或者提供服务过程中获得的信息　799

但书　0019,0020,0286,0879

档案　0012,0078,0079,0081-0084,0176,0220,0448,0644,0827,0842,0857,0875,0933,0934,1116,1124,1129,1130,1373

倒卖文物罪　0058,1121,1122,1124

盗伐林木罪　1194,1195,1198,1200-1202

盗掘古人类化石、古脊椎动物化石罪　1126,1127

盗掘古文化遗址、古墓葬罪　1126-1129

盗窃、骗取增值税专用发票或者其他相关发票　0621

盗窃、抢夺、毁灭国家机关公文、证件、印章罪　0108,0922,0923

盗窃、抢夺枪支、弹药、爆炸物、危险物质罪　0294

盗窃、抢夺武装部队公文、证件、印章罪　0108,0928,1295-1297

盗窃、侮辱、故意毁坏尸体、尸骨、骨灰罪　0739,1046

盗窃信用卡并使用 0582,0583,0585,0587
盗用电信码号、非法并机 0853
盗用、冒用他人身份 0933
道路 0070,0247,0254,0259,0307,0308,0310,
　0312-0322,0341,0455,0824,0900,0925,0943,
　0958,0993,1034,1185
颠覆国家政权罪 0108,0226,0230-0233,0240
电信设备、设施 0853,0854
顶替他人放弃的入学资格 0934,0935
顶替他人入学资格 0934
丢失枪支不报罪 0300,0301,0351
动植物检疫徇私舞弊罪 1396
毒品定义 1249
毒品数量 1204-1208,1210-1219,1221-1228,
　1245,1249,1250
毒品再犯 0129,0138,0145,0171,1214,1216-
　1218,1220,1248,1249
独立适用剥夺政治权利 0071,0108
赌博罪 0122,1047,1048,1050,1051,1056
对单位行贿罪 0453,0457,0458,1359,1360
对国民经济具有重要价值的矿区 1186-1189
对人体健康造成严重危害 0363-0365,0369-
　0371,0373-0379,0382-0384,0388-0391,0397,
　1140-1142
对死刑、无期徒刑罪犯剥夺政治权利的期
　限 0109
对外国公职人员、国际公共组织官员行贿罪
　0456,0458
对违法票据承兑、付款、保证罪 0494,0553,0554
对有影响力的人行贿罪 1357,1358
多次盗窃 0621,0822,0838-0840,0843,0844,
　0847,0849,0850
多次抢劫或者抢劫数额巨大 0823-0825,0879

E

恶意透支 0582-0589
二人以上共同过失犯罪 0049,0050

F

罚金的缴纳、减免 0104
罚没财物 1366-1368
法不能向不法让步 0037
法定情节 0114,0144,0199,0387,1015
法律规定的国家考试 0938,9040-0947,1245
法律面前人人平等原则 0007
法人犯罪 0059
翻译人 1058,1059,1061,1062,1072,1074
犯危害国家安全罪适用没收财产 0240
犯罪方法 0030,0115,0267,0279,0761,0851,
　0965-0969,1032,1033,1365
犯罪概念 0019,0050
犯罪记录制度 0218-0220
犯罪时不满十八周岁 0097,0103,0218,0219
犯罪未得逞 0045,0046,0117,0849
犯罪未遂 0030,0044-0047,0049,0056,0116,
　0358,0541,0760,0831,0863,1044,1160,1332
犯罪行为人意志以外的客观原因 0045
犯罪预备 0030,0043-0045,0047,0057,0070,
　0103,0116,0167,0267,0760,0837,1044,
　1213,1237
犯罪中止 0030,0044-0049,0051,0057,0070,
　0116,0760
防卫过当 0030,0034-0041,070,0116,0119,
　0175,0185,0188
防卫挑拨 0036,0037
妨害安全驾驶罪 0321

妨害传染病防治罪　0245,0250,0251,0917,
　　1131,1132,1134,1135,1138
妨害动植物防疫、检疫罪　0358,0380,0385,
　　1151-1153
妨害公务罪　0772-0774,0912-0918,1099,1106,
　　1134, 1135, 1169, 1170, 1176, 1177, 1182,
　　1195,1201
妨害公务罪　0245,0247,0250-0252,0319,0321,
　　0357,0365,0370,0378,0383,0391,0393,0396,
　　0433,0602
妨害国境卫生检疫罪　1137,1138
妨害清算罪　0063,0445-0447,0450
妨害信用卡管理罪　0509,0510,0512-0514,
　　0587,0800,0804,0970,0974,0976,1055,1087
妨害兴奋剂管理罪　1246,1247
妨害药品管理罪　0366, 0371, 0373, 0375,
　　0376,1215
妨害作证罪　0013,0312,0859,0928,1061-1063,
　　1066,1067,1072
放火罪　010,0241,0242,0244,0246-0249,0252,
　　0392,0594,放火罪
放射性的废物　1154-1159,1162,1164,1166,1167
放纵制售伪劣商品犯罪行为罪　1396
放纵走私罪　1336
非法剥夺公民宗教信仰自由罪　0795
非法捕捞水产品罪　1168-1172
非法采集、供应血液、制作、供应血液制品罪
　　1140,1142
非法采集人类遗传资源、走私人类遗传资源材料
　　罪　1143
非法采矿罪　0333,1091,1185,1186,1188-1191
非法采砂　1090,1187,1191,1193
非法持有毒品罪　0275,1204,1207,1211,1214,
　　1215,1220,1224-1228,1240,1248
非法持有、私藏枪支、弹药罪　0275,0287,0296,
　　0298,0299,1035
非法持有宣扬恐怖主义、极端主义物品罪
　　0275-0277
非法出售发票罪　0618-0620
非法出售、私赠文物藏品罪　1120, 1121,
　　1124,1125
非法出售、提供试题、答案罪　0938,0941,0942,
　　0944,0946,0947,0968,0969
非法出售用于骗取出口退税、抵扣税款发票罪
　　0618-0620
非法出售增值税专用发票罪　0616
非法出租、出借枪支罪　0296-0299
非法处置查封、扣押、冻结的财产罪　0105,1100
非法处置进口的固体废物罪　0244,1158,
　　1165,1167
非法贩卖国家管制的麻醉药品和精神药品　1207
非法购买增值税专用发票、购买伪造的增值税专
　　用发票罪　0617
非法活动　0159, 0205, 0528, 0544, 0546, 0795,
　　0889-0893,1041,1254,1319,1322,1324-1328,
　　1346,1354,1356
非法获取国家秘密罪　0013, 0108, 0936-0938,
　　0940,0941,0945-0947,0950,0968,0969,1380
非法获取计算机信息系统数据、非法控制计算机
　　信息系统罪　0947,0948,0951
非法获取证券、期货交易内幕信息的人员　0519-
　　0523,0525
非法集会、游行、示威罪　0108,1034,1035
非法进行节育手术罪　1146,1147,1149,1150
非法经营同类营业罪　0458-0460
非法开采或者破坏性开采石油、天然气资源　1187

非法利用信息网络罪　0803,0804,0938,0940, 0941,0946,0966,0968-0970,0972-0974,1033, 1055,1087,1208,1259-1261

非法利用信息网络罪　0513

非法猎捕、收购、运输、出售陆生野生动物罪　1172,1177

非法买卖外汇　0050,0221,0265,0399,0462, 0463,0555,0556,0560,0561,0606,0922,0926, 1352,1369,1370

非法买卖、运输、携带、持有毒品原植物种子、幼苗罪　1239,1240

非法侵入计算机信息系统罪　0934,0947, 0950,0951

非法侵入住宅罪　0780-0782,0900,1002, 1006,1027

非法生产、买卖警用装备罪　0928,0935,0936

非法生产、买卖武装部队制式服装罪　1295, 1296,1298

非法生产、买卖、运输制毒物品、走私制毒物品罪　1231

非法生产、销售专用间谍器材、窃听、窃照专用器材罪　0939

非法使用窃听、窃照专用器材罪　0800,0938, 0940,0941,0945,0946

非法收购、运输盗伐、滥伐的林木罪　1194,1195, 1198-1200,1202

非法收受他人财物　0210,0211,0213,0450- 0452,0454,0542,0543,1306,1307,1324,1332, 1334,1336,1339,1343,1344,1346-1348

非法狩猎罪　1088,1172,1174-1178

非法搜查罪　0757,0780,0781

非法提供麻醉药品、精神药品罪　1215,1244-1246

非法吸收公众存款罪　0489,0491,0494-0500, 0504-0506,0518,0546,0564-0566,0571,0723, 733,756,904,922,1022,1292

非法向外国人出售、赠送珍贵文物罪　0401, 1119,1120,1125

非法携带枪支、弹药、管制刀具、危险物品危及公共安全罪　0301,0303

非法携带武器、管制刀具、爆炸物参加集会、游行、示威罪　0108,1035

非法行医罪　1146-1150

非法移栽珍贵树木或者国家重点保护的其他植物　1194,1195

非法引进、释放、丢弃外来入侵物种罪　1197

非法占用耕地、林地等农用地　1180,1181, 1183,1185

非法占用农用地罪　1180-1185

非法占有的目的　0511,0562,0565,0566,0571- 0575,0578,0579,0582,0585,0588,0591,0594, 0834,0849,0850,0852,0871,0902,0929

非法植入基因编辑、克隆胚胎罪　1150

非法制造、出售非法制造的发票罪　0618-0620

非法制造、出售非法制造的用于骗取出口退税、抵扣税款发票罪　0618-0620

非法制造、买卖、运输、储存危险物质罪　0285, 0286,0289,0342

非法制造、买卖、运输、邮寄、储存枪支、弹药、爆炸物罪　0285-0287,0291,0342

非法制造、销售非法制造的注册商标标识罪　0631,0636-0640

非法种植毒品原植物罪　1238-1240

非法转让、倒卖土地使用权罪　1203

非法组织卖血罪　1139

非国家工作人员受贿罪　0450-0456,0458,0558, 0886,0934,1336,1339

非国家工作人员行贿罪 0453,0455-0458,0934
非刑罚性处置措施 0069
非医学需要的胎儿性别鉴定 1147
诽谤罪 0108,0217,0775,0776,0782-0788,
　0989,1039,1040,1044
分裂国家罪 0108,0226-0228,0232,0233,0240
分押分管 0089
服务器托管 0804,0861,0952,0956,0970,0971,
　0974,1052,1054,1055,1087,1269-1271,1277
负有报告职责的人员 0341,0351-0354
负有监护、看护职责的人 0071,0816,0817,
　1241,1247
负有照护职责人员性侵罪 0746,0748,0749
附加禁止令 0155,0156
附加刑 004,0017,0065-0067,0071,0103,0116,
　0127,0128,0147-0149,0153-0156,0166,0218,
　0240,0316,1341
附加刑种类 0066,0103,0147-0149,0166

G

改变被占用土地用途 1180,1181,1183,1185
干扰公共交通工具正常行驶 0321-0323
高等学历教育入学资格 0933,0934
高空抛物罪 0991,0993
高利转贷罪 0021,0489-0491,0494,0504,0553,
　0723,0733,0756,0904,1022
告诉才处理 0013,0217,0784,0788,0810,0814,
　0882,0885,1097
给予精神鼓励 0055
耕地 1155,1156,1180-1185,1203,1400
工程监理单位 0344-0346
工程重大安全事故罪 0327,0334,0344-0346
公共财物 0210,0211,0871,0884,0885,0903,
　1306-1311,1315-1317,1323,1324,1332,
　1333,1335
公共交通工具 0037,0043,0245,0251,0253,
　0273,0301-0303,0321-0323,0743,0752,0824,
　0826,0828,0831,0839,0840,0842,0843,0878-
　0881,0917,1134,1135,1138
公民个人信息 0283,0513,0798-0806,0855,
　0861,0863,0867,0868,0871,0962,0968,0970,
　0974,1055,1087,1315
公民私人所有的财产 0004,0005,0019,
　0209,0210
公私财产遭受重大损失或者严重危害人体健康
　1165-1167
公文 0122,0922-0924,0926,0928,0934,0965,
　1292,1295-1298
公务员录用资格 0933,0934
供犯罪所用的本人财物 0111,0122,0124,0126,
　1024,1026,1092,1188,1190,1192,1221
供水单位 0250,1131,1132,1134,1161
固体废物 0413-0415,0418,0430,1155,1159,
　1162,1163,1165-1167
故意损毁名胜古迹罪 0847,1116,1118,
　1119,1128
故意提供不合格武器装备、军事设施罪
　1288,1289
故意泄露国家秘密罪 0013,0938,0945,1379,
　1381,1382
故意延误投递邮件罪 0021,1057,1058
故意作虚假证明、鉴定、记录、翻译 1058,1059
雇用逃离部队军人罪 1293,1294,1303
雇用童工从事危重劳动罪 0777-0780
挂靠开票 0609
拐卖妇女、儿童罪 0760,0763-0769,0771-0773,

0819,1106,1111
拐骗儿童罪　0765,0767,0819
关系人　0029,0124,0126,0447,0530,0547-
0549,0749,0863,0864,1026,1313,1334,1335,
1338,1339,1344,1345
管制犯的义务、劳动报酬　0086
管制刑期　0086,0087,0148
广告推广　0513,0804,0865,0959,0962,0970-
0972,0974,1055,1087,1089
国际公共组织官员　0455-0458
国家出资企业主体　1309
国家发行的其他有价证券　0515,0516,
0590,0591
国家公园　1156,1182,1184,1185,1194,
1195,1201
国家规定的卫生标准　1132
国家规定实行保护性开采的特定矿种　1186
-1189
国家规划矿区　1186-1189
国家机关工作人员签订、履行合同失职被骗罪
1404-1406
国家机关、国有公司,企业、事业单位、人民团
体　1347
国家级自然保护区　1182,1184,1185,1195,
1198,1199,1201
国家秘密　0079,0226,0229,0234-0239,0267,
0522,0936-0938,0940,0941,0947,0948,0950,
0961,0965,1072,1073,1079,1130,1379-1382
国家有关规定　0077,0315,0336,0439,0556,
0576,0578,0617,0799,0802,0939,1121,1130,
1143,1149,1156,1197,1224,1244,1245,1364
国家重点保护的其他植物　1193-1196,
1200,1407

国境卫生检疫规定　1137,1138
国内、国际重大体育竞赛　0378,0384,0402,
0407,0408,0422,0817,0946,1209,1242,1245-
1247,1375
国有博物馆、图书馆等单位　1120,1121,
1124,1125
国有财产　0004,0005,0019,0208,0209,0213,
0467,0870,0871,0886,0889,0891,0892,0895,
1057,1136,1306,1308,1310-1312,1314,1316,
1330,1377
国有公司、企业、事业单位人员滥用职权罪
0464-0466
国有公司、企业、事业单位人员失职罪　0464-
0466,1328
国有公司、企业、事业单位人员失职罪和国有公
司、企业、事业单位人员滥用职权罪　0464
国有资产　0058,062,0209,0211,0437,0455,
0464,0466-0468,0516,1070,1307,1309,1313,
1316-1318,1329,1331,1340,1344,1366-1368
"过期"的票据　0576
过失爆炸罪　0247,0248,0291,0726,1287
过失犯罪　0007,0021-0023,0030,0031,0034,
0050,0088,0090,0099,0117,0118,0127-0129,
0185,0204,0280,0304,0309,0313,0336,0339,
0342,0726,0740,1132,1136,1145,1286,
1289,1370
过失决水罪　0247,0248,0726
过失损坏电力设备罪　0257,0258
过失损坏广播电视设施、公用电信设施罪
0280,0281
过失损坏交通工具罪　0257
过失损坏交通设施罪　0254,0257,0259
过失损坏武器装备、军事设施、军事通信罪

1284,1285

过失损坏易燃易爆设备罪 0257

过失损毁文物罪 1116,1118,1119

过失提供不合格武器装备、军事设施罪 1288,1289

过失投放危险物质罪 0247,0248,0383,0726

过失泄露国家秘密罪 0962,1379,1381,1382

过失以危险方法危害公共安全罪 0245,0247, 0248,0250,0252,0319

过失致人死亡罪 0021,0024,0040,0052,0088, 0291,0308,0309,0312,0313,0330,0341,0723, 0726,0727,0737,0741,0769,0817,0992,1004, 1150,1287

过失致人重伤罪 0291,0309,0330,0341,0723, 0727,0729,0740,0741,0769,0817,0992,1287

过于自信的过失犯罪 0022,0023

H

海关工作人员 1336,1402

含传染病病原体的废物 1154—1159,1162,1164, 1166,1167

航空器 0008,0009,0011,0115,0253—0255, 0257,0259,0261,0274,0277—0280,0301,0304, 0743,752,978—0980,983,988—0990,1077, 1155,1165

航空人员 0304,0306

合同诈骗罪 0574,0575,0641,0645,0855,0869, 0870,0922,1292

核准制 0516,0517,1397

黑社会性质的组织 0100,0130,0131,0162, 0557,0558,0561,1007—1009,1011,1012, 1015,1030

红十字会 0912,0914,0915,1139

互联网接入 0513,0627,0631,0636,0640,0643, 0651,0804,0861,0952,0956,0959,0960,0970, 0971,0974,1052,1054,1055,1087,1269— 1271,1277

护照 0029,0511,0512,0514,0583,0799,0922— 0927,0930,0931,0933,1108—1110,1114

缓刑考验期满 0085,0129,0163,0164,0167, 0196,0218,1248

缓刑考验期限 0075,0076,0093,0129,0155— 0159,0161—0166,0172,0306,0328,0330,0337, 0340,0343,0346,0348,0351,0353,0626,0744, 0750,0753,0868,1093,1190,1374

患病的人 0071,0816,0817

谎报 0159,0246,0251,0303,0304,0317,0330, 0334,0341,0343,0344,0351—0354,0532,0990, 1300,1301,1370,1372,1373

汇款凭证 0507—0509,0575,0578,0579

汇票 0125,0493,0507—0509,0552,0554,0559, 0575—0579,0797,1025

货币 0399—0401,0404,0412,0419,0430,0433, 0436—0438,0456,0473—0486,0491,0492,0495, 0496,0549—0551,0563,0573,0839,0843,0856, 0857,0974,1042,1043,1048,1052,1055,1089, 1265,1268,1327,1333,1335,1347

货值金额 0356,0357,0359,0360,0362,0367, 0371,0376,0397,0398,0633,0636,1152,1153

J

机动车所有人、管理人 0313,0314,0316

机关公文 0441,0923,0924,0926—0929,0934, 1296,1312,1337

基因编辑 1150,1151

极端主义 0260,0262,0264,0265,0267—0277,

0962,1077-1080
极端主义犯罪行为 1077-1080
疾病预防控制机构 0211,1131-1134,1155
集资诈骗罪 0021,0496-0498,0503,0505,0506,
0518,0546,0562-0566,0569-0572,0922,1292
计算机信息系统 0043,0281,0282,0536,0541,
0803,0861,0869,0920,0934,0947-0958,0967,
0969,0972,0973,1083-1085,1095,1286,1287,
1380,1381
记录人 1058,1059,1072
技术措施 0643-0645,0960
技术事故 0326,0341
家庭暴力 0036,0037,0116,0722,0723,0725,
0811,0815,0818
家庭成员 0097,0111,0229,0769,0772,0773,
0813-0816,0818,0829,0830,0835,0840,0843,
0844,1366
甲类传染病 0242,0403,0405,1131-1134,1146,
1148,1149
驾驶操纵装置 0321,0322
驾驶证 0318,0319,0922-0926,0930,0931,
1296,1297
假报出口 0605-0607
假冒服务商标 0626
假冒注册商标罪 0361,0381,0387,0395,0624,
0625,0627,0628,0631-0634,0636,0640,0641
假释程序 0190
假释考验期限 0128,0166,0193-0197,0128,
0194,0195
假药 0252,0357,0359,0361,0363-0372,0374-
0376,0381,0387,0391,0397,0398,1146,1148,
1149,1353
奸淫幼女 0146,0729,741-0748,1078,1257

间谍犯罪行为 1078,1079
间谍罪 0226,0235,0236,0240,0950,1079
间接故意 0021,023,0249,0309,0718,0720,
0724-0726,0730,0876,1033,1057,1311,
1390,1405
间歇性的精神病人 0032
监管部门 0228,0231,0332,0333,0354,0373,
0448,0517,0519,0520,0522,0526,0563,0959-
0964,0971,0973,0990,1003,1213,1268
监护人 0024-0026,0032,0069,0076,0085,
0103,0160,0273,0746,0749,0761,0764-0767,
0778,0819,0820,0822,1060,1072
检疫传染病 1132,1137,1138
减刑程序 0177,0178,0190
减刑后实际执行刑期 0169
建设单位 0344-0346
鉴定人 0031,0126,0319,0790,1019,1058,1059,
1061,1062,1066,1067,1069,1072,1074,1163
降低工程质量标准 0344-0346
交通运输肇事后逃逸 0306-0308,0311,0312
交通肇事罪 0022,0023,0249,0304-0313,0316,
0319,0321,0322,0331,0351
教唆犯 0055-0057,0116,0227,0230,0236,
0309,0836,0885,1032,1033,1059,1062,1223,
1266,1293
教唆犯罪 0056,0961,1032,1033,1061
教唆他人犯罪 0056,0919,1033
教育教学设施 0346-0348
教育设施重大安全事故罪 0346-0349,0351
接送不合格兵员罪 1294,1295
揭发他人犯罪行为 0142-0146,0454,1078,1355
劫持船只、汽车罪 0279
劫持航空器罪 0011,0277-0279

劫夺被押解人员罪　1102,1103

解除管制　0085,0087,0107,0196

介绍贿赂罪　0453,0458,1344,1360,1361

介绍他人虚开　0606-0608,0612

金融工作人员购买假币、以假币换取货币罪　0477,0480,0481

金融机构工作人员挪用资金　0543

金融机构工作人员受贿　0542

金融票证　0213,0494,0507-0509,0515,0528,0552,0553,0576,0578-0581

金融凭证诈骗罪　0575,0577,0579,0590,0596

紧急避险　0030,035,041-0043,0114,0119,0185,0279,0319,0323

进行营利活动　0159,0205,0544,0889-0893,979,1324-1329,1331

禁猎期　1088,1172-1176,1178

禁猎区　1088,1172-1176,1178

禁用的方法　1168,1170,1178

禁用的工具　1088,1168-1176,1178

禁渔期　1168-1171

禁渔区　1168-1171

禁止出口的珍贵文物　1119-1121,1125

禁止使用的药品　0358,0373-0375,0380,0382,0384,0385

经济特征　1009,1012,1014,1016-1019,1025,1028,1030,1031

经营与其所任职公司、企业同类的营业　0458,0459

精神病人　0032,0033,0040,0041,0096,0114,0116,0818,0997,0999,1000,1007,1059

警械　0767,0914,0920,0921,0935,0936

纠集他人多次实施寻衅滋事　0997

就业安置待遇　0933,0934

拘役的刑期计算　0089

拘役期限　0087

拘役执行　0088,0089,0109,0128,0147-0149,0166

居间行为　1207,1223

居民身份证　0020,0029,0272,0273,0511,0512,0514,0583,0798,0805,0922-0926,0930,0931

举报人　0076,0077,0080,0084,0158,0776,0806,0807,1072,1390,1391

巨额财产来源不明罪　0275,1364-1366

拒不改正　0084,0167,0198,0228,0231,0820,0959-0964,0990,1003,1268

拒不履行信息网络安全管理义务罪　0227,0228,0231,0959,0962,0964,0990,1003,1268

拒不支付劳动报酬罪　0907,0908,0910,0911

拒不执行判决、裁定罪　0072,0110,0916,1067,1069,1095-1100

拒绝提供间谍犯罪、恐怖主义、极端主义犯罪证据罪　0962

具有科学价值的古脊椎动物化石、古人类化石　0845,1116,1118,1119,1121-1126,1128

具有科学价值的古脊椎动物化石、古人类化石　0015,0401,0406,0407

具有限制刑事责任能力的精神病人　0032

聚众冲击国家机关罪　0108,0981-0985,1290

聚众冲击军事禁区罪　0108,0291,1287,1289,1290

聚众"打砸抢"　0719,0729,0827,0981,1021,1023

聚众斗殴罪　0046,0993-0995

聚众赌博　1047-1052,1054,1056

聚众哄抢罪　0864,0877,0878

聚众扰乱公共场所秩序、交通秩序罪　0982,

主题词索引　　　1539

0985,0986,0998,1001,1038

聚众扰乱军事管理区秩序罪　0108,0291,1287,
1289-1291

聚众扰乱社会秩序罪　0108,0981-0986,0998,
1001,1038,1290

聚众淫乱罪　1045,1046,1279

聚众阻碍解救被收买的妇女、儿童罪　0772-
0774,916

决水罪　0010,0241,0242,0247

军人违反职责罪　0015,1284,1301,1302

军事管理区　1289-1291

军事禁区　0937,1289-1291

军事设施　0208,0254,0291,0349,0978,1081,
1082,1084,1284-1290,1304

军事通信　0951,0955,0979,1284-1287

军事征收　1304,1305

军事征用　1304,1305

K

开设赌场　0864,0996,1021,1023,1047-1057,
1115,1341

抗税罪　0602,0603,0623,0624,0720,0730,1400

恐怖活动培训　0260,0263-0268,0558,
1113,1114

恐怖活动组织　0259-0268,0270,0273,0274,
0277,0558,1079,1113,1114

恐怖主义犯罪行为　1079

控告人　0076,0077,0080,0084,0158,0203,0776,
0806,0807,1072,1390,1391

控股股东　0439-0444,0469,0471,0472,0520,
0521,0528,0537,0539,0540,0608

口袋罪　0243

扣缴义务人　0598-0602,0604,1399

L

滥伐林木罪　1194,1195,1198-1200,1202

滥伐森林或者其他林木　1198-1200,1202

滥用管理公司、证券职权罪　1397-1399

滥用诉权　1066

滥用职权罪　0134,0137,0350,0465-0467,0529,
0727,0827,0842,0857,0875,0886,0892,0895,
1022,1067,1095,1099,1136,1314,1330,1340,
1342,1369-1379,1381,1383,1386,1388,1391,
1393,1394,1396,1398,1400,1403,1405,1407

劳动报酬　0086,0089,0778,0907-0911,
1097,1098

老年人　0031,0071,0097,0114-0118,0379,
0384,0513,0722,0732,0736,0804,0815-0817,
0855,0857,0860,0864,0865,0873,0875,0898,
0929,0932,0975-0977,0997,0999,1000,1007,
1023,1089

老年人犯罪从轻或者减轻处罚　0031

立功表现　0030,0066,0070,0091,0095,0098,
0099,0102,0103,0136,0140,0142-0147,0156,
0168-0174,0176-0181,0189-0192,0221,0236,
0290,0296,0360,0601,0635,0722,0732,1041,
1051,1219,1221,1316,1320,1353-1355,
1358,1592

利用极端主义破坏法律实施罪　0271,0272

利用计算机实施犯罪　0965

利用影响力受贿罪　1349,1350

利用职务便利　0144,0212,0452,0454,0455,
0458-0461,0469-0472,0479,0522,0537,0867,
0883-0888,0892,0896,1022,1065,1136,1217,
1306,1309,1314-1318,1330,1331,1338,1339,
1343-1345,1377

利用职务上的便利 0209-0213,0447,0450-0454,0458,0466,0468,0477-0481,0509-0512,0541,0543,0544,0789,0797,0806,0850,0852,0883-0885,0887-0895,0928,1011,1306-1308,1310-1313,1315-1317,1319,1324-1329,1331-1344,1352,1358,1360,1363,1389,1393

量刑根据 0114,0452

林地 0248,0249,0351,0927,1155-1157,1159,1166,1167,1180-1185,1194,1195,1199,1201

林业主管部门 0249,0846,0904,1179,1183,1193,1196,1199,1201,1373,1406,1407

轮奸 0741,0743,0745,0747,0748

M

埋藏物 0881,0882,0885

卖淫 0030,0114,0730,0736,0746,0763,0764,0767-0769,0772,0773,0821,0822,0829,0838,0899,0921,0966,0969,1021,1023,1076,1223,1252-1266,1268,1270,1272-1274,1279,1281,1335

卖淫嫖娼人员 1255,1262,1264,1265

冒充国家机关工作人员 0858,0898,0920-0922,0931,1291,1292

冒充军警人员抢劫 0823,825,831,833,837,879

冒充军人招摇撞骗罪 0108,0922,1291,1292

冒充人民警察 0829,920,921

冒充专利行为 0641

冒名但未顶替 0935

冒名顶替罪 0933

冒用他人信用卡 0582-0584,0586,0587,0589

没收违禁品和供犯罪所用的本人财物 0122

没有独立生活能力 0766,0768,0814,0818

没有获得不正当利益 1351

美术作品 0643-0646,0649

秘密窃取 0295,0761,0821,0839,0849-0852,0856,0923,1046

民间送养 0766,768

民事、行政枉法裁判罪 1382-1386,1388

民事优先原则 0068

民族自治地方 0008,0207

名称不同但指同一事物的商品 0625,0630

名胜古迹 0845,1116-1119,1127,1173

牟利的目的 0251,0293,0484,0490,0521,0605,0765,1122,1267

谋取不正当利益 0410,0416,0423,0429,0455-0458,1064,1070,1319,1323,1334,1344,1346,1348-1360,1362,1363

N

纳税人 0598-0605,0609,0610,0616,0617,1399,1400,1404

内幕交易罪 0520,0522,0529,0530

内幕信息 0467,0519-0527,0529,0530,0532,0533,0535,0561,1342

内幕信息的知情人员 0519-0523,0525,0529,0530

农用地 0846,0904,1156,1157,1159,1166,1167,1180-1184,1195,1196,1201

虐待 0005,0013,0071,0073,0114,0119,0217,0593,0725,0736,0754,0756,0764,0765,0767,0769-0772,0777,0779,0791-0793,0811,0813-0817,0822,1101,1281

虐待被监管人罪 0791-0793

虐待被监护、看护人罪 0071,0816,0817,1241,1242,1247

虐待罪 0217,0736,0737,0791,0813-0817

挪用公款罪 0126,0205,0210,0211,0436,0489,
　0544,0545,0558,0886,0889-0893,0895,0896,
　0928,1136,1306-1308,1310,1312,1314,1322-
　1332,1337,1377
挪用特定款物罪 0886,892-0896,1136,1314,
　1327,1329,1330,1377
挪用资金罪 0456,0489,0544,0545,0886,889-
　0896,1136,1308,1310,1314,1317,1325,1327,
　1329-1331,1344,1377

P

判决宣告后刑罚执行完毕前又犯新罪的并罚
　0152,0150
判决宣告前一人犯数罪的并罚 0147
叛逃罪 0108,0234,0236,0240
赔偿经济损失 0068
批评人 0076,0158,0776,0806,0807,1072
披露、报道不应公开的案件信息罪 1072,1073
骗取出境证件罪 1106-1110,1112,1114
骗取出口退税罪 0605-0607,0610,0615,0617,
　0624,0855
骗取贷款、票据承兑、金融票证罪 0492-0494,
　0549,0553
嫖宿幼女罪 0743,0744
票据 0075,0157,0174,0186,0187,0214,0265,
　0493,0507,0509,0542,0548,0551-0554,0557-
　0559,0561,0573,0575-0579,0606,0870,0930,
　1081,1085,1308
票据承兑 0492-0494,0553,0559
票据诈骗罪 0493,0575,0576,0578,0579,0590,
　0596,0870
破坏电力设备罪 0255-0258,0842,0850,0906
破坏广播电视设施、公用电信设施罪 0280,0285

破坏集会、游行、示威罪 0108,1036
破坏计算机信息系统罪 0283,0870,0934,0952,
　0953,0955,0957,0958,0965,1158
破坏监管秩序罪 1101
破坏交通工具罪 0253,0257,0725,0906
破坏交通设施罪 0254,0255,0257,0259,0906
破坏界碑、界桩罪 1115
破坏军婚罪 0812,0813
破坏生产经营罪 0394,0903,0905,0906
破坏武器装备、军事设施、军事通信罪 1284-1286
破坏性采矿罪 1186,1187,1189
破坏选举罪 0108,0808-0810
破坏易燃易爆设备罪 0255-0258,0841,0846,
　0906,1087
破坏永久性测量标志罪 1115
破坏自然保护地罪 1184
普遍管辖原则 0011
普通债务纠纷 0855

Q

期货合约 0500,0523,0531-0540
期货交易所 0486-0490,0519-0524,0526,0531-
　0533,0536-0540,0543-0546
期货经纪公司 0479,0486-0489,0519,0520,
　0522,0531,0532,0537,0543-0545
欺诈发行证券罪 0439,0441
其他参加 0226-0230,0259,0260,0262,0981,
　985,1007,1008,1012-1016,1072,1103,1104
其他金融机构 0058,0214,0477-0481,0486-
　0495,0507,0509-0512,0542-0554,0572-0575,
　0577,0582,0583,0824,0826,0835,1400
其他林木 0249,0846,0904,1156,1157,1159,
　1166,1167,1183,1196,1198-1202

其他诉讼参与人　1072,1073,1075
其他银行结算凭证　0507-0509,0575,0578,0579
其他有害物质　1154,1155,1158,1159,1162,
　1164-1167
其他主犯　0052-0054,0095,0096,0832
气态废物　0413-0415,1165,1166
签订、履行合同失职被骗罪　0462-0464,1405
前科报告义务　0218
强奸罪　0021,0148,0179,0208,0741-0749,
　0751,0753,0764,0771,0811-0813,0817,0837,
　1043,1046,1106,1111,1215,1254,1255,
　1257,1261
强令违章冒险作业罪　0325,0327,0328,1189
强迫交易罪　0505,0757,0762,0782,0828,0829,
　0832,0862,0863,0899,0900,1001,1002,1004,
　1021,1022,1027,1068
强迫劳动罪　0776,0777
强迫卖血罪　1139
强迫卖淫罪　0746,0764,0772,0773,1252,1254-
　1256,1258,1262
强迫他人吸毒罪　1241,1242
强制穿戴宣扬恐怖主义、极端主义服饰、标志罪
　0273,0274
强制缴纳　0104,0105
强制猥亵、侮辱罪　0746,750-0752,785,788
抢夺、窃取国有档案罪　1129
抢劫军用物资或者抢险、救灾、救济物资　0823,
　0825,0833,0879
抢劫枪支、弹药、爆炸物、危险物质罪　0294
抢劫银行或者其他金融机构　0823-0826,
　0833,0879
抢劫致人重伤、死亡　0823-0826,0830-0832,
　0835,0879

敲诈勒索罪　0505,0725,0727,0756,0762,0782,
　0822,0824,0828,0829,0832,0835-0837,0851,
　0852,0862,0863,0869,0896-0902,0921,0989,
　0991,0999,1001,1002,1006,1021,1022,
　1027,1068
窃听、窃照专用器材　0800,0938-0941,944-0946
侵犯公民个人信息罪　0513,0798,0799,0802-
　0806,0934,0944,0968,0970,0974,1055,1087
侵犯商业秘密罪　0522,0631,0636,0640
侵犯少数民族风俗习惯罪　0795
侵犯通信自由罪　0796,0797,0800,0851,0934
侵犯著作权罪　0643-0652
侵害英雄烈士名誉、荣誉罪　1038-1040
侵权复制品　0629,0646-0648,0650
侵吞　0209,0211,0447,0883,0884,0886-0888,
　0891,0892,0896,1022,1070,1136,1237,1306,
　1308-1310,1314-1317,1330,1340,1377
侵占罪　0217,0446,0447,0585,0825,0829,0881-
　0883,0885,0886,0891,0892,1310
情报　0211,0226,0235-0238,0267,0528,0937-
　0941,1079,1300-1302,1380
驱逐出境　0067,0746
权利人　0125,0375,0426,0522,0625,0626,0629,
　0630,0632,0634,0635,0637,0639,0642-0645,
　0648-0651,0781,788,839,853,882,925,1025
全国重点文物保护单位　0407,0845,0847,1116-
　1119,1122,1126-1129
确有悔改表现　0053,066,0128,0168-0177,
　0180-0190,0192,0286,0287,0290,0291,0334,
　0723,1188,1220,1287,1392

R

让他人为自己虚开　0606-0608,0611,0612

扰乱法庭秩序罪　1074,1075
扰乱国家机关工作秩序罪　0981-0985
扰乱无线电通讯管理秩序罪　0283,0285,0938,
　　0940,0941,0945,0946,0977,0979,0980
人工培育的植物　1194,1195,1200
人类遗传资源材料　1143-1145
人民法院的判决、裁定　1095-1098
人民警察制式服装　0935,0936
容留他人吸毒罪　1242,1243
如实供述自己的罪行　0131-0135,0137,0138,
　　0140,0141,0311,1024
入户盗窃　0621,0824,0826,0833,0834,0838-
　　0840,0843,0844,0847,0848,0850,0852,
　　0853,0881
入户抢劫　0823-0826,0828,0831,0833-0838,
　　0848,0879-0881
入境发展黑社会组织罪　0130,1007-1009

S

森林　0208,0241,0248,0249,0349,0351,0408,
　　0845,0846,0904,0927,1152,1153,1155-1157,
　　1159,1166,1167,1178,1180-1184,1193-1196,
　　1198-1202,1304,1373,1406,1407
杀害被绑架人　0024,0025,0029,0031,0758-
　　0761,0763
煽动暴力抗拒法律实施罪　0046,0108,0786,
　　0899,0918,0919,0989,1000
煽动颠覆国家政权罪　0108,0226-0228,0230-
　　0233,0240,0283,0793,0794,0964,0990,
　　1003,1044
煽动分裂国家罪　0108,0226-0228,0231-0233,
　　0240,0283,0793,0794,0964,0990,1003,1044
煽动军人逃离部队罪　1293,1294

煽动民族仇恨、民族歧视罪　0108,0283,
　　0793,0794
煽动实施恐怖活动的犯罪　0269,0962
擅自出卖、转让国有档案罪　1129,1130
擅自发行股票、公司、企业债券罪　0498,0516,
　　0518,0519,0566
擅自进口固体废物罪　1165-1167
擅自设立金融机构罪　0486,0487,0489-0491,
　　0494,0504,0723,0733,0756,0904,1022
擅自设置、使用无线电台(站)　0977-0980
擅自使用无线电频率　0977-0980
商检徇私舞弊罪　1396
商业发票　0508
商业秘密　0079,0522,0629,0631,0636,0640,
　　0649,0651,0937,0939-0941,0961,0965,1073
商业银行　0059,0437,0442,0463,0478,0486-
　　0492,0495,0500,0507,0509,0519,0520,0522,
　　0526,0542-0550,0552,0572,0582,0583,0798,
　　0977,1347
上游犯罪　0511,0558-0561,0802,0931,0977,
　　1081-1085,1087,1088,1091,1094,1095,1230
尚未销售或者部分销售　0633,0635,0638,0640
设计单位　0344-0346
设立时存在瑕疵的单位　0059
社会保障卡　0848,0867,0922-0926,0929-0932
社区矫正　0073-0086,0093,0107,0110,0118,
　　0128,0129,0158,0160-0167,0176,0178,0179,
　　0190-0192,0194-0198,0320,0746,1392
《社区矫正法》　0074,086,0163,0164,0166,
　　0194,0195,0197
申诉人　0776,0806,0807,1072
审判的时候怀孕的妇女　0026,0097,0098
审判的时候已满七十五周岁的人　0097

生产、销售不符合安全标准的产品罪　0358,
　0380,0385,0392,0393,0398
生产、销售不符合安全标准的食品罪　0071,
　0358,0359,0376－0381,0383－0386,0398,
　1153,1209
生产、销售不符合标准的医用器材罪　0361,
　0368,0372,0389,0391,0398
生产、销售、提供假药罪　0363,0366,0371,0374,
　0375,0382,0398
生产、销售、提供劣药罪　0366,0369,0371,0374,
　0375,0398
生产、销售伪劣产品罪　0290,0355,0357－0362,
　0364－0368,0370－0372,0375,0378－0381,0384－
　0388,0391－0398,0425,0628,0633－0635,0858,
　0866,1153,1289
生产、销售伪劣农药、兽药、化肥、种子罪　0394,
　0395,0398
生产、销售有毒、有害食品罪　0071,0358,0359,
　0362,0378－0380,0382－0388,0397,0398,1153,
　1209,1353
省级文物保护单位　0407,0845,0847,1116－
　1119,1122,1126－1128
失火罪　0247－0249,0726
失职致使在押人员脱逃罪　1102,1389－1391
施工单位　0283,0344－0346,1285,1286
实际控制人　0073,0325－0327,0329,0330,0333,
　0335,0337,0351,0352,0354,0439－0444,0469－
　0472,0520,0521,0528,0537,0539,0540,0574,
　0608,0910,1049,1054,1160,1162
食物中毒　0115,0358,0359,0376－0383,0385,
　0386,1111,1153
食源性疾病　0115,0358,0359,0376－0381,0383,
　0385,0386,1153

使用暴力致人伤残、死亡　0754,0755
使用虚假身份证件、盗用身份证件罪　0198,
　0930,0932
市场行情分析失误　0532
事前通谋　0052,0475,0549,0827,0828,0841,
　0845,0858,0876,1076,1077,1082,1083,1085,
　1087,1089,1090,1188,1191,1193,1259,1264,
　1268,1276,1344,1373
事先通谋　0265,0357,0425,0431,0877,0980,
　1085,1086,1229－1231,1303,1334,1338
收买被拐卖的妇女、儿童罪　0765,769－0774,
　0821,0822,0916,1255
手续费　0450－0452,0454,0511,0542,0543,
　0560,0563,0565,0575,0579,0582,0585,0587,
　0589,0591,0595,0612,1048,1053,1081,1083,
　1089,1307,1317,1332－1334,1346－1348,1351,
　1359,1360,1362,1363
受贿罪的处罚　0452,1346
书号　1265－1268,1272,1276,1280
疏忽大意的过失犯罪　0022,0023
数额犯　0046,0853
双罚制　0063,0336,0414,0440,0446,0450,0457,
　0532,0537,0549,0552,0554,0559,0596,0608,
　0612,0614,0623。0936,0940,0950,0955,0962,
　0967,1065,1073,1125,1140,1164,1203,
　1289,1304
税收征缴优先　0624
税务机关　0063,0598－0606,0610,0612,0616－
　0618,0624,1399－1404
司法工作人员　0078,0140,0181,0193,0214,
　0271,0754－0756,0780,0781,0789,0790,0792,
　0812,0916,1047,1061,1063－1067,1072－1075,
　1352－1356,1361－1363,1370,1379,1382－1387,

1389-1395
私放在押人员罪 1102,1389-1391
私分罚没财物罪 0063,1366-1368
私分国有资产罪 0063,1313,1318,1366-1368
私自出售或者私自赠送给外国人 1119,1120,1125
私自开拆、隐匿、毁弃邮件、电报罪 0796,0797,0800,0934
死刑核准程序 0095
死刑缓期执行的期间 0098,0099,0101,0172
死刑适用条件 0094
诉讼代理人 0076,0118,0126,0158,0788,1060,1061,1063,1066,1067,1069,1072-1074,1343
损害商业信誉、商品声誉罪 0786,0899,0919,0989,1000
所得及其产生的收益的来源和性质 0557,0558,0561
索取他人财物 0210,0211,0213,0450-0452,0454,0455,0542,0543,1306,1307,1324,1332,1334,1336,1339,1344,1347

T

贪污罪的处罚 1318
坦白从宽 0133
逃避侦查或者审判 0014,0201-0205,1103
逃避追缴欠税罪 0603,0604,1400
逃汇罪 0050,0555,0556,0606,1366
逃离部队罪 1293,1302,1303
逃税数额 0599,0601
逃税罪 0598-0601,0603-0605,0609,0611,0613,0624,1352,1400
特别残忍手段 0024,0025,0097,0098,0725,0726,0728,0734,0736,0737

特别累犯 0130,0131,1021
特定单位的人员为违法犯罪分子通风报信 1264
特定单位的人员组织、强迫、引诱、容留、介绍他人卖淫 1263
特定减税、免税进口的货物、物品 0406,0416,0421,0427
特殊防卫 0035,0036,0038,0040,0041
提供其他帮助 0366,0370,0375,0380,0385,0841,0944,0969,0980,1212,1216,1235,1237
提供侵入、非法控制计算机信息系统程序、工具罪 0947,0949,0951,0972
提供伪造、变造的出入境证件罪 1106,1109,1110,1112
提供虚假证明文件罪 0594
提供重要线索 0142,0143,0290,0296,0360,0635,0848,1022,1090,1123,1129,1355
提供作弊器材 0938,940,941,943,945,946
铁路运营安全事故 0305,0306
铁路运营安全事故罪 0305,0309
铁路职工 0305,0306
通过信息网络向公众传播 0643-0647,0649,0650
通奸 0747,0811,0812,1281
通讯传输 0804,0858,0861,0898,0952,0956,0970-0972,0974,1052,1054,1055,1087,1269-1271,1277
同一种商品、服务 0624,0625
偷越国(边)境罪 0558,1055,1105-1114,1176
投敌叛变罪 0233,0236,0240
投放危险物质罪 0010,0024,0025,0241,0242,0244,0246,0247,0250,0252,0383,1157,1158,1161,1167
投放虚假危险物质罪 0987,0990

脱逃罪　0089,0204,1102-1104,1389

W

外国公职人员　0455-0458

外交特权和豁免权　0008,0012,0067

外来入侵物种　1197,1198

玩忽职守罪　0827,0842,0857,0875,0886,0892,
0895,1022,1069,1136,1314,1328,1330,1340,
1369-1378,1381,1383,1386-1388,1391,1393,
1396,1398,1400,1403,1405,1407

网络传授犯罪方法　1033

网络存储　0804,0861,0952,0956,0970,0971,
0974,1052,1054,1055,1087,1269-1271,1277

网络赌博　0513,0804,0965,0970,0971,0974,
1048,1049,1051-1057,1087

网络服务提供者　0228,0231,0651,0787,0805,
0959 - 0965, 0970, 0974, 0990, 1003, 1220,
1268,1274

枉法仲裁罪　1388,1389

危害公众健康或者社会公共利益　1143,1144

危害国家重点保护植物罪　1193-1196

危害性特征　1010, 1012, 1013, 1017 - 1019,
1030,1031

危害珍贵、濒危野生动物罪　1172,1176

危险犯　0046,0246,0247,0254,0280,0282,0286,
0295,0302,0314,0316,0333,0376,0383,0397,
0480,0754,818,1140,1152,1262

危险驾驶罪　0070, 0198, 0313 - 0317, 0320,
0321,1005

危险物品肇事罪　0256,0292,0327,0334,0340-
0344,0354,1136

危险作业罪　0331,0333,0334,1352,1363

为境外窃取、刺探、收买、非法提供国家秘密、情报
罪　0108,0236,0240,0937,0938,0941,1380

为亲友非法牟利罪　0460,0461,0887

为索取债务非法扣押、拘禁他人　0754,
0755,1006

为他人谋取利益　0134,0137,0213,0450-0455,
0542,0543,1307,1332-1339,1341-1348

为他人提供书号出版淫秽书刊罪　1265,1267,
1268,1272

为他人虚开　0063,0606-0608,0611,0612

为自己虚开　0606-0610,0612

违法发放贷款罪　0494,0547-0549

违法发放林木采伐许可证罪　1373,1406,1407

违法提供出口退税证罪　1401

违法运用资金罪　0545-0547

违反保护水产资源法规　1168-1171

违反兵役法规　1303

违反国(边)境管理法规　1107,1113

违反国家有关规定　0555,0738,0796,0798-
0800,0802,0803,0805,0964,0970,0974,1005,
1143-1145,1244

违反国务院卫生行政部门的有关规定　0886,
0892,0895,1135,1136,1314,1330,1377

违反交通运输管理法规　0022,0306 - 0308,
0310,0313

违反土地管理法规　1180-1184

违反文物保护法规　1119,1120,1124,1125

违反消防管理法规　0349-0351

违反自然保护地管理法规　1184,1185

违规出具金融票证罪　0058, 0214, 0494,
0551-0553

违规披露、不披露重要信息罪　0442,0445

违规制造、销售枪支罪　0292,0294

违禁品　0111,0122,0124,0275,0276,0403,0414,

0829,839,840,842,850,1019,1024,1026,1031,1207

未经注册商标所有人许可 0624,0625,0627,0631

未取得采矿许可证 1186-1190

伪造、变造的"附随的单据、文件" 0580

伪造、变造股票、公司、企业债券罪 0515,0516

伪造、变造国家有价证券罪 0515,0516,0590

伪造、变造、买卖国家机关公文、证件、印章罪 0922,0923,0926-0928,0934,0944

伪造、变造、买卖身份证件罪 0108,0922,0923,0934

伪造、变造、买卖武装部队公文、证件、印章罪 0108,0928,1295-1297

伪造、变造、转让金融机构经营许可证、批准文件罪 0486,0487,0490

伪造、出售伪造的增值税专用发票罪 0613-0615,0619

伪造、盗窃、买卖、非法提供、非法使用武装部队车辆号牌等专用标志罪 1297

伪造的信用卡 0508-0513,0582-0584,0586,0589

伪造公司、企业、事业单位、人民团体印章罪 0013,0108,0859,0922-0924,0926,0928,1063,1066

伪证罪 1058-1060,1062

委托收款凭证 0507-0509,0575,0578,0579

猥亵儿童罪 0141,0746,0747,0750-0753,1280

文物保护单位 0845,0847,1090,1116,1117,1119,1122,1123,1127,1128

文物保护单位 0407

文物藏品 1116,1121,1124,1125,1130

窝藏、包庇罪 0055,1076-1078,1264

窝藏、转移、隐瞒毒品、毒赃罪 1083,1229-1231

斡旋受贿 1348,1349

污染环境罪 0244,0250,0957,1154,1155,1158-1161,1164,1167

诬告陷害罪 0774-0776,0807,1058,1059,1064

无期徒刑减刑的刑期计算 0182

无效的票据 0576

武器装备 0229,0239,0264,0265,0951,0955,1039,1284-1289,1301,1303

武装叛乱、暴乱罪 0108,0228-0230,0232,0233,0240

武装掩护走私 0114,0432,0433,1204,1205,1208

侮辱国旗、国徽、国歌罪 1036,1037

侮辱罪 0108,0734,0751-0753,0757,0771,0782-0788,0791,1001,1003,1039,1040,1044

X

吸收客户资金不入帐罪 0550

袭警罪 0319,0433,0912,0917,1169,1177,1182,1195,1201

洗钱罪 0126,0265,0425,0431,0557-0561,0931,0972,1082,1083,1230

先并后减 0150,0151,0153,0196

先减后并 0153,0196

先行羁押 0076,0087,0089,0090,0093,0094,0102,0158,0161,0178,0182,0185,0189,1223

现实危险 0084,0156,0246,0254,0270,0322,0331-0334,0374,0826,992,1151

限制减刑 0018,0098-0101,0168,0169,0172,0261,0723,0724,0831,1021,1218,1248,1322

乡村医生 1146-1150

相互斗殴 0036,0038,0040

相同的商标 0625,0628-0631,0636,0637

消防监督机构 0349-0351
消防责任事故罪 0349,0351
销售假冒注册商标的商品罪 0360,0381,0387,
　0627,0631-0636,0640
销售金额 0355-0357,0359-0364,0368-0370,
　0376,0378-0380,0382,0384,0386,0389,0390,
　0392,0394-0398,0628,0631-0636,0638,0640,
　0642,0643,0647,0651
校舍 0346-0348
协助组织卖淫罪 0746,1252,1254-1258
携带凶器盗窃 0621,0838-0840,0843,0844,
　0847,0850
泄露不应公开的案件信息罪 1072,1073
泄露内幕信息罪 0519-0522,0525,0529,
　0530,0533
信用贷款 0490,0507,0509,0547-0549,
　0582,0583
信用卡 0017,0054,0075,0157,0482,0507-
　0514,0582-0589,0804,0824,0828,0829,0831,
　0836,0852,0858,0860,0866,0870,0878,0898,
　0926,0928,0929,0932,0970,0974,0976,0977,
　1055,1087,1092-1094
信用卡诈骗罪 0582,0583,0585-0589,0829,881
信用证 0214,0464,0492-0494,0507-0509,
　0542,0551-0553,0580-0582,0606
信用证诈骗罪 0493,0580-0582,0596
兴奋剂 0378,0384,0402,0407,0408,0421,0422,
　0817,0946,1144,1205,1209,1241,1242,1245-
　1249,1251,1375,1388
刑罚个别化 0066,0067,0091,0115
刑罚种类 0065,0071
刑法的任务 0003-0018
刑期折抵 0090,0093,0094

刑事附带民事诉讼 0068,069,0311,0905,1060,
　1072,1385
刑事违法性 0019,0492,0609
刑事责任年龄 0720,0729,0820,0821,0879,
　0905,0973,1016,1020,1028,1082,1085
刑事责任年龄 0024-0031,0035,0147,0228
刑讯逼供罪 0789-0792
行贿罪 0306,0328,0329,0333,0334,0337,0340,
　0342,0345,0348,0350,0353,0387,0453,0456-
　0458,0934,1345,1351-1354,1356-1358,1360,
　1362,1363
行贿罪的处罚 1353
行为犯 0042,0046,0231,0608,0611,0614,0616,
　0740,0760,0821,0988,0993,1031,1032,1126,
　1129,1253,1261,1283,1358
行为特征 0757,0762,0832,0863,0881,0898,
　0900,1002,1010,1012,1014,1017-1019,1027-
　1031,1056,1068,1079,1109,1194
行为特征 0044,0451,0479,0592
行凶 0034,0036,0038-0041,0279,0719,0721,
　0731,0879,0994,1010,1012,1020
性病 0744,0750,1152,1253-1256,1259-1263
虚报注册资本罪 0063,0434-0436,0438
虚假出资、抽逃出资罪 0435,0436,0438
虚假的或者隐瞒重要事实的财务会计报告
　0442-0445
虚假的身份证明 1076
虚假广告罪 0858,0864,0878,0972
虚假记载 0443,0449,0575,0577
虚假纳税申报 0598-0601,0604
虚假破产罪 0449,0450
虚假诉讼罪 0757,0762,0832,0862,0863,0871,
　0899,0900,1002,1022,1063-1066,1068-1071,

1378,1385,1387
虚假信息　0021,0228,0231,0444,0527,0531-0533,0571,0855,0857,0870,0964,0987,0988,0990,0991,0999,1002-1005,1213,1237
虚开发票罪　0612,0613,0623
虚开增值税专用发票、用于骗取出口退税、抵扣税款发票罪　0607,0608,0611,0624
宣扬恐怖主义、极端主义的犯罪　0268,0269
宣扬恐怖主义、极端主义、煽动实施恐怖活动罪　0268,0270
寻衅滋事罪　0722,0723,0733-0735,0737,0757,0762,0782,0786,0830,0832,0863,0899,0900,0903,0904,0964,0982,0985,0986,0989,0990,0996-1005,1007,1021,1022,1027,1038,1055,1068
徇私枉法罪　1382,1383,1385,1387,1388,1393,1395
徇私舞弊　0159,0338,0339,0464,0465,0467,0468,0600,0827,0842,0857,0875,0934,1022,1288,1294,1295,1310,1313,1314,1336,1340,1341,1369-1371,1373-1377,1381,1386,1388,1391-1403,1405,1407
徇私舞弊不征、少征税款罪　1399-1402,1374,1394-1397
徇私舞弊低价折股、出售国有资产罪　0468,1340
徇私舞弊发售发票、抵扣税款、出口退税罪　1401-1404

Y

延期缴纳　0104-0106,0603
严重损害就诊人身体健康　1145-1148,1150
"掩护"走私、贩卖、运输、制造毒品逃避法律追究　1229
掩饰、隐瞒犯罪所得、犯罪所得收益罪　0827,0841,0842,0856,0866,0874,1080-1089,1091,1092,1094,1175,1188,1230,1287
掩饰、隐瞒犯罪所得、犯罪所得收益罪　0146,0291,0425,0431,0513,0559,0560,0627
药品管理法规　0373,0374,1215
液态废物　0413-0415,1165,1166
一般累犯　0127,0129-0131,0162,1248
一般欠薪行为　0909
一般生活意义上的故意　0022
医疗美容　1147,1148
医疗器械　0389-0391,0397,0453,0867,1145,1146,1148,1149,1339
医疗事故罪　1145,1146,1150
医用卫生材料　0389-0391,0397,0453,1339
依法负有信息披露义务的公司、企业　0442-0445
依法应当披露的其他重要信息　0442,0443,0445
贻误事故抢救　0159,0330,0341,0351-0354
遗弃罪　0309,0766-0768,0818,0819
遗失物　0882
遗忘物　0849,0851,0881,0882,0885
以暴力、威胁方法抗拒检查　1105,1106,1111,0432,0433
以出卖为目的　0760,0763-0765,0767,0768,0770,1081
以次充好　0355,0356,0359,0360,0381,0386,0425,1404
以赌博为业　1047,1048,1051,1052
以犯罪为目的专门设立的单位　0059
以公共财产论　1057
以国家工作人员论　0210-0213,0884,0888,0894,0934,1306,1307,1309,1311,1316,1342,1354

以假充真　0355,0356,0359,0360,0381,
　0386,0425
以勒索财物为目的绑架他人　0758,0759
以勒索财物为目的偷盗婴幼儿　0758,0759,0761
以牟利为目的　0770,0853,1105,1109,1121-
　1123,1198,1202,1210,1211,1223,1228,1242-
　1244,1246,1265-1279,1282
以其他方法掩饰、隐瞒　0291,0557-0561,0841,
　0865,0974,1080-1082,1084-1087,1089,1091,
　1188,1287
以其他危险方法危害公共安全罪　0247,0329
以食用为目的　1172,1174-1177
以危险方法危害公共安全罪　0022,0023,0241-
　0252,0287,0313,0316,0319,0322,0323,0331,
　0364,0388,0433,0723,0724,0733,0734,0917,
　0992,1132,1134-1136,1138,1157
以营利为目的　0244,0366,0371,0376,0477,
　0514,0643-0652,0765,0767,0924,1047,1048,
　1050-1052,1054,1056,1057,1109,1159,1160,
　1167,1176,1178,1253,1257-1260
以自首论　0131-0133,0135,0138,0410,0417,
　0424,0429
以走私罪处　0414,0425,0430,0431
意外事件　0023,0024,0586,0726,0740,
　0955,1303
银行结算凭证　0507,0577,0578
淫秽表演　0752,0965,1279,1280
淫秽色情网络直播　1279
淫秽物品　0747,0753,0829,0965-0967,1045,
　1046,1265-1275,1278,1280-1282
引诱、教唆、欺骗他人吸毒罪　0057,0970,1033,
　1241,1242
引诱未成年人聚众淫乱罪　1045,1046

隐瞒、谎报军情罪　1301
隐瞒境外存款罪　0558,1364-1366
隐瞒重要事实或者编造重大虚假内容
　0439,0441
隐匿、故意销毁会计凭证、会计帐簿、财务会计报
　告罪　0447,0448
印章　0063,0137,0138,0145,0422,0444,0513,
　0573,0804,0859,0865,0922-0924,0926-0930,
　0932,0934,0965,0975,1063,1089,1292,1295-
　1298,1376,1379
应当立案而不予立案　0014,0202-0205
应纳税额　0598,0599,0601,0609
应受刑罚惩罚性　0019
英雄烈士　0934,1038-1040
影响证券交易的虚假信息　0531
用于制造毒品的原料、配剂　1033,1231,1232
邮政工作人员　0796,0797,1057,1058
有毒物质　0242,0291,0388,0403,0405,1154-
　1159,1162,1164,1166,1167
有毒、有害的非食品原料　0358,0380,0382-0388
有价证券诈骗罪　0590,0591
有期徒刑期限　0091
有期徒刑刑期的计算与折抵　0093
有期徒刑与无期徒刑的执行　0092
有效催收　0585,0587,0589
又聋又哑的人或者盲人　0020,0028,0030,0034,
　0070,0116,0117,0119,0841
诱骗投资者买卖证券、期货合约罪　0531-0533
娱乐消遣性赌博　1050
与案件有重要关系的情节　1058,1059
与境外机构、组织、个人相勾结　0225,0226,0232
与其注册商标相同的商标　0624,0625,0627
　-0630

与他人互殴或者殴打他人 0321,0322
预防、控制措施 0242,0915,0916,1131-1134
域外刑事判决的消极承认 0011
原单位不存在 0059
运动员 0402,0407,0421,0422,0778,1209,
　　1246-1248
运输单据 0508,0605,0606
运送他人偷越国(边)境罪 0765,1106,1107,
　　1109-1112

Z

在被追诉之前 0457
在法定刑以下判处刑罚 0116,0120-0122,0291,
　　0737,1129
在公共交通工具上抢劫 0823-0826,0828,0831,
　　0833-0835,0879-0881
在共同犯罪中起辅助作用 0054,0054
在户内抢劫 0824,0831
在刑事诉讼中 0789,0790,0957,1058-1063,
　　1072,1119,1157,1158,1163,1167,1171,1383
在刑事诉讼中 0244,0260,0261,0411
造成被运送人重伤、死亡 1111
造成传染病菌种、毒种扩散 1135,1136
造成重大损害 0034,0037-0039,0041,1063
责令采取改正措施 0228,0231,0959-0964,
　　0990,1003,1268
责令支付仍不支付 0907-0910
曾在国家机关从事公务活动的人员 0921
增值税专用发票 0063,0409,0423,0426,0428,
　　0601,0605-0624,1402,1403
战时 0156,0233,0235,0239,0729,1284-1286,
　　1289,1291,1293-1295,1299-1305
战时故意提供虚假敌情罪 1300-1302

战时缓刑 0156
战时拒绝、故意延误军事订货罪 1303,1304
战时拒绝军事征收、征用罪 1304,1305
战时拒绝、逃避服役罪 1299,1300
战时拒绝、逃避征召、军事训练罪 1299,1300
战时窝藏逃离部队军人罪 1302,1303
战时造谣惑众罪 1302
战时造谣扰乱军心罪 1301,1302
战时自伤罪 0729
掌握国家秘密的国家工作人员 0234,0235
帐外暗中 1333,1346,1347,1351,1362
招收公务员、学生徇私舞弊罪 0934
招摇撞骗罪 0108,0829,0855,0856,0858,0899,
　　0920-0922,1291,1292
折抵刑期 0087-0090,0093,0094,0161,0166,
　　0167,0185,0189,0197,0321,0513,0804,0865,
　　0900,0929,0932,0975,1002,1027,1089,1223
诊疗活动 1147,1148
珍贵、濒危野生动物 0022,0401,0408,1080,
　　1088,1106,1114,1169,1172-1180
珍贵、濒危野生动物"制品" 1173
珍贵树木 0402,0406,1193-1196,1199,1200,
　　1202,1407
珍贵文物 0401,0406,0838,0844,0847,0851,
　　1090,1116-1124,1126-1128,1130
正当防卫 0034-0042,0070,0114,0116,0323,
　　0718,0735,1102
正当债务的偿还 0112
证券公司 0434,0437,0479,0486-0490,0519-
　　0522,0526,0527,0531-0533,0536,0537,0541,
　　0543-0546,0870
证券交易所 0467,0486-0490,0517,0519,0520,
　　0522,0526,0529,0531-0533,0537,0543-

0546,1342

支付结算帮助　0972

支票　0125,0507-0509,0552,0559,0575-0579,0870,1025

执行判决、裁定滥用职权罪　1067,1382-1384,1386

执行判决、裁定失职罪　1069,1378,1382-1385,1387

直接故意　0021,0249,0718,0720,0725,0730,1033,1057,1267,1311,1317,1383

直接组织、策划、煽动、教唆、帮助邪教组织人员自杀、自残　1043

值勤人员　1284

职务侵占罪　0013,0212,0441,0453,0456,0489,0541,0558,0579,0850-0852,0870,0883-0888,0891-0893,0895,0896,0905,1065-1067,1069,1136,1237,1309,1313,1314,1316,1317,1327,1330,1377

职务上、业务上负有特定责任　0042,0043

职业禁止　0004,0075,0106,0366,0371,0375,0383,0788,0946,0964,0969,0973,1151

指挥人员　0779,1284,1293,1294,1302,1303

制定刑法的依据　0003

制造条件　0043-0045,0047

制作、复制、出版、贩卖、传播淫秽物品牟利罪　1265-1273,1276,1277

致人重伤、死亡　0024,0025,0094,0243,0245-0252,0277,0278,0286,0301,0304-0307,0310,0311,0603,0720,0723,0727,0728,0730,0733,0754,0755,0758-0761,0763,0815,0993,0994,1004,1041,1042,1044,1045

致使被害人重伤、死亡　0741,0743,0744,0813-0815

致使违法信息大量传播　0959,0961,0963,0964

致使刑事案件证据灭失　0959,0961

致使用户信息泄露　0959,0961,0963

终身监禁，不得减刑、假释　0013,0542,0884,1318-1323

重大安全事故　0305,0306,0325,0327,0337,0339-0342,0344-0348,0350,0779

重大动植物疫情　0403,0405,0406,1151-1153

重大飞行事故罪　0304,0309

重大环境污染事故　0257,0258,1154,1164-1167

重大劳动安全事故罪　0313,0327,0331,0334-0338,1189

重大立功　0117,0144-0147,0170-0172,0174,0176,0177,0186,0187,0635,1014,1015,1018,1024

重大事故隐患　0245,0251,0323,0325,0326,0328,0331-0334,0336,1352,1363

重大责任事故罪　0304,0311,0313,0323,0324,0326-0328,0330,0331,0333,0334,0336-0338,0342,0354,0727,0741,1189

重复侵害行为　0047,048

重婚罪　0204,0208,0811-0813

主动交待　0114,0119,0455-0457,1353-1357,1360,1361

主刑　0004,0017,0018,0065-0068,0071,0087,0090,0091,0103-0105,0107-0112,0127,0128,0130,0148,0153,0154,0218,0240,0260,0261,0316,0319,0873,1220,1317,1341

主刑种类　0065

属人管辖原则　0009

注册制　0439,0516,0517,1397

著作权人　0643-0652

专利权人　0640,0641

专门矫治教育 0024-0026,0029
专门用于侵入、非法控制计算机信息系统的程序、
　　工具　0947,0949-0952,0956,0973
专用标志　0927,0928,0935,0936,1292,
　　1295-1299
专用间谍器材　0939,0940,0944,0945
专有出版权　0643,0644,0649,0652
转化型抢劫　0026,0029,0876,0879-0881
追缴违法所得　0062,0122,0126,0501,0528,
　　0567,0848,0868,0929,1051,1094,1271,1272,
　　1315,1330
追诉期限　0014,0017,0052,0198-0206,0631,
　　0636,0640,0643,0651,0812,1103,1319,1327,
　　1374,1376,1386,1399,1401,1403,1405
追诉期限的计算　0199,0204
追诉时效　0014,0101,0130,0198-0200,0202-
　　0206,0291,1103,1376
准备工具　0043-0045,0047
准备实施恐怖活动罪　0266,0267
酌定情节　0114,0120,0122,0417,0430,0853,
　　1015,1047,1256,1260
着手　0035,0044-0047,0055,0056,0226,0227,
　　0253,0368,0577,0594,0595,0760,0835,0837,
　　0846,0849,0857,0860,0863,0880,0913,0988,
　　1030,1160,1211,1219,1222,1256
资敌罪　0239,0240
资金保证　0575,0577,0578
资信证明　0214,0492,0510,0511,0551-0553,
　　0585-0587,0598,0926
资助危害国家安全犯罪活动罪　0108,0232,0240
自动铲除　0114,1238,1239
自动放弃犯罪　0044,0047,0048,0837
自动投案　0125,0131-0142,0261,0311,0312,
　　0319,1219
自动有效地防止犯罪结果发生　0047,048
自然事故　0326,0341
自洗钱　0559,0560,1082
总则的适用　0221
走私、贩卖、运输、制造毒品罪　1204,1207,1211-
　　1215,1222-1224,1229-1231,1233
走私废物罪　0413-0415,0418,0420,1165,1166
走私贵重金属罪　0399-0401
走私国家禁止进出口的货物、物品罪　0399,
　　0400,0402-0407,0415,0421,1209,1247
走私假币罪　0010,0399,0400,0404,0412
走私普通货物、物品罪　0401,0403,0406,0407,
　　0415,0418-0422,0424,0426-0428,1209,1212,
　　1236,1237
走私文物罪　0399-0402,0404,0406,0412,1120
走私武器、弹药罪,走私核材料罪　0010,0400
走私淫秽物品罪　0021,0413-0415,0417
走私珍贵动物、珍贵动物制品罪　0399-0401,
　　0405,0408,0409,0411,1180
走私罪共犯　0422,0431
足以严重危害人体健康　0115,0361-0364,0368,
　　0372-0376,0389-0391,1146,1148,1149
阻碍军人执行职务罪　0913,1283,1284
阻碍军事行动罪　1283,1284,1304,1305
阻碍执行军事职务罪　1284
组织播放淫秽音像制品罪　1266,1272,1274-
　　1276,1278,1280
组织参与国(境)外巨额赌博罪　1049
组织残疾人、儿童乞讨罪　0820,0821
组织出卖人体器官罪　0738-0740
组织考试作弊罪　0938,0941,0942,0944-0947,
　　0968,0969,1245

组织、利用会道门、邪教组织、利用迷信破坏法律实施罪　1041,1043
组织、领导、参加黑社会性质组织罪　0108,0130,0261,1007-1009,1022,1029,1030
组织、领导、参加恐怖组织罪　0259-0261,0267
组织、领导传销活动罪　0497,0565,0922,1292
组织他人违章冒险作业罪　0323-0327
组织特征　0902,1009,1010,1012,1014,1016-1019,1028,1030,1031
组织未成年人进行违反治安管理活动罪　0769,0772,0821,0822
组织越狱罪　1103,1104
组织、资助非法聚集罪　0981-0983
罪刑法定原则　0719,0739,0829,0844,0849,0871,0958,1039,1056,1129,1255,1311,1320

罪行极其严重　0013,0031,0066,0093-0096,0100,0118,0136,0262,0722,0732,0748,0826,0831,1015,1207,1217,1219,1223,1320,1322,1342
罪责刑相适应原则　0007,0042,0048,0053,0055,0056,0063,0096,0116,0119,0169,0292,0298,0418,0609,0719,0826,1005,1320,1324,1341
醉酒的人　0032,0033,0249
醉酒驾驶超标电动自行车　0317,0321
作废的票据　0576
作废的信用卡　0582-0584,0586,0589
作废的信用证　0580,0582
作品　0106,0413,0630,0635,0639,0642-0651,0794,1039,1070,1120,1265,1266,1281,1282